D1748057

J. von Staudingers
Kommentar zum Bürgerlichen Gesetzbuch
mit Einführungsgesetz und Nebengesetzen
Zweites Buch. Recht der Schuldverhältnisse
§§ 823–825

Kommentatorinnen und Kommentatoren

Dr. Karl-Dieter Albrecht
Vorsitzender Richter am Bayerischen Verwaltungsgerichtshof, München

Dr. Hermann Amann
Notar in Berchtesgaden

Dr. Christian Armbrüster
Wiss. Assistent an der Freien Universität Berlin

Dr. Martin Avenarius
Wiss. Assistent an der Universität Göttingen

Dr. Christian von Bar
Professor an der Universität Osnabrück, Honorary Master of the Bench, Gray's Inn (London)

Dr. Wolfgang Baumann
Notar in Wuppertal

Dr. Okko Behrends
Professor an der Universität Göttingen

Dr. Detlev W. Belling, M.C.L.
Professor an der Universität Potsdam

Dr. Werner Bienwald
Professor an der Evangelischen Fachhochschule Hannover

Dr. Andreas Blaschczok
Professor an der Universität Leipzig

Dr. Dieter Blumenwitz
Professor an der Universität Würzburg

Dr. Reinhard Bork
Professor an der Universität Hamburg, Richter am Hanseatischen Oberlandesgericht zu Hamburg

Dr. Wolf-Rüdiger Bub
Rechtsanwalt in München, Lehrbeauftragter an der Universität Potsdam

Dr. Elmar Bund
Professor an der Universität Freiburg i. Br.

Dr. Jan Busche
Privatdozent an der Universität Hamburg

Dr. Michael Coester, LL.M.
Professor an der Universität München

Dr. Dagmar Coester-Waltjen, LL.M.
Professorin an der Universität München

Dr. Dr. h. c. mult. Helmut Coing
em. Professor an der Universität Frankfurt am Main

Dr. Matthias Cremer
Notar in Dresden

Dr. Hermann Dilcher †
em. Professor an der Universität Bochum

Dr. Heinrich Dörner
Professor an der Universität Münster

Dr. Christina Eberl-Borges
Wiss. Assistentin an der Universität Potsdam

Dr. Werner F. Ebke, LL.M.
Professor an der Universität Konstanz

Dr. Jörn Eckert
Professor an der Universität Kiel, Richter am Schleswig-Holsteinischen Oberlandesgericht in Schleswig

Dr. Eberhard Eichenhofer
Professor an der Universität Jena

Dr. Volker Emmerich
Professor an der Universität Bayreuth, Richter am Oberlandesgericht Nürnberg

Dipl.-Kfm. Dr. Norbert Engel
Leitender Ministerialrat im Bayerischen Senat, München

Dr. Helmut Engler
Professor an der Universität Freiburg i. Br., Minister in Baden-Württemberg a. D.

Dr. Karl-Heinz Fezer
Professor an der Universität Konstanz, Honorarprofessor an der Universität Leipzig, Richter am Oberlandesgericht Stuttgart

Dr. Johann Frank
Notar in Amberg

Dr. Rainer Frank
Professor an der Universität Freiburg i. Br.

Dr. Bernhard Großfeld, LL.M.
Professor an der Universität Münster

Dr. Karl-Heinz Gursky
Professor an der Universität Osnabrück

Dr. Ulrich Haas
Professor an der Universität Halle-Wittenberg

Norbert Habermann
Richter am Amtsgericht Offenbach

Dr. Johannes Hager
Professor an der Humboldt-Universität zu Berlin

Dr. Rainer Hausmann
Professor an der Universität Konstanz

Dr. Dott. h. c. Dieter Henrich
Professor an der Universität Regensburg

Dr. Reinhard Hepting
Professor an der Universität Mainz

Joseph Hönle
Notar in Tittmoning

Dr. Bernd von Hoffmann
Professor an der Universität Trier

Dr. Heinrich Honsell
Professor an der Universität Zürich, Honorarprofessor an der Universität Salzburg

Dr. Dr. Dres. h. c. Klaus J. Hopt, M.C.J.
Professor, Direktor des Max-Planck-Instituts für Ausländisches und Internationales Privatrecht, Hamburg

Dr. Norbert Horn
Professor an der Universität zu Köln

Dr. Heinz Hübner
Professor an der Universität zu Köln

Dr. Rainer Jagmann
Vorsitzender Richter am Landgericht Freiburg i. Br.

Dr. Ulrich von Jeinsen
Rechtsanwalt und Notar in Hannover

Dr. Dagmar Kaiser
Privatdozentin an der Universität Freiburg i. Br.

Dr. Rainer Kanzleiter
Notar in Neu-Ulm, Professor an der Universität Augsburg

Wolfgang Kappe †
Vorsitzender Richter am Oberlandesgericht Celle a. D.

Dr. Ralf Katschinski
Notar in Hamburg

Dr. Benno Keim
Notar in München

Dr. Sibylle Kessal-Wulf
Richterin am Schleswig-Holsteinischen Oberlandesgericht in Schleswig

Dr. Diethelm Klippel
Professor an der Universität Bayreuth

Dr. Hans-Georg Knothe
Professor an der Universität Greifswald

Dr. Helmut Köhler
Professor an der Universität München, Richter am Oberlandesgericht München

Dr. Jürgen Kohler
Professor an der Universität Greifswald

Dr. Heinrich Kreuzer
Notar in München

Dr. Jan Kropholler
Professor an der Universität Hamburg, Wiss. Referent am Max-Planck-Institut für Ausländisches und Internationales Privatrecht, Hamburg

Dr. Hans-Dieter Kutter
Notar in Schweinfurt

Dr. Gerd-Hinrich Langhein
Notar in Hamburg

Dr. Dr. h. c. Manfred Löwisch
Professor an der Universität Freiburg i. Br., vorm. Richter am Oberlandesgericht Karlsruhe

Dr. Dr. h. c. Werner Lorenz
Professor an der Universität München

Dr. Peter Mader
Ao. Professor an der Universität Salzburg

Dr. Ulrich Magnus
Professor an der Universität Hamburg, Richter am Hanseatischen Oberlandesgericht zu Hamburg

Dr. Peter Mankowski
Wiss. Assistent an der Universität Osnabrück

Dr. Peter Marburger
Professor an der Universität Trier

Dr. Wolfgang Marotzke
Professor an der Universität Tübingen

Dr. Dr. Michael Martinek, M.C.J.
Professor an der Universität des Saarlandes, Saarbrücken

Dr. Jörg Mayer
Notar in Pottenstein

Dr. Dr. h. c. mult. Theo Mayer-Maly
Professor an der Universität Salzburg

Dr. Dr. Detlef Merten
Professor an der Deutschen Hochschule für Verwaltungswissenschaften Speyer

Dr. Peter O. Mülbert
Professor an der Universität Trier

Dr. Dirk Neumann
Vizepräsident des Bundesarbeitsgerichts a. D., Kassel, Präsident des Landesarbeitsgerichts Chemnitz a. D.

Dr. Ulrich Noack
Professor an der Universität Düsseldorf

Dr. Hans-Heinrich Nöll
Rechtsanwalt in Hamburg

Dr. Jürgen Oechsler
Professor an der Universität Potsdam

Dr. Hartmut Oetker
Professor an der Universität Jena, Richter am Thüringer Oberlandesgericht Jena

Wolfgang Olshausen
Notar in Rain am Lech

Dr. Dirk Olzen
Professor an der Universität Düsseldorf

Dr. Gerhard Otte
Professor an der Universität Bielefeld

Dr. Hansjörg Otto
Professor an der Universität Göttingen

Dr. Frank Peters
Professor an der Universität Hamburg, Richter am Hanseatischen Oberlandesgericht zu Hamburg

Dr. Axel Pfeifer
Notar in Hamburg

Dr. Alfred Pikalo †
Notar in Düren

Dr. Jörg Pirrung
Ministerialrat im Bundesministerium der Justiz, Bonn, Richter am Gericht erster Instanz der Europäischen Gemeinschaften, Luxemburg

Dr. Ulrich Preis
Professor an der Fern-Universität Hagen und an der Universität Düsseldorf

Dr. Manfred Rapp
Notar in Landsberg a. L.

Dr. Thomas Rauscher
Professor an der Universität Leipzig, Dipl. Math.

Dr. Peter Rawert, LL.M.
Notar in Hamburg

Eckhard Rehme
Vorsitzender Richter am Oberlandesgericht Oldenburg

Dr. Wolfgang Reimann
Notar in Passau, Professor an der Universität Regensburg

Dr. Dieter Reuter
Professor an der Universität Kiel, Richter am Schleswig-Holsteinischen Oberlandesgericht in Schleswig

Dr. Reinhard Richardi
Professor an der Universität Regensburg

Dr. Volker Rieble
Professor an der Universität Mannheim

Dr. Wolfgang Ring
Notar in Landshut

Dr. Anne Röthel
Wiss. Assistentin an der Universität Erlangen

Dr. Herbert Roth
Professor an der Universität Heidelberg

Dr. Rolf Sack
Professor an der Universität Mannheim

Dr. Ludwig Salgo
Professor an der Universität Frankfurt a. M.

Dr. Gottfried Schiemann
Professor an der Universität Tübingen

Dr. Eberhard Schilken
Professor an der Universität Bonn

Dr. Peter Schlosser
Professor an der Universität München

Dr. Jürgen Schmidt
Professor an der Universität Münster

Dr. Karsten Schmidt
Professor an der Universität Bonn

Dr. Günther Schotten
Notar in Köln, Professor an der Universität Bielefeld

Dr. Hans Hermann Seiler
Professor an der Universität Hamburg

Dr. Walter Selb †
Professor an der Universität Wien

Dr. Reinhard Singer
Professor an der Universität Rostock, Richter am Oberlandesgericht Rostock

Dr. Jürgen Sonnenschein
Professor an der Universität Kiel

Dr. Ulrich Spellenberg
Professor an der Universität Bayreuth

Dr. Sebastian Spiegelberger
Notar in Rosenheim

Dr. Hans Stoll
Professor an der Universität Freiburg i. Br.

Dr. Hans-Wolfgang Strätz
Professor an der Universität Konstanz

Dr. Dr. h. c. Fritz Sturm
Professor an der Universität Lausanne

Dr. Gudrun Sturm
Assessorin, Wiss. Mitarbeiterin an der Universität Lausanne

Burkhard Thiele
Ministerialdirigent im Ministerium für Justiz und Angelegenheiten der Europäischen Union des Landes Mecklenburg-Vorpommern, Schwerin

Dr. Bea Verschraegen, LL.M.
Professorin an der Universität Wien

Dr. Klaus Vieweg
Professor an der Universität Erlangen

Dr. Reinhard Voppel
Rechtsanwalt in Köln

Dr. Günter Weick
Professor an der Universität Gießen

Gerd Weinreich
Richter am Oberlandesgericht Oldenburg

Dr. Birgit Weitemeyer
Wiss. Assistentin an der Universität Kiel

Dr. Joachim Wenzel
Vorsitzender Richter am Bundesgerichtshof, Karlsruhe

Dr. Olaf Werner
Professor an der Universität Jena, Richter am Thüringer Oberlandesgericht Jena

Dr. Wolfgang Wiegand
Professor an der Universität Bern

Dr. Peter Winkler von Mohrenfels
Professor an der Universität Rostock, Richter am Oberlandesgericht Rostock

Dr. Roland Wittmann
Professor an der Universität Frankfurt (Oder), Richter am Brandenburgischen Oberlandesgericht

Dr. Hans Wolfsteiner
Notar in München

Dr. Eduard Wufka
Notar in Starnberg

Redaktorinnen und Redaktoren

Dr. Christian von Bar
Dr. Wolf-Rüdiger Bub
Dr. Heinrich Dörner
Dr. Helmut Engler
Dr. Karl-Heinz Gursky
Norbert Habermann
Dr. Dott. h. c. Dieter Henrich
Dr. Heinrich Honsell
Dr. Norbert Horn
Dr. Heinz Hübner
Dr. Jan Kropholler

Dr. Dr. h. c. Manfred Löwisch
Dr. Ulrich Magnus
Dr. Dr. Michael Martinek, M.C.J.
Dr. Gerhard Otte
Dr. Lore Maria Peschel-Gutzeit
Dr. Peter Rawert, LL.M.
Dr. Dieter Reuter
Dr. Herbert Roth
Dr. Hans-Wolfgang Strätz
Dr. Wolfgang Wiegand

J. von Staudingers
Kommentar zum Bürgerlichen Gesetzbuch
mit Einführungsgesetz und Nebengesetzen

Zweites Buch
Recht der Schuldverhältnisse
§§ 823–825

Dreizehnte
Bearbeitung 1999
von
Johannes Hager

Redaktor
Norbert Horn

Sellier – de Gruyter · Berlin

Die Kommentatorinnen und Kommentatoren

Dreizehnte Bearbeitung 1999
§§ 823–825 Johannes Hager

12. Auflage
§§ 823–825 Senatspräsident a. D. Dr. Karl Schäfer (1986)

10./11. Auflage
§§ 823–825 Senatspräsident a. D. Dr. Karl Schäfer (1975)

Sachregister

Rechtsanwalt Dr. Dr. Volker Kluge, Berlin

Zitierweise

Staudinger/J Hager (1999) Vorbem 1 zu §§ 823 ff
Staudinger/J Hager (1999) § 823 Rn A 1
Zitiert wird nach Paragraph bzw Artikel und Randnummer.

Hinweise

Das **vorläufige Abkürzungsverzeichnis** für das Gesamtwerk Staudinger befindet sich in einer Broschüre, die zusammen mit dem Band §§ 985–1011 (1993) geliefert worden ist.

Der **Stand der Bearbeitung** ist jeweils mit Monat und Jahr auf den linken Seiten unten angegeben.

Am Ende des Bandes befindet sich eine Übersicht über den aktuellen **Stand des Gesamtwerks** Staudinger zum Zeitpunkt des Erscheinens dieses Bandes.

Die Deutsche Bibliothek – CIP-Einheitsaufnahme

J. von Staudingers Kommentar zum Bürgerlichen Gesetzbuch : mit Einführungsgesetz und Nebengesetzen / [Kommentatoren Karl-Dieter Albrecht ...]. – Berlin : Sellier de Gruyter
  Teilw. hrsg. von Günther Beitzke ... – Teilw. im Verl. Schweitzer, Berlin. – Teilw. im Verl. Schweitzer de Gruyter, Berlin
  Teilw. u. d. T.: J. v. Staudingers Kommentar zum Bürgerlichen Gesetzbuch
  ISBN 3-8059-0784-2

Buch 2. Recht der Schuldverhältnisse
  §§ 823–825 / Red. Norbert Horn. – 13. Bearb. / von Johannes Hager. – 1999
  ISBN 3-8059-0911-X

© Copyright 1999 by Dr. Arthur L. Sellier & Co. – Walter de Gruyter GmbH & Co. KG, Berlin.

Dieses Werk einschließlich aller seiner Teile ist urheberrechtlich geschützt. Jede Verwertung außerhalb der engen Grenzen des Urheberrechtsgesetzes ist ohne Zustimmung des Verlages unzulässig und strafbar. Das gilt insbesondere für Vervielfältigungen, Übersetzungen, Mikroverfilmungen und die Einspeicherung und Verarbeitung in elektronischen Systemen.

Printed in Germany.

Satz und Druck: Buch- und Offsetdruckerei Wagner GmbH, Nördlingen.

Bindearbeiten: Lüderitz und Bauer, Buchgewerbe GmbH, Berlin.

Umschlaggestaltung: Bib Wies, München.

♾ Gedruckt auf säurefreiem Papier, das die DIN ISO 9706 Norm über Haltbarkeit erfüllt.

Inhaltsübersicht

Seite[*]

Zweites Buch. Recht der Schuldverhältnisse

Siebenter Abschnitt. Einzelne Schuldverhältnisse

Fünfundzwanzigster Titel. Unerlaubte Handlungen (§§ 823–825) _____ 1

Sachregister _____ 807

---

[*] Zitiert wird nicht nach Seiten, sondern nach Paragraph bzw Artikel und Randnummer; siehe dazu auch S VI.

Fünfundzwanzigster Titel
Unerlaubte Handlungen

Vorbemerkung zu den §§ 823 ff

Allgemeines Schrifttum

Das Sonderschrifttum ist zu Beginn der einzelnen Kommentierungen bzw in Fußnoten innerhalb der Kommentierung aufgeführt.

I. Ältere Literatur

BAUR, Entwicklung und Reform des Schadensersatzrechtes (1935)
BIENENFELD, Die Haftung ohne Verschulden. Typenlehre und System der außergeschäftlichen Obligationen im deutschen, österreichischen und schweizerischen Recht (1933)
DE BOOR, Das Zusammentreffen der einzelnen Tatbestände unerlaubter Handlungen nach dem BGB, Gruchot 61, 758
DU CHESNE, Der Schadensersatz bei Verletzung absoluter Rechte, SächsArch 12, 16
DEETZ, Der Haftungsgrund bei den unerlaubten Handlungen des BGB, insbesondere bei § 831, Gruchot 64, 161
DEGENKOLB, Der spezifische Inhalt des Schadensersatzes, AcP 76 (1890) 1
DIETZ, Anspruchskonkurrenz bei Vertragsverletzung und Delikt (1934)
EBBECKE, Verpflichtungen aus unerlaubten Handlungen im Unterschiede von rechtsgeschäftlichen und gesetzlichen Verpflichtungen, JherJb 71, 346
ESSER, 100 Jahre Gefährdungshaftung, RVerwBl 1938, 999
ders, Neuregelung der Haftpflicht der Eisenbahn für Sachschäden, DRW 1939, 213
ders, Zur Reform der Eisenbahnhaftpflicht für Sachschäden, DAR 1939, Sp 87
ders, Grundlagen und Entwicklung der Gefährdungshaftung, Beitr zur Reform des Haftpflichtrechts und zu einer Wiedereinordnung in die Gedanken des allgemeinen Privatrechtes (1941; 2. Aufl 1969)
ders, Theorie und System einer allgemeinen deutschen Schadensordnung, DRWiss 1942, 65
ders, Grundfragen der Reform des Schadensersatzrechtes, AcP 148 (1943) 121
FERID, Das Verhältnis des Anspruchs aus unerlaubter Handlung zum Anspruch aus Vertragsverletzung im französischen und englischen Recht (1932)
H A FISCHER, Die Rechtswidrigkeit mit besonderer Berücksichtigung des Privatrechts, Bd 21 der Abhandlungen zum Privatrecht und Zivilprozeß (1911)
GIERKE, Grundfragen der Reform des Schadensersatzrechtes, ZHR 108 (1941) 140
HENRICI, Über die Voraussetzungen des Anspruchs auf Erlaß eines durch unerlaubte Handlungen verursachten Schadens nach gemeinem Recht und dem Recht des BGB, Gruchot 42, 625
HOFACKER, Die Verkehrssicherungspflicht (1929)
ders, Zur Reform des Schadensersatzrechtes, ZStW 101 (1940) 157
JUNG, Delikt und Schadensverursachung (1897)
ders, Rechtswidrige Schädigung fremden Vermögens und rechtloser Erwerb aus fremdem Vermögen (Schadensersatz und Bereicherung), JherJb 69, 119
LINCKELMANN, Schadensersatzpflicht und unerlaubte Handlungen (1898)
LISZT, Die Deliktsobligationen im System des BGB (1898)
MANCKA, Der Rechtsgrund des Schadensersatzes außerhalb bestehender Schuldverhältnisse (1904)
MANDL, Zivilistischer Aufbau des Schadensersatzrechts (1932)
MICHAELIS, Beiträge zur Gliederung und Weiterbildung des Schadensrechtes, Heft 124 der Leipz Rechtswissenschaftl Studien (1943)

G Müller, Der Begriff der unerlaubten Handlung im Sinne des BGB, SeuffBl 65, 373

Müllereisert, Die Theorie von der adäquaten Verursachung, JR PrB 1938, 161

Müller-Erzbach, Gefährdungshaftung und Gefahrtragung, AcP 106 (1910) 309

Nipperdey, Warum doch Gefährdungshaftung? (1940), in: Grundfragen der Reform des Schadensersatzrechts, mit Beiträgen von Nipperdey, Wahl, Löning und Reinhardt, Arbeitsbericht Nr 14 der AkDR 1940

Oertmann, Die Verantwortlichkeit für den eigenen Geschäftskreis, Recht 1922, 5

Oppikofer, Zur Gefährdungshaftung im englischen Recht, in: Beiträge zum Wirtschaftsrecht, FG Heymann II (1931) 1027

Reinhardt, Beiträge zum Neubau des Schadensersatzrechts, AcP 148 (1943) 147

ders, Das Persönlichkeitsrecht in der geltenden Rechtsordnung (1931)

Rotering, Schadensersatzverbindlichkeit und Strafe, ArchBürgR 33, 45

Rümelin, Die Gründe der Schadenszurechnung und die Stellung des BGB zur objektiven Schadensersatzpflicht (1896)

ders, Die Verwendung der Kausalbegriffe im Straf- und Zivilrecht, AcP 90 (1900) 171

R Schmidt, Die Gesetzeskonkurrenz im bürgerlichen Recht (1915)

Schulz-Schaeffer, Das subjektive Recht im Gebiet der unerlaubten Handlung (1915)

Stoll, Schadensersatz und Unrecht, JbAkDR 1936, 40

Süss, Außerdeliktische Haftungen, DRWiss 1942, 185

Traeger, Der Kausalbegriff im Straf- und Zivilrecht (1904)

Trendel, Gefährdungshaftung, Zwangshaftpflichtversicherung, Reichskasse für Verkehrsunfälle, DAR 1935 Nr 7, 9, 12

Wahl, Das Verschuldensprinzip im künftigen Schadensersatzrecht, Akad Arbeitsbericht Nr 14, 17

Weyl, System der Verschuldensbegriffe im BGB (1905)

M Wilburg, Zur Lehre vom Unrecht, in: FS 35. Deutscher Juristentag (1928) 314, erschienen auch im Zentralblatt für die Juristische Praxis 46 (1928) 874

W Wilburg, Die Elemente des Schadensrechts (1941)

II. Kommentare zu § 823 BGB

Alternativkommentar-BGB, bearbeitet von: Kohl, Joerges, Dubischar, Däubler, Derleder, Reich, Bd 3 (1979)

Baumgärtel, Handbuch der Beweislast im Privatrecht, Bd 1 (2. Aufl 1991)

BGB-RGRK/Steffen, Dunz, Nüssgens, Bd II, 5. Teil (12. Aufl 1989)

Erman/Schiemann, Bd 1 (9. Aufl 1993)

Jauernig/Teichmann (8. Aufl 1997)

Münchener Kommentar/Mertens, Bd 5 (3. Aufl 1997)

Palandt/Thomas (58. Aufl 1999)

Soergel/Zeuner, Bd 5/2 (12. Aufl 1999).

III. Lehrbücher

Brox, Allgemeines Schuldrecht (25. Aufl 1998)

ders, Besonderes Schuldrecht (23. Aufl 1998)

Emmerich, Schuldrecht, Besonderer Teil (9. Aufl 1999)

Enneccerus/Nipperdey, Allgemeiner Teil des Bürgerlichen Rechts (15. Aufl 1960)

Enneccerus/Lehmann, Recht der Schuldverhältnisse (15. Aufl 1958)

Esser/Schmidt, Schuldrecht, Bd I, AT Teilbd 1 (8. Aufl 1995); Teilbd 2 (7. Aufl 1993)

Esser/Weyers, Schuldrecht, Bd II, BT (7. Aufl 1991)

Fikentscher, Schuldrecht (9. Aufl 1997)

Larenz, Schuldrecht, Bd II, 1. Halbbd (13. Aufl 1986)

Larenz/Canaris, Lehrbuch des Schuldrechts, Bd II, BT, 2. Halbbd (13. Aufl 1994)

Medicus, Bürgerliches Recht (17. Aufl 1996)

ders, Gesetzliche Schuldverhältnisse (3. Aufl 1996)

ders, Schuldrecht I, Allgemeiner Teil (10. Aufl 1998)

ders, Schuldrecht II, Besonderer Teil (8. Aufl 1997)

Schlechtriem, Schuldrecht, Besonderer Teil (4. Aufl 1995)

IV. Gesamtübersichten Deliktsrecht

BRÜGGEMEIER, Deliktsrecht (1986)
DEUTSCH, Allgemeines Haftungsrecht (2. Aufl 1996)
ders, Unerlaubte Handlungen, Schadensersatz und Schmerzensgeld (3. Aufl 1995)
FUCHS, Deliktsrecht (2. Aufl 1997)
KÖTZ, Deliktsrecht (8. Aufl 1998)
KUPISCH/KRÜGER, Deliktsrecht (1983)
LANGE, Schadensersatz (2. Aufl 1990).

Systematische Übersicht

A. Zur geschichtlichen Entwicklung

I. Das Römische Recht
1. Die lex Aquilia — 1
2. Der Einfluß der lex Aquilia — 2

II. Das Preußische Allgemeine Landrecht — 3

III. Die Entstehung des BGB
1. Der erste Entwurf — 4
2. Der zweite Entwurf — 5
3. Die weitere Entwicklung der Gesetzgebung — 6

B. Die Funktionen des Deliktsrechts

I. Die Überlagerung des Deliktsrechts durch die Systeme der sozialen und privaten Sicherung
1. Die Haftpflichtversicherung — 7
2. Die Sozialversicherung und die private Versicherung — 8

II. Die Ausgleichsfunktion — 9

III. Die Präventionsfunktion — 10

IV. Die Straffunktion — 11

V. Die Gewährleistung der Handlungsfreiheit — 12

VI. Die Steuerungsfunktion — 13

VII. Die ökonomische Analyse
1. Deliktsrecht als Anreizsystem — 14
2. Die fehlende Fundierung rein ökonomischer Überlegungen — 15

a) Das Postulat der Rationalität — 16
b) Die Problematik der Datenbeschaffung — 17
c) Der Einfluß auf die Verteilung — 18

C. Das deliktsrechtliche System des BGB

I. Die traditionelle Konzeption
1. Drei kleine Generalklauseln — 19
2. Kein allgemeiner Vermögensschutz — 20
3. Die Kompensation — 21

II. Die Gegenthese: Ausweitung des primären Vermögensschutzes durch das Deliktsrecht — 22

D. Die Haftung aus Verschulden und die Gefährdungshaftung

I. Die unerlaubte Handlung
1. Die Regelung des BGB — 23
2. Die Rechtfertigung der Haftung — 24
3. Der Begriff der unerlaubten Handlung — 25
4. Die Erstreckung der Regeln über die unerlaubte Handlung — 26
5. Die Abgrenzung zu sonstigen Ansprüchen auf Schadensersatz — 27

II. Die Gefährdungshaftung
1. Die Funktion der Gefährdungshaftung — 28
2. Das Problem der Analogiebildung — 29

3. Die Unterschiede zwischen der Gefährdungshaftung und der Verschuldenshaftung 30
4. Die Abgrenzung zwischen der Gefährdungshaftung und der Verschuldenshaftung 31
5. Die Konkurrenz von Gefährdungshaftung und Verschuldenshaftung 32

bb) Die Ausnahmen 44
α) Haftungsausschluß aus Billigkeitsgründen 44
β) Bestehen einer Sachversicherung des Geschädigten 45
γ) Versicherungsmöglichkeit nur des Geschädigten 46
2. Gesetzliche Modifikationen 47

E. **Das Verhältnis zu den anderen Regelungskomplexen**

I. **Deliktsrecht und Bereicherungsrecht**
1. Der unterschiedliche Ausgangspunkt 33
2. Das Deliktsrecht und der Zuweisungsgehalt 34

II. **Die Konkurrenz zum Eigentümer-Besitzer-Verhältnis** 35

III. **Deliktsrecht und Gläubigeranfechtung** 36

F. **Delikt und Vertrag**

I. **Die Unterschiede in den Regelungen** 37

II. **Die Konkurrenz**
1. Die hM 38
2. Die Mindermeinung 39
3. Anspruchs- oder Anspruchsnormenkonkurrenz 40

III. **Die Modifizierung des Deliktsrechts durch vertragliche Abreden und durch das Gesetz**
1. Der Haftungsausschluß und die Haftungsbeschränkung 41
a) Die Möglichkeit und die Grenzen des Ausschlusses 41
b) Der konkludente Haftungsausschluß
aa) Die Regel: Kein Haftungsausschluß 43

G. **Das Handeln auf eigene Gefahr und die Haftung bei Sportverletzungen**

I. **Die Entwicklung**
1. Die hM 48
2. Die abweichenden Ansichten 49

II. **Die Haftung bei Sport und Spiel**
1. Der Kampfsport 50
a) Die Grundsätze der Haftung 50
b) Der Begriff des Kampfsports 51
c) Abwägungskriterien 52
d) Die dogmatische Begründung 53
aa) Gefährliche Sportarten 53
bb) Andere Kampfsportarten 54
e) Die Rolle der Sportregeln 55
f) Die Beweislast 56
g) Beispiele 57
2. „Friedlicher" Sport 58
a) Die Grundregel 58
b) Die Rolle des Regelwerks 59
c) Die Beweislast 60
d) Beispiele 61
3. Die Haftung gegenüber Zuschauern und Unbeteiligten 62

H. **Die Erweiterung des Schutzes durch (vorbeugende) Unterlassungsansprüche und Beseitigungsansprüche**

I. **Der (vorbeugende) Unterlassungsanspruch**
1. Die Erweiterung des § 1004 auf quasinegatorische Ansprüche 63
2. Der Anspruch bei drohendem Unterlassen und bei bevorstehender Verletzung einer Verkehrspflicht 64

25. Titel.
Unerlaubte Handlungen

Vorbem zu §§ 823 ff

3. Die Wiederholungs- und Erstbegehungsgefahr 65
4. Die sonstigen Voraussetzungen 66

II. Der Beseitigungsanspruch 67

I. Unerlaubte Handlungen und Verfassungsrecht

I. Die Wirkung der Verfassung gegenüber bürgerlich-rechtlichen Gesetzen

1. Die Geltung der Verfassung 68
a) Die hM: Direkte Bindung des Gesetzgebers 68
b) Die Gegenthese: Keine direkte Bindung des Gesetzgebers 69
2. Abwehrrechte und Schutzgebote ... 70
a) Das Abwehrrecht 70
b) Der Schutzaspekt 71
3. Die Rolle des Verhältnismäßigkeitsprinzips 72

II. Anwendungsfälle 73

Alphabetische Übersicht

Abwehrrecht 70	Gefälligkeit .... 42 f
Analogie 29	Gefälligkeitsfahrt 43
Anspruchskonkurrenz 40	Gewerbebetrieb 72
Anspruchsnormenkonkurrenz 40	Gläubigeranfechtung 36
Arztrecht 73	Gotcha-Waffen 51
Ausfall der Arbeitskraft 8	Grundrechte, Wirkung .... 68 ff
Ausgleichsfunktion 9	
	Haftung für Mikroorganismen 29
Bereicherungsrecht .... 33 ff	Haftung für Zufall 23
Bergtouren 51	Haftungsausschluß .... 41, 45 f
Beseitigungsanspruch 63, 67	– konkludenter 42
Besitz, rechtmäßiger 34	Haftungsverzicht .... 44 ff, 48
Beweislast 37, 56, 60	Handeln auf eigene Gefahr 48
Billigkeitshaftung 23	Handlungsfreiheit, allgemeine 12, 20
Boxen 51	
	Idealkonkurrenz 32
Differenzhypothese 17	Immaterieller Schaden 8
Eingriff, schuldloser 34	Kampfsport .... 50 ff
Eingriffskondiktion .... 33 f	Konkurrenz .... 30 ff, 38, 40
Einwilligung 48	– Eigentümer-Besitzer-Verhältnis 35
Embryo 73	– Vertrag und Delikt .... 38 ff
Enumerationsprinzip 29	– Gefährdungs- und Verschuldenshaftung 32
Erfüllungsgehilfe 37	Leichtathletik 58
Exkulpation 37	Lex Aquilia .... 1 f
Freiheitsgewährleistung 12	Mannschaftssport .... 51 f
Funktionen des Deliktsrechts .... 7 ff	Meinungsfreiheit 71
	Mitfahrt bei Betrunkenen 43
Gebot der Fairness 55	Mittelbar Geschädigte 20
Gefahrbeherrschung 28	
Gefährdungshaftung .... 23, 25, 28 ff	Ökonomische Analyse .... 14 ff
Gefahrveranlassung 28	

Passivlegitimation	33	Teilungsabkommen	8
Persönlichkeitsverletzung, unverschuldete	34	Unterlassungsanspruch, vorbeugender	30, 49, 54, 63 ff
Pflichtversicherung	7		
Popularklage	64	Unterlassungsklage	30
Postulat der Effizienz	18	Urheberrecht	26
Präventionsfunktion	10, 28		
Preußisches ALR	3		
Probefahrt	46	Verbot des Selbstwiderspruchs	54
		Verfassungsrecht	68
Regelverstöße	50, 54 ff	Verhältnismäßigkeitsprinzip	72
Risikohaftung	27	Verkehrspflichtverletzung, vorbeugender Rechtsschutz	65
Schadenskompensation	9, 21, 33	Vermögensschaden, primärer	20, 37
Schadensumfang	37	Verrichtungsgehilfe	37
Schiedsrichter	50	Versicherungsschutz	8, 43, 45 ff
Schuldverhältnis	37	Verteilungsneutralität	18
Schutzgebot	71	Vertrauenshaftung	27
Schutzpflicht	71		
Skisport	59 ff	Weiterfressender Mangel	38
Sonderrechtsbeziehungen	27	Wettbewerbsrecht	26
Sozialversicherung	7	Widerruf unwahrer Tatsachenbehauptungen	67
Spediteurshaftung	38		
Spiele, spontane	51	Wildschutzzaun	17
Sportregeln	50, 55, 59	Wintersport	61
Sportverletzung	48 ff		
Steuerungsfunktion	13	Zuschauer	62
Straffunktion	11	Zuweisungsgehalt	34

A. Zur geschichtlichen Entwicklung

I. Das Römische Recht*

1. Die lex Aquilia

1 § 823 Abs 1 geht zurück auf die römische lex Aquilia, ein von dem Volkstribunen Aquilius eingebrachtes Plebiszit aus dem 3. Jh v Chr (die genauere Datierung ist kontrovers, über Aquilius ist nicht mehr bekannt). Ihr Wortlaut ist in den Digesten (D 9, 2, 2 pr und D 9, 2, 27, 5) überliefert. Sie brachte die älteren Schadensersatzbestimmungen der Zwölf Tafeln, um 450 v Chr, außer Anwendung. Ihr erstes Kapitel normierte die Schadensersatzpflicht für die Tötung eines männlichen oder weiblichen Sklaven oder eines vierfüßigen Herdentieres. In ihrem zweiten Kapitel regelte sie einen völlig anderen Bereich, nämlich die Haftung eines ungetreuen Einziehungs-

---

* Schrifttum: BILSTEIN, Das deliktische Schadensersatzrecht der Lex Aquilia in der Rechtsprechung des Reichsgerichts (1994); COING, Europäisches Privatrecht, Bd I, Älteres Gemeines Recht (1985) § 102, 508; HAUSMANINGER, Das Schadensersatzrecht der lex Aquilia (5. Aufl 1996); KASER, Das Römische Recht, Bd 1 (2. Aufl 1971) § 144, 619; JÖRS/KUNKEL/WENGER, Römisches Privatrecht (4. Aufl 1987).

ermächtigten. Im dritten Kapitel ordnete sie die Schadensersatzpflicht für jegliches Brennen, Brechen oder Verletzen an. Damit sind die Tatbestandsvoraussetzungen genau abgegrenzt. Die lex Aquilia nannte als Haftungsvoraussetzung ausdrücklich das Unrecht bzw die Schuld des Täters, die „iniuria". Die einzelnen Tatbestandsvoraussetzungen wie Schädigungshandlung, Kausalität, Rechtswidrigkeit, Schuld, Vermögensschaden, erfuhren umfangreiche Kommentierungen durch die großen römischen Juristen, heute in Buch 9, Titel 2 der Digesten. Für Schädigungen auf andere Weise, insbesondere durch Unterlassen, wurden analoge Klagen gebildet. Auch die Verletzung eines Freien wurde mehr und mehr nach diesem Gesetz behandelt.

2. Der Einfluß der lex Aquilia

Seit der Rezeption und unter dem Einfluß des mittelalterlichen Bußensystems, der Moraltheologie und schließlich des Naturrechts wird der Anwendungsbereich der lex Aquilia erheblich erweitert. Für den Fall der Tötung oder Verletzung eines Menschen wird nun auch Ersatz immaterieller Schäden zugelassen. Hugo Grotius und die späteren Naturrechtslehrer stellen dann den allgemeinen Satz auf, daß wegen jeder schuldhaften Schadenszufügung gehaftet werde. Er bildet die Grundlage für die Regelungen im ALR 1. Teil, 6. Titel, §§ 1 ff; Code civil Art 1382 ff; ABGB §§ 1293 f. Im Code civil bleibt der Gedanke der allgemeinen Haftung mit der aus dem römischen Recht übernommenen, im Mittelalter veränderten Unterscheidung in Haftung für Delikt (für Vorsatz) und Quasidelikt (für Fahrlässigkeit) verbunden. Die preußische und die österreichische Kodifikation stufen den Haftungsumfang nach dem Verschuldensgrad ab. Alle drei Kodifikationen übernehmen aus den spätmittelalterlichen und naturrechtlichen Lehren generalklauselartige Formulierungen.

II. Das Preußische Allgemeine Landrecht

Das ALR (1. Teil, 6. Titel „Von Pflichten und Rechten, die aus unerlaubten Handlungen entstehen") verpflichtet in den ersten diesbezüglichen Paragraphen denjenigen, der einem anderen ohne Recht aus Vorsatz oder Versehen Schaden zufügt, zur Leistung von Genugtuung oder Schadensersatz (§§ 8–12). Da die Schädigungsobjekte nicht aufgezählt sind, wie etwa in § 823 Abs 1 BGB, kann man von einem generellen Tatbestand sprechen. Als Gegenstand werden außer dem Körper und der Freiheit auch „Ehre" und „Vermögen" genannt (I 6 § 1), neben denen für ein „sonstiges Recht" kein Bedürfnis besteht. Art und Umfang des Ersatzes sind davon abhängig, ob der Schaden aus Vorsatz, aus grobem, mäßigem oder geringem Versehen verursacht wurde. Vollständiger Ersatz und entgangener Gewinn waren bei Vorsatz und grobem Versehen zu leisten; eine geringere Haftung, beschränkt auf den wirklichen Schaden und einen begrenzten entgangenen Gewinn, traf denjenigen, der aus mäßigem Verschulden einen anderen „beleidigte" (§§ 12, 18); darunter war jede Rechtsverletzung zu verstehen. Der aus einer Handlung zufällig entstehende Schaden mußte nur ersetzt werden, wenn die Handlung selbst einem Verbotsgesetz zuwiderlief oder wenn der Handelnde durch ein gesetzwidriges Verhalten sich in die Umstände versetzt hatte, durch die er zu der Handlung veranlaßt wurde (§ 16). „Wie der Schadensersatz zu leisten" (§§ 79 ff) ist, wird für Schädigungen an Sachen (§§ 83 ff) und Personen, durch Tötung, Körperverletzung, Verunstaltung, Erwerbsunfähigkeit, Ehrenkränkung und Freiheitsentzug (§§ 98 ff) geregelt. Besondere Bestimmungen betreffen „Schaden, der durch andere ... oder durch Tiere verursacht worden" (§§ 56–78) ist.

Ein Überblick über weitere Rechtsordnungen findet sich in den Motiven (Mot II 724 f = MUGDAN II 404 f).

III. Die Entstehung des BGB

1. Der erste Entwurf

4 Im ersten Entwurf war beabsichtigt worden, die Schadensersatzpflicht „allgemein als die mögliche Folge einer jeden unerlaubten Handlung hinzustellen" und nicht etwa „an einzelne bestimmte, möglicherweise nicht erschöpfend gestaltete Delikte zu knüpfen". Damit sollte in allen Fällen ein ausreichender Schutz gegen unerlaubte Handlungen gewährt werden (Mot II 725 = MUGDAN 405). Andererseits sollte auch nicht jegliche Schädigung eine Ersatzpflicht begründen. Dem entsprachen die Regelungen in § 704 Abs 1 (Vorläufer des heutigen § 823 Abs 2), § 704 Abs 2 (Vorläufer des heutigen § 823 Abs 1) und § 705 (heute § 826). Im Zentrum der gesetzlichen Regelung steht die „widerrechtliche Handlung". Wenn diese „aus Vorsatz oder Fahrlässigkeit" begangen wurde und einen Schaden verursacht hat, ist der Schädiger zum Ersatz verpflichtet. § 704 Abs 1 des Ersten Entwurfs meint als widerrechtliche Handlung vor allem das Handeln gegen ein Verbotsgesetz (Mot II 726 = MUGDAN II 405). § 704 Abs 2 des Ersten Entwurfs stellt darauf ab, ob ein Recht verletzt wurde. Als derart geschützte Rechte werden Leben, Körper, Gesundheit, Freiheit und Ehre nur beispielsweise aufgezählt, während das Eigentum und die beschränkten dinglichen Rechte als „zweifellos" nicht erwähnt werden (Mot II 728 = MUGDAN II 406). Keine Rolle sollte spielen, ob der Umfang des Schadens vorhersehbar war oder nicht. § 705 begründet als dritte Kategorie „widerrechtliche Handlungen" diejenigen, die gegen die guten Sitten verstoßen (Mot II 726 = MUGDAN II 405).

2. Der zweite Entwurf

5 Im zweiten Entwurf regelte § 746 die widerrechtliche vorsätzliche oder fahrlässige Verletzung des Rechts eines anderen und den Verstoß gegen ein Schutzgesetz. Auch bei Freiheitsentziehung war die Haftung für den Fall bloß fahrlässigen Handelns vorgesehen. § 748 enthält eine dem heutigen § 824, § 749 eine dem § 825 weitgehend entsprechende Fassung. In der zweiten Lesung wurde ein dem heutigen § 823 Abs 1 nahezu entsprechender Text gebilligt (Prot IV 200 = MUGDAN II 1078).

3. Die weitere Entwicklung der Gesetzgebung

6 Die Denkschrift betont, daß die Voraussetzungen des Schadensersatzanspruchs schärfer zu begrenzen seien, indem die schädigende Handlung das Recht eines anderen verletzen müsse oder aber gegen ein den Schutz eines anderen bezweckendes Gesetz verstoße (Denkschrift II 97 = MUGDAN II 1267). Ein späterer Änderungsantrag, der eine Haftung auch für unverschuldete Verletzungen einführen wollte, scheiterte in der Kommission des Reichstages (Kommissionsbericht II 102 f = MUGDAN II 1297).

B. Die Funktionen des Deliktsrechts*

I. Die Überlagerung des Deliktsrechts durch die Systeme der sozialen und privaten Sicherung

1. Die Haftpflichtversicherung

Ein großer Teil der Schäden aus unerlaubten Handlungen sind iE nicht vom Schädiger zu begleichen; vielmehr treten dafür Haftpflichtversicherungen ein. In einigen Bereichen besteht sogar eine Pflichtversicherung, die allerdings oft eine Verantwortung zusätzlich aus Gefährdungshaftung abdeckt, sich aber auch auf die Haftung aus verschuldetem Delikt erstreckt. Zwar wird durch solche Vorsorgesysteme das Deliktsrecht mediatisiert, indem die Schäden auf Versicherungskollektive verteilt werden (MünchKomm/Mertens Rn 14; Laufs, in: FS Gernhuber [1993] 257), doch entlasten diese Systeme den Täter iE oftmals nicht zur Gänze. Zum einen bleibt die **Höhe der Prämie** ein Anreiz, die Schadenszufügung zu vermeiden (Esser/Weyers § 53, 4 a). Zum anderen ist der Versicherer **bei grobem Verschulden zum Rückgriff** gegenüber dem Versicherungsnehmer berechtigt. Auch ansonsten hat das Deliktsrecht in vielen Bereichen seine Funktion nicht zur Gänze eingebüßt. So können etwa im Bereich des Persönlichkeitsschutzes Versicherungen schon deshalb kaum eine Rolle spielen, weil es in erster Linie um Unterlassungs- und Beseitigungsansprüche gegen den Täter selbst geht. Aber auch auf dem Feld des vorbeugenden Schutzes nach § 1004 Abs 1 S 2 analog bleibt der (potentielle) Störer passivlegitimiert.

7

2. Die Sozialversicherung und die private Versicherung

Auf der anderen Seite spielt die Frage, ob eine verschuldete unerlaubte Handlung vorliegt, für den Betroffenen oft zunächst keine Rolle, weil sein Schaden durch Sozialversicherungen bzw private Versicherungen wegen Unfall und Krankheit ausgeglichen wird (Esser/Weyers § 53, 4 a). Auch damit wird das Deliktsrecht zunächst zu-

8

---

* **Schrifttum:** Adams, Ökonomische Analyse der Gefährdungs- und Verschuldenshaftung (1985); Blaschczok, Gefährdungshaftung und Risikozuweisung (1993); Brüggemeier, Unternehmenshaftung für „Umweltschäden" im deutschen Recht und nach EG-Recht, in: FS Jahr (1993) 223; Eidenmüller, Effizienz als Rechtsprinzip (1995); J Hager, Verkehrsschutz durch redlichen Erwerb (1990); Koch, Die Sachgefahr (1992); Kötz, Ziele des Haftungsrechts, in: FS Steindorff (1990) 643; ders, Schadenszurechnung und Schadensverteilung – aus der Diskussion, KF 1990, 14; ders, Tierzucht und Straßenverkehr – Zur Haftung für die Panikreaktionen von Tieren, NZV 1992, 218; ders, Die ökonomische Analyse des Rechts, ZVersWiss 1993, 57; Kötz/Schäfer, Judex, calcula!, JZ 1992, 356; Mertens, Der Begriff des Vermögensschadens im Bürgerlichen Recht (1967); Möllers, Rechtsgüterschutz im Umwelt- und Haftungsrecht (1996); Picker, Forderungsverletzung und culpa in contrahendo, AcP 183 (1983) 369; ders, Vertragliche und deliktische Schadenshaftung – Überlegungen zu einer Umstrukturierung der Haftungssysteme, JZ 1987, 1041; Quentin, Kausalität und deliktische Haftungsbegründung (1994); Schäfer/Ott, Lehrbuch der ökonomischen Analyse des Zivilrechts (2. Aufl 1995); Schulz, Überlegungen zur ökonomischen Analyse des Haftungsrechts, VersR 1984, 608; Taupitz, Ökonomische Analyse und Haftungsrecht – Eine Zwischenbilanz, AcP 196 (1996) 114; Teichmann, § 823 BGB und die Verletzung eines anderen im Sport (1. Teil), JA 1979, 293.

rückgedrängt (MünchKomm/Mertens Rn 13; Laufs, in: FS Gernhuber [1993] 257). Aber auch hier ist der Schutz nicht vollständig, deckt regelmäßig **nicht Sachschäden** und je nach Versicherungszweig beispielsweise **nicht vollständig die Nachteile durch Ausfall der Arbeitskraft** ab; ferner gibt es keinen Anspruch auf Ersatz immaterieller Beeinträchtigungen. Vor allem geht der deliktische Anspruch gegen dritte Schädiger nach § 116 Abs 1 S 1 SGB X auf den Träger der Sozialversicherung über. Deliktsrecht wird so vom Regreßrecht überlagert und erst relevant für die Rückgriffsansprüche (MünchKomm/ Mertens Rn 14). Wenn dann Anspruchsgegner eine Haftpflichtversicherung ist und aufgrund eines Teilungsabkommens pauschal abgerechnet wird, ist allerdings das Deliktsrecht in seinen Funktionen weitgehend zurückgedrängt. Doch darf man nicht aus dem Auge verlieren, daß davon keineswegs alle Fälle erfaßt sind; auch wird der potentielle Täter nicht diese Art der Schadensabwicklung vor der Schädigung bedenken.

II. Die Ausgleichsfunktion

9 Ausgangspunkt ist die Ausgleichsfunktion des Deliktsrechts (MünchKomm/Mertens Rn 41; Deutsch, Allgemeines Haftungsrecht [2. Aufl 1996] Rn 17; Lange, Schadensersatz [2. Aufl 1990] Einl III 2 a; Larenz, Schuldrecht Bd I AT [14. Aufl 1987] § 27 I; Larenz/Canaris § 75 I 2 i; Esser/Weyers § 55, 2 a). Sie ist im Kern weitgehend anerkannt und wird zT geradewegs als Element der **Befriedungsfunktion des Rechts** verstanden. Der Geschädigte dürfe sich auf den Schutz seines Rechts verlassen (MünchKomm/Mertens Rn 42). Deshalb umfasse die Ausgleichsfunktion auch **Momente der Rechtsverfolgung und Genugtuung** (MünchKomm/Mertens Rn 43). Neben dieser eher individualistischen Sicht bedeutet der Ausgleichsgedanke namentlich bei der Gefährdungshaftung und im Bereich der Verkehrspflicht, daß der von der Rechtsordnung erlaubten Inanspruchnahme fremder Güter die **Kompensation** an die Seite gestellt wird (Deutsch, Allgemeines Haftungsrecht [2. Aufl 1996] Rn 17; aA Larenz/Canaris § 75 I 2 i, der zwischen Unrecht und Unglück unterscheidet). Daß das Ausgleichsprinzip allein wenig Hilfe bietet, weil es – isoliert betrachtet – dazu führen müßte, daß jeder Schaden kompensiert werden müßte und so der Staat zu einer Versicherung auf Gegenseitigkeit würde (Kötz, in: FS Steindorff [1990] 644), ist zwar richtig. Sobald man das Ausgleichsprinzip jedoch mit einschränkenden Tatbestandsvoraussetzungen, etwa mit dem Verschulden verknüpft, bleibt aber die Kompensation des eingetretenen Schadens ein wichtiger, wenn nicht der wichtigste Gesichtspunkt des Deliktsrechts. Die Ausgleichsfunktion beinhaltet zudem den Gedanken der **Rechtsfortsetzung**. Der Verletzte erhält eine Kompensation gerade für den Verlust seines subjektiven Rechts. Dieses setzt sich in dem Schadensausgleich fort (Deutsch, Allgemeines Haftungsrecht [2. Aufl 1996] Rn 19; Lange, Schadensersatz [2. Aufl 1990] Einl III 2 c; Larenz, Schuldrecht Bd I AT [14. Aufl 1987] § 27 I).

III. Die Präventionsfunktion

10 Eng verwoben mit der Ausgleichsfunktion ist die Präventionsfunktion (Deutsch, Allgemeines Haftungsrecht [2. Aufl 1996] Rn 18; Lange, Schadensersatz [2. Aufl 1990] Einl III 2 b; Larenz, Schuldrecht Bd I AT [14. Aufl 1987] § 27 I; Larenz/Canaris § 75 I 2 i; Kötz, in: FS Steindorff [1990] 645; Brüggemeier, in: FS Jahr [1993] 224; als Sekundärfunktion anerkannt von MünchKomm/Mertens Rn 44; vgl auch Mertens, Der Begriff des Vermögensschadens im Bürgerlichen Recht [1967] 109 f; sehr skeptisch Esser/Weyers § 53, 4 b, der indes über das Argument der Kosten eine ähnliche Wirkung erzielen will), man spricht zT von einem erwünschten Nebenprodukt (Lange, Schadensersatz [2. Aufl 1990] Einl III 2 b; Larenz, Schuldrecht Bd I AT [14. Aufl

1987] § 27 I). Der einzelne richtet sein Verhalten so ein, daß er **Schadensersatzansprüche nach Möglichkeit vermeidet**. Zwar wird vielfach durch Überwälzung des Schadens auf Versicherungen, die dem Versicherten zudem die Last der Prozeßführung abnehmen, die Präventionswirkung reduziert (BGB-RGRK/STEFFEN Rn 6; vgl oben Rn 7 f). Ganz ohne Bedeutung ist die präventive Wirkung aber nicht. Versagt das Deliktsrecht, so hat das auch unmittelbare Auswirkungen auf die Prävention, die etwa beim gewerblichen Rechtsschutz deswegen als unzureichend angesehen wird, weil sich die Verletzung eines Schutzrechts angesichts langer Verfahrensdauer, steuerlicher Vorteile und des Zinsgewinns letztendlich auszahle (MünchKomm/MERTENS Rn 44). Namentlich bei Verletzungen der Persönlichkeit durch (unwahre) Presseberichte kommt der Aspekt hinzu, daß das Deliktsrecht dafür zu sorgen hat, daß die Presse vor derartigen Übergriffen abgeschreckt wird (BGHZ 128, 1, 15; BGH NJW 1985, 1617, 1619; OLG Hamburg NJW 1996, 2871, 2872; MünchKomm/MERTENS Rn 43; sehr kritisch SEITZ NJW 1996, 2848). Schadensersatzansprüche sind **Kosten der Produktion**; damit wirken auch sie präventiv, weil und soweit der Hersteller sie vermeiden oder mit einem Aufwand senken kann, der geringer ist als die ersparten Kosten (KOLLER VersR 1980, 3).

IV. Die Straffunktion

Das Deliktsrecht, namentlich aber die Entschädigung für immaterielle Schäden etwa **11** bei Persönlichkeitsverletzungen, hat in seinen Auswirkungen auch **pönale Elemente** (MünchKomm/MERTENS Rn 41; LANGE, Schadensersatz [2. Aufl 1990] Einl III 2 d; sehr skeptisch ESSER/WEYERS § 53, 4 b). Doch ist die Straffunktion **kein Ziel des Deliktsrechts** (so schon Mot II 17 f; LANGE, Schadensersatz [2. Aufl 1990] Einl III 2 d; MERTENS, Der Begriff des Vermögensschadens im Bürgerlichen Recht [1967] 96). Allerdings werden namentlich den Beweisregeln bei groben Verstößen gegen Berufspflichten auch pönale Elemente zugesprochen (LANGE, Schadensersatz [2. Aufl 1990] Einl III 2 d); zu denken ist auch an Beweiserleichterungen bei Nichterfüllung einer Dokumentationspflicht. Trotzdem intendiert das Deliktsrecht diese Ziele nicht primär, im Vordergrund steht bei solchen Erweiterungen die Kompensation eingetretener Schäden und auch die Prävention zur Verhütung künftiger Einbußen (MünchKomm/MERTENS Rn 41).

V. Die Gewährleistung der Handlungsfreiheit

Der Güterschutz steht in einem Spannungsverhältnis zur Handlungsfreiheit (ERMAN/ **12** SCHIEMANN § 823 Rn 1; BGB-RGRK/STEFFEN Rn 5; LARENZ/CANARIS § 75 I 1; ESSER/WEYERS § 55, 2 b, 3; MÖLLERS 113; MEDICUS Jura 1996, 561; PICKER AcP 183 [1983] 472; ders JZ 1987, 1052; TEICHMANN JA 1979, 293); je stärker die Sphäre des Opfers geschützt wird, desto weiter kann die Freiheit des Handelnden beschnitten werden. Dies kommt namentlich **beim Persönlichkeitsrecht** zum Tragen. Je intensiver man die Persönlichkeit etwa vor Angriffen schützen will, desto eher ist man gezwungen, Einschränkungen der Meinungsfreiheit bis hin zu einer Prüfung zu fordern, ob es denn ein milderes Mittel zur Äußerung der Meinung gegeben hätte (vgl dazu unten § 823 Rn C 105).

VI. Die Steuerungsfunktion

Das Deliktsrecht steuert das Verhalten nicht nur des (potentiellen) Schädigers, son- **13** dern auch dasjenige des (möglichen) Opfers. Paradebeispiele sind die Verkehrspflichten. Wenn hier die legitimen Vertrauenserwartungen des Verkehrs den Ausschlag geben (vgl genauer unten § 823 Rn E 27), so wird dieses Vertrauen je nach den Anforderungen, die etwa an die Sorgfalt des Verkehrspflichtigen gestellt werden, gefördert oder durch Enttäuschung reduziert. Je schärfer die Verkehrspflicht gefaßt wird, desto sorgloser kann sich auch der Geschützte verhalten.

VII. Die ökonomische Analyse

1. Deliktsrecht als Anreizsystem

14 Gerade in letzter Zeit wird die **ökonomische Funktion des Haftungsrechts** in den Vordergrund gestellt. Der richtige Anreiz werde vom Haftungsrecht dann gesetzt, wenn der potentielle Schädiger so lange mit der Ersatzpflicht belastet werde, bis seine Aufwendungen für Sicherungsmaßnahmen und die Summe der Schäden beim Opfer zusammengezählt den niedrigsten Wert erreichten (Kötz Rn 124; ders KF 1990, 16; ders NZV 1992, 219 f). Weitere Aufwendungen seien ihm nicht zuzumuten, weil dann die Selbstschutzmaßnahmen des Geschädigten billiger seien; diesem brauche dann kein Schadensersatzanspruch mehr zugesprochen zu werden (Kötz Rn 126). Von ähnlichen Vorstellungen geht die These aus, das Sorgfaltsniveau aller Beteiligten sei so festzusetzen, wie dies eine Person täte, wenn sie **Opfer und Verletzer in einer Person** wäre (Adams, Ökonomische Analyse der Gefährdungs- und Verschuldenshaftung [1985] 165, 167). Die ökonomische Erkenntnis konkretisiere zudem den Begriff der Fahrlässigkeit. Fahrlässig handle nur, wer Sicherungsmaßnahmen unterlasse, deren Aufwand geringer sei als die eingetretenen Schäden (Kötz Rn 125; ders, in: FS Steindorff [1990] 648 f; ders ZVersWiss 1993, 61; Schulz VersR 1984, 613; ebenso iE Adams, Ökonomische Analyse der Gefährdungs- und Verschuldenshaftung [1985] 168). Nach anderen liegt Verschulden vor, wenn die Vorsorgeaufwendungen kleiner sind als der Schaden im Falle seines Eintritts multipliziert mit der Wahrscheinlichkeit seines Eintritts (Schäfer/Ott, Lehrbuch der ökonomischen Analyse des Zivilrechts [2. Aufl 1995] 128 [Learned Hand-Formel]).

2. Die fehlende Fundierung rein ökonomischer Überlegungen

15 So legitim es auch sein mag, ökonomische Konsequenzen im Wege der Folgenbeurteilung von rechtlichen Entscheidungen als einen von mehreren Faktoren ins Kalkül zu ziehen, so wenig darf der Ansatz der Verfechter der ökonomischen Analyse verabsolutiert werden (vgl ausf J Hager, Verkehrsschutz durch redlichen Erwerb [1990] 231 ff; Blaschczok, Gefährdungshaftung und Risikozuweisung [1993] 155 ff, 165 ff).

a) Das Postulat der Rationalität

16 Unzutreffend ist schon die Grundannahme, die Individuen verhielten sich stets rational. Das mag bei lange im voraus planbarem und gut überlegtem Handeln so sein, liegt jedoch bei spontan zu fällenden Entscheidungen eher fern (Kötz Rn 131 f; ders, in: FS Steindorff [1990] 653). Auch der Geschädigte mag das Risiko und die Prozeßkosten scheuen oder von einem Rechtsstreit absehen, weil er über eine Versicherung abgedeckt ist (Kötz Rn 134). Schon deshalb bedarf es zusätzlicher Korrekturen des Verhaltens des potentiellen Schädigers durch das Strafrecht bzw das öffentliche Recht (Kötz Rn 135; ders, in: FS Steindorff [1990] 654 f, 657 f).

b) Die Problematik der Datenbeschaffung

17 Meist fehlt es an der hinreichenden Möglichkeit, die relevanten Daten zu erfassen oder auch nur die Vorfrage zu klären, ob und inwieweit sie eine ökonomisch relevante Rolle spielen. So wird zwar einem viel kritisierten Urteil, in dem der BGH keinen Verstoß gegen eine Verkehrspflicht darin sah, daß an einer Kreisstraße kein Wildschutzzaun errichtet war (BGHZ 108, 273, 277), entgegengehalten, angesichts der Häufigkeit der Unfälle seien die **Schäden ungleich höher als der Aufwand** für den Zaun. Das Urteil sei daher unter ökonomischem Aspekt bedenklich (Kötz Rn 129; Kötz/Schäfer JZ 1992, 356; Ott/Schäfer, Lehrbuch der ökonomischen Analyse des Zivilrechts [2. Aufl 1995] 151 f; Larenz/Canaris § 76 III 4 h Fn 165; anders noch Kötz KF 1990, 17). Doch sind die Daten nur teilweise berücksichtigt, es fehlt etwa die Frage des möglicherweise billigeren und auch gegenüber sonstigen Gefährdungen effizienten Selbstschutzes des Geschädigten oder der Verlagerung seiner Tätigkeiten (Eidenmüller, Effizienz als Rechtsprinzip [1995] 455; Taupitz AcP 196 [1996] 159 ff). Die **Wohlfahrtseffekte** können sich durchaus in unterschiedlichen Feldern auswirken. Obendrein wird eine Reihe von Schäden ökonomisch nicht quantifiziert, obgleich der Eintritt nach Kräften vermieden werden sollte. Der Tod eines Menschen wird nach der Differenzhypothese des § 249 S 1 immer dann nicht kompensiert, wenn der Getötete keine unterhaltsberechtigten Angehörigen hinterläßt (Eidenmüller, Effizienz als Rechtsprinzip [1995] 455 f, 470). Ein Schluß etwa, angesichts der geringeren Ersatzleistungen bedürfe es keiner aufwendigen Sicherheitsmaßnahmen, verbietet sich indes von selbst.

c)   Der Einfluß auf die Verteilung

Eine aus dem Postulat der Effizienz abgeleitete Zuordnung von Pflichten und Rechten ist **nicht verteilungsneutral**. Die Regel, Haftungsrisiken und Schadenskosten seien demjenigen aufzuerlegen, der sie mit dem geringsten Aufwand hätte vermeiden können, greift in die Allokation von Ressourcen ein (Schulz VersR 1984, 612; Blaschczok, Gefährdungshaftung und Risikozuweisung [1993] 158 mwNw in Fn 61). Daraus ergeben sich nicht nur **Konsequenzen für die Effizienz selbst** (Schäfer/Ott, Lehrbuch der ökonomischen Analyse des Zivilrechts [2. Aufl 1995] 86 [Learned Hand-Formel]; Blaschczok, Gefährdungshaftung und Risikozuweisung [1993] 159). Über die Verteilung zu befinden ist vor allem nicht Aufgabe der Ökonomie; damit wird das Gebiet verlassen, in dem sie Aussagen machen kann (vgl die Darstellung bei J Hager, Verkehrsschutz durch redlichen Erwerb [1990] 233 ff). Natürlich gehen von Sicherheitsanforderungen auch verhaltenssteuernde Wirkungen aus (Kötz ZVersWiss 1993, 63); doch sind sie juristisch und nicht rein ökonomisch zu begründen.

C.   Das deliktsrechtliche System des BGB[*]

I.   Die traditionelle Konzeption

1.   Drei kleine Generalklauseln

Die hM sieht in den §§ 823 Abs 1, 823 Abs 2 und 826 drei kleine Generalklauseln, die unterschiedliche, aber einander ergänzende Schutzrichtungen haben. § 823 Abs 1

---

[*] **Schrifttum:** Canaris, Schutzgesetze – Verkehrspflichten – Schutzpflichten, in: FS Larenz II (1983) 27; Picker, Forderungsverletzung und culpa in contrahendo – Zur Problematik der Haftungen „zwischen" Vertrag und Delikt, AcP 183 (1983) 369; ders, Vertragliche und deliktische Schadenshaftung, JZ 1987, 1041.

setzt am Merkmal der rechtswidrigen und schuldhaften Verletzung bestimmter Rechte und Rechtsgüter an, die in der Rechtsordnung einen besonders hohen Rang genießen. § 823 Abs 2 hebt auf die Existenz eines Schutzgesetzes, also gesetzlicher Verhaltensnormen ab, die aus anderen Bereichen in das Deliktsrecht hineinwirken, während sich § 826 durch die Anknüpfung an die guten Sitten auf das rechts- und sozialethische Minimum bezieht, das von jedermann einzuhalten ist und dessen Mißachtung einen besonderen Unrechtsgehalt aufweist (SOERGEL/ZEUNER Rn 3 ff; LARENZ/CANARIS § 75 I 3 a; CANARIS, in: FS Larenz II [1983] 83 f; MEDICUS, Schuldrecht BT Rn 744 ff; ähnl KÖTZ Rn 43). Sachlich gleichbedeutend wird teilweise von Grundtatbeständen gesprochen, denen die beschränkte Generalklausel des § 826 als Ergänzung zur Seite gestellt sei (MünchKomm/MERTENS Rn 2; DEUTSCH, Allgemeines Haftungsrecht [2. Aufl 1996] Rn 55). Das Haftungssystem wird durch die §§ 824, 831 ff abgerundet. **Unter rechtspolitischem Aspekt** sieht die hM den Vorteil der gesetzlichen Regelung darin, daß auf die Interessen des Schädigers Rücksicht genommen werde; für ihn sei in allen drei Bereichen die Gefahr einer Verletzung der fremden Sphäre erkennbar (LARENZ/CANARIS § 75 I 3 a; DEUTSCH, Allgemeines Haftungsrecht [2. Aufl 1996] Rn 56).

2. Kein allgemeiner Vermögensschutz

20 Ohne Erfüllung des Tatbestandes stellt sich die Haftungsfrage nicht (DEUTSCH, Allgemeines Haftungsrecht [2. Aufl 1996] Rn 56). **Primäre Vermögensschäden und die allgemeine Handlungsfreiheit** fallen daher **nicht unter § 823 Abs 1** (LARENZ, Schuldrecht AT [14. Aufl 1987] § 9 I c, § 24 I a; LARENZ/CANARIS § 75 I 3 b; PICKER AcP 183 [1983] 470 ff; ders JZ 1987, 1051, 1053; vgl im Detail unten § 823 Rn B 53 und B 192). Ebenfalls **keinen Schutz** genießt – abgesehen von den §§ 844 f – **der nur mittelbar Geschädigte**, da kein eigenes Rechtsgut bzw absolutes Recht in Mitleidenschaft gezogen ist (LARENZ/CANARIS § 75 I 3 c). Allerdings kann sich in allen diesen Fällen ein Anspruch aus § 823 Abs 2 ergeben, soweit ein Schutzgesetz verletzt ist (CANARIS, in: FS Larenz II [1983] 37). Dabei ist unter den Verfechtern der hM allerdings die Begründung für den fehlenden Schutz gegenüber primären Vermögensschäden umstritten. Nach einem Teil der Lehre geht es dabei nicht um eine Entscheidung, die der materiellen Gerechtigkeit Genüge tun soll, sondern um ein technisches Mittel der Haftungsbeschränkung (PICKER JZ 1987, 1051, 1055; KÖNDGEN AcP 183 [1983] 521; abl BÖRGERS, Von den „Wandlungen" zur „Restrukturierung" des Deliktsrechts? [1993] 103 ff; SCHWINTANSKI, Deliktsrecht, Unternehmensschutz und Arbeitskampfrecht: Versuch einer systemorientierten Harmonisierung [1986] 250 ff). Demgegenüber verweist die **Gegenauffassung** auf die Aufgabe der Rechtsordnung, Freiheitsräume des Handelnden offenzuhalten (LARENZ/CANARIS § 75 I 3 b). Auch stelle es die Dinge auf den Kopf, wenn man die – von der Gegenauffassung favorisierte – Vertragshaftung nur als Ausgleich für den nicht voll entwickelten deliktischen Schutz begreife (STOLL, Richterliche Fortbildung und gesetzliche Überarbeitung des Deliktsrechts [1984] 43 Fn 75 aE).

3. Die Kompensation

21 Die hM weitet umgekehrt indes den Schutz mit Hilfe anderer Institute aus, namentlich **durch die cic bzw die Drittschadensliquidation** (vgl den Überblick zB bei BRÜGGEMEIER Rn 448 ff). Auch die Anerkennung von **Rahmenrechten** wie der Persönlichkeit und des Gewerbebetriebs hat den ursprünglichen Anwendungsbereich des § 823 Abs 1 erheblich ausgedehnt (vgl unten § 823 Rn C 1 ff, D 1 ff). Doch dürfte es zu weit gehen, darin und in der Entwicklung der Verkehrspflichten eine weitgehende Annäherung an einen allgemeinen Deliktstatbestand zu sehen (so indes vCAEMMERER, in: FS 100 Jahre DJT [1960] 71; in ähnliche Richtung auch SOERGEL/ZEUNER Rn 8). Persönlichkeit wie Gewerbebetrieb decken nur Teilbereiche ab, werden durch die Rechtsentwicklung auch zunehmend konkretisiert, wenn man nicht ohnehin die Berechtigung des Gewerbetriebs als Schutzgut ganz bezweifelt (vgl dazu unten § 823 Rn D 5). Und die Frage der Verkehrspflicht stellt sich erst, wenn eines der Rechtsgüter bzw Rechte des § 823 Abs 1 tangiert ist; gegenüber einer reinen Kausalhaftung wirkt sich das Erfordernis einer Verkehrspflichtverletzung ohnehin oftmals als Beschränkung der Haftung aus (vgl dazu unten § 823 Rn E 3).

II. Die Gegenthese: Ausweitung des primären Vermögensschutzes durch das Deliktsrecht

An die Stelle vertraglicher bzw quasivertraglicher Anspruchsgrundlagen will ein Teil 22 der Lehre unter gewissen Voraussetzungen den Schutz durch das Deliktsrecht setzen (MünchKomm/MERTENS § 823 Rn 477; ders AcP 178 [1978] 252; BRÜGGEMEIER Rn 457; im Detail unten § 823 Rn E 8). Der richtige Weg ist dabei wiederum umstritten; zT wird § 823 Abs 2, zT § 823 Abs 1 genannt (vgl unten § 823 Rn E 8). Für einen deliktischen Schutz primärer Vermögensschäden läßt sich immerhin ins Feld führen, daß die hM erhebliche Ausweitungen der vertraglichen bzw quasivertraglichen Haftung befürworten muß (MünchKomm/MERTENS § 823 Rn 10 Fn 8, Rn 466). Doch dürfte das System der deliktischen Haftung derjenigen der Verantwortung aus Sonderbeziehungen kaum überlegen sein (vgl unten § 823 Rn E 9).

D. Die Haftung aus Verschulden und die Gefährdungshaftung*

I. Die unerlaubte Handlung

1. Die Regelung des BGB

Der 25. Titel des Zweiten Buches faßt unterschiedlich strukturierte Tatbestände 23

---

* **Schrifttum:** BÄLZ, Ersatz oder Ausgleich? – Zum Standort der Gefährdungshaftung im Licht der neuesten Gesetzgebung, JZ 1992, 57; vBAR, Verkehrspflichten (1980); BAUER, Erweiterung der Gefährdungshaftung durch Gesetzesanalogien, in: FS Ballerstedt (1975) 305; CANARIS, Die Gefährdungshaftung im Lichte der neueren Rechtsentwicklung, öJBl 1995, 2; DEUTSCH, Methode und Konzept der Gefährdungshaftung, VersR 1971, 1; ders, Das Recht der Gefährdungshaftung, Jura 1983, 617; ders, Das neue System der Gefährdungshaftungen: Gefährdungshaftung, erweiterte Gefährdungshaftung und Kausal-Vermutungshaftung, NJW 1992, 73; ESSER, Grundlagen und Entwicklung der Gefährdungshaftung (2. Aufl 1969); GIESEN, Warenherstellerhaftung ohne Verschulden?, NJW 1968, 2401; G HAGER, Das neue Umwelthaftungsrecht, NJW 1991, 134; KÖTZ, Haftung für besondere Gefahr, AcP 170 (1970) 1; KOZIOL, Bewegliches System und Gefährdungshaftung, in: BYDLINSKI, Das bewegliche System (1986) 51; ders, Erlaubte Risiken und Gefährdungshaftung, in: Nicklisch (Hrsg), Prävention im Umweltrecht (1988) 143; KREUZER, Prinzipien des deutschen außervertraglichen Haftungsrechts – Eine Skizze, in: FS Lorenz (1991) 123; LESER, Zu den Instrumenten des Rechtsgüterschutzes im Delikts- und Gefährdungshaftungsrecht, AcP 183 (1983) 568; MEDICUS, Gefährdungshaftung im Zivilrecht, Jura 1996, 561; MÖLLERS, Rechtsgüterschutz im Umwelt- und zusammen. **Verschuldensabhängig** – wenngleich zT durch Beweiserleichterungen von der Rechtsprechung gemildert – sind die §§ 823 bis 826, 847. An **vermutetes Verschulden** knüpfen die §§ 831 f, 833 S 2, 834, 836 bis 838 an; hier kann sich der Täter allerdings entlasten. § 833 S 1 sieht eine **Gefährdungshaftung**, § 829 eine **Billigkeitshaftung** vor. Nach § 848 haftet der Täter auch für Zufall. Der Schaden wird nach den §§ 249 ff berechnet, die durch §§ 844 f überlagert werden.

2. Die Rechtfertigung der Haftung

24 Haftung für Schäden aufgrund außervertraglicher Regeln setzt sachlogisch den Satz voraus, daß **primär der Inhaber des Rechtsguts das Risiko von dessen Verletzung** trägt (DEUTSCH, Allgemeines Haftungsrecht [2. Aufl 1996] Rn 1; LARENZ/CANARIS § 75 I 2 a). Die Haftung ist daher die Ausnahme, die ihrerseits der Begründung bedarf (DEUTSCH, Allgemeines Haftungsrecht [2. Aufl 1996] Rn 2). Diese **Rechtfertigung** wird im Verschulden (DEUTSCH, Allgemeines Haftungsrecht [2. Aufl 1996] Rn 5; LARENZ/CANARIS § 75 I 2 b; MÖLLERS 113; KREUZER, in: FS Lorenz [1991] 124 f), in der Fehlerhaftung, der Gefährdungshaftung, der Aufopferungs- und der Billigkeitshaftung gesehen (DEUTSCH, Allgemeines Haftungsrecht [2. Aufl 1996] Rn 8 ff). Indes **reicht die reine Verursachung nicht aus**, um eine Haftung zu begründen (BGHZ 92, 357, 362 unter Ablehnung einer Analogie zu § 904 S 2; DEUTSCH, Allgemeines Haftungsrecht [2. Aufl 1996] Rn 15; ESSER 92 f). Demgegenüber wird in der Literatur zT das Prinzip des „neminem laedere", ergänzt um die Prüfung, ob die Verletzung prinzipiell widerrechtlich sei, als Ansatz der Haftung befürwortet (PICKER AcP 183 [1983] 463 ff; ders JZ 1987, 1049 ff). Das allein genügt jedoch nicht. Das Unrecht ist Haftungs-, das Verschulden Zurechnungsgrund (LARENZ/CANARIS § 75 I 2 c; CANARIS, Die Vertrauenshaftung im deutschen Privatrecht [1971] 469 f). Trotz mancher Tendenzen in der Praxis genügt auch das Bestehen einer Haftpflichtversicherung allein nicht; Voraussetzung bleibt ein Haftungsfall (DEUTSCH, Allgemeines Haftungsrecht [2. Aufl 1996] Rn 16).

3. Der Begriff der unerlaubten Handlung

25 Die unerlaubte Handlung wird im Anschluß an eine ältere BGH-Entscheidung oft noch definiert als widerrechtliche Verletzung der allgemeinen, zwischen allen Personen bestehenden, gewissermaßen nachbarlichen Rechtsbeziehung, die von jedermann zu beachten sei und die die Grundlage des Gemeinschaftslebens bilde (BGHZ 34, 375, 380; SOERGEL/ZEUNER Rn 1; BGB-RGRK/STEFFEN Rn 8). Dabei sind zwei Dinge wohl unstrittig. Zum einen geht es nicht nur um Pflichten, die aus einem speziellen vertraglichen oder vertragsähnlichen Verhältnis resultieren, sondern eben um solche, die von jedermann eingehalten werden müssen. Zum anderen ist das Verschulden nicht konstitutiv für das Vorliegen einer unerlaubten Handlung (SOERGEL/ZEUNER Rn 2; BGB-RGRK/STEFFEN Rn 8). Schwieriger ist das **Merkmal der Rechtswidrigkeit**. Die heute hM spricht nämlich im Gebiet der Gefährdungshaftung nicht mehr von Unrecht, sondern von Schadloshaltung für den Fall, daß sich das Risiko verwirklicht (vgl zB BGHZ 105, 65, 68; genauer unten Rn 30). Ein Teil der Lehre

---

Haftungsrecht (1996); PICKER, Positive Forderungsverletzung und culpa in contrahendo – Zur Problematik der Haftungen „zwischen" Vertrag und Delikt, AcP 183 (1983) 369; ders, Vertragliche und deliktische Schadenshaftung – Überlegungen zu einer Neustrukturierung der Haftungssysteme, JZ 1987, 1041; SEILER, Tierhalterhaftung, Tiergefahr und Rechtswidrigkeit, in: FS Zeuner (1954) 279.

will demgemäß die Gefährdungshaftung nicht mehr zum Deliktsrecht zählen, wobei dieses und die unerlaubte Handlung Synonyme seien (SOERGEL/ZEUNER Rn 2; LARENZ/ CANARIS § 75 I 2 d). Nach hA meinen die Begriffe ebenfalls dasselbe, schließen aber die Gefährdungshaftung mit ein (BGB-RGRK/STEFFEN Rn 11; FIKENTSCHER Rn 1319). Für diese Ansicht spricht nicht zuletzt die – insoweit amtliche – Überschrift des 25. Titels, die zu den unerlaubten Handlungen auch die Gefährdungshaftung des § 833 S 1 zählt.

4. Die Erstreckung der Regeln über die unerlaubte Handlung

Prinzipiell sind die Vorschriften über unerlaubte Handlungen nicht auf den Anwendungsbereich der §§ 823 ff beschränkt, sondern können auf Tatbestände unerlaubter Handlungen **innerhalb und außerhalb des BGB** ausgedehnt werden. In Frage kommen namentlich Schadensersatzansprüche im Wettbewerbsrecht und im Urheberrecht (BGHZ 35, 329, 333; 36, 252, 254; 40, 391, 394; BGH NJW 1966, 975; 1980, 1224, 1225; BGB-RGRK/STEFFEN Rn 9). Allerdings sind gerade im Wettbewerbsrecht die Regelungen oftmals abschließend und sperren den Rückgriff auf das BGB (vgl unten § 823 Rn D 21). Anders liegt es gemäß § 97 Abs 3 UrhG im Urheberrecht, wenngleich angesichts des umfassend formulierten § 97 Abs 1 UrhG die §§ 823 ff keine weiter gehenden Ansprüche eröffnen werden. 26

5. Die Abgrenzung zu sonstigen Ansprüchen auf Schadensersatz

Nicht zum Recht der unerlaubten Handlungen gehören die §§ 42 Abs 2, 122 Abs 1, 160, 163, 179, 1435 S 3, 1833; es geht dabei um die **Haftung aus Sonderrechtsbeziehungen**, teilweise um Fälle der Vertrauenshaftung. Keine Erscheinungsform der unerlaubten Handlung ist auch § 228 S 2 (STAUDINGER/WERNER [1995] § 228 Rn 26); bei § 231 ist die Frage strittig, nach richtiger Ansicht liegt aber ebenfalls keine unerlaubte Handlung vor (vgl zB STAUDINGER/WERNER [1995] § 231 Rn 5; **aA** zB MünchKomm/vFELDMANN [3. Aufl 1993] § 231 Rn 1). Die Haftung aus den §§ 302 Abs 4 S 3, 600 Abs 2, 717 Abs 2, 945 ZPO wurde von der Rechtsprechung wiederholt als Folge einer unerlaubten Handlung angesehen (vgl zB BGHZ 78, 127, 129; BGH NJW 1957, 1926). Heute spricht man dagegen vorwiegend von einer **Risikohaftung** (zuletzt BGHZ 131, 233, 235; vgl ferner STEIN/JONAS/LEIPOLD, Zivilprozeßordnung [21. Aufl 1994] § 717 Rn 9 mwNw; KREUZER, in: FS Lorenz [1991] 137). Die Unterschiede dürften sich allerdings als wenig gravierend erweisen, wenn man den Begriff der unerlaubten Handlung weit faßt, wie man generell nicht allein von der sprachlichen Einordnung her die Rechtsfolgen ableiten sollte (BGB-RGRK/STEFFEN Rn 11). 27

II. Die Gefährdungshaftung

1. Die Funktion der Gefährdungshaftung

Die verschuldensabhängige Haftung wird ergänzt durch eine Reihe von Gefährdungshaftungstatbeständen, von denen sich § 833 S 1 im BGB, der Rest aber in Spezialgesetzen findet, zB §§ 1 ProdHaftG, 1 ff HPflG, 7 StVG, 33 LuftVG, 7, 25 AtomG, 84 AMG, 22 WHG, 114 BBergG, 1 UmweltHG. Ihr Zweck ist es, dem Gedanken der Gefahrveranlassung und -beherrschung Rechnung zu tragen (SOERGEL/ZEUNER Rn 12; LARENZ/CANARIS § 84 I 2 a; KÖTZ AcP 170 [1970] 20 f; MEDICUS Jura 1996, 28

563). Dem **Vorteil korrespondiert das Risiko** (MünchKomm/Mertens Rn 19; Larenz/Canaris § 84 I 2 a; Koziol, in: Nicklisch 145; Kreuzer, in: FS Lorenz [1991] 133; G Hager NJW 1991, 136). Wenn der Betrieb etwa einer Anlage schon ihrer sozialen Nützlichkeit wegen nicht verboten werden soll, so hat im Gegenzug der Inhaber doch für den Schaden einzustehen, den die Anlage verursacht (Esser 97; Kötz Rn 341; Medicus Jura 1996, 563; Cosack VersR 1992, 1439 f; Deutsch Jura 1983, 617; Leser AcP 183 [1983] 598). Auch der Gedanke der **Prävention** spielt eine Rolle (Koziol, in: Nicklisch 143; Medicus Jura 1996, 563); dabei ist umstritten, ob der Gefährdungshaftung ein besserer Effekt zukommt als der Verschuldenshaftung (so Kötz Rn 343 u 350; aA Cosack VersR 1992, 1440 f). Die Gefährdungshaftung dient schließlich der **Verteilung der Belastung**, da der haftende Unternehmer sich versichern und die Prämie in die Preise einrechnen (MünchKomm/Mertens Rn 19; Soergel/Zeuner Rn 12; Medicus Jura 1996, 563; Canaris öJBl 1995, 7; Deutsch Jura 1983, 617) oder aber die Schäden selbst begleichen und dies in der Kalkulation berücksichtigen kann (Soergel/Zeuner Rn 12). Strittig ist, ob man die Gefährdungshaftung gleichsam als Preis betrachten kann, der für das erlaubte Risiko zu entrichten ist (bejahend BGHZ 105, 65, 66; 107, 359, 367; Larenz VersR 1963, 597; Koziol, in: Nicklisch 145 f; Medicus Jura 1996, 564; aA Larenz/Canaris § 84 I 2 a).

2. Das Problem der Analogiebildung

29 Das **Enumerationsprinzip** der geltenden Gefährdungshaftung wirft die Frage nach der Zulässigkeit der Ausdehnung auf andere im Gesetz nicht vorgesehene Gefahrenlagen im Weg der **Analogie** auf. **Sie wird von der hM abgelehnt** (RGZ 99, 96, 98; 116, 226, 228; 147, 353, 356; 172, 156, 157 ff; BGHZ 54, 332, 336 f [insoweit durch BGHZ 99, 242 ff nicht überholt]; 55, 229, 233 f; 63, 234, 236 f; BGH NJW 1975, 117, 118; LM Nr 109 zu § 823 [Dc] unter I 1; VersR 1972, 1047, 1049; OLG Hamburg VersR 1982, 561, 562; MünchKomm/Mertens Rn 53; § 823 Rn 206; Soergel/Zeuner Rn 13, 34; BGB-RGRK/Steffen Rn 19; Larenz/Canaris § 84 I 1 b; Medicus, Schuldrecht BT Rn 869; ders Jura 1996, 562; Giesen NJW 1968, 1404; iE wegen der Unterschiede zu den im Gesetz geregelten Fällen auch RGZ 78, 171, 172; BGH NJW 1960, 1345, 1346; Deutsch Rn 363; anders aber ders Jura 1983, 624; de lege ferenda auch Leser AcP 183 [1983] 600), zum einen, weil das **Kriterium der Gefahr relativ unscharf** und als Grundlage einer Haftung daher wenig geeignet sei (Larenz/Canaris § 84 I 1 b; Medicus, Schuldrecht BT Rn 869; Giesen NJW 1968, 1404), zum anderen im Hinblick auf das **Interesse des Betroffenen**, der im voraus wissen müsse, ob eine verschuldensunabhängige Haftung in Betracht komme, schon deshalb, weil er nur dann die möglichen Vorkehrungen wie den Abschluß einer Haftpflichtversicherung treffen könne (Larenz/Canaris § 84 I 1 b). Die mit der Statuierung einer Gefährdungshaftung einhergehende Verteilungsfrage sei vom Gesetzgeber, nicht vom Richter zu lösen (MünchKomm/Mertens Rn 53). Das ist in all denjenigen Fällen für die Geschädigten problematisch, in denen das Risiko nicht vorhergesehen wurde, zumal da der Gesetzgeber oft lange braucht, bis er reagiert (Bauer, in: FS Ballerstedt [1975] 309; Koziol, in: Nicklisch 148; Kreuzer, in: FS Lorenz [1991] 133; Will, Quellen erhöhter Gefahr [1980] 108). Der Weg der Gesamtanalogie, den ein Teil der Lehre vorschlägt (Bauer, in: FS Ballerstedt [1975] 310 ff, 322 f; Koziol, in: Nicklisch 148 f; wohl auch Deutsch, Allgemeines Haftungsrecht [2. Aufl 1996] Rn 220; de lege ferenda auch Kreuzer, in: FS Lorenz [1991] 140 f; für das österreichische Recht Koziol, in: Bydlinski 59 f), leidet allerdings in der Tat daran, daß der Begriff der Gefahr zu wenig Konturen hat, um alleine den Analogieschluß rechtfertigen zu können. Auf der anderen Seite ist entgegen einer recht apodiktischen Formulierung des BGH (BGHZ 63, 234, 237; BGB-RGRK/Steffen Rn 16) **nicht jede Einzelanalogie generell ausgeschlossen** (BGHZ 55, 229,

234; MünchKomm/MERTENS Rn 24; LARENZ/CANARIS § 84 I 1 b; wohl auch DEUTSCH, Allgemeines Haftungsrecht [2. Aufl 1996] Rn 652; ders VersR 1971, 4). Eine solche – notwendige – Analogie ist jedenfalls dort angezeigt, wo die Lösung anderenfalls gegen den Gleichheitssatz verstieße (BAUER, in: FS Ballerstedt [1975] 321; vgl auch die Andeutung in BGHZ 55, 229, 234; ferner CANARIS öJBl 1995, 11 f, falls die Rechtsähnlichkeit durchschlagend sei). Es könnten dann Ungereimtheiten vermieden werden wie diejenige, daß bei Erdarbeiten die Gefährdungshaftung eingreift, dagegen der Unternehmer nur bei Verschulden haftet, wenn er dieselbe Aufgabe mit Hilfe eines nach § 8 StVG privilegierten Fahrzeugs durchführt (Bsp von KÖTZ AcP 170 [1970] 16, modifiziert). Mag eine Gefährdungshaftung auch für Schlepplifte angesichts einer Reihe gravierender Unterschiede zu einer Eisenbahn ausscheiden (BGH NJW 1960, 1345, 1346; CANARIS öJBl 1995, 11; vgl die ähnlichen Überlegungen in RGZ 78, 171, 172), so galt das für Schwebebahnen auch und gerade vor der Novelle des § 1 HPflG nicht in gleicher Weise. Auch animiert man bei der generellen Ablehnung von Einzelanalogien die Rechtsprechung, auf Verkehrspflichten auszuweichen, um die Haftung begründen zu können, und so die Standards der Verkehrspflicht übermäßig hoch anzusetzen (BAUER, in: FS Ballerstedt [1975] 307 ff; KOZIOL, in: NICKLISCH 147; KREUZER, in: FS Lorenz [1991] 133). Zwar kann bei zunächst nicht erkennbaren Gefahren das Risiko der Haftung nicht von vornherein einkalkuliert werden (KOZIOL, in: NICKLISCH 148; vom Standpunkt der Gegenauffassung aus auch LARENZ/CANARIS § 84 I 1 b), doch ist das nach den §§ 84 AMG, 22 WHG auch bei jetzt schon geltenden Gefährdungshaftungstatbeständen der Fall. Sehr strittig ist, ob man die Haftung für Mikroorganismen auf eine Analogie zu § 833 S 1 stützen kann (vgl ausführlich STAUDINGER/BELLING/EBERL-BORGES [1997] § 833 Rn 7 ff).

3. Die Unterschiede zwischen der Gefährdungshaftung und der Verschuldenshaftung

Die Gefährdungshaftung **verzichtet** definitionsgemäß **auf das Erfordernis des Verschuldens**. Wenig geklärt ist allerdings, **ob das Verhalten rechtswidrig** sein muß. **Die hM verneint** das (RGZ 141, 406, 407; BGHZ 24, 21, 26; 34, 355, 361; 105, 65, 68; LARENZ/CANARIS § 84 I 3 a; MEDICUS, Bürgerliches Recht [17. Aufl 1996] Rn 631; ders Jura 1996, 564; DEUTSCH Rn 362; ders, Allgemeines Haftungsrecht [2. Aufl 1996] Rn 644; ders Jura 1983, 618). Das Unterhalten der Gefahrenquelle als solches ist erlaubt und daher nicht rechtswidrig; durch den Erfolg kann es nicht nachträglich umqualifiziert werden. Außerdem kann das (potentielle) Opfer nicht eine vorbeugende Unterlassungsklage erheben (LARENZ/CANARIS § 84 I 3 a). Nach der **Gegenauffassung** bezweckt die Gefährdungshaftung den Schutz des einzelnen vor rechtswidrigen Eingriffen in seine Sphäre (BGHZ 57, 170, 176; 117, 110, 111; STAUDINGER/BELLING/EBERL-BORGES [1997] § 833 Rn 25; vBAR 131 ff; SEILER, in: FS Zeuner [1994] 292). Denn die Frage der Rechtswidrigkeit könne im Recht der unerlaubten Handlungen nicht unterschiedlich beantwortet werden (BGHZ 117, 110, 111 gegen RGZ 141, 406, 407). Zudem müsse die Haftung entfallen, wenn der unter einen Gefährdungshaftungstatbestand fallende Eingriff in Notwehr erfolgt sei (vBAR 135 f). Eine **vermittelnde Ansicht** spricht von Zustandsunrecht, das in Parallele zur Rechtsgrundlosigkeit des Bereicherungsrechts zu sehen sei (BÄLZ JZ 1992, 63). **Zu folgen** ist dem Ansatz der hM, da der Betrieb der Anlage trotz ihrer Gefahr objektivem Recht entspricht und daher nicht verboten werden kann. Verdichtet sich allerdings das Risiko, so kann die Unterlassungsklage auf die §§ 823, 1004 gestützt werden, da der Betrieb dann rechtswidrig wird (RGZ 172, 156, 158 [im dort entschiedenen Fall verneint]);

den nunmehr ja drohenden Eingriff in das Rechtsgut mißbilligt die Rechtsordnung (SEILER, in: FS Zeuner [1994] 292).

4. Die Abgrenzung zwischen der Gefährdungshaftung und der Verschuldenshaftung

31 Strittig ist die Frage, ob Gefährdungs- und Verschuldenshaftung ein einheitliches Rechtsinstitut sind. Das wird von einem Teil der Lehre befürwortet, da die Gefährdungshaftung die Haftung für eine entsprechend dem Grad der Gefahr objektivierte mangelnde Sorgfalt sei (vBAR 143; KOZIOL, in: BYDLINSKI 51 f; ders, in: NICKLISCH 146). Die Gegenauffassung hält die Unterschiede für so fundamental, daß sich die Zusammenfassung verbiete (LARENZ/CANARIS § 84 I 3 b; CANARIS öJBl 1995, 16). Eine Mittelmeinung differenziert. Deliktische Haftung setze bei der Verkehrspflicht an, die Gefahr abzuwenden, die Gefährdungshaftung verpflichte zum Ersatz, wenn zumutbare Sicherungsmaßnahmen von vornherein eine ausreichende Sicherheit im Hinblick auf die von der Aktivität ausgehende Gefahr nicht gewährleisten könnten (MünchKomm/MERTENS Rn 21). Das führe bei nicht voll beherrschbaren Gefahren zur Verneinung der Haftung, wenn die Verkehrspflicht erfüllt sei und mangels eines besonderen Gesetzes eine Gefährdungshaftung nicht bestehe (MünchKomm/MERTENS Rn 22).

5. Die Konkurrenz von Gefährdungshaftung und Verschuldenshaftung

32 Natürlich können Ansprüche aus Gefährdungshaftung und solche aus Verschuldenshaftung in **Idealkonkurrenz** nebeneinander stehen (BGHZ 29, 38, 44 [Amtshaftung]; 55, 180, 182 f; 62, 351, 355; BGH NJW 1976, 46; 1976, 291, 292; MünchKomm/MERTENS Rn 25; BGB-RGRK/ STEFFEN Rn 17; DEUTSCH, Allgemeines Haftungsrecht [2. Aufl 1996] Rn 647; der Sache nach auch BGHZ 115, 84, 89). Das spielt eine Rolle namentlich beim Ersatz immaterieller Schäden nach § 847. Er ist an Verschulden geknüpft; eine Ausnahme gibt es bei der Tierhalterhaftung des § 833 S 1, nach § 29 Abs 3 AtomG und nach § 53 Abs 3 LuftVG. Das Schrifttum fordert seit langem in dieser Hinsicht eine **Reform** (MünchKomm/MERTENS Rn 25 mwNw; LARENZ/CANARIS § 84 I 1 d). Zum einen seien die Tatbestände oft eng benachbart (MünchKomm/MERTENS Rn 25). Zum anderen könne das Schmerzensgeld seine Ausgleichsfunktion entfalten; auch sei es höchst unpraktikabel, die meist schwierigere deliktsrechtliche Anspruchsgrundlage nur des Schmerzensgeldes wegen prüfen zu müssen (LARENZ/CANARIS § 84 I 1 d).

E. Das Verhältnis zu den anderen Regelungskomplexen

I. Deliktsrecht und Bereicherungsrecht

1. Der unterschiedliche Ausgangspunkt

33 Die Unterscheidung zum Bereicherungsrecht ist im Prinzip einfach. Das Bereicherungsrecht **schöpft die Bereicherung des Anspruchsgegners ab**, während das Recht der unerlaubten Handlungen die Grundlage für die **Kompensation der Einbußen beim Geschädigten**, also beim Anspruchsteller, schafft (LARENZ/CANARIS § 67 I 1 b; ESSER/ WEYERS § 54 IV). Das kann **Unterschiede auch in der Passivlegitimation** bedeuten. Bei einer Eingriffskondiktion, bei der der Begünstigte abgesehen von § 818 Abs 3 keinen

Vertrauensschutz genießt, haftet er, auch wenn nicht er selbst, sondern ein Dritter die Vermögensverschiebung vorgenommen hat. Paradebeispiel ist der Hausmeister, der Holz verschürt, das nicht dem Eigentümer oder Mieter des Hauses gehört. Dieser und nicht der Hausmeister selbst ist bei fehlendem Verschulden der Beteiligten Anspruchsgegner (LARENZ/CANARIS § 69 I 3 a). Dagegen haftet der Hausmeister aus § 823 Abs 1 wegen Verletzung des Eigentums, wenn ihm Fahrlässigkeit beim Verbrennen des Holzes vorzuwerfen ist. Ist bei einem schuldlosen Einbau gestohlener Sachen nach hM der Bauunternehmer nur Anspruchsgegner, wenn der Eigentümer in Analogie zu § 185 Abs 2 genehmigt (MünchKomm/LIEB [3. Aufl 1997] § 812 Rn 246; LARENZ/CANARIS § 70 III 2 b; ders, in: FS Larenz I [1973] 856 Fn 153), so ändert sich das Bild bei Verschulden. Der Unternehmer ist dann neben dem Bauherrn passivlegitimiert (vgl unten § 823 Rn B 67 f).

2. Das Deliktsrecht und der Zuweisungsgehalt

Ohne nähere Problematisierung hat der BGH auch bei **unverschuldeter Persönlichkeitsverletzung** das Vorliegen einer Eingriffskondiktion bejaht (BGHZ 20, 345, 354 f; 81, 75, 81 f; BGH NJW 1979, 2205, 2206; 1992, 2084, 2085; LM Nr 187 zu § 812 unter 2) und damit das Deliktsrecht als Paradigma für den Zuweisungsgehalt im Rahmen der Eingriffskondiktion herangezogen. Dasselbe hat das Gericht für den **rechtmäßigen Besitz angenommen** (BGH NJW 1987, 771, 772), umgekehrt die deliktische Haftung an Zuweisungsregeln außerhalb des Deliktsrechts ausgerichtet (BGH NJW 1991, 2420, 2421 im Hinblick auf die §§ 989, 993). Diesen Gedanken **generalisieren** Teile der Literatur (LARENZ/CANARIS § 69 I 1 c; REUTER/MARTINEK, Ungerechtfertigte Bereicherung [1983] § 3 III 3; § 26 IV 2; skeptisch aber STAUDINGER/LORENZ [1994] § 812 Rn 23). Man kommt somit zu einer Stufung. Abschöpfung wird bei schuldlosem Eingriff, Schadensersatz bei Verschulden gewährt. Allerdings hat die Rechtsprechung beim **Gewerbebetrieb** anders entschieden und die Parallele abgelehnt (BGHZ 71, 86, 98; 107, 117, 121). Doch dürfte das der paradigmatischen Funktion des Deliktsrechts letztendlich keinen Abbruch tun, weil bei diesem Rahmenrecht erst die Modalität des Eingriffs über den Schutzumfang und damit über den Zuweisungsgehalt entscheidet. 34

II. Die Konkurrenz zum Eigentümer-Besitzer-Verhältnis ist dort besprochen (STAUDINGER/GURSKY [1993] Vorbem 49 ff zu §§ 987 ff). 35

III. Deliktsrecht und Gläubigeranfechtung

Die bloße Anfechtbarkeit nach § 3 AnfG bzw nach den §§ 29 ff KO (nunmehr: §§ 129 ff InsO) verwirklicht nach hM nicht den Tatbestand einer unerlaubten Handlung (RGZ 74, 224, 226; 155, 327, 330; BGHZ 56, 339, 355; 130, 314, 330; BGH NJW 1972, 719, 721; 1990, 990, 991; 1996, 2231, 2232; LM Nr 29 zu § 826 [Gd] unter II 1; BGB-RGRK/STEFFEN Rn 45; JAUERNIG, Zwangsvollstreckungs- und Konkursrecht [20. Aufl 1996] § 20 II 3; KILGER/K SCHMIDT, Insolvenzgesetze [17. Aufl 1997] § 29 Anm 5; KUHN/UHLENBRUCK, Konkursordnung [11. Aufl 1994] § 29 Rn 44; HUBER, in: GOTTWALD [Hrsg], Insolvenzrechts-Handbuch [1990] § 48 Rn 9). Allerdings kann das Geschäft **sittenwidrig** sein und dadurch einen Anspruch aus § 826 auslösen (RGZ 74, 224, 229; BGHZ 130, 314, 330 f mwNw; BGH NJW 1996, 2231, 2232; FamRZ 1970, 188, 189 f; BGH LM Nr 29 zu § 826 [Gd] unter II 1; Nr 2 zu § 826 [Ge] unter 2; Nr 1 zu § 393 Rücks; JAEGER/HENCKEL, Konkursordnung [9. Aufl Stand 1990] § 29 Rn 218), wie dies namentlich der Fall sein mag, wenn sich der Schuldner von Unterhaltsleistungen durch eine planmä- 36 ßig unternommene Entäußerung seines gesamten Vermögens der Unterhaltspflicht entzieht (RGZ 74, 224, 229; BGH FamRZ 1970, 188, 189 f; LM Nr 2 zu § 826 [Ge] unter 2). So nimmt denn auch im Fall des § 31 KO (nunmehr: §§ 132 f InsO) die hM an, daß die §§ 823 ff konkurrieren können (RGZ 84, 243, 253 [im Rahmen des § 32 ZPO]; KILGER/K SCHMIDT, Insolvenzgesetze [17. Aufl 1997] § 29 Anm 5; JAUERNIG, Zwangsvollstreckungs- und Konkursrecht [20. Aufl 1996] § 50 II 3).

F. Delikt und Vertrag*

I. Die Unterschiede in den Regelungen

37 Die Haftung aufgrund bestehender Schuldverhältnisse bzw einer vorvertraglichen Sonderbeziehung und aufgrund der Vorschriften der unerlaubten Handlung unterscheiden sich schon in den **Voraussetzungen**. Die unerlaubte Handlung setzt den Verstoß gegen eine Pflicht voraus, die jeder kraft Gesetzes zu beachten hat und die dem Schutz von jedermann dient (BGHZ 34, 375, 380; BGH NJW 1992, 1511, 1512; SOERGEL/ZEUNER Rn 41). Im Vertragsrecht geht es dagegen um besondere, nur zwischen den Parteien bestehende Rechte und Pflichten (BGH NJW 1992, 1511, 1512). Eine Vertragsverletzung kann aber auch eine unerlaubte Handlung sein, wenn sie zugleich die Verletzung allgemeiner Pflichten bedeutet (BGHZ 24, 188, 190; BGH NJW 1992, 1511, 1512). Aber auch die **Rechtsfolgen** divergieren. **Primäre Vermögensschäden** sind von der pVV bzw der cic abgedeckt, während sie im Katalog des § 823 Abs 1 nicht auftauchen (vgl unten § 823 Rn B 192). Bei bestehenden Sonderverbindungen wird das **Verschulden** des **Erfüllungsgehilfen** wie auch dasjenige des gesetzlichen Vertreters dem Schuldner zugerechnet. § 831 als eigene Anspruchsgrundlage knüpft im deliktischen Bereich zwar an das vermutete Auswahl- und Überwachungsverschulden des Geschäftsherrn an, jedoch ist der Begriff des **Verrichtungsgehilfen** enger als derjenige des Erfüllungsgehilfen. Obendrein eröffnet § 831 Abs 1 S 2 die **Möglichkeit der Exkulpation**, mag diese auch in vielen Fällen durch das Organisationsverschulden iE nicht eingreifen. Auch die **Beweislast** divergiert. Nach § 282 wird – mit Modifikationen etwa im Rahmen der pVV – das Verschulden vermutet, während es im Deliktsrecht vom Anspruchsteller nachzuweisen ist, wobei allerdings auch hier Beweiserleichterungen eingreifen können. Ferner kann der **Umfang des zu ersetzenden Schadens** bzw der Entschädigung divergieren. Die §§ 844 f setzen ebenso eine unerlaubte Handlung voraus wie § 847. Und schließlich weichen die **Verjährungsfristen** des § 852 und des § 195 voneinander ab. Auch dabei können allerdings Sonderregeln einschlägig sein – man denke etwa an die analoge Anwendung des § 477 im Bereich der Mangelfolgeschäden.

---

* **Schrifttum:** ARMBRÜSTER, Der Schutz von Haftpflichtinteressen in der Sachversicherung (1994); ders, Zur Haftung des Mieters für Sachschäden bei bestehender Sachversicherung des Vermieters, NJW 1997, 177; DIETZ, Anspruchskonkurrenz bei Vertragsverletzung und Delikt (1934); FUCHS, Versicherungsschutz und Versicherbarkeit als Argumente bei der Schadensverteilung, AcP 191 (1991) 318; ders, Gewillkürte Haftungsersetzung durch Versicherungsschutz, BB 1992, 1217; GEORGIADES, Die Anspruchskonkurrenz im Zivilrecht und im Zivilprozeßrecht (1968); HUBER, Rechtsfolgen der Überwälzung von Prämien einer Sachversicherung beim Mietvertrag, VersR 1998, 265; JAHNKE, Haftungs- und Verschuldensbeschränkungen bei der Abwicklung von Haftpflichtfällen, VersR 1996, 294.

25. Titel.
Unerlaubte Handlungen

II. Die Konkurrenz

1. Die hM

Nach Rechtsprechung und hL bestehen Ansprüche aus Vertrag bzw vertragsähnlichen Verhältnissen und Delikt **grundsätzlich nebeneinander und unabhängig voneinander** (RGZ 85, 185, 186; 87, 306, 309; 88, 317 f; 88, 433, 434 f; 89, 338, 341; 89, 384, 385; 90, 65, 68; 92, 143, 152; 99, 96, 103; 116, 213, 214; 127, 14, 18; BGHZ 9, 301, 302; 17, 214, 217; 24, 188, 191 f; 32, 194, 203; 32, 297, 302; 40, 140, 141; 55, 392, 395; 61, 203, 204; 66, 315, 319; 67, 359, 363; 96, 221, 228; 100, 157, 182; 101, 337, 344; 110, 323, 328; 116, 297, 300; 123, 394, 398; BGH NJW 1957, 1150, 1151; 1974, 234, 235; 1978, 2241, 2242; 1979, 2148; 1991, 562, 563; 1993, 655, 656; 1994, 2755, 2756; 1998, 2282, 2283; LM Nr 1 zu § 823 [Ad]; Nr 4 zu § 830 unter I; Nr 25 zu § 635 unter II 2; NJW-RR 1996, 1121, 1122; JR 1978, 510; PALANDT/THOMAS Rn 4; ERMAN/SCHIEMANN Rn 25; MünchKomm/MERTENS Rn 29; SOERGEL/ZEUNER Rn 35, 40; BGBG-RGRK/STEFFEN Rn 35; ESSER/WEYERS § 54 IV; MEDICUS, Gesetzliche Schuldverhältnisse [3. Aufl 1996] 7; **aA** noch RGZ 67, 182, 185, das die deliktische Haftung nur bejahte, wenn sie [nur] bei Gelegenheit der vertraglichen Verrichtung begangen wurde). Nach dieser Konzeption verdrängt das Vertragsrecht das Deliktsrecht nicht, sondern tritt neben dieses. So konkurriert etwa im Arzthaftungsrecht die pVV mit § 823 Abs 1. Dabei ist allerdings nicht ausgeschlossen, daß auch **deliktische Regeln durch vertragliche Abreden oder Normen des Schuldrechts modifiziert werden** (vgl zB BGHZ 46, 313, 316; 86, 234, 239 f; 93, 23, 29; 96, 221, 229; BGH NJW 1998, 2282, 2283; SOERGEL/ZEUNER Rn 43; MünchKomm/MERTENS Rn 30). Für die Annahme einer Konkurrenz spricht vor allem, daß es nicht überzeugen kann, wenn der Vertragspartner schlechter geschützt wird als ein beliebiger Dritter (vgl schon RGZ 88, 433, 435); der Vertrag verstärkt vielmehr die außervertragliche Pflicht, die Rechtsgüter Dritter nicht zu verletzen (RGZ 116, 213, 214; SOERGEL/ZEUNER Rn 46). So besteht konsequenterweise etwa weitgehend Konsens darüber, daß die Haftung des Spediteurs sich nicht ausschließlich nach dem HGB richtet, sondern auch § 823 Abs 1 als Grundlage in Frage kommt (BGHZ 123, 394, 398; vgl auch BGHZ 32, 194, 203; 32, 297, 302). Das kann im Einzelfall anders sein, wenn sich aus der vertraglichen Abrede oder aus dem Telos des das konkrete Schuldverhältnis regelnden Gesetzes etwas anderes ergibt (vgl schon RGZ 88, 433, 436; ferner BGHZ 46, 140, 141; 66, 315, 319 f); dies kann jedoch nicht als generelle Regel unterstellt werden. Eine wichtige Rolle spielt die Konkurrenz namentlich beim sog weiterfressenden Mangel (vgl dazu unten § 823 Rn B 106 ff).

2. Die Mindermeinung

Abgesehen von dem Spezialfall der weiterfressenden Mängel wird die generelle Verdrängung des Deliktsrechts durch das Vertragsrecht relativ selten vertreten (STAUB/HELM, Handelsgesetzbuch [4. Aufl 1993] § 429 Rn 290; Hinweise zu älteren Auffassungen bei DIETZ 70 Fn 1 und 2). Die Verfechter der Mindermeinung weisen vor allem darauf hin, mit einer konkurrierenden Haftung werde der **gesetzestechnische Zweck der Haftungsbeschränkung** unterlaufen (STAUB/HELM, Handelsgesetzbuch [4. Aufl 1993] § 429 Rn 292), die haftungsbeschränkende Norm drohe bedeutungslos zu werden (STAUB/HELM, Handelsgesetzbuch [4. Aufl 1993] § 429 Rn 294). Dem ist so pauschal jedenfalls **nicht zu folgen**. Denn zum einen gibt es Ansprüche etwa nach § 847 nur, wenn man generell die Konkurrenz bejaht. Zum anderen kann erst die Einzelanalyse der vertraglichen Abrede bzw der gesetzlichen Regelung des speziellen Schuldverhältnisses ergeben, ob und inwieweit die dort vorgesehenen Rechtsfolgen auf konkurrierende Deliktsansprüche anzuwenden sind. Man mag dies im Einzelfall anders entscheiden als die Rechtsprechung; jedoch kann man dem Problem nicht mit einer generellen Verneinung der Konkurrenz begegnen.

3. Anspruchs- oder Anspruchsnormenkonkurrenz

40 Eine davon zu trennende Frage betrifft das Problem, ob man es mit mehreren Ansprüchen oder mit einem Anspruch zu tun hat, der mehrfach begründet ist. Für den letztgenannten Weg der **Anspruchsnormenkonkurrenz** hat sich ein Teil der Lehre ausgesprochen (JAUERNIG/TEICHMANN Rn 3; LARENZ, Schuldrecht Bd II BT [12. Aufl 1981] § 75 VI; FIKENTSCHER Rn 1195; MünchKomm/ROTH [3. Aufl 1994] § 398 Rn 86; GEORGIADES 205 mwNw), während die hM **Anspruchskonkurrenz** bejaht (vgl außer den unter Rn 38 genannten Nachweisen noch MünchKomm/KRAMER [3. Aufl 1994] § 241 Rn 25). Die Klärung von Sachproblemen wird allerdings auch durch die Annahme der Mindermeinung nicht gefördert. Denn selbst in der Frage, wie bei unterschiedlich langen Verjährungsfristen entschieden werden soll, läßt die Mindermeinung Lösungen zu, die nach Anspruchsgrundlagen differenzieren (FIKENTSCHER Rn 1195; LARENZ, Schuldrecht Bd II BT [12. Aufl 1981] § 75 VI). Dann aber kann man es bei der traditionellen Sicht der Anspruchskonkurrenz belassen. Der Umfang der Abtretung bleibt ein im Rahmen des § 398 zu lösendes Problem (vgl STAUDINGER/KADUK[12] § 398 Rn 8).

III. Die Modifizierung des Deliktsrechts durch vertragliche Abreden und durch das Gesetz

1. Der Haftungsausschluß und die Haftungsbeschränkung

a) Die Möglichkeit und die Grenzen des Ausschlusses

41 Nach hM kann die Haftung für unerlaubte Handlungen **durch vertragliche Abreden ausgeschlossen oder begrenzt werden** (RGZ 88, 433, 436; BGHZ 9, 301, 306; 47, 53, 56; 54, 264, 267; 61, 227, 231; 98, 59, 64; 98, 235, 237; 116, 297, 301; 123, 394, 399; BGH NJW 1965, 151; 1992, 687; OLG Frankfurt aM MDR 1994, 447 jeweils für die Verkürzung der Verjährung; BGHZ 72, 312, 318; 84, 234, 239 f; 96, 221, 229; 116, 297, 301; BGH NJW 1998, 2282, 2283; OLG Hamm NJW-RR 1990, 954, 955; 1993, 672 [Haftungsbegrenzung]; PALANDT/HEINRICHS § 276 Rn 57; MünchKomm/MERTENS Rn 34; MEDICUS, Bürgerliches Recht [17. Aufl 1996] Rn 640; LANGE, Schadensersatz [2. Aufl 1990] § 10 XVI 1). Soweit das Haftungsrecht Leib und Leben schützt, wird eine Abdingung allerdings zT abgelehnt (DEUTSCH, Allgemeines Haftungsrecht [2. Aufl 1996] Rn 619 mwNw). Doch ist anstelle eines pauschalen Verbots eine **intensivere Kontrolle der Klauseln** angezeigt; sie kann durchaus aber die Wirksamkeit etwa bei einem riskanten Handeln unberührt lassen, so daß im Ansatz der hM zu folgen ist. Allerdings sind die **Grenzen des Ausschlusses** zu beachten. Er ist schon in einigen Gesetzen verboten; man denke etwa an die §§ 7 HaftPflG, 8 a Abs 2 StVG und 49 LuftVG. Zu beachten sind ferner die Grenzen, die die §§ 138, 242, 276 Abs 2 und die §§ 11 Nr 7, 9 Abs 1 AGBG ziehen (vgl STAUDINGER/LÖWISCH [1995] § 276 Rn 93 ff). Auch ansonsten müssen die rechtsgeschäftlichen Voraussetzungen gegeben sein, weswegen etwa ein Minderjähriger die Zustimmung seines gesetzlichen Vertreters benötigt (BGH NJW 1958, 905; OLG Bamberg NJW 1949, 506; PALANDT/HEINRICHS § 254 Rn 71; MünchKomm/GITTER [3. Aufl 1993] vor § 104 Rn 94; SOERGEL/HEFERMEHL [12. Aufl 1988] § 107 Rn 9) und der Verzichtende nicht sinnlos betrunken sein darf (OLG Bamberg VersR 1985, 786).

b) Der konkludente Haftungsausschluß

Die bloße Möglichkeit, die Haftung zu beschränken oder auszuschließen, macht 42 natürlich die Prüfung, ob denn im Einzelfall eine solche Vereinbarung getroffen wurde, nicht entbehrlich. Schwierigkeiten gibt es dabei namentlich in Konstellationen, in denen der Schädiger dem Geschädigten eine **Gefälligkeit** erweisen wollte; hier geht es um die Frage, ob dabei die Haftung durch konkludentes Verhalten ausgeschlossen ist. In etwas modifizierter dogmatischer Gestalt stellt sich das Problem, ob ein bestehender Vertrag ergänzend auszulegen und um einen Haftungsausschluß zu erweitern ist (beide dogmatischen Ansätze werden vermengt von BGH NJW 1992, 2474, 2475; 1993, 3067, 3068; es ging jeweils um die Frage, ob ein Vertrag geschlossen war). Die wechselvolle Geschichte der Rechtsprechung und Lehre soll hier nicht im einzelnen nachgezeichnet werden (vgl die ausführliche Darstellung bei STAUDINGER/SCHÄFER[12] Rn 63 ff), die Darstellung beschränkt sich auf den heutigen Diskussionsstand.

aa) Die Regel: Kein Haftungsausschluß

Nach hM darf ein Haftungsverzicht nicht ohne weiteres bejaht werden, selbst wenn 43 dem Geschädigten eine Gefälligkeit erwiesen wurde. Die Annahme eines solchen konkludenten Haftungsverzichts bzw einer Haftungsbeschränkung sei eine **künstliche Rechtskonstruktion**. Sie gehe von einem Verzicht aus, an den niemand gedacht habe und der infolgedessen auf einer **Willensfiktion** beruhe (BGHZ 34, 355, 361 [Einwilligung in Körperverletzung]; 39, 156, 158; 41, 79, 81; 43, 72, 76 f; 63, 140, 144; 76, 32, 34; BGH NJW 1966, 41 f; 1980, 1681, 1682; 1992, 2474, 2475; 1993, 3067, 3068; LM Nr 12 zu § 254 [Da] unter 2; Nr 160 zu § 823 [Aa] unter II 2 a; LARENZ, Schuldrecht Bd I AT [14. Aufl 1987] § 31 I b; iE auch BGHZ 30, 40, 46 f; 98, 18, 28; BGH NJW 1979, 414; BGH VersR 1962, 1010 f; 1964, 1047; 1966, 693; 1967, 379; 1967, 822, 823; 1972, 959; LM Nr 18 zu § 254 [Da] unter I 3; OLG Hamburg VersR 1970, 188, 189; OLG Karlsruhe OLGZ 1980, 386, 387; OLG Frankfurt aM VersR 1989, 1046, 1047; PALANDT/HEINRICHS § 254 Rn 80; SOERGEL/ZEUNER Rn 68; MünchKomm/MERTENS Rn 39; JAHNKE VersR 1996, 300; aA LG Bonn NJW-RR 1994, 797, 798 mwNw für leichte Fahrlässigkeit). Namentlich gilt das, wenn die Haftungsbeschränkung nur den Effekt hätte, daß ein an sich **bestehender Versicherungsschutz nicht zum Tragen kommt** (BGHZ 39, 156, 158; 63, 51, 59 f; BGH NJW 1966, 41, 42; 1979, 414, 415; 1986, 2883, 2884; 1992, 2474, 2475; 1993, 3067, 3068; LM Nr 12 zu § 254 [Da] unter 2; OLG Frankfurt aM NJW 1998, 1232, 1233; PALANDT/HEINRICHS § 254 Rn 80; MünchKomm/MERTENS Rn 39; iE auch BGH VersR 1962, 252, 253; erwogen schon in RG JW 1934, 2033, 2034). Umgekehrt kann aber der Umstand, daß der Schaden zunächst durch eine Versicherung des Geschädigten gedeckt ist, nicht ohne weiteres bedeuten, daß die Haftung konkludent ausgeschlossen ist (BGH LM Nr 59 zu § 67 VVG unter I 2 b; vgl sogleich unten Rn 45). Dies alles gilt nicht nur im Rahmen **von Gefälligkeitsfahrten** (wenngleich die meisten Fälle sich um diese Frage drehen), sondern auch bei **anderen Gefälligkeiten**, etwa der unentgeltlichen Mitnahme in einem Flugzeug (BGHZ 76, 32, 34 f), der Überlassung eines Reitpferdes (BGH NJW 1992, 2474, 2475) oder der Einladung zu einer Treibjagd (**aA** noch RGZ 128, 39, 45; dagegen schon STAUDINGER/SCHÄFER[12] Rn 68). **Die Motive** wie Freundschaft, sexuelle Beziehungen usw sind dabei ohne Belang; auch bei Angehörigen, Freunden usw gelten die geschilderten Regeln (BGHZ 41, 79, 81 [Eheleute]; 43, 72, 76 [Vater – Sohn]; BGH NJW 1964, 1895, 1898 [Stiefvater – Stieftochter]; MünchKomm/MERTENS Rn 39; JAHNKE VersR 1996, 300 mwNw). Grundsätzlich ändert sich an diesen Regeln auch dadurch nichts, daß der später Geschädigte das Verhalten des Schädigers gefördert oder gar provoziert hatte, sich etwa erfreut über die flotte Fahrweise geäußert (RG WarnR 1932 Nr 117 = S 238, 239; zu diesen Fällen SOERGEL/ZEUNER Rn 69) oder gar noch zur Beschleunigung des Fahrzeugs aufgefordert hatte (RG JW 1938, 2353,

2354). Auch derjenige, der bei einem erkennbar Betrunkenen mitfährt, verzichtet nicht etwa dadurch auf die Haftung (so iE zB BGH NJW 1979, 2109; 1988, 2365, 2366) – erst recht nicht, wenn er selbst betrunken ist (BGH LM Nr 12 zu § 254 [Da] unter 2; OLG Hamm MDR 1996, 149). Eine Rolle kann die **Entgeltlichkeit der Tätigkeit** spielen. Wenn allerdings vom Täter bei Unentgeltlichkeit nur eine geringere Beachtung der Verkehrspflichten soll erwartet werden dürfen (MünchKomm/MERTENS Rn 39; zT aA LANGE, Schadensersatz [2. Aufl 1990] § 10 XVII aE = S 654 f, der auf die persönliche Qualifikation des Handelnden abstellt), so ist dem jedenfalls bei Körperschäden nicht zu folgen; liefe es doch wiederum auf einen generellen Haftungsausschluß hinaus. Vielmehr ist in all diesen Fällen an eine Reduzierung des zu leistenden Schadensersatzes nach § 254 Abs 1 zu denken; die Norm erlaubt flexiblere Lösungen als ein fiktiver Ausschluß mit der mißlichen Konsequenz, daß der Anspruch zur Gänze entfällt.

bb) Die Ausnahmen
α) Haftungsausschluß aus Billigkeitsgründen

44 Allerdings läßt die Rechtsprechung **Ausnahmen** von diesen Grundsätzen zu. Am problematischsten ist die Annahme, ein **stillschweigender Haftungsausschluß** komme in Betracht, wenn feststehe, daß der Schädiger, wäre die Lage vorher besprochen worden, einen Haftungsausschluß gefordert hätte, den **der Geschädigte billigerweise nicht hätte ablehnen dürfen** (BGH NJW 1979, 414, 415; 1980, 1681, 1682; 1992, 2474, 2475; VersR 1978, 625 f; 1980, 384, 386; OLG Karlsruhe OLGZ 1980, 386, 388; OLG Frankfurt aM VersR 1989, 1046, 1047; OLG Dresden VersR 1998, 1027, 1028; PALANDT/HEINRICHS § 254 Rn 71, 81; ähnl LG Berlin VersR 1991, 697 f). Diese Formel, die früher namentlich wegen des umfassenden Ausschlusses des Versicherungsschutzes des Halters bei Schädigungen durch den Fahrer eine große Rolle spielte, ist durch die Änderung von § 11 Nr 2 AKB in ihrer Bedeutung stark zurückgegangen. Immerhin sind Sach- und allgemeine Vermögensschäden des Halters nach wie vor nicht gedeckt; insoweit nimmt die Rechtsprechung nach wie vor einen Haftungsausschluß an (OLG Karlsruhe OLGZ 1980, 386, 387 f; OLG Frankfurt aM NJW-RR 1986, 1350, 1351; 1998, 1232). Jedoch muß man zumindest fordern, daß der **Geschädigte ein besonderes Interesse** daran hatte, daß ihm der spätere Schädiger die Gefälligkeit erwies, sich zB als Fahrer zur Verfügung stellte (BGH NJW 1979, 414, 415; OLG Frankfurt aM NJW-RR 1986, 1350, 1351; OLG München DAR 1998, 17; SOERGEL/ ZEUNER Rn 60). Auch mißglückte Bergungsversuche von eingesunkenen Lastwagenanhängern gehören nach der Rechtsprechung hierher (OLG Dresden VersR 1998, 1027, 1028). Dabei soll **nach der Rechtsprechung auch die Haftung für grobe Fahrlässigkeit ausgeschlossen werden können** (BGH VersR 1980, 384, 386; SOERGEL/ZEUNER Rn 60; aA OLG Frankfurt aM NJW 1998, 1232, 1233); das geht bei einer stillschweigenden Abrede **zu weit**.

β) Bestehen einer Sachversicherung des Geschädigten

45 Als **zweite Ausnahme** kommen Fälle in Betracht, in denen **der Geschädigte eine Versicherung** abgeschlossen hatte. Nach der von der Minderheit vertretenen versicherungsrechtlichen Lösung ist in derartigen Fällen von einem (stillschweigenden) **Regreßverzicht des Versicherers** auszugehen (PRÖLLS, in: PRÖLLS/MARTIN, VVG [26. Aufl 1998] § 80 Rn 14, 26; ARMBRÜSTER 121 f; ders NJW 1997, 178). Nach hM decken reine Sachversicherungen auch dann nur das **Sachinteresse des Eigentümers**, wenn die Sache an den Schädiger vermietet war, da sie ansonsten in eine Haftpflichtversicherung umfunktioniert würde (BGHZ 22, 109, 114; 30, 40, 43; 43, 295, 297; 131, 288, 291 f; BGH NJW 1994, 585, 586; LM Nr 59 zu § 67 VVG unter I 1; VersR 1992, 311; OLG Hamm VersR 1984, 749, 750; iE auch

OLG Celle VersR 1988, 27, 28; **aA** ARMBRÜSTER NJW 1997, 177 f). Diese herrschende haftungsrechtliche Lösung ist der versicherungsrechtlichen vorzuziehen, da diese Nachteile des Mieters riskiert, wenn der Vermieter abredewidrig keine Versicherung abschließt (HUBER VersR 1998, 277); jedenfalls müßte man in dieser Konstellation auch vom Boden der versicherungsrechtlichen Lösung aus von einem zusätzlichen Haftungsausschluß zwischen Vermieter und Mieter ausgehen. Problematisch sind aber die Kriterien. Nach überwiegender Ansicht wird die Haftung durch eine stillschweigende Abrede nur dann beschränkt, **wenn der Geschädigte die Kosten der Versicherung offen auf den Schädiger abgewälzt hatte** (RGZ 122, 292, 294; BGHZ 22, 109, 113 ff [durch § 15 II AKB iE obsolet; vgl Fuchs BB 1992, 1218]; 131, 288, 293; BGH NJW 1994, 1408, 1409; LM Nr 58 zu § 67 VVG unter II 2; MünchKomm/MERTENS Rn 38; iE auch LANGE, Schadensersatz [2. Aufl 1990] § 10 XVI 2; FUCHS AcP 191 [1991] 366; ders BB 1992, 1219) **oder ihn auf das Bestehen einer Versicherung hingewiesen hatte** (BGHZ 43, 295, 299 f; HUBER VersR 1998, 273). Dem stehe gleich, daß der Geschädigte sich ausdrücklich zum Abschluß verpflichtet habe (BGHZ 108, 305, 318; BGH NJW 1986, 1813, 1814; LM Nr 58 zu § 67 VVG unter II 2; OLG Düsseldorf VersR 1995, 55; PALANDT/HEINRICHS § 254 Rn 72; FUCHS BB 1992, 1219); diese Abrede ergebe nur einen Sinn, wenn die Versicherung dem Schädiger auch irgendwie zugute komme (BGH LM Nr 58 zu § 67 VVG unter II 2). Dagegen liegt nach der Rechtsprechung **nicht stets ein konkludenter Verzicht** vor, wenn der Geschädigte, etwa der Vermieter, die an die Versicherung **zu zahlende Prämie in den Mietzins** des Schädigers, also des Mieters, **mit einkalkuliert hatte**. Eine ergänzende Auslegung komme nur dann in Betracht, wenn entsprechende Anhaltspunkte im Mietvertrag vorlägen (BGHZ 131, 288, 295; BGH LM Nr 59 zu § 67 VVG unter I 2 a). Ohne einen solchen Anhaltspunkt könne dagegen ein Verzicht, der nur dem Mieter nütze, nicht angenommen werden (BGHZ 131, 288, 295 f; BGH LM Nr 59 zu § 67 VVG unter I 2 b). Ansonsten käme man nämlich immer zu einer Haftungsbeschränkung, da die Kosten für die Versicherungen stets in die Preise einflössen (FUCHS BB 1992, 1219 f). Um aber auf der anderen Seite eine nicht vertretbare Unterscheidung zwischen der Ausweisung der Versicherungsprämie in den Nebenkosten oder als Teil der Kaltmiete zu vermeiden und der Frage des ausdrücklichen Hinweises keine übermäßige Rolle zuzuweisen, muß es zur Annahme eines Haftungsverzichts ausreichen, wenn dem **Mieter der Abschluß der Versicherung bekannt** ist und die **Kosten auf ihn faktisch überwälzt werden**. Dann liegt ein entsprechender Anhaltspunkt vor (abl zu diesem Kriterium ARMBRÜSTER NJW 1997, 177). Daß der Vermieter eine Prämienerhöhung nur bei ausdrücklicher Vereinbarung an den Mieter weitergeben könne (so HUBER VersR 1998, 273), überzeugt wegen § 4 Abs 1 MHG iVm § 27 der Zweiten Berechnungsverordnung und Anlage 3 Nr 13 nicht. Die noch weiter gehende These, es stehe dem Vermieter gar frei, eine derartige Versicherung abzuschließen oder aber nur das eigene Risiko abzusichern (HUBER VersR 1998, 273), ist jedenfalls dann abzulehnen, wenn die Versicherung dem Mieter bekannt ist. Generell bezieht sich diese Haftungsfreistellung allerdings nur auf den Fall **leichter Fahrlässigkeit** (BGHZ 22, 109, 117; 131, 288, 293, 295; ebenso vom Boden der versicherungsrechtlichen Lösung aus PRÖLLS/MARTIN, VVG [26. Aufl 1998] § 80 Rn 14). Dies folgt aus § 61 VVG, der dem Schädiger den Versicherungsschutz bei grober Fahrlässigkeit und Vorsatz abspricht. Der Schädiger verdient keine Besserbehandlung nur deswegen, weil nicht er selbst, sondern der Geschädigte den Vertrag abgeschlossen hatte (BGHZ 22, 109, 117). Die Beschränkung der Haftung auf diese Formen groben Verschuldens benachteiligt angesichts des § 61 VVG auch den Versicherer nicht, der nicht besser zu stehen braucht, als wenn der Geschädigte selbst die Sache benutzt hätte (RGZ 122, 292, 294; BGHZ 131, 288, 295). Diese Regeln gelten nicht nur bei der Miete von Fahrzeugen

(BGHZ 22, 109, 115 ff; 43, 295, 299; BGH NJW 1994, 1408, 1409 [Jacht]), sondern auch von Wohnungen (BGHZ 131, 288, 293 ff; BGH LM Nr 58 zu § 67 VVG unter II 2 [jeweils Feuerversicherung]).

γ) **Versicherungsmöglichkeit nur des Geschädigten**

46 Die **dritte Ausnahme** ist dadurch beschrieben, daß **nur der Geschädigte sich hätte versichern können**, dies dem Schädiger aber nicht möglich war (BGH NJW 1972, 1363, 1364; 1979, 643, 644; 1980, 1681, 1682; 1986, 1099; OLG Hamm NJW-RR 1990, 954, 955; 1993, 672; OLG Köln NJW-RR 1992, 415; PALANDT/HEINRICHS § 254 Rn 71) oder es sich um eine weitgehend unbekannte Versicherung handelt (BGH NJW 1972, 1363 f; 1979, 643, 644; 1980, 1681, 1682). Wer als Kaufinteressent eine Probefahrt mit einem Pkw macht, kann sich gegen die besonderen Risiken dieser Probefahrt nicht sinnvoll versichern, während dies für den Verkäufer unschwer durch Abschluß einer Vollkaskoversicherung möglich ist (BGH NJW 1972, 1363 f; 1979, 643, 644; 1980, 1681, 1682). Das gilt jedenfalls dann, wenn der Geschädigte etwa als **Kfz-Händler beruflich mit Autos** zu tun hat (BGH NJW 1972, 1363, 1364; ähnl BGH NJW 1980, 1681, 1682 [Kfz-Meister hätte sich durch Unfallversicherung absichern können]; SOERGEL/ZEUNER Rn 60), wird bei Privatleuten als Verkäufer zT ebenfalls angenommen (BGH NJW 1979, 643, 644), zT aber verneint (OLG Köln NJW 1996, 1288, 1289; PALANDT/HEINRICHS § 254 Rn 72). Allerdings schließt nach der Rechtsprechung der konkludente Haftungsverzicht nur die Haftung für leichte Fahrlässigkeit aus; für grobe Fahrlässigkeit und Vorsatz bleibt der Täter verantwortlich (BGH NJW 1972, 1363, 1364; 1979, 643, 644; OLG Hamm NJW-RR 1990, 954, 955; OLG Karlsruhe VersR 1990, 1405, 1406; OLG Köln NJW 1996, 1288, 1289); dies ist wegen der Wertung des § 61 VVG konsequent. Auch soll es dem Händler möglich sein, den Kunden darauf hinzuweisen, es bestehe keine Vollkaskoversicherung; damit werde das Vertrauen des Kunden zerstört, bei einer leicht fahrlässigen Verletzung treffe ihn keine Haftung (BGH NJW 1972, 1363, 1364; 1979, 643, 644; SOERGEL/ZEUNER Rn 60). Diese Einschränkung ist mit Blick auf die Interessenlage zumindest fraglich.

47 2. **Gesetzliche Modifikationen** sind bei der jeweiligen Norm behandelt (vgl den Überblick bei SOERGEL/ZEUNER Rn 43, 45 ff).

G. Das Handeln auf eigene Gefahr und die Haftung bei Sportverletzungen[*]

I. Die Entwicklung

1. Die hM

48 Handeln auf eigene Gefahr wurde früher angenommen, wenn jemand, ohne durch ein gesetzliches, berufliches oder sittliches Gebot hierzu verpflichtet zu sein, sich bewußterweise einer vermeidbaren Gefahr ausgesetzt hat (RGZ 130, 162, 169; BGHZ 34, 355, 358 f; STOLL, Das Handeln auf eigene Gefahr [1961] 4). Heute wird etwas weiter formu-

---

[*] **Schrifttum:** FRITZWEILER, Haftung bei Sportunfällen, DAR 1997, 137; GRUNSKY, Zur Haftung bei Sportunfällen, JZ 1975, 109; PARDEY, Haftung von Freizeitsportlern untereinander, zfs 1995, 281; SCHEFFEN, Zivilrechtliche Haftung im Sport, NJW 1990, 2658; TEICHMANN, § 823 BGB und die Verletzung eines anderen im Sport, JA 1979, 293; ZIMMERMANN, Verletzungserfolg, Sportregeln und allgemeines Sportrisiko, VersR 1980, 497.

liert; entscheidend ist, daß sich jemand freiwillig in eine gefährliche Situation begeben hat, die dann zum Schadenseintritt führt (MünchKomm/GRUNSKY [3. Aufl 1994] § 254 Rn 34; STAUDINGER/SCHIEMANN [1998] § 254 Rn 62). Die Lösung der Fälle in der Rechtsprechung ist **mehrfachen Schwankungen** unterworfen gewesen. Ursprünglich berücksichtigte das Reichsgericht das Handeln auf eigene Gefahr im Rahmen des § 254 (RGZ 130, 162, 169), spätere Entscheidungen nehmen eine Einwilligung an, die die Widerrechtlichkeit ausschließe (RGZ 141, 262, 265; RG JW 1934, 2033, 2035, das der Haftpflichtversicherung des Schädigers keine Bedeutung beimißt; OLG Celle HRR 1937 Nr 329; vgl auch schon RG WarnR 1909 Nr 357 = S 327, 329 [für § 833]). Der BGH ist dem zunächst gefolgt und von einem Haftungsverzicht ausgegangen (BGHZ 2, 159, 162; vgl ferner BGH NJW 1958, 905; VersR 1959, 368 jeweils mwNw; vgl auch OLG Stuttgart VersR 1955, 686). Unter dem Eindruck der Kritik hat die Rechtsprechung jedoch dann eine erneute Kehrtwendung vollzogen. **Eine Einwilligung** laufe jedenfalls im Regelfall auf eine **bloße Fiktion** hinaus (vgl zu möglichen Ausnahmen aber auch unten Rn 53). Sie wäre obendrein nur in den Grenzen der §§ 134, 138 BGB, 228 StGB möglich und daher bei schweren Körperschäden sowie im Fall der Gefährdungshaftung, die ja nicht an ein rechtswidriges Verhalten anknüpfe, unwirksam. Auch sei kein sinnvoller Grund dafür zu erkennen, die Wirkung der Einwilligung, die eine empfangsbedürftige Willenserklärung sei, vom Zugang an den Schädiger abhängig zu machen (BGHZ 34, 355, 360; Zweifel schon bei BGH NJW 1958, 905). Zu berücksichtigen ist das Verhalten des Geschädigten damit wiederum **unter dem Aspekt des § 254** (BGHZ 34, 355, 363 f). Diese Norm kann, je nach Lage des Falles, zu einer Minderung des Anspruchs, aber auch zu einer gänzlichen Freistellung von der Haftung führen (BGHZ 34, 355, 364). Dies ist inzwischen ständige Rechtsprechung und hM (BGHZ 39, 156, 158 f; 43, 72, 76 f; BGH NJW 1984, 801, 803; LM Nr 160 zu § 823 [Aa] unter II 3 b aa; VersR 1962, 1010, 1011; 1964, 431, 433; 1964, 1047; 1984, 286, 287; OLG München VersR 1962, 772; OLG Düsseldorf NJW-RR 1989, 735, 736 [iE problematisch]; OLG Hamm VersR 1996, 863, 864; 1998, 249; LG Trier NJW 1993, 1474, 1475; MünchKomm/MERTENS § 823 Rn 34; SOERGEL/ZEUNER Rn 73; FIKENTSCHER Rn 497; ESSER/SCHMIDT, Schuldrecht Bd I AT Teilbd 2 [7. Aufl 1993] § 35 I 3 a; LARENZ, Schuldrecht Bd I AT [14. Aufl 1987] § 31 I b; MEDICUS, Schuldrecht BT Rn 767; anders aber wieder OLG Düsseldorf VersR 1998, 1166). Auch das Kriterium, jemand müsse sich bewußt einer Gefahr ausgesetzt haben, hat sich konsequenterweise gewandelt; es genügt, daß der Geschädigte die Gefahr hätte erkennen können (STAUDINGER/SCHÄFER[12] Rn 75; ESSER/SCHMIDT, Schuldrecht Bd I AT Teilbd 2 [7. Aufl 1993] § 35 I 3 a; DEUTSCH, Allgemeines Haftungsrecht [2. Aufl 1996] Rn 586). Sehr streitig ist nach wie vor, ob Handeln auf eigene Gefahr bei der Gefährdungshaftung, namentlich der Tierhalterhaftung noch eine Rolle spielt (vgl hierzu STAUDINGER/BELLING/EBERL-BORGES [1997] § 833 Rn 185 ff; DEUTSCH, Allgemeines Haftungsrecht [2. Aufl 1996] Rn 593; LANGE, Schadensersatz [2. Aufl 1990] § 10 XIV 1).

2. Die abweichenden Ansichten

Gegenstimmen in der Lehre wollen auf das Institut nicht zur Gänze verzichten. Teilweise wird zwischen **echtem Handeln auf eigene Gefahr** und **unechtem Handeln auf eigene Gefahr** unterschieden; im ersten Fall, in dem das Opfer die Gefahr übernommen habe, trete die Schutzpflicht zurück, im zweiten, in dem der Täter den Bedrohten der Gefahr nicht habe überlassen dürfen, gehe es um das Mitverschulden nach § 254 (STOLL, Handeln auf eigene Gefahr [1961] 253, 296 ff, 345 ff, 365 ff; zust MÜNZBERG, Verhalten und Erfolg als Grundlagen der Rechtswidrigkeit und Haftung [1966] 305). Von anderen wird der Unterschied darin gesehen, daß sich das Handeln auf eigene Gefahr auf

Fälle beziehe, in denen der Betroffene das Risiko nicht mit schaffe, sondern sich nur **sehenden Auges in die Gefahrensituation** begebe; damit setzten sich diese Konstellationen von § 254 ab (BGB-RGRK/STEFFEN Rn 68; DEUTSCH, Allgemeines Haftungsrecht [2. Aufl 1996] Rn 588). ZT wird allerdings § 254 analog angewendet (DEUTSCH, Allgemeines Haftungsrecht [2. Aufl 1996] Rn 589). Letztendlich sind die Unterschiede zwar iE gering. Doch bleibt eine **dogmatische Differenz**. Wer auf eigene Gefahr im klassischen Sinn handelt, hat keinen vorbeugenden Unterlassungsanspruch. In der Praxis ist dabei insbesondere an diejenigen Fälle zu denken, in denen eine Verkehrspflicht nicht besteht, weil der Geschädigte sich unbefugt im Gefahrenbereich aufhält (vgl unten § 823 Rn E 42 ff), der Gefahr durch Selbstschutz begegnen kann (vgl unten § 823 Rn E 32) oder aber ein Produkt derart zweckwidrig verwendet wird, daß die Voraussetzungen der Produkthaftung nicht gegeben sind (vgl unten § 823 Rn F 36). Das zuletzt genannte Beispiel zeigt allerdings, daß es nicht nur um die Teilnahme an einer von Dritten geschaffenen Gefahr geht; wer einen Rasenmäher zum Schneiden der Hecke verwendet, schafft die Gefahr zumindest mit. Wichtiger als der formale Aspekt ist die **Frage der Abgrenzung**. Die Rückkehr zur rechtfertigenden Einwilligung ist versperrt, schon deswegen, weil der Geschädigte davon ausgeht oder hofft, daß er sich nicht verletzen wird (BGHZ 63, 140, 144). Das Handeln auf eigene Gefahr einzugrenzen geht vielmehr einher mit der Festlegung des Umfangs der Verkehrspflicht (vgl dazu auch § 823 Rn E 36 f) bzw des Schutzzwecks namentlich im Rahmen der Gefährdungshaftung.

II. Die Haftung bei Sport und Spiel

1. Der Kampfsport

a) Die Grundsätze der Haftung

50 Grundsätzlich löst ein schuldhaft begangener Verstoß gegen eine dem Schutz des Spielers dienende Sportregel die Pflicht zum Schadensersatz aus (BGHZ 58, 40, 43; 63, 140, 142; BGH VersR 1957, 290; OLG München VersR 1977, 844; OLG Karlsruhe NJW 1978, 705), doch sind einige **Besonderheiten** zu beachten. Wer beim Kampfsport verletzt wird, kann nicht stets Ersatz seines Körperschadens verlangen. Der **verletzende Spieler** ist nämlich unter gewissen Umständen **von der Haftung völlig freigestellt** (BGHZ 63, 140, 145; BGH VersR 1975, 155, 156); dasselbe gilt grundsätzlich für den **Schiedsrichter**, wenn er etwa regelgerecht Spieler trennt, die sich an einer Schlägerei beteiligen (vgl OLG Hamm r + s 1994, 297). Das trägt dem Umstand Rechnung, daß die Sportart die Gefahr der Verletzung **zwangsweise** mit sich bringt, zumal sie jeden Spieler **in gleicher Weise** trifft. Die Haftung des Spielers für Verletzungen bei ordnungsgemäßem Verlauf wäre ihm unzumutbar (BGHZ 63, 140, 145; BGH VersR 1975, 155, 156; OLG Düsseldorf VersR 1992, 841). Das gilt auch für schwerste Schäden, sogar solche mit Todesfolge (BGHZ 63, 140, 146; BGH VersR 1975, 155, 156; TEICHMANN JA 1979, 293). Diese Grundsätze sind jedenfalls dann anzuwenden, wenn sich der Schädiger **regelgerecht** verhalten hat (BGHZ 63, 140, 145; BGH NJW 1976, 957; VersR 1957, 290, 291; 1975, 155, 156; OLG München VersR 1977, 844, 845; zfs 1993, 222; OLG Karlsruhe NJW 1978, 705; OLG Hamm VersR 1985, 1072, 1073; NJW-RR 1992, 856; OLG Köln NJW-RR 1994, 1372; OLG Oldenburg VersR 1995, 670; LG Gießen VersR 1995, 1110; PALANDT/THOMAS § 823 Rn 122; MünchKomm/MERTENS § 823 Rn 332; SOERGEL/ZEUNER Rn 76; BGB-RGRK/STEFFEN Rn 72; BRÜGGEMEIER Rn 209; MEDICUS, Schuldrecht BT Rn 767; **aA** OLG München NJW 1970, 2297). Nach hM ist die Freistellung von der Haftung auch auf diejenigen Fälle auszudehnen, in denen **geringfügig aus Spieleifer, Unüber-**

legtheit, technischem Versagen, Übermüdung oder aus ähnlichen Gründen gegen eine dem **Schutz des Spielers dienende Regel** verstoßen wird (BayObLG[St] NJW 1961, 2072, 2073; LAG Köln NJW 1985, 991, 992; OLG Hamm VersR 1985, 1072, 1073; der Sache nach auch 1998, 249; NJW-RR 1992, 856, 857; OLG Düsseldorf NJW-RR 1993, 292 f; OLG Karlsruhe NJW-RR 1994, 1372; OLG Oldenburg VersR 1995, 670, 671; Palandt/Thomas § 823 Rn 122; MünchKomm/Mertens § 823 Rn 333; Soergel/Zeuner Rn 77; Scheffen NJW 1990, 2659; iE auch BGH NJW 1976, 2161 f [Verschulden bei leichtem Regelverstoß verneint]; in BGHZ 63, 140, 147 offen gelassen; ebenso BGH NJW 1976, 957, 958, der die Haftungsfreistellung aber ernsthaft erwägt; **aA** BGB-RGRK/Steffen Rn 72; § 823 Rn 358). Denn derartige Regelverletzungen sind bei einem schnellen und kampfbetonten Spiel unvermeidbar und können auch einem gewissenhaften und umsichtigen Spieler gelegentlich unterlaufen (BGH NJW 1976, 2161 f [im Rahmen des Verschuldens]; MünchKomm/Mertens § 823 Rn 333; Medicus, Schuldrecht BT Rn 767); zu berücksichtigen ist auch die hohe psychische Belastung, unter der Entscheidungen in Bruchteilen von Sekunden zu treffen sind (LAG Köln NJW 1985, 991; OLG Hamm NJW-RR 1990, 925, 926; Brüggemeier Rn 210). Dagegen haftet der Verletzer bei einem **groben oder gar vorsätzlichen Regelverstoß**, auch wenn derartige Verstöße üblich geworden sein sollten; das Deliktsrecht darf sich solchen Verwilderungen nicht beugen (OLG München VersR 1977, 844, 845; OLG Hamm VersR 1985, 1072, 1073; NJW-RR 1992, 856, 857; OLG Frankfurt aM NJW-RR 1991, 418, 419; BGB-RGRK/Steffen Rn 72; § 823 Rn 358 [wenn nicht ausnahmsweise Gefahrpotential erhöht, wie bei Spielen auf schlechtem Platz oder in der Verlängerung]; für Vorsatz auch MünchKomm/Mertens § 823 Rn 335; **aA** Grunsky JZ 1975, 111).

b) Der Begriff des Kampfsports
Zum Kampfsport gehören natürlich die Sportarten, die es auf die **Verletzung** oder zumindest das **körperliche Besiegen** des Gegners abgesehen haben; Beispiel ist das Boxen. Aber auch **Mannschaftswettbewerbe** wie Fußball und Handball zählen dazu (weitere Beispiele bei Pardey zfs 1995, 242). Wegen des hohen Tempos und des relativ kleinen Spielfeldes sind die Regeln über den Kampfsport – wenn auch modifiziert – anzuwenden (BGH NJW 1976, 2161; OLG Koblenz VersR 1991, 1067). Dasselbe gilt beim Trabrennsport; auch dort kommt es bei hoher Geschwindigkeit immer wieder zu Berührungen (OLG Hamm VersR 1983, 1040, 1041; OLG Düsseldorf VersR 1996, 73, 74). Selbst Sportarten wie das Radfahren, die üblicherweise zu den „friedlichen" Sportarten zu rechnen sind, können den geschilderten Grundsätzen unterfallen, wenn sie aufgrund der konkreten Ausübung besondere Gefahren begründen – etwa durch sog Windschattenfahren, bei dem die Abstände der Fahrer zueinander möglichst klein gehalten werden (OLG Zweibrücken VersR 1994, 1366; **aA** OLG Düsseldorf VersR 1996, 343, 344, das aber einen Pflichtverstoß verneint und daher die Haftung ebenfalls ablehnt). Auch bereits bei mäßig schwierigen **Bergtouren** sollen nach Teilen der Rechtsprechung wegen des Widerspruchs zum früheren Verhalten dieselben Regeln gelten, obwohl kein Kampfsport vorliege (OLG Karlsruhe NJW 1978, 705, 706; ebenso OLG Stuttgart VersR 1995, 671). Immer allerdings muß es sich um eine erlaubte Betätigung handeln (OLG Köln NJW-RR 1993, 1498, 1499; OLG Hamm NJW 1998, 249). Wurfpfeile auf Mitspieler zu werfen ist schon deshalb rechtswidrig (OLG Köln NJW-RR 1993, 1498, 1499), ebenso das Schießen mit Gotcha-Waffen, also das Abfeuern von (mit Gelatine gefüllten) Farbkugeln mit Luftgewehren (OLG Hamm VersR 1998, 249). IE strittig ist die Frage, **ob die Haftungsfreistellung nur bei den anerkannten Sportarten gilt oder auch bei Spielen, deren Regeln mehr oder weniger spontan** von den Teilnehmern entwickelt werden. Die Rechtsprechung des BGH verneinte dies in dem Fall, in dem sich junge Männer gegenseitig ins Wasser stießen; es fehle nämlich an verbindlichen feststehenden Regeln, unter denen

die Teilnehmer anträten und die auf den Schutz der körperlichen Unversehrtheit der Spieler selbst ausgerichtet seien (BGH LM Nr 160 zu § 823 [Aa] unter II 2 b mit zust Anm SCHIEMANN unter 2; PALANDT/THOMAS § 823 Rn 122; SOERGEL/ZEUNER Rn 76 Fn 16). Das Ergebnis ist sicherlich zutreffend, da die Art des Spieles angesichts des nur sehr flachen Wassers verboten war. Doch überzeugt die Begründung nicht. Zu folgen ist vielmehr den Instanzgerichten und der Lehre, die dazu neigen, die Haftungsmilderung auch bei spontanen Spielen zu gewähren (OLG Düsseldorf NJW-RR 1993, 292 f; LG Tübingen NJW-RR 1993, 1498; MünchKomm/MERTENS § 823 Rn 332, der aber bei Rangeleien eine Ausnahme macht [vgl Rn 329 unter Berufung auf BGH VersR 1995, 583 = LM Nr 160 zu § 823 {Aa}]; OLG Frankfurt zfs 1994, 121, 122 als Vorinstanz zu BGH LM Nr 160 zu § 823 [Aa]). Denn zum einen sind auch bei anerkannten Sportarten die Regeln nicht stets erschöpfend, sondern müssen entwickelt und ergänzt werden (BGHZ 63, 140, 147; BGH VersR 1975, 155, 156; MünchKomm/MERTENS § 823 Rn 324; aA OLG Hamm NJW-RR 1994, 155). Zum anderen gibt es Sportarten und Spiele, in denen sich Regeln herausgebildet haben und von den Spielern akzeptiert werden, ohne daß sie von Verbänden rezipiert sind – man denke an Völkerball. Grenzfälle sind **Rangeleien**; hier wendet die Rechtsprechung die Grundsätze zT an, etwa beim gegenseitigen Untertauchen im Schwimmbad (LG Tübingen NJW-RR 1993, 1498) oder bei einer Überreaktion nach einem Regelverstoß bei einer Tannenzapfenschlacht (LG Mannheim VersR 1994, 1440, 1441; sehr zweifelhaft), zT beläßt sie es bei den normalen Haftungsgrundsätzen, beispielsweise bei einer nicht ernst gemeinten Rauferei zwischen zwei Erwachsenen (so iE – ohne Erörterung des Problems unter diesem Aspekt – OLG Koblenz NJW-RR 1995, 24 f; so nunmehr auch MünchKomm/MERTENS § 823 Rn 329) oder bei einem überraschenden Stoß an einer steilen Böschung ins flache Wasser (OLG Bamberg VersR 1990, 1015 [LS 2]). Segelregatten zählen dagegen nicht zu den Kampfsportarten (OLG Hamm NJW-RR 1990, 925, 926), ebensowenig Tanzveranstaltungen aus gesellschaftlichen Anlässen (OLG Hamm NJW-RR 1988, 1245).

c) Abwägungskriterien

52 Innerhalb der Kampfsportarten ist zu **differenzieren**. Beim Boxen ist mehr hinzunehmen als beim Fußball, bei dem körperlicher Kontakt aber immerhin unter gewissen Voraussetzungen erlaubt ist (BGH NJW 1976, 2161; LG Köln VersR 1994, 1074), oder gar beim Basketball, nach dessen Regeln jede körperliche Berührung zu vermeiden ist (BGH NJW 1976, 2161). Teile der Literatur differenzieren auch zwischen Einzelsport und Mannschaftssport (MEDICUS, Schuldrecht BT Rn 767 unter Berufung auf BGHZ 63, 140; aA DEUTSCH, Allgemeines Haftungsrecht [2. Aufl 1996] Rn 591). Doch dürfte insoweit kein allein ausschlaggebendes Kriterium vorliegen, sondern allenfalls **einer von mehreren Gesichtspunkten**. Eine Rolle spielt etwa auch das Kräfteverhältnis. So darf beispielsweise beim Judo während eines freien Übungskampfes nicht ohne Rückfrage eine Wurftechnik angewendet werden, die der Gegner nach seinem Ausbildungsstand nicht kennen und beherrschen muß (OLG Köln NJW-RR 1994, 1372 f). Einem spielerisch überlegenen Gegner bzw einer klar führenden Mannschaft ist eher zuzumuten, das Spiel nicht mit letzter Härte zu führen, selbst wenn diese nach den Regeln erlaubt wäre, als einem Spieler bzw Team in einer spielentscheidenden Szene im abschließenden Kampf (MünchKomm/MERTENS § 823 Rn 337) bzw auf schlechtem Platz oder in der Verlängerung (BGB-RGRK/STEFFEN Rn 72; ESSER/SCHMIDT, Schuldrecht Bd I AT Halbbd 2 [7. Aufl 1993] § 25 IV 1 b). Die geschilderten Regeln gelten aber nicht zugunsten des Sportlehrers, der mit seinen Schülern nicht auf gleicher Ebene kämpft (OLG Köln VersR 1983, 929; vgl auch OLG Nürnberg VersR 1994, 735, 736).

d) Die dogmatische Begründung
aa) Gefährliche Sportarten

Trotz weitgehender Einmütigkeit in den Ergebnissen ist die dogmatische Begründung wenig geklärt. Bei ausgesprochen gefährlichen Sportarten kann nach der Rechtsprechung von einer **rechtfertigenden Einwilligung** ausgegangen werden; zu denken ist etwa an Box- und Ringkämpfe, riskante Autorennen oder halsbrecherische Klettereien (BGHZ 34, 355, 363; 39, 156, 161; 63, 140, 144; BGH LM Nr 160 zu § 823 [Aa] unter II 3 b aa; OLG Karlsruhe NJW 1978, 705; OLG Köln NJW-RR 1994, 1372; OLG Düsseldorf VersR 1994, 1484; OLG Stuttgart VersR 1995, 671; SOERGEL/ZEUNER Rn 75; BGB-RGRK/STEFFEN § 823 Rn 356; MEDICUS, Schuldrecht BT Rn 767; GÜNTHER VersR 1993, 794; aA PARDEY zfs 1995, 281). Gleiches gilt für Spiele, die regelwidrig ohne Schutzkleidung ausgetragen werden (LG Bremen VersR 1995, 1109, 1110). Selbst das wird in der Lehre bezweifelt (DEUTSCH, Allgemeines Haftungsrecht [2. Aufl 1996] Rn 591), doch sind die Bedenken jedenfalls in solchen Sportarten nicht überzeugend, in denen es um den Sieg über den Gegner mit Gewalt geht, also etwa beim Boxen. Wenn man der Auffassung ist, in schwere oder gar tödliche Verletzungen könne man nicht einwilligen (DEUTSCH, Allgemeines Haftungsrecht [2. Aufl 1996] Rn 591; sa oben Rn 48), dann müßte man die Konsequenz ziehen und den Boxsport verbieten (vgl auch OLG Celle VersR 1994, 111, 113) oder nur unter Sicherheitsvorkehrungen wie Kopfhelm und ähnlichem zulassen, nicht aber über die Figur des Handelns auf eigene Gefahr das Problem umgehen. Allerdings ist die rechtfertigende Einwilligung auf diese Fälle beschränkt, da sie in den übrigen eine reine Fiktion wäre; der Sportler hofft ja gerade, daß es nicht zu einer Verletzung kommt (BGHZ 34, 355, 361; 63, 140, 144; **aA** BayObLG[St] NJW 1961, 2072, 2073; OLG München NJW 1970, 2297; sa oben Rn 48).

bb) Andere Kampfsportarten

Bei den anderen Kampfsportarten ist die Lösung demgemäß sehr streitig. ZT wird bereits die **Verwirklichung des Tatbestandes verneint** (OLG Hamm NJW-RR 1992, 856, 857; LG Nürnberg-Fürth SpuRt 1995, 174, die wahlweise auch die Rechtswidrigkeit negieren). Ein Teil der Lehre sieht in einer von den Regeln der betroffenen Sportart oder dem Spielverständnis der Beteiligten gedeckten Attacke keine rechtswidrige, sondern vielmehr, soweit keine Verkehrspflicht verletzt sei, eine sozial-adäquate Handlung; die Verwirklichung des Tatbestandes indiziere nicht die Rechtswidrigkeit, der Täter handle **rechtmäßig** (MünchKomm/MERTENS § 823 Rn 332; SOERGEL/MERTENS [12. Aufl 1990] § 254 Rn 59; ders VersR 1980, 400; GRUNSKY JZ 1975, 110; TEICHMANN JA 1979, 294 f; ZIMMERMANN VersR 1980, 498 f; FRITZWEILER DAR 1997, 137; abl ESSER/SCHMIDT, Schuldrecht Bd I AT Halbbd 2 [7. Aufl 1993] § 25 IV 1 b). Die Rechtsprechung argumentiert teilweise mit dem **Verbot des Selbstwiderspruchs nach § 242** (BGHZ 63, 140, 145; BGH VersR 1975, 155, 156; OLG Hamm NJW-RR 1992, 856, 857; VersR 1998, 249; OLG Zweibrücken VersR 1994, 1366), teilweise **verneint** sie auch bei einer geringfügigen Verletzung von Spielregeln **das Verschulden** (BGH NJW 1976, 957, 958; 1976, 2161 f [wo erwogen wird, daß nicht jede Regel dem Schutz des Spielers dient]; OLG Oldenburg VersR 1955, 670, 671; LG Schweinfurt VersR 1996, 74 f [iE zweifelhaft]). In eine ähnliche Richtung gehen Vorschläge, die den Regelverstoß beim Maß der erforderlichen Sorgfalt berücksichtigen (DEUTSCH, Allgemeines Haftungsrecht [2. Aufl 1996] Rn 592; LANGE, Schadensersatz [2. Aufl 1990] § 10 XV 4) oder die Haftung auf **vorsätzliches bzw grob fahrlässiges Handeln** beschränken wollen (OLG Düsseldorf NJW-RR 1993, 292; VersR 1996, 73, 74; BRÜGGEMEIER Rn 209). Auch die Parallele zur **schadensgeneigten Tätigkeit** hat man gezogen, da zwischen gegnerischen Mannschaften in einem Kampfspiel eine Gemeinschaft bestehe, die derjenigen von Arbeitnehmern vergleichbar sei

(DEUTSCH VersR 1974, 1051; GRUNSKY JZ 1975, 111; **aA** MünchKomm/MERTENS § 823 Rn 334; ZIMMERMANN VersR 1980, 501). **Am überzeugendsten** ist es, bei einer Verletzung, die trotz der Beachtung der Spielregeln erfolgt, die **Rechtswidrigkeit zu verneinen**. Denn ungeachtet der drohenden Beeinträchtigung hätte der Geschädigte keinen vorbeugenden Unterlassungsanspruch, mit dessen Hilfe er vom gegnerischen Spieler verlangen könnte, die Attacke zu unterlassen; er nimmt die mit dem Sport verbundene Erhöhung der Gefahr in Kauf (SCHEFFEN NJW 1990, 2659; ähnl ROXIN, Strafrecht AT Bd I [3. Aufl 1997] § 11 Rn 107), darf sich nur mit sportlichen Mitteln wehren (TEICHMANN JA 1979, 294 f). Damit läßt sich auch nicht mehr einwenden, es gehe nicht an, bestimmten Gruppierungen die Verfügungsmacht darüber zuzusprechen, welche Eingriffe in Leib und Leben rechtens sind und welche nicht (so LANGE, Schadensersatz [2. Aufl 1990] § 10 XV 2); die Spieler selbst haben diese Bestimmungen vorgenommen. Es handelt sich insofern um einen Ausnahmefall zu dem Satz, daß bei direkter Verletzung die Rechtswidrigkeit indiziert ist (vgl unten § 823 Rn H 16). Bei geringen Regelverstößen liegt zwar rechtswidriges Verhalten vor (SOERGEL/ZEUNER Rn 77; iE auch BGH NJW 1976, 957, 958; 1976, 2161), doch dürfen an die erforderliche Sorgfalt nicht zu strenge Anforderungen gestellt werden; kleinere Verfehlungen unterlaufen auch gewissenhaften Spielern.

e) Die Rolle der Sportregeln

55 Die wichtigste Erkenntnisquelle dessen, was in einem fairen Spiel erlaubt ist, bildet also das jeweilige **Regelwerk** (BGHZ 63, 140, 146; OLG Bamberg NJW 1972, 1820; MünchKomm/MERTENS § 823 Rn 322; BRÜGGEMEIER Rn 209). Zwar sind die Regeln **keine Rechtsnormen**, da sie nur für Verbandsmitglieder gelten (MünchKomm/MERTENS § 823 Rn 322; VIEWEG 321); auch von Gewohnheitsrecht kann nicht gesprochen werden, weil sich die Regeln immer wieder ändern (**aA** OLG Frankfurt aM VersR 1995, 544; MünchKomm/MERTENS § 823 Rn 322 erkennt sie dagegen nicht durchweg an). Sie sollen indes verhindern, daß gefährliches Spiel, Fouls usw zu Verletzungen führen (BGHZ 63, 140, 146 f). Man kann insoweit davon sprechen, daß sie die bei der Sportausübung **zu beachtende Sorgfaltspflicht** konkretisieren (MünchKomm/MERTENS § 823 Rn 322; BGB-RGRK/STEFFEN § 823 Rn 356). Die Regeln der Verbände sind indes nicht abschließend (MünchKomm/MERTENS § 823 Rn 323 Fn 907; **aA** OLG Hamm NJW-RR 1994, 155). Zu den zu beachtenden Regeln gehört auch das **Gebot der Fairneß**. Es verbietet beispielsweise, als überlegener Sportler ungefragt Techniken einzusetzen, die ein Gegner mit geringerem Ausbildungsstand weder kennen noch beherrschen muß (OLG Köln NJW-RR 1994, 1372 f). Dafür, ob die zulässige Härte überschritten ist, kommt dem Verhalten des Schiedsrichters eine ausschlaggebende Bedeutung zu (OLG Celle VersR 1994, 111, 112). Dagegen ist das Gericht nicht an die Einstufung als grober Regelverstoß durch den Schiedsrichter gebunden (OLG Hamm VersR 1983, 1040, 1041; OLG Düsseldorf VersR 1996, 73, 74).

f) Die Beweislast

56 Die Beweislastverteilung folgt den **allgemeinen Grundsätzen**. Das bedeutet, daß der Geschädigte den Regelverstoß nachzuweisen hat (BGHZ 63, 140, 148; OLG Düsseldorf VersR 1992, 841; MünchKomm/MERTENS § 823 Rn 322; SOERGEL/ZEUNER Rn 76; LANGE, Schadensersatz [2. Aufl 1990] § 10 XV 4; MEDICUS, Schuldrecht BT Rn 767; GRUNSKY JZ 1975, 111; SCHEFFEN NJW 1990, 2663; FRITZWEILER DAR 1997, 138; **aA** OLG München NJW 1970, 2297; OLG Bamberg NJW 1972, 1820, 1821); dasselbe hat für das Verschulden zu gelten (OLG Bamberg NJW 1972, 1820, 1821). Nach hL scheidet dagegen eine Beweislastverteilung nach Gefahrenkreisen, die danach zu fragen hätte, wer denn der Angreifer gewesen sei, aus; damit

werde man dem ständigen Rollenwechsel des Kampfsports nicht gerecht (BGHZ 63, 140, 148; MünchKomm/MERTENS § 823 Rn 330; GRUNSKY JZ 1975, 111 f; WEBER Anm zu BGH LM Nr 17 zu § 823 [Ha] unter 3). Ob man dazu § 242 bemühen sollte (BGHZ 63, 140, 149; WEBER Anm zu BGH LM Nr 17 zu § 823 [Ha] unter 3), ist dagegen eher problematisch. Allenfalls kann man an den Beweis des ersten Anscheins denken (OLG Bamberg NJW 1972, 1820). Doch wird es regelmäßig an dem Erfahrungssatz fehlen, daß nur regelwidriges Verhalten zu der Beschädigung geführt haben kann (MünchKomm/MERTENS § 823 Rn 330; GRUNSKY JZ 1975, 111). Bei der Beweiswürdigung hat das Gericht in Rechnung zu stellen, daß Aussagen von Zeugen angesichts deren Sympathie für die eine oder andere Mannschaft sich oft gegenseitig in ihrem Aussagewert aufheben; auch der Aussage des Schiedsrichters kommt angesichts der Schnelligkeit des Spiels oft kein ausreichendes Gewicht zu (BGHZ 63, 140, 148; MünchKomm/MERTENS § 823 Rn 330).

g) Beispiele
Der **Fußballspieler** darf sich so lange um den Ball bemühen, als ihn der Torwart noch nicht in den Händen hält (BGH VersR 1957, 290). Desgleichen ist ihm erlaubt, mit voller Wucht nach dem Ball zu schlagen, selbst wenn sich hinter diesem das Bein eines Gegners befindet (BGH VersR 1975, 155, 157). Daß es bei einem Zweikampf zu einem Beinbruch kommt, beweist nicht einen Regelverstoß des Gegners (BGHZ 63, 140, 148). Auch läßt nicht jeder Zusammenprall auf ein Verschulden schließen (OLG Oldenburg VersR 1995, 670, 671). Dagegen haftet, wer mit vorgestreckten Beinen nach Art eines Weitspringers in Kniehöhe gegen das rechte Standbein des Torwarts springt (OLG München VersR 1977, 844, 845) oder dem Gegner mit dem Ellenbogen absichtlich ins Gesicht schlägt (OLG Hamm VersR 1985, 1072, 1073); ein bloßes Hineingrätschen ist dagegen erlaubt, wenn die objektive, wenngleich geringe Chance besteht, den Ball zu erreichen (OLG München VersR 1986, 247; enger OLG München SpuRt 1994, 100). Ein Knochenbruch beim **Handballspiel** beweist noch nicht einen groben Regelverstoß des Gegners (OLG Frankfurt aM NJW-RR 1991, 418, 419; LG Marburg NJW-RR 1988, 1243, 1244). Unzulässig ist es, beim **Eishockey** mit einem Anlauf von 5 Metern in den Gegner hineinzufahren (OLG München NJW-RR 1989, 728, 729). Nach Ende eines **Tennismatches** braucht der Spieler nicht mehr damit zu rechnen, daß sein Doppelpartner den Ball noch einmal schlägt (OLG Braunschweig NJW-RR 1990, 987 f). Dagegen haftet nicht, wer einen Dritten trifft, der innerhalb des Spielfeldes Bälle aufsammelt, wenn dieser nicht deutlich um eine Spielunterbrechung gebeten hatte (OLG Hamm NJW-RR 1991, 418; aA GÜNTHER/KERN VersR 1993, 797, jedenfalls soweit der eine der Spieler ein Trainer war). Beim **Squash** ist nicht jeder Verstoß gegen die Regel, sich nicht rückwärts zum Ball zu bewegen, schuldhaft (OLG Hamm VersR 1985, 296, 297); generell wird der Verschuldensmaßstab durch die Schnelligkeit des Spiels geprägt (OLG Hamm NJW-RR 1991, 149, 150; OLG München VersR 1993, 237, 238). Dagegen darf der Gegner nicht durch einen sog Trockenschlag gefährdet werden (OLG Köln NJW-RR 1994, 1372). Beim **Trabrennsport** darf der Fahrer die Pferde nicht abrupt in die Bahn seiner Kontrahenten lenken (OLG Düsseldorf VersR 1996, 73, 74). Dagegen haftet der Teilnehmer an einem **Go-Kart-Rennen** nicht, wenn es zwar zu einer Berührung der Fahrzeuge kommt, ein grober Regelverstoß aber nicht vom Verletzten nachgewiesen wird (OLG Saarbrücken VersR 1992, 248).

2. „Friedlicher" Sport

a) Die Grundregel

58 Die hM lehnt es ab, die für den Kampfsport entwickelten Regeln auf die Ausübung sonstiger Sportarten, den sog parallelen Sport zu übertragen (BGH NJW 1982, 2555; OLG Hamm r + s 1998, 17; STAUDINGER/SCHÄFER[12] Rn 79). Das ist nicht nur iE richtig, sondern auch dogmatisch zwingend. Verbietet schon die Regel der betreffenden Sportart die körperliche Attacke auf den Gegner, wie das etwa in der Leichtathletik der Fall ist, dann stellt eine Verletzung auch einen Regelverstoß dar, aus dem die Haftung folgt. Wenn auch bei dem parallel mit anderen ausgeübten Sport die Rechtsprechung zT die Haftung auf Vorsatz und grobe Fahrlässigkeit beschränkt (OLG Düsseldorf VersR 1996, 73 f, das allerdings grobe Fahrlässigkeit bei einem Umlenken der Pferde während eines Trabrennens bejaht), dann ist dem nicht zu folgen. Es besteht kein Grund, etwa bei einem Laufwettbewerb den Sorgfaltsmaßstab zu reduzieren. Allenfalls kann man bei relativ gefährlichen Sportarten wie Trabrennen daran denken, sie als Kampfsportarten aufzufassen (vgl schon oben Rn 51).

b) Die Rolle des Regelwerks

59 Auch beim friedlichen Sport kommt den **Regeln des entsprechenden Verbandes** eine ausschlaggebende Bedeutung zu. Wohl wichtigstes Beispiel sind die FIS-Regeln für den Skisport (BGHZ 58, 40, 43 f; BGH NJW 1985, 620, 621; 1987, 1947, 1949; OLG Karlsruhe VersR 1977, 869, 870; OLG Nürnberg NJW-RR 1990, 1503, 1504; OLG Frankfurt aM VersR 1995, 544; OLG Hamm SpuRt 1998, 33; MünchKomm/MERTENS § 823 Rn 323). Doch werden außerhalb des Wettkampfsports häufig entsprechende Regelungen fehlen – ein Beispiel ist das nicht wettkampfmäßig betriebene Schlittschuhlaufen. Dann bestimmt sich der Umfang der anzuwendenden Sorgfalt nach dem Maß der Umsicht, die ein verantwortungsbewußter Sportler einhält (BGH NJW 1982, 2555, 2556; OLG Düsseldorf VersR 1994, 1484; MünchKomm/MERTENS § 823 Rn 322). Generell wird man den Rechtsgedanken des § 1 StVO heranziehen können. Jeder hat sich so zu verhalten, daß kein anderer geschädigt, gefährdet oder mehr als nach den Umständen unvermeidbar behindert oder belästigt wird (BGHZ 58, 40, 43; OLG Karlsruhe NJW 1978, 705, 706; OLG Nürnberg NJW-RR 1990, 1503, 1504; OLG Düsseldorf VersR 1994, 1484; 1996, 73; LG Oldenburg VersR 1979, 386; MünchKomm/MERTENS § 823 Rn 319; BRÜGGEMEIER Rn 208; STORCH VersR 1989, 1131). Das bedeutet, daß der Sportler den Sport nur insoweit ausüben darf, als er die Gefahren unter Kontrolle hat; dies hängt namentlich von seinem Können ab (BGHZ 58, 40, 44; MünchKomm/MERTENS § 823 Rn 319).

c) Die Beweislast

60 Auch beim friedlichen Sport trägt der **Anspruchsteller** die Beweislast für die Verwirklichung des Tatbestandes sowie für das Verschulden (BGH NJW 1982, 2555, 2556; OLG Düsseldorf VersR 1994, 1484, 1485). Im Grundsatz kann der **Anscheinsbeweis** hier Erleichterungen bringen, doch ist die Rechtsprechung ziemlich restriktiv. Der Zusammenprall zweier Schlittschuhläufer ist nach ihrer Auffassung nicht typischerweise durch das Verhalten des sich von hinten nähernden verschuldet. Denkbar ist eine Vielzahl anderer Ursachen, etwa eine abrupte Änderung der Laufrichtung durch den Vordermann, der Zwang, einem Dritten ausweichen zu müssen, ein unverschuldetes Straucheln durch eine Rille im Eis oder der Umstand, daß der Hintermann seinerseits angerempelt wurde (BGH NJW 1982, 2555, 2556; OLG Düsseldorf VersR 1994, 1484, 1485).

Dagegen spricht der Anscheinsbeweis für das Verschulden eines Skifahrers, der aus der Schleppliftspur fällt (AG Fulda SpuRt 1994, 150 f).

d) Beispiele
Der **Skifahrer** muß das vor ihm liegende Gelände beobachten, Hindernisse einkalkulieren und seine Geschwindigkeit so einrichten, daß er auf sich nähernde Skifahrer reagieren und notfalls anhalten kann (BGHZ 58, 40, 44; BGH NJW 1972, 627, 628; 1987, 1947, 1949; OLG München NJW 1966, 2404, 2405; 1966, 2406, 2407; VersR 1982, 198; OLG Koblenz VersR 1976, 692; OLG Graz SpuRt 1994, 139, 140 f [FIS-Regel 3]). Er hat auch den Bereich neben sich aufmerksam zu beobachten (LG Oldenburg VersR 1979, 386). Das gilt vor allem für Anfänger und bei vereister Piste (LG Nürnberg-Fürth NJW-RR 1995, 1307), im Auslaufbereich einer Skipiste (OLG Hamm VersR 1989, 1206, 1207) und im Eingangsbereich von Skiliften (OLG Frankfurt aM VersR 1995, 544), desgleichen für Jugendliche und Kinder, denen allerdings altersbedingte Sichtweisen und Reaktionen zugute kommen können (BGH NJW 1987, 1947, 1949). Anders ist es, wenn die Piste für ein Skirennen gesperrt ist (OLG München NJW 1966, 2404, 2405; 1966, 2406, 2407). Gelingt dem Skifahrer das Anhalten nicht mehr, so hat er durch einen Notsturz den Zusammenstoß zu vermeiden (OLG München NJW 1977, 502, 503 mwNw; OLG Hamm [13. Senat] zfs 1994, 4 f; SIEDHOFF VersR 1996, 34 mwNw; **aA** OLG Hamm [11. Senat] NJW-RR 1994, 155; BGB-RGRK/STEFFEN § 823 Rn 364). In die Skipiste darf nur einfahren, wer sich nach oben und unten vergewissert hat, daß er dies ohne Gefahr für sich selbst oder einen anderen tun kann (BGHZ 58, 40, 45; OLG Karlsruhe NJW-RR 1994, 351, 352). Der Rechtsprechung, daß der querende Skifahrer auch nach der Einfahrt den höher liegenden Teil der Piste zu kontrollieren habe (BGHZ 58, 40, 45; OLG München VersR 1982, 198; OLG Graz SpuRt 1994, 139, 141; nach OLG Innsbruck VersR 1987, 294, 295 gilt eine Ausnahme zugunsten schwächerer Fahrer), ist durch die Änderung der FIS-Regel 5 der Boden entzogen. Im Einzelfall kann allerdings ein plötzlicher, vorher nicht deutlich gemachter Richtungswechsel gegen das Schädigungs- und Gefährdungsverbot verstoßen (OLG Hamm SpuRt 1998, 33). Der von hinten kommende Fahrer muß die Fahrspur so wählen, daß er vor ihm befindliche Fahrer nicht gefährdet (OLG Köln OLGZ 1969, 152, 155; OLG Stuttgart NJW 1964, 1859; OLG Innsbruck VersR 1987, 294, 295); er darf sich nicht darauf verlassen, daß der Vordermann die bisherige Fahrtrichtung beibehalten werde (OLG Hamm SpuRt 1998, 33). Eine Pflicht des Vordermanns zur Rückschau gibt es dagegen nicht (OLG Köln OLGZ 1969, 152, 156; OLG Stuttgart NJW 1964, 1859, 1860). Endet die Skipiste, so darf sie gequert werden (LG Nürnberg-Fürth NJW-RR 1995, 1307). Derjenige, der die Piste in der Fallinie gerade oder in kurzen Schwüngen hinunterfährt, hat Vorfahrt vor einem Skifahrer, der die Piste in voller oder nahezu voller Breite nutzt; das ergibt sich aus der Zusammenschau der FIS-Regeln 2 und 5 (LG Traunstein NJW-RR 1995, 1307, 1308). Nähern sich beide Skiläufer dagegen in einem ähnlichen Winkel, gibt es keine Vorfahrtsregel (OLG München NJW 1977, 502, 503). Allerdings ist nicht jeder Sturz ein Verstoß gegen die FIS-Regel oder fahrlässig (OLG Düsseldorf VersR 1990, 111, 112). Die FIS-Regeln gelten auch für **Snowboardfahrer** (LG Traunstein NJW-RR 1995, 1307 [LS 1]) und für **Rodler** (OLG München VersR 1979, 1014, 1015). Stürze beim **Schlittschuhlaufen** lassen sich nicht stets vermeiden und müssen, sollte dabei ein Dritter verletzt werden, nicht stets zur Haftung führen (BGH NJW 1982, 2555; OLG Düsseldorf VersR 1994, 1484). Anders ist es dagegen, wenn sich der Sturz wegen des zu geringen Abstandes und infolge Anrempelns ereignet (OLG Düsseldorf VersR 1994, 1484, 1485). Doch kann kein so großer Abstand gefordert werden, daß der Hintermann bei einem Sturz des Vorausfahrenden stets noch anhalten kann (LG Essen zfs 1981, 123). Der **Golfspieler** muß darauf achten, daß sich im möglichen

Aufschlagfeld keine Personen befinden; er darf den Schlag nur ausführen, wenn er sicher ist, daß die Personen seine Warnung verstanden und sich entfernt haben (OLG Nürnberg NJW-RR 1990, 1503, 1504; OLG Hamm r+s 1998, 17, 18; SCHMIDT VersR 1963, 1102; ZUCK MDR 1980, 971).

62 3. **Die Haftung gegenüber Zuschauern und Unbeteiligten** richtet sich nach den allgemeinen Regeln der Verkehrspflicht (vgl dazu unten § 823 Rn E 13, E 16).

H. Die Erweiterung des Schutzes durch (vorbeugende) Unterlassungsansprüche und Beseitigungsansprüche*

I. Der (vorbeugende) Unterlassungsanspruch

1. Die Erweiterung des § 1004 auf quasinegatorische Ansprüche

63 Zahlreiche Vorschriften im BGB gewähren einen Unterlassungsanspruch gegen drohende Beeinträchtigungen, man denke nur an die §§ 12, 862, 1004, 1029, 1053, 1134 und an die Verweisung auf § 1004 in den §§ 1017 Abs 2, 1027, 1065, 1090 Abs 2, 1227 sowie in den §§ 11 Abs 1 S 1 ErbbauVO, 8 PachtkreditG, 34 Abs 2 WEG. Daneben gibt es ein Reihe weiterer Normen, deren Inhalt mit der Anordnung des § 1004 Abs 1 S 2 vergleichbar ist, beispielsweise die §§ 37 Abs 2 HGB, 1, 3, 14 UWG, 15 Abs 4, Abs 5 MarkenG, 47 Abs 1 PatentG. Seit langem sieht man darin einen allgemeinen Rechtsgedanken, der es erlaubt, auch die Rechtsgüter und Rechte des § 823 Abs 1 durch Unterlassungsansprüche zu schützen, soweit dies nicht durch Spezialgesetze ohnehin schon geschehen ist (RGZ 116, 151, 153; BGH LM Nr 234 zu § 1004 unter II 2 a; MünchKomm/MERTENS § 823 Rn 63; MünchKomm/MEDICUS [3. Aufl 1997] § 1004 Rn 6; BGB-RGRK/STEFFEN Rn 122; LARENZ/CANARIS § 86 I 1 a; vBAR, in: 25 Jahre KF [1983] 82). Und es gibt in der Tat keinen einleuchtenden Grund dafür, dem Eigentümer **Abwehransprüche gegen bevorstehende Beeinträchtigungen** der Sache zuzugestehen, solche Ansprüche jedoch demjenigen vorzuenthalten, dessen Gesundheit oder gar Leben bedroht ist (LARENZ/CANARIS § 86 I 1 a). Darüber hinaus wird der **quasinegatorische Anspruch** auch auf Positionen erstreckt, die über § 823 Abs 2 (BGHZ 99, 133, 136; 122, 1, 7; BGH NJW 1995, 132, 134; 1995, 1284, 1285 f; 1997, 55; OLG Düsseldorf NJW 1988, 1391; ERMAN/SCHIEMANN Rn 20; MünchKomm/MERTENS § 823 Rn 64, 160; MünchKomm/MEDICUS [3. Aufl 1997] § 1004 Rn 6; LARENZ/CANARIS § 86 I 1 a; K SCHMIDT, Kartellverfahrensrecht, Kartellverwaltungsrecht, Bürgerliches Recht [1977] 349; ders, in: FS Zeuner [1994] 260) oder § 824 geschützt sind (RGZ 60, 6, 7 f; 61, 366, 369; 95, 339, 342 f; 116, 393, 402). Soweit § 826 das Vermögen absichert, kann ebenfalls die vorbeugende Unterlassungsklage erhoben werden; allerdings müssen die von § 826 geforderten subjektiven Voraussetzungen vorliegen (RGZ 91, 350, 359 [wenngleich in der Sache überholt]; BGB-RGRK/STEFFEN Rn 122). In all diesen Fällen geht die **Schadensverhütung der Schadensregulierung** vor (MünchKomm/MEDICUS [3. Aufl 1997] § 1004 Rn 6; ENNECCERUS/LEHMANN, Recht der Schuldverhältnisse [15. Bearb 1958] § 252 I 1; LARENZ/CANARIS § 87 I 1; CANARIS, Die Feststellung von Lücken im Gesetz [2. Aufl 1983] 112; REHBINDER JuS 1969, 213).

---

* **Schrifttum:** vBAR, in: 25 Jahre Karlsruher Forum (1983) 82; REHBINDER, Pyrrhus-Sieg in der Produzentenhaftung?, JuS 1969, 213.

2. Der Anspruch bei drohendem Unterlassen und bei bevorstehender Verletzung einer Verkehrspflicht

Soweit eine Rechtspflicht zum Handeln besteht, kann defensiver Rechtsschutz nach einem Teil der Lehre auch gegen ein Unterlassen in Betracht kommen, wenn die Handlung die Bedrohung verhindern würde (MünchKomm/Mertens § 823 Rn 66; Larenz/ Canaris § 87 II 2 b). Doch gibt es eine Reihe von Fällen, in denen die Leistungsklage aus dem die Garantenstellung begründenden Rechtsverhältnis möglich und demgemäß vorrangig ist, man denke an die Klage aus dem der Übernahme der Aufsicht zugrunde liegenden Vertrag oder auf Grund gesetzlicher Handlungspflichten. Präventiver Rechtsschutz ist dagegen möglich **gegen die sich abzeichnende Verletzung einer Verkehrspflicht**, sofern der Betroffene nachhaltig und konkret beeinträchtigt wird (LG Bückeburg NJW 1956, 1363; Erman/Schiemann Rn 21; MünchKomm/Mertens § 823 Rn 64, 97; vBar, in: 25 Jahre KF [1983] 84; Möllers, Rechtsgüterschutz im Umwelt- und Haftungsrecht [1996] 73; ähnl OLG Karlsruhe VersR 1986, 1125, 1126; **aA** BayObLG NJW 1959, 1195, 1196, da für ein Tätigwerden der öffentlichen Hand der Rechtsweg zu den Zivilgerichten nicht gegeben sei). Dies sehen schon die §§ 907 f vor, die insoweit paradigmatischen Charakter haben. Durch die einschränkenden Erfordernisse soll verhindert werden, einer Art Popularklage den Weg zu ebnen (Erman/Schiemann Rn 21). Der Anspruch scheidet beispielsweise aus, wenn man der Bedrohung ausweichen oder ihr durch zumutbare Mittel begegnen kann (MünchKomm/Mertens § 823 Rn 64; vBar, in: 25 Jahre KF [1983] 85). So gibt es einen Anspruch gegen den Verkehrspflichtigen auf Erfüllung der Räum- und Streupflichten nur, wenn der Gefährdete auf den gefährlichen Weg angewiesen ist (MünchKomm/Mertens § 823 Rn 64); die Sicherung eines Gebäudes kann nur der Nachbar, nicht ein Passant verlangen (MünchKomm/Mertens § 823 Rn 64; vBar, in: 25 Jahre KF [1983] 85). Produkte, deren Gefahren bekannt sind, braucht niemand zu erwerben (MünchKomm/Mertens § 823 Rn 64; vBar, in: 25 Jahre KF [1983] 85). Dagegen ist der Abwehranspruch nicht etwa von vornherein auf einzelne Rechtsgüter oder auf eine bestimmte Angriffsart beschränkt (vBar, in: 25 Jahre KF [1983] 82, 84; **aA** Hohloch, Die negatorischen Ansprüche und ihre Beziehungen zum Schadensersatzrecht [1976] 135, der die Unterlassungsklage nur bei schädlichen Emissionen eröffnen will).

3. Die Wiederholungs- und Erstbegehungsgefahr wird unten kommentiert (vgl § 823 Rn C 259 ff).

4. Die sonstigen Voraussetzungen

Der (vorbeugende) Unterlassungsanspruch ist begründet, wenn die Beeinträchtigung nicht hingenommen zu werden braucht. Das bedeutet zB, daß Einwirkungen, die nicht den Tatbestand der Eigentumsverletzung erfüllen – etwa die zeitlich nicht erhebliche Beeinträchtigung der bestimmungsgemäßen Verwendung ohne Eingriff in die Substanz (vgl dazu unten § 823 Rn B 97) – auch nicht mittels der Unterlassungsklage abgewehrt werden können (MünchKomm/Mertens § 823 Rn 67). Dasselbe gilt, wenn die Störung nicht rechtswidrig ist, etwa weil sie nach § 906 Abs 1 geduldet werden muß (MünchKomm/Mertens § 823 Rn 67; vgl auch unten § 823 Rn B 88).

II. Der Beseitigungsanspruch

Der in der Praxis wichtigste Fall des quasinegatorischen Beseitigungsanspruchs ist der Anspruch auf Widerruf unwahrer Tatsachenbehauptungen (vgl dazu unten § 823 Rn C 271 ff; aA STAUDINGER/GURSKY [1993] § 1004 Rn 13, der einen gewohnheitsrechtlichen Schadensersatzanspruch ohne Verschulden annimmt). Auch hinsichtlich der sonstigen Rechtsgüter des § 823 Abs 1 kann er in Betracht kommen (BGH LM Nr 6 zu § 812 Bl 3; MünchKomm/ MERTENS § 823 Rn 69; aA STAUDINGER/GURSKY [1993] § 1004 Rn 16). Die Details der Abgrenzung zwischen Schadensersatz und Beseitigung sind sehr strittig (vgl zB MünchKomm/ MEDICUS [3. Aufl 1997] § 1004 Rn 59 ff; STAUDINGER/GURSKY [1993] § 1004 Rn 127 ff).

I. Unerlaubte Handlungen und Verfassungsrecht[*]

I. Die Wirkung der Verfassung gegenüber bürgerlich-rechtlichen Gesetzen

1. Die Geltung der Verfassung

a) Die hM: Direkte Bindung des Gesetzgebers

68 Bürgerlich-rechtliche Gesetze sind direkt an der Verfassung zu messen; das entspricht der ständigen Rechtsprechung (vgl zB BVerfGE 84, 9, 17; 84, 168, 178 ff; 87, 114, 135 ff; 87, 348, 355 ff; 88, 70, 73; 88, 187, 195 ff; 89, 48, 61 ff; 89, 237, 241 f; 89, 276, 285 f; 90, 27, 33 f; 90, 263, 270 ff; 91, 346, 356 ff; 92, 26, 38 ff; 92, 158, 176; 92, 262, 271 ff; 95, 48, 59 f; 96, 375, 393; 97, 125, 145 f; 97, 157, 164; weitere Nachw bei J HAGER JZ 1994, 374 Fn 14) und der herrschenden Lehre

---

[*] **Schrifttum:** VBAR, Der Einfluß des Verfassungsrechts auf die westeuropäischen Deliktsrechte, RabelsZ 59 (1995) 203; BÖCKENFÖRDE, Grundrechte als Grundsatznormen, Der Staat 29 (1990) 1; CANARIS, Grundrechte und Privatrecht, AcP 184 (1984) 201; ders, Verstöße gegen das verfassungsrechtliche Übermaßverbot im Recht der Geschäftsfähigkeit und im Schadensersatzrecht, JZ 1987, 993; ders, Grundrechtswirkungen und Verhältnismäßigkeitsprinzip in der richterlichen Anwendung und Fortbildung des Privatrechts, JuS 1989, 162; ders, Grundrechte und Privatrecht (1998); DIEDERICHSEN, Die Rangverhältnisse zwischen Grundrecht und dem Privatrecht, in: STARCK (Hrsg), Rangordnung der Gesetze (1994) 39; ders, Die Selbstbehauptung des Privatrechts gegenüber dem Grundgesetz, Jura 1997, 57; ders, Das Bundesverfassungsgericht als oberstes Zivilgericht – ein Lehrstück der juristischen Methodenlehre, AcP 198 (1998) 171; J HAGER, Verkehrsschutz durch redlichen Erwerb (1990); ders, Grundrechte im Privatrecht, JZ 1994, 373; ders, Der Schutz der Ehre im Zivilrecht, AcP 196 (1996) 168; HERMES, Das Grundrecht auf Schutz von Leben und Gesundheit (1987); HESSE, Grundzüge des Verfassungsrechts der Bundesrepublik Deutschland (20. Aufl 1995); HEUN, Funktional-rechtliche Schranken der Verfassungsgerichtsbarkeit (1992); KLEIN, Grundrechtliche Schutzpflicht des Staates, NJW 1989, 1633; LEPA, Die Einwirkung der Grundrechte auf die Anwendung des Deliktsrechts in der Rechtsprechung des Bundesgerichtshofes, in: FS Steffen (1995) 261; LERCHE, Grundrechtswirkungen im Privatrecht, Einheit der Rechtsordnung und materielle Verfassung, in: FS Odersky (1996) 215; LÜBBE-WOLF, Die Grundrechte als Eingriffsabwehrrechte (1988); OETER, „Drittwirkung" der Grundrechte und Autonomie des Privatrechts, AöR 119 (1994) 535; REINHARDT, Die Umkehr der Beweislast aus verfassungsrechtlicher Sicht, NJW 1994, 93; H SCHNEIDER, Die Güterabwägung des Bundesverfassungsgerichts bei Grundrechtskonflikten (1979); SINGER, Vertragsfreiheit, Grundrechte und der Schutz des Menschen vor sich selbst, JZ 1995, 1133; ders, Tarifvertragliche Normenkontrolle am Maßstab der Grundrechte?, ZfA 1995, 611; WINDEL, Über Privatrecht mit Verfassungsrang und Grundrechtswirkungen auf der Ebene einfachen Privatrechts, Der Staat 37 (1998) 385; ZÖLLNER, Regelungsspielräume im Schuldvertragsrecht, AcP 196 (1996) 1.

(PIEROTH/SCHLINK, Grundrechte, Staatsrecht II [14. Aufl 1998] Rn 191; STERN, Staatsrecht III/1 [1988] 1565 ff; H DREIER, in: H DREIER [Hrsg], Grundgesetz-Kommentar, Bd 1 [1996] Vorbem Rn 58; Art 1 III Rn 37; JARASS/PIEROTH, Grundgesetz [4. Aufl 1997] Art 1 Rn 23; CANARIS 11 ff; ders AcP 184 [1984] 212; ders JZ 1987, 993; ders JuS 1989, 162 f; J HAGER, Verkehrsschutz durch redlichen Erwerb [1990] 19–35; ders JZ 1994, 374 f; **aA** aber ZÖLLNER/LORITZ, Arbeitsrecht [6. Aufl 1998] § 7 vor I mit Fn 3). Das folgt schon aus dem **Wortlaut des Art 1 Abs 3 GG**. Unter die Gesetzgebung fällt auch der Erlaß bürgerlich-rechtlicher Gesetze. Auch das Ergebnis leuchtet ein. Es kann dem Gesetzgeber privatrechtlicher Normen nicht dasjenige gestattet sein, was ihm auf dem Gebiet des öffentlichen Rechts verwehrt ist. Dabei kann natürlich in die Abwägung einzustellen sein, daß auf beiden Seiten grundrechtlich geschützte Belange von Privatleuten zu berücksichtigen sind.

b) Die Gegenthese: Keine direkte Bindung des Gesetzgebers
Die Kritik an diesem angesichts von Art 1 Abs 3 GG eigentlich recht eindeutigen **69** Befund hat gerade in letzter Zeit wieder zugenommen. Verfassungsrecht und bürgerliches Recht seien **disparate Rechtsgebiete**. Ein Wertesystem sei dem Grundgesetz nicht zu entnehmen; die Grundwerte seien unbestimmt, das Bundesverfassungsgericht verliere sich in Einzelabwägungen und komme zu unbefriedigenden Ergebnissen (DIEDERICHSEN Jura 1997, 57 ff). Zudem gelte Art 1 Abs 3 GG nicht für bürgerlich-rechtliche Gesetze (DIEDERICHSEN, in: STARCK [Hrsg] 46 ff; dagegen J HAGER AcP 196 [1996] 175 Fn 39). Weniger weit gehen andere, da sie bei grundsätzlicher Akzeptierung der Bindung betonen, über die Tragweite der Grundrechte sei damit noch nichts gesagt (SINGER JZ 1995, 1136; ders ZfA 1995, 622 f; ihm folgend LERCHE, in: FS Odersky [1996] 231). Daran ist sicher richtig, daß die Reichweite der Bindung mit Hilfe der Verfassung erst ermittelt werden muß. Soweit deren Vorgaben jedoch reichen, ist das Grundgesetz Kontrollmaßstab des niederrangigen Rechts, eben auch bürgerlich-rechtlicher Gesetze.

2. Abwehrrechte und Schutzgebote

a) Das Abwehrrecht
Das Recht der unerlaubten Handlung regelt den **Konflikt zwischen dem Täter und dem** **70** **Opfer**. Dem Täter verwehrt der Staat, so er den Eingriff verbietet oder mit den Sanktionen des Schadensersatzes belegt, die Handlung. Dagegen kann sich der Betroffene mit Hilfe seiner Grundrechte wehren, und zwar unter dem Aspekt des Abwehrrechts. Das gilt auch, wenn die Untersagung nicht direkt durch den Gesetzgeber, sondern durch den die Norm interpretierenden Richter erfolgt. **Eine Entscheidung ist verfassungswidrig**, wenn die vom Gericht gefundene Konkretisierung des Gesetzes, formuliert als explizite Norm, gegen die Grundrechte verstieße (grundlegend SCHUMANN, Verfassungs- und Menschenrechtsbeschwerde gegen richterliche Entscheidungen [1963] 207; vgl ferner BVerfGE 69, 188, 205; 79, 283, 290; 82, 6, 15 f; 84, 197, 199; J HAGER JZ 1994, 379).

b) Der Schutzaspekt
Das Opfer seinerseits wird nach hM nicht unmittelbar vom Staat beeinträchtigt; **71** andererseits darf **der Staat aber auch nicht tatenlos zusehen**, sondern muß das Opfer unter Umständen schützen (BVerfGE 39, 1, 41; 40, 141, 177; 49, 89, 142; 53, 30, 57 f; 53, 164, 184; 56, 54, 73, 80; 57, 250, 284 f; 66, 39, 61; 73, 118, 201; 77, 170, 214, 229; 77, 381, 402 f; 88, 203, 251; BAG NZA 1998, 715, 716; CANARIS 39 f; ders AcP 184 [1984] 212 f, 229 ff; ders JuS 1989, 163; ISENSEE, in: ISENSEE/KIRCHHOF [Hrsg], Handbuch des Staatsrechts, Bd V [1992] § 111 Rn 9–11 und Rn 86–88;

H Dreier, in: H Dreier [Hrsg], Grundgesetz-Kommentar [1996] Vorbem Rn 62; Dieterich, in: Erfurter Kommentar zum Arbeitsrecht [1998] Vorb zum GG Rn 41 f; sehr skeptisch Zöllner AcP 196 [1996] 11; Diederichsen AcP 198 [1998] 249 ff). Der Unterschied zum Abwehraspekt wird zT darin gesehen, daß die Grundrechte als Schutzgebote **nur den Staat verpflichten könnten,** vor faktischen Eingriffen Dritter zu schützen (Canaris AcP 184 [1984] 228; ders ZIP 1987, 417; ders JuS 1989, 163), daß die **Schutzpflicht der Umsetzung durch ein Gesetz** bedürfe (BVerfGE 88, 203, 261; BVerfG NJW 1997, 1769, 1770; Isensee, in: Isensee/Kirchhof [Hrsg], Handbuch des Staatsrechts Bd V [1992] § 111 Rn 151; H Dreier, in: H Dreier [Hrsg], Grundgesetz-Kommentar [1996] Vorbem Rn 63; Hermes 203; Heun 67) und daß **das rechtmäßige Vorgehen im Detail** nicht bestimmt sei (BVerfGE 56, 54, 71; 77, 170, 175; Isensee, in: Isensee/Kirchhof [Hrsg], Handbuch des Staatsrechts, Bd V [1992] § 111 Rn 151 f; H Dreier, in: H Dreier [Hrsg], Grundgesetz-Kommentar [1996] Vorbem Rn 64; Klein NJW 1989, 1638; Hermes 213; Heun 67; Lübbe-Wolf 40 f). Diesen Anforderungen ist aber jedenfalls durch den Erlaß der §§ 823 ff Genüge getan. Generell wegen des Schutzaspektes die Wirkung der Grundrechte zu verringern wäre zudem kein auf das Privatrecht beschränktes Problem (J Hager JZ 1994, 381); es hieße indes vor allem, von der Struktur her den Eingreifer vor dem Opfer zu begünstigen, obwohl alle Beteiligten in gleicher Weise am Schutz durch die Grundrechte teilhaben sollen (Hesse Rn 354; J Hager JZ 1994, 381; ders AcP 196 [1996] 176; **aA** Canaris 47). Das hätte etwa zur Folge, daß prinzipiell die Meinungsfreiheit, die unter dem Abwehraspekt thematisiert wird, höher zu gewichten wäre als das Persönlichkeitsrecht, dessen Schutz dem Gesetzgeber bzw Richter aufgegeben ist. Demgegenüber gebührt einer gleichgewichtigen Berücksichtigung beider Aspekte der Vorrang.

3. Die Rolle des Verhältnismäßigkeitsprinzips

72 Die Kollision ist nach den allgemeinen Regeln aufzulösen, also durch die Grundsätze der praktischen Konkordanz (Stern, Staatsrecht [1988] III/1 1577 mwNw). **Zu modifizieren ist dagegen der Grundsatz der Verhältnismäßigkeit.** Da der Ausgleich erst zu finden ist, haben die Erforderlichkeit und die Eignung der Maßnahme noch keinen konkreten Bezugspunkt, wozu denn die Maßnahme geeignet oder erforderlich sein soll (Hesse Rn 72; Böckenförde Der Staat 29 [1990] 20 f; J Hager AcP 196 [1996] 181 f). Ob etwa ein Eingriff in die Meinungsfreiheit durch das Verbot einer Äußerung rechtmäßig ist, hängt davon ab, wie intensiv man die Persönlichkeit schützt. Erst die Rechtsfolge kann dann anhand der Verhältnismäßigkeit im traditionellen Sinn überprüft werden. Dann steht ja fest, daß das **Recht des Angegriffenen überwiegt** und die Attacke in Zukunft zu unterbleiben hat; dies durchzusetzen, hat der Staat jedoch nur ein geeignetes und wirklich erforderliches Mittel zu wählen. Das vernachlässigt das BVerfG, wenn es im Mephisto-Urteil bei der Rechtsfolge des Verstoßes anstelle des Grundsatzes der Verhältnismäßigkeit nur das Willkürverbot prüft (BVerfGE 30, 173, 199 f; **aA** Canaris AcP 184 [1984] 211; ders JuS 1989, 162 f; Krause JZ 1984, 661; H Schneider 213; J Hager 22 ff). Dazu bestand schon vom Ergebnis her kein Anlaß; war doch der BGH mit dem Verhältnismäßigkeitsprinzip zum selben Ergebnis gekommen wie das BVerfG, da er die Veröffentlichung des Romans mit einem klarstellenden Hinweis für nicht geeignet angesehen hatte, die Belange des Betroffenen zu schützen (BGH NJW 1968, 1773, 1777 unter IV 2 a, insoweit in BGHZ 50, 133 ff nicht abgedruckt). Auch das Ergebnis leuchtet nicht ein. Das Gericht darf den Betroffenen nicht zu mehr zwingen, als es die Beseitigung der Persönlichkeitsverletzung unabdingbar fordert (s hierzu auch unten § 823 Rn C 277).

II. Anwendungsfälle

Auf die Verfassung wird zuvörderst das **allgemeine Persönlichkeitsrecht** gestützt (vgl unten § 823 Rn C 3, C 5 ff). Aber auch beim **Gewerbebetrieb** und im **Rahmen des § 824** wirken sich die Grundrechte aus, man denke an Kritik über gewerbliche Leistungen, aber auch an die Mitteilung von Tatsachen, deren Wirklichkeitsgehalt nicht ohne weiteres geklärt werden kann, an deren Publizierung aber ein berechtigtes Interesse besteht (vgl unten § 823 Rn D 26). Desgleichen läßt sich der **Schutz des Embryos** vor Verletzungen durch § 823 Abs 1 am überzeugendsten mit dem Grundgesetz begründen (vgl unten § 823 Rn B 42). Mittels des Grundsatzes der haftungsrechtlichen Gleichbehandlung hat der BGH in manchen Fällen das Privileg des § 839 Abs 1 S 2 beiseite geschoben (BGHZ 68, 217, 220; BGH NJW 1979, 1602; MünchKomm/Mertens Rn 74; MünchKomm/Papier § 839 Rn 309). Das Postulat, daß der **Eingriff in den Körper des Patienten** dessen Einwilligung bedarf, läßt sich mit Art 2 Abs 2 GG untermauern (BGHZ 29, 46, 49; 29, 176, 179 f; 106, 391, 397; zweifelnd an der Begründung Lepa, in: FS Steffen [1995] 264, 265 f). Im **Prozeßrecht** wirken sich die Grundrechte namentlich auf die Beweislastverteilung aus. So fordert der Gleichheitssatz grundsätzliche Waffengleichheit im Prozeß und gleichmäßige Verteilung des Risikos am Verfahrensausgang (BVerfGE 52, 131, 144 [Mindermeinung]).

73

§ 823

Wer vorsätzlich oder fahrlässig das Leben, den Körper, die Gesundheit, die Freiheit, das Eigentum oder ein sonstiges Recht eines anderen widerrechtlich verletzt, ist dem anderen zum Ersatze des daraus entstehenden Schadens verpflichtet.

Die gleiche Verpflichtung trifft denjenigen, welcher gegen ein den Schutz eines anderen bezweckendes Gesetz verstößt. Ist nach dem Inhalte des Gesetzes ein Verstoß gegen dieses auch ohne Verschulden möglich, so tritt die Ersatzpflicht nur im Falle des Verschuldens ein.

Materialien: E I § 704; II § 746 Abs 1, § 747; III § 807; Mot II 725; III 110; Prot I 188; II 567; VI 200.

Gliederung

A.	Die dogmatische Struktur der Norm	A 1	F. Die deliktische Produkthaftung	F 1
B.	Die geschützten Rechtsgüter und Rechte	B 1	G. Die Verletzung eines Schutzgesetzes – § 823 Abs 2	G 1
C.	Das Persönlichkeitsrecht	C 1	H. Die sonstigen Voraussetzungen und die Rechtsfolgen der deliktischen Haftung	H 1
D.	Das Recht am Gewerbebetrieb	D 1	I. Arzthaftungsrecht	I 1
E.	Die Verkehrspflichten	E 1		

A. Die dogmatische Struktur der Norm

Schrifttum

vBar, Verkehrspflichten (1980)
ders, Entwicklungen und Entwicklungstendenzen im Recht der Verkehrs(sicherungs)pflichten, JuS 1988, 169
Börgers, Von den „Wandlungen" zur „Restrukturierung" des Deliktsrechts? (1993)
Brüggemeier, Judizielle Schutzpolitik de lege lata – Zur Restrukturierung des BGB-Deliktsrechts, JZ 1986, 969
vCaemmerer, Wandlungen des Deliktsrechts, in: FS Deutscher Juristentag II (1960) 49
ders, Die absoluten Rechte in § 823 Abs. 1 BGB, KF 1961, 19
Deutsch, Fahrlässigkeitstheorie und Behandlungsfehler, NJW 1993, 1506
Dunz, Das verkehrsrichtige Verhalten, NJW 1960, 507
Fabarius, Äußere und innere Sorgfalt (1991)

Fraenkel, Tatbestand und Zurechnung bei § 823 Abs 1 BGB (1979)
G Hager, Zum Begriff der Rechtswidrigkeit im Zivilrecht, in: FS E Wolf (1985) 133
Larenz, Rechtswidrigkeit und Handlungsbegriff im Zivilrecht, in: FS Dölle I (1963) 169
W Lorenz, Fortschritte der Schuldrechtsdogmatik, JZ 1961, 433
Rödig, Erfüllung des Tatbestandes des § 823 Abs 1 durch Schutzgesetzverstoß (1973)
Stathopoulos, Bemerkungen zum Verhältnis zwischen Fahrlässigkeit und Rechtswidrigkeit im Zivilrecht, in: FS Larenz II (1983) 634
Stoll, Unrechtstypen bei Verletzung absoluter Rechte, AcP 162 (1962) 203;
Wiethölter, Der Rechtfertigungsgrund des verkehrsrichtigen Verhaltens (1960) 41.

Systematische Übersicht

I. **Der Aufbau**
1. Das Dreistufenmodell der hM: Tatbestand, Rechtswidrigkeit, Schuld ___ A 1
    a) Der Tatbestand ___ A 2
    b) Die Rechtswidrigkeit ___ A 3
    c) Die Schuld ___ A 4
2. Die Gegenthese: Die Verletzung der äußeren oder objektiven Sorgfalt als Voraussetzung der Rechtswidrigkeit ___ A 5
    a) Die äußere und innere Sorgfalt ___ A 5
    b) Die Abgrenzung zu den Verkehrspflichten ___ A 6

II. **Das Verhältnis der beiden Absätze der Norm**
1. Die hM: Erfolgs- bzw Verhaltensorientierung ___ A 7
2. Die Gegenthesen ___ A 8

III. **Die Verwirklichung des Tatbestandes**
1. Die hM: Verantwortung für unmittelbare und mittelbare Verletzungen ___ A 9
2. Die Gegenthese: Die Beschränkung der Verantwortung auf Verletzungen durch die unmittelbar kausale Handlung ___ A 10
3. Die Verkehrspflichten ___ A 11
    a) Die legislative und judizielle Konzeption ___ A 11
    b) Die Verkehrspflicht als Dreh- und Angelpunkt ___ A 12
    c) Stellungnahme ___ A 13

IV. **Rechte und Rechtsgüter**
1. Die Unterscheidung ___ A 14
2. Zuweisungsgehalt und Ausschlußfunktion ___ A 15

25. Titel. **§ 823**
Unerlaubte Handlungen A 1–A 3

I. Der Aufbau

1. Das Dreistufenmodell der hM: Tatbestand, Rechtswidrigkeit, Schuld

Im Verständnis der überkommenen, nach wie vor aber hA ist die unerlaubte Hand- **A 1**
lung in drei Stufen aufgebaut: den Tatbestand, die Rechtswidrigkeit und die Schuld
(BGB-RGRK/STEFFEN Rn 3; LARENZ/CANARIS § 75 II 2 a; DEUTSCH Rn 13 ff; ders, Allgemeines
Haftungsrecht [2. Aufl 1996] Rn 52 ff). Diese drei Stufen **sind logisch aufeinander bezogen**.
Rechtswidrig kann nur ein tatbestandsmäßiges Verhalten sein; Schuld setzt Rechtswidrigkeit voraus (BGB-RGRK/STEFFEN Rn 3; LARENZ/CANARIS § 75 II 2 a). Das gilt jedenfalls für § 823 und § 824, während im Rahmen des § 826 angesichts des Tatbestandsmerkmals der Sittenwidrigkeit der Tatbestand und die Rechtswidrigkeit ineinander
übergehen (LARENZ/CANARIS § 75 II 2 a).

a) Der Tatbestand
Die Tatbestandsbildung hat eine **dreifache Funktion**. Sie dient zum einen der **Selektie-** **A 2**
rung, greift also aus der Fülle menschlicher Verhaltensweisen, die kausal für den
Schaden sein können, diejenigen heraus, die als typische Haftungsgründe in Betracht
kommen (LARENZ/CANARIS § 75 II 2 b; DEUTSCH, Allgemeines Haftungsrecht [2. Aufl 1996] Rn 52;
ähnl WIETHÖLTER 28). Der Gesetzgeber schafft **Grund und Grenze der Haftung** (DEUTSCH,
Allgemeines Haftungsrecht [2. Aufl 1996] Rn 46). Auf dieser Ebene ist zB seine Entscheidung gefallen, primäre Vermögensschäden nicht über § 823 Abs 1 zu schützen (vgl
unten Rn B 192). Der Tatbestand hat, indem er gewisses Verhalten untersagt, ferner
Normierungsfunktion; auf ihn **beziehen sich** schließlich **Rechtswidrigkeit und Verschul-**
den (DEUTSCH, Allgemeines Haftungsrecht [2. Aufl 1996] Rn 52). Zum Tatbestand zählen die
Handlung bzw das zurechenbare Unterlassen, die Beeinträchtigung eines der in § 823
Abs 1 genannten Rechtsgüter oder Rechte bzw die Verletzung eines Schutzgesetzes.
Dabei kann der Schutzbereich der einzelnen Rechte bzw Rechtsgüter durchaus
problematisch sein; ihn festzulegen gehört zu den Aufgaben der Interpretation des
Tatbestandes (LARENZ/CANARIS § 75 II 2 b). Zur Tatbestandsverwirklichung gehört ferner die **Kausalität** (FIKENTSCHER Rn 429; DEUTSCH, Allgemeines Haftungsrecht [2. Aufl 1996]
Rn 47; LARENZ, Schuldrecht Bd II BT [12. Aufl 1981] § 71 I b) sowie nach hM die Verletzung
einer Verkehrspflicht bei mittelbaren Beschädigungen (vgl unten Rn E 2), nicht jedoch
der Schaden. Das bedeutet nicht nur, daß eine Körperverletzung auch dann vorliegen
kann, wenn kein Schaden entstanden ist (LARENZ/CANARIS § 75 II 2 b), sondern vor
allem, daß sich das **Verschulden nicht auf den Eintritt des Schadens beziehen** muß
(DEUTSCH, Allgemeines Haftungsrecht [2. Aufl 1996] Rn 371; CANARIS, in: FS Larenz II [1983]
33); eine Ausnahme gilt, wenn die Tatbestandsvoraussetzungen des Schutzgesetzes
einen Schaden fordern.

b) Die Rechtswidrigkeit
Die Prüfung der Rechtswidrigkeit untersucht, ob die Verwirklichung des Tatbestan- **A 3**
des Unrecht war. Die Funktion der Rechtswidrigkeit liegt in der Mißbilligung der Tat
als solcher, ohne daß bereits ein Urteil über den Täter gefällt wird (STATHOPOULOS, in:
FS Larenz II [1983] 645). Nach traditioneller Auffassung scheidet die Rechtswidrigkeit
bei einer tatbestandsmäßigen Verletzung der in § 823 Abs 1 genannten Rechtsgüter
und Rechte nur aus, wenn ein Rechtfertigungsgrund vorliegt; **die Tatbestandsverwirk-**
lichung indiziert die Rechtswidrigkeit (BGHZ 24, 21, 27 f; 90, 255, 257 f; 118, 201, 207; LARENZ/
CANARIS § 75 II 2 c; DEUTSCH, Allgemeines Haftungsrecht [2. Aufl 1996] Rn 53; jedenfalls bei Vor-

satzdelikten auch BGH NJW 1993, 2614; ESSER/WEYERS § 55 II 3 a). Eine Indikationswirkung wird von der ganz hM bei den sog Rahmenrechten abgelehnt; dazu gehören das Persönlichkeitsrecht (vgl unten Rn C 17), der Gewerbebetrieb (vgl unten Rn D 4) sowie nach wohl herrschender Auffassung die Mitgliedschaft (vgl unten Rn B 145). Auch mittelbare Beeinträchtigungen sind nach hM nicht rechtswidrig, wenn und soweit die Verkehrspflichten ordnungsgemäß erfüllt sind (vgl unten Rn H 16); man wird hier allerdings bereits den Tatbestand zu verneinen haben (vgl unten Rn E 2).

c) Die Schuld

A 4 Im Rahmen der Schuld geht es zunächst um die Deliktsfähigkeit nach den §§ 827 ff, soweit ihr Fehlen nicht schon dazu führt, daß von einer Handlung selbst nicht mehr gesprochen werden kann (vgl unten Rn H 2). Nach hA zählen zur Schuld Vorsatz und Fahrlässigkeit (LARENZ/CANARIS § 75 II 2 d; DEUTSCH, Allgemeines Haftungsrecht [2. Aufl 1996] Rn 333, 338). Die Schuld fehlt, wenn Entschuldigungsgründe eingreifen. Hierher gehören beispielsweise der entschuldigende Notstand, der unvermeidbare Verbotsirrtum (LARENZ/CANARIS § 75 II 2 d), aber auch die subjektive Unzumutbarkeit (BGHZ 92, 357, 358; 127, 195, 210; ausf DEUTSCH, Allgemeines Haftungsrecht [2. Aufl 1996] Rn 439 ff).

2. Die Gegenthese: Die Verletzung der äußeren oder objektiven Sorgfalt als Voraussetzung der Rechtswidrigkeit

a) Die äußere und innere Sorgfalt

A 5 Seit einiger Zeit unterscheidet ein Teil der Lehre die sog äußere und die innere Sorgfalt (vBAR JuS 1988, 173; DEUTSCH, Allgemeines Haftungsrecht [2. Aufl 1996] Rn 385 ff; ders NJW 1993, 1506; STATHOPOULOS, in: FS Larenz II [1983] 634 f, 637). Dieser Differenzierung hat sich der BGH in einigen Entscheidungen angeschlossen (BGHZ 80, 186, 198 f; BGH NJW 1986, 2757, 2758; 1994, 2232, 2234). Die **äußere Sorgfalt** setzt sachgemäßes und normgemäßes Verhalten voraus (DEUTSCH, Allgemeines Haftungsrecht [2. Aufl 1996] Rn 385; ders NJW 1993, 1508), während die **innere Sorgfalt** die Erkennbarkeit der Norm und die Einhaltung der äußeren Sorgfalt zum Maßstab hat (DEUTSCH, Allgemeines Haftungsrecht [2. Aufl 1996] Rn 388; ders NJW 1993, 1508). In Konsequenz dieses Ansatzes wird die Frage, ob die äußere Sorgfalt eingehalten ist, als Teil der Rechtswidrigkeitsprüfung aufgefaßt (vBAR JuS 1988, 173; STATHOPOULOS, in: FS Larenz II [1983] 637), ein Ansatz, der sich mit der schon lange verfochtenen Ansicht trifft, daß ein Verhalten nur dann rechtswidrig sei, wenn die im Verkehr erforderliche Sorgfalt objektiv nicht eingehalten werde (ENNECCERUS/NIPPERDEY § 209 IV B 2 b).

b) Die Abgrenzung zu den Verkehrspflichten

A 6 Daraus ergeben sich noch keine Unterschiede zum Aufbau und zum Konzept der hM, wenn man für den Grad der äußeren Sorgfalt das Höchstmaß fordert; dieses ist dann mit der Verkehrspflicht identisch (vBAR 173; ders JuS 1988, 173; vgl auch die Darstellung bei KÖTZ Rn 118). Andere fassen dagegen die Voraussetzungen weniger streng, schließen aber gleichwohl bei der Erfüllung der äußeren oder objektiven Sorgfalt die Tatbestandsmäßigkeit (WIETHÖLTER 41, 52; DUNZ NJW 1960, 510; wohl auch vCAEMMERER, in: FS DJT [1960] 78 Fn 118, der auch die Rechtswidrigkeit negiert) oder die Rechtswidrigkeit aus (ESSER/SCHMIDT § 25 IV 1 c; ders, in: Grundlagen des Vertrags- und Schuldrechts [1972] 497; ENNECCERUS/NIPPERDEY § 209 IV B 2 b; BRÜGGEMEIER JZ 1986, 974). Eine Spielart dieser These verneint im Grundsatz bei pflichtgemäßem Verhalten die Rechtswidrigkeit, bejaht sie aber bei einem Verstoß gegen eine explizite Norm sowie bei einem unmittelbaren Eingriff

(STATHOPOULOS, in: FS Larenz II [1983] 640 ff, 642). Doch ist diesen Vorschlägen **nicht zu folgen** (so auch LARENZ/CANARIS § 75 II 3 d; DEUTSCH Rn 82; ders, Allgemeines Haftungsrecht [2. Aufl 1996] Rn 372; G HAGER, in: FS E Wolf [1985] 140 f; mit Konzessionen an die Gegenauffassung auch BGB-RGRK/STEFFEN Rn 396 f). **Verkehrspflichten sind umfassender und schärfer** als die Verhaltenspflichten; jene sind auch verletzt, wenn sie unter Zugrundelegung der durchschnittlichen Sorgfalt nicht erkannt werden konnten (LARENZ/CANARIS § 75 II 3 d), etwa weil ein Ausreißer in der Produktion dem hinreichend engmaschigen Kontrollnetz doch entging; fehlen kann dann das Verschulden (vgl unten Rn F 44). Die Geltung der Verhaltensnorm ist zudem davon abhängig, ob sie der Betroffene in der konkreten Situation erkennen und erfüllen konnte (LARENZ/CANARIS § 75 II 3 d). Es gibt nun aber Rechtsnormen, die eine Handlung mißbilligen, ohne Rücksicht darauf, ob sich der Handelnde sorgfältig verhalten hat oder nicht (STATHOPOULOS, in: FS Larenz II [1983] 639). Wer ein Vorfahrtsschild mißachtet, handelt rechtswidrig, auch wenn er es nicht sehen konnte, weil ein Lastwagen davor stand. Der Einwand, man könne nur an Normen oder Verhaltensanforderungen gebunden sein, deren Eingreifen man hätte erkennen können, übersieht, daß das Rechtswidrigkeitsurteil zugunsten von Dritten wirkt (DEUTSCH Rn 82) und nicht nur auf den Handelnden Bezug nehmen kann (SOERGEL/ZEUNER Rn 7; LARENZ/CANARIS § 75 II 3 d; W LORENZ JZ 1961, 436 f; STOLL AcP 162 [1963] 209 f, 232 f; LARENZ, in: FS Dölle I [1963] 190 f). Die Frage der Fahrlässigkeit dagegen geht dahin, ob der Täter den Anforderungen in der konkreten Situation gerecht werden konnte oder nicht, und kann so hinter dem zurückbleiben, was die Verkehrspflicht oder auch die Norm fordert (LARENZ/CANARIS § 75 II 3 d).

II. Das Verhältnis der beiden Absätze der Norm

1. Die hM: Erfolgs- bzw Verhaltensorientierung

Nach hM unterscheiden sich die beiden Absätze des § 823 grundlegend. **§ 823 Abs 1** hebe aus der Fülle der Güter und Rechte die besonders schutzwürdigen Positionen heraus; die Vorschrift sei also **rechtsgutsorientiert** (ERMAN/SCHIEMANN Rn 1; BGB-RGRK/STEFFEN Rn 1; LARENZ/CANARIS § 75 I 3 a). **§ 823 Abs 2** knüpft nach dieser Auffassung die Haftung dagegen an den **schuldhaften Verstoß gegen Verhaltensgebote** (ERMAN/SCHIEMANN Rn 1; BGB-RGRK/STEFFEN Rn 1; LARENZ/CANARIS § 75 I 3 a; DEUTSCH, Allgemeines Haftungsrecht [2. Aufl 1996] Rn 81). Natürlich können die beiden Absätze konkurrieren, da viele Verhaltensgebote den Schutzgütern dienen (BGB-RGRK/STEFFEN Rn 1). In der weiteren Entwicklung trat jedoch die Verhaltensorientierung des Schutzes nach § 823 Abs 1 stärker hervor, man denke an die Schutzzweckerwägungen, die auch im Rahmen dieser Vorschrift angestellt wurden (vgl zB BGHZ 115, 84, 89). Desgleichen knüpfen die Verkehrspflichten nicht nur an den Erfolg an, sondern begründen die Haftung durch die Vernachlässigung von Sicherheitsstandards. Auf der Rechtsgüterseite fand zwar mit dem Persönlichkeitsrecht und dem Schutz des Gewerbebetriebs ebenfalls eine Erweiterung statt; doch wurde die generalklauselartige Weite dieser sog Rahmenrechte durch Anforderungen an den Verletzungstatbestand wieder verengt. Trotz dieser Erweiterungen **siedelt die hM sowohl die Rahmenrechte als auch die Verkehrspflichten in § 823 Abs 1 an** (ERMAN/SCHIEMANN Rn 6; SOERGEL/ZEUNER Rn 70; LARENZ/CANARIS § 80 I 3; wohl auch DEUTSCH, Allgemeines Haftungsrecht [2. Aufl 1996] Rn 68 ff; zu den Verkehrspflichten vgl genauer unten Rn E 4). Damit werde die Notwendigkeit einer besonderen Begründung für den gleichen Rang von Beeinträchtigungen dieser Rechte mit der Verletzung der in § 823 Abs 1 kodifizierten Rechte und Rechtsgüter betont. Eng verwandt seien beispielsweise die Güter- und Interessenabwägung bei den Rahmenrechten und die Überlagerung der Kausalität durch den Schutzzweck der Norm; die Betriebsbezogenheit des Eingriffs in den Gewerbebetrieb erinnere an die Objektbezogenheit der Eigentumsverletzung (ERMAN/SCHIEMANN Rn 6).

2. Die Gegenthesen

A 8 Nach einem Teil der Lehre gehören die **Rahmenrechte zu § 823 Abs 2**. Es gehe um die Entwicklung eines losen Kodex' von Verhaltensnormen; einschlägig bei deren fahrlässiger Verletzung sei § 823 Abs 2, während bei Vorsatz § 826 eingreife (ESSER/WEYERS § 55 I 2 c; KÜBLER AcP 172 [1972] 186 f; für den Gewerbebetrieb auch MEDICUS, Bürgerliches Recht [17. Aufl 1996] Rn 614). In eine ähnliche Richtung geht die These, **der Persönlichkeitsschutz und der Gewerbebetrieb seien richterrechtlich entwickelte Generalklauseln**, die deshalb nicht als absolute Rechte eingeordnet werden dürften (MünchKomm/MERTENS Rn 102). Schließlich wird von einem Teil der Lehre § 823 Abs 1 als Schutzgesetz im Sinne des § 823 Abs 2 angesehen (RÖDIG 56 ff). Das habe zur Folge, daß sämtliche für die Auslegung des § 823 Abs 2 gewonnenen Erkenntnisse auch im Rahmen des Abs 1 fruchtbar zu machen seien. Namentlich Schutzzweckerwägungen bzw der Rechtswidrigkeitszusammenhang könnten so auch bei Abs 1 berücksichtigt werden und dazu führen, die Haftung trotz der Beeinträchtigung eines Rechtsguts zu verneinen (RÖDIG 59 ff). Die unterschiedlichen Standpunkte dürften wohl weniger weit auseinanderliegen, als es vordergründig den Anschein haben mag. Daß auch im Rahmen des § 823 Abs 1 ein Verhalten trotz der Beeinträchtigung eines Rechtsguts ohne Sanktion bleiben kann, wird denn auch von der hM eingeräumt (ERMAN/SCHIEMANN Rn 3). Darüber hinaus laufen **vielfach die Wertungen parallel**. Der Schutz der Persönlichkeit etwa wird über die §§ 823 Abs 2, 186 StGB mit demselben Inhalt gewährleistet wie mit Hilfe von § 823 Abs 1 (vgl zB BGHZ 95, 212, 214; 99, 133, 136; OLG München NJW 1993, 2998, 2999). Auch Schutzbereichserwägungen können sich im Rahmen des Abs 1 niederschlagen.

III. Die Verwirklichung des Tatbestandes

1. Die hM: Verantwortung für unmittelbare und mittelbare Verletzungen

A 9 Nach hM, die auch in diesem Kommentar zugrunde gelegt wird, haftet der Täter im Grundsatz nicht nur für Schäden, die er unmittelbar durch seine Handlung verursacht hat, sondern **auch für mittelbare Verletzungen**. Allerdings sind dann weitere **Zurechnungskriterien** zu prüfen, etwa beim Unterlassen das Bestehen einer Pflicht zum Handeln (vgl unten Rn H 5 ff), bei mittelbaren Schädigungen die Verletzung einer Verkehrspflicht (vgl unten Rn E 2 ff). Auch wenn sich Fragen der Kausalität und des Verschuldens bei unmittelbaren und mittelbaren Verletzungen unterscheiden, so ändert sich nichts an der grundsätzlichen Verantwortung des Täters in beiden Gruppen. Diese Frage ist unabhängig von dem Streit über die Erfolgs- bzw Verhaltensunrechtslehre (LARENZ, in: FS Dölle I [1963] 172; FRAENKEL 17).

2. Die Gegenthese: Die Beschränkung der Verantwortung auf Verletzungen durch die unmittelbar kausale Handlung

A 10 Ein jedenfalls bislang vereinzelt gebliebener Ansatz will dagegen die Verantwortlichkeit des Täters radikal beschneiden. Den Tatbestand des reinen Erfolgsdelikts erfülle eine Handlung nur dann, wenn durch ihre Vornahme der Eintritt des tatbestandsmäßigen Erfolges in der Weise bedingt sei, daß **nicht noch irgendeine weitere Handlung vorgenommen werden müsse** (FRAENKEL 53). Diese Handlung sei nur dann vorangegangenen Beiträgen zuzurechnen, wenn gemeinsame Tatbestandsverwirklichung, mittelbare Täterschaft, Nebentäterschaft durch Schutzgesetz- oder Garantenpflichtverletzung, namentlich durch Verletzung einer Garantenpflicht aus vorangegangenem rechtswidrigen Tun vorlägen (FRAENKEL 69, 242 ff). Jedoch ist diesen Thesen **nicht zu folgen** (abl auch ERMAN/SCHIEMANN Rn 11; MünchKomm/MERTENS Rn 2 Fn 2; Rn 45 Fn 48; SOERGEL/ZEUNER Rn 5 f; LARENZ, Schuldrecht Bd II BT [12. Aufl 1981] § 71 I b Fn 3; BÖRGERS 36 mwNw; J SCHRÖDER AcP 179 [1979] 591 Fn 71; KRAMER AcP 180 [1980] 526 f). Wenig plausibel sind schon die Ergebnisse. So soll derjenige, der bei einem Massenunfall auf der Autobahn als erster auffährt, den später Auffahrenden nicht haften, da eine unerlaubte Handlung allein von dem jeweils Auffahrenden begangen werde (FRAENKEL 253 ff; abl KRAMER AcP 180 [1980] 526 f). Auch wäre nahezu die gesamte deliktische Produkthaftung Makulatur, jedenfalls soweit nach der Auslieferung noch die Handlung eines Dritten vorliegt. Die selbst grob fehlerhafte Konstruktion von Bremsen eines Autos bliebe folgenlos, weil erst die Benutzung des Kraftfahrzeugs zur Körperverletzung führt. Auch die dogmatische Fundierung ist dürftig. Daß der Verantwortungsbereich des einen da endet, wo derjenige des anderen beginnt (FRAENKEL 242; aA SOERGEL/ZEUNER Rn 6), ist gerade in Fällen der sog Bereichshaftung abzulehnen. Die Verantwortung des Verkehrspflichtigen entfällt nicht durch das Verhalten Dritter, selbst wenn diese schuldhaft gehandelt haben (vgl dazu unten Rn E 33).

3. Die Verkehrspflichten

a) Die legislative und judizielle Konzeption

Teile der Lehre unterscheiden die sog legislative Konzeption von der judiziellen Konzeption. Jene begreife den Tatbestand als Beschreibung der Verbotsmaterie und Indikationsfunktion für die Rechtswidrigkeit und sanktioniere nur unmittelbare Eingriffe. Die judizielle Konzeption interpretiere § 823 Abs 1 dagegen als allgemeines Schädigungsverbot, das im Gegenzug bei mittelbaren Eingriffen durch das Erfordernis der Verkehrspflichtverletzung beschränkt werde (MünchKomm/MERTENS Rn 2; ders VersR 1980, 398 f). Aus dieser **Doppelspurigkeit sollen sich mannigfache Konsequenzen** ergeben. Die legislative Konzeption knüpfe an die Handlung, die unmittelbar zum Erfolg führe (MünchKomm/MERTENS Rn 13 unter Verwendung der Abgrenzung von FRAENKEL 53; vgl soeben Rn A 10). Die Konzeption der Rechtsprechung frage dagegen nach dem Erfolgseintritt und nach der Verursachung im Sinne der Erhöhung der Wahrscheinlichkeit in der Sicht ex ante und nach der Vermeidbarkeit aus der Perspektive ex post (MünchKomm/MERTENS Rn 15). Auch der Schutzumfang sei verschieden. Eine direkte Verletzung verpflichte zum Ersatz aller adäquat verursachten sekundären Vermögensschäden, während es bei der Verkehrspflichtverletzung auf den Schutzbereich ankomme (MünchKomm/MERTENS Rn 7). Letztendlich könne allerdings der legislative Ansatz ganz von dem judiziellen her erfaßt werden; jenen zu belassen erscheine allerdings im Bereich der unmittelbaren Eingriffe als angemessen (MünchKomm/MERTENS Rn 4).

b) Die Verkehrspflicht als Dreh- und Angelpunkt

Eine noch weiter gehende These stellt vollends die Verkehrspflichten in den Mittelpunkt. Die unerlaubte Handlung sei eine verkehrswidrig oder pflichtwidrig-vorsätzliche Verletzung rechtlich geschützter Interessen (BRÜGGEMEIER Rn 176); die wichtigste Funktion des Haftungsrechts sei es, Verhaltensnormen herauszuarbeiten, an deren Verletzung die Schadensersatzpflicht geknüpft werden solle (BRÜGGEMEIER Rn 176; vCAEMMERER KF 1961, 19). In § 823 Abs 1 seien die Verhaltenspflichten nach Schutzgütern, in § 823 Abs 2 nach Pflichtenträgern organisiert (BRÜGGEMEIER Rn 179). Die Verkehrspflichten wirkten sich auch auf das Verschulden aus. Angesichts des objektiven Maßstabs der Fahrlässigkeit impliziere die Verwirklichung des Pflichtverstoßes die Erkennbarkeit der Verhaltenspflicht. Die Haftung für die Verkehrswidrigkeit und Fahrlässigkeit sei die objektive Unrechtshaftung (BRÜGGEMEIER JZ 1986, 976).

c) **Stellungnahme**

A 13 Sieht man an dieser Stelle noch von dem Problem ab, ob es Verkehrspflichten auch zum Schutz von primären Vermögensschäden gibt (vgl dazu unten Rn E 7 ff), so sind die Vorschläge weit weniger spektakulär, als es auf den ersten Blick scheinen mag. Denn die Haftung für zurechenbares Unterlassen abzulehnen wäre auch vom Standpunkt der hM her weder vom Ergebnis noch methodisch nachzuvollziehen (LARENZ/CANARIS § 76 III 2 a; STEFFEN VersR 1980, 409). Stürzt ein Kind aus einem Pkw auf die Autobahn, greift nicht nur der heranbrausende Fahrer eines Pkw, sondern greifen auch die Eltern in seine Integrität ein, so sie untätig bleiben (Bsp nach STEFFEN VersR 1980, 409). Dann ist der Schritt zur Haftung der Werkstatt, die einen Defekt an der Wagentür nicht behoben hatte, nicht weit (STEFFEN VersR 1980, 409) und mit dem gängigen methodischen Instrumentarium der Analogie und der Rechtsfortbildung praeter legem zu bewerkstelligen (LARENZ/CANARIS § 76 III 2 a; vBAR 25 nimmt dagegen eine Rechtsfortbildung contra legem an). Angesichts des objektiven Verschuldensmaßstabes ist auch der **Schluß auf die Schuld** des Täters in aller Regel richtig. Diese scheidet ausnahmsweise dann aus, wenn es an der Erkennbarkeit der Verkehrspflicht fehlte, sei es, weil der Täter aufgrund der Existenz anderer Verkehrspflichtiger nicht mit der Gefahr rechnete (BGH VersR 1976, 776, 777 f), sei es, weil die Rechtsprechung Verkehrspflichten gegenüber dem früheren Standard verschärft hatte (BGH NJW 1985, 620, 621; 1995, 2631, 2632; so auch BRÜGGEMEIER Rn 114, 514; MERTENS VersR 1980, 407).

IV. **Rechte und Rechtsgüter**

1. **Die Unterscheidung**

A 14 Im Anschluß an die gesetzgeberische Intention unterschied die frühere Rechtsprechung zwischen dem Schutz der vier Rechtsgüter – Leben, Körper, Gesundheit, Freiheit – einerseits und des Eigentums und sonstiger Rechte andererseits (Mot II 728; RGZ 51, 369, 372 f; BGHZ 8, 243, 247; so noch DEUTSCH, Allgemeines Haftungsrecht [2. Aufl 1996] Rn 59). Die Rechtsgüter selbst seien keine sonstigen Rechte, vielmehr könne nur davon gesprochen werden, der Mensch besitze ein Recht auf sie (BGHZ 8, 243, 247). Die Unterscheidung diente vorwiegend dazu, gegen die Anerkennung der Persönlichkeit als Schutzobjekt des § 823 Abs 1 zu argumentieren (RGZ 51, 369, 373). Nachdem die Persönlichkeit nunmehr als Schutzgut anerkannt ist, ist die **Entwicklung über diese Restriktionen hinweggegangen** (BGB-RGRK/STEFFEN Rn 4; MEDICUS, Bürgerliches Recht [17. Aufl 1996] Rn 615). Auch soweit zT noch Unterschiede in der Übertragbarkeit, in der Schutzintensität, im gesetzlich definierten Schutzbereich und in der tatbestandlichen Ausformung gesehen werden (DEUTSCH, Allgemeines Haftungsrecht [2. Aufl 1996]

Rn 59), ist das kein Argument für eine abweichende Behandlung der Rechtsgüter. Die Grenzen des Eigentums festzulegen macht mindestens ebensolche Schwierigkeiten wie der Begriff der Gesundheitsverletzung. Die Übertragbarkeit als Kriterium könnte zwar einen terminologischen Unterschied erklären, aber keine Differenzen im Schutzumfang. In den Rechtsfolgen einer Verletzung sind jedenfalls Rechte und Rechtsgüter einander angeglichen.

2. Zuweisungsgehalt und Ausschlußfunktion

Für die in § 823 Abs 1 bestimmten Rechtsgüter und Rechte liegen die Dinge einfach. **A 15** Der Deliktsschutz begründet gleichzeitig den Zuweisungsgehalt und die Ausschlußfunktion (LARENZ/CANARIS § 76 I 1 a, b; vgl schon Vorbem 34 zu §§ 823 ff; für den Zuweisungsgehalt auch BGB-RGRK/STEFFEN Rn 6), mögen sich an den Rändern auch Unschärfen zeigen (LARENZ/CANARIS § 76 I 2 a) und obendrein Restriktionen bei der Interpretation des Begriffs der Freiheitsentziehung zu befürworten sein (LARENZ/CANARIS § 76 I 1 c; vgl unten Rn B 53). Für die **sonstigen Rechte gilt dieser Mechanismus nicht**. Erst die Einzelanalyse hat die Nähe zu den benannten Schutzgütern nachzuweisen (ERMAN/SCHIEMANN Rn 35; MünchKomm/MERTENS Rn 101; DEUTSCH Rn 189; LARENZ/CANARIS § 76 I 1 c; ESSER/WEYERS § 55 I 2 b; die Autoren fordern zusätzlich noch soziale Offenkundigkeit oder zumindest die Vereinbarkeit mit ihr). Dasselbe gilt auch für die Rahmenrechte der Persönlichkeit und des Gewerbebetriebs. Soweit der Schutz reicht, kommt allerdings auch ihnen Zuweisungsgehalt und Ausschlußfunktion zu (FEZER, Teilhabe und Verantwortung [1986] 537), wie sich daran zeigt, daß Unterlassung und Schadensersatz verlangt werden können.

B. Die geschützten Rechtsgüter und Rechte

Systematische Übersicht

I.	**Leben**		aa)	Die Belastungen durch die Geburt	B 14
1.	Die Tatbestandsverwirklichung	B 1	α)	Der Umfang der Ersatzpflicht bei	
2.	Der Anspruchsberechtigte	B 2		fehlgeschlagener Sterilisation	B 15
3.	Der pränatale Schutz	B 3	β)	Der Umfang der Ersatzpflicht beim	
4.	Der vorbeugende Unterlassungsanspruch des Embryos	B 4		mißglückten Abbruch	B 16
			bb)	Belastungen durch die Wiederholung des Abbruchs	B 17
II.	**Körper und Gesundheit**		cc)	Die Gegenthese: Die Verletzung des allgemeinen Persönlichkeits-	
1.	Die Abgrenzung	B 5		rechts	B 18
a)	Die hM	B 5	f)	Abgetrennte Körperteile und Substanzen	B 19
b)	Die Gegenthese	B 6			
c)	Die mangelnde Tragfähigkeit der Gegenthese	B 7	3.	Die Gesundheitsverletzung	B 20
2.	Die Körperverletzung	B 8	a)	Beispiele	B 21
a)	Beispiele	B 9	b)	Rauchen	B 22
b)	Mittelbare Verletzungen	B 10	c)	Unterlassene ärztliche Hilfeleistung	B 23
c)	Sportverletzungen	B 11	d)	Infektionen	B 24
d)	Ärztliche Fehler	B 12	e)	Mittelbare Verletzungen	B 25
e)	Die fehlerhafte Sterilisation und die mißglückte Abtreibung	B 13	f)	Psychische Einwirkungen	B 26

aa)	Psychische Krankheit	B 27	4.	Die Haftung für falsche Sachverständigengutachten	B 56
bb)	Psychische Ursachen der Krankheit	B 28	5.	Die Haftung für falsche Zeugenaussagen	B 57
cc)	Weitere Schäden durch psychische Vermittlung	B 29	IV.	**Das Eigentum**	
dd)	Schockschäden Dritter	B 30	1.	Das Schutzobjekt	B 58
α)	Die hM	B 31	a)	Grundwasser	B 59
β)	Einschränkungen des Krankheitsbegriffs?	B 32	b)	Software	B 60
αα)	Die Rechtsprechung	B 32	2.	Die Abgrenzung zwischen Eigentum und Vermögen	B 61
ββ)	Die Gegenthesen	B 33	3.	Die Konkurrenz zu den §§ 987 ff	B 62
γγ)	Die Geltung der allgemeinen Regeln	B 34	4.	Die Eigentumsvermutung nach § 1006	B 63
γ)	Der Kreis der Ersatzberechtigten	B 35	5.	Der Entzug des Rechts	B 64
δ)	Die Ursache des Schocks	B 36	a)	Die Verfügung eines Nichtberechtigten	B 65
ε)	Die Haftung des Überbringers der Nachricht	B 37	aa)	Die Haftung des Veräußerers	B 65
ζ)	Das Mitverschulden des zunächst Verletzten	B 38	bb)	Die Haftung des Erwerbers	B 66
αα)	Die Rechtsprechung	B 38	b)	Der Einbau fremder Sachen	B 67
ββ)	Die Regeln der (gestörten) Gesamtschuld	B 39	aa)	Die Haftung des Einbauenden	B 67
4.	Die Schädigung des noch nicht geborenen Kindes	B 40	bb)	Die Haftung des Bauherrn	B 68
a)	Die Problematik der Rechtsfähigkeit	B 41	c)	Die Pfändung und Verwertung der schuldnerfremden Sache	B 69
aa)	Die frühere Rechtsprechung	B 41	aa)	Die Haftung des Vollstreckungsschuldners	B 69
bb)	Die hM	B 42	bb)	Die Haftung des Vollstreckungsgläubigers	B 70
cc)	Der Zeitpunkt der Zeugung als Zäsur?	B 43	α)	Die Rechtswidrigkeit	B 71
dd)	Die Beweislast	B 44	β)	Der Maßstab des Verschuldens	B 72
ee)	Die Verletzung der Mutter	B 45	γ)	Die Anforderungen an die Darlegung des Eigentums	B 73
b)	Die Schädigung durch die Eltern	B 46	δ)	Die Haftung des Vollstreckungsgläubigers für das Verschulden des Anwalts	B 74
aa)	Die Gefahr der Geburt behinderter Kinder	B 47	ε)	Die Haftung des Anwalts	B 75
bb)	Die Haftung des Vaters	B 48	ζ)	Der Erwerb der Sache durch den Vollstreckungsgläubiger	B 76
cc)	Die Haftung der Mutter	B 49	η)	Die spätere Aufhebung des Titels	B 77
c)	Wrongful life	B 50	6.	Unwahre Behauptungen über die Sache	B 78
aa)	Die Haftung des Arztes bei Schädigung nach der Empfängnis	B 51	7.	Der Eingriff in die Substanz	B 79
bb)	Die Haftung des Arztes bei drohender Schädigung	B 52	a)	Beispiele für die Verletzung beweglicher Sachen	B 80
III.	**Die Freiheit**		b)	Beispiele für die Beeinträchtigung von Grundstücken	B 81
1.	Der Begriff der Freiheit	B 53	c)	Die Bestimmung durch den Eigentümer	B 82
2.	Die Verwirklichung durch Einsperren	B 54	d)	Die Gefährdung der Sache	B 83
3.	Die Mittel des Freiheitsentzugs	B 55			

25. Titel.
Unerlaubte Handlungen

§ 823
B

e)	Die Störung der Entwicklung	B 84		aa)	Die hM	B 110
f)	Die Modalität der Verletzung	B 85		α)	Beispiele	B 111
g)	Unwirksame Schutzmaßnahmen	B 86		β)	Gegenbeispiele	B 112
h)	Die Veranlassung zur Selbstbeschädigung	B 87		γ)	Der Baustromverteilerfall	B 113
				bb)	Die Gegenthesen	B 114
i)	Immissionen	B 88		α)	Fehlen der Eigentumsverletzung?	B 115
8.	Die Beeinträchtigung der Nutzungsmöglichkeit	B 89		β)	Vorrang der kauf- und werkvertraglichen Regeln?	B 116
a)	Die hM	B 90		γ)	Das Argument aus § 1 Abs 1 S 2 ProdHaftG	B 117
aa)	Die Bejahung der Eigentumsverletzung	B 90		cc)	Stellungnahme	B 118
bb)	Die Verneinung der Eigentumsverletzung	B 91		α)	Die unstimmigen Ergebnisse der Gegenthese	B 118
cc)	Die dogmatische Begründung	B 92		β)	Der Unterschied zwischen dem ursprünglichen Mangel und dem später entstehenden Schaden	B 119
b)	Die Gegenthesen	B 93				
aa)	Eigentumsverletzung bei jeder Beeinträchtigung	B 93		dd)	Beschränkung auf gewaltsame Selbstbeschädigung der Sache?	B 120
bb)	Eigentumsverletzung bei Auswirkung auf den Marktwert	B 94		ee)	Der Zeitpunkt der Eigentumsbeschädigung	B 121
cc)	Eingriff in den Gewerbebetrieb	B 95		ff)	Die Ermittlung des Wertes	B 122
c)	Die bestimmungsgemäße Verwendung	B 96		gg)	Die Unkenntnis vom Fehler	B 123
aa)	Die nicht unerhebliche Beeinträchtigung der bestimmungsgemäßen Verwendung	B 97		V.	**Die sonstigen Rechte**	
				1.	Definition und Abgrenzung	B 124
bb)	Praktische Konsequenzen	B 98		a)	Zuweisungsgehalt und Ausschlußfunktion	B 124
cc)	Das Mitverschulden des Geschädigten	B 99		b)	Ähnlichkeit mit Eigentum?	B 125
d)	Die Rechtswidrigkeit bei Blockaden	B 100		2.	Beschränkt dingliche Rechte	B 126
				a)	Der Schutz des Pfandrechts an einer Forderung	B 127
9.	Die unbefugte Nutzung durch Dritte	B 101		b)	Die Modalität der Verletzung	
a)	Der Entzug der Sache	B 102		aa)	Rechtliche Beeinträchtigungen	B 128
b)	Das unerlaubte Fotografieren	B 103		bb)	Faktische Beeinträchtigungen	B 129
aa)	Das Fotografieren auf öffentlichem Straßengrund	B 103		α)	Die Beeinträchtigung der Substanz	B 129
				β)	Der Rückschaffungsanspruch	B 130
bb)	Das widerrechtliche Eindringen	B 104		cc)	Der Entzug des Besitzes	B 131
10.	Die weiterfressenden Mängel	B 105		c)	Die Grenzen des Schutzes	B 132
a)	Die Konkurrenz zwischen Vertrags- und Deliktsrecht	B 106		d)	Die Einleitung rechtlicher Verfahren	B 133
aa)	Der Meinungsstand	B 106		e)	Der Schutz des Hypothekars vor der Aufhebung der Anwartschaft	B 134
bb)	Ausnahme bei zwangsläufigem Einbezug?	B 107		f)	Die Konkurrenz von Anspruchsberechtigten	B 135
b)	Die Lieferung bzw Herstellung einer total mangelhaften Sache	B 108		3.	Sonstige eigentumsähnliche Rechte	B 136
c)	Die sukzessive Entstehung des Werks	B 109		4.	Immaterialgüterrechte	B 137
d)	Die Lieferung der teilweise mangelhaften Sache	B 110		a)	Der Vorrang spezialgesetzlicher Regelungen	B 137

b)	Die Anmeldung eines Patents	B 138	aa)	Die hM: Kein Schutz der Forderungszuständigkeit — B 163
c)	Sonstige Fälle	B 139	bb)	Die Mindermeinung: Forderungszuständigkeit als absolutes Recht — B 164
5.	Besondere Persönlichkeitsrechte	B 140		
6.	Mitgliedschaftsrechte	B 141	cc)	Stellungnahme — B 165
a)	Der Entzug der Mitgliedschaft	B 142	c)	Verbriefte Forderungen — B 166
b)	Die vermögensmäßige Entwertung der Mitgliedschaft	B 143	10.	Der Besitz — B 167
			a)	Der unmittelbare Besitz — B 167
c)	Der mitgliedschaftsbezogene Eingriff	B 144	aa)	Die hM: Der Schutz des Besitzers — B 167
d)	Die Rechtswidrigkeit	B 145	α)	Der Umfang des Schadensersatzes B 167
e)	Die Haftung von Organen und Mitgliedern	B 146	β)	Die Besitzberechtigung — B 168
			γ)	Der Anspruch des nichtberechtigten Besitzers gegenüber Dritten — B 169
aa)	Der Meinungsstand	B 147		
bb)	Stellungnahme	B 148	bb)	Die abweichende These: Schutz nur des obligatorischen Rechts zum Besitz — B 170
f)	Die Haftung des Verbandes	B 149		
7.	Dingliche Anwartschaften			
a)	Die Definition der Anwartschaft	B 150	b)	Der mittelbare Besitz — B 171
b)	Der Schutz durch § 823 Abs 1	B 151	c)	Der Mitbesitz — B 172
aa)	Die hM: Schutz bei beweglichen Sachen und im Grundstücksrecht	B 151	d)	Die Rechtswidrigkeit bei Blockaden — B 173
			e)	Die Höhe des Schadens — B 174
bb)	Die Mindermeinung: Kein Schutz der Anwartschaft	B 152	11.	Ehe und Familie — B 175
			a)	Der räumlich-gegenständliche Bereich — B 175
cc)	Die vermittelnde Ansicht: Schutz des Vorbehaltskäufers, nicht jedoch des Auflassungsempfängers	B 153	aa)	Der Meinungsstand — B 175
			bb)	Die dogmatische Grundlage — B 176
c)	Die Modalität der Verletzung	B 154	cc)	Die Aktiv- und Passivlegitimation — B 177
d)	Die Aufteilung des Anspruchs	B 155	dd)	Beginn und Ende des Schutzes — B 178
aa)	Die Anwartschaft an beweglichen Sachen	B 155	ee)	Die Verwirkung — B 179
			ff)	Die Beschränkung auf den quasi-negatorischen Beseitigungs- und Unterlassungsanspruch — B 180
bb)	Die Anwartschaft des Auflassungsempfängers	B 156		
8.	Der Schutz des Vormerkungsberechtigten	B 157	gg)	Die Zwangsvollstreckung — B 181
			b)	Die eheliche Lebensgemeinschaft — B 182
a)	Die hM	B 157	c)	Die elterliche Sorge — B 183
aa)	Der Schutz gegenüber Veränderungen	B 157	aa)	Der Unterlassungsanspruch gegenüber Dritten — B 183
bb)	Der Schutz gegenüber außenstehenden Drittschädigern	B 158	bb)	Die Rechtswidrigkeit — B 184
			12.	Teilhaberechte an öffentlichen Gütern — B 185
b)	Die Mindermeinung	B 159		
9.	Forderungen und Forderungszuständigkeit	B 160	13.	Das Recht auf eine intakte Umwelt — B 186
			a)	Die hM: Schutz der Rechte und Rechtsgüter des § 823 Abs 1 — B 186
a)	Forderungen	B 160		
aa)	Die hM: Forderungen keine sonstigen Rechte	B 160	b)	Umweltschutz durch Schutz der Persönlichkeit — B 187
bb)	Die Gegenauffassung: Modalität des Eingriffs	B 161	c)	Umweltgüter als sonstige Rechte — B 188
cc)	Stellungnahme	B 162	d)	Die Einpassung in das deliktsrechtliche System — B 189
b)	Die Forderungszuständigkeit	B 163		

25. Titel. § 823
Unerlaubte Handlungen B

14.	Der Arbeitsplatz	B 190	15.	Sonstige Fälle	B 192
a)	Die Druckkündigung	B 190	a)	Keine absoluten Rechte	B 192
b)	Die berufliche Tätigkeit	B 191	b)	Absolute Rechte	B 193

Alphabetische Übersicht

Abgrenzung vertraglicher und deliktischer Haftung _____ B 106 ff
Abtreibungsversuch _____ B 49
Abtretungsverbot _____ B 65, 68
Aggregatzustand _____ B 82
Aneignungsrecht _____ B 136
Anfälligkeit des Opfers _____ B 27, 29
Anwartschaft _____ B 150 ff
– Auflassungsempfänger _____ B 151, 153, 156
– gutgläubiger Erwerb _____ B 154
– Hypothekar _____ B 134
– Treugeber _____ B 150
– Vorbehaltskäufer _____ B 150 ff
Anzeige, falsche _____ B 55
Äquivalenzinteresse _____ B 109 f, 119, 121
Arbeitsplatz, Deliktsschutz _____ B 190 f
Arzt
– Garantenstellung _____ B 18, 25
– Heileingriff _____ B 12
– Unterlassung _____ B 23
– Aufklärung _____ B 50 ff
– Fehler _____ B 12
Aufklärung, ärztliche _____ B 50 ff
Auflassungsempfänger _____ B 151, 153, 156
Ausfahrt, versperrte _____ B 54, 90
Auskunft, falsche _____ B 144
Aussage, falsche _____ B 57
Aussperren _____ B 89, 91 f

Badekonzession _____ B 193
Bankgeheimnis _____ B 192
Bauherr _____ B 68
Baumaterial, fremdes _____ B 68 ff
Baustromverteilerfall _____ B 113
Beeinträchtigung von Grundstücken _____ B 81
Behandlungsbedürftigkeit _____ B 27, 34
Behandlungsvertrag _____ B 51 f
Behauptung, unwahre _____ B 78
Belastung, unberechtigte _____ B 65
berufliche Tätigkeit _____ B 192
Besitz _____ B 167 ff
– Besitzberechtigung _____ B 168
– Dieb _____ B 169

– Entzug _____ B 131 f
– Haftungsschaden _____ B 167, 174
– Leasingnehmer _____ B 174
– mittelbarer Besitz _____ B 168
– Mitbesitz _____ B 172
– Nutzungsentgang _____ B 168
– Recht zum Besitz _____ B 170
Bestandteil, wesentlicher _____ B 110
Bestimmungsrecht des Eigentümers _____ B 82, 90
Betriebsgeheimnis _____ B 139
Beweislast _____ B 44, 63
– Eigentum _____ B 63
– pränatale Schädigung _____ B 44
Bildnisschutz _____ B 140
Blut _____ B 19, 24

Datenbestand, Recht am _____ B 192
Demonstration _____ B 54
Dieb _____ B 166
Dispositionsbeeinträchtigung _____ B 89 ff
Distanzdelikt, zeitliches _____ B 42
Druckkündigung _____ B 190

Ehe, Deliktsschutz _____ B 147, 172 ff
Eigenerwerb durch Vollstreckungsgläubiger _____ B 76
Eigentum _____ B 58 ff
– Abtretungsverbot _____ B 65, 68
– Aggregatzustand _____ B 82
– Äquivalenzinteresse _____ B 109 f, 119, 121
– Ausfahrt, versperrte _____ B 54, 90
– Aussperren _____ B 89, 91 f
– Bauherr _____ B 68
– Baumaterial, fremdes _____ B 68
– Baustromverteilerfall _____ B 113
– Beeinträchtigung von Grundstücken _____ B 81
– Behauptung, unwahre _____ B 78
– Belastung, unberechtigte _____ B 65
– Bestandteil, wesentlicher _____ B 110
– Bestimmungsrecht des Eigentümers _____ B 82, 90
– Datenbestand, Recht am _____ B 192
– Dispositionsbeeinträchtigung _____ B 89 ff
– Erwerber, redlicher _____ B 66

§ 823
B

- Eigentumsvorbehalt — B 65, 67 f, 161
- Einbau fremder Sachen — B 67 ff
- Einsperren — B 90, 92
- Energiezufuhr — B 84, 91 ff, 97
- Entzug der Sache — B 102
- Ersatz, siehe Reparatur
- Fahrerlaubnis, Entzug — B 89
- Fehlerkenntnis — B 123
- Fleetfall — B 89 ff
- Fotografieren — B 103 f
- Fremdbesitzer — B 62, 67
- Funktionsschutz von Eigentum und Besitz — B 97
- Funktionsstörung, sachbezogene — B 89
- Gaszugfall — B 111
- Gefährdung der Sache — B 83
- Gewindeschneidemittelfall — B 87, 90
- Graffiti — B 81, 108
- Gutgläubigkeit — B 65
- Hafen — B 89, 91 ff, 98
- Hebebühne — B 111 f
- Herstellung eines Werks — B 109
- Immission — B 88
- Integritätsinteresse — B 110
- Konkurrenz von Delikts- und Vertragsrecht — B 106 ff
- Mangel, weiterfressender — B 110 ff
- mangelhafte Sache — B 108, 110, 116
- mittelbare Verletzung — B 85, 102
- Nutzung, unbefugte — B 101 ff
- Nutzungsmöglichkeit — B 89 ff
- Ordnung — B 82
- Pflanzenschutzmittel, wirkungsloses — B 86
- Produktionsausfall — B 93, 97 f
- Redlichkeit — B 65
- Reparatur — B 107 f, 121
- Rohmaterial, fehlendes — B 98
- Sach-Umwelt-Relation — B 94
- Schiff — B 89 ff
- schuldnerfremde Sachen — B 69 ff
- Schwimmschalterfall — B 110
- Selbstbeschädigung — B 87, 120
- Sicherheitsvorkehrung, unterlassene — B 86
- Software — B 60, 82, 192
- Stau — B 91 f
- Stoffgleichheit — B 110, 116
- Stromunterbrechung — B 84, 91 ff, 97
- Substanzverletzung — B 79
- Sukzessiventstehung eines Werks — B 109

2. Buch
7. Abschnitt. Einzelne Schuldverhältnisse

- Sukzessivzerstörung — B 121
- Verarbeitung — B 67, 108
- Verbindung — B 67, 108
- Verderbschaden — B 87
- Verfügung, unberechtigte — B 65 f
- Verkaufssperre — B 90
- Versorgungsleitung — B 84 f, 91 ff, 97
- Verwendung, bestimmungsgemäße — B 96 ff
- Vollstreckungsgläubiger, Haftung — B 70 ff
- Vollstreckungsschuldner, Haftung — B 69
- Vorrang von kauf- oder werkvertraglichen Regeln? — B 116
- Wachstumsstörung — B 84
- Weiterfressender Mangel, siehe Mangel, weiterfressender
- Werbematerial — B 104
- Wert — B 94, 122
- Zeitpunkt der Eigentumsbeschädigung — B 121
- Zugang — B 54, 91, 94, 97

Eigentumsvorbehalt — B 65, 67 f, 134, 161
eigenübliche Sorgfalt — B 39, 49
Einbau fremder Sachen — B 67 ff
Eindringen, widerrechtliches — B 104
Einschließen — B 55
Einsperren — B 90, 92
Eizelle — B 19, 43
elterliche Sorge, Deliktsschutz — B 180 f
Eltern als Schädiger — B 46, 48
Embryo — B 42 ff
- Beweislast — B 44
- Distanzdelikt — B 42
- Keimschaden — B 41, 43, 46 f, 50 ff
- pränatale Schädigung — B 42 ff, 48 f
- Rechtsfähigkeit — B 41 f
- Schwangerschaftsabbruch — B 4, 49
- staatliche Schutzpflicht — B 42 f, 47
- Totgeburt — B 3
- Unterhalt — B 14 f, 42, 46
- Unterlassungsanspruch — B 4, 49
- Verletzung im natürlichen Sinn — B 42
- Verletzung im Rechtssinne — B 42
- Vertrag mit Schutzwirkung zugunsten des Embryos — B 51 f
- wrongful birth, siehe auch pränatale Schädigung
- wrongful life — B 50 ff
- Persönlichkeitsrecht der Eltern — B 47
Emission — B 27, 88, 189
Energiezufuhr — B 84, 91 ff, 97

Januar 1999

Entzug der Sache — B 102
Erbschaden — B 46 f
Ersatz, siehe Reparatur
Erwerber, redlicher — B 66

Fahrerlaubnis, Entzug — B 89
Fehler, ärztliche — B 12, 42
Fehlerkenntnis — B 123
Fischerei- und Fischereiausübungsrecht — B 136
Fleetfall — B 89 ff
Forderung, Deliktsschutz — B 160 ff
Forderungszuständigkeit — B 163 ff
Fotografieren — B 103 f
Freiheit — B 53 ff
- Anzeige, falsche — B 55
- Ausfahrt, versperrte — B 54, 90
- Aussage, falsche — B 57
- Demonstration — B 54
- Einschließen — B 55
- Gutachten, falsches — B 54, 56
- Nötigung — B 53
- Persönlichkeitsrecht — B 53
- Sachverständiger, siehe Gutachten
- Schiff — B 89 ff
- Stau — B 54
- Unterbringung, unberechtigte — B 55
- Unterlassung — B 97
- Unterlassungsklage — B 54
- Verhaftung, unberechtigte — B 55, 57
- Versammlungsfreiheit — B 54
- Verwahrung, unberechtigte — B 57
- Zugangserschwerung — B 91
- Zugangsverhinderung — B 54, 91, 97
Fremdbesitzer — B 62, 67
Funktionsschutz von Eigentum und Besitz B 97
Funktionsstörung, sachbezogene — B 89

Garantenstellung, Arzt — B 18, 25
Gaszugfall — B 111
Geburt, Ansprüche der Mutter — B 14 ff
Gefährdung der Sache — B 83
Gemeingebrauch — B 185
Genschaden — B 41
Gerichtsverfahren, unberechtigte Einleitung — B 133
Gesamtschuld, gestörte — B 39
Geschlechtsverkehr, erzwungener — B 9
Gesundheit — B 5 ff, 20 ff, 26 ff, 32, 45
- Behandlungsbedürftigkeit — B 27, 34

- Emission — B 189
- HIV — B 25, 47
- Immissionen — B 27
- mittelbare Verletzung — B 25
- psychische Einwirkung — B 26 ff
- psychische Erkrankung — B 6 f, 32
- psychisch vermittelte Erkrankung — B 29
- Schockschaden — B 30 ff
- Umweltverschmutzung — B 189
Gewindeschneidemittelfall — B 87, 90
Graffiti — B 81, 108
Grundpfandgläubiger — B 129 f
Gutachten, falsches — B 54, 56
Gutgläubigkeit — B 65, 154

Hafen — B 89, 91 ff, 98
Haftungsprivileg — B 39, 48 f
Haftungsschaden — B 167, 174
Hebebühnefall — B 111 f
Heileingriff — B 12
Heilungsversuch — B 2
Herausforderungsfälle — B 10, 28
Herstellung eines Werks — B 109
Hirntod — B 1
HIV — B 20, 25, 47
Hypothekar, Schutz — B 134

Immaterialgüterrechte — B 137 ff
Immissionen — B 27, 88
Immobiliarbezogenheit — B 189
Implantat, Aneignungsrecht — B 136
Infektion — B 24 f
Infrastruktur, Teilhaberecht — B 185
Integritätsinteresse — B 5, 110

Jagdrecht — B 136

Keimschaden — B 41 ff
- Anspruch des Kindes — B 52
- Aufklärung, ärztliche — B 51 f
- Erbkrankheit — B 46 f
- Erbschaden — B 46 f
- Genschaden — B 41
- HIV — B 47
- Keimschädigung — B 43, 52
- Krankheit der Eltern — B 47
- Nachwuchs, erbkranker — B 47
- Rötelfall — B 50
- Strahlenschaden — B 41

- Unterhalt .... B 51 f
- Vertrag mit Schutzwirkung zugunsten
  des Kindes .... B 51
Klage, unberechtigte .... B 133
Kind, Ansprüche des .... B 14 f, 42, 46, 51 f
Kind, entführtes .... B 180
Konkurrenz von Delikts- und Vertrags-
  recht .... B 106 ff
Konstitution des Opfers .... B 29
Körpersubstanzen, Schutz .... B 19
Körperteile .... B 19
Körperverletzung .... B 8 ff, 45

Lärm .... B 21
Leasingnehmer .... B 171
Leben .... B 1 ff
Lebensgemeinschaft, eheliche .... B 179
Lebensrisiko, allgemeines .... B 33 f
Leitungsrecht des Energieversorgers .... B 136
Lues .... B 43

Mangel, weiterfressender .... B 110 ff
Mangelhafte Sache .... B 108, 110, 116
Markenschutz .... B 137 f
Meinungsfreiheit .... B 190
Messe- und Ausstellungsbezeichnung,
  kein sonstiges Recht .... B 139
Mitbesitz .... B 169
Mitgliedschaftsrecht, Deliktsschutz .... B 141 ff
Mittelbare Verletzungen ..... B 10, 25, 27, 31, 34
Mittelbarer Besitz .... B 165
Mitverschulden .... B 38 f
Mutter als Schädigerin .... B 46, 49

Nachwuchs, erbkranker .... B 47
Nasciturus, siehe Embryo
Neurose .... B 28 f
Nichtberechtigter, Verfügung .... B 65 f
Nierenspende .... B 10
Nothilfe zugunsten des Embryos? .... B 4
Nötigung .... B 53
Nutzung, unbefugte .... B 101 f
Nutzungsentgang .... B 168
Nutzungsmöglichkeit .... B 89 ff

Ökoschaden .... B 186
Operation .... B 12
Ordnung, Zerstörung als Eigentums-
  beschädigung .... B 82

Organentnahme .... B 1, 9
Organhaftung .... B 146 ff

Patent .... B 137 f
Persönlichkeitsrecht ...... B 18, 47, 53, 125, 187
Pfandrecht .... B 126 ff, 135
Pfändungspfandrecht .... B 126
Pflanzenschutzmittel, wirkungsloses .... B 86
Pränatale Schädigung .... B 42 ff
- Abtreibungsversuch .... B 49
- Beweislast .... B 44
- Eltern als Schädiger .... B 46, 48
- Haftungsprivileg .... B 48 f
- Lues .... B 43
- Mutter als Schädigerin .... B 46, 49
- Rauchen .... B 48
- Schutzpflicht, staatliche .... B 42 f
- Selbstgefährdung der Mutter .... B 49
- Unterhalt .... B 42, 46
- Unterlassungsanspruch, vorbeugen-
  der .... B 4, 49
- Vater als Schädiger .... B 46, 48
- Verletzung der Mutter .... B 42 f, 45
ProdHaftG .... B 117
Produktionsausfall .... B 93, 97 f
Prothesen .... B 9, 12, 19
Psychisch vermittelte Krankheit .... B 29
Psychische Beeinträchtigung .. B 6 f, 26 ff, 32 ff
Psychische Erkrankung .... 6 f, 32

Rauchen .... B 10, 22, 48
Räumlich-gegenständlicher Bereich
  der Ehe .... B 175 ff
Recht am Datum .... B 192
Recht zum Besitz .... B 170
Rechtsanwalt, Haftung des Mandanten .. B 74 f
Rechtsfähigkeit .... B 41 f, 44
Redlichkeit .... B 65, 154
Rentenneurose .... B 29
Reparatur .... B 107 f, 121
Rohmaterial, fehlendes .... B 98
Rötelfall .... B 50
Rückschaffungsanspruch .... B 130

Sach-Umwelt-Relation .... B 94
Sachverständiger, siehe Gutachten
Samenzelle, siehe Sperma, Keimschaden
Schadensanlage des Verletzten .... B 29
Schärenkreuzerfall .... B 144, 147 f

25. Titel. § 823
Unerlaubte Handlungen B

Schiff	B 89 ff
Schockschaden	B 30 ff
– Ersatzberechtigte	B 35
– Gesamtschuld, gestörte	B 39
– Mitverschulden des primär Geschädigten	B 38 f
– Nachricht über verseuchtes Blut	B 24
– Sperma	B 19
– Überbringer der Nachricht	B 37
– Unfallnachricht	B 36 f
– Ursachen	B 36
Schuldnerfremde Sachen	B 69 ff
Schutzpflicht, staatliche	B 42 f
Schutzzweck der Norm	B 14, 29
Schwangerschaftsabbruch	B 4, 13, 16 f
– Abtreibungsversuch	B 49
– Ansprüche der Frau	B 13, 16 f
– mißlungener	B 13, 16 f
– Nothilfe zugunsten des Embryos?	B 4
– Unterlassungsanspruch	B 4, 49
Schwangerschaftsverhütung	B 15
Schwimmschalterfall	B 110
Selbstgefährdung, -beschädigung	B 10, 28, 49, 87, 120
Sicherheitsvorkehrung, unterlassene	B 86
Software	B 60, 82
Sonstige Rechte	B 124 ff
– Aneignungsrecht	B 136
– Anwartschaft	B 134, 150 ff
– Arbeitsplatz	B 190 f
– Auskunft, falsche	B 144
– Bankgeheimnis, kein s.R.	B 192
– Berufliche Tätigkeit	B 192
– Besitz	B 131 f, 167 ff
– Betriebsgeheimnis	B 139
– Bildnisschutz	B 140
– Ehe	B 147, 175 ff
– Eigentumsvorbehalt	B 134
– elterliche Sorge	B 183 f
– Fischerei- und Fischereiausübungsrecht	B 136
– Forderung als s.R.?	B 160 ff
– Forderungszuständigkeit	B 163 ff
– Gemeingebrauch	B 185
– Grundpfandgläubiger	B 129 f
– Hypothek, Zubehör	B 134
– Immaterialgüterrechte	B 137 ff
– Implantat, Aneignungsrecht	B 136
– Infrastruktur, Teilhaberecht	B 185
– Jagdrecht	B 136
– Lebensgemeinschaft, eheliche	B 182
– Leitungsrecht des Energieversorgers	B 136
– Markenschutz	B 137 f
– Messe- und Ausstellungsbezeichnung, kein s.R.	B 139
– Mitgliedschaftsrecht	B 141 ff
– Ökoschaden	B 186
– Organhaftung	B 146 ff
– Patent	B 137 f
– Persönlichkeitsrecht	B 125, 187
– Pfandgläubiger	B 135
– Pfandrecht	B 126 ff
– Pfändungspfandrecht	B 126
– Recht am Datum, kein s.R.	B 192
– Rückschaffungsanspruch	B 130
– Schärenkreuzerfall	B 144, 147 f
– Teilhaberechte	B 185
– Umgangsverbot	B 184
– Umwelt	B 186 ff
– Verbandsmitgliedschaft	B 141 ff
– Verfügungsverbot	B 159
– Vermögen, kein s.R.	B 192
– Vormerkungsberechtigter	B 157 ff
– Wasser	B 59, 136, 188
– Wertpapier	B 163
– Zubehör	B 128 ff, 134
– Zwischenerwerber, vormerkungswidriger	B 157, 159
Sperma	B 19, 43
Sportverletzung	B 11
Staatliche Schutzpflicht	B 42 f, 47
Stau	B 54, 91 f
Sterilisation, fehlgeschlagene	B 12 ff
Stoffgleichheit	B 110, 116
Strahlenschaden	B 41
Stromunterbrechung	B 84, 91 ff, 97
Substanzverletzung	B 79
Suizid	B 31
Sukzessiventstehung eines Werks	B 109
Sukzessivzerstörung	B 121
Teilhaberechte	B 185
Totgeburt	B 3
Trauer	B 36
Treugeber	B 150
Umgangsverbot	B 184

Umwelt	B 186 ff
Unberechtigter Besitz	B 168
Unfallnachricht	B 36 f
Ungeborene, siehe Embryo	
Unterbringung, unberechtigte	B 55
Unterhalt	B 14 f, 42, 46, 51 f
Unterlassene Hilfeleistung	B 23
Unterlassung	B 23, 97
Unterlassungsanspruch	
_ B 4, 22, 49, 54, 148, 157, 180, 183, 187, 189	
Vater als Schädiger	B 46, 48
Verarbeitung	B 67, 108
Verbandsmitgliedschaft	B 141 ff
Verbindung	B 67, 108
Verderbschaden	B 87
Verfolgungsfall	B 28
Verfügung, unberechtigte	B 65 f
Verfügungsverbot	B 159
Verhaftung, unberechtigte	B 55, 57
Verkaufssperre	B 90
Verletzung der Mutter	B 42 f, 45
Verletzung im natürlichen Sinn	B 42
Verletzung im Rechtssinne	B 42
Verletzung, mittelbare	B 85, 102
Vermögen	
_ B 61, 87, 96, 115, 159, 185, 188 f, 192	
Versammlungsfreiheit	B 54
Verschulden bei unberechtigter Vollstreckung	B 72 f
Versorgungsleitung	B 84 f, 91 ff, 97
Vertrag mit Schutzwirkung zugunsten des Embryos	B 51 f
Verwahrung, unberechtigte	B 57
Verwendung, bestimmungsgemäße	B 96 ff
Verwertung schuldnerfremder Sachen	_ B 69 ff
Vollstreckung in schuldnerfremde Sachen	B 69 ff
Vollstreckungsgläubiger, Haftung	B 70 ff
Vollstreckungsschuldner, Haftung	B 69
Vorbehaltskäufer	B 150 ff
Vorgeburtliche Körperverletzung, siehe Embryo	
Vormerkungsberechtigter	B 157 ff
Vorrang von kauf- oder werkvertraglichen Regeln?	B 116
Wachstumsstörung	B 84
Wasser	B 59, 136, 188
Weiterfressender Mangel, siehe Mangel, weiterfressender	
Werbematerial	B 104
Wert	B 122
Wertpapier	B 166
Wrongful life	B 50 ff
Zeitpunkt der Eigentumsbeschädigung	_ B 121
Zubehör	B 128 ff, 134
Züchtigung	B 9
Zugangs-/Zufahrtsbehinderung	_ B 54, 91, 94, 97
Zugangserschwerung	B 91
Zugangssperre	B 54, 91, 97
Zurechnung	B 35 f
Zurückbehaltungsrecht	B 193
Zwischenerwerber, vormerkungswidriger	B 157, 159

I. Leben*

1. Die Tatbestandsverwirklichung

B 1 Die Verletzung des Lebens ist gleichbedeutend mit der **Tötung**. Im Strafrecht bildet

---

* **Schrifttum:** ANGSTWURM, Der Einfluß der modernen Diagnostik auf die Definition des Todeszeitpunkts – aus neurologischer Sicht, MedR 1994, 467; BERNARD, Der Schwangerschaftsabbruch aus zivilrechtlicher Sicht unter besonderer Berücksichtigung der Rechtsstellung des nasciturus (1995); BIRNBACHER, Hirntodkriterium: Anthropologisch-ethische Aspekte, MedR 1994, 469; COESTER-WALTJEN, Der nasciturus in der hirntoten Mutter, in: FS Gernhuber (1993) 837; HEUERMANN, Verfassungsrechtliche Probleme der Schwangerschaft einer hirntoten Frau, JZ 1994, 133; HEUN, Der Hirntod als Kriterium des Todes des Menschen – Verfassungsrechtliche Grundlagen und Konsequenzen, JZ 1996, 213; HÖFLING, Hirntodkonzeption und

angesichts der Möglichkeiten der modernen Medizin der **Hirntod** die entscheidende Zäsur (vgl SCHREIBER JZ 1983, 593 mwNw in Fn 12; ders, in: FS Remmers [1995] 595 f; ders, in: FS Steffen [1995] 455; COESTER-WALTJEN, in: FS Gernhuber [1993] 848; Stellungnahme des Wissenschaftlichen Beirates der Bundesärztekammer DÄBl 1993 B 2177 ff; ANGSTWURM MedR 1994, 467 f; BIRNBACHER MedR 1994, 469 f; HEUN JZ 1996, 215 ff; wohl auch TAUPITZ JuS 1997, 206 f; **aA** HÖFLING MedR 1996, 7 f jeweils mwNw). Das gilt nach hM auch im Zivilrecht (so [großenteils im Rahmen erbrechtlicher Fragen] OLG Köln NJW-RR 1992, 1480, 1481; OLG Frankfurt aM NJW 1997, 3099, 3100; AG Hersbruch NJW 1992, 3245; PALANDT/HEINRICHS § 1 Rn 3; PALANDT/EDENHOFER § 1922 Rn 2; MünchKomm/GITTER [3. Aufl 1993] § 1 Rn 16; MünchKomm/LEIPOLD [3. Aufl 1997] § 1922 Rn 12 a; SOERGEL/STEIN [12. Aufl 1992] § 1922 Rn 3; BRÜGGEMEIER Rn 185). Die abweichende Ansicht will zwischen der Rechtmäßigkeit von Organentnahmen, für die auf den Hirntod abzustellen sei, und den übrigen Wirkungen, wie Ende der Rechtsfähigkeit, differenzieren; hier könne man länger zuwarten und das Erlöschen der letzten Lebensfunktionen als relevanten Zeitpunkt annehmen (ERMAN/H P WESTERMANN § 1 Rn 5; STAUDINGER/WEICK/HABERMANN [1995] Vorbem 8 zu § 1 VerschG; MEDICUS, AT [7. Aufl 1997] Rn 1052; SCHREIBER JZ 1983, 594 für die Frage des Erbrechts); das hat insbesondere zur Konsequenz, daß Aufwendungen für Maßnahmen bis zu diesem Zeitpunkt vom Schädiger zu begleichen sind (dagegen aber OLG Frankfurt aM NJW 1997, 3099, 3100; MünchKomm/LEIPOLD [3. Aufl 1997] § 1922 Rn 12 a). **Beihilfe zum Selbstmord** begründet keine Haftung; anders liegt es dagegen, wenn das Opfer zum Suizid getrieben wird (DEUTSCH Rn 177).

2. Der Anspruchsberechtigte

Ansprüche aufgrund der Tötung entstehen nicht mehr in der Person des Opfers. Das gilt indes nicht für **Kosten von Heilungsversuchen,** die vorher unternommen wurden und die der Körperverletzung zuzuordnen sind; sie gehen, soweit sie nicht bereits erstattet sind, auf die Erben über (ERMAN/SCHIEMANN Rn 16; BGB-RGRK/STEFFEN Rn 7; FIKENTSCHER Rn 1206; BRÜGGEMEIER Rn 183; KÖTZ Rn 49; KUPISCH/KRÜGER 14 Fn 1). **Anspruchsinhaber** aufgrund der Tötung sind die in den §§ 844 f genannten Personen. Der dort geregelte Umfang des Schadensersatzanspruchs ist abschließend. So ist insbesondere nicht ersatzfähig das Interesse, das die Erben am Weiterleben des Erblassers gehabt hätten (BGB-RGRK/STEFFEN Rn 7) – etwa wenn die Erben eine vom Erblasser bestellte Maschine nicht abnehmen können und deshalb schadensersatzpflichtig werden (BGH NJW 1962, 911 m iE zust Anm von LARENZ JZ 1962, 708 ff; MünchKomm/MERTENS § 844 Rn 3; näheres bei § 844).

3. Der pränatale Schutz

Aus dem Wortlaut des § 823 Abs 1, der voraussetzt, das Leben „eines anderen" müsse verletzt werden, schließen Rechtsprechung und ein Teil der Lehre, daß die zum Abgang oder zur **Totgeburt des Embryos** führende Schädigung nicht unter diese Norm

---

Transplantationsgesetzgebung, MedR 1996, 6; MITTENZWEI, Die Rechtsstellung des Vaters zum ungeborenen Kind, AcP 187 (1987) 247; SCHREIBER, Kriterien des Hirntodes, JZ 1983, 593; ders, Der Hirntod als Grenze des Lebensschutzes, in: FS Remmers (1995) 593; ders, Wann darf ein Organ entnommen werden? – Recht und Ethik der Transplantation, in: FS Steffen (1995) 451; SEIDEL, Zivilrechtliche Mittel gegen Schwangerschaftsabbrüche (1993); TAUPITZ, Um Leben und Tod: Die Diskussion um ein Transplantationsgesetz, JuS 1997, 203.

falle, da das Opfer nicht rechtsfähig im Sinn des § 1 sei (BGHZ 58, 48, 50 f [obiter]; PLANCK/
FLAD, Kommentar zum Bürgerlichen Gesetzbuch, Bd II, 2. Hälfte, Recht der Schuldverhältnisse
[4. Aufl 1928] Anm II 1 a; SOERGEL/ZEUNER Rn 15; MünchKomm/MERTENS Rn 72 unter Berufung
auf OLG Bamberg NJW 1988, 2963, 2964 und BVerfG NJW 1988, 2945; dort war es jeweils um die
Strafbarkeit gegangen; STAUDINGER/SCHÄFER¹² Rn 11; HELDRICH JZ 1965, 596; LAUFS NJW 1965,
1906). Dem ist **nicht zu folgen** (abl auch BGB-RGRK/STEFFEN Rn 7; BRÜGGEMEIER Rn 184; SELB
AcP 166 [1966] 124; STOLL, in: FS Nipperdey [1965] I 760 mwNw; wohl auch ESSER/WEYERS § 55 I 1 a).
Im Parallelfall der vorgeburtlichen Körperverletzung hat man ebenfalls keine Vorbehalte, sich über derartige Bedenken vorwiegend begrifflicher Natur (BGHZ 58, 48, 49; vgl
genauer unten Rn B 42; in BGHZ 93, 351, 354 wird dieses Problem nicht einmal mehr erörtert)
hinwegzusetzen – wenngleich man dies in konstruktiv voll überzeugender Weise nur
mit Rückgriff auf das Schutzgebot des Grundgesetzes tun kann (vgl dazu Rn B 42; Vorbem
71, 73 zu §§ 823 ff). Die praktischen Konsequenzen sind im übrigen entgegen manchen
Stimmen im Schrifttum (BGB-RGRK/STEFFEN Rn 7; BRÜGGEMEIER Rn 184) keineswegs zu
vernachlässigen. Das gilt schon für die Kosten der Beerdigung (vgl STOLL, in: FS Nipperdey [1965] I 760), zB nach Art 6 Abs 1 Bay BestG, namentlich aber für eventuelle
Ansprüche der Mutter, wenn das Kind etwa nach § 1923 Abs 2 Erbe des vorverstor-
benen Vaters hätte werden sollen (STOLL, in: FS Nipperdey [1965] I 760 f).

4. Der vorbeugende Unterlassungsanspruch des Embryos

B 4 Jedenfalls hat der Embryo – vertreten durch seine Eltern – einen **vorbeugenden
Unterlassungsanspruch** gegen potentielle Schädiger (COESTER-WALTJEN, in: FS Gernhuber
[1993] 846). Strittig ist, ob das auch für einen **geplanten nicht strafbaren Schwangerschaftsabbruch** gilt. Dies ist in der Tat der Standpunkt einer dezidiert argumentie-
renden Mindermeinung; der Vater des noch nicht geborenen Kindes soll nach dieser
Auffassung gestützt auf § 1628 BGB im Wege einer einstweiligen Verfügung der
Mutter den Schwangerschaftsabbruch verbieten können (AG Köln NJW 1985, 2201;
PALANDT/HEINRICHS § 1 Rn 6; MünchKomm/GITTER [3. Aufl 1993] § 1 Rn 28; SOERGEL/STRÄTZ
[12. Aufl 1987] § 1625 Rn 11; ROTH-STIELOW NJW 1985, 2741; BIENWALD FamRZ 1985, 1100; GEIGER
FamRZ 1987, 1177; MITTENZWEI AcP 187 [1987] 274 ff, außer bei lebensbedrohlichen Schwanger-
schaften und schweren Gesundheitsschäden der Mutter, die ihr das Aufziehen des Kindes unmöglich
machen würden [S 282 iVm S 270]; ders MedR 1988, 44). Dem Ausgangspunkt, dem Schutz
des Embryos über § 823, ist zwar zuzustimmen, nicht jedoch der weiteren These der
Mindermeinung, das Lebensrecht des Embryos habe in diesen Fällen den Vorrang.
Diese Auffassung war schon vor dem zweiten Urteil des BVerfG über die Reform der
Abtreibung im Jahr 1993 wenig überzeugend, da sie eine Entscheidung des Gesetzgebers – die Indikationslösung – auf dem Gebiet des Bürgerlichen Rechts unterlaufen wollte (ERMAN/MICHALSKI § 1626 Rn 16; MünchKomm/SCHWAB [3. Aufl 1992] § 1912
Rn 4; STAUDINGER/COESTER¹² § 1626 Rn 36; COESTER-WALTJEN NJW 1985, 2175 f; dies, in: FS Gernhuber [1993] 846 f; JAGERT FamRZ 1985, 1174; BERNARD 72 ff; PALANDT/DIEDERICHSEN § 1626 Rn 6
und VENNEMANN FamRZ 1987, 1086, beide allerdings vom Boden der These aus, der Embryo sei
wegen § 1 noch nicht geschützt; vgl ferner STÜRNER JZ 1990, 723). Spätestens **seit dem Urteil des
BVerfG** ist der Mindermeinung der Boden endgültig entzogen. Das Gericht fordert
dort, daß über die **Herausnahme des Schwangerschaftsabbruchs aus der Strafdrohung**
hinaus sichergestellt sein müsse, daß gegen das Handeln der Frau von Dritten Nothilfe zugunsten des Ungeborenen nicht geleistet werden könne (BVerfGE 88, 203, 279 f).
Das kann nur bedeuten, daß der Vater die Entscheidung der Frau auch nicht mit Hilfe
des Vormundschaftsgerichts vereiteln kann. Eine Differenzierung danach, ob der

Abbruch nach einer Beratung stattfinden soll oder nicht, dürfte nicht weiterführen, da damit nur eine Beratung erzwungen, nicht aber der Schwangerschaftsabbruch verhindert werden könnte; eine durch das Gericht verordnete und zwangsweise durchgesetzte Beratung dient dem mit der Beratung angestrebten Zweck nicht.

II. Körper und Gesundheit*

1. Die Abgrenzung

a) Die hM
Die hM bestimmt den Schutzumfang der beiden Rechtsgüter mit der Formel, Körper- **B 5**

---

* **Schrifttum:** BICK, Die Haftung für psychisch verursachte Körperverletzung und Gesundheitsschäden im deutschen und anglo-amerikanischen Deliktsrecht (Diss Freiburg 1970); vCAEMMERER, Das Problem des Kausalzusammenhangs im Privatrecht (1956); ders, Die Bedeutung des Schutzbereiches einer Rechtsnorm für die Geltendmachung von Schadensersatzansprüchen aus Verkehrsunfällen, DAR 1970, 283; DEUBNER, Das mitwirkende Verschulden beim Fernwirkungsschaden, NJW 1957, 1269; ders, Rechtsanwendung und Billigkeitsbekenntnis, JuS 1971, 622; DEUTSCH, Die Gesundheit als Rechtsgut im Haftungsrecht und Staatshaftungsrecht, in: 25 Jahre Karlsruher Forum (1983); ders, Schmerzensgeld und Genugtuung, JuS 1969, 197; ders, Die Infektion als Zurechnungsgrund, NJW 1986, 757; ders, Die neue Entscheidung des BGH zur Aids-Haftung, NJW 1991, 1937; DEUTSCH/SCHRAMM, Schockschaden und frustrierte Aufwendungen, VersR 1990, 715; FRAENKEL, Tatbestand und Zurechnung bei § 823 I (1979); FREUND/HEUBEL, Der menschliche Körper als Rechtsbegriff, MedR 1995, 194; FUCHS, Die zivilrechtliche Haftung des Arztes aus der Aufklärung über Genschäden, NJW 1981, 610; GEIGEL, Der Haftpflichtprozeß mit Einschluß des materiellen Haftpflichtrechts (22. Aufl 1997); vGERLACH, Die Haftung des Arztes für Fernwirkungsschäden, in: FS Steffen (1995) 147; ders, Die Rechtsprechung des BGH zum Haftpflichtrecht, DAR 1997, 217; GIESEN, Zur Annäherung von Arzthaftung und Dienstleistungshaftung in Deutschland und Europa, JR 1991, 489; J HAGER, Das Mitverschulden von Hilfspersonen und gesetzlichen Vertretern des Geschädigten, NJW 1989, 1640; vHIPPEL, Haftung für Schockschäden Dritter, NJW 1965, 1890; KARCZEWSKI, Die Haftung für Schockschäden (1992); KRÜGER, Schadensersatzprobleme bei sogenannten Schockschäden, JuS 1986, 214; LANGE, Herrschaft und Verfall der Lehre vom adäquaten Kausalzusammenhang, AcP 156 (1957) 114; LAUFS, Selbstverantwortliches Sterben?, NJW 1996, 763; LAUFS/REILING, Schmerzensgeld wegen schuldhafter Vernichtung deponierten Spermas?, NJW 1994, 775; LAUFS/UHLENBRUCK (Hrsg), Handbuch des Arztrechts (1992); LEMCKE-SCHMALZL/ SCHMALZL, Tendenzen und Entwicklungen in der neueren Schmerzensgeldrechtsprechung (1982–1984) (II), MDR 1985, 358; LESSMANN, Rauchverbote am Arbeitsplatz (1991); LIPP, Krankheitsbedingte Schadensdisposition und „psychisch vermittelter" Gesundheitsschaden, JuS 1991, 809; MÄDRICH, Das allgemeine Lebensrisiko (1980); G MÜLLER, Fortpflanzung und ärztliche Haftung, in: FS Steffen (1995) 355; MÜNZEL, Schmerzensgeld für seelische Unlustgefühle, NJW 1960, 2025; NIXDORF, Zur ärztlichen Haftung hinsichtlich entnommener Körpersubstanzen: Körper, Persönlichkeit, Totenfürsorge, VersR 1995, 740; NÖRR, Zum Ersatz des immateriellen Schadens nach geltendem Recht, AcP 158 (1959/60) 12; PARK, Grund und Umfang der Haftung für Schockschäden nach § 823 I BGB (1997); RAHMEDE, Passivrauchen (2. Aufl 1986); ROTH-SCHIEMANN, Schmerzensgeld für fehlgeschlagene Sterilisation, OLG Braunschweig, NJW 1980, 643, JuS 1980, 709; E SCHMIDT, Schockschäden Dritter und adäquate Kausalität, MDR 1971, 538; F SCHMIDT, Tabakrauch als wichtigste Schädigung am Arbeitsplatz RdA 1987, 337; SCHNORBUS, Schmer-

verletzung sei die Verletzung der äußeren körperlichen Integrität einschließlich der Zufügung von Schmerzen, die **Verletzung der Gesundheit** setze dagegen eine medizinisch erhebliche – also aus ärztlicher Sicht behandlungsbedürftige – Störung der körperlichen, geistigen oder seelischen Funktionen voraus (BGHZ 124, 52, 54; BGH NJW 1980, 1452, 1453 [insoweit in BGHZ 76, 259 ff nicht abgedruckt]; JAUERNIG/TEICHMANN Rn 3; SOERGEL/ZEUNER Rn 16 und 20; STAUDINGER/SCHÄFER[12] Rn 12; BGB-RGRK/STEFFEN Rn 8; LARENZ/CANARIS § 77 II 1 a; DEUTSCH Rn 176 und 181; FIKENTSCHER Rn 1207; ähnl ERMAN/SCHIEMANN Rn 17). Andere stellen bei der Definition der Körperverletzung das Integritätsinteresse in den Vordergrund und zählen demgemäß auch den Eingriff in die inneren Lebensvorgänge, etwa die Einführung von chemischen Substanzen, zur Körperverletzung (MünchKomm/MERTENS Rn 73 m Fn 108; BRÜGGEMEIER Rn 186). Freilich sehen viele eine exakte Abgrenzung als entbehrlich an, da die Rechtsfolgen identisch seien (JAUERNIG/TEICHMANN Rn 3; PALANDT/THOMAS Rn 4; ERMAN/SCHIEMANN Rn 17; STAUDINGER/SCHÄFER[12] Rn 12 [„kann sich aufs engste verbinden"]; LARENZ/CANARIS § 77 II 1 b; FIKENTSCHER Rn 1207; MEDICUS, Schuldrecht BT Rn 779).

b) Die Gegenthese

B 6 Eine klare **Trennung beider Rechtsgüter** mit zT einschneidenden Konsequenzen verficht dagegen DEUTSCH. Im Ansatz folgt er der hM, betrachtet also die Körperverletzung als einen Eingriff in die körperliche Integrität, ohne daß damit die Funktionen des Körpers tangiert werden müßten; eine Gesundheitsverletzung sei die Störung der Funktionen ohne Eingriff in die Substanz. Gesundheitsverletzungen, die typischerweise Folge von Körperverletzungen seien, gingen in dieser auf (DEUTSCH, in: 25 Jahre KF 95). Körper- und Gesundheitsverletzungen könnten jedoch nebeneinander stehen, wenn die Körperverletzung – etwa eine Entstellung – zu einer psychischen Erkrankung führe (DEUTSCH, in: 25 Jahre KF 95; ders Rn 181). An diese Differenzierung knüpft DEUTSCH jedoch **weitreichende Konsequenzen im Schutzbereich**. Während die Integrität des Körpers absolut geschützt sei, müsse man bei der Gesundheit unterscheiden: Die Gesundheit im körperlichen Bereich werde umfassend abgesichert, im psychischen sei dagegen Zurückhaltung geboten, sie sei eher eng geschützt (DEUTSCH, in: 25 Jahre KF 95 f; die von ihm zitierte Stelle BGB-RGRK/STEFFEN § 823 Rn 10 differenziert zwischen körperlicher und gesundheitlicher Integrität; ders NJW 1988,

---

zensgeld wegen schuldhafter Vernichtung von Sperma – BGH NJW 1994, 127, JuS 1994, 830; SCHÜNEMANN, „Mitwirkendes Verschulden" als Haftungsgrund bei Fernwirkungsschäden, VersR 1978, 116; SELB, Anm zu BGH, 11. 5. 1971 – VI ZR 78/70, JZ 1972, 124; SPICKHOFF, Zur Haftung für HIV-kontaminierte Blutkonserven, JZ 1991, 756; STEFFEN, Noch einmal: Selbstverantwortetes Sterben?, NJW 1996, 1581; STIELOW, Die Reichweite eines bestimmten Verhaltens als äußerste Haftungsgrenze, NJW 1971, 181; STOLL, Empfiehlt sich eine Neuregelung der Verpflichtung zum Geldersatz für immateriellen Schaden?, Gutachten für den 45. Deutschen Juristentag Bd I Teil 1 (1964) 20; STÜRNER, Zur Gerechtigkeit richterlicher Schadenszuweisung,

VersR 1984, 297; ders, Das nicht abgetriebene Wunschkind als Schaden, FamRZ 1985, 753; ders, Der Schutz des ungeborenen Kindes im Zivilrecht, Jura 1987, 75; TAUPITZ, Der deliktsrechtliche Schutz des menschlichen Körpers und seiner Teile, NJW 1995, 745; ders, Anm zu BGH, 9. 11. 1993 – VI ZR 62/93, JR 1995, 22; TEICHMANN, § 823 BGB und Verletzung eines anderen im Sport, JA 1979, 293; WEIMAR, Schreck- und Schockschäden bei Verkehrsunfällen, MDR 1964, 987; ders, Wann haftet ein Schadensstifter für Schockschäden Dritter?, MDR 1970, 565; WEITNAUER, Aktuelle Fragen des Haftungsrechts, VersR 1970, 585; ZAPKA, Passivrauchen und Recht (1993).

2307). Angesichts der unterschiedlichen Empfindsamkeit einzelner Personen und der Nähe zum Persönlichkeitsrecht gebe es Schutz durch § 826 nur gegenüber deutlichen und ausgeprägten Einwirkungen – etwa wenn ein Analytiker wissentlich und ohne Rücksicht auf die Beteiligten die Auflösung einer Lebensverbindung intendiere und so bei den Betroffenen erhebliche seelische Schädigungen auslöse (Deutsch, in: 25 Jahre KF 95 f; ders Rn 184).

c) Die mangelnde Tragfähigkeit der Gegenthese
An der Ansicht von Deutsch ist sicher richtig, daß es bei einem in sozialem Kontakt **B 7** stehenden Opfer keinen absoluten Schutz einer umfassend verstandenen psychischen Gesundheit geben kann – etwa mit der Folge, daß der Eingreifende einen Rechtfertigungsgrund nachzuweisen hätte. Doch ist die Unterscheidung gleichwohl nicht überzeugend, da sie das Opfer **ohne hinreichenden Grund schutzlos gegenüber Verletzungen seiner Psyche** läßt. So ist nicht einzusehen, warum etwa bei einem körperlichen Schaden aufgrund eines Schocks andere Maßstäbe gelten sollen als bei einer **Beschädigung der Psyche**. Allenfalls mag deren Feststellung mit größeren praktischen Schwierigkeiten verbunden sein oder mag der Bereich, der als „normal" zu gelten hat, größer sein. Will man etwa für psychische Einwirkungen Besonderheiten gelten lassen (vgl unten Rn B 26 ff), so können diese Regeln nicht auf die Frage der psychischen Gesundheitsbeschädigung beschränkt bleiben, sondern müßten auch die Körperverletzung umfassen. Für eine derartige Verminderung des Schutzumfangs fehlt jedoch ein tragfähiger Grund.

2. Die Körperverletzung

Angesichts des identisch ausgeprägten Schutzumfangs ist es ohne Konsequenzen, ob **B 8** man die Störung innerer Lebensvorgänge unter Beeinträchtigung der Integrität als Körper- oder Gesundheitsverletzung wertet; der hM, die als Körperverletzung die Verletzung der körperlichen Integrität einschließlich der Zufügung von Schmerzen definiert (vgl oben Rn B 5), ist daher zu folgen. **Schutzgut ist die autonome Bestimmung über den körperlichen Zustand** (MünchKomm/Mertens Rn 73; BGB-RGRK/Steffen Rn 9; ähnl BGH NJW 1980, 1452, 1453 [insoweit in BGHZ 76, 259 ff nicht abgedruckt]: Integrität der körperlichen Befindlichkeit), das Seins- und Bestimmungsfeld der Persönlichkeit, das in der körperlichen Befindlichkeit materialisiert ist (BGHZ 124, 52, 54; Palandt/Thomas Rn 8; BGB-RGRK/Steffen Rn 9; ähnl BGH NJW 1995, 2407, 2408: Recht am eigenen Körper als gesetzlich ausgeformter Teil des allgemeinen Persönlichkeitsrechts). Daher setzt die Körperverletzung weder voraus, daß die Gesundheit beeinträchtigt wird (BGB-RGRK/Steffen Rn 9), noch daß das Opfer Schmerzen erleidet bzw entstellt wird. So zählen zur Körperverletzung das Abschneiden oder Versengen von Haaren (BGH [St] NJW 1953, 1440; 1966, 769 [iE]; MünchKomm/Mertens Rn 73 Fn 107; BGB-RGRK/Steffen Rn 9; Fikentscher Rn 1207; von BVerwG NJW 1972, 1726, 1728 bei einem Erlaß des Bundesministers der Verteidigung, die Haare kurz zu tragen, verneint, da eine üble Behandlung von nicht unbeträchtlichem Gewicht ausscheide) sowie die Mißhandlung von Menschen, die – etwa weil sie bewußtlos sind – keine Schmerzen empfinden (BGB-RGRK/Steffen Rn 9; ähnl RGSt 73, 257). **Außer Betracht bleiben ganz unerhebliche Beeinträchtigungen** (BGH [St] NJW 1953, 1440; BVerwG NJW 1972, 1726, 1728; BayObLG [St] NJW 1970, 769; MünchKomm/Mertens Rn 107; BGB-RGRK/Steffen Rn 9).

a) Beispiele

B 9 Beispiele für eine Körperverletzung sind das Entfernen eines Organs (BGHZ 101, 215, 217; auf S 221 spricht der BGH von Körperverletzung und Gesundheitsbeschädigung; PALANDT/ THOMAS Rn 5), das Zufügen einer Wunde (mißverständlich BGB-RGRK/STEFFEN Rn 9: Die Frage, ob eine Narbe auf Kosten des Schädigers entfernt werden darf, betrifft den Schaden und nicht die Körperverletzung) sowie die körperliche Züchtigung (BGH [St] NJW 1953, 1440; MünchKomm/MERTENS Rn 73 Fn 107; BGB-RGRK/STEFFEN Rn 9; DEUTSCH Rn 177; aA BRÜGGEMEIER Rn 186: nur Beleidigung). Ferner zählen dazu der mit Gewalt erzwungene Geschlechtsverkehr (MünchKomm/MERTENS Rn 73 Fn 107; BGB-RGRK/STEFFEN Rn 9), namentlich wenn er mit der Defloration des (noch nicht einwilligungsfähigen) Mädchens einhergeht (OLG München LZ 1928, 1110; SOERGEL/ZEUNER Rn 19; BGB-RGRK/STEFFEN Rn 9), nicht dagegen der außereheliche Verkehr als solcher (RGZ 96, 224, 225; OLG München LZ 1928, 1110). Daß eine nicht auf Anhieb gelungene prothetische Zahnversorgung keine Körperverletzung sei (so OLG Oldenburg VersR 1997, 1493 [LS]), überzeugt nicht; soweit sie nicht Folge eines ärztlichen Fehlers ist, ist die Behandlung aber durch die Einwilligung gedeckt.

b) Mittelbare Verletzungen

B 10 Wie stets sind auch mittelbare Beeinträchtigungen geeignet, den Körper bzw die Gesundheit zu beschädigen. Neben dem Passivrauchen (siehe sogleich unter Rn B 22) und der psychischen Beeinträchtigung (siehe sogleich unter Rn B 26 ff) zählt hierher vor allem **die durch den Täter veranlaßte Selbstbeschädigung des Opfers**. Neben den im Zivilrecht eher seltenen Fällen der mittelbaren Täterschaft kraft überlegen Wissens ist vor allem die vom Täter fahrlässig verursachte Selbstbeschädigung namentlich in den sog Verfolgungs- oder Herausforderungsfällen zu nennen (vgl zB BGHZ 53, 25, 28 ff; 63, 189, 191 ff; 132, 164, 166; BGH NJW 1990, 2885; 1993, 2234 jeweils mwNw). Der Schwerpunkt der Problematik liegt dabei regelmäßig in der Zurechnung und dem **Umfang des Schutzzwecks des § 823 Abs 1** (vgl zB BGHZ 132, 164, 166 ff). Auch die durch einen Fehler des behandelnden Arztes notwendige Nierenspende der Mutter für das geschädigte Kind ist daher eine Körperverletzung der Mutter (BGHZ 101, 215, 217 ff; MünchKomm/MERTENS Rn 74; skeptisch LARENZ/CANARIS § 76 III 7 a).

c) Sportverletzungen

B 11 Teilweise will man bei der Teilnahme an Sportveranstaltungen die auch bei Einhaltung der Regeln unvermeidlichen kleineren Verletzungen wie Prellungen, Abschürfungen und Blutergüsse nicht als Körperverletzung im Sinn des § 823 Abs 1 werten (LANGE, Schadensersatz [2. Aufl 1990] § 10 XIV 1, 2). Doch dürfte das der falsche Ansatzpunkt sein. Das Rechtsgut Körper ist auch **bei einer Sportverletzung beeinträchtigt** (so iE zB BGHZ 58, 40, 42; 63, 140, 143; BGH NJW 1976, 957; 1976, 2161; vgl ferner AK-BGB/KOHL Rn 6; MünchKomm/MERTENS Rn 332; TEICHMANN JA 1979, 294). Fraglich – und damit der eigentliche Schwerpunkt der Diskussion – ist dagegen, ob eine Sportregel mißachtet wurde und die Körperverletzung dem Beeinträchtigenden zugerechnet werden kann (vgl dazu oben Vorbem 55, 59 zu §§ 823 ff).

d) Ärztliche Fehler

B 12 Unabhängig von der Frage, ob der **kunstgemäße ärztliche Heileingriff** eine Körperverletzung darstellt (vgl dazu unten Rn I 1 ff), ist jedenfalls die unsachgemäße Behandlung eine solche (MünchKomm/MERTENS Rn 362). Das gilt namentlich, wenn infolge eines Fehlers eine Operation wiederholt werden muß (BGH NJW 1980, 1452, 1453 [insoweit in BGHZ 76, 259 ff nicht abgedruckt]; OLG Düsseldorf NJW 1987, 2306 für den Fall, daß ein unsachgemäß vorgenommener Schwangerschaftsabbruch wiederholt werden muß; BGB-RGRK/ STEFFEN Rn 9 mit der nicht einleuchtenden Ausnahme, daß eine Körperverletzung nicht vorliege, wenn der Arzt vergesse, ein krankes Organ zu entfernen) oder eine Zahnbrücke mehrfach eingesetzt werden muß (OLG Oldenburg VersR 1987, 1022, 1023; MünchKomm/MERTENS Rn 73 Rn 109). **Zu ersetzen** sind dabei die mißlungene erste Operation sowie durch sie herbeigeführte Komplikationen der zweiten. Ob jede Einwirkung, die die körperliche Befindlichkeit des Rechtsträgers ohne sein Wissen in gefährlicher Weise anders gestaltet, als es seinem Willen entspricht, ein Eingriff in die körperliche Unversehrtheit ist, hat der BGH – im Rahmen einer fehlgeschlagenen Sterilisation – ausdrücklich offen gelassen (BGH NJW 1980, 1452, 1453 [insoweit in BGHZ 76, 259 ff nicht abgedruckt]), während in der Literatur diese These generell – also nicht mit der Beschränkung auf die fehlgeschlagene Sterilisation – verfochten wird (BGB-RGRK/STEFFEN Rn 9).

e) Die fehlerhafte Sterilisation und die mißglückte Abtreibung
Schwierigkeiten macht die Frage, ob eine Körperverletzung der Frau vorliegt, wenn **B 13** der Arzt fehlerhaft handelt und die Frau daher trotz eines Eingriffs mit dem Ziele der Sterilisation – auch des Mannes (BGH NJW 1995, 2407, 2408; OLG Braunschweig NJW 1980, 643; BGB-RGRK/NÜSSGENS Anh II Rn 236) – schwanger wird oder ein nach § 218 a StGB nicht strafbarer Abbruch der Schwangerschaft mißlingt. Dabei ist zu unterscheiden, ob das Kind ausgetragen wird oder der Abbruch – evtl erneut – vorgenommen wird.

aa) Die Belastungen durch die Geburt
Wird das **Kind ausgetragen**, so bejahen die Rechtsprechung und ihr folgend die hM in **B 14** beiden Fällen die Haftung des Arztes (für die fehlgeschlagene Sterilisation zB BVerfGE 88, 203, 295 f; BGH NJW 1980, 1452, 1453 [insoweit in BGHZ 76, 259 ff nicht abgedruckt]; 1981, 2002, 2003; 1984, 2625; 1995, 2407, 2408; OLG Koblenz MedR 1984, 108, 109; OLG Zweibrücken NJW 1984, 1824, 1825; OLG Düsseldorf VersR 1987, 412; 1993, 883, 884; NJW 1995, 788, 789; OLG München VersR 1993, 1413; OLG Frankfurt aM NJW 1993, 2388, 2389; OLG Oldenburg NJW 1993, 2997, 2998; 1996, 2432, 2433; JAUERNIG/TEICHMANN Rn 111; SOERGEL/ZEUNER Rn 19; MünchKomm/MERTENS Rn 80; BGB-RGRK/NÜSSGENS Anh II Rn 233; LARENZ/CANARIS § 76 II 1 f; UHLENBRUCK, in: LAUFS/UHLENBRUCK § 126 Rn 8; G MÜLLER, in: FS Steffen [1995] 366; uneinheitlich BRÜGGEMEIER Rn 285 f; **aA** STÜRNER Jura 1987, 79; etwas abgeschwächt ders VersR 1984, 305; für den *unterbliebenen* Abbruch zB BGHZ 86, 240, 246 [auf 248 spricht das Gericht auch von Gesundheitsverletzung]; LG Berlin NJW 1985, 2200; für den *mißlungenen* Abbruch zB BGH NJW 1985, 671, 673; 1985, 2749, 2750; OLG Zweibrücken NJW 1984, 1824, 1825; JAUERNIG/TEICHMANN Rn 111; MünchKomm/MERTENS Rn 80; SOERGEL/ZEUNER Rn 19; **aA** LG Kassel NJW 1984, 1411, 1412; STÜRNER FamRZ 1985, 761; ders Jura 1987, 78 mit Ausnahme des eugenisch indizierten Abbruchs bei statistisch manifestierter schwerer Mißbildung oder bei Mongolismus; vgl STÜRNER VersR 1984, 305), doch sind eine **Reihe von Besonderheiten beim Anspruchsumfang** zu beachten. So dürften sich auf § 823 Abs 1 keine Ansprüche auf den Ersatz des Unterhalts des Kindes stützen lassen; hier zieht der Schutzzweck der Norm eine Grenze (OLG Frankfurt aM NJW 1993, 2388, 2389; MünchKomm/MERTENS Rn 80; wohl auch SOERGEL/ZEUNER Rn 19; von BGHZ 76, 259, 260 f offen gelassen; die Urteile BGH NJW 1981, 2002, 2003; 1984, 2625 stützen auf deliktische Ansprüche jeweils nur den Schmerzensgeldanspruch; von Vertragsverletzung und § 823 Abs 1 als Anspruchsgrundlagen sprechen BGH NJW 1984, 2625, 2626; BGB-RGRK/NÜSSGENS Anh II Rn 232). Die Forderung fußt insoweit nur auf vertraglichen Anspruchsgrundlagen (vgl zB BGHZ 76, 259, 261).

α) **Der Umfang der Ersatzpflicht bei fehlgeschlagener Sterilisation**

B 15 Dagegen kann die Frau, für die mit der Schwangerschaft und Geburt, die durch den ärztlichen Sterilisationseingriff verhindert werden sollten, zusammenhängenden **Belastungen Schmerzensgeld verlangen** (BGH NJW 1980, 1452, 1453 [insoweit in BGHZ 76, 259 ff nicht abgedruckt]; 1981, 2002, 2003; 1984, 2625; OLG Düsseldorf VersR 1993, 883, 885; OLG München VersR 1993, 1413; aA LARENZ/CANARIS § 76 II 1 f). Daß Schwangerschaft und Geburt ohne pathologische Begleiterscheinungen verlaufen und für die betroffene Frau keine besonderen Beschwernisse mit sich bringen, spielt keine Rolle (BGH NJW 1980, 1452, 1453 [insoweit in BGHZ 76, 259 ff nicht abgedruckt]; 1981, 2002, 2003; 1984, 2625). Mit der **Geburt des Kindes** sind aber die ausgleichspflichtigen Beeinträchtigungen **abgeschlossen**; Belastungen durch das Kind selbst werden deliktisch nicht kompensiert (BGHZ 86, 240, 249; BGH NJW 1995, 2412, 2413; OLG Düsseldorf NJW 1995, 788, 789) soweit diese nicht ihrerseits Krankheitswert haben (BGHZ 86, 240, 249; G MÜLLER, in: FS Steffen [1995] 366). Dieselben Regeln müssen gelten, wenn der Arzt oder ein Apotheker bei der Auswahl von Verhütungsmethoden oder beim Verkauf von Verhütungsmitteln unsachgemäß handeln und die Frau aus diesem Grund schwanger wird, ebenso wenn der Arzt falsch über die Versagerquote bei einer Sterilisation aufklärt (OLG München VersR 1993, 1413).

β) **Der Umfang der Ersatzpflicht beim mißglückten Abbruch**

B 16 Bei einem unterbliebenen bzw mißlungenen Abbruch will der BGH freilich nur für diejenige Schmerzbelastung eine Kompensation zusprechen, die die mit einer **natürlichen** komplikationslosen Schwangerschaft und Geburt verbundenen **Beschwerden übersteigt**; zu berücksichtigen sei bei der Bemessung ferner die Tatsache, daß der Mutter auf diese Weise ein Abtreibungseingriff erspart worden sei. Denn die Schwangerschaft beruhe in diesem Fall nicht auf einem Versagen des Arztes, sondern auf der freien Entscheidung der Frau; zumindest sei sie von ihr hingenommen worden (BGHZ 86, 240, 248; BGH NJW 1985, 671, 673; OLG Düsseldorf NJW 1992, 1566, 1568; BGB-RGRK/NÜSSGENS Anh II Rn 250; G MÜLLER, in: FS Steffen [1995] 365 f). Im Einzelfall könnten körperliche und seelische Belastungen der Schwangeren durch den Fortbestand der Schwangerschaft ein Schmerzensgeld rechtfertigen, soweit sie schadensbedingt, dh auf das Mißlingen des Abbruchs zurückzuführen seien (BGH NJW 1985, 671, 673 f). **Von vornherein anders** liegt es, wenn sich die Belastungen aus dem Umstand ergeben, daß der Arzt die Schwangerschaft zu spät erkannt hat und die Mutter mit einer Behinderung des Kindes rechnen mußte; hier kommt eine Verrechnung mit dem ersparten Abbruch nicht in Betracht (BGH NJW 1995, 2412, 2413). Doch ist den restriktiven Grundsätzen auch ansonsten **nicht durchweg zu folgen**. Soweit es zu den Aufgaben des Arztes gehört, die Patientin vor der nunmehr nicht mehr gewünschten weiteren Schwangerschaft und Geburt zu bewahren, und soweit dieser Wunsch mit der Rechtsordnung in Einklang steht und der dementsprechende Vertrag daher wirksam ist, können nicht die mit einer natürlichen Schwangerschaft und Geburt verbundenen Beschwerden als Vergleichsmaßstab herangezogen werden (SOERGEL/ZEUNER Rn 19; § 847 Rn 25), sondern – wie beim Parallelproblem der fehlgeschlagenen Sterilisation – nur diejenigen Belastungen ohne Kompensation bleiben, die sich bei einem Ende der Schwangerschaft ergeben hätten. Dazu gehören – und insofern ist dem BGH, was die Bemessung des Schmerzensgeldes angeht, zu folgen – die Belastungen, die der Frau ohne den Abbruch erspart blieben (BGHZ 86, 240, 248 f). Die mit der weiteren Schwangerschaft und Geburt verbundenen Beschwernisse sind dagegen durch das Fehlverhalten des Arztes verursacht. Dasselbe gilt natürlich, wenn der Abbruch mißlingt und das Kind daher ausgetragen wird (BGH NJW 1985, 671, 673 f).

bb) Belastungen durch die Wiederholung des Abbruchs
Wird dagegen die **Schwangerschaft unterbrochen**, so sind im Fall der fehlgeschlagenen Sterilisation die Belastungen des Abbruchs (OLG Braunschweig NJW 1980, 643; BGB-RGRK/NÜSSGENS Anh II Rn 236), im Fall der Wiederholung eines Abbruchs die Belastungen durch den ersten und die dadurch verursachten Komplikationen des zweiten auszugleichen.

B 17

cc) Die Gegenthese: Die Verletzung des allgemeinen Persönlichkeitsrechts
Von diesen Regeln weicht eine **Mindermeinung** in der Literatur schon im Ausgangspunkt ab. Sie verneint bei der ungewollten Schwangerschaft nach fehlgeschlagener Sterilisation das Vorliegen einer Körperverletzung; betroffen sei vielmehr das allgemeine Persönlichkeitsrecht. Konsequenterweise werde Schmerzensgeld nur unter den dafür anerkannten **engeren Voraussetzungen** geschuldet (ERMAN/SCHIEMANN Rn 18, § 825 Rn 1; ders JuS 1980, 711 f; LANGE, Schadensersatz [2. Aufl 1990] § 6 IX 7 h; SCHÜNEMANN JZ 1981, 576; A ROTH NJW 1994, 2404 nimmt Unterbrechung des Kausalzusammenhangs an). Dem ist nicht zu folgen. Schon das **Ergebnis leuchtet letztendlich nicht ein**. Denn die Voraussetzungen für den Anspruch auf eine Entschädigung entsprechend § 847 Abs 1 oder auch direkt nach Art 1 Abs 1, 2 Abs 2 GG wegen der Verletzung des Persönlichkeitsrechts werden mangels eines schweren Verschuldens des Arztes praktisch nie vorliegen; fahrlässiges Handeln wird nach der Struktur dieses Rahmenrechts regelmäßig nicht erfaßt (MünchKomm/MERTENS Rn 80). Da anders das Recht am eigenen Körper als gesetzlich ausgeformter Teil des allgemeinen Persönlichkeitsrechts nicht angemessen geschützt wäre, muß in jedem unbefugten Eingriff in die Integrität der körperlichen Befindlichkeit – so hat es der BGH formuliert (BGH NJW 1980, 1452, 1453 [insoweit in BGHZ 76, 259 ff nicht abgedruckt]) – eine Körperverletzung gesehen werden. Die Feststellung, das Kind sei ein immaterieller Schaden durch die Verletzung der Persönlichkeit der Eltern, würde dieses genauso, wenn nicht stärker, belasten als die Zuerkennung eines Schmerzensgeldes wegen der Geburt (vgl BGHZ 124, 128, 141 f für die Parallelfrage, ob die Aufwendungen für den Unterhalt einen Schaden darstellen). **Doch auch die Prämissen der Mindermeinung überzeugen nicht.** Sie stützt sich auf das Argument, der Arzt habe lediglich eine vertragliche Pflicht nicht erfüllt, damit jedoch nicht den vor dem Vertragsschluß vorhandenen Güterstand beeinträchtigt (SCHIEMANN JuS 1980, 710). Diese These übersieht, daß die Patientin den Arzt aufsucht, um vor den Belastungen einer nicht gewünschten Schwangerschaft verschont zu bleiben. Spätestens mit Abschluß des Vertrages – und nicht nur bei einer Krankheit oder Notlage (so indes SCHIEMANN JuS 1980, 710) – übernimmt der Arzt eine Garantenstellung, deren schuldhafte Verletzung die Haftung nach § 823 Abs 1 auslöst (vgl nur BGHZ 106, 153, 156; BGH NJW 1979, 1248, 1249).

B 18

f) Abgetrennte Körperteile und -substanzen
Abgetrennte Körperteile sind **Sachen** und werden als **Eigentum** geschützt (BGHZ 124, 52, 54; PALANDT/THOMAS Rn 5), und zwar auch dann, wenn sie zur Spende an dritte Personen vorgesehen sind (BGHZ 124, 52, 55). Wird ein Körperbestandteil geschädigt, der für einen Dritten vorgesehen war, so kann darin eine Gesundheitsbeschädigung des Empfängers liegen (MünchKomm/MERTENS Rn 73). Sind die entnommenen Körpersubstanzen dagegen dazu bestimmt, wieder in den Körper zurückgeführt zu werden,

B 19

wie das etwa bei einer **Eigenblutspende** der Fall ist, so wird mit deren Beschädigung oder Zerstörung der Körper verletzt (BGHZ 124, 52, 55; PALANDT/THOMAS Rn 5; SCHNORBUS JuS 1994, 834; LAUFS/REILING NJW 1994, 774; NIXDORF VersR 1995, 741; PFEIFFER Anm zu BGH LM Nr 151 zu § 823 [Aa] unter 2 a). Gleiches gilt für die **weibliche Eizelle**, die nach einer extrakorporalen Befruchtung reimplantiert werden soll (BGHZ 124, 52, 56). Vor allem wegen der Parallele zu dieser Fallkonstellation bejaht der BGH eine Körperverletzung auch bei der **Vernichtung von konserviertem Sperma**; jedenfalls sei § 823 Abs 1 analog anzuwenden (BGHZ 124, 52, 56; zust GIESEN, Arzthaftungsrecht [4. Aufl 1995] Rn 56 mit Fn 232; SCHNORBUS JuS 1994, 834; G MÜLLER, in: FS Steffen [1995] 367; sogar eine Körperverletzung im Sinn des Strafrechts bejahen FREUND/HEUBEL MedR 1995, 197 f). Die Literatur kritisiert die Vorverlagerung des Schutzes, die sich daraus ergebe, daß die Körperverletzung schon im Augenblick der Beschädigung der entnommenen Körperteile angenommen werde und nicht erst bei der Wiedereinfügung der beeinträchtigten Substanzen (TAUPITZ NJW 1995, 747). Außerdem gebe es keine körperliche Bindung im Augenblick der Schädigung (NIXDORF VersR 1995, 743; PFEIFFER Anm zu BGH LM Nr 151 zu § 823 [Aa] unter 2 a). Damit allein wäre dem Betroffenen zwar im entschiedenen Fall nicht geholfen. Jedoch sei an eine (konkludente) Abdingung des § 253, an die Verletzung der Gesundheit aufgrund des Schocks nach der Nachricht von der Zerstörung der konservierten Spermien (TAUPITZ NJW 1995, 747 f) oder an eine Beeinträchtigung des Persönlichkeitsrechts zu denken (MünchKomm/MERTENS Rn 73; ROHE JZ 1994, 468; TAUPITZ JR 1995, 23; ders NJW 1995, 748 f; NIXDORF VersR 1995, 743; PFEIFFER Anm zu BGH LM Nr 151 zu § 823 [Aa] unter 2 b; unentschieden FREUND/HEUBEL MedR 1995, 196; zur Gänze abl, da nur ein faktischer Eingriff in die Familienplanung vorliege, LAUFS/REILING NJW 1994, 776). Die Kritik ist nicht von der Hand zu weisen. Denn der **BGH zieht den Begriff der Körperverletzung zu weit**, wie sich daran zeigt, daß auch das gespendete Blut etwa gegen eine Verunreinigung geschützt wäre, selbst wenn es nunmehr aufgrund dieser Verunreinigung nicht mehr verwendet wird. Außerdem führt seine Ansicht zu unterschiedlichen Begriffen der Körperverletzung im Straf- und Zivilrecht (MünchKomm/MERTENS Rn 73). Das Persönlichkeitsrecht genügt, zumal wenn man richtigerweise das Recht auf Familienplanung zu ihm rechnet (vgl unten Rn C 245). Jedenfalls zu weit geht es, wenn die Literatur zT im Anschluß an den BGH eine Körperverletzung bejaht, wenn eine Prothese beschädigt wird (so indes TAUPITZ JR 1995, 25; ders NJW 1995, 752; FREUND/HEUBEL MedR 1995, 198).

3. Die Gesundheitsverletzung

B 20 Die hM begreift als Gesundheitsverletzung die **Störung der inneren Funktionen** (vgl die Nachw oben Rn B 5; ferner BGHZ 8, 243, 248; SOERGEL/ZEUNER Rn 20) – und zwar als Hervorrufen oder Steigern eines von dem Normalzustand nachteilig abweichenden Befindens (BGHZ 114, 284, 289). Der Streit, ob die Störung medizinisch erheblich und damit aus ärztlicher Sicht behandlungsbedürftig sein muß (so MünchKomm/MERTENS Rn 74; BGB-RGRK/STEFFEN Rn 10; KÖTZ Rn 50; aA LARENZ/CANARIS § 76 II 1 a; MÖLLERS, Rechtsgüterschutz im Umwelt- und Haftungsrecht [1996] 35 ff), verliert an Gewicht, wenn man wie im Sozialrecht **alternativ Behandlungsbedürftigkeit oder Arbeitsunfähigkeit** genügen läßt. Wer infolge einer vom Schädiger schuldhaft verursachten Infektion nicht arbeiten kann, ist krank, auch wenn er keinen Arzt zuzieht und dies auch nicht vonnöten ist. Jedenfalls braucht der pathologische Zustand nicht von Dauer zu sein; es genügt vielmehr, wenn er auch nur kurzfristig anhält (BGB-RGRK/STEFFEN Rn 10). Schließlich ist es ebenfalls nicht Voraussetzung, daß die Verletzung der Gesundheit von Schmerzen begleitet wird (BGHZ 114, 284, 289 [HIV]; MünchKomm/MERTENS Rn 74 Fn 115).

a) **Beispiele**
Eine erschöpfende Aufzählung dessen, was als Gesundheitsverletzung anzusehen ist, **B 21**
ist naturgemäß nicht möglich. Als Beispiele aus der Rechtsprechung seien herausgegriffen (weitere Beispiele in Rn I 61 ff): Die Schlafstörung infolge Lärmeinwirkung (BGH LM Nr 15 zu § 823 [Ef] BGB unter 2; JZ 1954, 613), ruhestörender Lärm (BGHZ 122, 363, 370; OLG Oldenburg NJW 1990, 3215, 3216), die Lieferung verunreinigten Wassers (RGZ 99, 96, 103; 152, 129, 132 f), die Verabreichung gesundheitsschädlicher Stoffe (BGH VersR 1953, 247 [vergiftetes Öl]), die Beeinträchtigung durch chemische Stoffe, die bei einer Betriebsstörung freigesetzt werden (BGH NJW 1992, 1043), Schäden aufgrund von Emissionen (BGH NJW 1995, 1160, 1161; 1997, 2748), medizinisch nicht indizierte Röntgenaufnahmen (BGH [St] NJW 1998, 833, 835), die Ausgabe nicht einwandfreier Speisen und Getränke (RGZ 97, 116 [Salmiakgeist anstelle von Selterswasser]) – etwa mit Knochenstücken (RG JW 1936, 2394 f) oder mit einer Nadel (RG WarnR 1929 Nr 159). Dazu zählen ferner die Vernachlässigung von Sicherheitsvorkehrungen, die zu Verbrühungen mit heißem Dampf führt (RG HRR 1936 Nr 190 [obiter]), die Emission schädlicher Dämpfe mit der Folge von Übelkeit (BGHSt bei DALLINGER MDR 1975, 723 für § 223 StGB) und weiteren Beeinträchtigungen (BGH NJW 1997, 2748), die nicht korrekte Entsorgung von Müll und Industrierückständen, die Beschäftigte im städtischen Entwässerungsnetz vergiften (vgl BGH LM Nr 94 zu § 823 [Dc] BGB, der sich explizit allerdings nur mit dem Problem des Mitverschuldens beschäftigt).

b) **Rauchen**
Daß Rauchen schwere Gesundheitsschäden verursacht, ist unbestreitbar (vgl nur **B 22**
BVerfGE 95, 173, 184; BGHZ 124, 230, 235). Entgegen der wohl noch hA in Literatur und Rechtsprechung (vgl zB OLG Hamm MDR 1982, 779, 780 mwNw; LG Berlin NJW 1978, 2343, 2344; GRIEBLING EWiR 1989, 170; OLG Frankfurt aM NJW-RR 1994, 633, 634 hält eine Haftung wohl für möglich; vgl auch die Übersicht bei ZAPKA 125 ff) ist auch das **Passivrauchen** sehr wohl geeignet, Gesundheitsschäden zu verursachen (BAG NJW 1996, 3028, 3030; BVerwG BB 1993, 1438; OLG Stuttgart [St] NJW 1974, 2014; OVG Berlin NJW 1975, 2261; ArbG Hamburg DB 1989, 1142; eindrucksvoll SCHMIDT RdA 1987, 338 mwNw: Das Passivrauchen ist für Nichtraucher gefährlicher als die Luftverunreinigungen durch sämtliche Industrieimmissionen zusammengenommen; vgl auch die Darstellung bei LESSMANN 164 ff), und daher als Gesundheitsverletzung einzustufen (MünchKomm/MERTENS Rn 73 Fn 107; vgl auch LAG München BB 1991, 624; OLG Hamm [St] NJW 1983, 583 f). Fraglich kann allenfalls sein, ob die Rechtswidrigkeit fehlt oder überwiegendes Mitverschulden anzurechnen ist, wenn sich etwa der Geschädigte **freiwillig an Orte** begibt, an denen geraucht wird; konsequenterweise ist bei mangelnder Ausweichmöglichkeit ein – vorbeugender – Unterlassungsanspruch gegeben (RAHMEDE 194 f). Dagegen geht es nicht an, den (Nicht-)Erlaß eines Rauchverbots als regelmäßig nicht überprüfbare unternehmerische Entscheidung anzusehen und allein deswegen den Arbeitnehmer zur Duldung nach § 1004 Abs 2 anzuhalten (so indes BAG NJW 1996, 3028, 3029 f; iE auch BVerwG BB 1993, 1438).

c) **Unterlassene ärztliche Hilfeleistung**
Nach den allgemeinen Regeln kann die Gesundheitsbeschädigung auch durch Unter- **B 23**
lassen begangen werden. Das kommt namentlich zum Tragen, wenn ein Arzt unter Verletzung seiner medizinischen Betreuungspflicht vermeidbaren Verschlechterun-

gen der Gesundheit nicht entgegenwirkt (MünchKomm/MERTENS Rn 74; vgl auch unten Rn I 6).

d) Infektionen

B 24 Als Verletzung der Gesundheit ist auch eine Ansteckung mit einer Krankheit zu werten (RGZ 96, 224, 225; 135, 9, 10; RG WarnR 1926 Nr 90; RAG SeuffA 90 Nr 49; BGHZ 8, 243, 245; 114, 284, 289; OLG Köln NJW 1985, 1402; OLG Celle NJW-RR 1997, 1456, 1457; LAG München BB 1951, 140; PALANDT/THOMAS Rn 5; AK-BGB/KOHL Rn 6; SOERGEL/ZEUNER Rn 23; Münch-Komm/MERTENS Rn 74; BGB-RGRK/STEFFEN Rn 10; LARENZ/CANARIS § 76 II 1 a; DEUTSCH NJW 1986, 758; ders NJW 1991, 1937 [Körperverletzung]; SPICKHOFF JZ 1991, 757; GIESEN JR 1991, 487; iE auch RG WarnR 1923/24 Nr 114; BGHZ 116, 379, 382; BGH NJW 1969, 553). Das gilt unabhängig davon, ob die Krankheit bereits ausgebrochen ist oder lediglich eine Infizierung vorliegt (BGHZ 114, 284, 289; BGHSt 36, 1, 7). Nach allgemeinen Grundsätzen führt auch schon der **durch die Möglichkeit der Ansteckung ausgelöste Schock** infolge der Infusion verseuchten Blutes zu einer Gesundheitsbeschädigung (BGH VersR 1954, 116, 117; dort nimmt das Gericht eine Körperverletzung an; abl MÜNZEL NJW 1960, 2026; vgl dazu sogleich unter Rn B 29). Doch sind in dieser Hinsicht **Grenzen der Haftung** zu beachten. Zum einen – und das entspricht den allgemeinen Regeln – wird bei zuverlässigen Lieferanten von den Ärzten bzw Kliniken nicht gefordert, Blutkonserven erneut auf die Verseuchung durch Erreger zu untersuchen (BGHZ 116, 379, 382; LG Düsseldorf NJW 1990, 2325). Zum anderen ist die Einstandspflicht, wie der Schulfall einer Ansteckung mit einem Schnupfen zeigt, nicht undifferenziert zu bejahen. Solche Gefahren nimmt der Verkehr hin (AK-BGB/KOHL Rn 6; SOERGEL/ZEUNER Rn 23; BGB-RGRK/STEFFEN Rn 10; DEUTSCH NJW 1986, 758); sie sind schlichtweg nicht zu verhindern, soll nicht jeder, der an einer Erkältung leidet, gezwungen sein, bis zum gänzlichen Abklingen der Krankheit jeden sozialen Kontakt zu meiden. Die Vorsichtsmaßnahmen, zu denen der Erkrankte bzw Infizierte gehalten ist, hängen in erster Linie davon ab, ob von der Krankheit angesichts fehlender **Heilungsmöglichkeit** eine besondere Gefahr ausgeht; dann bestehen erhöhte Schutzpflichten (SOERGEL/ZEUNER Rn 23; BGB-RGRK/STEFFEN Rn 10). **Je größer ferner die Infektionsgefahr** ist, um so intensivere Schutzvorkehrungen sind zu treffen (SOERGEL/ZEUNER Rn 23). Und schließlich spielt auch der **Kreis der gefährdeten Personen** eine wichtige Rolle: Auf Kinder und alte Leute ist besondere Rücksicht zu nehmen (RAG SeuffA 90 Nr 49; SOERGEL/ZEUNER Rn 23; BGB-RGRK/STEFFEN Rn 10, der umgekehrt bei einer Epidemie die Schwelle der Körperverletzung höher ansetzt).

e) Mittelbare Verletzungen

B 25 Auch mittelbare Gesundheitsverletzungen können eine Haftung nach § 823 Abs 1 begründen (LAUFS, in: LAUFS/UHLENBRUCK § 103 Rn 21; vGERLACH, in: FS Steffen [1995] 153). Beispiele dafür sind die Infektion des Ehemannes, dessen Frau eine mit HIV-Viren verseuchte Bluttransfusion erhalten hatte (BGHZ 114, 284, 289 f) oder die Nichthinderung von Selbstbeschädigungen von psychisch labilen Patienten im Krankenhaus (BGH LM Nr 6 zu § 286 [E] ZPO unter a; vgl auch BGH NJW 1998, 814, 815; vgl genauer unten Rn I 38). Die entscheidende Frage ist dabei die **Abgrenzung der Garantenstellung bzw der Pflicht des Arztes**. Hat etwa der Arzt die Infektion des primär Betroffenen schuldhaft herbeigeführt, so haftet er diesem, aber auch jedem Dritten, der sich ansteckt (vGERLACH, in: FS Steffen [1995] 154). Anders soll es sein, wenn der Arzt eine bestehende Infektion in vorwerfbarer Weise nicht erkennt; eine Garantenstellung habe er nur gegenüber seinem Patienten, nicht gegenüber Dritten (LAUFS, in: LAUFS/UHLENBRUCK § 62 Rn 7; vGERLACH, in: FS Steffen [1995] 155 f). In dieser Apodiktik **überzeugt das nicht**.

Jedenfalls dann, wenn es Inhalt des Vertrages ist, angesichts der Sorge des Patienten, infiziert zu sein, einen Test durchzuführen, um eine Infektion zu erkennen und der Ansteckung Dritter, etwa des Lebenspartners, entgegenzuwirken, haftet der Arzt. Man mag dies über einen Vertrag mit Schutzwirkung zugunsten Dritter begründen (BGH NJW 1994, 3012, 3013 f; LAUFS, in: LAUFS/UHLENBRUCK § 62 Rn 7; vGERLACH, in: FS Steffen [1995] 151). Daß die Rechtsprechung den Kreis der Begünstigten sehr weit zieht (BGHZ 127, 378, 380 f), hat dann Konsequenzen auch bei **mittelbaren Schädigungen**. Einbezogen sind alle, die dem Patienten nahe stehen. Allenfalls gegenüber beliebigen Dritten läßt sich demgemäß eine Pflicht des Arztes, Infektionen seines Patienten zu erkennen und die Weiterverbreitung zu verhindern, verneinen. Dem entspricht, daß bei Gefahren für Leib und Leben auch den Amtspflichten zum Schutz Dritter besonderes Gewicht zukommt (BGHZ 120, 184, 193 f mwNw; BGH NJW 1994, 3012, 3014). Verweigert allerdings der Patient den Test zur Feststellung der Infektion, so hat sich dem der Arzt zu beugen (OLG Düsseldorf VersR 1995, 339, 340); dem Arzt fehlt dann die Möglichkeit, seiner Pflicht nachzukommen.

f) Psychische Einwirkungen
Wie es zur Störung der Lebensvorgänge kommt, ist im Prinzip belanglos; sie kann physisch, medikamentös, durch Strahlen bzw durch genetische Manipulationen oder auch durch psychische Einwirkungen erzielt werden (MünchKomm/MERTENS Rn 74; SOERGEL/ZEUNER Rn 25; DEUTSCH JuS 1969, 200; E SCHMIDT MDR 1971, 538). Nach wie vor stehen die psychischen Beeinträchtigungen im Mittelpunkt der Diskussion. Hier geht es zunächst nur um den Begriff der Gesundheitsverletzung als solchen. Dabei sind **mehrere Fallgruppen** auseinanderzuhalten. **B 26**

aa) Psychische Krankheit
Die Gesundheitsverletzung kann darin bestehen, daß eine **psychische Krankheit** als solche hervorgerufen wird (BGH NJW 1983, 340, 341; 1986, 777, 778 f; 1991, 747, 748; 1991, 2346, 2347; 1991, 2347, 2348; VersR 1954, 116, 117; LG Nürnberg-Fürth VersR 1984, 693 [LS]: Schock wegen der Gefahr, das in den Unfall verwickelte Fahrzeug werde den Passanten erfassen; LARENZ/ CANARIS § 76 II 1 c; BICK 3; **aA** LG Krefeld VersR 1969, 166; die Kritik von MÜNZEL NJW 1960, 2020 an BGH VersR 1954, 116, 117 richtet sich nur gegen die Bejahung der Verletzung ohne eigene Feststellungen). Es ist, wenn denn ein **pathologischer, behandlungsbedürftiger Zustand** des Betroffenen vorliegt, kein Grund zu sehen, warum es dem Täter erlaubt sein soll, psychische Leiden zu provozieren, ohne befürchten zu müssen, zum Ersatz herangezogen zu werden (AK-BGB/KOHL Rn 7; BGB-RGRK/STEFFEN Rn 11; LARENZ, Schuldrecht Bd II BT [12. Aufl 1981] § 72 I d; LIPP JuS 1991, 812; **aA** DEUTSCH, in: 25 Jahre KF 96, der nur auf § 826 als Haftungsnorm zurückgreift). Warum soll die Haftung ausgeschlossen sein, obgleich die permanente nächtliche Ruhestörung letztendlich zum Nervenzusammenbruch führt? Dies gilt um so mehr, als in vielen Fällen derartiger Krankheitsbilder die psychische Komponente sich ohnehin nicht von der physischen abtrennen läßt (vgl als Beispiele BGH NJW 1991, 747; 1991, 2346, 2347). Auch bei psychischen Krankheiten geht wie bei somatischen Leiden eine besondere Anfälligkeit zu Lasten des Täters (LARENZ/CANARIS § 76 II 1 c). Wenn der BGH von diesen Grundsätzen bei **bloßen Aufregungen** eine Ausnahme machen will – offenbar, weil er glaubt, daß nach allgemeiner Verkehrsauffassung keine Gesundheitsverletzung vorliege (BGHZ 107, 359, 364 und OLG Frankfurt aM JZ 1982, 201, 202 unter Berufung auf BGHZ 56, 163, 165 f; dort war es um einen Schockschaden infolge der Nachricht vom Tode des Ehegatten gegangen; **aA** LIPP JuS 1991, 812) –, so ist ihm iE zu folgen, wenngleich die Begründung nicht durchweg zu überzeugen **B 27**

vermag. Es fehlt in derartigen Fällen, wenn es denn bei der Aufregung bleibt und keine weiteren Beeinträchtigungen erfolgen, an der **Behandlungsbedürftigkeit** (Münch-Komm/MERTENS Rn 75); damit fehlt es jedenfalls am Schaden. Daß sich das Verschulden des Täters auf den so umrissenen Begriff der Gesundheitsverletzung beziehen muß (BGH NJW 1976, 1143, 1144 für psychisch verursachte somatische Störungen; bestätigt durch BGHZ 93, 351, 357 für pränatale Schäden des Embryos aufgrund eines Schocks der Mutter; aA LIPP JuS 1991, 810 aufgrund eines wesentlich weiteren Begriffs der Körperverletzung/Gesundheitsbeschädigung, der jedes „In-Mitleidenschaft-Ziehen" umfaßt; vgl JuS 1991, 812), ist ebenso konsequent wie die Tatsache, daß ohne Behandlungsbedürftigkeit idR kein Schmerzensgeld geschuldet wird (ähnlich LIPP JuS 1991, 812 infolge einer restriktiven Interpretation des § 847 in diesen Fällen).

bb) Psychische Ursachen der Krankheit

B 28 Die zweite Fallgruppe ist dadurch charakterisiert, daß eine – evtl erst später auftretende – somatische Beeinträchtigung auf **psychische Ursachen** zurückgeht. Der **unfallbedingte Schock** führt anschließend zu einer Herzattacke, die Aufregung verursacht einen Schlaganfall. Es ist nahezu einhellige Auffassung, daß der Täter auch für eine derart psychisch verursachte Beschädigung der Gesundheit haftet (BGHZ 107, 359, 363; BGH NJW 1972, 1232, 1233; 1974, 1510; 1976, 1143, 1144; nach BGH NJW 1986, 777, 778 wird das Ergebnis bei einer Schädigung des am Unfall selbst Beteiligten nicht ernsthaft bezweifelt; ebenso schon RGZ 85, 335, 337 [Nervenleiden durch ehewidriges Verhalten des Schädigers; in dieser Fallkonstellation heute überholt]; 142, 116, 122 f [dort mangels Verschuldens verneint]; 140, 392, 395 [Gesundheitsbeschädigung durch beleidigenden Artikel]; 148, 154, 165 f [Tod durch einen ehrenrührigen Artikel in der Zeitung]; 170, 129, 137; RG DR 1913 Nr 1333 [Nervenleiden durch eine fortgesetzte rücksichtslose ehrverletzende Behandlung]; 1915 Nr 2668; Gruchot 65, 602, 604 [Gelbsucht, Wanderniere und Neurasthenie nach schwerer Beleidigung]; DJZ 1915, 207; BayObLG DJZ 1931, 368; OLG Braunschweig OLGE 28, 274, 275; zust zB LARENZ/CANARIS § 76 II 1 d; LANGE Schadensersatz [2. Aufl 1990] § 3 X 5 Fn 375; STOLL JZ 1982, 204; DUNZ MedR 1985, 269; aA OLG Hamburg SeuffA 60 Nr 54; KG VersR 1973, 525 f: keine Kausalität). Das gilt anders als für die Rentenneurose im Grundsatz auch für die Unfallneurose (BGH NJW 1986, 777, 778; OLG Frankfurt aM JZ 1982, 201, 202 f; VersR 1993, 855, 856; OLG Hamm VersR 1993, 840; aA STOLL JZ 1982, 205 ff). Entgegen der Ansicht des BGH (BGHZ 107, 359, 364 f; zweifelnd DUNZ JR 1990, 116) sind auch **falsche Anschuldigungen und massive Drohungen** gegenüber dem unschuldigen Opfer eines Verkehrsunfalls durchaus rechtswidrig (SOERGEL/MERTENS [12. Aufl 1990] vor § 249 Rn 137; vBAR JZ 1989, 1072; iE auch RG Gruchot 65, 602, 604; wohl auch BGH NJW 1976, 1143, 1144) und je nach Lage auch verschuldet (bejaht von RG Gruchot 65, 602, 604; verneint von BGH NJW 1976, 1143, 1144; LARENZ/CANARIS § 76 II 1 a). Wenn man in diesem Zusammenhang noch nicht die Aufregung als Gesundheitsverletzung einstuft, sondern erst die durch sie verursachte körperliche Beeinträchtigung, so ist es konsequent, das Verschulden auf diese Verletzung zu beziehen (BGHZ 107, 359, 363; aA LIPP JuS 1991, 810). In diese Fallgruppe gehört auch die **Veranlassung zur Selbstbeschädigung** des Opfers – wenn etwa eine Lage geschaffen wird, die den Betroffenen aus rechtlichen oder moralischen Gründen zum Eingreifen motiviert, und dabei der Schaden entsteht (MünchKomm/MERTENS Rn 74; vgl schon oben Rn B 10; aA BICK 3) oder aber der Geschädigte zum Selbstmord getrieben wird (BGH NJW 1958, 1579, 1580) oder sonstwie zu Schaden kommt (vgl OLG Schleswig VersR 1988, 700: Verletzung bei der Flucht vor einem Hund). Der Akzent liegt dabei freilich regelmäßig auf der Frage der Kausalität bzw der Zurechenbarkeit, wie die sogenannten Verfolgungsfälle demonstrieren (vgl dazu STAUDINGER/SCHIEMANN [1998] § 249 Rn 48 ff). Das kann zur Folge haben, daß der

Geschädigte keinen Ersatz verlangen kann, weil seine Handlung nicht herausgefordert war. In Ausnahmefällen kann aber schon das schlechte Beispiel zur Haftung führen, etwa wenn Erwachsene die Straße trotz des Rotlichts der Ampel überqueren und dadurch Kinder zur Nachahmung verleiten (SOERGEL/MERTENS [12. Aufl 1990] vor § 249 Rn 137 m Fn 15; STAUDINGER/SCHIEMANN [1998] § 249 Rn 52; EHMANN/BREITFELD Jura 1993, 211).

cc) **Weitere Schäden durch psychische Vermittlung**
Die psychische Komponente kann sich auch darauf beschränken, daß die zunächst verursachte Körperverletzung oder Schutzgesetzverletzung aufgrund der seelischen Konstitution des Opfers **zu weiteren organischen Beeinträchtigungen** führt. Beispiele sind ein Schlaganfall nach einer Beleidigung (BGH NJW 1976, 1143, 1144; KG VersR 1987, 105 [Herzinfarkt]), psychoorganische Defekte wie Lähmungserscheinungen nach einem Verkehrsunfall mit Gehirnerschütterung (BGH NJW 1991, 2347) oder Lähmungen, verursacht durch eine Teilschädigung, jedoch überlagert durch psychogene Ausfallerscheinungen des Opfers (BGH NJW 1991, 2346; ferner BGH VersR 1969, 160 [Psychose nach dem Unfall, die zur Selbstverstümmelung führt]; LG München VersR 1955, 398, 399 [Selbstmordversuch nach Unfall]). Daneben kann nach den **üblichen Regeln die Störung der psychischen Gesundheit** auch als Folgeschaden einer Primärverletzung psychischer oder physischer Art auftreten, also im Rahmen der haftungsausfüllenden Kausalität (vgl zB BGHZ 132, 341, 343 f; 137, 142, 145; BGH NJW 1983, 340, 341; 1986, 777, 778; 1991, 747, 748; 1991, 2346; 1991, 2347, 2348; 1993, 1523; 1997, 1640, 1641; 1998, 813, 814; OLG Nürnberg VersR 1994, 1352, 1353; OLG München VersR 1995, 1499, 1500; VRS 93 [1997] 165, 166; OLG Hamm ZfS 1996, 51, 53; NJW 1997, 804, 805; OLG Köln VersR 1998, 1120, 1121; 1998, 1247, 1248; LARENZ/CANARIS § 76 II 1 c; vGERLACH DAR 1997, 217; vgl auch DUNZ VersR 1986, 449, der mit einer individuellen Wertung von Verhaltensgeboten arbeiten will). Es ist nicht Voraussetzung, daß die psychischen Auswirkungen organische Ursachen haben; es genügt die **hinreichende Gewißheit**, daß die psychisch bedingten Ausfälle ohne das schädigende Ereignis nicht aufgetreten wären (BGHZ 132, 341, 344; 137, 142, 145; BGH NJW 1991, 2346; 1991, 2347, 2348; 1993, 1523; 1997, 1640, 1641; 1997, 2175; 1998, 813, 814). Wie bei der haftungsbegründenden Kausalität verdient allerdings die Frage, ob denn die psychischen Verläufe auch durch sonstige objektiv geringfügige Anlässe hätten ausgelöst werden können und daher **außerhalb des Schutzzwecks** der Haftung liegen, besondere Beachtung (BGH NJW 1983, 340, 341; 1986, 777, 778 f; 1991, 2346; 1991, 2347, 2348; DUNZ VersR 1986, 449). Nicht mehr zuzurechnen sind psychische Reaktionen, wenn das schädigende Ereignis ganz geringfügig, im Grunde also eine Bagatelle war, nicht gerade speziell die Schadensanlage des Verletzten trifft und deshalb die psychische Reaktion unverhältnismäßig, **schlechterdings nicht mehr verständlich** ist (BGHZ 132, 341, 346; 137, 142, 146; BGH NJW 1997, 2175; 1998, 813, 814; OLG Köln VersR 1998, 1020, 1021; 1998, 1247, 1248). Das gleiche gilt, wenn es um eine durch das schädigende Ereignis ausgelöste Begehrensvorstellung iS einer Rentenneurose geht (vgl zB BGHZ 20, 137, 142 f; 39, 313, 316; 132, 341, 346; 137, 142, 149 f; BGH NJW 1979, 1935, 1936; 1983, 340, 341; 1986, 777, 779; 1991, 747, 748; 1991, 2347, 2348; 1993, 1523; 1997, 1640, 1641; OLG Nürnberg r + s 1995, 385; OLG Hamm zfs 1996, 51, 53; OLG Köln VersR 1998, 1120, 1121; 1998, 1247, 1248), also das Geschehen fehlverarbeitet wird, sei es, um nicht mehr arbeiten zu müssen (BGH NJW 1986, 777, 779), sei es aus sonstigen Gründen (BGHZ 132, 341, 346; OLG Köln VersR 1998, 1247, 1248 jeweils mwNw). Die **Beweislast trifft den Schädiger** (BGH NJW 1991, 2346).

dd) Schockschäden Dritter

B 30 Komplexer ist die Problematik bei den sog **Schockschäden** Dritter. Wichtiges Beispiel ist die Tötung oder schwere Verletzung eines nahen Angehörigen und die durch die Nachricht vom Unfall oder gar sein unmittelbares Miterleben ausgelöste Beeinträchtigung des Wohlbefindens. Diese Fälle gehören zwar systematisch in die schon vorgestellten Gruppen und sind – wie sich zeigen wird – mit den allgemeinen Regeln zu lösen. Da jedoch die Diskussion vorwiegend um diese Schockschäden kreist, seien sie als eigener Punkt besprochen.

α) Die hM

B 31 Nach der **Rechtsprechung und hM** hat der Schädiger im Grundsatz auch diese auf einem Schock basierenden Beeinträchtigungen zu ersetzen (RGZ 133, 270, 272; 157, 11, 13; 162, 321, 322 [zu § 1295 ABGB]; RG JW 1934, 2973, 2974; DR 1940, 163; BGHZ 93, 351, 355; 107, 359, 363; 132, 341, 344; BGH NJW 1971, 1883, 1884 [insoweit in BGHZ 56, 163 ff nicht abgedruckt]; 1976, 1143, 1144; 1984, 1405; 1986, 777, 778; 1989, 2317; OLG Freiburg JZ 1953, 704, 705; OLG München NJW 1959, 819; VersR 1963, 666; OLG Stuttgart NJW-RR 1989, 477; OLG Nürnberg r+s 1995, 384, 385; NJW 1998, 2293; OLG Saarbrücken NJW 1998, 2912; LG Tübingen NJW 1969, 1187; LG Frankfurt aM NJW 1969, 2286, 2287; LG Gießen NJW 1987, 711; zust weite Teile der Lit; vgl zB JAUERNIG/TEICHMANN Rn 3; PALANDT/HEINRICHS vor § 249 Rn 71; SOERGEL/ZEUNER Rn 27; MünchKomm/MERTENS Rn 75; BGB-RGRK/STEFFEN Rn 11; MünchKomm/GRUNSKY [3. Aufl 1994] vor § 249 Rn 53; SOERGEL/MERTENS [12. Aufl 1990] vor § 249 Rn 137; STAUDINGER/ SCHIEMANN [1998] § 249 Rn 44; LARENZ, Schuldrecht Bd I AT [14. Aufl 1987] § 27 IV a Fn 110; LARENZ/CANARIS § 76 II 1 e; FIKENTSCHER Rn 1207; DEUTSCH JuS 1969, 200; SELB JZ 1972, 124; KRÜGER JuS 1986, 214; EHMANN/BREITFELD Jura 1993, 209; wohl auch ERMAN/SCHIEMANN Rn 20). Versuche, diese Judikatur als gesetzeswidrig anzuprangern, da der Gesetzgeber Drittschäden nur in den durch die §§ 844 f kodifizierten Fällen habe berücksichtigen wollen (HERKNER VersR 1971, 1140), haben sich zu Recht nicht durchgesetzt. Sie übersehen, daß man dem Problem nicht dadurch zu Leibe rücken kann, daß man den Zusammenhang zwischen der Verletzung der – eigenen – Gesundheit und dem Handeln des Täters, das zum Unfall führte, leugnet (LARENZ/CANARIS § 76 II 1 e; STAUDINGER/ SCHIEMANN [1998] § 249 Rn 46). Auch die These, § 823 Abs 1 schütze vor dem unmittelbaren Eingriff im Sinne der zeitlich letzten Bedingung für die Verletzung (FRAENKEL 53 ff), deswegen scheide eine Haftung aus, soweit der Eingriff durch die Beschädigung eines Dritten vermittelt sei (FRAENKEL 162 ff), führt nicht weiter. Nicht erst, aber spätestens die Diskussion um die Funktion von Verkehrspflichten hat gezeigt, daß man die Haftung des Täters nicht schon deshalb negieren kann, weil das Rechtsgut nur mittelbar verletzt wurde. Daß in derartigen Fällen zudem kein rechtspolitisches Bedürfnis für die Zuerkennung eines deliktischen Anspruchs bestehe, da die Regulierung der Behandlung und Heilungskosten eine Angelegenheit der gesetzlichen und privaten Krankenversicherung sei (FRAENKEL 164 f), ist nicht nur eine reine petitio principii, übersieht nicht nur den Regreß nach § 116 Abs 1 S 1 SGB X, sondern verschließt spätestens bei Dauerschäden des nasciturus die Augen vor der existentiellen Gefährdung gerade bei Schockschäden der Mutter.

β) Einschränkungen des Krankheitsbegriffs?
αα) Die Rechtsprechung

B 32 In Wirklichkeit kann es daher allenfalls darum gehen, den Anspruch **nicht ins Uferlose** zu erstrecken (OLG Dresden HRR 1942 Nr 276; vCAEMMERER DAR 1970, 261), sondern zu begrenzen und an weitere Voraussetzungen zu knüpfen. Dies wird namentlich von der Rechtsprechung in verschiedenen Richtungen unternommen. Die **erste Einschränkung** setzt beim **Begriff der Gesundheitsverletzung** selbst an. Zwar störe ein starkes negatives Erlebnis, das Empfindungen wie Schmerz, Trauer oder Schrecken hervorrufe, regelmäßig physiologische Abläufe und seelische Funktionen in oft einschneidender Weise. Doch sprechen nach Ansicht des BGH zwei Gesichtspunkte dagegen, alle diese Fälle unter den Begriff der Gesundheitsverletzung zu subsumieren. Zum einen sei es eine bewußte und verbindliche Entscheidung des Gesetzgebers, Ansprüche für Schäden aus zugefügtem seelischen Schmerz zu versagen (BGHZ 56, 163, 165; BGH NJW 1984, 1405; 1989, 2317). Zum anderen sei der Ersatz des Schadens bei der Delikthaftung im Grundsatz auf den Schaden des unmittelbar Verletzten begrenzt, soweit nicht die §§ 844 f eine Ausnahme vorsähen (BGH NJW 1989, 2317). Daher sei die Schadensersatzpflicht nur dort zu bejahen, wo es zu gewichtigen psychopathologischen Auswirkungen von **einiger Dauer** komme (BGH NJW 1989, 2317; abl zu der Argumentation, eine derartige Störung sei eine „normale Reaktion", DEUBNER JuS 1971, 624). Die psychisch vermittelte gesundheitliche Beeinträchtigung müsse **Krankheitswert** besitzen, also sowohl aus medizinischer Sicht als auch nach der allgemeinen Verkehrsauffassung als Verletzung des Körpers oder der Gesundheit betrachtet werden können (BGHZ 56, 163, 165; 132, 341, 344; BGH NJW 1984, 1405; 1989, 2317, 2318; OLG Düsseldorf VersR 1977, 1011; NJW-RR 1996, 214; OLG Stuttgart NJW-RR 1989, 477, 478; OLG Nürnberg r+s 1995, 384, 385; NJW 1998, 2293; OLG Saarbrücken NJW 1998, 2912; LG Münster VersR 1966, 501, 502; LG Flensburg VersR 1989, 261; zust zB STAUDINGER/SCHIEMANN [1998] § 249 Rn 45; LARENZ, Schuldrecht Bd I AT [14. Aufl 1987] § 27 IV a Fn 110; DEUTSCH Rn 449; LANGE, Schadensrecht [2. Aufl 1990] § 3 X 5; STOLL, 45. DJT [1964] 21; GEIGEL/RIXECKER § 1 Rn 11; GEIGEL/KOLB § 7 Rn 2; SELB JZ 1972, 124; KRÜGER JuS 1986, 214 f; DUNZ Anm zu BGH LM Nr 27 zu § 823 [Aa] BGB unter 2; iE auch JAUERNIG/TEICHMANN Rn 3). Unter Umständen hätten daher auch Einwirkungen ersatzlos zu bleiben, die zwar medizinisch erfaßbar seien, jedoch nicht den Charakter eines „schockartigen" Eingriffs in die Gesundheit trügen, namentlich die Nachteile, die erfahrungsgemäß mit einem tief empfundenen Trauerfall verbunden seien (BGHZ 56, 163, 165 f; BGH NJW 1984, 1405; WM 1978, 515, 518; OLG Bamberg VersR 1956, 86; OLG Düsseldorf VersR 1977, 1011; NJW-RR 1989, 477, 478; OLG Nürnberg VersR 1982, 585 [LS]; OLG Köln VersR 1982, 558; 1989, 519; OLG Düsseldorf NJW-RR 1996, 214; LG Zweibrücken VersR 1979, 242; LG München II VersR 1981, 69, 70; LG Gießen NJW 1987, 711; AK-BGB/RÜSSMANN [1980] vor §§ 249–253 Rn 54; AK-BGB/KOHL Rn 7; GEIGEL/RIXECKER § 1 Rn 11; GEIGEL/KOLB § 7 Rn 2; ähnl LG Köln VersR 1964, 444; LG Münster VersR 1966, 501, 502; OLG Schleswig MDR 1952, 747 [Krankheit, nicht nur selbstverständliche Trauer]; weiter D NÖRR AcP 158 [1959/60] 12 [schuldhafte Verursachung seelischer Depressionen]). ZT werden gar massive Konsequenzen gefordert, wie Psychosen, während Depressionen bis hin zum Kollaps nicht ausreichen, da es um normale Belastungen in den Wechselfällen des Zusammenlebens gehe (BGB-RGRK/STEFFEN Rn 11; dezidiert aA LARENZ/CANARIS § 76 II 1 e). **Als nicht ausreichend** wurde daher angesehen die psychische Belastung von Angehörigen durch einen Todesfall (BGHZ 56, 163, 165; BGH NJW 1989, 2317, 2318; OLG Stuttgart NJW-RR 1989, 477, 478; STAUDINGER/SCHÄFER[12] Rn 519; skeptisch DEUTSCH/SCHRAMM VersR 1990, 715 f), allgemeine Aufregung (BGHZ 107, 359, 364 [im Rahmen des Schutzzweckes von § 8 StVO]) oder die Verschlimmerung einer Alkoholabhängigkeit durch den Tod des psychisch stabilisierenden Ehegatten (BGH NJW 1984, 1405; LARENZ, Schuldrecht Bd I AT [14. Aufl 1987] § 27 III a; GEIGEL/RIXECKER § 1 Rn 11; LEMCKE-SCHMALZL/SCHMALZL MDR 1985, 358). Eine **Ausnahme** von diesen Grundsätzen deutet der BGH für den Fall an, daß die Beeinträchtigung **vom Täter gewollt** war (BGHZ 56, 163, 165; OLG Frankfurt aM JZ 1982, 201, 202; EHMANN/BREITFELD Jura 1993, 209 Fn 11; ebenso iE BGB-RGRK/STEFFEN Rn 11, der § 826 her-

§ 823
B 33, B 34

anzieht; schon vor der BGH-Entscheidung vHippel NJW 1965, 1892; Bick 161, 167; skeptisch Stoll 45. DJT [1964] 21; zu Recht weisen indes Deubner JuS 1971, 623 Fn 8 und Karczewski 346 darauf hin, daß die Frage des Vorsatzes erst geprüft werden kann, wenn der objektive Tatbestand – also die Gesundheitsverletzung – bejaht ist; das mag bei offenen Tatbeständen, wie dem Gewerbebetrieb anders sein; vgl unten Rn D 17).

ββ) **Die Gegenthesen**

B 33   Diese Rechtsprechung ist auf **Kritik** gestoßen. Man hält ihr zu Recht vor, daß der Rekurs auf die allgemeine Verkehrsauffassung methodisch und wertungsmäßig bedenklich sei (MünchKomm/Mertens [2. Aufl 1986] Rn 58 [nicht mehr dagegen MünchKomm/Mertens Rn 76 f]; zust Brüggemeier Rn 196). Wenig Einigkeit herrscht indes über die Alternativen. ZT plädiert man für eine **Erhöhung der Anforderungen an die Finalität** des Eingriffs (MünchKomm/Mertens Rn 77), zT versucht man eine Abwägung anhand der Schwere der Schädigung oder bemüht das allgemeine Lebensrisiko als Haftungsausschluß (Erman/Schiemann Rn 20). Ein älterer, vor der grundlegenden BGH-Entscheidung entwickelter Vorschlag versucht eine differenzierende Lösung zu entfalten, die zum einen die Wahrscheinlichkeit berücksichtigt, zum anderen die Schuld des Täters, wobei zur Abgrenzung im Detail neben dem Vorsatz des Schädigers das verletzte Gut, die Nähe zum Opfer sowie die Anwesenheit des Schockgeschädigten am Ort des Geschehens herangezogen werden (vHippel NJW 1965, 1892; zust Brüggemeier Rn 196; Bick 185 f).

γγ) **Die Geltung der allgemeinen Regeln**

B 34   Doch sind auch alle diese Ansätze nicht überzeugend; man hat vielmehr die Schockschäden den **allgemeinen Regeln** zu unterstellen (MünchKomm/Grunsky [3. Aufl 1994] vor § 249 Rn 54; Staudinger/Schiemann [1998] § 249 Rn 46; Berg NJW 1970, 515; Deubner JuS 1971, 623; ders NJW 1985, 1392; Karczewski 344 ff; wohl auch Soergel/Mertens [12. Aufl 1990] vor § 249 Rn 137). Daran ändern die Argumente des BGH nichts. Es geht weder um den Ersatz bloß seelischer Schmerzen (Deubner JuS 1971, 623), noch um eine Ausdehnung des Kreises der Ersatzberechtigten (vgl schon OLG Freiburg JZ 1953, 704, 705). Verletzt ist vielmehr die **eigene Gesundheit** (RGZ 133, 270, 272; 162, 321, 322; OLG Celle VersR 1953, 210, 211; LG Ulm VersR 1968, 183; Deubner NJW 1957, 1269; Weimar MDR 1970, 565; vCaemmerer DAR 1970, 291; E Schmidt MDR 1971, 538 f; Bick 23; Karczewski 328, 342 ff; vgl auch BGHZ 56, 163, 168 f; **aA** LG Ellwangen VersR 1955, 239; Rabel, Das Recht des Warenkaufs I [1936] 506 Fn 1; Lange AcP 156 [1957] 127 Fn 82; vHippel NJW 1965, 1891, der „eher" von einem mittelbaren als von einem unmittelbaren Schaden sprechen will), woran die einzige Besonderheit – eben die Ursache der Verletzung über die Psyche des Opfers – nichts ändert. Das wird spätestens dann deutlich, wenn man sich den Fall vor Augen hält, daß die Verletzung etwa des Kindes gerade noch vermieden werden kann, die anwesende Mutter gleichwohl einen schweren Schock erleidet (E Schmidt MDR 1971, 539). Erkennt man grundsätzlich an, daß auch mittelbar verursachte Verletzungen unter § 823 Abs 1 fallen – und daran kommt man nicht vorbei, wenn man an die Herausforderungsfälle denkt –, dann erlaubt der Gesichtspunkt der psychischen Vermittlung keine prinzipielle Ausnahme mehr. Auch ist das Kriterium des BGH, es bedürfe nach der allgemeinen Verkehrsauffassung der Verletzung der Gesundheit, alles andere als operational, wenn damit mehr als die Selbstverständlichkeit gemeint sein sollte, daß der Ersatz des Schadens davon abhängt, ob der Schockgeschädigte zur Wiederherstellung seiner Gesundheit **der Behandlung bedarf**. Das deutet denn auch der BGH an, indem er darauf abstellt, ob der Zufügung von Kummer ein Krankheitswert zukommt (BGH NJW 1989, 2317,

2318; LG Zweibrücken VersR 1979, 242; **aA** OLG Köln VersR 1989, 519; DUNZ Anm zu BGH LM Nr 27 zu § 823 [Aa] [= BGHZ 56, 163 ff] unter 2 a; demzufolge auch schwere Gesundheitsschäden wegen fehlverarbeiteten Witwentums und infolge von Magengeschwüren aus Ärger über einen unverträglichen Mitarbeiter oder Vorgesetzten vor der Instanz eines „reasonable man" nicht als „Verletzung" anzusehen sei, sondern zum allgemeinen Lebensrisiko gehörten; ebenso iE ders VersR 1986, 448, der freilich insoweit nicht mehr vom allgemeinen Lebensrisiko spricht, sondern die Tatbestandsmäßigkeit verneint; unklar BGHZ 56, 163, 166: Kein Ersatz für den Nachteil für das gesundheitliche Allgemeinbefinden). Fehlt es an einem pathologischen behandlungsbedürftigen Zustand – und so dürfte es in den Fällen der Trauer über den Tod eines nahestehenden Menschen oft liegen –, gibt es in der Tat keinen Anspruch aus § 823 Abs 1 (vgl LG Flensburg VersR 1989, 261); bedarf das Opfer jedoch der ärztlichen Hilfe, so ist kein Grund zu ersehen, warum der Schädiger insoweit nicht haften soll. Damit läßt sich auch die Problematik des § 847 – die in vielen Entscheidungen im Vordergrund stand (vgl zB OLG Düsseldorf VersR 1977, 1011; OLG Nürnberg VersR 1982, 585 [LS]; OLG Köln VersR 1989, 519; OLG Stuttgart NJW-RR 1989, 477, 478; LG Ellwangen VersR 1955, 239; LG Flensburg VersR 1989, 261) – relativ leicht in den Griff bekommen. Ein Schmerzensgeld kommt bei fehlender Behandlungsbedürftigkeit jedenfalls idR nicht in Betracht; liegt eine Krankheit vor, so können im Einzelfall Restriktionen gleichwohl zumindest dort angezeigt sein, wo es sich um vorübergehende Beeinträchtigungen gehandelt hat.

γ) Der Kreis der Ersatzberechtigten

Die hM will ferner den **Kreis der Ersatzberechtigten** beschränken, wobei die Abgrenzung im einzelnen umstritten ist. Einige wollen nur nahe Angehörige des Opfers einbeziehen (OLG Hamm JW 1931, 1468, 1469; OLG Freiburg JZ 1953, 704, 705; OLG München VersR 1959, 570, 571; OLG Stuttgart NJW-RR 1989, 477, 478 [„personale Sonderbeziehung"]; OLG Nürnberg r + s 1995, 384, 385; LG Münster VersR 1966, 501, 502 [Stiefvater]; LG Augsburg NJW 1967, 1513, 1514; LG Ulm VersR 1968, 183; LG Tübingen NJW 1969, 1187; PALANDT/HEINRICHS vor § 249 Rn 71; AK-BGB/RÜSSMANN [1980] vor §§ 249–253 Rn 54; SOERGEL/MERTENS [12. Aufl 1990] vor § 249 Rn 137 Fn 19; LARENZ/CANARIS § 76 II 1 e; BRÜGGEMEIER Rn 196; KUPISCH/KRÜGER 55; DEUTSCH Rn 449; ders, Allgemeines Haftungsrecht [2. Aufl 1996] Rn 606; GEIGEL/RIXECKER § 1 Rn 11; GEIGEL/KOLB § 7 Rn 2; vHIPPEL NJW 1965, 1893; WEIMAR MDR 1964, 988; 1970, 565 f; BICK S 191; MÄDRICH 65 f, der jedoch bei der Intensität des Schocks Ausnahmen zuläßt [58]; in der Tendenz auch BGHZ 56, 163, 170), andere auch Partner einer nichtehelichen Lebensgemeinschaft bzw Verlobte (LG Mannheim VersR 1955, 576; BGB-RGRK/STEFFEN Rn 11; PALANDT/HEINRICHS vor § 249 Rn 71; SOERGEL/MERTENS [12. Aufl 1990] vor § 249 Rn 137 Fn 19; BRÜGGEMEIER Rn 196; LANGE, Schadensersatz [2. Aufl 1990] § 3 X 5; KARCZEWSKI 358 f; BERG NJW 1970, 516; E SCHMIDT MDR 1971, 540 u ROTH-STIELOW NJW 1971, 181, soweit der Schock durch die Nachricht vom Unfall ausgelöst wurde; abl zu der Unterscheidung, ob die Schockgeschädigte mit dem Getöteten verlobt war, OLG Frankfurt aM NJW 1969, 2286, 2287; ebenso MÄDRICH 58); wieder andere stellen auf die faktische enge Beziehung ab (BGB-RGRK/STEFFEN Rn 11; KARCZEWSKI 347; DUNZ MedR 1985, 269; EHMANN/BREITFELD Jura 1993, 209; vgl auch Court of Appeal VersR AI 1994, 46; Inner House of the Court of Session VersR AI 1996, 5), zT bemüht man die Parallele zum Personenkreis beim Vertrag mit Schutzwirkung zugunsten Dritter (BERG NJW 1970, 515; WEITNAUER VersR 1970, 590 Fn 36). **Retter** sind in den geschützten Kreis jedenfalls einbezogen (KARCZEWSKI 361 f). Dagegen soll es nicht genügen, wenn der (schuldlose) Führer des Unfallwagens sieht, wie sein Opfer, das den Zusammenstoß grob fahrlässig verursacht hatte, mit aufgeschlagenem Schädel auf der Fahrbahn liegt (LG Stuttgart VersR 1973, 648, 649, da das Opfer – hinsichtlich des selbst erlittenen Todes – nicht rechtswidrig und schuldhaft gehandelt habe. Das Gericht verkennt, daß es um eine Schädigung des Fahrers selbst und nicht um Folgeschäden geht). Diese **Eingrenzungen sind abzulehnen** (so auch LG Frankfurt aM NJW 1969, 2286, 2287; MünchKomm/GRUNSKY [3. Aufl 1994] vor § 249 Rn 54 a; SOERGEL/MERTENS [12. Aufl 1990] vor § 249 Rn 137; STAUDINGER/SCHIEMANN [1998] § 249 Rn 45; LARENZ/CANARIS § 76 II 1 e; LANGE, Schadensersatz [2. Aufl 1990] § 3 X 5; WEYER NJW 1969, 558; DEUTSCH JuS 1969, 200; DEUBNER JUS 1971, 624; DUNZ VersR 1986, 449; E SCHMIDT MDR 1971, 540 u ROTH-STIELOW NJW 1971, 181, soweit es um ein unmittelbares Miterleben des Unfalls geht; iE auch vCAEMMERER DAR 1970, 291), schon deshalb, weil die Kriterien und ihre Berechtigung unklar bleiben. Aus der Tatsache der bloß mittelbaren Verursachung lassen sie sich nicht ableiten. Ist der Passant geschützt, dessen Mantel mit dem Blut des Verletzten bespritzt wird, so kann man nicht deswegen anders entscheiden, weil er angesichts des Unfalls auch einer ihm fremden Person „nur" einen Schock erleidet (vgl etwa LANGE, Schadensersatz [2. Aufl 1990] § 3 X 5). Auch der Vorschlag, den Haftungsumfang mit der Lehre vom Verhaltensunrecht zu begrenzen, führt nicht weiter; der Vorwurf knüpft gerade an den Verstoß an, der zum schweren Unfall führt. Man sollte daher die personenbezogene Einschränkung aufgeben. Es genügen die üblichen Korrektive, zum einen Zurechnungsüberlegungen, wenn etwa ein fremder Verkehrsteilnehmer bei einem Unfall mit einem Dritten eine leichte Schramme erleidet oder aber der Schockgeschädigte über den Unfall des ihm fremden Opfers nur aus Berichten erfährt (MünchKomm/GRUNSKY [3. Aufl 1994] vor § 249 Rn 54 a; DEUBNER JuS 1971, 624), zum anderen der Gedanke der Verkehrspflicht, die etwa ein Schiedsrichter auch durch eine Fehlentscheidung nicht verletzt, selbst wenn diese beim Zuschauer einen Herzinfarkt auslöst (LARENZ/CANARIS § 76 II 1 e); ein Korrektiv ist schließlich das Mitverschulden, wenn der Betroffene, etwa aus Sensationslust, so lange am Unfallort bleibt, bis seine psychische Gesundheit Schaden erleidet, oder er erst aus Sensationslust dorthin eilt.

δ) **Die Ursache des Schocks**

B 36 Als weitere Einschränkung wird meist gefordert, daß der **Anlaß den Schock verständlich erscheinen lasse** (vgl zB OLG Dresden HRR 1942 Nr 276 [keine Kausalität im Rechtssinne]; LG Hamburg NJW 1969, 615 f; LG Hildesheim VersR 1970, 270 [LS]; PALANDT/HEINRICHS vor § 249 Rn 71; MünchKomm/GRUNSKY [3. Aufl 1994] vor § 249 Rn 55 a; STAUDINGER/SCHIEMANN [1998] § 249 Rn 45; LANGE, Schadensersatz [2. Aufl 1990] § 3 X 5; STOLL, 45. DJT [1964] 20; EHMANN/ BREITFELD Jura 1993, 209; vHIPPEL NJW 1965, 1893, soweit der Täter nicht vorsätzlich handle; DEUBNER JuS 1971, 624, soweit die Fahrlässigkeit zu verneinen sei [bei Schock infolge von Berichten, anders bei unmittelbarem Miterleben]; DEUTSCH/SCHRAMM VersR 1990, 716 schlagen eine Lösung über den Schutzbereich der Norm vor, die den Schutz vor psychischen Überreaktionen ausschließt; iE auch KreisG Cottbus NJW-RR 1994, 804, 805 beim Tod eines vom Kläger nur ausgeführten, ihm nicht gehörenden Hundes). **Keine Rolle spielt** dabei sicherlich, ob der Schock durch den Tod oder durch die schwerwiegende Verletzung ausgelöst wurde (RGZ 133, 270, 272; BGHZ 93, 351, 355 f; PALANDT/HEINRICHS vor § 249 Rn 71; MünchKomm/GRUNSKY [3. Aufl 1994] vor § 249 Rn 55; SOERGEL/MERTENS [12. Aufl 1990] vor § 249 Rn 137 Fn 16; BICK 190; KARCZEWSKI 373 f; iE auch RG DR 1940, 163). Das ist schon deshalb nahezu selbstverständlich, weil die Folgen der Verletzung des Opfers im Augenblick des Schocks meist noch nicht endgültig absehbar sind und die seelische Erschütterung bei Miterleben einer schweren Verletzung ebenso gravierend sein kann wie beim Tod. Im Grundsatz ist auch ein Schockschaden zu ersetzen, der, ohne daß der Schockgeschädigte selbst den Unfall erlebt hat, **durch die Nachricht verursacht wird** (BGHZ 93, 351, 355 f; OLG Köln JW 1931, 1502; vHIPPEL NJW 1965, 1893; DEUTSCH JuS 1969, 200; BICK 190; KARCZEWSKI 371 ff; **aA** LG Köln VersR 1964, 444). Darüber hinaus genügt es, wenn sich die Gefahr letztendlich gar nicht verwirklicht, wenn etwa ein Lastkraftwagen über ein gestürztes Kind fährt, ohne es zu berühren (MünchKomm/Grunsky [3. Aufl 1994] vor § 249 Rn 55; E Schmidt MDR 1971, 539; Karczewski 376 f; ebenso iE OLG Hamm JW 1931, 1468, 1469; zweifelnd Staudinger/Medicus[12] § 249 Rn 59; aA Brüggemeier Rn 196), oder wenn eine Schwangere nach einem Unfall die (zunächst) begründete Sorge hat, ein behindertes Kind zur Welt zu bringen, das Kind bei der Geburt jedoch gesund ist (LG Osnabrück NJW 1986, 2377). Eine Mutter, die etwa mit ansehen muß, wie ihr Kind von einem Bankräuber als Geisel genommen wird, kann ihren Gesundheitsschaden infolge des Schocks auch dann ersetzt verlangen, wenn das Kind später unversehrt freikommt. Daneben kann die **ausgleichspflichtige Gesundheitsbeschädigung** auch durch die Tötung eines Haustieres oder die Zerstörung des Hauses ausgelöst werden (BGB-RGRK/Steffen Rn 11; Larenz/Canaris § 76 II 1 e; aA Ehmann/Breitfeld Jura 1993, 210). Das Kriterium, der Anlaß müsse den Schock verständlich erscheinen lassen, wird vor allem in Fällen herangezogen, in denen nur ein leichter Blechschaden (LG Hildesheim VersR 1970, 720 [LS]; Palandt/Heinrichs vor § 249 Rn 71; MünchKomm/Grunsky [3. Aufl 1994] vor § 249 Rn 55 a; Staudinger/Schiemann [1998] § 249 Rn 45), der Armbruch eines Angehörigen (OLG Dresden HRR 1942 Nr 276 [fehlende Kausalität]; MünchKomm/Grunsky [3. Aufl 1994] vor § 249 Rn 55 a; vHippel NJW 1965, 1893; Weimar MDR 1964, 988; 1970, 566) oder der Tod eines Hundes gemeldet wird (AG Essen-Borbeck Jur Büro 1986, 1493; BGB-RGRK/Steffen Rn 11; Palandt/Heinrichs vor § 249 Rn 71; MünchKomm/Grunsky [3. Aufl 1994] vor § 249 Rn 55 a; Bick 193); ebensowenig genügt die **Aufregung über polizeiliche Ermittlungen** gegen nahe Angehörige aufgrund einer falschen Verdächtigung (LG Hamburg NJW 1969, 615 f; Palandt/Heinrichs vor § 249 Rn 71; MünchKomm/Grunsky [3. Aufl 1994] vor § 249 Rn 55 a; aA Weitnauer VersR 1970, 590 Fn 36). Der Grundsatz, der Schädiger müsse den Geschädigten so nehmen, wie er nun einmal sei, wird auf diese Weise eingeschränkt (Lange, Schadensersatz [2. Aufl 1990] § 3 X 5). Freilich dürfte sich das ohnehin aus den allgemeinen Zurechnungsprinzipien ergeben (so auch Lange, Schadensersatz [2. Aufl 1990] § 3 X 5: nicht mehr im Schutzbereich) – erst recht, wenn es nur um eine Entschädigung nach § 847 geht (vgl zB den Fall AG Essen-Borbeck JurBüro 1986, 1493; ferner BGB-RGRK/Steffen Rn 11), so daß eine besondere dogmatische Figur als überflüssig erscheint.

ε) **Die Haftung des Überbringers der Nachricht**
Der **Überbringer der Nachricht** haftet in der Regel nicht, da sein Handeln durch mutmaßliche Einwilligung gedeckt ist; irgend jemand muß das **Unglück ja den Angehörigen melden**. Eine Ausnahme gilt bei schuldhaft falschen Nachrichten, etwa der Mitteilung, der Vater des Empfängers sei ermordet worden (OLG Düsseldorf NJW-RR 1995, 159, das iE wegen der Sondersituation im Prozeß die Haftung ablehnt) oder bei Übermittlung in grob unpassender Form; gleiches ist anzunehmen, wenn der Betroffene hätte erkennen müssen, daß vorsorgliche Maßnahmen zu treffen sind (Larenz/Canaris § 76 II 1 e).

ζ) **Das Mitverschulden des zunächst Verletzten**
αα) **Die Rechtsprechung**
Schließlich will die **Rechtsprechung** den Anspruch um den **Mitverschuldensanteil des zunächst Verletzten** kürzen. Das RG begründete dies mit einer Analogie zu § 846 (RGZ 157, 11, 13 f; RG DR 1940, 163; Lange, Schadensersatz [2. Aufl 1990] § 10 XI 5 g; vCaemmerer, Das Problem des Kausalzusammenhangs im Privatrecht [1956] 15; ders DAR 1970, 291; vHippel NJW 1965, 1893; Berg NJW 1970, 516; abl zB OLG München VersR 1959, 570, 572; Geigel/Kolb § 7 Rn 2; Deubner NJW 1957, 1269; Weimar MDR 1964, 988; ders MDR 1970,

566; Deutsch JuS 1969, 200; E Schmidt MDR 1971, 540; Selb JZ 1972, 125). Dem ist der BGH zwar nicht in der Begründung gefolgt, da § 846 schon seinem Wortlaut nach den Fall im Auge habe, daß der Anspruchsteller den mittelbaren Schaden und keine eigene Gesundheitsverletzung geltend mache (BGHZ 56, 163, 168 f; wie das RG wieder BGH VersR 1976, 987, 988; LG Freiburg NJW-RR 1996, 476, 477 [§§ 846, 254]). Doch kommt das Gericht und mit ihm die hM über § 254, in dem sich letztendlich der Rechtsgedanke des § 242 niederschlage, zum weitgehend gleichen Ergebnis (BGHZ 56, 169, 170 f; OLG Hamm VersR 1982, 557, 558 [im konkreten Fall verneint]; zust zB MünchKomm/Mertens Rn 58 aE; § 846 Rn 2 [für psychogene, nicht für traumatische Gesundheitsverletzungen]; Soergel/Zeuner § 846 Rn 3; BGB-RGRK/Steffen Rn 11; Palandt/Heinrichs § 254 Rn 68; Soergel/Mertens [12. Aufl 1990] vor § 249 Rn 137; Dunz Anm zu BGH LM Nr 27 zu § 823 [Aa] [= BGHZ 56, 163 ff] unter 3; Bick 196 f; iE auch Larenz, Schuldrecht Bd I AT [14. Aufl 1987] § 31 I d = S 548 f; Larenz/Canaris § 76 II 1 a berücksichtigt über § 254 die unangemessene Verarbeitung, etwa das Abgleiten in Alkoholismus) – und zwar gestützt im wesentlichen auf **zwei Argumente**: Zum einen sei die persönliche enge Beziehung der ausschlaggebende Grund für den Gesundheitsschaden des Betroffenen; demgemäß könne das eigene Verschulden des geschädigten Angehörigen nicht ohne Folgen bleiben (BGHZ 56, 163, 170; Dunz Anm zu BGH LM Nr 27 zu § 823 [Aa] BGB [= BGHZ 56, 163 ff] unter 3). Zum anderen hätte der Schockgeschädigte den vom Opfer allein verursachten Tod ersatzlos hinnehmen müssen, da das Opfer ihm gegenüber keine Pflicht habe, den Unfall zu vermeiden. Konsequenterweise müsse ein Mitverschulden des Opfers auch zur Kürzung des Anspruchs des Schockgeschädigten führen (BGHZ 56, 163, 170 f; abl Selb JZ 1972, 126; Schünemann VersR 1978, 118; umgekehrt hatte noch RGZ 157, 11, 14 argumentiert, daß das Opfer dem Täter wegen des Schockschadens im Innenverhältnis nach den §§ 840, 426, 254 anteiligen Ausgleich schulden würde, wenn man § 846 nicht analog anwenden wollte).

ββ) Die Regeln der (gestörten) Gesamtschuld

Dem ist **nicht zu folgen** (abl auch Erman/Schiemann § 846 Rn 2; Deubner JuS 1971, 625 f; ders NJW 1985, 1392). Daß nicht der personenrechtliche Einschlag erst die Haftung zu begründen vermag, wurde schon zu zeigen versucht; daher hat auch das Pendant keinen Platz. Darüber hinaus ist die affektive Identifikation des Schockgeschädigten als Zurechnungskriterium für die Berücksichtigung des Mitverschuldens des Opfers (Dunz Anm zu BGH LM Nr 27 zu § 823 [Aa] [= BGHZ 56, 163 ff] unter 3) ein dem geltenden Recht, das auf die Eigenschaft als Erfüllungs- oder Verrichtungsgehilfe abstellt, unbekannter Maßstab (vgl zB E Schmidt MDR 1971, 540; Selb JZ 1972, 126). Und schließlich ist die Lösung des BGH nicht praktikabel, was sich spätestens dann zeigt, wenn der Schockschaden auf die Verletzung mehrerer jeweils mitschuldiger Unfallopfer zurückzuführen ist, von denen nur eines dem Geschädigten nahesteht (Lange, Schadensersatz [2. Aufl 1990] § 10 XI 5 g), oder umgekehrt von mehreren dem Geschädigten nahestehenden Opfern nur eines den Unfall mitverursacht hat (OLG Hamm VersR 1982, 557, 558: Unter Mitverschulden des Ehemanns der schockgeschädigten Ehefrau wird jener sowie ein Sohn getötet). Dabei sei gar nicht bestritten, daß der Verursachungsanteil des Opfers in seinen Auswirkungen auf den Anspruch des Schockgeschädigten Probleme aufwerfen kann. Das gilt allerdings von vornherein nicht für den Fall, daß der Schockgeschädigte und das Opfer in keinerlei Beziehung stehen. Hier hat es mit den normalen **Regeln der Gesamtschuld** nach den §§ 421 S 1, 426 sein Bewenden (Deubner NJW 1957, 1270; aA Karczewski 389). Der Schädiger hat im Außenverhältnis den gesamten Ersatz zu erbringen, er kann jedoch vom Erstgeschädigten gemäß dessen Anteil Ersatz verlangen. Schwieriger ist die Lage, wenn das Opfer dem Schockgeschädigten gegenüber in seiner Haftung privilegiert ist – etwa durch die §§ 1359, 1664 Abs 1. Dann verwirklicht das Opfer dem Familienangehörigen gegenüber zwar durchaus den objektiven Tatbestand des § 823 Abs 1 (DEUBNER NJW 1957, 1270; SCHÜNEMANN VersR 1978, 118), die Haftung scheidet aber aus, sofern nicht Vorsatz oder grobe Fahrlässigkeit vorliegt, wenn das Opfer die eigenübliche Sorgfalt beachtet hat. Das hat nach den normalen Regeln der gestörten Gesamtschuld zur Folge, daß auch der Anspruch gegen den Schädiger im Außenverhältnis um den Mitverursachungsanteil des Opfers zu kürzen ist (vgl statt aller BGHZ 51, 37, 39 f; 54, 177, 180 f; 55, 11, 15 f; 58, 356, 359 f; 61, 51, 53 ff; 94, 173, 176 ff; BGH NJW 1976, 1975; 1981, 760; 1987, 2445, 2446; 1987, 2669, 2670; mwNw bei J HAGER NJW 1989, 1644 Fn 32; speziell für Schockschäden DEUTSCH JuS 1969, 200, da der Schockgeschädigte seinen Anspruch gegenüber dem Opfer oder dessen Erben nicht geltend machen werde). Überzeugender dürfte es sein, des Schutzes der Familie wegen auch **im Außenverhältnis den Anteil des Schädigers** nicht zu kürzen, gleichwohl aber den Regreß im Innenverhältnis zu sperren (vgl zu diesem Ansatz J HAGER NJW 1989, 1646 f; ebenso iE SOERGEL/STRÄTZ [12. Aufl 1987] Nachtrag § 1664 Rn 7). Dann verbleibt es bei der vollen Haftung im Außenverhältnis, so daß iE der Ansatz der hM durchweg abzulehnen ist.

4. Die Schädigung des noch nicht geborenen Kindes*

Schwierigkeiten in mehrfacher Hinsicht wirft die Frage nach der Haftung für die Schädigung eines noch nicht geborenen Kindes auf. Zu unterscheiden ist einmal der Augenblick der schädigenden Handlung; er kann nach der Zeugung liegen, aber auch schon vorher, namentlich wenn die Keimbahnen der Eltern in Mitleidenschaft ge-

---

* **Schrifttum:** ARETZ, Zum Ersatz des Schadens, nicht abgetrieben worden zu sein, JZ 1984, 719; BENTZIEN, Die Haftpflicht für genetische Strahlenschäden (1971); ders, Gibt es eine zivilrechtliche Haftung für genetische Schäden?, VersR 1972, 1095; BERNARD, Der Schwangerschaftsabbruch aus zivilrechtlicher Sicht unter besonderer Berücksichtigung der Rechtsstellung des nasciturus (1994); COESTER-WALTJEN, Der nasciturus in der hirntoten Mutter, in: FS Gernhuber (1993) 837; DEUTSCH, Unerwünschte Empfängnis, unerwünschte Geburt und unerwünschtes Leben verglichen mit wrongful conception, wrongful birth und wrongful life des anglo-amerikanischen Rechts, MDR 1984, 793; ders, Das Kind und sein Unterhalt als Schaden, VersR 1995, 609; FISCHER, Schadensersatz wegen unterbliebener Abtreibung, NJW 1981, 1991; ders, „Wrongful life": Haftung für die Geburt eines behinderten Kindes – BGHZ 86, 240, JuS 1984, 434; FRANZKI, Neue Dimensionen in der Arzthaftung: Schäden bei der Geburtshilfe und Wrongful life als Exponenten einer Entwicklung?, VersR 1990, 1181; FUCHS, Die zivilrechtliche Haftung des Arztes aus der Aufklärung über Genschäden, NJW 1981, 610; GIESEN, Recht und medizinischer Fortschritt, JZ 1984, 221; HELDRICH, Der Deliktsschutz des Ungeborenen, JZ 1965, 593; LAUFS, Haftung für Nachkommenschaftsschäden, NJW 1965, 1053; G MÜLLER, Fortpflanzung und ärztliche Haftung, in: FS Steffen (1995) 355; PAEHLER, Hat die Leibesfrucht Schadensersatzansprüche?, FamRZ 1972, 189; PICKER, Schadensersatz für das unerwünschte Kind („Wrongful birth"), AcP 195 (1995) 484; ders, Schadensersatz für das unerwünschte eigene Leben – „wrongful life" (1995); R SCHMIDT, Der Schutz der Leibesfrucht gegen unerlaubte Handlung, JZ 1952, 167; SCHÜNEMANN, Schadensersatz für mißgebildete Kinder bei fehlerhafter genetischer Beratung Schwangerer, JZ 1981, 574; SELB, Schädigung des Menschen vor Geburt – ein Problem der Rechtsfähigkeit?, AcP 166 (1966) 76; STOLL, Zur Delikthaftung für vorgeburtliche Gesundheitsschäden, in: FS Nipperdey I (1965) 73; WOLF/NAUJOKS, Anfang und Ende der Rechtsfähigkeit des Menschen (1955); ZIMMERMANN, „wrongful life" und „wrongful birth," JZ 1997, 131.

zogen werden. Die zweite Differenzierung betrifft die Person des Schädigers; es können Dritte sein, aber auch die Eltern.

a) Die Problematik der Rechtsfähigkeit
aa) Die frühere Rechtsprechung

B 41 Bei der Haftung dritter Schädiger liegt dogmatisch die Hauptproblematik in der Rechtsfähigkeit des beeinträchtigten Embryos, die nach § 1 BGB erst mit Vollendung der Geburt beginnt. In der Tat hatte sich der BGH in einer **frühen Entscheidung** auf dieses Argument gestützt und die Haftung des Schädigers verneint (BGH [3. Senat] JZ 1951, 758, später auf Anfrage aufgegeben [vgl BGHZ 8, 243, 246]; ebenso R SCHMIDT JZ 1952, 167 ff, 169). Im Strafrecht ist es im übrigen immer noch ganz überwiegende Auffassung, daß der Embryo vor der Geburt nur durch § 218 StGB geschützt ist, seine Verletzung also nicht unter Strafe steht (vgl statt aller BGHSt 31, 348, 356; LK/HIRSCH [10. Aufl 1988] vor § 223 Rn 7; SCHÖNKE/SCHRÖDER/ESER [25. Aufl 1997] § 223 Rn 1 a jeweils mwNw). Vereinzelt wird darüber hinaus die Ansicht vertreten, eine Haftung für genetische Schäden (vor allem infolge von Strahlenbelastungen) scheide aus, da sie unabsehbare Ausmaße annehmen könne (BENTZIEN 74; ders VersR 1972, 1097; **aA** MünchKomm/MERTENS Rn 78 Fn 127; MünchKomm/GITTER [3. Aufl 1993] § 1 Rn 38). Dies ist aus mehreren Gründen abwegig. Zum einen hat bereits der Gesetzgeber die Ersatzpflicht für Strahlenschäden bejaht (BT-Drucks 3/759 S 37 unter Hinweis auf BGHZ 8, 243 ff). Zum anderen ist der Verschuldenshaftung eine höhenmäßige Begrenzung fremd (MünchKomm/GITTER [3. Aufl 1993] § 1 Rn 39). Vor allem aber besteht kein Grund, eine gefährliche Technik auf Kosten der Opfer zu privilegieren, indem man die durch diese Technik angerichteten Schäden ohne Kompensation läßt.

bb) Die hM

B 42 Die **heute nahezu einhellige Auffassung** bejaht im Grundsatz den Anspruch des geschädigten Embryos (für die **Schädigung vor der Zeugung** vgl zB BGHZ 8, 243, 246 ff; 86, 240, 253; JAUERNIG/TEICHMANN Rn 4; PALANDT/THOMAS Rn 4; ERMAN/SCHIEMANN Rn 22; SOERGEL/ZEUNER Rn 21; MünchKomm/MERTENS Rn 74; BGB-RGRK/STEFFEN Rn 13; MünchKomm/GITTER [3. Aufl 1993] § 1 Rn 38, möglicherweise im Gegensatz zu § 1 Rn 21; ESSER/WEYERS § 55 I 1 a; BROX, Schuldrecht BT Rn 442; KÖTZ Rn 54; LANGE, Schadensersatz [2. Aufl 1990] § 8 I 3; HELDRICH JZ 1965, 598; SELB AcP 166 [1966] 110 f; FUCHS NJW 1981, 613; DUNZ MedR 1985, 269; DEUTSCH NJW 1986, 757; **aA** LAUFS NJW 1965, 1057; **für die Schädigung nach der Zeugung** vgl zB BVerfGE 88, 203, 296; BGHZ 58, 48, 49 ff; 86, 240, 253; 106, 153, 155 f; OLG Stuttgart VersR 1989, 519, 520; OLG Schleswig VersR 1994, 310, 311; OLG München VersR 1996, 63; JAUERNIG/TEICHMANN Rn 4; PALANDT/THOMAS Rn 4; ERMAN/SCHIEMANN Rn 22; SOERGEL/ZEUNER Rn 21; MünchKomm/MERTENS Rn 74; BGB-RGRK/ STEFFEN Rn 13; MünchKomm/GITTER [3. Aufl 1993] § 1 Rn 28, 33; ESSER/WEYERS § 55 I 1 a; BROX, Schuldrecht BT Rn 442; KÖTZ Rn 54; BRÜGGEMEIER Rn 198; LANGE, Schadensersatz [2. Aufl 1990] § 8 I 3; ENNECCERUS/NIPPERDEY § 84 II 3 Fn 10; STOLL, in: FS Nipperdey I [1965] 755; LAUFS NJW 1965, 1055; HELDRICH JZ 1965, 598; SELB AcP 166 [1966] 106 ff; PAEHLER FamRZ 1972, 189; DUNZ MedR 1985, 269; DEUTSCH NJW 1986, 757; vgl auch Outer House of the Court of Season VersR AI 1994, 23 f; iE auch OLG München VersR 1992, 586 f). In der dogmatischen Begründung ist hier trotz langjähriger, inzwischen freilich weitgehend abgeebbter Diskussion das überzeugende Argument noch nicht gefunden (vgl zB SELB AcP 166 [1966] 83 ff; Kritik an seiner Position zB bei STOLL JZ 1972, 366). Das gilt beispielsweise für den Hinweis auf das sog zeitliche **Distanzdelikt**. Die schädigende Handlung kann zu einem Zeitpunkt erfolgen, da das später verletzte Rechtsgut noch nicht existiert (zB OLG Schleswig NJW 1950, 388 f als Vorinstanz zu BGH JZ 1951, 758; LARENZ/CANARIS § 76 II 1 h; ENNECCERUS/NIP-

PERDEY § 84 II 3 Fn 10; PAEHLER FamRZ 1972, 189). Doch wird dabei gerade vorausgesetzt, daß das geschädigte Rechtsgut bis zum Eintritt des Erfolges intakt gewesen ist, während die Verletzung beim Embryo vor der Geburt erfolgt (BGHZ 58, 48, 49 f; STOLL, in: FS Nipperdey I [1965] 751 f; LAUFS NJW 1965, 1055; HELDRICH JZ 1965, 596; SELB AcP 166 [1966] 83 f). Auch die Gesamtanalogie zu den §§ 844 Abs 2 S 2, 10 Abs 2 S 2 StVG, 35 Abs 2 S 2 LuftVG, 5 Abs 2 S 2 HaftPflG, 28 Abs 2 S 2 AtomG (BRÜGGEMEIER Rn 198; ENNECCERUS/NIPPERDEY § 84 II 3 Fn 10; ähnl MünchKomm/GITTER [3. Aufl 1993] § 1 Rn 28: übergeordnetes Rechtsprinzip) muß vom Anspruch des noch nicht Geborenen auf Unterhalt wegen Tötung seines Unterhaltschuldners auf den Anspruch gegen den Schädiger des Embryos selbst schließen (skeptisch deshalb BGHZ 58, 48, 50; STAUDINGER/SCHÄFER[12] Rn 34; SELB AcP 166 [1966] 88; ähnl STOLL, in: FS Nipperdey I [1965] 756). Die These, die Vorschrift des **§ 1 widerspreche dem Naturrecht** und sei durch viele mit ihr unvereinbare Vorschriften des BGB über die Rechtslage der Leibesfrucht außer Kraft gesetzt (vor allem WOLF/NAUJOKS 230 ff), überzeugt nicht; so ist etwa die Entscheidung des Gesetzgebers zu achten, daß angesichts des § 1923 Abs 2 BGB eine Totgeburt nicht erben kann (HELDRICH JZ 1965, 595 mit Fn 30). Man hat ferner zu unterscheiden versucht zwischen der Verletzung im Rechtssinne und derjenigen im natürlichen Sinn. Daß der Gesetzgeber eine Verletzung im Rechtssinne erst mit Vollendung der Geburt anerkenne, bedeute nicht, daß eine Verletzung im natürlichen Sinn vorher nicht möglich sei; sie werde im Augenblick der Geburt auch zur rechtlichen (SELB AcP 166 [1966] 106 f; ähnl LARENZ/CANARIS § 76 II 1 h). Der Schluß ist allerdings – wie schon der Vergleich mit dem Strafrecht zeigt – nicht zwingend. Man stößt ferner auf Schwierigkeiten, wenn man den zivilrechtlichen Schutz des Embryos auch für den Fall der zur Totgeburt führenden Schädigung befürwortet (SELB AcP 166 [1966] 124; vgl dazu oben Rn B 3); hier wird das Kind gerade nicht rechtsfähig. Letztendlich fehlt bislang ein tragfähiges Argument, mit welchen Gründen man sich über die Entscheidung des Gesetzgebers hinwegsetzen dürfe. **Am sachgerechtesten** erscheint der **Hinweis auf Art 2 Abs 2 S 1 GG** (so schon BGHZ 8, 243, 247 mit stark naturrechtlich bestimmter Argumentation; DÜRIG, in: MAUNZ/ DÜRIG, Grundgesetz Art 1 Rn 24; Art 2 Rn 21; LAUFS NJW 1965, 1055; HELDRICH JZ 1965, 597 ; GEIGER FamRZ 1987, 1177; **aA** SELB AcP 166 [1966] 89). Ist der Gesetzgeber zum Schutz des ungeborenen Lebens verpflichtet (BVerfGE 39, 1, 42; 88, 203, 251; BGHZ 58, 48, 51), so hat er dem nicht nur im Recht des Schwangerschaftsabbruchs Rechnung zu tragen; er muß der Wahrung der menschlichen Integrität auch und gerade mit zivilrechtlichen Mitteln dienen (BVerfGE 88, 203, 260). Damit würde es sich nicht vertragen, wenn der Gesetzgeber den Embryo ohne Ersatz der von anderen schuldhaft zugefügten Beeinträchtigungen ließe. Das gilt nicht nur für Schäden, die der Täter durch eine Verletzung der Mutter verursacht, **sondern auch für Beschädigungen (nur) des Embryos**, etwa durch Fehler der behandelnden Ärzte oder Hebammen bei der Geburt (so schon BGHZ 58, 48, 51; vgl ferner BVerfGE 88, 203, 296; BGHZ 86, 240, 253; 106, 153, 155 f; vgl auch unten Rn I 64 f mit weiterem Fallmaterial; der Sache nach auch BGH NJW 1993, 1524; OLG Hamm VersR 1991, 228, 229; OLG Köln VersR 1991, 669; FRANZKI VersR 1990, 1184 f). Diese (verfassungswidrige) Schutzlücke ist durch die extensive Interpretation des Tatbestandsmerkmals „ein anderer" zu schließen; dazu zählt auch der noch nicht geborene Mensch. Abgesichert wird das Ergebnis durch den Gleichheitssatz in Verbindung mit dem Sozialstaatsgebot. Kommt der Gesetzgeber seiner Pflicht nach und schützt er die Gesundheit seiner Bürger, so gibt es keinen Grund, den Embryo von diesem Schutz auszunehmen (BVerfGE 45, 376, 385 f für die gesetzliche Unfallversicherung; SOERGEL/FAHSE [12. Aufl 1987] § 1 Rn 118).

cc) Der Zeitpunkt der Zeugung als Zäsur?

B 43 Ein **Teil der Lehre** will die Haftung auf Schäden begrenzen, die **nach der Zeugung** des Embryos verursacht werden. Vorher herbeigeführte Beeinträchtigungen, namentlich durch Störungen der Keimbahnen, seien nicht zu kompensieren, weil damit bereits die Anlagestörung im Ei bzw in der Samenzelle vorhanden gewesen sei; eine Verletzung scheide aus, da mit Entstehung des Embryos der Mangel bereits angelegt sei (LAUFS NJW 1965, 1057). **Dem ist nicht zu folgen** (HELDRICH JZ 1965, 598; FUCHS NJW 1981, 613; iE auch BGHZ 8, 243, 246 ff; MünchKomm/MERTENS Rn 78; vgl die weiteren Nachweise in Rn B 42). Es leuchtet schon nicht ein, daß eine sich sofort auswirkende Schädigung anders behandelt werden soll als eine ebenfalls vor oder bei der Zeugung verursachte, deren Konsequenzen den Embryo erst später tangieren (FUCHS NJW 1981, 613), wie das etwa bei Lues der Fall ist; dort greift die Infektion erst nach einigen Wochen auf den Embryo über (so jedoch die Lösung von LAUFS NJW 1965, 1054 f). Vor allem aber versagt die Differenzierung vor dem Hintergrund der staatlichen Schutzpflicht. Gegenüber dritten Schädigern spielt es keine Rolle, ob die Beeinträchtigung vor oder nach der Zeugung geschah; in beiden Fällen bedarf der Embryo des Schutzes durch § 823 Abs 1. Dem steht nicht entgegen, daß die hM im Rahmen des § 555 a aF RVO, dem heutigen § 12 SGB VII, danach differenziert, ob die Mutter die zur Schädigung des Embryos führende Berufskrankheit vor oder während der Schwangerschaft erlitten hat; im ersten Fall wird ein Schutz durch die Norm verneint (BVerfGE 75, 348, 357 ff; BSG NJW 1986, 1569 f; 1986, 1571; Kasseler Kommentar/RICKE, Sozialversicherungsrecht [Stand Juni 1998] § 12 SGB VII Rn 4). Zum einen ist es schon durchaus fraglich, ob diese These mit dem Gleichheitssatz vereinbar ist (bejahend BVerfGE 75, 348, 357 ff); immerhin wird der Embryo nach hM geschützt, wenn sich der Versicherungsfall der Mutter vor der Zeugung ereignet, eine seiner Folgen aber erst nachher den Embryo beeinträchtigen (Kasseler Kommentar/RICKE [Stand Juni 1998] § 12 SGB VII Rn 4). Maßgeblich stützt sich die hM auf einen Vergleich mit der Schädigung bereits geborener Kinder, die ebenfalls durch § 12 SGB VII nicht erfaßt werden (BVerfGE 75, 348, 357 f). Dies ist im BGB angesichts des § 823 Abs 1 anders, so daß das Hauptargument für die Ungleichbehandlung und die Versagung des Schutzes hier nicht eingreift.

dd) Die Beweislast

B 44 Aus der Tatsache, daß das Kind erst mit Vollendung seiner Geburt rechtsfähig wird, schließt die wohl hM, daß der **Beweis** des vollendeten Verletzungstatbestandes am geborenen Kind **nach § 286 ZPO** geführt werden muß (so BGHZ 58, 48, 55; BGB-RGRK/STEFFEN Rn 507). Teile der Literatur plädieren dagegen dafür, den Embryo als teilrechtsfähig anzusehen, begnügen sich demgemäß mit dem Nachweis seiner Beeinträchtigung nach § 286 ZPO, während für die daraus resultierenden Schäden die Erleichterung nach § 287 ZPO gilt (MünchKomm/GITTER [3. Aufl 1993] § 1 Rn 356; SOERGEL/FAHSE [12. Aufl 1987] § 1 Rn 19). Wenn auch an der Unterscheidung zwischen § 286 und § 287 ZPO und ihren Konsequenzen festzuhalten ist, so sollte der Unterschied hier nicht überschätzt werden. Es genügt der nach § 286 ZPO zu führende Nachweis, daß der Embryo in Mitleidenschaft gezogen war; der Beweis der daraus entstehenden Schäden bestimmt sich nach § 287 ZPO (BGHZ 58, 48, 55 f). Die Differenz zur Mindermeinung wirkt sich praktisch damit wohl kaum aus.

ee) Die Verletzung der Mutter

B 45 Ob mit der Schädigung des Embryos zugleich stets eine **Körperverletzung der Mutter** einhergeht, ist umstritten (bejahend OLG Koblenz NJW 1988, 2959, 2960; OLG Oldenburg

NJW 1991, 2355; Soergel/Zeuner Rn 24; MünchKomm/Mertens Rn 80; verneinend OLG Düsseldorf NJW 1988, 777 f; Laufs NJW 1988, 1500). In derartigen Fällen steht meist der Anspruch auf eine Entschädigung nach § 847 im Vordergrund. Die These, die Mutter sei wegen der Einheit mit ihrem Kind in ihrer Gesundheit verletzt, mag zutreffen, würde jedoch eine nennenswerte Summe nicht rechtfertigen, wenn sie tatsächlich nur den vorübergehenden pathologischen Zustand der Mutter entschädigen sollte – etwa die mit der vom Arzt nicht erkannten Störung der Plazentaleistung einhergehende Beeinträchtigung (anders indes OLG Oldenburg NJW 1991, 2355). Die durch die Beschädigung oder den Tod des Embryos verursachte Belastung der Mutter kann allerdings je nach Schwere ihrerseits eine Verletzung der Gesundheit sein und unter diesem Aspekt zum Ersatz auch des immateriellen Schadens verpflichten (OLG Düsseldorf NJW 1988, 777 f; vgl dazu oben Rn B 36; aA OLG Koblenz NJW 1988, 2959, 2960, das diesen Aspekt nur zusätzlich bei der Bemessung der Entschädigung berücksichtigen will).

b)   Die Schädigung durch die Eltern
Eine Schädigung **durch die Eltern** kann auf verschiedenen Gründen beruhen – einmal auf der Zeugung eines Kindes, das infolge der den Eltern bekannten **Erbschäden** bzw ihrer **ansteckenden Krankheit** behindert oder krank zur Welt kommt, zum anderen durch die Verletzung des bereits gezeugten, aber noch nicht geborenen Kindes. Ursächlich kann etwa der Vater sein, wenn er in einer den Embryo schädigenden Art auf die Mutter einwirkt, aber auch diese selbst, sofern sie während der Schwangerschaft nicht die nötige Vorsicht für ihr Kind an den Tag legt. Die Frage hat trotz der Unterhaltspflicht der Eltern durchaus Bedeutung, da der Anspruch auf Schadensersatz in mehrfacher Weise weiter geht. So gibt es Schmerzensgeld nur bei deliktischer Haftung (Coester-Waltjen, in: FS Gernhuber [1993] 848 Fn 64). Auch ist der Selbstbehalt des Unterhaltsverpflichteten nach § 1603 Abs 1 regelmäßig höher als die Pfändungsgrenzen der §§ 850 c, 850 d ZPO, selbst wenn man § 850 f Abs 2 ZPO nicht mit ins Kalkül zieht. Und schließlich erlischt der Unterhaltsanspruch nach § 1615 Abs 1 mit dem Tod des Verpflichteten, während der Schadensersatzanspruch als eine Erblasserschuld auch vom Erben zu erfüllen ist. Ist der Schädiger nur unterhaltspflichtig, so könnte er sein Kind auf den Pflichtteil setzen, während bei einer Haftung nach § 823 Abs 1 der Nachkomme Ansprüche auch gegen die Erben hat. Spätestens bei der Einschaltung von Sozialhilfebehörden wirkt sich dieser Unterschied auch praktisch aus. Einer Überleitung nach § 90 BSHG steht § 91 Abs 3 S 1 HS 2 BSHG nicht im Weg, wenn es um Ansprüche gegen die Erben geht.

aa)   Die Gefahr der Geburt behinderter Kinder
Es besteht keine Rechtspflicht der Eltern, auf Kinder zu verzichten, weil die Gefahr **erbkranken Nachwuchses** besteht (Erman/Schiemann Rn 22, MünchKomm/Mertens Rn 79; Soergel/Zeuner Rn 22; BGB-RGRK/Steffen Rn 13; Staudinger/Schäfer[12] Rn 41; Selb AcP 166 [1966] 111, 114 f; Deutsch JZ 1983, 451; in der Tendenz auch BGHZ 86, 240, 255; offen gelassen in BGHZ 8, 243, 249; aA MünchKomm/Gitter [3. Aufl 1993] § 1 Rn 37; Heldrich JZ 1965, 598; soweit der Gesundheitsschaden bekannt ist, auch Brüggemeier Rn 204). Dies würde sich mit dem **Persönlichkeitsrecht der Eltern** nicht vertragen. Doch gibt es Ausnahmen von diesem Grundsatz. So liegt es bei fehlendem Einverständnis eines Elternteils, etwa im Extremfall des erzwungenen Geschlechtsverkehrs mit einem erbkranken Partner. Hier gibt es keinen Grund, den Täter nicht auch dem Kind gegenüber haften zu lassen. Besteht die Möglichkeit, eine Krankheit vorab ausheilen zu lassen, so ist es ebenfalls nicht unzumutbar, auf das Abklingen der Krankheit zu warten. Schwierig

ist der Grenzfall einer dem Betroffenen **bekannten, nicht heilbaren Krankheit**, die durch die Zeugung unter Umständen oder gar sicher übertragen wird. Hier dürften die besseren Gründe dafür sprechen, eine unerlaubte Handlung zu bejahen und es so dem Erzeuger unmöglich zu machen, aufgrund eines späteren Sinneswandels die Kosten auf die Allgemeinheit abzuwälzen (so für die Infektion mit dem HIV-Virus auch MünchKomm/GITTER [3. Aufl 1993] § 1 Rn 37 a, b). Schließlich will § 6 Geschlechtskrankheitengesetz die Übertragung auch auf Ungeborene verhindern; wer dem zuwider handelt, macht sich schadensersatzpflichtig (MünchKomm/MERTENS Rn 79; SOERGEL/ZEUNER Rn 22; BGB-RGRK/STEFFEN Rn 13). In allen Fällen besteht zwar die konstruktive Schwierigkeit, daß ohne das schädigende Ereignis – die Zeugung – der betroffene Rechtsgutsträger nicht auf die Welt gekommen wäre. Wiederum darf man derartige Probleme nicht überbewerten (ebenso MünchKomm/MERTENS Rn 79; SOERGEL/ZEUNER Rn 22). Wie stets gibt den Ausschlag, daß der Embryo in den genannten Ausnahmefällen des Schutzes bedarf und die Lücke in § 823 Abs 1 schon von Verfassungs wegen geschlossen werden muß.

bb) Die Haftung des Vaters

B 48 Nach der Zeugung bestehen für **Schädigungen durch den Vater** keine Besonderheiten. Er haftet nach den allgemeinen Regeln, etwa bei der Verletzung des Embryos bei einem von ihm verschuldeten Verkehrsunfall (STAUDINGER/SCHÄFER[12] Rn 42). Aber auch seine persönliche Lebensführung hat er an dem Wohl des Embryos auszurichten, soweit dieses erforderlich ist; so ist es dem Vater zuzumuten, den Embryo nicht durch starkes Rauchen in Gegenwart der Mutter zu gefährden. Bei Schäden, die der Vater zusammen mit einem außenstehenden Dritten verursacht, wirkt § 1664 Abs 1 als Privileg der Familie auch zu Lasten des Dritten (vgl oben Rn B 39).

cc) Die Haftung der Mutter

B 49 Ob und inwieweit die **Mutter** gegenüber dem Kind schadensersatzpflichtig werden kann, ist umstritten. ZT wird jede Schadenszufügung durch eigene Selbstgefährdung – vom Verkehrsunfall über den Sturz vom Pferd bis hin zur extensiven Lebensführung durch übermäßigen Alkohol- oder Nikotingenuß – als rechtswidrige unerlaubte Handlung gewertet (COESTER-WALTJEN, in: FS Gernhuber [1993] 847 f; STAUDINGER/SCHÄFER[12] Rn 43), zT wird die Pflicht zu einer bestimmten Lebensführung verneint (ERMAN/SCHIEMANN Rn 22; MünchKomm/MERTENS Rn 79; BGB-RGRK/STEFFEN Rn 13; STOLL, in: FS Nipperdey I [1965] 758 f). Diese Auffassung verdient den Vorzug. Im Vordergrund steht nämlich weniger der Schadensersatzanspruch des Kindes, sondern die Frage, ob das Zivilrecht im Wege des vorbeugenden Unterlassungsanspruchs die werdende Mutter – etwa auch durch den mit ihr nicht verheirateten Vater – in ihrem Lebenswandel soll kontrollieren dürfen (STOLL, in: FS Nipperdey I [1965] 758 f). Diesem Problem ist nicht erst auf der vollstreckungsrechtlichen Ebene Rechnung zu tragen (so indes COESTER-WALTJEN, in: FS Gernhuber [1993] 847 f), sondern bereits dadurch, daß man die **Pflichten der Mutter entsprechend begrenzt**. Dies gebietet schon ihr Persönlichkeitsrecht (dazu exemplarisch BVerfGE 88, 203, 254 ff). Eine Grenze gibt es bei vorsätzlicher Schädigung des Kindes, etwa einem (fehlgeschlagenen) Abtreibungsversuch, der den Embryo dauerhaft schädigt (ebenso SELB AcP 166 [1966] 116 ff, der allerdings auf den Verschuldensmaßstab des § 1664 Abs 1 abstellt). Selbst wenn man im Prinzip eine Schadensersatzpflicht der Mutter bejaht, so greift § 1664 Abs 1 ein (COESTER/WALTJEN, in: FS Gernhuber [1993] 847 f; SELB AcP 166 [1966] 116 f); vor allem ist bei einer Schädigung durch die Mutter und einen Dritten auf die allgemeinen Regeln zurückzugreifen; die Mutter wird durch § 1664

Abs 1 auch im Verhältnis zu dritten Mitschädigern privilegiert (vgl oben Rn B 39; zust GERNHUBER/COESTER-WALTJEN, Lehrbuch des Familienrechts [4. Aufl 1994] § 57 IV 6; aA STOLL, in: FS Nipperdey I [1965] 760, der den Rechtsgedanken des § 846 anwendet; SELB AcP 166 [1966] 120 ff, der bei rein deliktischen Beziehungen jede Berücksichtigung des Mitverschuldens der Mutter ablehnt, bei vertraglichen aber §§ 278, 254 II 2 heranzieht; gegen diese Differenzierung J HAGER NJW 1989, 1645).

c) **Wrongful life**
Die schwierigsten Probleme in diesem Fragenkreis sind mit dem Stichwort wrongful **B 50** life verbunden. Hier wird der Embryo nicht durch Dritte verletzt, sondern bereits **mit Behinderungen gezeugt** oder aber durch eine Krankheit der Mutter ohne Drittverschulden während der Schwangerschaft **geschädigt** – etwa durch eine Infektion mit Röteln (s die Fallgestaltung BGHZ 86, 240, 241). Der Vorwurf gegen den behandelnden Arzt geht dahin, daß er die Eltern nicht auf die erkennbaren Risiken hingewiesen hat und so eine rechtlich erlaubte Abtreibung unterblieben ist, die ansonsten erfolgt wäre, oder aber daß er nicht über drohende Keimschäden aufgeklärt und so die Eltern davon abgehalten hat, das Kind zu zeugen.

aa) **Die Haftung des Arztes bei Schädigung nach der Empfängnis**
Hat der Arzt nicht auf die Gefahr einer bereits eingetretenen Verletzung aufmerk- **B 51** sam gemacht und ist ein Kind zur Welt gekommen, das im Augenblick des pflichtwidrig unterlassenen Hinweises bereits geschädigt war, so verneint die ganz hM einen eigenen Anspruch des Kindes aus § 823 Abs 1 (BGHZ 86, 240, 251 f; OLG München NJW 1981, 2012 f; OLG Düsseldorf VersR 1995, 1498; JAUERNIG/TEICHMANN Rn 4; MünchKomm/MERTENS Rn 80 mit Fn 137; LARENZ/CANARIS § 76 II 1 f; ESSER/WEYERS § 55 I 1 a; FIKENTSCHER Rn 1215; BRÜGGEMEIER Rn 199; SCHÜNEMANN JZ 1981, 577; GIESEN JR 1984, 224; ARETZ JZ 1984, 720 f; FISCHER NJW 1981, 1992; ders JuS 1984, 439; ZIMMERMANN JZ 1997, 132; PICKER 11 ff; in BGHZ 89, 95 ff war der Anspruch des Kindes nicht mehr Entscheidungsgegenstand). Nach Auffassung des BGH gibt es **keine deliktsrechtliche Pflicht**, die Geburt eines Kindes zu verhindern, weil es voraussichtlich mit Gebrechen behaftet sein wird (BGHZ 86, 240, 251). Der Mensch habe sein Leben so hinzunehmen, wie es von der Natur gestaltet sei, und keinen Anspruch auf seine Verhütung und Vernichtung durch andere (BGHZ 86, 240, 254; FRANZKI VersR 1990, 1184). Das mag richtig sein, doch überzeugt das Ergebnis nicht; da dem Kind keinerlei eigene Ansprüche zustehen, bleibt es mit dem Tod der Eltern unversorgt zurück (ERMAN/SCHIEMANN Rn 22; DEUTSCH JZ 1983, 451; die Lücke sieht auch BGHZ 86, 240, 255; aA aber FISCHER JuS 1984, 439). Als Ansatzpunkt für eine sachgerechte Lösung kommt der **Vertrag mit dem Arzt** in Betracht. Er entfaltet **Schutzwirkungen** nicht nur zugunsten des Vaters, sondern auch und in erster Linie **zugunsten des Kindes** (DEUTSCH JZ 1983, 451; ders MDR 1984, 795; ders VersR 1995, 614, der daneben eine Verletzung des Persönlichkeitsrechts des nasciturus erwägt; MünchKomm/MERTENS Rn 80 Fn 137; wohl auch PICKER 116; aA ERMAN/SCHIEMANN Rn 22, der den krankheitsbedingten Mehrbedarf als Folge der Gesundheitsverletzung des Kindes betrachtet; gänzlich abl BGHZ 86, 240, 251; OLG München NJW 1981, 2012, 2013; SCHÜNEMANN JZ 1981, 577; ZIMMERMANN JZ 1997, 132). Dies bedeutet nicht, daß das Kind geltend machen müsse, es wäre besser, wenn es nicht existierte. **Ziel des Vertrages**, den die Eltern mit dem Arzt geschlossen hatten, war es gerade, die Belastung – auch finanzieller Art – durch ein behindertes Kind zu vermeiden. Dieser Vertrag war nicht nur im eigenen Interesse vereinbart, sondern erkennbar für den Arzt auch und gerade zu dem Zweck, die finanzielle Not des Kindes zu verhindern, das sich aus eigener Kraft nie würde ernähren können.

Zum selben Ergebnis führt die Überlegung, daß der Schaden der Eltern darin besteht, daß sie – um die Versorgung ihres Kindes auch über ihren Tod hinaus sicherzustellen – Gelder zurücklegen müssen, die sie ansonsten anderweit hätten verwenden können.

bb) Die Haftung des Arztes bei drohender Schädigung

B 52 Ist die vom Arzt aufgrund des **Behandlungsvertrages** gebotene Aufklärung **über den drohenden Keimschaden** unterblieben, so **verneint die Rechtsprechung** ebenfalls einen Anspruch des behinderten Kindes gegen den Arzt (so wohl BGHZ 86, 240, 251; offen gelassen von BGHZ 76, 249, 258; aA BRÜGGEMEIER Rn 203; FUCHS NJW 1981, 613). Auch wenn man die Haftung aus § 823 Abs 1 – und damit einen Anspruch aus § 847 Abs 1 – ablehnt (aA FUCHS NJW 1981, 613, der deliktische Ansprüche bejaht), da nie ein unbeschädigter Embryo gezeugt und die Behinderung auch nicht vom Arzt verursacht worden sei, ist iE ein Anspruch des Kindes gleichwohl **zu bejahen**. Er stützt sich wiederum auf den Vertrag zwischen dem Arzt und den Eltern, das Kind ist in seine Schutzwirkung einbezogen. Für den Arzt erkennbar war es auch hier gerade der Zweck der Beratung, die Empfängnis eines infolge eines Genschadens behinderten Embryos auszuschließen; nach allgemeinen Regeln erstreckt sich damit die Schutzwirkung des Vertrages auch auf den Embryo (BGH NJW 1984, 355, 356; 1987, 1758, 1759; NJW-RR 1986, 1307; 1989, 696; LM Nr 78 zu § 328 unter II 1; PALANDT/HEINRICHS § 328 Rn 17; SOERGEL/HADDING [12. Aufl 1990] Anh § 328 Rn 15). Dagegen wird zwar eingewandt, im Fall einer Keimschädigung sei der Schutzberechtigte noch nicht bestimmbar, zudem könne nicht angenommen werden, daß die Fürsorgepflicht der Eltern hinsichtlich des künftigen Kindes auch die Keimzelle umfasse (MünchKomm/GITTER [3. Aufl 1993] § 1 Rn 41). Beides überzeugt nicht. Schon die Prämisse, die die Fürsorgepflicht der Eltern verneinen will, ist problematisch; Zweck der Beratung war ja gerade die Verhinderung erbkranken Nachwuchses. Es kommt hinzu, daß die neuere Rechtsprechung das Erfordernis, der Gläubiger müsse für das Wohl und Wehe des Dritten verantwortlich sein, aufgegeben hat (BGH NJW 1984, 355, 356; 1987, 1758, 1759; LM Nr 78 zu § 328 unter II 1; PALANDT/HEINRICHS § 328 Rn 17; SOERGEL/HADDING [12. Aufl 1990] Anh § 328 Rn 15). Wenn dem Schuldner erkennbar ist, daß seine Leistung einer überschaubaren klar abgrenzbaren Personengruppe dienen soll, brauchen ihm weder Zahl noch Namen der zu schützenden Personen bekannt zu sein (vgl zB BGHZ 127, 378, 380 f; BGH NJW 1987, 1758, 1760 jeweils mwNw; LM Nr 78 zu § 328 unter II 2).

III. Freiheit*

1. Der Begriff der Freiheit

B 53 Unter Freiheitsverletzung versteht die heute hM die **Einschränkung der körperlichen**

---

* **Schrifttum**: DAMM, Die zivilrechtliche Haftung des gerichtlichen Sachverständigen – BGHZ 62, 54, JuS 1976, 359; DEUTSCH, Freiheit und Freiheitsverletzung im Haftungsrecht, in: FS Hauß (1978) 43; ders, Zivilrechtliche Verantwortlichkeit psychiatrischer Sachverständiger, VersR 1987, 114; ECKERT, Der Begriff der Freiheit im Recht der unerlaubten Handlungen, JuS 1994, 625; FRAENKEL, Tatbestand und Zurechnung bei § 823 Abs 1 BGB (1979); LEINEMANN, Der Begriff Freiheit nach § 823 Abs 1 BGB (1969); RASEHORN, Zur Haftung für fehlerhafte Sachverständigengutachten, NJW 1974, 1173; SCHREIBER, Die zivilrechtliche Haftung von Prozeßbeteiligten ZZP 105 [1992] 129; SCHRÖDER, Zwangsarbeit: Rechtsgeschichte und zivil-

Bewegungsfreiheit (OLG München OLGZ 1985, 466, 467; Jauernig/Teichmann Rn 5; Palandt/Thomas Rn 6; Erman/Schiemann Rn 23; Soergel/Zeuner Rn 28; MünchKomm/Mertens Rn 82; BGB-RGRK/Steffen Rn 14; Larenz/Canaris § 76 II 2 a; Esser/Weyers § 55 I 1 c; Medicus, Schuldrecht BT Rn 783; Brüggemeier Rn 211; Deutsch Rn 185; Kötz Rn 56; Fraenkel 165 f mit Nachweisen aus der Entstehungsgeschichte), **nicht dagegen der Möglichkeit wirtschaftlicher Entfaltung**; diese ist durch das Wettbewerbsrecht sowie deliktsrechtlich durch das Recht am eingerichteten und ausgeübten Gewerbebetrieb geschützt (so schon RGZ 58, 24, 28; 100, 213, 214; vgl ferner Erman/Schiemann Rn 23; BGB-RGRK/Steffen Rn 14; Fikentscher Rn 1209; Medicus, Schuldrecht BT Rn 783; Brüggemeier Rn 211). Auch die freie Entwicklung der Persönlichkeit sowie die allgemeine Handlungsfreiheit gehören nicht hierher, sondern sind im allgemeinen Persönlichkeitsrecht enthalten (so schon RGZ 48, 114, 123; vgl ferner Erman/Schiemann Rn 23; MünchKomm/Mertens Rn 82; BGB-RGRK/Steffen Rn 14; Larenz/Canaris § 76 II 2 a; Fikentscher Rn 1209; Medicus, Schuldrecht BT Rn 783; Brüggemeier Rn 211; Deutsch Rn 185; ders VersR 1987, 114). Die **Mindermeinung** schützt die **Entschließungsfreiheit** (Leinemann 100 f; zur Kritik Fraenkel S 167 f Fn 21 auf der einen, Eckert JuS 1994, 631 auf der anderen Seite) bzw die Freiheit der Willensbestimmung und -betätigung, allerdings begrenzt durch Rechte Dritter (Eckert JuS 1994, 630 f). **Zu folgen ist der hM**. Eine derartige Beschränkung auf den engen Begriff der Freiheit legt zum einen der **sprachliche Kontext** mit Leben, Körper und Gesundheit nahe; alle drei Rechtsgüter bezeichnen relativ exakte, feste Tatbestandsvoraussetzungen und nicht ein angesichts der Gegenrechte der Verletzer weit gezogenes Rahmenrecht (Staudinger/Schäfer[12] Rn 45; Larenz/Canaris § 76 II 2 a; skeptisch dazu Fraenkel 167 Fn 19). Zum anderen gibt es eine **Reihe auch grundrechtlich verbürgter Freiheiten**, die mit dem Begriff in § 823 Abs 1 nicht gemeint sein können – etwa die Garantien des Art 4 GG (Staudinger/Schäfer[12] Rn 45). Und schließlich besteht angesichts der anerkannten Rahmenrechte keine Schutzlücke. So braucht man – um unerlaubtes Fotografieren zu verhindern – nicht die Freiheit des Betroffenen zu bemühen (so indes OLG Düsseldorf HRR 1936 Nr 416; Jauernig/Teichmann Rn 5; offen Soergel/Zeuner Rn 30), sondern kann mit dem allgemeinen Persönlichkeitsrecht helfen (Zeuner, in: FS Flume [1978] 778 ff; Staudinger/Schäfer[12] Rn 48; vgl unten Rn C 158; aA OLG Düsseldorf HRR 1936 Nr 416; Eckert JuS 1994, 630). Nach wie vor kontrovers bewertet wird die Frage, ob die **Nötigung** zu einer Handlung durch Gewalt, Bedrohung oder Täuschung die Freiheit des Opfers verletzt (bejahend Palandt/Thomas Rn 6; MünchKomm/Mertens Rn 82; verneinend Larenz/Canaris § 76 II 2 a; Esser/Weyers § 55 I 1c; Fikentscher Rn 1209; Medicus, Schuldrecht BT Rn 783; Deutsch Rn 185; Kötz Rn 56; Fraenkel 170). Der BGH ist von seiner These, die Regelung des § 847 sei im Wege der Analogie auch auf solche Eingriffe auszudehnen, die das Recht der freien Willensbetätigung verletzten (BGHZ 26, 349, 356), unter dem Eindruck massiver Kritik des Schrifttums iE wieder abgerückt (BGHZ 36, 363, 367 f). Angesichts der Haftung aus §§ 240 StGB, 823 Abs 2 besteht für eine derartige Interpretation des § 823 Abs 1 zumindest kein Bedürfnis (Staudinger/Schäfer[12] Rn 46; Larenz/Canaris § 76 II 2 a; Medicus, Schuldrecht BT Rn 783).

2. Die Verwirklichung durch Einsperren

Man hat den Begriff der Freiheitsentziehung sogar noch weiter einzugrenzen. Er **B 54**

---

rechtliche Ansprüche, Jura 1994, 61, 118; Zeuner, Störungen des Verhältnisses zwischen Sache und Umwelt als Eigentumsverletzung, in: FS Flume (1978) 775.

meint nur die Möglichkeit, **einen Ort nicht verlassen zu können**, ist aber nicht betroffen, wenn der Zutritt verhindert wird (Jauernig/Teichmann Rn 5; Fikentscher Rn 1209; Fraenkel 169). Daneben fallen minimale Verzögerungen schon nicht unter den Tatbestand, etwa ein kurzfristiges Versperren der Garagenausfahrt (Jauernig/Teichmann Rn 5; Deutsch, in: FS Hauß [1978] 53). Selbst der von einem Autofahrer **durch einen verschuldeten Unfall verursachte Stau** dürfte unter das allgemeine Lebensrisiko der im Stau festgehaltenen Autofahrer gehören und daher nicht zum Schadensersatz verpflichten (Medicus, Schuldrecht BT Rn 783; Brüggemeier Rn 211; Fraenkel 169). Eine **Grenze** ist erst dort zu ziehen, wo der Stau vorsätzlich verursacht wird, etwa bei einer **Autobahnblockade** (vgl Medicus, Schuldrecht BT Rn 783). Auch in diesem Fall kann freilich das Grundrecht der Art 5 und 8 GG den Schädigern zur Seite stehen. Kurzfristige Sperrungen aufgrund einer Demonstration sind der notwendige Tribut an das Grundrecht der Versammlungsfreiheit (Brüggemeier Rn 211). Dagegen ist die Verletzung der Freiheit nicht deswegen zu verneinen, weil die vom Täter verursachte behördliche Festnahme nach kurzer Zeit wieder aufgehoben wird; dies gilt jedenfalls dann, wenn die Polizeiaktion von Dritten rechtswidrigerweise initiiert wurde (**aA** wohl Brüggemeier Rn 211 bei rechtmäßigen Polizeiaktionen; dies kann jedoch nicht gelten, wenn die Festnahme rechtswidrig von einem Dritten in die Wege geleitet wurde). Nach hM genügt auch die Gefährdung der Freiheit, um den Tatbestand des § 823 Abs 1 zu verwirklichen (RGZ 98, 343, 345 f; Jauernig/Teichmann Rn 5; Soergel/Zeuner Rn 30; Staudinger/Schäfer[12] Rn 47). Das ist zumindest zweifelhaft. **Gegen die drohende Beeinträchtigung** der körperlichen Bewegungsfreiheit kann sich der Gefährdete mit der **vorbeugenden Unterlassungsklage** wehren, ohne daß es schon zur Rechtsgutsverletzung gekommen sein muß. Bei Schäden durch ein ärztliches Gutachten, das fälschlicherweise eine Geisteskrankheit des Betroffenen diagnostiziert und daher dessen allgemeine „Aktionsfreiheit" tangiert (RGZ 98, 343, 346), ist das allgemeine Persönlichkeitsrecht einschlägig.

3. Die Mittel des Freiheitsentzugs

B 55 Mit **welchen Mitteln** die Freiheit beschränkt wird, **spielt keine Rolle**. Hier kann in erster Linie auf die umfangreiche Kasuistik zu § 239 StGB verwiesen werden (vgl zB LK/Schäfer [10. Aufl 1986] § 239 Rn 16 ff; Schönke/Schröder/Eser [25. Aufl 1997] § 239 Rn 4 ff), freilich mit der Besonderheit, daß – anders als bei der Verwirklichung der §§ 239 StGB, 823 Abs 2 – im Rahmen des § 823 Abs 1 die fahrlässige Verwirklichung des Tatbestandes ausreicht. Hervorzuheben ist das Einschließen (Jauernig/Teichmann Rn 5; Soergel/Zeuner Rn 30; BGB-RGRK/Steffen Rn 14; Larenz/Canaris § 76 II 2 b; Deutsch Rn 185), wobei es nach allgemeinen Regeln genügt, daß das Opfer einen möglichen Ausgang nicht findet (so für die Parallelproblematik bei § 239 StGB zB LK/Schäfer [10. Aufl 1986] § 239 Rn 17), oder aber durch einen mittelbaren Eingriff am Verlassen gehindert wird – man denke an den Fall, daß der Eingang unpassierbar wird (Larenz/Canaris § 76 II 2 b). Dagegen soll es nach hM nicht ausreichen, daß der Betroffene in den Glauben versetzt wird, es gebe keine Möglichkeit des Entrinnens (LK/Schäfer [10. Aufl 1986] § 239 Rn 17; Dreher/Tröndle [48. Aufl 1997] § 239 Rn 3; **aA** Schönke/Schröder/Eser [25. Aufl 1997] § 239 Rn 6; Fraenkel S 171 Fn 27). Hierher gehört dagegen nicht der Fall, daß jemand einem (unbekleidet) Badenden die Kleider wegnimmt (RGSt 6, 231, 232; Fraenkel S 170; **aA** Soergel/Zeuner Rn 30). Eine Freiheitsberaubung ist auch die **medizinisch nicht indizierte Fixierung von (psychisch kranken) Patienten** (LG Freiburg MedR 1995, 411, 414; bestätigt von OLG Karlsruhe VersR 1995, 217; Revision vom BGH nicht angenommen). Die praktisch wichtigste Modalität ist die **unberechtigte Verhaftung**

oder Unterbringung einer Person (RG JW 1910, 753; BGH LM Nr 15 zu § 839 [Fc] unter II 1; ERMAN/SCHIEMANN Rn 24; LARENZ/CANARIS § 76 II 2 b; DEUTSCH VersR 1987, 114), die durch das staatliche Vollzugsorgan selbst bewirkt werden kann, namentlich indem der Betroffene in seiner Freiheit übermäßig beeinträchtigt wird (BGH NJW 1964, 650, 651; MünchKomm/MERTENS Rn 84; DEUTSCH Rn 185). Anzeigen, aufgrund derer Behörden eigenständig über eine Freiheitsentziehung zu entscheiden haben, sind im Normalfall nicht rechtswidrig (OLG Schleswig NJW 1995, 791), doch gibt es eine Reihe von Besonderheiten zu beachten. Zum einen dürfen sie nicht bewußt die Unwahrheit enthalten (OLG Schleswig NJW 1995, 791), zum anderen darf die Mitwirkung an der Verhaftung nicht aus sonstigen Gründen rechtswidrig sein (BGHZ 17, 327, 332 f; BGH NJW 1964, 650, 651; MünchKomm/MERTENS Rn 83; SOERGEL/ZEUNER Rn 30; BGB-RGRK/STEFFEN Rn 14; FIKENTSCHER Rn 1209; MEDICUS, Schuldrecht BT Rn 783; BRÜGGEMEIER Rn 212; DEUTSCH Rn 185; KÖTZ Rn 56). So liegt es etwa, wenn zwar der mitgeteilte Sachverhalt richtig ist, die Strafe auch nach formalen Regeln verhängt werden darf, diese jedoch die Würde des Menschen verletzt (BGHZ 17, 327, 332 f [Anzeige bei der Gestapo]; ein schwieriger Grenzfall ist BGH NJW 1964, 650, 651 [Mitteilung an Behörden der DDR über die Nichterfüllung der Anmeldepflicht aus dem Westen stammender Einkünfte]).

4. Die Haftung für falsche Sachverständigengutachten

Die zuletzt genannte Fallgruppe wird insbesondere relevant, wenn das Gericht den **B 56** **Betroffenen zwangsweise verwahren läßt** und sich dabei auf ein Gutachten stützt, das vom Sachverständigen unrichtig erstattet wurde. Fraglich ist dabei vor allem der Maßstab des Verschuldens. Der BGH beschränkte die Haftung ursprünglich auf vorsätzliches Handeln (BGHZ 62, 54, 59 f). Diese Position wurde im Schrifttum vehement bekämpft (vgl zB RASEHORN NJW 1974, 1173; DAMM JuS 1976, 363 mwNw). Das BVerfG hat der Kritik insoweit Rechnung getragen, als es den **Ausschluß der Haftung für grobe Fahrlässigkeit** angesichts des Schutzgedankens des Art 2 Abs 2 GG als unzulässige richterliche Rechtsfortbildung angesehen hat; dadurch werde die Verbürgung der Freiheit gegen Verletzungen durch Dritte vom Richter in unzulässiger Weise korrigiert (BVerfGE 49, 304, 318 ff; OLG Nürnberg NJW-RR 1988, 791; OLG Schleswig NJW 1995, 791, 792; PALANDT/THOMAS Rn 117; SOERGEL/ZEUNER Rn 31; MünchKomm/MERTENS Rn 83; BGB-RGRK/STEFFEN Rn 14; FIKENTSCHER Rn 1209; BRÜGGEMEIER Rn 212; MünchKomm-ZPO/DAMRAU § 402 Rn 13; DEUTSCH VersR 1987, 116). Für eine **Aufhebung der Rechtsprechung des BGH bei leichter Fahrlässigkeit** fand sich beim Senat dagegen keine Mehrheit (BVerfGE 49, 304, 323 f). Die Frage ist nach wie vor strittig. Die wohl hM lehnt die Haftung ab, da der Sachverständige als richterlicher Gehilfe tätig werde, seine innere Unbefangenheit gewährleistet werden müsse sowie verhindert werden solle, daß im Wege des Regreßprozesses die Rechtskraft des Ausgangsprozesses in Frage gestellt werde (vor der Entscheidung BVerfGE 49, 304 ff noch BGH LM Nr 3 zu § 823 [Ab] unter III 2; vgl ferner PALANDT/ THOMAS Rn 117; MünchKomm/MERTENS Rn 83; STEIN/JONAS/LEIPOLD [20. Aufl 1989] vor § 402 Rn 52; ZÖLLER/GREGER [20. Aufl 1997] § 402 Rn 10; MEDICUS, Schuldrecht BT Rn 783; DEUTSCH VersR 1987, 116; **aA** wohl SCHREIBER ZZP 105 [1992] 133 f). Eine Ausnahme soll allerdings gelten, wenn der Sachverständige vereidigt wurde; dann haftet er auch nach hM gemäß den §§ 163 StGB, 823 Abs 2 BGB für leichte Fahrlässigkeit (MünchKomm/MERTENS Rn 83; skeptisch zu dieser Unterscheidung schon BVerfGE 49, 304, 322; **aA** wohl BGB-RGRK/ STEFFEN Rn 14). Schon diese wenig plausible Differenzierung zeigt die brüchige Basis der hM (ERMAN/SCHIEMANN Rn 24; BRÜGGEMEIER Rn 212; wohl auch FIKENTSCHER Rn 1209). Ihre Argumente halten der näheren Überprüfung nicht stand. Das gilt namentlich für den Hinweis auf die Stellung des Sachverständigen als Gehilfen des Richters; das mag zutreffen, rechtfertigt aber keine Haftungsfreistellung. Die Gefahr der inzidenten Überprüfung der Richtigkeit des ersten Urteils besteht auch im Regreßprozeß gegen den Anwalt, ohne daß man deswegen den Anwalt von seiner Haftung freistellen will (ERMAN/SCHIEMANN Rn 24).

5. Die Haftung für falsche Zeugenaussagen

B 57 Entsprechendes gilt für die Falschaussagen von Zeugen, aufgrund derer der Betroffene festgenommen oder verwahrt wird. Während **die wohl hM** den leicht fahrlässig handelnden Täter nicht haften lassen will, soweit er nicht vereidigt worden sei, und sich seine Haftung daher ohnehin auf die §§ 163 StGB, 823 Abs 2 stütze (LG Bonn NJW-RR 1995, 1492; vgl zB STEIN/JONAS/LEIPOLD [20. Aufl 1989] vor § 402 Rn 52 iVm vor § 373 Rn 50; SCHREIBER ZZP 105 [1992] 141 f), beläßt es die **Mindermeinung** zu Recht bei der durchgängigen Haftung auch für leichte Fahrlässigkeit (so iE BRÜGGEMEIER Rn 213). Dabei ist es nicht notwendig, die prozessuale Wahrheitspflicht des Zeugen als Schutzgesetz im Sinne des § 823 II zu begreifen (so indes BRÜGGEMEIER Rn 213).

IV. Das Eigentum*

1. Das Schutzobjekt

B 58 **Gegenstand** des Eigentumsschutzes sind nur **bewegliche oder unbewegliche Sachen** iS

---

* **Schrifttum:** vBAR, Probleme der Haftpflicht für deliktsrechtliche Eigentumsverletzung (1992); vBIEBERSTEIN, Schadensersatz für Gewinnentgang bei Eigentumsverletzung, in: FS vCaemmerer (1979) 411; ders, Reflexschäden und Regreßrechte (1967); BOECKEN, Deliktsrechtlicher Eigentumsschutz gegen reine Nutzungsbeeinträchtigungen (1995); BRÜGGEMEIER, Der BGH und das Problem der „Vermögensfunktionsstörung", VersR 1984, 902; vCAEMMERER, Das Problem des Drittschadensersatzes, ZHR 127 (1965) 241; DEUTSCH, Anm zu BGH, 6.11.1979 – VI ZR 254/77, JZ 1980, 99, 102; DIEDERICHSEN, Die Entwicklung der Produzentenhaftung, VersR 1984, 797; DÖRNER, Zivilrechtliche Folgen des Parkens vor Grundstückszufahrten – AG Heidelberg, NJW 1977, 1541 und AG Karlsruhe, NJW 1977, 1926, JuS 1978, 666; EICHLER, Die Rechtsidee des Eigentums: Eine rechtsdogmatische und rechtspolitische Betrachtung (1994); FIKENTSCHER, Das Recht am Gewerbebetrieb (Unternehmen) als „sonstiges Recht" im Sinne des § 823 Abs 1 BGB in der Rechtsprechung des Reichsgerichts und des Bundesgerichtshofes, in: FS Kronstein (1967) 261; FOERSTE, Neues zur Produkthaftung – Passive Beobachtungspflicht und Äquivalenzinteresse, NJW 1994, 909; GERAUER, Der Unterlassungsanspruch des Eigentümers bei gewerblichem Fotografieren, GRUR 1988, 673; GIESEN, Der große Preis oder über den Anreiz zu großzügigem Umgang mit Schadensposten aus entgangenem Gewinn bei Kfz-Totalschäden, VersR 1979, 393; GLÜCKERT, Schadensansprüche der Stromabnehmer bei Stromleitungsbeschädigungen, AcP 166 (1966) 311; GRÜNEBERG, Schadensersatzpflicht bei verkehrshindernd abgestellten Kraftfahrzeugen, NJW 1992, 945; G HAGER, Zum Schutzbereich der Produzentenhaftung, AcP 184 (1984) 413; ders, Einstandspflicht des Produzenten für das Äquivalenz- und Nutzungsinteresse des Produkterwerbers, BB 1987, 1748; ders, Haftung bei Störung der Energiezufuhr, JZ 1979, 53; J HAGER, Verkehrsschutz durch redlichen Erwerb (1990); HUBER, Gefahren des vertraglichen Abtretungsverbots für den Schuldner der abgetretenen Forderung, NJW 1968, 1905; JAHR, Schadensersatz wegen deliktischer Nutzungsentziehung – zu Grundlagen des Rechtsgüterschutzes der §§ 90 ff, nicht dagegen Forderungen und sonstige Rechte, was natürlich nicht ausschließt, daß diese als absolute Rechte unter § 823 Abs 1 fallen. Der Umfang des Eigentums wird durch die §§ 903 ff konstituiert, an diese Norm knüpft § 823 Abs 1 an (JAUERNIG/TEICHMANN Rn 6; ERMAN/SCHIEMANN Rn 31; STAUDINGER/SCHÄFER[12] Rn 49; BRÜGGEMEIER Rn 304; ZEUNER, in: FS Flume [1978] 782; MÜLLER-GRAFF JZ 1983, 862; vBar 6; BOECKEN 96; für § 1004 vgl statt aller STAUDINGER/GURSKY [1993] § 1004 Rn 19).

a) Grundwasser

Das bedeutet namentlich, daß das **Grundwasser** gemäß der Naßauskiesungsentscheidung des Bundesverfassungsgerichts (BVerfGE 58, 300, 344) nicht dem Grundstückseigentümer zugeordnet ist und dieser daher keinen Ersatz bei Verunreinigung verlangen kann (OLG Nürnberg NJW 1991, 299; STAUDINGER/GURSKY [1993] § 1004 Rn 20; ebenso vor der Entscheidung BVerfGE 58, 300 ff, BGHZ 69, 1, 4 bei Entzug von Grundwasser); freilich

---

und des Schadensersatzrechts, AcP 183 (1983) 725; JAKOBS, Die Verlängerung des Eigentumsvorbehalts und der Ausschluß der Abtretung der Weiterveräußerungsforderung – BGHZ 56, 228, JuS 1973, 152; KLAMROTH, Abtretungsverbote in allgemeinen Geschäftsbedingungen, BB 1984, 1842; KÜBLER, Eigentumsschutz gegen Sachabbildung und Bildreproduktion? Bemerkung zur „Tegel"-Entscheidung des Bundesgerichtshofes, in: FS Baur (1981) 51; LARENZ, Die Prinzipien der Schadenszurechnung, JuS 1965, 373; MERTZ, Der Schutz primärer Vermögensinteressen im niederländischen und im deutschen Haftungsrecht (1994); MÖSCHEL, Der Schutzbereich des Eigentums nach § 823 I BGB, JuS 1977, 1; MÜLLER-GRAFF, Anm zu BGH, 15. 11. 1982 – II ZR 206/81, JZ 1983, 860; NEUMANN-DUESBERG, Korrektur des Unmittelbarkeitsbegriffes beim Eingriff in den Gewerbebetrieb (§ 823 BGB), NJW 1968, 1990; PFISTER, „Zweigleisige" Rechtswidrigkeitsprüfung und Eigentumsschutz, JZ 1976, 156; PLUM, Zur Abgrenzung des Eigentums- vom Vermögensschaden, AcP 181 (1981) 68; ROSENBACH, Eigentumsverletzung durch Umweltveränderung (1997); RUHWEDEL, Der praktische Fall, Bürgerliches Recht: Der verunstaltete Hahn, JuS 1975, 242; SCHLECHTRIEM, Güterschutz durch Eingriffskondiktionen, in: Symposium zum Gedenken an Detlef König (1984) 57; ders, Außervertragliche Haftung für Bearbeitungsschäden und weiterfressende Mängel bei Bauwerken, ZfBR 1992, 95; M SCHMID, Nochmals: Deliktischer Eigentumsschutz bei Vereitelung eines Grundstücksverkaufs?, NJW 1975, 2056; ders, Rückgängigmachung eines Produktionsprozesses als Eigentumsverletzung, NJW 1973, 2276; J SCHMIDT, Der weiterfressende Mangel nach Zivil- und Haftpflichtversicherungsrecht (1996); K SCHMIDT, Integritätsschutz von Unternehmen nach § 823 BGB – Zum „Recht am eingerichteten und ausgeübten Gewerbebetrieb", JuS 1993, 985; SCHULZE, Die Beschädigung von Erdkabeln und sonstigen Erdleitungen der Energieversorgungsunternehmen durch unerlaubte Handlungen Dritter, insbesondere durch Tiefbauunternehmen, VersR 1998, 12; SCHWENZER, Sachgüterschutz im Spannungsfeld deliktischer Verkehrspflichten und vertraglicher Leistungspflichten, JZ 1988, 525; SERICK, Eigentumsvorbehalt und Sicherungsübertragung Bd IV (1976); STOLL, Zur Deliktshaftung für vorgeburtliche Gesundheitsschäden, in: FS Nipperdey I (1965) 739; SUNDERMANN, Geschäftsführerhaftung beim ermächtigungswidrigen Einbau von Vorbehaltsmaterial, WM 1989, 1197; TAEGER, Außervertragliche Haftung für fehlerhafte Computerprogramme (1995); WIELING, Zur Dogmatik des Schadensersatzes im Eigentümer-Besitzer-Verhältnis, MDR 1972, 645; WIETHÖLTER, Zur politischen Funktion des Rechts am eingerichteten und ausgeübten Gewerbebetrieb, KritJ 1970, 121; WILLOWEIT, Deliktsrechtlicher Eigentumsschutz bei Vereitelung eines Grundstücksverkaufs, NJW 1975, 1190; ZEUNER, Störungen des Verhältnisses zwischen Sache und Umwelt als Eigentumsverletzung, in: FS Flume (1978) 775.

gewährt § 823 Abs 2 in Verbindung mit § 22 WHG Schutz (STAUDINGER/GURSKY [1993] § 1004 Rn 20).

b) Software

B 60 Wird **Software** verändert oder vernichtet, so ist gleichzeitig stets das Eigentum am Datenträger verletzt (OLG Frankfurt aM CR 1994, 349; OLG Karlsruhe NJW 1996, 200, 201; tendentiell auch SCHNEIDER/GÜNTHER CR 1997, 392 f; TAEGER 261; **aA** LG Konstanz NJW 1996, 2662). Weitergehende Vorschläge wollen auch die Programme selbst in den Eigentums- und Besitzschutz einbeziehen (MünchKomm/MERTENS Rn 85; offen gelassen von OLG Karlsruhe NJW 1996, 200, 201); doch dürfte diese abweichende Sicht kaum Konsequenzen haben. Der Vergleich mit einer bespielten Schallplatte, aber auch mit einer auf einem Blatt Papier festgehaltenen Notiz zeigt, daß die Beschädigung des Informationsträgers keineswegs mit dem bloßen Materialwert identisch sein muß. Das Beispiel veranschaulicht zugleich, daß eine bloße Kopie, die die auf dem Datenträger gespeicherte Software nicht verändert, keine Eigentumsverletzung bedeutet (MünchKomm/MERTENS Rn 85), freilich ein absolutes Recht (§ 2 I Nr 1 UrhG) verletzen kann. Führt fehlerhafte Software zur Verletzung von absoluten Rechten oder Rechtsgütern Dritter, so haftet dafür der Verursacher – etwa derjenige, der Viren eingeschleust hat (SCHNEIDER/GÜNTHER CR 1997, 392).

2. Die Abgrenzung zwischen Eigentum und Vermögen

B 61 In Rechtsprechung wie Lehre weitgehend ungeklärt ist die Abgrenzung zwischen dem Eigentum und dem Vermögen; das Vermögen als solches wird über § 823 Abs 1 nicht geschützt (vgl unten Rn B 192). Die hM umschreibt in einer abstrahierenden Vorstellung all das als (bloßes) **Vermögen**, was nicht von den subjektiven Rechten im Sinn des § 823 Abs 1 umfaßt werde (so zB WILLOWEIT NJW 1975, 1191; vgl ferner ENNECCERUS/NIPPERDEY § 131 II 1). Damit ist in der Sache allerdings noch wenig gewonnen; gilt es nunmehr doch, den Bereich des Eigentums sowie der absoluten Rechte abzustecken. Dabei wird von der wohl hM der Schutzbereich des Eigentums mit Hilfe der **Modalität der Beeinträchtigung** abgegrenzt. Notwendig sei eine Einwirkung auf die Sache selbst, die deren Benutzung verhindere (BGHZ 63, 203, 206; 86, 152, 154 f; BGH NJW 1977, 2264, 2265; LM Nr 27 zu § 823 [Ac] BGB unter 3; 51 zu § 823 [Ac] BGB unter II 2 b; JAUERNIG/TEICHMANN Rn 6; STAUDINGER/SCHÄFER[12] Rn 50; MÖSCHEL JuS 1977, 4; iE auch MünchKomm/MERTENS Rn 96; **aA** – indes ohne eigenen Vorschlag – WILLOWEIT NJW 1975, 1190 ff). ZT versucht man, nach der Eingriffsfähigkeit zu unterscheiden: In das Vermögen als solches könne nicht eingegriffen werden; es gewinne jedoch die Qualität von Eigentum, wo die Störung nicht durch schlichtes Unterlassen des Anspruchsgegners entfalle (PLUM AcP 181 [1981] 81 ff). Das führt gegenüber der hM nicht weiter, weil gerade ungeklärt ist, unter welchen Voraussetzungen ein solcher Eingriff anzunehmen ist. Man kann es daher bei der hM belassen, mit dem Zusatz, daß ihre Formel nicht das Eigentum vom Vermögen abgrenzt, sondern genaugenommen die relevante von der irrelevanten Verletzungshandlung.

3. Die Konkurrenz zu den §§ 987 ff

B 62 Die §§ 987 ff sowie die §§ 2020 ff **verdrängen** in ihrem Anwendungsbereich den § 823 Abs 1 (JAUERNIG/TEICHMANN Rn 11; ERMAN/SCHIEMANN Rn 25; SOERGEL/ZEUNER Rn 40; BGB-RGRK/STEFFEN Rn 15, 16). Als Ausnahme erklären die §§ 992, 2025 den § 823 Abs 1 wiederum für anwendbar. Daneben ist nach hM § 823 Abs 1 beim Exzeß des rechtmäßigen wie unrechtmäßigen Fremdbesitzers einschlägig (ERMAN/SCHIEMANN Rn 25; SOERGEL/ZEUNER Rn 40; BGB-RGRK/STEFFEN Rn 15; zu den Einzelheiten vgl STAUDINGER/ GURSKY [1993] Vorbem 49 ff zu §§ 987 ff mwNw).

4. Die Eigentumsvermutung nach § 1006

Der Eigentümer hat sein Eigentum im Prozeß als anspruchsbegründende Voraussetzung darzulegen und zu beweisen. Allerdings steht ihm dabei die Vermutung des § 1006 zur Seite (BGH NJW 1996, 2233, 2234, 2235; LM Nr 8 zu § 823 [B] unter II 1 a; MünchKomm/ MERTENS Rn 86; BAUMGÄRTEL, Handbuch der Beweislast im Privatrecht [2. Aufl 1991] § 823 Rn 6). **B 63**

5. Der Entzug des Rechts

Das Eigentum wird namentlich dann verletzt, wenn das Recht selbst entzogen wird. Zu differenzieren ist zwischen den Vorschriften des redlichen Erwerbs, den Normen des originären Rechtserwerbs sowie Eigentumsbeeinträchtigungen durch vom Schädiger verursachte hoheitliche Maßnahmen. **B 64**

a) Die Verfügung eines Nichtberechtigten
aa) Die Haftung des Veräußerers

Der Veräußerer einer fremden Sache, dem schuldhaftes Verhalten vorzuwerfen ist, haftet nach § 823 Abs 1, wenn der bisherige Eigentümer aufgrund der §§ 892 f, 932–935, 2366, § 366 HGB, Art 16 WG, Art 21 ScheckG das Eigentum verliert (BGHZ 56, 73, 77; BGH NJW 1986, 1174, 1175; 1996, 1535, 1537; WM 1967, 562, 563; JZ 1984, 230, 231; LM Nr 62 zu § 823 [Ac] unter II 3 [redlicher Erwerb einer Vormerkung]; der Sache nach auch BGH NJW 1996, 2233, 2235; OLG Karlsruhe r+s 1996, 297, 298; aus der Lit vgl PALANDT/ THOMAS Rn 8; ERMAN/SCHIEMANN Rn 26; MünchKomm/MERTENS Rn 93; BGB-RGRK/STEFFEN Rn 16; LARENZ/CANARIS § 76 II 3 a; FIKENTSCHER Rn 1210; MEDICUS, Schuldrecht BT Rn 785 ff; BRÜGGEMEIER Rn 328; WIELING, Sachenrecht Bd I [1990] § 10 VI 1; BOECKEN 54 f, 69 f; vBAR 25). So kann es etwa auch liegen, wenn ein **verlängerter Eigentumsvorbehalt** vereinbart war, der Käufer sich jedoch auf ein Abtretungsverbot nach § 399 Fall 2 einläßt, ohne daß deswegen der Zweitkäufer unredlich wäre. Dasselbe gilt bei Verfügungen durch Nichtberechtigte, die zur **Belastung der Sache führen** (BRÜGGEMEIER Rn 328), und bei Verfügungen Berechtigter in unzulässiger Weise, etwa durch Verstoß gegen §§ 1243 f (RGZ 77, 201, 205; 100, 274, 278 f [für den rechtswidrigen Verkauf eines verpfändeten GmbH-Anteils]; JAUERNIG/TEICHMANN Rn 10; PALANDT/THOMAS Rn 9; MünchKomm/DAMRAU [3. Aufl 1997] § 1244 Rn 16). Die Pflicht zum Schadensersatz besteht auch dann, wenn der Erwerb zunächst fehlgeschlagen war, der Eigentümer aber die **Verfügung genehmigt** und ihr so zum Erfolg verhilft (BGH NJW 1960, 860 mwNw; 1991, 695, 696, DB 1976, 814, 815; JAUERNIG/TEICHMANN Rn 10). Dieses Ergebnis wird spätestens durch die Überlegung gestützt, daß der bisherige Eigentümer nicht deshalb schlechter stehen soll, weil Schutzvorschriften zu seinen Gunsten den Erwerb bislang verhindert hatten, der Besitzer der Sache aber nicht ermittelt werden kann (BGH DB 1976, 814, 815). Die Haftung des Verfügenden nach § 823 Abs 1 ist für den bisherigen Eigentümer in mehrerer Hinsicht **günstiger als der Anspruch aus § 816 Abs 1 S 1** oder aus den §§ 951 Abs 1 S 1, 812 Abs 1 S 1 Fall 2. Zum einen kann sie der Höhe nach weiter reichen, weil sie den Schaden kompensiert, der namentlich den entgangenen Gewinn mit umfaßt (LARENZ/CANARIS § 76 II 3 a; MEDICUS, Schuldrecht BT Rn 785 ff), und nicht dem **B 65**

Einwand des § 818 Abs 3 ausgesetzt ist (LARENZ/CANARIS § 76 II 3 a). Zum anderen ist der Schadensersatz nicht daran geknüpft, daß der Schädiger selbst verfügt hat; es genügt sein kausaler Beitrag, der letztendlich zum redlichen Erwerb führt (für den Fall, daß durch anschließende Verarbeitung das Eigentum untergeht, BGHZ 109, 297, 302; LARENZ/ CANARIS § 76 II 3 a; vgl dazu genauer sogleich Rn B 67 f). Die Auslegung kann freilich auch ergeben, daß der bisherige Eigentümer den Eingriff hinnehmen und auf Schadensersatz verzichten will (BGH NJW 1960, 860; 1991, 965, 966).

bb) Die Haftung des Erwerbers

B 66 Der **redliche Erwerber** selbst haftet nicht nach § 823 Abs 1 (Mot III 225 = MUGDAN III 124; RGZ 85, 61, 64; 90, 395, 397 f; BGH NJW 1967, 1660, 1661 f [insoweit in BGHZ 47, 393 ff nicht abgedruckt]; WM 1965, 701, 704; LM Nr 9 zu § 932 BGB unter II; JAUERNIG/TEICHMANN Rn 10; PALANDT/THOMAS Rn 10; SOERGEL/ZEUNER Rn 38; MünchKomm/MERTENS Rn 93; LARENZ/CANARIS § 76 II 3 a; ESSER/WEYERS § 55 I 2 a aE; FIKENTSCHER Rn 1210; MEDICUS, Schuldrecht BT Rn 785 ff; BRÜGGEMEIER Rn 328; DEUTSCH Rn 186; vOLSHAUSEN JuS 1990, 820; zu den Fällen, in denen der Erwerb wegen Bösgläubigkeit fehlschlägt, vgl unten Rn B 67 f). Beim Erwerb beweglicher Sachen nach den §§ 932 ff schadet demgemäß leichte Fahrlässigkeit nicht, beim Erwerb nach den §§ 892 f ist die Haftung an die Kenntnis des Erwerbers geknüpft; dann schlägt indes schon der Erwerb fehl. Die Vorschriften des redlichen Erwerbs, die das Eigentum neu zuordnen, dürfen nicht durch § 823 Abs 1 unterlaufen werden (BGH NJW 1967, 1660, 1661 f; LM Nr 9 zu § 932 BGB unter II; MünchKomm/MERTENS Rn 75; ESSER/ WEYERS § 55 I 2 a aE; FIKENTSCHER Rn 1210). Denn der redliche Erwerb hat, wenn er entgeltlich war, **endgültigen Charakter** (STAUDINGER/LORENZ [1994] § 816 Rn 2; REUTER/MARTINEK, Ungerechtfertigte Bereicherung [1983] § 8 I 1 = S 283 f; KOPPENSTEINER/KRAMER, Ungerechtfertigte Bereicherung 92; SCHLECHTRIEM, in: Symposium König [1984] 68; J HAGER 88 mwNw). Damit ist das Verhalten des Erwerbers in diesen Fällen jedenfalls nicht rechtswidrig (Mot III 225 = MUGDAN III 124; BGH WM 1965, 701, 704; LM Nr 9 zu § 932 BGB unter II; PALANDT/ THOMAS Rn 10; SOERGEL/ZEUNER Rn 38; LARENZ/CANARIS § 76 II 3 a; DEUTSCH Rn 186), teilweise wird bereits die Verletzung des Eigentums verneint (BGB-RGRK/STEFFEN vor § 823 Rn 50; wohl auch RGZ 85, 61, 64; PALANDT/THOMAS Rn 10). Bei unentgeltlichem Erwerb ist freilich nach § 816 Abs 1 S 2 rückabzuwickeln (MünchKomm/MERTENS Rn 93; STAUDINGER/SCHÄFER[12] Rn 54; zum Problem des nur schuldrechtlichen Anspruchs vgl J HAGER 208 ff).

b) Der Einbau fremder Sachen
aa) Die Haftung des Einbauenden

B 67 Auch beim Einbau fremder Sachen, der nach den §§ 946 ff zum originären Eigentumserwerb eines anderen führt, ist zu unterscheiden zwischen dem Einbauenden und dem Begünstigten. Wer eine Sache nach § 946 mit einem Grundstück verbindet bzw sie nach § 950 verarbeitet, verletzt das Eigentum (BGHZ 77, 274, 279; 109, 298, 300; BGH LM Nr 52 zu § 823 [Ac] unter I; JAUERNIG/TEICHMANN Rn 10; STAUDINGER/SCHÄFER[12] Rn 54; LARENZ/CANARIS § 76 II 3 a; BRÜGGEMEIER Rn 328; SERICK IV 701 ff, 703; BOECKEN 70 ff; JAKOBS JuS 1973, 154; vBAR 26). Das ist evident, soweit es um die **Haftung des Verbindenden bzw des Verarbeiters** geht. Es genügt aber auch, daß ein entsprechendes Handeln Dritter veranlaßt wird (BGHZ 109, 297, 300; BGH BB 1970, 514; SERICK IV 703; vBAR 26). In vielen Fällen wird der Handelnde freilich nach den §§ 989 f privilegiert sein, etwa wenn er leicht fahrlässig eine abhandengekommene Sache verwendet. In der wichtigsten Gruppe, nämlich beim Erwerb unter **Eigentumsvorbehalt**, ist das Privileg freilich ausgeschlossen, da der Einbauende nicht Eigenbesitzer ist und daher die Regeln des Fremdbesitzerexzesses anzuwenden sind (LARENZ/CANARIS § 76 II 3 a). So liegt es na-

25. Titel. § 823
Unerlaubte Handlungen B 68

mentlich bei einer Verfügung über eine unter **verlängertem Eigentumsvorbehalt** bezogenen Ware, wenn die Forderung gegen den Abnehmer kraft Vereinbarung mit diesem nicht abgetreten werden kann und daher die Einwilligung des Vorbehaltsverkäufers die Weiterveräußerung ebensowenig deckt wie den anschließenden Einbau (vgl zB BGH 27, 306, 309; 30, 176, 181 f; 40, 156, 162; 51, 113, 116; 109, 297, 300; BGH LM Nr 52 zu § 823 [Ac] unter I). Davon zu unterscheiden ist die Frage der Haftung, wenn der Einbau durch das Unterlassen der gebotenen organisatorischen Vorkehrungen ermöglicht wurde. Das Problem spielt nicht nur bei Geschäftsführern einer GmbH (vgl hierzu unten Rn E 66) eine Rolle, sondern kann auch bei einem Kaufmann auftauchen und ist für diesen Fall recht einfach zu lösen. Der Käufer einer Ware unter verlängertem Eigentumsvorbehalt hat sein Unternehmen so zu organisieren, daß eine unbefugte Veräußerung von Gegenständen unterbleibt, die dem Abkäufer das Eigentum mit Hilfe des redlichen Erwerbs verschafft oder die dazu führt, daß der Abnehmer originär nach den Regeln der §§ 946–950 das Eigentum erwirbt (vBar 26). Auch hier kann der Betroffene nach den §§ 989 f privilegiert haften, wenn er gestohlene Ware leicht fahrlässig erwirbt; auch hier werden indes oft die Regeln des Fremdbesitzerexzesses eingreifen.

bb) Die Haftung des Bauherrn
Dagegen **verneint** die ganz hM eine **Haftung des Bauherrn**, der den Einbau nur duldet B 68
(BGHZ 56, 228, 237 f; 102, 293, 309; BGH LM Nr 52 zu § 823 [Ac] unter II; Palandt/Thomas Rn 10; Erman/Schiemann Rn 26; Fikentscher Rn 1194; Jakobs JuS 1973, 154; MünchKomm/Mertens Rn 94, soweit der Bauherr nicht Mittäter, Anstifter oder Gehilfe des Bauunternehmers sei; ebenso Serick IV 702 f; **aA** Huber NJW 1968, 1907; Klamroth BB 1984, 1844; Sundermann WM 1989, 1201 f). Dies soll auch dann gelten, wenn er in seinen Einkaufs- oder Bezugsbedingungen die Abtretung verboten hatte (BGHZ 56, 228, 237 f; 102, 293, 309; BGH LM Nr 52 zu § 823 [Ac] unter I; MünchKomm/Mertens Rn 76; Jakobs JuS 1973, 154; **aA** Huber NJW 1968, 1907; Klamroth BB 1984, 1844; Sundermann WM 1989, 1201 f), mit der Folge, daß der vom Vorbehaltsverkäufer vorgesehene Erwerb der Werklohnforderung fehlschlug und damit auch der Bauunternehmer nicht mehr zur Weiterveräußerung oder zur Verwendung des Baumaterials ermächtigt war (vgl zB BGHZ 51, 113, 116 mwNw; 102, 293, 308; BGH LM Nr 52 zu § 823 [Ac] unter I). Freilich ist diese Ansicht nicht durchgängig so zwingend, wie es den Anschein haben mag. Das gilt zum einen für die These, der Baustofflieferant könnte aus den §§ 989 f keine Ansprüche herleiten, da er gemäß § 946 durch den Einbau das Eigentum verloren habe (Sundermann WM 1989, 1201; offen gelassen in BGH LM Nr 52 zu § 823 [Ac] unter II 1 c aa unter Hinweis auf BGHZ 40, 272, 275; Huber NJW 1968, 1907; Serick IV 696; die zitierten Stellen sind entweder obiter dicta – so BGHZ 40, 272, 275 –, bejahen die Haftung aus § 823 Abs 1 – so Huber NJW 1968, 1907 – oder verneinen die Haftung aus einem anderen Grund – so Serick IV S 696, 702 f). Die Auffassung ist unzutreffend, da selbstverständlich das Eigentum iS des § 989 und § 823 Abs 1 durch den Einbau bzw die Verarbeitung verletzt werden kann (vgl statt aller BGHZ 109, 297, 300 für § 823 Abs 1; Staudinger/Gursky [1993] § 989 Rn 9 für § 989). Zum anderen **verneint die hM für den Regelfall die Pflicht des Bauherrn**, den Einbau fremder Baumaterialien zu verhindern (BGHZ 56, 228, 238; MünchKomm/Mertens Rn 94) bzw sich nach der Herkunft zu erkundigen (BGHZ 56, 228, 238; BGH LM Nr 52 zu § 823 [Ac] unter II 1 b bb). Im Rahmen des § 932 hat der BGH freilich eine derartige Obliegenheit bejaht und demgemäß bei ihrer Verletzung redlichen Erwerb abgelehnt, weil der Käufer bei einem Abtretungsverbot damit rechnen müsse, daß er den verlängerten Eigentumsvorbehalt vereitle und damit der Vorbehaltsverkäufer nicht mehr zur Verfügung ermächtigt sei (BGHZ 77, 274,

278 f). Den **Unterschied zu den Einbaufällen** sieht der BGH vor allem in zwei Punkten. Es stehe nicht fest, sei vielmehr dem Bauunternehmer überlassen, von wem er die Baumaterialien beziehen wolle; bei der Vielzahl potentieller Lieferanten sei eine Überprüfung schwer vorstellbar. Auch sei der Bauherr regelmäßig nicht darüber informiert, wann die Materialien eingebaut würden; er müßte also durchgängig die Bauunternehmer kontrollieren. Dies sei auch angesichts der Interessen des Baustofflieferanten nicht gerechtfertigt, der umgekehrt sich erkundigen könne, ob der Bauherr der Abtretung der Werklohnforderung zugestimmt habe oder ihr zustimmen werde (BGH LM Nr 52 zu § 823 [Ac] unter II 1 b bb). Ob der Fall anders zu bewerten ist, wenn der Bauherr nachträglich von der Verwendung von Baumaterialien gegen den Willen des Lieferanten erfahre, hat das Gericht offen gelassen (BGHZ 56, 228, 239; BGH LM Nr 52 zu § 823 [Ac] unter II 1 b bb). Indes darf die These zumindest nicht verallgemeinert werden. Zwar haftet der Bauherr gemäß der Wertung der §§ 932 ff, 816 Abs 1 nur bei grober Fahrlässigkeit, weil nur dann die Übereignung an ihn gescheitert wäre (vgl den Überblick über das Meinungsbild bei BGH LM Nr 52 zu § 823 [Ac] unter II 2). **Weiß** jedoch etwa **der Bauherr**, daß der Unternehmer fremde Sachen verwendet, etwa weil er vom Lieferanten über den verlängerten Eigentumsvorbehalt informiert wurde, so ist seine Haftung ohne Zweifel zu bejahen. Wenn obendrein ein verlängerter **Eigentumsvorbehalt** derart **branchenüblich** sein sollte, daß der Bauherr damit rechnen muß, sein Partner werde Materialien verwenden, dessen Eigentümer er noch nicht sei, und wenn der Bauherr gleichwohl ein Abtretungsverbot in seinen allgemeinen Geschäftsbedingungen vereinbart, dann ist im Gegenzug an einer Nachforschungsobliegenheit und bei ihrer Verletzung an der Annahme grober Fahrlässigkeit nicht zu rütteln. Nur damit läßt sich auch dem Umstand Rechnung tragen, daß sich die Grenze zwischen einer Veranlassung des Einbaus fremder Sachen und ihrer bloßen Duldung in vielen Fällen nicht exakt ziehen läßt.

c) **Die Pfändung und Verwertung der schuldnerfremden Sache**
aa) **Die Haftung des Vollstreckungsschuldners**

Bei der Pfändung und Verwertung einer schuldnerfremden Sache haftet der **Vollstreckungsschuldner** für den Verlust des Eigentums. Dies ist unproblematisch in Fällen, in denen der Schuldner es unterlassen hat, den Eigentümer über die Pfändung zu informieren (MünchKomm/Medicus [3. Aufl 1997] § 989 Rn 8; Staudinger/Gursky [1993] § 989 Rn 17), dürfte aber auch in der Ausnahmekonstellation, in der der Schuldner zur Unterrichtung des Eigentümers nicht in der Lage war, so sein. Die Vollstreckung wurde durch eine nicht rechtzeitige Bezahlung der Schuld verursacht; dafür hat der Schuldner nach § 279 bzw nach der allgemeinen Regel, daß man für seine finanzielle Leistungsfähigkeit haftet, einzustehen (RGZ 139, 353, 355; Palandt/Bassenge § 989 Rn 1; Erman/Hefermehl § 989 Rn 5; Soergel/Mühl [12. Aufl 1990] § 989 Rn 7; MünchKomm/Medicus [3. Aufl 1997] § 989 Rn 8). Dies wird zwar bestritten (Staudinger/Gursky [1993] § 989 Rn 17; Wieling, Sachenrecht Bd I [1990] § 12 III 2 a), doch kaum zu Recht. Daß der Satz, der Schuldner habe für seine finanzielle Leistungsfähigkeit geradezustehen, nur für Störungen bei obligatorischen Leistungspflichten gelten soll, nicht dagegen für den Vindikationsgegner, der bis zum Eintritt der verschärften Haftung nicht die Verschaffung der Sache selbst schulde, sondern nur zur Räumung seiner Position verpflichtet sei (so das Argument von Staudinger/Gursky [1993] § 989 Rn 17), überzeugt nicht. Denn damit wird der Eigentümer und Gläubiger eines Herausgabeanspruchs schlechter gestellt als derjenige einer Geldforderung. In Ausnahmefällen kann auch der Staat für Fehler des Vollstreckungsorgans haften (BGHZ 32, 240, 242; Thomas/Putzo [21. Aufl

1998] § 819 Rn 9; MünchKomm – ZPO/Schilken § 804 Nr 35 mwNw; Stein/Jonas/Münzberg [21. Aufl 1995] § 771 Rn 79).

bb) Die Haftung des Vollstreckungsgläubigers
Durch die Pfändung und Verwertung der schuldnerfremden Sache **kann** auch der **B 70** **Vollstreckungsgläubiger das Eigentum verletzen** (BGHZ 58, 207, 210; 100, 95, 107; 118, 201, 205; BGH WM 1965, 863, 864 unter II 1; Jauernig/Teichmann Rn 10; Palandt/Thomas Rn 9; Erman/Schiemann Rn 26; Soergel/Zeuner Rn 44; MünchKomm/Mertens Rn 95, 205; BGB-RGRK/Steffen Rn 25; vor § 823 Rn 53; Staudinger/Gursky [1993] Vorbem 8 zu §§ 987 ff; Larenz/Canaris § 76 II 3 a; MünchKomm-ZPO/Schilken § 817 Rn 13; Brox/Walker, Zwangsvollstreckungsrecht [5. Aufl 1996] Rn 467; BGHZ 55, 20, 25 f für die Anwartschaft des Vorbehaltskäufers; BGHZ 67, 387, 382 f; Soergel/Zeuner Rn 44; MünchKomm/Mertens Rn 95 für einen angeblichen Herausgabeanspruch [vgl dazu noch unten Rn B 165]; für eine Haftung nach den §§ 989 f LG Berlin NJW 1972, 1675 f; Stein/Jonas/Münzberg [21. Aufl 1995] § 771 Rn 77; Rosenberg/Gaul/Schilken, Zwangsvollstreckungsrecht [11. Aufl 1997] § 41 XII 5 b; § 53 V 1 d aa; Baumann/Brehm, Zwangsvollstreckung [2. Aufl 1982] § 13 III 5 e a; vgl dazu sogleich Rn B 72; für eine analoge Anwendung der genannten Normen wohl Erman/Schiemann Rn 26) – auch soweit es sich um Sicherungseigentum handelt (BGHZ 100, 95, 107; 118, 201, 205; Palandt/Thomas Rn 9; Erman/Schiemann Rn 26). Dabei sind indes eine Reihe von Besonderheiten zu beachten.

α) Die Rechtswidrigkeit
Die **Rechtswidrigkeit des Zugriffs** wird nicht schon dadurch ausgeschlossen, daß der **B 71** Gerichtsvollzieher auf die Eigentumslage, so sie nicht eindeutig ist, keine Rücksicht zu nehmen braucht, ja die Pfändung gar nicht ablehnen darf (Jauernig/Teichmann Rn 10; Soergel/Zeuner Rn 44; Staudinger/Schäfer[12] Rn 53; Stein/Jonas/Münzberg [21. Aufl 1995] § 771 Rn 76). Die Rechtmäßigkeit des staatlichen Akts hindert nicht die Haftung des Gläubigers (Jauernig/Teichmann Rn 10; Soergel/Zeuner Rn 44; Staudinger/Schäfer[12] Rn 53; Stein/Jonas/Münzberg [21. Aufl 1995] § 771 Rn 76; Brox/Walker, Zwangsvollstreckungsrecht [5. Aufl 1996] Rn 467). Der die Zwangsvollstreckung betreibende Gläubiger ist ferner nicht dadurch gerechtfertigt, daß er subjektiv redlich ein gesetzlich geregeltes Rechtspflegeverfahren in Anspruch nimmt (vgl dazu unten Rn H 17 ff). Die Privilegierung hat nur dort ihren Platz, wo Rechtsgüter desjenigen beeinträchtigt werden, der – etwa als Gegner – am Verfahren förmlich beteiligt ist und damit die ungerechtfertigte Inanspruchnahme selbst abwehren kann (BGHZ 118, 201, 206). Hierzu genügt die Möglichkeit, Drittwiderspruchsklage zu erheben, nicht. Allein durch diesen Rechtsbehelf wäre der Gläubiger nicht in das Vollstreckungsverfahren einbezogen worden; namentlich wäre seine Behauptung, er sei Eigentümer, im Vollstreckungsverfahren selbst rechtlich unbeachtlich gewesen. Damit wird der Deliktsschutz nicht verdrängt (BGHZ 118, 201, 206 f; BGB-RGRK/Steffen vor § 823 Rn 53; Larenz/Canaris § 76 II 3 a; Teichmann Anm zu BGH LM Nr 56 [Ac] unter 2.). Obendrein ist der mit dem Vollstreckungszugriff in das Gut verbundene Verlust des Eigentums mit einer bloßen Belastung durch ein unberechtigtes Verfahren nicht stets gleichzusetzen (BGB-RGRK/Steffen vor § 823 Rn 53).

β) Der Maßstab des Verschuldens
Streitig ist hingegen die **Anspruchsgrundlage**, was sich freilich nur für die Frage des **B 72** **Verschuldens** auswirkt. Die **Mindermeinung** stützt sich auf eine **analoge Anwendung der §§ 989 f** (RG SeuffA 60 Nr 249 = S 480, 482 f; LG Berlin NJW 1972, 1765 f; Stein/Jonas/Münzberg [21. Aufl 1995] § 771 Rn 77; Rosenberg/Gaul/Schilken, Zwangsvollstreckungsrecht [11. Aufl 1997]

§ 53 V 1 b dd; BAUMANN/BREHM, Zwangsvollstreckung [2. Aufl 1982] § 13 III 5 e a) und kommt demgemäß zu einer Beschränkung auf Vorsatz und grobe Fahrlässigkeit beim Besitzerwerb; anschließend schadet nach § 990 Abs 1 S 2 nur noch positive Kenntnis vom Eigentum des Dritten. **Die hM** zieht dagegen § 823 Abs 1 heran (BGHZ 55, 20, 25 ff [bei einer Anwartschaft]; 58, 207, 210; 95, 10, 16; 100, 95, 107; 118, 201, 205; BGH WM 1965, 863, 864 unter II 1; JAUERNIG/TEICHMANN Rn 10; PALANDT/THOMAS Rn 9; ERMAN/SCHIEMANN Rn 26; SOERGEL/ZEUNER Rn 44; MünchKomm/MERTENS Rn 95; BGB-RGRK/STEFFEN Rn 25; vor § 823 Rn 53; LARENZ/CANARIS § 76 II 3 a; MünchKomm-ZPO/SCHILKEN § 817 Rn 13; BROX/WALKER, Zwangsvollstreckungsrecht [5. Aufl 1996] Rn 467), läßt demgemäß jede Art von Fahrlässigkeit schaden, legt freilich insofern recht strenge Maßstäbe an (vgl dazu sogleich Rn B 73). **Zu folgen ist der Mindermeinung.** § 771 ZPO verdrängt § 985 nämlich nur in rein verfahrensrechtlicher Hinsicht (STEIN/JONAS/MÜNZBERG [21. Aufl 1995] § 771 Rn 20; ROSENBERG/GAUL/SCHILKEN, Zwangsvollstreckungsrecht [11. Aufl 1997] § 53 V 1 b dd; BAUMANN/BREHM, Zwangsvollstreckung [2. Aufl 1982] § 13 III 5 e a), weil er insofern der speziellere Rechtsbehelf ist (vgl statt aller BGH NJW 1989, 2542 mwNw). Doch besagt das hinsichtlich der Folgeansprüche nichts (aA STAUDINGER/GURSKY [1993] Vorbem 8 zu §§ 987 ff mwNw). Zudem geht es in erster Linie um die Kenntnis bzw um die vorwerfbare Unkenntnis, daß fremdes Eigentum betroffen ist; darauf sind die §§ 989 f primär zugeschnitten. In vielen Fällen ist allerdings der Unterschied zwischen den beiden Meinungen auf die Begründung beschränkt.

γ) **Die Anforderungen an die Darlegung des Eigentums**

B 73 So stellt die hM **strenge Anforderungen an den Eigentümer**, mit welchen Mitteln er **sein Recht darzulegen hat**. Ob der pfändende Gläubiger bei nicht hinreichender Darlegung nicht rechtswidrig (so SOERGEL/ZEUNER Rn 44; BAUMANN/BREHM, Zwangsvollstreckung [2. Aufl 1982] § 13 III 5 e a) oder nicht schuldhaft handelt (vgl statt aller BGHZ 55, 20, 30; 95, 10, 15), spielt für das Ergebnis keine Rolle (so auch SOERGEL/ZEUNER Rn 44). Dafür, nur das Verschulden zu verneinen, spricht freilich der Umstand, daß der Gläubiger diesen Gegenstand nicht verwerten darf und daher unberechtigterweise eingreift. Bei der **Prüfung des Verschuldens** kommt dem Gläubiger zunächst § **808 Abs 1 ZPO** zugute; das bedeutet, daß ihm das Gesetz nicht ansinnt, zu untersuchen, ob die gepfändeten Sachen dem Schuldner gehören (BGHZ 55, 20, 30; 95, 10, 16); ihn vom Gegenteil zu überzeugen ist jetzt Sache des Dritten (BGHZ 55, 20, 30). Weiß der Gläubiger um das Eigentum des Dritten, so haftet er jedenfalls, ansonsten nur, wenn ihm der betroffene Dritte sein Eigentum darlegt (BGHZ 55, 20, 30; 58, 207, 210; 67, 378, 383; BGH WM 1965, 863, 865 unter II 1; MünchKomm/MERTENS Rn 95). Wenn **die hM des weiteren fordert**, aber es auch genügen läßt, daß der Dritte sein Eigentum glaubhaft macht (BGHZ 58, 207, 210; 67, 378, 383; MünchKomm/MERTENS Rn 95), so ist das, um nicht **mißverständlich** zu sein, jedenfalls nicht technisch zu verstehen. Zwar reicht es im Verfahren der einstweiligen Anordnung nach den §§ 771 Abs 3, 769 Abs 1 S 2 ZPO aus, daß das Eigentum glaubhaft gemacht wird (so BGHZ 55, 20, 30, auf den pauschal die späteren Urteile Bezug nehmen). Doch geht es dabei um eine prozessuale Besonderheit der vorläufigen Entscheidung, nicht dagegen darum, daß etwa dem Dritten der das Verschulden des Vollstreckungsgläubigers begründende Nachweis durch eine eidesstattliche Erklärung ermöglicht wird. Ihr kommt in der Regel kein höherer Stellenwert zu als der einfachen Erklärung des Dritten, er sei Eigentümer (BGH WM 1965, 863, 865 unter II 2; MünchKomm/MERTENS Rn 95; STEIN/JONAS/MÜNZBERG [21. Aufl 1995] § 771 Rn 58). Umgekehrt ist es das Recht des Vollstreckungsgläubigers, in Zweifelsfällen die Frage des Eigentums durch einen Prozeß klären zu lassen (BGH WM 1965, 863, 865 unter II 1; MünchKomm/

25. Titel. § 823
Unerlaubte Handlungen B 74

MERTENS Rn 95; BAUMANN/BREHM, Zwangsvollstreckung [2. Aufl 1982] § 13 III 5 e a). So ist Fahrlässigkeit auch nach hM nur zu bejahen, wenn Tatsachen nachgewiesen sind, die den Schluß auf das **fehlende Eigentum** des Schuldners **aufdrängen** (BGHZ 108, 201, 208; STEIN/JONAS/MÜNZBERG [21. Aufl 1995] § 771 Rn 77) oder der Vollstreckungsgläubiger sich **bewußt** der **Kenntnis entzieht**. Dann liegt freilich regelmäßig nachträgliche Kenntnis im Sinn des § 990 Abs 1 S 2 vor (STAUDINGER/GURSKY [1993] § 990 Rn 27 mwNw zur Problemlage bei § 990 Abs 1 S 2), so daß die Formel der hM erneut den Rückgriff auf die §§ 989 f nahelegt. Eine Konsequenz der Analogie zu diesen Normen und der lediglich prozessualen Sonderrolle des § 771 ZPO ist die analoge Anwendung des § 989, wenn der Dritte Klage erhoben hat (**aA** RGZ 61, 430, 432; STAUDINGER/GURSKY [1993] § 987 Rn 2 jeweils vom Standpunkt der Gegenthese aus, die die §§ 987 ff nicht heranziehen will). Angesichts des Warneffekts der Rechtshängigkeit entfällt wie stets die Rechtfertigung einer privilegierten Haftung.

δ) **Die Haftung des Vollstreckungsgläubigers für das Verschulden des Anwalts**
Daß der Gläubiger ohne die Möglichkeit der Exkulpation für ein **Verschulden seines** B 74
Rechtsanwalts einzustehen hat, wenn dieser die Sache nicht oder nicht rechtzeitig freigibt und dadurch ein Schaden entsteht, ist im Ergebnis fast durchweg anerkannt (BGHZ 58, 207, 215 f mit iE zustimmender Anm von HENCKEL JZ 1973, 32; MünchKomm/MERTENS Rn 95; THOMAS/PUTZO [21. Aufl 1998] § 771 Rn 4; MünchKomm-ZPO/SCHILKEN § 804 Rn 37; STEIN/JONAS/MÜNZBERG [21. Aufl 1995] § 771 Rn 77; SCHUSCHKE, Vollstreckung und vorläufiger Rechtsschutz [1992] Anh zu § 771 Rn 6; ROSENBERG/GAUL/SCHILKEN, Zwangsvollstreckung [11. Aufl 1997] § 53 V 1 d aa; BROX/WALKER, Zwangsvollstreckungsrecht [5. Aufl 1996] Rn 466; BAUMANN/BREHM, Zwangsvollstreckung [2. Aufl 1982] § 13 III 5 e a; LIPPROSS, Vollstreckungsrecht [8. Aufl 1998] 98 f); streitig ist jedoch die Begründung. Systemwidrig, aber auch unnötig und daher jedenfalls abzulehnen ist es allerdings, § 278 im Rahmen des § 823 Abs 1 anzuwenden (so indes MünchKomm/MERTENS Rn 95, 205; THOMAS/PUTZO [21. Aufl 1998] § 771 Rn 4; mißverständlich BGHZ 58, 207, 215, wo das Gericht von einem deliktischen Schadensersatzanspruch bei verspäteter Freigabe gepfändeter Sachen spricht, gleichwohl aber § 278 anwendet), da Elemente einer Sonderverbindung die Verkehrspflicht zwischen dem Gläubiger und dem Eigentümer entscheidend prägten (MünchKomm/MERTENS Rn 205). Die Mißachtung von Verkehrspflichten führt nicht unbesehen zu einer vertraglichen oder vertragsähnlichen Haftung und zu ihren Zurechnungsvorschriften (vgl auch unten Rn E 62). Die hM nimmt an, durch die im Verhältnis zum Eigentümer rechtswidrige Vollstreckungsmaßnahme entstehe zwischen ihm und dem Vollstreckungsgläubiger eine Sonderrechtsbeziehung, in der § 278 nach den allgemeinen Regeln gelte (BGHZ 58, 207, 212 ff mit Anm von HENCKEL JZ 1973, 32; SCHUSCHKE, Vollstreckung und vorläufiger Rechtsschutz [1992] Anh zu § 771 Rn 6; BROX/WALKER, Zwangsvollstreckungsrecht [5. Aufl 1996] Rn 466); als Grundlage wird meist der Freigabeanspruch als Beseitigungsanspruch nach § 1004 – zumindest in analoger Anwendung – genannt (LIPPROSS, Vollstreckungsrecht [8. Aufl 1998] 99; HENCKEL JZ 1973, 32). **Dieser Umweg ist zumindest nicht notwendig**, wenn man die Folgeansprüche nach der Pfändung der schuldnerfremden Sache über die §§ 989 f abwickelt; konsequenterweise sind § 166 Abs 1 für die Frage der Bösgläubigkeit, § 278 im Rahmen des Verschuldens als Zurechnungsnorm einschlägig (MünchKomm-ZPO/SCHILKEN § 804 Rn 37; STEIN/JONAS/MÜNZBERG [21. Aufl 1995] § 771 Rn 77; ROSENBERG/GAUL/SCHILKEN, Zwangsvollstreckungsrecht [11. Aufl 1997] § 53 IV 1 d aa; BAUMANN/BREHM, Zwangsvollstreckung [2. Aufl 1982] § 13 III 5 e a). Da der Anknüpfungspunkt die grob fahrlässige Unkenntnis bzw Kenntnis vom Eigentum eines Dritten an der gepfändeten Sache

ist, diese jedoch nur nach § 166 Abs 1 zugerechnet werden kann, zeigt sich erneut die Überlegenheit einer Lösung über die §§ 989 f.

ε) Die Haftung des Anwalts

B 75 Auch der vom Gläubiger mit der Zwangsvollstreckung beauftragte **Rechtsanwalt** kann dem Eigentümer für den Verlust durch die Versteigerung oder durch die Verzögerung bei der Freigabe verantwortlich sein (BGHZ 118, 201, 204 ff, 208; LARENZ/CANARIS § 76 II 3 a; SCHUSCHKE, Vollstreckung und vorläufiger Rechtsschutz [1992] Anh zu § 771 Rn 13; TEICHMANN Anm zu BGH LM Nr 56 zu § 823 [Ac] BGB unter 3). Problematisch ist hierbei allerdings der Maßstab des Verschuldens. Der BGH bejaht die Haftung schon bei leichter Fahrlässigkeit und ohne die ansonsten übliche Formel, an die Darlegung des Eigentums seien strenge Anforderungen zu stellen (BGHZ 118, 201, 208; TEICHMANN Anm zu BGH LM Nr 56 zu § 823 [Ac] unter 3; skeptisch ERMAN/SCHIEMANN Rn 26). Die hier vertretene Anwendung der §§ 989 f führt auch in diesem Zusammenhang zu einer Modifikation. Die Hilfspersonen, deren Wissen dem Gläubiger zugerechnet wird, können sich umgekehrt auf dessen Haftungsprivileg stützen (STAUDINGER/GURSKY [1993] Vorbem 7 zu §§ 987 ff; K SCHMIDT, Gesellschaftsrecht [3. Aufl 1997] § 10 III 2 a = S 276; H WESTERMANN, Sachenrecht [5. Aufl 1966] § 32 IV 2 c). Der Anwalt haftet daher nur **bei eigener Bösgläubigkeit bzw bei späterer positiver Kenntnis** vom Recht des Eigentümers; dem steht die Erhebung der Drittwiderspruchsklage gleich.

ζ) Der Erwerb der Sache durch den Vollstreckungsgläubiger

B 76 Als **Rechtsfolge** schuldet der Vollstreckungsgläubiger und/oder sein Anwalt Ersatz des durch die Zwangsvollstreckung entstandenen Schadens **nach den allgemeinen Regeln**. Ein Sonderfall ergibt sich, wenn der **Gläubiger** den Gegenstand in der Zwangsversteigerung **selbst erwirbt** oder er ihm nach § 825 ZPO unter Anrechnung auf die titulierte Forderung zu Eigentum übertragen wird. Hier ist allerdings bei grober Fahrlässigkeit des Gläubigers entgegen der ganz hM (vgl statt aller BGHZ 119, 75, 76 mwNw) richtigerweise bereits der Eigentumserwerb zu verneinen (so zB STAUDINGER/WIEGAND [1997] Anh zu § 1257 Rn 21). Selbst wenn man indes der hM folgt und die originäre Zuweisung des Eigentums kraft Hoheitsakts unabhängig vom guten Glauben des Erstehers bzw Vollstreckungsgläubigers annimmt, ist dieser angesichts des Grundsatzes der Naturalrestitution nach § 249 S 1 zur Rückübertragung verpflichtet (MünchKomm-ZPO/SCHILKEN § 804 Rn 39; SCHUSCHKE, Vollstreckung und vorläufiger Rechtsschutz [1992] Anh zu § 771 Rn 7; BROX/WALKER, Zwangsvollstreckungsrecht [5. Aufl 1996] Rn 475; LIPPROSS, Vollstreckungsrecht [8. Aufl 1998] 99; aA ROSENBERG/GAUL/SCHILKEN, Zwangsvollstreckungsrecht [11. Aufl 1997] § 53 V 1 d cc). Um Wertungswidersprüche zu vermeiden, ist die **Haftung auf Vorsatz und grobe Fahrlässigkeit** zu beschränken; der Gläubiger darf nicht schlechter stehen als ein leicht fahrlässiger und damit redlicher Erwerber. Damit ist indes ein weiteres Argument für die Anwendung der §§ 989 f genannt. Da ansonsten die allgemeinen Regeln gelten, ist insbesondere § 254 einschlägig (STEIN/JONAS/MÜNZBERG [21. Aufl 1995] § 771 Rn 78), namentlich wenn der Dritte nichts unternommen hat, um nach den §§ 771 Abs 3, 769 ZPO seine Rechte zu wahren (BGH NJW 1993, 522, 524; WM 1958, 899, 903; PALANDT/HEINRICHS § 254 Rn 42; STEIN/JONAS/MÜNZBERG [21. Aufl 1995] § 771 Rn 78).

γ) Die spätere Aufhebung des Titels

B 77 Nach einer allerdings in der Minderheit gebliebenen Ansicht ist eine zum Schadensersatz führende Verletzung des Eigentums auch dann gegeben, wenn der **Vollstrek-**

kungstitel später aufgehoben wird, bereits vorher aber Zwangsvollstreckungsmaßnahmen stattgefunden haben (SOERGEL/ZEUNER Rn 44). Die hM folgt dem vor allem deswegen nicht, weil der Gläubiger zwar auf eigene Gefahr vollstreckt, die Maßnahme deswegen aber nicht rechtswidrig ist (BGHZ 39, 77, 79; 54, 76, 80 f; 62, 7, 9 f; 85, 110, 113; STEIN/JONAS/MÜNZBERG [21. Aufl 1995] § 717 Rn 10; MünchKomm-ZPO/KRÜGER § 717 Rn 7; ROSENBERG/GAUL/SCHILKEN, Zwangsvollstreckungsrecht [11. Aufl 1997] § 7 II 2; LARENZ JuS 1965, 374 f; **aA** BGH NJW 1980, 2527, 2528). § 717 Abs 2 ZPO sieht ebenso wie etwa die §§ 228 S 2, 867 S 2, 904 S 2, 962 S 3, 1005 eine Haftung auch bei rechtmäßigem Handeln vor (ROSENBERG/GAUL/SCHILKEN, Zwangsvollstreckungsrecht [11. Aufl 1997] § 7 II 2). In der Sache ändert sich freilich wenig, da über die Gefährdungshaftung natürlich auch ein eventueller Verlust des Eigentums zu ersetzen ist.

6. Unwahre Behauptungen über die Sache

Sehr strittig ist, ob das Eigentum auch dadurch verletzt werden kann, daß ein Dritter **B 78** behauptet, **er selbst sei der Rechtsinhaber** oder eine sonstige **unrichtige Äußerung** in die Welt setzt. Die wohl hM verneint das (OLG Köln NJW 1996, 1290, 1291; OLG Düsseldorf NJW-RR 1996, 1173 [in beiden Fällen kam es jedoch zu keinen Schäden für den Eigentümer; im zweiten ging es obendrein um eine Klage, so daß die Sonderregeln der gerichtlichen Geltendmachung eingriffen, vgl unten Rn H 17 ff]; PALANDT/THOMAS Rn 10; SOERGEL/MÜHL [12. Aufl 1990] § 1004 Rn 33 mwNw zur früheren Rspr), die Mindermeinung hält dagegen den Dritten für ersatzpflichtig, wenn dieser Behauptung wegen etwa ein lukratives Geschäft scheitert oder der Verletzer ein Kunstwerk als Fälschung bezeichnet, dessen Wert daraufhin sinkt (LARENZ/CANARIS § 76 II 3 d; ROSENBACH 112 f). **Der Streit um das Eigentum vor den Gerichten** erfüllt allerdings schon nach den normalen Regeln nicht die Voraussetzungen einer Eigentumsverletzung (BGHZ 20, 169, 171 f). Ansonsten sprechen die besseren Argumente für die hM. Auch wenn es nämlich bei derartigen – wie zu unterstellen ist: unwahren – Behauptungen vorbeugenden Unterlassungsschutz gibt (STAUDINGER/GURSKY [1993] § 1004 Rn 30, 33; M WOLF, Sachenrecht [14. Aufl 1997] Rn 239; BAUR/STÜRNER, Sachenrecht [17. Aufl 1999] § 12 Rn 6) und daher bei Verschulden des Täters auch Schadensersatz zu leisten ist (LARENZ/CANARIS § 76 II 3 d), kann auch nach der Mindermeinung der Rechtsgedanke der §§ 824 Abs 2, 14 Abs 2 UWG, 193 StGB die Rechtswidrigkeit ausschließen, soweit es dem Täter um die Wahrnehmung berechtigter Interessen geht (LARENZ/CANARIS § 76 II 3 d). Dann erscheint es angemessen, die Regeln über die Einleitung staatlicher Verfahren und das Verhalten im vorprozessualen Stadium anzuwenden. Rechtswidrig ist dieses Verhalten nur, wenn der Täter sorgfaltswidrig handelt (vgl unten Rn H 19).

7. Der Eingriff in die Substanz

Das Eigentum wird durch einen Eingriff in die Substanz verletzt, namentlich durch **B 79** ihre Zerstörung (BGHZ 41, 123, 125 f; 105, 346, 350; JAUERNIG/TEICHMANN Rn 7; PALANDT/THOMAS Rn 8; ERMAN/SCHIEMANN Rn 25; SOERGEL/ZEUNER Rn 32; MünchKomm/MERTENS Rn 96; BGB-RGRK/STEFFEN Rn 19) bzw Beschädigung (BGHZ 85, 375, 381; 101, 106, 109; JAUERNIG/TEICHMANN Rn 7; PALANDT/THOMAS Rn 8; ERMAN/SCHIEMANN Rn 25; SOERGEL/ZEUNER Rn 32; MünchKomm/MERTENS Rn 96; BGB-RGRK/STEFFEN Rn 19). Geschützt ist das Eigentum zum Zeitpunkt des Schadenseintrittes (BGH NJW 1993, 655, 656 f; OLG Koblenz NJW-RR 1995, 90 f; iE auch BGH LM Nr 117 zu § 823 [Dc]; VersR 1967, 707 f). Das ergibt sich aus den allgemeinen Regeln des zeitlichen Distanzdelikts; die Setzung der Ursache und der

Eintritt des Schadens können auseinanderfallen. Dieser Gedanke spielt insbesondere eine Rolle beim weiterfressenden Mangel (vgl dazu unten Rn B 105 ff).

a) Beispiele für die Verletzung beweglicher Sachen

B 80 Eine abschließende Aufzählung der Modalitäten der Beeinträchtigung ist naturgemäß nicht möglich; als Beispiele aus der Rechtsprechung seien herausgegriffen (weitere Fälle bei BGB-RGRK/STEFFEN Rn 20): Das Eingehen von Fischen durch vergiftetes Futter (BGHZ 105, 346, 350) oder durch Jauche bzw ungeklärte Abwässer (BGHZ 65, 221, 224 f), die Vernichtung von Bienenvölkern durch Rauch (RGZ 159, 68, 69 f) oder Giftstreuen auf dem eigenen Grundstück (vgl BGHZ 16, 366, 371), die Vernichtung von Bruteiern (BGHZ 41, 123, 124 f), die Infizierung von Tieren (RG JW 1908, 543, 544; OLG Frankfurt aM NJW 1985, 2425; DEUTSCH NJW 1986, 757), das Verbreiten einer Tierseuche durch Vernachlässigung der Quarantäne (RG JW 1908, 543, 544), das Decken einer Rassehündin durch einen Hund einer anderen Rasse oder einer Mischrasse, wenn dadurch ein Wurf reinrassiger Hunde ausfällt (BGHZ 67, 129, 134), die Beschädigung von Dampfkesseln durch Zuführung verunreinigten Wassers (RG WarnR 1910 Nr 420), das Verschneiden von Bäumen (RG JW 1909, 275), das nutzlose Auslaufenlassen fremden Wassers (OLG Düsseldorf NJW-RR 1993, 1120), die Zerstörung von Versorgungskabeln (BGH NJW 1996, 387), das Versenken einer Uhr auf den Meeresgrund (OLG Karlsruhe r+s 1996, 302), die Zerstörung von Filmnegativen bei der Entwicklung (LG Hamburg ZUM 1996, 693, 696).

b) Beispiele für die Beeinträchtigung von Grundstücken

B 81 Auch für die Beeinträchtigung des Eigentums an Grundstücken gelten keine Besonderheiten. Als Fälle seien – wiederum ohne Anspruch auf Vollständigkeit – angeführt: Risse in Häusern durch Vertiefungen des Nachbargrundstücks (BGHZ NJW 1970, 608; regelmäßig werden dafür die §§ 823 Abs 2, 909 BGB als Anspruchsgrundlagen herangezogen; vgl dazu unten Rn B 151) bzw von ihm ausgehende Erschütterungen (BGHZ 85, 375, 381; 101, 107, 109), die Verwendung des Nachbargrundstücks für die Fundamente des eigenen Hauses (BGH NJW 1997, 2595, 2596), die Beschädigung durch unzureichende Verfestigung des bislang lockeren Bodens (OLG Düsseldorf VersR 1974, 439), die Verseuchung des Erdreiches durch auslaufendes Öl (BGH VersR 1972, 274, 275) bzw einer Straße durch Chemikalien (LG u OLG Köln VersR 1983, 287), die Verunreinigung eines Brunnens durch Abwasser (vgl RG HRR 1933 Nr 528; dort zieht das Gericht § 823 Abs 2 BGB iVm § 202 PrWasserG heran), die Verursachung einer Überschwemmung (RGZ 106, 283, 286), das Abschwemmen von Unkrautvernichtungsmitteln auf ein benachbartes Grundstück, auf dem biologischer Ackerbau betrieben wird (BGHZ 90, 255, 257), die Verschmutzung von Fassaden durch Rauch und Ruß (BGH LM Nr 18 zu § 906 unter 3 b), das Bespritzen einer Hausfront durch Schlamm bei dessen Abtransport (BGH LM Nr 75 zu § 823 [Dc]), die Übertragung von Hausschwamm durch Bauschutt (RG SeuffA 85 Nr 159). Hierher gehört auch das Beschmieren von Wänden mit politischen Parolen (LG Bonn NJW 1973, 2292, 2293), das regelmäßig nicht durch die Grundrechte des Schädigers gedeckt ist. Schließlich sind zu nennen Beeinträchtigungen, die an gemieteten Wohnungen verursacht werden, so die Beschädigung von Heizungsanlagen durch fehlende Vorsorge gegen Frost (BGH VersR 1965, 165, 166; NJW 1969, 41 f) oder von Eigentum von Mitmietern durch unsorgfältigen Umgang mit Wasch- und Spülmaschinen (OLG Karlsruhe VersR 1974, 1210; OLG Hamm VersR 1978, 47 [LS]). Das Verlegen eines Kabels in eine auf dem fremden Grundstück befindliche Leitung, die durch ein dingliches Recht gesichert ist, stellt zwar eine Eigentumsverletzung dar; diese ist aufgrund der öffentlich-rechtlichen Duldungspflicht etwa des § 97 Abs 1 S 1 TKG aber nicht rechtswidrig (LG Hanau NJW 1997, 3031, 3032 mwNw); allenfalls kommen possessorische Ansprüche in Betracht.

c) **Die Bestimmung durch den Eigentümer**
Geschützt ist das Eigentum in der Gestalt und mit der Bestimmung, die der Berechtigte ihm gegeben hat (BGHZ 70, 102, 109 f; 90, 255, 260 f; BGH VersR 1984, 280, 281 unter II 1; WM 1969, 1042, 1045 unter A II 2 b bei der Frage der Wesentlichkeit iS des § 906 Abs 1 BGB). Daher verletzt auch derjenige fremdes Eigentum, der die Ordnung in einer **Kartei**, **Bibliothek** oder in einem **Archiv** durcheinanderbringt, ohne die dort aufbewahrten Sachen selbst zu beschädigen (BGHZ 76, 216, 219 f; OLG Düsseldorf OLG-Report 1994, 120 [LS]; MünchKomm/MERTENS Rn 112; BGB-RGRK/STEFFEN Rn 20; LARENZ/CANARIS § 76 II 3 b; vBAR 10 f). Strittig, im Ergebnis aber von untergeordneter Bedeutung, ist dabei, ob die Sachgesamtheit als solche als Eigentum zu werten ist (so wohl BGHZ 76, 216, 220; BGB-RGRK/STEFFEN Rn 20) oder aber das Bestimmungsrecht des Eigentümers verletzt ist (vBAR 11); die letztgenannte Auffassung verdient den Vorzug. Wer auf seinem Grundstück **biologischen Landbau** betreibt und dabei durch Herbizide beeinträchtigt wird, die vom Nachbargrundstück stammen, kann nicht darauf verwiesen werden, daß seine Anpflanzungen besonders empfindlich seien, während eine konventionelle Anbauweise den Giften standgehalten hätte, und daher eine Eigentumsverletzung ausscheide (BGHZ 90, 255, 260 f). **Software** kann durch Löschen (OLG Karlsruhe NJW 1996, 200, 201) oder den Einbau von Killerviren verletzt werden (PALANDT/THOMAS Rn 8; ROMBACH CR 1990, 104). Auch den **Aggregatzustand** kann der Eigentümer bestimmen, mit der Konsequenz, daß seine Veränderung das Eigentum verletzt (MünchKomm/MERTENS Rn 96; LARENZ/CANARIS § 76 II 3 b; vBAR 27; ISENBECK NJW 1973, 1755; SCHMID NJW 1973, 2276; MÖSCHEL JuS 1977, 2), etwa die Umwandlung von Eis in Wasser (LARENZ/CANARIS § 76 II 3 b; ISENBECK NJW 1973, 1755), von flüssigem in festes Material (JAUERNIG/TEICHMANN Rn 7; MünchKomm/MERTENS Rn 96 Fn 69; LARENZ/CANARIS § 76 II 3 b; vBAR 27; ISENBECK NJW 1973, 1755; SCHMID NJW 1973, 2276; MÖSCHEL JuS 1977, 2; offen gelassen von BGHZ 66, 388, 394; **aA** OLG Hamm NJW 1973, 760; FINZEL NJW 1973, 761), von Milch in Butter (OLG Karlsruhe VersR 1986, 1125, 1126 f), schließlich auch das Abbinden von Beton durch einen vom Schädiger ausgehenden Defekt im Rotorkübel – und zwar sowohl im Hinblick auf den Beton als auch den Mischer (MünchKomm/MERTENS Rn 78 Fn 101). Natürlich gilt dies auch bei chemischen Veränderungen, etwa dem Verbrennen von Holz. Auch gegen **unerlaubte Werbung** kann sich der Eigentümer wehren (vgl dazu unten Rn C 232).

B 82

d) **Die Gefährdung der Sache**
Zur Verletzung des Eigentums genügt es, daß die Sache einer Gefahr ausgesetzt wird, jedenfalls wenn für einen vernünftigen Menschen die Benutzung dadurch unmöglich wird – etwa weil eine drohende Explosion auf dem Nachbargrundstück die Räumung erfordert (BGH NJW 1977, 2264, 2265; **aA** noch RGZ 50, 225, 227; BGB-RGRK/STEFFEN Rn 18; SCHLECHTRIEM ZfBR 1992, 102 für Gefährdung des Bestellers durch fehlerhaft ausgeführte Werke unter nicht korrekter Berufung auf BGHZ 39, 366 ff) oder weil ein Felsbrocken jederzeit herabzustürzen droht und den Eigentümer daran hindert, sein darunter geparktes Auto zu benutzen. Ebenso genügt ein **begründeter Verdacht**, die Sache sei in Mitleidenschaft gezogen. So liegt es etwa, wenn einem Tierfutter unzulässigerweise Antibiotika beigemengt waren und die damit gefütterten Fische wegen des Verdachts erhöhter Schadstoffbelastung aufgrund eines behördlichen Verbots nicht verkauft

B 83

werden dürfen bzw die Nachfrage auch ohne eine solche formelle Untersagung zum Erliegen kommt (BGHZ 105, 346, 350; LARENZ/CANARIS § 76 II 3 b).

e) Die Störung der Entwicklung

B 84 Entwickelt sich eine Sache aufgrund des Einwirkens des Schädigers nicht richtig, so wird damit ebenfalls das Eigentum beeinträchtigt. Beispiele sind **Wachstumsstörungen** einer Pflanze infolge der Lieferung mangelhafter bzw ungeeigneter Erde (BGH NJW-RR 1993, 793; STOLL, in: FS Nipperdey I [1965] 753; iE auch BGH LM Nr 49 zu § 433 BGB unter II 1; MünchKomm/MERTENS Rn 99 f, jedoch beschränkt auf unfallträchtige Defekte der Vorgüter oder des Herstellungsverfahrens bzw der Verletzung umweltschützender Standards; aA OLG Oldenburg VersR 1993, 1367 als Vorinstanz zu BGH VersR 1993, 1367; G HAGER AcP 184 [1984] 416) oder der Verderb von Bruteiern wegen des Abschaltens des Stroms (BGHZ 41, 123, 125; JAUERNIG/TEICHMANN Rn 7; PALANDT/THOMAS Rn 9; MünchKomm/MERTENS Rn 96; MEDICUS, Bürgerliches Recht [17. Aufl 1996] Rn 612; vBAR 27).

f) Die Modalität der Verletzung

B 85 Die Modalität der Verletzung spielt keine Rolle. Demgemäß ist ein unmittelbarer Kausalverlauf nicht gefordert; es genügt auch ein mittelbarer (OLG Celle r+s 1998, 109) – etwa der Verkauf überalterter Reifen, die zur Zerstörung des Fahrzeugs führen (OLG Düsseldorf NZV 1997, 21). So kann das Eigentum namentlich durch die **Unterbrechung** von **Versorgungseinrichtungen** tangiert werden (BGHZ 41, 123, 125; 64, 355, 360; MünchKomm/MERTENS Rn 96 f; MEDICUS, Bürgerliches Recht [17. Aufl 1996] Rn 612; vBAR 27; GLÜCKERT AcP 166 [1966] 314 f). Daran wird **zwar vereinzelt gezweifelt**, da der Betroffene nicht kraft Eigentums hätte verlangen können, daß die Stromzufuhr aufrechterhalten bleibe. Hätte der Stromlieferant zu gewärtigen, daß er fremdes Eigentum zerstöre, das beim Abnehmer in Kühlfächern lagert, könnte er nicht einmal bei Zahlungsverzug seines Kunden den Strom abstellen. Das Eigentum werde demgegenüber nur tangiert, wenn mit dem zuerst verletzten Gegenstand in einer Weise verfahren werde, die die Grenze der seinem Inhaber erlaubten Rechtsausübung überschreite und im Widerspruch auch zum Inhalt des als zweiten verletzten Rechts stehe. Dazu genüge die Verletzung des relativen Rechts auf Stromlieferung nicht (FRAENKEL 148 f; ebenso iE SCHWENZER JZ 1988, 529 Rn 58). Dem ist **nicht zu folgen**. Zwar mag in der Tat ein Anspruch zu verneinen sein, wenn und soweit der Schädiger keine Verkehrspflicht verletzt hat (so G HAGER JZ 1979, 56, der aus diesem Grund eine Eigentumsverletzung entgegen BGHZ 41, 123 f ablehnt). Doch kann das nicht pauschal unterstellt werden, um so mittelbare Verletzungen weithin dem Schutz des § 823 Abs 1 zu entziehen (MünchKomm/MERTENS Rn 96; SOERGEL/ZEUNER Rn 43); das gilt um so mehr, als die Formel der Gegenansicht nicht näher begründet wird. Dieselben Vorbehalte gelten gegenüber dem Versuch, die Haftung für Substanzschäden aufgrund von Stromunterbrechungen generell über das Recht am eingerichteten und ausgeübten Gewerbebetrieb zu lösen (so der Vorschlag von BRÜGGEMEIER Rn 321). Dabei wird übersehen, daß dasselbe Problem auch bei der Störung von Versorgungsleitungen in Privathaushalten auftreten kann und deswegen jedenfalls dort auf das Eigentum als geschütztes Recht zurückgegriffen werden muß (ZEUNER, in: FS FLUME [1978] 777).

g) Unwirksame Schutzmaßnahmen

B 86 Da eine **mittelbare Verursachung** ausreicht, kann die Schädigung auch darauf beruhen, daß der Eigentümer im Vertrauen auf – wie sich später herausstellt: unwirksame – Maßnahmen Dritter eigene Sicherheitsvorkehrungen unterläßt (BGHZ 80, 186, 189 f; 80,

199, 201, BGH NJW 1985, 194; 1994, 517, 518; LM Nr 50 zu § 823 [Ac] unter II 2 a bb; OLG Hamburg VersR 1983, 882; OLG Oldenburg VersR 1986, 1003; 1986, 1006; SOERGEL/ZEUNER vor § 823 Rn 50; BGB-RGRK/STEFFEN Rn 277; WALTER, Kaufrecht [1987] § 9 IV 4 b = 432 f; REINICKE/TIEDTKE, Kaufrecht [6. Aufl 1997] Rn 780 ff; STOLL JZ 1983, 504 Fn 17; DIEDERICHSEN VersR 1984, 798 f). So liegt es namentlich bei der **Wirkungslosigkeit von Pflanzenschutzmitteln** (BGHZ 80, 186, 189; 80, 199, 201). Dies wird zwar **in der Literatur als zu weit gehend kritisiert**, weil nur die Erwartungen an die Leistungsfähigkeit enttäuscht worden seien; über deren Schutz zu befinden sei aber Sache des Vertrags- und nicht des Deliktsrechts (KÖTZ Rn 69; G HAGER AcP 184 [1984] 415 f; ders BB 1987, 1749 f; SCHWENZER JZ 1988, 528; KOCH, Produkthaftung [1995] 282, 285). Doch ist schon die **Prämisse in dieser Allgemeinheit nicht haltbar**. Wäre in derartigen Fällen nur das Vertragsrecht angesprochen, so gäbe es auch keinen deliktischen Schutz dagegen, daß ein Apotheker Medikamente verwechselt und dem Kranken statt der lebensrettenden oder lindernden Arznei ein in diesem Fall wirkungsloses Hustenmittel aushändigt. Daß es einmal um Leben bzw Gesundheit, das andere Mal um Eigentum geht, kann für die grundsätzliche Abgrenzung zwischen Vertrag und Delikt keine Rolle spielen. Auch ist **vom Ergebnis her schwer einzusehen**, warum der zum Schutz des Eigentums eingesetzte Wachmann nicht haften soll, wenn er bei Beschädigungen nicht eingreift und, da er beim Bewachungsunternehmen angestellt ist, auch nicht selbst aufgrund des Bewachungsvertrages haftet. Die Tatsache, daß das Eigentum durch Unterlassen bzw durch Wirkungslosigkeit des Produkts beschädigt wird, kann unter dem Aspekt eine Rolle spielen, ob das Unterlassen zurechenbar war bzw ob eine Verkehrspflicht verletzt wurde; dies bedeutet indes nicht, daß bereits das Eigentum nicht in Mitleidenschaft gezogen wäre.

h) Die Veranlassung zur Selbstbeschädigung
Die hM will es nicht ausreichen lassen, daß der Eigentümer zur Zerstörung bzw Weggabe seiner Sache oder auch zur Übertragung seines Eigentums veranlaßt wird; betroffen sei dann **nur seine Entscheidungsfreiheit und damit sein Vermögen** (LARENZ/CANARIS § 76 II 3 f; SACK WRP 1976, 735; STOLL JZ 1988, 153). Doch überzeugt diese Einschränkung nicht. Zum einen fällt die Parallele zum Fall der Nierenspende durch die Mutter der verletzten Tochter ins Auge (vgl oben Rn B 10); dort ist nicht nur die eigene Entscheidungsfreiheit verletzt. Das gleiche gilt, wenn aufgrund einer falschen Auskunft der Eigentümer eines neuen Schiffes dieses nicht regattatauglich erstellen läßt; verletzt wird damit auch das Mitgliedschaftsrecht als sonstiges Recht (BGHZ 110, 323, 327, 334; vgl genauer unten Rn B 144), obgleich man auch hier von der Beeinträchtigung ausschließlich der Entscheidungsfreiheit sprechen könnte. Zum anderen kann das Handeln des Eigentümers selbst durchaus der letzte Beitrag in der Kausalkette sein, wenn es vom Schädiger herausgefordert wurde; so liegt es etwa, wenn er ein Gewindeschneidemittel verwendet, das an den ihm gehörenden Rohren schwer lösliche Rückstände hinterläßt (BGH NJW 1994, 517, 518; NJW-RR 1995, 342), einen Lack einsetzt, der das Holz verfaulen läßt (BGH NJW-RR 1992, 283 f; zum Sachverhalt vgl OLG Düsseldorf NJW-RR 1992, 284), wegen eines falschen Winkzeichens ein Fahrmanöver beginnt, bei dem der Kraftwagen beschädigt wird (OLG Koblenz NJW 1962, 1515, 1516 f; iE, nicht jedoch wegen fehlernder Eigentumsverletzung abl Anm WEITNAUER; OLG Frankfurt aM NJW 1965, 1334, 1336; STOLL JZ 1983, 504), oder fehlerhafte Teile in sein bislang intaktes Eigentum einbaut, das beim Wiederausbau notwendigerweise ganz oder partiell zerstört wird (BGHZ 117, 183, 189; BGH NJW 1998, 1942, 1943; aA BRÜGGEMEIER/HERBST JZ 1992, 804; FOERSTE NJW 1998, 2878). Dem muß natürlich gleichgestellt werden, wenn die

Selbstschädigung des Eigentümers vom Täter vorsätzlich provoziert wird (so auch Brox JZ 1965, 518). Es wäre schwer nachzuvollziehen, worin der wertungsmäßige Unterschied zwischen dieser herausgeforderten und der vom Täter eigenhändig vorgenommenen Beeinträchtigung liegen soll. Behandelt man diese Fälle gleich, hat dasselbe auch bei der durch den Schädiger hervorgerufenen Weggabe bzw Übereignung durch den Berechtigten selbst zu gelten.

i) **Immissionen**

B 88 Auch Immissionen können das Eigentum verletzen (BGHZ 62, 186, 187; 90, 255, 257 f; 101, 106, 109; 120, 239, 249; OLG Celle r+s 1998, 109). Der Schwerpunkt der Problematik liegt allerdings auf der Duldungspflicht nach den §§ 906 ff. Sie grenzen den rechtmäßigen vom rechtswidrigen Gebrauch ab und bestimmen so gleichzeitig den Anwendungsbereich des § 823 Abs 1 (BGHZ 44, 130, 134; 90, 255, 258; 92, 143, 148; 101, 106, 109; 113, 384, 390; 117, 110, 111; 120, 239, 249; BGH NJW 1980, 2580; 1997, 2595, 2596; Soergel/Zeuner Rn 36; BGB-RGRK/Steffen Rn 17; Staudinger/Roth [1996] § 906 Rn 57; vgl auch unten Rn B 189); entsprechendes gilt für die naturschutzrechtlichen Bestimmungen (BGHZ 120, 239, 249; Soergel/Zeuner Rn 36). Diese Normen entscheiden auch über das Problem der negativen Einwirkungen und der ideellen Immissionen.

8. Die Beeinträchtiung der Nutzungsmöglichkeit

B 89 Nach wie vor nicht abschließend geklärt ist die **Abgrenzung** zwischen der **Eigentumsverletzung und der Dispositionsbeeinträchtigung**, die grundsätzlich nur zu einem durch § 823 Abs 1 nicht abgedeckten Vermögensschaden führt (BGHZ 86, 152, 155; BGH LM Nr 27 zu § 823 [Ac] unter 4; OLG Karlsruhe VersR 1975, 36, 37). Der Eigentümer kann in derartigen Fällen seine Sache nicht so verwenden, wie er dies plant. Ein Schiff erreicht etwa nicht das gewünschte Ziel, da der Zufahrtskanal gesperrt wird; ein Hafen kann nicht angelaufen werden, weil der ihn erschließende Kanal leergelaufen ist; ein Stromkabel wird gekappt und damit die durch das Kabel versorgte Fabrik lahmgelegt. **Nicht in diese Gruppe** gehören allerdings sog sachbezogene Funktionsstörungen, die daraus resultieren, daß das Eigentum selbst in Mitleidenschaft gezogen wird und deswegen nicht bestimmungsgemäß zu verwenden ist, etwa durch das Verstopfen einer Leitung oder durch die Beeinträchtigung der Sicherungsfunktion einer Schließanlage (MünchKomm/Mertens Rn 90 mit weiteren Beispielen). Einig ist man sich ferner darüber, daß die Nutzungsstörung **die Sache selbst betreffen muß** und **nicht bloß die Person des Berechtigten** (BGHZ 63, 203, 206; BGH NJW 1977, 2264, 2265; KG NJW-RR 1993, 1438; OLG Celle r+s 1998, 109; Soergel/Zeuner Rn 33; Medicus, Schuldrecht BT Rn 797; Zeuner, in: FS Flume [1978] 778 f, der eine Ausnahme zuzubilligen bereit ist, wenn ein Grundstück nur beim Aufenthalt einer Person durch Emissionen beeinträchtigt wird). So ist die bloße Entziehung der Fahrerlaubnis keine Eigentumsverletzung am Wagen, da dieser ja von anderen Personen benutzt werden kann (BGHZ 63, 203, 206 ; Medicus, Schuldrecht BT Rn 797). Anders liegt es dagegen, wenn wegen des Entzugs des Kfz-Scheins das Auto von niemandem gefahren werden darf (BGHZ 63, 203, 206; Medicus, Schuldrecht BT Rn 797). Als gesichert kann umgekehrt gelten, daß das Eigentum **ohne Eingriff in die Substanz** verletzt werden kann (BGHZ 55, 153, 159 f; 63, 203, 209; 67, 378, 382; 137, 89, 97; BGH NJW 1977, 2264, 2265; 1989, 2251, 2252; 1990, 908, 909; 1994, 517, 518; NJW-RR 1995, 342; BGH LM Nr 27 zu § 823 [Ac] unter 3; Nr 51 zu § 823 [Ac] unter II 2 b; Palandt/Thomas Rn 8; Erman/Schiemann Rn 31; BGB-RGRK/Steffen Rn 21; Larenz/Canaris § 76 II 3 c; Zeuner, in: FS Flume [1978] 778; wohl auch BGHZ 86, 152, 155; Brüggemeier JZ 1994, 578; **aA** noch RG HRR

1934 Nr 803; 1935 Nr 1068; OLG Köln VersR 1980, 539, 540; SCHMID NJW 1975, 2056; wohl auch FOERSTE NJW 1994, 910 f). Darüber hinaus ist vieles unklar und umstritten.

a) Die hM
aa) Die Bejahung der Eigentumsverletzung

Die hM ist nicht ganz einheitlich. Sie spricht regelmäßig davon, das **Eigentum sei verletzt**, wenn eine das Eigentumsrecht beeinträchtigende **tatsächliche Einwirkung auf die Sache** vorliege (BGHZ 55, 153, 159; 63, 203, 206; 67, 378, 382; 105, 346, 350; BGH NJW 1977, 2264, 2265; 1990, 908, 909; 1998, 377, 380; LM Nr 27 zu § 823 [Ac] unter 3; Nr 51 zu § 823 [Ac] unter II 2 b; OLG Hamburg VersR 1983, 1057, 1058; OLG Celle r+s 1998, 109; AG Bonn zfs 1993, 4, 5; ERMAN/SCHIEMANN Rn 31; BGB-RGRK/STEFFEN Rn 21; FIKENTSCHER Rn 1212; DÖRNER JuS 1978, 667; G HAGER JZ 1979, 55, da das eingesperrte Schiff in ganz singulärer Weise betroffen sei und ein ungleich intensiverer Eingriff als bei einer Produktionsunterbrechung vorliege; ROSENBACH 102), die deren Benutzung (BGHZ 63, 203, 206; 137, 89, 97; BGH NJW 1977, 2264, 2265; 1990, 908, 909; 1998, 1942, 1943; LM Nr 51 zu § 823 [Ac] unter II 2 b; BGB-RGRK/STEFFEN Rn 21; DÖRNER JuS 1978, 667) oder Verkauf (BGHZ 105, 346, 350; BGH NJW 1990, 908, 909; JAUERNIG/TEICHMANN Rn 8; PALANDT/THOMAS Rn 9; ERMAN/SCHIEMANN Rn 31) verhindere, etwa wenn aufgrund der Beimengung von Antibiotika zum Futter die Behörde ein allgemeines Verkaufsverbot verhänge. Dies gilt auch, soweit Tiere von der Verkaufssperre betroffen waren, die das kontaminierte Futter nicht gefressen hatten (BGHZ 105, 346, 350). In neueren Entscheidungen fordert das Gericht **eine nicht unerhebliche Beeinträchtigung der bestimmungsgemäßen Verwendung** der Sache (BGH NJW 1994, 517, 518; 1998, 1942, 1943; NJW-RR 1995, 342; VG Hannover VersR 1994, 552, 553; der Sache nach auch BGHZ 105, 346, 350). Demgemäß wurde der Tatbestand des § 823 Abs 1 BGB bejaht, wenn ein Schiff eine **gesperrte Wasserstraße** nicht verlassen und so nicht verwendet werden konnte (BGHZ 55, 153, 159; zust JAUERNIG/TEICHMANN Rn 8; ERMAN/SCHIEMANN Rn 31; SOERGEL/ZEUNER Rn 33; MünchKomm/MERTENS Rn 115; BGB-RGRK/STEFFEN Rn 21; LARENZ/CANARIS § 76 II 3 c; vBAR 31; ZEUNER, in: FS Flume [1978] 786 f; G HAGER JZ 1979, 55 f; aA RG Gruchot 68, 76, 79 [obiter]) oder die Ausfahrt für ein Kfz versperrt war (BGHZ 63, 203, 206; SOERGEL/ZEUNER Rn 33; BGB-RGRK/STEFFEN Rn 21; LARENZ/CANARIS § 76 II 3 c; ZEUNER, in: FS Flume [1978] 787; DÖRNER JuS 1978, 667; GRÜNEBERG NJW 1992, 945 f). Muß ein Grundstück wegen der **Explosionsgefahr** auf dem Nachbargrundstück geräumt werden, so ist damit ebenfalls das Eigentum verletzt (BGH NJW 1977, 2264, 2265; SOERGEL/ZEUNER Rn 33; BGB-RGRK/STEFFEN Rn 21; GRÜNEBERG NJW 1992, 948; ROSENBACH 114, 118 f). Dasselbe gilt, wenn ein nicht geschmacks- und geruchsneutrales Gewindeschneidemittel **Rückstände** an den vom Eigentümer bearbeiteten Rohren hinterläßt, die eine kostenaufwendige Spülung der Rohre mit Chemikalien notwendig machen (BGH NJW 1994, 517, 518 unter II 2; NJW-RR 1995, 342; FOERSTE NJW 1994, 910 bejaht eine Substanzverletzung wie bei einer nur mit Aufwand zu beseitigenden Schmiererei an einer Wand; ähnl BRÜGGEMEIER JZ 1994, 578), wenn **Waren** möglicherweise **verunreinigt sind** und bis zur Klärung des Befundes nicht transportiert werden können (OLG Hamburg VersR 1983, 1057, 1058).

bb) Die Verneinung der Eigentumsverletzung

Dagegen wurde die **Beeinträchtigung des Eigentums** verneint, wenn nach einem vom Täter verursachten Unfall die intakt gebliebene Ware umgeladen werden mußte (BGH LM Nr 27 zu § 823 [Ac] unter 3; OLG Karlsruhe VersR 1975, 36, 37; ROSENBACH 106; zögernd, iE aber zust vBAR 31; skeptisch MünchKomm/MERTENS Rn 115 mit Fn 237, der bei der Aufhebung der Transportfähigkeit frachtkostenintensiver Massengüter die Eigentumsverletzung bejaht; **aA** MÖSCHEL JuS 1977, 3), wenn Wein infolge schadhafter Korken umgefüllt werden mußte, ohne daß der Wein selbst an Qualität verloren hatte (BGH NJW 1990, 908, 909), wenn der Zugang zum Eigentum erschwert wurde, im entschiedenen Fall dadurch, daß wegen eines parallel laufenden Stromkabels eine dem Kläger gehörende Wasserleitung nur mehr erreicht werden konnte, wenn man per Hand ausschachtete (BGH NJW 1998, 377, 380; LM Nr 51 zu § 823 [Ac] unter II 2 b; zust PALANDT/THOMAS Rn 10; LARENZ/CANARIS § 76 II 3 c mit Fn 46). Desgleichen soll keine Eigentumsverletzung vorliegen, wenn die Zufahrt zu einem Grundstück **kurzfristig blockiert** wird (BGH NJW 1977, 2264, 2265; 1998, 377, 380; zust MünchKomm/MERTENS Rn 115; DÖRNER JuS 1978, 667, der indes [wohl] eine Verletzung des Eigentums am Grundstück bejaht; GRÜNEBERG NJW 1992, 946, 947; ROSENBACH 116; **aA** JAUERNIG/TEICHMANN Rn 8; ERMAN/SCHIEMANN Rn 31; anders im Rahmen eines enteignungsgleichen Eingriffs auch BGHZ 30, 241, 243 ff; dieser Entscheidung zust ERMAN/SCHIEMANN Rn 31; SOERGEL/ZEUNER Rn 33; ders, in: FS Flume [1978] 780; MünchKomm/MERTENS Rn 115), es sei denn, es gehe um eine mit dem Notwegerecht des § 917 vergleichbare Situation (LARENZ/CANARIS § 76 II 3 c; ZEUNER, in: FS Flume [1978] 779 f) oder die Blockade erfolge durch einen unmittelbaren oder gar finalen Eingriff (AG Bonn NZV 1992, 450; LARENZ/ CANARIS § 76 II 3 c; ähnl ZEUNER, in: FS Flume [1978] 782, 787). Ebenso soll § 823 Abs 1 zu verneinen sein, wenn ein Auto in einem von einem anderen **verursachten Stau stekkenbleibt** (BGH NJW 1977, 2264, 2265 [obiter]; SOERGEL/ZEUNER Rn 33; MünchKomm/MERTENS Rn 115; LARENZ/CANARIS § 76 II 3 c) oder eine Fabrik wegen **Unterbrechung der Stromzufuhr** nicht arbeiten kann (BGHZ 29, 65, 75; BayObLG VersR 1967, 459; LARENZ/CANARIS § 76 II 3 c; ROSENBACH 128 f; vgl auch BGHZ 66, 388, 393 f; BGH NJW 1977, 2208 f; FIKENTSCHER, in: FS Kronstein [1967] 290 unter dem Aspekt des Eingriffs in den eingerichteten und ausgeübten Gewerbebetrieb), wenn ein Schiff **nur einen bestimmten Kanal nicht befahren**, ansonsten aber eingesetzt werden kann, da es dann dem natürlichen Gebrauch nicht entzogen sei (BGHZ 55, 153, 160; LARENZ/CANARIS § 76 II 3 c; ZEUNER, in: FS Flume [1978] 786; G HAGER JZ 1979, 55 f), schließlich wenn ein Hafen wegen der Sperre seiner einzigen Zufahrt auf der Wasserseite nicht von Schiffen erreicht werden kann, da die Anlage als solche benutzbar geblieben sei (BGHZ 86, 152, 155; LARENZ/CANARIS § 76 II 3 c; MÜLLER-GRAFF JZ 1983, 863, da das Nutzungsrisiko regelmäßig beim Eigentümer liege und auch durch die Verkehrspflicht nicht die jederzeitige Befahrbarkeit garantiert werde).

cc) Die dogmatische Begründung

B 92 Unter **dogmatischem Aspekt** rechtfertigen die Anhänger des BGH das Ergebnis vor allem mit dem Hinweis, das Einsperren des Schiffes nehme dem Eigentümer die Befugnis, den Ort seiner beweglichen Sache zu bestimmen, und wirke so wie eine **zeitweilige Wegnahme**; dagegen schließe die Befugnis des Eigentümers, mit seiner Sache nach Belieben zu verfahren, nicht das Recht ein, zu diesem Zweck gerade Sachen Dritter zu benutzen; das erkläre ebenso wie die Parallele zur Freiheitsentziehung, warum das Aussperren nicht unter § 823 Abs 1 falle (LARENZ/CANARIS § 76 II 3 c). Darüber hinaus sei der **Schutzzweckzusammenhang** zu beachten. So sei eine Eigentumsverletzung zu verneinen, soweit es um den Schaden gehe, der dadurch entstehe, daß das eingesperrte Schiff den Vertrag mit dem am unpassierbaren Stück liegenden Abnehmer nicht erfüllen könne; hier lasse sich das Ein- in ein Aussperren umdenken, ohne daß der Schaden entfiele (LARENZ/CANARIS § 76 II 3 c). Bei Grundstücken umfasse das Eigentum nicht das Recht, umliegende Straßen zu benutzen, bei Staus falle der Schaden nicht in den Schutzbereich der verletzten Norm, die nur Beeinträchtigungen an Leib und Leben abwehren solle (LARENZ/CANARIS § 76 II 3 c). Ein ähnlicher Gesichtspunkt ist es, wenn die Eigentumsverletzung dort verneint wird, wo die Begründung oder die Erfüllung eines Vertragsverhältnisses gestört werde, das der Nutzung bzw Verwertung einer Sache dienen solle (ZEUNER, in: FS Flume [1978] 784; zust MünchKomm/MERTENS Rn 116). Das führe dazu, den Tatbestand des § 823 Abs 1 beim Ausfall der Maschinen durch Unterbrechung des Stroms ebenso zu verneinen wie bei den ausgesperrten Schiffen (ZEUNER, in: FS Flume [1978] 784 f).

b) Die Gegenthesen
aa) Eigentumsverletzung bei jeder Beeinträchtigung
Zumeist in den Fällen des Produktionsausfalls durch die unterbrochene Stromzufuhr **B 93** bejaht ein Teil der Lehre einen Eingriff in das Eigentum mit vom Wortlaut her leicht variierenden Formulierungen, die in der Sache jedoch im wesentlichen auf dasselbe hinauslaufen. Es könne keinen Unterschied machen, **ob eine Sache zerstört werde oder ob sie nicht bestimmungsgemäß einzusetzen sei** (NEUMANN-DUESBERG NJW 1968, 1990; MÖSCHEL JuS 1977, 2, 4; JAHR AcP 183 [1983] 751 ff mit dem Vergleich zu einem durch Zeitablauf ohne Nutzungsmöglichkeit entwerteten Nießbrauch; iE [über das Recht am eingerichteten und ausgeübten Gewerbebetrieb] GLÜCKERT AcP 166 [1966] 317 ff; wohl auch MEDICUS, Schuldrecht BT Rn 797; ders, Bürgerliches Recht [17. Aufl 1996] Rn 613; skeptisch, iE der Differenzierung des BGH aber wohl zust vCAEMMERER ZHR 127 [1965] 247; K SCHMIDT JuS 1993, 991; für beide Fälle – im Rahmen des Gewerbebetriebs – aA WIETHÖLTER KritJ 1970, 130). Dazu zählen die Verfechter eines erweiterten Anwendungsbereichs namentlich die Fälle, in denen das Eigentum nicht bestimmungsgemäß verwendet werden kann, etwa weil die Energie (NEUMANN-DUESBERG NJW 1968, 1990; MÖSCHEL JuS 1977, 4; wohl auch MEDICUS, Schuldrecht BT Rn 797; ders, Bürgerliches Recht [17. Aufl 1996] Rn 613) oder die Zufahrt (JAUERNIG/TEICHMANN Rn 8; wohl auch MEDICUS, Bürgerliches Recht [17. Aufl 1996] Rn 613) blockiert sind. Dies gelte allerdings nur, wenn die sozialtypische Verwendungsfunktion gestört sei, nicht dagegen bei einem vom Eigentümer gesetzten Akzidens (MÖSCHEL JuS 1977, 4; aA MÜLLER-GRAFF JZ 1983, 863). Eine Spielart dieser These geht von einem umfassend verstandenen Schutz des Eigentums aus (BOECKEN 208 ff), relativiert ihn aber durch eine analoge Anwendung des § 906 (BOECKEN 266 ff; ähnl ROSENBACH 71, 82 ff, 123 f; aA SOERGEL/ZEUNER Rn 34; MünchKomm/MERTENS Rn 113 Fn 230).

bb) Eigentumsverletzung bei Auswirkung auf den Marktwert
Eine am Wert der Sache orientierte Auffassung will danach differenzieren, ob die auf **B 94** die **Sach-Umwelt-Relation** einwirkende Veränderung den Gebrauch der Sache für einen so erheblichen Zeitraum aufhebe oder so nachhaltig störe, daß dadurch der Marktwert herabgesetzt werde (MünchKomm/MERTENS Rn 113; KÖTZ Rn 60; iE auch BRÜGGEMEIER Rn 320; aA SOERGEL/ZEUNER Rn 34; LARENZ/CANARIS § 76 II 3 c; MÜLLER-GRAFF JZ 1983, 862). Freilich vermögen eine Reihe der aus diesem Ansatz abgeleiteten Folgerungen nicht zu überzeugen. So sollen Schäden in den Stromkabelfällen nicht ersatzfähig sein (MünchKomm/MERTENS Rn 116 ff), obwohl zumindest eine längere Unterbrechung sich auf den **Marktwert des Unternehmens** niederschlagen müßte. Die unterschiedliche Lösung bei Beeinträchtigungen der Substanz bzw bei Störungen des Gebrauchs jeweils mit dem Gesichtspunkt der Versicherungsmöglichkeit zu begründen (MünchKomm/MERTENS Rn 117 bzw 118) überzeugt schon deswegen nicht, weil sich die Bauunternehmer ohnehin versichern müssen und übermäßige Schäden durch Produktionsausfälle nach § 254 BGB den beeinträchtigten Unternehmern zur Last fallen, soweit sie nicht hinreichend für derartige Notfälle Vorsorge getroffen haben. Auch ist es nicht selbstverständlich, daß sich die vorübergehende Blockade der Zufahrt eines Grundstücks ebensowenig im Marktwert niederschlagen soll (so indes MünchKomm/MERTENS Rn 115; anders will er entscheiden, wenn es – wie im Fall BGHZ 86,

152 – um ein lang dauerndes Zugangshindernis geht) wie das Einparken eines Kfz, das den Eigentümer am Wegfahren hindert (MünchKomm/Mertens Rn 115, der den Marktwert erst bei längerer Zeit als herabgesetzt ansieht; skeptisch Müller-Graff JZ 1983, 862). Die Beschränkung auf die Sach-Umwelt-Relation wird zudem nicht näher begründet. Daß eine Eigentumsverletzung von vornherein ausscheidet, wenn ein für die Funktionstauglichkeit notwendiges Stück in rechtswidriger Weise nicht geliefert wird (MünchKomm/Mertens Rn 120), ist angesichts der Parallele zum Arzt, der kraft Vertrages zum Einschreiten verpflichtet ist und der durch die Unterlassung die Gesundheit schädigen kann, nicht zwingend. Vor allem ist der Marktwert ein Kriterium, dessen Wirkkraft erst nachzuweisen wäre; so müssen der Ausfall und die Wertminderung keineswegs deckungsgleich sein. Eigentum genießt denn auch Schutz nicht nur als Träger eines Marktwerts (Soergel/Zeuner Rn 34).

cc) Eingriff in den Gewerbebetrieb

B 95 Auf der anderen Seite wird vorgeschlagen, sämtliche Fälle nicht dem Schutz des Eigentums zu unterstellen, sondern unter dem Aspekt des Eingriffs in den eingerichteten und ausgeübten Gewerbebetrieb zu überprüfen (Brüggemeier Rn 321; ders VersR 1984, 904). Auch das überzeugt nicht. Denn damit würden zum einen wiederum Privatleute benachteiligt, die etwa wegen einer zugeparkten Ausfahrt ihr Auto nicht benutzen können und dadurch Schaden erleiden. Zum anderen sollte man auf den subsidiären Schutz durch das Recht am Gewerbebetrieb nur dort rekurrieren, wo nicht auf ausdrücklich geregelte Rechte zurückgegriffen werden kann.

c) Die bestimmungsgemäße Verwendung

B 96 Die Schwierigkeiten rühren von **zwei divergierenden Prinzipien** des BGB her. Auf der einen Seite kann der Eigentümer nach § 903 S 1 – an den § 823 Abs 1 anknüpft (vgl oben Rn B 58) – sein Eigentum beliebig verwenden, auf der anderen gibt es keinen Schutz über § 823 Abs 1 für den mittelbar Geschädigten, der nur einen primären Vermögensschaden erlitten hat. Deshalb können nahe beieinander liegende Fälle sich im Resultat diametral unterscheiden (vgl zB BGHZ 66, 388, 394, der dies als Konsequenz der verbindlichen allgemeinen Entscheidung des geltenden Deliktsrechts bezeichnet; Soergel/Zeuner Rn 110; ferner vCaemmerer ZHR 127 [1965] 248 [„pauschal und roh"]; K Schmidt JuS 1993, 991, der die Unterschiede iE indes akzeptiert). So ist dem Unternehmer auch der Produktionsausfall zu ersetzen, wenn er Eigentümer des zerstörten Kabels war (vCaemmerer ZHR 127 [1965] 247), umgekehrt könnte sogar bei Substanzbeschädigungen der Anspruch zweifelhaft sein, wenn etwa Bruteier verderben, weil eine Batterie, die die Brutkästen speisen sollte, auf dem Transport von einem Dritten beschädigt wird und Ersatz nicht rechtzeitig beschafft werden kann.

aa) Die nicht unerhebliche Beeinträchtigung der bestimmungsgemäßen Verwendung

B 97 Um derartige Wertungswidersprüche nicht allzusehr überhandnehmen zu lassen, ist mit der neueren Rechtsprechung die **nicht unerhebliche Beeinträchtigung der bestimmungsgemäßen Verwendung** als Eigentumsverletzung anzusehen (BGH NJW 1994, 517, 518; 1998, 1942, 1943; NJW-RR 1995, 342; OLG Hamburg VersR 1983, 1057, 1058; vgl ferner BGHZ 105, 346, 350; BGH NJW 1990, 908, 909; abl Brüggemeier JZ 1994, 578). Damit ist gewährleistet, daß neben der Substanz auch der geplante Einsatz unter dem Schutz des § 823 Abs 1 steht. Nur diese Lösung sichert den **vorbeugenden Unterlassungsanspruch**, müßte doch ansonsten der Eigentümer der Fabrik tatenlos zusehen, wie in der Nähe der Kabel grob fahrlässig die Sicherheitsvorschriften mißachtet werden und mit Maschinen anstatt mit der Hand ausgeschachtet wird. Außerdem wird die Unstimmigkeit vermieden, die sich bei einem Mitverschulden des Eigentümers der Energieleitung ergäbe. Er haftete dann dem Unternehmer auf Ersatz des Fabrikationsausfalls – auf einen Schaden, den er anteilig vom Bauunternehmer liquidieren könnte. Die Argumente der **hM überzeugen demgegenüber nicht.** Wenn etwa ein Hafen seine einzige Zufahrt verliert und nicht mehr betrieben werden kann, so läßt sich mit dem Eigentum nichts mehr anfangen; seine einzige mögliche Verwendungsmöglichkeit ist damit verhindert, so daß der Unterschied zu einem eingesperrten Schiff verschwimmt. Das deutet übrigens auch der BGH an, da er davon spricht, eine andere Beurteilung komme in Frage, wenn die Sperrung den Wert der Anlage selbst vermindert habe (BGHZ 86, 152, 155). Das ist indes zum einen der Fall, wenn der Hafen etwa vermietet war und der Mieter wegen der ausbleibenden Kunden die Mietzahlung einstellt, gilt zum anderen regelmäßig auch bei einer Nutzung durch den Eigentümer selbst. Daß schließlich nur ein Vertragsverhältnis gestört werde, wenn der Strom durch die Handlung des Täters ausfalle, widerspricht dem sonst gängigen Dogma, wonach deliktische und vertragliche Haftung konkurrieren können, zumal wenn es um zwei verschiedene Schuldner geht. Damit wird nicht etwa die Voraussetzung aufgegeben, daß der Anspruchsteller selbst in seinem Eigentum verletzt sein muß, sondern nur der Begriff der Verletzung gegenüber der früheren Rechtsprechung erweitert.

bb) Praktische Konsequenzen

Das bedeutet, daß dem BGH im Fall der **ein- bzw ausgesperrten Schiffe** zu folgen ist, **B 98** daß dagegen die **fehlende Versorgung eines Grundstücks** mit Energie bzw Rohmaterial oder der **unterbrochene Zugang** zu einem Hafen ebenso das Eigentum verletzt wie die **Blockade eines Grundstücks**, das nicht mehr angefahren werden kann. Schäden durch Verderb wie aufgrund eines Produktionsstopps fallen in gleicher Weise unter den Schutz des Eigentums. Alle diese Fälle werden so einheitlich gelöst, namentlich gibt es keinen Unterschied je nachdem, ob der Eigentümer des Grundstücks an der Aus- oder an der Einfahrt gehindert wird. Dagegen ist in aller Regel nicht der Eigentümer eines Theaters ersatzberechtigt, wenn der Hauptdarsteller verletzt wird; gewöhnlicherweise kommt es dabei nicht zu einer nicht unerheblichen Beeinträchtigung des Theaters.

cc) Das Mitverschulden des Geschädigten

Allerdings wird in vielen Fällen dem Geschädigten **Mitverschulden** gemäß § 254 BGB **B 99** entgegenzuhalten sein, so etwa wenn er kein Notstromaggregat (MünchKomm/Mertens Rn 118) oder eine zu geringe Lagerhaltung hat; dies kann so weit gehen, daß der Schadensersatz zur Gänze entfällt (MünchKomm/Mertens Rn 118).

d) Die Rechtswidrigkeit bei Blockaden (vgl unten Rn D 45 f) **B 100**

9. Die unbefugte Nutzung durch Dritte

Von der Frage, inwieweit der Eigentümer Ersatz verlangen kann, weil er die Sache **B 101** wegen der Einwirkung des Täters nicht bestimmungsgemäß verwenden kann, ist das Problem der Eigentumsverletzung durch Nutzung der Sache von dritter Seite zu unterscheiden.

a) Der Entzug der Sache

B 102 Vom Ergebnis her unproblematisch ist das bei einer Wegnahme der Sache, vor allem durch **Diebstahl** (RGZ 57, 138, 140; BGHZ 75, 230, 231; OLG Hamburg VersR 1987, 1057, 1058; PALANDT/THOMAS Rn 8; SOERGEL/ZEUNER Rn 35; MünchKomm/MERTENS Rn 90; BGB-RGRK/ STEFFEN Rn 23; BRÜGGEMEIER Rn 326; DEUTSCH JZ 1980, 102; ders, 51. DJT [1976] E 23; CANARIS NJW 1974, 521; WOLLSCHLÄGER NJW 1976, 13) oder **Unterschlagung** (BGB-RGRK/STEFFEN Rn 23) bzw durch deren Qualifikationen, obwohl hier – anders als bei Verfügungen Nichtberechtigter, die zur Zuordnung des Rechts an Dritte führen – das Eigentum als Recht natürlich unangetastet bleibt. Doch kann der Inhaber seine Sache wenigstens vorübergehend nicht nutzen. Dasselbe gilt auch ohne Zueignungsabsicht des Täters, wenn er die Sache an einen Ort bringt, an dem sie der Eigentümer nicht oder erst später findet (BGH VersR 1975, 658, 659 f; MünchKomm/MERTENS Rn 112). Nach hM liegt schon im **Versuch** der genannten Straftaten eine Beeinträchtigung des Eigentums (BGHZ 75, 230, 231; SOERGEL/ZEUNER Rn 35; DEUTSCH JZ 1980, 102; ders, 51. DJT [1976] E 23 f; CANARIS NJW 1974, 521; skeptisch BRÜGGEMEIER Rn 326; STOLL, 51. DJT [1976] N 8; **aA** ERMAN/SCHIEMANN Rn 34); das spielt eine zumindest theoretische Rolle vor allem bei versuchten **Warenhausdiebstählen**. Da sich jedoch diese Fälle ohne weiteres über § 823 Abs 2 BGB in Verbindung mit den §§ 242, 22 StGB erfassen lassen (ERMAN/SCHIEMANN Rn 34; BRÜGGEMEIER Rn 326) und auch die Gegenauffassung idR hier bereits einen Eingriff bejaht (STOLL 51. DJT [1976] N 8), bleibt die praktische Auswirkung gering. Dagegen soll nach hM der bloße Besitzerwerb etwa des unredlichen Käufers oder gar Hehlers keine Eigentumsverletzung sein (ERMAN/HEFERMEHL vor §§ 987–993 Rn 20 aE; STAUDINGER/GURSKY [1993] Vorbem 52 zu §§ 987 ff; **aA** WIELING, Sachenrecht Bd I [1990] § 12 III 5 b; ders MDR 1972, 648). Da eine **mittelbare Verletzung** genügt, kann der Urheber eines Unfalls für den Schaden haften, der dadurch entsteht, daß Dritte aus dem Wagen des Opfers Dinge stehlen (BGH NJW 1997, 865, 866).

b) Das unerlaubte Fotografieren
aa) Das Fotografieren auf öffentlichem Straßengrund

B 103 Nach inzwischen ganz herrschender Auffassung ist dagegen das Fotografieren einer fremden Sache jedenfalls dann **keine Eigentumsverletzung**, wenn sie vom **öffentlichen Straßengrund** aus geschieht (BGH NJW 1989, 2251, 2252; OLG Bremen NJW 1987, 1420; OLG München, 4.12.1986, 6 U 39/85, zitiert nach GERAUER GRUR 1988, 673; ERMAN/SCHIEMANN Rn 34; SOERGEL/ZEUNER Rn 35; MünchKomm/MERTENS Rn 112 mit Fn 248; PALANDT/BASSENGE § 1004 Rn 5; MünchKomm/MEDICUS [3. Aufl 1997] § 1004 Rn 27; STAUDINGER/GURSKY [1993] § 1004 Rn 78; LARENZ/CANARIS § 76 II 3 e; M WOLF, Sachenrecht [14. Aufl 1997] Rn 238; KÜBLER, in: FS Baur [1981] 58; RUHWEDEL JuS 1975, 243 f; SCHMIEDER NJW 1975, 1164; LÜHR WRP 1975, 525; iE auch LG Freiburg GRUR 1985, 544, das jedenfalls den Schaden verneint, da der Eigentümer keinen gewerblichen Vertrieb von Aufnahmen seines Hauses geplant habe; für Fotografien aus der Luft, wenn die Bilder nur dem Eigentümer des Hauses angeboten werden sollen, OLG Oldenburg NJW-RR 1988, 951, 952; offen gelassen von BGHZ 44, 288, 293; 81, 75, 77; BGH NJW 1975, 778; **aA** BGB-RGRK/PIKART [12. Aufl 1979] § 1004 Rn 27; BRÜGGEMEIER Rn 323; GERAUER GRUR 1988, 673; wohl auch PFISTER JZ 1976, 158; die Entscheidung KG OLGE 20, 402 ff, die oft als Gegenansicht genannt wird, läßt sich indes auf den Gesichtspunkt einer eingeschränkten Gestattung zurückführen; vgl dazu Rn B 104). Zum einen ist **weder die Substanz noch die Nutzungsmöglichkeit** der Sache selbst für den Eigentümer tangiert (RUHWEDEL JuS 1975, 243 f; SCHMIEDER NJW 1975, 1164; LÜHR WRP 1975, 525). Daher kann man nicht annehmen, der Eigentümer habe ein absolutes Recht am Bild der eigenen Sache (STAUDINGER/GURSKY [1993] § 1004 Rn 78; KÜBLER, in: FS Baur [1981] 61; LÜHR WRP 1975, 524); das wäre um so auffallender, als dieses Recht über das zeitlich befristete Urheberrecht hinausgehen würde (STAUDINGER/GURSKY [1993] § 1004 Rn 78; KÜBLER, in: FS Baur [1981] 58; BAUR JZ 1975, 493; SCHMIEDER NJW 1975, 1164). Zum anderen folgt das Ergebnis aus der **Wertung des § 59 UrhG**, der die Abbildung vom öffentlichen Straßengrund her erlaubt und der nicht auf dem Umweg über den Eigentumsschutz unterlaufen werden darf (BGH NJW 1989, 2251, 2252; OLG Bremen NJW 1987, 1420 als Vorinstanz; LARENZ/CANARIS § 76 II 3 e; M WOLF, Sachenrecht [14. Aufl 1997] Rn 238; offen gelassen von BGH NJW 1975, 778; iE trotz seines anders lautenden Ausgangspunktes auch BRÜGGEMEIER Rn 324). Dabei macht es jedenfalls nach der neueren Rechtsprechung keinen Unterschied, ob die Aufnahmen privaten Zwecken dienen oder gewerblich verwendet werden sollen (BGH NJW 1989, 2251, 2252; MünchKomm/ MEDICUS [3. Aufl 1997] § 1004 Rn 27; aA PALANDT/BASSENGE § 1004 Rn 5). Dem Eigentümer bleibt es natürlich unbenommen, durch Bepflanzungen oder ähnliches den Blick auf sein Haus zu verstellen und so das Fotografieren unmöglich zu machen (BGH NJW 1989, 2251, 2252).

bb) Das widerrechtliche Eindringen
Eine Eigentumsverletzung wird dagegen von der hM bejaht, wenn die Fotografie nach einem **widerrechtlichen Eindringen**, also nach einem Hausfriedensbruch oder zumindest durch eine Verletzung des Besitzes erlangt ist (BGH NJW 1989, 2251, 2252; LARENZ/CANARIS § 76 II 3 e; BRÜGGEMEIER Rn 325; aA STAUDINGER/GURSKY [1993] § 1004 Rn 78 wegen des beschränkten Zwecks des § 123 StGB, der aber zu Ansprüchen aus Verletzung des allgemeinen Persönlichkeitsrechts, des Rechts am eingerichteten und ausgeübten Gewerbebetrieb oder aus § 1 UWG neigt; vgl ferner M WOLF, Sachenrecht [14. Aufl 1997] Rn 238; skeptisch KÜBLER, in: FS Baur [1981] 60; für eine „zweigleisige" Rechtswidrigkeitsprüfung in diesem Fall PFISTER JZ 1976, 158: er fordert die Begründung der Rechtswidrigkeit aus der übrigen Rechtsordnung und bejaht sie wegen des Hausfriedensbruchs; abl dazu KÜBLER, in: FS Baur [1981] 59). Schwieriger sind die Fälle, in denen der Eigentümer das **Betreten erlaubt** hat, das **Fotografieren** zu privaten oder jedenfalls gewerblichen Zwecken **aber untersagt**. Der BGH tendiert dazu, die Eigentumsverletzung zu bejahen (BGH NJW 1975, 778; wohl auch BGH NJW 1989, 2251, 2252 f, der die frühere Entscheidung vor allem auf die Tatsache des unbefugten Betretens stützt; in BGH NJW 1975, 778 f war aber das Betreten als solches erlaubt, nur das Fotografieren für gewerbliche Zwecke nach der Interpretation des BGH verboten; vgl ferner BRÜGGEMEIER Rn 325; LÜHR WRP 1975, 525. So läßt sich auch KG OLGE 20, 402 ff erklären. Dort war die Aufnahme nur für eine Zeitung erlaubt; sie wurde aber dann als Postkarte gedruckt und vertrieben), wobei er auch bei einer Gestattung des Fotografierens eine stillschweigende Einschränkung auf private Zwecke annimmt; nach natürlicher Betrachtungsweise mache sich der Fotografierende einen fremden Vermögenswert nutzbar (BGH NJW 1975, 778 f; zust SOERGEL/MÜHL [12. Aufl 1990] § 1004 Rn 71; skeptisch LÜHR WRP 1975, 525; abl KÜBLER, in: FS Baur [1981] 60). Eine **Ausnahme** soll freilich gelten, wenn die Sozialpflichtigkeit des Eigentums den Berechtigten zwinge, das Fotografieren zu gestatten (BGH NJW 1975, 778; SOERGEL/MÜHL [12. Aufl 1990] § 1004 Rn 71), was von einem Teil der Lehre dann angenommen wird, wenn das Bild in einem Sammelband erscheinen soll (SOERGEL/MÜHL [12. Aufl 1990] § 1004 Rn 71; aA KÜBLER, in: FS Baur [1981] 61). **In der Literatur** wird der Ansatz des BGH überwiegend abgelehnt, da die Befugnis, das Fotografieren zu verbieten, nicht aus dem Eigentum fließe, sondern auf dem Hausrecht basiere (STAUDINGER/GURSKY [1993] § 1004 Rn 78). Indes breche der Fotografierende nicht den Hausfrieden iS des § 123 StGB, so daß sich darauf auch kein Anspruch auf Herausgabe oder Vernichtung der Fotos stützen lasse (STAUDINGER/GURSKY [1993] § 1004 Rn 78; aA BRÜGGEMEIER Rn 325). Eine Beeinträchtigung des Eigentums kann auch in der Zusendung oder in dem Einwurf

§ 823
B 105

von Werbung gegen den bekannten oder ersichtlichen Willen des Eigentümers liegen (BGHZ 106, 229, 232 f; vgl genauer unten Rn C 232).

10. Die weiterfressenden Mängel*

B 105 Die Problematik des weiterfressenden Mangels zerfällt in mehrere Komplexe. Quasi

---

* **Schrifttum:** BÄLZ, Zum Strukturwandel des Systems zivilrechtlicher Haftung (1991); vBAR, Probleme der Haftpflicht für deliktsrechtliche Eigentumsverletzung (1992); BREMENKAMP/BUYTEN, Deliktische Haftung des Zulieferers für Produktionsschäden?, VersR 1998, 1064; BRINKMANN, Zur Problematik der sogenannten weiterfressenden Mängel nach dem allgemeinen Deliktsrecht und dem Produkthaftungsgesetz (1994); BRÜGGEMEIER, Die vertragsrechtliche Haftung für fehlerhafte Produkte und der deliktsrechtliche Eigentumsschutz nach § 823 Abs 1 BGB, VersR 1983, 501; BUCHNER, Neuorientierung des Produkthaftungsrechts? Auswirkungen der EG-Richtlinie auf das deutsche Recht, DB 1988, 32; DEUTSCH, Die neuere Entwicklung der Rechtsprechung zum Haftungsrecht, JZ 1984, 308; DIEDERICHSEN, Die Entwicklung der Produzentenhaftung, VersR 1984, 797; DUNZ/KRAUS, Haftung für schädliche Ware (1969); EBEL, Produzentenhaftung und kaufrechtliche Gewährleistung an der gelieferten Sache, NJW 1978, 2494; ENGELS, Konkretisierung der Produzentenhaftung, DB 1977, 617; FOERSTE, Zur juristischen Akzeptanz und Abgrenzung der „Weiterfresserschäden", VersR 1989, 455; ders, Deliktische Haftung für Schlechterfüllung?, NJW 1992, 27; ders, in: vWESTPHALEN [Hrsg], Produkthaftungs-Handbuch Bd I [2. Aufl 1997]; ders, Deliktische Haftung für Fehlinvestitionen, NJW 1998, 2877; FREUND/BARTHELMESS, Anm zu OLG München, 6. 10. 1976 – 15 U 4854/75, NJW 1977, 438; dies, Eigentumsverletzung durch Baumängel?, NJW 1975, 281; GANTER, Die Anwendung von Deliktsrecht neben kaufrechtlichen Gewährleistungsansprüchen – BGHZ 86, 256, JuS 1984, 592; GIESEN, Grundsätze der Konfliktlösung im Besonderen Schuldrecht, Jura 1993, 354; GRUNEWALD, Eigentumsverletzung im Zusammenhang mit fehlerhaften Werkleistungen, JZ 1987, 1098; G HAGER, Zum Schutzbereich der Produzentenhaftung, AcP 184 (1984) 413; ders, Einstandspflicht des Produzenten für das Äquivalenz- und Nutzungsinteresse des Produkterwerbers, BB 1987, 1748; J HAGER, Die Kostentragung bei Rückruf fehlerhafter Produkte, VersR 1984, 799; HARRER, Deliktische Haftung für Schäden an der Sache bei „weiterfressenden" Mängeln, Jura 1984, 80; HINSCH, Eigentumsverletzungen an neu hergestellten und an vorbestehenden Sachen durch mangelhafte Einzelteile, VersR 1992, 1053; ders, Ausweitung der deliktischen Zuliefererhaftung durch das Transistor-Urteil?, VersR 1998, 1353; KATZENMEIER, Vertragliche und deliktische Haftung in ihrem Zusammenspiel. Dargestellt am Problem der „weiterfressenden Mängel" (1994); ders, Produkthaftung und Gewährleistung des Herstellers teilmangelhafter Sachen, NJW 1997, 486; KOCH, Produkthaftung: Zur Konkurrenz von Kaufrecht und Deliktsrecht (1995); KÖHLER, Das Verhältnis der Gewährleistungsansprüche zu anderen Rechtsbehelfen des Käufers, JA 1982, 157; KRAFT, Der geplatzte Hinterreifen – BGH, NJW 1978, 2241, JuS 1980, 408; KULLMANN, Die Rechtsprechung des BGH zur deliktischen Haftung des Herstellers für Schäden an der von ihm hergestellten Sache, BB 1985, 409; ders, Die Rechtsprechung des BGH zum Produkthaftpflichtrecht in den Jahren 1989/90, NJW 1991, 675; LANG, Zur Haftung des Warenlieferanten bei „weiterfressenden" Mängeln im deutschen und amerikanischen Recht (1981); LINK, Gesetzliche Regreßansprüche bei Produzentenhaftung gegenüber dem Zulieferer, BB 1985, 1424; LÖWE, Erhebliche Erhöhung des Produzentenhaftungsrisikos durch den Bundesgerichtshof, BB 1978, 1495; MARBURGER, Grundsatzfragen des Haftungsrechts, AcP 192 (1992) 1; vMARSCHALL, Rechtsvergleichende Überlegungen zur Produkthaftung, Die AG 1987, 97; MAYER, Produkthaftung und Gewährleistung, BB 1984, 568; MERKEL, „Weiterfressende Mängel" ohne En-

als Vorfrage geht es um die grundsätzliche Zulässigkeit der Konkurrenz zwischen vertraglichen und deliktischen Ansprüchen; dabei spielt vor allem die Frage eine Rolle, ob und inwieweit der Lieferant bzw der Werkunternehmer auch nach § 823 Abs 1 für die Beschädigung der bislang intakten Sachen seines Vertragspartners haftet. Problematisch ist dies namentlich für den Umfang des deliktischen Schutzes, den die zu reparierende Sache selbst genießt. Vor allem ist strittig, ob und unter welchen Voraussetzungen das Eigentum verletzt werden kann, wenn die verkaufte oder (wieder) hergestellte Sache an einem Mangel leidet, aufgrund dessen sie später ganz oder zT zerstört wird.

a) Die Konkurrenz zwischen Vertrags- und Deliktsrecht
aa) Der Meinungsstand
Nach ganz hM können Ansprüche wegen Sachmängeln bei einem Kauf- und einem **B 106** Werkvertrag und solche aus unerlaubter Handlung konkurrieren (BGHZ 66, 315, 317;

---

de?, NJW 1987, 358; MÖSCHEL, Der Schutzbereich des Eigentums nach § 823 I BGB, JuS 1977, 1; NICKEL, Deliktsrechtliche Haftung und kaufrechtliche Gewährleistung des Herstellers teilmangelbehafteter Sachen, VersR 1984, 318; PETERS, Praktische Probleme der Minderung bei Kauf und Werkvertrag, BB 1983, 1951; PLUM, Zur Abgrenzung des Eigentums- vom Vermögensschaden, AcP 181 (1981) 68; RAUSCHER, Deliktshaftung des Herstellers für Beschädigung der Kaufsache – BGH NJW 1985, 2420, JuS 1987, 14; REINICKE/TIEDTKE, Stoffgleichheit zwischen Mangelunwert und Schäden im Rahmen der Produzentenhaftung, NJW 1986, 10; H ROTH, Vertragsordnung, außervertragliche Haftung und Rügeversäumnis (§ 377 II HGB) – BGHZ 101, 337, JuS 1988, 938; SACK, Das Verhältnis der Produkthaftungsrichtlinie der EG zum nationalen Produkthaftungsrecht, VersR 1988, 439; SCHLECHTRIEM, Haftung bei „weiterfressenden" Mängeln – BGH 18.1.1983 – IV ZR 310/79, JA 1983, 255; ders, Außervertragliche Haftung für Bearbeitungsschäden und weiterfressende Mängel bei Bauwerken, ZfBR 1992, 95; ders, Der sogenannte Weiterfresserschaden – ein Alptraum der deutschen Rechtsdogmatik, in: FS Hyung-Bae Kim (1995) 281; J SCHMIDT, Der „weiterfressende Mangel" nach Zivil- und Haftpflichtversicherungsrecht (1996); SCHMIDT-SALZER, Die Bedeutung der Entsorgungs- und der Schwimmschalter-Entscheidung des Bundesgerichtshofes für das Produkthaftungsrecht, BB 1979, 1; ders, Deliktshaftung des Herstellers für Schäden an der gelieferten Sache, BB 1983, 534; SCHWARK, Kaufvertragliche Mängelhaftung und deliktsrechtliche Ansprüche, AcP 179 (1979) 57; ders, Auswirkungen einer Verletzung der Rügeobliegenheit des § 377 HGB auf deliktsrechtliche Ansprüche, JZ 1990, 374; SCHWENZER, Sachgüterschutz im Spannungsfeld deliktischer Verkehrspflichten und vertraglicher Leistungspflichten, JZ 1988, 525; STEFFEN, Die Bedeutung der „Stoffgleichheit" mit dem „Mangelunwert" für die Herstellerhaftung aus Weiterfresserschäden, VersR 1988, 977; STEINMEYER, Deliktische Eigentumsverletzung bei weiterfressenden Mängeln an der Kaufsache?, DB 1989, 215; STOLL, Zur Deliktshaftung für vorgeburtliche Gesundheitsschäden, in: FS Nipperdey I (1965) 739; ders, Die neuere Entwicklung der Rechtsprechung zum Haftungsrecht, JZ 1984, 308; TIEDTKE, Produkthaftung des Herstellers und des Zulieferers für Schäden an dem Endprodukt seit dem 1. Januar 1990, NJW 1990, 2961; ders, Zur Haftung des Herstellers eines fehlerhaften Produktes bei Schäden, ZIP 1992, 1446; VOGT, Mangelfolgeschäden bei der Produkthaftpflicht, VersR 1979, 896; WEITNAUER, Produkthaftung und Freizeichnung in Allgemeinen Geschäftsbedingungen, ArztR 1978, 38; vWESTPHALEN, Produkthaftung – Haftungsfreizeichnung und Haftungsfreistellung nach dem AGB-Gesetz, NJW 1979, 838; ders, „Weiterfressende" Schäden und kein Ende?, Jura 1992, 511; ders, Das Kondensator-Urteil des BGH – Mangelbeseitigungsaufwendungen und Versicherungsschutz, ZIP 1992, 532.

67, 359, 363; 86, 256, 260; 101, 337, 344; BGH NJW 1978, 2241, 2242; 1979, 2148; BGB-RGRK/
STEFFEN vor § 823 Rn 39; MünchKomm/MERTENS Rn 275; SOERGEL/HUBER [12. Aufl 1991] vor
§ 459 Rn 258; LARENZ, Schuldrecht BT Bd II Halbbd 1 [13. Aufl 1986] § 41 II e = S 71; ESSER/WEYERS
§ 6 III 1; REINICKE/TIEDTKE, Kaufrecht [6. Aufl 1997] Rn 718; RENGIER JZ 1977, 347; vWESTPHALEN
BB 1977, 313; WEITNAUER ArztR 1978, 41; SCHMIDT-SALZER BB 1979, 8; ders BB 1983, 536; KRAFT
JuS 1980, 412; KÖHLER JA 1982, 164; BRÜGGEMEIER VersR 1983, 501; MAYER BB 1984, 569; H ROTH
JuS 1988, 940; **aA** aber BGH NJW 1973, 843, 845 für das Verhältnis zwischen Sachmängelgewährleistung und § 823 Abs 1; unter Berufung auf diese Entscheidung LIEB JZ 1977, 345 f jeweils für die Konkurrenz mit Ansprüchen **aus Kaufvertrag**; BGHZ 55, 392, 394 f; 61, 203, 204; 96, 221, 228 f; 100, 157, 182; BGH NJW 1977, 1819; 1991, 562, 563; 1993, 655, 656; 1998, 2282, 2283; LM Nr 4 zu § 830 unter I; Nr 25 zu § 635 unter II 2; JR 1978, 510 f; MÖSCHEL JuS 1977, 4, 6; KULLMANN BB 1985, 410 jeweils für die Konkurrenz mit Ansprüchen **aus Werkvertrag**; generell für die Konkurrenz vertraglicher und deliktischer Ansprüche BGHZ 110, 323, 328; 116, 297, 300; 123, 394, 398; BGH NJW 1994, 2755, 2756; NJW-RR 1996, 1121, 1122; vgl auch Vorbem 38 zu §§ 823 ff). Das ist bezüglich der Rechtsgüter des § 823 Abs 1 naheliegend. Die These, daß die Regeln des Vertragsrechts exklusiv das Risiko für den Vertragsgegenstand und die damit zusammenhängenden Konsequenzen verteilten (SCHWARK AcP 179 [1979] 64 f; ähnl KOCH 230 ff), würde zum einen zumindest ebenso schwierige Abgrenzungsprobleme wie die BGH-Rechtsprechung mit sich bringen (vgl auch unten Rn B 116), entbehrt zum anderen der teleologischen Rechtfertigung. Es gibt keinen Grund, **warum der Käufer** einer Sache **weniger geschützt werden soll als ein beliebiger Dritter**, der mit dem Verkäufer bzw Werkunternehmer nicht im vertraglichen Kontakt steht (BGHZ 101, 337, 346 f; BGH NJW 1987, 1013; 1991, 562; NJW-RR 1990, 726; SOERGEL/HUBER [12. Aufl 1991] vor § 459 Rn 259; ESSER/WEYERS § 6 III 1; H ROTH JuS 1988, 940; DERLEDER/MEYER AcP 195 [1995] 144 f). Das muß natürlich auch für das Eigentum des Käufers bzw Bestellers gelten, das durch den verkauften Gegenstand bzw durch die Leistung des Werkunternehmers beschädigt oder zerstört wird (BGH NJW 1977, 1819 m insoweit zust Anm von SCHLECHTRIEM NJW 1977, 1819 f; SOERGEL/ZEUNER vor § 823 Rn 49; NICKEL VersR 1984, 319; KULLMANN BB 1985, 410). Schon deshalb ist kaum in Zweifel zu ziehen, daß das Eigentum beschädigt ist, wenn die Sache bei einer Reparatur in Mitleidenschaft gezogen wird (BGHZ 55, 392, 394 f; 117, 183, 188 f; BGH NJW 1979, 2148; 1981, 2250; 1985, 194 f; soweit BGH NJW 1981, 2048, 2249 f in concreto anders gedeutet werden kann, hat BGHZ 117, 183, 189 diese Auffassung ausdrücklich aufgegeben; s ferner MÖSCHEL JuS 1977, 4; KULLMANN BB 1985, 410). Es mag Ausnahmen geben, die allerdings nicht den Anspruch aus der unerlaubten Handlung selbst betreffen, sondern nur seine Verjährung; so liefe etwa § 558 und die darin geregelte kurze Verjährung weitgehend leer, wenn man sie nicht auch auf die konkurrierenden Ansprüche aus § 823 Abs 1 erstrecken wollte (BGHZ 47, 53, 56 f; 98, 235, 237 f mwNw; 101, 337, 344; SOERGEL/HUBER [12. Aufl 1991] vor § 459 Rn 260).

bb) Ausnahme bei zwangsläufigem Einbezug?

B 107 Der BGH hat allerdings angedeutet, es könne die Eigentumsverletzung zu verneinen sein, wenn in ein Werk **zwangsläufig das Eigentum** des Bestellers einbezogen sei; erbringe der Unternehmer eine fehlerhafte Werkleistung, begehe er nicht stets oder auch nur regelmäßig eine unerlaubte Handlung (BGHZ 55, 392, 398 f; 61, 203, 204; ebenso SCHLECHTRIEM ZfBR 1992, 98, 103 [soweit die Sache Gegenstand einer verschlechternden Verarbeitung kraft Werkvertrags sei]). In dieselbe Richtung gehen immer wieder gemachte Vorschläge in der Literatur, die eine deliktische Haftung verneinen, wenn und weil der Käufer bzw Besteller durch eine **stillschweigende Verleihung von Eingriffsbefugnissen** die Erfüllung erst ermögliche; so sei beim Abriß einer Mauer die geringfügige Beschädigung einer Nebenwand ein durch den Vertragsplan explizit oder implizit vorausgesetztes Risiko, das nicht zu Lasten des Unternehmers gehen könne (PLUM AcP 181 [1981] 83 ff, 86; ähnl MÖSCHEL JuS 1977, 5; HARRER Jura 1984, 83; G HAGER AcP 184 [1984] 418; SCHWENZER JZ 1988, 529 f, soweit sich nicht eine Umweltgefahr realisiere; HINSCH VersR 1992, 1057; SCHLECHTRIEM ZfBR 1992, 104 [bis zur Abnahme]; abl MünchKomm/ MERTENS Rn 98, vgl aber auch denselben Rn 103; DERLEDER/MEYER AcP 195 [1995] 166; BRÜGGE-MEIER BB 1995, 2490). Doch argumentiert man so mit einem **fiktiven Einverständnis** des Eigentümers, das dessen Willen Gewalt antut (GRUNEWALD JZ 1987, 1099), soweit es nicht um eine für die Reparatur unumgängliche Beeinträchtigung geht, etwa das Trennen von Rohren, um ein Meßgerät einzusetzen (BGH LM Nr 25 zu § 635 unter II 2). Vor allem aber fehlt der Grund für die Sonderbehandlung. Daß das Gut des Bestellers bearbeitet werden soll, nimmt es nicht vom Schutz durch § 823 Abs 1 aus (BGHZ 55, 392, 394 f; 96, 221, 228; BGH NJW 1977, 1819; 1996, 2507, 2508; 1998, 1942, 1943; OLG Köln NJW-RR 1995, 337, 338), würde der Besteller ansonsten doch schlechter behandelt als ein außenstehender Dritter (so indes SCHLECHTRIEM ZfBR 1992, 103). Es kommt hinzu, daß in vielen Fällen schwer oder gar nicht zu klären ist, wie weit sich die werkvertragliche Pflicht erstreckt und welche Teile daher nicht mehr unter dem Schutz des § 823 Abs 1 stehen sollen (GRUNEWALD JZ 1987, 1099; vgl auch den Vorschlag von SCHWENZER JZ 1988, 529 f, die Abgrenzung zwischen Mangel- und Mangelfolgeschäden zu übertragen; die Interessenlage ist jedoch nicht vergleichbar). Eine mangelhafte Werkleistung erfüllt daher jedenfalls dann zugleich den **Tatbestand einer Eigentumsverletzung**, wenn in **schon vorhandenes und bisher unversehrtes** Eigentum des Bestellers eingegriffen wird (BGHZ 55, 392, 394; 96, 221, 228 f; BGH NJW 1977, 1819; OLG Koblenz BauR 1998, 351; STOLL JZ 1986, 400; GRUNEWALD JZ 1987, 1103 f; wohl auch BGHZ 61, 203, 204; **aA** OLG München NJW 1977, 438 m abl Anm FREUND/BARTHELMESS). Nicht durchgesetzt hat sich auch der Vorschlag, man dürfe das Deliktsrecht in solchen Bereichen nicht heranziehen, die schon durch die Haftung aus pVV abgedeckt seien. Damit – so wird die These begründet – entstünde zum einen eine Diskrepanz zu reinen Vermögensschäden, werde zum anderen die Wertung des § 477 Abs 1 S 1 unterlaufen, der eine längere Verjährungsfrist nur bei arglistigem Verschweigen vorsehe (SCHWARK AcP 179 [1979] 81 f; ders JZ 1990, 378, 379, soweit nicht die Produkte wegen ihrer Gefährlichkeit Schäden an anderen Rechtsgütern des Käufers bzw Bestellers verursachten; KOCH, Produkthaftung 230 ff). Der Vorrang der vertraglichen Regelung überzeugt jedoch so lange nicht, solange der Käufer schlechter steht als ein außenstehender Dritter. Ähnliches gilt für die Auffassung, man habe zwischen einer deliktischen Abwehr- und einer ihr vorgelagerten, auf einer Sonderverbindung beruhenden Vorkehrhaftung zu unterscheiden; dabei verdränge die Vorkehrhaftung die Abwehrhaftung (BÄLZ 47). Warum die Abwehrhaftung verdrängt wird, wird nicht näher begründet; daher hilft der Ansatz in dogmatischer Hinsicht wenig weiter. Das gilt vor allem für die ebenfalls nicht untermauerte These, wer vertragliche Leistungen erbringe oder empfange, gebe den deliktischen Primärschutz dieser Vermögensgüter auf (BÄLZ 52). Daß dies nicht überzeugen kann, wird evident beim Arztvertrag. Kein Patient verzichtet (wissentlich und freiwillig) auf den deliktischen Schutz des § 823 Abs 1 gegen Fehler, wenn er sich in ärztliche Behandlung begibt (anders scheinbar BÄLZ 52), dasselbe hat aber auch beim Eigentümer zu gelten, der dem Werkunternehmer seine wertvolle Sache zur Reparatur anvertraut.

b) **Die Lieferung bzw Herstellung einer total mangelhaften Sache**
Die Lieferung bzw Herstellung einer (zur Gänze) mangelhaften Sache verwirklicht nicht den Tatbestand des § 823 Abs 1. Dafür, die Störung der vertraglich vorausge-

setzten Qualität auszugleichen, ist ausschließlich das **Gewährleistungsrecht** vorgesehen. Eine Eigentumsverletzung scheidet daher aus, wenn und weil die Sache von vornherein mangelhaft ist und der Schaden auch nicht über das fehlerhaft hergestellte Teil hinausgeht (RG JW 1905, 367, 368; BGHZ 39, 366, 367; 67, 359, 364; 86, 256, 259; 96, 221, 228; BGH NJW 1978, 1051; 1978, 2241, 2242; 1981, 2248, 2249; 1985, 194; 1987, 1013; 1994, 2231, 2232; OLG Karlsruhe NJW 1956, 913; OLG München NJW 1988, 3271, 3272; OLG Düsseldorf NJW-RR 1997, 1344, 1346; OLG Koblenz BauR 1998, 351; JAUERNIG/TEICHMANN Rn 6; SOERGEL/ZEUNER vor § 823 Rn 49; BGB-RGRK/STEFFEN vor § 823 Rn 39; MÖSCHEL JuS 1977, 4 f; NICKEL VersR 1984, 320; HINSCH VersR 1992, 1053; **aA** FREUND/BARTHELMESS NJW 1975, 283 f; bei drohender Einsturzgefahr auch MünchKomm/MERTENS Rn 103). So ist auch das (bloße) **Mißlingen einer Reparatur keine Eigentumsbeschädigung** (MünchKomm/MERTENS Rn 102; GRUNEWALD JZ 1987, 1100). Allerdings hat der BGH eine Eigentumsverletzung auch in einem Fall verneint, in dem der gelieferte Sand verunreinigt war, obwohl der aus diesem Sand zusammen mit anderen Materialien hergestellte Putz wertlos war und wieder vom Haus abgeschlagen werden mußte (BGH NJW 1978, 1051; zust MünchKomm/MERTENS Rn 102; G HAGER AcP 184 [1984] 418; HINSCH VersR 1992, 1057). Doch paßt diese Entscheidung nicht mit ihrer Begründung zusammen. Eine Eigentumsverletzung liegt schon darin, daß die anderen Materialien nicht mehr bestimmungsgemäß verwendet werden können; der Hinweis des BGH, das Eigentumsrecht sei durch die Verbindung bzw Verarbeitung erloschen, an seine Stelle sei neues, aber von vornherein mit Mängeln behaftetes Eigentum getreten (BGH NJW 1978, 1051; OLG Oldenburg VersR 1986, 1003, 1004; **aA** GRUNEWALD JZ 1987, 1100), übersieht, daß von dieser sachenrechtlichen Besonderheit nicht die Entscheidung darüber abhängen kann, ob bislang unbeschädigtes Eigentum verletzt wird. Wäre etwa intaktes Baumaterial wegen eines vom Schädiger gelieferten Zusatzes nicht mehr verwendbar, so ließe sich – wie im Parallelfall der Vergiftung von Futter durch Zusatzstoffe – der Tatbestand des § 823 Abs 1 nicht verneinen (GRUNEWALD JZ 1987, 1100; so iE jetzt auch BGHZ 117, 183, 189). Nichts anderes kann gelten, wenn **aus unterschiedlichen Materialien eine neue Sache** hergestellt wird und diese wegen der Mangelhaftigkeit eines der verwendeten Stoffe unbrauchbar ist. Vor allem aber ist auch das Haus beschädigt, dessen Putz wieder abgeklopft werden muß; kann selbst das Beschmieren eine Eigentumsverletzung sein, so auch und erst recht das Aufbringen eines mangelhaften Putzes (GRUNEWALD JZ 1987, 1100; so iE jetzt auch BGHZ 117, 183, 189; vgl auch SCHLECHTRIEM ZfBR 1992, 101 mit Fn 63; anders noch BGH VersR 1986, 1003, 1004; OLG Bamberg VersR 1986, 997, 998).

c) Die sukzessive Entstehung des Werks

Ein Problemfall ist die fortschreitende Entstehung des Werks; auch hier gilt es, den Eigentumsschutz gegenüber dem Äquivalenzinteresse abzugrenzen. Die Frage ist noch wenig diskutiert, zT wird nach der (Teil-)Abnahme die Sache unter den Eigentumsschutz gestellt (BGH LM Nr 4 zu § 830 unter I [Besitzverletzung]; MünchKomm/MERTENS Rn 104; KATZENMEIER 266), zT die Haftung bejaht, wenn der Hersteller wie ein Dritter in das Eigentumsobjekt mit seinen Substanz- und Verwendungsfunktionen eingreife (MÖSCHEL JuS 1977, 6). Doch ist die Entscheidung am sinnvollsten nach dem **Kriterium** zu treffen, **ob der Besteller schon Eigentümer** war – sei es aufgrund der §§ 946 ff, sei es, weil die Sache an ihn schon übereignet war. Konsequenterweise schützt § 823 Abs 1 ab diesem Zeitpunkt auch die bestellte Sache.

d) Die Lieferung der teilweise mangelhaften Sache
aa) Die hM

Die Frage, ob der Verkäufer bzw Werkunternehmer deliktisch für einen weiterfressenden Mangel haftet, gehört zu den schwierigsten Punkten des Deliktsrechts. Eine Reihe von Problemen zeichnet sich darüber hinaus erst schemenhaft ab. Die hM **verneinte früher** die Verletzung des Eigentums, da die Verschaffung einer mit Mängeln behafteten Sache keine Verletzung schon vorhandenen Eigentums sei (so jedenfalls die Formulierung bei BGHZ 39, 366, 367; die Entscheidung ist iE richtig, weil der Schaden nicht über den Mangel hinausging; BGHZ 55, 392, 398 [„schwer vorstellbar"]; vgl ferner RG JW 1905, 367; OLG Karlsruhe NJW 1956, 913; BB 1964, 740; OLG Köln MDR 1973, 848, 849; vgl auch BGH NJW 1978, 1051; 1981, 2248, 2250; STOLL, in: FS Nipperdey I [1965] 753; MÖSCHEL JuS 1977, 4). Namentlich die Rechtsprechung hat inzwischen **umgeschwenkt und bejaht** im Grundsatz die Haftung des Verkäufers bzw Werkunternehmers (BGHZ 67, 359, 363 ff; 86, 256, 257 ff; 101, 337, 349 [obiter]; 117, 183, 188 ff; BGH NJW 1978, 2241, 2242; 1983, 812, 813; 1985, 2420; 1992, 41, 42; 1992, 1678; 1992, 2016, 2018 [obiter]; 1996, 2224, 2225; 1998, 1942 f; 1998, 2282, 2283 f; OLG Karlsruhe VersR 1986, 1125, 1126; OLG Oldenburg NJW-RR 1988, 540 f; OLG Köln VersR 1991, 348, 349 zust PALANDT/THOMAS Rn 212; BGB-RGRK/STEFFEN vor § 823 Rn 39; ders VersR 1988, 977 ff; FIKENTSCHER Rn 1211; ENGELS DB 1977, 617 f; vWESTPHALEN NJW 1979, 838 ff; ders ZIP 1992, 532; SCHLECHTRIEM JA 1983, 256 f; ders ZfBR 1992, 99; GANTER JuS 1984, 593 f; MAYER BB 1984, 571 ff; J HAGER VersR 1984, 805 f; KULLMANN BB 1985, 413 f; MERKEL NJW 1987, 359 ff; DERLEDER/MEYER AcP 195 [1995] 142 ff; FUCHS BauR 1995, 750 ff; iE auch MünchKomm/MERTENS Rn 108 ff; KRAFT JuS 1980, 411 f; G HAGER AcP 184 [1984] 417; ders BB 1987, 1748 f; GIESEN Jura 1993, 370; skeptisch JAUERNIG/TEICHMANN Rn 6; MEDICUS, Schuldrecht BT Rn 103). Gewandelt hat sich allerdings das **Kriterium**, wie der von § 823 Abs 1 geschützte Teil der Sache zu bestimmen ist, wie also das von § 823 Abs 1 abgedeckte Integritätsinteresse gegenüber dem nur vom Sachmängelgewährleistungsrecht geschützten Nutzungs- und Äquivalenzinteresse zu unterscheiden ist. Der BGH hatte zunächst darauf abgestellt, ob ein **funktionell abgrenzbares Teil** vorliege, das den Schaden verursacht habe (BGHZ 67, 359, 364; BGH NJW 1978, 2241, 2242; ENGELS DB 1977, 618), in der Literatur wurde darüber hinausgehend für ausschlaggebend erachtet, ob das mangelhafte Teil wesentlicher oder unwesentlicher Bestandteil der später geschädigten Sache sei (EBEL NJW 1978, 2494 f; aA Produkthaftungshandbuch/FOERSTE § 21 Rn 26; vWESTPHALEN NJW 1979, 838; HARRER Jura 1984, 84; NICKEL VersR 1984, 319; MAYER BB 1984, 572; KULLMANN BB 1985, 414; RAUSCHER JuS 1987, 17; STEFFEN VersR 1988, 978; STEINMEYER DB 1989, 2160; KOCH 176). Gerade diese Unschärfe des Begriffs wurde nicht nur von Gegnern des BGH gerügt (RENGIER JZ 1977, 347; PLUM AcP 181 [1981] 127; STOLL JZ 1983, 502; REINICKE/TIEDTKE, Kaufrecht [6. Aufl 1997] Rn 804; vgl aber auch die Kritik an diesem Kriterium bei Autoren, die die Rspr grundsätzlich für richtig erachten; zB NICKEL VersR 1984, 319; GANTER JuS 1984, 594); es zeigte sich denn auch im weiteren Verlauf der Entwicklung, daß das Kriterium letztlich nicht zu überzeugen vermochte (vgl etwa OLG Braunschweig NJW 1979, 1552, 1553, das als Vorinstanz zu BGHZ 86, 256 die funktionale Abgrenzbarkeit verneint hatte). Die jüngeren Entscheidungen greifen auf einen anderen Gesichtspunkt zurück, nämlich auf die **Stoffgleichheit zwischen dem Minderwert**, welcher der Sache aufgrund des Mangels anhaftet, **und dem später verursachten Schaden** (BGHZ 86, 256, 259, 260 ff; 117, 183, 188; BGH NJW 1983, 812, 813; 1985, 2420; 1992, 1978; 1998, 1942, 1943; 1998, 2282, 2284; OLG Karlsruhe VersR 1986, 1125, 1126; OLG Oldenburg NJW-RR 1988, 540; zust zu diesem Kriterium zB PALANDT/THOMAS Rn 212; MAYER BB 1984, 572; KULLMANN BB 85, 414; vWESTPHALEN ZIP 1992, 532; aA STOLL JZ 1983, 502); soweit sich der ursprüngliche Minderwert und der spätere Schaden decken, ist für deliktische Ansprüche kein Raum (BGHZ 86, 256, 259, 260 ff; 105, 346, 355; 117, 183, 187 f [im

§ 823
B 111, B 112

Gegensatz zur Vorinstanz OLG Frankfurt aM DB 1991, 1451 f]; BGH NJW 1983, 812, 813, 1985, 2420, 2421; 1990, 908; 1992, 1678; 1994, 517, 518; OLG Karlsruhe VersR 1986, 1125, 1126; OLG Köln VersR 1991, 348, 349; STEFFEN VersR 1988, 978, 979; der Sache nach auch BGHZ 67, 359, 364; BGH NJW 1981, 2248, 2250; so schon DUNZ/KRAUS 66). Denn es ist **nicht Aufgabe des Deliktsrechts**, Verkehrserwartungen, insbesondere Nutzungs- und Werterwartungen **zu schützen** (BGHZ 86, 256, 259; 117, 183, 187; BGH NJW 1983, 812, 813; 1992, 1678; LM Nr 50 zu § 823 [Ac] unter II 2 a bb).

α) **Beispiele**

B 111 Die **Beispiele** aus der Praxis sind inzwischen recht zahlreich. So wurde es als eine Verletzung des Eigentums angesehen, wenn ein fehlerhafter Schwimmschalter eine Reinigungsanlage nicht rechtzeitig abschaltete und diese daraufhin ausbrannte (BGHZ 67, 359, 363 ff), ein Auto mit einem fehlerhaften Hinterreifen geliefert wurde, der platzte und so zu einem Unfall führte (BGH NJW 78, 2241, 2242), ein Auto nicht rechtzeitig abgebremst werden konnte, weil der Gaszug hängengeblieben war (BGHZ 86, 256, 257 ff), wenn ein Ölablaßrohr unzureichend befestigt und daher gebrochen war, so daß Öl aus dem Motor auslief und dieser beschädigt wurde (BGH NJW 85, 2420 f), wenn die Befestigungsschraube für ein Nockenwellensteuerrad fehlte und deshalb der Motor schwer beschädigt wurde (BGH NJW 1992, 1678; aA JAUERNIG/TEICHMANN Rn 6, der den Fall über die Kausalität lösen will), wenn das Leitrad eines Schiffes wegen eines vom Hersteller verwendeten Schmiermittels verlorengeht (BGH NJW 1996, 2224, 2225), wenn durch einen Ventilbruch der Motor zerstört wurde (OLG Köln VersR 1991, 348, 349), wenn infolge eines fehlerhaft konstruierten Daches im ganzen Haus störende Knackgeräusche zu hören sind (OLG Oldenburg NJW-RR 1988, 540, 541). Nach der Rechtsprechung genügt es auch, daß die fehlerhaften Teile zur Reparatur ausgebaut werden müssen und dabei andere, bislang intakte Teile beschädigt und zerstört werden – etwa beim Ausbau von mangelhaften Kondensatoren aus ABS-Bremssystemen die Rahmen der Regler (BGHZ 117, 183, 187 ff; insoweit zust SOERGEL/ZEUNER vor § 823 Rn 49; entschieden abl BRÜGGEMEIER/HERBST JZ 1992, 803 f; anders noch BGH VersR 1986, 1003, 1004, wenn beim Ausbau einer nicht hinreichend dichten Folie Fliesen zerstört würden; OLG Bamberg VersR 1986, 997, 998) oder beim Ausbau fehlerhafter Transistoren die Steuergeräte zerstört werden müssen, in die die Transistoren eingebaut waren und die vorher fehlerfrei waren (BGH NJW 1998, 1942, 1943; aA FOERSTE NJW 1998, 2877 f; HINSCH VersR 1998, 1755). Eine Eigentumsverletzung liegt auch vor, wenn beim Auswechseln des Triebkopfes eines Tiefladers dieser beschädigt wird (BGH NJW 1998, 2282, 2283). Eine Eigentumsbeschädigung kommt ferner in Betracht, wenn beim Zusammenbau einer Hebebühne bislang intakte Bestandteile ruiniert werden (BGH NJW 1998, 1942, 1943 f in Interpretation von BGH NJW 1983, 812, 813; vgl auch schon FOERSTE, in: vWESTPHALEN § 21 Rn 42).

β) **Gegenbeispiele**

B 112 **Keine Eigentumsverletzung** bedeutet es dagegen, wenn eine fehlerhaft konstruierte Hebebühne in sich zusammenbricht (BGH NJW 1983, 812, 813; siehe dazu aber auch BGH NJW 1998, 1942, 1943 f und oben Rn B 111), wenn wegen mangelhafter Kondensatoren die mit ihrer Hilfe hergestellten Regler nicht funktionen (BGHZ 117, 183, 187 f), wenn wegen mangelhafter Transistoren die Steuergeräte mangelhaft sind, in die die Transistoren eingebaut wurden (BGH NJW 1998, 1942). Gleiches gilt, wenn Fliesen bei jeder kleinen Belastung Löcher bekommen (OLG Bamberg VersR 1986, 997, 998; Revision vom BGH nicht angenommen) oder Blumentopfpaletten infolge zu schwacher Perforierung bei der Herausnahme der einzelnen Töpfe beschädigt werden (OLG Oldenburg VersR

1986, 1006; Revision vom BGH nicht angenommen). Keine Eigentumsverletzung liegt vor, wenn ein Motor wegen falscher Konstruktion vorzeitig rostet (OLG Celle VersR 1994, 1070), wenn eine Rühranlage nicht ordnungsgemäß funktioniert (OLG Karlsruhe VersR 1986, 1125, 1126). Auch soll § 823 Abs 1 ausscheiden, wenn die falsche Montage der Pleuelhalbschalen zur Zerstörung des Motors führt. Denn die Pleuelhalbschalen und die durch sie beschädigten Motorteile gehörten zu ein und derselben technischen Einheit, und zwar zu einer funktionstüchtigen Einheit, bei der das Einwirken der einzelnen Teile aufeinander sich als bestimmungsgemäßer Gebrauch der Sache darstelle. Dagegen widerspreche die Auffassung, die fehlerhaften Pleuelhalbschalen hätten die fehlerfreien Teile des Motors beeinträchtigt, jeder natürlichen und wirtschaftlichen Betrachtungsweise (OLG Düsseldorf WM 1985, 1079). Diese Entscheidung paßt mit der Rechtsprechung des BGH nicht zusammen (vgl SOERGEL/HUBER [12. Aufl 1991] vor § 459 Rn 266).

γ) **Der Baustromverteilerfall**
Nicht hierher gehört eine Entscheidung des BGH, derzufolge ein Anspruch aus § 823 **B 113**
Abs 1 ausscheidet, wenn ein **Baustromverteiler** aufgrund eines Kurzschlusses ausfällt und es daher zu einem Wassereinbruch auf der Baustelle kommt (BGH NJW 1992, 41, 42 im Gegensatz zur Vorinstanz OLG Karlsruhe VersR 1990, 1281, 1283; dem BGH zust LORENZ VersR 1990, 1284 f; KULLMANN NJW 1991, 676; als Beleg für die Unhaltbarkeit der Rechtsprechung zu den weiterfressenden Mängeln gewertet von FOERSTE NJW 1992, 28; abl auch SOERGEL/ZEUNER Rn 149). Denn hier war der Baustromverteiler als solcher nicht beschädigt (vgl die Schilderung bei KULLMANN NJW 1991, 676), so daß es um die ganz anders geartete Frage ging, inwieweit das sonstige Eigentum durch die Unwirksamkeit des Verteilers tangiert war (vgl oben Rn B 89 ff; hier war wohl sonstiges Eigentum nicht betroffen). Daß es dadurch zu Unterschieden kommt, je nachdem, ob die Maschine selbst beschädigt wird oder nur ausfällt (so das Argument von FOERSTE NJW 1992, 28 gegen die Rspr des BGH), mag sein, hat seinen Grund aber nicht in der Rechtsprechung zum weiterfressenden Mangel, sondern in der grundlegenden Entscheidung des Gesetzgebers, nur absolute Rechte zu schützen. Man stößt so auf dieselben Ungereimtheiten wie in den Kabelfällen.

bb) **Die Gegenthesen**
Die wohl **hL** verneint demgegenüber die Haftung des Verkäufers bzw Werkunter- **B 114**
nehmers aus § 823 Abs 1 (LG Karlsruhe JZ 1987, 828 f; JAUERNIG/TEICHMANN Rn 6; ERMAN/ SCHIEMANN Rn 124; SOERGEL/ZEUNER vor § 823 Rn 49; STAUDINGER/HONSELL [1993] Vorbem 54 §§ 459 ff; ESSER/WEYERS § 6 III 2; WALTER, Kaufrecht [1987] § 9 IV 4 a = S 430 ff; REINICKE/TIEDTKE, Kaufrecht [6. Aufl 1997] Rn 800 ff; dies NJW 1986, 10 ff; FOERSTE, in: vWESTPHALEN § 21 Rn 29 ff; ders VersR 1989, 455 ff; ders NJW 1992, 28; ders NJW 1998, 2877 f; vBAR 23 ff; RENGIER JZ 1977, 346 f; SCHUBERT JR 1977, 458 ff; DIEDERICHSEN NJW 1978, 1286; ders VersR 1984, 799; SCHWARK AcP 179 [1979] 80 f; SCHMIDT-SALZER BB 1979, 8 ff; VOGT VersR 1979, 896; STOLL JZ 1983, 501 ff; DEUTSCH JZ 1984, 311; HARRER Jura 1984, 82 ff; vMARSCHALL Die AG 1987, 104; STEINMEYER DB 1989, 2159 ff; TIEDTKE NJW 1990, 2963; ders ZIP 1992, 1447 ff; MARBURGER AcP 192 [1992] 7; bei Einbau mangelhafter Teile auch BRÜGGEMEIER/HERBST JZ 1992, 803 f; soweit ein wesentlicher Bestandteil mangelhaft sei, auch EBEL NJW 1978, 2494); indes überzeugen ihre Gründe nicht.

α) **Fehlen der Eigentumsverletzung?**
Das ist evident für die Behauptung, **es fehle schon der Tatbestand einer Eigentumsver-** **B 115**
letzung, weil die Sache nie in intaktem Zustand zum Vermögen des Geschädigten gehört habe; in Wirklichkeit gehe es also um einen allgemeinen Vermögensschaden

(SCHUBERT JR 1977, 459; RENGIER JZ 1977, 346 f; zweifelnd SCHUBERT JR 1979, 202; REINICKE/
TIEDTKE NJW 1986, 15; STEINMEYER DB 1989, 2159; ähnl BRÜGGEMEIER VersR 1983, 508, der diese
[angebliche] Erweiterung des § 823 Abs 1 indes akzeptiert). Auch eine **mangelhafte Sache ist
indes Eigentum** und wird demgemäß durch § 985 gegen Entzug und durch § 823 Abs 1
gegen Zerstörung gesichert. Das veranschaulicht nicht nur der Parallelfall der Wegnahme bzw der Beschädigung durch Dritte (BGH NJW 1978, 2241, 2242; WEITNAUER ArztR 1978, 41; LÖWE BB 1978, 1496; SCHLECHTRIEM JA 1983, 256; NICKEL VersR 1984, 319; MAYER BB 1984, 569; J HAGER VersR 1984, 805; GANTER JuS 1984, 593; STEFFEN VersR 1988, 978; KATZENMEIER 81; so iE auch SOERGEL/ZEUNER vor § 823 Rn 49; s auch REINICKE/TIEDTKE, Kaufrecht [6. Aufl 1997] Rn 810 ff; dies NJW 1986, 14 f, die indes nicht begründen, warum die Sache nur Dritten gegenüber durch § 823 Abs 1 geschütztes Eigentum sei); so haften sie, wenn sie ein mangelhaftes Teil geliefert (SCHMIDT-SALZER BB 1983, 535; MAYER BB 1984, 569; LINK BB 1985, 1425; STEFFEN VersR 1988, 978; konsequenterweise müssen die Verfechter der Gegenthese eine derartige Haftung leugnen; vgl ERMAN/SCHIEMANN Rn 125; REINICKE/TIEDTKE, Kaufrecht [6. Aufl 1997] Rn 817; TIEDTKE NJW 1990, 2965) oder später eingebaut haben (KULLMANN BB 1985, 410; STEFFEN VersR 1988, 978; KATZENMEIER 85). Ebenso liegt aber der Fall der Wegnahme bzw Beschädigung durch den Verkäufer selbst – etwa aufgrund einer von der Lieferung der Sache unabhängigen unerlaubten Handlung (BGH NJW 1979, 2148 [spätere Lieferung einer mangelhaften Zusatzanlage durch den Verkäufer]; SCHLECHTRIEM ZfBR 1992, 99) oder aufgrund einer mit ihr verbundenen Eigentumsverletzung – man denke an die Verletzung der Instruktionspflicht (BGH NJW 1992, 2016, 2018; OLG Frankfurt aM VersR 1990, 981, 982; Revision vom BGH nicht angenommen; STOLL JZ 1983, 504; STEFFEN VersR 1988, 978; vgl auch TIEDTKE ZIP 1992, 1451; ob das anders liegt, wenn die Sache aufgrund der falschen Bedienungsanleitung wirkungslos ist [so HARRER Jura 1984, 84 Fn 36], dürfte zumindest fraglich sein). So gibt es denn **keinen Grund, den Erwerber** bei Schädigung seines sonstigen Eigentums durch die gekaufte Sache **anders zu behandeln als bei Schädigung des Produktes selbst** (BGHZ 86, 256, 258; BGH NJW 1985, 2420, 2421; STEFFEN VersR 1988, 978; aA RENGIER JZ 1977, 347; iE auch SCHUBERT JR 1983, 327). Der Mangel braucht auch keineswegs stets dazu zu führen, daß die Sache zur Gänze vernichtet wird; im Gaszugfall etwa war der Schaden relativ gering. Schon deswegen ist dem Argument der fehlenden Eigentumsverletzung der Boden entzogen. Mit derselben Überlegung läßt sich auch zeigen, daß **nicht etwa der Schaden fehlt** (so indes REINICKE/TIEDTKE, Kaufrecht [6. Aufl 1997] Rn 802 ff, da sich der Fehler dort noch nicht ausgewirkt habe; eine Sache kann indes nicht gegenüber Dritten einen Wert verkörpern, dem Verkäufer gegenüber aber wertlos sein; vgl ferner WEITNAUER ArztR 1978, 41 f; SCHUBERT JR 1979, 202; ders JR 1983, 327). Ein Drittschädiger könnte nicht geltend machen, die von ihm zerstörte Sache sei wegen des weiterfressenden Mangels von vornherein und in jedem Fall nichts wert gewesen (BGH NJW 1978, 2241, 2242; LÖWE BB 1978, 1496; SOERGEL/ZEUNER vor § 823 Rn 49; SCHMIDT-SALZER BB 1979, 9; SCHLECHTRIEM JA 1983, 256; LANG 164; KATZENMEIER 86, 107 f). Das alles gilt auch, wenn das fehlerhafte Teil erst in Sachen des Käufers – von ihm, vom Verkäufer oder von Dritten – eingebaut wird; bislang intaktes Eigentum wird dabei beschädigt (BGHZ 117, 183, 189; aA wegen der Selbstbeschädigung BRÜGGEMEIER/HERBST JZ 1992, 804, vgl dazu schon oben Rn B 87). Schließlich bemängeln einige Vertreter der hL, die Anwendung des § 823 Abs 1 führe zu Ungereimtheiten, da bei Mängeln, die den Gegenstand total entwerteten, es mit der kaufrechtlichen Gewährleistung sein Bewenden habe, während bei einem Fehler, der nur einen Teil ergreife, die Delikthaftung den Käufer weitergehend schütze (HARRER Jura 1984, 85; REINICKE/TIEDTKE NJW 1986, 11, 13 f); damit behandle die hM diese Fälle in einer gegen die Gerechtigkeit verstoßenden Weise ungleich (LG Karlsruhe JZ 1987, 828, 829; REINICKE/TIEDTKE NJW 1986, 14). Diese vermeintliche Ungerechtigkeit findet ihre

Entsprechung in der Haftung Dritter; zerstören sie die Sache schuldhaft, so kommt auch ihnen zugute, wenn der Gegenstand infolge eines Fehlers fast oder völlig wertlos war, während sie bei einem nur geringen Mangel weiter gehenden Schadensersatz zu leisten haben (MERKEL NJW 1987, 360; G HAGER BB 1987, 1749).

β) **Vorrang der kauf- und werkvertraglichen Regeln?**
So konzedieren die Kritiker des BGH in wachsender Zahl, daß der Tatbestand des **B 116** § 823 Abs 1 vorliegt; sie wollen jedoch **den kauf- bzw werkvertraglichen Regeln den Vorzug** einräumen (SOERGEL/ZEUNER vor § 823 Rn 49, 51; WALTER, Kaufrecht [1987] § 9 IV 4 a = 430 f; FOERSTE, in: vWESTPHALEN § 21 Rn 31 f; ders VersR 1989, 457; KOCH 230 ff, 236, 243; SCHMIDT 27 f; vBAR 23 ff; RENGIER JZ 1977, 347; SCHUBERT JR 1983, 327; STEINMEYER DB 1989, 2161 f; MARBURGER AcP 192 [1992] 7; iE auch BRÜGGEMEIER VersR 1983, 58 mit dem Vorschlag, dem Händler uU einen Rückgriffsanspruch gegen den Hersteller zu gewähren; dagegen wiederum KULLMANN BB 1985, 414), da namentlich die kurze Verjährung der §§ 477 Abs 1, 638 Abs 1 nicht durch die Anwendung des § 823 Abs 1 und der damit verbundenen längeren Verjährungsfrist des § 852 überspielt werden dürfe (LG Karlsruhe JZ 1987, 828 f; ERMAN/ SCHIEMANN Rn 124; RENGIER JZ 1977, 347; SCHUBERT JR 1979, 202 f; KÖHLER JA 1982, 164; REINICKE/TIEDTKE NJW 1986, 16; SCHMIDT-SALZER Anm zu BGH LM Nr 54 zu § 823 [Ac] BGH unter 3; KOCH 206 f; anders aber BGH NJW 1978, 2241, 2242; BRÜGGEMEIER VersR 1983, 507 mit Hinweis auf Rechtslage in den USA, wo sich trotz 4-jähriger kaufrechtlicher Verjährungsfrist identische Probleme ergäben; GANTER JuS 1984, 594). Doch sprechen die besseren Gründe dafür, **beide Haftungssysteme konkurrieren zu lassen**. Das Hauptargument, die beiden Bereiche deckten sich zT oder gar weitgehend (vBAR 23 f; NICKEL VersR 1984, 318 f), übersieht, daß dies auch ansonsten so ist, beispielsweise bei einem fehlerhaft ausgeführten Werk, das andere Rechtsgüter des Bestellers in Mitleidenschaft zieht, ohne daß daraus der Schluß gezogen werden dürfte, die Vertragsordnung verdränge die Haftung aus unerlaubter Handlung. **Dem Eigentümerwechsel kommt haftungsrechtlich keine Bedeutung** zu, wie auch die Verfechter der These vom Vorrang des Vertragsrechts betonen (vBAR 23; vgl auch BGH NJW 1993, 655, 656 f; OLG Koblenz NJW-RR 1995, 90 f). Dem widerspräche es, wenn man Unterschiede zuließe je nachdem, ob der Verkäufer kurz vor oder kurz nach der Übereignung die Sache fehlerhaft wartet und so die Ursache zum späteren Untergang setzt. Daß die Rechtsprechung und ihre Anhänger den Tatbestand der Eigentumsverletzung einschränken müßten (vBAR 24 Fn 68 unter Berufung auf das Vorgehen bei SOERGEL/HUBER [11. Aufl 1986] vor § 459 Rn 45), ist jedenfalls dann unrichtig, wenn man die Reichweite des § 823 Abs 1 auch bei Beschädigungen durch Dritte korrekt faßt. Natürlich kann der Eigentümer nicht den Ersatz für eine intakte Sache fordern, sondern muß die schon bestehende Wertminderung aufgrund des Mangels berücksichtigen. Auch trifft der Vorwurf nicht zu, die Rechtsprechung formuliere mit dem Abgrenzungskriterium der Stoffgleichheit die Frage neu, die zu lösen sie angetreten sei (LG Karlsruhe JZ 1987, 828, 829; vBAR 25). In vielen Fällen ist schon die Stoffgleichheit sehr leicht festzustellen (KULLMANN BB 1985, 414; **aA** STOLL JZ 1983, 502) – etwa beim fehlerhaften Hinterreifen, bei dem nur das restliche Fahrzeug von § 823 Abs 1 geschützt wird. Abgrenzungsprobleme im Einzelfall ändern im übrigen nichts an der theoretischen Trennschärfe des Kriteriums (vgl iE noch unten Rn B 122). Vor allem aber spricht gegen einen angeblichen Vorrang der vertraglichen Ordnung, daß der Käufer besser stünde, wenn er den mit ihm nicht vertraglich verbundenen Warenhersteller in Anspruch nehmen könnte, als in dem Fall, in dem Verkäufer und Hersteller der mangelhaften Sache ein und dieselbe Person sind; die erste Gruppe kann man sinnvollerweise nicht mit dem Vorrang der vertraglichen Gewährleistung lösen (SCHLECHT-

RIEM JA 1983, 257), will man nicht hinter den erreichten Stand etwa in der Produkthaftung zurückfallen. Und schließlich stellt sich das Problem, **wie weit denn der Bereich der ausschließlichen Zuständigkeit des Vertragsrechts reicht**. Der Dieselmotor zum Antrieb eines Kompressors soll dazugehören, die Stereoanlage im gelieferten Auto dagegen nicht (KOCH 238). Das Differenzierungskriterium, warum die defekte, zur Explosion des Autos führende Stereoanlage anders zu beurteilen sein soll als der zu schwach ausgelegte Motor zum Antrieb des Kompressors, bleibt unklar.

γ) **Das Argument aus § 1 Abs 1 S 2 ProdHaftG**

B 117 Es bleibt das Argument, der Gesetzgeber habe sich in **§ 1 Abs 1 S 2 ProdHaftG** gegen die These der Rechtsprechung vom weiterfressenden Mangel entschieden, indem er in dieser Vorschrift das fehlerhafte Produkt selbst aus dem Schutz herausgenommen habe (SOERGEL/ZEUNER vor § 823 Rn 49; STAUDINGER/HONSELL [1995] Vorbem 54 zu §§ 459 ff; TIEDTKE EWiR 1987, 984; ders NJW 1990, 2963; ders ZIP 1992, 1449 f). Abgesehen davon, daß es sich dabei um eine auf das ProdHaftG beschränkte Besonderheit handeln könnte, die eine verschuldensabhängige Haftung nicht ausschließen müßte (MERKEL NJW 1987, 361), ist die Argumentation in sich selbst unschlüssig. § 2 S 1 ProdHaftG definiert als Produkt jede bewegliche Sache, auch wenn sie einen Teil einer anderen Sache bildet. So kann ein Schwimmschalter oder Autoreifen durchaus als Produkt iS dieser Norm verstanden werden (BUCHNER DB 1988, 36; SACK VersR 1988, 444; vWESTPHALEN Jura 1992, 513 f; KATZENMEIER 275 ff; so von der Position der Kritiker des BGH aus auch STEINMEYER DB 1989, 2162). Die **Haftung** kann indes **nicht von der teilweise zufälligen Art der Zuordnung der Produktteile** abhängig sein (so für die deliktische Produkthaftung BGHZ 86, 256, 261; OLG Karlsruhe VersR 1986, 1125, 1126). Auch ist nicht einzusehen, warum zwar der Reifenhersteller, der die Reifen geliefert hat, nach dem ProdHaftG haftet (konsequenterweise verneinen FOERSTE, in: vWESTPHALEN § 21 Rn 30 und TIEDTKE NJW 1990, 2965 iVm 2964 dessen Haftung; aA PALANDT/THOMAS § 4 ProdHaftG Rn 4; vgl dazu unten Rn F 29), nicht aber der Autofabrikant, der (auch) die Reifen gefertigt hat. Als Beleg für die herrschende Lehre ist § 1 Abs 1 S 2 ProdHaftG wegen des Widerspruchs zu § 2 S 1 Produktshaftungsgesetz weitgehend wertlos (vgl ausführlich zum Streitstand innerhalb des § 1 Abs 1 S 2 ProdHaftG STAUDINGER/OECHSLER [1998] § 1 ProdHaftG Rn 10 ff, 19 f).

cc) **Stellungnahme**

α) **Die unstimmigen Ergebnisse der Gegenthese**

B 118 Auf der anderen Seite sprechen die **besseren Argumente** im Grundsatz für die **Linie der Rechtsprechung**. So ist es – wie schon geschildert – vom **Ergebnis** her nicht plausibel, wenn der Verkäufer, der seiner Ware eine **fehlerhafte Gebrauchsanweisung** beilegt und so letztendlich den Untergang herbeiführt, haften soll, während der Kunde nach hL leer ausgeht, wenn der Verkäufer die Sache falsch montiert hat und diese deshalb zerstört wird (vgl oben Rn B 114 ff und vor allem STEFFEN VersR 1988, 978). Im übrigen bleibt auch die hL von Abgrenzungsschwierigkeiten nicht verschont. Hat etwa der Lieferant an der Sache aufgrund einer Abrede mit dem Käufer ein Zubehörteil angebracht, das fehlerhaft war und 7 Monate nach der Ablieferung zum Untergang führt, so ist seine deliktische Haftung kaum zu verneinen. Man denke an den Verkäufer eines Motorrades, der vereinbarungsgemäß eine Lenkerverkleidung einbaut, die für diesen Typ indes nicht zugelassen ist, und so den Grund dafür legt, daß das Motorrad Totalschaden erleidet. Freilich gibt es dann keinen Grund, eine Eigentumsverletzung zu verneinen, wenn das Motorrad von vornherein mit der ungeeigneten Lenkerverkleidung angeboten wird. Schließlich gerät die hL in Schwierigkeiten mit der Produktbeobachtungspflicht. Umfaßt diese auch die Verträglichkeit des Produkts mit Sachen anderer Hersteller (vgl unten Rn F 22), so haftet der Produzent, wenn er nicht rechtzeitig warnt und deshalb die von ihm gelieferte Sache untergeht. Anders wäre es – legt man die hL zugrunde –, wenn sein Produkt wegen eines selbst hergestellten Zubehörs Schaden erleidet. Auch dieser Unterschied läßt sich kaum nachvollziehen.

β) **Der Unterschied zwischen dem ursprünglichen Mangel und dem später entstehenden Schaden**

Vor allem vermag der **Ausgangspunkt der hL nicht zu überzeugen**, die Vorschriften der vertraglichen Haftung gingen denjenigen der unerlaubten Handlung vor. Dem liegt die meist nicht ausdrücklich formulierte These zugrunde, die Sache sei wegen der – später ja in der Tat verwirklichten – Gefahr von vornherein zur Gänze mangelhaft (LG Karlsruhe JZ 1987, 828, 829; LARENZ II 1 [13. Aufl 1996] § 41 II e = S 72; REINICKE/TIEDTKE, Kaufrecht [6. Aufl 1997] Rn 802; dies NJW 1986, 14; RENGIER JZ 1977, 346 f; KÖHLER JA 1982, 164; G HAGER BB 1987, 1749; TIEDTKE ZIP 1992, 1449; ähnl SCHWARK AcP 179 [1979] 81). Doch trifft das nicht zu. Ob und inwieweit die Sache fehlerhaft ist, entscheidet sich nach § 459 Abs 1 S 1 im Augenblick des Gefahrübergangs (GANTER JuS 1984, 594; MERKEL NJW 1987, 359; iE auch KULLMANN BB 1985, 412), wobei nach § 472 Abs 1 die Wertrelationen sogar auf den Zeitpunkt des Vertragsschlusses zurückbezogen werden (BGHZ 58, 181, 182; PALANDT/PUTZO § 472 Rn 8; SOERGEL/HUBER [12. Aufl 1991] § 472 Rn 5; STAUDINGER/HONSELL [1995] § 472 Rn 9; PETERS BB 1983, 1953). Das kann bei nicht behebbaren Fehlern dazu führen, daß der Wert der Sache mit nahezu Null anzusetzen ist (STOLL JZ 1983, 502; NICKEL VersR 1984, 140; STEFFEN VersR 1988, 979). Anders ist es bei korrigierbaren Mängeln. Werden sie erkannt und sind sie zu beseitigen, so schlagen sie bei der Minderung weit geringer zu Buche (SCHLECHTRIEM JA 1983, 256; aA WEITNAUER ArztR 1978, 42; aA für den Fall des Schadenseintritts auch REINICKE/TIEDTKE, Kaufrecht [6. Aufl 1997] Rn 813 f), was sich umgekehrt auch auf den Umfang der Haftung Dritter bei schuldhafter Beschädigung der Sache auswirkt. Der durch die spätere Zerstörung der Sache eintretende Schaden und ihr ursprünglicher Mangel sind hier keineswegs identisch. Zwar genügt es, wenn der Fehler im Keim bereits angelegt ist (PALANDT/PUTZO § 459 Rn 6; SOERGEL/HUBER [12. Aufl 1991] § 459 Rn 87; STAUDINGER/HONSELL [1995] § 459 Rn 33; HARRER Jura 1984, 83). Doch bedeutet das nicht, daß er bereits den Umfang hat wie nach der späteren Zerstörung. Ansonsten gäbe nämlich die Frage, ob der Untergang nach den §§ 350 f zum Ausschluß der Wandelung führt – was regelmäßig zu verneinen, für den Ausnahmefall, daß der Käufer trotz Kenntnis der Gefahr die Sache weiter benutzt, aber zu bejahen ist (vgl zB SOERGEL/HUBER [12. Aufl 1991] § 467 Rn 22, 50) – keinen Sinn. Das Parallelproblem müßte sich auch bei der Minderung stellen, obwohl es dort – soweit ersichtlich – nicht erörtert wird. Mit anderen Worten: Die Wandelung bzw (Total-)Minderung ist nicht wegen, sondern trotz der Zerstörung ausnahmsweise möglich, weil die spätere Zerstörung auf dem nicht erkannten Mangel fußt. Das bedeutet indes, daß der **ursprüngliche Mangel und der später entstehende Schaden weder identisch sind noch vom BGB gleichgesetzt werden** – womit der These der hL der Boden entzogen ist. Vielmehr untersteht der Gegenstand dem Schutz durch § 823 Abs 1; sein Wert und damit der zu ersetzende Schaden ist allerdings um den Mangel gemindert (STOLL JZ 1983, 502; STEFFEN VersR 1988, 978). Damit entfällt auch der Vorwurf, die Rechtsprechung habe den einzigen Sinn, § 477 zu unterlaufen (vgl oben Rn B 116); die deliktische Haftung erst schützt die Sache (gemindert um die Reichweite des Mangels) ebenso wie die übrigen Rechtsgüter des Käufers. Dem widerspricht auch nicht, daß bei der Minderung das Risiko einer weiteren Verschlechterung durch einen Abschlag berücksichtigt werden kann. Daraus ist nicht zu schließen, das Gewährleistungsrecht regele das Äquivalenzinteresse gerade für den Fall, daß sich ein Mangel am Produkt weiterfresse (so indes FOERSTE, in: vWESTPHALEN § 21 Rn 31 unter Berufung auf OLG München HRR 1940 Nr 1178). Es geht vielmehr um die anders geartete Konstellation, in der ein Risiko verbleibt – also um eine Spielart des merkantilen Minderwerts (OLG München HRR 1940 Nr 1178; STAUDINGER/HONSELL [1995] § 472 Rn 5) –, nicht um die hier im Vordergrund stehende Problematik, daß der Fehler zur Gänze korrigiert werden könnte, wenn er nur erkannt würde.

dd) Beschränkung auf gewaltsame Selbstbeschädigung der Sache?

B 120 Teile der Literatur stimmen der Rechtsprechung zwar im Ansatz zu, wollen die Haftung jedoch auf unzeitige, mehr oder weniger **gewaltsame Selbstbeschädigung oder Selbstzerstörung der Sache** beschränken. Den Hersteller treffe eine Gefahrsteuerungs- und -abwehrpflicht im Hinblick auf Umweltschäden, die nicht nur auf andere Güter des Abnehmers beschränkt sei, sondern auch der teilweise fehlerhaften Sache selbst zugute komme (MünchKomm/MERTENS Rn 108; ähnl STOLL JZ 1983, 503: erhebliche Gefährdung der Umwelt und Zurückschlagen der Gefahr auf das Produkt selbst; G HAGER AcP 184 [1984] 417; ders BB 1987, 1748; SCHWENZER JZ 1988, 528, 529 f; H ROTH JuS 1994, 404; wohl auch SCHLECHTRIEM ZfBR 1992, 102 f; ders EWiR 1992, 348; ders, in: FS Hyung-Bae Kim [1995] 286 ff: deliktische Haftung nur bei der Verletzung einer Verkehrspflicht; ähnl KATZENMEIER 241; ders NJW 1997, 490 [zudem geringe Selbstzerstörungsgefahr]; dazu kritisch BRÜGGEMEIER JZ 1995, 684). Dem ist **der BGH zu Recht nicht gefolgt** (BGH NJW 1985, 2420, 2421; 1990, 908, 909; WALTER, Kaufrecht [1987] § 9 IV 4 a = S 429 f; REINICKE/TIEDTKE, Kaufrecht [6. Aufl 1997] Rn 814; dies NJW 1986, 12; SCHMIDT-SALZER BB 1983, 539; BRÜGGEMEIER VersR 1983, 510; MAYER BB 1984, 573; J HAGER VersR 1984, 805 f; RAUSCHER JuS 1987, 17, 18; GRUNEWALD JZ 1987, 1099; STEFFEN VersR 1988, 979 f; STEINMEYER DB 1989, 2159 f; KOCH 175; offen gelassen noch in BGHZ 86, 256, 263 f). Denn für den Integritätsschutz des gelieferten Gutes ist es nach allgemeinen Regeln **irrelevant**, ob auch andere Rechtsgüter in Gefahr geraten sind (BGH NJW 1985, 2420, 2421; STEINMEYER DB 1989, 2160). Auch kann sich der Schaden über einen gewissen Zeitraum hin entwickeln (BGH NJW 1985, 2420, 2421), wie sich an der – zunächst heilbaren – Krankheit eines Tieres zeigt. Insbesondere kann das Vorliegen eines Mangels nicht davon abhängen, ob er sich gewaltsam in einer weiteren Beschädigung der Sache fortsetzt oder nicht. Die zu weich gezurrten Knoten einer Tennisschlägerbespannung (Bsp von MünchKomm/MERTENS [2. Aufl 1986] Rn 85 a mit Fn 120) würden nicht zur weitgehenden Minderung des Kaufpreises führen, auch wenn die Lebensdauer des Schlägers ohne Korrektur gering wäre. Zu berechnen wäre nur der geringere Wert, der sich durch die Notwendigkeit des Nachspannens ergibt. Spiegelbildlich als Eigentum geschützt ist der Schläger ohne den mangelbedingten Minderwert.

ee) Der Zeitpunkt der Eigentumsbeschädigung

B 121 Der **Zeitpunkt der Eigentumsbeschädigung** ist im Prinzip einfach festzustellen. Bei Ereignissen, die zum abrupten Untergang führen, ist er ohnedies offensichtlich; er macht jedoch auch bei sukzessiver Zerstörung keine nennenswerten Probleme. Erörterungsbedürftig ist nur der Fall, daß der Einbau des defekten Teils dazu führt, daß der neue Gegenstand repariert werden muß und dabei **bislang intakte Teile zerstört** werden. Der BGH hat zunächst offen gelassen, ob das Eigentum im Zeitpunkt des Einbaus oder im Augenblick der mit der Reparatur verbundenen Zerstörung verletzt wird (BGHZ 117, 183, 189), sich später für den Zeitpunkt des Einbaus entschieden (BGH NJW 1998, 1942, 1944); die Literatur plädiert für den Augenblick der Reparatur (HINSCH

VersR 1992, 1056 f; ders VersR 1998, 1355, der deswegen aber die Eigentumsverletzung ablehnt; wohl auch vWESTPHALEN ZIP 1992, 534; BRÜGGEMEIER/HERBST JZ 1992, 804). Die besseren Gründe sprechen indes dafür, **bereits im Zeitpunkt des Einbaus** die Eigentumsverletzung anzunehmen (STEFFEN VersR 1988, 979). Der Wert der bislang intakten Sache ist gemindert, wie die Parallele einer Schädigung durch Dritte illustriert; diese können geltend machen, der von ihnen angerichtete Schaden sei niedriger gewesen, da die zur Funktionstüchtigkeit jedenfalls notwendige Reparatur zum entsprechenden Verlust geführt hätte. Damit wird nicht das Äquivalenzinteresse geschützt (so indes HINSCH VersR 1992, 1056; ders VersR 1998, 1355), also nicht der Minderwert vergütet, der daraus resultiert, daß die neue Sache nicht so funktioniert, wie sie arbeiten würde, wenn die eingebauten Teile intakt wären. Beschädigt und daher zu ersetzen sind bislang funktionsfähige und zur Weiterverarbeitung verwendbare Teile, die jetzt repariert werden müssen, um wieder benutzt werden zu können, oder jetzt angesichts der Höhe der Reparaturkosten gar wertlos sind (vgl schon Rn B 107).

ff) Die Ermittlung des Wertes
Der schwierigste Punkt ist die **Ermittlung des Wertes des Eigentums**, das den deliktischen Schutz genießt, das also mit dem ursprünglichen Mangel nicht stoffgleich ist. Es geht dabei freilich primär um ein Problem der Schadensberechnung, nämlich um die Frage, ob und wie eine behebbare Schadensanlage zu berücksichtigen ist, wenn sie dem Eigentümer nicht bekannt war und daher auch nicht korrigiert wurde. Die Rechtsprechung wählt **konsequenterweise § 472 Abs 1 als Ausgangspunkt** (BGH NJW 1985, 2420; NICKEL VersR 1984, 319; MERKEL NJW 1987, 259; STEFFEN VersR 1988, 979 [„Bewertungsmaßstab"]; der Sache nach auch DERLEDER/MEYER AcP 195 [1995] 157; **aA** RAUSCHER JuS 1987, 19, der offensichtlich die gesamte Sache einschließlich des mangelhaften Teils unter den Schutz des § 823 Abs 1 zieht; **aA** auch KATZENMEIER NJW 1997, 450). Was nicht vom Mangelunwert umfaßt wird, fällt unter den Schutz des § 823 Abs 1. Das bedeutet, daß bei einer technisch nicht durchführbaren oder wirtschaftlich unsinnigen Reparatur von vornherein der Mangelunwert mit dem späteren Schaden gleichzusetzen ist (BGHZ 86, 256, 262; BGH NJW 1992, 1678; GANTER JuS 1984, 594; MAYER BB 1984, 572; KULLMANN BB 1985, 413 mit weiteren Fällen; RAUSCHER JuS 1987, 18; MERKEL NJW 1987, 359; STEFFEN VersR 1988, 978; vWESTPHALEN ZIP 1992, 532; kritisch zB BRÜGGEMEIER VersR 1983, 504). Ob das mangelhafte Teil **wertvoller** ist als der intakte Rest, **ist dagegen belanglos** (SCHMIDT-SALZER BB 1983, 539; MAYER BB 1984, 573 mit einer nicht plausiblen Einschränkung für funktionslose Einzelteile; anders die Formulierung bei BGH NJW 1978, 2241, 2242; auf sie ist das Gericht indes nicht mehr zurückgekommen). Wenn der BGH darüber hinaus die Stoffgleichheit bejahen will, wenn das mit dem Fehler behaftete Einzelteil mit der Gesamtsache zu einer nur unter Inkaufnahme von erheblichen Beschädigungen trennbaren Einheit verbunden ist (BGHZ 86, 256, 262), verbleibende Abgrenzungsprobleme sogar wertend zu lösen versucht, indem er Art und Ausmaß des geltend gemachten Schadens und des ihm zugrunde liegenden Mangels sowie den Inhalt der Verkehrspflicht des Herstellers berücksichtigen will (BGHZ 86, 256, 262; eine Zusammenstellung weiterer Gesichtspunkte bei SCHMIDT-SALZER BB 1983, 537 ff; **aA** zB REINICKE/TIEDTKE NJW 1986, 13), so ist dem nicht zu folgen. Es kommt vielmehr darauf an, ob nach der Reparatur und mit Rücksicht auf einen noch verbleibenden merkantilen Minderwert die Sache noch einen Wert verkörpert (LÖWE BB 1978, 1496). Ist das der Fall, so steht sie – insoweit – unter dem Schutz des § 823 Abs 1. Daß es keine Rolle spielt, ob ein fehlerhaftes bzw nicht passendes Teil eingebaut war oder ob eine zusätzliche Sicherung fehlte (BGH NJW 1985, 2420, 2421), ist die notwendige Konsequenz.

gg) Die Unkenntnis vom Fehler

B 123 Unklar ist in der Rechtsprechung, wie dem **Umstand Rechnung getragen werden soll, daß der Fehler nicht bekannt** ist. In einer früheren Entscheidung erwog der BGH, daß der gefahrbehafteten Anlage bei schlechthin unentdeckbaren Mängeln im Verkehr kein Wert beigemessen werde, da der Mangel in jedem Fall zur Zerstörung der Gesamtanlage führen müsse; die endgültige Stellungnahme behielt er sich aber vor (BGH NJW 1978, 2241, 2242; so auch REINICKE/TIEDTKE, Kaufrecht [6. Aufl 1997] Rn 807, 808; dies NJW 1986, 13). Später ließ das Gericht einen **Abschlag für die Tatsache der verkürzten Lebenserwartung** des Produkts auch dann zu, wenn es um technisch behebbare Mängel ging und die Reparatur wirtschaftlich vertretbar war (BGH NJW 1985, 2420). Ob ein Mangel technisch behebbar ist, hängt indes nach neuerer Rechtsprechung davon ab, **ob er bei normalem Verlauf der Dinge entdeckt werden konnte**, solange er nur aufspürbar war und dies keinen unverhältnismäßigen Aufwand an Zeit und Kosten erfordert hätte (BGH NJW 1992, 1678 f; ähnl STEFFEN VersR 1988, 978; aA TIEDTKE ZIP 1992, 1447 ff). Jedenfalls die letztgenannten Ansätze vertragen sich nicht miteinander. Entweder es kommt auf die objektiven Werte an, dann ist ein Abschlag für eine verringerte Lebenserwartung, die ja bei der Reparatur an das übliche Maß herangeführt wird, nicht vonnöten. Oder man trägt der Tatsache Rechnung, daß der Fehler nicht bekannt ist und berechnet den Wert, der sich nach der Verwirklichung der Gefahr ergibt. Das wäre indes mit dem System der Sachmängelgewährleistung nicht in Einklang zu bringen, müßte umgekehrt dazu führen, den Wert des Integritätsinteresses ausschließlich durch die restliche Lebensdauer der Sache zu bestimmen; er wäre definitionsgemäß bei der Zerstörung aufgezehrt (was BGH NJW 1992, 1678, 1679 übersieht; vgl aber KULLMANN BB 1985, 413). Der Schaden wäre stets stoffgleich mit dem ursprünglichen Mangelunwert, obwohl ja keineswegs sicher ist, daß der Fehler nicht entdeckt und beseitigt wird, und obwohl er – wie gezeigt (vgl oben Rn B 122) – bei der Ermittlung der Höhe der Minderung zunächst nicht berücksichtigt werden darf. Schon das spricht dafür, von vornherein den Mangelunwert und den dem Deliktsschutz unterstellten Restwert jeweils **von der objektiven Warte aus** zu bestimmen und außer acht zu lassen, daß der Mangel nicht bekannt ist (aA KULLMANN BB 1985, 413, der Stoffgleichheit auch annimmt, wenn die Fehlersuche Kosten verursacht, die den Wert der Gesamtsache übersteigen). Dies entspricht auch dem allgemein anerkannten Satz, daß Erkennbarkeit kein Begriffsmerkmal des Sachmangels ist (vgl nur SOERGEL/HUBER [12. Aufl 1991] § 459 Rn 87). Spiegelbildlich ist das über § 823 Abs 1 geschützt, was nicht unter den Sachmangel fällt.

V. Die sonstigen Rechte[*]

1. Definition und Abgrenzung

a) Zuweisungsgehalt und Ausschlußfunktion

B 124 Der Begriff des sonstigen Rechts ist **sprachlich sehr weit gefaßt**. Will man vermeiden, daß er als Brücke dazu dient, das gesamte Vermögen deliktisch zu schützen, bedarf es

---

[*] **Schrifttum:** FABRICIUS, Zur Dogmatik des „sonstigen Rechts" gemäß § 823 Abs 1, AcP 160 (1961) 273; HABERSACK, Die Mitgliedschaft – subjektives und „sonstiges" Recht (1996); KOZIOL, Die Beeinträchtigung fremder Forderungsrechte (1967); REINHARDT, Das subjektive Recht in § 823 Abs 1, JZ 1961, 713; STOLL, Unrechtstypen bei der Verletzung absoluter Rechte, AcP 162 (1962) 203.

der restriktiven Interpretation (LARENZ/CANARIS § 76 II 4 a). **Unergiebig** ist allerdings die **Entstehungsgeschichte** (vgl dazu ausführlich STAUDINGER/SCHÄFER[12] Rn 72 f). In der weiteren Entwicklung ging es zum einen um die Frage, ob unter sonstigem Recht jedes rechtlich geschützte Interesse zu verstehen sei (so vLISZT, Deliktsobligationen [1898] 26) oder ob eine einschränkende Definition notwendig sei, dergestalt, daß nur absolute, also von jedermann zu achtende Rechte gemeint seien (grundlegend RGZ 57, 353, 356; vgl ferner RGZ 59, 49, 51; 95, 283, 284). Die heute völlig einhellige Auffassung spricht sich für die zweite Möglichkeit aus. Geschützt werden nur solche Positionen, die wie die in § 823 Abs 1 genannten Rechte und Rechtsgüter durch Zuweisungsgehalt und Ausschlußfunktion gekennzeichnet sind (OLG Brandenburg OLG-NL 1997, 127, 129; JAUERNIG/ TEICHMANN Rn 12; ERMAN/SCHIEMANN Rn 35; MünchKomm/MERTENS Rn 123; LARENZ/CANARIS § 76 I 1 c; II 4 a; MEDICUS, Bürgerliches Recht [17. Aufl 1996] Rn 607; DEUTSCH Rn 189; der Sache nach auch PALANDT/THOMAS Rn 11; SOERGEL/ZEUNER Rn 46; BGB-RGRK/STEFFEN Rn 26; FIKENTSCHER Rn 1214 [absolute Rechte]; nur auf die Berechtigung stellt ab HABERSACK 131 f). Zusätzlich soziale Offenkundigkeit zu fordern (ERMAN/SCHIEMANN Rn 35; MünchKomm/MERTENS Rn 123; KOZIOL 176; differenzierend LARENZ/CANARIS § 76 I 1 c [„vereinbar mit sozialtypischer Offenkundigkeit"]; § 76 II 4 c Fn 95 [„Herrschaftsrecht hinreichende Voraussetzung"]; § 80 I 1 [mit stärkerer Betonung beim Persönlichkeitsschutz]; skeptisch MEDICUS, in: FS Steffen [1995] 335; **aA** HABERSACK 129; HÜFFER ZHR 161 [1997] 869) ist unschädlich; als ausschließliches Definitionsmerkmal taugt sie jedoch schon mangels tatbestandlicher Präzision nicht (so indes wohl ESSER/WEYERS § 55 I 2 b; FABRICIUS AcP 160 [1961] 292).

b) Ähnlichkeit mit Eigentum?

Parallel dazu verlief zum anderen die Diskussion, ob man unter sonstigen Rechten nur solche zu verstehen habe, die eigentumsähnlich seien (so zB RGZ 51, 369, 373; ESSER/ WEYERS § 55 I 2 b; MEDICUS, Bürgerliches Recht [17. Aufl 1996] Rn 607), oder ob man zu ihrer Umschreibung auch die in § 823 Abs 1 ansonsten genannten Schutzgüter Leben, Körper, Gesundheit und Freiheit heranzuziehen habe (so zB RGZ 95, 283, 284; OLG Brandenburg OLG-NL 1997, 127, 128 f; SOERGEL/ZEUNER Rn 46; STAUDINGER/SCHÄFER[12] Rn 73). Im Mittelpunkt stand dabei das allgemeine Persönlichkeitsrecht. Seit es in Rechtsprechung und Lehre praktisch unangefochten anerkannt ist, **erübrigt sich der Streit weitgehend** (BGB-RGRK/STEFFEN Rn 26; ähnl MünchKomm/MERTENS Rn 125). Freilich sind ausdrücklich normierte Persönlichkeitsrechte – wie etwa das Namensrecht nach § 12 – weiterhin zusätzlich als sonstige Rechte geschützt (MünchKomm/MERTENS Rn 125; LARENZ/CANARIS § 76 II 4 d).

2. Beschränkt dingliche Rechte

Generell sind alle beschränkt dinglichen Rechte unter den Begriff des sonstigen Rechts zu fassen (JAUERNIG/TEICHMANN Rn 15; PALANDT/THOMAS Rn 12; ERMAN/SCHIEMANN Rn 37; SOERGEL/ZEUNER Rn 51; MünchKomm/MERTENS Rn 136; BGB-RGRK/STEFFEN Rn 27; LARENZ/CANARIS § 76 II 4 a; ESSER/WEYERS § 55 I 2 b), also Pfandrechte – auch besitzlose wie dasjenige des Vermieters oder Verpächters (RGZ 98, 345, 346; 119, 265, 267; BGH WM 1965, 701, 704; PALANDT/THOMAS Rn 12; ERMAN/SCHIEMANN Rn 38; SOERGEL/ZEUNER Rn 51; MünchKomm/MERTENS Rn 136; BGB-RGRK/STEFFEN Rn 28) sowie das Pfändungspfandrecht (RG HRR 1925 Nr 141; OLG Stuttgart OLGE 41, 185, 186; PALANDT/THOMAS Rn 12; ERMAN/SCHIEMANN Rn 37; MünchKomm/MERTENS Rn 136; BGB-RGRK/STEFFEN Rn 28; grundsätzlich auch RGZ 108, 318, 321) –, Hypotheken und Grundschulden (RGZ 69, 85, 91; RG WarnR 1910 Nr 403; 1915 Nr 52; 1915 Nr 118 = S 165, 167; 1917 Nr 17 = S 25, 26; SeuffA 64 Nr 217 = S 453, 454; 88

Nr 55 = S 110, 111; OLG Hamburg LZ 1919, 1149, 1150), **Rentenschulden, Reallasten, dingliche Vorkaufsrechte, Dienstbarkeiten** (BGH VersR 1964, 1201; ERMAN/SCHIEMANN Rn 38; MünchKomm/MERTENS Rn 136; BGB-RGRK/STEFFEN Rn 28), **Wegerechte und Erbbaurechte.** Auch nach der Neufassung des BBergG ist das Bergwerkseigentum durch § 823 Abs 1 geschützt (so iE MünchKomm/MERTENS Rn 115; zum alten Recht vgl RGZ 161, 203, 208).

a) Der Schutz des Pfandrechts an einer Forderung

B 127 Strittig ist die Lage bei **Pfandrechten an Forderungen.** Die Rechtsprechung des Reichsgerichts hatte sie als sonstiges Recht anerkannt (RGZ 108, 318, 321; 138, 252, 255), allerdings bei Eingriffen, die nicht das Pfandrecht, sondern die zugrundeliegende Forderung betrafen – etwa Zahlung oder Aufrechnung – den deliktischen Schutz versagt, da die Verfügung entweder nach den §§ 135 f unwirksam sei oder aber wirksam, dann jedoch nicht rechtswidrig (RGZ 138, 252, 257; zust PALANDT/THOMAS Rn 12). **Dem folgt die heute hM im Ansatz nicht,** da der Schutz des beschränkt dinglichen Rechts nicht weiter gehen könne als derjenige des Vollrechts; die Forderung sei aber kein absolutes Recht (JAUERNIG/TEICHMANN Rn 15; ERMAN/SCHIEMANN Rn 37; SOERGEL/ZEUNER Rn 53; MünchKomm/MERTENS Rn 137; BGB-RGRK/STEFFEN Rn 29). Auch **fehle** es – außer im Verhältnis zum Drittschuldner – an der **sozialen Offenkundigkeit des Pfandrechts** (MünchKomm/MERTENS Rn 114); ein sachliches Bedürfnis für den Schutz bestehe nicht (SOERGEL/ZEUNER Rn 53; STAUDINGER/SCHÄFER[12] Rn 83, möglicherweise anders Rn 84). Dies überzeugt zwar im Ergebnis nicht, da entgegen der Prämisse der hL die Forderungszuständigkeit ein sonstiges Recht im Sinne des § 823 Abs 1 ist (vgl dazu unten Rn B 163 ff; vor allem Rn B 165). Wenn man dies anders sieht, ist allerdings die hL in ihrer Argumentation überzeugend.

b) Die Modalität der Verletzung
aa) Rechtliche Beeinträchtigungen

B 128 Die **Verletzungsmodalitäten** entsprechen weithin denjenigen bei der Schädigung des Eigentums. Zu nennen sind zunächst **rechtliche Beeinträchtigungen** (JAUERNIG/TEICHMANN Rn 15; FIKENTSCHER Rn 1214 Fn 3), beispielsweise der Verlust aufgrund der Verfügung eines Nichtberechtigten, der durchaus der Eigentümer der belasteten Sache sein kann, wenn der Erwerber kraft redlichen Erwerbs nach § 892 oder § 936 durch oder infolge der Verfügung erwirbt (RGZ 119, 265, 267; BGH WM 1965, 701, 704; LARENZ/CANARIS § 76 II 4 a; vgl auch RGZ 98, 345, 346); dabei scheidet nach allgemeinen Regeln eine Haftung des Erwerbers bei leichter Fahrlässigkeit aus (BGH WM 1965, 701, 704; vgl dazu oben Rn B 66). Der Tatbestand kann ferner verwirklicht sein, wenn eine Eigentümergrundschuld gelöscht wird (RG ZBIFG 12, 642, 644; SOERGEL/ZEUNER Rn 51; MünchKomm/MERTENS Rn 115; BGB-RGRK/STEFFEN Rn 27). In die Grunddienstbarkeit wird eingegriffen, wenn ein Grundstück zum Betrieb einer Gaststätte verpachtet wird, obwohl ein Verbot, das eine solche Benutzung verhindern sollte, durch die Grunddienstbarkeit gesichert war (BGH VersR 1964, 1201). Hierher gehört auch die **Pfändung von Grundstückszubehör,** das deswegen nicht mehr benutzt werden kann (BGB-RGRK/STEFFEN Rn 27; der zitierte Fall RG SeuffA 60 Nr 249 = S 480, 481 betrifft freilich die Frage der Eigentumsverletzung; das Grundstück war dem Ersteigerer vor der Pfändung zugeschlagen worden), wobei freilich nach den üblichen Regeln an das Verschulden strenge Anforderungen zu stellen sind (RG SeuffA 60 Nr 249 = S 480, 482 f; vgl auch oben Rn B 72 ff). Die Pfändung ist zwar nach herrschender Rechtsprechung nichtig (vgl die Darstellung bei BGHZ 104, 298, 302 mwNw) und kann daher keine Grundlage für den Erwerb in der Zwangsvollstrekkung abgeben (vgl zB ROSENBERG/GAUL/SCHILKEN, Zwangsvollstreckungsrecht [11. Aufl 1997] § 53 III 1 b aa); doch genügt die nicht unbeträchtliche Gefahr, daß die Rückschaffung zumindest Probleme macht.

bb) Faktische Beeinträchtigungen
α) Die Beeinträchtigung der Substanz

Beschränkt dingliche Rechte können des weiteren durch **faktische Beeinträchtigungen** B 129 verletzt werden, namentlich durch Zerstörung (LARENZ/CANARIS § 76 II 4 a mit Hinweis auf die Wertung der §§ 1134 f; FIKENTSCHER Rn 1214 Fn 3) oder Verschlechterung des Gebäudes (BGHZ 65, 211, 212; ERMAN/SCHIEMANN Rn 38; BGB-RGRK/STEFFEN Rn 27; ders Anm zu BGH LM Nr 8 zu § 823 [Ad] unter 1; MEDICUS, Schuldrecht BT Rn 806), das sich auf dem belasteten Grundstück befindet. Hieran ändert die Zustimmung des Eigentümers nichts (RG WarnR 1915 Nr 118 = S 165, 167; BGHZ 65, 211, 212; MEDICUS, Schuldrecht BT Rn 806). Die §§ 823 Abs 2, 1134 verdrängen § 823 Abs 1 nicht (BGB-RGRK/STEFFEN Rn 27; als selbstverständlich vorausgesetzt in RGZ 73, 333, 335; BGHZ 65, 211, 212; 92, 280, 292; 105, 230, 242). In einem solchen Fall kann – Verschulden vorausgesetzt – nach hM auch der ausführende Architekt haften (vgl hierzu BGHZ 65, 211, 214 ff; STEFFEN Anm zu BGH LM Nr 8 zu § 823 [Ad] unter 2; skeptisch SCHEYHING JZ 1976, 708; aA RATJEN DB 1977, 390). Zur Verletzung des absoluten Rechts des Grundpfandgläubigers genügt es schließlich, wenn **Bestandteile bzw Zubehör beschädigt** (BGHZ 60, 267, 273; 92, 280, 292; BGH NJW 1991, 695, 696; PALANDT/THOMAS Rn 12; BGB-RGRK/STEFFEN Rn 27; STAUDINGER/WOLFSTEINER [1996] § 1133 Rn 2; § 1134 Rn 17; § 1135 Rn 10 jeweils mwNw; LARENZ/CANARIS § 76 II 4 a) oder entgegen den Regeln einer ordnungsgemäßen Wirtschaft **entfernt** werden (RGZ 69, 85, 91; 73, 333, 335; RG JW 1907, 332 Nr 10; WarnR 1910 Nr 403; 1911 Nr 268 = S 304, 305; 1915 Nr 52 = S 70; 1915 Nr 118 = S 165, 167; 1917 Nr 17 = S 25, 26; SeuffA 64 Nr 217 = S 453, 454; 88 Nr 55 = S 110, 111; BGHZ 92, 280, 292; 107, 255, 256; OLG Hamburg LZ 1919, 1149, 1150; wohl auch BGHZ 60, 267, 273); auch daran ändert das Einverständnis des Eigentümers selbstverständlich nichts. Zwar führt eine solche rechtswidrige Entfernung keineswegs stets dazu, daß die Zubehörstücke aus dem Haftungsverband ausscheiden. Sie haften vielmehr weiterhin, wenn der Eigentümer selbst die Gegenstände vom Grundstück genommen und sie (noch) nicht weiterveräußert hat. Auch kann eine Verfügung deswegen nicht zu einem lastenfreien Erwerb geführt haben, weil der Dritte nach Beschlagnahme oder nach einer ihm bekannten Sequestration die Sache an sich genommen hat (BGH NJW 1991, 695, 696). Doch wird mit der Entfernung das Zubehör dem **Zugriff des Pfandgläubigers entzogen** (BGH NJW 1991, 695, 696); dies genügt, um einen rechtswidrigen Eingriff ins Pfandrecht zu bejahen (so iE auch RGZ 69, 85, 91; BGHZ 60, 267, 273; 90, 280, 292; BGH NJW 1991, 695, 696; bei faktischen Eingriffen in die Substanz des Grundstücks bzw seiner Gebäude RGZ 73, 333, 335; BGHZ 65, 211, 212 f). Die weitere Entwicklung betrifft dann den Umfang des Schadens (BGH NJW 1991, 695, 696).

β) Der Rückschaffungsanspruch

Besonderer Betrachtung bedarf die Frage, ob und wem gegenüber § 823 Abs 1 einen B 130 **Rückschaffungsanspruch des Pfandgläubigers** hinsichtlich des Grundstückes begründet. Keine Probleme macht allerdings die Passivlegitimation des Eigentümers, der das Zubehör zwar vom Grundstück entfernt, aber noch nicht weiterveräußert hat (so im Ansatz – allerdings ohne Schilderung der Rechtsfolge – auch PALANDT/BASSENGE §§ 1133–1135 Rn 3; MünchKomm/EICKMANN [3. Aufl 1997] § 1138 Rn 18). Dasselbe gilt gegenüber einem Dritten, der nicht lastenfrei erworben hat (RGZ 147, 129, 136; OLG Kiel JW 1933, 634; PALANDT/BASSENGE §§ 1133–1135 Rn 3; iE auch – allerdings ohne dogmatische Absicherung – die hM; vgl zB RGZ 70, 378 f; SOERGEL/KONZEN [12. Aufl 1990] § 1135 Rn 2; BGB-RGRK/MATTERN [12. Aufl 1996] § 1135 Rn 3; STAUDINGER/WOLFSTEINER [1996] § 1135 Rn 6; **aA** MünchKomm/EICKMANN [3. Aufl 1997] § 1135 Rn 18). Daß eine Anspruchsgrundlage fehle, wie die Mindermeinung behauptet (MünchKomm/EICKMANN [3. Aufl 1997] § 1135 Rn 18), ist zumindest in diesen Fällen nicht richtig. Der Gegenstand gehört auch weiterhin zum Haftungsverband (so auch MünchKomm/EICKMANN [3. Aufl 1997] § 1135 Rn 18); auf jeden Fall müßte es dem Pfandgläubiger daher offenstehen, mit **Hilfe der §§ 1227, 985** – notfalls analog – die Sache herauszuverlangen. Es ist zudem inkonsequent, wenn der Pfandgläubiger zwar nach den §§ 1134 Abs 1, 1135 eine vorbeugende Unterlassungsklage erheben kann, er aber keine Reaktionsmöglichkeit haben soll, den früheren Zustand wieder herzustellen, wenn das Zubehör in rechtswidriger Weise entfernt worden sein sollte. Wenn die Mindermeinung schließlich den Grundpfandgläubiger hinsichtlich der beim Dritten befindlichen (ehemaligen) Zubehörstücke auf die Mobiliarvollstreckung verweisen will (MünchKomm/EICKMANN [3. Aufl 1997] § 1135 Rn 18), so hilft das nicht weiter; wäre der Pfandgläubiger konsequenterweise doch gehalten, im Wege des Pfandverkaufs nach den §§ 1234 ff vorzugehen oder sich das Recht nach § 1233 Abs 2 erst titulieren zu lassen. Es bleibt der Fall fehlenden Verschuldens; er spielt freilich wegen der Möglichkeit des § 1121 Abs 2 nur eine Rolle, wenn der redliche Erwerb trotz fehlender Fahrlässigkeit des Dritten etwa wegen § 23 Abs 2 ZVG nicht möglich ist. Doch auch dann steht dem Pfandgläubiger mit § 1004 eine Anspruchsgrundlage zur Seite (OLG Kiel JW 1933, 634; **aA** PALANDT/BASSENGE §§ 1133–1135 Rn 3; MünchKomm/EICKMANN [3. Aufl 1997] § 1135 Rn 18); nur so lassen sich die geschilderten Unstimmigkeiten vermeiden.

cc) Der Entzug des Besitzes

B 131 Wenn das dingliche Recht ein Besitzrecht begründet, wird es durch den **Entzug des Besitzes** beeinträchtigt. Wird etwa die Benutzung der Sache durch den Nießbraucher aufgrund des Verhaltens des Schädigers verhindert und ist diese Beeinträchtigung nicht unerheblich, ist der Tatbestand des § 823 Abs 1 zu bejahen (vgl, jedoch ohne Beschränkung auf erhebliche Beeinträchtigungen, JAHR AcP 183 [1983] 751 ff). Doch auch das bloße Sicherungsinteresse des dinglichen Gläubigers kann genügen. So liegt es, wenn Sachen entfernt werden, an denen ein vertragliches Pfandrecht (BGB-RGRK/STEFFEN Rn 28), ein besitzloses gesetzliches Pfandrecht wie dasjenige des Vermieters oder Verpächters (RGZ 98, 345, 346; 119, 265, 267; BGB-RGRK/STEFFEN Rn 28) oder ein Pfändungspfandrecht bestand (OLG Stuttgart OLGE 41, 185, 186; BGB-RGRK/STEFFEN Rn 28).

c) Die Grenzen des Schutzes

B 132 Doch hat der Vergleich zur Verletzung des Eigentums seine Grenzen. Sie können zum einen daraus resultieren, daß der Eingriff das Recht **nicht in Mitleidenschaft** zieht. Wer dem Eigentümer eines Grundstücks rechtswidrig den Besitz entzieht, tangiert damit regelmäßig nicht die Hypothek (MEDICUS, Schuldrecht BT Rn 806); anders verhält es sich wegen der **faktischen Gefährdung** der Sicherheit beim **Entzug des Besitzes an beweglichen Sachen** (BGH NJW 1991, 695, 696). Zum anderen kann der Eingriff sich deswegen nicht auswirken, weil das Grundstück auch nach Zerstörung des Hauses (ERMAN/SCHIEMANN Rn 38; BGB-RGRK/STEFFEN Rn 27; MEDICUS, Schuldrecht BT Rn 806; wohl auch RGZ 73, 333, 335; RG WarnR 1915 Nr 118 = S 165, 167) oder Entfernung des Zubehörs (RG WarnR 1910 Nr 403 = S 417, 418 f; 1915 Nr 118 = S 165, 167) dem Hypothekar noch **hinreichende Sicherheiten** bietet. Dies ist nach einem objektiven Maßstab zu beurteilen. Die Gefährdung ist zu bejahen, wenn bei der Zwangsversteigerung ein größerer und früherer Ausfall zu erwarten ist als vor der Umgestaltung. Daraus folgt, daß Maßnahmen im Rahmen einer ordentlichen Wirtschaft ebenso wie nur vorübergehende Einwirkungen regelmäßig nicht das Sicherungsinteresse tangieren (BGB-RGRK/Steffen Rn 27; ders Anm zu BGH LM Nr 8 zu § 823 [Ad] unter 1). Anders soll es dagegen sein, wenn es um eine **umfangreichere Renovierung** mit längerer Bauzeit geht; hier wird zT das Einverständnis des Pfandgläubigers gefordert, um die Rechtswidrigkeit auszuschließen (BGB-RGRK/Steffen Rn 27; ders Anm zu BGH LM Nr 8 zu § 823 [Ad] unter 1; offen gelassen von BGHZ 65, 211, 213). Dem ist nur zu folgen, wenn während der Maßnahmen zunächst der Grundstückswert merklich sinkt – etwa weil ein an sich noch funktionsfähiges Gebäude abgerissen wird. Keine Rolle spielt es dagegen jedenfalls, ob das Pfandrecht vor der Maßnahme deshalb gefährdet war, weil das Grundstück überbelastet war (BGHZ 65, 211, 212 f; BGB-RGRK/Steffen Rn 27). Der Pfandgläubiger hätte nämlich etwa durch Absprachen mit anderen Betroffenen doch noch zum Zug kommmen können (BGB-RGRK/Steffen Rn 27). Allerdings kann dieser Umstand bei der Berechnung des Schadens Bedeutung erlangen (BGHZ 65, 211, 213). Eine weitere Grenze für den Anspruch aus § 823 Abs 1 bildet schließlich der Zweck der §§ 1133 ff. So eröffnet § 1134 Abs 2 nur die Möglichkeit, eine Anordnung des Gerichts herbeizuführen, nicht dagegen den Anspruch auf Ersatz einer vom Pfandgläubiger selbst abgeschlossenen Feuerversicherung (BGHZ 105, 230, 242).

d) Die Einleitung rechtlicher Verfahren

In der **Erhebung einer unbegründeten Klage nach § 771 ZPO** und dem Einstellungsantrag nach den §§ 771 Abs 3, 769 ZPO hat das Reichsgericht einen zum Schadensersatz verpflichtenden Angriff gegen das Pfändungspfandrecht gesehen; dabei genügte nach seiner Rechtsprechung einfache Fahrlässigkeit (RG JW 1906, 89, 90; HRR 1925, 141; ebenso iE über die Annahme einer Sonderrechtsbeziehung MünchKomm-ZPO/ K Schmidt § 771 Rn 70). Dem widerspricht ein Teil der Lehre mit dem Argument, daß die Folgen der fahrlässig unberechtigten Einleitung eines Verfahrens nach der ZPO dort – etwa in den §§ 717 Abs 2, 945 ZPO – abschließend geregelt seien (Erman/ Schiemann Rn 37), während andere in Analogie zu eben diesen Normen für eine verschuldensunabhängige Haftung plädieren, da ansonsten diejenige Partei privilegiert werde, deren Antrag auf einstweilige Anordnung bzw auf deren Aufhebung durchdringe (Häsemeyer NJW 1986, 1029). Indes sollte man die **allgemeinen Regeln über die Einleitung von Verfahren** anwenden und bei subjektiv redlichem Verhalten des Klägers die Rechtswidrigkeit nicht für indiziert halten, wenn er die Rechtslage leicht fahrlässig falsch einschätzt (BGHZ 96, 10, 18, 20; Soergel/Zeuner Rn 52; BGB-RGRK/Steffen Rn 28; vgl dazu genauer unten Rn H 17 ff). Dies gilt **auch beim einstweiligen Rechtsschutz**, obwohl dort die Rechtslage lediglich vorläufig und summarisch überprüft wird (BGHZ 96, 10, 19 ff; Brox/Walker, Zwangsvollstreckungsrecht [5. Aufl 1996] Rn 1444). Speziell bei der vorläufigen Einstellung der Zwangsvollstreckung kommt hinzu, daß das Gericht seine Anordnung jederzeit ändern kann, wenn ihm das die Veräußerung hindernde Recht nicht mehr glaubhaft erscheint (BGHZ 96, 10, 18 ff, 21; Stein/Jonas/ Münzberg [21. Aufl 1995] § 771 Rn 44; Brox/Walker, Zwangsvollstreckungsrecht [5. Aufl 1996] Rn 1444; ähnl Rosenberg/Gaul/Schilken, Zwangsvollstreckungsrecht [11. Aufl 1997] § 41 XI 1 [Anforderungen dürfen nicht überspannt werden]). Nur auf den ersten Blick spricht dagegen, daß dadurch die Waffengleichheit zwischen dem Vollstreckungsgläubiger und dem Dritten gestört werden kann. Der pfändende Gläubiger haftet zwar – legt man die hM zugrunde (vgl dazu oben Rn B 72) – gemäß § 823 Abs 1, wobei allerdings strenge

Anforderungen an die Darlegung des die Intervention betreibenden Dritten zu stellen sind. Wählt man dagegen von vornherein den Ansatz über die §§ 989 ff analog (vgl oben Rn B 72), so passen sich auch die Verschuldensmaßstäbe an und die Waffengleichheit bleibt erhalten. Selbst wenn man in dieser Hinsicht einen divergierenden Verschuldensmaßstab vorziehen wollte, spräche das nicht gegen die hier verfochtene Lösung. Die Abweichung würde dadurch gerechtfertigt, daß das Privileg eines reduzierten Verschuldensmaßstabs **nur gegenüber dem Gegner im Verfahren legitimiert** ist, nicht jedoch gegenüber dem außenstehenden Eigentümer, der stets Gefahr läuft, von der Pfändung nichts zu erfahren und daher sein Recht zu verlieren. An all diesen Grundsätzen ändert im übrigen auch der Umstand nichts, daß der intervenierende Dritte Sicherheit geleistet hat; er haftet nur, wenn ein auf dem verschuldensabhängigen § 823 Abs 1 basierender Anspruch besteht (OLG München MDR 1989, 552).

e) Der Schutz des Hypothekars vor der Aufhebung der Anwartschaft

B 134 Besondere Schwierigkeiten sind mit dem Problem verknüpft, ob der Hypothekar dagegen geschützt ist, daß der Verkäufer einer unter Eigentumsvorbehalt gelieferten beweglichen Sache und der Käufer, der zugleich Eigentümer des belasteten Grundstücks ist, **die bedingte Einigung einverständlich aufheben** und damit das Eigentum (endgültig) bei dem Verkäufer verbleibt, wenn die Sache in der Zwischenzeit **Zubehör des Grundstücks** geworden war. Praktisch unstreitig ist allerdings der Ausgangspunkt. Auch Anwartschaften aufgrund einer bedingten Einigung fallen in den Haftungsverband der §§ 1120 ff (vgl nur BGHZ 35, 85, 87 ff; STAUDINGER/WIEGAND [1995] Anh zu §§ 929–931 Rn 300 jeweils mwNw). **Der BGH läßt die Aufhebung dieser Anwartschaft auch ohne Zustimmung des Hypothekars jedenfalls dann zu**, wenn damit der Weg für den Erwerb des Sicherungsguts durch einen Dritten frei wird, der den restlichen Kaufpreis finanziert. Denn wirtschaftlich mache es keinen Unterschied, ob der Käufer und Grundstückseigentümer erst den Kredit des Vorbehaltsverkäufers oder denjenigen eines anderen Kreditgebers tilge; auf die mit dem Kredit erworbene Ware könne der Grundpfandgläubiger erst dann zugreifen, wenn entweder der Kaufpreis oder das zur Kaufpreisfinanzierung aufgenommene Darlehen getilgt sei (BGHZ 92, 280, 293 f; iE zust MEDICUS, Bürgerliches Recht [17. Aufl 1996] Rn 484; WILHELM, Sachenrecht [1993] Rn 773; ders NJW 1987, 1785 ff; SCHOLZ MDR 1990, 979 f; ebenso zur Frage der Wirksamkeit der Aufhebung der Anwartschaft, jedoch abl zur Haftung über § 823 Abs 1 LUDWIG NJW 1989, 1462 f. Die Autoren behandeln das Problem ansonsten [nur] unter dem Aspekt der Abwicklung nach Bereicherungsrecht oder unechter Geschäftsführung ohne Auftrag). Diese Auffassung wird **in der Literatur fast einhellig abgelehnt** (TIEDTKE NJW 1985, 1308 f; ders NJW 1988, 28 f; M REINICKE JuS 1986, 963 f; STAUDINGER/WIEGAND [1995] Anh zu §§ 929–931 Rn 302 f; [nicht] unter dem Blickpunkt einer Abwicklung nach Deliktsrecht JAUERNIG § 929 Rn 63; PALANDT/BASSENGE § 1276 Rn 5; ERMAN/K KÜCHENHOFF § 1274 Rn 5 iVm § 1276 Rn 8; SOERGEL/KONZEN [12. Aufl 1990] § 1120 Rn 7; MünchKomm/EICKMANN [3. Aufl 1997] § 1120 Rn 39; BAUR/STÜRNER, Sachenrecht [17. Aufl 1999] § 59 Rn 37; WESTERMANN/EICKMANN, Sachenrecht [7. Aufl 1998] § 97 II 2; WIELING, Sachenrecht Bd I [1990] § 17 V c = S 795 m Fn 41; MÜLLER, Sachenrecht [4. Aufl 1997] Rn 1620 b; BÜLOW, Recht der Kreditsicherheiten [4. Aufl 1997] Rn 82; KOLLHOSSER JZ 1985, 370 ff; MAROTZKE AcP 186 [1986] 490 ff; BAYER WM 1987, 1541 ff; schon vor Erlaß der Entscheidung G REINICKE, Gesetzliche Pfandrechte und Hypotheken am Anwartschaftsrecht aus bedingter Übereignung [1941] 42; ders MDR 1961, 682; MAROTZKE, Das Anwartschaftsrecht – ein Beispiel sinnvoller Rechtsfortbildung? [1977] 38 f; KOLLHOSSER JA 1984, 201 f). Über die vorrangige Frage, ob § 1276 Abs 1 S 1 in einem solchen Fall analog anzuwenden ist und daher die Parteien der bedingten Übereignung diese nur aufheben können, wenn der Grundpfandgläubiger zustimmt, ist hier nicht zu entscheiden. Nimmt man dies – wie die hL – an, stellt sich das Problem des § 823 Abs 1 nicht mehr, da ja ohne das Einverständnis des Grundpfandgläubigers definitionsgemäß die Anwartschaft weiter besteht. Eine Haftung kommt nur dann in Betracht, wenn die Sache entfernt wird, ohne daß dies mit den Regeln einer ordnungsgemäßen Wirtschaft in Einklang steht. Es geht dann um das Problem, ob auch das beschränkt dingliche Recht an einer Anwartschaft durch § 823 Abs 1 geschützt ist (vgl dazu unten Rn B 150 ff). Aber auch dann, wenn man den Überlegungen des BGH folgt und § 1276 Abs 1 S 1 nicht analog anwendet (BGHZ 92, 280, 290), ist die Frage des § 823 Abs 1 mitentschieden. Die – jedenfalls nicht rechtswidrige – Aufhebung einer Anwartschaft kann keine Verletzung eines absoluten Rechts sein (KOLLHOSSER JZ 1985, 375 f; M REINICKE JuS 1986, 963; TIEDTKE NJW 1986, 1308 f; auch LUDWIG NJW 1989, 1462 als Anhänger des BGH). Das folgt zum einen daraus, daß ansonsten bereits ein vorbeugender Unterlassungsanspruch bestehen müßte (M REINICKE JuS 1986, 964), was aber stimmigerweise nur bedeuten könnte, daß – von der Prämisse des BGH her: ausnahmsweise – die Aufhebung der Anwartschaft von der Zustimmung des Grundpfandgläubigers abhängt. Zum anderen wäre im Weg der Naturalrestitution der alte Zustand herzustellen, also die Anwartschaft neu zu begründen, soweit dies dem Käufer noch möglich ist. Es wäre ein ungereimtes Ergebnis, eine Rechtshandlung zunächst als wirksam anzusehen, um sie zwischen denselben Parteien dann im Wege des Schadensersatzes wieder rückgängig zu machen (LUDWIG NJW 1989, 1462).

f) Die Konkurrenz von Anspruchsberechtigten

Lösen Eingriffe Dritter deckungsgleiche Ansprüche des **Eigentümers** und des **dinglich** **B 135** **Berechtigten** aus, was insbesondere bei der Zerstörung der belasteten Sache der Fall sein kann, ist es vor Pfandreife am sachgerechtesten, im Wege der dinglichen Surrogation dem Pfandgläubiger ein Pfandrecht am Schadensersatzanspruch einzuräumen (so für die Konkurrenz des Grundstückseigentümers und des Grundpfandgläubigers grundlegend WESTERMANN, Sachenrecht [5. Aufl 1966] § 100 I 1; ihm folgend BGB-RGRK/STEFFEN Rn 27; STAUDINGER/WOLFSTEINER [1996] § 1134 Rn 17). Das bedeutet, daß der Schädiger befreiend nur an beide leisten kann, wie konsequenterweise aus einer Analogie zu § 1281 folgt (ERMAN/SCHIEMANN Rn 38; LARENZ/CANARIS § 76 II 4 a; MEDICUS, Schuldrecht BT Rn 806); andere nehmen eine Gesamtgläubigerschaft nach § 428 an (WESTERMANN/EICKMANN, Sachenrecht [7. Aufl 1998] § 99 I 1). Nach § 1287 entsteht mit der Leistung des Schuldners im Wege der dinglichen Surrogation ein Pfandrecht des dinglich Berechtigten am Anspruch des Eigentümers. War die geschädigte Sache mit einem Nießbrauch belastet, so sind die §§ 1074 ff analog heranzuziehen. Nach Pfandreife gebührt der Anspruch dagegen dem Pfandgläubiger in der Höhe, in der er bei der Versteigerung (teilweise) ausgefallen ist (vBAR, Probleme der Haftpflicht für deliktische Eigentumsverletzung [1992] 13 f).

3. Sonstige eigentumsähnliche Rechte

Angehörige von Verstorbenen haben das Recht, sich Implantate der Toten anzueig- **B 136** nen; diese Befugnis ist als sonstiges Recht geschützt (PALANDT/THOMAS Rn 16). Anerkannt sind ferner **Aneignungsrechte** (JAUERNIG/TEICHMANN Rn 17; PALANDT/THOMAS Rn 12, 16; ERMAN/SCHIEMANN Rn 39; SOERGEL/ZEUNER Rn 54; MünchKomm/MERTENS Rn 139; BGB-RGRK/STEFFEN Rn 32), etwa das Bergwerkseigentum (RGZ 110, 1, 17; iE auch RGZ 72, 302, 303; 161, 203, 208) oder Wasserentnahmerechte (BGHZ 69, 1, 4; BGH NJW 1976, 46; LM Nr 10 zu § 823 [Ad] unter II 2 a; SOERGEL/ZEUNER Rn 54; GIESEKE/WIEDEMANN/CZYCHOWSKI,

Wasserhaushaltsgesetz [5. Aufl 1989] § 8 Rn 7 f; BREUER, Öffentliches und privates Wasserrecht [2. Aufl 1989] Rn 756). Darüber hinaus sind auch sonstige **Wassergebrauchsrechte** geschützt, die auf einer Bewilligung beruhen, wenn das Landesrecht auf die §§ 823 Abs 1, 1004 verweist (GIESECKE/WIEDEMANN/CZYCHOWSKI, Wasserhaushaltsgesetz [5. Aufl 1989] § 8 Rn 7 f; BREUER, Öffentliches und privates Wasserrecht [2. Aufl 1989] Rn 756). Dasselbe gilt aber auch ohne eine solche Anordnung (GIESECKE/WIEDEMANN/CZYCHOWSKI, Wasserhaushaltsgesetz [5. Aufl 1989] § 8 Rn 9; **aA** BREUER, Öffentliches und privates Wasserrecht [2. Aufl 1989] Rn 756 jeweils mwNw) und dann, wenn die Befugnisse nach früherem Recht verliehen oder sichergestellt sind (BGHZ 69, 1, 4). Der **Eigentümer- und Anliegergebrauch nach § 24 WHG** dürfte schon als Ausfluß des Eigentums geschützt sein (GIESECKE/WIEDEMANN/CZYCHOWSKI, Wasserhaushaltsgesetz [5. Aufl 1989] § 24 Rn 1 b; vgl zum früheren Recht RG DR 1906 Nr 933; 1916 Nr 2092). Freilich ist mit all diesen Rechten kein Anspruch auf Zufluß von Wasser, insbesondere von bestimmter Menge und Qualität verbunden (§ 2 Abs 2 S 1 WHG; vgl ferner BGHZ 69, 1, 7 ff; BGH LM Nr 10 zu § 823 [Ad] unter II 2 b für das Preußische Wasserrecht; enger JARASS NJW 1976, 2199, wenn ansonsten die bewilligte Wassernutzung wirtschaftlich nicht mehr möglich ist). Meist wird auch das **Aneignungsrecht des Jagdberechtigten** (BGH LM Nr 10 zu § 823 [F] unter I; Nr 2 zu WaStrVermG unter V; OLG Düsseldorf NJW-RR 1988, 526 jeweils mwNw; SOERGEL/ZEUNER Rn 54; BGB-RGRK/STEFFEN Rn 32) und des **Fischereiberechtigten** (BGHZ 49, 231, 234 f; 50, 73, 74; BGH VersR 1969, 928, 929; BayObLGZ 1962, 196, 201; SOERGEL/ZEUNER Rn 54; MünchKomm/MERTENS Rn 139; BGB-RGRK/STEFFEN Rn 32) in diesem Zusammenhang angeführt. Da diese Rechte nur schuldrechtlicher Natur sind (BGHZ 112, 392, 400; BGH LM Nr 2 zu WaStrVermG unter V jeweils zum Jagdausübungsrecht), dürfte es exakter sein, das Jagd- bzw Fischerei- und Fischereiausübungsrecht, denen gegenüber das Aneignungsrecht nur einen Teilaspekt beschreibt, als absolute Rechte aufzufassen (so iE BGHZ 84, 261, 264; 112, 392, 400; MünchKomm/MERTENS Rn 139). Das ist wichtig insbesondere bei sonstigen Störungen bzw Behinderungen des Ausübungsrechts durch einen Dritten; sie können mit Hilfe von § 1004 abgewehrt werden (STAUDINGER/SCHÄFER[12] Rn 97 mwNw). Diese Rechte begründen aber keine Befugnis zur Aufrechterhaltung der bisherigen natürlichen Verhältnisse (BGHZ 50, 73, 74), namentlich keinen Anspruch, daß ein Fluß nicht ausgebaut und der Fischzug unterhalb eines Fischwassers nicht behindert wird (BGHZ 49, 231, 234); auch sind sie nicht beeinträchtigt, wenn der Berechtigte verletzt wird und daher der Jagd nicht nachgehen kann (BGHZ 55, 146, 148 ff). Dagegen fällt verendet aufgefundenes **Wild** in das Jagdrecht, auch wenn es aus Gründen des Artenschutzes nicht bejagt werden darf (STAUDINGER/SCHÄFER[12] Rn 97). Als Schadensersatz zu leisten ist der Wildbretwert, nicht dagegen der (regelmäßig höhere) Preis für lebende Tiere, es sei denn, wegen Bedrohung des Bestandes müssen gleichartige Tiere ausgesetzt werden (BGH LM Nr 10 zu § 823 [F] unter II). Auch kann nicht eine Abschußgebühr verlangt werden, wenn nicht nachgewiesen ist, daß sie ein Jagdgast bei Vergabe des Abschusses entrichtet hätte (LG Freiburg MDR 1981, 580). Die sog Abdeckereiberechtigung (als absolutes Recht anerkannt von RG HRR 1925 Nr 1047) gibt es heute nicht mehr (STAUDINGER/SCHÄFER[12] Rn 97). Zu den absoluten Rechten zählen des weiteren das **Ablöserecht** des § 1249 (RGZ 83, 390, 393; MünchKomm/MERTENS Rn 138) sowie des § 1150 (PALANDT/BASSENGE § 1150 Rn 1; SOERGEL/KONZEN [12. Aufl 1990] § 1150 Rn 15; BGB-RGRK/ MATTERN [12. Aufl 1996] § 1150 Rn 17). Zu nennen ist ferner das dingliche Leitungsrecht des Energieversorgungsunternehmens (BGB-RGRK/STEFFEN Rn 27; JOACHIM NJW 1968, 1458). Nach hM soll auch der vorbeugende **Unterlassungs- und Beseitigungsanspruch des § 907** ein absolutes Recht sein (RGZ 145, 107, 115; OLG Karlsruhe JW 1932, 3277). Er ist neben dem Schutz des Eigentums direkt aus § 823 Abs 1 zumindest überflüssig (so auch ERMAN/SCHIEMANN Rn 39; MünchKomm/MERTENS Rn 138).

4. Immaterialgüterrechte

a) Der Vorrang spezialgesetzlicher Regelungen

Das Urheberrecht, das Patentrecht, gewerbliche Schutzrechte und diesen angenä- **B 137** herte Positionen sind **subsidiär durch § 823 Abs 1 geschützt**, also nur so weit, als nicht spezialgesetzliche Vorschriften abschließende Regelungen treffen. **Vorrangig** sind demgemäß beispielsweise die §§ 97 UrhG, 47 PatG, 14 GeschmMG, 14 MarkenG zu untersuchen; § 823 Abs 1 darf nicht herangezogen werden, um einen nicht bestehenden Schutz zu ersetzen (RGZ 112, 2, 7; 121, 65, 73 [für die Konkurrenz zu § 826]; BGHZ 5, 1, 9; JAUERNIG/TEICHMANN Rn 18; MünchKomm/MERTENS Rn 153; BGB-RGRK/STEFFEN Rn 35, vor § 823 Rn 48; für die Konkurrenz mit § 826 RGZ 121, 65, 73; BGHZ 21, 265, 267 f; 26, 52, 59; 44, 288, 296). § 97 Abs 3 UrhG läßt die Ansprüche aus anderen gesetzlichen Vorschriften, damit auch aus § 823 Abs 1 unberührt; dagegen wird § 823 Abs 1 durch das Markengesetz (RGZ 70, 74, 76; RG JW 1905, 214) und das Geschmacksmustergesetz (RG JW 1926, 521 zum GebrMG) verdrängt. Für § 823 Abs 1 bleibt jedoch Raum, soweit es um die Verwässerung berühmter Marken außerhalb eines Wettbewerbsverhältnisses geht (BGHZ 28, 320, 328; 114, 105, 109 ff; BGH LM Nr 68 zu § 823 [Ai] unter III 2, 3; Nr 13 zu § 823 [Ag] unter II 1; unter dem Aspekt des § 12 zB BGHZ 15, 107, 112; 19, 23, 27; vgl auch unten Rn D 66) Die einzelnen Sonderregelungen können hier nicht im Detail kommentiert werden.

b) Die Anmeldung eines Patents

Nicht ganz einheitlich ist die Rechtsprechung zur **Position vor der Offenlegung der** **B 138** **Anmeldung eines Patents**. Das Reichsgericht und der **Bundesgerichtshof** verneinen für den Regelfall den Schutz aus § 823 Abs 1 (BGHZ 3, 363, 368; BENKARD/BRUCHHAUSEN, PatG [9. Aufl 1993] § 9 Rn 56 mwNw; STAUDINGER/SCHÄFER[12] Rn 125 mwNw; vor der Anmeldung RGZ 77, 81, 82 f; MünchKomm/MERTENS Rn 153) und verweisen den Betroffenen auf § 826, der allerdings voraussetzt, daß weitere, die Sittenwidrigkeit begründende Umstände hinzutreten (BGHZ 3, 363, 368; MünchKomm/MERTENS Rn 153). Dem Inhaber eines **Geheimverfahrens** hat der BGH allerdings ein durch § 823 Abs 1 geschütztes Ausschließlichkeitsrecht zugebilligt (BGHZ 16, 172, 175; als Fall des § 826 interpretiert von BENKARD/ BRUCHHAUSEN, PatG [9. Aufl 1993] § 9 Rn 56). Auch hier ist indes der Schutzumfang begrenzt; er gewährt einen Anspruch nur **gegen die Anmeldung durch Dritte**, **nicht gegen die Benutzung** der Erfindung (RGZ 77, 81, 82 f; ERMAN/SCHIEMANN Rn 40; MünchKomm/ MERTENS Rn 153; BGB-RGRK/STEFFEN Rn 35). Soweit eine technische Erkenntnis nicht unter dem Schutz eines Sonderrechts steht, kann ihre Nutzung durch Dritte auch dann nicht verhindert werden, wenn die Erkenntnis mit einem erheblichen geistigen oder kostenintensiven Aufwand verbunden war (BGHZ 107, 117, 122; 44, 288, 301 [für § 1 UWG]). Von einem Teil der Lehre wird die berühmte Marke als sonstiges Recht aufgefaßt und so deliktisch vor Verwässerung geschützt (SOERGEL/ZEUNER Rn 144; Münch-Komm/MERTENS Rn 153; KÖTZ Rn 363; MOENCH NJW 1984, 2923); der BGH bejaht in solchen Fällen dagegen einen Eingriff in den eingerichteten und ausgeübten Gewerbebetrieb (BGHZ 28, 320, 328; 91, 117, 120 f; BGH JZ 1965, 680, 681; vgl unten Rn D 66).

c) Sonstige Fälle

Betriebsgeheimnisse sind nach hM absolute Rechte, wenn sie – wie etwa in Geheim- **B 139** verfahren – vom Betrieb abgelöst werden können (BGHZ 16, 172, 175; SOERGEL/ZEUNER

Rn 145; MünchKomm/Mertens Rn 153; Fister, Das technische Geheimnis „know how" als Vermögensrecht [1974] 85 ff), während die Mindermeinung sie unter § 823 Abs 2 iV mit den Regeln des UWG sieht bzw als Teil des Gewerbebetriebs auffaßt (Erman/Schiemann Rn 40; BGB-RGRK/Steffen Rn 35; Staudinger/Schäfer[12] Rn 126). **Diplome, Medaillen, Preise** und **ähnliche Auszeichnungen** für ausgestellte Waren sind ebenfalls über § 823 Abs 1 geschützt; dieser Schutz kann weiter gehen als derjenige des § 3 UWG (RGZ 109, 50, 53 [zugleich gewerbliche Betätigung und Persönlichkeit]; MünchKomm/Mertens Rn 153; BGB-RGRK/Steffen Rn 35), wobei die Bedeutung angesichts der weiten Auslegung des Begriffs der Wettbewerbshandlung iS des § 3 UWG allerdings gering bleibt (MünchKomm/Mertens Rn 132). Kein eigenes absolutes Recht iS des § 823 Abs 1 ist der **good will** (MünchKomm/Mertens Rn 153; aA Becher NJW 1951, 541). Ein Teil der Lehre will ferner **Messe- und Ausstellungsbezeichnungen** als selbständiges sonstiges Recht anerkennen (Soergel/Zeuner Rn 144; MünchKomm/Mertens Rn 153 Fn 323), während der BGH die Verwendung des Warenzeichens eines Messeveranstalters durch eine nicht ausstellende Firma in einer Anzeige, in der sie ihr Fremdbleiben begründete, als Eingriff in den Gewerbebetrieb ansah (BGH NJW 1983, 2195, 2196; vgl dazu Rn D 29).

5. Besondere Persönlichkeitsrechte

B 140 Neben dem schon erwähnten Namensrecht, das in diesem Kommentar bei § 12 besprochen ist, zählt das Recht am eigenen Bild nach § 22 KUG zu den sonstigen Rechten nach § 823 Abs 1 (MünchKomm/Mertens Rn 134; Larenz/Canaris § 76 II 4 d; vgl dazu unten Rn C 151 ff). Dagegen ist das informationelle Selbstbestimmungsrecht Teil des allgemeinen Persönlichkeitsrechts und wird in dessen Kommentierung näher erläutert (vgl dazu unten Rn C 172 ff).

6. Mitgliedschaftsrechte[*]

B 141 Auch Mitgliedschaftsrechte gehören im Grundsatz **zu den absoluten Rechten des § 823**

---

* **Schrifttum:** Bayer, Besprechung von Habersack, Die Mitgliedschaft – subjektives und „sonstiges" Recht, VersR 1997, 1208; Deutsch, Das „sonstige" Recht des Sportlers aus der Vereinsmitgliedschaft, VersR 1991, 837; Götz/Götz, Die Haftung des Vereins gegenüber dem Mitglied – BGHZ 110, 323, JuS 1995, 106; Grossfeld/Weber, Genossenschaftswesen und Insider-Handeln, Die AG 1993, 201; Grunewald, Die Gesellschafterklage in der Personengesellschaft und der GmbH [1990]; Habersack, Die Mitgliedschaft – subjektives und „sonstiges" Recht (1996); Hadding, Ergibt die Vereinsmitgliedschaft „quasi-vertragliche" Ansprüche, „erhöhte Treue- und Förderpflichten" sowie ein „sonstiges" Recht im Sinne des § 823 Abs.1 BGB?, in: FS Kellermann (1990) 91; Hüffer, Besprechung von Habersack, Die Mitgliedschaft – subjektives und „sonstiges" Recht, ZHR 161 [1997] 867; Kion, Die Haftung des GmbH-Geschäftsführers, BB 1984, 864; Klink, Die Mitgliedschaft als „sonstiges" Recht im Sinne des § 823 Abs 1 (1993); Linnenbrink/Hofmeister, Schadensersatzansprüche aus Vereinsmitgliedschaft?, SpuRt 1996, 127; Lutter, Theorie der Mitgliedschaft, AcP 180 (1980) 84; Reuter, Die Vereinsmitgliedschaft als sonstiges Recht im Sinne des § 823 I BGB, in: FS Lange (1992) 707; ders, Besprechung von Habersack, Die Mitgliedschaft – subjektives und „sonstiges" Recht, AcP 197 (1997) 322; Schmidt, Die Vereinsmitgliedschaft als Grundlage von Schadensersatzansprüchen, JZ 1991, 157; Teichmann, Strukturüberlegungen zum Streit zwischen Organen in der Aktiengesellschaft, in: FS Mühl (1981) 663.

Abs 1 (RGZ 100, 274, 278 [GmbH]; 158, 248, 255 [AG]; BGHZ 110, 323, 327, 334 [eV]; OLG München ZIP 1990, 1552, 1553; Palandt/Thomas Rn 27; Soergel/Zeuner Rn 60; MünchKomm/ Mertens Rn 152; MünchKomm/Ulmer [3. Aufl 1997] § 705 Rn 151 a; Larenz/Canaris § 76 II 4 e; Habersack 143 ff; Reichert/Dannecker, Handbuch des Vereins- und Verbandsrechts [5. Aufl 1993] Rn 473 [eV]; Deutsch VersR 1991, 839 ff; ders, in: Deutsch, Teilnahme am Sport als Rechtsproblem [1993] 55 ff [eV]; für alle juristischen Personen Jauernig/Teichmann Rn 18; Erman/ Schiemann Rn 41; MünchKomm/Reuter [3. Aufl 1993] § 38 Rn 10; Deutsch Rn 196; K Schmidt, Gesellschaftsrecht [3. Aufl 1997] § 21 V 4 = 654; ders JZ 1991, 158; Grunewald 99 [jedenfalls in einer juristischen Person]; Grossfeld/Weber Die AG 1993, 206; für AG und GmbH Soergel/Zeuner Rn 60; MünchKomm/Mertens Rn 152; BGB-RGRK/Steffen Rn 30; Hachenburg/Raiser, GmbHG [8. Aufl Stand 1992] § 14 Rn 14; Hachenburg/Mertens, GmbHG [8. Aufl Stand 1996] § 43 Rn 105; ders, in: FS R Fischer [1979] 468; für die GmbH Scholz/U H Schneider, GmbHG [8. Aufl 1993] § 43 Rn 216 mwNw; Rowedder, GmbHG [3. Aufl 1997] § 14 Rn 4; Kion BB 1984, 868; Bork ZIP 1990, 1042; Linnenbrink/Hofmeister SpuRT 1996, 129; auch für Personengesellschaften Lutter AcP 180 [1980] 130 f; aA Klink 135 ff), sind sie doch als **Herrschaftsrechte mit Zuweisungsgehalt und Ausschlußfunktion** zu qualifizieren (Larenz/Canaris § 76 II 4 e; Habersack 143; K Schmidt JZ 1991, 158, 159; aA MünchKomm/Reuter [3. Aufl 1993] § 38 Rn 10; ders, in: FS Lange [1992] 711 f; ders AcP 197 [1997] 325 f, der die Parallele zum Recht der elterlichen Sorge zieht; dazu abl Habersack 140). Daneben noch auf die soziale Offenkundigkeit abzustellen (Reuter, in: FS Lange [1992] 711; Götz/Götz JuS 1995, 109) ist wie auch in den übrigen Fallgruppen des sonstigen Rechts überflüssig (Larenz/Canaris § 76 II 4 e Fn 75; vgl schon oben Rn B 124). An der Einordnung der Mitgliedschaftsrechte als sonstige Rechte ist in jüngster Zeit vehement **Kritik** geübt worden; man verweist darauf, es gebe mehrere subjektive Mitgliedschaftsrechte, die indes zudem keine absoluten Rechte seien (Hadding, in: FS Kellermann [1991] 103 ff). Der erste Einwand schließt die Anwendung des § 823 Abs 1 ohnehin nicht aus, der zweite überzeugt spätestens dann nicht, wenn es um den Entzug der Mitgliedschaft durch Dritte geht. So sehr also im Prinzip die Mitgliedschaft als sonstiges Recht anzuerkennen ist, so schwierig und demgemäß umstritten sind die Probleme im Detail.

a) Der Entzug der Mitgliedschaft

Weithin geklärt dürfte allerdings sein, daß die Mitgliedschaft verletzt wird, wenn sie teilweise oder zur Gänze **entzogen** wird – man denke etwa an die **unberechtigte Verwertung eines GmbH-Anteils** oder **einer Aktie** im Weg der Zwangsvollstreckung (RGZ 100, 274, 278 [GmbH]; 158, 248, 255 [Aktie]; Soergel/Zeuner Rn 60; Reichert/Dannecker, Handbuch des Vereinsrechts und Verbandsrechts [5. Aufl 1993] Rn 473; Hachenburg/Raiser, GmbHG [8. Aufl Stand 1992] § 14 Rn 14; Hachenburg/Mertens, GmbHG [8. Aufl Stand 1996] § 43 Rn 105; Rowedder/Koppensteiner, GmbHG [3. Aufl 1997] § 14 Rn 4; Larenz/Canaris § 76 II 4 e; Habersack 152, 256 f; K Schmidt JZ 1991, 159; Beuthien/Kiessler Anm zu BGH WuB II L. § 31 BGB 1, 91 unter I 2 b; Götz/Götz JuS 1995, 109; aA Klink 202) oder die **Verfügung eines Nichtberechtigten** (Habersack 152). Darauf, ob die Verfügung wirksam ist, kommt es wie stets nicht an (Habersack 257); im Einzelfall mag wegen des Fehlschlagens der Verfügung allerdings der Schaden entfallen (Reuter, in: FS Lange [1992] 717). Nach einem Teil der Lehre gehört hierher auch der rechtswidrige Bezugsrechtsausschluß durch Handeln des Vorstandes der AG (Habersack 262, 268 f).

b) Die vermögensmäßige Entwertung der Mitgliedschaft

Auf der anderen Seite verletzt wegen der Trennung zwischen der Vermögenssphäre der Gesellschaft und derjenigen der Gesellschafter **die bloße Minderung des Werts** oder **der Ertragsfähigkeit der Gesellschaft nicht die Mitgliedschaft** (RGZ 158, 248, 255; JAUERNIG/TEICHMANN Rn 18; PALANDT/THOMAS Rn 12; anders wohl Rn 20, 25; ERMAN/SCHIEMANN Rn 41; SOERGEL/ZEUNER Rn 60; MünchKomm/MERTENS Rn 152; BGB-RGRR/STEFFEN Rn 30; MünchKomm/ULMER [3. Aufl 1997] § 705 Rn 151 a; HACHENBURG/RAISER, GmbHG [8. Aufl Stand 1992] § 14 Rn 14; HACHENBURG/MERTENS, GmbHG [8. Aufl Stand 1996] § 43 Rn 105; ders, in: FS R Fischer [1979] 468; anders 471 f bei faktischen Veränderungen der Organisationsstruktur der Gesellschaft, die nicht reiner Reflex der Wertminderung des Gesellschaftsvermögens seien; SCHOLZ/U H SCHNEIDER, GmbHG [8. Aufl Stand 1993] § 43 Rn 216; LARENZ/CANARIS § 76 II 4 e; HABERSACK 156 ff; KION BB 1984, 868; K SCHMIDT JZ 1991, 159; GÖTZ/GÖTZ JuS 1995, 109; **aA** OLG München NJW-RR 1991, 928, 929), da eine solche Einbuße einen **reinen Vermögensschaden** darstellt (JAUERNIG/TEICHMANN Rn 18). Daher ist es auch sehr zweifelhaft, ob eine verdeckte Gewinnausschüttung die Mitgliedschaft eines übergangenen Gesellschafters verletzt, zumal wenn auch dritte Empfänger haften sollen (so indes HABERSACK 335 f). Nur in besonders gelagerten Fällen kann derjenige, der den Wert der Gesellschaftsanteile beeinflußt, haften, etwa ein Börseninformationsdienst, der falsche Informationen über eine AG verbreitet, wenn daraufhin der Kurs der Aktien zurückgeht. Das folgt aus § 824 Abs 1 bzw dem Recht am Gewerbebetrieb; deshalb kann das Handeln auch durch § 824 Abs 2 gerechtfertigt sein (LARENZ/CANARIS § 76 II 4 e).

c) Der mitgliedschaftsbezogene Eingriff

B 144 Die Lösung von Fällen, die zwischen diesen beiden im wesentlichen anerkannten Polen liegt, muß der Erkenntnis Rechnung tragen, daß nicht jede Verletzung mitgliedschaftlicher Interessen zur deliktischen Haftung führen kann (K SCHMIDT JZ 1991, 159). So ist die Mitgliedschaft als absolutes Recht nicht tangiert, wenn die **Benutzung von vereinseigenen Einrichtungen** durch sachgerechte Regelungen geordnet wird (DEUTSCH VersR 1991, 841). Auch die Verletzung des Informationsrechts beeinträchtigt nach hM nicht die Mitgliedschaft als absolutes Recht (HACHENBURG/HÜFFER, GmbHG [8. Aufl Stand 1991] § 51 a Rn 70, 72; SCHOLZ/K SCHMIDT, GmbH-Gesetz [8. Aufl 1995] § 51 a Rn 48; ZÖLLNER, in: BAUMBACH/HUECK, GmbH-Gesetz [16. Aufl 1996] § 51 a Rn 34; ROWEDDER/KOPPENSTEINER, GmbH-Gesetz [3. Aufl 1997] § 51 a Rn 24; iE auch HABERSACK 343 f). Erforderlich ist vielmehr in Parallele zum Gewerbebetrieb ein **mitgliedschaftsbezogener Eingriff** (PALANDT/THOMAS Rn 27; MünchKomm/MERTENS Rn 151; MünchKomm/REUTER [3. Aufl 1993] § 38 Rn 10; ders, in: FS Lange [1992] 713 ff; BEUTHIEN/KIESSLER Anm zu BGH WuB II L. § 31 BGB 1, 91 unter I 2 b; BORK ZIP 1990, 1042; DEUTSCH VersR 1991, 841; GÖTZ/GÖTZ JuS 1995, 109; der Sache nach auch HABERSACK 168 f; BGHZ 110, 323, 334 hat offen gelassen, ob jede Beeinträchtigung des Mitgliedschaftsrechts zur Haftung führt oder ob hierzu ein unmittelbar gegen den Bestand der Mitgliedschaft oder die in ihr verkörperten Rechte und Betätigungsmöglichkeiten gerichteter Eingriff von erheblichem Gewicht erforderlich ist), der die Herrschafts-, Teilhabe- und Vermögensfunktion des Betroffenen verletzt (HACHENBURG/MERTENS, GmbHG [8. Aufl Stand 1996] § 43 Rn 105; ders, in: FS R Fischer [1979] 469; K SCHMIDT JZ 1991, 159). Dagegen spielt es keine Rolle, ob die Verletzung durch positives Tun oder durch Unterlassen erfolgt (MünchKomm/REUTER [3. Aufl 1993] § 38 Rn 10; ders, in: FS Lange [1992] 717 f, der indes MERTENS und K SCHMIDT wohl zu Unrecht als Verfechter der Tatbestandsverwirklichung nur durch positives Tun darstellt). So haftet ein Dritter, der sich **zu Unrecht der Mitgliedschaft berühmt** – etwa abstimmt oder die Dividende kassiert –, ebenso wie ein anderes Verbandsmitglied, das das Maß bzw den Umfang der Mitgliedschaft bestreitet (LUTTER AcP 180 [1980] 131; HABERSACK 257). Dem steht es gleich, wenn ein Mitglied in der **Ausübung seiner Rechte** gehindert wird und diese daher nicht oder nur eingeschränkt wahrnehmen, beispielsweise an der Abstimmung nicht teilnehmen kann

(REUTER, in: FS Lange [1992] 717 f; HABERSACK 315, 337; BEUTHIEN/KIESSLER Anm zu BGH WUB II L. § 31 BGB 1, 91 unter I 2 b; DEUTSCH VersR 1991, 841). Hierher gehören nach Teilen der Literatur auch **faktische Änderungen der Satzung** durch eigenmächtiges Handeln der Organe – unter Umständen mit Duldung des Mehrheitsgesellschafters – sowie die Durchbrechung der Gleichbehandlungspflicht bei den Bezugsrechten (HACHENBURG/ MERTENS, GmbHG [8. Aufl Stand 1996] § 43 Rn 107; ders, in: FS R Fischer [1979] 471 f; abl WIEDEMANN, Gesellschaftsrecht [1980] § 8 IV 1 c dd = 463 f; skeptisch SCHOLZ/U H SCHNEIDER, GmbHG [8. Aufl 1993] § 43 Rn 216 mwNw. Das Organ kann rechtlich wirksam die Satzung natürlich nicht ändern; vgl statt aller SCHOLZ/U H SCHNEIDER, GmbHG [8. Aufl 1993] § 35 Rn 38 mwNw). Der BGH hat den **unberechtigten Ausschluß** aus einem Verein allerdings unter dem Aspekt geprüft, ob eine Sonderrechtsbeziehung verletzt sei – und die Haftung des Vereins bejaht (BGHZ 90, 92, 95); nach den hier entwickelten Regeln hätte sich der Schadensersatzanspruch auch auf § 823 Abs 1 stützen lassen, da eine geradezu typischerweise mitgliedschaftsbezogene Verletzungshandlung vorlag (K SCHMIDT JZ 1991, 159, 160; iE auch HABERSACK 249 unter dem Aspekt des Entzuges der Mitgliedschaft). Allerdings kann der Betroffene bei bloß anfechtbaren Beschlüssen nach Ablauf der Frist sich nicht mehr auf die Rechtswidrigkeit berufen (HABERSACK 251 f). Auf § 823 Abs 1 hat der BGH denn auch **bei einer falschen Auskunft** über die Qualifikation des Schärenkreuzers eines Vereinsmitglieds zurückgegriffen, dem durch die deswegen versagte Startmöglichkeit Schaden entstanden war (BGHZ 110, 323, 327, 334 [jeweils unter deliktsrechtlichem Aspekt]; zust MünchKomm/REUTER [3. Aufl 1993] § 38 Rn 10; ders AcP 197 [1997] 331; LARENZ/ CANARIS § 76 II 4 e; BAYER VersR 1997, 1208; nur iE K SCHMIDT, Gesellschaftsrecht [3. Aufl 1997] § 21 V 4 = S 654; ders JZ 1991, 160; **aA** SOERGEL/ZEUNER Rn 60; ERMAN/WESTERMANN § 38 Rn 9; GÖTZ/GÖTZ JuS 1975, 109; HABERSACK 273, die einen Anspruch auf die Verletzung des Innenverhältnisses stützen). Die Weigerung, die Jacht als zur startberechtigten Bootsklasse gehörig anzuerkennen, treffe die Mitgliedschaft in ihrem Kern (BGHZ 110, 323, 334; DEUTSCH VersR 1991, 841). Zu Recht weist die Literatur freilich darauf hin, daß diese Formel so nicht überzeugt, weil sie zum einen den Schutzbereich verkürzt, zum anderen von vornherein nicht in der Lage ist, die Interessen des Eingreifenden angemessen zu berücksichtigen (REUTER, in: FS Lange [1992] 720).

d) Die Rechtswidrigkeit
Es liegt in der Konsequenz der Parallele zum Gewerbebetrieb, daß nicht jede Beeinträchtigung der Mitgliedschaft die **Rechtswidrigkeit** indiziert, daß diese vielmehr jeweils **gesondert festgestellt** werden muß (MünchKomm/REUTER [3. Aufl 1993] § 38 Rn 10; ders, in: FS Lange [1992] 718 ff; **aA** HABERSACK 345 f); bei bloß mittelbarer Beeinträchtigung bedarf es daher der Prüfung, ob eine Verkehrspflicht verletzt ist (LARENZ/CANARIS § 76 II 4 e).

B 145

e) Die Haftung von Organen und Mitgliedern
Die deliktische Haftung wegen Verletzung der Mitgliedschaft kann allerdings durch das **Innenrecht** der Verbände beschränkt oder ausgeschlossen sein. Zu unterscheiden sind dabei die **Haftung des Verbandes**, dem das Handeln seiner Organe über § 31 bzw § 831 zuzurechnen sein kann, und **diejenige des Organs bzw anderer Mitglieder** selbst.

B 146

aa) Der Meinungsstand
Nach Auffassung der **Rechtsprechung** kann die Mitgliedschaft auch durch **andere Verbandsmitglieder und -organe verletzt** werden, es sei denn, diese hätten ausschließlich eine sie bindende Mehrheitsentscheidung ausgeführt (BGHZ 110, 323, 334 f; zust Münch-

B 147

Komm/MERTENS Rn 151; HABERSACK 183 ff, 202 ff; weiter gehend MERTENS, in: FS Fischer [1979] 470 f, der die Haftung auch bejaht, wenn ein unangefochtener Beschluß ausgeführt wird; doch dürften hier die gesellschaftsrechtlichen Rechtsbehelfe vorrangig sein; weiter gehend auch GROSSFELD/WEBER Die AG 1993, 206; LINNENBRINK/HOFMEISTER SpuRt 1996, 129; im konkreten Fall aA K SCHMIDT, Gesellschaftsrecht [3. Aufl 1997] § 21 V; ders JZ 1991, 160, 161, da nur eine Schutzpflicht verletzt sei; offen DEUTSCH VersR 1991, 841). **Die Lehre lehnt dagegen mehrheitlich eine Haftung ab,** teilweise generell (WIEDEMANN, Gesellschaftsrecht [1980] § 8 IV 1 c dd = S 463 f; ZÖLLNER, in: BAUMBACH/HUECK, GmbH-Gesetz [16. Aufl 1996] § 43 Rn 2; GRUNEWALD 100; TEICHMANN, in: FS Mühl [1981] 677; KLINK 175 ff), zT jedenfalls dann, wenn Verbands- und Organmitglieder in dieser Eigenschaft und nicht wie außenstehende Dritte gehandelt hätten (MünchKomm/REUTER [3. Aufl 1993] § 38 Rn 11; ders, in: FS Lange [1992] 722 ff; ders AcP 197 [1997] 329). Es gebe nämlich keine neben der Mitgliedschaft stehenden Rechte und Pflichten des Mitglieds. Das Verbandsrecht schaffe nämlich erst die Schutzposition und treffe sie nicht an (ZÖLLNER ZGR 1988, 392; wohl auch HÜFFER ZHR 161 [1997] 870 f). Demgemäß könne **der Verband nur die Pflichten aus der Mitgliedschaft** verletzen, **nicht diese selbst.** Man habe dies mit dem deliktischen Schutz der Ehe zu vergleichen, der – ohnehin beschränkt auf den räumlich-gegenständlichen Bereich (vgl unten Rn B 175) – ebenfalls nur gegenüber Dritten bestehe. Ebenso hafteten die für den Verband handelnden Personen nicht (MünchKomm/REUTER [3. Aufl 1993] § 38 Rn 11; ders, in: FS Lange [1992] 722 ff). Schließlich gebe die Mitgliedschaft keinen durch § 823 Abs 1 geschützten Anspruch auf rechtmäßiges Verhalten der anderen Mitglieder und Organe, namentlich kein Recht, das Kompetenzüberschreitungen der Organe verhindern könne. Die gesellschaftsinterne Zuständigkeitsordnung dürfe nicht durchbrochen werden (WIEDEMANN, Gesellschaftsrecht [1980] § 8 IV 1 c dd = S 464). **Andere** tendieren dazu, **Maßnahmen im Außenverhältnis,** wie die unrichtige Auskunft im Schärenkreuzerfall, dem Schutz des § 823 Abs 1 zu unterstellen, **den reinen Binnenkonflikt,** etwa den Ausschluß oder die Zurückweisung einer Stimmabgabe durch den Leiter der Versammlung, aber ausschließlich nach Verbandsrecht zu lösen (LARENZ/CANARIS § 76 II 4 e; HABERSACK 211). Das Außenverhältnis wird dabei teilweise sehr großzügig interpretiert; zu ihm sollen auch Eingriffe anderer Mitglieder gehören, soweit diese zu einem Schaden des Mitglieds selbst geführt hätten, der nicht mit dem Schaden der Gesellschaft identisch sei (LUTTER AcP 180 [1980] 131 mit Fn 210, 144; ebenso iE ROWEDDER/KOPPENSTEINER, GmbHG [3. Aufl 1997] § 43 Rn 41).

bb) Stellungnahme

Zu folgen ist im wesentlichen der Rechtsprechung. Nur der vom BGH gewährte **deliktische Anspruch gegen den Verband, seine Organe und sonstigen Mitglieder vermeidet Defizite im Schutz des Betroffenen**, die sich vor allem daraus ergeben könnten, daß er sich gegen Eingriffe von Vereinsorganen nicht zur Wehr setzen kann (HACHENBURG/MERTENS, GmbHG [8. Aufl Stand 1996] § 43 Rn 107). Gegen den **Verband** selbst läßt sich die Klage des Mitglieds freilich auf die Verletzung der **Sonderrechtsbeziehung** stützen (HACHENBURG/MERTENS, GmbHG [8. Aufl Stand 1996] § 43 Rn 107); dasselbe gilt im Verhältnis zwischen den **Mitgliedern** (HACHENBURG/MERTENS, GmbHG [8. Aufl Stand 1996] § 43 Rn 107; LUTTER AcP 180 [1980] 131; HABERSACK 201). Das hilft indes nicht weiter, wenn der Verband mittlerweile insolvent geworden ist oder wenn ein Organ gehandelt hat, das nicht gleichzeitig als Mitglied haftet (HABERSACK 202). Dann allerdings gibt es keinen Grund, den Betroffenen leer ausgehen zu lassen, wenn und soweit er keinen Rechtsbehelf ergreifen konnte, der speziell im Verbandsinnenrecht wurzelt. Die falsche Auskunft des Vorstands des Vereins im Schärenkreuzerfall ist dafür ein plakatives Beispiel. Auch die **vorbeugende Unterlassungsklage** muß zumindest **auch gegen das Organ** möglich sein (STAUDINGER/GURSKY [1993] § 1004 Rn 123; HEINZE, Rechtsnachfolge im Unterlassen [1974] 107; MERTENS, in: FS FISCHER [1979] 470 hält nur das Organ für den richtigen Anspruchsgegner). Eine Grenze ist dort zu ziehen, wo **spezielle gesellschaftsrechtliche Institute**, namentlich die Anfechtungsklage gegen rechtswidrige Beschlüsse, vorgesehen sind. Sie dürfen nicht durch den Rückgriff auf die deliktische Haftung des die Beschlüsse exekutierenden Vorstandes unterlaufen werden. Allerdings gilt dieser Vorrang nur in Gebieten, in denen tatsächlich solche speziellen Regelungen existieren. Damit hängt der **Umfang des Deliktsschutzes** in der Tat von dem **Entwicklungsstand** der **gesellschaftsrechtlichen Rechtsbehelfe** ab. Würde man etwa eine actio pro societate zulassen, so hätte man die Klagemöglichkeit aus der Mitgliedschaft entsprechend zu beschneiden (vgl auch MünchKomm/MERTENS Rn 131 Fn 193); jedenfalls überflüssig wäre sie bei der Anerkennung einer mitgliedschaftlichen Beziehung zwischen Mitglied und Organ (für sie HACHENBURG/RAISER, GmbHG [8. Aufl Stand 1992] § 14 Rn 46; KLINK 168; **aA** die hM; vgl zB SCHOLZ/U H SCHNEIDER, GmbHG [8. Aufl 1993] § 43 Rn 213; HABERSACK 205). Jedenfalls wird der vorbeugende Unterlassungsanspruch verdrängt, wenn und soweit eine Anfechtungsklage gegen einen Beschluß der Gesellschafter offensteht und so auch dessen Ausführung verhindert werden kann (MERTENS, in: FS Fischer [1979] 470 f). Demgegenüber vermögen die **Argumente der Kritiker** des BGH nicht zu überzeugen. Das gilt schon für den eher formalen Hinweis, daß die Mitgliedschaft sich durch die Rechte und Pflichten gegenüber dem Verband konstituiere. Wenn sie denn relevant wäre, schlösse diese Überlegung nur die Haftung des Verbands, nicht seiner Organe und bei juristischen Personen der sonstigen Mitglieder aus, denen gegenüber ein derart konstitutives Band gerade nicht besteht. Da der Verband selbst aus der Verletzung der Sonderrechtsbeziehung haftete, bliebe der Unterschied zur Rechtsprechung marginal. Der Einwand, die gesellschaftsinterne Zuständigkeitsverteilung dürfe nicht durch die Klage eines Gesellschafters unterlaufen werden (WIEDEMANN, Gesellschaftsrecht [1980] § 8 IV 1 c dd = S 464; MERTENS, in: FS Fischer [1979] 471 f für den vorbeugenden Unterlassungsanspruch; anders 470 für den deliktischen Anspruch) leuchtet ein; ihm wird indes durch den hier postulierten Vorrang Rechnung getragen.

f) Die Haftung des Verbandes
Nach hM wird das Fehlverhalten des Organs dem Verband nach § 31 zugerechnet (BGHZ 110, 323, 327 f; zust K SCHMIDT JZ 1991, 161 mwNw; iE auch GÖTZ/GÖTZ JuS 1995, 108 f). Dritter iS dieser Norm ist jedes Vereinsmitglied (MünchKomm/REUTER [3. Aufl 1993] § 31 Rn 25; K SCHMIDT JZ 1991, 161; KOWALSKI, Der Ersatz von Gesellschafts- und Gesellschafterschäden [1990] 221), sogar wenn er selbst einem Organ angehört wie etwa als Vorstandsmitglied (BGH NJW 1978, 2390; MünchKomm/REUTER [3. Aufl 1993] § 31 Rn 25; K SCHMIDT JZ 1991, 161). Andere nehmen den vom Organ repräsentierten Verband von der Haftung aus (MünchKomm/MERTENS Rn 152; HACHENBURG/MERTENS, GmbHG [8. Aufl Stand 1996] § 43 Rn 107; ders, in: FS Fischer [1979] 471), weil ansonsten die Gefahr drohe, daß die Interessen der Gläubiger an der Erhaltung der Kapitalgrundlage beeinträchtigt werden könnten (MERTENS, in: FS Fischer [1979] 471). Eine vermittelnde Ansicht bejaht die Haftung, zieht aber eine Grenze, wenn das Stammkapital bzw das Grundkapital zur Bezahlung angegriffen werden müßte (HABERSACK 209 ff, 218); dagegen wird eingewandt, daß für die Delikthaftung der Gesellschaft nicht der Aspekt des Gläubigerschutzes maßgebend sein könne (HACHENBURG/MERTENS, GmbHG [8. Aufl Stand 1996] § 43 Rn 107 Fn 285). Zu folgen ist der hM. Lassen sich wegen der Haftung des Verbandes jeden-

falls aus dem Innenverhältnis Auswirkungen auf das haftende Kapital ohnehin nicht vermeiden, so läßt sich jedenfalls daraus kein Argument gewinnen, entgegen den allgemeinen Regelungen den deliktischen Eingriff des Organs nicht nach § 31 bzw § 831 dem Verband bzw der Gesamthand zuzurechnen (so auch REUTER, in: FS Lange [1992] 723).

7. Dingliche Anwartschaften*

a) Die Definition der Anwartschaft

B 150 Eine Anwartschaft liegt nach ganz hM vor, wenn von dem **mehraktigen Entstehungstatbestand** eines Rechts schon so viele Erfordernisse erfüllt sind, daß der **Veräußerer die Position des Erwerbers nicht mehr durch eine einseitige Erklärung zerstören kann** (vgl zB BGHZ 37, 319, 322; 45, 186, 188 f; 49, 197, 201; 83, 395, 399; 89, 41, 44; 114, 161, 164; MünchKomm/ MERTENS Rn 141; J HAGER JuS 1991, 2). Dazu gehört nach nahezu einhelliger Auffassung die Position des **Käufers einer beweglichen Sache** unter Eigentumsvorbehalt (vgl statt aller STAUDINGER/HONSELL [1995] § 455 Rn 34 mwNw), auch wenn er sie nicht besitzt (BGHZ 55, 20, 25; dort hatte der Geschäftsführer einer GmbH dieser Fahrzeuge bedingt übereignet, Besitzer war jedoch noch er als Verkäufer geblieben). Umstritten ist die Position des **Treugebers**. Soweit sie nicht mit dem Besitz verbunden und schon deshalb durch § 823 Abs 1 gesichert ist (vgl dazu Rn B 167 ff), sollte man mit Hilfe der geschilderten Definition entscheiden. Das bedeutet, daß eine Anwartschaft vorliegt, wenn die Verfügung des Sicherungsgebers auflösend bedingt ist oder die Sache vom Sicherungsnehmer aufschiebend bedingt rückübereignet ist. In derartigen Fällen ist der Sicherungsgeber nicht nur in der Insolvenz und in der Einzelzwangsvollstreckung privilegiert, sondern auch gegen vertragswidrige Verfügungen des Treuhänders durch § 161 Abs 2 und 161 Abs 1 S 1 geschützt – freilich vorbehaltlich des nach § 161 Abs 3 möglichen redlichen Erwerbs. Dieses Risiko läuft indes sogar der Eigentümer. Anders verhält es sich, wenn der Treugeber nur einen schuldrechtlichen Rückgabeanspruch hat; angesichts der fehlenden Sicherung gegen vertragswidrige Verfügungen ist eine Anwartschaft zu verneinen (MünchKomm/MERTENS Rn 142; aA HAGEN, Die Drittschadensliquidation im Wandel der Rechtsdogmatik [1971] 278). Im **Grundstücksrecht** setzt die Anwartschaft eine bindende Auflassung sowie einen Eintragungsantrag des Erwerbers voraus (BGHZ 45, 186, 190 f; 49, 197, 200; 83, 395, 399; 114, 161, 166; BGH WM 1975, 255, 256; J HAGER JuS 1991, 2 mwNw; verkürzt von BGHZ 106, 108, 111, der nur den Antrag fordert). Eine bloße Einigung ohne Eintragungsantrag genügt nach hM nicht (BGHZ 106, 108, 111 f; BGH WM 1975, 255, 256), ebensowenig ein zurückgezogener oder zurückgewiesener Antrag (BGHZ 45, 186, 191; BGH WM 1975, 255, 256; J HAGER JuS 1991, 3 mwNw). Statt des Eintragungsantrags läßt die Rechtsprechung die Sicherung des obligatorischen Anspruchs durch eine Vormerkung ausreichen (BGHZ 83, 395, 399; 89, 41, 44; 106, 108, 111; 114, 161, 166; aA J HAGER JuS 1991, 3 f mwNw).

---

* **Schrifttum:** BROX, Anwartschaftsrecht des Vorbehaltskäufers, JuS 1984, 657; FRANCK, Schutz von Pfandrechten an Eigentumsanwartschaften bei Sachpfändung durch Dritte, NJW 1974, 2211; J HAGER, Die Anwartschaft des Auflassungsempfängers, JuS 1991, 1; HÜBNER, Zur dogmatischen Einordnung der Rechtsposition des Vorbehaltskäufers, NJW 1980, 729; MAROTZKE, Das Anwartschaftsrecht – Ein Beispiel sinnvoller Rechtsfortbildung? (1977); MÜLLER-LAUBE, Die Konkurrenz zwischen Eigentümer und Anwartschaftsberechtigtem um die Drittschutzansprüche, JuS 1993, 529; M WOLF, Prinzipien und Anwendungsbereich der dinglichen Surrogation, JuS 1976, 32.

b) Der Schutz durch § 823 Abs 1
aa) Die hM: Schutz bei beweglichen Sachen und im Grundstücksrecht
Nach hM ist die Anwartschaft durch § 823 Abs 1 geschützt. Diese Ansicht hat sich bei **B 151** **beweglichen Sachen** fast einhellig (RGZ 170, 1, 6 f [dort zugleich auf den Besitz gestützt]; BGHZ 55, 20, 25 f; BGH NJW 1970, 699; WM 1957, 514, 516; OLG Celle NJW 1960, 967, 968; JAUERNIG/TEICHMANN Rn 17; JAUERNIG § 929 Rn 58; PALANDT/THOMAS Rn 12; PALANDT/BASSENGE § 929 Rn 43; ERMAN/SCHIEMANN Rn 42; ERMAN/GRUNEWALD § 455 Rn 38; SOERGEL/ZEUNER Rn 55; MünchKomm/MERTENS Rn 143; BGB-RGRK/STEFFEN Rn 31; STAUDINGER/HONSELL [1995] § 455 Rn 37; LARENZ/CANARIS § 76 II 4 b; ESSER/WEYERS § 55 I 2 b; FIKENTSCHER Rn 758, 1214; WALTER, Kaufrecht [1987] § 10 IV; REINICKE/TIEDTKE, Kaufrecht [6. Aufl 1997] Rn 1157; BAUR/STÜRNER, Sachenrecht [17. Aufl 1999] § 59 Rn 45; WIELING, Sachenrecht Bd I [1990] § 17 III 2 a; WILHELM, Sachenrecht [1993] Rn 1248; WESTERMANN/WESTERMANN, Sachenrecht [7. Aufl 1998] § 39 III 2 b; MÜLLER, Sachenrecht [4. Aufl 1997] Rn 2439; BÜLOW, Recht der Kreditsicherheiten [4. Aufl 1997] Rn 645; MEDICUS, Bürgerliches Recht [17. Aufl 1996] Rn 467; GERNHUBER/GRUNEWALD, Bürgerliches Recht [4. Aufl 1998] § 39 Rn 6; iE auch U HUBER NJW 1980, 733 [Anwartschaft wie Pfandrecht behandelt]), mehrheitlich aber auch im **Grundstücksrecht** durchgesetzt (BGHZ 114, 161, 164 ff; JAUERNIG/TEICHMANN Rn 17; PALANDT/THOMAS Rn 12; PALANDT/BASSENGE § 925 Rn 19; ERMAN/HAGEN § 925 Rn 54; AK-BGB/L vSCHWEINITZ § 925 Rn 60 f; MünchKomm/KANZLEITER [3. Aufl 1997] § 925 Rn 35; BGB-RGRK/STEFFEN Rn 31; BGB-RGRK/AUGUSTIN §§ 925, 925 a Rn 84; LARENZ/CANARIS § 76 II 4 b; M WOLF, Sachenrecht [14. Aufl 1997] Rn 346; **aA** MünchKomm/WACKE [3. Aufl 1997] § 873 Rn 43; SOERGEL/STÜRNER [12. Aufl 1990] § 873 Rn 14 a; DIECKMANN, in: FS Schiedermair [1976] 108 ff; für den Fall, daß der Antrag zurückgewiesen wurde, auch BGHZ 45, 186, 191; JAUERNIG § 873 Rn 23; BAUR/STÜRNER [17. Aufl 1999] § 19 Rn 20; generell abl zur Anwartschaft des Auflassungsempfängers ERMAN/SCHIEMANN Rn 42; SOERGEL/ZEUNER Rn 56; MünchKomm/MERTENS Rn 143; MEDICUS, Bürgerliches Recht [17. Aufl 1996] Rn 469; KUCHINKE JZ 1966, 797 f; SELB JZ 1991, 1088 f). Denn die Anwartschaft sei ein dem Volleigentum **wesensgleiches Recht**, das gegen die Angriffe Dritter gesichert werden müsse (BGH WM 1957, 514, 516; OLG Celle NJW 1960, 967, 968). Dies beschreibt allerdings nur das gewünschte Ergebnis und begründet es nicht (FLUME, Allgemeiner Teil des Bürgerliches Rechts, Bd II Das Rechtsgeschäft [4. Aufl 1992] § 39 3 = S 710). Tragfähiger ist schon der Gedanke, daß der **Sachwert jedenfalls beim Eigentumsvorbehalt schon auf zwei Personen verteilt** sei, so daß die Lage mit derjenigen der Abspaltung eines beschränkt dinglichen Rechts verglichen werden könne (BGHZ 114, 161, 164 f; ähnl LARENZ/CANARIS § 76 II 4 b [„Zuweisungs- und Ausschlußfunktion"]). Das ist zwar bei der Anwartschaft des Auflassungsempfängers nicht stets ebenfalls so, doch gibt dort den Ausschlag, daß die Lehre von der Anwartschaft wie die §§ 878, 892 Abs 2 der **von den Parteien der Übereignung nicht steuerbaren Verfahrensdauer Rechnung trägt**; der Auflassungsempfänger soll nicht deswegen benachteiligt werden, weil sich die Eintragung hinzieht. Dagegen spielt es trotz gelegentlicher vorsichtiger Formulierungen in der Rechtsprechung (BGHZ 45, 186, 189; vgl dazu MATTERN Anm zu BGH LM Nr 4 zu § 823 [Ad] unter 1) keine Rolle, ob der Anwartschaftsinhaber zugleich unmittelbarer Besitzer ist oder nicht (ausf STAUDINGER/SCHÄFER[12] Rn 86 ff; iE auch BGHZ 55, 20, 25 f; BROX JuS 1984, 660). Daß ein Dritter gutgläubig die Sache erwerben kann – mit der Konsequenz, daß die Anwartschaft erlischt –, ist kein Gegenargument, da dies auch das Risiko des Eigentümers ist.

bb) Die Mindermeinung: Kein Schutz der Anwartschaft
Freilich werden auch abweichende Ansichten vertreten. Die **Mindermeinung** wendet **B 152** sich gegen den Schutz der Anwartschaft des Vorbehaltskäufers (MAROTZKE 116 ff;

FLUME, Allgemeiner Teil des Bürgerlichen Rechts, Bd II Das Rechtsgeschäft [4. Aufl 1992] § 39 3 = S 709 ff); ihr ist jedoch nicht zu folgen. Natürlich reicht die bloße Bezeichnung als Anwartschaft nicht aus, um den deliktischen Schutz als solchen zu begründen; er folgt indes schon aus den genannten Argumenten. Vor allem wäre es ein nicht notwendiger Umweg, wenn der Anwärter den Eigentümer, der wegen § 446 Abs 1 möglicherweise kein Interesse an der Durchsetzung des Anspruchs mehr hat, zwingen müßte, über die Drittschadensliquidation vorzugehen bzw die Schadensersatzforderung abzutreten. Für den Normalfall dreht es sich zwar nur um ein **Problem der Abwicklung**, bei dem zwischen dem direkten Anspruch des Anwärters und der Forderung auf Abtretung des Anspruchs des Eigentümers nach § 281 Abs 1 bzw der Abstandnahme vom Vertrag zu entscheiden ist. Doch wird von der Mindermeinung das **Insolvenzrisiko unbillig verteilt**. Auch wenn die Sache durch den Vorbehaltskäufer schon fast abbezahlt wäre, fiele der Schadensersatzanspruch in der Insolvenz des Verkäufers in die Masse, ohne daß der Käufer darauf zugreifen könnte. Zudem wäre es ungereimt, dem Vorbehaltskäufer zwar ein Interventionsrecht nach § 771 ZPO zuzubilligen (MAROTZKE 117 f als Gegner des Anwartschaftsdenkens, der über §§ 773 Abs 2 iVm 771 ZPO vorgehen will), ihn nach Abschluß der Zwangsvollstreckung aber auch dann rechtlos zu stellen, wenn die Verwertung schuldhaft geschah.

cc) Die vermittelnde Ansicht: Schutz des Vorbehaltskäufers, nicht jedoch des Auflassungsempfängers

B 153 Eine **in der Mitte angesiedelte Ansicht** bejaht zwar den **Schutz des Eigentumsvorbehaltskäufers, lehnt denjenigen des Auflassungsempfängers**, der bereits den Eintragungsantrag gestellt hat bzw durch eine Vormerkung gesichert ist, ab. Hier gehe es nicht um einen Schwebezustand, sondern um ein Vorstadium des Rechtserwerbs, was sich auch daran erweise, daß dem Auflassungsempfänger weder ein Herausgabeanspruch gegen Dritte noch ein Besitzrecht nach § 986 zustehe. Schließlich sei die Position des Anwärters bei der Auflassung schwächer als diejenige des Käufers unter Eigentumsvorbehalt, da jener nur durch die Ordnungsvorschrift des § 17 GBO geschützt sei, während diesem bereits ein Teilwert zugeordnet sei (SELB JZ 1991, 1088; iE auch ERMAN/SCHIEMANN Rn 42; SOERGEL/ZEUNER Rn 56; MEDICUS, Bürgerliches Recht [17. Aufl 1996] Rn 469; KUCHINKE JZ 1966, 797 f). **Die beiden zuletzt genannten Argumente überzeugen nicht.** Dem Anwärter steht entgegen der hM durchaus ein Recht zum Besitz zu (vgl J HAGER JuS 1991, 7 f mwNw), ganz abgesehen davon, daß aus seinem Fehlen nicht zwingend darauf geschlossen werden könnte, daß auch der deliktische Schutz entfalle. Auch die Tatsache, daß bei Fehlern des Grundbuchamts die Position des Anwärters zusammenbricht, hindert angesicht der §§ 878, 892 Abs 2, die trotz der identischen Gefahr den Erwerber vor späterer Verfügungsbeschränkung oder Unredlichkeit schützen, nicht die Annahme einer gefestigten, auch deliktsrechtlich abgesicherten Stellung (J HAGER JuS 1991, 3).

c) Die Modalität der Verletzung

B 154 Näherer Betrachtung bedarf die Modalität der Verletzung. Verliert der Anwärter sein Recht aufgrund des **redlichen Erwerbs** eines Dritten, so haftet dieser nicht. § 823 Abs 1 ist wie stets im Verschuldenserfordernis durch § 932 Abs 2 (OLG Celle NJW 1960, 967, 968; BGB-RGRK/STEFFEN Rn 31) bzw § 892 Abs 1 (PALANDT/BASSENGE § 925 Rn 19; AK-BGB/L VSCHWEINITZ § 925 Rn 62; RÖWER 1961, 740; J HAGER JuS 1991, 7; **aA** MünchKomm/KANZLEITER [3. Aufl 1997] § 925 Rn 35, der jede Art von Fahrlässigkeit ausreichen läßt) modifiziert. Diese Regel mißachtet der BGH, wenn er eine Beschränkung des Verschuldensmaßstabs ablehnt, um im Gegenzug dann die Stellung des Anwärters ungeschützt zu lassen (BGHZ 45, 186, 192; das Ergebnis mag richtig sein, da angesichts des zurückgewiesenen Eintragungsantrags keine Anwartschaft [mehr] vorlag. Die Argumente des BGH würden jedoch auch den Schutz der Anwartschaft verbieten). Ansonsten verbleibt es bei den anerkannten Fallgruppen der Beschädigung und Zerstörung der Sache.

d)   Die Aufteilung des Anspruchs
aa)   Die Anwartschaft an beweglichen Sachen
Weitgehend ungeklärt ist schließlich die Aufteilung des Anspruchs zwischen dem Eigentümer und dem Anwärter. Hier ist zu unterscheiden zwischen der Anwartschaft bei beweglichen Sachen und derjenigen des Auflassungsempfängers. Bei der **Anwartschaft an beweglichen Sachen** begrenzt der BGH den **Schaden des Anwärters auf den Wert der Sache abzüglich der noch geschuldeten Zahlungen** (BGHZ 55, 20, 31 f; BGH WM 1957, 514, 517 unter V; iE zust SELB, Mehrheit von Schuldnern und Gläubigern [1984] § 15 III = S 240; FRANCK NJW 1974, 2215; U HÜBNER NJW 1980, 733); diese Differenz müsse konsequenterweise vom Eigentümer geltend gemacht werden können (so konsequent BÜLOW, Recht der Kreditsicherheiten [4. Aufl 1997] Rn 646, der selbst die Liquidation durch den Verkäufer für vorrangig hält). Vom Ansatz des BGH wäre es folgerichtiger, zu berücksichtigen, welchem Anteil am Wert der Sache der bislang bezahlte Preis entspricht. Das RG dagegen hatte mit Hilfe des Gedankens der Obhut für fremde Sachen, also einem Argument, das bei der Drittschadensliquidation eine Rolle spielt, die Aktivlegitimation des Anwärters in voller Höhe bejaht (RGZ 170, 1, 7; zusätzlich gestützt auf das Einverständnis des Eigentümers). **In der Lehre werden unterschiedliche Lösungen vertreten.** Die meisten Anhänger findet der Vorschlag, **§ 432 analog** anzuwenden, mit der Konsequenz, daß befreiend nur an Eigentümer und Anwärter gemeinsam geleistet werden kann (STAUDINGER/HONSELL [1995] § 455 Rn 37; BAUR/STÜRNER, Sachenrecht [17. Aufl 1999] § 59 Rn 45; wohl auch MünchKomm/MERTENS Rn 136; für Gesamtgläubigerschaft nach § 428 zB SCHWAB/PRÜTTING, Sachenrecht [27. Aufl 1997] § 33 II 7), andere kommen zum selben Ergebnis über eine **Analogie zu den §§ 1077, 1281** (FIKENTSCHER Rn 758; MÜLLER, Sachenrecht [4. Aufl 1997] Rn 2439 a; M WOLF, Sachenrecht [14. Aufl 1997] Rn 509; ders JuS 1976, 35 f; ähnl GERNHUBER/GRUNEWALD, Bürgerliches Recht [4. Aufl 1998] § 39 Rn 6 Fn 6) oder über eine **Kombination der genannten Normen** (PALANDT/BASSENGE § 929 Rn 43; LARENZ/CANARIS § 76 II 4 b; WALTER, Kaufrecht [1987] § 10 IV 3 a bb; BROX JuS 1984, 660; iE, ohne indes zur Konstruktion Stellung zu nehmen, auch erwogen von REINICKE/TIEDTKE, Kaufrecht [6. Aufl 1997] Rn 1157; BAUR/STÜRNER, Sachenrecht [17. Aufl 1999] § 59 Rn 45 Fn 2). Einige lassen den gesamten **Schaden durch den Verkäufer liquidieren**; aus der Schwebelage des § 161 folgern sie indes, daß nur mit Zustimmung des Käufers an den Verkäufer geleistet werden kann, während er ansonsten nur Leistung an beide bzw Hinterlegung fordern darf (FLUME, Allgemeiner Teil des Bürgerlichen Rechts, Bd II Das Rechtsgeschäft [4. Aufl 1992] § 42 4 e = S 741 f). Mit der Leistung des Schadensersatzes trete dieser an die Stelle der Vorbehaltsware; das bedeute letztendlich eine durch Rechtsgeschäft begründete dingliche Surrogation, da der Sinn der bedingten Eigentumsübertragung es erfordere, daß der Ersatzanspruch dem Nexus des bedingten Verfügungsgeschäfts unterliege (FLUME, Allgemeiner Teil des Bürgerlichen Rechts, Bd II Das Rechtsgeschäft [4. Aufl 1992] § 42 4 e = S 742 f; HABERMEIER AcP 193 [1993] 381 ff, 384). Vom selben Ausgangspunkt aus geben **einige Autoren dem Käufer gemäß § 281 Abs 1 das Recht**, nach Tilgung des restlichen Kaufpreises die **Herausgabe des Schadensersatzes** zu fordern; dem korrespondiere, daß der Käufer vom Verkäufer die Durchsetzung der Forderung gegen den Schädiger verlangen könne (BÜLOW, Recht der Kreditsicherheiten [4. Aufl 1997] Rn 647). Schließlich

gewinnt die Auffassung an Boden, vorwiegend sei der Anwärter berechtigt, die Forderung einzuziehen (ausf MÜLLER-LAUBE JuS 1993, 534 f). **Zu folgen ist der hL.** Eine Aktivlegitimation allein des Vorbehaltseigentümers stellt den Käufer in dessen Insolvenz rechtlos, obgleich vor der Beschädigung der Sache sich der Vorbehaltskäufer um die Zahlungsfähigkeit seines Partners nicht zu kümmern brauchte. Dagegen schützt ihn regelmäßig nicht einmal die konstruktiv ohnehin nur schwer zu bewältigende dingliche Surrogation. Spätestens mit der Einstellung in ein Kontokorrent hat dessen Bindung den Vorrang, bei der Erfüllung mit Geldscheinen gehen die Rechte des Käufers unter, falls die konkreten Scheine sich nicht mehr beim Verkäufer befinden und die Voraussetzungen des § 48 InsO nicht gegeben sind. Umgekehrt beraubt die Alleinzuständigkeit des Käufers den Verkäufer der durch die bedingte Übereignung angestrebten Sicherung in der Insolvenz seines Partners (REINICKE/ TIEDTKE, Kaufrecht [6. Aufl 1997] Rn 1157). Dagegen spricht beim Eigentumsvorbehalt auch nicht die Gefahrtragungsregel des § 446 Abs 1; der Verkäufer riskiert gleichwohl, daß der Käufer insolvent wird oder die Gelder anderweit verwendet, wenn er den Schadensersatz erhalten hat (BROX JuS 1984, 660). Die Teilgläubigerschaft in Höhe des gezahlten bzw ausstehenden Kaufpreises brächte dem Verkäufer ungerechtfertigte Vorteile, da er entgegen seiner Stundungszusage sogleich den vollen Kaufpreis erhielte und auch nicht sichergestellt wäre, daß er die Gelder zur Reparatur verwendete. **Diese Schwierigkeiten zu steuern, dient § 1281**, der eine befreiende Leistung nur gemeinsam an Verkäufer und Käufer ermöglicht. Aus dem Grundgeschäft hat der Käufer dann den Anspruch, daß die Schadenssumme zur Reparatur verwendet wird (das konzediert auch MÜLLER-LAUBE JuS 1993, 534; entgegen MÜLLER-LAUBE hat das wegen der zwischenzeitlichen Sicherung des Verkäufers durchaus seinen guten Sinn). Selbst wenn man dies anders sieht, namentlich wenn Eigentümer und Anwärter nicht durch eine schuldrechtliche Sonderbeziehung verbunden sind, weil etwa der Anwärter redlich erworben hatte (MÜLLER-LAUBE JuS 1993, 534), so bietet die hier verfochtene Lösung den Vorteil, daß sie die Beteiligten nach dem Maß der bereits erbrachten Gegenleistung sichert. Der Schädiger wird dadurch nicht beeinträchtigt; kennt er den Eigentumsvorbehalt nicht, greift zu seinen Gunsten § 851 ein (GERNHUBER, Bürgerliches Recht [3. Aufl 1991] § 13 V 4 b; MÜLLER-LAUBE JuS 1993, 535).

bb) Die Anwartschaft des Auflassungsempfängers

B 156 Bei der **Anwartschaft des Auflassungsempfängers** ist nochmals zu differenzieren. Haben die Parteien das Grundstück aufgelassen und hat der Käufer die Eintragung beantragt, so stellen sich die geschilderten Probleme der Sicherung des bisherigen Eigentümers nicht. Diese **Anwartschaft** ist angesichts des § 925 Abs 2 **abstrakt**, ihr Erstarken zum Eigentum also nicht mit der Erfüllung des obligatorischen Vertrages verknüpft. Auch wenn dieser rückabgewickelt wird, **ist die Anwartschaft nur nach Bereicherungsrecht zurückzuerstatten**, ohne daß der Verkäufer dinglich gesichert wäre. Er wird damit auch nicht benachteiligt, wenn der Ersatz an den Anwärter geleistet wird. Dies gilt selbstverständlich, wenn der Anwärter von vornherein keinen Rückgriff beim Verkäufer nehmen kann, weil nach § 446 Abs 1 die Gefahr übergegangen war oder die Gewährleistungsrechte vertraglich ausgeschlossen waren (BGHZ 114, 161, 166 bei einer Anwartschaft aufgrund Auflassung und Vormerkung). **Nicht anders ist aber auch zu entscheiden, wenn diese Voraussetzungen fehlen.** Denn bei normalem Verlauf hat der Käufer den Kaufpreis bereits erbracht; jedenfalls gehen schon die Gesetzesverfasser von diesem Abwicklungsmodell aus (Prot III 31 = MUGDAN III 554). Hat der Verkäufer die Auflassung vor der Bezahlung erklärt, hat er ohnehin auf eigenes Risiko vorgeleistet. **Anders** ist dagegen die Lage, **wenn der Käufer bereits durch eine Vormerkung** gesichert ist und die Auflassung zwar erklärt, aber vom Notar auf Weisung des Verkäufers noch nicht vollzogen ist. Hat der Käufer noch nicht bezahlt, liefe der Verkäufer, der seinerseits noch nicht durch eine Vorleistung auf den Schutz mit Hilfe des synallagmatischen Leistungsaustauschs verzichtet hatte, Gefahr, leer auszugehen, wenn der Schädiger den Ersatz an den Käufer entrichtet und dieser insolvent wird. Da dann die Parallele zur Interessenlage bei der bedingten Übereignung ins Auge fällt, ist auch die dort vertretene Lösung als Modell heranzuziehen und von einer **gemeinsamen Berechtigung der Beteiligten** auszugehen.

8. Der Schutz des Vormerkungsberechtigten[*]

a) Die hM
aa) Der Schutz gegenüber Veränderungen

Nach inzwischen wohl hM ist der Vormerkungsberechtigte gegen den späteren Erwerber des Grundstücks nach § 823 Abs 1 (PALANDT/THOMAS Rn 12; ERMAN/SCHIEMANN Rn 42; SOERGEL/ZEUNER Rn 57; MünchKomm/MERTENS Rn 150; LARENZ/CANARIS § 76 II 4 h; ders, in: FS Flume [1978] 384 ff; JAUERNIG § 888 Rn 4; PALANDT/BASSENGE § 888 Rn 9; ERMAN/HAGEN § 888 Rn 5; SOERGEL/STÜRNER [12. Aufl 1990] § 888 Rn 4; BAUR/STÜRNER, Sachenrecht [17. Aufl 1999] 20 Rn 42; WESTERMANN/EICKMANN, Sachenrecht [7. Aufl 1998] § 83 IV 4 d; M WOLF, Sachenrecht [14. Aufl 1997] Rn 364; J HAGER JuS 1990, 437; NETTESHEIM BB 1994, 301; vgl auch BGHZ 114, 161, 165 f unter dem Aspekt der Anwartschaft aufgrund der Auflassung und der Vormerkung) bzw nach den §§ 989 f (MünchKomm/WACKE [3. Aufl 1997] § 888 Rn 17 m Fn 45 ; WILHELM, Sachenrecht [1993] Rn 1215; WIELING, Sachenrecht [3. Aufl 1997] § 22 IV 1 b gg; MÜLLER, Sachenrecht [4. Aufl 1997] Rn 1171 i; ders Rn 1071 g nimmt an, der Vormerkungsverpflichtete könne nach Beschädigung des Grundstücks nicht mehr dem Leistungszweck des Anspruchs genügen; abl zu den §§ 989 f als Anspruchsgrundlage CANARIS, in: FS Flume [1978] 386) und konsequenterweise nach § 1004 Abs 1 S 1 im Wege des vorbeugenden Unterlassungsanspruchs geschützt (LARENZ/CANARIS § 76 II 4 h; SOERGEL/STÜRNER [12. Aufl 1990] § 888 Rn 29; J HAGER JuS 1990, 437). Ein **praktisches Bedürfnis** des Vorgemerkten, gegen **Veränderungen des Grundstücks** durch den vormerkungswidrigen Erwerber vorgehen zu können, dürfte schon angesichts des Umstandes kaum zu leugnen sein, daß die tatsächliche Umgestaltung den Vormerkungsberechtigten in gleicher Intensität beeinträchtigen kann wie die vormerkungswidrige Verfügung, gegen die er sich – unter anderem – nach § 888 Abs 1 wehren kann (MünchKomm/MERTENS Rn 150; LARENZ/CANARIS § 76 II 4 h; CANARIS, in: FS Flume [1978] 384 f; J HAGER JuS 1990, 437). Vom Verkäufer kann der Vormerkungsberechtigte in derartigen Fällen regelmäßig keine Hilfe erwarten, da ihm gegenüber der Erwerber zu seinem Verhalten ja berechtigt ist (LARENZ/CANARIS § 76 II 4 h). In

---

[*] **Schrifttum:** CANARIS, Die Verdinglichung obligatorischer Recht, in: FS Flume (1978) 371; J HAGER, Die Vormerkung, JuS 1990, 429; KNÖPFLE, Die Vormerkung, JuS 1981, 157; KOHLER, Das Verfügungsverbot gemäß § 938 Abs 2 ZPO im Liegenschaftsrecht (1984); ders, Verwendungsersatzansprüche des Zwischenerwerbers gegen den Vormerkungsgeschützten, NJW 1984, 2849; MOLLENKOPF, Faktische Einwirkungen auf vormerkungsbetroffene Grundstücke (1998); NETTESHEIM, Bauhandwerkerhypothek: Schadensersatzpflicht wegen Eintragung einer Vormerkung trotz vorrangiger Auflassungsvormerkung eines Dritten, BB 1994, 301; PAULUS, Richterliches Verfügungsverbot und Vormerkung im Konkurs (1980), 84; ders, Deliktsschutz für den Vormerkungsberechtigten?, JZ 1993, 555; ROSIEN, Der Schutz des Vormerkungsberechtigten (1994).

dogmatischer Hinsicht verweist die hM auf einen Erst-recht-Schluß zum Schutz des Besitzes; der „Buchbesitz" könne nicht schlechter gestellt werden (MünchKomm/Mertens Rn 150; Canaris, in: FS Flume [1978] 385; der Sache nach auch Larenz/Canaris § 76 II 4 h). Daß die Vormerkung als Sicherungsmittel eigener Art ausgestaltet sei, ändere nichts an der verdinglichten Position des vorgemerkten Gläubigers mit Zuweisungsgehalt und Ausschlußfunktion (Larenz/Canaris § 76 II 4 h). Die **unterschiedlichen Ansätze über § 823 Abs 1 bzw mit Hilfe der §§ 989 f kommen iE nicht zu Differenzen**, da angesichts der Eintragung der Vormerkung im Grundbuch der Erwerber des Grundstücks jedenfalls unredlich ist (vgl statt aller BGHZ 87, 296, 299 f; insoweit auch Canaris, in: FS Flume [1978] 386). Nur in seltenen Fällen mag das Verschulden entfallen, wenn nämlich der Erwerber glauben konnte, der Anspruch werde nicht durchgesetzt, ohne daß ihm deshalb Fahrlässigkeit vorzuwerfen ist (Canaris, in: FS Flume [1978] 386). Gegen die vormerkungswidrige Verfügung kann der Vorgemerkte schon deswegen nicht nach § 823 Abs 1 vorgehen, weil die Vormerkung keine Grundbuchsperre bedeutet, was aber Konsequenz des auf § 823 Abs 1 iVm § 1004 Abs 1 S 1 gestützten vorbeugenden Unterlassungsanspruch wäre (**aA** Nettesheim BB 1994, 302).

bb) Der Schutz gegenüber außenstehenden Drittschädigern

B 158 **Gegenüber außenstehenden Drittschädigern** verneint dagegen die hM den Schutz; die Vormerkung verschaffe dem Gläubiger des Anspruchs diesen Schädigern gegenüber keine eigene Rechtsposition (MünchKomm/Mertens Rn 151; Larenz/Canaris § 76 II 4 h; ders, in: FS Flume [1978] 386 f; J Hager JuS 1990, 437), soweit sich die Vormerkung nicht zur Anwartschaft verdichtet habe (Larenz/Canaris § 76 II 4 h unter Hinweis auf BGHZ 114, 161, 165 f). Die Wirkung des § 883 Abs 2 beschränke sich auf das Verhältnis zum vormerkungswidrigen Erwerber (MünchKomm/Mertens Rn 151 unter Hinweis auf §§ 106 InsO [= § 24 KO], 48 ZVG). Damit entsteht allerdings ein Problem, wenn der Erwerber gegenüber den Schädigern untätig bleibt, da er an der Beitreibung des Schadensersatzes mit Blick auf seine Pflicht, das Grundstück an den vorgemerkten Gläubiger zu übereignen, kein Interesse hat. Für diesen Fall wird ein Vorgehen über § 869 analog vorgeschlagen (Erman/Schiemann Rn 42; MünchKomm/Mertens Rn 151; Larenz/Canaris § 76 II 4 h; Canaris, in: FS Flume [1978] 387; J Hager JuS 1990, 437 Fn 141).

b) Die Mindermeinung

B 159 Die abweichende Ansicht **verneint dagegen einen deliktischen Schutz des Vormerkungsberechtigten** nicht nur gegen beliebige Drittschädiger, sondern auch gegenüber dem Erwerber (OLG München NJW 1963, 301, 303; Staudinger/Gursky [1996] § 888 Rn 61 mwNw; Rimmelspacher, Kreditsicherungsrecht [2. Aufl 1987] Rn 566; Paulus 84 ff; ders JZ 1993, 556 f; Knöpfle JuS 1981, 162 Fn 65; Kohler NJW 1984, 2857; Mollenkopf 77 ff, 123 ff; vgl auch Kohler 151 ff, 161 ff). Es störe schon die Differenzierung zwischen den beiden Gruppen von Schädigern (Staudinger/Gursky [1996] § 888 Rn 61; Paulus 85). Der Gesetzgeber habe eine entsprechende Lösung durch Verweis auf die §§ 989 f zwar erwogen, iE aber verworfen (Staudinger/Gursky [1996] § 888 Rn 61 mit Hinw auf die Prot, in: Mugdan III 571; die Prot III 4787 = Mugdan III 571 gehen indes gerade davon aus, daß der Eigentümer dem gesicherten Gläubiger auch ohne besondere Vorschrift haftet, so ihn Verschulden trifft). Da der Vormerkungsberechtigte die normale **Sachmängelgewährleistung** gegen den Verkäufer habe, bestehe auch keine Notwendigkeit, ihm gegen den Erwerber eigene Ansprüche über § 888 Abs 1 hinaus zuzugestehen (Staudinger/Gursky [1996] § 888 Rn 61). Diese Norm helfe nämlich nicht gegen tatsächliche Einwirkungen, sondern nur gegen rechtliche Verfügungen, und auch nur hinsichtlich der Beseitigung von verfahrensrechtlichen Eintragungshindernissen, nicht etwa bei der anderweitigen Wahrung von Interessen (STAUDINGER/GURSKY [1996] § 888 Rn 61). Ein anderer Vorschlag will § 281 Abs 1 (analog) anwenden und dem Vormerkungsberechtigten so den Zugriff auf Ansprüche des Verkäufers gegen den vormerkungswidrigen Zwischenerwerber ermöglichen (MOLLENKOPF 126, 130 f); diese Ansprüche ergäben sich daraus, daß der zweite Vertrag auflösend bedingt durch die Ausübung des durch die Vormerkung gesicherten Anspruchs geschlossen sei (MOLLENKOPF 125) und daher je nach Kenntnis des Dritterwerbers von der Vormerkung auf § 812 Abs 1 S 1 Fall 2 (MOLLENKOPF 125 f) oder auf den §§ 325 f basiere (MOLLENKOPF 128 ff). Den abweichenden Konzepten ist indes **nicht zu folgen**. Die Rechtswirkungen der Vormerkung sind nicht in jeder Hinsicht im Gesetz geregelt, was jedoch der Ergänzung des Schutzes im Wege der Gesamt- oder Einzelanalogie nicht entgegensteht (LARENZ/CANARIS § 76 II 4 h; aA PAULUS JZ 1993, 556), man denke nur an die Wirkung und Durchsetzung der redlich erworbenen Vormerkung auch gegenüber dem Eigentümer (vgl zB BGH NJW 1981, 446, 447; ausführlich STAUDINGER/GURSKY [1996] § 883 Rn 147; J HAGER, Verkehrsschutz durch redlichen Erwerb [1990] 133 f mwNw). Der **Vergleich mit dem Verfügungsverbot** nach den §§ 135 f, 935, 938 ZPO, bei dem der Gläubiger nur über § 325 Abs 1 S 1 gegen die Zerstörung der Sache geschützt ist (PAULUS JZ 1993, 556), übersieht zweierlei. Zum einen ist bei der Vormerkung mit dem Buchbesitz die **sozialtypische Offenkundigkeit** gegeben (LARENZ/CANARIS § 76 II 4 h Fn 98), zum anderen stehen sich beim Verfügungsverbot nur der Gläubiger und der Schuldner gegenüber, während es hier um die **Haftung des Dritten** geht, der – da er im Verhältnis zum Verkäufer zur beliebigen Nutzung des Grundstücks berechtigt ist – auch bei Zerstörung etwa des Hauses niemandem haften würde. Die Mindermeinung stellt obendrein den Vormerkungsinhaber weithin rechtlos. Das gilt bei Sachmängelgewährleistung durch den Verkäufer zumindest in den Fällen, in denen die Gewährleistung vertraglich abbedungen ist oder aber die Schäden den Preis des Grundstückes übersteigen. Daß der dritte Erwerber unter Umständen strenger haftet als der Verkäufer (KOHLER NJW 1984, 2857; aA WESTERMANN/EICKMANN, Sachenrecht [7. Aufl 1998] § 100 IV 4 d), ist kein Systembruch, sondern kann auch ansonsten bei einem Schaden so sein, wenn die Kosten der Naturalrestitution den Wert bzw Preis der Sache übersteigen, ohne daß bereits § 251 Abs 2 eingriffe. So bestünde – folgte man der Mindermeinung – die Gefahr, daß der Vormerkungsberechtigte derartige Einbußen ersatzlos hinzunehmen hätte.

9. Forderungen und Forderungszuständigkeit[*]

a) Forderungen
aa) Die hM: Forderungen keine sonstigen Rechte
Nach hM sind **Forderungen keine sonstigen Rechte** iS des § 823 Abs 1 (RGZ 57, 138, 142; **B 160**

---

[*] **Schrifttum:** BECKER, Schutz von Forderungen durch das Deliktsrecht?, AcP 196 (1996) 439; vCAEMMERER, Bereicherung und unerlaubte Handlung, in: FS Rabel I (1954) 333; CANARIS, Der Schutz obligatorischer Forderungen nach § 823 I BGB, in: FS Steffen (1995) 85; DUBISCHAR, Doppelverkauf und „ius ad rem," Jus 1970, 6; KOZIOL, Die Beeinträchtigung fremder Forderungsrechte (1967); KRASSER, Der Schutz vertraglicher Rechte gegen Eingriffe Dritter (1971); LÖWISCH, Der Deliktsschutz relativer Rechte (1970); MEDICUS, Die Forderung als „sonstiges Recht" nach § 823 Abs 1 BGB?, in: FS Steffen (1995) 333; MINCKE, Forderungsrechte als „sonstige Rechte" iS des § 823 Abs 1 BGB, JZ 1984, 862; OTTE, Schadensersatz nach § 823 I BGB wegen Verletzung der „Forderungszuständigkeit"?, JZ 1969, 253; RÖDIG,

57, 353, 357; 95, 283, 284 f; 111, 298, 302; der Sache nach auch RGZ 53, 200, 201; 82, 189, 190; vgl ferner BGHZ 7, 30, 36 f; 12, 308, 317; 29, 65, 73 f; BGH NJW 1970, 137, 138; Jauernig/Teichmann Rn 17; Palandt/Thomas Rn 31; Erman/Schiemann Rn 36; MünchKomm/Mertens Rn 131; Soergel/ Zeuner Rn 48; BGB-RGRK/Steffen Rn 26; MünchKomm/Kramer [3. Aufl 1994] Einl zu § 241 Rn 21; Staudinger/J Schmidt [1995] Einl zu §§ 241 ff Rn 454 ff, 457; Larenz/Canaris § 76 II 4 g; ders, in: FS Steffen [1995] 85; Esser/Weyers § 55 I 2 b; Fikentscher Rn 1215; Kötz Rn 74; Medicus, Schuldrecht BT Rn 812; ders, Bürgerliches Recht [17. Auf 1996] Rn 610; ders, in: FS Steffen [1995] 334, 339; Schlechtriem Rn 761; Emmerich § 22 Rn 9; Gernhuber, Das Schuldverhältnis [1989] § 3 II 8 c; Habersack, Die Mitgliedschaft – subjektives und „sonstiges" Recht [1996] 133 f; Fabricius AcP 160 [1961] 301 f; Dubischar JuS 1970, 7 f; Schwerdtner Jura 1981, 419; der Sache nach auch Rödig, Erfüllung des Tatbestandes des § 823 Abs 1 BGB durch Schutzgesetzverletzung [1973] 40 f; von seinem Standpunkt aus konsequent auch Fraenkel, Tatbestand und Zurechnung bei § 823 Abs 1 [1979] 237). Denn zum einen fehle es bei Forderungen an der erforderlichen sozialen Offenkundigkeit (MünchKomm/Mertens Rn 131; Fabricius AcP 160 [1961] 302; kritisch zu diesem Kriterium Medicus, in: FS Steffen [1995] 335). Zum anderen berechtigten sie nur den Gläubiger und verpflichteten nur den Schuldner; für Dritte seien sie generell unbeachtlich (RGZ 57, 353, 356; Fikentscher Rn 1215). Eine deliktisch sanktionierte Rechtspflicht, nicht störend in die Abwicklung fremder Rechtsbeziehungen einzugreifen, könnte zu einem **unerträglichen Haftungsrisiko für jedermann** führen (MünchKomm/Mertens Rn 131; Schlechtriem Rn 761).

bb) Die Gegenauffassung: Modalität des Eingriffs

B 161 Die **Gegenauffassung** wird in unterschiedlichen Spielarten vertreten. So wird vorgeschlagen, die Forderung gegen **finale Eingriffe**, etwa dagegen zu schützen, daß ein Dritter bewußt durch die Zerstörung der Sache (Mincke JZ 1984, 865; wohl auch Löwisch 67; aA MünchKomm/Kramer [3. Aufl 1994] Einl zu § 241 Rn 23; Staudinger/J Schmidt [1995] Einl 455 zu §§ 241 ff; Koziol 172 ff; Übersicht über ältere Ansätze bei Otte JZ 1969, 253) oder durch die Verletzung eines Arbeitnehmers in den Leistungsanspruch eingreift (Becker AcP 196 [1996] 456). Gleiches soll gelten, wenn der Schuldner vorsätzlich zum Vertragsbruch verleitet wird (Löwisch 61 ff, 137 ff; aA MünchKomm/Kramer [3. Aufl 1994] Einl zu § 241 Rn 23; Staudinger/J Schmidt [1995] Einl 455 zu §§ 241 ff). Nach anderen schützt § 823 Abs 1 davor, daß Dritte, die um die Forderung wissen, die **obligationsmäßige Willensrichtung des Schuldners** beeinflussen (Koziol 152 ff, 185; aA Soergel/Zeuner Rn 48; Larenz/Canaris § 76 II 4 g; MünchKomm/Kramer [3. Aufl 1994] Einl zu § 241 Rn 22; Staudinger/J Schmidt [1995] Einl 456 zu §§ 241 ff mwNw); letztendlich gebe es ein absolutes Recht auf Befriedigung aus dem Schuldervermögen (Koziol 165 ff, 171 f; aA Soergel/Zeuner Rn 48; MünchKomm/ Kramer [3. Aufl 1994] Einl zu § 241 Rn 22; Staudinger/J Schmidt [1995] Einl 456 zu §§ 241 ff mwNw. Der wohl weitestgehende Vorschlag will generell Forderungen dem Schutz des § 823 Abs 1 unterstellen, um Lücken im **Schutz des Betriebes** zu schließen, namentlich Unterschiede zwischen eigener und eingekaufter Arbeitskraft einzuebnen und die Gleichbehandlung mit dem Schutz des Eigentums zu gewährleisten (Becker AcP 196 [1996] 449 ff, 452 ff). Einschränkungen seien über die allgemeinen anerkannten Begrenzungen, wie Adäquanz, Schutzzweck der Norm, das Bewußtsein des Schädigers von der Existenz der Forderung sowie durch den Schutz nur der Zuordnung zu gewährleisten (Becker AcP 196 [1996] 455, 456, 458 ff, 488 f).

Erfüllung des Tatbestandes des § 823 Abs 1 BGB durch Schutzgesetzverletzung (1973);

Schwerdtner, Recht der unerlaubten Handlung, Jura 1981, 414.

cc) Stellungnahme

Diese Alternativen vermögen **nicht zu überzeugen**. Zwar ist aus der Charakterisierung **B 162** der Forderung als nur relativem Recht kein zwingender Schluß zu ziehen; die Tatsache, daß nur der Schuldner und nicht auch ein Dritter den Anspruch zu erfüllen hat, besagt nichts darüber, ob ihn ein Dritter zu achten und sich der Störung bei der Wahrnehmung des damit verbundenen Genusses zu enthalten hat (RÖDIG, Erfüllung des Tatbestandes des § 823 Abs 1 BGB durch Schutzgesetzverstoß [1973] 37). Tragfähiger ist schon der Gedanke, daß mit einem umfassenden Forderungsschutz letztendlich das Vermögen garantiert würde. So läge es etwa, wenn der mit dem Ausfall des Arbeitnehmers verbundene Schaden dem Arbeitgeber zu ersetzen wäre. **Modellcharakter hat das Recht der Zwangsvollstreckung**. Bei einem Anspruch auf Verschaffung hat eine Drittwiderspruchsklage des Gläubigers gegen die Pfändung der Sache beim Schuldner keine Aussicht auf Erfolg (SOERGEL/ZEUNER Rn 48; allg STEIN/JONAS/MÜNZBERG, ZPO [21. Aufl 1995] § 771 Rn 33 mwNw). Damit scheiden auch Ansprüche nach der Verwertung aufgrund von § 823 Abs 1 oder auch § 812 Abs 1 S 1 Fall 2 aus. Dieses System würde aufgesprengt, wenn man den Eingriff, der die Forderung beispielsweise wegen Zerstörung der Sache faktisch entwertet, über § 823 Abs 1 sanktionieren wollte. Es verbleibt – vor allem beim Verleiten zum Vertragsbruch unter den dort anerkannten restriktiven Voraussetzungen (BGH NJW 1981, 2184, 2185 f; 1994, 128, 129; FIKENTSCHER Rn 1215) – beim Schutz über § 826 (BGB-RGRK/STEFFEN Rn 26; LARENZ/CANARIS § 76 II 4 g; KÖTZ Rn 74; DUBISCHAR JuS 1970, 8).

b) Die Forderungszuständigkeit
aa) Die hM: Kein Schutz der Forderungszuständigkeit

Sehr strittig ist dagegen, ob die Forderungszuständigkeit durch § 823 Abs 1 geschützt **B 163** ist. Es geht um die Frage, ob bei einem Eingriff in die Rechtszuständigkeit der Gläubiger Ersatz verlangen kann; so liegt es namentlich, wenn der Schuldner an den Zedenten oder Scheinerben leistet und nach den §§ 407 Abs 1, 2367 zu Lasten des Zessionars bzw richtigen Erben frei wird. Die **hM lehnt einen Schutz der Forderungszuständigkeit ab** (RGZ 57, 353, 354 f; JAUERNIG/TEICHMANN Rn 17; ERMAN/SCHIEMANN Rn 36; MünchKomm/MERTENS Rn 132; ESSER/WEYERS § 55 I 2 b Fn 58; FIKENTSCHER Rn 581; MEDICUS, Schuldrecht BT Rn 812; ders, Bürgerliches Recht [17. Aufl 1996] Rn 610; ders, in: FS Steffen [1995] 338 ff; KÖTZ Rn 74; EMMERICH § 22 Rn 9; PALANDT/HEINRICHS Einl vor § 241 Rn 3; STAUDINGER/J SCHMIDT [1995] Einl 460 zu §§ 241 ff; GERNHUBER, Das Schuldverhältnis [1989] § 3 II 8 b mwNw in Fn 25; HABERSACK, Die Mitgliedschaft – subjektives und „sonstiges" Recht [1996] 134; SCHWERDTNER Jura 1981, 420; unentschieden BGB-RGRK/STEFFEN Rn 26 aE). Zum einen bestehe **kein Bedürfnis** nach einer zusätzlichen Absicherung des wirklich Berechtigten; ihm stehe der Anspruch gegen den Empfänger gemäß § 816 Abs 2 zu (MEDICUS, Schuldrecht BT Rn 812; ders, Bürgerliches Recht [17. Aufl 1996] Rn 610; FIKENTSCHER Rn 581; OTTE JZ 1969, 255; SCHWERDTNER Jura 1981, 420). Darüber hinaus besteht nach Auffassung der hM sogar die Gefahr, daß das sorgfältig abgewogene System des BGB verwässert würde, weil entgegen der **Wertung des § 407 Abs 1**, der nur Kenntnis schaden läßt, der Schuldner auch bei einfacher Fahrlässigkeit haften könnte (FIKENTSCHER Rn 581; MEDICUS, Bürgerliches Recht [17. Aufl 1996] Rn 610; SCHWERDTNER Jura 1981, 420). Außerdem sei unklar, wer denn die Verletzungshandlung vornehme, der Schuldner oder der die Forderung einziehende scheinbare Gläubiger (SCHWERDTNER Jura 1981, 420). Der Einziehende selbst handle in vielen Fällen schuldlos – etwa im Fall des § 408 oder auch wenn § 407 zur Befreiung des Schuldners nach einem Übergang kraft Gesetzes führe (OTTE JZ 1969, 255 f). Und nicht zuletzt würden die Vorschriften der §§ 987 ff und

2019 ff ausgehebelt, wenn an ihre Stelle die Haftung nach § 823 Abs 1 träte (Otte JZ 1969, 256 f).

bb) Die Mindermeinung: Forderungszuständigkeit als absolutes Recht

B 164 Die **Mindermeinung** faßt dagegen die **Forderungszuständigkeit als absolutes Recht** auf (Soergel/Zeuner Rn 48 mwNw zur älteren Literatur; Larenz/Canaris § 76 II 4 g; ders, in: FS Steffen [1995] 86 ff, 96 f [der als verletztes Recht die Forderung selbst sieht, daraus aber keine Ausdehnung des Schutzes über das hinaus ableitet, was generell unter Forderungszuständigkeit verstanden wird]; vCaemmerer, in: FS Rabel I [1954] 355 f; Fabricius AcP 160 [1961] 303 f; Koziol 140 ff; Hüffer ZHR 161 [1997] 869; Deutsch Rn 195, beschränkt auf den Fall des gutgläubigen Erwerbs der Forderung; weiter gehend Löwisch 81, der auch bei Unwirksamkeit der Verfügung prinzipiell § 823 Abs 1 für einschlägig hält). Die Forderung sei als Vermögensgegenstand dem Gläubiger zugeordnet, besitze also Zuweisungsgehalt und Ausschließungsfunktion gegen Eingriffe Dritter (Larenz/Canaris § 76 II 4 g; ders, in: FS Steffen [1995] 90 f). Ein Bedürfnis für die Haftung aus § 823 Abs 1 könne schon deswegen nicht geleugnet werden, weil der Anspruch aus § 816 Abs 2 an der für das Bereicherungsrecht typischen Schwäche des Entreicherungseinwandes nach § 818 Abs 3 leide (Canaris, in: FS Steffen [1995] 88 f). Des weiteren habe die Haftung eine wichtige Funktion, wenn der Geschäftsführer einer GmbH eine Forderung mit befreiender Wirkung einziehe und der Anspruch aus § 816 Abs 2 angesichts der Insolvenz der Gesellschaft nicht realisiert werden könne. Hafte er beim **einfachen Eigentumsvorbehalt**, wenn er nicht verhindere, daß die GmbH unberechtigterweise fremdes Eigentum veräußere, das der Dritte redlich erwerbe, so gebe es keinen Grund, bei einem **verlängerten Eigentumsvorbehalt** anders zu entscheiden, wenn die Forderung unberechtigterweise von der GmbH eingezogen werde und der Geschäftsführer dabei eine Verkehrspflicht verletze (Larenz/Canaris § 76 II 4 g; ders, in: FS Steffen [1995] 87 f; aA Medicus, in: FS Steffen [1995] 344 f). Der **Verschuldensmaßstab**, der die Haftung des Schuldners auslöse, **sei dem § 407 Abs 1 anzupassen**, wie dies ja auch im Rahmen des redlichen Erwerbs zugunsten des Erwerbers durch Rückgriff auf die Wertung der §§ 892 f, 932 ff geschehe (Larenz/Canaris § 76 II 4 g; ders, in: FS Steffen [1995] 98 f). Das absolute Recht der Forderungszuständigkeit werde begleitet von einem Unterlassungsanspruch in Analogie zu § 1004; ein Bedürfnis bestehe dazu namentlich bei einem gesetzlichen Forderungsübergang (Canaris, in: FS Steffen [1995] 90 f; aA – mangels Bedürfnisses – Gernhuber, Das Schuldverhältnis [1989] § 3 II 8 c Fn 29).

cc) Stellungnahme

B 165 **Der Auffassung der Mindermeinung ist zu folgen**, und zwar wiederum wegen des **exemplarischen Charakters der Drittwiderspruchsklage**. Entscheidend ist dabei nicht die Parallele zur Sachpfändung (so indes Canaris, in: FS Steffen [1995] 92 f unter Berufung auf BGH NJW 1977, 384, 385); dort eröffnet nur ein Herausgabeanspruch, nicht dagegen ein Verschaffungsanspruch die Interventionsbefugnis. Ausschlaggebend ist der **Vergleich zur Pfändung einer nicht dem Schuldner**, sondern **einem Dritten zustehenden Forderung**; hier droht in gleicher Weise wie bei einer Einziehung ein Eingriff in die Forderungszuständigkeit. Dem wirklichen Gläubiger steht die Drittwiderspruchsklage zu Gebote (BGH WM 1981, 648, 649; Zöller/Stöber, Zivilprozeßordnung [20. Aufl 1997] § 771 Rn 14). Gegen diese Beeinträchtigung des Bestandes der Forderung kann der Gläubiger also vorgehen; entgegen manchen Zweifeln (Medicus, in: FS Steffen [1995] 341) ist die besondere Behandlung des Falles im Gesetz selbst angelegt. Daß § 836 Abs 2 ZPO den Drittschuldner nicht schützt (BGH NJW 1988, 495, 496 mwNw), ist vor diesem Hintergrund kein Gegenargument. Zum einen können auch hier die §§ 407 f zugunsten des Drittschuldners eingreifen. Spätestens dann, wenn der Berechtigte genehmigt, kann er zum anderen gegenüber dem Scheingläubiger aus § 816 Abs 2 wie aus § 823 Abs 1 vorgehen.

c) **Verbriefte Forderungen**
Sind Forderungen in Wertpapieren verbrieft, will die hM die Vorschriften der §§ 989 f **B 166** anwenden (MEDICUS, Bürgerliches Recht [17. Aufl 1996] Rn 610; ders, in: FS Steffen [1995] 336; OTTE JZ 1969, 257); bei Papieren, bei denen § 808 den Leistenden befreit, sollen die genannten Vorschriften analog gelten (OTTE JZ 1969, 258). Die Gegenauffassung beläßt es im Ausgangspunkt bei § 823 Abs 1, zieht aber die Maßstäbe der §§ 989 f für den erforderlichen Verschuldensgrad heran (CANARIS, in: FS Steffen [1995] 99).

10. Der Besitz*

a) **Der unmittelbare Besitz**
aa) **Die hM: Der Schutz des Besitzes**
α) **Der Umfang des Schadensersatzes**
§ 854 definiert den Besitz als die tatsächliche Gewalt über eine Sache. Trotzdem **B 167** schützen Rechtsprechung und hL den Besitz **gleich einem absoluten Recht** im Sinne des § 823 Abs 1 (RGZ 59, 326, 327 f; 91, 60, 65 f; 105, 213, 218; 170, 1, 6 f; RG DR 1911 Nr 2879; WarnR 1922 Nr 41; BGHZ 32, 194, 204 [obiter]; 62, 243, 248; 66, 277, 282; 73, 355, 362; 79, 232, 236; 137, 89, 98; BGH NJW 1962, 1342; 1981, 750, 751, 752; 1985, 2569, 2570; JZ 1954, 613; LM Nr 23 zu § 249 [Bb] unter I; OLG Bamberg OLGZ 1971, 349, 350; OLG Celle VersR 1973, 281; OLG Karlsruhe OLGZ 1981, 122, 123; VersR 1997, 1034 f; OLG Frankfurt aM NJW-RR 1994, 23; VersR 1997, 572, 573; OLG Rostock OLG-NL 1997, 178, 179; LG Frankfurt aM VersR 1973, 867, 868; wohl auch BGH NJW 1970, 38, 40; zust die hL, vgl zB JAUERNIG/TEICHMANN Rn 16; PALANDT/THOMAS Rn 13; MünchKomm/MERTENS Rn 125, 145 f; BGB-RGRK/STEFFEN Rn 33; ESSER/WEYERS § 55 I 2 b; FIKENTSCHER Rn 1214; MEDICUS, Schuldrecht, BT Rn 809; ders, Bürgerliches Recht [17. Aufl 1996] Rn 607; KÖTZ Rn 71; DEUTSCH Rn 192; STAUDINGER/BUND [1995] § 861 Rn 30; LÖWISCH 107; WIESER JuS 1970, 557; ders NJW 1971, 597; KOLLHOSSER JuS 1992, 572; SCHWARZ/ERNST NJW 1997, 2551, 2552; so schon Mot III 110 = MUGDAN III 61; REICHHELM DJZ 1913, 861 f). Weitgehend unstreitig ist dabei unter den Vertretern dieser Auffassung, daß ohne Rücksicht auf die Berechtigung des Besitzers diejenigen Schäden zu ersetzen sind, die dem Besitzer **aufgrund entgangener Ersatzansprüche, Wegnahme-, Zurückbehaltungs- und Verwendungsrechte** entstehen (MünchKomm/MERTENS Rn 124; WIESER JuS 1970, 558). Gleiches gilt für sog **Haftungsschäden** (BGH NJW 1981, 750, 752; PALANDT/THOMAS Rn 13; MünchKomm/MERTENS Rn 145; MEDICUS, Bürgerliches Recht [17. Aufl 1996] Rn 607; WIESER JuS 1970,

---

* **Schrifttum:** TH HONSELL, Schadensersatz nach verbotener Besitzentziehung, JZ 1983, 531; KOLLHOSSER, Grundfälle zu Besitz und Besitzschutz, JuS 1992, 215, 393, 567; LOPAU, Der Rechtsschutz des Besitzes, JuS 1980, 501; MEDICUS, Besitzschutz durch Ansprüche auf Schadensersatz, AcP 165 (1965) 115; OPPERMANN, Schadensersatz aus unerlaubter Handlung wegen Verletzung des Besitzes (Diss Göttingen 1958); RICHTER, Schadensersatz des Werkunternehmers aus Besitzverletzung, NJW 1985, 1450; SCHICK, Besitzschutz nach § 823 BGB? (Diss Tübingen 1967); SCHNAUDER, Schadensersatz beim Kraftfahrzeugleasing – BGHZ 116, 22, JuS 1992, 820; SCHWARZ/ERNST, Ansprüche des Grundstücksbesitzers gegen „Falschparker", NJW 1997, 2550; vVENROOY, Zivilrechtliche Folgen des Parkens vor Grundstückzufahrten, JuS 1997, 102; WIESER, Der Schadensersatzanspruch des Besitzers aus § 823 BGB, JuS 1970, 557; ders, Zum Schadensersatzanspruch des mitberechtigten Besitzers, NJW 1971, 597.

558); damit sind Ansprüche gegen den Besitzer gemeint, denen dieser ausgesetzt ist, weil er für den Untergang der Sache auch bei Zufall verantwortlich ist oder weil er fahrlässig an der Schadensentstehung mitgewirkt hat. Nach wohl überwiegender Ansicht soll hierher auch der Fall zu rechnen sein, daß der **Werkunternehmer** die Sache des Bestellers nochmals zu bearbeiten hat, weil das Werk vor der Abnahme zerstört wurde (BGH NJW 1984, 2569, 2570; PALANDT/THOMAS Rn 13; ERMAN/SCHIEMANN Rn 43; MünchKomm/MERTENS Rn 145; MEDICUS, Bürgerliches Recht [17. Aufl 1996] Rn 607; **aA** OLG Hamburg MDR 1974, 668 f). Das ist zumindest sehr **zweifelhaft**, weil es oft vom Zufall abhängen wird, ob der Unternehmer im Besitz des nunmehr zerstörten Werkes war. Vor allem aber ist das ein Fall der obligatorischen Gefahrentlastung, der durch das Institut der Drittschadensliquidation gelöst werden kann (SCHÄFER NJW 1985, 1451; zweifelnd auch ESSER/WEYERS § 55 I 2 b Fn 60; zur Zulässigkeit der Drittschadensliquidation in diesem Fall vgl statt aller STAUDINGER/SCHIEMANN [1998] Vorbem 74 f zu §§ 249 ff).

β) **Die Besitzberechtigung**

B 168 Ein davon zu trennendes Problem ist die Frage, ob der **Nutzungsentgang** zu ersetzen ist; das rein terminologische Problem, ob man es dabei mit einer eigenen Schadenskategorie zu tun hat (MünchKomm/MERTENS Rn 124; WIESER JuS 1970, 558; **aA** TH HONSELL JZ 1983, 533; wohl auch MEDICUS, Bürgerliches Recht [17. Aufl 1996] Rn 607), spielt keine Rolle. Der Besitzer ist jedenfalls davor geschützt, an der bestimmungsgemäßen Nutzung gehindert zu werden (BGH NJW 1998, 377, 380). Daß jedenfalls prinzipiell der Umfang der hinter dem Besitz stehenden Befugnis zu beachten ist, zeigt schon die Überlegung, daß der Schadensersatz von der Zeitspanne abhängt, während derer der Besitzer die Sache berechtigterweise hätte benutzen dürfen (STAUDINGER/BUND [1995] § 861 Rn 31; MEDICUS, Bürgerliches Recht [17. Aufl 1996] Rn 607; für vertragliche Ansprüche wegen Vorenthaltung der Mietsache vgl zB BGH LM Nr 50 zu § 535 unter 2 a). Daraus zieht ein Teil der Lehre den Schluß, daß insoweit nur der **berechtigte Besitz** ein absolutes Recht nach § 823 Abs 1 sei (FIKENTSCHER Rn 1214; KÖTZ Rn 71; WIESER JuS 1970, 557 f; ders NJW 1971, 598; dazu tendiert implizit zT auch die Rspr; vgl zB RGZ 59, 326, 328; BGHZ 137, 89, 98; BGH JZ 1954, 613; NJW 1981, 750, 751 [jeweils Mieter]; RGZ 105, 213, 218; RG DR 1911 Nr 2879 [jeweils Pächter]; RGZ 170, 1, 6 [Käufer vor Übereignung, aber nach Übergabe]; BGHZ 66, 277, 282 [kein Anspruch, wenn Sache noch nicht überlassen ist]). Dieser Position hat sich **der BGH insoweit angeschlossen**, als es um den **Konflikt zwischen dem Eigentümer und dem Besitzer nach Ablauf der Besitzberechtigung** ging. Der Umstand, daß der Eigentümer unerlaubte Eigenmacht geübt und die Sache gegen den Willen des Besitzers wieder an sich genommen habe, ändere nichts daran, daß der Besitzer verpflichtet gewesen sei, die Sache zurückzugeben und die weitere Nutzung zu unterlassen. Wenn ihm kein Recht auf Gebrauch der Sache zugestanden habe, so könne er auch keinen Schadensersatz verlangen (BGHZ 73, 355, 362; 79, 232, 237; 114, 305, 312; PALANDT/THOMAS Rn 13; MünchKomm/MERTENS Rn 146; BGB-RGRK/STEFFEN Rn 33; offen gelassen von BGH WM 1976, 583, 584; allerdings neigt der BGH dort zu dieser Position). Dem stehe die Regelung der §§ 989, 993 entgegen, die das Nutzungsinteresse dem nichtberechtigten Besitzer jedenfalls nicht für den Zeitraum zuweise, in dem der zum Besitz berechtigte Eigentümer die Sache im unmittelbaren Besitz habe, und sei es aufgrund verbotener Eigenmacht (BGHZ 114, 305, 312). Ein Anspruch liefe etwa bei einem Mietvertrag auch der Sanktionsregel des § 557 zuwider, der den unberechtigten Besitz und die unbefugte Nutzung der Sache mißbillige (BGHZ 79, 232, 237 f; **aA** MEDICUS, Bürgerliches Recht [17. Aufl 1996] Rn 607). Auch die möglicherweise zuzubilligende **Räumungsfrist** nach den §§ 721, 765 a ZPO gebe kein materielles Besitzrecht und erst recht keine Nutzungsbefugnis (BGHZ 79, 232, 238 f). Ein **Teil der Lehre** will dagegen den entgeltlichen **redlichen Besitzer** vor Rechtshängigkeit schützen, weil er nach den §§ 987, 988, 989, 993 S 1 HS 2 im Verhältnis zum Eigentümer die Nutzungen behalten dürfe und § 1007 auf die §§ 989 f verweise (JAUERNIG/TEICHMANN Rn 16; MünchKomm/MERTENS Rn 146 Fn 300; SOERGEL/ZEUNER Rn 58; MEDICUS, Schuldrecht BT Rn 809; ders, Bürgerliches Recht [17. Aufl 1996] Rn 607; KOLLHOSSER JuS 1992, 572). **Das überzeugt nicht**, soweit es um das Verhältnis zum Eigentümer geht. Abgesehen davon, daß der Besitzer nach der verbotenen Eigenmacht durch den Eigentümer kaum mehr gutgläubig sein wird, was sein Besitzrecht angeht, ordnen die §§ 861 f nicht die Nutzungsbefugnis zu, sondern wollen das Faustrecht hintanhalten. Und daß der Besitzer die Nutzungen für den Zeitraum nicht herauszugeben braucht, in dem er gutgläubig ist, besagt nicht, daß er vom Eigentümer trotz fehlender Nutzungsberechtigung Schadensersatz erhält (BGHZ 79, 232, 238). **Anderes gilt für die Räumungsfrist nach § 721 ZPO**, die ein vertragsähnliches Verhältnis entstehen läßt (STEIN/JONAS/MÜNZBERG [21. Aufl 1995] § 721 Rn 3), dem ein Nutzungsrecht korrespondiert. Hier ordnet § 557 Abs 1 zwar die Pflicht zur Fortbezahlung des Mietzinses an, der Gedanke an eine irgendwie geartete Sanktion liegt jedoch angesichts der gerichtlichen Entscheidung fern.

γ) **Der Anspruch des nichtberechtigten Besitzers gegenüber Dritten**
Davon zu unterscheiden ist der **Anspruch des nichtberechtigten Besitzers gegenüber Dritten**. Hier werden in der Lehre die schon geschilderten Positionen vertreten. Eine weitere Auffassung will sogar den Dieb bzw deliktischen Besitzer gegen die Beeinträchtigung seines Besitzes schützen (LOPAU JuS 1980, 505 f; **aA** MünchKomm/MERTENS Rn 145 Fn 300; vVENROOY JuS 1979, 103; TH HONSELL JZ 1983, 535). Die besseren Gründe sprechen für die These der hM, die den berechtigten, aber auch den nichtberechtigten redlichen, nicht aber den deliktischen Besitzer über § 823 Abs 1 sichert. Zwar betrifft § 992 (auf den MünchKomm/MERTENS Rn 146 Fn 300 und TH HONSELL JZ 1983, 535 hinweisen) nur das Verhältnis zum Eigentümer. Doch ist der deliktische Besitzer seinerseits nicht schutzwürdig (MEDICUS AcP 165 [1965] 120 f); nach dem Rechtsgedanken des § 817 S 2 enthält sich die Rechtsordnung in derartigen Fällen der Intervention, zumal der Vorenthaltungsschaden des Eigentümers natürlich abgedeckt ist. Nur den rechtmäßigen Besitzer zu schützen, weil die Wohltat der §§ 987 ff lediglich bedeute, daß der unrechtmäßige unter bestimmten Umständen die Nutzungen behalten dürfe, nicht aber heiße, daß er einen Anspruch auf Nutzungen habe (BGHZ 79, 232, 238; **aA** MEDICUS, Bürgerliches Recht [17. Aufl 1996] Rn 607), überzeugt in derartigen Fällen nicht. Denn anders als im Verhältnis zum Eigentümer (vgl oben Rn B 168) liegt es gegenüber Dritten. Hier besteht kein Anlaß, den Verletzer zu privilegieren, und dem Besitzer, dessen redlicher Erwerb etwa an § 935 Abs 1 gescheitert war, keinen Ersatz für den Nutzungsausfall zuzusprechen (ebenso iE ERMAN/SCHIEMANN Rn 43, der jedoch nur das Recht zum Besitz schützen will).

bb) **Die abweichende These: Schutz nur des obligatorischen Rechts zum Besitz**
Weil der Besitz nur die tatsächliche Gewalt über die Sache meint, will die Mindermeinung ihn auch nicht im Wege der Analogie als sonstiges Recht behandeln; trotz der §§ 861 f fehle der Zuweisungsgehalt, zumal der possessorische Schutz auch dem Dieb zukomme (LARENZ/CANARIS § 76 II 4 f). Geschützt sei dagegen das **obligatorische Recht zum Besitz** (MünchKomm/MERTENS Rn 144, der daneben aber auch den Besitz schützt; SOERGEL/ZEUNER Rn 58; BGB-RGRK/STEFFEN Rn 33; LARENZ/CANARIS § 76 II 4 f; ders, in: FS Flume [1978] 401; ESSER/WEYERS § 55 I 2 b; vCAEMMERER, in: FS 100 Jahre DJT Bd II [1960] 81 f;

vVENROOY JuS 1979, 103; HAAS BB 1986, 1448); damit stehe dem Besitzer die Nutzungsbefugnis zu. Die Forderung als solche gebe zwar keine Ausschlußbefugnis. Doch könne die Position des Besitzers als Einheit gesehen werden. Damit ließen sich die Ansprüche der §§ 861 f, 1007 ebenso berücksichtigen wie die Verdinglichung der Position des Besitzers kraft des Sukzessionsschutzes der §§ 571, 986 Abs 2 (LARENZ/CANARIS § 76 II 4 f). Dagegen setze die hM die Akzente falsch, wenn sie auch den berechtigten Besitzer schütze. Die Gewalt über die Sache werde über Gebühr in den Vordergrund gerückt; schadensersatzrechtlich sei der Zuweisungsgehalt weit entscheidender als das Abwehrrecht, da jener über den Schaden und seine Höhe befinde (LARENZ/CANARIS § 76 II 4 f). Diese Auffassung unterscheidet sich nur wenig von der hM, ist aber gleichwohl **abzulehnen**. Sie läßt nicht nur denjenigen gegen Angriffe Dritter ohne Schutz, dessen redlicher Erwerb nur an § 935 Abs 1 gescheitert ist, sondern führt, zumindest in diesem Fall, auch zu dogmatischen Problemen. Dem Veräußerer gegenüber ist der Käufer zum Besitz berechtigt, nicht jedoch dem Eigentümer gegenüber. Es ist unklar, an welchem Verhältnis der Deliktsschutz sich zu orientieren hätte, wenn es etwa zu Beeinträchtigungen durch Dritte kommt.

b) Der mittelbare Besitz

B 171 Nach ganz hM ist auch der **mittelbare Besitzer** geschützt (RGZ 102, 344, 347; RG JW 1931, 2904, 2906; OLG Frankfurt aM VersR 1983, 141, 142; OLG Köln VersR 1994, 1428, 1429; JAUERNIG/TEICHMANN Rn 16; PALANDT/THOMAS Rn 13; MünchKomm/MERTENS Rn 147; BGB-RGRK/STEFFEN Rn 33). Jedoch bestehen **gegen den unmittelbaren Besitzer keine Ansprüche**. Die Vorschriften der §§ 854 ff BGB sähen keine Absicherung des mittelbaren Besitzers gegen die Beeinträchtigung seiner Stellung durch den unmittelbaren Besitzer vor. Vielmehr habe dieser eine nähere Beziehung zur Sache, während die Interessen des mittelbaren Besitzers zurückgedrängt würden und auf schuldrechtliche Ansprüche begrenzt seien (BGHZ 32, 194, 205; 62, 243, 248 f; OLG Frankfurt aM VersR 1983, 141, 142; JAUERNIG/TEICHMANN Rn 16; PALANDT/THOMAS Rn 13; SOERGEL/ZEUNER Rn 59; MünchKomm/MERTENS Rn 147; BGB-RGRK/STEFFEN Rn 33; FIKENTSCHER Rn 1214; MEDICUS, Bürgerliches Recht [17. Aufl 1996] Rn 608 mit Hinweis auf § 869, der nur Dritten gegenüber wirke; KOLLHOSSER JuS 1992, 572; iE auch OLG Oldenburg NJW 1972, 691, 692). Demgemäß ist jedenfalls die Notwendigkeit eines speziellen deliktischen Anspruchs abzulehnen, wenngleich es unschädlich wäre, ihn auch dem mittelbaren Besitzer zu gewähren.

c) Der Mitbesitz

B 172 Dagegen ist nach hM der **Mitbesitz ein sonstiges Recht** auch gegenüber Beeinträchtigungen durch einen oder mehrere Mitbesitzer. § 866 beschränke nur die Besitzschutzmöglichkeiten der §§ 859 ff. Angesichts der Norm müsse bei Streit unter Mitbesitzern ohnehin meist auf das petitorische Element zurückgegriffen werden, weil es nicht nur um eine vorläufige Entscheidung gehe. Die petitorischen Ansprüche gewährten angesichts der Lückenhaftigkeit der §§ 741 ff nicht genug Schutz; dafür biete das Deliktsrecht ein Gegengewicht (BGHZ 62, 243, 249 f; JAUERNIG/TEICHMANN Rn 16; PALANDT/THOMAS Rn 13; MünchKomm/MERTENS Rn 148; SOERGEL/ZEUNER Rn 59; BGB-RGRK/STEFFEN Rn 33; WIESER JuS 1970, 570 f; KOLLHOSSER JuS 1992, 572; MEDICUS, Bürgerliches Recht [17. Aufl 1996] Rn 608; **aA** noch ders AcP 165 [1965] 139). Jenseits der Ableitung aus der possessorischen oder petitorischen Natur des Anspruchs **bedarf es in vielen Fällen des deliktischen Schutzes**. Erkennt man grundsätzlich den Besitz als sonstiges Recht an, so wäre es obendrein ungereimt, dieses Recht ausgerechnet dort zu versagen, wo es in der Praxis oft am notwendigsten ist, nämlich bei vertraglich nicht miteinander verbundenen Mitbesitzern.

d) Die Rechtswidrigkeit bei Blockaden (vgl unten Rn D 44 f) **B 173**

e) Die Höhe des Schadens
Die Schadenshöhe bemißt sich nach den üblichen Regeln. Zu ersetzen ist dasjenige, **B 174** was notwendig ist, um den früheren Zustand wieder herzustellen. Das bedeutet den Ersatz der entgangenen Nutzungen (MünchKomm/MERTENS Rn 145; WIESER JuS 1970, 558; für die übliche Miete als Mindestschaden STOLL JZ 1971, 535), die Kompensation des wegen des Verlustes des Zurückbehaltungsrechts nicht realisierbaren Verwendungsersatzes (MünchKomm/MERTENS Rn 145; WIESER JuS 1970, 558), bei Haftungsschäden den Betrag, der dem Eigentümer zu ersetzen ist (BGH NJW 1984, 2569, 2570, wenn auch die Entscheidung aus anderen Gründen abzulehnen ist; vgl Rn B 167; MünchKomm/MERTENS Rn 145; WIESER JuS 1970, 558; grundsätzlich auch BGHZ 116, 22, 25; SCHNAUDER JuS 1992, 822). Sehr strittig ist die Frage, ob der Schädiger den Leasingnehmer, der die Raten weiter zu bezahlen hat, freistellen muß. Das wurde früher bejaht (BGH NJW 1984, 2569, 2570; LM Nr 23 zu § 249 [Bb] unter II 2 a); die neuere Rechtsprechung verneint die Frage und gewährt nur einen Anspruch auf den Wiederbeschaffungswert (BGHZ 116, 22, 24 f, 27; MünchKomm/HABERSACK [3. Aufl 1995] Leasing Rn 122; CANARIS, Bankvertragsrecht [2. Aufl 1981] Rn 1806; DÖRNER VersR 1978, 892; SCHNAUDER JuS 1992, 824 f) bzw auf die entgangene Sachnutzung (BGH LM Nr 29 zu § 249 [A] unter 2 b; Nr 21 zu § 249 [Hd] unter II 2 b bb). Denn der Leasingnehmer habe vertraglich die Preisgefahr übernommen und dürfe sie nicht auf den Drittschädiger abwälzen (MünchKomm/HABERSACK [3. Aufl 1995] Leasing Rn 122). Damit hätten die Raten ohnehin bis zum Ablauf der vereinbarten Zeit entrichtet werden müssen, so daß die fortbestehende Belastung nicht einen mit der Beschädigung zusammenhängenden Schaden darstelle (BGHZ 116, 22, 25; CANARIS, Bankvertragsrecht [2. Aufl 1981] Rn 1806; DÖRNER VersR 1978, 892; SCHNAUDER JuS 1992, 823). Es ist jedenfalls zumindest mißverständlich, wenn teilweise gesagt wird, der Ersatzanspruch gehe nicht auf den Substanzwert (BGB-RGRK/STEFFEN Rn 33; vorsichtiger ERMAN/SCHIEMANN Rn 43). Auch in den übrigen Fällen der Verletzung des Besitzes kann die Substanz zu ersetzen sein, beispielsweise wenn ohne sie die Sache nicht mehr benutzt werden kann (OLG Frankfurt aM NJW-RR 1994, 23).

11. Ehe und Familie

a) Der räumlich-gegenständliche Bereich[*]
aa) Der Meinungsstand
Die eheliche Wohnung ist gegen das Eindringen Dritter in vielen Fällen schon über **B 175** die **Regeln des Eigentums- oder Besitzschutzes** abgesichert (OLG Stuttgart FamRZ 1980,

---

[*] **Schrifttum:** DEUTSCH, Familienrechte als Haftungsgrund, in: FS Gernhuber (1993) 581; ders, Familienrechte als Haftungsgrund, VersR 1993, 1; LIPP, Die eherechtlichen Pflichten und ihre Verletzung (1988); RIEGEL, Grenzen des Schutzes des räumlich-gegenständlichen Bereichs der Ehe, NJW 1989, 2798; SMID, Fallweise Abwägung zur Bestimmung des Schutzes des „räumlich-gegenständlichen Bereichs" der Ehe?, NJW 1990, 1344; ders, Der Fluch der bösen Tat, oder: Verwirkung des Besitzschutzes an der Ehewohnung aufgrund vorausgegangenen unmoralischen Tuns?, FamRZ 1989, 1144; ders, Zur Dogmatik der Klage auf Schutz des „räumlich-gegenständlichen Bereichs" der Ehe (1983); STRUCK, „Räumlich-gegenständlicher Bereich der Ehe" oder Gemeinsamkeit der Wohnung?, JZ 1976, 160.

49 f; Henrich, Familienrecht [5. Aufl 1995] § 8 II 2; Smid NJW 1990, 1345). Dabei will es ein Teil der Lehre bewenden lassen (Smid 92; ders FamRZ 1989, 1144 f; ders NJW 1990, 1345; abl Lipp 197 ff). Diese These führt jedenfalls dann zu Schwierigkeiten, wenn man die Zustimmung eines Partners ausreichen läßt, um die Rechtswidrigkeit des Eingriffs zu verneinen (so im Rahmen des § 858 Baur/Stürner, Sachenrecht [17. Aufl 1999] § 7 Rn 85; **aA** Westermann/Gursky, Sachenrecht [7. Aufl 1998] § 25, 3), oder aber wenn man gesamthänderischen Besitz annimmt (Smid 52 ff) und daher gezwungen ist, Sonderregeln zu entwickeln (Smid 94 ff). Nach nahezu einhelliger Auffassung ist daher der **räumlich-gegenständliche Bereich der Ehe** auch unabhängig von der Frage des Eigentums oder Besitzes von Dritten zu achten (BGHZ 6, 360, 366; 34, 80, 87; 35, 302, 304; 37, 38, 41; BGH NJW 1990, 706, 708; LM Nr 1 b zu § 823 [Af] Bl 1 Rücks; Nr 2 zu § 823 [Af] Bl 2 Rücks; Nr 3 zu Art 6 GG; OLG Braunschweig FamRZ 1971, 648, 649; OLG Frankfurt aM NJW 1974, 2325; OLG Celle NJW 1980, 711, 712; OLG Zweibrücken NJW 1989, 1614; in älteren Entscheidungen wird auch die Ehre und das Persönlichkeitsrecht genannt; vgl zB BGHZ 6, 360, 366; BGH LM Nr 1 b zu § 823 [Af] Bl 1; vgl ferner Jauernig/Teichmann Rn 90; Erman/Schiemann Rn 45; Soergel/Zeuner Rn 65; Münch-Komm/Mertens Rn 156 [der generell die Ungestörtheit der ehelichen Lebensgemeinschaft als absolutes Recht auffaßt]; BGB-RGRK/Steffen Rn 66; Staudinger/Hübner[12] § 1353 Rn 105 mwNw aus der familienrechtlichen Literatur; MünchKomm/Wacke [3. Aufl 1993] § 1353 Rn 42; Gernhuber/Coester-Waltjen, Familienrecht [4. Aufl 1994] § 17 II 2; Riegel NJW 1989, 2799 f; **aA** Deutsch, in: FS Gernhuber [1993] 594 f; ders VersR 1993, 7, der für eine Lösung über § 826 plädiert; im dogmatischen Ansatz auch Lipp 215 f, dessen Ergebnisse weitgehend mit der hM übereinstimmen). Damit ist der äußere eheliche Lebensbereich gemeint (BGHZ 6, 360, 366; BGH LM Nr 1 b zu § 823 [Af] Bl 3), namentlich also die Ehewohnung (BGHZ 6, 360, 366; Staudinger/Hübner[12] § 1353 Rn 109). Für den **Umfang des geschützten Bereichs** ist entscheidend, wie die Partner ihr gemeinsames Leben eingerichtet haben, solange die Ehe noch intakt war (BGHZ 34, 80, 87). Dagegen soll sich der Ehegatte nach Teilen der Rechtsprechung in einem Dreifamilienhaus, in dem er selbst in der ehemaligen Ehewohnung lebt, nicht wehren können, wenn der Partner eine weitere Wohnung mit einem Dritten bezieht (OLG Düsseldorf FamRZ 1991, 705, 706; **aA** MünchKomm/Wacke [3. Aufl 1993] § 1353 Rn 42; in der Sache auch BGH LM Nr 1 b zu § 823 [Af] Bl 3); das ist problematisch. Zum räumlich-gegenständlichen Bereich gehört aber auch die **Arbeitsstätte**, wenn diese nach den Umständen ähnlich wie die eheliche Wohnung ein Teil des äußeren gegenständlichen Bereichs der Ehe geworden ist (BGHZ 34, 80, 86). So kann es liegen, wenn **Geschäfts- und Wohnräume eng verbunden sind** (so im Fall BGH LM Nr 2 zu § 823 [Af]; OLG Celle FamRZ 1963, 295, 296), aber auch bei einer räumlichen Trennung, wenn der **Betrieb von beiden Partnern aufgebaut** worden ist (BGH LM Nr 2 zu § 823 [Af] Bl 2 Rücks; OLG Köln FamRZ 1984, 267; Soergel/Lange [12. Aufl 1989] § 1353 Rn 38). Von diesen Fällen abgesehen gibt es aber kein Recht des Ehegatten, das es verhindern könnte, daß der Partner Dritte, auch wenn er zu ihnen außereheliche Beziehungen unterhält, in seinem Unternehmen beschäftigt (vgl BGH LM Nr 2 zu § 823 [Af] Bl 3). Daß zwischen dem Partner und dem Dritten ein Liebesverhältnis besteht, ist dagegen zur Tatbestandserfüllung nicht erforderlich; es genügt etwa auch die Aufnahme einer Haushälterin (BGH LM Nr 3 zu Art 6 GG; MünchKomm/Wacke [3. Aufl 1993] § 1353 Rn 42) oder die dauernde Aufnahme von Familienangehörigen eines Partners (Smid 85 f).

bb) Die dogmatische Grundlage

B 176 Strittig ist die **dogmatische Grundlage** des Schutzes. Die wohl hM ordnet den räumlich-gegenständlichen Bereich als sonstiges Recht iS des § 823 Abs 1 ein (OLG Celle NJW 1980, 711, 712; Riegel NJW 1989, 2799; wohl auch BGH NJW 1956, 1149, 1150; erwogen in BGHZ 6,

360, 366; BGH LM Nr 2 zu § 823 [Af] Bl 2 Rücks), andere nennen § 823 Abs 2 iVm Art 6 GG (BGH LM Nr 2 zu § 823 [Af] Bl 2 Rücks; erwogen in BGHZ 6, 360, 366; nur auf Art 6 GG gestützt in BGH LM Nr 1 b zu § 823 [Af] Bl 3; Nr 3 zu Art 6 GG Bl 2; FamRZ 1963, 553, 555) oder § 1353 Abs 1 S 2 (PALANDT/DIEDERICHSEN, Einf vor § 1353 Rn 7). Schließlich wird differenziert zwischen dem Ehegatten, gegen den der Anspruch aus § 1353 Abs 1 S 2 folge, und dem Dritten, den der gestörte Ehepartner gestützt auf § 823 Abs 1 zum Verlassen des ehelichen Bereichs zwingen könne (MünchKomm/WACKE [3. Aufl 1993] § 1353 Rn 42; SOERGEL/LANGE [12. Aufl 1989] § 1353 Rn 38). Im Ergebnis ist der Streit von geringem Gewicht (BGB-RGRK/STEFFEN Rn 65). Zwar kann man in der Tat nicht Art 6 GG undifferenziert und ohne Abwägung als Schutzgesetz nach § 823 Abs 2 ansehen (STAUDINGER/HÜBNER[12] § 1353 Rn 107), doch ist die Verfassung vorrangiger Maßstab bei der Konkretisierung des absoluten Rechts nach § 823 Abs 1. Art 6 GG wirkt als **Schutzgebot** zugunsten des betroffenen Ehegatten. Dies führt zu einer **verfassungskonformen Interpretation des § 823 Abs 1**, mit dessen Hilfe verhindert werden kann, daß der Dritte in den räumlich-gegenständlichen Bereich der Ehe eindringt.

cc)   **Die Aktiv- und Passivlegitimation**
Aktivlegitimiert ist der von der Störung des räumlich-gegenständlichen Bereichs jeweils betroffene Ehegatte. Die Bemerkung in früheren Entscheidungen des BGH, der Ehemann könne sein Recht gegen Angriffe der Ehefrau oder Dritte auch ohne Zutun staatlicher Gerichte verteidigen (BGHZ 6, 360, 366; BGH LM Nr 1 b zu § 823 [Af] Bl 2; so in der Tendenz auch OLG Bremen NJW 1963, 395 f; OLG Frankfurt aM NJW 1974, 2325) – eine Formulierung, die auf das Fehlen des Rechtsschutzbedürfnisses schließen läßt (BGH LM Nr 1 b zu § 823 [Af] Bl 2) – war schon damals unrichtig und kann nicht ernsthaft verteidigt werden (abl auch OLG Karlsruhe FamRZ 1980, 139, 140; OLG Düsseldorf FamRZ 1981, 577, 578; OLG Zweibrücken NJW 1989, 1614, 1615; LG Saarbrücken FamRZ 1967, 288, 289; MünchKomm/WACKE [3. Aufl 1993] § 1353 Rn 42; SOERGEL/LANGE [12. Aufl 1989] § 1353 Rn 38; STRUCK JZ 1976, 163; iE auch PALANDT/DIEDERICHSEN Einf vor § 1353 Rn 7). **Passivlegitimiert** ist jedenfalls der Dritte (vgl zB BGHZ 6, 360, 366), aber auch der Ehegatte (OLG Celle NJW 1980, 711, 712; aA STRUCK JZ 1976, 162, der hier § 1353 heranzieht), wenngleich hier Modifikationen zu beachten sind. Der Ehegatte selbst kann natürlich nicht zum Verlassen des räumlich-gegenständlichen Bereichs gezwungen werden. Entgegen einer zumindest mißverständlichen Äußerung des BGH (BGH NJW 1990, 706, 708) ist er aber durchaus der richtige Beklagte, wenn seine Mitwirkung vonnöten ist, etwa weil der Dritte Arbeitnehmer ist, dessen Arbeitsverhältnis erst beendet werden muß (vgl die Fallgestaltung in BGH LM Nr 3 zu Art 6 GG), oder aber Mieter, dessen Mietvertrag zu kündigen ist (vgl die Fallgestaltung in BGH FamRZ 1963, 553, 556).

dd)   **Beginn und Ende des Schutzes**
Der Schutz **beginnt** spätestens mit dem Einzug des anspruchsberechtigten Ehegatten, kann aber auch schon vorher zu bejahen sein, wenn die Wohnung als gemeinsames eheliches Heim vorgesehen ist. Dann kann der Ehegatte sich dagegen wehren, daß sein Partner dort mit einem Dritten zusammen wohnt. Allerdings ist die Besonderheit zu beachten, daß eine derartige **Zweckbestimmung** vor dem Einzug des Ehegatten durch den Partner aufgekündigt werden kann (OLG Nürnberg FamRZ 1966, 511 f; aA KG FamRZ 1965, 329, 330), wenn der Ehegatte nicht beispielsweise als Mieter zum Bezug der Wohnung berechtigt ist. Mit dem **Auszug** des Ehegatten findet auch der räumlich-gegenständliche Ehebereich sein Ende, so daß auch eine deliktische Klage nicht mehr begründet ist (AG Mönchengladbach FamRZ 1988, 1057 mit abl Anm von SÉGAS; MünchKomm/

WACKE [3. Aufl 1993] § 1353 Rn 42; STRUCK JZ 1976, 163). Der Auszug muß allerdings ein **endgültiger** sein (BGHZ 6, 360, 368 f; BGH FamRZ 1963, 553, 555; OLG Celle NJW 1980, 711, 712; OLG Zweibrücken NJW 1989, 1614, 1615) und aus freien Stücken und nicht etwa unter Zwang erfolgen. Die bloße Trennung sowie der schwebende Scheidungsrechtsstreit sollen noch keine definitive Aufgabe der Wohnung sein (OLG Celle NJW 1980, 711, 712; OLG Karlsruhe FamRZ 1980, 139, 140); das ist zumindest dann zweifelhaft, wenn die Wiederherstellung der ehelichen Lebensgemeinschaft von keinem der Partner mehr angestrebt wird (BGH FamRZ 1963, 553, 555; OLG Braunschweig FamRZ 1971, 648, 649 f mit Verweigerung des Armenrechts für die Revision durch den BGH). Ein Indiz gegen die endgültige Trennung ist es, wenn ein **gemeinsames Kind** noch in der Wohnung lebt (BGH FamRZ 1963, 553, 555; OLG Zweibrücken NJW 1989, 1614, 1615).

ee) Die Verwirkung

B 179 Schwierig ist die Frage zu beantworten, ob der Dritte den Auszug wegen des Verhaltens des Anspruchstellers ablehnen kann. Das hat die Rechtsprechung aufgrund des Gedankens der **Verwirkung** angenommen, wenn der spätere Kläger dem Ehebruch per Partnertausch zugestimmt hatte (OLG Zweibrücken NJW 1989, 1614, 1615). Doch ist dem nicht zu folgen. Denn dem Ehegatten steht es frei, seine Meinung zu ändern (abl auch MünchKomm/WACKE [3. Aufl 1993] § 1353 Rn 42; SMID NJW 1990, 1345); selbst eine vorherige anderslautende Vereinbarung würde daran nichts ändern, weil sie nicht bindet (**aA** SMID NJW 1990, 1345; ders FamRZ 1989, 1145; ders 112 f). Das wäre nur dann abweichend zu beurteilen, wenn der Dritte von vornherein Mitglied etwa einer Wohngemeinschaft war und deshalb auch die Wohnung mitgemietet hatte. Dann muß die Ausschlußklage nach Gesellschaftsrecht erhoben werden (SMID 113 f). Es kann aber auch so liegen, daß der Partner seinerseits zu Recht den Lebensbereich seines Partners einschränkt. Das ist zwar bei einer ehelichen Wohnung kaum denkbar, mag jedoch im geschäftlichen Bereich vorkommen, wenn dieser zur prinzipiell geschützten Sphäre gerechnet ist. Hat sich etwa der **Ehegatte geschäftsschädigend** verhalten und ist ihm deshalb der Aufenthalt im Unternehmen verwehrt, kann er sich nicht auf den räumlich-gegenständlichen Bereich der Ehe stützen und die Entlassung des Dritten verlangen (BGHZ 34, 80, 87; BGH LM Nr 2 zu § 823 [Af] Bl 3).

ff) Die Beschränkung auf den quasinegatorischen Beseitigungs- und Unterlassungsanspruch

B 180 An sich wäre es konsequent, **weitere Schäden**, die aus der Verletzung des räumlich-gegenständlichen Bereichs folgen, im Rahmen der haftungsausfüllenden Kausalität zu berücksichtigen. Das hat die Rechtsprechung bislang nicht getan, sondern regelmäßig nur Unterlassungsansprüche zuerkannt (vgl zB BGHZ 6, 360, 366; BGH LM Nr 3 zu Art 6 GG Bl 1 Rücks). Daß Schadensersatzansprüche unzulässigen Druck ausüben könnten (so wohl JAUERNIG/TEICHMANN Rn 91), ist nicht überzeugend, wenn man bei der Ermittlung der Schadensposition nicht zu großzügig verfährt. Das Problem ist allerdings wohl von untergeordneter Bedeutung, da die Gesundheit auch durch psychische Ursachen verletzt werden kann und regelmäßig zumindest Fahrlässigkeit gegeben sein wird.

gg) Die Zwangsvollstreckung

B 181 Strittig ist zuletzt, ob § 888 Abs 2 ZPO einer **Zwangsvollstreckung** gegen den Ehegatten, aber auch gegenüber dem Dritten im Wege steht, weil auf diesem Weg die Entscheidung des Gesetzes umgangen würde. Ein Teil der Lehre bejaht das (HENRICH,

Familienrecht [5. Aufl 1995] § 8 II 2; JOHN, Grundzüge des Familienrechts [2. Aufl 1984] Rn 63), die wohl hM verneint es zu Recht (BGH FamRZ 1963, 553, 556; LM Nr 3 zu Art 6 GG Bl 2 Rücks; OLG Braunschweig FamRZ 1971, 648, 649; STAUDINGER/HÜBNER[12] § 1353 Rn 120 für die Vollstreckung gegen den Ehegatten; STAUDINGER/HÜBNER[12] § 1353 Rn 128 für die Vollstreckung gegen Dritte). Der Zweck des § 888 Abs 2 ZPO, nicht durch staatliche Zwangsmaßnahmen auf die Entscheidung des Ehegatten einzuwirken und ihn zu zwingen, seine ehewidrigen Beziehungen aufzugeben (BGHZ 34, 80, 85; OLG Braunschweig FamRZ 1971, 648, 649), wird nicht unterlaufen, da es dem Ehegatten ja möglich ist, mit dem Dritten eine neue Wohnung zu nehmen. Er kann die Beziehung nur nicht in der Ehewohnung verwirklichen. Dem Dritten ist auch keine Räumungsfrist zu gewähren (OLG Celle NJW 1980, 711, 713).

b) Die eheliche Lebensgemeinschaft
Nach der Rechtsprechung genießt die Ehe als solche dagegen keinen deliktischen Schutz nach § 823 Abs 1. Vorrangig seien vielmehr die familienrechtlichen Sonderregeln (BGHZ 23, 215, 217 ff; 23, 279, 281 f; 26, 217, 221 ff; 57, 229, 232; 80, 235, 238; BGH NJW 1956, 1149, 1150; 1973, 991, 992 f; 1990, 706 f mwNw). Diese These ist nach wie vor heftig umstritten (vgl zB GERNHUBER/COESTER-WALTJEN, Familienrecht [4. Aufl 1994] § 17 III 1 mwNw; MünchKomm/MERTENS Rn 156; ferner die Nachw bei BGHZ 57, 229, 231), das Problem gehört jedoch primär ins Familienrecht (vgl STAUDINGER/HÜBNER[12] § 1353 Rn 110 ff, 125 ff). **B 182**

c) Die elterliche Sorge*
aa) Der Unterlassungsanspruch gegenüber Dritten
Schutzgut iS des § 823 Abs 1 ist nach ganz hM die elterliche Sorge (BGHZ 111, 168, 172; OLG Frankfurt aM NJW 1979, 2052; OLG Koblenz NJW-RR 1994, 899; OLG Köln MDR 1976, 931; LG Aachen FamRZ 1986, 713, 714; PALANDT/THOMAS Rn 17; ERMAN/SCHIEMANN Rn 46; MünchKomm/MERTENS Rn 157; SOERGEL/ZEUNER Rn 68; BGB-RGRK/STEFFEN Rn 69; PALANDT/DIEDERICHSEN § 1626 Rn 4; MünchKomm/HINZ [3. Aufl 1992] § 1626 Rn 5; SOERGEL/STRÄTZ [12. Aufl 1987] § 1626 Rn 4, 21; BGB-RGRK/WENZ [12. Aufl Stand 1989] vor § 1626 Rn 47; STAUDINGER/PESCHEL-GUTZEIT[12] § 1626 Rn 20; ESSER/WEYERS § 55 I 2 d; DEUTSCH VersR 1993, 7; ebenso für die elterliche Gewalt RGZ 141, 319, 320; RG JW 1913, 202; HRR 1928 Nr 1413; KG JW 1925, 377; OLG Dresden LZ 1933, 1160; OLG Köln FamRZ 1963, 447 f; LG Bremen MDR 1961, 599; grundsätzlich auch OLG Koblenz NJW 1958, 951; iE auch KLOCKE JuS 1974, 77). Weithin ist allerdings dem Interesse der Eltern durch das Recht der **Umgangsgestaltung** mit Wirkung auch gegenüber Dritten nach **§ 1632 Abs 2** Rechnung getragen. Gleichwohl ist die Norm ein Indiz dafür, daß die elterliche Sorge ein absolutes Recht nach § 823 Abs 1 ist (BGHZ 111, 168, 172 f). Namentlich läßt sich auf die §§ 823 Abs 1, 1004 ein **Unterlassungsanspruch** gegen Störungen – etwa die Entziehung des Kindes – stützen (OLG Frankfurt aM NJW 1979, 2052; STAUDINGER/PESCHEL-GUTZEIT[12] § 1626 Rn 20, 21; BGB-RGRK/ WENZ [12. Aufl Stand 1989] vor § 1626 Rn 47; GERNHUBER/COESTER-WALTJEN, Familienrecht [4. Aufl 1994] § 49 IV 5). Voraussetzung ist ein **finaler Eingriff**, so daß die Verletzung des Kindes mit der Notwendigkeit eines Krankenhausaufenthalts nicht die elterliche Sorge beeinträchtigt (ERMAN/SCHIEMANN Rn 46; MünchKomm/MERTENS Rn 157; SOERGEL/ ZEUNER Rn 68; BGB-RGRK/STEFFEN Rn 69; SOERGEL/STRÄTZ [12. Aufl 1987] § 1626 Rn 21; WEIMAR MDR 1962, 8 gegen LG Bremen MDR 1961, 599). Davon unberührt bleibt der Anspruch **B 183**

---
* **Schrifttum:** DEUTSCH, Familienrechte als Haftungsgrund, VersR 1993, 1; KLOCKE, Elterliche Gewalt, Umgangsverbote und Freizeitverhalten des heranwachsenden Kindes, JuS 1974, 75; WEIMAR, Zur Problematik der Schadensersatzpflicht bei Verletzung der elterlichen Gewalt, MDR 1962, 7.

des Kindes auf Ersatz der Besuchskosten als Heilungsaufwand (vgl zB BGHZ 106, 28, 29 f mwNw). Zu den aufgrund der Verletzung der elterlichen Sorge **ersatzfähigen Aufwendungen** zählen die Rückführungskosten nach der Entziehung des Kindes (LG Aachen FamRZ 1986, 713, 714; ERMAN/SCHIEMANN Rn 46; BGB-RGRK/STEFFEN Rn 69; STAUDINGER/PESCHEL-GUTZEIT[12] § 1626 Rn 23; BGB-RGRK/WENZ [12. Aufl Stand 1989] vor § 1626 Rn 47), Flugkosten der Eltern (OLG Koblenz NJW-RR 1994, 899; LG Aachen FamRZ 1986, 713, 714) oder Honorare für einen Detektiv, der den Aufenthaltsort des Kindes herausfinden soll (BGHZ 111, 168, 174 f; ERMAN/SCHIEMANN Rn 46).

bb) Die Rechtswidrigkeit

B 184 Besondere Schwierigkeiten macht bei einer möglichen Verletzung der elterlichen Sorge die **Rechtswidrigkeit**. Die elterliche Sorge ist dem **Wohl des Kindes** verpflichtet; ihr ist daher der deliktsrechtliche Schutz zu versagen, wenn ihre Gewährung mit dem Wohl des Kindes nicht vereinbar wäre (BGHZ 111, 168, 173 mit dem Argument des Arglisteinwandes; ebenso iE BGB-RGRK/STEFFEN Rn 69). Die Details sind allerdings namentlich bei Umgangsverboten umstritten. Die **Rechtsprechung** und hM neigen dazu, sich einer Überprüfung der elterlichen Entscheidung bis zur **Schranke des § 1666** zu enthalten (OLG Frankfurt aM NJW 1979, 2052, 2053; PALANDT/DIEDERICHSEN § 1632 Rn 32; in der Tendenz auch SOERGEL/STRÄTZ [12. Aufl 1987] § 1632 Rn 15 mwNw in Fn 28; weitere inzwischen zT wohl überholte Beispiele bei STAUDINGER/PESCHEL-GUTZEIT[12] § 1626 Rn 21 und KLOCKE JuS 1974, 81), während die **Lehre** zT dem zunehmenden Lebensalter des Kindes Rechnung trägt und jedenfalls **bei fast volljährigen Kindern triftige Gründe** verlangt (OLG Koblenz NJW 1958, 951; MünchKomm/HINZ [3. Aufl 1992] § 1632 Rn 42; STAUDINGER/PESCHEL-GUTZEIT[12] § 1626 Rn 22; KLOCKE JuS 1974, 79 f mit Darstellung des damaligen Meinungsbildes). Keinesfalls kann der soziale Kontakt des Kindes zur Gänze abgeschnitten werden (LG Wiesbaden FamRZ 1974, 663); ebenso scheidet ein Verbot aus, wenn das Kind mit dem Störer verlobt ist (LG Saarbrücken NJW 1970, 327, 328 im Rahmen des § 1631).

12. Teilhaberechte an öffentlichen Gütern

B 185 Von einem Teil der Lehre wird unabhängig vom Eigentums- und Besitzschutz und über diesen hinausgehend der **ungehinderte Zugang zur öffentlichen Infrastruktur und die Versorgung mit Energie, Wasser usw** als sonstiges Recht im Sinne des § 823 Abs 1 aufgefaßt (ESSER/WEYERS § 55 I 2 a; ähnl KÖNDGEN UPR 183, 349, 350). **Die hM lehnt diese Position ab** (MünchKomm/MERTENS Rn 129), beschränkt sich dabei in der Regel auf die Aussage, der Gemeingebrauch sei kein sonstiges Recht (RG SeuffA 76 Nr 14 = S 22, 23; Gruchot 68, 75, 77; KG JW 1938, 948, 949; BGHZ 55, 153, 160; 86, 152, 156; ERMAN/SCHIEMANN Rn 44; BGB-RGRK/STEFFEN Rn 32 a). An der Mindermeinung ist sicherlich richtig, daß die Abgrenzung des Eigentumsschutzes, wie sie von der hM vertreten wird, zu wenig plausiblen Ergebnissen führt, etwa wenn danach unterschieden wird, ob die zerstörte Energieleitung dem Inhaber des Unternehmens gehört oder nicht (vgl oben Rn B 96). Zunächst wird man allerdings an anerkannte Rechte wie das Eigentum und den Besitz anknüpfen können, wozu auch die widmungswidrige Benutzung zählen kann (BGB-RGRK/STEFFEN Rn 32 a; wohl auch SOERGEL/ZEUNER Rn 43). Die Probleme reduzieren sich weiter, wenn man einen **sachgerechten Funktionsschutz von Eigentum und Besitz** entwickelt (MünchKomm/MERTENS Rn 129; vgl schon oben Rn B 97). Die weitergehende Anerkennung eines Rechts auf Teilhabe an der Infrastruktur liefe Gefahr, den Unterschied zum durch § 823 Abs 1 nicht geschützten Vermögen zu verwischen, und müßte sich der Abgrenzungsschwierigkeit stellen, ob etwa ein wegen des Ausfalls eines öffentlichen Verkehrsmittels entgangener Gewinn aus einem Vertrag zu kompensieren sein soll.

13. Das Recht auf eine intakte Umwelt*

a) Die hM: Schutz der Rechte und Rechtsgüter des § 823 Abs 1
Nach hM ist das Recht auf eine intakte Umwelt als solches nicht deliktisch abgesichert. Soweit es um sog Ökoschäden geht, also Beeinträchtigungen der Umwelt, die sich nicht in Einbußen an individuellen Rechten oder Rechtsgütern niederschlagen, scheitert eine Kompensation nach dieser Auffassung schon daran, daß nur dem einzelnen zugeordnete Rechte mit dem zivilrechtlichen Instrumentarium verteidigt werden können (STAUDINGER/KOHLER [1996] Einl 81 zum UmweltHR; KLOEPFER § 6 Rn 9; MEDICUS JZ 1986, 780; G HAGER NJW 1986, 1961). Man hat dies auf die Formel gebracht, das Zivilrecht **schütze vor Belastungen aus der Umwelt, nicht** dagegen **die Umwelt selbst** (MEDICUS JZ 1986, 780; ihm folgend STAUDINGER/KOHLER [1996] Einl 81 zum UmweltHR; KLOEPFER § 4 Rn 292). Nur soweit Beeinträchtigungen an Gesundheit und Eigentum einträten, die auszugleichen seien, werde mittelbar auch die Umwelt abgesichert (STAUDINGER/KOHLER [1996] Einl 81 zum UmweltHR; KLOEPFER § 4 Rn 292, 314; PFEIFFER 174 ff, 183 ff). Allerdings seien Gefahren und Beeinträchtigungen sensibler wahrzunehmen; wirksamer Schutz habe früher zu beginnen und umfasse auch Vorkehrungen etwa gegen schlafstörenden Lärm (GERLACH 285; MEDICUS JZ 1986, 783). Der Schwerpunkt der Problematik liegt dabei im vorbeugenden Unterlassungsschutz.

B 186

b) Umweltschutz durch Schutz der Persönlichkeit
Bereits seit längerer Zeit steht dem die These gegenüber, Umweltschutz sei als Teil des Persönlichkeitsrechts aufzufassen (FORKEL 24 ff, 47 ff; H G ROTH NJW 1972, 922 f). Nicht nur, wer Eigentümer sei, könne sich mit zivilrechtlichen Mitteln wehren, sondern auch derjenige, der in seiner Gesundheit und seinem emotionalen Wohlbefinden gestört werde. Der **(vorbeugende) Abwehranspruch** werde durch die entsprechend anzuwendende **Duldungspflicht des § 906** modifiziert (H G ROTH NJW 1972, 923; aus der Gegenposition etwa auch MEDICUS JZ 1986, 780). Die **hM lehnt dies ab** (MünchKomm/MERTENS Rn 129; STAUDINGER/KOHLER [1996] Einl 41 zum UmweltHR; KLOEPFER § 6 Rn 26; MEDICUS JZ 1986, 780; MARBURGER 56. DJT [1986] C 117 ff, 120; KÖNDGEN UPR 1983, 348 f; SELMER 18; PFEIFFER 185 f), da damit im Ergebnis die Popularklage eingeführt werde (STAUDINGER/KOHLER [1996] Einl 41 zum UmweltHR; KÖNDGEN UPR 1983, 348 f; MARBURGER, 56. DJT [1986] C 117). Die Grenze zwischen der schädigenden Umweltbelastung und der hinzunehmenden

B 187

---

* **Schrifttum:** DIEDERICHSEN, Ausbau des Individualschutzes gegen Umweltbelastungen als Aufgabe des bürgerlichen und des öffentlichen Rechts, in: Verhandlungen des 56. DJT, Bd II (1986) L 48; FORKEL, Emissionsschutz und Persönlichkeitsrecht (1968); GERLACH, Privatrecht und Umweltschutz im System des Umweltrechts (1989); GMEHLING, Die Beweislastverteilung bei Schäden aus Industrieemissionen (1989); KLOEPFER, Umweltrecht (2. Aufl 1998); KÖNDGEN, Überlegungen zur Fortbildung des Umwelthaftungsrechts, UPR 1983, 345; KONZEN, Aufopferung im Zivilrecht (1969); MARBURGER, Ausbau des Individualschutzes gegen Umweltbelastungen als Aufgabe des bürgerlichen und des öffentlichen Rechts, in: Verhandlungen des 56. DJT, Bd I (1986) C 9; MEDICUS, Zivilrecht und Umweltschutz, JZ 1986, 778; PFEIFFER, Die Bedeutung des privatrechtlichen Immissionsschutzes (1987); SELMER, Privates Umwelthaftungsrecht und öffentliches Gefahrenabwehrrecht (1991); SIMITIS, Haftungsprobleme beim Umweltschutz, VersR 1972, 1087.

Störung verschwimme; das generalklauselartig angelegte Persönlichkeitsrecht lasse Grenzen und Grundlagen der Haftung für Umweltstörungen im unklaren (STAUDINGER/KOHLER [1996] Einl 41 zum UmweltHR; MARBURGER, 56. DJT [1986] C 117; MEDICUS JZ 1986, 780; SELMER 18; GMEHLING 195), namentlich werde eine Verantwortung für reine Vermögensschäden eingeführt (SELMER 18).

c) Umweltgüter als sonstige Rechte

B 188 Ein weiterer Vorschlag will Umweltgüter wie saubere Luft, sauberes Wasser und Schutz vor Lärm als sonstige Rechte iS des § 823 Abs 1 einordnen (KÖNDGEN UPR 1983, 348 ff). Gekoppelt daran sei eine **Umkehr der Beweislast**, wenn Schutzstandards nicht eingehalten würden (KÖNDGEN UPR 1983, 353). Auch dies wird **von der hM abgelehnt** (MünchKomm/MERTENS Rn 129; STAUDINGER/KOHLER [1996] Einl 42 zum UmweltHR; STAUDINGER/ROTH [1996] § 906 Rn 57; MARBURGER, 56. DJT [1986] C 120 f; DIEDERICHSEN, 56. DJT [1986] L 73 ff; MEDICUS JZ 1986, 779 f; SELMER 18; GMEHLING 197 f; PFEIFFER 187 f). So **fehle** es schon an einem **konkret-individuellen Zuweisungsgehalt** und spiegelbildlich an der Ausschlußfunktion der geltend gemachten Rechtspositionen (STAUDINGER/KOHLER [1996] Einl 42 zum UmweltHR; GMEHLING 198). Begründet werde damit in Wirklichkeit eine Haftung für **allgemeine Vermögensschäden** (MARBURGER, 56. DJT [1986] C 120 f; SELMER 18), während über § 823 Abs 1 nur der Schaden des Verletzten ersetzt werden dürfe (MünchKomm/MERTENS Rn 129; PFEIFFER 189). Obendrein sei der Inhalt dieser Umweltgüter nicht definiert und durch öffentlich-rechtliche Grenzwerte nicht beschreibbar (STAUDINGER/KOHLER [1996] Einl 42 zum UmweltHR; DIEDERICHSEN, 56. DJT [1986] L 74; MEDICUS JZ 1986, 779 [mangelnde soziale Evidenz]; ebenso MünchKomm/MERTENS Rn 129). Und schließlich werde die private Verfügbarkeit zu einer nicht zulässigen Kontingentierung führen (STAUDINGER/KOHLER [1996] Einl 43 zum UmweltHR; MARBURGER, 56. DJT [1986] C 120; DIEDERICHSEN, 56. DJT [1986] L 75; MEDICUS JZ 1986, 779).

d) Die Einpassung in das deliktsrechtliche System

B 189 Der hM ist zuzugestehen, daß ein selbständig geschütztes Recht auf eine intakte Umwelt schon angesichts des Umstandes, daß darüber verschiedene Vorstellungen bestehen können, kaum hinreichend konturiert werden kann (MEDICUS JZ 1986, 780). Doch wäre es ein ungereimtes Ergebnis, wenn zwar ein Eigentümer wegen Lackschäden an seinem Fahrzeug aufgrund Staubauswurfs Ersatz verlangen könnte (vgl BGHZ 92, 143, 146), sobald die Grenzwerte überschritten werden, gegen Gesundheitsgefährdungen jedoch nichts unternommen werden könnte (GERLACH 285). Die in § 823 Abs 1 genannten Rechtsgüter und Rechte sind daher der **Ausgangspunkt** (STAUDINGER/KOHLER [1996] Einl 43 zum UmweltHR; MARBURGER, 56. DJT [1986] C 121; DIEDERICHSEN, 56. DJT [1986] L 72; SIMITIS VersR 1972, 1092 f; GMEHLING 198; GERLACH 285, 287 ff mit dem Vorschlag, alle Schäden über § 249 S 1 im Wege der Naturalrestitution abzuwickeln). Die Probleme liegen bei der **Definition der Schwelle**, ab der eine Gesundheitsbeeinträchtigung vorliegt und daher ein vorbeugender Unterlassungsanspruch gegeben ist. Modellcharakter für die Duldungspflicht hat dabei § 906; er legt auch im Rahmen des § 823 Abs 1 die Grenze fest, an der die Rechtswidrigkeit beginnt (BGHZ 44, 130, 134; 90, 255, 257 f; 92, 143, 148; 101, 106, 109; 113, 384, 390; 117, 110, 111; 120, 239, 249; BGH NJW 1980, 2580; 1997, 2595, 2596; SOERGEL/ZEUNER Rn 36; BGB-RGRK/STEFFEN Rn 17; STAUDINGER/ROTH [1996] § 906 Rn 57; PFEIFFER 179; vgl auch oben Rn B 88). Allerdings dürfte zu differenzieren sein. Unwesentliche Beeinträchtigungen sind nach § 906 Abs 1 S 1 hinzunehmen; der Maßstab wird durch die **Regelung des § 906 Abs 1 S 2 und 3 präzisiert**. Darüber hinaus können **öffentlich-rechtliche Auflagen die Grenze zugunsten des Geschützten** verschieben (BGHZ 122, 1, 3; vgl

Vorbem 63 zu §§ 823 ff). **Anderes gilt** dagegen für **wesentliche Emissionen**. Mag nämlich eine Beeinträchtigung des Eigentums durch die Entschädigung nach § 906 Abs 2 S 2 kompensiert werden können, so gilt dies für Einbußen an der Gesundheit in der Regel nicht (Konzen, Aufopferung im Zivilrecht [1969] 205; Pfeiffer 183; viel zu restriktiv BGHZ 49, 148, 152). Das ist für die teilweise parallel liegende Problematik des § 14 BImSchG weithin anerkannt (vgl statt aller Ule/Laubinger/Storost, BImSchG [Stand Januar 1997] § 14 D 4 mwNw). Allerdings gilt das nur für solche Personen, die sich wie Arbeitnehmer und Besucher von Bildungseinrichtungen der Emission nicht in zumutbarer Weise entziehen können (vgl zu diesem Gesichtspunkt BGHZ 92, 143, 150; Marburger, 56. DJT [1986] C 118 f); ob man dies als Immobiliarbezogenheit des Anspruchs bezeichnen soll (so Marburger, 56. DJT [1986] C 118; Gmehling 195), ist eine Frage mehr terminologischer Bedeutung. Furcht vor einer Popularklage (so Medicus JZ 1986, 778) braucht nicht zu bestehen. Zum einen wird nur eingeklagt, was rechtens ist (Gerlach 286), zum anderen muß ja eine wesentliche Beeinträchtigung nachgewiesen werden. Von untergeordnetem Rang ist die Frage, ob man hierin einen Anwendungsfall der Verkehrspflicht sieht (Marburger, 56. DJT [1986] C 117; Gmehling 195). Die Klage ist natürlich erfolgreich, wenn die Umweltbelastung zu konkreten Gesundheitsschäden geführt hat (Diederichsen, 56. DJT [1986] L 76 ff; Medicus JZ 1986, 782 f).

14. Der Arbeitsplatz[*]

a) Die Druckkündigung

Ob es ein absolutes Recht am Arbeitsplatz gibt, das durch Mitarbeiter verletzt **B 190** werden kann, die den Arbeitgeber zu einer Kündigung veranlassen – etwa zu einer Druckkündigung –, ist strittig. Die wohl hM bejaht das, wenn der **Arbeitnehmer nicht seinerseits durch gesetzwidriges Verhalten oder grobe Verletzung** der in § 75 Abs 1 BetrVG enthaltenen Grundsätze den Betriebsfrieden wiederholt ernstlich gestört hatte und damit der Betriebsrat nach § 104 S 1 BetrVG die Entlassung oder Versetzung verlangen konnte (Soergel/Zeuner Rn 131; Fitting/Kaiser/Heither/Engels, Betriebsverfassungsgesetz [19. Aufl 1998] § 104 Rn 9; Schlochauer, in: Hess/Schlochauer/Glaubitz, Kommentar zum Betriebsverfassungsgesetz [5. Aufl 1997] § 104 Rn 16; Kittner, in: Däubler/Kittner/Klebe, Betriebsverfassungsgesetz [6. Aufl 1998] § 104 Rn 10; Etzel, in: KR [Gemeinschaftskommentar zum Kündigungsschutzgesetz und zu sonstigen kündigungsschutzrechtlichen Vorschriften] [4. Aufl 1996] § 104 BetrVG Rn 74; Hillebrecht, in: KR § 626 BGB Rn 152; Heinze Rn 696; iE auch Kraft, in: Gemeinschaftskommentar zum Betriebsverfassungsgesetz [6. Aufl 1998] § 104 Rn 21 [§ 826]; wohl auch Gamillscheg AcP 164 [1964] 391; generell Nipperdey, in: FS Sitzler [1956] 92 f; unentschieden Schaub, Arbeitsrechts-Handbuch [8. Aufl 1998] § 110 I 3 mwNw). Dabei wird der Anspruch allerdings von der Mehrheit **nur gegenüber dem Betriebsrat und dritten Arbeitnehmern** (Kittner, in: Däubler/Kittner/Klebe [6. Aufl 1998] § 104 Rn 10; Hillebrecht, in: KR [4. Aufl 1996] § 626 Rn 152; Etzel, in: KR [4. Aufl 1996] § 104 BetrVG Rn 74; Kraft, in: Gemeinschaftskommentar [6. Aufl 1998] § 104 Rn 21; Fitting/Kaiser/Heiter/Engels [6. Aufl 1998] § 104 Rn 9; Schlochhauer, in: Hess/Schlochhauer/Glaubitz [5. Aufl 1997] § 104 Rn 16), nicht dagegen gegen den Arbeitgeber zuerkannt, wenn dieser alles Zumutbare

---

[*] **Schrifttum:** Ebert, Das „Recht am Arbeitsplatz" (1990); Heinze, Personalplanung, Einstellung und Kündigung (1982); Lämmerhirdt, Die auf Druck am Arbeitsverhältnis nicht beteiligter Dritter erfolgende Kündigung seitens des Arbeitgebers (1973); Nipperdey, Arbeitskampf als unerlaubte Handlung, in: FS Sitzler (1956) 59; Zöllner, Die Stellung des Arbeitnehmers in Betrieb und Unternehmen, in: FS 25 Jahre BAG (1979) 745.

getan habe. Für einen Aufopferungsanspruch analog § 904 (so HILLEBRECHT, in: KR [4. Aufl 1996] § 626 BGB Rn 152; HEINZE Rn 696) besteht nach dieser Auffassung keine Anspruchsgrundlage (FITTING/KAISER/HEITER/ENGELS [19. Aufl 1998] § 104 Rn 9; ETZEL, in: KR [4. Aufl 1996] § 104 BetrVG Rn 74; KRAFT, in: Gemeinschaftskommentar zum Betriebsverfassungsgesetz [6. Aufl 1998] § 104 Rn 21; SCHLOCHHAUER, in: HESS/SCHLOCHHAUER/GLAUBITZ [5. Aufl 1997] § 104 Rn 16). Die **Mindermeinung lehnt** ein deliktisch zu schützendes Recht am Arbeitsplatz **ab** (PALANDT/THOMAS Rn 27; PREIS, in: Erfurter Kommentar zum Arbeitsrecht [1998] § 611 BGB Rn 1088; ZÖLLNER, in: FS 25 Jahre BAG [1979] 749; LÄMMERHIRDT 130 f, der das absolute Recht auf Entschließung beeinträchtigt sieht, 132 ff; ebenso EBERT 120 ff, 126 ff). Die **Rechtsprechung** hat die Frage bislang offen gelassen, **neigt jedoch inzwischen dazu, sie zu verneinen** (BAG NZA 1998, 1113, 1115 f), nachdem sie früher zu Bejahung tendiert hatte (BAG AP Nr 2 zu § 70 BAT unter III b). Jedenfalls ist ihrer Auffassung nach die Rechtswidrigkeit nicht indiziert, sondern wie beim Persönlichkeitsrecht und beim Gewerbebetrieb erst festzustellen. Dabei kommt der Meinungsfreiheit eine besondere Bedeutung zu (BAG NZA 1998, 1113, 1116; ebenso MünchKomm/MERTENS Rn 517). Ein Entlassungsverlangen ist daher nicht deswegen als rechtwidrig anzusehen, weil es nicht auf Gründe gestützt ist, die eine tatsächlich ausgesprochene Kündigung im Sinn des § 626 Abs 1 oder § 1 Abs 2 KSchG rechtfertigen könnten (BAG NZA 1998, 1113, 1116). Daran ist sicher richtig, daß die Grundrechte der Beteiligten erst das Ergebnis der Abwägung bestimmen und daher eine – etwa fahrlässig durch eine unwahre Behauptung verursachte – Kündigung die Haftung nicht auslösen kann (vgl aber unten Rn C 289).

b) Die berufliche Tätigkeit

In Parallele zum Schutz des Gewerbebetriebs neigt die hL auch zu einem Schutz des Arbeitsplatzes **bei Eingriffen Dritter**, die das Unternehmen und damit auch die wirtschaftliche Existenz des Arbeitnehmers zerstören (MünchKomm/MERTENS Rn 516; ESSER/WEYERS § 55 I 2 c; NIPPERDEY, in: FS Sitzler [1956] 92 f; aA ZÖLLNER, in: FS 25 Jahre BAG [1979] 749; wohl auch SOERGEL/ZEUNER Rn 153). Jedenfalls bei gezielter Vernichtung des Unternehmens sei so zu entscheiden (MünchKomm/MERTENS Rn 516). Dem ist schon wegen des Gedankens zu folgen, daß **sonst der Gewerbetreibende besser geschützt wäre als der Arbeitnehmer** (vgl auch unten Rn D 6). Darüber hinaus ist der Schutz der **beruflichen Tätigkeit** generell als absolutes Recht aufzufassen (SOERGEL/ZEUNER Rn 130; OTTO SAE 1991, 46), namentlich wenn es um rechswidrige Arbeitskampfmaßnahmen der Gegenseite – etwa eine wilde Aussperrung (BAG NZA 1996, 389 mwNw; KISSEL, in: Erfurter Kommentar zum Arbeitsrecht [1998] Art 9 GG Rn 258) – geht. Allerdings ist hier der Arbeitnehmer durch den nach wie vor bestehenden Lohnanspruch geschützt (vgl die Gestaltung in BAG NZA 1996, 389); in Ausnahmefällen – etwa der aussperrungsbedingten Insolvenz des Arbeitgebers – besteht indes sehr wohl ein Bedürfnis, beispielsweise den Arbeitgeberverband in Anspruch nehmen zu können, soweit dieser rechtswidrig gehandelt hat. Gegen Beeinträchtigungen des guten Rufes, die zu beruflichen Nachteilen führen, schützt allerdings das Persönlichkeitsrecht (ESSER/WEYERS § 55 I 2 c). Die berufliche Tätigkeit wird daher allenfalls in Ausnahmefällen zur Lückenfüllung benötigt; dort ist sie indes als absolutes Recht anzuerkennen – schon deswegen, weil das Kriterium der Unselbständigkeit die unterschiedliche Behandlung gegenüber dem Schutz des Gewerbebetriebes nicht legitimieren könnte.

15. Sonstige Fälle*

a) Keine absoluten Rechte
Das **Vermögen** als solches fällt nicht unter den Begriff des absoluten Rechts (RGZ 95, 173, 174; RG HRR 1934 Nr 1448; BGHZ 27, 137, 140; 41, 123, 126 f; 86, 152, 155; BGH NJW 1978, 2027, 2028; 1992, 1511, 1512; LM Nr 27 zu § 823 [Ac] unter 3; BFH NJW 1997, 1725, 1727; OLG München NJW 1980, 1581, 1582; JAUERNIG/TEICHMANN Rn 19; PALANDT/THOMAS Rn 31; Münch-Komm/MERTENS Rn 124; LARENZ/CANARIS § 76 II 4 a; § 77 I 1 c; BRÜGGEMEIER Rn 321). Primäre Vermögensschäden sind also deliktisch nicht geschützt; das folgt aus der Konzeption des § 823 Abs 1 als Enumerativtatbestand und der fehlenden Ausschlußfunktion (JAUERNIG/TEICHMANN Rn 19; vgl zur Begründung auch schon oben Vorbem 20 zu §§ 823 ff). Daran muß auch der Vorschlag scheitern, **Fälle der Drittschadensliquidation** über das **wirtschaftliche Eigentum** des Geschädigten zu lösen, das dadurch gekennzeichnet sei, daß sein Inhaber das alleinige Risiko einer Beschädigung oder Zerstörung der Sache trage und den alleinigen Nutzen aus ihr ziehe, und dieses wirtschaftliche Eigentum als sonstiges Recht aufzufassen (so aber M JUNKER AcP 193 [1993] 354, 356; aA MünchKomm/ MERTENS Rn 133). Die Position gewährt **keinen Schutz gegen eine Pfändung der Sache** (M JUNKER AcP 193 [1993] 356 ff; vgl aber auch STAUDINGER/SCHÄFER[12] Rn 79) und weist somit gerade nicht die Merkmale des absoluten Rechts auf. Von einigen wird das **Recht am eigenen Datenbestand** als sonstiges Recht im Sinn des § 823 Abs 1 aufgefaßt, da die Datensammlung und nicht ihr Träger den eigentlichen wirtschaftlichen Wert darstelle (MEIER/WEHLAU NJW 1998, 1588). Doch ist der Träger der Daten als Eigentum geschützt (vgl oben Rn B 60), so daß jedenfalls kein unabdingbares Bedürfnis zur Ausdehnung besteht. Die Wertverhältnisse spielen auch etwa bei Schallplatten keine Rolle. Daß **Gestaltungsrechte** wie das Recht der Anfechtung oder Kündigung keine absoluten Rechte sind, ergibt sich schon daraus, daß Dritte in sie nicht eingreifen können und daher kein Bedürfnis für einen deliktischen Schutz besteht (LARENZ, Schuldrecht Bd II, BT [12. Aufl 1981] § 72 I a; STAUDINGER/SCHÄFER[12] Rn 82). Auch das Bankgeheimnis ist nach hM kein absolutes Recht (CANARIS, Bankvertragsrecht [3. Aufl 1988] Rn 40; BAUMBACH/HOPT, HGB [29. Aufl 1995] BankGesch Rn A 9).

B 192

b) Absolute Rechte
Dagegen werden die **Zurückbehaltungsrechte** des § 1000 und § 369 HGB auch dann als sonstige Rechte aufgefaßt, wenn sie kein Recht zum Besitz geben sollten (MünchKomm/ MERTENS Rn 149; für § 1000 CANARIS, in: FS Flume [1978] 405; für § 369 HGB Großkomm/CANARIS, Großkommentar zum HGB [3. Aufl 1978] § 369 Rn 54 f). Eingriffsmodalität ist zum einen die Beschädigung der Sache, zum anderen die Verfügung über sie, soweit dadurch das Zurückbehaltungsrecht untergeht (Großkomm/CANARIS [3. Aufl 1978] § 369 Rn 54 bzw 55). Das **Ablösungsrecht** des § 1150 wird als absolutes Recht geschützt (RGZ 83, 390, 393; 90, 350, 355; PALANDT/BASSENGE § 1150 Rn 1; STAUDINGER/WOLFSTEINER [1996] § 1150 Rn 34). Auch **Badekonzessionen**, die ein Sondernutzungsrecht verleihen, gehören hierher (BGHZ 44, 27, 33 f); uU kann auch der Gewerbebetrieb tangiert sein (vgl BGH LM Nr 234 zu § 1004 unter II 2 a).

B 193

---

* **Schrifttum:** M JUNKER, Das „wirtschaftliche" Eigentum als sonstiges Recht im Sinne des § 823 Abs 1 BGB, AcP 193 (1993) 348; MEIER/WEHLAU, Die zivilrechtliche Haftung für Datenlöschung, Datenverlust und Datenzerstörung, NJW 1998, 1585.

C. Das Persönlichkeitsrecht

Schrifttum

BASTON-VOGT, Der sachliche Schutzbereich des zivilrechtlichen allgemeinen Persönlichkeitsrechts (1997)
CANARIS, Grundrechte und Privatrecht, AcP 184 (1984) 201
ders, Grundrechtswirkungen und Verhältnismäßigkeitsprinzip in der richterlichen Anwendung und Fortbildung des Rechts, JuS 1989, 162
ders, Grundrechte und Privatrecht (1998)
DAMM/KUNER, Widerruf, Unterlassung und Schadensersatz in Presse und Rundfunk (1991)
S GOTTWALD, Das allgemeine Persönlichkeitsrecht (1996)
J HAGER, Grundrechte im Privatrecht, JZ 1994, 373
ders, Der Schutz der Ehre im Zivilrecht, AcP 196 (1996) 168

LÖFFLER, Die Landespressegesetze der Bundesrepublik Deutschland (4. Aufl 1997)
LÖFFLER/RICKER, Handbuch des Presserechts (3. Aufl 1994)
MACKEPRANG, Ehrenschutz im Verfassungsstaat (1990)
NOLTE, Beleidigungsschutz in der freiheitlichen Demokratie (1992)
SCHLECHTRIEM, Inhalt und systematischer Standort des allgemeinen Persönlichkeitsrechts, DRiZ 1975, 65
SOEHRING, Presserecht: Recherche, Berichterstattung, Ansprüche im Recht der Presse und des Rundfunks (1995)
STARK, Ehrenschutz in Deutschland (1996)
WENZEL, Das Recht der Wort- und Bildberichterstattung (4. Aufl 1994).

Systematische Übersicht

I. Zur Entwicklung	
1. Die Ausgangslage	C 1
2. Die Anerkennung des allgemeinen Persönlichkeitsrechts nach 1945	C 2
II. Der verfassungsrechtliche Ausgangspunkt	
1. Der Schutz durch die Art 2 Abs 1, 1 Abs 1 GG	C 3
2. Sonderrolle des bürgerlich-rechtlichen allgemeinen Persönlichkeitsrechts?	C 4
a) Das Persönlichkeitsrecht als einfach-rechtliches Institut?	C 4
aa) Die Konsequenzen	C 4
bb) Die Prämisse	C 5
b) Die verfassungsrechtlichen Eckpunkte	C 6
aa) Der Gestaltungsspielraum der Legislative	C 7
bb) Die Intensität der Grundrechtswirkung	C 8
cc) Die Geltung der allgemeinen Regeln	C 9
3. Die Problematik der Kollision	C 10
a) Der Rang der gegenläufigen Interessen	C 10
b) Die Rolle der Gesetzesvorbehalte	C 11
4. Die Intensität der verfassungsgerichtlichen Überprüfung	C 12
a) Die Grundregel	C 13
b) Modifikationen	C 14
5. Exkurs: Das Persönlichkeitsrecht als Kontrollmaßstab gegenüber Gesetzen	C 15
III. Dogmatische Grundlagen	
1. Generalklausel oder Einzeltatbestände?	C 16
2. Offener Tatbestand oder Indikation der Rechtswidrigkeit?	C 17
3. Das Persönlichkeitsrecht als absolutes Recht oder als Rahmenrecht?	C 18
IV. Die Träger des allgemeinen Persönlichkeitsrechts	
1. Natürliche Personen	C 19
a) Die Grundregel	C 19

b)	Straftäter	C 20	bb)	Der Schutz von Geheimnissen	C 48
2.	Persönlichkeitsverletzung durch Kollektivbezeichnungen	C 21	α)	Die Rechtsprechung	C 48
			β)	Die Literatur	C 49
a)	Die Verletzung des einzelnen durch Kollektivbezeichnungen	C 21	5.	Das Problem der Übertragbarkeit von Persönlichkeitsrechten	C 50
aa)	Die hM	C 21	V.	**Die Passivlegitimation**	
α)	Die Regel	C 21	1.	Die Störereigenschaft	C 51
β)	Beispiele	C 22	a)	Der Autor	C 52
bb)	Die Gegenauffassungen	C 23	b)	Die Haftung der Herausgeber und Verleger	C 53
cc)	Stellungnahme	C 24			
dd)	Ausnahmen	C 25	c)	Die Haftung des Redakteurs	C 54
b)	Die Verletzung der Gruppe als solcher	C 26	2.	Die Differenzierung nach der Art der Publikation	C 55
3.	Das Persönlichkeitsrecht von Verbänden	C 27	3.	Die Haftung des Informanten	C 56
			4.	Die Haftung der sonstigen Mitarbeiter und Verbreiter	C 57
a)	Der Schutz natürlicher Personen	C 27			
b)	Der Schutz des Verbandes	C 28	a)	Die Verantwortlichen	C 58
c)	Die dogmatische Begründung	C 29	b)	Technische Verbreiter	C 59
d)	Teilrechtsfähige Verbände	C 30	c)	Die Haftung bei Periodica	C 60
e)	Juristische Personen des öffentlichen Rechts	C 31	5.	Rundfunk und Fernsehen	C 61
			6.	Mehrere Störer	C 62
f)	Der Umfang des Schutzes	C 32			
g)	Die Rechtsfolgen	C 33	VI.	**Der Schutz der Persönlichkeit gegen Herabwürdigung und Entstellung**	
4.	Der postmortale Persönlichkeitsschutz	C 34			
a)	Grundlagen	C 34	1.	Der Schutz der Ehre	C 63
aa)	Der Meinungsstand	C 34	2.	Die Verletzungstatbestände	C 64
α)	Die hM	C 34	3.	Die Ermittlung des Inhalts der Äußerung	C 65
β)	Die Gegenthesen	C 35			
bb)	Der Schutz der Angehörigen	C 36	a)	Die Interpretationsregeln	C 65
cc)	Schutz nur der Angehörigen?	C 37	aa)	Der unterschiedliche Ansatz in der Rechtsprechung und Lehre	C 65
dd)	Die Rechtsinhaberschaft	C 38			
α)	Der Meinungsstand	C 38	bb)	Die Kriterien	C 66
β)	Stellungnahme	C 39	b)	Die Form der Aussage	C 67
b)	Die Wahrnehmungsbefugnis	C 40	c)	Konkludente und verdeckte Behauptungen	C 68
aa)	Die Grundregel	C 40			
bb)	Die Reihenfolge	C 41	aa)	Die Regeln	C 68
c)	Der Umfang des Schutzes	C 42	bb)	Kasuistik	C 69
aa)	Das Schutzobjekt	C 42	d)	Zurechnung von Äußerungen Dritter	C 70
bb)	Das Namensrecht	C 43			
cc)	Die Entnahme von Organen	C 44	e)	Mehrdeutige Äußerungen	C 71
d)	Die Dauer des Schutzes	C 45	f)	Prozessuale Besonderheiten	C 72
aa)	Die schwindende Schutzbedürftigkeit	C 45	4.	Die Abgrenzung zwischen Tatsachenbehauptung und Werturteil	C 73
bb)	Die Frist	C 46	a)	Die Kriterien	C 73
e)	Die spezifischen Rechtsfolgen der Verletzung des postmortalen Persönlichkeitsrechts	C 47	aa)	Der Meinungsstreit	C 73
			α)	Die hM	C 73
aa)	Die Grundregeln	C 47	β)	Die Gegenmeinung	C 74

bb)	Kasuistik	C 75
b)	Grenzfälle	C 76
c)	Die Verschränkung von Tatsachenbehauptung und Werturteil	C 77
aa)	Überwiegen des Werturteils	C 77
bb)	Überwiegen der Tatsachenbehauptung	C 78
cc)	Trennungs- und Einheitslösung	C 79
α)	Der Meinungsstand	C 79
β)	Stellungnahme	C 80
d)	Aussagen über Normen	C 81
e)	Wissenschaftliche Äußerungen	C 82
f)	Gutachten	C 83
5.	Der Adressatenkreis	C 84
6.	Das Behaupten und Verbreiten einer unwahren Tatsache	C 85
a)	Das Behaupten und Verbreiten	C 85
b)	Die Unwahrheit der Tatsachenbehauptung	C 86
7.	Die Wahrnehmung berechtigter Interessen bei der Meinungsäußerung und Tatsachenmitteilung – verfassungsrechtliche und dogmatische Grundlagen	C 87
a)	Die Meinungsfreiheit	C 88
aa)	Die Reichweite der Garantie	C 88
bb)	Die Schranken	C 89
α)	Die Rechtsprechung	C 89
β)	Die Kritik	C 90
b)	Der Schutz der Tatsachenbehauptung	C 91
aa)	Die hM	C 91
bb)	Die Gegenauffassungen	C 92
cc)	Stellungnahme	C 93
c)	Das Verhältnis von Art 5 GG und § 193 StGB	C 94
d)	Die dogmatische Einordnung des § 193 StGB	C 95
aa)	Der Meinungsstand	C 95
bb)	Die Parallelproblematik bei § 824 Abs 2	C 96
cc)	Der relevante Zeitpunkt	C 97
8.	Die Wahrnehmung berechtigter Interessen – Die Voraussetzungen	C 98
a)	Der verfolgte Zweck	C 98
b)	Das betroffene Interesse	C 99
aa)	Das private Interesse	C 99
bb)	Das fremde Interesse	C 100
cc)	Öffentliche Interessen	C 101
9.	Die Besonderheiten bei der Meinungsäußerung	C 102
a)	Die Verhältnismäßigkeit	C 102
aa)	Die Eignung	C 103
bb)	Die Erforderlichkeit	C 104
α)	Die Entwicklung der hM	C 104
β)	Die Kritik	C 105
γ)	Stellungnahme	C 106
cc)	Die Verhältnismäßigkeit im engeren Sinn	C 107
α)	Die hM	C 107
β)	Die Kritik	C 108
γ)	Insbesondere: Das Recht auf den Gegenschlag	C 109
dd)	Die Abstufung	C 110
ee)	Kasuistik	C 111
b)	Weitere verfassungsrechtliche Wertungen	C 112
c)	Die eingesetzten Mittel	C 113
d)	Die Motivation	C 114
e)	Die Rolle der Pressefreiheit	C 115
10.	Die Besonderheiten bei Tatsachenbehauptungen	C 116
a)	Die Anforderungen an die Wahrheit der Behauptung	C 116
b)	Der Begriff der berechtigten Interessen	C 117
c)	Die Bedeutung der Nachricht	C 118
d)	Die Pflicht zur Recherche	C 119
aa)	Die Kriterien	C 120
bb)	Die Anforderungen an die Massenmedien	C 121
cc)	Die Übernahme von Berichten Dritter	C 122
dd)	Die Rolle des § 190 StGB	C 123
e)	Nicht ehrenrührige Behauptungen	C 124
11.	Die Kollision mit der Freiheit der Kunst	C 125
a)	Die Definition	C 125
b)	Das Motiv	C 126
c)	Der Geschützte	C 127
d)	Konkurrierende Belange	C 128
aa)	Werk- und Wirkbereich	C 129
bb)	Die Interpretation	C 130
cc)	Die Problematik der „verletzerfreundlichen" Auslegung	C 131
dd)	Satire	C 132
ee)	Das potentiell öffentliche Interesse	C 133

ff)	Die Abwägung	C 134	cc) Die Verletzungshandlung	C 157
12.	Äußerungen vor Gerichten und Behörden	C 135	b) Das Herstellen des Bildnisses	C 158
a)	Der Standpunkt des Reichsgerichts	C 135	c) Die Nennung des Namens	C 159
b)	Die hM	C 136	d) Das gesprochene Wort	C 160
aa)	Die Begründung	C 137	aa) Das Recht am eigenen Wort als absolutes Recht?	C 160
α)	Die Verteidigung des eigenen Standpunkts	C 137	bb) Die Aufnahme ohne Einwilligung des Betroffenen	C 161
β)	Die Beeinflussung des ersten Prozesses	C 138	cc) Das Abhören	C 162
bb)	Die dogmatische Grundlage	C 139	dd) Die Veröffentlichung rechtswidrig gemachter Aufnahmen	C 163
cc)	Die Grenzen	C 140	ee) Das heimliche Belauschen	C 164
c)	Die notwendige Differenzierung	C 141	ff) Die Täuschung	C 165
aa)	Die Beschränkung auf Tatsachenbehauptungen während des Prozesses	C 141	gg) Die Weitergabe von vertraulichen Mitteilungen	C 166
			e) Das geschriebene Wort	C 167
bb)	Die dogmatische Begründung	C 142	aa) Das Schutzgut im Strafrecht	C 167
13.	Die Kollision mit der Freiheit der Wissenschaft	C 143	bb) Die Erweiterung im Zivilrecht	C 168
			cc) Die Verletzungsmodalität	C 169
a)	Die Definition	C 143	f) Privatgeheimnisse	C 170
b)	Die Gegeninteressen	C 144	aa) Der strafrechtliche Schutz	C 170
c)	Sachverständigengutachten	C 145	bb) Die Erweiterung im Zivilrecht	C 171
aa)	Die Differenzierung zwischen Tatsachenermittlung und Befund	C 145	g) Daten	C 172
			aa) Der strafrechtliche Schutz	C 172
bb)	Die Abgrenzung	C 146	bb) Das Recht am eigenen Datum	C 173
			cc) Die Offenlegung von persönlichen Lebenssachverhalten	C 174
VII.	Der Schutz der persönlichen Sphäre			
1.	Der Zusammenhang zwischen dem allgemeinen Persönlichkeitsrecht und den besonders geregelten Rechten	C 147	dd) Die Verwendung von Daten	C 175
			4. Die Einwilligung	C 176
			a) Die Rechtsnatur	C 176
a)	Die Behauptung und Verbreitung wahrer Tatsachen	C 147	b) Der Vertragsschluß	C 177
			c) Die Geschäftsfähigkeit	C 178
b)	Die paradigmatische Rolle der §§ 22 f KUG	C 148	d) Die vermutete Einwilligung	C 179
			e) Die Auslegung	C 180
			aa) Verwendung zur Werbung	C 181
c)	Das Verhältnis zu den besonderen Persönlichkeitsrechten	C 149	bb) Bildnisse aus dem persönlichen Bereich	C 182
2.	Das Verhältnis von strafrechtlichem und zivilrechtlichem Schutz	C 150	f) Die Anfechtung	C 183
			g) Befristung und Widerruf	C 184
3.	Der geschützte Bereich	C 151	h) Die Beweislast	C 185
a)	Das Verbreiten und Zur-Schau-Stellen von Bildnissen	C 151	5. Die Reichweite des Schutzes	C 186
			a) Die beteiligten Belange	C 186
aa)	Das Recht am Bildnis als Teil des Persönlichkeitsrechts	C 151	b) Die Unterscheidung nach der betroffenen Sphäre	C 187
bb)	Der Begriff des Bildnisses	C 152	aa) Die hM	C 187
α)	Die Erkennbarkeit	C 153	α) Die Intimsphäre	C 188
β)	Die Darstellung durch andere	C 154	β) Die Individualsphäre	C 189
γ)	Bildnisse von Toten	C 155	γ) Die Sozialsphäre und die Öffentlichkeitssphäre	C 190
δ)	Der postmortale Schutz	C 156		

bb)	Die Gegenposition	C 191
c)	Verhältnismäßigkeit und Prangerwirkung	C 192
aa)	Die Eignung	C 192
bb)	Die Erforderlichkeit	C 193
cc)	Die Verhältnismäßigkeit im engeren Sinn	C 194
α)	Der potentielle Öffentlichkeitsbezug	C 194
β)	Die betroffene Sphäre	C 195
γ)	Die Art der Verbreitung	C 196
δ)	Kasuistik	C 197
6.	Die paradigmatische Regelung des § 23 Abs 1 KUG	C 198
a)	Grundlagen	C 198
b)	Berichte und Bildnisse der Zeitgeschichte	C 199
aa)	Absolute Personen der Zeitgeschichte	C 200
bb)	Relative Personen der Zeitgeschichte	C 201
cc)	Straftäter und Verdächtige	C 202
α)	Der Schutz des Betroffenen	C 202
β)	Gegenläufige Kriterien	C 203
dd)	Opfer und Zeugen	C 204
ee)	Der Bezug zur Geschichte	C 205
ff)	Der Zweck des Bildnisses	C 206
c)	Das Bildnis als Beiwerk	C 207
d)	Bilder von Versammlungen	C 208
e)	Das Interesse der Kunst	C 209
7.	Rechtfertigungsgründe	C 210
a)	Notwehr und Notstand	C 210
aa)	Die hM	C 210
bb)	Die Kritik	C 211
cc)	Kasuistik	C 212
b)	Strafrechtliche Verfolgung	C 213
c)	Die Aufnahme zu Beweiszwecken	C 214
d)	Weitere Eingriffe	C 215
8.	Präventiver Schutz	C 216
a)	Die Dokumentation rechtswidriger Handlungen	C 217
b)	Die Überwachung von Kunden	C 218
c)	Die Überwachung von Arbeitnehmern	C 219
9.	Die Verletzung berechtigter Interessen	C 220
a)	Die exemplarische Regelung des § 23 Abs 2 KUG	C 220
b)	Fallgruppen	C 221

aa)	Die Intim- und Privatsphäre	C 221
α)	Fotos	C 221
β)	Berichte	C 222
bb)	Entstellende Berichterstattung	C 223
cc)	Die Gefährdung des Betroffenen	C 224
dd)	Der Schutz vor wirtschaftlicher Ausnutzung	C 225
ee)	Zeitablauf	C 226
ff)	Rechtswidrig erlangte Informationen	C 227
gg)	Sonstige Fälle	C 228
VIII.	**Das Lebens- und Charakterbild**	
1.	Der Meinungsstand	C 229
2.	Die Verletzungshandlung	C 230
3.	Die Befugnis zur Veröffentlichung und ihre Grenzen	C 231
IX.	**Der Schutz vor Belästigungen und Diskriminierung**	
1.	Der Schutz vor Werbung	C 232
a)	Der grundsätzliche Schutz	C 232
b)	Ausnahmen?	C 233
2.	Die Wahlwerbung	C 234
3.	Der Umfang des Schutzes	C 235
4.	Die Passivlegitimation	C 236
5.	Telefonanrufe	C 237
6.	Ideelle Immissionen	C 238
7.	Der Schutz vor Diskriminierung	C 239
X.	**Das Recht auf Selbstbestimmung**	
1.	Die allgemeine Handlungsfreiheit	C 240
2.	Die Teilnahme am rechtsgeschäftlichen Verkehr	C 241
3.	Die Entscheidungsfreiheit	C 242
4.	Die Bestimmung über den Körper	C 243
5.	Die sexuelle Selbstbestimmung	C 244
6.	Die Freiheit der Familienplanung	C 245
a)	Der Umfang	C 245
b)	Die Täuschung über die Verwendung von Verhütungsmitteln	C 246
XI.	**Vertragliche Persönlichkeitsrechte**	C 247
XII.	**Die Rechtsfolgen**	
1.	Bereicherungsansprüche	C 248
a)	Die geschützten Bereiche	C 248
aa)	Die hM	C 248

25. Titel. § 823
Unerlaubte Handlungen C

bb)	Die abweichende Ansicht	C 249	bb)	Die abweichende Ansicht	C 272
b)	Beschränkungen bei Sittenwidrigkeit der eigenen Vermarktung?	C 250	b)	Die Beschränkung auf die Behauptung unwahrer Tatsachen	C 273
c)	Das Problem des Dreiecksverhältnisses	C 251	c)	Die Beweislastverteilung	C 274
d)	Das Erlangte	C 252	d)	Der Anspruch bei Fehlen berechtigter Interessen	C 275
aa)	Die Wertermittlung	C 253	aa)	Der Meinungsstand	C 275
bb)	Die Frage der Gewinnabschöpfung	C 254	bb)	Stellungnahme	C 276
cc)	Die Frage des widersprüchlichen Verhaltens	C 255	e)	Der Grundsatz der Verhältnismäßigkeit	C 277
e)	Die Frage der Entreicherung	C 256	f)	Das Rechtsschutzbedürfnis	C 278
aa)	Der Meinungsstand	C 256	g)	Der Zeitpunkt des Widerrufs	C 279
bb)	Stellungnahme	C 257	h)	Der Umfang	C 280
2.	Ansprüche auf (vorbeugende) Unterlassung	C 258	i)	Der Widerruf bei Vortat in Wahrnehmung berechtigter Interessen	C 281
a)	Die Anspruchsgrundlagen	C 258	k)	Die Ergänzung der Mitteilung	C 282
b)	Die Wiederholungs- bzw Erstbegehungsgefahr	C 259	l)	Die Form des Widerrufs	C 283
aa)	Rechtswidrige Vortat	C 260	m)	Die Befugnis zur Veröffentlichung	C 284
bb)	Vortat in Wahrnehmung berechtigter Interessen	C 261	n)	Die Verjährung	C 285
c)	Untersagung für Sachverhalte der Zukunft	C 262	o)	Die Vollstreckung	C 286
d)	Die Rechtsfolgen	C 263	p)	Die vorläufige Vollstreckbarkeit	C 287
aa)	Die Reichweite der Unterlassung	C 263	q)	Die Problematik des Feststellungsurteils	C 288
bb)	Verdeckte Behauptungen	C 264	5.	Ersatz materieller Schäden	C 289
e)	Die Beweislast	C 265	a)	Die Anspruchsgrundlagen	C 289
aa)	Ehrenrührige Tatsachen	C 265	b)	Die Berechnung des Schadens	C 290
α)	Die Grundregel	C 265	c)	Der Ersatz von Abwehrmaßnahmen des Betroffenen	C 291
β)	Der Vergleich mit dem Strafrecht	C 266	aa)	Die Grundlage	C 291
γ)	Die Verletzung der Pflicht zur Recherche	C 267	bb)	Der Umfang	C 292
bb)	Nicht ehrenrührige Tatsachen	C 268	6.	Ansprüche auf Auskunft	C 293
f)	Die Befugnis zur Veröffentlichung	C 269	7.	Prozessuale Fragen	C 294
3.	Der Beseitigungsanspruch	C 270	a)	Der Zivilrechtsweg	C 294
4.	Widerruf und Richtigstellung	C 271	b)	Die örtliche Zuständigkeit	C 295
a)	Die Anspruchsgrundlagen	C 271	c)	Die vermögensrechtliche Natur der Ansprüche	C 296
aa)	Die hM	C 271	8.	Entschädigung und Gegendarstellung	C 297

Alphabetische Übersicht

Abhören	C 162	Agenturen, anerkannte	C 122
– heimliches	C 17, 162	Alleingesellschafter	C 27
Abwägung	C 194	Analyse	
Abwehrmaßnahmen, Ersatz von	C 291	– von Blut	C 243
Abwehrrechte	C 6, 8	– von Jahresabschlüssen	C 197
Adressatenkreis	C 66, 84, 120, 277	– psychologische	C 230 f

Angehörige	C 36, 44, 200 f
Annonce	C 55
Anstifter	C 62
Anzeigen	C 54 f, 291 f
Arztgeheimnis	C 48 f
Aufnahmen zu Beweiszwecken	C 214
Ausforschung	C 186
Auskunftsanspruch	C 254, 293
– des unehelichen Kindes	C 15
Auslassungen	C 86
Auslegung	
– verfassungskonforme	C 15
– verletzerfreundliche	C 71, 131
Aussagekern	C 133
Aussagen	
– über Normen	C 81
– verdeckte	C 68 f, 264
Äußerung	C 65 ff
– Auslegung	C 71
– Dritter	C 70, 86
– einer Vermutung	C 76
– eines Beamten	C 51, 294
– eines Verdachts	C 76
– Form der	C 67
– im kleinen Kreis	C 120, 277
– Inhalt der	C 65
– mehrdeutige	C 71
– satirische	C 67
– spekulative	C 76
– vor Behörden	C 135
– vor Gerichten	C 135
– wissenschaftliche	C 82, 145
Ausspähung von Daten	C 147
Ausübungsbefugnis	C 50
Autor	C 52, 168
Bankgeheimnis	C 171
Beamter	C 51, 294
Bedeutungswandel von Begriffen	C 66
Behandlungsunterlagen	C 48
– Definition	C 85
– unwahre Tatsachen	C 85
Behauptung	
– erwiesen unwahre	C 91
– konkludente	C 68
– verdeckte	C 68
Belästigung, Schutz vor	C 232 ff
– sexuelle	C 244
Belauschen	C 164
Bereicherung	C 248 ff
– ungerechtfertigte	C 248
– Umfang der	C 248 f
– Wegfall der	C 256
Bericht	
– der Zeitgeschichte	C 199
– intimer	C 255
– Dritter	C 122
Berichterstattung	C 222 ff
Beseitigungsanspruch	C 270
Bespitzelung	C 164
Beweislast	C 265 ff, 267 ff, 274
Bildaufnahmen	C 158, 161
Bilder	
– von Demonstrationen	C 208
– von Versammlungen	C 208
Bildnis	C 147 ff
– als Beiwerk	C 207
– aus dem Alltag	C 151 ff
– aus dem persönlichen Bereich	C 182, 221
– Bezug zur Geschichte	C 199, 205
– Herausgabe	C 270
– Herstellung	C 158
– Nacktfotos	C 178, 182, 221, 223
– Verbreitung	C 157
– Verwendung zur Werbung	C 181
– Zweck des	C 206
Bildnisschutz	C 1, 151 ff, 188
Boykottaufruf	C 113
Brief	C 166
-Öffnen eines	C 169
Briefgeheimnis	C 166
Briefkastenwerbung	C 232
Buchhandlung	C 57
Bundesdatenschutzgesetz	C 173
Charakterbild	C 229 ff
Chefredakteur	C 54
Daten	C 172 ff
Diagnose	C 83, 145
Diffamierung	C 107
Diskriminierung	C 232, 239
Dokumentation rechtswidriger Handlungen	C 217
Double	C 154
Dreiecksverhältnisse	C 251, 256
Druckwerk	C 55
Durchgriff	C 251

25. Titel. §823
Unerlaubte Handlungen C

Ehre	C 1, 32, 63, 90
Ehrschutzklage	C 135 f, 139
Eingriff	C 8
– Dritter	C 8
– faktischer	C 8
Eingriffskondiktion	C 248 f
Einheitslösung	C 79
Einschleichen unter fremdem Namen	C 165
Einwand der Entreicherung	C 256
Einwilligung	C 176 ff, 198, 230
– Anfechtung der	C 183
– Auslegung der	C 180
– Befristung der	C 184
– Beweislast	C 185
– vermutete	C 179
– Widerruf der	C 184
– Vertragsschluß bei	C 177
E-Mails, unaufgefordertes Zusenden von	C 237
Embryo	C 19, 245
Entreicherung	C 256
Entschädigung	C 297
Entschuldigungsgrund	C 95, 97
Erbe	C 40, 47 f
Erbengemeinschaft	C 30
Erforderlichkeit	C 102, 104, 193, 213, 277
Ergänzung von Mitteilungen	C 282
Erscheinungsort	C 295
Erstbegehungsgefahr	C 259 ff
Fälschung eines Kunstwerks	C 46 f, 75, 91, 280
Fernsehen	C 61
Fernsehlivesendung	C 52
Feststellungsurteil	C 288
Formalbeleidigung	C 14, 42, 107, 110
Foto, s auch Bildnis	C 221
Fragen	C 76
„Freiheitsberaubung im Geistigen"	C 2
Gebrauchsvorteile	C 252
Geeignetheit	C 102 f, 192, 277
Gefährdung von Abgebildeten	C 224
Gegendarstellung	C 292
– Abdruck der	C 278
Gegenschlag, Recht auf den	C 109
Geheimagent	C 224
Geheimnis	C 170
Geheimnisschutz	C 48
Geheimsphäre	C 189
Gehilfe	C 62
Genmanipulation	C 19
Gerichtsstand	C 295
Geschäftsfähigkeit	C 178
Geschäftsführer	C 27
Geschichte	C 1 f
Gesellschaft bürgerlichen Rechts	C 30
Gesetzesvorbehalt, Rolle des	C 10
Gesetzgeber	C 4, 7
– Gestaltungsspielraum des	C 7
Gesundheitsbeeinträchtigung	C 289
Gewerkschaft	C 30
Gewinnabschöpfung	C 253
Grundrechte, konkurrierende	C 11
Grundrechtsbindung	C 5
Grundrechtskollision	C 9 f, 17
Grundrechtswirkung	C 8
Gutachten	C 83, 145
– psychologisches	C 230
Güterabwägung	C 17, 210 f
Handlungsfreiheit, allgemeine	C 240
Herabwürdigung	C 63
Herausgeber	C 53
Herstellen eines Bildnisses	C 158
HIV-Test	C 243
Honorar, erspartes	C 251
Idealverein	C 28
Immission, ideelle	C 238
Individualsphäre	C 187 ff
Informant(en)	C 120
– Genehmigungsvorbehalt des	C 56
– Haftung des	C 56
Informationen	
– unwahre	C 91
– rechtswidrig erlangte	C 227
Informationsanspruch	C 120
Informationserlangung	C 160
Interesse	C 99 ff
– berechtigtes	C 99, 117, 261, 265
– fremdes	C 100
Interessenabwägung	C 17, 210 f
Interessenkollision	C 95
Intimsphäre	C 153, 188, 195, 221, 249
Jahresabschlüsse	C 32

§ 823
C

Juden	C 25, 75
Juristische Person des öffentlichen Rechts	C 31
Kenntnis der eigenen Abstammung	C 15
Kinder	C 19
Kiosk	C 57
Klagbarkeit	C 139, 142
Kollektivbeleidigung	C 21
Kollektivbezeichnung	C 21 ff, 26
Kollektivehre	C 26
Kollision	C 143
Kommanditgesellschaft	C 30
Kommerzielle Ausnutzung	C 225
Konkordanz, praktische	C 10, 90
Körperbestandteile, Verwendung von	C 243
Kunst, Definition	C 125
Kunstfreiheit	C 125 ff, 134
Künstler	C 127
Lebensbild	C 229
Leserbrief	C 55
Lizenzgebühr	C 251, 290
Management	C 27
Meinung	C 88
Meinungsäußerung	C 88, 102, 111
Meinungsfreiheit	C 88, 107, 111 f
Meinungsumfragen	C 72
Menschenwürde	C 3
Mephisto-Urteil	C 45
Metapher	C 67
Minderjährige	C 19, 178
Mithören von Telefongesprächen	C 162
Mobbing	C 241
Moderator	C 52
Nachrichten	C 118
Nachstellen bekannter Filmszenen	C 42
Nacktfotos	C 178, 182, 221, 223
Namensnennung	C 159, 186, 197, 202, 225
Namensrecht	
– Verstorbener	C 43
– von Verbänden	C 32
nasciturus	C 19
Natürliche Person	C 27
Nichtleistungskondiktion	C 248 ff
Normen	C 81
Normenkontrolle, konkrete	C 15
Notstand	C 210 ff
– rechtfertigender	C 97
Notwehr	C 210 ff
Notwehrprobe	C 95, 281
Offene Handelsgesellschaft	C 30
Öffentlichkeitsarbeit, staatliche	C 234
Öffentlichkeitssphäre	C 190
Opfer von Verbrechen	C 204
Ordnungsverfügungen	C 122
Organentnahme, -transplantation	C 44
Organhaftung	C 51
Organtransplantation	C 44
Partei	C 28, 53, 99
Passivlegitimation	C 51 ff, 251
Periodica	C 60
Person	
– natürliche	C 27
– juristische	C 31
Person der Zeitgeschichte	
– absolute	C 148, 195, 200, 222, 225
– relative	C 148, 195, 201, 222
Personalakte	C 171
Personengesamtheiten	C 26
Personengruppen	C 21
Personenverwechslung	C 86
persönliche Sphäre	C 147 ff
Persönlichkeitsrecht	C 1 ff
– allgemeines	C 149
– besonderes	C 149
– Konkretisierung des	C 5
– Träger	C 19 ff
– vertragliches	C 247
Persönlichkeitsschutz, präventiver	C 216
Pornographie	C 126
Postmortaler Persönlichkeitsschutz	C 3, 34 ff, 156
– Dauer des	C 45
Prangerwirkung	C 192, 196, 203, 229
Presse	C 115, 121
Pressefreiheit	C 115
Privatfehde	C 107
Privatgeheimnisse	C 170
Privatsphäre	C 187 ff, 195, 221, 232 f
Prozeß	C 135 ff
Prozeßhindernisse	C 142
Prozeßrecht	C 294 ff

25. Titel. **§ 823**
Unerlaubte Handlungen **C**

Prozeßstandschaft	C 40, 50
Publizitätspflicht	C 32
Rahmenrecht	C 18
Recherche	C 144
– Pflicht zur	C 119 ff, 267

Recht am
- Bildnis _____ C 151
- eigenen Bild _____ C 151, 248
- eigenen Datum _____ C 173 ff
- eigenen Namen _____ C 32, 43, 248
- eigenen Wort _____ C 160 ff
- Lebens- und Charakterbild _____ C 229 ff

Recht auf
- Familienplanung _____ C 245
- informationelle Selbstbestimmung _____ C 32, 42, 93, 101, 104, 151, 174
- Selbstbestimmung _____ C 240 ff

Rechtfertigung _____ C 210 ff
Rechtfertigungsgrund _____ C 94 f, 97
rechtmäßiges Alternativverhalten _____ C 267
Rechtsfolgen _____ C 248 ff, 263
Rechtsfortbildung, richterliche _____ C 14
Rechtsschutzbedürfnis _____ C 139, 142, 278
Rechtsweg _____ C 293
Rechtswidrigkeit _____ C 17, 248
Redakteur _____ C 54
Rede _____ C 104 ff
- freie _____ C 107
- spontane _____ C 104
Reklameträger _____ C 225
Reputation _____ C 32
Richtigstellung _____ C 271 ff, 292
Richtmikrofon _____ C 162
Rundfunk _____ C 61

Sachverhalte der Zukunft _____ C 262
Sachverständiger _____ C 145
Satire _____ C 125, 132
Schaden
- immaterieller _____ C 2
- materieller _____ C 289
Schadensberechnung _____ C 290
Schauspieler _____ C 154
Schmähkritik _____ C 14, 107, 110, 111
Schranken, verfassungsimmanente _____ C 128
Schrankentrias _____ C 128
Schutzgebotsfunktion der Grundrechte _____ C 6, 7

Schweigepflicht, ärztliche _____ C 48
Selbstbestimmung, sexuelle _____ C 244, 250
Selbsthilfe _____ C 95
Sender _____ C 52, 61, 85
Sendung _____ C 66
Sittenwidrigkeit _____ C 250
Sozialsphäre _____ C 190
Sphärenschutz _____ C 147 ff, 187, 240
Stiftung _____ C 30, 40
Störer _____ C 51, 236
Strafrecht _____ C 150 ff
Straftat _____ C 202 ff
Straftäter _____ C 20, 202 f, 225, 230
Stufentheorie _____ C 129
Superrevisions-Instanz _____ C 12, 14

Tatsachen(behauptung)
- Abgrenzung zum Werturteil _____ C 73 ff
- Anforderung an die Wahrheit _____ C 116 ff
- Begriff _____ C 73
- Behaupten _____ C 85
- Beweislast _____ C 265 ff
- im gerichtlichen Prozeß _____ C 140 ff
- nicht ehrenrührige _____ C 64, 124, 268
- Schutz der _____ C 91 ff
- Schutz vor _____ C 46
- Unwahrheit der _____ C 64, 86, 140, 273
- Verbreitung _____ C 85, 147, 196
- verfassungsgerichtliche Einstufung _____ C 14
- Verschränkung mit Werturteil _____ C 77
- Wahrnehmung berechtigter Interessen _____ C 87

Tatsachenkern _____ C 80
Täuschung _____ C 164
Teilnahme am rechtsgeschäftlichen Verkehr _____ C 241
Telefonanrufe, belästigende _____ C 237
Telefongespräche, Mithören von _____ C 162
Telefonwerbung _____ C 237
Testament _____ C 40, 41
Tod _____ C 34 f, 156
Tonaufnahmen _____ C 161
Trennungslösung _____ C 79

Übermaßverbot, s Verhältnismäßigkeitsprinzip
Überschriften _____ C 67
Übertragbarkeit des Persönlichkeitsrechts _____ C 50

Übertreibungen — C 86
Unterlassung, Reichweite der — C 263
Unterlassungsanspruch,
 vorbeugender — C 258, 263
Untersuchungsberichte, amtliche — C 122

Verband — C 27 ff
– teilrechtsfähiger — C 30, 99
Verbreitung — C 147, 176, 196, 198
– Art der — C 196
– von Bildnissen — C 198
– Einwilligung zur — C 176
– unwahrer Tatsachen — C 85
– wahrer Tatsachen — C 147 ff
Verbreiter, technische — C 57, 59
Verdächtiger — C 202
verdeckter Ermittler — C 224
Vererbbarkeit des Persönlichkeits-
 rechts — C 38
Verfassungsbeschwerde — C 4, 107
Verfassungsrang — C 4, 10 f
Verfolgte des NS-Regimes — C 25
Verhältnismäßigkeitsprinzip
 — C 9, 11, 102 ff, 107, 109, 192, 264, 277
Verhütungsmittel
– Täuschung über die Verwendung von — C 246
– unwirksames — C 245
Verjährung — C 285
Verlag — C 57, 127, 144
Verleger — C 53
Verletzergewinn — C 290
Vermarktung, eigene — C 250
Vermutungsformel — C 107 f
Veröffentlichung
– Befugnis zur — C 267, 286
– der Unterlassungsverpflichtung
 — C 269, 284, 286
– rechtswidriger Aufnahmen — C 163
Verrichtungsgehilfe — C 51
Verschenken im privaten Bereich — C 157
Verstorbener — C 3, 35, 42, 49, 155 f
Verteilungsort — C 295

Verwertungsverbot — C 264
Videoüberwachung — C 216, 218, 219
Vollstreckbarkeit, vorläufige — C 287
Vollstreckung von Widerrufsurteilen — C 286
Vortat
– in Wahrnehmung berechtigter Interessen — C 261
– rechtswidrige — C 260

Wahlwerbung — C 234
Wahrnehmung berechtigter Inter-
 essen — C 87, 98, 261, 267, 275, 281
Wechselwirkungslehre — C 11, 89 f
Weitergabe vertraulicher Mitteilungen — C 166
Werbewurfsendungen — C 235
Werbung — C 225
– Schutz vor — C 232
Werkbereich — C 129
Wertermittlung — C 252
Werturteil — C 17, 21, 73 ff, 103
– Abgrenzung zur Tatsachenbehaup-
 tung — C 73
– Definition — C 73
Wettbewerbsverein — C 27
Widerruf — C 271 ff
widersprüchliches Verhalten — C 255
Wiederholungsgefahr — C 259 ff
Wirkbereich — C 129
Wirkungsabsicht — C 88
Wirtschaftsunternehmen — C 28
Wissenschaft — C 143 ff
Wissenschaftsfreiheit — C 143 f
Witwe — C 43
Wort, geschriebenes — C 167 ff
Wort, gesprochenes — C 160 ff

Zeugen — C 139 f, 204
Zitat — C 69, 91, 122
Zur-Schau-Stellen — C 151, 157, 176, 198
Zustimmung zu Fotoaufnahmen — C 158
Zuweisungsgehalt, Lehre vom — C 248

I. Zur Entwicklung*

1. Die Ausgangslage

Der Gesetzgeber des BGB hat die Persönlichkeit **nicht** als Schutzgut des § 823 Abs 1 **C 1** normiert. Selbst die Ehre verstand er nicht als absolutes Recht; der Schutz durch § 823 Abs 2 iVm §§ 185 ff StGB erschien ihm ausreichend zu sein (Prot II 2774 = Mugdan II 1077; RGZ 51, 369, 373; 60, 1, 5; 95, 339, 341; RG HRR 1933 Nr 1319; LG Berlin JW 1929, 451; MünchKomm/Schwerdtner [3. Aufl 1995] § 12 Rn 250; Larenz/Canaris § 80 I 1). Ansonsten gab es noch **partiellen Schutz** etwa über das KUG (Coing JZ 1958, 559). Daran hielt sich auch das RG. In ständiger Rechtsprechung lehnte es das Gericht ab, der Persönlichkeit den Schutz des § 823 Abs 1 zuzubilligen (RGZ 51, 369, 373; 58, 24, 28 f; 60, 1, 4 f; 69, 401, 403 f; 79, 397, 400; 113, 413, 414 f; RG JW 1909, 493, 494; KG JW 1928, 363; der Sache nach auch RGZ 94, 1, 2); allerdings wurde recht oft **über § 826 Schutz gewährt** (RGZ 72, 175, 176 f; 115, 416 f; 162, 7, 11 f). An einzelnen Versuchen, diese starren Regeln zu durchbrechen, hat es namentlich bei den Instanzgerichten nicht gefehlt. Selbst das RG hat – allerdings eher beiläufig – von einer Beeinträchtigung der Persönlichkeit gesprochen (RGZ 109, 50, 53; ähnl RGZ 123, 312, 320). Im Wege der Analogie zu den §§ 22 ff KUG wurde vom KG der Bildnisschutz auf den Fall ausgedehnt, daß eine Person auf der Bühne und im Film mit Hilfe einer Maske dargestellt wurde (KG JW 1928, 363, 364; dem Ergebnis der Entscheidung ist allerdings nicht zu folgen, vgl unten Rn C 130, 154). Und schließlich forderte die **untergerichtliche Rechtsprechung** das RG ziemlich deutlich dazu auf, das allgemeine Persönlichkeitsrecht weiter zu entfalten, wenngleich auch hier im konkreten Fall auf § 826 ausgewichen wurde (OLG Kiel JW 1930, 78, 80; vgl auch KG Ufita 1931, 320, 322, 324) – ein Appell, den das RG zwar erwog, dem es sich indes nicht anschloß (RG HRR 1933 Nr 1319). Weitere Versuche wurden 1933 abgebrochen; während der nationalsozialistischen Diktatur war an einen Ausbau eines – auch individualistisch konzipierten – Persönlichkeitsrechts nicht zu denken (vgl die Darstellung bei Gottwald 47 ff).

2. Die Anerkennung des allgemeinen Persönlichkeitsrechts nach 1945

Die Rechtsprechung des RG war von jeher als **wenig befriedigend** empfunden worden. **C 2** Das Unbehagen steigerte sich noch durch die **Entwicklung der technischen Möglichkeiten** wie auch der **Multiplikatoren der Beeinträchtigung**. Hinzu kam nach den Erfahrungen der Diktatur der **Erlaß des Grundgesetzes**, dessen Grundrechte, anders als die vorangegangenen Verfassungen, über Art 1 Abs 3 GG derogatorische Kraft gegenüber dem einfachen Gesetzesrecht haben. Die Konsequenz zog der **Bundesgerichtshof**, indem er **1954 das allgemeine Persönlichkeitsrecht** als ein verfassungsmäßig gewährleistetes Grundrecht anerkannte (BGHZ 13, 334, 338). Wenig später begann eine parallele Entwicklung in der Rechtsprechung des Bundesverfassungsgerichts – dort allerdings zunächst unter dem Aspekt des Art 5 GG (BVerfGE 7, 198, 207 ff; 12, 113, 125 ff). Die Rechtsprechung des BGH gewährte dem Betroffenen später auch einen Anspruch auf **Entschädigung für immaterielle Schäden** in Analogie zu § 847, die zunächst – wenig überzeugend – auf eine „Freiheitsberaubung im Geistigen" gestützt wurde (BGHZ 26, 349, 355 f; BGH GRUR 1962, 211, 213); diese Begründung ließ der BGH später zu Recht

---

* **Schrifttum:** Coing, Zur Entwicklung des zivilrechtlichen Persönlichkeitsschutzes, JZ 1958, 558.

wieder fallen (BGHZ 35, 365, 368 f). Heute leitet das Gericht den Anspruch direkt aus Art 1, 2 GG ab, ohne noch auf § 847 in analoger Anwendung zurückzugreifen (BGHZ 128, 1, 15 unter Berufung auf BVerfGE 34, 269, 292; BGH NJW 1996, 984, 985; 1996, 985, 986). Die Zubilligung einer derartigen Entschädigung hat das Bundesverfassungsgericht schon früh als mit der Verfassung vereinbar erklärt (BVerfGE 34, 269, 291 f).

II. Der verfassungsrechtliche Ausgangspunkt*

1. Der Schutz durch die Art 2 Abs 1, 1 Abs 1 GG

C 3 Daß das allgemeine Persönlichkeitsrecht **verfassungsrechtlich geschützt** ist, ist völlig unstreitig (vgl zB BVerfGE 34, 269, 281; 97, 125, 146; BGHZ 13, 334, 338; BAGE 48, 122, 136, 139; BAG NZA 1998, 712, 713; JARASS/PIEROTH [4. Aufl 1997] Art 2 Rn 25); es gehört zu den ranghöchsten Verfassungsgütern (MünchKomm/SCHWERDTNER [3. Aufl 1993] § 12 Rn 189). Ob man dabei den Akzent **primär auf Art 2 Abs 1 GG** legt, der freilich durch den Bezug zur Menschenwürde des Art 1 Abs 1 GG bestärkt wird (KUNIG, in: vMÜNCH/KUNIG [4. Aufl 1992] Art 2 Rn 30; vMANGOLDT/KLEIN/STARCK [3. Aufl 1985] Art 2 Rn 65; DEGENHART JuS 1992, 361), oder ob aus **beiden Normen des Grundgesetzes** der Schutz zu entwickeln ist (JARASS/PIEROTH [4. Aufl 1997] Art 2 Rn 26; ERMAN/EHMANN Anh zu § 12 Rn 69), ist eine Frage von eher **untergeordneter Bedeutung**, die namentlich das Ergebnis nicht beeinflussen darf. Wenn teilweise die Schutzbereiche wegen der unterschiedlichen Möglichkeit der Beschränkung unterschieden werden (so zB KUNIG, in: vMÜNCH/KUNIG [4. Aufl 1992] Art 2 Rn 30), so wird dabei verkannt, daß eine solche Zurückdrängung nur aus der Position des anderen Teils legitimiert werden kann, sich jedoch nicht auf den bloßen Wortlaut des Gesetzesvorbehalts in Art 2 Abs 1 GG stützen ließe. Auch der Umstand, daß bei einer Verletzung des postmortalen Persönlichkeitsrechts keine Entschädigung geschuldet wird, hat weniger damit zu tun, daß der Verstorbene nur durch Art 1 Abs 1 GG geschützt ist, sondern damit, daß eine Genugtuung nicht mehr vonnöten ist (vgl unten Rn C 47).

2. Sonderrolle des bürgerlich-rechtlichen allgemeinen Persönlichkeitsrechts?

a) Das Persönlichkeitsrecht als einfach-rechtliches Institut?
aa) Die Konsequenzen

C 4 Gestützt vor allem auf die sog mittelbare Drittwirkung der Grundrechte glaubt die

---

* **Schrifttum:** BAUMANN, Bundesdatenschutzgesetz; Plädoyer für die Beibehaltung der Gesetzeseinheit, RDV 1986, 1; CANARIS, Grundrechtswirkungen und Verhältnismäßigkeitsprinzip in der richterlichen Anwendung und Fortbildung des Privatrechts, JuS 1989, 161; ders, Grundrechte und Privatrecht (1998); DEGENHART, Das allgemeine Persönlichkeitsrecht, Art 2 I iVm Art 1 I GG, JuS 1992, 361; J HAGER, Verkehrsschutz durch redlichen Erwerb (1990); ders, Grundrechte im Privatrecht, JZ 1994, 173; JARASS, Das allgemeine Persönlichkeitsrecht im Grundgesetz, NJW 1989, 857; KOPP, Fiskalgeltung und Drittwirkung der Grund- und Freiheitsrechte im Bereich des Privatrechts, in: 2. FS Wilburg (1975) 14; KRAUSE, Die Rechtsprechung des Bundesverfassungsgerichts zum Privatrecht, JZ 1984, 656; LERCHE, Bankgeheimnis – verfassungsrechtliche Rechtsgrundlagen, ZHR 149 (1985) 165; H SCHNEIDER, Die Güterabwägung des Bundesverfassungsgerichts bei Grundrechtskonflikten (1979); SCHOLZ/KONRAD, Meinungsfreiheit und allgemeines Persönlichkeitsrecht, AöR 123 (1998) 60; SCHWERDTNER, Der zivilrechtliche Persönlichkeitsschutz, JuS 1978, 291.

hM, **zwischen dem verfassungsrechtlich geschützten** und dem **durch § 823 Abs 1 abgesicherten Persönlichkeitsrecht unterscheiden zu können**, ja zu müssen (JARASS/PIEROTH [4. Aufl 1997] Art 2 Rn 25; JARASS NJW 1989, 858; ERMAN/EHMANN Anh zu § 12 Rn 78; LARENZ/CANARIS § 80 I 3 a; wohl auch BRÜGGEMEIER Rn 223). Das **überzeugt** schon von den daraus gezogenen Konsequenzen her **nicht**. So soll das privatrechtliche Persönlichkeitsrecht als Institut des einfachen Rechts dem Zugriff des Gesetzgebers in vollem Umfang ausgesetzt sein, während das Persönlichkeitsrecht des Grundgesetzes durch die Legislative nur in begrenztem Maße beschränkt werden könne (JARASS/PIEROTH [4. Aufl 1997] Art 2 Rn 25; JARASS NJW 1989, 858 unter Berufung auf BVerfGE 34, 269, 281, das jedoch zur Ranghöhe keine Aussage trifft). Daran ist sicher richtig, daß der Gesetzgeber einen **breiten Gestaltungsspielraum** hat, solange er sich innerhalb der vom Grundgesetz vorgezeichneten Grenzen bewegt, und daher den notwendigen Schutz auch dadurch hätte gewährleisten können, daß er besondere Persönlichkeitsrechte entwickelt (LARENZ/CANARIS § 80 I 3 b; **aA** wohl BGHZ 13, 334, 338, der aus dem Grundgesetz das allgemeine Persönlichkeitsrecht ableitet; vgl auch unten Rn C 16) oder den strafrechtlichen Schutz erweitert hätte (SCHWERDTNER JuS 1978, 291; JARASS NJW 1989, 858). Auch ist nicht zu bestreiten, daß der Gesetzgeber weiter gehen darf als es der verfassungsrechtlich unabdingbar gebotene Schutz erfordert (JARASS NJW 1989, 858). Das alles kann aber nicht bedeuten, daß verfassungsrechtliche Vorgaben gegenüber der Ausformung durch den Gesetzgeber zurückzutreten haben. Besondere Probleme würde die Verfassungsbeschwerde machen, wenn ein Urteil dem Persönlichkeitsrecht nicht hinreichend Rechnung trüge. Da sie nach Art 93 Abs 1 Nr 4 a GG iVm § 90 BVerfGG nur erhoben werden kann, wenn die **Verletzung eines Grundrechts** oder der ausdrücklich genannten Normen des Grundgesetzes gerügt wird, kann man sie dem Betroffenen nur eröffnen, **wenn man dem allgemeinen Persönlichkeitsrecht Verfassungsrang beimißt**. Denn die Alternative, dem Verletzten die Verfassungsbeschwerde zu versperren, ist ernsthaft nicht zu erwägen, da sie den Schutz verzerren würde. Dem Eingreifenden stünde gegen das Urteil, etwa eine bestimmte Äußerung zu unterlassen, nach allgemeinen Regeln die Verfassungsbeschwerde offen, während sie dem Verletzten gegen ein seine Klage abweisendes Urteil versperrt bliebe.

bb) Die Prämisse
Zu widersprechen ist daher vor allem **der Prämisse**. Sie hätte nämlich zur Folge, daß der bürgerlich-rechtliche Gesetzgeber nicht unmittelbar an die Grundrechte gebunden wäre (so in der Tat indes vMÜNCH, in: vMÜNCH/KUNIG [4. Aufl 1992] Vorbem Art 1 – 19 Rn 33; DÜRIG, in: MAUNZ/DÜRIG Art 3 I Rn 506; ZÖLLNER/LORITZ, Arbeitsrecht [5. Aufl 1998] § 7 vor I mit Fn 3; BAUMANN RDV 1986, 6; KOPP, in: 2. FS Wilburg [1975] 149; LERCHE ZHR 149 [1985] 167 Fn 10). Eine solche These liefe der ausdrücklichen Regelung des Artikel 1 Abs 3 GG zuwider (vgl schon oben Vorbem 68 zu §§ 823 ff) – eine Konsequenz, die von den meisten Verfechtern einer eigenständigen Konzeption des zivilrechtlichen allgemeinen Persönlichkeitsrechts nicht intendiert sein dürfte. Auch **fehlt ein kategorialer Unterschied** zum öffentlichen Recht und der dort notwendigen Konkretisierung des Persönlichkeitsrechts. Es wäre schließlich schwer einzusehen, warum etwa die Kollision zwischen dem allgemeinen Persönlichkeitsrecht und der Freiheit, seine Meinung zu äußern, im Zivilrecht anders gelöst werden sollte als im Strafrecht; freilich bleibt die Besonderheit, daß im Strafrecht die schwerere Sanktion mit zu berücksichtigen ist. So nimmt es nicht wunder, daß das Bundesverfassungsgericht die **konkurrierenden Interessen** in beiden Gebieten vom Wortlaut her nahezu, **in der Sache vollkommen identisch abgrenzt** (vgl zB BVerfGE 43, 130, 137 [Strafurteil] unter Hinweis auf BVerfGE 7, 198,

212; 12, 113, 123; 24, 278, 282 f; 42, 163, 170 [jeweils Zivilurteile]; BVerfGE 82, 236, 260 [Strafurteil] unter Hinweis auf BVerfGE 7, 198, 212; 42, 163, 170; 60, 234, 240; 68, 226, 232 [jeweils Zivilurteile]; BVerfGE 86, 1, 11 [Zivilurteil] unter Hinweis auf BVerfGE 75, 369, 377 [Strafurteil], dieses unter Hinweis auf BVerfGE 67, 213, 225 [Strafurteil] und BVerfGE 30, 173, 189 [Zivilurteil]).

b) Die verfassungsrechtlichen Eckpunkte

C 6 Vielmehr ist das allgemeine Persönlichkeitsrecht des § 823 Abs 1 in seinen Eckpositionen vom Grundgesetz her definiert und geschützt. Der Eingreifende kann sich gegen das Verbot etwa einer Äußerung verteidigen und sich dabei auf das Grundrecht des Art 5 Abs 1 S 1 GG als **Abwehrrecht** stützen. Umgekehrt besteht aufgrund der **Schutzgebotsfunktion** der Grundrechte die Pflicht des Staates, das Persönlichkeitsrecht auch gegenüber (faktischen) Eingriffen von Privatleuten zu schützen (LARENZ/ CANARIS § 80 I 3 a; ders AcP 184 [1984] 231 f; ERMAN/EHMANN Anh zu § 12 Rn 77; aus der Rechtsprechung des BVerfG zur Schutzgebotsfunktion vgl zB BVerfGE 39, 1, 41; 40, 141, 177; 49, 89, 142; 53, 30, 57 f; 53, 164, 184; 56, 54, 73, 80; 57, 250, 284 f; 66, 39, 61; 73, 118, 201; 77, 117, 214, 229; 77, 381, 402 f; 88, 203, 251; vgl auch Vorbem 71 zu §§ 823 ff). Kommt er dieser Pflicht nicht nach, liegt ein Verstoß gegen die Grundrechte aus Art 1 Abs 1, 2 Abs 1 GG vor. Aus dieser verfassungsrechtlichen Ausgangslage ergeben sich eine **Reihe von Konsequenzen**.

aa) Der Gestaltungsspielraum der Legislative

C 7 Der Gestaltungsspielraum des Gesetzgebers wie des Richters wird durch die beiden von der Verfassung gezogenen Schranken begrenzt. Eine ausdrückliche gesetzliche Regelung, die diese Grenzen überschreitet, ist ebenso verfassungswidrig wie eine richterliche Konkretisierung des § 823 mit demselben Inhalt. Das folgt aus der Hierarchie der Normen (BVerfGE 60, 234, 242; 81, 242, 253; 84, 192, 195; CANARIS JuS 1989, 162; ders, Anm zu BVerfG AP Nr 65 zu Art 12 GG unter I 3; J HAGER JZ 1994, 375 f, 377 f; iE auch LARENZ/ CANARIS § 80 V 2 a für Art 5 Abs 3 GG). In Extremfällen mögen die Grundrechte der Beteiligten nur eine Lösung eröffnen. So kann es etwa liegen, wenn es darum geht, ob eine bestimmte Äußerung zulässig ist. Das Bundesverfassungsgericht prüft dann konsequenterweise nur die einschlägigen Grundrechte, teilweise ohne noch ausdrücklich an § 823 Abs 1 anzuknüpfen (vgl zB BVerfGE 60, 234, 239 ff) oder erwähnt die Norm nur mehr am Rande (vgl zB BVerfGE 61, 1, 10). Wenn und soweit also die Rechtslage durch die Verfassung – und sei es auch nach richterlicher Konkretisierung (s oben Vorbem 70 zu §§ 823 ff) – detailliert normiert ist, **hat das einfache Recht keine eigenständige Funktion** mehr.

bb) Die Intensität der Grundrechtswirkung

C 8 Eine verringerte Wirkkraft der Grundrechte könnte allenfalls daraus folgen, daß sie nur in ihrer **Funktion als Schutzgebote** gegenüber faktischen Eingriffen Dritter einschlägig sind (vgl Vorbem 71 zu §§ 823 ff). Freilich wäre sie **erneut kein Spezifikum des bürgerlichen Rechts**, sondern müßte überall dort Platz greifen, wo der Staat den Bürger vor faktischen Eingriffen Dritter zu bewahren hat, namentlich im Strafrecht. Doch sprechen die besseren Argumente gegen eine derartige Differenzierung in der Wirkkraft der Grundrechte zwischen der abwehrrechtlichen Seite und der Funktion als Schutzgebot (vgl zum folgenden J HAGER JZ 1994, 381 f). Zum einen wird nur so ein Ungleichgewicht zwischen den Beteiligten vermieden, das obendrein den Angreifer – etwa den, der den anderen verbal attackiert – begünstigen würde. Zum anderen sind die beiden Aspekte oft austauschbar, was sich gerade im Bereich des § 823 Abs 1 zeigen läßt. Versagt der Staat rechtmäßigerweise seinen Schutz, so kann der Betroffene nicht zur Selbsthilfe greifen und dem dies untersagenden Staat sein Grundrecht als Abwehrrecht entgegenhalten. Die Maßstäbe müssen also identisch sein. Schließlich scheitert der Schutz auch nicht daran, daß er primär gegenüber dem Gesetzgeber eingefordert werden muß; mit § 823 Abs 1 ist ein hinreichendes Instrumentarium geschaffen (vgl hierzu Vorbem 71 zu §§ 823 ff).

cc) Die Geltung der allgemeinen Regeln
Aus der Grundrechtsbindung der gesetzgebenden Gewalt folgt ohne weiteres, daß für **das Zivilrecht keine besonderen Regeln gelten.** Namentlich ist nicht etwa die Geltung der Grundrechte reduziert, was natürlich nicht heißt, daß sie nicht durch **gegenläufige, ebenfalls verfassungsrechtlich garantierte Rechte Dritter beschränkt** werden können. Dies ist allerdings erneut keine Besonderheit bürgerlich-rechtlicher Vorschriften, sondern gilt in gleicher Weise für öffentlich-rechtliche Normen, wie ein Blick auf die §§ 185 ff StGB veranschaulicht. Selbst das BVerfG hat indes diese Regeln nicht immer ernst genommen. Im Wallraff-Beschluß spricht das BVerfG davon, dem Grundrecht könnten bei der Einwirkung auf privatrechtliche Vorschriften andere, unter Umständen engere Grenzen gezogen sein als in seiner Bedeutung als Abwehrrecht gegen staatliche Eingriffe (BVerfGE 66, 116, 135; zust JARASS AöR 110 [1985] 378). Sollte damit mehr gemeint sein als der Umstand, daß bei Grundrechtskonflikten wegen des Konflikts mit anderen geschützten Belangen noch weitere Gesichtspunkte zu berücksichtigen sind als bei hoheitlichen Eingriffen, die nur einem staatlich gesetzten Zweck dienen sollen (vgl Vorbem 72 zu §§ 823 ff), so wäre dem nicht zu folgen. Eine solche Verminderung des Schutzes verstößt nicht nur gegen Art 1 Abs 3 GG, sondern ist angesichts des inzwischen erreichten Standes der Dogmatik zur Lösung von Grundrechtskollisionen unnötig, um den berechtigten Anliegen der beiden – oder auch mehreren – beteiligten Personen Rechnung tragen zu können.

3. Die Problematik der Kollision

a) Der Rang der gegenläufigen Interessen
Der Verfassungsrang des allgemeinen Persönlichkeitsrechts bedeutet, daß es **nur durch gleichgewichtige,** ebenfalls vom **Grundgesetz garantierte Interessen eingeschränkt werden** kann. Dies wird von den Verfechtern der These mißachtet, das zivilrechtliche Persönlichkeitsrecht genieße nur einfachgesetzlichen Rang (JARASS/PIEROTH [4. Aufl 1997] Art 2 Rn 25; JARASS NJW 1989, 858; vgl schon oben Rn C 4 f). Indes würde damit die letztendlich wenig überzeugende Konsequenz in Kauf genommen, daß der in seinem Persönlichkeitsrecht Betroffene stets schutzlos bliebe, wenn sich der Verletzer auf ein Grundrecht stützen könnte. Die notwendige Konfliktlösung im **Weg der praktischen Konkordanz** bliebe so auf der Strecke. Zwar steht Art 2 Abs 1 GG unter einem Rechtsvorbehalt (vgl zB KUNIG, in: VMÜNCH/KUNIG [4. Aufl 1992] Art 2 Rn 23) oder zumindest Gesetzesvorbehalt (vgl zB ERICHSEN, in: ISENSEE/KIRCHHOF [Hrsg] Handbuch des Staatsrechts [1989] Bd VI § 152 Rn 35). Doch darf das beim allgemeinen Persönlichkeitsrecht nicht bedeuten, daß jede Einschränkung per Gesetz möglich ist. Vielmehr ist dem Rang des Grundrechts Rechnung zu tragen, was auch dadurch unterstrichen wird, daß Art 1 Abs 1 GG den Schutz verstärkt.

b) Die Rolle der Gesetzesvorbehalte
Dabei kann es auch zur Begrenzung von Grundrechten des Eingreifenden kommen, die ihrerseits ohne Gesetzesvorbehalt garantiert sind. Diese Grenzen lassen sich

jedoch **nur aus der Verfassung selbst** bestimmen (BVerfGE 28, 243, 261; 30, 173, 193; 67, 213, 228; 77, 240, 253; 83, 130, 139; ferner 69, 1, 54 f [soweit nicht der Kernbereich betroffen wird]; in der Sache auch 75, 369, 379 f; vgl ferner BGH [St] NJW 1990, 3026, 3027 f; vMünch, in: vMünch/Kunig [4. Aufl 1992] Vorbem Art 1 – 19 Rn 57); sie müssen ihrerseits **im Lichte des konkurrierenden Grundrechts** – etwa des Art 5 Abs 1 S 1 GG – ausgelegt werden, damit ein den Wertvorstellungen des Grundgesetzes entsprechender Ausgleich der widerstreitenden, verfassungsrechtlich geschützten Interessen gefunden werden kann (BVerfGE 75, 369, 380; 77, 240, 253). Umgekehrt erlaubt ein Gesetzesvorbehalt nach ständiger Rechtsprechung und hM nicht die beliebige Einschränkung. Die allgemeinen Gesetze des Art 5 Abs 2 GG etwa müssen ihrerseits nach der sog **Wechselwirkungslehre** im Lichte der Bedeutung des Grundrechts gesehen werden; es findet also eine gegenseitige Beeinflussung in dem Sinne statt, daß die allgemeinen Gesetze zwar dem Wortlaut nach dem Grundrecht Schranken setzen können, ihrerseits aber aus der Erkenntnis der wertsetzenden Bedeutung dieses Grundrechts ausgelegt und so in ihrer das Grundrecht begrenzenden Wirkung selbst wieder eingeschränkt werden müssen (BVerfGE 7, 198, 208 f; 12, 113, 124 f; 20, 162, 176 f [Pressefreiheit]; 28, 191, 202; 35, 202, 223 [Rundfunkfreiheit]; 60, 234, 240; 61, 1, 10 f; 71, 206, 214; 85, 1, 16; 85, 23, 33; 85, 248, 263; 86, 1, 10 f; 90, 241, 248; Wendt, in: vMünch/Kunig [4. Aufl 1992] Art 5 Rn 75 f; ebenso für den Jugendschutz als Schranke BVerfG NJW 1994, 1781, 1782; vgl genauer unten Rn C 89 f). Ob die schutzwürdigen Belange Vorrang etwa vor der Meinungsfreiheit genießen, ist aufgrund aller Umstände festzustellen (BVerfGE 7, 198, 210 f; 24, 278, 282; 35, 202, 224; 85, 1, 16; 85, 23, 33; 86, 1, 11; Wendt, in: vMünch/Kunig [4. Aufl 1992] Art 5 Rn 75 f). Letztendlich geht es hier wie bei schrankenlos gewährten Grundrechten um die Lösung der Kollision geschützter Rechte bzw Rechtsgüter nach dem Grundsatz der Verhältnismäßigkeit (BVerfGE 59, 231, 265; 71, 206, 214, 218; BVerfG NJW 1995, 184, 185).

4. Die Intensität der verfassungsgerichtlichen Überprüfung

C 12 **Entgegen mancher mißverständlicher Formulierung** in der Rechtsprechung des BVerfG (vgl zB BVerfGE 61, 1, 6; 73, 261, 269) und in der Literatur (vgl zB Erman/Ehmann Anh zu § 12 Rn 82 ff) hat das Bestreben des BVerfG, den Maßstab der Überprüfung zu beschränken und nicht zur „Superrevisions-Instanz" zu werden, **nichts mit einer spezifischen Wirkung der Grundrechte im Privatrecht** zu tun. Dieselben Probleme stellen sich bei jeder Urteilsverfassungsbeschwerde, also auch gegen Strafurteile und verwaltungsgerichtliche Entscheidungen (Canaris JuS 1989, 162 f); konsequenterweise beschränkt das BVerfG grundsätzlich bei Strafurteilen ebenso die Intensität der Überprüfung (BVerfGE 43, 130, 135; 82, 43, 50) wie bei der Kontrolle verwaltungsgerichtlicher Urteile (BVerfGE 83, 130, 145 f).

a) Die Grundregel

C 13 Nach ständiger Rechtsprechung nimmt das BVerfG nicht etwa die unbeschränkte rechtliche Nachprüfung von gerichtlichen Entscheidungen in Anspruch, weil eine unrichtige Entscheidung möglicherweise Grundrechte des unterlegenen Teils berührt. Die Gestaltung des Verfahrens, die Feststellung und Würdigung des Tatbestandes, die Auslegung des einfachen Rechts und seine Anwendung auf den einzelnen Fall sind allein Sache der dafür allgemein zuständigen Gerichte und der Nachprüfung durch das BVerfG entzogen; nur bei einer **Verletzung von spezifischem Verfassungsrecht** durch die Gerichte kann das BVerfG auf Verfassungsbeschwerde hin eingreifen. Spezifisches Verfassungsrecht ist aber nicht schon dann verletzt, wenn eine Entscheidung, am einfachen Recht gemessen, objektiv fehlerhaft ist; **der Fehler muß gerade in der Nichtbeachtung von Grundrechten liegen** (BVerfGE 18, 85, 92; 43, 130, 135; 54, 129, 135; sinngemäß auch BVerfGE 30, 173, 196 f; 35, 203, 219). Das BVerfG kann nicht seine eigene Wertung nach Art eines Rechtsmittelgerichts an die Stelle derjenigen des zuständigen Richters setzen. Es kann eine Verletzung der Grundrechte der unterlegenen Partei nur feststellen, wenn der zuständige Richter entweder nicht erkannt hat, daß es sich um eine Abwägung widerstreitender Grundrechtsbereiche handelt, oder wenn seine Entscheidung auf einer grundsätzlich unrichtigen Anschauung von der Bedeutung des einen oder anderen Grundrechts, insbesondere vom Umfang ihrer Schutzbereiche, beruht (BVerfGE 18, 85, 93; 30, 173, 197; 42, 143, 148 f; 54, 148, 151; 60, 234, 239; 61, 1, 6; 82, 43, 50 [Strafurteil]; 82, 272, 281; 85, 1, 13; 86, 122, 129; 89, 214, 230; 95, 28, 37; 97, 391, 401; BVerfG NJW 1992, 2013) und diese auch in ihrer materiellen Bedeutung für die Entscheidung von einigem Gewicht sind (BVerfGE 18, 85, 93; 42, 143, 149; 43, 130, 136; 43, 148, 151; 54, 148, 152; 60, 234, 239; 82, 43, 50; 86, 122, 129; 89, 214, 230) bzw wenn die Entscheidung auf der Verkennung des Grundrechtseinflusses beruht (BVerfGE 94, 28, 37; 97, 391, 401).

b) Modifikationen
Freilich gibt es Modifikationen dieser Regel. So überprüft das BVerfG die **Verfas-** C 14
sungsmäßigkeit richterlicher Rechtsfortbildung ohne die genannten Einschränkungen (BVerfGE 34, 269, 280; 65, 182, 190; 65, 196, 209; 73, 261, 269). Auch ansonsten sind die Grenzen der Kontrolle nicht starr fixiert; dem richterlichen Ermessen muß ein gewisser Spielraum verbleiben, der die Berücksichtigung der besonderen Lage des Einzelfalls ermöglicht (BVerfGE 18, 85, 93; 42, 163, 168; 54, 163, 168; 61, 1, 6). So ist, soweit Art 5 Abs 1 GG einschlägig sein kann, darauf zu achten, daß dem Betroffenen **nicht Äußerungen in den Mund gelegt werden**, die er so nicht getan hat (BVerfGE 85, 1, 13; 86, 122, 129; BVerfG NJW 1992, 2013; 1994, 1149, 1150); namentlich darf der Äußerung kein Sinn beigelegt werden, den sie objektiv nicht haben kann (BVerfGE 85, 1, 13 f; 86, 122, 129; 94, 1, 9; BVerfG NJW 1992, 2013; 1994, 1149, 1150); von mehreren objektiv möglichen Interpretationen der Äußerung darf nicht diejenige gewählt werden, die zur Verurteilung führt, ohne daß die anderen mit überzeugenden Gründen auszuschließen sind (BVerfGE 85, 1, 13 f; 86, 122, 129; 94, 1, 9; BVerfG NJW 1992, 2013; 1993, 1845; 1994, 1149, 1150; vgl genauer unten Rn C 71). Auf der anderen Seite wird die Bedeutung der Grundrechte verkannt, wenn die Gerichte eine Äußerung unzutreffend als Tatsachenbehauptung, Formalbeleidigung oder Schmähkritik einstufen, mit der Folge, daß sie nicht in dem Maße am Schutz durch das Grundgesetz teilnehmen wie Äußerungen, die als Werturteile ohne beleidigenden oder schmähenden Charakter anzusehen sind (BVerfGE 82, 43, 51; 82, 272, 281; 85, 1, 14; 86, 1, 10; 94, 1, 8 f; BVerfG NJW 1992, 2013; 1993, 1845; BayObLG [St] NJW 1995, 2501, 2502; vgl ferner BVerfGE 61, 1, 10 [Tatsachenbehauptung statt Meinungsäußerung]; 60, 234, 242 [Formalbeleidigung]). Je mehr eine zivilrechtliche Entscheidung grundrechtsgeschützte Voraussetzungen freiheitlicher Existenz und Betätigung verkürzt, desto eingehender muß die verfassungsrechtliche Überprüfung sein (BVerfGE 42, 143, 149; 42, 163, 169; 43, 130, 135 f [Strafurteil]; 54, 129, 135; 54, 163, 168; 54, 208, 214; 61, 1, 6). **Auch einzelne Auslegungsfehler der Gerichte** dürfen dann nicht außer Betracht bleiben (BVerfGE 35, 202, 219; 42, 163, 169; 54, 129, 136; 54, 163, 169; 54, 208, 217). Namentlich bei der **fehlerhaften Einstufung als Tatsachenbehauptung**, Formalbeleidigung oder Schmähkritik sind Sachverhaltsfeststellung und Rechtsanwendung in vollem Umfang durch das BVerfG zu überprüfen, da sonst der Zugang zum grundrechtsgeschützten Bereich von vornherein verstellt zu werden droht (BVerfGE 82, 43, 51; 82, 272, 281; 85, 1, 14; 85, 23, 30; BVerfG NJW 1991, 1529; 1992, 2013; 1993, 1845). **In Fällen höchster Eingriffsintensität** ist das BVerfG

befugt, die von den Gerichten vorgenommene Wertung durch seine eigene zu ersetzen (BVerfGE 42, 143, 149; 61, 1, 6). So liegt es etwa, wenn nicht nur bestimmte Formulierungen, sondern die Äußerung bestimmter Gedankeninhalte für die Zukunft untersagt werden sollen (BVerfGE 61, 1, 6). Dadurch soll verhindert werden, daß der Betroffene oder Dritte sich an der Ausübung ihrer Grundrechte hindern lassen (BVerfGE 42, 143, 156 [dissenting opinion]; 42, 163, 168; 43, 130, 136; 54, 129, 135 f; 82, 272, 281; 83, 130, 145 f; 85, 1, 14; 86, 1, 10; 94, 1, 9). Allerdings ist die Entscheidung des Rechtsstreits Sache der Fachgerichte und nicht des BVerfG. Die Kontrollbefugnis geht nicht weiter als die Anforderungen, die durch das Grundrecht bestehen. Die abschließende Bestimmung der Bedeutung ist ebensowenig Aufgabe des BVerfG wie die Ersetzung einer korrekt erfolgten Deutung durch eine andere, auch wenn sie treffender sein sollte (BVerfGE 94, 1, 9 f; von SCHOLZ/KONRAD AöR 123 [1998] 80 f als möglicher Sinneswandel des Gerichts gedeutet). Das alles muß nicht nur für das Grundrecht aus Art 5 GG gelten, sondern auch für sonstige Freiheitsrechte. Denn die Gefahr, daß die Gerichte den Schutzbereich von Grundrechten infolge mangelhafter Subsumtion verkennen, ist in gleicher Weise gegeben. Dem entspricht, daß das BVerfG bei der Kontrolle sonstiger zivilgerichtlicher Urteile, namentlich solcher, die sich mit der Berechtigung der Kündigung nach § 564 b beschäftigen, zunächst zwar auf die übliche Beschränkung der Kontrolle hinweist (so die immer wieder zitierte Leitentscheidung BVerfGE 18, 85, 92 f; vgl ferner BVerfGE 68, 361, 372), dann aber nach denselben Regeln den Richterspruch untersucht, wie sie auch bei der Kontrolle von Gesetzen gelten; der Richter verstoße jedenfalls dann gegen die Verfassung, wenn seine Konkretisierung des Gesetzes, formuliert als explizite Norm, gegen die Grundrechte verstieße (BVerfGE 68, 361, 372; ferner BVerfG NJW 1994, 2081, 2082 [Art 2 II GG bei einer strafprozessualen Maßnahme]; vgl schon oben Vorbem 70 zu §§ 823 ff zur Schumannschen Formel). Daß damit das BVerfG zu einer „Superrevisions-Instanz" wird (ERMAN/EHMANN Anh zu § 12 Rn 84), ist unausweichlich und allemal eher hinzunehmen als ein verkürzter Grundrechtsschutz.

5. Exkurs: Das Persönlichkeitsrecht als Kontrollmaßstab gegenüber Gesetzen

C 15 § 823 Abs 1 als Sitz des allgemeinen Persönlichkeitsrechts gemäß Art 100 GG einer konkreten Normenkontrolle zu unterziehen – etwa weil der Schutz nicht weit genug oder zu weit ginge – wäre ein eher theoretischer Fall. Der Richter kann den verfassungsrechtlichen Vorgaben jedenfalls durch eine **verfassungskonforme Auslegung** Rechnung tragen. Die konkrete Normenkontrolle kommt dagegen in Frage, wenn eine einfachrechtliche nachkonstitutionelle Spezialregelung nach Überzeugung des Gerichts, das seine Entscheidung auf diese Norm stützen will, gegen die Verfassung verstößt. So hat etwa das BVerfG die Vorschriften der §§ 1593, 1598 iVm 1596 Abs 1 Nr 2, die vorsahen, daß ein volljähriges Kind seine Abstammung gerichtlich ausnahmslos nur dann klären lassen könne, wenn die dort kodifizierten Voraussetzungen gegeben seien, als Verstoß gegen das **Recht des Kindes auf Kenntnis der eigenen Abstammung** und damit gegen das allgemeine Persönlichkeitsrecht gewertet (BVerfGE 79, 256, 268 f; 90, 263, 271; OLG Düsseldorf NJW 1990, 1736). Oft wird es auch in derartigen Fällen freilich einer konkreten Normenkontrolle nicht bedürfen, sondern auch hier eine verfassungskonforme Auslegung in Frage kommen. So wurde auf § 1618 a iV mit Art 6 Abs 5 GG ein Auskunftsanspruch des unehelichen Kindes gegen seine Mutter auf Nennung des Namens des leiblichen Vaters gestützt (LG Passau NJW 1988, 144 ff; Verfassungsbeschwerde nicht angenommen; vgl BVerfG NJW 1988, 3010); ebenso läßt sich ein Anspruch auf Bezeichnung der Männer, mit denen die Mutter während der Empfängniszeit geschlechtlich verkehrt hat, auf § 1618 a iVm Art 2 Abs 1, 6 Abs 5, 14 Abs 1 GG stützen, wenn das nichteheliche Kind die Auskunft benötigt, um seine Unterhaltsansprüche und erbrechtlichen Ansprüche gegen den leiblichen Vater geltend zu machen (LG Münster FamRZ 1990, 1301, 1302 f; skeptisch ERMAN/EHMANN Anh zu § 12 Rn 87). Die Aufhebung dieses Urteils durch das BVerfG überzeugt nicht. Wenn das Gericht glaubt, das Recht auf Kenntnis der eigenen Abstammung schütze nur vor der Vorenthaltung von Informationen durch staatliche Organe (BVerfGE 96, 56, 63 unter nicht zutreffender Bezugnahme auf BVerfGE 79, 256, 269; iE zust CANARIS 69), so wird damit auf ein veraltetes Konzept der Grundrechtswirkung zurückgegriffen, das das Recht auf Kenntnis der eigenen Abstammung weitgehend leerlaufen ließe (vgl J HAGER, Die Stellung des Kindes nach heterologer Insemination [1997] 21 Fn 72).

III. Dogmatische Grundlagen

1. Generalklausel oder Einzeltatbestände?

Natürlich gäbe es theoretisch die Möglichkeit, die Persönlichkeit durch eine Reihe **C 16** besonderer Persönlichkeitsrechte zu schützen (befürwortet noch von LARENZ NJW 1955, 523 f; anders aber wohl ders, Schuldrecht BT Bd II [12. Aufl 1981] § 72 III a; ferner SOERGEL/ZEUNER Rn 72; DEUTSCH Rn 207; J HELLE, Besondere Persönlichkeitsrechte [1991] 8 ff). Die hM ist diesen Weg nicht gegangen, sondern nimmt eine **Generalklausel** an (BGHZ 13, 334, 338; LARENZ/CANARIS § 80 III 3; § 80 I 3 b); diese wird allerdings durch eine Reihe von Fallgruppen ausgefüllt und präzisiert (vgl unten Rn C 63-C 246). Als Vorteil dieses Ansatzes sieht man es vor allem an, daß nicht das Persönlichkeitselement als solches im Vordergrund steht, sondern die Art seiner Beeinträchtigung (LARENZ/CANARIS § 80 III 3). Vor allem aber erlaubt die Generalklausel eine schnelle und flexible Reaktion auf neue Bedrohungen der Persönlichkeit, während eine Tatbestandsbildung im Wege der Analogie meist schwerer fällt und länger dauert.

2. Offener Tatbestand oder Indikation der Rechtswidrigkeit?

Nach hM bedarf es wegen der generalklauselartigen Weite des Persönlichkeitsrechts **C 17** einer umfassenden, auf den Einzelfall bezogenen **Güter- und Interessenabwägung** (BVerfG NJW 1992, 815, 816; BGHZ 13, 334, 338; 24, 72, 80; 31, 308, 312; 45, 296, 307; 50, 133, 143; 128, 1, 10; BGH NJW 1959, 525, 526; 1978, 751, 752 f; 1979, 266, 267; 1981, 2117, 2118; 1987, 2667; LG Berlin NJW 1997, 1155; BAGE 41, 37, 42; 45, 111, 117 f; BAG NJW 1998, 1331, 1332; PALANDT/THOMAS Rn 184; SOERGEL/ZEUNER Rn 73; MünchKomm/SCHWERDTNER [3. Aufl 1993] § 12 Rn 188, 203; MEDICUS, Schuldrecht BT Rn 814; FIKENTSCHER Rn 1225; KÖTZ Rn 631; vGAMM NJW 1979, 514; SCHOLZ/KONRAD AöR 123 [1998] 64). Nur so lasse sich die **Rechtswidrigkeit** feststellen. Dem setzt die **Mindermeinung** die These entgegen, man könne Schutzbereiche der Persönlichkeitsverletzung entwickeln, die vorwiegend durch die Eingriffsmodalität gekennzeichnet seien und in denen die Abwägung stark zurückgedrängt werde. Damit lasse sich die Rechtswidrigkeit wiederum aus der Tatbestandsmäßigkeit ableiten. Zudem könne man in vielen Bereichen Parallelen zu den klassischen Rechten und Rechtsgütern ziehen, was allerdings nicht bedeute, daß nicht auch die Eigentümlichkeiten in anderen Gebieten stärker zu berücksichtigen seien (LARENZ/CANARIS § 80 II vor 1). Noch weiter gehen andere. Wo Persönlichkeitsinteressen zu einem Persönlichkeitsrecht verdichtet seien, **indiziere der tatbestandsmäßige Eingriff die Rechtswidrigkeit** (WIESE, in: FS Duden [1977] 724). Die Unterschiede sind letztendlich gering. Denn natürlich sind evidente Eingriffe – wie die bewußte Behauptung unwahrer Tatsachen – rechtswidrig, ohne daß es einer komplizierten Güter- und Interessenabwägung bedürfte. Andererseits ist ohne diese nicht auszukommen, wenn – wie häufig in Kollisionsfragen – die Interessen aufeinander abgestimmt werden müssen. So liegt es etwa beim heimlichen Abhören oder beim Schutz gegenüber herabsetzenden Werturteilen. Die Lösung ist daher in der Herausarbeitung von Fallgruppen und Differenzierungen innerhalb dieser Gebiete zu suchen; stets hat man sich zu fragen, ob im Einzelfall nicht eine Abweichung erforderlich ist.

3. Das Persönlichkeitsrecht als absolutes Recht oder als Rahmenrecht?

C 18 Mehr eine Frage der Terminologie ist es dagegen, ob man das Persönlichkeitsrecht als absolutes Recht bezeichnen will, wie es zT die Rechtsprechung tut (BGHZ 50, 133, 138, 143; 78, 274, 279; BGH NJW 1994, 1950, 1951; OLG Braunschweig NJW 1975, 651). Die wohl hM muß schon wegen der These der generalklauselartigen Weite und der Güterabwägung im Einzelfall (vgl soeben Rn C 17) eher für ein Rahmenrecht plädieren, wenn dies auch nicht stets ausdrücklich geschieht (deutlich aber zB FIKENTSCHER Rn 1225). Der Streit ist allerdings nachrangig gegenüber der Frage der Indikation der Rechtswidrigkeit. Ist sie zu verneinen, ändert daran auch die Einordnung als absolutes Recht nichts mehr.

IV. Die Träger des allgemeinen Persönlichkeitsrechts[*]

1. Natürliche Personen

a) Die Grundregel

C 19 Der Schutz des allgemeinen Persönlichkeitsrechts ist **unabhängig** von **Geschlecht,**

---

[*] **Schrifttum:** ARZT, Anm zu BGH, 19.1.1989 – 1 StR 641/88, JZ 1989, 647; BOCKELMANN, Anm zu BayObLG, 9.4.1952 – RevReg Nr III 494/51, NJW 1953, 554; BOSCH, Anm zu BGH, 31.5.1983 – VI ZR 259/81, FamRZ 1983, 1098; BUSCHMANN, Zur Fortwirkung des Persönlichkeitsrechts nach dem Tode, NJW 1970, 2081; CRAMER, Genomanalyse: rechtliche Implikationen einer „Prädikativen Medizin" (1991); DEUTSCH, Neuere internationale Entwicklungen des Arztrechts und der Arzthaftung, VersR 1982, 713; ders, Anm zu BGH, 18.1.1983 – VI ZR 114/81, JZ 1983, 451; ders, Unerwünschte Empfängnis, unerwünschte Geburt und unerwünschtes Leben verglichen mit wrongful conception, wrongful birth und wrongful life des angloamerikanischen Rechts, MDR 1984, 793; ders, Das Kind oder sein Unterhalt als Schaden, VersR 1995, 609; FAERBER, Wrongful life: die deliktsrechtliche Verantwortung des Arztes dem Kind gegenüber (1987); FORKEL, Lizenzen an Persönlichkeitsrechten durch gebundene Rechtsübertragung, GRUR 1988, 491; vGAMM, Persönlichkeitsschutz und Massenmedien, NJW 1979, 513; GIESEN, Anm zu BGH, 31.5.1983 – VI ZR 259/81, JZ 1984, 279; GÖTTING, Persönlichkeitsrechte als Vermögensrechte (1995); ders, Anm zu BGH, 10.2.1994 – I ZR 79/92, JZ 1995, 202; GROSSFELD, Kurzkommentar zu BVerfG, 3.5.1994 – 1 BvR 737/94, EWiR 1994, 991; J HAGER, Schutz einer Handelsgesellschaft gegen die Analyse ihrer Jahresabschlüsse im Lichte der Grundrechte, ZHR 158 (1994) 675; HARMSEN, Anm zu BGH, 7.11.1975 – I ZR 128/74, GRUR 1976, 382; HELDRICH, Der Persönlichkeitsschutz Verstorbener, in: FS H Lange (1970) 163; HIRTE, Kurzkommentar zu BGH, 8.2.1994 – VI ZR 286/93, EWiR 1994, 469; JARASS, Das allgemeine Persönlichkeitsrecht im Grundgesetz, NJW 1989, 857; JUNKER, Bundeskanzler Dr A., ZIP 1994, 1499; KAU, Vom Persönlichkeitsschutz zum Funktionsschutz (1989); KLIPPEL, Der zivilrechtliche Schutz des Namens (1985); ders, Der zivilrechtliche Persönlichkeitsschutz

Rasse, Nationalität, Alter, intellektuellen Fähigkeiten und dergleichen. Daher steht er auch **Kindern** zu, und zwar unabhängig davon, ob sie sich ihrer Persönlichkeit bewußt sind oder die Verletzung als solche empfinden (BGHSt 7, 129, 132 [wenngleich im konkreten Fall heute überholt]; BGHZ 120, 29, 35; LG Berlin GRUR 1974, 415; MünchKomm/SCHWERDTNER [3. Aufl 1993] § 12 Rn 191; JARASS/PIEROTH [4. Aufl 1997] Art 2 Rn 31 iVm Art 2 Rn 8; KUNIG, in: vMÜNCH/KUNIG [4. Aufl 1992] Art 2 Rn 39; BUSCHMANN NJW 1970, 2083; ähnl BVerfGE 24, 119, 144). Geschuldet ist in diesen Fällen auch eine Entschädigung für den immateriellen Schaden (LG Berlin GRUR 1974, 415 f; **aA** MünchKomm/SCHWERDTNER [3. Aufl 1993] § 12 Rn 191). Auch die Tatsache, daß das Bild eines 4jährigen Kindes erst zwei Jahre später in ehrverletzendem Kontext veröffentlicht wird, hindert den Anspruch nicht (so iE LG Berlin GRUR 1974, 415; **aA** MünchKomm/SCHWERDTNER [3. Aufl 1993] § 12 Rn 191). Dagegen soll der **nasciturus** nach Teilen der Lehre **nicht Träger des Persönlichkeitsrechts** sein (JARASS/PIEROTH [4. Aufl 1997] Art 2 Rn 31 iVm Art 2 Rn 8; wohl auch KUNIG, in: vMÜNCH/KUNIG [4. Aufl 1992] Art 2 Rn 5); **dem ist indes nicht zu folgen**. Genauso wie jenseits aller begriffsjuristischer Bedenken die Gesundheit des Embryos, selbst diejenige des noch nicht empfangenen Menschen geschützt ist (vgl oben Rn B 42 f), genießt er auch **Schutz seiner Persönlichkeit** (PALANDT/THOMAS Rn 179 a; FIKENTSCHER Rn 1225; LARENZ/WOLF, AT [8. Aufl 1997] § 8 Rn 46; DEUTSCH VersR 1982, 714; ders JZ 1983, 451; ders MDR 1984, 795; ders VersR 1995, 614; TAUPITZ JZ 1992, 1094; FAERBER 113; CRAMER 148 ff, 186). Allerdings kann sich das Persönlichkeitsrecht des ungeborenen Kindes nicht gegen dasjenige seiner Mutter durchsetzen (TAUPITZ JZ 1992, 1094; vgl zur Frage der Gesundheitsbeschädigung durch die Lebensweise der Mutter auch schon oben Rn B 49). Auch ist einzuräumen, daß die Fälle im Moment selten sind. Zu denken – und dies ist ein Schlaglicht auf die Brisanz des

---

von Verbänden, JZ 1988, 625; KRAFT, Gedanken zum allgemeinen Persönlichkeitsrecht juristischer Personen, in: FS Hubmann (1985) 201; LADEUR, Anm zu OLG Bremen, 13. 4. 1994 – 1 U 149/93, AfP 1994, 147; LESSMANN, Persönlichkeitsschutz juristischer Personen, AcP 170 (1970) 266; LUTTER, Die handelsrechtliche Publizität – direkt für die Mülltonne?, AG 1994, 347; MAGER, Meinungsfreiheit und Ehrenschutz von Soldaten, Jura 1996, 405; MÜLLER-GRAFF, Kurzkommentar zu BGH, 3. 6. 1986 – VI ZR 102/85, EWiR 1986, 1238; NIPPERDEY, in: BETTERMANN/NIPPERDEY, Die Grundrechte Bd IV/2 (1962); TH RAISER, Das allgemeine Persönlichkeitsrecht und die Lehre von der juristischen Person, in: FS Traub (1994) 331; RÜTHERS/BERGHAUS, Der ungerechte Zorn des Dichters – oder Literaturgeschichte contra Persönlichkeitsschutz, JZ 1987, 1093; SCHACK, Das Persönlichkeitsrecht der Urheber und ausübenden Künstler nach dem Tode, GRUR 1985, 352; ders, Anm zu OLG Schleswig, 13. 5. 1987 – 4 U 227/85, JZ 1987, 774; ders, Weiterleben nach dem Tode – juristisch betrachtet, JZ 1989, 609; ders, Anm zu BGH, 8. 6. 1989 – I ZR 135/87, JZ 1990, 37; SCHRICKER, Kurzkommentar zu BGH, 14. 10. 1986 – VI ZR 10/86, EWiR 1987, 79; SCHWERDTNER, Der zivilrechtliche Persönlichkeitsschutz, JuS 1978, 289; SIEKMANN, Anm zu BGH, 8. 2. 1994 – VI ZR 286/93, ZIP 1994, 648; A STEIN, Der Schutz von Ansehen und Geheimsphäre Verstorbener, FamRZ 1986, 7; STORCH, Anm zu BGH, 4. 6. 1974 – VI ZR 68/73, GRUR 1974, 797; GRUR 1974, 800; TAUPITZ, Privatrechtliche Rechtspositionen um die Genomanalyse: Eigentum, Persönlichkeit, Leistung, JZ 1992, 1089; TENCKHOFF, Grundfälle zum Beleidigungsrecht, JuS 1988, 199; WAGNER, Beleidigung eines Kollektivs oder Sammelbeleidigung? – OLG Frankfurt NJW 1977, 1353, JuS 1978, 675; WAGNER/SOMMER, Zutreffende Rechtsprechung von BGH und BVerfG zum Persönlichkeitsschutz und zur wirtschaftlichen Betätigungsfreiheit von Unternehmen, Die AG 1995, 452; WEITNAUER, Persönlichkeitsschutz und Pressefreiheit, DB 1976, 1413; H P WESTERMANN, Das allgemeine Persönlichkeitsrecht nach dem Tode seines Trägers, FamRZ 1969, 561; WILD, Anm zu BGH, 18. 9. 1979 – VI ZR 140/78, GRUR 1980, 67.

Problems – ist aber an **Manipulationen am Genmaterial**; Schutzobjekt sind dabei nicht nur die Eltern, sondern auch und gerade das Kind. Der Anspruch entsteht mit Vollendung der Geburt (PALANDT/THOMAS Rn 179 a).

b) Straftäter

C 20 Der Persönlichkeitsschutz gilt grundsätzlich auch für denjenigen, der im **Verdacht** steht, eine Straftat begangen zu haben (BGHZ 24, 72, 81; BGH [St] NJW 1954, 649; MünchKomm/SCHWERDTNER [3. Aufl 1993] § 12 Rn 191); so darf er nicht vor der Verurteilung als schuldig bezeichnet werden (KG NJW 1968, 1969, 1970). Aber auch die rechtskräftige Verurteilung läßt den Schutz nicht zur Gänze hinfällig werden (MünchKomm/SCHWERDTNER [3. Aufl 1993] § 12 Rn 191). Muß der Angeklagte bzw Verurteilte es auch hinnehmen, daß während und nach dem gerichtlichen Verfahren über ihn und seine Tat berichtet wird, so ändert sich das, namentlich wegen seines Interesses an der Resozialisierung, mit Ablauf der Zeit, vor allem wenn die Entlassung des Täters bevorsteht und ein bundesweit im Fernsehen ausgestrahltes Dokumentarspiel die Wiedereingliederung gefährden würde (BVerfGE 35, 202, 235 ff – Lebach; KUNIG, in: vMÜNCH/KUNIG [4. Aufl 1992] Art 2 Rn 36; vgl genauer unten Rn C 226).

2. Persönlichkeitsverletzung durch Kollektivbezeichnungen

a) Die Verletzung des einzelnen durch Kollektivbezeichnungen
aa) Die hM
α) Die Regel

C 21 Grundsätzlich kann das allgemeine Persönlichkeitsrecht auch in Mitleidenschaft gezogen werden, wenn der Verletzer Kollektivbezeichnungen (Ärzte, Akademiker, Soldaten) verwendet. Damit kann ein **Angriff auf einzelne Personen** verbunden sein. Umstritten ist allerdings die Abgrenzung. Die Rechtsprechung, namentlich diejenige des BGH, ist hier gerade früher sehr weit gegangen. Zwar müsse feststehen, welche einzelnen Personen betroffen seien, doch reiche dazu aus, daß sich die **bezeichnete Personengruppe** aufgrund bestimmter Merkmale so deutlich aus der Allgemeinheit heraushebe, daß der **Kreis der Betroffenen klar abgegrenzt** sei (BGHZ 75, 160, 163; RGSt 33, 46, 47; BGHSt 2, 38, 39; 11, 207, 208 mwNw; 36, 83, 85 f; BGH [St] NJW 1952, 1183, 1184; SOERGEL/ZEUNER Rn 91); die Aufzählung im einzelnen sei gerade überflüssig (RG JW 1928, 806). Dagegen brauche der Täter die Angehörigen dieser Gruppe nicht zu kennen und sich diese auch nicht vorzustellen (RG JW 1928, 806; RGSt 31, 185, 189; BGHSt 36, 83, 85). Die **Größe des Kollektivs** oder seine Überschaubarkeit sei dabei **kein ausreichendes Kriterium**. Trotz klarer Abgrenzbarkeit seien große Gruppen, etwa die Gewerkschaften oder Arbeitgeber nicht kollektiv beleidigungsfähig (BGHSt 36, 83, 86; insoweit zust auch ARZT JZ 1989, 647). Obendrein könnten Kollektivbeleidigungen oft **allgemeine Werturteile** enthalten, die nicht auf individualisierbare Personen bezogen seien und von der daher niemand betroffen sei (BGHSt 2, 38, 39; 36, 83, 86 f). Doch gebe es auf der anderen Seite auch abwertende Äußerungen, die ohne Einschränkung alle Mitglieder des – auch großen – Kollektivs angriffen (BGHSt 36, 83, 87).

β) Beispiele

C 22 Unter diesen Aspekten als **hinreichend individualisiert** wurden in der Rechtsprechung angesehen der preußische Richterstand (RG Rspr 1, 292 [zitiert nach BGHSt 36, 83, 85]), die Großgrundbesitzer mit Ausnahme etwa sozialdemokratisch Gesinnter (RGSt 33, 46, 47), die Patentanwälte, wenn sich die Kritik auf alle bezog (BayObLG [St] NJW 1953, 554,

555; weiter gehend BOCKELMANN NJW 1953, 555), die deutschen Offiziere (RG LZ 1915, 60), die deutschen Ärzte (RG JW 1932, 3113, 3114), die sozialdemokratischen Mitglieder der deutschen Regierungen (RG JW 1928, 806), die Polizei, soweit damit diejenigen Beamten gemeint waren, die an einem Einsatz teilgenommen hatten (OLG Frankfurt aM [St] NJW 1977, 1353; abl WAGNER JuS 1978, 675), die aktiven Soldaten sowie diejenigen Reservisten, die sich in einem Wehrdienstverhältnis befanden, nicht dagegen die ehemaligen Soldaten der Bundeswehr (BGHSt 36, 83, 87 f; OLG Frankfurt aM [St] NJW 1989, 1367; zust ERMAN/EHMANN Anh zu § 12 Rn 123; abl SCHÖNKE/SCHRÖDER/LENCKNER, Strafgesetzbuch [25. Aufl 1997] Vorbem zu §§ 185 ff Rn 7; ARZT JZ 1989, 647), die Soldaten der Bundeswehr (BVerfGE 93, 266, 302). Dagegen wurde ein **Angriff verneint** bei allen aktiv an der Entnazifizierung Beteiligten (BGHSt 2, 38, 39), den Akademikern, Katholiken und Protestanten (BVerfGE 93, 266, 301; BGHSt 11, 207, 209; 36, 83, 85), den Soldaten, wenn sich die Äußerung auf alle Soldaten der Welt bezog (BVerfGE 93, 266, 302), der Polizei als solcher (OLG [St] Düsseldorf NJW 1981, 1522), den Robenknechten aus Moabit (KG [St] JR 1978, 422, 423). Auch Sätze wie „alle Ärzte sind Kurpfuscher" und „alle deutschen Richter beugen das Recht" sind nicht auf individualisierbare Personen bezogen (BGHSt 36, 83, 87). Nicht beleidigbar durch die Kollektivbezeichnung sind „die Frauen" (BVerfGE 93, 266, 301; BGHSt 36, 83, 86; LG Hamburg NJW 1980, 56, 57), ebenso nicht ältere Damen durch den hergebrachten Ausdruck „Altweibersommer" (LG Darmstadt NJW 1990, 1997 f).

bb) Die Gegenauffassungen
In der Literatur mehren sich die Stimmen, die gegenüber der Annahme eines Angriffs auf die Ehre **unter einer Kollektivbezeichnung zur Zurückhaltung** mahnen. Teilweise wird schon die Übertragung der von den Strafgerichten entwickelten Grundsätze ins Zivilrecht abgelehnt (WENZEL Rn 12.37). Andere wollen die Kollektivbezeichnung nur dann ausreichen lassen, wenn der fragliche Personenkreis zahlenmäßig überschaubar sei (MünchKomm/SCHWERDTNER [3. Aufl 1993] § 12 Rn 192; SCHÖNKE/SCHRÖDER/LENCKNER [25. Aufl 1997] Vorb zu §§ 185 ff Rn 7; Arzt JuS 1982, 719; ders JZ 1989, 647; MAGER Jura 1996, 409). Schließlich wird bezweifelt, daß derartige Aussagen einen Angriff enthielten. Es handele sich dabei praktisch stets um ein **Durchschnittsurteil**, bei dem die individuelle Ausnahme zumindest konkludent mit erklärt werde. Der Bezug zu einer konkreten Person sei damit in der Regel gerade nicht mehr zu erkennen. Daher werde letztendlich kein Angehöriger dieser Gruppe angegriffen. Etwas anderes gelte nur für den Ausnahmefall, daß der Täter seine Äußerungen auf bestimmte Personen beziehe. Das setze voraus, daß die Kollektivbezeichnung eine kleine überschaubare Personengruppe umschreibe (LK/HERDEGEN [10. Aufl 1988] Vor § 185 Rn 22 mwNw; für eine restriktive Anwendung auch BGH NJW 1980, 1790, 1791). Auch das BVerfG tendiert in diese Richtung; je größer das Kollektiv sei, desto schwächer könne auch die persönliche Betroffenheit des einzelnen Mitgliedes werden (BVerfGE 93, 266, 301).

C 23

cc) Stellungnahme
Die besseren Argumente sprechen für eine derart **restriktive Interpretation**. Denn in der Tat wird bei einer großen Gruppe kaum mehr der Vorwurf auf jeden einzelnen bezogen, sondern klar sein, daß der Erklärende keineswegs alle Mitglieder über einen Kamm scheren will. Macht man mit dem **Kriterium der individuellen Betroffenheit** ernst, scheidet ein Großteil der Fälle aus (BGB-RGRK/DUNZ Anh I Rn 128). Vor allem aber wird es in solchen Fällen regelmäßig nicht darum gehen, die Mitglieder einer Gruppe je einzeln in ihrer Persönlichkeit zu attackieren, sondern um eine Kritik

C 24

an Kollektiverscheinungen. Alles andere würde im übrigen denjenigen privilegieren, der explizit eine, wenn auch nicht näher spezifizierte Ausnahme zuläßt (ARZT JZ 1989, 647 [„fast alle Soldaten sind Mörder"]). Hier kann – falls überhaupt – **allenfalls die Institution als solche Persönlichkeitsschutz** genießen. Bei kleineren Gruppen kann es auch ausreichen, wenn der Täter zwar nicht alle Mitglieder angreift, aber offen läßt, wer gemeint sei; damit kann jeder einzelne betroffen sein (BGHSt 19, 235, 236; BGB-RGRK/ DUNZ Anh I Rn 128; ARZT JZ 1989, 647). Voraussetzung bleibt die Überschaubarkeit, weil sich ansonsten die Verletzung in der Vielzahl derer verliert, die dem Personenkreis angehören (LK/HERDEGEN [10. Aufl 1988] Vor § 185 Rn 21 mwNw). Damit sind alle Fälle der Beleidigung unter einer Kollektivbezeichnung auf kleine Gruppen beschränkt, ein weiterer Vorteil der hier verfochtenen restriktiven Interpretation (LK/HERDEGEN [10. Aufl 1988] Vor § 185 Rn 21).

dd) Ausnahmen

C 25 Von dieser Regel gibt es allerdings **wegen der deutschen Geschichte** eine Ausnahme für die Verfolgten des NS-Regimes, namentlich die Juden. Sie sind als Kollektiv beleidigungsfähig (BGHZ 75, 160, 163; BGHSt 11, 27, 28; 13, 32, 38; 16, 49, 57; 17, 28, 35; SOERGEL/ ZEUNER Rn 92; ERMAN/EHMANN Anh zu § 12 Rn 123; BGB-RGRK/DUNZ Anh I Rn 129; LARENZ/ CANARIS § 80 VI 1 a), selbst dann, wenn der konkret Betroffene nur einen jüdischen Großvater hatte (BGHZ 75, 160, 164 f) und selbst erst nach 1945 geboren wurde (BGHZ 75, 160, 166; zust BGB-RGRK/DUNZ Anh I Rn 129; LARENZ/CANARIS § 80 VI 1 a; **aA** wohl BGHSt 11, 207, 208; ferner MünchKomm/SCHWERDTNER [3. Aufl 1993] § 12 Rn 192). Sie sind unter dieser Kollektivbezeichnung geschützt, ohne daß es einen Unterschied machen könnte, ob der Täter durch geschickte Formulierungen einzelne aus seiner Attacke ausnimmt oder nicht. Hierzu brauchen die Regeln über die Kollektivbeleidigung weder revidiert noch ausgedehnt zu werden (so indes WILD GRUR 1980, 67); auch der Einwand, eine derartige zivilrechtsdogmatische Vergangenheitsbewältigung sei kaum möglich (MünchKomm/SCHWERDTNER [3. Aufl 1993] § 12 Rn 132), geht fehl, weil auch die nach 1945 geborenen Juden gegen eine Verfälschung ihres durch ihre Abstammung geprägten Persönlichkeitsbildes geschützt sind (BGB-RGRK/DUNZ Anh I Rn 129; LARENZ/CANARIS § 80 VI 1 a).

b) Die Verletzung der Gruppe als solcher

C 26 Von der Verletzung des allgemeinen Persönlichkeitsrechts jedes einzelnen Mitglieds durch den Angriff unter einer Kollektivbezeichnung ist die Verletzung der **Personengesamtheit** zu unterscheiden. Nach der **Judikatur der Strafgerichte** ist sie möglich, wenn die Personengesamtheit eine rechtlich anerkannte gesellschaftliche Funktion erfüllt und einen einheitlichen Willen bilden kann; dies folge aus § 193 Abs 3, Abs 4 StGB (BGHSt 6, 186 ff [GmbH]; 36, 83, 88 [Bundeswehr]). Auch im Strafrecht versucht man diese Fälle der Persönlichkeitsverletzung zu begrenzen – etwa auf Institutionen, deren Mitglieder sich zumindest in ihrer Mehrheit kennen (ARZT JZ 1989, 647). Eine Übertragung dieser Grundsätze ins Zivilrecht ist zwar nicht grundsätzlich ausgeschlossen – schon deswegen nicht, weil § 185 StGB ein Schutzgesetz iS des § 823 Abs 2 ist, vor allem aber, weil der zivilrechtliche Schutz als milderes Mittel gegenüber der Bestrafung der in ihrer Persönlichkeit gekränkten Personengesamtheit zur Verfügung stehen muß. Gleichwohl stellen sich die **Probleme in entschärfter Form**. Die Mehrzahl der Personengesamtheiten genießt einen gegenüber natürlichen Personen reduzierten Schutz, der obendrein sinnvollerweise in vielen Fällen nicht auf die Persönlichkeit, sondern auf das Recht der freien wirtschaftlichen Entfaltung gestützt werden sollte (vgl dazu Rn C 28). Nur für den verbleibenden Rest kommt der Schutz der Personengesamtheit nach den Grundsätzen des Anspruchs auf Achtung der Institution in Frage. Hierbei ist mit der engeren Auffassung eine sog **Kollektivehre nur bei relativ kleinen Gruppen** zu bejahen, deren Mitglieder sich mehrheitlich kennen. Keinen speziellen Schutz genießt die Familie als solche (BGH [St] NJW 1951, 531; BGB-RGRK/ DUNZ Anh I Rn 130; H P WESTERMANN FamRZ 1969, 566; offen lassend, aber zur Ablehnung neigend, BGH NJW 1969, 1110, 1111; 1970, 1599, 1600; 1980, 1790, 1791; VersR 1974, 758, 759; SOERGEL/ZEUNER Rn 89); in Frage kommt allenfalls eine Beeinträchtigung auch anderer Familienangehöriger durch die Verletzung der Persönlichkeit eines Mitglieds (BGH NJW 1970, 1599; 1980, 1790, 1791).

3. Das Persönlichkeitsrecht von Verbänden

a) Der Schutz natürlicher Personen

Auch das Persönlichkeitsrecht von Verbänden kann unter zwei Gesichtspunkten zum Tragen kommen (vgl die Darstellung bei J HAGER ZHR 158 [1994] 676 f). Zum einen können in erster Linie **natürliche Personen** von einer Attacke auf den Verband betroffen sein – etwa die **Mitglieder in ihrer gesellschaftlichen Verbundenheit** (BGHZ 78, 24, 26; BGH GRUR 1981, 80, 83 jeweils für die Gesellschafter einer KG), aber auch der Alleingesellschafter und Geschäftsführer einer GmbH (BGH NJW 1993, 525, 526; 1993, 930, 931), das **Management** und die sonstigen **Mitarbeiter** (LARENZ/CANARIS § 80 IV 1 b; SCHMITT-GLAESER, in: Handbuch des Staatsrechts [1989] Bd VI, § 129 Rn 88; WEITNAUER DB 1976, 1413 Fn 63; dazu skeptisch MünchKomm/SCHWERDTNER [3. Aufl 1993] § 12 Rn 200 [doch dürfte die Unterscheidung weiterhin Gewicht haben: der Verband kann nur bei eigener Verletzung klagen]; auf Führungskräfte beschränkt BGHZ 36, 77, 80 [Firmeninhaber]; BGH NJW 1975, 1882, 1883; MünchKomm/ SCHWERDTNER [3. Aufl 1993] § 12 Rn 200). Die Betroffenen können sich dann nach allgemeinen Regeln wehren. Betroffen und damit aktivlegitimiert kann in derartigen Fällen aber auch der Verband sein, wenn er auch selbst in Mitleidenschaft gezogen ist, beispielsweise weil Gesellschafter oder Betriebsangehörige in dieser Eigenschaft oder wegen Tätigkeiten angegriffen werden, mit denen die Verkehrsauffassung auch die Gesellschaft identifiziert (BGHZ 78, 24, 26 f; BGH NJW 1975, 1882, 1883; GRUR 1981, 80, 83; MünchKomm/SCHWERDTNER [3. Aufl 1993] § 12 Rn 200; BGB-RGRK/DUNZ Anh I Rn 124). Eine gesetzliche Ausnahme sieht § 13 Abs 2 Nr 2 UWG für einen **Wettbewerbsverein** vor, allerdings nur, soweit es um die Kontrolle wettbewerblicher Verhältnisse geht; auf diesen Bereich ist der Verein durch die Satzung beschränkt (BGH NJW 1980, 1685; GRUR 1968, 95, 97 ff; MünchKomm/SCHWERDTNER [3. Aufl 1993] § 12 Rn 202). Eine **Sachbefugnis** besteht ansonsten nur, wenn der klagende Verein selbst durch die beanstandete Kritik in **seinem Ruf oder in seinem Funktionsbereich** beeinträchtigt wird (BGH NJW 1980, 1685; MünchKomm/SCHWERDTNER [3. Aufl 1993] § 12 Rn 202). Darüber hinaus wird von einigen Vertretern in der Literatur unter Hinweis auf praktische Gründe dem Verband die **Klagebefugnis zugunsten seiner Mitglieder** und seiner Mitarbeiter eingeräumt (LARENZ/CANARIS § 80 IV 1 b). **Dem ist indes nicht zu folgen.** Wenn und soweit der Verband nur mittelbar betroffen ist, hat er auch in seiner Funktion etwa als Arbeitgeber keinen eigenen Deliktsschutz (BGH NJW 1983, 1183 f; STAUDINGER/SCHÄFER[12] Rn 202); diese Wertung darf man nicht dadurch konterkarieren, daß man ihm ohne weiteres die Klagebefugnis aufgrund der Verletzung der Persönlichkeitsrechte seiner Mitarbeiter zugesteht. Natürlich ist es in all diesen Fällen möglich, die Ansprüche im Weg gewillkürter Prozeßstandschaft geltend zu machen, soweit deren Voraussetzungen gegeben sind, es sich namentlich nicht um höchstpersönliche Rechte handelt (vgl zB

BGH LM Nr 38 zu § 13 UWG unter II 2 a mwNw; MünchKomm/Schwerdtner [3. Aufl 1993] § 12 Rn 202; zur Übertragbarkeit von Persönlichkeitsrechten vgl unten Rn C 50).

b) Der Schutz des Verbandes

C 28 Auf der anderen Seite kann es vor allem um den sozialen Geltungsanspruch des Verbandes selbst gehen (BGHZ 78, 24, 25 f; 78, 274, 279 [im Rahmen des § 839]; 81, 75, 78; 91, 111, 120; 98, 94, 97; BGH NJW 1971, 1665; 1974, 1762; 1975, 1882, 1884; 1981, 2117, 2119; 1993, 525, 526; 1993, 930, 931; 1994, 1281, 1282; WM 1995, 304, 307; LM Nr 23 zu § 138 ZPO unter II; OLG Stuttgart NJW 1976, 628, 630; OLG Frankfurt aM NJW 1982, 648; OLG Hamburg NJW 1987, 1415, 1416; OLG München NJW-RR 1997, 724 f; LG Wiesbaden NJW 1982, 649, 650; Palandt/Thomas Rn 180; Erman/Ehmann Anh nach § 12 Rn 102; MünchKomm/Schwerdtner [3. Aufl 1993] § 12 Rn 200; BGB-RGRK/Dunz Anh I Rn 123; Larenz/Canaris § 80 IV 1 a; für die juristische Person auch Soergel/Zeuner Rn 73; Kraft, in: FS Hubmann [1985] 215 ff mwNw auch zur Gegenansicht; Fikentscher Rn 1225; der Sache nach auch BVerfG 94, 1, 7; **aA** vor allem BGH GRUR 1976, 379, 380 f, was jedoch inzwischen überholt sein dürfte; zust aber noch Harmsen GRUR 1976, 382; **aA** ferner Lessmann AcP 170 [1970] 268 ff, der juristischen Personen nur einzelne Persönlichkeitsrechte zuerkennen will; Esser/Weyers § 55 I 1 d), beispielsweise wenn er in seiner **Funktion als Wirtschaftsunternehmen** oder Arbeitgeber attackiert wird (BVerfG NJW 1994, 1784; BGHZ 98, 94, 97; BGH NJW 1975, 1882, 1884; 1994, 1281, 1282; Nipperdey, in: Bettermann/Nipperdey 778). Der Schutz des Verbandes trägt dem Umstand Rechnung, daß sich natürliche Personen oft nur innerhalb der Gruppenbindung effektiv entfalten können (BGB-RGRK/Dunz Anh I Rn 123; ähnl Lessmann AcP 170 [1970] 272 f). **Umstritten ist freilich das Schutzgut.** Am stärksten an der Parallele zur natürlichen Person orientiert sich derjenige Ansatz, der die **Einheit, die Individualität, die Integrität sowie die Aktivität des Verbandes** in der Gesellschaft betont (Raiser, in: FS Traub [1994] 336 ff; stark an der Parallele zur natürlichen Person orientiert zB auch Larenz/Canaris § 80 IV 1 b; **aA** Kraft, in: FS Hubmann [1985] 215). Andere entwickeln ein **allgemeines Verbandspersönlichkeitsrecht**, das dessen spezifischen Bedürfnissen Rechnung tragen soll (Klippel JZ 1988, 633 f). Andererseits verstärkt sich die Tendenz, den Persönlichkeitsschutz von Verbänden primär als **Funktionsschutz** zu begreifen (Erman/Ehmann Anh zu § 12 Rn 101; Larenz/Wolf, AT [8. Aufl 1997] § 8 Rn 47; Kunig, in: vMünch/Kunig [4. Aufl 1992] Art 2 Rn 39; Siekmann ZIP 1994, 652; Kau 102 ff). Damit verlagert sich der Akzent auf den Schutz des Gewerbebetriebs, der etwa vom BGH in mehreren Fällen auch parallel genannt wird (BGHZ 91, 117, 120; 98, 94, 97 bzw 99; vgl schon BGHZ 36, 77, 80), bzw auf die freie Entfaltung iS der wirtschaftlichen Betätigung (so BVerfG NJW 1994, 1784; Siekmann ZIP 1994, 652). Im Ergebnis darf es freilich keinen Unterschied machen, wie man das Schutzgut benennt (Erman/Ehmann Anh zu § 12 Rn 102 unter nicht ganz korrekter Berufung auf Klippel JZ 1988, 634; J Hager ZHR 158 [1994] 677). Träger des Persönlichkeitsrechts sind selbstverständlich die GmbH und die AG (vgl zB BGHZ 98, 94, 97 [AG], dadurch überholt BGH GRUR 1976, 379, 380; BGH NJW 1993, 930, 931; 1994, 1281, 1282 [GmbH]; Jarass/Pieroth [4. Aufl 1997] Art 19 Rn 13; Krebs, in: vMünch/Kunig [4. Aufl 1992] Art 19 Rn 31; zum Grundrechtsschutz juristischer Personen vgl ferner BVerfGE 21, 261, 266 [Art 12 I GG]; 50, 290, 319 [Art 2 I GG]; 53, 336, 345 [Art 14 GG]; 66, 116, 130 [Art 5 I GG]). Den Schutz eines Idealvereins hat die Rechtsprechung zunächst offen gelassen (BGH NJW 1970, 378, 381), später indes bejaht (BGH NJW 1974, 1762; OLG Karlsruhe AfP 1998, 72), und dies zu Recht: Schon der Wortlaut des Art 19 Abs 3 GG weist in diese Richtung, erst recht aber das Schutzbedürfnis des Vereins (Erman/Ehmann Anh zu § 12 Rn 105). Auch **Parteien** genießen den Schutz der Persönlichkeit (OLG München NJW 1996, 2515; Palandt/Thomas Rn 180; Wenzel Rn 5.163; iE auch BVerfGE 61, 1, 10), ebenso öffentliche Stiftungen des bürgerlichen Rechts (OLG München NJW-RR 1997, 724 f; PALANDT/THOMAS Rn 180).

c) Die dogmatische Begründung
Freilich ist es ausgesprochen schwierig, den Schutz von Verbänden dogmatisch zu untermauern. Zu unterscheiden ist **zum einen die Frage, welche Grundrechte** tangiert sein können, **zum anderen das Problem, ob der Verband bezüglich dieser Gewährleistung Grundrechtsträger** ist. Betroffen sind zunächst möglicherweise die durch Art 2 Abs 1 GG gewährleistete Freiheit im wirtschaftlichen Verkehr (BVerfGE 73, 261, 270; BVerfG NJW 1994, 1784), daneben die Spezialgrundrechte etwa der Art 4, 9, 12, 14 GG (JARASS NJW 1989, 860). Träger dieser Garantien können auch juristische Personen sein (BVerfGE 10, 221, 225; 66, 116, 130; BVerfG NJW 1994, 1784; BGH NJW 1975, 1882, 1883; zur Erweiterung auf andere Verbände vgl noch unten Rn C 30). Ob daneben **Art 2 Abs 1 GG auch die Persönlichkeitssphäre** schützt, ist umstritten. Die wohl hM bejaht dies (LESSMANN AcP 170 [1970] 270; vGAMM NJW 1979, 517; KRAFT, in: FS Hubmann [1985] 216; beschränkt auf solche Inhalte des allgemeinen Persönlichkeitsrechts, die nicht wesentlich mit natürlichen Personen verbunden sind, auch STERN, Staatsrecht III/1 [1988] § 76 IV 6 c α γγ = S 1128), dagegen weisen Verfechter der Mindermeinung darauf hin, daß es die engere Persönlichkeitssphäre nur bei natürlichen Personen gibt (LARENZ/CANARIS § 80 IV 1 b; JARASS NJW 1989, 860). Indes sei auf den Grundsatz zurückzugreifen, daß nach geltendem Recht Personenverbände weitgehend natürlichen Personen gleichgestellt würden, wobei offen bleiben könne, ob dieser Schutz auf der Ebene des einfachen Rechts oder der Verfassung anzusiedeln sei (LARENZ/CANARIS § 80 IV 1 b). Gerade vom hier verfochtenen Ansatz aus liegt es nahe, im Normalfall den sozialen Geltungsanspruch des Verbands als Teil seiner wirtschaftlichen Entfaltungsfreiheit aufzufassen (BVerfG NJW 1994, 1784; enger etwa OLG Stuttgart NJW 1976, 628, 630 [der Ehrschutz könne sich an denjenigen natürlicher Personen annähern]); nur wo es um rein ideelle Ziele geht, bedarf es des Rückgriffs auf den isolierten Achtungsanspruch des Verbandes. Dafür, ihn auch auf der verfassungsrechtlichen Ebene zu schützen und aus Art 2 Abs 1 GG bzw den Spezialgrundrechten – etwa Art 4, 12 GG – abzuleiten (so auch KAU 104), spricht die Kollisionsproblematik; ginge doch ansonsten stets das Interesse des Eingreifenden vor, wenn und weil nur er sich auf ein Grundrecht berufen könnte.

d) Teilrechtsfähige Verbände
Ein weiteres Problem dreht sich um den Schutz von Verbänden, die nicht juristische Personen, sondern nur teilrechtsfähig sind. Nach einigem Zögern ist inzwischen anerkannt, daß auch teilrechtsfähige Verbände – wie die **OHG und die KG** – von Art 19 Abs 3 GG (analog) umfaßt sind (BVerfGE 53, 1, 13; JARASS/PIEROTH [4. Aufl 1997] Art 19 Rn 14; KREBS, in: vMÜNCH/KUNIG [4. Aufl 1992] Art 19 Rn 31; BGB-RGRK/DUNZ Anh I Rn 123; BVerfGE 10, 89, 99; 20, 283, 290 hatten noch ohne Erwähnung des Art 19 III GG den Schutz des Art 2 I GG auf die Handelsgesellschaften bezogen; entgegen MünchKomm/SCHWERDTNER [3. Aufl 1993] § 12 Rn 199 sind die Begründungen aus Art 2 I GG und Art 19 III GG keine dogmatischen Gegensätze, sondern kumulativ – jedenfalls der Sache nach – notwendig). Zum einen **unterscheiden** sich voll- und teilrechtsfähige Vereinigungen **nur graduell**, ohne daß es angezeigt wäre, den Grundrechtsschutz vom einfachen Gesetzgeber abhängen zu lassen (JARASS/PIEROTH [4. Aufl 1997] Art 19 Rn 14; AK-GG/LADEUR, Kommentar zum Grundgesetz [2. Aufl 1989] Art 19 Abs 3 Rn 26), zum anderen drängt sich geradezu ein **Erst-recht-Schluß** auf, da die teilrechtsfähigen Vereinigungen den natürlichen Personen als Grundrechtsträgern im Regelfall noch näher als juristische Personen stehen (KREBS,

in: vMünch/Kunig [4. Aufl 1992] Art 19 Rn 31). Man hat sogar noch einen Schritt weiter zu gehen und den **Schutz der wirtschaftlichen Entfaltungsfreiheit allen Vereinigungen** zugute kommen zu lassen, die zu eigener Willensbildung und zu eigenem Handeln in der Lage sind (Jarass/Pieroth [4. Aufl 1997] Art 19 Rn 14; aA Krebs, in: vMünch/Kunig [4. Aufl 1992] Art 19 Rn 31, der allerdings Erbengemeinschaften für teilrechtsfähig im Sinn des Art 19 III GG ansieht). Denn ohnehin ist die Frage der Teilrechtsfähigkeit etwa der Gesellschaft des bürgerlichen Rechts eine der schwierigsten und umstrittensten Fragen des Gesellschaftsrechts, ohne daß ein Grund zu ersehen wäre, warum mit der Klärung dieser Einteilung auch der Grundrechtsschutz stehen und fallen sollte. Zum anderen wäre sonst auch hier die Entscheidung über die Grundrechtsfähigkeit in die Hand des einfachen Gesetzgebers gelegt (Jarass/Pieroth [4. Aufl 1997] Art 19 Rn 14). Unter den umfassenden Grundrechtsschutz von Verbänden fallen also **nichtrechtsfähige Vereine** (BGH NJW 1971, 1655; MünchKomm/Schwerdtner [3. Aufl 1993] § 12 Rn 201; Jarass/Pieroth [4. Aufl 1997] Art 19 Rn 13, 14; Krebs, in: vMünch/Kunig [4. Aufl 1992] Art 19 Rn 31), auch **Gewerkschaften** (so iE [§ 823 I iVm Art 9 III GG] BGHZ 42, 210, 219; Wiedemann, Gesellschaftsrecht Bd I [1980] § 4 II 2 b = S 211 Fn 24), **Erbengemeinschaften** (Krebs, in: vMünch/Kunig [4. Aufl 1992] Art 19 Rn 31), **Stiftungen** (Jarass/Pieroth [4. Aufl 1997] Art 19 Rn 13; Krebs, in: vMünch/Kunig [4. Aufl 1992] Art 19 Rn 31; zur Grundrechtsfähigkeit von Stiftungen vgl zB BVerfGE 57, 220, 240; 70, 138, 160 [jeweils Art 4 II GG]), **Gesellschaften des bürgerlichen Rechts** (Jarass/Pieroth [4. Aufl 1997] Art 19 Rn 14) und die **Personengesellschaften des Handelsrechts** (BGHZ 78, 24, 26; BGH NJW 1981, 2117, 2118 f; GRUR 1981, 80, 83; MünchKomm/Schwerdtner [3. Aufl 1993] Art 12 Rn 201; Jarass/Pieroth [4. Aufl 1997] Art 19 Rn 14; Krebs, in: vMünch/Kunig [4. Aufl 1992] Art 19 Rn 31; AK-GG/Ladeur, Kommentar zum Grundgesetz [2. Aufl 1989] Art 19 Abs 3 Rn 31; vgl zum Grundrechtsschutz etwa BVerfGE 4, 7, 12 [Art 3 I GG]; 10, 89, 99 [Freiheit auf wirtschaftlichem Gebiet]; 20, 162, 171; 21, 271, 277 [jeweils Art 5 I GG]; 42, 374, 383 [Art 2 I, 3 I GG]; 53, 1, 13 [Art 12 I GG]).

e) Juristische Personen des öffentlichen Rechts

C 31 Keinen **Persönlichkeitsschutz** genießen grundsätzlich juristische Personen des öffentlichen Rechts (BGH NJW 1983, 1183; MünchKomm/Schwerdtner [3. Aufl 1993] § 12 Rn 201; BGB-RGRK/Dunz Anh I Rn 126; aus der Rspr des BVerfG vgl etwa BVerfGE 21, 362, 369 f; 31, 314, 321 f; 45, 63, 78 mwNw; 59, 231, 254; 61, 82, 101; 68, 193, 206; 75, 192, 196; iE auch VG Düsseldorf NJW 1982, 2333; aA BGH NJW 1982, 2246), wenn sie nicht unter die allgemein akzeptierten Ausnahmen fallen; **Grundrechtsträger sind daher Universitäten und Fakultäten, öffentlich-rechtliche Rundfunkanstalten, Kirchen und öffentlich-rechtlich organisierte Religions- und Weltanschauungsgemeinschaften**, die den Bürgern auch zur Verwirklichung ihrer individuellen Grundrechte dienen und die als eigenständige vom Staat unabhängige oder jedenfalls distanzierte Einrichtungen bestehen (BGH NJW 1983, 1183 mwNw; BGB-RGRK/Dunz Anh I Rn 126; Krebs, in: vMünch/Kunig [4. Aufl 1992] Art 19 Rn 44 mwNw; aus der Rspr des BVerfG vgl etwa BVerfGE 15, 256, 262; 18, 385, 386 f; 19, 1, 5; 24, 362, 373 f; 31, 314, 322; 42, 312, 321 f; 45, 63, 79; 53, 360, 387; 59, 231, 254; 61, 82, 102; 68, 163, 207; 70, 1, 20; 75, 192, 196; 83, 238, 312). Allerdings ist auch bei juristischen Personen des öffentlichen Rechts sowie bei Behörden ein Schutz nach § 823 Abs 2 iVm §§ 185–187 StGB möglich (BGHZ 90, 113, 117; BGH NJW 1982, 2246; 1983, 1183). Dem steht § 824 nicht entgegen (BGH NJW 1983, 1183; BGB-RGRK/Steffen § 824 Rn 7); dem Anliegen des Bürgers, an Mißständen Kritik zu üben, kann ausreichend bei der Interessenabwägung Rechnung getragen werden (BGH NJW 1983, 1183; vgl dazu näher unten Rn C 107 f).

f) Der Umfang des Schutzes

Die Anerkennung des Persönlichkeitsrechts ist allerdings nur gerechtfertigt, soweit **C 32**
die Verbände als **Zweckschöpfungen des Rechts** in ihren Funktionen **dieses Schutzes bedürfen** (BGHZ 36, 77, 80; 98, 94, 97; BGH NJW 1975, 1882, 1884 mwNw; ERMAN/EHMANN Anh zu § 12 Rn 105; MünchKomm/SCHWERDTNER [3. Aufl 1993] § 12 Rn 199; ähnl OLG Frankfurt aM DB 1974, 576, 577); geschützt werden demgemäß nur solche Belange, die nicht wesenhaft mit natürlichen Personen verbunden sind (MünchKomm/SCHWERDTNER [3. Aufl 1993] § 12 Rn 200; STERN, Staatsrecht III/1 [1988] § 71 VI 6 c γ αα = S 1128). Zu nennen sind das Recht am eigenen Namen, der Schutz der Reputation sowie das Recht auf informationelle Selbstbestimmung (MünchKomm/SCHWERDTNER [3. Aufl 1993] § 12 Rn 200; LARENZ/CANARIS § 80 IV 1 a; WIEDEMANN, Gesellschaftsrecht [1980] § 4 II 2 b = S 211). Während der BGH bei Verwendung bekannter Marken zu Scherzzwecken in früheren Entscheidungen die Persönlichkeit der das Unternehmen tragenden Gesellschaft als nicht verletzt ansah (BGHZ 98, 94, 97 f; abl ERMAN/EHMANN Anh zu § 12 Rn 109; BGB-RGRK/DUNZ Anh I Rn 123; ders ZIP 1986, 1148; MÜLLER-GRAFF EWiR 1986, 1238; weitere Nachweise bei BGHZ 125, 91, 103 f; Bedenken bei MünchKomm/SCHWERDTNER [3. Aufl 1993] § 12 Rn 201; LARENZ/CANARIS § 80 IV 1 b mit Fn 108; BGHZ 91, 117, 121 ff; abl ERMAN/EHMANN Anh zu § 12 Rn 108), bejaht er nunmehr einen **Verstoß gegen § 1 UWG** (BGHZ 125, 91, 97 ff; die Begründung abl, aber für eine Verletzung des allgemeinen Persönlichkeitsrechts plädierend GÖTTING JZ 1995, 209). Das Gericht hat ferner eine Verletzung auch angenommen, wenn **Jahresabschlüsse einer GmbH**, die im Bundesanzeiger publiziert waren, in einem Seminar ohne Anonymisierung verwendet und kritisch beurteilt wurden; es sei nicht erlaubt, die Daten unter Namensnennung für eigene Erwerbszwecke einzusetzen (BGH NJW 1994, 1281, 1282). Diese Entscheidung wird ebenso wie der Beschluß des BVerfG, die Verfassungsbeschwerde nicht anzunehmen (BVerfG NJW 1994, 1784 f), **fast einhellig abgelehnt** (LARENZ/WOLF, AT [8. Aufl 1997] § 8 Rn 50; SIEKMANN ZIP 1994, 651 ff; HIRTE EWiR 1994, 469 f; MARLY Anm zu BGH LM Nr 110 zu § 823 [Ah]; A JUNKER ZIP 1994, 1499; zur Entscheidung des BVerfG abl GROSSFELD EWiR 1994, 991; zu beiden Entscheidungen LUTTER Die AG 1994, 347; EHMANN WuB IV A § 823 2. 94; J HAGER ZHR 158 [1994] 676 ff; zust allerdings WAGNER/SOMMER Die AG 1995, 452 f). Denn wahre Tatsachen zu verbreiten ist durch das Grundrecht des Art 5 Abs 1 GG gedeckt, solange damit keine Anprangerung verbunden ist (J HAGER ZHR 158 [1994] 679 f). Es ist ebenso konsequent wie entlarvend, daß nach Auffassung des BGH es Außenstehenden sogar untersagt ist, die in der Veröffentlichung liegende Aufdeckung der finanziellen Lage des Unternehmens dadurch zu verstärken, daß sie das Interesse fachkundiger Kreise gezielt auf diese Veröffentlichungen lenken (BGH NJW 1994, 1281, 1282). Von der – in vielen Fällen, etwa in den §§ 325 ff HGB, ja auch gesetzlich angeordneten – Publizitätspflicht, aber auch der Aufgabe der Presse, auf Entwicklungen im wirtschaftlichen Bereich hinzuweisen, bliebe dann wenig. Dagegen einzuwenden, bei der Verfolgung eigenwirtschaftlicher Interessen könne man keinen Grundrechtsschutz nach Art 5 Abs 3 GG reklamieren (WAGNER/SOMMER Die AG 1995, 456), überzeugt nicht. Wissenschaft ist nicht nur bei unentgeltlicher Ausübung geschützt. Das Verhältnismäßigkeitsprinzip hat bei der Mitteilung wahrer Tatsachen und bei ihrer Bewertung eine nur eingeschränkte Wirkung (vgl genauer unten Rn C 192 ff; aA WAGNER/SOMMER Die AG 1995, 456).

g) Die Rechtsfolgen

Als Rechtsfolge einer Verletzung des Persönlichkeitsrechts von Verbänden kommen **C 33**
men – wie stets – **Unterlassungs- und Widerrufsansprüche** in Betracht. Insoweit gibt es **keine Besonderheiten.** Problematisch ist indes der **Ersatz des immateriellen**

Schadens. ZT wird auch von der Rechtsprechung ein derartiger Anspruch generell verneint, weil dem gesellschaftlichen Interessenverband selbst die Entschädigung keine Genugtuung verschaffen könne; eine solche gebe es nur für die in ihm zusammengefaßten Personen. Den Entschädigungsanspruch der persönlich Betroffenen durch eigene Ansprüche der Gesellschaft zu verstärken oder gar auszuweiten, gebe es kein unabweisbares Bedürfnis (BGHZ 78, 24, 28; BGB-RGRK/DUNZ Anh I Rn 125; LARENZ/CANARIS § 80 IV 1 a). In dieser Apodiktik ist der **Grundsatz jedoch zu weit gefaßt** (ERMAN/EHMANN Anh zu § 12 Rn 106). Er gilt nur, soweit durch die Entschädigung der gleichzeitig persönlich Betroffenen dem Genugtuungsbedürfnis auch des Verbandes Rechnung getragen wird (BGHZ 78, 274, 280; ERMAN/EHMANN Anh zu § 12 Rn 106; **aA** BGB-RGRK/DUNZ Anh I Rn 125, der die Entschädigung von Verbänden ablehnt).

4. Der postmortale Persönlichkeitsschutz

a) Grundlagen
aa) Der Meinungsstand
α) Die hM

C 34 Der Schutz der Persönlichkeit **erlischt nicht mit dem Tode** (BVerfGE 30, 173, 194; BVerfG NJW 1993, 1462; BGHZ 15, 249, 259; 50, 133, 136 ff; 107, 384, 391; BGH NJW 1996, 593, 594; GRUR 1974, 797, 798; 1984, 907, 908; OLG Hamburg NJW 1990, 1995; OLG München NJW-RR 1990, 1435; NJW 1992, 1323, 1324; NJW-RR 1994, 925; BB 1997, 1971; OLG Bremen NJW-RR 1993, 726, 727; AfP 1994, 145; LG Berlin Ufita 34 [1961] 233, 236; LG Hamburg AfP 1993, 595, 596; LG München Ufita 20 [1955] 230, 233; ERMAN/EHMANN Anh zu § 12 Rn 93; SOERGEL/ZEUNER Rn 101; BGB-RGRK/DUNZ Anh I Rn 131; FIKENTSCHER Rn 1225; KUNIG, in: vMÜNCH/KUNIG [4. Aufl 1992] Art 1 Rn 15; vMANGOLDT/KLEIN/STARCK [3. Aufl 1985] Art 1 Rn 14; STERN, Staatsrecht III/1 [1988] § 70 IV 4 a; LARENZ/WOLF, AT [8. Aufl 1997] § 8 Rn 46; LARENZ/CANARIS § 80 VI 1 b; HELDRICH, in: FS Heinrich Lange [1970] 166 f; SCHACK GRUR 1985, 355 f; RÜTHERS/BERGHAUS JZ 1987, 1094 f; **aA** LG Hamburg Ufita 51 [1968] 352, 353 f mwNw; H P WESTERMANN FamRZ 1969, 563 ff; A STEIN FamRZ 1986, 8 ff; BUSCHMANN NJW 1970, 2085 f, der nur das Fortwirken einzelner Persönlichkeitsrechte anerkennen will; früher auch SCHWERDTNER JuS 1978, 292; skeptisch Münch-Komm/SCHWERDTNER [3. Aufl 1993] § 12 Rn 193). Die **hM** stützt dies **auf Art 1 Abs 1 GG** (BVerfGE 30, 173, 194; BGHZ 107, 384, 391; BGH GRUR 1984, 907, 908; OLG München NJW-RR 1990, 1435; NJW 1992, 1323, 1324; PALANDT/THOMAS Rn 180; LARENZ/CANARIS § 80 VI 1 c; H P WESTERMANN FamRZ 1969, 567 [trotz seines anders lautenden Ausgangspunkts]; RÜTHERS/BERGHAUS JZ 1987, 1095), während **Art 2 Abs 1 GG nicht (mehr) tangiert sein soll**, da er die Existenz einer wenigstens potentiell oder zukünftig handlungsfähigen Person als unabdingbar voraussetze (BVerfGE 30, 173, 194; OLG Hamburg NJW 1990, 1995; OLG München NJW-RR 1990, 1435; NJW 1992, 1323, 1324; OLG Bremen NJW-RR 1993, 726, 727; AfP 1994, 145, 147; PALANDT/THOMAS Rn 180; LARENZ/WOLF, AT [8. Aufl 1997] § 8 Rn 46; LARENZ/CANARIS § 80 VI 1 c; RÜTHERS/BERGHAUS JZ 1987, 1095; **aA** noch BGHZ 50, 133, 138; LG Berlin Ufita 34 [1961] 233, 236; neuerdings wiederum OLG München NJW-RR 1994, 925; LG Hamburg AfP 1993, 595, 596; STERN, Staatsrecht III/1 [1988] § 70 IV 4 a). Daraus folgt indes **kein inhaltlicher Unterschied**, da Art 1 Abs 1 GG einen gegenüber Art 2 Abs 1 GG unverminderten Schutz gewährt (so iE auch BVerfGE 30, 173, 196). Daran ändert sich auch nichts, wenn man die Schutzgebotsfunktion der Grundrechte in den Mittelpunkt rückt (LARENZ/CANARIS § 80 VI 1 b), da dies für die Anhänger dieses dogmatischen Konzepts auch der Ansatzpunkt beim Persönlichkeitsrecht von lebenden Personen ist (vgl oben Rn C 6).

β) **Die Gegenthesen**
Die **Kritiker** des postmortalen Persönlichkeitsschutzes (MünchKomm/SCHWERDTNER   C 35
[3. Aufl 1993] § 12 Rn 195; ders JuS 1978, 292; H P WESTERMANN FamRZ 1969, 566 f; A STEIN FamRZ
1986, 8 f) haben sich nicht durchsetzen können. Es mag **Schwierigkeiten in der Bestimmung des Rechtsträgers** geben (vgl sogleich Rn C 38 f). Auch kann ein gewisser Schutz
über Sondernormen – etwa die §§ 168, 189, 203 Abs 4 StGB, 361 StPO oder § 22 S 3
KUG, § 83 UrhG – erreicht werden (so MünchKomm/SCHWERDTNER [3. Aufl 1993] § 12
Rn 193; ders Jus 1978, 292). Doch zum einen umfassen sie nicht das gesamte schutzwürdige und -bedürftige Spektrum, zum anderen – und das ist der entscheidende
Punkt – hört die Menschenwürde nicht schlagartig mit dem Tod auf (BVerfGE 30, 173,
194; BGHZ 50, 133, 138; KUNIG, in: vMÜNCH/KUNIG [4. Aufl 1992] Art 1 Rn 15; vMANGOLDT/KLEIN/
STARCK [3. Aufl 1985] Art 1 Rn 14). Es kann im Prinzip keine Rolle spielen, ob die verletzende Handlung kurz vor oder kurz nach dem Tod des Betroffenen begangen
wurde (BGHZ 50, 133, 139 für die Frage, ob der Verstorbene noch eine Ermächtigung zur Rechtsverfolgung erteilt haben muß). **Der postmortale Schutz ist zudem notwendig,** um das Persönlichkeitsrecht des Lebenden abzusichern. Es dient seiner Entfaltung, wenn er nicht
gewärtigen muß, daß nach seinem Tode seine Würde und seine Person ohne Schutz
sind (BGHZ 50, 133, 138 f; OLG München NJW-RR 1994, 925; ERMAN/EHMANN Anh zu § 12 Rn 95;
LARENZ/CANARIS § 80 VI 1 e; HELDRICH, in: FS Heinrich Lange [1970] 167; SCHACK GRUR 1985,
355; ders JZ 1987, 776; ders JZ 1989, 614; weiter gehend LADEUR AfP 1994, 147; anerkannt auch von
H P WESTERMANN FamRZ 1969, 567; **aA** KLIPPEL 553). Freilich genießt der Verstorbene
einen reduzierten und im Lauf der Zeit abnehmenden Schutz (vgl unten Rn C 45 f). Ihn
sachgerecht zu bestimmen ist die eigentliche Aufgabe, die ein pauschales Leugnen
des postmortalen Persönlichkeitsschutzes verfehlt.

bb) **Der Schutz der Angehörigen**
Auszugrenzen sind vorab diejenigen Fälle, in denen der Angriff auf den Verstorbe-   C 36
nen auch oder **primär eine Attacke auf seine Angehörigen** beinhaltet. So liegt es etwa,
wenn in der Presse wahrheitswidrig behauptet wird, der Sohn habe sich öffentlich von
seinem verstorbenen Vater abgewandt (LG Berlin GRUR 1959, 452, 453; MünchKomm/
SCHWERDTNER [3. Aufl 1993] § 12 Rn 197) oder durch einen Bericht über den Rauschgifttod
eines (erwachsenen) Kindes unter ungenehmigter Beifügung eines Familienfotos
suggeriert wird, die Tragödie sei vor allem durch elterliches Versagen provoziert
worden (BGH LM Nr 51 zu § 847 BGB unter II 2). Auch ist im Gegensatz zur Rechtsprechung des BGH ein Recht der Eltern eines gefallenen Soldaten anzuerkennen,
dem Plan einer Gemeinde zu widersprechen, den Namen des Sohnes in eine Gedenktafel für gefallene oder vermißte Soldaten aufzunehmen; die Namensnennung kann
gedeutet oder mißdeutet und so das Recht der Angehörigen verletzt werden (LARENZ/
CANARIS § 80 VI 3 a; **aA** BGH NJW 1959, 525 f; SOERGEL/ZEUNER Rn 88). Dagegen wurde der
Tochter eines Verstorbenen, die in einer Veröffentlichung nicht genannt worden war,
ein eigener Anspruch von vornherein versagt (BGH GRUR 1974, 797, 800; zust MünchKomm/SCHWERDTNER [3. Aufl 1993] § 12 Rn 197). In diesem Kontext den Begriff der Familienehre heranzuziehen ist allerdings ebenso unnötig (MünchKomm/SCHWERDTNER
[3. Aufl 1993] § 12 Rn 197) wie irreführend. Betroffen ist das Persönlichkeitsrecht einzelner Personen als solcher und nicht dasjenige eines Kollektivs.

cc) **Schutz nur der Angehörigen?**
Man hat den Ansatz, geschützt sei auch das Persönlichkeitsrecht der Angehörigen, zu   C 37
erweitern und zu verabsolutieren versucht; es handele sich ausschließlich um die

Beeinträchtigung der Angehörigen in ihrem Recht auf das Totengedenken (LG Hamburg Ufita 51 [1968] 352, 354 f; H P Westermann FamRZ 1969, 566 f; A Stein FamRZ 1989, 8 ff; Klippel 553 f; früher auch Schwerdtner JuS 1978, 292; so auch die hM zur Auslegung von § 189 StGB; vgl zB Tenckhoff JuS 1988, 200 f mwNw; auch BGH NJW 1959, 525 f untersucht nur das Persönlichkeitsrecht der Eltern eines vermißten Soldaten, nicht dessen postmortales Persönlichkeitsrecht; aA MünchKomm/Gitter [3. Aufl 1993] § 1 Rn 61; Lange/Kuchinke, Erbrecht [4. Aufl 1995] § 5 III 5 a; Schack GRUR 1985, 360). Doch haben sich **derartige Theorien nicht durchgesetzt**. Mag ein solches Recht in vielen Fällen auch verletzt sein, so ist es doch nicht identisch mit dem Persönlichkeitsrecht des Verstorbenen selbst (Soergel/Zeuner Rn 101; MünchKomm/Gitter [3. Aufl 1993] § 1 Rn 61; Lange/Kuchinke, Erbrecht [4. Aufl 1995] § 5 III 5 a δ; Heldrich, in: FS Heinrich Lange [1970] 170; Schack GRUR 1985, 360); das wird schon augenfällig, wenn die den Verstorbenen diskreditierenden Tatsachen den Angehörigen zur Ehre gereichen sollten und diese gleichwohl ein Interesse daran haben, daß das postmortale Recht verteidigt wird (Heldrich, in: FS Heinrich Lange [1970] 170). Daß der Unterscheidung nicht nur theoretisches Interesse, sondern auch praktischer Nutzen zukommt, zeigt sich spätestens dann, wenn der Verstorbene **keine Angehörigen hinterläßt** (MünchKomm/Gitter [3. Aufl 1993] § 1 Rn 61; aA Klippel 554), aber seine Interessen von einem Treuhänder, etwa durch eine von ihm gegründete Stiftung wahrgenommen werden (BGH GRUR 1984, 907, 909; ähnl Heldrich, in: FS Heinrich Lange [1970] 171 f; abl A Stein FamRZ 1986, 10; zur Wahrnehmungsbefugnis vgl unten Rn C 40 f). So wäre eben die Frage, wie denn die Fortführung eines vom Verstorbenen betriebenen Prozesses durch seine Angehörigen materiell-rechtlich und prozessual auszusehen hätte, wenn es um ein völlig anders geartetes Recht auf ungestörtes Andenken ginge, schwer zu beurteilen; auch dies spricht dafür, daß die Persönlichkeit des Toten und nicht nur das Recht der Angehörigen auf pietätvolles Andenken geschützt wird.

dd) Die Rechtsinhaberschaft
α) Der Meinungsstand

C 38 Gewisse Probleme bereitet die Frage, wie der Schutz des Verstorbenen auf **zivilrechtsdogmatischer Ebene zu konstruieren** ist, ohne daß allerdings deswegen der postmortale Schutz abzulehnen wäre (so aber H P Westermann FamRZ 1969, 566 f; A Stein FamRZ 1986, 8 ff). Einig ist man sich allerdings weitgehend darin, daß das Persönlichkeitsrecht **nicht vererbt werden kann** (BGHZ 50, 133, 137; OLG München BB 1997, 1971, 1972; LG München Ufita 20 [1955] 230, 233; MünchKomm/Gitter [3. Aufl 1993] § 1 Rn 57; BGB-RGRK/Dunz Anh I Rn 132; Staudinger/Marotzke [1994] § 1922 Rn 131; Heldrich, in: FS Heinrich Lange [1970] 167; H P Westermann FamRZ 1969, 563; Schack GRUR 1985, 360; aA LG Berlin Ufita 34 [1961] 233, 236; Götting 271 ff). Nicht weiter hilft die rein ergebnisorientierte Annahme einer **Rechtssubjektivität als Minus zur Rechtsfähigkeit** (so indes Buschmann NJW 1970, 2087 f); eine solche Figur ist dem BGB unbekannt (MünchKomm/Gitter [3. Aufl 1993] § 1 Rn 60; Klippel 551). Auch die Vorstellung, der postmortale Schutz sei ein **subjektloses Recht** (OLG München BB 1997, 1971; tendenziell auch BGHZ 15, 249, 259; möglicherweise auch BGHZ 50, 133, 137; wohl auch Schack GRUR 1985, 361), hat mit Erklärungsproblemen zu kämpfen. Zum einen ist schon sehr zweifelhaft, wie man sich ein Recht ohne Träger vorzustellen hat (MünchKomm/Gitter [3. Aufl 1993] § 1 Rn 59; H P Westermann FamRZ 1969, 565; Buschmann NJW 1970, 2087), zum anderen paßt der Fall des Persönlichkeitsrechts nicht in die ansonsten genannten Gruppen subjektloser Rechte, die – wie im Fall des noch nicht Gezeugten – das Recht für eine Übergangszeit im Interesse des zukünftigen Rechtsträgers sichern (MünchKomm/Gitter [3. Aufl 1993] § 1 Rn 59; Heldrich, in: FS Heinrich Lange [1970] 168; H P Westermann FamRZ 1969, 763, 765; Klippel 551).

Man hat schließlich vorgeschlagen, von einer **postmortalen Teilrechtsfähigkeit ohne Handlungsfähigkeit** zu sprechen (MünchKomm/GITTER [3. Aufl 1993] § 1 Rn 58; KLIPPEL 551 f; auch BGHZ 50, 133, 137 kann mit der Vorstellung einer Teilrechtsfähigkeit gedeutet werden) oder das Recht **treuhänderisch** den Angehörigen bzw den vom Toten zu seinen Lebzeiten Berufenen zuzuordnen (LARENZ/CANARIS § 80 VI 1 c; LARENZ, AT [7. Aufl 1989] § 8 II = S 130 Fn 19; LARENZ/WOLF, AT [8. Aufl 1997] § 8 Rn 46; HELDRICH, in: FS Heinrich Lange [1970] 168 f; ebenso iE BGH NJW 1983, 2627, 2628).

β) **Stellungnahme**
Die besseren Argumente sprechen **für den letztgenannten Ansatz**. Mag beim Embryo **C 39** und beim noch nicht gezeugten Menschen eine verfassungsorientierte Auslegung eine Vorverlagerung der Rechtsfähigkeit nahelegen, was Schäden angeht, deren Ursache vor der Geburt gelegt wurde und deren Ersatz vom nunmehr rechtsfähig gewordenen Kind verlangt wird, so ist damit – wie schon die genannten Punkte zeigen – die Problematik beim Verstorbenen nicht vergleichbar (BGB-RGRK/DUNZ Anh I Rn 132; HELDRICH, in: FS Heinrich Lange [1970] 168; H P WESTERMANN FamRZ 1969, 563 f; SCHACK GRUR 1985, 360 f). Als Modell für die Lösung bietet sich neben einer Analogie – genauer einem **Erst-recht-Schluß** – zu den §§ 22 f KUG (dafür MünchKomm/SCHWERDTNER [3. Aufl 1993] § 12 Rn 195; anders noch ders JuS 1978, 292) vor allem diejenige **zu § 83 Abs 3 UrhG** an (STAUDINGER/SCHÄFER[12] Rn 270; abl H P WESTERMANN FamRZ 1969, 566); das dort genannte Recht geht mit dem Tod des Künstlers auf die Angehörigen über (SCHRIKKER/VOGEL, Urheberrecht [1987] § 83 Rn 21 mwNw). Daß die Wahrnehmung zwangsläufig Dritten anvertraut ist, ist nicht systemwidrig (LARENZ/CANARIS § 80 VI 1 c); eine ähnliche materiell-rechtliche Befugnis sieht § 13 AGBG vor (vgl statt aller HENSEN, in: ULMER/BRANDNER/HENSEN, AGB-Gesetz [8. Aufl 1997] § 13 Rn 23 mwNw auch zur Gegenansicht). Zusätzlich den Schutz des Verstorbenen auf Verhaltenspflichten zugunsten des Toten zu stützen, die als ungeschriebene Schutzgesetze des § 823 Abs 2 zu entwickeln seien (LARENZ/CANARIS § 80 VI 1 c; HELDRICH, in: FS Heinrich Lange [1970] 169), ist unnötig, weil die entsprechenden Gebote bereits aus § 823 Abs 1 folgen.

b) **Die Wahrnehmungsbefugnis**
aa) **Die Grundregel**
Dazu befugt, das Persönlichkeitsrecht zu schützen, sind diejenigen, die der Verstor- **C 40** bene zu seinen Lebzeiten **berufen hat** (BGHZ 15, 249, 260; 50, 133, 140; 107, 384, 389; BGH GRUR 1984, 907, 908, 909; SOERGEL/ZEUNER Rn 101; MünchKomm/SCHWERDTNER [3. Aufl 1993] § 12 Rn 196; BGB-RGRK/DUNZ Anh I Rn 137; LARENZ/CANARIS § 80 VI 2 a; HELDRICH, in: FS Heinrich Lange [1970] 171; aA von seinem abweichenden Ausgangspunkt aus H P WESTERMANN FamRZ 1969, 568), hilfsweise seine **nahen Angehörigen** (BGHZ 50, 133, 140; 107, 384, 389; BGH NJW 1996, 593, 594; GRUR 1984, 907, 908; OLG Köln AfP 1989, 764; OLG Hamburg AfP 1993, 595, 596; LG München Ufita 20 [1955] 230, 233; SOERGEL/ZEUNER Rn 101; MünchKomm/ SCHWERDTNER [3. Aufl 1993] § 12 Rn 196; HELDRICH, in: FS Heinrich Lange [1970] 171), **nicht dagegen automatisch die Erben** (ERMAN/EHMANN Anh zu § 12 Rn 94; LARENZ/CANARIS § 80 VI 2 b; aA A STEIN FamRZ 1986, 16). So werden nach dem Tod eines Patienten dessen Angehörige vorrangig vor den Erben die ärztliche Dokumentation einsehen können (BGH NJW 1983, 2627, 2629; BGB-RGRK/NÜSSGENS Anh II Rn 280; UHLENBRUCK, in: LAUFS/UHLENBRUCK § 60 Rn 13; zur ärztlichen Schweigepflicht vgl noch unten Rn C 170 f). Freilich kann in der Erbeinsetzung der Wille des Verstorbenen zu ersehen sein, den Erben als Vertrauensperson auch in dieser Hinsicht zu benennen (LARENZ/CANARIS § 80 VI 2 a). Die Berufung zur Vertrauensperson bedarf nicht der testamentarischen Form und

kann daher auch mündlich erklärt werden (LARENZ/CANARIS § 80 VI 2 a; SCHACK GRUR 1985, 358 mwNw in Fn 121). Wenn ein Wille des Verstorbenen nicht erkennbar ist, so lassen sich die **§§ 194 Abs 2, 205 Abs 2 iV mit 77 Abs 2 StGB, 83 Abs 3 S 2 UrhG, 22 S 3 KUG analog** heranziehen (BGB-RGRK/DUNZ Anh I Rn 137; LARENZ/CANARIS § 80 VI 2 b). Danach sind die Ehegatten und die Kinder, hilfsweise die Eltern, schließlich die Geschwister und die Enkel berechtigt, das Persönlichkeitsrecht des Verstorbenen wahrzunehmen. Diese Personen ihrerseits sind befugt, Dritte zu ermächtigen, soweit die Dritten an der Wahrnehmung ein berechtigtes Interesse haben (BGHZ 107, 384, 389; MünchKomm/SCHWERDTNER [3. Aufl 1993] § 12 Rn 196). Jedenfalls für diesen Fall kann auch **eine Stiftung**, die es sich zum Ziel gesetzt hat, den Nachlaß des Stifters gebührend zu pflegen und zu verwalten, die Befugnisse des Toten wahrnehmen (BGHZ 107, 384, 389; MünchKomm/SCHWERDTNER [3. Aufl 1993] § 12 Rn 196; ebenso von seinem abweichenden Ausgangspunkt aus H P WESTERMANN FamRZ 1969, 568). In einer früheren Entscheidung hatte es der BGH darüber hinaus gehend für möglich gehalten, daß eine Stiftung, die vom Verstorbenen selbst zu Lebzeiten gegründet worden war, um sein Andenken und sein Lebensbild zu bewahren, nach dessen Tod eine Unterlassungsklage wegen Verletzung des postmortalen Persönlichkeitsrechts erhebt (BGH GRUR 1984, 907, 909; SCHACK JZ 1987, 776; ders JZ 1990, 40; **aA** A STEIN FamRZ 1986, 10); dem ist zu folgen, wenn man umgekehrt der Tatsache Rechnung trägt, daß das Persönlichkeitsrecht des Verstorbenen mit der Zeit abnimmt und deshalb die Klage längere Zeit nach dem Tode keinen Erfolg mehr versprechen wird. Dogmatisch wird die Wahrnehmung des postmortalen Persönlichkeitsrechts zum Teil als **gesetzliche oder gewillkürte Prozeßstandschaft** verstanden (ERMAN/EHMANN Anh zu § 12 Rn 95; SCHACK JZ 1990, 40; in der Tendenz auch BGB-RGRK/DUNZ Anh I Rn 138). Das ist vom hier vertretenen Standpunkt, wonach die Angehörigen eigene Rechte ausüben (s oben Rn C 38 f), nicht notwendig und wegen der Prämisse, der Verstorbene sei noch teilrechtsfähig oder der Schutz stütze sich auf ein subjektloses Recht, im Ergebnis abzulehnen.

bb) Die Reihenfolge

C 41 Grundsätzlichen **Vorrang**, ob und wie das postmortale Persönlichkeitsrecht zu verteidigen sei, hat der zu Lebzeiten geäußerte, erkennbare oder testamentarisch niedergelegte Wille des Verstorbenen (BGHZ 15, 249, 259; MünchKomm/SCHWERDTNER [3. Aufl 1993] § 12 Rn 196; LARENZ/CANARIS § 80 VI 2 a; H P WESTERMANN FamRZ 1969, 570; SCHACK GRUR 1985, 356); wo er fehlt, entscheidet der näherstehende Wahrnehmungsberechtigte. Er kann seine Entscheidung auch gegen die Wahrnehmungsbefugten nachgeordneter Stufen durchsetzen. So hat der Entschluß des Ehegatten und der Kinder Vorrang vor dem Willen der Eltern oder Geschwister (LG Bückeburg NJW 1977, 1065, 1066 für den Konflikt zwischen Tochter und Bruder des Verstorbenen; ERMAN/EHMANN Anh zu § 12 Rn 94; MünchKomm/LEIPOLD [3. Aufl 1997] § 1922 Rn 50; LARENZ/CANARIS § 80 VI 2 c; **aA** HELDRICH, in: FS Heinrich Lange [1970] 172; SCHACK GRUR 1985, 361; von seinem abweichenden Ausgangspunkt auch H P WESTERMANN FamRZ 1969, 568). Eine **Ausnahme** gilt nur dort, wo der Wahrnehmungsberechtigte selbst das postmortale Persönlichkeitsrecht verletzt; dagegen vorzugehen, sind dann die Mitglieder einer nachgeordneten Stufe berufen (MünchKomm/SCHWERDTNER [3. Aufl 1993] § 12 Rn 196; LARENZ/CANARIS § 80 VI 2 c; im Ansatz auch H P WESTERMANN FamRZ 1969, 570). Bei Konflikten zwischen gleichrangigen Wahrnehmungsbefugten ist zu differenzieren. Zur Klage ist jeder allein berechtigt; bei einer Einwilligung müssen alle zusammenwirken (LARENZ/CANARIS § 80 VI 2 c; iE auch BGH GRUR 1984, 907 ff).

c) **Der Umfang des Schutzes**
aa) **Das Schutzobjekt**
Schutzobjekt ist das **Persönlichkeitsrecht des Verstorbenen** selbst (BGHZ 15, 249, 259; 50, **C 42**
133, 136; 107, 384, 391; BGH GRUR 1974, 797, 798; 1984, 907, 908; LARENZ/CANARIS § 80 VI 1 d; vgl
oben Rn C 37). Allerdings bildet der Tod in vielerlei Hinsicht eine Zäsur. So entfallen
all diejenigen Ausstrahlungen, die **die Existenz einer handelnden Person voraussetzen**
(BGHZ 50, 133, 136). Auch spielt es bei der Abwägung mit gegenläufigen verfassungsrechtlich geschützten Belangen des möglichen Verletzers eine Rolle, daß der Betroffene nicht mehr lebt; die Wertungsmaßstäbe verschieben sich, da der Schutz der
persönlichen Empfindung des Betroffenen als solcher **nicht mehr ins Gewicht** fällt
(BGHZ 50, 133, 136; OLG Bremen NJW-RR 1993, 726, 727 f; AfP 1994, 145, 147; SCHACK
GRUR 1985, 356). Auch der Verstorbene ist indes nach wie vor vor **Verzerrung und
Verunglimpfung** seines Charakters geschützt (BGHZ 50, 133, 141 f; KG NJW 1996, 1164,
1165; LG Hamburg AfP 1993, 595, 596), namentlich dann, wenn die Schilderung zum Teil
erfunden wurde (BVerfGE 30, 133, 197 f; BGHZ 50, 133, 141 f; anders aufgrund vertraglicher
Gestattung und fehlender Beeinträchtigung der Persönlichkeit LG Berlin Ufita 34 [1961] 233, 236 ff).
So darf eine künstlerische Darstellung keine Tatsachenbehauptung enthalten, die
nicht bewiesen werden kann (OLG München NJW-RR 1994, 925, 926 [iE zweifelhaft]).
Von Dritten nach dem Stil des Verstorbenen gefertigte Bilder dürfen nicht als dessen
eigene Werke ausgegeben werden (BGHZ 107, 384, 391 f; LARENZ/CANARIS § 80 VI 3 a).
Schutz genießt das Recht auf **informationelle Selbstbestimmung** – etwa bei wahren
Berichten aus der Intimsphäre oder solchen, die nur unter Bruch des zugunsten des
Toten bestehenden Berufsgeheimnisses erlangt wurden (LARENZ/CANARIS § 80 VI 3 a).
Der Verstorbene darf mit seinem Namen **nicht für – gar irreführende – Werbung** be-
nutzt werden (BGH GRUR 1984, 907, 908; OLG HAMBURG NJW 1990, 1995; ERMAN/EHMANN
Anh zu § 12 Rn 99; im Prinzip auch OLG München BB 1997, 1971, 1972; vgl auch unten Rn C 225).
Der Schutz erstreckt sich ferner auf die Abwehr von Formalbeleidigungen – etwa die
Bezeichnung als Killer (BGH GRUR 1974, 797, 798) – sowie auf Schmähkritik (BVerfG
NJW 1993, 1462 f; OLG Bremen NJW-RR 1993, 726, 727 [im konkreten Fall abl]). Auch hier
erweist sich der strafrechtliche Schutz des § 189 StGB als nicht umfassend genug
(LARENZ/CANARIS § 80 VI 3 a; LADEUR AfP 1994, 147). Dagegen verzerrt das bloße Nach-
stellen einer bekannten Filmszene nicht das künstlerische Ansehen einer verstorbenen Schauspielerin (OLG München BB 1997, 1971).

bb) **Das Namensrecht**
Gesondert zu behandeln ist das Namensrecht. In einer früheren Entscheidung hat der **C 43**
BGH angenommen, es **erlösche mit dem Tod** des Trägers (BGHZ 8, 318, 324; so wieder
OLG Stuttgart NJW-RR 1997, 601; zust PALANDT/HEINRICHS § 12 Rn 14; SOERGEL/HEINRICH
[12. Aufl 1987] § 12 Rn 90; LARENZ/CANARIS § 80 VI 1 d mit Fn 147; KLIPPEL 555, 557); allerdings
hat das Gericht **der Witwe** einen Unterlassungsanspruch aus eigenem Recht zuerkannt (BGHZ 8, 318, 320); in einem Urteil jüngeren Datums wurde die Frage ausdrücklich offen gelassen (BGHZ 107, 384, 390). Teile der Rechtsprechung und des Schrifttums
neigen in zunehmender Zahl dazu, das Namensrecht auch **über den Tod des Betroffenen** hinaus zu schützen (KG KG-Report 1997, 124, 126; vGAMM, Wettbewerbsrecht [5. Aufl 1987]
Kap 50 Rn 20; SCHACK JZ 1987, 776; iE auch ERMAN/EHMANN Anh zu § 12 Rn 98; MünchKomm/
SCHWERDTNER [3. Aufl 1993] § 12 Rn 68). Dem ist jedenfalls **insoweit zu folgen**, als mit der
unerlaubten Benutzung des fremden Namens das postmortale Persönlichkeitsrecht
tangiert wird (PALANDT/HEINRICHS § 12 Rn 14; LARENZ/CANARIS § 80 VI 1 d) – und zwar unabhängig von der eher zufälligen Existenz eines Trägers desselben Namens (LARENZ/

CANARIS § 80 VI 1 d; KLIPPEL 559 f, der freilich zur Geltendmachung von bloßen Namensrechten fordert, ein lebender Angehöriger müsse den Namen noch tragen [557]). Auch wenn man der älteren Rechtsprechung des BGH folgt, kann das eigene Namensrecht – etwa dasjenige des noch lebenden Ehegatten – verletzt sein (BGHZ 8, 318; 320; OLG Stuttgart NJW-RR 1997, 603 f; PALANDT/HEINRICHS § 12 Rn 14).

cc) Die Entnahme von Organen

C 44 Teil des postmortalen Persönlichkeitsschutzes ist die Entscheidung über die Entnahme von Organen. Diese ist nunmehr im TPG geregelt. In erster Linie kommt es nach § 3 Abs 1 Nr 1, Abs 2 Nr 1 TPG auf den **Willen des Verstorbenen** an (so schon OLG [St] München NJW 1976, 1805; ERMAN/EHMANN Anh zu § 12 Rn 100; LARENZ/CANARIS § 80 VI 3 b; HELDRICH, in: FS Heinrich Lange [1970] 176; SCHACK JZ 1989, 610), **hilfsweise** nach § 4 Abs 1 S 1, Abs 2 TPG auf denjenigen **der Angehörigen** (so schon OLG [St] München NJW 1976, 1805; LARENZ/WOLF, AT [8. Aufl 1997] § 8 Rn 46; LARENZ/CANARIS § 80 VI 3 b). Darüber hinaus wurde zum Teil vorgeschlagen, unter den Voraussetzungen des § 34 StGB Organentnahmen ohne Rücksicht auf den Willen des Verstorbenen und seiner Angehörigen zu gestatten (LARENZ/CANARIS § 80 VI 3 b; differenzierend zwischen dem Verstorbenen und seinen Angehörigen HELDRICH, in: FS Heinrich Lange [1970] 177). Dem ist nicht zu folgen, da damit das TPG unterlaufen würde. Jede – verantwortungsvoll geplante – Transplantation dient der anderweit nicht vollständig herstellbaren Gesundheit des Empfängers. Ginge dieses Interesse dem postmortalen Persönlichkeitsschutz stets vor, so liefe dieser an einem – wie die Diskussion der vergangenen Jahre zeigt – wichtigen Punkt weitgehend leer. Auf eine Zustimmungs- und Widerspruchslösung könnte man dann von vornherein verzichten. Freilich sind die Folgen gering. Weder kommt in Betracht, die Transplantation rückgängig zu machen, noch, den unerlaubten Eingriff durch eine Entschädigung zu kompensieren.

d) Die Dauer des Schutzes
aa) Die schwindende Schutzbedürftigkeit

C 45 Das postmortale Persönlichkeitsrecht **nimmt im Lauf der Zeit ab** (OLG München NJW-RR 1990, 1365, 1367; ERMAN/EHMANN Anh zu § 12 Rn 96; SOERGEL/ZEUNER Rn 101; MünchKomm/SCHWERDTNER [3. Aufl 1993] § 12 Rn 198; HELDRICH, in: FS Heinrich Lange [1970] 173; BGB-RGRK/DUNZ Anh I Rn 139; ebenso von seinem abweichenden dogmatischen Ausgangspunkt aus H P WESTERMANN FamRZ 1969, 569). Ein Paradefall aus der Praxis ist der Roman Mephisto von Klaus Mann; hatte das BVerfG noch 1971 die Verfassungsbeschwerde gegen das Urteil des BGH zurückgewiesen, mit dem dieser dem Unterlassungsbegehren stattgegeben hatte, so ist der Roman 1980, also gut 17 Jahre nach dem Tod von Gustav Gründgens, wieder erschienen, ohne daß sich erneut ein Kläger gegen die Publikation gefunden hätte. Seine Ursache findet dieser schwindende Schutz zum einen in der Tatsache, daß der **Kreis der wahrnehmungsberechtigten Überlebenden ebenfalls kleiner wird**. Deren Rechtsschutzbedürfnis geht in dem Maße zurück, in dem die Erinnerung an den Verstorbenen verblaßt und somit das Interesse an der Nichtverfälschung des Lebensbildes kleiner wird, während umgekehrt das Gegeninteresse daran wächst, nicht wegen eines Fehlers in der Darstellung historischer Vorgänge Unterlassungsansprüchen ausgesetzt zu sein (BGHZ 50, 133, 140 f; HELDRICH, in: FS Heinrich Lange [1970] 173).

bb) Die Frist

C 46 Was die Dauer des Schutzes angeht, so sind die **gesetzlichen Anhaltspunkte spärlich und**

wenig einheitlich. § 22 S 3 KUG sieht eine 10jährige Frist nach dem Tod des Abgebildeten vor; doch ist die Norm nicht abschließend, sondern erlaubt den Rückgriff auf das allgemeine Persönlichkeitsrecht (vgl unten Rn C 156). § 83 Abs 3 UrhG normiert einen 50-jährigen Zeitraum ab der Darbietung, wenn der Künstler vor Ablauf dieser Frist gestorben ist; nach § 64 Abs 1 UrhG erlischt das Urheberrecht 70 Jahre nach dem Tod des Autors. Die Rechtsprechung der Instanzgerichte hat differenziert zwischen einem allgemein herausragenden Leben und Wirken, wie es etwa bei weltbekannten Künstlern und Staatsmännern gegeben sei, und Einzelereignissen, etwa rekordähnlichen Leistungen; im letztgenannten Fall schrumpfe das Schutzbedürfnis des Achtungsanspruchs schneller (OLG München BB 1997, 1971; LG Berlin GRUR 1980, 187, 188). 50 Jahre nach Erscheinen eines Romans können die Erben der vor 40 Jahren verstorbenen Hauptfigur, deren Handeln den Autor ohnehin nur angeregt hatte, eine ansonsten frei ausgeschmückte Handlung niederzuschreiben, die Verfilmung dieses Romans nicht mehr verbieten (LG Berlin GRUR 1980, 187, 188 f). Dagegen schützt der BGH das Werk eines bildenden Künstlers noch 30 Jahre nach dessen Tod vor Verfälschungen (BGHZ 107, 384, 392 f); ebenso wurden von Instanzgerichten 11 (LG Hamburg AfP 1993, 595, 596) bzw 15 Jahre (OLG Bremen AfP 1994, 145, 146 [Schutz aus anderen Gründen verneint]) als noch nicht hinreichend angesehen, den postmortalen Schutz erlöschen zu lassen. Entscheidendes Kriterium dürfte die **Art des Eingriffes** sein. Betrifft er den Achtungsanspruch der Person, so wird in der Tat nach ca 30 Jahren die Erinnerung so weit verblaßt sein, daß von einer Verletzung des postmortalen Persönlichkeitsrechts nicht mehr gesprochen werden kann (LG Hamburg AfP 1993, 595, 596; WENZEL Rn 5.104). Ein länger dauernder Schutz kommt nur in Betracht, wenn es um eine Persönlichkeit von herausragender Bedeutung bzw von besonderem Bekanntheitsgrad geht. Soweit dagegen das Werk selbst betroffen wird – etwa durch eine Entstellung oder gar Fälschung – kann der Schutz weitaus länger anhalten (ebenso MünchKomm/SCHWERDTNER [3. Aufl 1993] § 12 Rn 198).

e) Die spezifischen Rechtsfolgen der Verletzung des postmortalen Persönlichkeitsrechts
aa) Die Grundregeln
Im Grundsatz gelten für die Rechtsfolgen einer Verletzung des postmortalen Persönlichkeitsrechts die **auch sonst anzuwendenden Regeln** (vgl allgemein unten Rn C 248 ff). In Betracht kommen Ansprüche auf Unterlassung (BGH GRUR 1974, 797, 800; 1984, 907, 908, 909; LARENZ/CANARIS § 80 VI 4 a; HELDRICH, in: FS Heinrich Lange [1970] 174), Beseitigung (BGHZ 107, 384, 393; HELDRICH, in: FS Heinrich Lange [1970] 174) und Widerruf (BGH GRUR 1974, 797, 800; LARENZ/CANARIS § 80 VI 4 a). Der Anspruch reicht nicht weiter, als es zur Aufhebung der Beeinträchtigung geboten ist. So darf zwar verlangt werden, die Signatur auf einem Bild zu entfernen, das einen Maler wahrheitswidrig als den Schöpfer des Bildes ausweist, nicht dagegen, die Bilder als Fälschung zu kennzeichnen, weil Motive oder der Stil des Malers verwendet worden seien; derartige abstrakte Eigenschaften des Werkes sind gemeinfrei (BGHZ 107, 384, 393 f). Ferner kann den Interessen des Verstorbenen mit dem **Ersatz eines immateriellen Schadens nicht mehr entsprochen werden**; ein derartiger Anspruch scheidet demgemäß aus (BGH GRUR 1974, 797, 800; KG KG-Report 1997, 124, 127; MünchKomm/SCHWERDTNER [3. Aufl 1993] § 12 Rn 195; LARENZ/CANARIS § 80 VI 4 a; HELDRICH, in: FS Heinrich Lange [1970] 174; SCHACK GRUR 1985, 358; aA von seinem abweichenden dogmatischen Ansatzpunkt aus H P WESTERMANN FamRZ 1969, 571). Zwar läßt sich das Bedürfnis einer generalpräventiven Wirkung nicht leugnen (STORCH, Anm zu BGH GRUR 1974, 797, GRUR 1974, 800; eingeräumt auch

von MünchKomm/SCHWERDTNER [3. Aufl 1993] § 12 Rn 195). Doch paßt der Ersatz für die immaterielle Beeinträchtigung nicht ins System des BGB, da hierfür kein Empfänger mehr vorgesehen ist (MünchKomm/SCHWERDTNER [3. Aufl 1993] § 12 Rn 195; HELDRICH, in: FS Heinrich Lange [1970] 174 f). Vor allem ist eine Genugtuungsfunktion zugunsten des Verstorbenen selbst nicht mehr möglich (HELDRICH, in: FS Heinrich Lange [1970] 175; SCHACK GRUR 1985, 358). Schwierig ist die Frage nach dem bereicherungsrechtlichen Anspruch etwa bei einer nicht gestatteten Verwendung eines Bildnisses des Verstorbenen zur Werbung (vgl dazu unten Rn C 248 ff). Die besseren Gründe sprechen dafür, die Forderung zu bejahen und – da es um Vermögensrechte geht – sie dem Erben zuzubilligen. Ansonsten könnten Bildnisse Verstorbener ohne das Risiko der Kompensation als Werbeträger eingesetzt werden.

bb) Der Schutz von Geheimnissen
α) Die Rechtsprechung

C 48 Beim Schutz von Geheimnissen ist zu differenzieren. Soweit es um Vermögenswerte geht, ist regelmäßig der Erbe zur Durchsetzung zuständig – schon deswegen, weil er ja in die Stellung des Erblassers eingetreten ist (LARENZ/CANARIS § 80 VI 4 b). Dieser kann freilich den Schuldner mit Wirkung gegen den Erben von der Offenbarungspflicht freistellen (BGH WM 1989, 1813, 1814; LARENZ/CANARIS § 80 VI 4 b Fn 162). Problematisch und sehr strittig ist die Frage, ob die Wahrnehmungsberechtigten auch Einsicht in die **Behandlungsunterlagen** verlangen können, die der Arzt über den Verstorbenen gefertigt hat. Ein solches Recht ergibt sich nach hM nicht schon aus der bloßen Erbenstellung (BGH NJW 1983, 2627, 2628; aA A STEIN FamRZ 1986, 12 f). **Der BGH verficht hier eine sehr restriktive Linie.** Das Einsichtsrecht könne **mit der ärztlichen Schweigepflicht kollidieren**, die über den Tod des Patienten hinaus bestehe (BGH NJW 1983, 2627, 2628). Voraussetzung für ein Einsichtsrecht sei, daß es nicht dem geäußerten oder mutmaßlichen Willen des verstorbenen Patienten widerspreche. Wenn von der ärztlichen Schweigepflicht her ernstliche Bedenken gegen die Einsicht bestünden, sei vorrangig das Arztgeheimnis zu wahren. Es sei gewissenhaft zu prüfen, ob der Verstorbene die Offenlegung mutmaßlich gebilligt hätte, wobei auch das Motiv der die Einsicht begehrenden Personen mit ins Kalkül zu ziehen sei; so sei es zumindest wahrscheinlich, daß der Patient die Einsicht nicht abgelehnt hätte, wenn es darum gehe, einen ärztlichen Fehler festzustellen. Generell werde der Geheimhaltungswunsch des Patienten die Ausnahme sein. Weil die Entscheidung durch Dritte notwendigerweise dazu führe, daß das Geheimnis preisgegeben werde, habe **der Arzt selbst zu entscheiden**. Die damit verbundene Mißbrauchsgefahr sei des hohen Stellenwertes des Arztgeheimnisses wegen hinzunehmen; ihr könne durch gewisse Mindestanforderungen für die Begründung des Arztes, warum er denn die Einsicht verweigere, begegnet werden (BGH NJW 1983, 2627, 2629; zust BGB-RGRK/NÜSSGENS Anh II Rn 280; STEFFEN/DRESSLER, Arzthaftungsrecht – Neue Entwicklungslinien der BGH-Rechtsprechung [7. Aufl 1997] Rn 478 f). In einer späteren Entscheidung, in der es um das Zeugnisverweigerungsrecht nach § 383 Abs 1 Nr 6 ZPO ging, faßt der BGH die **Anforderungen an die Darlegung durch den Arzt allerdings strenger**. Die Begründungspflicht hätte ins einzelne zu gehen; ebenso sei darzulegen, auf welche Belange des Verstorbenen der Arzt seine Weigerung stütze (BGHZ 91, 392, 399 f; ebenso BayObLG NJW 1987, 1492 f).

β) Die Literatur

C 49 In der Literatur wird jedenfalls der ersten, dem Arzt so weit entgegenkommenden

Entscheidung, widersprochen (LARENZ/CANARIS § 80 VI 4 b; BOSCH FamRZ 1983, 1100 f; GIESEN JZ 1984, 282 f; A STEIN FamRZ 1986, 11 ff). Schon der dogmatische Ansatz sei unrichtig. Sei nämlich der **Angehörige prinzipiell für den postmortalen Schutz zuständig**, bestehe demgemäß grundsätzlich ein Einsichtsrecht, so habe nicht der Angehörige zu beweisen, daß der verstorbene Patient damit (mutmaßlich) einverstanden gewesen wäre, sondern umgekehrt der Arzt, der die Einsicht verweigern wolle, daß sie dem (mutmaßlichen) Willen des Patienten widersprochen hätte (LARENZ/CANARIS § 80 VI 4 b; iE auch A STEIN FamRZ 1986, 11). Dem mißlichen Ergebnis, daß der Arzt in letzter Instanz selbst zu entscheiden habe, sei dadurch zu begegnen, daß er in Abwesenheit des Klägers dem – seinerseits geheimhaltungspflichtigen – Gericht die Gründe mitzuteilen habe, aus denen der (mutmaßliche) Widerspruch des Toten zu ersehen sei; dogmatisch folge dies daraus, daß der Wahrnehmungsbefugte zunächst einen Anspruch auf Auskunft gegenüber dem Gericht geltend mache (LARENZ/CANARIS § 80 VI 4 b). Dies ist freilich nicht unproblematisch; die wohl hM spricht sich schon wegen des Rechts auf rechtliches Gehör gegen eine solche Verfahrensweise aus, die auf einen Geheimprozeß hinauslaufen könnte (BGHZ 116, 47, 58 für den Fall, daß die Unterlagen eines Gutachtens weder dem Gericht noch der anderen Partei offengelegt wurden; STEIN/JONAS/LEIPOLD, ZPO [21. Aufl 1994] vor § 128 Rn 122 a mwNw zum Streitstand; aA BAG NJW 1993, 612, 613 mwNw). Doch ist bereits Skepsis **gegen die dem Urteil zugrunde liegende These** angebracht. Wenn nach dem Tod die persönliche Empfindung des Angegriffenen nicht mehr ins Gewicht fällt (BGHZ 50, 133, 136; ähnl BGHZ 91, 392, 398 [Geheimhaltungsinteresse über ungünstige Prognose endet mit dem Tod]; BGH NJW 1983, 2627, 2629), so sind Fälle, in denen sein Geheimhaltungsbedürfnis den Vorrang etwa vor dem durch Art 6 Abs 1 GG geschützten Interesse der Angehörigen hat, Näheres über den Verlauf der Krankheit zu erfahren, eigentlich kaum mehr vorstellbar. Allenfalls bei einer **ausdrücklichen anderweitigen Anordnung** des Verstorbenen und bei offensichtlich nicht bestehenden Interessen der Angehörigen an der Information kann der Wunsch des Verstorbenen zu beachten sein (A STEIN FamRZ 1986, 13 f mit Fn 64). Dagegen wird regelmäßig kein Bedürfnis bestehen, den Vertrag zwischen dem Arzt und dem Patienten ergänzend auszulegen und aus ihm das Recht des Arztes abzuleiten, die Einsicht zu verweigern – schon deshalb nicht, weil der verstorbene Patient eben allein nicht mehr den Ausschlag geben kann (aA A STEIN FamRZ 1986, 13). Die Prämisse des BGH ist um so weniger überzeugend, als der Arzt in beiden entschiedenen Fällen sich nur auf – grundsätzliche – Bedenken berief, einmal sogar angab, nichts zu verschweigen zu haben (BGHZ 91, 392, 400; BGH NJW 1983, 2627, 2630); es kommt hinzu, daß es das Ziel der Angehörigen war, zu prüfen, ob sich aus den ärztlichen Unterlagen Anhaltspunkte für einen Fehler ergeben könnten.

5. Das Problem der Übertragbarkeit von Persönlichkeitsrechten

Es ist nach wie vor ganz hM, daß das allgemeine Persönlichkeitsrecht ebenso wie die besonderen Persönlichkeitsrechte **nicht mit dinglicher Wirkung übertragen** werden können (KG KG-Report 1997, 124, 126; OLG Hamm NJW-RR 1987, 232 als Vorinstanz zu BGH LM Nr 187 zu § 812; OLG München WRP 1982, 659, 661; STAUDINGER/HABERMANN/WEICK [1995] Vorbem 29 zu § 1; MünchKomm/SCHWERDTNER [3. Aufl 1993] § 1 Rn 166; vGAMM, Urheberrechtsgesetz [1997] Einführung Rn 109; für den Bildnisschutz J HELLE, Besondere Persönlichkeitsrechte [1991] 51; für das Namensrecht RGZ 74, 308, 312; 87, 147, 149; BGHZ 32, 103, 111; 119, 237, 240 f; PALANDT/HEINRICHS § 12 Rn 14; zur Vererbbarkeit vgl oben Rn C 38). Nachdem der BGH das Problem jedenfalls hinsichtlich des Rechts am eigenen Bild im Jahre 1986 als umstritten bezeichnet hat (BGH LM Nr 187 zu § 812 unter II 2), ist der Streit allerdings wieder heftig entbrannt. Einige Stimmen in der **Literatur** befürworten eine freie Übertragbarkeit (GÖTTING 271 ff), andere wählen die Konstruktion einer Ausübungsbefugnis bzw Prozeßstandschaft (SCHRICKER EWiR 1987, 80) oder nehmen eine gebundene Übertragung an (FORKEL GRUR 1988, 498 f; offen zwischen den beiden letztgenannten Möglichkeiten LARENZ/CANARIS § 69 I 2 d). Zu folgen ist einer **mittleren Linie**. Die Annahme, Persönlichkeitsrechte seien nicht auf Dritte übertragbar, verkennt, daß dies zur effizienten Vermarktung oft unverzichtbar ist. Andererseits trüge eine volle Übertragung mit dinglicher Wirkung der Problematik nicht hinreichend Rechnung, daß der Betroffene seine Einstellung ändern kann und deshalb widerrufen will. Man wird daher eine **Ausübungsbefugnis** anzunehmen haben, die durch den Widerruf erlischt und nicht zusätzlich eine Kondiktion des Persönlichkeitsrechts erfordert.

V. Die Passivlegitimation[*]

1. Die Störereigenschaft

C 51 Verantwortlich ist **jeder Störer**, also jeder, der selbst bereits die Störung herbeigeführt hat oder dessen Verhalten eine Beeinträchtigung befürchten läßt; **auf Verschulden kommt es** dabei für den Unterlassungsanspruch **nicht an** (BGH NJW 1976, 799, 800; 1986, 2503, 2504; LM Nr 22 zu § 24 WZG unter IV 1 mwNw [Schutzrechtsverletzung]; OLG Koblenz NJW 1992, 1330, 1331; MünchKomm/SCHWERDTNER [3. Aufl 1993] § 12 Rn 312; WENZEL Rn 12.51). Ob zusätzlich der Verschuldensvorwurf zu erheben ist, spielt eine Rolle nur bei der Geltendmachung von Schadensersatz und Entschädigung in Geld. **Passivlegitimiert** ist in erster Linie derjenige, der die Persönlichkeitsverletzung begangen hat (ERMAN/EHMANN Anh zu § 12 Rn 441; LARENZ/CANARIS § 80 IV 2). Für Verrichtungsgehilfen bzw Organe wird nach §§ 831, 31 gehaftet (BGHZ 3, 270, 275; LARENZ/CANARIS § 80 IV 2). Ebenso ist bei Äußerungen von Beamten regelmäßig der Staat passivlegitimiert, soweit es sich nicht ausnahmsweise um eine rein persönliche Erklärung handelt (BGHZ 34, 99, 106 f; ERMAN/EHMANN Anh zu § 12 Rn 441). Äußert sich der Anwalt in der Angelegenheit eines Mandanten, etwa in einer Presseerklärung, so wird diese Stellungnahme dem Mandanten und nicht dem Anwalt zugerechnet (KG NJW 1997, 2390); als weitere Voraussetzung ist aber zu fordern, daß eine mehr oder weniger exakte Anweisung des Mandanten vorlag.

a) Der Autor

C 52 Nach diesen Grundsätzen ist passivlegitimiert jedenfalls der **Autor** (BGHZ 39, 124, 129; 66, 182, 188; 99, 133, 136; LG Lübeck AfP 1996, 406, 409; ERMAN/EHMANN Anh zu § 12 Rn 441; MünchKomm/SCHWERDTNER [3. Aufl 1993] § 12 Rn 313; MünchKomm/MERTENS § 824 Rn 70, 71; WENZEL Rn 12.54), der selbst journalistisch tätig gewordene Redakteur (MünchKomm/MERTENS § 824 Rn 71), der redaktionell verantwortliche **Moderator** einer Rundfunk- oder Fernsehsendung (BGHZ 66, 182, 188; ERMAN/EHMANN Anh zu § 12 Rn 441; WENZEL Rn 12.59) ebenso wie derjenige, der sich den Beitrag durch die Anmoderation zu eigen macht (BGH NJW 1985, 1621, 1622), aber auch derjenige, der – ohne die Publikation

---

[*] **Schrifttum:** FISCHÖTTER, Anm zu BGH, 3.2.1976 – VI ZR 23/72, GRUR 1977, 114; SCHWINGE, Die Verantwortung des Bibliotheksdirektors – Die Behandlung von Schmähschriften, in: FS Reinhardt (1972) 475; WENZEL, Anm zu BGH, 20.6.1969 – VI ZR 234/67, NJW 1970, 187.

verfaßt zu haben – duldet, daß sie unter seinem Namen erscheint (OLG Köln NJW 1987, 1415). Es genügt aber auch, daß sich der Verletzer Informationen, die er von dritter Seite erhalten hat, **zu eigen macht**, namentlich die Äußerungen so in den eigenen Beitrag integriert, daß sie als von ihm ausgehende Kritik oder (wie sich zeigt: unwahre) Berichterstattung erscheint (vgl unten Rn C 85). Dabei ist freilich gerade bei **Fernsehlivesendungen** Zurückhaltung geboten; daß Dritte zu Wort kommen, ohne daß sich der Sender oder Redakteur ausdrücklich von deren Auffassungen distanzieren, genügt nicht (BGHZ 66, 182, 189 f; strenger im Rahmen des § 824 noch BGH NJW 1970, 187, 189, der bei Weitergabe von unwahren Tatsachenbehauptungen eine eindeutige Distanzierung fordert; dem zust ERMAN/EHMANN Anh zu § 12 Rn 140; ferner MünchKomm/MERTENS § 824 Rn 31, 77; WENZEL NJW 1970, 187); desgleichen kann ein **bloßes Aufgreifen der Kritik** in einer Sendung oder die **Darstellung des Meinungsstandes** als solche noch nicht die Haftung auslösen (BGH NJW 1970, 187, 189; WENZEL NJW 1970, 187). Doch ist eine Identifizierung zu bejahen, wenn die Drittbeiträge in die eigene Kritik eingebettet sind (BGHZ 66, 182, 190; MünchKomm/MERTENS § 824 Rn 31); in solchen Fällen reicht die einmalige Erwähnung von Zweifeln nicht aus, um darzutun, daß es sich um ungeprüfte Informationen Dritter handelt, von denen sich die Autoren distanzieren (BGH NJW 1986, 2503, 2504). Um sich eine Ansicht zu eigen zu machen, kann es genügen, sie anzudeuten, eine Frage aufzuwerfen (BGH NJW 1970, 187, 188; LM Nr 18 zu § 824 unter I 3 b mwNw; ERMAN/EHMANN Anh zu § 12 Rn 140) oder einen Verdacht zu äußern (BGH NJW 1951, 332; 1978, 2151 f; LM Nr 18 zu § 824 unter I 3 b mwNw; ERMAN/EHMANN Anh zu § 12 Rn 140; vgl auch unten Rn C 76). Auch derjenige, der die Behauptung in Kopie in einer Pressekonferenz verteilt, sie zitiert und so verbreitet, macht sie sich regelmäßig zu eigen (BGH NJW 1993, 930, 932; WENZEL Rn 12.52). Eine Ausnahme gilt freilich, soweit mit diesem Zitat in andere Richtung laufende berechtigte Informationsinteressen befriedigt werden sollen, etwa wenn es darum geht, Stimmungen und Entgleisungen in einem Wahlkampf zu schildern. Je nach Lage des Falls muß sich der Berichtende freilich vom Inhalt der Äußerung distanzieren (WENZEL Rn 10.189, 12.52).

b) Die Haftung der Herausgeber und Verleger
Oft wird der Vorwurf sich nicht auf die aktive Verletzung des Persönlichkeitsrechts **C 53** beziehen, sondern darauf, daß Beeinträchtigungen durch Handlungen Dritter nicht verhindert wurden (LARENZ/CANARIS § 80 IV 2). Hier haften primär **Herausgeber** (BGHZ 14, 163, 178; 99, 133, 136; BGH NJW 1978, 210; 1980, 994, 995; 1980, 2810; LM Nr 35 zu Art 5 GG unter I 1; OLG Saarbrücken NJW 1978, 2395, 2396; OLG Frankfurt aM NJW 1996, 1146; LG Lübeck AfP 1996, 406, 409; ERMAN/EHMANN Anh zu § 12 Rn 441; MünchKomm/SCHWERDTNER [3. Aufl 1993] § 12 Rn 313; BGB-RGRK/STEFFEN § 824 Rn 33; LARENZ/CANARIS § 80 IV 2) und **Verleger** (RGZ 148, 154, 162; BGHZ 3, 270, 275 f; 14, 163, 174 f; 39, 124, 129; 99, 133, 136; BGH NJW 1963, 904; 1974, 1762; 1978, 1288, 1289; 1986, 2503, 2504; 1987, 2225, 2226; LM Nr 35 zu Art 5 GG unter I 1; ERMAN/EHMANN Anh zu § 12 Rn 441; MünchKomm/SCHWERDTNER [3. Aufl 1993] § 12 Rn 313; MünchKomm/MERTENS § 824 Rn 31, 65; WENZEL Rn 12.55) als Herren der Publikationen. Hat der Verleger die inhaltliche Gestaltung voll in die Hände des Herausgebers gelegt, ist primär dieser verantwortlich (BGHZ 14, 163, 178), was jedoch – wie auch ansonsten bei der Verkehrspflicht – eine Kontrolle durch den Verleger nicht zur Gänze überflüssig macht (vgl unten Rn E 61). Die von der Rechtsprechung postulierte Sorgfalt ist in diesen Fällen hoch. Je nach Brisanz der Veröffentlichung hat eine **intensive Kontrolle** über die Zulässigkeit im Hinblick auf die Persönlichkeit des Betroffenen zu erfolgen (BGH NJW 1980, 2810, 2811; LARENZ/CANARIS § 80 IV 2) – und zwar durch den Verleger selbst oder einen Dritten, dem jedoch eine **Organstellung** zu

verschaffen ist und für dessen Versäumnisse der Verleger demgemäß nach § 31 ohne die Möglichkeit der Exkulpation einzustehen hat (BGHZ 24, 200, 213 f; 39, 124, 130; BGH NJW 1965, 685, 686; 1980, 2810, 2811; LM Nr 16 zu Art 5 GG unter II 2; Nr 746 zu § 1 UWG unter II 4 [Restaurantkritik]; BGB-RGRK/STEFFEN § 824 Rn 33; offen gelassen in BGH NJW 1963, 904). Der Verleger ist daneben verpflichtet, den Schriftleitern bei brisanten Meldungen eine besonders **strenge Prüfung** auf den Wahrheitsgehalt hin vorzuschreiben; unterläßt er dies, haftet er **aufgrund eigenen Verschuldens** (RGZ 148, 154, 162; BGH NJW 1957, 1149, 1150). Selbst wenn nach diesen strengen Regeln eine Exkulpation noch in Frage kommen sollte, haftet der Verleger zwar nicht auf Schadensersatz; die Ansprüche des § 1004 blieben davon indes unberührt (BGHZ 3, 270, 275 f). Eine **politische Partei** ist verpflichtet, bei Verwendung von Fotos in einer von ihr herausgegebenen Wahlkampfbroschüre die Einwilligung der abgebildeten Personen einzuholen; schaltet sie eine Werbeagentur ein, so muß sichergestellt sein, daß diese ordnungsgemäß handelt (BGH NJW 1980, 994, 995 f; LARENZ/CANARIS § 80 IV 2, der diese Pflicht als Verkehrspflicht bei mittelbaren Beeinträchtigungen interpretiert; WENZEL Rn 12.56). Da die Partei von vornherein jede Sorgfalt außer acht ließ, war im konkreten Fall auch Verschulden und damit ein Anspruch auf Entschädigung gegeben (BGH NJW 1980, 994, 995; zweifelnd LARENZ/CANARIS § 80 IV 2); dies gilt um so mehr, als die Partei nach Erlaß, aber vor Zustellung der einstweiligen Verfügung die Verteilung der Broschüre forciert fortsetzte, und zwar mit der Begründung, ihr sei das Urteil offiziell noch nicht bekannt.

c) Die Haftung des Redakteurs

C 54 Persönlichkeitsverletzungen können vor allem bei **Nachlässigkeit der Redaktion** drohen. Dabei ist regelmäßig der **Chefredakteur** verantwortlich (BGHZ 24, 200, 210; LG Lübeck AfP 1996, 406, 409; ERMAN/EHMANN Anh zu § 12 Rn 441; WENZEL Rn 12.58), daneben der **im Impressum genannte verantwortliche Redakteur**. Er haftet auch dann, wenn er die verletzende Äußerung weder verfaßt bzw redigiert noch ihren Abdruck veranlaßt hat. Dies folgt zwar nicht aus der strafrechtlichen Verantwortung, weil das Zivilrecht insoweit anderen Regeln folgt; es genügt aber, daß der Redakteur aufgrund der ihm zugewiesenen Aufgabe, die gerade den Sinn hatte, die dem Verleger und Herausgeber der Zeitung allein nicht mögliche Inhaltskontrolle auf eine breitere Basis zu stellen, **das Erscheinen des Artikels hätte verhindern können und müssen** (BGH NJW 1974, 1762; 1977, 626, 627; OLG Düsseldorf NJW 1980, 599; KG NJW 1991, 1490, 1491; ERMAN/EHMANN Anh zu § 12 Rn 441; SOERGEL/ZEUNER Rn 96; MünchKomm/MERTENS § 824 Rn 71; BGB-RGRK/STEFFEN § 824 Rn 33; LARENZ/CANARIS § 80 IV 2; WENZEL Rn 12.57; iE auch OLG Frankfurt aM NJW 1996, 1146). Dasselbe gilt für Ressortleiter und Redakteure innerhalb ihres Bereichs (WENZEL Rn 12.58). Die **presserechtliche Verantwortlichkeit** gibt einen Anhaltspunkt dafür, gegen wen sich der Anspruch richtet (BGHZ 14, 163, 175; BGH NJW 1976, 799, 800; MünchKomm/SCHWERDTNER [3. Aufl 1993] § 12 Rn 313; anders BGHZ 24, 200, 211 [keinerlei Indizwirkung]). Indes läßt sich nicht der Gegenschluß ziehen, daß mit der fehlenden presserechtlichen Verantwortlichkeit auch die zivilrechtliche Passivlegitimation ausscheide (BGH NJW 1976, 799, 800; MünchKomm/SCHWERDTNER [3. Aufl 1993] § 12 Rn 313). Zwar ist im Rahmen von § 1 UWG anerkannt, daß Verleger und Redakteure bei der Veröffentlichung von dem Gesetz zuwiderlaufenden Anzeigen nur bei groben, unschwer erkennbaren Verstößen haften (BGH NJW 1972, 2302, 2303; 1992, 2765; 1992, 3093, 3094; LM Nr 553 zu § 1 UWG unter II 1 c; Nr 674 zu 1 UWG unter III). Diese Regeln sind auf den Textteil indes nicht übertragbar. Auch hier gibt es indes eine Grenze. Hat der Autor als Fachmann oder Wissenschaftler einen Namen, haften Verleger und verantwortliche Redakteur nur, wenn es Anlaß zu Mißtrauen gab und daher eine Prüfungspflicht bestand (BGH NJW 1966, 1857; MünchKomm/Mertens § 824 Rn 69; BGB-RGRK/Steffen § 824 Rn 31).

2. Die Differenzierung nach der Art der Publikation

Teilweise wird vorgeschlagen, nach der Art der Publikation zu unterscheiden. Bei **C 55** periodisch erscheinenden Druckwerken hafte der Verlag nicht für die inhaltliche Richtigkeit (BGHZ 14, 163, 178; MünchKomm/Mertens § 824 Rn 66), sondern gegebenenfalls für ein Fehlverhalten der von ihm angestellten Redakteure und Journalisten; etwas anderes könne gelten, wenn „heiße Eisen" angefaßt würden (MünchKomm/Mertens § 824 Rn 66). Dagegen hafte der Verlag bei nicht periodischen Druckwerken (BGHZ 14, 163, 178; MünchKomm/Mertens § 824 Rn 68). Das ist wohl nur eine Faustformel, weil der Inhalt, die Rollenverteilung, nicht jedoch das periodische oder nicht periodische Erscheinen den Ausschlag gibt. Ob jemand in einer Zeitung oder in einem Buch ohne Einwilligung als Zwerg abgebildet wird (Fall nach OLG München NJW 1975, 1129 f), ist für die grundsätzliche Beeinträchtigung ohne Belang, spielt allenfalls eine Rolle für die Höhe der Entschädigung. Dagegen gelten für den **Anzeigenteil** Besonderheiten. Im Grundsatz ist der Verleger zwar auch für ihn verantwortlich (BGHZ 59, 76, 78 f; OLG Saarbrücken NJW 1978, 2395, 2396; MünchKomm/Mertens § 824 Rn 73; BGB-RGRK/Steffen § 824 Rn 33). Doch sind die Anforderungen an die Sorgfalt reduziert. Es bedarf konkreter Anhaltspunkte für einen Mißbrauch (BGHZ 59, 76, 80; OLG Saarbrücken NJW 1978, 2395, 2396; MünchKomm/Mertens § 824 Rn 73). Bei erkennbar rufgefährdenden Annoncen, was beispielsweise bei Kontaktanzeigen der Fall sein kann, sowie bei solchen, die für den Betroffenen erkennbar von großer Bedeutung sind, kann jedoch eine weiter gehende Prüfung durch das Verlagsunternehmen erforderlich sein. (BGHZ 59, 76, 80; OLG Saarbrücken NJW 1978, 2395, 2396; MünchKomm/Mertens § 824 Rn 73). Auch bei **Leserbriefen** haben die Verleger bzw ihre Organe den Wahrheitsgehalt überprüfen zu lassen und haften, wenn sie dies unterlassen (MünchKomm/Mertens § 824 Rn 74). Der Hinweis, für Leserbriefe werde keine redaktionelle Verantwortung übernommen, sie gäben auch nicht die Meinung der Redaktion wieder, genügt nicht (MünchKomm/Mertens § 824 Rn 74).

3. Die Haftung des Informanten

Da – wie stets – im Grundsatz eine mittelbare Verursachung ausreicht, ist **auch der** **C 56** **Informant passivlegitimiert** (BGHZ 50, 1, 3 [zu § 1 UWG]; BGH NJW 1964, 1181, 1182 unter I; 1967, 675, 676 unter B I 2 b [zu § 13 UWG]; 1973, 1460 unter I 3; Erman/Ehmann Anh zu § 12 Rn 451; MünchKomm/Mertens § 824 Rn 72; BGB-RGRK/Steffen § 824 Rn 33; Wenzel Rn 12.51, 12.61). Ob die Initiative von ihm oder der anderen Seite ausgeht, spielt keine Rolle (BGHZ 50, 1, 4; BGH NJW 1973, 1460 unter I 2; Wenzel Rn 12.61). Freilich stellt sich dabei die Problematik des Verantwortungsbereichs des Informanten, wenn der andere Teil – etwa ein Presseorgan – die Mitteilung verändert hat und diese so zu einer Verletzung des Persönlichkeitsrechts führt. Von Rechtsprechung und Literatur sind insbesondere im Bereich der Produktveröffentlichungen unter dem Aspekt des § 1 UWG Lösungsansätze entwickelt worden, die auch für die Passivlegitimation bei der Verletzung des Persönlichkeitsrechts als Argumentationshilfe dienen können (BGH NJW 1964, 1181, 1182 unter I wendet die zu schildernden Regeln für § 1 UWG und für das Persönlichkeitsrecht parallel an; BGB-RGRK/Steffen § 824 Rn 33). Zunächst hatte der BGH generell gefordert, der **Informant müsse sich die Prüfung vorbehalten**, den Journalisten also verpflichten, das Manuskript vor der Veröffentlichung vorzulegen (BGHZ 50, 1, 7 f; BGH NJW 1967, 675, 676 unter B I 2 b; 1973, 1460, 1461; 1987, 2297 unter III 2 b aa mwNw). In einer späteren Entscheidung beschränkt das Gericht die Verantwortlichkeit des Informanten, der sich die Genehmigung des Artikels nicht vorbehalten hatte, auf Fälle, in denen nach den **Umständen des Falles damit gerechnet werden müsse**, daß das Publikationsorgan die – zunächst – **zutreffenden Informationen unrichtig darstellen werde** (BGH NJW-RR 1993, 868, 869; OLG Stuttgart NJW-RR 1991, 1515 [für Werturteile]; ähnl schon BGH NJW 1973, 1460, 1461). Die Lehre weist zutreffend darauf hin, daß ein Genehmigungsvorbehalt regelmäßig nicht durchgesetzt werden könne (WENZEL Rn 5.317 unter Berufung auf BVerfGE 85, 248) bzw daß es zu weit ginge, eine solche Pflicht zu postulieren (MünchKomm/MERTENS § 824 Rn 72); die Haftung des Informanten sei demgemäß auf Fälle zu begrenzen, in denen für einen redaktionellen Beitrag eine Gegenleistung versprochen oder gezahlt werde, er unrichtig informiere oder von sich aus in zu mißbilligender Weise an die Medien herantrete (WENZEL Rn 5.318). Unterschiedliche Ergebnisse dürften aus diesen Ansätzen kaum resultieren. Gegenüber der Produktinformation muß im Bereich der Persönlichkeitsverletzung noch weiter eingegrenzt werden. Informationen, mit denen man sich nicht an die Öffentlichkeit wenden darf, begründen eine Haftung auch dann, wenn sie wahr sind (vgl schon BGH NJW 1964, 1181, 1182 unter I). Details über die Intimsphäre etwa dürfen grundsätzlich auch nicht auf dem Umweg über die Medien preisgegeben werden (vgl näher unten Rn C 188).

4. Die Haftung der sonstigen Mitarbeiter und Verbreiter

C 57 Grundsätzlich können auch die **technischen Verbreiter** einer verletzenden Äußerung in Anspruch genommen werden, etwa Verlage, Grossisten, Buchhandlungen, Kioske oder ähnliches (BGH NJW 1976, 799, 800; MünchKomm/SCHWERDTNER [3. Aufl 1993] § 12 Rn 313; MünchKomm/MERTENS § 824 Rn 31; WENZEL Rn 10.199). Ein praktisches Bedürfnis dazu wird in einer Reihe von Fällen bestehen. So liegt es etwa, wenn die Schrift schon gedruckt ist und nur noch beim Vertreiber angehalten werden kann, umgekehrt Autor und Verlag sich darauf berufen, das Werk sei nunmehr ihrer Einflußnahme entzogen (BGH NJW 1976, 799, 800; MünchKomm/SCHWERDTNER [3. Aufl 1993] § 12 Rn 313; WENZEL Rn 10.199), oder aber ein Vorgehen gegen die Hauptverantwortlichen mit Aussicht auf Erfolg deswegen nicht möglich ist, weil sie sich im Ausland befinden und der Gerichtsschutz dort nicht ausreicht (BGH NJW 1976, 799, 800; WENZEL Rn 10.200). Regelmäßig wird es freilich am Verschulden fehlen, so daß lediglich der auf § 1004 Abs 1 analog gestützte Unterlassungsanspruch in Betracht kommt (WENZEL Rn 10.199; anders konsequenterweise, wenn der technische Verbreiter die Persönlichkeitsverletzung kannte oder kennen mußte; vgl ERMAN/EHMANN Anh zu § 12 Rn 441); auch dieser bezieht sich nicht auf die Aufstellung der Behauptung selbst, sondern nur auf die Herstellung der Druckschrift und deren Vertrieb. Auch ansonsten sind einige Besonderheiten zu beachten.

a) Die Verantwortlichen

C 58 So bedarf der Kreis der in Anspruch zu nehmenden technischen Verbreiter der Eingrenzung (WENZEL Rn 10.186, 12.53); es wäre absurd, den Zeitungsausträger als Klagegegner zu betrachten (MünchKomm/MERTENS § 824 Rn 31). Allerdings läßt sich die ältere strafrechtliche Judikatur, die ein Verbreiten verneint, wenn eine bereits ausgelieferte Schrift weitergegeben wird (KG [St] JW 1930, 1239, 1240 mit iE, nicht aber in der Begründung zust Anm von Radbruch; **aA** BayObLG [St] JW 1930, 2147 f; WENZEL Rn 10.199), nicht unbesehen auf die hier interessierende Problematik übertragen, jedenfalls nicht, wenn erst durch den Verbreiter die Schrift an einen größeren Personenkreis weitergegeben wird (BGH NJW 1976, 799, 800). Doch sind hierbei **Tatbeiträge von untergeordneter Bedeutung** mangels Rechtsschutzinteresses auszuscheiden (vgl unten Rn C 62). Dazu gehören insbesondere die Handlungen von unselbständig Beschäftigten, die zudem durch eine Unterlassungsklage in einen Konflikt mit ihrem Arbeitgeber kommen könnten; aber auch die Post haftet nicht, weil sie ansonsten gezwungen würde, einzelne Sendungen herauszusuchen und von der Beförderung auszuschließen. Umgekehrt läßt sich aber nicht aus der fehlenden presserechtlichen Verantwortlichkeit folgern, damit sei der Verbreiter auch für zivilrechtliche Ansprüche nicht passivlegitimiert (BGH NJW 1976, 799, 800; MünchKomm/SCHWERDTNER [3. Aufl 1993] § 12 Rn 313). Die Verbreitung unwahrer Behauptungen oder von Schmähkritik wird durch Art 5 Abs 1 GG nicht gedeckt (vgl unten Rn C 91, C 107); daher kann deren Untersagung auch nicht gegen die Grundrechte der Betroffenen verstoßen (ebenso iE MünchKomm/SCHWERDTNER [3. Aufl 1993] § 12 Rn 313). Nach hM kann auch von **Bibliothekaren** verlangt werden, daß Schriften, deren Inhalt das Persönlichkeitsrecht verletzen, weder ausgeliehen noch sonst zugänglich gemacht werden (MünchKomm/SCHWERDTNER [3. Aufl 1993] § 12 Rn 313; WENZEL Rn 10.201; ausdrücklich offen gelassen von BGH NJW 1976, 799, 800). Hierbei ist freilich Zurückhaltung geboten, soll nicht das Grundrecht auf freie Information Schaden leiden (vgl die Schilderung der Praxis in den 50er Jahren in den USA bei SCHWINGE, in: FS Reinhardt [1972] 476 ff). Den Bibliothekaren muß zumindest die Unzulässigkeit der Weitergabe mitgeteilt und belegt werden, sei es durch Vorlage eines entsprechenden Urteils, sei es durch die Präsentation einer Unterlassungserklärung des Autors oder Verlages (MünchKomm/SCHWERDTNER [3. Aufl 1993] § 12 Rn 313; WENZEL Rn 10.202). Vor allem kann die Herausgabe nicht verweigert werden, wenn der Benutzer seinerseits ein schutzwürdiges, namentlich von den Grundrechten gedecktes Interesse hat, etwa weil er das Buch zu Forschungszwecken benötigt (WENZEL Rn 10.202).

b) Technische Verbreiter

Regelmäßig ist es den technischen Verbreitern nicht zuzumuten, die Schriften von sich aus auf den Inhalt und seine Vereinbarkeit mit dem Persönlichkeitsrecht zu überprüfen (MünchKomm/SCHWERDTNER [3. Aufl 1993] § 12 Rn 314; BGB-RGRK/STEFFEN § 824 Rn 33). Generell ist der **Haftungsmaßstab zu begrenzen**. So wird im Wettbewerbsrecht erwogen, die Haftung des Druckers für gesetzeswidrige Anzeigen auf Fälle grober und unschwer erkennbarer Verstöße zu beschränken (BGH LM Nr 674 zu § 1 UWG unter III). Dies ist auch bei Verletzungen des Persönlichkeitsrechts für den technischen Verbreiter der angemessene Haftungsmaßstab. C 59

c) Die Haftung bei Periodica

Wie weit die Unterlassungspflicht bei Periodica geht, wenn nur ein Artikel verletzende Äußerungen enthält, ist strittig. Zum Teil wird das Verlangen nach Unterlassung der Auslieferung einer bereits im Druck befindlichen Nummer für unzulässig erachtet (FISCHÖTTER GRUR 1977, 118), jedenfalls wenn dem Interesse des Betroffenen durch einen Widerruf oder durch Schadensersatz Genüge getan werden kann (MünchKomm/SCHWERDTNER [3. Aufl 1993] § 12 Rn 314). **Die hM folgt dem indes nicht**; sie gibt dem Betroffenen das Recht, die Unterlassung der Publikation zu verlangen (BGH NJW 1976, 799, 800; WENZEL Rn 10.200). Das Unterlassungsgebot kann sich allerdings grundsätzlich nur auf eine **konkrete Ausgabe** beziehen; dem Druck- bzw Vertriebsunter- C 60 nehmen ist es regelmäßig nicht zuzumuten, Folgenummern daraufhin zu überprüfen, ob in ihnen unzulässige Äußerungen wiederholt werden (WENZEL Rn 10.200). Davon hat die Rechtsprechung bei einer Unterlassungsklage gegen den **Alleinimporteur** eine Ausnahme gemacht, weil ein Vorgehen gegen den Verleger aus tatsächlichen Gründen keine Aussicht auf Erfolg hatte; dem Verteiler sei es zuzumuten, neue Nummern auf Wiederholungen durchzusehen oder durchsehen zu lassen (BGH NJW 1976, 799, 800 f; MünchKomm/MERTENS § 824 Rn 31). Dies dürfte indes zu weit gehen (skeptisch auch MünchKomm/SCHWERDTNER [3. Aufl 1993] § 12 Rn 314).

5. Rundfunk und Fernsehen

C 61 Natürlich können auch Rundfunk- und Fernsehsender passivlegitimiert sein (BGHZ 66, 182, 187 f; BGH NJW 1963, 484, 485). Namentlich wegen ihrer Funktion, dem Spektrum unterschiedlicher Meinungen einen Markt zu bieten, wenn und soweit sie sich die Äußerungen nicht zu eigen gemacht haben, kann von ihnen kein Widerruf, aber immerhin ein Abrücken der von einem anderen gemachten Aussage verlangt werden (BGHZ 66, 182, 189). Der BGH ist sogar noch weiter gegangen und hat – mangels Wiederholungsgefahr – jeden Anspruch verneint, wenn das Publikationsorgan seiner Pflicht zur ordnungsgemäßen Recherche bei der Veröffentlichung nachgekommen ist (BGH NJW 1986, 2503, 2504 f). Dem ist indes nicht zu folgen. **Wenn die Unrichtigkeit feststeht**, muß sich das Medium zumindest von seiner früheren Aussage distanzieren. Umgekehrt kann auch eine (Verkehrs-)Pflicht des Mediums und seiner Verantwortlichen bestehen, sich schützend vor angegriffene Gäste oder Dritte zu stellen, die in den Sendungen von anderen Interview- oder Talkpartnern angegriffen werden (ERMAN/EHMANN Anh zu § 12 Rn 141). Die Notwendigkeit einer Intervention hängt freilich nicht zuletzt von der Art der Sendung ab; sie ist in Streitgesprächen geringer als bei Lebensbildern und ähnlichem.

6. Mehrere Störer

C 62 Sind mehrere Störer beteiligt, so sind sie alle verantwortlich, ohne daß es auf die Art und den Umfang des Tatbeitrages oder auf das Interesse der einzelnen Beteiligten ankäme (BGH NJW 1976, 799, 800; 1986, 2503, 2504; LM Nr 22 zu § 24 WZG unter IV 1 mwNw [Schutzrechtsverletzung]; OLG Köln UFITA 70 [1974] 323, 327; OLG Koblenz NJW 1992, 1330, 1331; MünchKomm/SCHWERDTNER [3. Aufl 1993] § 12 Rn 312; WENZEL Rn 12.51). Es haften auch **Anstifter und Gehilfen** (BGH NJW 1976, 799, 800; LM Nr 22 zu § 24 WZG unter IV 1 mwNw [Schutzrechtsverletzung]; WENZEL Rn 12.51). Namentlich kann der für Rechtsgeschäfte geltende Satz, daß bei unternehmensbezogenem Handeln nur der Träger des Unternehmens verpflichtet wird, nicht ins Deliktsrecht übertragen werden (OLG Koblenz NJW 1992, 1330, 1331). Allenfalls kann es bei Tatbeiträgen von untergeordneter Bedeutung am Rechtsschutzinteresse fehlen, wenn das Vorgehen gegen die Hauptverantwortlichen die Beeinträchtigung beseitigt hat oder beseitigen kann (BGH NJW 1976, 799, 800; LM Nr 22 zu § 24 WZG unter IV 1 [Schutzrechtsverletzung]; nach BGH GRUR 1976, 256, 257 geht es dabei um die materiell-rechtliche Frage der Abgrenzung von Tätern bzw Gehilfen). Bei Berichterstattung durch unterschiedliche Presseorgane ist die Beeinträchtigung insoweit nicht identisch, als eine unterschiedliche Leserschaft angesprochen wird (BGH NJW 1985, 1617, 1619; VersR 1963, 534, 536; KG AfP 1998, 223, 224 will die zweite Entschädigung aber kürzen). Die Haftung ist nur ausgeschlossen, wenn der Beitrag des – in der Regel später handelnden – Täters keine neue Beeinträchtigung herbeigeführt hat (OLG

25. Titel. **§ 823**
Unerlaubte Handlungen **C 63**

Stuttgart NJW 1983, 1203, 1204; MünchKomm/Schwerdtner [3. Aufl 1993] § 12 Rn 304; ähnl BGH LM Nr 33 zu § 847 unter 3 a). **Ob § 830 Abs 1 S 2 anzuwenden ist, wird unterschiedlich beurteilt** (bejahend MünchKomm/Schwerdtner [3. Aufl 1993] § 12 Rn 304; offen gelassen von OLG Stuttgart NJW 1983, 1203, 1204), dürfte aber zu bejahen sein, weil nur so in Übereinstimmung mit der Wertung des Gesetzes dem Beweisnotstand des Betroffenen Rechnung getragen werden kann. Mehrere Täter haften – was **Schadensersatz oder Entschädigung** angeht – als Gesamtschuldner (MünchKomm/Schwerdtner [3. Aufl 1993] § 12 Rn 304); das gilt namentlich auch für den Informanten, der neben dem Redakteur und dem Verlag herangezogen werden kann (MünchKomm/Schwerdtner [3. Aufl 1993] § 12 Rn 304). Dagegen kann die **Unterlassung** nur hinsichtlich des jeweils eigenen Tatbeitrags verlangt werden (Erman/Ehmann Anh zu § 12 Rn 441).

VI. Der Schutz der Persönlichkeit gegen Herabwürdigung und Entstellung[*]

1. Der Schutz der Ehre

Traditionellerweise wird die **Ehre als ein Teil des Persönlichkeitsrechts** aufgefaßt   **C 63**

---

[*] **Schrifttum:** Adomeit, Wahrnehmung berechtigter Interessen und Notwehrrecht, JZ 1970, 495; Baumgärtel, Die Klage auf Vornahme, Widerruf oder Unterlassung einer Prozeßhandlung in einem bereits anhängigen Prozeß, in: FS Schima (1969) 41; Brehm, Der Anspruch auf Widerruf einer ärztlichen Diagnose, in: FS Hermann Lange (1992) 387; Bund, Das Äußerungsrisiko des Wissenschaftlers, in: FS vCaemmerer (1978) 313; van der Decken, Meinungsäußerungsfreiheit und Recht der persönlichen Ehre, NJW 1983, 1400; Denninger, Freiheit der Kunst, in: Isensee/Kirchhof (Hrsg), Handbuch des Staatsrechts, Bd VI Freiheitsrechte (1989) § 146; ders, Staatliche Hilfe zur Grundrechtsausübung durch Verfahren, Organisation und Finanzierung, in: Isensee/Kirchhof (Hrsg), Handbuch des Staatsrechts, Bd V Allgemeine Grundrechtslehren (1992) § 113; Deumeland, Anm zu OLG Köln, 2. 8. 1983 – 15 U 102/83, MDR 1984, 231; Foerste, Die Produkthaftung für Druckwerke, NJW 1991, 1433; Geppert, Wahrnehmung berechtigter Interessen (§ 193 StGB), Jura 1985, 25; Gounalakis, Freiräume und Grenzen politischer Karikatur und Satire, NJW 1995, 809; ders, „Soldaten sind Mörder", NJW 1996, 481; Grimm, Meinungsfreiheit in der Rechtsprechung des Bundesverfassungsgerichts, NJW 1995, 1697; J Hager, Der Schutz der Ehre im Zivilrecht, AcP 196 (1996) 168; E Helle, Über die Grenzen des negatorischen Ehrenschutzes, NJW 1958, 1524; J Helle, Die Begrenzung des zivilrechtlichen Schutzes der Persönlichkeit und der Ehre gegenüber Äußerungen in rechtlich geordneten Verfahren, GRUR 1982, 207; ders, Der Ausschluß privatrechtlichen Ehrenschutzes gegenüber Zeugenaussagen im Strafverfahren, NJW 1987, 233; Henschel, Die Kunstfreiheit in der Rechtsprechung des BVerfG, NJW 1990, 1937; Isensee, Kunstfreiheit im Streit mit Persönlichkeitsschutz, AfP 1993, 619; Jäger, Wahrnehmung berechtigter Interessen durch Auskunfteien, NJW 1956, 1224; Kiesel, Die Liquidierung des Ehrenschutzes durch das BVerfG, NVwZ 1992, 1129; Kriele, Ehrenschutz und Meinungsfreiheit, NJW 1994, 1897; Kübler, Öffentliche Kritik an gewerblichen Erzeugnissen und beruflichen Leistungen, AcP 172 (1972) 177; Lenckner, Die Wahrnehmung berechtigter Interessen, ein „übergesetzlicher" Rechtfertigungsgrund?, in: GS Noll (1984) 243; Lerche, Schranken der Kunstfreiheit, AfP 1973, 496; Löffler, Presserecht (4. Aufl 1997); Mackeprang, Ehrenschutz im Verfassungsstaat (1990); Mager, Meinungsfreiheit und Ehrenschutz von Soldaten, Jura 1996, 405; Ossenbühl, Medien zwischen Macht und Recht, JZ 1995, 633; Otto, Ehrenschutz in der politischen Auseinandersetzung, JR 1983, 1; Pärn, Tatsachenmitteilung und Tatsachenbehauptung, NJW 1979, 2544; P Schlosser, Zur Beweislast im System des zivilrechtlichen Ehrenschutzes, JZ 1963, 309;

(BGHZ 31, 308, 311; 39, 124, 127 f; 78, 234, 239; 99, 133, 135; BGH NJW 1962, 152; 1977, 1288; 1978, 751, 752; 1979, 1041; 1998, 3047, 3048; LM Nr 17 zu Art 5 GG unter 2 b; OLG Brandenburg NJW 1996, 666 f; ERMAN/EHMANN Anh zu § 12 Rn 117 f; MünchKomm/SCHWERDTNER [3. Aufl 1993] § 12 Rn 250; SOERGEL/ZEUNER Rn 90; LARENZ/CANARIS § 80 II 2 a, der auch den Entstellungsschutz bei nicht ehrenrührigen unwahren Tatsachenbehauptungen mit einbezieht [§ 80 II 1 a]; in der Sache auch BVerfGE 93, 266, 297, 299 f; aA FIKENTSCHER Rn 1230). Dabei stellen sich allerdings mehrere Probleme. Zum einen ist der Begriff der Ehre **ohne rechte Konturen** und in Definitionen schwer zu fassen (vgl die eher vagen Definitionen bei TENCKHOFF JuS 1988, 206; MACKEPRANG 181). Bei Werturteilen ist er zum anderen allenfalls der Ausgangspunkt; ob die Persönlichkeit verletzt ist, kann erst mit Hilfe einer Reihe von Abwägungskriterien geklärt werden. Und schließlich ist der Ehrenschutz gegenüber unwahren Tatsachenbehauptungen zu eng. Das Opfer muß auch davor bewahrt werden, daß unwahre Tatsachen verbreitet werden, wenn diese keinen ehrenrührigen Inhalt haben (vgl unten Rn C 124 und § 824 Rn 1).

2. Die Verletzungstatbestände

C 64 Es liegt daher nahe, primär an die **Verletzungshandlung** anzuknüpfen. Die strafrechtlichen Beleidigungstatbestände können dabei als Ausgangspunkte Hilfestellung bieten. Zum einen geht es um **herabsetzende Werturteile** über eine Person (MünchKomm/ SCHWERDTNER [3. Aufl 1993] § 12 Rn 253; LARENZ/CANARIS § 80 II 2 a; J HAGER AcP 196 [1996] 173; ähnl ERMAN/EHMANN Anh zu § 12 Rn 125; WEITNAUER DB 1976, 1367 f; vgl auch unten Rn C 239). Zum anderen ist die Persönlichkeit **vor unwahren Tatsachenbehauptungen** geschützt

---

SCHMITT GLAESER, Die Meinungsfreiheit in der Rechtsprechung des Bundesverfassungsgerichts, AöR 97 (1972) 276; ders, Meinungsfreiheit und Ehrenschutz, JZ 1983, 95; ders, Die Meinungsfreiheit in der Rechtsprechung des Bundesverfassungsgerichts, AöR 113 (1988) 52; ders, Meinungsfreiheit, Ehrenschutz und Toleranzgebot, NJW 1996, 873; SCHNEIDER, Der Widerruf von Werturteilen, MDR 1978, 613; SCHOLZ/KONRAD, Meinungsfreiheit und allgemeines Persönlichkeitsrecht, AöR 123 (1998) 60; SENDLER, Liberalität oder Libertinage?, NJW 1993, 2157; STARK, Ehrenschutz in Deutschland (1996); ders, Die Rechtsprechung des BVerfG zum Spannungsverhältnis von Meinungsfreiheit und Ehrenschutz, JuS 1995, 689; ders, Verfassungsgerichtsbarkeit und Fachgerichte, JZ 1996, 1033; ders, Die Ehre – das ungeschützte Verfassungsgut, in: FS Kriele (1997) 235; STEFFEN, Wahrheit und Wertung in der Pressekritik II, AfP 1979, 284; STERN, Ehrenschutz und „allgemeine Gesetze", in: FS Hübner (1984) 815; STÜRNER, Die verlorene Ehre des Bundesbürgers – Bessere Spielregeln für die öffentliche Meinungsbildung?, JZ 1994, 865; TENCKHOFF, Grundfälle zum Beleidigungsrecht, JuS 1989, 199; 1989, 457; 1989, 618; 1989, 787; TETTINGER, Die Ehre – ein ungeschütztes Verfassungsgut? (1995); TRÖNDLE, Über die Einflüsse der Medien und des Zeitgeistes auf die Strafjustiz, in: DE BOOR/ MEURER (Hrsg), Über den Zeitgeist, Deutschland in den Jahren 1918 – 1995, Bd II 401; WALCHSHÖFER, Ehrverletzende Äußerungen in Schriftsätzen, MDR 1975, 11; WALTER, Ehrenschutz gegenüber Parteivorbringen im Zivilprozeß, JZ 1986, 614; ders, Anm zu BGH, 10. 6. 1986 – VI ZR 154/85, JZ 1986, 1058; ders, Anm zu BGH, 9. 4. 1987 – I ZR 44/85, NJW 1987, 3140; ders, Anm zu BGH, 13. 10. 1987 – VI ZR 83/87, JZ 1988, 307; WEITNAUER, Anm zu BGH, 24. 10. 1961 – VI ZR 89/59, JZ 1962, 489; ders, Persönlichkeitsschutz und Pressefreiheit (II), DB 1976, 1413; WENZEL, Wahrheit und Wertung in der Pressekritik I, AfP 1979, 276; WIESE, Der Persönlichkeitsschutz des Arbeitnehmers gegenüber dem Arbeitgeber, ZfA 1971, 273; WOLTER, Meinung – Tatsachen – Einstufung – Deutung, Der Staat 36 (1997) 426; WÜRKNER, Anm zu BVerfGE 77, 240, 3. 11. 1987 – 1 BvR 1257/84, NJW 1988, 327.

(MünchKomm/Schwerdtner [3. Aufl 1993] § 12 Rn 253; Larenz/Canaris § 80 II 1 a; J Hager AcP 196 [1996] 173) – und zwar unabhängig davon, ob die Behauptung ehrenrührig ist. Nicht hierher gehört die Aufstellung wahrer Behauptungen (OLG München NJW 1977, 804; Erman/Ehmann Anh zu § 12 Rn 120; MünchKomm/Schwerdtner [3. Aufl 1993] § 12 Rn 254; Larenz/Canaris § 80 II 2 c). Sie kann die Persönlichkeit allerdings wegen der Art der Informationserlangung oder wegen der Prangerwirkung verletzen (Erman/Ehmann Anh zu § 12 Rn 120; Larenz/Canaris § 80 II 2 c; vgl genauer unten Rn C 147 ff). Anspruchsgrundlagen sind § 823 Abs 1 und §§ 823 Abs 2 iVm 185 ff StGB (vgl genauer unten Rn C 258); oft werden sie in einem Atemzug genannt (vgl zB BGHZ 99, 133, 136).

3. Die Ermittlung des Inhalts der Äußerung

a) Die Interpretationsregeln
aa) Der unterschiedliche Ansatz in der Rechtsprechung und Lehre

Für die Auslegung der Äußerung gelten zumindest im Ausgangspunkt die **allgemeinen Interpretationsregeln**. Entscheidend dafür, wie der Inhalt zu verstehen ist, ist demgemäß nach der Rechtsprechung des BGH nicht die Sicht des Erklärenden (BGH NJW 1961, 1913, 1914; 1966, 1213, 1214; 1982, 1805; Wenzel Rn 4. 4) oder seine subjektive Absicht (BGH NJW 1998, 3047, 3048), sondern diejenige des **unbefangenen durchschnittlichen Lesers bzw Hörers** (RG JW 1915, 34; BGHZ 42, 210, 220 [„unkritischer Leser"]; 95, 212, 215; 128, 1, 6 f; BGH NJW 1966, 1213, 1214; 1974, 1762, 1764; 1975, 1882, 1883; 1977, 626; 1978, 1797, 1798; 1982, 1805; 1987, 1398, 1399; 1988, 1589; 1992, 1312, 1313; 1994, 2614, 2616; 1995, 861, 862; 1997, 1148, 1149; 1998, 3047, 3048 [„unvoreingenommenes Durchschnittspublikum"]; LM Nr 13 a zu § 824 unter 2 a; Nr 18 zu § 824 unter I 3 a mwNw; Nr 40 zu Art 5 GG unter B II 2; Nr 20 zu § 823 [G] unter II 2 a [1]; Nr 98 zu § 823 [Ah] unter II 1; Nr 115 zu § 823 [Ah] unter II 3 b; Nr 116 zu § 823 [Ah] unter II 1 a; OLG Hamburg NJW-RR 1993, 1056, 1057; OLG Karlsruhe NJW-RR 1995, 477; OLG Koblenz NJW 1996, 325; OLG München NJW 1997, 62; NJW-RR 1996, 1365, 1366; 1997, 724, 725; OLG Köln VersR 1996, 240, 241; AfP 1998, 404, 406; Wenzel Rn 4. 4; 4. 8; 4. 89), nicht jedoch das subjektive Verständnis des von der Äußerung Betroffenen (BGH NJW 1998, 3047, 3048); dabei ist der **Eigengesetzlichkeit des Mediums Rechnung zu tragen** (BGH NJW 1985, 1621, 1622; 1992, 1312, 1313; LM Nr 40 zu Art 5 GG unter B II 2; OLG München NJW-RR 1996, 1265, 1266; MünchKomm/Mertens § 824 Rn 14; Wenzel Rn 4. 19) und auf den **Gesamtgehalt des Berichts** abzustellen (BGHZ 78, 9, 15; BGH NJW 1981, 2062, 2063; 1985, 1621, 1622; 1992, 1312, 1313; LM Nr 18 zu § 824 unter I 3; Nr 20 zu § 823 [G] unter II 2 a aa [4]; Nr 115 zu § 823 [Ah] unter II 1 a; Nr 116 zu § 823 [Ah] unter II 1 a; OLG Hamburg NJW-RR 1995, 1051, 1052; MünchKomm/ Mertens [3. Aufl 1997] § 824 Rn 12, 14 [„Verkehrsanschauung"]; Wenzel Rn 4. 4). Die Interpretation hat aber auch der Bedeutung namentlich des Art 5 Abs 1 S 1 GG Rechnung zu tragen. Das verbiete es etwa, das flüchtig gesprochene Wort auf die Goldwaage zu legen, umgekehrt aber auch, allzusehr zu simplifizieren. Die Rechtsprechung des BVerfG ist nicht ganz einheitlich; das Gericht will entweder den Äußernden und den Empfänger zugleich berücksichtigen (BVerfGE 61, 1, 9) oder stellt auf das Verständnis des unvoreingenommenen und verständigen Publikums ab (BVerfGE 93, 266, 295; vgl auch Wolter, Der Staat 36 [1997] 449). In jüngerer Zeit rückt der Rezipient wieder stärker in den Vordergrund (BVerfGE 94, 1, 9; Scholz/Konrad AöR 123 [1998] 75, Seitz NJW 1996, 1519). Jedenfalls verbietet es sich, die bloße Möglichkeit, daß einzelne Adressaten die Äußerung im bestimmten Sinn verstehen könnten, zu verallgemeinern (BVerfG NJW 1993, 1463; BGH NJW 1992, 1312, 1313; Wenzel Rn 4. 89). Andere wollen bei einem Widerspruch von subjektiver Erklärungsbedeutung und Verständnis des Empfängers dem Erklärenden den Vorrang einräumen (Wolter, Der Staat 36 [1997]

449 f). Abgesehen von dem Fall einer mehrdeutigen Äußerung (s unten Rn C 71) dürfte eine derartige Differenz selten sein. Der Erklärende muß dann jedoch zumindest plausibel machen, was er ausdrücken wollte.

bb) Die Kriterien

C 66 **Abhängig vom Adressatenkreis muß man daher differenzieren** (BGH NJW 1971, 1655, 1656; WENZEL Rn 4. 6). Setzt ein Flugblatt angesichts seiner Länge ersichtlich politisch interessierte und aufmerksame Leser voraus, so darf nicht der flüchtige Leser als Interpretationsmaßstab herangezogen werden (BVerfGE 43, 130, 140; WENZEL Rn 4. 5; vgl auch BGH NJW 1982, 1805); wendet sich eine Sendung auch und vor allem an ausländische Hörer, so ist deren Verständnis entscheidend (BGH NJW 1985, 1621, 1622; WENZEL Rn 4. 6). Je nach dem Zusammenhang ist bei der Interpretation indes Zurückhaltung geboten. Das Verständnis der angesprochenen Kreise richtet sich gerade bei Fragen, die Politik und Gesellschaft bewegen, nicht stets nach dem exakten philologischen **Sprachgebrauch** (BGH NJW 1971, 1655, 1656; WENZEL Rn 4. 23). Auch **Rechtsbegriffe** sind nicht ausschließlich im technischen Sinne zu verstehen (BVerfGE 85, 1, 19 [„unter Druck setzen" ist nicht identisch mit Nötigung]; BVerfG NJW 1994, 2943, 2944 [„Mörder" nicht iS des § 211 StGB gemeint]; BGH LM Nr 42 zu § 847 unter II 2 c [„Verleumder" als Kennzeichnung des politischen Gegners]; GRUR 1970, 465, 466 [„Veruntreuung" kann „Untreue" meinen]; vgl auch BGH NJW 1968, 644, 646 [„Fälschung" muß nicht bedeuten, daß eine Darstellung völlig frei erfunden ist, wenn gelegentliche Äußerungen unrichtigerweise als Originalbericht ausgegeben wurden]; NJW 1982, 2246, 2247). Eine Rolle kann andererseits ein durch **früheres Verhalten** hervorgerufenes Vorverständnis spielen. Waren in einem Buch Unwahrheiten enthalten, so kann vom Autor in einer bereinigten Fassung größere Zurückhaltung gefordert werden, damit die Erinnerung an die frühere falsche Fassung nicht wieder geweckt wird (BGH NJW 1980, 2801, 2806; WENZEL Rn 4. 13). Zu beachten ist schließlich der **Bedeutungswandel von Begriffen** (OLG Hamm NJW 1982, 659, 660; WENZEL Rn 4. 17). Entscheidend ist dabei der Zeitpunkt der Äußerung; so kann die Wendung „bezahlte Politiker" nicht aufgrund späterer Entwicklungen als der Vorwurf der Abgeordnetenbestechung interpretiert werden (BGHZ 84, 237, 242 f; WENZEL Rn 4. 18; vgl ferner BGH NJW 1978, 1797, 1798). Die Äußerung ist in ihrem **Gesamtzusammenhang** zu beurteilen und darf nicht aus dem Kontext gelöst und isoliert betrachtet werden (BVerfGE 94, 1, 9; BGHZ 132, 13, 20; BGH NJW 1987, 2225, 2226; 1994, 2614, 2615; 1997, 2513; 1998, 3047, 3048; LM Nr 20 zu § 823 [G] unter II 2 a aa [4]; OLG Koblenz NJW 1996, 325; MünchKomm/MERTENS § 824 Rn 13). So ist der Satz, jemandem sei durch die Beratung eines Anwalts ein Schaden entstanden, im Kontext mit der nachfolgenden Aussage zu lesen, die Gerichte hätten eine Klage abgewiesen, weil dem Kläger der Nachweis nicht gelungen sei, das Verhalten des Anwalts sei ursächlich gewesen. Nur den ersten Satz zu betrachten würde dem Aussagegehalt der gesamten Äußerung nicht gerecht (BGH NJW 1997, 2513 f).

b) Die Form der Aussage

C 67 Die Erklärung kann in **jeder Form** geäußert werden, also auch mit Hilfe von Metaphern; bei ihnen ist der Aussagekern zu ermitteln (BVerfGE 61, 1, 9; WENZEL Rn 4. 12). Das gleiche gilt bei **satirischen Äußerungen**; dabei ist dem Umstand Rechnung zu tragen, daß es ihr Wesen ausmacht, zum Lachen zu reizen und mit Übertreibungen, Verzerrungen und Verfremdungen zu arbeiten (BVerfGE 75, 369, 377 f; 82, 278, 295 f; 82, 298, 306 f; 86, 1, 11 f; BVerfG NJW 1998, 1386, 1387; WENZEL Rn 3. 27). Die **Überschrift** prägt zwar das Verständnis des Textes mit, jedoch weniger als dieser selbst; namentlich darf in ihr nicht die unverkürzte Wiedergabe des Inhalts verlangt werden (BVerfGE 85, 23,

35; skeptisch Wenzel Rn 4. 33). Anders ist es, wenn sie eine vollständige Aussage enthält und der Betroffene erkennbar ist (WENZEL Rn 4. 33). Zwischenüberschriften und Hervorhebungen sind dagegen grundsätzlich nur im Zusammenhang mit dem ganzen Text zu interpretieren (WENZEL Rn 4. 33 f). Auch in **Bildern** können Aussagen enthalten sein (BVerfGE 30, 336, 352; 71, 108, 113 f; 75, 369, 377; OLG Hamm NJW 1982, 659, 660; WENZEL Rn 4. 32; SCHOLZ/KONRAD AöR 123 [1998] 84).

c) Konkludente und verdeckte Behauptungen
aa) Die Regeln

Da es um den Sinn der Gesamtaussage geht, sind auch **konkludente Behauptungen** zu werten (BGHZ 74, 9, 18; MünchKomm/MERTENS § 824 Rn 32; WEITNAUER AcP 170 [1970] 449). So kann in einem Vollstreckungsantrag zugleich die Behauptung liegen, der Betroffene sei nicht in der Lage, eine Geldschuld zu bezahlen (BGHZ 74, 9, 18). Keine Behauptung soll dagegen vorliegen, wenn in einem **Zeitungsinserat Personen gesucht werden**, die in gleicher Weise wie der Inserent bzw der Mandant des Inserenten mit einer Firma Geschäfte abgeschlossen hätten (LG Oldenburg AfP 1983, 418); das ist zweifelhaft, weil zumindest der Vertragsschluß des Inserenten behauptet wird. Darüber hinaus sind auch die **sog verdeckten Behauptungen** zu berücksichtigen. Damit sind Aussagen gemeint, die nicht offen fallen, sondern versteckt geäußert werden, sich also erst aus dem Kontext ergeben. Freilich ist schon des Grundrechts der Meinungsfreiheit wegen Zurückhaltung geboten (BGHZ 78, 9, 15; BGH NJW 1987, 1398, 1399; 1987, 2225, 2227; 1992, 1312, 1313; LM Nr 115 zu § 823 [Ah] unter II 3 a, 5; Nr 116 zu § 823 [Ah] unter II 2 b; OLG München NJW-RR 1997, 724, 725); es darf nicht eine Schlußfolgerung, die der Leser selbst aus den ihm mitgeteilten Fakten zieht oder ziehen kann, als eine solche verdeckte Behauptung angesehen werden (BGHZ 78, 9, 15; BGH NJW 1980, 2807, 2808; LM Nr 115 zu § 823 [Ah] unter II 3 a). Vorliegen muß vielmehr eine **eigene Äußerung des Autors**, mit der er eine **zusätzliche Sachaussage** macht bzw sie dem Leser als **unausweichliche Schlußfolgerung nahelegt** (BGH LM Nr 115 zu § 823 [Ah] unter II 3 a, 5; KOHL Anm zu BGH LM Nr 114–116 zu § 823 [Ah] unter 2 c; OLG Hamburg NJW-RR 1995, 1051, 1052; OLG München NJW-RR 1997, 724, 725) oder dem Leser die **Schlußfolgerung abnimmt** (BGHZ 78, 9, 14 ff; BGH NJW 1987, 1398, 1399; ähnl BGH NJW 1982, 1805, 1806; LM Nr 116 zu § 823 [Ah] unter II 2 b [„aufzwingt"]). Dagegen braucht er nicht Mißverständnissen vorzubeugen, aufgrund derer von einigen Hörern oder Lesern Aussagen in den Text hinein interpretiert werden (BGH NJW 1992, 1312, 1313).

bb) Kasuistik

So ist es als eine verdeckte Behauptung angesehen worden, wenn durch Auslassungen und Hinzufügungen bei Zitaten der Eindruck erweckt wurde, jemand habe während der Zeit des NS-Regimes einen Aufsatz im Bewußtsein seiner Bedeutung für die NS-Sterilisationspläne publiziert und sich obendrein an Menschenversuchen beteiligt (BGH NJW 1980, 2801, 2804; insoweit in BGHZ 78, 9 ff nicht abgedruckt). Eine derartige verdeckte Äußerung kann auch in der Zitierung von Auskunftspersonen liegen, die sich – ohne dazu kompetent zu sein – tatsächlich so geäußert haben (WENZEL Rn 14. 16). Die Meldung, ein Vergleich über das Ausscheiden eines Mitarbeiters sei ein wichtiger Schritt dahin, keine mit einer Stasi-Tätigkeit belasteten Mitarbeiter zu beschäftigen, bringt den dort Genannten mit einer Stasi-Mitarbeit in Verbindung (OLG Brandenburg OLG-NL 1996, 274, 275). Dagegen liegt in dem bloßen Bericht, es habe wiederum gestunken, nicht die Behauptung, ein Chemiekonzern habe sich bewußt über eine Ordnungsverfügung hinweggesetzt (BGH NJW 1987, 2225, 2227).

Werden Produkte eines Unternehmens während eines Berichts über Korruptionsvorwürfe gezeigt, so wird damit nicht behauptet, das Unternehmen sei an Schmiergeldzahlungen beteiligt gewesen, die beim Einkauf dieser Produkte an Mitarbeiter von Straßenbauämtern gezahlt worden seien (BGH NJW 1992, 1312, 1313; WENZEL Rn 4. 20). Die Mitteilung, Banken hätten einen Kredit gesperrt und im Aufsichtsrat einer der Banken sitze der Betroffene, enthält nicht die zusätzliche Aussage, er habe seinen Einfluß dazu benutzt, den Kredit zu entziehen (BGH LM Nr 115 zu § 823 [Ah] unter II 3); die Äußerung, jemand sei ein enger Vertrauter, beinhaltet nicht die weitere Behauptung, er habe dieses engen Verhältnisses wegen gehandelt (BGH LM Nr 115 zu § 823 [Ah] unter II 5). Der Hinweis schließlich, in einem Ausschuß herrsche Verschwiegenheitspflicht, bedeutet nicht die Feststellung, dies sei in anderen Ausschüssen nicht der Fall (BGH LM Nr 116 zu § 823 [Ah] unter II 2 b).

d) Zurechnung von Äußerungen Dritter

C 70 Problematisch ist, ob und inwieweit Äußerungen Dritter zugerechnet werden können. Zum Teil wird eine Anwendung der **Grundsätze des § 830 vorgeschlagen** (ERMAN/ EHMANN Anh zu § 12 Rn 132). Das überzeugt hinsichtlich § 830 Abs 1 S 1, wenn die Handelnden als Mittäter auftreten. Doch ist die Norm nicht einschlägig, wenn die Äußerungen Dritter dem Handelnden nicht bekannt sind. Auch wenn er sie kennt, können sie ihm nur angelastet werden, wenn er sie tatsächlich zum Inhalt seiner Äußerung machen will. Dies setzt voraus, daß die Erklärungen als **Teil einer Gesamtaussage gedacht** sind und daß dies kenntlich wird oder daß die Äußerung Dritter vom Täter erkennbar gestützt wird. Die bloße zeitliche und räumliche Nähe etwa im Rahmen einer Demonstration reicht dazu nicht aus (BVerfGE 82, 43, 52 f).

e) Mehrdeutige Äußerungen

C 71 Das Gericht darf bei der Würdigung der Äußerung nicht eine Aussage zugrunde legen, **die so nicht gefallen** ist (BVerfGE 54, 208, 217; 82, 43, 51 f; 82, 272, 280; 85, 1, 13; 86, 122, 129; BVerfG NJW 1991, 1529; 1991, 3023, 3024; 1993, 916; 1997, 2669 f; BGH LM Nr 116 zu § 823 [Ah] unter II 1 a; WENZEL Rn 4. 9; SOEHRING NJW 1997, 362 f), ihr auch keinen Sinn geben, den sie **nach dem festgestellten Wortlaut objektiv nicht hat** (BVerfGE 43, 130, 137; 82, 272, 280; 85, 1, 13 f; 86, 122, 129; 94, 1, 9; BVerfG NJW 1991, 1529; 1991, 3023, 3024; 1993, 916; 1994, 2943; 1997, 2669, 2670; WENZEL Rn 4. 3). Schwieriger ist die Rechtslage zu beurteilen, wenn **objektiv mehrere Deutungen** der Äußerung möglich sind. Dies wird insbesondere dann wichtig, wenn eine Äußerung (auch) als Kundgabe einer Meinung interpretiert werden kann und demgemäß intensiver als eine (reine) Tatsachenbehauptung durch Art 5 Abs 1 S 1 GG geschützt wird (vgl dazu unten Rn C 88 und Rn C 91). Im **Strafrecht** allerdings fällt die Entscheidung wegen der Regel in dubio pro reo relativ leicht. Von mehreren möglichen Deutungen darf sich das Gericht nicht für diejenige Interpretation entscheiden, die zur Verurteilung führt, ohne die anderen unter Angabe überzeugender oder tragfähiger Gründe auszuschließen (BVerfGE 43, 130, 137; BVerfG NJW 1994, 2943; 1991, 1529 [Urteil eines Berufsgerichts]; ähnl BVerfGE 82, 43, 51; BVerfG NJW 1993, 916; wohl auch LARENZ/CANARIS § 80 V 1 a). So muß bei einer Äußerung über Soldaten geklärt werden, ob nur die (beleidigungsfähigen) Soldaten der Bundeswehr gemeint sind oder alle Soldaten der Welt, die als solche keine geschützte Gruppe bilden (BVerfGE 93, 266, 302 f; vgl auch schon oben Rn C 21). **Sehr strittig ist**, ob diese Auslegungsmaxime auch in **zivilrechtlichen Streitigkeiten** gilt, da sich ja zwei Bürger gleichgeordnet gegenüberstehen. **Die hM** – namentlich die Rechtsprechung – bejaht das (BVerfGE 82, 272, 280 f; 85, 1, 14; 86, 122, 129; 94, 1, 9; BVerfG NJW 1991, 3023, 3024; 1992, 2013, 2014; 1993, 1845, 1846; 1997,

2669, 2670; BGH NJW 1998, 3047, 3048 [zugrunde zu legen ist die Deutung, die den Betroffenen weniger beeinträchtigt]; Wenzel Rn 4. 3; Gounalakis NJW 1995, 813; der Sache nach auch BGH NJW 1981, 2117, 2120; LM Nr 115 zu § 823 [Ah] unter II 3 c; **aA** ohne nähere Ausführungen BGH NJW 1980, 2801, 2804). **In der Literatur** wird diese Maxime als verletzerfreundliche Auslegung zT dagegen abgelehnt, da sie gegen das Grundprinzip der objektiven Auslegung verstoße, demzufolge es für die Interpretation auf die Verständnismöglichkeit eines durchschnittlichen und vernünftigen Menschen ankomme; die herabsetzende Wirkung werde nicht dadurch beseitigt, daß es noch andere Möglichkeiten der Auslegung gebe. Schließlich kollidiere es mit dem Prinzip der Selbstverantwortung, wenn sich der Erklärende auf die von ihm intendierte oder für ihn günstigste Auslegung berufen könne; damit ermögliche man dem Angreifer, sich hinter harmlosen Interpretationsmöglichkeiten zu verstecken (Larenz/Canaris § 80 V 1 a). In der Mehrzahl der Entscheidungen des BVerfG war freilich schon das Ergebnis richtig, da dort die Instanzgerichte den Äußerungen einen Sinn beigemessen hatten, der nicht erklärt war (vgl zB BVerfGE 43, 130, 139), eine wahre Tatsachenbehauptung im Wege der Auslegung ergänzt hatten, so daß sie nunmehr unrichtig wurde (vgl zB BVerfG NJW 1991, 3023, 3024), von einer früheren Äußerung eines damals noch sehr jungen Auszubildenden über allgemeinpolitische Fragen auf Gewaltbereitschaft bei der Lösung innerbetrieblicher Konflikte geschlossen hatten (BVerfGE 86, 122, 131) oder die Äußerung interpretierten, ohne den Umständen Rechnung zu tragen, die zu einem engeren Verständnis führten (BVerfG NJW 1992, 2013, 2014; 1993, 1845, 1846). Doch auch ansonsten verdient die **Rechtsprechung den Vorzug**. Wenn nämlich eine Äußerung tatsächlich objektiv mehrdeutig ist, liefe eine Verurteilung auf das Prinzip der verletzerfeindlichen Interpretation hinaus – würde die Auslegung, die keine rechtlich relevante Beeinträchtigung darstellt, doch letztendlich gerade nicht dem Urteil zugrunde gelegt und statt dessen diejenige gewählt, die zur Verurteilung führt. Ohnehin sind die Fälle wohl selten. So war bei der Bezeichnung eines Politikers als „Zwangsdemokrat" schon nach dem Kontext des Interviews hinreichend klar, daß damit nicht das subjektive Streben des Politikers gemeint war, sondern daß es um eine Beschreibung von Tendenzen in der Bevölkerung gegangen war (BVerfGE 82, 272, 283; abl Larenz/Canaris § 80 V 1 a; Seitz NJW 1996, 1519, weil zur Interpretation ein Buch herangezogen wurde, das dem Leser des Interviews nicht notwendig bekannt war).

f) Prozessuale Besonderheiten

Ob der Inhalt der Äußerung richtig interpretiert wurde, ist als Rechtsfrage auch vom Revisionsgericht zu überprüfen (BGHZ 132, 13, 21; BGH NJW 1985, 1621, 1622; 1987, 1403 f; 1992, 1314, 1316; 1994, 2614, 2615; 1997, 2513). Auch das BVerfG ist zur Kontrolle berufen (vgl oben Rn C 14). Fraglich ist demgegenüber, ob darüber, wie denn die Äußerung vom Durchschnittshörer zu verstehen ist, **Beweis erhoben werden** kann. Theoretisch ist eine derartige Beweiserhebung namentlich bei Fernsehsendungen durch Meinungsumfragen möglich. Ist eine solche durchgeführt und wird sie dem Gericht vorgelegt, so ist es jedenfalls ein Verstoß gegen das Gebot, rechtliches Gehör zu gewähren, wenn das Gericht die Umfrage nicht zur Kenntnis nimmt (BVerfG NJW 1993, 1461; Wenzel 4. 89). Damit hat es indessen sein Bewenden. Angesichts des hohen Stellenwerts, den die Meinungsfreiheit im Grundgesetz einnimmt, kann das Gericht **nicht das Umfrageergebnis an die Stelle der eigenen Auslegung** setzen (ebenso iE Wenzel Rn 4. 37). Das gilt um so mehr, als derartige Befragungen ja nie ein einheitliches Resultat liefern, sondern nur Prozentzahlen.

4. Die Abgrenzung zwischen Tatsachenbehauptung und Werturteil

a) Die Kriterien
aa) Der Meinungsstreit
α) Die hM

C 73 Die Unterscheidung zwischen Tatsachenbehauptung und Werturteil ist dogmatisch in mehrfacher Hinsicht von Bedeutung. Zum einen reicht der Schutz des Art 5 Abs 1 S 1 GG unterschiedlich weit (vgl dazu unten Rn C 88 ff, C 91 ff, C 102 ff, C 116 ff), zum anderen divergieren auch die Rechtsfolgen (vgl dazu unten Rn C 271 ff). Ein griffiges Abgrenzungskriterium zu finden ist bislang noch nicht gelungen; dementsprechend umstritten ist das Problem. **Tatsachen** werden definiert als konkrete, nach Zeit und Raum bestimmte, der Vergangenheit oder Gegenwart angehörige Geschehnisse oder Zustände der Außenwelt und des menschlichen Seelenlebens (BGH NJW 1998, 1223, 1224; DRiZ 1974, 27). Die Rechtsprechung und herrschende Lehre grenzt mit Hilfe der Frage ab, ob der Gehalt der Äußerung der objektiven Klärung auf seine Richtigkeit als etwas Geschehenes oder Bestehendes den Mitteln des Beweises zugänglich sei; dann liege eine Tatsachenbehauptung vor (BVerfGE 94, 1, 8; RGZ 101, 335, 338; RG JW 1921, 1530; BGHZ 132, 13, 21; BGH NJW 1978, 751; 1982, 2248, 2249; 1985, 1621, 1622; 1987, 2225, 2226; 1988, 1589, 1590; 1992, 1314, 1316; 1993, 525, 526; 1993, 930, 931; 1994, 2614, 2615 [zu den §§ 823, 824]; 1997, 1148, 1149; 1997, 2513; 1998, 3047, 3048; LM Nr 11 zu § 824 unter III 4; Nr 18 zu § 824 unter I 2 mwNw [grundlegend zu § 824]; Nr 29 zu § 824 unter II 2 a; Nr 20 zu § 823 [G] unter II 2 a [1]; Nr 115 zu § 823 [Ah] unter II 1 a; Nr 116 zu § 823 [Ah] unter II 1 a; OLG München AfP 1983, 278; NJW-RR 1990, 1435; 1996, 1365, 1366; OLG Düsseldorf NJW 1988, 1391; OLG Hamburg NJW-RR 1993, 1056; OLG Karlsruhe NJW-RR 1995, 477, 478; AfP 1998, 72, 73; OLG Koblenz NJW 1996, 325; OLG Frankfurt aM NJW 1996, 1146; NJW-RR 1996, 1490, 1491; OLG Saarbrücken NJW 1997, 1376, 1377 f; OLG Köln AfP 1998, 404, 406; LG Lübeck AfP 1996, 406, 408; LG Paderborn AfP 1998, 331; ERMAN/EHMANN Anh zu § 12 Rn 128; MünchKomm/SCHWERDTNER [3. Aufl 1993] § 12 Rn 255; WALTER JZ 1986, 615; speziell zu § 824 MünchKomm/MERTENS § 824 Rn 12; SOERGEL/ZEUNER § 824 Rn 7). Ob eine **Meinung** richtig oder falsch sei, könne dagegen nicht bewiesen werden (BGH NJW 1978, 751; 1992, 1314, 1316; LM Nr 115 zu § 823 [Ah] unter II 1 a). Sie sei nämlich durch das Element der Stellungnahme, des Dafürhaltens oder Meinens geprägt (BVerfGE 61, 1, 9; 85, 1, 14; 90, 241, 247; BVerfG NJW 1991, 2074, 2075; 1993, 1845; BGH NJW 1994, 124, 126; 1994, 2614, 2615; 1997, 1148, 1149; 1997, 2513, 2514; OLG München NJW-RR 1990, 1435; LG Lübeck AfP 1996, 406, 407; GRIMM NJW 1995, 1698). Meinungen seien durch die subjektive Einstellung des sich Äußernden zum Gegenstand der Äußerung gekennzeichnet (BVerfGE 90, 241, 247; 93, 266, 289; BGH NJW 1998, 3047, 3048; ähnl BVerfGE 33, 1, 14). Inhaltlich dasselbe meint die Unterscheidung, Tatsachen habe man als wahr oder unwahr, Meinungen dagegen als richtig oder falsch zu qualifizieren (BVerfGE 90, 241, 247; BGH NJW 1982, 2246, 2247; 1998, 3047, 3048; WENZEL Rn 4. 43; GRIMM NJW 1995, 1698). Unerheblich für die Einordnung einer Äußerung als Tatsachenbehauptung oder Werturteil ist es dagegen, ob die Äußerung im politischen Meinungskampf gefallen ist; das spielt eine Rolle nur für die Reichweite der Meinungsfreiheit (BGH NJW 1998, 3047, 3048).

β) Die Gegenmeinung

C 74 Dieser Abgrenzung wird in der Literatur zum Teil vehement **widersprochen**. Zum einen gebe es nicht selten Fälle, in denen sich Sachverhalte nicht beweisen, sondern nur bis zu einem gewissen Grad wahrscheinlich machen ließen (WENZEL Rn 4. 41; WALTER JZ 1986, 615; vgl schon RGZ 156, 1, 11). Zum anderen sei die Sicht der hM zirkulär, da die Beweisbarkeit eine Tatsache voraussetze, diese wiederum definiert sei als ein Vorgang, der als solcher der Überprüfung mit Mitteln des Beweises zugänglich sei (LARENZ/Canaris § 79 I 2 a für das Parallelproblem im Rahmen des § 824; KÜBLER AcP 172 [1972] 199; PÄRN NJW 1979, 2547). Entscheidend sei vielmehr, daß die Tatsachenbehauptung einen primär deskriptiven und empirischen Charakter habe, während das Werturteil als subjektive Überzeugung eine Billigung oder Mißbilligung enthalte (LARENZ/CANARIS § 79 I 2 a); vor allem gebe es Äußerungen, die weder Tatsachenbehauptungen noch Werturteile seien, wenngleich sie den Regeln über die Werturteile folgten, namentlich (teilweise) dem Widerruf unzugänglich seien (LARENZ/CANARIS § 79 I 2 a, § 88 I 3 b). Wenngleich der Hinweis auf die Abgrenzungsprobleme sicherlich zutrifft, so ist doch an der hM im Grundsatz festzuhalten. Die Frage der Beweisbarkeit hilft zumindest als heuristisches Prinzip weiter. Jedenfalls in seiner reinen Form entzieht sich das Werturteil – etwa eine Frage des Geschmacks – der Überprüfung mit Mitteln des Beweises (aA LARENZ/CANARIS § 79 I 2 a; doch dürften solche Fragen dem Beweis durch Sachverständigengutachten nicht zugänglich sein). Abgrenzungsproblemen läßt sich begegnen, indem man die Regeln über die Meinungsäußerung anwendet, wenn die subjektive Überzeugung im Vordergrund steht (so auch LARENZ/CANARIS § 79 I 2 a); damit sind iE die Unterschiede zwischen den Auffassungen marginal, sollten sie noch bestehen. Die Frage, ob die Gerichte richtig zwischen Tatsachenbehauptung und Werturteil abgegrenzt haben, ist nicht nur revisibel (BGH NJW 1985, 1621, 1622; 1987, 1398, 1399; 1992, 1314, 1316; 1993, 930, 931; 1994, 2614, 2615; LM Nr 115 zu § 823 [Ah] unter II 1 a; Nr 116 zu § 823 [Ah] unter II 1 a; iE auch BGH NJW 1978, 1797, 1798), sondern kann im Rahmen einer Verfassungsbeschwerde auch im Detail vom BVerfG überprüft werden (vgl oben Rn C 14).

bb) Kasuistik
Als **Tatsachenbehauptung** sind nach diesen Regeln aufzufassen etwa die Leugnung der Verfolgung von Juden während der NS-Diktatur (BVerfGE 90, 241, 249), die Behauptung, ein Arzt operiere überdurchschnittlich lange, dabei sei es zu Blutungen gekommen, von denen die Patienten nichts erfahren hätten, er lüge, wenn er angebe, Operationen selbst durchgeführt zu haben, es sei nicht korrekt, wenn er angebe, daß er in den USA studiert habe (BGH NJW 1997, 1148, 1149), die Aussage, jemand sei schon zweimal pleite gegangen, soweit damit der Eindruck vermittelt wird, die Schilderung beziehe sich auf konkrete Sachverhalte (BGH NJW 1994, 2614, 2616), jemand sei als IM-Sekretär über 20 Jahre im Dienst des Staatssicherheitsdienstes tätig gewesen (BGH NJW 1998, 3047, 3048), ein Politiker habe in einem Ausschuß ein gewisses Verfahren empfohlen und ein Ersuchen der Bundesanwaltschaft auf einen erheblich schwerwiegenderen Straftatbestand verschärft (BGH LM Nr 115 zu § 823 [Ah] unter II 1 und 2), eine Kettenmafia übe ihr Unwesen aus, wenn Details den Vorwurf untermauern (BGH NJW 1993, 525, 526), jemand sei ein Stasihelfer gewesen, wenn in dem anschließenden Artikel Details genannt werden (OLG Hamburg ZIP 1992, 117, 118), ein Parteimitglied sei bei der Einstellung bevorzugt worden (BGH NJW 1982, 1805), jemand sei mit Verlogenheit zu Geld gekommen, da darin die Aussage liege, er habe die Unwahrheit gesagt (BGH NJW 1988, 1589 f; LARENZ/CANARIS § 88 I 3 a). Tatsachenbehauptungen sind desgleichen die Aussagen, eine Fachzeitschrift sei ein Verbandsorgan, eine Vielzahl von Betrieben habe sich dem Verband angeschlossen, Aufträge würden nur an Verbandsmitglieder vergeben (BGH NJW 1970, 378, 381; LM Nr 11 zu § 824 unter III 1–3), eine Teppichkehrmaschine zerpflücke den Teppich (BGH NJW 1966, 2010, 2011), die Angabe, welche Preise für Autos auf dem Markt erzielt würden (BGH NJW 1965, 36,

37), ferner die Aussage, eine Firma besteche Einkäufer ihres Partners (vgl BGH GRUR 1959, 31, 32). Das gleiche gilt für Behauptungen über den Inhalt eines Films, sein Alter und die mitwirkenden Schauspieler (BGH LM Nr 29 zu § 824 unter II 2 a), für die Behauptung, ein Unternehmen habe Industriemüll einfach weggekippt (BGH NJW 1987, 2225, 2226), für die mit Fakten unterlegte Behauptung, ein Arbeitgeber beute seine Arbeitnehmer aus (LG Essen JZ 1972, 89, 91 f), für die Aussage, ein Gerät habe bestimmte Eigenschaften nicht (OLG Hamm VersR 1993, 231), jemand sei wegen eines Delikts in Haft genommen worden (OLG Karlsruhe NJW-RR 1995, 477, 478). Eine Tatsache behauptet ferner, wer die Wirkung etwa von Koffein beschreibt (RG MuW 1937, 386, 388) oder einen Stoff als krebserregend bezeichnet (BGH VersR 1994, 1479; **aA** OLG München VersR 1994, 1478, 1479). Dazu zählt auch die Aussage eines Testamentsvollstreckers, die Authentizität veröffentlicher Memoiren sei nicht sichergestellt, wenn gleichzeitig der Eindruck erweckt wird, die Zweifel seien durch hinreichende Beweismittel untermauert (BGH LM Nr 18 zu § 824 unter I 3 b), die Aussage, Mitgliedschaften in Buchclubs seien relativ kurzlebig, wenn gleichzeitig Zahlen über den Prozentsatz der kündigenden Mitglieder genannt werden (BGH LM Nr 23 zu § 138 ZPO unter II 1 a), die Werbe- und Verwaltungskosten eines um Spenden sich bemühenden Vereins seien unvertretbar hoch, wenn es Richtlinien mit Prozentsätzen gibt (OLG Koblenz NJW 1996, 325). Hierher gehört auch die Fälschung eines Kunstwerks; konkludent wird behauptet, es stamme von dem, dessen Signatur etwa auf dem Gemälde erscheint (BGHZ 107, 384, 391; SOERGEL/ZEUNER Rn 78). **Meinungsäußerungen** sind dagegen vor allem Behauptungen aus subjektiver Perspektive, namentlich soweit sie auf weltanschaulichen oder religiösen Perspektiven beruhen (MünchKomm/MERTENS § 824 Rn 16), ferner die Bezeichnung als Mörder (BVerfGE 86, 1, 9; BVerfG NJW 1994, 2943; RGZ 98, 36, 38), Krüppel (BVerfGE 86, 1, 13), Oberfaschist (BGHZ 99, 133, 135), Zwangsdemokrat (BVerfGE 82, 272, 282), Kredithai (BVerfGE 60, 234, 242), Schwindelfirma (RGZ 101, 335, 338; 151, 117, 124; MünchKomm/MERTENS § 824 Rn 15), nicht verantwortungsbewußt (BGH LM Nr 11 zu § 824 unter III 4), zwiespältiger Charakter (BGHSt 12, 287, 291), Schuft (RGZ 98, 36, 38), korrupt (OLG Celle HESt 1 Nr 23 = S 61, 63), illegal (BGH NJW 1982, 2246, 2247), Nazisekte (OLG Hamburg AfP 1992, 165), Sympathisant von Terroristen (BGH NJW 1978, 1797, 1798), Halsabschneider (BGH VersR 1977, 640, 642; LM Nr 40 zu Art 5 GG unter III 2 b), die Kennzeichnung einer Fernsehansagerin als ausgemolkene Ziege (BGHZ 39, 124, 127), die Einschätzung, jemand sei nicht in der Lage, ein Unternehmen ordnungsgemäß zu liquidieren (OLG München NJW 1997, 62), der Vorwurf, eine Zeitung mache über Emotionen und Vorurteile Politik, rufe dazu auf, gegen Minderheiten aufzutrumpfen, Haß und Angst gegen sie zu schüren (BVerfGE 66, 116, 149; BGH NJW 1981, 1091, 1095), jemand habe „fix und clever" gehandelt (offen gelassen von BGH GRUR 1968, 314, 316; **aA** MünchKomm/MERTENS § 824 Rn 15), jemand sei nicht qualifiziert genug, ein Unternehmen zu beraten (BGH LM Nr 36 zu § 823 [Ah] unter II 2), jemand komme als Gutachter nicht in Betracht (RG JW 1921, 1530), jemand wisse, wie man gekonnt pleite gehe (BGH NJW 1994, 2614, 2615), ein Angebot sei Schwindel und Betrug (LG Paderborn AfP 1998, 331). Hierher gehört auch die Aussage, eine Zeitungsgruppe sei nur durch brutalen Machtmißbrauch zustande gekommen, in ihrem Haus herrsche eine brutale Grundstimmung (BGH NJW 1981, 2117, 2119 f), jemand führe seine Feder wie eine Dreckschleuder (BGH LM Nr 42 zu § 847 unter I), die Buchgemeinschaften bestimmten seit Jahren selbst das Ausmaß unlauterer Vertreterwerbung (BGH LM Nr 23 zu § 138 ZPO unter II 2 b), die Zusatzbezeichnung eines Arztes als Schmerztherapeut sei wertlos (OLG Karlsruhe AfP 1998, 72, 73), das Informationsverhalten eines Vereins sei unzureichend (OLG Koblenz NJW 1996, 325, 326), aber auch die Erklärung, es erscheine unklug, jemand anderem die

Verantwortung zuschieben zu wollen (BGH LM Nr 115 zu § 823 [Ah] unter II 4 b). Dasselbe gilt für Werbesprüche (BGH WM 1973, 1336). Ein Grenzfall ist die Einstufung der Äußerung, eine religiöse Sekte lehne Feuerwehr, Rotes Kreuz, Bundeswehr oder Zivildienst ab, als Werturteil (so OLG Köln AfP 1998, 404, 406).

b) Grenzfälle
Es bleiben Zweifelsfälle. So soll die **Äußerung eines Verdachts** nach hM Tatsachenbehauptung sein (RGSt 60, 373, 374; OLG Hamburg NJW-RR 1996, 90, 91), die **einer bloßen Vermutung** dagegen Meinungsäußerung (BGH NJW 1951, 352; 1978, 2151 f; LM Nr 18 zu § 824 unter I 3 b; WENZEL Rn 4. 52). Doch ist das nicht mehr als ein erster Anhaltspunkt. Je nach dem Sinn der Äußerung kann es auch geradewegs umgekehrt sein (ERMAN/EHMANN Anh zu § 12 Rn 133). **Spekulative Äußerungen** sind jedenfalls als Tatsachenbehauptung zu werten und insoweit für den Beweis offen, als sie die Behauptung der möglichen Wahrheit beinhalten (MünchKomm/MERTENS § 824 Rn 18) oder durch eine zu zurückhaltende Einschränkung den unbefangenen Zuhörer nicht davon abhalten, die Äußerung als endgültig anzusehen (BGH NJW 1997, 1148, 1149). **Unsubstantiierte Urteile** sind dagegen Wertungen (MünchKomm/MERTENS § 824 Rn 15), wie etwa der Vorwurf, eine Werbung enthalte täuschende Versprechen (BGH NJW 1970, 187, 189), ein Verhalten sei Sabotage (BGH NJW 1971, 1655, 1656). **Fragen** spielen für den Meinungsbildungsprozeß eine wichtige Rolle, da sie die Aufmerksamkeit auf Probleme lenken; sie stehen daher unter dem Schutz des Art 5 Abs 1 S 1 GG. Sie können allerdings nicht falsch oder richtig, wahr oder unwahr sein, sondern bilden eine **eigene semantische Kategorie**; konsequenterweise sind sie als Meinungsäußerung und nicht als Tatsachenbehauptung einzuordnen (BVerfGE 85, 23, 31 f; ERMAN/EHMANN Anh zu § 12 Rn 130; GRIMM NJW 1995, 1699 f; SCHOLZ/KONRAD AöR 123 [1998] 90; **aA** LARENZ/CANARIS § 88 I 3 c). Das gilt freilich **nicht für rhetorische Fragen**, die nicht für verschiedene Antworten offen sind und daher trotz ihrer Einkleidung eine Tatsachenbehauptung enthalten (BVerfGE 56, 23, 31 f; RGSt 60, 373, 374; ERMAN/EHMANN Anh zu § 12 Rn 130; WENZEL Rn 4. 52; SCHOLZ/KONRAD AöR 123 [1998] 90; ebenso iE OLG Düsseldorf NJW 1988, 1391). Dasselbe muß gelten, wenn und soweit eine Frage zT diesen Charakter hat (ERMAN/EHMANN Anh zu § 812 Rn 130; LARENZ/CANARIS § 88 I 3 c). Auch ein hoher Tatsachenanteil macht die Frage noch nicht zu einer Tatsachenbehauptung, solange es um eine inhaltlich noch nicht feststehende Antwort geht und der Fragende den Zweck seiner Äußerung nicht bereits mit der Stellung der Frage erreicht hat; dabei ist von einem weiten Begriff der Frage auszugehen, um das Grundrecht wirksam zu schützen (BVerfGE 85, 23, 33). Eine Behauptung über eine (innere) Tatsache liegt vor, wenn die **Absicht des Betroffenen behauptet** wird, er werde sich in Zukunft in der angekündigten Weise verhalten (BGHZ 128, 1, 11; BGH NJW 1998, 1223, 1224; LM Nr 13 zu § 824 unter I 2 a; MünchKomm/MERTENS § 824 Rn 10). Dagegen soll keine Tatsachenbehauptung vorliegen, wenn **der Betroffene selbst ein Verhalten für die Zukunft ankündigt** (BGH NJW 1998, 1223, 1224). Das ist **zumindest schief**, da ja die Absicht regelmäßig besteht. Dann allerdings kommt wegen der Wahrheit der Aussage – und nicht mangels einer Tatsachenbehauptung – ein Widerruf nicht in Betracht. Die Fälle sind mit Hilfe des Wettbewerbsrechts zu lösen, soweit dieses einschlägig ist (insoweit ist BGH NJW 1998, 1223, 1224 zu folgen).

c) Die Verschränkung von Tatsachenbehauptung und Werturteil
aa) Überwiegen des Werturteils
Enthalten Äußerungen sowohl Tatsachenbehauptungen als auch Werturteile, so gelten für jeden Bestandteil im Prinzip die **jeweils einschlägigen Regeln** (MünchKomm/

MERTENS § 824 Rn 23; LARENZ/CANARIS § 79 I 2 d; OTTO JR 1983, 5; J HAGER AcP 196 [1996] 214). Der Tatsachenanteil einer Aussage kann aber so **substanzarm** sein, daß er in den Hintergrund tritt und die Äußerung insgesamt als Kundgabe einer Meinung zu gelten hat (BVerfGE 61, 1, 9; BGHZ 45, 296, 304; BGH NJW 1992, 1314, 1316; 1993, 930, 931; 1998, 3047, 3048; LM Nr 18 zu § 824 unter I 2; Nr 115 zu § 823 [Ah] unter II 4 a cc und 4 b; Nr 116 zu § 823 [Ah] unter II 1 b; OLG Karlsruhe NJW-RR 1995, 477, 478; BGH [St] NJW 1955, 311 mwNw; OLG Brandenburg NJW 1996, 1002; MünchKomm/MERTENS § 824 Rn 24; OTTO JR 1983, 5). Denn dann nimmt nach allgemeinen Interpretationsregeln der Erklärende nicht in Anspruch, eine der intersubjektiven Verifizierung zugängliche Behauptung zu äußern (MünchKomm/MERTENS § 824 Rn 15). Derart substanzarm sind etwa die Äußerungen, das Adenauer-Regime versuche durch Anwendung faschistischer Regierungs- und Unterdrückungsmethoden, durch Entrechtung der Arbeiter die Politik des Generalkriegsvertrages durchzusetzen (BGH [St] NJW 1955, 311), der Titel eines Zeitschriftenartikels sei eine auf Dummenfang abzielende Überschrift (BGHZ 45, 296, 304), eine Partei sei die NPD Europas (BVerfGE 61, 1, 9), jemand mißbrauche seine Dienstfunktion, verhalte sich unkollegial und habe von der Möglichkeit einer schnelleren Klarstellung keinen Gebrauch gemacht, deswegen Dritten etwas zugemutet, wenn der Vorwurf nicht durch Tatsachen substantiiert wird (BGH NJW 1992, 1314, 1316), das Parlament sei getäuscht worden, wenn dabei der Name des angeblich Manipulierenden nicht fällt (BGH LM Nr 115 zu § 823 [Ah] unter II 4 a bb), jemand habe durch in der Erklärung selbst nicht mitgeteilte Fakten zur Vorverurteilung eines Dritten beigetragen (BGH LM Nr 116 zu § 823 [Ah] unter II 1 b), ein Beamter tue nichts (OLG Brandenburg NJW 1996, 1002). Um eine Meinungsäußerung geht es schließlich, wenn eine Fernsehansagerin mit einer ausgemolkenen Ziege verglichen wird (BGHZ 39, 124, 125 f).

bb) Überwiegen der Tatsachenbehauptung

C 78 Die Maxime, daß die Gerichte den gesamten Text ihrer Beurteilung zugrundezulegen und ihn umfassend zu interpretieren haben, bedeutet auf der anderen Seite, daß **Tatsachenbehauptungen in Werturteile gekleidet sein können**. Dies war freilich lange Zeit strittig. Das Reichsgericht hatte etwa bei Pauschalbehauptungen stets nur ein Werturteil angenommen (RGZ 88, 437, 438 f; 101, 335, 338 [„Schwindelfirma"]). Doch ist dem nicht undifferenziert zu folgen; es gilt vielmehr nur, wenn aus wahren Tatsachen Schlüsse gezogen werden, über deren Berechtigung man streiten kann (LARENZ/CANARIS § 79 I 2 b). Anders liegt es, wenn **im Werturteil ein Tatsachenelement enthalten** und die Behauptung in dieser Hinsicht unwahr ist, etwa weil der Erklärende den angeblichen Patentverletzer mit einem Dritten verwechselt (MünchKomm/MERTENS § 824 Rn 27; LARENZ/CANARIS § 79 I 2 b; WENZEL AfP 1979, 278; J HAGER AcP 196 [1996] 215) oder ein angeblicher Test nie stattgefunden hat (OLG Frankfurt aM NJW 1996, 1146). Dasselbe gilt, wenn und soweit beim Adressaten sogleich die Vorstellung von konkreten Vorgängen hervorgerufen wird (BGHZ 132, 13, 21; BGH NJW 1965, 294, 295; 1982, 2246, 2247; 1982, 2248, 2249; 1993, 930, 931; 1994, 2614, 2615; LM Nr 46 zu § 823 [Ah] unter II 2 e; Nr 20 zu § 823 [G] unter II 2a [1]; GRUR 1965, 381, 384; OLG Karlsruhe NJW-RR 1995, 477, 478; OLG Köln AfP 1998, 404, 406; LG Lübeck AfP 1996, 406, 408; MünchKomm/MERTENS § 824 Rn 10, 13, 20; OTTO JR 1983, 5; iE auch OLG München NJW-RR 1996, 1365, 1366). So ist es etwa, wenn eine wertende Zusammenfassung sich als Würdigung von Einzeltatsachen darstellt (BGH NJW 1988, 1589, 1590; OLG Karlsruhe NJW-RR 1995, 477, 478), wenn der Vorwurf illegalen Handelns, der in der Regel nur eine Meinungsäußerung beinhaltet, durch die Mitteilung untermauert wird, es habe an der Erlaubnis für die Einfuhr von Tierfellen gefehlt (BGH NJW 1993, 930, 931), oder die Anschuldigung, jemand habe einen anderen betrogen, durch Schilderungen über tatsächliche Vorkommnisse ergänzt wird (BGH NJW 1982, 2246, 2247; 1982, 2248, 2249; ähnl LM Nr 20 zu § 823 [G] unter II 2 a [1]: „Betrugsmasche", „Taschenspielertricks"). Allerdings ist es wichtig, den Tatsachenanteil genau herauszufiltern. Der Täter ist nicht verpflichtet, die gesamte Äußerung zu widerrufen, sondern nur insoweit, als sie einen – unwahren – Tatsachenkern enthält (J HAGER AcP 196 [1996] 215).

cc) Trennungs- und Einheitslösung
α) Der Meinungsstand
Umstritten ist die Rechtslage, wenn Tatsachenbehauptungen und Meinungsäußerungen **schwer oder gar nicht trennbar ineinander verwoben** sind. Nach **hM** wird dann der **Text als ganzer als Meinungsäußerung** geschützt. Dies gilt namentlich, wenn eine Trennung geeignet wäre, den Sinn der Aussage aufzuheben und zu verfälschen und wenn der tatsächliche Gehalt der Aussage gegenüber der Wertung in den Hintergrund tritt. Der Grundrechtsschutz darf nicht dadurch verkürzt werden, daß ein tatsächliches Element aus dem Zusammenhang gerissen und isoliert betrachtet wird; der Begriff der Meinungsäußerung ist vielmehr umfassend zu definieren (BGH NJW 1994, 2614, 2615; LM Nr 116 zu § 823 [Ah] unter II 1 c und 2 b; OLG München VersR 1994, 1478, 1479; LG Lübeck AfP 1996, 406, 407; MünchKomm/MERTENS § 824 Rn 23. BVerfG NJW 1991, 2074, 2075; 1993, 1845, 1846; BGH NJW 1994, 124, 126; GRIMM NJW 1995, 1699 schützen die Aussage insgesamt, wenn sich Meinungsäußerung und Tatsachenbehauptung nicht trennen lassen. BVerfGE 85, 1, 15; 90, 241, 248 erweitern den Schutz, wenn eine derartige Veränderung der Aussage mit der Trennung verbunden wäre – also nicht schon bei der Möglichkeit; nach BGHZ 132, 13, 21 darf die Tatsachenbehauptung nicht aus der Gesamtäußerung herausgerissen werden; ähnl schon BVerfGE 61, 1, 9; anders entschied die frühere Rechtsprechung; vgl zB BGHZ 3, 270, 273). So ist die Leugnung der Schuld Deutschlands am Ausbruch des zweiten Weltkrieges eine Meinungsäußerung (BVerfGE 90, 1, 15). Freilich ist in der Abwägung zu berücksichtigen, daß ein Werturteil (auch) auf einer falschen Tatsache basiert; das Grundrecht der Meinungsäußerung wird dann regelmäßig zugunsten des anderen Rechtsguts zurücktreten (BVerfGE 90, 241, 248 f; BVerfG NJW 1993, 1845, 1846; OLG München VersR 1994, 1478, 1479; der Sache nach auch BVerfGE 85, 1, 20: kein Vorrang unrichtiger Informationen vor den kollidierenden Rechtsgütern Dritter). Diese Position wird **von der Lehre zT abgelehnt**. Denn die hM mißachte nicht nur die Komplexität und den Mischcharakter menschlicher Äußerungen, sondern privilegiere auch bloße Pauschalbehauptungen (LARENZ/CANARIS § 79 I 2 b im Rahmen des § 824; ders § 88 I 3 a für die Abgrenzungsproblematik in den übrigen Fällen). Damit werde letztendlich der Rechtsschutz des von der Aussage Attackierten verkürzt (LARENZ/CANARIS § 79 I 2 b; KRIELE NJW 1994, 1900). Entscheidend sei vielmehr, ob der Fehler in den tatsächlichen Grundlagen liege oder sich der Streit nur um deren Bewertung sowie darum drehe, welche Konsequenzen zu ziehen seien; ein Widerruf scheide nur im zweiten Fall aus (LARENZ/CANARIS § 88 I 3 a; iE auch GRIMM NJW 1995, 1699).

β) Stellungnahme
Für die Lösung dürfte **zu differenzieren** sein. Lassen sich die Bestandteile trennen, so ist der These der Literatur zu folgen. Steht etwa fest, daß jemand für die Schließung einer Abteilung in einem Krankenhaus verantwortlich ist (Bsp nach BVerfG NJW 1993, 1845, 1846 modifiziert), dann beinhaltet die Äußerung, er habe diese Abteilung heruntergewirtschaftet, ein **zusätzliches Werturteil**. Wird umgekehrt jemand bezichtigt, bereits zweimal pleite gegangen zu sein, obwohl er nie in Konkurs gefallen bzw insolvent geworden ist, dann ist die Tatsachenbehauptung zu widerrufen – ungeachtet des Umstandes, daß in dem Wort auch eine wertende Stellungnahme steckt. Anders

ist dagegen zu entscheiden, wenn sich in der Äußerung zwar ein **wahrer Tatsachenkern** findet, dieser durch das Werturteil aber eine **weiter gehende Bedeutung** erhält. Ist die Darstellung in ihrem Kern wahr, dann ist die Übertreibung nach den Regeln der Meinungsäußerung geschützt. Einen Grenzfall bildet die Interpretation des Worts „Bespitzeln" in einem Flugblatt. Immerhin ist nach dem allgemeinen Sprachgebrauch darunter eine Beobachtung zu verstehen, bei der die Beobachtungstätigkeit selbst bzw die Absicht der Weitergabe des Beobachteten verborgen werden soll (LARENZ/CANARIS § 80 V 1 a). Freilich können es die Umstände, unter denen der Begriff verwendet wurde, anraten, das Wort nicht auf die Goldwaage zu legen, vielmehr das damit verbundene subjektive Unwerturteil des Erklärenden in den Vordergrund zu rücken (BVerfGE 85, 1, 19). Auch ist fraglich, ob für den Fall, daß der Nachweis der (einfachen) Beobachtung gelingen sollte, ein eingeschränkter Widerruf, der sich nur auf die Heimlichkeit erstreckt, den Intentionen des Attackierten gerecht wird. Allerdings fällt ins Gewicht, ob der Tatsachenkern wahr ist oder nicht (BVerfGE 90, 241, 253; 94, 1, 8; GRIMM NJW 1995, 1699; SCHOLZ/KONRAD AöR 123 [1998] 87 f); die Schwelle der Schmähkritik (vgl dazu unten Rn C 107) ist schneller erreicht, wenn obendrein der Meinungsäußerung noch ein unwahrer Tatsachenkern zugrunde liegt. Diese Regeln gelten auch, wenn durch die Mitteilung von Fakten eine Meinung über einen Außenstehenden geäußert wird, etwa von einem Prozeß berichtet wird, sich aus dem Kontext indes ergibt, daß der Berichtende dieses Urteil für falsch hält; dann kann es sich insgesamt um eine Meinungsäußerung handeln (BGH NJW 1997, 2513, 2514).

d) Aussagen über Normen

C 81 Nach diesen Regeln sind auch Aussagen über Normen zu werten. Soweit sie sich auf **definierte Maßeinheiten** beziehen, sind sie Tatsachenbehauptungen, etwa die Aussage, jemand habe einen bestimmten Intelligenzquotienten, unabhängig davon, was der Intelligenzquotient besagen mag (MünchKomm/MERTENS § 824 Rn 21 f). Ebenfalls eine Tatsachenbehauptung ist die Verwendung **juristischer Fachausdrücke**, soweit sie beim Adressaten die Vorstellung von konkreten Vorgängen hervorzurufen geeignet sind – etwa wenn die Anschuldigung, einen Betrug begangen zu haben, durch Schilderung über konkrete Vorgänge untermauert wird (vgl oben Rn C 78). Dasselbe gilt, wenn die Existenz einer Norm, einer ständigen Rechtsprechung oder ähnliches als Faktum dargestellt wird (MünchKomm/MERTENS § 824 Rn 11, 19). **Reine Rechtsauffassungen** sind dagegen Werturteile (RGZ 94, 271, 273 [für § 824]; BGH NJW 1965, 294, 295; 1982, 2246, 2247; 1982, 2248, 2249; 1993, 930, 931; GRUR 1974, 797, 798; OLG Celle VersR 1988, 801, 802; OLG Karlsruhe AfP 1998, 72, 73; LG Oldenburg VersR 1994, 67; MünchKomm/MERTENS § 824 Rn 19; LARENZ/CANARIS § 79 I 2 a [für § 824]), ebenso wie die Ansicht über die Bedeutung **technischer Normen**, die unterschiedlich interpretiert werden können (MünchKomm/MERTENS § 824 Rn 19).

e) Wissenschaftliche Äußerungen

C 82 Wissenschaftliche Äußerungen wurden von **der früher hM als reine Werturteile** angesehen, da von Tatsachenbehauptungen nicht gesprochen werden könne, wenn wissenschaftliche Untersuchungen und die aus ihr gezogenen Schlüsse veröffentlicht würden, auch wenn dabei ein Irrtum unterlaufe (RGZ 84, 294, 296 f; RG JW 1928, 2091; so auch noch OLG Hamm AfP 1984, 110, 111; OLG München VersR 1994, 1478, 1480; SOERGEL/ZEUNER § 824 Rn 9; STAUDINGER/SCHÄFER[12] § 824 Rn 20; tendenziell auch noch BGH NJW 1970, 187, 189 unter II 2 c; offen gelassen von BGHZ 65, 325, 330). Dem wird **zunehmend widersprochen** (MünchKomm/MERTENS § 824 Rn 16, 26; LARENZ/CANARIS § 88 I 3 b). Zum einen sei die These mit dem Abgrenzungskriterium der Beweisbarkeit nicht unter einen Hut zu bringen. Der Wissenschaftler mache ja gerade geltend, das Ergebnis gründe sich auf seine Sachkunde und halte dem im Rahmen seiner Disziplin geltenden Verfahren zur Überprüfung der Richtigkeit stand. Selbst eine Hypothese enthalte die Behauptung, sie sei eine mögliche Erklärung und nach dem Stand der Wissenschaft nicht von vornherein ausgeschlossen (MünchKomm/Mertens § 824 Rn 26). Zum anderen komme jedenfalls bei Fehlern in den tatsächlichen Grundlagen ein Widerruf in Betracht; der Forscher, dem ein derartiger Irrtum unterlaufen sei, vergebe sich nichts, wenn er dies einräume (Larenz/Canaris § 88 I 3 b). Der Relativität menschlicher Erkenntnis sei nicht durch eine Einordnung als Meinungsäußerung, sondern durch das Wissenschaftsprivileg des Art 5 Abs 3 GG Rechnung zu tragen (MünchKomm/Mertens § 824 Rn 26; Larenz/Canaris § 88 I 3 b). Dieser Meinung ist schon deswegen zuzustimmen, weil ansonsten nicht einmal in Fällen, in denen auch schuldlos Personen verwechselt wurden, ein Widerruf der dann ja evident unzutreffenden Äußerung erzwungen werden könnte.

f) Gutachten
Auch Gutachten von Sachverständigen können sowohl Tatsachenbehauptungen als auch Werturteile enthalten (BGH NJW 1978, 751; Erman/Ehmann Anh zu § 12 Rn 134; offen gelassen von BGH NJW 1989, 2941, 2942). Der Schluß, den der Gutachter zieht, namentlich die **ärztliche Diagnose**, ist nach hM regelmäßig ein **Werturteil** (BGH NJW 1978, 751, 752; 1989, 774 f; 1989, 2941, 2942; OLG Hamm NJW-RR 1990, 765; Erman/Ehmann Anh zu § 12 Rn 134; MünchKomm/Mertens § 824 Rn 28; Wenzel Rn 4. 83; **aA** Larenz/Canaris § 88 I 3 b; Brehm, in: FS Hermann Lange [1992] 400; Schneider MDR 1978, 614 ff; Pärn NJW 1979, 2544 ff); es liege im Wesen des Gutachtens, daß der Sachverständige aufgrund bestimmter Verfahrensweisen zu einem Urteil komme, das auf Wertungen beruhe, selbst wenn es als Tatsachenbehauptung formuliert sei (BGH NJW 1978, 751, 752). Auch sei es ihm angesichts von Art 5 GG nicht anzusinnen, eine auf seinen speziellen Kenntnissen, Erfahrungen und Untersuchungen beruhende Überzeugung zu widerrufen (BGH NJW 1978, 751, 752). Eine Tatsachenbehauptung liege jedoch vor, wenn dem Gutachter jedwede Kompetenz für die Beurteilung der Frage fehle oder er von ihr bei der Begutachtung keinen Gebrauch gemacht habe; die dem Widerruf zugängliche Tatsachenbehauptung sei in der unwahren konkludenten Erklärung zu erblicken, das Gutachten sei auf fachlicher Grundlage erstellt (BGH NJW 1978, 751, 752; 1989, 2941, 2942 [im konkreten Fall hätte auch der BGH einen derartigen Ausnahmefall annehmen sollen]; Wenzel Rn 4. 83; offen gelassen von BGH NJW 1989, 774, 775; **aA** MünchKomm/Mertens § 824 Rn 28). Dem ist nur **teilweise im Ergebnis, nicht dagegen in der Begründung zuzustimmen**. In der Tat ist nämlich der Schluß des Gutachters in vielen Fällen beweisbar (Larenz/Canaris § 88 I 3 b; Schneider MDR 1978, 615; Brehm, in: FS Hermann Lange [1992] 400). Ob eine Postkarte von der betroffenen Person geschrieben ist, ist nach den Regeln der ZPO ebenso ein Beweisthema, wie es eine ärztliche Diagnose sein kann. Doch soll der Gutachter seinen Schluß als seine Überzeugung ziehen dürfen, ohne mit einer Klage, gerichtet auf Widerruf, rechnen zu müssen (Larenz/Canaris § 88 I 3 b unter Hinweis auf Art 5 I und III GG). Diese Zurückhaltung ist dagegen nicht mehr am Platz, wenn er bei der Ermittlung der zu beurteilenden Fakten nicht sorgfältig gearbeitet hat, obwohl natürlich die Sorgfalt kein Abgrenzungskriterium für das Vorliegen von Tatsachen oder Werturteilen ist (Schneider MDR 1978, 614). Um den Schutz namentlich des betroffenen Patienten nicht zu verkürzen, darf man obendrein die Anforderungen an die Ausnahmen nicht zu streng fassen. Demgemäß genügt es, wenn der Gut-

achter etwa die Regeln der ärztlichen Kunst bei der Befunderhebung verletzt. Damit geht es nicht um die Abgrenzung von Meinungsfreiheit und Tatsachenbehauptung, sondern um die Privilegierung von Irrtümern, die dem Gutachter nicht vorzuwerfen sind (vgl dazu unten Rn C 145).

5. Der Adressatenkreis

C 84 Die Äußerung muß **zumindest einem Dritten** gegenüber vorgenommen werden. Daher genügt es nicht, wenn die Kundgabe nur dem Opfer selbst gegenüber erfolgt (RGZ 101, 335, 338 f; SOERGEL/ZEUNER § 824 Rn 11). Auf der anderen Seite reicht es aus, wenn nur **ein Dritter** Adressat ist; ein größerer Personenkreis ist also nicht erforderlich (Münch-Komm/MERTENS § 824 Rn 33). Privilegiert sind aber Äußerungen – und zwar Tatsachenmitteilungen wie Meinungsäußerungen – **im Familienkreis** (BVerfGE 90, 255, 259 f; BVerfG NJW 1995, 1477; BGHZ 89, 198, 203 mwNw; BGH NJW 1993, 525, 526; OLG Düsseldorf NJW 1974, 1250 [über § 193 StGB]; OLG Hamm [St] NJW 1971, 1852, 1854; PALANDT/THOMAS vor § 823 Rn 21; SOERGEL/ZEUNER Rn 92; MünchKomm/MERTENS § 824 Rn 33). Das gilt in zwei Richtungen. Berichte über Dritte sind ebenso vom Persönlichkeitsschutz ausgenommen (BVerfGE 90, 255, 259; BVerfG NJW 1995, 1477; BGHZ 89, 198, 203 f) wie Äußerungen der Familienmitglieder über ihre Angehörigen (OLG Düsseldorf NJW 1974, 1250). Man kann dies dogmatisch entweder durch eine enge Auslegung des Begriffs der Äußerung erreichen, dem Gedankenaustausch in der Familie angesichts des Art 6 GG den Vorrang vor dem Persönlichkeitsrecht einräumen (so zB BGH NJW 1993, 525, 526; Münch-Komm/MERTENS § 824 Rn 33) oder die Privilegierung von Äußerungen gegenüber vertrauten Personen ihrerseits aus dem Persönlichkeitsrecht des sich Äußernden ableiten (BVerfGE 90, 255, 260; der Sache nach auch BVerfG NJW 1994, 1149, 1150; 1995, 1477). Der zweite Weg ist überzeugender; er kommt ohne allzu große Restriktion in der Interpretation aus. Auch erklärt er, daß es sich nicht um einen isolierten Sonderfall handelt, sondern daß auch ansonsten die Abwägung mit anderen Grundrechten einen Freiraum sichern kann (MünchKomm/MERTENS § 824 Rn 33). Zu nennen ist etwa das Verhältnis zwischen Anwalt und Klient oder zwischen Arzt und Patient (BGHZ 89, 198, 204 mwNw; LG Aachen VersR 1990, 59 [von der Begründung her zweifelhaft, da Werturteile vorlagen]; MünchKomm/MERTENS § 824 Rn 33).

6. Das Behaupten und Verbreiten einer unwahren Tatsache

a) Das Behaupten und Verbreiten

C 85 Eine Tatsache behauptet, wer sie als eigene Erkenntnis aufstellt (BGH NJW 1970, 187, 189; OLG Koblenz NJW 1996, 325; MünchKomm/MERTENS § 824 Rn 29; SOERGEL/ZEUNER § 824 Rn 11; BGB-RGRK/STEFFEN § 824 Rn 23). Verbreiten ist dagegen die Mitteilung einer fremden Äußerung, ohne daß sich der Handelnde mit ihr identifiziert (BGH NJW 1970, 187, 189; MünchKomm/MERTENS § 824 Rn 29; BGB-RGRK/STEFFEN § 824 Rn 24). Dies kann auch durch ein technisches Verbreiten geschehen (vgl oben Rn C 59). Eine Tatsache kann auch dadurch behauptet und verbreitet werden, daß sich der Handelnde den **Inhalt einer fremden Äußerung erkennbar zu eigen macht** (BGHZ 66, 182, 189 f; 128, 1, 11; 132, 13, 18; BGH NJW 1970, 187, 188; 1985, 1621, 1622; 1986, 2503, 2504; 1993, 930, 932; VersR 1969, 62, 64; OLG Hamburg NJW-RR 1994, 989, 990; ERMAN/EHMANN Anh zu § 12 Rn 441; LARENZ/CANARIS § 80 IV 2; ähnl BGH NJW 1976, 1198, 1199; 1977, 1288, 1289). Davon zu unterscheiden ist die Frage, mit welcher Ernsthaftigkeit die Behauptung in die Welt gesetzt wird. Es genügt jedenfalls, einen Verdacht zu äußern (vgl oben Rn C 76). Dasselbe kann für die

Weitergabe eines Gerüchts oder etwas ähnlichem gelten (RGZ 95, 339, 343; BGH NJW 1951, 352; 1970, 187, 188 f; MünchKomm/Mertens § 824 Rn 29; BGB-RGRK/Steffen § 824 Rn 23) – selbst mit dem Zusatz, man halte es für unglaubwürdig oder grundlos; denn es wird der Anschein erweckt, möglicherweise treffe die Behauptung doch zu (OLG Hamm [St] NJW 1953, 596, 597; MünchKomm/Mertens § 824 Rn 29). Auch wer auf eine fremde Äußerung hinweist, kann sie sich zu eigen machen (LG Hamburg AfP 1998, 421). Nur dann, wenn sich der Äußernde vom Inhalt der Aussage **selbst und ernsthaft distanziert** (BGHZ 132, 13, 18 f; BGH NJW 1997, 1148, 1149; VersR 1969, 62, 63; OLG Saarbrücken NJW 1997, 1376, 1377) bzw nur den Meinungsstand wiedergibt, äußert er nur die richtige Tatsache der fremden Behauptung (BGHZ 132, 13, 18 f; BGH NJW 1997, 1148, 1149; Münch-Komm/Mertens § 824 Rn 30). So liegt es namentlich, wenn ein Sender über Verdachtsmomente berichtet und dabei Betroffene befragt; dadurch allein macht sich der Sender die Äußerungen noch nicht zu eigen (BGHZ 66, 182, 189; OLG München NJW-RR 1996, 1487, 1489). Hier wird klar, daß es um **Aussagen Dritter** geht (BGHZ 66, 182, 190); eine noch weiter gehende Distanzierung ist nicht vonnöten (OLG München NJW-RR 1996, 1487, 1489).

b) Die Unwahrheit der Tatsachenbehauptung

Unwahrheit bedeutet **Widerspruch zur Realität** (MünchKomm/Mertens § 824 Rn 34). Entscheidend ist der **Kern der Aussage** (RGZ 75, 61, 63; RG JW 1912, 290, 293; BGH NJW 1987, 1403, 1404; LM Nr 13 zu § 824 unter I 2 a; MünchKomm/Mertens § 824 Rn 35), wie er nach den Auslegungsregeln zu ermitteln ist (vgl oben Rn C 65 ff). Unwahr ist eine Behauptung auch, wenn sie **grob übertreibt** und damit die Realität **verzerrt** (RGZ 75, 61, 63; RG JW 1932, 3060, 3061; BGH LM Nr 3 zu § 824 Rücks; MünchKomm/Mertens § 824 Rn 35; Soergel/Zeuner § 824 Rn 14) oder aber **Wichtiges ausläßt** (RG JW 1932, 3060, 3061; BGHZ 31, 308, 318; BGH NJW 1961, 1913, 1914). Nach Auffassung des BGH ist die Aussage aber dann wahr, wenn sie die richtige Person bezeichnet, auch wenn durch einen Zusatz auf einen namensgleichen Dritten verwiesen wird (BGH NJW 1978, 2151, 2152; zust Schaffland BB 1978, 1587). Auch wenn der Fall durch die Besonderheit gekennzeichnet war, daß der Empfänger die Richtigkeit der Meldung hätte überprüfen müssen, ist der Entscheidung nicht zu folgen (MünchKomm/Mertens § 824 Rn 36; Soergel/Zeuner § 824 Rn 15; Simon NJW 1979, 265; Deutsch JZ 1979, 102; vgl schon OLG Stuttgart DR 1906 Nr 935). Das **Risiko der Personenverwechslung** trägt wie stets der Erklärende (MünchKomm/Mertens § 824 Rn 36). Ein Grenzfall dürfte es sein, wenn eine Äußerung auf zwei oder mehrere Personen bezogen werden kann, hinsichtlich einer wahr, hinsichtlich der anderen unwahr ist. Die Mitteilung ist als wahr zu behandeln, wenigstens wenn sich der Bezug auf die andere Person nicht aufdrängt (ähnl OLG Hamburg OLGE 8, 15, 17; vgl auch oben Rn C 71). Umgekehrt soll die Mitteilung auch dann unwahr sein und es auch bleiben, wenn der vom Empfänger gezogene Schluß der Wahrheit entspricht (RG DJZ 1913, 1267). Der **relevante Zeitpunkt** ist derjenige der Erklärung; spätere Änderungen der Realität ändern an der Wahrheit oder Unwahrheit der konkreten Äußerung nichts mehr (RGZ 66, 227, 231; MünchKomm/Mertens § 824 Rn 37). Allerdings kann eine für die Vergangenheit unwahre Tatsache für die Zukunft zutreffen (vgl unten Rn C 262).

7. Die Wahrnehmung berechtigter Interessen bei der Meinungsäußerung und Tatsachenmitteilung – verfassungsrechtliche und dogmatische Grundlagen

Das Hauptproblem beim Schutz vor Herabsetzung und Entstellung ist die Frage, ob und inwieweit der Kritiker sich seinerseits auf ein Recht zur Kritik stützen kann. Da das Persönlichkeitsrecht verfassungsrechtlich geschützt ist (vgl auch oben Rn C 4 ff), kommen nur Grundrechte oder sonstige Belange von Verfassungsrang in Frage. Das wichtigste Grundrecht ist die Meinungsfreiheit und die Freiheit, Tatsachen mitzuteilen. Sie werden vorab besprochen. Besonderheiten anderer Grundrechte werden anschließend geschildert.

a) Die Meinungsfreiheit
aa) Die Reichweite der Garantie

C 88 Die Freiheit der Meinungsäußerung dient sowohl der **Persönlichkeitsentfaltung** des einzelnen, mit der sie eng verbunden ist, als auch dem Interesse des **demokratischen Prozesses**, für den sie konstitutive Bedeutung hat (BVerfGE 82, 272, 281; 85, 23, 31; BVerfG NJW 1994, 1149; 1994, 2943; OLG München VersR 1994, 1478, 1479; ähnl schon BVerfGE 7, 198, 208; 76, 196, 208 f; vgl ferner HERZOG, in: MAUNZ/DÜRIG Art 5 Abs I, II Rn 5 – 8; vMANGOLDT/KLEIN/ STARCK [3. Aufl 1985] Art 5 Abs 1, 2 Rn 1; JARASS/PIEROTH [4. Aufl 1997] Art 5 Rn 1). Sie ist in gewissem Sinn die **Grundlage jeder Freiheit** überhaupt (BVerfGE 7, 198, 208; WENDT, in: vMÜNCH/KUNIG [4. Aufl 1992] Art 5 Rn 1), unmittelbarster **Ausdruck der menschlichen Persönlichkeit** in der Gesellschaft (BVerfGE 7, 198, 208; 97, 391, 398). Ihr Gewicht ist besonders hoch zu veranschlagen, weil das Grundrecht gerade aus dem besonderen **Schutzbedürfnis der Machtkritik** erwachsen ist (BVerfGE 93, 266, 293). Keine Rolle spielt die **Qualität der Meinung**; sie mag von anderen für richtig oder falsch gehalten werden, wertvoll oder wertlos, begründet oder grundlos, emotional oder rational sein (BVerfGE 30, 336, 347; 33, 1, 14 f; 42, 163, 170; 61, 1, 7; 65, 1, 41; 66, 116, 151; 82, 272, 282; 85, 1, 15; 90, 1, 14 f; 90, 241, 247; 93, 266, 289; BVerfG NJW 1994, 2943; BGH NJW 1965, 294, 295; 1974, 1762, 1763; 1987, 1398; 1994, 124, 126; OLG München VersR 1994, 1478, 1479; OLG Saarbrücken NJW-RR 1996, 1048, 1049; HERZOG, in: MAUNZ/DÜRIG Art 5 Abs I, II Rn 55 e; vMANGOLDT/KLEIN/ STARCK [3. Aufl 1985] Art 5 Abs 1, 2 Rn 16; WENDT, in: vMÜNCH/KUNIG [4. Aufl 1992] Art 5 Rn 8; JARASS/PIEROTH [4. Aufl 1997] Art 5 Rn 2; GRIMM NJW 1995, 1698; SCHOLZ/KONRAD AöR 123 [1998] 84). Der Kritiker braucht für seine Meinung **keine nachprüfbaren Gründe anzugeben** oder auch nur dazu in der Lage zu sein (BVerfGE 42, 163, 170 f; 61, 1, 7; 90, 1, 14; 90, 255, 259; BGH NJW 1974, 1762, 1763; 1982, 637, 639; ERMAN/EHMANN Anh zu § 12 Rn 164). Das Recht der Meinungsäußerung schützt nämlich nicht nur denjenigen, der seinen Standpunkt geschickt zu untermauern weiß, und nicht nur den Austausch beweismäßig nachprüfbarer Informationen (BGH NJW 1974, 1762, 1763). Auch geriete die Freiheit der Meinungsäußerung, die nicht nur der Wahrheitsfindung dient, sondern gewährleisten will, daß jeder frei sagen kann, was er denkt, in Gefahr, wenn stets überprüfungsfähige Gründe angegeben werden müßten (BVerfGE 42, 163, 171). Es kann dem Hörer bzw Leser überlassen bleiben, eine Kritik zu beurteilen, die auf eine Begründung verzichtet (BGHZ 45, 296, 308; BGH NJW 1974, 1762, 1763). Auch die **Ausdrucksform** darf frei gewählt werden (EGMR NJW 1992, 613, 615; BVerfGE 54, 129, 139; 60, 234, 241; 76, 171, 192; 90, 241, 247; 93, 266, 289; BVerfG NJW 1991, 2074, 2075; BGH NJW 1994, 124, 126; AK/HOFFMANN-RIEM, Kommentar zum Grundgesetz [2. Aufl 1989] Art 5 Abs 1, 2 Rn 25; BK/DEGENHART [2. Bearbeitung 1987] Art 5 Abs 1 u 2 Rn 162; GRIMM NJW 1995, 1698; SCHOLZ/KONRAD AöR 123 [1998] 84; aA ERMAN/EHMANN Anh zu § 12 Rn 161; MACKEPRANG 124 ff; früher auch BVerfGE 42, 143, 151; abl dazu schon damals RUPP-vBRÜNNECK BVerfGE 42, 143, 154, 158 – dissenting opinion), und das zu Recht: Das Verbot von Formulierungen beeinflußt regelmäßig den Inhalt (RUPP-vBRÜNNECK BVerfGE 42, 143, 154, 158 f). Die in Art 5 GG genannten Modalitäten sind umfassend zu verstehen (WENDT, in: vMÜNCH/KUNIG [4. Aufl 1992] Art 5 Rn 16 mwNw; PIEROTH/SCHLINK, Grundrechte [14. Aufl 1998] Rn 609). Geschützt ist ferner die **Wirkungsabsicht** (BVerfGE 7, 198, 210; 97, 391, 398; GRIMM NJW 1995, 1698 f; SCHOLZ/KONRAD AöR 123 [1998] 84), konsequenterweise auch die Art und Zeit der Äußerung. Der sich Äußernde darf diejenigen Umstände wählen, von denen er sich die größte Wirkung und die stärkste Verbreitung verspricht (BVerfGE 93, 266, 289; 97, 391, 398). Äußerungen sind nicht schon wegen ihrer Form und Schärfe aus dem Grundrechtsschutz ausgeklammert (BVerfGE 54, 129, 138 f; 60, 234, 241; 61, 1, 7 f; 90, 241, 247; 93, 266, 289; OLG Köln JMBlNRW 1983, 117; Grimm NJW 1995, 1703; Scholz/Konrad AöR 123 [1998] 84). Der Staat hat eine **Bewertung des Inhalts zu vermeiden** (BVerfGE 61, 1, 12; Lerche, in: FS G Müller [1970] 213; Nolte 24); er hat keine Definitionskompetenz über erwünschte oder nicht genehme Meinungen (Grimm NJW 1995, 1698; Scholz/Konrad AöR 123 [1998] 84). Der geschützte Bereich ist nicht dadurch schon überschritten, daß Rechte anderer verletzt werden; es geht dann um die Frage der Schranken des Grundrechts (Grimm NJW 1995, 1698; ähnl BVerfGE 61, 1, 8).

bb) Die Schranken
α) Die Rechtsprechung
Das Grundrecht der Meinungsfreiheit ist freilich **nicht unbegrenzt** gewährleistet, sondern findet nach Art 5 Abs 2 GG seine Schranken in den Vorschriften der allgemeinen Gesetze, den gesetzlichen Bestimmungen zum Schutz der Jugend und in dem Recht der persönlichen Ehre. Über die Auslegung dieses Gesetzesvorbehaltes ist gerade in letzter Zeit zunehmend eine Kontroverse entstanden. Das BVerfG hat bei der Interpretation des Begriffes der allgemeinen Gesetze schon in einer frühen Entscheidung betont, diese allgemeinen Gesetze seien nicht als einseitige Beschränkung der Geltungskraft des Grundrechts aufzufassen. Sie dürften sich weder gegen die Meinungsfreiheit als solche noch gegen bestimmte Meinungen richten, sondern müßten dem Schutz eines schlechthin, ohne Rücksicht auf eine bestimmte Meinung, zu schützenden Rechtsguts dienen (BVerfGE 7, 198, 209; 97, 125, 146); obendrein finde eine **Wechselwirkung** derart statt, daß die allgemeinen Gesetze aus der Erkenntnis der wertsetzenden Bedeutung des Grundrechts zu interpretieren seien und so in ihrer das Grundrecht begrenzenden Wirkung selbst wieder eingeschränkt werden müßten (BVerfGE 7, 198, 208 f; 67, 157, 172 f). Diese Formulierung hat das BVerfG in späteren Entscheidungen auch **auf die gesetzlichen Vorschriften zum Persönlichkeitsschutz erstreckt** (BVerfGE 42, 143, 150; 42, 163, 169; 54, 129, 136; 60, 234, 240; 61, 1, 10; 66, 116, 150; 85, 1, 16; 85, 23, 33; 86, 1, 10 f; 90, 241, 248; 90, 255, 257; 93, 266, 290 f; 97, 125, 146; BVerfG NJW 1991, 2074, 2075; 1991, 3023, 3024 f; 1994, 1149, 1150; 1994, 2943; OLG Karlsruhe NJW-RR 1995, 477, 479; OLG Saarbrücken NJW-RR 1996, 1048, 1049; OLG München NJW-RR 1997, 724, 726).

β) Die Kritik
Man hat dem Gericht **vorgehalten**, durch diese Ausdehnung der Wechselwirkungslehre schon gegen den Wortlaut zu verstoßen, der das Recht der persönlichen Ehre als eigene Schranke und nicht als Unterfall der allgemeinen Gesetze statuiere; vor allem aber werde damit der Verfassungsrang des Ehrenschutzes mißachtet (Tröndle [48. Aufl 1997] § 193 Rn 14 e, 14 h; ders, in: de Boor/Meurer 413; LK/Herdegen [10. Aufl 1988] § 193 Rn 6; Schmitt Glaeser AöR 97 [1972] 290 f; ders JZ 1983, 98; ders AöR 113 [1988] 97 f; von der Decken NJW 1983, 1402 f; Kriele NJW 1994, 1898 f; ähnl Kiesel NVwZ 1992, 1129 f; Scholz/Konrad AöR 123 [1998] 67 ff). Doch ist der **Kritik nicht zu folgen**. Auch wenn der Schutz der Ehre als eigenständige Schranke aufzufassen sein sollte (zB von der Decken NJW 1983, 1402 f; Kriele NJW 1994, 1899; so auch Wendt, in vMünch/Kunig [4. Aufl 1992] Art 5 Rn 82; Pieroth/Schlink, Grundrechte [14. Aufl 1998] Rn 661), so ist damit noch nichts über die Ranghöhe der beteiligten Belange gesagt. Die Allgemeinheit des Gesetzes allein

schützt nicht davor, daß das Grundrecht jedem beliebigen Belang zu weichen hätte (HERZOG, in: MAUNZ/DÜRIG [Stand November 1982] Art 5 I, II Rn 251; SCHWARK, Der Begriff des „Allgemeinen Gesetzes" in Artikel 5 Absatz 2 des Grundgesetzes [1970] 48). Eine **drohende Aushöhlung zu verhindern ist Aufgabe der Wechselwirkungslehre**. Sie ist damit Ausdruck des Gedankens, daß das einschränkende Gesetz keinen absoluten Vorrang hat, sondern eben aus der Bedeutung des Grundrechts auszulegen und so im Lichte des Grundrechts selbst wieder einzuschränken ist (BVerfGE 7, 198, 208, 209 f; 67, 154, 172 f mwNw; J HAGER AcP 196 [1996] 180 mwNw). Es gibt keinen Grund, dieses verfassungsrechtliche Postulat nicht auch bei der Schranke des Ehrenschutzes anzuwenden – um so mehr, als der Begriff ohnehin diffus ist. Auch dürften die Standpunkte näher beieinander liegen, als es auf den ersten Blick den Anschein hat. Denn ein undifferenzierter Vorrang der Ehre wird nicht verfochten. Damit mündet die Frage in die Problematik der **praktischen Konkordanz** (vgl zB SCHOLZ/KONRAD AöR 123 [1998] 69). Doch ist dies letztendlich auch der Standpunkt des BVerfG und des BGH. Erforderlich ist in der Regel eine fallbezogene Abwägung zwischen dem eingeschränkten Grundrecht und dem Rechtsgut, dem das grundrechtsbeschränkende Gesetz dient (BVerfGE 7, 198, 212; 24, 278, 282; 35, 202, 225; 85, 1, 16; 86, 1, 11; 90, 241, 248; BVerfG NJW 1994, 2943; BGH NJW 1978, 1797, 1798; 1994, 124, 126). Strittig sind denn auch im wesentlichen die Abgrenzungsgesichtspunkte und ihr Gewicht.

b) Der Schutz der Tatsachenbehauptung
aa) Die hM

C 91 Die Behauptung einer Tatsache ist zwar im strengen Sinn keine Meinungsäußerung (BVerfGE 85, 23, 31; 90, 241, 247). Das bedeutet indes nicht, daß schon deshalb der Grundrechtsschutz zu verneinen wäre, wenngleich über Umfang und Begründung keine Einigkeit besteht. Tatsachenmitteilungen fallen nach der Rechtsprechung als Bestandteil der Meinungsäußerung unter Art 5 Abs 1 S 1 GG, soweit sie **Voraussetzung** dafür sind, sich eine **eigene Auffassung** zu bilden (BVerfGE 61, 1, 8; 65, 1, 41; 85, 1, 15; 85, 23, 31; 90, 241, 247; 94, 1, 7; 97, 391, 397; BVerfG NJW 1991, 2074, 2075; 1993, 1485; BGH NJW 1998, 3047, 3048, 3049; BayObLG [St] NJW 1995, 2501, 2502; OLG München VersR 1994, 1478, 1479; NJW-RR 1997, 724, 725; OLG Karlsruhe AfP 1998, 72, 73; zust MünchKomm/MERTENS § 824 Rn 2; GRIMM NJW 1995, 1699; SCHOLZ/KONRAD AöR 123 [1998] 84). Dagegen ist eine **bewußt unwahre Information nicht durch das Grundrecht geschützt** (BVerfGE 61, 1, 8; 85, 1, 15; 85, 23, 30 f; 90, 1, 15; 90, 241, 247; BVerfG NJW 1991, 2074, 2075; so iE schon RGZ 124, 253, 260; 140, 392, 402; vgl ferner BGHZ 75, 160, 161; 91, 117, 122; BGH NJW 1958, 1043; 1975, 1882, 1883; 1982, 2246, 2247; 1987, 1398, 1399; 1994, 2614, 2616; 1997, 1148, 1149; 1997, 2513; 1998, 3047, 3048; BayObLG [St] 1995, 2501, 2502; OLG München VersR 1994, 1478, 1479; OLG Hamm AfP 1998, 68 f [im Rahmen des Gewerbebetriebes]; OLG Karlsruhe AfP 1998, 72, 73; LG Lübeck AfP 1996, 406, 408; der Sache nach auch BGHZ 90, 113, 116; zust die hL, vgl zB ERMAN/EHMANN Anh zu § 12 Rn 148; MünchKomm/MERTENS § 824 Rn 2, 16; TRÖNDLE [48. Aufl 1997] § 193 Rn 14 d; LARENZ/CANARIS § 80 V 1 a; JARASS/PIEROTH [4. Aufl 1997] Art 5 Rn 3; GRIMM NJW 1995, 1699; SCHOLZ/KONRAD AöR 123 [1998] 84). Das gilt vor allem für das **falsche Zitat**, wenn der Zitierende um die Unwahrheit weiß (BVerfGE 54, 149, 155 f; 54, 208, 220; 61, 1, 8; BVerfG NJW 1992, 815; 1993, 2925, 2926; BGHZ 128, 1, 7 f; SOERGEL/ZEUNER Rn 77; vMANGOLDT/KLEIN/STARCK [3. Aufl 1985] Art 5 Abs 1, 2 Rn 20; TRÖNDLE [48. Aufl 1997] § 193 Rn 14 d; vgl schon RG JW 1928, 363, 365). Solche Erklärungen können nämlich zur verfassungsrechtlich vorausgesetzten Meinungsbildung nichts beitragen (BVerfGE 54, 208, 219; 85, 1, 15; BVerfGE 54, 149, 156 erwägt den Schutz durch Art 5 GG, führt indes keine Details aus; die Entscheidung dürfte insoweit überholt sein). Die Rechtsprechung nimmt darüber hinaus – allerdings nicht ganz einheitlich – die **er-**

wiesen **unwahre Behauptung** vom Schutz des Art 5 Abs 1 S 1 GG aus (BVerfGE 54, 208, 219; 85, 1, 15; 90, 241, 247; 94, 1, 8; 97, 125, 156; BVerfG NJW 1993, 1845; BGH NJW 1981, 2117, 2120; 1998, 3047, 3048; OLG München VersR 1994, 1478, 1479; OLG Saarbrücken NJW-RR 1996, 1048, 1049; MünchKomm/MERTENS § 824 Rn 2, 16; GRIMM NJW 1995, 1699; SCHOLZ/KONRAD AöR 123 [1998] 85; BVerfGE 90, 1, 15 nimmt nur die **bewußt** unwahre Information vom Grundrechtsschutz aus; ähnl BVerfGE 85, 1, 20 f; OLG Karlsruhe NJW-RR 1995, 477, 479, die indes die unrichtige Information bei Kollisionen als nachrangig behandeln; BayObLG [St] NJW 1995, 2501, 2503 verneint den Schutz schon, wenn die Unhaltbarkeit der Behauptung auf der Hand liegt), betont aber gleichzeitig, daß die Anforderungen an die Wahrheitspflicht nicht so bemessen werden dürften, daß die Funktion der Meinungsfreiheit leide und auch zulässige Äußerungen aus Furcht vor Sanktionen unterblieben (BVerfGE 54, 128, 139; 54, 208, 219 f; 61, 1, 8; 85, 1, 15; 90, 241, 248; BGH NJW 1998, 3047, 3049; OLG München VersR 1994, 1478, 1479; MünchKomm/ MERTENS § 824 Rn 23); das bedeutet, daß nur solche Tatsachen ausgenommen sind, deren **Unwahrheit bereits im Zeitpunkt der Äußerung evident** ist (GRIMM NJW 1995, 1699). Freilich sind unrichtige Tatsachenbehauptungen jedenfalls einer gesetzlichen Einschränkung nach Art 5 Abs 2 GG aufgrund allgemeiner Gesetze leichter zugänglich als das Äußern von Meinungen (BVerfGE 61, 1, 8; BayObLG [St] NJW 1995, 2501, 2502). Dies spielt vor allem eine Rolle, wenn sich die Tatsache erst später als unrichtig entpuppt. Art 5 Abs 1 GG schützt jedenfalls nicht die Behauptung von Tatsachen, nachdem deren Unwahrheit feststeht (BVerfGE 97, 125, 149; BGHZ 31, 308, 318; 90, 113, 116; der Sache nach auch BGH NJW 1982, 2246; 1993, 930, 932; 1994, 2614, 2616; OLG Saarbrücken NJW 1997, 1376, 1378). Denn unwahre Behauptungen, die ja in Anspruch nehmen, objektiv verifizierbare Vorgänge zu schildern, **gefährden den Betroffenen mehr** als Werturteile, die die Relativität des Standpunktes mit ausdrücken (MünchKomm/MERTENS § 824 Rn 2; STEFFEN AfP 1979, 284). Beeinträchtigt die unwahre Behauptung weiterhin Rechte Dritter, so ist sie zu berichtigen (BVerfGE 97, 125, 149; vgl genauer unten Rn C 271 ff). Hierher gehören auch Fälschungen von Kunstwerken (BGHZ 107, 384, 391).

bb) Die Gegenauffassungen
In der Literatur wird der **gesicherte Bereich großenteils weiter gezogen** und all das der Meinungsäußerung zugerechnet, was aus einem individuellen Mitteilungsbedürfnis heraus kundgetan wird; demgemäß seien Tatsachenbehauptungen unabhängig von ihrer Aufgabe, zur Meinungsbildung beizutragen, von Art 5 Abs 1 S 1 GG geschützt (HERZOG, in: MAUNZ/DÜRIG [Stand Dezember 1992] Art 5 Abs I, II Rn 51 ff; vMANGOLDT/KLEIN/ STARCK [3. Aufl 1985] Art 5 Abs 1, 2 Rn 19; WENDT, in: vMÜNCH/KUNIG [4. Aufl 1992] Art 5 Rn 9; KÖHLER NJW 1985, 2390). Bei **bekanntermaßen falschen Informationen** ist das **Meinungsbild nochmals geteilt**. Einige verneinen den Schutz (vMANGOLDT/KLEIN/STARCK [3. Aufl 1985] Art 5 Abs 1, 2 Rn 20), andere bejahen ihn zwar prinzipiell, messen aber solchen Erklärungen bei der Abwägung mit kollidierenden Rechten Dritter oder sonstigen verfassungsrechtlich geschützten Gütern ein gegen Null tendierendes Gewicht zu (WENDT, in: vMÜNCH/KUNIG [4. Aufl 1992] Art 5 Rn 10). Die Vertreter einer Mindermeinung wollen dagegen jede unrichtige Tatsachenmitteilung aus dem Schutz des Art 5 Abs 1 S 1 GG zur Gänze herausnehmen. Der Meinungsbildungsprozeß werde durch sie auf jeden Fall fehlgeleitet; daran ändere auch die Notwendigkeit einer besonders gründlichen und zeitaufwendigen Recherche nichts (SCHMITT GLAESER JZ 1983, 96 f; ders AöR 113 [1988] 77; SCHOLZ/KONRAD AöR 123 [1998] 86, 109). Diese These ist jedenfalls **abzulehnen**, hätte sie doch zur Konsequenz, daß eine falsche Tatsachenbehauptung auch dann nicht unter dem Schutz des Grundrechts stünde, wenn die Mitteilung sorgfältig recherchiert war. Ihre Verbreitung würde zum unkalkulierbaren Risiko. Der Ausweg,

diese Äußerung als Meinung zu verbreiten (SCHMITT GLAESER JZ 1983, 97; ders AöR 113 [1988] 77 f), hilft nicht weiter. Denn die mit Fakten unterlegte Meinungsäußerung ist als Tatsachenbehauptung zu werten (vgl oben Rn C 78).

cc) Stellungnahme

C 93 Trotz der dogmatischen Differenzen im Ausgangspunkt sind die Lösungen von Rechtsprechung und herrschender Lehre fast deckungsgleich. Bei wahren Informationen spielt der Streit ohnehin keine Rolle; die **Wahrheit zu sagen ist jedermann grundsätzlich erlaubt** (vgl BVerfG NJW 1991, 3023, 3024; ERMAN/EHMANN Anh zu § 12 Rn 263; MünchKomm/SCHWERDTNER [3. Aufl 1993] § 12 Rn 254; LARENZ/CANARIS § 80 II 2 c; WIESE ZfA 1971, 298; WEITNAUER DB 1976, 1413; vgl dazu unten Rn C 147). Eine **Grenze** zieht erst das Recht des Betroffenen auf **informationelle Selbstbestimmung** (vgl dazu unten Rn C 172 ff). Umgekehrt ist die bewußt falsche Information jedenfalls dann nicht geschützt, wenn sie die Persönlichkeit verletzt; der Schutz des Attackierten genießt den Vorrang. Um die Abwägung der beteiligten Belange geht es zum einen, wenn die Aussage weder verifiziert noch falsifiziert werden kann, zum anderen, wenn sich die Information später als falsch entpuppt. Auch in diesem Fall kann die Äußerung zunächst berechtigt sein (BGH NJW 1977, 1288, 1289; 1985, 1621, 1622; GRUR 1960, 500, 502; WENZEL Rn 6.70). Zwar darf sie nicht weiter aufrechterhalten und muß unter Umständen widerrufen werden, doch scheidet namentlich eine Schadensersatzpflicht aus (zu den Details der Rechtsfolge vgl unten Rn C 289).

c) Das Verhältnis von Art 5 GG und § 193 StGB

C 94 Das Verhältnis zwischen der verfassungsrechtlichen Garantie und dem einfachen Recht des § 193 StGB, der seinerseits den Konflikt zwischen der Äußerungsfreiheit und dem Persönlichkeitsschutz auf der Ebene des einfachen Rechts lösen soll, ist **angesichts der Normenhierarchie relativ unproblematisch.** Ein aus der Abwägung zwischen den Art 1 Abs 1, 2 Abs 1 GG auf der einen und Art 5 Abs 1 S 1 GG auf der anderen Seite eindeutig gewonnenes Ergebnis kann durch die niederrangige Vorschrift nicht modifiziert werden. Dem trägt die hM im Ergebnis auch durchgängig Rechnung, wobei die Begründungen in der Sache sich weitgehend decken. ZT wird angenommen, § 193 StGB habe seine konstitutive Bedeutung bei ehrenrührigen Meinungsäußerungen fast völlig verloren (LK/HERDEGEN [10. Aufl 1988] § 193 Rn 4; SCHÖNKE/SCHRÖDER/LENCKNER [25. Aufl 1997] § 193 Rn 1; ders, in: GS Noll [1984] 254; ebenso für das Verhältnis zwischen Art 5 III GG und § 193 StGB LK/HERDEGEN [10. Aufl 1988] § 193 Rn 8; SCHÖNKE/SCHRÖDER/LENCKNER [25. Aufl 1997] § 193 Rn 13; ders, in: GS Noll [1984] 254), der **BGH** zitiert § 193 StGB und Art 5 Abs 1 S 1 GG vielfach parallel, ohne die Vorschriften gegeneinander abzugrenzen (BGHZ 31, 308, 312; BGH NJW 1993, 930, 931; LM Nr 115 zu § 823 [Ah] unter II 2 c; nur auf § 193 StGB stellen noch ab BGH NJW 1959, 2011, 2013; 1985, 1621, 1622; 1987, 1403, 1404), spricht allerdings auch davon, Art 5 GG präge § 193 StGB (BGH NJW 1971, 1655, 1657); in anderen Entscheidungen **verzichtet das Gericht darauf, § 193 StGB noch zu erwähnen** (BGH NJW 1979, 266, 267; 1994, 124, 125 f) – eine Linie, die das BVerfG schon lange verfolgt (vgl zuletzt BVerfGE 61, 1, 11; 82, 43, 51 f; 82, 272, 281 f; 85, 1, 16 f; beide Normen werden erwähnt von BVerfGE 12, 113, 125; 60, 234, 241 f; 93, 266, 291; BVerfG NJW 1991, 2074, 2075). In der Literatur wird zT davor gewarnt, die Prüfung von Art 5 Abs 1 S 1 GG gegenüber § 193 StGB zu verselbständigen, da das einfache Recht schon lange vor Entstehung des Grundgesetzes dem Konflikt mit der Meinungsfreiheit adäquat Rechnung getragen habe (LARENZ/CANARIS § 80 V 1 a Fn 113). Das ist an sich der richtige Ansatz; soweit eine verfassungsrechtlich verträgliche Lösung vom Gesetz vorgesehen ist, bedarf es des Rückgriffs auf die Verfassung nicht. Wo es aber zum **Konflikt** kommt, **hat Art 5 GG den Vorrang**, schon deswegen, weil die niederrangige Norm nicht verfassungsrechtliche Vorgaben verändern kann (BVerfGE 60, 234, 241; 61, 1, 10). Doch ist regelmäßig eine verfassungsorientierte oder verfassungskonforme Auslegung möglich.

d) Die dogmatische Einordnung des § 193 StGB
aa) Der Meinungsstand
Die dogmatische Einordnung des § 193 StGB ist strittig. Nach **ganz hM** handelt es sich   **C 95** um einen **Rechtfertigungsgrund** (BGHZ 3, 270, 280 f; OLG Frankfurt aM NJW 1980, 597; SOERGEL/ZEUNER Rn 225; MünchKomm/MERTENS § 824 Rn 44 [für § 824 Abs 2]; LARENZ/CANARIS § 79 I 4 c; § 88 III 2 a; FIKENTSCHER Rn 498; ausf WENZEL Rn 6. 27 ff; der Sache nach auch BGH NJW 1993, 930, 932; 1994, 2614, 2616; LM Nr 115 zu § 823 [Ah] unter II 2 c; offen gelassen von ERMAN/EHMANN Anh zu § 12 Rn 149; für einen Rechtfertigungsgrund auch die ganz hM innerhalb der Strafrechtswissenschaft; vgl zB BGHSt 18, 182, 184 f; LK/HERDEGEN [10. Aufl 1988] § 193 Rn 2; SCHÖNKE/SCHRÖDER/LENCKNER [25. Aufl 1997] § 193 Rn 1 mwNw; ROXIN, AT [3. Aufl 1997] § 18 Rn 33). Der **BGH** geht teilweise weiter und **verneint schon den Tatbestand** der Persönlichkeitsverletzung, wenn die verfassungskonforme Auslegung die Zulässigkeit ergebe (BGHZ 45, 296, 307; 50, 133, 143). Sachlich macht das indes keinen Unterschied. Uneinheitlich beurteilt wird innerhalb der hM, wie dieser Rechtfertigungsgrund exakt zu fassen ist. Die Mehrheit betrachtet § 193 StGB als Fall der **Interessenkollision**; die Belange des Verletzers überwiegen diejenigen des Attackierten (BGHZ 3, 270, 281; LK/HERDEGEN [10. Aufl 1988] § 193 Rn 2; SCHÖNKE/SCHRÖDER/LENCKNER [25. Aufl 1997] § 193 Rn 1; ROXIN, AT [3. Aufl 1997] § 18 Rn 33 f). Dies trifft für den Fall des Werturteils sicher zu, da es dort von vornherein nur um konfligierende Belange geht. Bei Tatsachenbehauptungen wird dagegen eingewandt, eine Behauptung sei entweder wahr, womit gar kein Kollisionsfall vorliege, oder falsch, was bedeute, daß das Interesse des Behauptenden nicht überwiegen könne. Daher gehe es letztendlich insoweit um den **Aspekt des erlaubten Risikos** (WENZEL Rn 6. 30 f). Doch läßt sich auch dieser Fall mit dem Gesichtspunkt der Interessenkollision erfassen. Das Interesse an der Mitteilung nach ordentlicher Recherche überwiegt zunächst auch dann das Interesse des Betroffenen, wenn die Gefahr nicht ausgeschlossen werden kann, daß sich letztendlich doch die Unwahrheit der Behauptung herausstellt (LK/HERDEGEN [10. Aufl 1988] § 193 Rn 3; ROXIN, AT [3. Aufl 1997] § 18 Rn 35). In der **Literatur** wird namentlich unter Berufung auf den Fall, daß sich die Behauptung später als unwahr entpuppt, die Auffassung vertreten, § 193 StGB sei generell kein Rechtfertigungs-, sondern nur ein **Entschuldigungsgrund** (E SCHMIDT JZ 1970, 10 f; ERDSIEK JZ 1969, 311 f; ders NJW 1966, 1385 ff; für den Fall nur der Gutgläubigkeit des Erklärenden auch MünchKomm/SCHWERDTNER [3. Aufl 1993] § 12 Rn 259) oder schließe nur die Haftung aus (so für die Parallele des § 824 Abs 2 BUND, in: FS vCaemmerer [1978] 324; TILMANN NJW 1975, 764). Dem ist jedoch nicht zu folgen. Beim Rechtfertigungsgrund des erlaubten Risikos kommt es auf die für den Täter zum Zeitpunkt der Tat erkennbaren Umstände an (SCHÖNKE/SCHRÖDER/LENCKNER [25. Aufl 1997] vor § 32 Rn 11; JAKOBS, Strafrecht AT [2. Aufl 1991] 7. Abschn Rn 47; J HAGER AcP 196 [1996] 197 f). Die Mindermeinung hätte obendrein zur Folge, daß die Norm ihre Wirkung einbüßte; könnte der Behauptende die Wahrheit nicht beweisen, so müßte die Äußerung vom Gericht auch dann untersagt werden, wenn berechtigte Interessen wahrgenommen worden sein sollten oder gar nur die Besonderheiten des Falles, etwa die Schweigepflicht gegenüber dem Informanten, den Beweis verhindert hätten (LARENZ/CANARIS § 79 I 4 c); wäre doch die Äußerung dann rechtswidrig. Hinzu kommt

die **Notwehrprobe**. Nach den gängigen Regeln könnte der Attackierte – selbst präventiv – zur Selbsthilfe greifen. Das wäre mit dem Wettstreit der Meinungen nicht mehr in Einklang zu bringen.

bb) Die Parallelproblematik bei § 824 Abs 2

C 96 Die Linie verläuft also zwischen den von vornherein bewußt unwahren Behauptungen und den (auch fahrlässig) unbewußt falschen Erklärungen; somit stellt sich die Frage der Abgrenzung. In der Parallelproblematik des § 824 Abs 2 wird zum Teil der Fall, daß der Kritiker etwas zu wissen behauptet, obwohl er innerlich keine sichere Überzeugung hat, dem Bewußtsein der Unwahrheit gleichgestellt, sofern er sich der **Unsicherheit seines Wissens bewußt** ist (RG JW 1912, 1105, 1106; 1932, 3060, 3061 mit kritischer Anm E Ulmer; BGH LM Nr 3 zu § 824 BGB; PALANDT/THOMAS § 824 Rn 8). Dem ist in dieser Apodiktik **nicht zu folgen**; es schadet nur Eventualvorsatz, nicht dagegen in jedem Fall grobe Fahrlässigkeit (BGH LM Nr 3 zu § 826 [Gb] unter III; MünchKomm/MERTENS § 824 Rn 48; ausf STAUDINGER/SCHÄFER[12] § 824 Rn 49). Natürlich kann sich der Vorwurf darauf beziehen, daß der Täter nicht die notwendigen Erkundigungen eingezogen hat; dann entfällt der Schutz wegen der fehlenden Überprüfung, ob die Behauptung wahr ist (BGB-RGRK/STEFFEN § 824 Rn 39; LARENZ/CANARIS § 79 I 4 b). Unterläuft dem Kritiker bei der Erklärung ein Irrtum, so daß er an Stelle einer wahren Tatsache etwas behauptet, dessen Unwahrheit er kennt, so verneint die hM im Rahmen des § 824 Abs 2 die Wahrnehmung berechtigter Interessen (RGZ 57, 157, 160 f; STAUDINGER/SCHÄFER[12] § 824 Rn 50); andere bejahen sie hingegen, wenn wegen der schutzwerten Belange an der Nachricht Übermittlungsfehler in Kauf zu nehmen sind (BGB-RGRK/STEFFEN § 824 Rn 39). Vor dem Hintergrund der verfassungsrechtlichen Vorgaben kann im Bereich des Persönlichkeitsschutzes nur diejenige Ansicht überzeugen, die berechtigte Interessen grundsätzlich auch dort für möglich hält, wo dem Täter ein Fehler bei der Erklärung unterlaufen ist. Sie sind zu behandeln wie Mitteilungen, deren Unwahrheit sich später herausstellt.

cc) Der relevante Zeitpunkt

C 97 ZT folgt man in der Lehre zwar im Ausgangspunkt der hM, macht davon jedoch eine Ausnahme, wenn sich die Tatsachenbehauptung später als unwahr erweist. Hier sei das **allgemeine Persönlichkeitsrecht des § 823 Abs 1** verletzt. § 193 StGB, der sich auf den Gefährdungstatbestand des § 186 StGB iVm § 823 Abs 2 beziehe, könne den Eingriff nicht rechtfertigen, sondern in Analogie zu § 824 Abs 2 in diesem Fall nur **Entschuldigungsgrund** sein (LARENZ/CANARIS § 88 III 2 a iV mit § 79 I 4 c). Auch dem ist nicht zu folgen. Zum einen sind die Normen von der Struktur her weithin identisch. Aus der Sicht des Täters geht es bei der Behauptung wiederum um ein erlaubtes Risiko. Auch bringt die dann erlaubte Notwehr des Opfers (LARENZ/CANARIS § 79 I 4 c) die Gefahr mit sich, daß sich der Täter, der ja nicht weiß, daß er die Unwahrheit sagt, seinerseits für notwehrberechtigt hält. Umgekehrt könnte das Opfer geltend machen, es habe an die Unwahrheit geglaubt und sei damit einem den Vorsatz ausschließenden Erlaubnistatbestandsirrtum erlegen. Dem läßt sich vorbauen, indem § 193 StGB auch hier als **Rechtfertigungsgrund** verstanden wird. In Extremfällen kann den Interessen des Opfers durch den rechtfertigenden Notstand nach § 34 StGB Rechnung getragen werden. Er erlaubt ein Vorgehen auch gegen rechtmäßiges Verhalten, allerdings – verglichen mit der Notwehr – nur eine wesentlich maßvollere Reaktion.

8. Die Wahrnehmung berechtigter Interessen – Die Voraussetzungen

a) Der verfolgte Zweck

Der vom Täter verfolgte Zweck darf nach hM nicht dem Gesetz oder den guten Sitten zuwiderlaufen (STAUDINGER/SCHÄFER[12] § 824 Rn 52; LK/HERDEGEN [10. Aufl 1988] 193 Rn 18; SCHÖNKE/SCHRÖDER/LENCKNER [25. Aufl 1997] § 193 Rn 9 jeweils mwNw). Es scheiden damit von vornherein nur diejenigen Konstellationen aus, in denen der verfolgte Zweck per se rechts- oder sittenwidrig ist, namentlich wenn auch die Mitteilung einer wahren Tatsache deswegen rechtswidrig wäre, weil sie aus der Intim- oder Privatsphäre des Betroffenen stammt (vgl zB BGHZ 24, 200, 208; BGH LM Nr 3 zu § 826 [Gb] unter III [für § 824]; STAUDINGER/SCHÄFER[12] § 824 Rn 52; iE auch BGHZ 39, 124, 128; BGH LM Nr 16 zu Art 5 GG unter II 1; Nr 19 zu Art 5 GG unter 2; aus der Strafrechtslehre LK/HERDEGEN [10. Aufl 1988] § 193 Rn 18; SCHÖNKE/SCHRÖDER/LENCKNER [25. Aufl 1997] § 193 Rn 9 mwNw). Ansonsten ist **mit diesem Kriterium wenig gewonnen**, da grundsätzlich erst die Gegenüberstellung von Zweck und Mittel das Rechtswidrigkeitsurteil begründet oder entfallen läßt.

C 98

b) Das betroffene Interesse
aa) Das private Interesse

Der Erklärende selbst muß nach hM ein berechtigtes Interesse haben. Dabei unterscheidet die hM zwischen privaten Interessen, fremden Interessen und denjenigen der Allgemeinheit (vgl zB LK/HERDEGEN [10. Aufl 1988] § 193 Rn 19; SCHÖNKE/SCHRÖDER/ LENCKNER [25. Aufl 1997] § 193 Rn 13 jeweils mwNw); doch sind – wie zu zeigen sein wird – diese Einteilung und die daran geknüpften Konsequenzen angesichts von Art 5 Abs 1 S 1 GG obsolet (vgl sogleich Rn C 101). Da die Fallgruppen aber weiterhin in der Literatur auftauchen, seien sie kurz geschildert. Ein berechtigtes privates Interesse ist gegeben, wenn der Erklärende **unmittelbar oder mittelbar persönlich betroffen** ist (STAUDINGER/SCHÄFER[12] § 824 Rn 55; TRÖNDLE [48. Aufl 1997] § 193 Rn 10 f; LK/HERDEGEN [10. Aufl 1988] § 193 Rn 19; SCHÖNKE/SCHRÖDER/LENCKNER [25. Aufl 1997] § 193 Rn 13 jeweils mwNw zur Rechtsprechung der Strafgerichte). **Unmittelbar** betroffen ist der Täter sicherlich, wenn er seine eigenen Belange wahrnimmt (BGH LM Nr 3 zu § 824 [für § 824]). **Eine mittelbare Betroffenheit** liegt vor, wenn es um einen größeren, der Allgemeinheit gegenüber jedoch abgegrenzten und der Zahl nach überschaubaren Personenkreis geht, dem der Erklärende angehört (STAUDINGER/SCHÄFER[12] § 824 Rn 56; LK/HERDEGEN [10. Aufl 1988] § 193 Rn 19). Hierher gehören die Mitgliedschaft in einem Verband, Verein, einer Genossenschaft oder einer politischen Partei (RGSt 44, 143, 148; LK/HERDEGEN [10. Aufl 1988] § 193 Rn 19); eigene Interessen werden daher wahrgenommen, wenn von dem parteischädigenden Verhalten eines anderen Mitglieds berichtet wird (OLG Hamm HESt 2, 273 f; KG JZ 1953, 91 f).

C 99

bb) Das fremde Interesse

Fremde Interessen können gleichzeitig eigene sein, wenn der Erklärende ein **besonderes Recht** zur Wahrung dieser Belange hat oder eine so nahe persönliche Beziehung besteht, daß er sich **billiger- und vernünftigerweise zu ihrem Verfechter** aufwerfen darf (RGSt 63, 229, 231 mwNw; BayObLG [St] NJW 1965, 58, 59; SCHÖNKE/SCHRÖDER/LENCKNER [25. Aufl 1997] § 193 Rn 13 mwNw). Zur ersten Gruppe gehören Personen, die wie Anwälte oder Betreuer mit der Wahrnehmung fremder Interessen beauftragt sind (RGSt 30, 41, 42; OLG Hamburg [St] NJW 1952, 903), Organe eines Interessenverbandes (SCHÖNKE/ SCHRÖDER/LENCKNER [25. Aufl 1997] § 193 Rn 13), Auskunfteien (RGSt 38, 131, 132; JÄGER NJW 1956, 1224 f), aber auch Seelsorger (RG JW 1912, 290, 293 [heute allerdings schon durch öffent-

C 100

liches Interesse gedeckt]). Es genügen daneben besondere Berufsstellungen, wie Geschäftsführer von Unternehmen (OLG Hamm [St] NJW 1987, 1034, 1035), Gemeinderatsmitglieder (BayObLG [St] NJW 1956, 354, 355) oder Landtagsabgeordnete (BGH [St] bei DALLINGER MDR 1955, 270 [zusätzlich öffentlicher Belang]). Zur zweiten Gruppe zählen nahe Verwandtschaft und enge Freundschaft (STAUDINGER/SCHÄFER[12] § 824 Rn 55; SCHÖNKE/SCHRÖDER/LENCKNER [25. Aufl 1997] § 193 Rn 13) oder eine enge Interessenbindung, etwa diejenige eines Arbeitnehmers gegenüber dem Arbeitgeber (BayObLG [St] NJW 1965, 58, 59; OLG Braunschweig [St] MDR 1948, 186, 187 [zusätzlich öffentlicher Belang]; OLG Düsseldorf [St] JR 1948, 350, 351; ArbG Rheine DB 1968, 2041, 2042).

cc) **Öffentliche Interessen**

C 101 Die **früher hM** wollte bei öffentlichen Angelegenheiten danach unterscheiden, ob sie den Erklärenden nahe angingen oder nur allgemeiner Natur seien; im letztgenannten Fall sei der einzelne nicht berechtigt, tätig zu werden (vgl die Darstellung bei STAUDINGER/SCHÄFER[12] § 824 Rn 57 f; ferner TRÖNDLE [48. Aufl 1997] § 193 Rn 13). Dieser Abgrenzung ist (spätestens) **durch Art 5 GG der Boden entzogen**. Interessen der Allgemeinheit dürfen von jedermann wahrgenommen werden (BVerfGE 12, 113, 125; BGHZ 31, 308, 312; BGH GRUR 1960, 505, 507; LK/HERDEGEN [10. Aufl 1988] § 193 Rn 19; SCHÖNKE/SCHRÖDER/LENCKNER [25. Aufl 1997] § 193 Rn 13). Doch haben sich – quasi als Reste der alten Anforderungen – noch Formulierungen in Rechtsprechung und Literatur erhalten, die die erörterungswürdigen Angelegenheiten beschränken. Wohl nur mißverständlich und – soweit ersichtlich – bislang ohne praktische Konsequenz ist die gelegentlich von der Rechtsprechung gebrauchte Wendung, es müsse bei einer die Öffentlichkeit interessierenden Frage ein **dazu Legitimierter** gehandelt haben (BVerfGE 7, 198, 212; 61, 1, 11; BGHZ 45, 296, 308; BGH NJW 1983, 2195, 2196; LM Nr 40 zu Art 5 GG unter B vor I). Abgesehen davon, daß es **keine Kriterien** für eine derartige Legitimation gibt, dürfen an die Person des Erklärenden keine derartigen Anforderungen gestellt werden (LK/HERDEGEN [10. Aufl 1988] § 193 Rn 20); **Kritik ist keine Frage individueller Qualifikation**. Dagegen ist sehr **strittig, ob die Themen gewissen Voraussetzungen genügen** müssen. Die Frage spielt primär eine Rolle bei der Äußerung von Meinungen, stellt sich aber auch bei der Mitteilung von nicht beweisbaren oder – wie sich später zeigt – unwahren Tatsachen in gleicher Weise. **Nach wohl hM** muß ein Beitrag zum geistigen Meinungskampf in einer die Öffentlichkeit wesentlich berührenden Frage vorliegen (BVerfGE 7, 198, 212; 61, 1, 11; BGHZ 24, 200, 208 [„echtes Informationsbedürfnis"]; 45, 296, 308; BGH NJW 1983, 2195, 2196; 1994, 2614, 2616; STAUDINGER/SCHÄFER[12] § 824 Rn 82, 85 mwNw; ähnl im Rahmen von § 1 UWG BGHZ 50, 1, 5; iE auch FIKENTSCHER Rn 1218 unter [5]). Diese Regeln erstreckt die Rechtsprechung auch auf Tatsachenbehauptungen. Zwar seien auch Berichte über Skandale und Sensationen grundsätzlich durch das Grundrecht der Pressefreiheit geschützt, indes wirkten sich das Fehlen des Informationsinteresses der Öffentlichkeit sowie die Motivation des Publikationsorgans bei der Abwägung aus; der intensiv verletzten Persönlichkeit gebühre der uneingeschränkte Vorrang. So sei es nicht im öffentlichen Interesse, wenn über (angebliche) intime Beziehungen eines katholischen Priesters mit einer verheirateten Frau berichtet werde (BGH LM Nr 98 zu § 823 [Ah] unter II 1 unter Berufung auf BVerfGE 34, 269, 283 f; 42, 143, 152 f). Die **Mindermeinung** lehnt eine derartige Einschränkung zu Recht ab. Zu beurteilen, was sachliche Kritik sei und was nicht, stehe nicht der Justiz, sondern der Öffentlichkeit zu (KÜBLER AcP 172 [1972] 193 mwNw). Auch sei es Sache des Bürgers selbst, zu bestimmen, welche Angelegenheiten er zum Inhalt des Meinungskampfes machen wolle (LARENZ/CANARIS § 80 V 1 a; § 81 III 2 a; SCHÖNKE/SCHRÖDER/LENCKNER [25. Aufl 1997] § 193 Rn 17). **Dieser Auf-**

fassung ist im Ansatz zu folgen. Denn es ist schon mangels griffiger Kriterien kaum festzustellen, wann ein Bericht von öffentlichem Interesse ist und wann nicht. So können auch Probleme zölibatärer Lebensweise durchaus zu öffentlich interessierenden Themen gerechnet werden. Zumindest muß es daher genügen, daß eine **Frage von potentiell öffentlichem Interesse** ist. Umgekehrt braucht freilich der Privatmann es nicht stets zu dulden, daß seine Probleme ans Licht gezerrt werden. Eine Grenze zieht daher das Recht auf informationelle Selbstbestimmung, das den Intimbereich im Normalfall auch gegen eine Berichterstattung über wahre Tatsachen abschirmt. Das eigentliche Korrektiv – und dies ist der wahre Grund – ist die erhöhte Pflicht zur Recherche, wenn die Presse über ehrenrührige Ereignisse berichten will (vgl dazu genauer unten Rn C 119 ff).

9. Die Besonderheiten bei der Meinungsäußerung

a) Die Verhältnismäßigkeit

Namentlich in der strafrechtlichen Judikatur und Literatur wird gefordert, die Äußerung müsse **geeignet und erforderlich** sein sowie aufgrund einer Abwägung der widerstreitenden Interessen sich als ein angemessenes Mittel erweisen (vgl zB SCHÖNKE/SCHRÖDER/LENCKNER [25. Aufl 1997] § 193 Rn 9 a, 10; SK/RUDOLPHI [5. Aufl 1996] § 193 Rn 19, 22 jeweils mwNw). Damit ist das Verhältnismäßigkeitsprinzip thematisiert, das freilich wegen der Besonderheit, daß auf beiden Seiten Grundrechtsträger beteiligt sind, nicht mit der bei staatlichen Eingriffen zu beachtenden Schärfe gilt.   C 102

aa) Die Eignung

So muß nach hM die Äußerung geeignet sein, dem Zweck des Kritikers zu dienen. Daran soll es fehlen, wenn als Adressat jemand ausgesucht wird, der nicht in der Lage ist, die Durchsetzung des Interesses in irgendeiner Weise zu fördern (RGSt 59, 172, 173; LK/HERDEGEN [10. Aufl 1988] § 193 Rn 25; SCHÖNKE/SCHRÖDER/LENCKNER [25. Aufl 1997] § 193 Rn 10; SK/RUDOLPHI [5. Aufl 1996] § 193 Rn 19; TENCKHOFF JuS 1989, 201). Der Maßstab ist **jedenfalls bei Werturteilen unangebracht**, weil der Kritiker auch den Adressaten bestimmen darf.   C 103

bb) Die Erforderlichkeit
α) Die Entwicklung der hM

Noch problematischer ist die Frage, ob wegen des Merkmals der Erforderlichkeit nur das schonendste Mittel gewählt werden darf. **So hatte der BGH früher entschieden**. Eine rechtsverletzende Äußerung sei nur dann durch die Wahrnehmung berechtigter Interessen gedeckt, wenn sie objektiv nach Inhalt, Form und Begleitumständen das gebotene und notwendige Mittel zur Erreichung des rechtlich gebilligten Zwecks bilde (BGHZ 3, 270, 281 mwNw – Constanze I; 8, 142, 145; 24, 200, 207; BGH LM Nr 2 zu § 823 [Bd] unter 4 b; Zweifel aber schon bei BGHZ 36, 77, 83); der Äußernde habe das kleinste Rechtsübel, das schonendste Mittel zu wählen (ebenso die heute noch hL im Strafrecht; vgl zB SCHÖNKE/SCHRÖDER/LENCKNER [25. Aufl 1997] § 193 Rn 10; SK/RUDOLPHI [5. Aufl 1996] § 193 Rn 20; ROXIN, AT [3. Aufl 1997] § 18 Rn 44). **Anders hatte** indes schon früh **das BVerfG argumentiert**. Die Äußerung müsse nicht unbedingt erforderlich sein (BVerfGE 12, 113, 129 f). Unter dem Eindruck dieser Rechtsprechung hat auch der **BGH seine ursprüngliche Position inzwischen aufgegeben**. Da die **Vermutung für die Zulässigkeit der freien Rede** spreche (vgl unten Rn C 107), wenn es sich um einen Beitrag zum Meinungskampf handele, könne es je nach den Umständen des Einzelfalls geboten sein, den   C 104

Schutz privater Rechtsgüter zurücktreten zu lassen und auch in der Art der Meinungsäußerung große Freiheit zu gewähren. **Der mündige** und zum eigenen Urteil im Kampf der Meinungen aufgerufene **Bürger** sei fähig, zu beurteilen, was von der Kritik zu halten sei, die auf Begründungen verzichte und so in hämisch-ironischer oder schimpfend-polternder Art die Gegenmeinung angreife; das rechtfertige es, den Betroffenen nicht gegenüber jeder unangemessen scharfen Meinungsäußerung Schutz zu gewähren (BGHZ 45, 296, 307 f; OLG München VersR 1994, 1478, 1480; OLG Hamm VersR 1998, 1001; vgl ferner BGHZ 91, 117, 121; BGH NJW 1974, 1762, 1763; zust die ganz hM in der zivilrechtlichen Literatur; vgl zB SOERGEL/ZEUNER Rn 93 [wenngleich kritisch zu manchen Urteilen]; LARENZ/CANARIS § 81 III 2 a; WENZEL Rn 6. 76 f). Diese Regeln sind später in der Judikatur weiterentwickelt worden. So darf der **Erklärende selbst die Form** bestimmen (vgl oben Rn C 88), da ansonsten auch die Schärfe des Ausdrucks in Korrelation zur Wichtigkeit des Themas gesetzt werden müßte, was freilich dazu zwingen würde, doch wieder die wertvolle von der minderwertigen Meinung zu sondern. Da es Sinn der Meinungsäußerung ist, Aufsehen zu erregen, sind angesichts der heutigen Reizüberflutung auch starke Formulierungen erlaubt (BVerfGE 24, 278, 286; 60, 234, 241; 90, 241, 248; BGH NJW 1994, 124, 128), etwa **scharfe und abwertende Kritik, übersteigerte Polemik oder ironische Ausdrücke** (EGMR NJW 1992, 613, 615; BVerfGE 24, 278, 286; 42, 143, 153; 54, 129, 139; 60, 234, 241; 82, 272, 282, 283 f; 90, 241, 247; BVerfG NJW 1991, 92; 1991, 94 – dissenting opinion; 1991, 3023, 3025; 1992, 2750; 1994, 2943; BGHZ 45, 296, 310; 91, 117, 121 ff; BGH NJW 1974, 1762, 1763; 1981, 2117, 2119; 1982, 2246, 2247; 1987, 1398; 1987, 2225, 2227; 1994, 124, 126; LM Nr 33 zu Art 5 GG unter B II 2 c; Nr 40 zu Art 5 GG unter B III 2 a; Nr 116 zu § 823 [Ah] unter II 1 b; Nr 20 zu § 823 [G] unter II 3 b; Nr 42 zu § 847 unter II 2 b; Nr 672 zu § 1 UWG unter II 4 a; OLG München VersR 1994, 1478, 1480; OLG Saarbrücken NJW-RR 1996, 1048, 1049; SK/RUDOLPHI [5. Aufl 1996] § 193 Rn 23 b). Das gilt namentlich bei der **freien spontanen Rede** und auch dann, wenn im öffentlichen Meinungskampf dadurch das Ansehen des Betroffenen gemindert wird (BVerfGE 12, 113, 131; 24, 278, 286; 54, 129, 138 f; 60, 234, 241; BGHZ 45, 296, 308; BGH NJW 1982, 2246, 2247; LM Nr 33 zu Art 5 GG unter B II 2 c; Nr 42 zu § 847 unter II 2 b). Unter dem Aspekt der Erforderlichkeit werden von der hM auch die Fälle behandelt, in denen der Täter sich unnötigerweise an die Öffentlichkeit wendet (LK/HERDEGEN [10. Aufl 1988] § 193 Rn 18 f; SCHÖNKE/SCHRÖDER/LENCKNER [25. Aufl 1997] § 193 Rn 10; SK/RUDOLPHI [5. Aufl 1996] § 193 Rn 21), etwa unter Nennung des vollen Namens bei einem Sensationsbericht (BGH LM Nr 16 zu Art 5 GG unter II 1 b) oder bei einem Ermittlungsverfahren (OLG Köln NJW 1987, 2682, 2684). Doch geht es dabei letztendlich gar nicht um die Wahrnehmung berechtigter Interessen bei Verbreitung unwahrer oder nicht erweislich wahrer Tatsachen. Das wird spätestens deutlich, wenn erwiesen wahre Tatsachen mitgeteilt werden, so daß § 193 StGB von vornherein nicht einschlägig ist. Das Problem ist vielmehr grundsätzlich beim Schutz der informationellen Selbstbestimmung anzusiedeln. Der Eingriff wird nur noch verstärkt, wenn die Tatsachen unwahr sind, sofern nicht ein Ausnahmefall vorliegt, in dem die Mitteilung gerechtfertigt ist – und zwar wegen der ordnungsgemäßen Recherche auch dann, wenn sie sich schlußendlich als falsch entpuppen sollte.

β) **Die Kritik**

Gerade in jüngster Zeit wird an dieser hM Kritik geübt und die **Rückkehr zum Verhältnismäßigkeitsprinzip** oder zumindest seine analoge Anwendung gefordert. Das hat die von den Verfechtern der Gegenansicht ausdrücklich auch gezogene Konsequenz, daß geprüft werden müßte, ob es erforderlich war, die Meinung **gerade in der Art und Weise zu artikulieren**, wie es geschehen war, oder ob es zur Verbreitung des Inhalts der

Äußerung ausgereicht hätte, gegebenenfalls andere Vokabeln zu verwenden, ohne daß dadurch die Durchschlagskraft der Äußerung gemindert worden wäre (STARK 125 f; ders JuS 1995, 691; ders, in: FS Kriele [1997] 248; SCHOLZ/KONRAD AöR 123 [1998] 92; ähnl MACKEPRANG 222 ff; FORKEL JZ 1994, 642 mit Fn 42; auch noch BVerfGE 42, 143, 152 mit abweichender Auffassung RUPP-vBRÜNNECK BVerfGE 42, 143, 154 ff; kritisch zur Rspr auch EHMANN JuS 1997, 198). Das entspricht auch der nach wie vor im Strafrecht hM (OLG Frankfurt aM JR 1992, 79, 81; SCHÖNKE/SCHRÖDER/LENCKNER [25. Aufl 1997] § 193 Rn 10; LK/HERDEGEN [10. Aufl 1988] § 193 Rn 25; ROXIN, AT [3. Aufl 1997] § 18 Rn 44; GEPPERT Jura 1985, 29; TENCKHOFF JuS 1989, 201; BRAMMSEN JR 1992, 84).

γ) **Stellungnahme**
Die Kritik vermag **weder im Ergebnis noch in der Begründung zu überzeugen** (ausf C 106
J HAGER AcP 196 [1996] 208 f). Die Rückkehr zur früheren BGH-Rechtsprechung würde der richterlichen Meinungszensur Tür und Tor öffnen (LARENZ/CANARIS § 81 III 2 a; J HAGER AcP 196 [1996] 208). Der Richter hätte zu untersuchen, ob man den Inhalt auch weniger scharf hätte formulieren können. Das dürfte nahezu stets der Fall sein. Vorwürfe an den politischen Gegner oder auch den wissenschaftlichen Widersacher **lassen sich fast stets milder ausdrücken**. Damit würden die Gerichte überfordert, aber auch der Gebrauch der Meinungsfreiheit an empfindlicher Stelle getroffen, hätte der Kritiker doch stets damit zu rechnen, sich vom Gericht vorhalten lassen zu müssen, er hätte seine Äußerung schonender formulieren können. Auch in dogmatischer Hinsicht ist die Mindermeinung abzulehnen. Die Form bestimmt schon den Inhalt (RUPP-vBRÜNNECK BVerfGE 42, 143, 158 f – dissenting opinion; vgl schon oben C 88). Sie ist als Teil der Meinungsfreiheit aus gutem Grund geschützt. Auch hat die Presse das Recht, selbst zu definieren, ob sie als seriöse Zeitung oder als Boulevardblatt erscheinen will (STEINDORFF, Persönlichkeitsschutz im Zivilrecht [1983] 32 f; OSSENBÜHL JZ 1995, 637; J HAGER AcP 196 [1996] 209). Das kann ihr der Staat ebensowenig vorschreiben, wie etwa einem Kabarett. Die Grenze zieht das Verbot der Schmähkritik als Ausprägung der Verhältnismäßigkeit im engeren Sinne (vgl sogleich Rn C 107), eine Lösung, die § 193 StGB mit dem Verbot der Formalbeleidigung auf einfach-rechtlicher Ebene vorsieht (WEITNAUER DB 1976, 413).

cc) **Die Verhältnismäßigkeit im engeren Sinn**
α) **Die hM**
Die Meinungsäußerung muß schließlich dem Prinzip der Verhältnismäßigkeit im C 107
eigentlichen Sinn standhalten. Hierbei kommt es nach hM auf die Bedeutung des Themas an. Dem Grundrecht kommt um so größeres Gewicht zu, je mehr es nicht um einen privaten, namentlich wirtschaftlichen Belang geht, sondern um einen Beitrag zum Meinungskampf in **einer die Öffentlichkeit wesentlich berührenden Frage** (BVerfGE 7, 198, 212; 12, 113, 127; 24, 278, 282 f; 42, 163, 170; 43, 130, 137; 54, 163, 170; 61, 1, 11; 66, 116, 139; 82, 43, 51; 82, 272, 281 f; 85, 1, 16; BGH NJW 1981, 2117, 2119; 1982, 2246, 2247; 1998, 3047, 3049; LM Nr 116 zu § 823 [Ah] unter II 1 c; BayObLG [St] NJW 1995, 2501, 2503; ERMAN/EHMANN Anh zu § 12 Rn 162). Dient ein Beitrag in einem solchen Gebiet dem geistigen Meinungskampf, so spricht eine **Vermutung für die Zulässigkeit der freien Rede** (BVerfGE 7, 198, 212; 42, 163, 170; 54, 129, 137; 60, 234, 241; 61, 1, 7, 11; 66, 116, 150; 68, 226, 232; 82, 236, 260; 82, 272, 282; 85, 1, 16; 86, 23, 34 [auch für Fragen, ohne daß der Bürger gezwungen wäre, die Untersuchung über die Stichhaltigkeit des Vorwurfs selbst vorzunehmen]; 90, 241, 248, 254; 93, 266, 294 f; BVerfG NJW 1993, 2925, 2926; 1994, 2943; BGH NJW 1994, 124, 126; 1998, 3047, 3048, 3049; OLG Karlsruhe NJW-RR 1995, 477, 479; AfP 1998, 72, 73; OLG München NJW-RR 1997, 724, 726; MünchKomm/MERTENS

§ 824 Rn 16). Das gilt namentlich in **Wahlkampfauseinandersetzungen**. Dort verstärkt Art 21 Abs 1 GG die Freiheit, eine Meinung zu äußern; eine inhaltliche Reglementierung ist bei einer politischen Aussage nicht möglich (BVerfGE 61, 1, 12 f; ähnl 82, 272, 282; BVerfG NJW 1992, 2750; abl zB Otto JR 1983, 11; Schmitt Glaeser JZ 1983, 98). Erst wenn es nicht mehr um die Auseinandersetzung in der Sache geht, sondern zuvörderst um die Kränkung Andersdenkender, also in Fällen der **Schmähkritik oder Formalbeleidigung**, tritt die Meinungsfreiheit hinter das Persönlichkeitsrecht zurück (BVerfGE 60, 234, 242; 61, 1, 10; 66, 116, 151; 82, 272, 283 f; 85, 1, 16; 90, 241, 248, 254; 93, 266, 293; BVerfG NJW 1991, 1475, 1477; 1993, 1462; in BVerfGE 82, 43, 52 hatte das Gericht die Formalbeleidigung von vornherein aus dem Schutzbereich des Art 5 I 1 GG ausgenommen; BGHZ 45, 296, 310; 91, 117, 122; 99, 133, 139; BGH NJW 1973, 1655, 1657; 1974, 1762, 1763; 1977, 626, 627; 1980, 1685; 1981, 2117, 2119; 1982, 2246, 2247; 1987, 1398; 1987, 2225, 2227; 1994, 124, 126; 1998, 3047, 3048; LM Nr 33 zu Art 5 GG unter B III 2 c; Nr 40 zu Art 5 GG unter B II 2 a; Nr 116 zu § 823 [Ah] unter II 1 b; Nr 672 zu § 1 UWG unter II 4 c; BayObLG [St] NJW 1995, 2501, 2503; OLG Brandenburg NJW 1996, 666, 667; OLG Saarbrücken NJW-RR 1996, 1048, 1049; OLG Karlsruhe AfP 1998, 72, 73; OLG Köln AfP 1998, 404, 406; OLG München NJW-RR 1998, 1036 f; LG Göttingen NJW 1996, 1138, 1139; LK/Herdegen [10. Aufl 1988] § 193 Rn 25; SK/Rudolphi [5. Aufl 1996] § 193 Rn 23 b mwNw; Larenz/Canaris § 80 V 1 a; Gounalakis NJW 1995, 815). Schmähkritik muß jenseits auch polemischer und überspitzter Kritik **in der persönlichen Herabsetzung** bestehen (BVerfGE 82, 272, 283 f; 93, 266, 294, 303; BGH NJW 1977, 626, 627; OLG Brandenburg NJW 1996, 666, 667). Dabei fordert die Rechtsprechung **Diffamierungsabsicht** (BVerfGE 61, 1, 12; BGH NJW 1974, 1762, 1763 f; OLG Hamburg AfP 1992, 165; OLG München NJW 1996, 2515, 2516; NJW-RR 1997, 724, 726; **aA** die hM im Strafrecht, die jede Art von Vorsatz genügen läßt; vgl zB Schönke/Schröder/Lenckner [25. Aufl 1997] § 193 Rn 27; SK/Rudolphi [5. Aufl 1996] § 193 Rn 23 b jeweils mwNw); eine solche wird sich indes regelmäßig aus den Umständen des Falles entnehmen lassen (Erman/Ehmann Anh zu § 12 Rn 160). In Auseinandersetzungen über die die Öffentlichkeit (potentiell) wesentlich berührenden Belange wird sie daher eher die **Ausnahme** sein; Hauptgebiet dürfte die sog **Privatfehde** sein (BVerfGE 93, 266, 294; BGH NJW 1974, 1762, 1763; ähnl BVerfGE 90, 255, 259). Der Meinung, in solchen Fällen habe auch unterhalb der Schwelle der Schmähkritik uU die Meinungsfreiheit zurückzutreten (OLG München NJW 1996, 2515 f; NJW-RR 1997, 724, 726), ist nicht zu folgen. Für das **Vorliegen einer Schmähkritik** kann im Einzelfall der Umstand sprechen, daß der Erklärende keine Gründe für seine Meinung angibt; dies kann ein Hinweis auf die Diffamierungsabsicht sein (BGH NJW 1974, 1762, 1763 f; Erman/Ehmann Anh zu § 12 Rn 164; ebenso im Rahmen des § 1 UWG BGH NJW 1982, 637, 639). Dies gilt erst recht, wenn die Kritik auch aus Sicht des Kritikers **keinerlei sachliche Grundlage** hat (OLG München NJW 1996, 2515, 2516; NJW-RR 1997, 724, 725). Umgekehrt spricht es gegen Schmähkritik, wenn der Täter seine Äußerung erst nach gründlicher Recherche publiziert, die zugrunde liegende Tatsachenannahme sich aber nachträglich als unwahr entpuppt (BGH NJW 1987, 2225, 2227). Wie stets ist eine Grenze auch dort, wo auch nach Abwägung der widerstreitenden Belange – etwa trotz des Rechts zum Gegenschlag (vgl dazu unten Rn C 109) – die Menschenwürde eines anderen angetastet wird (BVerfGE 93, 266, 293). Ob die Grenze der Schmähkritik von den Gerichten korrekt erkannt wurde, kann das BVerfG im Rahmen der Verfassungsbeschwerde überprüfen (vgl oben Rn C 14).

β) Die Kritik

C 108 Die Vermutungsformel wird in der Literatur zum Teil heftig attackiert, da sie zum einen durch die Beschränkung auf öffentliche Belange die Meinungsfreiheit in privaten Angelegenheiten disprivilegiere (SCHMITT GLAESER JZ 1983, 98) und zum anderen **aus dem GG nicht zu entnehmen** sei (KIESEL NVwZ 1992, 1130; FORKEL JZ 1994, 641; STARK 114; ders JuS 1995, 690; ders, in: FS Kriele [1997] 238 f); der Öffentlichkeitsbezug einer Frage rechtfertige wegen der Prangerwirkung nicht eine herabsetzende Sprache über einen anderen (LARENZ/CANARIS § 80 V 1 a). Die Vermutungsformel mache jedes Gegenrecht dem Erdboden gleich (SCHMITT GLAESER AöR 113 [1988] 95; STARK, in: FS Kriele [1997] 240; noch weiter TRÖNDLE [48. Aufl 1997] § 193 Rn 14 i [durch keine gesetzliche Norm gedeckt]) und lasse die politischen Sitten verrohen (SCHMITT GLAESER JZ 1983, 99; STARK 115; ders JuS 1995, 690; ders, in: FS Kriele [1997] 239; TETTINGER 27; ders JZ 1983, 325; TRÖNDLE [48. Aufl 1997] § 193 Rn 14 c; SCHOLZ/KONRAD AöR 123 [1998] 87). Der erste Punkt der Kritik ist sicher berechtigt, da es dem Kritiker erlaubt sein muß, Dinge erst in die Diskussion zu bringen (vgl dazu oben Rn C 101), ansonsten vermag sie jedoch nicht zu überzeugen. Technisch **iS einer Beweislast ist die Vermutung** ohnedies nicht gemeint; sie begründet vielmehr die Argumentationslast dessen, der die Äußerung einer Meinung verbieten will, die als solche keine Formalbeleidigung ist. Vor allem wird gerade bei harten Meinungsverschiedenheiten eine Ex-post-Betrachtung den Umständen der Diskussion nicht gerecht, die durch die Notwendigkeit von schnellen Äußerungen, spontaner Reaktion und Anpassung an die Situation gekennzeichnet ist und so Einseitigkeiten, Schärfen, Irrtümer und auch Unrichtigkeiten **unvermeidlich** macht. Man liefe sonst Gefahr, nicht nur Exzesse zu bekämpfen, sondern auch **präventive Wirkung gegen die Meinungsäußerung als Ganze** zu entfalten (GRIMM NJW 1995, 1703 f; J HAGER AcP 196 [1996] 210). Hat sich der Staat der Stellungnahme über Meinungen zu enthalten, so müßte die Zurückhaltung zumindest teilweise aufgegeben werden, wenn man unterhalb der Schwelle der Schmähkritik Äußerungen untersagen wollte (J HAGER AcP 196 [1996] 210 f). Hierher gehört namentlich der Fall, daß der Betroffene sich selbst in die öffentliche Diskussion eingeschaltet hat, sei es in einer speziellen Frage, sei es generell etwa als Politiker (BVerfGE 54, 129, 138; 61, 1, 13; 66, 116, 150 f; BGH NJW 1974, 1762, 1763; 1994, 124, 127; so schon KG JW 1928, 363, 365 – Piscator; ERMAN/EHMANN Anh zu § 12 Rn 63). Auch der Einwand, nur wer sicher sein könne, im Zweifel vor den Gerichten Schutz gegen Angriffe auf seine Ehre zu finden, werde sich politisch engagieren (STERN, in: FS Hübner [1984] 815, 817; MACKEPRANG 151 mwNw; ferner OTTO JR 1983, 6), überzeugt nicht. Wer prononciert eine Auffassung vertritt, andere seinerseits kritisiert, muß mit Gegenkritik rechnen, und zwar in einem Maße, wie sie sich der politische Privatmann nicht zu gefallen lassen braucht.

γ) **Insbesondere: Das Recht auf den Gegenschlag**
Eine klassische Ausprägung des Verhältnismäßigkeitsprinzips im engeren Sinne ist **C 109** das sog Recht auf den Gegenschlag. Nach hM darf das Werturteil um so schärfer und herabsetzender sein, je stärker der nunmehr Angegriffene eine solche Reaktion **herausgefordert** oder wenigstens zu ihr **Anlaß gegeben** hatte (BVerfGE 12, 113, 131 f; 24, 278, 286; 42, 143, 153; 54, 129, 138; 54, 163, 170 f; BVerfG NJW 1991, 2074, 2076; BGHZ 45, 296, 308; BGH NJW 1971, 1655, 1657; 1974, 1762, 1763; LM Nr 33 zu Art 5 GG unter B II 2 c; ERMAN/EHMANN Anh zu § 12 Rn 163; LARENZ/CANARIS § 80 V 1 a; TRÖNDLE [48. Aufl 1997] § 193 Rn 14 a; RUPP-VBRÜNNECK BVerfGE 42, 143, 161 – dissenting opinion; ähnl OLG München VersR 1994, 1478, 1480; **aA** SCHMITT GLAESER AöR 113 [1988] 95; KRIELE NJW 1994, 1901; STARK 117 ff; ders, in: FS KRIELE [1997] 241). Das ist zunächst der Fall, wenn der Kritisierte selbst die **Persönlichkeit des anderen angegriffen hatte** (BVerfGE 12, 113, 131; BGHZ 45, 296, 309 f), aber auch, wenn er – ohne gegenseitige Beleidigungen – am Meinungskampf teilgenommen und sich dessen Regeln unterworfen hatte (BVerfGE 54, 129, 138; **aA** KRIELE NJW 1994, 1901) oder

wenn etwa ein Presseorgan bewußt durch Aufmachung, Auswahl und Behandlung der Themen zur Polarisierung beigetragen hat (BVerfGE 66, 116, 151). Daß die Attacke der Gegenseite zeitlich unmittelbar vorangegangen war, wird von der Rechtsprechung nicht gefordert (BGH NJW 1971, 1655, 1657); doch ist jedenfalls beim Gebrauch von Schimpfwörtern ein enger zeitlicher Bezug zum vorangegangenen Angriff nötig (BGH GRUR 1977, 801, 804). Dagegen gibt es **kein Recht**, den verletzenden Ton immer weiter zu steigern, nur weil sich der Gegner einer entsprechenden Sprache bedient oder die Reizschwelle gestiegen ist. Die Steigerung der Schärfe der gebrauchten Ausdrücke ist nicht Teil der in Freiheit geführten geistigen Auseinandersetzung, die das Grundgesetz schützen will (BVerfGE 42, 143, 153); das Recht zum Gegenschlag ist **kein Freibrief für maßlose Polemik** (BGH NJW 1974, 1762, 1763). Die Grenze ist im Regelfall bei der Schmähkritik erreicht (BVerfG NJW 1992, 2013, 2014; Tröndle [48. Aufl 1997] § 193 Rn 23 b; zu einer Ausnahme, in der der als Nazi Bezeichnete sich vorher unter „NSDAP-Auslandsorganisation" gemeldet und gedroht hatte, „die Bude einzuschlagen"; vgl BVerfG NJW 1992, 2013, 2014). Prinzipiell ist das Recht auf den Gegenschlag nicht auf den zunächst Attackierten begrenzt; **auch Dritte dürfen sich einmischen** (aA möglicherweise Kriele NJW 1994, 1901). Doch kann von ihnen mehr Zurückhaltung als vom unmittelbar Betroffenen verlangt werden (Otto JR 1983, 7; J Hager AcP 196 [1996] 212; vgl auch BVerfGE 75, 369, 380 f).

dd) Die Abstufung

C 110 Mit Hilfe dieser Regeln ist durch Abwägung zu ermitteln, welches der beteiligten Grundrechte den Vorrang verdient (BVerfGE 90, 241, 249). Generelle Antworten scheiden dabei aus. Neben dem Vorrang des Persönlichkeitsschutzes bei Schmähungen, umgekehrt dem hohen Schutz der freien Rede bei Fragen, die die Öffentlichkeit wesentlich berühren (vgl oben Rn C 107), spielt vor allem der Wahrheitsgehalt von Tatsachenbehauptungen eine Rolle, die mit der Meinungsäußerung verbunden sind. Obwohl in derartigen Fällen die Regeln über die Meinungsäußerung anzuwenden sind, tritt die Meinungsfreiheit regelmäßig hinter dem Persönlichkeitsschutz zurück, wenn die **Tatsachen erwiesen unwahr** sind (vgl oben Rn C 91; sowie als Beispiele BVerfGE 61, 1, 8 f; 85, 1, 17; 90, 241, 248 f). Damit ergibt sich folgende **Stufung**: Den stärksten Schutz genießen Privatleute, die ihrerseits keinen Anlaß gegeben haben, daß ihre Angelegenheiten an die Öffentlichkeit gezerrt werden. Sie müssen – abgesehen von der informationellen Selbstbestimmung – zwar Kritik hinnehmen, indes nicht in aggressiver Form. Personen, die im Rampenlicht stehen, und solche, die sich öffentlich zu einer Frage geäußert haben, müssen schärfere Kritik ertragen – vor allem, wenn sie ihrerseits andere attackiert hatten. Die **Grenze der Schmähkritik oder Formalbeleidigung** darf auch nicht beim Gegenschlag desjenigen überschritten werden, der auf eine Attacke des nunmehr Betroffenen antwortet. Der Gegenschlag darf nicht in die Verrohung der Sitten abgleiten.

ee) Kasuistik

C 111 Nach diesen Grundsätzen ist **vom Grundrecht der Meinungsäußerung gedeckt** die Kritik an Herrschern, die beide in einem Theaterstück zum selben Gott um den Sieg beten (Larenz/Canaris § 80 V 2 c; **aA** KG JW 1928, 363, 366; vgl zu diesem Problem unter dem Aspekt des Art 5 III 1 GG noch unten Rn C 134), die Bezeichnung von Kreditvermittlern, die Darlehen mit deutlich höheren Zinsen als üblich vermittelten, als „Kredithaie" (BVerfGE 60, 234, 242), eines Hauseigentümers, der nach dem Erwerb des Hauses allen Mietern gekündigt hatte, um das Haus zu renovieren, als „Wohnungshai" (OLG Köln JMBlNRW

1983, 117 f), eines Arbeitgebers, der an ausländische Arbeitnehmer Löhne bezahlte, die erheblich unter dem Üblichen lagen, sie unzureichend unterbrachte und Handgreiflichkeiten in seinem Betrieb duldete, als „berüchtigt" (BGH LM Nr 40 zu Art 5 GG unter B II), die Äußerung, man bekomme Angst, wenn man die Betreiber eines Flohmarktes und ihre Anhänger sehe (BVerfG NJW 1991, 1475, 1477), die Bezeichnung einer zinslosen Vorauszahlung für eine Kanalisation, um rasch eine Baugenehmigung zu bekommen, als „Beschleunigungszuschlag" (BVerfG NJW 1991, 3023, 3024 f), einer Partei als die „NPD Europas" (BVerfGE 61, 1, 11 ff), eines Reserveoffiziers der Bundeswehr als „geborener Mörder" in einem Satiremagazin (BVerfGE 86, 1, 12; aA ERMAN/ EHMANN Anh zu § 12 Rn 160; LARENZ/CANARIS § 80 V 1 a), von Soldaten als Mörder, wenn nicht die Personen, sondern die wahrgenommene Tätigkeit im Vordergrund der Kritik steht (BVerfGE 93, 266, 304; aA BayObLG [St] NJW 1991, 1493, 1495; TRÖNDLE [48. Aufl 1997] § 193 Rn 14 p mwNw), eines Fußballtrainers als „linke Bazille" (OLG Saarbrücken NJW-RR 1996, 1048, 1049 f); auch der Vorwurf der Sabotage darf im politischen Meinungskampf erhoben werden (BGH NJW 1973, 1655, 1657). Zulässig ist ein Plakat mit dem Bild des Vorstandsvorsitzenden eines Großunternehmens der Chemieindustrie und dem Zusatz: „Alle reden vom Klima – wir ruinieren es" (BGH NJW 1994, 124, 126). Der satirische Bericht über einen Zivilprozeß wegen einer schweren Persönlichkeitsverletzung durch eine Karikatur verletzt den Betroffenen selbst bei Abdruck des Bildes nicht, wenn die Kritik an dem Urteil der eigentliche Gegenstand des Beitrags ist (LG Berlin NJW 1997, 1371, 1372 f). Als **Schmähkritik** ist nach der Rechtsprechung dagegen zu werten die Bezeichnung einer Fernsehansagerin als „ausgemolkene Ziege", die in ein zweitklassiges Tingeltangel passe und bei deren Anblick den Zuschauern die Milch sauer werde, obendrein gepaart mit der durch nichts begründeten Unterstellung lesbischer Neigungen (BGHZ 39, 124, 127 f), der Vorwurf, jemand wisse die Feder so gut zu führen wie eine „Dreckschleuder" (BGH LM Nr 42 zu § 847 unter I 2 b), ein Arbeitgeber sei ein „Halsabschneider" (BGH LM Nr 40 zu Art 5 GG unter B III 2), die Erklärung, jemand werde sich furchtbar ärgern, wenn sein für eine Wahlkampfanzeige ausgegebenes Geld aufgrund einer Entscheidung der Redaktion des Publikationsorgans der ärztlichen Versorgung von Napalmopfern zugute komme (BGH NJW 1977, 626, 627), die Bezeichnung eines Politikers als „(Ober-)Faschisten" (BGHZ 99, 133; BGH NJW 1974, 1762 f; BGH [St] NJW 1955, 311), eines Mitglieds eines Psychologenverbandes, der während des Krieges geboren wurde, als „Nazi" (OLG Frankfurt aM NJW-RR 1996, 1050, 1052), eines Gelähmten als „geborener Krüppel" auch in einem Satiremagazin (BVerfGE 86, 1, 13 f), ebenso eines (verstorbenen) Autors als „steindumm, kenntnislos, talentfrei, verlogen und korrupt, als zum Teil pathologischer, zum Teil harmloser Knallkopf" (BVerfGE NJW 1993, 1462 f; zust STÜRNER JZ 1994, 875; aA LARENZ/CANARIS § 80 V 1 a; da es um eine Rezension gegangen sei, die nicht den Menschen schmähen, sondern den Schriftsteller kritisieren sollte; wohl auch SENDLER NJW 1993, 2157 f), eines Parteivorsitzenden als Repräsentanten des „doofen lederbehosten Bayern" (OLG München NJW-RR 1998, 1036, 1037).

b) **Weitere verfassungsrechtliche Wertungen**
Auch **aus anderen Grundrechten** können sich **Beschränkungen** der Meinungsfreiheit ergeben (SCHOLZ/KONRAD AöR 123 [1998] 115). So gibt es kein Recht, fremdes Eigentum als Medium der Kundgabe der eigenen Auffassung gegen den Willen des Berechtigten zu benutzen (BVerfGE 7, 230, 234 ff; JARASS/PIEROTH [4. Aufl 1997] Art 5 Rn 57; für den Parallelfall der Kunst BVerfG NJW 1984, 1293, 1294). Herabsetzende Äußerungen wegen der nichtehelichen Herkunft sind ebensowenig von Art 5 Abs 1 S 1 GG gedeckt wie die

Kränkung wegen einer körperlichen oder geistigen Behinderung (BVerfGE 86, 1, 13; vgl nunmehr auch Art 3 Abs 3 GG). Auch die Anknüpfung an ethnische, rassische, körperliche oder geistige Merkmale gehört hierher (BVerfGE 93, 266, 304 unter dem Aspekt der Diffamierung). Kein Ansatzpunkt für erhöhten Persönlichkeitsschutz ist dagegen die Pflicht der Soldaten, Gehorsam zu üben (BVerfGE 93, 266, 304 f; aA Haas BVerfGE 93, 266, 318 f – dissenting opinion).

c) Die eingesetzten Mittel

C 113 Primär in der Parallelproblematik beim eingerichteten und ausgeübten Gewerbebetrieb und dort überwiegend beim Aufruf zum Boykott stellt sich die Frage, welche Mittel der Erklärende einsetzen darf (vgl dazu unten Rn D 42 f). Doch kommt es zu einer ähnlichen Problemstellung auch beim allgemeinen Persönlichkeitsrecht – etwa wenn dazu aufgefordert wird, einen bestimmten kostenlosen Vortrag nicht zu besuchen. Nach hM fallen auch **Boykottaufrufe** in den **Schutzbereich des Art 5 Abs 1 S 1 GG** (BVerfGE 7, 198, 215 ff; 25, 256, 264; 62, 231, 244; BVerfG NJW 1989, 381, 382; BGH NJW 1985, 60, 62; 1985, 62, 63; Jarass/Pieroth [4. Aufl 1997] Art 5 Rn 4; Wendt, in: vMünch/Kunig [4. Aufl 1992] Art 5 Rn 12 mwNw, Rn 14; Larenz/Canaris § 81 III 3 a; aA wohl BGH NJW 1985, 1620, 1621). Dafür spricht, daß sich der bloße Aufruf noch im Bereich der Meinungsäußerung bewegt, wenn und solange zu seiner Durchsetzung **kein Druck** eingesetzt wird (BVerfG NJW 1989, 381, 382; Larenz/Canaris § 81 III 3 a). Konsequenterweise liegt es **anders**, wenn **wirtschaftliche Pression** ins Spiel kommt. Sie widerspricht dem Sinn des Grundrechts, das den geistigen Meinungskampf gewährleisten will (BVerfGE 25, 256, 265, 266 f; 62, 231, 245; Wendt, in: vMünch/Kunig [4. Aufl 1992] Art 5 Rn 14; Larenz/Canaris § 81 III 3 b; Grimm NJW 1995, 1699; Scholz/Konrad AöR 123 [1998] 84).

d) Die Motivation

C 114 Nach hM muß der Kritiker die **Absicht** verfolgen, berechtigte Interessen wahrzunehmen (LK/Herdegen [10. Aufl 1988] § 193 Rn 30 mwNw aus der strafrechtlichen Judikatur und Literatur; Tröndle [48. Aufl 1997] § 193 Rn 17; Tenckhoff JuS 1989, 202 mwNw). Freilich ist es auch nach hM unschädlich, wenn der Täter aufgrund eines **Motivbündels** handelt und auch sonstige Ziele wie Rache usw verfolgt (so schon RG JW 1919, 993, 994 mit insoweit zust Anm von Lehmann; OLG Hamburg [St] NJW 1984, 1130, 1132; Staudinger/Schäfer[12] § 824 Rn 52; LK/Herdegen [10. Aufl 1988] § 193 Rn 30; Tröndle [48. Aufl 1997] § 193 Rn 17; Tenckhoff JuS 1989, 202). Die Rechtfertigung entfällt nach dieser Auffassung, wenn für den Täter die Wahrnehmung berechtigter Interessen überhaupt keine Rolle spielt (LK/Herdegen [10. Aufl 1988] § 193 Rn 30). Als ein derartiger Fall ist es in der Rechtsprechung der Instanzgerichte angesehen worden, wenn es einem Publikationsorgan nur um die Steigerung der Auflage und nicht um die Beseitigung des (angeblichen) Mißstands gegangen war (OLG Hamm [St] DB 1980, 1215; aA Schönke/Schröder/Lenckner [25. Aufl 1997] § 193 Rn 23). Dem widerspricht im Ansatz **eine in der Literatur vordringende Auffassung**, die es genügen läßt, daß der Täter die objektiven Rechtfertigungsvoraussetzungen kennt (Schönke/Schröder/Lenckner [25. Aufl 1997] § 193 Rn 23; SK/Rudolphi [5. Aufl 1996] § 193 Rn 25 jeweils mwNw). Doch sind die Unterschiede gering, weil auch für die Anhänger dieser Auffassung die Rechtfertigung ausscheidet, wenn die Äußerung nur gelegentlich der Wahrnehmung berechtigter Interessen fällt (Schönke/Schröder/Lenckner [25. Aufl 1997] § 193 Rn 23 unter nicht überzeugender Berufung auf BayObLG [St] NJW 1962, 1120; dort war die Äußerung gegenüber einem Adressaten getan worden, der zur Durchsetzung des verfolgten Ziels von vornherein nichts beitragen konnte; es fehlte also die Eignung; vgl dazu aber schon oben Rn C 103). Eine vermittelnde Ansicht weist darauf hin, daß sich die Absicht in vielen Fällen nicht wird klären lassen und daß daher die Gefahr besteht, zwischen der sog seriösen Presse und Klatschblättern unterscheiden zu müssen. Diese Differenzierung sei wenig überzeugend, weil die Gestaltung des Blattes oft weniger aus der Gesinnung, sondern aus der Kalkulation resultiere. Daher sei zumindest bei Informationsinteressen der Allgemeinheit das Motiv unbeachtlich (WENZEL Rn 6. 82; DAGTOGLOU DÖV 1963, 636). Bloße Schädigungsabsicht schließe die Wahrnehmung berechtigter Interessen dagegen aus (WENZEL Rn 6. 83); diese dürfe freilich im öffentlichen Meinungskampf nicht ohne weiteres unterstellt werden (WENZEL Rn 6. 84). Die Unterschiede zur hM dürften indes allenfalls marginal sein. Doch sollte man mit der Mindermeinung auf eine derartige Restriktion verzichten.

e) Die Rolle der Pressefreiheit

Unstreitig gelten diese Regeln auch im öffentlichen Meinungskampf, namentlich bei der Veröffentlichung in der Presse bzw anderen Medien (BVerfGE 85, 1, 13; LK/HERDEGEN [10. Aufl 1988] § 193 Rn 20; SCHÖNKE/SCHRÖDER/LENCKNER [25. Aufl 1997] § 193 Rn 15 jeweils mwNw; iE auch BVerfGE 12, 113, 126; 24, 278, 285; BGHZ 31, 308, 312; 45, 296, 308 f). Während die Rechtsprechung früher dazu tendierte, der Presse wegen Art 5 Abs 1 S 2 GG eine Sonderrolle zuzugestehen (so noch BVerfGE 62, 231, 243; wohl auch SCHÖNKE/ SCHRÖDER/LENCKNER [25. Aufl 1997] § 193 Rn 15), wird in neueren Entscheidungen ein derartiges **Privileg verneint**, soweit es um die Äußerung einer Meinung geht. Durch die Pressefreiheit kann der veröffentlichten Meinung des Kritikers kein weiter gehender Grundrechtsschutz zukommen als durch die Meinungsfreiheit (BVerfGE 85, 1, 11 ff, 13; 95, 28, 34; 97, 391, 400; BVerfG NJW 1991, 3023, 3025; OLG Karlsruhe NJW-RR 1995, 477, 479; LK/HERDEGEN [10. Aufl 1988] § 193 Rn 20; SK/RUDOLPHI [5. Aufl 1996] § 193 Rn 16; WEITNAUER DB 1976, 1415; anderes gilt indes bei der Mitteilung von Tatsachen; vgl unten Rn C 121 f).

C 115

10. Die Besonderheiten bei Tatsachenbehauptungen

a) Die Anforderungen an die Wahrheit der Behauptung

Teile der Literatur fordern, eine Nachricht dürfe erst dann verbreitet werden, wenn ihre Wahrheit feststehe (KRIELE NJW 1994, 1902; offen gelassen von BayObLG [St] NJW 1995, 2501, 2503). Dem nahe steht der Vorschlag, die Äußerung dürfe nur als Meinung weitergegeben werden (SCHMITT GLAESER JZ 1983, 97; ders AöR 113 [1988] 77; vgl dazu schon oben Rn C 92). Doch ist dem nicht zu folgen. Schon das Ergebnis vermag nicht zu überzeugen, weil dann jede Berichterstattung über Verdachtsmomente verwehrt wäre, auch wenn die Anhaltspunkte noch so gravierend wären (OLG München NJW-RR 1996, 1493, 1494). Es darf nicht nur das geäußert werden, was in einem nachfolgenden Prozeß zur Gewißheit des Richters bewiesen werden kann (BVerfGE 97, 125, 149; BGH NJW 1977, 1288, 1289; 1979, 266, 267; OLG München VersR 1994, 1478, 1480). Namentlich **die Presse** könnte ihre **verfassungsrechtlich gewährleistete Aufgabe** nicht mehr wahrnehmen (BGH NJW 1977, 1288, 1289; ähnl BGH NJW 1979, 266, 267). Dogmatisch spricht dagegen vor allem die Norm des § 193 StGB, die in ihrem Bezug zu § 186 StGB auf nicht erweislich wahre Behauptungen zugeschnitten ist; bei wahren Berichten ist schon § 186 StGB nicht einschlägig. Die Norm verlöre somit ihren Sinn (J HAGER AcP 196 [1996] 193 f).

C 116

b) Der Begriff der berechtigten Interessen

Der Begriff der berechtigten Interessen läßt sich **theoretisch auf zwei Wegen** konkre-

C 117

tisieren. Man kann das Ziel des Täters mit der möglichen Beeinträchtigung des Opfers vergleichen, also das Interesse an der Weitergabe einer Nachricht, selbst auf die Gefahr hin, daß sie sich als unwahr entpuppt, mit dem Interesse dessen, der durch die mögliche Unwahrheit in Mitleidenschaft gezogen wird (MünchKomm/MERTENS § 824 Rn 45; BGB-RGRK/STEFFEN § 824 Rn 36; wohl auch LEIPOLD, in: FS Hubmann [1985] 274). Die **hM** geht diesen Weg nicht, schon weil damit das Gewicht der Indizien, die für oder gegen die Wahrheit sprechen, nicht hinreichend berücksichtigt würde. Sie wählt vielmehr ein zweistufiges Verfahren. Sie **unterstellt die Wahrheit** und fragt von diesem Standpunkt aus, ob der Täter die Äußerung für geboten halten durfte (BGHZ 37, 187, 191; 132, 13, 23; BGH NJW 1985, 1621, 1622; 1987, 2225, 2226; 1993, 525, 527; LM Nr 20 zu § 823 [G] unter II 2 a cc [2]; ERMAN/EHMANN Anh zu § 12 Rn 155; LARENZ/CANARIS § 88 II 1 c iVm § 79 I 4 a; WENZEL Rn 6. 70; LK/HERDEGEN [10. Aufl 1988] § 193 Rn 2; J HAGER AcP 196 [1996] 189). **Im zweiten Schritt** ist durch die **Pflicht zur Recherche** dem Umstand Rechnung zu tragen, daß die Wahrheit der Nachricht nicht mit Sicherheit feststeht (J HAGER AcP 196 [1996] 189).

c) Die Bedeutung der Nachricht

C 118 Mit einem **Erst-recht-Schluß** ist die Verbreitung solcher Nachrichten verboten, die auch bei erwiesener Wahrheit des Persönlichkeitsrechts des Betroffenen wegen nicht gemeldet werden dürften – etwa weil sie die Intimsphäre betreffen (BGH LM Nr 98 zu § 823 [Ah] unter II 2; Nr 672 zu § 1 UWG unter II 4 c); anders ist es dagegen gerade bei Gewerbetreibenden und Verbänden, wenn die Sozialsphäre betroffen ist (BGH LM Nr 672 zu § 1 UWG unter II 4 c). Auch sonstige Gründe können entgegenstehen – etwa wenn die Information **unter Verstoß gegen ein Strafgesetz** erlangt wurde (MünchKomm/ MERTENS § 824 Rn 63). Zudem ist der potentielle Öffentlichkeitsbezug zu beachten. Wird vermutet, daß wahre Information zulässig ist (vgl unten Rn C 147), so bedarf deren Beschränkung der Legitimation. Und sie ist um so eher zu begründen, je stärker die Nachricht ins Private geht, und um so schwerer, je mehr öffentlich interessierende Belange betroffen sind (BVerfGE 97, 125, 154). Das ist auch vom Ergebnis her plausibel. Die Bestechlichkeit eines hochrangigen Politikers etwa hat für die Öffentlichkeit mehr Gewicht als diejenige eines normalen Arbeitnehmers.

d) Die Pflicht zur Recherche

C 119 Daß bei Vorliegen berechtigter Interessen auch Tatsachen behauptet werden dürfen, deren Wahrheit nicht feststeht, kann keinen Freibrief bedeuten. Voraussetzung ist vielmehr, daß der Erklärende seiner **Prüfungs- und Informationspflicht** nachgekommen ist. Verletzt er sie, so ist der Schutz des § 193 StGB zu versagen (BGHZ 132, 13, 23 f; BGH NJW 1977, 1288, 1289; 1978, 210; 1985, 1621, 1623; 1987, 1403, 1404; 1987, 2225, 2227; 1993, 525, 527; OLG Karlsruhe NJW-RR 1995, 477, 478; OLG München NJW-RR 1996, 1365, 1367; OLG Hamburg VersR 1996, 1285, 1286; LARENZ/CANARIS § 80 V 1 c iVm § 79 I 4 b; LK/HERDEGEN [10. Aufl 1988] § 193 Rn 21; SCHÖNKE/SCHRÖDER/LENCKNER [25. Aufl 1997] § 193 Rn 11; OTTO JR 1983, 8; GEPPERT Jura 1985, 30; TENCKHOFF JuS 1989, 201; J HAGER AcP 196 [1996] 194 f; STEINDORFF, Persönlichkeitsschutz im Zivilrecht [1983] 34 ff; iE auch ROXIN, AT [3. Aufl 1997] § 18 Rn 47). Der Umfang dessen, was jeweils zu ermitteln ist, hängt natürlich von den **Umständen** ab, namentlich von der **Schwere des Vorwurfs**, den **Konsequenzen** für den Betroffenen, von dem **Gewicht** der für die Wahrheit sprechenden Umstände sowie von der **Sorgfalt**, mit der der Erklärende bei der Ermittlung des Sachverhalts vorgegangen ist (BGHZ 95, 212, 220; BGH NJW 1993, 525, 527; LM Nr 20 zu § 823 [G] unter II 2 a [2]; SCHÖNKE/SCHRÖDER/ LENCKNER [25. Aufl 1997] § 193 Rn 11; zu den Details vgl sogleich Rn C 120 f). Dogmatisch handelt es sich um eine **Verkehrspflicht zum Schutz der Persönlichkeit** (J HAGER AcP

25. Titel. § 823
Unerlaubte Handlungen C 120, C 121

196 [1996] 194 f; ähnl LARENZ/CANARIS § 80 V 1 c; STEINDORFF, Persönlichkeitsschutz im Zivilrecht [1983] 36; aA vBAR, Verkehrspflichten [1980] 80 f; vgl auch unten Rn E 6). Ob undifferenziert der Publizierende **darlegungs-** (BGH NJW 1998, 3047, 3048; GRIMM NJW 1995, 1702 f; für § 824 MünchKomm/MERTENS § 824 Rn 89 mit einer Ausnahme, wenn das Opfer behauptet, der Täter habe die Unwahrheit gekannt) **und beweispflichtig** sein soll, was die ordnungsgemäße Recherche angeht (so BGH NJW 1998, 3047, 3049; OLG Saarbrücken NJW 1997, 1376, 1378 unter nicht ganz zutreffender Berufung auf WENZEL Rn 12. 119 f), erscheint wegen des auch grundgesetzlich garantierten Redaktionsgeheimnisses sehr problematisch. Angemessener dürfte es sein, hinreichend plausible Behauptungen über die Zuverlässigkeit von Informanten jedenfalls bei der seriösen Presse ausreichen zu lassen.

aa) Die Kriterien
Die Intensität der Recherche hängt auch hier von einer Reihe von Faktoren ab. Zu C 120 nennen ist einmal der **Adressatenkreis**. Es macht einen Unterschied, ob eine Nachricht nur für den internen Gebrauch etwa von Banken bestimmt ist oder an die Öffentlichkeit gelangen soll (BGH NJW 1993, 525, 527). Zudem ist Rücksicht zu nehmen auf die **Belange dessen, über den berichtet wird**, gerade wenn die Behauptung geeignet ist, ihn in wirtschaftliche Schwierigkeiten zu bringen (BGH NJW 1993, 525, 527). Dagegen rechtfertigen **rein ökonomische Interessen** des Publizierenden nicht eine Verringerung der Recherche. Ein weiteres Kriterium ist der **Informationsanspruch des Publikums** (MünchKomm/MERTENS § 824 Rn 63; WENZEL Rn 6. 63; WEITNAUER DB 1976, 1415). Bei Gefahr für Leib und Leben – etwa dem Verdacht, es werde verseuchtes Blut vertrieben – darf eher berichtet werden als bei weniger dramatischen Risiken. Hier spielt der potentielle Öffentlichkeitsbezug eine Rolle. Das ist – wie bei der Mitteilung wahrer Tatsachen – nicht eine Mißachtung der Kritik im privaten Bereich oder eine Verengung der Äußerungsfreiheit auf politische Auseinandersetzungen (vgl unten Rn C 194). Obgleich etwa die Presse auch bei Berichten über Skandale, Sensationen und Klatsch Schutz genießt (BVerfGE 34, 269, 283; 66, 116, 134; JARASS/PIEROTH [4. Aufl 1997] Art 5 Rn 21; WENDT, in: vMÜNCH/KUNIG [4. Aufl 1992] Art 5 Rn 31; vMANGOLDT/KLEIN/STARCK [3. Aufl 1985] Art 5 Abs 1, 2 Rn 39), kann die Abwägung je nach Bedeutung der Nachricht unterschiedlich ausfallen (BVerfGE 34, 269, 283; 35, 202, 232; 66, 116, 134; JARASS/PIEROTH [4. Aufl 1997] Art 5 Rn 48; WENDT, in: vMÜNCH/KUNIG [4. Aufl 1992] Art 5 Rn 84; WEITNAUER DB 1976, 1415; iE auch BGH NJW 1978, 210). Das Ergebnis der Recherche kann es verbieten, die Meldung apodiktisch als wahr zu bezeichnen; statt dessen kann es erforderlich sein, eine hypothetische Formulierung zu wählen (MünchKomm/MERTENS § 824 Rn 47).

bb) Die Anforderungen an die Massenmedien
Bei der Presse gelten wegen der Breitenwirkung strenge Anforderungen (BGH NJW C 121 1966, 2010, 2011; SCHÖNKE/SCHRÖDER/LENCKNER [25. Aufl 1997] § 193 Rn 18); das Publikum mißt ihr ein besonders großes Maß an Glaubwürdigkeit bei, zumal wenn die Meldung in Bild und Ton verbreitet wird (MünchKomm/MERTENS § 824 Rn 61). Sie muß **alle ihr möglichen Ermittlungen** anstellen, bevor sie sich zur Veröffentlichung entschließt, um die Gefahr, etwas Falsches zu melden, nach Kräften auszuschließen (BGHZ 31, 308, 313; BGH NJW 1963, 904; 1966, 1213, 1215; 1977, 1288, 1289; iE auch BGH NJW 1978, 210 [insoweit in BGHZ 70, 39 ff nicht abgedruckt] 1985, 1621, 1623; 1986, 981, 982 [Warentest]; 1987, 1403, 1404; 1993, 930, 931; 1997, 1148, 1149; BGH LM Nr 98 zu § 823 [Ah] unter II 1; Nr 115 zu § 823 [Ah] unter II 1 c, 2 c; OLG Frankfurt aM NJW-RR 1996, 1490; OLG München NJW-RR 1996, 1487, 1488; 1996, 1493, 1494; OLG Saarbrücken NJW 1997, 1376, 1378; MünchKomm/MERTENS § 824 Rn 62). Hat sie

nicht ein **Mindestmaß an Beweisen** zusammengetragen, die die Informationen stützen, so muß sie notfalls auf die Publikation ganz verzichten (BGH NJW 1977, 1288, 1289; 1997, 1148, 1149; OLG Saarbrücken NJW 1997, 1376, 1378). Der **Grad an Richtigkeitsgewähr** muß um so größer sein, je schwerer das Interesse des Betroffenen wiegt (BGH NJW 1977, 1288, 1289; OLG Karlsruhe NJW-RR 1995, 477, 478; OLG Saarbrücken NJW 1997, 1376, 1378). Entlastendes Material darf ebensowenig unbeachtet bleiben wie ein Dementi des Betroffenen (BGH NJW 1965, 2395, 2396; 1966, 1213, 1215; OLG München NJW-RR 1996, 1493, 1495; MünchKomm/MERTENS § 824 Rn 62). Selbstverständlich rechtfertigen Sensationsberichte aus wirtschaftlichem Interesse allein nicht eine Persönlichkeitsverletzung (BGH NJW 1977, 1288, 1289). Auch darf sich die Presse regelmäßig nicht mit der Befragung eines von mehreren Betroffenen zufrieden geben, wenn es um gegenläufige Interessen geht (BGHZ 132, 13, 25 f; BGH NJW 1997, 1148, 1150; 1997, 2353, 2355 [Testberichte]; LM Nr 98 zu § 823 [Ah] unter II 1 [Befragung nur des angeblich betrogenen Ehemannes, nicht auch des vermeintlichen Ehebrechers]; Nr 19 zu Art 5 GG unter 2 [notwendig sei nicht nur eine telefonische Befragung, sondern eine persönliche Rücksprache; fraglich]; OLG Koblenz NJW 1996, 325 [Anfrage bei der um Spenden werbenden Organisation über die Höhe ihrer Kosten]; OLG Hamburg VersR 1996, 1285, 1286; OLG Frankfurt aM NJW-RR 1996, 1490; OLG München NJW-RR 1996, 1490), jedenfalls wenn nicht von vornherein ausgeschlossen ist, daß der Betroffene sich äußert (BGHZ 132, 13, 26) oder die Nachfrage aus sonstigen Gründen unzumutbar ist (OLG Karlsruhe NJW-RR 1993, 1054, 1055 f). Freilich dürfen die **Anforderungen nicht übertrieben** werden. Mehr als die mit ihren Mitteln zu leistende **„pressemäßige" Sorgfalt** darf nicht verlangt werden. Da sie auf Aktualität angewiesen ist, muß sie sich der Äußerungen nicht schon dann enthalten, wenn die Kritik nicht mit den ihr zur Verfügung stehenden Mitteln zur Gewißheit des Richters bewiesen werden kann (BGH NJW 1979, 266, 267; 1981, 2117, 2120; 1987, 2225, 2226; SCHÖNKE/SCHRÖDER/LENCKNER [25. Aufl 1997] § 193 Rn 18; ähnl BGH NJW 1977, 1298, 1299). Die Anforderungen dürfen vor allem nicht so bemessen werden, daß die Funktion der Meinungsfreiheit in Gefahr gerät (BVerfGE 54, 208, 219 f; 61, 1, 8; 85, 1, 15; BGHZ 132, 13, 24; OLG München NJW-RR 1996, 1365, 1367; OLG Saarbrücken NJW 1997, 1376, 1378).

cc) **Die Übernahme von Berichten Dritter**

C 122 Sehr knifflig ist das Problem, ob und inwieweit sich die Erklärung auf Recherchen Dritter stützen und deren Behauptungen übernehmen darf. Jedenfalls darf man sich auf **amtliche Untersuchungsberichte** oder gar **Ordnungsverfügungen** verlassen (BGH NJW 1987, 2225, 2226 f; 1993, 930, 932; 1998, 3047, 3049; OLG Braunschweig NJW 1975, 651, 653; LG Berlin NJW 1997, 1573, 1574; MünchKomm/MERTENS § 824 Rn 70; LÖFFLER/STEFFEN [4. Aufl 1997] § 6 LPG Rn 209; WENZEL Rn 6. 125; skeptisch MünchKomm/SCHWERDTNER [3. Aufl 1993] § 12 Rn 175), ebenso auf Berichte von Justizpressestellen (MünchKomm/MERTENS § 824 Rn 70) und von Zentralen zur Bekämpfung von Unlauterkeit im Heilgewerbe (BGH LM Nr 13 zu § 824 unter II 4 a). Hingegen hat der BGH die Möglichkeit, ungeprüft Berichte Dritter zu verbreiten, in einem Fall verneint, in dem sich Redakteure auf die fernmündliche Aussage eines freien Mitarbeiters verlassen hatten, ohne selbst zu recherchieren (BGH NJW 1963, 904; SCHÖNKE/SCHRÖDER/LENCKNER [25. Aufl 1997] § 193 Rn 18; vgl auch BGH NJW 1966, 1213, 1215; 1978, 2151, 2152). Das BVerfG hält es unter Hinweis auf Art 5 Abs 1 GG für eine Überspannung der Darlegungspflicht, wenn jemand, der eine herabsetzende Behauptung über Dritte aufstellt, die nicht seinem eigenen Erfahrungsbereich entstammt und die seine eigene Überprüfungsmöglichkeit übersteigt, sich nicht auf **unwidersprochene Pressemitteilungen** oder Ausführungen eines Abgeordneten beziehen dürfte, solange die Berichterstattung nicht erkennbar überholt oder widerrufen sei. Alles andere würde bedeuten, daß man Presseberichte nicht zur Stützung der eigenen Meinung verwenden dürfte, wenn man sich auf Tatsachen außerhalb des eigenen Erfahrungs- und Kontrollbereichs stützen würde (BVerfGE 85, 1, 21 ff; J Hager AcP 196 [1996] 196 f; aA Tröndle [48. Aufl 1997] § 193 Rn 14 k; Kriele NJW 1994, 1901 f). Doch dürfte **kein Widerspruch** zwischen den beiden Gerichten vorliegen. Denn in der Tat kann vom einzelnen nicht eine erneute Überprüfung von Medienberichten verlangt werden, zumal da er dazu keine Möglichkeiten hat. Dürfte er über derartige Meldungen nicht mehr sprechen, weil und soweit er die dort berichteten Tatsachen nicht nachweisen kann, so würde der gesellschaftliche Kommunikationsprozeß verengt und die individuelle Meinungsfreiheit gelähmt (BVerfGE 85, 1, 22; iE auch Larenz/Canaris § 88 II c mit Fn 18). Auch darf man sich auf **Meldungen anerkannter Agenturen** generell verlassen (Wenzel Rn 6. 125; Löffler/Steffen [4. Aufl 1997] § 6 LPG Rn 169). Das kann anders sein, wenn die Agentur Zweifel zu erkennen gibt, die Meldung widersprüchlich ist (Löffler/Steffen § 6 LPG Rn 169) oder wenn der **zweite Kritiker selbst ein Presseunternehmen** ist und daher die Möglichkeit besitzt, den Vorwürfen nachzugehen – etwa das erstpublizierende, ein nicht ohne weiteres als zuverlässig bekanntes Medium um die Quelle zu bitten (Wenzel Rn 6. 126; ähnl MünchKomm/Mertens § 824 Rn 70). Erst recht trägt der Publizierende die volle Verantwortung, wenn er eine vorliegende Meldung verändert oder ihr eine andere Tendenz gibt (OLG Saarbrücken NJW 1997, 1376, 1377; Wenzel Rn 6. 127). Daß der Publizierende in jedem Fall selbständig zu überprüfen hat, ob die Veröffentlichung wegen der Prangerwirkung zu unterbleiben hat (Löffler/Steffen [4. Aufl 1997] § 6 LPG Rn 208), erscheint eher fraglich; jedenfalls dürfte bei Weitergabe einer behördlichen Mitteilung das Verschulden fehlen.

dd) Die Rolle des § 190 StGB
Nach § 190 StGB gilt der Beweis der Wahrheit als erbracht, wenn der Beleidigte **C 123** wegen der behaupteten oder verbreiteten Tatsache rechtskräftig verurteilt ist; umgekehrt ist der Beweis ausgeschlossen, wenn der Beleidigte rechtskräftig freigesprochen ist. Eine eigene Recherche ist demgemäß weder notwendig, noch könnte sie die Beweisregel beiseite schieben (offen gelassen von OLG Dresden AfP 1998, 410). Das gilt grundsätzlich auch für Urteile, die von Gerichten der DDR erlassen wurden, soweit diese nicht ihrerseits für nicht vollstreckbar erklärt wurden (BGHZ 95, 212, 216; aA Erman/Ehmann Anh zu § 12 Rn 151). Zwar gibt es auch hier Pflichten zur Recherche, doch stehen angesichts der Bestandskraft des Urteils dem Vertrauen des Kritikers nur dann Zweifel entgegen, wenn die konkreten Umstände dazu Anlaß auch für einen Außenstehenden geben (BGHZ 95, 212, 221). Eine Aufhebung des Urteils steht dem Freispruch nicht gleich (BGH GRUR 1974, 797, 799).

e) Nicht ehrenrührige Behauptungen
Die entwickelten Grundsätze sind entsprechend anzuwenden, wenn die Tatsachen- **C 124** behauptung zwar **nicht ehrenrührig, gleichwohl aber unwahr** ist. Denn das Interesse, nicht in ein falsches Licht gerückt zu werden, gebietet es, auch gegen unwahre nicht ehrenrührige Behauptungen vorgehen zu können. Anders als im Strafrecht ist die Unterscheidung zwischen ehrenrührigen und sonstigen Behauptungen durch das Gesetz nicht vorgegeben. Im Zivilrecht verstärkt sich daher die Tendenz, die **Selbstdefinition des Persönlichkeitsbildes** in den Vordergrund zu rücken (BVerfGE 54, 148, 155; 54, 208, 217; BVerfG NJW 1989, 1789; BGHZ 128, 1, 7 f; OLG Hamburg AfP 1985, 216, 218; Stürner, 58. DJT Bd I [1990] A 69 f; Herrman, 58. DJT Bd II [1990] K 37; Larenz/Canaris § 80 II 1; ders öJBl 1991, 207 f; Kübler JZ 1984, 544; ders JZ 1990, 916; Schwerdtner JZ 1990, 771; J

HAGER AcP 196 [1996] 199; aA ERMAN/EHMANN Anh zu § 12 Rn 119). Das ist ohne weiteres möglich, da Ansatz des Schutzes nicht nur die §§ 823 Abs 2, 186 ff StGB sind, sondern das Persönlichkeitsrecht umfassende Absicherung genießt. Dieses Recht kann auch durch Darstellungen beeinträchtigt werden, die nicht ehrenrührig sind (BVerfGE 97, 125, 147; ähnl BVerfGE 54, 148, 154; 54, 208, 217; aA offenbar OLG Hamm VersR 1993, 231, 232). Das bedeutet allerdings nicht, daß jeder nur so in der Öffentlichkeit dargestellt werden darf, wie es ihm genehm ist (BVerfGE 82, 236, 269; 97, 125, 149; 97, 391, 403). Dieser Ansatz ist im übrigen auch in § 824 verankert; nach ganz hM brauchen die Behauptungen nicht ehrenrührig zu sein, um die Haftung auszulösen (RGZ 140, 392, 395 f; BGH NJW 1963, 1871, 1872; 1965, 36, 37; MünchKomm/MERTENS § 824 Rn 4; SOERGEL/ZEUNER § 824 Rn 2; BGB-RGRK/STEFFEN § 824 Rn 7). Damit kann man bei unwahren Tatsachenbehauptungen auf den schwer zu fassenden Begriff der Ehre (vgl schon oben Rn C 63) verzichten. Bei der **Abwägung tauchen dieselben Kriterien** auf, die auch bei unwahren ehrenrührigen Tatsachenbehauptungen eine Rolle spielen. Zu nennen sind der potentielle Öffentlichkeitsbezug und die Belange des Betroffenen; schließlich ist auch bei nicht ehrenrührigen Tatsachenbehauptungen zu recherchieren, wobei die Anstrengungen um so intensiver ausfallen müssen, je massiver die Konsequenzen für das Persönlichkeitsrecht des Betroffenen sind und je mehr die Nachricht nur der Sensation dient.

11. Die Kollision mit der Freiheit der Kunst

a) Die Definition

Eine wichtige Rolle bei der Abwägung spielt die Kunstfreiheit des Art 5 Abs 3 S 1 GG. Die Schwierigkeit beginnt freilich schon mit der Definition, die sich eines einheitlichen, für alle Kunstgattungen gleichermaßen gültigen Begriffs entzieht (BVerfGE 67, 213, 225; 75, 369, 377; BGH [St] NJW 1990, 3026; WENDT, in: vMÜNCH/KUNIG [4. Aufl 1992] Art 5 Rn 89). Bei allen Versuchen darf **keine Niveaukontrolle** stattfinden, weil sie auf eine verfassungsrechtlich unzulässige Inhaltskontrolle von Kunst hinausliefe (BVerfGE 75, 369, 377; 81, 278, 291; 83, 130, 139; BGH NJW 1975, 1882, 1884; SCHOLZ, in: MAUNZ/DÜRIG [Stand 1977] Art 5 Abs III Rn 39; HENSCHEL NJW 1990, 1939); andererseits ist es von Verfassungs wegen geboten, die **Grundanforderungen an die Kunst** festzulegen, um sie von den grundrechtlich nicht geschützten Äußerungen unterscheiden zu können (BVerfGE 67, 213, 225; 75, 369, 377; BGH NJW 1975, 1882, 1884; SCHOLZ, in: MAUNZ/DÜRIG [Stand 1977] Art 5 Abs III Rn 8 mwNw in Fn 5; HENSCHEL NJW 1990, 1939). Die hM wählt im wesentlichen **drei Ansätze, die sie alternativ ausreichen** läßt (WENDT, in: vMÜNCH/KUNIG [4. Aufl 1992] Art 5 Rn 90). Die **materielle Umschreibung** betont die freie schöpferische Gestaltung, in der Eindrücke, Erfahrungen, Erlebnisse des Künstlers durch das Medium einer bestimmten Formensprache ausgedrückt werden (BVerfGE 30, 173, 189; 67, 213, 226; 75, 369, 377; 81, 278, 291; 81, 298, 305; SOERGEL/ZEUNER Rn 95; JARASS/PIEROTH [4. Aufl 1997] Art 5 Rn 67; WENDT, in: vMÜNCH/KUNIG [4. Aufl 1992] Art 5 Rn 89; vMangoldt/KLEIN/STARCK [3. Aufl 1985] Art 5 Abs 3 Rn 186). Beim künstlerischen Schaffen wirken Intuition, Phantasie und Kunstverstand zusammen; sie sind Ausdruck der individuellen Persönlichkeit des Künstlers (BVerfGE 30, 173, 189; 67, 213, 226 mwNw; WENDT, in: vMÜNCH/KUNIG [4. Aufl 1992] Art 5 Rn 89). Diese Umschreibung sieht sich dem Einwand ausgesetzt, sie verenge den Begriff und schließe es aus, auf das Selbstverständnis des Künstlers und allgemeine gesellschaftliche Auffassungen Rücksicht zu nehmen (DENNINGER § 146 Rn 8; kritisch auch SCHOLZ, in: MAUNZ/DÜRIG [Stand 1977] Art 5 Abs III Rn 28 [idealistisches Kunstverständnis der Ästhetik]). Als **zweite Konkretisierung** wählt die hM die **formelle Betrachtung**, ob die

25. Titel. § 823
Unerlaubte Handlungen C 126

Gattungsanforderungen eines bestimmten Werktyps erfüllt sind, sei es durch die Tätigkeit, sei es durch die Ergebnisse des Malens, Bildhauens oder Dichtens (BVerfGE 67, 213, 226 f mwNw; 81, 278, 291; 81, 298, 305; BGH [St] NJW 1990, 3026 f; ähnl Scholz, in: Maunz/ Dürig [Stand 1977] Art 5 Abs III Rn 28). An dieser Definition wird kritisiert, sie mache es unmöglich, neue avantgardistische Lösungsansätze zu erfassen (Wendt, in: vMünch/ Kunig [4. Aufl 1992] Art 5 Rn 90; Henschel NJW 1990, 1939). Der **dritte Umschreibungsversuch** stellt darauf ab, ob wegen der **Variationsbreite des Aussagengehalts** im Wege einer fortgesetzten Interpretation sich immer weiter reichende Bedeutungen und eine praktisch unerschöpflich vielstufige Informationsvermittlung ergäben (BVerfGE 67, 213, 227). Gegen ihn wird eingewandt, er setze indirekt Qualitätsmaßstäbe an und werde der Kunstqualität der trivialen Unterhaltung nicht gerecht (Wendt, in: vMünch/ Kunig [4. Aufl 1992] Art 5 Rn 90; Henschel NJW 1990, 1939). Alle diese Kriterien sind somit in sich wieder problematisch. Man hat daher in Zweifelsfällen ein **weites Kunstverständnis** zugrunde zu legen (Jarass/Pieroth [4. Aufl 1997] Art 5 Rn 67; vMangoldt/Klein/ Starck [3. Aufl 1985] Art 5 Abs 3 Rn 186; aA Scholz, in: Maunz/Dürig [Stand 1977] Art 5 Abs III Rn 27). Eine indizielle Wirkung spielen dabei das Urteil des Künstlers selbst (Jarass/ Pieroth [4. Aufl 1997] Art 5 Rn 67; Wendt, in: vMünch/Kunig [4. Aufl 1992] Art 5 Rn 91; aA Scholz, in: Maunz/Dürig [Stand 1977] Art 5 Abs III Rn 26; ebenso Erman/Ehmann Anh zu § 12 Rn 182, der indes keine Kriterien nennt) und eines in Kunstfragen kompetenten Dritten; er muß es zumindest für vertretbar ansehen, das zu beurteilende Werk als Kunst zu betrachten (Jarass/Pieroth [4. Aufl 1997] Art 5 Rn 67; Wendt, in: vMünch/Kunig [4. Aufl 1992] Art 5 Rn 92; zurückhaltend vMangoldt/Klein/Starck [3. Aufl 1985] Art 5 Abs 3 Rn 186). Freilich geht regelmäßig mit einer Ausweitung des Schutzbereichs eine schärfere Grenzziehung einher, sobald die Kunst mit Belangen Dritter konkurriert (Henschel NJW 1990, 1940). Als **Beispiele** für Kunst sind nach diesen Kriterien zu nennen Romane (BVerfGE 30, 173, 189 f; 83, 130, 139), die Aufführung eines politischen Straßentheaters (BVerfGE 67, 213, 226 f), Karikaturen (BVerfGE 75, 369, 377). Von der Garantie umfaßt ist auch die Werbung für Kunst (BVerfGE 77, 240, 251). Dagegen fällt nach Auffassung des BVerfG die Kunstkritik nicht unter Art 5 Abs 3 S 1 GG (BVerfG NJW 1993, 1462; Stark 73; aA Tröndle [48. Aufl 1997] § 193 Rn 14 t; Isensee AfP 1993, 627; Gounalakis NJW 1995, 811 f; aus anderen Gründen abl Larenz/Canaris § 80 V 1 a), ebensowenig das Tragen einer – auch kunstvoll gearbeiteten – Plakette (BVerfG NJW 1985, 263 f). Satirische Darstellungen sind regelmäßig Kunst (BVerfGE 75, 369, 377; 81, 278, 294; 81, 298, 306; 82, 1, 6), im Einzelfall kann dieser Charakter – wie bei einem bloßen Zeitschriftenbeitrag – aber zu verneinen sein (BVerfGE 86, 1, 11 [Abgrenzung dort offen gelassen]).

b) Das Motiv
Daß mit dem Kunstwerk weitere Ziele verbunden sind, ändert schon deswegen nichts C 126 an seiner Eigenschaft als künstlerisches Produkt, weil der **Begriff der Kunst weit zu fassen** ist (BVerfGE 30, 173, 190 f; 67, 213, 227 f; 75, 369, 377; 81, 278, 291; 83, 130, 139; BGH [St] NJW 1990, 3026, 3027; Zweifel noch bei BVerfGE 30, 336, 350). Pornographie kann ebenso Kunst sein (BVerfGE 83, 130, 139; BGH [St] NJW 1990, 3026, 3027 mwNw zur Gegenauffassung vor allem in der strafrechtlichen Literatur) wie politisch engagierte Kunst (BVerfGE 30, 173, 191; 67, 213, 228; 75, 369, 377). Die Tatsache, daß mit dem Werk gleichzeitig eine Meinung kundgetan werden soll, ändert ebenfalls nichts; Art 5 Abs 3 S 1 GG ist als die speziellere Norm maßgebend (BVerfGE 30, 173, 200; 75, 369, 377; 81, 278, 291). Diese Gesichtspunkte können allenfalls eine Rolle spielen, wenn es um die Konkurrenz mit anderen verfassungsrechtlich garantierten Belangen geht (BVerfGE 83, 130, 139).

c) Der Geschützte

C 127 Träger des Grundrechts ist nicht nur der **Künstler** selbst (Jarass/Pieroth [4. Aufl 1997] Art 5 Rn 69), sondern sind auch diejenigen, die das Kunstwerk dem Publikum **zugänglich machen** (BVerfGE 30, 173, 191; 36, 321, 331; 67, 213, 224; 77, 240, 251; 81, 278, 292; Jarass/Pieroth [4. Aufl 1997] Art 5 Rn 69; Henschel NJW 1990, 1939) wie der Verleger (BVerfGE 30, 173, 191), der Redakteur einer Zeitung (BVerfGE 81, 278, 292; BVerfG, 28.10.1987 – 1 BvR 277/87, zitiert nach Henschel NJW 1990, 1940), der Schallplattenhersteller (BVerfGE 36, 321, 331), der Veranstalter von Theateraufführungen (BVerfGE 67, 213, 227), schließlich der Schauspieler hinsichtlich der schauspielerischen Leistung wie auch im Hinblick auf die Vermittlung des Werks (Henschel NJW 1990, 1940). Unerheblich bleibt es, ob die künstlerische Tätigkeit oder ihre Vermittlung hauptberuflich oder nur sporadisch ausgeübt wird (Jarass/Pieroth [4. Aufl 1997] Art 5 Rn 69). Dieses **weite Verständnis der Grundrechtsträgerschaft** ist allerdings umstritten. Einige Stimmen in der Literatur wollen nur den Künstler selbst unter den Schutz des Art 5 Abs 3 S 1 GG stellen, den verbreitenden Medien dagegen nur die Rechte aus Art 5 Abs 1 S 1 GG gewähren (Scholz, in: Maunz/Dürig [Stand 1977] Art 5 Abs III Rn 13). Dagegen spricht, daß der Künstler allein zur wirkungsvollen Verbreitung in vielen Fällen nicht in der Lage ist, daß das Interesse sein Werk zu verbreiten, abnehmen muß, wenn der Grundrechtsschutz der Medien reduziert wäre, schließlich, daß eine unterschiedliche Absicherung, je nachdem, ob der Künstler das Werk selbst publiziert oder andere das tun, die Tatsache aus den Augen verlöre, daß die Kunst selbst und nicht nur ihr Schöpfer die verfassungsrechtliche Garantie genießt (Henschel NJW 1990, 1940).

d) Konkurrierende Belange

C 128 Die Kunstfreiheit kennt nach dem Wortlaut des Art 5 Abs 3 S 1 GG **keinen Gesetzesvorbehalt**. Namentlich dürfen Art 5 Abs 2 GG bzw die Schrankentrias des Art 2 Abs 1 HS 2 GG nicht entsprechend herangezogen werden (BVerfGE 30, 173, 191 ff; 67, 213, 228; 83, 130, 139; BGHZ 50, 133, 145 [für Art 5 II GG, anders 146 für die Schrankentrias des Art 2 GG]; OLG Stuttgart NJW 1976, 628, 629; ebenso die ganz hL; vgl zB Jarass/Pieroth [4. Aufl 1997] Art 5 Rn 73; Wendt, in: vMünch/Kunig [4. Aufl 1992] Art 5 Rn 95; Larenz/Canaris § 80 V 2 c jeweils mwNw zur früher vertretenen Gegenauffassung; aA iE OLG Stuttgart NJW 1976, 628, 630; Lerche AfP 1973, 501 f). Als Grenzen kommen erst **verfassungsimmanente Schranken** in Frage, namentlich also die Grundrechte Dritter, daneben aber auch andere verfassungsrechtlich garantierte Belange (BVerfGE 30, 173, 193; 67, 213, 228; 77, 240, 253; 81, 278, 292 f; 83, 130, 139; Larenz/Canaris § 80 V 1 a; Tröndle [48. Aufl 1997] § 193 Rn 14 t; Henschel NJW 1990, 1941). Die Unterschiede dürften freilich angesichts der restriktiven Interpretation des allgemeinen Gesetzes im Sinn des Art 5 Abs 2 GG sowie der Tatsache, daß der Persönlichkeitsschutz seinerseits auf verfassungsrechtliche Schutzgüter zu stützen ist, gering sein (Henschel NJW 1990, 1941). Immerhin kann es Aussagen geben, die als solche nicht mehr durch Art 5 Abs 1 S 1 GG allein gedeckt, aber als Nebeneffekt eines Kunstwerks hinzunehmen sind (Wendt, in: vMünch/Kunig [4. Aufl 1992] Art 5 Rn 97; Otto JR 1983, 10; Henschel NJW 1990, 1941). Trotz der bekannten Figur der praktischen Konkordanz ist manches strittig.

aa) Werk- und Wirkbereich

C 129 Die erste Frage betrifft das Problem, ob unterschiedliche Schranken im Werkbereich und im Wirkbereich zu ziehen sind. Unter **Werkbereich** versteht man diejenigen Handlungen, die zur Herstellung des Kunstwerks selbst erforderlich sind, unter **Wirkbereich** die Vermittlung an Dritte (BVerfGE 30, 173, 189, 191; 36, 321, 331; 67, 213, 224; 77, 240,

251; JARASS/PIEROTH [4. Aufl 1997] Art 5 Rn 89; WENDT, in: vMÜNCH/KUNIG [4. Aufl 1992] Art 5 Rn 93; vMANGOLDT/KLEIN/STARCK [3. Aufl 1985] Art 5 Abs 3 Rn 187 – 190). Daran anknüpfend hat man eine **Stufentheorie vorgeschlagen**. Der Werkbereich finde seine Schranken in den verfassungsrechtlich geschützten Rechtsgütern, im Wirkbereich sei der Künstler ebenso wie bei der Vorbereitungshandlung, namentlich der Materialbeschaffung, an die gesamte Rechtsordnung gebunden (vMANGOLDT/KLEIN/STARCK [3. Aufl 1985] Art 5 Abs 3 Rn 207 f mwNw in Fn 78). Die **hM** schützt dagegen **beide Bereiche grundsätzlich in gleicher Weise**, da sie oft zusammenträfen, jedenfalls der Übergang fließend sei, die die Kunst vermittelnden Handlungen selbst enger oder weiter mit dem Kunstwerk verknüpft seien, vor allem aber das Grundgesetz die Kunstfreiheit vorbehaltlos gewährleiste (BVerfGE 77, 240, 254, ähnl schon BVerfGE 30, 173, 189). Indes kann die Außenwirkung unterschiedlich sein und im Wirkbereich eher zu Kollisionen mit verfassungsrechtlich geschützten Belangen Dritter führen. Das führt zu der tatsächlichen Vermutung, daß die Kunstfreiheit im Werkbereich eher den Vorrang genießt als im Wirkbereich; dort beeinflussen die Umstände der Präsentation die Gewichtung und damit das Abwägungsergebnis (BVerfGE 77, 240, 254; JARASS/PIEROTH [4. Aufl 1997] Art 5 Rn 73; WENDT, in: vMÜNCH/KUNIG [4. Aufl 1992] Art 5 Rn 98). Die **Kritiker** dieses Ansatzes verweisen darauf, daß der Schutz des Wirkbereichs konstitutiv für die Garantie der Kunstfreiheit sei und eine derartige Abstufung nicht vertrage (WÜRKNER NJW 1988, 328; DENNINGER § 146 Rn 44). Doch dürfte dem ein Mißverständnis zugrunde liegen, da es nicht um einen prinzipiell verminderten Schutz geht, sondern nur der unterschiedlichen Intensität der Kollision Rechnung getragen wird (HENSCHEL NJW 1990, 1942 f).

bb) Die Interpretation
Bei der Abwägung ist von der **werkgerechten Interpretation** auszugehen (BVerfGE 75, 369, 376; 81, 298, 306; BGHZ 84, 237, 241, 243; BGH NJW 1975, 1882, 1883; WENDT, in: vMÜNCH/ KUNIG [4. Aufl 1992] Art 5 Rn 98). Das bedeutet, daß das für die jeweilige Kunstgattung eigene Strukturmerkmal für die Auslegung heranzuziehen ist (WENDT, in: vMÜNCH/ KUNIG [4. Aufl 1992] Art 5 Rn 98; HENSCHEL NJW 1990, 1941). In diesem Kontext spielt der **Wahrheitsanspruch** des Kunstwerks eine erhebliche Rolle. Je stärker der Autor die Wahrheit darzustellen und sich mit ihr auseinanderzusetzen versucht, desto größer ist das schutzwürdige Interesse des Betroffenen an wahrheitsgemäßer Darstellung. Dem Künstler ist gleich einem Kritiker nicht gestattet, unwahre Behauptungen aufzustellen (BGHZ 84, 237, 239; ähnl BGH NJW 1975, 1882, 1884). Das ist zwar kein Anwendungsfall des Art 5 Abs 2 GG (so indes OLG Stuttgart NJW 1976, 628, 630), doch hat hier das Persönlichkeitsrecht Vorrang (LARENZ/CANARIS § 80 V 2 c). Hierher gehören auch ehrenrührige Novellen und Romane, ebenso Dokumentarspiele, wenn sie den Anspruch erheben, die Wirklichkeit zu berichten (KG OLGE 30 [1915] 312, 313 f; OLG Nürnberg Ufita 3 [1930] 207, 210 ff, 213; LARENZ/CANARIS § 80 V 2 c, 2 d; sehr weit gehend RG JW 1939, 153, 154; insoweit abl LARENZ/CANARIS § 80 V 2 d mit Fn 137), oder gar einer zu identifizierenden Person entstellende Zitate in den Mund legen (KG JW 1928, 363, 365 f – Piscator). Auf der anderen Seite ist zu beachten, daß derartige Kunstwerke in der Regel erkennbar Fiktionscharakter haben, also **nicht die Realität abbilden wollen** (LARENZ/CANARIS § 80 V 2 c); beschrieben wird nicht eine konkrete Person, sondern eine Figur (BVerfGE 30, 173, 195; ZECHLIN NJW 1983, 1196). So kann sich ein namensgleicher Professor nicht dagegen wehren, daß eine Zeitung unter der Rubrik „Professor Biedermann" erdichtete komische Situationen darstellt (RG JZ 1906, 543). Diese Regeln haben insbesondere eine Rolle im Mephisto-Fall gespielt, in dem der Autor erkennbar eine Person als Vorbild benutzt hat, den Roman aber durch zahlreiche

erfundene Details angereichert hat. Dies hat der BGH als unzulässigen Eingriff gewertet (BGHZ 50, 133, 146 f; bestätigt durch BVerfGE 30, 173, 198 f). Doch ist ein derartiger Schlüsselroman etwas anderes als eine Abbildung der Wirklichkeit. Maßstab ist nicht die Welt der Realität, sondern die kunstbezogene Ästhetik. Diese Verselbständigung der Romanfigur gegenüber der als Vorlage dienenden Person mildert die Intensität des Eingriffs, läßt diesen oft ganz entfallen (STEIN BVerfGE 30, 173, 204 ff – dissenting opinion; LARENZ/CANARIS § 80 V 2 c).

cc) Die Problematik der „verletzerfreundlichen" Auslegung

Aus dem **Postulat der werkgerechten Interpretation** folgert die hM, daß die Kunstgarantie verletzt ist, wenn sich die Gerichte für die strafrechtlich relevante Auslegung entscheiden, ohne sich die Alternativen zu vergegenwärtigen (BVerfGE 67, 213, 230; 81, 298, 307; 82, 1, 5; zust JARASS/PIEROTH [4. Aufl 1997] Art 5 Rn 73). Das ist für das Strafrecht wiederum zwingend, wird kontrovers aber vor allem für das Parallelproblem der zivilrechtlichen Unterlassungsklage beurteilt. Während die **hM den Grundsatz auch auf das Zivilrecht erstreckt** (BGHZ 84, 237, 243 f), lehnt die Literatur ihn teilweise wie den Grundsatz der verletzerfreundlichen Auslegung ab (s oben Rn C 71). Denn angesichts der leichten Vermeidbarkeit eines Mißverständnisses werde der Künstler nicht gravierend eingeschränkt, während ihm anderenfalls die schwer zu widerlegende Schutzbehauptung eröffnet werde, er sei mißverstanden worden (LARENZ/CANARIS § 80 V 2 c). Dem ist nicht zu folgen, da bei der Kunstfreiheit noch stärker als bei der Meinungsfreiheit die **Form das Werk erst gestaltet**. Ein Brecht-Gedicht läßt sich nicht durch die Inhaltsangabe ersetzen. Mit der Rechtsprechung ist daher der Vorrang des Art 5 Abs 3 S 1 GG anzunehmen, wenn ein Straßentheater neben der Interpretation, ein Politiker vertrete nationalsozialistische Ideen, auch die Auslegung zuläßt, der Betroffene habe als ein rechts stehender Politiker die Abgrenzung zu diesen Ideen besonders nötig (BVerfGE 67, 213, 230). Ebenso ist die Bezeichnung „bezahlte Politiker" in einem Gedicht als wahrer Hinweis auf gezahlte Parteispenden und nicht als falsche Anschuldigung der Korruption zu werten, zumal da zum Zeitpunkt der Äußerung der Vorwurf der Abgeordnetenbestechung noch nicht bekannt war (BGHZ 84, 237, 242 ff; aA LARENZ/CANARIS § 80 V 2 c).

dd) Satire

Der Grundsatz der werkgerechten Interpretation wird zudem wichtig bei der satirischen Darstellung. Satire kann Kunst sein und wird dann auch von Art 5 Abs 3 S 1 GG geschützt. Nicht jede Satire ist aber Kunst (TRÖNDLE [48. Aufl 1997] § 193 Rn 14 t; ISENSEE AfP 1993, 623); einschlägig ist dann Art 5 Abs 1 S 1 GG (BVerfG NJW 1998, 1386, 1387). Zu unterscheiden ist zwischen der Form und dem Inhalt. Da es der Satire wesenseigen ist, mit Übertreibungen, Verzerrungen und Verfremdungen zu arbeiten, muß sie ihres Gewandes entkleidet werden, um den eigentlichen Inhalt zu ermitteln. **Aussagekern und Einkleidung sind dann je gesondert auf ihre Zulässigkeit zu überprüfen**, wobei für die Letztgenannte weniger strenge Maßstäbe gelten, weil die Verfremdung für sie typisch ist (so [im Anschluß an RGSt 62, 183 f] BVerfGE 75, 369, 377 f; 81, 278, 294, 295 f; 81, 298, 306 f; 86, 1, 11 f; BVerfG NJW 1998, 1386, 1387 [das diese Grundsätze auch bei Art 5 I 1 GG anwendet]; SOERGEL/ZEUNER Rn 95). Nach diesen Kriterien hat die Rechtsprechung des BVerfG bei der Überprüfung von Strafurteilen Attacken auf die Bundesfahne und -hymne als durch die Kunstfreiheit gedeckt angesehen, wenn es den Schöpfern um Kritik am Wehrdienst bzw um den Widerspruch zwischen Ideal und Wirklichkeit in satirischer Form gegangen war (BVerfGE 81, 278, 295 ff; 81, 298, 307).

ee) Das potentiell öffentliche Interesse

Eine Rolle kann ferner spielen, ob es sich um eine Frage von (potentiell) öffentlichem Interesse handelt. Wer sich ins praktische Leben einmischt, muß eher damit rechnen, Gegenstand einer Karikatur zu werden, als der unpolitische Privatmann. Das gilt freilich nur in der Öffentlichkeitssphäre. Die Privat- oder gar Intimsphäre geht auch den Künstler nichts an, wenn nicht ausnahmsweise der Attackierte selbst Anlaß gegeben hat, sich mit ihr zu beschäftigen (GOUNALAKIS NJW 1995, 815 f). **C 133**

ff) Die Abwägung

Die Lösung ist sodann im Wege der Abwägung mit den betroffenen Grundrechten bzw mit den verfassungsrechtlich geschützten Rechtsgütern zu suchen. Gerade die letztgenannten dürfen indes nicht formelhaft mit allgemeinen Zielen genannt werden, sondern müssen für die einzelnen Grundrechtsbestimmungen konkret herausgearbeitet werden (BVerfGE 81, 278, 293). Auch ist es ein Abwägungsfehler, wenn von vornherein ein Rechtsgut als übergeordnet bezeichnet wird, ohne daß an Hand der Umstände des Einzelfalls abgewogen wird (BVerfGE 81, 278, 297 f). So ist es entgegen einer frühen Entscheidung des KG keineswegs eine Persönlichkeitsverletzung des letzten deutschen Kaisers gewesen, wenn er in einem Theaterstück zugleich mit dem russischen Zar im Gebet um den Sieg dargestellt wurde. Daß die Herrscher miteinander Krieg führender Staaten zu dem selben Gott um den Sieg flehen, berechtigt nicht nur zur Kritik; es würde von der Kunstfreiheit auch gedeckt, wenn man diese Kritik nicht teilen wollte (LARENZ/CANARIS § 80 V 2 c gegen KG JW 1928, 363, 366). Das allgemeine Persönlichkeitsrecht hat allerdings den Vorrang, wenn es dem Künstler nicht um die Darstellung bestimmter Charakterzüge, sei es auch in satirischer Form, geht, sondern darum, den Betroffenen seiner **Würde als Mensch** zu entkleiden (BVerfGE 75, 369, 379; SOERGEL/ZEUNER Rn 95; STEFFEN, in: FS Simon [1987] 375 f). Das findet seine Parallele im Verbot der Schmähkritik (GOUNALAKIS NJW 1995, 814; vgl dazu oben Rn C 107). So liegt es etwa bei der Darstellung einer Person, die sich in Schweinegestalt sexuell betätigt (BVerfGE 75, 369, 379; TRÖNDLE [48. Aufl 1997] § 193 Rn 14 t; LARENZ/CANARIS § 80 V 2 c); ein Grenzfall, bei dem indes die Kunstfreiheit wohl zurücktreten muß, ist die zeichnerische Darstellung einer nackten Politikerin mit Lederstiefeln und Revolvergurt (anders KG NJW 1990, 1196, 1197, weil damit nur angedeutet sei, daß die Betroffene sich kämpferisch für ihre Ziele einsetze). Darüber hinaus will das BVerfG dem allgemeinen Persönlichkeitsrecht, soweit es Ausfluß der Menschenwürde ist, **ohne Möglichkeit einer Abwägung** den Vorzug vor der Kunstfreiheit einräumen (BVerfGE 75, 369, 380 unter Berufung auf vMANGOLDT/KLEIN/STARCK [3. Aufl 1985] Art 5 Abs 3 Rn 209). Das ist in dieser Apodiktik nicht überzeugend. Spätestens dann, wenn der Attackierte vorher seinerseits an die Grenze des Zulässigen gegangen war oder diese gar überschritten hatte, muß dies und das Recht zum Gegenschlag in der Abwägung berücksichtigt werden. Damit kann sich der Betroffene dann durchaus solcher Mittel bedienen, die unter normalen Umständen ausgeschlossen sind. **C 134**

12. Äußerungen vor Gerichten und Behörden

a) Der Standpunkt des Reichsgerichts

Besonderheiten gelten für Erklärungen vor Gerichten und Behörden bei der Verfolgung eigener Rechte bzw bei grundsätzlich rechtmäßigem Handeln wie Strafanzeigen usw; auch Eingaben an Petitionsausschüsse gehören hierher. Die **Rechtsprechung des RG** hatte freilich noch geprüft, ob der Täter zur Wahrnehmung berechtigter **C 135**

Interessen iS des § 193 StGB gehandelt habe (so zB RGZ 140, 392, 397; 142, 116, 120 f mwNw; so noch BGH, 30. 1. 1962 – VI ZR 109/60, zitiert nach WEITNAUER JZ 1962, 489; SOERGEL/ZEUNER Rn 260; zT auch ERMAN/EHMANN Anh zu § 12 Rn 193; WALCHSHÖFER MDR 1975, 12 ff). Indes wurde der **Maßstab abgemildert**. Da die Erklärungen der Sache der Parteien dienen sollten und ihre Auffassungen und Behauptungen enthielten, sei es ihnen nicht zu verwehren, auch nicht nachprüfbare oder nicht nachgeprüfte Behauptungen in die Schriftsätze aufzunehmen, soweit deren Unhaltbarkeit oder besondere Bedenklichkeit nicht auf der Hand liege (RGZ 140, 392, 397). Auch müßten privatrechtliche Belange zurücktreten, soweit der Zeuge eine öffentlich-rechtliche Pflicht erfülle (RGZ 142, 116, 121). Dem folgt auch heute noch ein Teil der Lehre. So werden die berechtigten Interessen mit dem Recht auf das rechtliche Gehör verbunden, das es erlaube, auch ehrenrührige Behauptungen vorzubringen, soweit sie nicht rechtsmißbräuchlich seien (WALCHSHÖFER MDR 1975, 14). Andere weisen darauf hin, daß die Ehrenschutzklage schon nach dem Vorbringen des Klägers unbegründet sei, wenn sich ergebe, daß die Behauptungen im Vorprozeß aufgestellt seien, und der Richter des zweiten Prozesses unter Auslegung nach den großzügigen Maßstäben der Rechtsprechung klären könne, daß die Erklärungen der Wahrnehmung berechtigter Interessen dienten (BAUMGÄRTEL, in: FS Schima [1969] 56). Auch das BVerfG siedelt – allerdings ohne nähere Problematisierung – die Frage bei § 193 StGB an (BVerfG NJW 1991, 29; 1991, 2074, 2075). Doch sind alle diese Ansätze spätestens dann kein gangbarer Weg, wenn der Kläger des Zweitprozesses die Unwahrheit der im Erstprozeß von seinem Gegner erhobenen Behauptungen unter Beweis stellt (BGH NJW 1971, 284, 285; STAUDINGER/SCHÄFER[12] § 824 Rn 61; E HELLE NJW 1958, 1525; J HELLE GRUR 1982, 209).

b) Die hM

C 136 Die heute ganz hM geht demgemäß davon aus, daß im Regelfall ehrkränkende Äußerungen, die der Verfolgung und Verteidigung in gerichtlichen Auseinandersetzungen und behördlichen Verfahren dienen, **nicht mit der Ehrschutzklage abgewehrt** werden können (BGH NJW 1962, 243, 244 f; 1965, 1803; 1969, 463; 1971, 284; 1971, 1749; 1977, 1681, 1682; 1978, 751, 753; 1983, 1183; 1984, 1104, 1105; 1986, 2502, 2503; 1987, 3138, 3139; 1988, 1016; 1992, 1314, 1315; 1995, 397; 1998, 1399, 1400 f; GRUR 1965, 381, 385; LM Nr 46 zu § 823 [Ah] unter II 2 b; OLG München OLGZ 1971, 144, 146 f; OLG Celle NVwZ 1985, 69; OLG Düsseldorf NJW 1987, 2522; NVwZ 1998, 435; OLG Koblenz NJW 1990, 1243; OLG Hamm NJW 1992, 1329, 1330; LG Berlin NJW 1984, 1760, 1761; LG Oldenburg GRUR 1987, 650; VersR 1994, 67; zust die ganz hL; vgl zB PALANDT/THOMAS vor § 823 Rn 21; MünchKomm/SCHWERDTNER [3. Aufl 1993] § 12 Rn 340 f; MünchKomm/MERTENS § 824 Rn 58 ff; BGB-RGRK/DUNZ Anh I Rn 119; BGB-RGRK/STEFFEN § 824 Rn 43; WENZEL Rn 10.22; J HELLE GRUR 1982, 208 mwNw in Fn 8; ders NJW 1987, 233; PAPE Anm zu BGH LM Nr 117 zu § 823 [Ah] unter 1; iE auch BVerfGE 74, 257, 262; BVerfG NJW 1991, 29; 1991, 2074, 2075 [Strafverfahren]), ohne daß im Einzelfall wie bei § 193 StGB die berechtigten Interessen abzuwägen sind (BGH LM Nr 46 zu § 823 [Ah] unter II 2 d; J HELLE GRUR 1982, 210).

aa) Die Begründung
α) Die Verteidigung des eigenen Standpunkts

C 137 In gesondert gelagerten Fällen können bereits die **Streitgegenstände identisch** sein, etwa weil mit der ersten Klage eine Unterlassung und mit der zweiten Klage der Widerruf der die Klage stützenden Behauptung begehrt werden (ERMAN/EHMANN Anh zu § 12 Rn 193; WALTER Anm zu BGH NJW 1987, 3138, NJW 1987, 3140). In den übrigen Fällen stützt sich die hM vor allem auf **zwei Überlegungen**. Zum einen soll es den Parteien möglich sein, alles vorzubringen, was sie für nötig erachten, um ihre Rechte gebührend zu verfechten, selbst dann, wenn dies für den Betroffenen Ehrenrühriges enthält. Insbesondere ist es **Aufgabe des Gerichts, zu prüfen**, ob das Vorbringen wahr oder unwahr ist; dabei bieten die Verfahrensregeln die nötigen Garantien, die Persönlichkeit des Betroffenen zu schützen (BVerfG NJW 1991, 29; 1991, 2074, 2075; BGH NJW 1962, 243, 244, 245; 1971, 284; 1977, 1281, 1282; 1983, 1183; 1986, 2502, 2503; 1987, 3138, 3139; 1988, 1016; 1992, 1314, 1315; 1995, 397; 1998, 1399, 1401; OLG München OLGZ 1971, 144, 146; OLG Koblenz NJW 1990, 1243; OLG Hamm NJW 1992, 1329, 1330; J Helle GRUR 1982, 208 f, 210). Letztlich folgt dieses Recht der Parteien aus der Gewährung des rechtlichen Gehörs (BVerfG NJW 1991, 2074, 2075; BGH NJW 1962, 243, 244; OLG Düsseldorf NJW 1987, 2522 [die beiden letzten mit der weiteren Begründung, die Äußerungen würden regelmäßig nur einem kleinen Kreis zugänglich; das ist in den problematischen Fällen nicht überzeugend; abl auch J Helle GRUR 1982, 209]; OLG Hamm NJW 1992, 1329, 1330; Erman/Ehmann Anh zu § 12 Rn 193; J Helle GRUR 1982, 209). Ähnliches gilt auch bei Erstattung einer Anzeige, die zu einem Strafverfahren führt, und bei sonstigen Beschwerden und Eingaben bei den zuständigen Stellen (BGH NJW 1962, 243, 245; 1965, 1803; MünchKomm/Schwerdtner [3. Aufl 1993] § 12 Rn 340; BGB-RGRK/Dunz Anh I Rn 121; Wenzel Rn 10. 26). Vor vorsätzlich falscher Verdächtigung schützt § 164 StGB in Verbindung mit § 823 Abs 2, vor zumindest leichtfertiger Anzeige die Kostentragungspflicht des § 469 StPO. Im übrigen werden die Rechte des Betroffenen durch die Garantie des Ermittlungsverfahrens gewahrt (BVerfGE 74, 257, 262; BGH NJW 1962, 243, 245). Gleiches gilt für Aussagen von Zeugen im Rahmen von derartigen Ermittlungsverfahren und Strafprozessen. Hier schützen die §§ 153 ff StGB iVm § 823 Abs 2 den Betroffenen (Staudinger/Schäfer¹² § 824 Rn 61, J Helle GRUR 1982, 210).

β) **Die Beeinflussung des ersten Prozesses**
Zum anderen soll nicht eine Partei oder ein Betroffener mit Hilfe des zweiten Prozesses **in die erste gerichtliche Auseinandersetzung bzw in das Ausgangsverfahren eingreifen** können (BGH NJW 1962, 243, 244, 245; 1971, 284; 1971, 1749; 1977, 1681, 1682; 1981, 2117, 2118; 1988, 1016; 1992, 1314, 1315; 1995, 397; GRUR 1965, 381, 385; VersR 1969, 256, 257; OLG München OLGZ 1971, 144, 146 f; OLG Koblenz NJW 1990, 1243; OLG Hamm NJW 1992, 1329, 1330; LG Oldenburg GRUR 1987, 650; MünchKomm/Schwerdtner [3. Aufl 1993] § 12 Rn 340; BGH NJW 1965, 1803 hält die Behörde für verpflichtet, trotz eines Widerrufsurteils in eigener Verantwortung weiterhin zu prüfen); damit würde diesem die Grundlage der Entscheidung entzogen werden (J Helle GRUR 1982, 210 f). Dies gilt auch, wenn dadurch Äußerungen im Vorfeld eines künftigen Verfahrens verhindert werden sollen (BGH NJW 1977, 1681, 1682; 1981, 2117, 2118; 1992, 1314, 1315 f; 1995, 397, 398), ebenso für mittelbare Beeinträchtigungen, wie etwa die Möglichkeit, Schadensersatz wegen der Äußerung zu verlangen (J Helle GRUR 1982, 215 f; ders NJW 1987, 234; ebenso BGH NJW 1986, 2502, 2503, solange das Strafverfahren nicht abgeschlossen sei), soweit nicht § 823 Abs 2 in Verbindung mit den §§ 153 ff, 164 StGB eingreift (J Helle GRUR 1982, 216).

bb) Die dogmatische Grundlage
Uneinheitlich wird indes die dogmatische Grundlage beurteilt. Die Rechtsprechung des BGH nahm zunächst an, der **Sachvortrag**, der der Rechtsverfolgung diene, sei in einem über den Rechtfertigungsgrund der Wahrnehmung berechtigter Interessen hinaus gehenden Umfang **materiell gerechtfertigt** (BGH NJW 1962, 243, 245; GRUR 1965, 381, 385; den Tatbestand der Ehrverletzung verneint J Helle GRUR 1982, 213). In späteren Entscheidungen wird hingegen das **Rechtsschutzbedürfnis verneint** (BGH NJW 1965,

1803; 1987, 3138, 3139; 1988, 1016; 1992, 1314, 1315; OLG Hamm NJW 1992, 1329, 1330; Münch-Komm/Schwerdtner [3. Aufl 1993] § 12 Rn 340), da wegen der Unzulässigkeit des Übergriffs in ein anderes Verfahren keine Sachprüfung stattfinden könne (BGH NJW 1987, 3138, 3139). In der Literatur wird das Ergebnis statt dessen mit der **fehlenden Klagbarkeit** begründet; eine Klage sei wegen des Interesses der Gesamtrechtsordnung unzulässig (Walter JZ 1986, 618 f; ders JZ 1986, 1058; ders NJW 1987, 3140; ders JZ 1988, 307).

cc) **Die Grenzen**

C 140   Die Problematik der hM liegt in der Grenzziehung; hier ist bislang ein griffiges Kriterium noch nicht gefunden. Einerseits werden die Grundsätze auch **auf Dritte erstreckt**, namentlich auf Zeugen (BVerfG NJW 1991, 29; BGH LM Nr 46 zu § 823 [Ah] unter II 2 b; MünchKomm/Schwerdtner [3. Aufl 1993] § 12 Rn 341; J Helle GRUR 1982, 214; offen gelassen in BGH NJW 1986, 2502, 2503; skeptisch BGB-RGRK/Dunz Anh I Rn 119), wie umgekehrt auch deren Aussagen nicht mit der Ehrschutzklage angegriffen werden können (BVerfGE 74, 257, 262; BGH NJW 1986, 2502, 2503; VersR 1969, 256, 257 [fehlende Eignung]; MünchKomm/Schwerdtner [3. Aufl 1993] § 12 Rn 340; J Helle NJW 1987, 233). So können etwa auch nicht Anwälte verklagt werden, die die Interessen ihrer Mandanten wahrnehmen (BGH NJW 1962, 243, 244; 1971, 284; GRUR 1965, 381, 385). Das gleiche gilt, wenn der Betroffene dem Anzeigenerstatter – etwa als graphologischer Gutachter – erst das Tatsachenmaterial für die Anzeige liefert (BGH NJW 1978, 751, 753; MünchKomm/Mertens § 824 Rn 60). Auf der anderen Seite sind indes restriktive Tendenzen innerhalb der hM nicht zu übersehen. Sie betreffen zunächst den **Inhalt der privilegierten Äußerungen**. Diese müssen mit Blick auf die konkrete Prozeßsituation zur Rechtswahrung geeignet und erforderlich erscheinen sowie der Rechtsgüter- und Pflichtenlage angemessen sein (BVerfG NJW 1991, 29). Daran fehlt es namentlich, wenn kein innerer Zusammenhang zur Ausführung oder Verteidigung der geltend gemachten Rechte besteht (BVerfG NJW 1991, 2074, 2075; RGZ 140, 392, 398; OLG Celle NVwZ 1985, 69, 70; OLG Düsseldorf NVwZ 1998, 435, 436; J Helle GRUR 1982, 216; Walter JZ 1986, 618; offen gelassen von BGH NJW 1971, 284, 285; LM Nr 46 zu § 823 [Ah] unter II 2 d; **aA** MünchKomm/Schwerdtner [3. Aufl 1993] § 12 Rn 341). **Bewußt unwahre Tatsachen sind ausgenommen** (BVerfG NJW 1991, 1475, 1476; 1991, 2074, 2075; OLG Celle NVwZ 1985, 69, 70; OLG Düsseldorf NVwZ 1998, 435, 436; MünchKomm/Mertens § 824 Rn 59; Pape Anm zu BGH LM Nr 117 zu § 823 [Ah] unter 3; offen gelassen von BGH NJW 1962, 243, 244; 1971, 284, 285; 1998, 1399, 1402 [mit der Tendenz, bei Anzeigen gegenüber Behörden die Unterlassungsklage zuzubilligen]; LM Nr 46 zu § 823 [Ah] unter II 2 d; **aA** BGH NJW 1965, 1803; MünchKomm/Schwerdtner [3. Aufl 1993] § 12 Rn 341; J Helle GRUR 1982, 218), ebenso solche, deren Unhaltbarkeit auf der Hand liegt (BVerfG NJW 1991, 2074, 2075; OLG Düsseldorf NVwZ 1998, 435, 436; Pape Anm zu BGH LM Nr 117 zu § 823 [Ah] unter 3; offen gelassen von BGH NJW 1962, 243, 244; 1971, 284, 285; LM Nr 46 zu § 823 [Ah] unter II 2 d). Freilich kommt in allen diesen Konstellationen eine Ausnahme wegen der Möglichkeit unterschiedlicher Beurteilung durch die verschiedenen Gerichte nur **bei eindeutigen Fallgestaltungen** in Betracht (BGH NJW 1971, 284, 285; LM Nr 46 zu § 823 [Ah] unter II 2 d). Eine Rolle spielen aber auch die Situationen, in denen die Behauptung fällt. Dies muß **im Prozeß selbst** sein (BGH NJW 1992, 1314, 1315; 1995, 397; LM Nr 46 zu § 823 [Ah] unter II 2 c), nicht aber gegenüber Dritten, etwa in einem Rundschreiben (BGH NJW 1992, 1314, 1315; MünchKomm/Schwerdtner [3. Aufl 1993] § 12 Rn 340; grundsätzlich auch BGH VersR 1969, 256, 258) oder durch den Konkursverwalter in der Gläubigerversammlung (BGH NJW 1995, 397; **aA** Pape Anm zu BGH LM Nr 117 zu § 823 [Ah] unter 3). Das kann durchaus zur Folge haben, daß Äußerungen, die im Prozeß erlaubt sind, außerhalb des Verfahrens nicht wiederholt werden dürfen (BGH NJW 1992, 1314, 1315 f; ähnl schon

BGH VersR 1969, 256, 258). Ein Grenzfall, für den das Privileg bejaht wurde, ist die Wiederholung einer ehrenrührigen Behauptung direkt vor dem Gerichtsgebäude (OLG Hamm NJW 1992, 1329, 1330; WENZEL Rn 10. 25). Zudem wird das **vorprozessuale Stadium**, in dem der Erklärende gegen Klagen gefeit ist, zunehmend enger gefaßt. Das beabsichtigte Verfahren muß so konkret und direkt bevorstehen, daß die Äußerung zu seiner unmittelbaren Vorbereitung dient; namentlich genügt es nicht, wenn ein solcher Prozeß nur vorübergehend in Betracht gezogen wird (BGH NJW 1995, 397, 398). Konsequenterweise entfällt das Privileg nach Abschluß des Verfahrens (PALANDT/THOMAS vor § 823 Rn 21; wohl auch OLG Hamm NJW 1992, 1329, 1330).

c)   Die notwendige Differenzierung
aa) Die Beschränkung auf Tatsachenbehauptungen während des Prozesses

Der Stand der hM ist diffus und jedenfalls zT eher zufällig. Dabei sind ihre Argumente **im Ansatz durchaus überzeugend**, sie führen jedoch letztendlich **zu einer anderen Grenzziehung**. Diese betrifft zum einen den Bereich der Werturteile. Zwar ist es den Beteiligten sicherlich nicht verwehrt, ihre Meinung in starken eindringlichen Ausdrücken und sinnfälligen Schlagworten zu sagen (BGH NJW 1962, 243, 244; LM Nr 46 zu § 823 [Ah] unter II 2 c; BGB-RGRK/DUNZ Anh I Rn 119; enger WALTER JZ 1986, 619), selbst wenn diese dem Gegner „unangenehm ins Ohr klingen" müssen (so plastisch RGZ 140, 392, 398). Doch gibt es eine **Grenze**, die zwar nicht zu eng zu ziehen ist (BGH LM Nr 46 zu § 823 [Ah] unter II 2 e; sehr weit gehend LG Berlin NJW 1984, 1760, 1761 [„Absahnhai" für Abmahnverein hinzunehmen]), die jedoch mit der **Schmähung** des anderen erreicht ist. Eine solche ist weder zur Verteidigung und Verfolgung von Rechten noch zur Wahrheitsfindung erforderlich (OLG Celle NVwZ 1985, 69, 70; OLG Düsseldorf NVwZ 1998, 435, 436; J HELLE GRUR 1982, 217). Ansonsten ist zu **differenzieren**. Völlig unbeteiligte **Dritte** brauchen sich von den Verfahrensbeteiligten weder beschimpfen zu lassen, noch müssen sie unwahre Behauptungen hinnehmen. Es gelten entgegen der Rechtsprechung (BGH NJW 1962, 243, 244; GRUR 1965, 381, 385; LM Nr 46 zu § 823 [Ah] unter II 2 c; J HELLE GRUR 1982, 214 f, der mit § 826 helfen will; distanziert zu BGH LM Nr 46 zu § 823 [Ah] auch BGH NJW 1986, 2502, 2503) die allgemeinen Regeln des Persönlichkeitsschutzes. Für die **Parteien bzw Beteiligten** selbst wird der Schutz der Persönlichkeit ansonsten von den Verfahrensbestimmungen übernommen; sie können sich gegen Tatsachenbehauptungen weder des Gegners noch von Zeugen mit einer neuen Klage wehren. Dies gilt jedoch **nur für die Prozeßphase** selbst. Vor und nach dem Prozeß ist die Klage dagegen grundsätzlich zulässig. Für die **Zeit vor Klageerhebung** muß das schon deshalb gelten, weil sonst unter dem Vorwand, einen Prozeß vorzubereiten, unwahre Behauptungen aufgestellt werden könnten, ohne daß der Betroffene imstande wäre, sich zu wehren (ebenso iE WALTER JZ 1986, 617). Daher gelten für die Vorabveröffentlichung von Strafanzeigen ebenso die normalen Regeln (EuGH NJW 1992, 613, 616) wie für Eingaben bei Ämtern (BVerfG NJW 1991, 1475 ff), zumal wenn sie nur der Schikane wegen erfolgen (OLG München NJW 1991, 499; ERMAN/EHMANN Anh zu § 12 Rn 194). **Auch nach dem Verfahrensabschluß** ist eine Klage auf Unterlassung selbstverständlich zulässig (WALTER JZ 1986, 617), wenngleich hier für die Wiederholungsgefahr keine Vermutung streitet (BGH VersR 1969, 256, 258; ähnl BGH GRUR 1965, 381, 385; LM Nr 46 zu § 823 [Ah] unter III), sondern die Klage nur begründet ist, wenn der Gegner die – unwahre – Behauptung erneut aufstellt. Schwieriger ist der **Persönlichkeitsschutz von Zeugen** zu bestimmen, die sich gegen die Würdigung ihrer Aussage durch die Parteien oder den Betroffenen wenden. Hier geht es auf der einen Seite um das Interesse der Parteien, eine ihnen ungünstige Aussage zu erschüttern, auf der anderen um den Schutz des

Zeugen davor, der Lüge geziehen zu werden. Hier hat man, abgesehen vom Verbot der Schmähung, jede Aussage zuzulassen, die nicht evident unwahr ist. Wiederum ist dieses Privileg auf Erklärungen im Verfahren selbst beschränkt; namentlich nach seinem Abschluß gelten die normalen Regeln.

bb) Die dogmatische Begründung

C 142 **Während des Prozesses** darf der Betroffene also nicht mittels eines Rechtsstreits das Ausgangsverfahren beeinflussen. Zwar läßt sich im strengen Sinn nicht davon sprechen, daß das Rechtsschutzbedürfnis fehle; das ursprüngliche Verfahren entfaltet selbst nach seinem Abschluß keine Rechtskraft hinsichtlich des Widerrufsanspruches, so daß ein solcher Titel eben nicht auf einfachere Weise zu erlangen ist. Auch von einer mangelnden Klagbarkeit ist nicht zu sprechen; ist diese doch dadurch gekennzeichnet, daß ein materiell-rechtlicher Anspruch zwar nicht gerichtlich, aber außergerichtlich durchgesetzt werden kann (vgl zB STEIN/JONAS/SCHUMANN [21. Aufl 1997] vor § 253 Rn 87; ROSENBERG/SCHWAB/GOTTWALD, Zivilprozeßrecht [15. Aufl 1993] § 92 III 1). Doch handelt es sich um ein **Prozeßhindernis eigener Art**, das es verbietet, dem Gericht des Ausgangsverfahrens die Kognitionsmöglichkeit aus der Hand zu nehmen. Inhaltlich ist dieses Klagehindernis auf ein Vorbringen zu beschränken, das in einem allerdings weit verstandenen Zusammenhang mit dem Verfahren steht. Ist dies nicht der Fall, so besteht auch nicht die Gefahr, daß die Unterlassungsklage das Ausgangsverfahren tangiert. Wegen der möglichen Konkurrenz gibt es dagegen auch bei erwiesen oder ersichtlich unwahren Behauptungen keine Unterlassungsklage, würde man doch ansonsten stets den Einwand des Betroffenen provozieren, die unwahre Behauptung sei aufgestellt worden, obwohl sich der Gegner der Unwahrheit bewußt gewesen sei (J HELLE GRUR 1982, 218).

13. Die Kollision mit der Freiheit der Wissenschaft

a) Die Definition

C 143 Grundsätzlich kann auch die Wissenschaftsfreiheit des Art 5 Abs 3 S 1 GG als verfassungsrechtlicher Belang kritische Äußerungen rechtfertigen, etwa wenn durch eine wissenschaftliche Abhandlung der Betroffene attackiert wird. **Schutzgegenstand der Freiheit** sind vor allem die auf wissenschaftlicher Eigengesetzlichkeit beruhenden Prozesse, Verhaltensweisen und Entscheidungen bei der Suche nach Erkenntnissen, ihre Deutung und Weitergabe (BVerfGE 47, 327, 367; 90, 1, 11 f; BVerfG NJW 1994, 1784; OLG München NJW-RR 1997, 724, 725; SOERGEL/ZEUNER vor § 823 Rn 65; MünchKomm/MERTENS § 824 Rn 52; JARASS/PIEROTH [4. Aufl 1997] Art 5 Rn 75; ähnl BVerfGE 35, 79, 113; WENDT, in: VMÜNCH/ KUNIG [4. Aufl 1992] Art 5 Rn 100; VMANGOLDT/KLEIN/STARCK [3. Aufl 1985] Art 5 Abs 3 Rn 222; WENZEL Rn 3. 32). Wissenschaft ist zwar auf Wahrheit hin angelegt, der Schutz durch das Grundrecht hängt aber **nicht von der Richtigkeit der Methoden und Ergebnisse** ab, ebensowenig von der Stichhaltigkeit der Argumentation oder der Vollständigkeit der verwendeten Gesichtspunkte und Belege. Über ihr Resultat kann wiederum nur mit wissenschaftlichen Methoden befunden werden (BVerfGE 5, 85, 145; 90, 1, 12). Einseitigkeiten und Lücken schließen die Annahme von Wissenschaft nicht aus; der Begriff ist weit zu verstehen (BVerfGE 90, 1, 12; ähnl MünchKomm/MERTENS § 824 Rn 49). Dies ändert sich, wenn das **Werk den Wissenschaftlichkeitsanspruch systematisch verfehlt**, namentlich weil es nicht nach Wahrheit sucht, sondern vorgefaßten Meinungen lediglich den Anschein wissenschaftlicher Methode gibt. Indiz dafür ist, daß bestimmte Quellen und Ansichten systematisch ausgeblendet werden (BVerfGE 90, 1, 13; vgl auch Münch-

Komm/MERTENS § 824 Rn 54). Bei all dem genügt die Bezeichnung durch den Autor ebensowenig, wie umgekehrt das Bestreiten der Wissenschaftlichkeit durch andere schadet (BVerfGE 90, 1, 12 bzw 13). Nicht mehr vom Wissenschaftsprivileg gedeckt sein soll die Absicht, bestimmte Erkenntnisse in politische Aktionen umzumünzen (BVerfGE 5, 85, 145 f; BayVerfGH NJW 1992, 226, 227; MünchKomm/MERTENS § 824 Rn 50; SCHOLZ, in: MAUNZ/DÜRIG [Stand 1977] Art 5 Abs III Rn 93; WENZEL Rn 3. 32). Geschützt durch das Grundrecht ist jeder, der sich wissenschaftlich betätigt (BVerfGE 35, 79, 112; 90, 1, 12; WENDT, in: vMÜNCH/KUNIG [4. Aufl 1992] Art 5 Rn 103), daneben auch der Verleger, der die Ergebnisse verbreitet (OLG Köln NJW 1984, 1119, 1120; HELDRICH 54 unter Berufung auf BVerfGE 30, 173, 191; aA SCHOLZ, in: MAUNZ/DÜRIG [Stand 1977] Art 5 Abs III Rn 13).

b) Die Gegeninteressen
Da wiederum Art 5 Abs 2 GG nicht entsprechend anwendbar ist (BVerfGE 35, 79, 112; 90, 1, 12; JARASS/PIEROTH [4. Aufl 1997] Art 5 Rn 79; vMANGOLDT/KLEIN/STARCK [3. Aufl 1985] Art 5 Abs 3 Rn 261; WENZEL Rn 3. 34), kommen als Schranken **nur Grundrechte Dritter sowie sonstige verfassungsrechtlich geschützte Belange** in Frage (BVerfGE 90, 1, 12 f unter Berufung auf BVerfGE 81, 278, 292 und 83, 130, 139; vMANGOLDT/KLEIN/STARCK [3. Aufl 1985] Art 5 Abs 3 Rn 265 ff). Der Konflikt mit dem Schutz anderer verfassungsrechtlich garantierter Rechtsgüter ist nach Maßgabe der grundgesetzlichen Wertordnung und unter Berücksichtigung der Einheit des Wertsystems durch Verfassungsauslegung zu lösen; es geht um die **Abwägung nach der Bedeutung der miteinander kollidierenden Grundrechte** (BVerfGE 47, 327, 369 f; 57, 70, 99; BGH NJW 1994, 1281, 1282; OLG München NJW-RR 1997, 724, 725 f; JARASS/PIEROTH [4. Aufl 1997] Art 5 Rn 84; aA SOERGEL/ZEUNER vor § 823 Rn 65). Sollte die Äußerung durch das Wissenschaftsprivileg nicht gedeckt sein, so bleibt der Rückgriff auf Art 5 Abs 1 S 1 GG unbenommen (BVerfGE 90, 1, 14; der Sache nach auch BVerfG NJW 1994, 1784, 1785). Auch die Wissenschaftsfreiheit rechtfertigt es nicht, unwahre Tatsachen zu behaupten (BVerfG NJW 1989, 1789 f; OLG Köln NJW 1984, 1119, 1120; PALANDT/THOMAS Rn 192; MünchKomm/MERTENS § 824 Rn 51; aA DEUMELAND MDR 1984, 232); man muß dies aber auf erwiesen oder unstreitig unwahre Tatsachenbehauptungen beschränken. Wenn eine Behauptung letztendlich strittig bleibt, jedoch gewichtige Anhaltspunkte gegen sie sprechen, so darf sie auch unter dem Aspekt des Art 5 Abs 3 S 1 GG nicht undifferenziert wiederholt werden, ohne daß umgekehrt auf die Persönlichkeit des Betroffenen Rücksicht genommen wird und auch die entlastenden Momente berichtet werden (BGH NJW 1966, 647, 648; iE zweifelhaft). Für die sonstigen Fälle will die wohl hM wissenschaftliche Publikationen privilegieren, soweit dem Autor hinsichtlich der Unwahrheit nur leichte Fahrlässigkeit vorzuwerfen ist (LARENZ/CANARIS § 80 V 2 f; HELDRICH, Freiheit der Wissenschaft – Freiheit zum Irrtum? [1987] 53 f; BUND, in: FS vCaemmerer [1978] 336–338). Das trifft indes nicht den Kern der Sache. Auch die Freiheit der Wissenschaft rechtfertigt nicht die Behauptung von Tatsachen, deren Unwahrheit durch eine **zumutbare Recherche** hätte festgestellt werden können. Daher ist die Verneinung der Haftung bei leicht fahrlässiger unrichtiger Übermittlung von Forschungsergebnissen (MünchKomm/MERTENS § 824 Rn 56 f; HELDRICH, Freiheit der Wissenschaft – Freiheit zum Irrtum? [1987] 57; BUND, in: FS vCaemmerer [1978] 313; wohl auch LARENZ/CANARIS § 80 V 2 f) nicht unproblematisch; viel spricht hier dafür, es bei den **allgemeinen Regeln der Verantwortlichkeit zu belassen** (FOERSTE NJW 1991, 1434). Umgekehrt ist der wissenschaftliche Schluß nicht verwehrt, auch wenn er die Persönlichkeit eines Dritten berührt, solange er nicht in eine reine Schmähkritik ausartet. So darf man seinem wissenschaftlichen Kontrahenten sicherlich einen Denkfehler vorhalten, ihn aber nicht ohne weiteres als Schwachkopf bezeichnen.

c) Sachverständigengutachten
aa) Die Differenzierung zwischen Tatsachenermittlung und Befund

C 145 Mit diesen Regeln läßt sich auch die Problematik des Widerrufs von Sachverständigengutachten, namentlich von ärztlichen Diagnosen lösen. Zwar sind auch sie **grundsätzlich durch Art 5 Abs 3 S 1 GG geschützt** (LARENZ/CANARIS § 88 I 3 b; ders JuS 1989, 172; HELDRICH, Freiheit der Wissenschaft – Freiheit zum Irrtum? [1987] 53 f; BUND, in: FS vCaemmerer [1978] 336 ff). Die hM folgert daraus, daß die Ausführungen des Gutachtens keine Rücksicht auf die Belange des Betroffenen zu nehmen brauchten, solange dem Sachverständigen keine grobe Fahrlässigkeit zur Last falle (LARENZ/CANARIS § 79 I 2 d; § 88 I 3 b; ders JuS 1989, 172; BUND, in: FS vCaemmerer [1978] 336 ff; MünchKomm/MERTENS § 824 Rn 56, der sogar erst grobe Leichtfertigkeit schaden läßt). Darüber hinaus werde die deliktische Haftung regelmäßig kaum zum Tragen kommen, da bei wissenschaftlichen Äußerungen ohnehin in aller Regel eine Wahrnehmung berechtigter Interessen vorliege (LARENZ/CANARIS § 79 I 2 d; § 88 I 3 b für die Parallelproblematik bei § 824). Demgegenüber ist **zu differenzieren** (so iE auch LARENZ/CANARIS § 88 I 3 b). Der Sachverständige wird durch das Wissenschaftsprivileg nicht von der **Pflicht zur ordentlichen Recherche** entlastet, um die seinem Gutachten zugrunde liegenden **Tatsachen zu ermitteln**. Dabei reicht diese Pflicht um so weiter, je mehr aufgrund des Gutachtens uU in die Rechte des Betroffenen eingegriffen wird, beispielsweise wenn die Expertise über die Notwendigkeit einer Freiheitsentziehung zu befinden hat. In diesem Gebiet haftet der Gutachter entgegen der wohl hM auch bei leichter Fahrlässigkeit (vgl oben Rn B 56). Auch hat er die Tatsachenbehauptung zu widerrufen, wenn sie sich als falsch entpuppt (BREHM, in: FS Hermann Lange [1992] 400; aA BGH NJW 1989, 2941, 2942). Des weiteren darf er sie – selbst wenn kein Fehler bei der Untersuchung vorlag – nicht aufrechterhalten, wenn sich später die Unwahrheit herausstellt. Es gibt keinen Grund, warum der Arzt die falsche Diagnose Aids nicht sollte widerrufen müssen, wenn sie auf einer fehlerhaften Laboruntersuchung beruht (BREHM, in: FS Hermann Lange [1992] 400). Das **Wissenschaftsprivileg** gilt dagegen **für den vom Gutachter gezogenen Schluß**. Ihn soll er nach bestem Wissen und Gewissen vornehmen können. Auch dabei ist freilich dem Gutachtenauftrag Rechnung zu tragen. Wird dem Gutachter etwa vom Gericht eine medizinische Frage vorgelegt, die er anders als die Schulmedizin beantworten will, so muß er auf diese Diskrepanz hinweisen, um zu verhindern, daß das Gericht – ohne sich dessen bewußt zu sein und ohne sich mit den Argumenten auseinanderzusetzen – einer Mindermeinung folgt. Umgekehrt kann sich schon aus dem Gutachten bzw der ärztlichen Diagnose selbst ergeben, daß der Sachverständige nicht in Anspruch nimmt, ein wirklich fundiertes Urteil abzugeben. So liegt es etwa, wenn der Arzt den Patienten an einen Spezialisten verweist, da er zwar einen Verdacht hat, wegen der fehlenden Fachkenntnisse zu einer Klärung aber nicht in der Lage ist (BREHM, in: FS Hermann Lange [1992] 405).

bb) Die Abgrenzung

C 146 Es bleibt die Schwierigkeit der **Abgrenzung**, ob eine Befundtatsache falsch ermittelt wurde oder aber der wissenschaftliche Schluß letztendlich nicht trägt. ZT wird dabei vorgeschlagen, zwischen Falschbehauptungen, die auf nicht wissenschaftstypischen Fehlerquellen beruhten, etwa einer Verwechslung von Namen, und solchen, die aus wissenschaftstypischen Fehlerquellen resultierten, zu differenzieren; das Privileg beziehe sich nur auf die letztgenannte Gruppe (MünchKomm/MERTENS § 824 Rn 55 f). ZT wird danach unterschieden, ob der Fehler im Bereich der Tatsachenermittlung oder der Überzeugungsbildung liegt. Lasse sich ein Ergebnis mit empirischen Mitteln belegen, so gehe es um die Tatsachenermittlung (LARENZ/CANARIS § 88 I 3 b). Dem ist im Ansatz zu folgen, wenngleich nicht zu verkennen ist, daß auch die Frage, ob etwas empirisch nachzuweisen ist, ihrerseits oftmals nur mit wissenschaftlichen Mitteln zu beantworten ist und daher dem Privileg des Art 5 Abs 3 S 1 GG unterfällt. Jedenfalls nicht mehr gedeckt ist eine Diagnose des Arztes, die er **ohne Untersuchung des Patienten** abgegeben hat (so der Fall BGH NJW 1989, 2941 ff).

VII. Der Schutz der persönlichen Sphäre*

1. Der Zusammenhang zwischen dem allgemeinen Persönlichkeitsrecht und den besonders geregelten Rechten

a) Die Behauptung und Verbreitung wahrer Tatsachen

Beim Schutz vor der Entstellung ging es um die Behauptung unwahrer Tatsachen; die   C 147

---

* **Schrifttum:** AMELUNG, Das Problem der heimlichen Notwehr gegen die erpresserische Androhung kompromittierender Enthüllungen, GA 1982, 381; ders, Der Grundrechtsschutz der Gewissenserforschung und die strafprozessuale Behandlung von Tagebüchern, NJW 1988, 1002; ARZT, Notwehr gegen Erpressung, MDR 1965, 344; ders, Anm zu BGH, 19.6.1970 – IV ZR 45/69, JZ 1971, 388; ders, Anm zu BVerfG, 31.1.1973 – 2 BvR 454/71, JZ 1973, 506; BÖKELMANN, Anm zu BGH, 19.6.1970 – IV ZR 45/69, JR 1971, 65; BORK, Die Berichterstattung über inoffizielle „Stasi"-Mitarbeiter, ZIP 1992, 90; CANARIS, Grundrechtswirkungen und Verhältnismäßigkeitsprinzip in der richterlichen Anwendung und Fortbildung des Privatrechts, JuS 1989, 161; DEGENHART, Das allgemeine Persönlichkeitsrecht, Art 2 I iVm Art 1 I GG, JuS 1992, 361; DITTMAR, Anm zu OLG Celle, 25.9.1978 – 2 Ss 157/78, NJW 1979, 1311; EHMANN, Anm zu BGH, 8.2.1994 – VI ZR 286/93, WuB IV A § 823 BGB 2.94; EISENBERG/MÜLLER, Strafrecht: Geldübergabe auf Video, JuS 1990, 120; FORKEL, Lizenzen an Persönlichkeitsrechten durch gebundene Rechtsübertragung, GRUR 1988, 491; ders, Anm zu BGH, 19.12.1995 – VI ZR 15/95, JZ 1997, 43; FRANKE, Zur Rechtmäßigkeit der Bildberichterstattung über Polizeieinsätze, NJW 1981, 2033; FRÖMMING/PETERS, Die Einwilligung im Medienrecht, NJW 1996, 958; GEIS, Der Kernbereich des Persönlichkeitsrechts, JZ 1991, 112; GÖTTING, Persönlichkeitsrechte als Vermögensrechte (1995); GRIMM, Persönlichkeitsschutz im Verfassungsrecht, KF 1996, 3; GROSSFELD, Anm zu BVerfG, 3.5.1994 – 1 BvR 737/94, EWiR 1994, 991; J HAGER, Schutz einer Handelsgesellschaft gegen die Analyse ihrer Jahresabschlüsse im Lichte der Grundrechte, ZHR 158 (1994) 675; ders, Der Schutz der Ehre im Zivilrecht, AcP 196 (1996) 168; HELDRICH, Persönlichkeitsschutz und Pressefreiheit, in: FS Heinrichs (1998) 319; J HELLE, Anm zu OLG Hamm, 2.4.1987 – 4 U 296/86, JZ 1988, 308; ders, Anm zu BGH, 4.12.1990 – XI ZR 310/89, JR 1991, 929; ders, Besondere Persönlichkeitsrechte im Privatrecht (1991); HIRTE, Kurzkommentar zu BGH, 8.2.1994 – VI ZR 286/93, EWiR 1994, 469; HUBMANN, Das Persönlichkeitsrecht (2. Aufl 1967); JUNKER, Bundeskanzler Dr A, ZIP 1994, 1499; KLEIN, Öffentliche und private Freiheit, Zur Auslegung des Grundrechts der Meinungsfreiheit, Der Staat 10 (1971) 145; KRAMER, Heimliche Tonbandaufnahmen im Strafprozeß, NJW 1990, 1760; KRÜGER, Das Recht am eigenen Bild bei Polizeieinsätzen, NJW 1982, 89; LUTTER, Die handelsrechtliche Publizität – direkt für die Mülltonne?, Die AG 1994, 347; NEUMANN-DUESBERG, Bildberichterstattung über absolute und relative Personen der Zeitgeschichte, JZ 1960, 114; NOLTE, Beleidigungsschutz in der freiheitlichen Demokratie (1992); ORDEMANN/SCHUMANN/GOHLER, Bundesdatenschutzgesetz (5. Aufl 1992); SCHLECHTRIEM, Inhalt und systematischer Standort des allgemeinen Persönlichkeitsrechts, DRiZ 1975, 65; SCHLUND, Anm zu BGH, 17.2.1982 – VIII ZR 29/81, JR 1982, 373; SCHRICKER, Urheberrecht

Persönlichkeit kann jedoch auch dadurch verletzt werden, daß **wahre Tatsachen verbreitet** werden. Die Materie ist teilweise speziell geregelt durch den Bildnisschutz, den strafrechtlichen Schutz des gesprochenen und geschriebenen Worts sowie den Schutz gegen die Ausspähung von Daten. Doch reichen diese Vorschriften nicht aus; dogmatisch sind sie vielmehr einzubinden in ein umfassendes Schutzsystem der Persönlichkeit. Dabei ist allerdings in Rechnung zu stellen, daß wahre Informationen im Prinzip zulässig sind (LARENZ/CANARIS § 80 II 2 c, 4 a, 5 b; vgl auch die Nachweise oben Rn C 93), ja sogar in den Schutzbereich des Art 5 Abs 1 GG fallen (WENDT, in: vMÜNCH/KUNIG [4. Aufl 1992] Art 5 Rn 9; WEITNAUER DB 1976, 1413; J HAGER ZHR 158 [1994] 679 f mwNw; HELDRICH, in: FS Heinrichs [1998] 327; der Sache nach auch BK/DEGENHART [2. Bearb Stand 1992] Art 5 Abs 1 und 2 Rn 138). Man kann daher geradezu von einer – allerdings nicht technisch gemeinten – Vermutung der Zulässigkeit, wahre Tatsachen mitzuteilen, ausgehen; die Ausnahme bedarf der Begründung.

b) Die paradigmatische Rolle der §§ 22 f KUG

C 148 In den §§ 22 f KUG hat der Gesetzgeber eine **Abstufung** des Schutzes normiert. Das Bildnis genießt **Schutz**, soweit der Betroffene nicht in seine Veröffentlichung eingewilligt hat. Davon sieht § 23 Abs 1 KUG eine **Ausnahme** vor. Die wichtigste ist das Bildnis aus dem Bereich der Zeitgeschichte; diese Frage ist mit dem Schlagwort der absoluten oder relativen Person der Zeitgeschichte verknüpft. § 23 Abs 2 KUG regelt dazu wieder die **Unterausnahme**; die Veröffentlichung ist verboten, wenn ein berechtigtes Interesse des Abgebildeten tangiert wird. Dieses Verhältnis von Regel und Ausnahme läßt **sich vorsichtig auf sonstige Mitteilungen über andere übertragen** (BVerfG NJW 1997, 2669, 2670; OLG Celle AfP 1989, 575; OLG Hamburg NJW-RR 1994, 1439, 1440; LG Oldenburg AfP 1987, 537; LG Köln NJW 1992, 434, 435; WENZEL Rn 5. 23; 10. 38 [Namensnennung]; FRÖMMING/PETERS NJW 1996, 961; iE auch OLG München AfP 1993, 762, 763). Sie haben zwar nicht generell zu unterbleiben, weil und soweit die Nachricht in der Regel nicht so intensiv wirkt wie das Bild, doch ist Zurückhaltung geboten (BVerfG NJW 1997, 2669, 2670). Das ändert sich, wenn der Betroffene von vornherein im Rampenlicht steht oder sich nunmehr in die Öffentlichkeit begibt (BVerfG NJW 1997, 2669, 2670). Doch bleibt die Schranke der berechtigten Interessen des Betroffenen – etwa das Verbot, zu Werbezwecken mißbraucht zu werden (vgl dazu unten Rn C 225).

c) Das Verhältnis zu den besonderen Persönlichkeitsrechten

C 149 Das Verhältnis zwischen dem allgemeinen Persönlichkeitsrecht und den besonders normierten Persönlichkeitsrechten wirft **Probleme in mehrfacher Hinsicht** auf. Zum einen geht es um die Frage, ob das Spezialgesetz verdrängende Wirkung hat oder den Rückgriff auf das allgemeine Persönlichkeitsrecht erlaubt. Regelmäßig **sperren** die

---

(1987); SCHWERDTNER, Persönlichkeitsschutz im Zivilrecht, KF 1996, 27; SIEKMANN, Anm zu BGH, 8. 2. 1994 – VI ZR 286/93, ZIP 1994, 651; SIMITIS/DAMMANN/GEIGER/MALLMANN/WALZ, Kommentar zum Bundesdatenschutzgesetz (Stand April 1998); STAPPER, Namensnennung in der Presse im Zusammenhang mit dem Verdacht strafbaren Verhaltens (1995); STEFFEN, Der Schutz der Persönlichkeit, KF 1996, 52; TENCKHOFF, Anm zu KG, 20. 9. 1979 – (4) Ss 152/79 (66/79), JR 1981, 255; WENZEL, Das Recht der Wort- und Bildberichterstattung (4. Aufl 1994); WIESE, Der Persönlichkeitsschutz des Arbeitnehmers gegenüber dem Arbeitgeber, ZfA 1971, 273; ZÖLLNER, Gesetzgeberische Trennung des Datenschutzes für öffentliche und private Datenverarbeitung, RDV 1985, 3; ders, Datenschutz in einer freiheitlichen marktwirtschaftlichen Ordnung, RDV 1991, 1.

besonderen Persönlichkeitsrechte den **Rückgriff nicht**. So kann neben den §§ 22 f KUG das allgemeine Persönlichkeitsrecht herangezogen werden (BGHZ 24, 200, 204; BGH NJW 1974, 1947, 1948 mwNw); im Verhältnis zum BDSG ist das strittig, richtiger Auffassung nach aber zu bejahen (LARENZ/WOLF, AT [8. Aufl 1997] § 8 Rn 38; wohl auch LARENZ/CANARIS § 80 I 6 a mit Fn 14; offen gelassen von BGHZ 80, 311, 319; 91, 233, 237 f). Zum zweiten geht es um die mit der Eigenschaft als Spezialgesetz nicht notwendig verknüpfte Frage, ob die **spezifischen Folgen der Verletzung des allgemeinen Persönlichkeitsrechts**, namentlich die Entschädigung für immaterielle Einbußen, auch bei einer Verletzung (nur) der §§ 22 f KUG eintreten. Das wird von der hM bejaht (BGHZ 95, 212, 214; BGH NJW 1962, 1004, 1005; 1965, 1374, 1375; GRUR 1962, 211, 213; SOERGEL/ZEUNER Rn 102; LARENZ/CANARIS § 80 I 6 b). Das überzeugt schon deshalb, weil der **Anspruch letztendlich auf Art 1 Abs 1, 2 Abs 1 GG fußt** (BGHZ 128, 1, 15; BGH NJW 1996, 984, 985; vgl schon BGH NJW 1965, 1374, 1375; 1985, 1617, 1619) und es dem einfachen Gesetzgeber verwehrt ist, einen von den Grundrechten geforderten Schutz abzusprechen. Entgegen einer teilweise vertretenen Ansicht kann eine Entschädigung für immaterielle Einbußen daher auch bei einer Verletzung des Namens verlangt werden (OLG Köln GRUR 1967, 319, 322; LARENZ/CANARIS § 80 I 6 a; aA MünchKomm/SCHWERDTNER [3. Aufl 1993] § 12 Rn 153).

2. Das Verhältnis von strafrechtlichem und zivilrechtlichem Schutz

Informationsfreiheit bedeutet nicht, daß beliebige Mittel eingesetzt werden dürfen; zu achten ist vielmehr die Selbstbestimmung des Betroffenen (LARENZ/CANARIS § 80 II 4 a). Das StGB hat in den §§ 201 ff Regelungen getroffen; das Bildnis wird durch § 33 Abs 1 KUG geschützt. Diese Normen sind Schutzgesetze nach § 823 Abs 2 BGB; unterschiedlich wird dagegen beurteilt, **ob der zivilrechtliche Schutz weiter geht. Die hM bejaht das**; die Reichweite des Persönlichkeitsschutzes werde nicht von den strafrechtlichen Normen begrenzt (BGH LM Nr 42 zu Art 1 GG unter II 1 a und c; BGB-RGRK/ DUNZ Anh I Rn 60; iE auch ERMAN/EHMANN Anh zu § 12 Rn 307, 316; LARENZ/CANARIS § 80 II 4 f). Die **Mindermeinung** betont den Charakter der strafrechtlichen Normen als Gefährdungsdelikte. Das schließe es aus, über das positive Recht hinaus die Persönlichkeit abzusichern (J HELLE JZ 1988, 308 f für den Fall des § 202 StGB). Die hM verdient den Vorzug. Ein auf § 201 StGB zurückgeschnittener Anwendungsbereich böte etwa gegen das heimliche Belauschen eines Gesprächspartners durch Zeugen, die von einer Seite beigezogen wurden, keinen Schutz.

3. Der geschützte Bereich

a) Das Verbreiten und Zur-Schau-Stellen von Bildnissen
aa) Das Recht am Bildnis als Teil des Persönlichkeitsrechts

Das Recht am eigenen Bildnis ist ein **Ausschnitt** und eine besondere **Erscheinungsform des allgemeinen Persönlichkeitsrechts** (BVerfGE 34, 269, 271, 280 ff; 35, 202, 224; BVerfG NJW 1996, 581, 582; BGHZ 20, 345, 347; 26, 349, 355; BGH NJW 1962, 1004, 1005; 1965, 1374, 1375; 1971, 885, 886; 1974, 1747, 1748; 1992, 2084; 1994, 124, 125; 1995, 1955, 1956; 1996, 593, 594; 1996, 985, 986; LM Nr 187 zu § 812 unter II 1; OLG München NJW-RR 1996, 93, 95; OLG Hamburg NJW-RR 1986, 933; OLG Koblenz NJW 1997, 1375; OLG Köln VersR 1997, 1500; OLG Hamm AfP 1998, 304; BGB-RGRK/DUNZ Anh I Rn 23). Nur **der Abgebildete selbst** soll **darüber befinden dürfen, ob und wie** er sich in der Öffentlichkeit oder gegenüber Dritten darstellen will (BVerfGE 63, 131, 142; BGHZ 20, 345, 347; 24, 200, 208 f; 26, 349, 355; BGH NJW 1974, 1947, 1948; 1979, 2205,

2206; 1996, 985, 986; LM Nr 187 zu § 812 unter II 1; LG Berlin NJW 1996, 1142; der Sache nach auch BGHZ 81, 75, 79 f; BGH NJW 1979, 2203; 1992, 2084; OLG Koblenz NJW 1997, 1375 f). Denn das Bildnis kann jederzeit in beliebigen Verwendungszusammenhängen **reproduziert und immer wieder neu gestaltet** werden; gerade bei Filmaufnahmen kommt die Möglichkeit hinzu, die Aufzeichnungen in vielfacher Weise zu verändern und obendrein einem unüberschaubaren Publikum vorzuführen (BVerfG NJW 1996, 581, 583; ähnl schon BVerfGE 34, 238, 246 ff). Keine Rolle spielt, ob der Betroffene bei einer alltäglichen Betätigung gezeigt wird; auch dagegen genießt er Schutz (BGH NJW 1996, 985, 986). Rechtsgrundlage sind die §§ 22 ff KUG, die durch das UrhG nicht aufgehoben worden sind. Da die Veröffentlichung eines gelungenen Bildes für den Betroffenen von Vorteil sein kann, wird zT in der Literatur angenommen, nicht jede unberechtigte Verbreitung eines Bildes sei auch eine Persönlichkeitsverletzung. Vielmehr gehe es um ein dem Schutz der Persönlichkeit vorgelagertes abstraktes Gefährdungsdelikt (ERMAN/EHMANN Anh zu § 12 Rn 219). Doch ist stets das **Recht auf Selbstbestimmung tangiert** (so auch ERMAN/EHMANN Anh zu § 12 Rn 219), das zum Inhalt hat, auch über die Qualität von Bildnissen urteilen, vor allem ihre Verbreitung selbst verfügen zu können, und damit ist letztendlich auch das Persönlichkeitsrecht berührt. Aus diesem Grund geht es auch nicht nur um den Schutz gegen die Informationserhebung und Informationsverbreitung aus der Privatsphäre (so indes wohl ERMAN/EHMANN Anh zu § 12 Rn 220 iVm Rn 206 u Rn 304), sondern um das Recht, über das eigene Bildnis frei entscheiden zu dürfen.

bb) Der Begriff des Bildnisses

C 152 Ein Bildnis im Sinn des § 22 KUG ist die **Wiedergabe des äußeren Erscheinungsbildes** eines oder mehrerer Menschen (ERMAN/EHMANN Anh zu § 12 Rn 222; MünchKomm/SCHWERDTNER [3. Aufl 1993] § 12 Rn 163; WENZEL Rn 7. 2), nicht jedoch von Gegenständen, Tieren oder Ausschnitten aus Geschehnisabläufen (OLG Nürnberg GRUR 1973, 40, 41; MünchKomm/SCHWERDTNER [3. Aufl 1993] § 12 Rn 163). Die **Technik der Aufnahme spielt keine Rolle**; es kann sich also auch um Zeichnungen oder Fotomontagen handeln (ERMAN/EHMANN Anh zu § 12 Rn 222; MünchKomm/SCHWERDTNER [3. Aufl 1993] § 12 Rn 163; BGB-RGRK/DUNZ Anh I Rn 24; WENZEL Rn 7.10). Alter, Geschlecht, körperliche und sonstige Eigenschaften spielen dagegen keine Rolle, auch nicht eine amtliche Funktion, etwa als Polizeibeamter (WENZEL Rn 7. 2).

α) Die Erkennbarkeit

C 153 Voraussetzung ist, daß die abgebildete Person als solche erkennbar ist (BGHZ 26, 349, 351; BGH NJW 1965, 2148, 2149; 1971, 698, 699 f; 1974, 1797, 1798; 1979, 2205; LG Berlin NJW 1996, 1142 f; ERMAN/EHMANN Anh zu § 12 Rn 222; MünchKomm/SCHWERDTNER [3. Aufl 1993] § 12 Rn 163; BGB-RGRK/DUNZ Anh I Rn 25; WENZEL Rn 7. 6; FRÖMMING/PETERS NJW 1996, 960). Charakteristisch ist dabei oft der **Gesichtszug** des Menschen (OLG Hamburg AfP 1993, 590, 591; WENZEL Rn 7. 6). Doch genügt es auch, wenn erst der **Begleittext** (BGH NJW 1965, 2148, 2149; 1979, 2205; MünchKomm/SCHWERDTNER [3. Aufl 1993] § 12 Rn 163; WENZEL Rn 7. 7) oder **sonstige Umstände die Identifizierung** ermöglichen (BGH NJW 1979, 2205; OLG Düsseldorf Ufita 64 [1972] 328, 329 f). Daher reicht ein schwarzer Balken über den Augen nicht aus, wenn die abgebildete Person gleichwohl identifiziert werden kann (OLG München AfP 1982, 276, 277; OLG Hamburg AfP 1993, 590, 591; KG Berlin NJW 1996, 1142 f; WENZEL Rn 7. 9; FRÖMMING/PETERS NJW 1996, 960). Es kann sogar genügen, wenn der Abgebildete – etwa ein Torwart während des Spiels – den begründeten Anlaß hat, zu vermuten, er könne erkannt werden (BGH NJW 1979, 2205; OLG Frankfurt aM NJW

1992, 441, 442; ERMAN/EHMANN Anh zu § 12 Rn 222). Ob dazu die Erkennbarkeit innerhalb des mehr oder weniger großen **Bekanntenkreises** genügt, ist strittig, aber mit der hM zu bejahen (BGH NJW 1979, 2205; OLG Frankfurt aM NJW 1992, 441, 442; OLG Hamburg AfP 1993, 590, 591; ERMAN/EHMANN Anh zu § 12 Rn 222; WENZEL Rn 7.8; enger MünchKomm/ SCHWERDTNER [3. Aufl 1993] § 12 Rn 163, der eine Identifizierbarkeit durch den engen Bekanntenkreis nicht genügen läßt). Bei Bildern aus der **Intimsphäre**, namentlich bei Nacktfotos, ist die Gefahr, erkannt zu werden, stets gegeben, da mit der Aufdeckung durch den Verletzer gerechnet werden muß (WENZEL Rn 7.6; so iE auch BGH NJW 1974, 1797, 1799, allerdings nicht im Rahmen des § 22 KUG, sondern bei der Erörterung des allgemeinen Persönlichkeitsrechts). Ein Indiz für die Erkennbarkeit ist es namentlich, wenn der Abgebildete auf die Veröffentlichung hin angesprochen wird (OLG München AfP 1983, 276, 277; OLG Frankfurt aM NJW 1992, 441, 442; WENZEL Rn 7.8). Grundsätzlich **unerheblich ist dagegen die Größe** des Bildnisses; auch kleine Abbildungen fallen unter § 22 KUG (BGH NJW 1971, 698, 699 f). Ein Grenzfall ist das Bild eines Kunstfliegers, bei dem der Kopf des Piloten nur als knapp 1 Millimeter großer Punkt erscheint, bei dem aber die Eingeweihten aus den charakteristischen Umständen auf die Person des Piloten schließen können (den Schutz verneinend OLG Nürnberg GRUR 1973, 40, 41; offen gelassen von BGH NJW 1979, 2205; WENZEL Rn 7. 7, die jedoch fälschlich das OLG Nürnberg als Anhänger der bejahenden Auffassung bezeichnen). Das Bildnis ist in seiner Gesamtheit mit Rücksicht auch auf den Begleittext zu würdigen (BGHZ 24, 200, 209; OLG München NJW-RR 1996, 93, 94); dies kann dazu führen, daß eine von zwei abgebildeten Personen so im Vordergrund steht, daß die Veröffentlichung schon ihres Schutzes wegen unzulässig ist (OLG München NJW-RR 1996, 93, 94).

β) **Die Darstellung durch andere**
Bei **Doubles** liegt dann ein Bildnis des anderen vor, wenn es zum **Zweck der Täuschung gemacht und verwendet** wird (ERMAN/EHMANN Anh zu § 12 Rn 223). Ebenso sind diejenigen Fälle zu behandeln, in denen ein Foto so retuschiert wird, daß der Eindruck entsteht, eine bestimmte Person sei abgebildet (WENZEL Rn 7. 11 mwNw). Dieser Eindruck muß nicht bei allen Betrachtern entstehen; es genügt ein nicht unbeachtlicher Teil (OLG Karlsruhe VersR 1996, 600, 601). Dagegen ist das Bildnis eines Schauspielers in der Rolle eines anderen dasjenige des Schauspielers, soweit er nicht völlig verändert ist, so daß er hinter der Maske nicht mehr als eigene Person auftritt (BGH NJW 1961, 558; 1979, 2205, 2206; WENZEL Rn 7. 2; **aA** noch RGZ 103, 319, 320 f, das mit der Austauschbarkeit von Schauspielern argumentiert; ebenso wohl BGH NJW 1965, 2148 f; beide Entscheidungen wurden von BGH NJW 1979, 2205, 2206 ausdrücklich aufgegeben). In solchen Fällen wandte die Rechtsprechung früher § 22 KUG analog an, wenn Personen in einem Theaterstück oder Film maskenmäßig dargestellt wurden (BGHZ 26, 52, 67 mwNw; KG JW 1928, 363; BGB-RGRK/DUNZ Anh I Rn 25; vgl die Darstellung bei Wenzel Rn 7.12). Doch wurde damit nur die Schutzlücke geschlossen, die damals daraus folgte, daß die Rechtsprechung das allgemeine Persönlichkeitsrecht noch nicht anerkannt hatte. Der Analogie bedarf es angesichts der heutigen Rechtsentwicklung nicht mehr, es greifen **die üblichen Regeln** ein (ERMAN/EHMANN Anh zu § 12 Rn 225; WENZEL Rn 7.12). Dasselbe gilt, wenn durch eine Bildunterschrift der falsche Eindruck erweckt wird, der Abgebildete sei mit der im Text genannten Person identisch (OLG Hamburg ZUM 1986, 351, 352). Ebenfalls nicht einschlägig ist § 22 KUG, wenn es um das Lebens- und Charakterbild eines Menschen geht. Auch hier ist das allgemeine Persönlichkeitsrecht betroffen (ERMAN/ EHMANN Anh zu § 12 Rn 226; BGB-RGRK/DUNZ Anh I Rn 25; vgl genauer unten Rn C 229 ff).

γ) Bildnisse von Toten

C 155 Ob auch das Bildnis eines Toten unter § 22 KUG fällt, ist **strittig** (bejahend OLG Hamburg AfP 1983, 446; BGB-RGRK/DUNZ Anh I Rn 27; SCHRICKER/GERSTENBERG Anh zu § 60 UrhG / § 22 KUG Rn 4; verneinend WENZEL Rn 7. 3 f). Die besseren Argumente sprechen dafür, den Schutz zu bejahen. Zum einen läßt sich damit der Wortlaut des § 23 Abs 2 KUG ohne weiteres vereinbaren. Zum anderen geht es nicht um das Persönlichkeitsrecht der Angehörigen, sondern um dasjenige des Verstorbenen selbst.

δ) Der postmortale Schutz

C 156 § 22 S 3 KUG schützt auch Verstorbene vor der Verwendung ihres Bildnisses. Es handelt sich ebenfalls um eine **Sonderregelung des allgemeinen Persönlichkeitsrechts**, in diesem Fall um den postmortalen Schutz. Daraus folgt insbesondere, daß auch der Bildnisschutz nicht stets nach 10 Jahren erlischt, sondern länger dauern kann. Beispielsweise darf das Bildnis einer berühmten Persönlichkeit auch 10 Jahre nach ihrem Tod nicht für eine Werbung für ein Produkt verwendet werden, mit dem der Verstorbene nichts zu tun hatte (vgl oben Rn C 45 f; ferner SCHRICKER/GERSTENBERG Anh zu § 60 UrhG / § 22 KUG Rn 24; BGH GRUR 1984, 907, 908 betrifft nur die nicht erlaubte Verwendung eines berühmten Namens zu Werbezwecken).

cc) Die Verletzungshandlung

C 157 § 22 KUG nennt als Verletzungshandlung das Verbreiten und das öffentliche Zurschaustellen. Dabei genügt für die erstgenannte Modalität **jede Weitergabe des Originals oder einer Kopie**, auch durch Verschenken im privaten Bereich (ERMAN/EHMANN Anh zu § 12 Rn 228; SCHRICKER/GERSTENBERG Anh zu § 60 UrhG / § 22 KUG Rn 11). Auf die mit der Weitergabe verfolgten Absichten kommt es nicht an (BGH NJW 1979, 2205, 2206; WENZEL Rn 7. 13). Unter Zurschaustellung ist die **öffentliche Sichtbarmachung** zu verstehen, etwa durch eine Ausstellung oder ähnliches (ERMAN/EHMANN Anh zu § 12 Rn 228). Der Personenkreis muß ausgedehnt und weder individuell noch der Zahl nach beschränkt sein. Dagegen braucht der Raum nicht öffentlich zu sein. Daher genügt ein Herumzeigen eines Fotos, wenn dies wahllos geschieht (ERMAN/EHMANN Anh zu § 12 Rn 228).

b) Das Herstellen des Bildnisses

C 158 Mehr in der Begründung als im Ergebnis umstritten ist die Frage, ob sich der Betroffene gegen die Herstellung seines Bildnisses wehren kann. Die **Mindermeinung** versteht unter der Herstellung eines Bildnisses die Vorbereitung für das Verbreiten und hält daher § 22 KUG für verletzt (ERMAN/EHMANN Anh zu § 12 Rn 329, der daneben aber auch das allgemeine Persönlichkeitsrecht nennt). **Nach hM** liegt dagegen bei Fotoaufnahmen ohne Zustimmung des Berechtigten ein **Eingriff in das allgemeine Persönlichkeitsrecht** vor (BGHZ 24, 200, 208; BGH NJW 1966, 2353, 2354; 1995, 1955, 1956 f; OLG Hamm GRUR 1971, 84; JZ 1988, 308; OLG Frankfurt aM NJW 1987, 1087, 1088; OLG München NJW-RR 1996, 93, 94; LG Gießen MDR 1996, 266; SOERGEL/ZEUNER Rn 79; MünchKomm/SCHWERDTNER [3. Aufl 1993] § 12 Rn 164; WENZEL Rn 7. 15; J HELLE JZ 1988, 309; ders JZ 1995, 1118 f); anders liegt es dagegen bei bloßen Zeichnungen (ERMAN/EHMANN Anh zu § 12 Rn 329; WENZEL Rn 7. 15). Grund für die Beeinträchtigung der Persönlichkeit ist zum einen schon die **Mißachtung der Selbstbestimmung** (LARENZ/CANARIS § 80 II 4 d für den Fall der heimlichen Aufnahme), zum anderen die **Gefahr**, daß der Täter das Bildnis publiziert (ERMAN/EHMANN Anh zu § 12 Rn 330; LARENZ/CANARIS § 80 II 4 d; WENZEL Rn 7. 15). Daher scheidet ein rechtswidriger Eingriff zwar aus, wenn und soweit aus § 23 KUG die Publikationsbefugnis folgt (ERMAN/EHMANN Anh zu § 12 Rn 330; LARENZ/CANARIS § 80 II 4 f; WENZEL Rn 7. 16). Soweit dies nicht der Fall ist, dürfen Bildnisse ohne die Einwilligung des Abgebildeten auch nicht hergestellt werden. Die Aufnahme muß **auch nicht notwendig heimlich** sein (so noch BGHZ 24, 200, 208 f; ERMAN/EHMANN Anh zu § 12 Rn 331); ebenso unzulässig ist es, mittels einer Videokamera offen den Zugang zum Haus des Nachbarn zu überwachen (BGH NJW 1995, 1955, 1956 f; LG Braunschweig NJW 1998, 2457, 2458; SOERGEL/ZEUNER Rn 79; LARENZ/CANARIS § 80 II 4 f). Das gilt unabhängig davon, ob die Kamera filmt oder nur auf das Opfer gerichtet ist (LG Braunschweig NJW 1998, 2457, 2458).

c) Die Nennung des Namens

Auch die Nennung des Namens fällt in den Schutzbereich des allgemeinen Persönlichkeitsrechts (BVerfGE 97, 391, 399; BGHZ 32, 103, 111; 81, 75, 80; BGH LM Nr 16 zu Art 5 GG unter II 1 a; Nr 19 zu Art 5 GG unter 2; OLG Nürnberg NJW 1993, 796; OLG Stuttgart NJW-RR 1993, 1265; LG Düsseldorf AfP 1998, 238, 239; WENZEL Rn 10. 38), und zwar in positiver wie in negativer Hinsicht. So kann der Träger verlangen, daß er – soweit nicht ein rechtfertigender Grund vorliegt – nicht genannt wird. Denn die Nennung des Namens kann das Persönlichkeitsrecht vor allem dann beeinträchtigen, wenn er mit einer bestimmten Äußerung in Zusammenhang gebracht werden kann (BVerfGE 97, 391, 400). Umgekehrt kann es die Persönlichkeit verletzen, wenn der – auch namensgleiche – Betroffene verlangt, daß sein Name nicht genannt wird (BVerfGE 97, 391, 400). Die ausdrückliche Nennung des Namens ist nicht erforderlich, wenn aus den Umständen die Person sicher erkennbar ist (BGH NJW 1992, 1312, 1313; OLG Hamburg VersR 1996, 1285, 1286; OLG Bremen VersR 1997, 500, 501; WENZEL Rn 5. 192 [jeweils bei Behauptung unwahrer Tatsachen]; BGH NJW 1981, 1366, 1367; LM Nr 29 zu § 824 unter II 2 c; MünchKomm/ MERTENS Rn 40 [jeweils allgemein]).

C 159

d) Das gesprochene Wort
aa) Das Recht am eigenen Wort als absolutes Recht?

Die **hM** geht jedenfalls in ihren Formulierungen davon aus, daß es ein (absolutes) Recht zur Selbstbestimmung über das gesprochene Wort gebe (BVerfGE 34, 238, 246; 54, 148, 154; 54, 208, 217; BVerfG NJW 1992, 815; BGHZ 27, 284, 289; BGH NJW 1987, 2667, 2668; 1988, 1016, 1017; BAGE 41, 37, 42 f; 80, 366, 376; BAG NJW 1998, 1331, 1332; nur eine Verletzung des Persönlichkeitsrechts bejaht BGH NJW 1991, 1180; ähnl BGH [St] NJW 1997, 1018, 1019 mwNw; skeptisch ERMAN/EHMANN Anh zu § 12 Rn 316 f). Das geht in dieser Apodiktik **zu weit**. So darf natürlich grundsätzlich über Äußerungen berichtet werden, die jemand im privaten Bereich gemacht hat (vgl BGH NJW 1981, 1306, 1307 unter II 2). Neben der Sphäre, in der die Äußerung gefallen ist, kommt es vielmehr auf die Art der **Informationserlangung** an, auf das **schutzwürdige Geheimhaltungsinteresse** des Betroffenen, auf die Prangerwirkung der Mitteilung und schließlich auf die dem Eingreifenden zur Seite stehenden Interessen.

C 160

bb) Die Aufnahme ohne Einwilligung des Betroffenen

Die Persönlichkeit ist regelmäßig verletzt, wenn das nicht öffentlich gesprochene Wort ohne Einwilligung des Opfers auf einem Tonträger **aufgenommen** wird. Geschützt werden soll die **spontane Rede gegen die Verfestigung** und **jederzeitige Abrufbarkeit** und damit das Recht der Selbstbestimmung über das gesprochene Wort (BVerfGE 34, 238, 246; 35, 202, 220; 54, 148, 153 f; BVerfG NJW 1992, 815; BGHZ 27, 284, 286; 288 f; 73, 120, 123; 80, 25, 42; BGH NJW 1982, 277; 1987, 2667, 2668; 1988, 1016, 1017; 1998, 155;

C 161

BAGE 41, 37, 41 f; 80, 366, 376; BAG NJW 1998, 1331, 1332; BGHSt 34, 39, 43). Hätte jeder stets in dem Bewußtsein zu leben, seine vielleicht unbedachte, vielleicht vorläufige Stellungnahme oder eine nur aus der Situation heraus verständliche Formulierung könne später hervorgeholt werden, um gegen ihn verwendet zu werden, so müßte die menschliche Kommunikation leiden, für die das Bewußtsein der Flüchtigkeit und Korrigierbarkeit charakteristisch ist (vgl BVerfGE 34, 238, 246 f; BGH NJW 1988, 1016, 1017; LARENZ/CANARIS § 80 II 4 c). Ob der strafrechtliche Schutz durch § 201 Abs 1 StGB weiterhin voraussetzt, daß die Aufnahme **heimlich** gemacht wurde, **ist strittig** (bejahend SCHÖNKE/SCHRÖDER/LENCKNER [25. Aufl 1997] § 201 Rn 13; aA TRÖNDLE [48. Aufl 1997] § 201 Rn 7); die Frage ist jedenfalls zu verneinen, soweit es um den zivilrechtlichen Schutz der Persönlichkeit geht. Zwar wird die Heimlichkeit in aller Regel den Eingriff intensivieren, doch auch die offene Aufnahme ist rechtswidrig, wenn sich der Betroffene etwa nicht entziehen kann oder ihm dies – wie bei einer Veranstaltung – nicht zumutbar ist (so iE auch LARENZ/CANARIS § 80 II 4 f unter dem Aspekt der Ausnutzung einer Zwangslage). Das findet seine Parallele in dem Schutz gegen offene, aber untersagte Bildaufnahmen (s oben Rn C 158). Nach § 201 StGB ist des weiteren Voraussetzung für die Strafbarkeit, daß das **nicht öffentlich gesprochene Wort** eines anderen aufgenommen oder abgehört wird. Darunter fällt eine Äußerung, die nicht für einen größeren, nach Zahl und Individualität nicht definierten Personenkreis bestimmt ist, der auch nicht durch persönliche oder sachliche Beziehungen der Mitglieder untereinander verbunden ist (OLG Frankfurt aM [St] NJW 1977, 1547; OLG Karlsruhe [St] NJW 1979, 1513; SCHÖNKE/SCHRÖDER/LENCKNER [25. Aufl 1997] § 201 Rn 6 mwNw; TRÖNDLE [48. Aufl 1997] § 201 Rn 2 mwNw; ähnl OLG Nürnberg [St] NJW 1995, 974). Der **privatrechtliche Schutz geht weiter** als der strafrechtliche; auch das öffentlich gesprochene Wort darf nicht heimlich aufgenommen werden (BVerfGE 34, 238, 247; BGHZ 27, 284, 289 f; BGH NJW 1982, 1397, 1398; BGH [St] NJW 1964, 165, 166; OLG Köln NJW 1979, 661; SOERGEL/ZEUNER Rn 81; ERMAN/EHMANN Anh zu § 12 Rn 320; LARENZ/CANARIS § 80 II 4 c). Umgekehrt ist das Persönlichkeitsrecht **nicht tangiert, wenn der objektive Gehalt der Aussage so sehr überwiegt**, daß demgegenüber die Person des Handelnden in den Hintergrund tritt und das gesprochene Wort seinen privaten Charakter verliert, etwa bei fernmündlichen Durchsagen, Bestellungen und ähnlichen Aussagen, die üblicherweise im Geschäftsverkehr auf einem Tonträger festgehalten werden (BGH NJW 1982, 1397, 1398; BAG NJW 1998, 1331, 1332; SOERGEL/ZEUNER Rn 81; ERMAN/EHMANN Anh zu § 12 Rn 315; SCHÖNKE/SCHRÖDER/LENCKNER [25. Aufl 1997] § 201 Rn 30; LACKNER/KÜHL [22. Aufl 1997] § 201 Rn 14).

cc) **Das Abhören**

C 162 Ebenfalls in Anlehnung an das Strafrecht ist die Persönlichkeit verletzt, wenn das Wort eines anderen mit einem Abhörgerät abgehört wird. Darunter sind technische Einrichtungen zu verstehen, die das gesprochene Wort über den natürlichen Bereich des menschlichen Ohres hinaus für den Täter hörbar machen, also Richtmikrofone, versteckt angebrachte Mikrofone, drahtlose Kleinsender, Vorkehrungen zum „Anzapfen" von Telefonleitungen usw.. Zusatzeinrichtungen an Telefonen, wie Zweithörer und Raumlautsprecher sollen nach hM nicht darunter fallen (BGH NJW 1982, 1397, 1398 mit zust Anm SCHLUND JR 1982, 375; WM 1985, 1481, 1482; BGH [St] NJW 1994, 596, 597, 598 mwNw; ERMAN/EHMANN Anh zu § 12 Rn 315; TRÖNDLE [48. Aufl 1997] § 201 Rn 5 mwNw; aA BAGE 80, 366, 376; BAG NJW 1998, 1331, 1332; LARENZ/CANARIS § 80 II 4 c; SCHÖNKE/SCHRÖDER/LENCKNER [25. Aufl 1997] § 201 Rn 19; wohl auch BVerfG NJW 1992, 815, 816; BAGE 41, 37, 43). Da das Fernmeldegeheimnis nicht zwischen den Teilnehmern des Gesprächs gelte, mithin jeder der Partner der Unterredung Dritte informieren dürfe (vgl zB BVerfGE 85,

386, 399; BGH [St] NJW 1994, 596, 597), sei auch ein direktes Mithören gestattet, da die Übergänge fließend seien (BGH [St] NJW 1994, 596, 597). Eine Persönlichkeitsverletzung scheide aus, wenn nicht der Gesprächspartner ausdrücklich erklärt habe, er lege Wert auf Vertraulichkeit, dies sich aus dem Inhalt des Gesprächs ergebe oder das Verhalten desjenigen, der den Dritten mithören lasse, auf Täuschung angelegt sei (BGH WM 1985, 1481, 1482; BGH [St] NJW 1994, 596, 599; BAGE 41, 37, 43; offen gelassen in BGH NJW 1982, 1397, 1398). Das ist allerdings **nicht unproblematisch**, da der Betroffene, hätte er vom Mithören gewußt, sich uU vorsichtiger ausgedrückt oder seinerseits einen Zeugen zugezogen hätte (LARENZ/CANARIS § 80 II 4 c). Daher ist die **Gegenmeinung vorzuziehen**. Mag das Mithören über Raumlautsprecher auch nicht strafbar sein, so ist es zivilrechtlich doch eine Verletzung des Persönlichkeitsrechts. Wer einen Dritten mithören lassen will – etwa um ihn als Zeugen für den Inhalt des Gesprächs präsentieren zu können –, muß dies seinem Gesprächspartner vorab offenbaren (BAG NJW 1998, 1331, 1332). Allenfalls ließe sich an eine Ausnahme denken, wenn die Zeugen nur zufällig mitgehört haben und nicht gerade der Benutzer der Anlage sich dieses Zeugnisses bedient (so LARENZ/CANARIS § 80 II 4 c Fn 47 für die Fallgestaltung in BGH [St] NJW 1964, 165, 166). Doch überzeugt auch das nicht, weil es aus Sicht des Betroffenen keinen Unterschied macht, ob das abgehörte Gespräch vom Gesprächspartner oder einem Dritten aufgrund des Mithörens verwendet wird. Jedenfalls verletzt der Arbeitgeber das Persönlichkeitsrecht, wenn er heimlich den Arbeitnehmer ohne dessen Wissen im Betrieb abhört (BVerfG NJW 1992, 815 f); geschieht dies indes nach Abgabe eines Signaltons, so hat der Arbeitnehmer die Möglichkeit, das Gespräch abzubrechen. Ein rechtswidriger Eingriff scheidet damit aus (BAG AP Nr 1 zu § 611 BGB Persönlichkeitsschutz; LARENZ/CANARIS § 80 II 4 f).

dd) Die Veröffentlichung rechtswidrig gemachter Aufnahmen
In Anlehnung an § 201 Abs 1 Nr 2 und Abs 2 S 1 Nr 2 StGB ist die Persönlichkeit verletzt, wenn die rechtswidrig hergestellte Aufnahme **gebraucht oder zugänglich gemacht** wird (BVerfG NJW 1992, 815) oder sie oder die durch Abhörgeräte erfahrene Information im Wortlaut oder ihrem wesentlichen Inhalt nach veröffentlicht wird. Bei der am Schluß genannten Verletzungsmodalität ist nämlich der personale Charakter solcher Aufzeichnungen kaum geringer als bei einer Tonbandaufnahme, erhebt sie doch den Anspruch, die Eigensphäre authentisch zu beurkunden. Der Betroffene muß daher die Kontrolle darüber behalten, wer mit Hilfe der Aufzeichnungen Einsicht in solche Sphären erhält, die dem Zugriff der Öffentlichkeit entzogen sind (BGHZ 73, 120, 123 f).

ee) Das heimliche Belauschen
Über den strafrechtlichen Schutz hinaus gehend wird die Persönlichkeit auch ansonsten gegen das **heimliche Abhören mit Hilfe eines Zeugen** geschützt (BGH NJW 1970, 1848 f; 1991, 1180; BAGE 41, 37, 43; LG Heilbronn NJW-RR 1992, 77, 78; LARENZ/CANARIS § 80 II 4 c). Das setzt allerdings voraus, daß der Zeuge gezielt auf das Opfer angesetzt wurde; dies ist konsequenterweise anders zu beurteilen, wenn er zufällig die Vorgänge beobachtet hat (BÖKELMANN JR 1971, 68). Dabei spielt die Frage, ob die Bespitzelung **in der eigenen Wohnung** stattfindet, durchaus eine Rolle (BGH NJW 1970, 1848 f); jedoch kann eine Persönlichkeitsverletzung auch vorliegen, wenn der Zeuge nicht in den häuslichen Bereich des Opfers eindringt, sondern dieses **in der Wohnung des Täters** belauscht wird (BGH NJW 1991, 1180; unklar die Rezeption durch BAG NZA 1998, 307, 309). Denn weder in der eigenen noch in der fremden Wohnung muß der Betroffene damit

rechnen, daß seine Worte heimlich mitgehört werden. Nach überwiegender Ansicht soll das anders sein, wenn es um Belauschen oder sonstige heimliche Überwachung in der Öffentlichkeit geht (BGH NJW 1970, 1848, 1849 [obiter]; LARENZ/CANARIS § 80 II 4 e). Das trifft im Regelfall zu, weil man in der Öffentlichkeit nicht von der gleichen Geheimhaltung ausgehen kann, sondern weit eher damit rechnen muß, daß Gespräche Dritten zu Ohren kommen. Doch dürfte es anders liegen, wenn den äußeren Umständen nach nicht mit einem Belauschen gerechnet werden muß (vgl auch BGHZ 131, 332, 339; dazu unten Rn C 190).

ff) Die Täuschung

C 165   Ein Eingriff kann ferner vorliegen, wenn sich der Täter die Information dadurch verschafft, daß er das Opfer über seine wahren Absichten im Unklaren läßt, namentlich wenn er sich unter fremdem Namen **einschleicht** (BVerfGE 66, 116, 137; BGH NJW 1981, 1366, 1367; LARENZ/CANARIS § 80 II 4 b). Das gilt jedenfalls bei einem Eindringen in die Individualsphäre und dann, wenn dem Opfer ein besonderer grundrechtlicher Schutz zur Seite steht. So kann ein Bericht aus der Privatsphäre das Opfer ebenso verletzen wie ein Interview, bei dem der Fragesteller den Betroffenen über seine Identität in die Irre führt, oder ein psychologisches Experiment unter Täuschung der Versuchspersonen (LARENZ/CANARIS § 80 II 4 b). Auch der Bericht aus der Redaktionskonferenz, in die sich der Berichtende eingeschlichen hat, gehört wegen des speziellen Schutzes, den die Redaktionsarbeit nach Art 5 Abs 1 S 2 GG genießt, hierher (BVerfGE 66, 116, 133 f; LARENZ/CANARIS § 80 II 4 b). Doch dürfte **nicht pauschal jedes Einschleichen** das Persönlichkeitsrecht verletzen (aA LARENZ/CANARIS § 80 II 4 b). Ein Beispiel für zulässiges Handeln ist etwa der Fall, daß sich jemand bei einem Unternehmen unter falschem Namen einstellen läßt, um über dort vermutete Verstöße gegen Sicherheitsbestimmungen Gewißheit zu erlangen und die Nachricht darüber weiterzugeben (vgl BGH NJW 1981, 1366, 1367 f. Wenngleich die Redaktionskonferenz im dort entschiedenen Fall wegen Art 5 I 2 GG erhöhten Schutz genoß, ist die Differenzierung maßgebend, wo der zusätzliche spezielle grundrechtliche Schutz des Opfers fehlt).

gg) Die Weitergabe von vertraulichen Mitteilungen

C 166   Selbst wenn ein Gespräch mit Zustimmung des Betroffenen aufgenommen worden ist, so ist es dem Gesprächspartner oder einem Dritten verwehrt, die **Tonbänder ohne Einwilligung** des Betroffenen weiterzugeben (BGH NJW 1987, 2667, 2668 unter Berufung auf BGH NJW 1985, 1417; SOERGEL/ZEUNER Rn 83). Doch steht dem ebensowenig wie dem heimlichen Belauschen durch Dritte, die am Gespräch nicht beteiligt sind, gleich, wenn Außenstehende durch einen der Gesprächspartner im Anschluß informiert werden (BVerfGE 85, 386, 399; BGH NJW 1987, 2667, 2668; BGH [St] NJW 1994, 596, 597). Dazu kann ein Teilnehmer sogar ein Gedächtnisprotokoll erstellen (BGHZ 80, 25, 42; ERMAN/EHMANN Anh zu § 12 Rn 327) oder auf Gesprächsnotizen zurückgreifen (BGH NJW 1987, 2667, 2668). Hier geht es um enttäuschtes Vertrauen; es ist indes nicht Aufgabe des Persönlichkeitsrechts, das Opfer vor der eigenen Vertrauensseligkeit zu schützen (BGH NJW 1987, 2667, 2668). Wer **gegenüber der Presse ein Geheimnis preisgibt**, tut dies auf eigene Gefahr und ist nicht in der Persönlichkeit verletzt, wenn sich die Presse nicht an die vereinbarte Vertraulichkeit hält (BGHZ 36, 77, 83). Ausnahmsweise ist das anders, wenn es um die Intimsphäre des Opfers geht oder dieses offensichtlich bloßgestellt und in existenzvernichtender Weise in seiner Substanz getroffen wird (BGH NJW 1987, 2667, 2668; SOERGEL/ZEUNER Rn 83).

e) Das geschriebene Wort
aa) Das Schutzgut im Strafrecht
Undifferenziert kann auch das geschriebene Wort nicht als absolutes Recht im Sinn **C 167**
des § 823 Abs 1 aufgefaßt werden (ERMAN/EHMANN Anh zu § 12 Rn 307; J HELLE 317; **aA**
noch HUBMANN 316 ff), sondern nur dann, **wenn der Wunsch, den Text geheimzuhalten**,
zutage tritt (ERMAN/EHMANN Anh zu § 12 Rn 307). Strafrechtlich ist § 202 StGB einschlägig, der die Verletzung des Briefgeheimnisses, über den Wortlaut der Überschrift
hinausgehend aber auch die unbefugte Kenntnisnahme vom Inhalt sonstiger verschlossener Schriftstücke sanktioniert. Schutzgut ist der im Verschluß **dokumentierte
Geheimhaltungswille** (ERMAN/EHMANN Anh zu § 12 Rn 305; SCHÖNKE/SCHRÖDER/LENCKNER
[25. Aufl 1997] § 202 Rn 2). Es handelt sich dabei um ein **abstraktes Gefährdungsdelikt**,
das den Schutz des allgemeinen Persönlichkeitsrechts vorverlagert (ERMAN/EHMANN
Anh zu § 12 Rn 306; J HELLE JZ 1990, 759 mwNw in Fn 22). Auf die Eigentumsverhältnisse
kommt es nicht an; ebensowenig ist entscheidend, ob es sich nur um die Verkörperung eigener Gedanken handelt (SCHÖNKE/SCHRÖDER/LENCKNER [25. Aufl 1997] § 202 Rn 2).
Unter einem Brief ist jede schriftliche Mitteilung von einer Person an eine andere zu
verstehen; Schriftstück ist jede Verkörperung eines gedanklichen Inhalts durch
Schriftzeichen (SCHÖNKE/SCHRÖDER/LENCKNER [25. Aufl 1997] § 202 Rn 4 mwNw). Tathandlung ist das Öffnen, die Kenntnisnahme verschlossener Briefe oder Schriftstücke,
ohne sie zu öffnen, bzw die Kenntnisnahme nach dem Öffnen des verschlossenen
Behälters.

bb) Die Erweiterung im Zivilrecht
Der zivilrechtliche Schutz geht in mehrfacher Hinsicht über den strafrechtlichen **C 168**
hinaus. Er umfaßt nicht nur verschlossene Schriftstücke, sondern auch **sonstige Aufzeichnungen**, die der Autor geheimhalten will. Dazu genügen auch lose Zettel, wenn
sie so aufbewahrt werden, daß sie Dritten normalerweise nicht zugänglich sind
(BVerfGE 80, 367, 368, 374; BGH [St] NJW 1988, 1037, 1038 jeweils im Rahmen einer Verwertung
im Strafprozeß). Einschränkend wird dies zT nur angenommen, wenn der Geheimhaltungswille des Verfassers nach außen erkennbar sei, etwa durch Zusammenheften,
Verstecken oder Verschließen (ERMAN/EHMANN Anh zu § 12 Rn 310). Doch ist dem jedenfalls dann nicht zu folgen, wenn die Absicht, die Information für sich zu behalten, aus
den Umständen zu erschließen ist. Man braucht in der eigenen Wohnung die Aufzeichnungen nicht zu verstecken, um das Interesse kund zu tun, sie nicht an die große
Glocke hängen zu wollen. Das gilt jedenfalls für den privatrechtlichen Schutz; es mag
bei der Beschlagnahme im Strafrecht anders zu beurteilen sein, da dort oft erst die
Lektüre zeigt, ob es sich um Dinge handelt, an deren Inhalt der Autor ein Geheimhaltungsinteresse hat.

cc) Die Verletzungsmodalität
Zudem schützt das Persönlichkeitsrecht auch gegen weitere Modalitäten der Verlet- **C 169**
zung. So wird nach hM bei einer **unbefugten Öffnung eines Briefes** das Persönlichkeitsrecht sowohl des Absenders (BGH LM Nr 42 zu Art 1 GG unter II 1 a; SOERGEL/ZEUNER
Rn 84) als auch des Empfängers selbst dann verletzt, wenn § 202 StGB iVm § 823
Abs 2 noch nicht zugunsten des Empfängers eingreift – etwa weil der Brief noch nicht
in seinen Bereich gelangt ist (BGH NJW 1992, 1450, 1451; LM Nr 42 zu Art 1 GG unter II 1 a;
PALANDT/THOMAS Rn 195; SOERGEL/ZEUNER Rn 84; ERMAN/EHMANN Anh zu § 12 Rn 308; LARENZ/
CANARIS § 80 II 4 f). Eine **AGB-Bestimmung**, die einer Zeitung die Befugnis einräumt,
im Rahmen eines Chiffre-Dienstes eingehende Sendungen zu öffnen, verstößt gegen

§ 9 Abs 1 AGBG (BGH NJW 1992, 1450, 1451; ERMAN/EHMANN Anh zu § 12 Rn 308). **Der BGH** weist zur Begründung darauf hin, daß der Adressat in seinem Interesse auf Schutz der privaten Sphäre betroffen sei, zumal wenn – wie bei Sendungen etwa eines Steuerberaters – mehr über den Adressaten als über den Absender ausgesagt werde. Das Interesse, daß der ungestörte Kontakt nicht durch fremde Neugier gestört werde, sei bereits durch das Öffnen beeinträchtigt, ohne daß es des – schwer nachweisbaren – Lesens bedürfe (BGH NJW 1992, 1450, 1451; LM Nr 42 zu Art 1 GG unter II 1 a). Das Rückrufrecht des Absenders ändere nichts an der Widerrechtlichkeit des Eingriffs durch Dritte (BGH LM Nr 42 zu Art 1 GG unter II 1 b). **Die Literatur** legt zT den Akzent auf den Zwang durch das unerlaubte Öffnen (LARENZ/CANARIS § 80 II 4 f). Die **Mindermeinung in der Lehre** erachtet die strafrechtliche Sanktion als ausreichend und für den Persönlichkeitsschutz als sachgerecht. Mit der Übergabe auch an eine andere Person als den Adressaten habe dieser die Herrschaftsmacht erhalten; der Empfänger unterliege wegen § 687 Abs 1 so lange nicht dem Recht der Geschäftsführung ohne Auftrag, wie er nicht bemerke, daß der Brief nicht an ihn gerichtet sei. Nehme er das aber wahr, so greife ab diesem Zeitpunkt § 202 StGB iVm § 823 Abs 2 ein (J HELLE JZ 1990, 758). Doch **überzeugt das letztendlich nicht**. Damit lassen sich schon diejenigen Fälle nicht lösen, in denen der Brief geöffnet wird, bevor er den Adressaten erreicht, der Absender keinen Strafantrag stellt, obwohl der Brief ein Geheimnis nach § 203 StGB enthält. Darin läge, da die Tat ja schon geschehen ist, auch kein Offenbaren im Sinn des § 203 StGB durch Unterlassen. Der Adressat wäre damit schutzlos. Vor allem aber wäre er nach der Gegenauffassung grundsätzlich nicht in der Lage, vorbeugend auf Unterlassung zu klagen. Natürlich kann es sein, daß dem Täter bei einer späteren Zuwiderhandlung gegen den Titel kein Verschuldensvorwurf zu machen ist. Doch kann dem im Verfahren nach § 890 ZPO, in dem ja das Verschulden geprüft werden muß (vgl nur BVerfGE 20, 323, 332; STEIN/JONAS/MÜNZBERG [21. Aufl 1996] § 890 Rn 22), Rechnung getragen werden. Und schließlich wird grundsätzlich auch der Absender des Schreibens gegen die erst- oder mehrmalige Veröffentlichung durch den Empfänger geschützt (BVerfG NJW 1991, 2339; BGHZ 13, 334, 338 f; ERMAN/EHMANN Anh zu § 12 Rn 308; LARENZ/CANARIS § 80 II 5 d); allerdings spielt hier oft das Recht des Empfängers aus Art 5 Abs 1 S 1 GG eine entscheidende Rolle.

f) Privatgeheimnisse
aa) Der strafrechtliche Schutz

C 170 Ausgangspunkt ist wiederum der strafrechtliche Schutz durch § 203 StGB. Schutzgut ist nach hM das **Vertrauen in die Verschwiegenheit** der dort genannten Berufsgruppen und Verwaltungen (BGH NJW 1968, 2288, 2290; SCHÖNKE/SCHRÖDER/LENCKNER [25. Aufl 1997] § 203 Rn 3 mwNw), nach anderen das besondere Interesse des Anvertrauenden an der Geheimhaltung (BayObLG NJW 1983, 1492, 1493). Ein Geheimnis ist eine Tatsache, die nur einem beschränkten Personenkreis bekannt ist und an deren Nichtweiterverbreitung der Betroffene ein berechtigtes Interesse hat (SCHÖNKE/SCHRÖDER/LENCKNER [25. Aufl 1997] § 203 Rn 5; TRÖNDLE [48. Aufl 1997] § 203 Rn 4). Dieses Interesse braucht nicht objektiv vernünftig zu sein; lediglich reine Willkür oder Launenhaftigkeit des Betroffenen verdienen keine Beachtung (SCHÖNKE/SCHRÖDER/LENCKNER [25. Aufl 1997] § 203 Rn 7; enger TRÖNDLE [48. Aufl 1997] § 203 Rn 5; aA ERMAN/EHMANN Anh zu § 12 Rn 211).

bb) Die Erweiterung im Zivilrecht

C 171 Auch hier **reicht** das **zivilrechtliche allgemeine Persönlichkeitsrecht weiter.** So kann eine Bank durch die unbefugte Offenbarung eines Geheimnisses des Kunden nicht nur den Vertrag mit dem Kunden verletzen, sondern auch dessen allgemeines Persönlichkeitsrecht (LARENZ/CANARIS § 80 II 5 d; ders, Bankvertragsrecht [3. Aufl 1988] Rn 41). Ein Arbeitgeber ist zwar grundsätzlich auch nach Ende des Arbeitsverhältnisses berechtigt, dem potentiellen neuen Arbeitgeber über die Leistungen und ähnliche sachbezogene Fragen des bisherigen Arbeitnehmers Auskunft zu geben, darf jedoch nicht die Personalakte als Ganze überlassen (BAG AP Nr 8 zu § 611 BGB Persönlichkeitsrecht unter II 2). Allerdings ist nicht bei jedem Geheimnisbruch auch das Persönlichkeitsrecht verletzt. So genügt es etwa nicht, wenn private Geheimnisse weitererzählt werden (LARENZ/CANARIS § 80 II 5 d); anders kann es wegen der Breitenwirkung sein, wenn die Meldung in der Presse erscheint (ebenso ERMAN/EHMANN Anh zu § 12 Rn 269).

g) Daten
aa) Der strafrechtliche Schutz
§ 202 a StGB stellt das unbefugte Verschaffen von gesicherten Daten unter Strafe. **C 172** Geschütztes Rechtsgut ist jedenfalls die **formale Verfügungsbefugnis desjenigen**, der bestimmen kann, wem die Daten zugänglich gemacht werden sollen (SCHÖNKE/SCHRÖDER/LENCKNER [25. Aufl 1997] § 202 a Rn 1 mwNw). Nach anderen ist daneben auch der persönliche Bereich abgesichert (TRÖNDLE [48. Aufl 1997] § 202 a Rn 2; aA SCHÖNKE/SCHRÖDER/LENCKNER [25. Aufl 1997] § 202 a Rn 1, der dafür ausschließlich § 43 BDSG für einschlägig hält).

bb) Das Recht am eigenen Datum
Das Recht am eigenen Datum ist **nach hM kein sonstiges Recht** iS des § 823 Abs 1 **C 173** (MünchKomm/MERTENS Rn 134 im Gegensatz zur Voraufl; CANARIS, Bankvertragsrecht [3. Aufl 1988] Rn 72; offen gelassen in BGHZ 91, 233, 238 f). Hierbei ist die Linie der Rechtsprechung allerdings in einigen Punkten wenig konsistent. Zwar kommen generell Ansprüche aus § 823 Abs 1 wegen der **Verletzung des allgemeinen Persönlichkeitsrechts** in Betracht (BGHZ 80, 311, 319; 91, 233, 237 f; BAG AP Nr 7 zu § 611 BGB Persönlichkeitsrecht unter III 2 c und d; MünchKomm/SCHWERDTNER [3. Aufl 1993] § 12 Rn 224); die Norm soll jedoch nur **als Auffangtatbestand** dienen, wo das BDSG keine abschließende Regelung vorsieht (BGHZ 80, 311, 319; 89, 218, 226; 91, 233, 238; BGH NJW 1986, 2505, 2506 f; BAG AP Nr 7 zu § 611 Persönlichkeitsrecht unter III 2 a), und soll demgemäß beispielsweise keinen Anspruch auf Auskunft über den Adressaten von Daten eröffnen, die ein nicht automatisch arbeitender Datenspeicher weitergegeben hatte (BGHZ 91, 233, 238; aA ORDEMANN/SCHUMANNS/GOHLER § 7 Anm 2.2; wohl auch MALLMANN, in: SIMITIS/DAMMANN/GEIGER/MALLMANN/WALZ [Stand April 1998] § 29 Rn 7); desgleichen soll ein Anspruch auf Löschung ausscheiden, soweit er nicht direkt aus dem Bundesdatenschutzgesetz folgt (BGH NJW 1986, 2505, 2506 f). Auf der anderen Seite soll jede durch das BDSG nicht gedeckte Übermittlung von personengebundenen Daten, etwa eine solche, die unter Verstoß gegen § 32 Abs 2 aF (ähnl § 29 II Nr 1 a nF) BDSG erfolgte, das Persönlichkeitsrecht verletzen und deswegen **Ansprüche aus § 1004** begründen (BGHZ 91, 233, 239 f; BGH NJW 1984, 436). So gewährt die Norm dem Verletzten dann einen Anspruch darauf, daß ihm der Abfragende, der kein berechtigtes Interesse hatte, genannt wird; solange dieser nämlich über die Daten verfügt, ist er Störer. Zur Durchsetzung seiner Ansprüche benötigt der Verletzte dessen Namen; nur durch diese Auskunft beseitigt der Datensammler die durch ihn herbeigeführte Beeinträchtigung (BGHZ 91, 233, 239 ff). Das ist widersprüchlich. Wenn § 1004 einen Anspruch wegen einer – auch schuldlosen – Verletzung des Persönlichkeitsrechts eröffnet, dann muß dies auch die Folge des § 823 Abs 1 nach sich ziehen, wenn dem Täter Verschulden zur Last zu legen ist. Auch ist nicht einzusehen, warum das BDSG dem Verletzten Ansprüche

soll nehmen wollen, die auf § 823 Abs 1 fußen (CANARIS, Bankvertragsrecht [3. Aufl 1988] Rn 72 Fn 71). Ursprünglich hatte der BGH obendrein einen derartigen Anspruch nur dann erwogen, wenn unrichtige oder ehrenrührige Daten weitergegeben worden waren (BGHZ 80, 311, 319; wiederholt in BGHZ 91, 233, 238, 239; vgl ferner MünchKomm/ SCHWERDTNER [3. Aufl 1993] § 12 Rn 224). Diese Restriktion dürfte überholt sein. Natürlich sind die Vorschriften des BDSG **Schutzgesetze** im Sinn des § 823 Abs 2 (BGHZ 80, 311, 319; MünchKomm/MERTENS Rn 134; MünchKomm/SCHWERDTNER [3. Aufl 1993] § 12 Rn 224).

cc) Die Offenlegung von persönlichen Lebenssachverhalten

C 174 Das Recht auf informationelle Selbstbestimmung schützt namentlich davor, daß der Betroffene durch die Offenlegung von persönlichen Lebenssachverhalten der Öffentlichkeit preisgegeben wird. Grundsätzlich kann der Einzelne selbst entscheiden, ob, wann und innerhalb welcher Grenzen persönliche Daten in die Öffentlichkeit gebracht werden (BVerfGE 65, 1, 41 ff; 72, 155, 170 [obiter]; 78, 77, 84; BGH NJW 1991, 1532, 1533; LM Nr 46 zu Art 1 GG unter II 2 a aa; SOERGEL/ZEUNER Rn 86). Dieses Recht richtet sich nicht nur gegen den Staat, sondern entfaltet seine Wirkung auch auf der Ebene des privatrechtlichen Verkehrs; es weist dem **Schutzbedürfnis des Betroffenen** einen entsprechend hohen Rang gegenüber Eingriffen zu, die ihn der Öffentlichkeit gegenüber verfügbar machen (BGH LM Nr 46 zu Art 1 GG unter II 2 a aa; der Sache nach auch BGH NJW 1991, 1532, 1533 f; BAG NJW 1990, 2272; AP Nr 7 zu § 611 BGB Persönlichkeitsrecht unter III 1 und III 3 a; Nr 14 zu § 611 BGB Persönlichkeitsrecht unter A I 1 b); das ist Konsequenz des generell geltenden Prinzips der praktischen Konkordanz bei der Kollision von Grundrechten.

dd) Die Verwendung von Daten

C 175 Im öffentlichen Recht ist die Verwendung von Daten auf den vom Gesetzgeber zu bestimmenden Zweck begrenzt (BVerfGE 65, 1, 46). Eine derartige Einschränkung wird von der hM im Rahmen des Persönlichkeitsrechts im Privatrechtsverkehr abgelehnt, da sie mit den Grundwertungen des Privatrechts nicht zu vereinbaren sei (LARENZ/CANARIS § 80 II 5 e; ZÖLLNER RDV 1985, 14). Es könne immer nur um eine **Mißbrauchskontrolle** gehen. So dürfe eine Bank Daten eines Kunden für die Frage, ob sie ihm Kredit geben wolle, auch dann verwerten, wenn ihr die Daten aus anderem Anlaß anvertraut worden seien (LARENZ/CANARIS § 80 II 5 e; ZÖLLNER RDV 1985, 14). Daten, die der **Arbeitgeber** bei der Einstellung des Arbeitnehmers erhebe, dürfe er auch für andere Zwecke verwenden (ZÖLLNER RDV 1985, 14). In dieser weiten Fassung ist dem **nicht zu folgen**. Es gibt eine Reihe von Daten, die der Partner nur zu einem bestimmten Zweck verwenden darf, auch wenn er sie in zulässiger Weise erlangt hat (BAG AP Nr 14 zu § 611 BGB Persönlichkeitsrecht unter A I 1 b). So ist jedenfalls notwendig, daß die entsprechende Information für die zu treffende Entscheidung gebraucht wird; ärztliche Gutachten müssen in Personalakten etwa so verwahrt werden, daß sie nicht bei jedem Vorgang vom jeweiligen Sachbearbeiter gewollt oder zufällig eingesehen werden können (BAG AP Nr 14 zu § 611 BGB Persönlichkeitsrecht unter A I 2). Ferner dürfen **Informationen nicht zurückbehalten** werden, wenn **ihr Zweck erreicht** wurde; wenn etwa eine Person bei einer Bewerbung nicht zum Zuge kam, muß der von ihr ausgefüllte Bogen vernichtet werden (BAG AP Nr 7 zu § 611 BGB Persönlichkeitsrecht unter III 3 und 4; LARENZ/CANARIS § 80 II 5 e). Dasselbe gilt, wenn es um Vorgänge geht, die für eine weitere Beurteilung legitimerweise nicht mehr verwendet werden dürfen – beispielsweise die länger zurückliegende Teilnahme an einem Warnstreik, wenn daraus für beide Partner keine Konsequenzen mehr zu ziehen sind (BAG AP

Nr 100 zu § 611 BGB Fürsorgepflicht unter II und III; LARENZ/CANARIS § 80 II 5 e). Aber auch ansonsten ist die Verwendung der Information nicht ins freie Belieben gestellt. Eine beruflich veranlaßte Mitteilung über eine Krankheit an den Arbeitgeber darf nur für den Zweck verwendet werden, der ihr Anlaß war (vgl auch MALLMANN, in: SIMITIS/DAMMANN/GEIGER/MALLMANN/WALZ [Stand April 1998] § 29 Rn 84).

4. Die Einwilligung

a) Die Rechtsnatur

Eine rechtswidrige Beeinträchtigung scheidet allerdings aus, wenn der Betroffene seine Einwilligung erteilt hat. Deren **Rechtsnatur** ist **strittig**. ZT wird sie als **einseitige** rechtsgeschäftliche **Erklärung** (BGB-RGRK/DUNZ Anh I Rn 28; WENZEL Rn 7. 37 f; SCHRIKKER/GERSTENBERG Anh zu § 60 UrhG / § 22 KUG Rn 14; FRÖMMING/PETERS NJW 1996, 958), zT als **Gestattungsvertrag** interpretiert (so wohl ERMAN/EHMANN Anh zu § 12 Rn 252; MünchKomm/ SCHWERDTNER [3. Aufl 1993] § 12 Rn 167). Andere nehmen eine **geschäftsähnliche Handlung** (PALANDT/HEINRICHS vor § 104 Rn 8) oder einen Realakt (DEUTSCH, Allgemeines Haftungsrecht [2. Aufl 1996] Rn 282) an, teilweise allerdings mit der Besonderheit, daß die Regeln der Willenserklärung entsprechend gelten sollen (BGH NJW 1980, 1903, 1904 für die Einwilligung in die ärztliche Behandlung). Die Frage hängt aufs engste mit dem Problem zusammen, **welche Rechtsfolge die Einwilligung** hat. Auch darüber besteht keine Einigkeit. Ein Teil der Lehre geht davon aus, die Einwilligung sei ein negatives Tatbestandsmerkmal (WENZEL Rn 7. 35), andere nehmen den Ausschluß der Rechtswidrigkeit an (SOERGEL/ZEUNER Rn 229; LARENZ/CANARIS § 75 II 2 c; ESSER/SCHMIDT, Schuldrecht AT Bd I Teilbd 2 [7. Aufl 1993] 25 IV 2 a), ein Teil der Lehre koppelt den Ausschluß der Rechtswidrigkeit mit der vertraglichen Überlassung und nimmt daher eine Doppelnatur an (ERMAN/EHMANN Anh zu § 12 Rn 252). Der letztgenannten Ansicht ist zu folgen. Denn im Gegensatz zu einer Einwilligung in eine ärztliche Behandlung geht es bei § 22 KUG um das Recht zur Verbreitung oder öffentlichen Zurschaustellung. Damit begibt sich der Abgebildete nicht nur eines Teils seiner Persönlichkeit, sondern räumt dem Partner auch die **Verwertungsbefugnis** in größerem oder kleinerem Umfang ein. Auch wenn dies unentgeltlich geschieht, werden damit **vertragliche Rechte und Pflichten** begründet. Dies spricht dafür, einen Vertragsschluß anzunehmen und in der Einwilligung zur Verbreitung die vertraglich übernommene Pflicht des Gestattenden zu sehen (ähnl MünchKomm/SCHWERDTNER [3. Aufl 1993] § 12 Rn 126: Pflicht, vom Schutzrecht keinen Gebrauch zu machen; ebenso LARENZ, Schuldrecht Bd II BT [12. Aufl 1981] § 71 I c 1).

b) Der Vertragsschluß

Daraus erklärt sich zwanglos, daß für den Vertragsschluß die **normalen Regeln** gelten. So kann die Einwilligung **stillschweigend** erklärt werden (BGHZ 20, 345, 348; 49, 288, 295; BGH NJW 1996, 593, 594; LM Nr 187 zu § 812 unter II 1; OLG Hamm AfP 1998, 304; ERMAN/ EHMANN Anh zu § 12 Rn 254; BGB-RGRK/DUNZ Anh I Rn 28; WENZEL Rn 7. 37; SCHRICKER/ GERSTENBERG Anh zu § 60 UrhG / § 22 KUG Rn 15). Das ist namentlich der Fall, wenn der Abgebildete die Aufnahme in Kenntnis des Verwendungszwecks **duldet** (BGHZ 49, 288, 295) oder gar Fotografen zu einem Familienfest **zuläßt** (BGH LM Nr 5 zu § 23 KUG unter II 2). Gleiches gilt für ein Mannequin, das an einer Modenschau teilnimmt, bei der mit dem Erscheinen von Fotografen zu rechnen ist (LG Aachen Ufita 30 [1960] 113, 118). Dagegen liegt **kein stillschweigender Vertragsschluß** vor, wenn jemand überrumpelt wird, gar den Zweck der Aufnahmen nicht erkennt (OLG Frankfurt aM NJW-RR 1990, 1439; ebenso OLG Köln VersR 1997, 1500 für einen nackten Jogger am Strand). Vor allem aber kann etwa aus der Tatsache, daß jemand in der Öffentlichkeit (teilweise) nackt badet, nicht geschlossen werden, er willige in die Verbreitung eines Fotos ein, das ihn beim Nacktbaden zeigt (OLG Oldenburg NJW 1989, 400, 401). Wer an einer Tauffeier teilnimmt, willigt damit nicht konkludent in die Verbreitung seines Bildnisses ein (OLG München NJW-RR 1996, 93, 94). Dagegen soll eine konkludente Einwilligung vorliegen, wenn der Betroffene wußte, daß er aufgenommen wurde (OLG Köln NJW-RR 1994, 865; zweifelhaft).

c) Die Geschäftsfähigkeit

C 178   Da die allgemeinen Regeln gelten, ist grundsätzlich die **volle Geschäftsfähigkeit des Einwilligenden** Voraussetzung. Sie fehlt bei **Volltrunkenheit** (OLG Frankfurt aM NJW 1987, 1087; Wenzel Rn 7. 38; Frömming/Peters NJW 1996, 958). Auch der **Minderjährige** kann nach hM nicht allein einwilligen (OLG München AfP 1983, 276, 277; MünchKomm/Schwerdtner [3. Aufl 1993] § 12 Rn 167; BGB-RGRK/Dunz Anh I Rn 28; nicht ganz eindeutig Palandt/Heinrichs vor § 108 Rn 8; Medicus, AT [7. Aufl 1997] Rn 201) – etwa der Schüler, der zusammen mit seiner Geliebten in deren Villa abgebildet wird (OLG Köln AfP – Übersicht – 1970, 133; Erman/Ehmann Anh zu § 12 Rn 156; Wenzel Rn 7. 38). Gleiches gilt namentlich bei Nacktfotos von minderjährigen Mädchen (OLG München AfP 1983, 276, 277; OLG Düsseldorf FamRZ 1984, 1221, 1222) – hier kommt es nicht nur auf die geistige und sittliche Reife an (so jedoch OLG Karlsruhe FamRZ 1983, 742, 743 unter Berufung auf BGHZ 29, 33, 36 f; **aA** MünchKomm/Schwerdtner [3. Aufl 1993] § 12 Rn 167; BGB-RGRK/Dunz Anh I Rn 28 [mit einer wenig überzeugenden Ausnahme über § 110]; Bosch FamRZ 1983, 744). Davon zu trennen ist die Frage, ob neben dem Erziehungsberechtigten **auch die Minderjährige einwilligen** muß. Das hat der BGH letztendlich offen gelassen, weil die Mutter eingewilligt hatte, die Minderjährige, deren Nacktfoto vertrieben wurde, „nur" ein höheres Honorar erzielen wollte, als dies mit der Mutter vereinbart worden war (BGH NJW 1974, 1947, 1950; zust Wenzel Rn 7. 38; wohl auch Erman/Ehmann Anh zu § 12 Rn 256; vgl auch unten Rn I 97 ff, insbesondere Rn I 99). Der Entscheidung **ist nicht zu folgen**. Daß sich die Mutter nicht gegen den Willen der Tochter durchsetzen kann, ist evident, wenn es um die Anfertigung der Fotos geht. § 22 KUG will aber auch die Entscheidung über die Publikation dem Abgebildeten anheim stellen. Ob er wirtschaftliche Motive für die Erteilung oder Versagung der Einwilligung hat, ist schon deswegen unbeachtlich, weil § 22 KUG nicht nach den Beweggründen fragt und vielfach wirtschaftliche Erwägungen den Ausschlag geben, ohne daß dies den höchstpersönlichen Charakter der Entscheidung ändert und den Bezug zur Persönlichkeit aufhebt. Daneben steht das Problem, ob auch bei grundsätzlicher Akzeptierung der Mindermeinung die Eltern jedenfalls **der Übertragung der Rechte** an den Bildern zustimmen müssen (so OLG Karlsruhe FamRZ 1983, 742, 744 unter Berufung auf BGH NJW 1974, 1947, 1950). Dies ist indes konsequenterweise zu verneinen. Anderenfalls käme man zu dem seltsamen Ergebnis, daß die Verbreitung der Bilder bei Einwilligung des Minderjährigen zwar nicht nach § 22 KUG untersagt werden kann, die gleichzeitige Übertragung der Rechte, da nicht nur von rechtlichem Vorteil, aber ohne Zustimmung der Eltern schwebend und bei Verweigerung der Genehmigung endgültig unwirksam ist (OLG Karlsruhe FamRZ 1983, 742, 744). Das ergibt freilich wenig Sinn, weil dann trotz der – angeblich wirksamen – Einwilligung des Minderjährigen eine Eingriffskondiktion in Betracht kommt; diese ihrerseits setzt einen Verstoß gegen den Zuweisungsgehalt voraus und begründet, wenn der Verstoß erst droht, einen vorbeugenden Unterlassungsanspruch.

d) Die vermutete Einwilligung

Nach § 22 S 2 KUG gilt die Einwilligung im Zweifel als erteilt, wenn der Betroffene **C 179** dafür, daß er sich abbilden ließ, eine Entlohnung erhält. Es handelt sich um eine gesetzliche Vermutung, die widerlegt werden kann und deren **Umfang nach den allgemeinen Regeln auszulegen** ist (LG Berlin AfP 1998, 417, 418). Die Entlohnung muß für die Abbildung als solche entrichtet werden. Es genügt demgemäß nicht, wenn der Arbeitnehmer, der während der Arbeitszeit fotografiert wird, nur den üblichen Arbeitslohn erhält (OLG Nürnberg GRUR 1957, 296, 297; SCHRICKER/GERSTENBERG Anh zu § 60 UrhG / § 22 KUG Rn 20). Sie kann namentlich nach den allgemeinen Regeln sittenwidrig sein – etwa weil die Gegenleistung für Bilder, die üblicherweise nur gegen Entgelt zur Verfügung gestellt werden, zu gering ist (OLG Stuttgart NJW-RR 1987, 1434, 1435 [Gegenleistung nur 10 Abzüge der Bilder]; PALANDT/HEINRICHS § 138 Rn 54; ERMAN/EHMANN Anh zu § 12 Rn 257). Sittenwidrigkeit ist nicht ohne weiteres dann gegeben, wenn die Bilder pornographischer Natur sind (OLG Stuttgart NJW-RR 1987, 1434, 1435; PALANDT/HEINRICHS § 138 Rn 54; ERMAN/EHMANN Anh zu § 12 Rn 257; WENZEL Rn 7. 38).

e) Die Auslegung

Die Einwilligung ist regelmäßig nicht schrankenlos erklärt, sondern nach den §§ 133, **C 180** 157 BGB **auszulegen**. Bei der Ermittlung ihrer Reichweite hat die **Art der Veröffentlichung**, die den **unmittelbaren Anstoß** für die Erteilung gegeben hat, einen wesentlichen Einfluß (BGHZ 20, 345, 348; BGH NJW 1965, 1374; 1979, 2203; 1996, 593, 594; LM Nr 187 zu § 812 unter II 1; Nr 5 zu § 23 KUG unter II 2). Dies kann mit § 31 Abs 5 UrhG untermauert werden (FRÖMMING/PETERS NJW 1996, 959). So deckt sie, wenn sie nur aus einem konkreten Anlaß heraus gegeben wurde, nicht spätere Veröffentlichungen, soweit es dafür kein besonderes Interesse gibt (BGH NJW 1979, 2203; 1996, 593, 594; MünchKomm/SCHWERDTNER [3. Aufl 1993] § 12 Rn 168). Wurden dem Betroffenen Fotos unterbreitet und willigte er in ihre Veröffentlichung ein, so bezieht sich diese Einwilligung **nicht auf weitere nicht vorgelegte Bilder** (OLG Düsseldorf Ufita 64 [1972] 328, 331). Das Einverständnis zur aktuellen Bildnisberichterstattung über ein Fußballspiel bedeutet nicht die Einwilligung dazu, das Bild später in einem Kalender abzudrucken (BGH NJW 1979, 2203) oder als Grundlage für eine Satire zu verwenden (OLG Karlsruhe NJW 1982, 647; WENZEL Rn 7. 41). Generell ist mit der Einwilligung nicht ein Einverständnis zur beliebigen Publikation verbunden (BGH LM Nr 5 zu § 23 KUG unter II 2; MünchKomm/SCHWERDTNER [3. Aufl 1993] § 12 Rn 168). Das gilt **namentlich**, wenn das Bild bei späteren Veröffentlichungen **in einen ehrenrührigen oder sonst anstößigen Kontext gestellt wird** (OLG Freiburg GRUR 1953, 404, 405; OLG Frankfurt aM NJW-RR 1987, 1433, 1434; ERMAN/EHMANN Anh zu § 12 Rn 254; MünchKomm/SCHWERDTNER [3. Aufl 1993] § 12 Rn 168). Auch deckt die Zustimmung zur Veröffentlichung in einer Zeitschrift nicht unbesehen die Publikation in einer anderen (OLG Hamburg NJW 1996, 1151), das Einverständnis mit der Publikation eines Familienfotos anläßlich eines Rechtsstreits nicht die Publikation im Anschluß an den Tod eines Sohnes (BGH VersR 1974, 758, 759; BGB-RGRK/DUNZ Anh I Rn 29); Archive von Medien sind daher keineswegs für jeden Zweck verwendbar (BGB-RGRK/DUNZ Anh I Rn 29). Dies läßt freilich die Möglichkeit unberührt, daß die Veröffentlichung unter anderen Gesichtspunkten gerechtfertigt ist (BGH NJW 1979, 2203 f; OLG Karlsruhe NJW 1982, 647).

aa) Verwendung zur Werbung

Diese Grundsätze sind namentlich anzuwenden, wenn das Bildnis abredewidrig zu **C 181** einer (weiteren) Werbung verwendet wird. Kann auch aus dem Einverständnis für eine Verwendung **im redaktionellen Teil** einer Zeitung geschlossen werden, das Bildnis dürfe auch im redaktionellen Teil einer anderen Zeitung erscheinen, so ist jedenfalls der Abdruck zu Reklamezwecken nicht gedeckt (BGHZ 20, 345, 348; BGH NJW 1971, 698, 700; BGB-RGRK/DUNZ Anh I Rn 29; WENZEL Rn 7. 41). Selbst wenn jemand damit einverstanden ist, daß das Foto als Werbung für ein Unternehmen verwendet wird, bedeutet das nicht die Einwilligung für den Einsatz als Werbung für Dritte (BGH NJW 1992, 2084). Ein Künstler willigt beispielsweise **nicht in die verfremdende Darstellung** seines Werks zur Produktwerbung ein, auch wenn er dieses für die Werbung in den Geschäftsräumen eines Unternehmens zur Verfügung gestellt hat (MünchKomm/ SCHWERDTNER [3. Aufl 1993] § 12 Rn 168).

bb) Bildnisse aus dem persönlichen Bereich

C 182 Diese Regeln spielen ferner eine Rolle bei **Nacktfotos oder Bildnissen aus dem persönlichen Bereich**. Wer sein Bildnis für einen Katalog für Badeeinrichtungen zur Verfügung stellt, braucht nicht hinzunehmen, daß es einem Bericht über amerikanische Liebesschulen unterlegt wird (ERMAN/EHMANN Anh zu § 12 Rn 255; WENZEL Rn 7. 41). Die Einwilligung zur Veröffentlichung in einem Biologiebuch zu Zwecken der sexuellen Aufklärung deckt nicht die Ausstrahlung im Fernsehen (so iE BGH NJW 1985, 1617, 1618 unter II 1 a). Wer mit der Publikation seines Fotos einverstanden ist, willigt nicht gleichzeitig in die Veröffentlichung in unmittelbarer Verbindung mit dem Nacktfoto eines unbekannten Mädchens ein, wenn dadurch der Eindruck entsteht, der Fotografierte kenne das Mädchen gut (AG Hamburg GRUR 1990, 119, 120). Schließlich bedeutet die Einwilligung, ein Nacktfoto zu veröffentlichen, um das Interesse an der Abgebildeten als Schauspielerin zu wecken, nicht, daß dieses in einem Herrenmagazin abgebildet werden darf (OLG München ZUM 1985, 327, 328; ERMAN/EHMANN Anh zu § 12 Rn 255). Die Einwilligung in die Veröffentlichung eines Fotos, auf dem ein junges Mädchen mit ihrem damaligen Freund zu sehen ist, deckt nicht die Publikation Jahre später mit der Bildunterschrift, es handle sich um eine von mehreren Geliebten (OLG Frankfurt aM NJW-RR 1987, 1433, 1434). Dagegen umfaßt die Einwilligung, das Foto dürfe in einem Werbeprospekt veröffentlicht werden, auch die Verwendung für Inserate (OLG Frankfurt aM Ufita 78 [1977], 255, 261 f [dort hatte die Klägerin zusätzlich während einer Pressekonferenz für Nacktaufnahmen Modell gestanden]; WENZEL Rn 7. 40).

f) Die Anfechtung

C 183 Auch die Anfechtung folgt den allgemeinen Regeln (WENZEL Rn 7. 43; FRÖMMING/PETERS NJW 1996, 959). Oft wird allerdings schon die Auslegung ergeben, daß die geplante Verwendung – etwa die Ausstrahlung, um einen Arzt als Pfuscher zu entlarven – von der Einwilligung nicht gedeckt ist.

g) Befristung und Widerruf

C 184 Die Einwilligung kann von vornherein befristet oder bedingt erklärt werden (OLG Freiburg GRUR 1953, 404, 405; OLG München NJW-RR 1990, 999, 1000; ERMAN/EHMANN Anh zu § 12 Rn 258). Schwierig ist die Frage zu beantworten, ob und unter welchen Voraussetzungen ein Widerruf möglich ist. Man hat zunächst zu unterscheiden zwischen einem **Widerruf vor der ersten Veröffentlichung** und einem solchen in späteren Jahren, der weitere Publikationen betrifft. **Die erste Publikation** ist regelmäßig von einer entsprechenden vertraglichen Vereinbarung begleitet; diese bindet – von Extremfällen abgesehen – nach den allgemeinen Regeln (OLG München NJW-RR 1990, 999, 1000; GÖTTING, Persönlichkeitsrechte als Vermögensrechte [1995] 152 f; **aA** BGB-RGRK/DUNZ Anh I

Rn 29; dessen Auffassung wegen der Minderjährigkeit der Abgebildeten iE zuzustimmen ist; vgl oben Rn C 178). Dagegen spricht auch nicht der Vergleich mit dem Widerruf der Einwilligung in den ärztlichen Heileingriff (vgl unten Rn I 110); der Patient ist nicht vertraglich verpflichtet und könnte sich auch nicht wirksam binden. Nicht so einfach ist die Möglichkeit eines Widerrufs hinsichtlich **späterer Publikationen**. Früher wurde diese zT verneint (OLG Freiburg GRUR 1953, 404, 405; offen gelassen von OLG Karlsruhe FamRZ 1983, 742, 743), zT indes wegen des Selbstbestimmungsrechts des Trägers der Persönlichkeit bejaht (OLG München AfP 1982, 230, 232 [obiter]; weitere Nachweise bei GÖTTING, Persönlichkeitsrechte als Vermögensrechte [1995] 149 Fn 42). An sich liegt es nahe, von der **Fortdauer der vertraglichen Bindung** auszugehen; doch wird ein solch rigoroser Standpunkt dem Rang des Persönlichkeitsrechts nicht gerecht. Auch § 42 UrhG spricht gegen eine ausnahmslose Bindung (ERMAN/EHMANN Anh zu § 12 Rn 258; WENZEL Rn 7. 44; FRÖMMING/PETERS NJW 1996, 959). Fraglich sind allerdings die **Voraussetzungen** des Widerrufs. ZT wird er nur bei einem wichtigen Grund zugelassen; die Vereinbarung sei ein Dauerschuldverhältnis, **weswegen die §§ 626, 723 BGB analog heranzuziehen seien** (OLG München NJW-RR 1990, 999, 1000; WENZEL Rn 7. 45; ähnl ERMAN/EHMANN Anh zu § 12 Rn 258, der dazu Entgelt, Aufwendungen und Wandel der Einstellung als Gesichtspunkte heranzieht). Der **wichtige Grund** wurde zB bei Aktbildern verneint, wenn die Klägerin des öfteren in Filmen unbekleidet aufgetreten war und dies auch für die Zukunft möglich erschien (OLG München NJW-RR 1990, 999, 1000). Andere differenzieren danach, ob eine weitere Publikation wegen einer Wandelung der Persönlichkeit nunmehr diese verletzen würde (WENZEL Rn 7. 45). Doch sind derartige Restriktionen abzulehnen. Gerade bei Aktfotos ist der Kern der Persönlichkeit betroffen (BGH NJW 1974, 1947, 1949); hier muß jeder Änderung der eigenen Überzeugung Rechnung getragen werden (WENZEL Rn 7. 45; GÖTTING, Persönlichkeitsrechte als Vermögensrechte [1995] 150 f); diese Wertung findet sich auch in § 42 UrhG. Eine andere Frage ist die nach der Schadloshaltung des anderen Teils. Hier ist in Analogie zu § 42 Abs 3 UrhG der Widerruf der Einwilligung an den Ersatz der vorangegangenen Aufwendungen zu knüpfen (FRÖMMING/PETERS NJW 1996, 959). Wenn andere einen Rückgriff auf § 122 Abs 1 vorschlagen (GÖTTING, Persönlichkeitsrechte als Vermögensrechte [1995] 151), so sind angesichts von § 42 Abs 3 S 2 UrhG die Unterschiede, falls sie denn bestehen, marginal und § 42 Abs 3 UrhG als sachnähere Norm vorzuziehen.

h) Die Beweislast

Die Beweislast für die Veröffentlichungsbefugnis trifft denjenigen, der die Abbildung publizieren will (OLG München NJW-RR 1996, 93, 94; OLG Hamm AfP 1998, 304; MünchKomm/SCHWERDTNER [3. Aufl 1993] § 12 Rn 170; WENZEL Rn 7. 39); das folgt schon aus § 1004 Abs 2 (OLG München NJW-RR 1996, 93, 94). Dabei spielt die Frage, ob ein Entgelt gezahlt wurde, eine Rolle; dies begründet **nach § 22 S 2 KUG die Vermutung**, daß der Abgebildete mit der Publikation als solcher einverstanden war (unklar die Differenzierung bei MünchKomm/SCHWERDTNER [3. Aufl 1993] § 12 Rn 170). Freilich kann die Art der Veröffentlichung, etwa die Verwendung in einer Werbung, diese Indizwirkung weitgehend wieder aufheben, beispielsweise weil der Betroffene behauptet, er habe insoweit keine Einwilligung erteilt. Dann trifft den Verbreiter ebenso die volle Beweislast (SCHRICKER/GERSTENBERG Anh zu § 60 UrhG / § 22 KUG Rn 23) wie in dem Fall, in dem eine Entgeltabrede fehlt (BGHZ 20, 345, 348; BGH NJW 1965, 1374; OLG Düsseldorf Ufita 64 [1972] 328, 331 f mwNw).

5. Die Reichweite des Schutzes

a) Die beteiligten Belange

C 186 Auch ohne sein Einverständnis muß der Betroffene es in gewissen Grenzen hinnehmen, daß über ihn berichtet wird. Die zulässige Nachricht vom rechtswidrigen Eingriff abzugrenzen, ist allerdings bei den **Fällen der Ausforschung** (vgl oben Rn C 160–175) relativ einfach. Regelmäßig ist die Persönlichkeit verletzt, soweit nicht dem Täter ein Rechtfertigungsgrund zur Seite steht (vgl unten Rn C 212 ff). Schwieriger ist es dagegen bei **Berichterstattung unter Nennung des Namens und unter Beifügung eines Bildnisses.** Hier spielen nicht nur die betroffene Sphäre und der – allerdings beschränkt zum Tragen kommende – Verhältnismäßigkeitsgrundsatz eine Rolle. Die gesetzliche Regelung des § 23 KUG wird durch diese beiden Prinzipien und damit letztendlich durch verfassungsrechtliche Vorgaben überlagert. Abzuwägen sind die Art 1 Abs 1, 2 Abs 1 GG auf der einen und Art 5 Abs 1 S 2 GG auf der anderen Seite (BVerfGE 35, 202, 219 ff, 224; BGH NJW 1985, 1617, 1618; OLG Köln VersR 1997, 1500). Dagegen ist es ohne Bedeutung, ob diese Abwägung im Rahmen des § 23 Abs 1 oder Abs 2 KUG erfolgt (BVerfGE 35, 202, 224 f; BGH NJW 1979, 2203 f; 1985, 1617, 1618; zur Anwendung des § 23 I Nr 1 KUG neigt Wenzel Rn 8. 12; offen Hahn NJW 1997, 1348 f).

b) Die Unterscheidung nach der betroffenen Sphäre
aa) Die hM

C 187 Die hM differenziert zunächst danach, welche Sphäre des Verletzten betroffen ist. Sie unterscheidet der Sache nach dabei regelmäßig zwischen der **Intim-, Individual- und Privatsphäre** (BVerfGE 34, 238, 245 f; 54, 148, 154; BGHZ 73, 120, 124; 98, 32, 36 f; BGH NJW 1987, 2667, 2668; 1988, 1016, 1017 f; 1988, 1984, 1985; 1991, 1532, 1533; aus der Literatur vgl zB Soergel/Zeuner Rn 73, 86; MünchKomm/Schwerdtner [3. Aufl 1993] § 12 Rn 215 ff; BGB-RGRK/Dunz Anh I Rn 13–15; Heldrich, in: FS Heinrichs [1998] 327 f; Geis JZ 1991, 112 ff; Forkel JZ 1997, 44; der Sache nach auch Degenhart JuS 1992, 363 f, der Intim-, Privat- und Sozialsphäre unterscheidet; Wenzel Rn 5. 33 ff, der zwischen Geheim-, Intim-, Privat-, Sozial- und Öffentlichkeitssphäre unterscheidet; vgl auch BVerfGE 6, 32, 41; 27, 1, 6; 27, 344, 350 f; 32, 373, 379; 35, 35, 39; 47, 46, 73 zum Schutz der Intimsphäre). Ob das BVerfG von dieser Einteilung im Volkszählungsurteil Abstand genommen hat (so ist die Bemerkung BVerfGE 65, 1, 43 f von vielen gedeutet worden; vgl zB Geis JZ 1991, 114), mag dahinstehen; jedenfalls ist das Gericht der Sache nach zu einer Unterscheidung nach der betroffenen Sphäre zurückgekehrt (BVerfGE 80, 367, 373; 93, 266, 293; Stapper 23).

α) Die Intimsphäre

C 188 Die Intimsphäre ist der **persönlichste Bereich**, vor allem das Sexualleben (BVerfGE 89, 69, 82 f; BVerfG NJW 1997, 1769; BGH NJW 1988, 1984, 1985; OLG Hamburg AfP 1975, 916, 917; MünchKomm/Schwerdtner [3. Aufl 1993] § 12 Rn 215; BGB-RGRK/Dunz Anh I Rn 13; Larenz/Canaris § 80 II 5 g; Heldrich, in: FS Heinrichs [1998] 327; Stapper 25), ebenso gesundheitliche und psychische Belange oder etwa Details der Körperpflege (BGB-RGRK/Dunz Anh I Rn 50). Zum Intimleben gehört all das, was der einzelne selbst vor Vertrauten bzw Partnern **geheimhält oder nur wenigen mitteilt** (MünchKomm/Schwerdtner [3. Aufl 1993] § 12 Rn 215). Sie ist **nach hM absolut geschützt**, ohne daß es die Möglichkeit einer Abwägung mit anderen Belangen gebe (BVerfGE 6, 32, 41; 27, 1, 6; 27, 344, 350 f; 32, 373, 378 f; 33, 367, 376 f; 34, 238, 245; 80, 367, 373 [für öffentlich-rechtliche Eingriffe]; BGHZ 64, 178, 182; 73, 120, 124; BGH NJW 1981, 1366; 1988, 1984, 1985; BGHSt 31, 296, 299 f; OLG München NJW 1986, 1260, 1261; Larenz/Canaris § 80 II 4 a). Ob das gegenüber Eingriffen ausschließlich oder primär im öffentlichen Interesse so ist, mag dahinstehen. Freilich ist es in der Argumentation fragwürdig, wenn das BVerfG tagebuchähnliche Aufzeichnungen eines wegen Mordes angeklagten Mannes nicht mehr zum Kernbereich der Persönlichkeit rechnet und daher die Verwertung zuläßt (BVerfGE 80, 367, 374 f; skeptisch deshalb DEGENHART JuS 1992, 364; anders BVerfGE 80, 367, 381 [dissenting opinion]; dort wird der Eingriff für unzulässig gehalten). Näher liegt es, diese Notizen zum Intimbereich zu zählen und dann zu fragen, ob entsprechend höherrangige Interessen den Zugriff erlauben. Auf der **Ebene des Privatrechts** läßt sich der Satz in dieser Apodiktik schon deswegen nicht aufrechterhalten, weil es Gegeninteressen von genauso großer Intensität geben kann. Wenn es um Notwehrsituationen geht, kann es dem betroffenen Bürger nicht verwehrt sein, seine Belange auch auf Kosten der Intimsphäre des Angreifers zu verteidigen (so iE auch BGH NJW 1982, 277, 278; LARENZ/CANARIS § 80 II 4 g). Auch ist der Bereich jedenfalls nicht von vornherein unantastbar, soweit es etwa um das grundsätzliche Recht des Kindes geht, von seiner Mutter die Person des Vaters zu erfahren (BVerfGE 96, 56, 62 f; vgl auch oben Rn C 15).

β) Die Individualsphäre
Der zweite geschützte Bereich ist die Individual- oder Geheimsphäre. Zu ihr gehört **C 189** all das, was der Betroffene **geheimhalten will** (BGHZ 73, 120, 122 f; BGH NJW 1987, 2667, 2668; BGB-RGRK/DUNZ Anh I Rn 14, 60), sei es, weil es um Informationen über den Betroffenen geht (BVerfGE 44, 353, 372; BGHZ 24, 72, 79), sei es, weil die Mitteilung als Äußerung des Betroffenen nur für den Adressaten, nicht aber zur Veröffentlichung bestimmt war (BGHZ 15, 249, 257; 70, 120, 123; BGH NJW 1987, 2667, 2668). Sie ist nach hM **weniger stark gesichert** als die Intimsphäre (MünchKomm/SCHWERDTNER [3. Aufl 1993] § 12 Rn 219). Doch ist es grundsätzlich Sache des Betroffenen, zu entscheiden, wann und innerhalb welcher Grenzen persönliche Lebenssachverhalte offenbart werden (BVerfGE 65, 1, 42; 72, 155, 170; 78, 77, 84; 80, 367, 373; BGH NJW 1965, 685, 686; 1991, 1532, 1533). So soll jeder selbst darüber befinden dürfen, ob und unter welchen Voraussetzungen sein Name in der Öffentlichkeit erscheint (vgl oben Rn C 159). Zur Individualsphäre gehören namentlich Vorfälle aus dem Familienbereich, etwa Berichte über die heimliche Hochzeit einer minderjährigen Tochter in Schottland mit voller Namensnennung, zumal wenn der Bericht einseitig und entstellend ist (BGH LM Nr 16 zu Art 5 GG unter II 1 a und b), über den Streit von Eltern über das Sorgerecht für ihr gemeinsames Kind, wenn die Beteiligten namentlich genannt werden (BGH LM Nr 19 zu Art 5 GG unter 2), das Gehalt eines Fußballspielers (AG Berlin Mitte NJW 1995, 2639, 2640). Die Individualsphäre ist ferner betroffen, wenn in einem Bericht über den Rauschgifttod eines jungen Menschen dessen Eltern ohne ihre Einwilligung abgebildet und so stark in den Vordergrund gerückt werden, daß der Verdacht nahegelegt wird, sie hätten als Eltern versagt (BGH LM Nr 51 zu § 847 unter II 2). Nach der Rechtsprechung gehören die Mitgliedschaft in Organisationen und die Spenden für sie zur Privatsphäre, über die nicht berichtet werden darf (BVerfG NJW 1997, 2669, 2670; LG Berlin NJW-RR 1997, 1245; **aA** OLG Köln AfP 1993, 759, 760; OLG München AfP 1993, 762, 763; OLG Zweibrücken NVwZ 1998, 879 [iE zweifelhaft]). Das ist zumindest bei umstrittenen Organisationen sehr problematisch, zumal wenn die Nachricht gerade dazu dient, über die Fragwürdigkeit des Verbandes zu unterrichten. Bei Religionsgemeinschaften kann das allenfalls wegen Art 140 GG iVm Art 136 Abs 3 WRV anders sein (OLG Stuttgart AfP 1993, 739), wenngleich vielfach die besseren Gründe für eine Einschränkung dieses Rechts im Hinblick auf die Pressefreiheit und das Informationsbedürfnis der Öffentlichkeit über die aggressiven Methoden einer umstrittenen Organisation

bestehen (OLG München AfP 1993, 762, 763). Jedenfalls werden die Gegeninteressen um so stärker, je mehr sich der einzelne in die Gemeinschaft begibt (BVerfGE 35, 35, 39; 35, 202, 220; 80, 367, 373; BGHZ 36, 77, 80; MünchKomm/Schwerdtner [3. Aufl 1993] § 12 Rn 219), etwa missionierend tätig werden will (BVerfG NJW 1997, 2669, 2670). Wer sich zB in einem Brief an eine Zeitschrift wendet, um zu einer öffentlichen Auseinandersetzung Stellung zu nehmen, kann nicht die vertrauliche Behandlung des Schreibens verlangen (LG Berlin NJW 1995, 881, 883). Der Übergang zur Sozial- und Öffentlichkeitssphäre ist dann fließend.

γ) **Die Sozialsphäre und die Öffentlichkeitssphäre**

C 190 Die Sozial- und Öffentlichkeitssphäre kann von jedermann oder jedenfalls von einer beschränkten Öffentlichkeit zur Kenntnis genommen werden (LG Berlin NJW 1997, 1155, 1156; Wenzel Rn 5. 54; Heldrich, in: FS Heinrichs [1998] 328 f). Selbst dort ist der Schutz aber ausgeweitet, wenn sich jemand erkennbar zurückgezogen hat; er wird wie in der Privatsphäre geschützt (BGHZ 131, 332, 339; Forkel JZ 1997, 44; skeptisch Heldrich, in: FS Heinrichs [1998] 328). Jedenfalls gibt es auch hier einen Mindestbestand des Schutzes vor der Öffentlichkeit (BGH NJW 1981, 1366, 1367; Wenzel Rn 5. 54), der allerdings dem Betroffenen keinen der Kritik entzogenen kontrollfreien Raum gewährleistet (BGH NJW 1981, 1366, 1367 f). Doch wäre der Lebens- und Entfaltungsraum übermäßig eingeengt, wenn man mit der steten Gefahr konfrontiert wäre, einer breiteren Öffentlichkeit ausgesetzt zu sein, als derjenigen, die im sozialen Kontakt gesucht wurde (BGH NJW 1981, 1366). Das ändert sich, wenn der Betroffene ein Schreiben in amtlicher Tätigkeit verfaßt (BVerfG NJW 1991, 2339 f) und wenn es um die Öffentlichkeitssphäre geht, also den Bereich, in dem sich die Persönlichkeit öffentlich zur Schau stellt (Wenzel Rn 5. 60). So kann sich ein Arzt nicht dagegen wehren, daß sein Name und seine Einteilung zum Notfalldienst veröffentlicht werden (BGH NJW 1991, 1532, 1533; Soergel/Zeuner Rn 88); ein Grundstückseigentümer muß dulden, daß es erwähnt wird, wenn sich in seinem Haus ein aufsehenerregender Mord ereignet hat (BGH NJW 1960, 1614; Soergel/Zeuner Rn 88).

bb) **Die Gegenposition**

C 191 Gegenüber dieser traditionellen Position nimmt das Gewicht derjenigen Stimmen zu, die auf die **Bedeutung der freien Information und Kommunikation** in der Demokratie und Privatrechtsgesellschaft hinweisen (Larenz/Canaris § 80 II 4 a; ders JuS 1989, 170; Zöllner RDV 1991, 8 f). Dort könne es zum einen kein absolutes Recht auf eine „Geheimsphäre" geben. Zum anderen genieße der Betroffene **gegen die Art der Informationserlangung** – etwa durch heimliche Aufnahmen – auch in der Individualsphäre Schutz. Nicht die Sphäre, sondern die Art der Informationserlangung gebe deshalb den Ausschlag (Larenz/Canaris § 80 II 4 a). Dem ist zwar im Ansatz zuzustimmen. So spielt wegen der Freiheit, die Wahrheit sagen zu dürfen (vgl oben Rn C 147), die Art der Informationserlangung eine wichtige Rolle. Ebenso ist auch im Geschäftsverkehr grundsätzlich eine heimliche Tonbandaufnahme unzulässig (Larenz/Canaris § 80 II 4 a mit Fn 39 unter Berufung auf BGH NJW 1988, 1016, 1017). Doch ist Zurückhaltung geboten. So ist schon fraglich, ob eine absolute Person der Zeitgeschichte gegen heimliche Bildaufnahmen geschützt ist (so Larenz/Canaris § 80 II 4 a mit Fn 39 unter Berufung auf BGHZ 24, 200, 208) oder nicht (so BGHZ 131, 332, 343 f mwNw). Die besseren Gründe sprechen für die zweitgenannte Ansicht, wenn sich die Person in der Öffentlichkeit zeigt. Zudem ist aus der Tatsache, daß es verbotene Methoden der Informationserlangung gibt, **nicht der Umkehrschluß** zu ziehen, die Frage, in welche Sphäre eingegriffen werde, spiele gar keine Rolle. So macht es etwa einen Unterschied, ob aus der Privatsphäre oder aus dem beruflichen Umfeld in einer groß angelegten Reportage berichtet wird (vgl zB BGH NJW 1981, 1366, 1367 f; auch LARENZ/CANARIS § 80 II 4 e unterscheidet wohl zwischen heimlicher Beobachtung durch einen Detektiv in der Intimsphäre und in der Öffentlichkeit). Zudem gibt es Fälle, in denen auch aus der Privatsphäre nicht berichtet werden darf, selbst wenn die Information nicht rechtswidrig erlangt wurde; so liegt es etwa, wenn persönliche Daten aus Versehen auf den Müll geworfen wurden, ein Dritter sie dort entdeckt und publiziert. Die unterschiedlichen Ansätze führen freilich **iE kaum zu Differenzen**, da auch die hM zumindest implizit ua nach der Art der Informationserlangung differenziert. Allerdings fällt der Eingriff um so gravierender aus, je mehr ein Bereich betroffen ist, zu dem die Öffentlichkeit keinen Zugang haben soll (BGH NJW 1979, 2203, 2204 unter Berufung auf BGHZ 24, 200, 208 für den spiegelbildlichen Fall der Interessen der Öffentlichkeit nach § 23 I Nr 1 KUG). So macht es eben einen Unterschied, ob jemand einen anderen heimlich in der Öffentlichkeit oder in dessen Privatsphäre beobachten oder belauschen läßt (vgl dazu oben Rn C 164).

c) **Verhältnismäßigkeit und Prangerwirkung**
aa) **Die Eignung**
Das **Merkmal der Eignung** als erstes Erfordernis des Grundsatzes der Verhältnismäßigkeit hat bei der Weitergabe wahrer Tatsachen keine Funktion. Das **Recht, die Wahrheit zu sagen**, muß sich ebensowenig an einem Ziel des Bürgers messen lassen wie die Äußerung einer Meinung (vgl schon oben Vorbem 72 zu §§ 823 ff). Der BGH hat dies jedoch anders gesehen in einem Fall, in dem Listen über Personen veröffentlicht wurden, die als informelle Mitarbeiter der Staatssicherheit der DDR registriert waren. Die Publikation sei für das vom Veröffentlichenden angegebene Ziel, nämlich Vermutungen und Gerüchte über den Inhalt der Liste zu beenden und etwaigen Erpressungen vorzubeugen, ebensowenig geeignet wie dafür, einen Beitrag zur Aufarbeitung der DDR-Vergangenheit und zur Bewältigung der Probleme aus früherer Stasi-Mitarbeit weiter Bevölkerungskreise zu leisten (BGH LM Nr 46 zu Art 1 GG unter II 2 b bb [a]und [b]; **aA** TRUTE JZ 1995, 257). Dem ist im dogmatischen Ansatz nicht zu folgen. Denn die Prüfung der Eignung ist inhaltsleer, wenn das Ziel, wozu denn die Nachricht taugen soll, fehlt, notwendigerweise fehlen muß. Der Privatmann ist bei seinen Äußerungen nicht gehalten, jeweils einen (vorab) feststehenden Zweck anzusteuern. Begründet werden könnte die Entscheidung allenfalls mit der Prangerwirkung einerseits und dem Zweck des Stasi-Unterlagengesetzes andererseits. Doch würde auch das nicht überzeugen. Denn jedenfalls bei dem Aushang in den Fraktionsräumen einer politischen Partei ist die Prangerwirkung zu verneinen, sie könnte allenfalls bei der Ausstrahlung im Fernsehen gegeben sein, wenn es weniger wichtige Mitarbeiter betrifft (ähnl für den zuletzt genannten Fall LARENZ/CANARIS § 80 II 5 g). Auch das BAG hat die Eignung der Mitteilung wahrer Tatsachen über den Arbeitgeber für die berufliche Rehabilitation des Arbeitnehmers verneint (BAG NZA 1998, 712, 713; die Entscheidung ist [nur] wegen des Zeitablaufs iE richtig; vgl unten Rn C 226).

bb) **Die Erforderlichkeit**
Aus denselben Überlegungen ist für den Regelfall die Frage nach der Erforderlichkeit, also **nach dem schonendsten Mittel, nicht möglich** (vgl schon oben Vorbem 72 zu §§ 823 ff). Auch das hat der BGH – allerdings in einer frühen Entscheidung – anders beurteilt. Nur berechtigte Interessen schlössen die Widerrechtlichkeit aus; sie lägen auch bei der Verbreitung wahrer Tatsachen nur dann vor, wenn der Eingriff unbe-

dingt geboten gewesen und in der schonendsten Form vorgenommen worden sei (BGHZ 8, 142, 145 unter Berufung auf BGHZ 3, 270, 281, wo es um Werturteile gegangen war; in neueren Entscheidungen aufgenommen von BGHZ 91, 233, 240). Auch dem ist nicht zu folgen (abl auch LARENZ/CANARIS § 81 III 1 a). Vom Ergebnis her überzeugt die Lösung des BGH nicht, da der Bezugspunkt, an dem die Erforderlichkeit gemessen werden könnte, fehlt. Und dogmatisch ist der globale Rückgriff auf die berechtigten Interessen schief, weil § 193 StGB bei der Verbreitung wahrer Tatsachen im Gegensatz zur Äußerung von Meinungen nicht einschlägig ist; § 186 StGB, auf den § 193 StGB insoweit Bezug nimmt, ist nur bei der Mitteilung unwahrer Tatsachen einschlägig. Allerdings hat mit der Entfaltung des Rechts auf informationelle Selbstbestimmung sich eine gegenläufige Entwicklung ausgeformt. So fordert § 29 Abs 2 Nr 1 a BDSG den Nachweis des berechtigten Interesses an der Kenntnis der Daten. Das Stasi-Unterlagengesetz läßt eine Auswertung nur noch zu, wenn es um Personen der Zeitgeschichte und ähnliches geht, schränkt die Befugnis weiter ein, wenn überwiegende schutzwürdige Interessen der genannten Personen entgegenstehen (vgl § 32 Abs 1 BDSG). Doch stößt **auch hier die Prüfung der Erforderlichkeit an ihre Grenzen** (aA MALLMANN, in: SIMITIS/DAMMANN/GEIGER/MALLMANN/WALZ [Stand April 1998] § 29 Rn 102 unter Berufung auf BGHZ 8, 142, 145 und unter Abgrenzung von BGHZ 45, 297 ff, da es dort um Werturteile gegangen sei), wenn man sie an den Zielen und Zwecken des Empfängers ausrichtet (so BGHZ 91, 233, 240; zust LARENZ/CANARIS § 80 II 5 f), dessen Befugnis, die Ziele und Zwecke autonom zu setzen, indes nicht reglementiert. Man kann dann nur eine beliebige Setzung von Zielen zulassen, was die Erforderlichkeitsprüfung entwertet, oder aber die Wahl des Ziels beschränken; dies hat mit der eigentlichen Erforderlichkeitsprüfung nichts mehr zu tun, sondern indiziert nur die Ranghöhe des verfassungsrechtlich geschützten Rechts desjenigen, dessen Daten übermittelt werden (so zB BGHZ 95, 362, 367: berechtigtes Interesse an der Unterrichtung über die Kreditwürdigkeit).

cc) Die Verhältnismäßigkeit im engeren Sinn
α) Der potentielle Öffentlichkeitsbezug

C 194 Vom Verhältnismäßigkeitsprinzip bleibt damit nur noch die Prüfung der **Proportionalität im engeren Sinn**. Hierbei geht es wiederum um bekannte Abwägungsgesichtspunkte. Das erste Kriterium ist der potentielle Öffentlichkeitsbezug. Der Schutz des anderen Rechtsguts muß mehr und mehr zurücktreten, je mehr es sich nicht um eine gegen dieses Rechtsgut gerichtete Äußerung im privaten, namentlich im wirtschaftlichen Verkehr und in Verfolgung eigenmächtiger Ziele handelt, sondern um einen Beitrag zur geistigen Meinungsbildung in einer die Öffentlichkeit wesentlich berührenden Frage (vgl schon oben Rn C 101). Die Lehre hat diese Abwägung der Sache nach auch auf Tatsachenmitteilungen übertragen (so zB KLEIN, Der Staat 10 [1971] 163). Daran ist entgegen manchen Kritikern, die darin eine Disprivilegierung der Kritik im privaten Bereich sehen oder die Bedeutung der freien Rede auf eine rein funktionale Rolle für die politische Auseinandersetzung zurückgeschnitten wähnen (MACKEPRANG 145; NOLTE 23 ff; OTTO NJW 1986, 1210; skeptisch auch LERCHE, in: FS G Müller [1970] 213) festzuhalten (BVerfGE 66, 116, 139; BGHZ 31, 308, 312 [unter Berufung auf BVerfGE 7, 198, 212]; BGH NJW 1993, 930, 932; 1994, 2614, 2616; LM Nr 98 zu § 823 [Ah] unter II 1; ebenso iE BGH NJW 1987, 1403, 1404; vgl ferner MünchKomm/MERTENS § 824 Rn 63; WENZEL Rn 6. 63; WEITNAUER DB 1976, 1415). Es geht um die **Frage der Kollisionslösung**, bei der der Öffentlichkeitsbezug durchaus als Kriterium seine Berechtigung hat. Allerdings ist das Postulat, der Äußernde müsse zur Äußerung legitimiert sein, obsolet (vgl oben Rn C

101; J Hager AcP 196 [1996] 191 f). Desgleichen ist das Thema nicht auf bereits in der Öffentlichkeit diskutierte Probleme beschränkt; genauso legitim ist es, das Interesse erst auf eine Frage zu lenken (Larenz/Canaris § 80 V 1 a; § 81 III 3 a für die Parallele beim Werturteil; J Hager AcP 196 [1996] 193; vgl auch hierzu oben Rn C 101).

β) **Die betroffene Sphäre**
Kein legitimer und potentieller Öffentlichkeitsbezug liegt in der Regel vor, wenn es um das Intimleben auch von absoluten oder relativen Personen der Zeitgeschichte (vgl zu diesen unten Rn C 200 ff) geht. Das ist allerdings strittig (vgl unten Rn C 221). An der Schnittstelle zwischen dem öffentlichen Interesse und der Achtung der Intim- und Privatsphäre liegen Fälle, in denen Mißstände oder Probleme anhand einzelner Schicksale und Biographien geschildert werden. Die Rechtsprechung gibt im Zweifel **dem Persönlichkeitsrecht den Vorrang**, etwa bei – im entschiedenen Fall nicht nachgewiesen – intimen Beziehungen eines katholischen Priesters zu einer verheirateten Frau (BGH LM Nr 98 zu § 823 [Ah] unter II 2) oder bei der im Fernsehen ausgestrahlten Kritik eines Vaters an der Mitgliedschaft seines Sohnes in einer umstrittenen Organisation der katholischen Kirche. Die Nennung des gemeinsamen Familiennamens und die Ausstrahlung des Bildes des Vaters verletzten das Persönlichkeitsrecht des Sohnes, wenn dieser dadurch identifiziert werden könne und der Bericht Einzelheiten über religiös motivierte Handlungen enthalte, die den Privat- bzw Intimbereich des Sohnes beträfen (OLG München NJW 1986, 1260, 1261 f; Verfassungsbeschwerde der beklagten Fernsehanstalt zurückgewiesen von BVerfG NJW 1990, 1980). Der Entscheidung ist letztendlich nicht zu folgen (abl auch Erman/Ehmann Anh zu § 12 Rn 279). Im Vordergrund steht die Kritik an der Handlungs- und Lebensweise einer Organisation, und nicht an derjenigen eines einzelnen; hier überwiegt das Interesse der Öffentlichkeit. Und das Interview mit dem betroffenen Vater illustriert das Problem weit deutlicher als das Verlesen seiner Äußerung durch einen Sprecher.

C 195

γ) **Die Art der Verbreitung**
Neben der Sphäre, aus der berichtet wird, kommt der Art der Verbreitung wesentliches Gewicht zu. So kann der Betroffene, der einem anderen **Einblick in seinen privaten Bereich gewährt** hat, diesem nicht verbieten, hierüber mit einzelnen Dritten zu sprechen. Anders ist es dagegen, wenn die Privatsphäre vor einem breiten Leserpublikum ausgebreitet wird (BGHZ 36, 77, 80; BGH NJW 1981, 1366, 1367; Erman/Ehmann Anh zu § 12 Rn 270, 278). Gerade die **Prangerwirkung** einer Meldung kann dazu führen, daß sie nicht verbreitet werden darf, obwohl sie nur wahre Tatsachen enthält (BGH NJW 1987, 2746, 2747; LM Nr 46 zu Art 1 GG unter II 2 a bb und II 2 b aa unter Berufung auf Bork ZIP 1992, 102 [iE zweifelhaft]; GRUR 1963, 304, 306; OLG Düsseldorf OLGZ 1990, 202, 204 ff; Erman/Ehmann Anh zu § 12 Rn 280; Larenz/Canaris § 80 II 5 g; J Hager ZHR 158 [1994] 680; der Sache nach auch BVerfGE 35, 202, 226 ff). Denn eine öffentliche Bloßstellung belastet nicht nur regelmäßig den Betroffenen intensiv in psychischer Hinsicht, sondern kann auch zu sonstigen Nachteilen führen, etwa zur Erschwerung der Resozialisierung eines entlassenen Strafgefangenen oder zu Schwierigkeiten, eine Arbeitsstelle oder eine Wohnung zu finden. Die Prangerwirkung variiert normalerweise je nach Art des Mediums; sie ist bei einer Wort- oder Schriftberichterstattung weniger intensiv als beim Fernsehen (BVerfGE 35, 202, 226 f; OLG München NJW 1986, 1260, 1261; Erman/Ehmann Anh zu § 12 Rn 279) und wird gerade dort durch spezifische Gefahren noch verstärkt, etwa das Phänomen der selektiven Wahrnehmung (BVerfGE 35, 202, 230), aber auch die Sonderform des Dokumentarspiels, weil dieses ohne dichterisches Beiwerk nicht

C 196

auskommen kann (BVerfGE 35, 202, 228 f). Weitere Gesichtspunkte sind die Sendezeit und das damit angesprochene Zuschauersegment (BVerfGE 35, 202, 229; ERMAN/EHMANN Anh zu § 12 Rn 279). Die Prangerwirkung wird auch bei Wortberichterstattung verstärkt, wenn angesichts des Adressatenkreises der Betroffene aus dem Bereich der Anonymität in den einer größeren Bekanntheit gerückt wird oder die so Informierten als Multiplikatoren wirken (BGH LM Nr 46 zu Art 1 GG unter II 2 b aa).

δ) Kasuistik

C 197 Die Prangerwirkung ist von der Rechtsprechung **verneint** worden, wenn wahrheitsgemäß über die Beteiligung des Betroffenen am Waffenhandel berichtet wird, auch wenn sich Freunde und Bekannte daraufhin zurückziehen (BGHZ 36, 77, 81 f); ebenso verstößt eine bundesweite Plakataktion, bei der der Vorstandsvorsitzende eines Chemiekonzerns abgebildet und mit Namen als Verursacher von Klimazerstörung genannt wird, nicht gegen sein Persönlichkeitsrecht (BGH NJW 1994, 124, 126; **aA** OLG Frankfurt aM NJW 1991, 361, 362; ERMAN/EHMANN Anh zu § 12 Rn 279). Dagegen ist die **Prangerwirkung bejaht** worden bei der Analyse des Jahresabschlusses eines mittelständischen Unternehmens mit Hilfe der im Bundesanzeiger veröffentlichten Bilanz des Unternehmens unter Nennung des Namens durch einen Professor der Wirtschaftswissenschaften (BGH NJW 1994, 1281, 1282; Verfassungsbeschwerde zurückgewiesen von BVerfG NJW 1994, 1784 f; die Entscheidung ist abzulehnen; vgl Rn C 32). Ebenfalls nicht zu folgen ist Entscheidungen, die die Mitteilung einer wahren Tatsache aus dem **Berufsleben des Betroffenen** als Persönlichkeitsverletzung werten (so aber KG AfP 1988, 137 f; LG Berlin NJW-RR 1997, 1245).

6. Die paradigmatische Regelung des § 23 Abs 1 KUG

a) Grundlagen

C 198 § 23 Abs 1 KUG erlaubt die Verbreitung und Zurschaustellung des Bildnisses auch ohne Einwilligung des Betroffenen. Die Vorschrift ist zwar eng auszulegen (BGH NJW 1965, 2148, 2150; OLG München NJW-RR 1996, 93, 95). Doch ist die Behauptung, die Norm regele die Fälle abschließend (BGH NJW 1979, 2205, 2206; WENZEL Rn 8. 1), zumindest mißverständlich; § 23 Abs 1 Nr 4 KUG wird etwa bei Veröffentlichungen zu wissenschaftlichen Zwecken analog herangezogen (vgl unten Rn C 209). § 23 KUG hat darüber hinaus paradigmatischen Charakter für sonstige Beeinträchtigungen (vgl oben Rn C 148), wird zudem durch verfassungsrechtliche Vorgaben ergänzt (vgl schon oben Rn C 186).

b) Berichte und Bildnisse der Zeitgeschichte

C 199 Die erste Gruppe sind Berichte und Bildnisse aus dem Bereich der Zeitgeschichte. Die freie Verbreitungsmöglichkeit trägt dem **anerkennenswerten Interesse der Öffentlichkeit** an der Veröffentlichung des Bildnisses Rechnung (ERMAN/EHMANN Anh zu § 12 Rn 231). Bildnisse von Personen, die ständig oder zeitweise im Blickfeld der Öffentlichkeit stehen, dürfen zur Information der Öffentlichkeit publiziert werden (SCHRIKKER/GERSTENBERG Anh zu § 60 UrhG / § 23 KUG Rn 6). Entscheidend ist, was **Gegenstand der Wißbegier weiter Kreise** geworden ist (RGZ 125, 80, 81 f; OLG München GRUR 1964, 42; SCHRICKER/GERSTENBERG Anh zu § 60 UrhG / § 23 KUG Rn 8); der Allgemeinheit muß ein durch ein echtes Informationsbedürfnis gerechtfertigtes Interesse am Bericht bzw an einer bildlichen Darstellung zuzubilligen sein (BGHZ 20, 345, 349 f; 24, 200, 208; 131, 332, 336; BGH NJW 1996, 985, 986). Dabei wird von der ganz hM zwischen absoluten und relativen Personen der Zeitgeschichte unterschieden (grundlegend NEUMANN-DUESBERG JZ 1960, 115 f).

aa) Absolute Personen der Zeitgeschichte

Absolute Personen der Zeitgeschichte sind alle Persönlichkeiten, die sich durch **Geburt, Stellung, Leistungen**, aber auch durch **Untaten positiv oder negativ aus dem Kreis der Mitmenschen** hervorheben (ERMAN/EHMANN Anh zu § 12 Rn 235; SCHRICKER/GERSTENBERG Anh zu § 60 UrhG / § 23 KUG Rn 10). Dazu gehören **Träger berühmter Namen** (KG [St] JW 1928, 421; offen gelassen von OLG Stuttgart bei SCHULZE OLGZ Nr 25 [Kronprinzessin Cecilie]), **Monarchen** (BGHZ 131, 332, 336; KG JW 1928, 363, 365), **Politiker** (BGHZ 131, 332, 334; BGH NJW 1996, 593, 594; OLG München bei SCHULZE OLGZ Nr 55 [Kanzlerkandidat]; AG Ahrensbrück DJZ 1920, 596), **führende Industrielle** (BGH NJW 1994, 124, 125; OLG Karlsruhe AfP 1982, 48, 49), **Erfinder** (so iE RGZ 74, 308, 312 f), **berühmte Wissenschaftler** (SCHRICKER/GERSTENBERG Anh zu § 60 UrhG / § 23 KUG Rn 11), **bekannte Künstler** (BGHZ 20, 345, 349 f [Schauspieler]; 26, 52, 67 [Schriftsteller]; BGH NJW 1997, 1152 [Sänger]; OLG Hamburg WRP 1995, 124 [Sänger]; OLG München NJW-RR 1996, 93, 95 [Geigerin]; KG KG-Report 1997, 124, 125 [Schauspielerin auch nach ihrem Tod]; LG Hamburg bei SCHULZE LGZ Nr 73; wohl auch BGHZ 30, 7, 13; offen gelassen in BGH NJW 1961, 558) und **Sportler** (RGZ 125, 80, 81 f [Fußballspieler; iE falsch entschieden]; BGHZ 49, 288, 292; BGH NJW 1979, 2203; 1979, 2205, 2206; OLG Frankfurt aM NJW 1989, 402; offen gelassen von OLG München bei SCHULZE OLGZ Nr 270 [jeweils Fußballspieler]; KG Ufita 20 [1955] 199, 206; 14 [1941] 196, 198 [jeweils Boxer]). Der Öffentlichkeitswert des Bildnisses wird noch erhöht, wenn der Abgebildete im Rahmen der Tätigkeit gezeigt wird, durch welche er das Publikum besonders auf sich aufmerksam gemacht hat (BGH NJW 1979, 2203, 2204; 1996, 593, 594; 1997, 1152, 1153). **Angehörige dieser Personen** sind regelmäßig keine absoluten Personen der Zeitgeschichte (BGH NJW 1996, 985, 986); das kann anders sein, wenn sie – wie regelmäßig die Ehegatten führender Politiker – ihrerseits ständig ihre Präsentationspflichten in der Öffentlichkeit wahrnehmen (BGH NJW 1996, 985, 986; SCHRICKER/GERSTENBERG Anh zu § 60 UrhG / § 23 KUG Rn 16). Dagegen sind **Träger eines öffentlichen Amtes**, wie Richter und Polizeibeamte, die in Ausführung ihres Dienstes mit dem zeitgeschichtlichen Ereignis befaßt sind, **nicht automatisch absolute Personen der Zeitgeschichte** (OLG München bei SCHULZE OLGZ Nr 91); dies folgt bei Richtern schon daraus, daß das Amt und nicht die Person im Vordergrund steht (OLG München bei SCHULZE OLGZ Nr 91; anders die Begründung bei ERMAN/EHMANN Anh zu § 12 Rn 238: Vertraulichkeit der Amtsführung); freilich können sie relative Personen der Zeitgeschichte sein (vgl sogleich Rn C 201). Dagegen rechtfertigen körperliche Mißbildungen die Veröffentlichung von Bildnissen ohne das Einverständnis der Betroffenen in keinem Fall (LG Kleve MDR 1953, 107, 108; iE auch OLG München NJW 1975, 1129).

bb) Relative Personen der Zeitgeschichte

Die relative Person der Zeitgeschichte ist dadurch gekennzeichnet, daß sie **durch ein einmaliges Geschehen bekannt wird** (ERMAN/EHMANN Anh zu § 12 Rn 232; MünchKomm/SCHWERDTNER [3. Aufl 1993] § 12 Rn 172) oder aufgrund ihrer Verknüpfung mit einem Ereignis der Zeitgeschichte zum Gegenstand des Informationsinteresses der Öffentlichkeit wird (OLG München NJW-RR 1996, 93, 95; LG Hamburg AfP 1995, 321; WENZEL Rn 8.4). Das hat zur Folge, daß die freie Verbreitung räumlich, thematisch und zeitlich **durch das Ereignis begrenzt wird**, welches den Betroffenen zur relativen Person der Zeitgeschichte macht (BGH NJW 1965, 2353, 2355; ERMAN/EHMANN Anh zu § 12 Rn 232; WENZEL Rn 8. 4). Relative Personen der Zeitgeschichte können auch Vorsitzende

Richter und Anwälte sein, soweit es um nicht alltägliche Prozesse geht (OLG Hamburg AfP 1982, 177, 178; Schricker/Gerstenberg Anh zu § 60 UrhG / § 23 KUG Rn 13; anders für den Prozeßvertreter eines nicht aus dem Rahmen fallenden Prozesses OLG Celle AfP 1984, 236), sowie ehemalige Anstaltsleiter im DDR-Strafvollzug (LG Hamburg AfP 1995, 321). **Strittig** ist die Frage, ob **Angehörige und Lebensgefährten** von absoluten Personen der Zeitgeschichte relative Personen der Zeitgeschichte werden (bejahend OLG Hamburg NJW-RR 1990, 1000, 1001; auf den Einzelfall abstellend, jedoch zur generellen Ablehnung neigend OLG München NJW-RR 1996, 93, 95; abl auch LG Köln AfP 1994, 165; anders dann aber im Hauptsacheverfahren LG Köln AfP 1994, 166, 168 f). Jemand, der nackt am Strand läuft, wird auch nicht dadurch zur relativen Person der Zeitgeschichte, daß mit seinem Foto ein (angeblicher) Mißstand angeprangert werden soll (OLG Köln VersR 1997, 1500). Dasselbe gilt für Personen, über die der Landesrechnungshof ohne Namensnennung bei der Rüge von Mißständen berichtet hatte (LG Berlin NJW 1997, 1373, 1374), oder bei Verwechslungen mit einer relativen Person der Zeitgeschichte (OLG Koblenz NJW 1997, 1375, 1376). Natürlich muß der **Bericht der Wahrheit entsprechen** oder jedenfalls durch hinreichende Verdachtsmomente gestützt sein. So darf niemand als Doppelmörder gekennzeichnet werden, der mit einer derartigen Tat nichts zu tun hat (BGH NJW 1962, 1004 f, dort zusätzlich mit § 23 II KUG begründet). Im Unterschied zu Abbildungen von absoluten Personen der Zeitgeschichte dürfen die Personen auch **nur im Zusammenhang mit dem zeitgeschichtlichen Vorgang abgebildet** werden (BGH NJW 1962, 1004, 1005; 1965, 2148, 2149; Schricker/Gerstenberg Anh zu § 60 UrhG / § 23 KUG Rn 12). Wenn etwa über eine politische Affäre berichtet wird, so ist nicht ein Bild eines Dritten erlaubt, der in einem zurückliegenden Strafprozeß gegen den Betroffenen als Zeuge ausgesagt hatte (BGH NJW 1965, 2148, 2149). Jedenfalls ist die **Veröffentlichungsbefugnis thematisch begrenzt**. Die Berichterstattung über die Bestrafung eines Richters wegen Betruges deckt nicht die Veröffentlichung eines Fotos, das ihn nach der Eheschließung beim Verlassen des Standesamtes zeigt (Neumann-Duesberg JZ 1960, 115). Ein Angeklagter darf obendrein nicht heimlich im Gerichtssaal aufgenommen werden, um ihn nicht aus Angst vor der Aufnahme in seiner sachgerechten Verteidigung zu beeinträchtigen (LG Berlin AfP 1994, 332). Hat jemand als Zeuge in der NS-Zeit maßgeblich dazu beigetragen, daß der damalige Angeklagte wegen einer Äußerung zum Tode verurteilt wurde, so soll er gleichwohl nicht relative Person der Zeitgeschichte sein; die Veröffentlichung eines Bildes, das seine jetzigen Lebensumstände zeigt, ist nach Auffassung des BGH durch § 23 Abs 1 Nr 1 KUG nicht gedeckt (BGH NJW 1966, 2353, 2355). Das ist sehr zweifelhaft, mag allenfalls durch den Zeitablauf und aus der Tatsache begründet werden, daß das Bild heimlich aufgenommen wurde (diesen Aspekt betont besonders Larenz/Canaris § 80 II 4 d; vgl auch unten Rn C 226).

cc) **Straftäter und Verdächtige**
α) **Der Schutz des Betroffenen**

Grundsätzlich hat die Öffentlichkeit nach hM auch ein schützenswertes Interesse daran, über Straftaten informiert zu werden; sie gehören **zum Zeitgeschehen** (BVerfGE 35, 202, 230; BVerfG NJW 1993, 1463, 1464; OLG Hamm AfP 1988, 258, 259; Soergel/Zeuner Rn 87; Löffler/Steffen [4. Aufl 1997] § 6 LPG Rn 205); dieses Interesse kann auch schon im Stadium der Ermittlungen bestehen (OLG München AfP 1993, 767, 768; Löffler/Steffen [4. Aufl 1997] § 6 LPG Rn 205). Die Unschuldsvermutung des Art 6 Abs 2 EMRK als Teil der auch im Zivilrecht garantierten Persönlichkeit ist mit dem Grundrecht der Pressefreiheit abzuwägen (OLG Frankfurt aM NJW 1980, 597, 599; OLG Köln NJW 1987, 2682, 2683 f). Die Berichterstattung über eine Straftat unter Abbildung und Nennung des

Tatverdächtigen stellt auf der anderen Seite regelmäßig eine **erhebliche Beeinträchtigung des Persönlichkeitsrechts** dar; der Verdächtige wird bekannt und sein Verhalten in der Öffentlichkeit negativ bewertet (BVerfGE 35, 202, 226; BVerfG NJW 1993, 1463, 1464; OLG Hamburg NJW-RR 1994, 1176 f [Verdacht der Unterstützung einer terroristischen Vereinigung durch einen Anwalt]). Daher ist eine unnötige Bloßstellung zu vermeiden, zumal in der Regel den Bedürfnissen der Öffentlichkeit auch durch eine Berichterstattung ohne Namensnennung Rechnung getragen wird (BGH NJW 1994, 1950, 1952; OLG Karlsruhe NJW-RR 1995, 477, 478). Auch neigt der juristisch nicht vorgebildete Laie dazu, die Eröffnung eines Ermittlungsverfahrens mit dem Nachweis der zur Last gelegten Tat gleichzusetzen (BGHZ 27, 338, 342; BGH NJW 1994, 1950, 1952; OLG Braunschweig NJW 1975, 651). Die Veröffentlichung unter Namensnennung ist daher **nur ausnahmsweise zu rechtfertigen** (BGH NJW 1994, 1950, 1952; OLG Braunschweig NJW 1975, 651, 652). Jedenfalls ist stets darauf hinzuweisen, daß die Schuld noch nicht erwiesen ist (BGH NJW 1979, 1041; OLG Düsseldorf NJW 1980, 599; Löffler/Steffen [4. Aufl 1997] § 6 LPG Rn 210; der Sache nach auch OLG Frankfurt aM NJW 1980, 597, 598; OLG Köln NJW 1987, 2682, 2684). Sollte eine hinreichend genaue Darstellung wegen der Komplexität des Themas und der beschränkten Möglichkeiten nicht zu erzielen sein, muß die Presse notfalls von einem Bericht ganz absehen (BGH NJW 1979, 1041; Löffler/Steffen [4. Aufl 1997] § 6 LPG Rn 210).

β) **Gegenläufige Kriterien**
Doch gibt es nach hM eine Reihe von Kriterien, die die Nennung des Namens zulässig machen. Tatverdächtige sind etwa dann relative Personen der Zeitgeschichte, wenn es sich um eine **Tat von erheblichem Gewicht** handelt (BVerfGE 35, 202, 231; BVerfG NJW 1993, 1463, 1464; BGH NJW 1994, 1950, 1952; OLG München NJW 1963, 658, 659; GRUR 1964, 42; OLG Frankfurt aM NJW 1971, 47, 49; 1980, 597, 598; NJW-RR 1996, 1490, 1491; OLG Hamburg AfP 1971, 41; NJW-RR 1986, 933; OLG Hamm AfP 1988, 258, 259; OLGZ 1990, 202, 206; OLG Köln AfP 1989, 683, 685 f mwNw; OLG Brandenburg NJW 1995, 886, 888; Erman/Ehmann Anh zu § 12 Rn 233; Löffler/Steffen [4. Aufl 1997] § 6 LPG Rn 207). Bei Kapitalverbrechen darf daher die Leiche des Täters auch ohne Einwilligung der Angehörigen abgebildet werden (OLG Hamburg AfP 1983, 466, 468). Anders ist es dagegen bei Kleinkriminalität (BVerfGE 35, 202, 232; BVerfG NJW 1993, 1463, 1464); desgleichen ist Zurückhaltung geboten bei Jugendlichen (BVerfGE 35, 202, 232; BVerfG NJW 1993, 1463, 1464; aA iE OLG Hamm AfP 1985, 218, 219). Von Bedeutung kann nach hM ferner die **Schwere des Verdachts** sein (BGH NJW 1994, 1950, 1952; OLG Frankfurt aM NJW 1971, 47, 49; 1980, 597, 598; OLG Braunschweig NJW 1975, 651, 652; OLG Hamm OLGZ 1990, 202, 205 f); dabei spielt es eine Rolle, ob durch die Beteiligung der Medien die **Aufklärung der Tat** gefördert werden kann (OLG Frankfurt aM NJW 1971, 47, 49; OLG Braunschweig NJW 1975, 651, 652). Hier kommt es dann auf die Art des Mediums an; eine Verbreitung im Fernsehen ist ungleich intensiver als eine Berichterstattung in Printmedien (BVerfGE 35, 202, 227; BVerfG NJW 1993, 1463, 1464). Ein Argument ist auch die Chance, **den Täter zu ergreifen** (OLG München AfP 1978, 206, 207; Löffler/Steffen [4. Aufl 1997] § 6 LPG Rn 207). Doch dürfen nicht auf diese Weise die **Voraussetzungen eines Steckbriefs gemäß § 131 Abs 1 StPO** umgangen werden (OLG Hamm NJW 1993, 1209, 1210; Löffler/Steffen [4. Aufl 1997] § 6 LPG Rn 207). Und schließlich kann auch die herausragende Stellung des Verdächtigen die Berichterstattung rechtfertigen – etwa weil er Inhaber einer gehobenen Position ist (OLG Düsseldorf AfP 1980, 108, 109; LG Berlin AfP 1998, 418, 419; Löffler/Steffen [4. Aufl 1997] § 6 LPG Rn 208) oder weil er sich mit seinem Verhalten in Gegensatz zu seiner scharfen Kritik an anderen setzt (BGH NJW 1964, 1471, 1472; Löffler/Steffen [4. Aufl 1997] § 6 LPG Rn 208). Die Mindermeinung verweist dagegen auf die drohende

Prangerwirkung und die Gefahr, daß das Publikum die Einleitung des Verfahrens mit dem Nachweis der zur Last gelegten Tat gleichsetzt. Die Strafverfolgung sei bei den dafür zuständigen Behörden monopolisiert; diese ihrerseits könnten die Massenmedien nach den dafür geltenden Regeln zur Aufklärung mit heranziehen (MünchKomm/ SCHWERDTNER [3. Aufl 1993] § 12 Rn 174, 182). Dieser Standpunkt dürfte freilich zu rigoros sein. Berichte über Strafprozesse sind, zumal wenn es um Kapitalverbrechen geht, legitime Aufgabe der Presse, nicht zuletzt weil dadurch auch eine gewisse Kontrolle des gerichtlichen Verfahrens gewährleistet wird (BVerfGE 35, 202, 231 f).

dd) Opfer und Zeugen

C 204 Sicherlich keine relativen Personen der Zeitgeschichte sind die Opfer von Verbrechen (OLG Hamburg NJW 1975, 649, 651; ERMAN/EHMANN Anh zu § 12 Rn 234; MünchKomm/ SCHWERDTNER [3. Aufl 1993] § 12 Rn 171, 182; aA OLG Frankfurt aM AfP 1976, 181, das jedoch die Veröffentlichungsbefugnis wegen § 23 II KUG ablehnt) und deren Angehörige (LG Köln NJW 1992, 434 f; ERMAN/EHMANN Anh zu § 12 Rn 234; WENZEL Rn 8. 10). Bei Zeugen ist das umstritten (bejahend OLG Celle AfP 1989, 575, 576 [Namensnennung]; SCHRICKER/GERSTENBERG Anh zu § 60 UrhG / § 23 KUG Rn 13; ebenso wohl BGH NJW 1965, 2148, 2149; verneinend OLG München bei SCHULZE OLGZ Nr 22 unter 1; OLG Karlsruhe VersR 1989, 1097, 1098; MünchKomm/ SCHWERDTNER [3. Aufl 1993] § 12 Rn 171), nur im Ausnahmefall zu bejahen. Jedenfalls sind insbesondere die zeitlichen Grenzen der Berichterstattung zu beachten (vgl dazu unten Rn C 226).

ee) Der Bezug zur Geschichte

C 205 Es ist allerdings strittig, wie das Bildnis aus dem Bereich der Zeitgeschichte zu definieren ist. Man kann auf die **Person des Abgebildeten** abstellen; dazu neigt die Rechtsprechung (BGHZ 20, 345, 349 f; BGH NJW 1965, 2148, 2149; 1985, 1617, 1618). Die Literatur rückt den **zeitgeschichtlichen Charakter des Bildnisses** als solches in den Vordergrund (LARENZ/Canaris § 76 II 4 d; WENZEL Rn 8. 13 f; DITTMAR NJW 1979, 1311; FORKEL JZ 1997, 44), zT beschränkt auf den Fall der relativen Personen der Zeitgeschichte (SCHRICKER/GERSTENBERG Anh zu § 60 UrhG / § 23 KUG Rn 6). Richtigerweise hat man zu differenzieren. Absolute Personen der Zeitgeschichte dürfen – vorbehaltlich § 23 Abs 2 KUG – stets abgebildet werden (SCHRICKER/GERSTENBERG Anh zu § 60 UrhG / § 23 KUG Rn 6). Ansonsten kann sich auch erst aus dem Bildnis selbst der Charakter als relative oder gar absolute Person der Zeitgeschichte ergeben. „Bilder, die Geschichte machten" sind ein Beispiel für den Fall, daß bislang unbekannte Personen gerade durch das Bildnis zu relativen Personen der Zeitgeschichte wurden.

ff) Der Zweck des Bildnisses

C 206 Die wohl hM fordert darüber hinaus, daß das Bildnis der Dokumentation dient (BGHZ 49, 288, 293; BGH NJW 1979, 2203, 2204; WENZEL Rn 8. 15 f; SCHRICKER/GERSTENBERG Anh zu § 60 UrhG / § 23 KUG Rn 14). Um das Merkmal richtig einordnen zu können, muß man sich vor Augen halten, daß damit bereits die betroffenen Interessen abgewogen werden. Im Regelfall braucht nämlich die Verbreitung eines Bildnisses – etwa einer absoluten Person der Zeitgeschichte – **nicht durch ein besonderes Informationsinteresse** gerechtfertigt zu werden. Der Spaziergang einer berühmten Persönlichkeit darf gezeigt werden. Ein schützenswertes Informationsinteresse der Öffentlichkeit besteht schon dann, wenn es darum geht, die Person im Bild vorgestellt zu bekommen und zu sehen, wie sie sich außerhalb ihrer öffentlichen Funktion bewegt (BGHZ 131, 332, 344). Erst wenn deren Belange stärker betroffen sind, beispielsweise bei einem privaten

Treffen, gewinnt das (potentielle) Informationsinteresse an Gewicht; es vermag stärkere Beeinträchtigungen zu rechtfertigen, als dies bei bloßer Sensationsgier der Fall wäre. Darin spiegelt sich allerdings ein durchgängiger Aspekt wider (vgl oben Rn C 101).

c) Das Bildnis als Beiwerk

§ 23 Abs 1 Nr 2 KUG erlaubt die Veröffentlichung von Bildern, auf denen die Personen nur als Beiwerk neben einer Landschaft oder sonstigen Örtlichkeit erscheinen. Das Gesetz trägt damit dem Umstand Rechnung, daß man die Welt ansonsten nicht mehr abbilden könnte (ERMAN/EHMANN Anh zu § 12 Rn 239). Schon der Wortlaut der Norm, der nicht von Bildnissen, sondern von Bildern spricht, macht indes deutlich, daß die **Person nur Beiwerk** sein darf (SCHRICKER/GERSTENBERG Anh zu § 60 UrhG / § 23 KUG Rn 18). Der Ausnahmetatbestand ist nur erfüllt, wenn sich die dargestellte Person zufällig in einer Umgebung befindet, die der eigentliche Gegenstand der Abbildung ist (BGH NJW 1961, 558; OLG München NJW-RR 1996, 93, 95). Die Personendarstellung darf demgemäß nicht das Bild prägen; sie muß vielmehr derart **untergeordnet** sein, daß sie entfallen könnte, ohne daß Gegenstand und Charakter des Bildes sich änderten (OLG Oldenburg NJW 1989, 400, 401; OLG Karlsruhe VersR 1989, 1097, 1098; ERMAN/EHMANN Anh zu § 12 Rn 239; BGB-RGRK/DUNZ Anh I Rn 36; WENZEL Rn 8. 22; SCHRICKER/GERSTENBERG Anh zu § 60 UrhG / § 23 KUG Rn 18). Das ist nicht der Fall, wenn ein Unfallopfer die Abbildung wesentlich mitgestaltet (OLG Karlsruhe VersR 1989, 1097, 1098), ein Foto einer Fernsehspielszene in den Bildschirm eines Fernsehers in einem Werbeprospekt einkopiert wird (BGH NJW 1961, 558 f), die Person im Mittelpunkt der Aufnahme steht (OLG München NJW-RR 1996, 93, 95), ein nur mit einem Bikiniunterteil bekleidetes Mädchen als Blickfang verwendet wird (OLG Oldenburg NJW 1989, 400, 401) oder ein Fußballtorwart – von rückwärts fotografiert – das Bild fast zur Gänze ausfüllt (BGH NJW 1979, 2205, 2206). Das gleiche gilt, wenn die abgebildeten Personen auf einem Wahlplakat deutlich zu erkennen sind (LG Oldenburg AfP 1987, 536) oder mit der Landschaft zumindest gleichgewichtig die Information des Gesamtbildes ausmachen (OLG Frankfurt aM NJW-RR 1986, 1118 f). Wird in einem Artikel über den Diebstahl von Flugscheinen berichtet, so ist eine deutlich sichtbare Frau auf dem daneben veröffentlichten Foto nicht bloßes Beiwerk im Sinn des § 23 Abs 1 Nr 2 KUG (LG Köln MDR 1965, 658). Umgekehrt geht der Charakter als Beiwerk nicht dadurch verloren, daß die abgebildete Person das Foto lebendiger macht (OLG Frankfurt aM AfP 1984, 115).

d) Bilder von Versammlungen

Nach § 23 Abs 1 Nr 3 KUG dürfen Bilder von Versammlungen und ähnlichen Vorgängen verbreitet werden, an denen die dargestellten Personen teilgenommen haben. Sinn der Vorschrift ist es, zu ermöglichen, **daß das Geschehen dargestellt wird** (ERMAN/EHMANN Anh zu § 12 Rn 240; SCHRICKER/GERSTENBERG Anh zu § 60 UrhG / § 23 KUG Rn 21). Ob man zudem argumentieren darf, daß derjenige, der an solchen Veranstaltungen teilnehme, mit der Abbildung rechnen müsse (so SCHRICKER/GERSTENBERG Anh zu § 60 UrhG / § 23 KUG Rn 21), erscheint eher zweifelhaft und könnte jedenfalls allein die Vorschrift nicht rechtfertigen. Ob § 23 Abs 1 Nr 3 KUG vorliegt, beurteilt sich danach, ob **Gegenstand der Abbildung ihrem Gesamteindruck nach** die Menschenansammlung als solche oder aber eine bestimmte Person ist (LG Köln NJW-RR 1995, 1175, 1176). Unzulässig sind namentlich Einzelaufnahmen von Personen aus der Menge (ERMAN/EHMANN Anh zu § 12 Rn 240; SCHRICKER/GERSTENBERG Anh zu § 60 UrhG / § 23 KUG Rn 22 mwNw). Nicht jeder Vorgang, der öffentlich zugänglich ist, erfüllt deshalb schon die Voraussetzungen des § 23 Abs 1 Nr 3 KUG; daher darf ein Brautpaar (OLG

Hamm GRUR 1971, 84, 85) oder eine kleine Trauergemeinde nicht abgebildet werden (LG Köln NJW 1992, 442, 443; WENZEL Rn 8. 26; anders LG Köln NJW-RR 1995, 1175, 1176 bei Aufnahmen aus einer gewissen Entfernung). Ebenso ist gemeinsames Sonnenbaden kein ähnlicher Vorgang im Sinne der Norm (OLG München NJW 1988, 915, 916; ERMAN/EHMANN Anh zu § 12 Rn 240; WENZEL Rn 8. 23). Sehr problematisch ist die Frage, ob ein Unterschied zwischen dem Abbilden von Demonstranten und demjenigen von Polizeibeamten zu machen ist. In der Praxis der Strafgerichte wird das Ablichten von Demonstranten weitgehend für zulässig gehalten (BGH [St] NJW 1975, 2075, 2076 unter besonderer Betonung von § 24 KUG); anderes soll für Polizisten gelten (OLG Bremen NJW 1977, 158, 159; OLG Celle NJW 1979, 57 f; KRÜGER NJW 1982, 89 f; aA FRANKE NJW 1981, 2033 ff; LENZ BayVBl 1995, 165 f). Diese Differenzierung ist zumindest dann nicht unproblematisch, wenn Übergriffe dokumentiert werden. Darf der Polizeibeamte auch im Normalfall nicht fotografiert werden, so ändert sich das, wenn polizeiliches Handeln kontrolliert wird (FRANKE NJW 1981, 2035; aA ERMAN/EHMANN Anh zu § 12 Rn 240; nicht festgelegt SCHRIKKER/GERSTENBERG Anh zu § 60 UrhG / § 23 KUG Rn 26).

e) Das Interesse der Kunst

C 209 Als letzte Ausnahme ist nach § 23 Abs 1 Nr 4 KUG die Verbreitung von Bildnissen erlaubt, die nicht auf Bestellung gefertigt sind, sofern die Publikation oder Schaustellung einem höheren Interesse der Kunst dient. Entgegen der Begründung des Entwurfs werden von der heute hM **auch Fotografien** in den Anwendungsbereich der Norm einbezogen (ERMAN/EHMANN Anh zu § 12 Rn 241; WENZEL Rn 8. 27; SCHRICKER/GERSTENBERG Anh zu § 60 UrhG / § 23 KUG Rn 28). Wird das Bildnis auf Bestellung hin gefertigt, so steht der Urheber in einem stärkeren Vertrauensverhältnis zum Abgebildeten; demgemäß schuldet er auch eine größere Rücksichtnahme auf dessen Interessen (SCHRICKER/GERSTENBERG § 60 UrhG Rn 4; ders Anh zu § 60 UrhG / § 23 KUG Rn 30 mit Hinweis auf die Entstehungsgeschichte). Von der Norm betroffen sind nur solche Bildnisse, **die die Ranghöhe des § 2 UrhG erreichen**; nur für sie ist die Veröffentlichungsbefugnis gedacht, nicht dagegen für wirtschaftliche und ähnliche Zwecke (LG München I bei SCHULZE LGZ Nr 201; ERMAN/EHMANN Anh zu § 12 Rn 241; SCHRICKER/GERSTENBERG Anh zu § 60 UrhG / § 23 KUG Rn 31). Die Norm gilt **analog für wissenschaftliche Intentionen** (ERMAN/EHMANN Anh zu § 12 Rn 241; WENZEL Rn 8. 27; SCHRICKER/GERSTENBERG Anh zu § 60 UrhG / § 23 KUG Rn 32), etwa für die Abbildung in einem medizinischen Lehrbuch. Allerdings ist dabei dem Interesse des Abgebildeten Rechnung zu tragen, indem seine Gesichtszüge und sonstigen Erkennungsmerkmale unkenntlich gemacht werden (ERMAN/EHMANN Anh zu § 12 Rn 241; SCHRICKER/GERSTENBERG Anh zu § 60 UrhG / § 23 KUG Rn 32).

7. Rechtfertigungsgründe

a) Notwehr und Notstand
aa) Die hM

C 210 Natürlich wird die Persönlichkeit nicht in rechtswidriger Weise verletzt, wenn dem Täter ein Rechtfertigungsgrund zur Seite steht, etwa weil er seinerseits das **Opfer einer Erpressung oder Drohung** durch denjenigen ist, dessen Stimme oder Bild er aufnimmt. Strittig ist dabei allerdings schon die Grundlage. Die wohl hM rekurriert auf die §§ 32 StGB, 227 und, soweit es an einem gegenwärtigen rechtswidrigen Angriff fehlt, auf § 34 StGB (TRÖNDLE [48. Aufl 1997] § 201 Rn 7; J HELLE 294 ff; wohl auch ERMAN/EHMANN Anh zu § 12 Rn 295); zT wird dagegen von vornherein nur § 34 StGB herangezogen (LARENZ/CANARIS § 80 II 4 c aE). Die Rechtsprechung nennt in einem

Atemzug Notwehr und notwehrähnliche Lage als Rechtfertigungsgründe. Deren Voraussetzungen lägen vor, wenn eine heimliche Tonbandaufzeichnung zur Dokumentation erpresserischer Drohungen oder ähnlicher strafbarer Handlungen, namentlich zur Identifizierung von Straftätern, oder aus vergleichbaren schwerwiegenden Gründen mangels anderer in Betracht kommender Beweismittel im Interesse einer wirksamen Rechtspflege erforderlich seien (BGHZ 27, 284, 289 f; BGH NJW 1970, 1848 f [„besonders liegende Notstandslage"]; 1982, 277, 278 [„notwehrähnliche Lage"]; 1988, 1016, 1017; OLG Celle [St] NJW 1965, 1677, 1679; OLG Düsseldorf [St] NJW 1966, 214 mwNw; OLG Frankfurt aM [St] NJW 1967, 1047, 1048; SOERGEL/ZEUNER Rn 81; der Sache nach auch BVerfGE 34, 238, 249 f; wohl auch ERMAN/EHMANN Anh zu § 12 Rn 297; abl J HELLE 234 f, 304 f). Erfaßt seien dabei nicht nur Tonband-, sondern auch Bildaufnahmen (OLG Celle [St] NJW 1965, 1677, 1679). **Anhaltspunkt** sei die **in § 34 StGB kodifizierte Güter- und Interessenabwägung** (BGH NJW 1982, 277, 278; wohl auch BGHZ 27, 284, 290, beide unter Berufung auf BGHZ 3, 270, 280, wo es aber um das Problem der Notwendigkeit im Rahmen kritischer Meinungsäußerung gegangen war). Soweit nicht der Intimbereich betroffen sei, der nach der Rechtsprechung absoluten, nach der hier vertretenen Auffassung jedenfalls weitgehenden Schutz genießt (vgl oben Rn C 188), sei die Frage, ob der Verletzte sich wehren könne, aufgrund der Abwägung der widerstreitenden Interessen beider Seiten zu entscheiden (BGH NJW 1988, 1016, 1017; der Sache nach auch BVerfGE 34, 238, 248 f; BGHZ 27, 284, 290; 73, 120, 124; BGH NJW 1982, 277, 278). Die engen Schranken, die dem staatlichen Eingriff in die Persönlichkeit gezogen sind, lassen sich jedenfalls nicht einfach auf das Verhältnis der gleichgeordneten Bürger übertragen; daher kann die an dem Strafanspruch orientierte Güterabwägung nicht Pate stehen. Der Täter seinerseits kann sich auf Grundrechte stützen, die ebenfalls in seinem Persönlichkeitsrecht wurzeln können (BGH NJW 1982, 277, 278). Das gilt freilich **nur**, wo es **um Individualbelange des Täters** geht; nicht geschützt ist dagegen das Verlangen, die Gefährdung des staatlichen Strafanspruchs auszuschließen (ARZT JZ 1973, 508; EISENBERG/MÜLLER JuS 1990, 123 Fn 27). Darüber hinaus gehende Rechtfertigungs- oder Tatbestandsausschließungsgründe anzunehmen, etwa die Sozialadäquanz (TRÖNDLE [48. Aufl 1997] § 201 Rn 7), eine Analogie zu § 127 StPO oder zu § 193 StGB, ist unnötig. Den notwendigen Interessenausgleich gewährleisten die §§ 32, 34 StGB (vgl ausf SCHÖNKE/SCHRÖDER/LENCKNER [25. Aufl 1997] § 201 Rn 32).

bb) Die Kritik
Man hat der Rechtsprechung einen **Wertungswiderspruch** vorgehalten. Der Täter **C 211** werde bei Verwirklichung des § 201 StGB bestraft, wenn § 34 StGB ihn nicht rechtfertige, der aber seinerseits voraussetze, daß seine Belange deutlich überwögen. Demgegenüber könne er sich gegen die zivilrechtliche Haftung mit einer allgemeinen Güter- und Interessenabwägung verteidigen, bei der bereits einfaches Überwiegen seiner Belange genüge, um ihn der Haftung zu entheben (J HELLE 234). Doch dürfte die Kritik zumindest auf einem Mißverständnis fußen. Abgesehen davon, daß die Rechtsprechung der Zivilgerichte selbst auf den Maßstab des § 34 StGB verweist (BGH NJW 1982, 277, 278; der Sache nach auch BGH NJW 1988, 1016, 1017 f), und davon, daß ihr eher der Vorwurf gemacht wird, sie berücksichtige die Interessen des Täters zu wenig (vgl sogleich unten Rn C 214), läßt sich der vermeintliche Widerspruch leicht als Konsequenz der unterschiedlichen Intensität des Eingriffs begreifen. Der auch strafbare Eingriff in die Persönlichkeit des Opfers bedarf der Rechtfertigung durch deutlich höher zu beurteilende Interessen des Täters, wie dies auch § 34 StGB vorsieht, als eine Beeinträchtigung der dem Strafrecht vorgelagerten Schutzbereiche.

cc) Kasuistik

C 212 So sind denn auch in einer Reihe von Fällen die Ergebnisse weit weniger kontrovers, als es angesichts des geschilderten dogmatischen Ausgangspunktes zu vermuten sein könnte. Denn die **Worte etwa eines Erpressers** dürfen nach ganz einhelliger Ansicht vom Erpreßten aufgenommen werden. Zwar ist das ursprüngliche Argument des BGH, wer die Grenzen der verfassungsmäßigen Ordnung und des Sittengesetzes überschreite, begebe sich der ausschließlichen Bestimmung über sein Wort, nur die Entfaltung, nicht der Verfall der Persönlichkeit werde durch die Grundrechte geschützt (BGHSt 14, 358, 361; 19, 326, 331; KG [St] JR 1981, 254, 255), heute überholt (vgl zB J Helle 289; Tenckhoff JR 1981, 256; Amelung GA 1982, 400 f; ders NJW 1988, 1004; Eisenberg/Müller JuS 1990, 123 Fn 31). Doch ist der Erpreßte, der heimlich die Worte des Erpressers oder Drohenden aufnimmt, durch Notwehr gerechtfertigt (Tröndle [48. Aufl 1997] § 201 Rn 7; J Helle 295 f mwNw; Schlechtriem DRiZ 1975, 67; Kramer NJW 1990, 1762; ebenso, wenngleich unter zusätzlicher Erwähnung der notwehrähnlichen Lage, BGHZ 27, 284, 289 f; BGH NJW 1988, 1016, 1017). In den Worten des Erpressers liegt ein gegenwärtiger Angriff, der weiter wirkt (LK/Träger [10. Aufl 1988] § 201 Rn 27; Roxin, AT [3. Aufl 1997] § 15 Rn 28; J Helle 295 f; Amelung GA 1982, 386; Eisenberg/Müller JuS 1990, 122). Die Mindermeinung glaubt, der Angriff sei, da schon beendet, nicht mehr aus der Welt zu schaffen; die Aufnahme der Stimme oder des Bildnisses könnten nicht mehr der Abwehr des Angriffs dienen (Schönke/Schröder/Lenckner [25. Aufl 1997] § 32 Rn 16 mwNw; Arzt MDR 1965, 344 f; Tenckhoff JR 1981, 256; iE auch KG [St] JR 1981, 254). Doch macht die dann notwendige Aufspaltung in einen Angriff auf die Willensfreiheit, der beendet sei, und einen Angriff auf das Vermögen, dem durch die bloße Nichtzahlung begegnet werden könne, einen recht gequälten Eindruck. Denn die Willensfreiheit wird durch die Drohung nach wie vor in Mitleidenschaft gezogen. Man kann dies nicht anders entscheiden als bei einem erpresserischen Brief, bei dem die wiederholte Lektüre einen stets neuen Angriff auf die Willensfreiheit darstellt.

b) Strafrechtliche Verfolgung

C 213 In gleicher Weise wird die Erforderlichkeit der Bild- oder Tonaufnahme **zur Ahndung der Tat** beurteilt. Die hM bejaht sie, da die Aufnahme die strafrechtliche Verfolgung des Erpressers ermögliche (LK/Träger [10. Aufl 1988] § 201 Rn 27; Roxin, AT [3. Aufl 1997] § 15 Rn 52; J Helle 296; Amelung GA 1982, 401), während die Mindermeinung danach differenziert, ob der Erpreßte den Erpresser kennt oder nicht; nur im letztgenannten Fall sei die Aufnahme erforderlich (Eisenberg/Müller JuS 1990, 122 mit Fn 22). Allerdings kommt dann, wenn der Erpresser bekannt ist, § 34 StGB in Betracht, damit im Prozeß die Erpressung nachgewiesen werden kann; das mag ausnahmsweise anders liegen, wenn der Erpreßte seinerseits durch die Zahlung rechtswidrig handelte, etwa gegen § 334 Abs 1 StGB verstieß (Eisenberg/Müller JuS 1990, 123). Mangels eines gegenwärtigen Angriffs ist dagegen nur § 34 StGB als Rechtfertigungsgrund einschlägig, wenn es um **verleumderische oder beleidigende Anrufe** geht (LK/Träger [10. Aufl 1988] § 201 Rn 28; J Helle 296, 300; Larenz/Canaris § 80 II 4 c aE; Tenckhoff JR 1981, 257; ebenso iE als Resultat der allgemeinen Güterabwägung, allerdings unter Hinweis auf die Wertung des § 34 StGB, BGH NJW 1982, 277, 287).

c) Die Aufnahme zu Beweiszwecken

C 214 Daß die Aufnahme sich nicht mit dem Gedanken rechtfertigen läßt, der Eingreifende wolle eine Gedächtnisstütze anfertigen, ist weitgehend unstrittig (BGHZ 27, 284, 290;

überholt ist wohl die Einschränkung in KG NJW 1956, 26, 27). Wesentlich schwieriger ist die Frage, ob die Aufnahme gemacht werden darf, um in einem Zivilprozeß nicht in **Beweisnot** zu geraten. Unter dem Aspekt des Notstandes kann indes allenfalls dann von einer gegenwärtigen Gefahr gesprochen werden, wenn sich der Prozeßbetrug des Gegners bereits abzeichnet; die Annahme, daß ein Eingriff in die Persönlichkeit des Gegners auch erlaubt sei, um die eigene Position vorab zu verbessern, scheidet dagegen von vornherein aus. **Die Rechtsprechung verneint** auch bei einem Beweisnotstand **die Befugnis zum Eingriff in die fremde Persönlichkeitssphäre** (BGHZ 27, 284, 290; BGH NJW 1982, 277; 1988, 1016, 1017; BAG NJW 1998, 1331, 1332 f; iE auch BGH NJW 1998, 155; ebenso LARENZ/CANARIS § 80 II 4 g, der aber die Verwertung im Prozeß nach den Regeln des § 32 StGB zuläßt). Desgleichen sei es nicht gerechtfertigt, einen Spitzel in der Wohnung des Opfers oder auch des Täters zu verstecken, um der Beweisnot im Prozeß vorbauen zu können (BGH NJW 1970, 1848 f; 1991, 1980; LAG Berlin DB 1974, 1243; JZ 1982, 258; OLG Stuttgart [St] MDR 1977, 683; OLG Köln NJW 1987, 262, 263; insoweit zust ARZT JZ 1971, 390; aA KG NJW 1956, 26, 27; 1967, 115, 116 jeweils für die Beweisnot bei Ehescheidungen nach früherem Recht; LAG Berlin 1988, 1024; LG Gießen MDR 1996, 266 für Videoaufnahmen bei Störung des räumlich-gegenständlichen Bereichs der Ehe), oder heimlich einen Angestellten den Ausspruch einer Kündigung über eine Gegensprechanlage mithören zu lassen, damit er diese Kündigung im anschließenden Rechtsstreit bezeugen könne (BAGE 41, 37, 44). **In der Literatur** wird dem zT entgegengehalten, ein **drohender Prozeßbetrug sei eine gegenwärtige Gefahr** im Sinn des § 34 StGB (LK/TRÄGER [10. Aufl 1988] § 201 Rn 28, der indes auch der Rechtsprechung zustimmt, da bloße Beweisinteressen es nicht erlaubten, heimliche Aufnahmen anzufertigen; J HELLE 297 ff); dafür reiche es bei der sogenannten Dauergefahr aus, daß der Schaden erst später eintrete, zu seiner Abwendung aber sofortiges Handeln geboten sei (J HELLE 297). Das gelte um so mehr, als die privatrechtlichen Ansprüche ebenfalls Grundrechtsschutz, und zwar nach Art 14 GG, genössen (ERMAN/EHMANN Anh zu § 12 Rn 296, 299 f). Neben der generellen Zulassung heimlicher Aufnahmen (so wohl ERMAN/EHMANN § 12 Rn 300) werden **eine Reihe modifizierender Auffassungen** vertreten. Ein Eindringen in ein fremdes Gespräch sei nicht zu rechtfertigen, anders sei dagegen das heimliche Fixieren der Unterredung durch einen der Partner zu werten; hier müsse der Gegner es eher ertragen, beim Wort genommen zu werden (SCHÖNKE/SCHRÖDER/LENCKNER [25. Aufl 1997] § 201 Rn 31). Dagegen wird eingewandt, die beiden Angriffsmodalitäten seien wertungsmäßig nicht zu unterscheiden, was die vorgeschlagene Differenzierung verbiete (J HELLE 299 f). Vielmehr sei zu unterscheiden zwischen einem heimlich beigezogenen Zeugen und einem Abhören mittels eines technischen Geräts; dies folge aus dem Schutzgut des § 201 StGB, der die Persönlichkeit gegen die Aufhebung der natürlichen Grenzen der menschlichen Stimme unter Zuhilfenahme technischer Geräte schütze (J HELLE 303). Dagegen bediene sich derjenige, der ein Gespräch von einem Zeugen belauschen lasse, zwar einer List, handle aber nicht arglistig (J HELLE JZ 1991, 931; ders 302 f verweist auf die Selbsthilfe nach den §§ 229, 859). Doch ist all diesen Auffassungen samt und sonders die Gefolgschaft zu versagen. § 201 StGB liefe vielfach leer, wenn der Täter zu seiner Rechtfertigung behaupten könnte, er habe das Gespräch aufgezeichnet, um einen (geplanten) Prozeßbetrug beweisen zu können. Selbst wenn sich dafür später objektiv nicht der geringste Anhaltspunkt ergeben sollte, könnte der Täter nach der eingeschränkten Schuldtheorie mangels Vorsatzes regelmäßig nicht bestraft werden (vgl statt aller ROXIN, AT [3. Aufl 1997] § 14 Rn 62). Ähnliche Unzuträglichkeiten gibt es auch bei heimlich zugezogenen Zeugen. Ginge man davon aus, sie handelten rechtmäßig, müßte man ihnen sogar die Notwehr zubilligen, wenn sie von dem Belauschten gar noch der eigenen Wohnung verwiesen würden. Extremfällen läßt sich dadurch Rechnung tragen, daß man Ausnahmen vom Verwertungsverbot im Prozeß zuläßt.

d) Weitere Eingriffe

C 215 Natürlich kann § 34 StGB eine Reihe weiterer Eingriffe in die Persönlichkeit rechtfertigen, so etwa die **Mitteilung eines Arztes an die Straßenverkehrsbehörde**, einer seiner Patienten sei wegen seiner körperlichen oder geistigen Mängel zum Führen eines Kraftfahrzeuges nicht mehr in der Lage, wenn dieser die Fahrerlaubnis nicht freiwillig zurückgibt, obwohl ihn der Arzt vorab auf die Gefahren aufmerksam gemacht hat (BGH NJW 1968, 2288, 2290; SCHÖNKE/SCHRÖDER/LENCKNER [25. Aufl 1997] § 203 Rn 31 mwNw und weiteren Fällen; LARENZ/CANARIS § 80 II 4 d). In einer frühen Entscheidung hat der BGH eine Persönlichkeitsverletzung aber sogar verneint, obwohl der später beklagte Angestellte einer Versicherung Unterlagen eines Kunden an den Anwalt des Prozeßgegners des Versicherungsnehmers weitergegeben und der Anwalt dann im Namen seines Mandanten Strafanzeige gegen den Versicherungsnehmer gestellt hatte; in den Unterlagen waren auch ärztliche Befunde über den Versicherungsnehmer enthalten. Da der Versicherungsnehmer in Verdacht gestanden habe, die Versicherungsgesellschaft oder den Empfänger der Unterlagen übervorteilt zu haben, habe deren Interesse den Vorrang vor der Wahrung der Geheimnissphäre des betroffenen Versicherungsnehmers gehabt (BGHZ 24, 72, 82 f). In der Literatur wird dies zu Recht abgelehnt. Der Arzt hätte die Unterlagen nicht weitergeben dürfen, daher sei dies auch der Versicherung bzw ihrem Angestellten verwehrt gewesen; die Befreiung des Arztes von der Schweigepflicht gegenüber der Versicherung habe nur dem Eigeninteresse des Versicherten dienen sollen (LARENZ/CANARIS § 80 II 5 d aE). Der Kritik ist jedenfalls mit der Modifikation zuzustimmen, daß es der Versicherung und dem Anwalt möglich sein muß, bei Verdacht strafbarer Handlungen Anzeige zu erstatten, auch wenn hierzu Geheimnisse an Behörden weitergegeben werden müssen.

8. Präventiver Schutz

C 216 Anders liegen die Probleme, wenn der Eingriff in die Persönlichkeit präventiven Zwecken dienen soll. Hierbei läßt sich an eine Reihe unterschiedlicher Fallgestaltungen denken. Die Überwachung von Räumen, in denen sich Geldautomaten oder ähnliches befinden, durch Videokameras dürfte regelmäßig durch das Einverständnis des Kunden gedeckt sein. Ähnliches gilt für Videokameras an besonders von Kriminalität bedrohten Orten, U-Bahnhöfen usw. Den Gegenpol bildet die Videoüberwachung und -aufzeichnung des Eingangs des nachbarlichen Grundstücks, von dem aus angeblich des öfteren Unrat auf das Grundstück des Täters geworfen worden war; es müßte schon um einen drohenden schwerwiegenden Angriff auf den Täter gehen (BGH NJW 1995, 1955, 1957).

a) Die Dokumentation rechtswidriger Handlungen

C 217 So ist schon fraglich, ob Videoaufzeichnungen gemacht und Fotografien geschossen werden dürfen, wenn es um die Verhinderung oder Dokumentation von rechtswidrigen Handlungen geht. **Die hM bejaht das** (KG NJW 1980, 894; OLG [St] Schleswig NJW 1980, 352, 353; ERMAN/EHMANN Anh zu § 12 Rn 332; LARENZ/CANARIS § 80 II 4 d u 4 f; WENZEL Rn 7. 16; J HELLE JZ 1988, 310; **aA** MünchKomm/SCHWERDTNER [3. Aufl 1993] § 12 Rn 165), so etwa, wenn es um Schäden durch spielende Kinder geht (KG NJW 1980, 894; LARENZ/CANARIS § 80 II 4 f; WENZEL Rn 7. 18; **aA** MünchKomm/SCHWERDTNER [3. Aufl 1993] § 12 Rn 165) sowie bei der Dokumentation eines Stadtbummels des krankgeschriebenen Arbeitnehmers (OLG Hamburg GRUR 1990, 35; WENZEL Rn 7. 18) sowie für die Überführung eines Angestellten, der im Verdacht steht, Geld zu unterschlagen (OLG [St] Schleswig NJW 1980, 352, 353). Dagegen kann der Argwohn, der Nachbar habe des öfteren Unrat auf den gemeinsamen Weg gekippt, nicht eine Überwachung dieses Weges durch eine Videokamera rechtfertigen (BGH NJW 1995, 1955, 1957). Ein **Grenzfall ist die Aufnahme eines Volltrunkenen** zu Beweissicherungszwecken. Wenn es wirklich um den Nachweis gehen sollte, daß ein Bauarbeiter unter Alkoholeinfluß arbeitet, dürfte die Aufnahme nicht gegen das Persönlichkeitsrecht verstoßen (ERMAN/EHMANN Anh zu § 12 Rn 332; J HELLE JZ 1988, 308; **aA** – jedoch wegen einer Vielzahl weiterer Verstöße gegen das Persönlichkeitsrecht OLG Frankfurt aM NJW 1987, 1087, 1088; LARENZ/CANARIS § 80 II 4 f). Wenn sich indes zwei Nachbarn „zu Beweiszwecken" gegenseitig fotografieren, so sind beide zur Unterlassung zu verurteilen (OLG Hamm JZ 1988, 308 f) – es sei denn, es läßt sich eindeutig klären, wer in rechtswidriger Weise zuerst die Persönlichkeit des anderen verletzt hat (ERMAN/EHMANN Anh zu § 12 Rn 332; J HELLE JZ 1988, 310).

b) Die Überwachung von Kunden
Videoaufnahmen des Kundenverkehrs in Kaufhäusern oder Banken sieht die hM nicht als Eingriff in das Persönlichkeitsrecht. Der rechtstreue Kunde werde nicht beeinträchtigt, da bei ihm nichts ausgespäht werden könne, dagegen würden Straftaten verhindert und aufgeklärt. Die Mitarbeiter selbst seien nach dem Rechtsgedanken des § 23 Abs 1 Nr 2 KUG nicht verletzt, da sie nur „Beiwerk" im Sinn der Norm seien (LARENZ/CANARIS § 80 II 4 d). Das ist zumindest nicht unproblematisch, wenn nicht nur mit Kameras überwacht wird, sondern die Aufnahmen auch abgespeichert werden; dann entsteht die Fixierung und die Unsicherheit für den Betroffenen, wie denn die Aufnahmen weiterverwendet werden. Es ist gerade diese Fixierung, die das Persönlichkeitsrecht verletzen kann (so das generelle Kriterium von LARENZ/ CANARIS § 80 II 4 d). Andererseits ist das Interesse des Unternehmers, seine Waren gegen Diebstahl zu sichern, legitim. Um die beiderseitigen Belange angemessen zu berücksichtigen, muß sich eine derartige Überwachung auf die **Übertragung des momentanen Geschehens beschränken** oder zumindest sichergestellt sein, daß die Aufnahmen wieder gelöscht werden, wenn sie keine Straftat dokumentieren. Das gilt nur für die Zeiten und für die Bereiche, in denen Publikumsverkehr stattfindet. Zur Nachtzeit darf ebenso uneingeschränkt überwacht werden wie dies durchgängig für diejenigen Teile eines Betriebsgebäudes gestattet ist, die den Kunden nicht zugänglich sind und auf denen sie sich daher rechtswidrig aufhalten.

c) Die Überwachung von Arbeitnehmern
Unzulässig ist jedenfalls die (präventive) Überwachung von Arbeitnehmern mit offenen oder gar versteckten Kameras (BAG AP Nr 15 zu § 611 BGB Persönlichkeitsrecht unter III; Nr 23 zu § 611 BGB Persönlichkeitsrecht unter III; SOERGEL/ZEUNER Rn 80; BLOMEYER, in: Münchener Handbuch zum Arbeitsrecht, Bd 1 [1992] § 95 Rn 6; ERMAN/EHMANN Anh zu § 12 Rn 409; LARENZ/CANARIS § 80 II 4 d, f; WIESE ZfA 1971, 285). Denn da der Arbeitnehmer nicht weiß, ob er gerade überwacht wird, entsteht auch ohne Fixierung ein **permanenter Überwachungsdruck** (BAG AP Nr 15 zu § 611 BGB Persönlichkeitsrecht unter III; BLOMEYER, in: Münchener Handbuch zum Arbeitsrecht, Bd 1 [1992] § 95 Rn 6; LARENZ/CANARIS § 80 II 4 d; WIESE ZfA 1971, 285). Dasselbe gilt auch bei einer Kontrolle mit Hilfe von Glasscheiben, die nur von der Seite des Kontrollierenden aus durchsichtig sind (BLOMEYER, in: Münchener Handbuch zum Arbeitsrecht, Bd 1 [1992] § 95 Rn 6; WIESE ZfA 1971, 285). In

Ausnahmefällen kann der Eingriff allerdings durch überwiegende schutzwürdige Interessen des Arbeitgebers gerechtfertigt sein. Dabei spielt der Umstand eine Rolle, ob dem Arbeitgeber in nennenswertem Maße Warenverluste entstanden sind und der Einsatz von Kameras der einzige Weg ist, die Täter zu ermitteln (BAG AP Nr 15 zu § 611 BGB Persönlichkeitsrecht unter IV und V 2; BLOMEYER, in: Münchener Handbuch zum Arbeitsrecht, Bd 1 [1992] § 95 Rn 7; ERMAN/EHMANN Anh zu § 12 Rn 409; LARENZ/CANARIS § 80 II 4 d; ebenso LAG Berlin DB 1988, 1024 für eine heimliche Tonbandaufnahme). Auch dann kommt der offen aufgestellten Kamera der Vorrang zu, wenn durch sie das Ziel erreicht werden kann (BAG AP Nr 15 zu § 611 BGB Persönlichkeitsrecht unter V 2; BLOMEYER, in: Münchener Handbuch zum Arbeitsrecht, Bd 1 [1992] § 95 Rn 7).

9. Die Verletzung berechtigter Interessen

a) Die exemplarische Regelung des § 23 Abs 2 KUG

C 220 Die Befugnis zur Veröffentlichung wird durch § 23 Abs 2 KUG wieder eingeschränkt. Um die berechtigten Interessen des Betroffenen oder seiner Angehörigen feststellen zu können, bedarf es einer Abwägung zwischen dem Informationsinteresse der Allgemeinheit und dem Persönlichkeitsrecht des Abgebildeten (BGH NJW 1985, 1617, 1618; 1994, 124, 125; 1996, 593, 595; 1997, 1152, 1153; MünchKomm/SCHWERDTNER [3. Aufl 1993] § 12 Rn 178; der Sache nach auch BGHZ 49, 288, 293 f). Dabei spielen wiederum Kriterien eine Rolle, die generell den Abwägungsprozeß beeinflussen, also namentlich die in Art 5 GG und Art 1 Abs 1, 2 Abs 1 GG verankerten Grundrechte (BVerfGE 34, 269, 282; 35, 202, 211; BGHZ 128, 1, 10; 131, 332, 337; BGH NJW 1994, 124, 125; ERMAN/EHMANN Anh zu § 12 Rn 221), daneben auch sonstige Rechtfertigungsgründe (ERMAN/EHMANN Anh zu § 12 Rn 221).

b) Fallgruppen
aa) Die Intim- und Privatsphäre
α) Fotos

C 221 Neben der schon erwähnten Prangerwirkung (vgl oben Rn C 196 f) gibt es eine Reihe von Fällen, in denen berechtigte Interessen entgegenstehen. Geschützt ist die Intim- und weitgehend auch die Privatsphäre (BGHZ 24, 200, 209; 49, 288, 293; 131, 332, 338; LG München I Ufita 37 [1962] 123, 124 f; LG Hamburg AfP 1995, 526, 527; ERMAN/EHMANN Anh zu § 12 Rn 244; MünchKomm/SCHWERDTNER [3. Aufl 1993] § 12 Rn 178; SCHRICKER/GERSTENBERG Anh zu § 60 UrhG / § 23 KUG Rn 36). So braucht auch eine absolute oder relative Person der Zeitgeschichte nicht die Verbreitung von Nacktfotos (LG Hamburg AfP 1995, 526, 527; SCHRICKER/GERSTENBERG Anh zu § 60 UrhG / § 23 KUG Rn 36) oder von Bildnissen zu dulden, auf denen sie nur mit einer Badehose bekleidet ist (ERMAN/EHMANN Anh zu § 12 Rn 243; LARENZ/CANARIS § 76 II 4 d; **aA** AG Ahrensböck DJZ 1920, 596 [EBERT/NOSKE]). Ebenso darf ein Fußballspieler nicht abgebildet werden, dessen Hose verrutscht ist (OLG Hamburg AfP 1972 – Übersicht –, 150). Demgemäß braucht es auch eine absolute Person der Zeitgeschichte auch nicht hinzunehmen, daß im **Kernbereich ihrer Privatsphäre** Fotos zum Zweck der Veröffentlichung aufgenommen werden (BGHZ 131, 332, 338; BGH NJW 1965, 2149, 2151 [im Rahmen der Reichweite des § 23 I Nr 1 KUG]). Die Privatsphäre umfaßt jedenfalls den häuslichen Bereich (BGHZ 131, 332, 338; WENZEL Rn 5. 46), ist aber nach der höchstrichterlichen Rechtsprechung nicht auf ihn beschränkt (vgl oben Rn C 190). Zweifelhaft sind Entscheidungen, die die Verbreitung des Fotos eines teilweise entkleideten Mannequins, das bereits im Fernsehen unbekleidet aufgetreten ist (OLG Hamburg AfP 1982, 41 f), oder des Halbaktfotos einer Schauspielerin wegen des Informationsinteresses der Öffentlichkeit zulassen (OLG Hamburg AfP 1992, 159 f).

β) **Berichte**
Namentlich das **Sexualleben** von Politikern, Showstars und sonstigen Personen der **C 222**
Zeitgeschichte geht die Öffentlichkeit nichts an (BGB-RGRK/DUNZ Anh I Rn 57). Das war der eigentliche Grund dafür, warum der – allerdings unwahre – Bericht über eine intime Beziehung eines katholischen Priesters zu einer verheirateten Frau eine Verletzung des Persönlichkeitsrechts darstellte; derartiges darf nicht in die Öffentlichkeit hinausposaunt werden (BGH LM Nr 98 zu § 823 [Ah] unter II 2). Die Entscheidung hätte indes durchaus anders lauten können, wenn der Bericht wahr gewesen wäre. Dann überwöge – wenn es denn der Zeitschrift darum gegangen wäre – wohl das öffentliche Interesse an Problemen des Zölibats, zumal in diesem Fall, da der Priester ein durchaus auffälliges Verhalten an den Tag gelegt hatte; war er doch häufiger Übernachtungsgast in der Wohnung des Ehepaares gewesen, hatte er sich doch sehr für die Ehefrau interessiert, mit ihr gemeinsame Wochenendseminare besucht und ihr auch ein Auto geschenkt. Schutz gewährt das Persönlichkeitsrecht vor allem **gegen das heimliche Eindringen in die Intimsphäre** (MünchKomm/SCHWERDTNER [3. Aufl 1993] § 12 Rn 220; ERDSIEK NJW 1962, 2242; ein Grenzfall ist daher BayObLG [St] NJW 1962, 1782 f), nicht dagegen davor, beim Austausch von Zärtlichkeiten (BayObLG [St] NJW 1980, 1969; BGB-RGRK/DUNZ Anh I Rn 55; aA MünchKomm/SCHWERDTNER [3. Aufl 1993] § 12 Rn 220) oder gar bei sexuellen Intimitäten in der Öffentlichkeit beobachtet zu werden (BGB-RGRK/ DUNZ Anh I Rn 55; WENZEL Rn 5. 43). Die Absicherung der Intimsphäre ist allerdings geringer, wenn der nunmehr Betroffene vorher **seinerseits den Intimbereich Dritter ans Tageslicht gezerrt** und daher zu Berichten über sein Sexualleben Anlaß gegeben hatte (BGH NJW 1964, 1471, 1472; ERMAN/EHMANN Anh zu § 12 Rn 270; SOERGEL/ZEUNER Rn 86; BGB-RGRK/DUNZ Anh I Rn 57; LARENZ/CANARIS § 80 II 5 g; dasselbe gilt für Werturteile; vgl dazu oben Rn C 109). Ob dies auch der Fall ist, wenn der Betroffene persönlich in vielen Fällen intime Details ausgeplaudert hat (OLG Stuttgart AfP 1981, 362 f; OLG Köln AfP 1982, 181, 182 ff; freilich war es in beiden Fällen um einen Bericht über eine Ehekrise gegangen, die man der Privatsphäre zurechnen kann) oder die Berichte gar vom Lebensgefährten stammen (LG Köln AfP 1994, 166, 168 f), erscheint deshalb fraglich, weil jeder selbst bestimmen kann, was er mitteilen will, und nicht durch früheres Verhalten sein schutzwürdiges Interesse daran verliert, daß Details nicht weitergegeben werden (abl auch MünchKomm/ SCHWERDTNER [3. Aufl 1993] § 12 Rn 215). Allerdings kann es Gegeninteressen geben, etwa beim Eingeständnis von Sexualstraftaten (BGB-RGRK/DUNZ Anh I Rn 51). Personen der Zeitgeschichte, etwa Politiker, regierende Fürstenhäuser oder Schauspieler sollen nach der Rechtsprechung der Instanzgerichte eine weiter gehende Berichterstattung hinnehmen müssen, wenn dies durch rechtlich schutzwürdige Informationsinteressen der Öffentlichkeit gedeckt sei (OLG Hamburg Ufita 78 [1977] 252, 257; 81 [1978] 278, 285; ERMAN/EHMANN Anh zu § 12 Rn 269; MünchKomm/SCHWERDTNER [3. Aufl 1993] § 12 Rn 217). In dieser Apodiktik geht das jedenfalls zu weit. Der **Intimbereich ist tabu** (MünchKomm/ SCHWERDTNER [3. Aufl 1993] § 12 Rn 217). So braucht auch eine prominente Schauspielerin es nicht zu dulden, daß über gynäkologische Probleme (OLG Hamburg Ufita 81 [1978] 278, 286 f) oder den Wechsel ihres Partners berichtet wird (**aA** OLG Hamburg Ufita 78 [1977] 252, 256; 81 [1978] 278, 287). Ob schwere Erkrankungen davon ausgenommen sind (OLG Hamburg Ufita 78 [1977] 252, 256), ist zumindest zweifelhaft, wenn es um nach wie vor gesellschaftlich stigmatisierende Erkrankungen wie zB Aids geht. **Eine Ausnahme dürfte erst gelten**, wenn über die lebensbedrohliche Krankheit von Spitzenpolitikern

berichtet wird. Zur Wahrung von Geheimnissen aus der Intimsphäre sind nicht nur Dritte verpflichtet, sondern auch die Partner selbst (ERMAN/EHMANN Anh zu § 12 Rn 269; BGB-RGRK/DUNZ Anh I Rn 51). Die Rücksicht auf den Partner endet nicht mit der Ehe oder Beziehung (OLG Hamm NJW-RR 1995, 1114, 1115). Strittig ist, ob bei Personen der Zeitgeschichte das Interesse der Allgemeinheit eine Berichterstattung über interne Familienangelegenheiten rechtfertigt (bejahend LG Berlin GRUR 1959, 492, 493; aA Münch-Komm/SCHWERDTNER [3. Aufl 1993] § 12 Rn 178). Man wird das grundsätzlich zu bejahen haben, soweit sich diese Querelen auf das Amt auswirken können; ansonsten geht das Privatleben allerdings die Allgemeinheit nichts an.

bb) Entstellende Berichterstattung

C 223 Gegen die berechtigten Interessen wird ferner bei entstellender Berichterstattung verstoßen. Dies kann **durch den unmittelbaren Begleittext**, aber auch dadurch geschehen, daß das Bildnis neben einen Bericht gesetzt und so der Anschein erweckt wird, der Bericht beziehe sich auf den Abgebildeten (BGHZ 24, 200, 209; BGH NJW 1962, 1004, 1005; 1965, 1374; ERMAN/EHMANN Anh zu § 12 Rn 243; SCHRICKER/GERSTENBERG Anh zu § 60 UrhG / § 23 KUG Rn 37; der Sache nach auch BGH LM Nr 5 zu § 23 KUG unter II 4). Der Schutz vor Entstellung gilt aber nur, soweit die Schilderung den Anspruch einer wahren Darstellung erhebt. Wo das nicht der Fall ist – man denke etwa an einen Film –, scheidet eine Beeinträchtigung berechtigter Interessen unter diesem Aspekt aus (BGHZ 26, 52, 67 f). Die Persönlichkeit wird aber entstellt, wenn jemand wahrheitswidrig als Mitglied oder Sympathisant einer Partei dargestellt wird (LG Stuttgart AfP 1989, 765 f; iE auch BGH NJW 1980, 994, 995), der Eindruck erweckt wird, der Abgebildete teile die Moralvorstellung eines mit ihm fotografierten Mädchens, dessen Nacktfoto sich neben dem Bild befindet (AG Hamburg GRUR 1990, 149, 151), wenn ferner der Eindruck erweckt wird, jemand sei ein Doppelmörder (BGH NJW 1962, 1004, 1005) oder ein ehemaliger SS-Offizier (BGH NJW 1965, 1374 f). Dagegen ist **Kritik allein** keine Verletzung berechtigter Interessen, es sei denn es liegt Schmähkritik vor (vgl oben Rn C 107 ff; als Bsp OLG München NJW-RR 1998, 1096 f).

cc) Die Gefährdung des Betroffenen

C 224 Unzulässig ist die Verbreitung von Bildnissen und Berichten, wenn dadurch der Betroffene gefährdet wird. Das kann schon **im physischen Sinn** gemeint sein. So darf ein Geheimagent nicht als solcher abgelichtet werden (OLG München NJW-RR 1990, 1364, 1365 f; ERMAN/EHMANN Anh zu § 12 Rn 243, 279; MünchKomm/SCHWERDTNER [3. Aufl 1993] § 12 Rn 178 f; FRÖMMING/PETERS NJW 1996, 960; offen gelassen von BGHZ 36, 77, 81). Das gleiche gilt, wenn die Tochter eines reichen Mannes mit einer Entführung rechnen muß (FRÖMMING/PETERS NJW 1996, 960 mwNw). In diese Gruppe gehört es wohl auch, wenn verdeckte Ermittler der Polizei durch das Bildnis enttarnt werden könnten (KRÜGER NJW 1982, 90; LENZ BayVBl 1995, 167). Dasselbe kann in Ausnahmefällen auch für den **Verlust der beruflichen Existenz** gelten. Wer der Presse ein Geheimnis preisgibt, handelt zwar auf eigene Gefahr, wenn sich die Presse nicht an die vereinbarte Vertraulichkeit hält; dieser Geheimhaltungswille ist nicht deliktisch durch das Persönlichkeitsrecht geschützt (BGH NJW 1987, 2667, 2668). Doch gibt es dabei eine Grenze, wenn die Publikation der Äußerung den Betroffenen angesichts der Breitenwirkung der Presse bloßstellt und zur Vernichtung seiner Existenz führt (BGH NJW 1987, 2667, 2669; ERMAN/EHMANN Anh zu § 12 Rn 273).

dd) Der Schutz vor wirtschaftlicher Ausnutzung
Berechtigte Interessen werden des weiteren verletzt bei unbefugter **kommerzieller** C 225
Nutzung. Nur der Betroffene selbst – einerlei ob Person der Zeitgeschichte oder nicht – hat das Recht, darüber zu entscheiden, ob er sich für eine wirtschaftliche Verwertung seiner Person zur Verfügung stellt, **etwa als Werbeträger** (RGZ 74, 308, 312 f; BGHZ 20, 345, 355; 26, 349, 351; 30, 7, 12; 35, 363, 365; 49, 288, 293 f; 81, 75, 79 f; BGH NJW 1961, 558; 1971, 698, 699; 1979, 2203, 2204; 1979, 2205, 2206; 1992, 2084, 2085; 1996, 593, 594; 1997, 1152, 1153; GRUR 1984, 907, 908 f; LM Nr 187 zu § 812 unter II 1; Nr 85 zu Art 5 GG unter II 1; OLG Hamburg AfP 1983, 282, 283; OLG Frankfurt aM OLGZ 1985, 342, 344 f; NJW-RR 1986, 1118; LG Hamburg AfP 1995, 526, 527; LG Berlin NJW 1996, 1142, 1143; AG Frankfurt aM NJW 1996, 531, 532; SOERGEL/ZEUNER Rn 85; ERMAN/EHMANN Anh zu § 12 Rn 246, 284; MünchKomm/SCHWERDTNER [3. Aufl 1993] § 12 Rn 179; LARENZ/CANARIS § 80 II 3 a; grundsätzlich auch OLG Frankfurt aM NJW 1989, 402, 403; **aA** noch RGZ 125, 80, 82 ff). Hierzu gehören **Bildveröffentlichungen** (RGZ 74, 308, 312; BGHZ 20, 345, 355; 26, 349, 351; 49, 288, 293 f; 81, 75, 80; BGH NJW 1961, 558; 1971, 698, 699; 1979, 2203, 2204; 1979, 2205, 2206; 1992, 2084, 2085; 1997, 1152, 1153; LM Nr 85 zu Art 5 GG unter II 1; KG KG-Report 1997, 124, 125; LG Hamburg AfP 1995, 525, 527; ERMAN/EHMANN Anh zu § 12 Rn 246; **aA** noch RGZ 125, 80, 82 ff) ebenso wie die **Erwähnung des Namens** in einem Werbetext (BGHZ 30, 7, 12; 81, 75, 79; LG Düsseldorf AfP 1998, 238, 239). Das ist nicht nur bei branchenfremder Werbung so, sondern auch dann, wenn für ein spezielles Produkt geworben wird, an dessen Präsentierung der Abgebildete mitwirkt – etwa wenn mit Hilfe des Fotos eines Künstlers ohne seine Einwilligung für einen (seinerseits auch nicht genehmigten) Mitschnitt eines Konzerts geworben wird (BGH NJW 1997, 1152, 1153). Auch die **Imitation einer bekannten Stimme** in einer für sie charakteristischen Redewendung ist eine unerlaubte wirtschaftliche Ausnutzung (OLG Hamburg NJW 1990, 1995; ERMAN/EHMANN Anh zu § 12 Rn 285). Denn es ist allein die Entscheidung des Betroffenen, ob und in welcher Weise er sein Bild oder seinen Namen den Geschäftsinteressen Dritter dienstbar machen will (RGZ 74, 308, 312 f; BGHZ 20, 345, 350; 81, 75, 80; LG Düsseldorf AfP 1998, 238, 239). **Keine Rolle spielt**, ob mit der kommerziellen Nutzung **ein Angriff auf die Ehre** verbunden ist (BGHZ 20, 345, 352; 81, 75, 79 f; OLG Frankfurt aM OLGZ 1985, 342, 345; OLG Hamburg NJW 1990, 1995; LG Düsseldorf AfP 1998, 238, 239; SOERGEL/ZEUNER Rn 85; ERMAN/EHMANN Anh zu § 12 Rn 285; LARENZ/CANARIS § 80 II 3 a). Der Eingriff ist allerdings um so stärker, je fragwürdiger und anrüchiger das Produkt ist, für das geworben wird und je weniger wahrscheinlich der Betroffene in die Verwendung seines Bildnisses oder Namens eingewilligt hätte (BGHZ 35, 363, 365; BGH NJW 1971, 698, 700; ERMAN/EHMANN Anh zu § 12 Rn 246; der Sache nach auch BGHZ 26, 349, 353). Entsprechendes gilt für eine **Wahlwerbung ohne Einverständnis**; erschwerend fällt dann ins Gewicht, wenn der Betroffene einer konkurrierenden Partei angehört (BGH NJW 1980, 994, 995; OLG Frankfurt aM OLGZ 1985, 342, 344). Anders kann es nach der Rechtsprechung sein, wenn in dem Bild zugleich **ein zeitgeschichtliches Dokument** liegt. Die Abbildung bekannter Sportler auf einem Bucheinband bzw in einem Wandkalender soll etwa durch das Informationsinteresse der Öffentlichkeit gedeckt sein, auch wenn damit gleichzeitig finanzielle Interessen der jeweiligen Verlage einhergehen (BGH NJW 1979, 2203; OLG Frankfurt aM NJW 1989, 402, 403; **aA** ERMAN/EHMANN Anh zu § 12 Rn 247 jeweils im Rahmen des § 23 I Nr 1, II KUG); ebenso kann es bei sonstigen absoluten Personen der Zeitgeschichte liegen (LG Berlin NJW 1996, 1142, 1143; im konkreten Fall abgelehnt). Gleiches gilt nach der Rechtsprechung, wenn ein Bild auf einen Text im Innern des Blattes hinweist, auch wenn dieses größtenteils der Werbung dient (BGH LM Nr 85 zu Art 5 GG unter II 2 b; OLG München AfP 1998, 409; FRÖMMING/PETERS NJW 1996, 960), soweit nicht suggeriert wird, der Abgebildete empfehle die Ware und stelle

sein Bild als Anreiz für den Kauf der Ware zur Verfügung; in solchem Fall kann sich das Interesse der Öffentlichkeit an der Person auf die Ware übertragen (BGHZ 20, 345, 352; BGH LM Nr 85 zu Art 5 GG unter II 2 b). Auch der Umstand, daß etwa in den Pausen von Fußballspielen geworben wird, bezieht die Spieler nicht in die Werbung ein (vWESTERHOLT ZIP 1996, 263). **Geht indes der Betroffene selbst an die Öffentlichkeit**, klärt etwa eine Verbraucherzentrale über Prospekte auf, so muß sie es hinnehmen, daß sich der Wettbewerb positiv oder negativ mit ihr auseinandersetzt (OLG Stuttgart NJW-RR 1993, 1265). Bei unbefugter Nutzung ist neben Ansprüchen aus § 823 Abs 1 vor allem die **Eingriffskondiktion** nach § 812 Abs 1 S 1 Fall 2 gegeben (LARENZ/CANARIS § 80 II 3 a iVm § 69 I 2 c; vgl genauer unten Rn C 248 ff). Dies ist wichtig in Fällen, in denen der Verletzer schuldlos gehandelt hat (OLG Karlsruhe NJW 1989, 401, 402), namentlich ein Dritter die Eingriffsmöglichkeit erst geschaffen hat, ohne hierzu vom Berechtigten die Befugnis zu haben, der Nutzer dies aber nicht wußte (vgl zB BGH NJW 1992, 2084, 2085).

ee) Zeitablauf

C 226 Im Lauf der Zeit **nimmt das Interesse an der Berichterstattung ab**. Schon das Reichsgericht hatte die Mitteilung über länger zurückliegende Straftaten oder Verurteilungen eines Geschäftsmannes für eine sittenwidrige Schädigung gehalten, obwohl die Mitteilung der Wahrheit entsprach; die Verfehlung dürfe dem Betroffenen nicht lebenslang nachgetragen werden (RGZ 115, 416, 417; RG JW 1928, 1211 f [jeweils § 826]; ERMAN/EHMANN Anh zu § 12 Rn 281; LARENZ/CANARIS § 80 II 5 g; vgl auch OLG Köln AfP 1975, 666). Vielmehr gewinnt das Persönlichkeitsrecht an Gewicht gegenüber dem Interesse der Öffentlichkeit an der Berichterstattung (BVerfGE 35, 202, 233 f; 97, 391, 403 f; BAG NZA 1998, 712, 714; OLG Hamburg NJW-RR 1986, 933). Umstritten ist dabei der Zeitpunkt, ab dem eine erneute Berichterstattung zu unterbleiben hat. Einige lassen die Berichterstattung nur bis zur **Rechtskraft** des Urteils zu (OLG Hamburg NJW-RR 1986, 933 ohne nähere Ausführungen). Das dürfte freilich zu eng sein. Denn eine zusammenhängende Darstellung von Motiven und Hintergründen, an denen die Öffentlichkeit gerade bei Kapitalverbrechen ein legitimes Interesse hat, ist unter Umständen erst nach Abschluß des Verfahrens möglich (BVerfGE 35, 208, 234). Mit der zeitlichen Distanz gewinnt jedoch das Recht des Täters an Gewicht, „allein gelassen zu werden" (BVerfGE 35, 202, 233 f; BVerfG NJW 1993, 1463, 1464; BAG NZA 1998, 712, 713; OLG Hamburg NJW-RR 1994, 1439, 1441; OLG Frankfurt aM NJW-RR 1995, 476, 477; OLG Dresden AfP 1998, 410); das gilt auch bei schweren Straftaten. Dann überwiegt sein Belang an der Resozialisierung das Interesse der Öffentlichkeit an der Information (BVerfGE 35, 202, 235; BVerfG NJW 1993, 1463, 1464; OLG Hamm AfP 1988, 258, 259; SOERGEL/ZEUNER Rn 87; MünchKomm/SCHWERDTNER [3. Aufl 1993] § 12 Rn 12). Mit der unmittelbar bevorstehenden **Haftentlassung** beginnt daher spätestens das Stadium, in dem das Persönlichkeitsrecht wieder den Vorrang vor der Berichterstattung beanspruchen kann (BVerfGE 35, 202, 235; BVerfG NJW 1993, 1463, 1464 mwNw; auch vor der Entlassung schon OLG Hamburg AfP 1971, 41; NJW-RR 1994, 1439, 1441). Daher ist die Auffassung, auch nach Entlassung des Täters dürfe über seine Tat unter Verwendung damals aufgenommener Bildnisse berichtet werden (OLG Hamburg NJW-RR 1986, 933), abzulehnen. Gerade der Resozialisierung wegen hat der Täter das Recht, daß nicht fortwährend an seine Tat, mag sie noch so spektakulär gewesen sein, erinnert wird (so iE auch BVerfGE 35, 202, 237 f). Andere Entscheidungen ziehen die Wertung des § 51 BZRG heran (BVerfG NJW 1993, 1463, 1464; BAG NZA 1998, 712, 714). Bereits ein Jahr nach der – strafrechtlich noch nicht verfolgten – Tat soll es unzulässig sein, zu berichten, ein Wahlbewerber habe seine Mutter geschlagen (LG Oldenburg AfP 1997, 537, 538; zweifelhaft). Allerdings können **berechtigte Interessen namentlich des Opfers** eine Namensnennung auch später erlauben. Das vom Vater mißbrauchte Mädchen darf als Erwachsene sich mit ihrem Schicksal an die – auch breite – Öffentlichkeit wenden, auch wenn sie mit ihrem Namen notwendigerweise auch denjenigen des Vaters nennt. Dafür sprechen die höhere Glaubwürdigkeit und die Chance, das Erlebte besser verarbeiten zu können, ebenso auch das Anliegen, andere Betroffene zu ermutigen (BVerfGE 97, 391, 402 f). Darüber, daß jemand an Pornofilmen mitgewirkt hat, darf nach 20 Jahren einmal, aber nicht fortlaufend berichtet werden (LG Berlin NJW 1997, 1155, 1156). Ein schwierig zu beurteilender Fall ist die (heimliche) Bildaufnahme eines Arztes im Jahr 1962, dessen Denunziation im Jahre 1944 zu einem (allerdings nicht vollstreckten) Todesurteil gegen einen Kollegen geführt hatte. Der BGH hält die Aufnahme für rechtswidrig, da auch ein früherer Schwerverbrecher eine derartige Anprangerung nicht hätte zu dulden brauchen (BGH NJW 1966, 2353, 2355; ERMAN/EHMANN Anh zu § 12 Rn 281). Das ist deswegen nicht unproblematisch, weil zwar ein Täter Jahre nach seiner Verurteilung das Recht hat, in Ruhe gelassen zu werden, jedoch hier ja gerade über die Tatsache berichtet wird, daß er nicht zur Rechenschaft gezogen wurde. Damit wurde vor allem diese politische Problematik angesprochen, die durch das Beispiel des Betroffenen ungleich klarer gemacht werden konnte als durch abstrakte Erörterungen. Zugleich mußte der Betroffene zumindest während der Verfolgungsverjährung damit rechnen, daß sein Fall von den zuständigen Behörden aufgegriffen würde und er damit – angesichts der schwerwiegenden Folgen seiner Denunziation – zu einer relativen Person der Zeitgeschichte würde. Damit wird das **entscheidende Kriterium** für die Zulässigkeit der Berichterstattung, ob der Betroffene mit der Strafverfolgung noch rechnen mußte oder ob das Delikt verjährt war. Entscheidend konnten daher allenfalls die Tatsache sein, daß der Betroffene „herausgegriffen" worden war, und der Umstand, daß das Bild heimlich aufgenommen worden war (LARENZ/CANARIS § 80 II 4 d; vgl schon oben Rn C 201).

ff) Rechtswidrig erlangte Informationen
Ob eine Nachricht publiziert werden darf, wird sich jenseits des Bildnisschutzes oft nur durch eine Abwägung mit der Persönlichkeit und dem Informations- und Publikationsrecht der Presse klären lassen (BVerfGE 35, 202, 221; BVerfG NJW 1993, 1463, 1464 f; BGH NJW 1980, 1790, 1791; 1991, 1532, 1533; 1994, 1950, 1951; OLG Hamburg NJW-RR 1994, 1439, 1440; ähnl BGHZ 78, 274, 285 f). Eine Persönlichkeitsverletzung, **die auf einer rechtswidrigen Beschaffung von Informationen beruht,** wird nicht dadurch gerechtfertigt, daß sie der Aufdeckung von Mißständen dienen soll; ein solches Vorgehen wird weder durch das Grundrecht der Meinungsfreiheit noch durch dasjenige der Pressefreiheit geschützt (BVerfGE 66, 116, 137; SOERGEL/ZEUNER Rn 82; LARENZ/CANARIS § 80 V 1 b; anders noch BGHZ 80, 25, 31 ff). **Anders** liegt es nach hM dagegen bei der **Verbreitung rechtswidrig erlangter Informationen.** Hier ist der Schutzbereich des Art 5 Abs 1 S 2 GG eröffnet. Das folgt zum einen aus dem auf der Pressefreiheit basierenden Zeugnisverweigerungsrecht, zum anderen aus der Kontrollaufgabe der Presse. Die Befugnis zur Publikation hängt indes von den Einzelheiten des konkreten Falles ab, namentlich von der Schwere des Rechtsbruches, der bei der Informationsgewinnung begangen wurde, und von der Bedeutung der Nachricht (BVerfGE 66, 116, 137; BGHZ 73, 120, 127). Ist der **Publizierende selbst am Rechtsbruch** beteiligt gewesen, so hält die Rechtsprechung eine Veröffentlichung nur für gerechtfertigt, wenn es um Mißstände von erheblichem Gewicht geht, an deren Aufdeckung ein überragendes öffentliches

Interesse besteht (BVerfGE 66, 116, 139; BGH NJW 1998, 2141, 2143). Die Publikation hat daher zu unterbleiben, wenn sich der Täter selbst in eine Redaktionskonferenz eingeschlichen hatte, indes keine gravierenden Mißstände und nichts aufdeckte, was als rechtswidrig anzusehen ist (BVerfGE 66, 116, 140). **Hat die Presse** dagegen an der rechtswidrigen Informationsbeschaffung **nicht mitgewirkt**, so gibt es kein absolutes Verbot der Veröffentlichung (BVerfGE 66, 116, 137 ff; BGHZ 73, 120, 124 ff; BGH NJW 1987, 2667, 2669; 1998, 2141, 2143; wohl auch SOERGEL/ZEUNER Rn 82), es genügt der Öffentlichkeitswert, der allerdings um so intensiver sein muß, je stärker der private Charakter der Information ist, je mehr der Betroffene an der Geheimhaltung interessiert ist und je größer die Nachteile einer Veröffentlichung für ihn sind (BGHZ 73, 120, 128). Auch muß sich die Presse stets der Gefahr bewußt bleiben, daß sie durch die Veröffentlichung solcher Informationen Dritte zu Einbrüchen in die geschützte Eigensphäre anderer Personen animieren könnte (BGHZ 73, 120, 127; BGH NJW 1987, 2667, 2669). Ein privates Telefongespräch zweier Politiker, mögen sie auch herausgehobene Positionen bekleiden, kann daher ein derartiges Informationsbedürfnis nicht begründen (BGHZ 73, 120, 129 f). Im Ansatz, kaum iE anders, **wendet die Literatur zT § 34 StGB an**, in dessen Anwendungsbereich die Interessen der Öffentlichkeit einzubeziehen seien; Art 5 Abs 1 S 1 GG sei demgemäß nur anzuwenden, wenn § 34 StGB keine verfassungskonforme Lösung erlaube (LARENZ/CANARIS § 80 V 1 b; ders JuS 1989, 169). Allerdings ist der Weg über § 34 StGB nicht unproblematisch, weil Rechtsgüter der Allgemeinheit nur im beschränkten Umfang notstandsfähig sind; der primären Zuständigkeit der staatlichen Organe wegen ist privates Handeln nur im äußersten Notfall erlaubt (SCHÖNKE/SCHRÖDER/LENCKNER [25. Aufl 1997] § 34 Rn 10; ROXIN, AT [3. Aufl 1997] § 16 Rn 10). Eine derartige nur subsidiäre Befugnis der Presse würde sich nicht mit ihrer auch durch Art 5 Abs 1 S 2 GG abgesicherten Stellung vertragen.

gg) Sonstige Fälle

Berechtigte Interessen können auch in anderen Fällen die Veröffentlichung unzulässig machen. Insoweit ist der Begriff der berechtigten Interessen des Abgebildeten nach den allgemeinen Regeln etwa über die Verletzung der Persönlichkeit durch Herabwürdigung zu interpretieren (BGH NJW 1966, 2353, 2355; 1994, 124, 125; vgl dazu oben Rn C 107 ff). Berechtigte Interessen werden indes durch **heimliche Aufnahmen** nicht stets verletzt (BGHZ 131, 332, 334; aA BGHZ 24, 200, 208 f; BGH NJW 1966, 2353, 2355; OLG Frankfurt aM NJW 1987, 1087), sondern nur wenn dies innerhalb des Privatbereiches geschieht (BGHZ 24, 200, 209; 131, 332, 340). Eine Ablichtung durch eine offen angebrachte Kamera verletzt dagegen **die in § 23 KUG genannten Personen** nicht in rechtswidriger Weise, da sie sich gegen das Verbreiten gerade nicht wehren können (LARENZ/CANARIS § 80 II 4 f). Zweifelhaft und iE abzulehnen ist die Auffassung, der Betroffene werde in seinem berechtigten Interesse verletzt, wenn kein genügend gewichtiges Informationskonzept vorliege (so indes OLG Hamburg WRP 1995, 124, 125).

25. Titel. **§ 823**
Unerlaubte Handlungen **C 229, C230**

VIII. Das Lebens- und Charakterbild*

1. Der Meinungsstand

Die hM erkennt auch ein **Recht am Lebens- und Charakterbild** an (BVerfGE 35, 202, 220; **C 229**
54, 148, 154; BGHZ 26, 51, 67; LG München I Ufita 26 [1958] 366, 369; SOERGEL/ZEUNER Rn 97 f;
MünchKomm/SCHWERDTNER [3. Aufl 1993] § 12 Rn 180; WIESE ZfA 1971, 291 ff; HUBMANN 302 ff,
306 f; ders JZ 1975, 640; MEYER-CORDING JZ 1976, 737; HUTH AfP 1977, 213; STEINDORFF ZHR 149
[1985] 155; ähnl BGHZ 128, 1, 7 [Selbstbestimmung über Erscheinungsbild]). Das Lebensbild
umfaßt ihrer Auffassung nach die **Gesamtheit des Lebensablaufs** einer Person, das
Charakterbild stellt den Menschen in seinen **charakterlichen Eigenschaften** vor (Münch-
Komm/SCHWERDTNER [3. Aufl 1993] § 12 Rn 181). Eine teilweise Darstellung genügt (Münch-
Komm/SCHWERDTNER [3. Aufl 1993] § 12 Rn 181). Wie beim Bildnis ist der Betroffene geschützt, wenn interessierte Kreise ihn identifizieren können (BVerfGE 30, 173, 198;
BGHZ 50, 133, 141; MünchKomm/SCHWERDTNER [3. Aufl 1993] § 12 Rn 181). Die **Gegenansicht**
lehnt ein derartiges Lebensbild als eigenständige Fallgruppe der Persönlichkeit ab
(ERMAN/EHMANN Anh zu § 12 Rn 196; LARENZ/CANARIS § 80 II 5 a). Wer bei der Verbreitung
des wahren Persönlichkeitsbildes die Rechtswidrigkeit für indiziert halte, behandle
das Persönlichkeitsbild abweichend von einzelnen Tatsachen; die Differenzierung
bringe namentlich dann einen Wertungswiderspruch mit sich, wenn es primär um
einzelne Charakterzüge, etwa eine sexuelle Veranlagung gehe. Obendrein gebe es
kein einheitliches Persönlichkeitsbild; es gehe vielmehr um **einzelne Rollen**, die die
Person in unterschiedlichem Zusammenhang spiele (LARENZ/CANARIS § 80 II 5 a). Die
Kritik trifft sicherlich insoweit zu, als sie die mangelnde Integration dieser Fallgruppe
der Persönlichkeitsverletzung in das allgemeine System rügt. Doch ist diese Beeinträchtigung durch ein Spezifikum, nämlich die wenigstens punktuell sehr tief gehende
oder umfassende Darstellung charakterisiert. Die damit drohende **Prangerwirkung**
beeinflußt zumindest die Abwägung.

2. Die Verletzungshandlung

Das Lebens- und Charakterbild wird verletzt, wenn es ohne Einwilligung des Be- **C 230**
troffenen **dargestellt wird** (MünchKomm/SCHWERDTNER [3. Aufl 1993] § 12 Rn 181). Daran
fehlt es, wenn etwa eine filmische Darstellung gar nicht den Anspruch erhebt, das
Lebensbild korrekt wiederzugeben (BGHZ 26, 51, 68; KG Ufita 30 [1960] 105 [LS], 108; LG
München I GRUR 1956, 231, 233; Ufita 26 [1958] 366, 371; LG Berlin GRUR 1980, 187, 188;
SOERGEL/ZEUNER Rn 98; WENZEL Rn 5. 22; **aA** MünchKomm/SCHWERDTNER [3. Aufl 1993] § 12
Rn 181), somit der Film nicht zusätzlich den Betroffenen herabwürdigt (BGHZ 26,
51, 68; insoweit zust MünchKomm/SCHWERDTNER [3. Aufl 1993] § 12 Rn 181). Eine besonders
intensive Beeinträchtigung geht mit der Deutung des Charakterbildes mit Hilfe
graphologischer und psychologischer Methoden einher (BAGE 41, 54, 61; SOERGEL/ZEUNER
Rn 100; WENZEL Rn 5. 21; HUBMANN 306 ff; WIESE ZfA 1971, 293 ff, 296). Dies gilt um so mehr,

---

* **Schrifttum:** HUBMANN, Anm zu BGH, der Kunst, JZ 1976, 737; STEINDORFF, Zivil-
3. 6. 1975 – VI ZR 123/74, JZ 1975, 639; HUTH, rechtliche Grundfragen von Bankgeheimnis,
Persönlichkeitsverletzung durch psychologische Bankauskunft und Persönlichkeitsschutz, ZHR
Darstellung und Beurteilung des Charakterbil- 149 (1985) 151; WIESE, Der Persönlichkeits-
des in der Presse, AfP 1977, 212; MEYER-COR- schutz des Arbeitnehmers gegenüber dem Ar-
DING, Das literarische Portrait und die Freiheit beitgeber, ZfA 1971, 273.

als der Schluß des graphologischen oder psychologischen Gutachtens in aller Regel entweder nur als Meinungsäußerung zu werten ist (WENZEL Rn 5. 21) oder jedenfalls das Wissenschaftsprivileg genießt (vgl oben Rn C 145).

3. Die Befugnis zur Veröffentlichung und ihre Grenzen

C 231 Auch beim Lebens- und Charakterbild gibt es allerdings gegenläufige Belange, die ihrerseits durch die berechtigten Interessen desjenigen, über den berichtet wird, wieder eingeschränkt werden. In dogmatischer Hinsicht bietet sich eine **Analogie zu § 23 KUG** an (WENZEL Rn 5. 23; STEINDORFF ZHR 149 [1985] 155 f, 159). Die Gegenauffassung will an ihre Stelle eine umfassende Interessen- und Güterabwägung setzen. Bezogen auf das allgemeine Publikum werde der Meinungsbildungsprozeß in der Öffentlichkeit durch Bildveröffentlichung und Namensnennung überhaupt nicht, durch Lebens- und Charakterbilddarstellungen nur unwesentlich gefördert (MünchKomm/SCHWERDTNER [3. Aufl 1993] § 12 Rn 182). Doch ist auch hier von der Zulässigkeit der Verbreitung wahrer Tatsachen auszugehen. Das bedeutet grundsätzlich, daß die Darstellung des Lebens- und Charakterbildes unter gleich strengen Voraussetzungen möglich ist wie die Veröffentlichung des Bildnisses. Demgemäß darf über einen Politiker als eine absolute Person der Zeitgeschichte eine Biographie verfaßt werden (LG München I GRUR 1956, 231, 233; distanziert MünchKomm/SCHWERDTNER [3. Aufl 1993] § 12 Rn 181); in ihr haben allerdings Details aus seinem Intimleben nichts zu suchen (vgl LG Köln AfP 1983, 114, 115). Ein Grenzfall ist die Veröffentlichung einer **psychologischen Analyse über einen Spitzenpolitiker**. Ein schutzwürdiges Interesse der Öffentlichkeit, sich ein Bild von den Fähigkeiten der Person zu machen, dürfte nicht zu verneinen sein (sehr viel enger MünchKomm/SCHWERDTNER [3. Aufl 1993] § 12 Rn 182; HUTH AfP 1977, 213). Um so sorgfältiger muß freilich der geschützte Intim- und Privatbereich aus der Analyse ausgeklammert werden. Auch bei Berichten über **Straftäter** gelten nach hM die für den Bildnisschutz entwickelten Regeln. Davon abweichend will die Mindermeinung auch hier den Betroffenen wesentlich umfassender schützen. Lebens- und Charakterbilder von Straftätern oder Tatverdächtigen seien zu ihren Lebzeiten grundsätzlich unzulässig (MünchKomm/SCHWERDTNER [3. Aufl 1993] § 12 Rn 182). Damit werden indes das Informationsbedürfnis der Öffentlichkeit und die Kontrolle des Strafverfahrens auch zugunsten des Täters vernachlässigt (BVerfGE 35, 202, 231 f; vgl auch schon oben Rn C 203).

IX. Der Schutz vor Belästigungen und Diskriminierung*

1. Der Schutz vor Werbung

a) Der grundsätzliche Schutz

C 232 Das Persönlichkeitsrecht schützt auch davor, belästigt zu werden (BGHZ 60, 296, 299; LARENZ/CANARIS § 80 II 7 a). Denn wie für die übrigen in § 823 genannten Rechte und

---

* **Schrifttum:** CANARIS, Grundrechte und Privatrecht, AcP 184 (1984) 201; FUCHS/SIMANSKI, Nochmals: Briefkastenwerbung von Parteien, NJW 1990, 2983; KAISER, Briefkastenwerbung durch Postwurfsendungen trotz Sperrvermerkes, NJW 1991, 2870; LÖWISCH, Briefkastenwerbung von Parteien, NJW 1990, 437; MUTTER, Juristische Abwehrmöglichkeiten gegen unerwünschte Telefaxwerbung, DZWiR 1995, 171; PAULY, Anm zu LG Bonn, 9. 1. 1992 – 15 O 341/91, AfP 1992, 88; SCHÜRMANN, Staatliche Öffentlichkeitsarbeit – unerwünschte Postwurfsendungen?,

Rechtsgüter gewährt § 1004 vorbeugenden Schutz auch des allgemeinen Persönlichkeitsrechts gegen Beeinträchtigungen, damit auch gegen Belästigungen (Larenz/Canaris § 80 II 7 a). Dies spielt namentlich eine Rolle bei der **Briefkastenwerbung**. Sie ist als solche nicht stets rechtswidrig, kann ganz im Gegenteil dem Informationsinteresse des Adressaten dienen (BGHZ 60, 296, 299; 106, 229, 232; OLG Frankfurt aM NJW-RR 1992, 39; OLG Köln WRP 1992, 258; Erman/Ehmann Anh zu § 12 Rn 375; Larenz/Canaris § 80 II 7 b). Das ändert sich, wenn die Werbung **gegen den erklärten Willen des Empfängers** geschieht (BGHZ 106, 229, 232 ff; Palandt/Bassenge § 1004 Rn 7; Soergel/Zeuner Rn 99; Larenz/Canaris § 80 II 7 b) – sei es, wenn dieser sich allgemein, etwa durch einen Aufkleber am Briefkasten, äußert, sei es, wenn er speziell zur Unterlassung aufgefordert hat. In solchen Fällen sind schon das Eigentum und der Besitz verletzt; diese Rechte umfassen auch die Befugnis, sich gegen die Beeinträchtigung der räumlich-gegenständlichen Sphäre durch das Aufdrängen von unerwünschter Werbung zu wehren (BGHZ 106, 229, 232 f; OLG Karlsruhe NJW-RR 1990, 244; OLG Frankfurt aM NJW-RR 1992, 39 f; NJW 1996, 934; OLG Köln WRP 1992, 258; OLG Stuttgart NJW-RR 1994, 502; Soergel/Zeuner Rn 99; MünchKomm/Mertens Rn 112; Larenz/Canaris § 80 II 7 b; Weise GRUR 1989, 656 f). **§ 906 zwingt nicht zur Duldung**, da die Norm nur für hier nicht vorliegende Immissionen gilt (BGHZ 106, 229, 233). Darüber hinaus ist aber auch die Persönlichkeit tangiert; der Bürger darf nicht gegen seinen Willen gezwungen werden, sich mit der Suggestivwirkung der Werbung, die auf seine Kaufentscheidung Einfluß nehmen möchte, in seiner Privatsphäre auseinandersetzen zu müssen (BGHZ 106, 229, 233; BGHZ NJW 1992, 1958, 1959; KG NJW 1990, 2824, 2825; OLG Karlsruhe NJW-RR 1990, 244; OLG Stuttgart BB 1991, 1454; NJW-RR 1994, 502; OLG Frankfurt aM NJW-RR 1992, 39, 40; NJW 1996, 934; OLG Köln WRP 1992, 258 mwNw; **aA** Weise GRUR 1989, 656). Das ist namentlich der Fall, wenn die Werbung **als Privatbrief getarnt** ist, deren Charakter erst nach teilweiser Lektüre deutlich wird und die den Adressaten zumindest faktisch zwingt, sie zur Kenntnis zu nehmen. Hinzu kommt hier noch das Moment der vorsätzlichen Täuschung (Larenz/Canaris § 80 II 7 b; BGHZ 60, 296, 299 hielt das noch für zumutbar; insoweit dürfte die Entscheidung jedoch überholt sein).

b)   **Ausnahmen?**
Die **Rechtsprechung hatte früher eine Ausnahme angedeutet**, wenn die Beachtung des Widerspruchs für den Werbenden mit Mühen und Kosten verbunden sei, die in keinem angemessenen Verhältnis zur Belästigung und Verärgerung des Umworbenen stünden (BGHZ 60, 296, 300 f; so auch noch OLG Karlsruhe NJW-RR 1990, 244; OLG Köln WRP 1992, 258, 259; Soergel/Zeuner Rn 99). Das dürfte indes im Regelfall schon deswegen ausscheiden, weil das verteilende Unternehmen seine Mitarbeiter anweisen kann, den Widerspruch zu beachten, und dies auch im Regelfall ohne unzumutbare Mühen kontrollieren kann (Weise GRUR 1989, 655). Der hM wird entgegengehalten, sie berücksichtige den Schutz der Interessen des Werbenden aus den Art 12, 14 GG zu wenig (Erman/Ehmann Anh zu § 12 Rn 376, 380). Doch wird damit übersehen, daß weder die Berufsfreiheit noch die Eigentumsgarantie als solche ein Recht dazu geben, fremdes Eigentum in Mitleidenschaft zu ziehen und die aus der Persönlichkeit fließende Befugnis, **in der Privatsphäre in Ruhe gelassen zu werden**, zurückzudrängen. Der Einwand, der Empfänger möge die Werbung ungelesen wegwerfen, weil dies

C 233

NJW 1992, 1072; Weise, Briefkastenwerbung als Persönlichkeitsverletzung?, GRUR 1989, 653;

Zepter, Zulässigkeit von Werbebeilagen in Zeitungen, BB 1993, 1386.

schneller ginge als eine Klage zu erheben (ERMAN/EHMANN Anh zu § 12 Rn 380), also der Rekurs auf das Verhältnismäßigkeitsprinzip, läßt sich auch umdrehen. Wer Werbung verteilt, kann ohne Mühe den ausdrücklichen Willen des Empfängers beachten, von solchen Sendungen verschont zu bleiben. Zudem kann es dem Adressaten darum gehen, zu verhindern, daß etwa minderjährige Kinder mit der Suggestivkraft der Werbung konfrontiert werden, ferner daß ein von Werbesendungen überquellender Briefkasten auf die Abwesenheit des Wohnungsinhabers hinweist (KAISER NJW 1991, 2872) und schließlich daß der eigentliche Zweck, Post aufzunehmen, nicht mehr erfüllt werden kann (BVerwG NJW 1989, 2409, 2410).

2. Die Wahlwerbung

C 234 Nach **wohl hM** ändert sich auch **angesichts von Art 21 Abs 1 GG an diesen Grundsätzen nichts**, wenn politische Parteien Wahlwerbung betreiben (OLG Bremen NJW 1990, 2140 f; PALANDT/BASSENGE § 1007 Rn 7; STAUDINGER/GURSKY [1993] § 1004 Rn 23; FUCHS/SIMANSKI NJW 1990, 2981 f; **aA** ERMAN/EHMANN Anh zu § 12 Rn 380; LÖWISCH NJW 1990, 437 f jeweils unter Hinweis auf BVerwG 1984, 989, das im Glockenläuten einer Kirche eine zumutbare Beeinträchtigung sah). Der hM ist zu folgen; eine Wahlwerbung ist auch möglich, wenn der Wunsch des Bürgers beachtet wird, in Ruhe gelassen zu werden (OLG Bremen NJW 1990, 2140 f; FUCHS/SIMANSKI NJW 1990, 2982 unter Hinweis auf BVerfGE 27, 1, 6). **Anderes** dürfte freilich für **staatliche Öffentlichkeitsarbeit** gelten. Großenteils dient sie der Erfüllung der Schutzgebotsfunktion der Grundrechte, etwa wenn es um eine Aufklärung vor gesundheitlichen Gefahren geht; zudem dürfte der Wille des Empfängers, der vor Werbung verschont bleiben will, sich regelmäßig nicht gegen den Einwurf derartiger Sendungen richten (SCHÜRMANN NJW 1992, 1074, 1075).

3. Der Umfang des Schutzes

C 235 Für den Umfang des Schutzes ist der **Text des Aufklebers** auszulegen. So umfaßt die Untersagung, Werbewurfsendungen und Prospekte einzuwerfen, nicht kostenlose Anzeigeblätter mit redaktionellem Teil (OLG Karlsruhe NJW 1991, 2910, 2911; OLG Stuttgart NJW-RR 1994, 502, 503). Anders liegt es nach der Rechtsprechung, wenn der Verleger vom Empfänger des Blattes ausdrücklich aufgefordert wurde, den Einwurf zu unterlassen (KG NJW 1990, 2824, 2825). Freilich wird man zusätzlich fordern müssen, daß der Empfänger einen **klarstellenden Hinweis an seinem Briefkasten** anbringt; das ist zudem oft der einfachere Weg als die Forderung gegenüber dem Verleger, durch organisatorische Vorkehrungen die Belästigungen zu verhindern. Der Abonnent einer Zeitung kann aber nicht verlangen, daß ihm diese ohne Werbebeilagen zugestellt wird (OLG Karlsruhe NJW 1991, 2913, 2914 [Auslegung des Bezugsvertrages]; LG Bonn NJW 1992, 1112 [kein Unterlassungsanspruch aus § 1004 und Konsequenz der Auslegung des Bezugsvertrages]; PALANDT/BASSENGE § 1004 Rn 7; ERMAN/EHMANN Anh zu § 12 Rn 379; PAULY AfP 1992, 89; **aA** ZEPTER BB 1993, 1386 f). Ein **Grenzfall** ist die Beilage von Werbung zu Kontoauszügen, die an Postgiroteilnehmer versandt werden. Die hM hält sie bei einer Begrenzung auf drei Beilagen wegen der dadurch erzielten Einnahmen der Postbank im Hinblick auf das Wirtschaftlichkeitsprinzip für zulässig (BVerwG NJW 1989, 2409, 2410; ERMAN/EHMANN Anh zu § 12 Rn 379). Doch dürfte dieser Begründung spätestens mit der Privatisierung der Postbank der Boden entzogen sein. Ein Privatunternehmen kann nicht die Beilage von Werbematerial in seiner Geschäftspost damit begründen, es sei dadurch in der Lage, preisgünstiger anzubieten.

4. Die Passivlegitimation

Passivlegitimiert sind die **unmittelbaren Störer**, also etwa die Unternehmen, die die Werbung vertreiben und verteilen. Dazu gehört auch die Deutsche Bundespost Postdienst; nach Nr 6. 4 II AGB sind seit dem 1. 7. 1991 die Aufkleber als Annahmeverweigerung von Postwurfsendungen aufzufassen und diese von der Zustellung auszunehmen (vgl BGH NJW 1992, 1109, 1110 unter I 2 c; OLG Frankfurt aM NJW 1996, 934, 935).
Mittelbare Störer sind die Besteller der Werbeaktion, weil und soweit sie in der Lage sind, aufgrund ihrer vertraglichen Beziehung zu den Werbeunternehmen gegen die Störungen des Selbstbestimmungsrechts der Empfänger einzuschreiten; dazu müssen alle **in Betracht kommenden und Erfolg versprechenden Maßnahmen** ergriffen werden (BGHZ 106, 229, 235; OLG Karlsruhe NJW-RR 1990, 244; OLG Köln WRP 1992, 258, 259 f; Palandt/Bassenge § 1004 Rn 7; Staudinger/Gursky [1993] § 1004 Rn 122 aE; Larenz/Canaris § 80 II 7 b; skeptisch aufgrund des abweichenden Ausgangspunkts Erman/Ehmann Anh zu § 12 Rn 376). Das ist Ausfluß der Verkehrspflicht zugunsten des Persönlichkeitsrechts auch gegenüber mittelbaren Beeinträchtigungen (Larenz/Canaris § 80 II 7 b). Es genügt zwar zunächst, die Anweisung an die Werbefirma zu geben, die **Sperrvermerke zu beachten** (OLG Karlsruhe NJW-RR 1990, 244). Kommt es gleichwohl zu Verstößen, so kann der Abschluß einer Vertragsstrafenvereinbarung notwendig werden (BGHZ 106, 229, 236; OLG Karlsruhe NJW-RR 1990, 244, 245; OLG Köln WRP 1992, 258, 259 [Regreß gegen das Werbeunternehmen]). Nur rechtlich und wirtschaftlich unzumutbare Maßnahmen – etwa die Unterlassung jeder Werbung – können nicht gefordert werden (BGHZ 106, 229, 235; OLG Stuttgart BB 1991, 1454). Die **Beweislast** für die Einhaltung der Vorkehrungen trifft das Unternehmen als den mittelbaren Störer (BGHZ 106, 229, 235). Derartige Vorkehrungen sind indes nicht vonnöten, wenn die Post mit der Verteilung betraut wird, da sie sich nunmehr zur Beachtung der Aufkleber verpflichtet hat und Verstöße dem Besteller der Werbeaktion daher nicht zuzurechnen sind (Staudinger/Gursky [1993] § 1004 Rn 122 aE; Palandt/Bassenge § 1007 Rn 7 [zur Rechtslage bis zum 1. 7. 1991 mwNw]).

5. Telefonanrufe

Die Belästigung kann durch Telefonanrufe erfolgen, namentlich wenn der Anrufer ohne konkludentes oder ausdrückliches Einverständnis des Angerufenen Werbung betreibt oder betreiben will. Dann ist nicht nur § 1 UWG einschlägig, sondern auch das allgemeine Persönlichkeitsrecht verletzt (BGHZ 54, 188, 192 f; BGH NJW 1989, 2820; 1991, 1532, 1534; 1992, 1958, 1959; LM Nr 544 zu § 1 UWG unter II 2; OLG Frankfurt aM NJW-RR 1992, 39; OLG Hamm CR 1993, 150 [LS]; Soergel/Zeuner Rn 99; Larenz/Canaris § 80 II 7 c; vgl auch BGHZ 113, 282, 284). Die schriftliche Bitte um Information bedeutet kein solches Einverständnis mit einem Telefonanruf (BGH LM Nr 544 zu § 1 UWG unter II 2). Auch ein **Telex-, Telefax- oder BTX-Teilnehmer** braucht nicht ungebetene Werbung auf seinen Geräten hinzunehmen (BGHZ 59, 317, 322; 103, 203, 206; 113, 282, 285; BGH NJW 1992, 1958, 1959; 1996, 660; OLG Oldenburg NJW 1998, 3208; jeweils unter dem Aspekt des § 1 UWG; Mutter DZWiR 1995, 171 für die Telefaxwerbung); dasselbe gilt für Werbung durch unaufgeforderte Zusendung von **E-Mails** (LG Berlin NJW 1998, 3208 f; AG Brakel NJW 1998, 3209). Die Gegenauffassung will eine Persönlichkeitsverletzung erst dann bejahen, wenn der Anruf einen beleidigenden Inhalt hat, der Empfänger verspottet oder verbal sexuell belästigt wird. Das Maß einer bloßen Belästigung müsse überschritten sein (Erman/Ehmann Anh zu § 12 Rn 381 f). Doch wird damit der Schutz des Betroffenen zu stark aufgeweicht. § 1 UWG hilft dem einzelnen angesichts der fehlenden Klagemöglichkeit gemäß § 13 Abs 2 UWG nicht weiter; er wäre somit völlig der rechtswidrigen Werbung ausgeliefert. Dem Eindringen mittels unerlaubter Telefonanrufe steht es gleich, wenn der Täter den Betroffenen mit sonstigen Mitteln ständig beschattet oder verfolgt (LARENZ/CANARIS § 80 II 7 c). **Kein Eingriff** in die Persönlichkeit liegt aber vor, wenn hilfesuchende Patienten den Arzt während der Dauer seines Dienstes als Notfallarzt anrufen (BGH NJW 1991, 1532, 1534).

6. Ideelle Immissionen

C 238 Zur Fallgruppe der Belästigung gehören auch die ideellen Immissionen (STAUDINGER/GURSKY [1993] § 1004 Rn 76 aE, Rn 77 aE; MünchKomm/SÄCKER [3. Aufl 1997] § 906 Rn 21; MünchKomm/MEDICUS [3. Aufl 1997] § 1004 Rn 31; LARENZ/CANARIS § 80 II 7 d). Allerdings sind hier **Einschränkungen** notwendig. Nicht jeder Anblick eines Friedhofs oder auch des rauchenden Schornsteins eines Krematoriums ist schon deshalb eine Persönlichkeitsverletzung, weil der Betroffene unangenehm berührt wird (STAUDINGER/GURSKY [1993] § 1004 Rn 77 mwNw). Die hM nennt als Voraussetzung, daß **grob schamverletzende** oder zum Intimbereich zählende Vorgänge zur Schau gestellt werden (LARENZ/CANARIS § 80 II 7 d). Dazu gehört weder das unbekleidete Baden (RGZ 76, 130, 132 f [unter dem Aspekt der Eigentumsverletzung und unter Anknüpfung an § 906]; STAUDINGER/GURSKY [1993] § 1004 Rn 74 am Anfang), noch der Betrieb eines Bordells im Nachbarhaus, wenn diese Nutzung nach außen nicht wahrnehmbar ist (RGZ 57, 239, 240; BGHZ 95, 307, 309 f jeweils unter dem Aspekt der Eigentumsverletzung; BGHZ 95, 307, 310; MünchKomm/SÄCKER [3. Aufl 1997] § 906 Rn 21; LARENZ/CANARIS § 80 II 7 d; aA SOERGEL/J F BAUR [12. Aufl 1990] § 903 Rn 50 jeweils unter dem Aspekt der Verletzung der Persönlichkeit). Zwar überzeugt die Begründung des BGH, die Persönlichkeit sei nicht verletzt, da sich die Ausübung der Prostitution nicht unmittelbar gegen den Nachbarn richte (BGHZ 95, 307, 310; aA SOERGEL/J F BAUR [12. Aufl 1990] § 903 Rn 50 Fn 15), nicht; die mittelbare Beeinträchtigung genügt (LARENZ/CANARIS § 80 IV 2). Doch ist bei derartigen Störungen die Schwelle der Verletzung erst **bei einer gewissen Intensität** erreicht; ein im Inneren des Hauses sich abspielendes, von außen nur zu erahnendes unsittliches Verhalten reicht dafür nicht aus (vgl statt aller LARENZ/CANARIS § 80 II 7 d). Eine weitere Einschränkung folgt aus der Möglichkeit des zumutbaren Selbstschutzes. Wer die Konfrontation erst sucht, sie durch Wegschauen aber leicht vermeiden kann, wird nicht beeinträchtigt (LARENZ/CANARIS § 80 II 7 d; WIELING, Sachenrecht [3. Aufl 1997] § 23 II 4 a dd). Schließlich darf sich der einzelne **nicht zum Hüter der allgemeinen Sittenordnung** aufschwingen und gestützt auf sein Persönlichkeitsrecht etwa gegen die Auslage pornographischer Bücher im Wege der Selbsthilfe vorgehen (BGHZ 64, 178, 182; SOERGEL/ZEUNER Rn 99).

7. Der Schutz vor Diskriminierung

C 239 Auch durch eine diskriminierende Behandlung kann die Persönlichkeit verletzt werden – etwa dadurch, daß ein Gastwirt einen Farbigen **nicht bedient** (LARENZ/CANARIS § 80 II 2 d; ders AcP 184 [1984] 243) oder bei der **Einstellung das Geschlecht nachteilig berücksichtigt** wird (BAG NJW 1990, 65 [dazu wegen der konkreten Fallgestaltung abl LARENZ/CANARIS § 80 II 2 d]; 1990, 67, 68; 1996, 2529, 2533). Durch die Neufassung von § 611 a Abs 2 ist hier ein eigenständiger Anspruch auf Ersatz auch des immateriellen Schadens normiert worden. Ob wie bei der früheren Regelung (BAG NJW 1990, 65, 66; 1990, 67, 68; iE auch BAG NJW 1996, 2529, 2533) die Neufassung einer **kumulativen Anwen-**

dung auch des deliktischen Persönlichkeitsschutzes nicht entgegensteht (ebenso Münch-Komm/MÜLLER-GLÖGE [3. Aufl 1997] § 611 a Rn 47; HERRMANN ZfA 1996, 45; zögernd PALANDT/PUTZO § 611 a Rn 4; aA SOERGEL/ZEUNER Rn 100), spielt angesichts der nunmehr höhenmäßig nicht von vornherein begrenzten Entscheidung des § 611 a Abs 2 dort keine Rolle mehr; neben § 611 a Abs 3 kommt aber ein Anspruch in Betracht, gerade wenn es um einen Fall massiver Diskriminierung geht.

X. Das Recht auf Selbstbestimmung[*]

1. Die allgemeine Handlungsfreiheit

Die allgemeine Handlungsfreiheit fällt nach ganz hM **nicht unter den Begriff der Frei-** C 240

---

[*] **Schrifttum:** COESTER-WALTJEN, Die künstliche Befruchtung beim Menschen – Zulässigkeit und zivilrechtliche Folgen, 56. DJT Bd I [1986] Teil B; DEUTSCH; Artifizielle Wege menschlicher Reproduktion: Rechtsgrundsätze bei Konservierung von Sperma, Eiern und Embryonen; künstliche Insemination und außerkörperliche Fertilisation; Embryotransfer, MDR 1985, 177; ders, An der Grenze von Recht und künstlicher Fortpflanzung, VersR 1985, 1002; DIEDERICHSEN, Unterhaltskosten als Vermögensschäden, VersR 1981, 693; DUNZ, Anm zu BGH, 17. 4. 1986 – IX ZR 200/85, VersR 1986, 819; EBERBACH, Heimliche Aids-Tests, NJW 1987, 1470; FEHN, Die Menschenwürde des nichtehelichen Kindes im Spannungsfeld zwischen Unterhalts- und Deliktsrecht – BGH NJW 1986, 2043, JuS 1988, 602; FISCHER, „Wrongful life": Haftung für die Geburt eines behinderten Kindes – BGHZ 86, 240, JuS 1984, 434; GIESEN, Geburt eines ungewollten Kindes – Wertverwirklichung oder Schadensereignis?, FamRZ 1970, 565; HALLER, Das sexuelle Selbstbestimmungsrecht der verheirateten Frau, MDR 1994, 426; HARRER, Zivilrechtliche Haftung bei durchkreuzter Familienplanung (1989); ders, Das Recht auf Familienplanung als sonstiges Recht im Sinne von § 823 I BGB, DAVorm 1990, 509; HELDRICH, Schadensersatz bei fehlgeschlagener Familienplanung – LG Itzehoe, FamRZ 1969, 90, JuS 1969, 455; HUBMANN, Das Persönlichkeitsrecht (2. Aufl 1967); KARAKATSANES, Zum Schmerzensgeldanspruch einer Frau, die durch wahrheitswidrige Vorspiegelung der Scheidungs- und Heiratsabsicht seitens eines verheirateten Mannes zur Aufnahme bzw zur Fortsetzung intimer Beziehungen zu ihm bewogen wird, MDR 1989, 1041; KIEHL, Das Ende der „kleinen Sexualdelikte"?, NJW 1989, 3003; LANKERS, Zur Abwälzung von Unterhaltskosten, FamRZ 1969, 384; LAUFS, Die künstliche Befruchtung beim Menschen – Zulässigkeit und zivilrechtliche Folgen, JZ 1986, 769; LAUFS/REILING, Schmerzensgeld wegen schuldhafter Vernichtung deponierten Spermas?, NJW 1994, 775; LAUFS/UHLENBRUCK (Hrsg), Handbuch des Arztrechts (1992); LÜKE, Grundsätzliche Veränderungen im Familienrecht durch das 1. EheRG, AcP 178 (1978) 1; MERTENS, Ein Kind als Schadensfall?, FamRZ 1969, 251; MICHEL, Schmerzensgeldanspruch nach heimlichem Aids-Test?, NJW 1988, 2271; PAWLOWSKI, Schmerzensgeld für fehlgeschlagene Ehestörung?, NJW 1983, 2809; ders, Berechtigtes Vertrauen auf Untreue als Folge der Güterabwägung? – LG Saarbrücken, NJW 1987, 2241, JuS 1988, 441; PÜTTNER/BRÜHL, Fortpflanzungsmedizin, Gentechnologie und Verfassung, JZ 1987, 529; RAMM, Anm zu BGH, 17. 4. 1986 – IX ZR 200/85, JZ 1986, 1008; REINELT, Schadensersatz beim Kauf empfängnisverhütender Mittel, FamRZ 1970, 572 ff; ROTH-STIELOW, Das „erschlichene" Kind als Heiratsköder, JR 1987, 7; SCHLUND, Anm zu BGH, 17. 4. 1986 – IX ZR 200/85, JR 1986, 451, 456; SCHNORBUS, Schmerzensgeld wegen schuldhafter Vernichtung von Sperma – BGH NJW 1994, 127, JuS 1994, 830; SCHÜNEMANN, Schadensersatz für mißgebildete Kinder bei fehlerhafter genetischer Beratung Schwangerer?, JZ 1981, 574; SELB, Eltern wider Willen, JZ 1971, 201; TAUPITZ, Wem gebührt der Schatz im menschlichen Körper?, AcP 191

heit im Sinn des § 823 Abs 1 (vgl oben Rn B 53). Dagegen soll sie als Teil des Persönlichkeitsrechts geschützt sein (PALANDT/THOMAS Rn 177; DEUTSCH Rn 185; SCHLECHTRIEM DRiZ 1975, 66; ausf HUBMANN 175 ff). In einem obiter dictum hat der **BGH** zudem die wirtschaftliche Selbstbestimmung – im entschiedenen Fall: einer juristischen Person – als Teil der Persönlichkeit angesehen (BGHZ 98, 94, 98). Die **Literatur** lehnt diese Ansätze generell ab, da das Persönlichkeitsrecht auf die engere Persönlichkeitssphäre beschränkt sei und insoweit daher keine Notwendigkeit bestehe, Vorgaben des Grundgesetzes im Deliktsrecht Rechnung zu tragen (LARENZ/CANARIS § 80 II 6 a unter Hinweis auf BVerfGE 54, 148, 153; 72, 155, 170 f; 79, 256, 268). Das System des § 823 Abs 1 dürfe nicht durch die Einbeziehung der allgemeinen Handlungsfreiheit gesprengt werden (LARENZ/CANARIS § 80 II 6 a). Es geht jedoch zu weit, generell den Schutz der Handlungsfreiheit durch § 823 Abs 1 zu verneinen. Jedenfalls **die engere persönliche Lebenssphäre** gehört zum garantierten Bereich (BVerfGE 54, 148, 153; 72, 155, 170 f; 79, 256, 268) und muß daher auch gegenüber Eingriffen Dritter abgesichert werden. Mithin verstößt es gegen das Persönlichkeitsrecht von Minderjährigen, wenn ihre gesetzlichen Vertreter in ihrem Namen Schulden machen können und sie demgemäß so in die Volljährigkeit entlassen, daß sie ihr Leben in wirtschaftlicher Hinsicht nie frei werden gestalten können (BVerfGE 72, 155, 173); dem baut jetzt § 1629 a vor.

2. Die Teilnahme am rechtsgeschäftlichen Verkehr

C 241 Vom Persönlichkeitsrecht umfaßt ist die **Freiheit, am rechtsgeschäftlichen Verkehr überhaupt teilnehmen zu können**. Wer einen anderen durch falsche Angaben in die Gefahr bringt, einem Einwilligungsvorbehalt nach § 1903 BGB unterworfen zu werden – etwa durch eine falsche Angabe gegenüber Behörden, erst recht natürlich durch ein falsches ärztliches Gutachten – wird daher nicht nur nach § 826 schadensersatzpflichtig (darauf beschränkt RGZ 72, 175, 176 f zur früheren Rechtslage – Entmündigung), sondern verletzt auch das Persönlichkeitsrecht des Betroffenen (LARENZ/CANARIS § 80 II 6 b; ders JuS 1989, 170). Man könnte daraus den Erst-recht-Schluß ziehen und auch die zur Freiheitsentziehung führende Anzeige hierher rechnen (MünchKomm/MERTENS Rn 82); doch dürfte das ausdrücklich genannte Rechtsgut der Freiheit nach § 823 Abs 1 ausreichen und daher vorrangig sein. Das Persönlichkeitsrecht schützt auch gegen das **Mobbing**.

3. Die Entscheidungsfreiheit

C 242 Auch die **Entscheidungsfreiheit hinsichtlich des eigenen Körpers** ist Teil des Persönlichkeitsrechts (LARENZ/CANARIS § 80 II 6 c). Das ist für die Mindermeinung selbstverständlich, die die eigenmächtige Heilbehandlung (nur) als Persönlichkeitsrechtsbeeinträchtigung wertet (vgl unten Rn I 2). Dasselbe muß aber auch für die hM gelten, die darin den Fall einer Gesundheitsbeschädigung sieht, jedenfalls insoweit, als die Operation geglückt ist, ohne daß dem Patienten zusätzliche Schmerzen zugefügt wurden, aber er **angesichts der fehlenden Aufklärung seelisch stark belastet** wurde (BGH VersR 1967, 495, 496; OLG Jena VersR 1998, 586, 588; vgl auch unten Rn I 121). Fehlt

---

(1991) 201; ders, Privatrechtliche Rechtspositionen um die Genomanalyse: Eigentum, Persönlichkeit, Leistung, JZ 1992, 1089; ders, Anm zu BGH, 9.11.1993 – VI ZR 62/93, JR 1995, 21; WIESE, Gibt es ein Recht auf Nichtwissen?, in: FS Niederländer [1991] 475.

es an einem derartigen psychischen Leid, so reicht für die hM der Tatbestand der Körperverletzung mit seinen Folgeansprüchen aus. Für beide Ansichten ist die **Aufklärung gegen den Willen** des Patienten ein Verstoß gegen dessen Entscheidungsfreiheit (LARENZ/CANARIS § 80 II 6 c; ebenso für den Spezialfall des Arbeitsverhältnisses WIESE, in: FS Niederländer [1991] 486 f).

4. Die Bestimmung über den Körper

Das Persönlichkeitsrecht gewährt seinem Inhaber die Befugnis, über die **Bestandteile seines Körpers** und deren **Verwendung zu bestimmen**. Eine bestimmungswidrige Verwendung oder Vernichtung verletzt die Persönlichkeit (BGHZ 124, 52, 55; LAUFS JZ 1986, 772; PÜTTNER/BRÜHL JZ 1987, 532; TAUPITZ JZ 1992, 1093; ders JR 1995, 23; iE auch HELDRICH JuS 1969, 461; vgl auch oben Rn B 19). Das spielt eine Rolle namentlich bei der **Analyse von Blut**. Ein HIV-Test, in den der Betroffene nicht eingewilligt hat, ist daher rechtswidrig (OLG Düsseldorf VersR 1995, 339, 340; LARENZ/CANARIS § 80 II 6 c; UHLENBRUCK, in: LAUFS/ UHLENBRUCK § 49 Rn 15; ULSENHEIMER, in: LAUFS/UHLENBRUCK § 139 Rn 36; HART, in: FS Heinrichs [1998] 312; EBERBACH NJW 1987, 1471 f; MICHEL NJW 1988, 2272 f), namentlich da der Schutz des ärztlichen und pflegerischen Personals bei sachgerechtem Vorgehen auch anderweitig gewährleistet werden kann (EBERBACH NJW 1987, 1472). Die **unerlaubte Analyse** verletzt bereits als solche die Persönlichkeit; kommt die **ungebetene Mitteilung** eines positiven Befundes hinzu, liegt darin ein weiterer Eingriff. Dagegen ist bei einem rechtswidrigen Test mit negativem Ergebnis kein Schmerzensgeld geschuldet (AG Göttingen NJW 1989, 776, 777; UHLENBRUCK, in: LAUFS/UHLENBRUCK § 49 Rn 15 Fn 23; ebenso AG Mölln NJW 1989, 775, 776, wenn das Ergebnis nicht mitgeteilt wurde). Ohne Einwilligung des Spenders darf auch Sperma nicht verwendet werden (COESTER-WALTJEN, 56. DJT Bd I [1986] B 32, 72; DEUTSCH MDR 1985, 179; ders VersR 1985, 1004; TAUPITZ AcP 191 [1991] 213 mwNw in Fn 41); gleiches gilt für sonstige **Substanzen des Körpers** – etwa Organe, die aus medizinischen Gründen entnommen wurden oder zur Transplantation vorgesehen sind (HART, in: FS Heinrichs [1998] 312 f). Denn an allen diesen Substanzen steht dem Patienten nach der Trennung das Eigentum zu (vgl oben Rn B 19; STAUDINGER/DILCHER [1995] § 90 Rn 16 mwNw). Daneben wirkt aber auch das Persönlichkeitsrecht weiter, was insbesondere dann wichtig wird, wenn der Patient das Eigentum übertragen hat (TAUPITZ AcP 191 [1991] 209 mwNw auch zur Gegenauffassung).

5. Die sexuelle Selbstbestimmung

Die sexuelle Selbstbestimmung fällt in den **Kernbereich** des **Persönlichkeitsrechts**. Ein Gutteil des Schutzes wird durch § 823 Abs 2 iVm §§ 174 ff StGB gewährt; daneben kommt auch § 826 und – allerdings heute obsolet – § 825 in Betracht (ERMAN/ EHMANN Anh zu § 12 Rn 368; LARENZ/CANARIS § 80 II 6 e). Zu berücksichtigen sind ferner auch § 823 Abs 2 iVm §§ 185 ff StGB; ein Angriff auf die sexuelle Selbstbestimmung des Opfers erfüllt den Tatbestand der Beleidigung, wenn mit der Attacke gleichzeitig das Opfer herabsetzend bewertet wird (BGHSt 35, 76, 77; 36, 145, 146; BGH[St] NJW 1986, 2442 f; 1989, 3029; NStZ 1992, 33, 34; 1993, 182; zust ERMAN/EHMANN Anh zu § 12 Rn 368; TRÖNDLE [48. Aufl 1997] § 185 Rn 9; SCHÖNKE/SCHRÖDER/LENCKNER [25. Aufl 1997] § 185 Rn 4; skeptisch LACKNER/KÜHL [22. Aufl 1997] § 185 Rn 6; aA KIEHL NJW 1989, 3003 ff). Die sexuelle Selbstbestimmung steht **auch den Ehegatten untereinander** zu. Ungeachtet des Problems, ob die Ehe einen Rechtsanspruch auf Geschlechtsgemeinschaft begründet (bejahend zB BGH NJW 1967, 1078, 1079; aA LÜKE AcP 178 [1978] 1), gibt sie jedenfalls **keine Befugnis**, den

Anspruch mit Gewalt durchzusetzen (STAUDINGER/HÜBNER[12] § 1353 Rn 30). Es wäre absurd, gerade hier eine Ausnahme vom allgemeinen Gewaltverbot zu postulieren. Ein erzwungener Geschlechtsverkehr verletzt daher das Persönlichkeitsrecht der Frau. Der Täter schuldet daher dem Opfer eine Entschädigung nach § 847, auch wenn es nicht zu einer Körperverletzung kommt (OLG Schleswig NJW 1993, 2945, das zu sehr noch auf die Körperverletzung abstellt; PALANDT/DIEDERICHSEN § 1353 Rn 5; HALLER MDR 1994, 428). Auch ansonsten geht das sexuelle Selbstbestimmungsrecht über den durch die Spezialnormen geschützten Bereich hinaus (SCHÖNKE/SCHRÖDER/LENCKNER [25. Aufl 1997] § 185 Rn 4; aA LARENZ/CANARIS § 80 II 6 e) und beinhaltet vor allem die **Abwehr gegen sexuelle Belästigungen**. Dagegen dürfte ein Anspruch nicht darauf gestützt werden können, daß ein verheirateter Mann seiner Geliebten wahrheitswidrig vorspiegelt, er wolle sich scheiden lassen, um sie zur Fortsetzung des Verhältnisses zu bewegen (LG Saarbrücken NJW 1987, 2241 f; PALANDT/DIEDERICHSEN § 1300 Rn 2; ERMAN/EHMANN Anh zu § 12 Rn 371). Wie es für den betrogenen Ehegatten keinen Anspruch gibt, so hat ein solcher auch für den später wieder verlassenen Dritten auszuscheiden (KARAKATSANES MDR 1989, 1044). Sehr strittig ist, ob dies anders zu beurteilen ist, das Recht auf sexuelle Selbstbestimmung also verletzt wird, wenn der verheiratete Partner obendrein noch **der Wahrheit zuwider vorgibt, die Scheidung sei bereits beantragt** (bejahend OLG Hamm NJW 1983, 1436; zust SOERGEL/LANGE [12. Aufl 1988] § 1297 Rn 7; aA ERMAN/EHMANN Anh zu § 12 Rn 371; MünchKomm/MERTENS § 825 Rn 3; § 826 Rn 109; BGB-RGRK/DUNZ Anh I Rn 52; PAWLOWSKI NJW 1983, 2809 f; ders JuS 1988, 443 zeigt dagegen Verständnis für das OLG Hamm; MEDICUS, AT [7. Aufl 1997] Rn 1083, da es kein Recht der Frau gebe, sich irrtumsfrei zu entscheiden; KARAKATSANES MDR 1989, 1046 ff, soweit zugleich § 825 verwirklicht ist). Anstelle einer rigiden Alles-oder-Nichts-Lösung sollte man die Kenntnis der Anspruchstellerin, daß ihr Geliebter verheiratet ist, nach § 254 berücksichtigen (aA KARAKATSANES MDR 1989, 1047, soweit auch § 825 tatbestandsmäßig erfüllt sei). Das sexuelle Selbstbestimmungsrecht eines verheirateten Mannes wird dagegen nicht verletzt, wenn er mit einer Leihmutter ein Kind zeugt, diese sich jedoch weigert, das Kind – wie zunächst vereinbart – an den Mann und dessen Ehefrau herauszugeben (LG Freiburg NJW 1987, 1486, 1488; BGB-RGRK/DUNZ Anh I Rn 53).

6. Die Freiheit der Familienplanung

a) Der Umfang

C 245 Umstritten ist die Frage, ob das Persönlichkeitsrecht die Freiheit der Familienplanung umfaßt. Ganz überwiegend wird allerdings ein Anspruch auf Entschädigung in direkter oder analoger Anwendung des § 847 abgelehnt, mit dem die Geburt und die Existenz eines Kindes ausgeglichen werden solle. Das gilt auch dann, wenn das Kind behindert ist, die Eltern jedoch vom Arzt nicht auf die zur Behinderung führende Infektion der Mutter hingewiesen wurden und daher nicht über eine Schwangerschaftsunterbrechung befinden konnten (BGHZ 86, 240, 249; LARENZ/CANARIS § 80 II 6 d; aA HARRER 256 ff). Die **Begründung des BGH**, eine Entschädigung scheide aus, wenn eine die Persönlichkeit betreffende Entscheidung nur faktisch beeinträchtigt werde (BGHZ 86, 240, 249), **überzeugt zwar nicht**, da auch die Entschädigung bei Verletzung der sexuellen Selbstbestimmung für die faktische Beeinträchtigung entrichtet wird. Doch spricht die Menschenwürde des Kindes dagegen, seine Existenz zu entschädigen (LARENZ/CANARIS § 80 II 6 d). Soweit es um die Kompensation materieller Einbußen geht, ist Grundlage des Ersatzanspruchs der Vertrag zwischen der Mutter bzw dem Vater und dem Arzt (OLG Düsseldorf NJW 1992, 1566, 1567; LARENZ/CANARIS § 80

II 6 d); in seinen Schutzbereich ist der Embryo einbezogen (vgl oben Rn B 51). Das Recht auf Familienplanung wird erst entscheidungserheblich, wenn es um Ansprüche gegen Dritte, etwa die Produzenten wirkungsloser Verhütungsmittel, oder um vertragsunabhängige Ansprüche des Vaters oder der Mutter geht. Hier sprechen die besseren Gründe dafür, ein **solches Recht zu bejahen** (LARENZ/CANARIS § 80 II 6 d; LANKERS FamRZ 1969, 385; HELDRICH JuS 1969, 460 f; GIESEN FamRZ 1970, 569; DIEDERICHSEN VersR 1981, 695 f; SCHÜNEMANN JZ 1981, 576; FISCHER JuS 1984, 437 f; HARRER DAVorm 1990, 512; **aA** OLG Karlsruhe NJW 1979, 599, 601 als Vorinstanz zu BGHZ 76, 259; OLG Düsseldorf NJW 1992, 1566, 1567; OLG Frankfurt aM NJW 1993, 2388, 2389; OLG Köln VersR 1997, 1006, 1007; ERMAN/EHMANN Anh zu § 12 Rn 370; MünchKomm/MERTENS Rn 80; ders FamRZ 1969, 252 f; BGB-RGRK/STEFFEN Rn 68; REINELT FamRZ 1970, 574 f; SELB JZ 1971, 207 f; SCHNORBUS JuS 1994, 835; iE auch LAUFS/REILING NJW 1994, 776; offen gelassen von BGHZ 76, 259, 261; 86, 240, 249). Wenn die Freiheit, über die Veröffentlichung eines Bildes zu entscheiden, geschützt ist, dann muß das auch und erst recht für die Entscheidung darüber gelten, **ob, wann und wie oft man neues Leben zeugt oder empfängt** (LANKERS FamRZ 1969, 385; HELDRICH JuS 1969, 461 Fn 44; GIESEN FamRZ 1970, 569; HARRER DAVorm 1990, 512). Der Vergleich mit der fahrlässigen Verletzung des Rechts am eigenen Bild (vgl BGH NJW 1992, 2084 f, wenngleich im konkreten Fall Verschulden verneint wurde) zeigt, daß die fahrlässige Beeinträchtigung des Rechts auf Familienplanung nicht der bisherigen systematischen Ausarbeitung des Persönlichkeitsrechts widerspricht (so aber MünchKomm/MERTENS Rn 80; ders FamRZ 1969, 252 f). Ansonsten wären die Eltern ohne Schutz, wenn ein auf Grund eines Produktionsfehlers unwirksames Verhütungsmittel verabreicht oder infolge eines vom Arzt nicht verschuldeten Gerätefehlers die Behinderung eines Embryos bei der Untersuchung nicht erkannt wird. Die Haftung des Produzenten setzt voraus, daß die Freiheit der Familienplanung zum Persönlichkeitsrecht gehört (FISCHER JuS 1984, 437 f).

b) Die Täuschung über die Verwendung von Verhütungsmitteln
Dagegen wird weder das Recht auf Familienplanung noch dasjenige auf sexuelle Selbstbestimmung verletzt, wenn die Frau entgegen der Vereinbarung mit ihrem nichtehelichen Partner **keine empfängnisverhütenden Mittel** nimmt und daher – wie sie gehofft hatte – ein Kind geboren wird. Denn jedenfalls geht der ebenfalls als Teil des Persönlichkeitsrechts geschützte Wunsch nach einem Kind vor (LARENZ/CANARIS § 80 II 6 e). Obendrein würde sich der Freistellungsanspruch des Vaters gegen die Mutter hinsichtlich des Unterhalts in vielen Fällen zu Lasten des Kindes auswirken; die Rückwirkungen auf das Leben der Mutter und die Erkenntnis des Kindes, seine Existenz habe deren Haftung ausgelöst, müßten die Menschenwürde des Kindes treffen (BGHZ 97, 372, 379 f; **aA** ERMAN/EHMANN Anh zu § 12 Rn 370; SCHLUND JR 1986, 456; RAMM JZ 1986, 1012 f; ROTH-STIELOW JR 1987, 8 f; FEHN JuS 1988, 603 ff, der § 826 anwenden will; zumindest was die Begründung angeht, auch BGB-RGRK/DUNZ Anh I Rn 52; ders VersR 1986, 820). Daß die Heimlichkeit des Vorgehens – das Erschleichen der Zeugung statt des offenen Widerrufs der Vereinbarung – das Persönlichkeitsrecht des Mannes verletzt (BGB-RGRK/DUNZ Anh I Rn 52; ähnl SOERGEL/ZEUNER vor § 823 Rn 63; ROTH-STIELOW JR 1987, 9), ist schon deswegen schwerlich überzeugend, weil trotz der Verwendung von Antikonzeptiva eine Schwangerschaft nie völlig sicher ausgeschlossen werden kann und man ansonsten die Frau sogar für verpflichtet halten müßte, dem Mann über die vergessene Einnahme zu berichten. Die Gegenmeinung müßte obendrein eine Pflicht zur wahrheitsgemäßen Information auch bei Zufallsbekanntschaften annehmen. Umgekehrt ist auch die Frau, die schwanger wird, da sie der wahrheitswidrigen

Auskunft ihres Partners vertraut hat, er sei etwa wegen einer Sterilisation zeugungsunfähig, nicht in ihrer Persönlichkeit verletzt.

XI. Vertragliche Persönlichkeitsrechte

C 247 Neben den durch das Recht der unerlaubten Handlung geschützten Ausprägungen des allgemeinen Persönlichkeitsrechts stehen Erscheinungsformen, die eine vertragliche Verbindung zwischen den Partnern voraussetzen. So liegt es etwa bei dem **Anspruch des Arbeitnehmers auf Weiterbeschäftigung** (BAG NJW 1985, 2968, 2969 mwNw) und dem Recht des Mieters, mit weiteren Personen eine Wohngemeinschaft zu bilden (BGHZ 91, 213, 219; STAUDINGER/EMMERICH [1995] § 549 Rn 75 mwNw; scharf abl ERMAN/EHMANN Anh zu § 12 Rn 365). Diese Fälle können hier nicht im Detail dargestellt werden; sie gehören zu den jeweiligen vertraglichen Verhältnissen.

XII. Die Rechtsfolgen*

1. Bereicherungsansprüche

a) Die geschützten Bereiche
aa) Die hM

C 248 Anspruchsgrundlage für die Abschöpfung der ungerechtfertigten Bereicherung außerhalb nichtiger Vertragsverhältnisse ist **§ 812 Abs 1 S 1 Fall 2**. Dies war zunächst anerkannt beim **Recht am eigenen Bild** (BGHZ 20, 345, 354 unter Berufung auf RGZ 90, 137, 138 und 121, 258, 259; BGH NJW 1979, 2205, 2206; 1992, 2084, 2085; LM Nr 187 zu § 812 unter II 2; OLG Koblenz NJW-RR 1995, 1112, 1113; OLG Karlsruhe VersR 1996, 600, 601; LG Hamburg AfP 1995, 526, 527; LG Berlin NJW 1996, 1142; in BGHZ 26, 349, 353 f mangels vermögensrechtlicher Benachteiligung des Betroffenen abgelehnt; das ist für das Bereicherungsrecht der falsche Ansatz; HUBMANN 363; ders Ufita 39 [1963] 227; vgl ferner BGHZ 5, 116, 123; 15, 338, 348, die die Verletzung von Urheberrechten betreffen) und **am eigenen Namen** (BGHZ 81, 75, 81 f; HUBMANN 363; ders Ufita 39 [1963] 229) und wird von der hM konsequenterweise erweitert auf **alle Fälle der Persönlichkeitsverletzung** (PALANDT/THOMAS vor § 812 Rn 18; ERMAN/EHMANN Anh zu § 12 Rn 467, 469; ders AfP 1995, 654; ERMAN/H P WESTERMANN § 812 Rn 69; MünchKomm/LIEB

---

* **Schrifttum:** CANARIS, Der Vorrang außerbereicherungsrechtlicher, insbesondere dinglicher Wertungen gegenüber der Saldotheorie und dem Subsidiaritätsdogma, JZ 1992, 1114; ders, Schutz der Persönlichkeit, KF 1996, 58; EHMANN, Anm zu OLG Hamburg AfP 1995, 504, AfP 1995, 654; GOUNALAKIS, Persönlichkeitsschutz und Geldersatz, AfP 1998, 10; J HAGER, Persönlichkeitsschutz gegenüber Medien, Jura 1995, 566; HUBMANN, Das Persönlichkeitsrecht (2. Aufl 1967); ders, Der Bereicherungsanspruch im Persönlichkeitsrecht, Ufita 39 (1963) 223; KLEINHEYER, Rechtsgutverwendung und Bereicherungsausgleich, JZ 1970, 471; KOPPENSTEINER/KRAMER, Bereicherungsrecht (2. Aufl 1988); MESTMÄCKER, Eingriffserwerb und Rechtsverletzung in der ungerechtfertigten Bereicherung, JZ 1958, 521; L RAISER, Der Stand der Lehre vom subjektiven Recht im Deutschen Zivilrecht, JZ 1961, 465; REUTER/MARTINEK, Bereicherungsrecht (1983); SCHLECHTRIEM, Bereicherung aus fremdem Persönlichkeitsrecht, in: FS Hefermehl (1976) 445; ders, Kurzkommentar zu BGH, 14. 4. 1992 – VI ZR 285/91, EWiR 1992, 663; STEFFEN, Schmerzensgeld bei Persönlichkeitsverletzung durch Medien, NJW 1997, 10; STÜRNER, Persönlichkeitsschutz und Geldersatz, AfP 1998, 1; H P WESTERMANN, Geldentschädigung bei Persönlichkeitsverletzung – Aufweichung der Dogmatik des Schadensrechts?, in: Symposion für Canaris (1998) 125.

[3. Aufl 1997] § 812 Rn 219; LARENZ/CANARIS § 69 I 2 a, 2 c; REUTER/MARTINEK § 7 IV 2 a; KOPPENSTEINER/KRAMER 82; J HAGER Jura 1995, 570; zögernd, iE abl MEDICUS, Bürgerliches Recht [17. Aufl 1996] Rn 707; aA HUBMANN 230; ders Ufita 39 [1963] 230; MESTMÄCKER JZ 1958, 525; L RAISER JZ 1961, 471, die den Zuweisungsgehalt verneinen; unentschieden ESSER/WEYERS § 50 I 1 b). Für die Verfechter der **Rechtswidrigkeitslehre** (vgl die Darstellung bei LARENZ/CANARIS § 69 I 1 b) ist das selbstverständlich; mit der Verletzung des Persönlichkeitsrechts steht auch die Rechtswidrigkeit fest (vgl zB JAKOBS, Eingriffserwerb und Vermögensverschiebung in der Lehre von der ungerechtfertigten Bereicherung [1964] 104). Auch die Anhänger der Lehre vom **Zuweisungsgehalt** bejahen großenteils generell die Nichtleistungskondiktion (PALANDT/THOMAS vor § 812 Rn 18; ERMAN/EHMANN Anh zu § 12 Rn 467; ERMAN/H P WESTERMANN § 812 Rn 69; STAUDINGER/LORENZ [1994] Vorbem 62 zu §§ 812 ff; iE auch KLEINHEYER JZ 1970, 476).

bb) Die abweichende Ansicht
Einige Vertreter in der Lehre **differenzieren nach Schutzbereichen**. So greife die Verwendung von Bild, Name und anderen Teilen des Persönlichkeitsprofils in den Zuweisungsgehalt ein, anders verhalte es sich mit der zutreffenden, das Opfer gleichwohl verletzenden Nachricht aus dem Intim- oder Privatbereich; sie beeinträchtige nicht die dem Betroffenen vorbehaltene kommerzielle Nutzung (SCHLECHTRIEM, in: FS Hefermehl [1976] 462; [wohl anders ders DRiZ 1975, 69 f]; wohl auch MünchKomm/SCHWERDTNER [3. Aufl 1993] § 12 Rn 281, da die Rechtsprechung mit der Anerkennung des Persönlichkeitsrechts keine Persönlichkeitsnutzungsrechte habe schaffen wollen; ähnl REUTER/MARTINEK § 7 IV 2 a). Wer den Zuweisungsgehalt mit Hilfe des Deliktsrechts konkretisiert und prüft, ob bei Unterstellung des subjektiven Tatbestandes eine Persönlichkeitsverletzung nach § 823 Abs 1 vorläge (LARENZ/CANARIS § 69 I 1 c, 2 c; aA iE MEDICUS, Bürgerliches Recht [17. Aufl 1996] Rn 707), kommt immer dann zu einer Nichtleistungskondiktion, wenn die objektiven Tatbestandsmerkmale erfüllt sind. Die **Rechtsprechung** hat zu den unterschiedlichen Positionen noch nicht ausdrücklich Stellung bezogen, scheint aber zu der Linie zu tendieren, zwar bei Verletzung des Rechts auf das eigene Bild und ähnlichen Eingriffen den Zuweisungsgehalt zu bejahen, nicht dagegen bei unzulässigen Berichten aus der Intim- oder Privatsphäre; sie prüft dort nämlich ausschließlich Ansprüche auf Geldentschädigung aufgrund verschuldeter Verletzung des Persönlichkeitsrechts (BGHZ 128, 1, 15). Zu folgen ist den Stimmen, die eine Nichtleistungskondiktion in allen Fällen der objektiven Verletzung bejahen. Zum einen ist kein tragfähiger Grund ersichtlich, zwischen einer Verletzung des Rechts am eigenen Bild und der Achtung der Privatsphäre zu differenzieren und etwa bei der schuldlosen rechtswidrigen Veröffentlichung einer Krankengeschichte dem Opfer die Abschöpfung eines eventuellen Vorteils beim Täter zu versagen. Den Ausschlag gibt vielmehr, ob die Position **von der Rechtsordnung dem Berechtigten zu dessen ausschließlicher Verfügung und Verwertung zugewiesen** ist (BGHZ 81, 75, 80; 82, 299, 306; 107, 117, 120; der Sache nach auch ERMAN/H P WESTERMANN § 812 Rn 69; ESSER/WEYERS § 50 I 1 e), und das ist auch bei der Intim- oder Privatsphäre der Fall. Zum anderen können Schwierigkeiten in der Bemessung dessen, was denn der Täter erlangt bzw herauszugeben habe, auch in den sonstigen Fällen auftreten, so daß auch unter diesem Aspekt zu einer Sonderbehandlung kein Anlaß besteht.

b) Beschränkungen bei Sittenwidrigkeit der eigenen Vermarktung?
Der Anspruch **setzt nicht voraus**, daß das Opfer von sich aus die **Möglichkeit** gehabt hätte, die **eigene Persönlichkeit zu vermarkten** (BGHZ 20, 345, 355; REUTER/MARTINEK § 7 IV

2 a aE; SCHLECHTRIEM, in: FS Hefermehl [1976] 464; HUBMANN 366; ders Ufita 39 [1963] 224). Zwar mögen vom Markt entsprechende Impulse ausgehen, was die Verwertungsfähigkeit angeht, doch entscheidet über die Anerkennung letztendlich die Rechtsordnung (MünchKomm/LIEB [3. Aufl 1997] § 812 Rn 219; LARENZ/CANARIS § 69 I 1 d). Umstritten ist die Lösung der freilich bislang weitgehend theoretischen Frage, ob die Eingriffskondiktion zu versagen ist, wenn die entgeltliche Verwertung den **guten Sitten widersprochen** hätte, namentlich also bei Verstößen gegen die sexuelle Selbstbestimmung. Die wohl hM lehnt in derartigen Fällen einen Anspruch ab, da der Zuweisungsgehalt fehle (ERMAN/H P WESTERMANN § 812 Rn 69; STAUDINGER/LORENZ [1994] Vorbem 62 zu §§ 812 ff; SCHLECHTRIEM, in: FS Hefermehl [1976] 464; wohl auch REUTER/MARTINEK § 7 IV 2 a; ebenso iE KLEINHEYER JZ 1970, 476 als Konsequenz der Wertung des § 817 BGB) oder die Entgeltfähigkeit zu verneinen sei (LARENZ/CANARIS § 69 I 1 d). **Dem ist zu widersprechen** (ERMAN/ EHMANN Anh zu § 12 Rn 468; § 687 Rn 14; wohl auch KOPPENSTEINER/KRAMER 83 f). Es mag auf den ersten Blick makaber sein, dem Opfer des schuldlos handelnden Täters – nur dann spielt die Frage im Ergebnis eine Rolle – einen Ausgleich zuzubilligen. Noch befremdlicher wäre es aber, einen derartigen Anspruch zu versagen, obgleich ihn das Opfer verlangt, und darauf zu verweisen, ein Vertrag wäre sittenwidrig, deshalb gebe es auch für den gewaltsamen Eingriff keine Kompensation. Erst recht gilt das auch für die Intimsphäre schlechthin; ein Ausgleich ist nicht deshalb abzulehnen, weil die Preisgabe auch nicht erzwungen werden könnte, wenn sich der Betroffene vertraglich dazu verpflichtet hätte. Wenn man Peep-Shows für sittenwidrig hält, so kann man gleichwohl demjenigen, der heimlich Videos dreht, nicht den Gewinn belassen, der betroffenen Frau aber den Ausgleich versagen. Der finanzielle Vorteil gebührt dem, dessen Rechtsgut ausgenützt wird (ERMAN/EHMANN Anh zu § 12 Rn 469).

c) Das Problem des Dreiecksverhältnisses

Passivlegitimiert ist der Eingreifende. Das ist im **Zweipersonenverhältnis** unproblematisch. Der BGH läßt auch im **Dreipersonenverhältnis** den Durchgriff des Verletzten gegen den Täter zu (BGHZ 20, 345, 355; BGH NJW 1979, 2205, 2206; 1992, 2084, 2085; iE zust STAUDINGER/LORENZ [1994] Vorbem 62 zu §§ 812 ff; CANARIS JZ 1992, 1118 f; **aA** KG KG-Report 1997, 124, 126). Es handelt sich dabei regelmäßig um Fälle, in denen Fotos unberechtigterweise weitergegeben wurden und der Abgebildete Ansprüche gegen den Empfänger der Bildnisse geltend macht, nachdem dieser die Fotos veröffentlicht hatte. Wenig überzeugend ist allerdings die Begründung des BGH, der Partner des Empfängers habe nicht die Befugnis zur Veröffentlichung verschafft; diese habe sich der Empfänger vielmehr selbst angemaßt (BGH NJW 1992, 2084, 2085; die vorangegangenen Entscheidungen verzichten auf jede Begründung). Entscheidend ist vielmehr der Gesichtspunkt, daß angesichts der **Unmöglichkeit eines redlichen Erwerbs der Befugnis zur Nutzung eines fremden Persönlichkeitsrechts** der Betroffene den Publizierenden nach § 1004 an der Veröffentlichung der Bilder hätte hindern können. Dem korrespondiert der Anspruch aus der Nichtleistungskondiktion (STAUDINGER/LORENZ [1994] Vorbem 61 zu §§ 812 ff; CANARIS JZ 1992, 1119; SCHLECHTRIEM EWiR 1992, 664). Die Tatsache, daß die Weitergabe unentgeltlich geschah, ist demgegenüber ohne Bedeutung – ein Ergebnis, das durch die Wertung des § 988 untermauert wird. Eine Ausnahme, in der die Nichtleistungskondiktion zu verneinen ist, liegt dann vor, wenn das Handeln des Weitergebenden durch eine Scheinvollmacht oder -ermächtigung gedeckt war (CANARIS JZ 1992, 1119).

d) Das Erlangte
Wenig Einigkeit herrscht darüber, was der Schuldner des Kondiktionsanspruchs erlangt hat. Die Rechtsprechung nimmt an, bei unbefugter Bildveröffentlichung oder Namensbenutzung sei dies das **ersparte Honorar**, von dem der Betroffene die Erlaubnis hätte abhängig machen können (BGHZ 20, 345, 355; 81, 75, 81 f; BGH NJW 1979, 2205, 2206; LM Nr 187 zu § 812 unter II 2; OLG Koblenz NJW-RR 1995, 1112, 1113; OLG Karlsruhe AfP 1998, 326, 327; LG Hamburg AfP 1996, 526, 527; LG Berlin NJW 1996, 1142, 1143; AG Hamburg AfP 1995, 528); teilweise spricht der BGH von einer „**Lizenzgebühr**" (BGH NJW 1992, 2084, 2085). Das entspricht seiner Linie in den sogenannten Nutzungsfällen, in denen die ersparten Aufwendungen als Kondiktionsgegenstand angesehen werden (vgl zB BGHZ 55, 128, 131; 94, 160, 165; anders aber BGHZ 82, 299, 307 [Gebrauch als Erlangtes]). Die Literatur stellt zT auf den **Gebrauchsvorteil** ab (ERMAN/H P WESTERMANN § 812 Rn 9; § 818 Rn 24; STAUDINGER/LORENZ [1994] § 812 Rn 72; LARENZ/CANARIS § 71 I 2 a; REUTER/MARTINEK § 15 II 3 a; SCHRICKER/WILD § 97 UrhG Rn 86), teilweise auf die **bloße Möglichkeit der Nutzung** (MünchKomm/LIEB [3. Aufl 1997] § 812 Rn 301; § 818 Rn 10 ff). Gegen die letztgenannte Ansicht spricht freilich, daß sie dem Gesetz zuwiderläuft, das jedenfalls den gutgläubigen Kondiktionsschuldner nach § 818 Abs 1 nur zur Herausgabe der gezogenen Nutzungen anhält (LARENZ/CANARIS § 71 I 2 a). Die Lösung der Rechtsprechung krankt schließlich daran, daß sie den Kondiktionsgegenstand mit der Einsparung als bloßer Folge vermengt und zudem die rechtsgrundlosen Nutzer von Sachleistungen und Gebrauchsvorteilen ohne Not verschieden behandelt (STAUDINGER/LORENZ [1994] § 812 Rn 72 mwNw; LARENZ/CANARIS § 71 I 2 a). Auch stößt die Idee einer Lizenzgebühr an ihre Grenzen, wenn es um unwahre Berichte aus der Sozialsphäre geht, etwa die erfundene Meldung, die Hochzeit eines Prominenten stehe bevor. Träfe die Nachricht zu, dürfte sie ohne weiteres verbreitet werden; für die Einwilligung in eine Falschmeldung könnte der Betroffene nichts verlangen. Hier kann nur eine Entschädigung, uU eine Gewinnabschöpfung helfen (dazu sogleich Rn C 254).

aa) Die Wertermittlung
Was die Höhe der Gebrauchsvorteile angeht, so dreht sich der Streit in erster Linie darum, ob der Wert **objektiv zu bestimmen** ist (so zB MünchKomm/LIEB [3. Aufl 1997] § 818 Rn 35; im Ausgangspunkt auch LARENZ/CANARIS § 72 III 2 d) oder **subjektive Kriterien** den Vorrang haben (so zB ERMAN/H P WESTERMANN § 818 Rn 17; KOPPENSTEINER/KRAMER 161 ff). Bei einer entgeltlichen Überlassung wird man freilich auf den objektiven Wert schon deswegen abstellen müssen, weil ansonsten die Wertung, daß der Kondiktionsschuldner das Verwendungsrisiko nicht abwälzen darf, unterlaufen werden könnte. Sie muß mit der Regel der §§ 932 ff kombiniert werden, wonach bei Fehlschlag eines redlichen Erwerbs der Erwerber das **Risiko einer erneuten Inanspruchnahme** und des Scheiterns der Rückabwicklung des nicht erfüllten Vertrages trägt (vgl unten Rn C 256 f). Nur bei einer partiell oder zur Gänze unentgeltlichen Überlassung durch den unbefugterweise Verfügenden kann in die Ermittlung des objektiven Werts der Umstand einfließen, daß der Eingriff in die fremde Persönlichkeit beim Täter dessen Gewinn gar nicht oder weit weniger als erhofft gesteigert hat und daher die Nutzung dieses kaum gewinnträchtigen Persönlichkeitsrechts weniger wert war (AG Hamburg GRUR 1991, 910; ebenso iE LARENZ/CANARIS § 72 III 3 c); dasselbe kann gelten, wenn es sich um ein **Bildnis aus dem Alltag** handelt, für das der Betroffene nichts bekommen hätte (AG Hamburg AfP 1995, 528).

bb) Die Frage der Gewinnabschöpfung

C 254 Nach hM kann der Verletzte vom Eingreifenden nicht die Herausgabe des Gewinns verlangen (BGHZ 128, 1, 16; BGH NJW 1996, 984, 985 [im Rahmen der Entschädigung]; STEFFEN NJW 1997, 14). Nach Auffassung des BGH spielt die Erzielung von Gewinnen indes eine Rolle bei der **Bemessung der Geldentschädigung** nach rücksichtsloser Kommerzialisierung der Persönlichkeit (BGHZ 128, 1, 16; BGH NJW 1996, 984, 985). In der Literatur nehmen die Verfechter der Gewinnabschöpfung zu, wenn auch mit unterschiedlicher Akzentsetzung. Teilweise wird der Wert des Erlangten durch eine konkrete **Expost-Betrachtung** ermittelt; das führt zu einer Berechnung unter Berücksichtigung der nunmehr bekannten Nutzungs- und Gewinnmöglichkeit (LARENZ/CANARIS § 72 III 3 c). Andere befürworten dagegen eine **vollständige Abschöpfung** (ESSER/WEYERS § 61 II 2 b; ders KF 1996, 87; TAUPITZ KF 1996, 75; PRINZ NJW 1996, 955; wohl auch CANARIS KF 1996, 60 f; H P WESTERMANN, Symposion für Canaris [1998] 143 f; nur bei bekannten Persönlichkeiten STOLL KF 1996, 81 f). Als Vorteil wird namentlich der vorgelagerte Auskunftsanspruch angesehen (CANARIS KF 1996, 60). Dagegen spricht die Wertung des § 687 Abs 2 S 1, der die Abschöpfung des Gewinns an den Vorsatz des Täters knüpft. So bleibt allenfalls der Weg über die §§ 819 Abs 1, 818 Abs 4, 281 Abs 1. Das ist wegen des Vorsatzerfordernisses auch konsequent.

cc) Die Frage des widersprüchlichen Verhaltens

C 255 Umstritten ist, ob das Opfer widersprüchlich handelt, wenn es die **Zustimmung zur Publikation versagt**, aber **gegen den Täter den Anspruch geltend macht**, wenn er sich über den Willen des Betroffenen hinwegsetzt. Die Rechtsprechung tendiert zT dazu, in derartigen Fällen den Anspruch abzulehnen (BGHZ 30, 7, 17; 35, 363, 366; BGH NJW 1979, 2205, 2206; OLG Stuttgart NJW 1983, 1203, 1204; OLG Karlsruhe FamRZ 1983, 742, 744). Dies geschieht freilich meist im Rahmen der Prüfung des Ersatzes des materiellen oder immateriellen Schadens; in einer Entscheidung ist freilich für den Ersatz des materiellen Schadens eine Ausnahme angedeutet worden (BGHZ 26, 349, 352, dort mit wenig überzeugender Begründung abgelehnt). Allerdings soll sich das Fehlen der Einwilligung auf die Höhe der Entschädigung für die immaterielle Beeinträchtigung auswirken (BGHZ 26, 349, 358 f; 128, 1, 16). **Doch ist schon dem Ansatz nicht zu folgen** (abl auch MünchKomm/SCHWERDTNER [3. Aufl 1993] § 12 Rn 279; ders Rn 278 weist darauf hin, daß im Herrenreiterfall das Opfer geltend gemacht habe, es hätte sich für die Zahlung von DM 15.000 in die lächerliche und demütigende Lage bringen lassen; vgl ferner ERMAN/EHMANN Anh zu § 12 Rn 468, 476; SOERGEL/ZEUNER Rn 283; SCHLECHTRIEM DRiZ 1975, 69 f). Denn widersprüchliches Verhalten würde voraussetzen, daß der Betroffene nach vorheriger Ablehnung nunmehr freiwillig und ohne auf eine Gegenleistung zu bestehen, seine Persönlichkeit preisgäbe. Dies anzunehmen, weil der Täter dem erklärten Willen des Opfers zuwider gehandelt hat, wäre eine Fiktion. Viel näher liegt ein **Erst-recht-Schluß**. Der Täter, der sich bewußt ist, daß er für die Einwilligung jedenfalls eine Gegenleistung zu erbringen hat, kann nicht besser stehen, wenn er davon absieht, die Einwilligung einzuholen oder die Verweigerung zu beachten.

e) Die Frage der Entreicherung
aa) Der Meinungsstand

C 256 Namentlich bei **Dreiecksverhältnissen** kann es durchaus vorkommen, daß der Täter von dem Verstoß gegen das Persönlichkeitsrecht keine Ahnung hatte und daher geltend macht, er hätte sich etwa in der Werbung nicht des Bildnisses bedient, wenn er von der fehlenden Einwilligung gewußt hätte. Die Frage, ob sich der Täter darauf berufen kann, ist strittig. Die hM lehnt es iE ab. Es komme nicht darauf an, ob der Verletzer bereit und in der Lage gewesen wäre, für die Inanspruchnahme des Persönlichkeitsrechts, etwa für die Werbung mit dem Bild, eine Vergütung zu zahlen. Der Täter müsse sich vielmehr **an der Sachlage festhalten lassen, die er selbst geschaffen habe** (BGHZ 20, 345, 355 unter Berufung auf RGZ 97, 310, 312 und OLG Dresden SeuffArch 73 Nr 51; BGH NJW 1979, 2205, 2206; 1992, 2084, 2085; LM Nr 187 zu § 812 unter II 2; der Sache nach auch BGHZ 81, 75, 82; ferner ERMAN/EHMANN Anh zu § 12 Rn 470; STAUDINGER/LORENZ [1994] Vorbem 61 zu §§ 812 ff; § 818 Rn 29; HUBMANN Ufita 39 [1963] 234); er dürfe nicht besser stehen, als er gestanden hätte, wenn er die Erlaubnis eingeholt hätte (BGHZ 81, 75, 82). Dogmatisch wird dies zT als generelle Versagung des Einwands verstanden, die Bereicherung sei weggefallen (ERMAN/EHMANN Anh zu § 12 Rn 470), zT als einzelfallbezogene Korrektur des § 818 Abs 3 mit Hilfe des Rechtsmißbrauchseinwandes nach § 242. Ein nicht herausgabefähiger Vorteil dürfe nicht unentgeltlich behalten werden. Voraussetzung bleibe freilich die **Zurechenbarkeit der geschaffenen Lage**. Doch habe man diese zu bejahen, wenn und soweit die Rückfrage bei demjenigen möglich gewesen wäre, dessen Persönlichkeitsrecht tangiert worden sei. Auch könne im Rahmen des § 242 der Beziehung zwischen der Vergütung und zwischen der Höhe des mutmaßlichen oder möglichen Vorteils Rechnung getragen werden (LARENZ/CANARIS § 73 I 5 i; ders JZ 1992, 1120, der deshalb für den Fall BGH NJW 1992, 2084, 2085 auch den Wegfall der Bereicherung erwägt). Die **Gegenmeinung** gestattet dem gutgläubigen Eingreifer den **Einwand der Entreicherung** nach § 818 Abs 3 (REUTER/MARTINEK § 7 IV 2 a; § 17 IV 3 b; vgl auch MünchKomm/LIEB [3. Aufl 1997] § 818 Rn 72, was freilich mit seiner Auffassung, erlangt sei die Möglichkeit der Nutzung, nicht recht harmoniert), weil die Durchführung der Kondiktion nicht iE zu einer Minderung des Vermögens des Bereicherungsschuldners führen dürfe (KOPPENSTEINER/KRAMER 163; gegen die Begründung REUTER/MARTINEK § 17 IV 3 b).

bb) Stellungnahme
Zu folgen ist der Rechtsprechung. So kann der Werbende zunächst schon nicht geltend machen, die von ihm gegen Entgelt erworbene Reklame mit Hilfe einer anderen Person sei wirtschaftlich ein Fehlschlag gewesen; ob und inwieweit er etwa das Bild eines Prominenten erfolgreich in der Werbung einsetzen kann, ist **sein Risiko**. Die Tatsache, daß er seinem Partner den **Erwerbspreis** gezahlt hat, **entlastet ihn gegenüber dem Berechtigten nicht**, da es keinen redlichen Erwerb gibt. Schlägt der redliche Erwerb aber fehl, so folgt aus der Wertung der §§ 932 ff, daß der Erwerber die Sache zurückzugeben hat, ohne sich auf die seinem Partner entrichtete Gegenleistung berufen zu können. Solange der Partner noch solvent ist, bekommt er seine Leistung zurück, hat unter Umständen Anspruch auf Schadensersatz nach § 325 Abs 1 S 1. In allen diesen Fällen würde es einen Widerspruch zu den geschilderten Wertungen implizieren, wollte man dem Schuldner der Eingriffskondiktion die Berufung auf den Wegfall der Bereicherung gestatten. Sie kommt von vornherein allenfalls in Betracht, wenn der spätere Täter die Werbemöglichkeit unentgeltlich erhalten hatte und jetzt mit Forderungen des Opfers konfrontiert wird, obgleich die Werbung keinen umsatzsteigernden Effekt hatte. In diesem Ausnahmefall mag man mit § 818 Abs 2 helfen und den – objektiven – Wert entsprechend niedrig ansetzen (vgl oben Rn C 253). Das gleiche kann gelten, wenn der an den Mittelsmann gezahlte Preis und der aus der Werbung erlangte Nutzen jeweils geringer sind als die nunmehr geforderte Gebühr (HUBMANN Ufita 39 [1963] 235).

2. Ansprüche auf (vorbeugende) Unterlassung*

a) Die Anspruchsgrundlagen

C 258 Anspruchsgrundlagen sind die §§ 12, 862 Abs 1 S 2, 1004 Abs 1 S 2 iVm 823 Abs 1, 2 BGB, 185 ff StGB bzw § 824 analog (RGZ 61, 366, 369; RG WarnR 1914 Nr 17 = S 28, 30; BGHZ 34, 99, 102 f; 99, 133, 136; BGH NJW 1982, 2246; 1986, 2503, 2504; 1994, 1281, 1282; 1998, 3047; LM Nr 40 zu Art 5 GG unter B I 1; OLG München NJW-RR 1996, 1487, 1488; OLG Hamburg VersR 1996, 1285, 1286; OLG Saarbrücken NJW 1997, 1376, 1377; OLG Hamm AfP 1998, 68; LG Lübeck AfP 1996, 406, 407; BAGE 45, 111, 117; 54, 365, 369; 64, 308, 312 f; BAG NZA 1998, 712, 713; ERMAN/ EHMANN Anh zu § 12 Rn 432; MünchKomm/SCHWERDTNER [3. Aufl 1993] § 12 Rn 309). Der Anspruch besteht **bei jeder Art einer rechtswidrigen Verletzung der Persönlichkeit**, beispielsweise der Verbreitung wahrer Nachrichten aus dem Intimbereich, der Mitteilung unwahrer Tatsachen und der Herabwürdigung der Person (BGHZ 99, 133, 135 f [Werturteil]; BGH NJW 1982, 2246; 1994, 2614, 2616 [jeweils Tatsachenbehauptungen]; ERMAN/ EHMANN Anh zu § 12 Rn 433; MünchKomm/SCHWERDTNER [3. Aufl 1993] § 12 Rn 311; LARENZ/ CANARIS § 88 I 1 b). Er setzt **kein Verschulden** voraus (RGZ 60, 6, 7; 156, 372, 374; 166, 150, 156; BGHZ 3, 230, 275; 30, 7, 14 mwNw; 39, 124, 131; MünchKomm/SCHWERDTNER [3. Aufl 1993] § 12 Rn 310). Nach ganz hM entfällt auch das Rechtsschutzbedürfnis nicht deshalb, weil eine strafrechtliche Verfolgung möglich ist (RGZ 116, 151, 153 ff; 155, 92, 94; 156, 372, 377; ERMAN/EHMANN Anh zu § 12 Rn 432; ZÖLLER/GREGER [20. Aufl 1997] vor § 253 Rn 18 c).

b) Die Wiederholungs- bzw Erstbegehungsgefahr

C 259 Nach den allgemeinen Regeln setzt der Unterlassungsanspruch Wiederholungsgefahr oder Erstbegehungsgefahr voraus (ERMAN/EHMANN Anh zu § 12 Rn 435; MünchKomm/ SCHWERDTNER [3. Aufl 1993] § 12 Rn 310; BGB-RGRK/DUNZ Anh I Rn 147). Es handelt sich dabei um eine **echte Anspruchsvoraussetzung** (ERMAN/EHMANN Anh zu § 12 Rn 435; ausführlich STAUDINGER/GURSKY [1993] § 1004 Rn 198; LARENZ/CANARIS § 87 II 2), nicht um eine Ausprägung des Rechtsschutzbedürfnisses (so aber BGH NJW 1996, 647, 648 f; LM Nr 19 zu Art 5 GG unter 3; BGB-RGRK/DUNZ Anh I Rn 151), da anderenfalls sich der Anspruch gegen beliebig viele Störer richten würde (LARENZ/CANARIS § 87 II 2). Auch wenn die Wiederholungsgefahr verneint und die Klage deshalb durch Sachurteil abgewiesen wird, ist eine spätere Klage durch die **Rechtskraft des ersten Urteils nicht präjudiziert** (BGB-RGRK/DUNZ Anh I Rn 151, der selbst in der ersten Klage nur das Rechtsschutzbedürfnis verneint und daher für ein Prozeßurteil plädiert); es geht dann um eine **neue Tatsache** (vgl statt aller MünchKomm-ZPO/GOTTWALD [1992] § 322 Rn 139).

aa) Rechtswidrige Vortat

C 260 Wenn die vorangegangene Persönlichkeitsbeeinträchtigung in rechtswidriger Weise erfolgt war, so wird die **Wiederholungsgefahr vermutet** (BGH NJW 1969, 463; 1981, 2801, 2804 f; 1986, 2503, 2505; 1987, 2225, 2227; 1994, 1281, 1283; 1994, 2614, 2616; 1998, 1391, 1392; LM Nr 19 zu Art 5 GG unter 3; Nr 115 zu § 1004 unter I 1; OLG München NJW-RR 1996, 1365, 1366; NJW 1997, 62; OLG Saarbrücken NJW 1997, 1376, 1377; ERMAN/EHMANN Anh zu § 12 Rn 435; MünchKomm/SCHWERDTNER [3. Aufl 1993] § 12 Rn 310; WENZEL Rn 12. 14; kritisch LARENZ/CA-NARIS § 88 III 1 a Fn 19, da nicht die Rechtswidrigkeit als solche, sondern allenfalls die subjektive

---

* **Schrifttum:** CANARIS, Grundprobleme des privatrechtlichen Persönlichkeitsschutzes, öJBl 1991, 205; J HAGER, Der Schutz der Ehre im Zivilrecht, AcP 196 (1996) 168; KOPP, Fragen des Rechtswegs für Streitigkeiten gegen öffentlich-rechtliche Rundfunkanstalten, BayVBl 1988, 193; LEIPOLD, Zur Beweislast beim Schutz der Ehre und des Persönlichkeitsrechts, in: FS Hubmann (1985) 273; REICHOLD, Anm zu BGH, 25. 11. 1986 – VI ZR 57/86, NJW 1987, 1402.

Seite des Täters indiziellen Charakter haben könne). Die Anforderungen an die **Widerlegung der Vermutung sind nicht so gewichtig wie im Wettbewerbsrecht**, da die Motive des Täters unterschiedlicher Art sein können. Eine Rolle spielen daneben die Schwere des Eingriffs und die Umstände der Verletzung (BGH NJW 1994, 1281, 1283; iE auch OLG Koblenz NJW 1996, 325). Die Vermutung wird beispielsweise ausgeräumt, wenn eine **strafbewehrte Unterlassungserklärung** abgegeben wird (BGH NJW 1994, 1281, 1283), ansonsten indes nur in **Ausnahmesituationen** (BGH NJW 1980, 2801, 2805; 1994, 1281, 1283), etwa wenn durch anderweitige Maßnahmen sichergestellt ist, daß die Äußerung nur mit klarstellenden Erläuterungen wiederholt wird (BGH NJW 1980, 2801, 2805), oder sich die Sachlage so geändert hat, daß mit einer Wiederholung nicht zu rechnen ist (BGH LM Nr 19 zu Art 5 GG unter 3) – der Vorgang etwa schon richtiggestellt wurde (OLG Karlsruhe AfP 1989, 542, 543; OLG Köln AfP 1989, 764; WENZEL Rn 12. 14); hierzu soll nach der Rechtsprechung aber nicht genügen, wenn der Täter erklärt, daß es sich bei dem Vorgang um ein abgeschlossenes Projekt gehandelt habe (BGH NJW 1994, 1281, 1283). Die Einstellung des Vertriebs eines Buches reicht jedenfalls dann nicht aus, wenn der Verleger auf dem Standpunkt beharrt, die Äußerung sei nach Form und Inhalt zulässig (BGHZ 14, 163, 168; OLG München NJW-RR 1996, 1365, 1366; WENZEL Rn 12. 15).

bb) Vortat in Wahrnehmung berechtigter Interessen

Ist die Mitteilung ursprünglich in Wahrnehmung berechtigter Interessen erfolgt, so ist zwischen Meinungsäußerung und Tatsachenbehauptung zu differenzieren. Eine erneute **Meinungsäußerung** ist nach wie vor durch § 193 StGB gedeckt, sofern nicht in der steten Wiederholung eine neue zusätzliche Attacke im Sinn einer Schmähkritik liegt (vgl BVerfGE 24, 278, 287). Eine **Tatsachenbehauptung** darf aufrechterhalten bleiben, auch wenn ihre Wahrheit mit den zur Verfügung stehenden Mitteln nicht zur Gewißheit des Richters feststeht, sofern nur die notwendige Recherche erfolgt ist (BGHZ 132, 13, 23; BGH NJW 1979, 266, 267; 1981, 2117, 2120; 1985, 1621, 1622; 1987, 2225, 2226; 1993, 930, 931; LARENZ/CANARIS § 88 III 1 a). Doch kann sich letztendlich trotz ursprünglich hinreichender Recherche die Unwahrheit herausstellen. Dann darf die Tatsachenbehauptung nicht wiederholt werden (BGHZ 31, 308, 318; 90, 113, 116, 126; BGH LM Nr 18 zu § 824 unter I 1; ERMAN/EHMANN Anh zu § 12 Rn 434; LARENZ/CANARIS § 88 III 1 a; der Sache nach auch BGH NJW 1982, 2246; 1993, 930, 932; 1994, 2614, 2616). Doch geht es dann nicht um die Wiederholungsgefahr, sondern um die **Gefahr der Erstbegehung**. Für sie spricht keine Vermutung; vielmehr ist sie vom Kläger positiv darzutun (BGH NJW 1986, 2503, 2505; 1987, 2225, 2227; 1991, 1532, 1533; 1997, 2593, 2595; OLG Karlsruhe NJW-RR 1993, 1054, 1056; OLG Saarbrücken NJW 1997, 1376, 1377; ERMAN/EHMANN Anh zu § 12 Rn 435; MünchKomm/SCHWERDTNER [3. Aufl 1993] § 12 Rn 310; BGB-RGRK/DUNZ Anh I Rn 147; der Sache nach auch BGHZ 90, 113, 126 f [wenn der Betroffene die Wiederholungsabsicht zu erkennen gibt]). Ein Unterlassungsanspruch scheidet demgemäß aus, wenn nichts mehr dafür spricht, daß die Presse eine frühere Behauptung wiederholen wird; anders soll es nach Teilen der Literatur liegen, wenn die Pressevertreter noch im Rechtsstreit darauf hinweisen, die Gerüchte seien nicht weit von der Wirklichkeit entfernt (MünchKomm/SCHWERDTNER [3. Aufl 1993] § 12 Rn 310).

c) Untersagung für Sachverhalte der Zukunft

Nicht mit der Frage der Wiederholungsgefahr zu vermengen ist das Problem, ob dem Täter eine **Äußerung für alle Zukunft untersagt** werden kann. Ohne Zweifel ist das zu bejahen, wenn er einen in der Vergangenheit liegenden Sachverhalt falsch dargestellt, etwa wahrheitswidrig den Kläger eines Diebstahls bezichtigt hat, der sich zu einem früheren Zeitpunkt abgespielt haben soll (LARENZ/CANARIS § 88 III 1 b). Die Schwierigkeit beginnt, wenn im Urteil Behauptungen untersagt werden, die sich auch auf noch **kommende Sachverhalte** beziehen können. Der Umstand etwa, daß das Opfer zu Unrecht eines Diebstahls bezichtigt wurde und daher einen Unterlassungsanspruch hat, schließt nicht aus, daß es in Zukunft sich doch einen Diebstahl kann zuschulden kommen lassen. Die Lösung ist **strittig**. Ein Lösungsvorschlag differenziert danach, ob die Behauptung **in der Vergangenheit durch die Wahrnehmung berechtigter Interessen** gedeckt war, namentlich ob ordentlich recherchiert worden war. Dann bestehe lediglich die Gefahr der Wiederholung dieses Verhaltens, das jedoch erneut durch § 193 StGB gedeckt sein könne und deshalb nicht durch § 890 ZPO sanktioniert werden dürfe. Anders sei dagegen zu entscheiden, wenn die zurückliegenden Mitteilungen nicht in Wahrnehmung berechtigter Interessen erfolgt seien (LARENZ/CANARIS § 88 III 1 b; ders öJBl 1991, 217 f). Doch kann man damit **den Fall nicht lösen**, daß die Äußerung zunächst durch die Wahrnehmung berechtigter Interessen gedeckt war, sich die **Unwahrheit der Behauptung aber im Prozeß herausstellt**. Die Tatsache, daß die vorangegangene Äußerung nicht rechtswidrig war, führt zwar dann dazu, daß die Wiederholungsgefahr nicht vermutet wird, sondern die Gefahr der Erstbegehung nachgewiesen werden muß. Besteht diese jedoch, so ist der Anspruch auf Unterlassung zu bejahen. Dem Umstand, daß die Äußerung später gleichwohl wahr oder zumindest bei hinreichend recherchiertem Verdacht durch die Wahrnehmung berechtigter Interessen gedeckt sein kann, ist im Vollstreckungsverfahren nach § 890 ZPO Rechnung zu tragen. Das von der Norm geforderte Verschulden (BVerfGE 20, 323, 332 f; 58, 159, 162 f; STEIN/JONAS/BREHM [21. Aufl 1996] § 890 Rn 22) setzt rechtswidriges Handeln voraus. Fehlt es daran wegen der Wahrnehmung berechtigter Interessen, so entfällt die Möglichkeit, die Unterlassung zu erzwingen (ausf J HAGER AcP 196 [1996] 191 f).

d) Die Rechtsfolgen
aa) Die Reichweite der Unterlassung

C 263 Der Anspruch ist gerichtet auf die **Unterlassung der Störung**, soweit die Rechtswidrigkeit reicht (BGH NJW 1975, 1882, 1884 f; 1980, 2801, 2804 unter A I 2 vor a). Das kann von der Untersagung der Äußerung bzw ihres Verbreitens (ERMAN/EHMANN Anh zu § 12 Rn 437; WENZEL Rn 12. 68; LARENZ/CANARIS § 80 II 4 g; so schon für die Rechtslage vor Inkrafttreten des BGB RGZ 45, 170, 173 f [Verbot, ein rechtswidrig gefertigtes Photo der Leiche Bismarcks weiterzugeben]) bis hin zum Verbot der Auslieferung von Zeitschriften gehen (vgl BGH NJW 1976, 799, 800). Um eine geeignete Fassung des Unterlassungsgebots zu finden, ist der **Richter freier gestellt als sonst** (BGHZ 31, 308, 319; BGH NJW 1968, 1773, 1778). Soweit der Angriff etwa auf die Ehre in einer schmähenden Formulierung besteht, ist (nur) diese zu untersagen (insoweit ist BVerfGE 43, 143, 151 zuzustimmen; vgl ferner ERMAN/EHMANN Anh zu § 12 Rn 437; BGB-RGRK/DUNZ Anh I Rn 150; WENZEL Rn 12. 78). Dasselbe gilt, wenn eine Tatsachenbehauptung nur zT unwahr ist (BGH NJW 1982, 2246, 2248; WENZEL Rn 12. 78). Ist etwa eine Aussage nur in einem gewissen Zusammenhang unzulässig, in einem anderen dagegen erlaubt, so ist die Wiederholung nicht generell zu untersagen (OLG München ZUM 1990, 195, 198; WENZEL Rn 12. 78). Drohen Aussagen gleichen Inhalts, so kann dem Täter untersagt werden, den Kern der rufgefährdenden Aussage zu wiederholen (BGH AfP 1968, 55). Aus der Unterlassungsverpflichtung folgt auch **ein Verwertungsverbot** im Prozeß (BGH NJW 1982, 277, 278 [unter Vermengung der Frage, ob die Persönlichkeit verletzt ist, und dem Problem der Rechtsfolgen]; 1988, 1016; 1991, 1180; LARENZ/CANARIS § 80 II 4 g; ERMAN/EHMANN Anh zu § 12 Rn 295 ff wendet sich schon gegen die Annahme, es liege eine Persönlichkeitsverletzung vor).

bb) Verdeckte Behauptungen

Besondere Schwierigkeiten machen die sog verdeckten Behauptungen; hier kann die Unterlassung von Äußerungen verlangt werden, die dem Leser die Schlußfolgerung abnehmen, wenn diese unwahre Tatsachen enthält (BGH NJW 1980, 2801, 2804 [insoweit in BGHZ 78, 9 ff nicht abgedruckt]; vgl oben Rn C 68 f). Eine zulässige Schilderung, die indes Assoziationen an eine vorangegangene unzulässige Schilderung weckt, ist um einen **klarstellenden Hinweis** zu ergänzen, etwa in der Weise, man wolle einen bestimmten Eindruck nicht erwecken (BGHZ 78, 9, 20). Allerdings soll es Aufgabe des Verletzers sein, eine entsprechende Formulierung anzubieten; vom Opfer und Kläger kann dies nicht verlangt werden (BGH NJW 1968, 1773, 1778). Der Unterlassungsanspruch kann sich auch gegen die **Gesamtdarstellung** richten, wenn sich die unzulässigen Teile nicht in sinnvoller Weise von den zulässigen trennen lassen (BGH NJW 1968, 1773, 1778 [insoweit in BGHZ 50, 133 ff nicht abgedruckt]; 1975, 1882, 1885; OLG Düsseldorf WRP 1984, 272, 276; Wenzel Rn 12. 71). Nach hM begrenzt das **Übermaßverbot** den Unterlassungsanspruch (Erman/Ehmann Anh zu § 12 Rn 438; Wenzel Rn 12. 88). Das kann im Einzelfall dazu führen, daß klarstellende Bemerkungen oder Einlegeblätter ausreichend sind (Erman/Ehmann Anh zu § 12 Rn 438; Wenzel Rn 12. 91). Auch kann Tätern, die sich der Verletzung nicht bewußt waren, eine Aufbrauchfrist zugebilligt werden (Wenzel Rn 12. 89).

e) Die Beweislast
aa) Ehrenrührige Tatsachen
α) Die Grundregel

Die Beweislast spielt eine Rolle nur, wenn die Persönlichkeitsverletzung in der **Unwahrheit** besteht. Ist der Eingriff dagegen unabhängig davon rechtswidrig, etwa wegen der Verletzung der Intimsphäre, so ist der Unterlassungsanspruch ohnehin gegeben. Die Beweislast trifft zunächst nach § 823 Abs 2 iVm § 186 StGB den **Beklagten** (BGHZ 132, 13, 23; BGH NJW 1993, 525, 527; 1998, 1391, 1393; 1998, 3047, 3048; OLG Hamburg NJW-RR 1993, 1056, 1057; OLG München NJW-RR 1996, 1365, 1367). Das **ändert sich bei Vorliegen berechtigter Interessen des Täters**. Um klären zu können, ob eine Äußerung der Wahrnehmung berechtigter Interessen dient, ist nach hM die Wahrheit der Erklärung zu unterstellen; dies gebietet der Schutz der Äußerungsfreiheit. Von dieser Unterstellung aus ist sodann zu fragen, ob die Behauptung zur Wahrnehmung berechtigter Interessen aufgestellt wurde (BGHZ 37, 187, 191 mwNw; 132, 13, 23; BGH NJW 1985, 1621, 1622; 1987, 2225, 2226; 1993, 525, 527; 1998, 3047, 3048; LM Nr 20 zu § 823 [G] unter II 2 a cc [2]; Nr 36 zu § 823 [Ah] unter I 3; OLG Hamburg NJW-RR 1993, 1056, 1057; Erman/Ehmann Anh zu § 12 Rn 155; Larenz/Canaris § 88 II 1 c iVm § 79 I 4 a; Wenzel Rn 6. 70; LK/Herdegen [10. Aufl 1988] § 193 Rn 2 mwNw) und er sie deshalb für erforderlich halten durfte (BGHZ 132, 13, 23; BGH NJW 1998, 3047, 3048). Damit wird dem Erklärenden nicht nur das Risiko abgenommen, daß sich die Erklärung nachträglich als unwahr entpuppt (Erman/Ehmann Anh zu § 12 Rn 155), sondern auch die **Beweislast auf den Attackierten** verlagert (BGH NJW 1985, 1621, 1622; 1987, 2225, 2227; 1993, 525, 528; LM Nr 20 zu § 823 [G] unter II 2 a cc [3]; OLG München NJW-RR 1996, 1335, 1337; Larenz/Canaris § 79 I 4 c; für § 824 auch Münch-Komm/Mertens § 824 Rn 89). Dem ist trotz der Kritik (MünchKomm/Schwerdtner [3. Aufl 1993] § 12 Rn 332; scharf abl auch Kriele NJW 1994, 1899 f) zu folgen. Denn für wahre Tatsachen ist § 186 StGB schon von den Tatbestandsvoraussetzungen her nicht einschlägig, so daß § 193 StGB nicht mehr relevant werden kann. Soll die Norm ihren Sinn behalten, so muß es sich um Aussagen handeln, deren Wahrheitsgehalt jedenfalls im Augenblick der Äußerung nicht endgültig festgestellt werden kann (Wenzel Rn 6. 70; J Hager AcP 196 [1996] 189; iE auch Nolte 82 f).

β) Der Vergleich mit dem Strafrecht

C 266 Dagegen hat man eingewandt, der strafrechtliche Grundsatz „in dubio pro reo" gelte nicht im Zivilrecht (SCHLOSSER JZ 1963, 312 f; vgl auch KRIELE NJW 1994, 1899 f; Zweifel auch bei MACKEPRANG S 247 Fn 484, der indes übersieht, daß sich Konsequenzen wegen nicht hinreichend sorgfältiger Recherchen nur ergeben können, wenn sich die Behauptung als unwahr entpuppt). Doch liefe die Gegenmeinung iE darauf hinaus, daß trotz der Regel des § 823 Abs 2, der auf die Gesamtheit der Normierung des Schutzgesetzes verweist, § 193 StGB im Zivilrecht völlig ausgeblendet würde (WENZEL Rn 6. 70). Könnte die Tatsache nicht bewiesen werden, so hätte die Behauptung zu unterbleiben. Das würde insbesondere bei Themen von Wichtigkeit für die Allgemeinheit zu einer weitgehenden Beschränkung der Meinungsfreiheit führen. Zudem geht es um die **korrekte Übernahme des Schutzgesetzes** und seiner Einschränkungen ins Zivilrecht (RG DR 1939, 2009; J HAGER AcP 196 [1996] 189). Obendrein bedeutet dies **nicht, daß der Kläger die volle Beweislast trägt**. Denn zum einen hat der **Beklagte die Umstände nachzuweisen**, aus denen sich das **Vorliegen berechtigter Interessen** ergibt (LARENZ/CANARIS § 88 II 2 c); freilich werden diese in den wenigsten Fällen strittig sein. Zum anderen gibt es wie stets eine Erleichterung zugunsten des Klägers, dem der Nachweis abverlangt wird, etwas sei nicht geschehen. Der Beklagte muß die näheren Umstände darlegen, wann und wie sich das Geschehen abgespielt haben soll; bleibt er dies schuldig, ist er so zu behandeln, als habe er die Unwahrheit gesagt (BGH NJW 1959, 2011, 2012; 1974, 1710, 1711; 1975, 1882, 1883; 1980, 2062, 2064; 1984, 1102, 1103; NJW-RR 1987, 754, 755; OLG Hamburg NJW-RR 1993, 1056, 1057; ERMAN/EHMANN Anh zu § 12 Rn 442; iE auch LARENZ/CANARIS § 88 II 2 c; ferner für die Parallelproblematik bei § 824 BGH LM Nr 18 zu § 824 unter III 2 a; für die Parallelproblematik bei § 14 UWG BGH NJW-RR 1993, 746, 747). Hat dieser freilich nach Ausschöpfung der ihm zugänglichen Informationspflichten eine Behauptung aufgestellt, der Kläger umgekehrt Informationen und Beweismittel für sein Vorbringen in der Hand, die dem anderen Teil nicht zugänglich sind, so trifft den Kläger eine weiter gehende Darlegungslast (BGH NJW-RR 1987, 754, 755 [„Beweislast"] unter Hinweis auf BGH NJW 1981, 577, wo freilich nur von Ermittlungen zugunsten des Beklagten die Rede ist).

γ) Die Verletzung der Pflicht zur Recherche

C 267 Kann sich der Täter wegen nicht hinreichend gründlicher Recherchen nicht auf die Wahrnehmung berechtigter Interessen stützen, so trifft ihn die Beweislast (BGHZ 132, 13, 27 im Rahmen der Geldentschädigung; BGH NJW 1998, 1391, 1393; OLG Hamburg NJW-RR 1993, 1056, 1057 im Rahmen des Widerrufs). Wenn allerdings die Beweisaufnahme gleichwohl genügend Indizien für die Wahrheit der Tatsache ergibt, ist für ein Unterlassungsbegehren kein Platz, weil die Behauptung nunmehr aufgestellt werden darf (J HAGER AcP 196 [1996] 205). Dem Täter steht damit der Einwand des rechtmäßigen Alternativverhaltens zu.

bb) Nicht ehrenrührige Tatsachen

C 268 Strittig ist die Frage, wen die Beweislast bei der Behauptung nicht ehrenrühriger Äußerungen trifft. Aus den Umständen, daß erst die Unwahrheit die Persönlichkeit verletzt, schließt die **hM, daß das Opfer diese Unwahrheit nachweisen muß** (BVerfGE 54, 148, 157; LARENZ/CANARIS § 88 II 1; J HAGER AcP 196 [1996] 199 f; NOLTE 49, der deshalb die Erweiterung des Schutzes auf nicht ehrenrührige unwahre Tatsachenbehauptungen ablehnt). Die **Mindermeinung will § 186 StGB analog anwenden** (LEIPOLD, in: FS Hubmann [1985] 273 f; iE auch MünchKomm/SCHWERDTNER [3. Aufl 1993] § 12 Rn 332). Die Unterschiede zur hM sind jedenfalls dann gering, wenn man auch § 193 StGB entsprechend heranzieht (vgl aber zB LEIPOLD, in: FS Hubmann [1985] 274, der im Fall BVerfGE 54, 148, 158 die Wahrnehmung berechtigter Interessen verneint). Dies ist freilich unerläßlich, will man einen Wertungswiderspruch verneinen.

f) Die Befugnis zur Veröffentlichung

Bei rufschädigenden Meinungsäußerungen hat der Verletzte einen Anspruch darauf, C 269 daß eine strafbewehrte Unterlassungsverpflichtung des Verletzers veröffentlicht wird, wenn die Äußerung öffentlich erfolgt ist und die Publikation zur Beseitigung der noch andauernden Folgen der Äußerung für den Betroffenen erforderlich ist (BGHZ 99, 133 [LS], 139 f; OLG München NJW-RR 1990, 1435, 1437; ERMAN/EHMANN Anh zu § 12 Rn 447; MünchKomm/SCHWERDTNER [3. Aufl 1993] § 12 Rn 309; BGB-RGRK/DUNZ Anh I Rn 149; REICHOLD NJW 1987, 1402). Allerdings darf die Veröffentlichung **nicht ausschließlich zur Genugtuung des Betroffenen** verlangt werden, sondern nur, wenn sie zur Beseitigung der Störung erforderlich ist; das schließt einen automatischen Verbund zwischen dem Unterlassungsanspruch und der Veröffentlichungsbefugnis von vornherein aus (BGHZ 99, 133, 139 f; OLG München NJW-RR 1990, 1435, 1437 [im konkreten Fall abl]). Die Frage, ob auch bei möglicherweise unwahren Tatsachenbehauptungen das Unterlassungsurteil veröffentlicht werden darf, wenn dem Kläger der für den Anspruch auf Widerruf notwendige Beweis der Unwahrheit nicht gelingt, hat der BGH zunächst bejaht (BGH LM Nr 85 zu § 1004 unter I 3 b unter Berufung auf die Rechtsprechung zu § 23 IV aF UWG [zB BGH GRUR 1957, 231, 237 und 1957, 561, 564]; Nr 16 zu § 14 UWG unter II 2 b), zwischenzeitlich allerdings einmal offen gelassen, wenngleich er auch in diesem Fall dazu neigt, eine Veröffentlichungsbefugnis zu bejahen; die veröffentlichte Unterlassungserklärung unterscheide sich auch für den juristisch nicht vorgebildeten Durchschnittsleser hinreichend vom Widerruf (BGHZ 99, 133, 139). ZT versucht man dem dadurch Rechnung zu tragen, daß man die Anforderungen für die Veröffentlichungsbefugnis denen des Widerrufs annähert, den Maßstab der Erforderlichkeit aber etwas einschränkt, weil die Veröffentlichung vom Betroffenen weniger verlange als ein Widerruf (OLG Köln AfP 1985, 223, 225 unter Berufung auf BGB-RGRK/STEFFEN § 824 Rn 58). Wenn man an der einschränkenden Voraussetzung festhält, daß die Veröffentlichung zusätzlich zur Unterlassungserklärung nötig ist, stehen einer Erstreckung auch auf Tatsachenbehauptungen jedenfalls iE keine unüberwindlichen Bedenken entgegen.

3. Der Beseitigungsanspruch

Auch für Beeinträchtigungen, die nicht in der Behauptung unwahrer Tatsachen be- C 270 stehen (zu diesen vgl unten Rn C 271 ff), steht der Beseitigungsanspruch zur Verfügung. Er findet, soweit die Persönlichkeitsverletzung verschuldet ist, seine **Grundlage in den §§ 823 Abs 1, Abs 2, 249 S 1**, ansonsten **in den §§ 1004 Abs 1 S 1 iVm 823 Abs 1, Abs 2** (BGHZ 107, 384, 393; LARENZ/CANARIS § 80 II 4 g; SCHRICKER/GERSTENBERG Anh zu § 60 UrhG / §§ 33–50 KUG Rn 2). Bei Bildnissen folgt der Anspruch aus § 37 Abs 1 S 2 KUG. Wenn diese Norm teilweise als Hilfsanspruch zur Sicherung des Unterlassungsanspruchs angesehen wird (SCHRICKER/GERSTENBERG Anh zu § 60 UrhG / §§ 33–50 KUG Rn 3; offen gelassen von OLG München NJW-RR 1996, 93, 95), so überzeugt das nicht. Es geht vielmehr um die **Beseitigung der Persönlichkeitsverletzung**; Wiederholungsgefahr wird demgemäß nicht gefordert (BGH GRUR 1961, 138, 140; SCHRICKER/GERSTENBERG Anh zu § 60 UrhG / §§ 33–50 KUG Rn 3). Inhaltlich geht der Anspruch auf Vernichtung der aufgrund der Verletzung des Persönlichkeitsrechts erlangten Unterlagen, etwa der rechtswidrig gemachten Tonbandaufnahmen (BGHZ 27, 284, 290 f; BGH NJW 1988, 1016, 1017; LARENZ/ CANARIS § 80 II 4 g), oder der aufgrund einer Falschmeldung an die Schufa gespeicherten Daten (OLG Frankfurt aM ZIP 1989, 89, 92; MünchKomm/MERTENS § 824 Rn 93), aber auch von Bildnissen oder ähnlichem, beispielsweise wenn aufgrund von Fotomontagen ein unrichtiger Zusammenhang vorgetäuscht oder die Bildunterschriften vertauscht worden sind (ERMAN/EHMANN Anh zu § 12 Rn 449; WENZEL Rn 13. 47). Die **Herausgabe kann dagegen nicht verlangt werden**, da das Eigentum dem Verletzten nicht zusteht (LARENZ/ CANARIS § 80 II 4 g). Besteht die Persönlichkeitsverletzung darin, daß Bilder mit dem Namen eines Künstlers versehen sind, obwohl sie nicht von ihm stammen, so kommt nur die Entfernung der unwahren Signatur in Betracht (BGHZ 107, 384, 394 f; ERMAN/ EHMANN Anh zu § 12 Rn 449). Ist der Täter verpflichtet, die Störung zu beseitigen, so kann der Betroffene auch selbst handeln und die Aufwendungen dem Täter in Rechnung stellen (BGHZ 66, 182, 191; BGH NJW 1979, 2197; ERMAN/EHMANN Anh zu § 12 Rn 476; MünchKomm/SCHWERDTNER [3. Aufl 1993] § 12 Rn 282). Dazu können auch Anzeigen zählen, die unwahre Behauptungen richtigstellen. Der Umfang bestimmt sich nach denselben Regeln wie beim Ersatz des materiellen Schadens (vgl unten Rn C 289 ff).

4. Widerruf und Richtigstellung*

a) Die Anspruchsgrundlagen
aa) Die hM

C 271 Anspruchsgrundlage ist nach ganz hM die auf Naturalrestitution gerichtete Forde-

---

* **Schrifttum:** J HAGER, Persönlichkeitsschutz gegenüber Medien, Jura 1995, 566 f; ders, Der Schutz der Ehre im Zivilrecht, AcP 196 (1996) 168; E HELLE, Das Urteil auf Widerruf einer verletzenden Behauptung und seine Vollstreckung, NJW 1963, 129; HOTH, Anm zu BGH, 3. 5. 1977 – VI ZR 36/74, GRUR 1977, 678; KRIELE, Ehrenschutz und Meinungsfreiheit, NJW 1994, 1897; LEIPOLD, Wirksamer Ehrenschutz durch gerichtliche Feststellung von Tatsachen, ZZP 84 (1971) 150; ders, Anm zu OLG Frankfurt aM, 12. 5. 1972 – 16 U 111/71, JZ 1974, 62; ders, Zur Beweislast beim Schutz der Ehre und des Persönlichkeitsrechts, in: FS Hubmann (1985) 271; NÜSSGENS, Im Spannungsfeld zwischen Erweiterung und Begrenzung der Haftung (Entwicklungslinien in der Rechtsprechung des VI. Zivilsenats), in: FS 25 Jahre BGH (1975) 93; PÄRN, Tatsachenmitteilung und Tatsachenbehauptung, NJW 1979, 2544; PICKER, Der negatorische Beseitigungsanspruch (1972); PRINZ, Der Schutz der Persönlichkeitsrechte vor Verletzungen durch die Medien, NJW 1995, 817; RITTER, Zum Widerruf einer Tatsachenbehauptung, ZZP 84 (1971) 163; RÖTELMANN, Persönlichkeitsrechte, insbesondere der Widerruf ehrenrühriger Behauptungen, NJW 1971, 1636; SÄCKER, Der Widerruf ehrkränkender Behauptungen, MDR 1970, 893; P SCHLOSSER, Zur Beweislast im System des zivilrechtlichen Ehrenschutzes, JZ 1963, 309; SCHNUR, Das Verhältnis von Widerruf einer Behauptung und Bekanntmachung der Gerichtsentscheidung als Mittel zur Rufwiederherstellung, GRUR 1978, 225; SEDELMEIER, Voraussetzungen des Schmerzensgeldzuspruchs – Klage auf Feststellung der Rechtswidrigkeit, AfP 1977, 377; STERN, Ehrenschutz und Beweislast in ihrer verfassungsrechtlichen Relevanz, in: FS Oehler (1985) 473; STOLL, Empfiehlt sich eine Neuregelung der Verpflichtung zum Geldersatz für immateriellen Schaden, in: 45. DJT Bd I (1964) Teil 1; ders, Typen der Feststellungsklage aus der Sicht des Bürgerlichen Rechts, in: FS Bötticher (1969) 341; STRAUCH, Anm zu BAG, 21. 2. 1979 – 4 AZR 568/77, NJW 1980, 358; STÜRNER, Empfiehlt es sich, die Rechte und Pflichten der Medien präziser zu regeln und dabei den Rechtsschutz des einzelnen zu verbessern?, in: 58. DJT Bd I (1990) A 1; ders, Die verlorene Ehre des Bundesbürgers, JZ 1994, 865.

rung aus den §§ 823 Abs 1, 2 BGB, 185 ff StGB (RGZ 148, 114, 122 mwNw; BGHZ 10, 104, 105; ERMAN/EHMANN Anh zu § 12 Rn 448; MünchKomm/SCHWERDTNER [3. Aufl 1993] § 12 Rn 323; BGB-RGRK/DUNZ Anh I Rn 152; RÖTELMANN NJW 1971, 1638) bzw der auf eine Analogie zu den §§ 12, 862, 1004 Abs 1 S 1, 823 Abs 1, 2 BGB, 185 ff StGB gestützte Beseitigungsanspruch wegen fortwährender Beeinträchtigung (RGZ 148, 114, 123; 163, 210, 216; BGHZ 14, 163, 173; 31, 308, 318; 34, 99, 102; 128, 1, 6; BGH NJW 1952, 417, 418; 1982, 2246; 1994, 2614, 2615; LM Nr 49 zu § 1004 unter A I 1; Nr 40 zu Art 5 GG unter B I 1; LG Lübeck AfP 1996, 406, 407; ERMAN/EHMANN Anh zu § 12 Rn 448; MünchKomm/SCHWERDTNER [3. Aufl 1993] § 12 Rn 323; BGB-RGRK/DUNZ Anh I Rn 152; RÖTELMANN NJW 1971, 1638). **Von den Rechtsfolgen her gehen beide Anspruchsgrundlagen gleich weit** (MünchKomm/SCHWERDTNER [3. Aufl 1993] § 12 Rn 323; RITTER ZZP 84 [1971] 164). Daß in der Praxis heute weitgehend nur § 1004 BGB herangezogen wird, hängt vor allem damit zusammen, daß dabei der Beweis, der Täter habe schuldhaft gehandelt, nicht erbracht werden muß (BGHZ 34, 99, 103; MünchKomm/SCHWERDTNER [3. Aufl 1993] § 12 Rn 323). Wichtig, da allein einschlägig, ist der quasinegatorische Anspruch, wenn die Behauptung zunächst durch die Wahrnehmung berechtigter Interessen gedeckt war, sich indes später die Unwahrheit herausstellt, die trotz sorgfältiger Recherchen im Augenblick der Äußerung nicht erkannt werden konnte (vgl dazu unten Rn C 281).

bb) Die abweichende Ansicht
Auch die Gegenansicht, die das Institut eines auf § 1004 analog basierenden Beseitigungsanspruchs leugnet, billigt einen Widerrufsanspruch als Folge eines mit Hilfe zulässiger richterlicher Rechtsfortbildung entwickelten Schadensersatzanspruchs ohne Verschulden (STAUDINGER/GURSKY [1993] § 1004 Rn 13; PICKER 90). Allerdings wird zT dieser verschuldensunabhängige Anspruch an **schärfere Voraussetzungen** geknüpft, als sie von der hM gefordert werden. Nur wenn der Angriff gegenwärtig sei, sei der Anspruch zu bejahen; daran fehle es, wenn die ehrenkränkende Mitteilung zwar im Gedächtnis der Empfänger fortlebe, vom Täter aber nicht aufrechterhalten werde, sich dieser gleichwohl weigere zu widerrufen (PICKER 89 f). Sollte damit mehr gemeint sein als die Fortdauer einer Beeinträchtigung, so wäre dem nicht zu folgen (s dazu unten Rn C 277) – schon deshalb nicht, weil der so definierte gegenwärtige Angriff schwer abzugrenzen ist (MünchKomm/SCHWERDTNER [3. Aufl 1993] § 12 Rn 324 a). Den Betroffenen kann nämlich die frühere Attacke, die Dritten relativ frisch im Gedächtnis geblieben ist, ebenso belasten wie eine jüngeren Datums. Auch die Einschränkung, das Opfer dürfe Rufreparation nicht auf andere Weise, namentlich durch das Urteil Dritter erfahren haben (PICKER 90 Fn 197), überzeugt nicht. Zu groß ist das Gewicht des Umstandes, ob der Täter selbst von seiner früheren Äußerung abrückt (MünchKomm/SCHWERDTNER [3. Aufl 1993] § 12 Rn 324 a).

C 272

b) Die Beschränkung auf die Behauptung unwahrer Tatsachen
Der Anspruch auf (teilweisen) Widerruf ist auf unwahre Tatsachen beschränkt (BVerfGE 97, 125, 150 f; BGHZ 31, 308, 318; 65, 327, 337; 128, 1, 6; BGH NJW 1962, 243, 245; 1965, 35, 38; 1965, 294, 295; 1978, 751; 1982, 1805; 1982, 2246 f; 1982, 2248; 1989, 774; 1989, 2941, 2942; LM Nr 36 zu § 823 [Ah] unter II 2; Nr 13 zu § 824 unter I 3; Nr 16 zu § 14 UWG unter II 1 b; OLG Celle NVwZ 1985, 69, 70; OLG München NJW-RR 1996, 1496, 1499; NJW 1997, 62; PALANDT/THOMAS Einf v § 823 Rn 27; ERMAN/EHMANN Anh zu § 12 Rn 450; MünchKomm/SCHWERDTNER [3. Aufl 1993] § 12 Rn 328; BGB-RGRK/DUNZ Anh I Rn 153; WENZEL Rn 13. 13; LARENZ/CANARIS § 88 I 2 a; NÜSSGENS, in: FS 25 Jahre BGH [1975] 100; WALTER JZ 1986, 615; iE auch BGHZ 10, 104, 105; BGH NJW 1961, 1913, 1914). **Dazu, Werturteile zu widerrufen, kann der Täter nicht**

C 273

gezwungen werden (BGHZ 10, 104, 105; BGH NJW 1962, 243, 245; 1965, 35, 36; 1965, 294, 295; 1989, 774; 1989, 2941, 2942; LM Nr 13 zu § 824 unter I 3; Nr 54 a zu § 1004; Erman/Ehmann Anh zu § 12 Rn 450; MünchKomm/Schwerdtner [3. Aufl 1993] § 12 Rn 328; Larenz/Canaris § 88 I 1 a; Nüssgens, in: FS 25 Jahre BGH [1975] 100). Es wäre mit Art 5 GG nicht zu vereinbaren, wenn der Kritiker veranlaßt würde, eine Ansicht zu widerrufen, die ein wertendes Urteil enthält; das Grundrecht schützt gerade davor, daß Werturteile auf ihre Richtigkeit untersucht werden können (BVerfGE 97, 125, 147; BGH NJW 1978, 751; 1982, 2246; 1989, 2941, 2942; MünchKomm/Schwerdtner [3. Aufl 1993] § 12 Rn 329 aE; Wenzel Rn 13. 13; Larenz/Canaris § 88 I 1 a). Die Distanzierung von einer Kritik, zu der der Täter durch das Gericht gezwungen wird, ist **für das Opfer obendrein nahezu wertlos** (Larenz/Canaris § 88 I 1 a). Diese Gründe gelten nicht nur für den quasinegatorischen, sondern auch für den deliktischen Widerrufsanspruch; die Naturalrestitution nach § 249 S 1 ist ausgeschlossen (Larenz/Canaris § 88 I 1 a). Die Gegenauffassung lehnt die Unterscheidung ab, da sie nicht durchgehalten werden könne und auch von der Rechtsprechung nicht konsequent verfolgt werde (Erman/Ehmann Anh zu § 12 Rn 451 unter Berufung auf BGH NJW 1966, 647; Stürner, 58. DJT [1990] A 92). Daran ist sicher richtig, daß die Abgrenzung von Tatsachenbehauptung und Meinungsäußerung schwierig ist (vgl dazu oben C Rn C 73 ff). Doch ist sie im Prinzip möglich; vor allem können Abgrenzungsprobleme nicht die Begründung dafür sein, den Widerruf auch bei eindeutigen Werturteilen zuzulassen und damit die Gerichte zu zwingen, sich etwa zur Qualität eines Politikers zu äußern. Die behaupteten Tatsachen müssen **unwahr** sein. Das bedeutet vor allem, daß es keinen Widerruf gibt, wenn die Persönlichkeitsrechtsverletzung darin besteht, daß der Täter in die Intim- oder Privatsphäre eingedrungen ist (Erman/Ehmann Anh zu § 12 Rn 450).

C 274   c)   **Die Beweislastverteilung** entspricht derjenigen beim Anspruch auf Unterlassung (vgl oben Rn C 265 ff).

d)   **Der Anspruch bei Fehlen berechtigter Interessen**
aa)   **Der Meinungsstand**

C 275   Hat der Täter nicht in Wahrnehmung berechtigter Interessen gehandelt, so ist, wenn nicht die Unwahrheit der Behauptung feststeht, nach **hM** ein Widerruf gleichwohl ausgeschlossen (RG JW 1939, 234, 238; 1939, 2009; BGHZ 37, 187, 191; 69, 181, 183 f; BGH LM Nr 35 zu Art 5 GG unter II 1; Nr 36 zu § 847 unter B I 2; Stoll, in: FS Bötticher [1969] 363; der Sache nach auch BGH LM Nr 16 zu § 14 UWG unter II 1 b aE; anders BAG NJW 1979, 2532). Denn niemand dürfe durch Richterspruch dazu verpflichtet werden, in der Form eines Widerrufs **etwas als unwahr bezeichnen zu müssen, was möglicherweise doch wahr sei** (BGHZ 37, 187, 191; BGH LM Nr 35 zu Art 5 GG unter II 1; Nr 36 zu § 847 BGB unter B I 2). Dies geböten auch die persönlichkeitsrechtlichen Belange des Verletzers; von ihm werde beim Widerruf die Erklärung verlangt, er habe Unwahres behauptet (BGHZ 69, 181, 183). Auch das gelte sowohl unter dem Aspekt der Beseitigung eines rechtswidrigen Zustandes als auch unter demjenigen des Schadensersatzes (BGH LM Nr 36 zu § 847 unter B I 2; vgl auch – aus der Position der Gegenansicht – Larenz/Canaris § 88 II 2 a). Davon gibt es nach hM nur dann eine Ausnahme, wenn jeglicher Anhaltspunkt für die Wahrheit der Behauptung fehlt (vgl unten Rn C 280). Die **Gegenmeinung** lehnt diese Grundsätze zT global ab (Säcker MDR 1970, 893 f; Rötelmann NJW 1971, 1638; Schnur GRUR 1978, 228), da dem Behauptenden durch den Widerruf keine innere Wandlung aufgezwungen werde (MünchKomm/Schwerdtner [3. Aufl 1993] § 12 Rn 332). ZT wird ein eingeschränkter Widerruf in der Weise vorgeschlagen, daß die Behauptung mangels

Beweisbarkeit nicht aufrecht erhalten werden könne (LARENZ/CANARIS § 88 II 2 a; ESSER/ WEYERS § 62 III 2; ähnl LEIPOLD, in: FS Hubmann [1985] 283 f, der einen Anspruch auf Rücknahme der Behauptung durch den Beklagten gewährt). Denn § 186 StGB sei ein Gefährdungsdelikt, das es verbiete, die Ehre eines anderen durch die Verbreitung nicht beweisbarer ehrenrühriger Tatsachen zu gefährden (LARENZ/CANARIS § 88 II 2 a). Schließlich wird danach differenziert, ob die behaupteten Tatsachen Gegenstand eigener Wahrnehmung gewesen seien. Dann seien sie nicht zu widerrufen, ansonsten aber gehe die Nichterweislichkeit zu Lasten des Täters (ERMAN/EHMANN Anh zu § 12 Rn 459; STRAUCH NJW 1980, 359; WIESE Anm zu BAG AP Nr 13 zu § 847 BGB unter I 3).

bb) Stellungnahme
IE ist die Kontroverse vielfach schon **dadurch entschärft**, daß der Täter in Wahrnehmung berechtigter Interessen gehandelt hatte; so lag es in den meisten bislang entschiedenen Fällen (LARENZ/CANARIS § 88 II 2 a mit Fn 15; anders lag es jedoch im Fall BAG NJW 1979, 2532, da dort der Arbeitgeber keine Nachforschungen angestellt hatte). Im übrigen **ist der hM zu folgen**; bei einem Widerruf könnte sonst der Eindruck entstehen, die Behauptung sei definitiv unwahr, obwohl sie in Wirklichkeit möglicherweise zutrifft (J HAGER AcP 196 [1996] 203 f). Anders als manche Stimmen in der Literatur meinen, räumt der Widerrufende mit dem Widerruf eben nicht nur ein, die Behauptung nicht beweisen und sie deshalb nicht aufrecht erhalten zu können (so indes MünchKomm/SCHWERDTNER [3. Aufl 1993] § 12 Rn 334; RITTER ZZP 84 [1971] 165 f), sondern konzediert, die Unwahrheit gesagt zu haben. Das gilt letztendlich auch gegenüber dem Vorschlag, dem Verletzten einen Anspruch auf Widerruf wegen fehlender Beweisbarkeit zuzubilligen. Denn auch ein solcher Widerruf bringt es mit sich, daß die Behauptung zurückgenommen werden muß. Der Zusatz, das geschehe, weil die Behauptung nicht beweisbar sei, mag zwar auch dem Laien erkennbar machen, daß darin nicht zwingend die Erklärung liegt, Unwahres gesagt zu haben. Und doch wird dem Täter die Rücknahme abgenötigt – und dies selbst dann, wenn für die Wahrheit der Behauptung **ein hoher Grad an Wahrscheinlichkeit** spricht (so die Fallgestaltung in BGH LM Nr 36 zu § 847 unter B I 3). Außerdem sind Fälle denkbar, in denen der Beweis nur daran scheitert, daß etwa **ein wichtiger Informant** nicht benannt werden kann (LARENZ/CANARIS § 79 I 4 b). Entgegen der Meinung des BGH deckt sich aber auch die Veröffentlichung eines Unterlassungsgebots nach Sinn und Zweck nicht mit dem (adressatengleichen) Widerruf (so aber BGH LM Nr 85 zu § 1004 unter I 3 b; Nr 16 zu § 14 UWG unter II 2 b). Abgesehen davon, daß es an der Wiederholungsgefahr fehlen mag, sieht man darin uU ein deutliches Minus gegenüber dem Widerruf (LARENZ/CANARIS § 88 II 2 b). Namentlich würde mit der Gleichstellung verkannt, daß eine **Unterlassung auch bei wahren Behauptungen verlangt werden** kann, wenn sie etwa den Bereich der persönlichen Lebensführung betreffen.

e) Der Grundsatz der Verhältnismäßigkeit
Der Anspruch auf Widerruf hat nach hM dem Grundsatz der Verhältnismäßigkeit zu genügen; das ist überzeugend, weil es um eine Frage der Rechtsfolge geht (vgl oben Vorbem 72 zu §§ 823 ff). Demgemäß muß der Widerruf **geeignet** sein, den fortdauernden Störungszustand zu beseitigen (BGHZ 34, 99, 102 f mwNw; 37, 187, 189; 89, 198, 202; BGH NJW 1965, 35, 36; BGH LM Nr 23 zu § 138 ZPO unter II 1 a; Nr 85 zu § 1004 unter I 3 a). Er darf nicht über dasjenige hinausgehen, was **unbedingt erforderlich** ist (BGHZ 31, 308, 320 f; 99, 133, 138; 107, 384, 393; BGH NJW 1958, 1043, 1044; 1994, 2614, 2616; LM Nr 13 zu § 824 unter I 2 b; Nr 85 zu § 1004 unter I 3 a; ERMAN/EHMANN Anh zu § 12 Rn 454); zu wählen ist also

das **schonendste Mittel** (BGHZ 57, 325, 333; LM Nr 49 zu § 1004 unter A I 3; ERMAN/EHMANN Anh zu § 12 Rn 454). Das bedeutet namentlich, daß der Widerruf nicht zu vermeidbaren Demütigungen führen darf (BGH NJW 1957, 827; 1968, 644, 646) oder dies gar den alleinigen Zweck ausmacht (BVerfGE 28, 1, 10; BGHZ 68, 331, 337; 89, 198, 202; BGH NJW 1952, 417, 418; 1958, 1043, 1044; ERMAN/EHMANN Anh zu § 12 Rn 453, der dies als die überkommene Position deutet, der zivilrechtliche Schutz dürfe über den strafrechtlichen nicht hinausgehen; BGB-RGRK/DUNZ Anh I Rn 155 unter Hinweis auf die §§ 187, 200 StGB als Hilfe für den Verletzten). Schließlich muß er unter **Abwägung der beteiligten Belange** (BGH NJW 1970, 557, 558; LM Nr 16 zu § 14 UWG unter II 1 b) dem Täter **zumutbar** sein (BGHZ 68, 331, 337; 99, 133, 138; BGH NJW 1994, 2614, 2616; ERMAN/EHMANN Anh zu § 12 Rn 454). Das ist nicht der Fall, wenn es dem Kläger nur darum geht, das gekränkte Ehrgefühl wieder herzustellen (BGHZ 10, 104, 105 f; 31, 308, 320 f) oder sinnloses Genugtuungsinteresse zu befriedigen (BGH NJW 1977, 1681, 1682). Nach diesen Regeln ist der Widerruf **ausgeschlossen**, wenn die Behauptung das Opfer nicht mehr belastet und auch nicht zu befürchten ist, daß Dritte von ihr Kenntnis erlangen (BGHZ 89, 198, 201 f; BGH LM Nr 36 zu § 823 [Ah] unter I 2; NJW-RR 1987, 754, 755). So kann es bei **Äußerungen im kleinen Kreis** liegen (BGHZ 10, 104, 106; ERMAN/EHMANN Anh zu § 12 Rn 455; BGHZ 89, 198, 203 f verneint hier schon die Verletzung; nach MünchKomm/SCHWERDTNER [3. Aufl 1993] § 12 Rn 336 fehlt das Rechtsschutzbedürfnis), namentlich im Familienbereich (BayObLG MDR 1976, 1036; ERMAN/EHMANN Anh zu § 12 Rn 455). Zu weit geht indes die Rechtsprechung, wenn sie den Anspruch auch verneint, soweit die inkriminierende Behauptung nur in einem Brief an das Opfer enthalten gewesen sei und allenfalls dessen Mitarbeiter davon erfahren hätten (BGH LM Nr 54 a zu § 1004 unter II 2; wie hier ERMAN/EHMANN Anh zu § 12 Rn 455); eine solche Einschränkung ist schon deshalb nicht gerechtfertigt, weil die Mitarbeiter die unwahre Behauptung ja uU hätten weitergeben können. Der Grundsatz der Verhältnismäßigkeit steht aber nicht dem Verlangen entgegen, den Widerruf bzw die Richtigstellung auf der Titelseite einer Illustrierten abzudrucken, wenn auch die unwahre Ausgangsmeldung dort erschienen war, schon um den sogenannten Kiosk-Leser, der etwa nur die Titelseite zur Kenntnis nimmt, zu erreichen (genauer hierzu unten Rn C 283). Es ist ebenso Ausfluß des Verhältnismäßigkeitsprinzips, daß dem Täter nicht angesonnen wird, einen – nicht vorhandenen – Wandel in seiner Überzeugung nach außen kund zu tun; er darf deshalb zum Ausdruck bringen, daß er in Erfüllung eines gegen ihn ergangenen rechtskräftigen Urteils widerruft (BVerfGE 28, 1, 10 [obiter]; BGHZ 68, 331, 338). Diese These der Rechtsprechung wird zwar heftig kritisiert (MünchKomm/ SCHWERDTNER [3. Aufl 1993] § 12 Rn 337; WENZEL Rn 13.95; LEIPOLD ZZP 84 [1971] 153; offen gelassen von ERMAN/EHMANN Anh zu § 12 Rn 460), indes zu unrecht. So ist unklar, wieso der Hinweis auf das Urteil das Opfer zusätzlich schädigen soll; eher wird der Täter zu Recht in ein schlechtes Licht gerückt, wenn er sich erst dem Druck des Gerichts beugt. Damit ist zugleich klar, daß die ursprüngliche Äußerung nicht nochmals wiederholt werden darf (unrichtig daher OLG München, dargestellt bei LEIPOLD ZZP 84 [1971] 153).

f) Das Rechtsschutzbedürfnis

C 278 Damit hängt eng das Erfordernis des Rechtsschutzbedürfnisses zusammen. Es fehlt nicht schon deshalb, weil der Angegriffene selbst über eigene Publikationsorgane verfügt. Denn regelmäßig sind die Adressatenkreise verschieden. Damit ist nicht gewährleistet, daß derselbe Leserkreis erreicht wird wie bei der unwahren Ausgangsbehauptung (BGH NJW 1968, 644, 646; ERMAN/EHMANN Anh zu § 12 Rn 456; WENZEL Rn 13. 41; die Entscheidung BGHZ 45, 296, 310 f behandelt das anders gelagerte Problem, ob schon die Verletzung zu verneinen ist, weil der Angegriffene auch gegenüber scharfen Attacken nicht schutzlos ist). Der **Abdruck einer Gegendarstellung** läßt das **Rechtsschutzbedürfnis nicht entfallen**; diese hat nur eine beschränkte Schutzfunktion, da der Verletzte ohne Prüfung der Wahrheit seiner Erklärung zu Worte kommt (BGHZ 128, 1, 8; iE auch WENZEL Rn 13. 41).

g) Der Zeitpunkt des Widerrufs
Der Anspruch auf Widerruf bezieht sich auf den **nächstmöglichen Zeitpunkt** (ERMAN/ EHMANN Anh zu § 12 Rn 457; WENZEL Rn 13.97). Um eine rasche Reaktion des Betroffenen zu ermöglichen, sehen die Pressegesetze der Länder ein Recht auf Gegendarstellung vor (Überblick über die Texte bei WENZEL Rn 11.10 ff). Daher verliert die Frage an Gewicht, ob ein eingeschränkter Widerruf in Betracht kommt, etwa derart, die Äußerung werde gegenwärtig oder vorläufig nicht aufrechterhalten (OLG Stuttgart NJW 1962, 2066, 2067; ERMAN/EHMANN Anh zu § 12 Rn 457; STEIN/JONAS/GRUNSKY [21. Aufl Stand 1995] vor § 935 Rn 52 a; WENZEL Rn 13.102 mwNw; **aA** MünchKomm/SCHWERDTNER [3. Aufl 1993] § 12 Rn 342). Prinzipiell kann das Verlangen zu widerrufen, sollte es nach geraumer Zeit erhoben werden, **rechtsmißbräuchlich** sein (ERMAN/EHMANN Anh zu § 12 Rn 457). Die **bloße Prozeßdauer** allein genügt dafür nicht (BGHZ 128, 1, 8, da die verletzende Wirkung noch nicht entfallen sei; ERMAN/EHMANN Anh zu § 12 Rn 457; WENZEL Rn 13.45). Je weiter die unwahre Behauptung verbreitet worden war, desto länger kann auch der Widerruf verlangt werden (ERMAN/EHMANN Anh zu § 12 Rn 457).

C 279

h) Der Umfang
Der Umfang des Widerrufs hängt davon ab, wie weit die Unwahrheit reicht. Betrifft sie nur **einen Teil der Behauptung**, so ist der Anspruch nur insoweit gegeben; man spricht dann von **Richtigstellung** (vgl zB BVerfGE 97, 125, 149; BGHZ 128, 1, 10, 11; BGH NJW 1982, 2246, 2248; 1984, 1102, 1103; 1998, 1223, 1224; BGH LM Nr 23 zu § 138 ZPO unter II 1 c; OLG Hamburg VersR 1996, 1285, 1286; ERMAN/EHMANN Anh zu § 12 Rn 462), was aber keinen sachlichen Unterschied bedeutet. Besteht die Verletzung in einer entstellenden Darstellung, so ist im Wege der Richtigstellung das Vorbringen zu **ergänzen** (BVerfGE 97, 125, 150; BGHZ 31, 308, 318; BGH NJW 1961, 1913, 1914; ERMAN/EHMANN Anh zu § 12 Rn 462; MünchKomm/MERTENS § 824 Rn 91). Bei einer **mehrdeutigen Äußerung** kommt eine **Klarstellung** in Betracht (ERMAN/EHMANN Anh zu § 12 Rn 462 unter Berufung auf BGH NJW 1980, 2801, 2803; dort war es nur um eine Unterlassungsklage gegangen), etwa der Hinweis, es handle sich um eine von mehreren Übersetzungsmöglichkeiten; damit wird das Gewicht der Aussage von der Tatsachenbehauptung auf die Meinungsäußerung verlagert (BGH NJW 1998, 1391, 1392). Unwahr war ja nur die Behauptung, der Sinn der Äußerung des Verletzten sei eindeutig (BGH NJW 1998, 1391, 1393). Bei einer Persönlichkeitsverletzung durch Weitergabe kann namentlich von den Medien ein **Abrücken** gefordert werden (BVerfGE 97, 125, 150; BGHZ 66, 182, 189; ERMAN/EHMANN Anh zu § 12 Rn 462; Münch-Komm/MERTENS § 824 Rn 83). Mißlingt letztendlich der Beweis der Unwahrheit, fehlen aber bei objektiver Beurteilung ernstliche Anhaltspunkte für die Wahrheit der Äußerung, so kann dem Täter die Erklärung zugemutet werden, er sei **nicht in der Lage, seine Behauptung aufrechtzuerhalten** (BGHZ 37, 187, 190; 65, 325, 337; 69, 181, 182; BGH NJW 1966, 647, 649; LM Nr 35 zu Art 5 GG unter II 1; Nr 36 zu § 847 unter B I 2; ERMAN/EHMANN Anh zu § 12 Rn 461; BGB-RGRK/DUNZ Anh I Rn 157 f). Das gilt allerdings nicht, wenn Aussage gegen Aussage steht, namentlich bei Vorgängen unter zwei Personen und im höchstpersönlichen Bereich (ERMAN/EHMANN Anh zu § 12 Rn 461; BGB-RGRK/DUNZ Anh I Rn 158). **Bei Fälschungen von Kunstwerken** ist die Signatur des angeblichen Schöpfers zu entfernen (BGHZ 107, 384, 393 f).

C 280

i) Der Widerruf bei Vortat in Wahrnehmung berechtigter Interessen

C 281 Mehr in der Begründung als in den meisten Konsequenzen umstritten ist die Rechtslage, wenn die Behauptung, die in Wahrnehmung berechtigter Interessen, namentlich nach hinreichender Recherche aufgestellt worden war, sich später als unwahr entpuppt. Nach einhelliger Auffassung ist der Täter verpflichtet, zu erklären, er halte die frühere Behauptung nach dem Ergebnis der inzwischen erfolgten Klärung **nicht aufrecht** (BGH NJW 1958, 1043 f; 1959, 2011, 2012; LM Nr 49 zu § 1004 unter A I 4; ERMAN/EHMANN Anh zu § 12 Rn 452; LARENZ/CANARIS § 88 III 2 a; WENZEL Rn 13.23 f). Schwierig ist die Begründung. Sie wird von einem Teil der Lehre darin gesehen, daß § 193 StGB nur gegenüber dem Gefährdungstatbestand der §§ 823 Abs 2, 186 StGB rechtfertigende Wirkung habe, nicht jedoch gegenüber dem Verletzungstatbestand des Eingriffs in das allgemeine Persönlichkeitsrecht; die Wahrnehmung berechtigter Interessen sei insofern in Analogie zu § 824 Abs 2 nur ein Entschuldigungsgrund (LARENZ/CANARIS § 88 III 2 a; gegen die Annahme eines Rechtfertigungsgrundes auch STERN, in: FS Oehler [1985] 477). Doch riskiert man damit Probleme, wie die **Notwehrprobe** zeigt; das Opfer könnte gegen den Täter mit Gewalt vorgehen, obgleich dieser die notwendigen Recherchen angestellt hat und sich so im Recht wähnt. Daher ist § 193 StGB auch im Rahmen des § 823 Abs 1 zumindest analog als Rechtfertigungsgrund anzusehen. In Extremfällen kann dem Opfer der rechtfertigende Notstand nach § 34 StGB zur Seite stehen (J HAGER AcP 196 [1996] 198; vgl auch schon oben Rn C 95). Dogmatische Schwierigkeiten zur Begründung des Anspruchs auf Richtigstellung resultieren daraus nicht; die Rechtmäßigkeit der ursprünglichen Handlung besagt nach hM nicht, daß sie nicht **zu beseitigen ist, wenn die Duldungspflicht beendet ist** (BGHZ 41, 393, 395; MünchKomm/MEDICUS [3. Aufl 1997] § 1004 Rn 58; ausführlich STAUDINGER/GURSKY [1993] § 1004 Rn 181 mwNw). Zum selben Ergebnis gelangt man, wenn man eine **Verkehrspflicht zur Beseitigung** eines risikoerhöhenden Tuns auch bei Rechtmäßigkeit der vorangegangenen Handlung annimmt. Der erlaubten Gefährdung korrespondiert die Pflicht, einen Irrtum richtigzustellen (LARENZ/CANARIS § 88 III 2 c).

k) Die Ergänzung der Mitteilung

C 282 War die Mitteilung ursprünglich wahr, so gibt es nach Auffassung des BGH **keinen Anspruch darauf, daß die Meldung ergänzt**, also eine Veränderung des Sachverhalts mitgeteilt wird (BGHZ 57, 325, 331). Anders soll dagegen zu entscheiden sein, wenn sich nicht der Lebenssachverhalt ändert, sondern seine rechtliche Beurteilung. Hat etwa ein Publikationsorgan korrekterweise über die Verurteilung des Betroffenen in erster Instanz berichtet, wird dieser auf seine Berufung hin dagegen freigesprochen, so muß dies ebenfalls gemeldet werden (BGHZ 57, 325, 328 f; LÖFFLER/STEFFEN [4. Aufl 1997] § 6 LPG Rn 210; LARENZ/CANARIS § 88 III 2 b); dasselbe hat zu gelten, wenn sich ein Verdacht, über den die Presse zulässigerweise berichtet hatte, im Prozeß nicht bestätigt und der Angeklagte daher freigesprochen wird (BVerfG NJW 1997, 2589). Damit wird allerdings auch die Freiheit der Presse tangiert, darüber zu entscheiden, worüber sie berichtet und worüber nicht (ERMAN/EHMANN Anh zu § 12 Rn 463); infolgedessen wird zT eine Pflicht zur Korrektur nur bejaht, wenn die Ausgangsmeldung die Verurteilung zu Unrecht als endgültig geschildert hatte (WENZEL Rn 13.75). Außerdem birgt jede Berichterstattung über einen Verdacht das Risiko der Unrichtigkeit; der Ausgleich zwischen Pressefreiheit und Persönlichkeitsrecht ist durch die ergänzende Meldung zu schaffen, wenn die Persönlichkeitsbeeinträchtigung fortbesteht (BVerfG NJW 1997, 2589). In der Praxis stellt sich das Problem in abgemilderter Schärfe, weil der BGH es genügen läßt, daß **eine vom Betroffenen stammende Erklärung über seinen Freispruch**

publiziert wird (BVerfG NJW 1997, 2589; BGHZ 57, 325, 333); das Publikationsorgan ist damit der Aufgabe enthoben, alle Strafverfahren, über die es berichtet hatte, weiter zu verfolgen (BVerfG NJW 1997, 2589; BGHZ 57, 325, 332). Dogmatisch stützt man das zT auf den Gesichtspunkt des vorangegangenen Tuns und den Umstand, daß der Betroffene auf den Bericht angewiesen ist, um Fehlvorstellungen entgegenzuwirken (LARENZ/CANARIS § 88 III 2 b iVm § 86 II 2 a). Man wird zu ergänzen haben, daß das nur gilt, wenn es um eine Fehleinschätzung eines Sachverhalts auch durch Dritte ging, nicht jedoch dann, wenn der Sachverhalt durch neue Entwicklungen überholt wurde (BGHZ 57, 325, 331).

l) **Die Form des Widerrufs**
Die Form des Widerrufs muß derjenigen der unwahren Behauptung entsprechen, was **C 283** **Form, Größe und Plazierung** angeht; das verstößt nicht gegen das Verhältnismäßigkeitsprinzip (vgl oben Rn C 277). Die Zielgruppe muß dieselbe sein wie bei der Ausgangsmeldung (ERMAN/EHMANN Anh zu § 12 Rn 464; MünchKomm/SCHWERDTNER [3. Aufl 1993] § 12 Rn 336). Das bedeutet etwa, daß der Widerruf **in demselben Organ** zu erfolgen hat (OLG Hamburg AfP 1971, 35, 36; MünchKomm/SCHWERDTNER [3. Aufl 1993] § 12 Rn 356), auch auf der **Titelseite**, um vorübergehende Passanten oder sog Kiosk-Leser, die nur die Titelseite zur Kenntnis nehmen, zu informieren, wenn diese auch mit der unwahren Meldung auf diesem Weg konfrontiert waren. Allerdings muß noch Raum für Hinweise auf andere Beiträge des Heftes bleiben (BVerfGE 97, 125, 151 f; BGHZ 128, 1, 9; WENZEL Rn 13.91; **aA** DAMM/KUNER Rn 306; BGH LM Nr 13 zu § 824 unter I 5 hält einen Widerruf in einer Rubrik für ausreichend, die regelmäßig das Echo auf frühere Artikel wiedergibt). Auch eine Ankündigung im Inhaltsverzeichnis kann erforderlich sein (OLG Hamburg VersR 1996, 1285, 1286). Jedoch braucht, wenn die Richtigstellung den Kiosk-Leser erreicht, **nicht dieselbe Schriftgröße** verwendet zu werden (BGHZ 128, 1, 14). Um die Pressefreiheit nicht zu gefährden, ist auch die Frage zu klären, ob sich auf der Titelseite schon die unwahre Behauptung befand oder nur ein Hinweis auf die Meldung im Innern des Blattes (BVerfGE 97, 125, 151). Hat ein Arbeitgeber einen Arbeitnehmer wahrheitswidrig durch Aushang des Diebstahls beschuldigt, hat auch der Widerruf in der gleichen Weise zu erfolgen (BAG NJW 1979, 2532; MünchKomm/SCHWERDTNER [3. Aufl 1993] § 12 Rn 356). Einen Widerruf auch oder nur dem Opfer gegenüber hat der BGH für nicht geboten angesehen, da das auf eine zum Schutz der Ehre nicht notwendige Genugtuung hinausliefe (BGH NJW 1989, 774; **aA** ERMAN/EHMANN Anh zu § 12 Rn 464, 466, wenn der Adressatenkreis nicht feststehe). Der Betroffene kann nach wohl hM nicht verlangen, daß der Täter den Widerruf eigenhändig unterschreibt (BGHZ 14, 163, 176; SOERGEL/MÜHL [12. Aufl 1990] § 1004 Rn 150; RITTER ZZP 84 [1971] 168; anders wohl BGH NJW 1966, 647, 649; LM Nr 13 a zu § 1004 unter 6; von BVerfGE 28, 1, 10 wird eine entsprechende Verurteilung durch ein Instanzgericht nicht gerügt). Der Täter darf umgekehrt nicht hinzusetzen, daß er das Urteil für falsch oder gar seine frühere Behauptung für nach wie vor wahr halte (BGHZ 68, 331, 338; OLG Hamm NJW-RR 1992, 634, 635); ebensowenig darf er hinzufügen, er handle aus Beweisnot (OLG Hamm MDR 1983, 650, 651). Schwierigkeiten macht der Widerruf namentlich, wenn die unwahre Meldung **im Fernsehen** verbreitet worden war. Während die Ausgangssendung journalistisch aufbereitet war, wird der Widerruf nur verlesen. Obendrein ist der Adressatenkreis angesichts des häufigen Umschaltens oft wenig deckungsgleich (PRINZ NJW 1995, 818; J HAGER Jura 1995, 572). Der Vorschlag, den Widerrufstext oder jedenfalls einen Hinweis auf den Widerruf einzublenden (PRINZ NJW 1995, 818 f), führt wohl nicht weiter, weil auch diese Art das Zuschauerinteresse nur mäßig weckt. In Frage kommt hier allenfalls eine

Kompensation durch Erhöhung der Entschädigung für den immateriellen Schaden (Prinz NJW 1995, 819).

m) Die Befugnis zur Veröffentlichung

C 284 Strittig ist die Frage, ob der Verletzte verlangen kann, daß der Widerruf veröffentlicht wird. Die Rechtsprechung neigte früher dazu, einen Anspruch zu bejahen (RG HRR 1931 Nr 1307; OLG Freiburg JZ 1951, 751 f; anders aber RG HRR 1932 Nr 1128). Dem ist jedenfalls in dieser pauschalen Form zu widersprechen (abl auch MünchKomm/Schwerdtner [3. Aufl 1993] § 12 Rn 338; Ritter ZZP 84 [1971] 171 f). Das Problem stellt sich schon nicht, wenn die unwahre Ausgangstatsache publiziert worden war; dann ist der Widerruf ohnehin an derselben Stelle zu veröffentlichen. Ansonsten schösse aber eine Publikation über das Ziel hinaus, da der **Kreis der Widerrufsadressaten größer** wäre als derjenige der ursprünglichen Empfänger. Davon kann nur eine Ausnahme gemacht werden, wenn der ursprüngliche Kreis nur durch eine Publikation des Urteilstenors in Zeitungen und ähnlichem erreicht werden kann, wie das beispielsweise bei einer unwahren Behauptung in einer Wahlkampfrede der Fall sein kann (BGH NJW 1984, 1102, 1103 f; Wenzel Rn 13.93). Soweit die Publikation als Ersatz für den persönlichen Widerruf gesehen wird (RG HRR 1931 Nr 1307; ähnl Schnur GRUR 1978, 228 f), übersieht man, daß der Widerruf durch denjenigen erfolgen muß, der die unwahre Tatsache behauptet hat (MünchKomm/Schwerdtner [3. Aufl 1993] § 12 Rn 338; Ritter ZZP 84 [1971] 171).

n) Die Verjährung

C 285 Nach hM verjährt der Anspruch auf Widerruf gemäß § 852 in drei Jahren ab Kenntnis der Äußerung. Dabei soll es nicht darauf ankommen, ob die Äußerung eine fortdauernde Quelle der Beeinträchtigung ist. Es gehe nur um das Fortbestehen des durch die Äußerung entstandenen Schadens; dagegen dauere nicht die schadensstiftende Handlung an, mithin **fehle es an einer erneuten Einwirkung** (BGH NJW 1969, 463; Palandt/Thomas § 852 Rn 9; MünchKomm/Schwerdtner [3. Aufl 1993] § 12 Rn 348; Staudinger/Schäfer[12] § 852 Rn 58). Das soll wegen des Zusammenhangs mit dem Deliktsrecht auch für die quasinegatorischen Ansprüche gelten (MünchKomm/Medicus [3. Aufl 1997] § 1004 Rn 70; Soergel/Mühl [12. Aufl 1990] § 1004 Rn 186; iE auch Hohloch, Die negatorischen Ansprüche und ihre Beziehungen zum Schadensersatzrecht [1976] 201 f). Doch stellt sich damit schon die Frage, ob nicht die Herkunft des Anspruchs aus dem Deliktsrecht, von dem sich die hM ansonsten längst gelöst hat, überbewertet wird (Palandt/Bassenge § 1004 Rn 36). Auch ist nicht einzusehen, daß das Eigentum besser geschützt wird als die Persönlichkeit, wenn diese, was natürlich Voraussetzung bleibt, durch die Äußerung nach wie vor in Mitleidenschaft gezogen wird.

o) Die Vollstreckung

C 286 Gerade in jüngerer Zeit hat die Diskussion darüber, wie denn das Widerrufsurteil zu vollstrecken sei, an Intensität zugenommen. Nach **hM** wird der Widerruf als unvertretbare Handlung nach **§ 888 ZPO** vollstreckt (BVerfGE 28, 1, 9 f; BGHZ 37, 187, 190; BGH NJW 1961, 1913, 1914; OGHZ 1, 182, 184; OLG Zweibrücken NJW 1991, 304 mwNw; Erman/Ehmann Anh zu § 12 Rn 466; MünchKomm/Schwerdtner [3. Aufl 1993] § 12 Rn 343; MünchKomm-ZPO/Schilken [1992] § 888 Rn 5 mwNw; Rosenberg/Gaul/Schilken [11. Aufl 1997] § 71 I 2; Brox/Walker [5. Aufl 1996] Rn 1077; Lüke, Prüfe Dein Wissen, Zwangsvollstreckungs- und Konkursrecht [2. Aufl 1993] Fall 281; Ritter ZZP 84 [1971] 173 ff; Schnur GRUR 1978, 228; offen gelassen von BGHZ 68, 331, 338). Jedoch sind die **Gegenvorschläge** nie verstummt, die eine **Analogie zu § 894 ZPO** verfechten (OLG Frankfurt aM JZ 1974, 62, 63; NJW 1982, 113; OLG Karlsruhe OLGZ 1985, 125; OLG Hamm NJW-RR 1992, 634, 635 ff; SOERGEL/MÜHL [12. Aufl 1990] § 1004 Rn 150; ZÖLLER/STÖBER [20. Aufl 1997] § 894 Rn 2; E HELLE NJW 1963, 131; RÖTELMANN NJW 1971, 1639; wohl auch STAUDINGER/SCHÄFER[12] Rn 286) oder aber die **Veröffentlichung des rechtskräftigen Urteils** bzw eines **strafbewehrten Unterlassungsversprechens** vorschlagen, die nach § 887 ZPO zu vollstrecken seien (STEIN/JONAS/BREHM [21. Aufl Stand 1995] § 888 Rn 5 f). Dabei sehen die Vertreter der erstgenannten Ansicht natürlich, daß es nicht um die Ersetzung einer Erklärung geht, sondern daß die Norm allenfalls analog heranzuziehen ist (OLG Hamm NJW-RR 1992, 634, 638; ebenso als Kritiker dieser Auffassung LEIPOLD JZ 1974, 65; RITTER ZZP 84 [1971] 174). Bei direkter Anwendung des § 894 ZPO wird nämlich eine Willenserklärung fingiert; dagegen will der Widerruf erreichen, daß der Täter von seiner Behauptung abrückt (MünchKomm/SCHWERDTNER [3. Aufl 1993] § 12 Rn 343; RITTER ZZP 84 [1971] 173 f). Der Streit geht vor allem darum, auf welchem Weg einerseits den Interessen des Klägers an einem effizienten Ehrenschutz, andererseits den Belangen des Beklagten hinreichend Rechnung getragen werden kann. Für das Vorgehen nach § 888 ZPO wird angeführt, daß der Verletzte nicht nur auf die bloße Veröffentlichung des Urteils verwiesen werden kann. Die Fiktion trägt nach Auffassung der hM seinen Belangen nicht genügend Rechnung; es entstehe zwar der Eindruck eines Widerrufs, dieser liege aber gar nicht vor (MünchKomm/SCHWERDTNER [3. Aufl 1993] § 12 Rn 343; MünchKomm-ZPO/SCHILKEN [1992] § 888 Rn 5; vgl auch STEIN/JONAS/BREHM [21. Aufl Stand 1995] § 888 Rn 6: der Weg über § 894 ZPO führe dazu, daß Widerrufsurteile nicht vollstreckt würden). Vor allem fehle es angesichts des § 888 ZPO an einer Gesetzeslücke, die die Voraussetzung für die analoge Anwendung des § 894 ZPO sei (OLG Zweibrücken NJW 1991, 304, 305; MünchKomm-ZPO/SCHILKEN [1992] § 888 Rn 5). **Die Verfechter einer Vollstreckung nach § 894 ZPO analog** verweisen darauf, das Vorgehen nach § 888 ZPO berge die Gefahr in sich, daß es nicht zu einer Beseitigung der Störung komme, weil und solange es dem Beklagten frei stehe, gleichzeitig zu erklären, er habe seine Überzeugung nicht geändert; zudem reiche es aus, daß der Verletzte in die Lage versetzt werde, Dritte über das Widerrufsurteil zu informieren – schon deshalb, weil sich der Kreis der Adressaten der unwahren Ausgangsbehauptung, etwa durch Weitergabe der Meldung, stets ändern könne. Und schließlich sei die Analogie zu § 894 ZPO als Ergebnis der verfassungskonformen Anwendung der Vollstreckungsnormen deswegen vorzuziehen, weil sie für den Täter das schonendste, für den Verletzten das effizienteste Mittel sei (OLG Hamm NJW-RR 1992, 634, 635 ff mwNw; vgl auch die Kritik von STEIN/JONAS/BREHM [21. Aufl Stand 1995] § 888 Rn 5 an der hM). Doch genügt ein Vorgehen nach § 894 ZPO analog jedenfalls in den Fällen nicht, in denen die unwahre Behauptung etwa in einem Publikationsorgan abgedruckt war; hier kann nur der Täter, nicht jedoch der Verletzte selbst die Adressaten der Ausgangsmeldung erreichen (daher deutet das OLG Karlsruhe OLGZ 1985, 125 als Vertreter der Gegenauffassung auch für diesen Fall eine Ausnahme an). Dann gebietet es allerdings der **Gedanke der Systemgerechtigkeit**, auch in den sonstigen Fällen § 888 ZPO anzuwenden, zumal ansonsten vermeidbare Abgrenzungsprobleme auftauchen könnten. Die Menschenwürde des Beklagten wird nicht verletzt, wenn die Maßnahmen nach § 888 ZPO der Verhältnismäßigkeit entsprechen (so iE auch OLG Zweibrücken NJW 1991, 304 f; MünchKomm/SCHWERDTNER [3. Aufl 1993] § 12 Rn 343; RITTER ZZP 84 [1971] 175).

p) Die vorläufige Vollstreckbarkeit
Die vorläufige Vollstreckbarkeit scheidet dagegen nach hM aus, weil damit regelmäßig ein **endgültiger Zustand geschaffen** würde, der durch die in der übergeordneten

Instanz eventuell abgewiesene Klage nicht wieder gutgemacht werden könnte, da namentlich ein Ausgleich nach § 717 Abs 2 ZPO nicht in Betracht kommt (Münch-Komm/SCHWERDTNER [3. Aufl 1993] § 12 Rn 344; RITTER ZZP 84 [1971] 176 f). Doch dürfte für die vorläufige Vollstreckbarkeit angesichts des Gegendarstellungsrechts ohnehin kein Rechtsschutzbedürfnis bestehen; das Problem entspricht demjenigen des vorläufigen Widerrufs aufgrund einer einstweiligen Verfügung (vgl oben Rn C 279).

q) Die Problematik des Feststellungsurteils

C 288 Nach wie vor wird der Vorschlag diskutiert, den Widerrufsanspruch durch ein **gerichtliches Feststellungsurteil** zu ersetzen, verknüpft mit der Befugnis des Verletzten, dieses Urteil zu veröffentlichen (LEIPOLD ZZP 84 [1971] 156 ff; ders JZ 1974, 65; STOLL, 45. DJT Bd I [1964] 141 f; ders, in: FS Bötticher [1969] 357 ff; E HELLE NJW 1963, 130, 132; zust ROSENBERG/SCHWAB/GOTTWALD [15. Aufl 1993] § 93 II 1 b; BAUMBACH/LAUTERBACH/ALBERS/ HARTMANN, ZPO [57. Aufl 1999] § 256 Rn 90; SCHNUR GRUR 1978, 228; erwogen auch von RÖTELMANN NJW 1971, 1639; wohl auch von ERMAN/EHMANN Anh zu § 12 Rn 453; PÄRN NJW 1979, 2549; offen gelassen von LAG Baden-Württemberg DB 1977, 776). Das sei vor allem angebracht, wenn die Presse eine Tatsache behauptet habe, deren Wahrheitsgehalt sie nicht hinreichend recherchiert habe. Nur so ließen sich Verstöße gegen die journalistische Berufspflicht sanktionieren (STÜRNER JZ 1994, 873; ähnl ders, 58. DJT Bd I [1990] A 69 [§ 14 Abs 2 S 3] und A 70). Innerhalb dieses Ansatzes ist strittig, ob das Urteil inter omnes (E HELLE NJW 1963, 130 f, der freilich selbst Bedenken äußert) oder nur zwischen den Parteien des Prozesses wirkt (LEIPOLD ZZP 84 [1971] 161 f). Doch hat der **BGH den Vorschlag abgelehnt**, da ein solcher Weg nicht vorgesehen sei, eine solche Rechtsentwicklung nicht auf Fälle des Ehrschutzes beschränkt bleiben könnte, vor allem aber die Vorteile gering seien (BGHZ 68, 331, 334). Nach den anerkannten Regeln dürfe der Widerruf den Beklagten nicht übermäßig belasten; daher sei der Hinweis gestattet, der Widerrufende folge der gerichtlichen Anweisung (vgl Rn C 277). Daher sei der Widerruf auch durchaus zumutbar. Darüber hinaus würde sich ein Feststellungsverfahren wegen der materiellen und beweisrechtlichen Voraussetzungen, aber auch wegen der durchaus vorstellbaren Notwendigkeit, ein Vollstreckungsverfahren durchzuführen, dem Widerrufsverfahren weitgehend annähern (BGHZ 68, 331, 335 ff, 339; SOERGEL/ZEUNER Rn 103; MünchKomm-ZPO/SCHILKEN [1992] § 888 Rn 5; ZÖLLER/GREGER [20. Aufl 1997] § 256 Rn 5; AK-ZPO/WASSERMANN [1987] § 256 Rn 3; HOTH GRUR 1977, 679; SEDELMEIER AfP 1977, 380). **Im Schrifttum** wird darüber hinaus darauf verwiesen, es sei nicht nur wichtig, daß die Unwahrheit einer Behauptung festgestellt werde, es gehe vor allem auch darum, daß sich der Angreifer von seiner Behauptung distanziere (MünchKomm/SCHWERDTNER [3. Aufl 1993] § 12 Rn 339). Auch bei einer nicht hinreichend recherchierten Pressemeldung besteht jedenfalls **iE keine Notwendigkeit für eine zusätzliche Sanktion**. Stellt sich nämlich im Prozeß die Unwahrheit der Meldung heraus, so muß ohnehin widerrufen werden; die Feststellung, das Persönlichkeitsrecht sei verletzt, ist daneben überflüssig. Hat aber die Verhandlung vor dem Richter ernst zu nehmende Anhaltspunkte für die Richtigkeit der Meldung ergeben, darf diese also nunmehr verbreitet werden, so würde die Feststellung, es habe eine Persönlichkeitsrechtsverletzung vorgelegen, wenig bewirken. Zu denken wäre an ein solches Feststellungsurteil allenfalls in dem Bereich, in dem sich herausstellt, daß zur Zeit der Äußerung hinreichende, vom Täter allerdings nicht recherchierte Indizien bestanden hätten, sich aber die mangelnde Tragfähigkeit dieser Hinweise später manifestiert oder gar die Unwahrheit der Meldung festgestellt wird. Doch auch dann ist Unterlassung und – je nach

Beweislage eingeschränkter – Widerruf geschuldet; auch dann macht ein Feststellungsurteil wenig Sinn (J HAGER AcP 196 [1996] 205 f).

5. Ersatz materieller Schäden*

a) Die Anspruchsgrundlagen
Anspruchsgrundlagen sind § 823 Abs 1 bzw die §§ 823 Abs 2 iV zB mit 185 ff, 201, 203, 204 StGB (ERMAN/EHMANN Anh zu § 12 Rn 471; MünchKomm/SCHWERDTNER [3. Aufl 1993] § 12 Rn 277). Zu ersetzen sind nach den allgemeinen Grundsätzen diejenigen Schäden, die durch die Verletzung des Persönlichkeitsrechts eintreten. Das gilt etwa für **Gesundheitsbeeinträchtigungen** oder gar den Tod aufgrund unwahrer Behauptungen; dort liegt allerdings tatbestandsmäßig auch eine Körperverletzung vor (vgl schon oben Rn B 28 und insbesondere RGZ 142, 154, 165). Doch sind die Schäden keineswegs stets Folgen der Verletzung anderer Rechtsgüter des Betroffenen. Verliert er etwa aufgrund einer unwahren Meldung seinen Arbeitsplatz, so ist dieser Schaden **nur wegen der Verletzung des Persönlichkeitsrechts** zu ersetzen (vgl als Beispiel BGH NJW 1997, 1148, 1150); dies kann auch gelten, wenn aufgrund der nicht hinreichend recherchierten Berichte der Arbeitgeber einen leitenden Mitarbeiter unabhängig vom Wahrheitsgehalt des Berichts kündigt (BGH NJW 1998, 1148, 1150). Erfolgte die Vortat in Wahrnehmung berechtigter Interessen, so scheidet der Schadensersatz aus; auch ein Aufopferungsanspruch ist abzulehnen (MünchKomm/MERTENS § 824 Rn 94; CANARIS JZ 1971, 399; **aA** KONZEN, Aufopferung im Zivilrecht [1969] 189 ff).

b) Die Berechnung des Schadens
Für den Betroffenen kommen **drei Wege** in Betracht, wie er seinen Schaden berechnen kann. Er kann zum einen den **konkreten Schaden liquidieren**, zum anderen eine **angemessene Lizenzgebühr** verlangen, von der er den Abschluß des Vertrages hätte abhängig machen können, oder schließlich den **Gewinn herausverlangen**, den der Eingreifende gemacht hat – und zwar ohne Rücksicht darauf, ob er selbst einen derartigen Gewinn erzielt hätte (ERMAN/EHMANN Anh zu § 12 Rn 474; für spezielle Persönlichkeitsrechte auch MünchKomm/SCHWERDTNER [3. Aufl 1993] § 12 Rn 277; anders aber für das allgemeine Persönlichkeitsrecht MünchKomm/SCHWERDTNER [3. Aufl 1993] § 12 Rn 281). Daß dem Verletzten die erste Möglichkeit, der Ersatz des konkreten Schadens, offen steht, folgt aus den allgemeinen Regeln. Die ganz hM spricht ihm auch die übliche Lizenzgebühr zu (BGHZ 20, 345, 353 mwNw; 26, 349, 352 [dort wenig überzeugend abgelehnt]; 44, 372, 375 f [Warenzeichenverletzung]; ERMAN/EHMANN Anh zu § 12 Rn 475); die Richtigkeit dieses Ansatzes folgt aus einem **Erst-recht-Schluß zur Lage im Bereicherungsrecht** (dazu oben Rn C 252). Darf dort die Lizenzgebühr gefordert werden, auch wenn der Eingreifende schuldlos gehandelt hat, dann gilt dies erst recht, wenn ihm obendrein noch zumindest Fahrlässigkeit zur Last fällt. Problematischer ist dagegen die **Herausgabe des Verletzergewinns**. Der BGH hat sie implizit abgelehnt, freilich das Problem nicht näher vertieft (BGHZ 128, 1, 14 ff, 16). In der Literatur wird sie zT gefordert, meist in Anlehnung an § 97 Abs 1 S 2 UrhG (ERMAN/EHMANN Anh zu § 12 Rn 474 iVm § 687 Rn 14; ohne Anbindung an § 97 UrhG PRINZ NJW 1996, 954). IE dürfte zu differenzieren sein.

---

* **Schrifttum:** GERHARDT, Grenzen des Gegendarstellungsanspruchs, AfP 1974, 65; MESSER, Der Anspruch auf Geldersatz bei Kreditgefährdung, § 824 BGB, und Anschwärzung, § 14 UWG, in: FS Steffen (1995) 347 ff; PRINZ, Geldentschädigung bei Persönlichkeitsverletzungen durch Medien, NJW 1996, 953.

Eine volle Gewinnabschöpfung bei nur fahrlässiger Verletzung schießt über das Ziel hinaus. Anders liegt es dagegen bei Vorsatz; hier weiß der Täter, daß er sich die Persönlichkeit eines anderen wirtschaftlich zunutze macht, ohne dazu berechtigt zu sein. Zumindest nach dem Rechtsgedanken des § 687 Abs 2 S 1 verdient er dann keinen Schutz. Beweisproblemen ist hier über § 287 ZPO zu begegnen. Wie bei der Abschöpfung der ungerechtfertigten Bereicherung ist auch beim Ersatz des materiellen Schadens umstritten, ob die Weigerung des Betroffenen, dem Eingriff in das Persönlichkeitsrecht zuzustimmen, dazu führt, daß der Anspruch entfällt. Das ist entgegen der Rechtsprechung zu verneinen (vgl oben Rn C 255).

c) Der Ersatz von Abwehrmaßnahmen des Betroffenen
aa) Die Grundlage

C 291 Trifft der Betroffene eigene Abwehrmaßnahmen, so kann er sie im Grundsatz als materiellen Schaden ersetzt verlangen; dazu gehören namentlich die **Kosten für Anzeigen**, mit denen der Verletzte der Beeinträchtigung seines – auch wirtschaftlichen – Rufes in der Presse entgegenwirken will (BGHZ 66, 182, 192; 70, 39, 42 [zu § 824 BGB]; 78, 274, 280; BGH NJW 1986, 981, 982 [zu § 824 BGB]; der Sache nach auch BGH NJW 1979, 2197 [zu § 824]; ebenso ERMAN/EHMANN Anh zu § 12 Rn 476; MünchKomm/SCHWERDTNER [3. Aufl 1993] § 12 Rn 282; MünchKomm/MERTENS § 824 Rn 84; BGB-RGRK/DUNZ Anh I Rn 161; MESSER, in: FS Steffen [1995] 353 f). Wer genötigt wird, die Integrität seiner Persönlichkeit wieder herzustellen, darf nicht schlechter stehen als derjenige, der sein vom Schädiger lädiertes Auto reparieren läßt (BGB-RGRK/DUNZ Anh I Rn 161). Ob dieses Ergebnis aus § 249 S 2 folgt, der auch für Nichtvermögensschäden gilt (so zB MünchKomm/GRUNSKY [3. Aufl 1994] § 249 Rn 13 a; SOERGEL/MERTENS [12. Aufl 1990] § 249 Rn 24; LANGE, Schadenersatz [2. Aufl 1990] § 5 IV 1) oder aber Folgeschäden der Ehrverletzung vorliegen (vgl BGHZ 66, 182, 192; MünchKomm/SCHWERDTNER [3. Aufl 1993] § 12 Rn 282; WENZEL Rn 14. 37 jeweils mit unklarer Verweisung auf BGHZ 32, 280, 285; RGZ 99, 172, 183; vgl auch MESSER, in: FS Steffen [1995] 353 f, der einen primären Vermögensschaden im Rahmen des § 824 bejaht), hat der BGH offen gelassen (BGHZ 66, 182, 192), dies jedoch zu Unrecht. Als Nichtvermögensschäden sind Folgeschäden der Ehrverletzung nicht ersatzfähig, soweit sie nicht ihrerseits auf einem Gesundheitsschaden oder ähnlichem beruhen und also Vermögensschäden sind.

bb) Der Umfang

C 292 Was den **Anspruchsumfang** angeht, ist aber Zurückhaltung geboten. Ihm sind nach hM durch § 249 S 2 und § 254 Abs 2 unter dem Aspekt der Erforderlichkeit der Aufwendungen enge Grenzen gesetzt. Kann sich der Betroffene mit Hilfe einer **Gegendarstellung** wehren, so ist es ihm versagt, den Verantwortlichen mit den höheren Kosten einer berichtigenden Darstellung zu belasten (BGHZ 66, 182, 193 f; 70, 39, 42; BGH NJW 1986, 981, 982; MünchKomm/MERTENS § 824 Rn 86; BGB-RGRK/DUNZ Anh I Rn 161, der allerdings Zweifel an der dogmatischen Verankerung in § 254 äußert; WENZEL Rn 14. 38 unter ausdrücklicher Verortung in § 249 S 2; STEFFEN Anm zu BGH LM Nr 55 zu § 823 [Ah] unter 3; GERHARDT AfP 1974, 36 f). Davon eine **Ausnahme** zu machen setzt voraus, daß ein Schaden droht, dem eine Gegendarstellung nicht so gezielt begegnen kann wie eine Anzeigenkampagne, sich das Verfahren der Gegendarstellung in die Länge zieht (BGHZ 66, 182, 194; BGH NJW 1986, 981, 982; ERMAN/EHMANN Anh zu § 12 Rn 477; MünchKomm/ MERTENS § 824 Rn 86) oder daß die Wirkungen der Gegendarstellung durch Hinzufügungen des Angreifers abgeschwächt werden (BGHZ 66, 182, 194; MünchKomm/MERTENS § 824 Rn 86). Der letztgenannte Fall ist allerdings bei einem sachgerechten Vorgehen schwer vorstellbar. Die **Regeln der Rechtsprechung sind daher relativ eng.** Der Geschädigte darf die Anzeigen nur veröffentlichen, wenn sie nicht nur der Gegendarstellung überlegen sind, sondern bei voller Würdigung der schutzwürdigen Belange des Gegners auch angebracht erscheinen. Eine Rolle spielt dabei vor allem Art 5 Abs 1 GG; zum einen kann die Gefahr hoher Kosten der freien Rede in Presse, Rundfunk und Fernsehen abträglich sein, zum anderen sieht die Rechtsordnung in der presserechtlichen Gegendarstellung ein notwendiges Korrelat zur verfassungsrechtlichen Gewährleistung der Pressefreiheit (BGHZ 66, 182, 195 [Kosten von nahezu DM 300.000]; 70, 39, 43 [Kosten von DM 26.000]; MünchKomm/MERTENS § 824 Rn 87). Das gilt namentlich bei **Fernsehsendungen** öffentlich-rechtlicher Anstalten, die einerseits ausgewogen sein müssen, deren Mitarbeitern aber ebenfalls das Grundrecht der Meinungsfreiheit zusteht (BGB-RGRK/DUNZ Anh I Rn 163). Der Geschädigte hat ferner den wirtschaftlichsten Weg zu wählen, sofern ihm dies zumutbar ist (BGHZ 66, 182, 193). Entscheidend ist dabei der **Zeitpunkt**, zu dem die Maßnahme zu treffen ist (BGHZ 66, 182, 192 mwNw; BGH NJW 1979, 2197; WENZEL Rn 14.38; MünchKomm/MERTENS § 824 Rn 85). Nach diesen Regeln hat der BGH die Klage auf Schadensersatz abgewiesen, wenn der Betroffene die Anzeigen neben einer Gegendarstellung veröffentlicht hatte (BGHZ 66, 182, 197 f). Ebenso wurde der Anspruch abgelehnt, wenn die Anzeige nur drei Wochen vor der Gegendarstellung erschien und angesichts der relativ geringfügigen Verbreitung der Ausgangsmeldung auch keine konkreten Anzeichen für einen drohenden Schaden vorlagen (BGH NJW 1986, 981, 982). Zwar kann der Geschädigte bei unwahren Tatsachenbehauptungen über ein Produkt eine werbewirksame Präsentation der Richtigstellung verlangen, weil die bloße Gegendarstellung nicht genügt. Das Publikum erwartet, daß der Produzent über seine Leistungen und Waren durch Werbeanzeigen informiert (BGHZ 70, 39, 43; BGH NJW 1979, 2197, 2198; MünchKomm/MERTENS § 824 Rn 88). Doch ist der Anspruch zu kürzen, wenn die **Anzeige** neben der Richtigstellung noch weiter gehende Werbung für den Betroffenen enthielt (BGH NJW 1979, 2197, 2198 [Anspruch zur Gänze versagt]; BGHZ 70, 39, 44, 46 [Anspruch zur Hälfte zuerkannt]), soweit diese Werbung nicht notwendig war, um das durch den Schädiger ruinierte Image wieder herzustellen (BGHZ 70, 39, 44 f); es darf der Zusammenhang mit der Richtigstellung der Veröffentlichung nicht zur Gänze fehlen (BGH NJW 1979, 2197, 2198; MünchKomm/MERTENS § 824 Rn 88). Eine wichtige Rolle spielt ferner, ob die **Richtigstellung in der Zeitung des Täters** selbst abgedruckt werden kann und ob damit derselbe Leserkreis erreicht wird, der auch die Ausgangsmeldung zur Kenntnis nahm. Dann kann der Betroffene eine Anzeige in diesem Blatt auf dessen Kosten veröffentlichen; nach den soeben geschilderten Grundsätzen ist sie allerdings regelmäßig beschränkt auf die Richtigstellung (BGHZ 70, 39, 44). Umgekehrt können die Kosten nicht liquidiert werden, wenn der drohende Schaden ein weit geringeres Ausmaß hat, als für die Anzeigen Aufwendungen anfallen (BGH NJW 1986, 981, 982; BGB-RGRK/DUNZ Anh I Rn 162). Angesichts dieser Grundsätze vermag es kaum zu überzeugen, wenn einem Schlagersänger, der zu Unrecht als Vater eines nichtehelichen Kindes bezeichnet worden war, ohne weiteres DM 10.000 Ersatz für die Imagepflege zugesprochen wurden (OLG München AfP 1990, 45 f; zust jedoch ERMAN/EHMANN Anh zu § 12 Rn 477; MünchKomm/SCHWERDTNER [3. Aufl 1993] § 12 Rn 283; WENZEL Rn 14.42).

6. Ansprüche auf Auskunft

Nach den allgemeinen Regeln kann der Betroffene vom Täter Auskunft verlangen, **wem gegenüber** er die zu widerrufende persönlichkeitsverletzende Behauptung aufgestellt hat. Voraussetzung dafür ist zum einen, daß er auf diese Auskunft angewiesen ist, weil Grund zu der Annahme besteht, daß die Behauptung nicht nur einer dem Betroffenen bekannten Person, sondern auch anderen Personen gegenüber aufgestellt wurde, zum anderen, daß der Schädiger diese Auskunft unschwer geben kann (RGZ 140, 403 f; 158, 377, 379 f; 162, 181, 192; BGH NJW 1962, 731; WENZEL Rn 15.6; vgl allgemein zum Auskunftsanspruch etwa BGHZ 125, 322, 329 f).

7. Prozessuale Fragen*

a) Der Zivilrechtsweg

C 294 Nach § 13 GVG sind die **Zivilgerichte** für Klagen auch auf Unterlassung und Widerruf zuständig, und zwar auch dann, wenn sich der jeweilige Anspruch gegen eine öffentlich-rechtliche Rundfunk- oder Fernsehanstalt richtet (BGHZ 66, 182, 185 ff; BVerwG NJW 1994, 2500; OLG Köln NJW 1973, 858 mwNw; ERMAN/EHMANN Anh zu § 12 Rn 445; SOERGEL/ZEUNER Rn 104; WENZEL Rn 12. 97; **aA** VGH München BayVBl 1994, 345; KOPP BayVBl 1988, 195 f). Der **Rechtsweg zu den Arbeitsgerichten** ist eröffnet, wenn es um Streitigkeiten im Rahmen eines Arbeitsverhältnisses geht (ERMAN/EHMANN Anh zu § 12 Rn 445; WENZEL Rn 12.100). Bei **Äußerungen von Beamten** ist zu differenzieren. Der Zivilrechtsweg kommt in Betracht, wenn fiskalisch gehandelt wurde; die hoheitliche Tätigkeit kann das Zivilgericht regelmäßig nicht überprüfen, will es nicht in den Zuständigkeitsbereich der Verwaltungsgerichte eingreifen (BGHZ 34, 99, 105; BGH NJW 1978, 1860; OLG Zweibrücken NVwZ 1982, 332). Ansonsten handelt es sich um eine **öffentlich-rechtliche Streitigkeit** (BVerwG NJW 1989, 412, 413). Richtiger Klagegegner ist regelmäßig die hinter dem Beamten stehende öffentlich-rechtliche Körperschaft (BGHZ 34, 99, 106 f; MünchKomm/SCHWERDTNER [3. Aufl 1993] § 12 Rn 346; MünchKomm-ZPO/WOLF [1992] § 13 GVG Rn 180). Davon gibt es aber eine **Ausnahme**, wenn der von dem Beamten erhobene Vorwurf so sehr Ausdruck einer persönlichen Meinung oder Einstellung ist, daß der Widerruf eine persönliche unvertretbare Leistung des Beamten darstellt (BGHZ 34, 99, 107; OLG Zweibrücken NVwZ 1982, 332; MünchKomm/SCHWERDTNER [3. Aufl 1993] § 12 Rn 346; G HAGER NJW 1989, 885 für die Äußerung eines Richters). Gegen Äußerungen von Mitgliedern einer Vertretungskörperschaft innerhalb von Gremien ist dagegen stets der Zivilrechtsweg gegeben (BGH NJW 1961, 1625; VGH Mannheim NJW 1990, 1808, 1809).

b) Die örtliche Zuständigkeit

C 295 § 32 ZPO eröffnet den besonderen Gerichtsstand der unerlaubten Handlung. Demgemäß kann er vom Kläger gewählt werden für Ansprüche auf Schadensersatz, Widerruf (ZÖLLER/VOLLKOMMER [20. Aufl 1997] § 32 Rn 14; STEIN/JONAS/SCHUMANN [21. Aufl Stand 1993] § 32 Rn 27), (rein) negatorische Unterlassung (ZÖLLER/VOLLKOMMER [20. Aufl 1997] § 32 Rn 14; STEIN/JONAS/SCHUMANN [21. Aufl Stand 1993] § 32 Rn 27; ROSENBERG/SCHWAB/GOTTWALD [15. Aufl 1993] § 36 II 8) und Auskunft, soweit sie mit diesen Klagen zusammenhängt (STEIN/JONAS/SCHUMANN [21. Aufl Stand 1993] § 32 Rn 27). Bei **Druckwerken** ist der Ort der unerlaubten Handlung der **Erscheinungsort** sowie der **Verteilungsort**; nicht dazu zählt dagegen ein davon getrennter Wohnort des Betroffenen (BGH NJW 1977,

---

* **Schrifttum:** G HAGER, Rechtsschutz gegen Ehrverletzungen durch Richter, NJW 1989, 884; J HAGER, Die Manipulation des Rechtswegs – Bemerkungen zur Reform der §§ 17 ff GVG, in: FS Kissel (1994) 327; KOPP, Fragen des Rechtswegs für Streitigkeiten gegen öffentlich-rechtliche Rundfunkanstalten, BayVBl 1988, 193.

25. Titel. §823
Unerlaubte Handlungen C 296, C 297

1590 f). Sehr strittig ist, ob **§ 32 ZPO** einschlägig ist, wenn der Anspruch auch auf **Bereicherungsrecht** gestützt wird. Das ist **abzulehnen**, soweit damit ein Gerichtsstand erschlichen werden soll, ein Anspruch, der nach § 32 ZPO den besonderen Gerichtsstand eröffnet, also nicht begründet ist (J HAGER, in: FS Kissel [1994] 340 Fn 51; aA ZÖLLER/ VOLLKOMMER [20. Aufl 1997] § 12 Rn 21 mwNw). § 32 ZPO findet auf die **vorbeugende Unterlassungsklage** zumindest analog Anwendung (MünchKomm-ZPO/PATZINA [1992] § 32 Rn 25; ZÖLLER/VOLLKOMMER [20. Aufl 1997] § 32 Rn 14 mwNw; wohl auch BGH LM Nr 48 zu EuGÜbK unter II 5 a).

c) Die vermögensrechtliche Natur der Ansprüche

Strittig ist die **Natur der Forderungen als vermögensrechtliche**; die Frage spielt beispielsweise eine Rolle in § 546 Abs 1 ZPO, nicht mehr dagegen in § 23 Nr 1 GVG. Die **Rechtsprechung** lehnt den vermögensrechtlichen Charakter für den Normalfall ab, läßt eine Ausnahme nur dann zu, wenn sich aus dem Klagevorbringen oder aus offenkundigen Umständen ergibt, daß die Klage in wesentlicher Weise auch zur Wahrung wirtschaftlicher Belange dient (BGHZ 89, 198, 200 f; 98, 41, 42; BGH NJW 1974, 1470; 1983, 2572; 1985, 978, 979; 1986, 2503, 2504; 1991, 847; 1994, 2614 f; 1996, 593 f; 1996, 999, 1000; LM Nr 23 zu § 138 ZPO unter II; Nr 131 zu § 546 ZPO unter II; Nr 133 zu § 546 ZPO unter II 1; VersR 1969, 62, 63; 1993, 614, 615). Dafür kann als Indiz von Bedeutung sein, ob der Kläger zugleich einen Anspruch auf Vermögensschäden geltend macht (BGH NJW 1994, 2614 f; 1996, 593 f; 1996, 999, 1000), während bloße **vermögensrechtliche Reflexwirkungen** der angegriffenen Behauptungen **außer Betracht bleiben** (BGH NJW 1991, 847; 1994, 2614 f; LM Nr 131 zu § 546 ZPO unter II; VersR 1993, 614, 615). Dem widerspricht ein **Teil der Literatur**; es sei vom vermögensrechtlichen Charakter jedenfalls dann auszugehen, wenn der Betroffene eine Verletzung wirtschaftlicher Belange geltend mache oder diese nicht ausgeschlossen erschienen; obendrein sei jedenfalls der mit einer Unterlassungsklage verbundene Anspruch auf Widerruf eine Art Schadensersatz (MünchKomm/SCHWERDTNER [3. Aufl 1993] § 12 Rn 321).

8. Entschädigung und Gegendarstellung

Der Anspruch auf Entschädigung für den immateriellen Schaden ist bei § 847 kommentiert; das Recht auf Gegendarstellung findet sich in den Landespressegesetzen.

D. Das Recht am Gewerbebetrieb

Schrifttum

ASSMANN/KÜBLER, Testhaftung und Testwerbung, ZHR 142 (1987) 413
BADURA, Der Eigentumsschutz des eingerichteten und ausgeübten Gewerbebetriebes, AöR 98 (1973) 153
BAUMBACH/HEFERMEHL, Wettbewerbsrecht (20. Aufl 1998)
BOECKEN, Die Haftung der Stiftung Warentest für Schäden der Verbraucher aufgrund irreführender Testinformationen (1998)
T BRINKMANN, Gewerbekritik zwischen freier Meinungsäußerung und Warentest, NJW 1987, 2721
W BRINKMANN, Der äußerungsrechtliche Unternehmensschutz in der Rechtsprechung des Bundesgerichtshofs, GRUR 1988, 516

BUCHNER, Die Bedeutung des Rechts am eingerichteten und ausgeübten Gewerbebetrieb für den deliktsrechtlichen Unternehmensschutz (1971)

ders, Konsolidierung des deliktsrechtlichen Unternehmensschutzes, DB 1979, 169

vCAEMMERER, Wandlungen des Deliktsrechts, in: FS Deutscher Juristentag, Bd II (1960) 89

COESTER-WALTJEN, Rechtsgüter und Rechte iSd § 823 Abs 1 BGB, Jura 1992, 209

DERLEDER, Betriebsbesetzung und Zivilrecht, BB 1987, 818

DEUTSCH, Entwicklung und Entwicklungsfunktion der Deliktstatbestände, JZ 1963, 385

DIEDERICHSEN/MARBURGER, Die Haftung für Demonstrationsschäden, NJW 1970, 777

FABRICIUS, Zur Dogmatik des „sonstigen Rechts", AcP 160 (1961) 273

FIKENTSCHER, Das Recht am Gewerbebetrieb (Unternehmen) als „sonstiges Recht" im Sinne des § 823 Abs 1 BGB in der Rechtsprechung des Reichsgerichts und des Bundesgerichtshofs, in: Festg Kronstein (1967) 261

GIESEKE, Recht am Unternehmen und Schutz des Unternehmens, GRUR 1950, 298

GLÜCKERT, Schadensansprüche der Stromabnehmer bei Stromleitungsschädigungen, AcP 166 (1966) 311

G HAGER, Haftung bei Störung der Energiezufuhr, JZ 1979, 53

J HAGER, Grundrechte im Privatrecht, JZ 1994, 373

ders, Schutz einer Handelsgesellschaft gegen die Analyse ihrer Jahresabschlüsse im Lichte der Grundrechte, ZHR 158 (1994) 675

HUBMANN, Das Recht am Unternehmen, ZHR 117 (1954) 41

KAU, Vom Persönlichkeitsschutz zum Funktionsschutz (1989)

KREFT, Das Recht am eingerichteten und ausgeübten Gewerbebetrieb, WuW 1978, 193

KÜBLER, Öffentliche Kritik an gewerblichen Erzeugnissen und beruflichen Leistungen, AcP 172 (1972) 177

LEISNER, Verfassungsrechtlicher Schutz der Anwaltspraxis, NJW 1974, 478

LÖHR/LÖHR, Eingriff in den Gewerbebetrieb durch Blockade, BB 1974, 1140

LÖWISCH/MEIER-RUDOLPH, Das Recht am eingerichteten und ausgeübten Gewerbebetrieb in der Rechtsprechung des BGH und des BAG, JuS 1982, 237

LÜBBE-WOLFF, Zur verfassungskonformen Interpretation des § 823 BGB im Zusammenhang mit aktiv produktionsbehindernden Arbeitskampfmaßnahmen, DB 1988, Beil Nr 9 S 1

MOENCH, Die Bedeutung der Meinungsfreiheit bei Eingriffen in geschützte Rechtspositionen, NJW 1984, 2920

MÖSCHEL, Der Schutzbereich des Eigentums nach § 823 I BGB, JuS 1977, 1

NEUMANN-DUESBERG, Korrektur des Unmittelbarkeitsbegriffs beim Eingriff in den Gewerbebetrieb (§ 823 BGB), NJW 1968, 1990

NIPPERDEY, Die Frage des Schutzes des Unternehmens nach § 823 Abs 1 BGB, in: Beiträge zum Wirtschaftsrecht II (1931) 445

PREUSCHE, Unternehmensschutz und Haftungsbeschränkungen im Deliktsrecht (1974)

PUTTFARCKEN, Der Schutz des eingerichteten und ausgeübten Gewerbebetriebs bei freien Berufen, GRUR 1962, 500

SCHILDT, Der deliktische Schutz des Rechts am Gewerbebetrieb, WM 1996, 2261

SCHIPPEL, Das Recht am eingerichteten und ausgeübten Gewerbebetrieb (1956)

K SCHMIDT, Integritätsschutz von Unternehmen nach § 823 BGB – Zum „Recht am eingerichteten und ausgeübten Gewerbebetrieb", JuS 1993, 985

SCHRAUDER, Wettbewerbsverstöße als Eingriffe in das Recht am Gewerbebetrieb (1970)

SCHRICKER, Öffentliche Kritik an gewerblichen Erzeugnissen und beruflichen Leistungen, AcP 172 (1972) 203

SEITER, Streikrecht und Aussperrung (1975)

SIEKMANN, Verletzt die Weitergabe eines im Bundesanzeiger veröffentlichten Jahresabschlusses betreffend eine juristische Person ein dieser zustehendes, allgemeines Persönlichkeitsrecht, insbesondere das Recht auf informationelle Selbstbestimmung?, ZIP 1994, 651

WEICK, Der Boykott zur Verfolgung nicht wirtschaftlicher Interessen (1971)

WIETHÖLTER, Zur politischen Funktion des Rechts am eingerichteten und ausgeübten Gewerbebetrieb, KritJ 1970, 121

E WOLF, Das Recht am eingerichteten und aus-

25. Titel. §823
Unerlaubte Handlungen D

geübten Gewerbebetrieb, in: FS vHippel (1967) 665

ZEUNER, Historische Linien in der Entwicklung des Rechts am Gewerbebetrieb, des allgemeinen Persönlichkeitsrechts und der Verkehrssicherungspflichten, 25 Jahre KF (1983) 196.

Systematische Übersicht

I. **Die Entwicklung und die Funktion des Rechts am Gewerbebetrieb**
1. Die Entwicklung _____ D 1
2. Die Funktion _____ D 2

II. **Dogmatik und Kritik**
1. Die dogmatische Einordnung _____ D 3
   a) Der Streitstand _____ D 3
   b) Die Feststellung der Rechtswidrigkeit _____ D 4
2. Die Kritik _____ D 5

III. **Der Gegenstand des Schutzes**
1. Der geschützte Personenkreis _____ D 6
2. Der Schutz von Verbänden _____ D 7
   a) Die Person des Trägers _____ D 7
   b) Konkurrierende Verbände _____ D 8
3. Der Umfang des Schutzes _____ D 9
4. Der Schutz geplanter Unternehmen _____ D 10

IV. **Die Eingriffsmodalität** _____ D 11
1. Der betriebsbezogene Eingriff _____ D 12
   a) Die Haftung für Beschädigung von Versorgungsleitungen und Versorgungswegen _____ D 13
   b) Beispiele fehlender Betriebsbezogenheit _____ D 14
   c) Beispiele betriebsbezogener Eingriffe _____ D 15
   d) Falsche Arbeitszeugnisse _____ D 16
2. Die Intention des Täters _____ D 17
3. Kein Schutz ablösbarer Rechte und Rechtsgüter _____ D 18
4. Kein Schutz vor Reflexschäden _____ D 19

V. **Die Subsidiarität des Schutzes des Gewerbebetriebs**
1. Die hM _____ D 20
   a) Der Vorrang der Sonderregeln _____ D 21
   b) Die Konkurrenz zu den §§ 824, 823 Abs 2, 826 _____ D 22
2. Die Kritik _____ D 23

VI. **Fallgruppen**
1. Die Verbreitung wahrer, aber geschäftsschädigender Tatsachen _____ D 24
   a) Der Grundsatz: Zulässigkeit wahrer Berichte _____ D 24
   b) Die Ausnahmen _____ D 25
2. Die Mitteilung und Verbreitung unwahrer Tatsachen _____ D 26
3. Kritik an Unternehmen _____ D 27
   a) Kritik in Wettbewerbsabsicht _____ D 27
   b) Sonstige Kritik _____ D 28
      aa) Fälle zulässiger Kritik _____ D 29
      bb) Die Verdeutlichung der Kritik durch Beispiele _____ D 30
      cc) Die satirisch verfremdete Verwendung berühmter Marken _____ D 31
4. Warentests _____ D 32
   a) Die Anforderungen _____ D 32
   b) Meinungsäußerung oder Tatsachenbehauptung? _____ D 33
   c) Die Gastronomiekritik _____ D 34
5. Der Boykott _____ D 35
   a) Der Begriff des Boykotts _____ D 35
   b) Der Begriff des Aufrufs _____ D 36
   c) Rechtswidrigkeit des Aufrufs wegen der Verfolgung weiterer Ziele? _____ D 37
   d) Boykottaufruf zu Wettbewerbszwecken _____ D 38
   e) Boykottaufruf bei Fehlen eines Wettbewerbsverhältnisses _____ D 39
      aa) Die Zulässigkeit _____ D 40
      bb) Die Unzulässigkeit _____ D 41
      cc) Der Einsatz wirtschaftlicher Macht _____ D 42
      dd) Der Einsatz sozialer Macht _____ D 43
6. Betriebsblockaden und Betriebsbehinderungen _____ D 44
   a) Die nicht intendierte Blockade _____ D 44
   b) Die vorsätzliche Blockade _____ D 45
7. Streiks _____ D 46
   a) Das Schutzobjekt _____ D 47
   b) Der wilde Streik _____ D 48
   c) Blockaden gegenüber Dritten _____ D 49

§ 823
D

8.	Unberechtigte Schutzrechtsverwar-		h)	Das Mitverschulden des Verwarn-	
	nungen	D 50		ten	D 60
a)	Die Erscheinungsformen	D 50	i)	Prozessuale Besonderheiten	D 61
b)	Die Verwarnung	D 51	9.	Sonstige Verwarnungen	D 62
c)	Der Meinungsstand	D 52	a)	Verwarnungen zwischen Wett-	
aa)	Die hM	D 52		bewerbern	D 62
bb)	Die Kritik	D 53	aa)	Die hM	D 62
d)	Die Betriebsbezogenheit bei der		bb)	Die Gegenmeinung	D 63
	Herstellerverwarnung	D 54	b)	Verwarnungen außerhalb des	
e)	Die Betriebsbezogenheit bei der			Wettbewerbs	D 64
	Abnehmerverwarnung	D 55	c)	Prozessuale Besonderheiten	D 65
aa)	Die hM	D 55	10.	Die Verwässerung berühmter Mar-	
bb)	Die abweichende Ansicht	D 56		ken	D 66
f)	Die Rechtswidrigkeit	D 57	11.	Weitere Fallgruppen	D 67
aa)	Die hM	D 57	a)	Bejahung des Eingriffs	D 67
bb)	Die Gegenmeinung	D 58	b)	Verneinung eines Eingriffs	D 68
g)	Das Verschulden	D 59			

Alphabetische Übersicht

ablösbare Rechte	D 18	– Einsatz wirtschaftlicher Macht	D 42	
Abmahnung	D 36	– weitere Ziele	D 37, 39 ff	
– Gegenabmahnung	D 65	– Wettbewerb	D 38	
– vorprozessuale	D 57			
Abnehmerverwarnung	D 55	Constanze-Doktrin	D 5, 39 f, 54 f	
Abwerbung von Arbeitnehmern	D 22			
Anprangerung	D 25, 30 f	Demonstrationen, rechtswidrige	D 45	
Arbeitskampf	D 46 ff	Drittverwarnung	D 56	
Arbeitskampf, rechtswidriger	D 47			
Arbeitszeugnisse, falsche	D 16	Eingriff	D 67 ff	
Athleten, Gewerbebetrieb	D 6	– betriebsbezogener	D 11 f, 67	
Belieferung mit mangelhafter Ware	D 14	Franchising	D 14	
Bericht wahrer Tatsachen	D 24	Freiberufler	D 6	
Betriebsangehörige, Verletzung von	D 18			
Betriebsbehinderung	D 44 f	Gastronomiekritik	D 34	
Betriebsbezogenheit	D 9, 11 ff, 14 f, 17	Gesellschaft bürgerlichen Rechts	D 7	
Betriebsfahrzeug	D 18	gemeinnützige Organisationen	D 8	
Betriebsgeheimnisse	D 9, 67	geplante Unternehmen	D 10	
Bilanzanalysen	D 25	Geschäftsumfang	D 2, 9	
Blockaden	D 22, 44 f	Geschmacksmuster	D 1, 50	
– Betriebsblockaden	D 44	geschützte Personen	D 6 ff	
– gegenüber Dritten	D 49	gewalttätige Demonstrationen	D 45	
Boykott	D 1, 5, 35 ff	Gewerbe	D 6, 9	
– Aufforderung zum Vertragsbruch	D 41	Gewerbebetrieb, Entwicklung	D 1	
– Aufruf zu Wettbewerbszwecken	D 38	Gewerkschaften	D 8	
– Begriff	D 35	Grundrechte	D 4 f	
– Boykottaufruf	D 36	Güterabwägung	D 4	
– Einsatz sozialer Macht	D 43			

Januar 1999

25. Titel. § 823
Unerlaubte Handlungen **D 1**

Handelsgesellschaften _____ D 7
Herstellerangaben, Entfernen von ___ D 15, 67
Herstellerverwarnung _____ D 50 f

Idealverein _____ D 7
Immissionsschutzklage _____ D 64
Informationsdienste _____ D 38
Interessenabwägung _____ D 4

Konkurrenzen _____ D 22
Konkursantrag _____ D 14
konzessionsbedürftige Vorhaben _____ D 10
Kritik am Unternehmen _____ D 27 ff

Markenschutz _____ D 31, 66
Meinungsäußerungen _____ D 27 ff, 33 f, 41
Mitteilung von Tatsachen _____ D 24 ff

Patentverwarnung _____ D 1, 50 ff
Pfändbarkeit _____ D 3
photokina-Entscheidung _____ D 29
Preisunterbietung _____ D 67
Produktfehler _____ D 24, 67
Produktionsunterbrechung _____ D 13
Prozeßrecht _____ D 61, 65
Personenkreis, geschützter _____ D 6 ff

Rahmenrecht _____ D 3
Rechtswidrigkeit _____ D 4
Reflexschäden _____ D 19, 32

Schmähkritik _____ D 28, 31, 34, 40
Schmiergelder _____ D 22
Schutzrechtsverwarnung _____ D 1, 50 ff
Sitzblockaden _____ D 45
sonstiges Recht _____ D 3
Streiks _____ D 46 ff
Subsidiarität _____ D 20 ff, 27, 66
Systemvergleich _____ D 14, 32

Tatsachen _____ D 24, 33, 56

– Prangerwirkung wahrer _____ D 2
– unwahre _____ D 26, 32, 34
– wahre, geschäftsschädigende _____ D 24 f
Testberichte _____ D 32 f
Umfang des Schutzes _____ D 9 f
Unmittelbarkeit _____ D 11
Unternehmenskontakt nach außen ___ D 14
Urheberrecht _____ D 50 ff

Veranstaltung, geplante _____ D 10
Verbände _____ D 8
Verbandsbezeichnung, mißverständliche _ D 14
Verbreitung von Tatsachen _____ D 24 ff
Verjährung _____ D 21
Vermögensschaden, primärer _____ D 2
Versorgungsleitungen _____ D 13
Verwarnung _____ D 50 ff
– außerhalb des Wettbewerbs _____ D 64
– wegen Wettbewerbsverstoßes _____ D 62
Verwässerung berühmter Marken ____ D 66
Verwendung berühmter Marken _____ D 31
– satirische _____ D 31
Verwendung fremder Unternehmens-
  kennzeichen _____ D 66

Warentest _____ D 19, 32 ff
– unsachlicher _____ D 5, 19
– Neutralität _____ D 32
Warnung vor gefährlichen Waren ____ D 36
Werbung
– satirische Verfremdung _____ D 31
– schockierende _____ D 14
– unverlangtes Zusenden _____ D 63
Wettbewerbsrecht _____ D 21, 31 f
wilder Streik _____ D 47

Zugang zu gewerblicher Tätigkeit ____ D 10
Zugang zum Unternehmen _____ D 14, 18, 44 f

I. Die Entwicklung und die Funktion des Rechts am Gewerbebetrieb

1. Die Entwicklung

Das Recht am Gewerbebetrieb ist eine **richterrechtliche Schöpfung**. Schon vor dem **D 1**
Inkrafttreten des BGB sprach das Reichsgericht bei der Problematik von **Boykott-**

§ 823
D 2

2. Buch
7. Abschnitt. Einzelne Schuldverhältnisse

aufrufen von der Freiheit der gewerblichen Betätigung (RGZ 28, 238, 242). Gegenüber einer **unberechtigten Patentverwarnung** gewährte das Gericht einen Unterlassungsanspruch, weil in den Gewerbebetrieb eines anderen eingegriffen worden sei (RG JW 1899, 749, 750). War **unberechtigterweise ein Geschmacksmuster eingetragen**, so wurde dem Konkurrenten die negatorische Klage eröffnet, um die Beeinträchtigung seines Gewerbebetriebs abzuwehren (RGZ 45, 59, 62). Diese Linie hat das Gericht auch nach dem Inkrafttreten des BGB weiter verfolgt (grundlegend RGZ 58, 24, 29 f; vgl ferner zB RGZ 163, 21, 32) und ausgebaut. Der Schwerpunkt der Rechtsprechung lag dabei auf unberechtigten Schutzrechtsverwarnungen (vgl zB RGZ 58, 24, 29 f; 141, 336, 338) und Boykottaufrufen (vgl zB RGZ 76, 35, 39 ff). Der BGH hat diese Rechtsprechung aufgegriffen (vgl zB BGHZ 2, 387, 393 für Schutzrechtsverwarnungen, dazu unten Rn D 50 ff; BGHZ 24, 200, 205 für den Boykott, dazu unten Rn D 35 ff) und **weiterentwickelt**. So wurde zum einen die schon vom Reichsgericht begonnene Erweiterung des Schutzbereichs fortgesetzt (vgl unten Rn D 9) und damit namentlich die Grundlage eines Schutzes gegen wahre, aber ungünstige Tatsachenbehauptungen (vgl unten Rn D 24 f) sowie gegen Kritik am geschäftlichen Gebaren gelegt (vgl unten Rn D 27 ff). Für das **BAG** ist das Recht am Gewerbebetrieb Grundlage der Haftung für **rechtswidrige Streiks** (vgl unten Rn D 46 ff).

2. Die Funktion

D 2 Das Recht am Gewerbebetrieb hat die Funktion, den **Schutz gegen primäre Vermögensschäden** und **gegen Beeinträchtigungen der wirtschaftlichen Betätigung auszudehnen**, und zwar über den Bereich hinaus, den das Wettbewerbsrecht und die deliktsrechtlichen Normen der §§ 823 Abs 2, 824, 826 absichern (BGHZ 36, 252, 256; 69, 128, 139 [speziell für das Verhältnis zu § 826 und § 824]; MünchKomm/MERTENS Rn 481; LARENZ/CANARIS § 81 I 1 b). Ein **Bedürfnis** dafür sieht die Rechtsprechung angesichts der Lückenhaftigkeit der gesetzlichen Regelung, die den Unternehmer vielfach gegen fahrlässige Eingriffe schutzlos stelle (BGHZ 36, 252, 256 f; 69, 128, 139). Daneben sichert das Recht am Gewerbebetrieb **grundrechtlich gewährte Positionen** namentlich von Presseunternehmen (MünchKomm/MERTENS Rn 481; vgl auch BVerfGE 66, 116, 138). Aus diesen Überlegungen folgt die Einschränkung, das Recht am Gewerbebetrieb könne **nur dort Platz greifen**, wo das vorhandene Instrumentarium in der Tat **lückenhaft** sei (vgl unten Rn D 20 ff). Auf der anderen Seite soll eine privilegierte Behandlung von Unternehmen verhindert werden. Sie sollen **nicht Ersatz für primäre Vermögensschäden** verlangen dürfen, während ein Privatmann diese entschädigungslos hinzunehmen hat (vgl aber oben Rn B 191). Soweit man dem nicht dadurch Rechnung zu tragen hat, daß man auch freie Berufe (vgl unten Rn D 6) und geplante Unternehmen (vgl unten Rn D 10) in den Schutz einbezieht, begrenzt die hM die Haftung durch das Merkmal, der Eingriff müsse betriebsbezogen sein (vgl unten Rn D 11 ff). Darüber hinaus ist der **Gewerbebetrieb nichts Statisches**, das als solches Schutz verdient. Der Unternehmer ist nicht nur dem lauteren Wettbewerb, dem Eingriff seiner Konkurrenten ausgesetzt (BGH NJW 1980, 881, 882), er muß sich auch der Veränderung von Märkten und Kundengewohnheiten stellen (BGB-RGRK/STEFFEN Rn 46; MEDICUS, Bürgerliches Recht [17. Aufl 1996] Rn 611). In der freien Wettbewerbswirtschaft hat kein Gewerbetreibender ein subjektives Recht an der Erhaltung seines Geschäftsumfangs und an der Sicherung weiterer Erwerbsmöglichkeiten (BVerfGE 24, 236, 251; BGH NJW 1976, 753, 754). Dasselbe gilt für kritische Berichte, Analysen, aber auch für sozialpolitische Auseinandersetzungen. Davor abzuschirmen ist nicht Aufgabe des Rechts (BGB-RGRK/STEFFEN Rn 46; vgl genauer unten Rn D 24 ff, D 27 ff, D 31 ff).

II. Dogmatik und Kritik

1. Die dogmatische Einordnung

a) Der Streitstand

Sehr umstritten ist die Frage nach der dogmatischen Einordnung des Rechts am **D 3** Gewerbebetrieb. Die **Rechtsprechung und ein Teil der Lehre** verstehen es als **sonstiges Recht** im Sinn des § 823 Abs 1 (BGHZ 69, 128, 139; 90, 113, 123; BGH NJW 1996, 387, 388; OLG Nürnberg MDR 1983, 667; KÖTZ Rn 662; ENNECCERUS/LEHMANN § 234 I 1 b γ [mit besonderen Rechtfertigungsgründen]; FABRICIUS AcP 160 [1961] 304 f; HUBMANN ZHR 117 [1954] 73 ff; SCHILDT WM 1996, 2266; ohne Stellungnahme, ob ein sonstiges Recht vorliege, BGHZ 3, 270, 278; 8, 142, 144; 24, 200, 205 f); die dafür notwendige, aber auch ausreichende **sozialtypische Offenheit** sei gegeben (FABRICIUS AcP 160 [1961] 305). Die **wohl hL** wendet ein, es **fehle die Übertragbarkeit und Pfändbarkeit**, damit letztendlich der **Zuweisungsgehalt** (vCAEMMERER, in: FS DJT Bd II [1960] 89; K SCHMIDT JuS 1993, 986); daher gehe es um eine beschränkte deliktische Generalklausel zum Schutz der Grundlagen und des Freiheitsspielraums des Unternehmens (MünchKomm/MERTENS Rn 481; vCAEMMERER, in: FS DJT Bd II [1960] 90; ähnl BGB-RGRK/STEFFEN Rn 36; DEUTSCH, Allgemeines Haftungsrecht [2. Aufl 1996] Rn 69 [offener Tatbestand]). Dasselbe ist mit der Bezeichnung als Rahmenrecht gemeint (FIKENTSCHER Rn 1216; vgl auch MünchKomm/MERTENS Rn 484). Andere sprechen von einem **Kodex von Verhaltensregeln**, für die § 823 Abs 2 oder § 826 der richtige Ort sei (ESSER/WEYERS § 55 I 2 c; MEDICUS, Bürgerliches Recht [17. Aufl 1996] Rn 614; GIESEKE GRUR 1950, 310 f; WIETHÖLTER KritJ 1970, 128; der Sache nach auch ERMAN/SCHIEMANN Rn 49; sowie jeweils für den Streik SEITER 467 f; STEINDORFF JZ 1960, 582 f). Die Chancen, sich durchzusetzen, werden allerdings auch von den Anhängern dieser These skeptisch beurteilt, solange der Begriff des Schutzgesetzes eng ausgelegt werde (ESSER/WEYERS § 55 I 2 c). Die **Bedeutung des Streites** sollte indes nicht überschätzt werden, da die dogmatische Konstruktion für die Grenzziehung wenig Hilfen gibt. Hält man sich vor Augen, daß auch bei den in § 823 Abs 1 genannten Rechten und Rechtsgütern die Schutzzone nicht abschließend durch Normen außerhalb des § 823 Abs 1 festgelegt wird, sondern daß sehr wohl die Eingriffsmodalität eine Rolle spielen kann (vgl zB oben Rn B 97, B 144), dann spricht dies für eine Einordnung des Gewerbebetriebs unter die absoluten Rechte des § 823 Abs 1 (K SCHMIDT JuS 1993, 987). Damit ist zunächst das **Schutzobjekt** festgelegt; von ihm ist die Frage der **Modalität des Eingriffes** zu unterscheiden (ERMAN/SCHIEMANN Rn 52). Die Besonderheit besteht dann darin, daß beim Gewerbebetrieb die Schutzbeschreibung durch andere Vorschriften recht vage ausfällt und daher im Rahmen des § 823 Abs 1 selbst konkretisiert werden muß, ohne daß dies ein Argument gegen die Einordnung unter die Norm wäre (aA DEUTSCH JZ 1963, 389). Die fehlende Übertragbarkeit und Pfändbarkeit ist – wie die Parallele zum elterlichen Erziehungsrecht zeigt – kein zwingendes Gegenargument.

b) Die Feststellung der Rechtswidrigkeit

Wie beim Persönlichkeitsrecht, so liegt auch beim Recht am Gewerbebetrieb die **D 4** Besonderheit nach hM darin, daß die **Rechtswidrigkeit nicht indiziert** ist, sondern nur aufgrund einer umfassenden Güter- und Interessenabwägung ermittelt werden kann (ständige Rspr und hM; vgl zB BGHZ 45, 296, 307 f; 59, 30, 34; 65, 325, 331; 90, 117, 121; 91, 113, 123; BGH NJW 1970, 187, 189; 1977, 628, 630; 1980, 881, 882; 1986, 2951, 2952; 1998, 2141, 2143; LM Nr 20 zu § 823 [Ai] unter 2 a; Nr 35 a zu § 823 [Ai] unter I; SOERGEL/ZEUNER Rn 115; MünchKomm/MERTENS Rn 481; BGB-RGRK/STEFFEN Rn 46; DEUTSCH, Allgemeines Haftungsrecht [2. Aufl 1996]

Rn 69; Esser/Weyers § 55 I 2 c; Sack WRP 1976, 736; Löwisch/Meier-Rudolph JuS 1982, 239; ähnl schon BGHZ 29, 65, 74; anders noch BGHZ 3, 270, 280; aA Erman/Schiemann Rn 66, der nach Art der verletzten Verkehrspflicht differenziert). Denn der Gewerbebetrieb ist seiner Natur nach ständig Angriffen ausgesetzt, sei es durch die Konkurrenz, sei es in sonstiger Weise. Daher ist es grundsätzlich nicht Sache des Eingreifenden, einen Rechtfertigungsgrund darzutun (BGHZ 45, 296, 307; BGH NJW 1977, 628, 630; 1980, 881, 882). Die Rechtsprechung erörtert die Frage obendrein schon im Bereich der objektiven Verletzungshandlung, also auf der Tatbestandsebene (BGHZ 65, 325, 339; vgl auch Larenz/Canaris § 81 I 3). Doch ist die Bedeutung des Umstandes, daß die Tatbestandsmäßigkeit nicht die Rechtswidrigkeit indiziert, als solche gering. Betroffen ist zunächst **primär die Behauptungs- und Beweislast** (BGHZ 74, 9, 14; Larenz/Canaris § 75 II 4 b; vgl auch Löwisch/Meier-Rudolph JuS 1982, 240). Der Anspruchsteller hat darzutun und gegebenenfalls zu beweisen, daß das Verhalten des Eingreifenden rechtswidrig war (BGHZ 74, 9, 14; BGH NJW 1980, 881, 882). Als Maßstab werden dabei die **sozialen Verhaltensregeln** (BGH NJW 1980, 881, 882), der Verstoß gegen die **Gebote der gesellschaftlichen Rücksichtnahme** (BGHZ 74, 9, 14; BGB-RGRK/Steffen Rn 46) oder **vom Richter zu entwickelnde Verhaltensregeln** genannt (MünchKomm/Mertens Rn 481). Dabei geht es vor allem um den Einfluß der Grundrechte (Larenz/Canaris § 81 I 3 und dazu unten Rn D 24 ff). Wenn und soweit sich hier feste Fallgruppen herausgebildet haben und noch herausbilden – man denke an das Recht, Kritik zu üben oder wahre Tatsachen zu verbreiten –, nimmt allerdings die Bedeutung der Güterabwägung im Einzelfall im Rahmen der Rechtswidrigkeit wieder ab. In der Sache geht es um die Konkretisierung von unbestimmten Rechtsbegriffen und von Generalklauseln.

2. Die Kritik

D 5 Trotz der Annahme einiger Autoren, es liege bereits Gewohnheitsrecht vor (Erman/Schiemann Rn 50; Staudinger/Schäfer[12] Rn 150), ist die **Kritik** am Recht am Gewerbebetrieb nie ganz verstummt. So wird vorgebracht, es **privilegiere einseitig die Inhaber von Unternehmen** gegenüber nicht gewerblich Tätigen (so von unterschiedlichen Ausgangspunkten aus Larenz/Canaris § 81 I 1 c; III 3 d; IV 1 b; Wiethölter KritJ 1970, 128; Kübler AcP 172 [1972] 190). Die spezifischen Charakteristika eines sonstigen Rechts fehlten (Larenz/Canaris § 81 II 1); darin spiegele sich der Umstand wider, daß es dieser Figur nicht bedürfe (Larenz/Canaris § 81 IV 1 c; aA Soergel/Zeuner Rn 111; Schildt WM 1996, 2264). Vor allem habe das Recht am Gewerbebetrieb nach der teilweise noch fortwirkenden Constanze-Doktrin (vgl oben Rn C 104) zu einer Reihe **verfassungsrechtlich bedenklicher Entscheidungen** geführt; das liege daran, daß der Gewerbetreibende einen Schutz gegen Vermögensschäden und gegen die Beeinträchtigung der Handlungsfreiheit erlangt habe und daß dem Richter bei der Abwägung extreme Wertungsspielräume eröffnet und dem potentiellen Verletzer unkalkulierbare Prozeßrisiken aufgebürdet würden (Larenz/Canaris § 81 IV 1 c). Auf der anderen Seite verstärkt sich im neueren Schrifttum die Tendenz, den Persönlichkeitsschutz jedenfalls von Verbänden zum Funktionsschutz hin zu entwickeln (Erman/Ehmann § 12 Rn 101; Kunig, in: vMünch/Kunig [4. Aufl 1992] Art 2 Rn 39; Kau 102 ff; Siekmann ZIP 1994, 652; vgl auch J Hager ZHR 158 [1994] 677; für den Vorrang des Persönlichkeitsschutzes aber Erman/Schiemann Rn 57; Larenz/Canaris § 81 III 2 c. BGHZ 91, 117, 120; 98, 94, 97 bzw 99 und OLG München NJW-RR 1996, 1487, 1488 erwähnen beides parallel). Den **Kreis der geschützten Personen zu erweitern** ist allerdings unverzichtbar (vgl unten Rn D 10 sowie oben Rn B 191). Ansonsten dürfte die Bedeutung der Kontroverse in den Ergebnissen nicht allzusehr ins Gewicht fallen.

Denn überall dort, wo letztendlich die Abwägung der beteiligten Grundrechte den Ausschlag gibt, ist das Ergebnis von Verfassungs wegen determiniert, während die privatrechtliche Einordnung zurücktritt. Ob man etwa den **Boykottaufruf** an § 826 überprüft (so etwa noch BVerfGE 7, 198, 214 ff) oder an § 823 Abs 1 (vgl unten Rn D 39), spielt schon deswegen keine Rolle, weil das BGB als nachgeordnete Norm nicht die Vorgaben des Grundgesetzes modifizieren kann (BVerfGE 60, 234, 242; 61, 1, 11; J HAGER JZ 1994, 376). So liegt es etwa auch mit der Meinungsäußerung über Unternehmensträger sowie mit der Mitteilung wahrer oder unwahrer Tatsachen (vgl unten Rn D 24 ff). Es ist daher wohl kein Zufall, daß in jüngeren Entscheidungen das betroffene Rechtsgut zT nicht mehr genannt wird und der Schwerpunkt auf der Prüfung der beteiligten Grundrechte liegt (vgl zB BGH NJW 1992, 1312; 1993, 930, 931). Die Kritik an der hM muß in diesem Feld primär die falsche Anwendung von Grundrechten und nicht die privatrechtliche Anspruchsgrundlage rügen. Der Gewerbebetrieb als Schutzgut ist indes hilfreich, wenn es etwa um **unsachliche Warentests** geht. Er liegt zumindest näher als das Persönlichkeitsrecht des Unternehmers, vor allem wenn es sich um eine juristische Person handeln sollte. Darüber hinaus dürfte das Recht am Gewerbebetrieb nicht überflüssig sein, will man § 826 nicht über Gebühr strapazieren (so iE auch MünchKomm/MERTENS Rn 481). Beim Boykott, aber auch bei der Verwarnung eines Dritten außerhalb des Wettbewerbs, können durchaus schwierige Grenzfälle auftauchen. Die Verwarnung mag etwa leichtfertig die Rechtslage verkennen, ohne daß man das Verhalten des Täters deswegen mit dem Verdikt der Sittenwidrigkeit versehen sollte oder auch nur könnte (so iE auch LARENZ/CANARIS § 81 IV 2 b).

III. Der Gegenstand des Schutzes

1. Der geschützte Personenkreis

Der Gewerbebegriff folgt der **allgemein anerkannten Definition**; vorausgesetzt werden **D 6** also Selbständigkeit, Entgeltlichkeit, Nachhaltigkeit und Auftreten nach außen (vgl zB CANARIS, Handelsrecht [22. Aufl 1995] § 2 I 1 a – d). Traditionell sind die **freiberuflich Tätigen** dagegen ausgenommen, also etwa Ärzte, Rechtsanwälte und ähnliche Berufe (vgl § 2 Abs 2 BRAO; § 1 Abs 2 BundesärzteO). Daraus hatte die Rechtsprechung des RG zunächst gefolgert, daß auch der Schutz über § 823 Abs 1 diesem Personenkreis zu versagen sei (RGZ 64, 155, 157 [höheres wissenschaftliches oder sittliches Interesse]; 94, 109, 110; 153, 280, 285; 155, 234, 239 [Anwendung auf Kassenpraxis offen gelassen]; RG WarnR 1912 Nr 108 unter I; ebenso OLG Karlsruhe NJW 1963, 2374, 2375; der Sache nach auch BGHZ 74, 9, 18 f; offen gelassen von BGH VersR 1965, 849, 852; OLG Frankfurt aM NJW 1971, 1900, 1901). Eine Ausnahme sei nur anzuerkennen, wenn mit der ärztlichen Tätigkeit der Betrieb eines Privatkrankenhauses verbunden sei (RGZ 64, 155, 157; enger RGZ 94, 109, 110 [Klinik zum Aufenthalt der Patienten genügt nicht, erforderlich sind weitere unternehmerische Tätigkeiten]). Desgleichen wurde der Schutz des Gewerbebetriebs bei einem Zahnarzt (RGZ 155, 234, 239) oder einem Anwalt abgelehnt (RGZ 153, 280, 285). Dieser Ansatz wird heute weitgehend als **zu eng angesehen und der Schutz daher auch auf Angehörige von freien Berufen erstreckt** (OLG München NJW 1977, 1106; NJW-RR 1996, 1487, 1488; OLG Köln VersR 1996, 234, 235 [Revision vom BGH nicht angenommen]; LG Köln VersR 1971, 215; AG Frankfurt aM NJW-RR 1990, 1438; PALANDT/THOMAS Rn 21; ERMAN/SCHIEMANN Rn 60; SOERGEL/ZEUNER Rn 150; MünchKomm/MERTENS Rn 488; ESSER/WEYERS § 55 I 2 c; vCAEMMERER, in: FS DJT Bd II [1960] 90; K SCHMIDT JuS 1993, 988; **aA** BAUMBACH/HEFERMEHL Allg Rn 116; BUCHNER 126 f; DEUTSCH JZ 1963, 387; kritisch zur Rspr, jedoch ohne eine Erweiterung des geschützten Personenkreises zu fordern, auch LARENZ/CANARIS § 81 I 1 c, IV 1 b; nach der Notwendigkeit eines Betriebes differenzierend PUTTFARCKEN GRUR 1962, 502 [iE abl SOERGEL/ZEUNER Rn 151]; vgl auch BGH NJW 1996, 2422, 2423 aus enteignungsrechtlicher Sicht). Wenig überzeugend ist es indes, nur das Persönlichkeitsrecht des freiberuflich Tätigen zu bemühen (so jedoch BGB-RGRK/ STEFFEN Rn 38). Vielfach wird zwar auch eine Verletzung des Persönlichkeitsrechts in Frage kommen (vgl zB BGHZ 91, 117, 120; 98, 94, 97, 99; OLG München NJW-RR 1996, 1487, 1488; vgl auch schon oben Rn D 5), doch gilt das nicht in allen Fällen. Die Weigerung eines privaten Krankenversicherungsunternehmens etwa, die ärztlichen Rechnungen wegen der Art der Liquidation zu bezuschussen (Bsp nach OLG München NJW 1977, 1106), betrifft – die übrigen Voraussetzungen unterstellt – die Erwerbstätigkeit des Arztes und nicht seine Persönlichkeit. Auch aus der Rechtsprechung zu § 196 (zB BGHZ 33, 321, 335 f; OLG Nürnberg NJW 1973, 1414, 1415) sollte man für den Schutz durch § 823 Abs 1 keine voreiligen Schlüsse ziehen (vgl aber MünchKomm/MERTENS Rn 488 Fn 1447; STAUDINGER/SCHÄFER[12] Rn 192). **Der Begriff des Gewerbes kann nämlich je nach Gesetz divergieren** (BGHZ 31, 321, 327 mwNw). Auch ist wenig mit einer Betrachtung je nach konkretem Zuschnitt der Praxis des Anwalts bzw Arztes gewonnen (so indes BGHZ 31, 321, 335 f im Rahmen des § 196). Entscheidend ist vielmehr der darin verkörperte Vermögenswert (STAUDINGER/SCHÄFER[12] Rn 192; LEISNER NJW 1974, 480). Obendrein sind die Gründe, die dazu führten, die freien Berufe nicht dem Gewerbebegriff zu unterstellen, fragwürdig, wenn nicht überholt; jedenfalls taugen sie aber nicht dazu, auch beim Schutz durch § 823 Abs 1 zu differenzieren. Denn gleich einem Gewerbetreibenden benötigt der freiberuflich Tätige eine sachliche und organisatorische Grundlage für seinen Beruf. Dieser Wert ist daher auch ebenso zu schützen (MünchKomm/MERTENS Rn 488; SOERGEL/ZEUNER Rn 150 f; ESSER/WEYERS § 55 I 2 c aE; BUCHNER 126 f; HOPT, Schadensersatz aus unberechtigter Verfahrenseinleitung [1968] 226), wenngleich nicht zu verkennen ist, daß etwa die Eingriffsmodalität der unbegründeten Schutzrechtsverwarnung nur gegenüber Gewerbetreibenden in Betracht kommt. Ein Grenzfall ist das Problem, ob Athleten einen Gewerbebetrieb haben; das dürfte zu verneinen sein (HAAS/PROKOP JR 1998, 47 f).

2. Der Schutz von Verbänden

a) Die Person des Trägers

D 7 Einerlei ist im Grundsatz, wer **Inhaber des Gewerbebetriebs** ist. Das ist für **natürliche und juristische Personen** ebenso selbstverständlich wie für **Handelsgesellschaften**. Träger kann aber auch eine **Gesellschaft des bürgerlichen Rechts** – etwa eine ARGE – sein (BGH NJW 1992, 41, 42; PALANDT/THOMAS Rn 20; ERMAN/SCHIEMANN Rn 60; SOERGEL/ZEUNER Rn 116). Für den Idealverein ist die Frage strittig. Im speziellen Fall eines **Interessenverbandes ohne eigenen Betrieb** hat es das RG abgelehnt, auf die Regeln des Gewerbebetriebs zurückzugreifen (RGZ 135, 38, 40); der BGH hat die Frage offen gelassen (BGH LM Nr 11 zu § 824 unter II 2). Die Lehre befürwortet zT eine Erweiterung des Schutzes (K SCHMIDT, Handelsrecht [4. Aufl 1994] § 7 V 2 b; ders JuS 1993, 987). Soweit sich das Problem stellt und soweit man anerkennt, daß der Gewerbebetrieb als Anknüpfungspunkt dem Umstand Rechnung trägt, daß die Persönlichkeit im geschäftlichen Bereich geringeren Schutz genießt als im privaten (vgl dazu unten Rn D 24), ist vorgezeichnet, auch den **Idealverein** einzubeziehen. Im übrigen würde sich nichts ändern, wenn man die Frage direkt am Persönlichkeitsrecht festmacht (vgl dazu oben Rn C 30).

b) Konkurrierende Verbände

Ob **konkurrierenden Verbänden oder Gewerkschaften** der Schutz des Gewerbebetriebs **D 8** zur Seite steht, ist in der Rechtsprechung bislang unter der eher irreführenden Prüfung eines absoluten Rechts nach § 823 Abs 1 iVm Art 9 GG thematisiert worden (vgl zB BGHZ 42, 210, 219; 52, 393, 397; BGH NJW 1970, 378, 381); sachlich ist damit indes nichts anderes gemeint (BGHZ 52, 393, 397; BGH NJW 1970, 378, 381). Der BGH und das BAG haben die Frage zT bejaht (BGHZ 42, 210, 219; BAG NJW 1969, 861; zust SOERGEL/ZEUNER Rn 64), zT wurde sie offen gelassen (BGHZ 52, 393, 397; BGH NJW 1970, 378, 381; LM Nr 11 zu § 824 unter II 2). Die besseren Gründe sprechen dafür, den **Schutz auszudehnen**. Auch der Verband muß sich gegen Schmähkritik wehren können. Früher lehnte das BAG es ab, Arbeitgeberverbände nach den Regeln des Gewerbebetriebs zu schützen (BAG DB 1983, 1089, 1099; 1984, 2563, 2564; 1985, 1697, 1698; **aA** MünchKomm/MERTENS Rn 487). Nachdem das Gericht nunmehr diesen Verbänden einen auf §§ 1004, 823 Abs 1 iVm Art 9 Abs 3 GG gestützten Unterlassungsanspruch gegen rechtswidrige Streiks zugesteht (BAG NZA 1988, 775, 776; OTTO, in: Münchener Handbuch zum Arbeitsrecht Bd 3 [1993] § 282 Rn 16), hat die Frage viel von ihrer praktischen Brisanz verloren. Die Konsequenz, den Schutz auch auf Arbeitgeberverbände zu erstrecken, liegt nahe. Deshalb ist es auch durchaus zweifelhaft, ob man mit der Rechtsprechung bei einem **Verein zur Bekämpfung des unlauteren Wettbewerbs** den Gewerbebetrieb von vornherein verneinen kann (so indes ohne Begründung BGHZ 41, 314, 316 f). Auch daß Unternehmen von der öffentlichen Hand betrieben werden, hindert nicht, sie den Regeln des Gewerbebetriebs zu unterstellen (offen gelassen von RG GRUR 1939, 397, 404 für eine nicht auf Gewinn ausgerichtete Feuerversicherungsanstalt; bejaht für die frühere Rechtslage bei der Bundesbahn BGHZ 90, 113, 122 f; MünchKomm/MERTENS Rn 491). Dasselbe ist von der Rechtsprechung für **gemeinnützige Organisationen** entschieden worden, wenn sie um den Erfolg der Werbung für eine Altkleidersammlung gebracht wurden, weil die konkurrierende Organisation die Strecke abgefahren hatte (OLG Frankfurt aM OLGZ 1982, 203 f).

3. Der Umfang des Schutzes

Das RG hatte noch einen Eingriff in den Bestand des Unternehmens gefordert; es **D 9** müßten Betriebshandlungen tatsächlich verhindert, seine rechtliche Zulässigkeit verneint oder seine Schließung oder Einschränkung verlangt werden (RGZ 79, 224, 226; 101, 335, 337; 102, 223, 225; 126, 93, 96; 135, 242, 247; Überblick über die Fälle in BGHZ 29, 65, 67 f). Dieses Merkmal gab das Gericht indes in späteren Entscheidungen auf (RGZ 163, 21, 32; RG MuW 1929, 378, 380; 1931, 276, 277; 1935, 26, 30 mwNw; JW 1939, 484, 485, insoweit in RGZ 158, 337 ff nicht abgedruckt; GRUR 1940, 375, 378; 1942, 54, 55; 1942, 364, 365); dem ist der BGH gefolgt (BGHZ 3, 270, 279 f; 8, 142, 144; 29, 65, 67 ff, 69; BGH LM Nr 4 zu § 823 [Da]; Nr 11 zu § 823 [Ai] unter II 2). Damit war eine erhebliche Ausdehnung des Schutzumfangs verbunden. Er umfaßt **neben dem Bestand die einzelnen Erscheinungsformen des Gewerbes**, wozu der **gesamte gewerbliche Tätigkeitskreis** zu rechnen ist (BGHZ 3, 270, 279 f; 8, 142, 144; 29, 65, 69; BGH NJW 1963, 484; 1970, 2060; 1983, 2195, 2196; 1987, 2222, 2225; LM Nr 4 zu § 823 [Da]; Nr 18 zu Art 5 GG unter II 1 a; DB 1971, 571; K SCHMIDT JuS 1993, 988). Dazu gehört alles, was den Gewerbebetrieb in seiner Gesamtheit zur Entfaltung und Beteiligung in der Wirtschaft befähigt, also Betriebsräume und -grundstücke, Maschinen, Gerätschaften, Einrichtungsgegenstände, Warenvorräte – alles Dinge, die freilich schon als Eigentum oder Besitz geschützt sind (ERMAN/SCHIEMANN Rn 54) – darüber hinaus aber auch **Betriebsgeheimnisse** und **Geschäftsverbindungen, Rechte gegenüber den Vertragspartnern, der Kundenkreis und Außenstände** (BGHZ 16, 172, 176; 17, 41, 50 f; 23, 157,

162 f [Enteignung]; 29, 65, 70; 45, 83, 87 [Enteignung]; 55, 261, 263; 107, 117, 122 [geheimes Knowhow]; BGH VersR 1961, 831, 832 [freier Zugang]; NJW 1998, 2141, 2142 [Belegungsrechte]; OLG Stuttgart NJW 1964, 595, 596; WRP 1977, 822, 824; OLG Celle NJW 1964, 1804 f; OLG Köln WuW 1967, 233, 234 [Anzeigengeschäft einer Illustrierten]; OLGZ 1980, 4, 6; OLG München NJW-RR 1994, 1054, 1055 [störungsfreie gewerbliche Betätigung]; OLG Nürnberg GRUR 1996, 48; Hess VGH VersR 1973, 365, 367; MünchKomm/Mertens Rn 485; BGB-RGRK/Steffen Rn 40; Fikentscher Rn 1219; Coester-Waltjen Jura 1992, 212). Die Formulierung als solche ist allerdings noch zu weit (Erman/Schiemann Rn 54) und muß mittels des Merkmals der **Betriebsbezogenheit** wieder eingeschränkt werden (vgl unten Rn D 11 ff). Wenn auch der potentielle Kundenkreis und Erwerbsaussichten dazu gezählt werden (MünchKomm/Mertens Rn 488), so darf das nur so verstanden werden, daß es um den möglichen Schutzumfang geht und daß die konkrete Eingriffsmodalität erst entscheidet, ob eine rechtswidrige Beeinträchtigung vorliegt. Denn jedenfalls schützt das Recht am Gewerbebetrieb nicht den Geschäftsumfang und sichert nicht weitere Erwerbsmöglichkeiten (BVerfGE 24, 236, 251; BGH NJW 1976, 753, 754; vgl auch BGHZ 76, 387, 394). Die Betriebsbezogenheit bildet also das entscheidende Einschränkungskriterium (BGH NJW 1983, 812, 813, der auch Vertragserwartungen schon vom Schutzumfang ausnimmt).

4. Der Schutz geplanter Unternehmen

D 10 Damit hängt eng das Problem zusammen, ob nur bereits bestehende Gewerbebetriebe geschützt sind. Dies spielt namentlich dann eine Rolle, wenn ein erst **geplantes Unternehmen** verhindert werden soll, etwa eine Publikumsveranstaltung. Die Judikatur hat – allerdings zunächst nur im Rahmen der Enteignungsentschädigung – den Betrieb lediglich geschützt, wenn er bereits so eingerichtet war, daß er ohne den Eingriff unbeschränkt ausgeübt werden konnte; die bloße Aussicht, aus einem erst noch zu errichtenden Betrieb Vorteile zu ziehen, genüge nicht (BGHZ 30, 338, 356; 34, 188, 191; 92, 34, 46; 98, 341, 351; 132, 181, 187; BGH NJW 1962, 2347, 2348; 1965, 2101, 2105; 1980, 387; LM Nr 5 zu § 839 [C] unter I 2). Diese Rechtsprechung hat der BGH später auch auf Schadensersatzansprüche nach § 823 Abs 1 erstreckt (BGH NJW 1969, 127, 128; Erman/Schiemann Rn 55; vgl auch Larenz/Canaris § 81 I 1 c). Doch sind gegenläufige Tendenzen in der Rechtsprechung festzustellen. Veranstalter von Boxkämpfen sind über das Recht am Gewerbebetrieb geschützt (BGH NJW 1970, 2070 [Eingriff verneint]; ebenso BGHZ 27, 264, 265 ff unter dem Aspekt des § 1 UWG). Auch ein erst geplantes Vorhaben, das durch – letzten Endes unwahre – Behauptungen verhindert werden sollte, ist als Teil eines Gewerbebetriebs angesehen worden (BGHZ 90, 113, 121 ff; aA Erman/Schiemann Rn 72). Das **BAG** ist von vornherein großzügiger gewesen und **schützt auch das Bestreben nach Ausweitung**, selbst wenn es noch nicht in die Tat umgesetzt war (BAGE 15, 211, 215; ihm folgend BGHZ 90, 113, 123; BGB-RGRK/Steffen Rn 39). In der **Literatur** wird gefordert, nicht nur Unternehmen, die ohne das Substrat eines eingerichteten Gewerbebetriebs auskommen (MünchKomm/Mertens Rn 486; Soergel/Zeuner Rn 151; Fikentscher Rn 1219), sondern auch den **Zugang zur gewerblichen Betätigung** unter den Schutz des Gewerbebetriebs zu ziehen (Jauernig/Teichmann Rn 97; MünchKomm/Mertens Rn 490; in diese Richtung auch Fikentscher Rn 1219; kritisch gegenüber der Rspr, jedoch ohne die Forderung, den Schutz zu erweitern, auch Larenz/Canaris § 81 I 1 c; gegen die Mindermeinung aber Erman/Schiemann Rn 72; Buchner 124 f). Dieser Linie ist zu folgen, da sie nicht begründbare Differenzierungen vermeidet, die sich etwa ergeben könnten, wollte man zwischen Erweiterungen in der bisherigen Branche und dem Aufbau in einem neuen Zweig unterscheiden (dazu tendiert indes BAG NJW 1964, 1291, 1292). So kann es schwerlich überzeugen, wenn ein schon existierendes Unternehmen gegen die (rechtswidrige) Verhinderung eines geplanten Projekts geschützt ist, nicht dagegen, wenn das Vorhaben das Unternehmen erst in den Markt einführen soll. Es kann auch keinen Unterschied machen, ob der Betroffene in der Vergangenheit mehrmals Veranstaltungen durchgeführt hat oder ob es die erste von ihm geplante Vorführung ist. Schwierigkeiten in der Ermittlung des Schadens ist nach den üblichen Regeln Rechnung zu tragen. Das bedeutet zwar, daß das in der Planung oder im Ansatz steckengebliebene Vorhaben nicht geschützt ist (BGB-RGRK/Steffen Rn 39; iE richtig daher BGH NJW 1969, 1207, 1208), entgegen der hM jedoch das konzessionsbedürftige Vorhaben, wenn der Eingriff gerade in der Versagung der Konzession oder deren Vereitelung besteht (abl indes BGHZ 30, 338, 356; 34, 188, 191; BGB-RGRK/Steffen Rn 39).

IV. Die Eingriffsmodalität

Angesichts der generalklauselartigen Weite des Schutzumfangs (vgl oben Rn D 9) liegt **D 11** das Hauptproblem des Gewerbebetriebs in der **sachgerechten Beschränkung der Eingriffshandlung**. Die Rechtsprechung hat sie früher im **Unmittelbarkeitserfordernis** gesehen (vgl zB RGZ 58, 24, 29; 73, 107, 112; 76, 35, 46; 163, 21, 32; RG SeuffA 70 Nr 14 = S 22, 23; BGHZ 36, 18, 21 f; BGH NJW 1970, 378, 381; vgl aber auch BAGE 59, 48, 55). Das setze voraus, daß der Betrieb tatsächlich gehindert oder seine rechtliche Zulässigkeit verneint und seine Schließung oder Einschränkung verlangt werde; dagegen genüge nicht, wenn sich die Handlung bloß nachteilig auf den Ertrag des Geschäfts auswirke (RGZ 79, 224, 226; 102, 223, 225 mwNw; 126, 93, 96; 135, 242, 247). Heute spricht sie von **Betriebsbezogenheit** (BGHZ 29, 65, 74; 41, 123, 127; 55, 153, 161; 59, 30, 35; 69, 128, 139; 74, 9, 18; 76, 387, 395; 86, 152, 156; 90, 113, 123; BGH NJW 1969, 1207, 1208; 1974, 1503, 1505; 1977, 2264, 2265; 1977, 2313; 1980, 881, 882; 1981, 2416; 1983, 812, 813; 1985, 1620, 1621; 1987, 2222, 2225; 1992, 41, 42; 1992, 1225, 1227; 1992, 1312; 1997, 3304, 3308; 1998, 2141, 2143; LM Nr 21 zu § 249 [Hd] unter I; Nr 29 zu § 824 unter II 1; BAG NJW 1989, 61, 62; OLG Stuttgart WRP 1977, 822, 824; OLG Nürnberg OLGZ 1981, 118, 120; MDR 1983, 667; OLG Köln VersR 1996, 234, 235; OLG Düsseldorf VersR 1997, 589, 590; OLG Frankfurt aM CR 1998, 96, 99 f; OLG Hamm VersR 1998, 1001 f; Jauernig/Teichmann Rn 98; Palandt/Thomas Rn 21; Soergel/Zeuner Rn 108), wobei nicht recht klar ist, ob durch diese Definition das ursprüngliche Merkmal konkretisiert (so die Interpretation von MünchKomm/Mertens Rn 491; BGB-RGRK/Steffen Rn 41; Staudinger/Schäfer[12] Rn 157; Larenz/Canaris § 81 I 2 vor a) oder modifiziert wird (BGHZ 41, 123, 127; BGH NJW 1974, 1503, 1505 definiert die Unmittelbarkeit als Betriebsbezogenheit; BGH NJW 1981, 2416 stellt sie gleich); nicht selten werden die beiden Merkmale nebeneinander genannt (BGHZ 55, 153, 161; 86, 152, 156; BGH NJW 1972, 1571, 1572; 1977, 1147; 1981, 2416; VersR 1961, 843, 845; vCaemmerer, in: FS DJT Bd II [1960] 96). Differenzen, sollten sie zwischen den beiden Begriffen existieren, wären jedenfalls so marginal, daß sich angesichts der Unbestimmtheit kaum Unterschiede in den Fallösungen ergeben könnten. Die ältere Rechtsprechung hatte danach gefragt, ob zwischen der vom Täter gesetzten Ursache und dem Erfolg zusätzliche Ereignisse gelegen hätten (RGZ 163, 21, 32 f; abgelehnt von BGHZ 29, 65, 71 mwNw); heute fordert man, der **Eingriff müsse irgendwie gegen den Betrieb gerichtet sein** (BGHZ 29, 65, 72; 55, 153, 161) bzw die **Grundlagen des Betriebes bedrohen** oder gerade den **Funktionszusammenhang** der Betriebsmittel auf längere Zeit **aufheben** oder seine **Tätigkeit** als solche **in Frage** stellen (BGH NJW 1983, 812, 813; BGB-RGRK/Steffen Rn 43). Die objektive Stoßrichtung muß sich gegen den betrieblichen Organismus oder die unternehmerische Entscheidungsfreiheit richten; erforderlich ist des weiteren eine Schadensgefahr, die über eine bloße Belästigung oder sozialübliche

Behinderung hinaus geht und geeignet ist, den Betrieb in empfindlicher Weise zu beeinträchtigen (BGH NJW 1985, 1620; 1998, 2141, 2143).

1. Der betriebsbezogene Eingriff

D 12 Sinn der Betriebsbezogenheit ist es nach hM, zu verhindern, daß dem Gewerbetreibenden ein Ersatz für Vermögensschäden zugesprochen wird, die ein Privatmann ohne Entschädigung hinzunehmen hätte (BGHZ 74, 9, 18 f; BGH NJW 1977, 2264, 2265; 1983, 812, 813; BAGE 59, 48, 55; MünchKomm/MERTENS Rn 491; BGB-RGRK/STEFFEN Rn 44; LARENZ/CANARIS § 81 I 2 f; HAUSS Anm zu BGH LM Nr 16 zu § 823 [Ai]). Andere dagegen sehen sie als Leerformel an (KÖTZ Rn 82; BRÜGGEMEIER Rn 332; BUCHNER 75 ff; PREUSCHE 86; K SCHMIDT JuS 1993, 988) oder betrachten sie als überflüssig, ja schädlich; wenn die Schutzfähigkeit festgestellt sei, dürfe nicht nur gegen eine gewisse Art von Eingriffen geschützt werden (ERMAN/SCHIEMANN Rn 64). Auch wenn man die freiberuflich Tätigen in den Schutz mit einbindet (vgl oben Rn D 6), so bedarf es des einschränkenden Kriteriums noch, um eine Privilegierung des Unternehmers etwa bei fahrlässig verursachten kurzen Behinderungen zu vermeiden (MünchKomm/MERTENS Rn 491; LÖWISCH/MEIER-RUDOLPH JuS 1982, 239).

a) Die Haftung für Beschädigung von Versorgungsleitungen und Versorgungswegen

D 13 Aufgrund dieses Merkmals lehnt die hM bei **Beschädigung eines Stromkabels** und bei nachfolgender Produktionsunterbrechung den Eingriff in den Gewerbebetrieb ab (BGHZ 29, 65, 74 f; 41, 123, 126 f; 66, 388, 393; BGH NJW 1977, 2208 f; OLG Nürnberg MDR 1983, 667; ERMAN/SCHIEMANN Rn 63; SOERGEL/ZEUNER Rn 108, 110; BGB-RGRK/STEFFEN Rn 44; LARENZ/CANARIS § 81 I 2 c; G HAGER JZ 1979, 55; anders OLG München BB 1964, 661 f bei Beschädigungen von Kabeln auf der Baustelle; in der Tendenz auch BGH NJW 1992, 41, 42, wenn fehlerhafte Baustromverteiler zu einer Überschwemmung führen); dasselbe wird bei anderen **Versorgungsleitungen und -wegen** angenommen (RG SeuffA 76 Nr 14 = S 22, 23 [Weg zum Acker]; RG DR 1940, 723 [Störung des Wasserzuflusses an einer Mühle]; BGH NJW 1977, 1147 [Telefonkabel], ebenso OLG Oldenburg VersR 1975, 866 f [als Vorinstanz]; BGH NJW 1977, 2264, 2265 [Blockade einer Betriebszufahrt durch Feuerwehr]; BGB-RGRK/STEFFEN Rn 44 [Beschädigung eines Anschlußgleises]). Der BGH verweist darauf, das Kabel hätte genausogut andere Abnehmer versorgen können (BGHZ 29, 65, 74), die Literatur betont, es fehle an einer intentionalen Handlung, während umgekehrt das Haftungsrisiko leicht ins Uferlose anwachsen und so unzumutbar werden könne (BGB-RGRK/STEFFEN Rn 43; LARENZ/CANARIS § 81 I 2 c). Dem hat man entgegengehalten, bei einem Schadensereignis durch Stromausfall sei es wenig sinnvoll, nach Eigentums- und Vermögensschäden zu unterscheiden, wie dies die Rechtsprechung tue (GLÜCKERT AcP 166 [1966] 317 f; NEUMANN-DUESBERG NJW 1968, 1991; kritisch auch MÖSCHEL JuS 1977, 4). Zu sehr sei das Ergebnis abhängig von dem Glück, durch die Stromunterbrechung nur die Produktion stillzulegen, oder dem Pech, dadurch gleichzeitig Eigentum zu beschädigen (GLÜCKERT AcP 166 [1966] 318). Dem ist der BGH entgegengetreten; die Differenzierung von Sach- und Vermögensschäden basiere auf der verbindlichen Entscheidung des Gesetzgebers; es sei kein Grund zu ersehen, auf sie zugunsten von Gewerbebetrieben zu verzichten (BGHZ 66, 388, 393 f; SOERGEL/ZEUNER Rn 111); während etwa bei einer Stromunterbrechung in Brutanlagen die Eier endgültig verdorben seien, könne in den Fällen, in denen in einem verarbeitenden Betrieb nur das Kabel zerstört worden sei, nach der Reparatur die Produktion fortgesetzt werden (SCHILDT WM 1996, 2263).

Dem Problem ist nach der hier vertretenen Auffassung mit einer Erweiterung des Eigentumsschutzes zu begegnen (vgl oben Rn B 97 f).

b) Beispiele fehlender Betriebsbezogenheit
In einer Reihe weiterer Fälle hat die Rechtsprechung ebenfalls das Kriterium der **D 14** Unmittelbarkeit bzw Betriebsbezogenheit verneint. Sie fehlt etwa, wenn ein **Hersteller mit mangelhafter Ware beliefert** wird, daher sein Geschäft zum Erliegen kommt (RGZ 163, 21, 32 f; SOERGEL/ZEUNER Rn 112; BGB-RGRK/STEFFEN Rn 44; vCAEMMERER, in: FS DJT Bd II [1960] 95) oder sein Ruf als Spezialunternehmen und damit letztendlich dieses selbst in Gefahr gerät (BGH NJW 1974, 1503, 1505; ERMAN/SCHIEMANN Rn 63; BGB-RGRK/STEFFEN Rn 44; LARENZ/CANARIS § 81 III 5 c; anders BGH NJW 1992, 41, 42). Sie ist auch zu verneinen, wenn Brauchwasser durch Einleitung des Oberliegers zu stark aufgesalzen wird und daher nicht mehr verwendet werden kann (BGH NJW 1981, 2416). Das Gleiche gilt, wenn ein **unbegründeter Rückübertragungsanspruch** zur treuhänderischen Verwaltung nach MRG 52 führte (BGHZ 29, 65, 72; BGH LM Nr 4 zu § 823 [Da]; HAUSS Anm zu BGH LM Nr 16 zu § 823 [Ai]). Wird ein mit Werbung versehener Bus bei einem Verkehrsunfall beschädigt, so wird nicht unmittelbar in den Gewerbebetrieb des werbenden Unternehmens eingegriffen (LG Frankfurt aM VersR 1973, 867, 868; vgl auch unten Rn D 18). Das Führen einer auch **mißverständlichen Verbandsbezeichnung** greift nicht unmittelbar in den Gewerbebetrieb konkurrierender Verbände ein (BGH NJW 1970, 378, 381). Auch die **Sperrung einer Wasserstraße** tangiert nicht unmittelbar den Gewerbebetrieb; die Schiffbarkeit gehört nicht zum Gewerbebetrieb des Schiffahrttreibenden (BGHZ 55, 153, 161; 86, 152, 156; OLG Nürnberg MDR 1983, 667; BGB-RGRK/ STEFFEN Rn 44). Auch die Behinderung des Gemeingebrauchs und des Grundrechts auf freien Naturgenuß nach Art 25 BayNatSchG durch Errichtung von Hindernissen für Reiter beeinträchtigt nicht den Gewerbebetrieb einer Reiterpension (OLG Nürnberg MDR 1983, 667; MünchKomm/MERTENS Rn 127 Fn 264; DEUTSCH JZ 1984, 309). Durch die **Einleitung eines Insolvenzverfahrens** wird ebenfalls nicht unmittelbar eingegriffen (BGHZ 36, 18, 21 f; aA ERMAN/SCHIEMANN Rn 69; zweifelnd SOERGEL/ZEUNER Rn 125); dasselbe gilt für die Durchführung des Verfahrens nach § 807 ZPO (BGHZ 74, 9, 18). Nicht durch das Recht am Gewerbebetrieb geschützt ist der **Kontakt eines Unternehmens** nach außen. Daher fehlt die Betriebsbezogenheit, wenn eine Straße durch Löscharbeiten der Feuerwehr blockiert wird und daher der Betrieb nicht erreicht werden kann (BGH NJW 1977, 2264, 2265; vgl dazu genauer unten Rn D 44 ff). Dasselbe gilt bei einem Leistungsausschluß nach § 5 I c MBKK; er ist kein unmittelbarer Eingriff in die Praxis des Arztes (OLG Köln VersR 1996, 234, 235). Kein betriebsbezogener Eingriff liegt vor, wenn ein Anwalt versehentlich nicht ins Branchenfernsprechbuch aufgenommen wird (OLG Düsseldorf VersR 1997, 589, 590). Beim **bloßen Systemvergleich** fehlt der Bezug zum konkreten Betrieb (BGH NJW 1963, 1871, 1872; BGH LM Nr 7 zu § 824 unter 3; Nr 10 zu § 824 unter IV; s auch unten Rn D 32). Auch eine **schockierende Werbung** durch den Franchisegeber soll, selbst wenn sie zu Umsatzrückgängen beim Franchisenehmer führt, nicht unmittelbar in dessen Gewerbebetrieb eingreifen (OLG Frankfurt aM WiB 1996, 1116, 1118; offen gelassen in BGH NJW 1997, 3304, 3308; das Gericht zweifelt am betriebsbezogenen Eingriff, verneint mangels Vorhersehbarkeit das Verschulden).

c) Beispiele betriebsbezogener Eingriffe
In der Kritik eines früheren Gesellschafters hat der BGH zwar einen betriebsbezo- **D 15** genen Eingriff erblickt, er hat jedoch die Rechtswidrigkeit verneint (BGH NJW 1980, 881, 882; MünchKomm/MERTENS Rn 511 Fn 1554). Einen unmittelbaren Eingriff hat die

Rechtsprechung ferner bejaht, wenn Namensschilder des Herstellers von Produkten entfernt werden und so die Überwachung der Funktionssicherheit erschwert wird (BGH LM Nr 52 zu § 823 [Ai] Bl 3 Rücks; vgl genauer Rn D 67). Das gleiche gilt für die Fallgruppen, in denen die Rechtsprechung in die konkrete Abwägung eintritt (vgl dazu Rn D 24 ff).

d) Falsche Arbeitszeugnisse

D 16 Unter dem Aspekt der Betriebsbezogenheit ist es fraglich, ob ein Eingriff in den Gewerbebetrieb vorliegt, wenn der frühere Arbeitgeber ein falsches Zeugnis über den Arbeitnehmer ausstellt und dieser den neuen Arbeitgeber schädigt. Die wohl hM verneint das (LARENZ/CANARIS § 81 I 2 f; vCAEMMERER, in: FS DJT Bd II [1960] 96 f; SCHAUB, Arbeitsrechts-Handbuch [8. Aufl 1996] § 146 VII; WANK, in: Münchener Handbuch zum Arbeitsrecht Bd 2 [1993] § 124 Rn 61; **aA** NEUMANN-DUESBERG NJW 1956, 348 f; von BGHZ 74, 281 ff nicht erörtert). Zwar ist in der Tat der Eingriff mehrfach vermittelt; der Arbeitnehmer muß das Zeugnis vorlegen, er muß eingestellt werden und eine erneute Verfehlung begehen. Betrachtet man das Problem allerdings unter dem Aspekt, daß der private und der gewerbliche Arbeitgeber nicht unterschiedlich behandelt werden sollen (LARENZ/CANARIS § 81 I 2 f), verliert das Argument an Überzeugungskraft, wenn man das Unternehmen und nicht das Gewerbe als Schutzobjekt auffaßt.

2. Die Intention des Täters

D 17 Die zweite Funktion des Merkmals der Betriebsbezogenheit besteht darin, Eingriffe auszusondern, die gar nicht die Intention haben, den Betrieb zu treffen. Unstreitig ist die Lage allerdings nur bei vorsätzlichem Handeln. Nach hM ergibt sich die Betriebsbezogenheit aus der Tendenz des Eingriffs, namentlich der Willensrichtung des Verletzers, den Betrieb durch bestimmte Maßnahmen zu beeinträchtigen (BGHZ 69, 128, 139; 76, 387, 395; BGH NJW 1969, 1207, 1208; 1972, 1571, 1572; 1981, 2416; OLG Frankfurt aM NJW-RR 1988, 52, 53; SOERGEL/ZEUNER Rn 109; HAUSS Anm zu BGH LM Nr 16 zu § 823 [Ai]; ähnl BGHZ 59, 30, 35). Vorsatz bedeutet im Zweifel Betriebsbezogenheit (so iE BGHZ 59, 30, 35; 69, 128, 142; 90, 113, 126; BGB-RGRK/STEFFEN Rn 44); bloße Kenntnis genügt dagegen nicht (BGH NJW 1981, 2416). Ansonsten ist sehr strittig, wann eine derartige Intention des Täters vorliegt. Teilweise wird gefordert, der Eingriff müsse den Zweck haben oder haben können, den **Betrieb einzuschränken oder zu beeinträchtigen** (LARENZ NJW 1956, 1719). Betriebsbezogen sei der Eingriff und nicht die Schadenszufügung. Der Täter müsse daher wissen, daß seine Handlung den Betrieb treffen könne, während es keine Rolle spiele, ob der konkrete Schaden erst durch eine Handlung des Betroffenen selbst oder durch Handlungen Dritter ausgelöst werde (LARENZ/CANARIS § 81 I 2 a). Andere verzichten auf die Finalität und lassen es ausreichen, wenn der Eingriff in seiner **objektiven Stoßrichtung auf den Betrieb als solchen** zielt (BGB-RGRK/STEFFEN Rn 43). Die Ausrichtung am Zweck des Täters bekomme fahrlässige Taten nicht in den Griff (BGHZ 29, 65, 72). Dagegen wird wiederum eingewandt, die Kritik verwechsele den Eingriff und den Schaden; daß der Eingriff wissentlich erfolgen müsse, werde in allen noch zu diskutierenden Fallgruppen deutlich (LARENZ/CANARIS § 81 I 2 a). Ein nicht intentionaler Eingriff wäre in der Tat nur in der Fallgruppe denkbar, daß der Täter eine Tatsache behauptet, deren Unwahrheit er wegen Verletzung der Recherchepflicht nicht bemerkt hat; doch ist insoweit dann § 824 vorrangig (BGHZ 90, 113, 119 ff; BGH NJW 1992, 1312; LM Nr 29 zu § 824 unter II 1). Trotzdem ist eine nur fahrlässige Verletzung keineswegs denknotwendig ausgeschlossen. Sie kommt in Betracht, wenn der Täter sich irrt und sich deshalb etwa zu überscharfer Kritik wegen des Rechts auf den Gegenschlag für befugt hält. Umgekehrt scheidet ein Eingriff mangels Intention des Handelnden aus, wenn etwa die Einleitung von Abwässern nicht darauf gerichtet ist, in irgendeiner Weise den Gewerbebetrieb des Betroffenen zu beeinträchtigen oder sonst auf ihn einzuwirken (BGH NJW 1981, 2416; MünchKomm/MERTENS Rn 490).

3. Kein Schutz ablösbarer Rechte und Rechtsgüter

Griffiger ist das Kriterium, daß vom Betrieb nicht ablösbare Rechte oder Rechtsgüter betroffen sein müssen (BGHZ 29, 65, 74; 55, 153, 161; 69, 128, 139; 86, 152, 156; BGH NJW 1972, 1571, 1572; 1977, 2313; 1983, 812, 813; OLG Stuttgart NJW 1964, 595, 596; OLG Nürnberg MDR 1983, 667; BAGE 59, 48, 55; BAG NJW 1989, 61, 62; SOERGEL/ZEUNER Rn 113; BGB-RGRK/ STEFFEN Rn 44; LARENZ/CANARIS § 81 I 2 b; FIKENTSCHER Rn 1222; LEHMANN NJW 1959, 670; aA GLÜCKERT AcP 166 [1966] 322; kritisch DIEDERICHSEN/MARBURGER NJW 1970, 778; K SCHMIDT JuS 1993, 988). Daher ist das Recht am Gewerbebetrieb nicht verletzt, wenn eine **zum Betrieb gehörige Person** (BGHZ 7, 30, 36 f; 29, 65, 73; BGH NJW 1983, 812, 813; LM Nr 21 zu § 249 [Hd] unter I; OLG Nürnberg MDR 1983, 667; PALANDT/THOMAS Rn 21; ERMAN/SCHIEMANN Rn 63; SOERGEL/ZEUNER Rn 113; BGB-RGRK/STEFFEN Rn 44; DEUTSCH, Allgemeines Haftungsrecht [2. Aufl 1996] Rn 609; LARENZ/CANARIS § 81 I 2 c; LEHMANN NJW 1959, 670; K SCHMIDT JuS 1993, 985 f) oder gar der **Betriebsinhaber selbst verletzt** wird (BGH LM Nr 4 zu § 823 [Da]; Nr 21 zu § 249 [Hd] unter I), ein **Betriebsfahrzeug beschädigt** oder eine **Maschine in Mitleidenschaft** gezogen wird (BGH NJW 1983, 812, 813 unter Hinweis auf RGZ 163, 21, 32 f und BGHZ 29, 65, 74; SOERGEL/ZEUNER Rn 113; BGB-RGRK/STEFFEN Rn 44; LARENZ/CANARIS § 81 I 2 c); das Unternehmen, für das auf dem fremden Fahrzeug geworben wird, ist durch dessen Beschädigung nicht unmittelbar betroffen (LG Frankfurt aM VersR 1973, 867, 868; vgl schon oben Rn D 14). Auch vom Betrieb vorgefundene **Vorteile und Chancen**, denen der konkrete Bezug zu einem Gewerbebetrieb fehlt, sind nicht geschützt (BGHZ 48, 58, 61 f; 55, 261, 263 f; 76, 387, 394; BGH LM Nr 26 zu Art 14 GG [Cb] unter 1 jeweils für die Frage der Enteignungsentschädigung). Dagegen soll nach der Rechtsprechung der Gewerbebetrieb als solcher betroffen sein, wenn Bauarbeiten neben einer Behinderung des Zugangs zu einer Verschmutzung der Warenbestände geführt haben, obgleich beides vermeidbar gewesen wäre (BGH VersR 1961, 831, 832; vgl auch schon RG WarnR 1940 Nr 97 = S 206, 210 f); hier wäre allerdings die Haftung wegen Eigentumsverletzung vorrangig gewesen (ERMAN/SCHIEMANN Rn 64; SOERGEL/ZEUNER Rn 113; BGB-RGRK/STEFFEN Rn 44; vCAEMMERER, in: FS DJT Bd II [1960] 91; differenzierend STAUDINGER/SCHÄFER[12] Rn 164, der einen Eingriff bejaht, wenn der ganze oder überwiegende Warenbestand stark beeinträchtigt wird).

4. Kein Schutz vor Reflexschäden

Die hM scheidet Reflexschäden ebenfalls wegen Fehlens der Betriebsbezogenheit aus (BGHZ 65, 325, 340 [dort fehlt die Negation; vgl BGH NJW 1976, 620, 624]; BGH NJW 1987, 2222, 2225; LARENZ/CANARIS § 81 I 2 d). Das spielt eine Rolle namentlich beim **Warentest**. Weder die positive Einordnung eines Konkurrenzprodukts noch die Nichteinbeziehung noch schlechterer Produkte sind ein Grund, einen betriebsbezogenen Eingriff zu bejahen, vorausgesetzt das Produkt des betroffenen Unternehmens als solches ist nicht unrichtig bewertet (BGHZ 65, 325, 340; BGH NJW 1987, 2222, 2225). Ein derartiges Gebot der Gleichbehandlung kennt das Privatrecht nämlich nicht (LARENZ/CANARIS § 81 I 2 d).

V. Die Subsidiarität des Schutzes des Gewerbebetriebs

1. Die hM

D 20 Nach ständiger Rechtsprechung ist das Recht am Gewerbebetrieb subsidiär, greift also nur ein, **wenn das geschriebene Recht eine Lückenfüllung zuläßt** (BGHZ 36, 252, 256 f unter Berufung auf RGZ 132, 311, 316; BGHZ 38, 200, 204; 43, 359, 361; BGH NJW 1980, 1089, 1090; 1992, 1312; 1998, 2141, 2142; LM Nr 29 zu § 824 unter II 1; Nr 17 zu RabattG unter IV 1 a; OLG Frankfurt aM NJW 1971, 1900, 1901; JAUERNIG/TEICHMANN Rn 96; ERMAN/SCHIEMANN Rn 61; MünchKomm/MERTENS Rn 484; SOERGEL/ZEUNER Rn 114; BGB-RGRK/STEFFEN Rn 37; K SCHMIDT JuS 1993, 988 f; der Sache nach auch BGHZ 90, 113, 122; BGH LM Nr 10 zu § 824 unter IV); oft spricht man – inhaltlich dasselbe meinend – vom Schutz des Gewerbebetriebs als Auffangtatbestand (BGHZ 43, 359, 361; 45, 296, 307; 59, 76, 79; 65, 325, 328; 69, 128, 138 f; 105, 346, 350; BGH NJW 1966, 2010, 2011; 1977, 2264, 2265; 1980, 881, 882; 1983, 812, 813; 1989, 1923; 1992, 41, 42; 1992, 1312; LM Nr 29 zu § 824 unter II 1; OLG Frankfurt aM VersR 1997, 572, 573) oder davon, die Schadensersatzpflicht unter dem Gesichtspunkt des Gewerbebetriebs könne nur begründet werden, wenn es geboten sei, eine sonst bleibende Lücke im Rechtsschutz zu schließen (BGHZ 8, 387, 394; 36, 252, 256 f; 55, 153, 158; 59, 30, 34; BGH NJW 1964, 152, 153; 1973, 2285; 1983, 812, 813; 1983, 2195, 2196; 1985, 1620, 1621; LM Nr 18 zu Art 5 GG unter II 1 a; GRUR 1969, 479, 481; KG KG-Report 1995, 263; BAGE 59, 48, 54). Das bedeutet, daß ein Anspruch ausgeschlossen ist, wenn das Gesetz für den spezifischen Eingriffstatbestand in anderen Vorschriften Haftungsmaßstäbe aufgestellt hat, diese aber unter den gegebenen Umständen nicht ausreichen, um eine Haftung zu bejahen (BGH NJW 1980, 881, 882; BGB-RGRK/STEFFEN Rn 37; DEUTSCH JZ 1968, 233). Das kodifizierte Haftungsrecht darf nicht unterlaufen werden; nur wenn eine Lücke besteht, ist Raum für die Verantwortung nach den Regeln des Gewerbebetriebs (BGB-RGRK/STEFFEN Rn 37). Allerdings hat die Rechtsprechung noch weitere Differenzierungen vorgenommen.

a) Der Vorrang der Sonderregeln

D 21 Konsequent durchgehalten hat der BGH das Subsidiaritätsdogma, wenn es um ein Verhalten in **Wettbewerbsabsicht** ging; dann sind die **Normen des Wettbewerbsrechts vorrangig** (BGHZ 8, 387, 394 f; 14, 163, 171; 23, 365, 371; 36, 252, 256 f; 38, 200, 204; 43, 359, 361; BGH NJW 1964, 152, 153; 1973, 2285; 1985, 60; 1985, 62; OLG Stuttgart WRP 1977, 822, 824; auch schon RGZ 70, 74, 76; 120, 94, 97; vgl auch BGH LM Nr 113 zu § 253 ZPO unter II 3 c [Vorrang des Markenrechts vor § 823 Abs 1]; KG KG-Report 1995, 263 [Vorrang des § 57 b HGrG vor § 823 Abs 1]). Zwischen dem Wettbewerbs- und dem Deliktsrecht herrschen Unterschiede in den Wertungen (BGB-RGRK/STEFFEN Rn 37; SCHRICKER AcP 172 [1972] 210). Die Verjährung des Anspruchs auf Unterlassung geschäftsschädigender Äußerungen durch Wettbewerber richtet sich nach § 21 UWG und nicht nach § 852, weil die meisten Wettbewerbshandlungen in den Tätigkeitsbereich anderer Unternehmen eingreifen und daher zwangsläufig weitgehend eine Überschneidung dieser Sondervorschriften mit dem Schutzbereich des Rechts am Gewerbebetrieb stattfindet. Hauptanwendungsbereich ist daher der nicht wettbewerbliche Eingriff (BGHZ 36, 252, 257; ähnl BGH NJW 1973, 2285; zust SOERGEL/ZEUNER Rn 114; LARENZ/CANARIS § 81 I 4 b). Ebenfalls weithin beachtet hat die Rechtsprechung den Vorrang von § 12 (BGHZ 91, 117, 120; BGH LM Nr 18 zu Art 5 GG unter II 1 a), von § 823 Abs 1 unter dem Aspekt der Eigentumsverletzung (BGHZ 55, 153, 158 f; 105, 346, 380; BGH NJW 1977, 2264, 2265; vgl aber Rn D 22) und den Vorrang der Regeln des WEG; der Verwalter kann sich gegen seine

Abberufung nicht mit Hilfe von § 823 Abs 1 wehren (OLG Köln OLGZ 1980, 4, 6 f). Dagegen wendet der BGH § 823 Abs 1 neben § 14 UWG an, da § 823 Abs 1 im Gegensatz zu § 14 UWG Verschulden voraussetze, und daher die längere Verjährung gerechtfertigt sei (BGH WRP 1968, 50, 51). In der Lehre wird eingewandt, damit stehe der Verletzer schlechter, als wenn § 14 UWG Verschulden fordern würde (LARENZ/ CANARIS § 81 I 4 b); dem ist zu folgen. Sonst müßten sich auch Unterschiede in der Haftung aus Verschulden ergeben, je nach dem ob § 14 Abs 1 der Norm oder Abs 2 S 2 der Vorschrift verwirklicht ist; diese Anspruchsgrundlage hängt vom Verschulden ab.

b) Die Konkurrenz zu den §§ 824, 823 Abs 2, 826

Uneinheitlich beurteilt die Judikatur dagegen die Konkurrenz zu §§ 824, 823 Abs 2, **D 22** 826. Im Regelfall hat sie § **824 als vorrangig** betrachtet (BGHZ 59, 76, 79; 65, 325, 328; BGH NJW 1966, 2010, 2011; 1980, 881, 882; 1992, 1312; 1998, 2141, 2142; LM Nr 10 zu § 824 unter IV; Nr 18 zu § 824 unter II 1; Nr 29 zu § 824 unter II 1; OLG Frankfurt aM OLGZ 1984, 362, 364; OLG Hamm VersR 1993, 231; OLG München NJW-RR 1997, 1330; BGB-RGRK/STEFFEN Rn 37; der Sache nach auch BGHZ 45, 296, 307 [„Auffangtatbestand"]; im Ausgangspunkt auch BGHZ 59, 30, 34, indes zu der Frage der Konkurrenz zu den §§ 823 Abs 2, 240 StGB und § 826; aA iE OLG Celle NJW 1964, 1804, 1805). Gleiches gilt für den **Vorrang der §§ 823 Abs 2, 186 StGB** (BGH NJW 1992, 1312; LM Nr 29 zu § 824 unter II 1). Eine Ausnahme hat die Rechtsprechung allerdings gemacht, wenn es um bewußt unwahre Aussagen außerhalb des Geschäftsverkehrs ging; der Gesetzgeber habe den Schutz des § 824 solchen Gefährdungen nicht zuerkannt (BGHZ 90, 113, 122; kritisch LARENZ/CANARIS § 81 I 4 b). Ebenso wurde im Ergebnis bei einer rechtswidrigen Blockade und einem rechtswidrigen Fluglotsenstreik entschieden; bei **vorsätzlichen Eingriffen** gelte der Gewerbebetrieb nicht nur als Auffangtatbestand (BGHZ 59, 30, 34; 69, 128, 139; BGB-RGRK/STEFFEN Rn 37; kritisch LÖWISCH/MEIERRUDOLPH JuS 1982, 242; aA ERMAN/SCHIEMANN Rn 62; anders noch BGH GRUR 1965, 690, 694, soweit § 826 tatbestandsmäßig nicht erfüllt war). Gleichwohl hat der BGH bei Abwerbung von Arbeitnehmern und bei Schmiergeldzahlungen oft nur § 1 UWG und § 826 geprüft (BGH NJW 1962, 1099 f; BGB-RGRK/STEFFEN Rn 37 mwNw). Die Regeln des Gewerbebetriebs sind nach der Rechtsprechung ebenfalls nicht gesperrt, wenn der möglicherweise rechtswidrige Eingriff von den anderen Normen nicht vollständig erfaßt ist (BGH NJW 1981, 1089, 1090).

2. Die Kritik

Das Subsidiaritätsdogma wird von unterschiedlicher Warte aus kritisiert. Es sei ab- **D 23** zulehnen, weil es nur dort seine Berechtigung habe, wo die Spezialnorm Ausdruck des subsidiär dahinter stehenden allgemeinen Prinzips sei. Die **Schutzgegenstände** von § 823 Abs 1 – Schutz eines Rechtsguts – und des UWG – Schutz vor einem bestimmten Verhalten – **seien unterschiedlich** (FIKENTSCHER, Wirtschaftsrecht Bd II [1983] § 21 III 3 c). Andere begreifen das Subsidiaritätsdogma lediglich als Appell, andere Regeln nicht zu unterlaufen und ihnen als Spezialnormen „im Zweifel" den Vorrang einzuräumen (LARENZ/CANARIS § 81 I 4 b). Unproblematisch ist die Lage, wenn das Spezialgesetz – etwa § 1 UWG – tatbestandsmäßig erfüllt ist; dann geht es in der Tat nur darum, diese Regelung nicht zu unterlaufen. Wesentlich schwieriger ist dagegen **die Reichweite der Sperrwirkung** zu ermitteln, dh derjenige Bereich, in dem die Norm auch und gerade eine abschließende Regelung trifft (ERMAN/SCHIEMANN Rn 61), wenn die Tatbestandsvoraussetzungen nicht erfüllt sind (vgl zB BGH NJW 1980, 881, 882; LM Nr 29 zu § 824 unter II

§ 823
D 24, D 25

1 für die Reichweite des § 824; BGHZ 8, 387, 394 f und BGH LM Nr 30 zu § 12 unter II für die Reichweite des § 16 Abs 3 aF UWG; OLG Frankfurt aM NJW 1971, 1900, 1901 für die Reichweite des § 1 UWG). Für die Konkurrenz zu § 824 bedeutet das etwa, daß ein Rückgriff auf den Gewerbebetrieb ausscheidet, wenn die Behauptung – wie sich später herausstellt: unwahrer – Tatsachen durch die Wahrnehmung berechtigter Interessen gedeckt war. Das Persönlichkeitsrecht ist vorrangig, soweit es um den Ruf des Trägers des Gewerbebetriebs geht; dagegen ist beim Recht am Gewerbebetrieb anzuknüpfen, wenn spezielle unternehmerische Werte wie Organisation, Fertigkeiten usw betroffen sind (ERMAN/SCHIEMANN Rn 61; SOERGEL/ZEUNER Rn 153; für den Vorrang des Persönlichkeitsrechts LARENZ/CANARIS § 81 III 1 a, 2 a; ENNECCERUS/NIPPERDEY § 133 IV).

VI. Fallgruppen

1. Die Verbreitung wahrer, aber geschäftsschädigender Tatsachen

a) Der Grundsatz: Zulässigkeit wahrer Berichte

D 24 Diese Fallgruppe entspricht dem Ausgangspunkt derjenigen beim Persönlichkeitsschutz (vgl oben Rn C 147). Da die **Wahrheit grundsätzlich frei** ist, bedarf es besonderer Gründe, ihre Verbreitung zu verbieten. Die Darstellung beschränkt sich hier auf Besonderheiten des Gewerbebetriebs. Zunächst hatte die Rechtsprechung auch in diesem Gebiet das Erfordernis des schonendsten Eingriffs aufgestellt (BGHZ 3, 270, 282; 8, 142, 145; BGH NJW 1964, 1181, 1182 [bei einem Handeln zu Wettbewerbszwecken]; GRUR 1970, 465, 466 mwNw; LM Nr 11 zu § 823 [Ai] unter II 2; iE schon offener in BGHZ 36, 77, 82 f; LM Nr 1 zu BliWVG unter III, IV). Genauso wie beim Persönlichkeitsschutz ist beim Gewerbebetrieb dieses Merkmal inzwischen zu Recht aufgegeben worden (BGHZ 45, 296, 308 f; BGH NJW 1967, 390). Wie der Privatmann, so hat auch der Gewerbetreibende schon aufgrund seines Persönlichkeitsrechts einen Anspruch auf Unterlassung von Berichten aus seinem Intimleben, soweit er sich nicht zum Richter über andere aufgespielt hat (BGB-RGRK/STEFFEN Rn 53). Ansonsten ist bei der Güter- und Interessenabwägung dem Umstand Rechnung zu tragen, daß **die Persönlichkeit im geschäftlichen Bereich geringer geschützt** ist als im privaten (BGHZ 36, 77, 80; LARENZ/CANARIS § 80 II 5 g; § 81 III 1 a; HUBMANN JZ 1984, 943). Der Gewerbetreibende hat es daher grundsätzlich hinzunehmen, daß sein **Geschäftsgebaren auch in der Presse erörtert wird** (BGHZ 36, 77, 82 f; BGH NJW 1966, 2010, 2011; 1967, 390), etwa die Betätigung einer Bank im Waffenhandel (BGHZ 36, 77, 82 f), die Stellung des Betroffenen am Markt (BGHZ 55, 40, 45), Mißstände am Kreditmarkt (BGH LM Nr 35 a zu § 823 [Ai] unter II 2, 3). Generell muß der Gewerbetreibende **kritische Berichte** ertragen, solange diese der Wahrheit entsprechen (BGHZ 36, 77, 81; BGH NJW 1987, 2746; 1998, 2141, 2143; LM Nr 35 a zu § 823 [Ai] unter II 2; SOERGEL/ZEUNER Rn 126; ähnl BGH LM Nr 1 zu BliWVG unter III), beispielsweise über häufige und bald nach dem Kauf aufgetretene Mängel an Fahrzeugen eines Herstellers (LG Berlin NJW 1976, 1456, 1457).

b) Die Ausnahmen

D 25 Eine Ausnahme besteht, wenn der Bericht der wahren Tatsachen **Prangerwirkung** hat (BGH NJW 1987, 2746, 2747; ähnl BGH NJW 1963, 484, 485, wobei die Aussage auch noch irreführend war; vgl auch oben Rn C 196 f). Dabei spielt nach der Rechtsprechung namentlich eine Rolle, ob es einen sachlichen Grund für den Bericht gibt; dieser darf indes nicht mit dem schonendsten Mittel verwechselt werden (BGH NJW 1987, 2746, 2747; LM Nr 35 a zu § 823 [Ai] unter II 3). Überzeugender dürfte es sein, die Anprangerung erst bei greifbarer Unsachlichkeit, namentlich bei willkürlichem Herausgreifen zu bejahen. Eine derartige Prangerwirkung, wenn auch unter dem Aspekt der Persönlichkeitsrechtsverletzung, hat der BGH bei der **Analyse einer Bilanz unter Nennung des Namens des Betroffenen** durch einen Experten bejaht, obwohl sich dieser auf eine – ebenfalls mit voller Namensnennung versehene – Publikation im Bundesanzeiger stützen konnte; der Betroffene werde gezielt einem zahlenmäßig beachtlichen Personenkreis, von dem jeder noch als Multiplikator wirken könne, vorgeführt (BGH NJW 1994, 1281, 1282; Verfassungsbeschwerde nicht angenommen von BVerfG NJW 1994, 1784; vgl dazu schon oben Rn C 197). Damit würde indes der Begriff der Anprangerung, zumal wenn es um geschäftliche Angelegenheiten geht, ins völlig Konturlose aufgeweicht; dies gilt um so mehr, als man mit der Auffassung der Rechtsprechung auch den Zweck der §§ 325 ff HGB unterlaufen würde (J HAGER ZHR 158 [1994] 677 f, 680). Eine weitere Grenze zieht die **Art der Informationserlangung**; ist die Information unter grobem Einbruch in die unternehmerische Vertraulichkeitssphäre erlangt, kann die Veröffentlichung rechtswidrig sein (BGHZ 80, 25, 39; BGH NJW 1998, 2141, 2144; vgl schon oben Rn C 227).

2. Die Mitteilung und Verbreitung unwahrer Tatsachen

In dieser Fallgruppe ist das Recht am Gewerbebetrieb in vielen Fällen durch § 824 Abs 1 bzw durch die §§ 823 Abs 2, 186 StGB **verdrängt** (vgl Rn D 22). Doch gibt es nach der Rechtsprechung eine **Ausnahme**, soweit zwar nicht die Beziehungen zu potentiellen Geschäftspartnern, aber doch die außergeschäftliche Beziehung zur Umwelt durch unwahre Behauptungen gefährdet wird, etwa wenn durch falsche Angaben Masseneinsprüche im Planfeststellungsverfahren gegen ein Bauvorhaben veranlaßt werden sollen (BGHZ 90, 113, 122, 124; vgl ferner Hess VGH VersR 1973, 365, 367: irreführende Mitteilung in einem Rundschreiben). In der Lehre wird dieser Fall über § 826 gelöst; die leichtfertige Verbreitung unwahrer Tatsachen genüge, weil die Kenntnis der die Sittenwidrigkeit begründenden Umstände nicht notwendig die Unrichtigkeit der Behauptung umfassen müsse, sondern das Fehlen einer hinreichenden Recherche ausreiche (LARENZ/CANARIS § 81 III 1 b). Weil in diesen Fällen in der Tat das Ergebnis vollständig durch höherrangiges Recht, jedenfalls mit Hilfe von Grundsätzen determiniert wird, die nicht speziell für den Gewerbebetrieb, allerdings auch nicht primär für § 826 entwickelt sind, bleibt der dogmatische Ansatz in der Tat weitgehend, wenn nicht vollständig irrelevant. Mit dieser Einschränkung kann man der Rechtsprechung folgen.

3. Kritik an Unternehmen

a) Kritik in Wettbewerbsabsicht

Kritik, die in Wettbewerbsabsicht erfolgt, ist ausschließlich nach den Vorschriften des Wettbewerbsrechts zu beurteilen; das folgt schon aus der Subsidiarität des Gewerbebetriebs (vgl Rn D 20 f). Sie ist allerdings nicht schon deswegen verboten, weil ein Wettbewerbsverhältnis besteht; das wäre mit dem Grundrecht aus Art 5 Abs 1 S 1 GG nicht zu vereinbaren, wobei im Rahmen des § 1 UWG die Motive eine wichtige Rolle spielen (vgl zB BGH NJW 1982, 637, 639; 1992, 3304; OLG Hamburg NJW 1996, 1002, 1003).

b) Sonstige Kritik

D 28 Im übrigen hat sich auch hier wie beim Persönlichkeitsrecht ein grundlegender Wandel vollzogen. Hatte der BGH in früheren Entscheidungen noch ein Recht zur Äußerung nur gewährt, wenn den Kritiker die Belange so nahe angingen, daß ihm ein besonderes Recht zur Wahrung dieser Interessen zuzubilligen sei, und hatte das Gericht obendrein den Einsatz des schonendsten Mittels gefordert (BGHZ 3, 270, 282, 283 f; OLG Stuttgart NJW 1964, 595, 597), so sind diese Regeln inzwischen aufgegeben; an ihre Stelle treten **die auch für den Persönlichkeitsschutz geltenden Grundsätze**. Geht es also um einen **Beitrag zum Meinungskampf** in einer die Öffentlichkeit interessierenden Frage, so spricht die **Vermutung für die freie Rede**; eine Grenze zieht erst das **Verbot der Schmähkritik** (vgl zum Ganzen oben Rn C 104 ff sowie BGHZ 45, 296, 308, 310; 65, 325, 331 f; OLG Düsseldorf DB 1980, 253; BB 1984, 2084, 2085; OLG Nürnberg OLGZ 1981, 118, 121; OLG Frankfurt aM NJW 1971, 1900, 1901; BB 1985, 293; OLG Brandenburg NJW 1995, 886, 887; ERMAN/SCHIEMANN Rn 71; SOERGEL/ZEUNER Rn 127). Ihre Grenze ist eher erreicht, wenn die Attacke auf unwahren Tatsachen beruht (so iE schon OLG Celle NJW 1964, 1804, 1806). Wiederum ist zu ergänzen, daß es nicht darauf ankommen kann, ob ein Problem in der Öffentlichkeit bereits diskutiert wird; soweit nicht die Intimsphäre dies verhindert, darf der Kritiker die Diskussion auch erst vom Zaun brechen (vgl oben Rn C 101).

aa) Fälle zulässiger Kritik

D 29 Der Gewerbetreibende hat daher auch Kritik hinzunehmen, wenn es um die **Modalitäten einer Kreditvergabe** (BGH LM Nr 35 a zu § 823 [Ai] unter II 4), die **Probleme hormonhaltiger Hautcremes** bei der Anwendung durch junge Mädchen geht (BGH NJW 1970, 187, 189), kritisch zur plastischen Chirurgie Stellung bezogen (OLG Frankfurt aM NJW 1971, 1900, 1901) oder über Gefahren von Chemikalien berichtet wird (BGH NJW 1987, 2746). Auch polemische Äußerungen in Presseorganen über ein anderes Blatt greifen nicht in dessen Gewerbebetrieb ein, zumal wenn dieses sich vorher ebenfalls in scharfer Form geäußert hatte (BGHZ 45, 296, 307 ff). Diesen Aspekt hat der BGH in der **photokina-Entscheidung** vernachlässigt. Dort hatte ein Unternehmen wegen eines Streits mit den Veranstaltern über den Standplatz auf einer Messe schließlich auf die Teilnahme verzichtet und in seiner Werbung geschrieben: „Suchen Sie uns nicht auf der photokina. Wir verlassen diese aus Protest, weil die Messegesellschaft den Standplatz anderweit vergeben hat". Der BGH hat der Unterlassungsklage der Messegesellschaft stattgegeben, weil es sich nicht um einen Beitrag zum geistigen Meinungskampf in einer die Öffentlichkeit wesentlich berührenden Frage durch einen dazu Legitimierten gehandelt habe (BGH NJW 1983, 2195, 2196; zust iE MünchKomm/MERTENS Rn 512). Übersehen wird dabei, daß hier die Unternehmensfreiheit zweier Träger gegeneinander stand, daß dem verhinderten Messeteilnehmer das Recht zur öffentlichen Kritik und angesichts der Schwere des Eingriffs auch zum Gegenschlag zustand, daß es vor allem dem mündigen Bürger überlassen werden muß, welche Gegenstände er in den öffentlichen Meinungskampf bringen will (LARENZ/CANARIS § 81 III 2 a). Das gilt auch angesichts des Umstandes, daß der Kritiker das Zeichen der photokina verwendet hatte, weil dies allein auch nach Meinung des BGH nicht einen Eingriff bedeutet hätte (BGH NJW 1983, 2195, 2196 unter Hinweis auf BGH NJW 1980, 280), sondern sich dieser erst aus der Form der Kritik ergab.

bb) Die Verdeutlichung der Kritik durch Beispiele

D 30 Grundsätzlich ist der Täter auch berechtigt, allgemein kritisch behandelte Erscheinungen durch Beispiele zu verdeutlichen (BGH NJW 1970, 187, 190 für Meinungsäußerungen; NJW 1966, 2010, 2011; 1987, 2746, 2747; LM Nr 35 a zu § 823 [Ai] unter II 3 für wahre Tatsachenbehauptungen; KÜBLER AcP 172 [1972] 198; vgl auch schon BGHZ 36, 77, 81). Doch dürfte in dieser Beziehung das Stadium des **Herausgreifens oder der Anprangerung** schneller erreicht sein als in anderen Fällen. So kann es namentlich liegen, wenn nur ein Betrieb genannt und an ihm exemplarisch Kritik geübt wird. Namentlich angesichts der Gefahr der Breitenwirkung ist demgemäß von seiten des Fernsehens und der Presse Zurückhaltung geboten (KÜBLER AcP 172 [1972] 198 unter Berufung auf BGH NJW 1963, 484). Umgekehrt darf aber das Bild etwa eines bestimmten Produktes die Aussage illustrieren, solange dadurch nicht nach den Regeln der verdeckten Aussagen unwahre Tatsachen behauptet werden (BGH NJW 1987, 2746, 2747; 1992, 1312, 1313; LG Frankfurt aM AfP 1995, 687, 688).

cc) Die satirisch verfremdete Verwendung berühmter Marken
Spezielle Probleme macht hierbei die satirisch verfremdete Verwendung berühmter **D 31** Marken außerhalb des Wettbewerbs. Vielfach wird das Problem hier schwerpunktmäßig beim Persönlichkeitsrecht oder im UWG liegen (vgl BGH NJW 1985, 2951, 2952; dazu oben Rn D 21 und unten Rn D 66). Bei der Benutzung des Wortes „Mordoro" zusammen mit dem Werbeplakat einer bekannten Zigarettenfirma hat der BGH zwar eine Verletzung des Gewerbebetriebs verneint, **jedoch gefordert**, daß sich die Äußerungen in einem noch vertretbaren Verhältnis zu dem sachlichen Anliegen des Kritikers und zu den beanstandeten Auswirkungen für den Betroffenen halten müßten. Namentlich sei eine Personifizierung unzulässig, die den Bekanntheitsgrad und die Werbekraft für die Zwecke des Kritikers ausnutzen würde (BGHZ 91, 117, 122; MünchKomm/MERTENS Rn 512; HUBMANN JZ 1984, 943). Der Entscheidung wird zum einen vorgehalten, der **Eingriff sei unverhältnismäßig**, da die Stoßkraft der eigenen Werbung umgepolt werde; dadurch erreiche der Kritiker mehr als durch sonstige Meinungsäußerungen (MOENCH NJW 1984, 2924; K SCHMIDT JuS 1993, 992; gegen diese Argumentation zu Recht SCHULZE ZUR WIESCHE GRUR 1984, 688, da der Kritiker gerade nicht für, sondern gegen das Rauchen werben wolle). Umgekehrt ist es gerade das Verhältnismäßigkeitsprinzip, das die Kritik herausfordert. Vermögensinteressen werden so höher gestellt als das Recht der Meinungsäußerung; der Ansatzpunkt ist nur das Verbot der Schmähkritik und des willkürlichen Anprangerns (LARENZ/CANARIS § 81 III 2 a). Der letztgenannten Auffassung ist zuzustimmen. Denn das Verhältnismäßigkeitsprinzip hat mit seinen Anforderungen des geeigneten und des schonendsten Eingriffs im hier interessierenden Kontext keinen Platz. Eine – hier nicht im Detail nachzuzeichnende – Grenze zieht § 1 UWG. Sobald ein Wettbewerbsverhältnis vorliegt, hat die Norm den Vorrang (vgl BGHZ 98, 94, 96 f; 125, 91, 104 f; s auch oben Rn D 21).

4. Warentests

a) Die Anforderungen
Beurteilungen von Waren und Leistungen können für die betroffenen Unternehmer **D 32** weitreichende Folgen haben. Mangels Betriebsbezogenheit scheidet ein Eingriff in den Gewerbebetrieb aber bei **bloßen Systemvergleichen** aus (BGH NJW 1963, 1871, 1872; LM Nr 7 zu § 824 unter 3; Nr 10 zu § 824 unter IV; DEUTSCH JZ 1968, 233). Die untersuchenden Stiftungen nehmen regelmäßig besonderes Vertrauen für ihre Objektivität in Anspruch (BGHZ 65, 325, 333 f; BGH NJW 1986, 981; 1987, 2222, 2224). Das bedeutet, daß die Untersuchung **neutral** vorgenommen werden muß. Ist die Veröffentlichung nicht unvoreingenommen, dann ist sie schon vielfach nach den Regeln des Wettbewerbs-

rechts unzulässig; der Testende muß sich **um Objektivität bemühen** und über die **nötige Sachkunde** verfügen (BGHZ 65, 325, 334 mwNw; BGH NJW 1987, 2222, 2223; 1997, 2593, 2594; OLG München NJW-RR 1997, 1330; ERMAN/SCHIEMANN Rn 71; SOERGEL/ZEUNER Rn 129; MünchKomm/MERTENS Rn 504). Die Anforderungen an die Objektivität sind um so schärfer, je mehr der Testende diese für sich reklamiert und je größer der Adressatenkreis ist; die Stiftung Warentest und das öffentlich-rechtliche Fernsehen unterliegen schärferen Regeln als eine kleine Zeitschrift (ASSMANN/KÜBLER ZHR 142 [1987] 424 ff; wohl auch BGHZ 65, 325, 333 f; unklar in dieser Hinsicht BGH NJW 1989, 1923). Nach den Regeln des Wettbewerbsrechts ist der Vergleich durch Konkurrenten unzulässig. Die notwendige Neutralität ist dabei nicht gewährleistet (OLG Hamm WRP 1980, 281 f; PALANDT/THOMAS Rn 22; vgl auch BGH NJW 1989, 1923). Die Neutralität entfällt auch, wenn durch Zuwendungen von Wettbewerbern verbraucherfremde Bindungen entstanden sein sollten. Es darf also nicht die **Möglichkeit testfremder Einflußnahme** bestehen (OLG München NJW-RR 1997, 1330). Benötigt der Tester Hilfe, etwa aufwendige Apparate, so darf er hierzu nur einen seinerseits Neutralen, nicht aber einen Wettbewerber einschalten (OLG München NJW-RR 1997, 1330). Dagegen schadet die Verfolgung eigener Zwecke durch den Tester außerhalb des Wettbewerbs nicht (BGH GRUR 1967, 113; OLG Frankfurt aM NJW 1974, 1568, 1569; PALANDT/THOMAS Rn 22; MünchKomm/MERTENS Rn 504). Und der Testende ist – obgleich im Grundsatz auch für ihn die Vermutung der freien Rede gilt – zur sorgfältigen Prüfung gehalten, ob er mit seiner Äußerung den Boden der sachlichen Kritik verläßt (BGHZ 65, 325, 333 f; BGH NJW 1987, 2222, 2224; wohl auch BGH NJW 1997, 2593, 2594); rechtswidrig sind pauschale Verunglimpfungen (OLG Düsseldorf DB 1980, 253 [im konkreten Fall verneint]) und ein evident willkürliches Verfahren (LÖWISCH/MEIER-RUDOLPH JuS 1982, 241). Die Bewertungsmaßstäbe unterliegen nur einer **eingeschränkten**, das Ermessen des Prüfers grundsätzlich respektierenden **Richtigkeitskontrolle**; sie dürfen nur nicht offensichtlich unrichtig, müssen also **diskutabel** sein (BGH NJW 1987, 2222, 2223, 2224; 1997, 2593, 2594; MünchKomm/MERTENS Rn 504; LÖWISCH/MEIER-RUDOLPH JuS 1982, 241; ähnl BGHZ 65, 325, 332, 335; OLG Frankfurt aM NJW 1974, 1568, 1569; enger wohl BGH GRUR 1967, 113: hinreichend sachkundig); im Vordergrund steht aber nicht die objektive Richtigkeit des Ergebnisses, sondern das Bemühen um diese Richtigkeit (BGHZ 65, 325, 334; zust ASSMANN/KÜBLER ZHR 142 [1978] 426; zweifelnd DEUTSCH JZ 1976, 452). Das gilt schon deshalb, weil derartige Warentests wichtig für die Markttransparenz und die Verbraucheraufklärung sind. Zu enge Schranken könnten die Gefahr in sich bergen, daß wegen der Angriffspunkte, die solche Untersuchungen immer bieten, Warentests unterblieben (BGH NJW 1989, 1923; vgl auch BGHZ 65, 325, 332; BGH NJW 1987, 2222, 2224). Daher bedeutet namentlich die zu gute Bewertung von Konkurrenzprodukten keinen Eingriff in den Gewerbebetrieb der Beurteilten; der Betriebsbezug fehlt, weil es um bloße Reflexschäden geht (BGHZ 65, 325, 339 f; s auch oben Rn D 19). Gleiches gilt, wenn Produkte, die gewisse Mindestanforderungen nicht erfüllen, von vornherein nicht bewertet werden und daher der Leser nicht erfährt, daß es noch schlechtere Waren gibt (BGH NJW 1987, 2222, 2225). Der Tester hat umgekehrt das Recht, strengere Maßstäbe anzulegen, als sie etwa in DIN-Normen vorgesehen sind (BGH NJW 1987, 2222, 2223). Unwahre Tatsachen dürfen aber nicht behauptet werden (BGHZ 65, 325, 329; BGH NJW 1986, 981 f; 1997, 2593, 2594). Dabei ist die journalistische Pflicht der Recherche einzuhalten (vgl oben Rn C 119 ff).

b) Meinungsäußerung oder Tatsachenbehauptung?

D 33 Heftig – jedoch mehr im theoretischen Ansatz als in den praktischen Folgen – umstritten ist, ob der **Testbericht** als ganzer den Regeln der Meinungsäußerung unterliegt oder in ihm enthaltene Tatsachenbehauptungen nach den dafür geltenden Grundsätzen zu behandeln sind. Die Rechtsprechung nahm zunächst für den Normalfall an, die gesamte Aussage sei als Meinungsäußerung zu beurteilen (BGHZ 65, 325, 330, 336; BGH NJW 1987, 2222, 2223; 1989, 1923; OLG Köln NJW-RR 1995, 1489; OLG München NJW-RR 1997, 1330; zust Assmann/Kübler ZHR 142 [1978] 422). Eine Ausnahme komme nur dort in Betracht, wo der Äußerung jeder Wertungscharakter abgehe und ihr im Rahmen des Testberichts eigenständige Bedeutung zukomme (BGHZ 65, 325, 336; BGH NJW 1989, 1923; OLG Köln NJW-RR 1995, 1489); das sei der Fall, wenn die tatsächlichen Feststellungen dem Werturteil nicht als unselbständige Wertungselemente untergeordnet seien und daher als Aussage über nachweisbare Fakten und als Grundlage für das Werturteil des Lesers aufgefaßt werden könnten (BGH NJW 1989, 1923; OLG Köln NJW-RR 1995, 1489). Dann gelten nach der Rechtsprechung die Regeln über unwahre Tatsachenbehauptungen. So liegt es etwa, wenn für den Bericht nur ältere, nicht mehr im Handel befindliche Produkte zugrunde gelegt werden (BGH NJW 1989, 1923) oder gar aufgrund einer Verwechslung nicht zusammengehörende Selbstbedienungsläden als eine einheitliche Ladenkette bezeichnet wurden (BGH NJW 1986, 981). Das gleiche gilt, wenn in einem Test statt des Fotos des Ergebnisses eines Scan-Vorganges eine Abbildung der Originalvorlage abgedruckt wird (OLG Nürnberg NJW-RR 1995, 1489, 1490). In jüngerer Zeit wendet die Rechtsprechung die normalen Regeln an; unwahre Behauptungen dürfen auch in Testberichten nicht aufgestellt werden (BGH NJW 1997, 2593, 2594). Sie nähert sich damit der Lehre an; dort wird vorgeschlagen, auf die Sonderbehandlung von Warentests zu verzichten und sie den **allgemeinen Regeln** zu unterstellen. Würden unwahre Tatsachen zugrunde gelegt, so seien deren Regeln anzuwenden; die Meinungsäußerung sei thematisiert, soweit es um Schlußfolgerungen oder (überstrenge) Kritik gehe (Larenz/Canaris § 81 III 2 b).

c) **Die Gastronomiekritik**
Modifikationen für die Gastronomiekritik resultieren aus dem Umstand, daß sie weit stärker als ein Warentest von persönlichen Eindrücken und Vorlieben der Kritiker abhängig und daher einer objektiven Beurteilung entzogen ist. Daher gelten auch nicht die dort anzuwendenden strengen Regeln (BGH NJW 1987, 1082, 1083), vielmehr hat es mit dem **Verbot der Schmähkritik** sein Bewenden (BGH NJW 1987, 1082, 1084; OLG Frankfurt aM NJW 1990, 2002; OLG München NJW 1994, 1964, 1965). Diese ist nicht gegeben, wenn ein Besuch in einem Lokal als totaler Reinfall bezeichnet wird (BGH NJW 1987, 1082, 1083), jedoch ist die Schwelle zur Verunglimpfung überschritten, wenn der Artikel auf einem einzigen Besuch mit dem Konsum nur einer Tasse Cappuccino beruht und dann dieser als „widerwärtig hinuntergewürgter Magenspüler" bezeichnet wird (OLG München NJW 1994, 1964, 1965). Nach der Rechtsprechung ist die Grenze der Schmähkritik auch erreicht, wenn über einen Restaurantpächter behauptet wird, er habe den guten Ruf eines Lokals in mühevoller Kleinarbeit zerstört, wenn die erhobenen Bewertungen dafür keinen Anlaß geben (OLG Nürnberg OLGZ 1981, 118, 121). Beruht die Meinungsäußerung auf unwahren Tatsachen, so ist nach den allgemeinen Regeln ebenfalls die Schwelle der unzulässigen Kritik früher erreicht (BGH LM Nr 746 zu § 1 UWG unter II 3 c). Es kann wohl generell verlangt werden, existenzbedrohende Kritik nicht nur aufgrund eines einzigen Besuches zu publizieren (BGH LM Nr 746 zu § 1 UWG unter II 3 c).

5. Der Boykott*

a) Der Begriff des Boykotts

D 35 Unter Boykott versteht man das **planmäßige Zusammenwirken** des Aufrufenden und des Adressaten mit dem Ziel, den Betroffenen vom Geschäftsverkehr auszuschließen (BGH NJW 1985, 60, 61 mwNw; BGB-RGRK/STEFFEN Rn 56; BRÜGGEMEIER Rn 388; BAUMBACH/ HEFERMEHL § 1 UWG Rn 276; MÖLLERS NJW 1996, 1374 mwNw; vgl auch RGZ 155, 257, 278, 279). Vorausgesetzt werden dabei **mindestens drei Beteiligte**, nämlich der Initiator, der Adressat und der Boykottierte (BGHZ 19, 72, 77; BGH NJW 1985, 60, 61; GRUR 1965, 440, 442; WRP 1985, 340, 341 mwNw; LM Nr 5 zu § 823 [Bd] unter 1 a; OLG Frankfurt aM DB 1971, 1254; OLG Düsseldorf DB 1978, 1211, 1212; MünchKomm/MERTENS Rn 505; BGB-RGRK/ STEFFEN Rn 56; BRÜGGEMEIER Rn 388; BAUMBACH/HEFERMEHL § 1 UWG Rn 276 f; MÖLLERS NJW 1996, 1374). Es schadet allerdings nicht, wenn die Rollen von Verrufer und Adressat zusammenfallen, solange nur mehrere Personen daran beteiligt sind und dementsprechend sich gegenseitig beeinflussen, mit dem Boykottierten keine Geschäfte zu schließen (BGH GRUR 1965, 440, 442). Dagegen **scheidet ein Boykott schon begrifflich aus**, wenn es um firmeninterne Anweisungen geht, mit einem bestimmten Partner den geschäftlichen Kontakt abzubrechen (RGZ 155, 257, 279; BGHZ 19, 72, 77; OLG Frankfurt aM DB 1971, 1254; BGB-RGRK/STEFFEN Rn 58). Das gilt auch für die öffentliche Hand; sie ist ebenfalls in der Wahl ihrer Geschäftspartner grundsätzlich frei (BGH NJW 1977, 628, 629 f; BGB-RGRK/STEFFEN Rn 58). Doch muß in allen derartigen Fällen Weisungsgebundenheit vorliegen und der Adressat demgemäß ohne eigenen Entscheidungsspielraum handeln (BGH NJW 1990, 1531, 1532). Das ist im Verhältnis zwischen der AOK und Krankenhäusern, die von jener aufgefordert werden, bestimmte Rettungsunternehmen nicht (mehr) zu beauftragen, nicht der Fall; in der Aufforderung kann also ein Boykottaufruf liegen (BGH NJW 1990, 1531, 1532). Auf der anderen Seite sind die drei Beteiligten nur eine Mindestzahl. So braucht der Adressat des Aufrufs nicht mit demjenigen identisch zu sein, der die Liefer- und Bezugssperre verhängen soll. Es genügt vielmehr, wenn der Adressat veranlaßt werden soll, seinerseits mit den ihm zu Gebote stehenden Mitteln auf einen Boykott des Betroffenen durch dessen Lieferanten oder Kunden hinzuwirken (BVerfGE 62, 230, 246; BGH NJW 1985, 60, 61 mwNw; GRUR 1980, 242, 243). Der Boykott muß sich **gegen einen bestimmten Gegner** oder jedenfalls eine bestimmte Gruppe richten. Vom Kauf bestimmter Waren oder von der Inanspruchnahme gewisser Leistungen abzuraten ist noch kein Boykottaufruf (STAUDINGER/SCHÄFER[12] § 826 Rn 220; BGB-RGRK/STEFFEN Rn 58; enger OLG

---

* **Schrifttum:** BUCHNER, Die Bedeutung des Rechts am eingerichteten und ausgeübten Gewerbebetrieb für den deliktischen Unternehmensschutz (1971); CANARIS, Grundrechtswirkungen und Verhältnismäßigkeitsprinzip in der richterlichen Anwendung und Fortbildung des Privatrechts, JuS 1989, 161; DEGENHART, Meinungs- und Medienfreiheit in Wirtschaft und Wettbewerb, in: FS Lukes (1989) 287; FRIAUF/ HÖFLING, Meinungsgrundrechte und Verfolgung von wirtschaftlichen Belangen, AfP 1985, 249; E HELLE, Boykott und Meinungskampf, NJW 1964, 1497; KÜBLER, Öffentliche Kritik an gewerblichen Erzeugnissen und beruflichen Leistungen, AcP 172 (1972) 177; LERCHE, Zur verfassungsgerichtlichen Deutung der Meinungsfreiheit (insbesondere im Bereich des Boykotts), in: FS G Müller (1970) 197; LÖHR/LÖHR, Eingriff in den Gewerbebetrieb durch Blockade, BB 1974, 1140; MERTEN, Haftungsprivileg für Demonstrationstäter, NJW 1970, 1625; MÖLLERS, Zur Zulässigkeit des Verbraucherboykotts – Brent Spar und Mururoa, NJW 1996, 1374; NIPPERDEY, Boykott und freie Meinungsäußerung, DVBl 1958, 445.

Frankfurt aM NJW 1969, 2095 f; NJW-RR 1988, 52: Boykottaufruf, Pelzmäntel nicht zu kaufen, betrifft alle Mitglieder der Vertriebskette vom Züchter bis zum Einzelhändler).

b) Der Begriff des Aufrufs
Der Boykottaufruf bedeutet den Versuch, auf die freie Willensbildung des Adressa- **D 36** ten, mit Dritten Lieferungsbeziehungen aufzunehmen oder aufrechtzuerhalten, einen **negativen**, die Beziehung hindernden **Einfluß zu nehmen** (BVerfGE 25, 256, 264; BGH NJW 1954, 147; 1990, 1531, 1532; BAUMBACH/HEFERMEHL § 1 UWG Rn 278). Davon abzugrenzen sind **Anregungen**, die nicht geeignet sind, die freie Willensbildung zu beeinflussen (BGH NJW 1954, 147; 1985, 60, 61; BAUMBACH/HEFERMEHL § 1 UWG Rn 278); die Grenzziehung ist fließend und damit schwierig. Die Rechtsprechung ist relativ großzügig in der Annahme der Beeinflussung. Ein suggestiv gemachter Vorschlag in einer emotional aufgeheizten Situation soll hierfür genügen (BGH NJW 1985, 60, 61 f; ähnl BGH NJW 1985, 62, 63). Ist der Empfehlung Folge geleistet, so spricht das für einen Boykottaufruf (BGH NJW 1990, 1531, 1532; BAUMBACH/HEFERMEHL § 1 UWG Rn 278); eine Ausnahme gilt, wenn die Befolgung ausschließlich im Interesse des Adressaten lag (BAUMBACH/HEFERMEHL § 1 UWG Rn 278). Der zweite Gegenbegriff ist derjenige der (berechtigten) **Abmahnung**. Wer von seinem Partner verlangt, er möge nicht vertragswidrig an Dritte liefern oder sich nicht wettbewerbswidrig verhalten, weist nur auf die Rechtslage hin und fordert dazu auf, Rechtsbrüche zu beenden, ruft indes nicht zum Boykott auf (OLG Köln WRP 1966, 73, 74; STAUDINGER/SCHÄFER[12] § 826 Rn 223; BAUMBACH/HEFERMEHL § 1 UWG Rn 278 mit dem wenig überzeugenden Argument, der freie Wille werde nicht beeinflußt). Ebensowenig genügt eine **Warnung vor gefährlichen Waren** oder Mitteln durch Behörden oder durch Dritte (STAUDINGER/SCHÄFER[12] § 826 Rn 220). Der Aufruf kann nach allgemeinen Regeln auch durch schlüssige Erklärung erfolgen (BGH GRUR 1965, 440, 442; OLG Frankfurt aM NJW-RR 1988, 52). Das kann eine Rolle bei spektakulären Aktionen von Umweltschützern oder ähnlichen Gruppen gegen geplante oder schon durchgeführte Maßnahmen von Unternehmen spielen; sie vermögen uU bei vielen Verbrauchern entsprechende Reaktionen hervorzurufen – man denke an den dramatischen Rückgang des Benzinabsatzes vieler Shell-Tankstellen angesichts der projektierten Versenkung einer Ölplattform. Hier ist allerdings mit der Annahme eines Boykottaufrufs Zurückhaltung geboten. Der Boykott basiert nur dann auf den aufsehenerregenden Aktionen, wenn aus Sicht der Adressaten die deutliche Aufforderung verbunden ist, so zu handeln (MÖLLERS NJW 1996, 1375).

c) Rechtswidrigkeit des Aufrufs wegen der Verfolgung weiterer Ziele?
Soweit es nicht um einen Boykott (primär) in Wettbewerbsabsicht geht, wird der **D 37** Aufrufer regelmäßig **weiter gehende Ziele** etwa politischer oder sozialer Art verfolgen. Dann stellt sich die Frage, ob der Aufruf – noch unabhängig von der Gewichtung der verfolgten Anliegen – allein deswegen rechtswidrig ist, weil der Boykottierte gar keinen oder aber nur mittelbaren Einfluß hat, das Ziel zu erreichen. ZT wird in derartigen Fällen der Boykott generell für rechtswidrig gehalten (OLG Düsseldorf MDR 1953, 356, 358; E HELLE NJW 1964, 1500 f), nach anderen ist das nicht notwendig der Fall; so liegt es bei der Möglichkeit mittelbarer Einflußnahme, etwa beim Boykott von Pelzhändlern, wenn die Nachfrage nach Robbenfellen dadurch gesenkt werden soll (OLG Frankfurt aM NJW 1969, 2095, 2097; der Sache nach auch MÖLLERS NJW 1996, 1377; so auch schon RGZ 76, 35, 37 f).

d) Boykottaufruf zu Wettbewerbszwecken

D 38 Wird zu Zwecken des Wettbewerbs zu einem Boykott aufgerufen, so gehen nach heute hM die Vorschriften des UWG bzw des § 826 vor; **§ 823 Abs 1 scheidet als Anspruchsgrundlage** aus (vgl dazu Rn D 21 und zB BGH NJW 1985, 60, 61; 1985, 62, 63; MünchKomm/MERTENS Rn 497; BAUMBACH/HEFERMEHL § 1 UWG Rn 280). Das Reichsgericht hatte Sittenwidrigkeit im Rahmen des § 826 nur in sehr engen Grenzen angenommen, noch ohne danach zu differenzieren, ob Wettbewerb vorliege oder nicht. Gefordert wurde die öffentliche Erklärung zu dem Zweck und mit dem Erfolg, den Gegner wirtschaftlich völlig zu vernichten, eine öffentliche Erklärung ohne jede Angabe einer Tatsache oder mit aufreizendem Inhalt oder eine Maßregel des Verrufenden, die in keinem billigen Verhältnis zu der Handlungsweise desjenigen stand, gegen den sich der Boykott richtete (zusammenfassend RGZ 140, 423, 431 mwNw; vgl ferner RG JW 1937, 2195; OLG Hamburg HansRGZ 1936, 247, 248; sowie die Darstellung bei BAUMBACH/ HEFERMEHL § 1 UWG Rn 282). **Die heute hM** beurteilt die Unzulässigkeit des Boykottaufrufs zu Zwecken des Wettbewerbs sehr viel zurückhaltender. Am weitesten geht allerdings noch die Auffassung, die jeden derartigen Aufruf als Verstoß gegen § 1 UWG auffaßt (so noch BGH NJW 1954, 147; BGB-RGRK/STEFFEN Rn 57 mwNw; wohl auch ERMAN/SCHIEMANN Rn 74). Die **überwiegende Ansicht** erkennt prinzipiell an, daß die Kundgabe einer Meinung nicht deswegen aus dem Schutzbereich des Art 5 Abs 1 S 1 GG ausgenommen sei, weil sie Zwecken des Wettbewerbs diene und wirtschaftlichen Vorteil bringen könne (BVerfGE 30, 336, 352; 68, 226, 233; BVerfG NJW 1992, 1153; OLG Hamburg NJW 1996, 1002, 1003). Daher könne ein Boykottaufruf auch durch einen Konkurrenten zulässig sein. Doch knüpft die hM dies an die **einschränkende Voraussetzung**, das Ziel und der Zweck der Aufforderung dürften nicht in eigenen Interessen wirtschaftlicher Art liegen, sondern müßten der Sorge um die politischen, wirtschaftlichen, sozialen oder kulturellen Belange der Allgemeinheit und der Einwirkung auf die öffentliche Meinung dienen (BVerfGE 7, 198, 212; 25, 256, 264; 62, 230, 244; BGH NJW 1985, 60, 62; 1985, 62, 63; LG Köln GRUR 1994, 741; MünchKomm/MERTENS Rn 506; BAUMBACH/ HEFERMEHL § 1 UWG Rn 284). **Unzulässig** ist nach der Rechtsprechung daher ein Boykottaufruf, wenn in eine wettbewerbliche Auseinandersetzung eingegriffen werden soll, etwa zur Durchsetzung der Interessen von Fachhändlern (BGH NJW 1985, 60, 62; 1985, 62, 63 f; ähnl BVerfGE 62, 230, 247 f). Indes ist selbst bei Bestehen eines Wettbewerbsverhältnisses der Aufruf einer Konzertagentur gegen das Auftreten einer rechtsradikalen Musikgruppe **zulässig**, die gewaltverherrlichende und rassistische Texte verfaßt (LG Köln GRUR 1994, 741, 742). Die **Kritiker** halten dem Konzept entgegen, damit werde die wettbewerblich motivierte Meinungsäußerung einseitig pauschal und weitreichend abgewertet (WENDT, in: vMÜNCH/KUNIG [4. Aufl 1992] Art 5 Rn 14; BK/DEGENHART [2. Bearbeitung 1987] Art 5 Rn 157; ders, in: FS Lukes [1989] 296 ff; FRIAUF/HÖFLING AfP 1985, 254, 256 f). Dies sei unangebracht, **solange kein wirtschaftlicher oder sonstiger Druck** ausgeübt werde (DEGENHART, in: FS Lukes [1989] 297 f; FRIAUF/HÖFLING AfP 1985, 256), da die Motivwahl ausschließlich Sache des einzelnen Meinungsträgers sei (FRIAUF/HÖFLING AfP 1985, 255). **Zu folgen** ist mit einer allerdings weitreichenden **Modifikation der hM**. Ruft ein Unternehmen dazu auf, seinen Konkurrenten zu boykottieren, so ist das zwar noch vom Schutzbereich des Art 5 Abs 1 S 1 GG umfaßt, dieser findet seine Schranke jedoch in § 1 UWG (BVerfGE 62, 230, 245; BVerfG NJW 1992, 1153, 1154). Es besteht nämlich kein schutzwürdiges Interesse daran, jedem Unternehmer zu erlauben, zum Boykott der Mitbewerber aufzurufen, schon deshalb nicht, weil das letztendlich keine Vorteile brächte; könnte doch jeder jeweils zum Boykott des anderen aufrufen. Doch **geht die Rechtsprechung viel zu weit in der An-**

nahme, **ein Eingriff** in die wirtschaftliche Situation des Wettbewerbers **liege vor**. Namentlich wenn Informationsdienste Mißstände anprangern und etwa gegen die Verdrängung des Einzelhandels durch Supermärkte und Warenhäuser vorgehen, darf nicht ohne weiteres die Beteiligung am öffentlichen Meinungskampf oder gar die Notwendigkeit einer Aufklärung verneint werden, weil den Adressaten die Mißstände im Wettbewerb schon bekannt seien (so jedoch BVerfGE 62, 230, 247; ähnl BGH NJW 1985, 62, 63). Denn angesichts der Probleme handelt es sich zumindest um einen potentiell öffentlichen Belang; hier dürfen die Informationsdienste zum Boykott aufrufen, solange sie nicht wirtschaftlichen Druck ausüben.

e) Boykottaufruf bei Fehlen eines Wettbewerbsverhältnisses
Auch für den Bereich, in dem zwischen dem Verrufer und dem Betroffenen kein **D 39** Wettbewerbsverhältnis besteht, sind die Grundsätze des Reichsgerichts (vgl oben Rn D 38) überholt. Zum einen wird zunehmend seltener auf § 826 zurückgegriffen (so aber noch BVerfGE 7, 198, 214; aus neuerer Zeit BGHZ 70, 277, 279 sowie von seinem dogmatisch abweichenden Standpunkt aus LARENZ/CANARIS § 81 III 3 b, e), sondern überwiegend § 823 Abs 1 herangezogen (BGHZ 24, 200, 205; BGH NJW 1964, 29, 30; BGB-RGRK/STEFFEN Rn 57; MÖLLERS NJW 1996, 1377) – ungeachtet der Tatsache, daß nicht der Verrufer, sondern erst die Kunden die Beeinträchtigung verursachen (ERMAN/SCHIEMANN Rn 67); doch braucht deswegen nicht die Betriebsbezogenheit in Frage gestellt zu werden, weil das Postulat, es dürften keine zusätzlichen Ereignisse zwischen der vom Täter gesetzten Ursache und dem Erfolg liegen, seit langem aufgegeben ist (vgl Rn D 11). Zum anderen gelten im Hinblick auf die **beteiligten Grundrechte** differenzierende Maßstäbe; so wird denn auch in der Rechtsprechung und Lehre häufig davon gesprochen, es bedürfe einer Abwägung der beteiligten Belange im Einzelfall (BVerfGE 7, 198, 210 f; OLG Frankfurt aM NJW 1969, 2095, 2096; MünchKomm/MERTENS Rn 505; BGB-RGRK/STEFFEN Rn 58).

aa) Die Zulässigkeit
Wenn und soweit sich der zum Boykott Aufrufende auf die **geistige Auseinanderset-** **D 40** **zung** beschränkt, steht dem regelmäßig das Grundrecht der Meinungsfreiheit zur Seite; es findet seine Schranke erst im **Verbot der Schmähkritik** (vgl schon oben Rn C 107; ferner zB BVerfGE 7, 198, 212 ff; 25, 256, 264; 62, 230, 244; BGHZ 45, 296, 307; BAG NZA 1998, 1113, 1116; MünchKomm/MERTENS Rn 506; LARENZ/CANARIS § 81 III 3 a; ders JuS 1989, 167 f; vMANGOLDT/KLEIN/STARCK [3. Aufl 1985] Art 5 Rn 23). Dabei kann es erneut eine Rolle spielen, ob und inwieweit das Unternehmen die Reaktion seinerseits **herausgefordert** hat (BGH NJW 1964, 29, 32; MünchKomm/MERTENS Rn 506; ähnl OLG Schleswig MDR 1983, 841; LG Stuttgart DB 1975, 199). Damit hat sich die heute hM auch hier von der Constanze-Doktrin gelöst (so noch BGHZ 3, 270, 281; 24, 200, 206; BGH BB 1959, 282, 283; GRUR 1965, 440, 443; vgl die Darstellung oben Rn C 104). Dieser Entwicklung wird zwar noch zT **widersprochen**, weil Boykott nicht nur eine Form der Kritik sei, sondern die Meinung auch durchgesetzt werden solle (LERCHE, in: FS G Müller [1970] 200, 206 f, 217; MERTEN NJW 1970, 1630; ähnl NIPPERDEY DVBl 1958, 450). Doch ist diesen Einwänden nicht zu folgen, soweit sich der Verrufende auf die Meinungsäußerung beschränkt und sie nicht zwangsweise durchsetzt (LARENZ/CANARIS § 81 III 3 a; FRIAUF/HÖFLING AfP 1985, 254). Die Mindermeinung würde nicht zuletzt die Werbung für eine Ware gegenüber dem Aufruf, eine Ware nicht zu kaufen, privilegieren (KÜBLER AcP 172 [1972] 197 Fn 152). Die hM bedarf nur insoweit der **Korrektur**, als sie sich auf die Äußerung hierzu Legitimierter und auf das Postulat beschränkt, es müsse um eine die Öffentlichkeit wesentlich berührende

Frage gehen (BVerfGE 25, 256, 264; 62, 230, 244; LG Stuttgart DB 1975, 199; ERMAN/SCHIEMANN Rn 67; MünchKomm/MERTENS Rn 506; FIKENTSCHER Rn 1218). Es genügt vielmehr, daß die Diskussion über das Problem erst angestoßen werden soll (vgl schon oben Rn C 101; speziell LARENZ/CANARIS § 81 III 3 a; LERCHE, in: FS G Müller [1970] 213 f; aA Möllers NJW 1996, 1375), soweit es nicht um die persönliche Sphäre geht und der Betroffene zur öffentlichen Behandlung keinen Anlaß gegeben hat (BGH NJW 1964, 29, 32; MünchKomm/ MERTENS Rn 506; ähnl OLG Schleswig MDR 1983, 841; LG Stuttgart DB 1975, 199). Nach wie vor wird allerdings in Rechtsprechung und Lehre ein – zT modifizierter – **Verhältnismäßigkeitsmaßstab** verfochten. Die Verfolgung der Ziele des Verrufers dürfe das Maß der nach den Umständen notwendigen (so noch BGHZ 24, 200, 206) und angemessenen Beeinträchtigung des Angegriffenen bzw Betroffenen nicht überschreiten (BVerfGE 7, 198, 215; 62, 230, 244; OLG Frankfurt aM NJW 1969, 2095, 2097 f; OLG Düsseldorf MDR 1953, 356, 357; MünchKomm/MERTENS Rn 506). **Dem ist nicht zu folgen**, da es das Handeln des Privaten dem Grundsatz des schonendsten Mittels unterwerfen würde (ebenso BGB-RGRK/STEFFEN Rn 58). Zulässig ist demgemäß der Aufruf, den Film eines Regisseurs nicht zu zeigen, der mit den Machthabern der Nazizeit zusammengearbeitet hatte (BVerfGE 7, 198, 215 ff), Waren einer Firma nicht zu kaufen, die umstrittene Bandenwerbung in Fußballstadien und Sportarenen betreibt (OLG Stuttgart NJW 1975, 1888, 1889; LG Stuttgart DB 1975, 199), der Aufruf von Kirchen, bestimmte Filme nicht zu besuchen (OLG Düsseldorf MDR 1953, 356, 357) – und zwar auch, wenn es sich um einen generellen Boykottaufruf handelt (aA insoweit OLG Düsseldorf MDR 1953, 356, 357; BUCHNER 235; offen gelassen von LARENZ/CANARIS § 81 III 3 c Fn 36), der Aufruf, Seehundfelle nicht zu kaufen (KÜBLER AcP 172 [1972] 200 f; vielleicht enger OLG Frankfurt aM NJW 1969, 2095, 2096; MünchKomm/MERTENS Rn 507, die das möglicherweise nur bei grausamer Tötung für zulässig halten), nicht zu rauchen und kein Kriegsspielzeug zu erwerben (OLG Frankfurt aM NJW 1969, 2095, 2096), die Aufforderung an Anzeigenkunden, in einem (nach Auffassung des Verrufers) jugendgefährdenden Magazin nicht zu inserieren (OLG Köln NJW 1965, 2345; WENZEL Rn 10.118), der Aufruf einer Bürgerinitiative zu Masseneinsprüchen, um ein in Planung befindliches Projekt zu verhindern, solange dabei nicht unwahre Behauptungen aufgestellt werden (BGHZ 90, 113, 124), die (nicht in Wettbewerbsabsicht vorgenommene) Aufforderung, einer rechtsradikalen Musikgruppe keine Säle zur Verfügung zu stellen (LG Köln GRUR 1994, 741, 742). Überholt ist die Rechtsprechung des Reichsgerichts, ein Boykottaufruf könne nicht das Ziel verfolgen, einen Arbeitgeber zur Einhaltung der Arbeitszeit für seine Arbeitnehmer anzuhalten, da das unverhältnismäßig sei (RG JW 1929, 580, 581; so auch noch BGB-RGRK/ STEFFEN Rn 58).

bb) Die Unzulässigkeit

D 41 Der Boykottaufruf ist dagegen **unzulässig**, wenn er **schon nach anderen Regeln rechtswidrig** ist. Dazu gehört namentlich der Fall, daß der Verrufer **unwahre Tatsachen** in Umlauf setzt, deren Wahrheitsgehalt nicht **hinreichend recherchiert** wurde oder daß er sie – auch nach zunächst ausreichender Überprüfung – weiter verbreitet, obwohl sich die Unwahrheit inzwischen herausgestellt hat (vgl Rn D 26 sowie OLG Frankfurt aM NJW 1969, 2095, 2097; NJW-RR 1988, 52, 53; MünchKomm/MERTENS Rn 506). Gleiches gilt, wenn eine Arbeitgebervereinigung durch einen Boykottaufruf dazu gebracht werden soll, nur noch Mitglieder einer Gewerkschaft einzustellen (RG JW 1913, 35, 37). Ebenfalls rechtswidrig ist in der Regel ein Aufruf, der mit einer **Aufforderung zum Vertragsbruch** gekoppelt ist (BGH NJW 1985, 1620, 1621; Verfassungsbeschwerde nicht zur Entscheidung angenommen von BVerfG NJW 1989, 381, 382; LG Dortmund NJW 1981, 764, 766; MünchKomm/MER-

TENS Rn 506; LARENZ/CANARIS § 81 III 3 d; JARASS/PIEROTH [4. Aufl 1997] Art 5 Rn 57; BGB-RGRK/STEFFEN Rn 58 aE hält dagegen entsprechende Abreden der Mieter aus eigener Initiative nicht für einen Eingriff in den Gewerbebetrieb. Der Schutz über § 823 Abs 1 ist angesichts der vertraglichen Rechte des Vermieters zumindest unnötig.). **Strittig**, wenngleich für das Ergebnis ohne Relevanz, **ist die Begründung**. Der **BGH** erachtet schon **Art 5 Abs 1 GG für nicht einschlägig**, da der Aufruf zum Rechtsbruch, auch in der Form des Vertragsbruchs, kein von diesem Grundrecht geschützter Weg sei, die eigene Meinung durchzusetzen (BGH NJW 1985, 1620, 1621). Das **BVerfG** zählt zwar den Aufruf noch zu einer dem Grundrechtsschutz des Art 5 Abs 1 GG unterfallenden **Meinungsäußerung**, da der Bereich der geistigen Einwirkung noch nicht zu Lasten eines wirtschaftlichen, psychischen oder vergleichbaren Drucks verlassen sei, doch komme dem **Belang des Gewerbeinhabers** bei der im Rahmen des Art 5 Abs 2 GG gebotenen **Abwägung der Vorrang** zu; dabei spiele vor allem eine Rolle, daß der Täter seinen Protest auch in anderer Weise als durch den Boykottaufruf hätte zum Ausdruck bringen können (BVerfGE NJW 1989, 381, 382; WENDT, in: vMÜNCH/KUNIG [4. Aufl 1992] Art 5 Rn 14). Nach der Rechtsprechung des RG war es obendrein unzulässig, ohne Unterrichtung über die Sachlage zu polemisieren, weil dann für eine Auseinandersetzung mit dem Anliegen kein Raum bleibe (RGZ 66, 379, 384 f; RG JW 1913, 35, 37; so auch noch BGB-RGRK/STEFFEN Rn 58). Dem ist nicht zu folgen. Der Verrufer braucht nicht etwa plausible oder gar gute Gründe anzuführen.

cc) **Der Einsatz wirtschaftlicher Macht**
Unzulässig ist der Aufruf, wenn es der Verrufer nicht bei der bloßen Meinungsäußerung beläßt, sondern wirtschaftliche Macht einsetzt und so dem Angesprochenen die Möglichkeit der freien Entscheidung nimmt. Damit wird nicht nur die Chancengleichheit beim Prozeß der Meinungsbildung verletzt; wirtschaftlicher Druck widerspricht auch dem Sinn des Grundrechts, das den geistigen Meinungskampf gewährleisten will (BVerfGE 25, 256, 265, 266 f; MünchKomm/MERTENS Rn 506; BGB-RGRK/STEFFEN Rn 58; LARENZ/CANARIS § 81 III 3 b; WENDT, in: vMÜNCH/KUNIG [4. Aufl 1992] Art 5 Rn 14; vMANGOLDT/KLEIN/STARCK [3. Aufl 1985] Art 5 Rn 23; LÖHR/LÖHR WRP 1975, 583; **aA** noch BGH NJW 1964, 29, 31 ff). Nach hM ist dann schon der Schutzbereich des Art 5 Abs 1 GG nicht eröffnet (BVerfGE 62, 230, 245; ähnl BVerfGE 25, 256, 264, 266 f; BVerfG NJW 1989, 381, 382; WENDT, in: vMÜNCH/KUNIG [4. Aufl 1992] Art 5 Rn 14), nach der Mindermeinung geht es um eine zulässige Schrankenziehung gemäß Art 5 Abs 2 GG (LERCHE, in: FS G Müller [1970] 212).

D 42

dd) **Der Einsatz sozialer Macht**
Die Rechtsprechung setzt die **Ausnutzung sozialer Abhängigkeit** und ähnliche Fälle **mit der Ausnutzung wirtschaftlicher Macht gleich**; es handelt sich dabei allerdings jeweils um obiter dicta (BVerfGE 25, 256, 265; BVerfG NJW 1989, 381, 382; s ferner WENDT, in: vMÜNCH/ KUNIG [4. Aufl 1992] Art 5 Rn 14). In der **Literatur** wird demgegenüber ein **stärker differenzierender Maßstab** vorgeschlagen. Einerseits könnten sich auch sozial mächtige Personen oder Gruppen wie Kirchen, Verbände und Arbeitgeber auf ihr Grundrecht der Meinungsfreiheit berufen, wenn es um eine Aufforderung zum Boykott gehe (BVerfGE 25, 256, 264; LARENZ/CANARIS § 81 III 3 c). Andererseits könne die soziale Macht wegen ihrer Sog- und Breitenwirkung den Meinungskampf verfälschen und zu besonders schweren Schäden führen. Man komme daher in solchen Fällen nicht daran vorbei, Anlaß und Ziel des Aufrufs zu bewerten und danach zu differenzieren (LARENZ/CANARIS § 81 III 3 c). Doch ist eine solche Beurteilung von Motiven, sieht man von

D 43

der Erörterung über den (potentiell) öffentlichen Belang ab (bei Wettbewerbern berücksichtigt auch die Rspr die Motive; vgl BVerfGE 62, 230, 244; BVerfG NJW 1992, 1153, 1154), eine schwierige Sache. Ob ein Ziel oder Zweck hochstehend oder verwerflich ist, kann der Richter vielfach nicht mit Überzeugungskraft dartun; das gilt auch und gerade bei gesellschaftlich umstrittenen Fragen. Daher bleibt als Kriterium nur dasjenige der **Freiheit des Adressaten**, seine Entscheidung zu treffen. Sie wird **verletzt, wenn Sanktionen in Aussicht gestellt werden**, nicht dagegen, wenn die sozial mächtige Person oder Gruppe nur ihre Autorität in die Waagschale wirft. Zulässig ist daher der Aufruf durch eine Zeitung, einen Gastwirt zu boykottieren, der Ausländer diskriminiert, die Warnung einer Umweltpartei vor Automobilclubs, von Kirchen vor einem als unsittlich oder religionsfeindlich eingestuften Film (Bsp nach LARENZ/CANARIS § 81 III 3 c). Eine politische Partei darf ihre Mitglieder und Anhänger dazu aufrufen, Gaststätten zu meiden, deren Betreiber sich weigern, Säle an die Partei zu vermieten (RGZ 76, 35, 39 ff; RG JW 1909, 109 f). Auch darf zu einem Anzeigenboykott gegenüber einer Zeitung aufgerufen werden, die den politischen Gegner unterstützt (LARENZ/CANARIS § 81 III 3 d; BUCHNER 232; aA OLG Hamburg MDR 1952, 295, 296 mit kritischer Anm LEHMANN). Ein Grenzfall ist der Aufruf zu einem Boykott durch eine Zeitung gegen die Inhaberin eines Einzelhandelsgeschäfts wegen deren Verhalten gegenüber ihrem Mieter bzw Nutzungsberechtigten. Die hM sieht den Aufruf als rechtswidrig an (BGHZ 24, 200, 206 f; LARENZ/CANARIS § 81 III 3 c). Wenn dabei in der Entscheidung des BGH noch auf das notwendige und unvermeidbare Mittel abgestellt wird (BGHZ 24, 200, 207), so ist dem nicht zu folgen (vgl schon Rn D 40). Tragfähig ist allenfalls der Hinweis, der Boykott des Geschäfts habe mit dem Verhalten der Inhaberin gegenüber ihren Mietern nichts zu tun; obendrein könne die diffizile Rechtslage von der Zeitschrift nicht verläßlich beurteilt und den Lesern vermittelt werden (LARENZ/CANARIS § 81 III 3 c). Doch sind letztendlich auch diese Kriterien zu unklar, da sie nicht erkennen lassen, ab welcher Stärke des Zusammenhangs und ab welcher Intensität der Information der Boykottaufruf zulässig sein soll; daher ist der Aufruf letztendlich nicht rechtswidrig.

6. Betriebsblockaden und Betriebsbehinderungen*

a) Die nicht intendierte Blockade

Betriebsblockaden sind **nach hM unterschiedlich zu beurteilen**. Ist die Blockade als solche nicht intendiert, sondern etwa die Folge einer fahrlässigen Versperrung des Zugangs, so fehlt die Betriebsbezogenheit (BGHZ 86, 152, 156; BGH NJW 1977, 2264, 2265; zust MÜLLER-GRAFF JZ 1983, 864; K SCHMIDT JuS 1993, 990; aA BRÜGGEMEIER VersR 1984, 904, 905; vgl schon Rn D 14). Auch hier kann sich allerdings aus der **Dauer der Behinderung** etwas Abweichendes ergeben. So liegt ein Eingriff in einer **länger dauernden Erschwerung**

---

* **Schrifttum:** BALLERSTEDT, Zur zivilrechtlichen Haftung für Demonstrationsschäden, JZ 1973, 105; BRÜGGEMEIER, Der BGH und das Problem der „Vermögensfunktionsstörung" – Das ungeklärte dogmatische Verhältnis von deliktischem Eigentums- und Gewerbebetriebsschutz in den Fällen der Betriebsstörung, VersR 1984, 902; DIEDERICHSEN/MARBURGER, Die Haftung für Demonstrationsschäden, NJW 1970, 777; KNOPP, Grundlagen der rechtlichen Beurteilung von Unternehmensschädigungen durch Demonstranten, in: Festg Hefermehl (1972) 403; MERTEN, Haftungsprivileg für Demonstrationstäter, NJW 1970, 1625; SÄCKER, Wahrnehmung legitimer politischer Interessen und Deliktsrecht, ZRP 1969, 65; WIETHÖLTER, Zur politischen Funktion des Rechts am eingerichteten und ausgeübten Gewerbebetrieb, KritJ 1970, 121.

des **Zugangs** zu einem Ladengeschäft (BGH VersR 1961, 831, 832; OLG Düsseldorf NJW 1961, 1925; K Schmidt JuS 1993, 990), der Versperrung des Zugangs über einen öffentlichen Weg (BGH LM Nr 234 zu § 1004 unter II 2 a) oder gar **bei seiner völligen Verhinderung**, auch wenn diese nicht beabsichtigt gewesen sein sollte (BGHZ 62, 361, 364 unter dem Aspekt des Gemeingebrauchs; 23, 157, 162 f; 45, 150, 155, 157; 55, 261, 263 [jeweils Entschädigung durch die öffentliche Hand unter dem Aspekt des Kontakts nach außen]; LG München I NJW 1974, 2288 f). Dabei sind allerdings **analog § 906 solche Beeinträchtigungen hinzunehmen**, die sich **im Rahmen des Ortsüblichen** halten, also durch den Gemeingebrauch oder auch durch eine erlaubte Sondernutzung des Störers gedeckt sind (BGHZ 62, 361, 364, 366 f; OLG Saarbrücken VersR 1988, 1131 [LS]; Staudinger/Roth [1996] § 906 Rn 123 mwNw; der Sache nach auch MünchKomm/Mertens Rn 511); soweit diese vermeidbar sind, ist der Eingriff aber rechtswidrig (BGH VersR 1961, 831, 832). Dabei wird teilweise der Besitz als verletztes Gut genannt (BGH NJW 1962, 1342), teilweise der Gewerbebetrieb (BGH VersR 1961, 831, 832) oder beide (BGHZ 62, 361, 364).

b) Die vorsätzliche Blockade
Von vornherein anders werden hinsichtlich der Betriebsbezogenheit von der hM **D 45** diejenigen Fälle beurteilt, in denen die Blockade vorsätzlich herbeigeführt worden ist (BGHZ 59, 30, 35; BGH NJW 1972, 1571, 1572; LAG Köln DB 1984, 2095; MünchKomm/ Mertens Rn 508; BGB-RGRK/Steffen Rn 59; Larenz/Canaris § 81 III 3 f), während die Mindermeinung hier das Eigentum als Schutzgut heranzieht (Erman/Schiemann Rn 58). Die Schwierigkeit liegt dabei regelmäßig in der **Feststellung der Rechtswidrigkeit**. Nach **einem Teil der Lehre** ist auch bei Anwendung von Gewalt **eine Abwägung** der beteiligten Belange notwendig, namentlich die Mittel-Zweck-Relation zu beachten (Säcker ZRP 1969, 65; Diederichsen/Marburger NJW 1970, 781 f; Wiethölter KritJ 1970, 136). Die **hM bejaht** dagegen **bei gewalttätigen Demonstrationen die Rechtswidrigkeit des Angriffs** (BGHZ 59, 30, 35 ff; 137, 89, 99 ff; BGH NJW 1972, 1571, 1572; BAG NJW 1989, 57, 60 f; 1989, 61, 62; MünchKomm/Mertens Rn 508; MünchKomm/Stein § 830 Rn 13; Soergel/Zeuner Rn 132; BGB-RGRK/Steffen Rn 59; Merten NJW 1970, 1626 ff; Ballerstedt JZ 1973, 106; wohl auch Knopp, in: FG Hefermehl [1972] 419 f, der aber Schäden durch „reine" Demonstrationen für nicht ersatzfähig hält), da die Grundrechte aus Art 5 und 8 GG nur die gewaltfreie Kundgabe von Meinungen und die friedliche Versammlung schützen (BGHZ 59, 30, 35; 63, 124, 127; 89, 383, 394 f; 137, 89, 100; BGH NJW 1972, 1571, 1572; Wendt, in: vMünch/Kunig [4. Aufl 1992] Art 5 Rn 12). Die Motive spielen dabei keine Rolle (MünchKomm/Mertens Rn 508; Larenz/Canaris § 81 III 3 e). **Der hM ist im Prinzip zu folgen**, allerdings dürfen eine Reihe von Einschränkungen nicht aus dem Auge verloren werden, um nicht wegen der Störanfälligkeit von Unternehmen die Teilnahme an Demonstrationen zum unkalkulierbaren Haftungsrisiko werden zu lassen. Zum einen ist **Zurückhaltung bei der Bejahung von Gewalt** nötig. Bloße Sitzblockaden sind nicht nur keine Gewalt im Sinne des § 240 StGB (BVerfGE 92, 1, 16 ff), sondern erfüllen auch nicht den Tatbestand des rechtswidrigen Eingriffs in den Gewerbebetrieb. Zum anderen sind **unbeabsichtigte Nebenwirkungen auszuscheiden**; wenn etwa die vorübergehende Unmöglichkeit, ein Unternehmen zu erreichen, die zwar notwendige, aber nicht intendierte Folge einer Demonstration ist, kann hierin kein Eingriff liegen (BGB-RGRK/Steffen Rn 59; K Schmidt JuS 1993, 989; angedeutet auch von BGHZ 59, 30, 34 f, 37 f, dort aber offen gelassen). Ersatzfähig sind dann nur Schäden an den in § 823 Abs 1 ansonsten geschützten Rechten (BGB-RGRK/Steffen Rn 59). Und schließlich ist Zurückhaltung geboten, soweit es um die Annahme von Mittäterschaft oder sonstigen Beteiligungsformen geht (BGHZ 89, 383, 394 f; vgl genauer Staudinger/Belling/Eberl-Borges [1997]

§ 830 Rn 49 ff). **Rechtswidrig** sind nach alldem Blockaden von Unternehmen, durch die gezielt und über einen längeren Zeitraum hinweg der Zugang verwehrt wird (RGZ 76, 35, 46; MünchKomm/MERTENS Rn 508), aber auch vollständige Betriebssperren durch Streikposten, die die Auslieferung von Waren und den Zutritt Arbeitswilliger verhindern (BAGE 58, 364, 389; 59, 48, 56 ff; MünchKomm/MERTENS Rn 508; OTTO, in: Münchener Handbuch zum Arbeitsrecht Bd 3 [1993] § 279 Rn 64; LÖWISCH/MEIER-RUDOLPH JuS 1982, 244), **nicht dagegen eine reine Sitzblockade**, die auf die Ausübung jeder Gewalt verzichtet (aA noch BGH NJW 1972, 1571, 1572 f unter Hinweis auf BGHSt 23, 46, 54; dieses Urteil ist durch BVerfGE 92, 1, 16 ff überholt. Im Fall BGH NJW 1972, 1571 war es freilich zu sonstigen Gewalttätigkeiten gekommen, weswegen das Urteil iE richtig ist.).

7. Streiks*

D 46 Einzelheiten des Arbeitskampfrechts sind hier nicht darzustellen (vgl zB STAUDINGER/ RICHARDI[12] Vorbem 108 ff zu §§ 611 ff). Behandelt wird lediglich die Frage, ob der rechtswidrige Streik den eingerichteten und ausgeübten Gewerbebetrieb verletzt oder ob eine Lösung mittels anderer dogmatischer Mittel vorzuziehen ist.

a) Das Schutzobjekt

D 47 Nach hM wird durch einen **rechtswidrigen Streik in den Gewerbebetrieb des Arbeitgebers eingegriffen** (BAGE 1, 291, 300; 2, 75, 76 f; 15, 174, 195; 15, 202, 205; 15, 211, 215; 30, 189, 198; 41, 209, 222; 46, 322, 345; 48, 160, 165; 58, 364, 389; BAG AP Nr 116 zu Art 9 GG Arbeitskampf unter I; Nr 118 zu Art 9 GG Arbeitskampf; BGHZ 70, 277, 280 zieht § 826 heran; JAUERNIG/TEICHMANN Rn 102; SOERGEL/ZEUNER Rn 133; KISSEL, in: Erfurter Kommentar zum Arbeitsrecht [1998] Art 9 GG Rn 230; OTTO, in: Münchener Handbuch zum Arbeitsrecht Bd 3 [1993] § 282 Rn 6; BROX, in: BROX/RÜTHERS, Arbeitskampfrecht [2. Aufl 1982] Rn 335; LÖWISCH/MEIER-RUDOLPH JuS 1982, 243; KÄPPLER JuS 1990, 619; OTTO SAE 1991, 46; K SCHMIDT JuS 1993, 989), wobei zT sogar die Rechtswidrigkeit indiziert sein soll (LIEB, Arbeitsrecht [6. Aufl 1997] Rn 616). Darüber hinaus sind bei Exzessen natürlich auch die absoluten Rechte wie etwa das Eigentum verletzt (BROX, in: BROX/RÜTHERS [2. Aufl 1982] Rn 336; OTTO, in: Münchener Handbuch zum Arbeitsrecht Bd 3 [1993] § 282 Rn 9). Ein **Teil der Lehre lehnt dagegen den deliktsrechtlichen Ansatz ab** (ZÖLLNER/LORITZ, Arbeitsrecht [5. Aufl 1998] § 40 IV 1 c, 2; COLNERIC, in: DÄUBLER [Hrsg], Arbeitskampfrecht [2. Aufl 1987] Rn 1153; KALB, in: Kasseler Handbuch zum Arbeitsrecht, Bd II [1997] 6. 2 Rn 321; LARENZ/CANARIS § 81 III 6; WIETHÖLTER KritJ 1970, 131 ff; RICHARDI ZfA

---

* **Schrifttum:** vBAR, Besprechung von Schwintanski, Deliktsrecht, Unternehmensschutz, Arbeitskampfrecht (1986), RdA 1987, 306; GAMILLSCHEG, Kollektives Arbeitsrecht Bd I (1997); vGELDER/LEINEMANN, Die Streikbeteiligung des organisierten und des nichtorganisierten Arbeitnehmers, AuR 1970, 1; HOFFMANN, Einstweilige Verfügungen gegen Streiks, AuR 1968, 33; KÄPPLER, Die Folgen rechtswidriger Maßnahmen bei Arbeitskämpfen, JuS 1990, 618; LEINEMANN, Ewiges Zunftrecht oder Recht auf Freiheit?, AuR 1970, 289; OTTO, Zur Abwehr rechtswidriger Arbeitskampfmaßnahmen durch die Verbände und zu den Rechtsgrundlagen der Abwehraussperrung, SAE 1991, 45; RAMM, Streik und Arbeitsvertragsbruch, AuR 1968, 33; RICHARDI, Die Bedeutung des zivilrechtlichen Haftungssystems für den Arbeitskampf, ZfA 1985, 101; SEITER, Dauerrechtsbeziehungen zwischen Tarifvertragsparteien? – Zur Lehre vom gesetzlichen Schuldverhältnis im kollektiven Arbeitsrecht, ZfA 1989, 283; WIETHÖLTER, Zur politischen Funktion des Rechts am eingerichteten und ausgeübten Gewerbebetrieb, KritJ 1970, 121; ZEUNER, Besprechung von Schwintanski, Deliktsrecht, Unternehmensschutz, Arbeitskampfrecht (1986), AcP 188 [1988] 69.

1985, 105 f), wobei die Begründungen voneinander abweichen. So wenden sich einige **gegen die Verlagerung von § 826 nach § 823 Abs 1**, da dadurch das Risiko einer Fehleinschätzung auf den Arbeitnehmer abgewälzt werde; für § 823 Abs 1 genüge Fahrlässigkeit, während § 826 bei einem Irrtum regelmäßig tatbestandsmäßig nicht erfüllt sei (WIETHÖLTER KritJ 1970, 133 f). Andere verneinen einen Eingriff in den Gewerbebetrieb, da für ihn symptomatisch der Angriff von außen, nicht die **Störung im Vertragsverhältnis** zwischen Arbeitgeber und Arbeitnehmern sei (OTTO, in: Münchener Handbuch zum Arbeitsrecht Bd 3 [1993] § 282 Rn 33 mwNw in Fn 107; HOENIGER RdA 1953, 210 f; RAMM AuR 1964, 132 f; HOFFMANN AuR 1968, 36; im Grundsatz auch GAMILLSCHEG § 26 I 3 b [2], der den Gewerbebetrieb als Anspruchsgrundlage aber für Gewohnheitsrecht hält, § 26 II 3 a [1]). In erster Linie sei die **Willens- und Entschließungsfreiheit** des Kampfgegners in Gefahr, diese müsse **über § 823 Abs 2 iVm den §§ 240, 253 StGB geschützt** werden; konsequenterweise sei anstelle der Verhältnismäßigkeit die Mittel-Zweck-Relation zu untersuchen. Dies mache bei verfassungsrechtlich oder individualrechtlich gedeckten Vorgehensweisen keinen Unterschied zur hM, führe aber bei sonstigen Maßnahmen auch dann zur deliktischen Haftung, wenn diese Maßnahmen von Koalitionen getragen würden (ZÖLLNER/LORITZ, Arbeitsrecht [5. Aufl 1998] § 40 IV 1 c iVm 2; vgl auch ERMAN/SCHIEMANN Rn 58: Schutzgesetzcharakter der Regeln des BAG; LEINEMANN AuR 1970, 298; vGELDER/LEINEMANN AuR 1970, 2: Verletzung der Freiheit; dazu abl COLNERIC, in: DÄUBLER [Hrsg], Arbeitskampfrecht [2. Aufl 1987] Rn 1161; vgl ferner SCHWINTANSKI, Deliktsrecht, Unternehmensschutz, Arbeitskampfrecht [1986] 376 f: Schutz des Eigentums; abl dazu zB OTTO, in: Münchener Handbuch zum Arbeitsrecht Bd 3 [1993] § 282 Rn 9; vBAR RdA 1987, 306; ZEUNER AcP 188 [1988] 75). Die meisten Kritiker betonen jedoch die **Nähe zum Vertragsrecht** und sehen im rechtswidrigen Arbeitskampf entweder den Fall einer **Leistungsstörung** im engeren Sinn (STAUDINGER/RICHARDI[12] Vorbem 1177, 1196 zu §§ 611 ff; ders ZfA 1985, 112 [Nichterfüllung der Leistung]; COLNERIC, in: DÄUBLER [Hrsg] Arbeitskampfrecht [2. Aufl 1987] Rn 1153; KALB, in: Kasseler Handbuch zum Arbeitsrecht Bd II [1997] 6.2 Rn 321, da der Arbeitgeber durch die hM ungerechtfertigt auch deliktisch abgesichert werde) oder denjenigen einer Verletzung der Schutzpflicht (LARENZ/CANARIS § 81 III 6 b; SEITER ZfA 1989, 296, 298). Nur dort, wo es wirklich um deliktische Exzesse gehe, bleibe Platz für die Anwendung etwa des § 823 Abs 2 iVm § 240 StGB (LARENZ/CANARIS § 81 III 6 b). Wenig überzeugend ist die Kritik, soweit sie statt auf das Recht am Gewerbebetrieb auf andere Rechte des § 823 Abs 1 oder auf strafrechtliche Gesetze iVm § 823 Abs 2 zurückgreift. Auch hier hilft zB eine uferlose Aufblähung des Begriffs der Freiheit im Sinn des § 823 Abs 1 nicht weiter (vgl schon oben Rn B 53). Im Arbeitskampf einen – dann uU auch strafbaren – Angriff auf die Willens- und Entschließungsfreiheit des Kampfgegners zu sehen, läuft Gefahr, die Verletzung vertraglicher Pflichten strafrechtlich zu sanktionieren. Daß mit dem rechtswidrigen Streik auch vertragliche, zumindest quasivertragliche Schutzpflichten verletzt werden, ist zweifelsohne richtig, wie auch der Parallelfall der rechtswidrigen Aussperrung zeigt, in der der Arbeitgeber zur Lohnzahlung verpflichtet bleibt. Die Frage ist, ob **daneben eine deliktische Haftung** in Betracht kommt. Das ist trotz mancher Zweifel zu bejahen. Denn die etwa einen Streik unterstützenden Personen müssen nicht notwendig in einem vertraglichen oder quasivertraglichen Verhältnis zu dem bestreikten Arbeitgeber stehen, auch und gerade wenn der Streik rechtswidrig ist (ZÖLLNER/LORITZ, Arbeitsrecht [5. Aufl 1998] § 40 IV 3). Der Ausweg, über § 826 Schadensersatz wegen des Verleitens zum Vertragsbruch zuzusprechen (so STAUDINGER/RICHARDI[12] Vorbem 1196 zu §§ 611 ff), ist, will man diese Fallgruppe nicht ins Konturenlose überdehnen, immer dann versperrt, wenn nicht besondere Umstände vorliegen (vgl STAUDINGER/SCHÄFER[12] § 826 Rn 176).

b) Der wilde Streik

D 48 Nach ständiger Rechtsprechung des BAG und nach hM ist der sog wilde, also **nicht von einer Gewerkschaft getragene Streik rechtswidrig** (BAGE 15, 174, 192 ff; 15, 202, 205; 22, 162, 165; 28, 295, 299; 30, 50, 61; 58, 343, 349; MünchKomm/MERTENS Rn 509; OTTO, in: Münchener Handbuch zum Arbeitsrecht Bd 3 [1993] § 278 Rn 70 ff; KISSEL, in: Erfurter Kommentar zum Arbeitsrecht [1998] Art 9 GG Rn 102; ZÖLLNER/LORITZ, Arbeitsrecht [5. Aufl 1998] § 40 IV 1, VIII). Zum einen fehlten nämlich auf Seiten der streikenden Arbeitnehmer das notwendige Verhandlungsgewicht für den Abschluß eines Tarifvertrages und die erforderliche und hinreichende Möglichkeit, seine Einhaltung unter dem Gesichtspunkt der Friedenspflicht zu gewährleisten (BAGE 15, 174, 192). Ausschließlich die Gewerkschaften böten zum anderen die Gewähr dafür, daß nur in wirklich begründeten Fällen gestreikt werde und daß im Fall eines Streiks die im Allgemeininteresse erforderlichen Kampfregeln eingehalten würden (BAGE 15, 174, 194; 28, 295, 299; OTTO, in: Münchener Handbuch zum Arbeitsrecht Bd 3 [1993] § 278 Rn 71). Damit ist nach der Rechtsprechung jeder wilde Streik auch ein Eingriff in den Gewerbebetrieb (BAGE 15, 174, 195; LIEB, Arbeitsrecht [6. Aufl 1997] Rn 618), während ein Teil der Lehre grundsätzlich nur die Regeln des Vertragsbruches anwendet (KALB, in: Kasseler Handbuch zum Arbeitsrecht Bd II [1997] 6.2 Rn 321; SEITER 460 f). Die **Gegenauffassung hält den wilden Streik für rechtmäßig**, wenn eine **koalitionsmäßige Organisation für den betroffenen Betrieb nicht besteht** (BGB-RGRK/STEFFEN Rn 64 mwNw; DÄUBLER, in: DÄUBLER [Hrsg], Arbeitskampfrecht [2. Aufl 1987] Rn 125; A HUECK RdA 1956, 205; RAMM AuR 1964, 361; ders AuR 1967, 110; ZEUNER RdA 1971, 4 f; Zweifel auch bei SOERGEL/ZEUNER Rn 140); die fehlende gewerkschaftliche Struktur könne nicht zu Lasten der Arbeitnehmer gehen (DÄUBLER, in: DÄUBLER [Hrsg], Arbeitskampfrecht [2. Aufl 1987] Rn 125).

c) Blockaden gegenüber Dritten

D 49 Jedenfalls ist die mit einem Streik verbundene Blockade ein rechtswidriger Eingriff in den Gewerbebetrieb, wenn dessen Inhaber am Arbeitskampf gar nicht beteiligt ist (BAGE 59, 48, 56 ff; OTTO, in: Münchener Handbuch zum Arbeitsrecht Bd 3 [1993] § 283 Rn 179). Der BGH hat das auch dann angenommen, wenn **durch die Beeinträchtigung des funktional abhängigen Dritten der Arbeitgeber beeinflußt werden sollte** (BGHZ 69, 128, 139; SOERGEL/ZEUNER Rn 123). Das wird in der Literatur zT als zu weit gehend kritisiert, da eine entsprechende Abhängigkeit gerade bei der Just-in-time-Produktion bestehe (OTTO, in: Münchener Handbuch zum Arbeitsrecht Bd 3 [1993] § 283 Rn 180). Andere wollen die Frage nach den besonderen Grundsätzen der Gefahrverteilung im Arbeitskampf beurteilen; die Vermögensinteressen etwa der Teilnehmer am Luftverkehr seien demgemäß geschützt, ohne daß der Kreis auf die dort tätigen Unternehmen begrenzt werden dürfe (ERMAN/SCHIEMANN Rn 59). Man wird zu differenzieren haben. Auswirkungen von Streiks auf Dritte sind so lange kein Eingriff in deren Gewerbebetrieb, solange sie nicht das eigentliche Ziel der Aktion sind; der Fluglotsenstreik war daher insoweit ein Grenzfall.

8. Unberechtigte Schutzrechtsverwarnungen[*]

a) Die Erscheinungsformen

D 50 Man unterscheidet regelmäßig zwei Arten von Verwarnungen. Bei der **Herstellerverwarnung** wird ein Unternehmer (Hersteller oder auch Händler) zur Einstellung seiner gewerblichen Tätigkeit aufgefordert, weil er ein Schutzrecht, ein Patent, ein Urheberrecht, ein Geschmacksmuster oder eine Marke verletze (ERMAN/SCHIEMANN Rn 68;

MünchKomm/Mertens Rn 493). Von einer **Abnehmerverwarnung** spricht man, wenn ein Kunde unter Androhung gerichtlicher Schritte zum Abbruch der Lieferbeziehungen aufgefordert wird (BGB-RGRK/Steffen Rn 47). Unberechtigt ist die Verwarnung, wenn sich die Behauptung des Rechts als unrichtig entpuppt (BGB-RGRK/Steffen Rn 47), sei es, weil es von vornherein nicht bestand (vgl zB BGH NJW 1979, 916), sei es, weil es später rückwirkend entfiel (vgl zB BGHZ 62, 29, 33) oder aber weil das Recht der Handlung nicht entgegenstand (vgl zB BGHZ 38, 200, 201; 71, 86, 90; BGH NJW 1996, 397, 399; LM Nr 686/687 zu § 1 UWG unter II 3 c), weil etwa die Produktion nicht in den Schutzbereich des Patents eingriff oder der Hersteller berechtigt war, es zu benutzen (s unten Rn D 57 f).

b) Die Verwarnung

Allerdings ist mit der Annahme einer Verwarnung Zurückhaltung geboten. Sie liegt nur vor, wenn ein **ernsthaftes und endgültiges Unterlassungsbegehren** ausgesprochen wird (BGHZ 38, 200, 203; BGH NJW-RR 1997, 1404; LM Nr 34 zu § 97 UrhG unter II 2 a; der Sache nach auch BGH GRUR 1979, 332, 334). Dazu genügt es nicht, daß der andere Teil nur ausdrücklich zu einer Stellungnahme zum Umfang und zu den Modalitäten der angeblichen Rechtseinräumung und damit zu seiner Rechtsstellung aufgefordert wird. Es geht dann noch um den vorgelagerten Meinungsaustausch über die Inhaberschaft der in Rede stehenden urheberrechtlichen Nutzungsbefugnisse; diese Diskussion dient zunächst der Rechtswahrung (BGHZ 38, 200, 203 f; BGH NJW-RR 1997, 1404; LM Nr 34 zu § 97 UrhG unter II 2 a).

D 51

c) Der Meinungsstand
aa) Die hM

Nach der Rechtsprechung und wohl hL **verletzt die unberechtigte Schutzrechtsverwarnung den Gewerbebetrieb** des Herstellers (grundlegend RGZ 58, 24, 29 f [Gebrauchsmuster]; vgl ferner zum Gebrauchsmuster RGZ 94, 248, 250 f; BGHZ 38, 200, 204 f; BGH NJW-RR 1998, 331, 332; zum Patent RGZ 94, 271, 276; 141, 336, 338; RG GRUR 1942, 54, 55; BGHZ 2, 387, 393; 62, 29, 32 f; 71, 86, 90; BGH NJW 1976, 2162; GRUR 1966, 386; NJW-RR 1995, 810, 811; zum Geschmacksmuster und Urheberrecht BGH NJW 1979, 916; 1996, 397, 398; zum Firmenrecht BGHZ 14, 286, 292; speziell zur Schutzrechtsverwarnung BGHZ 74, 9, 14; ferner Jauernig/Teichmann Rn 101; Palandt/Thomas Rn 25; Soergel/Zeuner Rn 124; MünchKomm/Mertens Rn 493; BGB-RGRK/Steffen Rn 47; Esser/Weyers § 55 I 2 c; Fikentscher Rn 1218; Buchner 191 ff; Ohl

D 52

---

* **Schrifttum:** Ahrens, Zum Ersatz der Verteidigungsaufwendungen bei unberechtigter Abmahnung, NJW 1982, 2477; Altmeppen, Gefährdungshaftung nach § 717 Abs 2 ZPO und unberechtigte Schutzrechtsverwarnung, ZIP 1996, 168; Blaurock, Die Schutzrechtsverwarnung (1970); Buchner, Die Bedeutung des Rechts am eingerichteten und ausgeübten Gewerbebetrieb für den deliktischen Unternehmensschutz (1971); W Horn, Die höchstrichterliche Rechtsprechung zur unberechtigten Verwarnung, GRUR 1971, 442; ders, Das Urteil des Bundesgerichtshofs im Fall „maschenfester Strumpf", GRUR 1974, 235; Lindacher, Die Haftung wegen unberechtigter Schutzrechtsverwarnung oder Schutzrechtsklage, ZHR 144 (1980) 350; ders, Der „Gegenschlag" des Abgemahnten, in: FS vGamm (1990) 83; Ohl, Der Rechtsschutz gegenüber unberechtigter Geltendmachung gewerblicher Schutzrechte, GRUR 1966, 172; Quiring, Zur Haftung wegen unbegründeter Verwarnungen, WRP 1983, 317; Rogge, Zur rechtlichen Bewertung der unberechtigten Verwarnung, WRP 1965, 40; Sack, Die Haftung für unbegründete Schutzrechtsverwarnungen, WRP 1976, 733; Zeiss, Schadensersatzpflichten aus prozessualem Verhalten, NJW 1967, 703; Zeuner, Gedanken zur Unterlassungs- und negativen Feststellungsklage, in: FS Dölle I (1963) 295.

GRUR 1966, 179; AHRENS NJW 1982, 2477). Er steht nämlich vor der Frage, ob er weiter produzieren soll. Die **Rechtslage zu beurteilen ist oft schwierig**, zumal da der Verwarnte oft an das Bestehen seines Schutzrechts glauben wird, andererseits massive Schadensersatzforderungen bis hin zum Anspruch auf Herausgabe des erzielten Gewinns drohen (BGH NJW 1996, 397, 399) – und zwar auch dann, wenn ihn der Verletzte nicht erzielt hätte (BGHZ 38, 200, 204 f; BGH NJW-RR 1998, 331, 332). Umgekehrt ist die Entscheidung, der Verwarnung nachzugeben, ebenfalls mit einschneidenden wirtschaftlichen Folgen verbunden. Der Hersteller befindet sich damit regelmäßig in einer ernsteren Konfliktlage als derjenigen, die üblicherweise mit einem Leistungsbegehren verknüpft ist (BGHZ 38, 200, 205; BGH NJW-RR 1998, 331, 332; ERMAN/SCHIEMANN Rn 68 f; BGB-RGRK/STEFFEN Rn 47; OHL GRUR 1966, 175, 179; AHRENS NJW 1982, 2477).

bb) Die Kritik

D 53 Die hM wird aus unterschiedlicher Warte kritisiert. ZT wird schon die **Zwangslage des Verwarnten bezweifelt**. Regelmäßig laufe er lediglich Gefahr, neben der – ohnehin geschuldeten – Lizenzgebühr die Kosten des Rechtsstreits bezahlen zu müssen (BRÜGGEMEIER Rn 355; W HORN GRUR 1971, 445; SACK WRP 1976, 737; ähnl BUCHNER 191 f; LINDACHER ZHR 144 [1980] 358 f). Auch sei es keineswegs ausgemacht, daß der Verwarnte die Rechtslage stets schlechter beurteilen könne als der angebliche Schutzrechtsinhaber (SACK WRP 1976, 737); die Einschätzung gehöre zum normalen Risiko eines Unternehmers (MOSER vFILSECK GRUR 1963, 262; W HORN GRUR 1971, 450; ders GRUR 1974, 237). Andere **verneinen das Vorliegen einer Gesetzeslücke** als Voraussetzung für den Schutz des Gewerbebetriebs. Vielmehr sei die unberechtigte Schutzrechtsverwarnung ein Fall des Behinderungswettbewerbs und daher mit Hilfe von § 1 UWG zu lösen (BRÜGGEMEIER Rn 360 ff; LARENZ/CANARIS § 81 III 4 a; EMMERICH, Das Recht des unerlaubten Wettbewerbs [5. Aufl 1998] § 8, 4 a; ROGGE WRP 1965, 45; W HORN GRUR 1971, 451; ders GRUR 1974, 235 [weil eine Lücke fehle]; BLAUROCK JZ 1974, 620; SACK WRP 1976, 735 f; LINDACHER ZHR 144 [1980] 355 ff; **aA** BGHZ 38, 200, 205; 62, 29, 33; ERMAN/SCHIEMANN Rn 68; für eine Haftung aus cic QUIRING WRP 1983, 322 ff). Der Zwangslage sei bei der Ermittlung der guten Sitten Rechnung zu tragen; ein moralischer Vorwurf gegen den Verwarnenden werde dagegen nicht vorausgesetzt (LARENZ/CANARIS § 81 III 4 a). Der Privilegierung durch das gewerbliche Schutzrecht, die in der Zuordnung der Befugnis zu einem bestimmten wirtschaftlichen Verhalten mit Ausschlußwirkung liege, entspreche eine erhöhte Verhaltenspflicht, die die unberechtigte Verwarnung nicht mehr als erlaubten Wettbewerb ausweise (LARENZ/CANARIS § 81 III 4 a). Vorteil dieser Lösung sei vor allem, daß auch derjenige geschützt werde, der kein Gewerbe ausübe (LARENZ/CANARIS § 81 III 4 c). Dem letztgenannten Einwand kann durch eine generelle Einbeziehung desjenigen begegnet werden, der ein Gewerbe erst beginnen will (vgl oben Rn D 10). Wenn man die Maßstäbe der Sittenwidrigkeit des § 1 UWG und das Verschulden im Sinn von § 823 Abs 1 aneinander anpaßt, ist die Bedeutung des Streits gering.

d) Die Betriebsbezogenheit bei der Herstellerverwarnung

D 54 Die Betriebsbezogenheit des Eingriffs ist deswegen nicht unproblematisch, weil erst die **Willensentscheidung des Verwarnten**, sich zu beugen, den unternehmensschädigenden Erfolg herbeiführt. Deshalb verneint die **Mindermeinung** in allen diesen Fällen den Eingriff (BLAUROCK JZ 1974, 620; ROGGE WRP 1965, 41; W HORN GRUR 1971, 443 f; ders GRUR 1974, 236; Bedenken auch bei ERMAN/SCHIEMANN Rn 55); nicht zuletzt fehle es an der Kausalität, da die Zwangslage durch den Hinweis auf das angebliche Schutzrecht und nicht durch die Drohung mit der Klage entstehe (W HORN GRUR 1971, 445 f). Dem ist der **BGH trotz eingeräumter dogmatischer Bedenken nicht gefolgt**. Solange die Lücke nicht anderweitig geschlossen sei, könne auf den Gewerbebetrieb als Schutzgut nicht verzichtet werden; es wäre untragbar, wenn der Schutzrechtsinhaber Dritte behindern könnte, ohne selbst bei grober Fahrlässigkeit den Schaden ersetzen zu müssen (BGHZ 62, 29, 33; zust Quiring WRP 1983, 320). Der Ursachenzusammenhang zwischen der Verwarnung und der Produktionseinstellung entfällt nach der Rechtsprechung auch nicht deshalb, weil der Verwarnte zunächst der Aufforderung des Gegners nicht nachkommt, sich dann aber dem – später aufgehobenen – Urteil der ersten Instanz beugt; ein solches Verhalten liegt vielmehr nahe (BGH NJW 1996, 397, 399).

e) Die Betriebsbezogenheit bei der Abnehmerverwarnung
aa) Die hM

Der Betriebsbezogenheit des Eingriffs steht nach hM auch nicht der Umstand entgegen, daß nicht der Hersteller selbst, sondern ein Abnehmer verwarnt wird (BGHZ 71, 86, 90; BGH WRP 1968, 50, 51; LG Mannheim BB 1972, 330 f; MünchKomm/Mertens Rn 493; ebenso iE, allerdings ohne nähere Problematisierung, BGH NJW 1975, 923, 925; 1979, 916; weiter gehend BGH LM Nr 686/687 zu § 1 UWG unter II 2 b [Hersteller oder Abnehmer]; OLG Nürnberg GRUR 1996, 48 [Eingriff in den Gewerbebetrieb von Hersteller und Kunden]). **Dieser Eingriff ist besonders gefährlich**, weil es nunmehr nicht mehr vom Hersteller allein abhängt, ob er die Ware weiter vertreibt und das Haftungsrisiko auf sich nimmt, sondern weil nunmehr auch Dritte darüber befinden (BGH NJW 1979, 916; LG Mannheim BB 1972, 330, 331; Larenz/Canaris § 81 III 4 b), die geneigt sein können, sich der Verwarnung zu beugen, um einem Rechtsstreit aus dem Weg zu gehen (BGH NJW 1979, 916; OLG Nürnberg GRUR 1996, 48; Blaurock NJW 1975, 926). Vielleicht erfährt der Hersteller zunächst nicht einmal etwas von der Verwarnung und kann daher auch keine Gegenmaßnahmen ergreifen (BGH NJW 1979, 916; Larenz/Canaris § 81 III 4 b). Dagegen verneint die hM einen betriebsbezogenen Eingriff, wenn die Entscheidung, ob das angegriffene Verhalten fortgesetzt werden soll, ausschließlich beim Verwarnten liegt. Daß der Zulieferer des Verwarnten durch sie tangiert wird, genüge daher für den Betriebsbezug nicht (BGH NJW 1977, 2313, 2314; MünchKomm/Mertens Rn 493; BGB-RGRK/Steffen Rn 51). Eine Ausnahme wird freilich für den Fall erwogen, daß der Lieferant nach Auffassung des Verwarners ebenfalls Störer hinsichtlich des angeblich verletzten Schutzrechts ist (BGB-RGRK/Steffen Rn 51; in BGH NJW 1977, 2313, 2314 offen gelassen).

bb) Die abweichende Ansicht

Die Mindermeinung in der Literatur will auch die Verwarnung gegenüber Dritten mit Hilfe des UWG lösen, wobei zT **§ 14 UWG** herangezogen wird. Der Verwarner stelle die **Tatsachenbehauptung** auf, der Hersteller verletze sein Schutzrecht, und hafte daher nach § 14 Abs 1 UWG. Die im gesetzlichen Regelfall verschuldensunabhängige Haftung werde bei legitimer Drittverwarnung nach § 14 Abs 2 UWG an das Verschulden geknüpft, so daß auch keine Überspannung zu befürchten sei (Erman/Schiemann Rn 68; Larenz/Canaris § 81 III 4 b; Baumbach/Hefermehl § 14 UWG Rn 8 f; aA Ohl GRUR 1966, 177). Diejenigen, die die Verwarnung als Ergebnis eines mehrgliedrigen Schlusses ansehen, der auch auf mehrfacher Wertung basiere, ordnen sie als Behinderungswettbewerb nach § 1 UWG ein (Lindacher ZHR 144 [1980] 361 f). Gegen den ersten Weg spricht zumindest, daß es sich um die Äußerung einer Rechtsansicht handelt; der zweite entspricht iE und in den Wertungen der hM (vgl oben Rn D 53 a E).

f) Die Rechtswidrigkeit
aa) Die hM

D 57 Die Frage, ob der Eingriff rechtswidrig ist, hängt aufs engste mit der Problematik der Haftung für die prozessuale und vorprozessuale Geltendmachung von Ansprüchen zusammen, wie sich im Fall der **erfolglosen Schadensersatz- und Unterlassungsklage** wegen der angeblichen Schutzrechtsverletzung demonstrieren läßt. Nach hM greift sie als stärkste Form der Verwarnung in den Gewerbebetrieb ein (RG GRUR 1939, 787, 789; BGHZ 38, 200, 206 ff; ERMAN/SCHIEMANN Rn 69; MünchKomm/MERTENS Rn 493; BUCHNER 188 f; OHL GRUR 1966, 178). Gleiches muß aber dann für die **vorprozessuale Abmahnung** gelten; sie kann als vorbereitende Maßnahme, die den Betroffenen aber in gleicher Weise belastet wie die entsprechende Klage, nicht anders beurteilt werden (für Gleichstellung – allerdings vom Boden der Gegenansicht aus – auch SOERGEL/ZEUNER Rn 121). Der Maßstab ist nach hM ein objektiver (BGHZ 38, 200, 206; ERMAN/SCHIEMANN Rn 67; MünchKomm/MERTENS Rn 494). Der Eingriff sei rechtswidrig, wenn das Schutzrecht nicht oder nicht in dem angenommenen Umfang existiere (MünchKomm/MERTENS Rn 494). Ob der Verwarnende von der Richtigkeit seiner Auffassung habe ausgehen können, sei unerheblich und spiele erst für das Verschulden eine Rolle (BGHZ 38, 200, 206; BGH NJW 1996, 397, 399). Ebenso sei unbeachtlich, ob das Schutzrecht von vornherein nicht bestanden habe oder ob es nachträglich entfallen sei (BGH NJW 1976, 2162). Zwar gelte generell der Grundsatz, daß niemand durch eine subjektiv wahrhaftige, wenn auch objektiv unzutreffende Bitte um Rechtsschutz rechtswidrig handeln könne. Doch sei das wegen des geschilderten Konflikts für den Verwarnten hier anders zu beurteilen (BGHZ 38, 200, 207 f). Dies gilt nach der Rechtsprechung auch, wenn der Verwarnte erst einem dem Unterlassungsanspruch in erster Instanz stattgebenden Urteil nachkommt (BGH NJW 1996, 397, 399). Die Verwarnung kann auch angesichts ihrer irreführenden Form rechtswidrig sein. So ist es zwar das gute Recht des Patentinhabers, Dritte vor den Folgen einer Patentverletzung zu warnen. Doch kann es wettbewerbswidrig sein und uU auch einen Eingriff in den Gewerbebetrieb darstellen, wenn ein Patentverletzungsurteil versandt und dabei der unrichtige Eindruck erweckt wird, das (später obendrein unter Rückverweisung aufgehobene) Urteil sei rechtskräftig (BGH LM Nr 686/687 zu § 1 UWG unter II 2 a, b, d bb).

bb) Die Gegenmeinung

D 58 Die Gegenauffassung will bereits bei der Frage der Rechtswidrigkeit berücksichtigen, ob der **Prozeß mißbraucht** werde oder ob der Kläger oder Verwarnende jedenfalls bei der ihm den Umständen nach zumutbaren Sorgfalt die **Unbegründetheit seines Vorgehens eindeutig** hätte erkennen können (SOERGEL/ZEUNER Rn 118 ff, 121; ders, in: FS Dölle Bd I [1963] 321 ff; SACK WRP 1976, 737 f mwNw jeweils unter Hinweis auf RGZ 94, 271, 276; vgl ferner BRÜGGEMEIER Rn 359; LINDACHER ZHR 144 [1980] 363; allgemein auch ZEISS NJW 1967, 707 f). Daß damit **das Unrecht uU an Verschuldenselemente** geknüpft werde, sei nichts Neues (SOERGEL/ZEUNER Rn 118, 120). Umgekehrt bestehe die angemessene rechtliche Konsequenz aus den für den Verwarnten sich ergebenden Schwierigkeiten darin, ihm auch bei Fortsetzung seines Verhaltens ein Verschulden erst dann vorzuwerfen, wenn es ihm möglich und zumutbar gewesen sei, sich von der Berechtigung der Verwarnung zu überzeugen (SOERGEL/ZEUNER Rn 119 unter Hinweis auf die Lage bei der Vollstreckung in schuldnerfremde Sachen). Doch ist **dem so nicht zu folgen**. Denn in derartigen Fällen pauschal die Rechtswidrigkeit zu verneinen hieße, auch den Unterlassungsanspruch gegen weitere Verwarnungen davon abhängig zu machen, ob der Verwarner selbst nach sorgfältiger Prüfung von der Berechtigung seines

Standpunkts überzeugt sein durfte (RG GRUR 1942, 54, 55; BGHZ 38, 200, 206; OLG Nürnberg GRUR 1996, 48). Auch der Hinweis auf die Rechtsprechung zu den sonstigen Verwarnungen (vgl dazu Rn D 62) führt zu keinem anderen Ergebnis (so indes SACK WRP 1976, 742 f), wie die Überlegung, ob der Betroffene Unterlassung namentlich der Verwarnung seiner Abnehmer verlangen kann, verdeutlicht. Es ließe sich in Anlehnung an die zu §§ 823 Abs 2 iVm 186 StGB entwickelten Regeln allerdings daran denken, den Unterlassungsanspruch nur für die Zukunft zu gewähren, wenn der Verwarner die Berechtigung der Verwarnung sorgfältig geprüft hatte und sich erst im Prozeß die Unhaltbarkeit der Verwarnung herausstellt (vgl dazu oben Rn C 261). Gleiches müßte dann für eine entsprechende Feststellungsklage gelten. Doch folgen dann letztendlich aus der Gegenauffassung keine gegenüber der hM abweichenden Resultate, da diese über den Filter des Verschuldens den Anspruch auf Schadensersatz steuert. Dann kann man es bei der hM belassen.

g) Das Verschulden
Der in der Praxis problematischste Punkt ist das Verschulden des Verwarnenden. Die **D 59**
Rechtsprechung war hier zunächst relativ streng (so die Beurteilung in BGHZ 74, 9, 14; BGB-RGRK/STEFFEN Rn 47; vgl zB BGHZ 2, 387, 393 f; BGH NJW 1963, 531, 534 f; ohne nähere Ausführungen auch BGH GRUR 1966, 386). Selbst **Gutachten von eigenen Patentanwälten**, die ihrerseits zu einem falschen Ergebnis gekommen waren, entlasteten die Verwarner nicht vom Vorwurf der Fahrlässigkeit (BGHZ 2, 387, 394; BGH NJW 1963, 531, 534; vgl BRUCHHAUSEN, Anm zu BGH LM Nr 8 zu § 823 [Ag] Bl 2 Rücks); in zweifelhaften Fällen sei das Gutachten eines erfahrenen Spezialisten einzuholen (BGH NJW 1963, 531, 535). Die **neuere Judikatur** ist mit der Annahme des Verschuldens **zurückhaltender**. Da das Risiko des Verwarnenden höher einzuschätzen sei als dasjenige des Verwarnten und da einer Entwertung der Schutzrechte vorzubauen sei, dürfe es dem Verwarner nicht als Verschulden zugerechnet werden, wenn er nach **sorgfältiger Prüfung vorgegangen sei** und die von dem durchaus vertretbaren Ergebnis seiner Prüfung abweichende Entscheidung nicht vorausgesehen habe (BGHZ 62, 29, 35). Den Verwarner treffe kein Verschulden, wenn er nach grundlegender Recherche unter Ausschöpfung aller ihm zur Verfügung stehenden Erkenntnismittel irrig zu der Überzeugung gelange, daß ihm der begehrte Schutz nicht verweigert werden könne (BGH NJW 1996, 397, 399). Jedenfalls in Gebieten, die in technischer Hinsicht überschaubar seien, genüge der Rat des eigenen Anwalts (BGHZ 62, 29, 39; BGH NJW 1976, 2162; 1996, 397, 399; BGB-RGRK/STEFFEN Rn 48). Dabei gibt es einige von der Rechtsprechung herausgearbeitete **Kriterien**. Die bei Streitigkeiten stets vorhandenen Zweifel müssen **konkrete Bezugspunkte** haben (BGHZ 62, 29, 36 f; BGH NJW 1963, 531, 534; SOERGEL/ZEUNER Rn 123; BRÜGGEMEIER Rn 353). Bei ungeprüften Rechten (etwa dem Urheberrecht) ist ein höherer Maßstab an die Sorgfalt anzulegen als bei einem Vorgehen aus geprüften Rechten (BGHZ 62, 29, 37; BGH NJW 1976, 2162; 1979, 916; NJW-RR 1998, 331, 332; ERMAN/SCHIEMANN Rn 70; SOERGEL/ZEUNER Rn 123; MünchKomm/MERTENS Rn 495; BGB-RGRK/STEFFEN Rn 47; BRÜGGEMEIER Rn 353; aA noch BGH GRUR 1979, 332, 333f). Ein **Irrtum über die Erfindungshöhe** fällt weniger stark ins Gewicht als eine unvollständige Berücksichtigung des Standes der Technik (BGHZ 62, 29, 37; BGH NJW 1963, 531, 534; generell für eine gewisse Toleranz bei Wertungsfragen LINDACHER ZHR 144 [1980] 359 f). Die gesteigerte Sachkenntnis etwa aus langjähriger Erfahrung darf bei der Bemessung der Sorgfalt mit ins Kalkül einbezogen werden (BGHZ 62, 29, 37). Verschulden liegt namentlich vor, wenn der Verwarner eine eigene Vorbenutzung und die daraus folgende Löschungsreife der Eintragung eines Rechts übersieht (BGH NJW-RR 1998, 331, 332). Eine Rolle kann

auch spielen, ob der Verwarner in erster Instanz erfolgreich gewesen und das Urteil später aufgehoben worden ist (BGH NJW 1996, 397, 399). Richtet sich die Verwarnung nicht gegen den Hersteller, sondern gegen einen **Abnehmer**, so gelten wegen der spezifischen Gefahren einer derartigen Verwarnung **erhöhte Anforderungen**; sie ist erst **zulässig, wenn die Herstellerverwarnung erfolglos geblieben ist** oder ausnahmsweise als unangebracht erscheint (BGH NJW 1979, 916; OLG Nürnberg GRUR 1996, 48; SOERGEL/ ZEUNER Rn 123; MünchKomm/MERTENS Rn 495; LINDACHER ZHR 144 [1980] 362; vgl auch BGB-RGRK/STEFFEN Rn 47). Es genügt auch nicht, die Sach- und Rechtslage vor der Verwarnung zu untersuchen. Der Verwarnende muß vielmehr seinen Standpunkt bei Bekanntwerden neuer Umstände überprüfen und darf die Verwarnung nicht einfach wiederholen (BGHZ 71, 86, 92 f). Erforderlich sind also eine gewissenhafte Prüfung sowie vernünftige und billige Überlegungen (BGHZ 62, 29, 37 unter Berufung auf RGZ 94, 271, 276 und RG GRUR 1931, 640, 641; MünchKomm/MERTENS Rn 495).

h) Das Mitverschulden des Verwarnten

D 60 Der Verwarnte kann unter dem Gesichtspunkt des § 254 Abs 1 verpflichtet sein, **zu prüfen**, ob er dem Unterlassungsbegehren **sofort nachgeben** (BGH NJW 1963, 531, 535) bzw **weiter nachkommen soll**, wenn ihm neue Umstände bekannt werden (BGHZ 71, 86, 93). So kann es etwa liegen, wenn die Urteile der unteren Instanz zugunsten des Verwarnten ausfallen (BGHZ 71, 86, 93; im konkreten Fall verneint). Der Anspruch kann gemindert sein, wenn dem Verwarnten erkennbar wird, daß der Verwarner – zumal in Anbetracht eines nicht geprüften Schutzrechts – reichlich oberflächlich zur Verwarnung geschritten ist, der Verwarnte eine Nachfrage gleichwohl unterlassen hat (BGH NJW-RR 1998, 331, 333). Der **völlige Ausschluß der Ersatzhaftung** ist indes die Ausnahme (BGH NJW-RR 1998, 331, 332); er wird von der Rechtsprechung erwogen, wenn dem Verwarnten der Vorwurf des voreiligen Nachgebens gemacht werden muß (BGH NJW-RR 1998, 331, 332 f; angedeutet schon in BGH NJW 1963, 531, 535).

i) Prozessuale Besonderheiten

D 61 Bei Schutzrechtsverwarnungen neigt die **wohl hM** dazu, dem Verwarnten die Möglichkeit einer **Unterlassungsklage** einzuräumen (BGH NJW 1969, 2046, 2048; 1986, 1815, 1816; KG WRP 1980, 206; OLG Frankfurt aM NJW-RR 1990, 303). ZT wird dieses Recht dem Betroffenen nur bei einer Abnehmerverwarnung zuerkannt (LINDACHER, in: FS vGamm [1990] 84 f). Das hat immerhin den Vorteil, daß das Urteil verglichen etwa mit einem reinen Feststellungsurteil einen vollstreckbaren Inhalt hat und der Verwarnende zur Unterlassung sowie – unter dem Aspekt des Beseitigungsanspruchs – auch zur Rücknahme gezwungen werden kann. Dann sollte man den nächsten Schritt gehen und die Unterlassungsklage auch bei einer Herstellerverwarnung zulassen (OLG Frankfurt aM NJW-RR 1990, 303). Nach hM entfällt allerdings das Rechtsschutzbedürfnis, wenn der Verwarnende die Schadensersatzklage erhebt (OLG Frankfurt aM NJW-RR 1990, 303; **aA** LINDACHER, in: FS vGamm [1990] 90 f).

9. Sonstige Verwarnungen*

a) Verwarnungen zwischen Wettbewerbern
aa) Die hM

D 62 Auch sonstige Verwarnungen können nach **hM** grundsätzlich ein Eingriff in den Gewerbebetrieb sein. Beispiele sind **Verwarnungen wegen angeblicher Wettbewerbsverstöße** (BGH WRP 1965, 97, 99; OLG Frankfurt aM GRUR 1975, 492, 493; OLG Düsseldorf DB

1956, 1132 [unberechtigte Verwarnung wegen „sklavischer Nachahmung"]; MünchKomm/Mertens Rn 496), die **unberechtigte Berufung auf eine offengelegte Patentanmeldung** nach § 33 Abs 1 nF (§ 24 Abs 5 aF) PatG (BGH NJW 1975, 923, 925; MünchKomm/Mertens Rn 496; BGB-RGRK/Steffen Rn 48) sowie die **ungerechtfertigte Inanspruchnahme von Urheberrechten**, die dem Verwarnten zustanden (BGH GRUR 1959, 331, 332; MünchKomm/Mertens Rn 496; aA Larenz/Canaris § 81 III 5 b). Doch ist die **Rechtsprechung** im Vergleich zur Schutzrechtsverwarnung **weitaus zurückhaltender**. Zum einen **sei die Situation für den Verwarnenden schwerer festzustellen**; der Verwarnte sei eher über die näheren Umstände informiert (BGH WRP 1965, 97, 99; OLG Frankfurt aM GRUR 1975, 492, 493). Zum anderen liefe es **nicht zuletzt Art 5 GG zuwider**, den Verwarnenden mit dem Risiko zu belasten, schon bei leichter Fahrlässigkeit mit Ersatzansprüchen konfrontiert zu werden (BGH NJW 1969, 2046, 2048; MünchKomm/Mertens Rn 496; Bussmann GRUR 1969, 483; ohne Rekurs auf Art 5 GG BGH NJW 1975, 923, 925; 1986, 1815, 1816; vgl auch die Unterscheidung in BGHZ 38, 200, 203 zwischen einer Verwarnung und einem vorbereitenden Meinungsaustausch). Es genüge vielmehr die Möglichkeit einer **Feststellungsklage** (BGH NJW 1969, 2046, 2048; 1986, 1815, 1816; MünchKomm/Mertens Rn 496). So liege es etwa bei der Aufforderung, eine Markenanmeldung zurückzunehmen, da der Betroffene ohnehin die Eintragung abwarten müsse und dadurch nicht in eine der Schutzrechtsverwarnung vergleichbare Zwangslage gerate (BGH NJW 1969, 2046, 2048), oder bei dem Hinweis auf eine offengelegte Patentanmeldung. Dort gehe es auch angesichts der drohenden Entschädigungsansprüche primär um eine Frage der Preisgestaltung (BGH NJW 1975, 923, 925; zu Recht kritisch, weil eine Verwarnung von Abnehmern vorlag, W Horn GRUR 1975, 317). Eine Ausnahme sei nur dort zu machen, wo die Folgen besonders schwer wögen und hinreichender Rechtsschutz nicht zur Verfügung stehe (BGH NJW 1969, 2046, 2048). Indes sind **zwei Problemkreise** auseinander zu halten. Zum einen ist Zurückhaltung geboten, soweit es um die Einstufung als rechtswidrige Handlung geht; hier muß namentlich der Meinungsfreiheit Rechnung getragen werden. Zum anderen geht es aber um die Sanktion, wenn denn ein Verstoß feststeht. Hier kann man dann auf den Gewerbebetrieb als verletztes Recht zurückgreifen.

bb) Die Gegenmeinung
In der Literatur **wird zT ein wesentlich strengerer Maßstab verfochten** und verlangt, die **D 63** Fälle denjenigen der unberechtigten Schutzrechtsverwarnung anzugleichen (Erman/Schiemann Rn 68; Kötz Rn 700; wohl auch Quiring WRP 1983, 320; im Ansatz auch Sack WRP 1976, 743, der indes die Haftung für Schutzrechtsverwarnungen für zu streng hält; abl Larenz/Canaris § 81 III 4 e). Doch fehlen hier die spezifischen Umstände, die dazu führen, daß der Schutzrechtsinhaber schärfer haftet (vgl oben Rn D 52 f). Entscheidend ist die Art der Verwarnung. Fordert der Verwarnende die Einstellung der Tätigkeit in ultimativer Form, so liegt darin durchaus ein rechtswidriger Eingriff, gegen den Unterlassen begehrt werden kann. Schadensersatz ist allerdings nur geschuldet, wenn ein – hier nach weniger strengen Maßstäben zu beurteilendes – Verschulden gegeben ist.

b) Verwarnungen außerhalb des Wettbewerbs
Besondere Schwierigkeiten macht die Behandlung nicht wettbewerblicher Verwarnungen – etwa eine **angekündigte Immissionsschutzklage** gegen das Vorhaben eines **D 64**

---

* **Schrifttum:** Sack, Die Haftung für unbegründete Schutzrechtsverwarnungen, WRP 1976, 733.

Unternehmens (Bsp nach LARENZ/CANARIS § 81 III 4 d). Es geht dann erneut um die Frage der Rechtswidrigkeit der prozessualen und vorprozessualen Geltendmachung von Ansprüchen. Das Problem hat in der Rechtsprechung eine Rolle gespielt, als ein **Fußballspieler, der die Veröffentlichung seines Bildes unter Androhung einer Schadensersatzklage untersagt** hatte, von dem Verwarnten seinerseits in Anspruch genommen wurde. Der BGH erwägt einen Eingriff in den Gewerbebetrieb (BGH NJW 1979, 2203, 2205). In der Literatur wird dies abgelehnt, da die Interessenlage angesichts der Tatsache, daß der Verwarnende nicht über die konkrete Reichweite seines Rechts irrte, sondern über die Auslegung des § 23 Abs 1 Nr 1 KUG, nicht mit der Schutzrechtsverwarnung vergleichbar sei. § 1 UWG sei nicht einschlägig, da kein Behinderungswettbewerb vorgelegen habe. Da und soweit der Verwarnende nicht leichtfertig die Verwarnung ausgesprochen habe, scheide auch eine Haftung über § 826 aus (LARENZ/CANARIS § 81 III 4 d unter Hinweis auf BVerfGE 74, 257, 262 f, BGHZ 74, 9, 15 ff). In der Tat wäre es fatal, wenn die strengen Verschuldensmaßstäbe auch gegenüber Privatleuten Anwendung fänden, die sich – wenn auch letztendlich unberechtigt – gegen die Verwertung von Persönlichkeitsrechten wenden. Wird indes der Maßstab richtig gehandhabt und Verschulden nur bei zumindest leichtfertiger Verkennung der Rechtslage bejaht, dürften sich die unterschiedlichen Standpunkte iE weitgehend annähern. Das ändert nichts daran, daß die Verwarnung rechtswidrig war, wie die Überlegung verdeutlicht, daß der Verwarnte Unterlassung hätte verlangen können.

c) Prozessuale Besonderheiten

D 65 Nach hM kann der Abgemahnte die **negative Feststellungsklage** mit dem Antrag erheben, daß der behauptete Unterlassungsanspruch nicht bestehe (BGH NJW 1969, 2046, 2048; 1986, 1815, 1816; NJW-RR 1995, 1379, 1380; OLG Frankfurt aM GRUR 1975, 492, 494; NJW-RR 1990, 303; MünchKomm/MERTENS Rn 514; BAUMBACH/HEFERMEHL UWG Einl Rn 561; TEPLITZKY, Wettbewerbsrechtliche Ansprüche [7. Aufl 1997] Kap 41 Rn 68; LINDACHER, in: FS vGamm [1990] 84; der Sache nach auch BGH NJW 1994, 3107). Das **Rechtsschutzbedürfnis** ist dem Abgemahnten schon dann zuzubilligen, wenn die Aufforderung des Gegners seine wirtschaftlichen oder rechtlichen Belange berührt und an der Ernsthaftigkeit des Verlangens keine Zweifel bestehen (BGH NJW-RR 1995, 1379, 1380; BAUMBACH/HEFERMEHL UWG Einl Rn 561). Eine **Gegenabmahnung** ist im Regelfall nicht erforderlich (OLG Frankfurt aM WRP 1981, 282; OLG Hamm GRUR 1985, 84, 85; OLG Köln WRP 1986, 428, 429; OLG Stuttgart WRP 1988, 766, 767; OLG München WRP 1997, 979, 980; BAUMBACH/HEFERMEHL UWG Einl Rn 561; TEPLITZKY, Wettbewerbsrechtliche Ansprüche [7. Aufl 1997] Kap 41 Rn 69; AHRENS, Wettbewerbsrecht [1983] 147; LINDACHER, in: FS vGamm [1990] 87; **aA** KG WRP 1980, 206). Davon kann es eine Ausnahme geben, wenn der Abmahnende seinerseits erkennbar von einem falschen Sachverhalt ausgegangen ist (OLG Frankfurt aM GRUR 1972, 670, 671; OLG Düsseldorf WRP 1979, 719, 720; OLG Köln WRP 1983, 172, 173; OLG Stuttgart WRP 1985, 449, 450; 1988, 766, 767; OLG München WRP 1997, 979, 980; BAUMBACH/HEFERMEHL UWG Einl Rn 561) oder wenn neue Gesichtspunkte auftauchen, von denen anzunehmen ist, daß sie den Abmahnenden zur Rücknahme seiner Aufforderung veranlassen würden (OLG Frankfurt aM WRP 1981, 282; BAUMBACH/HEFERMEHL UWG Einl Rn 561). Erhebt der Abmahnende die Leistungsklage, wird die Feststellungsklage regelmäßig unzulässig (BGHZ 28, 203, 207; BGH NJW 1994, 3107, 3108; TEPLITZKY, Wettbewerbsrechtliche Ansprüche [7. Aufl 1997] Kap 41 Rn 70; **aA** LINDACHER, in: FS vGamm [1990] 91). Doch ist die hM nur iE, nicht jedoch in der Konstruktion überzeugend. Macht man nämlich ernst mit dem Schutz des Gewerbebetriebs, so muß dem Verwarnten die Unterlassungsklage, je nach Lage sogar die Klage auf Rücknahme, ebenso wie bei einer Verletzung des Persönlichkeitsrechts zustehen.

10. Die Verwässerung berühmter Marken[*]

Die frühere Rechtsprechung sah auch bei **berühmten Marken mit überragender Ver-** **D 66** **kehrsgeltung** in deren **Verwässerung** sowie in der **unberechtigten Verwertung fremder Unternehmenskennzeichen** einen Eingriff in den Gewerbebetrieb, soweit das Verhalten nicht schon nach dem WZG oder nach § 16 aF UWG verboten war (BGHZ 28, 320, 328 f; 114, 105, 109 ff; BGH LM Nr 68 zu § 823 [Ai] unter III 1; LG Köln NJW 1966, 1667 f [Eingriff jeweils bejaht]; BGHZ 15, 107, 112; 19, 23, 27 [Anspruch mangels überragender Verkehrsgeltung verneint]; 91, 117, 125 [Anspruch bei Satire verneint, vgl dazu schon oben Rn D 31]; BGH LM Nr 30 zu § 12 unter 2 [Anspruch wegen fehlender überragender Verkehrsgeltung verneint]; Nr 18 zu Art 5 GG unter II 1 b [keine Verwässerung]; Nr 13 zu § 823 [Ag] unter II 1 [Verwässerung mangels Beeinträchtigung verneint]). **Ob wegen § 14 Abs 2 Nr 3 MarkenG** diese Fallgruppe beim Gewerbebetrieb weitgehend ihre Bedeutung verloren hat, ist wenig geklärt. ZT wird eine weitere Anwendung der überkommenen Grundsätze befürwortet, da nach § 2 MarkenG konkurrierende Ansprüche unberührt bleiben (OLG Hamburg AfP 1998, 87; Fezer, Markenrecht [1997] § 14 Rn 441 unter Berufung auf BT-Drucks 12/6581 S 72). Geht man auch im Verhältnis zwischen Markenrecht und Gewerbebetrieb von der Subsidiarität des letzteren aus (vgl oben Rn D 21), so liegt die andere Lösung nahe, zumal das Schutzgut sich deckt (Piper GRUR 1996, 436; aA Krings GRUR 1996, 629). Da der **BGH** inzwischen für diese Fallgruppen jedenfalls weitgehend, wenn nicht zur Gänze § 1 **UWG** heranzieht (vgl zB BGHZ 93, 96, 98 f; 113, 82, 84, 85 f; 125, 91, 98; BGH NJW 1995, 871, 872 jeweils mwNw; Larenz/Canaris § 81 III 5 a; anders noch BGH NJW 1986, 2951 f unter dem Aspekt des Persönlichkeitsschutzes, von dem sich BGHZ 125, 91, 103 f deutlich distanziert; vgl auch Bürglen, in: FS Gaedertz [1992] 71 ff), ist der Rückgriff auf den Gewerbebetrieb vielfach unnötig (Piper GRUR 1996, 438). § 1 UWG kommt wegen der **Möglichkeit der Rufübertragung** (BGHZ 125, 91, 98; Larenz/Canaris § 81 III 5 a; vgl auch BGHZ 113, 82, 88) sowie derjenigen der **Rufschädigung** in Betracht (BGHZ 125, 91, 102; BGH NJW 1995, 871, 872; Larenz/Canaris § 81 III 5 a; Emmerich, Das Recht des unerlaubten Wettbewerbs [5. Aufl 1998] § 14, 16 d; Piper GRUR 1996, 438; vgl auch BGHZ 113, 82, 88). Nur bei Fehlen eines Wettbewerbsverhältnisses kann auf das Recht am Gewerbebetrieb zurückgegriffen werden (vgl zB OLG Frankfurt aM NJW 1996, 264, 265 [dort allerdings kumulativ]; OLG Hamburg AfP 1998, 87; Piper GRUR 1996, 438). Die **Voraussetzungen der Verwässerung** sind überragende Verkehrsgeltung mit einem Bekanntheitsgrad von mindestens 80%, Einmaligkeit, Eigenart, also eine gewisse Originalität, Wertschätzung in der Öffentlichkeit und Ausstrahlung in den Bereich des Täters (vgl im einzelnen BGHZ 114, 105, 109 ff; Fezer, Markenrecht [1997] § 14 Rn 442 ff). Die Marke braucht in den letzten Jahren nicht verwendet worden zu sein, wenn sie nur nicht aufgegeben ist (OLG Hamburg AfP 1998, 87). Auch die **Verwendung eines bekannten fremden Zeichens**, um gegen ein behauptetes unfaires Verhalten des Zeicheninhabers zu protestieren, ist vom BGH als Eingriff in

---

[*] **Schrifttum:** Bürglen, Die Verfremdung bekannter Marken zu Scherzartikeln, in: FS Gaedertz (1992) 71; Krings, Haben §§ 14 Abs 2 Nr 3 und 15 Abs 3 MarkenG den Schutz der berühmten Marke sowie des berühmten Unternehmenskennzeichens aus §§ 12, 823 Abs 1, 1004 BGB ersetzt?, GRUR 1996, 629; Moench, Die Bedeutung der Meinungsfreiheit bei Eingriffen in geschützte Rechtspositionen, NJW 1984, 2920; Piper, Der Schutz der bekannten Marken, GRUR 1996, 429.

den Gewerbebetrieb gewertet worden, wenn die Kritik in scharfer Form erfolgte und nicht nur eine neutrale Begründung enthielt (BGH NJW 1983, 2195, 2196; zust Münch-Komm/MERTENS Rn 512; SOERGEL/ZEUNER Rn 144); dem ist wegen Art 5 GG nicht zu folgen (LARENZ/CANARIS § 81 III 2 a; vgl oben Rn D 29). In der Literatur werden die berühmte Marke und das Unternehmenskennzeichen **zT als absolutes Recht** eingeordnet (Münch-Komm/MERTENS Rn 512 iVm Rn 132; SOERGEL/ZEUNER Rn 144; KÖTZ Rn 663; MOENCH NJW 1984, 2923); allerdings ändert sich angesichts der grundrechtlichen Vorgaben auch dann nichts an der Zulässigkeit der Kritik.

11. Weitere Fallgruppen

a) Bejahung des Eingriffs

D 67 Nach der Rechtsprechung ist der Gewerbebetrieb betroffen, wenn **Betriebsgeheimnisse** verletzt werden (BGHZ 16, 172, 176; 17, 41, 51; 107, 117, 122; MünchKomm/MERTENS Rn 513; FIKENTSCHER Rn 1218; skeptisch SOERGEL/ZEUNER Rn 145; aA LARENZ/CANARIS § 81 III 5 b; offen gelassen von BGHZ 38, 391, 395), wenn durch Abwässereinleitungen Muschelbänke verseucht werden (BGH NJW 1972, 101, 102), wenn Abschleppunternehmen von der Polizei willkürlich bei der Vergabe von Aufträgen oder bei der Benennung gegenüber Unfallopfern übergangen werden (BGH NJW 1977, 628, 630; VersR 1978, 1141, 1142; OLG Köln VersR 1984, 762, 763; K SCHMIDT JuS 1993, 990), wenn dem Empfänger ohne sein Einverständnis **Werbung** zugefaxt wird (OLG München NJW-RR 1994, 1054, 1055; vgl auch schon oben Rn C 232 ff) oder wenn **Meinungsumfragen** vor dem Laden durchgeführt werden und nach dessen Qualität und Service gefragt wird (LG München WRP 1957, 302, 303; MünchKomm/MERTENS Rn 511). Dasselbe gilt bei Verstößen gegen ein rechtliches Monopol (BGHZ 15, 338, 349; MünchKomm/MERTENS Rn 513; aA SOERGEL/ZEUNER Rn 146), bei **Preisunterbietungen**, die zulässige Preisbindungen unterlaufen (OLG Köln NJW 1961, 835; OLG Düsseldorf DB 1963, 513, 514; GRUR 1964, 45; skeptisch BGH LM Nr 17 zu RabattG unter C I 1 b, der jedenfalls bei einem Verlangen des Abnehmers einen Anspruch verneint, da die freie Entscheidung der Händler hinzukommen müsse [BGH LM Nr 17 zu Rabatt § unter C I 1 c]), bei einer **Entfernung von Typen- und Nummernschildern**, wenn dadurch dem Hersteller die Überwachung der Funktion erschwert und die Sicherheit der Geräte beeinträchtigt wird (BGH LM Nr 52 zu § 823 [Ai] Bl 3 Rücks; OLG Düsseldorf GRUR 1970, 248, 249; OLG Koblenz WRP 1978, 470, 471; OLG Nürnberg WRP 1978, 475, 476; JAUERNIG/TEICHMANN Rn 102; SOERGEL/ZEUNER Rn 143; MünchKomm/MERTENS Rn 513; aA wegen Fehlens eines Eingriffs OLG Stuttgart WRP 1977, 822, 824; OLG Frankfurt aM DB 1981, 2071), beim Vertreiben von Karten, die das **unerlaubte Entschlüsseln** von Pay-TV-Programmen ermöglichen (OLG Frankfurt aM NJW 1996, 264, 265). Nach Auffassung des BGH ist der Gewerbebetrieb auch verletzt, wenn aufgrund eines **Produktfehlers** ein Unternehmer, der dieses Produkt benutzt, Dritten gegenüber schadensersatzpflichtig wird (BGH NJW 1983, 812, 813 mwNw; 1992, 41, 42); dem widerspricht die Literatur, da es an der Betriebsbezogenheit des Eingriffs fehle (LARENZ/CANARIS § 81 III 5 c unter Hinweis auf BGH NJW 1974, 1503, 1505; abl auch ERMAN/SCHIEMANN Rn 54, der die Verletzung des berechtigten Besitzes annimmt).

b) Verneinung eines Eingriffs

D 68 Verneint wurde der Eingriff dagegen in einem Fall, in dem eine Behörde ihr aus einem Antragsverfahren zugänglich gemachte und daher bekannte Forschungsergebnisse bei der Entscheidung weiterer Fälle zugrunde legte (BGHZ 107, 117, 122), in dem sich ein ehemaliger Teilhaber in wohlwollender Absicht mit nützlichen Ratschlägen in die Geschäfte der Gesellschaft eingemischt hatte (BGH NJW 1980, 881, 882 f; SOERGEL/

ZEUNER Rn 127; LÖWISCH/MEIER-RUDOLPH JuS 1982, 242; **aA** im Ansatz RG LZ 1927, 905 f), bei dem Verbot der Betätigung von Bestattungsunternehmen auf einem kirchlichen Friedhof (BGHZ 14, 294, 304), bei der Umstellung der Telefonverbindung durch die Telekom von Direkt- auf Handvermittlung bei einem Telefonsex-Anbieter (OLG Düsseldorf NJW 1996, 933 f) sowie dann, wenn eine Krankenkasse durch Einzelabrede mit ihren Versicherten die Erstattung von Rechnungen eines Arztes ausschließt, dessen Diagnose und Therapie zu Bedenken Anlaß geben (OLG München NJW 1977, 1106, 1107). Auch ein Leistungsausschluß nach § 5 Abs 1 c MBKK greift nicht in den Gewerbebetrieb ein (OLG Köln VersR 1996, 234, 235).

E. Die Verkehrspflichten

Schrifttum

vBAR, Entwicklung und rechtsstaatliche Bedeutung der Verkehrs(sicherungs)pflichten, JZ 1979, 334
ders, Verkehrspflichten (1980)
ders, Entwicklungen und Entwicklungstendenzen im Recht der Verkehrs(sicherungs)pflichten, JuS 1988, 169
BÖRGERS, Von den „Wandlungen" zur „Restrukturierung" des Deliktsrechts? (1993)
BRÜGGEMEIER, Vertrag – Quasi-Vertrag – Sonder-Delikt – Delikt, Die AG 1982, 268
vCAEMMERER, Wandlungen des Deliktsrechts, in: FS für Deutscher Juristentag Bd II (1960) 49
ders, Die absoluten Rechte in § 823 Abs 1 BGB, KF 1961, 19
CANARIS, Schutzgesetze – Verkehrspflichten – Schutzpflichten, in: FS Larenz II (1983) 27
ders, Schutzwirkungen zugunsten Dritter bei „Gegenläufigkeit" der Interessen, JZ 1995, 441
DECKERT, Die Verkehrspflichten, Jura 1996, 398
ESSER, Die Zweispurigkeit unseres Haftpflichtrechts, JZ 1953, 129
GRUNEWALD, Zur Haftung von Fachleuten im Zivilrechtsverkehr, JZ 1982, 627
J HAGER, Der Schutz der Ehre im Zivilrecht, AcP 196 (1996) 168
HOPT, Nichtvertragliche Haftung außerhalb von Schadens- und Bereicherungsausgleich, AcP 183 (1983) 608
K HUBER, Verkehrspflichten zum Schutz fremden Vermögens, in: FS vCaemmerer (1978) 359

KLEINDIEK, Deliktshaftung und juristische Personen (1997)
KREUZER, Bespr vBar, Verkehrspflichten (1980), AcP 184 (1984) 81
LARENZ, Rechtswidrigkeit und Handlungsbegriff im Zivilrecht, in: FS Dölle I (1963) 169
LESER, Zu den Instrumenten des Rechtsgüterschutzes im Delikts- und Gefährdungshaftungsrecht, AcP 183 (1983) 568
MEDICUS, Zivilrecht und Umweltschutz, JZ 1986, 778
MERTENS, Verkehrspflichten und Deliktsrecht, VersR 1980, 397
MÖLLERS, Rechtsgüterschutz im Umwelt- und Haftungsrecht (1996)
ders, Verkehrspflichten gegenüber Kindern, VersR 1996, 153
PICKER, Positive Vertragsverletzung und culpa in contrahendo – Zur Problematik der Haftungen „zwischen" Vertrag und Delikt, AcP 183 (1983) 369
ders, Vertragliche und deliktische Schadenshaftung – Überlegungen zu einer Neustrukturierung der Haftungssysteme, JZ 1987, 1041
STEFFEN, Verkehrspflichten im Spannungsfeld von Bestandsschutz und Handlungsfreiheit, VersR 1980, 409
ders, Haftung im Wandel, ZVersWiss 1993, 13
STOLL, Richterliche Fortbildung und gesetzliche Überarbeitung des Deliktsrechts (1984).

§ 823
E

2. Buch
7. Abschnitt. Einzelne Schuldverhältnisse

Systematische Übersicht

I. **Die Entwicklung** .... E 1
II. **Dogmatische Grundlagen**
1. Der Meinungsstand .... E 2
2. Die Funktionen der Verkehrspflichten .... E 3
3. Die dogmatische Zuordnung zu § 823 Abs 1 .... E 4
   a) Die hM .... E 4
   b) Die Gegenauffassung .... E 5
4. Der Schutzumfang der Verkehrspflichten .... E 6
   a) Die hM: Kein primärer Vermögensschutz .... E 7
   b) Die Gegenthese: Primärer Vermögensschutz .... E 8
   c) Stellungnahme .... E 9
5. Schutz vor konkreten oder vor abstrakten Gefahren? .... E 10
6. Zur Terminologie .... E 11
III. **Die Begründung von Verkehrspflichten** .... E 12
1. Die Schaffung einer Gefahr .... E 13
   a) Die Begründung der Haftung .... E 13
   b) Beispiele .... E 14
   c) Aufruf zu Demonstrationen .... E 15
2. Die Bereichshaftung .... E 16
   a) Die Begründung der Haftung .... E 16
   b) Der Urheber der Gefahr .... E 17
   c) Beispiele .... E 18
3. Die Eröffnung eines Verkehrs .... E 19
4. Das Inverkehrbringen von Sachen .... E 20
5. Die Übernahme einer Aufgabe .... E 21
   a) Die Begründung der Haftung .... E 21
   b) Die Rolle des Berufs .... E 22
6. Das Verhältnis zu Amtspflichten .... E 23
7. Die Haftung des Haushaltsvorstandes .... E 24
IV. **Der Umfang der Verkehrspflicht**
1. Die Notwendigkeit eines Aufgreifkriteriums .... E 25
2. Die Möglichkeiten der Gefahrvermeidung .... E 26
3. Die Abwägungskriterien .... E 27
   a) Die legitimen Erwartungen des Verkehrs .... E 27
      aa) Die betroffenen Interessen .... E 27
      bb) Beispiele .... E 28
   b) Die Abhängigkeit von der Situation .... E 29
   c) Die Erkennbarkeit der Gefahr .... E 30
   d) Die Höhe des Aufwandes .... E 31
   e) Die Eigenverantwortlichkeit des Geschädigten .... E 32
   f) Vorsätzliches oder fahrlässiges Verhalten Dritter .... E 33
   g) Die Rolle gesetzlicher und behördlicher Vorschriften .... E 34
   h) Die Grenzen der Verkehrspflicht .... E 35
V. **Der geschützte Personenkreis und der Schutzzweckzusammenhang**
1. Die Schaffung einer Gefahrenquelle .... E 36
   a) Der Grundsatz .... E 36
   b) Unvernünftiges Verhalten von Kindern .... E 37
2. Die Übernahme- und Bereichshaftung .... E 38
   a) Die bestimmungsmäßige Benutzung .... E 39
   b) Die Beschränkung des Benutzerkreises .... E 40
   c) Die Höhe des Standards .... E 41
   d) Die unbefugte Benutzung .... E 42
      aa) Die Haftung bei außerordentlichen Gefahren .... E 43
      bb) Naheliegende bestimmungswidrige Nutzung .... E 44
      cc) Die Haftung gegenüber Kindern .... E 45
         α) Grundsätze .... E 45
         β) Beispiele für die Verletzung der Verkehrspflicht .... E 46
         γ) Beispiele für die hinreichende Beachtung der Verkehrspflicht .... E 47
         δ) Insbesondere: Die Verkehrspflicht bei Teichen .... E 48
      cc) Nicht verantwortungsfähige Personen .... E 49
      dd) Die Haftung bei sonstiger unbefugter Benutzung .... E 50

Januar 1999

α) Die Rechtsprechung — E 50
β) Die Lehre — E 51
γ) Stellungnahme — E 52
3. Die Abgrenzung zum vertraglich geschuldeten Nutzungsinteresse — E 53
4. Der Schutzzweckzusammenhang — E 54

VI. Der Verkehrspflichtige
1. Die Grundregeln — E 55
2. Mehrere Verkehrspflichtige — E 56
a) Die gemeinschaftliche Haftung — E 56
b) Die Abgrenzung der Pflichten — E 57
3. Die Dauer der Verkehrspflicht — E 58
4. Die Einschaltung Dritter — E 59
a) Die Übertragung der Verkehrspflicht — E 59
b) Die dogmatische Einordnung — E 60
c) Die Pflichten des Übertragenden — E 61
d) Die Haftung für den Übernehmer — E 62
e) Die Haftung des Übernehmers — E 63
aa) Die Reichweite der Übernahme — E 64
bb) Weisungen des Übertragenden — E 65
cc) Die Haftung von Organen — E 66
α) Die Rechtsprechung — E 66
β) Die Lehre — E 67
γ) Stellungnahme — E 68

VII. Besonderheiten des Verschuldens und der Beweislast
1. Der Anknüpfungspunkt des Verschuldens — E 69
a) Der Meinungsstand — E 69
b) Die Konsequenzen — E 70
2. Die Strenge der Anforderungen — E 71
3. Besonderheiten der Beweislast — E 72

VIII. Rechtsprechungsübersicht
1. Grundlagen der Straßenverkehrssicherungspflicht — E 73
a) Der Anknüpfungspunkt — E 73
b) Der Inhalt der Straßenverkehrssicherungspflicht — E 74
aa) Die Aufgaben des Straßenverkehrssicherungspflichtigen — E 74
bb) Die Ausrichtung am Zweck des Verkehrsweges — E 75
cc) Das Handeln Dritter — E 79
c) Die Abgrenzung zu anderen Pflichten — E 80

aa) Die Abgrenzung zur Verkehrsregelungspflicht — E 80
α) Die Notwendigkeit der Unterscheidung — E 80
β) Die Unterschiede im Pflichteninhalt — E 81
bb) Die Abgrenzung zur polizeimäßigen Wegereinigungspflicht — E 82
cc) Die Abgrenzung zur Straßenbaulast — E 83
dd) Die Abgrenzung zu § 839 — E 84
d) Der Umfang der Straßenverkehrssicherungspflicht — E 85
aa) Anforderungen an die Aufgabenerfüllung — E 85
bb) Der Vorbehalt der Zumutbarkeit — E 86
cc) Die Kontrolldichte für regelmäßige Straßenüberprüfungen — E 89
e) Der räumliche Bereich — E 90
f) Die Verantwortlichkeit mehrerer Personen — E 93
aa) Die gesamtschuldnerische Haftung — E 93
bb) Die Unklarheit über die Person des Verkehrspflichtigen — E 94
g) Die Abwälzung der Straßenverkehrssicherungspflicht — E 95
h) Beweisfragen im Zusammenhang mit Verletzungen der Straßenverkehrssicherungspflicht — E 96
i) Besonderheiten in den neuen Bundesländern — E 98
aa) Der Einfluß des Verkehrswegezustandes in den neuen Ländern — E 99
bb) Abweichende Anforderungen — E 100
cc) Anforderungen an die Verkehrsteilnehmer — E 101
dd) Beispiele aus der Rechtsprechung der neuen Länder — E 102
2. Die Anlage, Unterhaltung und Beschilderung von Straßen — E 103
a) Anforderungen an die Straßenanlage — E 103
b) Maßnahmen zur Verkehrsberuhigung — E 104
aa) Allgemeine Grundsätze — E 104
bb) Aufstellen von Blumenkübeln — E 105
cc) Fahrbahnaufpflasterungen, Bodenschwellen — E 106
dd) Poller — E 109

c) Kanaldeckel .... E 110
aa) Auf Gehwegen .... E 110
bb) Auf Straßen .... E 111
cc) Sonstiges .... E 112
d) Anforderungen an die Straßenunterhaltung .... E 113
aa) Grundsätze .... E 113
bb) Der Inhalt der Straßenunterhaltungspflicht .... E 114
cc) Der Umfang der Straßenunterhaltungspflicht .... E 115
dd) Die Fahrbahnbeschaffenheit .... E 116
e) Verkehrsschilder .... E 117
f) Warnschilder und Kennzeichnung gefährlicher Stellen .... E 118
aa) Die Notwendigkeit der Warnung .... E 118
bb) Die Art der Warnung .... E 119
g) Wildschutzzäune .... E 120
h) Entwässerungsgräben .... E 121
3. Räum- und Streupflicht .... E 122
a) Allgemeine Grundsätze .... E 122
b) Die Person des Räum- und Streupflichtigen .... E 123
c) Die Abwälzung der Räum- und Streupflicht .... E 124
aa) Die Abwälzung durch Satzung .... E 124
bb) Die Abwälzung durch Vertrag .... E 126
d) Inhalt und Umfang der Räum- und Streupflicht .... E 127
aa) Allgemeine Grundsätze .... E 127
bb) Der Zeitraum der Streupflicht .... E 130
cc) Die Streupflicht auf Fahrbahnen .... E 132
α) Innerhalb geschlossener Ortschaften .... E 132
β) Außerhalb geschlossener Ortschaften .... E 136
dd) Die Streupflicht zum Schutz des Fußgängerverkehrs .... E 137
α) Fußgängerüberwege und Fahrbahnüberquerungen .... E 137
β) Besondere Gefahrenstellen .... E 138
γ) Gehwege .... E 139
ee) Die Streupflicht der Gastwirte .... E 141
ff) Die Streupflicht auf Parkplätzen .... E 142
gg) Die Streupflicht auf Flughäfen .... E 143
hh) Die Beweislast .... E 144
4. Straßenbäume .... E 145
a) Der örtliche Bereich .... E 145

b) Die Sicherung des Luftraumes .... E 146
c) Sichtbehinderungen .... E 147
d) Die Intensität der Überprüfung .... E 148
e) Die Kontrolldichte .... E 149
f) Die Sicherungsmaßnahmen im Normalfall .... E 150
g) Die Grenzen des Aufwandes .... E 151
h) Weiter gehende Maßnahmen .... E 152
i) Die Eigenvorsorge .... E 153
k) Ökologische Gesichtspunkte .... E 154
l) Beweisfragen .... E 155
5. Beleuchtung .... E 156
a) Inhalt und Umfang der Beleuchtungspflicht .... E 156
b) Die Anforderungen an die Verkehrsteilnehmer .... E 158
6. Sonstige Wege .... E 159
a) Gehwege .... E 159
aa) Grundsätze der Verkehrspflicht für Gehwege .... E 159
bb) Anforderungen an den Verkehrspflichtigen .... E 160
α) Normaler Fußgängerverkehr .... E 160
β) Erhöhter Fußgängerverkehr .... E 161
γ) Sonstiges .... E 162
cc) Anforderungen an Fußgänger .... E 163
b) Seitenstreifen und Bankette .... E 165
c) Parkplätze und Parkhäuser .... E 166
d) Wirtschaftswege .... E 167
e) Feldwege .... E 168
f) Wanderwege .... E 169
g) Trampelpfade .... E 170
h) Waldwege .... E 171
i) Ladestraßen .... E 172
7. Die Verkehrspflicht für Verkehrsmittel .... E 173
a) Züge .... E 173
b) Bahnanlagen .... E 174
c) Busse .... E 175
d) Straßenbahnen .... E 176
e) U-Bahnen .... E 179
f) Luftverkehr .... E 180
8. Die Verkehrspflicht für Schiffe .... E 181
a) Inhalt und Umfang der Verkehrspflicht .... E 181
b) Beweisfragen .... E 183
9. Die Verkehrspflicht für Wasserwege .... E 184
a) Allgemeine Grundsätze .... E 184

25. Titel. §823
Unerlaubte Handlungen E

b)	Inhalt und Umfang der Verkehrspflicht		E 185
10.	Gebäude und Grundstücke		E 190
a)	Allgemeines		E 190
b)	Das Gebäudeinnere		E 191
aa)	Treppenhaus		E 191
α)	Treppen		E 191
β)	Geländer		E 192
γ)	Glas		E 193
δ)	Beleuchtung		E 194
ε)	Türen und Fahrstühle		E 195
ζ)	Fußbodenpflege, Schächte und Reparaturen		E 196
bb)	Wohnräume		E 197
c)	Dächer		E 198
aa)	Beschaffenheit von Dächern		E 198
bb)	Gefahr durch Dachlawinen		E 199
cc)	Gefahr durch Eiszapfen		E 200
d)	Umgebung		E 201
aa)	Verbindung von Grundstück und Umgebung		E 202
α)	Ein- und Ausfahrt		E 202
β)	Umfriedung		E 203
γ)	Gefahren für Kinder		E 204
δ)	Unterbringung von Nutztieren		E 205
ε)	Hunde		E 205
bb)	Hofraum, Schächte, Treppenabgänge		E 207
α)	Bodenunebenheiten		E 207
β)	Schächte, Abgänge, Außentreppen		E 208
cc)	Garagen und Abstellmöglichkeiten für Kfz		E 209
dd)	Gärten, Grünanlagen und Gewächse		E 210
ee)	Gartenteiche und Schwimmbecken		E 211
ff)	Naturgewalten		E 212
e)	Leerstehende Gebäude		E 213
f)	Friedhöfe		E 214
11.	Baustellen		E 215
a)	Umfang der Verkehrspflicht		E 215
aa)	Die Verantwortlichen		E 215
α)	Bauherr		E 216
β)	Bauunternehmer		E 217
γ)	Arbeitnehmer		E 218
δ)	Architekt		E 219
bb)	Der geschützte Personenkreis		E 220
cc)	Der sachliche Umfang		E 221
dd)	Der zeitliche Umfang		E 222
b)	Zutrittsverhinderung		E 223
aa)	Allgemeines		E 223
bb)	Kinder		E 224
c)	Sicherung von Straßenbaustellen		E 225
aa)	Gefahren für den Kfz-Verkehr		E 226
bb)	Gefahren für Fußgänger		E 227
cc)	Die Verantwortlichen		E 228
d)	Gefahren auf der Baustelle		E 229
aa)	Schächte und Baugruben		E 229
bb)	Balkontüren		E 230
cc)	Arbeitsmaschinen		E 231
dd)	Lagerung von Baumaterial		E 232
ee)	Gefahren durch Stromleitungen		E 233
ff)	Witterungsbedingte Gefahren		E 234
gg)	Sonstige Gefahrenherde		E 235
e)	Gerüste und Leitern		E 236
aa)	Fehlerhafter Aufbau		E 236
bb)	Der Verkehrspflichtige		E 237
cc)	Sicherung gegenüber dem Verkehr		E 238
dd)	Unfertiges Gerüst		E 239
ee)	Fehlverhalten der Gerüstnutzer		E 240
ff)	Gefahren beim Abbau des Gerüstes		E 241
f)	Gefahren durch einzelne Bautätigkeiten		E 242
aa)	Transport		E 242
bb)	Tiefbauarbeiten		E 243
cc)	Innenausbau		E 244
dd)	Abbruch- und Sprengarbeiten		E 245
g)	Gefahren für den Nachbarn		E 246
aa)	Standfestigkeit		E 246
bb)	Schmutz und Wasser		E 247
12.	Geschäftsräume und Warenhäuser		E 248
a)	Allgemeines		E 248
b)	Das Gebäudeinnere		E 249
aa)	Fußböden		E 249
bb)	Einrichtung, Fahrstuhl, Rolltreppe		E 250
cc)	Sonstige Pflichten		E 251
c)	Der den Geschäftsraum umgebende Bereich		E 252
13.	Gaststätten, Hotels und Festsäle		E 253
a)	Allgemeines		E 253
b)	Das Gebäudeinnere		E 254
aa)	Brandschutz		E 254
bb)	Türen		E 255
cc)	Fußböden		E 256
dd)	Stufen und Stolperstellen		E 257
ee)	Treppen		E 258
ff)	Beleuchtung		E 259
gg)	Einrichtung der Räume		E 260

hh)	Küche	E 261	bb)	Erforderlichkeit und Art der Sicherungsmaßnahmen	E 292
c)	Sicherheit des Außenbereichs	E 262			
aa)	Beleuchtung	E 263	cc)	Beispiele	E 293
bb)	Reinigung	E 264	d)	Abenteuerspielplätze, Freizeit- und Erlebnisparks	E 294
cc)	Streupflicht	E 265			
dd)	Gästeparkplatz	E 266	aa)	Besonderheiten der Sicherungspflicht für „Anlagen mit Risikocharakter"	E 294
ee)	Biergarten	E 267			
d)	Gäste	E 268			
14.	Öffentliche Einrichtungen	E 269	bb)	Eigenvorsorge der Benutzer	E 295
a)	Allgemeines	E 269	cc)	Gefahren durch Dritte	E 296
aa)	Zugänge	E 270	17.	Badebetrieb in natürlichen Gewässern und Schwimmbädern	E 297
bb)	Fußböden, Fenster, Beleuchtung	E 271			
b)	Besondere Anforderungen aufgrund der Art des Publikumsverkehrs und der Einrichtung	E 272	a)	Badebetrieb in natürlichen Gewässern	E 298
			aa)	Begründung der Verkehrspflicht	E 298
aa)	Krankenhäuser und Sanatorien	E 272	bb)	Inhalt und Umfang der Verkehrspflicht	E 300
bb)	Schulen und Kinderheime	E 273			
15.	Gewerbliche Anlagen, Anlagen für Ver- und Entsorgung	E 274	b)	Gelände und Einrichtungen einer Badeanstalt	E 301
a)	Allgemeines	E 274	aa)	Allgemeines	E 301
b)	Autowaschanlagen	E 275	bb)	Gewässergrund, Beckenboden, Liegewiesen und sonstige Freiflächen	E 302
c)	Abwasseranlagen	E 276			
aa)	Begründung der Verkehrspflicht	E 276	cc)	Fußbodenbelag	E 304
bb)	Inhalt und Umfang der Verkehrspflichten	E 277	dd)	Schwimmbecken	E 307
d)	Mülldeponien	E 278	ee)	Sprunganlagen	E 310
e)	Kühltürme	E 279	ff)	Wasserrutschbahnen	E 311
f)	Starkstromanlagen	E 280	c)	Beaufsichtigung des Bade- und Schwimmbetriebes	E 314
aa)	Allgemeines	E 280			
bb)	Arbeiten in gefährlicher Nähe zu Starkstromleitungen	E 281	aa)	Anzahl der Aufsichtspersonen	E 314
			bb)	Aufgaben der Aufsichtspersonen	E 315
g)	Kletterabwehrschutz an Türmen und Strommasten zum Schutze von Kindern und Jugendlichen	E 282	cc)	Beaufsichtigung besonderer Benutzergruppen	E 316
			d)	Hilfeleistungen in Notfällen	E 317
aa)	Erforderlichkeit von Sicherungsvorkehrungen	E 282	e)	Spiele und Sportarten auf dem Gelände des Badebetriebes	E 318
bb)	Art der Sicherungsvorkehrungen	E 283	f)	Umgebung des Badebetriebes	E 319
cc)	Weitere Einzelfälle	E 284	18.	Anlagen und Veranstaltungen für Sport und sonstige Freizeitgestaltung	E 320
16.	Kinderspielplätze	E 285			
a)	Allgemeines	E 285			
aa)	Begründung der Verkehrspflicht	E 285	a)	Allgemeines	E 320
bb)	Inhalt und Umfang der Verkehrspflicht	E 286	aa)	Der Verkehrspflichtige	E 320
			bb)	Verkehrspflichten zum Schutz der Sportler	E 321
b)	Gestaltung und Beschaffenheit der Spielgeräte und des Spielplatzes	E 287			
			cc)	Verkehrspflichten zum Schutz der Besucher einer Freizeitveranstaltung	E 324
aa)	Beschaffenheit der Spielgeräte	E 287			
bb)	Beschaffenheit des Bodens	E 290			
c)	Umgebung des Spielplatzes	E 291	dd)	Verkehrspflichten zum Schutze der Anlieger	E 328
aa)	Inhalt der Verkehrspflicht	E 291			

ee)	Beschaffenheit des Veranstaltungsgeländes sowie der Einrichtungen und Anlagen	E 329	g)	Karussells, Fahrgeschäfte, Schießbuden und sonstige „Kirmesanlagen"		E 358
b)	Sporthallen, Sportstadien und Sportplätze	E 330	aa)	Allgemeines		E 360
			bb)	Organisation und Beaufsichtigung des Fahrbetriebes		E 360
aa)	Boden der Sportanlage	E 330				
bb)	Hallenwände	E 331	cc)	Einzelne Anlagen		E 361
cc)	Spielfeldumrandungen, Auslauf- und Sicherheitszonen	E 332	h)	Sonstiges		E 364
			aa)	Faschingsveranstaltungen		E 364
dd)	(Stand-)Sicherheit der Einrichtungen	E 333	bb)	Feuerwerk		E 365
			cc)	Sonstige Fälle		E 366
ee)	Gelände außerhalb der Spielfelder	E 334	19.	Jagd		E 367
ff)	Absperrungen der Sportanlagen zum Zuschauerbereich	E 335	a)	Erkenntnisquellen		E 367
			b)	Gebrauch der Schußwaffe		E 368
gg)	Absperrung eines Ballspielplatzes gegen abirrende Bälle	E 337	c)	Handhabung der Schußwaffe		E 369
			d)	Treibjagden und sonstige Gesellschaftsjagden		E 370
hh)	Verkehrspflichten zum Schutze von Kindern	E 338	aa)	Aufgaben des Jagdleiters		E 370
c)	Trimm-Dich-Anlagen	E 339	bb)	Pflichten der Jagdteilnehmer		E 371
aa)	Begründung der Verkehrspflicht	E 339	e)	Gefahren für den Straßenverkehr		E 372
bb)	Inhalt und Umfang der Verkehrspflicht	E 340	20.	Haftung der Angehörigen einzelner Berufsgruppen		E 373
cc)	Einzelne Anlagenteile und Einrichtungen	E 341	a)	Architekt		E 374
			aa)	Allgemeines		E 374
d)	Motor- und Radsportrennen	E 342	bb)	Verkehrspflichten im Zusammenhang mit der Planung des Bauwerks		E 378
aa)	Beschaffenheit und Gestaltung der Rennstrecke	E 342				
bb)	Sicherung von Leitplanken und ähnlichen Gegenständen bei Straßenrennen	E 343	cc)	Verkehrspflichten in Zusammenhang mit der Bauüberwachung		E 379
			b)	Reiseveranstalter		E 384
			aa)	Begründung der Verkehrspflichten		E 384
cc)	Absperrung der Rennstrecke zum Zuschauerbereich	E 344	bb)	Inhalt und Umfang der Verkehrspflichten im allgemeinen		E 385
dd)	Organisatorische Maßnahmen bei Straßenrennen mit Fahrrädern	E 345	cc)	Auswahl und Kontrolle des eigenen Personals		E 387
e)	Ski- und Rodelanlagen	E 346	dd)	Auswahl und Kontrolle der Leistungsträger		E 388
aa)	Begründung der Pistensicherungspflicht	E 346	c)	Kraftstofflieferant		E 393
			aa)	Allgemeines		E 393
bb)	Räumlicher Schutzbereich der Pistensicherungspflicht	E 348	bb)	Einzelne Verhaltenspflichten beim Betanken		E 394
cc)	Inhalt und Umfang der Pistensicherungspflicht	E 349	d)	Lehrer (Fahrlehrer und Sportlehrer)		E 397
dd)	Rodelbahnen	E 352	e)	Sprengunternehmer		E 398
ee)	Skiliftanlagen	E 353	21.	Umgang mit besonders gefährlichen Gegenständen		E 399
f)	Sonstiger Sportbetrieb – Einzelfälle	E 354				
aa)	Flugsport	E 354	a)	Gefährliche Stoffe (Chemikalien, Arzneimittel, leicht entflammbare Stoffe)		E 399
bb)	Kegelbahnen	E 355				
cc)	Moto-Cross-Gelände	E 356				
dd)	Reitsport	E 357				

b) Waffen — E 400
c) Kraftfahrzeuge — E 401
aa) Verhinderung einer unbefugten Benutzung — E 401
bb) Überlassung des Kraftfahrzeugs — E 404
d) Überlassung von Feuerwerkskörpern und sonstigen gefährlichen Gegenständen an Kinder — E 406

Alphabetische Übersicht

Abbrucharbeit — E 245
Abenteuerspielplatz — E 294 ff
Abwägungskriterien — E 26 ff
Abwälzung, s Delegation
Abwasseranlage — E 276 f
Adressat von Verkehrspflichten — E 55 ff
Alkoholisierte — E 253, 268, 358
Alternativverhalten, rechtmäßiges — E 72
Amtshaftung — E 84
Amtspflichten — E 23, 82
Andauernlassen der Gefahr — E 16, 25
Anforderung — E 71
Anlage, s Gewerbe
Anliegerschutz — E 328, 337
Anreiz — E 39, 44 f
Anscheinsbeweis — E 72
Anspruchsinhaber — E 2, 36, 40
Anweisung, falsche — E 26
Arbeitnehmer, s auch Beruf — E 61, 65, 218
Arbeitsmaschine — E 231
Architekt als Verkehrspflichtiger — E 374 ff
Arzneimittel — E 399
Aufgabe, Übernahme — E 1, 12, 21, 33, 38, 55 f, 58, 67
Aufgreifkriterium — E 12 ff, 25
Aufsicht, s auch Delegation — E 314 ff
Auftraggeber — E 61
Aufwand — E 31
Ausfahrt — E 202
Außenbereich — E 207 ff, 262 ff
Auswahlpflicht — E 60 f
Autorennen — E 28, 342 ff, 356
Autowaschanlage — E 275

Badebetrieb — E 297 ff
– Aufsicht — E 314 ff
– Badeanstalt — E 301 ff
– Beckenspringen — E 307 ff
– Fußboden — E 304 ff
– Liegeplatz — E 318
– Notfall — E 316
– Schwimmbecken — E 307 ff
– Schwimmeister — E 314 ff
– Schwimmhalle — E 301 ff
– See — E 298 f
– Sprunganlage — E 310
– Umgebung — E 319
– Wasserbeobachtungspflicht — E 315
– Wasserrutschbahn — E 311 ff
– Zugang — E 319
Bahnhof — E 174
Bankette — E 165
Bauarbeiten, s auch Baustelle — E 242 ff
Baugenehmigung — E 34
Baustelle — E 44, 215 ff
– Abbrucharbeiten — E 245
– Arbeitsmaschine, Sicherung — E 231
– Ausschachtungsarbeiten — E 229, 246
– Bauarbeiten — E 242 ff
– Baumaterial, Lagerung — E 232
– Brückenbau — E 247
– Gefahrenstellen — E 229 ff
– Gerüst — E 236 ff
– Geschäftsräume — E 248 ff
– Innenausbau — E 244
– Kinder — E 220, 224
– Kontrolle der Sicherungseinrichtung — E 226
– Nachbar als Gefährdeter — E 246 ff
– Schmutz — E 247
– Schutzumfang — E 220 ff
– Schweißarbeiten — E 14
– Sprengarbeiten — E 245
– Standfestigkeit — E 246
– Straßenbauarbeiten — E 225 ff, 247 ff
– Stromleitung — E 233
– Tiefbauarbeiten — E 243
– Transportarbeiten — E 242
– Unbefugte — E 223 ff
– Verantwortlicher — E 215 ff, 228
– Witterung — E 234
– Zeit — E 222
– Zutrittsverhinderung — E 223 f
Bauunternehmer als Verkehrspflichtiger — E 58, 217

25. Titel. **§ 823**
Unerlaubte Handlungen **E**

Befreiung von der Verkehrspflicht	E 31
Behörde	E 34, 59, 82 f
Beleuchtung	E 156 ff, 194, 259, 263, 271
Benutzung	
– Gestattung	E 39, 58
– Benutzerkreis	E 40
– Beschränkung	E 40
– bestimmungswidrige	E 39, 44
Bereichshaftung	E 12 f, 16 ff, 23, 33, 38, 58
Beruf	E 1, 8 f, 22
– Architekt	E 374 ff
– Kraftstofflieferant	E 393 f
– Lehrer	E 397
– Reiseveranstalter	E 71, 384 ff
– Schwimmeister	E 314 ff
– Sprengunternehmer	E 398
Beseitigungspflicht	E 26
Bestimmungsgewalt (-recht), s Benutzung	E 16, 51, 55, 339
Betriebsgenehmigung	E 34
Betrunkener	E 17
Beweislast	E 72
Beweisvereitelung	E 97
Biergarten	E 267
Brandschutz	E 254
Brennspiritus	E 399
Brückenbau	E 247
Bus	E 175
Chemikalien	E 14, 399
Dach	E 198 ff
Dauer der Verkehrspflicht, s Zeit	
Delegation von Verkehrspflichten	E 59 ff
– Haftung für den Übernehmenden	E 61 f
– Haftung des Übernehmers	E 63
– Organisationsmangel	E 62
– Reichweite der Übernahme	E 64
– Solvenz des Übernehmers	E 61
– Straßenverkehrssicherungspflicht	E 95
– Streupflicht	E 124 ff
– Überwachung	E 60 f, 125 f
– Weisungen	E 61, 65, 70
– Zeitraum	E 64
Demonstration	E 15
Dieb	E 52
DIN-Vorschrift	E 34
Dogmatik	E 2 ff
Dritte	
– Gefahrschaffung	E 17, 33, 79, 296
– Geschützte	E 36
– Organe, s dort Verkehrspflichtige, s Delegation	
Duldung	E 39
Eigentumsvorbehalt	E 66
Eigenverantwortlichkeit, s Selbstschutz	E 32
Einbrecher	E 50, 52
Eingang	E 270
Einrichtung	E 260
Eltern, Verantwortung	E 45
Entwässerungsgraben	E 121
Entwicklung	E 1
Erkennbarkeit der Gefahr	E 30
Erlebnisparks	E 294 ff
Fahrbahnbeschaffenheit	E 116
Fahrbahn, s Straßenverkehrssicherungspflicht	
Fahrlässigkeit	E 69
Fahrschule	E 397
Fahrstuhl	E 195, 250, 271
Fasching	E 364, 366
Fenster	E 271
Festsaal	E 256, 366
Festumzug	E 364 f
Feuerwerk	E 32, 365
Feuerwerkskörper	E 14, 406
Flughafen	E 143, 180
Flugsport	E 354
Flugtagfall	E 325
Friedhof	E 214
Führerschein, fehlender	E 37
Fußboden	E 249, 256 f, 271, 304 ff
Fußgänger	E 137 ff, 159 ff, 227
Garten	E 57, 210 f
Gaspistole	E 37
Gaststätte	E 41, 253 ff
– Außenbereich	E 262 ff
– Beleuchtung	E 259, 263
– Brandschutz	E 254
– Einrichtung	E 260
– Fußboden	E 256 f, 366
– Gäste	E 253, 268
– Hotel	E 253 ff
– Küche	E 261
– Parken	E 266
– Reinigung	E 264

§ 823
E

- Streupflicht _____ E 141
- Stufen _____ E 257
- Treppe _____ E 258
- Türen _____ E 255

Gastwirt _____ E 28, 40, 55, 141, 253 ff
Gebäude, s Grundstück _____ E 190 ff
- Gebäudeinneres _____ E 191 ff, 249 ff, 254 ff
- Standfestigkeit _____ E 246
- Umgebung _____ E 201 ff, 252, 262 ff
- Gefahr, abstrakte _____ E 10
- Abwendungs- und -steuerpflicht _____ E 10
- außerordentliche _____ E 43
- Beseitigung _____ E 26, 29 f, 32, 58 f
- besondere _____ E 20
- Erhöhung _____ E 13, 51
- Erkennbarkeit _____ E 30
- Kenntnis durch Benutzer _____ E 53
- konkrete _____ E 10, 53
- Schaffung _____ E 13 ff, 17, 25, 36, 55, 58
- Verbot _____ E 32
- Vermeidung _____ E 3, 13, 26
- Warnung _____ E 17, 26, 30 ff
- Gefahrenstellen _____ E 229 ff
Gefälligkeit _____ E 39
Gegenleistung _____ E 31
Gehweg _____ E 159 ff, 139 ff
Geisteskrankheit _____ E 24
Gemeinschaftliche Haftung _____ E 56, 93
Gerät, technisches _____ E 272
Gerüst _____ E 236 ff
Gesamtschuldner _____ E 93
Geschäftsführer, Haftung _____ E 66 ff
Geschäftsraum, s Kaufhaus _____ E 248 ff
Gestattung der Benutzung _____ E 39
Gewässerunterhaltungspflicht _____ E 23, 184
Gewerbe _____ E 274 ff
- Abwasseranlage _____ E 276 f
- Autowaschanlage _____ E 275
- Kletterabwehrschutz _____ E 282 ff
- Kühlturm _____ E 279
- Mülldeponie _____ E 278
- Stromanlagen _____ E 280 ff
- Tankanlage _____ E 392 ff
Gewerbebetrieb, Schutz _____ E 6
Gewohnheitsrecht _____ E 1 f
Glas _____ E 29, 162, 193, 255
Go-Kart-Bahn _____ E 262
Grenze der Verkehrspflicht _____ E 35, 68

2. Buch
7. Abschnitt. Einzelne Schuldverhältnisse

Großveranstaltung, s Massenveranstaltung _____ E 33
Grundstück _____ E 190 ff
- Ausfahrt _____ E 202
- Außenbereich _____ E 207 ff
- Beleuchtung _____ E 194, 259, 263
- Dach _____ E 198 ff, 247
- Fahrstuhl _____ E 195, 250, 271
- Friedhof _____ E 214
- Fußboden _____ E 249, 256, 271 f, 304 ff
- Garten _____ E 210 f
- Gebäude _____ E 190 ff
- Geländer, Treppe _____ E 192, 208
- Glas _____ E 193
- Grünanlage _____ E 210
- Hofraum _____ E 206 f
- Hund _____ E 205
- Kinder, Gefahren für _____ E 204
- Leerstand _____ E 213
- Naturgewalt _____ E 3, 32, 212
- Nutztier _____ E 205
- Parken _____ E 89 f, 142, 166, 209, 266
- Reinigung _____ E 249, 256, 271 f, 304 ff
- Schacht _____ E 162, 196, 208, 229, 251 f
- Teich _____ E 19, 48, 211
- Treppe _____ E 191 ff, 258
- Tür _____ E 195, 255
- Umgebung _____ E 201 ff
- Unterhaltungszustand _____ E 191
- Wohnraum _____ E 197
- Zaun _____ E 203
- Zugang _____ E 262
Gutachten _____ E 9

Haftungsbeschränkung _____ E 3
Haftungselemente _____ E 8
Haftungsgrund, s Aufgreifkriterium
Haushaltsvorstand, Haftung _____ E 24
Herausforderungsfall _____ E 71
Herrschaftsbereich _____ E 57
Hochsitz _____ E 50
Hotel _____ E 253 ff
Hund _____ E 205

Inhalt und Umfang _____ E 127
Innenausbau _____ E 244
Instruktionspflicht _____ E 26
Inverkehrbringen von Sachen _____ E 20

25. Titel.
Unerlaubte Handlungen

§ 823
E

Jagd	E 34, 367 ff
Kanaldeckel	E 110 ff
Kanalisation	E 276
Karneval	E 364, 366
Karussell, s Spielplatz	E 358 ff
Kaufhaus	E 248 ff
– Einkaufswagen	E 252
– Fahrstuhl	E 250
– Fußboden	E 249
– Gebäudeinneres	E 249 ff
– Ladeneinrichtung	E 250
– Rolltreppe	E 250
– Schaufenster	E 252
– Umgebung	E 252
Kegelbahn	E 355
Kenntnis vom Bestehen der Verkehrspflicht	E 71
– Kind, Spielplatz s dort	E 17, 32, 37, 41, 45 ff, 204, 211, 224, 282 ff, 338, 358
Kirmesanlagen	E 358 ff
Kletterabwehrschutz	E 282 ff
konkurrierende Zuständigkeit	E 16, 55 ff
Kontrolle	E 148 f
– Kontrolldichte, Straßenüberprüfungen	E 89
– Kontrollpflicht	E 39, 57
Kraftfahrzeug, Überlassung an andere	E 18, 33, 401 ff
Kraftstofflieferant als Verkehrspflichtiger	E 393 f
Krankenhaus	E 272
Küche	E 261
Kühlturm	E 14, 279
Lagerfeuer	E 366
Leerstehende Gebäude	E 213
Lehrer als Verkehrspflichtiger	E 397
Leistungsfähigkeit, finanzielle	E 31
Liegeplatz	E 318
Luftraumsicherung	E 146
Luftverkehr	E 180
Massenveranstaltung	E 28, 33, 324 ff
Maßstab	E 27, 34 f, 70 f
Mieter	E 29, 40, 46, 55 ff
Milzbrandfall	E 1
Mindeststandard	E 34
Mißbrauch	E 192, 286, 288
Mittelbare Verletzung	E 2 f, 66, 62
Mitverschulden	E 17, 32, 53
Möglichkeit der Gefahrbeseitigung	E 35
Motorsport	E 342 ff, 356
Mülldeponie	E 278
Musikveranstaltung	E 324 ff, 366
Nachbar, Gefahr für	E 33, 145, 245 ff, 285, 328
Naturgewalt	E 3, 32, 212
Neue Bundesländer	E 98 ff
Nichtfachmann	E 5
Nichtverantwortungsfähige	E 49
Nierenspenderfall	E 71
Nutztier	E 205
Nutzung, s Benutzung	
Nutzungsinteresse, vertraglich geschuldetes	E 53
Öffentliche Einrichtungen	E 269 ff
– Beleuchtung	E 271
– Eingang	E 270
– Fenster	E 271
– Fußboden	E 271
– Krankenhaus	E 272
– Obdachlosenheim	E 271
– Rathaus	E 271
– Schule	E 273
Öffentlich-rechtliches Recht	E 17, 23, 34, 39, 47, 59, 74
Organ, Haftung	E 66 ff
Organisationsmangel	E 61 f, 65
Parken	E 89 f, 142, 166, 209, 266
Passant	E 40
Persönlichkeitsrecht	E 6
Pflichtendelegation, s Delegation	E 59 ff
Pistensicherungspflicht	E 346 ff
Privatgrundstück	E 28
Produkthaftung	E 20
Psychische Veranlassung (Selbstgefährdung)	E 37
Radsport	E 342 ff
Rathaus	E 271
Räum- und Streupflicht, s Streupflicht	
Rechtsnachfolger	E 17, 55
Reinigung	E 196, 249, 264
Reiseveranstalter als Verkehrspflichtiger	E 71, 384 ff
Reitsport	E 357

§ 823
E

Risikoerhöhung ———— E 51
Rodelanlage ———— E 346 ff
Routine ———— E 28

Sachkundiger Beobachter ———— E 28
Sanatorium ———— E 272
Schacht ———— E 162, 196, 208, 229, 251 f
Schadenswahrscheinlichkeit ———— E 28
Schiff ———— E 181 ff
Schleuse ———— E 188
Schmutz ———— E 247
Schule ———— E 28, 35, 270, 273
Schutzgesetz, kein ———— E 5
Schutzumfang
– Maßstab ———— E 27, 34 f, 70 f
– persönlich ———— E 36 ff
– sachlich ———— E 6 ff, 64
Schutzzweck ———— E 50, 54
Schwimmen, s Badebetrieb
Seitenstreifen, Straßenverkehrssicherungspflicht ———— E 165
Selbstschutz ———— E 13, 21, 26, 29, 32, 45, 53, 153, 198, 221, 224, 295, 334
Sekundäre Verkehrspflicht ———— E 380
Sichtbehinderungen ———— E 147
Situationsabhängigkeit ———— E 29
Skianlage ———— E 346 ff, 352
Speise, erhitzte ———— E 261
Spezialkenntnis ———— E 60
Spielplatz ———— E 28 f, 285 ff
– Abenteuerspielplatz ———— E 41, 294 ff
– Eigenvorsorge der Benutzer ———— E 295
– Erlebnisparks ———— E 294 ff
– Gefahren durch Dritte ———— E 296
– Kontrolle ———— E 288 f
– Maßnahme ———— E 296
– Spielgerät ———— E 28 f, 287
– Umgebung ———— E 291 f
– Untergrund ———— E 290
Sportanlagen ———— E 320 ff
– Anliegerschutz ———— E 328, 337
– Bodenbeschaffenheit ———— E 329 f
– Eishockeyhalle ———— E 31, 336
– Flugsport ———— E 354
– Hallenwand ———— E 331
– Kegelbahn ———— E 355
– Kinder, Schutz ———— E 338
– Liftanlage ———— E 353
– Massenveranstaltung ———— E 324 ff

– Motorsport ———— E 342 ff, 356
– Pistensicherungspflicht ———— E 346 ff
– Publikum, s Zuschauer
– Radsport ———— E 342 ff
– Regelverstoß ———— E 324
– Reitsport ———— E 357
– Rodelanlage ———— E 346 ff
– Skisport ———— E 346 ff, 352 f
– Sportler, Schutz ———— E 321 ff, 330 ff
– Sportplatz ———— E 33
– Tor ———— E 333
– Trimm-Dich-Anlagen ———— E 339 ff
– Umgebung ———— E 334 ff
– Verantwortliche ———— E 320
– Zuschauer, Schutz ———— E 326, 329, 335 ff, 344 f
Sprengarbeit ———— E 189, 245
Sprengstoff ———— E 14, 37, 43
Sprengunternehmer als Verkehrspflichtiger ———— E 398
Sprungturm ———— E 310
Staatshaftung ———— E 3
Standard ———— E 41
Standfestigkeit ———— E 246
Störer ———— E 17
Straßenanlage ———— E 103
Straßenbahn ———— E 176 ff
Straßenbaulast ———— E 23, 30, 83
Straßenbaum ———— E 145 ff
– Beweislast ———— E 155
– Eigenvorsorge ———— E 153
– Kontrolle ———— E 148 f
– Luftraumsicherung ———— E 146
– Maßnahmen ———— E 150 ff
– Ökologie ———— E 154
– Selbstschutz ———— E 153
– Sichtbehinderung ———— E 147
Sichtbehinderungen ———— E 147
Straßenbaustelle ———— E 92, 150, 225 ff, 247
Straßenunterhaltungspflicht ———— E 113 ff
Straßenverkehrssicherungspflicht ———— E 73 ff
– Amtshaftung ———— E 84
– Anlage der Straße ———— E 103 ff
– Bankette ———— E 165
– Baustelle ———— E 92, 150, 225 ff, 247
– Beleuchtung ———— E 156
– Beweislast ———— E 96
– Delegation ———— E 95
– Dritte ———— E 79
– Entwässerungsgraben ———— E 121

25. Titel.
Unerlaubte Handlungen

§ 823
E

- Fahrbahnbeschaffenheit — E 116
- Gesamtschuldner — E 93
- Gully — E 110 ff
- Hindernis — E 33
- Kontrolldichte, Straßenüberprüfung — E 89
- neue Bundesländer — E 98 ff
- Parken — E 89 f, 142, 166, 209, 266
- Räum- und Streupflicht — E 122 ff
- Schutzumfang — E 91
- Straßenanlage — E 103 ff
- Straßenbaum — E 145 ff
- Straßenschild — E 118 f
- Straßenbaulast, Abgrenzung — E 83
- Straßenunterhaltungspflicht — E 113 ff
- Umfang — E 85 ff, 115
- Unterhaltung — E 103 ff, 113 ff
- Verantwortliche — E 93 f
- Verkehrsberuhigung — E 104 ff
- Verkehrsregelung, Abgrenzung — E 80 f
- Verkehrsschilder — E 117 ff
- Verkehrsteilnehmer — E 32, 101, 163 f
- Vertrauensgrundsatz, kein — E 73
- Warnung — E 117 ff
- Wege — E 159 ff
- Wegereinigungspflicht, polizeiliche, Abgrenzung — E 82
- Widmung — E 76 f
- Wildschutzzaun — E 29, 120
- Zumutbarkeit — E 86

Streupflicht — E 23, 25, 40, 55, 64, 122 ff
- Beweislast — E 144
- Delegation — E 124 ff
- Fahrbahnen — E 132 ff
- Flughafen — E 143
- Fußgängerverkehr — E 137 ff
- Gastwirt — E 141
- Inhalt und Umfang — E 127 ff
- Parkplatz — E 142
- Verantwortliche — E 123 ff
- Zeitraum — E 130 f

Stromleitungen — E 46, 233, 243, 280 ff
Systematischer Standort — E 4 f

Tankanlage — E 392 ff
Teich — E 19, 48, 211, 229
Terminologie — E 11
Tiefbauarbeiten — E 243
Tierhalter — E 205
Trampelpfad — E 170

Transport — E 242
Treibjagd — E 370 f
Treppe — E 29, 191 ff, 207, 235, 249, 256 f, 270
Trimm-Dich-Anlagen — E 339 ff
Tür — E 195, 230, 255

U-Bahn — E 179
Übernahme — E 1, 12, 21, 33, 38, 55 f, 58, 67
Überschwemmung — E 246, 277
Übertragung von Verkehrspflichten, s Delegation — E 59 ff
Überwachung, s Delegation
- Bereich — E 57
Überwachungs- und Obhutspflicht — E 9, 57
Umfang, s Schutzumfang
Umgebung — E 201 ff, 252, 291 ff, 319, 334 ff,
Unbefugte — E 28, 40, 42 ff, 223 ff
Unfallverhütungsvorschrift — E 34, 72, 221, 367
Unterlassen — E 1 ff
Unterlassungsanspruch — E 10
Unvernünftiges Verhalten — E 28

Veränderung von Verkehrspflichten — E 29, 70 f
Verantwortliche —
— E 55 ff, 60 f, 66 ff, 93 f, 123 ff, 215 ff, 228
Verantwortungsübernahme, faktische — E 19
Verbot — E 26, 32
Verkehrsberuhigung — E 104 ff
Verkehrseröffnung — E 12, 19 f, 39
Verkehrserwartung — E 21, 27 ff, 35, 40, 55, 64
- Vorangegangenes Tun — E 12
Verkehrsmittel — E 173 ff
- Bahnanlagen — E 41, 174
- Bus — E 175
- Luftverkehr — E 143, 180
- Schiff — E 181 ff
- Straßenbahn — E 176 ff
- U-Bahn — E 179
- Zug — E 173
Verkehrspflichtiger, s Verantwortlicher — E 55 ff
Verkehrsregelungspflicht — E 80 f
Verkehrsschilder — E 117 ff
Verkehrsteilnehmer — E 88, 101
Vermieter — E 40, 57
Vermögen — E 7 ff, 52
Verschärfung der Anforderungen — E 29, 70
Verschleißschaden — E 28
Verschulden — E 5, 51, 69 f
Versicherung — E 62

Vertrag mit Schutzwirkung zugunsten Dritter	E 9
Vertrauen	E 51, 34, 63 ff
Vorhersehbarkeit	E 70 f
Vorsatz	E 69
Vorschriftswidriges Verhalten	E 28
Vorstand, Haftung	E 66
Vorteil	E 16
Waffe	E 14, 31, 36 f, 368 f, 400
Wahllokal	E 271
Warenhaus, s Kaufhaus	
Warnung	E 17, 26, 30 ff, 117 ff
Waschmaschine	E 57
Wasserrutschbahn	E 311 ff
Wasserweg	E 184 ff
Wege	E 167 ff
Wegereinigungspflicht, polizeiliche	E 82
Weisung	E 61, 65, 70
Widmung	E 39, 77
Wildschutzzaun	E 29, 120
Wirtschaftliche Situation	E 31
Witterung	E 234
Wohnraum	E 197
Zaun	E 203
Zeit	E 58, 64, 130, 222, 274
Zufall	E 52
Zug	E 173
Zumutbarkeit	E 26, 29, 31, 35, 57, 86 f, 102
Zurechnungszusammenhang	E 37
Zuschauer, Schutz	E 329, 335, 344, 358, 363, 366
Zweckwidmung der Sache, s Bestimmungsgewalt	E 51

I. Die Entwicklung

E 1 Der Gesetzgeber des BGB war noch davon ausgegangen, er habe die Rechtssphäre der einzelnen hinreichend abgegrenzt und den Grundsatz verdeutlicht, daß jedermann den Bereich des anderen zu achten und sich jedes widerrechtlichen Eingriffs zu enthalten habe (Mot II 725 f = MUGDAN II 404 f; Prot II 2711 f = MUGDAN II 1073 f; zur strafrechtlichen Entwicklung, die den Gedanken der Verkehrspflicht schon vorher aufgegriffen hatte, vgl vBAR JZ 1979, 334). Demgemäß **verneinte** die Rechtsprechung zunächst eine **allgemeine Rechtspflicht, fremdes Eigentum zu schützen** (vgl noch RGZ 97, 11, 12). Schon bald stellte sich indes das Problem, ob auch ein Unterlassen, das nicht unter die klassischen Fallgruppen zu subsumieren war, die Haftung begründen konnte. Das bejahte das Reichsgericht in zwei grundlegenden Entscheidungen (RGZ 52, 373, 379; 54, 53, 58 f). Es ging dabei um Schäden, die ein umstürzender, angeblich morscher Baum verursacht hatte bzw um einen Unfall auf einer eisglatten und schlecht beleuchteten Treppe. Das Reichsgericht bejahte die Haftung und begründete das damit, daß derjenige, der dem Publikum einen Weg zum freien Gemeingebrauch zur Verfügung gestellt habe und hierzu unterhalte, für die Schäden aufzukommen habe, die durch die **mangelhafte Instandhaltung oder Nichtbeseitigung von Verkehrshindernissen** verursacht würden (RGZ 54, 53, 59). Damit war die Fallgruppe der Verantwortung für den Herrschaftsbereich angesprochen (LARENZ/CANARIS § 76 III 1 a). In einer späteren Entscheidung hat das Reichsgericht diesen Ansatz noch auf die Ausübung eines Berufs ausgedehnt, wenn der Betroffene die Verantwortung dafür übernimmt, daß da, wo von seinen Diensten Gebrauch gemacht wird, ein geordneter Verlauf der Dinge gewährleistet wird. Das Gericht bejahte demgemäß die Haftung eines Tierarztes, der von dem Eigentümer eines an Milzbrand erkrankten Rindes hinzugezogen worden war und der den die Notschlachtung durchführenden Metzger nicht vor den Gefahren einer Infektion gewarnt hatte (RGZ 102, 372, 375). Dieser Fall wird als Übernahmehaftung gewertet (LARENZ/CANARIS § 76 III 1 b). Heute ist die Lehre von den

Verkehrspflichten in ihren Grundzügen trotz früherer Kritik (vgl zB Esser JZ 1953, 130 ff; dazu umfassend Soergel/Zeuner Rn 208 ff) wohl schon **Gewohnheitsrecht** (vBar JZ 1979, 333). Wer etwa in seinem Verantwortungsbereich eine Gefahrenquelle schafft oder andauern läßt, hat alle nach Lage der Verhältnisse möglichen und erforderlichen Sicherungsmaßnahmen zum Schutz anderer Personen zu treffen (vgl zB – mit etwas wechselnden Formulierungen – BGHZ 5, 378, 380 f; 14, 83, 85; 16, 95, 98; 24, 124, 130; 34, 206, 209; 60, 54, 55; 65, 221, 224; 103, 338, 340; 121, 367, 375; weitere Nachw unter Rn E 13); neuere Entscheidungen verzichten zT auf eine nähere Definition der Voraussetzungen (vgl zB BGH NJW 1986, 2757, 2758; 1994, 2617; 1995, 2631, 2632).

II. Dogmatische Grundlagen

1. Der Meinungsstand

Die dogmatische Struktur der Verkehrspflichten ist im Ausgangspunkt sehr umstritten, wobei die Kontroverse durch terminologische Eigenheiten noch zusätzlich belastet wird. Die wohl hM, die der Sache nach die Rechtsprechung bestimmt, sieht in den Verkehrspflichten eine **Präzisierung der Verletzung durch mittelbare Eingriffe oder der Beeinträchtigung durch Unterlassen**. Es gehe letztendlich um eine Konkretisierung des § 823 Abs 1, wobei die §§ 831 bis 838 eine relativ solide Grundlage für eine Analogie oder Rechtsfortbildung böten (Larenz/Canaris § 76 III 2 a; ders, in: FS Larenz II [1983] 78 f; Steffen VersR 1980, 409). Die Gegenauffassung hält die §§ 831 bis 838 nicht für eine geeignete Basis, da der Gesetzgeber sie nicht als Ausfluß eines gemeinsamen Prinzips gedeutet habe. Allerdings seien die Verkehrspflichten **Gewohnheitsrecht** geworden (vBar 15 ff, 25). In dieselbe Richtung deutet die **Unterscheidung zwischen der legislativen und der judiziellen Konzeption** des § 823 Abs 1. Gegenüber direkten Eingriffen enthalte § 823 Abs 1 ein generelles Schädigungsverbot, bei dem das Rechtswidrigkeitsurteil an den tatbestandlichen Erfolg anknüpfe. Die judizielle Konzeption beschäftige sich mit der mittelbaren Schädigung. Dabei sei der Tatbestand als solcher noch rechtswidrigkeitsneutral, lege nur die Personen fest, die als Adressaten eines deliktischen Anspruchs äußerstenfalls in Frage kämen. Die Rechtswidrigkeit könne dann nur mit Hilfe der durch die Verletzung nicht präjudizierten Prüfung von Verstößen gegen eine Verhaltenspflicht festgestellt werden (MünchKomm/Mertens Rn 2; ders VersR 1980, 398 f). Was den Ausgangspunkt angeht, so sollte die Bedeutung der Kontroverse nicht überschätzt werden. Denn daß auch für mittelbare Verletzungen gehaftet wird, ist heute weithin unstrittig (**aA** allerdings Fraenkel, Tatbestand und Zurechnung bei § 823 Abs 1 BGB [1979] 53 f, 248 f; dazu schon oben Rn A 10). Auch stimmen die unterschiedlichen Auffassungen weithin in den Wertungen überein, etwa in der Bedeutung der §§ 831 ff für die Person des Verkehrspflichtigen (vgl MünchKomm/Mertens Rn 221 einerseits; Larenz/Canaris § 76 III 2 a andererseits). Der Unterschied reduziert sich dann auf die Frage, ob die Verkehrspflichten im Gesetz verankert sind oder auf einer judiziellen Konzeption beruhen, also auf ein Problem, das vorwiegend von historischem Interesse ist (MünchKomm/Mertens Rn 2 Fn 4). Angesichts der Legitimation von Normkonkretisierung und Rechtsfortbildung durch die Gerichte geht es auch dabei eher um Fragen der Einordnung als um den Grundsatz.

2. Die Funktionen der Verkehrspflichten

Die Verkehrspflichten sollen zum einen die **Haftung in den Fällen des Unterlassens** begründen (MünchKomm/Mertens Rn 208; LARENZ/CANARIS § 76 III 1 a; DEUTSCH, Allgemeines Haftungsrecht [2. Aufl 1996] Rn 106; MEDICUS, Bürgerliches Recht [17. Aufl 1996] Rn 642, 645 f), wobei vielfach eine Unterscheidung zum positiven Tun ohnehin kaum zu ziehen ist (vgl schon RGZ 52, 373, 376). Lädt ein Unternehmer scharfkantige Blechabfälle ab, sichert er sie nicht ordentlich und kommt es daher zu einer Verletzung, so kann es keinen Unterschied machen, ob man das Gewicht auf das Abladen – also positives Tun – oder die fehlende Sicherung – also das Unterlassen – legt (Fall und Lösung nach MEDICUS, Bürgerliches Recht [17. Aufl 1996] Rn 644; vgl ferner vCAEMMERER, in: FS DJT Bd II [1960] 75). **Damit ist schon die zweite Funktion** angesprochen, nämlich die Begründung, aber auch die Beschränkung der Haftung bei mittelbaren Verletzungen (ERMAN/SCHIEMANN Rn 5; LARENZ/CANARIS § 76 III 1 b; FIKENTSCHER Rn 1058; DEUTSCH Rn 259; MEDICUS, Bürgerliches Recht [17. Aufl 1996] Rn 645 f; vBAR 157; vCAEMMERER, in: FS DJT Bd II [1960] 75 ff, vor allem 77 f; KLEINDIEK 374). Die Gemeinsamkeit beider Funktionen wird von der hM darin gesehen, daß der letzte zum Schaden führende Verursachungsbeitrag nicht vom Täter gesetzt wird, sondern vom Geschädigten selbst, von Dritten oder auch von Naturgewalten. Auf das Opfer werde so nicht direkt eingewirkt; damit entsprächen die mittelbaren Verletzungen in dem entscheidenden Punkt den Fällen des pflichtwidrigen Unterlassens (LARENZ/CANARIS § 76 III 1 c; vBAR 157). Verkehrspflichten sind unter diesem Aspekt als **Gefahrvermeidungs- und -abwehrpflichten** zu interpretieren (LARENZ/CANARIS § 76 III 1 d). Die Parallele und die daraus gewonnene Funktionsbeschreibung ist sicher richtig. Indes darf nicht aus dem Auge verloren werden, daß **damit die Haftung auch bei (mittelbarer) Schädigung durch positives Tun beschränkt wird**. Autos dürfen trotz der mit ihnen verbunden Gefahren und trotz der statistisch zu erwartenden Zahl von Unfällen in den Verkehr gebracht werden. Daneben wird noch als weitere Funktion der Verkehrspflicht die Vorwegnahme der Staatshaftung in zivilrechtlichem Gewand genannt (MünchKomm/MERTENS Rn 208; ders VersR 1980, 398; vBAR 28 ff; ders JZ 1979, 334 ff); dies dürfte nach dem heutigen Stand der öffentlich-rechtlichen Dogmatik weitgehend nur mehr von historischem Interesse sein. Auch der ansonsten noch genannte Zweck, Gedanken der Gefährdungshaftung in die Fahrlässigkeitshaftung zu übertragen (so MünchKomm/MERTENS Rn 206), überzeugt nicht zur Gänze. Wenn die Verkehrspflicht erfüllt ist, wird für den gleichwohl eingetretenen Schaden nicht gehaftet; es bleibt obendrein die (allerdings zT erleichterte) Verschuldensprüfung (vgl unten Rn E 69 ff).

3. Die dogmatische Zuordnung zu § 823 Abs 1

a) Die hM

Auch vom Ergebnis her bedeutsam ist die dogmatische Einordnung der Verkehrspflichten in § 823. **Nach hM gehören sie zu Abs 1** der Norm (BGH NJW 1987, 2761, 2762; davon geht die Rspr auch ansonsten aus; vgl zB BGH NJW 1991, 921; LM Nr 102 zu § 823 [Dc] unter II 1; Nr 175 zu § 823 [Dc] unter II 1; Nr 188 zu § 823 [Dc] unter II 4 a; Nr 2 zu WaffenG unter II 2; ohne Nennung des Absatzes jedoch zB BGH LM Nr 124 zu § 823 [Dc] unter II 2; Nr 183 zu § 823 [Dc] unter 1; aus der Literatur zB ERMAN/SCHIEMANN Rn 6, 76; LARENZ/CANARIS § 76 III 2 b; ders, in: FS Larenz II [1983] 77 ff; MEDICUS, Bürgerliches Recht [17. Aufl 1996] Rn 647; ders JZ 1986, 780; PICKER AcP 183 [1983] 496 ff; STOLL 13; FEZER, Teilhabe und Verantwortung [1986] 530; der Sache nach auch vCAEMMERER KF 1961, 20; wohl auch KÖTZ Rn 106). Zum einen würde sonst das Regel-Ausnahme-Verhältnis zwischen § 823 Abs 1 und 2 umgedreht (LARENZ/CANARIS § 76 III 2 b; ders, in: FS Larenz II [1983] 78). Zum anderen wäre § 823 Abs 1 entleert und bei Verletzungen, die einerseits einen unmittelbaren Eingriff bedeuteten, andererseits gegen eine Verkehrspflicht verstießen, eine Abgrenzung zwischen den beiden Absätzen notwendig (LARENZ/CANARIS § 76 III 2 b; ders, in: FS Larenz II [1983] 79). Und schließlich habe § 823 Abs 2 die Funktion, außerdeliktsrechtliche Normen ins Deliktsrecht umzusetzen; Verkehrspflichten seien dagegen deliktische Pflichten (LARENZ/CANARIS § 76 III 2 b).

b) Die Gegenauffassung
Die Gegenauffassung begreift dagegen **Verkehrspflichten als Schutzgesetze** (DEUTSCH E 5
Rn 276; ders JuS 1967, 157; LARENZ, in: FS Dölle I [1963] 189, 193 f; K HUBER, in: FS vCaemmerer [1978] 377, 380 f; vBAR 157 ff; LESER AcP 182 [1982] 585 f). So sei es mehr oder weniger Zufall, ob eine Pflicht als Verkehrspflicht oder zusätzlich als Straf- und damit Schutzgesetz normiert sei (vBAR 160); oft werde das entsprechende Gesetz erlassen, nachdem die Rechtsprechung die Verkehrspflicht anerkannt habe (vBar 163 ff). Ein weiterer Vorteil wird schließlich im **verkürzten Verschuldensbezug** gesehen, der sich nur auf die Verletzung der Verkehrspflicht, nicht aber des Rechtsguts beziehen müsse (DEUTSCH Rn 261, 276; ders JuS 1967, 157; vBAR 162; vgl auch unten Rn E 69 f). Die Verlagerung der Verkehrspflicht in den Abs 2 des § 823 ist aber zumindest iE unnötig. Daß es bei Erlaß eines Schutzgesetzes zu einer Konkurrenz zwischen Abs 1 und 2 kommt, ist nichts Außergewöhnliches, ohne daß etwa wegen der Existenz eines Schutzgesetzes § 823 Abs 1 gesperrt wäre. Der verkürzte Verschuldensbezug wäre zwar in der Tat ein Vorteil, sollte er nur auf diesem Weg gewährleistet sein. Sonst rückte wegen des objektiven Verschuldensmaßstabes der Nichtfachmann an die Stelle des kompetenten Betrachters (vBAR 162). Doch leistet die Anbindung an § 823 Abs 1 iE dasselbe. Wer die Pflicht verletzt, mit der auch einer zunächst abstrakten Gefahr begegnet werden soll, handelt fahrlässig, auch was das verletzte Rechtsgut angeht, wenn sich die abstrakte Gefahr zur Schädigung verdichtet (LARENZ, Schuldrecht BT [12. Aufl 1981] § 72 I d Fn 2).

4. Der Schutzumfang der Verkehrspflichten

Von den Verkehrspflichten umfaßt sind **alle Schutzgüter des § 823 Abs 1**, einerlei ob sie E 6
kodifiziert oder – wie das Persönlichkeitsrecht oder der Gewerbebetrieb – Ergebnis richterlicher Rechtsfortbildung sind. So kann man die Pflicht zur Recherche bei einer Behauptung nicht nachgewiesen wahrer Tatsachen durchaus als Verkehrspflicht zum Schutz der Persönlichkeit des Betroffenen verstehen (LARENZ/CANARIS § 76 III 2 c; J HAGER AcP 196 [1996] 194; **aA** vBAR 80 f; vgl auch oben Rn C 119). Eine der strittigsten Fragen ist in diesem Zusammenhang allerdings die Einbeziehung des Vermögens in den Schutzbereich der Verkehrspflichten.

a) Die hM: Kein primärer Vermögensschutz
Die hM lehnt eine derartige Ausweitung des Umfangs entweder pauschal ab (BGB- E 7
RGRK/STEFFEN Rn 140; ders VersR 1980, 409; ders ZVersWiss 1993, 20; LARENZ, in: FS Dölle I [1963] 189; STOLL 42 ff) oder beschränkt sie auf den vom Gesetz vorgesehenen Schutz durch die §§ 823 Abs 2, 824, 826, 831 (ERMAN/SCHIEMANN Rn 76; SOERGEL/ZEUNER Rn 47; SOERGEL/HÖNN § 826 Rn 4; LARENZ/CANARIS § 76 III 2 c; ders, in: FS Larenz II [1983] 83; GRUNEWALD JZ 1982, 631; PICKER AcP 183 [1983] 496; ders JZ 1987, 1047, 1051; KREUZER AcP 1984 [1984] 86; STOLL 42 f; BÖRGERS 34 f). Alles andere würde nicht nur die Gefahr einer nahezu uferlosen Haftung nach sich ziehen, **sondern auch gegen die Grundentscheidung des Gesetzgebers verstoßen**, das Vermögen nicht deliktsrechtlich zu schützen (LARENZ/

CANARIS § 76 III 2 c; KREUZER AcP 184 [1984] 86; BÖRGERS 34; ähnl ERMAN/SCHIEMANN Rn 76; SOERGEL/ZEUNER Rn 47; GRUNEWALD JZ 1982, 631; PICKER AcP 183 [1983] 496; ders JZ 1987, 1047). Vor allem aber gebe es praktisch keine Kriterien, die eine Erweiterung der Verkehrspflichten auf den Schutz des Vermögens sachgerecht einbinden könnten (BÖRGERS 34).

b) Die Gegenthese: Primärer Vermögensschutz

E 8 Die **Gegenthese** will dagegen mit einer Reihe von Unterschieden im Detail **grundsätzlich auch das Vermögen** schützen. Sie geht von der Vorstellung aus, Verkehrspflichten seien in § 823 Abs 2 verankert, und kommt so nicht zu einem rechtsgutsbezogenen, sondern zu einem **verhaltensbezogenen Schutz** (LESER AcP 182 [1982] 585). Hauptsächlicher Anknüpfungspunkt ist dabei ein Verstoß gegen Berufspflichten (K HUBER, in: FS vCaemmerer [1978] 378; vBAR 204 ff, 237; BRÜGGEMEIER Rn 456 ff; ders AG 1982, 277 [allerdings ohne Entscheidung über die dogmatische Anbindung]; rechtspolitisch auch ESSER/ WEYERS § 55 V 2 a); daneben werden aber auch der funktionsbezogene Machtmißbrauch, die sozialwidrige Risikoabwälzung sowie die Übernahme einer fremdvermögensbezogenen sozialen Rolle genannt (MünchKomm/MERTENS Rn 10, 480; ders AcP 178 [1978] 252 mit dem Vorschlag der Einführung eines § 823 Abs 3 [S 231 f]). Verallgemeinerungsfähige Haftungselemente seien die **Ausübung eines Berufes**, dem eine öffentliche Verantwortung für fremdes Vermögen zukomme, die **haftungsverstärkende Wirkung wirtschaftlicher und sozialer Machtstellung**, die **Verantwortung gegenüber demjenigen**, der auf die Wahrung seiner Interessen durch den professionell, informationell oder wirtschaftlich Überlegenen angewiesen sei, der enge soziale Kontakt, die besondere Schutzwürdigkeit bestimmter Vermögensdispositionen, der soziale Vertrauenstatbestand sowie die Förderung arglistiger Manipulationen Dritter (so der Katalog bei MünchKomm/MERTENS Rn 473 ff). Nach anderen ist Ausgangspunkt die gesellschaftliche Differenzierung, die darauf begründete **Informationsabhängigkeit** und das **Ungleichgewicht** zwischen **Informationsanbieter und Informationsnachfrager** (BRÜGGEMEIER Rn 457 im Anschluß an HOPT AcP 183 [1983] 645 ff, der jedoch die volle Einordnung ins Deliktsrecht nicht vollzieht [662]). Wer berufsrollenspezifische Informationen erteile, müsse diese Informationen, die er an einen bestimmbaren Empfängerkreis richte, auch korrekt erteilen; ansonsten hafte er für einfache, in den Fällen eines Konflikts zwischen der Loyalität gegenüber seinem Mandanten und der Berufspflicht für grobe Fahrlässigkeit (BRÜGGEMEIER Rn 458 ff).

c) Stellungnahme

E 9 Die Mindermeinung kann sich sicherlich auf entsprechende **Formulierungen der Rechtsprechung** stützen, in denen beispielsweisegesagt wird, daß derjenige, der einen **Beruf oder ein Gewerbe** ausübe, unabhängig von vertraglichen Beziehungen gegenüber bestimmten Personen eine allgemeine Verantwortung für einen geordneten Verlauf der Dinge übernehme und daher für die Nichterfüllung dieser allgemeinen Rechtspflicht hafte (RGZ 102, 372, 375; 120, 121, 122; BGH LM Nr 2 zu § 823 [H] Bl 2; vgl auch die Darstellung der Rspr bei K HUBER, in: FS vCaemmerer [1978] 361 ff sowie unten Rn E 22); wer als Gewerbetreibender fremdes Eigentum verwahre oder befördere, habe eine **Überwachungs- und Obhutspflicht** an allen in seinem Gewerbebetrieb an ihn gelangenden fremden Sachen (RGZ 102, 38, 42, 43; 105, 302, 304; BGH LM Nr 2 zu § 823 [H] Bl 2). Auch ist gerade die jüngere Rechtsprechung in vielen Fällen auf durchaus fragwürdigem Weg zu einer Haftung gelangt, etwa wenn beim **Vertrag mit Schutzwirkung zugunsten Dritter** auch die Gegenläufigkeit der Interessen von Auftraggeber und Dritten keine Rolle spielen soll und das Mitverschulden des Auftraggebers durch einen gewagten Einwendungsausschluß außer Betracht bleibt (vgl zB BGHZ 127, 378, 380 f, 384 ff; abl Canaris JZ 1995, 441 ff). Es dürfte wohl auch kein Zufall sein, daß der BGH im Rahmen der vertraglichen Haftung die besondere vom Staat anerkannte Sachkunde hervorhebt und betont, daß die erstrebte Beweiskraft des Gutachtens nur gewährleistet sei, wenn der Verfasser das Gutachten nach bestem Wissen und Gewissen erstelle und auch Dritten gegenüber dafür einstehe (BGHZ 127, 378, 380). Andererseits sind die **Kriterien der Mindermeinung** doch **so vage**, daß mit ihrer Hilfe kaum ein System entwickelt werden kann, das demjenigen der Haftung aufgrund Vertrages oder Vertrauens überlegen ist. Solange das aber so ist, sollte man die grundlegende Entscheidung des BGB, primäre Vermögensschäden nicht deliktisch zu kompensieren, achten.

5. Schutz vor konkreten oder vor abstrakten Gefahren?

Umstritten ist, ob Verkehrspflichten nur **konkreten Gefahren** vorbeugen (so Larenz/ Canaris § 76 III 1 e; Stoll 13) oder **auch abstrakte** Gefahren verhindern sollen (so Münch-Komm/Mertens Rn 50; Deutsch Rn 256; ders JuS 1967, 157; vBar 115 f; ders JuS 1988, 171). Dabei ist allerdings **schon die Terminologie wenig klar**. ZT wird von konkreter Gefahr gesprochen, wenn im Einzelfall das Recht oder Rechtsgut wirklich bedroht ist, von einer abstrakten, wenn das Verbot der allgemeinen Schadensneigung wegen ausgesprochen wurde (vBar 116 mwNw). ZT wird danach differenziert, ob es sich um ein Gebot der verkehrserforderlichen Sorgfalt handelt und daher ein redlicher Rechtsgenosse von sich aus vorbeugen würde oder ob die Gefahr noch im Vorfeld der Risiken liegt, denen schon nach den Maßstäben des § 276 BGB zu wehren ist; da es bei den Verkehrspflichten darum gehe, den Tatbestand der fahrlässigen widerrechtlichen Verletzung zu präzisieren, stehe es der Rechtsprechung nicht zu, abstrakte Gefahrvermeidungsgebote zu entwickeln (Larenz/Canaris § 76 III 1 e). Der Streit dürfte allerdings nur beim vorbeugenden quasinegatorischen Unterlassungsanspruch eine Rolle spielen; sind Schäden eingetreten, so hat sich die abstrakte zur konkreten Gefahr verdichtet (vBar 115 f). Die Beschränkung der Höchstgeschwindigkeit in § 3 Abs 3 StVO ist zwar der abstrakten Gefahr wegen angeordnet. Kommt es zum Unfall, weil der Fahrer so schnell fährt, daß er in der übersehbaren Strecke nicht anhalten kann, ist auch gegen § 3 Abs 1 S 4 StVO verstoßen, der konkrete Gefahren verhindern will.

6. Zur Terminologie

In der Entwicklung sprach man zunächst von **Verkehrssicherungspflichten** (vgl schon RGZ 54, 53, 59), während heute weitgehend von **Verkehrspflichten** die Rede ist (vgl zB Larenz/Canaris § 76 III 1 b; Deckert Jura 1996, 349). Wenn zT die Verkehrspflicht als eigene Fallgruppe mit erhöhter Gefahrabwendungs- und Gefahrsteuerungspflicht verstanden wird, die insbesondere auch den Schutz vor Eingriffen durch Dritte beinhalte (MünchKomm/Mertens Rn 209), so ist das Ergebnis richtig; doch läßt sich die gesteigerte Pflicht auch als Ausfluß der Bereichshaftung deuten.

III. Die Begründung von Verkehrspflichten

Die Einteilung der Kriterien, an die sich die Verkehrspflicht knüpft, schwankt, ohne daß sich darin nennenswerte dogmatische Differenzen widerspiegeln. **ZT** werden **drei**

Gruppen unterschieden – nämlich die Bereichshaftung, die Übernahmehaftung sowie die Haftung aus vorangegangenem Tun (BGB-RGRK/STEFFEN Rn 152 ff; LARENZ/CANARIS § 76 III 3); **zT wird die Eröffnung des Verkehrs als eigenständige Gruppe** verstanden (MünchKomm/MERTENS Rn 212). Daß die inhaltlichen Differenzen gering bleiben, liegt vor allem daran, daß hier die konkrete Ausgestaltung im Vordergrund steht und die Fallgruppen nur als Aufgreifkriterien dienen. Ohnehin gehen sie oft ineinander über (MünchKomm/MERTENS Rn 210; LARENZ/CANARIS § 76 III 3 e).

1. Die Schaffung einer Gefahr

a) Die Begründung der Haftung

E 13 Nach hM, namentlich nach einer von der Rechtsprechung oft wiederholten Formulierung, trifft die Haftung denjenigen, **der die Gefahr geschaffen, dh hervorgerufen hat und in seinem Einflußbereich andauern läßt** (so mit etwas wechselnden Formulierungen BGHZ 5, 378, 380; 14, 83, 85; 16, 95, 98; 24, 124, 130; 34, 206, 209; 60, 54, 55; 65, 221, 224; 103, 338, 340; 108, 273, 274; 121, 367, 375; 123, 102, 105 f; BGH NJW 1958, 627, 629; 1962, 1245, 1246; 1965, 197, 199; 1968, 443; 1970, 2290, 2291; 1975, 108; 1975, 533; 1976, 46; 1979, 2309, 2310; 1985, 1773, 1774; 1987, 1013; 1990, 1236 f; LM Nr 10 zu § 823 [Db] Bl 1 Rücks; Nr 148 zu § 823 [Dc] unter II 1; Nr 164 zu § 823 [Dc] unter II 2 b; Nr 166 zu § 823 [Dc] unter II 1; Nr 188 zu § 823 [Dc] unter II 4 a; Nr 198 zu § 823 [Dc] unter III 1 a; Nr 201 zu § 823 [Dc] unter II 4 a; Nr 13 a zu § 823 [Ef] Bl 2 Rücks; Nr 20 zu § 823 [Ef] unter II 1; Nr 22 zu § 833; VersR 1960, 856, 857; 1961, 160, 161; 1965, 1098, 1099; 1981, 262; KG NZV 1996, 490, 491; OLG Karlsruhe NJW-RR 1997, 23; LG Hamburg NJW 1998, 1411; SOERGEL/ZEUNER Rn 187; BGB-RGRK/STEFFEN Rn 152; vgl auch schon RGZ 121, 404, 406; 165, 155, 159; ähnl BGH NJW 1987, 1013; 1991, 562, 563); es genügt auch die Vergrößerung einer Gefahr (BGH LM Nr 77 zu § 823 [Dc] unter II 2 c). Teilweise wird das **Kriterium enger** gefaßt und auf die Erzeugung einer **besonderen Gefahr** aufgrund eines auch rechtmäßigen vorangegangenen Tuns begrenzt (MünchKomm/MERTENS Rn 213; LARENZ/CANARIS § 76 III 3 c). Sonst könnte das Kriterium seine Konturen verlieren und zur Leerformel verkommen (LARENZ/CANARIS § 76 III 3 c). Ein Großteil der Problematik wird allerdings schon durch die **Bereichshaftung** erfaßt, die keine erhöhte Gefahr voraussetzt (vgl unten Rn E 16). Auch ansonsten darf nur eine normale Gefahr gefordert werden, will man dem Umstand Rechnung tragen, daß die Grenzen der Fallgruppen fließend sind – man denke an die Produkthaftung (vgl unten Rn E 20) – und mit dem Postulat ernst machen, daß eines der Aufgreifkriterien erfüllt sein muß (vgl LARENZ/CANARIS § 76 III 4 c). Ein Fahrradfahrer etwa muß vor einer Schule der von seinem Fahrrad ausgehenden Gefahr in besonderer Weise Rechnung tragen, weil er immer gewärtigen muß, daß ein Kind auf die Straße läuft; indes läßt sich nicht davon sprechen, das ordnungsgemäß benutzte Fahrrad rufe eine besonders große Gefahr hervor. Freilich wird eine Haftung gegenüber Erwachsenen regelmäßig an der Erfüllung der Gefahrvermeidungspflicht bzw am Kriterium des Selbstschutzes scheitern. Es spielt dann keine Rolle, ob man bereits den Zurechnungsgrund oder erst die Verletzung der Verkehrspflicht verneint (vgl dazu unten Rn E 32; BGB-RGRK/STEFFEN Rn 152).

b) Beispiele

E 14 Eine (regelmäßig auch besonders große) Gefahr schafft, wer einem Kind die **Handhabung eines Gewehres** erklärt, mit ihm **Schießübungen** veranstaltet, dann das Kind aber mit dem Gewehr allein läßt, so daß ein weiteres Kind durch einen Schuß verletzt wird (BGH LM Nr 3 zu § 832 unter 3 b), wer eine geladene Waffe ablegt, sie **nicht ständig im Auge behält** und das Opfer, namentlich ein Minderjähriger, sich dadurch mit der

Waffe verletzt (BGH LM Nr 2 zu WaffenG unter II 2 b; OLG Düsseldorf VersR 1990, 903), wer nach der Jagd **das Gewehr nicht sofort entlädt**, weshalb sich in dem Augenblick ein Schuß löst, in dem der Jäger auf einer gefrorenen und überschneiten Wasserpfütze ausrutscht (BGH LM Nr 7 zu § 254 [Da]). Eine hohe Gefahr ist auch mit dem Umgang mit **Feuerwerkskörpern** (BGH NJW 1965, 197, 199 unter III 2; 1998, 2436, 2437 [iE wohl mangels Verschuldens die Haftung verneint]; vgl auch BGH NJW 1986, 52; LM Nr 11 a zu § 276 [Bb] Bl 1 Rücks; LG Berlin VersR 1978, 1175 unter dem Aspekt des Verschuldens), **Sprengstoff** (BGH LM Nr 30 zu § 823 [Aa] unter I 2 unter dem Aspekt des Verschuldens) und **Chemikalien** verbunden, namentlich wenn sie an Jugendliche abgegeben werden (BGH NJW 1973, 615, 616). Gleiches gilt für den Verkauf von **Streichhölzern an Kinder** (OLG Stuttgart NJW 1984, 182 unter dem Aspekt des Verschuldens) oder die Vermietung einer Halle, die für die vom Mieter **geplanten Schweißarbeiten** von vornherein nicht geeignet ist (BGH NJW 1996, 2646). **Natronlauge** darf im Haushalt nicht in Bierflaschen verwahrt werden, jedenfalls wenn dort Handwerker tätig sind (BGH NJW 1968, 1182, 1183). **Das Befüllen von Öltanks** ist ebenfalls ein besonders gefahrenträchtiger Vorgang (BGH NJW 1984, 233, 234; 1995, 1150; LM Nr 81 zu § 823 [Dc] unter I 2 c). Ebenso wurde es als Schaffung einer besonderen Gefahr gewertet, wenn ein Bauherr in großen Mengen feuchte Erde abfahren läßt, ohne sich zu vergewissern, daß der Bauunternehmer die notwendigen Vorkehrungen trifft, um eine Verschmutzung der am Transportweg liegenden Häuser auszuschließen (BGH LM Nr 75 zu § 823 [Dc] Bl 1 Rücks), oder wenn nicht auf eine drohende Eisbildung auf der Straße durch den Dampf eines Kühlturmes hingewiesen wurde (OLG Köln VersR 1995, 674, 675). Für die Beseitigung einer Umweltbelastung muß aufkommen, wer sie verursacht hat (BGH NJW 1976, 46 f mwNw; MünchKomm/MERTENS Rn 213). Dagegen haftet der Eigentümer eines Autos, der dieses einem Kaufinteressenten überläßt, ohne sich den Namen zu notieren, nicht einem Dritten wegen Verletzung einer Verkehrspflicht, wenn der potentielle Käufer das Fahrzeug entwendet und den Dritten schädigt, dann aber nicht mehr ermittelt werden kann (BGH NJW 1997, 660, 661).

c)   Aufruf zu Demonstrationen
Problematisch ist, ob der **Aufruf zu einer Demonstration** eine besondere Gefahr schafft, so daß den Aufrufenden – unabhängig davon, ob er als Täter, Anstifter oder Gehilfe haftet – eine Verkehrspflicht zum Schutz von Eigentum, aber auch zum Schutz der Gesundheit eventuell eingesetzter Polizisten trifft. Dies wurde von der Rechtsprechung der Instanzgerichte bejaht (OLG Karlsruhe NJW 1974, 1824, 1825; Die Justiz 1978, 362, 363; für den Sonderfall, daß der Zweck der Demonstration nicht klar war, es vielmehr um kommerzielle Interessen ging, auch LG Hamburg NJW 1998, 1411 f); das überzeugt nicht. Zwar wird es jedenfalls eine Pflicht der Veranstalter geben, einen Ordnungsdienst aufzustellen, um einen möglichst friedlichen Ablauf zu gewährleisten. Jedoch kann nicht jeder – wenn auch vielleicht aus Fahrlässigkeit nicht vorhergesehene – Exzeß von Teilnehmern die Haftung der Organisatoren begründen (vgl BGHZ 89, 383, 393 ff). Erst dann, wenn schon der Aufruf nicht eine friedliche Demonstration zum Ziel hat, sondern nur Emotionen aufheizen will, so daß es mit hoher Wahrscheinlichkeit zu Ausschreitungen kommt, haftet der Veranstalter wegen Verletzung einer Verkehrspflicht (OLG Karlsruhe Die Justiz 1978, 362, 363; OLGZ 1980, 494, 495 f; MünchKomm/MERTENS Rn 211).

2. Die Bereichshaftung

a) Die Begründung der Haftung

E 16 Die Verantwortung wird in dieser für die Praxis wohl wichtigsten Gruppe dadurch begründet, daß jemand für den **Zustand seines Bereichs einzustehen** hat (RGZ 83, 137, 138; BGH NJW 1966, 40; 1994, 3348; NJW-RR 1990, 409, 410; VersR 1964, 390, 391; OLG Frankfurt aM VersR 1988, 191; OLG Jena VersR 1998, 903, 904; MünchKomm/MERTENS Rn 211; BGB-RGRK/STEFFEN Rn 153; LARENZ/CANARIS § 76 III 3 a; der Sache nach auch OLG Köln VersR 1998, 252); nichts anderes meint die Formulierung der Rechtsprechung, die Haftung treffe denjenigen, der die Gefahr in seinem Einflußbereich andauern lasse (vgl zB BGHZ 60, 54, 55; BGH LM Nr 188 zu § 823 [Dc] unter II 4 a; OLG Zweibrücken VersR 1994, 1489, 1490; vgl schon oben Rn E 13). Die Bereichshaftung tritt neben diejenige des Veranlassers der Gefahr (BGB-RGRK/STEFFEN Rn 153; LARENZ/CANARIS § 76 III 3 a). Gründe für die Verantwortung sind die Bestimmungsgewalt auf der einen Seite, die Möglichkeit, Vorteile aus der Gefahrenquelle zu ziehen, auf der anderen (BGB-RGRK/STEFFEN Rn 153; LARENZ/CANARIS § 76 III 3 a; vgl auch die nicht auf diese Kriterien beschränkte Analyse der Interessen bei vBAR 122 ff).

b) Der Urheber der Gefahr

E 17 Unbeachtlich ist, wer die Gefahr geschaffen hat. Der für den Bereich Verantwortliche haftet, auch wenn ein **Rechtsvorgänger** oder **beliebiger Dritter** den gefährlichen Zustand herbeigeführt hat (RGZ 85, 185, 186; 138, 21, 22; BGH LM Nr 164 zu § 823 [Dc] unter II 2 c; MünchKomm/MERTENS Rn 209; BGB-RGRK/STEFFEN Rn 153 [beschränkt auf bewegliche Sachen]; iE auch BGH NJW 1966, 40). Das gilt selbst dann, wenn der Dritte vorsätzlich gehandelt hat (BGHZ 37, 165, 170; BGH NJW 1971, 459, 460; 1980, 223; 1985, 1773, 1774; 1990, 1236, 1237; LM Nr 102 zu § 823 [Dc] unter II 1 a; MünchKomm/MERTENS Rn 209; BGB-RGRK/STEFFEN Rn 153; LARENZ/CANARIS § 76 III 4 a; vgl genauer unten Rn E 33). Auch das **Mitwirken oder Mitverschulden des Geschädigten** selbst schließt die Verantwortung im Rahmen der Bereichshaftung nicht von vornherein aus (BGH NJW 1985, 482, 483; LARENZ/CANARIS § 76 III 4 c). Das ist wichtig bei Betrunkenen und Kindern. Der Inhaber des Grundstücks ist zB für die Verletzung verantwortlich, die sich ein Betrunkener dadurch zuzieht, daß er vom Weg abkommt, aber bereits beim ersten Schritt in eine ungesicherte Kelleröffnung fällt (BGH VersR 1959, 467 f). Kinder neigen zu Übermut und Neugier; auch kommt es immer wieder vor, daß sie aus eigener Unachtsamkeit, aber genauso durch die Einwirkung anderer Kinder, stürzen. Spielplätze sind deshalb so zu gestalten, daß sie auch von den jüngsten Kindern möglichst gefahrlos benutzt werden können (BGHZ 103, 338, 340). Dagegen soll nach der Rechtsprechung des BGH nicht ausreichen, wenn die Auswirkungen **nur rein tatsächlich vom Grundstück ausgegangen** und nicht zumindest mittelbar auf den Willen des Eigentümers zurückzuführen seien (BGH NJW 1985, 1773, 1774 unter Berufung auf die Rechtsprechung zum Störerbegriff des § 1004; vgl zB RGZ 134, 231, 234; 149, 205, 210; BGHZ 19, 126, 129; 28, 110, 111; 90, 255, 266; vgl ferner BGH LM Nr 224 zu § 1004 unter II; zust STAUDINGER/GURSKY [1993] § 1004 Rn 52 mwNw; LARENZ/CANARIS § 76 III 4 d). Das wird im öffentlichen Recht anders gesehen, soweit es um die Polizeipflicht geht (OVG Koblenz NJW 1998, 625, 626), und ist auch im Zivilrecht nicht unproblematisch. Zumindest dann, wenn eine direkte Gefahr für unbeteiligte Dritte besteht – und nicht der später Geschädigte sich dem Risiko sehenden Auges aussetzt (so lag es im Fall BGH NJW 1985, 1773, 1774; vgl dazu noch Rn E 32), muß zumindest gewarnt werden, wenn sich etwa Steine aus einer Felswand lösen. Das gilt um so mehr, wenn die potentiellen Opfer selbst keine Möglichkeit haben, der

Gefahr vorzubauen, etwa die Felswand zu sichern (vgl die Fallgestaltung von OVG Koblenz NJW 1998, 625, 626).

c) Beispiele

Die Verantwortung für den eigenen Bereich umfaßt bewegliche (BGB-RGRK/STEFFEN Rn 153) wie unbewegliche Sachen (LARENZ/CANARIS § 76 III 3 a). Wer **Waffen**, **Sprengstoff** oder **gefährliche Chemikalien** besitzt, hat sie so zu verwahren, daß Dritte nicht zu Schaden kommen (BGH NJW 1968, 1182, 1183; LM Nr 2 zu WaffenG unter II 2 b). **Überläßt der Betroffene gefährliche Gegenstände an Dritte**, so kann dies schon die Schaffung einer Gefahr bedeuten (vgl zB BGH NJW 1991, 418 [Überlassung eines Kfz an Jugendliche durch Erwachsene]; genauer unten Rn E 37); auch ansonsten hat sich der Verkehrspflichtige zu vergewissern, daß die Sachen in sicherem Zustand sind (OLG Düsseldorf NJW 1973, 249 f; BGB-RGRK/STEFFEN Rn 153). Aus der Bereichshaftung kann sich die Einstandspflicht eines Unternehmers ergeben, der für Diebstähle seiner Verrichtungsgehilfen zwar nicht nach (§ 278 bzw) § 831 haftet, wenn die Arbeitnehmer bei Gelegenheit handeln, der aber dieser Gefahr für das Eigentum seines Vertragspartners nicht durch besondere Aufsichtsmaßnahmen begegnet und daher wegen Verletzung dieser Pflicht nach § 823 verantwortlich ist (BGHZ 11, 151, 155 f; BGH LM Nr 3 zu § 831 [C]; LARENZ/CANARIS § 76 III 3 a).

3. Die Eröffnung eines Verkehrs

Geradezu als die klassische Gruppe der Verkehrspflichten wird von der hM diejenige der Eröffnung eines Verkehrs angesehen (vgl zB BGHZ 5, 378, 380; 14, 83, 85; 16, 95, 96; BGH LM Nr 168 zu § 823 [Dc] unter II 2 b; VersR 1966, 1090, 1091; MünchKomm/MERTENS Rn 212; MEDICUS, Bürgerliches Recht [17. Aufl 1996] Rn 648). **Haftungsgrund** ist demgemäß die **faktische Verantwortungsübernahme** für die Sicherheit und den Schutz der Erwartungen, die in denjenigen gesetzt werden, der den Verkehr eröffnet (MünchKomm/MERTENS Rn 212 unter Hinweis auf den Gedanken der Gefahrbeherrschung). Doch wird dieser Fall zunehmend in die **Bereichshaftung** einbezogen, da die Verkehrseröffnung allein das Problem nicht vollständig erfasse (BGB-RGRK/STEFFEN Rn 153; LARENZ/CANARIS § 76 III 3 a). Wer einen morschen Baum nicht fälle oder eine Grube auf seinem Grundstück nicht sichere, hafte auch dann, wenn der Baum auf den daneben vorbeiführenden – aber einem Dritten gehörenden – Weg falle oder ein Passant in die Grube stürze, wenn er einen Schritt vom Weg abkomme. Gleiches hat etwa für Teiche zu gelten, wenn sie von dem Eigentümer nicht hinreichend gesichert sind und daher auch ohne Eröffnung des Verkehrs zur Gefahr für Kleinkinder werden und prinzipiell Anknüpfungspunkt für die Haftung des Grundstückseigentümers sind (BGH NJW 1994, 3348; LM Nr 201 zu § 823 [Dc] unter II 4 a; Haftung iE jeweils verneint; NJW 1997, 582, 583). Ohne Bedeutung ist das Kriterium der Verkehrseröffnung allerdings nicht. Es grenzt vielmehr den Kreis der befugten Benutzer ab (vgl dazu unten Rn E 38 ff).

4. Das Inverkehrbringen von Sachen

Wer Sachen in den Verkehr bringt, die andere gefährden können, ist ebenfalls dazu verpflichtet, alles zu tun, um Schäden auszuschließen. Paradebeispiel dieser Fallgruppe ist die **deliktische Produkthaftung** (vgl dazu unten Rn F 2). Ob man das Inverkehrbringen als eigenes Aufgreifkriterium (vgl zB MEDICUS, Bürgerliches Recht [17. Aufl 1996] Rn 650), als Parallele zur Verkehrseröffnung (vgl zB MünchKomm/MERTENS Rn 212) oder als Teil der Bereichshaftung begreift (vgl zB LARENZ/CANARIS § 76 III 3 a), ist irrelevant; jedenfalls ist eine besondere Gefahr nicht Voraussetzung. Auch ein Fahrrad oder ein Spazierstock muß so konstruiert und gefertigt sein, daß ein Benutzer nach Möglichkeit keine Schäden erleidet.

5. Die Übernahme einer Aufgabe

a) Die Begründung der Haftung

E 21 Verkehrspflichten können sich aus der **Übernahme einer Aufgabe** ergeben (BGHZ 9, 301, 307; 65, 211, 215 f; 68, 169, 175; BGH NJW 1959, 34, 35; 1970, 95, 96; 1970, 2290, 2291; 1979, 1248, 1249; 1982, 2187, 2188; 1984, 360, 361; 1985, 1078; 1991, 562, 563; 1993, 655, 656; NJW-RR 1996, 545, 546; 1996, 1121, 1122; JZ 1978, 475; LM Nr 188 zu § 823 [Dc] unter II 4 b aa; VersR 1993, 725, 726; SOERGEL/ZEUNER Rn 221; LARENZ/CANARIS § 76 III 3 b; der Sache nach schon RGZ 127, 14, 18; 156, 193, 198; RG WarnR 1911 Nr 28; JW 1938, 3162; 3163). Architekten und Bauleiter haften **nicht nur ihren Vertragspartnern** gegenüber für fehlende Sicherung, sondern sind **auch Dritten** nach § 823 Abs 1 verantwortlich (vgl zB BGHZ 68, 169, 175 f; BGH NJW 1970, 2290, 2291; 1987, 1013). Das gleiche gilt für den **Inhaber einer Werkstatt**, wenn durch fehlerhafte Reparaturen oder die mangelhafte Wartung einer Sache Gefahren für die Rechtsgüter anderer entstehen (vgl zB BGHZ 55, 392, 394 f; BGH NJW 1993, 655, 656; Nr 142 zu § 823 [Dc] unter 1 a), oder für den Bauunternehmer, der Baggerarbeiten ausführt; er muß sich nach der Lage von Kabeln erkundigen, die beim Aufbaggern zerstört werden können (BGH NJW 1971, 1313, 1314; 1996, 387; VersR 1983, 152; 1985, 1147; OLG Köln VersR 1987, 513; 1992, 335, 336; OLG Düsseldorf VersR 1993, 106, 107; OLG Frankfurt aM VersR 1994, 445). Beförderungsunternehmen müssen ihnen anvertraute Güter auch nach Ende der Beförderung bewachen bzw dafür sorgen, daß sie ausgeliefert werden (BGHZ 9, 301, 307 mwNw; BGH NJW-RR 1996, 1121, 1122; der Sache nach etwa auch BGHZ 116, 297, 300; 123, 394, 398). Haftungsgrund ist die Erwartung, daß der Übernehmende seine Aufgabe ordentlich erledigen wird (MünchKomm/MERTENS Rn 214 unter starker Betonung der professionellen Rolle; vgl dazu sogleich Rn E 22), damit verbunden eine Verringerung des Selbstschutzes und die Inanspruchnahme von Vertrauen (LARENZ/CANARIS § 76 III 3 b; vgl auch die Analyse bei vBAR 117 ff). Auch von der öffentlichen Hand kann eine gewissenhafte Erledigung der von ihr wahrgenommenen Funktionen erwartet werden (BGHZ 31, 319, 321; MünchKomm/MERTENS Rn 229).

b) Die Rolle des Berufs

E 22 Heftig umstritten ist die Frage, ob nicht die Übernahme der Aufgabe, sondern vielmehr die **Ausübung eines Berufs** der richtige Anknüpfungspunkt ist. Eine **starke Strömung in der Literatur bejaht** das (MünchKomm/MERTENS Rn 33, 214; vBAR 49 ff; K HUBER, in: FS vCaemmerer [1978] 379 f; BRÜGGEMEIER Rn 77, 456 ff; HOPT AcP 1983 [1983] 645 ff, freilich ohne volle Integration ins Deliktsrecht [S 662]; in der Tendenz auch BGB-RGRK/STEFFEN Rn 155). Sie kann sich dabei auf eine **Rechtsprechung** berufen, die des öfteren und bis in die jüngste Zeit die deliktische Haftung auf die berufliche Funktion gestützt hat (vgl zB BGHZ 9, 301, 307; BGH NJW 1987, 2510, 2511 [Verwahrung fremder Sache kraft Berufes]; 1970, 95, 96 [Hauswart]; 1984, 233, 234; 1995, 1150 [Öllieferant]; 1991, 562, 563 [bauleitender Architekt]; VersR 1964, 942, 943 [Bauleiter]; Nr 180 zu § 823 [Dc] unter II 1 [Gastwirt]; vgl schon RGZ 102, 38, 42 f [Rollfuhrunternehmer]; 102, 372, 375 [Tierarzt]; ferner BGH LM Nr 2 zu § 823 [H] Bl 2; Nr 17 zu § 823 [Db] Bl 1 Rücks; Nr 57 zu § 823 [Eh] unter II 1 a). Die **Gegenauffassung** wertet die berufliche Rolle **nicht als pflichtbegründendes, sondern als pflichtenverstärkendes Element** (LARENZ/CANARIS § 76 III 3 b; ders in: FS Larenz II [1983] 84; die Rolle des Berufes zur

Gänze abl Picker JZ 1987, 1047). Auch eine nichtprofessionelle Tätigkeit, beispielsweise die Führung einer Bergtour durch einen erfahrenen Bergführer oder die Beaufsichtigung von Kindern jeweils aus Gefälligkeit, könne ebenso zu einer Haftung führen wie etwa die Beobachtung einer Straße durch den Beifahrer bei einem Abbiegemanöver, wenn es dann doch zu einem Unfall komme (Larenz/Canaris § 76 III 3 b unter Berufung auf BGH VersR 1961, 233, 234). Die **Unterschiede dürften iE relativ klein sein**. Denn einerseits hängt die Intensität der Verkehrspflicht davon ab, ob jemand Fachmann oder Laie ist (vgl zB BGH NJW 1984, 233, 234; 1995, 1150). Andererseits ist die Berufshaftung auch bei der Übernahme durch nicht professionell Handelnde einschlägig. Sie legt typischerweise den Kreis von Pflichten fest, denen sich der Betroffene nicht entziehen kann. Mit der Übernahme der Bauleitung sind etwa gewisse Verhaltensanforderungen verbunden.

6. Das Verhältnis zu Amtspflichten

Auch die **Verletzung öffentlich-rechtlicher Pflichten** kann zur Haftung nach **allgemeinen** E 23 **deliktsrechtlichen Regeln** und nicht nach den Vorschriften der Amtshaftung führen (OLG Düsseldorf VersR 1993, 1282 [Ls]; MünchKomm/Mertens Rn 215, 229). Beispiele sind die **Gewässerunterhaltungspflicht** (BGHZ 55, 153, 155; 86, 152, 153; 121, 367, 374 f; 125, 186, 188; BGH NJW 1996, 3208, 3209; LM Nr 74 zu § 839 [Fe] unter II 3 a cc; Nr 76 zu § 839 [Fe] unter II 1 b; LG Aachen VersR 1992, 241, 242; Breuer, Öffentliches und privates Wasserrecht [2. Aufl 1987] Rn 774) sowie die **polizeiliche Reinigungs- und Streupflicht** (BGHZ 112, 74, 79 f mwNw; BGH VersR 1997, 311, 312). Unklar ist allerdings das **Verhältnis zur allgemeinen Verkehrspflicht**. Während der BGH bei der Räum- und Streupflicht davon ausgeht, daß sich diese mit der allgemeinen Verkehrspflicht deckt (BGHZ 112, 74, 79 f; 118, 368, 373; BGH LM Nr 102 zu § 839 [Ca] unter I 1; VersR 1997, 311, 312), dasselbe auch bei der Pflicht annimmt, für die Sicherheit der öffentlichen Straßen, Wege und Plätze zu sorgen (BGHZ 60, 54, 55; 75, 134, 138; BGH NJW 1980, 2194, 2195; VersR 1979, 1055), will er bei der Gewässerunterhaltungspflicht einen Unterschied machen. Diese sei eine von der Verkehrspflicht zu unterscheidende Pflicht, weil die Verkehrspflicht auf dem Gedanken der Gefahrschaffung basiere (BGHZ 121, 367, 375 f; BGH NJW 1996, 3208, 3209). Sieht man indes in der Gewässerunterhaltungspflicht einen Anwendungsfall der Bereichshaftung, so ebnen sich die Unterschiede weitgehend, wenn nicht vollständig ein (so iE auch BGHZ 86, 152, 153 f; Breuer, Öffentliches und privates Wasserrecht [2. Aufl 1987] Rn 774). Dagegen bestehen Pflichten, die aus der Straßenbaulast folgen, nur gegenüber der Allgemeinheit (BGHZ 112, 74, 75).

7. Die Haftung des Haushaltsvorstandes

Die Rechtsprechung hat in früheren Entscheidungen verschiedentlich der **Funktion des** E 24 **Haushaltsvorstandes** haftungsbegründende Wirkung beigemessen (RGZ 70, 48, 51; 92, 125, 126 f; 152, 222, 226; BGH LM Nr 3 zu § 832 unter 3 a; Nr 8 zu § 832 unter 3; ähnl RG WarnR 1934 Nr 53 = S 113, 115; im Grundsatz auch BGH NJW 1958, 1775 f; OLG Celle NJW 1961, 223, 224 [in beiden Fällen iE verneint]; zust MünchKomm/Mertens Rn 316; Staudinger/Schäfer[12] § 832 Rn 27 ff; Soergel/Lange [12. Aufl 1988] § 1353 Rn 25; vBar 21 f; vorsichtig BGB-RGRK/Steffen Rn 261; anders wohl Rn 136; aA OLG Hamm VersR 1982, 250). So wurde der Ehemann für Verletzungen **verantwortlich** gemacht, die die psychisch kranke Ehefrau oder der geisteskranke volljährige Sohn Dritten beigebracht hatte (RGZ 70, 48, 51; 92, 125, 126 f); für Körperschäden durch Schüsse des minderjährigen Stiefsohns hatte der Stiefvater als

Haushaltsvorstand einzustehen (BGH LM Nr 3 zu § 832 unter 3 a). Dagegen wurde die **Haftung** verneint, wenn der Vater den Arbeitgeber seines Sohnes nicht darauf hingewiesen hatte, daß sein Sohn ua wegen Unterschlagung vorbestraft sei, und dieser erneut Gelder unterschlagen hatte, da es nicht um eine Gefahr gegangen sei, die im Bereich des Hauswesens ihren Ursprung gehabt und andere bedroht habe (BGH NJW 1958, 1775 f). **In der Lehre** wird die Haftung des Haushaltsvorstandes **zT abgelehnt**, da eine Analogie zu § 832 mangels hinreichender Ähnlichkeit mit einer gesetzlichen Aufsichtspflicht ausscheide (LARENZ/CANARIS § 76 III 3 d; **anders** aber ERMAN/SCHIEMANN § 832 Rn 4; MünchKomm/STEIN § 832 Rn 12; sehr weit gehend STAUDINGER/SCHÄFER[12] § 832 Rn 29) und die ansonsten entwickelten Aufgreifkriterien ausreichten (LARENZ/CANARIS § 76 III 3 d). Vielfach wird eine Haftung schon aufgrund der **Übernahme** oder des Ursprungs der Gefahr im eigenen **Gefahrenbereich** bestehen, etwa wenn ein fremdes Kind Gegenstände aus der Wohnung auf die Straße wirft (vgl als Bsp BGH NJW 1968, 1574, 1575) oder der geisteskranke, aber volljährige Sohn Passanten mit landwirtschaftlichen Geräten vom elterlichen Hof aus attackiert (vgl als Bsp RGZ 92, 125, 126 f). Ansonsten ist aber **eine Haftung abzulehnen**; wer keine Aufsichtspflicht und damit regelmäßig auch nicht mehr die Möglichkeit hat, Einfluß auf Volljährige zu nehmen, ist für deren Handlungen nicht zur Verantwortung zu ziehen. Auch für einen Schaden aufgrund der fehlenden Sicherung einer Sense durch die Ehefrau haftet nicht etwa der Ehemann kraft der Fiktion, er stehe einer Wirtschaft vor (so indes RGZ 152, 222, 226; zust wohl MünchKomm/MERTENS Rn 327), sondern allenfalls wegen der Schaffung einer Gefahr und unzureichender Instruktion der Ehefrau, daß man Sensen nicht ungesichert transportieren dürfe und wie denn eine effiziente Sicherung auszusehen habe.

IV. Der Umfang der Verkehrspflicht

1. Die Notwendigkeit eines Aufgreifkriteriums

Eine Verkehrspflicht existiert nur, wenn eines der genannten **Aufgreifkriterien** erfüllt ist (LARENZ/CANARIS § 76 III 4 a; der Sache nach auch MünchKomm/MERTENS Rn 204). Es gibt **keine allgemeine Rechtspflicht, andere vor Schäden zu bewahren** (vgl unten Rn H 5). Das ist der Kern der Formulierung der Rechtsprechung, Voraussetzung sei, daß jemand eine Gefahr schaffe oder andauern lasse (vgl oben Rn E 13). Daran fehlt es etwa beim Passanten, der Zeuge eines Unfalls wird, oder beim Gärtner, der beim Spazierengehen in einem öffentlichen Park entdeckt, daß ein Baum morsch ist; weder braucht der Passant die Unfallstelle zu sichern, noch der Spaziergänger die Behörden zu informieren (Bsp nach LARENZ/CANARIS § 76 III 4 a). Der Verkäufer eines Kfz hat nicht die Pflicht, die Personalien eines Interessenten festzuhalten, um späteren Opfern eines Unfalls nach der Unterschlagung des Fahrzeugs den Namen nennen zu können (BGH NJW 1997, 660, 661). Ein Passant hat nicht die Pflicht, einzugreifen, wenn ein anderer Verkehrsteilnehmer Dritte gefährdet (MünchKomm/MERTENS Rn 204 Fn 418). Auch besteht eine generelle Räum- und Streupflicht für öffentliche Straßen und Wege, die am Grundstück vorbeiführen, nur aufgrund von örtlichen Satzungen, deren Verletzung die Haftung nach § 823 Abs 2 begründen kann, nicht dagegen aufgrund einer Verkehrspflicht (BGH NJW 1972, 1321, 1322; BGB-RGRK/STEFFEN Rn 172; LARENZ/ CANARIS § 76 III 4 a). Ebensowenig ist es die Aufgabe des Grundstückseigentümers, zu verhindern, daß Passanten von einer höher gelegenen Straße auf sein Grundstück fallen; die Gefahr droht nämlich nicht von seinem Grundstück (BGHZ 24, 124, 127; BGB-RGRK/STEFFEN Rn 172).

2. Die Möglichkeiten der Gefahrvermeidung

Einfach ist die Lage, wenn die Gefahr infolge einer **falschen Anweisung** geschaffen **E 26** wird; eine solche Anweisung ist zu unterlassen (BGH LM Nr 28 zu LuftVG unter II 2 c). Ansonsten kann der Gefahr grundsätzlich auf **drei Wegen** begegnet werden. Man kann dem potentiellen Opfer zumuten, ihr von sich aus **aus dem Weg zu gehen** oder aber den Verkehrspflichtigen anhalten, **vor ihr zu warnen** oder **sie zu beseitigen** bzw **gar nicht erst entstehen zu lassen**. Die Pflicht, **auf die Gefahr hinzuweisen**, will dem Betroffenen den Selbstschutz ermöglichen; sie zielt also auf das (potentielle) Opfer (MünchKomm/MERTENS Rn 203; vBar 84). Im einzelnen lassen sich **Warnpflichten, Verbotspflichten und Instruktionspflichten** unterscheiden (MünchKomm/MERTENS Rn 203; vBar 84 ff). Die **Beseitigungspflicht** wirkt dagegen auf den Gefahrenherd ein; man kann sie in **Gefahrenkontrollpflichten, Auswahl- und Aufsichtspflichten, Organisationspflichten, Erkundigungs- und Benachrichtigungspflichten sowie Obhuts- und Fürsorgepflichten** unterteilen (MünchKomm/MERTENS Rn 203; vBar 84, 92 ff). Welche Lösung zu wählen ist, läßt sich nicht abstrakt beantworten, sondern hängt von dem **Gewicht der Abwägungskriterien** ab. Die bisweilen geäußerte Auffassung, aus der Verkehrspflicht folge in erster Linie die Pflicht, die Gefahrenstelle zu beseitigen und nur ausnahmsweise – soweit und solange solche Maßnahmen nicht ergriffen werden könnten – die Pflicht, Warnzeichen anzubringen (BGH NJW 1970, 1682; BGB-RGRK/STEFFEN Rn 147; vBAR 85; MÖLLERS VersR 1996, 157), ist daher nicht mehr als eine Faustformel und wird denn auch sogleich durch das Zumutbarkeitskriterium wieder eingeschränkt (BGHZ 40, 379, 383; BGH NJW 1963, 37, 38; 1970, 1682). Aber natürlich besteht auch **kein Rangverhältnis im umgekehrten Sinn**, das die Warnung zum Regelfall und die Gefahrbeseitigung zur Ausnahme machen würde.

3. Die Abwägungskriterien

a) Die legitimen Erwartungen des Verkehrs
aa) Die betroffenen Interessen

Die Verkehrspflicht wird von den **legitimen Erwartungen des Verkehrsteilnehmers** ge- **E 27** prägt (BGH NJW 1985, 1076; 1986, 1863, 1864; 1987, 372 f; 1990, 906; 1994, 3348, 3349; Nr 201 zu § 823 [Dc] unter II 4 b cc; Nr 16 zu § 823 [Db] unter II 3 b aa; VersR 1975, 812; OLG Köln VersR 1992, 335; OLG Hamm VersR 1997, 200; MünchKomm/MERTENS Rn 216; iE auch LARENZ/CANARIS § 76 III 4 e [„Üblichkeit"]; ähnl BGHZ 34, 206, 208). Zunächst geht es um das **bedrohte Rechtsgut**; Leben und Gesundheit sind intensiver zu schützen als Eigentum (BGHZ 58, 149, 156; BGH WM 1978, 515, 518; BGB-RGRK/STEFFEN Rn 141; ders VersR 1980, 411; LARENZ/CANARIS § 76 III 4 b; ders, in: FS Larenz II [1983] 32). **Typischen Gefahrenquellen** mit schweren Schadensfolgen ist auch dann zu begegnen, wenn sie selten eintreten (BGH NJW 1990, 906, 907; LM Nr 175 zu § 823 [Dc] unter II 1 b bb). Damit eng zusammen hängt die Frage, welches **Ausmaß ein drohender Schaden annehmen** kann (BGB-RGRK/STEFFEN Rn 141; LARENZ/ CANARIS § 76 III 4 b; vgl zur Verkehrspflicht bei Waffen zB auch BGH VersR 1963, 732, 733; 1976, 987, 988; LM Nr 3 zu § 832 unter 3 b; Nr 2 zu WaffenG unter II 2 b). Maßstab ist die **schutzbedürftigste Personengruppe** (BGHZ 103, 338, 340; BGH NJW 1985, 620; LM Nr 92 zu § 823 [Dc] unter 1; VersR 1963, 947, 949; 1967, 714, 715; OLG München VersR 1974, 200, 201; OLG Hamm VersR 1996, 1515, 1516; MünchKomm/MERTENS Rn 216; BGB-RGRK/STEFFEN Rn 146; vgl auch zur

Parallelproblematik in der deliktischen Produkthaftung unten Rn F 35). Je verletzungsanfälliger demgemäß der Personenkreis ist, der sich befugterweise im Gefahrenbereich aufhält, desto intensiver sind die zu ergreifenden Sicherungsmaßnahmen.

bb) Beispiele

E 28 **Spielplätze** etwa sind so zu gestalten, daß Eltern und Kinder sich uneingeschränkt darauf verlassen können, daß sich die Kinder der Spielgeräte bedienen können (BGHZ 103, 338, 340; BGH NJW 1988, 48, 49), vor allem, daß auch kleine Kinder durch Stürze nicht verletzt werden (BGHZ 103, 338, 340). Die Sicherungsmaßnahmen umfassen insbesondere auch die Überprüfung auf Verschleißschäden, die zur Gefahr für Kinder werden (BGH NJW 1988, 48, 49 [Standfestigkeit eines Rundlaufdrehpilzes]) und Vorkehrungen dagegen, daß Kinder unbedacht in den Verkehr auf der Straße gelangen (BGH NJW 1977, 1965, 1966). Hierbei ist auch – anders als bei unbefugter Benutzung (vgl dazu unten Rn E 45) – dem Umstand Rechnung zu tragen, daß sich Kinder plötzlich der elterlichen Aufsicht entziehen (BGH NJW 1977, 1965; LM Nr 96 zu § 823 [Dc] unter I). Wird eine **Schule** in erheblichem Umfang von Eltern besucht, so ist die Rutschfestigkeit der Böden auch an diesem Personenkreis auszurichten (BGH LM Nr 183 zu § 823 [Dc] unter 1; MünchKomm/MERTENS Rn 219). **Ein Gastwirt** muß sich auch auf ältere, gehbehinderte und ungeschickte Personen einstellen und sie daher etwa vor den Gefahren zu leicht rutschender Stühle (BGH NJW 1991, 921) oder eines Sturzes auf einem unbeleuchteten Weg zum Parkplatz schützen, zumal wenn der Unfall nach einer Feier speziell für ältere Leute geschah (BGH NJW 1990, 905, 906). Dabei hat der Gastwirt einzukalkulieren, daß seine Gäste sich ungeschickt verhalten und infolge des Genusses von Alkohol in ihrer Gehsicherheit beeinträchtigt sein können (BGH NJW 1985, 482, 483; 1991, 921). Werden Situationen von den Verkehrsteilnehmern in der Regel mit Hilfe ihrer Routine bewältigt, so ist Veränderungen besonders Rechnung zu tragen (MünchKomm/MERTENS Rn 217). Generell muß in gewissem Umfang mit vorschriftswidrigem bzw unaufmerksamen Verhalten der befugten Benutzer gerechnet werden (BGH VersR 1969, 399, 400; OLG Karlsruhe VersR 1985, 297 mwNw), allerdings nicht mit völlig unvernünftigem Verhalten (BGH VersR 1969, 399, 400; LM Nr 25 zu § 823 [Ea] Bl 2). Der Betreiber eines **Supermarktes** muß daher schon bei der Auswahl der Bodenbeläge darauf Rücksicht nehmen, daß Gedränge herrschen kann und daß die Kunden durch Auslagen und Verkaufsstände abgelenkt werden und daher nicht ständig auf die Bodenbeschaffenheit achten (BGH NJW 1994, 2617, 2618; 1986, 2757 [für die insoweit gleich zu beurteilende vertragliche Pflicht]; BGB-RGRK/STEFFEN Rn 226). Der Gefahr, die bei **Autorennen** entsteht, ist bereits beim Aufbau der Rennstrecke und bei der Anordnung der Zuschauerplätze zu begegnen (BGH NJW 1975, 533), bei Straßenrennen allerdings nur bei ungewöhnlichen Gefahrenstellen (BGH LM Nr 153 zu § 823 [Dc] unter 2 b bb [im konkreten Ergebnis sehr fraglich, da das Rennen entgegen der ursprünglich geplanten Richtung gestartet wurde]). Daß die Verkehrspflicht bei öffentlichen Straßen größer ist als bei Privatgrundstücken, selbst wenn sie für den Verkehr freigegeben sind (so BGHZ 60, 54, 62; BGB-RGRK/STEFFEN Rn 142), ist unter diesem Aspekt ebenfalls nur eine Faustformel. Wer auf privatem Grund eine **Massenveranstaltung** ausrichtet, ist daher in erhöhtem Maß zu Vorkehrungen gehalten (vgl zB BGH NJW 1980, 223). Und schließlich spielt die Wahrscheinlichkeit eine Rolle, mit der der Schaden eintritt (BGH NJW 1965, 197, 199; 1966, 40, 41; LM Nr 29 zu § 823 [Ea] unter 2; BGB-RGRK/STEFFEN Rn 142; LARENZ/ CANARIS § 76 III 4 b). Drohen freilich schwere Schäden, ist typischen Gefahrensituationen vorzubeugen, auch wenn daraus selten Verletzungen resultieren (BGH NJW 1990, 906, 907 unter Berufung auf BGHZ 104, 323, 326 ff; LM Nr 175 zu § 823 [Dc] unter II 1 b bb).

Doch muß einem sachkundigen Beobachter vorausschauend die Verletzung der Rechtsgüter anderer Personen als naheliegende Möglichkeit erscheinen (BGH NJW 1990, 1236, 1237; LM Nr 121 zu § 823 [Dc] II 3; ähnl BGH NJW 1984, 801, 802; LM Nr 102 zu § 823 [Dc] unter II 1 c cc; vgl ferner BGB-RGRK/STEFFEN Rn 143; LARENZ/CANARIS § 76 III 4 b). Das hat der BGH verneint in einem Fall, in dem ein Triebwagenführer während einer Fahrt handlungsunfähig wurde, ohne auf die Situation noch reagieren zu können; hier war für die beklagte Bahngesellschaft nicht vorhersehbar (und nach dem damaligen Stand der Technik mit vertretbaren Mitteln auch nicht zu verhindern), daß sich ein Unfall ereignete (BGH LM Nr 121 zu § 823 [Dc] unter II 3). Dagegen ist die Möglichkeit, daß Dritte vorsätzlich Abdeckroste eines Lichtschachtes abheben, nicht auszuschließen (BGH NJW 1990, 1236, 1237; LM Nr 102 zu § 823 [Dc] unter II 1 c cc; vgl dazu genauer unten Rn E 33).

b) Die Abhängigkeit von der Situation
Daß die Verkehrspflicht mit Hilfe der legitimen Verkehrserwartung konkretisiert **E 29** wird, bedeutet zunächst, daß schon deswegen nicht jede Gefahr beseitigt werden muß. So brauchen **Spielgeräte auf Kinderspielplätzen** nicht frei von allen Risiken zu sein, solange diese überschaubar und kalkulierbar sind und für das Kind einen erzieherischen Wert haben (BGHZ 103, 338, 341; BGH NJW 1978, 1626, 1627). Das gilt gerade bei der Benutzung von Abenteuerspielplätzen (OLG München VersR 1994, 997; OLG Karlsruhe NJW-RR 1997, 23; vgl unten Rn E 294). Es bedeutet auch, daß die Verkehrspflicht von der **konkreten Situation** abhängt und sich nach Zeit und Umständen verändern kann (BGH NJW 1965, 815). Bei **vorübergehenden Umleitungen** im Straßenverkehr etwa kann der Standard gegenüber den üblichen Anforderungen gesenkt werden (BGH NJW 1961, 239; BGB-RGRK/STEFFEN Rn 148). Nach dem Krieg mußte der Verkehrsteilnehmer mit einem schadhaften Straßennetz rechnen (BGH VersR 1959, 828, 829; 1959, 830, 831; 1963, 1045). Auch in den neuen Ländern kann für einen längeren Zeitraum nicht das Niveau der alten Länder im Straßenverkehr erwartet werden (OLG Dresden DtZ 1997, 96 f; OLG Jena NZV 1998, 71 f; vgl dazu das Fallmaterial unten Rn E 98 ff). Ebenso kann sich aus den Umständen ergeben, daß **eine sofortige Beseitigung der Gefahr nicht erwartet werden kann** und der Verkehrsteilnehmer in erhöhtem Maße selbst Vorsicht walten lassen muß. Nach einem Unfall auf der Straße kann zunächst nur vor der Gefahr durch die liegengebliebenen Fahrzeuge gewarnt werden (vBAR 86 mwNw). Mit Wild auf der Straße muß man rechnen; die Sicherung einer Kreisstraße durch einen Wildzaun ist daher nicht notwendig, es sei denn, es handele sich um eine typische Wildwechselstelle (BGHZ 108, 273, 277; vgl auch schon vor § 823 Rn 17). Außerhalb geschlossener Ortschaften muß nur an besonders gefährlichen Stellen gestreut werden (BGHZ 31, 73, 75; BGH VersR 1962, 1182, 1183). So können nicht nach jedem Schneefall überall geräumte Straßen erwartet werden (BGB-RGRK/STEFFEN Rn 148), vielmehr steht dem Verkehrspflichtigen eine gewisse Zeitspanne zur Verfügung (BGH VersR 1979, 1055, 1056 mwNw). Generell müssen Straßen so hingenommen werden, wie sie sich erkennbar dem Benutzer darbieten (BGHZ 108, 273, 274 f; BGH NJW 1980, 2194, 2195; VersR 1979, 1055; OLG Karlsruhe NZV 1988, 20; OLG Oldenburg NJW 1989, 305, 306; OLG Düsseldorf NJW-RR 1993, 597, 598; OLG Dresden DtZ 1997, 97). Der Verkehrspflichtige muß nur solche Maßnahmen ergreifen, die objektiv erforderlich und zumutbar sind (BGH NJW 1968, 246, 247; OLG Karlsruhe NZV 1988, 20, 21; OLG Naumburg DtZ 1997, 296). So ist damit zu rechnen, daß Regen nach einer längeren Trockenperiode einen Schmierfilm auf der Straße bildet (BGH VersR 1959, 436, 437; 1963, 1150, 1151), daß Teer in der Sommerhitze weich werden kann (OLG Hamburg VersR 1970, 845, 846). Doch steigt die Pflicht mit

Zunahme der Gefahr. Bei **Treppen** muß etwa mit Stürzen von Benutzern gerechnet werden (BGH NJW 1994, 2232, 2233; VersR 1969, 665, 666; 1982, 854, 855). Deshalb darf bei der der Treppe gegenüberliegenden Wand kein splitterndes Fensterglas verwendet werden (BGH NJW 1994, 2232, 2233; VersR 1969, 665, 666); die Treppe an einer Böschung muß so gestaltet sein, daß Passanten bei einem Sturz nicht direkt auf die Fahrbahn einer vorbeiführenden Straße fallen (BGH VersR 1982, 854, 855 im Rahmen des § 839). Auch können sich im Lauf der Zeit die **Anforderungen verschärfen** (BGH LM Nr 147 zu § 823 [Dc] unter II 1). Nach Auffassung des BGH ist die Verkehrspflicht aufgrund der Art der Anlage reduziert, wenn ein Haus zum Abbruch erworben wurde (BGH VersR 1967, 877; vgl auch unten Rn E 191); dem ist weder im Verhältnis zum Mieter noch gar zu beliebigen Dritten zu folgen; allerdings kann der Selbstschutz des Geschädigten hier stärker zu berücksichtigen sein. Sollte die Verkehrspflicht auf Skipisten zunächst nur vor atypischen Gefahren sichern, so bildete sich später die Verkehrspflicht heraus, Liftstützen gegen den Aufprall von Skiläufern mit Strohballen zu polstern; indes konnte eine Haftung zunächst noch am fehlenden Verschulden scheitern (BGH NJW 1985, 620, 621; vgl auch unten Rn E 70).

c) Die Erkennbarkeit der Gefahr

E 30 Solange eine Gefahr als solche nicht erkennbar ist – was wegen des objektiven Maßstabes nicht gleichbedeutend damit ist, daß der Pflichtige sie nicht erkannt hat –, braucht ihr nicht vorgebeugt zu werden (BGH LM Nr 73 zu § 839 [Ca] unter II 3 c; MünchKomm/MERTENS Rn 217). Bei Zweifeln hat er sich allerdings zu erkundigen (BGH LM Nr 20 zu § 823 [Ef] unter II 2 a; ähnl BGH NJW 1982, 1049, 1050). Tritt die Gefahr **später zu Tage**, müssen aber jetzt die Vorkehrungen getroffen werden, sie zu beseitigen bzw vor ihr wenigstens zu warnen, solange die Beseitigung noch nicht möglich oder soweit sie wegen der Höhe des Aufwands unzumutbar ist (BGH LM Nr 188 zu § 823 [Dc] unter II 4 b bb; MünchKomm/MERTENS Rn 217). Zudem muß der Verkehrspflichtige durch organisatorische Maßnahmen sicherstellen, daß er die Gefahr erkennt (OLG Hamm MDR 1996, 696) bzw daß er von der Gefahr informiert wird (BGH LM Nr 89 zu § 823 [Dc] unter II 3 a bb; VersR 1979, 1055, 1056). Straßen müssen etwa im regelmäßigen Abstand zur Kontrolle befahren werden (OLG Karlsruhe NZV 1988, 20, 21 mwNw; OLG Brandenburg DtZ 1997, 97, 98; vgl auch unten Rn E 89).

d) Die Höhe des Aufwandes

E 31 Auf der anderen Seite ist der Aufwand in Rechnung zu stellen. Ist die **Gefahr groß** und sind die **Kosten gering**, wie etwa beim Entladen und Wegsperren von Waffen oder beim sicheren Verwahren von Schlüsseln, ist der Verkehrspflichtige auch gehalten, die Sicherungen zu beachten, um die Gefahr auszuschalten (BGH LM Nr 175 zu § 823 [Dc] unter II 1 b bb; LARENZ/CANARIS § 76 III 4 b). Das gleiche gilt, wenn nur gefährliche Anweisungen zu korrigieren sind (BGH LM Nr 28 zu LuftVG unter II 2) oder aber die sicheren Alternativen finanziell nicht ins Gewicht fallen – etwa rotweiße Bänder anstelle von schwer sichtbarem Draht zur optischen Absperrung von Wegen (OLG Köln VersR 1998, 860, 861 f). **Besucher eines Salzbergwerks** dürfen nicht ohne Not an gefährliche Stellen geführt werden (BGH VersR 1986, 991, 992). Sind **hochrangige Rechtsgüter** wie Gesundheit und Leben betroffen, so nimmt auch der Aufwand zu, der verlangt werden kann (BGHZ 58, 149, 156; BGH NJW 1965, 197, 199; MünchKomm/MERTENS Rn 237; LARENZ/CANARIS § 76 III 4 b). Wer eine **Skipiste** betreibt, muß nicht nur Zäune entfernen (BGH NJW 1982, 762, 763), sondern auch die Liftstützen mit Strohballen absichern (BGH NJW 1985, 620, 621); der Veranstalter eines **Eishockeyspiels** hat notfalls auch teure Maßnahmen zu ergreifen, um zu verhindern, daß Zuschauer vom Puck getroffen werden (BGH NJW 1984, 801, 802). Drohen dagegen **nur Sachschäden**, kann die Höhe des Aufwandes eher dazu führen, eine Verkehrspflicht zu verneinen (BGHZ 58, 149, 157; Larenz/Canaris § 76 III 4 b). Die unentgeltliche Zulassung zur Benutzung ändert am Bestehen der Verkehrspflicht als solcher nichts (anders der Formulierung nach BGH NJW 1984, 801); der Veranstalter eines Umzugs ist nicht freigestellt, wenn er keinen Eintritt verlangt. Allerdings kann auch die vom Benutzer erbrachte **Gegenleistung** für die Höhe des zu erwartenden Aufwandes und des Sicherheitsstandards eine Rolle spielen. Wer in Billigbauweise erstellen läßt, kann nicht den höchsten Sicherheitsstandard erwarten; kommen Dritte zu Schaden, können sie sich nur an den Bauherrn, nicht auch an den Architekten halten (BGH NJW 1987, 1013, 1014). Das erlaubt allerdings nicht, den Mindeststandard zu unterschreiten. Anders ist es von vornherein ohnedies bei Luxusobjekten (BGH LM Nr 50 zu § 823 [Ac] unter II 2 a aa). Davon zu unterscheiden ist die Frage, ob die **individuelle wirtschaftliche Situation** berücksichtigt werden darf. Eine auch nur zeitweilige völlige Befreiung von der Verkehrspflicht aus finanziellen Erwägungen kommt nicht in Betracht (MünchKomm/Mertens Rn 216). ZT wird indes ein Einfluß auf die zu ergreifenden Maßnahmen zugestanden; es genüge dann eine Warnung, die Gefahr brauche nicht beseitigt zu werden (MünchKomm/Mertens Rn 216). Dem ist indes nicht zu folgen. Wie stets bestimmt sich die Verkehrspflicht nach objektiven Maßstäben, nicht nach der individuellen Leistungsfähigkeit. Ein Krankenhausträger kann mangelnden hygienischen Standard nicht mit Geldmangel begründen, notfalls darf er keine Patienten mehr aufnehmen (BGH VersR 1960, 416, 418).

e) Die Eigenverantwortlichkeit des Geschädigten

Damit hängt auch der Gesichtspunkt der zumutbaren eigenen Vorsorge des Geschädigten zusammen. Er kann dazu führen, daß die **Gefahr nicht beseitigt werden muß**. Das ist evident, wenn der später Geschädigte gerade dazu bestellt war, die Gefahr zu bannen (OLG Karlsruhe VersR 1989, 82; OLG Köln VersR 1992, 470, 471; ähnl OLG Zweibrücken BauR 1994, 781, 782) oder als Fachmann zu begutachten hatte, wie die Gefahr beseitigt werden konnte (OLG Jena VersR 1998, 903, 904). Der Sicherungsposten auf einer Baustelle darf einem arbeitenden Bagger nicht den Rücken zukehren und auch nicht in ganz kurzem Abstand hinter dem Bagger vorbeigehen (OLG Zweibrücken BauR 1994, 781, 782). Allerdings darf der Ausschluß der Haftung angesichts der Alternative, das Mitverschulden über § 254 zu berücksichtigen, nicht zu weit getrieben werden (Möllers VersR 1996, 158). Doch ist in Fällen, in denen die Gefahr mit Händen zu greifen und ihr ohne weiteres auszuweichen ist, nicht einmal eine Warnung vonnöten. Der Verkehrspflichtige kann vielmehr darauf vertrauen, daß der Betroffene die Gefahr erkennt und sich selbst schützt bzw sich dieser Gefahr nicht aussetzt (BGH LM Nr 166 zu § 823 [Dc] unter II 1 c; KG VersR 1983, 1162, 1163; OLG Köln VersR 1993, 1494 f; Erman/Schiemann Rn 80; MünchKomm/Mertens Rn 217; BGB-RGRK/Steffen Rn 144; vBar 86; OLG Stuttgart VersR 1990, 169, 170 unter dem Aspekt des Mitverschuldens; in der Sache auch OLG Düsseldorf VersR 1998, 1166). Das gilt in **Extremfällen sogar gegenüber Kindern** (vgl unten Rn E 45). Entscheidend ist, ob die Gefahr von einem sorgfältig handelnden Verkehrsteilnehmer rechtzeitig erkannt werden kann und er in der Lage ist, sich auf die Gefahr einzurichten; dann kann die Pflicht, sofort tätig zu werden, entfallen (BGH VersR 1993, 39). Ist etwa für den Mieter hinreichend deutlich, daß eine Loggia noch nicht fertiggestellt ist und das Brüstungsbrett nur als optische Begrenzung dient, so braucht er nicht darauf hingewiesen zu werden, daß er sich nicht gegen die Brüstung lehnen darf (BGH NJW 1985, 1076 f). Nach der Rechtsprechung gilt das etwa auch für Zuschauer eines **Feuerwerks** in der Neujahrsnacht; hier richte sich jeder auf Gefährdungen ein (BGH NJW 1986, 52, 53; das Ergebnis ist zweifelhaft, da der BGH nicht sagt, worauf der Verletzte hätte achten sollen). Grundsätzlich muß sich etwa der Straßenverkehr winterlichen Verhältnissen anpassen (BGHZ 31, 73, 75; 112, 74, 76); generell muß sich der Straßenbenutzer auf die gegebenen Straßenverhältnisse einstellen und die Straße so hinnehmen, wie sie sich ihm erkennbar darbietet (BGHZ 108, 273, 274 f; vgl schon Rn E 29). Mit Absätzen zwischen Häusern und dem öffentlichen Bürgersteig muß gerechnet werden (OLG Oldenburg MDR 1994, 779). Darauf, daß ein **Rasen** nach dem Regen schlüpfrig sein kann, muß sich der Geschädigte einrichten (OLG Köln VersR 1983, 44). Ebenso wurde die Verkehrspflicht des Eigentümers eines Grundstücks verneint, das **witterungsbedingte Abbrechen von Felsblöcken** von einem Hanggrundstück zu verhindern, auch wenn die Blöcke auf das Grundstück des Nachbarn gerollt waren; die Gefahr sei erst dadurch entstanden, daß der Nachbar sich an einer gefährlichen Stelle angesiedelt habe; anders sei zu entscheiden, wenn der Eigentümer des höher liegenden Grundstücks die Gefahr durch Anschneiden des Hanges erst geschaffen habe (BGH NJW 1985, 1773, 1774; s dazu die Kritik oben Rn E 17). Doch verwirklicht sich (fast) jede Gefahr erst dadurch, daß sich das Opfer in ihren Bereich begibt. Man müßte zumindest auf die Tatsache hinweisen, daß sich die Gefährdung in gleicher Weise aus der Lage beider Grundstücke ergibt (LARENZ/CANARIS § 76 III 4 d). In weniger eindeutigen Fällen kann jedenfalls eine **Warnung bzw ein Verbot ausreichen**. So kann der Vermieter einer Wohnung den Mieter darauf hinweisen, daß das Geländer einer Loggia noch nicht fertig ist und ihm verbieten, diese Loggia zu betreten oder Gäste auf sie zu lassen; er haftet dann nicht, wenn sich Gäste über die Anordnung hinwegsetzen, weil er davon ausgehen kann, daß der Mieter für die Beachtung der Gefahr sorgen wird (BGH NJW 1985, 1076, 1077; iE zweifelhaft, **aA** wohl OLG Bamberg VersR 1971, 233, 234). Gleiches gilt für die Anordnung, nicht ins Nichtschwimmerbecken zu springen (BGH NJW 1980, 1159, 1160). Dagegen braucht der Besucher eines Geschäftsraums, auch wenn dieser sich im Keller befindet, nicht mit ungesicherten Bodenluken zu rechnen (BGH VersR 1964, 974 f).

f) Vorsätzliches oder fahrlässiges Verhalten Dritter

E 33 Die Haftung ist nicht deshalb zu verneinen, weil die Gefahr durch fahrlässiges oder gar vorsätzliches Verhalten Dritter geschaffen wurde (BGHZ 37, 165, 170; BGH NJW 1971, 459, 460; 1980, 223; 1990, 1236, 1237; LM Nr 102 zu § 823 [Dc] unter II 1; Nr 175 zu § 823 [Dc] unter II 1 a; VersR 1957, 109; OLG Celle VersR 1979, 1154; LG Mannheim NJW-RR 1997, 921, 922; SOERGEL/ZEUNER Rn 206; BGB-RGRK/STEFFEN Rn 153; LARENZ/CANARIS § 76 III 4 d; für fahrlässige Angriffe Dritter RGZ 138, 21, 22; BGH LM Nr 77 zu § 823 [Dc] unter II 2 c; VersR 1967, 1155, 1156). Das ist in denjenigen Fällen selbstverständlich, in denen die **Übernahme der Aufgabe** gerade dazu diente, die **Gefahr zu bannen**. Besteht sie etwa gerade darin, Leib und Leben, aber auch das Eigentum gegen Angriffe zu schützen, und wird die daraus resultierende Verkehrspflicht verletzt, so scheitert die Haftung nicht daran, daß der Angreifer seinerseits mit Vorsatz gehandelt hat. Aber auch bei der Bereichshaftung gilt Entsprechendes. So hat der Betreiber eines Sportplatzes dafür zu sorgen, daß keine Bälle in die Fenster benachbarter Häuser fliegen können (RGZ 138, 21, 22), Kraftfahrzeuge sind gegen die Benutzung durch Unbefugte (BGH NJW 1971, 459, 460), Abdeckroste dagegen zu sichern, daß sie mutwillig herausgehoben werden können (BGH NJW 1990, 1236, 1237 mit der wenig plausiblen Einschränkung, die Pflicht bestehe [nur ?], wenn der Schacht sich über die volle Breite des Hauseingangs erstrecke; LM Nr 102 zu § 823

[Dc] unter II 1 a; **aA** OLG Frankfurt aM VersR 1998, 250 [LS], wenn sich der Schacht auf einem ums Haus laufenden Schotterstreifen befand); der Verkehrspflichtige muß einschreiten, wenn durch mutwillige Störung verkehrsfremde Hindernisse auf die Fahrbahn geraten (BGHZ 37, 165, 170). Wer eine Großveranstaltung ausrichtet, hat dafür Sorge zu tragen, daß es nicht zu Übergriffen von Zuschauern auf benachbarte Grundstücke kommt (BGH NJW 1980, 223). Der Eigentümer eines Wassergrabens, aus dem Fischgewässer gespeist werden, muß sich darum kümmern, daß seine Oberlieger nicht Jauche und Abwasser einleiten, die den Fischbestand vernichten.

g) Die Rolle gesetzlicher und behördlicher Vorschriften
Gesetzliche und behördliche Gebote und Verbote legen jedenfalls einen **Mindeststandard** fest; er darf nicht unterschritten werden (BGH LM Nr 11 b zu § 823 [Ef] unter 1 iVm 2 a; LARENZ/CANARIS § 76 III 4 f; der Sache nach auch BGH LM Nr 164 zu § 823 [Dc] unter II 2 c; wohl auch MünchKomm/MERTENS Rn 218). Auch **DIN-Normen** spiegeln den Stand der Technik wider und sind so zur Bestimmung des nach der Verkehrsauffassung Gebotenen geeignet (BGHZ 103, 338, 341 f; 114, 273, 277; BGH NJW 1997, 582, 583); dasselbe gilt für **Unfallverhütungsvorschriften** (BGH VersR 1956, 31, 32; 1964, 942, 944). Sie legen das Mindestmaß dessen fest, was nicht nur gegenüber den Betriebsangehörigen, sondern auch gegenüber Dritten einzuhalten ist (BGH LM Nr 11 b zu § 823 [Ef] unter 3; VersR 1957, 614, 615; 1959, 290, 291; 1967, 133, 134; 1975, 812, 813; vgl auch unten Rn G 14). Sie gelten unabhängig von der Berufserfahrung des jeweils Betroffenen, weil sie vor typischen Gefährdungen schützen und nicht Erfahrungsdefizite ausgleichen sollen (BGH LM Nr 23 zu § 640 RVO unter II 1 b cc; OLG Frankfurt aM VersR 1995, 1365, 1366). Nach ganz hM kann die **Verkehrspflicht jedoch weiter gehen** (BGHZ 99, 167, 176; BGH NJW 1975, 533; 1980, 1745, 1746; 1984, 801, 802; 1984, 2232, 2233; 1985, 620, 621; 1987, 372, 373; 1988, 48, 49 [für DIN-Normen]; 1990, 1236, 1237; 1994, 2232, 2233; 1997, 582, 583; 1998, 2436; VersR 1954, 100; 1960, 416, 418; 1966, 165, 166; 1976, 776, 778; LM Nr 12 zu § 823 [Dc] unter 2; Nr 102 zu § 823 [Dc] unter II 1 c aa; Nr 109 zu § 823 [Dc] unter II 4 c; Nr 148 zu § 823 [Dc] unter II 1; OLG Frankfurt aM VersR 1987, 204; OLG Hamm VersR 1994, 1081; OLG Schleswig VersR 1997, 69, 70; MünchKomm/MERTENS Rn 218; BGB-RGRK/STEFFEN Rn 149; ders VersR 1980, 412; LARENZ/CANARIS § 76 III 4 f; vBAR 107; ders JuS 1988, 172; skeptisch HÜBNER/MATUSCHE Anm zu BGH LM Nr 36 zu § 276 [Cc] unter 2 b), da behördliche Gebote zum einen dem Schutz des Opfers und nicht der Entlastung des Verkehrspflichtigen dienen sollen (BGH LM Nr 102 zu § 823 [Dc] unter II 1 c aa; Nr 147 zu § 823 [Dc] unter II 1; LARENZ/CANARIS § 76 III 4 f), zum anderen oft das Ziel der behördlichen Aufgabe weniger weit geht als die Verkehrspflicht (BGH NJW 1987, 372, 373; 1990, 1236, 1237; LM Nr 12 zu § 823 [Dc] unter 2 mwNw). Schließlich darf man sich nicht darauf verlassen, daß die Behörde etwaige Mängel entdeckt (RG JW 1909, 275, 276; BGHZ 99, 167, 176; 103, 298, 303; BGH NJW 1987, 372, 373), oder aus ihrer Untätigkeit schließen, es werde die Verkehrspflicht nicht verletzt (BGH VersR 1981, 262; vgl ferner BGH NJW 1977, 763, 764 für die Frage des Verschuldens im Rahmen des § 823 Abs 2). Umstritten ist eine **Entscheidung des BGH**, in der er die Verletzung der Verkehrspflicht und damit die Haftung für **Wildschäden** verneint hatte, wenn der Jagdberechtigte die behördlichen Abschußquoten eingehalten hatte, da ansonsten jeder Grundstückseigentümer vom Jagdberechtigten den Abschuß von Wild nach Art, Umfang und Anzahl verlangen könne (BGHZ 62, 265, 270). **Dieser Entscheidung wird entgegengehalten**, damit werde ohne Not der geschilderte Grundsatz verlassen (LARENZ/CANARIS § 76 III 4 f; ders, in: FS Larenz II [1983] 55 f; ihm zust ERMAN/SCHIEMANN Rn 156; MünchKomm/MERTENS Rn 218; vBAR JuS 1988, 172 f). **Doch ist der Kritik nicht zu folgen.** Denn immerhin erlaubt § 27 BJagdG, das Wild auch innerhalb der Schonzeit zu erlegen. Würde man diese Regelung für

nicht abschließend erachten, so könnte sogar eine Pflicht zum Abschuß in der Schonzeit resultieren; damit würde aber § 21 BJagdG unterlaufen. Auch die Lehre sieht die behördliche Entscheidung als maßgebend an, wenn sie Präklusionswirkung habe, wie das bei der Betriebsgenehmigung nach § 14 BImSchG anzunehmen, bei Baugenehmigungen jedoch zu verneinen sei (LARENZ/CANARIS § 76 III 4 f; ders, in: FS Larenz II [1983] 56). In anderer Hinsicht kann jedoch der Vertrauensgrundsatz eine Rolle spielen. So kann sich der Verkehrsteilnehmer bei Grünlicht grundsätzlich darauf verlassen, daß der Querverkehr abgeschirmt ist (BGHZ 56, 146, 150; BGH NJW 1971, 1394, 1395; BGB-RGRK/STEFFEN Rn 145). Doch muß Rücksicht auf Nachzügler genommen werden, die sich noch unverschuldet im Kreuzungsbereich aufhalten (BGHZ 56, 146, 150; BGH NJW 1971, 1394, 1395).

h) Die Grenzen der Verkehrspflicht

E 35 Begrenzt wird die Verkehrspflicht durch die **Möglichkeit und Zumutbarkeit** der Gefahrbeseitigung (BGHZ 58, 149, 158; 112, 74, 75 f; BGH LM Nr 201 zu § 823 [Dc] unter II 4 a; VersR 1983, 39; BGB-RGRK/STEFFEN Rn 149 f). Nicht jeder Gefahr muß vorgebaut werden; Sicherungen von absoluter Wirksamkeit sind kaum möglich (BGHZ 31, 73, 74; 108, 273, 274; BGH NJW 1965, 815 mwNw; 1978, 1626, 1627; 1980, 1159, 1160; 1984, 801, 802; 1994, 3348; VersR 1961, 541, 542; 1975, 812; LM Nr 102 zu § 823 [Dc] unter II 1 b; Nr 121 zu § 823 [Dc] unter II 3 c aa; Nr 175 zu § 823 [Dc] unter II 1 b; Nr 22 zu § 833 unter II 1 b; OLG München VersR 1979, 62, 63; OLG Hamm VersR 1987, 1096; OLG Köln VersR 1992, 335). Es bedarf daher nur solcher Maßnahmen, die ein **umsichtiger, in vernünftigen Grenzen vorsichtiger Mensch** für ausreichend halten darf, um andere vor Schaden zu bewahren (BGH NJW 1984, 801, 802; 1990, 1236, 1237; 1994, 3348; VersR 1975, 812; LM Nr 102 zu § 823 [Dc] unter 3 b bb; Nr 121 zu § 823 [Dc] unter II 3 c aa; Nr 153 zu § 823 [Dc] unter II 2; Nr 175 zu § 823 [Dc] unter II 1 b; Nr 201 zu § 823 [Dc] unter II 4 a; Nr 2 zu § 823 [Ee] unter 1 b; Nr 22 zu § 833 unter II 1 b; OLG Bremen VersR 1979, 722, 723; OLG Köln VersR 1992, 1241, 1242; OLG Hamm VersR 1996, 643; OLG Oldenburg VersR 1996, 644, 645; OLG Koblenz VersR 1996, 986, 987; LG Mannheim NJW-RR 1997, 922, 923; ähnl BGH LM Nr 95 zu § 823 [Bf] unter II 3 a; BGB-RGRK/STEFFEN Rn 143), bzw umgekehrt ein vernünftiger Angehöriger eines bestimmten Verkehrskreises erwarten darf (BGH NJW 1986, 52, 53 mwNw; VersR 1975, 812). Der Träger einer Schule ist nicht verpflichtet, die Schüler auf dem Weg zur Schule zu überwachen und dazu etwa einzelne Lehrer auf dem Weg zu postieren (BGHZ 44, 103, 106). Damit wird nicht nur der materielle Aufwand begrenzt, sondern es werden auch andere Vorsichtsmaßnahmen reduziert; wer einen Schnupfen hat, braucht ihn nicht notwendig zu Hause auszukurieren, sondern kann am üblichen sozialen Leben teilnehmen. Liegen freilich außergewöhnliche Umstände vor, so kann sich die Zumutbarkeitsgrenze verschieben (BGH NJW 1966, 40, 41; 1972, 903, 904; BGB-RGRK/STEFFEN Rn 142).

V. Der geschützte Personenkreis und der Schutzzweckzusammenhang*

1. Die Schaffung einer Gefahrenquelle

a) Der Grundsatz

E 36 Die Haftung wegen der Schaffung einer Gefahrenquelle besteht in der Regel **allen**

---

* **Schrifttum:** VBAR, Entwicklungen und Entwicklungstendenzen im Recht der Verkehrs(sicherungs)pflichten, JuS 1988, 169; DUNZ, Gegenseitige Haftung bei gemeinschaftlichem Leichtsinn, VersR 1988, 4; FOERSTE, Haftet die Gesellschaft für Erziehungsfehler?, NJW 1995,

Dritten gegenüber (vgl zB BGH NJW 1978, 421, 422; 1986, 1865). **Gewehre** sind zu sichern, damit sie keinen Schaden anrichten. Die Frage, ob sich das Opfer befugt an der Stelle aufhielt, an der es verletzt wurde, wird sich regelmäßig kaum stellen, spielt letztendlich auch keine Rolle. Wer mit einem Auto fährt, dessen Bremsen bekanntermaßen defekt sind, haftet auch dann, wenn sein Unfallgegner das Fahrzeug gestohlen hatte oder ohne Führerschein benutzte (BGH NJW 1966, 1456; BGB-RGRK/STEFFEN Rn 162; LARENZ/CANARIS § 76 III 6 a; ESSER/WEYERS § 55 V 2). Davon gibt es eine Ausnahme, wenn der Schaden auf eine grob sachwidrige Handhabung der gefährlichen Sache selbst zurückzuführen ist. Paradebeispiel dafür ist die eklatant fehlerhafte Benutzung eines an sich ordentlich gesicherten Produkts (vgl dazu Rn F 36). Wer ferner etwa selbst das ordnungsgemäß entladene Gewehr wieder lädt und dann verletzt wird, gehört nicht zum geschützten Personenkreis, selbst wenn der Verkehrspflichtige das Gewehr nicht weggesperrt hatte.

b) Unvernünftiges Verhalten von Kindern

Uneinheitlich wird das bei **unvernünftigem Verhalten von Kindern und Jugendlichen** beurteilt. Der BGH hat die Haftung eines seinerseits noch nicht Volljährigen abgelehnt, der aus seinen Beständen ein explosives Pulver hergestellt hatte, das das Opfer durch Hammerschläge detonieren ließ, wobei es verletzt wurde. Nach Auffassung des Gerichts fehlte es am inneren Zusammenhang zwischen der verletzten Verhaltensnorm und dem Schaden, da die eigene Entschließung im Vordergrund gestanden habe und es nicht verboten sei, psychisch die Selbstgefährdung zu veranlassen (BGH NJW 1986, 1865; zust wohl LARENZ/CANARIS § 76 III 6 a; MEDICUS, Bürgerliches Recht [17. Aufl 1996] Rn 653 b; **aA** DUNZ VersR 1988, 4 f; Bedenken auch bei SOERGEL/ZEUNER vor § 823 Rn 79). Dasselbe hat die Rechtsprechung angenommen, wenn ein Jugendlicher einen anderen Jugendlichen, der keinen Führerschein hat, dazu animiert, ein Fahrzeug zu steuern (BGH NJW 1978, 421, 422; 1991, 418, 419). Doch hat der BGH in einer neueren Entscheidung eine Modifikation angedeutet; es komme darauf an, was der Täter an Fahrkenntnissen voraussetzen dürfe und ob er Grund zur Annahme habe, der Fahrer könne das Risiko selbst einschätzen (BGH NJW 1991, 418, 419). Doch ist schon die Rechtsprechung nicht einheitlich. **Anders hat der BGH etwa entschieden**, als ein (gerade) Volljähriger eine Gaspistole nicht ordentlich verwahrte und das jugendliche Opfer sich selbst in den Kopf schoß; da es zur Pflichtenstellung des Schädigers gehöre, gefahrschaffende Entschlüsse Dritter nicht zu begünstigen, sei auch der Zurechnungszusammenhang zwischen der Verletzung der Pflicht und dem Schaden zu bejahen (BGH LM Nr 2 zu WaffenG unter II 3). Ein Jugendlicher, der sein Mofa so verändert, daß es das Dreifache der zulässigen Höchstgeschwindigkeit erreicht und obendrein verkehrsunsicher ist, haftet einem anderen Jugendlichen, der mit dem ihm zur Verfügung gestellten Mofa verunglückt (OLG Köln NZV 1992, 405, 406). Auch haftet ein Drogist, der an einen Jugendlichen Chemikalien verkauft, wenn dieser daraus

---

2605; MARBURGER, Die Verkehrssicherungspflicht gegenüber Unbefugten, JurA 1971, 481; MÖLLERS, Verkehrspflichten gegenüber Kindern, VersR 1996, 153; ODERSKY, Die Berufshaftung – ein zumutbares Berufsrisiko?, NJW 1989, 1; J SCHRÖDER, Verkehrssicherungspflicht gegenüber Unbefugten, AcP 179 (1979) 567; D SCHWAB, Die deliktische Haftung bei widerrechtlichem Verweilen des Verletzten im Gefahrenbereich, JZ 1967, 13; STOLL, „The Wagon Mound" – eine neue Grundsatzentscheidung zum Kausalproblem im englischen Recht, in: FS Dölle I (1963) 371; ders, Unrechtstypen bei Verletzung absoluter Rechte, AcP 162 (1963) 203.

Sprengstoff mischt und dabei verletzt wird (BGH NJW 1973, 615, 616; LM Nr 30 zu § 823 [Aa] unter I 1 und 2). Die Rechtsprechung bleibt allerdings **die Begründung für die Ungleichbehandlung schuldig**. Derjenige, der sich an einer gefährlichen Bastelei beteiligt, trägt eher mehr denn weniger zum Schadensereignis bei als derjenige, der seine Waffe nicht sorgfältig verwahrt. Schließt das Verhalten des Geschädigten im ersten Fall die Zurechnung aus, so hätte dies auch im zweiten zu gelten. Die vom BGH angedeutete Differenzierung zwischen erwachsenen und jugendlichen Verkehrspflichtigen (BGH NJW 1991, 418, 419) ist im Rahmen des § 828 Abs 2 zu berücksichtigen. Viel spricht indes dafür, den Beitrag des Geschädigten jeweils unter dem Aspekt des Mitverschuldens zu würdigen (so auch Dunz VersR 1988, 5).

2. Die Übernahme- und Bereichshaftung

E 38 Bei der **Übernahmehaftung** werden Verkehrspflichten primär, aber nicht ausschließlich, gegenüber Personen wahrgenommen, die mit der Leistung des Pflichtigen **bestimmungsgemäß in Berührung kommen** (BGH NJW 1987, 1013; 1991, 562, 563). Die **Bereichshaftung** erstreckt sich auf solche Geschädigte, **die sich befugt in der Gefahrenzone aufhalten** (vgl schon oben Rn E 17), wenngleich es auch hier eine Haftung gegenüber Unbefugten geben kann. Da die Begriffe der Übernahme- und der Bereichshaftung eng miteinander verwandt sind, wenn nicht gar dasselbe meinen, werden die Probleme zusammen dargestellt.

a) Die bestimmungsmäßige Benutzung

E 39 Die befugte bzw bestimmungsgemäße Benutzung richtet sich nach der **Widmung bzw Gestattung** (BGH LM Nr 11 zu § 823 [Ea]; VersR 1964, 727 f). Für sie gelten die allgemeinen Auslegungsregeln; demgemäß ist auf den Empfängerhorizont der Verkehrsteilnehmer abzustellen. Die Eröffnung kann **ausdrücklich**, aber auch durch **konkludentes Verhalten** erfolgen (so lag wohl der Fall RGZ 54, 53, 55; vgl ferner BGH LM Nr 168 zu § 823 [Dc] unter II 2 b). Der gelegentliche Aufruf zu Waldläufen macht aus Waldwegen aber keine Trimm-Dich-Pfade (OLG Düsseldorf VersR 1983, 542, 543). **Keine Rolle spielen die Motive**, weswegen auch eine gefälligkeitshalber erlaubte Benutzung genügt (D Schwab JZ 1967, 19). Die Auffassung, eine bloße Duldung reiche nicht aus (OLG Bamberg VersR 1969, 85, 86; D Schwab JZ 1967, 19, der auf die unzureichende Betätigung der Bestimmungsgewalt ausweicht), übersieht, daß aus Sicht der Benutzer der Verkehr durchaus eröffnet sein kann, wenn der Eigentümer nicht einschreitet, etwa nichts gegen einen Trampelpfad auf seinem Grundstück unternimmt (so lag wohl der Fall BGHZ 25, 271, 272; ähnl schon RG JW 1931, 3446, 3447; ebenso wohl BGB-RGRK/Steffen Rn 164 aE). Anders kann es dann sein, wenn der Verkehr ohne Wissen und Wollen des Sicherungspflichtigen eröffnet wird (BGH NJW 1991, 562, 563) und ihm auch keine Verletzung einer Kontrollpflicht vorzuwerfen ist. Ob ein **Verstoß gegen öffentlich-rechtliche Normen** vorliegt, etwa weil sich der Unfall nach der Sperrstunde ereignet, ist ohne Bedeutung (RGZ 103, 263, 264; BGB-RGRK/Steffen Rn 162). Die Gestattung bzw Verkehrseröffnung kann **zurückgezogen** werden. Allerdings hat der bislang Verkehrspflichtige dies entsprechend deutlich zu machen (BGH NJW 1978, 1628) und vor allem dafür zu sorgen, daß nicht von den im Gefahrenbereich befindlichen Gegenständen ein Anreiz ausgeht, der zur weiteren Benutzung einlädt (BGH NJW 1978, 1628; MünchKomm/Mertens Rn 212). Entgegen einiger mißverständlicher Formulierungen ist es aber keine Frage der befugten oder unbefugten Benutzung, wenn die Maßnahmen des Verkehrspflichtigen es gerade verhindern sollen, daß das Opfer vom Weg abkommt (so aber BGH LM Nr 32 zu § 823 [Ea] Bl 1 Rücks) oder auf einen abschüssigen Abhang gerät (so aber BGH LM Nr 45 zu § 823 [Ea] unter II).

b) Die Beschränkung des Benutzerkreises
Eine Beschränkung kann sich einmal aus der **Funktion des später Verletzten** ergeben. So kann es liegen, wenn zur Sicherung verkehrsrichtigen Verhaltens Polizeibeamte eingesetzt werden; sie sind nicht in den Schutzbereich der Verkehrspflicht des Veranstalters einbezogen, sondern sollen gerade für ihre Durchsetzung sorgen (OLG Köln VersR 1992, 470, 471; vgl schon oben Rn E 32). Der Verkehrspflichtige ist ferner berechtigt, den Kreis der befugten Teilnehmer zu beschränken, mit der Folge, daß er **keine Sicherungsmaßnahmen zugunsten unbefugter Personen ergreifen muß** (BGH NJW 1985, 1078, 1079; 1987, 2671, 2672; OLG Jena VersR 1998, 903, 904; vgl schon RGZ 87, 128, 129; RG JW 1916, 263 mwNw; 1931, 3325, 3327; zu Ausnahmen s aber unten Rn E 42 ff). Denn zum einen wissen die befugten Benutzer um das Risiko und verhalten sich entsprechend (LARENZ/CANARIS § 76 III 6 a), zum anderen dürfen die Unbefugten nicht damit rechnen, daß zu ihren Gunsten Sicherungsmaßnahmen getroffen werden (LARENZ/CANARIS § 76 III 6 a; vBAR 190). Demgemäß brauchen Straßen, die für Lastkraftwagen durch Schilder gesperrt oder schon vom äußeren Zustand her ungeeignet sind, nicht für solche Fahrzeuge ausgelegt zu sein (BGH NJW 1966, 1456, 1457 mwNw; VersR 1964, 291, 292; 1964, 727, 728; LM Nr 11 zu § 823 [Ea]; ESSER/WEYERS § 55 V 2 d). Wie groß der **Kreis der berechtigten Benutzer** zu ziehen ist, hängt von den Umständen ab. Er umfaßt etwa die auf einer Baustelle Tätigen, und zwar auch nach Feierabend, da die Beschäftigten erfahrungsgemäß etwas vergessen und daher die Baustelle auch nach Arbeitsende nochmals aufsuchen (BGH LM Nr 13 a zu § 823 [Ef] Bl 2 Rücks). Auch wenn der Bauherr eigene Ausbauarbeiten vornimmt, ist mit weiteren Besuchern der Baustelle zu rechnen (BGH NJW 1985, 1078, 1079; OLG Hamm VersR 1993, 491). Der Verkehrspflichtige muß auch gewärtig sein, daß am Bau arbeitende Handwerker von anderen Auftraggebern aufgesucht werden (OLG Hamm VersR 1993, 491). Der Kreis der befugten Verkehrsteilnehmer ist beim Einfamilienhaus enger als beim Mehrfamilienhaus oder gar beim Supermarkt. Auch beim Einfamilienhaus sind aber nicht nur die geladenen Gäste umfaßt, sondern auch Personen, die sich dort – jedenfalls bis zur Tür – befugt aufhalten, wie Lieferanten, Postboten, wohl auch Hausierer und ähnliche Personen. Bei einem Miethaus sind die Mieter (so zB BGH NJW 1994, 2232 f), aber auch Besucher und Personal des Mieters in den Schutzbereich einbezogen (RGZ 88, 433, 434 mwNw; RG JW 1910, 1003, 1004), desgleichen **potentielle Kunden einer Diskothek oder eines Lokals**. Denn es ist gerade Zweck der auf das Lokal hinweisenden Schilder, die Passanten anzulocken; andererenfalls entfiele je nach dem Sinneswandel des Kunden die Verkehrspflicht oder entstünde wieder (BGH NJW 1987, 2671, 2672; zust MünchKomm/MERTENS Rn 219; LARENZ/CANARIS § 76 III 4 a; vBAR JuS 1988, 172). **Der BGH nimmt eine entsprechende Verkehrsauffassung auch an**, wenn der Passant nicht plane, das Lokal zu betreten, aber auf den Gehsteigen vor dieser Gaststätte wegen der gegenüber den Gästen bestehenden Verkehrspflicht des Inhabers eine höhere Sicherheit erwarte und deshalb diesen Weg wähle (BGH NJW 1987, 2761, 2762; VersR 1967, 751, 752; skeptisch LARENZ/CANARIS § 76 III 4 a). Daß dem BGH zu folgen ist, ergibt sich, wenn man die Haftung für den eigenen Bereich und diejenige kraft Übernahme miteinander verknüpft. Der Passant kann davon ausgehen, daß der Gastwirt seinen Bereich verkehrssicher gestaltet und daher eine Gewähr dafür bietet, daß man sicher gehen kann (vgl LARENZ/CANARIS § 76 III 4 a, der für das Ergebnis den Vertrauensgedanken heranzieht).

c) Die Höhe des Standards

E 41 Von der Frage, ob die zugunsten anderer Personen bestehende Verkehrspflicht auch auf den Verletzten ausgedehnt wird oder ob er unbefugt im Gefahrenbereich verweilt, ist das Problem zu unterscheiden, **ob** dem grundsätzlich in den Schutzbereich Einbezogenen **auch der erhöhte Standard zu gewährleisten** ist, **der zugunsten** einer Gruppe befugter, aber **besonders schutzbedürftiger Personen besteht.** Das wird in der Rechtsprechung richtigerweise bejaht (BGH NJW 1985, 620; LM Nr 92 zu § 823 [Dc] unter 1; VersR 1961, 798, 799; 1963, 947, 948 f; 1967, 714, 715; BGB-RGRK/Steffen Rn 146; ähnl OLG Hamm VersR 1996, 1515, 1516). Die Verkehrspflicht zugunsten ortsunkundiger Gäste kommt auch dem Stammgast einer Gastwirtschaft zugute (BGH VersR 1961, 798, 799). Sind etwa – was den Belag des Bodens angeht – Sicherungsvorkehrungen für Reisende mit Gepäck notwendig, so wirkt sich das auch zugunsten von Leuten ohne Gepäck aus (BGH VersR 1981, 462; MünchKomm/Mertens Rn 219); daß der Busfahrer erst anfahren darf, wenn ein beinamputierter Behinderter Platz gefunden hat, kommt auch dessen Begleiter zugute (OLG Köln DAR 1990, 456, 457; MünchKomm/Mertens Rn 219). **Anderes soll dagegen gelten**, wenn es mit **Rücksicht auf Kinder** um erhöhte Verkehrspflichten geht. Sie sollen Erwachsenen und größeren Kindern nicht nützen, weil die Anforderungen sonst allgemein verschärft würden (BGH NJW 1978, 1626, 1627; OLG Bremen VersR 1979, 722, 723; MünchKomm/Mertens Rn 219). Doch ist dem in dieser Allgemeinheit **nicht zu folgen** (so auch OLG Hamm VersR 1996, 1517; Möllers VersR 1996, 155). Daß ein Abenteuerspielplatz auch von Erwachsenen genutzt wird und daß sich diese auf die Verkehrssicherheit verlassen, ist dem Betreiber offenkundig. Allerdings ist es einem Erwachsenen leichter zuzumuten, offensichtlichen Gefahren auszuweichen; die Haftung entfällt dann wegen der Möglichkeit des Selbstschutzes (LG Hannover VersR 1983, 765). Personen, die eine Einrichtung unbefugt benutzen, können sich dagegen von vornherein nicht darauf berufen, die Sicherung für befugte oder unbefugte, aber besonders schutzwürdige Gruppen sei nicht eingehalten (OLG Stuttgart VersR 1977, 384; OLG Celle VersR 1983, 1163; MünchKomm/Mertens Rn 219). Wer sich als Erwachsener verletzt, weil er das Geländer einer Treppe hinunterrutscht, wird nicht geschützt, weil das Geländer zugunsten von Kindern mit Vorrichtungen versehen sein muß, die das Hinunterrutschen verhindern (OLG Celle VersR 1983, 1163). Im Unterschied zur ersten Fallgruppe, in der sich der Verletzte befugt im Gefahrenkreis aufhielt und die Pflicht an der Erwartung der schwächsten berechtigten Verkehrsteilnehmer ausgerichtet wird, fehlt es hier an der Einbeziehung des Betroffenen in den Schutzkreis der Verkehrspflicht; damit verbleibt es bei den allgemeinen Regeln über den Schutz Unbefugter.

d) Die unbefugte Benutzung

E 42 Allerdings gibt es Verkehrspflichten auch gegenüber Personen, die sich **unbefugterweise im Gefahrenbereich** aufhalten. Die Rechtsprechung des Reichsgerichts hatte dies allerdings noch generell ausgeschlossen (RGZ 76, 187, 188 [der Geschädigte war dort sogar zunächst mit Schlägen vom späteren Unfallort vertrieben worden]; 87, 128, 129; RG JW 1908, 744, 745; 1912, 796; so auch OGHZ 2, 65, 70 f). So versagte das Gericht der Klage eines männlichen Besuchers den Erfolg, der in einer Gaststätte auf der schlecht erleuchteten Treppe zur Damentoilette zu Fall gekommen war (RGZ 87, 128, 129; zust, wenn der Gastwirt nur mit ortskundigen weiblichen Besuchern zu rechnen hatte, J Schröder AcP 179 [1979], 576 Fn 34; **aA** MünchKomm/Mertens Rn 220; BGB-RGRK/Steffen Rn 227; vBar 186 Fn 27, da jedem Gast eine Verwechslung unterlaufen könne; D Schwab JZ 1967, 17 f; Marburger JurA 1971, 503). Auch der BGH ist dem zunächst gefolgt; so wies er die Klage einer Frau ab, die ihren auf einer Baustelle arbeitenden Ehemann aufsuchen wollte (BGH NJW 1957, 499; abl J SCHRÖDER AcP 179 [1979] 586 Fn 60). Doch wird man damit dem Problem nicht gerecht (abl auch MünchKomm/MERTENS Rn 35 mit Fn 59). Zwar obliegt dem Eigentümer nicht die Sicherung des unbefugten Verkehrs auf seinem Grundstück schlechthin (BGH JZ 1973, 631, 632; VersR 1975, 87; vgl auch OLG Celle VersR 1983, 1163), doch gibt es eine Reihe von Modifikationen.

aa) Die Haftung bei außerordentlichen Gefahren
Hierzu zählen einmal Fälle, in denen im Bereich des Verkehrspflichtigen außerordentliche Gefahren lauern (BGH VersR 1956, 794, 795; ein Grenzfall ist daher BGH LM Nr 190 zu § 823 [Dc] unter II 2 [Nichtabschalten einer Stromleitung neben einer Baustelle]), wie etwa **scharfe Sprengkörper auf einer Kohlenhalde** (BGH LM Nr 3 zu § 823 [Ea]; MünchKomm/ MERTENS Rn 209 wegen der starken Anreizwirkung), zumal wenn eine Warnung möglicherweise gefruchtet hätte, eine **nicht gesicherte Grube** direkt neben einem vielbenutzten, aber nicht erleuchteten Fußweg (BGH LM Nr 5 zu § 823 [Ef] Bl 1; VersR 1965, 515 f) oder eine steil abfallende Böschung am Rand eines Autobahnparkplatzes, wenn damit zu rechnen ist, daß Autofahrer dort austreten (BGH VersR 1966, 562, 563).

E 43

bb) Naheliegende bestimmungswidrige Nutzung
Die Verkehrspflicht besteht auch bei einer bestimmungswidrigen Nutzung, die nicht ganz fern liegt (BGH VersR 1982, 854, 855; OLG Celle NJW-RR 1995, 984, 985; OLG Frankfurt aM VersR 1995, 1365, 1366; OLG Hamm VersR 1996, 1517; OLG München VersR 1997, 1250; OLG Köln VersR 1997, 1355, 1356; OLG Düsseldorf VersR 1998, 1021 f; ähnl BGH NJW 1978, 1629). So muß der Verkehrspflichtige damit rechnen, daß Radfahrer eine Fußgängerbrücke als Abkürzung verwenden, und darf sie nicht durch einen nicht erleuchteten und in der Dunkelheit kaum wahrnehmbaren Bauzaun sperren (OLG Düsseldorf VersR 1998, 1021 f). Wenn ferner mit unvernünftigem Verhalten namentlich wegen des Einflusses von Alkohol gerechnet werden muß, ist dem durch Sicherheitsmaßnahmen vorzubauen. So muß in Gaststätten die Tür, hinter der eine Treppe nach unten führt, auch dann verschlossen werden, wenn der Gast diese Treppe gar nicht benutzen soll (BGH NJW 1988, 1588; OLG Hamm [13. Senat] VersR 1991, 1154; enger OLG Hamm [27. Senat] VersR 1991, 1154: kein Verstoß, auch wenn der Schlüssel steckt); wer in einem Rohbau des Nachbarn Richtfest feiert, hat Vorsorge zu treffen, daß neugierige Gäste nicht im eigenen Rohbau durch ungesicherte Löcher fallen (BGH NJW 1983, 624, 625). Baustellen müssen gesichert werden, wenn sie wegen Funden aus der Antike eine starke Anreizwirkung ausüben (OLG Düsseldorf VersR 1977, 1011, 1012), ebenso Rampen, wenn die Aufmerksamkeit des Müllfahrers auf den Entladevorgang konzentriert ist (OLG Köln VersR 1997, 1355, 1356), bzw Haldenränder, wenn mit unvorsichtigem Verhalten von Lkw-Fahrern zu rechnen ist (OLG Frankfurt aM VersR 1995, 1365, 1366).

E 44

cc) Die Haftung gegenüber Kindern
α) Grundsätze
Beide Gesichtspunkte wirken zusammen, wenn es um die Verkehrspflicht gegenüber Kindern geht. Halten sie sich befugt im Gefahrenbereich auf, ist ohnehin selbstverständlich, daß umfassende Sicherungen getroffen werden müssen (vgl oben Rn E 41). **Doch ist auch damit zu rechnen, daß sich Kinder unbefugterweise in den Gefahrenbereich begeben.** In besonderem Maße sind **Spieltrieb, Unerfahrenheit, Leichtsinn**, aber auch die Neigung in Rechnung zu stellen, Verbote nicht zu beachten. Ist dem Verkehrspflichtigen bekannt oder muß ihm bekannt sein, daß sich Kinder im Gefahrenbereich

E 45

bewegen, gar von ihm angelockt werden, so muß er ausreichende Maßnahmen ergreifen, um die Kinder vor Unfällen als Folge ihrer Unerfahrenheit und Unbesonnenheit zu bewahren (BGH NJW 1975, 108; 1978, 1629; 1980, 1159, 1160; 1982, 1144, 1145; 1991, 2340; 1994, 3348; 1995, 2631; 1997, 582, 583; LM Nr 147 zu § 823 [Dc] unter II 2 b; Nr 166 zu § 823 [Dc] unter II 2 d; Nr 201 zu § 823 [Dc] unter II 4 a; Nr 22 zu § 833 unter II 1 a; JZ 1973, 631, 632 mwNw; FamRZ 1963, 243 f; 1970, 553, 554; VersR 1957, 805, 806; 1963, 532; 1983, 636, 637; OLG Celle VersR 1984, 46, 47; OLG Hamm VersR 1988, 1070, 1071; 1992, 208, 209; 1996, 643; OLG Karlsruhe VersR 1989, 861; OLG Köln VersR 1994, 1082; OLG Koblenz VersR 1996, 986, 987; der Sache nach auch BGH VersR 1957, 790; 1969, 517, 518; ferner OLG Stuttgart VersR 1966, 1086, 1087; MDR 1975, 841 f; MünchKomm/MERTENS Rn 219; LARENZ/CANARIS § 76 III 4 c; MÖLLERS VersR 1996, 154). Die **Schutzmaßnahmen müssen um so weiter gehen, je größer der Reiz** ist, den die gefährlichen Gegenstände auf die Kinder ausüben, sei es, weil die dort befindlichen Sachen für Kinder attraktiv sind (BGH NJW 1975, 108 f; 1995, 2631; 1997, 582, 583; VersR 1975, 87; OLG Karlsruhe VersR 1989, 861, 862; LARENZ/CANARIS § 76 III 4 a), sei es, weil sie im Laufe des Spiels Veranlassung sehen, etwa ein fremdes Grundstück zu betreten (BGH JZ 1973, 631, 632; VersR 1975, 87; MEDICUS, Bürgerliches Recht [17. Aufl 1996] Rn 652); daß der Reiz gerade von den gefährlichen Gegenständen selbst ausgeht, ist dabei nicht notwendig (BGH NJW 1975, 108, 109; MünchKomm/MERTENS Rn 211 Fn 432). Allerdings ist der **Aspekt des Selbstschutzes** auch hier nicht ohne Bedeutung. Drängt sich die Gefahr offensichtlich auf, so darf der Verkehrspflichtige darauf vertrauen, daß Kinder und Jugendliche sich ihr aus natürlichem Angstgefühl heraus nicht aussetzen (BGH NJW 1978, 1628; 1995, 2631 f; OLG Oldenburg VersR 1987, 1199; MünchKomm/MERTENS Rn 217; vgl schon RGZ 76, 187, 188). Nach der Rechtsprechung soll sich indes die Verkehrspflicht auf solche Gefahren beschränken, die Kinder nicht erkennen oder denen sie nicht ausweichen können (BGH NJW 1995, 2631, 2632 unter Berufung auf BGH NJW 1978, 1626, 1627 und LM Nr 166 zu § 823 [Dc], wo zusätzlich gefordert wird, daß die Gefahr über das übliche Risiko bei der [befugten] Nutzung hinausgehen müsse; BGB-RGRK/STEFFEN Rn 164). Das engt die Pflicht zu sehr ein (abl auch MÖLLERS VersR 1996, 155); die Regeln über die verschärfte Verkehrspflicht sollen ja gerade dem Umstand Rechnung tragen, daß der Anreiz, der von gefährlichen Gegenständen ausgeht, die Zurückhaltung in den Hintergrund treten läßt, die normalerweise aus der erkannten Eigengefährdung folgt. Aus dem Gedanken des Selbstschutzes folgt auch die **Verantwortung der Eltern**; sie begrenzt die Verkehrspflicht. Der Verkehrspflichtige darf darauf vertrauen, daß die Eltern ein Mindestmaß an sorgfältiger Beaufsichtigung wahrnehmen, jedenfalls solange keine entgegenstehenden Anhaltspunkte vorliegen (BGH NJW 1994, 3348, 3349 f; Nr 201 zu § 823 [Dc] unter II 4 b bb; Nr 22 zu § 833 unter I 1 b; OLG Braunschweig VersR 1986, 1192 f [LS]).

β) Beispiele für die Verletzung der Verkehrspflicht

Der Verkehrspflichtige muß also Vorkehrungen treffen, die verhindern, daß Kinder durch **scharfkantige Bleche** (BGH NJW 1975, 108) oder **umstürzende Betonringe** verletzt werden (BGH NJW 1991, 2340) bzw unter **aufgeschichtete Kabelrollen** geraten (BGH VersR 1975, 87). **Treppengeländer** in Schulen sind so zu gestalten, daß Jugendliche daran gehindert werden, an ihnen herunterzurutschen (BGH NJW 1980, 1745, 1746); **Türme aus Stahlgerüst** sind gegen das Besteigen durch Kinder mittels eines hohen Zauns zu sichern, wenn die am Turm angebrachte Leiter fast bis zum Boden reicht (BGH VersR 1963, 532); eine **Sandgrube**, in der gebaggert wird, muß eingezäunt werden (BGH LM Nr 11 b zu § 823 [Ef] unter 1 iVm 2 a). **Fußballtore** sind gegen das Umfallen zu sichern, auch wenn bestimmungswidriges Turnen die Ursache des Umfallens war (OLG Celle VersR 1984, 46, 47). Ein **Floß in einem Badesee** ist so zu verankern, daß es nicht ins flache

Wasser gezogen und dort als Ausgangspunkt für Kopfsprünge dienen kann (BGH NJW 1982, 1144, 1145). Schwimmbäder sind gegen nicht ganz fernliegende mißbräuchliche Nutzung zu sichern (BGH NJW 1978, 1629). Auch vor Gefahren des Badens an einem **Baggersee** ist zu warnen, wenn die Gefahren nicht ohne weiteres erkennbar sind (BGH LM Nr 166 zu § 823 [Dc] unter II 2 d). Vor dem **Besteigen eines Güterwagens**, der unter einer Oberleitung abgestellt ist, ist durch deutliche, auch für Kinder verständliche Hinweise zu warnen (BGH NJW 1995, 2631, 2632; KÖTZ Rn 250; abl FOERSTE NJW 1995, 2605).

γ) **Beispiele für die hinreichende Beachtung der Verkehrspflicht**
Dagegen genügt **das Verbot von Sprüngen** ins Nichtschwimmerbecken, wenn das Personal angewiesen ist, gegen Verstöße einzuschreiten (BGH NJW 1980, 1159, 1160), braucht ein **Abenteuerspielplatz** nicht jede Gefahr auszuschließen, da bei ihm übersehbare Risiken in Kauf genommen werden (BGH NJW 1978, 1626, 1627). Mit **Sprüngen von Jugendlichen aus 5 Meter Höhe** muß nicht gerechnet werden (BGH NJW 1978, 1628), ebensowenig damit, daß ein Kind in einen ansonsten ordnungsgemäß gesicherten Pferdekral hineinkriecht (BGH LM Nr 22 zu § 833 unter II 1 b). Der Schutz eines **Steinofens** durch einen Zaun von 1,80 m Höhe reicht aus, auch wenn Kinder herüberklettern (BGH JZ 1973, 631, 632); mit dem **Herausbrechen einer Mauer** muß nicht gerechnet werden (OLG Stuttgart VersR 1966, 1086, 1087). Hat ein Eigentümer seinen Swimmingpool entleert, so haftet er nicht, wenn ein Kind nachts über den ordnungsgemäß gesicherten Zaun klettert und dann in den Swimmingpool fällt (LARENZ/CANARIS § 76 III 4 c). E 47

δ) **Insbesondere: Die Verkehrspflicht bei Teichen**
Der Verkehrspflichtige kann angesichts der elterlichen Aufsichtspflicht damit rechnen, daß kleine Kinder nicht in einen **Teich** fallen, nachdem sie sich erstmals und unbefugt auf das fremde Wohngrundstück begeben haben (BGH NJW 1994, 3348, 3349; LM Nr 201 zu § 823 [Dc] unter II 4 b bb; OLG Hamm VersR 1996, 643, 644; OLG Oldenburg VersR 1996, 644, 645). Dasselbe soll gelten, wenn sich das Kind **auf Einladung des Eigentümers** zusammen mit seinen Eltern auf dem Grundstück aufhält und dabei in den Teich fällt (OLG Koblenz VersR 1996, 986, 987); dem ist nicht zu folgen, da sich der Geschädigte befugt dort aufhält und daher die erhöhten Anforderungen zugunsten von Kindern zu beachten sind. Jedenfalls ist die Verkehrspflicht verletzt bei nicht eingezäunten Löschwasserteichen auf einem Gewerbegelände, dessen Zaun niedergetrampelt war – erst recht, wenn dabei gegen DIN-Normen verstoßen wurde (BGH NJW 1997, 582, 583), bei einer Kläranlage (OLG Hamm VersR 1992, 208, 209) oder wenn dem Grundstückseigentümer bekannt ist, daß sich fremde Kinder häufig auf seinem Grundstück aufhalten (OLG Karlsruhe VersR 1989, 861, 862; OLG Köln VersR 1992, 1062). E 48

cc) **Nicht verantwortungsfähige Personen**
Dieselben Regeln gelten, wenn mit dem Eindringen nicht verantwortungsfähiger Personen in den Gefahrenbereich gerechnet werden muß. So sind neurologischpsychiatrische Abteilungen so zu sichern, daß sich Patienten **nicht einer möglichen Selbstgefährdung** aussetzen (OLG Braunschweig VersR 1985, 576, 577); allerdings wird die Haftung des Verkehrspflichtigen hier vielfach bereits wegen zurechenbaren Unterlassens begründet sein (vgl unten Rn H 11). E 49

dd) Die Haftung bei sonstiger unbefugter Benutzung
α) Die Rechtsprechung

E 50 Umstritten und wenig geklärt ist, inwieweit Unbefugte ansonsten vom Schutz durch die Verkehrspflichten ausgeschlossen sind. Das Reichsgericht hatte von seinem Standpunkt aus rigoros alle Klagen abgewiesen, ohne auf Schutzzweckerwägungen einzugehen (vgl oben Rn E 42). Die Rechtsprechung folgt heute **einer modifizierenden Lösung**, deren Konturen sich indes nur schwer bestimmen lassen; wer mit einem nicht zugelassenen Auto am Straßenverkehr teilnehme, falle unter den Schutz der Verkehrspflichten (OGHZ 2, 65, 71; BGH NJW 1966, 1456; LM Nr 13 a zu § 823 [Ef] Bl 2 Rücks), ebenso der Minderjährige, der sich einen für ihn noch nicht freigegebenen Film ansehe (BGB-RGRK/Steffen Rn 162). Einbrecher seien vom Schutz ausgenommen (BGH NJW 1966, 1465 mwNw; 1987, 2671, 2672; BGB-RGRK/Steffen Rn 161). Dagegen wurde die Haftung verneint bei Erwachsenen, die trotz eines Warnschildes eine Baustelle betreten und sich dort verletzt hatten (BGH NJW 1957, 499; 1986, 1078 f; VersR 1956, 554; OLG Hamm VersR 1993, 491; VersR 1994, 325, 326: Keine Haftung bei unbefugtem Eindringen in fremdes Betriebsgelände; zust MünchKomm/Mertens Rn 229), unbefugt in ein Grundstück eingedrungen waren (OLG Hamburg VersR 1983, 375; OLG München VersR 1992, 210, 211; OLG Hamm VersR 1994, 325, 326), ein Dach betreten hatten (OLG Hamburg VersR 1997, 376, 377) oder einen fremden Hochsitz bestiegen hatten (OLG Stuttgart VersR 1977, 384; zu Recht sehr skeptisch MünchKomm/Mertens Rn 211 Fn 433); zu denken wäre hier allerdings zumindest an die Notwendigkeit eines Verbotsschildes oder der Erschwerung des Zugangs (OLG Braunschweig r+s 1993, 339 [LS]). Nicht unter den Schutz der Verkehrspflicht fallen Leute, die trotz Warnung auf einer Baustelle in die Nähe der Baugrube gefahren waren (BGH LM Nr 101 zu § 823 [Dc] unter II 2 a); ebenso soll vom Schutz ausgenommen sein, wer Lokalverbot habe oder sich den Eintritt erschleiche (BGB-RGRK/Steffen Rn 162).

β) Die Lehre

E 51 **In der Lehre** wird zT relativ eng auf die Berechtigung mit Hilfe der **Zweckwidmung** abgestellt (D Schwab JZ 1967, 18); dem stehe gleich, wenn die Bestimmungsgewalt unzureichend betätigt werde, obwohl mit erheblichen Gefahren und dem Zutritt unberechtigter Personen zu rechnen sei (D Schwab JZ 1967, 19). Relativ großzügig wird dagegen zT der Schutz bejaht, wenn der Bereich **Unbefugte anreize** (MünchKomm/Mertens Rn 211) oder ein **Fehlverhalten naheliege** (Möllers VersR 1996, 154). Andere schützen auch Unbefugte, solange sich der Verkehrspflichtige nicht in einer **notwehr-analogen Position** befindet, in der ihm nicht mehr zuzumuten sei, den vom Unbefugten ausgehenden Angriff hinzunehmen (J Schröder AcP 179 [1979] 578). Der Vertrauensschutz entfalle, wenn die widerrechtliche Benutzung zu einer vom Opfer selbst verschuldeten Gefahrerhöhung führe (OLG München VersR 1992, 210, 211; vBar 189). Dagegen hafte der Verkehrspflichtige, wenn feststehe, daß sich das Eindringen in den fremden Bereich bzw die Mißachtung der Zweckbestimmung nicht risikoerhöhend habe auswirken können; die Gegenauffassung falle in die unhaltbare Position zurück, daß schon unbefugtes Verhalten als solches den Deliktsschutz ausschließe. Entscheidend sei vielmehr, ob der **Schaden auch einem berechtigten Benutzer** hätte zustoßen können (Larenz/Canaris § 76 III 6 a).

γ) Stellungnahme

E 52 Mit dem Vergleich, ob auch ein berechtigter Benutzer hätte verletzt werden können, ist im Ausgangspunkt das entscheidende Abgrenzungskriterium genannt. So **haftet**

das **Kaufhaus auch gegenüber einem Dieb**, der durch eine mangelhaft gesicherte Rolltreppe zu Schaden kommt (Larenz/Canaris § 76 III 6 a; aA Marburger JurA 1971, 502), der Betreiber eines Stadions, auch wenn sich der Besucher eingeschlichen hatte (Larenz/Canaris § 76 III 6 a; vBar 189; aA D Schwab JZ 1967, 18), und der Unternehmer, der die Gasleitung falsch repariert hatte, wenn der Dieb das Licht anknipst und damit eine Explosion auslöst (Larenz/Canaris § 76 III 6 a; J Schröder AcP 179 [1979] 564 f). Kommt ein Ausländer zu Schaden, kann der Verkehrspflichtige nicht einwenden, die Aufenthaltserlaubnis des Opfers sei abgelaufen gewesen (BGB-RGRK/Steffen Rn 162; D Schwab JZ 1967, 15; Marburger JurA 1971, 483). Auch ist die Haftung bei Beschädigung einer Maschine nicht deswegen ausgeschlossen, weil der Raum gewerblich nicht hätte genutzt werden dürfen; es kann keinen Unterschied machen, wenn eine private Nutzung zulässig war (BGH NJW 1991, 562, 563). Obendrein ist in allen diesen Fällen an § 254 zu denken (MünchKomm/Mertens Rn 220). **Die Gefahr erhöht sich dagegen**, wenn der Dieb in die Wohnung eindringt und dort zu Fall kommt, weil der Eigentümer, der keinen Besuch erwartete, gefährliche Gegenstände nicht weggeräumt hatte. Doch bedarf das **Kriterium noch einer Ergänzung**; es muß obendrein **vom Verkehrspflichtigen aus gesehen reiner Zufall** sein, daß **nicht ein Befugter, sondern ein nichtberechtigter Benutzer geschädigt** wird. Damit läßt sich die Haftung in dem Schulfall verneinen, in dem die Treppe zu glatt gebohnert war und der Einbrecher daher zu Fall kam (Stoll AcP 162 [1963] 234; Marburger JurA 1971, 483). Regelmäßig wird es nämlich an einer zufälligen Verlagerung fehlen, sei es weil Besuch nicht mehr zu erwarten war, sei es weil der Einbrecher mit den Örtlichkeiten nicht vertraut ist und weil die berechtigten Benutzer um die Glätte des Fußbodens wissen.

3. Die Abgrenzung zum vertraglich geschuldeten Nutzungsinteresse

Mit Rücksicht auf den Schutzzweckzusammenhang ist auch das **nur vertraglich geschuldete Nutzungsinteresse** nicht durch Verkehrspflichten abgesichert (BGH NJW 1985, 194; 1987, 1013, 1014; 1991, 562, 563; LM Nr 50 zu § 823 [Ac] unter II 2 a bb; Larenz/Canaris § 76 III 6 b; vgl auch BGHZ 77, 215, 218; 80, 186, 189; 86, 256, 258; Odersky NJW 1989, 3). Die **Abgrenzung** ist allerdings schwierig. Der BGH nennt als Kriterium die **Kenntnis konkreter Gefahren**, deren ungeachtet die Benutzer ihr Nutzungsinteresse realisieren wollten. Deliktischer Schutz werde gegen verborgene Gefahren und solche, denen gegenüber ausreichender Selbstschutz nicht möglich sei, gewährt (BGH NJW 1987, 1013, 1014). In der Lehre wird ein **Vergleich** zur **Vertragshaftung** gezogen; wo diese nicht eingriffe, auch wenn der in Anspruch Genommene der Vertragspartner sei, gebe es auch keinen Schutz über die Verkehrspflicht (Larenz/Canaris § 76 III 6 b). **Beide Vorschläge sind problematisch**, der zuletzt genannte deswegen, weil die fehlende vertragliche Haftung zwar die Grenze zieht, aber nichts darüber besagt, ob und inwieweit die deliktische Einstandspflicht hinter ihr zurückbleibt; so kann es etwa liegen, wenn der Vertragsstandard den Durchschnitt übersteigt. Der Vorschlag der Rechtsprechung läßt außer acht, daß beispielsweise normaler Verschleiß, auch wenn er verborgen bleibt, zu Lasten des Eigentümers des Hauses und nicht des den Bau ausführenden Architekten gehen kann. Der Verkehr erwartet – was Gebrauch und Sicherheit angeht – regelmäßig eine durchschnittliche Ausführung (so wohl auch BGH NJW 1994, 517; LM Nr 50 zu § 823 [Ac] unter II 2 a bb), stellt auch den üblichen Verschleiß in Rechnung. Höhere Qualität bleibt der vertraglichen Abrede vorbehalten, die also solche durchaus uU zugunsten Dritter wirken kann.

4. Der Schutzzweckzusammenhang

E 54 Die Literatur fordert zT zudem, daß sich die Gefahr verwirklicht hat, deren Verhinderung Zweck der Verkehrspflicht ist (LARENZ/CANARIS § 76 III 6 c; aA vBAR 202, der dies als Frage der Adäquanz ansieht). Werde ein Baum durch einen Sturm entwurzelt, hafte der Eigentümer dem verletzten Passanten auch dann nicht, wenn der Baum schon längst hätte gefällt werden müssen, weil er morsch gewesen sei (Bsp von LARENZ/CANARIS § 76 III 6 c). Der BGH hat den Schutzzweckzusammenhang demgegenüber in diesem Kontext allerdings sehr weit gefaßt. Die Verkehrspflicht, eine Baustelle wegen der Gefahr von Steinsplittern abzusperren, führe auch zur Verantwortung des Verkehrspflichtigen, wenn – was an sich sehr unwahrscheinlich sei – ein Stahlsplitter einen vorbeigehenden Fußgänger verletze (BGH VersR 1961, 465, 466; zust LARENZ/CANARIS § 76 III 6 c). Der Fall zeigt in der Tat, daß man Schutzzwecküberlegungen nicht zu eng sehen darf. Absperrungen bei Baustellen haben ua die Aufgabe, Verletzungen durch umherfliegende Splitter und Gegenstände zu verhindern. Es wäre demgemäß unnötig, ja müßte in die Irre führen, wollte man zwischen Stein- und Stahlsplittern differenzieren (so auch BGH VersR 1961, 465, 466; vBAR 202). Zweifel an der adäquaten Kausalität (so aber STOLL, in: FS Dölle I [1963] 394) verschwinden dann ebenfalls; es geht nicht um die Frage, wie wahrscheinlich oder unwahrscheinlich die Verletzung durch einen Stahlsplitter ist, sondern darum, ob die Nichtbeachtung der Verkehrspflicht den Erfolg verursacht hatte oder ob dies außerhalb aller Vorhersehbarkeit lag.

VI. Der Verkehrspflichtige[*]

1. Die Grundregeln

E 55 Die Verantwortung für die Schaffung einer Gefahr trifft den **Verursacher** (BGH NJW 1967, 1245, 1246; 1975, 533; MünchKomm/MERTENS Rn 221; LARENZ/CANARIS § 76 III 5 b), die Verkehrspflicht kraft Übernahme den **Übernehmenden** (MünchKomm/MERTENS Rn 221; LARENZ/CANARIS § 76 III 5 b). Folgt die Verkehrspflicht aus der Verantwortlichkeit für

---

[*] **Schrifttum:** vBAR, Zur Struktur der Deliktshaftung von juristischen Personen, ihren Organen und ihren Verrichtungsgehilfen, in: FS Kitagawa (1992) 279; BAUMS, Haftung für Verrichtungsgehilfen nach deutschem und schweizerischem Recht, in: FS Lukes (1989) 625; BRÜGGEMEIER, Organisationshaftung, AcP 191 (1991) 33; DREHER, Die persönliche Verantwortlichkeit von Geschäftsführern nach außen und ihre gesellschaftliche Aufgabenteilung, ZGR 1992, 22; FUCHS, Arbeitsteilung und Haftung, JZ 1994, 536; GRUNEWALD, Die Haftung von Organmitgliedern nach Deliktsrecht, ZHR (157) 1993, 451; KLEINDIEK, Deliktshaftung und juristische Personen (1997); KREBS/DYLLA-KREBS, Deliktische Eigenhaftung von Organen für Organisationsverschulden, DB 1990, 1271; LUTTER, Zur persönlichen Haftung des Geschäftsführers aus deliktischen Schäden im Unternehmen, ZHR (157) 1993, 464; MEDICUS, Zur deliktischen Haftung von Organpersonen, in: FS W Lorenz (1991) 155; MERTENS/MERTENS, Anmerkung zu BGH 5. 12. 1989 – VI ZR 335/88, JZ 1990, 486; RANSIEK, Zur deliktischen Eigenhaftung des GmbH-Geschäftsführers aus strafrechtlicher Sicht, ZGR 1992, 203; SCHMIDT, Haftung und Zurechnung im Unternehmensbereich, KF 1993, 4; STAPELFELD; Die Haftung des GmbH-Geschäftsführers in der Gesellschaftskrise (1990); ULMER, Die deliktische Haftung aus der Übernahme von Handlungspflichten, JZ 1969, 163; VOLLMER, Haftungsbefreiende Übertragung von Verkehrssicherungspflichten, JZ 1977, 371; WESTERMANN, Anmerkung zu BGH, 5. 12. 1989 – VI ZR 335/88, DNotZ 1991, 809.

den eigenen Bereich, so trifft sie den **Inhaber der Bestimmungsgewalt** (LARENZ/CANARIS § 76 III 5 a); dies kann auch der Konkursverwalter sein, wenn er die Sache in Besitz nimmt (BGH LM Nr 17 zu § 59 KO unter II 2 a). Auch ein Mieter hat die einem Mitmieter drohenden Gefahren abzuwehren (BGH NJW 1969, 41; 1972, 34, 35; LM Nr 20 zu § 823 [Ef] unter II 1; Nr 17 zu § 59 KO unter II 2 a; VersR 1965, 165, 166). Maßstab für die Verantwortlichkeit sind die **in den §§ 833, 836 bis 838 kodifizierten Rechtsgedanken** (OLG Frankfurt aM VersR 1988, 191; MünchKomm/MERTENS Rn 221; LARENZ/CANARIS § 76 III 5 a). Doch ist die Rechtsprechung über die Person des Verkehrspflichtigen etwa bei der Räum- und Streupflicht oft unklar und wohl auch in sich unstimmig. Ausgangspunkt sind die maßgeblichen landesrechtlichen Regelungen iVm den Ortssatzungen (BGH NJW 1985, 484; 1990, 111). Sind dort nur Eigentümer und Erbbauberechtigte als Verkehrspflichtige genannt, so hat es damit sein Bewenden; der Erwerber haftet also nicht vor dem Eigentumsübergang (BGH NJW 1990, 111 f). Andererseits wird die Verantwortung etwa des Gastwirts wesentlich weiter gezogen. Er haftet auch für die Verkehrssicherheit öffentlicher Wege vor seinem Gasthof, ohne daß dabei der öffentlich-rechtlichen Delegation von der Rechtsprechung Bedeutung beigemessen würde (BGH NJW 1987, 2671 f [Dort waren die Anlieger räum- und streupflichtig; der BGH führt das Problem aber nicht näher aus]). Man kommt hier zu einer Verkehrspflicht sogar des Nichtbesitzers (RG DR 1916 Nr 1492; BGH LM Nr 7 zu § 823 [Dc]; LARENZ/CANARIS § 76 III 5 a). Die Divergenzen lassen sich allenfalls angesichts der unterschiedlichen Verkehrserwartung rechtfertigen, die für das Gelände vor einem Lokal wesentlich weiter geht; auch bleibt bis zum Eigentumswechsel ja noch der bisherige Eigentümer verkehrspflichtig.

2. Mehrere Verkehrspflichtige

a) Die gemeinschaftliche Haftung

Die Verkehrspflicht kann mehrere Personen gemeinsam treffen, sei es weil sie die Gefahr gesetzt oder die Aufgabe übernommen haben, sei es weil sie für den Bereich verantwortlich sind. Sie **haften** dann **grundsätzlich nebeneinander** (BGHZ 5, 378, 382; BGH NJW 1969, 41; 1985, 484; 1996, 2646; LM Nr 72 zu § 823 [Ea] unter II 1; Nr 17 zu § 59 KO unter II 2 d; VersR 1960, 609; 1961, 419, 420; 1965, 165, 166; 1985, 641; OLG Köln NJW-RR 1995, 1177; MünchKomm/MERTENS Rn 222), etwa der Eigentümer neben dem Mieter (BGHZ 5, 378, 382; BGH VersR 1960, 609; 1961, 419, 420; 1965, 165, 166; 1975, 87, 88) oder neben dem Pächter (BGH VersR 1961, 419, 420; BGB-RGRK/STEFFEN Rn 157), der Bauherr neben dem Bauunternehmer (BGHZ 68, 169, 175; BGH NJW 1982, 2187; OLG Köln VersR 1992, 335; der Sache nach auch BGHZ 120, 124, 129), der Bauunternehmer neben dem Träger der Straßenbaulast (BGH NJW 1982, 2187 f; OLG Köln VersR 1992, 335), der Architekt neben dem Bauunternehmer (BGHZ 68, 169, 175; BGH NJW 1991, 562, 563); mehrere Streupflichtige sind gemeinschaftlich verantwortlich (RGZ 118, 91, 94; RG DR 1916 Nr 1492; BGH LM Nr 7 zu § 823 [Dc] mwNw; Nr 77 zu § 823 [Dc] unter II 2 c; VersR 1967, 1155, 1156; OLG Nürnberg VersR 1991, 1420; MünchKomm/MERTENS Rn 223). Wer ein Feuerwerk veranstaltet und damit ein Fachunternehmen beauftragt, bleibt für den Schutz des Publikums verantwortlich und muß die Sicherungsmaßnahmen überprüfen (BGH NJW 1965, 197, 199). Die **Verkehrspflicht ist unabhängig davon,** daß auch ein **Dritter zum Einschreiten verpflichtet** ist (BGH NJW 1969, 41, 42; 1990, 905, 906; VersR 1967, 981, 983; 1967, 1155, 1156; BGB-RGRK/STEFFEN Rn 157).

b) Die Abgrenzung der Pflichten

E 57 Allerdings ist **zu differenzieren, wie die Pflichten verteilt sind**. So kann der Satz, der Grundstückseigentümer bleibe neben dem Mieter für den gefahrlosen Zugang dem Publikumsverkehr gegenüber verkehrspflichtig (RGZ 92, 359, 362 f; 95, 61, 63 f; BGHZ 5, 378, 382; BGH NJW 1985, 270, 271), Mißverständnissen Vorschub leisten (Larenz/Canaris § 76 III 5 a); der Eigentümer bleibt nur verantwortlich, was den verkehrssicheren Zustand des Hauses als solchen angeht (MünchKomm/Mertens Rn 223), etwa wenn im Garten ein morscher Baum steht (Larenz/Canaris § 76 III 5 a). Dasselbe gilt für bauliche Mängel (BGH VersR 1960, 609; 1961, 419, 420) oder Gefahren auf dem Eingangsweg (BGH VersR 1957, 268). Auch bei einem Mehrfamilienhaus ist der Vermieter zuständig, was die Räum- und Streupflicht angeht (Larenz/Canaris § 76 III 5 a). Sogar für gefährliche Änderungen am baulichen Zustand des Hauses haftet der Eigentümer, wenn nicht nur die Mieträume betroffen sind (BGH VersR 1965, 165, 166 [unter vertragsrechtlichem Aspekt]; MünchKomm/Mertens Rn 223). Dagegen trifft ihn **keine Pflicht**, was die Verkehrssicherheit innerhalb der vermieteten Räume angeht, weil diese nicht mehr in seinem Herrschaftsbereich liegen (MünchKomm/Mertens Rn 223; Larenz/Canaris § 76 III 5 a; BGB-RGRK/Steffen Rn 157; iE auch BGH NJW 1969, 41 f; 1972, 34, 35). Wasserschäden durch auslaufende Waschmaschinen zu verhindern ist ausschließlich Aufgabe des Mieters, in dessen Wohnung die Waschmaschine steht (OLG Düsseldorf NJW 1975, 171; OLG Hamm NJW 1985, 332; OLG Karlsruhe VersR 1992, 114; LG Gießen VersR 1995, 1457). **Die Pflicht des Vermieters entfällt auch**, wenn eine Kontrolle **unzumutbar** wäre und der **Verursacher hinreichende Gewähr für die Gefahrenvorsorge** bietet (BGB-RGRK/Steffen Rn 157). Wie etwa der Gastwirt als Mieter Leben und Eigentum seiner Gäste schützt, geht den Eigentümer ebensowenig etwas an wie die Frage, welche Vorkehrungen – abgesehen von der Sicherheit des Bauwerks – der Mieter eines Einfamilienhauses für die Sicherheit innerhalb des von ihm allein genutzten und nur ihm zugänglichen Gartens trifft. Für diese Bereiche trifft den Vermieter dann auch keine Überwachungspflicht (Larenz/Canaris § 76 III 5 a; die Entscheidungen in RGZ 92, 359, 363 und 95, 61, 63 betreffen wohl die Sicherheit des Zugangs, für die der Eigentümer verkehrspflichtig bleibt). Diese Verteilung der Verantwortlichkeit ist nicht auf die Haftung für den eigenen Bereich beschränkt. Der Architekt etwa ist zwar Dritten, den Bauarbeitern sowie dem Bauherrn gegenüber für die Sicherheit am Bauwerk verantwortlich (BGH NJW 1970, 2290 f; 1971, 1130; 1987, 1013; 1997, 582, 584), nicht jedoch Besuchern, die der Bauherr am Wochenende im Rohbau herumführt; für deren Sicherheit ist ausschließlich der Bauherr selbst zuständig (BGH NJW 1985, 1078, 1079).

3. Die Dauer der Verkehrspflicht

E 58 Die Verkehrspflicht endet mit der **Beseitigung der Gefahr** bzw mit der **Rücknahme der Gestattung**, die Sache zu benutzen (vgl oben Rn E 39). Nach der Rechtsprechung soll sie auch enden, wenn ein anderer die ausreichende Absicherung der Gefahrenquelle übernommen hat (BGH NJW 1997, 582, 584; VersR 1960, 798, 799; OLG Köln BauR 1974, 359; OLG München BauR 1989, 763). Das ist für die Bereichshaftung zutreffend, bei der Haftung wegen Schaffung einer Gefahrenquelle dagegen mißverständlich. Spätestens anhand des Schadensfalles wird ja deutlich, daß keine hinreichende Absicherung vorgelegen hatte. Man hat daher bei vermeidbaren Gefahren, etwa bei der mangelnden Einzäunung eines Löschwasserteichs, schon an die **Schaffung der Gefahr anzuknüpfen**; der Bauunternehmer, dem dieser Fehler unterlief, haftet auch nach der Abnahme des Werks (so iE auch BGH NJW 1997, 582, 584). Allenfalls dem Bauherrn gegenüber, der das Werk in Kenntnis der Gefahr abnimmt, ohne auf Nachbesserung zu bestehen, kann die Haftung ausgeschlossen sein.

4. Die Einschaltung Dritter

a) Die Übertragung der Verkehrspflicht

Der Verkehrspflichtige kann **Dritte einschalten**, um seinen Pflichten nachzukommen. **E 59** Beispiele sind die Übertragung der Räum- und Streupflicht auf Mieter und Pächter (vgl zB BGH NJW 1985, 270, 271; 1985, 482, 483; 1987, 2671 f; LM Nr 8 zu § 823 [Ea] unter II 2 a; Nr 72 zu § 823 [Ea] unter II 2), der Sicherungspflicht auf Bauunternehmer (vgl zB BGH NJW 1982, 2187; LM Nr 148 zu § 823 [Dc] unter II 1) oder der Verkehrspflicht auf Hausverwalter (BGH NJW 1996, 2646; LG Mannheim NJW-RR 1997, 921). **Wie weit die Übertragung der Pflicht geht**, hängt von den Umständen ab. Selbst die Pflicht, eine Gefahr zu beseitigen, kann delegiert werden, etwa wenn der Mieter es übernehmen soll, die baulichen Voraussetzungen für den geplanten Verwendungszweck erst zu schaffen (BGH NJW 1996, 2646). Voraussetzung für eine derart weitgehende Überwälzung ist aber eine **klare Absprache**, die sicherstellt, daß Gefahren ausgeschlossen werden (BGH NJW 1996, 2646; LM Nr 163 zu § 823 [Dc] unter II 3; OLG Düsseldorf NJW 1992, 2972; OLG Nürnberg VersR 1996, 900). Dabei wird der Umstand, daß die Gefahr sich gleichwohl verwirklicht hat, in vielen Fällen ein Indiz dafür sein, daß es an einer hinreichend klaren Absprache gefehlt hat. Die Übertragung kann sich **auch auf einzelne Pflichten** beschränken (BGHZ 110, 114, 121; BGH NJW 1987, 2669, 2670; LM Nr 184 zu § 823 [Dc] unter II 2) oder – insbesondere bei Einschaltung durch Behörden – eine zusätzliche Verantwortung begründen (BGH NJW 1982, 2187; OLG Köln VersR 1995, 720 f).

b) Die dogmatische Einordnung

Die exakte **dogmatische Einordnung** der Einschaltung Dritter ist sehr umstritten. Die **E 60** **hM nimmt an**, der Pflichtige **delegiere die Verkehrspflicht** an den Dritten (BGH NJW 1985, 270, 271; LM Nr 184 zu § 823 [Dc] unter II 2; MünchKomm/Mertens Rn 206). Allerdings gebe es **keine zur Gänze haftungsbefreiende Delegation** (vBar 270, 274). Die Verkehrspflicht wandle sich in die **Pflicht zur ordentlichen Auswahl** (BGH NJW 1976, 46, 47), **zur exakten Anweisung** (BGH NJW 1971, 1313, 1315; VersR 1967, 877, 878; 1983, 152) und **Überwachung**, ob der Dritte die ihm übertragenen Pflichten ordnungsgemäß erfülle (RGZ 132, 51, 59; BGHZ 110, 114, 121; BGH NJW 1960, 335; 1985, 270, 271; 1985, 484 f; 1987, 2669, 2670; 1987, 2671, 2673; 1996, 2646; LM Nr 188 zu § 823 [Dc] unter II 4 b aa; Nr 72 zu § 823 [Ea] unter II 2; VersR 1967, 877, 878; 1983, 152; OLG Zweibrücken VersR 1994, 1289, 1290; OLG Düsseldorf DB 1995, 2262, 2263; OLG Köln VersR 1995, 801, 802; OLG Nürnberg VersR 1996, 900; MünchKomm/ Mertens Rn 223; BGB-RGRK/Steffen Rn 132). Nach der **Gegenauffassung** ist diese Vorstellung verfehlt. Wer sein Dach von einem Fachmann überwachen und reparieren lasse, erfülle seine eigene Verkehrspflicht, während er sie gerade verletzen würde, wenn er selbst die Ausbesserungsarbeiten vornehme. Die Pflicht sei nicht etwa in Anlehnung an § 613 höchstpersönlich zu erfüllen (Larenz/Canaris § 76 III 5 c). Doch dürfte sich die Kontroverse **nicht in unterschiedlichen Ergebnissen** niederschlagen. Denn der Übernehmende kann auch ohne die gedankliche Brücke einer Delegation nach den allgemeinen Regeln haften; der Verkehrspflichtige muß überwachen, ob sich Verdachtsmomente ergeben, der Betraute erfülle die Pflicht nicht ordnungsgemäß. Die Anwendbarkeit des § 278 oder seine Ablehnung hängt somit nicht von der Idee der Delegation ab. Jedenfalls richtet sich die **Intensität der Verkehrspflicht** nach den – vorhandenen oder zu verlangenden – **Spezialkenntnissen** (BGH LM Nr 148 zu § 823 [Dc] unter II 2 b bb).

c) Die Pflichten des Übertragenden

E 61 Der Umfang der **Auswahl- und Überwachungspflicht** richtet sich nach den Umständen (BGH NJW 1987, 2669, 2670). Bietet das Unternehmen schon keine Gewähr für die Erfüllung der erforderlichen Sicherheitsvorkehrungen, so haftet der Verkehrspflichtige bereits deswegen; nur ihm war die Möglichkeit zur sorgfältigen Auswahl eröffnet (BGH NJW 1976, 46, 47; VersR 1983, 152; OLG Hamm MDR 1992, 558; OLG Düsseldorf DB 1995, 2262, 2263). Wird dagegen ein **sorgfältiger Unternehmer** betraut, der obendrein über eine Sachkunde verfügt, die derjenigen des Verkehrspflichtigen weit überlegen ist, **dann erübrigt sich regelmäßig eine Beaufsichtigung** durch den Auftraggeber (BGH NJW 1971, 2308; 1976, 46, 47; LM Nr 30 zu § 31 unter II 2 b; VersR 1954, 364, 365; 1965, 165, 166; 1975, 87, 88; SOERGEL/ZEUNER Rn 214; wohl auch MünchKomm/MERTENS Rn 222). Entscheidend ist dabei nicht, ob der Übernehmer zuverlässig war, sondern ob er als **zuverlässig bekannt war** (BGH VersR 1982, 595, 596), ob ihm der Übertragende also vertrauen durfte (BGH NJW 1985, 270, 271). Es fehlt dann zumindest am Verschulden des Übertragenden, wenn er die notwendigen Maßnahmen nicht selbst vornimmt (OLG Dresden OLG-NL 1996, 218, 219; MünchKomm/MERTENS Rn 227). So hat sich der bauleitende Architekt zwar zu vergewissern, daß die statischen Berechnungen korrekt erfolgen; er haftet indes nicht, wenn die das Gerüst errichtende Firma zu schwache Teile verwendet (BGH NJW 1984, 360, 361 f; LM Nr 168 zu § 823 [Dc] unter II 3 b). Der Übertragende darf sich allerdings nicht nur auf die Aussagen des Unternehmers verlassen (BGH VersR 1954, 364, 365; 1975, 87, 88), sondern muß eingreifen, wenn er **Zweifel** bekommt, ob der Unternehmer den Gefahren und Sicherheitsanforderungen in der notwendigen Weise Rechnung trägt (BGH NJW 1958, 627, 629; 1962, 1342, 1344; 1976, 46, 47; 1994, 2232, 2233; VersR 1960, 824, 825; 1965, 1098, 1099; 1975, 87, 88; 1981, 262; LM Nr 75 zu § 823 [Dc] Bl 1 Rücks), oder wenn es **um Gefahren geht**, die nur oder jedenfalls auch er, **der Auftraggeber, erkennen und abstellen** kann (BGHZ 120, 124, 129; BGH NJW 1965, 197, 199; LM Nr 106 zu § 823 [Dc] unter II 1; VersR 1954, 364, 365; 1960, 824, 825; 1960, 1116, 1117; 1975, 87, 88; 1982, 595, 596). Dasselbe gilt, wenn Anlaß zu ernsten Zweifeln besteht, ob der Beauftragte bei Durchführung der Arbeiten dem Schutz dritter Personen ausreichend Rechnung trägt (BGH NJW 1958, 627, 629; LM Nr 75 zu § 823 [Dc] Bl 1 Rücks; VersR 1960, 824, 825; 1960, 1116, 1117; 1982, 824, 825; OLG Hamm VersR 1993, 491). Schon bei der Planung muß darauf geachtet werden, daß Schäden etwa auf Zufahrtswegen eines großen Bauprojekts vermieden werden (BGH LM Nr 75 zu § 823 [Dc] Bl 1 Rücks; VersR 1981, 262). Ist die Verkehrspflicht wirksam auf Dritte übertragen – etwa die Räum- und Streupflicht auf die Anlieger –, so sind diese zu überwachen und erforderlichenfalls zur Erfüllung zu zwingen (BGHZ 118, 368, 372; BGH NJW 1966, 2311, 2312; 1972, 1321, 1323). Den Übertragenden trifft damit idR generell eine Überwachungspflicht (BGH NJW 1971, 43, 44; 1985, 270, 271; 1985, 484, 485; OLG Dresden OLG-NL 1996, 218, 219; SOERGEL/ZEUNER Rn 214). Werden **abhängig Beschäftigte** eingeschaltet, so entfällt die Verkehrspflicht nicht, sondern verringert sich nur (BGH NJW 1982, 2187, 2188; VersR 1974, 780, 782; 1977, 543, 544); zudem müssen ihnen Weisungen erteilt werden (BGH LM Nr 17 zu § 59 KO unter II 2 c), die hinreichend klar sind (vgl BGH NJW 1988, 48, 49; LM Nr 163 zu § 823 [Dc] unter II 3; OLG Düsseldorf NJW 1992, 2972). Ob die **Solvenz des Dritten** eine Rolle spielt, wird unterschiedlich beurteilt (bejahend MünchKomm/MERTENS Rn 206, 226; vor §§ 823 ff Rn 22; FUCHS JZ 1994, 536; wohl auch OLG Dresden OLG-NL 1996, 218, 220; vgl auch BGH NJW 1990, 1111, 1112: Übergang der Reinigungspflicht nur bei Nachweis einer Versicherung durch den Übernehmer; aA BGHZ 12, 75, 79; LARENZ/CANARIS § 76 III 5 c); verweisen die einen darauf, das Deliktsrecht schütze nicht vor Vermögensschäden, um die es bei der Durchsetzung von Schadensersatzansprüchen nur gehe (LARENZ/CANARIS § 76 III 5 c), so betrachten andere die Einschaltung eines nicht ausreichend zahlungskräftigen Dritten als mangelhafte Auswahl und damit als Organisationsverschulden (MünchKomm/MERTENS Rn 226; FUCHS JZ 1994, 536). Der Verkehrspflichtige hat bei der Auswahl jedenfalls bei Gewerbetreibenden nicht nur darauf zu achten, daß der Übernehmer sorgfältig ist, sondern auch, daß er in der Lage ist, einen Fehler finanziell auszugleichen.

d) Die Haftung für den Übernehmer
Nach **überwiegender Ansicht** haftet der Verkehrspflichtige dagegen **nicht nach § 278 für** E 62 **das Fehlverhalten desjenigen**, der die notwendigen Maßnahmen durchführt (RGZ 99, 263, 264 mwNw; 113, 293, 296; BGHZ 4, 1, 3 f; OLG Dresden OLG-NL 1996, 218, 220; ERMAN/ SCHIEMANN Rn 86; SOERGEL/ZEUNER Rn 214; LARENZ/CANARIS § 76 III 5 c; MEDICUS, Bürgerliches Recht [17. Aufl 1996] Rn 656; ULMER JZ 1969, 171). Sie stützt sich im wesentlichen auf zwei Argumente. Zum einen fehle vor der Verletzung ein gesetzliches Schuldverhältnis (LARENZ/CANARIS § 76 III 5 c; vgl auch BGHZ 103, 338, 342 f), zum anderen stünde ansonsten der Geschädigte bei der nur mittelbaren Verletzung besser als bei einer unmittelbaren Beeinträchtigung; dort haftet der Geschäftsherr nach § 831 nur für Verrichtungsgehilfen und mit der Möglichkeit der Exkulpation (LARENZ/CANARIS § 76 III 5 c). Die **Gegenauffassung will § 278 anwenden** (BRÜGGEMEIER Rn 130; iE auch BAUMS, in: FS Lukes [1989] 637 f; grundsätzlich auch MünchKomm/MERTENS Rn 205 unter Hinweis auf BGHZ 58, 207, 216), wobei zT **unterschiedliche Kriterien** vorgeschlagen werden. Entscheidend sei, ob die Verkehrspflicht durch Elemente einer Sonderverbindung geprägt werde, wie das bei bestimmten Veranstaltungen und nach der Eröffnung eines besonderen Verkehrs für einen bestimmten Personenkreis der Fall sei (MünchKomm/MERTENS Rn 205). Andere ziehen den Rechtsgedanken des § 836 heran. Wo den Pflichtigen eine Erfolgseinstandspflicht und nicht bloß eine Handlungspflicht treffe, sei eine haftungsbefreiende Übertragung auf einen Dritten wegen des § 278 unmöglich; das sei bei besonders hohen Schadensgefahren, bei Versicherung des Pflichtigen, Fehlen der Versicherbarkeit des Dritten sowie dann der Fall, wenn das eigentliche Schadenspotential in den Verantwortungsbereich des Pflichtigen falle (VOLLMER JZ 1977, 374 f). In der Praxis namentlich der letzten Jahre spielt das Problem kaum mehr eine Rolle, weil es **nach Auffassung des BGH einen Organisationsmangel darstellt**, wenn angesichts des Ausmaßes der Gefährdung nicht ein besonderer Vertreter bestellt wird, für den der Geschäftsherr dann nach § 31 haftet (vgl zB BGHZ 24, 200, 213 mwNw, 214; 39, 124, 131; BGH NJW 1980, 2810, 2811 mwNw; JZ 1978, 475; SOERGEL/ZEUNER Rn 215, 217 mwNw; vgl auch die ausführliche Analyse bei vBAR 254 ff). Mit dieser Linie der Rechtsprechung lassen sich die Probleme zufriedenstellend lösen. Der Anwendung des § 278 stehen in der Tat die von der hM genannten Einwände entgegen. Andererseits kann die Delegation an bzw die Erfüllung durch ungeeignete Personen den Pflichtigen nicht entlasten. Der Größe der Gefahr und der Bedeutung des möglicherweise in Mitleidenschaft gezogenen Rechtsguts muß auch die Organisation des Verkehrspflichtigen entsprechen.

e) Die Haftung des Übernehmers
Der Übernehmer haftet, wenn er die **Verkehrspflicht** verletzt (vgl zB BGH NJW 1959, 34; E 63 1970, 95, 96 mwNw; 1970, 2290, 2291; 1971, 1130; 1975, 533, 534; 1982, 2187, 2188; 1987, 1013, 1014; 1990, 111, 112; 1991, 562, 563; LM Nr 101 zu § 823 [Dc] uter II 1 b; Nr 169 zu § 823 [Dc] unter II 2; Nr 188 zu § 823 [Dc] unter II 4 a; Nr 72 zu § 823 [Ea] unter II 2; OLG Düsseldorf NJW 1992, 2972).

Regelmäßig wird er einen Zurechnungsgrund erfüllen, zumindest den der **tatsächlichen Übernahme** (BGH LM Nr 101 zu § 823 [Dc] unter II 1 b; LARENZ/CANARIS § 76 III 5 d; der Sache nach auch BGH LM Nr 188 zu § 823 [Dc] unter II 4 a; wohl auch MünchKomm/MERTENS Rn 221). **Andere** sehen in der Haftung ein Pendant dafür, daß der (primär) Verkehrspflichtige die Aufgabe durch einen Dritten erledigen lasse und dies auch dürfe (OLG Dresden OLG-NL 1996, 218, 219; MünchKomm/MERTENS Rn 227; ULMER JZ 1969, 170). Der Erstgarant habe dann die berechtigte Erwartung, der Übernehmer werde tätig, und reduziere deshalb den eigenen Aufwand (BGH NJW 1959, 34; LM Nr 72 zu § 823 [Ea] unter II 3 b; MünchKomm/MERTENS Rn 227); der Dritte dürfe darauf vertrauen, daß die Gefahr durch den primär Pflichtigen oder durch den Übernehmer beseitigt werde (ULMER JZ 1969, 171; ihm folgend vBar 121; MünchKomm/MERTENS Rn 227; gegen die Begründung BGB-RGRK/STEFFEN Rn 129). Doch erklärt dies nicht die Fälle des zur Gänze weisungsabhängigen Gehilfen.

aa) Die Reichweite der Übernahme

E 64 Der **Vertrag** zwischen dem zunächst Verpflichteten und dem Übernehmer **braucht nicht wirksam zu sein** (BGH LM Nr 57 zu § 67 VVG unter II 1; Nr 72 zu § 823 [Ea] unter II 3 b; OLG Dresden OLG-NL 1996, 218, 219; SOERGEL/ZEUNER Rn 221; MünchKomm/MERTENS Rn 227; BGB-RGRK/STEFFEN Rn 129; ULMER JZ 1969, 172), wenngleich ein **gewisses Mindestmaß an Einverständnis** zwischen dem ursprünglichen Garanten und dem Übernehmenden vorliegen muß (ULMER JZ 1969, 172 f). Denn die genannten Kriterien – Zurechnung der Übernahme und Vertrauen des Verkehrs – hängen nicht von der Gültigkeit der Willenserklärungen ab. Die Vereinbarung kann auch durch konkludentes Verhalten zustande kommen (BGH NJW 1985, 270, 271), doch muß sie unmißverständlich sein. Die bloße Erwartung, jemand werde beispielsweise einen offenen Schacht sichern, genügt nicht (BGH LM Nr 163 zu § 823 [Dc] unter II 3). Liegt indes eine Vereinbarung vor, so ist sie **nach den üblichen Regeln zu interpretieren.** Der vertraglich vorgesehene Übergang von Gefahren, Nutzungen und Lasten bedeutet keine vertragliche Übernahme der Räum- und Streupflicht, da diese nicht wie die genannten Lasten aus dem Grundstück zu erbringen sind (BGH NJW 1990, 111, 112). Dagegen erstreckt sich die Übertragung der technischen Wartung von Automaten auch darauf, die Standsicherheit zu überprüfen und Gefahren abzuwenden (BGH LM Nr 184 zu § 823 [Dc] unter II 2). Die Haftung eines Architekten kann differieren, je nachdem, ob ihm nur die Bauplanung oder auch die Bauaufsicht übertragen war (BGH NJW 1997, 582, 584). Die Verkehrspflicht des Übernehmers kann **auch dem primär Sicherungspflichtigen gegenüber** bestehen (BGH LM Nr 72 zu § 823 [Ea] unter II 3 c; MünchKomm/MERTENS Rn 228). **Doch bleibt auch hier die deliktische Pflicht insoweit hinter der vertraglichen zurück**, als sie nicht das Nutzungsinteresse gewährleistet (BGHZ 80, 186, 189; 86, 256, 258; BGH NJW 1985, 194; 1987, 1013, 1014; 1991, 562, 563; LM Nr 50 zu § 823 [Ac] unter II 2 a bb). **Der Zeitraum der Übernahme** beginnt, sobald sich der primär Verkehrspflichtige auf die Übernahme verlassen kann (ULMER JZ 1969, 174), etwa weil der Zeitpunkt als solcher vertraglich vereinbart ist. Entsprechendes gilt für das Ende, soweit die Aufkündigung nicht zur Unzeit erfolgt (MünchKomm/MERTENS Rn 228; ULMER JZ 1969, 174). Die Verkehrspflicht des Übernehmers soll den Dritten nicht nur vor Körperschäden bewahren (darauf beschränkt noch RGZ 127, 14, 18; 156, 193, 198), sondern vor Verletzungen an sämtlichen von § 823 Abs 1 umfaßten Rechtsgütern (BGH VersR 1964, 942, 944; MünchKomm/MERTENS Rn 199; ULMER JZ 1969, 174).

bb) Weisungen des Übertragenden

Bei bindenden Weisungen des primär Verkehrspflichtigen oder bei ähnlich starker Einflußnahme hat der Ausführende nur die **Funktion eines Werkzeuges** mit der Konsequenz, daß eine eigene Verkehrspflicht entfällt (BGHZ 48, 98, 103; BGH LM Nr 148 zu § 823 [Dc] unter II 1 a; die Entscheidungen BGH VersR 1967, 859, 861; 1974, 243; 1976, 776, 777 f verneinen das Verschulden) bzw auf die Befolgung der Weisungen beschränkt ist (BGH NJW 1988, 48, 49). Ansonsten ist **umstritten** und auch weitgehend ungelöst, welche Rolle die **Weisungsunterworfenheit** des Übernehmenden spielt. Die **wohl hM** beschränkt die Verkehrspflicht auf **Personen mit gewisser Selbständigkeit**; Arbeitnehmer und weisungsgebundene Personen treffe daher die Verkehrspflicht nicht (BGH NJW 1979, 864, 865 [Lehrling]; 1987, 2510, 2511; LM Nr 2 zu § 823 [H] Bl 2; wesentlich weiter gehend BGH NJW 1975, 533 für die Pflichtenübernahme im Rahmen eines Verbandes). Die **Gegenauffassung** rückt den Gesichtspunkt der Übernahme in den Vordergrund; konsequenterweise könne auch ein Arbeitnehmer haften, der mit der Sicherung des Verkehrs etwa bei Baumarbeiten betraut sei (LARENZ/CANARIS § 76 III 5 d). Noch weiter geht der **Vorschlag**, sämtliche Arbeitnehmer auch im Außenverhältnis haften zu lassen, soweit sie durch ihr Verhalten Dritte in ihren deliktisch geschützten Rechtsgütern verletzten; die Verantwortung soll allerdings nur subsidiär gegenüber der Haftung des Unternehmensträgers sein und sich uU auf den im Innenverhältnis entfallenden Anteil des Arbeitnehmers beschränken (BRÜGGEMEIER AcP 191 [1991] 58, 61 f). **Hier kollidieren zwei Wertungskriterien.** Der Arbeitnehmer kann es nicht ablehnen, der Weisung nachzukommen, übernimmt die Gefahrsteuerung also nicht freiwillig. Andererseits vertrauen Dritte auf die ordnungsgemäße Sicherung auch und gerade durch diesen Arbeitnehmer. Den Vorrang genießt der letztgenannte Aspekt, wobei oft auch ein Organisationsverschulden des Anweisenden gegeben sein wird, der dann im Innenverhältnis allein haftet.

cc) Die Haftung von Organen
α) Die Rechtsprechung

Sehr umstritten ist **die Haftung der für ein Unternehmen verantwortlichen Personen**. Die Frage spielt eine Rolle für Leiter von Betrieben und für Geschäftsführer einer GmbH und Vorstände einer AG für die Fehlorganisation innerhalb der juristischen Person, wenn dadurch Leben, Gesundheit oder Eigentum Dritter verletzt werden. Einig ist man sich noch über den Ausgangspunkt. Begehen die Organe die unerlaubte Handlung als Täter, Mittäter, Anstifter oder Gehilfen, so haften sie nach § 823 Abs 1 bzw nach § 823 Abs 2 (vgl zB BGHZ 109, 297, 302; BGH NJW 1974, 1371, 1372; 1995, 1369, 1370; 1996, 1535, 1536; NJW-RR 1988, 671; MEDICUS, in: FS W Lorenz [1991] 165; LUTTER ZHR 157 [1993] 468 f). Auch bei **mittelbaren Verletzungen** durch Leiter von Betrieben und Organe wegen Nichterfüllung einer Verkehrspflicht ist nach **Meinung des BGH** der Tatbestand der unerlaubten Handlung erfüllt, wenn die Betriebsleiter oder Organe nicht die notwendigen organisatorischen Maßnahmen getroffen hatten, um Schaden abzuwenden (vgl zB BGH NJW 1975, 533, 534; LM Nr 57 zu § 823 [Eh] unter II 1; OLG Hamm MDR 1992, 558; offen gelassen in BGHZ 125, 366, 375 f). Das könne wegen einer dem Geschäftsführer als Aufgabe zugewiesenen oder von ihm in Anspruch genommenen Garantenstellung zum Schutz fremder Güter iS des § 823 Abs 1 der Fall sein, die deren Eigentümer der Einflußsphäre der Gesellschaft **anvertraut** hätten. So habe der Geschäftsführer sicherzustellen, daß nicht unbefugt Sachen Dritter, die unter verlängertem Eigentumsvorbehalt geliefert worden seien, durch Mitarbeiter eingebaut würden und dadurch das Eigentum untergehe (BGHZ 109, 297, 303, 304 f; angedeutet schon in der ersten Revisionsentscheidung BGHZ 100, 19, 25; BGH NJW 1996, 1535, 1537; SCHOLZ/U H SCHNEIDER, GmbHG [8. Aufl 1993] § 43 Rn 230; STAPELFELD 117; skeptisch, iE aber zust H HEFERMEHL Anm zu BGH WuB II C § 43 GmbHG 3. 90 unter 5; skeptisch ferner ZÖLLNER, in: BAUMBACH/HUECK, GmbH-Gesetz [16. Aufl 1996] § 43 Rn 4 a; s auch oben Rn B 67 ff) oder daß nicht ungeeignete Transportbehälter verwendet würden (BGH LM Nr 57 zu § 823 [Eh] unter II 1 a).

β) **Die Lehre**

E 67 Die **Lehre** stimmt dem **teilweise** unter dem Gesichtspunkt der **Übernahmehaftung** zu (LARENZ/CANARIS § 76 III 5 d; vBAR, in: FS Kitagawa [1992] 292); vereinzelt wird sogar die Verkehrspflicht der GmbH und diejenige der Organe als identisch angesehen (BRÜGGEMEIER AcP 191 [1991] 65 ff; abl MEDICUS, in: FS W Lorenz [1991] 163 f; KLEINDIEK 445 ff). Insgesamt überwiegen jedoch die **ablehnenden Stimmen** (neben den sogleich geschilderten Autoren zB K SCHMIDT KF 1993, 14; H P WESTERMANN DNotZ 1991, 817). Am weitesten geht die Auffassung, **es fehle schon an deliktischen Pflichten der GmbH** (KLEINDIEK 445 ff; KREBS/DYLLA-KREBS DB 1990, 1274; abl zu dieser Argumentation MEDICUS, in: FS W Lorenz [1991] 165). Doch ist sie verfehlt, wie der Fall zeigt, daß ein Organ selbst vorsätzlich handelt; hier haftet neben dem Organ auch die GmbH nach § 31 für die unerlaubte Handlung (LUTTER ZHR 157 [1993] 478). Die Mehrheit der Kritiker nimmt eine **Verkehrspflicht des Organs nur gegenüber der juristischen Person** an, nicht jedoch gegenüber der Allgemeinheit (MEDICUS, in: FS W Lorenz [1991] 165; MERTENS/MERTENS JZ 1990, 489; LUTTER ZHR 157 [1993] 470; DREHER ZGR 1992, 33; H HEFERMEHL Anm zu BGH WuB II C § 43 GmbHG 3. 90 unter 4; ZÖLLNER, in: BAUMBACH/HUECK, GmbH-Gesetz [16. Aufl 1996] § 43 Rn 4 a). Eine Ausnahme gelte nur, wenn die Pflicht speziell übernommen worden sei (SOERGEL/ZEUNER Rn 174; MERTENS/MERTENS JZ 1990, 489; wohl auch MEDICUS, in: FS W Lorenz [1991] 167; LUTTER ZHR 157 [1993] 475 fordert eine Übernahme durch Rechtsgeschäft bzw eine vorsätzliche Tat [478]). Alles andere liefe auf eine uferlose Haftung des Geschäftsführers hinaus (MEDICUS, in: FS W Lorenz [1991] 160, 167 f; DREHER ZGR 1992, 34; RANSIEK ZGR 1992, 226) und drohe, die Haftungsbeschränkung auf die juristische Person (LUTTER ZHR 157 [1993] 475 f; RANSIEK ZGR 1992, 227) bzw die Haftung des Geschäftsführers nach den Regeln des § 64 GmbHG aus den Angeln zu heben (MEDICUS, in: FS W Lorenz [1991] 167 f unter Bezug auf die von der Rspr inzwischen aufgegebene Haftung für den Quotenschaden). Nur die Gesellschaft sei daher Trägerin der Verkehrspflicht (MEDICUS, in: FS W Lorenz [1991] 166 f; DREHER ZGR 1992, 33; LUTTER ZHR 157 [1993] 473). **Andere differenzieren nach dem Kontext der Verkehrspflichten**; solche, die mit der Durchführung eines Vertrages zusammenhingen, träfen nur die Gesellschaft, rein deliktische gegenüber der Allgemeinheit jedoch auch die Geschäftsführer (RANSIEK ZGR 1992, 228; GRUNEWALD ZHR 157 [1993] 455 f; abl LUTTER ZHR 157 [1993] 475 f).

γ) **Stellungnahme**

E 68 Im **Ausgangspunkt ist dem BGH zu folgen**, wie schon die dramatischen Beispiele illustrieren, daß der Geschäftsführer einer GmbH, die Blutkonserven vertreibt, nicht sicherstellt, daß das Blut vor der Auslieferung untersucht wird, oder nicht Sorge dafür getragen wird, daß giftige chemische Stoffe in einem Unternehmen nicht an die Umwelt gelangen oder explodieren (LARENZ/CANARIS § 76 III 5 d). Hier können die Geschäftsführer nicht auf die alleinige Haftung der uU vermögenslosen GmbH verweisen. Der Einwand, die Rechtsprechung laufe Gefahr, angesichts der Ex-post-Analyse die Anforderungen an die sorgfältige Organisation zu überspannen (LUTTER ZHR 157 [1993] 470; der Sache nach auch MEDICUS, in: FS W Lorenz [1991] 168), übersieht, daß es sich um ein generelles Problem des Maßstabs der Verkehrspflichten handelt, wie ein Vergleich mit einem Einzelunternehmer anschaulich macht. So müssen natürlich auch hier **Grenzen** beachtet werden. Zwar verbietet sich angesichts des Schutzkatalogs des § 823 Abs 1 eine rechtsgutsspezifische Differenzierung etwa mit dem Ergebnis, daß Leben und Gesundheit, nicht aber Eigentum von der Verkehrspflicht umfaßt seien; aber natürlich gehen die Verkehrspflichten **je nach dem bedrohten Rechtsgut unterschiedlich weit**. Die schwierigste Problematik ist, ob die Verkehrspflichten von Gesellschaft und Geschäftsführer bzw Vorstand stets identisch sind oder sich unterscheiden können. Viel spricht für die zweite Alternative. So haftet die Gesellschaft, wenn ein alleinvertretungsberechtigter Geschäftsführer Dinge verkauft, die der Gesellschaft nicht gehören, während der andere Geschäftsführer, dessen Aufgabe die Organisation von Einkauf und Verkauf ist, nicht verantwortlich ist, wenn er seinen Organisationspflichten nachgekommen war (Larenz/Canaris § 76 III 5 d; Dreher ZGR 1992, 39 f).

VII. Besonderheiten des Verschuldens und der Beweislast[*]

1. Der Anknüpfungspunkt des Verschuldens

a) Der Meinungsstand

Vorsatz ist dem Täter nur anzulasten, wenn er nicht nur die Verkehrspflicht mit Wissen und Wollen verletzt hat, sondern auch die Verletzung des Rechtsguts von diesem Wissen und Wollen umfaßt war (so vBar 171 trotz seiner für die Fahrlässigkeit abweichenden Ansicht). Dagegen ist der **Anknüpfungspunkt der Fahrlässigkeit umstritten**. Nach einem **Teil der Lehre** muß sich die Fahrlässigkeit auf die Verletzung der in § 823 Abs 1 genannten Rechte und Rechtsgüter beziehen (Larenz/Canaris § 76 III 7 a). **Die hM** fordert – zT wegen der dogmatischen Anbindung an § 823 Abs 2 – dagegen nur einen **verkürzten Verschuldensbezug**; Fahrlässigkeit müsse nur hinsichtlich der Verletzung der Verkehrspflicht vorliegen (MünchKomm/Mertens Rn 50; Deutsch Rn 261, 276; vBar 160 f; auch BGH NJW 1995, 2631, 2632; LM Nr 102 zu § 823 [Dc] unter II 1 d sprechen nur von der Verletzung der Verkehrspflicht). Gerade bei der Verkehrspflicht wegen der Gewährleistung einer sozialen Rolle sei diese Rolle als solche zu garantieren, weswegen der subjektive Fahrlässigkeitsbegriff dort keine Anwendung finden dürfe (so noch MünchKomm/Mertens [2. Aufl 1986] Rn 43 a unter Ablehnung von LG Offenburg VersR 1979, 144; ähnl Stürner VersR 1984, 299 f).

E 69

b) Die Konsequenzen

In der Praxis dürfte der Streit nur in wenigen Fällen eine Rolle spielen. Denn was das Moment der Vorhersehbarkeit angeht, so genügt es, wenn der Eintritt eines schädigenden Erfolges im allgemeinen hätte erkannt werden müssen; dagegen braucht nicht vorhergesehen zu werden, wie sich die Schadensfolgen im einzelnen entwickeln (RGZ 136, 4, 10; BGHZ 58, 48, 56; 93, 351, 357; BGH LM Nr 8 zu § 823 [Ea] unter 3; Larenz/Canaris § 76 III 7 a); mit der Verletzung der Verkehrspflicht ist in der Regel auch

E 70

---

[*] **Schrifttum:** vBar, Anm zu BGH, 18.10.1988 – VI ZR 94/88, JZ 1989, 249; Führich, Die Verkehrssicherungspflicht des Reiseveranstalters, DB 1990, 1501; Köndgen, Überlegungen zur Fortbildung des Umwelthaftpflichtrechts, UPR 1983, 345; Marburger, Die Regeln der Technik im Recht (1977); Stürner, Zur Gerechtigkeit richterlicher Schadenszuweisung, VersR 1984, 297; Stoll, Anm zu BGH, 30.6.1987 – VI ZR 257/86, JZ 1988, 150; Weitnauer, Zum Schutz der absoluten Rechte, KF 1961, 28.

diejenige des Rechtsguts zumindest fahrlässig (LARENZ, Schuldrecht Bd II BT [12. Aufl 1981] § 72 I d Fn 2). Wegen der Verteilung der Beweislast (vgl unten Rn E 72) sind die Fälle, in denen die Haftung trotz objektiver Verletzung einer Verkehrspflicht am Verschulden scheitert, selten. Neben dem Fall, daß der Verkehrspflichtige den Verstoß nicht erkennen konnte (BGH NJW 1994, 2232, 2233; vBAR JuS 1988, 173), und dem Lehrbuchbeispiel, daß der **Verkehrspflichtige erkrankt, ohne rechtzeitig für Ersatz sorgen zu können** (MEDICUS, Bürgerliches Recht [17. Aufl 1996] Rn 659; vBAR 176; WEITNAUER KF 1961, 31), zählt hierher vor allem die **Verschärfung von Verkehrspflichten durch die Rechtsprechung**, mit der der Betroffene nicht zu rechnen brauchte (BGH NJW 1985, 620, 621; 1995, 2631, 2632; LARENZ/CANARIS § 75 II 3 d; vgl auch BGH LM Nr 16 zu § 823 [Ea]; vBAR 175 f). Gleiches soll gelten, wenn der **Übernehmende in allen Einzelheiten weisungsgebunden** ist (BGH VersR 1967, 859, 861; 1974, 243; 1976, 776, 777 f; LARENZ/CANARIS § 76 II 4 d); allerdings kann man dann schon am Aufgreiftatbestand zweifeln (vgl schon oben Rn E 65). Das Verschulden entfällt nicht stets deshalb, weil die Anforderungen einer DIN-Norm erfüllt sind (BGH NJW 1984, 801, 802; 1985, 620, 621; OLG Hamm VersR 1996, 1517, 1518); das kann im Einzelfall anders sein (OLG Saarbrücken VersR 1997, 377, 379). Jedenfalls kann eine über das Normalmaß hinausgehende Sorgfalt verlangt werden, wenn der Pflichtige über Spezialwissen verfügt (BGH NJW 1994, 2232, 2233 unter Berufung auf BGH NJW 1987, 1479, 1480).

2. Die Strenge der Anforderungen

E 71   Ob und inwieweit die Rechtsprechung die Anforderungen überspannt, ist **nur im Einzelfall** zu klären. Ein pauschaler Vorwurf in diese Richtung dürfte indes überzogen sein (vBAR JZ 1989, 252; vgl aber STOLL JZ 1988, 154). Die Haftung wegen Verkehrspflichtverletzung bleibt im Ausgangspunkt eine Haftung für rechtswidriges und schuldhaftes Verhalten (MünchKomm/MERTENS Rn 206). Das gilt auch, soweit die Anforderungen an die stete Erfüllbarkeit der Pflicht sowie an die Organisation verschärft werden (MünchKomm/MERTENS Rn 206). Immer ist dem Gedanken Rechnung zu tragen, daß die **Einführung einer generellen Gefährdungshaftung nach deutschem Recht Sache des Gesetzgebers** ist (vgl schon oben Vorbem 29 zu §§ 823 ff). So hat gerade bei der Ausbildung bislang nicht anerkannter Verkehrspflichten der BGH durchaus das Verschulden verneint, wenn die Verkehrspflicht für den Betroffenen mangels einschlägiger Entscheidungen noch nicht bekannt war (BGH NJW 1985, 620, 621; 1995, 2631, 2632). Auch genügen nach Auffassung der Rechtsprechung **Sicherungsvorkehrungen**, die ein umsichtiger Angehöriger der Berufsgruppe treffen würde (BGH VersR 1975, 812; s schon oben Rn E 35). Generell wird man an die Sorgfalt jedoch durchaus **strenge Anforderungen** stellen können, wenn es um **unsinnige Aktivitäten** – wie wilde Autorennen – geht oder **Rechtsgüter von hohem Rang** in Rede stehen (LARENZ/CANARIS § 76 III 7 b). Von einem Teil der Lehre wird im Fall der **Mutter**, die **eine Niere spendete**, nachdem der Arzt pflichtwidrig die einzige Niere der Tochter nach einem Sportunfall entfernt hatte (BGHZ 101, 215 ff), das Verschulden (mangels Vorhersehbarkeit) in Frage gestellt (STOLL JZ 1988, 154; ihm folgend LARENZ/CANARIS § 76 III 7 a, die jeweils auf einem anderen Weg zu einer Schadensersatzpflicht des Arztes gegenüber der Mutter kommen). Das überzeugt indes nicht. Zum einen wird immerhin jedes 1100ste Kind mit nur einer Niere geboren (Zahl nach STOLL JZ 1988, 154). Zum anderen ist dem Arzt ja nicht bekannt, ob nicht eine Verletzung in späterer Zeit zum Verlust einer Niere geführt hat, so daß alles in allem gerade angesichts der Schwere des Eingriffs die Kontrolle der zweiten Niere durchaus gefordert werden kann, zumal da für diesen Fall die beschädigte Niere offenbar hätte gerettet werden können. Wenn man dann allerdings mit dem BGH die Kausalität bejaht, weil die Mutter zur Nierenspende herausgefordert wurde und sich auch herausgefordert fühlen durfte, ist gleichzeitig das Verschulden gegeben; daß die Mutter selbstlos handeln könnte, war durchaus voraussehbar. Umstritten ist auch die Entscheidung des BGH, in der das Gericht eine anfängliche und dann **regelmäßige Überprüfung von Vertragshotels** durch Reiseveranstalter auf ausreichende Beachtung der Sicherheitsstandards fordert (BGHZ 103, 298, 305 f; zust FÜHRICH DB 1990, 1502 f). Darin erblickt ein Teil der Lehre die Gefahr, das Verschuldenserfordernis durch die Statuierung von Überwachungspflichten auszuhöhlen (LARENZ/CANARIS § 76 III 7 b). Im **Grundsatz ist dem Urteil zu folgen**; der Reiseveranstalter darf nicht blind Hoteliers unter Vertrag nehmen, ohne den Zustand der Hotels zu berücksichtigen. Angesichts der konkreten Unzulänglichkeiten im Hotel – verschiedene Beschwerden bei der Leitung über andere Mängel hatten keine Abhilfe erbracht – wird man gerade in diesem Fall eine Pflicht des Veranstalters zur zumindest gelegentlichen Überprüfung anzunehmen haben. § 651 h Abs 1 Nr 2 steht dem nach der Novelle des Jahres 1994 jedenfalls nicht mehr entgegen, da eine Haftungsbeschränkung nach dieser Vorschrift für Körperschäden nicht möglich ist. **Recht weit, wenn nicht zu weit** geht dagegen eine Entscheidung, in der der BGH fahrlässiges Handeln eines **9jährigen Mädchens** für möglich hält, das **auf einer Skipiste die Kontrolle über seine Ski verloren** hatte und deshalb leicht auf eine am Rand wartende Begleitperson aufgefahren war (BGH NJW 1987, 1947, 1949).

3. Besonderheiten der Beweislast

Der Geschädigte hat darzulegen und zu beweisen, daß eine Verkehrspflicht verletzt wurde (BGH VersR 1966, 90, 92; 1985, 641, 642; OLG Hamm NJW-RR 1987, 412, 413). Steht aber der objektive Verstoß gegen eine Verkehrspflicht, etwa eine Unfallverhütungsvorschrift, fest, so spricht der **Anscheinsbeweis für die Kausalität** zwischen der Pflichtverletzung und der eingetretenen Rechtsgutsverletzung (BGHZ 114, 273, 276; BGH NJW 1983, 1380; 1984, 432, 433; 1994, 945, 946; LM Nr 16 zu § 823 [Db] unter 3 a; Nr 5 zu § 823 [E] unter II mwNw [Vermutung]; Nr 17 zu § 823 [Ef] unter II 2 a; Nr 20 zu § 640 RVO unter 1 b; Nr 13 zu § 17 StVG unter IV 2 e; VersR 1985, 641, 642; OLG Hamm VersR 1985, 671; NJW-RR 1987, 412, 413; OLG Köln VersR 1992, 1241, 1242; NJW-RR 1995, 1177; MünchKomm/MERTENS Rn 53; vBAR 305; MARBURGER 453; KÖNDGEN UPR 1983, 352 f; enger OLG Hamm NJW-RR 1993, 653, 654), jedenfalls wenn sich jene Gefahr verwirklicht hat, vor der die Erfüllung der Verkehrspflicht schützen sollte (BGH NJW 1983, 1380). Der Ersatzanspruch darf nicht daran scheitern, daß trotz der Verletzung der Verkehrspflicht im Einzelfall ein atypischer Verlauf nicht mit Sicherheit ausgeschlossen werden kann (MARBURGER 453 unter Hinweis darauf, daß an die Entkräftung oft so hohe Anforderungen gestellt werden, daß man von einer Umkehr der Beweislast sprechen kann; ebenso MünchKomm/MERTENS Rn 53). Daß die notwendigen Maßnahmen nichts genützt hätten, etwa angesichts des starken Schneefalls oder wegen überfrierender Nässe das Streuen die Glätte nicht beseitigt hätte, muß der Verkehrspflichtige darlegen und beweisen (BGH NJW 1985, 484, 485; VersR 1966, 90, 92; OLG Hamm DAR 1998, 142, 143); es handelt sich um einen Fall des rechtmäßigen Alternativverhaltens. Die **Verletzung der äußeren Sorgfalt** indiziert zudem diejenige **der inneren Sorgfalt**, zumindest spricht ein Anscheinsbeweis für das Verschulden (BGH NJW 1986, 2757, 2758; 1987, 1947, 1949; 1994, 2232, 2233; VersR 1965, 165, 166; OLG Düsseldorf NJW 1992, 2972; DEUTSCH Rn 261); Teile der Lehre plädieren sogar für eine **Umkehr der Beweislast** (vBAR 302 f). Dagegen führt nicht jeder Verstoß gegen eine Verkehrs-

§ 823
E 73, E 74

2. Buch
7. Abschnitt. Einzelne Schuldverhältnisse

pflicht – etwa eine Unfallverhütungsvorschrift – zum Anscheinsbeweis auch für grobes Verschulden (BGH LM Nr 20 zu § 640 RVO unter 2 b; Nr 23 zu § 640 RVO unter II 1 b aa; VersR 1969, 39, 40; 1971, 1019, 1020; 1981, 75); anders ist es bei einem Verstoß gegen elementare Sicherungspflichten (BGH LM Nr 23 zu § 640 RVO unter II 1 b aa). Die Grundsätze der **Beweisvereitelung** finden Anwendung (OLG Köln VersR 1992, 355, 356; vgl etwa die Beispiele unten Rn E 97).

VIII. Rechtsprechungsübersicht

1. Grundlagen der Straßenverkehrssicherungspflicht[*]

a) Der Anknüpfungspunkt

E 73 Die Verkehrspflicht für öffentliche Verkehrsflächen ist ein **Unterfall der allgemeinen (Verkehrs-)Sicherungspflicht**, wie sie für jedermann besteht, der eine Gefahr veranlaßt, einen gefährlichen Verkehr eröffnet, andauern läßt oder über den räumlichen Bereich, aus dem die Gefahr kommt, tatsächlich und rechtlich zu bestimmen hat und demzufolge gehalten ist, alle ihm zumutbaren Vorkehrungen zu treffen, die zur Abwendung von Gefahren für Dritte erforderlich sind (BGHZ 123, 102, 105 f; BGH NJW 1968, 443; VersR 1994, 618, 620; vgl oben Rn E 13). Daraus folgt auch ihre grundsätzlich privatrechtliche Natur (BGHZ 9, 373, 387, 389; 14, 83, 84 f; 27, 278, 281; BGH NJW 1968, 443; VersR 1971, 626). Die Straßenverkehrssicherungspflicht soll den **Gefahren** begegnen, die **aus der Zulassung eines öffentlichen Verkehrs** auf öffentlichen Straßen **für Dritte** entstehen können (BGHZ 9, 373, 383 ff, 387; 14, 83, 85; 16, 95, 96; 24, 124, 130; 27, 278, 281; 34, 206, 208; BGH NJW 1962, 34, 35; 1966, 1456, 1457; 1968, 246, 247; 1970, 1682; 1989, 2808; VersR 1967, 604, 605; 1981, 336, 337). Sie besteht nicht nur gegenüber den Verkehrsteilnehmern, sondern auch gegenüber den Anliegern (BGH LM Nr 76 zu § 823 [Fe] unter II 1 a cc; VersR 1968, 555, 556). Angesichts der Bedeutung und der Gefahren des Straßenverkehrs sind an die Sachkunde und Sorgfaltspflichten der Verkehrspflichtigen hohe Anforderungen zu stellen (BGH LM Nr 43 zu § 823 [Ea] unter II). Dabei wächst mit der Größe der Gefahr auch das Maß der vom Verkehrspflichtigen zu fordernden Sorgfalt (BGH LM Nr 29 zu § 823 [Ea] unter 2). Einen **Vertrauensgrundsatz** wie zwischen Verkehrsteilnehmern untereinander **gibt es dabei** im Verhältnis zwischen dem Verkehrspflichtigen und den Verkehrsteilnehmern **nicht** (BGH NJW 1980, 2194, 2196; VersR 1963, 652, 653; 1994, 618, 620; vgl aber BGH VersR 1968, 555, 557, wonach Verkehrsteilnehmer und Anlieger uU darauf vertrauen dürfen, daß die Verkehrssicherheit gewährleistet ist). Ist die Straße **nicht auf bestimmte Fahrzeugtypen beschränkt**, muß der Verkehrspflichtige mit allen Fahrzeugen rechnen, die nach den jeweils geltenden gesetzlichen Bestimmungen (§ 30 Abs 1, 2 StVZO) zugelassen werden können (BGH NJW 1991, 2824, 2825).

b) Der Inhalt der Straßenverkehrssicherungspflicht
aa) Die Aufgaben des Straßenverkehrssicherungspflichtigen

E 74 Die öffentlichen Verkehrsflächen sind **möglichst gefahrlos** zu gestalten und in diesem Zustand zu halten; es ist alles Zumutbare zur Gefahrenabwehr zu tun (BGHZ 60, 54, 56; BGH NJW 1991, 2824; LM Nr 76 zu § 823 [Fe] unter II 1 a aa; OLG Hamm VersR 1993, 1033). Der Verkehrspflichtige hat die Gefährdeten insbesondere vor unvermuteten, von der Straße ausgehenden bzw sich aus ihrer Beschaffenheit ergebenden und bei **zweckge-**

---
[*] Für den Entwurf des Manuskripts (Rn E 73 bis Rn E 189) danke ich sehr herzlich meinem Mitarbeiter Herrn Assessor Thomas Döblin.

rechter sowie **nicht ganz fernliegender, bestimmungswidriger Benutzung** drohenden Gefahren (BGH NJW 1966, 1456, 1457; OLG Hamm VersR 1997, 718, 719; OLG Düsseldorf VersR 1998, 1021, 1022) in geeigneter Weise zu schützen (OLG Köln NJW-RR 1994, 350; OLG Hamm VersR 1994, 726; OLG Düsseldorf VersR 1996, 79). Für den Verkehrsteilnehmer nicht ohne weiteres erkennbare Gefahrenstellen sind zu **sichern**, zumindest ist vor ihnen zu **warnen** (BGH VersR 1957, 375, 376; 1970, 904, 905; 1983, 39; OLG Dresden DtZ 1997, 96); das gilt namentlich, wenn sich die Verkehrsteilnehmer auf die Gefahren nicht oder nicht rechtzeitig selbst hinreichend einstellen und vor ihnen schützen können (BGH NJW 1989, 2808, 2809; VersR 1979, 1055; OLG Düsseldorf VersR 1981, 358; 1989, 274; 1993, 1108, 1109; 1994, 574, 575; NJW-RR 1994, 1443; OLG Frankfurt aM VersR 1984, 394; OLG Hamm VersR 1993, 1033; 1994, 698, 699; OLG Dresden DtZ 1997, 96). Den Ausschlag gibt ein objektiver Maßstab. Lediglich die Auswahl unter für diesen Zweck **gleich tauglichen Mitteln** unterfällt dem Ermessen des Verkehrspflichtigen (BGH VersR 1957, 378, 379). Es ist dafür Sorge zu tragen, daß sich die Straße in einem dem regelmäßigen Verkehrsbedürfnis genügenden Zustand befindet, der eine möglichst gefahrlose Abwicklung des Verkehrs zuläßt (BGHZ 37, 165, 168; BGH NJW 1962, 34, 35; LM Nr 47 zu § 823 [Ea] Bl 2; OLG Koblenz VRS 76 [1989] 251, 252). Ob das der Fall ist, beurteilt sich wiederum im einzelnen nach der allgemeinen Verkehrsauffassung (BGH NJW 1989, 2808, 2809). Für die Haftung ist es **unerheblich**, ob der Zustand der Straße den jeweiligen **baupolizeilichen Vorschriften** genügt, diese keine besonderen Sicherungen vorschreiben bzw eine Genehmigung oder Duldung der zuständigen Aufsichtsbehörde vorliegt (RGZ 55, 24, 27; BGH LM Nr 102 zu § 823 [Dc] unter II 1 c). Es ist auch unerheblich, ob die technischen Regeln der VOB (C) eingehalten wurden; entscheidend sind die Anforderungen, die der jeweilige Verkehr mit sich bringt (OLG Karlsruhe VersR 1978, 770, 771; vgl auch schon oben Rn E 34). Der Straßenverkehrspflichtige darf neuere Facherkenntnisse nicht nur als zu beachtende Ratschläge für künftig zu bauende Straßen auffassen, sie müssen ihm vielmehr bereits Anlaß zur Verbesserung bestehender Straßen sein (BGH VersR 1983, 39). Allerdings heißt das nicht, daß die Nichtbeachtung technischer Straßenbauvorschriften stets mit einer Verkehrspflichtverletzung einhergeht, wenn es sich nicht um gravierende Baumängel handelt (OLG Frankfurt aM StVE § 823 BGB Nr 37). Den Verkehr gefährdende Hindernisse dürfen auch im Rahmen der Aufgabenerfüllung des Verkehrspflichtigen nicht errichtet werden (OLG Hamm VersR 1997, 892).

bb) Die Ausrichtung am Zweck des Verkehrsweges
Anknüpfungspunkt ist die Eröffnung des öffentlichen Verkehrs, unabhängig vom Eigentum am Straßenkörper (BGH LM Nr 47 zu § 823 [Ea] Bl 2). Unerheblich ist ferner, ob der Verkehr **freiwillig eröffnet** oder **lediglich geduldet** wird, entscheidend ist die durch tatsächliche Zulassung geschaffene und vom Verkehrspflichtigen beherrschbare Gefahrenlage. Eine gesetzliche Duldungspflicht oder ein entsprechendes Benutzungsrecht des einzelnen sind daher für das Entstehen der Straßenverkehrssicherungspflicht bedeutungslos (OLG Köln NuR 1988, 103; aA OLG Hamm VersR 1985, 597, bei einem originären und von einer Widmung oder Verkehrseröffnung unabhängigen Benutzungsrecht).

α) **Inhalt und Umfang der Verkehrspflicht** richten sich deshalb nach dem Zweck, dem die jeweilige Verkehrseinrichtung dient (BGHZ 31, 73, 74; 37, 165, 167 f; BGH LM Nr 47 zu § 823 [Ea] Bl 2; OLG München NJW-RR 1990, 1121) und der sich aus dem Umfang der Widmung, wegepolizeilichen Anordnungen und Verboten sowie aus der jeweiligen tatsächlichen Beschaffenheit des Weges ergibt (BGH NJW 1966, 1456, 1457). Entscheidende Bedeutung kommt dabei der **Widmung des Verkehrsweges** zu. Verkehrszeichen betreffen aber idR nur die – von einer Widmungsbeschränkung zu unterscheidenden – verkehrspolizeilichen Beschränkungen der Benutzung eines öffentlichen Verkehrsweges (BGH VersR 1989, 847, 848; anders aber BGH VersR 1964, 727, 728, da ein öffentlicher Weg grundsätzlich nicht für einen verbotenen Verkehr bestimmt sei). Für welche Art des Verkehrs ein Weg **gewidmet** ist, bestimmt sich ua nach seinem äußeren Erscheinungsbild (BGH VersR 1989, 847, 848; OLG Köln NJW 1992, 2237; OLG Hamm VersR 1994, 698, 699). Sind **Widmungsbeschränkungen** aus der Anlage des Weges unter Beachtung zumutbarer Sorgfalt **erkennbar**, kann sich der Verkehrspflichtige darauf verlassen, daß die Verkehrsteilnehmer den Gegebenheiten Rechnung tragen und sich entsprechend verhalten (BGH VersR 1959, 275, 276). Maßgeblich für den Umfang der Verkehrspflicht sind dabei auch Art und Häufigkeit der Straßenbenutzung und deren Verkehrsbedeutung (BGH NJW 1962, 34, 36; 1989, 2808, 2809; LM Nr 36 zu § 823 [Ea] unter 2 mwNw; VersR 1979, 1055).

E 77 β) Eine Einstandspflicht des Straßenverkehrspflichtigen scheidet daher grundsätzlich gegenüber Verkehrsteilnehmern aus, die einen öffentlichen Weg **außerhalb seiner Widmung oder Freigabe** benutzen (BGH NJW 1966, 1456, 1457; 1987, 2671, 2672; VersR 1953, 336, 337; vgl aber auch BGH NJW 1965, 100; LM Nr 32 zu § 823 [Ea] unter 2; Nr 45 zu § 823 [Ea] unter II). Allerdings kann der widmungswidrige Benutzer die Erfüllung derjenigen Verkehrspflichten erwarten, die gegenüber dem zugelassenen Verkehr geboten gewesen wären (OLG Celle VersR 1989, 207, 208). Ist eine Widmungsbeschränkung anhand des äußeren Erscheinungsbildes der Straße den Verkehrsteilnehmern zweifelsfrei erkennbar, ist die Verkehrspflicht auch dann auf die Abwehr der diesem Verkehr drohenden Gefahren beschränkt, wenn diese Straße gelegentlich unter Überschreitung der Widmung genutzt wird und der Verkehrspflichtige dies duldet (BGH VersR 1989, 847, 848 mwNw); anderes kann gelten, wenn es dem Verkehrspflichtigen zuzumuten ist, sich auf eine ihm bekannte, üblich gewordene Fehlnutzung einzustellen (OLG Hamm VersR 1997, 718, 719).

E 78 γ) Die Straßenverkehrssicherungspflicht erstreckt sich demgegenüber auf **alle Verkehrsteilnehmer**, die in üblicher und erlaubter Weise eine Verkehrseinrichtung nutzen (BGH NJW 1965, 100), und auf solche, die an einem Verkehr teilnehmen, für den die Straße zugelassen ist, **unabhängig davon, welches Ziel** der jeweilige Verkehrsteilnehmer mit der Straßenbenutzung verfolgt. Es ist daher unerheblich, ob bei der Straßenbenutzung Verkehrsvorschriften verletzt oder Straftaten begangen werden (BGH NJW 1966, 1456, 1457; OLG Köln VersR 1992, 354, 355). Die Verkehrspflicht erstreckt sich zwar **nicht** auf die **Überwachung des Verkehrsablaufes** (BGH VersR 1967, 1155, 1156), sie kann im Einzelfall aber gerade Maßnahmen umfassen, deren Zweck es ist, den Verkehr vor den Folgen fehlerhaften Verhaltens einzelner Verkehrsteilnehmer zu schützen (BGH NJW 1980, 2194, 2196; LM Nr 102 zu § 839 [Ca] unter I 3 c; VersR 1963, 652, 653), insbesondere vor Fehlern von Verkehrsteilnehmern, mit denen im großstädtischen Massenverkehr erfahrungsgemäß zu rechnen ist, zB Vorfahrtsverletzungen aufgrund von Sichtbehinderungen (BGH NJW 1980, 2194, 2196). Den Verkehrsteilnehmern kann der Verkehrspflichtige grundsätzlich nicht entgegenhalten, sie hätten gefährliche Stellen meiden sollen, da dies eine unzulässige Abwälzung der Verantwortung bedeuten würde (BGH NJW 1980, 2194, 2195).

cc) Das Handeln Dritter

E 79 Die Verkehrspflicht kann sich auch auf solche Gefahren erstrecken, die erst durch den **unerlaubten und vorsätzlichen Eingriff eines Dritten entstehen** (BGH LM Nr 102 zu § 823 [Dc] unter II 1 a; vgl schon oben Rn E 33). Grundsätzlich gilt, daß ein Dritter, der eine besondere Gefahrenlage im Straßenverkehr schafft, auch für deren Beseitigung unabhängig von entsprechenden Pflichten des Straßenverkehrssicherungspflichtigen verantwortlich bleibt (BGHZ 12, 124, 128; BGH NJW 1969, 1958, 1959; VersR 1953, 336, 337 mit Beispielen aus der Rspr des RG; 1985, 641, 642; OLG Köln NJW-RR 1995, 1177). Maßnahmen der Gefahrenabwehr entfallen aber nicht schon deshalb, weil auch Dritte zum Eingreifen verpflichtet sind. Der Straßenverkehrssicherungspflichtige bleibt selbst immer gehalten, zur Abwehr der aus einem gefährlichen Zustand der Straße drohenden Schäden geeignete Maßnahmen zu ergreifen (BGH NJW 1971, 1213, 1214; VersR 1957, 109; 1967, 1155, 1156; vgl auch oben Rn E 56). Auf **grob fahrlässiges Verhalten** und ebensolche **Verkehrsverstöße** braucht der Sicherungspflichtige zwar keine Rücksicht zu nehmen (OLG Düsseldorf VersR 1981, 358); gelangen aber durch Naturgewalten, Verkehrsteilnehmer oder in sonstiger Weise ohne Zutun des Verkehrspflichtigen Hindernisse oder gefährliche Gegenstände auf den Straßenkörper, muß er sich um eine Beseitigung der Gefahren trotz vorrangiger Verpflichtung Dritter bemühen (BGH VersR 1957, 109; 1967, 1155, 1156). Er haftet aber erst von dem Zeitpunkt an, von dem er Kenntnis vom Hindernis auf der Straße haben konnte oder mußte (BGH LM Nr 73 zu § 839 [Ca] unter II 3 b, c).

c) Die Abgrenzung zu anderen Pflichten
aa) Die Abgrenzung zur Verkehrsregelungspflicht
α) Die Notwendigkeit der Unterscheidung
Die Verkehrspflicht ist wegen des Sicherungspflichtigen, der Haftungsgrundlage und des Haftungsumfanges im Einzelfall von der Verkehrsregelungspflicht abzugrenzen – und zwar auch dann, wenn eine Maßnahme der Erfüllung beider Pflichten dient und eine isolierte Betrachtung einen einheitlichen Lebensbereich auseinanderreißen würde. Besonders problematisch wird die Differenzierung, wenn sowohl die Verkehrssicherung als auch die Verkehrsregelung einer Behörde und, innerhalb dieser, denselben Bediensteten obliegt (BGHZ 9, 373, 388 f). Wird beispielsweise nicht hinreichend vor den Gefahren nach einem Unfall gewarnt, ist nicht die allgemeine Verkehrspflicht, sondern die **Verkehrsregelungspflicht** mit dem Verweisungsprivileg des § 839 Abs 1 S 2 betroffen (OLG Düsseldorf NJW-RR 1994, 1443). Dagegen gehört die ordnungsgemäße Unterhaltung einer Lichtzeichenanlage zur Straßenverkehrssicherungspflicht (BGHZ 91, 48, 52).

β) Die Unterschiede im Pflichteninhalt
Inhalt der Verkehrsregelungspflicht ist es, für die Sicherheit und Leichtigkeit des Verkehrs zu sorgen; dazu sind Verkehrszeichen und sonstige Verkehrseinrichtungen aufzustellen. Sie obliegt der örtlich und sachlich zuständigen Straßenverkehrsbehörde als Amtspflicht gemäß der §§ 44 Abs 1, 45 Abs 3, 4 StVO (BGH NJW 1961, 1572; 1966, 1456, 1457; LM Nr 87 zu § 823 [Fe] unter 1; VersR 1981, 336, 337; OLG Düsseldorf NJW-RR 1994, 1443) im Interesse und zum Schutze aller Verkehrsteilnehmer, die die Straße nach Art ihrer Verkehrseröffnung benutzen dürfen (BGH LM Nr 97 zu § 823 [Fe] unter I 1 auch zum Inhalt der Verkehrsregelungspflicht; NJW-RR 1986, 189; VersR 1990, 739, 740). Auch die Verkehrsregelungspflicht dient demzufolge dem Ziel, Gefahren durch den öffentlichen Straßenverkehr zu beseitigen oder möglichst gering zu halten. Verkehrseinrichtungen sind daher so zu gestalten, daß sie für einen durchschnittlich aufmerksamen Verkehrsteilnehmer hinreichend deutlich erkennbar sind und eine möglichst

gefahrlose Abwicklung des Verkehrs ermöglichen. Sie dürfen weder irreführend noch undeutlich sein. Insofern gelten für die Verkehrsregelungspflicht und die Verkehrspflicht vergleichbare Maßstäbe (BGH NJW 1961, 1572). Die Pflichten der Straßenverkehrsbehörde und des Straßenverkehrssicherungspflichtigen bestehen nebeneinander, so daß sie beispielsweise bei Fehlen eines notwendigen Verkehrsschildes als Gesamtschuldner haften können (OLG München NVwZ 1993, 505, 506).

bb) Die Abgrenzung zur polizeimäßigen Wegereinigungspflicht

E 82 Eine öffentlich-rechtlich ausgestaltete Straßenreinigungspflicht, üblicherweise als **polizeiliche oder ordnungsmäßige Pflicht** bezeichnet (BGH VersR 1984, 890, 891; 1997, 311, 312), kann die allgemeine Verkehrspflicht, die ebenfalls eine Straßenreinigungs- und Streupflicht beinhaltet, überlagern; sie **deckt sich mit dieser ihrem sachlichen Gehalt und dem Umfang nach innerhalb geschlossener Ortschaften völlig** (BGHZ 112, 74, 79f mwNw; 118, 368, 373; BGH NJW 1971, 43, 44; LM Nr 102 zu § 839 [Ca] unter I 1; VersR 1997, 311, 312; OLG Celle VersR 1998, 604; vgl auch BGH NJW 1965, 100, wonach die Straßenverkehrssicherungspflicht der Maßstab für die polizeiliche Reinigungspflicht ist). **Gestaltet der Gesetzgeber** die **Straßenverkehrssicherungspflicht öffentlich-rechtlich** aus und erlegt er sie den Gebietskörperschaften als Amtspflicht auf, so wird eine sich mit der allgemeinen Straßenverkehrssicherungspflicht insoweit deckende **Pflicht zur polizeimäßigen Wegereinigung begründet** (BGHZ 60, 54, 58 f mwNw). Es kann aber auch nur die Wegereinigungspflicht den Gebietskörperschaften als Amtspflicht auferlegt werden (BGH NJW 1971, 43, 44). Bedenken gegen eine derartige Ausgestaltung im Hinblick auf die Gesetzgebungszuständigkeit bestehen nicht (BGHZ 60, 54, 59, 60; BGH NJW 1980, 2194, 2195; VersR 1979, 1055; BayObLG VersR 1991, 666). Damit können **zwei Amtspflichten nebeneinander** bestehen und sich **überschneiden**, aber auf verschiedenen Trägern lasten. Ist dies der Fall, **verdrängt die polizeimäßige Amtspflicht zur Straßenreinigung** auch **die öffentlich-rechtlich ausgestaltete allgemeine Verkehrspflicht** mit der aus ihr folgenden Straßenreinigungs- und Streupflicht (BGH VersR 1997, 311, 312; OLG Celle VersR 1998, 604). Eine polizeimäßige Reinigungs- und Streupflicht kann auch in sonstigen Fällen neben und unabhängig von der aus der allgemeinen Verkehrspflicht abgeleiteten Reinigungs- und Streupflicht bestehen (BGH VersR 1984, 890, 891 für ein Nebeneinander jedenfalls dann, wenn auch aus der Verkehrspflicht eine Reinigungspflicht folgt; 1997, 311, 312; vgl auch BGH LM Nr 27 zu § 823 [Eb] unter I). **Die beiden Pflichten decken sich**, soweit sie die **Sicherheit des Verkehrs** zum Ziel haben. Die polizeiliche Reinigungspflicht geht jedoch insoweit weiter, als sie nicht nur der Sicherheit und Leichtigkeit des Verkehrs dient, sondern auch den anderen polizeilichen Anforderungen, zB ordnungs- und gesundheitspolizeilicher Art, Rechnung trägt (BGHZ 112, 74, 79 f; BGH VersR 1997, 311, 312). Hat die öffentlich-rechtliche Körperschaft aber keinen Verantwortlichen für die polizeimäßige Wegereinigung bestellt oder vorgesehen oder überhaupt keine Organisation für dieses Aufgabengebiet geschaffen, haftet sie nicht nach § 839, sondern nach § 823 (BGH NJW 1966, 2311; 1971, 43, 44). Ist ein **Amtsträger** zur Wahrnehmung der Aufgaben zur Wegereinigung nicht bestellt, kommt zudem eine **Haftung nach § 823 Abs 2** wegen Verstoßes gegen ein Schutzgesetz in Betracht, da ein Verstoß auch darin bestehen kann, daß die organisatorischen Maßnahmen nicht getroffen werden, um die Erfüllung der aus dem Wegereinigungsgesetz entspringenden Pflichten zu gewährleisten und für sie die Grundlage zu schaffen (BGHZ 27, 278, 283; 32, 352, 355).

cc) Die Abgrenzung zur Straßenbaulast

E 83 Verkehrspflichtig **für öffentliche Straßen** ist grundsätzlich die Gebietskörperschaft, der die **Verwaltung der Straße** obliegt und die sowohl rechtlich als auch tatsächlich in der Lage ist (BGHZ 9, 373, 383; BGH VersR 1957, 109), den von der Straße ausgehenden Gefahren zu begegnen (BGH VersR 1964, 593, 594). Das ist nicht stets der Träger der Straßenbaulast. Die Straßenbaulast ist neben der Straßenverkehrssicherungspflicht und weiteren die Straßen betreffenden Pflichten – wie die der Straßenunterhaltung und Verkehrsregelung – rechtlich eigenständig zu beurteilen (BGHZ 9, 373, 385 ff; 60, 54, 60; BGH NJW 1968, 443; LM Nr 76 zu § 823 [Fe] unter II 1 a aa). Bei der Straßenbaulast handelt es sich um eine öffentliche Pflicht, deren Träger durch das Gesetz bestimmt wird (vgl zB §§ 5, 12, 13 FStrG; § 14 EKreuzG), während Rechtsgrund der Verkehrspflicht die tatsächliche Schaffung oder Unterhaltung einer Gefahrenquelle für Dritte ist (BGHZ 9, 373, 387; 14, 83, 85; 24, 124, 130; 36, 237, 244; BGH VersR 1994, 618, 620). Die öffentlich-rechtliche Baulast und die Verkehrspflicht können sich zwar überschneiden, decken sich aber nicht (BGH VersR 1967, 604; 1994, 618, 620). Ebenso können die Zuständigkeiten für die Baulast, die Unterhaltungslast und die Verkehrspflicht zusammenfallen (BGHZ 24, 124, 130), es können aber auch Verpflichtungen mehrerer nebeneinander bestehen (BGH VersR 1994, 618, 621). Die Auferlegung der Straßenbaulast hat allerdings dann die Verkehrspflicht zur Folge, wenn sie mit Verwaltungskompetenzen verbunden ist (vgl § 21 FStrG), oder wenn sie dessen Träger ausdrücklich zugewiesen wurde (vgl BGH VersR 1984, 890). Liegen die Straßenbaulast und die Unterhaltungspflicht einerseits und die Verwaltung der Sraße andererseits bei **verschiedenen Verbänden**, ist letzterer verkehrspflichtig (BGHZ 14, 83, 86 f; 16, 95, 96, 98; 24, 124, 130; 37, 165, 167; BGH NJW 1967, 246, 247; 1968, 443; VersR 1964, 593; OLG Celle VersR 1989, 1194). Zur Straßenbaulast gehören weder das Schneeräumen noch das Streuen bei Eis- und Schneeglätte (BGH VersR 1984, 890, 891; vgl zB § 3 Abs 1 FStrG). Nach § 3 Abs 3 FStrG soll zwar der Träger der Straßenbaulast über die ihm obliegenden Aufgaben hinaus nach besten Kräften die Bundesfernstraßen bei Schnee- und Eisglätte räumen und streuen. Dadurch wird aber **keine Handlungspflicht des Straßenbaulastpflichtigen** begründet (BGH VersR 1967, 604, 606). Aus der Straßenbaulast folgen Pflichten nur gegenüber der Allgemeinheit. Dem Wegebenutzer stehen weder Erfüllungs- noch Schadensersatzansprüche zu (BGHZ 112, 74, 75; BGH VersR 1967, 604, 605).

dd) Die Abgrenzung zu § 839
Da die Straßenverkehrssicherungspflicht **grundsätzlich privatrechtlicher Natur** ist (vgl oben Rn E 73), beurteilt sich ein aus ihrer Verletzung hergeleiteter Schadensersatzanspruch in der Regel auch dann nach allgemeinem Deliktsrecht und nicht nach Amtshaftungsgrundsätzen, wenn der Verkehrspflichtige eine öffentlich-rechtliche Körperschaft ist (BGHZ 16, 95; 86, 152, 153; BGH NJW 1971, 1213; LM Nr 47 zu § 823 [Ea] Bl 2; OLG Frankfurt aM VersR 1993, 988, 989). Wurde die Straßenverkehrssicherungspflicht dagegen durch Gesetz oder besonderen Organisationsakt als öffentlich-rechtliche Amtspflicht ausgestaltet, bemißt sich die Haftung nach § 839, Art 34 GG (BGHZ 9, 373, 387 f; 20, 57, 59; 60, 54, 56, 58 ff; BGH NJW 1983, 2021). Soweit durch die Erfüllung der Verkehrspflicht Rechte Dritter nicht berührt werden, hat die öffentlich-rechtliche Körperschaft allerdings die Wahl, ob sie als Fiskus privatrechtlich oder als Träger öffentlich-rechtlicher Gewalt hoheitsrechtlich tätig werden will (BGHZ 9, 373, 387 f; 27, 278, 282; 60, 54, 56). Die **öffentlich-rechtlich ausgestaltete** Verkehrspflicht **entspricht** inhaltlich der **allgemeinen** Verkehrssicherungspflicht, sofern ihr Umfang nicht gesondert festgelegt wurde (BGHZ 60, 54, 62; 75, 134, 138; 118, 368, 373; BGH NJW 1980, 2194, 2195; VersR 1984, 890, 891; 1993, 1106; OLG Düsseldorf NJW-RR 1994, 1442; VersR 1995, 311; OLG Celle VersR 1998, 604). Decken sich die Pflichten aus der allgemeinen Verkehrspflicht und einer öffent-

lich-rechtlichen Amtspflicht, bleibt für eine Haftung nach allgemeinen zivilrechtlichen Grundsätzen kein Raum. Bei einem Verstoß gegen die Amtspflicht zur Verkehrssicherung kommt die **Amtshaftung** nach § 839, Art 34 GG zum Tragen, die als Sonderregelung einen **selbständigen Haftungstatbestand** enthält und die allgemeinen Vorschriften der §§ 823 ff verdrängt. (BGHZ 60, 54, 62 f; 112, 74, 75; BGH NJW 1971, 43, 44 mwNw). Eine Ausnahme kommt in Betracht, wenn in der Verletzung einer Amtspflicht zugleich eine unerlaubte Handlung innerhalb des bürgerlichrechtlichen Geschäftskreises des öffentlichen Dienstherrn liegt (BGH NJW 1996, 3208, 3209). Verletzt jedoch eine privatrechtlich organisierte städtische Versorgungseinrichtung ihr obliegende Verkehrspflichten, haftet auch sie nach § 823 (OLG Düsseldorf VersR 1993, 1416). Werden nicht Sonderrechte – etwa nach § 35 StVO – in Anspruch genommen, gilt das **Verweisungsprivileg** des § 839 Abs 1 S 2 nicht (BGHZ 75, 134, 138; 118, 368, 371; BGH NJW 1980, 2194, 2195; 1983, 2021).

d) Der Umfang der Straßenverkehrssicherungspflicht
aa) Anforderungen an die Aufgabenerfüllung

E 85 Die Verkehrspflicht erfordert eine **regelmäßige Überprüfung** der Straße, um neu entstandene Schäden und Gefahrenlagen erkennen und die gebotenen Sicherungsmaßnahmen durchführen zu können (BGH NJW 1965, 815; 1973, 277, 278; OLG Hamm NZV 1995, 353; OLG Brandenburg DtZ 1997, 97, 98). Der Pflichtige muß die Straße ständig beobachten, begehen und befahren (BGH VersR 1960, 237). Eine Überprüfung muß auch bei Nacht und unter ungünstigen Sichtverhältnissen erfolgen, um ein **vollständiges Bild** über die tatsächliche Verkehrssicherheit der Straße zu erlangen (BGH VersR 1963, 652, 653). Der hierdurch gewährte Schutz muß auch für Kinder und Jugendliche ausreichen, damit sie den durch den Verkehr gestellten Anforderungen genügen können (BGH FamRZ 1963, 244, 245; OLG Düsseldorf NJW-RR 1994, 1443; OLG Köln VersR 1994, 1317, 1318). Der **Umfang der Kontrollpflicht** bemißt sich nach den Umständen des Einzelfalles (BGH NJW 1973, 277, 278), insbesondere der Bedeutung des Verkehrsweges, der Art und Häufigkeit seiner Benutzung (BGH NJW 1980, 2194, 2195). Zur Kontrolle der Fahrbahn genügt es zB, wenn der Beifahrer eines mit 40 km/h fahrenden Fahrzeuges eine **Sichtkontrolle** durchführt (OLG Hamm NZV 1995, 353, 354). Die Pflicht umfaßt auch die **Überwachung des Trägers der Straßenbaulast**. Zu beaufsichtigen sind die Einrichtung seiner Organisation, die Arbeit und die Tätigkeit der hierfür bestellten Bediensteten (BGH VersR 1965, 516, 517). Das gleiche gilt, wenn der Pflichtige Dritten die Erfüllung seiner Pflichten überläßt oder gestattet, Arbeiten oder Veränderungen an der Straße vorzunehmen (BGH VersR 1967, 1155, 1156). Eine Haftung des Verkehrspflichtigen kommt aber erst von dem **Zeitpunkt** an in Betracht, von dem er Kenntnis von der Gefahr haben konnte oder mußte (BGH LM Nr 73 zu § 839 [Ca] unter II 3 b, c; OLG Brandenburg DtZ 1997, 97, 98). Er muß aber eine Organisation schaffen und überwachen, um über die Gefahr informiert zu werden (BGH LM Nr 89 zu § 823 [Dc] unter II 3 a bb; BGH VersR 1979, 1055, 1056 mwNw). So ist sicherzustellen, daß Meldungen über Schäden und Gefahren, die an einer unzuständigen Stelle ankommen, schnell und zuverlässig an das zuständige Amt weitergeleitet werden (OLG Düsseldorf VersR 1996, 603).

bb) Der Vorbehalt der Zumutbarkeit

E 86 α) Die Straßenverkehrssicherungspflicht steht unter dem **Vorbehalt des Zumutbaren** (st Rspr; vgl zB BGHZ 37, 165, 168; BGH NJW 1965, 815; VersR 1981, 482; OLG Düsseldorf VersR 1989, 274) und der **Leistungsfähigkeit** (BGHZ 112, 74, 75 f). Die wirtschaftliche Lage des Verkehrspflichtigen ist bei der Frage zu berücksichtigen, welches Mittel zur Gefahrenbekämpfung (Warnung oder Beseitigung) einzusetzen ist (BGH LM Nr 12 zu § 823 [E] unter 2 b cc). Ob beschränkte finanzielle Mittel überhaupt ein völliges, uU nur zeitweiliges Untätigsein rechtfertigen, hat der BGH offen gelassen (BGH LM Nr 88 zu § 823 [Dc] unter II 1 c; zweifelnd BGH LM Nr 12 zu § 823 [E] unter 2 b cc; zu Besonderheiten für eine Übergangszeit in den neuen Bundesländern vgl unten Rn 97 ff). **Leistungsfähigkeit** als wesentlicher Bestandteil der Zumutbarkeit kann die Haftung des Sicherungspflichtigen begrenzen, ist jedoch im objektiven Sinne zu verstehen. Es ist nach den Umständen des Einzelfalles unter Berücksichtigung der Person des Pflichtigen zu beurteilen, ob eine bestimmte Maßnahme der Gefahrenbeseitigung oder Warnung verlangt werden kann und damit zumutbar ist. Gegenwärtig scheint sich wegen mangelnder Finanzausstattung ein Wandel zu vollziehen. Während der BGH 1963 annahm, daß eine bestimmte Maßnahme vom Verkehrspflichtigen **noch nicht** verlangt werden könne (BGHZ 40, 379, 385), ist zu gewärtigen, daß die Rechtsprechung dazu übergehen könnte, die Anforderungen an die Sicherungspflicht zu senken, dh bestimmte Maßnahmen im Gegensatz zum bisherigen Niveau **nicht mehr** zu verlangen (vgl RINNE NJW 1996, 3308).

β) Eine **völlige Mängel- und Gefahrenfreiheit kann nicht verlangt** werden (BGHZ 31, 73, 74; 108, 273, 274; OLG Hamm VersR 1978, 64 [LS]; OLG Köln VersR 1992, 355, 356; OLG Hamm OLGZ 1994, 301, 303; OLG Düsseldorf VersR 1996, 79; OLG Dresden DtZ 1997, 96; OLG Brandenburg DtZ 1997, 97, 98; vgl schon oben Rn E 35). Der Verkehrspflicht ist deshalb genügt, wenn die Sicherungen nach dem jeweiligen Stand von Erfahrung und Technik getroffen sind. Es ist den Gefahren Rechnung zu tragen, die nach der Einsicht eines besonnenen, verständigen und gewissenhaften Menschen erkennbar sind (BGH NJW 1965, 815; 1968, 246, 247; OLG Karlsruhe NZV 1988, 20, 21; OLG Schleswig VersR 1989, 627; OLG Dresden DtZ 1997, 96; OLG Brandenburg DtZ 1997, 97, 98; OLG Naumburg DtZ 1997, 296). **E 87**

γ) Kann der Verkehrsteilnehmer bei zweckgerechter Benutzung der Straße und Anwendung der **gebotenen Sorgfalt** selbst etwaige Schäden abwenden, bestehen keine weiteren Pflichten; in schwierigen Verkehrslagen wird auch eine gesteigerte Aufmerksamkeit verlangt (BGH NJW 1979, 1126, 1127). Kenntnisse über besondere Verkehrsgefahren werden vorausgesetzt (OLG Düsseldorf NJW-RR 1994, 1443). Verkehrsteilnehmer müssen sich demzufolge grundsätzlich an die gegebenen Straßenverhältnisse **anpassen** und die Straße so hinnehmen, wie sie sich ihnen erkennbar darbietet (vgl die Nachw in Rn E 29). Gegebenenfalls sind andere, gefahrlosere Routen zu wählen, auch wenn dies einen Umweg bedeutet; uU ist auf die Benutzung eines Kfz in bestimmter Fahrweise (OLG Hamm OLGZ 1994, 301, 304) oder ganz (OLG Karlsruhe NJW-RR 1989, 612, 613) zu verzichten; das gilt auch für andere Straßen (BGHZ 31, 73, 75; OLG München NJW-RR 1990, 1121). Sportliche Betätigung ist grundsätzlich weder Aufgabe noch Zweck der Anlage von öffentlichen Straßen, hierauf zielende Sicherungsmaßnahmen sind einer Gebietskörperschaft nicht zumutbar (OLG Düsseldorf VersR 1993, 1125). **E 88**

cc) **Die Kontrolldichte für regelmäßige Straßenüberprüfungen**
Die **Häufigkeit** der Kontrollen richtet sich nach der Verkehrsbedeutung der Straße (OLG Karlsruhe NZV 1988, 20, 21 mwNw) sowie der Art und Häufigkeit der Benutzung (BGH NJW 1980, 2194, 2195). Bei extremer Belastung der Straße durch Nutzung von Schwertransportern einer nahegelegenen Großbaustelle ist eine wöchentliche Kon- **E 89**

trolle zumindest in Frost- und Tauperioden erforderlich (OLG Brandenburg DtZ 1997, 97, 98). Es ist ausreichend, **Landstraßen** mit allenfalls **regionaler Verkehrsbedeutung** in Abständen von 3 Tagen zu kontrollieren (OLG Karlsruhe NZV 1988, 20, 21). Kontrollfahrten im Abstand von einer Woche auf einer Landstraße verletzen die Verkehrspflicht nicht, jedenfalls wenn auch bei kürzeren Rhythmen der gefährliche Zustand nicht hätte wahrgenommen werden können (OLG Hamm NZV 1995, 353, 354). Auch stark befahrene Strecken sind nur wöchentlich zu überprüfen, wenn es nur durch eine Umleitung zu einer übermäßigen Nutzung kommt (LG Dresden DAR 1994, 327, 328). Von **Fußgängern häufig benutzte Plätze** mit Gleisanlagen müssen öfter als nur alle zwei Monate kontrolliert werden, jedenfalls wenn keine besonderen Anweisungen zur Mängelbeobachtung existieren (OLG Köln NJW-RR 1994, 350). Für einen **Parkplatz untergeordneter Bedeutung** genügt eine Kontrolle pro Jahr (LG Leipzig OLG-NL 1996, 221). Der zeitliche Abstand, in dem **Beleuchtungsanlagen** zu überprüfen sind, richtet sich nach den örtlichen Verhältnissen, insbesondere der Bedeutung der Straße für den Verkehr, der Größe der Gemeinde und deren Leistungsfähigkeit (OLG München VersR 1976, 740).

e) Der räumliche Bereich

E 90 aa) Die Verkehrspflicht umfaßt die **gesamte Straße** bis zu der als Grenze erkennbaren Stelle. Ob die Gefahr noch von der Straße ausgeht, von der Umgebung oder von den Straßenbenutzern, beurteilt sich nach der Verkehrsauffassung (BGHZ 37, 165, 168; BGH NJW 1953, 1865; LM Nr 5 zu § 823 [Ed] Bl 1; VersR 1959, 275, 276; 1994, 618, 620). Von der Straße droht die Gefahr auch, wenn ursprünglich verkehrsfremde Hindernisse bereits auf die Straße gelangt sind, sich auf dem Straßenkörper befinden oder Gefährdungen von räumlich außerhalb des Straßenkörpers befindlichen Gegenständen und Einrichtungen ausgehen (BGHZ 37, 165, 168 f; BGH LM Nr 76 zu § 823 [Fe] unter II 1 a bb mwNw; VersR 1989, 477, 478; 1994, 618, 620). Beispiel ist ein Steinkreuz am Rande einer Böschung (BGHZ 37, 165, 168), nicht dagegen ein Kanaldeckel auf einer Wiese außerhalb der öffentlich zugänglichen Verkehrsfläche (LG München II NJW-RR 1987, 865, 866; vgl auch BGH NJW-RR 1995, 1302, 1303) oder ein Bordstein neben der Straße (OLG Düsseldorf VersR 1994, 574, 575). Zu den Gefahren der Straße zählen Abgründe, Vertiefungen, Wasserläufe oder ähnliches (BGHZ 37, 165, 168). So liegt es auch für einen Steilhang im Gebirge, wenn es zum Steinschlag kommen kann (BGH NJW 1968, 246, 247), für Hindernisse, die durch Naturgewalten auf die Straße gelangt sind, wie Äste, Bäume, Gebäudeteile, und für verkehrsfremde Anlagen, die der Verkehrspflichtige anbringt, duldet oder kraft Gesetzes dulden muß. Unter derartige sicherungspflichtige, wenn auch an sich verkehrsfremde Anlagen können Baugerüste und -geräte, Verkaufsstände, Automaten, Reklameanlagen, Plakatsäulen, Erker, Vordächer, Versorgungsleitungen mit Masten, Kabelkanäle und -schächte fallen (BGHZ 37, 165, 168 f; anders BGH NJW 1953, 1865 für eine Ruine). Gegen solche Gefahren hat der Verkehrspflichtige Vorsorge zu treffen, da auch sie aus der Benutzung der Straße erwachsen. Soll schon verhindert werden, daß der Verkehrsteilnehmer auf eine gefährliche Böschung gerät, so spielt es keine Rolle, ob die zu sichernden Gefahrenstellen dann befugt oder unbefugt von Verkehrsteilnehmern benutzt werden (BGH LM Nr 32 zu § 823 [Ea] unter 2 mwNw). Vorbeugende Maßnahmen können erforderlich sein, wenn aufgrund von Naturgewalten Gegenstände von außerhalb auf die Straße erst zu gelangen drohen (OLG Karlsruhe NZV 1988, 20, 21 für Sand und Kies nach Niederschlägen).

E 91 bb) Zur Straße zählen dabei **nicht nur der eigentliche Straßenkörper** mit Unterbau,

Straßengrund und -decke bzw Fahrbahn, sondern auch Bankette (BGH NJW 1957, 1396; LM Nr 35 zu § 823 [Ea] unter III 1, 2; VersR 1962, 574, 576), Sicherheitsstreifen, Straßengräben (BGH NJW 1971, 43, 44; OLG Koblenz VRS 76 [1989] 251, 252), Grünstreifen neben der Fahrbahn, wenn er wie ein Bankett zu behandeln ist (BGH VersR 1957, 109, 110), Entwässerungsanlagen (BGH VersR 1968, 555, 556 f), Böschungen (BGHZ 37, 165, 171; BGH LM Nr 32 zu § 823 [Ea] unter 2; Nr 76 zu § 823 [Fe] unter II 1 a cc; VersR 1997, 109, 111; OLG Düsseldorf VersR 1994, 574, 575), Straßenbäume (BGH NJW 1965, 815; 1968, 246, 247; KG VersR 1973, 187; OLG Naumburg DAR 1998, 18, 19), Mittelstreifen einer Straße mit getrennten Fahrbahnen (BGH NJW 1980, 2194, 2195), Parkplätze (BGH LM Nr 45 zu § 823 [Ea] Bl 1) einschließlich deren Zubehör (OLG Düsseldorf VersR 1997, 463, 464), Fußgängerunterführungen (OLG Düsseldorf NJW-RR 1994, 1442), Parkstreifen zwischen der Fahrbahn und dem Gehweg (OLG Hamm NJW-RR 1992, 1442, 1443), Parkwege einschließlich der erfahrungsgemäß tatsächlich betretenen Flächen (OLG Köln VersR 1992, 71, 72). Einen Anhaltspunkt geben auch die Aufzählungen in den Straßengesetzen, etwa in § 1 Abs 4 FStrG sowie in den Landesgesetzen.

cc) Die Straßenverkehrssicherungspflicht erstreckt sich auch auf **Veränderungen der Straße** durch verkehrsfremde Kabelarbeiten (BGH NJW 1962, 630, 631 zur Ersatzfähigkeit entstandener Schäden), in den Straßenkörper eingelegte Schienen eines Bahnunternehmens (BGH VRS 7 [1954] 20, 22 f) und umfaßt auch die Verpflichtung, Verkehrsteilnehmer vor Gefahren durch eine außerhalb der Fahrbahn gelegene Baustelle zu warnen, wenn diese aufgrund der Straßenführung geeignet ist, über den Verlauf der Straße zu täuschen (BGH NJW 1982, 2187; zu Straßenbaustellen vgl unten Rn E 225 ff). Der Pflichtige haftet auch für die Tragfähigkeit eines von Dritten in die Fahrbahn eingelassenen Schachtdeckels (BGH VersR 1967, 1155, 1156). Ebenso gehört die ordnungsgemäße Unterhaltung von Lichtzeichenanlagen und deren Bewahrung vor Funktionsstörungen zur Straßenverkehrssicherungspflicht (BGHZ 91, 48, 52).

f) Die Verantwortlichkeit mehrerer Personen
aa) Die gesamtschuldnerische Haftung
Für eine Straße oder bestimmte Straßenabschnitte können mehrere Personen **unabhängig voneinander verkehrspflichtig** sein, insbesondere durch Schaffung einer besonderen Gefahrenlage neben dem originär Verkehrspflichtigen oder beispielsweise bei unterschiedlicher Zuständigkeit für den Straßenkörper einerseits und den Gehweg andererseits (BGH VersR 1971, 626, 628). Mehrere Verkehrspflichtige haften dann als **Gesamtschuldner** (BGH VersR 1985, 641; OLG Köln NJW-RR 1995, 1177). Für öffentliche Wege kann ein privater Dritter hinsichtlich derjenigen Risiken verkehrspflichtig sein, die aus dem von ihm unterhaltenen **Gewerbebetrieb** (OLG Köln NJW-RR 1996, 277, 278) bzw der von ihm **betriebenen Anlagen** (BGH VersR 1985, 641) herrühren.

bb) Die Unklarheit über die Person des Verkehrspflichtigen
Läßt sich nicht feststellen, wem die Verwaltung der Straße obliegt und wer damit verkehrspflichtig ist, so muß diejenige Körperschaft, die bisher die Sicherungspflicht wahrgenommen hat, dies bis zur eindeutigen Klärung und Sicherstellung der Pflichterfüllung durch den gesetzlich Verpflichteten weiter tun (BGHZ 31, 219, 223; BGH NJW 1972, 1321, 1323). Die **Verkehrspflicht ist** nach ihrem Zweck im Interesse der Verkehrsteilnehmer **sofort zu erfüllen** (BGH VersR 1985, 641). Ein Zuständigkeitsstreit ist anschließend beim Kostenregreß auszutragen (st Rspr; vgl zB BGH VersR 1967, 981, 983; 1967, 1155, 1156; 1994, 618, 620). Dies gilt ebenso bei Streit darüber, ob bestimmte Anlagen

einer Straße oder angrenzenden Grundstücken zuzuordnen sind (OLG Hamm VersR 1970, 227, 228). ZT wird allein die **tatsächliche Übernahme** einer Maßnahme der Verkehrssicherung über längere Zeit als haftungsbegründend angesehen (LG Wuppertal VersR 1981, 362 für irrtümliche Aufnahme einer fremden Straße in den Streuplan).

g) Die Abwälzung der Straßenverkehrssicherungspflicht

E 95 Die Verkehrspflicht kann delegiert werden. Der Übernehmende wird seinerseits deliktisch verantwortlich (BGH NJW 1970, 95, 96; 1975, 533, 534; VersR 1964, 942, 944), auch wenn die Übernahme aufgrund einer – wegen des privatrechtlichen Charakters der Verkehrspflicht grundsätzlich möglichen – Vereinbarung zwischen öffentlichen Rechtsträgern erfolgte (BGH NJW 1959, 34, 35). Allerdings kann die Übertragung von Verkehrspflichten als verhüllter Haftungsausschluß nach § 11 Nr 7 AGBG unwirksam sein (OLG Dresden OLG-NL 1996, 218, 221). Die deliktische Einstandspflicht besteht dabei nicht nur gegenüber Dritten, sondern auch **gegenüber dem Übertragenden** (BGH LM Nr 72 zu § 823 [Ea] unter II; vgl schon oben Rn E 64). Eine deliktische Haftung des Übernehmenden besteht also auch dann, wenn der Vertrag keinen Bestand hat (BGH LM Nr 72 zu § 823 [Ea] unter II 3 b; OLG Dresden OLG-NL 1996, 218, 219). Übernimmt ein Straßenbauunternehmer vertraglich die Verkehrspflicht, so ist der Übernahmezeitraum bis zum Abschluß der Arbeiten und der Wiederzulassung des öffentlichen Verkehrs begrenzt, so lange also, bis die zuständige, grundsätzlich verkehrspflichtige Behörde die Wiedereröffnung des Verkehrs duldet (OLG Hamm VersR 1993, 1369, 1370). Ist die Verkehrspflicht oder Teile davon wirksam auf einen Dritten übertragen worden, verbleibt dem Übertragenden die Pflicht, deren Einhaltung zu überwachen und erforderlichenfalls zu erzwingen; eine **vollständige Delegierung ist nicht möglich** (BGHZ 118, 368, 372 f; BGH NJW 1966, 2311, 2312; 1972, 1321, 1323; vgl auch BGH NJW 1971, 43, 44; 1985, 270, 271; 1985, 484, 485). Im Falle einer Übertragung wegen urlaubsbedingter Abwesenheit des originär Verkehrspflichtigen genügt eine sorgfältige Auswahl des Übernehmenden, eine Urlaubsunterbrechung zwecks Kontrolle und Überwachung sind nicht zumutbar (OLG Köln NJW RR 1995, 1480). Andererseits ist aber eine vollständige Befreiung von der öffentlich-rechtlich auferlegten polizeimäßigen Wegereinigung möglich, wenn die zugrunde liegenden Normen dies unter bestimmten Voraussetzungen, etwa bei einem Zustimmungserfordernis, vorsehen (OLG Celle VersR 1998, 604).

h) Beweisfragen im Zusammenhang mit Verletzungen der Straßenverkehrssicherungspflicht

E 96 aa) Der Geschädigte hat alle **Umstände darzulegen** und zu **beweisen**, aus denen sich eine Verletzung der Verkehrspflicht ergibt (BGH VersR 1985, 641). So hat er etwa nachzuweisen, daß sich ein gefährlicher Gegenstand bereits zu einem Zeitpunkt auf dem Parkplatz befand, zu dem er hätte entdeckt und entfernt werden müssen, (LG Passau VersR 1997, 590, 591). Steht ein objektiver Verstoß gegen eine Verkehrspflicht fest, kann dem Geschädigten hinsichtlich der **Ursächlichkeit für den Schadenseintritt** der **Anscheinsbeweis** zugute kommen (BGH NJW 1994, 945, 946 mwNw; OLG Köln NJW-RR 1995, 1177; OLG Hamm NJW-RR 1987, 412, 413; vgl schon oben Rn E 72). So spricht eine **tatsächliche Vermutung** dafür, daß bei pflichtgemäßer Kontrolle ein verkehrswidriger Zustand entdeckt und beseitigt worden wäre (OLG Hamm NJW-RR 1987, 412, 413; 1992, 1442, 1443). Besteht eine Unklarheit darüber, ob eine unterlassene Maßnahme zur Verkehrssicherung Erfolg gehabt hätte, geht diese zu Lasten des Verkehrspflichtigen, da aufgrund seines Verhaltens nicht geklärt werden kann, ob der Erfolg eingetreten wäre (OLG Nürnberg r + s 1997, 244, 245). Eine **Häufung von Unfällen** ist ein Anzeichen für eine besondere Gefahrenquelle, ein Fehlen früherer Unfälle gestattet aber keinen Schluß auf Ungefährlichkeit (BGH LM Nr 12 zu § 823 [E] unter 2 a; OLG Hamburg VersR 1983, 437). Wird ein **Gefahrenzustand** nicht beseitigt, so deutet dies nach den Grundsätzen des ersten Anscheins auf ein Unterlassen regelmäßiger Kontrollen der Verkehrssicherheit hin (OLG Hamm NJW-RR 1987, 412, 413). Für die **Notwendigkeit einer Sicherungsmaßnahme** spricht, daß diese nach einem Unfall vom Verkehrspflichtigen vorgenommen wird (OLG Nürnberg NZV 1990, 433). Sind an einer Straße Reparaturarbeiten durchgeführt worden, begründet dies aber keinen Anscheinsbeweis dafür, daß Schotter durch mangelnde Sorgfalt bei diesen Arbeiten auf die Fahrbahn gelangt ist (OLG Düsseldorf VersR 1996, 602 [LS]). Liegt eine **objektive Verkehrspflichtverletzung** vor, spricht ebenso ein **Anscheinsbeweis für das Verschulden** (BGH VersR 1985, 641, 642; OLG Köln NJW-RR 1994, 350; vgl auch BGH VersR 1985, 452, 453; vgl auch schon oben Rn E 72), zumindest läßt die Duldung eines längere Zeit bestehenden, offensichtlich gefährlichen Zustandes nach dem ersten Anschein auf ein Verschulden schließen, ohne daß bei Behörden die Person des konkret Verantwortlichen festgestellt werden müßte (BGH NJW 1971, 1213, 1214 bei ungenügenden Fahrbahnmarkierungen). Bildet eine Straße zusammen mit angrenzenden Bodenstreifen eine einheitliche unebene und daher verkehrsunsichere Bodenfläche und sind die benachbarten Grundstückseigentümer für den schlechten Zustand verantwortlich, läßt sich aber nicht mehr aufklären, auf welchem Grundstück die Schädigung eingetreten ist, gilt **§ 830 Abs 1 S 2 auch bei Verletzung von Verkehrspflichten** (BGHZ 25, 271, 273 f).

bb) Werden nach einem Unfall Arbeiten an der Unfallstelle ohne vorherige Benachrichtigung des Geschädigten vorgenommen und damit eine genaue Feststellung der vor dem Unfall herrschenden Verhältnisse unmöglich gemacht, so kann es zur **Umkehr der Beweislast** kommen; eine nur fahrlässige Vereitelung der Beweisführung genügt (BGH VersR 1954, 595, 596; aA OLG Düsseldorf VersR 1993, 1416 für eine Zustandsveränderung fast elf Monate nach Unfall). Läßt etwa der Verkehrspflichtige in Kenntnis eines gerichtlichen Beweissicherungsverfahrens eine Unfallstelle ausbessern, so daß die beantragte Beweissicherung unmöglich wird, liegt eine Beweisvereitelung vor, wenn weder der Sachverständige noch der anwaltliche Vertreter des Geschädigten informiert und Gelegenheit zu gesicherten tatsächlichen Feststellungen gegeben wird (OLG Köln VersR 1992, 355, 356). So ist bereits in der Ausbesserung des Straßenbelages nach einem Unfall eine **konkludente Einräumung der Verkehrswidrigkeit** des vorherigen Zustandes erblickt worden (OLG Karlsruhe MDR 1984, 54).

i) **Besonderheiten in den neuen Bundesländern**
Bis zum Inkrafttreten der Straßengesetze in den neuen Bundesländern richtete sich die Haftung für Verletzungen der Straßenverkehrspflicht nach der bis zu diesem Zeitpunkt als Landesrecht fortgeltenden DDR-Straßenverordnung (gemäß Anlage II Kap XI Sachgebiet D Abschnitt III Nr 1 Einigungsvertrag). § 23 dieser Vorschrift sah eine privatrechtliche Haftung für die Verletzung von „Pflichten zur Gewährleistung der öffentlichen Nutzung der Straßen" vor. Inhaltlich entsprach dies der Verkehrspflicht der jetzigen Straßengesetze (OLG Brandenburg DtZ 1997, 97; vgl auch LG Leipzig NZV 1994, 235). Inzwischen haben alle neuen Bundesländer Straßengesetze erlassen und in diesen die Straßenverkehrssicherungspflicht als Amtspflicht in Ausübung hoheitlicher Tätigkeit ausgestaltet, so daß sich die Haftung grundsätzlich nach § 839, Art 34 GG richtet.

aa) Der Einfluß des Verkehrswegezustandes in den neuen Ländern

E 99 Besonderheiten der Verkehrspflicht in den neuen Bundesländern ergeben sich aus der Tatsache, daß im Beitrittsgebiet die tatsächlichen Verhältnisse erheblich von denen der alten Bundesländer im Zeitpunkt des Beitritts **abwichen**. Der Erhaltungszustand und Sicherheitsstandard lag im Durchschnitt weit unter demjenigen der alten Bundesrepublik (SCHMUCK, Straße und Autobahn 1990, 531, 532; MÜLLER, Straße und Autobahn 1990, 270). Der für die alten Bundesländer geltende Maßstab mit seinen strengen Anforderungen an die Verkehrspflicht kann daher auf die neuen Länder nicht übergangslos angelegt werden, da dort **ganze Straßen oder weite Straßenabschnitte Beschädigungen aufweisen**, während die in den alten Bundesländern entwickelte Rechtsprechung zumeist nur einzelne Schadstellen und Gefahrenlagen zum Gegenstand hatte. Die Leistungsfähigkeit der Verkehrspflichtigen in den neuen Bundesländern läßt nur eine **allmähliche Angleichung** des Sicherheitsstandards der neuen Bundesländer an denjenigen der alten zu. Die Anforderungen an die Verkehrspflicht sind daher – auch unter Berücksichtigung der Leistungsfähigkeit der Pflichtigen – in der Übergangszeit wesentlich geringer (OLG Dresden DtZ 1997, 96, 97; LG Halle VersR 1996, 385, 386). Die reduzierten Maßstäbe gelten jedoch nur für das vorgefundene Straßennetz. Bei neu angelegten oder erneuerten Straßen gibt es keinen Grund für Abstriche (OLG Dresden DtZ 1997, 96, 97)

bb) Abweichende Anforderungen

E 100 In den neuen Bundesländern ist trotz der jedermann bekannten Straßen- und Fahrbahnverhältnisse eine **Verletzung der Verkehrspflicht** anzunehmen, wenn völlig unerwartete und atypische Gefahrenquellen auftauchen, mit denen auch ein aufmerksamer Verkehrsteilnehmer nicht zu rechnen braucht (OLG Naumburg DAR 1995, 206). Das gleiche gilt, wenn für den Verkehrsteilnehmer die Gefahr einer schadhaften Stelle auch bei gebotener Aufmerksamkeit nicht erkennbar war und sich diese als nicht wahrnehmbare „Falle" entpuppt (LG Halle VersR 1996, 385, 386) oder wenn trotz vorangegangener polizeilicher Hinweise auf erhebliche Gefahrenstellen jegliche Reparaturmaßnahmen durch den Verkehrspflichtigen unterlassen werden (LG Berlin NZV 1992, 411, 412).

cc) Anforderungen an die Verkehrsteilnehmer

E 101 Für den Verkehrsteilnehmer bedeutet das, daß er sich – ebenso wie auch in den alten Bundesländern – den gegebenen Straßenverhältnissen anpassen und die Straße so hinnehmen muß, wie sie sich ihm erkennbar darbietet (st Rspr; vgl oben Rn E 29). Schwierige Verkehrslagen verlangen eine **gesteigerte Aufmerksamkeit** (so für die alten Länder schon BGH NJW 1979, 1126, 1127); sie liegt im Interesse jedes Verkehrsteilnehmers (OLG Naumburg OLG-NL 1997, 27, 28 mwNw) und kann von ihm auch erwartet werden (OLG Jena NZV 1998, 71, 72). Selbst auf Straßen von einiger Verkehrsbedeutung, die jegliche Erfordernisse der Verkehrssicherheit vermissen lassen, kann der Verkehrsteilnehmer auf ein gesteigertes Maß an Aufmerksamkeit verwiesen werden. Für eine nicht zu knapp zu bemessende Übergangszeit ist der vorgefundene Zustand der Infrastruktur hinzunehmen (KG VersR 1993, 1371, 1372); jedenfalls haben 3 Jahre nach dem Beitritt nicht ausgereicht, um den desolaten Straßenzustand zu beseitigen (LG Leipzig OLG-NL 1996, 221). Der Schutz vor Gefahren aufgrund des schlechten Straßenzustands bleibt im wesentlichen Aufgabe des einzelnen (LG Halle VersR 1996, 385). Der schlechte Zustand der Straßen und -beläge hat als **allgemein bekannt** zu gelten (KG VersR 1993, 1371, 1872; KrG Potsdam VersR 1993, 1501, 1502; LG Leipzig NZV 1994, 235;

OLG-NL 1996, 221, 222; LG Halle VersR 1996, 385, 386); er muß bei durchschnittlicher Aufmerksamkeit bekannt sein (OLG Dresden OLG-NL 1996, 152; DtZ 1997, 96). Nach einer zu weit gehenden Auffassung wirkt die Kenntnis von der allgemeinen Gefahrenlage im Ostteil Berlins wie eine Geschwindigkeitsbegrenzung auf höchstens 20 bis 30 km/h, allerdings mit der Maßgabe, daß die Verkehrsteilnehmer auf eigenes Risiko schneller fahren dürfen (LG Berlin VersR 1996, 603, 604).

dd) Beispiele aus der Rechtsprechung der neuen Länder

Ob ein **Warnschild** aufgestellt werden muß, richtet sich nach der Vorhersehbarkeit der Gefahr für den durchschnittlich sorgfältigen Verkehrsteilnehmer (LG Magdeburg VersR 1994, 1366, 1367 für Fußgänger). Vor einem erkennbar schlechten Zustand einer nur dem Anliegerverkehr dienenden Straße muß nicht einmal gewarnt werden; jedenfalls führt § 254 zum Ausschluß der Haftung (OLG Dresden VersR 1996, 384; ähnl KrG Potsdam VersR 1993, 1501, 1502). Doch ist auf besondere Gefahrenstellen hinzuweisen (LG Leipzig NZV 1994, 235), wenn diese sich bereits konkret abzeichnen (OLG Dresden OLG-NL 1996, 152, 153). Ein Kraftfahrer muß in Dörfern der neuen Bundesländer damit rechnen, daß sich am Straßenrand ein hoher kantiger Stein befindet. Es ist ein angemessener **Sicherheitsabstand** zum Straßenrand (0,5 – 1,0 m) einzuhalten (LG Neubrandenburg VersR 1994, 116). Bei Fahrten innerhalb einer Kolonne ist ein größerer Abstand einzuhalten, um den Straßenbelag umfassend beobachten zu können (LG Dresden DAR 1994, 327). Auch auf vielbefahrenen innerörtlichen Kreisstraßen ist mit Unebenheiten und allgemein schlechter Fahrbahn zu rechnen (OLG Naumburg DtZ 1997, 296). Eine 5–7 cm aus dem Gehwegniveau vorstehende Betonplatte verletzte bei einem unsanierten Plattenweg im Jahr 1994 die Verkehrspflicht noch nicht, selbst bei fehlenden Warnschildern (OLG Dresden DtZ 1997, 96, 97; LG Halle VersR 1996, 385, 386; LG Magdeburg VersR 1994, 1366, 1367 jeweils für aufstehende Gehwegplatten). Eine Verkehrspflichtverletzung ist für 1994 auch bei einem 10 cm unterhalb des Straßenniveaus befindlichen, mit Laub bedeckten Gullydeckel am äußersten Fahrbahnrand verneint worden (OLG Jena NZV 1998, 71, 72). Beim Durchfahren einer vielbefahrenen Großstadtstraße, die zwei 12 cm tiefe und 80 cm große Schlaglöcher aufweist, besteht aber volle Haftung des Verkehrspflichtigen für Schäden am Fahrzeug, wenn er lediglich das Gefahrenzeichen 112 hat aufstellen lassen (LG Dresden DAR 1996, 60, 61). Ebenso verletzte auch ein vereinzeltes Schlagloch von 1,3 m Länge, 0,8 m Breite und 0,2 m Tiefe 1994 bereits die Verkehrspflicht (OLG Naumburg DtZ 1997, 296). Desgleichen stellt es auf einer mit Grobpflasterung versehenen, im übrigen ordnungsgemäßen Straße einen Verstoß gegen die Verkehrspflicht dar, wenn ein 20 cm tiefes und 50 cm breites Schlagloch nicht beseitigt wird (OLG Brandenburg DtZ 1997, 97, 98). Fehlende **Kontrollkapazitäten** entlasten unter dem Gesichtspunkt der Zumutbarkeit auch in den neuen Bundesländern nicht, wenn durch Hinweisschilder auf eine besondere Gefahr der betreffenden Straße aufmerksam gemacht werden kann (OLG Brandenburg DtZ 1997, 97, 98). Es ist auch zumutbar, eine innerörtlich stark befahrene Umleitungsstrecke mindestens einmal wöchentlich auf schwere Mängel hin zu überprüfen und diese zu beseitigen (LG Dresden DAR 1994, 327).

2. Die Anlage, Unterhaltung und Beschilderung von Straßen

a) Anforderungen an die Straßenanlage

Brücken sind mit **Geländern** zu versehen oder bei Dunkelheit ständig zu beleuchten (so schon RGZ 55, 24, 28), auch bei genügender Breite kann daher allerdings ein Geländer nur ausnahmsweise entbehrlich sein (großzügiger noch RGZ 44, 173, 174). Auch das Anbringen von Schutzgeländern oder sonstigen Schutzvorrichtungen neben **Böschungen, Abhängen** oder sonst abschüssigen Stellen gehört zur Verkehrspflicht (BGHZ 24, 124, 127; BGH NJW 1953, 1865), insbesondere dann, wenn ansonsten schwer erkennbare Gefahren drohen (BGH LM Nr 32 zu § 823 [Ea] unter 2). **Entwässerungssysteme** müssen das anfallende Niederschlagswasser, von extremen Ausnahmesituationen abgesehen, gefahrlos bewältigen können. Wird ein vorhandener Straßengraben zur Entwässerung einer neuen Straße genutzt, ist dessen Eignung unter den veränderten Umständen zu überprüfen (BGH NJW 1996, 3208, 3209). Gullys sind von Dreck und Schlamm sauber zu halten (OLG München NJW-RR 1992, 1441, 1442). **Mittelinseln** auf Straßen müssen – soweit noch nicht bepflanzt – mittels Warnbaken mit Nissenleuchten oder Zeichen 222 gesichert werden (LG Aachen VersR 1992, 1242). Bankette müssen klar als solche und damit als nur mit besonderen Sicherungsmaßnahmen befahrbar zu erkennen sein (BGH VersR 1960, 447, 448). Holmenden von **Schutzplanken** sind in den Erdboden abzusenken oder abzurunden (OLG Celle NZV 1990, 432, 433).

b) Maßnahmen zur Verkehrsberuhigung
aa) Allgemeine Grundsätze

E 104 Der Verkehrspflichtige darf im Straßenraum **Hindernisse**, zB Bodenschwellen, Blumenkübel, Pflanzenbeete, Aufpflasterungen, „Kölner Teller" etc anbringen, um **Geschwindigkeitsbeschränkungen** durchzusetzen. Das Hindernis muß zwar geeignet sein, die Verkehrsteilnehmer zu dem gewünschten Verhalten zu veranlassen (OLG Köln VersR 1992, 826), darf aber nicht selbst zur **Quelle einer Verkehrsgefährdung** werden (BGH NJW 1991, 2824, 2825; OLG Köln OLGZ 1993, 214, 215; OLG Saarbrücken NZV 1998, 284). Die Hindernisse müssen daher so gestaltet sein, daß sie für einen mit durchschnittlicher Aufmerksamkeit und Vorsicht fahrenden Verkehrsteilnehmer deutlich erkennbar und beherrschbar sind, und zwar auch bei Dunkelheit und **erschwerten Sichtverhältnissen**. Nach dem **Verhältnismäßigkeitsgrundsatz** ist prinzipiell diejenige Ausführung zu wählen, die das angestrebte Ziel erreicht, jedoch für die betroffenen Verkehrsteilnehmer die **geringste Eingriffsintensität** aufweist (OLG Düsseldorf VersR 1996, 602, 603). Kostengesichtspunkte dürfen nur bei der Auswahl unter mehreren gleich geeigneten Mitteln berücksichtigt werden (BGH NJW 1991, 2824, 2825; OLG Hamm NJW 1993, 1015, 1016). Mit **naheliegenden, leichten Verkehrsverstößen** muß der Verkehrspflichtige rechnen und dafür sorgen, daß der Straßenbenutzer auch bei ungünstigen Sichtverhältnissen auf derartige Hindernisse ohne weiteres aufmerksam wird (OLG Hamm NJW 1996, 733; VersR 1997, 718, 719; aA OLG Düsseldorf NJW 1996, 731, 733). Jedenfalls sind **zusätzliche Sicherheitsvorkehrungen** dann erforderlich, wenn die Straße weder als verkehrsberuhigter Bereich ausgewiesen, noch eine Geschwindigkeitsbegrenzung angeordnet ist; eine Sperrfläche vor einem Blumenkübel und ein Rückstrahler von 13x4 cm genügen bei unzureichender Straßenbeleuchtung nicht (OLG Celle NZV 1991, 353, 354). Die Verkehrspflicht ist auch verletzt, wenn allgemein **anerkannte Regeln der Unfallverhütung** nicht beachtet werden. Dies ist regelmäßig der Fall, wenn bei Aufpflasterungen die in den Empfehlungen der **Beratungsstelle für Schadenverhütung** vorgesehene Maximalhöhe von 10 cm überschritten wird und mit der zulässigen Geschwindigkeit ein gefahrloses Überfahren nicht möglich ist. Die Aufstellung des Gefahrzeichens „unebene Fahrbahn" genügt nicht, zumal es nicht um eine Gefahr geht, die der Verkehrspflichtige nicht sofort oder mit zumutbarem Aufwand beseitigen kann. Es handelt sich bei Aufpflasterungen und Bodenschwellen vielmehr um **gewollte Hindernisse**, die zudem keine in der StVO vorgesehenen Mittel zur Verkehrsberuhigung darstellen (OLG Köln NJW 1992, 2237). Die Überfahrbreite und der Steigwinkel müssen ein **schadloses Passieren** bei vorsichtiger Fahrweise gestatten (LG Aachen VersR 1990, 1118). Andererseits stellt es keine Verkehrspflichtverletzung dar, wenn eine zur Verkehrsberuhigung angelegte Verkehrsinsel nur mit dem Zeichen 222 gekennzeichnet wird (OLG Düsseldorf VersR 1989, 208).

bb) Aufstellen von Blumenkübeln
Auch ein **Aufstellen von Blumenkübel** dient der Ordnung des Verkehrs und ist zur Durchsetzung einer Verkehrsberuhigung zulässig (LG Aachen zfs 1993, 114) und **verstößt nicht gegen § 32 StVO** (OLG Hamm NZV 1994, 400, 401; OLG Düsseldorf NJW 1996, 731, 732; aA OLG Frankfurt aM NJW 1992, 318, 319). Die **Fahrbahnverengung** kann aber zu einer Gefahr werden, die besondere Warn- und Sicherungseinrichtungen erfordern kann (OLG Celle NZV 1991, 353; OLG Hamm NZV 1994, 400, 401; LG Koblenz DAR 1991, 456), auch dann, wenn Blumenkübel auf einer Sperrfläche gem Zeichen 298 stehen (OLG Düsseldorf NJW 1996, 731, 732). Dies ist dann der Fall, wenn die Fahrbahnverengung nicht rechtzeitig erkennbar ist (OLG Düsseldorf NJW 1996, 731, 732). Bedeutsam sind insbesondere die Beschaffenheit des Hindernisses wie **fehlender Kontrast zur Fahrbahn** oder **geringe Höhe** (OLG Hamm NJW 1996, 733). Bisherige Verhaltensweisen von Verkehrsteilnehmern, wie die Mitbenutzung eines befestigten Seitenstreifens, sind bei der Aufstellung zu berücksichtigen (OLG Düsseldorf VersR 1995, 537). Die **Art der Warnung** hat sich an den Örtlichkeiten und der Verkehrsbedeutung der Straße zu orientieren, bei genügender Ausleuchtung können Warnbaken genügen (OLG Hamm NZV 1994, 400, 401). **Sperrflächenmarkierungen** auf der Fahrbahn wenige Meter vor dem Kübel genügen nicht, ebensowenig die **Anbringung von Reflektoren**. Zur Gewährleistung ausreichender Sicherung auch bei Dunkelheit müssen **Hinweis- oder Warnschilder** angebracht werden (OLG Celle NZV 1991, 353, 354; weiter gehend LG Koblenz DAR 1991, 456, 457). In die Fahrbahn hineinragen dürfen Blumenkübel in keinem Fall (AG Charlottenburg VersR 1990, 171, 172). Allerdings kann eine mögliche Haftung völlig zurücktreten, wenn ein Schaden beim Rückwärtsfahren gegen einen Kübel eingetreten ist, an dem der Geschädigte gerade vorbeigefahren war (OLG Koblenz MDR 1997, 831, 832).

cc) Fahrbahnaufpflasterungen, Bodenschwellen
α) Fahrbahnschwellen bzw Fahrbahnaufpflasterungen sind geeignet, Kraftfahrzeuge mit besonders **niedriger Bodenfreiheit** zu gefährden. Dem ist bei der Auswahl der Mittel zur Verkehrsberuhigung, gegebenenfalls durch eine Warnung, Rechnung zu tragen, da bei fehlendem Hinweis auch mit Fahrzeugen gerechnet werden muß, die eine zwar gesetzlich zulässige, aber gleichwohl **geringere als die übliche Bodenfreiheit** aufweisen (BGH NJW 1991, 2824, 2825). Auf derartige geschwindigkeitsreduzierende Maßnahmen müssen die Verkehrsteilnehmer rechtzeitig und deutlich hingewiesen werden, da kaum ein Fahrzeugführer die Bodenfreiheit seines Kfz kennt (OLG Hamm DAR 1990, 458, 460f). Bodenschwellen sind demzufolge dann nicht verkehrspflichtwidrig, wenn sie von **zugelassenen tiefliegenden** (OLG Düsseldorf VersR 1996, 602, 603) oder mit **zusätzlichen Schürzen** versehenen Fahrzeugen bei verkehrsüblichem Betrieb schadlos befahren werden können; Bedingung ist, daß der Fahrer mit angemessener Geschwindigkeit fährt, weder bremst, plötzlich vom Gas geht, noch beschleunigt (OLG München zfs 1994, 10; vgl hierzu und zu generellen Bedenken gegen Fahrbahnschwellen BERR DAR 1991, 281, 283). Sie müssen von allen Fahrzeugen gefahrlos mit der zulässigen Geschwindigkeit passiert werden können, die die Straße entsprechend ihrer **Widmung** befahren dürfen (BGH NJW 1991, 2824, 2825; OLG Köln VersR 1992, 826).

E 107 β) In diesen Punkten ist die Rechtsprechung allerdings nicht einheitlich. So ist die Verkehrspflicht nach der Auffassung einiger Gerichte nicht verletzt, wenn der Pflichtige Fahrbahnunebenheiten zur Verkehrsberuhigung schafft, die für ein tiefergelegtes Fahrzeug nur **bedingt passierbar** sind. Dessen Fahrer könne nicht mit der zulässigen Höchstgeschwindigkeit fahren (OLG Düsseldorf NJW-RR 1995, 1178 [LS]), sondern müsse selbst beurteilen, ob er gefahrlos die Unebenheiten passieren könne und für entstandene Schäden selbst aufkommen, wenn er sie ohne Prüfung befahre (OLG Düsseldorf NJW 1993, 1017, 1018; VersR 1989, 1196). Der Verkehrspflichtige soll danach auch nicht dafür haften, daß es bei tiefergelegten Fahrzeugen in ungünstigen Fahrsituationen eher zu Beschädigungen kommt; da der Eigentümer dieses Risiko bewußt in Kauf genommen hat, trägt er es auch allein (OLG Düsseldorf VersR 1993, 1167, 1168). Der Verkehrspflichtige könne darauf vertrauen, daß eine Bodenfreiheit von 10 cm üblicherweise noch vorhanden sei und brauche sich nicht auf eine unter 8 cm liegende einzustellen. Der Verkehrsteilnehmer solle daher nicht darauf vertrauen können, daß er mit jeder vom TÜV anerkannten Tieferlegung zur Verkehrsberuhigung angebrachte Hindernisse gefahrlos passieren könne (OLG Hamm NJW 1990, 2474). Die Anerkennung der Vorschriftsmäßigkeit eines Fahrzeuges durch Erteilung der Betriebserlaubnis begründe keine **Rechtspflicht des Verkehrspflichtigen**, die öffentlichen Verkehrsflächen für alle zugelassenen Fahrzeuge **gefahrlos benutzbar** zu machen (OLG Hamm DAR 1990, 458, 460 mwNw). Dies soll auch bei Einhaltung der zulässigen Höchstgeschwindigkeit gelten (OLG Düsseldorf NJW-RR 1995, 1178 [LS]). Eine Aufpflasterung in einem verkehrsberuhigten Bereich, die bei einer Geschwindigkeit von mehr als 8 km/h zum Aufsetzen tiefergelegter Fahrzeuge führt, begründet nach dieser Ansicht demgemäß noch keine Pflichtverletzung (OLG Hamm NZV 1993, 231, 232).

E 108 γ) Kurze Fahrbahnschwellen verringern die **Bodenfreiheit** weiter, führen zu besonders häufigem Aufsetzen und begründen die Haftung des Verkehrspflichtigen (OLG Hamm NJW 1993, 1015, 1016). Werden seitliche Durchfahrten an **Bodenschwellen** zum **Passieren für Fahrräder** gelassen, muß der Abstand zwischen Bodenschwelle und Fahrbahnrand mindestens 1 m betragen, um ein gefahrloses Passieren des Fahrradfahrers zu ermöglichen (OLG Hamm NJW 1990, 2473, 2474). Für Kölner Teller ist ein 0,8 bis 1 m breiter Fahrweg für Radfahrer (zwischen Tellerrand und Beginn der Straßenrinne) freizuhalten (OLG Saarbrücken NZV 1998, 284). Bodenschwellen sind grundsätzlich so auszugestalten, daß sie gefahrlos auch von **Linienomnibussen** mit der zulässigen Geschwindigkeit überfahren werden können, unabhängig davon, ob in der betreffenden Straße Linienbusverkehr stattfindet oder nicht (OLG Köln OLGZ 1993, 214, 215 f). In Großbaustellen über längere Zeit hin gibt es für ein Befahren mit tiefer gelegten Fahrzeugen allerdings Ausnahmen (OLG Hamm OLGZ 1994, 301, 304).

dd) Poller
E 109 In einem verkehrsberuhigten Bereich aufgestellte Poller verletzen nicht von vornherein die Verkehrspflicht. Mit derartigen **Einrichtungen** muß ein Verkehrsteilnehmer rechnen. Eine Höhe von 60 cm ist ausreichend (LG München II DAR 1988, 60). Werden Poller zur **Fahrbahnverengung** aufgestellt, ist hierauf mit zusätzlichen Sicherungsmaßnahmen deutlich hinzuweisen (OLG Nürnberg NZV 1990, 433). Auf einem zur Verkehrsberuhigung in einem Kurveninneren angelegten Pflanzenbeet darf ein Findling aufgestellt werden, sofern dieser einen Sicherheitsabstand von mindestens 10 cm zur inneren Beeteinfassung einhält (OLG Hamm VersR 1997, 718, 719). Beim Einrichten von Pollern neben Grundstückseinfahrten muß nicht auf zu enges Einbiegen Rücksicht

genommen werden (OLG Düsseldorf VersR 1998, 893). **Sperrpoller** an Verbindungswegen stellen eine Gefahrenquelle dar, wenn sie im heruntergeklappten Zustand eine Höhe von 13 cm aufweisen und nicht ausgeschlossen werden kann, daß Unbefugte den Weg befahren, da viele zum Straßenverkehr zugelassene Fahrzeuge über eine geringere Bodenfreiheit verfügen (OLG Hamm VersR 1994, 698, 699).

c) Kanaldeckel
aa) Auf Gehwegen
Auf **Bürgersteigen** dürfen Kanaldeckel nicht als Hindernis über das Gehwegniveau **E 110** hinausragen (BGH VersR 1954, 595, 596), eine geringe Überschreitung schadet allerdings nicht (BGH VersR 1957, 371 : 12 mm; NJW-RR 1995, 1302, 1303: 2 cm; LG Heidelberg VersR 1976, 1148 [LS] : 1-2 cm); zumindest ist dann überwiegendes **Mitverschulden** anzunehmen (LG Köln VersR 1962, 1191 [LS]: sogar bei ca 2,5 cm Überstand). Bei einer **Straße ohne Bürgersteig** ist ein in Fahrbahnmitte befindlicher, einige cm herausragender Kanaldeckel auch gegenüber dem Fußgängerverkehr zu sichern; allerdings hat dieser die erkannte Gefahrenstelle zu umgehen (OLG Hamm VersR 1984, 292 [LS]).

bb) Auf Straßen
Auf einer **Fahrbahn** ist mit größeren Überständen zu rechnen, da der Kanaldeckel **E 111** nicht immer in den Straßenbelag eingepaßt werden kann. Ein 1,5 cm herausragender Kanaldeckel begründet daher keine Verkehrspflichtverletzung (OLG Düsseldorf VersR 1983, 250 [LS]). Bei einer **unfertigen Straße** muß zumindest tagsüber nicht vor einem deutlich sichtbar über das Straßenniveau hinausragenden Kanaldeckel gewarnt werden, der leicht umfahren werden kann (OLG Koblenz VersR 1993, 1246). Noch weiter gehend wurden weder Warnung noch Sicherung wegen eines 15 cm über das Niveau einer **unfertigen Straße** hinausragenden Kanaldeckels für erforderlich gehalten (OLG Koblenz VersR 1980, 1148, 1149; **aA** aber wohl OLG Celle NJW 1978, 2036, 2037). Auch ein 40 cm über das übrige Niveau einer erkennbar nicht fertiggestellten **Straße** hinausragender Kanal- oder Hydrantendeckel begründet keine Verkehrspflichtverletzung, da es sich um eine **typische Gefährdung** bei Benutzung einer unfertigen Straße handelt, mit der gerechnet werden muß und die der Verkehrsteilnehmer auch bei Dunkelheit zu erkennen hat (OLG Düsseldorf VersR 1993, 1029, 1030). Bei einer teilweise fertigen Straße mit **fehlender Fahrbahndecke** muß eine wegen eines über das Oberflächenniveau hinausragenden Kanaldeckels gefährliche Stelle gekennzeichnet oder abgesperrt werden (BGH VersR 1979, 1009, 1010; OLG Celle NJW 1978, 2036, 2037), das ist anders bei einem gesperrten Bauabschnitt, der allenfalls von Anliegern befahren werden darf (LG Limburg VersR 1995, 233, 234).

cc) Sonstiges
Ein **nicht sichtbarer offener Gully** ist zu sichern (BGH LM Nr 29 zu § 823 [Ea] unter 2). Es ist **E 112** auch verkehrsspflichtwidrig, wenn **Roste über Wassereinlaufrohren**, die längs zur Fahrtrichtung verlaufen, für Fahrräder zu lange und breite Öffnungen aufweisen (BGH LM Nr 12 zu § 823 [E] unter 2 a). Die Entfernung durch Dritte muß jedenfalls auf Gehwegen verhindert werden (BGH LM Nr 102 zu § 823 [Dc] unter II 1 c; **aA** für Straßen OLG Celle zfs 1991, 405, 406). Bricht ein Gully beim Überfahren, liegt eine Verkehrspflichtverletzung vor (OLG Celle zfs 1991, 116). Gullys sind von Dreck und Schlamm sauber zu halten, um den Wasserablauf zu gewährleisten (OLG München NJW-RR 1992, 1441, 1442).

d) Anforderungen an die Straßenunterhaltung
aa) Grundsätze

E 113 Die zur Erhaltung der Sicherheit einer Straße erforderlichen Maßnahmen bestimmen sich nach den Umständen des Einzelfalles. Für bestimmte typische Situationen gibt es aber allgemeine und verbindliche Grundregeln über die notwendigen Maßnahmen zur Erfüllung der Straßenverkehrspflicht (BGH NJW 1973, 277, 278). Es obliegt nicht dem Ermessen des Verkehrspflichtigen, ob er eingreifen will; nur in der Wahl der geeigneten Mittel zur Erfüllung seiner Pflichten ist er frei (BGH NJW 1973, 277, 278; VersR 1958, 380, 381; 1960, 237, 238; OLG Hamm NJW 1996, 733). Die Pflicht steht unter dem Vorbehalt der Erforderlichkeit und Zumutbarkeit (BGHZ 12, 124, 127; BGH NJW 1973, 277, 278; VersR 1957, 378, 379). Gestattet der Straßenverkehrssicherungspflichtige Dritten, Arbeiten oder Veränderungen an der Straße vorzunehmen, muß er sich um diese kümmern und sie mindestens beaufsichtigen. Die Aufsichtspflicht ist Bestandteil der Verkehrspflicht (BGH VersR 1967, 1155, 1156).

bb) Der Inhalt der Straßenunterhaltungspflicht

E 114 Der Verkehrspflichtige hat die Straße **laufend zu überwachen**, um sichtbare Veränderungen oder Mängel festzustellen (BGH NJW 1973, 277, 278). Dazu gehören eine regelmäßige Beobachtung und ein Begehen oder Befahren in angemessenen Zeitabständen (BGH NJW 1965, 815; VersR 1967, 1155, 1156), um Schäden und Gefahren erkennen zu können (BGH LM Nr 55 zu § 823 [Ea] unter III 2). Für äußerlich nicht erkennbare Schäden haftet er nur, wenn Anhaltspunkte auf sie hinweisen (BGH NJW 1973, 277, 278; OLG Rostock NZV 1998, 325, 326); Beispiele sind Wasserrohrbrüche, bei denen die Gefahr der Hohlraumbildung unter der Straße besteht (BGH VersR 1956, 115, 116). Eine Überprüfung auf nicht sichtbare Schäden hat jedoch der Verkehrspflichtige vorzunehmen, wenn er **erstmals** eine Straße neu für den Verkehr zuläßt oder wenn er eine bestehende Straße **in eigene Verantwortung** übernimmt und den andauernden Verkehr auf ihr duldet (BGH VersR 1958, 380, 381).

cc) Der Umfang der Straßenunterhaltungspflicht

E 115 Der Umfang der Straßenunterhaltung bestimmt sich nach den **Anforderungen des widmungsgerechten Verkehrs** (OLG Celle VersR 1989, 207, 208). Dabei kann es erforderlich sein, den Straßenzustand mit Berechnungen und Messungen untersuchen zu lassen (BGH VersR 1966, 583, 585). Der Verkehrspflichtige muß bereits bei Auftragserteilung zur Durchführung von Reparaturen den tatsächlichen Zustand erfassen und der beauftragten Firma konkrete Weisungen erteilen (OLG Düsseldorf VersR 1992, 71 im Rahmen der Untersuchung der Festigkeit des Straßenuntergrundes). Weist eine Brücke über die ganze Breite ein tiefes Loch auf, muß eine nicht ohne weiteres entfernbare Absperrung gewählt werden (OLG Hamm VersR 1997, 891, 892). Bei unfertigen Straßen umfaßt die Verkehrspflicht aber nur die Sicherung der provisorischen Fahrbahn vor unerwarteten und nicht ohne weiteres erkennbaren Gefahren (OLG Koblenz VersR 1980, 1148, 1149 mwNw). Nicht jede Gefahrenquelle erfordert aber deren sofortige Beseitigung, Warnungen können genügen. Eine **Verpflichtung** zum sofortigen Tätigwerden **kann** auch **ganz entfallen**, wenn ein sorgfältiger Verkehrsteilnehmer die **Gefahr rechtzeitig zu erkennen** und sich noch ohne weiteres **darauf einzurichten** vermag (BGH LM Nr 12 zu § 823 [E] unter 2 b bb), etwa auf den möglichen Höhenunterschied auf Straßenbaustellen (OLG Düsseldorf VersR 1969, 274). Ein für den Fahrzeugverkehr ungefährliches Loch auf der Fahrbahn von 40 cm Durchmesser und 3 cm Tiefe an einer nicht zur Überquerung durch Fußgänger vorgesehenen Stelle begründet deshalb keine Verletzung der Verkehrspflicht (OLG Frankfurt aM VersR 1984, 394; OLG Celle VersR 1989, 207, 208). Bei einer durch landwirtschaftliches Gebiet führenden untergeordneten Straße mit geringer Verkehrsbedeutung, die ersichtlich kein befestigtes Bankett besitzt, muß beispielsweise damit gerechnet werden, daß Steine oder Schlacke vom Fahrbahnrand auf die Fahrbahn gelangen können (OLG Düsseldorf VersR 1996, 602 [LS]). Nach außergewöhnlichen Eingriffen in den Straßenkörper sind anschließend auch **außergewöhnliche Kontrollmaßnahmen** erforderlich; beispielsweise ist zu prüfen, ob ein Bohrloch ordnungsgemäß verfüllt wurde und das Erdreich nicht nachsackt (OLG Düsseldorf VersR 1982, 1076). Bei Instandsetzungsarbeiten **infolge eines Rohrbruches** muß der Auftraggeber nach Wiederherstellung der Straßendecke selbst die betreffende Stelle auf Gefahren, beispielsweise durch Absenkung, überprüfen, wenn die beauftragte Firma dies unterläßt (BGH VersR 1962, 326, 327). Bei **Neuzulassung oder Wiederfreigabe** einer Straße für den Verkehr ist eine Überprüfung auf nicht sichtbare Schäden vorzunehmen; hierzu zählt auch eine Untersuchung der Standfestigkeit der Straße, die durch Nachsacken beeinträchtigt sein kann (BGH NJW 1973, 277, 278). Das gilt auch bei Anbringung eines nicht tragfähigen Schachtdeckels auf einer Straße nach Abschluß von Bauarbeiten (BGH VersR 1967, 1155, 1156).

dd) Die Fahrbahnbeschaffenheit
Die Fahrbahn bzw der Fahrbahnbelag ist auf **Griffigkeit** und **Rutsch-** oder **Schleudergefahren** insbesondere bei Nässe zu überwachen. In der Regel genügt die Aufstellung von Warn- oder Hinweisschildern. Anders ist es, wenn die betroffene Stelle **besonders gefährlich** ist. Dies kann der Fall sein bei verkehrsreichen Schnellstraßen, abgenutzter Oberfläche oder einem ungünstigen Mischungsverhältnis des Straßenbelages, das bei Nässe die Griffigkeit der Fahrbahn herabsetzt (BGH LM Nr 55 zu § 823 [Ea] unter III 2 a, 3, IV). Bei einem besonders **stark befahrenen Verkehrsknotenpunkt** kann es auch erforderlich sein, vorab gutachterliche Untersuchungen vornehmen zu lassen, um von der Fahrbahnbeschaffenheit ausgehende Gefahren erkennen und ihnen begegnen zu können (BGH LM Nr 43 zu § 823 [Ea] unter II). **Unebenheiten** sind zu beseitigen, wenn die Verkehrsteilnehmer ihnen nicht ausweichen können (OLG Jena VIZ 1998, 51). Bei erheblichen Vertiefungen, insbesondere **tiefen Schlaglöchern** haftet der Verkehrspflichtige in der Regel auch dann, wenn ihnen ausgewichen werden könnte (OLG Nürnberg DAR 1996, 59 mwNw). Bei Bodenwellen, gar solchen mit **Sprungschanzeneffekt**, ist die Aufstellung eines Warnschildes ungenügend, es bedarf einer Geschwindigkeitsbegrenzung (OLG Schleswig VersR 1980, 1150, 1151). Bei 10 cm tiefen und 60x40 cm großen Schlaglöchern im Baustellenbereich einer Autobahn ist sogar eine Geschwindigkeitsbegrenzung nicht ausreichend, sondern ein gesondertes Hinweisschild erforderlich (OLG Nürnberg DAR 1996, 59). **Markierungen** auf der Fahrbahn (Zebrastreifen etc) müssen auch bei ungünstigen Beleuchtungs- und Sichtverhältnissen für Kraftfahrer deutlich und rechtzeitig erkennbar sein. Ist dies nicht möglich, müssen andere geeignete Maßnahmen ergriffen oder dafür gesorgt werden, daß eine andere zuständige Stelle eingreift und gegebenenfalls eine Sperrung herbeiführt (BGH NJW 1971, 1213, 1214). Die **Fahrbahngrenze ist zu kennzeichnen**, wenn die Gefahr des Abkommens besteht, insbesondere wenn Leuchtpunkte oder Streifen an anderen Gegenständen wie Pollern oder Geländern bei schlechter Sicht über den tatsächlichen **Verlauf der Fahrbahn** täuschen können (BGH VersR 1963, 652, 653). Bei **Fernverkehrsstraßen** braucht auch in ländlichen Gegenden mit **groben Verschmutzungen** durch Lehm nicht gerechnet zu werden, so daß diese nach der Tagesarbeit und vor Eintritt der Dunkelheit zu entfernen oder kenntlich zu machen sind (BGHZ 12, 124, 126 f). Für **Straßen dörflichen**

Charakters, die vornehmlich dem Verkehr mit landwirtschaftlichen Fahrzeugen dienen, gilt dagegen ein anderer Maßstab. Erntebedingte Verschmutzungen müssen nicht sofort, sondern erst am Ende eines Erntetages entfernt werden (OLG Koblenz VersR 1971, 745, 746; OLG Köln VersR 1996, 207). **Vertiefungen im Straßenkörper**, die für Benutzer eines normalen Fahrrades ungefährlich sind, begründen keine Verkehrspflichtverletzung. Wer mit einem Rennrad und zügiger Geschwindigkeit eine Straße benutzt, ist zu erhöhter Aufmerksamkeit verpflichtet (OLG Düsseldorf VersR 1993, 1125). **Aufbruchstellen** im Bereich von Straßenbahnschienen können mit Leitbaken gesichert werden, wenn diese in einem Höchstabstand von 10 m aufgestellt werden. Der Verkehrspflichtige muß diese Sicherungseinrichtungen nach Ende der üblichen Geschäftszeiten kontrollieren (OLG Düsseldorf VersR 1998, 1167, 1168 f).

e) Verkehrsschilder

E 117 Zur Verkehrspflicht gehört es, Verkehrszeichen anzubringen und in ordnungsgemäßem Zustand zu erhalten. Es muß gewährleistet sein, daß sie sichtbar bleiben; insbesondere dürfen Verkehrsschilder nicht durch parkende Wagen, herabhängende Zweige oder andere Gegenstände verdeckt werden. Erforderlichenfalls müssen sie beleuchtet werden (BGH NJW 1966, 1456). Verkehrsschilder müssen nach Beschädigung, zB durch Anfahren, auf ihre **Standsicherheit** überprüft werden. Eine visuelle Kontrolle genügt nicht, eine „**Rüttelprobe**" ist erforderlich (OLG Nürnberg r + s 1997, 244, 245). Ein Verkehrsspiegel muß dagegen nicht **beheizbar** sein und nicht ständig daraufhin überwacht werden, ob er beschlagen oder vereist ist; das ist unzumutbar (OLG Frankfurt aM NJW-RR 1989, 344). Ein mobiles Haltestellenschild an einer provisorischen Bushaltestelle muß nicht gegen mutwilliges Verrücken gesichert werden (LG Karlsruhe VersR 1998, 1391 [LS]).

f) Warnschilder und Kennzeichnung gefährlicher Stellen
aa) Die Notwendigkeit der Warnung

E 118 Grundsätzlich muß der Verkehrspflichtige auf **überraschende Gefahrenstellen hinweisen** (BGH LM Nr 44 zu § 823 [Dc] unter 3 mwNw) und vor **außergewöhnlichen Gefahren warnen** (BGH NJW 1962, 34, 36; OLG Düsseldorf VersR 1979, 57, 58; OLG Hamm VersR 1982, 1081). Derartige außergewöhnliche Gefahren können sich aus dem **Zusammenwirken und -treffen mehrerer Gefahrenumstände** ergeben – zB Kopfsteinpflaster, rechtwinklige Kurve, Nässe, Verschmutzung –, auch wenn einzelne dem Verkehrsteilnehmer bekannt sind (BGH LM Nr 17 zu § 823 [Ea] unter 3). Ebenso sind Warnungen erforderlich, wenn die Gefahr ungewöhnlich hoch ist oder wenn von mehreren zusammenwirkenden Gefahrumständen nur einer erkennbar ist, andere aber verborgen sind (BGH NJW 1962, 34, 36). Vor einem Schlagloch aufgrund **Frostaufbruches** in 20 cm Tiefe bei einer innerstädtischen Straße mit erheblichem Verkehrsaufkommen muß daher gewarnt werden (LG Augsburg zfs 1991, 404); das gleiche gilt, wenn erhebliche Frostaufbrüche nur behelfsmäßig ausgebessert wurden (BGH VersR 1960, 235, 236) oder die **Fahrbahn** sich plötzlich verengt (BGH VersR 1958, 531, 532). Werden Verkehrsregelungen geändert, muß erforderlichenfalls während einer ausreichenden Übergangszeit gewarnt werden (BGH VersR 1990, 739, 741); so liegt es insbesondere bei **Änderung einer langjährigen Vorfahrtregelung** an einer Kreuzung (LG Marburg DAR 1997, 279, 280). Eine Warnpflicht kommt auch in Betracht, wenn die Grenze zwischen Fahrbahn und Bankett nicht deutlich erkennbar ist (BGH NJW 1957, 1396) oder wenn Sichtbehinderungen auf Brücken bestehen (BGH LM Nr 5 zu § 823 [Ed]). Bei Straßen geringer Verkehrsbedeutung muß vor in den Luftraum über der Straße hineinragenden **Ästen**

gewarnt werden, wenn die Beseitigung der Bäume oder Äste nicht zumutbar ist (OLG Naumburg DAR 1998, 18, 19). Kann die in der Nähe von Kühltürmen durch **plötzliche Glatteisbildung** entstehende Gefahr nicht durch rechtzeitiges Streuen bekämpft werden, müssen Warnschilder aufgestellt werden (OLG Köln NJW-RR 1995, 1177). Dagegen ist eine Warnpflicht zu verneinen, wenn sich die Gefahr für den Straßenbenutzer aufdrängt, beispielsweise bei Regen nach einer Frostperiode (OLG Hamm VersR 1982, 1081).

bb) Die Art der Warnung
Dem Zweck der Warnung genügen Schilder in der Regel dann, wenn sie die Gefahr als solche ankündigen und näher bezeichnen; ein Hinweis auf die Herkunft und Ursache der Gefahr ist nicht erforderlich (BGH VersR 1985, 641, 642). Die Warnschilder selbst müssen es einem sorgfältigen Kraftfahrer ermöglichen, auch bei schneller Fahrt durch einen **beiläufigen Blick** die volle Gefahr eindeutig und so rechtzeitig zu erfassen, daß er seine Fahrweise darauf einstellen kann (BGH VersR 1960, 237, 238). Vor Wildwechseln, in Gegenden mit hoher Wilddichte oder bei einer **Häufung von Wildunfällen** ist mit dem Gefahrzeichen „Wildwechsel" zu warnen (BGHZ 108, 273, 275 ff). Befinden sich auf einer Fahrbahn nach Reparaturarbeiten **Reste von Rollsplitt**, ist ein Gefahrenschild verbunden mit dem Zusatzschild „Rollsplitt" aufzustellen (OLG Koblenz MDR 1997, 832). Wird eine **Ölspur** mit Granulat **abgestreut**, muß darauf gesondert hingewiesen werden (OLG Hamm VersR 1994, 726). Können **Verschmutzungen durch Viehtrieb** nicht sofort beseitigt werden, müssen Warn- oder Hinweisschilder die Gefahren genügend deutlich machen (BGH NJW 1962, 34, 35). Sollen **befestigte Bankette** auch in Notfällen wegen der Gefahr eines **Abrutschens** oder **Einsinkens** nicht befahren werden, ist ebenfalls ein Warnschild aufzustellen (BGH VersR 1989, 847, 848). Eine Warnpflicht kann sich auch bei unbefestigten Banketten geringer Breite, die ein gefahrloses Befahren mit schweren Fahrzeugen an sich erkennbar nicht ermöglichen, dann ergeben, wenn die Grenze zwischen Bankett und Fahrbahn nicht deutlich erkennbar ist (BGH VersR 1965, 516, 517). **Absperrungen** müssen von weitem erkennbar sein, beispielsweise mittels Warnblinklicht oder Absperrschranken (§ 43 StVO Zeichen 600); dies gilt auch bei einer bestimmungswidrigen, aber nicht ganz fernliegenden Nutzung des gesperrten Weges (OLG Düsseldorf VersR 1998, 1021, 1022). Bei Sperrung eines Waldweges genügt ein 70 cm breiter weißer Anstrich der Schranke nicht; je nach den konkreten Umständen sind Warnschilder, Anstrich über die gesamte Breite in Leuchtfarben oder **Rückstrahler** erforderlich (OLG Köln NuR 1988, 103). Die Anbringung von Hinweisen oder Warnschildern ist auch immer dann erforderlich, wenn die alsbaldige Beseitigung einer Gefahr aus tatsächlichen oder rechtlichen Gründen nicht möglich ist (BGH VersR 1957, 109). Beispielsweise ist bei Schlaglöchern von 10 cm Tiefe und einer Fläche von 60x40 cm im **Baustellenbereich** einer Bundesautobahn neben einer Geschwindigkeitsbeschränkung ein zusätzliches Hinweisschild erforderlich, wenn die Füllmasse innerhalb kurzer Zeit ausgefahren sein kann (OLG Nürnberg DAR 1996, 59). Bei **Fräsarbeiten an einer Fahrbahndecke**, die zu Vertiefungen bis zu 3 cm führen, genügt dagegen die Anbringung des Gefahrzeichens 123 („Baustelle") oder sonstiger Verkehrseinrichtungen wie Absperrbaken oder Leitkegel, die auf Baumaßnahmen hinweisen und zu erhöhter Aufmerksamkeit auffordern (OLG Hamm NZV 1998, 408 [LS]).

g) Wildschutzzäune
Die Straßenverkehrssicherungspflicht umfaßt grundsätzlich nicht die **Anbringung von**

Wildschutzzäunen. Vor besonderen Gefahrenstellen wie Wildwechseln, Gegenden mit hoher Wilddichte oder Häufung von Wildunfällen ist mit dem **Gefahrzeichen „Wildwechsel"** zu warnen. Ausnahmen sind an bestimmten Straßenstellen, an denen Wild besonders häufig wechselt, oder für Teile von Bundesfernstraßen und Bundesautobahnen denkbar (BGHZ 108, 273, 275 ff). Aus straßenrechtlicher Sicht kommt die Verpflichtung, einen Wildschutzzaun zu errichten und zu unterhalten, dann in Betracht, wenn die objektive Gefahrenlage und die vorhandene Wilddichte diese Maßnahme aus der Sicht eines vernünftigen Forstwirts als geboten erscheinen läßt (BVerwG NJW 1989, 2830, 2831; vgl zum ganzen schon oben Vorbem 17 zu §§ 823 ff).

h) Entwässerungsgräben

E 121 **Straßengräben und Entwässerungsanlagen** sind zu räumen und freizuhalten, um einen ungehinderten und gefahrlosen Wasserabfluß zu gewährleisten (BGH VersR 1968, 555, 556 f; 1983, 639, 640); dies dient auch der Verhinderung von Überschwemmungsschäden für Anlieger (BGH LM Nr 76 zu § 823 [Fe] unter II 1 a bb). **Kanalisationsanlagen** müssen so ausgelegt werden, daß auch ein starker Regen, der jedenfalls auf der Basis einer mehrjährigen Kehrzeit zu ermitteln ist, sicher abgeführt werden kann (BGHZ 109, 8, 11). Auf selten auftretende, außergewöhnlich heftige Regenfälle (BGH VersR 1982, 1196, 1197) oder gar katastrophenartige Unwetter muß das Fassungsvermögen dagegen nicht ausgelegt sein (BGHZ 109, 8, 10; 115, 141, 147; BGH DVBl 1983, 1055, 1058 mwNw). Für die Dimensionierung sind weiter die Geländeverhältnisse und die möglichen **Fließwege des Abwassers** zu berücksichtigen (BGHZ 115, 141, 148). Mit dem Versickern von Wasser und seinem Wiederaustritt an anderer Stelle muß gerechnet werden (BGH NJW 1996, 3208, 3211).

3. Räum- und Streupflicht

a) Allgemeine Grundsätze

E 122 Die Räum- und Streupflicht auf öffentlichen Straßen, Wegen und Plätzen bildet einen **Unterfall der allgemeinen Verkehrspflicht** (BGH VersR 1970, 904, 905). Bestehen jedoch – wie in fast allen Bundesländern – Straßengesetze oder andere Normen des öffentlichen Rechts, die die Räum- und Streupflicht den Kommunen als öffentliche Aufgabe zugewiesen haben, bemißt sich deren Verantwortlichkeit nach **Amtshaftungsgrundsätzen** (BGHZ 27, 278, 282; BGH VersR 1995, 721, 722). Nach § 823 und nicht nach § 839 haftet die Gemeinde allerdings für eigene Anlieger- und Hinterliegergrundstücke (BayObLG VersR 1973, 768 [LS]), wenn der Winterdienst auf Anlieger abgewälzt wurde, da sie als Eigentümerin von der übertragenen Pflicht betroffen ist und insoweit nicht hoheitlich tätig wird (BGH LM Nr 27 zu § 823 [Eb] unter 2; OLG Düsseldorf VersR 1996, 79). Sie kann sich dann auch bei extremen Witterungsverhältnissen nicht auf eine Überlastung des Streudienstes berufen, da sie wie die übrigen Anlieger dafür Sorge tragen muß, auch unter diesen Umständen ihren Pflichten nachkommen zu können (OLG Hamm VersR 1984, 194, 195). **Inhalt und Umfang der öffentlich-rechtlichen Räum- und Streupflicht entsprechen** jedoch der **allgemeinen (privatrechtlichen) Verkehrspflicht** (BGHZ 75, 134, 138; BGH VersR 1984, 890, 891; 1993, 1106), soweit keine spezielle öffentlich-rechtliche Norm existiert. Ebenso deckt sich die aus der **polizeilichen Reinigung** fließende Räum- und Streupflicht, soweit sie auch der Verkehrssicherung dient, mit der aus der allgemeinen Verkehrspflicht abgeleiteten (BGHZ 27, 278, 281; 112, 74, 79; BGH LM Nr 102 zu § 839 [Ca] unter I 1; VersR 1966, 90, 91; 1997, 311, 312). Für die Streupflicht auf einer Privatstraße des öffentlichen Verkehrs gelten die gleichen

Grundsätze wie für öffentliche Verkehrswege (BGH NJW 1975, 444, 445). Sie besteht gegenüber allen **Verkehrsteilnehmern,** die die Straße **befugt benutzen,** auf Fahrbahnen innerhalb geschlossener Ortschaften also auch gegenüber Radfahrern (BGH NJW 1965, 100; OLG Hamm NZV 1993, 394) und Mopedfahrern (BGH VersR 1965, 68, 69). Der Schutzbereich umfaßt sowohl **Personen- als auch Sachschäden** (LG Mannheim VersR 1993, 492). Straßenreinigungsgesetze, Straßenreinigungssatzungen und Abwälzungsregelungen in Ortssatzungen sind **Schutzgesetze iS des § 823 Abs 2 BGB** (BGHZ 27, 278, 283; BGH NJW 1970, 95; 1972, 1321, 1322; KG VersR 1954, 459, 460; OLG München VersR 1959, 216; OLG Frankfurt aM VersR 1985, 768; OLG Zweibrücken VersR 1994, 1487; OLG Köln NJW-RR 1996, 655, 656; OLG Celle VersR 1998, 604). Der Schutzgesetzcharakter besteht aber nur insoweit, als die Räum- und Streupflicht der Verkehrssicherheit und nicht darüber hinaus der Bequemlichkeit der Wegebenutzer dient (OLG München VersR 1959, 216). Anders liegt es bei Empfehlungen an den Träger der Straßenbaulast (BGH VersR 1987, 934, 935), die keine Rechtspflicht zugunsten einzelner Verkehrsteilnehmer begründen (BGH VersR 1973, 249, 250; OLG Düsseldorf VersR 1977, 1032, 1033; 1989, 626) und deren Verletzung keine Schadensersatzverpflichtung auslöst (OLG Düsseldorf VersR 1989, 626).

b) Die Person des Räum- und Streupflichtigen
Räum- und streupflichtig ist, wer **straßenverkehrssicherungspflichtig** ist; das kann auch durch Übertragung geschehen sein. Neben dem hiernach Sicherungspflichtigen kann aber eine Räum- und Streupflicht auch aus der Pflicht zur **polizeimäßigen Wegereinigung** folgen (BGHZ 27, 278, 281; BGH VersR 1984, 890, 891 mwNw; VersR 1997, 311, 312) oder unter besonderen Umständen auch aus der allgemeinen Verkehrspflicht aus der **Schaffung einer besonderen Gefahrenlage** erwachsen, beispielsweise wenn der nicht streupflichtige Anlieger einen Gehstreifen vor seinem Grundstück freischaufelt und Fußgängern Anlaß gibt, diesen auch zu benutzen (BGH NJW 1969, 1958, 1959); dasselbe gilt für Kraftwerksbetreiber wegen möglicher Eisbildung in der Nähe von Kühltürmen (BGH VersR 1985, 641, 642; OLG Köln NJW-RR 1995, 1177).

c) Die Abwälzung der Räum- und Streupflicht
aa) Die Abwälzung durch Satzung
α) Die Gemeinden wiederum haben nach Landesrecht zumeist die Möglichkeit, die Reinigung einschließlich der Räum- und Streupflicht für Gehwege auf die jeweiligen Anlieger **abzuwälzen** (BGH NJW 1985, 484; LM Nr 27 zu § 823 [Eb] unter I a; OLG München VersR 1959, 217; OLG Köln VersR 1993, 1286; OLG Düsseldorf VersR 1996, 79). Auch eine Übertragung der Reinigungspflicht für die Fahrbahnen ist möglich (BGH NJW 1966, 2311, 2312; LM Nr 27 zu § 823 [Eb] unter I c bb); das gilt aber nicht bei verkehrsreichen Straßen (OVG Lüneburg DVBl 1962, 421, 422). Ein Recht der Gemeinde zur Abwälzung der Streupflicht kann sich auch aus **Gewohnheitsrecht** ergeben (BGH BB 1964, 60; VersR 1969, 377, 378). Die Verpflichtung ist Inhaltsbestimmung des Eigentums und mit Art 3, 12 Abs 2 Satz 1, 14 GG vereinbar (BVerwG NJW 1966, 170), gehört aber nicht zu den Lasten des Grundstücks, weil der Eigentümer diese Leistung, zumindest durch Überwachung und Kontrolle, persönlich zu erbringen hat, während es sich bei Lasten des Grundstücks um Leistungen handelt, die aus dem Grundstück zu erbringen sind (BGH NJW 1990, 111, 112; OLG Köln VersR 1998, 605). Die **Grenzen** der Abwälzungsmöglichkeit liegen in der Unzumutbarkeit und Unverhältnismäßigkeit, die dann erreicht sind, wenn die abgewälzte Pflicht für die Anlieger mit Gefahren für Leib und Leben verbunden ist oder ihr Umfang zu unbilligen finanziellen Belastungen führt (BayVerfGH BayVBl 1977, 369, 370; BayObLG DÖV 1963, 352, 353).

E 125 β) Die betreffenden **Satzungsklauseln** müssen **hinreichend bestimmt und eindeutig** sein und den Umfang der abgewälzten Pflichten zweifelsfrei beschreiben. Unklarheiten gehen zu Lasten des originär Verkehrspflichtigen (OLG Düsseldorf VersR 1993, 577). Die Überwälzung kann beschränkt werden (BGH NJW 1967, 246, 247 f). Auch wenn eine Ortssatzung über die Erfordernisse der allgemeinen Verkehrspflicht hinausgeht, ist sie zu befolgen; ein Geschädigter kann sich auf ihre Verletzung berufen (OLG Bamberg VersR 1956, 324, 325). Kommt es zu Pflichtversäumnissen der Anlieger aufgrund **mangelnder Klarheit von Abwälzungsklauseln**, liegt eine Amtspflichtverletzung gegenüber dem Verunglückten vor, beispielsweise wenn in einer Satzung nicht festgehalten ist, daß bei einem fehlenden Bürgersteig ein ca 1,5 m breiter Streifen am Fahrbahnrand geräumt und gestreut werden muß (OLG Köln VersR 1988, 827). Trotz der Abwälzung auf Anlieger bleibt eine **Kontroll- und Überwachungspflicht** der Gemeinde, ob die Anlieger ihrer Reinigungspflicht nachkommen; diese muß erforderlichenfalls erzwungen werden (BGHZ 118, 368, 369; BGH NJW 1966, 2311, 2312; 1971, 43, 44; 1972, 1321, 1323; VersR 1989, 526, 527 mwNw; 1997, 311, 312). Beruht die Streupflicht des Anliegers jedoch ausschließlich auf der Auferlegung der polizeimäßigen Reinigungspflicht und kommt es nachfolgend mit **Zustimmung** der zuständigen Behörde zur **Weiterübertragung** auf einen Dritten, so haftet der Anlieger nicht mehr für die Verletzung der Reinigungspflicht, da der Dritte keine Verpflichtung des Anliegers, sondern eine eigene erfüllt (BGH NJW 1972, 1321, 1323). Sieht die Satzung ein Zustimmungserfordernis vor, ist die Zustimmung selbst dann nicht entbehrlich, wenn der Dritte die Reinigungspflicht tatsächlich übernommen hat und ihn damit eine eigenständige Verkehrspflicht trifft. Beim Anlieger verbleibt in einem derartigen Fall eine Überwachungspflicht (OLG Celle VersR 1998, 604).

bb) Die Abwälzung durch Vertrag

E 126 Die Räum- und Streupflicht kann auch vertraglich auf Dritte abgewälzt werden; jedoch bleibt der Grundstückseigentümer grundsätzlich neben dem Mieter, Pächter oder sonstigen Übernehmenden verantwortlich. Ihn trifft eine **Überwachungspflicht** zur Sicherstellung der Pflichterfüllung des Übernehmenden (BGH NJW 1972, 1321, 1323; 1985, 270, 271; 1985, 484, 485; VersR 1984, 1190, 1191; OLG Frankfurt aM NJW 1989, 41, 42; VersR 1985, 768). Die Aufnahme der die Streupflicht regelnden Hausordnung in den Mietvertrag genügt für die Abwälzung (BGH NJW 1985, 484); hierin liegt auch weder eine überraschende Klausel iS des § 3 AGBG noch eine unangemessene Benachteiligung gemäß § 9 AGBG (OLG Frankfurt aM NJW 1989, 41). Allerdings kann in der Übertragung des Winterdienstes in einer Hausordnung auch ein nach § 11 Nr 7 AGBG unwirksamer verhüllter Haftungsausschluß liegen (OLG Dresden OLG-NL 1996, 218, 221). Auch bei Fehlen einer ausdrücklichen Überwälzung ist eine **stillschweigende Übernahme** der Pflicht, für **Verkehrssicherung** der Zugänge eines Lokals mit zu sorgen und besondere Sicherungsmaßnahmen für Lokalbesucher allein zu übernehmen, bereits dem Pachtvertrag zu entnehmen (BGH VersR 1984, 1190, 1191). Eine Streupflicht kann auch aus der faktischen Anerkennung eines Gartenplanes erwachsen, wenn dieser die Wartung der Außenanlagen mit dem Winterdienst regelt (OLG Düsseldorf r+s 1990, 199, 200). Aus einer Abrede im Kaufvertrag, das (Anlieger-)Grundstück mit Gefahren, Nutzungen und Lasten zu einem bestimmten Zeitpunkt zu übernehmen, folgt jedoch keine Übernahme der Streupflicht. Sie geht erst mit dem Eigentum, nicht bereits mit Besitz oder der Abrede über (BGH NJW 1990, 111, 112; OLG Köln VersR 1998, 605). Anders ist es bei einer gesonderten Vereinbarung (BGH NJW 1990, 111, 112). Kommt der Eigentümer seiner Überwachungspflicht nicht nach, darf ein Mieter selbst streuen, wenn ein anderer Mieter seine Pflicht nicht erfüllt. Hierdurch scheidet er nicht aus dem geschützten Personenkreis aus, der durch die Überwachung des Streuens gesichert werden soll, so daß ein ihm entstandener Schaden vom Eigentümer zu ersetzen ist. Mehrere (Wohnungs-)Eigentümer haften gesamtschuldnerisch (BGH NJW 1985, 484, 485). An das Maß der bei der Überwachung anzuwendenden Sorgfalt ist ein strenger Maßstab anzulegen (BGH VersR 1975, 42 mwNw); die bloße Bestellung eines Verwalters und eines Hauswartes mit entsprechendem Aufgabenbereich genügt nicht (BGH NJW 1985, 484, 485). In Grenzen kann man aber darauf vertrauen, daß ein Mieter oder Pächter die übertragenen Pflichten erfüllt, sofern keine konkreten Anhaltspunkte vorliegen, die dieses Vertrauen erschüttern (BGH VersR 1984, 1190, 1191). Der die Räum- und Streupflicht **tatsächlich Übernehmende** haftet dem Geschädigten unmittelbar aus § 823 (BGH NJW 1959, 34, 45; 1970, 95, 96; 1990, 111, 112; OLG Düsseldorf r+s 1990, 199, 200; OLG Celle VersR 1998, 604). Die deliktische Einstandspflicht besteht dann auch gegenüber dem primär Verkehrspflichtigen, wenn dieser die Aufgabe übertragen hat (BGH LM Nr 72 zu § 823 [Ea] unter II 3).

d) Inhalt und Umfang der Räum- und Streupflicht
aa) Allgemeine Grundsätze

α) Inhalt und Umfang der Räum- und Streupflicht auf öffentlichen Straßen richten sich nach ständiger höchstrichterlicher Rechtsprechung nach den **Umständen des Einzelfalles**, etwa nach der Art und Wichtigkeit des Verkehrsweges bzw der Gefährlichkeit und Stärke des zu erwartenden Verkehrs. Die Pflicht steht unter dem Vorbehalt des Zumutbaren, wobei es auch auf die Leistungsfähigkeit des Verpflichteten ankommt (BGHZ 112, 74, 75 f; BGH NJW 1993, 2802, 2803; LM Nr 102 zu § 839 [Ca] unter I 1; VersR 1966, 90, 92; 1991, 665; 1995, 721, 722; BayObLG VersR 1991, 666). Geschuldet ist, was billige Rücksicht nach der Verkehrsauffassung gebietet (BGH NJW 1985, 270 mwNw). Es muß so gestreut werden, daß der Effekt bis zum nächsten Streuen aufrechterhalten bleibt (OLG Frankfurt aM VersR 1995, 45, 46); dabei genügt es, daß die **Gefahr des Ausgleitens** wenigstens **vermindert** wird, mag die Wirkung des Streuguts auch durch weitere Eisbildung abgeschwächt sein (BGH NJW 1985, 482, 483; 1985, 484, 485; 1993, 2802, 2803; VersR 1965, 364, 365; 1968, 1161; 1969, 667). Eine bloße Glätteminderung kann genügen (OLG Celle VersR 1998, 604). Das Streuen muß **in angemessener Zeit wiederholt** werden, wenn das Streugut seine Wirkung verloren hat (BGH NJW 1985, 482, 483; VersR 1969, 667; 1987, 989, 990). Der zeitliche Abstand hängt von den Umständen des Einzelfalles ab (BGH NJW 1985, 484, 485; 1993, 2802, 2803), auch davon, ob die **Langzeitwirkung** des Streuguts durch geeignete Mittel erhöht werden kann (BGH NJW 1993, 2802, 2803). In der Regel wird ein **mehrfaches Streuen** nur im Abstand von einigen Stunden gefordert (OLG Hamm VersR 1984, 194, 195; OLG Köln NJW-RR 1986, 772). Zumutbar ist es beispielsweise, einen verkehrswichtigen Weg tagsüber nach 3 Stunden erneut zu streuen (BGH VersR 1969, 667 für eine Großstadt; 1987, 989, 990 für eine Universitätsstadt). Je nach den auftretenden Temperaturen muß dem Streugut an gefährlichen Stellen, etwa an Gefällstrecken an Bundesstraßen, dasjenige Salz beigemischt werden, das noch Auftauwirkung zeigt (Natriumchlorid bis ca -8 °C, Magnesiumchlorid bis ca -15 °C, Calziumchlorid bis ca -20 °C). Sind derartige **Auftaumittel** nicht vorrätig, liegt ein Organisationsverschulden des Verkehrspflichtigen vor (OLG Hamm NJW-RR 1989, 611). Kommt es durch die Salzbeimischung zu einer Verunreinigung des Grundwassers, haftet der Verkehrspflichtige aber nicht (BGH NJW 1994, 1006, 1007 f). In einem **Naturschutzgebiet** kann dagegen der Einsatz von Salz nicht verlangt werden; es handelt sich um eine politische Entscheidung, ob andere Mittel, wie Splitt und Riesel, verwendet werden (OLG München VersR 1992, 72, 73). **Leichter** oder nur **drohender Schneefall befreien nicht** von der **Streupflicht** (RGZ 133, 226, 227; BGH VersR 1959, 134, 135). Das gleiche gilt, wenn grobe Streumittel bei nur dünner Schneedecke und weiterem leichten Schneefall noch ausreichende Wirkung zeigen (BGH VersR 1969, 667; 1987, 989; BGHR BGB § 839 Abs 1 Satz 1 Streupflicht 3). Bestand an einem Tage (noch) keine Streupflicht, hätte aber am Vortage gestreut werden müssen und wäre so ein Schaden verhindert oder zumindest verringert worden, so haftet der Verkehrspflichtige ebenfalls (BGH VersR 1963, 1047, 1048). Voraussetzung für eine Streupflicht ist immer eine **konkrete Gefahrenlage**; vorbeugendes Streuen ist im Grundsatz nicht erforderlich (BGHZ 40, 379, 381; BGH VersR 1957, 375, 376; 1958, 289, 290; 1985, 189; OLG Frankfurt aM VersR 1987, 204; OLG Hamm VersR 1993, 1285, 1286; OLG München VersR 1994, 983, 984; OLG Köln VersR 1997, 506, 507). Ausnahmen bestehen nur dann, wenn angesichts konkreter Umstände Anlaß zu der Besorgnis besteht, es werde an gefährlichen Stellen zu Glatteisbildung kommen, so daß **Vorsorge** zu treffen ist (BGH VersR 1985, 189; OLG Frankfurt aM VersR 1987, 204; OLG Hamm VersR 1993, 1109; OLG München VersR 1994, 983, 984; OLG Köln VersR 1995, 674, 675), beispielsweise bei Bodenfeuchtigkeit und andauerndem Frost (BGH VersR 1974, 910, 911) oder wenn es sich um eine gefährliche Stelle handelt (OLG Hamm VersR 1993, 1285, 1286). Der Straßenverkehr muß sich gerade im Winter den gegebenen **Straßenverhältnissen anpassen** (BGHZ 112, 74, 76; BGH LM Nr 102 zu § 839 [Ca] unter I 1), erforderlichenfalls ist mit geringer Geschwindigkeit zu fahren, sind gefahrlosere Routen zu wählen, auch wenn dies Umwege bedingt, oder es ist auf die Benutzung von Kfz bzw Straßen ganz zu verzichten (OLG Karlsruhe NJW-RR 1989, 612, 613; OLG München NJW-RR 1990, 1121). Es muß jedoch auch berücksichtigt werden, daß sehr langsames und vorsichtiges Fahren uU zu einem größeren Verkehrsstau führen kann, der neue Risiken schafft und bei dem schon geringste Fahrfehler zu Unfällen führen können. Der Verkehr kann in derartigen Situationen zum Erliegen kommen, wenn die Fahrbahn nicht geräumt und gestreut wird (OLG Celle NJW 1989, 3287, 3288).

E 128 β) Eine **Streupflicht besteht nicht**, wenn mit zumutbaren Maßnahmen der Glätte nicht begegnet werden kann. Dies ist namentlich der Fall, wenn bei extremen Wetterlagen das Streuen selbst bei Verwendung von groben Streumitteln (BGH VersR 1969, 667) **sinn- oder zwecklos** ist (BGH NJW 1985, 484, 485; VersR 1974, 910, 911; OLG Hamm VersR 1984, 645; 1997, 68, 69), weil Regen auf dem kalten Boden sogleich gefriert und zu Glatteis führt (OLG Hamm VersR 1997, 68, 69), die abstumpfenden Mittel entweder fortgespült oder selbst mit einer Eisschicht überzogen werden, so daß eine Wirkung nicht oder nur kurzzeitig zu erreichen wäre oder weil **andauernder dichter Schneefall** herrscht (BGH VersR 1963, 1047, 1048; OLG Nürnberg VersR 1964, 1180; OLG Hamm VersR 1982, 1081; r+s 1997, 285, 286). Bei fortdauerndem Regen kann vom Verkehrspflichtigen nicht verlangt werden, daß er sofort nach Ende des Regens mit dem Streuen beginnt (OLG Hamm VersR 1997, 68, 69). **Unzumutbar** ist auch, das Straßennetz auf **unvorhersehbare Glattstellen** zu **kontrollieren** (OLG Frankfurt aM VersR 1987, 204). Ebensowenig können Maßnahmen zur Beseitigung nur **einzelner Glättestellen** gefordert werden, wenn insbesondere ortskundige Fahrer den Gefahren mit einer angepaßten Fahrweise begegnen können (BGH VersR 1982, 299, 300). Auch für Gehwege ist eine Untersuchungspflicht auf geringfügige Glattstellen bei ansonsten trockenem und eisfreiem Zustand verneint worden (OLG Karlsruhe VersR 1976, 346). Die **Beseitigung des Streugutes** selbst, das nach dem Abtauen eine Gefahrenquelle bildet, ist dem Verkehrspflichtigen erst nach **Ende der Frostperiode** zumutbar. Je nach der Verkehrsbedeutung der Straßen ist ihm hierbei eine zeitliche Staffelung zuzubilligen (OLG Hamm zfs 1991, 115).

γ) In größeren Gemeinden ist ein **Räum- und Streuplan** aufzustellen, der die verkehrswichtigen und gefährlichen Straßenstellen innerhalb geschlossener Ortschaften und die besonders gefährlichen Stellen außerhalb der geschlossenen Ortslage bezeichnen muß, die bei Glatteis zu streuen sind. Auch die Regelung eines besonders sorgfältigen und häufigen Streuens solcher Stellen kann erforderlich sein (BGH VersR 1962, 1013, 1014). Fehlt ein Streuplan oder beinhaltet er keine Festlegungen vorrangiger Sicherungen (**Prioritätenliste**), so muß durch Einzelweisungen und geeignete Kontrollen sichergestellt werden, daß innerhalb angemessener Fristen Gefahrenstellen – uU wiederholt – bestreut werden. Fehlt eine allgemeine Regelung, so bedeutet dies entweder einen Organisationsmangel oder ein Fehlverhalten im Einzelfall (BGH NJW 1993, 2802, 2804).

bb) Der Zeitraum der Streupflicht

α) Es besteht keine Streupflicht rund um die Uhr; entscheidend sind die Umstände des Einzelfalles (BGH NJW 1985, 270 mwNw). Die Pflicht beginnt bei Straßen und bei besonderem Publikumsverkehr mit der **einsetzenden Gefährdung,** unabhängig davon, wann im Regelfall der Streudienst einsetzt (OLG Düsseldorf VersR 1995, 311). Schneefall oder Graupelregen allein genügen nicht, es müssen **Anhaltspunkte für die Gefahr** einer Glatteisbildung bestehen (BGH VersR 1957, 244; OLG Zweibrücken VersR 1994, 1487, 1488). Ein Teil der Rechtsprechung hält es nunmehr für zumutbar, daß die Gemeinden Nacht- und Frühdienste zum Streuen einrichten (OLG Frankfurt aM VersR 1995, 45, 46), während nach früherer, wohl noch herrschender Auffassung im Regelfall **keine Sicherungspflicht für nächtlichen Fahrzeugverkehr** oder einen besonderen, um 5.00 Uhr einsetzenden Berufsverkehr besteht (BGHZ 40, 379, 382 ff; BGH NJW 1965, 100, 101; 1972, 903, 904; OLG Hamm VersR 1971, 352 [LS]). Unter außergewöhnlichen Umständen, insbesondere bei **sehr hoher Gefahr oder drohender völliger Lahmlegung** des Kraftfahrzeugverkehrs ist allerdings auch ein nächtlicher Streudienst zumutbar (BGHZ 40, 379, 386; BGH NJW 1972, 903, 904). Ist nach den **Temperatur- und Witterungsverhältnissen mit Glatteis** zu rechnen, sind jedenfalls bereits um 05.00 Uhr morgens **Kontrollfahrten** durchzuführen, um erforderliche Streumaßnahmen vor Einsetzen des Berufsverkehrs ergreifen zu können (OLG Düsseldorf VersR 1979, 773). **Bei Straßen und öffentlichen Parkplätzen** beginnt die Streupflicht im allgemeinen morgens mit **Einsetzen des Haupt- oder Berufsverkehrs** (BGHZ 40, 379, 384; OLG Köln VersR 1997, 506, 507; für einige Zeit vor dem Einsetzen des Berufsverkehrs BGH VersR 1958, 289, 290). Jedenfalls müssen Bereiche, die vom Berufsverkehr besonders frequentiert werden, zu Zeiten des voll einsetzenden Verkehrs bereits geräumt und gestreut sein. Es stellt deshalb einen Organisationsmangel dar, wenn der Winterdienst an Werktagen erst um 7.00 Uhr aufgenommen wird und somit Einkaufsbereiche und Fußgängerüberwege bei Einsetzen des Fußgängereinkaufsverkehrs noch nicht gestreut sind, auch wenn vorrangig andere Stellen abzustumpfen waren (OLG Frankfurt aM VersR 1995, 45, 46). Demgegenüber beginnt an **Samstagen**, wenn der allgemeine Tagesverkehr nicht ebenso früh einsetzt wie an normalen Arbeitstagen die Streupflicht erst ab 08.00 Uhr (BGHR BGB § 839 Abs 1 Satz 1 Streupflicht 8; OLG Hamm NZV 1993, 394). An **Sonn- und Feiertagen** beginnt die Streupflicht nach Auffassung einiger Oberlandesgerichte im Regelfall um 09.00 Uhr (OLG Hamm VersR 1988, 693, 694; OLG Köln VersR 1997, 506, 507). Die Räum- und Streupflicht **endet** abends nach den jeweiligen örtlichen Gegebenheiten mit dem

Ende des allgemeinen Tagesverkehrs (BGH VersR 1984, 890, 891). Verschiedentlich wird 20.00 Uhr genannt; dies ist zT in Ortssatzungen festgeschrieben (BGH NJW 1984, 432, 433; 1985, 270 mwNw; OLG Köln NJW-RR 1986, 772). Teilweise wird das Ende der Streupflicht um 22.00 Uhr angenommen (OLG Köln VersR 1990, 321, 322 für Fahrbahnen). Darüber hinaus besteht diese Pflicht bei **besonderem Publikumsverkehr**, zB für Gastwirte, Schwimmbäder, Theater, Kinos, Bahnhöfe, Haltestellen (BGHZ 40, 379, 383; BGH NJW 1972, 903, 904; VersR 1984, 1190); hier wird eine Streupflicht bis eine Stunde nach Ende des Publikumsverkehrs bejaht (BGH NJW 1985, 270; LG Passau VersR 1997, 590, 591). Ist die Streupflicht durch Satzung zeitlich begrenzt, kann der Pflichtige gleichwohl haften, wenn ein Streuen am Ende der Streupflicht den Unfall verhindert oder zumindest den Schaden verringert hätte (BGH VersR 1984, 890, 891). Außerhalb festgelegter Streuzeiten in Ortssatzungen besteht für Anlieger allerdings keine Streupflicht (BGH NJW 1984, 432, 433; 1985, 484, 485; LG Mainz VersR 1994, 1364).

E 131 β) Bei **plötzlich auftretendem Glatteis** kann nicht verlangt werden, daß der Streupflichtige sofort mit Streufahrzeugen zur Stelle ist. Dem Streupflichtigen ist ein **angemessener Zeitraum** zuzubilligen (RGZ 133, 226, 227; BGH LM Nr 89 zu § 823 [Dc] unter II 2; VersR 1955, 456; 1958, 289, 290; 1969, 667; 1973, 249, 250; 1979, 1055, 1056; 1987, 989; OLG Frankfurt aM VersR 1985, 768 mwNw); dies gilt ebenso für die Anliegerstreupflicht, wenn der Beginn der Glätte nicht mit dem in der Ortssatzung bestimmten Zeitpunkt für den Streubeginn zusammenfällt (BGH NJW 1985, 484, 485), sowie für die Räumung frischgefallenen Schnees, wobei zunächst abgewartet werden darf, ob es sich nicht nur um eine kurzfristige Unterbrechung fortdauernden Schneefalles handelt, so daß eine Schneeräumung sofort wieder wirkungslos werden würde (OLG Schleswig VersR 1975, 431, 432). Mit dem Streuen ist gleichwohl möglichst schnell zu beginnen (BGH VersR 1985, 1896: 30 min sind zu lang; OLG München VersR 1994, 983, 984: Ein Beginn innerhalb von 15 min kann nicht gefordert werden; OLG Hamm DAR 1998, 142, 143), spätestens an dem durch die Ortssatzung festgelegten Zeitpunkt (OLG Nürnberg VersR 1964, 1180). Bei nachhaltigem Dauerschneefall oder fortdauerndem Eisregen darf abgewartet werden, wenn sofortiges Streuen wirkungslos wäre. Allerdings erfordern gerade **außergewöhnliche Glätteverhältnisse** besonders **intensive Streumaßnahmen** (BGH NJW 1993, 2802, 2803; OLG Celle VersR 1998, 604; OLG Hamm DAR 1998, 142, 143); das gilt auch für die Notwendigkeit, unverzüglich zu handeln (BGH NJW 1985, 482, 483).

cc) **Die Streupflicht auf Fahrbahnen**
α) **Innerhalb geschlossener Ortschaften**

E 132 Eine allgemeine Räum- und Streupflicht auf Fahrbahnen besteht nicht (BGH VersR 1965, 68, 69), sondern nur an **verkehrswichtigen und gefährlichen Stellen** (BGHZ 31, 73, 75; 40, 379, 380; 112, 74, 76; BGH NJW 1965, 100, 101; LM Nr 102 zu § 839 [Ca] unter I 1; VersR 1985, 189; 1991, 665; 1995, 721, 722; OLG Hamm VersR 1993, 1109 [LS]; OLG Brandenburg VersR 1995, 1439). Sie richtet sich räumlich und zeitlich nach den Umständen des Einzelfalles, insbesondere nach Art und Wichtigkeit des betroffenen Verkehrsweges, der Stärke und Gefährlichkeit des zu erwartenden Verkehrs, den örtlichen Verhältnissen sowie der Leistungsfähigkeit des Sicherungspflichtigen einschließlich der Zumutbarkeit der Maßnahmen (BGHZ 112, 74, 75; BGH NJW 1975, 444, 445; VersR 1993, 1106, 1107; 1995, 721, 722; ; OLG Frankfurt aM VersR 1995, 45, 46).

E 133 αα) Die **Verkehrswichtigkeit** bemißt sich nicht nur nach der **Anzahl** der durchkommenden Autos. Von Bedeutung sind sowohl **Art, Größe und übliche Geschwindigkeit**

der Kfz, die Bestimmung der Straße für Durchgangs- oder Anliegerverkehr, die regelmäßige Benutzung durch **öffentliche Verkehrsmittel** im Linienverkehr und die **Art des Verkehrsflusses**, beispielsweise die Verdichtung in bestimmten Spitzenzeiten (OLG Celle VersR 1969, 670). Ortsdurchfahrten von Bundesstraßen, städtische und vielbefahrene innerörtliche Hauptverkehrsstraßen, verkehrsreiche Durchgangsstraßen sind in der Regel verkehrswichtig (BGHZ 40, 379, 380; 112, 74, 85). Auch ein nur zeitweilig hohes Verkehrsaufkommen, etwa bei einem Schichtwechsel in einem Großbetrieb, begründet Verkehrswichtigkeit (**aA** OLG Hamm VersR 1978, 547). Selbst ein verkehrsberuhigter Bereich kann verkehrswichtig sein; anders ist es zT in geschwindigkeitsbeschränkten Zonen (OLG Hamburg VersR 1989, 45). Eine Straße wird durch Zeichen 325/326 nicht automatisch zur Nebenstraße, sondern kann verkehrswichtig bleiben. Dagegen soll eine Klinikzufahrt keine verkehrswichtige Stelle sein (OLG Düsseldorf NJW 1997, 2460 [LS]). Anliegerstraßen mit eingeschränktem Verkehr sind ebenfalls nicht verkehrswichtig (OLG München NJW-RR 1990, 1121).

ββ) **Gefährlich** ist ein Straßenabschnitt, wenn er auch für einen sorgfältigen Kraftfahrer nicht oder nicht rechtzeitig erkennbare Gefahren birgt (BGH NJW 1975, 444, 445; OLG Düsseldorf VersR 1977, 1032, 1033; OLG Hamm VersR 1993, 1109), die nicht ohne weiteres zu meistern sind (BGH NJW 1972, 903). Es handelt sich um Stellen, an denen Kraftfahrer erfahrungsgemäß bremsen, ausweichen oder ihre Fahrtrichtung oder Geschwindigkeit ändern müssen, wodurch es bei Glätte auch bei Wahrung der im Winter allgemein erforderlichen Sorgfalt (BGH NJW 1965, 201, 202; OLG Düsseldorf VersR 1977, 1032, 1033; 1979, 773; OLG Stuttgart NJW 1987, 1831; OLG Celle NJW 1989, 3287) zum Schleudern oder Rutschen und damit zu Unfällen kommen kann (BGHZ 31, 37, 75; 40, 379, 380; 112, 74, 84; BGH VersR 1984, 890, 891; 1985, 189; LG Düsseldorf NJW-RR 1989, 343; OLG Hamm NZV 1993, 394 [Radfahrer in verkehrsberuhigter Zone]). **Gefährlich sind insbesondere** Straßenkreuzungen und -einmündungen, Gefällstrecken, scharfe, unübersichtliche oder schwierige Kurven, Straßen an oder über Wasserläufen, an Abhängen und solche mit besonderer Verkehrsdichte; dasselbe gilt bei auffallenden Verengungen, hoher Verkehrsdichte und stark gewölbten Fahrbahnen (BGHZ 31, 73, 75; 40, 379, 381; BGH NJW 1965, 201, 202; LM Nr 18 zu § 823 [Dc] Bl 1 Rücks; Nr 7 zu § 823 [Eb] unter 5; VersR 1985, 189; OLG Frankfurt aM NJW 1988, 2546, 2547; OLG München VersR 1994, 983). Die Gefährlichkeit eines Straßenabschnittes kann sich auch aus einer besonders hohen Verkehrsbelastung und der aktuellen Verkehrslage ergeben (OLG Celle NJW 1989, 3287, 3288; **aA** wohl KG KG-Report 1994, 160, 161). Dazu gehören auch Abschnitte verkehrsreicher Straßen, an denen sich der Straßenzustand bei winterlichen Verhältnissen plötzlich ändern kann, beispielsweise durch Vereisung bei Übergängen von bebautem Gebiet auf freies Feld (OLG Düsseldorf VersR 1980, 360, 361) oder vor einer scharfen Kurve (OLG München VersR 1989, 1092 [LS]). **Einschränkungen** gelten zT für Brücken, da jedem Kraftfahrer bekannt sein muß, daß deren Fahrbahnen schneller vereisen als andere Straßenabschnitte (BGH NJW 1972, 903; VersR 1970, 904, 905; OLG Hamm VersR 1993, 1109 [LS]; anders noch BGHZ 31, 73, 77 mit der Begründung, daß dies den meisten Kraftfahrern nicht bekannt sei). Ebenso muß jedem Kraftfahrer bekannt sein, daß durch ständiges Bremsen und Anfahren an bestimmten Straßenstellen Eisflächen entstehen können, so daß er sich darauf einrichten muß (OLG Celle NJW 1989, 3287, 3288; KG KG-Report 1994, 160, 161). Kommt zu zwei gestreuten Fahrspuren eine dritte ungestreute hinzu, liegt keine gefährliche Stelle vor, wenn die gestreuten Fahrbahnen eine weitgehend gefahrlose Benutzung der Straße gewährleisten (LG Düsseldorf NJW-RR 1989, 343, 344).

E 135 γγ) Die Merkmale Verkehrswichtigkeit und Gefährlichkeit müssen **kumulativ** vorliegen (BGHZ 112, 74, 79; OLG Hamm VersR 1978, 547; OLG Karlsruhe VersR 1979, 358, 359; OLG Koblenz VersR 1983, 568; OLG Frankfurt aM NJW 1988, 2546, 2547; OLG Hamburg NJW 1988, 3212, 3213; OLG Köln VersR 1989, 1091, 1092; OLG Celle NJW 1989, 3287, 3288; VersR 1969, 670; OLG Stuttgart VersR 1990, 323; OLG München NJW-RR 1990, 1121; VersR 1992, 1371, 1372). Demzufolge gibt es keine Kontrollpflicht **bei verkehrsunwichtigen Straßen** (OLG Frankfurt NJW 1988, 2546, 2547; OLG Hamburg VersR 1989, 45; OLG München NJW-RR 1990, 1121). Das gilt auch, wenn das anzuwendende Straßenreinigungsgesetz nicht auf die Verkehrsbedeutung abstellt, sondern von seinem Wortlaut her nur auf gefährliche Stellen abstellt und für sie eine Streupflicht vorsieht (BGHZ 112, 74, 81 ff; OLG Köln VersR 1989, 1091, 1092; aA unter Berufung auf den Wortlaut der Norm OLG Hamm NJW-RR 1989, 611). Für Einmündungen von Nebenstraßen in eine Hauptstraße ist allerdings eine Streupflicht angenommen worden, da ansonsten der Verkehr auf der Hauptstraße wegen der Gefahr eines Hineinrutschens nur unzureichend geschützt wäre (OLG Stuttgart NJW 1987, 1831; OLG München VersR 1992, 1371, 1372; aA OLG Frankfurt aM NJW 1988, 2546, 2547; OLG Hamburg NJW 1988, 3212, 3213; offen gelassen von BGH LM Nr 102 zu § 839 [Ca] unter I 3 d, für den konkreten Fall aber wegen völlig untergeordneter Bedeutung der Straße verneint). Andererseits kann aber auch ein hohes Verkehrsaufkommen und damit die Verkehrsbedeutung selbst die Gefährlichkeit einer Straßenstelle begründen (OLG Celle NJW 1989, 3287, 3288 für eine derartige „Doppelverwertung der Verkehrsbedeutung"). Auch erscheint es nicht ausgeschlossen, an Stellen von zwar geringer Verkehrsbedeutung, aber sehr hohem **Gefährdungspotential**, innerhalb eines Ortes einen Winterdienst zu verlangen (vgl RINNE NJW 1996, 3305). Formulierungen in Straßen(reinigungs)gesetzen, durch die eine Streupflicht begründet wird, entsprechen dem in der höchstrichterlichen Rechtsprechung geprägten Begriff „verkehrswichtige und gefährliche Stellen", zB „besondere Gefahrenstellen" (KG KG-Report 1994, 160, 161). **Ausnahmen** sind allerdings möglich. Durch die Aufnahme einer Straßenstelle als vorrangig zu räumende und zu bestreuende „gefährliche Stelle" in einen Streuplan wird die Gefährlichkeit und Verkehrswichtigkeit dieses Straßenabschnittes belegt (OLG Karlsruhe NJW-RR 1989, 612; aA OLG Hamm VersR 1993, 1285, 1286: kein Anspruch auf Einrichtung eines Winterdienstes; OLG Karlsruhe VersR 1979, 358, 359: keine Verkehrswichtigkeit, daher kein Indiz für vorrangiges Streubedürfnis). Die bloße Tatsache, daß die Gemeinde eine Straßenstelle tatsächlich bestreut hat, begründet keine Räum- und Streupflicht und keine Verkehrswichtigkeit (OLG Koblenz VersR 1983, 568). Entscheidend ist nämlich nicht die Übung, sondern Verkehrswichtigkeit und Gefährlichkeit des jeweiligen Straßenabschnittes (OLG Brandenburg VersR 1995, 1439, 1440).

β) **Außerhalb geschlossener Ortschaften**

E 136 Außerhalb geschlossener Ortschaften besteht eine Streupflicht nur an **besonders gefährlichen Stellen** (BGHZ 31, 73, 75; BGH NJW 1963, 37, 38; LM Nr 15 zu § 823 [Eb] Bl 2; VersR 1970, 904, 905; 1979, 1055; 1987, 934, 935 mwNw; 1995, 721, 722; OLG München VersR 1994, 983) mit **erheblicher Verkehrsbedeutung**. Eine besonders gefährliche Stelle in diesem Sinne ist immer dann anzunehmen, wenn **Anlage und Zustand** einer Straße die Bildung von **Glatteis derart begünstigen oder dessen Wirkung derart erhöhen**, daß die hierdurch geschaffenen besonderen Verhältnisse vom Kraftfahrer trotz der von ihm zu fordernden erhöhten Sorgfalt unter winterlichen Bedingungen nicht oder nicht rechtzeitig zu erkennen sind (BGH VersR 1979, 1055 mwNw). Allerdings muß der Verkehrspflichtige eine Organisation schaffen und überwachen, die gewährleistet, daß er über die besondere Gefährlichkeit einzelner Straßenstellen informiert wird (BGH LM Nr 89 zu

§ 823 [Dc] unter II 3 a bb; VersR 1979, 1055, 1056 mwNw). Besonders gefährlich ist eine auf einer Anhöhe und in einer Kurve liegende Brücke einer stark befahrenen Straße (BGHZ 31, 73, 76), ebenso eine Straße, wenn von einer Böschung Tauwasser auf die im Schatten liegende Fahrbahn fließt und dort gefriert (BGH VersR 1979, 1055, 1056). Die Pflicht besteht nur **zugunsten des Autoverkehrs auf Fahrbahnen**, nicht zugunsten von Fußgängern oder auf Gehwegen. Ausnahmen gibt es nur dann, wenn Gehwege einzelne, nicht allzu weit auseinanderliegende Ortsteile verbinden (OLG Zweibrücken VersR 1995, 721, 722; offen gelassen von BGH VersR 1995, 721, 722; OLG Düsseldorf VersR 1996, 79, 80). Bei geräumter und gestreuter Fahrbahn, aber unbenutzbarem Gehweg kann einem Fußgänger zugemutet werden, die Fahrbahn zu nutzen, ein Radfahrer kann zu Fuß gehen oder ebenfalls die Fahrbahn benutzen (BGH VersR 1995, 721, 722). Besteht keine Streupflicht, bedarf es keines **Hinweises oder keiner Warnung**, wenn erkennbar nicht gestreut wurde (OLG Düsseldorf VersR 1979, 57, 58; 1989, 626). Der Kraftfahrer muß das Risiko hinnehmen, da es ihm zumutbar ist, im Winter besonders vorsichtig zu fahren (BGHZ 45, 143, 147). Er muß auch wissen, daß sich an **Brücken** sowie an **Straßenstellen mit wechselnder Sonnenbestrahlung** oder Witterungseinwirkung, zB an Überführungen, Wäldern, Hügeln etc, bei Frost Glatteis bilden oder halten kann, während andere Straßenabschnitte noch oder schon wieder eisfrei sind (BGH NJW 1972, 903, 904; VersR 1970, 904, 905 mwNw). Maßnahmen gegen Glatteis auf Brücken sind nicht notwendig, wenn die Brücke für den aufmerksamen Kraftfahrer erkennbar ist (BGH VersR 1970, 904, 905). Bei **Einfahrt in ein Waldgebiet** muß ein umsichtiger Kraftfahrer auch mit überraschendem Auftreten von Glätte rechnen, selbst wenn der bisherige, überwiegend trockene Zustand der Straße hierzu keinen Anlaß bot (OLG Düsseldorf NVwZ-RR 1993, 174 [LS]), desgleichen auf einer kurvigen, abfallenden Strecke im Mittelgebirge mit wechselnden Waldbeständen (BGH NJW 1963, 37, 39). Zur **Nachtzeit** besteht nach älterer Rechtsprechung keine Streupflicht (BGHZ 40, 379, 384 f; BGH VersR 1970, 904, 905), auch nicht auf Autobahnen und Schnellstraßen; doch muß es Ausnahmen geben, wenn ansonsten der Kraftverkehr lahmgelegt oder besonders gefährdet würde (BGH NJW 1972, 903, 904). Im Rahmen des Möglichen ist dann eine Räum- und Streupflicht auch Nachts zu bejahen. Zumindest nach ergiebigen Schneefällen besteht dagegen vor Eintritt der **Schneeschmelze** keine Verpflichtung, Schnee aus einem Straßengraben zu beseitigen (BGH LM Nr 76 zu § 823 [Fe] unter II 2 c).

dd) Die Streupflicht zum Schutz des Fußgängerverkehrs
α) **Fußgängerüberwege und Fahrbahnüberquerungen**
Zum **Schutze des Fußgängerverkehrs** sind an die Streupflicht **strenge Anforderungen** zu stellen (BGH NJW 1993, 2802, 2803). Allerdings sind auch innerhalb geschlossener Ortschaften neben den Gehwegen (vgl dazu unten Rn E 139) nur die **belebten, über die Fahrbahn führenden, unentbehrlichen Fußgängerüberwege** zu streuen (BGH NJW 1993, 2802, 2803; VersR 1969, 667; 1987, 989; 1991, 665, 666 mwNw [Kennzeichnung nach § 26 StVO nicht notwendig]; 1995, 721, 722; OLG Frankfurt NJW-RR 1988, 154, 155), soweit für das Streuen ein Bedürfnis besteht (BGH VersR 1985, 568, 569 mwNw). An bestimmten Stellen kann es erforderlich sein, wenigstens **eine Möglichkeit** der **gefahrlosen Fahrbahnüberquerung** zu schaffen (BGH VersR 1985, 568, 570); das heißt nicht, daß es außerhalb des Ortskerns in Wohngebieten immer eine Möglichkeit **gefahrlosen Durchkommens** geben muß (BGH VersR 1991, 665, 666). Ebensowenig muß eine Stelle gestreut werden, an der der Gehweg wegen einer Baustelle gesperrt ist und die Fahrbahn überquert werden muß, soweit es sich nicht um eine belebte oder gefährliche Stelle handelt (BGH VersR 1991,

665). Wenn nur eine Straßenseite über einen Gehweg verfügt, müssen von den gegenüberliegenden Grundstücken keine Fahrbahnübergänge zum Gehweg gestreut werden (BayObLG VersR 1991, 666, 667).

β) Besondere Gefahrenstellen

E 138 Herrscht an bestimmten Plätzen – wie vor Bahnhöfen, Haltestellen, Theatern, Gast- und Vergnügungsstätten – regelmäßig oder zeitweise starker Fußgängerverkehr, kann den Sicherungspflichtigen eine **gesteigerte Pflicht** treffen (BGHZ 40, 379, 383; OLG Oldenburg VersR 1988, 935) – etwa wenn an **Haltestellen**, an Bus- und anderen Bahnhöfen ein- und aussteigende Fahrgäste in erhöhtem Maße sturzgefährdet sind (BGH NJW 1993, 2802, 2803; VersR 1967, 981, 982; OLG Oldenburg VersR 1988, 935). In Haltestellenbereichen sind vereiste Schneewälle am Fahrbahnrand zu entfernen (BGH NJW 1983, 2021, 2022). Nach **starken Schneefällen** genügt es jedoch an Bushaltestellen, daß der Geh- und gegebenenfalls Radweg so weit geräumt wird, daß ein **gefahrloses Ein- und Aussteigen** durch eine Bustür gewährleistet ist. Die vollständige Räumung kann später unter günstigeren Witterungsverhältnissen erfolgen (OLG Hamm VersR 1983, 377).

γ) Gehwege

E 139 αα) **Innerhalb geschlossener Ortschaften** sind Gehwege zu streuen, soweit auf ihnen nicht nur ein unbedeutender Verkehr stattfindet (BGH NJW 1960, 41). **Sind Gehwege nicht vorhanden**, müssen diejenigen **Straßenteile** geräumt und gestreut werden, deren Benutzung durch Fußgänger vorgesehen oder geboten ist. **Als Gehweg gilt dann ein Streifen von 1,5 m Breite** entlang der Grundstücksgrenze (BGH VersR 1985, 568, 569; vgl auch BGH NJW 1960, 41, 42, wonach mindestens eine Seite einer Fahrbahn für eine Fortbewegungsmöglichkeit von Fußgängern gestreut sein muß). Grünstreifen oder Böschungen zwischen Anliegergrundstücken und Straße schließen die Streupflicht nicht aus (BGH LM Nr 27 zu § 823 [Eb] unter I c d). Werden **Gehwege auf kurzen Strecken unterbrochen** und sind sie damit für Fußgänger nicht benutzbar, ist an ihrer Stelle ein entsprechender Fahrbahnabschnitt zu streuen (BGH VersR 1969, 377, 378; OLG München NJW-RR 1986, 1087). Ob in einem verkehrsberuhigten Bereich höhere oder geringere Anforderungen an die Räum- und Streupflicht zu stellen sind als in einer Fußgängerzone, hat der BGH offen gelassen (BGHR BGB § 839 Abs 1 Satz 1 Streupflicht 4). ZT wenden Obergerichte für die Streupflicht auf Fußgängerwegen die gleichen Grundsätze an, wie sie für den Fahrzeugverkehr entwickelt wurden. Innerstädtisch ist sie dann auf **für den Fußgängerverkehr wichtige Wege** beschränkt (OLG Köln VersR 1979, 551); tatsächlich entbehrliche Wege müssen also nicht gestreut werden (OLG Hamm VersR 1993, 1285, 1286). **Fußgängerwege ohne Verkehrsbedeutung** in einer Parkanlage brauchen demnach beispielsweise nicht gestreut zu werden; darauf braucht auch nicht gesondert hingewiesen zu werden (OLG Düsseldorf 1989, 1090, 1091). Stellt eine Gemeinde aber als Betreiber einer Obdachlosenunterkunft in einer breit angelegten Anlage mehrere Wege zur Verfügung, hat sie diese zu streuen (OLG Düsseldorf VersR 1993, 1285 [LS]). **Wege zu Geldautomaten** sind auch an Sonntagen zu streuen; an Wochenenden und vor Feiertagen ist hier mit einer erhöhten Benutzung zu rechnen (OLG Hamm DAR 1998, 142, 143). Ist die Streupflicht auf die geschlossene Ortslage beschränkt, erstreckt sie sich auf die **zusammenhängend bebauten Ortsteile**, wobei aber einzelne unbebaute Grundstücke, einseitige Bebauung sowie zur Bebauung ungeeignetes oder ihr entgegenstehendes Gelände den Zusammenhang nicht unterbrechen (OLG Düsseldorf VersR 1989, 626). Eine Pflicht zum Streuen besteht immer, wenn die Gehwegfläche so glatt wird, daß eine **Gefahr für Fußgänger** entsteht (BGH VersR 1970, 1130, 1131). **Vorbeugendes Streuen** ist nur dann erforderlich, wenn dies konkrete Umstände an **besonders gefährlichen Stellen** gebieten (BGH VersR 1985, 189 für Fahrbahnen). **Außerhalb geschlossener Ortschaften** kann eine **Streupflicht nur ausnahmsweise begründet** sein; neben dem Fußgängeraufkommen und der Gefährlichkeit der Strecke kommt es auf die Entfernung zwischen den Orten oder Ortsteilen an, die durch den Gehweg miteinander verbunden werden (BGH VersR 1995, 721, 722).

ββ) Eine Räum- und Streupflicht besteht nur insoweit, als dies für einen **sicheren Fußgängerverkehr notwendig** ist. Es genügt, wenn auf dem Bürgersteig ein Streifen von ca 1–1,20 m schnee- und eisfrei gehalten bzw gestreut wird, der es zwei Fußgängern gestattet, vorsichtig aneinander vorbeizukommen (BGH VersR 1967, 981, 982; OLG München VersR 1959, 216; OLG Bamberg NJW 1975, 1787 mwN); an Bushaltestellen kann aber eine **größere Fläche** notwendig sein (OLG Bamberg NJW 1975, 1787, 1788 [obiter]). Der Verkehrspflichtige ist auch nicht gehalten, bei der Straßenräumung entstandene Schneewälle vor Grundstückszugängen zu entfernen, dies obliegt dem Räum- und Streupflichtigen für den Gehweg (OLG Nürnberg NZV 1993, 231). Wird der Gehweg nach erfolgter Räumung durch die Gemeinde wieder zugeschoben, muß erneut geräumt werden (AG Waldshut-Tiengen NJW-RR 1987, 863, 864). Der streupflichtige Anlieger muß auch den **Bürgersteig am Rande** der Fahrbahn streuen, sofern sich dort eine Haltestelle einer öffentlichen Buslinie befindet. Die Streupflicht entfällt auch dann nicht, wenn der Busunternehmer die **Glätte selbst verursacht** oder vergrößert hat und selbst zur Gefahrenbeseitigung verpflichtet ist (BGH VersR 1967, 981, 983). Ein völliges Freihalten von Eis und Schnee wird nicht verlangt; **kleinere Unebenheiten**, die sich beim Festtreten des Schnees gebildet haben und keine erheblichen Ausmaße annehmen, **sind hinzunehmen** (OLG München VersR 1959, 216). Ein Gehweg muß erforderlichenfalls **mehrfach gestreut** werden (vgl oben Rn E 125), auch wenn es nach Sonnenuntergang zum Gefrieren von aufgetauten Stellen und Schmelzwasser kommt (BGH NJW 1969, 1958, 1959). Zusätzliche Maßnahmen sind zu ergreifen, wenn es aufgrund konkreter örtlicher Gegebenheiten zu einem Fluß von Schmelzwasser auf den Fußweg kommt, so daß Streumittel weggespült werden oder überfrieren (LG Hannover MDR 1967, 493). Doch muß der Abonnent einer Zeitung nicht schon vor deren Zustellung streuen (LG Mainz VersR 1994, 1364). Fußgänger haben sich auf Schnee- und Eisglätte insbesondere durch **Tragen wintergerechten Schuhwerkes** einzustellen. Sie brauchen bei ungeräumten Gehwegen aber **weder auf die Fahrbahn auszuweichen**, noch ist ihnen zuzumuten, **vor der Benutzung** vom Verkehrspflichtigen **Räumung zu verlangen** (BGH VersR 1997, 840; **aA** bezüglich eines Ausweichens wohl OLG Köln VersR 1979, 551 unter dem Aspekt des Mitverschuldens).

ee) **Die Streupflicht der Gastwirte**
Gastwirten obliegt eine nach Zeit und Intensität **gesteigerte Verkehrspflicht** (BGH NJW 1987, 2671, 2672); sie sind gehalten, auch nach Ende einer durch Ortssatzung festgelegten Streuzeit einen von Schnee und Glatteis **freien Zugang zu ihrem Lokal** zu schaffen, solange dieses geöffnet ist (BGH NJW 1985, 270, 271; 1985, 482, 483; BGH LM Nr 26 zu § 823 [Eb] unter II 2 a; vgl schon oben Rn E 130). In ländlichen Gegenden gelten keine geringeren Anforderungen an Gastwirte als für städtische Gebiete (BGH VersR 1956, 289). Eine Streupflicht besteht auch für **Terrassen vor einer Gastwirtschaft**, wenn der Aufenthalt dort zumindest geduldet wird (BGH VersR 1967, 751, 752). Die Verkehrspflicht des Gastwirts umfaßt auch die vom Parkplatz zum Hotel oder zur Gast- bzw

Raststätte führenden Wege (BGH NJW 1985, 482, 483; 1987, 2671, 2672; NJW-RR 1993, 27, 28). Es muß damit gerechnet werden, daß es gerade in Winternächten zu einem **Witterungsumschlag** kommen kann, der eine sich rasch bildende Glätte zur Folge hat (BGH VersR 1956, 289), und daß sich Gäste aufgrund Alkoholgenusses unverständig verhalten und in ihrer Gehsicherheit beeinträchtigt sein können (BGH NJW 1985, 482, 483; LG Passau VersR 1997, 590, 591). Bei **gefrierendem Regen** muß sich der Gastwirt in **regelmäßigen Abständen** davon überzeugen, in welchem Zustand sich der Zugang zum Lokal und der dazugehörende Parkplatz befinden und erforderlichenfalls sehr viel häufiger streuen, als es von einem Hauseigentümer für den Gehweg vor seinem Haus gegenüber Passanten verlangt werden kann; gegebenenfalls muß unverzüglich erneut gestreut werden. Die Gäste sind uU zu bitten, das Streuen abzuwarten; ein **Hinweis auf schlechte Wetterverhältnisse** allein genügt jedenfalls nicht (BGH NJW 1985, 482, 483). Eine **permanente Streupflicht besteht jedoch auch für Gastwirte nicht**. Ist die Glätte bereits beim Betreten der Gaststätte erkennbar, so muß der Gast auch beim Verlassen des Lokals nach 2 oder 2,5 Stunden mit ihr rechnen (OLG Köln NJW-RR 1986, 772; vgl aber BGH NJW 1985, 482, 483). In den **Schutzbereich dieser gesteigerten Streupflicht** sind auch Passanten einbezogen, die nicht die Absicht haben, das Lokal aufzusuchen (BGH NJW 1987, 2671, 2672; vgl oben Rn E 40).

ff) Die Streupflicht auf Parkplätzen

E 142 Der Winterdienst auf einem **öffentlichen Parkplatz** richtet sich nach den gleichen Grundsätzen, die zum Schutz von Fußgängern auf Fahrbahnen entwickelt wurden (BGH NJW 1966, 202, 203). Eine **Streupflicht** besteht also nicht generell, sondern hängt von **Art und Wichtigkeit des Parkplatzes** sowie seiner **Frequentierung** ab (BGH NJW 1966, 202, 203; VersR 1983, 162, 163; OLG Köln VersR 1983, 162, 163; OLG Karlsruhe VersR 1989, 45, 46). Der Parkplatz muß also **verkehrswesentlich** sein (OLG Frankfurt aM NJW-RR 1986, 1405, 1406). Das ist er sowohl dann, wenn er **groß** ist, als auch dann, wenn er einen **schnellen Fahrzeugwechsel** aufweist (BGH NJW 1966, 202, 203; OLG Köln VersR 1983, 162, 163), nicht dagegen, wenn auf ihm nur aufgrund eines Einzelfalles das Verkehrsaufkommen erhöht ist (OLG Düsseldorf NVwZ-RR 1993, 173, 174). Keine Streupflicht besteht jedenfalls, wenn die Parkplätze geringe Verkehrsbedeutung haben und der Gehweg von allen abgestellten Fahrzeugen mit wenigen Schritten erreicht werden kann (BGH NJW 1966, 202, 203; VersR 1983, 162, 163; OLG Köln VersR 1983, 162, 163; OLG Düsseldorf VersR 1983, 564 [LS] für einen reinen Anwohnerparkplatz; 1992, 847). Es muß wenigstens **eine Möglichkeit zum gefahrlosen Verlassen des Parkplatzes und zum Erreichen des Fahrzeuges** geschaffen werden (BGH NJW 1966, 202, 203; VersR 1991, 665). Auf **Kundenparkplätze** eines Lebensmitteleinkaufsmarktes ist diese (restriktive) höchstrichterliche Rechtsprechung jedoch nicht anwendbar (OLG Düsseldorf VersR 1992, 847). Verkehrspflichtig ist der Betreiber des (Verbraucher-)Marktes, der den Kundenparkplatz eröffnet hat. Dieser muß rechtzeitig vor Geschäftsöffnung ungefährdet benutzbar sein (OLG Düsseldorf VersR 1992, 847, 848). Aufgrund einer **erweiterten Zweckbestimmung** ergeben sich gesteigerte Verkehrspflichten; die privaten Betreiber beabsichtigen ja, Kunden anzulocken. Die Parkplätze dienen überdies zum **Be- und Entladen der Fahrzeuge** sowohl im Innenbereich der Parkbuchten als auch im Zufahrtsbereich. Zudem sind sie idR von überschaubarer Größe und können mit angemessenen finanziellen Mitteln verkehrssicher gehalten werden, zumal sie im überwiegenden **Interesse der Betreiber** errichtet wurden (LG Mannheim VersR 1993, 492, 493). Ähnliche Grundsätze gelten für **Gästeparkplätze** von Gewerbebetrieben, Betreibern von Saunen und Massagebetrieben. Die Betreiber haften jedoch nicht, wenn nur noch einzelne Schneematschreste vorhanden sind (OLG Celle VersR 1995, 598, 599). Bei einem **Hotelparkplatz** müssen nur die Wege zum Parkplatz und zu den einzelnen Stellplätzen gestreut werden; Schnee- und Eisreste an den Stirnseiten aneinandergrenzender Parkflächen dagegen müssen nicht beseitigt werden (LG Bielefeld VersR 1998, 380, 381).

gg) Die Streupflicht auf Flughäfen
Flugfelder, die von Fluggästen betreten werden müssen, sind von allen Eisresten zu räumen, da ein Fluggast mit ihnen nicht rechnet und auch nicht zu rechnen braucht (OLG Köln VersR 1997, 1022, 1023).

hh) Die Beweislast
Der Geschädigte trägt die Darlegungs- und Beweislast für das Vorliegen einer die **Streupflicht begründenden Wetter- und Straßenlage** (BGH NJW 1969, 814, 815; 1985, 484, 485; VersR 1966, 90, 92), ferner dafür, daß er innerhalb der zeitlichen Grenzen der Streupflicht gestürzt ist (BGHR BGB § 839 Abs 1 Satz 1 Streupflicht 7), schließlich dafür, daß der angemessene Zeitraum vom Auftreten der Glätte bis zu ihrer Beseitigung vom Streupflichtigen überschritten worden ist (BGH VersR 1970, 1130, 1131). Der Streupflichtige trägt die Darlegungs- und Beweislast für **Ausnahmesituation**, die Streuen zwecklos und unzumutbar macht (BGH NJW 1985, 484, 485; VersR 1966, 90, 92; OLG Hamm DAR 1998, 142, 143); er hat nachzuweisen, daß er die Pflicht übertragen und den Übernehmenden ordnungsgemäß überwacht hat (OLG Köln NJW-RR 1996, 655, 656). Aus der allgemeinen Lebenserfahrung könnten **Erleichterungen der Darlegungs- und Beweislast** erwachsen, beispielsweise wenn morgens Glatteis vorhanden ist und Umstände, die eine plötzliche Glatteisbildung hervorrufen könnten, fehlen (BGH LM Nr 89 zu § 823 [Dc] unter II 2). Auch dürfen an die **Darlegungs- und** insbesondere **Substantiierungslast bezüglich der besonderen Gefährlichkeit einer Unfallstelle** nicht zu strenge Anforderungen gestellt werden (BGH VersR 1973, 249, 251). Bei Glatteisunfällen sind die **Regeln des Anscheinsbeweises** anwendbar, wenn der Verletzte innerhalb der zeitlichen Grenzen der Streupflicht zu Fall gekommen ist (BGH NJW 1984, 432, 433; OLG Frankfurt aM VersR 1980, 50, 51). Benutzen Kinder eine **Straße als Rodelbahn**, spricht der Beweis des ersten Anscheins aber dafür, daß sich diese in einem Zustand gefährlicher Glätte befindet (BGH VersR 1963, 1047, 1048). Kommt ein Kfz bei Glatteis von der Fahrbahn ab, spricht indes nur dann ein Anscheinsbeweis für ein Fahrerverschulden, wenn feststeht, daß die **Straßenglätte rechtzeitig vorhersehbar war**; dies ist zunächst zu beweisen (OLG Schleswig NZV 1998, 411 mit Hinweis auf Nichtannahmebeschuß der Revision des BGH; aA OLG Düsseldorf VersR 1995, 311). Das **Rutschen eines Kfz auf gestreuter Straße** begründet auch keinen Anscheinsbeweis dafür, daß nicht ausreichend gestreut war (OLG Karlsruhe VersR 1970, 822, 823). Kommt der Geschädigte dagegen längere Zeit nach Ende der Streupflicht zu Fall, gibt es keinen Anscheinsbeweis (BGH NJW 1984, 432, 433; OLG Köln VersR 1990, 321, 322; NJW-RR 1996, 655, 656; OLG Zweibrücken VersR 1994, 1487), obwohl auch derartige Schadensfälle vom **Schutzbereich einer zeitlich begrenzten Streupflicht** erfaßt sind (BGH NJW 1984, 432, 433). Der Beweis kann aber mit Hilfe von Indizien geführt werden (BGH NJW 1984, 432, 433; OLG Köln VersR 1990, 321, 322). Eine bloße **Möglichkeit der (Mit-)Ursächlichkeit des Nichtstreuens** für den Unfall genügt dann aber nicht, da pflichtgemäßes Verhalten den Sturz mit Sicherheit hätte verhindern müssen (BGH NJW 1984, 432, 433, 434; KG VersR 1993, 1369). Hat ein Anlieger gegen die ihm auferlegte Streupflicht und damit gegen ein **Schutzgesetz** verstoßen, kommt es nachfolgend zum Eintritt gerade desjenigen Schadens, zu dessen Verhinderung das Schutzgesetz ergangen ist, spricht grundsätzlich der Beweis des ersten Anscheins dafür, daß der

Schutzgesetzverstoß für den Schadenseintritt ursächlich war (BGH NJW 1984, 432, 433; OLG Zweibrücken VersR 1994, 1487; OLG Köln NJW-RR 1996, 655, 656; vgl dazu auch unten Rn G 39). Es ist dann Sache des Streupflichtigen, sich zu entlasten (OLG Nürnberg VersR 1964, 1180); an die **Darlegungs- und Beweislast** des Streupflichtigen, er habe alles getan, um dem Schutzgesetz zu genügen, sind dann **sehr strenge Anforderungen** zu stellen (BGH VersR 1955, 456 mwNw).

4. Straßenbäume

a) Der örtliche Bereich

E 145 Die Verkehrspflicht für Straßenbäume ist **Bestandteil der Verkehrspflicht für öffentliche Verkehrsflächen** und somit Unterfall der allgemeinen Verkehrspflicht (BGHZ 123, 102, 105). In ihren **Schutzbereich** sind sowohl Verkehrsteilnehmer als auch die Eigentümer der Anliegergrundstücke einbezogen (BGHZ 123, 102, 104). Erfaßt werden **Bäume, die zur Straße gehören**. So liegt es, wenn die Bäume Teil der Straßenbepflanzung sind und nach dem **äußeren Erscheinungsbild** der Straße **zugeordnet** werden können (BGHZ 123, 102, 103). Hierzu gehören auch Bäume an oder auf Parkplätzen, soweit sie als Zubehör des Parkplatzes und damit der Straße selbst anzusehen sind (OLG Düsseldorf VersR 1997, 463, 464). **Keine Straßenbäume** in diesem Sinne sind also Bäume, die auf einem an die Straße grenzenden Waldstück stehen. Die Verkehrspflicht erstreckt sich auf diese Bäume erst, wenn sie umstürzen und ein **Straßenhindernis** bilden (BGH LM Nr 73 zu § 839 [Ca] unter II 3 b, c). Allerdings muß der Verkehrspflichtige Anlieger auffordern, verkehrsgefährdende Zweige und Äste zu beseitigen. Dies setzt jedoch voraus, daß die von einem am Straßenrand stehenden, zum Wald gehörenden Baum ausgehende Gefahr deutlich zu erkennen ist (OLG Frankfurt aM NJW-RR 1987, 864). Auch der Eigentümer eines an einer öffentlichen Straße angrenzenden Waldgrundstückes muß den **Baumbestand so anlegen**, daß er im Rahmen des nach forstwirtschaftlicher Erkenntnis Möglichen gegen **Windbruch und Windwurf gesichert** ist (BGH LM Nr 56 zu § 823 [Ea] unter II 1; OLG Frankfurt aM NVwZ 1983, 699, 700). Bei eingezäunten Flächen hat der Verkehrspflichtige dafür zu sorgen, daß nicht durch **herüberragende Äste** Gefahren entstehen (OLG Koblenz NJW 1966, 2017). Ebenso haftet er für Schäden, die durch abgebrochene Äste auf dem **Nachbargrundstück** entstehen (OLG Schleswig MDR 1995, 148). In Vorgärten oder auf anliegenden Grundstücken stehende Bäume oder Sträucher werden von der Verkehrspflicht umfaßt, soweit sie eine **Gefahr für die Benutzung der Straße** darstellen (BGHZ 37, 165, 169; BGH NJW 1953, 1865; VersR 1959, 275, 276; 1994, 618, 620). Gleiches gilt für Bäume und Sträucher an Eisenbahnübergängen, die die **Sicht auf die Straße und Warnzeichen behindern** können (BGH VersR 1994, 618, 620). Die **Amtspflicht**, **Dritte vor Beschädigungen durch ein Naturdenkmal zu bewahren,** deckt sich mit der allgemeinen Verkehrspflicht. Werden durch den Verkehrspflichtigen die gebotenen Maßnahmen getroffen, kommt dies der Naturschutzbehörde – trotz deren Untätigkeit – zugute (BGH LM RNatSchG Nr 3 unter II 2; vgl hierzu auch OLG Köln VersR 1992, 1370, das offen ließ, ob neben der Naturschutzbehörde auch der Straßenbaulastträger für den Baumzustand verkehrspflichtig ist). Hindert dagegen die zuständige Naturschutzbehörde den Verkehrspflichtigen, Gefahrenquellen zu beseitigen (zB durch Versagung der Fällgenehmigung), haftet sie gegenüber dem Geschädigten, wenn sein Schaden gerade auf der Verhinderung der erkennbar gebotenen Maßnahme beruht (OLG Hamm NZV 1994, 27, 28).

b) Die Sicherung des Luftraumes

Inwieweit der Verkehrspflichtige den Luftraum freihalten, Warntafeln aufstellen E 146
oder die Straße für bestimmte Fahrzeuge sperren muß, hängt wesentlich von **Funktion und Verkehrsbedeutung** der Straße ab. Allgemeine Grundsätze über Straßenbäume, die in den Luftraum über der Straße hineinragen, gibt es nicht (KG VersR 1973, 187, 188). Verkehrsteilnehmer müssen bei Anwendung zumutbarer Sorgfalt **erkennbaren Widmungsbeschränkungen** Rechnung tragen (BGH LM Nr 16 zu § 823 [Ea] unter 1; OLG Köln VersR 1991, 1265; OLG Düsseldorf VersR 1996, 602; OLG Naumburg DAR 1998, 18, 19). Dies gilt auch für innerstädtische Straßen, die zwar einen lebhaften Pkw- und Lkw-Verkehr aufweisen, deren Fahrbahnbreite (7 m) aber ein gefahrloses Ausweichen zuläßt (OLG Düsseldorf VersR 1989, 273). Bei Gemeindestraßen geringer Verkehrsbedeutung beispielsweise genügt die Warnung vor in den Luftraum hineinragenden Ästen zur Sicherung des Verkehrs (OLG Naumburg DAR 1998, 18, 19). Auch folgt aus entsprechenden gesetzlichen Vorschriften über die zulässige Fahrzeughöhe (§ 32 Abs 2 StVZO) nicht, daß der Luftraum über Fahrbahnen schlechthin bis zu der Höhe von 4 m freizuhalten ist (BGH LM Nr 49 zu § 823 [Ea] unter II 2; OLG Düsseldorf VersR 1989, 273; 1996, 602; OLG Köln VersR 1992, 1370, 1371; OLG Schleswig VersR 1994, 359; OLG Hamm VersR 1995, 1206, 1207). Nur bei **verkehrswichtigen Straßen** dürfen Fahrer von Kfz mit großer Höhe davon ausgehen, daß keine Straßenbäume mit Ast oder Stamm in das Lichtraumprofil der Fahrbahn hineinragen oder daß sie zumindest besonders gewarnt werden (OLG Hamm VersR 1995, 1206, 1207). Bei Straßen von einiger Verkehrsbedeutung muß ein Baum, der in 3 m Höhe in den Luftraum hineinragt, entfernt werden, mindestens ist eine Warnung erforderlich (KG VersR 1973, 187, 188). Eine lediglich 6 m breite Zufahrtsstraße in ein Gewerbegebiet, die in überdurchschnittlichem Maße von Großraumfahrzeugen wie Lkw und Containerlastzügen befahren wird, muß bis zur Höhe von 4 m über der Fahrbahn freigehalten werden (OLG Zweibrücken VersR 1995, 111, 112).

c) Sichtbehinderungen

Bepflanzungen am Straßenrand dürfen die Sicht der Verkehrsteilnehmer nicht behin- E 147
dern. Dies gilt auch für Büsche auf Mittelstreifen bei getrennten Fahrbahnen (BGH NJW 1980, 2194, 2195; KG VerkMitt 1966, 41, 42) sowie für den Bewuchs auf Straßenböschungen, der gegebenenfalls regelmäßig gemäht werden muß (OLG Koblenz VRS 76 [1989] 251, 252). **Verkehrseinrichtungen** müssen für einen Verkehrsteilnehmer mit durchschnittlicher Aufmerksamkeit durch einen beiläufigen, nicht durch Bäume, Hecken oder ähnliches behinderten Blick deutlich erkennbar sein (BGH VersR 1961, 689, 690). Notfalls ist eine Hecke auf 70 bis 80 cm herunterzuschneiden (BGH NJW 1980, 2194, 2196). Der Verkehr muß vor Gefahren geschützt werden, die erfahrungsgemäß drohen, wenn **Sichtbehinderungen** unterschätzt und dadurch Vorfahrtverletzungen begangen werden (BGH VersR 1994, 618, 620). Hinsichtlich der **Anforderungen an die Verkehrspflicht** ist zu differenzieren. An Standorten, an denen keine Gefahren drohen, sind sie geringer als dort, wo von Bäumen Gefahren für Menschen ausgehen können, zB bei Schiffsliegeplätzen (OLG Karlsruhe VersR 1994, 358), bei starkem Fußgängerverkehr oder in der Nähe von Schulen (OLG Koblenz NJW-RR 1986, 1086, 1087). Die dem Verkehrspflichtigen abverlangte **Sorgfalt** wächst mit der Wahrscheinlichkeit, daß sich Menschen in der Nähe des Baumes aufhalten (OLG Koblenz MDR 1993, 219).

d) Die Intensität der Überprüfung

Die Überprüfungspflicht richtet sich nach **Standort, Art, Vitalität und Gefährlichkeit** E 148 der Bäume (OLG Karlsruhe VersR 1994, 358), mithin nach den Umständen des Einzelfalles (OLG Hamm VersR 1994, 357). Der Verkehrspflichtige muß regelmäßig überprüfen und das tun, was zur Gefahrenbeseitigung objektiv erforderlich und zumutbar ist. Jeder Baum stellt zwar eine **potentielle Gefahrenquelle** dar, da auch gesunde Bäume entwurzelt oder abgeknickt werden können und auch Erkrankungen und Vermorschungen nicht immer bei einer äußeren Besichtigung erkennbar sind; daraus folgt aber **kein Erfordernis der Entfernung aller Straßenbäume** (BGH NJW 1965, 815; OLG Hamm VersR 1997, 1148, 1149). Da völlige Sicherheit nicht erreichbar ist, reichen Maßnahmen zur Bekämpfung von Gefahren aus, die einem besonnenen, verständigen und gewissenhaften Menschen erkennbar sind (BGH NJW 1965, 815). Der **Bestand an Straßenbäumen ist** demnach **so zu erhalten**, **daß er** nach den Grundsätzen forstwirtschaftlicher Erkenntnisse **gegen Windbruch und Windwurf gesichert ist** (BGHZ 123, 102, 103).

e) Die Kontrolldichte

E 149 Straßenbäume sind **regelmäßig zu überprüfen**, trockene Äste sind zu entfernen. Das gilt namentlich für diejenigen Bäume, die den Verkehr erkennbar gefährden (OLG Düsseldorf VersR 1997, 463, 464; LG Wiesbaden MDR 1959, 126), insbesondere wenn sie nicht mehr standsicher sind oder wenn Teile herabzustürzen drohen (BGH NJW 1965, 815; OLG Köln NZV 1991, 190; OLG Düsseldorf NJW-RR 1995, 726, 727; OLG Brandenburg VersR 1998, 383). Die **Kontrollabstände**, in denen Straßenbäume zu überprüfen sind, divergieren. ZT wird gefordert, sie zweimal im Jahr (OLG Hamm VersR 1997, 1148), einmal im **unbelaubten** und einmal im **belaubten Zustand**, zu überprüfen (OLG Düsseldorf VersR 1992, 467; 1997, 463, 464; OLG Hamm VersR 1998, 188, 189). Im Bereich von **Schiffsanlegestellen** muß eine Kontrolle wenigstens einmal jährlich erfolgen (OLG Karlsruhe VersR 1994, 358). Bei nur jährlicher Überprüfung der Standsicherheit eines Baumes muß diese **nach Eintritt der Vegetationsperiode** im Frühjahr vorgenommen werden (OLG Zweibrücken VersR 1994, 1489, 1490; OLG Koblenz NJW-RR 1986, 1086, 1087). Handelt es sich um einen unmittelbar an einer Grundstücksgrenze stehenden, bereits relativ mächtigen Baum, muß eine Besichtigung etwa im halbjährigen Rhythmus erfolgen, um die Folgen einer ständigen Veränderung des Baumes noch sicher beurteilen zu können (OLG Schleswig MDR 1995, 148).

f) Die Sicherungsmaßnahmen im Normalfall

E 150 Ohne Vorliegen besonderer Anhaltspunkte kann sich der Verkehrspflichtige mit einer **sorgfältigen äußeren Besichtigung** begnügen (BGH NJW 1965, 815; OLG Frankfurt aM NJW-RR 1987, 864; OLG Köln zfs 1991, 7; MDR 1992, 1127; VersR 1993, 850; OLG Düsseldorf VersR 1997, 463, 464; OLG Hamm VersR 1998, 188, 189), und zwar vom Boden aus (OLG Köln VersR 1993, 989 [LS]). Ein Besteigen der Bäume für weitere Untersuchungen ist nicht erforderlich (OLG Koblenz NJW 1966, 2017, 2018). Die Besichtigung muß jedoch den gesamten Baum erfassen und kann es auch erfordern, Straßenkehricht, Unkraut, Gras und andere Sichtbehinderungen zu entfernen, um den Stammfuß einbeziehen zu können (BGH NJW 1965, 815, 816). Insbesondere ist auf den **Gesamtzustand des Baumes**, seine Vitalität, das Gleichgewicht der Krone, Totholz im Kronenbereich, Rippen, Saftaustritt, Wunden im Stammbereich und sonstige Anzeichen für innere Defekte sowie Risse im Boden zu achten (OLG Düsseldorf NJW-RR 1995, 726, 727). Darüber hinaus besteht eine Pflicht, in angemessenen Abständen die **Bäume auf Krankheitsbefall** zu überwachen (BGH LM Nr 56 zu § 823 [Ea] unter II 1). Die mit der Überwachung Betrauten müssen so eingewiesen sein, daß die Beobachtung der Bäume sachgemäß vorgenommen werden kann, um bei **Verdacht Spezialunter-**

suchungen veranlassen zu können. Die Untersuchenden müssen insbesondere wissen, daß eine grüne Krone kein sicheres Zeichen für die Standfestigkeit ist (BGH NJW 1965, 815, 816), da ein verhältnismäßig schmaler Streifen unbeschädigten Kambiums genügt, um eine Baumkrone rundum grün zu halten (OLG Köln zfs 1991, 7). **Straßenbauarbeiten** sind danach zu überwachen, daß die Standsicherheit der Straßenbäume, insbesondere durch Verletzung oder Überdeckung der Wurzeln, nicht beeinträchtigt wird (OLG Karlsruhe VersR 1997, 1155, 1156 unter allerdings zweifelhafter Zugrundelegung der DIN 18920 „Schutz von Bäumen, Pflanzenbeständen und Vegetationsflächen bei Baumaßnahmen"). In Straßennähe nach Rodungsarbeiten gelagerte Bäume und Äste sind auch vor starkem Wind zu sichern (AG Eilenburg DAR 1997, 314, 315).

g) Die Grenzen des Aufwandes

Der Verkehrspflichtige ist dagegen nicht gehalten, die laufende Überwachung ständig durch **Forstbeamte mit Spezialkenntnissen** vorzunehmen (OLG Koblenz NJW-RR 1986, 1086), gesunde Bäume jährlich durch Fachleute besteigen zu lassen, um alle Teile des Baumes abzuklopfen, oder das Innere des Baumes mit Stangen oder Bohrern zu untersuchen (BGH NJW 1965, 815; VersR 1956, 768; OLG Hamm VersR 1994, 357). Es ist sogar falsch, einen äußerlich gesund erscheinenden Baum anzubohren, da durch die Verletzung die Gefahr des Eindringens schädlicher Organismen besteht; zur Ermittlung möglicher innerer Fäulnis- und Hohlbereiche genügt eine **optische Überprüfung** und ein **sporadisches Abklopfen** des Stammes mit einem harten Gegenstand (OLG Düsseldorf VersR 1992, 467, 468). Es stellt auch bei einer Eiche mit einem Alter von ca 100 Jahren keine Verkehrspflichtverletzung dar, wenn **keine besonderen Kontrollmaßnahmen** ergriffen werden. Ein relativ großer, aber gesunder, wenn auch in den Luftraum über der Straße hineinragender Ast muß deshalb nicht entfernt werden (OLG Köln VersR 1992, 1370, 1371). Der Einsatz eines Hubsteigers für normale Sichtkontrollen ca 60 Jahre alter Linden an einer Landstraße ist gleichfalls nicht zumutbar, auch wenn nur auf diese Weise Krankheitssymptome erkannt werden könnten (OLG Hamm VersR 1998, 188, 189). Es ist ebenfalls nicht erforderlich, alle in Straßennähe stehenden Fichten eines Waldbestandes durch **Bohrungen auf Rotfäulebefall** zu untersuchen, wenn keine besonderen Anhaltspunkte für eine derartige Erkrankung vorliegen (BGH LM Nr 56 zu § 823 [Ea] unter II 1 b; OLG Hamm VersR 1994, 357, 358: keine Infrarotuntersuchung auf Wurzelfäule). Desgleichen ist es auch unzumutbar, jeden einzelnen am Straßenrand stehenden Baum eines angrenzenden Waldes auf morsche Äste zu untersuchen, wenn die Gefahr nicht evident ist (OLG Frankfurt aM NJW-RR 1987, 864). Auch das Alter und eine viele Jahrzehnte zurückliegende **Vorschädigung** eines Baumes allein begründen nicht ohne weiteres eine gesteigerte Beobachtungspflicht (OLG Stuttgart VersR 1994, 359). Auch nach orkanartigen Stürmen ist eine **eingehende Wurzeluntersuchung** nicht geboten, wenn diese nur nach Entfernung des Laubes möglich gewesen wäre und dies wegen der Anzahl von Straßenbäumen dem Verkehrspflichtigen nicht zumutbar war (OLG Hamm AgrarR 1993, 121).

E 151

h) Weiter gehende Maßnahmen

Erst bei Vorliegen von besonderen Umständen, **Defektsymptomen** (OLG Hamm VersR 1998, 188, 189), die nach der Erfahrung auf eine besondere Gefährdung hindeuten (BGH LM Nr 56 zu § 823 [Ea] unter II 1 b; OLG Hamm VersR 1997, 1148; OLG Brandenburg VersR 1998, 383), sind weitere Maßnahmen erforderlich (BGH NJW 1965, 815; OLG Köln NZV 1993, 434), beispielsweise der **Einsatz von Forstleuten mit Spezialerfahrung** für eine fachmännische Untersuchung (OLG Düsseldorf VersR 1983, 61, 62; 1992, 467, 468; 1997, 463,

E 152

464). Derartige **verdächtige Umstände** können sein: Trockenes Laub, dürre Äste, verdorrte Teile, äußere Verletzungen, Beschädigungen, hohes Alter des Baumes, Erhaltungszustand, Eigenart seiner Stellung, statischer Aufbau (BGH NJW 1965, 815; OLG Frankfurt aM VersR 1993, 988, 989; OLG Köln MDR 1992, 1127; VersR 1993, 850; OLG Brandenburg VersR 1998, 383), Wachstumsauffälligkeiten, Erkrankungen, Pilzbefall, spärliche Belaubung (OLG Hamm VersR 1994, 357), Erdaufschüttungen am Stammfuß (OLG Köln NZV 1991, 190, 191), Rindenauflösungen, Wipfeldürre, fehlende Kallusbildung an Bruchstellen (OLG Brandenburg VersR 1998, 383), alte Wundflächen und nicht verheilte Astabschnittstellen (OLG Düsseldorf VersR 1997, 463, 464), starke Vergreisung von Kronen, Bodenversiegelung mit sehr kleinen Baumscheiben, Brechen benachbarter Bäume (OLG Köln zfs 1991, 7), Astabwurf über das normale Maß hinaus (LG Frankfurt aM NJW-RR 1987, 795), nicht jedoch gelegentlicher Astabwurf, der auch bei gesunden Bäumen wie Kastanien oder Pappeln vorkommt, ohne daß diese als besonderes Risiko einzustufen wären (OLG Hamm VersR 1997, 1148, 1149). Befinden sich am Stammfuß Anschüttungen, besteht eine erheblich vergrößerte Fäulnisgefahr, so daß intensivere Untersuchungsmaßnahmen, insbesondere Abklopfen des Stammes, erforderlich sind (OLG Köln NZV 1991, 190, 191). Bei feststellbarer oder naheliegender Fäulnisbildung sind beispielsweise Kronensicherungen durch Stahlseile oder Gurte erforderlich (OLG Düsseldorf VersR 1997, 463, 464). Besteht bei bestimmten Baumarten **Bruchgefahr** auch bei völlig gesunden und vollbelaubten Ästen, so genügt eine Sichtkontrolle nicht. Es müssen die in den Verkehrsraum hineinragenden, äußerlich gesund erscheinenden Äste vorbeugend entfernt werden (OLG Köln VersR 1994, 1489 für großkronige Pappeln). Generell sind bestimmte Baumarten als Straßenbäume weniger geeignet. Werden sie dennoch gepflanzt, so hat das eine erhöhte Kontrollpflicht zur Folge (OLG Düsseldorf NJW-RR 1995, 726, 727 für Kanadapappel), etwa durch einen Fachmann (OLG Frankfurt aM VersR 1993, 988, 989, wonach bestimmte Baumarten als Straßenbäume ungeeignet sind und weitere Umstände eingehende Untersuchungen erfordern). Bestimmte Baumarten, insbesondere Weichholz, sind auch wohl stärker vom sog Sommerbruch betroffen (OLG Düsseldorf VersR 1997, 463, 464). Auch besondere Verdachtsmomente (OLG Köln NZV 1993, 434; OLG Düsseldorf VersR 1983, 61, 62) oder die **besonders exponierte Lage eines Straßenbaumes**, zB bei starkem Fußgängerverkehr oder in der Nähe von Schulen, können einen Hubwageneinsatz erfordern (OLG Koblenz NJW-RR 1986, 1087). Eine Gemeinde muß bei einer mindestens 160 Jahre alten, an einem Hang in Schrägstellung stehenden Buche weiter gehende – auch unterirdische – **Prüfungen des Wurzelsystems** vornehmen und darf sich nicht mit einer äußeren Inspektion begnügen (OLG Koblenz MDR 1993, 219, 220). Die Verkehrspflicht ist auch verletzt, wenn eine mehr als 30 Jahre alte Trauerweide nicht von einem Fachmann auf die Standfestigkeit untersucht wird, da ab diesem Alter diese Baumart brechen kann. Hierbei ist es unerheblich, daß dem Verkehrspflichtigen das hohe Alter unbekannt war, wenn er sich durch eine Untersuchung hierüber Gewißheit hätte verschaffen können (OLG Köln MDR 1992, 1127, 1128). Bei einer als **Risiko** eingeschätzten 20 m hohen und 60 Jahre alten Linde in der Nähe eines Friedhofseingangs ist eine Untersuchung mit Hilfe einer **Leiter oder eines Hubwagens** auf Gefahranzeichen, etwa morsche Äste, zumutbar; eine bloße Sichtprüfung dagegen nicht ausreichend (OLG Jena NVwZ-RR 1995, 246 [LS]).

i) Die Eigenvorsorge

Der Betroffene hat seinerseits auf die Bäume zu achten. Ist **dichter Bewuchs** vorhanden, muß sich der Verkehr auf diese Situation einstellen; Strauchwerk in 1 bis 2 m Entfernung vom Straßenrand begründet dann keine Verletzung der Verkehrspflicht, wenn man bei umsichtiger Fahrweise der Situation gerecht werden kann (OLG Düsseldorf NJW-RR 1994, 1443, 1444). Schäden durch Astausbrüche, die lediglich auf einen mäßigen Gesundheitszustand, einen ungünstigen Standort und das Alter zurückzuführen sind, sind unvermeidbar (OLG Hamm VersR 1998, 188, 189). Dies gilt auch für die Gefahr gelegentlichen natürlichen Bruches gesunder Äste von naturgemäß brüchigen Bäumen wie Pappeln und Kastanien. Dieser Gefahr könnte nur durch erhebliches Stutzen oder Entfernen des Bestandes großer Bäume dieser Arten im Verkehrsbereich begegnet werden; dazu besteht bereits unter ökologischen Aspekten keine Verpflichtung (OLG Koblenz VersR 1998, 865). Schäden durch Bäume können im Einzelfall die **Verwirklichung des allgemeinen Lebensrisikos** darstellen (OLG Karlsruhe VersR 1994, 358; OLG Düsseldorf VersR 1997, 463, 464; OLG Hamm VersR 1998, 188; OLG Koblenz VersR 1998, 865). So sind beispielsweise durch den Verkehrspflichtigen keine Maßnahmen gegen Beschädigungen parkender Fahrzeuge durch **herabfallende Kastanien** zu treffen. Gefahren dieser Art sind durchweg bekannt, ein Verkehrsteilnehmer kann und muß ihnen **selbst ausweichen**, und zwar auch im Bereich öffentlicher Parkplätze (LG Heilbronn VersR 1989, 275; AG Heilbronn VersR 1996, 589).

k) Ökologische Gesichtspunkte

Es gibt ein allgemeines Interesse an der Erhaltung des Baumbestandes an öffentlichen Straßen. In Stadtkernen, aber auch an anderen Orten wie in Flußauen und an Flußufern sollten Bäume nur entfernt werden, wenn keine andere Baumsicherungsmaßnahme in Betracht kommt (OLG Karlsruhe VersR 1994, 358). Große und gesunde Bäume sind für das hiesige Klima und den Wasserhaushalt unersetzlich und zudem gemäß Art 20 a GG zu schützen (OLG Koblenz VersR 1998, 865). Allerdings hat bei drohenden Personen- oder Sachschäden der Gesichtspunkt der Gefahrenabwehr Vorrang (OLG Köln VersR 1994, 1489). Bei Straßen von nur **geringer Verkehrsbedeutung** ist den **ökologischen Interessen in höherem Maße Rechnung** zu tragen als bei Straßen von erheblicher Verkehrsbedeutung. Diese wiederum bestimmt sich nach den Umständen des Einzelfalles, die Art und Umfang der Verkehrspflicht nach gegebenen Verkehrsverhältnissen festlegen (OLG Köln OLGZ 1992, 236, 237; OLG Schleswig VersR 1994, 359). Kann bei einer vielbefahrenen Bundesstraße keine andere ausreichende Sicherung erreicht werden, muß beispielsweise ein in 2,70 m Höhe in den Luftraum über der Straße hineinragender Straßenbaum entfernt werden. Ein Warnschild genügt dann nicht. Hier tritt das öffentliche Interesse an der Erhaltung des Straßenbaumbestandes hinter die Anforderungen an die Sicherheit des Straßenverkehrs zurück (BGH LM Nr 49 zu § 823 [Ea] unter II 2]). Jedoch müssen auch bei verkehrsbedeutenden Straßen nur die **gefährlichen Äste und Bäume** entfernt werden, nicht aber **alle Alleebäume** an Bundesstraßen (OLG Dresden NZV 1997, 308, 309). Können aufgrund örtlicher Gegebenheiten optimale **Baumscheiben** (von Bodenbelag freigehaltene, gegebenenfalls gesondert eingefaßte Fläche um den Stammfuß) zur Bewässerung nicht geschaffen werden, verletzt dies allein die Verkehrspflicht nicht, wenn die einzige Alternative die Entfernung der Bäume wäre. In derartigen Fällen genießt das **übergeordnete Interesse** der Allgemeinheit an einer möglichst **umfangreichen Begrünung von Straßen** und Plätzen Vorrang (OLG Düsseldorf VersR 1996, 249).

E 154

l) Beweisfragen

Beweispflichtig ist der **Anspruchsteller**. Ihm obliegt daher auch der Nachweis, daß bei der zumutbaren Überwachung der Straßenbäume eine Schädigung entdeckt worden wäre (OLG Oldenburg VersR 1977, 845, 846). Auch für die **Ursächlichkeit einer Pflicht-**

E 155

verletzung für die eingetretene Beschädigung eines Pkw durch herabfallende Äste trägt der geschädigte Fahrzeughalter die Beweislast (OLG Köln NZV 1993, 434). Wurden die Bäume nicht kontrolliert, so ist dies für das Schadensereignis nur dann kausal, wenn eine regelmäßige Besichtigung zur Entdeckung der Gefahr bzw Schädigung des Baumes hätte führen können (OLG Schleswig MDR 1995, 148). Es gibt **keinen Anscheinsbeweis** dafür, daß ein Ast oder Baum vor Herabfallen oder Umstürzen Krankheitssymptome aufwies, die bei normaler Sichtkontrolle erkennbar gewesen wären (OLG Karlsruhe VersR 1994, 358). Aus der fehlenden Führung eines Baumkontrollbuches ist nicht auf eine unzureichende laufende Beobachtung zu schließen (offen gelassen von OLG Düsseldorf VersR 1997, 463, 464). Wäre ein schadhafter Baum rechtzeitig entfernt worden und somit als Gefahrenquelle ausgeschieden, ist es für den Kausalzusammenhang unerheblich, daß er möglicherweise auch in gesundem Zustand von einem Sturm umgeworfen worden wäre (OLG Hamm NZV 1994, 27, 28). Wird nach einem Unfall ein Baum oder Ast vom Verkehrspflichtigen entfernt, kann daraus weder auf ein nachträgliches **Anerkenntnis einer Beseitigungspflicht**, noch auf ein **Verschulden** hinsichtlich des Belassens des Baumes bzw Astes geschlossen werden (BGH LM Nr 16 zu § 823[Ea] unter 1 [Widerspruch zur Rechtsprechung zur Beweisvereitelung; vgl oben Rn E 97]).

5. Beleuchtung

a) Inhalt und Umfang der Beleuchtungspflicht

aa) Aus der allgemeinen Straßenverkehrssicherungspflicht kann je nach Anlage und Verkehrsbedeutung der Straße auch eine Beleuchtungspflicht erwachsen (BGH VRS 41 [1971] 1, 6; vgl auch BGHZ 36, 237, 240 f). Sie dient der **Sicherung konkreter Gefahrenstellen**, die ansonsten nicht oder nicht rechtzeitig als solche erkannt werden könnten, wie zB Baustellen, Verkehrsinseln (BGH VRS 16 [1959] 241, 242; OLG Hamm VersR 1978, 160), geländerlose Brücken (RGZ 55, 24, 27), Haltestellen (BGH VersR 1970, 179), Parkplätze (BGH VersR 1985, 90, 91) oder andere nicht ausreichend erkennbare Gefahrenquellen, und zwar **auch zugunsten des Fußgängerverkehrs** (BGH VersR 1970, 179 zu Niveauunterschieden beim Übergang von der Fahrbahn auf angrenzende Bereiche). Zu beachten ist jedoch, daß eine Beleuchtungspflicht nicht nur aus Gründen der Verkehrspflicht erwächst, sondern auch in starkem Maße der allgemeinen Sicherheit, mithin **polizeilichen Zwecken**, dienen kann (BGH VRS 41 [1971] 1, 6). Deshalb läßt sich nicht generell sagen, daß die Beleuchtungspflicht dem Verkehrspflichtigen obliege (BGH VersR 1971, 626, 628). Entscheidend für die Pflicht sowie deren Umfang und Dauer sind die örtlichen Verhältnisse, die Verkehrsbedeutung der Straße und die Leistungsfähigkeit des Verkehrspflichtigen (OLG Köln VersR 1955, 172, 173 mwNw). Für wichtige Verkehrswege im **Ortsinneren** wird eine Straßenbeleuchtung in der Regel erforderlich sein (BGH VRS 41 [1971] 1, 6). Auch bei sonstigen **verkehrswichtigen Straßen** besteht eine Beleuchtungspflicht (OLG München VersR 1976, 740 mwNw; vgl auch BGHZ 36, 237, 240); dafür kann genügen, daß die Straße zu einer Siedlung mit **50 Einwohnern führt** (LG Tübingen VersR 1965, 1062). Dagegen ist eine Beleuchtungspflicht beispielsweise für einen **Spazierweg** neben einem Bahnkörper verneint worden (OLG Stuttgart VersR 1954, 240). Eine Gemeinde kann mit **fehlender Beleuchtung** jedenfalls nicht zum Ausdruck bringen, sie wolle während der Dunkelheit keine Gewähr für die Sicherheit eines Verkehrsweges übernehmen und sich so ihrer Verkehrspflicht entledigen (OLG Köln VersR 1992, 71, 72; aA offenbar OLG München VersR 1976, 740, 741). Die Beleuchtungspflicht entfällt auch nicht, weil Beleuchtungseinrichtungen fehlen (OLG Köln VersR 1955, 172).

bb) Es ist so zu beleuchten, daß bei der an der betreffenden Stelle **üblicherweise** E 157
eingehaltenen Geschwindigkeit der Kraftfahrer, auch bei **reduzierter Sicht**, die Gefahr
so frühzeitig erkennen kann, daß ein rechtzeitiges Ausweichen oder Abbremsen ohne
Schwierigkeiten möglich ist (BGH VRS 16 [1959] 241, 242). Nicht die zulässige Geschwindigkeit ist für die Ausrichtung der Beleuchtung maßgebend, sondern eine häufig
beobachtete, tatsächlich auch höhere Geschwindigkeit, wenn die Straße nach Anlage
und Beschaffenheit Anreiz zu einem derartigen Fehlverhalten bietet (BGH VRS 41
[1971] 1, 5). Auch **gefährliche Stellen** müssen beleuchtet werden (BGH VersR 1956, 321,
322). Je nach den Umständen kann aber die Beleuchtung durch die Straßenlaternen
genügen, beispielsweise für Stufen vor einem Gebäudeeingang (OLG Düsseldorf VersR
1980, 1148). Werden **Straßenlaternen abgeschaltet**, obwohl sie nicht als solche gekennzeichnet sind, so muß Vorsorge gegen die dadurch geschaffenen Gefahren getroffen
werden (BGHZ 36, 237, 240, 243; vgl jetzt § 42 Abs 7 Zeichen 394 StVO). Die **Überwachungs-
und Wartungspflicht der Beleuchtungseinrichtungen** richtet sich nach den Besonderheiten der Örtlichkeit, der Verkehrsbedeutung der Straße sowie der Größe und
Leistungsfähigkeit der Gemeinde. Bei einem Weg durch einen Kurpark beispielsweise ist es ausreichend, wenn eine Überprüfung 5 Tage vor dem Unfall erfolgte
(OLG München VersR 1976, 740). Eine Beleuchtung zur **Absicherung einer Autobahnbaustelle** ist dagegen nachts alle 3 Stunden zu kontrollieren (OLG Bremen VersR 1979, 1126,
1127). Bordsteinkanten müssen nicht beleuchtet werden, da bekannt ist, daß Straßen
regelmäßig durch Bordsteine begrenzt werden und diese einen Höhenunterschied
zum Straßen- bzw Fahrbahnniveau aufweisen (LG Görlitz VersR 1998, 1122, 1123).

b) Die Anforderungen an die Verkehrsteilnehmer
Bei nicht beleuchteten Straßen und Gehwegen muß sich der Verkehrsteilnehmer E 158
aber auch auf die hierdurch begründete **erhöhte Gefährdung** einstellen; ein **Fußgänger**
muß sich vorsichtig bewegen (OLG München VersR 1976, 740, 741); tut er dies nicht, so ist
sein Anspruch wegen Mitverschuldens zu kürzen oder kann zur Gänze entfallen.
Beispiele sind ein Sturz über einen 40 cm hohen Poller auf einem unbeleuchteten
Bürgersteig, obwohl eine Ausweichmöglichkeit bestand (LG Aachen NZV 1994, 196),
oder ein Sturz über ein Hindernis unmittelbar neben einem unbeleuchteten Parkweg
(OLG Köln VersR 1992, 71, 72). Dasselbe gilt für kleinere, typische Unebenheiten auch
bei nur schwacher Beleuchtung wie beispielsweise Niveauunterschiede zwischen
Fahrbahn und Seitenstreifen (OLG Hamm VersR 1984, 948 [LS]). Fußgänger sind daher
auch gehalten, ihren **Heimweg über** eine ausreichend **beleuchtete Hauptverkehrsstraße**
statt eine unbeleuchtete verkehrsarme Nebenstraße zu nehmen (OLG Köln VersR 1955,
172, 173).

6. Sonstige Wege

a) Gehwege
aa) Grundsätze der Verkehrspflicht für Gehwege
Gehwege sind vom Verkehrspflichtigen laufend daraufhin zu kontrollieren, ob **sicht-** E 159
bare Veränderungen oder Mängel festzustellen sind. Maßnahmen zur Aufdeckung **unsichtbarer Mängel** sind dagegen nur bei Vorliegen besonderer Anhaltspunkte zumutbar. **Gefahrenstellen sind zu beseitigen; gegebenenfalls ist vor ihnen zu warnen** (OLG
Rostock NZV 1998, 325, 326). **Gehwege im Sinne des Wege- und Straßenrechts** sind alle
Straßenteile, die von der Fahrbahn deutlich abgegrenzt und äußerlich erkennbar für
den Fußgängerverkehr bestimmt sind (BGH VersR 1981, 335, 336; OLG Köln VersR 1993,

1286). Ein unterschiedlicher Bodenbelag genügt für die Abgrenzung, ein Bordstein ist nicht erforderlich (OLG Köln VersR 1993, 1286). Auch ein neben der eigentlichen Fahrbahn befindliches befestigtes Bankett ist als Gehweg anzusehen, es sei denn, es wäre für den Fußgängerverkehr weder vorgesehen noch geeignet (BGH VRS 17 [1959] 420, 421 mwNw; vgl OLG Hamm VerkMitt 1972, 16 mit weiteren Beispielen). Sogar Straßenteile, die nicht erkennbar von der Fahrbahn durch **eine Markierung** abgesetzt sind, können unter den Gehwegbegriff im Sinne einer Satzungsbestimmung fallen. Unter die Gehwegreinigungspflicht fallen dann alle Straßenteile, deren Benutzung durch Fußgänger vorgesehen oder geboten ist (BGH LM Nr 27 zu § 823 [Eb] unter I c, d).

bb) Anforderungen an den Verkehrspflichtigen
α) Normaler Fußgängerverkehr

E 160 Geringe Unterschiede im Niveau der Gehwegplatten sind im allgemeinen **hinzunehmen**. Die **Geringfügigkeitsgrenze** wird zT bei 2 cm, teilweise auch etwas höher angesetzt (OLG Celle VersR 1989, 157; OLG Hamm VersR 1993, 1030 [LS]: 2,5 cm; OLG Frankfurt aM NJW-RR 1994, 348, 349: 1,5 – 2 cm; OLG Düsseldorf VersR 1997, 186, 187), wobei es neben der Größe der Niveaudifferenz aber auch auf **Art, Ausmaß und die besonderen Umstände der Örtlichkeit**, wie Lage in einer Hauptgeschäftsstraße mit starker Verkehrsdichte, Ablenkung der Straßenbenutzer durch Schaufensterauslagen oder anderweitige Besonderheiten ankommt (BGH VersR 1967, 281, 282; OLG Oldenburg NJW-RR 1986, 903; OLG Hamm NJW-RR 1987, 412, 413; 1992, 1442; OLG Köln VersR 1992, 355, 356; NJW-RR 1994, 350; OLG Frankfurt aM NJW-RR 1994, 348, 349; OLG Düsseldorf NJW-RR 1995, 1114 für Parkplatz mit Verbundpflaster; OLG Dresden DtZ 1997, 96). Dies gilt auch bei geringfügig, selbst **scharfkantig und senkrecht** aus der ansonsten ebenen Oberfläche **herausragenden Hindernissen** wie Kanaldeckeln (BGH VersR 1957, 371) und Wegplatten (BGH VersR 1967, 281, 282; OLG Koblenz VersR 1993, 1417) oder erkennbaren Vertiefungen (OLG Celle VersR 1989, 157, 158; aA OLG Hamm NJW-RR 1987, 412, 413). Lediglich 13 mm Niveauunterschied im Gehwegplattenbelag sind auch bei kantenförmiger Gestalt hinzunehmen (LG Heidelberg VersR 1984, 1177). Besondere Schutzmaßnahmen sind auch bei **natursteingepflasterten Bürgersteigen** nicht erforderlich, selbst dann nicht, wenn der vorher eben geteerte Gehweg plötzlich auf Naturstein umgestellt wurde. Anders kann es allenfalls bei Dunkelheit sein, wenn die **Änderung der Oberflächenbeschaffenheit** mangels Beleuchtung nicht rechtzeitig zu erkennen ist (OLG Koblenz VersR 1993, 1417). 5 cm breite Spalten zwischen einzelnen Pflastersteinen eines Gehwegkopfsteinpflasters sind ebenfalls nicht als verkehrswidrig erachtet worden (OLG Karlsruhe VersR 1959, 861). Eine längs zur Fahrtrichtung stufenförmig verlaufende Unterteilung der Bürgersteigfläche ist durch **ausreichende Markierung** (Farbgestaltung, unterschiedliche Pflasterung, Blumenkübel etc) kenntlich zu machen (OLG Hamm VersR 1984, 292 [LS]). Eine Verkehrspflichtverletzung ist auch bei Absinken einer Gehwegplatte beim Betreten um 5 cm, die auf eine äußerlich nicht erkennbare Hohlraumbildung unter dem Gehweg zurückzuführen war, verneint worden, da diesbezügliche Untersuchungen das zumutbare Maß übersteigen würden (OLG Rostock NZV 1998, 325, 326; sehr fraglich). **Anderes gilt** für Parkstreifen zwischen Bürgersteig und Fahrbahn, da hier die Fußgänger ihre Aufmerksamkeit auf den fließenden Verkehr richten (OLG Hamm NJW-RR 1992, 1442, 1443). **Niveauunterschiede in Höhe von 2,5 cm** verletzen die Verkehrspflicht, wenn mit ihnen nicht gerechnet zu werden braucht (OLG Köln VersR 1992, 355, 356; ebenso OLG Hamm NZV 1997, 43 : 5 cm; OLG Celle VersR 1989, 157 mwNw : 6 cm; vgl auch BGH VersR 1969, 515, 516 f für Niveauunterschied von 5,7 cm in zwei Stufen).

β) Erhöhter Fußgängerverkehr

Erhöhte Sicherheitsanforderungen gelten dagegen in Fußgängerzonen und Ladenzentren, wobei das Maß der Sicherungserwartungen der Fußgänger von den örtlichen Verhältnissen bestimmt wird. Diese wiederum werden durch den Gebietscharakter im allgemeinen, die nähere Umgebung im besonderen und durch den optischen Eindruck des Bürgersteiges festgelegt (OLG Frankfurt aM NJW-RR 1994, 348, 349). In Bereichen, die nach **Anlage und Zweckbestimmung ganz auf die Bedürfnisse von Fußgängern zugeschnitten** sind, darf in höherem Maße auf die Gefahrlosigkeit der Bürgersteig- und Straßenbenutzung vertraut werden, wodurch sich **geringere Anforderungen an die eigene Sorgfalt des Fußgängers** und **höhere an diejenige des Verkehrspflichtigen** ergeben (OLG Oldenburg NJW-RR 1986, 903; OLG Düsseldorf VersR 1996, 603; OLG Hamm NJW-RR 1987, 412, 413 auch bei ländlicher Umgebung). Besondere Umstände, wie **starkes Verkehrsaufkommen** und **Ablenkung der Fußgänger** durch Schaufenster spielen daher eine Rolle. In Fußgängerzonen und Geschäftsstraßen können schon scharfkantig gegeneinander abgesetzte Niveauunterschiede mit einer **Höhendifferenz von 2 cm gefährlich** sein, weil Fußgänger abgelenkt werden und nicht auf jeden Schritt achten (OLG Hamm VersR 1993, 1030 [LS]). In einer Hauptgeschäftsstraße ist bereits eine **Höhendifferenz von 1,5 cm im Gehwegplattenbelag verkehrsgefährdend** (BGH VersR 1967, 281, 282). Ein 6 cm tiefes Loch im Gehweg einer Fußgängerzone wegen eines fehlenden Pflasterziegels ist in jedem Falle verkehrspflichtwidrig (OLG Düsseldorf VersR 1996, 603). Dasselbe gilt für eine Absenkung im Gleisbereich einer Straßenbahn um 4–5 cm (OLG Köln NJW-RR 1994, 350, 351) sowie um 4 cm auf einem Treppenabsatz einer Bahnhofsunterführung (OLG München VersR 1992, 1020).

γ) Sonstiges

Abdeckroste über Schachtöffnungen sind durch zusätzliche Vorrichtungen gegen ein Abheben durch Unbefugte zu sichern. Dies gilt jedenfalls bei besonderer Tiefe der abgedeckten Schächte oder der Besorgnis, es könne durch Betrunkene zur Entfernung der Roste kommen (BGH LM Nr 102 zu § 823 [Dc] unter II 1 c). Beim **Übergang auf Fahrbänder** zu einer U-Bahnstation muß nicht auf eine Rutschgefahr bei Nässe hingewiesen werden, da jedermann erkennbar ist, daß durch die Benutzer Feuchtigkeit auf die Bänder getragen wird und die vorhandenen Sicherungen wie Handlauf und gerillte Fahrbandglieder ausreichen. Eine **vollständige Überdachung** kann ebenfalls nicht verlangt werden (AG Schöneberg NZV 1997, 46). In Fußgängerbereichen müssen **durchsichtige Türen, Wände und Absperrungen** so angeordnet oder gekennzeichnet sein, daß sie rechtzeitig wahrgenommen werden können und als Hindernis deutlich erkennbar sind. Die Anbringung von horizontal verlaufenden, 4 cm breiten, weißen Klebestreifen in 1,55 m Höhe an den Schutzwänden einer Bushaltestelle genügt jedenfalls nicht. Auch im Sichtbereich von Kindern ist eine deutliche Kennzeichnung anzubringen, um die Kinder wirksam zu schützen (OLG Köln VersR 1994, 1317, 1318).

cc) Anforderungen an Fußgänger

α) Fußgänger haben gegebene Verhältnisse grundsätzlich so hinzunehmen, wie sie erkennbar sind, und müssen mit **typischen Gefahren** rechnen (OLG Hamm NJW-RR 1987, 412, 413; OLG Schleswig VersR 1989, 627; OLG Düsseldorf VersR 1994, 983). Eine besondere Verkehrspflicht setzt deshalb erst dann ein, wenn auch für einen **aufmerksamen Gehwegbenutzer eine Gefahrenlage von einiger Erheblichkeit** besteht (OLG München VersR 1961, 383, 384; OLG Schleswig VersR 1989, 627), die entweder völlig überraschend eintritt, nicht ohne weiteres erkennbar ist (OLG Düsseldorf VersR 1992, 1149, 1150) oder besonders groß ist (LG Hannover VersR 1989, 627, 628). Fußgänger müssen also bei Benutzung eines Bürgersteiges mit gewissen **Unebenheiten** rechnen und sich **darauf einstellen** (BGH VersR 1957, 371; 1967, 281, 282; OLG Oldenburg NJW-RR 1986, 903; OLG Hamm NJW-RR 1987, 412, 413; OLG Köln VersR 1992, 355, 356; OLG Düsseldorf VersR 1993, 1416); treten sie offen zu Tage, sind die mit ihnen verbundenen Gefahren durch Anwendung der gewöhnlichen Sorgfalt zu meistern (OLG Karlsruhe VersR 1959, 861; OLG Koblenz VersR 1993, 1417; LG Heidelberg VersR 1973, 724, 725 zu Fahrbahnbenutzung bei fehlenden gesonderten Bürgersteigen). Feste Regeln über das Ausmaß hinzunehmender Unebenheiten lassen sich aber nicht aufstellen. Entscheidend sind die Umstände des Einzelfalles, wobei ein verkehrspflichtwidriger Zustand eine Gefahr von einiger Erheblichkeit voraussetzt (OLG Schleswig VersR 1989, 627). Ein Fußgänger ist aber nicht gehalten, auf dem Gehweg einer Stadt die Augen ständig nach unten zu richten, er braucht nur **gelegentlich und beiläufig die Straßenoberfläche betrachten** (BGH VersR 1969, 515, 516). Mit entgegenkommenden Benutzern muß man sich **verständigen** oder notfalls **warten**, um nicht in den Bereich von Gefahrenstellen zu geraten (OLG Düsseldorf VersR 1997, 186, 187). Nähert sich ein Gehwegbenutzer einer für ihn klar erkennbaren gefährlichen Stelle, muß er seinen weiteren Weg unter Beachtung besonderer Vorsicht wählen. Handelt er dem zuwider, verwirklicht sich für ihn nur das **allgemeine Lebensrisiko**, ein Schadensersatzanspruch wegen Verkehrspflichtverletzung ist dann ausgeschlossen (OLG Koblenz VersR 1993, 1417; OLG Düsseldorf VersR 1993, 983 [LS]). Auch bei Bewuchs muß die Oberfläche des Weges sorgfältig beobachtet werden (OLG Düsseldorf VersR 1992, 1149). Auf Niveauunterschiede beim Übergang von unterschiedlichen Bereichen haben sich Fußgänger grundsätzlich einzustellen, so etwa beim Übergang von einer befestigten Fahrbahn zum unbefestigten Seitenstreifen einer nur dem Anliegerverkehr dienenden Straße (OLG Düsseldorf VersR 1986, 397 [LS]), von der Fahrbahn zum Gehweg (OLG Hamm VersR 1984, 948 LS) und vom Privatgrundstück zum Gehweg (OLG Oldenburg VersR 1995, 599). Ein Niveauunterschied von 28 cm zwischen der Bodenplatte eines Wartehäuschens an einer Bushaltestelle und dem davor verlaufenden Bürgersteig ist allerdings zu groß (LG Hannover VersR 1989, 627, 628). Auch beim Betreten der Fahrbahn müssen Fußgänger mit größeren Unebenheiten als auf dem Gehweg rechnen; dies gilt zumal im Bereich von Baustellen (AG Köln VersR 1995, 63). Das kann anders sein bei Schachtabdeckungen im Fahrbahnbereich, die um 2 cm oder weniger über das Niveau des Straßenbelages hinausragen, wenn sich die Fußgänger bei der Fahrbahnüberquerung auf den Fahrzeugverkehr konzentrieren müssen (OLG Karlsruhe MDR 1984, 54). Andererseits ist es zu ihrem Schutz nicht für erforderlich erachtet worden, für den Fahrzeugverkehr auf einer wenig befahrenen Straße ungefährliche Unebenheiten, wie etwa 4–5 cm erhöhte Kanaldeckel zu beseitigen, jedenfalls wenn die betreffende Stelle nicht zur Fahrbahnüberquerung bestimmt war (OLG Karlsruhe VersR 1993, 332, 333). Es stellt auch keine Verkehrspflichtverletzung dar, wenn die erste Stufe einer abwärts führenden, die Straße begrenzenden Treppe 4 – 5 cm über die übrige Fahrbahnoberfläche hinausragt (OLG Bamberg VersR 1981, 356, 357).

E 164 β) Weicht ein Gehwegbenutzer zerlaufenem Hundekot aus und benutzt einen von ihm als gefährlich erkannten anderen Gehwegteil, so haftet der Verkehrspflichtige nicht (OLG Düsseldorf VersR 1997, 640 [LS]). Auch soll **Rutschgefahr** durch nasses Laub auf einem Gehweg keine Verletzung der Verkehrspflicht sein (OLG Nürnberg NZV 1994, 68). Das ist sehr problematisch, da ein Gehweg von Verunreinigungen freizuhalten ist. Das gilt auch für Schmierschichten aus nassem und faulendem Laub (BGH LM Nr 72 zu § 823 [Ea] unter II 1) oder Beerenmatsch (OLG Köln NJW-RR 1995, 1480). Zur

Gehwegabgrenzung angebrachte Ketten sind nicht verkehrspflichtwidrig, wenn sie bei zweckgerechter Benutzung des Gehwegs erkennbar sind (OLG Düsseldorf VersR 1993, 1108, 1109). Dasselbe gilt, wenn in einer **Fußgängerpassage** eine stufenlose Schräge und eine Treppenanlage nebeneinander angelegt und diese Bereiche nicht gesondert, etwa durch eine Kette, voneinander getrennt wurden, da diese **Gestaltung deutlich erkennbar** war (OLG Düsseldorf VersR 1994, 982, 983). Auch wer auf einem **unbeleuchteten Fußweg** trotz Ausweichmöglichkeit mit einem in der Wegmitte stehenden Poller zusammenstößt, hat keinen Anspruch auf Schadensersatz (LG Aachen NZV 1994, 196).

b) Seitenstreifen und Bankette

Bankette dienen nicht der Aufnahme des fließenden Verkehrs. Inhalt und Umfang der Verkehrspflicht haben sich an diesen Zwecken auszurichten. Gleiche Bauart und gleiche Tragfähigkeit wie für die Fahrbahn können daher nicht verlangt werden (BGH NJW 1957, 1396; VersR 1960, 447; 1965, 516, 517; 1989, 847, 848). Die **Mitbenutzung eines Bankettes** ist aber immer dann erlaubt, **wenn die Verkehrslage es erfordert**. Ein Kraftfahrer kann und darf deshalb grundsätzlich damit rechnen, bei angepaßter Geschwindigkeit den Seitenstreifen gefahrlos überfahren zu können (BGH VersR 1962, 574, 576). Besteht keine Geschwindigkeitsbegrenzung, gehört es zur Funktion eines Bankettes, auch mit höherer Geschwindigkeit von der Fahrbahn abgekommenen Fahrzeugen ein möglichst **sicheres Wiederauffahren auf die Fahrbahn** zu ermöglichen, keinesfalls zu erschweren (aA wohl OLG Bamberg VersR 1981, 960, wonach nur ein langsames und vorsichtiges Befahren ermöglicht werden müsse und ein 0,6 m hoher und 1,5 m breiter Erdhaufen auf dem Bankett keine Gefahr begründe). Demzufolge darf der **Übergang von der Fahrbahn zum Bankett** auch keine gefährlichen Höhenunterschiede aufweisen, wie eine 14 cm tiefe Kante zum Bankett (OLG Schleswig NZV 1995, 153, 154). Ist das Bankett auch bei der gebotenen vorsichtigen Fahrweise nicht für eine **Mitbenutzung bei Ausweichmanövern** geeignet, müssen die Verkehrsteilnehmer in der Regel zumindest durch ein **Hinweisschild** gewarnt werden, sofern die Situation nicht klar ist (BGH LM Nr 35 zu § 823 [Ea] unter III 2; VersR 1962, 574, 577; 1989, 847, 848;). Beim **Ausweichen** auf einen Seitenstreifen hat ein Kraftfahrer aber dem Umstand Rechnung zu tragen, daß diese nicht zur regelmäßigen Benutzung durch den Fahrzeugverkehr bestimmt sind (OLG Düsseldorf VersR 1994, 574, 575). Unmittelbar neben der Fahrbahn aufgestellte Findlinge zum Schutz von Grünstreifen bedeuten keine Verkehrspflichtverletzung, wenn sie nicht in den **Verkehrsraum hineinragen**. Eine gesonderte Warnung oder Beleuchtung ist nicht erforderlich (OLG Düsseldorf NZV 1989, 117).

c) Parkplätze und Parkhäuser

Parkplätze sind wie die übrigen Straßenteile zu sichern. Befinden sich neben dem Parkplatz Böschungen oder Abhänge, sind Schilder oder **Schutzgeländer** anzubringen (BGH LM Nr 45 zu § 823 [Ea] unter II; vgl dazu oben Rn E 39). Parkplätze für Gäste sind entsprechend den **Bedürfnissen des Verkehrs** zu beleuchten und bei Schnee- und Eisglätte zu streuen (BGH NJW 1985, 482, 483). Scherben sind vor der zu erwartenden Benutzung des Parkplatzes zu entfernen, eine **laufende nächtliche Kontrolle** kann indes nicht gefordert werden (LG Passau VersR 1997, 590, 591). Wird ein Parkplatz von Fußgängern überquert, so haben diese verstärkt auf die Bodenbeschaffenheit zu achten (OLG Dresden OLG-NL 1996, 222). Es ist auch zulässig, am Rand von Bauminseln 90 cm hohe schwarze Pfosten anzubringen (OLG Düsseldorf VersR 1992, 893 [LS]). Auf einem **baumbestandenen Parkplatz** mit Verbundpflaster muß ein Verkehrsteilnehmer insbesondere in der Nähe von Bäumen damit rechnen, daß aufgrund der Wurzeln sowie der Belastung durch parkende Fahrzeuge Unebenheiten und demzufolge Niveauunterschiede von mehr als 2 cm entstehen können (OLG Düsseldorf NJW-RR 1995, 1114). Ein 8–10 cm hoher gepflasterter Bürgersteig zwischen einem Haus und einem **privaten Besucherparkplatz** muß während der Dunkelheit nicht beleuchtet werden, auch nicht dessen Kante (OLG Koblenz VersR 1993, 199 [LS]). In einem **Parkhaus** genügt es, wenn für Fußgänger ein deutlich ausgewiesener Weg zur Straße verkehrssicher gehalten wird; für sämtliche denkbaren Durchgangsmöglichkeiten ist dies nicht nötig (OLG Düsseldorf VersR 1995, 1325).

d) Wirtschaftswege

E 167 Bei einem Wirtschaftsweg (zur Charakterisierung vgl OLG Düsseldorf VersR 1981, 659, 660) sind an die Verkehrspflicht nur relativ geringe Anforderungen zu stellen. Die **Vorsorge durch den Verkehrsteilnehmer**, sich selbst vor Schaden zu bewahren, tritt in den Vordergrund (OLG Düsseldorf VersR 1994, 617; 1997, 639). Der Verkehrspflichtige kann zB davon ausgehen, daß tagsüber ein Benutzer des Weges dort **abgelagerte Materialien** wahrnimmt und seine weitere Fahrweise danach einrichtet, selbst wenn das Material teilweise auf der Fahrbahn lagert und die gleiche Farbe wie der Fahrbahnbelag aufweist (OLG Düsseldorf NJW-RR 1993, 597, 598). Dient der Weg im wesentlichen nur dem landwirtschaftlichen Verkehr, so muß auch mit **unbeleuchtet abgestellten Fuhrwerken** und Ackergeräten oder **ausgebrochenem Vieh** gerechnet werden. Ein Wegebenutzer muß daher so fahren, daß er jederzeit auch vor einem unbeleuchtetem Hindernis anhalten kann (OLG Köln VersR 1992, 354, 355; OLG Düsseldorf VersR 1997, 639, 640 für Löcher von 12 cm Tiefe). Braucht der Eigentümer eines Wirtschaftsweges nach den Landesgesetzen den **Abfluß von Quellwasser** auf eine Straße nicht verhindern, ist er auch nicht sicherungspflichtig gegenüber Verkehrsteilnehmern, wenn das Wasser auf der Straße gefriert und sie dadurch gefährdet werden (BGH MDR 1987, 560). Dient der Wirtschaftsweg allein dem Verkehr der Landwirte zu den angrenzenden landwirtschaftlichen Flächen, muß er grundsätzlich nicht von **Ackererde** und sonstigen **ortsüblichen Verschmutzungen** freigehalten werden (OLG Düsseldorf VersR 1973, 945; 1981, 659; OLG Köln VersR 1996, 207). Es sind nur solche außergewöhnlichen Hindernisse und Verschmutzungen zu beseitigen, mit deren Vorhandensein auch auf Wirtschaftswegen in ländlichen Gegenden nicht gerechnet werden muß (OLG Düsseldorf VersR 1981, 659, 660; OLG Köln VersR 1996, 207, 208). Hierzu gehören beispielsweise auch Absperrungen durch Schranken, die eine Kennzeichnung durch Leuchtkörper oder Reflektoren erfordern können (OLG Köln VersR 1992, 354, 355). Ein unmittelbar neben dem befestigten Wirtschaftsweg befindliches, durch Bewuchs nicht rechtzeitig erkennbares Loch von 1,5 m Länge, 0,7 m Breite und 0,4 m Tiefe ist ebenfalls zu beseitigen; zumindest ist darauf hinzuweisen (OLG Oldenburg NJW 1989, 305, 306).

e) Feldwege

E 168 Feldwege unterliegen **innerhalb einer Gemarkung** zwar auch der Verkehrspflicht der Gemeinde, die Anforderungen an Unterhaltung und Sicherung sind aber **herabgesetzt**. Eine regelmäßige engmaschige Überwachung ist nicht notwendig; für geschotterte Feldwege genügt eine monatliche Kontrolle (LG Heidelberg VersR 1992, 357).

f) Wanderwege

E 169 Bei Wanderwegen richten sich die vom Verkehrspflichtigen zu treffenden Maßnahmen nach der konkreten Gefahrensituation unter Berücksichtigung der **durchschnittlichen Wanderer**, die neben guter Kondition auch ein Maß an Erfahrung und Vorsicht besitzen (OLG Nürnberg OLGZ 1975, 446, 448 ff). Dies gilt auch, soweit die Wanderwege in einem Waldgebiet liegen. **Unebenheiten** von 10 cm stellen daher keine Pflichtverletzung dar, sondern sind hinzunehmen. Einem Wanderer muß auch bekannt sein, daß es durch Witterungseinflüsse zu **Auswaschungen des Bodens und der Wurzeln** und damit zu Unebenheiten kommen kann, die oftmals durch Laub verdeckt sind. Diesen Gegebenheiten hat er durch erhöhte Vorsicht und entsprechendes **Schuhwerk** Rechnung zu tragen (OLG Düsseldorf VersR 1983, 542, 543). Ebenso muß sich der Wanderer auf objektiv erkennbare Gefahren einstellen, wie hangabwärts rollende Steine (OLG Nürnberg OLGZ 1975, 446, 449). Ein erkennbar für Fußgänger und Radfahrer angelegter Wanderweg muß auch dann nicht mit besonderen **Schutzvorkehrungen für Pferde** versehen werden, wenn Reiter den Weg erlaubterweise, aber auf eigene Gefahr häufig benutzen (OLG München VersR 1992, 1534, 1535). Ein an Stahlseilen hängender Steg über einen Fluß muß dagegen einmal wöchentlich kontrolliert werden, wenn nicht ganz geringer Fußgängerverkehr herrscht und wiederholt mutwillige Beschädigungen vorgekommen sind (LG Ravensburg VersR 1975, 433, 434).

g) Trampelpfade
Die Haftung des Verkehrspflichtigen eines „Trampelpfades" bemißt sich **mangels** **E 170** **Widmung des Weges für den öffentlichen Verkehr** nur nach § 823 Abs 1. Es besteht keine Pflicht, einen mit Gras umwachsenen, 7 cm aus dem Boden ragenden abgebrochenen Steinstumpf zu beseitigen oder zu sichern, wenn ein aufmerksamer Benutzer des Weges ihn unschwer umgehen kann (OLG Düsseldorf VersR 1992, 1149, 1150). Trampelpfade zur Umgehung von Bahnübergangssicherungen sind allerdings zu beseitigen; ansonsten ist ihre Nutzung in sonstiger Weise zu verhindern (OLG Naumburg NZV 1998, 326, 327).

h) Waldwege
Verkehrspflichten bestehen grundsätzlich auch für Waldwege. Der in § 14 Abs 1 **E 171** BWaldG und in Landeswald- bzw -forstgesetzen enthaltene Hinweis auf eine Benutzung des Waldes auf eigene Gefahr schließt lediglich **Haftungserweiterungen** aus, läßt die Verkehrspflicht jedoch unberührt (OLG Düsseldorf VersR 1983, 542, 543; OLG Köln NuR 1988, 103; **aA** OLG Hamm VersR 1985, 597, wonach wegen des originären und nicht von einer Widmung oder Verkehrseröffnung abhängigen Benutzungsrechtes keine Verkehrspflicht im Wald einschließlich der Wege besteht). Gegen typische Gefahren des Waldes, wie herabhängende Zweige und Fahrspuren braucht keine Vorsorge getroffen werden. In der Regel besteht innerhalb eines geschlossenen Waldgebietes auch keine Untersuchungspflicht auf Baum- oder Astbruchgefahren. Geschützt werden muß jedoch vor **atypischen Gefahren**; dazu zählen alle nicht durch die Natur oder die Bewirtschaftungsart vorgegebenen Zustände, aber auch vom Waldbesitzer geschaffene Gefahrenquellen wie Schranken. Sie müssen deutlich kenntlich gemacht werden, etwa durch Warnschilder, Anstrich mit Leuchtfarben oder Rückstrahler; dagegen genügt ein 70 cm breiter weißer Anstrich nicht (OLG Köln NuR 1988, 103). Es besteht aber keine Haftung für von Dritten hinterlassene Scherben und nicht abgedeckte Pfostenhülsen neben den Waldwegen (OLG Düsseldorf VersR 1998, 1166, 1167).

i) Ladestraßen
Anlieferungswege der Deutschen Bahn unterliegen geringeren Anforderungen an **E 172** die Verkehrspflicht, da sie nur einem beschränkten Verkehr vorbehalten sind. 10 cm

aus dem Erdreich ragende Gullydeckel neben der eigentlichen Ladestraße müssen deshalb nicht eingeebnet werden (LG Oldenburg VersR 1982, 1061, 1062).

7. Die Verkehrspflicht für Verkehrsmittel

a) Züge

E 173 Es dürfen keine Wagen in Umlauf gesetzt werden, die mangels **Reinigung** aufgrund **von Giftrückständen** für Menschen und Tiere eine Gefahr bilden können; die Reinigung ist zu überwachen (BGHZ 17, 214, 219 f). Es dürfte heute eine Verkehrspflichtverletzung darstellen, wenn sich der **Schließmechanismus** einer Tür während der Fahrt außerordentlich leicht entriegeln läßt, während dieser Umstand 1984 nur zu einer Erhöhung der Betriebsgefahr führte (BGH VersR 1993, 442, 443). Die bloße Möglichkeit, die Tür eines Zuges nach dem Anfahren noch öffnen zu können, begründete nach einer Entscheidung des OLG Hamm keine Verkehrspflichtverletzung (OLG Hamm NJW-RR 1993, 1180; jedenfalls heute zweifelhaft).

b) Bahnanlagen

E 174 Grundsätzlich bestehen auf dem Bahngelände Verkehrspflichten, insbesondere gegenüber **spielenden Kindern**. Ob das Aufstellen von Warnzeichen ausreicht, hängt vom Einzelfall ab (BGH NJW 1995, 2631). Die Warnung muß die Gefahrenquelle möglichst genau darstellen. Auf die Lebensgefahr bei Annäherung an eine Oberleitung durch Erklettern eines hierzu einladenden Waggons muß zumindest durch **Piktogramme** oder **stationäre Warntafeln** hingewiesen werden, wenn es nicht zumutbar sein sollte, das Erklettern der Waggons durch Einzäunen des Geländes zu verhindern oder jedenfalls wesentlich zu erschweren (BGH NJW 1995, 2631, 2632). Für **Bahnsteige einer Großstadt** gelten sehr strenge Anforderungen. Aufgrund der Konzentration auf den einfahrenden Zug und wegen des mitgeführten Gepäcks ist die Aufmerksamkeit nur noch in geringem Maße auf die Bodenbeschaffenheit gerichtet. Unebenheiten von 0,8 cm Differenz stellen dann bereits einen verkehrspflichtwidrigen Zustand dar, mit dem Fahrgäste jedenfalls im Abstand von 1 m zur Bahnsteigkante nicht zu rechnen brauchen und deren Beseitigung zumutbar ist (BGH VersR 1981, 482). **Gummikeile** im **Gleisbereich einer Straße** begründen keine Verkehrspflichtverletzung, wenn sie von Radfahrern mit normaler Geschwindigkeit ohne Richtungswechsel passiert werden können (OLG Hamm NZV 1998, 154).

c) Busse

E 175 Den Fahrer eines **öffentlichen Verkehrsmittels** trifft eine besonders hohe Pflicht zur Rücksichtnahme auf das Leben und die Gesundheit der von ihm beförderten Personen. Ein scharfes **Abbremsen** darf daher nur eines der letzten Mittel sein, um einer gefährlichen Verkehrssituation zu begegnen, da es Situationen gibt, in denen Fahrgäste sich keinen festen Halt verschaffen können, beispielsweise kurz nach dem Einsteigen, beim Erheben vom Sitzplatz vor dem Aussteigen oder bei Mitführen von Gepäck (KG VersR 1977, 723, 724). Der Fahrgast hat Vorsorge zu treffen, einen **unvermeidlichen Anfahrruck** stehend auszuhalten (LG Düsseldorf VersR 1983, 1044 [LS]; vgl hierzu auch BGH LM Nr 6a zu § 823 [Ed] unter II 2, 3 zu Straßenbahnen). Der Fahrer eines Linienbusses muß sich deshalb vor dem Anfahren nur dann vergewissern, ob ein Fahrgast Platz gefunden hat, wenn für ihn eine **schwerwiegende Behinderung erkennbar** ist (BGH NJW 1993, 654, 655; OLG Stuttgart VersR 1971, 674, 675; OLG Hamm VersR 1986, 43, 44); das Alter eines Fahrgastes reicht allein nicht aus (BGH NJW 1993, 654, 655), ebensowenig das Mitführen von Gepäck (OLG Stuttgart VersR 1971, 674, 675). Doch besteht eine Pflicht des Fahrers, sich vor dem Anfahren durch einen kurzen **Kontrollblick in den Innenspiegel** vom Schließen der Türen und vom Fehlen etwaiger außergewöhnlicher Umstände zu überzeugen. Dies ist insbesondere bei Bussen mit zumindest teilweise freien Mittelgängen zumutbar, da hier die Sturzgefahr erheblich höher liegt als bei vollbesetzten (OLG Köln NJW-RR 1990, 1361, 1362). Der Verkehrspflicht ist auch gegenüber älteren Fahrgästen genügt, wenn durch ein zweifaches Sicherungssystem mit Lichtschranke und Hohlprofilgummi ein sofortiger **Abbruch eines Schließvorganges** gewährleistet und eine heftige Berührung zwischen Türflügeln und Fahrgast ausgeschlossen ist (OLG Nürnberg VersR 1995, 233). Dagegen muß nicht damit gerechnet werden, daß ein am Gehsteig auf einen anderen Bus wartender Fahrgast plötzlich auf die Fahrbahn springt. Sicherungsmaßnahmen sind erst bei Vorliegen konkreter Anhaltspunkte für eine Gefährdung zu verlangen; gegenüber Kindern ist dabei nach dem Alter zu differenzieren (OLG Bamberg VersR 1993, 898, 899). Bei Annäherung an eine Haltestelle mit dort wartenden Personen nach Schneefall und Glätte sind besondere Vorsicht sowie notfalls Schrittgeschwindigkeit mit 4 bis 7 km/h geboten (OLG Düsseldorf DAR 1993, 151, 152 mwNw). Kommt ein Fahrgast zu Fall, rechtfertigt dies nicht den Schluß, er habe sich entweder überhaupt nicht oder nur ungenügend festgehalten (KG VersR 1977, 723, 724; **aA** LG Düsseldorf VersR 1983, 1044 [LS]: Anscheinsbeweis für mangelnde Vorsicht des Fahrgastes bei Sturz in einem normal anfahrenden Bus).

d) Straßenbahnen
aa) Ein Straßenbahnführer darf die Türen des Fahrzeuges erst dann schließen, **E 176** wenn er sich durch einen **Blick in den Außenspiegel** davon überzeugt hat, daß das Aussteigen der Fahrgäste beendet ist (OLG Bremen VersR 1981, 537). Bei dem **Aufleuchten einer Kontrollampe**, die anzeigt, daß noch nicht alle Türen geschlossen sind, darf er nur dann abfahren, wenn er sich von einer Fehlfunktion überzeugt hat (BGH LM Nr 6 zu § 823 [Ed] unter III). Die Verwendung automatisch schließender Türen mit Schutzvorrichtungen, die ein Einklemmen des Fahrgastes ausschließen, ist grundsätzlich zulässig. Hinweisschilder sind nicht erforderlich (OLG Düsseldorf VersR 1995, 676). Regelmäßig ist der Fahrgast in einem Großraumwagen sich selbst überlassen und muß für seine **Standsicherheit** sorgen, wenn er nicht erkennbar erheblich behindert ist (vgl oben Rn E 175). Ein Fahrgast muß damit rechnen, daß auch bei einem normalen Anfahrvorgang ruckartige Bewegungen auftreten und seine Standsicherheit vor allem in Kurven beeinträchtigen können (BGH LM Nr 6a zu § 823 [Ed] unter II 2). Mit einem ungewöhnlich starken Ruck anzufahren kann aber pflichtwidrig sein, ohne daß aber eine Pflicht bestünde, jeden elektronisch gesteuerten Anfahrvorgang aufzuzeichnen (OLG Düsseldorf VersR 1998, 649, 650).

bb) Straßenbahnfahrer haben im Rahmen des nach dem organisatorisch Möglichen **E 177** und Zumutbaren die Wagen auf Verschmutzungen, Beschädigungen oder sonstige Vorkommnisse zu untersuchen, die zur Schädigung von Fahrgästen führen können. Ob an den Endhaltestellen zu kontrollieren ist, ob in den Wagen **verbleibende Personen** sich **in einem hilflosen Zustand** befinden, und ob sicherzustellen ist, daß an den Endhaltestellen in der Nachtzeit und den frühen Morgenstunden derartige Kontrollen durchgeführt werden, wird unterschiedlich beurteilt (verneinend BGH VersR 1999, 203, 204; bejahend aber noch die Vorinstanz OLG Köln VersR 1998, 252, 253). Aus der Mißachtung einer Dienstanweisung, an den Endhaltestellen die Fahrgäste zum Verlassen des Fahrzeugs aufzufordern, kann eine Haftung folgen, wenn die Dienstanweisung im

Einzelfall auch den Schutzzweck hat, hilflose Fahrgäste zu schützen (BGH VersR 1999, 203, 204). Ohne Anhaltspunkte auf besondere Vorkommnisse genügt eine **regelmäßige Kontrolle der Sitze** einer Straßenbahn auf Standfestigkeit einmal im Monat (LG Essen VersR 1993, 199, 200).

E 178 cc) Die nach einer üblichen Reinigung **verbleibende Feuchtigkeit** von **Straßenbahnschienen** stellt nur eine kurzfristige und mit der Situation nach einem Regenschauer vergleichbare Gefahrenquelle dar, vor der nicht besonders gewarnt werden muß. Kommt es deshalb zu einem Unfall, verwirklicht sich lediglich das allgemeine Lebensrisiko (LG Düsseldorf VersR 1993, 713). Fährt eine Straßenbahn auf einen im Schienenbereich haltenden Pkw auf, spricht kein **Anscheinsbeweis** für ein Verschulden des Fahrers, da sein Fahrzeug unter anderen Bedingungen als ein Kraftfahrzeug geführt werden muß; man denke an Schienengebundenheit, fehlende Ausweichmöglichkeit und Vertrauen auf Beachtung seines Vorrechtes durch andere Verkehrsteilnehmer (OLG Dresden VersR 1997, 332, 333).

e) **U-Bahnen**

E 179 Die Beobachtungs- und Kontrollpflichten des Fahrers unterscheiden sich von denen einer Straßenbahn oder eines Busses aufgrund der eingeschränkten Sichtmöglichkeiten. Ob aber eine Verpflichtung besteht, nur Wagenkombinationen einzusetzen, die eine Beobachtung über die gesamte Zuglänge im Außenspiegel ermöglichen, hat die Rechtsprechung offen gelassen (OLG Düsseldorf VersR 1997, 889, 890). Können Witterungsschwankungen Funktionsstörungen an Kontaktschaltern bewirken, muß auch während eines laufenden Tages kontrolliert und erforderlichenfalls nachjustiert werden (OLG Düsseldorf VersR 1997, 889, 891). Fahrgäste dürfen so lange von einem ordnungsgemäßen Zustand der U-Bahnwagen ausgehen, bis die Gefahrenquelle für sie eindeutig sichtbar geworden ist. Entscheidend für die Berücksichtigung etwaigen Mitverschuldens ist somit die Auffälligkeit eines (Trittstufen-)Defekts (OLG Celle NJW-RR 1994, 989).

f) **Luftverkehr**

E 180 Der Verkehrspflichtige hat Gefahren für die Sicherheit des Luftverkehrs sowie für die öffentliche Sicherheit und Ordnung durch den Luftverkehr abzuwehren (BGH NJW 1977, 1875, 1876). Dies gilt zugunsten aller Personen, die sich im Bundesgebiet dem Luftverkehr anvertraut haben. In den **Schutzbereich** sind Leben und Gesundheit, aber auch Sachwerte einbezogen, soweit sie untrennbar mit dem Schutz von Leib und Leben verbunden sind, beispielsweise auch die Flugzeuge selbst, die am Flugverkehr teilnehmen und von einem wetterbedingten Absturz bedroht sind (OLG München VersR 1993, 1485, 1486 für eine unterbliebene Warnung vor starkem Hagel). Von der **Bodenbeschaffenheit des Flughafengeländes** dürfen keine Gefahren für die Benutzer ausgehen; gegebenenfalls ist das Befahren durch Flugzeuge zu verhindern (OLG Köln VersR 1997, 712, 713). In **Passagierräumen von Flugzeugen** dürfen Getränkewagen nicht unbeaufsichtigt und ungesichert stehenbleiben (OLG Köln VersR 1998, 1120, 1122). Ein Pilot hat dafür zu sorgen, daß genügend **Treibstoff an Bord** ist, der auch für den Anflug eines Ausweichflughafens ausreichen muß. Ein entfernterer Flugplatz darf nur angeflogen werden, wenn sich der Flugzeugführer bei einer ordnungsgemäßen Flugvorbereitung vom erforderlichen Benzinvorrat überzeugt hat, ansonsten kann eine Sicherheitslandung erforderlich sein (OLG Köln VersR 1989, 359). Auf eine Treibstoffanzeige darf er sich dabei wegen deren bekannter Ungenauigkeit nicht verlassen, eine **Sichtprü-**

fung oder **Volltanken** sind erforderlich (KG KG-Report 1996, 32, 33; LG Konstanz VersR 1988, 511, 512). Grob fahrlässig ist es, wenn ein nicht selbst betanktes, bereits geflogenes Flugzeug ohne Sichtkontrolle des Treibstoffvorrates übernommen und gestartet wird (OLG Koblenz VersR 1985, 879, 881). Vor **Ballonfahrten** trifft den Luftfrachtführer eine Aufklärungs- und Warnpflicht vor dem **Risiko einer Reißbahnlandung**, bei der ein erhöhtes Verletzungsrisiko besteht (OLG München OLGZ 1991, 204, 207).

8. Die Verkehrspflicht für Schiffe

a) Inhalt und Umfang der Verkehrspflicht
aa) Schiffsführer haben alle Vorsichtsmaßregeln zu treffen, um gegenseitige Be- **E 181** schädigungen der Schiffe oder Behinderungen der Schiffahrt zu vermeiden. Sie müssen sich rechtzeitig und hinreichend davon unterrichten, ob die Schiffahrt in bestimmten Bereichen, insbesondere an schwierigen Stellen, bestimmte Kurse üblicherweise einhält (BGH LM Nr 4 zu BinnSchStrO 1966 unter 2 a). **In Häfen** darf nur mit angepaßter Geschwindigkeit gefahren werden, erforderlichenfalls ist ein Ausguck aufzustellen (Berufungskammer der Zentralkommission für die Rheinschiffahrt VersR 1997, 213, 214 f). Anker, Trossen oder Ketten dürfen nicht **schleifen**, aufgeholte Anker dürfen nicht unter den Boden oder den Kiel des Fahrzeuges reichen. Das muß vom Schiffsführer persönlich kontrolliert werden, insbesondere vor dem Passieren von Stellen, an denen es zu erheblichen Schäden kommen kann (Berufungskammer der Zentralkommission für die Rheinschiffahrt VersR 1997, 135 [LS]). Der Schiffsführer eines Motortankschiffes muß vor Beginn von Löscharbeiten sein Schiff auf **offene Brennstellen** kontrollieren und eine Flüssiggasanlage abschalten (Berufungskammer der Zentralkommission für die Rheinschiffahrt VersR 1995, 439, 440). Die Schiffseigner bzw -betreiber haften auch für öffentliche Wege und Plätze vor ihren **Schiffsanlegestellen**, soweit sie den Verkehr durch ihren Betrieb veranlaßt haben (RGZ 118, 91, 94). Schiffsführer müssen die an Bord befindlichen technischen Einrichtungen wie Sprechfunkgeräte auch ohne gesetzliche Verpflichtung benutzen, wenn dadurch die Gefährdung von Menschenleben, Sachschäden oder Behinderungen der Schiffahrt vermieden werden können (BGH VersR 1991, 605, 606). Kann über Funk keine Verständigung herbeigeführt werden, müssen andere Maßnahmen zur Gefahrenabwehr, zB **Schallsignale**, getroffen werden (BGH VersR 1993, 249, 250 für den Rhein; OLG Karlsruhe VersR 1995, 606, 607 für ausländische Schiffsführer auf dem Neckar). Begeht ein Schiffs- oder Schleppzugführer einen Fehler, weil ein Lotse ihn falsch beraten oder pflichtwidrig nicht auf eine besondere Lage hingewiesen hat, kann sein **Verhalten entschuldigt** sein, sofern der Fehler des Lotsen nicht erkennbar war (BGH LM Nr 3 BinnSchStrO 1966 unter I 2 b).

bb) Die Verkehrspflicht auf Schiffen gebietet dagegen nicht, bei **Ausführung schwie-** **E 182** **riger Manöver** auf jeden einzelnen Fahrgast zu achten. Die Anforderungen an Schutzvorrichtungen sind durch die Notwendigkeit begrenzt, die ordnungsgemäße Abwicklung des Schiffsdienstes nicht zu behindern (RGZ 124, 49, 52 f). Es muß auch nicht gesondert auf zu erwartenden **schweren Seegang** und **drohende Seekrankheit** vor Fahrtantritt aufmerksam gemacht werden, es sei denn, es bestünde eine dahingehende Übung der Schiffsführung oder es handelte sich bei den Passagieren um besonders **hilfsbedürftige Personen** ohne allgemeine Einsicht und Lebenserfahrung (AG Cuxhafen NJW-RR 1997, 860, 861). Durchgänge in Fährräumen sind zwar von Verschmutzungen, zB durch Essensreste, zu säubern, mit **verbleibender Restfeuchte** vom Aufwischen müssen Passagiere aber rechnen (LG Kiel VersR 1994, 1083). Selbstschließende Türen erfordern keine besonderen Schutzvorkehrungen und keine besonderen Hinweise (AG Dresden VersR 1995, 110, 111).

b) Beweisfragen

E 183 Es gibt keinen **Anscheinsbeweis** dafür, daß die Nichtabgabe vorgeschriebener Nebelzeichen ursächlich für eine Kollision gewesen sei (BGH LM Nr 1/2 BinnSchStrO 1966 unter 1). Kommt es durch pflichtwidrig schleifende Anker, Trossen, Ketten oder nicht hochgezogene Anker zu Schäden Dritter, spricht ein Beweis des ersten **Anscheins für ein Verschulde**n des Schiffsführers (Berufungskammer der Zentralkommission für die Rheinschiffahrt VersR 1997, 135 [LS]). Wird bei Einfahrt in eine Schleuse das Untertor angefahren, spricht ebenfalls der Beweis des ersten Anscheins für ein Verschulden des Schiffsführers (OLG [SchiffObGer]Karlsruhe NZV 1998, 411, 412). Dasselbe gilt für die Ursächlichkeit eines Verstoßes gegen Belüftungsvorschriften von Tankschiffpumpenräumen für eine Explosion und den dadurch entstandenen Schaden (OLG [RheinSchiffObGer] Karlsruhe NZV 1998, 412, 413).

9. Die Verkehrspflicht für Wasserwege

a) Allgemeine Grundsätze

E 184 Die Verkehrspflicht für öffentliche Wasserstraßen ist zunächst **privatrechtlicher Natur** (RGZ 106, 340, 342; 147, 275, 278, 279; 155, 1, 9; BGHZ 9, 373, 387; 20, 57, 59; 35, 111, 112; 86, 152, 153). Eine Überführung in den Rahmen hoheitlicher Tätigkeit bedarf eines **ausdrücklichen Organisationsaktes** (BGHZ 9, 373, 387 f; 20, 57, 59; 35, 111, 112); dazu genügt eine Bezeichnung der Unterhaltung der Wasserstraße als Hoheitsaufgabe nicht (BGHZ 86, 152, 153). Aus den Umständen kann ein eindeutiger Wille zum Ausdruck kommen, eine Wasserstraße hoheitlich zu verwalten und damit auch die Verkehrspflicht öffentlich-rechtlich auszugestalten (BGHZ 35, 111, 113). Zudem kann sich aus den besonderen Verhältnissen einer Wasserstraße für deren gesamten Betrieb einschließlich der Verkehrssicherung ein hoheitlicher Charakter ergeben (RGZ 105, 99, 101; BGHZ 20, 57, 59, 60). Neubau, Ausbau und Unterhaltung von Bundeswasserstraßen in schlichthoheitlicher Form ist **Erfüllung öffentlicher Aufgaben** gegenüber der Allgemeinheit. Drittgerichtete Amtspflichten bestehen nicht, da diese Tätigkeit nicht dem Schutz von Individualinteressen dient (BGHZ 86, 152, 158 f). Die Verkehrspflicht steht selbständig neben den sonstigen die Gewässer betreffenden Pflichten, insbesondere neben der **Gewässerunterhaltungspflicht** (BGHZ 121, 367, 375; BGH NJW 1996, 3208, 3209). Doch können die Verkehrspflicht und die Gewässerunterhaltungspflicht ineinander übergehen, sich auf dasselbe Objekt beziehen und – sogar in der Regel – in einer Person zusammentreffen (BGHZ 9, 373, 385); sie sind aber nicht identisch (BGH NJW 1996, 3208, 3209). Drittbetroffene haben auch grundsätzlich keinen Rechtsanspruch gegen den Unterhaltungspflichtigen auf Erfüllung der Gewässerunterhaltungspflicht oder auf Vornahme bestimmter Unterhaltungsmaßnahmen. Bei **Nicht- oder Schlechterfüllun**g **der Unterhaltungspflicht** kommt jedoch eine Haftung nach **allgemeinem Deliktsrecht** in Betracht (BGHZ 55, 153, 155; 125, 186, 188; BGH LM Nr 76 zu § 823 [Fe] unter II 1 b mwNw; VersR 1983, 639, 640), auch bei Verletzung der Deichunterhaltungspflicht (BGH NJW 1964, 859 [LS]), und zwar auch unter dem Aspekt einer Verkehrspflichtverletzung (BGHZ 121, 367, 375 f; BGH NJW 1996, 3208, 3209). Daraus ergibt sich, daß aus einem Sachverhalt sowohl Ansprüche aus § 839, Art 34 GG als auch aus § 823 folgen können (BGH LM Nr 76 zu § 823 [Fe] unter II 1 c).

b) Inhalt und Umfang der Verkehrspflicht

aa) Wer eine **Wasserstraße** für den Schiffsverkehr **freigibt**, hat in Erfüllung der ihm **E 185** daraus erwachsenden Verkehrspflicht dafür zu sorgen, daß dieser durch die Beschaffenheit der Wasserstraße oder ihrer Einrichtungen nicht gefährdet wird oder Schäden erleidet (BGH LM Nr 98 zu § 823 [Dc] unter 2 a). Er muß gewährleisten, daß die Wasserstraße die für die zugelassene Schiffahrt erforderliche **Breite und Tiefe** besitzt, frei von künstlichen und natürlichen, auch beweglichen Hindernissen (BGH LM Nr 66 zu § 823 [Dc] unter II) und erforderlichenfalls ausreichend gekennzeichnet ist. Grundsätzlich ist das **Fahrwasser** (der nach dem jeweiligen Wasserstand für die durchgehende Schiffahrt bestimmte Teil eines Stromes) und nicht nur die Fahrrinne Gegenstand der Verkehrspflicht, wobei die Anforderungen hinsichtlich der nicht zur Fahrrinne gehörenden Teile des Fahrwassers geringer sind (BGHZ 37, 69, 71 f). Die Verkehrspflicht erstreckt sich auf alle für die Benutzung durch den Verkehr bestimmten Einrichtungen, mit denen die Wasserstraße versehen ist, unabhängig davon, ob deren Errichtung im Ermessen der zuständigen Behörde stand (RGZ 147, 275, 279). Sie umfaßt auch **Gefährdungen durch** am Ufer stehende **Bäume** (von OLG Karlsruhe VersR 1994, 358 insoweit nicht entschieden, da der Verkehrspflichtige für die Wasserstraße gleichzeitig Eigentümer des Ufergrundstückes war). Arbeitsgerät darf im Radarschatten einer Brücke festgemacht werden und in die Fahrrinne hineinragen (OLG Hamm VersR 1998, 1133, 1134).

bb) Für den Teil einer Wasserstraße, der nicht zum Fahrwasser gehört, besteht **E 186** grundsätzlich keine Verkehrspflicht. Demgemäß bedarf es in der Regel keiner Maßnahmen zum **Schutze des Schiffsverkehrs vor Untiefen** außerhalb des Fahrwassers. Die **Verkehrspflicht** kann sich aber über das eigentliche Fahrwasser hinaus erstrecken, wenn die Schiffahrt angrenzende Bereiche nutzt und der Verkehrspflichtige diese **Nutzung selbst veranlaßt** hat, über längere Zeit hinnimmt und diesen Bereich in der gleichen Weise wie das Fahrwasser unterhält. So kann es bei einer bekannten Untiefe liegen, die auch den Schiffen gefährlich werden kann, die diesen Weg benutzen. Dieser Gefahr ist dann durch Beseitigung der Untiefe oder durch genaue Kennzeichnung des Verkehrsweges zu begegnen (BGH LM Nr 6 zu SeeschiffahrtsStrO unter I 3, 4). Umgekehrt hat sich die Schiffahrt auf die **Solltiefe** der befahrenen Strecke einzustellen und den **Sicherheitsabstand** zur Sohle so zu wählen, daß jede Grundberührung ausgeschlossen ist. Der Verkehrspflichtige kann durch das Verhalten der Schiffahrt jedenfalls nicht gezwungen werden, die Fahrrinne zu vertiefen (BGH LM Nr 66 zu § 823 [Dc] unter II).

cc) Die Wasserstraße ist **turnusmäßig** zu **überprüfen** und uU auszubaggern. Dazu **E 187** gehört auch, Hindernisse zu beseitigen oder, solange das nicht möglich ist, die Gefahrenstellen zu kennzeichnen. Dies gilt auch für ausgewiesene **Schiffsliegeplätze**, insbesondere für etwaig vorhandene Böschungen, die auf Neigung und Hindernisse untersucht werden müssen (BGH LM Nr 123 zu § 823 [Dc] unter II 1). Die **Kontrolldichte** richtet sich nach den Umständen des Einzelfalles, beispielsweise der Kraft des strömenden Wassers, der Beschaffenheit des Flußbettes, ständigen oder häufigen Veränderungen der Flußsohle in einem bestimmten Gebiet (BGH VersR 1969, 1132, 1133). Der Verkehrspflichtige hat auch dafür Sorge zu tragen, daß **Ab- und Unterspülungen** an Uferböschungen beseitigt werden (BGHZ 121, 367, 377). Vor Hindernissen unter der Wasseroberfläche ist zu warnen, etwa durch Wracktonnen (RGZ 128, 353, 357) oder Lichter; leicht abreißbare Flaggen genügen nicht (RGZ 106, 340, 343). **Wasserbauwerke**, die die Schiffbarkeit einer Wasserstraße ermöglichen, erweitern oder verbessern sollen, dürfen den Schiffsverkehr nicht gefährden. Werden derartige Bauwerke nicht vom Verkehrspflichtigen selbst, sondern von Dritten errichtet, hat dieser sie hinreichend zu überwachen. **Bewegliche Wehrsektoren** für die Haltung eines ausreichenden Wasserstandes sind vor ihrem Einbau in das Wehr sorgfältig zu überprüfen. Es ist allerdings in einem solchen Fall unzumutbar, jede Einzelheit zu untersuchen, es sei denn, besondere Umstände wie die Arbeitsweise der ausführenden Unternehmen würden hierfür Anlaß geben (BGH LM Nr 98 zu § 823 [Dc] unter 2 b). Entsteht durch ein Verhalten der Großschiffahrt eine Gefahrenlage, ist die Verkehrssicherung auch auf Kleinfahrzeuge bzw Sportboote auszurichten (BGHZ 62, 146, 149 ff).

E 188 **dd)** Die Sicherungspflicht gegenüber den **Benutzern einer Schleusenanlage** erstreckt sich nicht nur auf deren technische Einrichtung und Unterhaltung, sondern auch auf die für einen sicheren Betrieb erforderliche personelle Besetzung und Bedienung (BGHZ 20, 57, 59). Dazu gehört auch die ordnungsgemäße Durchführung des erforderlichen Schleppens durch am Ufer fahrende **Schienenschleusenwagen** (BGH LM Nr 23 zu § 823 [Ea] unter I). Die Verkehrpflicht erstreckt sich auch auf den Zustand der Spundwände im Vorhafen, dem Bereich vor der Schleusenkammer. Sowohl durch eine **entsprechende Konstruktion** als auch durch regelmäßige **sorgfältige Sichtkontrollen** sind Gefahren für die Schiffahrt, insbesondere durch abstehende Teile, zu vermeiden. Die Schiffahrt muß allerdings pflichtgemäß Abstandhalter einsetzen, die Gefährdungen durch geringfügige Versatzmaße begegnen (OLG Karlsruhe VersR 1996, 129). Der Verkehrspflichtige ist auch nicht gehalten, nur so viele Schiffe in eine Schleuse einfahren zu lassen, wie darin beim Schleusen Platz finden. Darauf zu achten obliegt den Schiffsführern selbst (BGH VersR 1965, 512, 513).

E 189 **ee)** Der Verkehrspflicht ist genügt, wenn eine Hafensohle zweimal jährlich mit einer **Schleppkette** abgesucht wird; nicht erfaßbare Bereiche müssen mit anderen Mitteln (Schleppanker oder Greifer) überprüft werden (BGH LM Nr 118 zu § 823 [Dc] unter III 2). Neben den turnusmäßigen sind **zusätzliche Untersuchungen** auch an **Umschlagplätzen** nur dann erforderlich, wenn der Verkehrspflichtige von vorhandenen oder möglichen Hindernissen erfahren hat (Berufungskammer der Zentralkommission für die Rheinschiffahrt VersR 1994, 748, 749). Werden innerhalb, an oder in der Nähe von Wasserstraßen **Sprengarbeiten** vorgenommen, durch die abgesprengte Teile in das Fahrwasser gelangen können, so muß der Verkehrspflichtige vor der Wiederaufnahme des Schiffsverkehrs den betroffenen Teil des Fahrwassers absuchen, gefundene Teile entfernen oder, wenn das nicht sofort möglich ist, diese hinreichend kennzeichnen. Dies gilt auch dann, wenn bei einer Sprengung nicht bemerkt oder der Verkehrspflichtige nicht davon unterrichtet wird, daß Sprengstücke in das Fahrwasser gelangt sind oder sein können (BGH LM Nr 99 zu § 823 [Dc] unter 1). Auf eine besondere Gefahr für die Sohle einer Schiffahrtsstraße durch schleifende Anker sind Schiffsführer durch **Aufstellen von Schiffahrtszeichen** oder andere geeignete Maßnahmen hinzuweisen, wenn es bei Durchführung von Bauarbeiten oder aufgrund ihrer besonderen Beschaffenheit zu Beschädigungen kommen kann. Ein Unterlassen bedeutet Mitverschulden (BGH LM Nr 3 zu BinnSchStrO 1971 Bl 1 Rücks). Wird ein gesunkenes Schiff durch **Wahrschauflöße** gekennzeichnet, darf das Schiff nicht über die Verbindungslinie zwischen den Flößen und damit über die fahrwasserseitige Begrenzung der Gefahrenstelle hinaus in das freigegebene Fahrwasser hineinragen (BGH LM Nr 146 zu § 823 [Dc] unter 2 a). An **Schiffsliegeplätzen** vorhandene Ketten müssen eine Stärke und Haltbarkeit aufweisen, die ein sicheres Liegen der Schiffe auch bei stürmischem Wetter ermöglichen, wenn eine etwaige Beschränkung der Zweckbestimmung nicht öffentlich bekanntgemacht und auch sonst nicht für die Benutzer erkennbar ist (RGZ 147, 275, 279). **Landerampen für Rheinfähren** müssen dagegen bei deren Abwesenheit nicht durch Ketten oder Schranken versperrt oder durch eine Ampel gesichert werden (RhSchOG Karlsruhe NJW-RR 1993, 855, 856).

10. Gebäude und Grundstücke*

a) Allgemeines

Wer auf seinem Grundstück einen Verkehr für Menschen eröffnet, muß für die Verkehrssicherheit sowohl im Inneren des Gebäudes als auch außerhalb sorgen. Der **Umfang** der Verkehrspflichten richtet sich nach den konkreten **örtlichen Gegebenheiten** und der **Zumutbarkeit** von Sicherungsmaßnahmen. **In ländlichen Gegenden** sind die Anforderungen daher geringer als in städtischen Verhältnissen (BGH LM Nr 66 b zu § 823 [Dc] unter I 2a; VersR 1966, 978, 979). Demzufolge muß sich derjenige, der sich auf dem Lande aufhält, auf die ländlichen Gegebenheiten einstellen und ihnen durch entsprechende eigene Vorsicht begegnen (BGH VersR 1956, 408; 1964, 413, 414; 1966, 978, 979). **In alten Häusern** gelten geringere Anforderungen als in modernen Bauten (vgl BGH VersR 1962, 763; OLG Nürnberg VersR 1958, 728; OLG Hamm VersR 1997, 200; s aber oben Rn E 29 aE). Desgleichen sind in **Privathäusern** und auf Privatgrundstücken an die Verkehrspflichten geringere Anforderungen zu stellen als an Orten, die der Öffentlichkeit zugänglich sind (BGH VersR 1961, 1119, 1120; vgl auch BGH VersR 1968, 68; LG München II VersR 1971, 1159). In einem **Einfamilienhaus** gelten weitaus geringere Anforderungen als in einem von mehreren Parteien bewohnten Mietshaus (OLG Oldenburg NdsRpfl 1994, 45). Dies gilt ebenso für Privaträume gegenüber Hausfluren (vgl OLG Bamberg VersR 1957, 621). Ist die Gefahrbeseitigung zumutbar, kann sich der Verkehrspflichtige nicht durch eine **Warnung** entlasten (OLG Stuttgart VersR 1966, 768 [LS]). Ebensowenig entlastet ein Warnschild von der Haftung für eine pflichtwidrig herbeigeführte Gefahr (vgl BGH LM Nr 10a zu § 538 unter 2b; OLG Celle VersR 1952, 322; KG VersR 1952, 242, 243). Der Hauseigentümer kann sich bei einer erkannten oder erkennbaren Gefahrenlage nicht auf eine **baurechtliche Genehmigung** berufen; denn die Verkehrspflicht ist umfassender als die von der Baupolizei gestellten Anforderungen (BGH NJW 1994, 2232, 2233; VersR 1969, 665; 1976, 149, 150; OLG Nürnberg VersR 1958, 728; kritisch HÜBNER/MATUSCHE Anm zu BGH LM Nr 36 zu § 276 [Cc] unter 2 b; vgl schon oben Rn E 34; zum geschützten Personenkreis Rn E 40; zur Verantwortlichkeit von Eigentümer und Mieter Rn E 57).

E 190

b) Das Gebäudeinnere
aa) Treppenhaus
α) Treppen

Treppen und ihre Umgebung müssen so beschaffen sein, daß Unfällen vorgebeugt wird. Sie haben sich in einem auch für den eiligen und unvorsichtigen Benutzer gefahrlosen Zustand zu befinden (BGH NJW 1994, 945, 946 für ein Mietshaus; NJW-RR 1990, 409, 410 für ein Rathaus). Da die Sicherheitserwartungen bei erkennbar **alten Gebäuden** im allgemeinen geringer sind als bei neueren Anlagen, wirkt sich dies auch bei der Bestimmung der zu gewährleistenden Sicherheitsstandards aus (OLG Celle VersR 1957, 135; OLG Nürnberg VersR 1958, 728; OLG Hamm VersR 1997, 200). Ist die Gefahr in der

E 191

---

* Für den Entwurf des Manuskripts (Rn E 190 bis Rn E 273) danke ich sehr herzlich meiner Mitarbeiterin Frau Rechtsreferendarin Antje Müller.

Anlage der Treppe begründet, liegt in älteren Häusern in der Regel keine Verkehrspflichtverletzung vor. Folglich sind steile altmodische Treppen hinzunehmen, wenn ihr Umbau mit unzumutbaren Kosten verbunden ist (OLG Celle VersR 1957, 135). Beruht die Gefahr dagegen auf dem **Unterhaltungszustand**, kann sich der Verkehrspflichtige grundsätzlich nicht wegen des Alters der Treppe entlasten. Die Gefahr ist in diesem Fall selbst dann zu beseitigen, wenn das Haus zum Abbruch erworben wurde, aber nach wie vor bewohnt ist (BGH VersR 1967, 877). Ebenso sind die dringenden Sicherheitsbedürfnisse etwa hinsichtlich der Standfestigkeit der Treppe oder der Existenz eines Treppengeländers zu erfüllen (OLG Hamm VersR 1997, 200). Weisen die Treppenstufen infolge Abnutzung erhöhte Rutschgefahren auf, sind die Mängel zu beseitigen (OLG Celle VersR 1957, 135). Allerdings dürfen durch diese Veränderungen keine neue Gefahrenstellen geschaffen werden, etwa dadurch, daß sich durch die Auffütterung einzelner Stufen jeweils unterschiedliche Stufenhöhen ergeben (OLG Nürnberg VersR 1958, 728). Treppen, insbesondere Wendeltreppen, müssen grundsätzlich mit einem gleichmäßigen Schritt begangen werden können. Das Steigungsverhältnis, dh das Verhältnis von Stufenhöhe und Auftrittsbreite, darf sich demzufolge jedenfalls bei einer neu errichteten Treppe nicht von Stufe zu Stufe sprunghaft verändern (BGH NJW 1970, 2290). Dagegen verstößt es in einem Haus mit geringem Publikumsverkehr nicht gegen die Verkehrspflicht, wenn nur die oberste Stufe eine geringere Höhe als die übrigen aufweist und dies dem Benutzer erkennbar ist (OLG Hamm VersR 1997, 200, 201). Die Auftrittsbretter einer Stufe dürfen sich aber nicht ablösen (BGH VersR 1967, 877). Kommt jemand auf einer übermäßig glatten Treppe zu Fall, spricht die Erfahrung des Lebens dafür, daß eine Verkehrspflichtverletzung die Ursache war (BGH NJW 1994, 945, 946). Grundsätzlich spricht allerdings der erste Anschein dafür, daß derjenige, der auf einer Treppe stürzt, die im Verkehr erforderliche Sorgfalt außer acht gelassen hat, sofern nicht objektive Umstände vorliegen, die eine andere, nicht von ihm zu vertretende Ursache als möglich erscheinen lassen (OLG Düsseldorf NJW-RR 1997, 1313). Insbesondere kann, wer durch häufige Benutzung die Gefährlichkeit der Treppe genau kennt und nie Bedenken dagegen angemeldet hat, keinen Schadensersatz verlangen (OLG Koblenz VersR 1997, 125 [Mitverschulden]; zu Außentreppen s Rn E 208).

β) **Geländer**

E 192 Ob eine Treppe eines **Geländers** bedarf, ist abhängig vom Einzelfall. In der Regel muß ein Handlauf zur Verfügung stehen, den der unsichere Treppenbenutzer durchgehend benutzen kann (OLG Nürnberg VersR 1966, 1085, 1086; OLG Karlsruhe VersR 1972, 163; OLG Köln VersR 1992, 512, 513). Breite Treppen erfordern einen Handlauf auf beiden Seiten (OLG Koblenz VersR 1997, 338, 339). Treppen von fünf und weniger Stufen, die ihrer Anlage und Breite nach ohne Gefährdung begangen werden können, brauchen dagegen nicht mit einem Geländer ausgestattet zu sein (BGH VersR 1962, 763; OLG Bamberg VersR 1966, 1037; OLG Koblenz VersR 1981, 559; 1997, 338, 339; OLG Zweibrücken VersR 1994, 1487, 1488). Wird an eine **Wendeltreppe** nur ein Handlauf angebracht, ist er an der breiten Seite der Treppe zu befestigen, um den Benutzer davon abzuhalten, die gefährliche Seite zu benutzen (BGH VersR 1964, 1245, 1246). Der Betreiber einer Arztpraxis hat aber im Hinblick auf kranke und gebrechliche Patienten die zu seinen Behandlungsräumen führende Wendeltreppe an beiden Seiten mit einem Handlauf zu versehen (BGH LM Nr 11a zu § 823 [Ef] unter 3). Der **Abstand** zwischen dem unteren Treppengeländerrand und der Trittstufe darf nicht so groß sein, daß ein Kind durch diesen Spalt rutschen kann; ein Abstand von 27 cm ist daher verkehrspflichtwidrig

(OLG Karlsruhe BauR 1997, 675, 676). Bei der Anbringung von Sicherheitsvorkehrungen muß jedoch nicht auf jede Unvernünftigkeit von Kindern bzw die Nachlässigkeit ihrer Eltern Rücksicht genommen werden. Der baupolizeilich vorgeschriebene **Strebenabstand im Treppengeländer** ist ausreichend; daß sich ein Kind dazwischendrängt, liegt fern (OLG Köln VersR 1964, 832). In einem **Internat** sind technische Vorkehrungen oder ein Bezug des Handlaufes erforderlich, um das **Herunterrutschen** von Schülern am Geländer zu verhindern, wenn Verbote keine Wirkung zeigen (BGH NJW 1980, 1745, 1746). Diese Pflicht besteht nicht gegenüber Erwachsenen (OLG Celle VersR 1983, 1163).

γ) **Glas**
Fehltritte und Stürze von Treppenbenutzern stellen ein typisches Risiko dar. Deshalb **E 193** ist in Treppenhäusern bruchsicheres **Glas** zu verwenden (BGH NJW 1994, 2232, 2233; VersR 1969, 665, 666). Ein bis auf den Boden reichendes Treppenfenster muß mit einem Schutzgitter versehen werden, das sich nach Art seiner Befestigung weder von selbst lösen noch von spielenden Kindern entfernt werden kann (BGH VersR 1964, 279, 280). Auch die Hauseingangstür eines Mehrfamilienhauses ist mit weitgehend bruchsicherem, jedenfalls splitterbindendem Glas zu versehen (OLG Koblenz VersR 1997, 1544).

δ) **Beleuchtung**
Es ist notwendig, für eine ausreichende **Beleuchtung** des Hausflures und der Treppen **E 194** zu sorgen. Die **Funktionstüchtigkeit** der Treppenhausbeleuchtung muß regelmäßig überprüft werden (RG WarnR 1935 Nr 55). Eine Dauerbeleuchtung ist in Mietshäusern nicht erforderlich, eine bei Bedarf einschaltbare Beleuchtung genügt (BGH VersR 1963, 360, 361). Diese muß aber so lange leuchten, daß es einer gesunden erwachsenen Person bei einer durchschnittlichen Gehgeschwindigkeit möglich ist, jedenfalls zwei Geschosse im Hellen zu überwinden. Eine **Beleuchtungsphase** von 20 Sekunden ist daher zu kurz (OLG Koblenz r + s 1997, 62). Befindet sich der **Schalter** oberhalb einer steilen ungesicherten Wendeltreppe, muß er verlegt werden (BGH VersR 1961, 886). In einem Altbau kann die Ausstattung des Hauseingangs mit selbstleuchtenden oder beleuchteten Lichtschaltern nicht verlangt werden (OLG Karlsruhe VersR 1972, 163). Wer in seinem Haus Gäste empfängt, hat für eine Beleuchtung der diesen zugänglichen Räume zu sorgen oder sie zumindest über die Lage der Lichtschalter aufzuklären (BGH VersR 1961, 1119, 1120). Einem Mieter kann zugemutet werden, auf der **Bodentreppe** eine Taschenlampe zu benutzen (BGH VersR 1959, 431). Der Verkehrspflichtige soll jedoch nicht verpflichtet sein, Treppen und Zugänge im Interesse eines Einbrechers zu sichern oder zu beleuchten (BGH NJW 1966, 1456, vgl genauer oben Rn E 51 f).

ε) **Türen und Fahrstühle**
Türen zu abwärts führenden Treppen sind abzuschließen, mindestens aber mit einer **E 195** deutlichen Warnung zu versehen, wenn infolge von **Türverwechslungen** der Benutzer den Kellerabgang hinabstürzen kann (RG JW 1906, 710; 1912, 792; BGH NJW 1988, 1588; VersR 1957, 111; 1960, 715, 716; 1961, 798; OLG Hamm VersR 1991, 1154). Ein **Fahrstuhl** muß den Anforderungen an die normale Betriebssicherheit genügen. Daß ein Fahrstuhl bis zu 25 cm über oder unter dem Fußboden stoppt, ist unter dem Gesichtspunkt der Verkehrspflichtverletzung nicht zu beanstanden, da solche Stolperstellen selbst bei ordnungsgemäß installierten und gewarteten Fahrstühlen nicht zu vermeiden sind; der Fahrstuhlbenutzer hat sich darauf einzustellen (LG München I MDR 1992, 457). An

einen alten und abgenutzten Fahrstuhl sind strenge Anforderungen hinsichtlich der Überprüfung der Betriebssicherheit zu stellen; nicht ausreichend ist die tägliche Kontrolle durch den Hausmeister, wenn dieser keine Spezialkenntnisse hat (BGH DB 1957, 115). Ebenso wie Fahrstühle bedürfen auch Lastenaufzüge einer regelmäßigen Wartung (OLG Frankfurt aM VersR 1988, 191). Die Fahrstuhlanlage braucht nicht so beschaffen zu sein, daß jede falsche oder mißbräuchliche Behandlung ausgeschlossen ist. Keine Verkehrspflichtverletzung stellt es folglich dar, wenn die Bewegung des Fahrkorbs von einem Schaltraum aus trotz geöffneter Schachttür möglich ist (OLG Bremen VersR 1966, 694). Im Fall einer technischen Störung genügt das Anbringen eines deutlich sichtbaren Schildes mit der Aufschrift „Außer Betrieb". Bei Nichtbeachtung des Schildes kann der Inhaber nicht dafür verantwortlich gemacht werden, daß der Schließmechanismus der Tür zufällig nicht funktioniert und der Benutzer ins Leere tritt (OLG Celle VersR 1959, 111; zweifelhaft).

ζ) Fußbodenpflege, Schächte und Reparaturen

E 196 **Fußböden und Treppen** haben ausreichend trittsicher zu sein (BGH LM Nr 183 zu § 823 [Dc] unter 1; OLG Hamm VersR 1982, 883, 884; OLG Zweibrücken VersR 1997, 379). Daher sind sie grundsätzlich so zu **reinigen**, daß keine ungewöhnlichen Gefahren für die Benutzer entstehen. Das Pflegemittel ist dem Belag anzupassen (BGH NJW 1994, 945, 946). Stellenweise Glätte infolge ungleichmäßigen und zu starken Auftragens von Reinigungs- und Pflegemitteln wie **Öl und Bohnerwachs** ist zu verhindern bzw zu beseitigen (vgl BGH BB 1956, 59; VersR 1966, 1190, 1191; KG VersR 1952, 242, 243; OLG Bremen VersR 1972, 984). Ebenso stellt Glätte infolge übermäßiger Ablagerung von Festkörpern des Pflegemittels eine Verkehrspflichtverletzung dar (OLG Köln VersR 1977, 727). Dagegen ist es nicht fehlerhaft, daß beim Aufwaschen eines Treppenflures **Spritzer der Seifenlauge** auf die tiefer gelegenen Stufen gelangen (BGH VersR 1962, 763). Das Aufstellen eines **Warnschildes** schließt die Haftung für eine durch sachwidrige Reinigung geschaffene Gefahr nicht aus (BGH NJW 1967, 154; OLG Celle VersR 1952, 322; KG VersR 1952, 242, 243). **Fußmatten** und Treppenläufer sind gegen Wegrutschen zu sichern (RG SeuffA 88 Nr 54; BGH VersR 1962, 238). Es stellt keine Verkehrspflichtverletzung dar, wenn **Schuhe auf den Fußmatten** abgestellt werden (OLG Hamm NJW-RR 1988, 1171, 1172). Ist eine Fußmatte durch Abnutzung schadhaft geworden, muß sie zwar nicht sofort ersetzt, jedoch so repariert werden, daß kein Treppenbenutzer darin hängenbleiben kann (vgl RG JW 1932, 3618). Die Verwendung eines trockenen **Putzlappens** als Fußmattenprovisorium vor der Treppe verstößt gegen die Verkehrspflicht (OLG Koblenz MDR 1992, 348). Indes liegt kein Verstoß vor, wenn eine Hausfrau nach dem Wischen der Treppe den nassen Lappen dort liegen läßt, damit sich die Benutzer ihre Schuhe reinigen (OLG Hamm VersR 1982, 250). Im Haus befindliche **Keller- und Lichtschächte** sind abzudecken. Ist es erforderlich, einen Schacht im Hausflur für Wartungs- oder Reinigungsarbeiten zu öffnen, ist die dadurch entstehende Gefahrenquelle anderweitig abzusichern (KG HRR 1936 Nr 797). In einem Kaufhaus genügt das Verstellen der Gefahrenstelle mit Möbeln selbst außerhalb der Geschäftszeiten nicht (BGH VersR 1974, 888). Wer ein Richtfest feiert, hat einen noch nicht fertiggestellten Kellerschacht abzusichern, da er damit rechnen muß, daß sich die Gäste in dem noch nicht fertiggestellten Haus umsehen (BGH NJW 1983, 624, 625; zu außerhalb des Hauses befindlichen Schächten s unten Rn E 208). Gesteigerte Sorgfaltspflichten treffen den Hauseigentümer, wenn er **Reparaturen** im Treppenhaus vornehmen läßt. Gefahrenstellen durch liegengebliebenes Handwerksgerät sind zu beleuchten (RG JW 1912, 142; 1914, 677). Außerdem ist dafür zu sorgen, daß kein Baumaterial (Leisten) auf die Stufen gelangt (BGH

25. Titel. § 823
Unerlaubte Handlungen E 197–E 199

VersR 1966, 684) und daß die Schutzgitter vor Fenstern, die bis auf den Boden reichen, von den Handwerkern nicht abgenommen werden, wenn die Mieter während der Arbeiten weiterhin im Haus wohnen (BGH VersR 1964, 279, 281).

bb) Wohnräume
Da in **Privaträumen** Beizen und mehrmaliges Bohnern üblich ist, muß sich der Besucher hier auf die Glätte einstellen (OLG Bamberg VersR 1957, 621). **Teppichbrücken** auf dem Parkettfußboden in Privaträumen brauchen nicht befestigt zu werden(RG JW 1935, 273). Der Vermieter haftet nicht, wenn sich ein 4jähriges Kind beim Klettern den Fuß zwischen den **Heizplatten** eines Flachheizkörpers ohne Zwischenlamellen, der nach oben nicht abgedeckt ist, einklemmt und verbrennt, da es hier den Eltern obliegt, die Gefahr abzuwenden (OLG Köln VersR 1993, 1494). Wer ein **Sportgerät** in seiner Wohnung angebracht hat, ist Besuchern gegenüber, die er zur Benutzung aufgefordert hat, für dessen festen Sitz verantwortlich (OLG Bremen VersR 1973, 667). Werden Wohn- und Geschäftsräume während der Frostperiode für einige Zeit nicht benutzt und dort stark **frostgefährdete Wasserleitungen** zurückgelassen, sind Sicherungsvorkehrungen zu ergreifen, um bei einsetzendem Frost der Gefahr des Einfrierens des Wasserrohrs und eines Rohrbruchs zu begegnen (BGH NJW 1969, 41, 42; 1972, 34, 35; NJW-RR 1988, 89, 90). Als solche Maßnahmen kommen je nach den Umständen des Einzelfalles ein Absperren oder Entleeren der Leitung oder Information und Schlüsselübergabe an Dritte zu Kontrollzwecken in Betracht (BGH NJW 1972, 34, 35; zu ausgelaufenen Waschmaschinen s auch oben Rn E 57).

E 197

c) Dächer
aa) Beschaffenheit von Dächern
Dächer müssen so beschaffen sein und unterhalten werden, daß sie gewöhnlichen **Witterungsverhältnissen**, wozu auch Sturmböen gehören, standhalten (BGH NJW 1993, 1782, 1783 [im Rahmen des § 836]; OLG Düsseldorf NJW-RR 1992, 1244, 1245; OLG Frankfurt aM zfs 1994, 79, 80; LG Tübingen VersR 1990, 1245, 1246). Folglich sind alle zumutbaren Maßnahmen zu treffen, um die Gefahr einer Ablösung von Dachteilen rechtzeitig zu erkennen und ihr zu begegnen. Dies gilt um so mehr, je älter das Gebäude und seine Dachkonstruktion sind (BGH NJW 1993, 1782, 1783 [im Rahmen des § 836]). Eine auf einem neuen Flachdach stehengebliebene Giebelmauer ist abzureißen bzw einer laufenden Überprüfung durch fachkundige Personen zu unterziehen (BGH VersR 1976, 66, 67). Der **Wasserabfluß** auf dem Dach ist regelmäßig auf Verstopfungen zu kontrollieren (OLG Düsseldorf VersR 1997, 246). Wer eine Fachfirma mit der Sanierung des **Schornsteins** beauftragt, muß deren Mitarbeiter nicht auf die mit der Arbeit verbundenen Gefahren hinweisen, insbesondere nicht vor dem morschen Schornstein und seiner korrodierten Leiter warnen (OLG Jena VersR 1998, 903, 904). Wer in einer privaten Scheune ein Fest veranstaltet, hat die Leiter zu einem **durchbruchgefährdeten Dachboden** zu entfernen. Ein an die Gäste ausgesprochenes Verbot genügt nicht (OLG Oldenburg VersR 1992, 73).

E 198

bb) Gefahr durch Dachlawinen
Ob und welche Maßnahmen zur Verhinderung von **Dachlawinen** zu ergreifen sind, ist abhängig vom Einzelfall (Übersicht bei BIRK NJW 1983, 2911). Zu berücksichtigen sind neben der allgemeinen Schneelage des Ortes Üblichkeit und Art von Sicherungsmaßnahmen in dem betroffenen Gebiet (BGH NJW 1955, 300; OLG Dresden OLG-NL 1997, 177, 178; LG Köln NJW-RR 1986, 1404). Daher besteht **in schneearmen Gebieten** grund-

E 199

sätzlich keine Pflicht zu allgemeinen Vorkehrungen gegen Dachlawinen (OLG Hamm NJW-RR 1987, 412; LG Karlsruhe MDR 1998, 161, 162). **In schneereichen Gebieten** kann dagegen das Anbringen eines Schneefanggitters erforderlich sein. Dies ist zB notwendig bei einem 45 Grad geneigten Kirchendach nahe eines Parkplatzes (OLG Karlsruhe NJW-RR 1986, 1404). Besteht wegen der Dachkonstruktion die Gefahr, daß der Schnee über die Schleppgauben rutscht und durch das darunter angebrachte 25 cm hohe Schneefanggitter nicht aufgefangen werden kann, müssen die Gitter auch auf den Schleppgauben selbst angebracht werden (OLG Dresden OLG-NL 1997, 177, 178). Wo das Anbringen von Schneefanggittern nicht verlangt werden kann, ist zumindest eine **Warnung** erforderlich, wenn die Aufmerksamkeit der Passanten zB durch Schaufensterauslagen abgelenkt wird (LG Duisburg NJW-RR 1986, 1405). Das Aufstellen von **Warntafeln** ist auch notwendig, wenn besondere Umstände erkennen lassen, daß mit dem Niedergehen der Schneemassen alsbald zu rechnen ist (OLG Karlsruhe NJW 1983, 2946, 2947; LG Karlsruhe MDR 1998, 161, 162). In der Regel haben sich **Passanten und Fahrer** geparkter Kfz aber durch eigene Achtsamkeit vor Verletzungen durch herabfallenden Schnee zu schützen (BGH NJW 1955, 300, 301; OLG Saarbrücken VersR 1985, 299; OLG Karlsruhe NJW-RR 1986, 1404; OLG Hamm NJW-RR 1987, 412).

cc) **Gefahr durch Eiszapfen**

E 200 Die Sicherung gegen herabfallende **Eiszapfen** ist nur dann geboten, wenn die Maßnahme möglich und zumutbar ist. Das Abschlagen der Eiszapfen von mehreren Meter hohen Dächern kann nicht verlangt werden. Die Absperrung des öffentlichen Bürgersteiges durch Private scheidet mangels Befugnis aus. Ebensowenig besteht eine Pflicht zur Information der Berufsfeuerwehr (OLG Celle NJW-RR 1988, 663, 664). Die von den Medien ausgesprochenen **Warnungen** vor herabfallenden Eiszapfen haben auch eine Warnfunktion für die Passanten (OLG Celle NJW-RR 1988, 663, 664).

d) **Umgebung**

E 201 Der Verkehrspflichtige trägt die Verantwortung für den sein Gebäude umgebenden Teil seines Grundstücks sowie dafür, daß die Zufahrt zu seinem Grundstück und das Verlassen gefahrlos möglich sind. Dabei spielen der üblicherweise zu erwartende Verkehr und die Ortsüblichkeit eine wichtige Rolle.

aa) **Verbindung von Grundstück und Umgebung**
α) **Ein- und Ausfahrt**

E 202 Der **Ein- und Ausgangsbereich** zu Grundstück und Gebäude ist so zu gestalten und zu unterhalten, daß weder Grundstücksnutzer noch der Straßenverkehr gefährdet werden (vgl BGH NJW 1966, 40; OLG Oldenburg NdsRpfl 1994, 45). Ist das Einbiegen von einem Privatgrundstück in eine öffentliche Straße wegen der besonderen Situation des Grundstücks über das normale Maß hinaus gefährlich, ist der Grundstückseigentümer verpflichtet, Sicherungsmaßnahmen zu treffen. Daher muß er jedenfalls bei einer frequentierten Straße eine **die Sicht behindernde Mauer** abreißen lassen oder sogar jeweils für einen Einweisungsposten sorgen, wenn der Ausfahrende sonst in eine besondere Verkehrsgefahr geraten könnte (BGH NJW 1966, 40, 41). Etwas anderes gilt jedoch, wenn die Gefahrenquelle nicht im Einflußbereich desjenigen liegt, der den Verkehr eröffnet hat. Liegt das Grundstück etwa in der **Nähe eines Bahnüberganges**, hat der Verkehrspflichtige jedenfalls dann seiner Pflicht genügt, wenn er Personal zur Verfügung stellt, das beim Verlassen der unübersichtlichen Fabrikausfahrt und – falls gewünscht – auch beim Passieren des Bahnübergangs behilflich ist

(OLG Frankfurt aM VersR 1972, 470, 471). Ebensowenig kann die **Ausleuchtung** des Teils der öffentlichen Straße vor dem eigenen Grundstück erwartet werden, wenn die Gemeinde eine Straßenbeleuchtung nicht für erforderlich gehalten hat (OLG Oldenburg NdsRpfl 1994, 45). Wegen der Ortsüblichkeit offener **Gräben** vor Grundstücken in Ostfriesland ist es nicht erforderlich, an breiten Überwegen seitliche Geländer zum Schutz der Passanten anzubringen (OLG Oldenburg NdsRpfl 1994, 45; zur Reinigungs- und Streupflicht s Rn E 122 ff)

β) **Umfriedung**
Bei der **Umfriedung** des Grundstücks einschließlich des Tors erstreckt sich die Verkehrspflicht grundsätzlich auch auf die vom Grundstück ausgehende Gefahr für den Fußgängerverkehr auf dem angrenzenden Gehweg (RGZ 89, 120, 121; OLG Bremen VersR 1979, 722; OLG München MDR 1996, 1020). An niedrigen Vorgartenzäunen sind **Eisenspitzen** zu beseitigen (RGZ 89, 120, 122). Gefahrenstellen wie Kelleröffnungen und Baugruben, die einem geringfügig vom Weg abweichenden Fußgänger gefährlich werden können, sind zu sichern (BGH VersR 1959, 467, 468; 1965, 515, 516). Jedoch können keine Schutzmaßnahmen gegen ungewöhnliche Schadensfälle verlangt werden. Der Verkehrspflichtige haftet daher weder für die Verletzung an einem parallel zum Gehweg stehenden deutlich sichtbaren **Mauersockel** (OLG Bremen VersR 1979, 722, 723), noch dafür, daß auf seinem privaten Grundstück **Felsbrocken** lagern und sich ein auf dem Bankett stürzender und auf das Grundstück fallender Fußgänger daran verletzt (OLG München NJW-RR 1996, 1230). Ebensowenig haftet er für deutlich sichtbare **Spanndrähte** eines Weidezauns in einer ländlichen Gegend, zumal der Besucher dort mit solchen Hindernissen rechnen muß (BGH LM Nr 66 b zu § 823 [Dc] unter I 2b; anders nunmehr für Wege über Wiesen OLG Köln VersR 1998, 860, 861, wonach rot-weiße Plastikketten zu verwenden sind, um Radfahrer und andere Freizeitsportler nicht zu gefährden). **Anschlageisen** in Toreinfahrten müssen so ausgestaltet sein, daß bei dem üblichen zu erwartenden Verkehr Gefährdungen der Zufahrtsbenutzer ausgeschlossen sind. Keine Rücksicht muß dagegen, anders als auf öffentlichen Straßen, auf die sehr geringe **Bodenfreiheit** tiefergelegter Kfz genommen werden. Es würde die Anforderungen überspannen, müßte sich der Sicherungspflichtige bei den Straßenverkehrsbehörden erkundigen, welche Bodenfreiheiten bei Kfz gerade zulässig sind (OLG München VersR 1994, 832). Wer ein tiefergelegtes Fahrzeug besitzt, hat daher beim Passieren einer Ausfahrt entsprechende Vorsicht walten zu lassen. Auch der **Fußgänger** muß mit Anschlageisen rechnen und sein Verhalten darauf einstellen (LG München II VersR 1971, 1159; anders für Türrasten an Garagentüren OLG Oldenburg VersR 1961, 928). Das **Hoftor** muß im geöffneten Zustand eine **Verankerungsmöglichkeit** aufweisen, um Verletzungen des Benutzers durch Zuschlagen des Torflügels zu verhindern (BGH VersR 1967, 1187). Das Hoftor ist auf eine ausreichende **Befestigung** der Torflügel zu überprüfen (RG JW 1931, 3446).

γ) **Gefahren für Kinder**
Eine erhöhte Verkehrspflicht besteht, wenn damit gerechnet werden muß, daß **Kinder** unbefugt ein Grundstück zum Spielen aufsuchen und sich an dort befindlichen Gegenständen verletzen. Der Verantwortliche ist dann gehalten, den Zugang zu dem Grundstück zu verhindern, zu erschweren oder die Gefahrenquellen zu beseitigen (BGH NJW 1975, 108, 109; JZ 1973, 631, 632; FamRZ 1970, 553, 554; VersR 1975, 87). Die Maßnahmen müssen um so wirksamer sein, je größer der **Reiz** ist, den das Grundstück ausübt (BGH NJW 1975, 108, 109; 1997, 582, 583; VersR 1975, 87; OLG Hamm VersR 1993,

491). Eine solche Anziehungskraft wurde bejaht für einen weithin sichtbaren Vermessungsturm nahe des Dorfes mit einer in 70 cm Höhe beginnenden Steigleiter (BGH NJW 1975, 108), für eine verlassene Gärtnerei sowie für ein Grundstück, auf dem ein „Kletterbaum" stand (BGH VersR 1963, 532) und alte Kfz abgestellt waren (BGH FamRZ 1970, 553, 554). Die Sicherungspflicht gilt namentlich für gefährliche Orte wie **Schutt-, Schrott- und sonstige Lagerplätze** (BGH NJW 1975, 108, 109; FamRZ 1970, 553; VersR 1975, 87). Verlassene **Grubenstollen** sind so zu sichern, daß es Kindern unmöglich ist, in sogenannte Tagebruchöffnungen, die durch das Nachsacken von Erdreich entstehen, einzudringen (BGH LM Nr 147 zu § 823 [Dc] unter II 2 b). Eine einfache Umzäunung des Grundstücks ist erforderlich, aber auch ausreichend, wenn dort ein abgedeckter schamottierter **Papierverbrennungsofen** mit Seitenschlitzen, der noch Glut enthält, aufgestellt ist (BGH JZ 1973, 631, 632 Anm Schwab). Bejaht wurde dagegen eine Verkehrspflichtverletzung gegenüber einem 11-jährigen Kind für das Zurücklassen eines erloschenen Grills und einer Flasche mit Spiritus auf einer Terrasse, da mit spielenden Nachbarskindern gerechnet werden mußte (OLG Hamm OLG-Report 1996, 162, 164; vgl auch noch unten Rn E 399). Die Pflicht des Grundstückseigentümers ist erhöht, wenn das **Grundstück an eine öffentliche Straße oder an einen Spielplatz grenzt**, da Kinder im Laufe des Spieles dazu neigen, das Grundstück zu betreten (BGH JZ 1973, 631, 632; VersR 1975, 87). Die Verpflichtung zur Vornahme von Sicherungsmaßnahmen besteht auch dann, wenn die Kinder das Grundstück zwar nicht wegen dort befindlicher attraktiver Gegenstände aufsuchen, aber gefährliche Gegenstände vorfinden, an denen sie sich verletzen, wie zum Beispiel an einer Stahlbaumatte (BGH NJW 1975, 108, 109), oder von dem Dach eines Gewächshauses einer verlassenen Gärtnerei stürzen (BGH FamRZ 1970, 553, 554). Daher haftet der Eigentümer einer verwilderten Parzelle in einer Wohnanlage für Verletzungen, die sich dort spielende Kinder an einem abgebrochenen Sensenblattstück zuziehen (OLG Köln VersR 1983, 190; zur Verkehrssicherung gegenüber Kindern allgemein s auch oben Rn E 45 ff; zur Sicherung von Schwimmbecken und Teichen unten Rn E 211).

δ) Unterbringung von Nutztieren

E 205 Tierhalter haften neben der Verantwortung nach § 833 auch aus dem Gesichtspunkt der Verkehrspflicht für die sichere **Unterbringung** ihrer **Tiere** (BGH LM Nr 22 zu § 833 unter II 1a). Dabei richten sich Art und Ausmaß der notwendigen Sicherungsmaßnahmen vor allem nach der von einem entlaufenen Tier ausgehenden Gefahr (BGH LM Nr 175 zu § 823 [Dc] unter II 1 b bb; Nr 5 zu § 833 Bl 1 Rücks). Strenge Anforderungen sind zu stellen, wenn sich das Grundstück nahe einer stark befahrenen Straße befindet und mit Unbefugten gerechnet werden muß (BGH LM Nr 5 zu § 833 BGB Bl 1 Rücks). Die Sicherungsmaßnahmen sind sowohl gegen Selbst- als auch gegen Fremdbefreiung der Tiere zu treffen. Daher ist es erforderlich, ausreichende körperliche Hindernisse für die Tiere zu errichten (BGH VersR 1959, 759). Lediglich ein **Wassergraben** ist für Kühe nicht ausreichend (LG Flensburg MDR 1969, 924). Herrscht in der Nähe Ausflugsverkehr oder ist zu erwarten, daß jemand in einem Stall die Tiere streicheln will oder Schutz vor Regen sucht, sind **Tore** von Ställen und Viehweiden **durch Schlösser zu sichern** (BGH LM Nr 175 zu § 823 [Dc] unter II 1 b aa; VersR 1976, 1086, 1087). Dabei darf der Schlüssel nicht in Gegenständen versteckt werden, die sich in unmittelbarer Nähe des versperrten Schlosses befinden (BGH LM Nr 175 zu § 823 [Dc] BGB unter II 1 b cc). Die Einzäunung eines **Pferdekrals** mit drei Rohrstangen ist nicht nur üblich, sondern entspricht auch einer ordnungsgemäßen Pferdehaltung. Nur wenn bekannt ist oder sein muß, daß **Kinder** unbefugt und ohne gehörige Aufsicht Bereiche des Pferdestalls oder -krals zum Spielen benutzen, muß die übliche Umzäunung verstärkt und erweitert werden, um die Kinder am Durchkriechen der Koppelbegrenzung zu hindern (BGH LM Nr 22 zu § 833 unter II 1b).

ε) **Hunde**
Wer auf seinem Grundstück einen **Hund** hält, hat seine Verkehrspflicht regelmäßig erfüllt, wenn ein großes, deutlich lesbares Schild vor dem Tier warnt (OLG Stuttgart VersR 1955, 686; OLG Frankfurt aM VersR 1983, 1040). Zusätzlich ist eine Warnung vor der besonderen Bissigkeit des Hundes erforderlich, wenn sich die Hoftür nur von innen öffnen läßt (LG Memmingen NJW-RR 1994, 1435). Für Zeiten, während derer mit dem Zutritt dritter Personen zu rechnen ist, sind Hunde anzuketten oder einzusperren; erst recht gilt dies, wenn – wie gegenüber der Mitarbeiterin der Sozialstation – um den Besuch gebeten wurde (LG Memmingen NJW-RR 1994, 1435).

bb) Hofraum, Schächte, Treppenabgänge
α) **Bodenunebenheiten**
Wer ein **Privatgrundstück** betritt, kann nicht die gleiche Sicherheit erwarten wie auf öffentlichen Straßen, sondern muß sein Verhalten anpassen. Der Private haftet nicht für eine **Vertiefung neben dem Plattenweg** auf seinem Grundstück (BGH VersR 1968, 68). Wer jedoch seinen landwirtschaftlichen Betrieb für Hofbesichtigungen zur Verfügung stellt, hat für diese Zeit kaum wahrnehmbare und unübliche **Vertiefungen in seiner betonierten Hoffläche** zu kennzeichnen, auch wenn vom Besucher grundsätzlich verlangt wird, sich auf betriebsbedingte Eigenarten einzustellen (BGH VersR 1966, 978, 979).

β) **Schächte, Abgänge, Außentreppen**
Außerhalb des Hauses gelegene Treppen, Schächte und Treppenabgänge sind wegen ihrer Gefährlichkeit besonders zu sichern. **Keller- und Lichtschächte** sind abzudecken. Dies gilt auch für eine ungesicherte Kelleröffnung, die sich unmittelbar neben dem Gehweg auf einem privaten Grundstück befindet (BGH VersR 1959, 467, 468). Grundsätzlich reicht es aus, wenn sich die Abdeckung nicht versehentlich aus ihrer Verankerung lösen kann. Muß jedoch aufgrund besonderer Umstände, etwa wegen in der Nähe befindlicher Lokale, mit einem **unbefugten Entfernen der Abdeckung** gerechnet werden, sind besondere Sicherheitsvorkehrungen zu treffen (BGH LM Nr 102 zu § 823 [Dc] unter II 1c cc; OLG Frankfurt aM VersR 1998, 250 [LS]). Das gleiche gilt, wenn die örtlichen Gegebenheiten unbemerkte Manipulationen an einem Abdeckrost vor dem Hauseingang zulassen (BGH NJW 1990, 1236, 1237; vgl dazu schon oben Rn E 33). Ist es erforderlich, einen Schacht für das **Ein- und Auslagern von Waren** zu öffnen, muß die dadurch entstehende Gefahrenquelle anderweitig abgesichert werden (OLG Karlsruhe VersR 1957, 539). Passanten sind auf die Gefahrenstelle hinzuweisen (BGH LM Nr 163 zu § 823 [Dc] unter II 3). Ausnahmsweise sind bei einer offenkundigen Gefahrenstelle, wie sie ein geöffneter Schacht während eines Einfüllvorganges durch einen Tankwagen darstellt, keine weiteren Absicherungsmaßnahmen erforderlich. Werden die Arbeiten jedoch kurzzeitig unterbrochen und bleibt der Schacht geöffnet, darf sich der Verkehrspflichtige erst entfernen, wenn sichergestellt ist, daß Dritte vor der Gefahr durch den offengebliebenen Schacht bewahrt werden (BGH LM Nr 163 zu § 823 [Dc] unter II 3). Ein wegen **Bauarbeiten** abgenommenes **Geländer** an einem **Kellerabgang** ist vorübergehend wieder anzubringen, wenn sich anläßlich eines Festes viele Personen auf dem Grundstück bewegen (OLG Stuttgart VersR 1994, 867, 868). Der außerhalb des

Hauses tiefer gelegene **Kellereingang** des Klubraums eines Sportvereins ist zu **beleuchten** (OLG Celle VersR 1962, 1016). Dies gilt ebenfalls für eine **Treppe**, die unerwartet von einer Hausterrasse aus abwärts führt; zumindest ist der ortsunkundige Gast davor zu warnen (OLG Stuttgart VersR 1962, 626). Andererseits wird vom Gast verlangt, daß er das Einschalten der Beleuchtung abwartet bzw die angebotene Begleitung annimmt (OLG Karlsruhe VersR 1989, 275). Größere Podesttreppen vor dem Haus erfordern ebenso einen **Handlauf** wie ein Treppenpodest, das an einer Seite steil abfällt (OLG Neustadt VersR 1954, 238). Es ist verkehrspflichtwidrig, wenn Handlauf und Betonbrüstung nicht bis zum Ende der Treppe geführt werden und hierdurch der Eindruck eines vorzeitigen Endes der Stufen entsteht (OLG Frankfurt aM VersR 1987, 204). **Geringere Anforderungen** gelten **in nicht ständig von Publikumsverkehr begangenen Bereichen**. Ein im Innenhof befindlicher Lichtschacht in unmittelbarer Nähe zu einem begehbaren Dach, das seinerseits über eine nicht verschlossene Feuerschutztür zu erreichen ist, braucht gegenüber einem Fensterreiniger, der sich bestimmungswidrig auf das Dach begibt, nur abgesichert werden, wenn der Verkehrspflichtige hätte wissen müssen, daß das Dach als Arbeitsfläche betreten wird (OLG Hamburg VersR 1997, 376, 377).

cc) Garagen und Abstellmöglichkeiten für Kfz

E 209 Befindet sich die **Garage** an einem öffentlich genutzten Parkplatz, haftet der Sicherungspflichtige trotz eines Warnschildes, wenn er das ausschwenkende Garagentor von innen öffnet (AG Mönchengladbach MDR 1994, 140). Türrasten für Garagentore innerhalb einer asphaltierten Fläche sind so zu sichern, daß sich Fußgänger nicht daran verletzen (OLG Oldenburg VersR 1961, 928; anders für Toranschlageisen LG München II VersR 1971, 1159; vgl schon oben Rn E 203). Die **Bordsteinkante** nahe dem privaten Besucherparkplatz muß nicht beleuchtet werden, da sie ein leicht erkennbares und überwindliches Hindernis darstellt. (OLG Koblenz OLGZ 1993, 102). Vor herabfallenden Kastanien muß der Parkende weder bewahrt noch gewarnt werden (LG Heilbronn VersR 1989, 275; zu Parkplätzen auch oben Rn E 142, 166).

dd) Gärten, Grünanlagen und Gewächse

E 210 Die Verkehrspflicht in **öffentlichen Grünanlagen** bezieht sich sowohl auf die befestigten Wege als auch auf die Flächen, die von den Besuchern erfahrungsgemäß betreten werden (OLG Köln OLGZ 1992, 247, 248; LG Hildesheim zfs 1993, 293, 294). Zu letzteren gehören auch Trampelpfade (OLG Köln OLGZ 1992, 247, 248). Soweit aus dem Boden ragende Eisenteile nicht beseitigt werden, muß der Verkehr zumindest gewarnt werden (OLG Köln OLGZ 1992, 247, 248 für Eisenbügel einer Parkbank; LG Hildesheim zfs 1993, 293, 294 für 3 cm hohe Reste einer Schachanlage). Anders wurde entschieden für einen 7 bis 8 cm aus dem Boden ragenden abgebrochenen Verkehrspfahl zwischen öffentlichem Parkplatz und Bürgersteig einer Straße (OLG Düsseldorf MDR 1993, 220; zu Gehwegen oben Rn E 159 ff; zu Trampelpfaden oben Rn 169). Solange der Weg durch eine Parkanlage offen gehalten und den Fußgängern die Durchquerung der Grünanlage ermöglicht wird, sind alle notwendigen Sicherungsvorkehrungen zu treffen. Der Verkehrspflichtige kann sich nicht dadurch seiner Pflichten entledigen, daß er die Parkwege nicht **beleuchtet** (OLG Köln OLGZ 1992, 247, 248). Die Wurzeln eines **Parkbaumes** müssen aber erst untersucht werden, wenn dieser konkrete Krankheitsanzeichen aufweist, nicht schon wenn ein anderer Baum des Parks bei einem Sturm umstürzt (OLG Nürnberg NZV 1996, 494; zu Verkehrspflichten für Straßenbäume oben Rn E 145 ff). Im unmittelbaren Bereich einer Wohnanlage ist eine **verwilderte Parzelle** in der

Nähe von Müllcontainern so zu sichern, daß sich spielende Kinder nicht an dort gelagertem **Unrat** verletzen können (OLG Köln VersR 1983, 190). Ebenso dürfen wegen der Gefährdung spielender Kinder keine giftigen Unkrautvernichtungsmittel verwendet werden (LG München I NJW-RR 1990, 217). Giftiger **Pflanzenabfall** ist so zu lagern, daß ausgeschlossen ist, daß er von Tieren des Nachbarn gefressen wird (OLG Hamm NJW-RR 1990, 794; OLG Köln NJW-RR 1990, 793). Besteht die Gefahr, daß bei **Rasenpflegearbeiten** Splittsteine hochgeschleudert werden, muß zum Schutz von Personen und Kfz entweder das Arbeitsgebiet abgesperrt oder besonders sorgfältig gearbeitet werden (LG Bielefeld NVwZ 1996, 727). Der Gastgeber, der seinen Gast auffordert, ihn in den regennassen **Garten** zu begleiten, haftet nicht, wenn der Gast auf der nassen abschüssigen Rasenfläche ausrutscht (OLG Köln VersR 1983, 44).

ee) Gartenteiche und Schwimmbecken

Da Gartenteiche und Schwimmbecken auf Privatgrundstücken für **Kleinkinder** eine erhebliche Gefahr darstellen, muß der Verkehrspflichtige wirksame und auf Dauer angelegte Schutzmaßnahmen ergreifen, um sie vor Unfällen als Folge ihrer Unerfahrenheit und Unbesonnenheit zu schützen, **wenn bekannt ist** oder bekannt sein muß, daß sie sein Grundstück zum Spielen benutzen (BGH NJW 1994, 3348; LM Nr 201 zu § 823 [Dc] unter II 4 a; OLG Karlsruhe VersR 1989, 861; MDR 1990, 339; OLG Köln OLGZ 1994, 297, 300; OLG Oldenburg FamRZ 1994, 1454; OLG Koblenz MDR 1995, 915; OLG Stuttgart r+s 1995, 179). Diese Grundsätze gelten auch für **Löschwasserteiche** einer Baustelle in der Nähe eines Wohngebietes (BGH NJW 1997, 582, 583) sowie für **Feuerlöschteiche** mit steiler Böschung neben einem Sportplatz (OLG Jena MDR 1997, 839). Der Verkehrspflicht ist regelmäßig **nur mit der Einzäunung** des Grundstücks genügt. Der Zaun darf nicht wie ein Jägerzaun zum Überklettern geradezu einladen (OLG Stuttgart r+s 1995, 179). Auch reicht es nicht aus, wenn der Teich nur teilweise oder nur mit einem 40 cm hohen Zaun von der Spielwiese abgegrenzt ist (OLG Karlsruhe VersR 1989, 861, 862). Eine Einzäunung des Teiches selbst ist dagegen nicht erforderlich (OLG Bamberg ZfS 1992, 274), es sei denn, es handelt sich um einen Löschwasserteich auf einer Baustelle (BGH NJW 1997, 582, 584). Der Grundstückseigentümer ist verpflichtet, die Einzäunung in gewissen Zeitabständen zu überprüfen und gegebenenfalls wieder instand zu setzen (OLG Jena MDR 1997, 839). Haben jedoch noch niemals Kinder auf dem Grundstück oder in seiner Nähe gespielt und mußte der Grundstückseigentümer auch nicht damit rechnen, sind keine Schutzmaßnahmen geboten (OLG Oldenburg r+s 1995, 60, 61; VersR 1996, 644, 645). Ebenso reicht die bloße Möglichkeit, daß Kleinkinder unbefugt in ein fremdes Grundstück eindringen und dort zu Schaden kommen können, zur Begründung der Verkehrspflicht insbesondere dann nicht aus, wenn sich der Teichbesitzer auf die sorgfältige **Beaufsichtigung** durch die Eltern verlassen durfte (BGH NJW 1994, 3348, 3349; LM Nr 201 zu § 823 [Dc] unter II 4 b bb; das soll auch so sein, wenn sich die Kinder mit ihren Eltern auf eine Einladung hin auf dem Grundstück befinden; so OLG Oldenburg VersR 1996, 644, 645; dazu oben Rn E 45, 48). Werden nämlich die Gefahren durch Teiche durch die gebotene Beaufsichtigung ausgeglichen, reduzieren sich die für den Umfang der Verkehrspflichten maßgeblichen Sicherheitserwartungen des Verkehrs (BGH NJW 1994, 3348, 3349; LM Nr 201 zu § 823 [Dc] unter II 4 b cc; OLG Koblenz MDR 1995, 915; OLG Stuttgart r+s 1995, 179; OLG Oldenburg VersR 1996, 644, 645). Die bloße Möglichkeit des Versagens der Aufsichtspflichtigen legt dem Grundstückseigentümer nicht schon die Pflicht auf, diesem Versäumnis zu begegnen (BGH NJW 1994, 3348, 3349; OLG Koblenz MDR 1995, 915, 916).

ff) Naturgewalten

E 212 Die Verkehrspflicht ist verletzt, wenn durch Verrohrung eines Grundstücks oder sonstige künstliche Veränderung die Abflußverhältnisse des darüber strömenden **Wassers** verändert werden und dadurch Schäden am Nachbargrundstück entstehen (vgl BGHZ 90, 255, 264; BGH WM 1983, 155, 157). Erdaushub ist so abzulagern, daß kein Damm aufgeschüttet wird, der bei heftigem Niederschlag das Nachbargrundstück einer Überschwemmungsgefahr aussetzt (BGH WM 1983, 155, 158). Wer die Geländeverhältnisse beispielsweise mit der Errichtung eines Autobahndammes verändert, hat eine hierdurch drohende Überschwemmung abzuwenden (BGH Nr 148 zu LM § 823 [Dc] unter II 1). Eine gemeindliche Abwasser- und Regenwasserkanalisation ist unter Berücksichtigung eines mindestens fünfjährigen Berechnungsregens und der topographischen Gegebenheiten wie Hanglage und Ausmaß der Bodenversiegelung zu dimensionieren (BGH NJW 1998, 1307, 1308). Andererseits hat derjenige, der sich an einer gefährlichen Stelle ansiedelt, grundsätzlich für seinen eigenen Schutz zu sorgen. Daher haftet nach der Rechtsprechung der Eigentümer eines Felsgrundstücks nicht für einen **Steinschlag**, der ausschließlich auf das Wirken von Naturkräften zurückzuführen ist, wenn der betroffene Nachbar das am Abhang gelegene Grundstück mit einem Haus bebaut hat (BGH NJW 1985, 1773, 1774; vgl aber oben Rn E 17).

d) Leerstehende Gebäude

E 213 Alte und leerstehende Gebäude verlangen eine regelmäßige Überwachung und Kontrolle. **Gebäuderuinen**, an denen öffentlicher Verkehr vorbeiführt, sind bezüglich ihrer **Standsicherheit** stärker zu überwachen. Der Hausbesitzer hat die von seinem Trümmergrundstück den Straßenbenutzern etwa durch herunterfallende Steine drohenden Gefahren abzuwenden (BGH VersR 1953, 479). Jedoch scheidet eine Haftung aus, wenn die Einsturzgefahr nicht erkennbar war (LG München I VersR 1971, 1157). Es muß verhindert werden, daß **Kinder** unbefugt in ein leerstehendes Gebäude eindringen. Bei den Sicherungsvorkehrungen sind die altersbedingte Sorg- und Einsichtslosigkeit der Kinder zu berücksichtigen (OLG Stuttgart VersR 1966, 1086, 1087). In einer verlassenen **Scheune** ist die Strohdieme daher so zu lagern, daß sie nicht von Kindern erklommen werden kann (BGH FamRZ 1963, 243). Ungesicherte Öffnungen eines **Bunkers** sowie die Zugänge zu einem **verlassenen Haus** sind zuzumauern, mindestens aber zu verschließen (BGH VersR 1957, 790; OLG Stuttgart VersR 1966, 1086, 1087). Jedoch kann keine Vorsorge dagegen verlangt werden, daß Kinder die zugemauerte Öffnung des Gebäudes gewaltsam aufbrechen (OLG Stuttgart VersR 1966, 1086, 1087).

e) Friedhöfe

E 214 Die Verkehrspflicht auf Friedhöfen erstreckt sich auf sämtliche **Wege** sowie auf das **Grab** selbst (RG JW 1911, 981; OLG Düsseldorf VersR 1977, 361). Hieraus folgt jedoch nicht die Verpflichtung, alle Wege in einer bestimmten Mindestbreite anzulegen, sie zu befestigen und in gleicher Weise zu unterhalten. Haupt- und Nebenwege bedürfen einer intensiveren Unterhaltung als abgelegene Pfade eines Waldfriedhofes (KG VersR 1958, 385, 386). Vom Friedhofsbesucher kann zudem verlangt werden, daß er seine eigene Aufmerksamkeit der Verkehrsbedeutung und Beschaffenheit des Pfades anpaßt (OLG Düsseldorf VersR 1977, 361). Daher kann sich derjenige, der ein erkennbar unfertiges und mit ausgehobenen Gräbern versehenes Gräberfeld betritt, nicht auf eine Verkehrspflichtverletzung berufen, da für ihn die Gefahr, in eine offene Grube zu stürzen, offensichtlich war (OLG Düsseldorf VersR 1977, 361). Wegen der Gefahr des Umstürzens muß das **Grabmal** entsprechend seiner Größe dauerhaft gegründet sein

(BGHZ 34, 206, 212). Mit der notwendigen Verankerung ist ein Steinmetzmeister oder ein anderer zu diesen Verrichtungen befähigter Handwerksmeister zu beauftragen (BGHZ 34, 206, 212; BGH NJW 1977, 1392, 1393). Sowohl den Friedhofs- als auch den Grabstelleninhaber trifft die Pflicht zur **Überprüfung der Standfestigkeit** des Grabsteines (BGHZ 34, 206, 214; NJW 1971, 2308, 2309; LG Freiburg NJW-RR 1996, 476). Dazu sind einmal jährlich nach der winterlichen Witterungsperiode eine Sichtprüfung und eine Untersuchung auf versteckte Mängel durch Rütteln am Stein durchzuführen (BGHZ 34, 206, 214; BGH NJW 1971, 2308, 2309; OLG Dresden VersR 1995, 235, 236; LG Freiburg NJW-RR 1996, 476). Angesichts der tödlichen Gefahren durch einen umstürzenden Grabstein und der nicht geringen Unfallhäufigkeit ist für die Grabsteinsicherung ein **strenger Maßstab** anzulegen; Abhilfe ist **umgehend** erforderlich. In Fällen akuter Gefahr müssen Grabsteine sofort umgelegt werden. Dagegen sind Warnschilder am Grab oder am Friedhofseingang nicht ausreichend, vielmehr müssen sofort sichtbare Absperrungen, die auch für Kinder ein erstes Hindernis sind, angebracht werden (OLG Dresden VersR 1995, 235, 236).

11. Baustellen

a) Umfang der Verkehrspflicht
aa) Die Verantwortlichen

Als für die Verkehrssicherheit auf Baustellen allein, aber auch gemeinschaftlich Verantwortliche (vgl dazu oben Rn E 56) kommen der Bauherr, die einzelnen Bauunternehmer sowie der Architekt in Betracht. Jedoch ist bei den Beteiligten zu differenzieren.

α) Bauherr

Der Bauherr hat, da er die Bauarbeiten veranlaßt, dafür Sorge zu tragen, daß von seinem Bauvorhaben keine Gefahren für Dritte ausgehen (BGHZ 68, 169, 175; 120, 124, 128 f; BGH LM Nr 106 zu § 823 [Dc] unter II 1; VersR 1982, 595, 596; OLG München NJW-RR 1994, 1241; OLG Hamm VersR 1997, 124). Auch wenn er Bauplanung, Bauaufsicht und Bauausführung an bewährte Architekten und zuverlässige und leistungsfähige Bauunternehmer überträgt, wird er nicht vollständig von seiner Verantwortung befreit (BGHZ 68, 169, 175; 120, 124, 129; LM Nr 106 zu § 823 [Dc] unter II 1; OLG München NJW-RR 1994, 1241; s auch oben Rn E 61). Er bleibt vielmehr zum Eingreifen verpflichtet, wenn er Anlaß zu Zweifeln an der Kompetenz der von ihm Beauftragten hat oder haben muß (BGHZ 120, 124, 129; LM Nr 75 zu § 823 [Dc] Bl 1 Rücks; Nr 106 zu § 823 [Dc] unter II 1; VersR 1960, 1116, 1117; 1982, 595, 596; OLG Hamm VersR 1993, 491). Dasselbe gilt, wenn die Tätigkeit mit besonderen Gefahren verbunden ist, die auch vom Auftraggeber erkannt und durch eigene Anweisungen abgestellt werden können (BGHZ 120, 124, 129; BGH LM Nr 106 zu § 823 [Dc] unter II 1; VersR 1960, 824, 825; 1960, 1116, 1117; 1982, 595, 596) bzw wenn er Anlaß zu ernsten Zweifeln hat, ob bei der Durchführung der Arbeiten dem Schutz dritter Personen ausreichend Rechnung getragen wird (BGH NJW 1958, 627, 629; LM Nr 75 zu § 823 [Dc] Bl 1 Rücks; VersR 1960, 824, 825; 1960, 1116, 1117; 1982, 595, 596; OLG Hamm VersR 1993, 491). Genügt die Information an den Bauunternehmer nicht, hat der Verkehrspflichtige die Gefahr notfalls selbst zu beseitigen (OLG Hamm VersR 1997, 124). Darüber hinaus muß er bei dem Zusammenwirken mehrerer die Zusammenarbeit überwachen und sicherstellen, daß es nicht zu Mißverständnissen kommt (BGH LM Nr 106 zu § 823 [Dc] unter II 2 b; VersR 1983, 152, 153). Schließlich ist der Bauherr zu eigenen Vorkehrungen verpflichtet, wenn er nahe der frei zugänglichen Baustelle einen Verkehr eröffnet, etwa durch erleuchtete Schaufenster, und die Gefahr besteht, daß jemand in einen ungesicherten Kellerschacht fällt (OLG München NJW-RR 1994, 1241). Dagegen ist er ohne besondere Anhaltspunkte nicht verpflichtet, die Auffassung von Fachleuten über das sachgemäße Vorgehen durch einen zweiten Spezialisten überprüfen zu lassen.

β) **Bauunternehmer**

E 217 In erster Linie hat jedoch der Bauunternehmer für die Verkehrssicherheit auf der Baustelle zu sorgen (BGHZ 68, 169, 175; NJW 1997, 582, 583). Seine Pflicht zur Verkehrssicherung entfällt, wenn er nach bindenden Weisungen oder unter ähnlich starker Einflußnahme gehandelt hat (BGH LM Nr 148 zu § 823 [Dc] unter II 1; s zur Pflichtendelegation oben Rn E 59 ff; zur Rolle des Berufs oben Rn E 22).

γ) **Arbeitnehmer**

E 218 Grundsätzlich nicht verkehrspflichtig ist der mit der Ausführung der einzelnen Arbeiten betraute Arbeitnehmer (ausf oben Rn E 65). Einen unter Anleitung und Aufsicht Schweißarbeiten ausübenden Lehrling sowie einen mit der Ausführung von Malerarbeiten betrauten Maler trifft keine Verkehrspflicht (BGH NJW 1979, 864, 865; OLG Düsseldorf NJW-RR 1993, 1309, 1310). Etwas anderes gilt, wenn der Arbeitnehmer **Leitungsfunktionen** übernommen hat. So wurde die Verkehrspflicht für einen Bauleiter und dessen Vertreter wegen der faktischen Verantwortungszuständigkeit für die Baustelle bejaht (BGH LM Nr 57 zu § 67 VVG unter II 1; VersR 1964, 942, 943). Aber auch der Arbeitnehmer ohne Leitungsfunktion muß uU für Unfälle auf der Baustelle haften. Bejaht wurde dies für einen Baggerführer, der entgegen seiner Pflicht das Bremssystem des Krans vor Inbetriebnahme des mit dem Bagger verbundenen Kranauslegers nicht überprüfte (BGH VersR 1965, 56, 57 – im Rahmen der Schuld). Aber auch der Kranführer, der seinen Kran überlastete und eine Kranstütze auf weniger tragfähigen Grund stellte als die übrigen, haftete für den Schaden (OLG Köln VersR 1979, 266, 267 – im Rahmen der Schuld).

δ) **Architekt**

E 219 Mit der Übernahme der örtlichen Bauaufsicht trifft auch den **Architekten** eine eigene Verkehrspflicht (s oben Rn E 57, unten Rn E 374 ff).

bb) **Der geschützte Personenkreis**

E 220 Aus der Eröffnung eines nur beschränkten Verkehrs folgt nach Auffassung der Rechtsprechung **eine begrenzte Verkehrspflicht** (BGH NJW 1985, 1078; VersR 1956, 554; OLG Hamm VersR 1993, 491). Sie gilt sowohl für den Kreis der Ersatzberechtigten als auch für den Umfang der Sicherungsmaßnahmen (BGH NJW 1985, 1078). Zum geschützten Personenkreis zählen zunächst diejenigen, die sich **befugt** auf der Baustelle aufhalten. Dies sind die dort beschäftigten (auch betriebsfremden) Handwerker, Lieferanten, Architekten, der Bauherr sowie die Beamten der Bauaufsichtsbehörde (BGH NJW 1985, 1078; OLG Hamm VersR 1993, 491; OLG Naumburg r+s 1996, 401; LG Göttingen BauR 1992, 528, 529). Schutzpflichten bestehen aber auch gegenüber Dritten, die in vorhersehbarer Weise mit den Gefahren der baulichen Anlage in Berührung kommen (BGH NJW 1997, 582, 583; VersR 1956, 31, 32). Dazu gehören zunächst die **Passanten** (BGH VersR 1961, 465, 466). Des weiteren sind **Besucher** in den Kreis der Schutzberechtigten aufgenommen (BGH NJW 1985, 1078, 1079; vgl oben Rn E 40). Die Verkehrspflicht besteht aber auch solchen Personen gegenüber, die das Grundstück unbefugt betreten, wenn nach den gegebenen Umständen mit ihnen gerechnet werden muß (BGH VersR 1965, 515; ausf oben Rn E 42 ff). Jedoch ist sie gegenüber **erwachsenen Unbefugten** regelmäßig mit der Aufstellung von Verbotsschildern erfüllt (BGH NJW 1957, 499; 1985, 1078; OLG Hamm VersR 1993, 491). **Strengere Anforderungen** an die Verkehrssicherung sind zu stellen, wenn mit der Möglichkeit gerechnet werden muß, daß **Kinder** auf das Gelände gelangen und dort spielen, denn diese handeln Zutrittsverboten erfahrungsgemäß zuwider, weil sie deren Bedeutung oder die ihnen drohenden Gefahren nicht hinreichend erfassen können (BGH NJW 1997, 582, 583; OLG Hamm BauR 1988, 247, 248; MDR 1992, 235; vgl oben Rn E 45). Diese Grundsätze gelten auch gegenüber **Jugendlichen**, da auch in dieser Altersstufe noch Unerfahrenheit, Leichtsinn, ein gewisser Spieltrieb und teilweise ein Zerstörungsdrang vorhanden sind (OLG Hamm VersR 1988, 247, 248). Darauf, daß die Eltern ihrer Aufsichts- und Erziehungspflicht nachkommen und die Kinder die Verbote der Eltern befolgen, darf sich der Pflichtige grundsätzlich nicht verlassen (BGH VersR 1957, 805; 806; s im einzelnen oben Rn E 45 ff und unten Rn E 224).

cc) Der sachliche Umfang
Der Umfang der zu treffenden Sicherungsmaßnahmen orientiert sich grundsätzlich **E 221** an den Sicherungserwartungen von mit den Gegebenheiten und üblichen Gefahren einer Baustelle vertrauten Personen (BGH NJW 1985, 1078; OLG Brandenburg VersR 1998, 912). Die Sicherheitserwartungen des Verkehrs sind herabgesetzt bei Gefahren, die jedem vor Augen stehen müssen und vor denen man sich deshalb ohne weiteres schützen kann (BGH NJW 1985, 1076, 1077). Besondere Bedeutung für die Bestimmung der Verkehrspflichten kommt den **Unfallverhütungsvorschriften** und DIN-Normen zu, die eine Zusammenfassung der aktuellen Standards zur Gewährleistung der Verkehrssicherheit enthalten (BGH NJW 1997, 582, 583; OLG Frankfurt aM BauR 1993, 614). Sie werden herangezogen, wenn es um die allgemeine Verkehrspflicht geht (BGH VersR 1985, 1147; OLG Bamberg VersR 1971, 233, 234; OLG Frankfurt aM VersR 1992, 760). Ihre Nichtbeachtung begründet regelmäßig den Vorwurf des fahrlässigen Verhaltens (BGH VersR 1962, 720, 721; VersR 1991, 892, 893; OLG Karlsruhe VersR 1988, 1071, 1072; OLG Düsseldorf NJW-RR 1994, 1310). Andererseits kann die Verkehrspflicht wegen ihrer Zielsetzung, den Schutz der Integrität zu gewährleisten, umfassender sein (BGH NJW 1997, 582, 583; vgl genauer oben Rn E 34, 72). Gesteigerte Sicherungspflichten treffen den Verantwortlichen, wenn er damit rechnen muß, daß **Kinder** die Baustelle betreten (s dort Rn E 224).

dd) Der zeitliche Umfang
Solange dem Bauunternehmer die tatsächliche Herrschaft über das Baugeschehen **E 222** und die Baustelle obliegt, hat er für die Verkehrssicherheit zu sorgen (OLG Braunschweig VersR 1992, 629). Die Sicherungspflichten des Bauunternehmers beginnen nicht schon mit dem Zeitpunkt der Auftragserteilung, sondern regelmäßig erst mit der Aufnahme der Bautätigkeit (AG Hamburg-Harburg VersR 1955, 192). Die Verkehrspflichten **enden**, wenn die Baustelle geräumt und dem allgemeinen Verkehr wieder zugänglich gemacht ist (OLG Koblenz VersR 1972, 1130; OLG München VersR 1980, 240; LG Koblenz VersR 1982, 1085; vgl oben Rn E 58, 64). Sie dauern dagegen fort, wenn die Baustelle in verkehrsunsicherem Zustand verlassen wurde, und zwar so lange, bis ein anderer die ausreichende Absicherung der Gefahrenquelle übernommen hat (BGH NJW 1997, 582, 584; VersR 1960, 798, 799; OLG Köln OLGZ 1973, 210, 211; MDR 1996, 469, 470; OLG Bremen VersR 1978, 873; OLG Hamm VersR 1993, 491; 1997, 124). **Außerhalb der regulären**

Arbeitszeit obliegt dem Pflichtigen nur dann die Verkehrssicherung, wenn er damit rechnen muß, daß die Baustelle nach offiziellem Arbeitsschluß oder am Wochenende betreten wird (vgl BGH NJW 1985, 1078, 1079; LM Nr 13 a zu § 823 (Ef) Bl 2 Rücks).

b) Zutrittsverhinderung
aa) Allgemeines

E 223 Ergibt sich die Pflicht zur Errichtung eines **Bauzaunes** nicht bereits aus der jeweiligen LBauO, kann sie gleichwohl aus der allgemeinen Verkehrspflicht folgen (OLG Hamm VersR 1984, 244, 245). Ob ein Bauzaun erforderlich ist, ist grundsätzlich von den Gegebenheiten auf der Baustelle abhängig (OLG Karlsruhe VersR 1982, 1010, 1011; OLG Hamm MDR 1992, 235). Teilweise werden **Hinweisschilder** und die besondere Absicherung von Gefahrenherden als ausreichend angesehen und nur dort, wo das unzumutbar erscheint, ein Bauzaun gefordert. Die Sicherungspflichten erstrecken sich vor allem auf **verborgene Gefahren** (OLG Hamm VersR 1972, 1147, 1148; 1984, 244, 245; OLG Karlsruhe VersR 1982, 1010, 1011). Teilweise wird dagegen ein Bauzaun für generell notwendig erachtet und nur bei Unzumutbarkeit ausnahmsweise die Absicherung der besonderen Gefahrenquellen als genügend angesehen (OLG Hamm MDR 1992, 235; OLG Naumburg r+s 1996, 401, 402). Die Absicherung durch einen Zaun ist danach zumutbar, wenn die Kosten im Verhältnis zu den Baukosten des Gebäudes und zu dem Ausmaß möglicher Schäden nur eine geringe Mehrbelastung darstellen (OLG Hamm MDR 1992, 235, 236). Das Schild mit der Aufschrift „Fußgänger bitte Gehweg gegenüber benutzen" stellt aber kein polizeiliches Gebotsschild dar und muß deshalb bei Offenhaltung des öffentlichen Verkehrs auf dem außerhalb der Einzäunung liegenden Teil des Grundstücks nicht beachtet werden (OLG Hamburg VersR 1963, 344, 345). Ist eine völlige Absperrung des Baugeländes nicht möglich, werden erhöhte Anforderungen an die Sicherung von auf der Baustelle verbleibenden Maschinen gestellt (OLG München VersR 1975, 453, 454; s unten Rn E 231). Ebenerdige **Balkon- und Rohbauzugänge** sind zu versperren (OLG Karlsruhe VersR 1982, 1010, 1011; aA OLG Hamm VersR 1984, 244, 245, sofern der Rohbau noch keinen besonderen Gefahrenherd darstellt). Ebenso darf der Sicherungspflichtige **keine neuen Gefahren** schaffen. Spannt er einen Draht zur Absperrung, weil die Verbotsschilder nicht beachtet werden, muß er an diesen Warnlampen anbringen (BGH VersR 1955, 21). Die **Entfernung eines Bauzaunes**, der eine Baustelle auf einem Gehweg absichert, ist nur zulässig, wenn ein verkehrssicherer Zustand vorliegt, die Sicherung auf eine andere Weise erfolgt oder die Verkehrsunsicherheit ohne weiteres zur Tages- und Nachtzeit erkennbar ist (BGH VersR 1960, 798, 799). Der Bauunternehmer haftet auch für einen **Unfall außerhalb der gesicherten Baustelle**, wenn er ein Probeloch bohrt und den Gehweg anschließend nicht wieder in einen verkehrssicheren Zustand versetzt (OLG Hamburg VersR 1963, 344, 345).

bb) Kinder

E 224 Strengere Anforderungen an die Baustellensicherung sind zu stellen, wenn sich in der Nähe Wohnhäuser befinden und mit **Kindern** gerechnet werden muß (OLG München VersR 1975, 453, 454; OLG Karlsruhe VersR 1982, 1010; OLG Hamm MDR 1992, 235). Die Schutzmaßnahmen müssen um so wirksamer sein, je größer die auf der Baustelle lauernden Gefahren sind und je stärker der Anreiz ist, den die Gefahrenquelle auf Kinder ausübt (BGH NJW 1997, 582, 583; OLG Hamm VersR 1993, 491). Der Sicherungspflichtige muß beachten, daß Unerfahrenheit und Spieltrieb die Kinder in Gefahrbereiche führen, die durch bloße Zutrittsverbote oder leicht zu überwindende Hindernisse ihnen gegenüber nicht hinreichend gesichert sind (OLG Hamm BauR 1988, 247;

248; OLG Naumburg r+s 1996, 401). Erst recht dürfen Kinder nicht zu kleinen Handreichungen beim Bau herangezogen werden, da andernfalls die Gefahr besteht, daß sie Verbote zum Betreten der Baustelle nicht ernst nehmen (OLG Oldenburg VersR 1957, 792, 793). Das Aufstellen von Verbotsschildern genügt daher nicht, wenn Maßnahmen unterlassen werden, die allein geeignet sind, insbesondere Kleinkinder am Betreten der Baustelle zu hindern (OLG Naumburg r+s 1996, 401). Die Sicherungspflicht findet auch gegenüber spielenden Kindern ihre **Grenzen** in der wirtschaftlichen Vertretbarkeit und Zumutbarkeit; sie erstreckt sich primär auf solche Gefahren, die verborgen oder bei der oberflächlichen Aufmerksamkeit spielender Kinder leicht übersehbar sind (OLG Hamm VersR 1972, 1147, 1148; BauR 1988, 247, 248). Der Verkehrspflichtige darf sich deshalb grundsätzlich darauf verlassen, daß Kinder die offensichtlichen Gefahren eines Rohbaus erkennen (OLG Hamm VersR 1972, 1147, 1148). Mit einem auch für Kinder ungewöhnlichen und für sie ohne weiteres erkennbar gefahrenträchtigen Verhalten muß er nicht rechnen (OLG Hamm VersR 1984, 244, 245). Eine **Schadensersatzpflicht besteht** somit, wenn Kalkpfannen (OLG Hamm VersR 1954, 418 f; 1972, 1147, 1148 f) und Kessel mit heißem Teer (BGH VersR 1957, 805, 806) nicht abgedeckt werden, ebenso wenn ein 5-Jähriger den Treppenaufgang zu einer Krananlage ungehindert besteigen kann (OLG Naumburg r+s 1996, 401, 402). Zementröhren sind so zu sichern, daß sie durch Kinder nicht zum Rollen gebracht werden können (**aA** OLG Karlsruhe VersR 1955, 648). Der Unternehmer haftet auch für eine fehlende Umfriedung eines Löschwasserteiches (BGH NJW 1997, 582, 583). Dagegen muß er **nicht** für die Schäden aufkommen, die sich ein Kind zuzieht, das eine unfertige Kellertreppe aus Furcht vor Entdeckung fluchtartig hinabläuft (OLG Hamm VersR 1972, 1147, 1148), ebensowenig dann, wenn sich ein 13-Jähriger auf Metallsprieße stellt, die die Funktion einer Brustabwehr gegenüber Treppenhausfensteröffnungen haben (OLG Karlsruhe VersR 1982, 1010, 1011), oder wenn Kinder auf einer Mauer balancieren, zu deren Besteigen weder Leitern noch Gerüste Anreiz boten (OLG Hamm VersR 1984, 244, 245). Ebensowenig ist voraussehbar, daß Jugendliche Schalbretter, die am Laufsteg einer Baugrube angelehnt sind und nur geringfügig darüber hinausragen, umwerfen, während ein anderer seine Notdurft in der Baugrube verrichtet. Daher besteht keine Haftung für das Abstellen der Bretter (OLG Hamm BauR 1988, 247, 249; generell zur Haftung gegenüber Kindern auch oben Rn E 45 ff).

c) Sicherung von Straßenbaustellen
Bei der Sicherung von Baustellen auf Fahrbahnen und Gehwegen genügen in der Regel optische Warnungen und Abgrenzungen, es sei denn, besondere Gefahren machen weitere Sicherungsmaßnahmen erforderlich (KG VersR 1973, 1146, 1147; Überblick bei BERR DAR 1984, 6, 15 ff).

E 225

aa) Gefahren für den Kfz-Verkehr
Erforderlich ist die rechtzeitige Warnung des Kfz-Verkehrs durch entsprechende **Verkehrsschilder** (vgl OLG Oldenburg VRS 83 [1992] 164, 165). Diese sind örtlich so nah an der Baustelle aufzustellen, daß die Verkehrsteilnehmer sie auf die vorhandene Gefahrenstelle beziehen können (OLG Hamm VersR 1998, 475 [LS]). Dementsprechend haftet der Bauunternehmer für falsche oder in die Irre führende Beschilderung (OLG Karlsruhe VersR 1976, 668; LG Schweinfurt VersR 1994, 1131 [LS]). Die **Begrenzung** der benutzbaren Fahrbahn muß deutlich erkennbar sein (BGH VersR 1960, 349, 350). Drohen den Verkehrsteilnehmern wegen des Verlaufs der Straße, zB durch einen Straßenknick, Gefahren und ist eine Baustelle am Rand der Fahrbahn geeignet, Kraftfahrer

E 226

über den Verlauf der Straße zu täuschen, muß dem vorgebeugt werden, beispielsweise mittels rot-weißer Richtungstafeln gem Zeichen 625 zur StVO und Flatterband (BGH NJW 1982, 2187, 2188; LM Nr 57 zu § 67 VVG unter II 1). Nicht ausreichend ist das Aufstellen eines **Leitkegels** in der Fahrbahnmitte einer Landstraße, wenn dort Asphaltarbeiten durchgeführt werden und dabei schweres Arbeitsgerät zum Einsatz kommt (OLG Oldenburg VRS 83 [1992] 164). Die Arbeiter haben **Warnwesten** zu tragen (vgl OLG Oldenburg VRS 83 [1992] 164, 165). Straßenbaustellen innerhalb einer belebten städtischen Straße sind zu beleuchten (OLG Köln VersR 1973, 1076 [LS]). Dies gilt ebenso für die Absperrung einer Fußgängerbrücke, und zwar auch zum Schutz von Radfahrern (OLG Düsseldorf VersR 1998, 1021, 1022). Wird die Streckenführung einer Straße verlegt, so daß eine Freileitung unterfahren werden muß, ist es erforderlich, aber auch ausreichend, daß der Luftraum über der Straße 4 Meter beträgt (OLG Köln MDR 1995, 271). Innerhalb einer Straßenbaustelle, die als solche erkennbar ist und auf die durch entsprechende Verkehrszeichen rechtzeitig hingewiesen wurde, besteht eine **weitere Warnpflicht** nur für solche Gefahren, die ein sorgfältiger Kraftfahrer nicht durch einen beiläufigen Blick erkennt (BGH VersR 1960, 349, 350; OLG Bamberg VersR 1982, 803; OLG Karlsruhe VRS 70 [1990] 344, 345; OLG Hamm VersR 1998, 475, 476 [LS]). Unfertige, zur Verkehrsberuhigung angelegte Hindernisse sind jedenfalls dann durch Flatterbänder zu sichern, wenn sie für den Verkehrsteilnehmer unerwartet auftauchen (LG Limburg VersR 1993, 497; zu Straßenbaustellen s auch oben Rn E 111, 119). **Sicherungseinrichtungen** sind in angemessenen Abständen zu **kontrollieren** (OLG Düsseldorf VersR 1998, 1167, 1168). Die Kontrolldichte richtet sich nach den Umständen und den örtlichen Verkehrsverhältnissen; aus Organisations- und Kapazitätsgründen kann die Einhaltung auf die Minute nicht gefordert werden (OLG Brandenburg VersR 1998, 912, 913). Die Sicherungseinrichtungen an baustellenbedingten Fahrbahnverengungen, denen gegenüber sich Firmen befinden, sind nach dem Ende der Geschäftszeiten gegen 19.00 Uhr zu kontrollieren (OLG Düsseldorf VersR 1998, 1167, 1168). Baustellen auf einer Autobahn sind indes auch in der Nacht zu überprüfen (OLG Bremen VersR 1979, 1126, 1127: im Abstand von 3 Stunden; OLG Brandenburg VersR 1998, 912: 6 Stunden). Geringfügige **Straßenverschmutzungen** durch eine nahe Baustelle, etwa dünne Sandschichten in der Mitte der Fahrbahn, sind aber hinzunehmen (OLG Köln NJW-RR 1990, 862). Die Verwendung glatter Stahlplatten zur **Abdeckung von Baugruben und Tiefbaustellen** ist üblich und stellt trotz der damit verbundenen Glättegefahr keine Verkehrspflichtverletzung dar. Jedoch muß vor der Gefahr gewarnt werden (OLG Karlsruhe DAR 1991, 104).

bb) Gefahren für Fußgänger

Bei einer weithin sichtbaren Baustelle muß ein **Fußgänger** mit geringen Unebenheiten der Verkehrsfläche rechnen; aus diesem Grund entfällt sogar eine diesbezügliche Warnpflicht (OLG Hamm MDR 1957, 675 [LS]; OLG Düsseldorf MDR 1962, 52; VersR 1997, 187). Der Verkehrspflichtige haftet aber für einen Unfall auf einem ungesicherten, durch Baumaßnahmen 12 cm vertieften Gehweg, der mit Schnee bedeckt ist, wenn der Geschädigte von der Vertiefung keine Kenntnis hatte (BGH LM Nr 38 zu § 254 [A] unter II 1a). Besteht für die Fußgänger die Gefahr, vom ungesicherten Rand einer Fahrbahn abzukommen, muß für eine ausreichende **Beleuchtung** sowie Absicherung durch **Flatterleinen** gesorgt werden, wenn keine allgemeine Straßenbeleuchtung vorhanden ist (OLG Stuttgart VersR 1974, 395). Dabei muß aber den besonderen Sicherheitsbedürfnissen unbegleiteter blinder Personen nur Rechnung getragen werden, wenn diese notwendig in den Bereich des Verkehrs kommen (KG VersR 1973, 1146,

1147). Wird eine Straße halbseitig gesperrt, muß der Fußgänger, der sie überqueren will, durch Hinweisschilder gewarnt werden, wenn auf dem freien Fahrbahnteil der Kfz-Verkehr für beide Richtungen freigegeben ist (KG VersR 1978, 766). Wird im Zuge von Baumaßnahmen der Weg zwischen Straße und Haus beseitigt und durch ein **Provisorium** ersetzt, muß eine gefahrlose Benutzung gewährleistet sein; das bedeutet, daß Abkürzungsmöglichkeiten entweder abgesperrt oder ebenfalls zu einem ungefährdeten Gebrauch hergerichtet werden müssen (vgl BGH VersR 1986, 704). Der **Fußgängerweg** ist abzusperren, wenn Arbeiten durchgeführt werden, bei denen mit Splittern gerechnet werden muß (BGH VersR 1961, 465, 466; s dazu oben Rn E 54).

cc) Die Verantwortlichen
Für die Verkehrssicherheit der Straße sind der Verkehrspflichtige und der Bauunternehmer nebeneinander verantwortlich, wenn dem Letztgenannten die Pflicht durch Vertrag übertragen wurde (BGH NJW 1982, 2187; OLG Köln NJW-RR 1990, 862). Grundsätzlich tritt die Sicherungspflicht des **Bauunternehmers neben** die des **Wegeunterhaltungspflichtigen**. Letzterer kann seine Sicherungspflicht nicht zur Gänze mit Wirkung gegenüber Dritten durch Vertrag auf den Bauunternehmer abwälzen (BGH NJW 1982, 2187; OLG Koblenz VersR 1972, 1130). Dabei gilt, daß sich der Unternehmer bei der Absicherung der Straßenbaustelle auf die Vorgaben der Gemeinde verlassen darf, es sei denn, ihm ist die Unzulänglichkeit der Maßnahme erkennbar (OLG München VersR 1993, 1546, 1547). In **zeitlicher Hinsicht** besteht seine Haftung bis zur Wiederzulassung des öffentlichen Verkehrs, unabhängig davon, ob das Gesamtvorhaben beendet ist; diese endet allerdings nicht, wenn es sich um solche Gefahrenzustände handelt, die sich aus der mangelhaften Ausführung der Arbeiten ergeben (BGH NJW 1997, 582, 584; aA OLG Koblenz VersR 1972, 1130; OLG Hamm VersR 1993, 1369, 1370; zu den Gefahren aufgrund veränderter Abflußverhältnisse s Rn E 247).

E 228

d) Gefahren auf der Baustelle
aa) Schächte und Baugruben
Schächte, Baugruben und Teiche bedürfen einer besonderen Absicherung. Daher sind **Öffnungen,** zB für noch einzubauende Treppen, und **Schächte**, beispielsweise ein offener Pumpenschacht im Boden des Kellergangs, einzuzäunen oder so zu sichern, daß die Abdeckung unverschiebbar ist (BGH VersR 1964, 431, 432; OLG Hamm BauR 1992, 658; OLG Celle BauR 1995, 569); leicht bewegbare Holzplatten reichen nicht (OLG Hamm VersR 1997, 124). Dies gilt erst recht, wenn Teile des Bauwerks vor der vollständigen Beendigung der Bauarbeiten bereits durch Mieter genutzt werden oder sich in der Nähe erleuchtete Schaufenster befinden und eine Gefahr durch einen ungesicherten Kellerschacht besteht (OLG Celle VersR 1977, 479, 480; OLG München NJW-RR 1994, 1241). Bei den Sicherungsmaßnahmen ist zu berücksichtigen, daß errichtete Sperren aus **arbeitsbedingten Gründen** wieder weggeräumt werden können. Vor einem unfertigen unabgedeckten **Schwimmbecken** in einem Haus ist daher durch einen ausdrücklichen Hinweis oder durch die Beleuchtung des Beckens zu warnen; die Absperrung des Zugangs genügt nicht (OLG Köln OLGZ 1973, 210, 213). Ebenso muß die **Aussparung** in einem Betondach eines Rohbaus, die später eine Lichtkuppel aufnehmen soll, durch eine dauerhafte und unverrückbare Absperrung und Kennzeichnung gesichert werden (OLG Düsseldorf VersR 1987, 414). **Provisorische Maßnahmen** wie die Absperrung der zur Gefahrenquelle führenden Treppe sind nur ausnahmsweise ausreichend, nämlich wenn die Übernahme der Verkehrssicherung durch die die Arbeiten fortsetzende Firma in kürzester Frist zu erwarten ist (OLG Köln OLGZ

E 229

1973, 210, 213). Die **Kontrolle** der Absperrungen von Gefahrenstellen, die nicht jedermann gefährlich werden können, ist nicht innerhalb kürzester Fristen erforderlich; die zwei Wochen vor dem Unfall erfolgte Prüfung der Absperrung eines Ganges, in dem sich eine Baugrube befindet, wurde als ausreichend angesehen (OLG Hamm BauR 1980, 378, 379). Allerdings muß damit gerechnet werden, daß mit der konkreten Gefahrenstelle **nicht vertraute Personen** auf der Baustelle erscheinen, etwa weil sich ein auf dem Bau tätiger Unternehmer dort von Zulieferern, Kunden oder Interessenten zur Klärung von Fragen aufsuchen läßt (OLG Hamm VersR 1993, 491) oder der Bauleiter beim ersten Betreten seinen Arbeitern Anweisungen geben will (OLG Köln OLGZ 1973, 210, 213). **Verneint** wurde dagegen die Sicherungspflicht für eine Baugrube in einem dunklen Technik-Gang ohne Lichtquelle, weil nicht damit gerechnet werden mußte, daß ein mit anderen Bauarbeiten beauftragter Bauarbeiter einen ersichtlich gefährlichen Bereich einer Baustelle aufsucht, in dem er nichts zu suchen hat, und dort in eine Baugrube stürzt (OLG Hamm BauR 1980, 378, 380). **Baugruben** bedürfen einer Absicherung, wenn sie eine Gefahr für Dritte darstellen. Der Zugang zu einer mit Wasser gefüllten Baugrube in unmittelbarer Nachbarschaft von Wohnbebauung ist abzusperren (OLG Hamm VersR 1989, 1278, 1279). Ein **Löschwasserteich**, neben dem sich ein 5 m hoher Lärmschutzwall befindet, der durch sein Gefälle zum Teich hin Kinder zum Spielen geradezu einlädt, ist zu umfrieden (BGH NJW 1997, 582, 584). Auch muß dafür Sorge getragen werden, daß niemand ungewarnt in den Gefahrenbereich gelangt. Folglich ist die in der Nähe zu einem Festplatz befindliche **Baugrube** abzusichern (BGH VersR 1965, 515). Dies gilt ebenso für eine am Rand einer **Großbaustelle** gelegene **Baugrube**, mit der, anders als im Kernbereich der Baustelle, der Befugte nicht zu rechnen brauchte (OLG München VersR 1990, 499, 500). Insbesondere bei tiefen **Ausschachtungsarbeiten** kann es geboten sein, die Baustelle auch an der Seite zu sperren und kenntlich zu machen (OLG Köln VersR 1971, 324, 325). In einer dunklen Straße sind **Lampen** anzubringen, die die Absperrungen hinreichend beleuchten (OLG Köln VersR 1971, 324, 325). Andererseits haftet der Unternehmer einem mit der Örtlichkeit Vertrauten nicht für eine Baugrube, die sich neben dem Rollweg seines Landeplatzes für kleine Flugzeuge befindet (OLG Zweibrücken BauR 1993, 615, 617).

bb) Balkontüren

E 230 Balkontüren, hinter denen noch nicht mit dem Bau des Balkons begonnen wurde, müssen so gesichert werden, daß ein völliges Öffnen der Türen mit der Gefahr des Hinunterstürzens vermieden wird. Lediglich eine mündliche Warnung und das Anbringen von drei Brettern, die austrocknen und locker werden können, genügt auch gegenüber Erwachsenen nicht (OLG Bamberg VersR 1971, 233, 234). Jedoch ist der BGH der Auffassung, daß der Vermieter einer Wohnung mit Loggia, deren Brüstung noch nicht fertig war, ausreichende Vorkehrungen getroffen habe, wenn er den Mietern das Betreten untersagt oder sie deutlich auf die Gefährlichkeit hingewiesen habe; die iE nicht unproblematische Entscheidung mag durch die konkreten Umstände des Einzelfalls zu begründen sein (BGH NJW 1985, 1076, 1077; zum Gesichtspunkt der Eigenverantwortlichkeit des Geschädigten oben Rn E 32).

cc) Arbeitsmaschinen

E 231 Gerade wenn eine völlige Absperrung der Baustelle nicht möglich ist, müssen an die Sicherung der dort verbleibenden Maschinen erhöhte Anforderungen gestellt werden (OLG München VersR 1975, 453, 454). Der Treppenaufgang zu einer **Krananlage** ist zu verschließen, damit er nicht von Kindern bestiegen werden kann (OLG Naumburg r+s 1996, 401, 402). Von einer **Tischkreissäge** sind die Stromzuführungskabel bzw die Sicherungen zu entfernen (OLG München VersR 1975, 453, 454). **Schweres Arbeitsgerät**, zB eine Dampfwalze, muß zwar gesichert werden, jedoch nicht gegen groben Unfug. Daher haftet der Verkehrspflichtige nicht, wenn Dritte die Maschine so drehen, daß ihre Deichsel in die Fahrbahn ragt (LG Aachen VersR 1972, 449). Schadensersatzansprüche scheiden ebenfalls aus, wenn Jugendliche mit Gewalt eine **Betonmischmaschine** umstürzen; eine Verbotstafel, daß sich niemand an der Maschine betätigen darf, ist nicht erforderlich (OLG Hamm VersR 1958, 629, 630). Wegen erheblichen Eigenverschuldens wurden dagegen Schadensersatzansprüche eines Mopedfahrers nach einer Kollision mit einer auf dem Gemeindeweg abgestellten **Steinquetsche** abgelehnt (BGH VersR 1964, 661, 662). Während der Arbeitszeit muß ein **Schweißgerät** auf einer nicht offenen Baustelle nicht vor dem Zugriff der anderen am Bau beschäftigten Handwerker gesichert werden; etwas anderes gilt nur, wenn Anhaltspunkte dafür bestehen, daß andere das Gerät unbefugt benutzen (BGH VersR 1969, 827, 828). Ergibt sich beim **Abbau einer Krananlage** eine Gefahr für die unter dem abgesenkten Ausleger hindurchfahrenden Fahrzeuge mit hohen Aufbauten, so muß der Verkehr gewarnt oder durch Posten abgesichert werden (OLG Stuttgart VersR 1981, 361). Ein **Baggerfahrer** muß auf einer durch eigene Posten gesicherten Baustelle auf einem Privatgelände nicht damit rechnen, daß sich ein Sicherungsposten in den Arbeitsbereich seines **Baggers** begibt (OLG Zweibrücken BauR 1994, 781, 782).

dd) Lagerung von Baumaterial
Wer öffentliche Verkehrswege zeitweilig zum Lagern von **Baumaterialien** benutzt, muß die Bereiche so kennzeichnen und absichern, daß eine Gefährdung der Wegbenutzer vermieden wird (OLG Düsseldorf VersR 1954, 510). Ein solches Verkehrshindernis ist zu beleuchten (BGH VersR 1957, 518; OLG Düsseldorf VersR 1954, 510). Will sich der Verkehrspflichtige auf die städtische Straßenbeleuchtung verlassen, hat er sich zu vergewissern, daß das Lagergut gut sichtbar ist und das Licht nicht abgeschaltet wird (OLG Düsseldorf VersR 1954, 510). Zementröhren sind vor dem Wegrollen zu sichern (OLG Karlsruhe VersR 1955, 648). Der Verkehrspflichtige muß auch der **Gefahr durch unbefugtes Verhalten Dritter** vorbeugen. Ist bekannt, daß Kinder Baumaterial auf die Fahrbahn tragen, kann es geboten sein, das Material mit Schutzplanken zu umgeben oder Wächter aufzustellen (BGH VersR 1957, 518). Ist damit zu rechnen, daß der auf der Straße abgeladene Bausand auseinandergefahren wird, sind hiergegen Maßnahmen zu ergreifen (vgl BGH VRS 20 [1961] 337, 338). Finden Bauarbeiten auf einer Fußgängerbrücke über einer Autobahn statt, ist der Zugriff Dritter auf die gelagerten Materialien, zB durch Aufstellen eines Drahtgitters, zumindest zu erschweren (LG Saarbrücken NZV 1993, 236).

E 232

ee) Gefahren durch Stromleitungen
Vor einer **Starkstromleitung** über einem zu deckenden Dach in einer Höhe von 3,5 m braucht der Besteller den Unternehmer nicht vor jeder Auftragsvergabe zu warnen (OLG Hamm VRS 82 [1992] 405, 406). Bei Gerüstarbeiten in unmittelbarer Nähe zu Starkstromleitungen ist die Pflicht zum Abschalten aller Oberleitungen davon abhängig, ob ein Arbeiter in den Gefahrenbereich der Leitungen geraten kann (BGH LM Nr 190 zu § 823 [Dc] unter II 2).

E 233

ff) Witterungsbedingte Gefahren

E 234 Die Sicherung gegen witterungsbedingte Gefahren obliegt dem Bauunternehmer, soweit keine vertragliche Vereinbarung vorliegt, nur, wenn sich die Witterungseinflüsse im Zusammenhang mit der Baumaßnahme besonders auswirken (OLG Bamberg VersR 1974, 552). Wird ein Straßendamm errichtet, muß für die Abwendung einer bei Regen drohenden Überschwemmungsgefahr gesorgt werden (BGH NJW-RR 1986, 190). Wird die Baustelle witterungsbedingt stillgelegt, muß für ihre Absicherung gegenüber spontanem **Wintersportbetrieb** nur gesorgt werden, wenn es sich um ein Gelände mit überörtlicher Bedeutung für diesen Sport handelt und das für den Verantwortlichen außerhalb der winterlichen Jahreszeit erkennbar war (OLG Stuttgart VersR 1983, 932).

gg) Sonstige Gefahrenherde

E 235 In einem noch nicht freigegebenen Treppenhaus sind die bis zum Boden reichenden **Glasflächen** zumindest mit Kreide zu markieren (BGH VersR 1968, 470, 471). Gitter vor bis auf den Boden reichenden Fenstern in Hausfluren dürfen nicht entfernt werden, solange sich dort während der Arbeiten Mieter bewegen (vgl BGH VersR 1964, 279, 281). Zur Absicherung einer **Wendeltreppe** auf einer Baustelle ist das Anbringen des Geländers geboten (BGH DB 1974, 426). Ein zu Bauarbeiten vorübergehend abgenommenes Geländer an einem Kellerabgang muß wieder angebracht werden, wenn sich anläßlich eines Festes eine Vielzahl von Personen auf dem Grundstück bewegt (OLG Stuttgart VersR 1994, 867, 868). Werden in Ausstellungsräumen **Trennwände** nur provisorisch aufgestellt und besteht die Gefahr des Umstürzens, ist dafür zu sorgen, daß der Bereich nicht betreten wird (LG Göttingen VersR 1981, 761). Wird das Baugelände als **wilder Parkplatz** genutzt, muß der Eigentümer allerdings nicht für eine gefahrlose Nutzung sorgen (OLG Nürnberg NZV 1997, 353).

e) Gerüste und Leitern
aa) Fehlerhafter Aufbau

E 236 Eine Verkehrspflichtverletzung liegt regelmäßig dann vor, wenn ein Gerüst nicht entsprechend den **Unfallverhütungsvorschriften** aufgestellt wurde (BGH VersR 1956, 31, 32; 1963, 651, 652; OLG Frankfurt aM VersR 1992, 760, 761; OLG Düsseldorf NJW-RR 1994, 1310). Es muß an der Hauswand hinreichend befestigt sein, damit es gegen Umstürzen gesichert ist (OLG Köln MDR 1996, 469, 470). Die Laufbahnsohlen sind so zu sichern, daß sie sich nicht bei einem normalen Anstoß mit dem Fuß beim Laufen in Längsrichtung verschieben (OLG Frankfurt aM BauR 1993, 614). Der Gerüstbauunternehmer hat durch regelmäßige Prüfung sicherzustellen, daß die Sprossen der Leiter unbeschädigt sind (OLG Köln BauR 1995, 865). An den Holmen der Leiter sind Gummistopfen anzubringen, um ein Rutschen zu verhindern (LG Göttingen BauR 1992, 528, 529). Die Verkehrspflicht ist ebenso verletzt, wenn die als Übergang zu einem Erkergerüst erforderliche Eckeinrüstung fehlt (OLG Düsseldorf NJW-RR 1994, 1310). Gerüstanker dürfen nicht mit Bohlen belegt werden (OLG Frankfurt aM BauR 1992, 255, 256). Handwerker dürfen sich bei der Benutzung des Gerüstes darauf verlassen, daß es betriebssicher ist und insbesondere die Bretter tragfähig sind (BGH VersR 1963, 651, 652; OLG Frankfurt aM VersR 1992, 760, 761).

bb) Der Verkehrspflichtige

E 237 Verkehrspflichtig ist der Gerüstbauer (OLG Nürnberg VersR 1991, 1191 [LS]; OLG Frankfurt aM VersR 1992, 760, 761). Jedoch haftet auch der Bauunternehmer, der nach dem Benutzen eines fremden Gerüsts dieses in einem erkennbar verkehrsunsicheren

Zustand zurückläßt, für Schäden, wenn es umfällt (OLG Köln VersR 1996, 1518). Auch der bauleitende Architekt, der die Änderung eines Standgerüsts selbst veranlaßt, ist für dessen Verkehrssicherheit verantwortlich (BGH NJW 1984, 360). Ebenso muß derjenige, der zu einer Baustellenbesprechung auf einem Raumgerüst einlädt, sich selbst von dessen Sicherheit, Standfestigkeit und Belastbarkeit überzeugen, da er einen Verkehr auf dem Gerüst eröffnet (BGH LM Nr 168 zu § 823 [Dc] unter II 2 b).

cc) Sicherung gegenüber dem Verkehr
Ragen Gerüstteile in den Fahrbahnbereich einer **öffentlichen Straße**, sind Sicherungs- E 238 maßnahmen gegen eine Kollision mit Fahrzeugen zu treffen. Das Anbringen einer roten Warnflagge an dem Hindernis genügt nicht. Vielmehr sind ein Teil der Fahrbahn abzusperren oder Verkehrszeichen aufzustellen (OLG Hamm VersR 1993, 712). Ein Gerüst, das neben einem Gaststätteneingang steht, muß mit festem dauerhaftem Material, nicht nur mit Flatterleinen, gesichert werden, damit niemand über die niedrig angebrachten Querstreben stolpert (OLG Nürnberg BauR 1991, 781, 782).

dd) Unfertiges Gerüst
Der Gerüstbauer haftet nicht für ein erkennbar unfertiges Gerüst. Die Unvollstän- E 239 digkeit bringt er regelmäßig dadurch zum Ausdruck, daß er die Gerüstleiter entfernt. Das Gerüst ist außerdem unfertig, wenn für jeden Baufachmann erkennbar ist, daß der obere Gerüstbelag wegen Verwendung zu schwacher Bretter zum Betreten durch Menschen ungeeignet ist (BGH VersR 1962, 720, 721). Andererseits kann konkludent zum Ausdruck gebracht werden, das Gerüst sei fertiggestellt, und zwar dadurch, daß nach einer Beanstandung an 2 Tagen fehlende Gerüstteile eingesetzt werden und dann über eine Woche keine weiteren Arbeiten am Gerüst selbst erfolgen, ohne daß ein ausdrücklicher Hinweis auf die noch andauernde Unvollständigkeit gegeben wird (OLG Düsseldorf NJW-RR 1994, 1310, 1311).

ee) Fehlverhalten der Gerüstnutzer
Die Haftung des Verkehrspflichtigen für ein Fehlverhalten der Gerüstnutzer ist E 240 davon abhängig, ob ihm dieses Verhalten zugerechnet werden kann. Daß ein Arbeiter trotz fehlender Eckeinrüstung versucht, von dem Seitengerüst auf das Erkergerüst zu klettern, um sich das zeitraubende Ab- und Wiederaufklettern zu ersparen, ist dem Gerüstbauer unter dem Gesichtspunkt der psychisch veranlaßten Kausalität zuzurechnen (OLG Düsseldorf NJW-RR 1994, 1310, 1311). Jedoch haftet der Verkehrspflichtige nicht für eine bestimmungswidrige Verwendung der Rückenlehnplanke als Trittleiterstufe, da dies kein naheliegendes Fehlverhalten darstellt (LG Hanau zfs 1993, 255). Wer aufgrund seines Alters oder Körpergewichts in der Beweglichkeit eingeschränkt ist, muß gegebenenfalls auf die Mitnahme seiner Aktentasche verzichten, wenn er auf das Gerüst geht (BGH VersR 1956, 31, 32).

ff) Gefahren beim Abbau des Gerüstes
Beim **Abbau des Gerüstes** sind weiter gehende Sicherungsmaßnahmen erforderlich. E 241 Kann aus tatsächlichen Gründen, zB wegen Bauarbeiten auf einem Bahnsteig, der Gefahrenbereich nicht komplett abgesperrt werden, genügt es nicht, die Passanten durch Zurufe zu warnen. Erforderlich ist vielmehr der Einsatz von Sicherungsposten, die die Passanten so lange zurückhalten, wie das Abbinden und Herablassen der Gerüstteile dauert (BGH VersR 1959, 1047). Wer sich gegenüber dem Bauherren verpflichtet, die für die Sicherung der Begehbarkeit der Obergeschoßräume erforder-

lichen Abdeckbretter weiterhin im Rohbau zu belassen, obwohl er seine Arbeiten beendet hat, übernimmt eine Garantenstellung und darf daher die Bretter nicht vorzeitig abholen lassen, wenn der Bauherr zu ihrem Ersatz nicht in der Lage ist (BGH NJW 1985, 1078).

f) Gefahren durch einzelne Bautätigkeiten
aa) Transport

E 242 Der Weg, auf dem die **Schwerlasttransporter** die Baustelle erreichen, muß diesen Verkehrsbelastungen gewachsen sein. Treten an benachbarten Gebäuden Erschütterungsschäden auf, ist der Verkehrspflichtige zum Ersatz verpflichtet. Dabei entlastet es ihn nicht, daß die Straßenverkehrsbehörde trotz Proteste der Anlieger untätig blieb (BGH VersR 1981, 262). Solange ein **langsam fahrendes schweres Fahrzeug** auch von schnell fahrenden anderen Verkehrsteilnehmern rechtzeitig wahrgenommen werden kann, bedarf es keines besonderen Begleitschutzes (OLG München VersR 1957, 433). Wird **feuchter Erdaushub** unter unzureichenden Straßenverhältnissen transportiert, sind Schutzmaßnahmen gegen eine übermäßige Verschmutzung der Häuserfront eines zu durchquerenden Ortes zu ergreifen (BGH LM Nr 75 zu § 823 [Dc] Bl 1 Rücks; vgl schon oben Rn E 14). Dagegen besteht keine Haftung, wenn die an einer Baustelle vorbeiführende Straße lediglich mit einer dünnen **Sandschicht** überzogen ist, weil völlige Gefahrenfreiheit mit zumutbarem Aufwand hier nicht erreichbar ist (OLG Köln NJW-RR 1990, 862).

bb) Tiefbauarbeiten

E 243 Bei Tiefbauarbeiten werden wegen der großen Gefahren, die durch eine Beschädigung von Strom-, Gas-, Wasser- oder Telefonleitungen hervorgerufen werden können, hohe Anforderungen bezüglich der Pflicht zur Erkundigung und Sicherung von verlegten Versorgungsleitungen gestellt (BGH NJW 1971, 1313, 1314; VersR 1985, 1147; OLG Düsseldorf VersR 1993, 106, 107; NJW-RR 1994, 22; OLG Naumburg NJW-RR 1994, 784; OLG Frankfurt aM NJW-RR 1996, 276; OLG Hamm VersR 1998, 70, 71; Übersicht bei MAURER BauR 1992, 437). Diese Pflichten gelten ebenso für Entsorgungsleitungen (OLG Frankfurt aM NJW-RR 1996, 276). Die im Einzelfall aufzuwendende Sorgfalt ist davon abhängig, ob der Tiefbauunternehmer mit dem Vorhandensein unterirdischer Leitungen rechnen mußte. Bei Arbeiten im **öffentlichen Verkehrsbereich** ist **immer** davon auszugehen, daß dort **Versorgungsleitungen** verlegt sind (BGH NJW 1971, 1313, 1314; OLG Köln NJW-RR 1992, 983, 984; OLG Düsseldorf NJW-RR 1994, 22). Mit der Existenz **privater Leitungen in öffentlichem Grund** muß der Bauunternehmer dagegen nur rechnen, wenn dafür Anhaltspunkte gegeben sind. Das ist beispielsweise der Fall, wenn in einem größeren Siedlungsgebiet Dachantennen auf den Häusern fehlen (BGH NJW 1996, 387). Ebenso muß der Unternehmer bei Tiefbauarbeiten auf **Privatgrundstücken** Anhaltspunkten für unterirdisch verlegte Leitungen nachgehen (OLG Köln NJW-RR 1992, 983, 984; OLG Frankfurt aM NJW-RR 1996, 276). So kann aus der Bebauung des Grundstücks und der Umgebung eine Verbindung von den Hauptversorgungsleitungen zu den Hausanschlüssen zu erkennen sein (OLG Köln NJW-RR 1992, 983, 984). Bei einem sichtbaren Regenwassereinlauf muß sich aufdrängen, daß dieser mit einem unterirdischen Entwässerungskanal verbunden ist (OLG Frankfurt aM NJW-RR 1996, 276). Eine **Konkretisierung der Verkehrspflichten** bezüglich öffentlicher Versorgungsleitungen enthalten die Kabelschutzanweisung der Deutschen Bundespost – Telekom – sowie die „Anweisung zum Schutz von Strom-, Gas- und Fernwärmeleitungen" der Versorgungsträger (BGH NJW 1971, 1313, 1314; OLG Frankfurt aM VersR 1994, 445;

OLG Düsseldorf NJW-RR 1994, 22). Muß mit dem Vorhandensein von unterirdisch verlegten Leitungen gerechnet werden, hat sich der Verantwortliche **über die genaue Lage der Leitungen Gewißheit zu verschaffen** (BGH NJW 1971, 1313, 1314; 1996, 387; VersR 1983, 152; OLG Köln VersR 1984, 340). Bezüglich **öffentlicher Ver- und Entsorgungsleitungen** sind die Informationen beim zuständigen Versorgungsträger einzuholen, weil Versorgungsleitungen regelmäßig ohne Mitwirkung staatlicher oder kommunaler Baubehörden verlegt werden (BGH NJW 1971, 1313, 1314; VersR 1983, 152; OLG Köln VersR 1984, 340, 341; OLG Düsseldorf NJW-RR 1994, 22; OLG Frankfurt aM NJW-RR 1996, 276; OLG Nürnberg NJW-RR 1997, 19; LG Kaiserslautern VersR 1992, 705). Dazu sind dort, soweit vorhanden, die **Bestands- und Lagepläne** einzusehen (BGH NJW 1971, 1313, 1314; OLG Düsseldorf NJW-RR 1994, 22). Bei **privaten Leitungen** ist der Ansprechpartner möglicherweise nicht so leicht zu ermitteln; dies steht der Erkundigungspflicht jedoch nicht entgegen (BGH NJW 1996, 387). Die Informationen können beim Hausmeister, aber auch bei der **Gemeinde** eingeholt werden, da private Leitungen nur mit ihrer Genehmigung in öffentlichem Grund verlegt werden dürfen (BGH NJW 1996, 387). Läßt sich die Klärung der Verhältnisse **nicht** durch Einsichtnahme in die Verlegungspläne herbeiführen, ist die genaue Lage durch sogenannte **Such- oder Probeschlitze** zu erkunden (BGH NJW 1971, 1313, 1314; OLG Köln NJW-RR 1992, 983, 984; VersR 1995, 1456). Eigene Nachforschungen sind auch geboten, wenn sich die Arbeiten über den Raum hinaus erstrecken, über den Auskünfte eingeholt wurden, oder die vorgelegten Ausführungspläne ersichtlich nicht von dem zuständigen Versorgungsunternehmen stammen (OLG Köln NJW-RR 1992, 983, 984; OLG Düsseldorf VersR 1993, 106, 107; OLG Frankfurt aM VersR 1994, 445, 446). Wer sich auf durch Dritte eingeholte Informationen stützen will, hat zumindest dann eine eigene Erkundigungspflicht, wenn Bedenken gegen die Richtigkeit und Vollständigkeit der Informationen bestehen (BGH VersR 1983, 152, 153; OLG Frankfurt aM VersR 1994, 445; BauR 1994, 388; 390; NJW-RR 1996, 276; OLG Nürnberg NJW-RR 1997, 19, 20). Auf die Einhaltung der Bestimmungen über **Mindestabdeckungen und Regeltiefen** darf sich der Unternehmer nicht verlassen, da sich diese häufig ändern bzw für bestimmte Leitungen wie Fernmeldekabel gar nicht vorgesehen sind (BGH VersR 1985, 1147, 1148; OLG Köln VersR 1995, 1456). Insbesondere in der Nähe eines Wohnhauses ist damit zu rechnen, daß sich die Gasanschlußleitung in geringerer Tiefe befindet. Daher muß sich der Verantwortliche über die konkreten Verhältnisse an Ort und Stelle unterrichten (BGH VersR 1985, 1147, 1148). Werden **Angestellte** mit der Erkundigung betraut, sind sie genau zu instruieren (BGH NJW 1971, 1313, 1314; VersR 1983, 152; OLG Düsseldorf VersR 1993, 106, 107). Finden die Arbeiten in der Nähe eines **Starkstromkabels** statt, darf kein Bagger mit Tieflöffeln eingesetzt werden, vielmehr ist der Schacht per Schaufel oder per Hand auszuheben (OLG Hamm VersR 1998, 70, 71). Bei Tiefbauarbeiten in der **Nähe von Bäumen** dürfen deren Wurzeln, insbesondere die Starkwurzeln, nicht beschädigt werden (OLG Karlsruhe VersR 1997, 1155, 1156). **Nach Beendigung der Tiefbauarbeiten** müssen die Grube wieder aufgefüllt und die angrenzenden Gehwegplatten auf ihre Festigkeit hin untersucht werden (LG Darmstadt VersR 1974, 396, 397). Beim Abkippen aufgeladener Erdmassen zum **Auffüllen der Aushubstelle** ist dafür zu sorgen, daß der LKW-Fahrer den notwendigen Abstand zum Grubenrand einhält (BGH VersR 1964, 942, 943).

cc) Innenausbau

Der Bauunternehmer, der **Umbauarbeiten** in Räumen durchführt, hat zum Schutz benachbarter Geschäfte Maßnahmen zur Verhinderung der **Staubentwicklung** zu ergreifen. Solche können beispielsweise das Abhängen von Wänden mit Planen und der Einsatz von Staubsaugern sein. Wo das nicht möglich ist, muß der Nachbar auf das Risiko hingewiesen und ihm geraten werden, das Geschäft vorübergehend zu schließen (OLG Braunschweig VersR 1992, 629). Finden **Malerarbeiten** in einem weiterhin genutzten Treppenhaus statt, dürfen nicht gleichzeitig das Geländer und jede zweite Treppenstufe gestrichen werden (OLG Düsseldorf NJW-RR 1993, 1309, 1310). Bei **Umbauarbeiten** bei weiter laufendem Geschäftsbetrieb sind **Zugangsveränderungen** so kenntlich zu machen, daß sie auch demjenigen auffallen, der den Eingang regelmäßig benutzt (BGH VersR 1958, 379). Wird **Schutt** aus einem Gebäude auf benachbartes Gelände hinabgeworfen, hat der Bauunternehmer auch bei einer Gestattung durch den Nachbarn für die Absicherung des Grundstückes zu sorgen (OLG Nürnberg VersR 1966, 767, 768).

dd) Abbruch- und Sprengarbeiten

E 245 Die Abbruch- und Sprengunternehmer haben dafür zu sorgen, daß bei den Arbeiten die Nachbargebäude nicht beschädigt werden (BGH VersR 1960, 1116; 1966, 165, 166; OLG Düsseldorf BauR 1994, 267; 1998, 573, 574). Übernimmt es ein anderer, für die Schutzvorkehrungen zu sorgen, muß ihn der Sprengunternehmer über die zu erwartenden Mengen herabfallenden Schutts in dem zu schützenden Bereich unterrichten, zumindest muß er konkrete Hinweise auf das Maß der Belastung und notwendige Schutzmaßnahmen geben, wenn er erkennt, daß die getroffenen Maßnahmen nicht ausreichen (OLG Düsseldorf BauR 1998, 573, 575f – dort insbesondere unter vertraglichen Gesichtspunkten). Durch Abbrucharbeiten einsturzgefährdete Giebelteile sind abzustützen und zu unterfangen (BGH VersR 1960, 1116). Steinbrocken auf stehengelassenen Gebäuderesten sind zu beseitigen; eine dem raschen Verfall preisgegebene Mansardenwand hat der Abbruchunternehmer abzureißen (BGH VersR 1953, 479, 478). Bei erkennbar mangelnder **Standfestigkeit** des abzureißenden Hauses reicht es nicht aus, wenn der Unternehmer bei den Abbrucharbeiten nur die Auflagen von Gewerbeamt und Polizei erfüllt, obwohl er beispielsweise erkennen muß, daß eine Außenwand infolge des Drucks durch den dahinter gelagerten Schutt umstürzen kann (BGH VersR 1966, 165, 166). Allein der durch eine Sprengung verursachte Steinflug läßt nicht den Schluß auf ihre Fehlerhaftigkeit zu (OLG Düsseldorf BauR 1998, 569, 570, 572). Wer geltend macht, bei den Arbeiten sei die Verkehrspflicht verletzt worden, muß die Umstände darlegen, aus denen sich ermitteln läßt, wieviel Sprengschutt in welcher Körnung entstanden und wo er niedergegangen ist (OLG Düsseldorf BauR 1998, 569, 570, 572; zu den Pflichten eines Sprengunternehmers s auch unten Rn E 398).

g) Gefahren für den Nachbarn
aa) Standfestigkeit

E 246 Bauarbeiten sind so durchzuführen, daß Schäden am Nachbargrundstück vermieden werden (vgl BGH VersR 1960, 1116; 1966, 165, 166; OLG Düsseldorf BauR 1993, 351, 352; 1994, 267; OLG Köln NJW-RR 1994, 89; vgl auch BGHZ 114, 161, 163 unter dem Aspekt der §§ 823 Abs 2, 909). Folglich kann es bei **Ausschachtungsarbeiten,** die die Gefahr bergen, daß der Boden des Nachbargrundstückes seine erforderliche Stütze verliert, geboten sein, das Abstützen des Hauses anzuordnen oder auf andere Weise der Standunsicherheit vorzubeugen (BGH VersR 1960, 1116, 1117; OLG Düsseldorf BauR 1993, 351, 352; OLG Köln NJW-RR 1994, 89). Wird bei den Arbeiten eine Treibsandschicht angeschnitten, so ist der Graben mit Stahl- bzw Holzspundwänden zu sichern, um Gefahren für das Nachbarhaus zu vermeiden (BGH VersR 1960, 824). Schäden an Nachbarhäusern aufgrund von **Erschütterungsimmissionen,** etwa durch den Einsatz von Vibrationswalzen zu Verdichtungsarbeiten oder von sogenannten Rüttelgeräten zum Eintrieb von Stahlträgern in den Boden (BGHZ 85, 375, 381; BGH VersR 1982, 595) oder durch das Zerschlagen alter Kanalisationsrohre, sind zu vermeiden (OLG Frankfurt aM VersR 1982, 170, 171; OLG Hamm NJW-RR 1991, 601, 602). Daher kann es geboten sein, eine schonendere Arbeitsweise zu wählen, beispielsweise indem bei Verdichtungsarbeiten dünnere Schichten verdichtet werden (OLG Hamm NJW-RR 1991, 601, 602). Gefahren für benachbarte Gasleitungen durch Kanalbauarbeiten aufgrund der Methode des Gleitschienenverbaus sind durch andere, aufwendigere Verbaumethoden zu mindern (OLG Düsseldorf BauR 1995, 721, 723; zu Abbruch- und Sprengarbeiten oben Rn E 245; zu Tiefbauarbeiten oben Rn E 243).

bb) Schmutz und Wasser
Beim Einsatz von Hochdruckwasserreinigern vor einer **Dachsanierung** ist sicherzustellen, daß kein **asbesthaltiges Wasser** auf das Nachbargrundstück gelangt (OLG Hamm MDR 1992, 558). Werden im Zuge von Straßenbauarbeiten **Abflußverhältnisse verändert**, sind Vorkehrungen gegen eine dem Nachbargrundstück drohende Überschwemmung zu treffen (BGH NJW 1996, 3208, 3211; LM Nr 148 zu § 823 [Dc] unter II 1). So ist dann, wenn aufgrund einer stark abfallenden Hanglage mit Durchfeuchtungsschäden für ein nahegelegenes Gebäude gerechnet werden muß, eine Untersuchung der geologischen Verhältnisse in einem Straßenentwässerungsgraben und dessen Umfeld zu veranlassen (BGH NJW 1996, 3208, 3211). Bei **Erschließungsmaßnahmen** darf der Anschluß der neuen Kanalisation an die vorhandene Entwässerungsanlage erst erfolgen, wenn die Vorflut gesichert ist (BGH LM Nr 188 zu § 823 [Dc] unter II 4 b bb). Werden Leitungsstränge mit verschiedenen Rohrquerschnitten zusammengeschlossen, sind demzufolge Sicherungsmaßnahmen gegen die erkennbare Gefahr des Wasserausbruchs zu ergreifen (BGH LM Nr 188 zu § 823 [Dc] unter II 4 b bb). Beim **Brückenbau** sind Sicherungsmaßnahmen gegen die Gefahr einer Überschwemmung zu treffen, zumal wenn diese dadurch erhöht werden, daß Teile der Böschung abgetragen und in der Flußmitte Montagepfeiler errichtet werden. Das Mitteljoch ist mit Jochabweisern zu versehen, die verhindern, daß Treibgut hängen bleibt (OLG Stuttgart VersR 1995, 975). Jedoch muß für Schäden durch ein nur alle 60 Jahre auftretendes **Hochwasser** nicht gehaftet werden (OLG Stuttgart VersR 1995, 975).

E 247

12. Geschäftsräume und Warenhäuser

a) Allgemeines
Wegen des starken Besucherverkehrs werden in Geschäftsräumen, Warenhäusern und Selbstbedienungsmärkten hohe Anforderungen an die Verkehrspflichten gestellt; sie wachsen mit der Besucherzahl. Folglich gelten in Selbstbedienungsgeschäften mit weniger Verkaufspersonal keine geringeren Anforderungen als dort, wo der Kunde vom Verkäufer bedient wird (OLG Köln NJW 1972, 1950). Die Verkehrspflichten sind noch einmal erhöht, solange in einem Einkaufscenter noch Bauarbeiten stattfinden (OLG Düsseldorf WiB 1996, 749). Die Verkehrssicherheit ist sowohl innerhalb als auch außerhalb des Verkaufsbereiches während der Geschäftszeiten zu gewährleisten (BGH NJW 1994, 2617). Die Verkehrspflicht dauert so lange an, wie sich Kunden im Verkaufsbereich befinden, also auch über den offiziellen Ladenschluß hinaus (LG Essen VersR 1964, 1186, 1187). Jedoch können auch Angestellte vor Geschäftsbeginn darauf vertrauen, daß sie vor überraschenden Gefahrenstellen gesichert sind (BGH VersR 1974, 888). Der Verkehrspflicht ist in der Regel genügt, wenn die Gewähr be-

E 248

steht, daß sich der Besucher bei normalem, vernünftigem Verhalten sicher in den Räumen bewegen kann und insbesondere keinen versteckten, unerwarteten Gefahren ausgesetzt ist (BGH NJW 1994, 2617; OLG Nürnberg VersR 1967, 1083).

b) Das Gebäudeinnere
aa) Fußböden

E 249 Hohe Anforderungen werden an die Verkehrssicherheit der **Fußböden** gestellt, da gerade in der Nähe von Ein- und Ausgängen oft Gedränge herrscht, die Kunden ihr Augenmerk auf die Auslagen und Verkaufsstände richten und nicht ständig auf die Bodenbeschaffenheit achten (BGH NJW 1986, 2757; 1994, 2617; OLG Nürnberg VersR 1997, 1114). Hinsichtlich der Auswahl und Unterhaltung des Fußbodens besteht demzufolge eine weit über das Normalmaß hinaus gehende Verkehrspflicht (OLG Koblenz NJW-RR 1995, 158). Insbesondere in großen vielbesuchten Kaufhäusern bedeutet dies bereits für die **Auswahl des Bodenbelags**, daß derjenige zu verwenden ist, der bei Feuchtigkeit und Nässe die bestmögliche Rutschfestigkeit bietet (BGH NJW 1994, 2617, 2618). Des weiteren ist ein Belag zu wählen, von dem sich keine Teile der Beschichtung lösen können (BGH NJW 1986, 2757). Der Verkehrspflichtige hat durch entsprechende Anweisungen für eine **regelmäßige Bodenreinigung** in kurzen Abständen zu sorgen. Die **Intervalle** zwischen den Reinigungsvorgängen sind abhängig von den jeweiligen Gegebenheiten wie Kundenzahl, Art der Waren und der Witterung. Erforderlich ist, daß ein für die Reinigungsaufgaben **Verantwortlicher** bestimmt wird, um sicherzustellen, daß auch in Zeiten großen Kundenandrangs eine ordnungsgemäße Reinigung erfolgt (OLG Köln NJW 1972, 1950, 1951; OLG München VersR 1974, 269, 270; 1976, 1000; OLG Stuttgart VersR 1991, 441, 442; OLG Koblenz NJW-RR 1995, 158). Dies gilt zumindest in großen und schwer überschaubaren Ladenlokalen und Einkaufsmeilen (OLG Köln VersR 1997, 1113; abgelehnt dagegen für ein Geschäftslokal mittlerer Größe S 1114). Nicht verlangt werden kann eine ununterbrochene Kontrolle des Fußbodens auf Gefahrenstellen, wohl aber die Kontrolle und Reinigung in angemessenen kurzen zeitlichen Abständen (OLG Köln NJW-RR 1995, 861; r+s 1997, 244). Der Fußboden in **Obst- und Gemüseabteilungen**, an **Backständen** und im **Kassen- und Einpackbereich** ist in kurzen Abständen zu reinigen, da hier heruntergefallene Warenteile eine erhöhte Ausrutschgefahr begründen (OLG Köln NJW 1972, 1950; OLG München VersR 1974, 269; 1976, 1000; OLG Hamm VersR 1983, 43; OLG Stuttgart VersR 1991, 441, 442; OLG Schleswig NJW-RR 1992, 796; OLG Koblenz NJW-RR 1995, 158 f). Dabei wird eine alle 15–20 Minuten vorgenommene Kontrolle und Reinigung von Obstabteilung und Kassenbereich als ausreichend angesehen (OLG Koblenz NJW-RR 1995, 158, 159; OLG Köln VersR 1997, 1113, 1114). Allerdings kann auch ein sofortiges Eingreifen notwendig sein (OLG Koblenz NJW-RR 1995, 158, 159). Bei Schnee und Regenwetter ist die an sich unvermeidbare **Nässebildung** in den **Eingangsbereichen** so weit zu beseitigen, daß sie in tragbaren Grenzen bleibt (OLG Nürnberg VersR 1967, 1083). Dabei genügt es, wenn ein Wischdienst eingesetzt wird, der die Kaufhauseingänge nacheinander kontrolliert und die Feuchtigkeit in angemessenen Abständen aufwischt (BGH NJW 1994, 2617, 2618). Ist ein ordentlicher Belag gewählt, besteht keine Pflicht, zusätzliche **Fußmatten** im Eingangsbereich auszulegen (BGH NJW 1994, 2617, 2618). Werden sie jedoch verwendet, muß wegen des dadurch für den Kunden hervorgerufenen Eindrucks der Gefahrlosigkeit gewährleistet sein, daß sie nicht verrutschen und sich zwischen ihnen kein Feuchtigkeits- und Schmutzfilm bildet (OLG Nürnberg VersR 1997, 1114). Darüber hinaus darf durch die **Reinigung selbst** keine erhöhte Gefahr geschaffen werden. Demzufolge ist Glätte durch übermäßiges **Bohnern** und Ölen des Fußbodens zu verhindern bzw zu beseitigen (BGH BB 1956, 59; VersR 1966, 1190, 1191; KG VersR 1952, 242). Ebenso ist die übermäßige Ablagerung von Festkörpern des Pflegemittels verkehrspflichtwidrig (OLG Köln VersR 1977, 727). Eine erhöhte Verkehrspflicht trifft den Betreiber, wenn er während des Publikumsverkehrs Reinigungsarbeiten durchführt und Kunden auf wachsgetränkten Kehrspänen ausgleiten können (LG Essen VersR 1964, 1186, 1187; LG Duisburg VersR 1968, 100). Eine absolute Verkehrssicherheit kann weder erreicht noch erwartet werden (OLG Koblenz NJW-RR 1995, 158 f; OLG Köln NJW-RR 1995, 861; VersR 1997, 1113). Daher muß der **Kunde** sein Verhalten einer Ausrutschgefahr am Obststand anpassen (OLG Stuttgart VersR 1991, 441; OLG Koblenz NJW-RR 1995, 158; OLG Köln NJW-RR 1996, 278). Auf witterungsbedingte Feuchtigkeit, selbst in einiger Entfernung von der Eingangstür, hat sich der Kunde einzustellen (OLG Nürnberg VersR 1967, 1083; OLG München VersR 1992, 630 [LS]; LG Lüneburg VersR 1956, 651).

bb) Einrichtung, Fahrstuhl, Rolltreppe
Die **Ladeneinrichtung** muß so beschaffen sein, daß sich hieraus keine versteckte Gefahr für den Kunden ergibt. **Regale** sind daher so zu gestalten und zu plazieren, daß der Kunde, der bei dichtem Kundenandrang in Augenhöhe ausgestellte Waren betrachtet, sich nicht an sich nach unten verbreiternden Regalen stößt (OLG Köln OLGZ 1990, 443). Jedoch dürfen in kleinen Geschäften mit schmalen Gängen Obstkisten schräg angestellt werden oder in Selbstbedienungsmärkten Kisten geringfügig aus den Regalen ragen, da der Verkehrspflichtige darauf vertrauen darf, daß sich der Kunde auf diese Form der Warenpräsentation einstellt (OLG Hamm BB 1992, 1957; OLG Koblenz MDR 1996, 265). **Absperrungen** zwischen den Kassen dürfen nicht durchhängen, da sie sonst eine Stolpergefahr für den Kunden darstellen (OLG Schleswig zfs 1994, 240). Die Verkehrspflicht umfaßt auch den betriebssicheren Zustand des **Fahrstuhls** (OLG Celle VersR 1959, 111) und der **Rolltreppe**, die bei einer Gefahr sofort abstellbar sein muß (OLG Oldenburg MDR 1965, 134; Rspr bei KUNZ MDR 1982, 186). Dabei darf sich der Verkehrspflichtige auf die fachgerechte Erstellung der Rolltreppe und ihre Überprüfung durch den TÜV verlassen. Eigene Sicherungsmaßnahmen muß er nur ergreifen, wenn er Anhaltspunkte für Mängel hat (zu Fahrstühlen vgl auch Rn E 195).

E 250

cc) Sonstige Pflichten
Ein Baustoffhändler muß dafür Sorge tragen, daß während der Geschäftszeit zusammengekehrte Reste von ungelöschtem Kalk unverzüglich weggeschafft werden (OLG Frankfurt aM VersR 1978, 157). In den dem Verkehr zugänglich gemachten Räumen sind die **Schächte** abzusichern. Dabei ist weder eine allgemein gehaltene Warnung, vorsichtig zu sein, noch das Verstellen der Gefahrenstelle durch Möbel ausreichend (BGH VersR 1964, 974; 1974, 888). Erforderlich ist vielmehr ein auffallender und eindeutiger Hinweis auf die Gefahrenlage. Dies gilt auch außerhalb der Geschäftszeiten gegenüber Kaufhausangestellten, wenn Gitterroste zu Reinigungszwecken abgenommen werden (BGH VersR 1974, 888). In den Boden eingelassene **Stromkabelkästen** müssen mit einer verschraubten Platte abgedeckt werden (OLG Düsseldorf WiB 1996, 749).

E 251

c) Der den Geschäftsraum umgebende Bereich
Die Verkehrspflicht besteht grundsätzlich auch für den die Geschäftsräume umgebenden Bereich. Neben dem sicheren Zugang zum Geschäftslokal ist für die Gefahrenfreiheit jener Bereiche zu sorgen, die für den allgemeinen Besucherverkehr bestimmt sind und in denen mit dem Aufenthalt von Kunden zu rechnen ist; dazu

E 252

zählen auch zur Verfügung gestellte Parkplätze (OLG Koblenz OLGZ 1993, 334, 335; LG Berlin VersR 1988, 720). **Schaufensterscheiben** sind regelmäßig daraufhin zu kontrollieren, ob ihre Befestigung den geltenden DIN-Normen entspricht (OLG Düsseldorf Betrieb 1984, 1772). Ist die Scheibe mit dem Grund und Boden eines Gebäudes verbunden, schon seit 40 Jahren eingebaut und ständig äußeren Einwirkungen ausgesetzt, muß ein qualifiziertes Fachunternehmen die Bruchsicherheit überprüfen (OLG Koblenz BB 1997, 1712). In einer Kaufhauspassage sind die Gitterroste über den **Lichtschächten** durch zusätzliche Vorrichtungen gegen das Abheben durch Unbefugte zu sichern, insbesondere wenn die Schächte wegen ihrer Tiefe eine besondere Gefahr darstellen (BGH LM Nr 102 zu § 823 [Dc] unter II 1c). Der Verkehrspflichtige hat geeignete Vorkehrungen gegen Kollisionen mit verkehrswidrig abgestellten **Einkaufswagen** zu treffen (LG Marburg VersR 1986, 668; LG Köln VersR 1989, 1280; AG Grevenbroich VersR 1989, 1267), wie das Einrichten von Sammelstellen im Bereich des Kundenparkplatzes, die Abgabe von Wagen gegen Pfand oder das Anbringen von Absperrvorrichtungen, die ein Wegrollen des Wagens verhindern, zB Bodenschwellen (LG Köln VersR 1989, 1280), oder den Einsatz von ständig präsentem Überwachungspersonal (LG Marburg VersR 1986, 668; LG Berlin VersR 1988, 720, 721; AG Grevenbroich VersR 1989, 1267, 1268). Nicht ausreichend ist dagegen die Anweisung an das Verkaufspersonal, die Wagen in regelmäßigen Abständen einzusammeln, da in der Zwischenzeit Kollisionen mit Kundenkraftfahrzeugen möglich sind (LG Köln VersR 1989, 1280, 1281). Feststellbremsen an den Einkaufswagen können nur auf stark abschüssigen Parkplätzen verlangt werden (LG Berlin VersR 1988, 720; LG Amberg NJW-RR 1992, 1120). **Müllbehälter** brauchen nicht zusätzlich gegen Wegrollen gesichert zu werden, wenn dies Aufgabe der Müllabfuhr ist (AG Bad Wildungen VersR 1992, 1491). Der Geschäftsinhaber haftet nicht für Schäden, die sich eine Kundin beim Verrichten ihrer Notdurft in einem **nahe gelegenen Gebüsch** zuzieht. Es handelt sich hierbei um einen Schaden, der auf einem eigenen Willensentschluß der Verletzten beruht (OLG Koblenz OLGZ 1993, 334, 336). Ebensowenig muß damit gerechnet werden, daß erwachsene Kunden den Grünstreifen eines Parkplatzes unachtsam betreten und dort in den Zierteich fallen (LG Nürnberg-Fürth VersR 1993, 1498, 1499 – überwiegendes Mitverschulden). Gestattet der Ladeninhaber einem **Werbehändler**, vor seinem Geschäft aufzutreten, und stellt er ihm nicht nur Standraum, sondern auch Gerät zur Verfügung, hat er dafür zu sorgen, daß niemand bei den gefährlichen Vorführungen verletzt wird (BGH LM Nr 10 zu § 823 [Db] Bl 2).

13. Gaststätten, Hotels und Festsäle

a) Allgemeines

E 253 An Orten, die von vielen Menschen in ihrer Freizeit mehr oder weniger regelmäßig aufgesucht werden, gelten **erhöhte Anforderungen** an die Verkehrspflichten. Der Gastwirt hat sich auf gehbehinderte und ungeschickte **Gäste** einzustellen sowie darauf, daß sich seine Gäste etwa infolge Alkoholgenusses unaufmerksam und unverständig verhalten und in ihrer Gehsicherheit beeinträchtigt sein können (vgl BGH NJW 1985, 482, 483; 1988, 1588; 1991, 921; OLG Nürnberg VersR 1966, 1085; OLG Düsseldorf VersR 1988, 1128; NJW-RR 1993, 93; OLG Hamm VersR 1991, 1154; 1994, 1081). Auch muß er die Neugierde der Gäste in Erwägung ziehen (BGH NJW 1988, 1588; OLG Düsseldorf VersR 1983, 925). Der Pflichtige haftet, wenn er diejenige Sicherheit, die unter Berücksichtigung der örtlichen Gegebenheiten und der Art und Weise des in Frage kommenden Publikumsverkehrs erwartet werden darf und muß, nicht gewährleistet (OLG Düsseldorf NJW-RR 1993, 93, 94). In einer **ländlichen Gastwirtschaft** können die Anforderungen an die Verkehrspflichten geringer sein als in städtischen Bereichen (BGH VersR 1956, 408, 409). Es kommt nicht darauf an, welcher Verkehr im Augenblick herrscht, sondern auf die Bedürfnisse des Verkehrs, wie er in der Gastwirtschaft stattzufinden pflegt (BGH NJW 1988, 1588; VersR 1958, 308; 1960, 715, 716; 1961, 798; OLG Karlsruhe VersR 1968, 457; OLG Hamm VersR 1991, 1154). Daher hat auch der **letzte Gast** den Anspruch auf volle Sicherheit (BGH VersR 1958, 308). Dabei kann es den Wirt nicht entlasten, daß die Baubehörde Mängel im Hinblick auf die bauliche Beschaffenheit der Räume nicht beanstandet hatte. Vielmehr ist er selbst für die Sicherheit der Gäste verantwortlich und hat den Zustand des Gebäudes allein und selbständig zu überprüfen und erkannten Mängeln abzuhelfen (OLG Hamm VersR 1994, 1081, vgl dazu oben Rn E 34). Andererseits geht die erhöhte Verkehrspflicht nicht so weit, daß jegliche überhaupt denkbare Gefahr ausgeräumt wird (OLG Düsseldorf NJW-RR 1993, 93, 94).

b) Das Gebäudeinnere
aa) Brandschutz
Gastwirte, Hoteliers, Cafebesitzer usw haben für die Verkehrssicherheit der ihren **E 254** Gästen zugänglichen Räume Sorge zu tragen, insbesondere dafür, daß die Gäste die Räume, Nebenräume und Treppen innerhalb des Lokals ohne Gefahr für Körper, Gesundheit und Eigentum sicher benutzen können (OLG Köln VersR 1998, 605). Sie haben Maßnahmen zu ergreifen, um die Gäste vor Gefahren durch den Ausbruch eines Brandes zu bewahren; beispielsweise sind die Gaststättenabfälle sachgemäß aufzubewahren (BGH VersR 1978, 869 für Zigarettenkippen). Um beim Ausbruch eines Brandes dessen Ausbreitung und eine Gefährdung der Gäste möglichst zu verhindern, sind umfassende organisatorische Maßnahmen zu treffen. Das Personal ist über die Existenz und die Funktion von Brandschutzvorrichtungen, wie zB Brandschutztüren oder Feuerlöschern, zu unterrichten und in die zur Verhinderung bzw Verringerung einer Brandgefahr gebotenen Maßnahmen regelmäßig einzuweisen (OLG Köln NJW-RR 1992, 1185; OLG München VersR 1998, 326, 327; vorhergehend LG München I VersR 1996, 588, 589). Ein wirksamer Feuerschutz erfordert bei Beherbergungsbetrieben ab einer gewissen Größenordnung, die namentlich von der Anzahl des insgesamt beschäftigten Personals abhängt, einen **schriftlichen Organisationsplan**, der Bestimmungen über die für den Brandschutz jeweils zuständige Person, über die Maßnahmen zur Brandbekämpfung und Aufgabenverteilung, über die Evakuierung der Gäste sowie die Reihenfolge der zu ergreifenden Maßnahmen enthalten muß (OLG Köln NJW-RR 1992, 1185). An der Innenseite der Hotelzimmertüren sind gut lesbare Schilder anzubringen, auf denen die Lage des Raumes und der Verlauf der Rettungswege dargestellt sind (OLG München VersR 1998, 326, 327).

bb) Türen
Der Verkehrspflichtige muß deshalb eine von den Gästeräumen aus zugängliche **Tür**, **E 255** hinter der sich eine abwärts führende Treppe befindet, verschlossen halten, einerseits um der Sturzgefahr bei einer **Türverwechslung** zu begegnen (RG JW 1912, 792; BGH NJW 1988, 1588; VersR 1960, 715; 1961, 798; OLG Hamm VersR 1991, 1154), andererseits um zu verhindern, daß Gäste auf Nässe in den Keller stürzen (BGH VersR 1958, 308, 309). Der Schlüssel ist nach dem Abschließen abzuziehen (aA OLG Hamm VersR 1991, 1154; vgl schon oben Rn E 44). **Glastüren** sind kenntlich zu machen (AG Bad Kreuznach VersR 1991, 1155; AG München VersR 1992, 213). Daß eine automatische Glasschiebetür eine gewisse Zeit bis zur Öffnung benötigt, ist technisch bedingt und stellt keine Verkehrspflichtverletzung dar (AG Kempten VersR 1993, 200).

cc) Fußböden

Die Fußböden müssen trittsicher sein (vgl auch oben Rn E 196). Die Verwendung von glatt geschliffenen Steinböden wie **Terrazzoplatten** in Eingangs- und Treppenbereichen und normal glatten **Fliesen** vor den Toilettenräumen ist nicht verkehrswidrig. Vielmehr würde das Verlangen nach geriffelten oder gerauhten Fußböden die Sorgfaltsanforderungen überspannen (OLG Celle VersR 1955, 285; OLG Frankfurt aM VersR 1988, 598; OLG Köln VersR 1994, 1251). Wegen des Zwecks einer **Tanzfläche** ist eine Warnung vor ihrer Glätte nicht erforderlich (BGH NJW 1991, 921; OLG Bremen VersR 1972, 984; LG Passau VersR 1991, 786), solange der Saal mit bei Festlichkeiten üblichem Schuhwerk und trotz der Glätte ohne besondere Vorsicht gefahrlos betreten werden kann (vgl BGH NJW 1991, 921). Der **Fußboden eines Foyers** muß wesentlich stumpfer sein als die Tanzfläche (OLG Köln VersR 1992, 112). Wird in einem Saal gleichzeitig gegessen und getanzt, ist für den Bereich der Sitzmöbel kein anderer Fußbodenbelag, zB ein Teppich, erforderlich (BGH NJW 1991, 921). Auf glattem Parkett darf aber die Gefahr von Stürzen nicht durch die Verwendung von **Metallgleitern** unter den **Stühlen** gesteigert werden (BGH NJW 1991, 921). Wird ein Raum **multifunktional** genutzt, muß für jede Veranstaltung geprüft werden, ob der Zustand des Fußbodens den Anforderungen gerecht wird. Findet etwa ein Konzert statt, ist es geboten, der Glätte mit geeigneten Maßnahmen vorzubauen (OLG Frankfurt aM NJW-RR 1995, 279). Der Glätte einer **steilen Marmortreppe** hat der Gastwirt mit Hilfe eines Teppichs entgegenzuwirken (RGZ 92, 359, 361). Die Bodenbeläge sind in angemessenen Abständen auf **Verunreinigungen**, witterungsbedingt hereingetragene Feuchtigkeit und **Nässestellen** durch Alkohol zu kontrollieren (OLG Köln VersR 1994, 1251, 1252; LG Schweinfurt VersR 1984, 693). Dabei trifft den Verkehrspflichtigen bei hohem Publikumsverkehr grundsätzlich auch eine **gesteigerte Kontroll- und Reinigungspflicht** (BGH VersR 1958, 308; OLG Köln NJW-RR 1993, 350). Allerdings ist in einem stark besuchten Bierlokal mit überwiegend jugendlichem Publikum der Fußboden in Tresennähe wegen der geringeren Sicherheitserwartungen nur bei besonderem Anlaß auf Verunreinigungen zu untersuchen (OLG Düsseldorf VersR 1988, 1128). Ebenso wie die Galaräume ist ein an einen Treppenabgang grenzender **Bereich vor den Toilettenräumen** auf Nässe zu kontrollieren (OLG Köln NJW-RR 1993, 350). Die Gefahrenstellen sind alsbald zu beseitigen (OLG Köln VersR 1994, 1251, 1252; OLG Oldenburg MDR 1998, 223, 224; LG Schweinfurt VersR 1984, 693). Vorläufige Sicherungsmaßnahmen müssen wirkungsvoll sein; ein über eine Lache aus Speiseöl gestellter Tisch genügt diesen Anforderungen nicht (BGH NJW 1965, 1757, 1758). Der Wirt haftet aber nicht, wenn die Flüssigkeit erst kurz vor dem Sturz auf der Tanzfläche verschüttet wurde, da ihm eine Kontrolle außerhalb der Tanzpause nicht zugemutet werden kann (LG Regensburg VersR 1990, 170). Die Pflicht zum sofortigen Beseitigen einer witterungsbedingten Verunreinigung kann auch entfallen, wenn während des Besucherandrangs wegen der nachdrängenden Besucher jeder **Reinigungsversuch vergeblich** ist (OLG Köln VersR 1994, 1251, 1252). Ebenso soll kein Verkehrspflichtverstoß vorliegen, wenn in einem **Gesellschaftswagen der Deutschen Bahn**, in dem eine Feier stattfindet, der verschmutzte Boden während der Fahrt nicht gereinigt wird, da durch das Ruckeln des Zuges zwangsläufig Getränke verschüttet würden und der Reinigungserfolg nur von kurzer Dauer wäre (AG Frankfurt aM VersR 1996, 770, 771). Die regelmäßige **Reinigung** der Fußböden hat so zu erfolgen, daß hierdurch keine erhöhten Gefahren geschaffen werden (vgl auch Rn E 196). Bohnerwachs ist gleichmäßig aufzutragen (OLG Bremen VersR 1972, 984). Der Fußboden eines Badezimmers in einem Hotel darf nach Beendigung der Reinigungsarbeiten nicht so viel Nässe aufweisen, daß die Bodenfliesen rutschig und übermäßig glatt sind (OLG Koblenz VersR 1989, 1267). Kann die gleiche Schritt- und Trittsicherheit durch verschiedene Reinigungsmethoden erzielt werden, darf der Verkehrspflichtige zwischen ihnen wählen (OLG Zweibrücken VersR 1997, 379). Auf eine gewisse Restglätte des Bodens, die trotz ordnungsgemäßer Reinigung und Pflege verbleibt, muß sich das Publikum allerdings einstellen und seine Gehweise anpassen (OLG Zweibrücken VersR 1997, 379).

dd) Stufen und Stolperstellen
Der Verkehrspflichtige haftet nicht nur für den Zustand des Lokals, sondern hat auch für einen ungefährlichen Zugang zu den Toiletten zu sorgen (OLG Nürnberg VersR 1958, 463; OLG Köln VersR 1965, 863, 865; vgl OLG Hamm VersR 1991, 1154; zum geschützten Personenkreis vgl oben E 42). Deshalb müssen **Stolperstellen** in den Gängen beseitigt werden, zumindest klar gekennzeichnet und beleuchtet sein (vgl OLG Hamm VersR 1991, 1154). Insbesondere ist bei nicht erkennbaren Gefahrenquellen wie **Stufen**, die sich unmittelbar hinter einer Tür befinden, eine deutliche Warnung erforderlich (OLG Nürnberg VersR 1958, 463). Daher muß regelmäßig ein gut sichtbares Hinweisschild angebracht sein (OLG Köln VersR 1965, 863; OLG Karlsruhe VersR 1987, 594, 595; OLG Hamm VersR 1991, 1154). Ausnahmsweise kann auf das Warnschild verzichtet werden, wenn der Verkehrspflichtige für die Erkennbarkeit der Gefahrenquelle durch farbliche Absetzung vom übrigen Bereich gesorgt hat (OLG Karlsruhe VersR 1987, 594, 595). Keine Warnung ist auch erforderlich, wenn der Besucher mit dem Vorhandensein einer Stufe, zB beim Durchschreiten eines Türbogens, zu rechnen hat (LG München I VersR 1993, 449).

E 257

ee) Treppen
Eine Treppe muß im Rahmen üblicher Benutzung gefahrlos begangen werden können (OLG Hamm VersR 1994, 1081; vgl oben Rn E 191). Darüber hinaus sind an die Verkehrssicherheit von Treppen einer Gastwirtschaft **erhöhte Anforderungen** zu stellen, weil damit zu rechnen ist, daß alkoholisierte Gäste unaufmerksam sind und unsicher gehen (vgl BGH NJW 1985, 482, 483; 1988, 1588; 1991, 921; OLG Nürnberg VersR 1966, 1085, 1086; OLG Hamm VersR 1991, 1154; 1994, 1081). Jedoch ist der Verkehrspflicht regelmäßig genügt, wenn die Treppe bei normalem und vernünftigem Verhalten sicher benutzt werden kann (OLG Nürnberg VersR 1966, 1085, 1086; vgl OLG Karlsruhe VersR 1972, 163; OLG Köln VersR 1992, 512). Für eine 1,48 m breite Hoteltreppe reicht es in der Regel aus, daß ein Handlauf zur Verfügung steht, den der unsichere Treppenbenutzer durchgehend benutzen kann (OLG Köln VersR 1992, 512, 513). Insbesondere ist das Anbringen nur eines Handlaufs nicht verkehrswidrig, wenn damit bezweckt ist, den Gast davon abzuhalten, die gefährliche Seite der **Wendeltreppe** zu benutzen (BGH VersR 1964, 1245, 1246). Ist eine Wendeltreppe jedoch ihrer Anlage nach für Gaststätten mit höherem Besucherverkehr ungeeignet, weil innen die Stufen so schmal sind, daß der Fuß nicht sicher aufgesetzt werden kann und harter Steinbelag die Sturzfolgen erhöht, so entlastet es den Verkehrspflichtigen nicht, daß sie vom Bauamt nicht beanstandet wurde. Vielmehr muß der Wirt den Zustand des Gebäudes allein und selbständig überprüfen und den Mängeln abhelfen (OLG Hamm VersR 1994, 1081; vgl schon oben Rn E 34, 192).

E 258

ff) Beleuchtung
Solange das Lokal dem allgemeinen Verkehr zugänglich ist, muß für eine ausreichende Beleuchtung der Eingänge gesorgt werden. Außerhalb der Betriebszeiten der Gastwirtschaft ist jedoch keine Dauerbeleuchtung des Nebeneingangs erforderlich,

E 259

ein Lichtschalter genügt (OLG Karlsruhe VersR 1968, 457). Befinden sich die Toiletten auf dem Hotelflur, ist nachts der Gang zumindest durch eine Notbeleuchtung ausreichend zu erhellen (OLG Stuttgart VersR 1954, 242).

gg) Einrichtung der Räume

E 260 Die Räume sind so einzurichten, daß die Gäste vor Schäden möglichst bewahrt werden. Daher haftet der Wirt für Körperschäden, wenn er die **Tische** zu nahe an einen Billardtisch gestellt hat (RGZ 85, 185, 187). Ist die Standsicherheit eines **Spielautomaten** infolge der Abnutzung des Gestells beeinträchtigt, muß Abhilfe geschaffen werden (BGH LM Nr 184 zu § 823 [Dc] unter II 2). Leichte **Bettvorleger** auf glatten Linoleumfußböden sind gegen Wegrutschen zu sichern (OLG Frankfurt aM VersR 1962, 436). Ätzende Reinigungsmittel darf der Gastwirt nicht im **Toilettenraum** stehenlassen, da die Gefahr besteht, daß diese auf die Toilettenbrille gelangen (OLG Köln NJW-RR 1987, 1111). Gebäudeteile wie z.B. **Duschkabinen** hat der Hotelbetreiber im Hinblick auf Gefahren durch übermäßige Abnutzung, Verschleiß, Erschütterungen oder unsachgemäßen Gebrauch zu überprüfen. Eine solche Kontrolle muß jedoch nicht nach jedem Gastwechsel stattfinden (BGH LM Nr 21 zu § 836 unter II 2 a bb). Ausnahmsweise haftet der Verkehrspflichtige nicht, wenn es sich um für den Gast **erkennbare Gefahren** handelt. Befinden sich etwa die **Tische auf Podesten**, braucht der Betreiber nicht vor Gefahren beim Herabsteigen zu warnen (OLG Köln NJW-RR 1995, 1178; AG Borken VersR 1991, 442). Ebensowenig haftet er für Brandschäden, die sich Gäste aus der Berührung mit einer brennenden **Kerze** zuziehen (LG Essen r+s 1996, 56; AG Berlin-Charlottenburg VersR 1992, 630; AG München VersR 1992, 720). Zu Vorkehrungen gegen erkennbare Rutschgefahren in einer durch Wasser und Seife glatt gewordenen **Badewanne** ist der Hotelbetreiber nicht verpflichtet, da ihnen der Gast durch eigene Achtsamkeit ausweichen kann (OLG Karlsruhe VersR 1992, 1018). Auch **Badematten** brauchen nicht zusätzlich gegen Wegrutschen gesichert zu sein (OLG Frankfurt aM VersR 1959, 627). Ein Hotelier genügt seiner Verkehrspflicht, wenn er für die Hotelgäste Badematten bereit hält und auf Anforderung aushändigt (AG Berlin-Mitte VersR 1998, 510 [LS]).

hh) Küche

E 261 Die Küche einer Gastwirtschaft kann nicht derart abgesichert werden, daß bei unbeaufsichtigtem Zutritt von Kindern jede Gefahr ausgeschlossen ist. So kann nicht verlangt werden, scharfe **Messer** und andere Küchengeräte wegzuschließen (OLG Köln VersR 1989, 160). Der Gastwirt hat aber wie jeder Besitzer einer **gefährlichen Flüssigkeit** Vorkehrungen zu treffen, damit Dritte nicht mit der Substanz in Berührung kommen. Die Aufbewahrung in einem Putzmittelschrank in der Küche ist geeignet, eine Verwechslungsgefahr mit Flaschen genießbaren Inhalts zu verhindern. Daß der Schrank nicht abgeschlossen werden müsse, ist allerdings zweifelhaft, da mit dem Betreten der Küche durch Kinder der Gäste eben zu rechnen ist (aA OLG Köln VersR 1989, 160). Die **Küchenabzugsanlage** ist regelmäßig zu reinigen, um der Gefahr einer Selbstentzündung der Fettablagerung vorzubeugen (BGH LM Nr 164 zu § 823 [Dc] unter II 2a). **Lebensmittel** brauchen keinem Geschmackstest unterzogen zu werden; eine Sicht- und Geruchsprobe ist ausreichend (OLG Karlsruhe VersR 1968, 311). Der Gastwirt ist weder verpflichtet, eine **heiße Suppe** abkühlen zu lassen, noch den Gast davor zu warnen (AG Hagen NJW-RR 1997, 727). Darauf, daß die Speisen auf **erhitztem Geschirr** serviert werden, muß dagegen hingewiesen werden (AG Hagen NJW-RR 1997, 727).

c) Sicherheit des Außenbereichs

Der Verkehrspflichtige hat für die Sicherheit des **Außenbereichs** der Gaststätte, insbesondere für einen gefahrlosen Zugang zum Lokal und zu den auf dem Gästeparkplatz abgestellten Kraftfahrzeugen in geeigneter Weise sorgen (BGH NJW 1985, 482, 483; 1990, 905; LM Nr 8 zu § 823 [Ee] unter II 2a; OLG Düsseldorf VersR 1983, 925; OLG Hamm NVwZ-RR 1993, 340; OLG Celle VersR 1995, 598; OLG Köln VersR 1998, 605; LG Passau VersR 1997, 590; vgl auch schon oben Rn E 141). Dabei ist dem Umstand Rechnung zu tragen, daß die Gäste im Eingangsbereich eines Restaurants erfahrungsgemäß unaufmerksamer sind. Dies gilt aber nur für jene Gefahren, die auch ein sorgfältiger Wegbenutzer nicht oder nicht rechtzeitig erkennen kann (OLG Köln VersR 1993, 1497, 1498). Besteht die Gefahr, daß die Besucher mit den Schuhabsätzen in einem **Rost im Eingangsbereich** hängenbleiben, muß dieses mit Gummimatten oder ähnlichem belegt werden (OLG Köln VersR 1998, 605, 606).

E 262

aa) Beleuchtung

Den Wirt trifft eine Pflicht zur Beleuchtung des Außenbereichs entsprechend den Bedürfnissen des Verkehrs (vgl schon oben Rn E 259). **Außentreppen** sowie **Kellerschächte** nahe dem Lokal bzw am Parkplatz müssen beleuchtet werden (BGH VersR 1966, 1188; 1967, 801; OLG Düsseldorf VersR 1983, 925), ebenso der Weg zu den außerhalb des Hauses befindlichen **Toilettenanlagen** (BGH VersR 1954, 401; OLG Nürnberg VersR 1958, 463). Werden große **Steine** vor der Gaststätte aufgestellt, um das Parken zu verhindern, haftet der Wirt nicht, wenn sie von weither sichtbar sind (OLG Köln VersR 1993, 1497, 1498).

E 263

bb) Reinigung

Grundsätzlich obliegt dem Verkehrspflichtigen im Rahmen dessen, was Besucher vernünftigerweise erwarten können, eine **Geländereinigungspflicht** (OLG Hamm NVwZ-RR 1993, 340; LG Passau VersR 1997, 590, 591). Im Herbst sind die Außentreppen und Zugänge von nassem Herbstlaub zu reinigen, um die Rutsch- und Sturzgefahr zu verringern (OLG Hamm NVwZ-RR 1993, 340). Der Inhaber einer Diskothek hat herumliegende Glasscherben zu entfernen. Dabei genügt er seiner Verkehrspflicht, wenn die Scherben im Eingangsbereich vor jedem Öffnen der Diskothek und auf dem Parkplatz mindestens monatlich weggeräumt werden; eine laufende nächtliche Kontrolle des Geländes ist dagegen nicht zumutbar (LG Passau VersR 1997, 590, 591). Für **öffentliche Zugangswege** haftet der Wirt nur, wenn die Gefahr aus dem Gaststättenbetrieb, zB aufgrund von Rutschgefahren durch **Speisereste**, stammt. Seine Verkehrspflicht bezieht sich ebenfalls nicht auf die bauliche Anlage, insbesondere die Gestaltung des Stufenaufganges auf dem öffentlichen Weg (OLG Köln NJW-RR 1996, 277).

E 264

cc) Streupflicht (vgl oben Rn E 122 ff, insbes Rn E 141 f)

E 265

dd) Gästeparkplatz

Vor Gefahren abschüssiger Böschungen am Rande von Autobahnparkplätzen ist zu warnen, auch wenn diese durch an sich unbefugtes Betreten entstehen, mit dem Betreten aber gerechnet werden muß (BGH VersR 1966, 562, 563; vgl schon oben Rn E 43). Wer eine Veranstaltung für ältere Leute organisiert, hat für eine **Beleuchtung** des Weges über einen unebenen **Parkplatz** zu sorgen, insbesondere, wenn er sie auffordert, sich zu dem dort abgestellten Bus zu begeben (BGH LM Nr 171 zu § 823 [Dc] unter B II 1 d). Organisiert der Gastwirt öffentliche **Veranstaltungen** wie zB den Fastnacht-

E 266

brauch der Nubbelverbrennung, hat er dafür zu sorgen, daß parkende Autos nicht beschädigt werden (LG Köln NJW-RR 1991, 799). Ein Parkplatz, hinter dem das **Gelände steil abfällt**, braucht nur mit einem Jägerzaun begrenzt zu werden, da auf ein außergewöhnlich leichtfertiges Verhalten von Autofahrern keine Rücksicht genommen werden muß (LG Memmingen VersR 1979, 1133, 1134). Ebensowenig muß der Wirt seine Gäste vor Gefahren durch herabfallende **Kastanien** warnen (LG Heilbronn VersR 1989, 275; AG Heilbronn VersR 1996, 589).

ee) Biergarten

E 267 Der Betreiber eines Biergartens hat für die Sicherheit der Wege und Plätze zu sorgen (OLG Nürnberg VersR 1996, 900, 901; LG München I VersR 1996, 770). Jedoch müssen die **Wege** nicht schlechthin gefahrlos sein. Vielmehr hat der Besucher hier mit größeren Niveauunterschieden zu rechnen als beim Benutzen eines Bürgersteigs (LG München I VersR 1996, 770). In einem Biergarten sind herabgefallene Äste, Laub, Scherben, Essenreste usw zu beseitigen (OLG Nürnberg VersR 1996, 900, 901). Auch wenn sich der Pächter des Biergartens nicht vertraglich zur regelmäßigen generellen Untersuchung der **Bäume** verpflichtet hat, muß er gleichwohl, insbesondere nach einem Sturm, eine Sichtprüfung hinsichtlich ab- oder angebrochener Äste vornehmen (OLG Nürnberg VersR 1996, 900, 901).

d) Gäste

E 268 Der Wirt hat seine Gäste grundsätzlich vor vorhersehbaren rechtswidrigen Gefahren, die von anderen Personen ausgehen, zu bewahren (KG VersR 1972, 157). Er ist jedoch weder verpflichtet, die Tür seines Lokals zu verschließen, um den bereits anwesenden Gästen unliebsame weitere Besucher fernzuhalten, noch Personal zur Abweisung anzustellen (KG VersR 1972, 157). Im Lokal darf er nicht eine Notwehrlage mit der dann uU notwendigen Benutzung einer Schußwaffe in Kauf nehmen, damit seine unbeteiligten **Gäste** nicht durch abprallende Schüsse verletzt werden (BGH NJW 1978, 2028, 2029; vgl auch unten Rn H 4). Gegenüber einem **angetrunkenen Gast** ist der Wirt grundsätzlich nicht verpflichtet, Maßnahmen zu seiner Betreuung zu ergreifen oder die Polizei zu verständigen, es sei denn, wegen des Alkoholisierungsgrades habe eine besondere Gefahr für Leib und Leben des Gastes vorgelegen (vgl BGHSt 19, 152, 155; 26, 35, 38; OLG München NJW 1966, 1165, 1166). Dabei geht die zivilrechtliche Garantenstellung nicht weiter als die strafrechtliche (OLG Saarbrücken NJW-RR 1995, 986, 988). Eine Garantenstellung des Wirtes ist zu bejahen, wenn die Trunkenheit des Gastes offensichtlich ist und deutlich erkennbar einen solchen Grad erreicht hat, daß der Gast nicht mehr Herr seiner Entschlüsse ist und nicht mehr eigenverantwortlich handeln kann (OLG Saarbrücken NJW-RR 1995, 986, 987). Jedoch haftet der Verkehrspflichtige nicht für den Tod des Gastes infolge einer **Trinkwette**, wenn diese vom Gast selbst initiiert wurde und er handgreiflich geworden ist, um den Alkohol zu erhalten (OLG Saarbrücken NJW-RR 1995, 986, 988).

14. Öffentliche Einrichtungen

a) Allgemeines

E 269 In öffentlichen Gebäuden sind wegen des dichteren Publikumsverkehrs, für den sie nicht nur eröffnet, sondern geradezu bestimmt sind, und der typischen Gefahr, die aus Unachtsamkeiten von mit der Örtlichkeit nicht vertrauten Besuchern entsteht, **höhere Sicherheitsanforderungen** zu stellen (OLG Köln VersR 1992, 630). Umfang und

Intensität der Verkehrspflicht sind abhängig von Größe und Ausmaß der Gefahr und der schutzwürdigen Erwartungshaltung des Verkehrs (OLG Köln VersR 1992, 630). Dabei muß insbesondere den Bedürfnissen des anwesenden Personenkreises Rechnung getragen werden (BGH LM Nr 183 zu § 823 [Dc] unter 1; VersR 1963, 1028; OLG Köln VersR 1992, 630, OLG Hamm VersR 1993, 1030).

aa) Zugänge

Die Zugänge müssen dem Publikumsverkehr angepaßt sein und dürfen keine **Niveauunterschiede** aufweisen, über die der Benutzer stolpern kann. Andererseits darf davon ausgegangen werden, daß sich der Gehende auf Unebenheiten, Schwellen, Abdeckleisten, Fußmatten, Türstopper usw. beim Durchschreiten einer Tür einstellt (OLG Schleswig VersR 1971, 1178; OLG Köln VersR 1992, 630). Eine 7 mm über den Boden ragende Abdeckplatte im Eingangsbereich verstößt daher nicht gegen die Verkehrspflicht (OLG Köln VersR 1992, 630), ebensowenig ein 5 cm breiter Spalt zwischen Fußmatte und Türanschlag (OLG Schleswig VersR 1971, 1178). Finden **Bauarbeiten** im Eingangsbereich statt, müssen die Hinweisschilder so angebracht sein, daß sie auch der Besucher bemerkt, der das Gebäude regelmäßig betritt und daher den üblichen Weg nimmt oder dies versucht (BGH VersR 1958, 379; vgl auch oben Rn E 28). In Gebäuden mit lebhaftem Publikumsverkehr sind an **Pendeltüren** Vorrichtungen zum Abbremsen der Türen anzubringen, damit diese bei weitem Öffnen nicht übermäßig stark zurückschwingen (BGH BB 1954, 273). Wegen der Verwechslungsgefahr sind Türen, hinter denen sich steil abwärts führende Treppen befinden, verschlossen zu halten (BGH BB 1956, 59).

E 270

bb) Fußböden, Fenster, Beleuchtung

Die Anforderungen an Auswahl und Unterhaltung des **Fußbodens** richten sich sowohl nach der Art des Publikumsverkehrs als auch den Anforderungen der öffentlichen Einrichtung im einzelnen. Die Fußböden haben ausreichend **trittsicher** zu sein (BGH LM Nr 183 zu § 823 [Dc] unter 1; OLG Hamm VersR 1982, 883, 884). Der Verkehrspflicht ist in der Regel genügt, wenn die Gewähr besteht, daß sich der Besucher bei normalem, vernünftigem Verhalten sicher in den Räumen bewegen kann und insbesondere keinen versteckten und unerwarteten Gefahren ausgesetzt ist (OLG Hamm VersR 1978, 64; OLG Bamberg VersR 1991, 935). Es kann allerdings nur diejenige Sicherheit verlangt werden, die allgemein erwartet werden kann und muß. Eine Verkehrssicherheit, die jeden Unfall ausschließt, ist nicht erreichbar und kann nicht verlangt werden (OLG Köln VersR 1977, 575; 1994, 1251, 1252; OLG Bamberg VersR 1991, 935). Die Verwendung von **Terrazzoplatten** und anderer glattgeschliffener Steinböden ist im Eingangs- und Treppenbereich weit verbreitet und stellt keine Verkehrspflichtverletzung dar (OLG Köln VersR 1994, 1251 [obiter]; vgl schon oben Rn E 256). Andererseits ist glatter Kunststeinfußboden im **Rathaus** mit rutschfesten Läufern zu belegen oder mit abstumpfenden Mitteln zu behandeln; denn auch für eilige und unvorsichtige Besucher muß die Treppe die zu erwartende Sicherheit bieten (BGH NJW-RR 1990, 409, 410). Eine 5 cm hohe Schwelle zwischen dem Flur und dem angrenzenden Dienstzimmervorraum ist in einem öffentlichen Gebäude, das von wechselndem, mit der Örtlichkeit nicht vertrautem Publikum aufgesucht wird, kenntlich zu machen (LG Karlsruhe VersR 1998, 1116, 1117). Die normale Eigenglätte des Bodens darf nicht durch die **Reinigungsmethoden** verstärkt werden (OLG Köln VersR 1977, 575, 576). Übermäßige Glätte ist zu beseitigen, wenn man sie feststellen kann. Darauf, daß der Besucher von sich aus eine erhöhte Vorsicht walten läßt, kann der Sicherungspflichtige insoweit nicht vertrauen

E 271

(BGH BB 1956, 59; vgl auch Rn E 196). Die Trittsicherheit der Fußböden ist auch im Interesse von Eltern von Schülern und sonstigen Besuchern der **Schule** zu gewährleisten (BGH LM Nr 183 zu § 823 [Dc] unter 1). Die Fußböden sind in angemessenen Abständen auf Gefahrenquellen durch Verunreinigung und **Feuchtigkeit** zu untersuchen (OLG Köln VersR 1994, 1251, 1252). In den **Eingangsbereichen** sind geeignete Vorrichtungen zum Reinigen der Schuhsohlen von Schnee, wie Gitterroste und Fußmatten, aufzustellen (OLG Koblenz VersR 1982, 807). In einem **Wahllokal** sind die Fußböden bei Regenwetter in stündlichen Abständen zu wischen sowie Schirmständer aufzustellen und Matten auszulegen, damit übermäßige Nässe von vornherein nicht entsteht (OLG München VersR 1979, 1065, 1066). Vom Besucher wird aber verlangt, daß er sich bei entsprechenden Witterungsverhältnissen darauf einstellt, daß Feuchtigkeit in das Gebäude getragen wird (OLG Koblenz VersR 1982, 807, 808; OLG Köln VersR 1994, 1251, 1252). Ausnahmsweise besteht auch dann keine Verpflichtung, die Eingangshalle während des Besucherandrangs ständig trocken zu halten, wenn jeder Reinigungsversuch wegen der nachdrängenden Besucher unmöglich ist (vgl OLG Köln VersR 1994, 1251, 1252). **Fenster** müssen grundsätzlich so beschaffen sein, daß bei normalem und angemessenem Verhalten ein Hinausstürzen der Besucher ausgeschlossen ist. Dafür, daß Eltern ihr Kind auf die Fensterbank stellen und dieses aus dem sich nach außen öffnenden Fenster fällt, ist der Verkehrspflichtige indes nicht verantwortlich (OLG Braunschweig VersR 1986, 1192 [LS]). Vermietet die Stadtgemeinde eine Turnhalle an einen Verein, hat sie dessen Mitgliedern einen gefahrlosen Zugang zu gewährleisten und ist folglich zum **Streuen des Schulhofs** verpflichtet (OLG Bamberg VersR 1966, 738, 739; zur Streupflicht im allgemeinen vgl oben Rn E 122 ff). Der Bewohner einer **Obdachlosenunterkunft** hat bei defekter **Beleuchtung** alle Möglichkeiten zu nutzen, um die Treppe sicher zu begehen, andernfalls kann er je nach den Umständen wegen Mitverschuldens keinen Schadenersatz verlangen (OLG Hamm VersR 1978, 64, 65).

b) Besondere Anforderungen aufgrund der Art des Publikumsverkehrs und der Einrichtung
aa) Krankenhäuser und Sanatorien

E 272 In Krankenhäusern und Sanatorien können die an die Verkehrssicherung zu stellenden Anforderungen **aus hygienischen Gründen** modifiziert sein. Daher kann dort – was die Rutschfestigkeit angeht – die Auswahl des sichersten Fußbodenbelags nicht verlangt werden (OLG Köln VersR 1977, 575, 576). **Steinfußboden** ist einer der am einfachsten und gründlichsten sauber zu haltenden Bodenbeläge und darf deshalb verwendet werden (OLG Köln VersR 1977, 575, 576). Das Auslegen von **Fußmatten** ist geboten, um das Hineintragen von Straßenschmutz zu verhindern. Ein Gleitschutz für die Matten ist dabei nur zu fordern, wenn sie außergewöhnlich glatt sind oder auf einem besonders rutschigen Fußbodenbelag liegen. Da Fußmatten selbst eine Gefahrenquelle bilden, dürfen sie jedoch nur dort ausgelegt werden, wo dies notwendig und sinnvoll ist (BAG VersR 1971, 1129). Trotz des erhöhten Reinigungsbedarfs im Krankenhaus muß gewährleistet sein, daß Personal und Publikum durch die Arbeiten nicht gefährdet werden. Dies kann **Teilabsperrungen** erforderlich machen, umgekehrt notfalls auch die Anordnung, dort zu bestimmten Zeiten nicht zu putzen (OLG Düsseldorf NJW 1992, 2972). **Türen** in Krankenhäusern, die sich nach außen zu schmalen Fluren hin öffnen und so zu einer Gefahr für sich dort aufhaltende Patienten werden, sind konstruktiv zu verändern, etwa durch den Einbau akustischer oder optischer Signale oder durch den Einbau eines mechanischen Widerstandes (OLG Schleswig VersR 1997, 69, 70). Bei der stationären Behandlung in Krankenhäusern ist die **Sicherheit des**

Patienten oberstes Gebot (BGH NJW 1976, 1145; VersR 1954, 290; OLG Köln NJW-RR 1994, 862; vgl auch unten Rn I 38). Dabei geht es sowohl um den Schutz vor Selbst- als auch vor Fremdgefährdung (OLG Stuttgart NJW-RR 1995, 405, 406). Die Anforderungen an die Absicherung der Gefahrenquellen sind auch davon abhängig, wie krank oder behindert die Patienten auf der Station sind (OLG Hamm VersR 1993, 1030). Die Stationen sind so zu sichern, daß ein Kind diese nicht ungehindert verlassen kann, auch wenn sich nicht ausschließen läßt, daß die **Schranken** oder sonstige Vorkehrungen durch besonderes Geschick oder gezieltes Ausnutzen unvermeidlicher Defizite überwunden werden können (OLG Köln NJW-RR 1994, 862). Des weiteren hat der Krankenhausträger geeignete Maßnahmen zu treffen, die vermeiden, daß aufgenommene Patienten durch andere Kranke oder Besucher zu Schaden kommen (BGH NJW 1976, 1145; OLG Köln NJW-RR 1994, 862). Säuglingsstationen sind durch technische Vorkehrungen oder ausreichende Aufsicht daher so zu bewachen, daß Unbefugte an die Kleinkinder nicht herankommen können (BGH NJW 1976, 1145, 1146). Besteht die Gefahr, daß ein Suizidgefährdeter durch ein **Fenster** entweicht, sind hiergegen Maßnahmen zu ergreifen, beispielsweise durch Anbringen von Gittern (OLG Köln r+s 1995, 414, 415). Für Fenster in einer ruhigen Station einer Nervenklinik muß aber nur ausnahmsweise Sicherheitsglas verwendet werden; daß ein Patient einen anderen in der Nacht mit einem Stück Fensterglas verletzen werde, ist nicht vorhersehbar (BGH NJW 1971, 1881 f). Wegen der gebotenen Rücksicht auf **ältere und geschwächte Patienten** sind **Dampfheizungsrohre** und **Heizkörper** zu verkleiden oder in anderer Weise vor unmittelbarer Berührung zu sichern (BGH VersR 1963, 1028; OLG Köln VersR 1989, 750). Ebenso muß die **Fahrstuhlanlage** in Krankenhäusern möglichst gefahrfrei beschaffen sein (OLG Düsseldorf VersR 1972, 159, 160). Ein Fahrstuhl, der zum Zeitpunkt seiner Einrichtung behördlich genehmigt war, nun aber technisch überholt ist, ist zu erneuern, wenn sein Zustand eine offensichtliche Gefahr darstellt und der Umbau zumutbar ist (OLG Düsseldorf VersR 1972, 159). Werden allgemeine **Sportgeräte** zur Therapie von behinderten und verhaltensgestörten Kindern eingesetzt, treffen den Verantwortlichen gesteigerte Sorgfaltspflichten. Ein Air-Tramp, dh ein Luftkissen, das ständig von einem Aggregat aufgeblasen wird, ist daher zusätzlich gegen Hineingreifen in den Luftaustrittsstutzen zu sichern, wenn hyperaktive Kinder anwesend sind, die nicht alle gleichzeitig überwacht werden können (OLG Stuttgart NJW-RR 1995, 405). Erlaubt der körperliche Zustand den Patienten, wie beispielsweise auf der internistischen Station, sich wie Gesunde zu bewegen, sind normale **Duschkabinen** ohne besondere Sicherheitsvorkehrungen ausreichend (OLG Hamm VersR 1993, 1030). Aus hygienischen Gründen kann auf Duschvorhänge verzichtet werden, auch wenn diese das Herausspritzen des Wassers und die hierdurch hervorgerufene Rutschgefahr verhindert hätten (OLG Hamm VersR 1993, 1030). **Technische Geräte** sind vor jedem Einsatz auf ihre Funktionstüchtigkeit zu überprüfen. In besonders gefahrträchtigen Situationen wie Narkosen kann eine doppelte Kontrolle geboten sein, wenn durch die Lagerung der Geräte die Gefahr des Versagens entstand (BGH NJW 1978, 584, 585; vgl auch unten Rn I 38). Bei erkennbar **verwirrten Personen** und Suizidgefährdeten besteht die Pflicht, in ausreichendem Maße nichtärztliches Personal bereit zu stellen und die Patienten besonders aufmerksam zu **betreuen** (BGH VersR 1954, 290; OLG Hamm NJW 1993, 2387, 2388). Dabei ist allerdings zu beachten, daß entwürdigende Überwachungs- und Sicherungsmaßnahmen nach heutiger medizinischer Erkenntnis eine erfolgversprechende Therapie gefährden können (OLG Köln r+s 1995, 414, 415; vgl auch unten Rn I 38).

bb) Schulen und Kinderheime

E 273 Schulgebäude und Kinderheime sind so einzurichten und zu unterhalten, daß die Schüler bei ihrer Benutzung vor vermeidbaren Gefahren und gesundheitlichen Schäden bewahrt werden (BGH LM Nr 183 zu § 823 [Dc] unter 1). Dabei sind die Unvorsichtigkeit und der Bewegungsdrang der Kinder zu berücksichtigen, die weder durch eine Schulordnung noch durch eine ständige Aufsicht durch die Lehrer aufgehoben werden (BGH LM Nr 76 zu § 823 [Dc] Bl 3; OLG Köln MDR 1996, 478). Das Gebäude selbst als auch die einzelnen Räume müssen gefahrlos betreten und verlassen werden können (BGH LM Nr 183 zu § 823 [Dc] unter 1; Nr 9 zu § 839 [Fd] unter III; VersR 1963, 947, 948). Daher dürfen Türen, die häufig benutzt werden, keine **splitternden Glaseinsätze** aufweisen, sondern müssen mit bruchsicherem Glas oder anderem Schutz, beispielsweise mit Gittern, versehen werden (BGH LM Nr 76 zu § 823 [Dc] Bl 3; VersR 1963, 947, 949; LG Tübingen VersR 1962, 268). Die Lage kann nicht mit Privatwohnungen verglichen werden, da diese nicht ausschließlich der Benutzung durch Kinder dienen und dort in der Regel auch nicht so viele Minderjährige zusammenkommen (LG Tübingen VersR 1962, 268). Die im Speicherboden einer Schule eingelassene Falltür, die über eine fest installierte Leiter zu einer nicht begehbaren Zwischendecke führt, ist abzuschließen; das Verbot, den Speicher zu betreten, und die Anweisung, die Speichertür verschlossen zu halten, genügen nicht (OLG Karlsruhe VersR 1998, 1389, 1390). Jedoch müssen die Schüler nicht vor Gefahren geschützt werden, die infolge **eigenen Mutwillens** auftreten (BGH LM Nr 9 zu § 839 [Fd] unter III; VersR 1963, 947, 948). Insoweit ist jedoch die Entscheidung zweifelhaft, nach der einer 16-jährigen Schülerin Schadensersatzansprüche versagt werden, weil es ausreichend gewesen sei, das Rennen zu verbieten (so indes BGH LM Nr 9 zu § 839 [Fd] unter III; anders für einen 13-Jährigen BGH LM Nr 76 zu § 823 [Dc] Bl 3). Ob in einem Kinderheim technische Sicherungsmaßnahmen erforderlich sind, die ein Öffnen der **Fensterflügel** verhindern, bestimmt sich nach dem Einzelfall (OLG Köln MDR 1996, 478). Eine entscheidende Rolle kommt dabei dem Alter und der altersgemäßen Einsichtsfähigkeit der Kinder zu. Für 5-Jährige wurde das Erfordernis der Sicherung bejaht (BGH MDR 1969, 209, 210). 10-Jährige dagegen sollen sich der Gefahr des Spielens am offenen Fenster bewußt sein (OLG Köln MDR 1996, 478). Sicherungsmaßnahmen sind ebenfalls zu ergreifen, wenn ein **Treppengeländer** zu gefährlichem Herunterrutschen verleitet und sich Verbote als wirkungslos erweisen (BGH NJW 1980, 1745, 1746; vgl schon oben Rn E 192; zu Spielgeräten vgl unten Rn E 287 ff; generell zur Haftung gegenüber Kindern s auch oben Rn E 45 ff).

15. Gewerbliche Anlagen, Anlagen für Ver- und Entsorgung[*]

a) Allgemeines

E 274 Den Betreiber einer Anlage trifft unter dem Zurechnungsgrund der Schaffung bzw Aufrechterhaltung einer Gefahrenquelle die Verkehrspflicht zur Vermeidung aller Gefahren, die von dem Zustand oder dem Betrieb der Anlage für die Rechtsgüter Dritter ausgehen können (allg hierzu oben Rn E 13). Die einmal begründete Verkehrspflicht zur Gefahrvermeidung besteht auch **nach Beendigung des Betriebes der Anlage** so lange fort, wie nicht ausgeschlossen werden kann, daß von der Anlage nach wie vor besondere Gefahren ausgehen (s zB OLG Karlsruhe VersR 1980, 362 für die Brandgefahr auf

---

[*] Für den Entwurf des Manuskripts Rn E 274 bis Rn E 406 danke ich sehr herzlich meiner Mitarbeiterin Frau Assessorin Wiltrud Brändle.

einer stillgelegten Mülldeponie, die als „wilder Müllplatz" benutzt wurde; vgl schon oben Rn E 39). An die Verkehrspflichten des Anlagenbetreibers sind um so **strengere Anforderungen** zu stellen, je größer die von der Anlage ausgehende Gefahr für die Rechtsgüter Dritter, insbes für Leben und Gesundheit von Menschen, ist (vgl zB BGH LM Nr 30 zu § 31 unter II 2 b; VersR 1978, 538, 540: hohe Anforderungen an die Überwachungspflicht des Gasversorgungsunternehmens bei Durchführung von Umstellungsarbeiten; s hierzu auch BGH MDR 1980, 1015 [im Rahmen vertraglicher Haftung]; s auch die Rspr zur Verkehrspflicht für Starkstromanlagen unten Rn 279 f).

b) Autowaschanlagen

Der Betreiber einer Autowaschanlage hat Vorkehrungen zu treffen, um eine **Beschä-** E 275 **digung der Fahrzeuge**, die in Zusammenhang mit dem Betrieb der Waschanlage entstehen kann, zu vermeiden. Hierbei hat er auch ein **nicht sachgemäßes Verhalten der Benutzer** in Betracht zu ziehen, sofern dieses nicht völlig ungewöhnlich und grob unsachgemäß ist (letzteres wurde bejaht von OLG München NJW 1974, 1143, 1144 [im Rahmen vertraglicher Haftung]; OLGZ 1982, 381, 384 für das Rückwärtsfahren innerhalb der Anlage; für das Einfahren in die Anlage trotz eines deutlich sichtbaren Stop-Zeichens von LG Düsseldorf zfs 1980, 228). Beispielsweise ist Gefahren durch eine **Betätigung der Bremsen** innerhalb der Waschanlage zumindest durch ein deutlich sichtbares Hinweisschild zu begegnen (AG Nürtingen NJW-RR 1995, 1009: Hinweisschilder ausreichend; von OLG München NJW 1974, 1143, 1144 wurden darüber hinaus technische Sicherungsvorkehrungen gefordert [im Rahmen vertraglicher Haftung]). Gegen die Gefahr durch eine **nicht ordnungsgemäße Stellung des Fahrzeugs** innerhalb der Waschanlage wurden je nach dem Alter der Anlage Lichtschranken bzw ähnliche technische Vorkehrungen oder die Einweisung durch Bedienungspersonal gefordert (LG Bonn MDR 1995, 264, 265). Sind mit einer nicht ordnungsgemäßen Position des Fahrzeugs für dieses erhebliche Gefahren verbunden, so muß eine Signalanlage so beschaffen sein, daß durch entsprechende Zeichen oder Anweisungen auf eine gefahrlose Position hingewirkt wird (OLG Koblenz NJW-RR 1995, 1135, 1136: nicht nur „Stop"-, sondern auch „Zurück"-Zeichen [im Rahmen vertraglicher Haftung]). Bei Anlagen, bei denen das Fahrzeug mit laufendem Motor gewaschen wird, wurde gegen die Gefahr durch ein unbewußtes Verschieben des Wählhebels eines Automatikgetriebes zumindest ein Hinweisschild für notwendig erachtet (BGH NJW 1975, 685, 686). Ein **Hinweisschild „Antenne einschieben"** ist eine ausreichende Maßnahme gegen die Beschädigung auch solcher Antennen, die sich zwar nicht einschieben, aber abschrauben lassen (LG Köln VersR 1989, 1314, 1315 [im Rahmen vertraglicher Haftung]).

c) Abwasseranlagen
aa) Begründung der Verkehrspflicht

Verkehrspflichtig für die von der Schaffung, dem Betrieb oder der Unterhaltung E 276 einer Abwasseranlage ausgehenden Gefahren sind in der Regel die **Gemeinden**, die die Abwasseranlagen als öffentliche Einrichtungen betreiben (BGHZ 54, 299, 301; 115, 141, 147; BGH NJW 1977, 197; 1984, 615, 617; LM Nr 24 zu § 839 [Ca]; Nr 76 zu § 278 unter I 2; Nr 74 zu § 839 [Fe] unter II 3a bb; VersR 1967, 859, 860). Für die Verletzung der mit der Abwasserableitung zusammenhängenden gemeindlichen Pflichten haftet die Gemeinde nach **Amtshaftungsgrundsätzen** (BGHZ 54, 299, 301; 115, 141, 147; BGH NJW 1984, 615, 617; 1998, 1307; LM Nr 24 zu § 839 [Ca]; Nr 76 zu § 278 unter I 2; Nr 74 zu § 839 [Fe] unter II 3a bb; VersR 1967, 859, 860; daneben kommt gegenüber den Anschlußnehmern eine Haftung aus der aufgrund des Leistungs- bzw Benutzungsverhältnisses bestehenden Sonderverbindung in Betracht; vgl BGHZ 115, 141, 146; BGH NJW 1977, 197, 198 mit Anm PALDER NJW 1977, 954; LM Nr 76 zu

§ 278 unter II 3 c). Unabhängig von öffentlich-rechtlichen Zuständigkeiten kann sich eine deliktische Verkehrspflicht zur Vermeidung der von einer Abwasseranlage ausgehenden (Überschwemmungs-)Gefahr aus dem allgemeinen Zurechnungsgrund der **Schaffung und Aufrechterhaltung einer Gefahrenquelle** ergeben. So haftete ein Erschließungsträger eines Neubaugebietes, der auch die Bauleitung und -organisation übernommen hatte, für Schäden aufgrund des Anschlusses der Kanalisation des Neubaugebietes an die vorhandene Entwässerungsanlage ohne die erforderliche Sicherung der Vorflut (BGH LM Nr 188 zu § 823 [Dc] unter II 4 b aa). Die Bundesrepublik Deutschland war als Gebäudeeigentümerin verantwortlich für Schäden aufgrund Überbeanspruchung eines Baches wegen Einleitung der nach einer Gebäudeerweiterung verstärkt anfallenden Abwässer (BGH MDR 1968, 395).

bb) Inhalt und Umfang der Verkehrspflichten

E 277 Der Verkehrspflichtige hat alle Sicherungsvorkehrungen zur Abwehr etwaiger von der Anlage ausgehender Gefahren, wozu insbes **Überschwemmungsgefahren** gehören, zu treffen (BGH LM Nr 74 zu § 839 [Fe] unter II 3a bb; MDR 1968, 395). Der Umfang der Sicherungsmaßnahmen richtet sich nach den drohenden Schäden und nach den Möglichkeiten, die zu ihrer Abwehr zur Verfügung stehen (BGH LM Nr 74 zu § 839 [Fe] unter II 3a bb). Beispielsweise kann das Fassungsvermögen einer gemeindlichen Kanalisationsanlage, die auch Regenwasser aufzunehmen hat, aus wirtschaftlichen Gründen nicht so groß bemessen werden, daß es auch für ganz selten auftretende, außergewöhnlich heftige Regenfälle ausreicht (BGHZ 109, 8, 10; 115, 141, 147; VersR 1982, 1196, 1197). Insbes ist eine Auslegung im Hinblick auch auf katastrophenartige Unwetter, wie sie erfahrungsgemäß nur in sehr großen Zeitabständen vorkommen („Jahrhundertereignis"), nicht erforderlich (BGHZ 109, 8, 10; 115, 141, 148; BGH LM Nr 66 zu § 839 [Fe]; Nr 74 zu § 839 [Fe] unter III 1 a). Eine zu kleine Dimensionierung der Kanalisationsanlage mit der Folge, daß es die Anlieger der Anlage hinnehmen müßten, nicht nur ganz gelegentlich einer Überschwemmung ausgesetzt zu sein, ist aber als pflichtwidrig anzusehen (BGHZ 109, 8, 10, 11; 115, 141, 148; BGH NJW 1998, 1307, 1308 – jeweils für die Ausrichtung des Fassungsvermögens auf einen einjährigen Berechnungsregen ohne Berücksichtigung der örtlichen Verhältnisse; LM Nr 74 zu § 839 [Fe] unter III 1 a).

d) Mülldeponien

E 278 Den Betreiber einer Mülldeponie trifft die Pflicht, den Betrieb auf der Mülldeponie zum **Schutze der Benutzer** so zu organisieren und zu gestalten, daß ihnen hierdurch möglichst keine Gefahren enstehen (OLG Frankfurt aM VersR 1986, 791, 792 für Maßnahmen zur Vermeidung eines Umkippens von Müllfahrzeugen beim Entladen auf frischem Deponiegrund; OLG Frankfurt aM VersR 1995, 1365, 1366 für Sicherungsmaßnahmen gegen das Befahren eines aufgrund starken Regens nicht tragfähigen Bereiches einer Bauschutthalde; OLG Köln VersR 1997, 1355, 1356 für die Sicherung einer 2 m hohen Laderampe gegen das Abstürzen der Benutzer [Amtshaftung]). Der auf Müllplätzen typischerweise erhöhten **Brandgefahr** und den dadurch eventuell entstehenden weiteren Gefahren hat der Betreiber auch zum Schutze Außenstehender durch geeignete Maßnahmen zu begegnen (OLG Karlsruhe VersR 1980, 362 für Gefahren für das Nachbargrundstück; LG Mannheim VersR 1976, 374 für Gefahren für den Straßenverkehr durch Sichtbehinderung aufgrund von Rauchschwaden; vgl auch die Pflicht des Betreibers eines Kraftwerks zur Verhinderung von Gefahren für den Straßenverkehr aufgrund Glatteisbildung unten Rn E 279). Diese Pflicht besteht auch nach Stillegung der Mülldeponie jedenfalls so lange fort, wie nicht ausgeschlossen werden kann, daß auf dem Gelände nach wie vor eine erhöhte Brandgefahr besteht (OLG Karlsruhe VersR 1980, 362 für einen Deponieteil, der nach Stillegung als „wilder Müllplatz" benutzt wurde).

e) **Kühltürme**

Die Gefahrvermeidungspflicht in Zusammenhang mit dem Betrieb von Kühltürmen bezieht sich insbes auf das Risiko, daß sich infolge des von den Kühltürmen ausgehenden **Wasserdampfes** bei entsprechender Wetterlage auf den in der Nähe befindlichen Straßen **Glatteis** bilden kann (BGH VersR 1985, 641; OLG Köln VersR 1995, 674, 675). Diese auch für öffentliche Straßen existierende Verkehrspflicht besteht unabhängig von öffentlich-rechtlichen Pflichten, die dem Betreiber eines Kraftwerks oder einer ähnlichen Anlage mit Kühltürmen eventuell auferlegt sind, und unabhängig von der daneben bestehenden generellen Verantwortlichkeit öffentlich-rechtlicher Körperschaften für den verkehrssicheren Zustand der Straße (BGH VersR 1985, 641; OLG Köln VersR 1995, 674; allgemein zur Verantwortlichkeit für die Verkehrssicherheit öffentlicher Straßen s oben Rn E 83 ff). Die Verkehrsteilnehmer sind vor den Gefahren durch die gegenüber dem bisherigen Straßenverlauf plötzlich und unerwartet auftretende Glatteisbildung durch das Aufstellen von Schildern zu warnen; der Glatteisbildung ist zudem durch das Streuen der Straße zu begegnen (BGH VersR 1985, 641, 642; OLG Köln VersR 1995, 674, 675). Ist der Betreiber der Kühltürme zur eigenmächtigen **Aufstellung von Warnschildern** nicht ermächtigt, so hat er zumindest bei den zuständigen Behörden auf die Aufstellung solcher Schilder hinzuwirken (OLG Köln VersR 1995, 674, 675; im Fall BGH VersR 1985, 641 war dem Betreiber die Aufstellung und Unterhaltung bestimmter Warnschilder behördlicherseits auferlegt). Die Schilder müssen auf die Art der Gefahr (Schleudergefahr) und deren unmittelbare Ursache (Glatteisbildung) hinweisen (BGH VersR 1985, 641, 642). Die Herkunft der Gefahr zu erläutern (etwa durch ein Schild „Achtung Kühltürme") ist jedenfalls dann nicht erforderlich, wenn die Kühltürme und die Dampfschwaden für jeden Kraftfahrer ohne weiteres sichtbar sind (BGH VersR 1985, 641, 642). Eine **Pflicht zu vorbeugendem Streuen** besteht nur in besonders gelagerten Fällen (OLG Köln VersR 1995, 674, 675 mwNw; vgl oben Rn E 127).

E 279

f) **Starkstromanlagen**
aa) **Allgemeines**

An die Verkehrspflicht zur Vermeidung der von einer Starkstromanlage für Menschen ausgehenden besonders großen Gefahren sind **strenge Anforderungen** zu stellen (RGZ 147, 353, 356; RG HRR 1932 Nr 444; JW 1936, 2861, 2862; OLG Königsberg HRR 1939 Nr 1022 [im Rahmen vertraglicher Haftung]). Dies gilt sowohl für den Kreis der zu berücksichtigenden Gefahren (RGZ 147, 353, 359, 365; RG JW 1938, 1254 Nr 20; OLG Königsberg HRR 1939 Nr 1022 [im Rahmen vertraglicher Haftung] – jeweils für Naturereignisse) als auch für die Anforderungen an die zu ergreifenden Sicherungsmaßnahmen (RGZ 147, 353, 361, 362). Der Verkehrspflichtige hat alles zu tun, um zu verhindern, daß Menschen mit dem Starkstrom in Berührung kommen (RG JW 1912, 792 Nr 8 für die Sicherung innerstädtischer Transformatoren durch verschließbare Klappen; RGZ 147, 353, 356; RG JW 1938, 1254 Nr 20; HRR 1932 Nr 444; DRZ-Rsprbeil 1925, 149 Nr 419 – jeweils Reißen einer einen öffentlichen Weg kreuzenden Freileitung; RG DRZ-Rsprbeil 1928, 85 Nr 183; OLG Karlsruhe VersR 1979, 382 – jeweils Kletterabwehrschutz an Strommasten), wobei Sicherungsmaßnahmen wegen der außergewöhnlich hohen Gefahr für Menschen bei der Berührung mit Starkstrom nur ausnahmsweise wirtschaftlich unzumutbar sind (RGZ 147, 353, 362; s auch OLG Königsberg HRR 1939 Nr 1022 [im Rahmen vertraglicher Haftung]: keine Berücksichtigung von Personalmangel bei der Pflicht zu sofortiger Gefahrbeseitigung).

E 280

bb) Arbeiten in gefährlicher Nähe zu Starkstromleitungen

E 281 Bei Arbeiten in gefährlicher Nähe zu Starkstromleitungen oder anderen Teilen einer Starkstromanlage sind zum Schutze der Arbeiter entweder **technische Sicherungsvorkehrungen** (zB Anbringen von Netzsicherungen, Abschalten des Stromes) zu treffen oder es sind – falls dies nicht möglich ist – die Arbeiten zumindest durch Fachleute besonders sorgsam zu leiten und besonders **intensiv zu überwachen**, so daß eine Gefährdung der Arbeiter durch den Starkstrom nach Möglichkeit vermieden wird (LG Karlsruhe WM 1973, 94; zur Aufsichtspflicht über Malerarbeiten in der Hochspannungsanlage eines Elektrizitätswerkes s RG JW 1936, 2861, 2862). Für die Beurteilung der Frage, in welchen Fällen bei Arbeiten in der Nähe von Starkstromanlagen Schutzmaßnahmen (insbes das Abschalten des Stroms) zu treffen sind, ist maßgeblich, ob im Zuge der jeweils konkret auszuführenden Arbeiten damit zu rechnen ist, daß Arbeiter – wenn auch aus Unachtsamkeit – in Erfüllung ihrer Pflicht in den Gefahrenbereich der Starkstromanlage geraten (BGH LM Nr 190 zu § 823 [Dc] unter II 2 für Brückenarbeiten über Oberleitungen einer Bahnstrecke). Die Gefahr, daß ein Arbeitnehmer außerhalb des Rahmens der vorgesehenen Arbeiten auf besondere Weisung in den Gefahrenbereich der Starkstromanlage geschickt wird, soll hierfür nach der Rechtsprechung des BGH nicht ausreichen (BGH LM Nr 190 zu § 823 [Dc] unter II 2).

g) Kletterabwehrschutz an Türmen und Strommasten zum Schutze von Kindern und Jugendlichen
aa) Erforderlichkeit von Sicherungsvorkehrungen

E 282 Zum Schutze von Kindern sind – wie auch sonst – an die Verkehrspflichten des Anlagenbetreibers gesteigerte Anforderungen zu stellen (vgl hierzu oben Rn E 45). Sicherungsvorkehrungen gegen das Erklettern von Türmen oder Starkstrommasten sind wegen der damit verbundenen erheblichen Gefahr dann erforderlich, wenn mit dem Erklettern durch Kinder oder Jugendliche mit einiger **Wahrscheinlichkeit** zu rechnen ist (BGH VersR 1963, 532 für einen Vermessungsturm; OLG Hamm VersR 1992, 208, 209 für einen Klärturm; s auch BGH LM Nr 147 zu § 823 [Dc] unter II 2 b für das Betreten eines stillgelegten Grubenstollens; OLG Stuttgart VersR 1989, 971, 972 für das Betreten eines Stauwehrs in der Nähe eines Sägewerkes). Diese Gefahr beurteilt sich im wesentlichen nach dem **Standort** der Anlage (Entfernung von bewohntem Gebiet, Attraktivität der Umgebung für Kinder und Jugendliche), nach dem **Anreiz**, der von dem Erklettern der Anlage für Kinder oder Jugendliche ausgeht, sowie danach, welche Geschicklichkeit und Kraft das Erklettern nach der **Konstruktion** der Anlage erfordert (OLG Zweibrücken NJW 1977, 111; OLG Karlsruhe VersR 1979, 382, 383; LG Tübingen VersR 1982, 586). Bei **Starkstrommasten** ist darüber hinaus der mit dem Erklettern verbundenen **besonders hohen Gefahr** eines Stromschlages Rechnung zu tragen. Angesichts der Anzahl der hierzu ergangenen Entscheidungen erscheint zweifelhaft, ob aus der besonderen Gefährlichkeit des Erkletterns von Starkstrommasten generell auf eine geringe Wahrscheinlichkeit eines solchen Verhaltens von Kindern und Jugendlichen und somit auf die Entbehrlichkeit von Sicherungsvorkehrungen gegen das Erklettern geschlossen werden kann (so OLG Karlsruhe VersR 1979, 382; LG Tübingen VersR 1982, 586), oder ob das hohe Risiko des Erkletterns nicht vielmehr als besonderer Anreiz für eine „Mutprobe" insbes älterer Kinder zu berücksichtigen ist (allgemein hierzu oben Rn E 45).

bb) Art der Sicherungsvorkehrungen

E 283 Die zu ergreifenden Sicherungsvorkehrungen müssen nach Art und Ausmaß geeignet sein, nach den üblichen Verhältnissen ein wirksames Hindernis gegen das Erklettern durch Kinder und Jugendliche zu bilden (BGH VersR 1963, 532; OLG Zweibrücken NJW 1977, 111, 112). Da Kinder und Jugendliche dazu neigen, Vorschriften und Anordnungen nicht zu beachten und sich unbesonnen zu verhalten, ist ein **Warn- oder Verbotsschild** zum Schutze dieses Personenkreises nicht ausreichend (BGH VersR 1963, 532; allgemein hierzu oben Rn E 45). Je größer der Anreiz für das Erklettern ist und je leichter dies Kindern und Jugendlichen nach der Konstruktion des Turmes oder des Mastes gemacht wird, um so höher haben die Anforderungen an die Sicherungsvorkehrungen zu sein. So wurde für einen mit einer „einladenden" Steigleiter versehenen Vermessungsturm eine abgeschlossene, hinreichend hohe und mit Stacheldraht versehene **Umzäunung** für erforderlich erachtet (BGH VersR 1963, 532; ähnl BGH NJW 1975, 108, 109: genügend hohe Einzäunung eines für Kinder attraktiven Kfz-Schrottplatzes; OLG Hamm VersR 1992, 208, 209: wirksame Absperrung einer zu einem Klärturm führenden Treppe). Bei Strommasten wurde das Umgeben des Mastes mit **Stacheldraht** oder mit glatten Blechen oder zumindest das Anbringen von Querstreben erst in solcher Höhe, daß diese von Kindern und Jugendlichen mit den Händen nicht mehr zu erreichen sind, als geeignet und ausreichend angesehen (OLG Zweibrücken NJW 1977, 111). Ein absoluter Schutz gegen das Erklettern kann aber nicht gefordert werden (BGH VersR 1963, 532; OLG Zweibrücken NJW 1977, 111, 112).

cc) **Weitere Einzelfälle**
Sicherungsvorkehrungen wurden für erforderlich erachtet bei einem 300 m von Häusern entfernten Gittermast (RG JW 1935, 2628 Nr 9). Bei einem „in ländlicher Gegend und abseits von Wohnhäusern" gelegenen Strommast (RG DRZ-Rsprbeil 1928, 85 Nr 183) sowie bei einem Mast in 100 bis 120 m Entfernung von bewohntem Gebiet, inmitten eines für Kinder nicht besonders attraktiven Wiesengeländes (LG Tübingen VersR 1982, 586) wurde die Erforderlichkeit von Sicherungsvorkehrungen hingegen abgelehnt, und dies im letztgenannten Fall, obwohl die bis auf den Boden reichenden Streben des 10 m hohen Mastes den Einstieg erleichterten. Verneint wurde die Erforderlichkeit von Sicherungsvorkehrungen auch für einen ca 100 bis 150 m von Häusern entfernt auf bestelltem Ackerland liegenden 9 m hohen Strommast (OLG Karlsruhe VersR 1979, 382). Der Mast lag zwar nur ca 40 m neben einem als Spielplatz genutzten Ödland; mit dem Betreten des Ackergeländes, auf dem sich der Mast befand, sei aber nicht zu rechnen und der Mast sei für kleinere Kinder nicht leicht zu erklettern gewesen (OLG Karlsruhe VersR 1979, 382, 383 – der Geschädigte war 5 1/2 Jahre alt).

E 284

16. Kinderspielplätze

a) **Allgemeines**
aa) **Begründung der Verkehrspflicht**
Die Verkehrspflicht für einen öffentlichen Kinderspielplatz wird zumeist durch einen (ausdrücklichen oder konkludenten) **Akt der Widmung oder Gestattung** begründet, durch den die Anlage und die Einrichtungen des Kinderspielplatzes zur Benutzung durch die entsprechende Altersgruppe freigegeben werden (zur Bedeutung der Widmung bzw Gestattung s oben Rn E 39). Vor einer derartigen Freigabe der Kinderspielanlage kann sich eine Verpflichtung zu Schutzmaßnahmen gegenüber Kindern zwar nicht aus dem Gesichtspunkt der Verkehrseröffnung, wohl aber uU aus dem übergreifenden **Gesichtspunkt der Bereichshaftung** ergeben, wobei besonders zu berücksichtigen ist, daß von bereits vorhandenen Spiel- oder Klettereinrichtungen, mögen sie auch

E 285

noch nicht völlig fertiggestellt sein, für Kinder ein ganz besonderer Reiz ausgeht (OLG Düsseldorf VersR 1979, 650 für ein noch nicht völlig fertiggestelltes Klettergerüst innerhalb einer bereits der Allgemeinheit zur Verfügung gestellten Trimm-Dich- und Spielanlage; vgl allgemein oben Rn E 45). Aus den gleichen Gründen besteht die Verkehrspflicht **nach Beendigung der Unterhaltung** des Spielplatzes jedenfalls dann fort, wenn die Spielgeräte und weitere Gefahrenquellen auf dem Gelände belassen werden. Die bloße Entfernung des Schildes „Kinderspielplatz" läßt die Verantwortlichkeit für die gefahrlose Benutzung des Geländes nicht entfallen (BGH NJW 1978, 1628; OLG Düsseldorf VersR 1982, 979; s auch oben Rn E 39). Auch eine **Verkehrspflicht zum Schutze der Anlieger** des Spielplatzgrundstückes vor einer Gefährdung durch das Verhalten der sich auf dem Spielplatzgrundstück aufhaltenden Kinder oder Jugendlichen (zB durch Steinwürfe) kann noch nach vollständiger Beseitigung der Spielplatzeinrichtungen dann bestehen, wenn aufgrund konkreter Umstände damit zu rechnen ist, daß das Grundstück dadurch seine Anziehungskraft als Treffpunkt von Kindern und Jugendlichen nicht verliert und daß hiervon eine Gefahr für die Anlieger ausgeht (im konkreten Fall mangels Vorhersehbarkeit abgelehnt von OLG Düsseldorf VersR 1982, 979, 980).

bb) Inhalt und Umfang der Verkehrspflicht

E 286 Ein Spielplatz ist möglichst gefahrlos zu gestalten und zu erhalten; im Rahmen des Zumutbaren ist alles zu tun, um Gefahren zu begegnen, die den Benutzern aus einem nicht ordnungsgemäßen Zustand des Spielplatzes drohen (BGHZ 103, 338, 340; OLG Hamm VersR 1996, 1515, 1516). Sie sind vor solchen Gefahren zu schützen, die über das übliche Risiko bei der Anlagenbenutzung hinausgehen und für sie nicht ohne weiteres erkennbar sind, wobei der niedrigeren oder sogar fehlenden Einsichtsfähigkeit der kindlichen Benutzer Rechnung zu tragen ist (OLG Celle NJW-RR 1987, 283, 284; LG Braunschweig NJW-RR 1990, 471; NdsRpfl 1990, 6). Das einzuhaltende **Ausmaß der Sicherheit** hat sich an dem Alter der jüngsten Kinder auszurichten, die für die Benutzung in Frage kommen (BGHZ 103, 338, 340; OLG München VersR 1974, 200, 201 [Wasserrutschbahn]; OLG Hamm VersR 1996, 1515, 1516; allgemein hierzu oben Rn E 27). Es ist hierbei insbes auch zu berücksichtigen, daß der kindliche bzw jugendliche Benutzerkreis dazu neigt, Vorschriften und Anordnungen nicht zu beachten und sich unbesonnen zu verhalten (BGH NJW 1980, 1159, 1160; OLG Hamm VersR 1996, 1515, 1516). Die Verkehrspflicht kann daher auch die Vorbeugung gegen solche Gefahren umfassen, die Kindern und Jugendlichen aufgrund eines nicht bestimmungsgemäßen, **mißbräuchlichen Verhaltens** bei der Benutzung der Anlage drohen (BGH NJW 1978, 1629; 1980, 1159, 1160; 1982, 1144, 1145; OLG Hamm VersR 1996, 1515, 1516). Dies gilt vor allem dann, wenn die konkrete Gestaltung und Beschaffenheit der Gefahrenquelle für Kinder geradezu eine gewisse Aufforderung zu mißbräuchlichem Verhalten darstellt (BGH NJW 1978, 1629 für eine „Kleiderrutsche" in einem Schwimmbad; OLG Karlsruhe FamRZ 1992, 1289, 1290 für ein Betonpodest in einem Schwimmbad, das sich als Sprungturm anbot). Andererseits müssen auch Spielplätze und -geräte nicht frei von allen Risiken sein. Bei den **in Kauf zu nehmenden Risiken** darf es sich aber nur um solche handeln, die für die kindlichen Benutzer überschaubar und kalkulierbar sind und insofern einen erzieherischen Wert haben (BGHZ 103, 338, 341; BGH NJW 1978, 1626, 1627; 1978, 1628; OLG Schleswig VersR 1996, 1386; s auch oben Rn E 29). Je offensichtlicher eine Gefahr für den jeweiligen Benutzerkreis ist, desto mehr kann der Verkehrspflichtige darauf vertrauen, daß sich die Kinder bzw Jugendlichen dieser Gefahr wegen ihres natürlichen Angstgefühles nicht aussetzen werden (BGH NJW 1978, 1626, 1627 für Kopf- oder Hechtsprünge in erkennbar seichtes Wasser; 1978, 1628 für „Tarzan-Sprünge" Jugendlicher vom 4–5 m hohen Dach einer Schutzhütte in der Nähe von Spielgeräten mit höheren Stahlstangen). Einem extrem unvernünftigen, äußerst leichtfertigen Verhalten muß nicht vorgebeugt werden (BGH NJW 1980, 1159, 1160). Sicherungsvorkehrungen sind aber dann auch gegen offensichtlich besonders große Gefahren zu treffen, wenn gerade von Art und Größe der Gefahr erkennbar ein besonderer Anreiz für gefährliche „Mutproben" ausgeht, was beispielsweise für das Erklettern von Strommasten der Fall sein kann (s oben Rn E 282; vgl allgemein Rn E 45).

b) Gestaltung und Beschaffenheit der Spielgeräte und des Spielplatzes
aa) Beschaffenheit der Spielgeräte
α) An die **Sicherheit der Spielgeräte** eines Spielplatzes sind besonders strenge Anforderungen zu stellen (BGHZ 103, 338, 340; BGH NJW 1988, 48, 49). Spielgeräte müssen so beschaffen sein, daß mit ihrer sachgemäßen Benutzung keine erhebliche Gefahr verbunden ist (BGH LM Nr 11 zu § 839 [Fd] unter II 1; OLG Köln JMBl NRW 1970, 299, 300) und daß vor allem schwere Verletzungen durch die Benutzung der Geräte nicht eintreten können (BGHZ 103, 338, 340; BGH NJW 1988, 48, 49). Hierbei ist stets auch eine Gefährdung der Kinder durch eine ungeschickte Bewegung, durch eine Störung des Gleichgewichts oder durch eine äußere Einwirkung durch andere Kinder in Betracht zu ziehen (OLG Köln JMBl NRW 1970, 299, 300). Darüber hinaus müssen Spielgeräte auch so beschaffen sein, daß sie zu einer gefahrvollen bestimmungswidrigen Benutzung nicht geradezu anreizen (BGH LM Nr 11 zu § 839 [Fd] unter II 1 für das Mitlaufen von Kindern mit der drehbaren Eisenstange einer Karussellwippe). Bei Spielgeräten, die durch einen Automatismus in Bewegung gesetzt werden, ist sicherzustellen, daß den Kindern nicht durch eine für sie plötzlich und unerwartet eintretende Bewegung des Geräts Gefahren entstehen (zweifelhaft insofern OLG Hamm VersR 1985, 294, 295, wo die Haftung der Betreiberin einer Kinderseilbahn abgelehnt wurde für einen Sturz eines 10jährigen Mädchens aus einer Gondel, als die Gondel aufgrund des Einwurfs einer weiteren Münze gerade in dem Moment emporstieg, in dem das Mädchen aussteigen wollte). Liegt eine **Benutzung des Spielgerätes durch Erwachsene** aufgrund Größe und Beschaffenheit des Spielgerätes nicht fern, so besteht die Gefahrvermeidungspflicht auch gegenüber ihnen (OLG Hamm VersR 1996, 1517 für eine 20 m lange und 1 m breite Bodenwellen-Rutsche).

E 287

β) Den Verkehrspflichtigen trifft hinsichtlich der Sicherheit der Spielgeräte eine **eigenverantwortliche und strenge Prüfungspflicht**, wobei ihn die Herkunft des Gerätes von einer Spezialfirma für Spielgeräte, die Übereinstimmung mit den einschlägigen DIN-Vorschriften oder eine Unbedenklichkeitsbescheinigung eines Sachverständigen nur insoweit entlastet, als der zutage getretene Sicherheitsmangel auch bei einer aufmerksamen Prüfung anhand der dem Verkehrspflichtigen zur Verfügung stehenden Erkenntnismöglichkeiten nicht hätte entdeckt werden müssen (BGH LM Nr 11 zu § 839 [Fd] unter II 4; OLG Köln JMBl NRW 1970, 299, 300; OLG Hamm VersR 1996, 1517, 1518; LG Kleve VersR 1972, 1035; LG Heidelberg VersR 1974, 505 – jeweils im Rahmen des Verschuldens). Als augenfälliger und deshalb vom Verkehrspflichtigen zu verantwortender Sicherheitsmangel wurde beispielsweise eine nur 12 cm hohe seitliche Absturzsicherung einer über 4 m hohen Rutschbahn angesehen (OLG Köln JMBl NRW 1970, 299). Ein zugelassenes und an sich ungefährliches Sport- oder Spielgerät ist vom Verkehrspflichtigen auch daraufhin zu überprüfen, ob das Gerät gerade auch für den von ihm beabsichtigten **Verwendungszweck** geeignet erscheint. Kann die Entfernung von Schutzvorrichtungen des Geräts bei Benutzung durch Kinder oder Jugendliche nicht ausgeschlossen werden, so sind zusätzliche Sicherungsvorkehrungen anzubringen; anderenfalls darf das Gerät Kindern und Jugendlichen nicht unbeaufsichtigt über-

E 288

lassen werden (OLG Karlsruhe VersR 1978, 970, 971 für ein Trampolin, bei dem die Abdeckplatten über den Spannfedern unschwer beseitigt werden konnten; s auch OLG Stuttgart NJW-RR 1995, 405, 406 für Sicherungsmaßnahmen gegen das Entfernen des Luftaustrittsstutzens eines elektrisch betriebenen Luftkissens bei Einsatz im Rahmen der Therapie hyperkinetischer Kinder; dazu auch oben Rn E 272). Die Feststellung der Ungefährlichkeit des Spielgeräts durch einen Sachverständigen ist jedenfalls dann erforderlich, wenn der Bau und die Aufstellung des Spielgerätes nicht durch ein hierauf spezialisiertes Unternehmen vorgenommen wurde (OLG München VersR 1954, 532, 533 für den Bau einer Wasserrutsche durch einen Schlossermeister).

E 289 γ) Der **Standort für ein Spielgerät** ist so zu wählen, daß sich das Spielgerät bei Sonnenbestrahlung nicht derart aufheizen kann, daß den Benutzern bei Berührung mit dem Gerät nicht unerhebliche Verbrennungen entstehen können (AG Ludwigshafen NJW-RR 1998, 319, 320 für die Aufstellung einer Rutsche mit Edelstahlrutschfläche an einem Standort ohne Schatten). Nach Aufstellung des Spielgerätes ist **dessen tatsächliche Verwendung zu beobachten**, um eine gefahrvolle bestimmungswidrige Verwendungsart möglichst auszuschließen (BGH LM Nr 11 zu § 839 [Fd] unter II 5). Spielgeräte sind **regelmäßigen Kontrollen** im Hinblick auf ihre Sicherheit, insbes auch ihre Standfestigkeit, zu unterziehen (BGH NJW 1988, 48, 49), abhängig von der Konstruktion des Spielgerätes sowie der Stärke und Häufigkeit seiner Beanspruchung durch spielende Kinder (BGH NJW 1988, 48, 49). Die Kontrolle der Geräte darf sich nicht auf die aus der Erdoberfläche herausragenden Teile beschränken, sondern erfordert von Zeit zu Zeit beispielsweise auch ein Freischaufeln der unter Sand liegenden Geräteteile (BGH NJW 1988, 48, 49).

bb) **Beschaffenheit des Bodens**

E 290 Der Boden eines Kinderspielplatzes muß nicht speziell für die Benutzung des Platzes mit Kinderfahrrädern, Rollern, Rollschuhen oder sonst üblichen Fortbewegungsmitteln für Kinder hergerichtet werden; ein nicht ganz gleichmäßiger, weicher Untergrund ist hinzunehmen, zumal ein gleichmäßig harter Untergrund die Gefährlichkeit von Stürzen erhöhen würde (OLG Celle VersR 1984, 167, 168). Der Boden darf aber nicht so beschaffen sein, daß für Kinder bei einem Sturz durch **hervorstehende Gegenstände**, wie beispielsweise kurzgeschnittene Strauchäste, eine Verletzungsgefahr besteht, die über die mit Stürzen allgemein verbundene Gefahr hinausgeht (OLG Hamm VersR 1996, 1515, 1516; zu dieser Entscheidung s auch unten Rn E 291). Dies gilt insbes im **Fallbereich von Spielgeräten** (OLG Celle NJW-RR 1987, 283, 284 für 14 cm hohe Holzbohlen unter einer Rutsche). Der Boden unter Spielgeräten, bei denen Stürze aus einer nicht unbeträchtlichen Fallhöhe möglich sind, muß eine **aufprallhemmende Beschaffenheit** aufweisen (BGHZ 103, 338, 340, 341 für eine Rutsche mit einer Fallhöhe von 150cm). Bei veränderlichen Bodenbelägen, wie beispielsweise Sandaufschüttungen, ist die aufpralldämmende Beschaffenheit durch regelmäßige Kontrollen sicherzustellen (OLG Koblenz VersR 1980, 1051). Sicherungsmaßnahmen gegen die Benutzung höherer Spielgeräte bei einer **Verhärtung des Bodenbelages durch Frost** sind im allgemeinen nicht zu verlangen, da es sich bei einer witterungsbedingten Erhöhung der Sturzgefahr um ein übliches und deshalb von den Benutzern hinzunehmendes Risiko handelt (OLG Karlsruhe NJW-RR 1998, 1323, 1324; aA für einen betreuten und beaufsichtigten Spielplatz eines Kindertagesheimes LG Hamburg zfs 1988, 33). Im Bereich eines Spielgerätes, das keine nennenswerte Fallhöhe aufweist und bei dem sich die Kinder vom Boden mit den Füßen abstoßen, wurde ein

Betonboden als verkehrsgerecht erachtet (LG Aachen VersR 1992, 513 mit Anm GAISBAUER VersR 1992, 895 für einen sog „Drehpilz").

c) **Umgebung des Spielplatzes**
aa) **Inhalt der Verkehrspflicht**
Die Verkehrspflicht für einen öffentlichen Kinderspielplatz beschränkt sich nicht auf den Spielplatz und seine Einrichtungen selbst, sondern erstreckt sich auch darauf, daß den Benutzern keine vermeidbaren Gefahren drohen, die in Zusammenhang mit dem Spielbetrieb stehen (BGH NJW 1977, 1965 [anders noch die Vorinstanz OLG Nürnberg MDR 1974, 667, 668]; OLG Hamm VersR 1996, 1515, 1516; zum erforderlichen Zusammenhang zwischen der drohenden Gefahr und der Eröffnung des jeweiligen Verkehrs s BGH LM Nr 166 zu § 823 [Dc] unter II 1 b [Strandbad]). Denn ein Kinderspielplatz soll den Kindern ein sorgloses Spielen ermöglichen, ihnen einen besonderen Schutz vor den Gefahren ihrer Unerfahrenheit bieten und den Aufsichtspflichtigen eine Erleichterung ihrer Pflichten ermöglichen (OLG Karlsruhe [St] VRS 44 [1973] 22, 24; LG Braunschweig NJW-RR 1990, 471; NdsRpfl 1990, 6). Es ist deshalb insbes zu vermeiden, daß Kinder im Spieleifer unversehens in angrenzende Gefahrenbereiche, wie etwa eine **vorbeiführende Straße** (BGH NJW 1977, 1965) oder eine **Böschung mit gefährlicher Bodenbeschaffenheit** (OLG Hamm VersR 1996, 1515, 1516), gelangen können. In einem vom Spielplatz zumindest nicht mehr als 30 m entfernten, für Kinder zugänglichen Bereich, dürfen keine **stark oder gar sehr stark giftigen Pflanzen**, wie beispielsweise Goldregen, wachsen (LG Braunschweig NJW-RR 1990, 471, 472; NdsRpfl 1990, 6, 7).

bb) **Erforderlichkeit und Art der Sicherungsmaßnahmen**
Erforderlichkeit und Art der zu treffenden Sicherheitsmaßnahmen gegen angrenzende Gefahrenbereiche bestimmen sich nach Lage, Art und Benutzerkreis des Spielplatzes (BGH NJW 1977, 1965). Bei **Gefahren durch angrenzenden Straßenverkehr** ist hinsichtlich der Lage des Spielplatzes insbes der Ausbau und die Beschaffenheit der vorbeiführenden Ortsstraße, die Verkehrsdichte sowie Art und Dichte der den Spielplatz umgebenden Bebauung zu berücksichtigen (BGH NJW 1977, 1965, 1966). Bei der Art des Spielplatzes ist danach zu unterscheiden, ob der Spielplatz nur für örtlich gebundene Spiele (zB Sandkasten, Schaukel) oder etwa auch für Ball- und Fangspiele benutzt werden kann. Im letzteren Fall muß die **Sicherheitszone zwischen Spielplatz und Straße** so beschaffen sein, daß sie geeignet ist, auch Kindern, die sich schnell bewegen, bewußt zu machen, daß sie sich vom geschützten Bereich des Spielplatzes in den Gefahrenbereich der Straße begeben (BGH NJW 1977, 1965, 1966).

cc) **Beispiele**
Ein **in der Nähe einer Eisenbahnlinie gelegener Spielplatz** muß durch eine Einzäunung, die so hoch sein muß, daß sie von jüngeren Kindern nicht überstiegen werden kann und älteren Kindern zur Warnung gereicht (120 – 150 cm), so abgeschirmt werden, daß ein Betreten des Bahngeländes durch Kinder möglichst ausgeschlossen wird (OLG Karlsruhe [St] VRS 44 [1973] 22, 24, 25 für einen Spielplatz, der sich in 8 m Entfernung von der Gleisanlage befand, getrennt durch einen leicht ansteigenden Gebüschstreifen; das verunglückte Kind war $2^{3}/4$ Jahre alt). Die Abgrenzung eines von der **Fahrbahn einer Straße** nur durch einen ca 50 cm breiten Grasstreifen getrennten Spielplatzes durch einen Plankenzaun, der von kleineren Kindern unschwer unterlaufen werden kann, ist verkehrspflichtwidrig (BGH NJW 1977, 1965). Geeignete Abgrenzungsmaßnahmen wären beispielsweise ein Gebüsch oder ein Sicherheitsabstand von mehreren Metern zwi-

schen einem Plankenzaun und der Fahrbahn; eine vollständige Einzäunung des Spielplatzes, die es den Kindern außerhalb der Zu- und Abgänge unmöglich macht, den Spielplatz zu verlassen, ist hingegen jedenfalls an einer weniger stark befahrenen und unter 6 m breiten Straße nicht erforderlich (BGH NJW 1977, 1965, 1966).

d) Abenteuerspielplätze, Freizeit- und Erlebnisparks
aa) Besonderheiten der Sicherungspflicht für „Anlagen mit Risikocharakter"

E 294 Der Zweck der auf Abenteuerspielplätzen sowie in Freizeit- und Erlebnisparks den Besuchern angebotenen Anlagen besteht oftmals darin, den Benutzern ein gewisses „Abenteuer" zu bieten, indem von ihnen **bestimmte Risiken gemeistert** werden müssen; bei älteren Kindern bzw Jugendlichen ist auch noch der **pädagogische Zweck** zu nennen, die Benutzer auf die Gefahren des täglichen Lebens einzustellen und sie lernen zu lassen, Risiken zwar zu wagen, sie aber auch zu beherrschen (BGH NJW 1978, 1626, 1627), sie ihre Leistungsfähigkeit testen und ihre Grenzen erkennen zu lassen (OLG Celle OLGZ 1990, 343, 344). Entsprechend dieser Zweckbestimmung solcher „Anlagen mit Risikocharakter" sind an ihre Sicherheit geringere Anforderungen zu stellen als an einen im üblichen Sinne sicheren Verkehrsbereich (BGH NJW 1978, 1626, 1627 für eine Hängebrücke auf einem Abenteuerspielplatz; OLG Celle OLGZ 1990, 343, 344 für ein Trampolin auf einem Sport- und Freizeitpark; OLG Hamm r+s 1993, 417 für eine „Nostalgie-Riesenrutsche" auf einer Kirmes; OLG Hamm NJW-RR 1996, 596 für eine Anlage auf einem von einem Sportverein veranstalteten „Spiel ohne Grenzen"; OLG Karlsruhe NJW-RR 1997, 23, 24 für eine Wackelbrücke in einem Freizeitpark; allgemein oben Rn E 29). So darf die geringe Verletzungsgefahr beim Fallen von einer kurz über 50 cm tiefem Wasser angebrachten Hängebrücke eines Abenteuerspielplatzes vom Verkehrspflichtigen bewußt in Kauf genommen werden (BGH NJW 1978, 1626, 1627). Auch „Anlagen mit Risikocharakter" dürfen aber nicht so beschaffen sein, daß mit ihrer bestimmungsgemäßen Benutzung Gefahren verbunden sind, die über das übliche Maß bei der Benutzung derartiger Anlagen hinausgehen und vom Benutzer nicht ohne weiteres erkennbar und vermeidbar sind (OLG Stuttgart OLGZ 1992, 224, 225 für die unzureichende Sicherung der Riesenrutsche gegen gefahrvolles Aufprallen auf die Bande; zweifelhaft OLG Karlsruhe NJW-RR 1997, 23, 24, das der Schadhaftigkeit eines Anti-Rutsch-Belages auf einer Wackelbrücke keine haftungsbegründende Bedeutung beimaß, da auf der feuchten Brücke für den Besucher erkennbar immer eine Rutschgefahr bestanden habe).

bb) Eigenvorsorge der Benutzer

E 295 Der Verkehrspflichtige darf grundsätzlich darauf vertrauen, daß sich die Benutzer **nicht extrem unvernünftig und waghalsig** verhalten. So sind keine Sicherungsvorkehrungen erforderlich gegen die Gefahr von Kopf- oder Hechtsprüngen in das erkennbar seichte, nur 50 cm tiefe Gewässer eines Abenteuerspielplatzes (BGH NJW 1978, 1626, 1627). Auch darf er davon ausgehen, daß Anlagen, deren Benutzung für die Besucher erkennbar eine **gewisse Körperbeherrschung und erhöhte Aufmerksamkeit** erfordert, nur von solchen Personen benutzt werden, die diesen Anforderungen gewachsen sind (OLG Karlsruhe NJW-RR 1997, 23, 24 für die Benutzung einer Wackelbrücke). Dies gilt jedoch nur dann, wenn das **anlagentyische Risiko** für jeden verständigen Benutzer des bestimmungsgemäßen Benutzerkreises **von vornherein ohne weiteres erkennbar** ist, sei es, daß dies bereits aus der Art der Anlage hervorgeht, sei es, daß die Benutzer klar und verständlich auf die anlagentypischen Risiken hingewiesen werden (für die Erkennbarkeit der Verletzungsgefahr bei hohen Sprüngen auf einem Trampolin auch für Jugendliche OLG Celle OLGZ 1990, 343, 344; für die Erkennbarkeit der Gefährlichkeit von

Sprüngen von der Brücke eines Abenteuerspielplatzes auf nicht fest miteinander verbundene Schaumstoffwürfel zumindest für Erwachsene LG Hannover VersR 1983, 765). Auf die Beachtung der gebotenen Eigenvorsorge durch die Benutzer kann der Verkehrspflichtige zudem nur dann verweisen, wenn dem Besucher der Freizeiteinrichtung die Möglichkeit bleibt, ohne von der Gestaltung oder dem Betrieb der Anlage herrührende Zwänge darüber zu entscheiden, ob er die riskante Anlage benutzen will oder nicht (nicht ganz eindeutig insofern OLG Karlsruhe NJW-RR 1997, 23, 24 für die Benutzung einer zum Ausgang eines Erlebnisparks führenden Wackelbrücke: dies gelte „um so mehr", sofern andere, gefahrlosere Möglichkeiten zum Ausgang zu gelangen, zur Verfügung stünden; bezüglich der Zwanglosigkeit der Entscheidung zum Absehen von der Benutzung eines zu einer Riesenrutsche führenden Förderbandes zweifelhaft OLG Hamm r+s 1993, 417, sofern dem Benutzer nicht bereits von vornherein erkennbar gewesen sein muß, daß er sich bei Absehen von der Benutzung des Förderbandes dem vom Aufsichtspersonal auf ihn gelenkten Gespött einer größeren Zuschauermenge preisgibt).

cc) Gefahren durch Dritte

Können den Benutzern durch ein naheliegendes bestimmungswidriges Verhalten Dritter Gefahren entstehen, die nicht zum allgemeinen Lebensrisiko zu rechnen, sondern anlagentypisches Risiko sind, so hat der Verkehrspflichtige hiergegen in gewissem Umfang Sicherungsmaßnahmen zu treffen (vgl die Rspr zum Schutze der Badenden vor Beckensprüngen Dritter unten Rn E 308 sowie zum Schutz der Benutzer einer Riesenrutsche vor Kollisionen durch die Nichtbeachtung des Sicherheitsabstandes durch nachfolgende Benutzer unten Rn E 312). Bei der Bestimmung von Art und Umfang der gebotenen Sicherungsmaßnahmen ist dem berechtigten Bedürfnis der Besucher, ohne größere Reglementierung und ständige Anweisungen ihrem Freizeitvergnügen nachgehen zu können, Rechnung zu tragen (OLG Celle OLGZ 1990, 343, 344 für einen Sport- und Freizeitpark; s auch BGH NJW 1980, 1159, 1160 für ein Schwimmbad). Im Regelfall werden deutlich erkennbare Schilder, die auf das gebotene Verhalten und – falls nicht von vornherein ohne weiteres erkennbar – auch auch auf die mit dem bestimmungswidrigem Verhalten verbundenen Gefahren hinweisen, sowie das allenfalls gelegentliche Einschreiten von Aufsichtspersonal als ausreichend angesehen werden können (vgl BGH NJW 1980, 1159, 1160 für Sicherungsmaßnahmen gegen die Gefahr des bestimmungswidrigen Einspringens in ein Schwimmbecken; s hierzu unten Rn E 308). Letztendlich ist aber auch hier nach den Umständen des Einzelfalles, insbes nach Erkennbarkeit, Wahrscheinlichkeit und Größe der Gefahr zu entscheiden (von OLG Celle OLGZ 1990, 343, 344 wurde gegen die Gefahr der Verletzung durch Aufprallen auf ein Trampolin nach einem unkontrolliert hohen Sprung, verursacht durch das plötzliche Aufspringen zweier weiterer Personen, ein Schild „Jedes Trampolin darf nur von maximal 2 Personen benutzt werden" als ausreichend erachtet; eine Beaufsichtigung der Trampolinanlage sei nicht erforderlich gewesen).

17. Badebetrieb in natürlichen Gewässern und Schwimmbädern

Wer der Allgemeinheit eine Anlage zum Baden bzw Schwimmen zur Verfügung stellt, hat die Benutzer vor denjenigen Gefahren zu schützen, die das übliche Risiko bei der Anlagenbenutzung überschreiten, vom Benutzer nicht vorhersehbar und nicht ohne weiteres erkennbar sind (BGH NJW 1980, 1159, 1160; LM Nr 166 zu § 823 [Dc] unter II 2 b; so auch OLG Düsseldorf OLG-Report 1995, 146, 147 für die Verkehrspflichtigkeit des Inhabers eines privaten Schwimmbades gegenüber eingeladenen Dritten; zu den gesteigerten Anforderungen an die Verkehrspflicht gegenüber Kindern und Jugendlichen s allgemein Rn E 45, im besonderen oben Rn E 286).

a) **Badebetrieb in natürlichen Gewässern**
aa) **Begründung der Verkehrspflicht**

E 298 α) Unter dem Gesichtspunkt der **Verkehrseröffnung** wird eine Verkehrspflicht für die gefahrlose Benutzung eines natürlichen Gewässers zum einen dann begründet, wenn für die Benutzung zum Baden durch die Allgemeinheit bestimmte Einrichtungen, wie Abgrenzung eines Badebereiches, Bereitstellung von Badekabinen uä, zur Verfügung gestellt werden (RGZ 136, 228, 230), aber auch dann, wenn zwar keine speziellen Einrichtungen für die Badenden geschaffen werden, das Gewässer aber Teil einer Freizeitanlage ist, deren Konzeption zur Benutzung des Gewässers geradezu auffordert und der Anreiz zur Benutzung des Gewässers für die Attraktivität der Gesamtanlage zumindest mitbestimmend ist, wenn also die Eröffnung des Gefahrenbereiches nicht ausschließlich im Interesse der Benutzer liegt (BGH NJW 1982, 1144: Campinganlage an Baggersee; s auch RG JW 1938, 2542: Freigabe eines Nordseestrandes zum Baden durch die Badeverwaltung der Gemeinde; s auch oben Rn E 16: Bereichshaftung wegen der Möglichkeit, Vorteile aus der Gefahrenquelle zu ziehen).

E 299 β) Allein aufgrund der **Bestimmungsgewalt** über ein Gewässergrundstück ergibt sich grundsätzlich keine Verpflichtung, die Benutzung des Gewässers zum Baden zu verbieten und dieses Verbot durchzusetzen oder sonstige Maßnahmen zum Schutz vor Badeunfällen zu treffen; der „wild" Badende handelt grundsätzlich auf eigenes Risiko (BGH LM Nr 166 zu § 823 [Dc] unter II 2 c; OLG Hamm OLGZ 1993, 255, 256). Etwas anderes gilt jedoch dann, wenn dem für das Gewässer Verantwortlichen erkennbar ist, daß das Gewässer zum Baden benutzt wird und daß den Badenden hierdurch aufgrund besonderer Umstände eine tückische Gefahr droht, beispielsweise durch eine im weiteren Verlauf steil abfallende Stelle eines in Ufernähe seichten Baggersees, der auch Nichtschwimmer, insbes Kinder anlockt (BGH LM Nr 166 zu § 823 [Dc] unter II 2 d). Dann müssen zumindest entsprechend klare Warnschilder aufgestellt werden, die auch für Kinder ohne weiteres verständlich sind (BGH LM Nr 166 zu § 823 [Dc] unter II 2 d).

bb) **Inhalt und Umfang der Verkehrspflicht**

E 300 Inhalt und Umfang der Verkehrspflicht für eine natürliche Badeanlage bestimmen sich danach, welche Sicherheit die Benutzer nach Art und Ausmaß der vom Verkehrspflichtigen getroffenen Maßnahmen berechtigterweise erwarten dürfen (s oben Rn E 29). Erschöpft sich beispielsweise die Verkehrseröffnung durch eine Gemeinde in der bloßen Freigabe eines Strandes zum Baden, so gelten für diesen Bereich nicht die gleichen Sicherheitsanforderungen wie in einer Badeanstalt (RG JW 1938, 2542, 2543). Es ist in diesem Fall insbes keine Beaufsichtigung durch Schwimmeister erforderlich (RG JW 1938, 2542, 2543). Je mehr indes für die Badenden durch die vom Verkehrspflichtigen geschaffenen Einrichtungen der Eindruck erweckt wird, es werde für ihre Sicherheit gesorgt, etwa durch Beaufsichtigung des Badebetriebes durch Personal, Aufstellung eines Signals zur zeitweiligen Erlaubnis bzw zum Verbot des Badens im Meer, desto höher sind die an den Verkehrspflichtigen zur Gewährleistung der Sicherheit der Badenden zu stellenden Anforderungen (RGZ 136, 228, 230; s einerseits OLG München VersR 1983, 91, 92 – ähnl einer Badeanstalt ausgestaltetes Gelände eines Baggersees; andererseits OLG Düsseldorf NJW-RR 1987, 862, 863 – keine strengen Anforderungen an Überprüfung einer Liegewiese auf gefährliche Gegenstände bei erkennbar „leger geführtem" Flußbad). So braucht der Benutzer mit **größeren gefährlichen Hindernissen** auf dem Gewässergrund in solchen Gewässerbereichen, die üblicherweise von den Badenden genutzt werden, nicht zu rechnen (OLG München VersR 1983, 91, 92 für einen Betonblock in Ufernähe eines Baggersees). Auf die natürlichen Eigenarten eines natürlichen Badegeländes hat er sich hingegen grundsätzlich selbst einzustellen (OLG Zweibrücken VersR 1977, 483; OLG München VersR 1983, 91, 92; OLG Oldenburg VersR 1987, 1199). Hierzu zählen beispielsweise eine nicht einheitliche Tiefe des Gewässers und **Unebenheiten des Gewässerbodens** (OLG München VersR 1983, 91, 92; OLG Oldenburg VersR 1987, 1199). Auch das **seichte Abfallen eines Seeufers** und die damit verbundene **Gefährlichkeit von Kopfsprüngen** stellt eine typische Gefahr dar, der die Benutzer selbst Rechnung zu tragen haben (OLG Hamm OLGZ 1993, 255, 256). Etwas anderes kann allerdings dann gelten, wenn Besonderheiten des Geländes oder bestimmte Vorrichtungen für die Besucher einen **besonderen Anreiz** zu Kopfsprüngen in hierfür zu seichtes Wasser bilden (OLG Zweibrücken VersR 1977, 483 für eine erhöhte Uferstelle, die sich als „natürliches Sprungbrett" anbot; Haftung des Verkehrspflichtigen allerdings mangels Erkennbarkeit des gefahrvollen Tuns der Benutzer abgelehnt; zur Verkehrspflicht für die gefahrlose Benutzung von Sprunganlagen s unten Rn E 310).

b) Gelände und Einrichtungen einer Badeanstalt
aa) Allgemeines
Das vom Benutzer einer Badeanstalt berechtigterweise zu erwartende Ausmaß der **E 301** Sicherheit und Gefahrenvorsorge ist insbes abhängig vom **Alter und dem Erscheinungsbild der Einrichtung**. Ist erkennbar, daß die Anlage in früheren Jahren errichtet wurde und deshalb nicht dem neuesten Stand der Technik entspricht, muß der Benutzer höhere Risiken in Kauf nehmen (OLG Dresden VersR 1995, 1501, 1502 für einen zum Unfallzeitpunkt knapp 20 Jahre alten Sprungturm, der zum Zeitpunkt seiner Errichtung den Sicherheitsbestimmungen entsprach; OLG Hamm NJW-RR 1989, 736, 737 für den Bodenbelag eines zum Unfallzeitpunkt 11 Jahre alten Hallenbades; LG Wuppertal VersR 1958, 855 für den Bodenbelag einer im Jahre 1892 errichteten Badeanstalt; zur Pflicht zur Anpassung der Einrichtungen einer Badeanstalt an seit dem Errichtungszeitpunkt veränderte technische Erkenntnisse [sog Nachrüstpflicht] s die Rspr zu den Bodenbelägen unten Rn E 306).

bb) Gewässergrund, Beckenboden, Liegewiesen und sonstige Freiflächen
α) In Badeanstalten sind der Gewässergrund bzw der Beckenboden sowie das **E 302** Gelände außerhalb des Wassers, insbes Liege- und Spielwiesen, **von gefährlichen, vor allem von scharfkantigen Gegenständen freizuhalten** (OLG München VersR 1972, 472, 473 [Glasscherben in Flußbad]; 1983, 91, 92 [Betonblock in Baggersee]; OLG Hamm VersR 1978, 1147 [scharfkantige Fliese in Nichtschwimmerbecken]). Dies gilt auch für den nur ähnlich einer Badeanstalt ausgestalteten Badebetrieb an einem natürlichen Gewässer (OLG München VersR 1983, 91, 92; s hierzu bereits oben Rn E 300). Jedoch ist zu berücksichtigen, daß die Benutzer in gewissem Umfang mit der Gefahr der Verletzung durch verbotswidrig weggeworfene Gegenstände (OLG Düsseldorf NJW-RR 1987, 862; OLG Schleswig SchlHA 1993, 41, 42) sowie etwa auch mit geringfügigen **Unebenheiten einer Liegewiese** (LG Karlsruhe VersR 1975, 916 [LS]: muldenförmige Vertiefung von 10 cm) zu rechnen haben. Die Besucher eines **Strandbades** haben sich in gewissem Umfang auf eine Verletzungsgefahr durch spitze Steine oder scharfe Muschelkanten sowie durch **im Sand verborgenen scharfkantigen Unrat** einzustellen und müssen dieser Gefahr selbst, zB durch das Tragen geeigneten Schuhwerks, begegnen (OLG Schleswig SchlHA 1993, 41, 42).

β) **Geeignete Maßnahmen** zur Beschränkung der Verletzungsgefahr durch auf dem **E 303**

Boden liegende gefährliche Gegenstände sind beispielsweise das Aufstellen von Abfallbehältern, die Grundreinigung des Geländes zu Saisonbeginn sowie die Durchführung regelmäßiger Sichtkontrollen mit gleichzeitigem Aufsammeln des Unrats (OLG München VersR 1972, 472, 473 [Flußbad]; OLG Schleswig SchlHA 1993, 41, 42 [Strandbad]). Während der Öffnungszeiten des Badebetriebes wird die **Kontrolle und Säuberung des Geländes** nur bei konkreten Hinweisen oder Anlässen zu fordern sein (OLG Düsseldorf NJW-RR 1987, 862, 863; AG Lübbecke MDR 1963, 500). Eine Pflicht zur **Warnung** vor gefährlichen Gegenständen auf dem Gewässergrund oder auf dem Gelände besteht nur dann, wenn die Verletzungsgefahr trotz regelmäßiger Säuberung aufgrund besonderer Umstände über das übliche Risiko hinausgeht (OLG München VersR 1972, 472, 473: häufiges Anschwemmen von Flaschenscherben in ein Flußbad, das in der Nähe einer Anlegestelle für Ausflugsflöße lag). Der Kontrollpflicht ist indes zumindest hinsichtlich des **Bodens des Nichtschwimmerbeckens** mit einem morgendlichen und abendlichen Rundgang um das Becken nicht genügt (OLG Hamm VersR 1978, 1147).

cc) **Fußbodenbelag**

α) Der Fußboden in Schwimmbädern oder Saunen darf nicht über das unvermeidbare Maß hinaus rutschig sein. Eine gewisse **Fußbodenglätte**, wie sie sich zwangsläufig ergibt, muß der Besucher einer Badeanstalt oder einer Sauna jedoch in Kauf nehmen (BGH VersR 1963, 814, 815 – Saunaboden; OLG Frankfurt aM VersR 1960, 238 – Umlaufrinne um ein Schwimmbecken; 1973, 625, 626 – Holzlattenrost in einer Sauna; OLG-Report 1992, 119, 120 – Bereich der Fußdesinfektionsanlage; OLG Hamm NJW-RR 1989, 736 – Treppe außerhalb des Beckenbereiches; r + s 1997, 456, 457 – Treppe in der Nähe des Duschbereiches einer Sauna; OLG Karlsruhe NJW-RR 1998, 382, 383 – Badeinsel; LG Aachen VersR 1990, 103 – Weg von der Dusche zu den Umkleidekabinen; LG Koblenz VersR 1992, 1021 – Hotelbad; LG München I VersR 1994, 1129, 1130 – Mosaikfliesenbelag in einer Sauna). Der zwangsläufigen Rutschgefahr hat der Besucher beispielsweise durch vorsichtiges Beschreiten der feuchten Fläche (BGH VersR 1960, 944 – Durchschreitebecken in Freibad; OLG Frankfurt aM VersR 1973, 625, 626 – Holzlattenrost), durch die Benutzung des Handlaufs an einer Treppe (OLG Hamm r + s 1997, 456, 457; AG Garmisch-Partenkirchen VersR 1971, 327) oder durch das Tragen von Badeschuhen (OLG München VersR 1975, 383; LG Koblenz VersR 1992, 1021) zu begegnen. Die **Verlegung von Kunststoffmatten** ist nur in solchen Bereichen sinnvoll und notwendig, in denen es zu Ansammlungen von Wasser kommen und dieses nicht ordnungsgemäß sofort abfließen kann (OLG Hamm r + s 1997, 456, 457 für eine Sauna mit moderneren, oberflächenstrukturierten Bodenfliesen; aus hygienischen Gründen ablehnend LG Koblenz VersR 1992, 1021 – Gang zur Dusche in Hotelbad). An die Rutschfestigkeit des **Fußbodens in einem medizinischen Bad** sind höhere Anforderungen zu stellen als in sonstigen Badeanstalten oder Saunen, weshalb hier in bestimmten Bereichen eher das Auslegen von Gummimatten geboten sein kann (OLG München VersR 1975, 383 für einen Massageraum; OLG Frankfurt aM OLG-Report 1992, 119 für ein in einem Kurort gelegenes Thermalhallenbad). Der Fußboden, insbes auch der Boden von Durchschreitebecken, darf nicht aufgrund von **Schmutzablagerungen** glitschig sein (BGH VersR 1960, 944; OLG München VersR 1975, 478); solche Ablagerungen sind durch **ausreichende Reinigung** zu verhindern (BGH VersR 1960, 944 – stündliche Reinigung eines häufig benutzten Durchschreitebeckens [im Rahmen vertraglicher Haftung]; OLG München VersR 1975, 478 – häufige Reinigung eines inmitten einer Wiese gelegenen Brausebeckens). Auf eine für den Benutzer erkennbare Verschmutzung des Fußbodens oder des stehenden Wassers muß dieser sich aber wiederum durch erhöhte Sorgfalt einstellen (BGH VersR 1960, 944; OLG München VersR 1975, 478). Insbes im Bereich des Beckenrandes dürfen sich keine überraschenden **Stolperstellen** befinden (OLG Stuttgart VersR 1972, 987 [erhöhte Überlaufschwelle unmittelbar vor einer im Wasser befindlichen Treppe]; aA in einem ähnlichen Fall [Abrundung am Beginn einer Stufe ins Becken] OLG Düsseldorf NVwZ-RR 1995, 65, da der Betreiber vom Benutzer erwarten könne, daß dieser dem Weg wegen der besonderen Gefährlichkeit des Zugangs ins Becken vollste Aufmerksamkeit widmen werde).

β) Die **Auswahl des Bodenbelages** hat sich nach dem jeweils geltenden technischen Erkenntnisstand bezüglich der Eignung für den entsprechenden Bereich und bezüglich der Anforderungen an die Rutschsicherheit zu richten; maßgebliches Kriterium sind die zur Zeit der Errichtung geltenden technischen Vorschriften zur Bauausführung (OLG Hamm NJW-RR 1989, 736, 737). Ebenso wie in Kaufhäusern und Verbrauchermärkten muß der rutschsicherste Bodenbelag gewählt werden (BGH LM Nr 195 zu § 823 [Dc] unter II 3; so schon OLG Düsseldorf VersR 1973, 527, 528 für die Anlauffläche einer Kegelbahn; anders für Schwimmbäder OLG Frankfurt aM VersR 1973, 625; OLG Hamm NJW-RR 1989, 736, 737: Beschränkung der Auswahl auf den rutschsichersten Bodenbelag nur dann, wenn er bereits eine so weit gehende Verbreitung gefunden hat, daß er nach der Verkehrsanschauung als der allein zulässige anzusehen ist). Die wirtschaftliche Zumutbarkeit für den Verkehrspflichtigen ist hierbei – wie stets – in objektiver, nicht aber in individueller Hinsicht zu berücksichtigen (s hierzu oben Rn E 31). **E 305**

γ) Ein **älterer Bodenbelag** ist gegen einen rutschsicheren Belag allenfalls nach Ablauf eines angemessenen Zeitraumes und unter Berücksichtigung wirtschaftlicher Gesichtspunkte **auszutauschen** (OLG Hamm NJW-RR 1989, 736, 737 für ein zum Unfallzeitpunkt elf Jahre altes Hallenbad; BGH VersR 1963, 814, 815: keine Verpflichtung zu „alsbaldigem Umbau" einer älteren Sauna; s auch OLG Dresden VersR 1995, 1501, 1502 für eine Sprunganlage). Der Betreiber einer älteren Badeanstalt ist auch nicht verpflichtet, den Besucher durch ein **Hinweisschild** auf eine gegenüber neueren Badeanstalten möglicherweise erhöhte, aber für ältere Bäder übliche Rutschgefahr aufmerksam zu machen (OLG Hamm NJW-RR 1989, 736, 737). **E 306**

dd) Schwimmbecken
α) Der Nichtschwimmerbereich eines **Mehrzweckbeckens** ist zum Schutze der Nichtschwimmer gegen den tieferen Schwimmerbereich **deutlich abzugrenzen**, beispielsweise durch ein deutlich sichtbares Seil, das in solcher Höhe angebracht sein muß, daß es seine Warnfunktion vor allem gegenüber Kindern erfüllen kann (OLG Bremen VersR 1992, 70: Anbringung des Abgrenzungsseils in einer Höhe von 1,50 m über dem Wasserspiegel wurde als zu hoch erachtet). Ein außerhalb des Beckens vor Beginn der Bodenschräge des Beckens angebrachtes Schild „Schwimmer/Nichtschwimmer" genügt nicht (OLG Bremen VersR 1992, 70, 71). **E 307**

β) Der **Gefahr des Beckenspringens** und einer Verletzung der Springer durch Sprünge in hierfür zu flaches Wasser sowie zum Schutze der im Becken befindlichen Badegäste ist durch geeignete Maßnahmen zu begegnen. Angesichts der besonderen Gefährlichkeit von Beckensprüngen außerhalb hierfür vorgesehener Bereiche genügen Hinweise, die zur Vorsicht ermahnen, nicht (aA OLG Hamm VersR 1954, 419). Erforderlich sind die deutliche Kennzeichnung des für Beckensprünge zu flachen Beckenbereiches, vom Beckenrand aus deutlich sichtbare Verbotsschilder, versehen mit einem Hinweis auf die (geringe) Wassertiefe, und das Einschreiten des Aufsichtspersonals gegen solche Sprünge (BGH NJW 1980, 1159, 1160). Bei der **Anzahl und der Gestaltung der Warn- und Verbotsschilder** sowie bei der Ahndung von Beckensprüngen **E 308** durch den Schwimmeister ist aber zu berücksichtigen, daß auch noch so zahlreiche und deutliche Warnungen und Mahnungen letztlich unvernünftiges und unbesonnenes Verhalten von Kindern und Jugendlichen nicht verhindern können (BGH NJW 1980, 1159, 1160). Zudem ist dem berechtigten Bedürfnis der Benutzer, nicht übermäßig gegängelt und in ihrer Bewegungsfreiheit nicht mehr als notwendig eingeschränkt zu werden, Rechnung zu tragen (BGH NJW 1980, 1159, 1160). Eine **Absperrung des Beckenrandes**, zB durch ein Seil mit Flatterfähnchen, wird deshalb im Regelfall nicht notwendig sein (BGH NJW 1980, 1159, 1160).

E 309 δ) Wurde aus einem ansonsten tiefen Becken das **Wasser ganz oder teilweise abgelassen**, so sind Gefahren für die Benutzer durch Stürze oder Sprünge in das Becken möglichst zu verhindern. Jedenfalls bei einer so geringen Wassertiefe, bei der das Einspringen auch für Kinder und Jugendliche ohne weiteres erkennbar eine erhebliche Gefahr mit sich bringen würde, ist ein deutlich wahrnehmbarer Hinweis auf den niedrigen Wasserstand, verbunden mit dem Verbot des Springens, als ausreichende Sicherungsmaßnahme anzusehen (LG Zweibrücken VersR 1991, 1390 [LS] für einen Wasserstand von 40 cm in einem 175 cm tiefen Becken). Dies gilt jedenfalls für die Gefahr mutwilliger Sprünge in das Becken. **Podeste oder ähnliche bauliche Anlagen am Beckenrand** sind zum Schutze von Kindern und Jugendlichen sowie anderen Personen mit verminderter Einsichtsfähigkeit durch bauliche Maßnahmen gegen das Besteigen zu sichern, sofern mit dem Besteigen eine erhebliche Gefahr verbunden ist (OLG Karlsruhe FamRZ 1992, 1289, 1290 für ein 2 m hohes, wasserüberflutetes Betonpodest am Rand des Beckens eines Freizeitbades bei einer Wassertiefe von 107 cm).

ee) **Sprunganlagen**

E 310 Bei der baulichen Gestaltung einer Sprunganlage müssen alle zumutbaren Vorkehrungen gegen vermeidbare Unfälle getroffen werden (OLG Celle VersR 1969, 1049, 1050). Die **Wassertiefe unter Sprungbrettern** muß so bemessen sein, daß die Gefahr, den Grund zu berühren, auch bei besonders mißglückten Sprüngen oder starkem Abfedern ausgeschlossen ist (OLG Nürnberg VersR 1959, 574, 575; OLG Celle VersR 1969, 1049, 1050). Ein am Brett angebrachtes Schild, das zur Vorsicht beim Springen ermahnt und auf die (geringe) Wassertiefe hinweist, reicht nicht aus (OLG Nürnberg VersR 1959, 574, 575; OLG Celle VersR 1969, 1049, 1050; LG Ravensburg VersR 1964, 878). Vor der **Freigabe eines Sprungturmes** an einem Mehrzweckbecken sind die im Becken befindlichen Badegäste vor dem Sprungbetrieb durch eine mehrmalige Durchsage zu warnen (LG Stuttgart VersR 1967, 193, 194). Der Sprungbereich ist so zu beaufsichtigen, daß bei einer gegenseitigen Gefährdung von Springern und Schwimmern ein rasches Eingreifen der Aufsichtsperson durch Zuruf oder andere akustische Mittel möglich ist (LG Stuttgart VersR 1967, 193, 194). Die Benutzung einer Sprunganlage ist bei hierfür **zeitweise zu geringer Wassertiefe** – was vor allem bei natürlichen Badeanlagen vorkommen kann – insbes zum Schutze von Kindern und Jugendlichen zu verhindern oder zumindest zu erschweren. Schilder, die die Benutzung der Sprunganlage verbieten, reichen hierfür nicht aus; die Sprunganlage ist vielmehr für Kinder und Jugendliche unzugänglich zu machen (BGH NJW 1982, 1144, 1145: Verbringung des Sprungfloßes ans Ufer und Befestigung mit einer abgeschlossenen Kette); zumindest ist der Zugang durch deutliche Hindernisse zu erschweren (OLG Stuttgart VersR 1961, 1026, 1027: Anbringung eines verschlossenen Geländers oder einer Kette). Der Sprungbetrieb von einem 5-m-Brett erfordert aber jedenfalls dann keine Freigabe jedes einzelnen Sprunges durch den Schwimmeister, wenn dieser sich zuvor durch Beobachtung der Springer von höheren Brettern davon überzeugen konnte, daß es sich um erfahrene Springer handelt (OLG Hamm VersR 1979, 1064 [mit Nichtannahmebeschluß des BGH]).

ff) Wasserrutschbahnen

α) Mit der sachgerechten Benutzung einer Wasserrutschbahn darf keine Gefahr, **E 311** die über das übliche Risiko bei der Benutzung entsprechender Rutschbahnen hinausgeht, verbunden sein (OLG Köln VersR 1989, 159; KG VersR 1990, 168, 169; OLG Saarbrücken VersR 1997, 377, 378; LG Berlin VersR 1994, 998;). Hierbei ist auch eine naheliegende mißbräuchliche Benutzung zu berücksichtigen (OLG Hamm VersR 1979, 943 – „Bauchrutschen"). Die **zulässige Benutzungsart** der Rutschbahn (zB „sitzend vorwärts", „liegend„) ist vom Verkehrspflichtigen in Übereinstimmung mit der jeweils gültigen Fassung der entsprechenden DIN-Norm durch ein an der Rutsche angebrachtes deutlich sichtbares Schild, unterstützt durch graphische Symbole, festzulegen (OLG Karlsruhe VersR 1993, 709, 710; OLG Saarbrücken VersR 1997, 377, 378).

β) Der **Gefahr des Zusammenstoßes der Rutschenden** auf der Rutschbahn oder an **E 312** der Eintauchstelle ist zumindest durch deutlich sichtbare **Schilder** am Einstieg der Rutsche, die auf die Beachtung des gebotenen Abstandes zum vorhergehenden Benutzer und auf das schnellstmögliche Verlassen der Eintauchstelle hinweisen, zu begegnen (OLG Köln VersR 1989, 159, 160; OLG Saarbrücken VersR 1997, 377, 378; LG Aachen zfs 1995, 323, 324). Wird der Mindestabstand zwischen den Benutzern durch eine Ampelanlage geregelt, so muß deren Rotlichtphase mindestens so bemessen sein, daß ein Zusammenstoß zweier Benutzer bei regelgerechter Benutzung einschließlich der Beachtung des Gebots zum sofortigen Verlassen des gefährlichen Bereichs an der Eintauchstelle ausgeschlossen erscheint (KG VersR 1990, 168, 169; AG Friedberg NJW-RR 1989, 738). Das **Aufsichtspersonal** des Schwimmbades hat gegen eine unzulässige Benutzungsart einzuschreiten und auf einen ausreichenden Abstand der Benutzer der Rutschbahn und das Freihalten der Fläche vor dem Auslauf hinzuwirken (OLG Karlsruhe VersR 1993, 709, 710). Hierfür genügen im Normalfall generelle Hinweise und das gelegentliche Einschreiten bei Regelverstößen; nicht zu verlangen sind dagegen Aufsichtsmaßnahmen zur Einhaltung des erforderlichen Abstandes im Einzelfall und die Ahndung jedes einzelnen Regelverstoßes (OLG Hamm VersR 1979, 943; OLG Köln VersR 1989, 159, 160; KG VersR 1990, 168, 169; LG Aachen zfs 1995, 323, 324).

γ) An eine **Wildwasserrutschbahn** sind wegen der für die Benutzer erkennbaren **E 313** Gefährlichkeit der Anlage weniger strenge Anforderungen zu stellen als an ungefährlichere Anlagen (OLG München NJW-RR 1994, 154). Zum anlagetypischen und vom Benutzer deshalb hinzunehmenden Risiko wurde beispielsweise die Möglichkeit der gleichzeitigen Benutzung der Rutsche durch mehrere Personen und die daraus resultierenden gewöhnlich harmlosen Anstoßunfälle gerechnet (OLG München NJW-RR 1994, 154 für die Verletzung einer Benutzerin, die aus ihrem Reifen fiel und bei einer Wassertiefe von 30–40 cm auf den Beckengrund stieß).

c) Beaufsichtigung des Bade- und Schwimmbetriebes
aa) Anzahl der Aufsichtspersonen
Der Bade- und Schwimmbetrieb in einer Badeanstalt bedarf der Beaufsichtigung **E 314** durch entsprechend ausgebildetes Personal. Die erforderliche Anzahl von Aufsichtspersonen richtet sich nach **Größe und Übersichtlichkeit der Anlage** sowie nach der **Auslastung des Bades** (BGH NJW 1980, 392). In einer Schwimmhalle mit nur einem Bek-

ken von 25 x 12,5 m wurde die Beaufsichtigung durch einen Schwimmeister (BGH NJW 1980, 392), in einem Hallenbad mit vier Wasserbecken, darunter ein 16 x 25 m großes Mehrzweckbecken, die Beaufsichtigung durch einen Schwimmeister und einen Schwimmeistergehilfen als ausreichend angesehen (BGH LM Nr 118 zu § 823 [Aa] unter II 1). Die Beaufsichtigung eines 26 x 50 m großen Schwimmbeckens eines Freibades an einem warmen Sonntag mit einem Besucheraufkommen von ca 1500 Personen, von denen sich jeweils ca 150 bis 200 im Becken aufhielten, durch einen Schwimmeister, einen Schwimmeistergehilfen sowie zwei Helfer der DLRG ist nicht zu beanstanden (OLG Hamm VersR 1996, 727, 729, 730). Auch in einem übersichtlichen Schwimmbad mit nur einem kleineren Becken (10 x 15 m) kann aber der Einsatz einer zweiten Aufsichtsperson erforderlich sein, wenn durch im Becken befindliche größere Spielgeräte eine zusätzliche, über den normalen Badebetrieb hinausgehende Gefahrenquelle geschaffen und die Beobachtung der Badenden durch die Spielgeräte erschwert wird (OLG Koblenz SpuRt 1996, 99, 100).

bb) Aufgaben der Aufsichtspersonen

E 315 Der Schwimmeister ist für den gesamten Betrieb im Schwimmbad verantwortlich (BGH NJW 1980, 392, 393). Zu seinen Aufgaben zählt deshalb nicht nur die Überwachung des Betriebes im Becken, ob die Ordnung gewahrt und einer der Schwimmgäste in Gefahr geraten ist (BGH NJW 1980, 392, 393; LM Nr 118 zu § 823 [Aa] unter II 2 a; OLG Hamm VersR 1954, 419; VersR 1996, 727, 728), sondern auch die Beobachtung des Verhaltens der Schwimmgäste auf den Verkehrswegen und den Zugängen außerhalb des Beckens (BGH NJW 1980, 392, 393; OLG Koblenz SpuRt 1996, 99). Eine ständige **Beobachtung einzelner Badegäste** kann vom Schwimmeister nicht verlangt werden (OLG Hamm VersR 1996, 727, 728; zweifelhaft ist eine Entscheidung, die dies im Fall eines 9-jährigen Jungen verneinte, der vor dem Ertrinken im Schwimmerbecken vom Bademeister schon zweimal des Schwimmerbeckens verwiesen wurde, da der Schwimmeister den Eindruck hatte, der Junge könne nicht schwimmen [OLG Saarbrücken VersR 1995, 472, 473]. Zum Schutze besonders gefährdet erscheinender Kinder und Jugendlicher ist es geboten, sie des Schwimmbades zu verweisen, falls keine Aufsichtsperson ermittelt werden kann). Um seinen Aufgaben nachkommen zu können, muß der Schwimmeister seinen **Standort** so wählen und des öfteren wechseln, daß er jeweils das gesamte Schwimmbad aus verschiedenen Perspektiven überblicken kann (BGH NJW 1980, 392, 393; OLG Hamm VersR 1996, 727, 728). Er muß in angemessenen regelmäßigen Abständen nicht nur die Wasseroberfläche kontrollieren, sondern auch in das Becken hineinblicken (BGH NJW 1980, 392, 393; OLG Hamm VersR 1996, 727, 728). Hierbei ist Tauchern wegen der mit dem Tauchen verbundenen potentiellen besonderen Gefahr erhöhte Aufmerksamkeit zu widmen (OLG Hamm VersR 1996, 727, 729). Der sog **Wasserbeobachtungspflicht** ist jedenfalls dann nicht genügt, wenn die Aufsichtsperson nicht bemerkt, daß sich ein Badegast in einem 26 x 50 m großen, nicht überfüllten Schwimmbecken mehrere Minuten bewegungslos unter der Wasseroberfläche befindet (OLG Hamm VersR 1996, 727, 728 f). Vom Schwimmeister kann aber nicht verlangt werden, daß er immer dann, wenn er nicht gerade an anderer Stelle gebraucht wird, am Beckenrand steht und das Geschehen im Becken und insbes am Beckenboden beobachtet, da ein solches Verhalten zu Lasten der anderen Aufgaben des Schwimmeisters gehen würde (BGH NJW 1980, 392, 393; OLG Frankfurt aM VersR 1983, 881; OLG Saarbrücken VersR 1995, 472, 473; OLG Koblenz SpuRt 1996, 99). Ein zeitweiliger Aufenthalt des Schwimmeisters in einiger Entfernung vom Beckenrand oder im Schwimmeisterraum, von dem die Schwimmhalle und das Becken überblickt werden können, stellt deshalb nicht ohne weiteres einen Pflichtverstoß dar

(BGH NJW 1980, 392, 393; OLG Hamm VersR 1992, 1489; OLG Saarbrücken VersR 1995, 472, 473). Anders ist es wegen der Gefahr der gegenseitigen Ablenkung bei gleichzeitigem Aufenthalt beider eingesetzten Aufsichtspersonen im Schwimmeisterraum zum gemeinsamen Kaffeetrinken (BGH LM Nr 118 zu § 823 [Aa] unter II 2 b aa). Verläßt eine Aufsichtsperson den Bereich des eigentlichen Badebetriebes, beispielsweise für einen Rundgang zur Kontrolle der technischen Anlagen, so ist sicherzustellen, daß die verbleibende Aufsichtsperson kurzfristig auch deren Überwachungsaufgaben mitübernimmt (OLG Köln VersR 1996, 1290: unterlassene Überwachung des Lehrschwimmbeckens). Die **Arbeitsweise des Aufsichtspersonals** in Schwimmbädern ist vom Betreiber des Schwimmbades durch gelegentliche unerwartete **Kontrollen** zu überprüfen (OLG Köln VersR 1996, 1290, 1291).

cc) Beaufsichtigung besonderer Benutzergruppen
Personengruppen, die die Einrichtung im Rahmen des allgemeinen Badebetriebes nutzen, unterstehen grundsätzlich auch dann, wenn die Gruppe über eine eigene Aufsichtsperson verfügt, der allgemeinen Überwachungspflicht des Schwimmeisters (OLG Köln VersR 1996, 1290 für eine Kinderhortgruppe). Bei dem von einer Schule veranstalteten Schwimmunterricht trifft den Schwimmeister aber neben seiner allgemeinen Pflicht, für den geregelten Ablauf des Badebetriebes zu sorgen, nur dann eine besondere Aufsichtspflicht über die Schüler, wenn er von den Lehrkräften in den **Schulschwimmunterricht** eingeschaltet wurde (OLG Frankfurt aM VersR 1983, 881). Es ist nicht Aufgabe des Schwimmeisters, nachzuprüfen, ob die erforderliche Anzahl von Lehrkräften hinzugezogen wurde oder etwa ob diese die für den Schwimmunterricht erforderliche Qualifikation besitzen (OLG Frankfurt aM VersR 1983, 881, 882). Besonders gefährdete Benutzergruppen, wie beispielsweise Psychiatriepatienten, bedürfen einer **besonders engmaschigen Überwachung**, allerdings nur dann durch den Schwimmmeister, wenn dieser von der für die Gruppe zuständigen Aufsichtsperson mit der Überwachung betraut wurde (OLG Köln VersR 1992, 1517).

d) Hilfeleistung in Notfällen
Der **Schwimmeister** muß zur Hilfeleistung in Notfällen ständig bereit sein und etwa erforderliche Rettungsaktionen jederzeit sachgerecht durchführen bzw zumindest in die Wege leiten können (OLG Frankfurt aM VersR 1983, 881; OLG Saarbrücken VersR 1994, 60, 61). **Rettungsgeräte**, wie zB ein bereitgehaltenes Beatmungsgerät, müssen regelmäßig auf ihre Funktionsfähigkeit überprüft werden (OLG Saarbrücken VersR 1994, 60, 63). Die **Meldung** eines Unfalls muß unverzüglich erfolgen, an den richtigen Adressaten gerichtet sein und diejenigen Angaben enthalten, die erforderlich sind, um das einzusetzende Rettungsmittel, etwa Rettungs- oder Notarztwagen sachgerecht auswählen zu können (OLG Saarbrücken VersR 1994, 60, 61). Der Betreiber eines Schwimmbades hat organisatorische Maßnahmen für die sachgerechte Durchführung von Notrufen durch sein Personal zu treffen (OLG Saarbrücken VersR 1994, 60, 63). Ein Schild am Telefon mit den in Notfällen anzuwählenden Rufnummern allein genügt hierfür nicht (OLG Saarbrücken VersR 1994, 60, 63).

e) Spiele und Sportarten auf dem Gelände des Badebetriebes
Der Verkehrspflichtige hat dafür zu sorgen, daß Spiele und Sportarten auf dem Gelände des Badebetriebes, die für unbeteiligte Benutzer mit nicht unerheblichen Gefahren verbunden sind, entweder unterlassen oder nur in hierfür abgegrenzten Bereichen betrieben werden (RG SeuffA 86 Nr 125: „wildes Fußballspiel"). Wird die Aus-

übung einer gefährlichen Sportart auf dem Gelände des Badebetriebes geduldet oder gar gefördert, so hat der Betreiber des Badebetriebes neben dem Schutz unbeteiligter Dritter zumindest auch für den Schutz der wegen ihrer Unbesonnenheit besonders gefährdeten Kinder und Jugendlichen Sorge tragen (RG JW 1936, 2214, 2215: Kugelstoßen).

f) Umgebung des Badebetriebes

E 319 Die Verkehrspflicht für einen Badebetrieb erstreckt sich auch auf die Umgebung des Badebetriebes, sofern die von der Umgebung den Benutzern drohenden Gefahren in einem inneren Zusammenhang mit der Verkehrseröffnung für den Badebetrieb stehen (BGH LM Nr 166 zu § 823 [Dc] unter II 1 b). Duldet der für einen Badebetrieb Verkehrspflichtige die Schaffung und Benutzung anderer als der offiziellen **Zugangswege zum Badebetrieb** (Trampelpfade) oder wird dies durch Unzulänglichkeit oder Unerreichbarkeit des offiziellen Zugangsweges sogar notwendig, so hat er auch für die gefahrlose Benutzung dieser auf fremdem Gelände befindlichen weiteren Zugangswege zu sorgen (KG VersR 1967, 956 – Zugang zu Strandbad über Bahngelände). Den Betreiber eines Strandbades trifft keine Verkehrspflicht zum Schutze der **außerhalb der Badeanstalt „wild Badenden"**, mögen sie auch erst durch die Badeanstalt angelockt worden sein, da dieses Baden nicht in innerem Zusammenhang mit der Verkehrseröffnung für das Strandbad steht, sondern zum allgemeinen Lebensrisiko zu rechnen ist (BGH LM Nr 166 zu § 823 [Dc] unter II 2 c).

18. Anlagen und Veranstaltungen für Sport und sonstige Freizeitgestaltung

a) Allgemeines
aa) Der Verkehrspflichtige

E 320 Für den Zustand einer Sport- oder sonstigen Freizeitanlage sowie für den Zustand des für eine Freizeitveranstaltung in Anspruch genommenen öffentlichen Verkehrsraumes ist neben dem **Betreiber der Anlage** auch der die Anlage nutzende **Veranstalter** verantwortlich (BGHZ 5, 318, 319; BGH NJW 1962, 1245, 1246; 1975, 533 jeweils für Autorennen; 1984, 801 für ein Eishockeyspiel; 1990, 905 für die Nutzung einer Festhalle; OLG München VersR 1968, 1073, 1074 für eine Skiflugveranstaltung; 1982, 1105, 1106 für einen Diskuswurfwettbewerb; OLG Köln MDR 1994, 455, 456 für die Veranstaltung einer Rodelabfahrt; OLG Hamm SpuRt 1997, 24, 27 für einen Rennrodelwettbewerb); weitere Verkehrspflichtige bei der Veranstaltung eines Autorennens sind Rennleiter, Sportkommissare und der Sportverband (BGH NJW 1975, 533, 535; BGH [St] VRS 62 [1982] 127). Unter dem die Verkehrspflicht des Veranstalters begründenden Gesichtspunkt der Schaffung einer Gefahrenquelle (BGH NJW 1984, 801; OLG München VersR 1982, 1105, 1106) ist es für die Verkehrspflicht gegenüber den Zuschauern unerheblich, ob diese gegen Entgelt oder unentgeltlich zugelassen wurden (anders – zumindest in der Formulierung – BGH NJW 1984, 801; s oben Rn E 31). Bei Ausrichtung einer Freizeitveranstaltung auf öffentlichem Verkehrsraum trifft die die Veranstaltung genehmigende öffentlich-rechtliche Körperschaft allein wegen der Erteilung der Genehmigung keine deliktische Verkehrspflicht zur Gefahrvermeidung – es kommt allenfalls eine Haftung nach Amtshaftungsgrundsätzen in Betracht (BGH NJW 1962, 1245, 1246 für die Genehmigung eines Autorennens auf öffentlichen Straßen).

bb) Verkehrspflichten zum Schutze der Sportler

E 321 α) Verkehrspflichten zum Schutze der Sportler bestehen nur insoweit, als sie zur

Vermeidung von Gefahren dienen, die über das bei Ausübung der jeweiligen Sportart typischerweise bestehende Risiko hinausgehen und vom Sportler nicht ohne weiteres erkennbar und vermeidbar sind (BGH NJW 1985, 620; LM Nr 153 zu § 823 [Dc] unter 3 b; BGH [St] NJW 1971, 1093, 1094 f; 1973, 1379, 1380). Eine durch die Eigenart des Sports erhöhte Gefahr hat der Sportler in Kauf zu nehmen. Auch gibt es keine Pflicht, Gefahren zu vermeiden, die dem Sportler zwar lästig, aber erkennbar sind und auf die er sein Verhalten einstellen kann (BGH NJW 1985, 620). Inhalt der Verkehrspflicht gegenüber den Sportausübenden ist es deshalb in erster Linie, den ihnen etwa drohenden **verdeckten und atypischen Gefahren** zu begegnen (BGH NJW 1985, 620; LM Nr 153 zu § 823 [Dc] unter 3 b; BGH [St] NJW 1971, 1093, 1095; 1973, 1379, 1380).

β) Die Verkehrspflicht gegenüber den Sportausübenden kann sich aber dann auch auf die **Vermeidung erkennbarer und sporttypischer Gefahren** beziehen, wenn diese vom Sportler aufgrund der Besonderheiten der jeweiligen Sportart nicht beherrschbar sind (OLG Hamm MDR 1997, 739, 740 für Stürze auf eine gefährlich konstruierte Rückwand einer Tennishalle; SpuRt 1997, 24, 27 für einen gefährlich konstruierten Zielauslauf einer Rennrodelbahn) bzw wenn die Gefahrenquelle besonders schwere Verletzungen verursachen kann (BGH NJW 1985, 620, 621 [Liftstützen]; BGH LM Nr 153 zu § 823 [Dc] unter 3 b [Radrennen]). Dabei muß es sich um **besonders unfallträchtige Gefahrenquellen** handeln (BGH NJW 1985, 620; BGH LM Nr 153 zu § 823 [Dc] unter 3 b), wobei es bei einer **hohen Gefahr für Leib oder Leben** der Sportler nicht darauf ankommen kann, ob es sich um eine einmalige Sportveranstaltung mit einem nur begrenzten Teilnehmerkreis oder um eine längere Zeit hindurch betriebene Anlage des Massensports handelt (so aber BGH LM Nr 153 zu § 823 [Dc] unter 3 b cc; allgemein zur Bedeutung des bedrohten Rechtsgutes oben Rn E 27). Die besondere Unfallträchtigkeit einer Gefahrenstelle ist nicht nach der Anzahl der gefährdeten Personen, sondern danach zu beurteilen, ob die Gefahrenstelle für einen durchschnittlichen Sportler des üblichen Teilnehmer- bzw Benutzerkreises eine nicht nur geringe Wahrscheinlichkeit eines Unfalls mit der Gefahr schwerer Verletzungen in sich birgt.

γ) Bei der Prüfung, welche Sicherheitsmaßnahmen im konkreten Fall zu treffen sind, ist auch ein **regelwidriges Verhalten der Sportler** in Betracht zu ziehen, wobei allerdings nicht Vorsorge gegen jeden denkbaren Fall eines Regelverstoßes getroffen werden kann (OLG Koblenz VersR 1984, 1053, 1054: Wiederauffahren auf eine Motorradrennstrecke; s auch OLG Celle VersR 1991, 1418: regelwidriges Querfeldeinfahren beim Moto-Cross-Sport). Zu berücksichtigen sind hierbei unter anderem das Maß der Disziplin und Erfahrung des üblichen Teilnehmer- bzw Benutzerkreises, die Häufigkeit des entsprechenden Regelverstoßes, der Grad der mit dem Regelverstoß verbundenen Schadensgefahr für die Sportler oder Zuschauer sowie die technische Möglichkeit und Zumutbarkeit geeigneter Sicherungsvorkehrungen (s zB OLG Koblenz VersR 1984, 1053, 1054: geringere Anforderungen bei besonders erfahrenen und qualifzierten Teilnehmern eines Motorradrennens; s auch OLG Celle VersR 1991, 1418 hinsichtlich der technischen Möglichkeit von Sicherungsvorkehrungen auf einem Moto-Cross-Gelände; allgemein zu den Abwägungskriterien s oben Rn E 27 ff).

cc) Verkehrspflichten zum Schutze der Besucher einer Freizeitveranstaltung
α) Bei Freizeitanlagen und der Ausrichtung von Freizeitveranstaltungen hat der Verkehrspflichtige besonders zu berücksichtigen, daß die Besucher alle dort gebotenen Eindrücke und Einflüsse ungehindert genießen wollen. Freizeitanlagen sind

deshalb gegen **Gefahren durch den allgemeinen Verkehr**, also gegen alle diejenigen Gefahren, die nicht typischerweise mit einer Freizeitanlage der jeweiligen Art verbunden sind, zu sichern (OLG Frankfurt aM VersR 1973, 1124, 1125 – Sperrung eines Festplatzes für den Straßenverkehr). Je nach Art der Freizeitveranstaltung muß auch berücksichtigt werden, daß die Besucher durch die Ereignisse in ihrer Hemmungs-, Wahrnehmungs- und Reaktionsfähigkeit beeinträchtigt sein können, sofern sich der Zustand der Beeinträchtigung noch im Rahmen des jeweils Verkehrsüblichen hält und es nicht um unvorhersehbare Exzesse geht. So ist beispielsweise in der Nähe eines Festplatzes zumindest zu vorgerückter Stunde mit dem Auftreten betrunkener Personen zu rechnen (BGH VersR 1965, 515; OLG Frankfurt aM VersR 1973, 1124, 1125; für die bei einer Technomusik-Veranstaltung zu berücksichtigenden Rauschfaktoren s OLG München NJW-RR 1995, 1113; VersR 1997, 1250 und sogleich Rn E 326; s auch oben Rn E 253 für Gaststätten).

E 325 β) Bei der Ausrichtung von Freizeitveranstaltungen, bei denen mit einem hohen Besucheraufkommen zu rechnen ist, hat der Veranstalter besonders der Erfahrungstatsache Rechnung zu tragen, daß das menschliche **Verhalten innerhalb einer größeren Masse** eigenen psychologischen Gesetzen unterliegt, insbes daß Hemmungen und Rücksichtnahmen, wie sie ansonsten selbstverständlich sind, nahezu ausgeschaltet werden können (BGH NJW 1980, 223 für die Veranstaltung eines Flugtages mit ca 50.000 Zuschauern; LM Nr 18 zu § 823 [Ea] für ein Volksfest mit mehreren Tausend Besuchern; OLG Düsseldorf SpuRt 1994, 146, 147 für ein Fußballspiel; OLG München NJW-RR 1995, 1113 für eine Technomusik-Veranstaltung mit ca 1.400 Besuchern; VersR 1997, 1250). Der Verkehrspflichtige hat deshalb im Rahmen des vernünftigerweise Zumutbaren alles zu unternehmen, um Gefahren sowohl für die Besucher als auch für Dritte, deren Rechtsgüter durch die Veranstaltung gefährdet werden können, insbes Anlieger, zu verhindern (BGH NJW 1980, 223, 224; LM Nr 18 zu § 823 [Ea] unter 2; OLG Düsseldorf SpuRt 1994, 146, 147). Auch im Rahmen einer Massenveranstaltung bleibt aber noch Raum für **individuelle Verhaltensweisen**, die nicht von den psychologischen Gesetzen einer Massenveranstaltung beeinflußt sein müssen (so OLG Karlsruhe VersR 1982, 452 für das unerlaubte Parken einzelner Besucher eines Naherholungszentrums auf einem Baumschulgelände).

E 326 γ) Die **Anforderungen an die Sicherungspflicht** sind um so höher, je mehr die spezielle Art der Veranstaltung zu einer Enthemmung und einer Beeinträchtigung der Wahrnehmungs- und Kritikfähigkeit der Besucher beitragen kann (OLG München NJW-RR 1995, 1113 für die bei einer Technomusik-Veranstaltung zu berücksichtigende Beeinflussung durch Musik, Alkohol und Massenerlebnis; VersR 1997, 1250; allgemein zur Kumulierung von Gefährdungen in Diskotheken STEIKE VersR 1994, 911). Bei Veranstaltungen, die geradezu auf eine Enthemmung der Besucher angelegt sind, können an den gebotenen Selbstschutz der Besucher deshalb nicht die im allgemeinen Verkehr üblichen Maßstäbe angelegt werden (so aber OLG München VersR 1997, 1250, das gegen die Gefahr des Kopfspringens in ein Wasserbassin, aufgestellt bei einer großangelegten Techno-Musik-Veranstaltung mit Alkoholausschank, die für derartige Badeeinrichtungen üblichen Anforderungen – deutliche Warn- und Verbotsschilder, Postierung einer Aufsichtsperson [s hierzu oben Rn E 308] als ausreichend ansah; aA STEIKE VersR 1994, 911, 914 und im Ansatz auch noch OLG München NJW-RR 1995, 1113 aE [Antrag auf Prozeßkostenhilfe]). Sind die gebotenen Sicherungsmaßnahmen nicht möglich oder nicht zumutbar, so hat die Veranstaltung zu unterbleiben (BGH NJW 1980, 223, 224; so für die Aufstellung eines Wasserbassins in einer Diskothek STEIKE VersR 1994, 911, 914; im Ansatz auch OLG München NJW-RR 1995, 1113; aA OLG München VersR 1997, 1250).

δ) **Gefahren durch den Publikumsandrang** ist insbes dann, wenn mit dem Entstehen E 327
hysterischer oder panikartiger Massenreaktionen zu rechnen ist, durch entsprechende Organisations- und Absperrmaßnahmen entgegenzuwirken (OLG Düsseldorf SpuRt 1994, 146, 147 für Gefahren durch das Stürmen eines Fußballfeldes nach Abpfiff eines Aufstiegsspieles). Der Zuschauerbereich ist baulich so zu gestalten, daß bei Bewegungen innerhalb der Zuschauergruppe, hervorgerufen etwa durch Unmut oder Begeisterung, für die Zuschauer keine vermeidbaren Gefahren entstehen (OLG Düsseldorf VersR 1980, 1147 für eine Stehtribüne). Jedenfalls bei größeren und und nicht nur unerheblich ansteigenden **Stehtribünen** können sog „**Wellenbrecher**", also Stangen und Rohre, an denen sich die Zuschauer festhalten können, erforderlich sein (abgelehnt von OLG Düsseldorf VersR 1980, 1147 für eine aus 15 Stehstufen bestehende Tribüne, die über eine Tiefe von ca 6 m eine Höhe von insg 2 m erreichte). Sind vor der Austragung einer Sportveranstaltung Anhaltspunkte für eine Gefährdung durch und für rivalisierende Zuschauergruppen erkennbar, so hat der Veranstalter organisatorische Maßnahmen zu einer wirksamen **räumlichen Trennung der rivalisierenden Gruppen** zu ergreifen (OLG Düsseldorf VersR 1980, 1147, 1148 – im konkreten Fall aber mangels Erkennbarkeit der Gefahr für den Veranstalter abgelehnt).

dd) Verkehrspflichten zum Schutze der Anlieger
Sicherungspflichten gegenüber den Anliegern können bei einer Massenveranstaltung E 328
selbst dann erforderlich sein, wenn die Gefährdung der Anlieger durch die Besucher weder mit dem Zweck der Veranstaltung noch mit einer unzureichenden Aufnahmekapazität des Veranstaltungsgeländes in einen unmittelbaren Zusammenhang gebracht werden kann; so haftete der Veranstalter eines Flugtages für Schäden, die von den Besuchern auf einem angrenzenden Betriebsgelände angerichtet wurden, obwohl das für die Besucher bestimmte Flughafengelände ausreichend Platz bot (BGH NJW 1980, 223). Es kommt allein darauf an, ob nach sachkundigem Urteil unter Berücksichtigung der besonderen Gegebenheiten einer Massenveranstaltung (s soeben Rn E 325 – 327) die naheliegende Möglichkeit für eine Gefährdung der Anlieger durch ein Verhalten der Besucher besteht (BGH NJW 1980, 223; abgelehnt für eine Schädigung der Anlieger eines Naherholungszentrums durch das verkehrswidrige Parken einzelner Besucher bei Belegung der ausgewiesenen Parkplätze von OLG Karlsruhe VersR 1982, 452; bejaht von LG Köln VersR 1990, 991 für die Beschädigung eines parkenden Fahrzeugs durch Wachsflecken anläßlich einer karnevalistischen „Nubbelverbrennung"; bejaht von LG Hamburg NJW 1998, 1411 für Sachbeschädigungen der Teilnehmer eines „Rave-Umzugs" durch das gewaltsame Öffnen der Absperrungen einer an der Umzugsstrecke gelegenen Baustelle sowie das Aufbrechen und Erklettern der Baucontainer).

ee) Beschaffenheit des Veranstaltungsgeländes sowie der Einrichtungen und Anlagen
Der Umfang der Verkehrspflicht hinsichtlich Beschaffenheit und Zustand des Veran- E 329
staltungsgeländes richtet sich danach, welchen Zustand die Besucher bei einer Veranstaltung der entsprechenden Art erwarten dürfen (s oben Rn E 29). Bei einer Veranstaltung auf einem größeren Freigelände, zB Volksfest, ist eine gewisse **Bodenunebenheit** von den Besuchern hinzunehmen (OLG Celle VersR 1992, 1417, 1418; s auch GAISBAUER VersR 1990, 756, 756 mwNw). Auch mit **auf dem Boden liegendem Abfall**, zB Getränkedosen, haben die Besucher in gewissem Umfang zu rechnen und sich hierauf einzustellen, sofern es bei Veranstaltungen der entsprechenden Art der allgemeinen Lebenserfahrung entspricht, daß Abfall von den Besuchern auf den Boden

geworfen wird (so OLG Köln MDR 1994, 780 für Abfall auf der Zuschauer-Tribüne einer Pferderennbahn). **Überraschende Stolperstellen** und ähnliche Gefahrenherde sind aber möglichst zu vermeiden, da von den Besuchern nicht erwartet werden kann, daß sie ihre Aufmerksamkeit jederzeit auf den Boden richten (OLG Celle VersR 1992, 1417, 1418 für auf dem Boden liegende Versorgungsleitungen; OLG München VersR 1968, 1073, 1074 für eine muldenartige Vertiefung bei winterlicher Glätte). Ist eine Stolpergefahr nicht auszuschließen, so ist die Gefahrenstelle deutlich kenntlich zu machen (OLG Celle VersR 1992, 1417, 1418). Die Verkehrspflicht hinsichtlich des Veranstaltungsgeländes erstreckt sich auch auf die **Sicherung des Zu- und Abganges** der Besucher zum und vom Ort der Veranstaltung vor Gefahren aus der Leitung des Besucherstroms (BGH NJW 1990, 905 für einen unbeleuchteten Weg zum Parkplatz des Geländes; OLG Köln VersR 1998, 605, 606 für einen nicht abgesicherten Gitterrost auf dem Weg zum Restaurant einer Tennishalle; vgl auch oben Rn E 262). Der **Standort von Verkaufsständen** und ähnlichen Einrichtungen ist so zu wählen, daß durch die Art und Weise der Aufstellung keine Gefährdung der Benutzer sowie sonstiger Teilnehmer des auf dem Gelände zugelassenen Verkehrs, beispielsweise von Anlieferern, herbeigeführt wird (OLG Jena VersR 1998, 990, 991, 992: Kollision eines LKW mit einer in den Straßenkörper hineinragenden Klappe eines Fischverkaufsstandes). Nur provisorisch installierte **elektrische Versorgungsanlagen** sind entweder gegen die Möglichkeit einer Gefahr durch Beschädigung, auch durch mutwillige Manipulation, zu sichern oder aber täglich vor Inbetriebnahme der Versorgungsanlage und während des Betriebs in regelmäßigen Abständen auf ihre Unversehrtheit zu überprüfen (OLG Köln VersR 1970, 229 für die elektrische Versorgungsanlage eines Verkaufskiosks auf einem Kirmesplatz).

b) Sporthallen, Sportstadien und Sportplätze
aa) Boden der Sportanlage

E 330 Der Boden einer Sportanlage muß so **rutschfest** sein, daß für einen Sportler mit für die jeweilige Sportanlage gängigen Sportschuhen die Gefahr des Ausrutschens nicht über das unvermeidbare Ausmaß hinausgeht (OLG Düsseldorf VersR 1973, 527, 528 für die Anlauffläche einer Kegelbahn; s auch Rn E 305 f). Darauf, daß der Boden zwangsläufig und bei bestimmten Sportarten sogar **gewollt rutschig ist**, wie beispielsweise auf Sand- oder ähnlichen Plätzen beim Tennis, hat sich der Sportler dagegen einzustellen (LG Darmstadt VersR 1992, 1107, 1108 für einen [bereits abgenutzten] Kunststoffrasen mit Quarzsandauflage in einer Tennishalle). Auch haftet der Betreiber eines Freiluftsportplatzes nicht für witterungs- oder sonst naturbedingte Beeinträchtigungen der Bodenbeschaffenheit, sofern sich diese im Rahmen des Üblichen halten (OLG München VersR 1981, 887 für schattenbedingte Nässe und von einem Baum herabgefallene Früchte auf einem Freilufttennisplatz).

bb) Hallenwände

E 331 Es ist ein typisches und deshalb vom Sportausübenden grundsätzlich hinzunehmendes Risiko bestimmter Ballspiele in Sporthallen, daß die Spieler im Kampf um den Ball gegen die Begrenzungswände der Sporthalle prallen können (OLG Düsseldorf VersR 1983, 274 für Handball; OLG Frankfurt aM NJW-RR 1993, 856, 857; OLG Hamm MDR 1997, 739, 740 für das zumeist rückwärtige Auflaufen auf die Hallenwand beim Tennis). Der Grad der vom Sportler hierbei in Kauf zu nehmenden Verletzungsgefahr richtet sich danach, welchen Sicherheitsstandard er nach den gegebenen Umständen legitimerweise erwarten darf (s oben Rn E 29). Eine **aufprallhemmende Polsterung der Hallenwände** ist deshalb jedenfalls dann erforderlich, wenn der Spieler erwarten darf, daß das Ballspiel nur in Hallen mit einer ausreichenden Auslauf- und Sicherheitszone oder mit gepolsterten Hallenwänden veranstaltet wird (für die Stirnwände von Handballhallen ablehnend OLG Düsseldorf VersR 1983, 274; jedenfalls für den damaligen Zeitpunkt [1976] ablehnend LG Heidelberg VersR 1980, 367; ebenfalls ablehnend STAUDINGER/SCHÄFER[12] Rn 436; für die Hallenwände von Tennishallen offen gelassen von OLG Frankfurt aM NJW-RR 1993, 856, in der Tendenz aber eher ablehnend). Die Hallenwände dürfen nicht so beschaffen sein, daß sich ein Sportler bei einem **Sturz im Bereich der Hallenwand** gerade an deren besonderen Konstruktionselementen eine Verletzung zuzieht (OLG Frankfurt aM NJW-RR 1993, 856, 857; OLG Hamm MDR 1997, 739, 740 für von der Wand einer Tennishalle vorstehende Balken bzw Stützpfeiler; VersR 1982, 152, 153 für eine Hallenwand aus Glasbausteinen, die zudem teilweise beschädigt waren).

cc) Spielfeldumrandungen, Auslauf- und Sicherheitszonen

Die **Begrenzungslinien von Spielfeldern** dürfen nicht so beschaffen sein, daß sich ein Spieler bei einem Körperkontakt mit der Linie Verletzungen zuzieht (LG Hannover NJW-RR 1987, 1507 für die Markierung der Linie mit gelöschtem Kalk). In den für bestimmte Sportarten erforderlichen **Auslauf- und Sicherheitszonen** am Rande der Spielfeldbegrenzungen dürfen sich keine Gegenstände befinden, an denen sich die Sportler verletzen können (OLG München NJW-RR 1987, 18, 19 für ein Tennisspielfeld). Auch Bereiche außerhalb einer Sicherheitszone sind jedenfalls dann von Gegenständen, die die Spieler gefährden können, freizuhalten, wenn es sich um Bereiche handelt, in denen erfahrungsgemäß ein erheblicher Teil des Spielgeschehens stattfindet (OLG München NJW-RR 1987, 18, 19 für einen auf Höhe der T-Linie eines Tennisspielfeldes stehenden, zudem unauffällig gestalteten Eisenpfosten; übertragbar beispielsweise auf Volleyball-Spielfelder). Zur Beurteilung dessen, ob eine Auslauf- und Sicherheitszone ausreichend ist, kann auf die Empfehlungen der jeweiligen Sportverbände zurückgegriffen werden, da sie auf Erfahrungswerten beruhen, die dem normalen Spielverlauf hinreichend Rechnung tragen (OLG München NJW-RR 1987, 18, 19; OLG Hamm MDR 1997, 739, 740 für die Empfehlungen des Deutschen Tennis-Bundes). **Betonumrandungen und sonstige Barrieren** müssen einen ausreichenden Sicherheitsabstand zu den Begrenzungslinien der Spielfelder aufweisen und dürfen für die Sportler keine über das übliche Risiko hinausgehenden Gefahren in sich bergen (OLG Nürnberg VersR 1977, 1134: Verletzung eines Fußballspielers wegen eines Sturzes gegen einen 1,70 m hinter der Torauslinie befindlichen Barrierenpfosten aus Beton; Haftung allerdings mangels Erkennbarkeit der Gefahr abgelehnt). Sie müssen vom Spielfeld aus deutlich sichtbar sein, so daß sie für den Spieler keine überraschende Situation darstellen (LG Baden-Baden SpuRt 1996, 174, 175 [Fußballplatz]).

dd) (Stand-)Sicherheit der Einrichtungen

Transportable **Kleinfeldtore** und ähnliche auf der Sportanlage befindliche Einrichtungen sind durch geeignete Maßnahmen auch gegen das Umfallen bei einer **naheliegenden bestimmungswidrigen Benutzung**, zB Anhängen an die Querlatte zum Zwecke des Schaukelns, zu sichern (OLG Celle VersR 1984, 46, 47; NJW-RR 1995, 984 f – allerdings in beiden Fällen Anrechnung eines hälftigen Mitverschuldens des schaukelnden Torwarts).

ee) Gelände außerhalb der Spielfelder

In Freianlagen muß das Gelände außerhalb der Spielfelder jedenfalls dann nicht genauso eben wie das Spielfeld selbst gehalten sein, wenn es bestimmungsgemäß nur in langsamer Bewegung und unter aufmerksamer Betrachtung, zB zum Zwecke der Ballsuche, betreten wird (BGH VersR 1968, 281 für ein Wiesengelände außerhalb der

Spielfelder einer Kleingolfanlage). Findet der Spielbetrieb auch noch nach Anbruch der Dunkelheit statt, ist das zum Betreten bestimmte Gelände außerhalb der Spielfelder aber ausreichend zu beleuchten, so daß ein aufmerksamer Benutzer Geländeunebenheiten erkennen kann (BGH VersR 1968, 281).

ff) Absperrungen der Sportanlagen zum Zuschauerbereich

E 335 α) Die Zuschauer sind vor **Gefahren durch abirrende Wurf- oder Schlaggeräte** zu bewahren, sofern sie bei durchschnittlicher Aufmerksamkeit und Reaktionsfähigkeit damit überfordert wären, diesen Gefahren selbst, zB durch Abfangen oder Ausweichen, zu begegnen. Bei Ballspielen unter Verwendung größerer und luftgefüllter Bälle, wie zB **Fußball** oder **Handball**, kann es den Zuschauern zugemutet werden, das Spielgeschehen, einschließlich des Einspielens, ständig zu verfolgen und abirrenden Bällen gegebenfalls auszuweichen; Absperrmaßnahmen gegen abirrende Bälle sind also nicht erforderlich (OLG Schleswig VersR 1996, 80 [Hallenfußball]; LG Trier VersR 1964, 879 [Fußball]). Erst recht gilt dies für eine Gefährdung der Zuschauer durch aus dem Spielfeld geratende Spieler (OLG Karlsruhe VersR 1981, 962 [Fußball]). Bei Sportarten unter Verwendung harter und demnach auch relativ schnell fliegender Sportgeräte hingegen, etwa bei einem **Eishockeypuck**, **Diskus** oder **Wurfhammer**, sind zum Schutze der Zuschauer Absperrmaßnahmen vorzunehmen (BGH NJW 1984, 801, 802 für den Eishockey-Sport; OLG München VersR 1982, 1152 als Vorinstanz; OLG München VersR 1982, 1105, 1106 für einen Diskuswurf-Wettbewerb). Auch bei Sportveranstaltungen mit einer so hohen Zuschaueranzahl, daß das Entstehen unkontrollierbarer Massenreaktionen nicht ausgeschlossen ist, können **Absperrungen** der eigentlichen Sportanlagen zum Zuschauerbereich, etwa Schutzgitter, Zäune oder Gräben, **zum Schutze der Sportler** erforderlich sein (OLG Karlsruhe VersR 1981, 962 – ablehnend jedenfalls für einen dörflichen Fußballplatz; OLG Nürnberg VersR 1977, 1134, 1135 [Fußballplatz]). Im Profisport sind Sicherheitsmaßnahmen zur Verhinderung eines Attentats auf die Sportler dann erforderlich, wenn diese Gefahr vorausgesehen werden kann (für den Tennissport zum Zeitpunkt des Attentats auf Monica Seles abgelehnt von LG Hamburg NJW 1997, 2606, 2607; zu den Anforderungen an Spielfeldumrandungen s oben Rn E 332).

E 336 β) **Art und Ausmaß der erforderlichen Schutzmaßnahmen** sind abhängig von der Erfahrung und der Leistungsstärke der jeweiligen Sportler. Einerseits muß bei ungeübten Sportlern eher mit der Gefahr völlig verunglückter Würfe bzw Schläge gerechnet werden, andererseits ist die Schutzzone nur nach der von den teilnehmenden Sportlern maximal zu erwartenden Wurf- bzw Schlagweite zu bemessen (OLG München VersR 1982, 1105, 1106 für einen Diskuswurf-Wettbewerb). Bei **Eishockeyspielen** ist zum Schutze der Zuschauer jedenfalls in Eissporthallen, in denen regelmäßig Eishockeyspiele stattfinden, die auf eine größere Zuschauerbeteiligung angelegt sind, eine **Abschirmung durch Plexiglaswände** nicht nur an den besonders gefährlichen Stirnseiten des Feldes, sondern auch auf den Banden der Längsseiten anzubringen (BGH NJW 1984, 801, 802 für ein Eishockey-Bundesligaspiel; ebenso OLG München VersR 1982, 1152, 1153 als Vorinstanz; LG Freiburg VersR 1981, 1138).

gg) Absperrung eines Ballspielplatzes gegen abirrende Bälle

E 337 Ballspielplätze sind zur Vermeidung von Gefahren durch abirrende Bälle in die Umgebung des Platzes mit Hilfe einer genügend hohen Schutzvorrichtung abzusperren (RGZ 138, 21, 22; OLG Hamm VersR 1977, 970 [LS]; OLG Düsseldorf NVwZ-RR 1994, 427; LG Aachen NJW-RR 1988, 665; LG Ellwangen VersR 1991, 1265; LG Dortmund NJW-RR 1995,

1363, 1364; AG Grevenbroich NJW-RR 1987, 987; s auch OLG Karlsruhe VersR 1981, 962 [in Zusammenhang mit Absperrungen zum Schutze von Zuschauern – s oben Rn E 335]). Der **Schutzzweck** solcher Absperrmaßnahmen besteht nicht nur in der Vermeidung der durch abirrende Bälle unmittelbar eintretenden Schäden, sondern auch in der Vermeidung einer Schädigung der Nachbarschaft durch das Zurückholen des Balles (OLG Hamm VersR 1977, 970 [LS]; OLG Düsseldorf NVwZ-RR 1994, 427). Die Absperrung, in der Regel ein **Ballfangzaun, muß so beschaffen** sein, daß ein nicht nur ganz gelegentliches und nicht nur auf ganz besonders unglücklichen Umständen beruhendes Herausfliegen des Balles in die Nachbarschaft vermieden wird – nicht zu verlangen ist, daß abirrende Bälle unter keinen Umständen mehr in die Nachbarschaft geraten können (LG Aachen NJW-RR 1988, 665; LG Dortmund NJW-RR 1995, 1363, 1364; s auch – in Zusammenhang mit der Absperrung eines Eishockeyfeldes – BGH NJW 1984, 801, 802). Die genaue Bemessung der erforderlichen Absperrung richtet sich nach den **Umständen des Einzelfalles** (OLG Düsseldorf NVwZ-RR 1994, 427: Die entsprechende DIN-Norm, derzufolge auf Ballspielplätzen ein etwa vier Meter hoher Ballfangzaun vorzusehen ist, kann nur eine Mindestempfehlung sein). Zu berücksichtigen sind hierbei ua die Benutzungsart des Ballspielplatzes mit freiem Spiel oder geregelten Vereinsveranstaltungen sowie dessen Lage (LG Aachen NJW-RR 1988, 665). Im Einzelfall kann ein 6 m hoher und 28 m bzw 30 m breiter Ballfangzaun ausreichend sein (LG Aachen NJW-RR 1988, 665; LG Ellwangen VersR 1991, 1265). Selbst ein Ballfangzaun von 8–9 m Höhe ist aber jedenfalls dann unzureichend, wenn eine Schädigung des Nachbargrundstücks durch überfliegende Bälle gleichwohl mit einer gewissen Häufigkeit eintritt (LG Dortmund NJW-RR 1995, 1363, 1364: innerhalb von fünf Monaten gingen fünf Scheiben zu Bruch; s auch AG Grevenbroich NJW-RR 1987, 987: ca 20 zerschlagene Scheiben in 20 Jahren bei Ballfangzaun von 5 m Höhe und 16 m Breite). Ist eine effektive Absperrmaßnahme nicht möglich bzw dem Verkehrspflichtigen nicht zumutbar, so muß der Ballspielplatz an einen anderen Ort verlegt werden (RGZ 138, 21, 22).

hh) Verkehrspflichten zum Schutze von Kindern

Für Sportplätze, die für Kinder frei zugänglich sind, gelten die gesteigerten Anforderungen an die Verkehrspflichten zu ihrem Schutz (OLG Schleswig SchlHA 1997, 279: Sicherungsmaßnahmen gegen die Verletzung von Kindern beim Aufrichten eines transportablen Handballtores; zur gesteigerten Verantwortung gegenüber Kindern s auch Rn E 286). Werden auf einem Sportplatz Sportarten ausgeübt, die generell geeignet sind, die körperliche Unversehrtheit von Kindern zu gefährden – zB Speerwurf – und scheint es aufgrund der Lage des Sportplatzes nicht ausgeschlossen zu sein, daß sich unbeaufsichtigte Kinder der Sportanlage nähern, so ist der Sportplatz mit einer **Umzäunung** zu umgeben, die von jüngeren Kindern nicht überstiegen oder unterkrochen werden kann; die Eingänge sind verschlossen zu halten oder zumindest zu überwachen (RG HRR 1934 Nr 797).

E 338

c) Trimm-Dich-Anlagen
aa) Begründung der Verkehrspflicht

Die Begründung einer Verkehrspflicht für die Benutzung eines natürlichen Freigeländes als Trimm-Dich-Anlage erfordert einen entsprechenden **Bestimmungsakt** des für das Freigelände Verantwortlichen (OLG Düsseldorf VersR 1983, 542, 543: Anbringung entsprechender Hinweisschilder). Allein durch Aufrufe der für einen Weg verkehrspflichtigen Gemeinde zur Benutzung des Weges als „Trimm-Dich-Weg" oder auch durch die gelegentliche Veranstaltung sog Lauftreffs wird keine Verkehrspflicht begründet,

E 339

die über die entsprechend der Zweckbestimmung des Weges, zB als Wanderweg, bestehende Verkehrspflicht hinausgeht (OLG Düsseldorf VersR 1983, 542, 543).

bb) Inhalt und Umfang der Verkehrspflicht

E 340 Bei der Anlage und Unterhaltung einer Trimm-Dich-Anlage kommt der Abwehr vermeidbarer und für die Benutzer nicht ohne weiteres erkennbarer Gefahren eine besondere Bedeutung zu, weil durch solche Einrichtungen gerade diejenigen Personen angesprochen werden sollen, die sich ansonsten sportlich nicht oder nur wenig betätigen, dementsprechend ungeübt sind und leichter zu Schaden kommen können als ein durchtrainierter Sportler (OLG Karlsruhe VersR 1975, 381, 382; OLG Koblenz VersR 1975, 669, 670). Andererseits können die in einem unbeaufsichtigten und jedermann zugänglichen Freigelände befindlichen Trimm-Dich-Anlagen nicht die gleiche Sicherheit wie Sportplätze oder Sportstadien aufweisen; auch soll die Unterhaltung derartiger, meist von Gemeinden betriebenen Anlagen für die Benutzer erkennbar mit möglichst geringen Unkosten verbunden sein (OLG Koblenz VersR 1975, 669, 670). Wege und Einrichtungen einer Trimm-Dich-Anlage sind vom Verkehrspflichtigen in solchen Zeitabständen auf ihre **Verkehrssicherheit zu überprüfen**, daß eine Gefährdung der Benutzer durch Mängel der Anlage ausgeschlossen ist (LG Wuppertal ZfS 1982, 129: zumindest in der warmen Jahreszeit, in der die Anlage häufig benutzt werde, genügt ein 2-Monats-Rhythmus nicht). Eine Überprüfung der Anlage auf ihre Verkehrssicherheit nach jedem **Witterungsumschwung** kann aber von den Gemeinden nicht verlangt werden (OLG Koblenz VersR 1975, 669, 670). Witterungsbedingte und für die Benutzer bei vernünftiger Überlegung ohne weiteres erkennbare zeitweilige Mängel der Anlage, wie zB die Verharschung feuchten Sägemehls in einer Sprunggrube, sind hinzunehmen (OLG Koblenz VersR 1975, 669).

cc) Einzelne Anlagenteile und Einrichtungen

E 341 Der **Boden in einer Sprunggrube** darf keinen steinharten Zustand annehmen (OLG Karlsruhe VersR 1975, 381, 382). Die auf einer Trimm-Dich-Anlage befindlichen **Übungsvorrichtungen und -geräte** dürfen bei bestimmungsgemäßer Benutzung keine atypischen Gefahren bergen (OLG Düsseldorf VersR 1976, 1160 – konstruktionsbedingt gefährliche Sprunganlage; LG Wuppertal zfs 1982, 129 – Lockerung der Sprosse einer Hangelleiteranlage). Die Benutzer sind nicht verpflichtet, die **Eignung der Anlagen für die empfohlenen Übungen** vorab besonders zu überprüfen (OLG Karlsruhe VersR 1975, 381, 382, 383).

d) Motor- und Radsportrennen
aa) Beschaffenheit und Gestaltung der Rennstrecke

E 342 Die Rennstrecke sowie der angrenzende Gefahrenbereich sind von nicht zur Art des Rennens gehörenden Hindernissen, die die Teilnehmer gefährden könnten, freizuhalten (KG VersR 1977, 1102 für ein auf die Standspur verbrachtes liegengebliebenes Fahrzeug bei einem Autorennen [im Rahmen vertraglicher Haftung]; OLG Koblenz VersR 1987, 1148 für die auch gegenüber dem Eigentümer eines liegengebliebenen Rennwagens bestehende Pflicht, den Rennwagen aus dem Gefahrenbereich des Rennens zu entfernen [im Rahmen vertraglicher Haftung]).
Bei einem **Straßenrennen** sind an die Verkehrspflichtigen gegenüber Rennen auf eigens errichteten Rennbahnen besondere Anforderungen zu stellen; es ist insbes solchen Gefahren Rechnung zu tragen, die von den Eigenarten der Strecke ausgehen, wie beispielsweise von der Art des Straßenbelages, der Beschaffenheit des Fahrbahnrandes sowie dem Ausbau der Kurven (BGH [St] VRS 62 [1982] 127 – Abschrägung von Bordsteinkanten bei einem Autorennen).

bb) Sicherung von Leitplanken und ähnlichen Gegenständen bei Straßenrennen

Bei einem **Motorradrennen** ist zum Schutze der Teilnehmer auch in den gerade verlaufenden Strecken eine Absicherung der Pfosten der Leitplanken mit Strohballen zu verlangen, da ein Motorrad auch auf gerader Strecke abdriften könne und die senkrecht stehenden Pfosten für die Arme und Beine des Motorradfahrers „wie ein Fallbeil" wirkten (OLG Saarbrücken DAR 1991, 102, 103). Bei einem **Radrennen** wurde es aber als typisches und deshalb von den Teilnehmern in Kauf zu nehmendes Risiko erachtet, daß sie bei einem Sturz gegen am Straßenrand befindliche harte Gegenstände, wie Bordsteinkanten, Straßenbäume, Verkehrsschilder, Leitplanken oä, stoßen und sich hierbei Verletzungen zuziehen könnten (BGH LM Nr 153 zu § 823 [Dc] unter 3 b). Eine Absicherung von Leitplanken und ähnlichen Gegenständen durch Strohballen oder andere weiche Materialien wurde deshalb jedenfalls dann nicht für erforderlich erachtet, wenn es sich nicht um eine besonders gefährliche Stelle handelt und auch nicht um eine solche, an der Stürze von vornherein geradezu vorprogrammiert erschienen und wenn auch sonst keine weiteren Anhaltspunkte für eine besondere Gefährdung der Teilnehmer, etwa bei der Teilnahme vieler Kinder, vorlägen (BGH LM Nr 153 zu § 823 [Dc] unter 3 b; zu dieser Entscheidung s bereits oben Rn E 28 und Rn E 322).

E 343

cc) Absperrung der Rennstrecke zum Zuschauerbereich

Zum Schutze der Zuschauer ist zwischen der Rennstrecke und den Zuschauerplätzen eine **Sicherheitszone** zu schaffen, die eine Gefährdung der Zuschauer durch von der Rennstrecke abkommende Fahrzeuge weitestgehend ausschließt. Die erforderliche **Breite und Beschaffenheit** der Sicherheitszone richtet sich nach dem Grad der Gefährdung der Zuschauer; die Sicherheitszone muß also an den bekannt gefährlichen Kurvenausläufen besonders breit sein (BGH NJW 1975, 533 [Autorennen]; OLG Karlsruhe VersR 1954, 463, 464 [Motorradrennen]; LG und OLG Stuttgart VersR 1987, 1152, 1153 zur Sicherung des Zielbereichs eines Straßenfahrradrennens). Jedenfalls bei **Motorsportrennen** ist zusätzlich eine **Absperrung der Zuschauer vom Sicherheitsbereich** erforderlich (BGH NJW 1975, 533 [Strohballenreihen, Maschendrahtzaun]; OLG Karlsruhe VersR 1954, 463, 464). Diese muß auch unter Berücksichtigung der sich im Laufe des Rennens erhöhenden Spannung und der Massensuggestion ein wirksames Hindernis gegen das Betreten des Sicherheitsbereiches darstellen (OLG Karlsruhe VersR 1954, 463 – ablehnend für einen etwa in Brusthöhe verlaufenden einfachen Draht; zum [haftungsausschließenden] Mitverschulden eines erwachsenen Zuschauers bei Betreten des Sicherheitsbereiches durch einen schmalen Durchgang im Sicherheitszaun trotz Flatterfähnchen und Warnschildern s OLG Koblenz VRS 83 [1993] 401, 402). Eine Überschreitung bzw Durchbrechung der Absperrungen durch die Zuschauer ist von dem eingesetzten Streckendienst bzw den Ordnern sofort an die Rennleitung zu melden, es sind sofort geeignete Maßnahmen für eine **Entfernung der Zuschauer aus dem Gefahrenbereich** zu ergreifen (OLG Karlsruhe VersR 1954, 463; OLG Bremen VersR 1955, 644, 645 – jeweils für Motorradrennen). Ist die Aufforderung der Zuschauer zum Verlassen des Gefahrenbereiches nicht durchzusetzen, so ist das Rennen abzubrechen (OLG Karlsruhe VersR 1954, 463, 464).

E 344

dd) Organisatorische Maßnahmen bei Straßenrennen mit Fahrrädern

Die Teilnehmer sind über die ordnungsbehördlichen Auflagen, etwa das Rechtsfahrgebot, zu belehren; handeln Teilnehmer den Auflagen zuwider, ist einzuschreiten, sofern dies gefahrlos möglich ist (OLG Köln VersR 1992, 470, 471 [Schutzzweck dieser Pflicht aber nicht zugunsten der das Rennen begleitenden Polizeibeamten; s hierzu oben Rn E 40]; LG Bonn

E 345

MDR 1997, 149). Eine vollständige Unterbindung von Zuwiderhandlungen der Teilnehmer gegen die Auflagen, insb gegen das Rechtsfahrgebot, kann vom Veranstalter jedoch nicht verlangt werden (OLG Köln VersR 1992, 470, 471; LG Bonn MDR 1997, 149). Zur Sicherheit sowohl der Fahrer als auch der Zuschauer sowie anderer Verkehrsteilnehmer ist bei einem Rennen auf öffentlichen Straßen für eine **ausreichende Streckensicherung** zu sorgen (OLG Stuttgart VersR 1984, 1098; LG Bonn MDR 1997, 149). Durch eine entsprechende Organisation ist sicherzustellen, daß den Zuschauern **Anfang und Ende der Teilnehmerfelder** zweifelsfrei erkennbar sind (BGH VersR 1954, 596 – in mißverständlicher Weise als „Schlußfahrzeug" eingesetztes Auto; zum Erfordernis von Spitzen- und Schlußfahrzeugen s auch Verwaltungsvorschrift zu § 29 Abs 2 Nr 11 StVO [abgedruckt zB bei JAGUSCH/HENTSCHEL, Straßenverkehrsrecht [35. Aufl 1999]).

e) Ski- und Rodelanlagen
aa) Begründung der Pistensicherungspflicht

E 346 α) Die Verkehrspflicht für eine Skipiste, die sog **Pistensicherungspflicht**, trifft denjenigen, der den Skifahrern die Benutzung eines Berghanges als Skipiste ermöglicht oder zumindest erleichtert (BGH [St] NJW 1971, 1093, 1094; OLG München NJW 1974, 189, 190; VersR 1977, 382; für eine Rodelbahn OLG München VersR 1979, 1014). Dies wird allgemein bejaht für den **Betreiber einer Bergbahn**, die in größerem Umfang Skifahrer auf einen Berg befördert, um ihnen Abfahrten auf Skipisten zu ermöglichen (BGH NJW 1985, 620; BGH [St] NJW 1971, 1093, 1095; 1973, 1379, 1380; OLG München OLGZ 1965, 23, 25; NJW 1974, 189, 190; VersR 1977, 382; SpuRt 1998, 35; OLG Karlsruhe NJW 1988, 213; zum Zusammenhang zwischen der Möglichkeit, Vorteile aus der Gefahrenquelle zu ziehen und der Bereichshaftung s oben Rn E 16).

E 347 β) Unter dem allgemeineren Gesichtspunkt der Bereichshaftung kann sich auch eine **Verkehrspflicht des Eigentümers eines im Winter als Skigelände benutzten Grundstücks** ergeben (BGH NJW 1982, 762, 763; OLG München OLGZ 1965, 23, 24, 25). Ist dem Eigentümer die nicht nur ganz gelegentliche Nutzung des Grundstücks als Skiabfahrt bekannt, so trifft ihn zwar keine allgemeine Verkehrspflicht für die Benutzbarkeit des Grundstücks als Abfahrt, er hat aber zumindest dafür zu sorgen, daß die Skifahrer nicht durch heimtückische Gefahren, wie zB einen unter dem Schnee verborgenen Weidezaun, überrascht werden (BGH NJW 1982, 762, 763). Dies gilt um so mehr, wenn der Eigentümer die Nutzbarkeit des Geländes als Skiabfahrt nicht nur duldet, sondern sich in irgendeiner Weise – wenn auch nur mittelbar – zunutze macht, wie dies beispielsweise für eine Gemeinde der Fall sein kann, die auf die Abfahrtsmöglichkeit in ihren Fremdenverkehrsschriften hinweist (BGH NJW 1982, 762).

bb) Räumlicher Schutzbereich der Pistensicherungspflicht

E 348 Der räumliche Schutzbereich der Pistensicherungspflicht kann abstrakt nicht eindeutig umgrenzt werden (vgl nur die Darstellung des Meinungsstandes über den Begriff der „Skipiste" in öOGH ÖJZ 1979, 16, 17). Zweifelsfrei umfaßt ist die markierte Strecke, ansonsten wird der **Begriff der „Piste"** aber als ungeeignet für eine genaue räumliche Abgrenzung angesehen (BGH [St] NJW 1973, 1379, 1381). Es ist vielmehr im Einzelfall zu prüfen, was dem Begriff der „Piste" – ausgehend von der markierten Strecke – angesichts der konkreten Geländeverhältnisse noch zugerechnet werden kann (BGH [St] NJW 1973, 1379, 1381; OLG München SpuRt 1998, 35). In Betracht kommen demnach auch nicht ausdrücklich angelegte und markierte, sondern nur faktisch genutzte Abfahrtsvarianten (BGH [St] NJW 1973, 1379, 1381), sofern sich das **Vertrauen**

der **Skifahrer** auf die Pistensicherung nach den konkreten Geländeverhältnissen auch auf sie beziehen kann (OLG München SpuRt 1998, 35, 36; sinngemäß auch öOGH ÖJZ 1979, 16). Dies setzt einen **engen räumlichen Zusammenhang** der faktischen Abfahrtsvariante mit dem markierten Pistenbereich voraus, so daß bei Einfahrt in das an die Piste grenzende Gelände von einem zwanglosen Übergang, einer natürlichen Fortsetzung des Pistenbereichs gesprochen werden kann (OLG München SpuRt 1998, 35). Zudem muß das **Erscheinungsbild des angrenzenden Geländes** den Schluß auf eine faktische Abfahrtsvariante nahelegen (abgelehnt für einen baumbewachsenen Steilhang von OLG München SpuRt 1998, 35). Die Pistensicherungspflicht erstreckt sich jedenfalls dann auch auf die an die markierte und präparierte Piste unmittelbar angrenzenden Nebenflächen, wenn nach den örtlichen Verhältnissen eine besondere Gefährdung des Skifahrers von diesem Randbereich droht (OLG Karlsruhe NJW 1988, 213, 214 [für die Böschungskante im konkreten Fall abgelehnt]; ö OGH VersR 1989, 539, 540: Entfernung von Hindernissen, Absicherung von Gefahrenstellen bis zu einer Entfernung von etwa 2 Metern vom Pistenrand).

cc) Inhalt und Umfang der Pistensicherungspflicht

α) Inhalt und Umfang der Pistensicherungspflicht sind in **Abgrenzung zur Eigen-** E 349 **verantwortung des Skifahrers** zu bestimmen (BGH NJW 1985, 620). Der Skiläufer darf nicht darauf vertrauen, daß er mit keinerlei Hindernissen auf der Piste, durch die er zu Schaden kommen kann, zu rechnen braucht (BGH NJW 1985, 620; BGH [St] NJW 1973, 1379, 1380). Keine Pistensicherungspflicht besteht hinsichtlich derjenigen Gefahren, die zwangsläufig mit der Abfahrt auf einer Piste der gegebenen Art verbunden sind (BGH [St] NJW 1971, 1093, 1094). Vom Skifahrer wird verlangt, daß er seine Fahrweise den wechselnden Geländeverhältnissen, Schwierigkeiten der Wegeführung, Veränderungen der Wetterlage und der Schneebeschaffenheit anpaßt und daß er dabei auch **erkennbare und vermeidbare Gefahren**, wie sie etwa durch kleinere freigelegte Stellen, Baumwurzeln oder kürzere vereiste Wegstrecken gebildet werden können, selbständig überwindet (allgemein BGH NJW 1985, 620; BGH [St] NJW 1973, 1379, 1380; OLG München NJW 1974, 189, 190; VersR 1979, 1014 [Rodelbahn]; für die Vermeidbarkeit des Hinaustragens über eine weithin sichtbare Geländekante, die sich ca 6–8 m neben einer ausreichend breiten und leicht beherrschbaren Piste befand OLG Karlsruhe NJW 1988, 213, 214; für die Beherrschung einer quer zum Hang verlaufenden Skiabfahrt [Ziehweg] OLG München VersR 1993, 449; s auch OLG München VersR 1977, 382 für die gebotene Eigenvorsorge von Fußgängern, die ein Skigelände betreten, gegen Gefahren durch übliche winterliche Glätte). Inhalt und Umfang der Pistensicherungspflicht sind – wie auch sonst – in erster Linie nach **Art und Zweck des Verkehrs**, dem die Piste dient, zu bestimmen (BGH [St] NJW 1971, 1093, 1094). Auf einer deutlich als **Übungshang** ausgewiesenen Piste, die demnach vor allem von Skianfängern benutzt wird, sind an die Pistensicherungspflicht zum Schutze der Skiläufer vor ihrer Unerfahrenheit und Ungeschicklichkeit besonders strenge Maßstäbe anzulegen (BGH NJW 1985, 620, 621). Der Pistensicherungspflichtige hat die Skifahrer vor **besonderen alpinen Gefahren** außerhalb des markierten Skibereichs (wie beispielsweise eine erhöhte Lawinengefahr) deutlich **zu warnen**; eine **Absperrung der markierten Piste** zum angrenzenden Gelände ist nur dann erforderlich, wenn den Skifahrern der Verlauf der markierten Piste nicht eindeutig erkennbar ist (OLG München SpuRt 1998, 35, 36).

β) Die Pistensicherungspflicht erstreckt sich somit in erster Linie auf **atypische** E 350 **Gefahren**, die auch von einem verantwortungsbewußten Skifahrer mit dem nach dem angegebenen Schwierigkeitsgrad der jeweiligen Piste vorausgesetzten Können nicht erkannt werden können (BGH NJW 1985, 620; BGH [St] NJW 1971, 1093, 1095; 1973,

1379, 1380; OLG München NJW 1974, 189, 190; VersR 1979, 1014; 1991, 1389 [LS] für Rodelbahnen; OLG Karlsruhe NJW 1988, 213). Dies gilt beispielsweise für tiefe Löcher, Betonsockel, **Abbrüche oder Steilflanken** am Rand der Piste (allgemein BGH NJW 1985, 620; für eine die Piste kreuzende und zur Piste hin durch steile Schneewände begrenzte Straße OLG München NJW 1974, 189, 191; ablehnend für einen Felsabbruch über einem Berggasthof, da Felsabbrüche über Berggasthöfen und Skihütten zum regelmäßigen Erscheinungsbild gehörten und der Abbruch auch aus ausreichendem Abstand erkennbar gewesen sei OLG München OLGZ 1965, 23, 27; öOGH SpuRt 1995, 40, 42 für eine nicht unwahrscheinliche Gefahr, daß auch erfahrene und verantwortungsbewußte Skifahrer über den Pistenrand hinausgetragen werden und sich hierbei nicht unerheblich verletzen). Eine **Vereisung der Piste** stellt dann eine atypische Gefahr dar, wenn Schlüsselstellen einer Piste derart vereist sind, daß an dieser Stelle stürzende und/ oder abrutschende Skifahrer sich mit großer Wahrscheinlichkeit nicht mehr nach einigen Metern fangen können (BGH [St] NJW 1973, 1379, 1381; OLG München VersR 1979, 1014 für eine Rodelbahn). **Art und Umfang der Sicherungsmaßnahmen** gegen eine atypische Gefahr können nur im Einzelfall aufgrund der Wahrscheinlichkeit, Art und Größe der drohenden Gefahr bestimmt werden. Tiefe Einschnitte in der Abfahrtsstrecke sind möglichst zu vermeiden, zumindest ist vor solchen Gefahrenstellen durch entsprechende Hinweisschilder deutlich zu warnen (OLG München NJW 1974, 189, 191 für eine die Piste kreuzende und zur Piste hin durch steile Schneewände begrenzte Straße). Für sehr gefährliche Abbrüche im unmittelbaren Randbereich der Piste sind geeignete Absturzsicherungen, beispielsweise ein Netz, zu fordern (ö OGH VersR 1989, 539, 540 für eine 7 bis 8 Meter tiefe Gletscherspalte zwei Meter neben dem Pistenrand). Auf eine atypische Vereisung der Piste und die damit verbundenen Gefahren sind die Skifahrer durch geeignete Maßnahmen so deutlich hinzuweisen, daß es ihnen möglich ist, die mit einer Abfahrt verbundenen Gefahren richtig einzuschätzen (BGH [St] NJW 1971, 1093, 1095; 1973, 1379, 1381). Ist die Piste derart vereist, daß selbst erfahrenen und verantwortungsbewußten Skiläufern bei besonders vorsichtiger Fahrweise eine Steuerung ihres Fahrverhaltens nicht mehr möglich ist, so ist sie zu sperren (in den Entscheidungen zum Jenner-Unglück BGH [St] NJW 1971, 1093, 1095 und 1973, 1379, 1381, in denen die Notwendigkeit einer Sperrung der Piste abgelehnt bzw zumindest bezweifelt wurde, war den Skifahrern nach den getroffenen Feststellung ein gesteuertes Fahrverhalten auf der Unfallpiste grundsätzlich noch möglich).

E 351   γ)   Sicherungsmaßnahmen sind von dem Pistensicherungspflichtigen nicht nur gegen atypische, sondern auch gegen solche Gefahren zu treffen, die von den Skifahrern zwar ohne weiteres erkannt, deren Beherrschung aber nicht von allen Skiläufern, die nach der Verkehrseröffnung bestimmungsgemäß in die Nähe der Gefahr geraten, erwartet werden kann. So wurde gegen die Gefahr des Aufprallens auf eine weithin sichtbare, scharfkantige und deshalb besonders gefährliche **Liftstütze** die Abpolsterung für notwendig erachtet, da sie am Rande eines Übungshanges gelegen und nicht auszuschließen war, daß die auf einem Übungshang erwartungsgemäß noch unerfahrenen und ungeschickten Skiläufer auf sie auffahren (BGH NJW 1985, 620, 621; s auch OLG Frankfurt aM NJW-RR 1991, 1435, 1436 für Eisenpfähle zur Abgrenzung zwischen einem Ski- und einem Rodelgelände).

dd) Rodelbahnen

E 352   Für **Rodelbahnen auf natürlichem Gelände** gelten die für die Pistensicherungspflicht entwickelten Grundsätze entsprechend (OLG München VersR 1979, 1014; 1991, 1389 [LS]). Typische und deshalb vom Rodelfahrer hinzunehmende Gefahren sind zB der Verlauf der Rodelbahn in Serpentinen, vereinzelte Eisstellen sowie abschüssige Stellen oder Bachläufe neben einer Kurve (OLG München VersR 1979, 1014; OLG Köln MDR 1994, 455). Bei einer über das Normalmaß hinaus gehenden **Vereisung** der Schlüsselstelle einer Rodelbahn sind die Benutzer jedoch zumindest durch ausreichend deutliche Hinweise vor der Vereisung zu warnen (OLG München VersR 1979, 1014 für eine 40 m lange und sich über die gesamte Bahnbreite erstreckende Eisplatte in einer scharfen Kurve; zur Notwendigkeit der Sperrung der Bahn s oben Rn E 350). Wird auf einem Wintersportgelände sowohl Ski- als auch Rodelsport betrieben, so ist die Skipiste von der Rodelbahn durch eine deutliche Markierung abzugrenzen (OLG Frankfurt aM NJW-RR 1991, 1435). Auf einer **Rennrodelbahn** sind bauliche und organisatorische Vorkehrungen zu treffen, um die Sportler bei Ausübung eines bestimmungsgemäßen Rennrodelns vor Gefahren der Bahn zu schützen und ihnen so zu ermöglichen, sich auf die Bahn zu verlassen (OLG Hamm SpuRt 1997, 24, 26: Rennrodelbahn mit gefährlich konstruiertem Zielauslauf). Als typische und deshalb vom Benutzer einer **Sommerrodelbahn** hinzunehmende Gefahr ist das Hinaustragen aus einer scharfen Kurve bei unangepaßter Geschwindigkeit des Rodelbobs anzusehen, sofern für jeden Benutzer der zugelassenen Altersgruppe ohne weiteres erkennbar ist, daß und wie er seine Fahrweise auf die Kurve einzustellen hat (LG München II VersR 1989, 901, 902 – zweifelhaft, da es als unerheblich betrachtet wurde, ob im Zeitraum des Unfalles mehrere Benutzer aus der Kurve hinausgetragen worden seien und sich hierbei auch schwerere Verletzungen zugezogen hätten). Auch Sicherungsvorkehrungen gegen eine Gefährdung der Benutzer durch das Hinausstrecken des Fußes über den Rodelbereich oder auch nur ein Hinweis auf die hiermit verbundene Gefahr wurden als entbehrlich angesehen (OLG Wien VersR 1997, 1384 [LS]).

ee) Skiliftanlagen
Der Betreiber einer **Schleppliftanlage** hat für einen möglichst gefahrlosen **Zustand der** **E 353** **Liftspur** zu sorgen (AG Kempten SpuRt 1997, 34: völlig vereiste Liftspur ist verkehrspflichtwidrig). Ist mit der Querung einer Skilifttrasse durch Skifahrer zu rechnen, so ist die Verletzung eines querenden Skifahrers durch einen zu geringen **Abstand zwischen der Schneeoberfläche und einem unbesetzten oder rücklaufenden Liftbügel** auszuschließen (von OLG Nürnberg zfs 1997, 127 wurde ein Mindestabstand von 2,50 m gefordert). Der ordnungsgemäße Zustand der Schleppseile und insbes deren Verbindung zum Bügel ist durch eine tägliche Sichtprüfung vor Inbetriebnahme des Schleppliftes zu gewährleisten (OLG München OLG-Report 1997, 67, 68). Die Schleppliftanlage muß so beschaffen sein, daß der **Liftbügel** nach dem Ausstieg sofort hochgezogen wird und er hierbei auch nicht solche Benutzer gefährden kann, die sich unüblich lange im Ausstiegsbereich aufhalten (OLG Hamm VersR 1997, 330, 331). Die **Ausstiegsstelle** ist durch eine Aufsichtsperson zu beobachten und mit einer Schnellabschaltung auszustatten (LG Waldshut-Tiengen VersR 1990, 170, 171). Ist der Skilift für den Besucherverkehr noch nicht geöffnet, sondern nur zu einem Kontrolldurchlauf in Betrieb genommen und ist dieser Umstand für Außenstehende ohne weiteres erkennbar – etwa wegen geschlossener Kassenhäuschen und fehlenden Personals an der Einstiegsstelle –, so haftet der Betreiber grundsätzlich nicht für den Schaden, der einem Erwachsenen bei der **unbefugten Benutzung** des Skiliftes entsteht (OLG Hamm MDR 1993, 957).

f) Sonstiger Sportbetrieb – Einzelfälle
aa) Flugsport
Bei Drachenflugveranstaltungen mit **Zugdrachen** sind die Zuschauer durch Einrich- **E 354** tung einer **Sicherheitszone** zur vorgesehenen Flugbahn zu schützen, wobei die Sicher-

zeitszone den Bereich abdecken muß, in dem sich erfahrungsgemäß und nicht nur unter ganz außergewöhnlichen Umständen Unfälle mit Zugdrachen ereignen (OLG Koblenz VersR 1981, 988, 989). Der **Start- und Landebetrieb auf einem Segelflugplatz** ist so zu organisieren und abzuwickeln, daß eine Schädigung von Personen, insbes auch solcher, die bei der Start- oder Landehilfe eingesetzt sind, möglichst vermieden wird (BGH NJW-RR 1991, 281, 283). Ein Segelflugverein hat beim Einsatz einer Motorwinde zum Starten eines Segelflugzeuges für deren gefahrloses Funktionieren zu sorgen (OLG Hamm VersR 1997, 328, 329: Verwendung einer Motorwinde ohne Kraftstoffvorratsanzeige – Ausfall des Motors beim Startvorgang infolge Benzinmangels).

bb) Kegelbahnen

E 355 Die **Anlauffläche** einer Kegelbahn muß so **rutschfest** sein, daß für einen Kegler mit gängigem Schuhwerk die Gefahr des Ausrutschens nicht besteht (OLG Düsseldorf VersR 1973, 527, 528). Ein rutschiger Zustand der Kugellaufbahn stellt hingegen grundsätzlich keine Verkehrspflichtverletzung dar, da Keglern üblicherweise bekannt und erkennbar ist, daß die Kugellaufbahn nicht betreten werden soll (LG Stuttgart VersR 1992, 211). Mit dem Zurückrollen einer Kugel auf die Kugelablage hat der Benutzer einer Kegelbahn zu rechnen und sich hierauf durch entsprechend vorsichtiges Verhalten beim Aufnehmen der Kugel einzustellen (LG Wiesbaden VersR 1982, 659). Der Betreiber einer Kegelbahn darf sich grundsätzlich auch darauf verlassen, daß Kinder, die die Bahn in Begleitung ihrer Eltern benutzen, von ihnen in die ungefährliche Benutzung eingewiesen und entsprechend beaufsichtigt werden (LG Wiesbaden VersR 1982, 659).

cc) Moto-Cross-Gelände

E 356 Der Betreiber eines Moto-Cross-Rundkurses hat durch ein entsprechendes **Reglement** sicherzustellen, daß die Benutzer bei Trainingsfahrten nicht unkontrolliert, insbes nicht in verschiedene Richtungen, auf dem Gelände herumfahren (OLG Celle VersR 1991, 1418). Den Benutzern muß erkennbar sein, daß das Gelände nur in eine Richtung befahren werden darf; dementsprechend muß die Einfahrt so gestaltet sein (OLG Celle VersR 1991, 1418). Der Streckenverlauf ist kenntlich zu machen, wofür aber schon die Prägung des Geländes durch Fahrspuren als ausreichend angesehen werden kann (OLG Celle VersR 1991, 1418).

dd) Reitsport

E 357 Bei einer Reitsportveranstaltung kann zwar nicht jede **Annäherung zwischen Mensch und Tier** verhindert werden, es sind aber zumindest Gefahren für die Zuschauer durch ein Zusammentreffen mit einem sich beengt bzw bedrängt fühlenden Tier auszuschließen (vgl BGH LM Nr 19 zu § 823 [Dc] für einen zu engen Gang zwischen den Pferdereihen eines Pferdemarktes; zumindest gegenüber Kindern auch BGH LM Nr 96 zu § 823 [Dc] unter I für eine offene Reitsportveranstaltung). Mit der Gefahr des **Durchgehens eines Pferdes** hat der Betreiber einer Pferdesportanlage stets zu rechnen, so daß sich zumindest in unmittelbarer Nähe des zum Führen bzw Reiten von Pferden genutzten Bereiches keine Gegenstände befinden dürfen, an denen sich die Pferde erheblich verletzen können (OLG Hamm NJW-RR 1998, 957, 958 für 2 bis 3 Meter neben einer Führanlage abgelegte Stahlschleppen zum Glätten von Sandwegen). Bei einem Reitturnier, das erkennbar auf Anlagen stattfindet, die normalerweise landwirtschaftlich genutzt werden, haben die Teilnehmer mit **Unebenheiten, Vertiefungen und Steinen auf dem Gelände** zu rechnen und deshalb ihr Augenmerk in besonderer Weise auf die Bodenverhältnisse zu richten

25. Titel. § 823
Unerlaubte Handlungen E 358, E 359

(OLG Köln VersR 1997, 125, 126: Keine Haftung des Veranstalters eines „ländlichen Reitturniers" für die Verletzung eines Pferdes an einem Grenzstein).

g) Karussells, Fahrgeschäfte, Schießbuden und sonstige „Kirmesanlagen"
aa) Allgemeines
α) Eine Erkenntnisquelle für die Verkehrspflichten beim Betrieb von Karussells E 358 oder Fahrgeschäften stellen die von den Ländern erlassenen **amtlichen Richtlinien** für den Bau und Betrieb fliegender Bauten dar (BGH LM Nr 109 zu § 823 [Dc] unter II 2; OLG Nürnberg NJW-RR 1986, 1224 für Autoskooter-Anlagen; OLG Karlsruhe VersR 1986, 479, 480 für eine Go-Cart-Bahn), wobei aber im Einzelfall an die Verkehrspflicht strengere Anforderungen zu stellen sein können (BGH LM Nr 109 zu § 823 [Dc] unter II 4 c; s oben Rn E 34). Der Betreiber eines Fahrgeschäftes oder einer anderen Vergnügungseinrichtung hat zum einen dafür Sorge zu tragen, daß bei **bestimmungsgemäßer Benutzung** der Vergnügungsanlage keine vermeidbaren Gefahren für die Benutzer sowie Dritte entstehen (s zB LG Köln VersR 1953, 342: Anbringung des Haltegriffs einer Überschlagschaukel in gefährlicher Nähe zu einer scharfkantigen Verstrebung). Er hat zum anderen zu berücksichtigen, daß eine Kirmes dazu dient und davon lebt, die Besucher in eine gelockerte Stimmung zu versetzen. Sicherungsmaßnahmen sind deshalb auch gegen solche Gefahren zu treffen, die erst durch ein **nicht angepaßtes, leichtsinniges und gegebenenfalls auch verbotswidriges Verhalten** der Benutzer hervorgerufen werden (BGH VersR 1957, 247 für leichtsinniges Verhalten der Benutzer eines Kettenkarussells; VersR 1962, 990, 991 für Gefahren durch das Drängeln und Schubsen auf dem Laufsteg eines sog Raupenkarussells; OLG Stuttgart VersR 1957, 49 für leichtsinniges und übermütiges Verhalten der Benutzer einer Überschlagschiffschaukel; OLG Düsseldorf NJW-RR 1994, 24 für das Erheben aus dem Sitz während der Fahrt mit einem Raupenkarussell; LG Bonn VersR 1988, 1268, 1269 für unruhiges Verhalten von Kindern während der Fahrt mit einer Berg- und Talbahn aufgrund Ablenkung durch Musik oder Zuruf von Freunden). Erkennbar **Angetrunkenen** ist die **Benutzung zu verwehren**, sofern deren Zulassung eine Gefahr für diese Personen selbst oder für Dritte mit sich bringen kann (BGH VersR 1957, 247, 248: Verletzung einer an einem Kettenkarussell stehenden Frau durch Herausfallen eines Angetrunkenen aus seinem Sitz). Erfordert die Benutzung eines Karussells oder eines anderen Fahrgeschäfts eine gewisse Gewandtheit, Einsichtsfähigkeit und Reife, so ist **Kindern die alleinige Benutzung nur dann zu gestatten**, wenn die erforderlichen Voraussetzungen bei Kindern der entsprechenden Altersgruppe im allgemeinen vorliegen (BGH LM Nr 109 zu § 823 [Dc] unter II 3 für eine Autoskooter-Anlage). Es ist durch geeignete Maßnahmen sicherzustellen, daß **Passanten oder Zuschauer** nicht unversehens in den Gefahrenbereich des Karussellbetriebs geraten (OLG Oldenburg VersR 1956, 441 für ein Kettenkarussell; OLG Hamm OLG-Report 1993, 119 [LS] für eine Kinder-Eisenbahn).

β) Eine **Grenze** findet die Gefahrvermeidungspflicht – wie auch sonst – bei absolut E 359 entfernt liegenden Gefahren, mit denen objektiv nicht gerechnet werden muß (BGH VersR 1965, 768, 770 für die Möglichkeit einer Fußverletzung eines Kindes am Handrad einer Riesenradgondel [im Rahmen des Verschuldens]; allgemein zur Erkennbarkeit der Gefahr oben Rn E 30) oder deren Verhinderung dem Verkehrspflichtigen objektiv nicht zumutbar ist (BGH LM Nr 109 zu § 823 (Dc) unter II 2 – Unzumutbarkeit der Anbringung von durch einen elektrischen Kontakt gesicherten Sicherheitsgurten bei Autoskootern; OLG Frankfurt aM MDR 1962, 477, 478 – Unzumutbarkeit der Umzäunung eines Kettenkarussellbetriebes zum Schutze der Zuschauer gegen Gefahren durch aus den Sitzen fliegende Fahrgäste; allgemein hierzu Rn E 35). Eingeschränkt ist die Gefahrvermeidungspflicht auch bei solchen Anlagen oder Einrichtungen, deren Reiz gerade in der **Beherrschung eines für die Benutzer erkennbaren Risikos** besteht. Der Betreiber einer solchen Anlage hat die Benutzer nur vor solchen Gefahren zu schützen, die über das nach der allgemeinen Lebenserfahrung als anlagentypisch zu betrachtende Risiko hinausgehen (BGH LM Nr 109 zu § 823 (Dc) unter II 4 a für die anlagentypische Gefahr von Zusammenstößen beim Autoskooter; OLG Tübingen VersR 1952, 436 für ein – nicht näher definiertes – „gewisses Risiko" bei Benutzung einer Schiffsschaukel; OLG Karlsruhe VersR 1986, 479 für das Bedrängen oder Touchieren durch andere Fahrer bei Benutzung einer Go-Cart-Bahn – näher hierzu unten Rn E 362; zu Anlagen mit „Risikocharakter" s bereits oben Rn E 294).

bb) Organisation und Beaufsichtigung des Fahrbetriebes

E 360 Die Benutzer eines Karussells oder eines anderen Fahrgeschäfts sind **vor der Fahrt** deutlich und unmißverständlich darauf hinzuweisen, welche Verhaltensweisen geboten bzw zu unterlassen sind, um eine Gefährdung ihrer oder anderer Personen zu vermeiden (BGH VersR 1959, 107). Die **Hinweispflicht** erstreckt sich einerseits nicht auf die Beachtung einfachster Verhaltensweisen, die jedem Benutzer geläufig sein müssen, andererseits aber auch nicht auf das Unterlassen absolut entfernt liegender Verhaltensweisen. Eine Gefährdung von Benutzern oder Zuschauern durch das **Anfahren des Karussells** ist durch geeignete Maßnahmen – etwa einen Signalton oder eine Lautsprecherdurchsage vor dem Anfahren sowie durch die Beobachtung des Geschehens – möglichst auszuschließen (OLG Hamm OLG-Report 1995, 222, 223: Verletzung der Mutter eines in einem Kinderkarussell sitzenden Kindes durch ein unangekündigtes Anfahren des Karussells, als die Mutter gerade dessen Drehplattform verlassen wollte). **Während des Fahrbetriebes** ist das Verhalten der Fahrgäste sowie der in unmittelbarer Nähe des Fahrbetriebes befindlichen Personen ständig zu beobachten, um einem gefahrbringenden Verhalten der Besucher unverzüglich in geeigneter Weise begegnen zu können (BGH VersR 1957, 247; OLG Frankfurt aM MDR 1962, 477, 478 – jeweils für ein Kettenkarussell; BGH VersR 1962, 990, 991; OLG Düsseldorf NJW-RR 1994, 24 – jeweils für ein Raupenkarussell). Die **Anzahl** der zur Beaufsichtigung des gesamten Gefahrenbereiches erforderlichen **Aufsichtspersonen** richtet sich nach den Umständen des Einzelfalles (BGH LM Nr 109 zu § 823 [Dc] unter II 4 b [2 Personen bei Autoskooter]; OLG Frankfurt aM MDR 1962, 477, 478 [1 Person bei Kettenkarussell]). Sind die von den Benutzern zu beachtenden Sicherheitsanforderungen durch Lautsprecherdurchsagen und ähnliche Maßnahmen nicht in der gebotenen Zeit durchzusetzen, so **muß notfalls der Fahrbetrieb unterbrochen werden** (BGH VersR 1957, 247 für ein Kettenkarussell; BGH VersR 1962, 990, 991; OLG Düsseldorf NJW-RR 1994, 24 für ein Raupenkarussell).

cc) Einzelne Anlagen

E 361 α) Zum anlagentypischen und deshalb von den Benutzern eines **Autoskooters** in Kauf zu nehmenden Risiko gehören diejenigen Gefahren, die den Benutzern während der Fahrt durch das gegenseitige Anstoßen oder Bedrängen drohen (BGH LM Nr 109 zu § 823 [Dc] unter II 4 a; OLG Stuttgart VersR 1959, 120; LG Hannover VersR 1952, 216; LG München II VersR 1979, 42). Die zur Beherrschung der Risiken notwendige Gewandtheit, Reife und Einsichtsfähigkeit wird jedenfalls bei **Kindern** im Alter von 12 Jahren vorausgesetzt werden können, weshalb ihnen das **Alleinfahren** in einem Autoskooter in der Regel gestattet werden kann (BGH LM Nr 109 zu § 823 [Dc] unter II 3; s auch OLG Nürnberg NJW-RR 1986, 1224, 1225 für einen 15-Jährigen); uU kann auch das Alleinfahren jüngerer Kinder zugelassen werden, wenn die Fahrt für den Betreiber erkennbar mit Billigung der Eltern der Kinder erfolgt (OLG Stuttgart VersR 1959, 120). Zum Schutze der Benutzer vor **Gefahren durch ausrollende Fahrzeuge** ist der Ausstieg aus den Fahrzeugen bzw das Betreten der Fahrfläche durch ein akustisches Signal, zB eine Hupe, erst nach Ausrollen aller Fahrzeuge freizugeben (BGH LM Nr 109 zu § 823 [Dc] unter II 4 b). Auf das vor dem Ein- bzw Ausstieg gebotene Abwarten des akustischen Signals sind die Fahrgäste durch weithin sichtbare Warntafeln oder durch Lautsprecheransagen gegen Ende einer Fahrt hinzuweisen (BGH LM Nr 109 zu § 823 [Dc] unter II 4 c). Eine **Absperrung der Fahrfläche** eines Autoskooterbetriebes gegen den Laufsteg ist nicht erforderlich (OLG Köln VersR 1952, 150, 151; LG München I VersR 1961, 1054). Die Fahrfläche einer Autoskooter-Anlage ist in griffigem Zustand zu halten (OLG Nürnberg NJW-RR 1986, 1224 unter Hinweis auf die amtlichen Richtlinien für den Bau und Betrieb fliegender Bauten). Zum Schutze der Benutzer vor einer **Rutschgefahr** durch Regen reicht eine Abdeckung der Fahrfläche nach oben hin und, falls erforderlich, zudem ein Trockenreiben der Fahrfläche aus; seitliche Planen sind wegen der ohnehin durch die Benutzer hereingetragenen Nässe im Regelfall nicht vonnöten (OLG Nürnberg NJW-RR 1986, 1224, 1225).

β) Zum anlagentypischen Risiko einer **Go-Cart-Bahn** gehört, daß die Benutzer sich gegenseitig überholen, bedrängen und auch Berührungen mit anderen Fahrzeugen suchen (OLG Karlsruhe VersR 1986, 479 für die Gefahr, daß zwei zusammengestoßene Fahrzeuge ein Hindernis für den nachfolgenden Fahrer bilden). Der Betreiber darf bei Personen ab einem gewissen Alter davon ausgehen, daß diese die bei einer Fahrt auf einer Go-Cart-Bahn gebotenen einfachsten Verhaltensweisen wie Lenken und Bremsen beachten und hat deshalb **Sicherungsvorkehrungen**, etwa gegen ein Hinaustragen aus der Bahn, **nur an besonderen Gefahrenstellen** anzubringen (so LG Mönchengladbach VersR 1973, 870, 871 – Ablehnung der Haftung gegenüber einem knapp 13-Jährigen, der in eine 180-Kehre mit unverminderter Geschwindigkeit und nahezu ohne Lenkbewegung eingefahren war). Das **Aufsichtspersonal** hat nur bei solchem Verhalten der Fahrer einzuschreiten, das ungewöhnlich und besonders riskant ist (OLG Karlsruhe VersR 1986, 479).

γ) Den Betreiber einer **Schießbude** trifft die Pflicht, Vorkehrungen zu treffen, um eine Schädigung seiner Kunden oder der in der Nähe der Bude befindlichen Personen möglichst zu vermeiden, wobei eine besondere Gefahr durch Querschläger besteht (LG Essen VersR 1955, 207). Gleiches gilt bei einem **Wurfpfeilstand** für das **Abprallen der Pfeile** (OLG Köln VersR 1990, 871; von LG Mainz VersR 1977, 941 wurde die Haftung des Betreibers mangels subjektiver Erkennbarkeit der Gefahr abgelehnt, von OLG Köln MDR 1993, 629 deshalb, da die für die Sicherungspflicht grundlegende Entscheidung [OLG Köln VersR 1990, 871] zum Unfallzeitpunkt noch nicht veröffentlicht war). Kann das Abprallen der Pfeile durch entsprechende Maßnahmen nicht vermieden werden, so ist dieser Gefahr zumindest durch die **Errichtung eines Absperrgitters** um den erfahrungsgemäß gefährdeten Bereich sowie mit einem Warnhinweis, daß innerhalb dieses Bereichs mit der Gefahr zurückprallender Pfeile zu rechnen sei, zu begegnen (OLG Köln VersR 1990, 871).

h) Sonstiges
aa) Faschingsveranstaltungen
Der Veranstalter eines Faschingsumzuges hat Gefahren für die Zuschauer durch das **Verhalten der Umzugsteilnehmer** möglichst zu verhindern. Hierfür hat er geeignete Verhaltensmaßregeln für die Umzugsteilnehmer aufzustellen und für deren Beachtung und Durchsetzung Sorge zu tragen (LG Ravensburg NJW 1997, 402: Verbot, sich aus der Umzugsgruppe zu entfernen). Jedenfalls bei Überschaubarkeit der örtlichen Verhältnisse

sowie des Umzugs ist es ausreichend, wenn Aufsichtspersonen zur **Überwachung der Umzugsordnung** eingesetzt werden; eine Absperrung der Umzugsstrecke zum Zuschauerbereich ist nicht erforderlich (LG Ravensburg NJW 1997, 402). Das **Werfen von Bonbons** und ähnlichen kleinen Gegenständen in die Zuschauermenge ist üblich; die Zuschauer haben sich darauf einzustellen (LG Rottweil VersR 1974, 917; LG Trier NJW-RR 1995, 1364, 1365; AG Eschweiler NJW-RR 1986, 576, 577; s auch GAISBAUER VersR 1990, 756, 757 mwNw).

bb) Feuerwerk

E 365 An die Verkehrspflichten bei einem Feuerwerk sind wegen der besonderen Gefährlichkeit des Umgangs mit Feuerwerkskörpern grundsätzlich **hohe Anforderungen** zu stellen (BGH NJW 1986, 52; LG Berlin VersR 1978, 1175). Bei der Wahl des Standorts und der zum Schutz der Zuschauer zu ergreifenden Maßnahmen muß stets auch ein technisches Versagen der Feuerwerkskörper sowie die Möglichkeit einkalkuliert werden, daß sich uU die Feuerwerkskörper nicht zu der berechneten Zeit, nicht auf die vorgesehene Weise, insbes nicht in die vorbestimmte Richtung entladen (BGH NJW 1965, 197, 199; 1986, 52; LM Nr 11a zu § 276 [Bb]). Der **Veranstalter eines Großfeuerwerks** kann sich seiner Verantwortung für die mit dem Feuerwerk verbundenen besonderen Verkehrsgefahren nicht schon allein durch **Übertragung der technischen Ausführung** auf einen als zuverlässig bekannten sachkundigen Unternehmer entledigen (BGH NJW 1965, 197, 199). Er bleibt vielmehr verpflichtet, selbständig zu prüfen, ob die zum Schutz des Publikums ergriffenen Maßnahmen ausreichend sind, und er hat gegebenenfalls zu veranlassen, daß Mängel behoben werden (BGH NJW 1965, 197, 199). Hierfür muß er sich in gewissem Umfang selbst über Möglichkeit, Art und Ausmaß der mit dem Feuerwerk im konkreten Fall verbundenen Gefahren kundig machen (BGH NJW 1965, 197, 199: zumindest Befragung des Feuerwerkers über Brisanz der zum Abschuß vorgesehenen Raketen). In der **Silvesternacht** sind nach Rechtsprechung des BGH die Anforderungen beim Abbrennen von Feuerwerkskörpern gegenüber den Selbstschutzmaßnahmen, die den Zuschauern des Feuerwerks aufzuerlegen sind, herabgesetzt (BGH NJW 1986, 52, 53). Gegenüber solchen Personen, die sich in der Nähe der Abschußstelle aufhalten und die sich grundsätzlich durch eine Beobachtung des Abfeuerns auf etwaige Gefährdungen einstellen können, ist eine Haftung desjenigen, der erlaubnisfreie Feuerwerkskörper bestimmungsgemäß, unter Beachtung der vom Hersteller beigefügten Anweisungen sowie an einem geeigneten Standort entzündet, im allgemeinen zu verneinen (BGH NJW 1986, 52, 53; zu einem Fall verkehrspflichtwidrigen Handelns auch in der Silvesternacht LG Berlin VersR 1978, 1175 [Öffnen einer Kiste mit Feuerwerksmunition während Funkenflugs durch Goldregen und Zigarette]; skeptisch bezüglich der Möglichkeit des Selbstschutzes der Zuschauer oben Rn E 32).

cc) Sonstige Fälle

E 366 Bei einem **Festumzug unter Einsatz von Pferden** und Pferdewagen sind alle zumutbaren Maßnahmen zu treffen, um eine Gefährdung der Umzugsteilnehmer sowie der Zuschauer durch die mit einer solchen Veranstaltung naturgemäß verbundenen Gefahren zu vermeiden (OLG Jena MDR 1997, 1030: Gefährdung der Umzugsteilnehmer durch das Einsteigen in den führerlosen Pferdewagen im Moment des Anspannens der Pferde). Der Veranstalter eines **Heavy-Metal-Konzerts** hat durch geeignete Maßnahmen sicherzustellen, daß Hörschäden der Besucher aufgrund der Beschallung möglichst vermieden werden (LG Trier NJW 1993, 1474). Die Pflicht des Veranstalters eines **Lagerfeuers**, das Feuer zu beaufsichtigen und vor Verlassen der Feuerstelle zu löschen, dient dem Zweck, ein unkontrolliertes Ausbreiten des Feuers zu verhindern; nicht aber geht es um die Verhinderung von Stürzen der Veranstaltungsteilnehmer in das Feuer (OLG Celle VersR 1997, 251, 252). Der Veranstalter eines **Seifenkistenrennens** für Kinder hat zum Schutze der Fahrer und der Zuschauer bei der Festlegung des Streckenverlaufs sowie bei der Absicherung der Rennpiste in Rechnung zu stellen, daß die Fahrer durch mangelnde Erfahrung, Wagemut, Ungeschicklichkeit oder technische Defekte die Beherrschung über das Fahrzeug verlieren können (OLG Karlsruhe NJW-RR 1994, 413, 414). Das Ausrutschen des Zuschauers eines **Tanzturniers** auf von den Kostümen der Tänzer abgefallenen Federn oder Pailletten ist Teil des allgemeinen Lebensrisikos; Sicherungsmaßnahmen gegen die Verwirklichung dieser Gefahr durch Absperrung oder häufige Reinigung der Tanzfläche sind nicht erforderlich (OLG Düsseldorf OLG-Report 1997, 210, 211).

19. Jagd

a) Erkenntnisquellen

Bei der Bestimmung des verkehrsgerechten Verhaltens bei der Jagd können **die in Jägerkreisen herrschenden Auffassungen und Übungen** insofern von Bedeutung sein, als sie den Niederschlag vieljähriger Erfahrungen über Gefährlichkeit oder Ungefährlichkeit einer bestimmten Handlungsweise des Jägers oder über die Mittel und Wege, einer Gefahr vorzubeugen, darstellen und sich in der Praxis bewährt haben (so schon RG JW 1904, 357 Nr 8; Recht 1909 Nr 2371; WarnR 1909 Nr 499; BGH VersR 1958, 851; 1959, 206; OLG Zweibrücken VersR 1966, 989, 990). Einer Jagdregel, die auf Leben und Gesundheit der Menschen nicht genügend Rücksicht nimmt, muß allerdings die Anerkennung versagt werden (RG JW 1904, 357 Nr 8 aE; Recht 1909 Nr 2371; SeuffArch Bd 87 Nr 91; HRR 1934 Nr 802; BGH VersR 1959, 206). Eine maßgebliche Erkenntnisquelle für die Präzisierung jagdgerechten Verhaltens stellen – auch außerhalb ihres unmittelbaren Geltungsbereiches – die von den landwirtschaftlichen Berufsgenossenschaften erlassenen **Jagdunfallverhütungsvorschriften** dar (OLG Koblenz VersR 1992, 893; die Jagd-UVV sind abgedruckt beispielsweise in MITZSCHKE/SCHÄFER, Kommentar zum Bundesjagdgesetz [4. Aufl 1982] Anhang zu § 17 BJagdG).

b) Gebrauch der Schußwaffe

Bei der hohen Gefahr, die das Scharfschießen in der Nähe von Menschen mit sich bringt, ist an das vom Schützen zu beachtende verkehrsgerechte Verhalten ein **strenger Maßstab** anzulegen (RG HRR 1934 Nr 802; BGH VersR 1959, 206; OLG Karlsruhe VersR 1956, 70; OLG Nürnberg VersR 1957, 682, 683; OLG Zweibrücken VersR 1966, 989, 990). In der Nähe von Menschen darf nur dann scharf geschossen werden, wenn mit Gewißheit oder mit einer ihr gleichstehenden hohen Wahrscheinlichkeit anzunehmen ist, daß kein Mensch unmittelbar durch den Schuß oder durch ein Abprallen des Geschosses getroffen werden kann. Für einen Jäger gibt es keine Ausnahme von dieser Regel (RGZ 98, 58, 59; RG WarnR 1918 Nr 207; SeuffA 87 Nr 91; BGH VersR 1959, 206; OLG Nürnberg VersR 1957, 682, 683; OLG Zweibrücken VersR 1966, 989, 990; OLG Koblenz VersR 1992, 893). Ein Jäger hat jederzeit und an jedem Ort aufmerksam darauf zu achten, ob Anhaltspunkte für die Anwesenheit von **Menschen in gefahrbringender Nähe** vorliegen und hat sich darauf einzurichten (RG [St] JW 1923, 758 Nr 3: Schwankungen von Zweigen als möglicher Anhaltspunkt für die Anwesenheit eines Menschen; RG Recht 1912 Nr 377: „dunkle Masse" in einem Baum [zu eng, sofern bzgl der Pflicht des Jägers, sich darüber zu vergewissern, ob es sich hierbei nicht um einen Menschen handelt, auf die Nähe zu einem Dorf abgestellt wird]). In

Richtung auf bewohnte Gebäude, belebte Straßen oder sonstige Einrichtungen, in deren Nähe mit dem Vorhandensein oder plötzlichen Auftauchen von Menschen zu rechnen ist, darf ein Schuß aus gefahrbringender Nähe überhaupt nicht abgegeben werden (OLG Dresden EJS I 35 Nr 33). Ein Schuß darf nur gegen eine **sichere Deckung** oder aber in eine Richtung abgegeben werden, in der die Fläche, in die der Schuß geht, bis zur Tragweite der Waffe überblickt werden kann (Vorhandensein einer sicheren Deckung abgelehnt von RG Recht 1919 Nr 751 für einen Schuß gegen eine Hecke; von BGH VersR 1963, 732 für einen Schuß durch ein Gebüsch; ausreichender Überblick abgelehnt von OLG Nürnberg VersR 1957, 682, 683 für einen hangaufwärts abgegebenen Schuß; OLG Hamm MDR 1962, 407). Vor Abgabe eines Schusses hat der Jäger auch zu berücksichtigen, daß die **Munition** bei Auftreffen auf einen harten Gegenstand in unberechenbarer Weise **in alle möglichen Richtungen abprallen** kann (RGZ 98, 58, 59; RG WarnR 1909 Nr 499; Recht 1912 Nr 1889; HRR 1934 Nr 802). Mit dem Auftreffen der Munition auf einen harten Gegenstand hat der Jäger im allgemeinen zu rechnen (RG WarnR 1918 Nr 207 auch bei einem Schrotschuß auf eine weiche Moosdecke).

c) **Handhabung der Schußwaffe**

E 369 Bei der Handhabung der Schußwaffe hat der Jäger zu berücksichtigen, daß es immer wieder vorkommt, daß sich auch aus einer gesicherten Waffe bei einer Erschütterung oder einem Aufprall ein Schuß löst (BGH VersR 1958, 851). Schußwaffen dürfen deshalb nur geladen sein, wenn dies zur Jagdausübung im engeren Sinne erforderlich ist (BGH LM Nr 177 zu § 823 [Aa] unter II 1 a; VersR 1958, 851; s auch § 2 Abs 1 der Jagd-UVV). Ein Herabsetzen des Abzugswiderstandes des Gewehrs („Stechen") in Vorbereitung auf die Abgabe eines Schusses ist nur gestattet, wenn der Jäger über einen sicheren Stand verfügt (OLG Celle AgrarR 1996, 261, 262: kein sicherer Stand auf nassem Schnee und abschüssigem Gelände). Bei einer Treibjagd ist die Waffe zwischen zwei Treiben zu entladen (RGZ 156, 140, 143; s auch Abs 7 der Durchführungsanweisung zu § 3 Jagd-UVV). Beim Zusammentreffen mehrerer Jäger sind die Gewehrmündungen nach oben zu richten (RG JW 1927, 891 Nr 2; s auch Abs 8 der Durchführungsanweisung zu § 3 Jagd-UVV für die Treibjagd). Vor der erstmaligen Benutzung einer Schußwaffe in der Nähe zu Menschen hat sich der Jäger mit dem Mechanismus des Gewehrs in geeigneter Weise vertraut zu machen (RGZ 156, 140, 145 f).

d) **Treibjagden und sonstige Gesellschaftsjagden**
aa) **Aufgaben des Jagdleiters**

E 370 Bei Treibjagden und anderen Gesellschaftsjagden (zum Begriff der Treibjagd vgl RGZ 156, 140, 143; BGH VersR 1969, 751, 752) ist ein **Jagdleiter** zu bestimmen (s § 3 Abs 1 der Jagd-UVV), der für die gefahrlose Organisation und Durchführung der Jagd verantwortlich ist (BGH VersR 1976, 593; OLG Celle VersR 1974, 1087, 1088 als Vorinstanz) und insbes für die Einhaltung der Jagdunfallverhütungsvorschriften zu sorgen hat (BGH VersR 1969, 751, 752). Ihn trifft die Pflicht, vor Beginn der Jagd die **Eignung der Jagdteilnehmer zu überprüfen** (RGZ 128, 39, 43) und sich den Jagdschein der Teilnehmer vorlegen zu lassen (OLG Oldenburg VersR 1979, 91, 92). Bekanntermaßen unzuverlässige Schützen und Jagdteilnehmer, die sich im Verlaufe der Jagd als solche erweisen, sind von der Jagd auszuschließen (RGZ 128, 39, 44; OLG Oldenburg VersR 1979, 91, 92). Der Jagdleiter ist verpflichtet, die Jagdteilnehmer so aufzustellen und zu führen, daß hieraus keine Gefahren für die Jagenden einschließlich der Treiber oder für an der Jagd unbeteiligte Personen entstehen können (RG HRR 1934 Nr 802; BGH VersR 1959, 206). Der **Standort bzw die Laufrichtung der Schützen und der Treiber** müssen genau bestimmt sein; den Jagdteilnehmern müssen zumindest die Standorte ihrer Nachbarn mitgeteilt werden (BGH VersR 1969, 751, 752; s auch § 3 Abs 2 der Jagd-UVV). Dies gilt in verstärktem Maße bei Jagden in unübersichtlichem Gelände und bei **Nachtjagden**, da bei ihnen die Gefahr, daß ein Jagdteilnehmer unbemerkt in das Schußfeld des anderen gerät, besonders hoch ist (BGH VersR 1966, 190, 191; 1969, 751, 752). Vom Jagdleiter kann jedoch nicht das **Einschreiten gegen jedes einzelne Fehlverhalten** der Jagdteilnehmer erwartet werden (vgl BGH VersR 1976, 987, 988 unter B I: keine Pflicht zum Einschreiten gegen die Übergabe eines geladenen Gewehrs an einen erwachsenen Nichtjäger [im Rahmen des Mitverschuldens des Jagdleiters]).

bb) Pflichten der Jagdteilnehmer
An das verkehrsgerechte **Verhalten der Teilnehmer einer Treib- oder sonstigen Gesellschaftsjagd** ist zum Schutze der Jagenden ein strenger Maßstab anzulegen (RGZ 98, 58, 59; BGH VersR 1958, 851). Die **Anweisungen des Jagdleiters** sind unbedingt zu beachten (s auch § 3 Abs 1 S 2 Jagd-UVV). Sie entbinden die Jagdteilnehmer allerdings nicht von der Pflicht, vor Abgabe eines jeden Schusses **eigenverantwortlich zu prüfen**, ob eine Gefährdung von Menschen ausgeschlossen ist (BGH VersR 1959, 206; OLG Nürnberg VersR 1957, 682, 683 als Vorinstanz). Ein Jagdteilnehmer darf sich auch nicht darauf verlassen, daß die Anweisungen des Jagdleiters von allen Teilnehmern gehört und beachtet werden (BGH VersR 1959, 206). Dasselbe gilt hinsichtlich der allgemein zu beachtenden Jagdregeln (OLG Zweibrücken VersR 1966, 989, 990). Vor Beendigung der Jagd darf der vom Jagdleiter vorgegebene **Standort nicht ohne Verständigung der Nachbarn verlassen** werden (BGH LM Nr 177 zu § 823 [Aa] unter II 1 b aa; OLG Zweibrücken VersR 1966, 989, 990; s auch Abs 3 der Durchführungsanweisung zu § 3 Jagd-UVV). Eine Verständigung der Nachbarn kann ausnahmsweise dann unterbleiben, wenn es sich nur um eine ganz geringfügige Ortsveränderung handelt, durch die der Teilnehmer nicht in einen fremden Schußbereich gerät (BGH VersR 1968, 1141, 1142 [für eine verbundene Einzeljagd]; offen gelassen für eine für die Nachbarn ohne weiteres erkennbare Ortsveränderung von BGH LM Nr 177 zu § 823 [Aa] unter II 1 b aa; s auch Abs 3 S 3 der Durchführungsanweisung zu § 3 Jagd-UVV).

e) Gefahren für den Straßenverkehr
Den Leiter einer Jagd in der Nähe von befahrenen Straßen trifft die Pflicht, Gefahren für den Straßenverkehr durch **jagdbedingt aufgescheuchtes Wild** zu verhindern, sofern von der speziellen Art der Jagd eine Gefahr ausgeht, die über die allgemein bestehende Gefahr des Wildwechsels über eine befahrene Straße hinausgeht (BGH VersR 1976, 593, 594; LG Aachen VersR 1992, 74), etwa wenn das Jagdgebiet von einer formierten Jägerkette durchkämmt wird (BGH VersR 1976, 593, 594). Dies ist regelmäßig der Fall bei Treib- und Drückjagden, kann aber auch bei anderen **Jagdarten** – etwa bei der Suchjagd nach Federwild – der Fall sein, da es für die Gefährdung des Straßenverkehrs unerheblich ist, ob das Wild beabsichtigt oder unbeabsichtigt in Richtung Straße getrieben wird (BGH VersR 1976, 593, 594 – abgelehnt für eine in seitlicher Entfernung von einer Straße in Schrägformation laufende Kette von nur vier Jägern). Zur Vermeidung einer Gefährdung des Straßenverkehrs ist das Treiben von der Straße möglichst wegzuführen und einem rückwärtigen Ausweichen des Wildes in Richtung Straße durch **geeignete Maßnahmen**, zB durch dichte Treiberketten oder durch Anbringung sog „Jagdlappen" entlang der Straße, vorzubeugen (BGH VersR 1976, 593, 594; s auch GAISBAUER VersR 1992, 471, 472). Jedenfalls dann, wenn das Jagdtreiben für die Straßenverkehrsteilnehmer nicht ohne weiteres erkennbar ist, sind entlang der Straße auch

zusätzliche **Warnschilder** anzubringen oder Warnposten aufzustellen (in der die Erforderlichkeit dieser Sicherungsmaßnahmen ablehnenden Entscheidung LG Aachen VersR 1992, 74 war das Jagdgebiet von der Straße aus weithin einsichtbar; zu dieser Entscheidung GAISBAUER VersR 1992, 471, 472).

20. Haftung der Angehörigen einzelner Berufsgruppen

E 373 Bei der Ausübung eines Berufes sind grundsätzlich diejenigen Sicherungsvorkehrungen zu treffen, die ein verständiger, umsichtiger, vorsichtiger und gewissenhafter Angehöriger der jeweiligen Berufsgruppe für ausreichend halten darf, um andere Personen vor Schaden zu bewahren, und die ihm nach den Umständen zuzumuten sind (BGHZ 103, 298, 304; BGH VersR 1975, 812; 1978, 869; NJW-RR 1991, 1240, 1241; OLG Celle NJW-RR 1996, 372, 373; OLG München VersR 1998, 326, 327; vgl schon oben Rn E 22). Der Berufsausübende hat sich diejenigen Kenntnisse und Fähigkeiten zu verschaffen, die erforderlich sind, um die sichere Bewältigung der jeweils im Rahmen der Berufsausübung übernommenen Aufgabe zu gewährleisten (BGH LM Nr 3/4 zu § 909 unter III 1 für einen Baggerunternehmer).

a) Architekt
aa) Allgemeines

E 374 Den Architekten treffen nach ständiger Rechtsprechung nicht nur vertragliche Pflichten gegenüber seinem Auftraggeber; er ist im Rahmen des von ihm **übernommenen Aufgabenkreises** gegenüber diesem sowie gegenüber Dritten, die bestimmungsgemäß mit den Bauarbeiten oder dem Bauwerk in Berührung kommen, auch deliktisch verpflichtet, Gefahren, die von der Architektenleistung für Rechtsgüter der Betroffenen ausgehen können, vorzubeugen und sie gegebenenfalls abzuwehren (BGHZ 68, 169, 175 ff.; BGH NJW 1970, 2290, 2291; 1980, 1101, 1102; 1987, 1013; 1991, 562, 563).

E 375 α) Für **Gefahren durch eine mangelhafte Planung** des Architekten ergibt sich dies aus dem Zurechnungsgrund der Schaffung und Aufrechterhaltung einer Gefahrenquelle (vgl schon oben Rn E 13). Gleiches gilt für **Gefahren durch Maßnahmen der Bauausführung, die vom Architekten selbst veranlaßt wurden**, sei es, daß die Auftragserteilung schon unmittelbar Gefahren für andere begründen kann, sei es, daß solche Gefahren nicht von vornherein ausgeschlossen sind (BGH NJW 1984, 360, 361 – bauleitender Architekt erteilt einem Hilfspolier den Auftrag zum Aufbau eines relativ komplizierten Baugerüsts; LM Nr 101 zu § 823 [Dc] unter II 1 c – bauleitender Architekt veranlaßt Maßnahmen, die zu einer gefahrvollen Verengung des Zufahrtsweges zur Baustelle führten; OLG Frankfurt aM VersR 1992, 760, 761 für die Veranlassung eines nicht verkehrssicheren Aufbaus eines Baugerüsts).

E 376 β) Verkehrspflichtig für die Vermeidung von **Gefahren durch eine mangelhafte Sicherung der Baustelle oder eine mangelhafte Bauausführung** ist neben dem Bauherrn als dem mittelbaren Veranlasser in erster Linie der Bauunternehmer (BGHZ 68, 169, 175; BGH NJW 1970, 2290, 2291; 1980, 1101, 1102; s auch oben Rn E 216 f). Mit **Übernahme der Aufgabe der Bauüberwachung** trifft aber auch den Architekten die Pflicht, nicht nur seinen Auftraggeber, sondern auch Dritte vor solchen Schäden zu bewahren, die ihnen in Zusammenhang mit der Errichtung des Bauwerks entstehen können (BGHZ 68, 169, 175ff; BGH NJW 1970, 2290, 2291; 1980, 1101, 1102; 1987, 1013; 1991, 562, 563; vgl auch oben Rn E 21). Teilweise wird die Einstandspflicht des bauüberwachenden

Architekten auch mit dem Gesichtspunkt der Beherrschung der von der Baustelle ausgehenden Gefahren begründet, denn der bauüberwachende Architekt sei im Auftrag des Bauherrn gegenüber dem Bauunternehmer anordnungs- und weisungsbefugt (OLG Frankfurt aM BauR 1998, 152 mit abl Anm VOGEL BauR 1998, 156, 157: „sehr beschränkte tatsächliche Verfügungsgewalt vor Ort"). Auch der Zurechnungsgrund der **Verkehrseröffnung** kann in vereinzelten Fällen herangezogen werden, so beispielsweise dann, wenn der Architekt nicht am Bau Beteiligte zu einer Führung oder Besprechung auf die Baustelle einlädt (BGH LM Nr 168 zu § 823 [Dc] unter II 2 b für einen bauleitenden Bauingenieur, der einen Ortstermin auf einem unsicheren Baugerüst veranstaltete).

γ) Hinsichtlich des **fertiggestellten Bauwerks** sind Gegenstand der Gefahrvermeidungspflicht des bauüberwachenden Architekten nicht nur solche **Gefahren**, die sich unmittelbar aus dem Bauwerk selbst ergeben (BGH NJW 1970, 2290: gefährlich konstruierte Wendeltreppe; VersR 1964, 1250: nicht tragfähige Konstruktion einer Hallendecke), sondern auch Gefahren aus einem mangelnden Schutz des Gebäudes gegen äußere Gefahren, deren Abwehr das Bauwerk gerade dienen soll (BGH NJW 1987, 1013, 1014; 1991, 562, 563 – Eindringen von Feuchtigkeit aufgrund mangelnder Isolierung; ebenso LM Nr 50 zu § 823 [Ac] unter II 2 a für die insoweit identische Haftung des Bauunternehmers; OLG Hamm NJW-RR 1993, 594, 595 für einen Wassereinbruch infolge unterlassenen Einbaus eines Rückstauventils; zur Abgrenzung zum vertraglich geschuldeten Nutzungsinteresse s oben Rn E 53). Zum **geschützten Personenkreis** gehören neben dem Auftraggeber des Architekten (s zB OLG Hamm NJW-RR 1993, 594, 595) insbes auch die (späteren) Bewohner des Gebäudes sowie dessen gewerbliche Nutzer (BGH NJW 1987, 1013, 1014; 1991, 562, 563). Geschützt sind auch die Nutzer der Nachbargrundstücke (OLG Köln NJW-RR 1995, 156, 157 für eine Schädigung durch in den Nachbarkeller eindringendes Regenwasser aufgrund eines mangelnden Anschlusses des Regenfallrohres).

E 377

bb) Verkehrspflichten im Zusammenhang mit der Planung des Bauwerks

Den mit der Planung eines Bauvorhabens betrauten Architekten trifft die deliktische Verkehrspflicht, etwaigen Gefahren, die von den Baumaßnahmen sowohl für den Auftraggeber als auch für Dritte ausgehen können, vorzubeugen und sie gegebenenfalls abzuwehren (BGHZ 68, 169, 176, 177; BGH NJW 1987, 1013; OLG Frankfurt aM VersR 1997, 360, 361). Maßgebend für die Bestimmung von **Inhalt und Umfang der Verkehrspflicht** des planenden Architekten ist der jeweils konkret übernommene Aufgabenkreis. Beispielsweise haftet ein Architekt, der lediglich die Genehmigungsplanung übernommen hat, dann nicht für die fehlende Einzeichnung der gebotenen Einfriedung eines Löschwasserteiches, wenn diese Einzeichnung weder für die Erteilung der Baugenehmigung noch für die Herstellung des Löschwasserteiches erforderlich war (BGH NJW 1997, 582, 584; s auch OLG Köln NJW-RR 1994, 89: keine Pflicht zur Überwachung des Ablaufs von Ausschachtungsarbeiten). Andererseits wurde ein Architekt, der die Genehmigungsplanung für ein Bauvorhaben übernommen hatte, ohne gleichzeitig mit der Statik des Bauvorhabens beauftragt worden zu sein, auch für eine Gefahr aufgrund eines Mangels der Statik als deliktisch verantwortlich angesehen. Aus der öffentlich-rechtlichen Verpflichtung des Architekten als Entwurfsverfasser, die für die Bauausführung notwendigen Unterlagen mit dem Bauantrag vollständig einzureichen, soll die deliktische Verkehrspflicht zur Vermeidung aller Gefahren, die sich aus der **Unvollständigkeit der eingereichten Unterlagen** ergeben können, folgen (OLG Frankfurt aM VersR 1997, 360, 361 für das Fehlen des erforderlichen Standsicherheitsnachweises). Ein Architekt, der die örtliche Bauaufsicht nicht übernommen hat, kann sich in der

E 378

Regel darauf verlassen, daß eine zwar nicht alltägliche und auch nicht ungefährliche, aber fachlich nicht zu beanstandende Anweisung von dem im Auftrag des Bauherrn handelnden Bauunternehmer auch handwerklich richtig ausgeführt wird (BGH VersR 1962, 358, 360 für die Anweisung zur Entfernung eines Stützbalkens aus einer Giebelwand).

cc) Verkehrspflichten in Zusammenhang mit der Bauüberwachung

E 379 α) Für die Sicherheit der Baustelle sowie die gefahrlose und ordnungsgemäße Bauausführung ist neben dem Bauherrn als mittelbarem Veranlasser in erster Linie der Bauunternehmer verantwortlich (BGHZ 68, 169, 175; BGH NJW 1970, 2290, 2291; s bereits oben Rn E 376). Entscheidender **Haftungsgrund** für die daneben tretende deliktische Verantwortlichkeit des Architekten ist die **zivilrechtliche Übernahme der Bauüberwachung**, nämlich die Objektüberwachung gemäß Leistungsphase 8 § 15 HOAI und die örtliche Bauaufsicht, gegenüber dem Bauherrn (BGHZ 68, 169, 175; zu einem Fall der Übernahme der Bauaufsicht durch tatsächliches Verhalten [häufiger Aufenthalt auf der Baustelle und Erteilung von Anweisungen an die am Bau Beschäftigten] BGH VersR 1959, 904, 905). Hiervon zu unterscheiden ist die Verantwortlichkeit als „Bauleiter" iS einiger Landesbauordnungen (OLG Frankfurt aM BauR 1998, 152, 154 mit Anm Vogel BauR 1998, 156, 158). Aus der Übernahme der öffentlich-rechtlichen Verpflichtung, für den sicheren Betrieb der Baustelle zu sorgen, kann jedoch geschlossen werden, daß auch zivilrechtlich die Aufgabe der Baustellensicherung übernommen wurde (BGH NJW 1970, 2290, 2291; 1985, 1078; OLG Frankfurt aM BauR 1998, 152, 154). Die zusätzliche Übernahme der öffentlich-rechtlichen Verantwortlichkeit für die Bauüberwachung bedeutet keine Vermehrung der Pflichtenstellung des die örtliche Bauaufsicht führenden Architekten, die Pflichtenkreise stimmen vielmehr inhaltlich überein (BGHZ 68, 169, 178; BGH NJW 1980, 1101, 1102), da eine Trennung der zur örtlichen Bauaufsicht gehörenden Überwachungsaufgaben von denen der Bauleitung nicht möglich erscheint (BGH NJW 1980, 1101, 1102; s auch Vogel BauR 1998, 156, 156: Stellung als „verantwortlicher Bauleiter" bedeute „höchstens einen Pflichtenverstärkungsfaktor").

E 380 β) In Abgrenzung zur Verkehrspflichtigkeit des Bauunternehmers wird die Pflichtenstellung des bauüberwachenden Architekten oftmals als **„sekundäre Verkehrspflicht"** bezeichnet (BGH NJW 1984, 360, 361; OLG Köln VersR 1969, 810, 811; OLG Celle VersR 1977, 479, 480; OLG Stuttgart VersR 1990, 169, 170; OLG Hamm VersR 1993, 491, 492; OLG Frankfurt aM BauR 1998, 152, 153; s auch Kullmann BauR 1977, 84, 85); sie ist aber mit dem Begriff der **„Wahrnehmungspflicht"** (so BGHZ 68, 169, 176) treffender umschrieben. Der Architekt hat nämlich nicht erst für die Beseitigung von ihm erkannter Gefahren Sorge zu tragen (so in der Formulierung aber OLG Nürnberg VersR 1996, 460, 461; OLG Stuttgart VersR 1990, 169, 170; OLG Hamm VersR 1993, 491, 492 – im letztgenannten Fall war dem Architekten die Gefahrenstelle [mangelnde Absicherung eines Pumpenschachtes] allerdings bekannt), sondern er muß Vorsorge treffen, gewisse Gefahren auch zu bemerken; er darf seine Augen nicht verschließen, um auf diese Weise jeglichem Haftungsrisiko aus dem Wege zu gehen (BGHZ 68, 169, 176; OLG Hamm BauR 1980, 378, 379; OLG Frankfurt aM BauR 1998, 152, 153).

E 381 γ) **Gegenstand der Wahrnehmungspflicht** des bauüberwachenden Architekten ist die Einhaltung der für die Herstellung des Bauwerks maßgeblichen technischen Regeln und behördlichen Vorschriften (BGHZ 68, 169, 176). Während im Grundsatz der Architekt die fachliche Verantwortung für seine Anweisungen an den Bauunternehmer bzw an dessen Beschäftigte, der Bauunternehmer die Verantwortung für deren handwerkliche Durchführung trägt, tritt mit Übernahme der örtlichen Bauaufsicht auf Seiten des Architekten eine Überschneidung der Pflichtenkreise ein (BGH VersR 1962, 358, 360). Die Einhaltung von Unfallverhütungsvorschriften ist allerdings nur insoweit Gegenstand seiner Verkehrspflicht, als sie der Sache nach zu den Regeln der Baukunst gehören (BGHZ 68, 169, 176; BGH NJW 1980, 1101, 1102; VersR 1962, 358, 360; OLG Hamm BauR 1980, 378, 379). Zur Wahrnehmungspflicht des bauaufsichtsführenden Architekten gehört unter anderem die Absicherung der Baustelle (OLG Celle VersR 1977, 479, 480: Abdeckung eines Kellerschachts; OLG Hamm BauR 1980, 378, 379: Absperrung einer Baugrube; VersR 1993, 491, 492: Absicherung eines Pumpenschachtes) sowie die Überwachung der Betriebssicherheit der Baustelleneinrichtungen, wie beispielsweise der Baugerüste (OLG Frankfurt aM BauR 1998, 152, 154 mit kritischer Anm VOGEL BauR 1998, 156 ff).

δ) Die **zur Erfüllung der Wahrnehmungspflicht erforderlichen Maßnahmen** hängen von den Umständen des Einzelfalles ab (BGHZ 68, 169, 174 [im Rahmen vertraglicher Haftung]; BGH NJW 1991, 562, 563), insbes davon, ob der Architekt den Bauunternehmer und seine Leute als zuverlässig kennt, so daß er ihnen in gewissem Umfang vertrauen darf (BGHZ 68, 169, 174 [im Rahmen vertraglicher Haftung]; BGH LM Nr 4a zu § 909 unter III; OLG Hamm NJW-RR 1993, 594, 596; allgemein zum Umfang der Wahrnehmungspflicht des bauüberwachenden Architekten OLG Düsseldorf BauR 1996, 731; s hierzu auch oben Rn E 61). Auf die ordnungsgemäße Ausführung **einfacher und gängiger Bauarbeiten** darf sich der Architekt bei Beauftragung eines Bauunternehmens grundsätzlich verlassen (BGH NJW 1984, 360, 362 für die ordnungsgemäße Befestigung der Schraubenverbindungen an einem Baugerüst). Gleiches gilt für Maßnahmen der Baustellensicherung, deren Notwendigkeit für einen fachkundigen Bauunternehmer ohne weiteres erkennbar ist (OLG Hamm BauR 1980, 378, 380 für die Absperrung einer Baugrube). Eine Pflicht des Architekten zu besonderer Überwachung auch einfacher und gängiger Bauarbeiten, zumindest zu abschließender Kontrolle, besteht allerdings dann, wenn bei der Bauausführung **bereits Fehler vorgekommen** sind oder wenn sonstige Anhaltspunkte dafür vorliegen, daß der Bauunternehmer zur ordnungsgemäßen Erfüllung seiner Aufgaben nicht genügend sachkundig oder zuverlässig ist (BGHZ 68, 169, 176; BGH NJW 1994, 1276, 1277 [im Rahmen vertraglicher Haftung]; OLG Köln NJW-RR 1995, 156 f; OLG Düsseldorf BauR 1996, 731). Eine besondere Überwachungspflicht des Architekten besteht auch jedenfalls insoweit, als die Bauaufsicht gerade dazu dient, **besonders gefahrträchtige Fehler des Bauunternehmers** zu verhindern (BGH NJW 1991, 562, 563; OLG Frankfurt aM BauR 1998, 152, 153). Dies bezieht sich beispielsweise auf solche Arbeiten, die für die Verkehrssicherheit des Bauwerks von wesentlicher Bedeutung sind, und dies insbes dann, wenn deren fehlerhafte Durchführung bei unbeaufsichtigtem Fortgang der Bauarbeiten nicht mehr ohne weiteres zu entdecken ist (BGH NJW 1991, 562, 563 für die Isolierung eines Bauwerks; OLG Hamm NJW-RR 1990, 158 [im Rahmen vertraglicher Haftung] für Abdichtungs- und Isolierungsarbeiten; NJW-RR 1993, 594, 596 für den Einbau eines Rückstauventils; BauR 1995, 269 [im Rahmen vertraglicher Haftung] für die Drainage und die Abdichtung der Kellerwände; OLG Köln NJW-RR 1995, 156 für den Anschluß eines Regenfallrohres an den Abwasserkanal; aA für die Drainage und Abdichtung der Kellerwände OLG Hamm BauR 1991, 788, 790 [im Rahmen vertraglicher Haftung]).

ε) Der bauüberwachende Architekt hat sich durch **häufige Kontrollen** zu vergewissern, daß seine Anordnungen sachgerecht ausgeführt werden; nicht verlangt werden kann aber, daß er sich ständig auf der Baustelle aufhält (BGHZ 68, 169, 174 [im

Rahmen vertraglicher Haftung]; BGH NJW 1994, 1276, 1277 [im Rahmen vertraglicher Haftung]; LM Nr 4a zu § 909 unter III; OLG Hamm BauR 1995, 269 [im Rahmen vertraglicher Haftung]; OLG Frankfurt aM BauR 1998, 152, 154). Auf die strikte **Befolgung seiner Anordnungen** darf sich der Architekt dann nicht verlassen, wenn aufgrund der konkreten Umstände die Nichtbefolgung nicht fernliegend erscheint (BGH VersR 1968, 470, 471 für die Anordnung, die Türen zu dem noch nicht fertiggestellten Gebäudeteil einer Schule stets verschlossen zu halten, wenn es mehrere Schlüsselinhaber gibt). Nach Entdeckung einer unzureichend abgesicherten Gefahrenstelle, die jedermann unmittelbar gefährlich werden kann, hat der Architekt sicherzustellen, daß seine Anordnungen zum Ergreifen von Sicherungsmaßnahmen unverzüglich befolgt werden (BGH VersR 1974, 263, 264 für die Anbringung eines Treppengeländers während der Bauphase; OLG Celle VersR 1977, 479, 480 für einen nicht abgedeckten Kellerschacht in einem bereits teilweise bezogenen Haus; OLG Hamm [St] NJW 1971, 442, 443 für eine ungesicherte Treppe; s auch die Beispiele in OLG Hamm BauR 1980, 378, 379: offene Kalkgrube, Treppenhaus ohne Geländer).

b) Reiseveranstalter
aa) Begründung der Verkehrspflichten

E 384 Den **Reiseveranstalter** treffen nach ständiger Rechtsprechung neben den gegenüber seinen Kunden vertraglich übernommenen Pflichten auch deliktische Verkehrspflichten zum Schutze der Kunden vor Gefahren, die auf der Reise entstehen können (BGHZ 103, 298, 304). Dies folgt aus der vom Reiseveranstalter **beruflich gegenüber den Kunden übernommenen Pflichtenstellung**; die gewerblichen Berufspflichten begründen und begrenzen zugleich deliktische Verkehrspflichten (BGHZ 103, 298, 304; ebenso OLG Celle NJW-RR 1996, 372, 373). Der Reiseveranstalter vermittelt seinen Reisekunden nicht nur Transportmittel und Unterkünfte, sondern er hat die Sicherheit seiner Kunden auch bei Einschaltung selbständiger Leistungsträger in eigener Verantwortung zu gewährleisten (BGHZ 103, 298, 306). **Vertragliche Schutzpflichten**, wie beispielsweise die Pflicht des Reiseveranstalters, sich über die Zustände in einem Reiseland, insbes über die den Reisekunden im Reisegebiet etwa drohenden Gefahren zu informieren (s zB BGH NJW 1982, 1521, 1522: Unterrichtungspflicht hinsichtlich Überfallgefahr), können grundsätzlich auch zur Begründung entsprechender deliktischer Verkehrspflichten herangezogen werden (**aA** OLG Karlsruhe NJW-RR 1993, 1076, 1078). Grund für die deliktischen Verkehrspflichten des Reiseveranstalters ist auch das **Vertrauen der Reisekunden** in die Organisation und Überwachung der Reiseleistungen durch den Reiseveranstalter (BGHZ 103, 298, 304; OLG Frankfurt aM NJW-RR 1993, 1329, 1330; OLG München RRa 1995, 204; OLG Celle NJW-RR 1996, 372, 373; LG Frankfurt aM NJW 1977, 1687; s auch oben Rn E 21).

bb) Inhalt und Umfang der Verkehrspflichten im allgemeinen

E 385 α) Der Reiseveranstalter hat die Reise so vorzubereiten und durchzuführen, daß den Reisekunden hierdurch keine vermeidbaren Schäden entstehen (BGHZ 103, 298, 304; OLG Frankfurt aM NJW-RR 1993, 1329, 1330). Der Ausschluß jeglichen Risikos kann vom Reiseveranstalter allerdings nicht erwartet werden (so beispielsweise OLG Düsseldorf NJW-RR 1990, 825, 826 für das Risiko, sich bei der Fahrt mit einem Holzboot einen Holzsplitter einzuziehen). Der Reisende hat alle jene Gefahren hinzunehmen, die mit der Art der Reise typischerweise verbunden und dem Reisenden auch während der Reise ohne weiteres erkennbar sind (LG Düsseldorf MDR 1992, 351, 352 für Gefahren durch hin und her schlagende Türen eines Kreuzfahrtschiffes bei starkem Seegang; ebenso LG Bonn RRa 1997, 199, 200; zweifelhaft OLG Karlsruhe NJW-RR 1993, 1076, 1077 für die Überfallgefahr auf einer Trecking-

Tour in Kamerun). Auf sie braucht der Reiseveranstalter auch weder vor noch während der Reise hinzuweisen (LG Baden-Baden RRa 1997, 148, 149 für die Gefährlichkeit des Badens im Meer bei hohem Wellengang; s auch AG Cuxhaven NJW-RR 1997, 860 für die Gefahr des Auftretens einer Seekrankheit bei Schiffsreisen). Für den Zustand von **Einrichtungen und Anlagen, die gänzlich dem Einflußbereich des Reiseveranstalters entzogen sind**, wie beispielsweise öffentliche Wege und Plätze, hat der Reiseveranstalter grundsätzlich nicht einzustehen. Ist die Inanspruchnahme solcher Einrichtungen und Anlagen allerdings notwendig mit der Inanspruchnahme des vertraglichen Leistungsangebots des Reiseveranstalters verbunden, so hat er dafür zu sorgen, daß den Reisenden hierdurch keine Gefahren entstehen, die für sie nicht ohne weiteres erkennbar oder beherrschbar sind. Eine Pflicht zur Warnung wurde etwa bejaht für eine auf öffentlichem Grund gebaute Treppe, die den Zu- und Abgang zum Kurpark des Vertragshotels bildete (LG Hannover RRa 1998, 58) sowie für eine zu einer öffentlichen Hafenanlage gehörenden Treppe als Zugang zum gebuchten Kreuzfahrtschiff (LG Bonn NJW-RR 1996, 374: zumindest Hinweis auf die Gefahr).

β) Der **Umfang** des vom Reiseveranstalter zu gewährleistenden Sicherheitsstandards richtet sich danach, welche **Verkehrserwartungen** die Reisekunden abhängig vom Reiseziel, der Art des Leistungsgegenstandes, insbes der Unterkunft, und der Beschreibung im Reiseprospekt berechtigterweise haben dürfen (OLG Düsseldorf NJW-RR 1993, 315; LG Frankfurt aM NJW-RR 1991, 1272: kein Blitzableiter bei relativ einfacher und entlegener Ferienwohnung in Toscana; LG Bonn RRa 1996, 82; aA OLG Köln NJW-RR 1992, 1185, das „deutsche Maßstäbe" fordert). Kann der Reisende von seiner Unterkunft nach den Gesamtumständen nur einen gegenüber den gewohnten Verhältnissen herabgesetzten Sicherheitsstandard erwarten, so muß er in erhöhtem Maße auf die eigene Sicherheit bedacht sein und sich auf bauliche Besonderheiten einstellen (OLG Frankfurt aM NJW-RR 1990, 188, 189 für die Dichtigkeit von Türen und Fenstern in südlichen Regionen; OLG Düsseldorf NJW-RR 1993, 315 für einen 1 m hohen ungesicherten Sockel der Freiluftterasse einer Arbeitsunterkunft in einem Entwicklungsland; LG Bonn RRa 1996, 82 für eine 6-stufige Treppe ohne Handlauf in einem Hotel auf Gran Canaria; LG Frankfurt aM RRa 1996, 62 für eine „im spanischen Kulturkreis übliche und beliebte" geländerlose Treppe in einem Hotel in Mexiko). E 386

cc) **Auswahl und Kontrolle des eigenen Personals**
Der Reiseveranstalter hat das von ihm bei der Vorbereitung und Durchführung der Reise eingesetzte Personal so auszuwählen, anzuleiten und zu überwachen, daß es in der Lage ist, für einen ordnungsgemäßen Ablauf der Reise zu sorgen. So hat beispielsweise ein Reiseveranstalter, der sich vertraglich zum Rücktransport des Reisekunden im Krankheitsfall verpflichtet hat, sein Personal so zu instruieren, daß es den Rücktransport sachgerecht organisieren kann (OLG Frankfurt aM NJW-RR 1988, 153, 154: Unterrichtung des Personals über die Möglichkeit und Notwendigkeit des Einsatzes einer Trage für den Transport eines Reisekunden mit Knöchelbruch vom Flughafengebäude zum Sitzplatz im Flugzeug). Ein Reiseveranstalter, zu dessen Leistungsangebot ein Wanderführerlehrgang mit Wildwasserschwimmübungen gehört, ist nach der Rechtsprechung verpflichtet, den Lehrgangsleiter zu überwachen und anzuweisen, den Fluß auf große Steine hin zu kontrollieren, bevor er die Lehrgangsteilnehmer zu einem Sprung in das Gewässer auffordert (OLG München RRa 1995, 204, 205 mit abl Anm FÜHRICH). E 387

dd) **Auswahl und Kontrolle der Leistungsträger**
α) Die Verkehrspflicht des Reiseveranstalters hinsichtlich der Vorbereitung und E 388

Durchführung der Reise bezieht sich auch auf das Angebot seiner **Leistungsträger**, die mangels der hierfür erforderlichen Abhängigkeit und Weisungsgebundenheit im Regelfall allerdings **nicht seine Verrichtungsgehilfen** sind (BGHZ 103, 298, 303 [Vertragshotel]; OLG Düsseldorf NJW-RR 1990, 825, 826 [Inhaber eines Ausflugsbootes]; OLG Frankfurt aM NJW-RR 1993, 1329, 1330 [Anbieter einer Ausflugsfahrt]; LG Hannover NJW-RR 1986, 1055, 1056 [Geschäftsleitung eines Ferienclubs]; LG Frankfurt aM RRa 1993, 32, 35 [Fluggesellschaft]; LG Kleve RRa 1995, 50, 51 [Inhaber eines Ausflugsbootes]; LG Baden-Baden RRa 1997, 148 [örtlicher Reiseleiter einer rechtlich selbständigen Agentur]; LG München I RRa 1996, 78, 81 [Reederei – Kreuzfahrtschiff]; LG Frankfurt aM RRa 1996, 128 [Busunternehmen]); bei Vorliegen besonderer Umstände kann ein Leistungsträger **ausnahmsweise** als **Verrichtungsgehilfe** des Reiseveranstalters angesehen werden (OLG Düsseldorf NJW-RR 1991, 55, 56 für eine im Reiseland ansässige Reisegesellschaft, die vor Ort mit dem Reisekunden einen Zusatzvertrag über einen Tagesausflug im Namen des Reiseveranstalters abschloß; so auch in dem von RECKEN BB 1989, 1709, 1710 besprochenen Fall des OLG München, Urt v 29.1.1988, in dem ein Reiseleiter aufgrund besonderer Umstände Einfluß auf den Einsatz von Bussen und Fahrer eines ägyptischen Busunternehmens gehabt habe). Der Reiseveranstalter hat sich durch eine **ordnungsgemäße Auswahl und Kontrolle des Leistungsträgers** über dessen Eignung und Zuverlässigkeit und insbes auch darüber zu vergewissern, daß dessen Leistungsangebot einen ausreichenden Sicherheitsstandard gewährleistet (BGHZ 103, 298, 304 ff; OLG Köln NJW-RR 1992, 1185; OLG Düsseldorf NJW-RR 1989, 735, 736; VersR 1994, 1439; OLG Frankfurt aM NJW-RR 1994, 560, 561; OLG Celle NJW-RR 1996, 372, 373; LG Frankfurt aM NJW 1977, 1687, 1688; LG Düsseldorf MDR 1992, 351; **aA** LG Frankfurt aM NJW 1985, 2424; offen gelassen von LG Frankfurt aM NJW 1990, 520; s auch Rn E 71).

E 389 β) Gegenstand der Überprüfungspflicht des Reiseveranstalters ist zum einen der **Bereich der Unterkunft**, wie die Sicherheit von Treppen, Aufzügen, elektrischen Anlagen und anderen Einrichtungen (BGHZ 103, 298, 305 für die Befestigung eines Balkongeländers an einem Hotelzimmer; OLG Düsseldorf NJW-RR 1989, 735, 736 für die Begehbarkeit eines Hotelwegs bei winterlicher Glätte; OLG Köln NJW-RR 1992, 1185 für Brandschutzvorkehrungen in einem Hotel; OLG Frankfurt aM NJW-RR 1994, 560, 561 für die Aufhängung eines Boilers; OLG Celle NJW-RR 1996, 372, 373 für die gastechnischen Anlagen eines Hotels; s bereits LG Frankfurt aM NJW 1977, 1687, 1688 für die Sicherheit eines Warmwassererhitzers). Hierauf ist die Überprüfungspflicht jedoch nicht beschränkt, sondern sie erstreckt sich auf das **gesamte Angebot des Leistungsträgers**, sofern von Mängeln des Leistungsangebots Gefahren für die Rechtsgüter der Reisekunden ausgehen können. Ist im Leistungsangebot beispielsweise auch die **Verpflegung** des Reisekunden enthalten, so hat der Reiseveranstalter durch eine ordnungsgemäße Überprüfung sicherzustellen, daß für die Reisekunden nicht durch eine nicht einwandfreie Verpflegung Gesundheitsgefahren entstehen, die über die vom Reisenden bei Verpflegung im jeweiligen Reiseland hinzunehmenden üblichen Gesundheitsbeeinträchtigungen hinausgehen. Zu überprüfen ist jedoch nur der Allgemeinzustand der Küche, nicht etwa die Auswahl und Zubereitung einzelner Speisen (OLG Düsseldorf NJW-RR 1990, 187, 188; LG Frankfurt aM RRa 1995, 46, 48; von LG Hamburg RRa 1995, 187, 188 offen gelassen, ob eine Verpflichtung des Reiseveranstalters zur Überprüfung des Zustands der Küche besteht, denn jedenfalls sei nicht vorgetragen, daß sich die Küche „dauerhaft in einem erkennbar miserablen Zustand" befunden habe). Gegenstand der Überprüfungspflicht ist auch die Sicherheit der von einem Leistungsträger eingesetzten **Verkehrsmittel** wie Busse und Boote und die allgemeine Eignung und Zuverlässigkeit der eingesetzten **Fahrer** (OLG Frankfurt aM NJW-RR 1993, 1329, 1330 für die vom Veranstalter eines „Pusztaprogramms" eingesetzten Pferdekutscher [zu dieser Entscheidung s auch unten Rn E 392]; LG Stuttgart RRa 1995, 102, 103 für die Zuverlässigkeit eines Jeep-Fahrers auf einer sog Beduinentour). Die Überprüfung der Fahrer beschränkt sich zunächst, dh ohne Vorliegen besonderer Anhaltspunkte für ihre Ungeeignetheit oder Unzuverlässigkeit, auf den allgemeinen Nachweis ihrer Befähigung zum Führen des jeweiligen Fahrzeugs (LG Stuttgart RRa 1995, 102, 103: Überprüfung der Fahrweise eines Jeep-Fahrers nur bei Vorliegen besonderer Anhaltspunkte; LG Frankfurt aM RRa 1996, 128: keine generelle Überwachungspflicht des Reiseleiters über die Fahrweise des Busfahrers; s auch LG Kleve RRa 1995, 50, 51: keine Haftung des Reiseveranstalters für den Vorschlag des Führers eines Ausflugsbootes an die Ausflugsteilnehmer, das Boot an einer hierfür ungeeigneten Stelle durch einen Sprung zu verlassen).

γ) Welche **Maßnahmen zur Überprüfung des Bereichs des Leistungsträgers einschließlich der eingesetzten Verkehrsmittel** erforderlich sind, richtet sich danach, nach welchem Recht die Sicherheitsstandards der angebotenen Leistungen beurteilt und überwacht werden. Auf inländische ordnungsbehördliche Genehmigungen und Überwachungen sowie auf Sicherheitszertifikate nach internationalen Übereinkommen (LG München I RRa 1996, 78, 81 für ein Sicherheitszertifikat für Passagierschiffe nach dem internationalen Übereinkommen zum Schutz des menschlichen Lebens auf See) darf sich der Reiseveranstalter weitgehend verlassen und sich auf Stichproben beschränken, während er sich in Ländern, in denen sowohl hinsichtlich des Sicherheitsstandards als auch hinsichtlich der Überwachung andere Maßstäbe gelten, selbst davon zu überzeugen hat, daß beispielsweise von Treppen, Aufzügen, elektrischen Anlagen und sonstigen Einrichtungen keine Gefahren für die Reisekunden ausgehen (BGHZ 103, 298, 305; OLG Köln NJW-RR 1992, 1185 [allerdings unter Anlegung „deutscher Maßstäbe"; s hierzu oben Rn E 386]; OLG Frankfurt aM NJW-RR 1994, 560, 561; OLG Celle NJW-RR 1996, 372, 373; LG Frankfurt aM RRa 1995, 62). Wurde der Bereich des Leistungsträgers bei einer anfänglichen Überprüfung für in Ordnung befunden, so hat der Reiseveranstalter die Anlagen und Einrichtungen des Leistungsträgers **regelmäßig** durch einen sachkundigen und pflichtbewußten Beauftragten daraufhin **überprüfen zu lassen**, ob der ursprüngliche Zustand noch gewahrt ist (BGHZ 103, 298, 305; aA SEYDERHELM, Reiserecht [1997] I BGB § 651a Rn 155, 156: Anlaß zur Überprüfung nur bei Kenntnis von einer Verkehrsgefährdung). Eine in regelmäßigen Abständen vorgenommene **stichprobenweise Überprüfung** reicht grundsätzlich aus (OLG Frankfurt aM NJW-RR 1994, 560, 561; LG Bonn RRa 1997, 199, 201). Strengere Anforderungen sind an die Kontrollpflicht des Reiseveranstalters aber dann zu stellen, wenn er Anlaß zu der Besorgnis haben muß, der Leistungsträger komme seinen Verkehrspflichten nicht hinreichend nach (OLG Frankfurt aM NJW-RR 1990, 188, 189: mangels zurückliegender Ereignisse keine Pflicht zu „ständiger Überprüfung" der Dichtigkeit der Balkontüren; ebenso LG Bonn RRa 1997, 199, 200 für die Überprüfung der Funktionstauglichkeit des Schließmechanismus von Toilettentüren). Wurde bei der Kontrolle ein gefährlicher Mangel im Bereich des Leistungsträgers erkannt, so ist **umgehend dessen Beseitigung zu veranlassen** (BGHZ 103, 298, 308).

δ) Bei der Überprüfung der Sicherheit des Angebots des Leistungsträgers durch den Reiseveranstalter bzw dessen Beauftragte kann nicht die Entdeckung verborgener bzw solcher Mängel erwartet werden, die nur von Personen mit einschlägigem technischen Sachverstand zu erkennen sind; der Reiseveranstalter kann sich zur Erfüllung der Überprüfungspflicht deshalb beispielsweise erfahrener Reiseleiter bedienen, die über hinreichende Sachkunde und eine kritische Sicht verfügen (BGHZ

103, 298, 307; OLG Frankfurt aM NJW-RR 1993, 1329, 1330; 1994, 560, 561; OLG Düsseldorf VersR 1994, 1439; OLG Celle NJW-RR 1996, 372, 373; LG Bonn RRa 1996, 82; 1997, 199). Es wird grundsätzlich als ausreichend angesehen, wenn die Überprüfung im Hinblick auf solche **Sicherheitsrisiken** erfolgt, **die sich bei genauerem Hinsehen jedermann offenbaren** (dies wurde angenommen von OLG Frankfurt aM NJW-RR 1994, 560, 561 für eine deutlich unzureichende Aufhängung eines schweren Boilers in einem Hotelzimmer; OLG Bamberg RRa 1997, 14, 15 mit krit Anm HUFNAGEL für eine Vertiefung am Rande eines Hotelweges; LG Essen RRa 1995, 12, 13 für 10cm tiefe „Pflanzlöcher" auf einer schlecht beleuchteten Hotelterrasse). Inwieweit neben einer Sichtkontrolle auch **andere einfache Kontrollmaßnahmen** erforderlich sind, beurteilt sich nach den Umständen des Einzelfalles (im Balkonsturz-Urteil des BGH wurde ein einfaches „Anfassen" des Balkongeländers für zumutbar erachtet, BGHZ 103, 298, 309; zur Überprüfung der Standfestigkeit einer Thekenanlage ist nach OLG Düsseldorf VersR 1994, 1439 neben einer Sichtkontrolle nicht das regelmäßige Rucken am Thekenkörper erforderlich). Erscheinen die Anlagen und Einrichtungen eines Hotels als äußerlich einwandfrei, so besteht im Regelfall keine **Erkundigungspflicht** des Reiseveranstalters bzw seiner Beauftragten nach der Art deren Befestigung oder nach Art und Sicherheit des verwendeten Materials (OLG Düsseldorf VersR 1994, 1439 für die Befestigung einer Thekenanlage; NJW-RR 1997, 1483 für das für Fenster und Türen eines Hotels verwendete Glas [Normal- oder Sicherheitsglas]). Ein **bloßer Funktionsmangel** einer Einrichtung muß von den Kontrolleuren nicht in jedem Fall bereits als Sicherheitsrisiko für den Reisekunden eingestuft werden (OLG Frankfurt aM NJW-RR 1990, 188, 189 für einen Spalt unter der Balkontür eines Hotelzimmers in Tunesien; LG Frankfurt aM RRa 1995, 62 für eine einfache Ausführung der Wasserzuleitung zum WC-Spülkasten). Bei der Überprüfung der **Sicherheit eines Verkehrsmittels** kann beispielsweise verlangt werden, daß deutlich abgefahrene Reifen als Sicherheitsmangel entdeckt werden, nicht aber, daß sich die Überprüfung auch auf die Frage der richtigen Beladung oder Betankung eines Flugzeugs bezieht (LG Frankfurt aM RRa 1993, 35, 35 mit Anm SCHMID).

E 392 ε) Bei der Beurteilung der gebotenen **Häufigkeit der Kontrollen** ist zu berücksichtigen, daß für die Verkehrssicherheit des Bereichs des Leistungsträgers in erster Linie der Leistungsträger selbst verantwortlich ist (BGHZ 103, 298, 304). An die Kontrollpflicht dürfen deshalb **keine überzogenen Anforderungen** gestellt werden (LG Bonn RRa 1996, 82: keine Pflicht zur täglichen Überwachung von Reinigungs- und Putzarbeiten in einem Hotel; vgl auch schon oben Rn E 389). Insbes kann vom Reiseveranstalter **nicht eine ständige und lückenlose Kontrolle** und somit nicht die Verhinderung jeglicher auch kurzfristig entstehender Gefahren verlangt werden (OLG Celle VersR 1992, 892: Keine Haftung für eine kurzfristig entstandene Gefahrenlage innerhalb einer Surfschule; ebenso NJW-RR 1996, 372, 373 für eine [möglicherweise] kurzfristig entstandene Unterbrechung eines Gasanschlusses in einem Hotelzimmer; LG Frankfurt aM RRa 1995, 84, 85 mit Anm FÜHRICH für Fehlfunktionen einer automatisch schließenden Glastür; LG Bonn RRa 1997, 199, 200 für einen Defekt des Schließmechanismus einer Toilettentür auf einem Kreuzfahrtschiff; s auch OLG Frankfurt aM NJW-RR 1993, 1329 für ein „Augenblicksversagen" eines Kutschers bei einer Puszta-Kutschfahrt). Wie oft zu kontrollieren ist, hängt von den **Umständen des Einzelfalles** ab, wie beispielsweise der Bauweise und der Beanspruchung eines Hotels (BGHZ 103, 298, 305, 306; OLG Celle NJW-RR 1996, 372, 373). Bei leichter und weniger solider Bauweise einer Unterkunft, wie sie in südlichen Urlaubsregionen häufig anzutreffen ist, und bei ständig wechselnder Belegung kann eine **Kontrolle zu Beginn jeder Saison** allenfalls den Mindestanforderungen an die Kontrolldichte genügen (BGHZ 103, 298, 306).

c) Kraftstofflieferant
aa) Allgemeines

An die Verkehrspflichten des Lieferanten von Öl und anderen Mineralkraftstoffen **E 393** bzw seines Personals beim Befüllen von Kraftstofftanks sind nach ständiger Rechtsprechung **strenge Anforderungen** zu stellen (BGH NJW 1993, 2740; 1995, 1150 jeweils mwNw). Diese Rechtsprechung beruht im Kern auf zwei Erwägungen, nämlich zum einen darauf, daß das Befüllen von Kraftstofftanks ein **besonders gefahrenträchtiger Vorgang** ist, weil es durch Auslaufen des Kraftstoffs zu schweren Schäden kommen kann, zum anderen darauf, daß der **Kraftstofflieferant als Fachmann** die Gefahren des Einfüllvorgangs, insbes auch solche Gefahren, die sich aus Mängeln der Tankanlage des Beziehers ergeben, in der Regel eher erkennt und beherrscht als der Bezieher als Laie und es deshalb Sache des Lieferanten ist, alle zumutbaren Vorsichtsmaßnahmen zu ergreifen, um Schäden zu vermeiden (BGH NJW 1993, 2740; 1995, 1150; OLG Düsseldorf NJW-RR 1991, 1178, 1179 – jeweils mwNw; zur – gegenüber Laien – gesteigerten Verantwortung des Mineralstoff-Händlers s schon RG DJ 1939, 270, 272 [Tankstellenbetreiber]). Ein Schutz gegen jede denkbare Gefahr kann vom Tankwagenfahrer jedoch nicht verlangt werden (OLG Frankfurt aM VersR 1988, 355; OLG Köln NJW-RR 1994, 1510, 1512 [im Rahmen des Verschuldens] für das Austreten von Kraftstoff aus der Kontrolluke des Tankraumes).

bb) Einzelne Verhaltenspflichten beim Betanken

α) Der Tankwagenfahrer hat zur **Vermeidung einer Überfüllung des Tanks** zunächst **E 394** selbständig zu prüfen, ob die Tanks des Beziehers die bestellte Ölmenge fassen können, wobei er sich nicht auf die Angaben Dritter verlassen darf und auf den Ölstandsanzeiger nur dann, wenn ausgeschlossen ist, daß dieser versagt (BGH NJW 1971, 1036, 1038 [im Rahmen vertraglicher Haftung]; 1982, 1049, 1050; 1983, 1108, 1109; LM Nr 81 zu § 823 [Dc]; VersR 1964, 632 [im Rahmen vertraglicher Haftung]; 1973, 713, 714; OLG Köln NJW-RR 1990, 927, 928). Steht dem Lieferanten kein zur **Freiraummengenmessung** geeignetes Gerät wie zB Peilstab oder Peilkette zur Verfügung, so hat die Betankung gänzlich zu unterbleiben (OLG Köln NJW-RR 1990, 927). Dies gilt jedenfalls dann und so lange, wie technische Vorrichtungen zur Vermeidung einer Überfüllung des Tanks erfahrungsgemäß noch nicht absolut zuverlässig sind (so für Grenzwertgeber: BGH NJW 1982, 1049, 1050; VersR 1985, 575; OLG Köln NJW-RR 1990, 927, 928).

β) Der Tankwagenfahrer hat für einen **sicheren Anschluß des Füllschlauches** des **E 395** Tankwagens an den Einfüllstutzen zu sorgen, zu Beginn des Einfüllvorganges seine Instrumente am Tankfahrzeug zu überprüfen und sich außerdem vom **ordnungsgemäßen Funktionieren der Tankanlage** zu überzeugen (BGH NJW 1983, 1108, 1109; 1993, 2740). Besondere technische Kenntnisse können von einem Tankwagenfahrer aber nicht erwartet werden (OLG Köln NJW-RR 1994, 1510, 1511), so daß sich seine Überprüfungspflicht hinsichtlich des ordnungsgemäßen Funktionierens der Tankanlage im Regelfall darauf beschränkt, diese während des Betankungsvorganges auf einen etwaigen Austritt des Treibstoffs zu beobachten. Vor Beginn des Betankungsvorganges ist der Tankwagenfahrer nicht zur Überprüfung der Tankanlage verpflichtet (OLG Köln NJW-RR 1994, 1510, 1511), da die Untersuchung der Tankanlage auf Mängel, die äußerlich ohne besondere technische Kenntnisse erkennbar sind, in den Verantwortungsbereich des Eigentümers der Tankanlage fällt (zu den Verkehrspflichten des Eigentümers der Tankanlage s BGH NJW 1983, 1108, 1109; VersR 1985, 575; OLG Karlsruhe MDR 1989, 1100). Auf die **funktionstüchtige Installation der Einfüllvorrichtung** darf sich der Tankwagenfahrer verlassen, sofern bei Anschluß des Füllschlauches an den Einfüllstutzen und bei anfänglicher Beobachtung des Betankungsvorganges an der Einfüllvorrichtung keine Anhaltspunkte für Mängel vorliegen (BGH NJW 1984, 233, 234; 1993, 2740; OLG Köln VersR 1989, 402 unter Bezugnahme auf OLG Hamm VersR 1989, 48 [LS]: keine ständige Sichtverbindung zur Einfüllstelle erforderlich; LG Freiburg VersR 1988, 357, 358 [im Rahmen vertraglicher Haftung]; von OLG Saarbrücken VersR 1988, 356 offen gelassen, ob darüber hinaus eine Pflicht zur gelegentlichen Kontrolle der Einfüllvorrichtung besteht). Eine Pflicht des Tankwagenfahrers zu einer eingehenderen Überprüfung der Tankleitungen und insbes der Anschlüsse besteht aber dann, wenn er bei der Betankung auf eine Weise verfährt, die einen über das übliche Maß hinausgehenden Druckaufbau mit sich bringt (OLG Karlsruhe MDR 1989, 1100 für eine Dosierung des Einfüllvorganges durch eine allmähliche Aufdrehung der Absperrschieber).

E 396 γ) **Das Tanken ist von Anfang bis Ende zu überwachen** (BGH VersR 1972, 67, 68). Der Tankwagenfahrer hat sich während des Einfüllvorganges hin und wieder durch einen Blick in den Tankraum zu vergewissern, daß dort alles in Ordnung ist (BGH NJW 1978, 1576; 1983, 1108, 1109; 1993, 2740; OLG Köln NJW-RR 1994, 1510, 1511). Ob in der Zeit, in der der Tankwagen wegen eines kurzen Kontrollgangs unbeaufsichtigt ist, der Einfüllvorgang unterbrochen oder zumindest eine vertrauenswürdige Person mit der Beaufsichtigung des Tankwagens betraut werden muß, hängt von den jeweiligen Umständen ab (verneinend: BGH NJW 1983, 1108, 1109; 1993, 2740; bejahend: OLG Düsseldorf NJW-RR 1991, 1178, 1179). In der entsprechend der Freiraummessung berechneten **Endphase** ist der Einfüllvorgang jedenfalls dann und so lange, wie technische Vorrichtungen zur Vermeidung einer Überfüllung des Tanks erfahrungsgemäß noch nicht absolut zuverlässig sind (s hierzu oben Rn E 394), besonders kritisch zu überwachen; die Pumpe des Tankwagens ist zu drosseln (BGH VersR 1985, 575; OLG Köln NJW-RR 1990, 927, 928). **Nach Abschluß des Betankungsvorganges** hat sich der Tankwagenfahrer noch einmal vom ordnungsgemäßen Zustand des Tankraumes zu überzeugen (BGH NJW 1983, 1108, 1109).

d) Lehrer (Fahrlehrer und Sportlehrer)

E 397 Ein Lehrer ist bei Erteilung praktischen Unterrichts verpflichtet, Gefahren, die durch eine unzureichende Beherrschung der zu vermittelnden Fähigkeiten für die Schüler oder auch dritte Personen eintreten können, möglichst zu vermeiden. Bei der Gestaltung des Unterrichts ist auf den Lernfortschritt und die jeweiligen Fähigkeiten der Schüler angemessen Rücksicht zu nehmen; die Schüler dürfen grundsätzlich nur vor solche Aufgaben gestellt werden, denen sie nach dem Stand ihrer Ausbildung und den dadurch gewonnenen Fertigkeiten gewachsen sein können (OLG Frankfurt aM NJW-RR 1988, 26, 27; OLG Saarbrücken NZV 1998, 246, 247; OLG Hamm VersR 1998, 910 jeweils für Fahrunterricht; OLG München VersR 1981, 1039 für die Teilnahme einer Reitschülerin an einem Ausritt; OLG München SpuRt 1995, 55, 56 für einen Skikurs). Die Anforderungen an die Verkehrspflicht des Lehrers richten sich nach dem Ausbildungsstand und der Erfahrung seiner Schüler. Hohe Anforderungen sind an den Schutz unerfahrener Anfänger zu stellen (OLG Nürnberg VersR 1994, 735: Vermeidung einer Wasserlandung beim Fallschirmsprung „unter allen vorstellbaren Umständen"; OLG Düsseldorf VersR 1977, 868: Abbruch einer Übung bei erkennbar mangelndem Haltevermögen und Angst eines Reitanfängers), während mit fortschreitender Ausbildung immer mehr die Eigenverantwortung des Schülers in den Vordergrund rückt (OLG Karlsruhe VersR 1992, 210 für die Teilnahme eines einem Drachenfluglehrer unbekannten Schülers an einem Fortgeschrittenenflug, nachdem sich der Lehrer durch entsprechende Vorführungen des Schülers ein Bild davon verschafft hatte, daß der neue

Schüler die in seinem Flugbuch ausgewiesenen Kenntnisse und Erfahrungen besaß). Bei der Gestaltung seiner Übungen muß der Lehrer aber auch noch bei Fortgeschrittenen mit Fehlreaktionen rechnen und dementsprechende Sicherheitsvorkehrungen treffen (OLG Köln VersR 1983, 929 für einen guten Karateschüler mit „braunem Gürtel" bei Durchführung einer neuen Übung; OLG München RRa 1995, 204, 205 für einzukalkulierende Angstreaktionen von Sportstudenten bei Wildwasserschwimmübungen). Der Ausschluß jeglichen Risikos kann vom Lehrer jedoch nicht erwartet werden (LG Traunstein SpuRt 1995, 55, 56 für das Risiko bei der Teilnahme an einem Skikurs auf einer kurzfristig entstandenen gefährlichen, beispielsweise vereisten Stelle zu stürzen; ebenso OLG München SpuRt 1995, 55, 56 als Berufungsgericht). Im Rahmen eines praktischen Unterrichts kann es nämlich nicht unterbleiben, die Schüler entsprechend ihrem Ausbildungsstand auch an schwierige Situationen heranzuführen, um ihnen die Fähigkeit zu ihrer Beherrschung zu vermitteln (OLG Nürnberg NJW 1961, 1024, 1025 für die Wahl einer anspruchsvollen Fahrtstrecke bei einer fortgeschrittenen Fahrschülerin; KG NJW 1966, 2365 für das Fahren bei Schneefall oder Schneeglätte; NZV 1989, 150, 151 f für Motorradfahrstunden bei Regenwetter und das Auftreten von plötzlichen Gefahrensituationen; OLG München VersR 1982, 50, 51 für die Zulassung von Drachenflügen bei einer zwar nicht idealen, aber von den Schülern beherrschbaren Windstärke). An die Pflichten des **Fahrlehrers** ist zum Schutze der Verkehrsteilnehmer sowie des Fahrschülers ein **strenger Maßstab** anzulegen (BGH NJW 1969, 2197; OLG Nürnberg NJW 1961, 1024, 1025; KG NJW 1966, 2365; zu den besonderen Anforderungen bei der Schulung von Zweirad-Fahrschülern s OLG Frankfurt aM NJW-RR 1988, 26; KG NZV 1989, 150, 151; OLG Hamm VersR 1992, 718 [Einzelunterricht notwendig]; 1998, 910 [keine Überforderung]; OLG Saarbrücken NZV 1998, 246, 247).

e) Sprengunternehmer
An die Verkehrspflicht des Sprengunternehmers zum Schutze der Rechtsgüter Dritter sind wegen der mit einer Sprengung regelmäßig verbundenen großen Gefahr **strenge Anforderungen** zu stellen (BGH LM Nr 5 zu § 276 [Cd] unter 4). Der Sprengunternehmer hat selbständig und eigenverantwortlich zu prüfen, ob Angaben Dritter zutreffen und die von dritter Seite ergriffenen Sicherungsmaßnahmen ausreichend sind (BGH LM Nr 5 zu § 276 [Cd] für die Absperrung eines Sprenggebietes durch die Polizei; VersR 1973, 1069 für Angaben über die Stärke einer gefährdeten Wand in einer Bauzeichnung [im Rahmen vertraglicher Haftung]). Für die Sicherung des Sprengvorganges bleibt der Sprengunternehmer auch dann verkehrspflichtig, wenn der Schutz angrenzender Anlagen gegen Gefahren durch herabstürzenden Schutt von seinem Auftraggeber übernommen wurde (OLG Düsseldorf BauR 1998, 573, 574). Muß der Sprengunternehmer nach dem Verlauf der Sprengung oder aufgrund sonstiger Umstände damit rechnen, daß durch die Sprengung eine neue, nicht unmittelbar von der Sprengung selbst ausgehende Gefahrenlage geschaffen worden ist, so hat er alle zumutbaren Maßnahmen zur Beseitigung dieser Gefahr zu ergreifen (BGH LM Nr 100 zu § 823 [Dc] unter I 2: Pflicht zur unverzüglichen Benachrichtigung der Wasserschutzpolizei und zum Ergreifen vorläufiger sichernder Maßnahmen, wenn durch in das Fahrwasser einer Schiffahrtsstraße gefallene Sprengstücke eine Gefährdung des Schiffahrtsverkehrs nicht auszuschließen ist).

21. Umgang mit besonders gefährlichen Gegenständen

a) Gefährliche Stoffe (Chemikalien, Arzneimittel, leicht entflammbare Stoffe)
Gefährliche Stoffe sind so **aufzubewahren**, daß sie nicht in die Hände von solchen Personen geraten können, die mit ihnen nicht verantwortlich umgehen können (OLG Hamm OLG-Report 1996, 162, 164 – Abstellen einer Spiritusflasche in der Nähe eines erloschenen

Grills auf einer für die Nachbarskinder ohne weiteres zugänglichen Hausterrasse; vgl hierzu oben Rn E 204), und daß sie nicht von Dritten mit anderen, ungefährlicheren Stoffen verwechselt werden können (BGH NJW 1968, 1182, 1183: Schädigung eines Handwerkers, der aus einer an seiner Arbeitsstelle stehenden Bierflasche trank, in der die Bestellerin Natronlauge aufbewahrte). Bei der **Abgabe von Arzneimitteln** sind ärztliche Dosierungsanweisungen vom Apotheker deutlich und unmißverständlich auf die Verpackung zu schreiben (OLG München VersR 1984, 1095: Beschriftung, die statt der verordneten Dosierung in Tropfen, auch als Dosierung in Teelöffeln gedeutet werden konnte [„Tr" – „Tl"]). Die **Überlassung von Chemikalien an Jugendliche** zur unbeaufsichtigten Verwendung ist in der Regel dann verkehrspflichtwidrig, wenn es nicht absolut fernliegend ist, daß die abgegebenen Chemikalien allein oder in Verbindung mit anderen Stoffen von den Jugendlichen in gefahrbringender Weise verwendet werden (BGH LM Nr 30 zu § 823 [Aa] für die Abgabe von Kaliumchlorat durch einen Physiklehrer an einen 15-Jährigen und zwar in einer solchen Menge, daß hiermit in Verbindung mit rotem Phosphor eine bekannt gefährliche Mischung hergestellt werden konnte; NJW 1973, 615, 616 für die Abgabe von 300 g Schwefel und einer 1kg-Dose Unkrautvernichtungsmittel, das zu 3/4 aus Natriumchlorat bestand, an einen 15-Jährigen; s schon RGZ 152, 325, 329 [im Rahmen des § 823 II]: Abgabe von 10 g chlorsaurem Kali und 10 g rotem Phosphor an zwei 13-Jährige). Dies gilt jedenfalls dann, wenn der Abgebende bei den Jugendlichen weder besondere chemische Kenntnisse noch eine besondere Vorsicht voraussetzen darf (BGH LM Nr 30 zu § 823 [Aa] unter I 1). Dagegen soll die Haftung eines Jugendlichen ausscheiden, der ein explosives Pulver hergestellt hatte, wenn sein Spielkamerad dieses durch Hammerschläge explodieren läßt (BGH NJW 1986, 1865; vgl dazu oben Rn E 37). Wer flüssigen **Brennspiritus** auf noch nicht erloschene Grillkohle gießt, muß mit dem Entstehen einer Stichflamme rechnen und deshalb vorher dafür sorgen, daß sich keine anderen Personen im Gefahrenbereich befinden oder in diesen geraten (OLG Düsseldorf VersR 1992, 113 für die Haftung gegenüber einer Erwachsenen [im Rahmen des Verschuldens]; OLG Hamm VersR 1998, 1296 [LS] für die Haftung gegenüber einem Kind). Als verantwortlich für einen von einem Dritten durch Aufgießen von Spiritus verursachten Grillunfall wurde auch derjenige angesehen, der die Spiritusflasche neben dem noch nicht erloschenen Grill stehen ließ (OLG Düsseldorf VersR 1992, 113); dabei geht es um die Problematik der Schadenszurechnung bei Eingriffen Dritter (s hierzu STAUDINGER/SCHIEMANN [1998] § 249 Rn 58 ff).

b) Waffen

An die sichere **Aufbewahrung von Waffen** sind allgemein **höchste Anforderungen** zu stellen (BGH LM Nr 2 zu WaffenG unter II 2; OLG Düsseldorf VersR 1990, 903), die je nach Grad der Gefährlichkeit der Waffe (BGH LM Nr 2 zu WaffenG unter II 2 b für eine Gaspistole) sowie danach variieren, wie hoch die Gefahr einer unbefugten Benutzung der Waffe einzuschätzen ist (BGH VersR 1963, 1049, 1050: hohe Anforderungen an die Sicherheit der Aufbewahrung, wenn die Waffe zuvor bereits mehrmals sowohl befugt als auch unbefugt von einem Jugendlichen benutzt wurde; ähnl BGH LM Nr 3 zu § 832 unter 3 b: Pflicht zur Verhinderung eines unbeaufsichtigen Umgangs eines Minderjährigen mit einem Luftgewehr aus vorangegangem Tun [vorherige Durchführung von Schießübungen mit dem Minderjährigen]). Dies gilt insbes auch bei einer **Selbstschädigung eines Dritten** durch Benutzung der Waffe. So wurde gegenüber einem 15-Jährigen eine Pflicht zur Vermeidung seiner Selbstschädigung durch Abdrücken einer Gaspistole an der eigenen Schläfe jedenfalls dann bejaht, wenn der Waffenbesitzer zuvor eine besondere Situation geschaffen hatte, die geeignet war, zur Herbeiführung des gefahrschaffenden Entschlusses des Minderjährigen beizutragen (Imponiergehabe des älteren und überlegenen Waffenbesitzers mit Hilfe der

Waffe und Enthemmung des Minderjährigen durch Alkohol; BGH LM Nr 2 zu WaffenG unter II 2 b). Der Besitzer eines Revolvers wurde für die Selbstschädigung eines Erwachsenen durch unvorsichtiges Hantieren mit dem Revolver bereits deshalb für haftbar angesehen, weil er durch das unbeaufsichtigte Liegenlassen von Revolver nebst Munition für die Selbstschädigung eines anderen einen „zusätzlichen Gefahrenkreis" geschaffen habe (OLG Düsseldorf VersR 1990, 903; zur Problematik der Schadensentstehung erst aufgrund eines Willensentschlusses des Geschädigten s STAUDINGER/SCHIEMANN [1998] § 249 Rn 47 ff).

c) **Kraftfahrzeuge**
aa) **Verhinderung einer unbefugten Benutzung**

α) Der Besitzer eines Kraftfahrzeugs hat nach ständiger Rechtsprechung alle zumutbaren Maßnahmen zu treffen, um eine **unbefugte Benutzung des Fahrzeugs** zu verhindern (BGH NJW 1971, 459, 460 mwNw; OLG Düsseldorf VersR 1989, 638). Allerdings muß die unbefugte Benutzung zu einer hohen, über die allgemeine Betriebsgefahr des Kraftfahrzeugs hinaus gehenden Gefahr führen, wie dies in der Regel bei einer Benutzung durch Personen, die nicht im Besitz der erforderlichen Fahrerlaubnis sind, der Fall sein wird (OLG München VersR 1960, 1055, 1056). An die Verpflichtung zur Verhinderung einer unbefugten Benutzung eines Kraftfahrzeugs werden von der Rechtsprechung im Interesse der Verkehrssicherheit **strengste Anforderungen** gestellt. Dies wird teilweise dahin gehend formuliert, der für ein Kraftfahrzeug Verantwortliche habe „bis zur Grenze des unabwendbaren Zufalls alles zu tun, was ihm billigerweise zur Verhinderung von Schwarzfahrten zugemutet werden" könne (OLG Düsseldorf VersR 1989, 638; OLG Hamm NZV 1990, 470). Hierzu gehört nach einer Entscheidung des BGH nicht nur das Abziehen des Zündschlüssels sowie das Verschließen des Fahrzeugs, sondern zumindest bei einem auf öffentlicher Verkehrsfläche abgestellten Kraftfahrzeug auch das **Verriegeln des Lenkradschlosses** (BGH NJW 1971, 459, 460). Zusätzlich wird gefordert, den **Kraftfahrzeugschlüssel so aufzubewahren**, daß er dem Zugriff Unbefugter unbedingt entzogen ist (OLG München VersR 1960, 1055, 1056; OLG Hamm NZV 1990, 470; weniger streng BayObLG [St] NJW 1983, 637: besondere Aufbewahrung der Kraftfahrzeugschlüssel sei nur dann erforderlich, wenn dem Verpflichteten Anhaltspunkte für eine drohende unbefugte Benutzung erkennbar seien). Als verkehrspflichtwidrig wurde beispielsweise die Aufbewahrung des Autoschlüssels in einer an der Garderobe einer Gastwirtschaft aufgehängten Jacke angesehen, und dies obwohl der Verpflichtete nur zwei Meter von der Jacke entfernt saß, diese ständig im Blickfeld hatte und man davon ausgehen konnte, daß der Dieb nur rein zufällig auf den Autoschlüssel stieß (OLG Düsseldorf VersR 1989, 638). Bei **Abhandenkommen des Kraftfahrzeugschlüssels** unter zweifelhaften Umständen wurde die Auswechslung des Zündschlosses selbst für den Fall für erforderlich gehalten, daß das Auto zunächst für mehrere Monate in einen nicht fahrbereiten Zustand gebracht, später jedoch wieder repariert wurde (OLG Hamm NZV 1990, 470 [im Rahmen der Verantwortung des Kfz-Halters nach § 7 III StVG]).

β) Der **inhaltliche Schutzbereich** dieser Verkehrspflichten des Besitzers eines Kraftfahrzeugs wird denkbar weit gefaßt. Nach der Rechtsprechung des BGH bezwecken sie den Schutz Dritter gegen alle Gefahren, die sich aus einer unbefugten Benutzung gerade durch solche Personen ergeben können, die erfahrungsgemäß solche Fahrzeuge entwenden oder in sonstiger Weise unbefugt benutzen, wobei es sich insbes um betrunkene oder führerscheinlose Personen handele (BGH NJW 1971, 459, 460 f). Zu den zu vermeidenden Gefahren zählten nicht nur solche, die von nicht qualifizierten Schwarzfahrern im allgemeinen Straßenverkehr hervorgerufen werden könnten, sondern beispielsweise auch Gefahren durch (bedingt) vorsätzliche Handlungen von Schwarzfahrern, die sich der Festnahme entziehen wollten (BGH NJW 1971, 459, 461 für die Verletzung eines Polizisten durch die Flucht eines Schwarzfahrers; aA STAUDINGER/SCHIEMANN [1998] § 249 Rn 62).

E 403 γ) Der **personelle Schutzbereich** der Verkehrspflichten des Besitzers eines Kraftfahrzeugs erstreckt sich nach der Rechtsprechung des BGH grundsätzlich nur auf unbeteiligte Dritte, die durch die Benutzung des Kraftfahrzeugs zu Schaden kommen können, nicht hingegen auch auf den unbefugten oder ungeeigneten Benutzer selbst (BGH NJW 1978, 421, 422; 1991, 418, 419; aA OLG München VersR 1974, 1132, 1133: Geltung der allgemeinen Verkehrspflichten des Kraftfahrzeughalters grundsätzlich auch gegenüber dem Fahrer selbst und Berücksichtigung des selbstschädigenden Verhaltens im Rahmen des § 254 BGB). Die Pflicht des Fahrzeughalters, für die **Betriebssicherheit des Fahrzeugs** zu sorgen, entfaltet jedoch dann auch Schutzwirkung gegenüber unbefugten Benutzern des Fahrzeugs, wenn dem Verpflichteten Anhaltspunkte für eine naheliegende unbefugte oder mißbräuchliche Benutzung und eine daraus resultierende besondere Gefahr für die Benutzer erkennbar sind (OLG Braunschweig NZV 1991, 152 [allerdings für ein Fahrrad]).

bb) Überlassung des Kraftfahrzeugs

E 404 α) Eine Überlassung des Kraftfahrzeugs an erkennbar **Fahruntüchtige** oder solche Personen, die nicht über die erforderliche **Fahrerlaubnis** verfügen, ist grundsätzlich verkehrspflichtwidrig (BGH NJW 1978, 421, 422; 1991, 418, 419; OLG München VersR 1974, 1132; ebenso BGH NJW-RR 1991, 668 für einen Motorrasenmäher). Dies gilt im Grundsatz auch bei der Überlassung aufgrund eines Verkaufs des Kraftfahrzeugs (BGH NJW 1979, 2309, 2310: Aushändigung der Schlüssel eines PKW an einen knapp 18jährigen Käufer). Es kann haftungsrechtlich grundsätzlich keine Rolle spielen, ob der überlassende Besitzer die tatsächliche Verfügungsgewalt befugtermaßen oder mißbräuchlich innehat (BGH NJW 1978, 421, 422). Anders ist es dagegen, wenn das Fahrzeug einem Erwachsenen zur Probefahrt überlassen wird und dieser es unterschlägt; dann ist keine Verkehrspflicht verletzt (BGH NJW 1997, 660, 661; vgl schon oben Rn E 25).

E 405 β) Der **personelle Schutzbereich** der Pflicht, ein Kraftfahrzeug nicht an fahruntüchtige Personen zu überlassen, kann sich uU auch auf den fahruntüchtigen Benutzer selbst beziehen. Ausdrücklich bejaht wurde dies bisher nur für die Überlassung des Kraftfahrzeugs an **führerscheinlose Jugendliche** (BGH NJW 1978, 421, 422; 1991, 418, 419); die Haftung des Überlassenden wird aber zumindest dann auch gegenüber Erwachsenen anzunehmen sein, wenn sich diese – für den Überlassenden erkennbar – in einem nicht fahrtüchtigen Zustand befinden und gerade wegen dieses Zustandes auch eine verminderte Einsichts- und Hemmungsfähigkeit aufweisen. Die Erstreckung des Schutzbereiches auch auf den nicht qualifizierten Benutzer selbst gilt im Grundsatz jedoch nur bei Überlassung des Kraftfahrzeuges durch einen Erwachsenen (BGH NJW 1978, 421, 422; 1991, 418, 419). Überläßt ein Jugendlicher das Kraftfahrzeug an einen anderen führerscheinlosen Jugendlichen, so wird eine **Haftung des überlassenden Jugendlichen** wegen Verletzung einer Verkehrspflicht von der Rechtsprechung nur nach **besonders sorgfältiger Prüfung der jeweiligen Umstände bejaht** (BGH NJW 1978, 421, 422; 1991, 418, 419; OLG Köln NZV 1992, 405, 406; s aber oben Rn E 37). Neben der Art des Fahrzeugs sei hierbei unter anderem zu berücksichtigen, ob und welche sich auf die Größe der Gefahr auswirkenden Fahrkenntnisse der

Überlassende bei dem Fahrer voraussetzen dürfe, ob ihm wegen erheblichen Altersunterschiedes oder aus sonstigen Gründen eine Garantenstellung gegenüber dem Fahrer zukomme, sowie ob er berechtigten Grund zu der Annahme haben könne, der Fahrer sei in der Lage, das mit der Fahrt verbundene Risiko selbst einzuschätzen und eigenverantwortlich zu übernehmen (BGH NJW 1991, 418, 419: Überlassung eines Mokicks an zwei führerscheinlose 15-Jährige durch einen 16-Jährigen; OLG Köln NZV 1992, 405, 406: Überlassung eines „frisierten" Mofas, dessen Bremsanlage nicht betriebssicher war, an eine führerscheinlose 17-Jährige, die über keine Fahrpraxis verfügte, durch den 16jährigen Halter).

d) Überlassung von Feuerwerkskörpern und sonstigen gefährlichen Gegenständen an Kinder

Die Überlassung von Feuerwerkskörpern, Zündmitteln und ähnlichen gefährlichen Gegenständen an Kinder ist dann verkehrspflichtwidrig, wenn mit der naheliegenden Gefahr zu rechnen ist, daß die Kinder die auf dem Umgang mit dem Gegenstand beruhenden Risiken nicht in gebotener Weise zu beherrschen vermögen und sich oder Dritte in ihren Rechtsgütern verletzen können (BGH NJW 1998, 2436; 1998, 2905, 2907). Dies gilt auch dann, wenn es sich bei dem gefährlichen Gegenstand um ein behördlich zugelassenes und auch an Kinder frei verkäufliches Produkt handelt (BGH NJW 1998, 2436, 2437; 1998, 2905, 2906; OLG Düsseldorf NJW-RR 1995, 1490, 1491 jeweils für Feuerwerkskörper). Die **Abgabe von Streichhölzern** an Kinder im Grundschulalter wurde bereits dann als verkehrspflichtwidrig angesehen, wenn die Gefahr eines unbeaufsichtigten Umgangs der Kinder mit den Zündhölzern als nicht fernliegend erschien (OLG Celle VersR 1969, 1049 für die Abgabe an einen 6-Jährigen; OLG Stuttgart für die Abgabe an einen 8-Jährigen [jeweils im Rahmen des Verschuldens]). Gleiches wurde für die Abgabe eines **Wurfpfeiles** mit scharfer Stahlspitze an einen $10^{1}/_{2}$-Jährigen (BGH NJW 1963, 101) sowie für die Abgabe eines **Feuerwerkskörpers der Klasse I** an einen knapp 8-Jährigen angenommen, da ein Kind dieses Alters die beim Abbrennen von Feuerwerkskörpern bestehenden Risiken, wie das scheinbare Erlöschen der Lunte und das dadurch verzögerte Zünden des Feuerwerkskörpers, nicht einschätzen und beherrschen könne (OLG Düsseldorf NJW-RR 1995, 1490, 1491 [im Rahmen des Verschuldens]; zustimmend KRAMER VersR 1996, 1378, 1379). Mit dem **unbeaufsichtigten Umgang der Kinder** mit den ihnen überlassenen gefährlichen Gegenständen ist stets zu rechnen (BGH NJW 1963, 101; 1998, 2436, 2437). Etwas anderes gilt nur dann, wenn sich das Kind bei Abgabe des Gegenstandes in Begleitung eines Erwachsenen befindet oder der Überlassende aufgrund sonstiger besonderer Umstände davon ausgehen darf, daß die Gefahr des unbeaufsichtigten Umgangs des Kindes mit dem Gegenstand fernliegt (OLG Celle VersR 1969, 1049: Kenntnis des Kindes als „ordentlicher Junge", Kenntnis von der Gepflogenheit der Eltern, das Kind mit der Besorgung von Streichhölzern zu beauftragen, Verkauf kurz vor Eintritt der Dämmerung [im Rahmen des Verschuldens]; ähnl OLG Stuttgart NJW 1984, 182 [im Rahmen des Verschuldens]). Nach neuerer Rechtsprechung des BGH ist die Abgabe von frei verkäuflichen Feuerwerkskörpern der Klasse I an Kinder im Grundschulalter zur unbeaufsichtigten Verwendung nicht stets verkehrspflichtwidrig; das Vorliegen eines Verkehrspflichtverstoßes durch die Abgabe ist vielmehr nach den **gesamten Umständen des Einzelfalles** zu beurteilen, insbes danach, wie das betreffende Produkt vom Hersteller beschrieben und beworben wird und welche praktischen Erkenntnisse dem Verkehrspflichtigen über die Handhabung des Produktes und über die insoweit maßgeblichen Verhältnisse der Erwerber zugänglich sind (BGH NJW 1998, 2436, 2437; 1998, 2905, 2908). Verkehrspflichtwidrig ist jedenfalls die Abgabe von Feuerwerkskörpern auch der Klasse I an solche Kinder, die erkennbar die aufgedruckte Gebrauchsanweisung nebst Warnhinweisen noch nicht lesen und verstehen können (BGH NJW 1998, 2436, 2437; 1998, 2905, 2908 f). Der Verkehrspflichtige hat zunächst zu prüfen, ob der Feuerwerkskörper für ein Kind der Altersgruppe des Erwerbers generell geeignet ist, wobei er sich im allgemeinen auf die behördliche Zulassung und die Präsentation des Produktes durch den Hersteller sowie die Produktbeschreibung verlassen darf (BGH NJW 1998, 2436, 2437; 1998, 2905, 2908). Auch bei positivem Ergebnis dieser Prüfung darf der Feuerwerkskörper gleichwohl nicht abgegeben werden, wenn in der Person des Erwerbers besondere Anhaltspunkte erkennbar sind, die es nahelegen, daß dieser die auf dem Umgang mit diesem Produkt beruhenden Risiken nicht in gebotener Weise zu beherrschen vermag (BGH NJW 1998, 2436, 2437; 1998, 2905, 2909: bekannte Neigung zu unachtsamem oder gar aggressivem Verhalten oder zum Zündeln).

F. Die deliktische Produkthaftung

Schrifttum

ANHALT, Handbuch der Produzentenhaftung (1978)
BAUMGÄRTEL, Die Beweislastverteilung bei der Produzentenhaftung, JA 1984, 660
BELZ, Schadensersatz und Produkthaftung (2. Aufl 1992)
BRÜGGEMEIER, Produzentenhaftung nach § 823 Abs 1 BGB – Bestandsaufnahmen und Perspektiven weiterer judizieller Rechtsentwicklung, WM 1982, 1294
CANARIS, Die Produzentenhaftung in dogmatischer und rechtspolitischer Sicht, JZ 1968, 494
DEUTSCH, Der Zurechnungsgrund der Produzentenhaftung, VersR 1988, 1197
ders, Fallgruppen der Produkthaftung: gelöste und ungelöste Probleme, VersR 1992, 521
DIEDERICHSEN, Die Haftung des Warenherstellers (1967)
ders, Wohin treibt die Produzentenhaftung?, NJW 1978, 1281
ders, Die Entwicklung der Produzentenhaftung, VersR 1984, 797
FICKER, Produzentenhaftung als Gefährdungshaftung, in: FS vCaemmerer (1978) 343
G HAGER, Zum Schutzbereich der Produzentenhaftung, AcP 184 (1984) 413
ders, Einstandspflicht des Produzenten für das Äquivalenz- und Nutzungsinteresse des Produkterwerbers, BB 1987, 1748
vHIPPEL, Produkthaftung und Verbraucherschutz, BB 1978, 721

HÖLZLWIMMER, Produkthaftungsrechtliche Risiken des Technologietransfers durch Lizenzverträge (1995)
KESSLER, Produktsicherheit im europäischen Binnenmarkt – Abstimmungskonflikte und Kollisionsprobleme im deutschen und europäischen Verbraucherrecht, EuZW 1993, 751
D KOCH, Produkthaftung (1995)
KULLMANN, Die Entwicklung der höchstrichterlichen Rechtsprechung zur deliktischen Warenherstellerhaftung, WM 1978, 210
ders, Die neuere höchstrichterliche Rechtsprechung zur deliktischen Warenherstellerhaftung, WM 1981, 1322
ders, Das Risiko in der Produzentenhaftung, VersR 1988, 655
ders, Die Rechtsprechung des BGH zum Produkthaftpflichtrecht in den Jahren 1989/90, NJW 1991, 675
ders, Die Rechtsprechung des BGH zum Produkthaftpflichtrecht in den Jahren 1991/92, NJW 1992, 2669
ders, Die Rechtsprechung des BGH zum Produkthaftpflichtrecht in den Jahren 1992 – 1994, NJW 1994, 1698
ders, Die Rechtsprechung des BGH zum Produkthaftpflichtrecht in den Jahren 1994 – 1995, NJW 1996, 18
ders, Die Rechtsprechung des BGH zum Produkthaftpflichtrecht in den Jahren 1995 – 1997, NJW 1997, 1746

ders, Die Rechtsprechung des BGH zu den Instruktionspflichten des Warenherstellers und die Fälle des „baby-bottle-syndroms", in: FS Brandner (1996) 313
KULLMANN/PFISTER, Produzentenhaftung, Handbuch (1980 ff)
LANDTSCHEIDT, Das neue Produkthaftungsrecht (2. Aufl 1992)
LESSMANN, Produzentenhafung im deutschen Recht, JuS 1978, 433
LIEBOLD, Das Produkthaftungsrecht in Deutschland nach dem Einigungsvertrag, PHI 1991, 34
LUKES, Reform der Produkthaftung (1979)
J MEYER, Instruktionshaftung (1992)
ders, Von Saugern und Säften – ein Zwischenstandsbericht zum Kindertee-Prozeß, ZIP 1995, 716
MICHALSKI/RIEMENSCHNEIDER, Die zivilrechtliche Bedeutung des Mindesthaltbarkeitsdatums für den Verbraucher, BB 1993, 2097
K MÜLLER, Zur Haftung des Warenherstellers gegenüber dem Endverbraucher, AcP 165 (1965) 285
NIETHAMMER, Überblick über die Produzentenhaftung, BWNotZ 1983, 140
PIEPER, Verbraucherschutz durch Pflicht zum „Rückruf" fehlerhafter Produkte?, BB 1991, 985
E REHBINDER, Fortschritte in der Produktenhaftung, ZHR 129 (1967) 171
ROLLAND, Produkthaftungsrecht (2. Aufl 1990)
SCHMIDT-SALZER, Produkthaftung Bd III/1 (2. Aufl 1990)
ders, Die neuen Dimensionen des Produktrisikos, BB 1980, 1

ders, Die neuen Dimensionen des Produktrisikos, BB 1983, 1251
ders, Strafrechtliche Produktverantwortung, NJW 1990, 2966
ders, Strafrechtliche Produkt- und Umweltverantwortung von Unternehmensmitarbeitern; Anwendungskonsequenzen, PHI 1990, 234
ders, Verbraucherschutz, Produkthaftung, Umwelthaftung, Unternehmensverantwortung, NJW 1994, 1305
STEINMEYER, Der Vertrag mit Schutzwirkung für Dritte und die Produzentenhaftung, DB 1988, 1049
TASCHNER/FRIETSCH, Produkthaftungsgesetz und EG-Produkthaftungsrichtlinie (2. Aufl 1990)
vWESTPHALEN, Produkthaftungshandbuch Bd 1 (2. Aufl 1997)
ders, Produkthaftung – Haftungsfreizeichnung und Haftungsfreistellung nach dem AGB-Gesetz, NJW 1979, 838
ders, Grundtypen deliktsrechtlicher Produzentenhaftung, Jura 1983, 57
ders, Subjektive Zurechnungsprobleme im Rahmen der deliktischen Produzentenhaftung, Jura 1983, 133
ders, Das Milupa-Urteil – eine beträchtliche Verschärfung der Produkthaftung, ZIP 1992, 18
ders, Das Kondensator-Urteil des BGH – Mangelbeseitigungsaufwendungen und Versicherungsschutz, ZIP 1992, 532
ders, Instruktionspflichten des Warenherstellers im Lebensmittelbereich – Zum „Baby-Bottle-Syndrom", BB 1994, Beil Nr 18.

Systematische Übersicht

I. Entwicklung und dogmatische Grundlagen
1. Die Entwicklung ——————— F 1
2. Dogmatische Grundlagen ——— F 2
3. Anspruchskonkurrenzen ———— F 3
4. Das Verhältnis zum Produkthaftungsgesetz ————————— F 4
a) Die Konkurrenz ——————— F 4
b) Die Unterschiede ——————— F 5

II. Der Begriff des Produkts
1. Das Verhältnis zum Schutz nach dem Produkthaftungsgesetz —— F 6
2. Verlagserzeugnisse ——————— F 7

III. Der Umfang der Pflicht
1. Der Einfluß des Preises ————— F 8
2. Der Selbstschutz ———————— F 9
3. Öffentlich-rechtliche Normen —— F 10

IV.	**Die Verkehrspflichten des Herstellers**	F 11	b)	Die Ausnahmen	F 31
1.	Die Haftung für Konstruktionsfehler	F 12	c)	Originäre Gefahrabwendungspflichten	F 32
a)	Die Regel	F 12	d)	Die Haftung von Importeuren	F 33
b)	Kasuistik	F 13	4.	Organe und Mitarbeiter	F 34
2.	Die Haftung für fehlerhafte Instruktion	F 14	**VI.**	**Der geschützte Personenkreis und der Schutzzweckzusammenhang**	
a)	Die Notwendigkeit der Instruktion	F 14	1.	Die bestimmungsgemäße Verwendung	F 35
b)	Der Umfang der Instruktion	F 15	2.	Die nicht bestimmungsgemäße Verwendung	F 36
c)	Kasuistik	F 16	3.	Die Haftung gegenüber Kindern	F 37
3.	Die Haftung für Fabrikationsfehler	F 17	**VII.**	**Die Darlegungs- und Beweislast**	
a)	Die Regel	F 17	1.	Die Darlegungs- und Beweislast des Konsumenten und ihre Ausnahmen	F 38
b)	Kasuistik	F 18	a)	Die Grundregeln	F 39
4.	Die Haftung für Entwicklungsfehler	F 19	b)	Die Befundsicherungspflicht des Produzenten	F 40
5.	Die Produktbeobachtungspflicht	F 20	c)	Die Beweislast für das instruktionsgerechte Verhalten	F 41
a)	Dogmatische Grundlagen	F 20	aa)	Die Rechtsprechung	F 41
b)	Der Umfang	F 21	bb)	Die Literatur	F 42
c)	Die Überwachung bei Produktkombinationen	F 22	2.	Die Darlegungs- und Beweislast des Produzenten	F 43
d)	Der Zeitpunkt der Warnung	F 23	a)	Die Grundregeln	F 44
e)	Die Haftung des Herstellers	F 24	b)	Kleinbetriebe	F 45
aa)	Die Pflicht zum Rückruf	F 25	c)	Mitarbeiter in leitenden Stellungen	F 46
bb)	Die Kosten des Rückrufs	F 26	**VIII.**	**Weitere Besonderheiten der deliktischen Produkthaftung**	
V.	**Der Verantwortliche**		1.	Die Freizeichnung	F 47
1.	Der Hersteller	F 27	2.	Die Verjährung	F 48
2.	Der Zulieferer	F 28			
a)	Die Haftung für Schäden Dritter	F 28			
b)	Die Haftung für Schäden am Endprodukt	F 29			
3.	Vertriebshändler	F 30			
a)	Die beschränkte Haftung für Fabrikations- und Konstruktionsfehler	F 30			

Alphabetische Übersicht

Aggregatzustand	F 6	Behörde		F 10
Anscheinsbeweis	F 39	Bestimmungsbefugnis		F 35
Anspruchskonkurrenz	F 3	Beweislast		F 38 ff
Arbeitnehmer	F 34, 44, 46			
Arzneimittel	F 15, 22, 26, 36, 44	Dritter als Geschädigter		F 28
Aufklärung durch Dritte	F 15	Druckwerk		F 7, 27
Aufklärungskampagne	F 14			
Ausreißer	F 20, 26, 34, 44	Endprodukt		F 29
		Entlastungsbeweis		F 44
Basissicherheit	F 8, 10	Entwertung durch Fehler		F 26
Befundsicherungspflicht	F 40	Entwicklungsfehler		F 19 ff

25. Titel.
Unerlaubte Handlungen

§ 823
F 1

Erfüllungsgehilfe	F 1
Fabrikationsfehler	F 17 f, 28, 30, 32, 39
Freizeichnung	F 47
Gefahrkenntnis des Verbrauchers	F 35
Geschäftsbedingung, allgemeine	F 47
Geschäftsführer	F 34
Haftungsgrund	F 11 ff
Hersteller	F 24, 27, 38
Hinweis, Anforderung an	F 15, 36
Importeur	F 33
Instruktion	F 7, 14 f, 24, 27, 31, 34 f, 37, 39, 40 f, 44, 47
Kausalität	F 43
Kinder	F 37
Kinderteefall	F 14 f
Kleinbetrieb	F 45
Kombinationsprodukt	F 22
Konstruktionsfehler	F 11 ff, 28, 30, 32, 34, 37, 39, 47
Kontrolle	F 40, 47
Körperlichkeit	F 6
Körperteil	F 6
Markenzeichen	F 3, 30, 33
Massenproduktion	F 45
Mitarbeiter	F 34, 44, 46
Mitverschulden	F 36
Nutzung, entgangene	F 26
öffentlich-rechtliche Normen	F 10
Organ	F 34
Organisationspflicht	F 40, 44
Preis, Einfluß auf Produkthaftung	F 8
Produkt, Begriff	F 6 f
Produktbeobachtung	F 5, 20 ff, 26, 31 f, 44
Produktgewöhnung	F 14
Produkthaftungsgesetz	F 4 ff, 29, 45
Produktkombination	F 22
rechtmäßiges Alternativverhalten	F 42
Rechtsschutz, vorbeugender	F 25 f
Reparatur	F 26
Rückruf	F 25 f, 28
Schutzerwartung	F 8
Schutzgut	F 5
Schutzzweckzusammenhang	F 35 ff
Selbstschutz	F 9
Stand der Technik	F 12, 19, 26, 35
Standard	F 8, 12
Unikat	F 12
Verantwortlicher	F 27
Verbrauchererwartung	F 8, 14, 17
Verjährung	F 48
Verkäufer	F 30 ff
Verkehrspflicht	F 2, 34
Verlagserzeugnis	F 7, 27
Vermögen	F 3
Verschulden	F 43 f
Vertriebshändler	F 30 ff
Verwendung, bestimmungsgemäße	F 35 ff
Verwendung, vorhersehbare	F 14, 36
Wareneingangskontrolle	F 27
Warnung s auch Instruktion	F 23 f, 42
Werbung	F 3, 36
Zeitpunkt der Warnung	F 23
Zubehör	F 22
Zulieferer	F 28 f

I. Entwicklung und dogmatische Grundlagen

1. Die Entwicklung

Eine spezielle Regelung für die Haftung für Fehler von Produkten hatte der Gesetz- **F 1**
geber **zunächst nicht vorgesehen**; die Rechtsprechung zog daher die allgemeinen deliktsrechtlichen Regeln heran (RGZ 87, 1, 4 [§ 831]; 163, 21, 26 [§ 826]; RG LZ 1933 Sp 659, 660

[§ 826]; RG DR 1920 Nr 2845; 1940, 1293 [§ 823 Abs 1]; BGH NJW 1968, 247, 248 f; VersR 1959, 104, 105; 1960, 342, 343; LM Nr 5 zu § 823 [C] unter a; Nr 12 zu § 286 [C] ZPO Bl 1 Rücks; Überblick bei FOERSTE, in: vWESTPHALEN § 18 Rn 1 ff). Allerdings hatte die Rechtsprechung bisweilen dem Geschädigten zumindest durch den Anscheinsbeweis geholfen (RGZ 87, 1, 3; 97, 116, 117; BGH NJW 1968, 247, 248 f; LM Nr 5 zu § 823 [C] unter a und b; Nr 12 zu § 826 [C] ZPO Bl 1 Rücks; der Sache nach auch BGH VersR 1959, 104, 105). Dies erwies sich als **nicht hinreichend**, da dem Geschädigten infolge der **Unübersichtlichkeit des Produktionsbereichs** der Nachweis eines verschuldeten Fehlers oft nicht möglich ist (BGHZ 51, 91, 105; Münch-Komm/MERTENS Rn 269; DIEDERICHSEN NJW 1978, 1281; vgl als Bsp BGH VersR 1956, 410, 411). Hinzu kommt die **Werbung**, die das Konsumverhalten gezielt beeinflussen will. Und schließlich ist es dem Produzenten am ehesten möglich, **die Risiken zu versichern** (MünchKomm/MERTENS Rn 269; DIEDERICHSEN NJW 1978, 1281; ROLLAND Rn II 59; II 116; BAUMGÄRTEL JA 1984, 661) bzw über den Preis abzuwälzen (DIEDERICHSEN NJW 1978, 1281; ROLLAND Rn II 59; BAUMGÄRTEL JA 1984, 661). Das alles hat dazu geführt, daß die Produkthaftung seit der grundlegenden Entscheidung im sog Hühnerpestfall (BGHZ 51, 91 ff) inzwischen jedenfalls zT besonderen Regeln folgt. Anregungen, die auf nicht deliktischen Anspruchsgrundlagen basierten (vgl die ausführliche Darstellung bei STAUDINGER/SCHÄFER[12] § 831 Rn 172 ff; DIEDERICHSEN NJW 1978, 1281 f; FOERSTE, in: vWESTPHALEN § 18 Rn 5 ff; ROLLAND Rn II 10 ff; BAUMGÄRTEL JA 1984, 661 f), haben sich nicht als generelle Ansätze durchgesetzt (vgl die ausführliche Auseinandersetzung in BGHZ 51, 91, 92 – 101; ferner zB BGH NJW 1989, 1029 f). Die **vertragsrechtlichen** Ansätze liefen Gefahr, den Kreis der Ersatzberechtigten zu eng zu ziehen, bedrohen doch Produkte nicht nur die Abnehmer selbst, sondern auch Dritte, die sie benutzen oder mit ihnen in Berührung kommen (STAUDINGER/SCHÄFER[12] § 831 Rn 178). Es kommt hinzu, daß sie den vertraglichen Abwicklungsregeln angepaßt werden mußten und weitgehend auf Vertrags- oder Vertrauensfiktionen angewiesen waren (MünchKomm/MERTENS Rn 271). Auch ist nach ständiger Rechtsprechung der **Produzent** grundsätzlich **nicht Erfüllungsgehilfe** des Vertragspartners des geschädigten Konsumenten (RGZ 101, 152, 154; 101, 157, 158; 108, 221, 223; BGHZ 48, 118, 120, 121 f; BGH NJW 1968, 2238, 2239; LM Nr 2 zu § 276 [Hb] Bl 1 Rücks; Nr 8 zu FernmeldeO unter III 2 a cc; VersR 1962, 480, 481; PALANDT/HEINRICHS § 276 Rn 13; MünchKomm/MERTENS Rn 274), was natürlich nicht ausschließt, daß er im Einzelfall eine den Verkäufer treffende Pflicht ausführt und dieser dann nach § 278 haftet (BGHZ 47, 312, 316; MünchKomm/MERTENS Rn 274). Die deliktsrechtliche Lösung hingegen überschreitet nicht grundsätzlich die Grenzen des Gesetzes; einzelnen Problemfällen konnte durch Weiterentwicklung der Rechtsprechung Genüge getan werden (MünchKomm/MERTENS Rn 271).

2. Dogmatische Grundlagen

F 2 Dogmatisch ist die Produkthaftung eine spezielle Ausprägung der **Verletzung einer Verkehrspflicht**. Wer Produkte in den Verkehr bringt, muß die von diesen Produkten ausgehenden Gefahren nach Kräften gering halten (RGZ 163, 21, 26; BGHZ 51, 91, 105; 104, 323, 326; OLG Celle VersR 1978, 258, 259; OLG Frankfurt aM NJW-RR 1994, 800; PALANDT/THOMAS Rn 216; SOERGEL/ZEUNER Rn 176; MünchKomm/MERTENS Rn 276; LARENZ II 1 [13. Aufl 1986] § 41 a; MEDICUS, Bürgerliches Recht [17. Aufl 1996] Rn 650 a; ROLLAND Rn II 19; BAUMGÄRTEL JA 1984, 665); er hat die **deliktische Sorgfaltspflicht**, Beschädigungen oder Zerstörungen zu vermeiden (BGHZ 86, 256, 258; BGH NJW 1985, 2420; OLG Köln VersR 1991, 348, 349). Verletzt er diese Pflicht, so ist er für den Schaden verantwortlich, den ein späterer Abnehmer, Verbraucher oder Benutzer des Produkts dadurch erleidet, daß das Erzeugnis nicht die mögliche und nach den Umständen auch zu fordernde Sicherheit besitzt (BGHZ 104, 323, 326). Den normalen Regeln folgt noch der **Katalog der geschützten Rechte und Rechtsgüter**; nach allgemeinen Grundsätzen ist daher das Vermögen nicht umfaßt (PALANDT/THOMAS Rn 202; MünchKomm/MERTENS Rn 276; DEUTSCH, Allgemeines Haftungsrecht [2. Aufl 1996] Rn 885; TASCHNER/FRIETSCH Einf Rn 55). Ebenso sind die Rechte und Rechtsgüter vor den Verletzungsmodalitäten geschützt, wie sie generell gelten. So kann sich etwa eine Eigentumsverletzung daraus ergeben, daß ein Produkt wirkungslos ist, der Eigentümer aber ansonsten mögliche Schutzwirkungen nicht trifft, weil er auf die Schlagkraft des Produkts vertraut (vgl oben Rn B 86 und beispielsweise BGHZ 80, 186, 188 f; 80, 199, 201; BGH NJW 1985, 194; SOERGEL/ZEUNER Rn 177; ROLLAND Rn II 28; DIEDERICHSEN VersR 1984, 798 ff). Daneben haben sich wegen der spezifischen Interessenlage einige **besondere Grundsätze** entwickelt. So werden als Pflichten des Herstellers unterschieden: die Pflicht zur fehlerfreien Entwicklung, Konstruktion, Fabrikation, Instruktion sowie zur Produktbeobachtung (vgl dazu unten Rn F 11 ff). Diese Differenzierung hat Folgen für das Verschulden und für die Beweislast. Bei Fehlern in der Konstruktion, Instruktion und Produktbeobachtung haftet der Hersteller stets, bei Fabrikationsfehlern ebenfalls, soweit es sich nicht um nicht verhinderbare Ausreißer handelt. Dies hat er zu beweisen. Dagegen scheidet die Haftung bei Entwicklungsfehlern aus, die nach dem Stand der Technik nicht vermeidbar waren (vgl dazu unten Rn F 38 ff). Letztendlich geht es bei der Produkthaftung um die Verantwortlichkeit für Organisationsmängel (ROLLAND Rn II 20).

3. Anspruchskonkurrenzen

Nach den allgemeinen Regeln tritt die Haftung des Produzenten **neben die Verantwortlichkeit des Verkäufers**, falls diesem gegenüber ebenfalls ein Anspruch besteht. Der Vertragspartner des Verbrauchers kann auch der Hersteller selbst sein; das ist selbstverständlich, wenn er selbst das Produkt an den Kunden verkauft hat (BGHZ 64, 46, 49; BGH VersR 1955, 765, 766; 1960, 342, 343; DEUTSCH, Allgemeines Haftungsrecht [2. Aufl 1996] Rn 885); hierbei haftet der Verkäufer im Rahmen der vertraglichen Ansprüche auch für primäre Vermögensschäden (DEUTSCH, Allgemeines Haftungsrecht [2. Aufl 1996] Rn 885). Die hM ist allerdings mit der Annahme von Zusicherungen zurückhaltend. So sollen Markenzeichen nicht genügen (BGHZ 48, 118, 122 [allerdings aufgrund der Umstände doch Zusicherung erwogen]; 51, 91, 98 f; LG Limburg NJW 1969, 1574, 1575; MünchKomm/ MERTENS Rn 272), ebensowenig Qualitätsbezeichnungen und Originalverpackungen (BGHZ 51, 91, 98 f), Gütezeichen (BGH NJW 1974, 1503, 1505), Produktbeschreibungen und Gebrauchsanweisungen (BGH NJW 1981, 1606, 1607; 1989, 1029, 1030). Auch eine Werbung enthält regelmäßig keine Zusagen, für etwaige Mängel der Ware haften zu wollen (BGHZ 48, 118, 123; 51, 91, 99; sehr zurückhaltend auch BGH NJW 1974, 1503, 1505). Die Gegenauffassung, die für einen großzügigeren Maßstab plädiert (vgl zB G HAGER AcP 184 [1984] 433 f), hat sich jedenfalls iE nicht durchgesetzt. Anderes gilt, wenn dem Produkt eine Garantiekarte beigefügt ist (BGHZ 75, 75, 77 f [Vertrag zugunsten Dritter]; 78, 369, 371 f mwNw; BGH NJW 1981, 1606, 1607; MünchKomm/MERTENS Rn 273; erwogen schon in RGZ 87, 1, 2; BGHZ 40, 91, 108, jedoch der Umstände des Falles wegen jeweils abgelehnt). Nach den allgemeinen Regeln **konkurrieren** dann die vertraglichen und die deliktischen Ansprüche (vgl schon oben Rn B 106). Demgegenüber läßt sich die Produkthaftung nicht auf diejenigen Fälle beschränken, in denen kein direkter vertraglicher Anspruch zwischen dem Kunden und dem Hersteller besteht (so indes noch BGH NJW 1973, 843, 845; LIEB JZ 1977, 345 f). Die deliktische Produkthaftung hat nach dem heutigen Stand der Dogmatik also **keinen subsidiären Charakter** (BGHZ 66, 315, 322; 67, 359, 363; vgl schon BGH LM Nr 36 zu § 433 unter III 2 b). Vor allem wäre nicht einzusehen, warum der Vertragspartner schlechter stehen soll als ein beliebiger Dritter. Gerade bei fehlerhaften Gütern erfaßt erst die deliktische Gefahrsteuerungspflicht die Stellung des Herstellers zur Gänze; die rein vertragliche Pflicht wird dem nicht gerecht (Münch-Komm/MERTENS Rn 275).

4. Das Verhältnis zum Produkthaftungsgesetz

a) Die Konkurrenz

F 4 Daß die deliktische Produkthaftung und das ProdHaftG **nebeneinander** anwendbar sind, ergibt sich schon aus § 15 Abs 2 ProdHaftG (JAUERNIG/TEICHMANN Rn 122; PALANDT/THOMAS § 15 ProdHaftG Rn 7; MünchKomm/CAHN § 15 ProdHaftG Rn 4; STAUDINGER/OECHSLER [1998] § 15 ProdHaftG Rn 12; BRÜGGEMEIER ZHR 152 [1988] 531; SACK VersR 1988, 442). Eine andere Lösung hätte auch die absurde Konsequenz, daß der Geschädigte bei einer Sachbeschädigung nach § 11 ProdHaftG den Schaden bis zur Höhe von DM 1.125,- nicht ersetzt bekäme. Das verstieße gegen Art 14 GG; der Gesetzgeber darf den Eigentümer nicht stets zur Tragung des Schadens zwingen, auch wenn der Schädiger etwa vorsätzlich handelte. Auch ist der Auffassung, die Richtlinie und das auf ihr basierende ProdHaftG wollten eine Weiterentwicklung konkurrierender Haftungsregeln ausschließen, nicht zu folgen (so auch BRÜGGEMEIER ZHR 152 [1988] 531; SACK VersR 1988, 442 jeweils mwNw). Daß die Weiterentwicklung des nationalen Rechts rechtspolitisch fraglich sei, weil es der Vereinheitlichung entgegenstehe und zur Rechtszersplitterung führe (STAUDINGER/OECHSLER [1998] § 15 ProdHaftG Rn 13), ist seinerseits nicht zwingend. Angesichts der Defizite des ProdHaftG wäre es ohnehin nicht zu vermeiden.

b) Die Unterschiede

F 5 Es bleiben zahlreiche Unterschiede. Die deliktische Produkthaftung setzt zwar **Verschulden** voraus, geht aber vielfach weiter und schützt den Verbraucher in umfassenderer Weise. Sie gewährt Ersatz auch bei **gewerblich genutzten Sachen** (vgl die Fallgestaltung BGHZ 105, 346 ff; ROLLAND Rn II 8; anders § 1 Abs 1 S 2 ProdHaftG), bei **landwirtschaftlichen Erzeugnissen** uä (anders § 2 S 2 ProdHaftG), bei **privat genutzten Sachen** für die ersten DM 1.125 (anders § 11 ProdHaftG), auf sie kann nach § 847 der Anspruch auf **Schmerzensgeld** gestützt werden, während eine entsprechende Regelung im ProdHaftG fehlt. Der Begriff des Herstellers unterscheidet sich (vgl § 4 Abs 1 ProdHaftG und unten Rn F 30 ff). Geschützt sind auch **sonstige Rechte** (anders § 1 Abs 1 S 1 ProdHaftG). Die Haftung kann länger als 10 Jahre nach dem Zeitpunkt entstehen, zu dem der Hersteller das Produkt in den Verkehr gebracht hat (anders § 13 ProdHaftG). Schließlich ist die **Produktbeobachtungspflicht** nur als deliktische zu begründen (ROLLAND Rn II 57). Nach hM ist nach § 1 Abs 1 S 2 Fall 1 ProdHaftG im Anwendungsbereich dieses Gesetzes die Haftung für **weiterfressende Mängel** ausgeschlossen (PALANDT/THOMAS § 15 ProdHaftG Rn 7; STAUDINGER/OECHSLER [1998] § 1 ProdHaftG Rn 10 ff mit umfassender Darstellung). Dem ist indes nicht zu folgen (vgl schon oben Rn B 105 ff).

II. Der Begriff des Produkts[*]

1. Das Verhältnis zum Schutz nach dem Produkthaftungsgesetz

Die Definition des § 2 ProdHaftG kann im Rahmen des § 823 Abs 1 nur als erster **F 6**
Anhaltspunkt herangezogen werden (vgl dazu STAUDINGER/OECHSLER [1998] § 2 ProdHaftG
Rn 7 ff; ähnl ROLLAND Rn II 58 f). Jeder Gegenstand, der unter diese Norm fällt, kann
auch die deliktische Produkthaftung auslösen; diese kann jedoch **weiter gehen** (STAU-
DINGER/OECHSLER [1998] § 2 ProdHaftG Rn 26). Der Begriff ist denn auch im **umfassenden
Sinn** zu verstehen. Nur beispielhaft seien genannt technische Anlagen (BGHZ 67, 359,
361 f), Maschinen (BGH NJW 1975, 1827, 1828), Kraftfahrzeuge und Motorräder (BGHZ
99, 167, 170), chemische Erzeugnisse (BGHZ 51, 91, 102; 86, 186, 188; 86, 199, 201; BGH NJW
1972, 2217, 2218; 1973, 1602, 1603; 1994, 517, 518), Verpackungsmaterial (BGH VersR 1967, 321)
und Abfall, namentlich Industriemüll, auch wenn dieser nicht zum Absatz bestimmt
ist (BGH NJW 1976, 46; ROLLAND Rn II 68; **aA** STAUDINGER/OECHSLER [1998] § 2 ProdHaftG
Rn 27 mwNw für das ProdHaftG), Nahrungsmittel (BGHZ 116, 104, 107; BGH VersR 1953, 242)
und Konsumgüter (MünchKomm/MERTENS Rn 277). Auch Handwerksprodukte und
künstlerische Arbeiten gehören dazu; daß der Hersteller nicht industriell fertigt,
tut seiner Gefahrabwendungspflicht keinen Abbruch (ROLLAND Rn II 70 a). Der **Aggregatzustand** spielt keine Rolle; daher ist auch Wasserdampf ein Produkt (PALANDT/
THOMAS § 2 ProdHaftG Rn 1). Auch **unbewegliche Sachen** können darunter fallen (**aA**
ROLLAND Rn II 60). Wer asbestverseuchte Häuser baut und die Grundstücke verkauft,
kann sich nicht mit dem Hinweis entlasten, er habe keine beweglichen Sachen hergestellt. Dagegen wird man am Erfordernis der **Körperlichkeit** festzuhalten haben, so
daß Dienstleistungen – jedenfalls bis zu einer anderslautenden Entscheidung des
Gesetzgebers – nicht unter die deliktische Produkthaftung fallen. **Körperteile von
Menschen** werden mit der Trennung bewegliche Sachen, die die Produkthaftung auslösen können – man denke an kontaminiertes Blut (offen gelassen noch in BGHZ 114, 284,
291; da BGHZ 116, 104, 109 die Regeln der Produkthaftung auch auf Kleinbetriebe ausdehnt, sind sie
konsequenterweise auch auf Blutlieferanten anzuwenden) oder infektiöse Hirnhäute. Anders
als nach § 2 S 2 ProdHaftG können **landwirtschaftliche Erzeugnisse** des Bodens, der
Tierhaltung, der Imkerei, der Fischerei und der Jagd auch jeweils vor der ersten
Verarbeitung Produkte sein (ROLLAND Rn II 63). Es kann unter dem Gesichtspunkt
des Deliktsrechts keinen Unterschied machen, ob ein bäuerlicher Produzent –
schuldhaft – dem Getreide nach der Ernte Schadstoffe zufügt oder so düngt, daß
das geerntete Getreide gesundheitsschädlich ist. Eine spezifische Gefährlichkeit des
Produkts ist dagegen nicht Voraussetzung; auch Spazierstöcke müssen sicher konstruiert und gefertigt sein.

---

[*] **Schrifttum:** BRÄUTIGAM, Deliktische Außenhaftung im Franchising (1994); CAHN, Produkthaftung für verkörperte geistige Leistungen,
NJW 1996, 2899; FOERSTE, Die Produkthaftung
für Druckwerke, NJW 1991, 1433; HÖCKEL-
MANN, Die Produkthaftung für Verlagserzeugnisse (1994); HONSELL, Produkthaftungsgesetz
und allgemeine Delikthaftung, JuS 1995, 211;
KULLMANN, Aktuelle Fragen der Produkthaftpflicht (4. Aufl 1993); LANG, Die Haftung für
Fehler in Druckwerken (1982); MEYER, Produkthaftung für Verlagserzeugnisse, ZIP 1991,
1393; MICHALSKI, Das Produkthaftungsgesetz,
Jura 1995, 505; RÖHL, Fehler in Druckwerken,
JZ 1979, 369.

2. Verlagserzeugnisse

F 7 Nach hM sind auch Verlagserzeugnisse, insbesondere Bücher, Produkte, für die die Hersteller haften, wenn sie falsche Tatsachen enthalten (BGH NJW 1973, 843, 845 [Haftung wegen angeblicher Subsidiarität der Produkthaftung gegenüber der Vertragshaftung verneint; insoweit ist die Entscheidung abzulehnen, vgl Rn F 3]; wohl auch BGH NJW 1970, 1963 [Haftung mangels Verschuldens verneint]; vgl ferner ERMAN/SCHIEMANN § 2 ProdHaftG Rn 2; MünchKomm/CAHN § 2 ProdHaftG Rn 6; ders NJW 1996, 2903; ROLLAND Rn II 36, 65; RÖHL JZ 1979, 375; FOERSTE NJW 1991, 1433 f, 1437 f [anders aber ders NJW 1991, 1438 f für das ProdHaftG]; LANDSCHEIDT Rn 33 a; LANG 78 ff; HÖLZLWIMMER 51; HÖCKELMANN 68 f; BELZ 63; offen gelassen von PALANDT/THOMAS § 2 ProdHaftG Rn 1). Die Gegenmeinung verweist darauf, daß es eigentlich um einen Fall der Auskunftshaftung gehe, für den die Produkthaftung nicht einschlägig sei (STAUDINGER/OECHSLER [1998] § 2 ProdHaftG Rn 78); die falsche Information werde erst gefährlich, wenn der Leser sie umsetze (FOERSTE NJW 1991, 1439; HONSELL JuS 1995, 212 für das ProdHaftG). Doch überzeugt die Gegenauffassung nicht. Denn zum einen liegt **in der Verkörperung erst die Möglichkeit des Zugriffs** auf die Information, so daß das Argument, für die Eigenschaft des Produkts komme es nicht auf den Verbreitungsgrad an (STAUDINGER/OECHSLER [1998] § 2 ProdHaftG Rn 78), nicht den Kern trifft (ebenso iE CAHN NJW 1996, 2903). Zum anderen entstünde ein Wertungswiderspruch zu den Fällen der Haftung wegen falscher Instruktion, wenn auch das Produkt geliefert wird. Wäre dem Verletzten nicht nur das Buch, sondern auch eine Kochsalzlösung geliefert worden (Fall nach BGH NJW 1970, 1963), dann wäre bei einer falsch empfohlenen Dosierung ein Instruktionsfehler gegeben. Ein Differenzierungskriterium zu dem Fall, in dem nur das Buch geliefert wird, ist schwerlich zu erkennen (CAHN NJW 1996, 2902). Daß § 3 Abs 1 lit a ProdHaftG zeigt, daß die Instruktion auf ein Produkt bezogen sein muß (so STAUDINGER/OECHSLER [1998] § 2 ProdHaftG Rn 77), mag für das ProdHaftG so sein. Doch ist das anders zu beurteilen, wenn es um die Verletzung einer Verkehrspflicht zugunsten absoluter Rechte bzw Rechtsgüter geht – und darauf basiert ja die deliktische Produkthaftung. Der Hinweis auf Art 5 Abs 3 GG ist wie beim Persönlichkeitsrecht nicht zwingend (vgl oben Rn C 144 ff). Es geht ja nicht darum, eine wissenschaftliche These aufzustellen, deren Vorläufigkeit jedem ersichtlich ist. Eine Haftung kommt von vornherein nur in Betracht, wenn aufgrund eines Fehlverhaltens eine gesicherte Erkenntnis unrichtig weitergegeben wird (FOERSTE NJW 1991, 1434 f; CAHN NJW 1996, 2904 f).

III. Der Umfang der Pflicht

1. Der Einfluß des Preises

F 8 Bei der Bestimmung des Pflichtenumfangs wiederholen sich die zur allgemeinen Verkehrspflicht genannten Kriterien, namentlich der **Rang** des gefährdeten Rechtsguts, die legitimen **Schutzerwartungen** des Verkehrs, der zumutbare **Aufwand** für den Produzenten (BGHZ 104, 323, 329; OLG Frankfurt VersR 1993, 845, 846; in der Sache schon BGHZ 51, 91, 108) sowie die Entwicklung von erhöhten **Standards** (vgl oben Rn E 27 ff). Typischen Gefahrsituationen muß der Verkehrspflichtige auch dann begegnen, wenn sie selten sind, aber zu nicht unerheblichen Schäden führen können (BGH NJW 1990, 906, 907; OLG Karlsruhe NJW-RR 1992, 285, 286). Doch gibt es bei der Produkthaftung Spezifika, die im Rahmen der allgemeinen Verkehrspflicht nicht in dieser Schärfe auftauchen. So ist namentlich das **Preisargument** zu beachten. Während bei der Verkehrspflicht im Normalfall die Gefahr und der Aufwand, der für die Beseitigung betrieben werden muß, abzuwägen sind, kann bei der Produkthaftung der Kunde durch seinen Aufwand stärkeren Einfluß nehmen. Erhöhte Sicherheit hat ihren Preis; von einem teureren Produkt kann man im allgemeinen mehr erwarten (BGH NJW 1990, 906, 907; 1990, 908, 909; JAUERNIG/TEICHMANN Rn 129; MünchKomm/MERTENS Rn 283; FIKENTSCHER Rn 1249; KÖTZ Rn 449). Allerdings ist die **Basissicherheit** stets zu gewährleisten (BGH NJW 1990, 908, 909; JAUERNIG/TEICHMANN Rn 129; MünchKomm/MERTENS Rn 283; FIKENTSCHER Rn 1249; KÖTZ Rn 449; ROLLAND Rn II 25), vor allem dann, wenn sich der geringere Sicherheitsstandard dem Kunden nicht von selbst offenbart (KÖTZ Rn 449). Je gefährlicher ein Produkt ist, desto höher sind die Anforderungen (BGHZ 80, 186, 192; 104, 323, 329; MünchKomm/MERTENS Rn 283; ROLLAND Rn II 25; vgl auch BGH VersR 1954, 364, 365; 1965, 1157, 1158; LM Nr 29 zu § 823 [Ea] unter 2; Nr 70 zu § 823 [Dc] unter III 2). Bei erheblichen Gefahren haben wirtschaftliche Gesichtspunkte zurückzutreten (BGH [St] NJW 1990, 2560, 2564; MünchKomm/MERTENS Rn 283). Der Produzent muß dann notfalls darauf verzichten, das Gut in den Verkehr zu geben, oder er hat es zurückzurufen.

2. Der Selbstschutz

Auch im Rahmen der Produkthaftung spielt der Gedanke des Selbstschutzes eine je **F 9** nach Lage ausschlaggebende Rolle (BGHZ 104, 323, 328). Da auf die Verkehrserwartung abzustellen ist (BGH NJW 1990, 906; LM Nr 109 zu § 823 [Dc] unter II 4), bedarf es keines besonderen Schutzes, wenn die Benutzung des Gutes typischerweise mit Gefahren verbunden ist, die von den Konsumenten in Kauf genommen werden (BGHZ 104, 323, 328; BGH NJW 1975, 1827, 1829; 1987, 372 f; 1990, 906; LM Nr 8 zu § 823 [Db] Bl 2; Nr 16 zu § 823 [Db] unter II 3 b aa; VersR 1975, 812; zur allgemeinen Verkehrspflicht vgl auch BGH NJW 1986, 52, 53 f mwNw). Entscheidend ist dabei nicht die Sicht des Herstellers, sondern die berechtigten Erwartungen des Verkehrs (BGH NJW 1990, 906, 907; MünchKomm/MERTENS Rn 283).

3. Öffentlich-rechtliche Normen

Öffentlich-rechtliche Normen und DIN-Vorschriften legen nur den Mindeststandard **F 10** fest, der zwar keineswegs unterschritten werden darf, der jedoch überschritten werden muß, wenn die technische Entwicklung darüber hinaus gegangen ist (BGH NJW 1968, 43; 1994, 3349, 3350; OLG Hamm OLGZ 1990, 115, 119; NZV 1993, 310, 311; MünchKomm/ MERTENS Rn 289; KULLMANN NJW 1996, 22). Denn generell kann eine Pflicht des Herstellers größer sein als das, was Gesetze oder Behörden von ihm fordern (BGHZ 106, 273, 280; BGH NJW 1987, 372, 373; 1998, 2905, 2906; LM Nr 5 zu § 823 [C] unter b; VersR 1966, 165, 166; LG Flensburg VersR 1998, 66, 67). Amtliche Überprüfungen des fertigen Produkts entlasten den Hersteller nicht; sie besagen nur, daß die Kontrollbeamten nichts Vorschriftswidriges gefunden haben, begründen aber keine Vermutung dafür, das Produkt sei mangelfrei (BGHZ 99, 167, 176; 105, 346, 354; BGH NJW 1987, 372, 373; BIRKMANN DAR 1990, 128 f; ähnl BGH LM Nr 173 zu § 823 [Dc] unter II 2 b).

IV. Die Verkehrspflichten des Herstellers[*]

Haftungsgrund ist der Gedanke, daß derjenige, der gefährliche Produkte in den **F 11** Verkehr bringt, alles zu tun hat, um eine Schädigung Dritter auszuschließen; entspricht das Produkt nicht dieser Forderung, so ist der Hersteller wegen Verletzung dieser Verkehrspflicht verantwortlich (ERMAN/SCHIEMANN Rn 112; MünchKomm/MERTENS Rn 282; LARENZ, Schuldrecht BT Bd II 1. Halbbd 1 [13. Aufl 1986] § 41 a; vgl schon oben Rn F 2). Seit langem haben sich in Rechtsprechung und Literatur **verschiedene Fallgruppen** herausgebildet, die diese Pflicht detailliert beschreiben.

1. Die Haftung für Konstruktionsfehler

a) Die Regel

F 12 Konstruktionsfehler liegen vor, wenn die Produkte schon ihrer **Konzeption nach** unter dem neuesten technischen Stand und dem durch den bestimmungsgemäßen Gebrauch vorausgesetzten Sicherheitsstandard bleiben (FOERSTE, in: vWESTPHALEN § 24 Rn 59; MICHALSKI BB 1998, 962; der Sache nach auch BGHZ 104, 323, 327 f). Es geht dabei um die **erforderliche**, nicht um die optimale **Sicherheit** (BGH VersR 1972, 559, 560; OLG Saarbrücken NJW-RR 1993, 990, 991). Betroffen ist jeweils die ganze Serie (MICHALSKI BB 1998, 962); doch kann ein Konstruktionsfehler auch bei Unikaten auftreten (ROLLAND Rn II 24). Der Fehler kann einmal darauf basieren, daß von vornherein ungeeignete **Werkstoffe oder Einzelteile** eingesetzt werden (BGHZ 67, 359, 362; BGH VersR 1954, 100 f; 1960, 855, 856; 1960, 1095; 1967, 498, 500; LM Nr 36 zu § 433 unter B II 2 b; OLG Celle VersR 1978, 258, 259; FOERSTE, in: vWESTPHALEN § 24 Rn 101), etwa ein zu schwach ausgelegter Schalter

---

* **Schrifttum:** BIRKMANN, Produktbeobachtungspflicht bei Kraftfahrzeugen, DAR 1990, 124; BODEWIG, Zivilrechtliche Probleme des Rückrufs fehlerhafter Produkte der Automobilindustrie, DAR 1996, 341; BRÄUTIGAM, Deliktische Außenhaftung im Franchising (1994); BRÜGGEMEIER, Produzentenhaftung nach § 823 Abs 1 BGB, WM 1982, 1294; ders, Produkthaftung und Produktsicherheit, ZHR 152 (1988) 511; ders, Anm zu BGH, 7.12.1993 – VI ZR 74/93, JZ 1994, 578; DIEDERICHSEN, Die Entwicklung der Produzentenhaftung, VersR 1984, 797; DIETRICH, Produktbeobachtungspflicht und Schadensverhütungspflicht des Produzenten (1994); G HAGER, Zum Schutzbereich der Produzentenhaftung, AcP 184 (1984) 411; ders, Einstandspflicht des Produzenten für das Äquivalenz- und Nutzungsinteresse des Produkterwerbers, BB 1987, 1748; J HAGER, Die Kostentragung bei Rückruf fehlerhafter Produkte, VersR 1984, 799; HERRMANN, Die Rückrufhaftung des Produzenten, BB 1985, 1801; KULLMANN, Die Rechtsprechung des BGH zu den Instruktionspflichten des Warenherstellers und die Fälle des „baby-bottle-syndroms", in: FS Brandner (1996) 313; MAYER, Produkthaftung und Gefahrbeseitigung, DB 1985, 319; J MEYER, Instruktionshaftung [1992]; ders, Von Saugern und Säften – ein Zwischenstandsbericht zum Kinderteeprozeß, ZIP 1995, 716; MICHALSKI, Produktbeobachtung und Rückrufpflicht des Produzenten, BB 1998, 961; PAULI, Die Produktbeobachtungspflichten in der verbraucherpolitischen Auseinandersetzung, PHI 1985, 134; RETTENBECK, Die Rückrufpflicht in der Produkthaftung (1994); SCHMIDT-SALZER, Rechtliche und tatsächliche Aspekte der Produktbeobachtungshaftung, BB 1981, 1041; SCHULENBERG, Der Rückruf des Warenherstellers im deutsch-amerikanischen Rechtsvergleich (1992); SCHWENZER, Rückruf- und Warnpflichten des Warenherstellers, JZ 1987, 1059; WAGNER, Das neue Produktsicherheitsgesetz: Öffentlich-rechtliche Produktverantwortung und zivilrechtliche Folgen, BB 1997, 2489; vWESTPHALEN, Produkthaftung – Haftungsfreizeichnung und Haftungsfreistellung nach dem AGB-Gesetz, NJW 1979, 838; ders, Rückstellungen wegen gestiegener Risiken aus der Produzentenhaftung?, WM 1981, 1154; ders, Grundtypen deliktsrechtlicher Produzentenhaftung, Jura 1983, 57; ders, Das Milupa-Urteil – eine beträchtliche Verschärfung der Produkthaftung, ZIP 1992, 18; ders, Instruktionspflichten des Warenherstellers im Lebensmittelbereich – zum „Baby-Bottle-Syndrom", BB 1994, Beil 18, 15; WIECKHORST, Vom Produzentenfehler zum Produktfehler des § 3 ProdHaftG, VersR 1995, 1005.

(BGHZ 67, 359, 362) oder Behälter, die der zu erwartenden Belastung nicht standhalten (BGHZ 104, 323, 327; BGH VersR 1967, 498, 500). Zum anderen kann der Fehler in der **Bauweise** selbst zu finden sein (RGZ 163, 21, 26; RG DR 1940, 1293; BGH VersR 1956, 625, 626; 1960, 855; 1960, 1095; LM Nr 5 zu § 823 [C] unter b; Nr 8 zu § 823 [Db] Bl 1 Rücks; OLG Frankfurt aM VersR 1990, 981, 982; JAUERNIG/TEICHMANN Rn 127), wenn diese etwa technische Möglichkeiten vernachlässigt (BGH LM Nr 8 zu § 823 [Db] Bl 1 Rücks; Nr 5 zu 823 [C] unter b). Notfalls ist erst durch Versuche zu klären, wie gefährlich ein Produkt ist (BGHZ 64, 46, 48 [vertragliche Haftung]; ROLLAND Rn II 24). Bremsen müssen so konstruiert sein, daß die automatischen Nachstelleinrichtungen funktionieren (BGH LM Nr 36 zu § 433 unter B II 2 b), notwendige Sicherheitseinrichtungen – etwa Schutzbügel – sind anzubringen (OLG Hamm BB 1971, 845), die Bedienung eines Gerätes darf nicht erschwert werden (BGH LM Nr 5 zu § 823 [C] unter a); eine Grenze zieht allerdings der **Stand der Technik** (BGH VersR 1954, 100; 1957, 584, 585; LM Nr 5 zu § 823 [C] Bl 2; genauer unten Rn F 19). Im Rahmen von Neuentwicklungen müssen die Produkte auch getestet werden (BGH VersR 1963, 860, 861 unter II; ERMAN/SCHIEMANN Rn 116; MünchKomm/MERTENS Rn 283).

b) Kasuistik
Einen Konstruktionsfehler hat die Rechtsprechung in einer Reihe von Fällen **bejaht**, F 13 etwa wenn ein Rungenverschluß bei der Kupplung von Waggons nicht bedienungsfreundlich und damit unsicher war (BGH LM Nr 5 zu § 823 [C] unter b), wenn ein Schalter für die Anlage zu schwach ausgelegt war (BGHZ 67, 359, 362), wenn der Griff eines Expanders nicht bruchfest war (so iE BGH LM Nr 173 zu § 823 [Bc] unter II 2 a), wenn das Schauglas eines Kühlautomaten zu schwach ausgelegt war und eine Vorkehrung zur Ableitung von Überdruck fehlte (BGH VersR 1960, 1095, 1096), wenn der Gabelschaft eines Fahrrades aus ungeeignetem Material hergestellt war (BGH NJW 1980, 1219, 1220 unter II 3 b bb), wenn Bremsnachstellvorrichtungen nicht ordnungsgemäß funktionierten, weil sie anfällig gegen Erschütterungen waren (BGH LM Nr 36 zu § 433 unter III 2 b), wenn Dachfolien infolge von Weichmacherverlusten rissen (BGH NJW 1985, 194); wenn Flaschen nicht so konstruiert waren, daß sie nicht explodieren konnten, obwohl die Fertigung möglich und zumutbar gewesen wäre (BGHZ 104, 323, 329 f), wenn ein Meißel zu hart war und deshalb splitterte (OLG Köln VersR 1984, 270; Revision vom BGH nicht angenommen), wenn das für implantierte Hüftgelenke verwendete Material zu spröde war (OLG Hamburg VersR 1984, 793, 794), wenn der Ganghebel durch die Eigenvibration des Fahrzeugs aus der Leerlaufposition in den Rückwärtsgang rutschen konnte (OLG Celle VersR 1984, 276), wenn Schutzvorrichtungen für den Kettenantrieb von Transportbändern fehlten (OLG Düsseldorf VersR 1989, 1158; aA noch BGH LM Nr 16 zu § 823 [Db] unter II 1), wenn eine Sicherungsklemme am Kletterseil bei abgewinkeltem Seil keine oder nur ungenügende Bremswirkung zeigte (OLG Köln VersR 1993, 110, 111; offen gelassen von BGH VersR 1993, 110, da jedenfalls die Instruktionspflicht verletzt worden sei), wenn ein Ölablaufrohr unzureichend befestigt war (OLG Nürnberg NJW-RR 1988, 378), wenn ein Kondensator vor Entzündung durch Erwärmung nicht hinreichend geschützt war (OLG Karlsruhe NJW-RR 1995, 594, 596), wenn ein Fußschalter ohne die notwendige Schutzvorrichtung blieb (OLG Hamm MDR 1971, 488), wenn eine Software fehlerhaft entwickelt war (STECKLER WiB 1995, 733), wenn das Schutzblech eines Fahrrads bei Belastung nicht brach, sondern sich auffaltete und so das Vorderrad blockierte (LG Berlin MDR 1997, 246), wenn Kerzen infolge des verwendeten Materials zu stark rußten (LG Köln NJW 1972, 1580, 1581; LG Lübeck VersR 1993, 1282), wenn der Lenker eines Fahrrads brach, weil durch ein nicht verrundetes Innenrohr Dauerbrüche entstanden waren (LG Frankfurt aM NJW-RR 1989, 1193), wenn eine gelieferte Farbe nicht den

versprochenen Farbton erreichte (OLG Hamm VersR 1993, 765, 766). **Verneint** hat die Rechtsprechung den Konstruktionsfehler dagegen in einem Fall, in dem ein Gelenkwellenschutz nur in Einzelanfertigung hätte fabriziert werden können und deshalb fehlte (BGH VersR 1957, 584). Auch eine konstruktionsbedingt nicht optimale Verarbeitung einer Welle soll keinen Fehler bedeuten (BGH VersR 1972, 559, 560; zweifelhaft); desgleichen hat die Rechtsprechung einen Fehler verneint, wenn sich bei einer entsicherten Waffe durch einen Fall ein Schuß lösen konnte (OLG Saarbrücken NJW-RR 1993, 990, 991; sehr zweifelhaft; vgl OLG Karlsruhe VersR 1998, 63 f).

2. Die Haftung für fehlerhafte Instruktion

a) Die Notwendigkeit der Instruktion

F 14 Der Hersteller hat **vor spezifischen Gefahren** zu warnen, die von seinem Produkt ausgehen und über sie aufzuklären (BGHZ 64, 46, 49 [vertragliche Haftung]; 116, 60, 65; BGH NJW 1972, 2217, 2220; 1975, 1827, 1829; 1981, 2514, 2515; 1987, 372 f; 1998, 2905, 2907; VersR 1955, 765, 766; 1960, 342, 343; OLG Koblenz VersR 1981, 740; OLG Köln VersR 1987, 573; OLG Frankfurt aM VersR 1993, 845, 847; OLG Oldenburg NJW-RR 1997, 1520, 1521 [sorgloser Umgang]; OLG Karlsruhe VersR 1998, 63; MICHALSKI BB 1998, 962). Damit ist vor allem dem Umstand Rechnung zu tragen, daß das Produkt nicht bei jedem vorhersehbaren Verwendungszweck gefahrlos benutzt werden kann (BGH NJW 1972, 2217, 2220; OLG Karlsruhe VersR 1998, 63; LG Flensburg VersR 1998, 66). Ein Instruktionsfehler liegt vor, wenn die Gebrauchsanweisung fehlt (OLG Karlsruhe VersR 1998, 63, 64; PALANDT/THOMAS § 3 ProdHaftG Rn 5) oder vor Gefahren nicht hinreichend gewarnt wird (OLG Karlsruhe VersR 1998, 63, 64; PALANDT/THOMAS § 3 ProdHaftG Rn 5; FOERSTE, in: vWESTPHALEN § 24 Rn 171). Eine derartige Pflicht besteht indes nicht stets; was auf dem Gebiet des **allgemeinen Erfahrungswissens** der in Betracht kommenden Abnehmerkreise liegt, braucht nicht zum Inhalt einer Gebrauchsbelehrung gemacht zu werden (BGHZ 116, 60, 65 f; BGH NJW 1975, 1827, 1829; 1986, 1863, 1864; NJW-RR 1993, 992; LM Nr 8 zu § 823 [Db] Bl 2; Nr 16 zu § 823 [Db] unter II 3 b aa; OLG Koblenz VersR 1981, 740; OLG Köln VersR 1987, 573; OLG München VersR 1988, 635, 636; OLG Saarbrücken NJW-RR 1993, 990, 992; OLG Düsseldorf NJW-RR 1996, 20; OLG Karlsruhe VersR 1998, 63; PALANDT/THOMAS § 3 ProdHaftG Rn 5; SOERGEL/ZEUNER Rn 177; MünchKomm/MERTENS Rn 284; FOERSTE, in: vWESTPHALEN § 24 Rn 195 mwNw; ROLLAND Rn II 26; KULLMANN NJW 1996, 19; der Sache nach BGH VersR 1955, 765, 766; vgl auch sogleich Rn F 15). Da die Instruktionspflicht nur **im Rahmen der Verbrauchererwartung** besteht, kann ein Hinweis vom Hersteller nur verlangt werden, wenn er damit rechnen muß, daß seine Produkte in die Hand von Personen gelangen, die mit den Produktgefahren nicht vertraut sind (BGHZ 116, 60, 65 f; BGH NJW 1975, 1827, 1829; 1986, 1863, 1864; 1987, 372, 373; 1990, 906; 1992, 2016, 2018; 1994, 932, 933; OLG Düsseldorf NJW-RR 1995, 25; OLG Karlsruhe VersR 1998, 63; MünchKomm/MERTENS Rn 284; KULLMANN NJW 1996, 19) oder sie in Kauf nehmen (BGH NJW 1990, 906). Der Informationsstand kann je nach **Zeitablauf** variieren. Gefahren, auf die durch Aufklärungskampagnen hingewiesen wurde, können wieder in Vergessenheit geraten; nachwachsende Generationen von Eltern kleiner Kinder müssen daher jeweils erneut auf das Risiko des Dauernuckelns von stark gezuckerten Getränken hingewiesen werden (BGH NJW 1994, 932, 933). Auch ist dem Aspekt der **Produktgewöhnung** Rechnung zu tragen; in der Umstellungsphase muß daher die Warnung stärker ins Auge fallen (BGH NJW 1995, 1286, 1287). Auf der anderen Seite genügt ein Hinweis auch dann, wenn er zunächst noch nicht relevant ist; es kann erwartet werden, daß Eltern die Warnung vor dem Dauernuckeln gezuckerten Tees wegen der Gefährdung ihrer Kinder durch Karies auch dann beachten, wenn der Tee bereits ab einem Zeitpunkt verabreicht wird, in dem die Kinder noch keine Zähne haben (OLG Hamm NJW-RR 1993, 989, 990). Eine Instruktionspflicht besteht auch, soweit die Ausrüstung des Produkts und Sicherheitseinrichtungen im Einzelfall Sache des Benutzers ist (ROLLAND Rn II 25). Selbst wenn eine Instruktionspflicht im Grundsatz zu bejahen ist, braucht sie ausnahmsweise nicht vom Hersteller selbst wahrgenommen zu werden, wenn er etwa auf die **Aufklärung durch Dritte**, beispielsweise einen Arzt, vertrauen darf (BGHZ 116, 60, 65 f; BGH NJW 1972, 2217, 2220; VersR 1955, 767, 766; 1960, 342, 343; OLG München BB 1980, 1297, 1298; OLG Celle NJW-RR 1986, 25; OLG Düsseldorf VersR 1990, 906; OLG Karlsruhe NJW-RR 1992, 285, 286; OLG Frankfurt aM NJW-RR 1994, 346, 347; VersR 1995, 660, 661 [LS]; MünchKomm/MERTENS Rn 284). Aufzuklären sind aber auch Dritte, die das Gut in bestimmten Fällen nicht weitergeben sollen, etwa die Eltern (LG Flensburg VersR 1998, 66, 67; FOERSTE, in: vWESTPHALEN § 24 Rn 189; WIECKHORST VersR 1995, 1008), aber auch Verkäufer von Feuerwerkskörpern über die Gefahr, die diese in den Händen von Kindern darstellen können (BGH NJW 1998, 2905, 2907; LG Flensburg VersR 1998, 66, 67).

b) Der Umfang der Instruktion
Der Zweck der Instruktion ist ein doppelter. Zum einen soll der Verbraucher auf **Gefahren aufmerksam gemacht** werden, mit denen er nicht rechnet (BGHZ 64, 46, 49 [vertragliche Haftung]; vWESTPHALEN ZIP 1992, 19; J MEYER ZIP 1995, 719 [Risikoinformation]), um ihm die Möglichkeit zu geben, den Risiken vorzubauen (BGHZ 64, 46, 49 [vertragliche Haftung]; 116, 60, 65 f; BGH NJW 1972, 2217, 2220; VersR 1955, 765, 766; 1960, 342, 343; OLG Celle NJW-RR 1986, 25; OLG Düsseldorf VersR 1990, 906; OLG Karlsruhe NJW-RR 1992, 285, 286; OLG Frankfurt aM NJW-RR 1994, 346, 347; VersR 1995, 660, 661 [LS]; MünchKomm/MERTENS Rn 285; FOERSTE, in: vWESTPHALEN § 24 Rn 173; J MEYER ZIP 1995, 719 [Handhabungsinformation]). Bei der Gefahr schwerer Schäden ist auch eine Warnung vor den etwaigen Folgen für die Rechtsgüter des § 823 Abs 1 nötig (BGH NJW 1972, 2217, 2220; vWESTPHALEN ZIP 1992, 20). Namentlich, aber nicht nur bei Arzneimitteln steht daneben zum anderen der **Schutz der Entscheidungsfreiheit**. Wenn etwa Nebenwirkungen zu befürchten sind, muß der Patient wissen, worauf er sich einläßt (BGHZ 106, 273, 283; FOERSTE, in: vWESTPHALEN § 24 Rn 187; für sonstige unvermeidbare Nebenwirkungen vgl zB BGHZ 64, 46, 49 f [vertragliche Haftung]). Aus dieser Zwecksetzung folgt, daß der Hersteller nicht durch die Warnung einen anderweitigen Verstoß gegen die Verkehrspflichten kompensieren kann (BGHZ 104, 323, 328 f; MünchKomm/MERTENS Rn 285, der aber je nach Sachlage Mitverschulden bejaht; ROLLAND Rn II 33; FOERSTE, in: vWESTPHALEN § 24 Rn 97, 174; aA SCHMIDT-SALZER, Produkthaftung Bd III/1 [2. Aufl 1990] Rn 4.1016). Daneben müssen die Hinweise so klar und deutlich abgefaßt sein, daß sie von einem Durchschnittsverbraucher verstanden werden können (BGHZ 99, 163, 181; OLG Celle NJW-RR 1986, 25; OLG Köln VersR 1987, 573; MünchKomm/MERTENS Rn 286; vWESTPHALEN ZIP 1992, 19 f; J MEYER 141 f). Mit der Größe der Gefahr nimmt die Intensität der Instruktionspflicht zu (BVerfG NJW 1997, 249, 250; BGHZ 80, 186, 192; 116, 60, 67 f; BGH VersR 1954, 364, 365; 1960, 342, 343; 1965, 1157, 1158; OLG Frankfurt aM NJW-RR 1995, 406, 408; OLG Karlsruhe VersR 1998, 63; MünchKomm/MERTENS Rn 289; PIEPER DB 1991, 988; KULLMANN NJW 1996, 22; ders NJW 1997, 1748); wichtige Hinweise über Produktgefahren müssen dann deutlich erfolgen (BGHZ 99, 167, 181; 116, 60, 68; BGH VersR 1960, 342, 343; OLG Hamm NJW-RR 1993, 989 f; OLG Düsseldorf NJW-RR 1995, 25, 26; vWESTPHALEN ZIP 1992, 19; KULLMANN NJW 1996, 22). Sie dürfen zB **nicht zwischen anderen Informationen** über Darreichungsformen, Werbeaussagen und anderem **versteckt** sein (BGHZ 99, 167, 181; 116, 60, 68; BGH NJW 1995, 1286, 1288; OLG Frankfurt aM ZIP 1991, 374, 375; der Sache nach auch schon BGH VersR 1960, 342, 343)

und müssen so abgefaßt werden, daß sie auch von einem gedankenlosen und weniger begabten Verbraucher ohne eigenes Nachdenken oder gar erst aufgrund von Rückschlüssen voll erfaßt werden können (BGHZ 116, 60, 68; OLG Düsseldorf NJW-RR 1995, 25, 26; MünchKomm/MERTENS Rn 286; iE auch OLG Stuttgart ZIP 1991, 380, 381). Allgemeine Verhaltsanweisungen sind dann nicht ausreichend; es müssen vielmehr die **Art der drohenden Gefahr** herausgestellt und **Folgewarnungen** erteilt werden (BGH NJW 1994, 932, 933 im Anschluß an BGHZ 116, 60, 68). Ein deutlicher Hinweis ist vor allem, aber nicht nur dann notwendig, wenn durch die Werbung für das Produkt der Vorstellung entgegengewirkt wird, die Ware könne gefährlich sein (BGHZ 116, 60, 68; BGH NJW 1994, 932, 933; 1995, 1286, 1288). Ist damit zu rechnen, daß ausländische, der deutschen Sprache nicht hinreichend mächtige Arbeitskräfte oder Verbraucher mit dem Produkt umgehen werden, so sind möglichst allgemein verständliche, bekannte und aussagekräftige Gefahrsymbole zu verwenden (BGH NJW 1987, 372, 373). Die Warnung kann auch notwendig sein, wenn das Produkt nicht selbst gefährlich, sondern als solches nur wirkungslos ist und sich daraus die Gefahr für Rechtsgüter des Verbrauchers ergibt (BGHZ 80, 186, 189, 191; BGH NJW 1981, 1603, 1604; PALANDT/THOMAS § 3 ProdHaftG Rn 5; SCHMIDT-SALZER BB 1981, 1041; vWESTPHALEN WM 1981, 1162; ders ZIP 1992, 20). Namentlich Hinweise auf Gefahren für Leib und Leben (OLG Karlsruhe VersR 1998, 63; ROLLAND Rn II 32) und auf **lebensbedrohliche Komplikationen**, etwa durch Überdosierung eines Arzneimittels, müssen deutlich ausfallen (BGHZ 106, 273, 281, 283). Desgleichen muß der Hersteller auf eine Veränderung seines Produkts, etwa eine Erhöhung des Wirkstoffs hinweisen (OLG Frankfurt aM NJW-RR 1994, 346, 347). Die Instruktion muß auch Leistungsfähigkeit und Leistungsgrenzen eines Produkts richtig schildern (BGH NJW 1996, 2224, 2225; KULLMANN NJW 1997, 1748). Ist allerdings vor einer gefährlichen Handhabung des Produkts gewarnt, so genügt das, wenn der Betroffene eine evidentermaßen ebenso risikoreiche Verwendung wählt. Weist etwa der Hersteller auf Gefahren hin, die durch das Sprühen eines Sprays ins offene Feuer entstehen, so muß jedem klar sein, daß ihm ähnliches droht, wenn der soeben besprühte Behälter erhitzt wird (BGH NJW 1987, 372, 374). Die Anforderungen dürfen jedenfalls nicht überspannt werden. Eine inhaltlich klare Warnung genügt auch dann, wenn das Wichtigste hervorgehoben wird. Daß gezuckerte Getränke Karies hervorrufen können, wird etwa durch eine entsprechende Warnung hinreichend deutlich gemacht, auch wenn der Hinweis fehlt, daß Zucker das Wachstum von Bakterien fördert (BGH NJW 1995, 1286, 1287; OLG Hamm NJW-RR 1993, 989, 990; MDR 1995, 269, 270; OLG Düsseldorf NJW-RR 1995, 25, 26; J MEYER ZIP 1995, 720 [Basisinformation]; iE auch OLG Frankfurt aM VersR 1996, 861, 862; 1996, 863; zust die hL; zB MünchKomm/MERTENS Rn 286; KULLMANN NJW 1996, 20; ders, in: FS Brandner [1996] 318 f; ders NJW 1997, 1748; vWESTPHALEN BB 1994 Beil 18, 15 f).

c) Kasuistik

F 16 Der Verantwortliche hat **aufzuklären** über den Umstand, daß Batterien während des Transports aufgeladen sind (BGHZ 66, 208, 210), über die mangelnde Schmierfähigkeit eines Fettes bei niedrigen Temperaturen, die zur Zerstörung des Lagers des Leitrades eines Schiffes und zu dessen Verlust führte (BGH NJW 1996, 2224, 2226), über die Gefahr von Feuerwerkskörpern, namentlich in der Hand von Kindern (BGH NJW 1998, 2905, 2907), über die Gefahr der Entflammung von Saunaaufgußkonzentraten (OLG Düsseldorf NJW-RR 1992, 534, 535), über die Gefahr von Korrosionsschäden bei der Verwendung eines Reinigungsmittels (OLG Celle NJW-RR 1986, 25), über die Verschleißanfälligkeit von Anhängerkupplungen (OLG Hamm NZV 1993, 310, 311), über drohende Korrosion bei Verwendung eines Brandschutzmörtels (OLG Karlsruhe NJW-RR 1992,

285, 286), über die Änderung der Wirkstoffe in einem Herbizid gegenüber dem früheren Produkt (OLG Frankfurt aM NJW-RR 1994, 346, 347), über Verdachtsmomente gegen einen Impfstoff (OLG Frankfurt aM VersR 1995, 660, 661 [LS]), über die Gefahr auch mißbräuchlichen Gebrauchs von Arzneimitteln (BGHZ 106, 273, 283), über die Unverträglichkeit zweier Pflanzenschutzmittel (BGH LM Nr 49 zu § 433 unter 3, allerdings mangels Verschuldens verneint), über die Feuergefährlichkeit eines Rostschutzmittels (BGH NJW 1959, 1676 [vertragliche Haftung]), eines Fußbodenklebemittels (BGH VersR 1960, 342, 343), von Grundierungsmitteln (BGH VersR 1962, 372, 373), eines Transformators (BGH VersR 1963, 860, 861), über die sichere Befestigung eines Turngeräts (OLG München VersR 1988, 635, 636), über die Gefahren bei der Dauerverabreichung stark gesüßter Getränke an Kleinkinder (BGHZ 116, 60, 68; BGH NJW 1994, 932, 933; 1995, 1286, 1287 [hier wurde die Pflicht als erfüllt angesehen]), über die korrekte Bedienung der Schnellspannvorrichtung des Vorderrades eines Mountainbikes, wenn der Hersteller damit rechnen muß, daß es von Laien und nicht nur von Sportlern benutzt wird (OLG Düsseldorf NJW 1997, 2333, 2334), über die Wartung einer Maschine (BGHZ 47, 312, 316 [vertragliche Haftung]), über die Bedienung eines elektischen Meßgeräts (OLG Stuttgart NJW-RR 1992, 670, 671), über die Gefahr des Berstens bei Dauereinsatz von Spannpressen bei der Betonherstellung (BGH NJW 1975, 1827, 1829), über hohe Chlorabscheidung bei der Verwendung eines Luftfilters und die daraus resultierende Beschränkung der Verwendbarkeit (OLG Frankfurt aM VersR 1990, 981, 982), über die Gefahr der Verwendung eines Narkosemittels bei Injektion in die Arterie (BGH NJW 1972, 2217, 2219 f), über die Explosionsgefahr von Rohrreinigungsmitteln (OLG Oldenburg NJW-RR 1997, 1520, 1521), über die Gefahr beim Fallenlassen einer Pistole (OLG Karlsruhe VersR 1998, 63 f; **aA** iE OLG Saarbrücken NJW-RR 1993, 990, 992, wenn der Betroffene ein Polizist ist; zweifelhaft). Eine Instruktionspflicht wurde dagegen **verneint** über die ätzende Wirkung von Putz und Mörtel (OLG Düsseldorf NJW-RR 1991, 288, 289), über die Bruchlast eines Kabelstrumpfes, wenn sie dem Verwender bekannt war (OLG Karlsruhe NJW-RR 1994, 798, 799), über die Montage eines Fensterkrans (BGH LM Nr 8 zu § 823 [Db] Bl 2), über die Notwendigkeit von Schutzvorrichtungen bei einer Maschine (BGH LM Nr 16 zu § 823 [Db] unter II 3 b aa im Rahmen der allgemeinen Verkehrspflicht; sehr zweifelhaft; vgl auch OLG Düsseldorf VersR 1989, 1158), über die sachgerechte Verwendung von Stahlnägeln (OLG Düsseldorf NJW-RR 1996, 20; KULLMANN NJW 1996, 19; skeptisch MünchKomm/MERTENS Rn 285 m Fn 775), über die Gefahr durch Herbizide gegenüber Landwirten (KULLMANN NJW 1997, 1749 mit Hinweis auf ein nicht veröffentlichtes Urteil des OLG Frankfurt aM).

3. Die Haftung für Fabrikationsfehler

a) Die Regel

Fabrikationsfehler zeichnen sich dadurch aus, daß **nur einzelne Stücke** betroffen sind (BGH VersR 1956, 410, 411; PALANDT/THOMAS § 3 ProdHaftG Rn 4; FOERSTE, in: vWESTPHALEN § 24 Rn 124; MICHALSKI BB 1998, 962). Der Hersteller hat indes die Pflicht, die Sicherheit eines jeden einzelnen Produkts zu gewährleisten (MünchKomm/MERTENS Rn 287). Entscheidend ist, was die in den Abnehmerkreisen herrschende Verkehrsauffassung erwartet (BGHZ 105, 346, 352; BGH VersR 1972, 559, 560); dies begründet die Pflicht zur fehlerfreien Herstellung und nicht nur zur Kontrolle (BGHZ 105, 346, 352). Die Pflicht erstreckt sich von der Auswahl der Rohstoffe (BGH NJW 1968, 247, 248; VersR 1960, 855, 856; 1972, 559, 560) über die Einrichtung der Anlagen, die ordnungsgemäße Wartung, die Überprüfung verwendeter Ware anderer Hersteller (OLG Düsseldorf NJW 1978, 1693; JAUERNIG/TEICHMANN Rn 131), die Kontrolle des Fabrikationsverfahrens, die Überprü-

F 17

fung der Qualität (BGH VersR 1959, 104, 105; 1960, 855, 856; LG Nürnberg-Fürth NJW-RR 1991, 287; der Sache nach auch BGH NJW 1968, 247, 249) bis hin zur ordentlichen Verpackung und Beschriftung des Produkts (vgl ausf FOERSTE, in: vWESTPHALEN § 24 Rn 131 ff; ferner Münch-Komm/MERTENS Rn 287). Auch dann, wenn es sich um sog Ausreißer handelt, liegt ein Fabrikationsfehler vor (BGHZ 51, 91, 105; 129, 353, 358; BGH NJW 1975, 1827, 1828); es kann allenfalls am Verschulden fehlen.

b) Kasuistik

F 18 Ein **Fabrikationsfehler liegt vor**, wenn nicht Vorkehrungen dagegen getroffen werden, daß mit Typhusbazillen verseuchte Milch verarbeitet wird, ohne daß die Krankheitserreger abgetötet werden (BGH VersR 1954, 100 f), wenn Speisen mit Salmonellen verseucht sind (BGHZ 116, 104, 107; OLG Hamm VersR 1996, 72, 73), wenn Lebensmittel mit Hepatitiserregern infiziert sind (OLG Frankfurt aM NJW 1995, 2498 im Rahmen des ProdHG), wenn ein Impfstoff verunreinigt ist (BGHZ 51, 91, 102 f), wenn sich Antibiotika im Fischfutter befinden (BGHZ 105, 346, 350), wenn infiziertes Blut gewonnen und transfundiert wird (BGHZ 114, 284, 291), wenn Tierfutter während der Aufarbeitung verunreinigt wird (OLG Hamm NJW-RR 1993, 858, 854), wenn Mineralwasserflaschen explodieren (BGHZ 104, 323, 328; BGH NJW 1993, 558; ebenso im Rahmen des ProdHG BGHZ 129, 353, 357), wenn ein Fahrradrahmen schlecht verschweißt bzw verlötet ist und daher bricht (BGH LM Nr 24 zu § 286 [C] ZPO unter II; VersR 1956, 410, 411), wenn ein Schalter einen Defekt aufweist (BGHZ 67, 359, 362), wenn in einem Baustromverteiler die Leitungstrenner nicht korrekt montiert sind (BGH NJW 1992, 41, 42), wenn der Lenker eines Motorrollers nicht korrekt montiert ist (vgl BGH VersR 1956, 259, 260), wenn das Gasseil bei einem Pkw klemmt (BGHZ 86, 256, 258), wenn ein Operationsinstrument wegen eines Materialfehlers bricht (OLG Düsseldorf NJW 1978, 1693), wenn das Ventil einer Gasflasche beim Wiederbefüllen nicht ordnungsgemäß kontrolliert wird (OLG Hamm OLGZ 1990, 115, 118), wenn sich bei der Herstellung eines Seilschlosses Warmrisse bilden (BGH VersR 1959, 105, 106), wenn ein Kondenstopf an einer Stelle zu dünn gegossen wird (BGH VersR 1960, 855), wenn ein Werkstück bei zu niedriger Temperatur geschmiedet wird (BGH NJW 1968, 247, 248), wenn Batterien beim Versand nicht ordentlich verpackt sind (BGHZ 66, 208, 210), wenn tragbare Blechgefäße zu stark befüllt werden und deshalb die Tragehenkel brechen (BGH VersR 1967, 498, 499), wenn Plastiktanks infolge fehlender Reinigung die aufbewahrte Flüssigkeit beeinträchtigen (OLG Frankfurt aM NJW-RR 1987, 1386), wenn infolge eines Materialfehlers ein Ventil bricht (OLG Köln VersR 1991, 348, 349), wenn eine Farbe in einen Eimer gefüllt wird, der falsch beschriftet ist (OLG Hamm VersR 1993, 765, 766).

4. Die Haftung für Entwicklungsfehler

F 19 Der Produzent haftet, sofern nicht wie im Arzneimittelbereich eine andere Regelung getroffen ist, für Schäden aufgrund von Entwicklungsfehlern nicht, wenn diese nach dem **Stand der Technik** trotz Anwendung aller zumutbaren Sorgfalt nicht erkennbar waren (BGHZ 51, 91, 105 f; 80, 186, 193; BGH JZ 1985, 99; OLG Hamburg VersR 1984, 793; OLG München VersR 1990, 791, 792; OLG Düsseldorf NJW-RR 1992, 284; PALANDT/THOMAS Rn 209; SOERGEL/ZEUNER Rn 177; MünchKomm/MERTENS Rn 288; vWESTPHALEN Jura 1983, 58 f; DIEDERICHSEN VersR 1984, 797; G HAGER, in: FS E Wolf [1985] 141; für das ProdHaftG vgl BGHZ 129, 353, 358 f mwNw). Ein Fehler ist nicht erkennbar, wenn die potentielle Gefährlichkeit des Produkts nach dem Stand von Wissenschaft und Technik von niemand bemerkt werden konnte, weil die Erkenntnismöglichkeit noch nicht vorhanden war

(PALANDT/THOMAS § 1 ProdHaftG Rn 21). Teilweise wird in diesen Fällen schon das Vorliegen eines Fehlers abgelehnt (BRÜGGEMEIER WM 1982, 1302; wohl auch ders ZHR 152 [1988] 516); doch ist dem für den Regelfall nicht zu folgen. Der Produktfehler liegt vor; zu verneinen ist lediglich die objektive Pflichtwidrigkeit bzw das Verschulden (PALANDT/THOMAS Rn 209; J HAGER VersR 1984, 801; nicht festgelegt MünchKomm/MERTENS Rn 288). Das ist im übrigen auch die Basis, von der § 1 Abs 2 Nr 5 ProdHaftG ausgeht, wenn die Norm die Haftung für Fehler ausschließt, die zu dem Zeitpunkt, in dem der Hersteller das Produkt in Verkehr brachte, nicht erkannt werden konnten. Anders mag es sein, wenn es um eine echte technische Neuentwicklung geht.

5. Die Produktbeobachtungspflicht

a) Dogmatische Grundlagen

Zwar wird ein ursprünglich einwandfreies Produkt durch Abnutzung nicht nachträglich fehlerhaft (ROLLAND Rn II 21). Auf der anderen Seite endet die Pflicht des Herstellers jedoch nicht mit dem Moment, in dem er das Produkt in Verkehr gibt. Vielmehr muß er sein Produkt weiterhin beobachten und sich über die Verwendungsfolgen informieren (BGHZ 80, 186, 191; 80, 199, 202 f; 99, 167, 171 ff; BGH NJW 1981, 2250, 2251; 1990, 906, 907; 1994, 3349, 3350; LM Nr 36 zu § 433 unter III 2 b; BGH, 23. 3. 1970 – VII ZR 87/68 – bei SCHMIDT-SALZER, Entscheidungssammlung Produkthaftung [1976] Bd II 1 Rn 104 unter 2 b mwNw; [vgl schon RGZ 163, 21, 26; RG DR 1940, 1293, 1295 im Rahmen der Sittenwidrigkeitsprüfung nach § 826]; PALANDT/THOMAS Rn 208; ERMAN/SCHIEMANN Rn 119; SOERGEL/ZEUNER Rn 177; MünchKomm/MERTENS Rn 299; BGB-RGRK/STEFFEN Rn 282; ROLLAND Rn II 45; KÖTZ Rn 448; J HAGER VersR 1984, 799 mwNw in Fn 1; MICHALSKI BB 1998, 963). Wenn man vom Verkehrspflichtigen verlangt, sein Grundstück zu sichern, auf dem er den Verkehr von Fußgängern duldet, so kann man für den Hersteller keine geringeren Pflichten postulieren (ERMAN/SCHIEMANN Rn 119). Worauf der Fehler beruht, spielt nach hM keine Rolle, solange er aus dem Bereich des Herstellers stammt (FOERSTE, in: vWESTPHALEN § 24 Rn 292). Er kann einmal auf einem (damals) nicht erkennbaren Entwicklungsfehler, auf Ausreißern in der Produktion oder aber auf fehlerhaften Instruktionen beruhen, etwa wenn auf Resistenzbildung bei der Verwendung eines Fungizids nicht hingewiesen wird. In der Lehre wird die Produktbeobachtung als eigenständige Verkehrspflicht bezeichnet (ROLLAND Rn II 45; SCHWENZER JZ 1987, 1060; ULMER ZHR 152 [1988] 571). Bei Licht besehen ist indes die Produktbeobachtungspflicht in all denjenigen Fällen zur Haftungsbegründung zumindest unnötig, in denen dem Hersteller bereits bei der Auslieferung eine Verletzung der Verkehrspflicht vorzuwerfen war; denn dann haftet er bereits wegen dieser Verletzung (J HAGER VersR 1984, 801; BRÜGGEMEIER JZ 1994, 579). Man kann insoweit geradezu von der **Subsidiarität der Produktbeobachtungspflicht** sprechen (G HAGER PHI 1991, 2; BRÜGGEMEIER JZ 1994, 579; vgl schon J HAGER VersR 1984, 801). Hauptanwendungsfälle der Produktbeobachtungspflicht sind aber nicht erkennbare Entwicklungsfehler sowie Ausreißer in der Produktion (ROLLAND Rn II 48). Ihre Intensität hängt wiederum von der Größe der Gefahr ab (BGHZ 99, 167, 174; BIRKMANN DAR 1990, 128; PIEPER DB 1991, 988; vgl schon oben Rn F 15).

b) Der Umfang

Zu unterscheiden ist die **passive Produktbeobachtung**, die die Überprüfung konkreter Reklamationen von Kunden zum Gegenstand hat (BGH NJW 1994, 517, 519; NJW-RR 1995, 342, 343; FOERSTE NJW 1994, 910; FUCHS JZ 1994, 540; MICHALSKI BB 1998, 963) und die **aktive Produktbeobachtung**. Um ihr gerecht zu werden, sind die einschlägigen Informationen wie Fachzeitschriften und Testberichte zu erfassen, Unfallanalysen auszuwerten sowie für den Besuch einschlägiger Tagungen durch Mitarbeiter zu sorgen (BGH NJW 1990, 906, 907; 1994, 517, 519; FOERSTE, in: vWESTPHALEN § 24 Rn 294; ROLLAND Rn II 45; MICHALSKI BB 1998, 963). Auch die **Produktentwicklung der wichtigsten Mitbewerber** muß im Auge behalten werden (BGH NJW 1990, 906, 908; MünchKomm/MERTENS Rn 289; FOERSTE, in: vWESTPHALEN § 24 Rn 296; BIRKMANN DAR 1990, 127; MICHALSKI BB 1998, 963). Der Umfang hängt von der Höhe des bedrohten Rechtsguts und der Intensität der Gefahr ab (FOERSTE, in: vWESTPHALEN § 24 Rn 296; KULLMANN NJW 1997, 1749 f). Ist das Unternehmen weltweit tätig, hat es sich auch die Informationen aus allen Erdteilen zu verschaffen (BGHZ 80, 199, 203; FOERSTE, in: vWESTPHALEN § 24 Rn 296). Die Reaktion hat sofort zu erfolgen, nachdem die Gefahr bekannt wird; zu Schäden braucht es noch gar nicht gekommen zu sein (KULLMANN NJW 1997, 1750 unter Hinweis auf ein nicht veröffentlichtes Urteil des OLG Karlsruhe). Die Beobachtungspflicht umfaßt die Konstruktion und die Instruktion (MICHALSKI BB 1998, 963); häufen sich Funktionsfehler, dürfte regelmäßig ein Konstruktionsfehler vorliegen (**aA** möglicherweise MICHALSKI BB 1998, 963). Teilweise wird allerdings bei Produkten, die seit langem eingeführt sind und sich in der Praxis bewährt haben, die Produktbeobachtungspflicht verneint (LG Frankfurt aM NJW 1977, 1108 [schon nach zwei Jahren]), bis gehäufte Beanstandungen aufträten (MünchKomm/MERTENS Rn 289; PAULI PHI 1985, 139; noch weiter gehend SCHMIDT-SALZER BB 1972, 1435). Doch kann angesichts des Umstands, daß sich Fehler zT erst nach vielen Jahren herausstellen, allenfalls von einer graduellen Abschwächung die Rede sein (FOERSTE, in: vWESTPHALEN § 24 Rn 298; HÖLZLWIMMER 40). UU kann sich die Pflicht zur passiven Beobachtungspflicht reduzieren (HÖLZLWIMMER 40).

c) Die Überwachung bei Produktkombinationen

Darüber hinaus muß der Hersteller das Produkt auch daraufhin überprüfen, ob es in **Wechselwirkung mit anderen Produkten** zu Gefahren führt. Das ist selbstverständlich etwa bei **Medikamenten**; hier muß der Hersteller überwachen, welche Konsequenzen sich aus der gleichzeitigen Einnahme anderer Mittel oder auch etwa des Konsums von Alkohol zeigen, auch wenn dies bei der Entwicklung noch nicht vorhergesehen werden konnte. Des weiteren ist der Hersteller verpflichtet, **notwendiges Zubehör oder Kombinationsprodukte** auf die Sicherheit bei der gleichzeitigen Verwendung mit dem eigenen Produkt zu überprüfen; dasselbe gilt, wenn er die Verwendung dadurch nahe gelegt hat, daß er die Vorkehrungen dafür traf, sie anzubringen. Schließlich erstreckt sich die Produktbeobachtungspflicht auf **allgemein gebräuchliches Zubehör**. Dabei kann sich die Pflicht zu einer Pflicht zur eigenen Überprüfung fremder Produkte steigern, wenn konkreter Anlaß zu der Befürchtung besteht, das Zubehör könne zusammen mit dem eigenen Produkt gefährlich werden (BGHZ 99, 167, 174; SOERGEL/ZEUNER Rn 177; ROLLAND Rn II 46; BIRKMANN DAR 1990, 128; MICHALSKI BB 1998, 963). Werden dabei Gefahren deutlich, so muß der Hersteller jedenfalls die Zulieferer dazu drängen, ungefährliche Zubehörteile zu fertigen; dies steigert sich bei der Auftragsfertigung und namentlich bei Gefahren für Leib und Leben bis zu der Pflicht, selbst neue ungefährliche Konstruktionen zu entwerfen und auf der raschen Durchsetzung zu bestehen (BGH NJW 1994, 3349, 3350). Dagegen ist der Hersteller nicht gezwungen, die Zubehörteile selbst zu fertigen (BGH NJW 1994, 3349, 3350). Für die Übergangszeit bis zur Durchsetzung der neuen Konstruktion ist allerdings ein deutlicher Warnhinweis nötig (FOERSTE Anm zu BGH LM Nr 196 zu § 823 [Dc] unter 2 d; offen gelassen von BGH NJW 1994, 3349, 3351). In den übrigen Fällen differenziert die Rechtsprechung. Bei **Gefahr für die Gesundheit und den Körper** muß der Hersteller die Kombinationsprodukte beobachten, wenn sie als Zubehör für seine Ware auf den Markt kommen und er Anlaß zu der Annahme hat, daß die Art des Zubehörs einen Einfluß auf die Sicherheit seines Produkts haben könnte (BGHZ 99, 167, 175). Sind dagegen lediglich Sachschäden zu gewärtigen, bedarf es nicht der Überprüfung, ob jedes der möglicherweise vom Verbraucher benutzten Mittel in der Kombination mit dem eigenen Produkt Gefahren heraufbeschwört (BGHZ 99, 167, 173; BGH LM Nr 49 zu § 433 unter II 3 b). Diesen Regeln setzt die Lehre zT anders differenzierende Maßstäbe entgegen. So soll eine Produktbeobachtungspflicht hinsichtlich der Risiken von Kombinationen bestehen, nicht jedoch, soweit es um die Fehlerfreiheit der Fremdzubehörteile geht (ULMER ZHR 152 [1988] 575 f; zust wohl BRÜGGEMEIER VuR 1988, 346). Das überzeugt indes nicht (abl auch KUNZ BB 1994, 451 f). Denn der Produzent ist – wenn vielleicht auch in abgeschwächtem Maße – verpflichtet, vor Zubehör zu warnen, das die Gesamtsache und damit auch sein eigenes Produkt unsicher macht, gerade wenn er durch die konstruktive Anlage zur Verwendung anregt.

d) Der Zeitpunkt der Warnung
Auch der Zeitpunkt der Warnung hängt von dem gefährdeten Rechtsgut ab. Bei Gefahren für die **Gesundheit** und die **körperliche Unversehrtheit** genügt ein **ernst zu nehmender Verdacht** (BGHZ 80, 186, 192; OLG Frankfurt aM NJW-RR 1995, 406, 408; OLG Karlsruhe VersR 1998, 63, 64 f; KULLMANN NJW 1996, 22). Bei drohenden **Sachschäden** sind die Anforderungen nicht gleich streng. Hier darf der Hersteller etwas länger zuwarten, um weiter untersuchen zu können, wenn nur davon auszugehen ist, daß er noch rechtzeitig eingreifen kann (BGHZ 80, 186, 192; KULLMANN NJW 1996, 23). Bis zu dem Zeitpunkt, da sich der Verdacht zur Fehlergewißheit verdichtet hat, darf der Hersteller indes auch hier nicht untätig bleiben (BGH NJW-RR 1995, 342, 343; KULLMANN NJW 1996, 23). **F 23**

e) Die Haftung des Herstellers
Tritt wegen der schuldhaften Verletzung der Produktbeobachtungspflicht ein Schaden an Rechtsgütern des Verbrauchers ein, so haftet der Hersteller **nach den allgemeinen Regeln** (vgl zB BGH NJW 1990, 906). Um Schäden zu verhindern, muß der Produzent jedenfalls eine unterlassene Instruktion nachholen, wenn diese ausreicht, um die notwendige Sicherheit zu gewährleisten (BGH NJW 1986, 1863, 1865; KULLMANN Kza 1520 S 46 f; ROLLAND Rn II 47; J HAGER VersR 1984, 804; MAYER DB 1985, 324). Eine Warnung allein kann allerdings nicht einen Konstruktionsfehler wett machen, auch wenn es zu Schäden nur durch fahrlässig bestimmungswidrigen Gebrauch kommen kann. Im übrigen muß der Produzent die nunmehr erkennbaren Fehler durch eine Änderung im Betriebsablauf vermeiden (RG JW 1940, 1293, 1296; BGH NJW 1990, 906, 908; 1994, 3349, 3350; VersR 1954, 100, 101; MünchKomm/MERTENS Rn 289; PIEPER DB 1991, 988; MICHALSKI BB 1998, 964); notfalls muß er die Produktion einstellen (RG JW 1940, 1293, 1296; MünchKomm/MERTENS Rn 289; PIEPER DB 1991, 988). Je nach Art der Gefahr ist auch die Intensität der Warnung zu bemessen; in Fällen intensiver Bedrohung kann es sogar notwendig sein, Zeitungen, Rundfunk und Fernsehen als Medium einzuschalten (MICHALSKI BB 1998, 964). **F 24**

aa) Die Pflicht zum Rückruf
Fraglich ist dagegen, ob neben der ordnungsgemäßen Instruktion – meist in Form der Warnung – auch ein Rückruf vorgenommen werden muß. Dabei zwischen der Verkehrspflicht des Produzenten und dem Anspruch des Konsumenten zu unterscheiden **F 25**

(vWestphalen § 39 Rn 1) führt nicht weiter, da aus der Pflicht ein Anspruch resultiert (Michalski BB 1998, 964) und es sich somit um ein reziprokes Verhältnis handelt. Soweit der Rückruf **auf die noch im Vertriebssystem befindlichen Waren** beschränkt wird, ist freilich eine Pflicht zum Rückruf meist zu bejahen, da der Hersteller alles tun muß, um den versehentlichen weiteren Vertrieb zu verhindern (so iE BGH [St] NJW 1990, 2560, 2564; Foerste, in: vWestphalen § 24 Rn 281); eine Ausnahme gilt nur dann, wenn die Warnung ausreicht, um den weiteren Vertrieb verläßlich zu stoppen (Foerste, in: vWestphalen § 24 Rn 281). In den übrigen Fällen wird von Teilen der Literatur eine Pflicht, die Ware zur Reparatur zurückzurufen, zT verneint, da noch kein Schaden eingetreten sei (Löwe DAR 1978, 293; ähnl Pieper DB 1991, 789). Dem ist nicht zu folgen, da es **Sinn des vorbeugenden Rechtsschutzes** ist, präventiv zu wirken (Canaris, Die Feststellung von Lücken im Gesetz [2. Aufl 1983] 112; vWestphalen NJW 1979, 845; J Hager VersR 1984, 800; Mayer DB 1985, 319; Wagner BB 1997, 2493; Rettenberg 100; der Sache nach auch OLG Stuttgart NJW 1967, 572; vgl schon oben Vorbem 63 zu §§ 823 ff). In **abgemilderten Versionen** wird ein Rückruf nur als ausnahmsweise zumutbar angesehen, namentlich wenn der Verbraucher die Zahlung einer gewissen Beteiligung an den Reparaturkosten anbietet (Foerste, in: vWestphalen § 24 Rn 285). Andere differenzieren nach der **Art des bedrohten Rechtsguts**. Bei Gefahr für Leib und Leben bestehe eine Rückrufpflicht, ansonsten sei sie zu verneinen (Schwenzer JZ 1987, 1062 f; Bodewig DAR 1996, 343 f; Michalski BB 1998, 965). Auch diese beiden Ansätze überzeugen nicht. Mit der hM ist vielmehr eine Rückrufpflicht bei allen gefährlichen Gütern anzunehmen, wenn die Gefahr durch eine Reparatur gebannt werden kann (OLG Karlsruhe NJW-RR 1995, 594, 597 [Revision vom BGH nicht angenommen; s Kullmann NJW 1996, 21]; MünchKomm/Mertens Rn 289; vWestphalen NJW 1979, 845; J Hager VersR 1984, 800 ff, 802 ff; Kullmann NJW 1996, 21; iE auch OLG Düsseldorf NJW-RR 1997, 1344, 1345; nicht eindeutig Brüggemeier ZHR 152 [1988] 24 f). Wenn von einem Produkt eine Gefahr ausgeht, die durch eine Warnung nicht effektiv genug beseitigt werden kann, dann kann die Pflicht weder von der Kostenbeteiligung des Verbrauchers abhängig gemacht noch auf Gefahr für Leib oder Leben begrenzt werden, wenngleich nicht zu übersehen ist, daß es graduelle Unterschiede nach Art des bedrohten Rechtsguts geben kann. Wenn etwa die Gefahr besteht, daß Autos beim Tanken explodieren, weil sich Funken am Einfüllstutzen bilden können, hat der Produzent die Autos zur Reparatur zurückzurufen und kann sich nicht mit einer bloßen Warnung des Inhalts begnügen, beim Tanken vorsichtig zu sein. Das gilt auch, wenn die drohende Gefahr sich auf Sachen beschränkt, etwa eine falsch konstruierte Maschine Vorprodukte zerstört. Auch kann eine Warnung uU von vornherein zu kurz greifen, um die Gefahr zu beseitigen, weil der **Konsument gar nicht ausweichen** kann. Man kann nicht aus einer Wohnung ausziehen, wenn giftige Materialien verwendet wurden; lösen sich aus Dachplatten Betonteile und gefährden sie Personen, ist das Ausweichen kaum möglich, so daß eine Warnung die Gefahr ohnehin nicht beseitigt (Rolland Rn II 51, der die Pflicht zum Rückruf aber auf diesen Fall beschränkt). Eine **Warnung genügt**, wenn das **Gut angesichts des Fehlers wertlos** ist – man denke an Medikamente mit nicht tolerablen Nebenwirkungen – und durch die Warnung hinreichend gesichert ist, daß das Gut weder den Kunden noch unbeteiligte Dritte gefährdet.

bb) Die Kosten des Rückrufs

Sehr strittig ist die Frage, wer denn die Kosten einer derartigen Rückrufaktion, namentlich die Aufwendungen für die Reparatur, zu tragen hat. Die wohl hM legt sie dem **Hersteller** auf (Palandt/Thomas Rn 209; MünchKomm/Mertens Rn 110, 289; G Ha-

GER AcP 184 [1984] 423 ff; J HAGER VersR 1984, 802 ff; DIETRICH 236; iE auch OLG Karlsruhe NJW-RR 1995, 594, 597; OLG Düsseldorf NJW-RR 1997, 1344, 1345). Die **Mindermeinung** lehnt das ab, weil eine Warnung genüge; das bedeutet, daß der Verbraucher im Endeffekt die Aufwendungen zu tragen hat (JAUERNIG/TEICHMANN Rn 135; STAUDINGER/GURSKY [1993] § 1004 Rn 13; LÖWE DAR 1978, 293; STOLL JZ 1983, 503; Nachw zur älteren Rspr und Lit bei J HAGER VersR 1984, 800 Fn 10 – 12). Eine **vermittelnde Ansicht** differenziert wiederum nach der Art des bedrohten Rechtsguts; bei Gefahr für Leib und Leben habe der Hersteller zu bezahlen, anders sei es, wenn nur Eigentum in Rede stehe (SCHWENZER JZ 1987, 1063; MICHALSKI BB 1998, 965). Die Anhänger des sog bedingten Rückrufanspruchs (vgl oben Rn F 25) kommen konsequenterweise zu einer Kostenteilung (FOERSTE, in: vWESTPHALEN § 24 Rn 285; abl DIETRICH 224). Schließlich wird die Kostenerstattung auf den Fall beschränkt, in dem der Konsument der Gefahr nicht ausweichen kann (ROLLAND Rn II 51). Zu folgen ist der hM. Das ist zwingend in den Fällen, in denen die Produktbeobachtung ergibt, daß das Produkt unter schuldhafter Verletzung einer Pflicht des Herstellers in den Verkehr gebracht wurde. Denn dann besteht eine Pflicht aus § 823 Abs 1, die Gefahr zu beseitigen; dies führt nach dem Grundsatz der Naturalrestitution dazu, daß die Sache vom Hersteller zu reparieren ist. Das gilt zunächst einmal, wenn die **Reparatur unabdingbar** ist, um andere Rechtsgüter vor Gefahren durch das Produkt zu schützen, die sich auch ohne Benutzung des Gutes ergeben können. Vom hier vertretenen Standpunkt aus steht auch der mangelfreie Teil des Gutes selbst unter dem Schutz des § 823 Abs 1 (vgl oben Rn B 105 ff, B 118 ff); daher ist der Mangel der Gefährdung des Eigentums wegen zu beheben (J HAGER VersR 1984, 805). Darüber hinaus gehende Ansprüche auf Ersatz der entgangenen Nutzungen können jedoch nicht auf § 823 Abs 1 gestützt werden, da sich die Verkehrspflicht auf die Beseitigung der Gefahr beschränkt (BGH NJW 1983, 812, 813; MünchKomm/MERTENS Rn 289; G HAGER AcP 184 [1984] 425; ders BB 1987, 1748; BODEWIG DAR 1996, 344; MICHALSKI BB 1998, 965). Strittig ist die Lage, wenn das Gut **durch den Fehler zur Gänze entwertet** ist. In der Konsequenz der hier entwickelten Lösung liegt es, die Warnung ausreichen zu lassen, weil und soweit es genügt, die Sache nicht mehr zu benutzen, um der Gefahr zu entgehen. Dagegen wird eingewandt, die Gefahr namentlich für die Allgemeinheit sei nicht gebannt, wenn der Verbraucher etwa aus finanziellen Gründen das Gut weiter benutze; daher sei der Kaufpreis zurückzuzahlen oder ein Ersatzprodukt anzubieten (FOERSTE, in: vWESTPHALEN § 24 Rn 286; SCHWENZER JZ 1987, 1064; DIETRICH 238). Das überzeugt schon iE nicht, weil es etwa hieße, daß Arzneimittel mit gefährlichen, zunächst aber nicht erkennbaren Nebenwirkungen vom Hersteller zurückgekauft werden müßten. Aber auch konstruktiv läßt die Gegenmeinung außer acht, daß dann ein Deliktschutz für den vollen Betrag gewährt würde, obgleich die Sache nichts mehr wert ist. Die entwickelten Regeln gelten auch bei nicht fahrlässiger Verletzung der Verkehrspflicht, wie dies etwa bei einem Ausreißer oder einem zunächst nicht erkennbaren Entwicklungsfehler der Fall sein kann. Auch hier hat der Verbraucher einen Anspruch auf Beseitigung der Gefahr, und zwar aus § 1004 (MünchKomm/MERTENS Rn 110, 289; ROLLAND Rn II 55; J HAGER VersR 1984, 806 f; beschränkt auf gefährdete Dritte HERRMANN BB 1985, 1805; wiederum nach Art des bedrohten Rechtsguts differenzierend SCHWENZER JZ 1987, 1060, 1062; BODEWIG DAR 1996, 343, 344; wohl auch MICHALSKI BB 1998, 965; **aA** STAUDINGER/GURSKY [1993] § 1004 Rn 13; PIEPER DB 1991, 989 ff; WAGNER BB 1997, 2493 Fn 41). Eine Grenze zieht der **Stand der Technik** zum Zeitpunkt der Auslieferung. Wo er eingehalten ist, fehlt es schon an der objektiven Verletzung der Verkehrspflicht (G HAGER AcP 184 [1984] 424). Autos müssen nicht etwa kostenlos mit ABS nachgerüstet werden, wenn dieses System bei der Auslieferung noch nicht oder nicht hinreichend entwickelt war.

V. Der Verantwortliche*

1. Der Hersteller

F 27 Verantwortlich für die Produktsicherheit ist der **Hersteller**, wenn das Produkt zur Gänze in seinem Unternehmen produziert wird (BGH NJW 1994, 517, 519; 1994, 932, 933; 1995, 1286, 1287; OLG Celle VersR 1978, 258, 259; NJW-RR 1997, 1456, 1457; JAUERNIG/TEICHMANN Rn 122; SOERGEL/ZEUNER Rn 182; MünchKomm/MERTENS Rn 278; ROLLAND Rn II 70; BAUMGÄRTEL JA 1984, 665). Setzt der Hersteller die Sache aus Teilen von Zulieferern zusammen, so haftet er zumindest für Montage- und Verarbeitungsfehler (BGH NJW 1975, 1827, 1828; VersR 1960, 855, 856; OLG Bamberg VersR 1977, 771, 772; OLG Dresden VersR 1998, 59, 60; MünchKomm/MERTENS Rn 278), desgleichen wenn das gelieferte Vorprodukt mangelhaft war, aber nach Plänen oder Anweisungen des Herstellers gefertigt worden war (BGHZ 67, 359, 362; BGH NJW 1975, 1827, 1828; 1994, 3349, 3350; LM Nr 173 zu § 823 [Dc] unter II 1 für die horizontale Arbeitsteilung; MünchKomm/MERTENS Rn 288). Die Verantwortung erstreckt sich auf die sorgfältige **Auswahl der Lieferanten** (BGH VersR 1972, 559, 560; MünchKomm/MERTENS Rn 278; ROLLAND Rn II 71), **des Materials** (BGH NJW 1996, 2224, 2225; OLG Köln NJW-RR 1990, 414) und auf die **Wareneingangskontrolle** (BGHZ 116, 104, 112 f mwNw; BGH VersR 1960, 855, 856; 1972, 559, 560; OLG Düsseldorf NJW 1978, 1693; OLG Köln NJW-RR 1990, 414; OLG Dresdem VersR 1998, 59, 60; MünchKomm/MERTENS Rn 278; ROLLAND Rn II 71; FUCHS JZ 1994, 634); dabei mag es allerdings für Kleinbetriebe Einschränkungen geben (BGHZ 116, 104, 113). Allerdings kann es nicht stets um dieselbe Kontrolldichte wie beim Hersteller der Vorprodukte gehen, zumal da der Endhersteller hierzu gar nicht in der Lage ist (ROLLAND Rn II 71). Auf der anderen Seite ist etwa die Kontrolle des fertigen Produkts hinsichtlich der fehlerfreien Funktion der eingebauten Einzelteile nur dem Endhersteller möglich (BGHZ 67, 359, 362; OLG Köln VersR 1991, 348, 349; MünchKomm/MERTENS Rn 278). Das gleiche gilt, wenn – wie im Fall der Verwendung von Mehrwegflaschen – nur der Getränkeabfüller, nicht jedoch der Hersteller der Flaschen diese wieder im Besitz hat und kontrollieren kann (BGHZ 104, 323, 327); dies mag allenfalls für einen reinen Abfüllbetrieb anders sein (BGHZ 104, 323, 327). Wer Anlagen konstruiert, deren Benutzung erkennbar mit großen Gefahren verbunden ist, muß Berechnungen seiner Lieferanten über die Leistungsfähigkeit relevanter Teile von einem Fachmann vor allem daraufhin überprüfen lassen, ob auch die Einzelheiten der Gesamtkonstruktion berücksichtigt sind (BGH VersR 1970, 469, 470). Von der hM wird eine Ausnahme dieser strengen Haftung zugelassen, wenn es sich um die Wiederholung von Untersuchungen und Überprüfungen handeln würde, die von Zulieferern mit besonderer fachlicher Betriebserfahrung und Einrichtung vorgenommen werden mußten (BGH NJW 1975, 1827, 1828; VersR 1960, 855, 856; OLG Köln NJW-RR 1990, 414 mit Anm TEICHLER VersR 1990, 863 f; PALANDT/THOMAS Rn 206; SOERGEL/ ZEUNER Rn 182; aA OLG Düsseldorf NJW 1978, 1683; FOERSTE, in: vWESTPHALEN § 25 Rn 81).

---

* **Schrifttum:** BRÜGGEMEIER, Anm zu BGH, 7. 12. 1993 – VI ZR 74/93, JZ 1994, 578; FOERSTE, Neues zur Produkthaftung – Passive Beobachtungspflicht und Äquivalenzinteresse, NJW 1994, 909; FUCHS, Arbeitsteilung und Haftung, JZ 1994, 533; TIEDTKE, Produkthaftung des Herstellers und des Zulieferers für Schäden an dem Endprodukt seit dem 1. Januar 1990, NJW 1990, 2961.

Gleiches soll gelten, wenn es sich nur um einen reinen Montagebetrieb handelt (BGH VersR 1977, 839, 840; MünchKomm/Mertens Rn 278; vgl auch BGHZ 104, 323, 327; aA Foerste, in: vWestphalen § 25 Rn 80 f). Indes wird man zu **differenzieren** haben. In beiden Konstellationen bedarf es neben der sorgfältigen Auswahl des Lieferanten auch einer kritischen Erstmusterprüfung, während die Überprüfung später auf Stichproben reduziert werden darf (Foerste, in: vWestphalen § 25 Rn 163). Hinsichtlich der Instruktion trifft den Hersteller indes eine umfassende Haftung. Er hat die Warnhinweise sämtlicher Zulieferer zu bündeln und an den Verbraucher weiterzuleiten (OLG Hamm NZV 1993, 310 f; MünchKomm/Mertens Rn 278). Verwendet der Hersteller allerdings gebrauchsfertige Einzelteile, auf deren Konstruktion er keinen oder nur wenig Einfluß hat, so muß er dem **Zulieferer die Gefahren vor Augen stellen und auf Abhilfe drängen**; zur Produktionsumstellung kann er ihn aber regelmäßig nicht zwingen (BGH NJW 1994, 3349, 3350; Kullmann NJW 1996, 22). Erkennt er, daß der Zulieferer die Produktionsumstellung verzögert, muß der Hersteller versuchen, von einem anderen Unternehmen das Zubehör entwickeln und herstellen zu lassen (BGH NJW 1994, 3349, 3350; Kullmann NJW 1996, 22); diese Pflicht setzt – je nach Gefährdung – früh ein. Bei Druckwerken, namentlich bei medizinischer Literatur, ist in erster Linie der Autor verantwortlich (Foerste NJW 1991, 1438; Cahn NJW 1996, 2904 [auch für das ProdHaftG]; Hölzlwimmer 51). Darüber hinaus hat es die Rechtsprechung als ausreichend angesehen, wenn das Korrekturlesen ausschließlich ihm anvertraut werde. Den Verlag treffe keine Pflicht, jeden Fehler zu vermeiden, so daß er auch nicht für eine falsche Medikation aufgrund dieses Fehlers hafte (BGH NJW 1970, 1963 f). Diese Entscheidung wird fast einhellig abgelehnt, da medizinische Nachschlagewerke angesichts der lebensgefährlichen Konsequenzen von Druckfehlern möglichst präzise sein müssen (MünchKomm/Mertens Rn 280 mit Fn 752; Brüggemeier WM 1982, 137, da diese Pflicht nicht delegierbar sei; Deutsch JZ 1971, 65, mit der Konstruktion eines Rückgriffsanspruchs gegen den Verleger; vCaemmerer, Gesammelte Schriften III [1983] 235 f; Röhl JZ 1979, 377 f). Zumindest stichprobenartig wird daher bei solch gefährlichen Werken der Verlag auch durch sachkundige Lektoren die Korrektur überprüfen müssen. Auf Hinweise auf gefährliche Druckfehler aus dem Leserkreis muß der Verleger unverzüglich reagieren, und sei es durch eine Anzeige in einem Fachblatt.

2. Der Zulieferer

a) Die Haftung für Schäden Dritter

Der Zulieferer haftet für Schäden, die die von ihm gelieferten Teile verursachen (BGH NJW 1968, 247, 248; VersR 1959, 104, 105; Jauernig/Teichmann Rn 125; MünchKomm/ Mertens Rn 278; Foerste, in: vWestphalen § 25 Rn 84 allerdings mit gewisser Skepsis; Tiedtke NJW 1990, 2965; Fuchs JZ 1994, 536), selbst dann, wenn er sich auf Pläne oder exakte Anforderungen des Herstellers des Endprodukts stützt, deren Widersprüchlichkeit oder mangelnde Eignung, die Gefahren zu vermeiden, er hätte erkennen müssen (Foerste, in: vWestphalen § 25 Rn 90). Dies hat auch bei der sog **horizontalen Arbeitsteilung**, also auch dann zu gelten, wenn der Unternehmer auftragsgemäß nur die Fabrikation einzelner Produkte oder Produktteile übernimmt. Hier haftet er jedenfalls für ordentliche Fabrikation, aber auch für die Konstruktion, wenn er bei Ausführung der ihm übertragenen Aufgaben die Gefährlichkeit der Konstruktion erkennen kann (BGH LM Nr 173 zu § 823 [Dc] unter II 1, 2 b mwNw; Fuchs JZ 1994, 537). Den spezifischen und die Gefahr erst begründenden Verwendungszweck des Herstellers braucht er nur zu berücksichtigen, wenn er ihn kennt oder er zumindest mit dieser Art der Verwendung rechnen muß (FOERSTE, in: vWESTPHALEN § 25 Rn 88). Im Rahmen der Instruktionspflicht muß er auf die Grenzen der Leistungsfähigkeit seines Produkts hinweisen, sei es weil sich dieses als ungeeignet entpuppen kann (BGH NJW 1996, 2224, 2225), sei es weil es sogar gefährlich ist (BGH NJW 1996, 2224, 2225; VersR 1970, 469, 470; MünchKomm/MERTENS Rn 278; FOERSTE, in: vWESTPHALEN § 25 Rn 96). Für einen **Fehlgebrauch des Herstellers** trotz korrekter Information haftet er allerdings in der Regel nicht (BGH VersR 1967, 498; FOERSTE, in: vWESTPHALEN § 25 Rn 100 f), soweit ein solcher Fehlgebrauch nicht vorab erkennbar war (FOERSTE, in: vWESTPHALEN § 25 Rn 100). Die Pflicht zur Beobachtung und zum Rückruf trifft den Zulieferer nur ausnahmsweise (FOERSTE, in: vWESTPHALEN § 25 Rn 104 ff); das folgt schon daraus, daß er in aller Regel nicht über die Möglichkeit der Reparatur der fehlerhaften Teile im Gesamtprodukt verfügt. Wer etwa nur Bremsen für Autos liefert, hat regelmäßig keine Hebebühnen, um an den Fahrzeugen die Reparatur selbst vornehmen zu können.

b) Die Haftung für Schäden am Endprodukt

F 29 Umstritten ist die Haftung des Zulieferers für Schäden am Endprodukt. Sie wird von einem Teil der Lehre als Konsequenz der These abgelehnt, das Produkt selbst sei deliktsrechtlich nicht geschützt (FOERSTE, in: vWESTPHALEN § 21 Rn 38; TIEDTKE NJW 1990, 2965 iVm 2964; **aA** PALANDT/THOMAS § 4 ProdHaftG Rn 4). Das ist schon im Anwendungsbereich des Produkthaftungsgesetzes wegen dessen § 2 S 1 wenig plausibel (vgl oben Rn B 117), im Feld der deliktischen Produkthaftung jedenfalls abzulehnen. Abgesehen von kaum mehr handhabbaren Abgrenzungsschwierigkeiten – ist bei einem fehlerhaften Schmiermittel das Steuerruder oder das ganze Schiff das nicht gesicherte Endprodukt? – führt der Ansatz zu einer Reihe von **Folgeproblemen**. Verursacht etwa ein Fehler des Motoröls die Zerstörung des Motors, so wäre, wenn das Öl im Neuwagen mitgeliefert wurde, die Haftung zu verneinen; anders müßte man entscheiden, falls das Öl bei der Wartung eingefüllt worden wäre, wollte man das kaum plausible Ergebnis vermeiden, daß die zu reparierende Sache selbst dem Deliktsschutz auch dann entzogen wäre, wenn die Beschädigung auf einem fehlerhaften Ersatzteil beruht (vgl schon oben Rn B 107).

3. Vertriebshändler

a) Die beschränkte Haftung für Fabrikations- und Konstruktionsfehler

F 30 Beim Vertriebshändler, der oft als „Quasi-Hersteller" bezeichnet wird (BGH NJW 1980, 1219; VersR 1977, 839), ist **zu differenzieren**. Soweit es um Fabrikations- und Konstruktionsfehler geht, haftet er grundsätzlich nicht für die Produktsicherheit (BGHZ 99, 167, 170; BGH NJW 1980, 1219; 1981, 1606, 1609; 1981, 2250; 1987, 372, 373; 1994, 517, 519; NJW-RR 1995, 342, 343; VersR 1960, 855, 856; 1977, 839; OLG Celle VersR 1981, 464; NJW-RR 1997, 1456, 1457; OLG Karlsruhe VersR 1984, 45; OLG München VersR 1988, 635, 636; NJW-RR 1992, 287 f; OLG Nürnberg NJW-RR 1993, 1300, 1304; OLG Dresden VersR 1998, 59, 60; OLG Bamberg BB 1998, 664; LG Mannheim DAR 1983, 22; LG Frankfurt aM NJW-RR 1991, 225, 226; LG Regensburg VersR 1991, 1186; PALANDT/THOMAS Rn 216; MünchKomm/MERTENS Rn 280; FIKENTSCHER Rn 1246; ROLLAND Rn II 75 f; BAUMGÄRTEL JA 1984, 666; KULLMANN NJW 1997, 1750; ebenso im Rahmen der pVV BGH NJW 1968, 2238, 2239 mwNw; 1977, 1055, 1056; **aA** OLG Düsseldorf NJW-RR 1991, 288), selbst dann nicht, wenn er mit dem Hersteller kapitalmäßig oder rechtlich verbunden ist (BGH NJW 1981, 2250; OLG München NJW-RR 1992, 287 f; OLG Nürnberg NJW-RR 1993, 1300, 1304 f; ROLLAND Rn II 78). So hat er in der Regel nicht etwa die Pflicht, die Ware auf Konstruktions- oder Fabrikationsfehler hin zu untersuchen (MünchKomm/MERTENS Rn 280). Daran ändert **auch der Umstand nichts**, daß der Vertriebshändler die Produkte **mit einem eigenen, seinem Namen entlehnten Markenzeichen** in den Verkehr gegeben hat und so wie ein Hersteller aufgetreten ist (BGH NJW 1980, 1219; 1994, 517, 519; VersR 1977, 839; JAUERNIG/TEICHMANN Rn 125; MünchKomm/ MERTENS Rn 280; BAUMGÄRTEL JA 1984, 666). Ihn treffen keine eigenen Gefahrabwehrpflichten (BGH NJW 1980, 1219; 1981, 1606, 1609; 1981, 2250; 1994, 517, 519; VersR 1977, 839; LG Regensburg VersR 1991, 1186). Dieser Ansatz der hM ist schon deshalb überzeugend, weil der Vertriebshändler angesichts der überlegenen Kontrollmöglichkeiten des Herstellers regelmäßig keine Veranlassung hat, die Produktsicherheit in einem eigenen aufwendigen Verfahren erneut und eigenständig zu überprüfen. Das gilt namentlich für Fehler im Konstruktionsbereich, noch dazu, wenn sie versteckt sind (BGH NJW 1980, 1219). Auch ist es nicht möglich, den Hersteller als „Quasi-Organ" des Händlers aufzufassen (BGH NJW 1980, 1219; MünchKomm/MERTENS Rn 279; **aA** OLG Düsseldorf VersR 1979, 824, 825).

b) Die Ausnahmen
Das ändert sich, wenn die Händler aufgrund einer Übernahme eine **eigene deliktische Pflicht** trifft (BGH NJW 1981, 2250, 2251; OLG Nürnberg NJW-RR 1993, 1300, 1304 f; MünchKomm/MERTENS Rn 280, 290). Beispielsweise kann die ausländische Herstellerfirma die Vertriebsfirma generell mit der Instruktion **betrauen** (BGHZ 99, 167, 171; OLG Karlsruhe VersR 1986, 46); so liegt es etwa, wenn schon der Text von der Vertriebsfirma verfaßt wird (OLG Stuttgart NJW-RR 1992, 670, 671). Auch die Produktbeobachtung und die daraus fließenden Warnpflichten können der Vertriebsfirma **übertragen** sein (BGHZ 99, 167, 171; MünchKomm/MERTENS Rn 280). All dies wird regelmäßig angenommen, wenn die Vertriebsfirma eine **Monopolstellung** innehat (BGHZ 99, 167, 171; BGH NJW 1985, 1286, 1289; SOERGEL/ZEUNER Rn 184; MünchKomm/MERTENS Rn 280, 289; ROLLAND Rn II 46; II 78). Generell gelten dann strengere Maßstäbe (BGH NJW 1987, 372, 373; OLG Zweibrücken NJW 1987, 2684, 2685; OLG Karlsruhe NJW-RR 1994, 798, 799; MünchKomm/MERTENS Rn 280), namentlich wenn dem Händler die Gefahr bekannt ist oder wenn bereits Schäden aufgetreten sind (BGH NJW 1980, 1219; OLG Zweibrücken NJW 1987, 2684, 2685; OLG Celle NJW-RR 1997, 1456, 1457). So hat der Vertriebshändler etwa auf Bruchlast eines Kabelstrumpfes hinzuweisen (OLG Karlsruhe NJW-RR 1994, 798, 799). Zu reagieren hat der Händler vor allem, wenn Kunden das Produkt beanstandet haben (BGH NJW 1981, 2250; 1994, 517, 519; NJW-RR 1995, 342, 343; JAUERNIG/TEICHMANN Rn 125). Dies begründet die sog **passive Produktbeobachtungspflicht** (BGH NJW 1994, 517, 519; NJW-RR 1995, 342, 343; FOERSTE NJW 1994, 910; FUCHS JZ 1994, 540; KULLMANN NJW 1996, 22; MICHALSKI BB 1998, 963; vgl schon Rn F 21). Werden dem Vertriebshändler derartige Probleme bekannt, muß er die Schadensanfälligkeit dem Hersteller melden; je nach der Schwere hat der Abnehmer zu warnen und uU sogar den Betrieb einzustellen (BGH NJW 1994, 517, 519 f; NJW-RR 1995, 342, 343; so schon BAUMGÄRTEL JA 1984, 666).

c) Originäre Gefahrabwendungspflichten
Den Vertriebshändler können darüber hinaus auch **originäre Produktsicherungspflichten** treffen (MünchKomm/MERTENS Rn 290; FUCHS JZ 1984, 539; BRÜGGEMEIER JZ 1994, 579). So muß ein Kfz-Händler überprüfen, ob das von ihm in den Verkehr gebrachte gebrauchte Auto den Zulassungsvorschriften entspricht und beispielsweise Reifen, die den Anforderungen nicht mehr genügen, auswechseln (BGH NJW 1978, 2241, 2243; FIKENTSCHER Rn 1246). Feuerwerkskörper müssen mit Hinweisen versehen wer-

den, die den Letztverkäufer davor warnen, die Ware an Kinder im Grundschulalter abzugeben (BGH NJW 1998, 2905, 2906). Der Verkäufer von Skibindungen hat diese ordnungsgemäß einzustellen (MünchKomm/MERTENS Rn 280; FUCHS JZ 1984, 539 Fn 80; iE zust ROLLAND Rn II 66, allerdings als Ausfluß der Verkehrspflicht; ders Rn II 77). Auch kann sich die Haftung aus falscher Lagerung, falschem Transport oder ähnlichem ergeben (FUCHS JZ 1994, 539). Eine **weitere Ausnahme** von der Regel, daß der Vertriebshändler nicht haftet, ist dann zu machen, wenn sich der Händler derart **mit dem Produkt identifiziert**, daß es als seine Ware erscheint und ihm daher die deliktische Gefahrabwendungspflicht auferlegt werden kann (BGH NJW 1980, 1219; OLG München VersR 1998, 635, 636; BRÜGGEMEIER JZ 1995, 906). Dazu ist es nicht unbedingt erforderlich, daß sich der Händler durch Anbringung seines Namens oder seiner Marke als Hersteller ausgibt (BGH NJW 1995, 1286, 1289, insoweit zust BRÜGGEMEIER JZ 1995, 906). So kann es liegen, wenn die Produkte nach den Plänen des Händlers gefertigt wurden und er damit den Sicherheitsstandard festlegt (OLG München VersR 1988, 635, 636). Das gleiche gilt, wenn der **gute Name des Vertriebshändlers** Benutzer dazu bewegt, Vorsichtsmaßnahmen außer acht zu lassen, die sie sonst ergriffen hätten (BGH VersR 1977, 839), ferner, wenn die Umstände des Falles eine Überprüfung nahelegen (BGH NJW 1980, 1219; 1981, 2250; VersR 1960, 855, 856; ebenso im Rahmen der pVV RGZ 125, 76, 78; BGH NJW 1968, 2238, 2239), etwa weil der Betriebsgesellschaft bekannt wird, daß der Hersteller die notwendigen Kontrollen nicht durchführt (BGH NJW 1981, 2250, 2251). Auch hier besteht allerdings eher die Pflicht zur Kontrolle von Fabrikations- als eine solche von Konstruktionsfehlern (BGH NJW 1980, 1219).

d) Die Haftung von Importeuren

F 33 Weiter können die Pflichten von Importeuren gehen, jedenfalls wenn und soweit Waren aus Ländern eingeführt werden, in denen die technischen Standards gegenüber der Bundesrepublik abfallen (BGH NJW 1980, 1219 f mwNw; OLG Dresden VersR 1998, 59, 60; MünchKomm/MERTENS Rn 280; ROLLAND Rn II 81). Für Importe aus den ursprünglichen sechs Mitgliedsstaaten der EG hat der BGH eine erhöhte Pflicht verneint, da auch ein vergleichbarer Rechtsschutz eröffnet sei (BGH NJW 1980, 1219, 1220; ROLLAND Rn II 80; FUCHS JZ 1994, 539; BRÜGGEMEIER JZ 1994, 579); bei später hinzugekommenen Mitgliedern kommt es auf die konkreten Umstände an (MünchKomm/MERTENS Rn 280; ROLLAND Rn II 81). Bei einfachen Produkten wie Fahrrädern soll nach der Rechtsprechung der Instanzgerichte auch bei anderen Ländern eine erhöhte Pflicht des Importeurs zu verneinen sein (OLG Zweibrücken NJW 1987, 2684, 2685; OLG Dresden VersR 1998, 59, 60 f); das überzeugt in dieser Apodiktik nicht. Die Pflichten gehen jedenfalls weiter, wenn es sich um einen **Alleinimporteur oder Alleinvertreter** handelt (BGHZ 99, 167, 171; BGH NJW 1994, 517, 519; 1995, 1286, 1288; NJW-RR 1995, 342, 343; OLG Frankfurt aM VersR 1996, 982 f; FOERSTE, NJW 1994, 910; aA BRÜGGEMEIER JZ 1994, 579); die Verwendung eines aus der eigenen Firma abgeleiteten Produkt-Markenzeichens wirkt haftungsverstärkend (BGH NJW 1994, 517, 519; NJW-RR 1995, 342, 343; FUCHS JZ 1994, 540). Das bedeutet in der Sache eine weitgehende Einschränkung des Grundsatzes, daß der Vertriebshändler nicht haftet. Namentlich sind die Produktbeobachtungspflichten verstärkt; ob sich die passive Produktbeobachtungspflicht in eine aktive umwandelt, hat der BGH offen gelassen (BGH NJW 1994, 517, 519; MICHALSKI BB 1998, 964). Die Frage ist zu bejahen, weil und soweit der Importeur als im Inland ansässiges Unternehmen den leichteren Zugang zu den relevanten Informationen hat.

4. Organe und Mitarbeiter

Die Problematik der Haftung von Organen juristischer Personen und von Mitarbeitern liegt parallel zu derjenigen bei der Verletzung einer Verkehrspflicht; dies ist schon deswegen nahezu zwingend, weil die Produkthaftung ein Teilbereich der Verkehrspflicht ist. Der Fall der Übernahmehaftung durch weisungsabhängige Arbeitnehmer wird zwar in aller Regel ausscheiden. Indes ist an die Haftung zu denken, wenn der Arbeitnehmer den Fehler mit verursacht oder gar den Ausreißer selbst produziert hat. Hier die Verantwortung zu verneinen, weil der Arbeitnehmer nur seinem Arbeitgeber sorgfältige Arbeit schulde und daher bei mittelbaren Schäden der Allgemeinheit gegenüber nicht hafte (LIEB JZ 1976, 528), überzeugt nicht. Das Gegensatzpaar mittelbare und unmittelbare Schädigung kann nur bei der Erfüllung der erforderlichen Sorgfalt für die Distinktion herangezogen werden, dagegen können fahrlässig verursachte mittelbare Verletzungen nicht von vornherein sanktionslos bleiben. Auch im übrigen ist in der Rechtsprechung die **Haftung des verantwortlichen Geschäftsführers bejaht** worden, der dafür zu sorgen habe, daß niemand durch mit Fehlern behaftete Werkzeuge gefährdet werde (BGH NJW 1975, 1827, 1828 f; 1987, 372, 374 [obiter]; offen MünchKomm/MERTENS Rn 281). Anders soll es jedoch bei der Instruktionspflicht liegen (BGH NJW 1987, 372, 374). Teile der Literatur widersprechen der Rechtsprechung zur Haftung von Organen schon unter dem Aspekt der Verantwortlichkeit (SOERGEL/ZEUNER Rn 185; FIKENTSCHER Rn 1246 Fn 15; REINICKE/TIEDTKE, Kaufrecht [6. Aufl 1997] Rn 854; ROLLAND Rn II 83 f; DIEDERICHSEN NJW 1978, 1287) und nicht nur unter dem Gesichtspunkt der Beweislast (vgl dazu unten Rn F 46). Doch ist der Kritik nicht zu folgen, wie wiederum das dramatische Beispiel des Vertriebs infizierter Blutkonserven zeigt (vgl oben Rn E 68). Aus diesem Grund überzeugt auch die Differenzierung des BGH zwischen Konstruktions- und Instruktionspflicht nicht; die Organe haften vielmehr in beiden Fällen nach den Grundsätzen der Produkthaftung.

VI. Der geschützte Personenkreis und der Schutzzweckzusammenhang*

1. Die bestimmungsgemäße Verwendung

Der Hersteller haftet jedem Dritten, der mit dem Produkt bestimmungsgemäß zu tun hat (BGHZ 105, 346, 351; 116, 60, 65; MünchKomm/MERTENS Rn 283; vWESTPHALEN ZIP 1992, 19). Die Rechtsprechung scheint teilweise dazu zu neigen, dem Produzenten die Befugnis zuzusprechen, den bestimmungsgemäßen Gebrauch zu definieren (BGHZ 105, 346, 351); exakter dürfte es sein, wenn man mit Hilfe der allgemeinen Auslegungskriterien darauf abstellt, **wie der Verbraucher die Bestimmung verstehen darf** (BGH NJW 1990, 906, 907; MünchKomm/MERTENS Rn 284; FOERSTE, in: vWESTPHALEN § 24 Rn 62). Den Ausschlag gibt die durchschnittliche Erwartung, aber auch das nach Stand der Technik und Wissenschaft mögliche und zumutbare Niveau (OLG Düsseldorf NJW 1997, 2333). Sind der Kenntnisstand der Benutzer über die Produktgefahren oder ihre technischen Fähigkeiten unterschiedlich und sind die Vertriebswege nicht getrennt, so ist namentlich die Instruktionspflicht an der am **wenigsten informierten und damit am meisten gefährdeten Benutzergruppe** auszurichten (BGH NJW 1987, 372, 374; 1994, 932, 933; LG Köln

---

* **Schrifttum:** vWESTPHALEN, Das Milupa-Urteil – eine beträchtliche Verschärfung der Produkthaftung, ZIP 1992, 18.

DB 1978, 1396, 1397; SOERGEL/ZEUNER Rn 177; MünchKomm/MERTENS Rn 283; FOERSTE, in: vWESTPHALEN § 24 Rn 186; KULLMANN NJW 1994, 1700; der Sache nach auch BGH NJW 1992, 2016, 2018; LM Nr 12 zu § 823 [Db] unter 3 b aa; VersR 1960, 342, 343). Dagegen ist bei Produkten, die nur von Fachleuten bedient werden, auf deren Fertigkeiten und Wissen abzustellen (BGH NJW 1981, 2514, 2515; 1986, 1863, 1864; 1992, 2016, 2018; 1996, 2224, 2226; 1998, 2905, 2907; LM Nr 16 zu § 823 [Db] unter II 3 b bb; VersR 1959, 523, 525; OLG Köln VersR 1991, 347, 348; OLG Hamm NZV 1993, 310; OLG Saarbrücken NJW-RR 1993, 990, 992; OLG Karlsruhe NJW-RR 1994, 798, 799; OLG Frankfurt aM NJW-RR 1997, 1519; JAUERNIG/TEICH-MANN Rn 130; MünchKomm/MERTENS Rn 284; ROLLAND Rn II 32; KULLMANN NJW 1992, 2672 f; ders NJW 1997, 1749 unter Hinweis auf ein nicht veröffentlichtes Urteil des OLG Frankfurt aM). Der Produzent hat aber auch aufzuklären, wenn er davon ausgehen muß, daß bestimmte Gefahren auch in spezialisierten Fachunternehmen nicht bekannt sind (BGH NJW 1992, 2016, 2018; 1996, 2224, 2226; OLG Karlsruhe NJW-RR 1992, 285, 286; der Sache nach auch OLG Düsseldorf NJW-RR 1992, 534, 535). Die hM verneint die Haftung, wenn der Geschädigte die Gefahr gekannt habe und sich deshalb ihm gegenüber etwa eine Warnung erübrigt habe; er sei dann nicht mehr in den Schutzbereich der Instruktionspflicht einbezogen (BGH NJW 1994, 932, 933 f; 1998, 2905, 2907; VersR 1981, 740, 741; OLG Koblenz VersR 1981, 740; OLG Celle NJW-RR 1986, 25; OLG Düsseldorf NJW-RR 1991, 288, 289; MünchKomm/MERTENS Rn 284; KULLMANN NJW 1994, 1700). Das mag bei der Instruktionspflicht angehen, darf aber für die sonstigen Pflichten nicht entsprechend gelten, schon deshalb nicht, weil es mit dem allgemeinen Grundsatz kollidiert, daß die Verkehrspflicht am schwächsten Teilnehmer auszurichten ist, der sich befugtermaßen der Gefahr aussetzt (vgl oben Rn E 40).

2. Die nicht bestimmungsgemäße Verwendung

F 36 Der Produzent haftet aber auch bei nicht bestimmungsgemäßem Gebrauch, wenn dieser noch **im Rahmen der allgemeinen Zweckbestimmung** des Produkts liegt (BGHZ 105, 346, 351; 106, 273, 283; 116, 60, 65; BGH NJW 1972, 2217, 2221; 1992, 2016, 2018; 1998, 2905, 2907; OLG Köln VersR 1987, 573; OLG Frankfurt aM NJW-RR 1994, 346, 347; OLG Oldenburg NJW-RR 1997, 1520, 1521; JAUERNIG/TEICHMANN Rn 130; PALANDT/THOMAS § 3 ProdHaftG Rn 5; SOERGEL/ZEUNER Rn 177; MünchKomm/MERTENS Rn 283, 285; ähnl BGH NJW 1981, 2514, 2515; 1987, 372; aA LITTBARSKI NJW 1995, 219) und **von dem Hersteller objektiv vorhergesehen** werden kann (BGHZ 105, 346, 351; BGH NJW 1981, 2514, 2515; OLG Köln VersR 1991, 347, 348; OLG Düsseldorf NJW-RR 1992, 534, 535) oder gar **nahe liegt** (BGHZ 106, 273, 283; 116, 60, 65; BGH NJW 1972, 2217, 2221; 1998, 2905, 2907; OLG Karlsruhe VersR 1998, 63; SOERGEL/ZEUNER Rn 177; MünchKomm/MERTENS Rn 285; ROLLAND Rn II 25; II 32; ähnl BGH LM Nr 16 zu § 823 [Db] unter II 3 b aa). Geht es allerdings um die Gefahr der fahrlässigen falschen Anwendung eines Medikaments, so muß jedenfalls gewarnt werden; die Frage nach dem Mißbrauch (so aber BGH NJW 1972, 2217, 2221; 1981, 2514, 2515) ist dann falsch gestellt. Auch bei **Medikamenten**, die in dramatischen Situationen eingenommen werden – man denke an Mittel gegen akute Asthmaanfälle –, muß vor den Gefahren exzessiver Dosierungen gewarnt werden (BGHZ 106, 273, 281 im Rahmen des AMG). Auch vor **sorglosem Umgang** muß gewarnt werden (KULLMANN NJW 1997, 1748 unter Hinweis auf ein nicht veröffentlichtes Urteil des OLG Oldenburg, gegen das der BGH die Revision nicht angenommen hat). Die Warnpflicht besteht namentlich dann, wenn der Mißbrauch durch die Werbung begünstigt wird (BGH VersR 1963, 860, 861; LG Köln NJW 1972, 1580, 1581; vWESTPHALEN ZIP 1992, 20; KULLMANN NJW 1997, 1748; der Sache nach auch BGH VersR 1955, 765, 766); das gleiche gilt für Verwendungshinweise (BGH NJW 1987, 372, 374; KULLMANN NJW 1997, 1748) oder Abbildungen des Produktgebrauchs ohne die notwendigen Sicherheitsvorrichtungen (OLG Karlsruhe VersR 1986, 46; KULLMANN NJW 1997, 1748). Unnötig ist dagegen ein solcher Hinweis, soweit der Schaden erst durch einen **offensichtlichen Mißbrauch** oder durch **völlig zweckfremde Anwendung** entsteht, die gänzlich außerhalb des üblichen Erfahrungsbereiches (BGHZ 104, 323, 328) oder jenseits der Bestimmung des Produkts liegen und mit denen der Hersteller nicht zu rechnen braucht (BGHZ 106, 273, 281 im Rahmen des AMG; BGH NJW 1981, 2514, 2515; 1987, 372, 374; AG Husum VersR 1996, 1377, 1378); so braucht nicht vor der Verwendung eines Kältemittels zur Berauschung gewarnt zu werden (BGH NJW 1981, 2514, 2515) oder davor, Spiritus auf möglicherweise noch glühende Holzkohlen zu schütten (OLG Koblenz VersR 1981, 740 mit Nichtannahmebeschluß des BGH; MünchKomm/MERTENS Rn 295 verneint schon die kausale Zurechnung). Eine Ausnahme mag sich ergeben, wenn sich die Gefahr eines spezifischen Mißbrauchs bereits sinnfällig verwirklicht hat (BGH NJW 1981, 2514, 2515). Auch wenn die Haftung dann zu bejahen ist, greift § 254 Abs 1 anspruchsmindernd ein.

3. Die Haftung gegenüber Kindern

Schwierig zu beurteilen ist die Rechtslage, wenn sich Kinder infolge eigenen unvernünftigen Verhaltens schädigen. Die Regeln der Verkehrspflicht lassen sich nicht ohne weiteres übertragen. Beherrscht der Verkehrspflichtige nämlich regelmäßig die bedrohliche Sache oder den gefährlichen Bereich, so hat der Produzent nicht selten seine Ware erlaubterweise – etwa durch Verkauf an Erwachsene – aus der Hand gegeben und kann deshalb nicht mehr auf sie einwirken. Dem ist schon bei der Konstruktion und Instruktion Rechnung zu tragen (vgl die Andeutung in BGH NJW 1981, 2514, 2515; nunmehr klar BGH NJW 1998, 2905, 2907; LG Flensburg VersR 1998, 66, 67; vgl schon oben Rn F 14); sie hat den Sinn, vor kindlich bedingtem Fehlverhalten zu schützen (BGH NJW 1998, 2905, 2907). Putzmittel müssen etwa durch Sicherheitsverschlüsse vor dem Öffnen durch Kinder gesichert sein. Ob dies nur im Haushalt gilt (so BGH NJW 1981, 2514, 2515), ist fraglich; auch für Spielgeräte, die im Freien benutzt werden, gelten dieselben Regeln. Grenzen gibt es auch beim Verkauf gefährlicher Produkte an Kinder (BGH NJW 1963, 101 f; 1979, 2309, 2310; 1998, 2436, 2437; LM Nr 30 zu § 823 [Aa] unter 1; OLG Düsseldorf VersR 1996, 118, 119; KRAMER VersR 1996, 1379 jeweils im Rahmen der allgemeinen Verkehrspflicht). Vor allem muß der Hersteller den Händler ausführlich vor den Gefahren warnen, die sein Produkt in Kinderhand verursachen kann, um ihn davon abzuhalten, die Ware an ein zu jugendliches Publikum zu verkaufen (BGH NJW 1998, 2905, 2907). Dagegen haftet der Autohersteller jedenfalls nicht, wenn das minderjährige Kind des Käufers das Fahrzeug eigenmächtig benutzt und dabei verunglückt. F 37

VII. Die Darlegungs- und Beweislast[*]

1. Die Darlegungs- und Beweislast des Konsumenten und ihre Ausnahmen

Charakteristisch für die deliktische Produkthaftung war die Entwicklung spezifischer F 38

---

[*] **Schrifttum:** ARENS, Zur Beweislastproblematik im heutigen deutschen Produkthaftungsprozeß, ZZP 104 (1991) 122; BRÜGGEMEIER, Anm zu BGH, 7. 6. 1988 – VI ZR 91/87, VuR 1988, 345; ders, Produkthaftung und Produktsicherheit, ZHR 152 (1988) 511; ders, Anm zu OLG Frankfurt aM, 13. 11. 1990 – 11 U 44/90, ZIP 1991, 379; DAMBECK, Beweisfragen im Schadensersatzprozeß wegen Auslösemängeln von Sicherheitsbindungen, VersR 1992, 284; DIEDE-

Beweislastregeln, mit deren Hilfe der Beweisnot des geschädigten Kunden und dem Umstand Rechnung getragen wird, daß die Fehler aus der Einflußsphäre des Produzenten stammen, umgekehrt der Kunde die betriebsinternen Vorgänge nicht überschauen kann (BGHZ 51, 91, 104 f; JAUERNIG/TEICHMANN Rn 132; MünchKomm/MERTENS Rn 297). Allerdings zeigt die Rechtsentwicklung, daß es sich dabei letztendlich nicht um ein Spezifikum nur des Produkthaftungsrechts handelt, sondern ähnliche Entwicklungen auch in anderen Gebieten sich angebahnt haben oder anbahnen; man denke an die Beweislast des Arztes.

a) Die Grundregeln

F 39 Der Verbraucher bzw Anspruchsteller muß **nach hM** den Fehler des Produkts, die Verletzung des Rechts bzw Rechtsguts und die Kausalität zwischen dem Fehler und der Verletzung darlegen und beweisen (BGHZ 51, 91, 102, 104; 80, 186, 196; 104, 323, 332; 114, 284, 296; BGH NJW 1973, 1602, 1603; 1993, 528; VersR 1981, 1181, 1182; 1983, 375; WM 1977, 557, 558; LM Nr 36 zu § 433 unter B I 2 a; Nr 16 zu § 823 [Db] unter II 1; OLG Frankfurt aM VersR 1985, 890, 891; NJW-RR 1994, 800, 801; OLG Hamm VersR 1985, 594; NJW-RR 1993, 853, 854; OLG Köln VersR 1988, 580, 581; OLG München VersR 1990, 791, 792; 1997, 314; OLG Düsseldorf NJW-RR 1997, 1344, 1345; OLG Dresden VersR 1998, 59, 60; LG Augsburg VersR 1994, 1478; LG Köln BB 1994, 314, 315; JAUERNIG/TEICHMANN Rn 132, 134; SOERGEL/ZEUNER Rn 179; MünchKomm/MERTENS Rn 298; BAUMGÄRTEL Anh C III Rn 19; ders JA 1984, 667; ROLLAND Rn II 116; BRÜGGEMEIER VuR 1988, 346; WEITNAUER, in: FS Larenz I [1973] 911; der Sache nach schon RGZ 97, 1, 3). Er hat ferner zu beweisen, daß der Produktmangel **aus dem Gefahrenbereich stammt**, den der Hersteller zu verantworten hat (BGHZ 51, 91, 105; 80, 186, 196; 104, 323, 332; 114, 284, 295 f; BGH NJW 1973, 1602, 1603; 1989, 2943, 2944; 1993, 528; OLG Frankfurt aM VersR 1985, 890, 891; OLG Köln VersR 1988, 580, 581; MünchKomm/MERTENS Rn 298; KULLMANN WM 1981, 1330). Die **Mindermeinung** will dagegen dem Produzenten die Beweislast für das Fehlen des Mangels auferlegen (A PFEIFER, Produktfehler oder Fehlverhalten des Produzenten [1987] 221 f; BRÜGGEMEIER ZHR 152 [1988] 521); gegen sie spricht, daß damit auch außerhalb der Befundsicherungspflicht der Produzent haftete, auch wenn das Produkt erst später mangelhaft geworden sein sollte, dies der Hersteller aber nicht beweisen kann. Nach den allgemeinen Regeln kann allerdings die **Substantiierungslast modifiziert** sein. Steht die darlegungs- und beweispflichtige Partei außerhalb des darzulegenden Geschehensablaufs und besitzt sie keine näheren Kenntnisse, so hat der

---

RICHSEN, Wohin treibt die Produzentenhaftung?, NJW 1978, 1281; FOERSTE, Anm zu BGH, 7. 6. 1988 – VI ZR 91/87, VersR 1988, 958; ders, Anm zu BGH, 8. 12. 1992 – VI ZR 24/92, JZ 1993, 680; KUNZ, Die Produktbeobachtungs- und die Befundsicherungspflicht als Verkehrssicherungspflichten des Warenherstellers, BB 1994, 450; LIEB, Anm zu BGH, 3. 6. 1975 – VI ZR 192/73, JZ 1976, 526; MICHALSKI/RIEMENSCHNEIDER, Die zivilrechtliche Bedeutung des Mindesthaltbarkeitsdatums für den Verbraucher, BB 1993, 2096; OTTO, Verbesserter Verbraucherschutz oder bittere Pille?, MDR 1990, 589; SCHMIDT-SALZER, Die neuen Dimensionen des Produktrisikos, BB 1989, 71; STEFFEN, Beweislasten für den Arzt und den Produzenten aus ihren Aufgaben zur Befundsicherung, in: FS Brandner (1996) 327; STOLL, Haftungsverlagerung durch beweisrechtliche Mittel, AcP 176 (1976) 145; TIEDTKE, Die Beweislast bei Instruktionsfehlern, PHI 1992, 138; ders, Die Haftung des Produzenten für die Verletzung von Warnpflichten, in: FS Gernhuber (1993) 471; WEITNAUER, Beweisfragen in der Produktenhaftung, in: FS Larenz I (1973) 905; WINKELMANN, Die Befundsicherungspflicht des Herstellers – Ein erster Schritt zur Beweislastumkehr beim Kausalitätsnachweis im Produzentenhaftungsrecht?, MDR 1989, 16.

Gegner die Angaben zu machen, wenn er über die erforderlichen Kenntnisse verfügt. So hat etwa ein Produzent darzulegen, welche Maßnahmen er trifft, die Auslieferung mangelhafter Ware zu verhindern, wenn unklar ist, ob der Fehler bereits bei Verlassen des Werks vorhanden war; damit ist der Kunde in die Lage versetzt, die Unzulänglichkeiten der Maßnahmen darzulegen und zu beweisen (BGH NJW 1993, 528, 529 mwNw zur allgemeinen Problematik). Eine **Umkehr der Beweislast lehnt die Rechtsprechung** für den Normalfall **ab** (BGHZ 104, 323, 332). Und doch gibt es bereits auf dieser Stufe Erleichterungen der Beweislast. Als **Indiz** für einen Fehler der Bremsanlage kann es etwa angesehen werden, wenn ein Fahrer mit langjähriger Praxis auf gerader trockener Fahrbahn bremst und das Fahrzeug daraufhin ins Schleudern gerät (RGZ 163, 21, 27 f; BGH LM Nr 36 zu § 433 unter B I 2 a). Auch der **Anscheinsbeweis** kann dem Geschädigten zugute kommen (vgl genauer unten Rn I 49 ff); treten nach Anwendung des Produkts gleichartige Schäden bei verschiedenen Verbrauchern auf, so kann der Fehler des Produkts ebenso als bewiesen angesehen werden wie die Kausalität (BGH NJW 1969, 269, 274 [insoweit in BGHZ 51, 91, 102 nicht abgedruckt]; 1987, 1694, 1695; LM Nr 36 zu § 433 unter II 2 c; MünchKomm/MERTENS Rn 298; so schon BGH LM Nr 12 zu § 286 [C] ZPO Bl 1 Rücks [vergiftetes Öl]; ähnl OLG Hamburg DAR 1972, 16 [Montage eines nicht zugelassenen Reifens]; BAUMGÄRTEL JA 1984, 663 mwNw; aA WEITNAUER, in: FS Larenz I [1973] 913 f, der von einem Indizienbeweis spricht). Ein Anscheinsbeweis kommt ferner in Betracht, wenn sich Glasstücke im produzierten Salz befinden (RGZ 87, 1, 3), wenn Salmiak in eine Bierflasche abgefüllt ist (RGZ 97, 116, 117), wenn ein Gerät ausgeliefert ist, dessen Bedienung unnötig erschwert ist (BGH LM Nr 5 zu § 823 [C] unter a), wenn elf Wochen nach Errichtung ohne ersichtlichen Anlaß ein größeres Stück aus einer Betondecke fällt (BGH VersR 1958, 107), wenn ein medizinischer Meißel sieben Monate nach Lieferung bricht (OLG Düsseldorf NJW 1978, 1693), wenn jemand nach dem Verzehr von Milch, die Thyphusbazillen enthielt, an Thyphus erkrankt (BGH VersR 1954, 100), wenn jemand nach Einnahme eines Arzneimittels an Hepatitis erkrankt und eine oder gar alle fraglichen Chargen infiziert sind (KULLMANN NJW 1997, 1753 unter Hinweis auf ein nicht veröffentlichtes Urteil des OLG Celle), wenn zu stark gechlortes Wasser verwendet wird und dann Pflanzen geschädigt sind (BGH WM 1977, 557, 558). Dasselbe gilt bei einem Verstoß des Herstellers gegen Unfallverhütungsvorschriften (BGH LM Nr 16 zu § 823 [Db] unter II 3 a; OLG München VersR 1989, 489, 490 unter dem Aspekt der Verkehrspflicht; MünchKomm/MERTENS Rn 298; DAMBECK VersR 1992, 286). Der Anscheinsbeweis **scheidet dagegen aus**, wenn nicht ausgeschlossen werden kann, daß der Fehler des Produkts erst nach der Auslieferung entstanden ist (BGHZ 104, 323, 331; BGH NJW 1987, 1694, 1695 mwNw; 1993, 528; OLG Bamberg VersR 1982, 1146, 1147; ARENS ZZP 104 [1991] 131) – etwa durch eine Produktveränderung durch den Kunden (BGH NJW 1987, 1694, 1695; OLG Köln VersR 1988, 580, 581; OLG Frankfurt aM NJW-RR 1994, 800, 801). Auch bei einer Hepatitiserkrankung gibt es keinen Anscheinsbeweis dafür, daß die vorher verzehrten Muscheln die Ursache waren (BGH VersR 1983, 375). Davon gibt es allerdings wiederum eine **Ausnahme**, wenn zwar der Schaden aus mehreren Gründen entstanden sein kann, jedoch für eine dieser Ursachen konkrete Anhaltspunkte vorliegen und diese Ursache in der Sphäre des Herstellers ihren Ursprung hat (BGH NJW 1987, 1694, 1695 mwNw; allgemein zB BGHZ 11, 227, 230; vgl zur Problematik auch unten Rn I 44). Wie stets genügt es auch, wenn **alternativ zwei Fehlergruppen** ursächlich für den Schaden sind, die jedoch beide **aus dem Bereich des Herstellers** stammen (BGH NJW 1973, 1602, 1603; VersR 1983, 375; ARENS ZZP 104 [1991] 124 f), also der Schaden auf einem Konstruktions- oder Fabrikationsfehler (BGHZ 67, 359, 362) bzw einem Konstruktions- oder Instruktionsfehler beruht (BGH NJW 1975, 1827, 1828 f [wegen der Umstände des Falles verneint];

VersR 1993, 110; MünchKomm/MERTENS Rn 298; KULLMANN NJW 1994, 1699). Steht die Kausalität fest, braucht nicht geklärt zu werden, aufgrund welcher chemischen oder sonstigen Vorgänge es zum Schaden kam (BGH [St] NJW 1990, 2560, 2562; Münch-Komm/MERTENS Rn 298; SCHMIDT-SALZER NJW 1992, 2872).

b) Die Befundsicherungspflicht des Produzenten

F 40 Diese Regeln sind von der Rechtsprechung durch die Statuierung einer sog Befundsicherungspflicht modifiziert worden. Der Hersteller ist im Interesse des Verbrauchers gehalten, das Produkt auf seine einwandfreie Beschaffenheit hin zu untersuchen (BGHZ 104, 323, 333; 129, 353, 361; BGH NJW 1983, 2935, 2936 f; 1993, 528, 529 mwNw auch zur Kritik; VersR 1993, 848; OLG Frankfurt aM VersR 1985, 890, 891; 1993, 845, 847; SOERGEL/ZEUNER Rn 179; MünchKomm/MERTENS Rn 298; REINELT NJW 1988, 2614; KULLMANN NJW 1994, 1704 f; ähnl OLG Karlsruhe VersR 1989, 375; aA FOERSTE VersR 1988, 959 f; ders JZ 1993, 681 f; BRÜGGEMEIER VuR 1988, 348 f; WINKELMANN MDR 1989, 16; ARENS ZZP 104 [1991] 133 f; KUNZ BB 1994, 454; kritisch auch ROLLAND Rn II 42 ff). Der Hersteller hat sich rechtzeitig zu vergewissern, daß das Produkt fehlerfrei ist, wenn die Gefahren typischerweise auf dem Gut lasten und nach der Inverkehrgabe des Gutes nicht mehr aufzudecken sind (BGHZ 104, 323, 334; BGH NJW 1989, 2943, 2944; 1993, 528, 529). Nach Auffassung des BGH bedeutet dies nicht eine Pflicht zur Dokumentation des Prüfungsergebnisses, sondern die Gewährleistung eines Verfahrens, das den Zustand jedes Produkts ermittelt und nicht einwandfreie Stücke, soweit technisch möglich, von der Weitergabe ausschließt (BGH NJW 1993, 528, 529). Wird diese Befundsicherungspflicht nicht ordnungsgemäß erfüllt, so kann eine Umkehr der Beweislast in Betracht kommen (BGHZ 104, 323, 334 f; 129, 353, 361; BGH NJW 1983, 2935, 2937; 1993, 528 f). Voraussetzung ist nicht, daß die Maßnahmen der Befundsicherung die Gefahren in Verbraucherhand ausschließen. Es genügt eine signifikante Verringerung des Produktrisikos (BGHZ 129, 353, 361; BGH VersR 1993, 845, 848; KULLMANN NJW 1996, 26); gefordert ist ein **Kontrollverfahren**, soweit es technisch möglich und dem Hersteller zumutbar ist (BGHZ 104, 323, 336; BGH VersR 1993, 845, 848; ähnl BGH NJW 1993, 528, 529). Der Verbraucher muß dann zunächst nachweisen, daß diese Befundsicherungspflicht verletzt wurde; geht es allerdings um Tatsachen, die nur der Produzent vortragen kann, so trifft diesen eine gesteigerte Darlegungslast (BGH NJW 1993, 528, 529 f; STEFFEN, in: FS Brandner [1996] 337). Der Kritik, der Maßstab sei zu unbestimmt (FOERSTE VersR 1998, 959; ders JZ 1993, 681; KUNZ BB 1994, 454), ist nicht zu folgen. Daß ein Schalter zu schwach war, läßt sich auch später noch nachweisen, nicht dagegen, daß eine Flasche nicht auf dem Transport beschädigt wurde. Schon die **Bezeichnung als Befundsicherungspflicht** ist indes **irreführend**. Es geht nicht wie im Normalfall darum, daß Daten erhoben werden, um später eine Grundlage für die Überprüfung der Kausalität etwa des ärztlichen Handelns für den Gesundheitsschaden zur Verfügung stellen zu können (vgl zB BGHZ 99, 391, 396). So ist etwa nicht zu dokumentieren, daß Mehrwegflaschen mit Haarrissen in den Verkehr gegeben wurden, es ist vielmehr zu verhindern, daß derartiges geschieht (FOERSTE VersR 1988, 959 f; KUNZ BB 1994, 454; iE auch BGHZ 104, 323, 336). Schon deswegen geht die Kritik der Literatur ins Leere, die – wenn auch gestützt auf eine vom BGH gezogene Parallele (BGHZ 104, 323, 334 f) – gegen eine Statuierung der Befundsicherungspflicht einwendet, die Fälle seien nicht vergleichbar (FOERSTE VersR 1988, 960; BRÜGGEMEIER VuR 1988, 348 f; WINKELMANN MDR 1989, 16). Gemeint ist vielmehr die Pflicht des Herstellers, seinen Betrieb so zu organisieren, daß **nach Möglichkeit keine fehlerhaften Produkte aus dem Haus gehen**. Mit dieser Modifikation ist der Rechtsprechung zuzustimmen, und zwar schon deshalb, weil ansonsten die

Produkthaftung immer dann ins Leere liefe, wenn der Fehler nach der Auslieferung entstanden sein kann, und so in diesem Bereich sorgloses Verhalten des Herstellers gefördert, wenn nicht geradezu provoziert würde. Auch kann in diesen Fällen nur er feststellen, ob der Fehler bei Verlassen seines Betriebes vorlag. Dann wäre es ein widersprüchliches Verhalten, wenn sich der Produzent darauf berufen dürfte, der unsichere Zustand bei Verlassen des Werks könne nun nicht mehr geklärt werden (STEFFEN, in: FS Brandner [1996] 338 unter Berufung auf BGHZ 104, 323, 324 und BGH NJW 1993, 528, 529).

c) **Die Beweislast für das instruktionsgerechte Verhalten**
aa) **Die Rechtsprechung**
Die Rechtsprechung geht im Ansatz davon aus, daß die Beweislast dafür, daß Schäden durch eine ausreichende Warnung vor dem Risiko – auch aufgrund der Produktbeobachtungspflicht – vermieden worden wären, den Anspruchsteller trifft (BGHZ 99, 167, 181; 106, 273, 284; 116, 60, 73; OLG Stuttgart VersR 1990, 631, 633 unter IV 2; OLG Karlsruhe NJW-RR 1992, 285, 287; 1994, 798, 800; VersR 1998, 63, 64; OLG Hamm NZV 1993, 310, 311; OLG Köln NJW-RR 1994, 91, 92; OLG Oldenburg NJW-RR 1997, 1520, 1521; ROLLAND Rn II 48; zögernd Rn II 123; auch schon BGH NJW 1975, 1827, 1829; **anders** nunmehr BGH NJW 1998, 2905, 2908 für das instruktionsgerechte Verhalten eines Verkäufers gefährlicher Produkte, allerdings ohne Aufgabe des früher eingenommenen Standpunkts). Der BGH hat es dann zunächst auch abgelehnt, die bei der Verletzung vertraglicher Aufklärungspflichten bestehende Beweislastumkehr (vgl BGHZ 61, 118, 122; 64, 46, 51) ohne weiteres auf deliktische Instruktionspflichen zu übertragen (BGHZ 99, 167, 181). Allerdings kann nach neuerer Rechtsprechung ein Anscheinsbeweis (OLG Stuttgart NJW-RR 1992, 670, 671) oder eine tatsächliche Vermutung dafür sprechen, daß dann, wenn auf bestimmte Gefahren deutlich und für den Adressaten plausibel hingewiesen worden wäre, dies auch beachtet worden wäre (BGHZ 116, 60, 73; BGH NJW 1994, 517, 520; 1994, 3349, 3351; LM Nr 166 zu § 823 [Dc] unter II 2 d; OLG Hamm NZV 1993, 310, 311; OLG Oldenburg NJW-RR 1997, 1520, 1521; OLG Karlsruhe VersR 1998, 63, 64, 65; LG Flensburg VersR 1998, 66, 67; MünchKomm/MERTENS Rn 298).

F 41

bb) **Die Literatur**
Doch wird dieser Ausgangspunkt der Rechtsprechung von der überwiegenden Literatur **kritisiert** (JAUERNIG/TEICHMANN Rn 134; ERMAN/SCHIEMANN Rn 122; BAUMGÄRTEL Anh C III Rn 18; ders JA 1984, 668; FOERSTE, in: vWESTPHALEN § 30 Rn 107; OTTO MDR 1990, 590; BRÜGGEMEIER ZIP 1991, 380; TIEDTKE PHI 1992, 145; ders, in: FS Gernhuber [1993] 486 f; MICHALSKI/RIEMENSCHNEIDER BB 1993, 2103 f; schon vor der grundlegenden Entscheidung des BGH STOLL AcP 176 [1976] 171; SCHMIDT-SALZER BB 1980, 7). Stellt man auf den Schutzzweck der verletzten Instruktionspflicht ab, so ist er eher ein Gesichtspunkt dafür, die Beweislast umzukehren. Denn es ist ja gerade das Ziel, dem Verbraucher das erhöhte Risiko vor Augen zu führen. Unterläßt der Produzent dies, so ist die Unklarheit, ob der Verbraucher das mit dem Produkt verbundene Risiko eingegangen wäre, auf sein Fehlverhalten zurückzuführen, so daß er auch die Beweislast für den hypothetischen Geschehensverlauf tragen muß, der Verbraucher hätte sich nicht instruktionsgerecht verhalten (ERMAN/SCHIEMANN Rn 122; BAUMGÄRTEL Anh C III Rn 18; FOERSTE, in: vWESTPHALEN § 30 Rn 107 mwNw). Dogmatisch liegt nämlich in der Hypothese, der Schaden wäre auch eingetreten, wenn der Produzent seiner Instruktionspflicht nachgekommen wäre, die Berufung auf sein **rechtmäßiges Alternativverhalten**; bei diesem ist gerade bei Verletzung von Instruktionspflichten die Beweislast des (potentiellen) Schädigers anerkannt (ERMANN/SCHIEMANN Rn 122; BRÜGGEMEINER ZIP 1991, 380; MICHALSKI/RIEMEN-

F 42

SCHNEIDER BB 1993, 2103). Vor allem gibt es, was das hier interessierende Umfeld anbelangt, keinen Unterschied zwischen vertraglichen und deliktischen Instruktionspflichten, der diametral entgegengesetzte Ergebnisse bei der Verteilung der Beweislast tragen könnte (MICHALSKI/RIEMENSCHNEIDER BB 1993, 2103). Für eine derartige Umkehr der Beweislast spricht hier die **Parallele zur nicht hinreichenden Aufklärung im Arztrecht**. Dort reicht es aus, daß der Patient substantiiert darlegt, er hätte bei korrekter Aufklärung vor einem echten Entscheidungskonflikt gestanden. Dabei genügt die Darlegung eines Entscheidungskonfliktes als solchem; der Patient braucht dagegen nicht darzulegen, wie er entschieden hätte. Der Arzt hat dann zu beweisen, daß der Patient bei umfassender Aufklärung gleichwohl eingewilligt hätte (vgl Rn I 121). Es liegt nahe, diese Regeln zu übertragen (FOERSTE, in: vWESTPHALEN § 130 Rn 107). In vielen Punkten bestehen Parallelen. Zweck der Aufklärung einerseits und der Warnhinweise andererseits ist es, dem Betroffenen klar zu machen, auf welches Risiko er sich einläßt. Das gebietet, die Regeln der nicht hinreichenden Aufklärung im Arztrecht entsprechend anzuwenden und die Beweislast umzukehren, wenn der Geschädigte plausibel macht, daß er dem Warnhinweis gefolgt wäre. Zumindest ist die auch von der Rechtsprechung selbst zugelassene Erleichterung der Beweislast großzügig zu handhaben. Der anderslautende Ausgangspunkt wird sich dann kaum auswirken (TIEDTKE PHI 1992, 145).

2. Die Darlegungs- und Beweislast des Produzenten

F 43 Ist der Beweis gelungen, daß der Schaden durch einen Produktfehler ausgelöst wurde, **so hat nunmehr der Produzent sich zu entlasten** – und zwar sowohl hinsichtlich der **objektiven Pflichtwidrigkeit** (BGHZ 80, 186, 196 f unter Berufung auf BGHZ 51, 91, 105; 116, 284, 291; BGH NJW 1996, 2507, 2508; NJW-RR 1993, 988, 989; OLG Hamburg NJW 1990, 2322, 2324 als Vorinstanz zu BGHZ 114, 284 ff; SOERGEL/ZEUNER Rn 178; MünchKomm/MERTENS Rn 299; ROLLAND Rn II 119; BAUMGÄRTEL JA 1984, 668; KULLMANN NJW 1997, 1753) als auch hinsichtlich des **Verschuldens** (BGHZ 51, 91, 107 f; 59, 303, 309; 67, 359, 361 f; 80, 186, 196 f; 114, 284, 291; 116, 60, 72; 116, 104, 108; BGH NJW 1968, 247, 248 f; 1972, 251, 252; 1973, 1602, 1603; 1992, 41, 42; 1995, 1286, 1288; 1996, 2507, 2508; LM Nr 36 zu § 433 unter III 2 b; Nr 12 zu § 286 [C] ZPO; NJW-RR 1993, 988, 989; OLG Köln VersR 1991, 348, 349; 1993, 110, 112; OLG Dresden VersR 1998, 59, 60; SOERGEL/ZEUNER Rn 178; MünchKomm/MERTENS Rn 299; BAUMGÄRTEL JA 1984, 668). Desgleichen trifft den Produzenten die **Beweislast der fehlenden Kausalität zwischen dem Pflichtverstoß und dem Produktfehler** (OLG Hamburg NJW 1990, 2322, 2324 als Vorinstanz zu BGHZ 114, 284 ff; OLG München VersR 1991, 791, 792; MünchKomm/MERTENS Rn 299; ähnl OLG Frankfurt aM VersR 1985, 890, 891, das von Beweiserleichterungen spricht). Der Geschädigte braucht nicht aufzuklären, ob der Produktfehler auf der Pflichtverletzung beruht und auf welche Weise die Verletzung der Sorgfaltspflicht zum Fehler geführt hat (BGHZ 114, 284, 296). Denn nur der Produzent überblickt die Vorgänge in seinem Betrieb, während dem Geschädigten Detailkenntnisse regelmäßig fehlen werden und er sie auch nicht erlangen kann (BGHZ 51, 91, 104 f; 67, 359, 362; 116, 104, 108; BGH NJW 1973, 1602, 1603; MünchKomm/MERTENS Rn 297; BAUMGÄRTEL JA 1984, 664; der BGH begreift das als allgemeines Prinzip; vgl BGHZ 67, 383, 387; 116, 104, 108; BGH NJW 1982, 699; VersR 1972, 559). Diese Beweiserleichterungen gelten auch zugunsten von Geschädigten, die ihrerseits ein Gewerbe betreiben, sind also nicht auf (End-)Verbraucher beschränkt (BGHZ 105, 346, 352; MünchKomm/MERTENS Rn 299 Fn 851; FOERSTE, in: vWESTPHALEN § 30 Rn 17 Fn 40; der Sache nach schon BGHZ 51, 91, 108). Der BGH sprach zunächst davon, der Produzent müsse fehlendes Verschulden nachweisen (BGHZ 51, 91, 105). Später unterschied er zwischen objektiver Pflichtwidrigkeit und Verschulden (BGHZ 80, 186, 193; 80, 199, 204; OLG Köln VersR 1996, 510). Da aus dem Mangel des Produkts indes auch die Umkehr der Beweislast hinsichtlich der objektiven Pflichtwidrigkeit folgt (BGHZ 80, 186, 196 f; BGH NJW 1996, 2507, 2508; **aA** wohl OLG Köln VersR 1996, 510), bringt diese Akzentverschiebung keine Abweichung in der Sache.

a) Die Grundregeln
Liegt ein **Konstruktions-, Entwicklungs- oder Instruktionsfehler** vor, so **mißlingt der Entlastungsbeweis**; die Verletzung dieser Pflichten bedeutet stets zumindest fahrlässiges Handeln des Produzenten (BGHZ 51, 91, 105 f; 67, 359, 361; 116, 60, 72; BGH LM Nr 36 zu § 433 unter III 2 b; OLG Düsseldorf NJW 1997, 2333, 2334; MünchKomm/MERTENS Rn 291; ROLLAND Rn II 105). Der Beweis der Schuldlosigkeit kann nur gelingen, wenn es um einen nach dem damaligen Stand der Technik nicht erkennbaren **Entwicklungsfehler** geht (BGHZ 51, 91, 105 f; 80, 186, 197; BGH NJW 1996, 2507, 2508; BAUMGÄRTEL JA 1984, 669) oder aber um einen **Produktionsfehler**, also einen **Ausreißer**, der trotz aller Sorgfalt nicht zu erkennen und zu verhindern war (BGHZ 51, 91, 105; 80, 186, 197; BGH NJW 1996, 2507, 2508; LG Dortmund VersR 1987, 697, 698; AG Frankfurt aM VersR 1977, 1137; SOERGEL/ZEUNER Rn 178; BAUMGÄRTEL JA 1984, 669). Dabei sind die **Anforderungen** hoch. Der gesamte Produktionsprozeß ist so zu organisieren und zu überwachen, daß der Produktionsablauf keinen Störungen durch individuelle Fehlleistungen von Bediensteten ausgesetzt war (BGH NJW 1973, 1602, 1603; MünchKomm/MERTENS Rn 299). Das bedeutet auch, daß der Hersteller bei möglichen Fehlern von Angestellten alle in Frage kommenden Personen benennen und sich **hinsichtlich jedes Mitarbeiters** entlasten muß, soweit es um dessen Auswahl und Überwachung geht (BGHZ 59, 303, 309; BGH NJW 1968, 247, 248; 1973, 1602, 1603; LM Nr 12 zu § 286 [C] ZPO; VersR 1959, 104, 105; MünchKomm/MERTENS Rn 299; ROLLAND Rn II 218). Dabei dreht es sich nicht um die Haftung nach § 831 (so noch RGZ 87, 1, 4 mwNw; BGHZ 59, 303, 309; BGH NJW 1968, 247, 248; 1973, 1602, 1603), sondern nach § 823 Abs 1 (SOERGEL/ZEUNER Rn 218; MünchKomm/MERTENS Rn 292; ROLLAND Rn II 29 f; ebenso im Rahmen der allgemeinen Verkehrspflicht BGH LM Nr 117 zu § 823 [Dc] unter 1 a). Eine Entlastung hat die Rechtsprechung beispielsweise bei Fremdkörpern in Nahrungsmitteln zugelassen (LG Dortmund VersR 1987, 697, 698; AG Frankfurt aM VersR 1977, 1137; jeweils sehr fraglich). Bei der behaupteten Verletzung der **Instruktions- und Produktbeobachtungspflicht** differenziert die Rechtsprechung. Im Fall der Mißachtung der ursprünglichen Instruktionspflicht gilt dasselbe wie für Fabrikations- und für Konstruktionsfehler (BGHZ 116, 60, 72 f; OLG Oldenburg NJW-RR 1997, 1520, 1521; OLG Dresden VersR 1998, 59, 60; zust JAUERNIG/TEICHMANN Rn 134; KULLMANN NJW 1996, 26), und zwar auch, was die objektive Verkehrspflichtverletzung angeht (MünchKomm/MERTENS Rn 299; J MEYER 32 f; TIEDTKE, in: FS Gernhuber [1993] 478; **aA** KUNZ BB 1994, 452). Bei einer nachträglich entstandenen Warnpflicht habe aber der Geschädigte den Nachweis zu führen, daß der Hersteller objektiv seine Pflicht verletzt habe, wenn sich der Nachweis mit Hilfe von allgemein zugänglichen Quellen führen lasse. Denn die Beweisnot, die das Gericht zur Überwälzung der Beweislast bewegt habe, bestehe regelmäßig nicht, wenn sich auch der Verbraucher aus diesen Quellen informieren könne (BGHZ 80, 186, 198 f; 80, 199, 205; sowie die Interpretation durch BGHZ 116, 60, 72 f; OLG Frankfurt aM VersR 1987, 1196, 1197; OLG Dresden VersR 1998, 59, 60; SOERGEL/ZEUNER Rn 180; ROLLAND Rn II 34; II 105; II 122). Doch ist die **Differenzierung abzulehnen** (JAUERNIG/TEICHMANN Rn 134; MünchKomm/MERTENS Rn 299; TIEDTKE, in: FS Gernhuber [1993] 481 ff). Denn sie führt zu wenig einsichtigen Unterschieden, wenn Produkte zu unterschiedlichen Zeitpunkten in den Verkehr gegeben werden (TIEDTKE, in: FS Gernhuber [1993] 481 f; vgl auch BGH NJW

1996, 2507, 2508, der die Differenzierung nicht mehr erwähnt, obwohl auch eine Verletzung der Produktbeobachtungspflicht in Frage kam). Auch bei nachträglich entstehenden Warnpflichten kann es auf die Kenntnis von Interna des Produzenten ankommen (MünchKomm/MERTENS Rn 299). So kann etwa nur er darlegen, was und daß er damit alles getan habe, um von Beanstandungen seines Produkts zu erfahren (BGH LM Nr 36 zu § 433 unter III 2 b). Demgemäß ist die Unterscheidung des BGH zumindest dann nicht unproblematisch, wenn es um schwierige wissenschaftliche Fragen geht; ein Laie kann kaum beurteilen, ob die Nebenwirkungen eines Medikaments eine Warnung vor seiner Verwendung erfordern. Steht allerdings die objektive Verletzung fest, so muß sich auch nach der Rechtsprechung der Produzent hinsichtlich der Verletzung der inneren Sorgfalt entlasten (BGHZ 80, 186, 199).

b) Kleinbetriebe

F 45 Nachdem der BGH die Frage, ob die Beweislastumkehr auch zu Lasten von Kleinunternehmern oder nur bei industrieller Massenproduktion wirkt, mehrmals offen gelassen hatte (BGHZ 51, 91, 107; 114, 284, 291), hat er sie nunmehr bejaht (BGHZ 116, 104, 109 mwNw zum damaligen Streitstand; OLG Hamm NJW-RR 1995, 346; PALANDT/THOMAS Rn 216; SOERGEL/ZEUNER Rn 178; MünchKomm/MERTENS Rn 300; so schon STEINDORFF AcP 170 [1970] 130 f; ROLLAND Rn II 124; BAUMGÄRTEL JA 1984, 666; vgl ferner die Diskussion bei KULLMANN WM 1978, 214; ders NJW 1992, 2676; SCHMIDT-SALZER NJW 1992, 2871). Zum einen sei schon die Unterscheidung zwischen Klein- und Großbetrieben schwer zu ziehen. Zum anderen seien Kleinbetriebe für den geschädigten Verbraucher zwar leichter zu überblicken als Fabriken mit Massenfertigung; regelmäßig bedürfe es auch keiner besonderen Kenntnisse. Doch ändere das nichts daran, daß der **Hersteller seinen Herrschaftsbereich besser überschauen** könne als der Verbraucher. Die geringere Kontrollmöglichkeit werde durch die für den Inhaber größere Transparenz aufgewogen. Schließlich mache auch das Produkthaftungsgesetz keinen Unterschied zwischen Groß- und Kleinbetrieben; das strahlt nach Meinung der Rechtsprechung auch auf die deliktische Produkthaftung aus (BGHZ 116, 104, 109 ff; OLG Hamm NJW-RR 1995, 346; KULLMANN NJW 1992, 2676). In der Literatur werden ferner das Nutzen-Nachteil-Prinzip und der Gesichtspunkt der Versicherbarkeit genannt (MünchKomm/MERTENS Rn 300). Der Tatsache, daß es sich um einen Kleinbetrieb, im entschiedenen Fall um eine Gaststätte handelte, hat der BGH durch eine Verringerung der Anforderungen an die Überprüfung der bezogenen Rohprodukte Rechnung getragen (BGHZ 116, 104, 113).

c) Mitarbeiter in leitenden Stellungen

F 46 Sehr umstritten ist, ob die Beweislastumkehr auch zu Lasten von Mitarbeitern in leitender Stellung wirkt. Der BGH hat dies in einer Entscheidung **bejaht**, weil der leitende Mitarbeiter die Produktionssphäre besser überblicke und daher den Sachverhalt umfassender aufklären könne als der Geschädigte (BGH NJW 1975, 1827, 1828 f); später hat das Gericht eine Einschränkung auf Repräsentanten, zumal wenn sie kapitalmäßig beteiligt seien, erwogen (BGHZ 116, 104, 114; ESSER/WEYERS § 55 V 3 e; für diesen Fall auch erwogen von BAUMGÄRTEL Anh C III Rn 12; REINICKE/TIEDTKE, Kaufrecht [6. Aufl 1997] Rn 854; aA zum zusätzlichen Erfordernis der kapitalmäßigen Beteiligung SCHMIDT-SALZER NJW 1992, 2872). Die Literatur lehnt den Ansatz der Rechtsprechung mehrheitlich ab (MünchKomm/MERTENS Rn 301; LARENZ, Schuldrecht BT Bd II Halbbd 1 [13. Aufl 1986] § 41 a; MEDICUS, Bürgerliches Recht [17. Aufl 1996] Rn 650 a; ders, Schuldrecht BT Rn 103; REINICKE/TIEDTKE, Kaufrecht [6. Aufl 1997] Rn 854; LIEB JZ 1976, 526 f; DIEDERICHSEN NJW 1978, 1282; BAUMGÄRTEL JA 1984, 666; für den Normalfall auch ders Anh C III Rn 12), namentlich weil sich die in der Beweislastverteilung liegende Haftungsverschärfung nur für den Hersteller und durch dessen Unternehmerrisiko rechtfertigen lasse (MünchKomm/Mertens Rn 301; Larenz, Schuldrecht BT Bd II Halbbd 1 [13. Aufl 1986] § 41 a; Lieb JZ 1976, 527; Diederichsen NJW 1978, 1287). Der Arbeitnehmer sei nicht einbezogen, namentlich habe er keinen Anteil am Gewinn (Medicus, Bürgerliches Recht [17. Aufl 1996] Rn 650 a; ders, Schuldrecht BT Rn 103; Reinicke/Tiedtke, Kaufrecht [6. Aufl 1997] Rn 854), bestimme auch nicht die Unternehmenspolitik (Medicus, Bürgerliches Recht [17. Aufl 1996] Rn 650 a) und könne den Haftungsschaden nicht über die Preise abwälzen (Reinicke/Tiedtke, Kaufrecht [6. Aufl 1997] Rn 855). Im Ergebnis führe das oft zu einer verschuldensunabhängigen Haftung des Angestellten; das sei unbillig (Reinicke/Tiedtke, Kaufrecht [6. Aufl 1997] Rn 855). Schließlich verfüge er nicht notwendig über die Beweismittel des Unternehmers (Medicus, Bürgerliches Recht [17. Aufl 1996] Rn 650 a). Hält man freilich den leitenden Mitarbeiter grundsätzlich für verkehrspflichtig (vgl oben Rn F 34), dann ist die Umkehr der Beweislast konsequent. Der leitende Angestellte hat regelmäßig einen Anspruch auf Mitwirkung des Unternehmers an der Beweisführung. Regelmäßig werden beide verklagt sein, so daß der Beweis ohnedies erbracht werden muß. Der Mitarbeiter in leitender Stellung wäre ansonsten uU auch versucht, durch bloßes Schweigen den Anspruch zu hintertreiben.

VIII. Weitere Besonderheiten der deliktischen Produkthaftung

1. Die Freizeichnung

Eine Beschränkung der Haftung kommt von vornherein nur in Betracht, wenn zwischen dem Produzenten und dem Verbraucher **vertragliche Beziehungen** bestehen (vWestphalen § 13 Rn 47 f; Giesen NJW 1969, 587). Derartige Klauseln sind eng und nach der Unklarheitenregel zu Lasten desjenigen auszulegen, der sie aufgestellt hat (BGHZ 67, 359, 366 f; BGH NJW 1979, 2148; 1986, 2757, 2758; 1992, 2016, 2017; MünchKomm/Mertens Rn 302). Individualvereinbarungen und Erklärungen über den Zustand einer Ware dürfen durch sie nicht unterlaufen werden (BGH NJW 1978, 2241, 2243). Nach der Rechtsprechung umfaßt eine Klausel, deren Überschrift nur Mängelgewährleistung oder ähnliches nennt, nicht auch deliktische Ansprüche (BGHZ 67, 359, 366; BGH NJW 1979, 2148, 2149). Auf der anderen Seite wird aber nicht gefordert, daß die unerlaubte Handlung als Bezeichnung auftaucht; es genügt eine andere hinreichend klare Benennung, etwa der Ausschluß der außervertraglichen Haftung (BGH NJW 1979, 2148 f). Auch wenn die Klausel nach diesen Regeln wirksam einbezogen ist, bleibt die Frage nach dem **Kontrollmaßstab**. Nach hM sind die **Regeln der Produkthaftung zwingend** (Palandt/Thomas Rn 218; Giesen NJW 1969, 587; wohl auch MünchKomm/Mertens Rn 302). Die Gegenauffassung läßt die Haftungsmilderung im Rahmen des § 11 Nr 7 AGBG zu (Brandner, in: Ulmer/Brandner/Hensen, AGB-Gesetz [8. Aufl 1997] § 9 Rn 160; der Sache nach auch BGH NJW 1979, 2148, 2149) bzw § 276 Abs 2 zu (Weitnauer NJW 1968, 1199 f). In der Mehrzahl der Fälle ist der hM zuzustimmen. Ungeachtet der Grenze des § 11 Nr 7 AGBG darf nach § 9 Abs 2 Nr 2 AGBG die Erreichung des Vertragszwecks nicht gefährdet werden. Diese Regelung ist auch auf eine konkurrierende Deliktshaftung zu erstrecken, da zwischen den vertragstypischen Kardinal- und den deliktsrechtlichen Organisationspflichten ein so enger Zusammenhang besteht, daß sie nicht ungleich behandelt werden dürfen (vWestphalen § 13 Rn 23; **aA** Brandner, in: Ulmer/Brandner/Hensen, AGB-Gesetz [8. Aufl 1997] § 9 Rn 160). Es gehört etwa zu den wesentlichen Pflichten des Produzenten, nicht durch falsche Konstruktionen Leib und Leben der Benutzer aufs Spiel zu setzen. Nur wenn es um weniger wichtige Pflichten geht – etwa um Instruktionspflichten, deren Verletzung nur zu Sachschäden führen kann –, gibt es die Möglichkeit eines weiter gehenden Haftungsausschlusses, wobei nach hM allerdings das Verbot der geltungserhaltenden Reduktion zu beachten ist.

2. Die Verjährung

F 48 Die Verjährung folgt der **allgemeinen Regel des § 852**; sie bestimmt sich namentlich auch dann nicht nach § 477, wenn zwischen dem Produzenten und dem Verbraucher ein Vertrag geschlossen ist (BGHZ 55, 392, 395; 66, 215, 218 ff; 67, 359, 366; MünchKomm/ MERTENS Rn 303; BAUMGÄRTEL JA 1984, 662 f). Der Ausnahmefall, in dem § 477 den § 852 verdrängen soll, weil das Integritätsinteresse und das Äquivalenzinteresse sich völlig decken (BGH NJW-RR 1993, 793, 794), liegt bei der Produkthaftung selten vor. Zudem ist die **Prämisse nicht überzeugend**. Immer geht es um den Schaden an anderen Gütern oder an einem bislang intakten Teil des Produkts. Wenn die Eigentumsverletzung in der Störung des organischen Wachstums einer Pflanze besteht (BGH NJW-RR 1993, 793), ist sie nicht deckungsgleich mit dem Äquivalenzinteresse, für den Kaufpreis ein taugliches Produkt zu bekommen.

G. Die Verletzung eines Schutzgesetzes – § 823 Abs 2

Systematische Übersicht

I. Dogmatische Grundlagen und Kritik		
1. Die Funktion des § 823 Abs 2	G 1	
a) Die Verdeutlichungsfunktion	G 1	
b) Die Vorverlagerung der Haftung	G 2	
c) Die Durchsetzung von Verhaltensanforderungen	G 3	
d) Der Ersatz primärer Vermögensschäden	G 4	
2. Die Kritik	G 5	
II. Das Verhältnis von § 823 Abs 2 zu anderen Normen		
1. Die Subsidiarität des § 823 Abs 2	G 6	
a) Der Meinungsstand	G 6	
b) Kasuistik	G 7	
2. Das Verhältnis zu § 823 Abs 1	G 8	
III. Der Begriff des Gesetzes im Sinn des § 823 Abs 2		
1. Das Gesetz im materiellen Sinn	G 9	
2. Verwaltungsakte	G 10	
3. Gewohnheitsrecht und Richterrecht	G 11	
4. Kommunale Satzungen	G 12	
5. Private Rechtsetzung	G 13	
6. Unfallverhütungsvorschriften	G 14	
7. Verwaltungsvorschriften	G 15	
IV. Die Kriterien des Schutzgesetzes		
1. Die Ermittlung des Schutzgesetzcharakters	G 16	
a) Die Rolle durchgängiger Regeln	G 16	
b) Die Rolle der Straf- und Bußgeldbewehrung	G 17	
aa) Die Strafbewehrung	G 17	
bb) Die Bußgeldbewehrung	G 18	
2. Der Individualschutz	G 19	
a) Die Regel	G 19	
b) Kasuistik	G 20	
3. Der Schutz mit Mitteln des Privatrechts	G 21	
a) Die Regel	G 21	
b) Kasuistik	G 22	
4. Der Zweck des Gesetzes	G 23

25. Titel.
Unerlaubte Handlungen

§ 823
G

5.	Der geschützte Personenkreis		a) Die hM	G 34
a)	Die Regel	G 24	b) Die Kritik	G 35
b)	Die Problematik des § 909	G 25	2. Die Voraussetzungen im einzelnen	G 36
6.	Das geschützte Rechtsgut	G 26	a) Die allgemeinen Voraussetzungen	G 36
7.	Die Art des Risikos	G 27		
a)	Die Regel	G 27	b) Die Schuldform	G 37
b)	Die Art des Vermögensschades	G 28	c) Die Relevanz des strafrechtlichen Begriffs des Verschuldens	G 38
c)	Die höhenmäßige Begrenzung der Haftung am Beispiel des § 64 Abs 1 GmbHG	G 29	VII. Die Beweislast	
aa)	Die Entwicklung der Rechtsprechung	G 29	1. Die Kausalität	G 39
			2. Das Verschulden	G 40
bb)	Die Kritik	G 30		
8.	Die Kompetenz des Normgebers	G 31	VIII. Übersicht zu den Schutzgesetzen	
V.	**Die Passivlegitimation**		1. BGB	G 41
1.	Die Haftung des Handelnden	G 32	2. StGB	G 42
2.	Die Haftung von Organen	G 33	3. Sonstiges Bundesrecht	G 43
			4. Landes- und Kommunalrecht	G 61
VI.	**Das Verschulden**		5. Sonstige Normen	G 70
1.	Der Bezugspunkt	G 34		

Alphabetische Übersicht

Amtshaftung		G 7	Insolvenzantrag	G 29 f
Anscheinsbeweis		G 39 f	Kausalität	G 39
Arbeitsschutz		G 14	Konkursantragspflicht	G 29 f
			Körperintegrität	G 1
Beweislast		G 39 ff		
			Nachbar	G 3, 8, 25
Deliktsfähigkeit		G 36	Nachhaftung des Versicherers	G 7
DIN		G 14	Nichtabführung von Sozialversicherungsbeiträgen	G 17, 33
Drittschutz der Norm		G 10		
			Nichtvermögensschaden	G 26
Entscheidungen des BVerfG		G 9	Notfalldienst, kassenärztlicher	G 24
			Nutzungsschaden wegen Besitzentziehung	G 26
Fahrlässigkeitsmaßstab		G 38		
			Ordnungswidrigkeit	G 6, 14, 18
Gefährdungsdelikte, abstrakte		G 2, 4, 10	Organhaftung	G 33
Gewohnheitsrecht		G 11		
GmbH		G 29 f	Personenkreis, geschützter	G 24 ff
Gläubigerschutz		G 29		
Grundgesetz		G 9	Quotenschaden	G 29 f
Haftungsbegrenzung		G 29	Räum- und Streupflicht	G 12
Handelndenhaftung		G 32	Rechtsetzung, private	G 13
			Rechtsfahrgebot	G 1
Immission		G 3	Rechtsgut, geschütztes	G 26
Individualschutz		G 19 ff		

Richterrecht	G 11	Unfallverhütungsvorschriften	G 1, 14
		Unterlassungsanspruch, negatorischer	G 3
Satzung	G 31		
- kommunale	G 12	Verbotsirrtum	G 38
- Vereins-	G 13	Verdeutlichungsfunktion	G 1
- Kammer-	G 31	Verjährung	G 36
Schutzgesetz	G 16 ff	Verkehrspflicht	G 4, 10, 13
Selbstgefährdung	G 24	Vermögensschaden	G 4, 26, 28
Strafantrag	G 36	- primärer	G 4
Strafbewehrung	G 17	Verschulden	G 34 ff, 40
Subsidiarität	G 6, 7	Vertiefung	G 8, 25, 32, 34
		Verwaltungsakt	G 10
Tarifvertrag	G 13	Verwaltungsvorschriften	G 15

I. Dogmatische Grundlagen und Kritik[*]

1. Die Funktionen des § 823 Abs 2

a) Die Verdeutlichungsfunktion

G 1 Nach hM hat § 823 Abs 2 mehrere Funktionen. Zunächst geht es um eine neben § 823 Abs 1 in der Praxis weitgehend entbehrliche **Verdeutlichungs- und Präzisierungsfunktion**. Die Integrität des Körpers ist durch § 823 Abs 1, aber auch durch § 823 Abs 2 iVm § 229 StGB geschützt (MünchKomm/MERTENS Rn 161; LARENZ/CANARIS § 77 I 1 a). Zu derartigen konkretisierenden Normen gehört etwa auch das **Rechtsfahrgebot** des Straßenverkehrs (LARENZ/CANARIS § 77 I 1 a). Insofern sind die Vorschriften allerdings von geringer Relevanz; der Verstoß gegen das Schutzgesetz ist haftungsrechtlich durch § 823 Abs 1 hinreichend sanktioniert (BGB-RGRK/STEFFEN Rn 535). Ein weiteres Beispiel sind etwa die **Unfallverhütungsvorschriften**. Der Streit, ob sie Schutzgesetze im Sinn des § 823 Abs 2 sind, ist angesichts des Umstandes weitgehend obsolet, daß sie dazu dienen, den Umfang der Verkehrspflicht zu präzisieren (vgl genauer unten Rn G 14).

b) Die Vorverlagerung der Haftung

G 2 Im Bereich der abstrakten Gefährdungsdelikte geht § 823 Abs 2 indes schon über den von § 823 Abs 1 geschützten Bereich hinaus; das, was die Verkehrspflicht vorschreibt, wird dabei überschritten (BGB-RGRK/STEFFEN Rn 535; DEUTSCH, Allgemeines Haftungsrecht [2. Aufl 1996] Rn 63; LARENZ/CANARIS § 77 I 1 b; ders, in: FS Larenz II [1983] 52). Damit wird die Haftung in das Vorfeld einer abstrakten Gefährdung vorverlagert (BGHZ 103, 197, 202, ähnl BGHZ 122, 1, 6; BGH NJW 1995, 132, 134; 1997, 55; BGB-RGRK/STEFFEN Rn 535; DEUTSCH, Allgemeines Haftungsrecht [2. Aufl 1986] Rn 63; STOLL, Kausalzusammenhang und Normzweck [1968] 14 f). Das schlägt sich namentlich im **Maßstab des Verschuldens** nieder; dieses braucht sich nur auf die Verwirklichung des Gefährdungsdelikts zu beziehen und nicht auch auf die Verletzung des Rechtsguts als solchem (vgl unten Rn G 37).

---

[*] **Schrifttum:** CANARIS, Schutzgesetze – Verkehrspflichten – Schutzpflichten, in: FS Larenz II (1983) 27; KNÖPFLE, Zur Problematik der Beurteilung einer Norm als Schutzgesetz im Sinne des § 823 Abs 2 BGB, NJW 1967, 697; PETERS, Zur Gesetzestechnik des § 823 II BGB, JZ 1983, 912.

c) Die Durchsetzung von Verhaltensanforderungen

Wenn und soweit ein Schutzgesetz vorliegt, werden **Verhaltensanforderungen** auch aus anderen Rechtsgebieten über § 823 Abs 2 **im Zivilrecht durchgesetzt** (BGHZ 127, 1, 8; SOERGEL/ZEUNER Rn 287; MünchKomm/MERTENS Rn 160). Das kann etwa im Nachbarrecht zu einer Erweiterung führen, wenn nämlich der Eigentümer auch bei einer nach § 906 zu duldenden Immission die Erfüllung einer Auflage in einer Baugenehmigung erzwingen kann (BGHZ 122, 1, 6; BGH NJW 1995, 132, 134; 1997, 55; MünchKomm/ MERTENS Rn 160). Wichtig wird das namentlich bei negatorischen Unterlassungsansprüchen, die auf die §§ 1004 Abs 1, 823 Abs 2 gestützt werden können (vgl Vorbem 63 zu §§ 823 ff).

d) Der Ersatz primärer Vermögensschäden

Die wichtigste Funktion des § 823 Abs 2 ist es, eine Anspruchsgrundlage für den Ersatz primärer Vermögensschäden zu gewährleisten; diese sind aus § 823 Abs 1 nach überwiegender Ansicht gerade ausgeklammert (vgl oben Rn B 192). Hier geht es dann freilich darum, ein Ausufern der Haftung zu vermeiden. Um die grundlegende Entscheidung des Gesetzgebers gegen eine allgemeine Haftung für primäre Vermögensschäden nicht zu unterlaufen, muß nach Ansicht des BGH gefragt werden, ob die Schaffung eines individuellen Schadensersatzanspruches **sinnvoll** und im Rahmen des haftungsrechtlichen Gesamtanspruchs **tragbar erscheint** (BGHZ 66, 388, 390 f; 125, 366, 374). Namentlich darf der Schadensersatzanspruch **nicht in Widerspruch zu allgemeinen Rechtsprinzipien** treten (BGHZ 125, 366, 374; BGB-RGRK/STEFFEN Rn 540). Auch bei Vermögensschäden kann jedenfalls der **abstrakte Gefährdungstatbestand** ausreichen und die Haftung vorverlagert werden. Auswirkungen hat das namentlich für das Vorsatzerfordernis, das sich auf das verletzte Gesetz und nicht auf die konkrete Verletzung erstrecken muß (LARENZ/CANARIS § 77 I 1 d). Von Teilen der Literatur wird § 823 Abs 2 als Dreh- und Angelpunkt für die Verletzung von **Verkehrspflichten** aufgefaßt. Doch bringt das für den Fall der Verletzung eines Rechts im Sinn des § 823 Abs 1 iE keine Vorteile, trägt auf der anderen Seite aber die Gefahr in sich, den Schutz des Vermögens zu weit auszudehnen (vgl Rn E 4 ff).

2. Die Kritik

Die Regelung des § 823 Abs 2 wird von Teilen der Lehre kritisiert, da der Schutzzweck des Gesetzes kaum je zu ermitteln sei, die Norm also zu einer **Kompetenzerweiterung etwa des Landesgesetzgebers** führe, die dem Grundgesetz widerspreche, und eine Haftung anordne, ohne daß die Vorschrift über die Legitimität der Haftung Rechenschaft ablege (PETERS JZ 1983, 916 f, 918 f, 920 f; kritisch zur Feststellung des Schutzgesetzcharakters auch KNÖPFLE NJW 1967, 698 f; **aA** MünchKomm/MERTENS Rn 160; BRÜGGEMEIER Rn 792; K SCHMIDT, in: FS Zeuner [1994] 267; TAUPITZ, in: FS Steffen [1995] 694). Diese Kritik mißachtet nicht nur eine fast 100jährige Geschichte der Norm, die jedenfalls nicht zu unerträglichen Verwerfungen geführt hat, sondern setzt sich auch über die **klare Entscheidung des Gesetzgebers** hinweg, der diese Haftung nun einmal anordnet. Daß das Gesetz delegiert, ist nichts Außergewöhnliches; die dadurch mögliche Rechtszersplitterung ist in sonstigen Gebieten kein Grund, die Kompetenz etwa des Landesgesetzgebers einzuschränken oder anzuzweifeln. Ist obendrein die Herausarbeitung von Verkehrspflichten der Rechtsprechung überlassen, so besagt § 823 Abs 2 im wesentlichen, daß auch der Gesetzgeber derartige Pflichten normieren darf (MünchKomm/MERTENS Rn 160). Eventuellen Bedenken gegen die Verfassungsmäßigkeit einzelner Schutzgesetze (LARENZ/CANARIS § 76 III 7 c) ist im jeweiligen Fall nachzugehen; sie sprechen nicht gegen das Konzept des § 823 Abs 2 als solches.

II. Das Verhältnis von § 823 Abs 2 zu anderen Normen*

1. Die Subsidiarität des § 823 Abs 2

a) Der Meinungsstand

G 6 Nach Rechtsprechung und wohl hL ist ein deliktischer Schutz nach § 823 Abs 2 im **Grundsatz entbehrlich, wenn** dieselben Belange des Geschädigten **anderweit abgesichert** sind (BGHZ 84, 312, 317; 116, 7, 14; 125, 366, 374 jeweils unter Berufung auf BGH NJW 1980, 1792, 1793; MEDICUS, Bürgerliches Recht [17. Aufl 1996] Rn 621; H SCHLOSSER JuS 1982, 659, 660; der Sache nach auch BGHZ 110, 342, 360; 125, 366, 374; 126, 181, 198 [Bedürfnis nach einer Haftung gemäß § 823 Abs 2]). Das gilt allerdings **nicht für strafbewehrte Normen** wie etwa § 264 a StGB (BGHZ 116, 7, 14), sondern nur für solche, deren Übertretung lediglich als **Ordnungswidrigkeit** sanktioniert ist (BGHZ 84, 312, 317; 116, 7, 14 jeweils unter Berufung auf BGH NJW 1980, 1782, 1783) oder die gar völlig **ohne straf- bzw ordnungswidrigkeitenrechtliche Konsequenzen** bleiben (vgl BGHZ 110, 342, 360). Die **Gegenauffassung** hält das Subsidiaritätsdogma für unrichtig (LARENZ/CANARIS § 77 II 3 b iVm 3 a; ders, in: FS Larenz II [1983] 62 f; KAROLLUS 131 f; CYPIONKA JuS 1983, 24; DEUTSCH JZ 1984, 312), weil es bei einer vollen Absicherung schon am Schaden fehle. Wenn der Geschädigte Ansprüche gegen Dritte habe, werde diesem obendrein der Regreß gegen den (potentiellen) Zweitschädiger genommen, wenn man die Forderung gegen ihn als subsidiär auffasse (LARENZ/CANARIS § 77 II 3 b; ders, in: FS Larenz II [1983] 63). Gleichwohl teilen die Kritiker partiell das Ergebnis des BGH. Angesichts der Bewehrung nur mit einem Bußgeld oder gar völliger Sanktionslosigkeit lasse sich eine Norm nicht als Schutzgesetz qualifizieren und tauge jedenfalls nicht zum Schutz des Vermögens (LARENZ/ CANARIS § 77 II 3 b; MünchKomm/MERTENS Rn 171). Obgleich das Kriterium der Subsidiarität wegen der geschilderten Schwächen nicht überzeugt, ist auch der Gegenmeinung nicht zu folgen. Fehlende Strafbewehrung ist zwar möglicherweise ein **Indiz** gegen die Schutzgesetzqualität einer Norm, erlaubt aber **keinen zwingenden Schluß**.

b) Kasuistik

G 7 Nach dem Kriterium der Rechtsprechung ist weder § 151 aF AVG (BGHZ 84, 312, 317) noch § 30 GmbHG ein Schutzgesetz im Sinn des § 823 Abs 2 (BGHZ 110, 342, 360; nur iE zust LARENZ/CANARIS § 77 II 4 b). Desgleichen hat der BGH es abgelehnt, § 29 d StVZO als Schutzgesetz anzuerkennen (BGH NJW 1980, 1792 f). Begründet wird dies zT mit dem Subsidiaritätsdogma (so BGHZ 84, 312, 317; 116, 7, 14 jeweils unter Bezugnahme auf BGH NJW 1980, 1792 f). Der Schutz des Opfers, das von einem nicht angemeldeten Fahrzeug geschädigt werde, sei durch die Nachhaftung des Versicherers gemäß § 3 Nr 5 PflVG (iVm § 158 Abs 3 bis 5 VVG) gewährleistet. Dazu träten Ansprüche aus § 839, wenn dessen Voraussetzungen vorlägen, sowie die Entschädigung nach § 12 Abs 1 S 1 Nr 2

---

* **Schrifttum:** CANARIS, Schutzgesetze – Verkehrspflichten – Schutzpflichten, in: FS Larens II (1983) 27; CYPIONKA, Noch einmal: Deliktischer Schadensersatzanspruch aus § 823 II BGB und eigenständiger Interessenschutz des Verkehrsopfers – BGH NJW 1980, 1792, JuS 1983, 23;

DEUTSCH, Die neuere Entwicklung der Rechtsprechung zum Haftungsrecht, JZ 1984, 308; H SCHLOSSER, Deliktischer Schadensersatzanspruch aus § 823 II BGB und eigenständiger Interessenschutz des Verkehrsopfers – BGH NJW 1980, 1792, JuS 1982, 657.

PflVG (BGH NJW 1980, 1792 f). Auch die Lehre tendiert dazu, § 29 d StVZO von vornherein nicht als Schutzgesetz anzuerkennen, da ansonsten ein allgemeiner Vermögensschutz gewährt würde (CYPIONKA JuS 1983, 23; DEUTSCH JZ 1984, 312). Indes ist die Lösung problematisch. Die Nachhaftung ist zeitlich begrenzt, wenn der Versicherer das Ende des Versicherungsverhältnisses meldet. Die Amtshaftung, soweit sie denn tatbestandsmäßig erfüllt ist, ist nach § 839 Abs 1 S 2 subsidiär (LARENZ/CANARIS § 77 II 3 a); § 12 Abs 1 S 1 Nr 2 PflVG tritt nach § 12 Abs 1 S 3 PflVG zB hinter Ansprüche auf Lohnfortzahlung zurück. Die Verneinung der Schutzgesetzqualität von § 29 d StVZO ist daher zumindest ein schwieriger Grenzfall.

2. Das Verhältnis zu § 823 Abs 1

Umgekehrt soll § 823 Abs 2 in einigen Fällen Vorrang gegenüber § 823 Abs 1 zukommen. So wird von der hM angenommen, § 909 regle das **Verhältnis zwischen den Nachbarn** abschließend, soweit es um Vertiefungen gehe (BGH NJW 1970, 608; 1971, 935; OLG Hamm VersR 1997, 1497, 1498; OLG Düsseldorf NJW-RR 1997, 146; MünchKomm/SÄCKER [3. Aufl 1997] § 909 Rn 22). Sollte damit mehr gemeint sein, als daß § 909 eine Inhalts- und Schrankenbestimmung des Eigentums ist und daher die nachbarschaftlichen Rechte und Pflichten festlegt (vgl auch oben Rn B 88), so wäre dem nicht zu folgen. Vielmehr konkurrieren die beiden Absätze des § 823 – wie stets – miteinander. Indes dürfte die Frage keine allzu große praktische Bedeutung haben.

G 8

III. Der Begriff des Gesetzes im Sinn des § 823 Abs 2[*]

1. Das Gesetz im materiellen Sinn

Nach Art 2 EGBGB ist Gesetz im Sinn des BGB **jede Rechtsnorm**, also nicht nur Gesetze im formellen Sinn, sondern auch Verordnungen und Satzungen (RGZ 135, 242, 245; PALANDT/THOMAS Rn 140; ERMAN/SCHIEMANN Rn 154; SOERGEL/ZEUNER Rn 285; BGB-RGRK/STEFFEN Rn 538; BRÜGGEMEIER Rn 794; SCHMIEDEL 35; LARENZ/CANARIS § 77 II 1 a; für Satzungen OLG Düsseldorf VersR 1980, 142). Umgekehrt werden auch Normen des GG selbst als Schutzgesetze iS des § 823 Abs 2 angesehen (MünchKomm/MERTENS Rn 195 unter „Grundgesetz"; STAUDINGER/SCHÄFER[12] Rn 576; für Art 3 Abs 3 S 2 GG ist das strittig; bejahend BT-Drucks 13/5595 S 5; abl RÄDLER NJW 1998, 1622). Gesetzesqualität haben im Rahmen des § 31 BVerfGG auch **Entscheidungen des Bundesverfassungsgerichts** (BGB-RGRK/STEFFEN Rn 538). Keine Rolle spielt das Rechtsgebiet, dem die Normen angehören. Sie können aus dem Strafrecht, dem sonstigen öffentlichen Recht oder auch dem bürgerlichen Recht, namentlich aus dem BGB selbst, stammen. Die Strafbewehrung wird nicht vorausgesetzt, solange nur ein bestimmtes Gebot oder Verbot ausgesprochen wird.

G 9

---

[*] **Schrifttum:** GIESEKE, Recht am Unternehmen und Schutz des Unternehmens, GRUR 1950, 298; KÖNDGEN, Überlegungen zur Fortbildung des Umwelthaftpflichtrechts, UPR 1983, 345; MARBURGER, Die Regeln der Technik im Recht (1979); ders, Die haftungs- und versicherungsrechtliche Bedeutung technischer Regeln, VersR 1983, 597; MEDICUS, Zivilrecht und Umweltschutz, JZ 1986, 778; RÄDLER, Art 3 III GG als Schutzgesetz iS von § 823 II BGB?, NJW 1998, 1621; SCHMIEDEL, Deliktsobligationen nach deutschem Kartellrecht (1974).

2. Verwaltungsakte

G 10 Nach hM kann ein Schutzgesetz auch eine **Eingriffsnorm** sein, auf die die Verwaltung eine Auflage oder einen sonstigen **Verwaltungsakt** stützen kann (RG JW 1909, 493, 494; BGHZ 62, 265, 266; 122, 1, 3; BGH NJW 1995, 132, 134; 1997, 55; VersR 1983, 1137, 1139; OLG Dresden SeuffA 75 Nr 158 = S 280, 281; OLG München VersR 1983, 887, 888; Palandt/Thomas Rn 140; Erman/Schiemann Rn 156; BGB-RGRK/Steffen Rn 538; Brüggemeier Rn 797; Larenz/Canaris § 77 II 1 b; K Schmidt, in: FS Zeuner [1994] 261 ff; Rehbinder Anm zu BGH LM Nr 10 zu § 823 [B] unter 2 a; noch nicht primär auf das Gesetz abhebend RG JW 1916, 38; ähnl schon RGZ 51, 177, 178; ferner BayObLG VersR 1979, 743, 744; von der Einzelfallregelung iVm der zugrundeliegenden Ermächtigungsnorm spricht OLG Hamm JZ 1981, 277 f). Auch dieser Verwaltungsakt kann **nach hM** gemäß den allgemeinen Kriterien dem Schutz von Individualinteressen vor ihrer Verletzung dienen (BGHZ 122, 1, 3 f; BGH NJW 1995, 132, 134; Erman/Schiemann Rn 156). Es könne nämlich keinen Unterschied machen, ob das Gesetz selbst konkrete Anforderungen – etwa für Bauvorhaben – festlege oder eine Behörde ermächtige, allgemeine gesetzliche Vorgaben zu konkretisieren (OLG Hamm JZ 1981, 277 f). Allerdings **bedarf es regelmäßig der Entscheidung der Behörde**, gestützt auf die Norm den Verwaltungsakt auch zu erlassen (BGHZ 122, 1, 5; Larenz/Canaris § 77 II 1 b). Ist er dagegen erlassen, so wird ein abstrakter Gefährdungstatbestand normiert, der den Schutz vorverlagert, ohne daß an einen Verletzungserfolg angeknüpft wird (BGHZ 122, 1, 6; BGH NJW 1995, 132, 134; 1997, 55; Staudinger/Roth [1996] § 906 Rn 18; Rehbinder Anm zu BGH LM Nr 10 zu § 823 [B] unter 2 a; skeptisch Palandt/Bassenge § 906 Rn 3, da abschließender Schutz durch § 906 normiert sei; vgl schon oben Rn G 2). Wird der gesetzlich vorgeschriebene Mindeststandard dagegen im Verwaltungsakt nicht eingehalten, so kann der Bürger Schadensersatz verlangen (MünchKomm/Mertens Rn 177; Marburger 485), soweit nicht der Verwaltungsakt – etwa nach Maßgabe des § 14 BImSchG – Präklusionswirkung hat. Dagegen hat der Verwaltungsakt selbst nicht etwa Schutzgesetzcharakter, weil er den Begriff des Gesetzes nicht erfüllt (BGHZ 122, 1, 3; BGH NJW 1995, 132, 134; Erman/Schiemann Rn 156; Schmiedel 51; wohl auch schon BGH NJW 1965, 534; K Schmidt, in: FS Zeuner [1994] 269; **aA** OLG München VersR 1983, 887, 888; Staudinger/Schäfer[12] Rn 576, 578). Zudem muß die Norm drittschützend sein (BGH NJW 1995, 132, 134). Nach der **Gegenauffassung** verbietet es gerade dieser Gesichtspunkt sowie der Umstand, daß die hM den Zivilrichter an den Verwaltungsakt binde, den öffentlich-rechtlichen Vorschriften Schutzgesetzcharakter zuzubilligen (MünchKomm/Mertens Rn 174; Soergel/Zeuner Rn 286; Schmiedel 47 ff; krit auch Baur JZ 1981, 278; abl auch OGHZ 2, 181, 186; OLG Dresden Soergel Rechtsprechung 1913 zu § 823 BGB Nr 149). Auch sei das Gebot der Tatbestandsbestimmtheit zu beachten, das nicht allein auf Straf- und Bußgeldandrohungen beschränkt werden dürfe (MünchKomm/Mertens Rn 178). Nur dort, wo der Gesetzgeber selbst den Verwaltungsakt mit dem Schutzgesetz gleichstelle – wie das etwa in § 35 Abs 2 GWB geschehen sei –, sei auch der Richter an den Verwaltungsakt gebunden, ohne die Rechtslage selbst prüfen zu können (MünchKomm/Mertens Rn 175, der sich jedoch letztendlich der hM anschließt [Rn 180 f]). Die Kontroverse ist im Ausgangspunkt von geringerer Bedeutung, als es zunächst den Anschein haben mag. Auch die abweichende Ansicht betrachtet die gesetzlichen Normen, die es erlauben, ein Verhalten zu verbieten, als bewehrte gesetzliche Verbote (MünchKomm/Mertens Rn 174; Soergel/Zeuner Rn 286). Der **Hauptunterschied** zur hM besteht darin, daß die Mindermeinung die Bindung des Zivilrechts an den Verwaltungsakt auch nach dessen Bestandskraft ablehnt. Diese Bindung, ihre Grenzen und Durchbrechungen (vgl die Darstellung der Praxis bei BGHZ 122, 1, 5 f) sind allerdings ein allgemeines Problem, das im Rahmen eines umfassenden dogmatischen Ansatzes gelöst werden muß und das nicht isoliert bei § 823 Abs 2 betrachtet werden darf. Letztendlich würde es aber nicht einleuchten, warum der eindeutig drittschützende Verwaltungsakt nicht als Basis für eine Schadensersatz- bzw Unterlassungsklage soll dienen können, wenn es lediglich eine Zweckmäßigkeitsentscheidung des Gesetzgebers war, den Erlaß der Verwaltung zu übertragen und nicht selbst vorzunehmen. Allerdings ist nach dem Schutzcharakter der Ermächtigungsnorm zu fragen. Nur wenn diese Norm Drittschutz intendiert, kann auf den Verwaltungsakt ein Schadensersatz- oder Unterlassungsanspruch gestützt werden (BGH NJW 1995, 132, 134; MünchKomm/Mertens Rn 174; K Schmidt, in: FS Zeuner [1994] 269). Obendrein kann auch ein Anspruch aus § 823 Abs 1 wegen der Verletzung einer Verkehrspflicht in Betracht kommen (MünchKomm/Mertens Rn 174; Larenz/Canaris § 77 II 1 b; vgl schon oben Rn G 5).

3. Gewohnheitsrecht und Richterrecht

Unstreitig kann auch **Gewohnheitsrecht** den Charakter eines Schutzgesetzes haben (Larenz/Canaris § 77 II 1 c; Schmiedel 35 f). Mehr im theoretischen Ansatz als in den praktischen Konsequenzen umstritten ist die Frage, ob auch **Richterrecht** dafür in Betracht kommt. ZT bejaht man die Möglichkeit, Schutzgesetze im Wege der Rechtsfortbildung zu entwickeln, allerdings mit der Einschränkung, damit dürften keine Verhaltenspflichten zugunsten von Gütern geschaffen werden, die nicht durch § 823 Abs 1 geschützt seien (Larenz/Canaris § 77 II 1 c). Andere behalten die Formulierung von Sorgfaltspflichten dem Gesetzgeber vor, machen davon aber eine Ausnahme, wenn Bereiche durch gesetzesvertretendes Richterrecht in Form abstrakter, von Einzelsachverhalten gelöster Normen geprägt seien, wie das im Arbeitskampfrecht der Fall sei (MünchKomm/Mertens Rn 172). Allerdings kommt damit iE doch Richterrecht als Bezugspunkt für § 823 Abs 2 zum Tragen, weil man auf die Gesetzesnorm rekurrieren kann, die den Ausgangspunkt für die Rechtsfortbildung abgibt (MünchKomm/Mertens Rn 172 mit dem Beispiel des Verbots des Verdrängungsstreiks).   **G 11**

4. Kommunale Satzungen

Ortssatzungen, namentlich solche zur Räum- und Streupflicht, werden von der **hM als Schutzgesetze** iS des § 823 Abs 2 angesehen (BGHZ 27, 278, 283; BGH NJW 1972, 1321, 1322; OLG Köln NJW-RR 1996, 655, 656; OLG Celle VersR 1998, 604). Voraussetzung bleibt, daß sie **Individualschutz** intendieren (OLG Düsseldorf NJW 1979, 2618; Palandt/Thomas Rn 154). Das Schrifttum verweist demgegenüber auf die **fehlende Kompetenz** der Gemeinden zu einer Normsetzung, deren Schwerpunkt in den privatrechtlichen Auswirkungen liege (Larenz/Canaris § 76 III 7 c). Jedoch geht es jedenfalls auch um öffentlich-rechtliche Regelungen der **polizeilichen Gefahrenabwehr** (OLG Celle VersR 1998, 604; vgl ferner für die entsprechenden Normen des Landesrechts BGH VersR 1984, 890; 1997, 311, 312). Eine Wirkung derartiger öffentlich-rechtlicher Vorschriften im BGB ist im § 823 Abs 2 angelegt (vgl oben Rn G 5). Ob eine Verletzung der Pflicht einen Anspruch auf Schadensersatz auch tatsächlich nach sich zieht, ist eine davon zu trennende Frage und nach den Kriterien, ob denn ein Schutzgesetz vorliegt (vgl unten Rn G 16 ff), zu beantworten. Auch mag ein Verstoß der Satzungen sowie der landesrechtlichen Ermächtigungen gegen Art 2 Abs 1 GG iVm dem verfassungsrechtlichen Übermaßverbot   **G 12**

(LARENZ/CANARIS § 76 III 7 c) nicht ausgeschlossen sein. Doch ist das im jeweiligen Einzelfall zu prüfen und spricht nicht generell gegen die Eigenschaft von Satzungen als Schutzgesetz.

5. Private Rechtsetzung

G 13 Durch private Rechtsetzung kann ein Schutzgesetz geschaffen werden, wenn der Staat eine **entsprechende Ermächtigung** erteilt hat (MünchKomm/MERTENS Rn 182). Das wird beispielsweise bei Tarifverträgen angenommen (ERMAN/SCHIEMANN Rn 154; Münch-Komm/MERTENS Rn 182 Fn 393; BGB-RGRK/STEFFEN Rn 538; KNÖPFLE NJW 1967, 700). Fehlt es jedoch daran, so ist die Qualität als Schutzgesetz zu verneinen (MünchKomm/MERTENS Rn 182; BRÜGGEMEIER Rn 795; LARENZ/CANARIS § 77 II 1 d). Das gilt namentlich für die Satzungen privater Vereine (RGZ 135, 242, 245 [mit der wenig überzeugenden Andeutung, bei einem rechtsfähigen Verein könne das anders ein]; OLG Köln OLGZ 1980, 228, 230) und für die von privaten Verbänden aufgestellten Normen wie die DIN (MünchKomm/MERTENS Rn 182; LARENZ/CANARIS § 77 II 1 d; MARBURGER VersR 1983, 605). Sie sind **private technische Regeln** mit Empfehlungscharakter (BGH NJW 1998, 2814, 2815; LM Nr 4 zu Gerätesicher-heitsG unter II 2 c [2]) und **keine Rechtsnormen** (BGH NJW 1998, 2814, 2815). Bedenken vor mangelnder Absicherung, die sich aus der Monopolstellung von Vereinen ergeben könnten (OLG Köln OLGZ 1980, 228, 231; STAUDINGER/SCHÄFER[12] Rn 577), läßt sich mit dem Schutz der Mitgliedschaft über § 823 Abs 1 begegnen (vgl oben Rn B 141 ff). Auch die **allgemeinen Grundsätze**, die das soziale Leben beherrschen, sind **nicht als Schutzgesetze** anzusehen, mögen sie auch als Richtlinien für die Ausbildung von Verkehrspflichten dienen (MünchKomm/MERTENS Rn 173; aA GIESEKE GRUR 1950, 310).

6. Unfallverhütungsvorschriften

G 14 Umstritten ist die Rechtslage bei Unfallverhütungsvorschriften, die von den Unfall-versicherungsträgern nach §§ 15 f SGB VII in ihrer Eigenschaft als öffentlich-rechtliche Körperschaften mit Zwangsmitgliedschaft erlassen sind. Die Unternehmen sind zwar zur Einhaltung dieser Vorschriften verpflichtet, werden dabei nach den §§ 17 ff SGB VII auch überwacht; die Übertretung kann auch nach § 210 Abs 1 Nr 1 SGB VII als **Ordnungswidrigkeit** mit Geldbuße geahndet werden. Die hM, namentlich die Rechtsprechung, erkennt die Unfallverhütungsvorschriften gleichwohl **nicht als Schutzgesetz** iS des § 823 Abs 2 an (RGZ 95, 180, 182; 95, 238, 240; BGH NJW 1968, 841, 842; VersR 1955, 105; 1957, 584; 1961, 160, 161; 1969, 827, 828; LM Nr 5 zu § 823 [E] unter II; OLG Köln VersR 1997, 1355, 1356). Überholt ist allerdings die Begründung, die Unfallverhütungsvorschriften würden von den Berufsgenossenschaften im eigenen Interesse erlassen, um Vermögensnachteile aufgrund von Arbeitsunfällen zu vermeiden (so auch STAUDINGER/SCHÄFER[12] Rn 608; vgl auch RGZ 48, 327, 331). Diese Auffassung verkennt den Sinn des Arbeitsschutzes (BGH NJW 1968, 641, 642; MünchKomm/MERTENS Rn 184 mit Fn 397; MARBURGER 478). In erster Linie geht es um die **Integrität der Arbeitnehmer**. Man müßte daher den Aspekt in den Vordergrund rücken, daß es sich um eine spezifische Sonderordnung handelt, den Unfallvericherungsträgern jedoch kein un-mittelbarer und vom Richter nicht mehr zu kontrollierender Einfluß auf das Delikts-recht gegeben werden soll (MünchKomm/MERTENS Rn 184). Auch das ist nicht zwingend. Ist der Verstoß gegen die Unfallverhütungsvorschriften immerhin eine Ordnungswid-rigkeit, so ist eine Anerkennung als Schutzgesetz keineswegs ein Systembruch. Viel spricht daher für die **Gegenauffassung**, derzufolge die Unfallverhütungsvorschriften

unter § 823 Abs 2 fallen (MARBURGER 478 f; ders VersR 1983, 605; vgl auch MünchKomm/
MERTENS Rn 184 aE; LARENZ/CANARIS § 77 II 1 d mit Fn 3; offen gelassen in BGH NJW 1984,
360, 362), **allerdings beschränkt auf den Kreis der versicherten Personen**, mithin unter
Ausschluß von Schäden Dritter (BGH NJW 1984, 360, 362; MünchKomm/MERTENS Rn 184;
MARBURGER VersR 1983, 605; ebenso schon RGZ 48, 327, 332) und der Beeinträchtigung von
Sachen (MünchKomm/MERTENS Rn 184; MARBURGER VersR 1983, 605; ähnl, im Einzelfall jedoch
auch Sachschäden einbeziehend, ders 479). Dann sind die **Unterschiede ohnehin gering**, weil
die §§ 104 ff SGB VII die Haftung weitgehend ausschließen (MünchKomm/MERTENS
Rn 184; MARBURGER 479; ders VersR 1983, 605). Zudem sind die Unfallverhütungsvorschriften, die aufgrund langjähriger Erfahrung den besonderen Unfallgefahren des Gewerbezweigs angepaßt sind, geeignet, die **Verkehrspflichten zu konkretisieren** und gehen so in die Interpretation des § 823 Abs 1 ein (RGZ 128, 320, 329; BGH NJW 1978, 2032,
2033; VersR 1955, 105, 106; 1961, 160, 161; 1975, 812, 813; LM Nr 5 zu § 823 [E] unter II; OLG
Karlsruhe VersR 1985, 297; OLG Saarbrücken VersR 1997, 377, 378; OLG Köln VersR 1997, 1355,
1356; der Sache nach auch BGH NJW 1980, 392; 1980, 1795, 1796; LM Nr 2 zu § 823 [Ee] unter 1 a;
Nr 78 zu § 286 [C] ZPO unter II 1; OLG München VersR 1979, 62, 63).

7. Verwaltungsvorschriften

Verwaltungsvorschriften als solche sind **keine Schutzgesetze**, da sie die Behörden nur **G 15**
intern binden (MünchKomm/MERTENS Rn 183; MARBURGER 476 f). Zweifelhaft ist das allerdings bei ausdrücklicher gesetzlicher Delegation; an sie ist namentlich bei den auf
§ 48 Abs 1 BImSchG gestützten TA Luft und TA Lärm oder den nach § 7 a WHG
erlassenen Verwaltungsvorschriften zu denken. Ein Teil der Lehre befürwortet die
Schutzgesetzqualität wegen dieser gesetzgeberischen Normsetzungsdelegation
(KÖNDGEN UPR 1983, 351). Die **hM lehnt sie ab**, da Verwaltungsvorschriften nicht auf
Außenwirkung zielten (MünchKomm/MERTENS Rn 183; ähnl MEDICUS JZ 1986, 783). Das
überzeugt nicht. Die TA Luft ist natürlich Höchstgrenze für die Immission und als
solche vom Betreiber zu beachten (vgl statt aller BGHZ 92, 143, 151 f). Auch der Umstand,
daß die Standards oft veraltet sind (MünchKomm/MERTENS Rn 183; MEDICUS JZ 1986, 783),
ist kein Gegenargument, ihren Schutzgesetzcharakter zu verneinen. Das Problem
stellt sich auch hier indes nicht in voller Schärfe, da der Betreiber über § 823 Abs 1
jedenfalls wegen Verletzung einer Verkehrspflicht haftet, wenn er gegen die genannten Verwaltungsvorschriften verstößt (BGHZ 92, 143, 146 f; BGH NJW 1997, 2746; OLG
Zweibrücken VersR 1977, 45, 46; iE auch MünchKomm/MERTENS Rn 183).

IV. Die Kriterien des Schutzgesetzes*

1. Die Ermittlung des Schutzgesetzcharakters

a) Die Rolle durchgängiger Regeln
Versuche, den Schutzgesetzcharakter nach durchgängigen Regeln zu ermitteln, sind **G 16**

---

* **Schrifttum:** BAUDER, Anm zu BGH, 20. 9. 1993
– II ZR 292/91, BB 1993, 2472; CANARIS,
Schutzgesetze – Verkehrspflichten – Schutzpflichten, in: FS Larenz II (1983) 27; ders, Die
Haftung für fahrlässige Verletzungen der Konkursantragspflicht nach § 64 GmbHG, JZ 1993,
649; FLUME, Die Haftung des GmbH-Geschäftsführers bei Geschäften nach Konkursreife
der GmbH, ZIP 1994, 337; GOETTE, Zur persönlichen Haftung des Geschäftsführers einer
GmbH gegenüber Dritten aus Geschäften, die
nach Eintritt der Konkursreife mit ihnen abge-

mehrfach unternommen worden. Sie reichen von sieben unterschiedlichen Kriterien (KNÖPFLE NJW 1967, 700) bis zu acht Regeln (SCHMIEDEL 161 ff, 168 ff). Doch ist anerkannt, daß der Judikative ein **erheblicher Spielraum** verbleibt, da eine Rangfolge der Regeln nicht existiert (SCHMIEDEL 226). Damit ist ein Gewinn an Rechtssicherheit gegenüber der – eher tastend sich entwickelnden – Rechtsprechung nicht zu verzeichnen. Es bleibt bei einer Vielzahl von Schutzzwecküberlegungen, die sich jedoch kaum hierarchisieren lassen.

b) Die Rolle der Straf- und Bußgeldbewehrung
aa) Die Strafbewehrung

G 17 Umstritten ist der Vorschlag, bei reinen Vermögensschäden in erster Linie der Frage der **Strafbarkeit des Verstoßes gegen die Norm** auch den Ausschlag über die Haftung nach § 823 Abs 2 geben zu lassen. Dazu, sie zu bejahen, neigen vor allem die **Verfechter einer rechtsgutsspezifischen Differenzierung**. Allerdings ist die Strafbarkeit ihrer Auffassung nach nur eine hinreichende Voraussetzung; die Haftung ist umgekehrt nicht stets ausgeschlossen, wenn das Verhalten strafrechtlich irrelevant ist (RGZ 128, 298, 300; LARENZ/CANARIS § 77 II 4 c; ders, in: FS Larenz II [1983] 49 f, 58 ff). Die Rechtsprechung ist iE dieser Differenzierung mehrmals gefolgt. So betrachtet sie zwar den fahrlässigen Falscheid nach § 163 StGB als Schutzgesetz, nicht dagegen die Berufung auf den früheren Eid nach den §§ 392, 410 ZPO (BGHZ 42, 313, 317 f; zust ZÖLLER/GREGER [20. Aufl 1997] § 410 Rn 4). Auch bei der Nichtabführung von Sozialversicherungsbeiträgen differenziert der BGH danach, ob es sich um die strafbare Unterlassung der Abführung von Arbeitnehmerbeiträgen oder die Nichteinzahlung von Arbeitgeberbeiträgen handelt, die lediglich als Ordnungswidrigkeit sanktioniert ist. Die Strafnorm ist nach Auffassung des BGH Schutzgesetz, nicht dagegen die Sanktion der Ordnungswidrigkeit (BGHZ 84, 312, 314, 315 ff). In dieselbe Richtung weist schließlich die Handhabung des Subsidiaritätsdogmas. Es gilt nach der Rechtsprechung nicht bei strafbaren Handlungen (vgl oben Rn G 6). Die **wohl hL lehnt die These ab**, weil die Gründe für die Androhung von Strafe andere seien als diejenigen des zugrundeliegenden Verhaltensgebots (ERMAN/SCHIEMANN Rn 158; SOERGEL/ZEUNER Rn 289; STAUDINGER/SCHÄFER[12] Rn 593; KAROLLUS 130). Die Strafbewehrung als solche ersetzt natürlich nicht die Prüfung des individualschützenden Charakters einer Norm (BFH NJW 1997, 1725, 1727; LARENZ/CANARIS § 77 II 4 c) und wirkte sich daher als (stark) einschränkendes

---

schlossen werden, DStR 1994, 1048; HIRTE, Abschied vom Quotenschaden: Erweiterte Haftung des GmbH-Geschäftsführers gegenüber Neugläubigern wegen Konkursverschleppung, NJW 1995, 1202; KAROLLUS, Funktion und Dogmatik der Haftung aus Schutzgesetzverletzung (1992); ders, Weitere Präzisierungen zur Konkursverschleppungshaftung, ZIP 1995, 269; KOTHE, Normzweck und Interessenabwägung bei der Auslegung des § 823 II BGB, Jura 1988, 130; LUTTER, Gefahren persönlicher Haftung für Gesellschafter und Geschäftsführer einer GmbH, DB 1994, 129; ders, Haftungsrisiken des Geschäftsführers einer GmbH, GmbHR 1997, 329; G MÜLLER, Zur Haftung des Gesellschafter-Geschäftsführers aus culpa in contrahendo und aus § 64 Abs 1 GmbHG, ZIP 1993, 1531; ders, Geschäftsführerhaftung für Neugläubigerschäden. Eine kritische Nachbetrachtung zur Änderung der Rechtsprechung des BGH bezüglich der Haftung aus § 64 GmbHG, GmbHR 1996, 393; K SCHMIDT, Anm zu BGH, 20. 9. 1993 – II ZR 292/91, NJW 1993, 2934 f; SCHÜPPEN, Aktuelle Fragen der Konkursverschleppung durch den GmbH-Geschäftsführer, DB 1994, 197; ULMER, Anm zu BGH, 1. 3. 1993 – II ZR 292/91, ZIP 1993, 769; WILHELM, Konkursantragspflicht des GmbH-Geschäftsführers und Quotenschaden, ZIP 1993, 1833.

Kriterium aus, wenn man den Gegenschluß zöge, eine Bußgeldbewehrung oder gar fehlende Sanktion schließe den Schutzgesetzcharakter aus. Diese Konsequenz wird indes nicht gezogen (LARENZ/CANARIS § 77 II 4 c) und vertrüge sich nicht mit § 823 Abs 2 S 2 (PETERS JZ 1983, 913 Fn 15). Die Strafbewehrung dient somit nur als Indiz (K SCHMIDT, in: FS Zeuner [1994] 265 Fn 29).

bb) Die Bußgeldbewehrung
Unklar ist auch die Rolle des Ordnungswidrigkeitenrechts. Da der BGH dort das **G 18** Subsidiaritätsdogma anwendet (vgl oben Rn G 6), kommt er vielfach zu einer Verneinung der Schutzgesetzqualität. In der Lehre werden Parallelen zu Wertungen des Wettbewerbsrechts vorgeschlagen, etwa zu den §§ 35 GWB, 13 Abs 6 UWG; sie setzten die Schadensersatzpflicht als selbstverständlich voraus. Wo es an solchen Vorgaben fehle, komme es darauf an, ob das Vermögen primäres und unmittelbares Schutzgut sei und ob die Systemverträglichkeit gewährleistet sei, wenn man die Deliktshaftung bejahe (LARENZ/CANARIS § 77 III 2 b; zu dem letztgenannten Kriterium vgl auch BGHZ 66, 388, 390).

2. Der Individualschutz

a) Die Regel
Die erste Frage ist, ob das Gesetz gezielt dem Individualschutz dient (BGHZ 28, 359, **G 19** 365; 39, 366, 368; 64, 232, 237; 66, 388, 390; 69, 1, 16; 84, 312, 314; BGH NJW 1991, 418, 419; LM Nr 35 zu § 823 [Be] unter II 2 a; BFH NJW 1997, 1725, 1727; SOERGEL/ZEUNER Rn 289). Dieser braucht allerdings **nicht das einzige Anliegen** der Norm zu sein. Es genügt, wenn die Vorschrift neben der Allgemeinheit **auch dem einzelnen** zu dienen bestimmt ist (RGZ 128, 298, 300; 138, 219, 231; BGHZ 12, 146, 148; 19, 114, 125; 22, 293, 297; 29, 100, 102; 29, 344, 350; 40, 306; 46, 17, 23; 66, 354, 355; 69, 1, 16; 100, 13, 14; 103, 197, 199; 105, 121, 124; 106, 204, 206; 116, 7, 13; 122, 1, 4; 125, 366, 374; BGH NJW 1968, 1279, 1280; 1970, 1875, 1876; 1973, 1547, 1548; 1975, 47, 48; 1992, 241, 242; VersR 1954, 102; LM Nr 95 zu § 823 [Bf] unter II 3 b bb; BFH NJW 1997, 1725, 1727; OLG Hamm VersR 1998, 249, 250; SOERGEL/ZEUNER Rn 289; BGB-RGRK/STEFFEN Rn 541; DEUTSCH, Allgemeines Haftungsrecht [2. Aufl 1996] Rn 307; TAUPITZ, in: FS Steffen [1995] 499), **mag sie sogar in erster Linie die Interessen der Allgemeinheit** im Auge haben (BGHZ 29, 344, 350; 40, 306; 46, 17, 23; 66, 354, 355; 100, 13, 15; 105, 121, 124; 106, 204, 206; 116, 7, 13; BGH NJW 1992, 241, 242; BFH NJW 1997, 1725, 1727). Erst wenn nur mehr die Allgemeinheit abgesichert werden soll, scheidet § 823 Abs 2 bereits wegen des fehlenden Individualschutzes aus (BGHZ 19, 143, 148; SOERGEL/ZEUNER Rn 289; LARENZ/CANARIS § 77 II 2 a). So liegt es namentlich, wenn der mittelbare Schutz nur eine Reflexwirkung des Gesetzes ist; diese Reflexwirkung kann eine zivilrechtliche Haftung nicht begründen (BGHZ 89, 383, 400 f mwNw; 100, 11, 18).

b) Kasuistik
Am fehlenden Individualschutz **scheitert** daher die Eigenschaft als Schutzgesetz nur **G 20** selten (LARENZ/CANARIS § 77 II 2 b). Die Rechtsprechung verneint sie etwa bei § 125 StGB (BGHZ 89, 383, 400 f; LARENZ/CANARIS § 77 II 2 b) und bei § 138 StGB (LG Hamburg r+s 1996, 396, 397). Dasselbe hat etwa zu gelten bei den Staatsschutzdelikten der §§ 80 ff StGB (BFH NJW 1997, 1725, 1727) oder bei Straftaten gegen Verfassungsorgane (ausf STAUDINGER/SCHÄFER[12] Rn 581). Auch die Auferlegung öffentlicher Pflichten und Lasten im Allgemeininteresse – etwa die Unterhaltungspflicht an einem Gewässer – dient nicht dem Individuum (BGHZ 55, 153, 158), was allerdings die Haftung nach § 823

Abs 1 nicht ausschließt. Dagegen hat die Rechtsprechung bei einer Vielzahl von Normen den Schutz auch von Individualinteressen **bejaht**. Beispielhaft genannt seien § 263 StGB (vgl zB BGH NJW 1994, 2027, 2028) und die Vorschriften der StVO (BGHZ 23, 90, 97).

3. Der Schutz mit Mitteln des Privatrechts

a) Die Regel

G 21 Nach der Rechtsprechung ist des weiteren Voraussetzung, daß der Interessenbereich des einzelnen nicht nur durch die Maßnahmen etwa einer Behörde geschützt werden soll, sondern daß **dem einzelnen selbst die Rechtsmacht** in die Hand gegeben ist, diesen Bereich unmittelbar mit den Mitteln des Privatrechts gegen den Störer zu schützen (BGHZ 40, 306, 307). Noch enger fordert der BGH zT sogar, die Norm müsse eine Grundlage für die Befugnis des Vermögensträgers bieten, den Geltungsanspruch gegen den Verletzer mit Hilfe eines Schadensersatzanspruchs selbst durchzusetzen (BGHZ 100, 13, 19; 106, 204, 206; ebenso iE BGH NJW 1991, 418, 419). Das birgt indes die Gefahr des Zirkelschlusses in sich, da es ja um eine Tatbestandsvoraussetzung für die Schadensersatzpflicht geht.

b) Kasuistik

G 22 Keine Schutzgesetze sind demgemäß Normen des Baurechts, wenn sie nicht drittschützend sind (BGHZ 86, 356, 362). Auch der umgekehrte Schluß liegt nahe. Drittschützende Normen sind Schutzgesetze (so iE BGHZ 66, 354, 355 f; BGH NJW 1979, 1408 f; der Sache nach auch BGH LM Nr 132 zu § 1004). Allerdings ist hier der Vorrang des bestandskräftigen Verwaltungsakts zu beachten, der nach der Rechtsprechung, von Ausnahmefällen abgesehen, die Zivilgerichte bindet (vgl statt aller BGHZ 122, 1, 5 f). Daher kann nicht seine Rechtswidrigkeit im Wege der Unterlassungsklage geltend gemacht werden; hier ist die Anfechtungsklage vor den Verwaltungsgerichten vorrangig. Weil in § 267 StGB die Individualinteressen nur so unstrukturiert zum Ausdruck kommen, daß sie keine Grundlage für die Durchsetzung des Vermögensträgers bieten, hat die Rechtsprechung den Charakter als Schutzgesetz verneint (BGHZ 100, 13, 15 ff, 19; BFH NJW 1997, 1725, 1727; zust Kothe Jura 1988, 130), während die Literatur die Entschließungsfreiheit im Rechtsverkehr als verletzt ansieht und daher die Schutzgesetzqualität der Norm bejaht (Larenz/Canaris § 77 II 2 b).

4. Der Zweck des Gesetzes

G 23 Nach der Formulierung der Rechtsprechung muß der Individualschutz **beabsichtigt, nicht nur objektiv bewirkt** sein (BGHZ 12, 146, 148; 22, 293, 297; 29, 100, 106; 66, 354, 355; 116, 7, 13; BGH NJW 1973, 1547, 1548; 1992, 241, 242; LM Nr 69 zu § 823 [Bf] unter 1; BGB-RGRK/ Steffen Rn 541). Soweit damit mehr gemeint sein sollte als der Hinweis darauf, es dürfe sich nicht um eine bloße Reflexwirkung handeln, wäre dem Merkmal nicht zu folgen. Denn wie stets entscheidet die objektive Teleologie der Norm, nicht etwa der subjektive Wille des Gesetzgebers. Wenn das Kriterium der Rechtsprechung aber einen Hinweis auf den Schutzumfang der Norm darstellt, ist es unter diesem Aspekt zu untersuchen.

5. Der geschützte Personenkreis

a) Die Regel

Von der Frage, ob das Gesetz individualschützenden Charakter hat, ist das Problem   G 24
zu unterscheiden, ob **gerade die verletzte Person abgesichert** werden soll. Der Deliktsschutz beschränkt sich auf den Personenkreis, dessen Schutz das Gesetz bezweckt (BGHZ 29, 100, 102; 62, 186, 188; 84, 312, 314; BGH NJW 1980, 1792; PALANDT/THOMAS Rn 141; ERMAN/SCHIEMANN Rn 157; SOERGEL/ZEUNER Rn 290; FIKENTSCHER Rn 1269; KÖTZ Rn 176). § 170 StGB etwa schützt nur die Körperschaft, die anstelle des Vaters Unterhalt gezahlt hat (BGHZ 28, 359, 365 f zu § 170 b aF StGB). Verursacht hingegen jemand unter Verstoß gegen die §§ 1, 3 StVO einen Unfall, so sollen diese Normen auch denjenigen schützen, der mit Sicherungsmaßnahmen befaßt ist und dabei verletzt wird; für diesen Schaden haftet (auch) der Verursacher des ersten Unfalls (BGH NJW 1972, 1804, 1806). § 242 StGB und § 248 b StGB wollen wiederum nur den Eigentümer eines Fahrzeugs gegen Diebstahl bzw gegen die unbefugte Benutzung schützen, nicht dagegen sonstige Verkehrsteilnehmer vor der Schwarzfahrt und einem dabei verursachten Unfall (BGHZ 22, 293, 295 ff, 297; LARENZ/CANARIS § 77 III 3 a). Die Strafvorschrift des § 21 Abs 1 Nr 2 StVG dient nicht dem Interesse des ein Kfz unerlaubt Fahrenden, weil er nicht der Gefahrenlage wie die übrigen Verkehrsteilnehmer ausgesetzt ist, sondern sie erst geschaffen hat (BGH NJW 1991, 418, 419; ebenso iE BGH NJW 1979, 2309 f, wenn das Fahrzeug nach einem Kauf übergeben und daher § 21 I Nr 2 StVG nicht mehr einschlägig sei). § 2 Abs 1 StVO schützt nicht denjenigen, der seinerseits unerlaubterweise auf dem Gehsteig Fahrrad fährt (OLG Frankfurt aM VersR 1996, 1122; offen gelassen von BGH VersR 1996, 1293 [LS]). Auch § 14 Abs 2 S 2 StVO ist kein Schutzgesetz zugunsten derer, die das Fahrzeug unbefugt benutzen (BGH NJW 1978, 421, 422). Die in § 2 Abs 3 der Notfalldienstordnung der Kassenärztlichen Vereinigung Bayerns getroffene Regelung, die Namen der Notfallärzte nur der Rettungsleitstelle bekannt zu geben, dient allein der Aufgabe, einen ausreichenden Notfalldienst sicherzustellen, nicht jedoch dem Schutz der Ärzte vor ungewollter Veröffentlichung ihres Namens durch Dritte, die ihrer Satzungsgewalt nicht unterworfen sind (BGH NJW 1991, 1532, 1533). Es wäre allerdings voreilig, stets den unbefugten Benutzer aus dem Kreis der geschützten Personen auszunehmen. Es kann gerade Zweck der gesetzlichen Pflicht sein, die Selbstgefährdung auch des Täters zu verhindern. So kann es bei Verstößen gegen das Betäubungsmittelgesetz oder das Gesetz zum Schutz der Jugend in der Öffentlichkeit liegen, obwohl sich diese auch gegen die Teilnehmer richten (BGH NJW 1991, 418, 419).

b) Die Problematik des § 909

Strittig ist die Reichweite des § 909. Nach noch hM ist **nur die Festigkeit des Bodens des**   G 25
Nachbargrundstücks geschützt (BGHZ 12, 75, 78; BGH LM Nr 20 zu § 909 unter 2; PALANDT/ BASSENGE § 909 Rn 6; MünchKomm/SÄCKER [3. Aufl 1997] § 909 Rn 3; SOERGEL/J F BAUR [12. Aufl 1990] § 909 Rn 6; anders nunmehr BGH LM Nr 35 zu § 909 unter II 1). Das bedeutet, daß der **übernächste Nachbar** nicht Ersatz von Schäden verlangen kann, die daraus resultieren, daß dem Boden des unmittelbaren Nachbarn die Stütze entzogen wird und das einstürzende Gebäude das angebaute Haus mit beeinträchtigt (BGHZ 12, 75, 78; BGH LM Nr 20 zu § 909 unter 2). Diese Abgrenzung nach dem Grundbuchrecht hat die auf den ersten Blick wenig einleuchtende Konsequenz, daß anders zu entscheiden wäre, wenn das Haus des Dritten nicht diesem, sondern dem unmittelbaren Nachbarn gehörte und die beiden Parzellen als ein Grundstück eingetragen wären (BGHZ 12, 75, 78). Die

Gegenauffassung läßt es daher ausreichen, daß der Boden *eines* Nachbarn die erforderliche Stütze verliert. Schäden bei weiteren Nachbarn seien auch dann zu ersetzen, wenn deren Boden unverändert bleibe. § 909 bestimme den Begriff des Grundstücks nämlich nicht (STAUDINGER/ROTH [1995] § 909 Rn 23; abl zur Rspr auch BAUR/ STÜRNER, Sachenrecht [17. Aufl 1999] § 25 Rn 41; WESTERMANN/WESTERMANN [7. Aufl 1998] § 62 IV 1). Doch sprechen die besseren Gründe für die hM. Denn wenn § 909 die Beeinträchtigung des Bodens fordert, so wird daraus deutlich, daß dieser Verlust der Stütze die Haftung auslösen soll. Wenn dies beim übernächsten Nachbarn nicht mehr der Fall ist, hat sich die spezifische Gefahr dort nicht verwirklicht; er steht aber auch nicht schlechter als der unmittelbare Nachbar, dessen Eigentum durch den Einsturz des Hauses des Täters Schaden leidet. Im übrigen ist ohnehin fast stets § 823 Abs 1 verwirklicht (vgl zB BGHZ 85, 375, 381). Das Verschulden, das sich dort allerdings auf die Eigentumsverletzung beziehen muß (BGH LM Nr 20 zu § 909 unter 3), wird in aller Regel vorliegen. Damit, daß weitere Häuser in Mitleidenschaft gezogen werden, muß der Täter rechnen.

6. Das geschützte Rechtsgut

G 26 Auch wenn der Verletzte zum geschützten Personenkreis gehört, kann die Haftung zu verneinen sein, weil die **Norm nicht das betroffene Rechtsgut schützt**. Der Schaden muß also an einem Rechtsgut entstanden sein, zu dessen Schutz die Norm erlassen ist (BGHZ 12, 213, 217; 19, 114, 126; 27, 137, 140; 28, 359, 365; 39, 366, 368; 63, 176, 179; 114, 161, 163; OLG Karlsruhe VersR 1986, 1125, 1127; OLG Frankfurt aM VersR 1996, 1122, 1123; SOERGEL/ ZEUNER Rn 290; der Sache nach auch BGHZ 128, 210, 215). Das bedeutet etwa, daß das Vermögen nur dann geschützt ist, wenn es von der Norm umfaßt wird (LARENZ/CANARIS § 77 III 3 b). Nichts anderes dürfte auch die Aussage des BGH meinen, es sei zu prüfen, ob ein solcher besonderer Schadensersatzanspruch sinnvoll und im Lichte des haftungsrechtlichen Gesamtsystems tragbar einscheine (BGHZ 66, 388, 390 f; 125, 366, 374). Eine derartige Schutzrichtung **verneint die hM** etwa bei gefährlichen Eingriffen in den Bahn-, Schiffs-, Luft- und Straßenverkehr gemäß den §§ 315 ff StGB; Schutzgut der Normen ist nur Leib, Leben und Eigentum (BGHZ 19, 114, 125 f). Dasselbe gilt für § 317 StGB. Er schützt nicht das Vermögen der Fernsprechteilnehmer (BGH NJW 1977, 1147). Auch die Baugefährdung nach § 323 nF StGB soll den Bauherrn nur vor Körper- und Sach-, nicht dagegen vor Vermögensschäden bewahren (BGHZ 39, 366, 367 f). Der Ersatz der Kosten für die Beseitigung von Mängeln kann daher nicht auf § 823 iVm 323 nF StGB gestützt werden (BGHZ 39, 366, 368 ff; BGH NJW 1965, 534 für § 330 aF und § 367 Abs 1 Nr 15 aF StGB; LARENZ/CANARIS § 77 III 3 c). Dagegen sind die §§ 263 ff StGB sicherlich **Schutzgesetze** auch zugunsten des Vermögens (vgl zB BGHZ 106, 204, 208 f für die §§ 263 f StGB; BGH NJW 1992, 241, 242 f für § 264 a StGB). Allerdings kann der Ersatz von Nichtvermögensschäden ungeachtet der Wertung des § 651 f Abs 2 nicht auf § 823 Abs 2 iVm § 263 StGB gestützt werden (**aA** OLG Düsseldorf VersR 1997, 1296, 1297). Ersatz eines Nutzungsschadens wegen Besitzentziehung kann nicht vom Eigentümer verlangt werden, wenn dieser zum Besitz berechtigt ist, auch wenn er verbotene Eigenmacht geübt haben sollte (BGH NJW 1991, 2420, 2422).

7. Die Art des Risikos

a) Die Regel

G 27 Eine weitere Einschränkung erfolgt dadurch, daß das Gesetz den Zweck haben muß, vor dem Risiko zu schützen, das sich verwirklicht hat (BGHZ 12, 146, 148; 29, 100, 102; 105, 121, 124; BGH LM Nr 69 zu § 823 [Bf] unter 1 a; OLG Köln VersR 1998, 595, 597; LARENZ/CANARIS § 77 III 3 c; KÖTZ Rn 176; der Sache nach auch BGHZ 105, 346, 355 f, 356 f). Daran fehlt es nach hM, wenn ein Jugendlicher, dem unter Verstoß gegen das Gesetz zum Schutz von Jugendlichen in der Öffentlichkeit Alkohol verabreicht wurde, sich auf dem Heimweg verletzt. Das Gesetz wolle nämlich der Verwahrlosung durch den Genuß von Alkohol vorbauen, nicht jedoch Unfällen, die sich aus jugendlichem Übermut auch ansonsten ereignen könnten (BGH LM Nr 69 zu § 823 [Bf] unter 1 a und b). Dasselbe soll gelten, wenn ein Kegeljunge verletzt wird, der zu so später Stunde nicht mehr hätte beschäftigt werden dürfen; die Verletzung durch eine Kegelkugel ist nicht das Risiko, vor dem die Arbeitszeitregelung schützen wolle (LARENZ/CANARIS §§ 77 III 3 c). Dem Grundsatz der hM ist zu folgen, da der Schutzzweck des Gesetzes eingeschränkt sein kann. Doch sind gerade die geschilderten Beispiele in ihrer Lösung sehr problematisch. Daß das Gesetz zum Schutz der Jugendlichen in der Öffentlichkeit nicht auch den Zweck haben soll, leichtsinniges Verhalten zu verhindern, das durch Alkoholgenuß gefördert wird, liegt nahe. Die Regeln der Arbeitszeit für Jugendliche haben wohl auch den Zweck, vor Übermüdung zu schützen, um Unfälle besser vermeiden zu können.

b) Die Art des Vermögensschadens
Der Schutzzweck kann dabei auch nach der **Art und Entstehungsweise** des **Vermögens-** G 28 **schadens** differenzieren (BGHZ 63, 176, 179; 114, 161, 163). § 12 aF GewO wollte durch die Erlaubnispflicht für ausländische Gewerbetreibende zwar sicherstellen, daß diese über Gesellschaftskapital verfügten, nicht aber, daß sich die Vermögenswerte im Inland befänden und den Vertragspartnern daher eine Klage im Ausland erspart bleibe (BGH NJW 1973, 1547, 1549). Die Regeln des Überholens auf Wasserstraßen wollen nicht vor Schäden schützen, die beim (späteren) Leichtern von Schiffen bei Dritten entstehen, die rechtswidrig überholt wurden und deswegen auf Grund gelaufen sind (BGHZ 59, 175, 176 ff, 178 f). Das Risiko, vor dem die Norm schützen soll, ist nach den allgemeinen Interpretationsregeln zu ermitteln. Dabei soll trotz der mißverständlichen Überschrift die PflanzenschutzmittelVO Schutz nicht nur vor Gift, sondern auch vor Explosionsgefahr bieten (BGH NJW 1973, 615, 616).

c) Die höhenmäßige Begrenzung der Haftung am Beispiel des § 64 Abs 1 GmbHG
aa) Die Entwicklung der Rechtsprechung
Der Schutzzweck des Gesetzes kann nicht nur dazu führen, daß gewisse Risiken nicht G 29 zur Gänze über § 823 Abs 2 ersetzt werden, sondern auch eine höhenmäßige Begrenzung zur Folge haben (BGHZ 29, 100, 104; 75, 96, 106). So ist der Schadensersatz bei einer Verletzung von § 64 Abs 1 GmbHG gegenüber den im Zeitpunkt der Insolvenzreife der Gesellschaft vorhandenen **Altgläubigern auf den sog Quotenschaden** begrenzt. Das ist derjenige Schaden, der durch die verspätete Anmeldung entsteht (BGHZ 29, 100, 104 f; 75, 96, 106; 126, 181, 190, 193; BGH NJW 1997, 3021 f; 1998, 2667, 2668; HACHENBURG/ ULMER, GmbHG [8. Aufl 1991] § 64 Rn 47). Er kann nur durch den Insolvenzverwalter geltend gemacht werden (HACHENBURG/ULMER, GmbHG [8. Aufl 1991] § 64 Rn 56 mwNw; LUTTER DB 1994, 134). Für **Neugläubiger ist das sehr strittig**. Der BGH hatte früher auch für sie nur eine Haftung des Geschäftsführers in Höhe des Quotenschadens anerkannt, weil die Norm den Gläubiger nicht davor schützen wolle, einer überschuldeten Gesellschaft Kredit zu geben (BGHZ 29, 100, 105 f). Diesen Standpunkt hat die Rechtsprechung später aufgegeben, weil der Geschäftsführer durch den In-

solvenzantrag für eine rechtzeitige Beseitigung der Gesellschaft zu sorgen habe; mit dieser hätte der Gläubiger dann keine Verträge mehr abgeschlossen. Als **Instrument des Gläubigerschutzes** müsse das Gebot der rechtmäßigen Antragstellung **schadensersatzrechtlich sanktioniert** werden, zumal der Quotenschaden in der Praxis kaum je realisiert werde. Andere Instrumentarien versagten; die Belastung sei dem Geschäftsführer auch zuzumuten, da er sich in Krisensituationen ohnehin einen Überblick über die Vermögensverhältnisse zu verschaffen habe. Dabei dürfe allerdings das Verschulden bei einer positiven Fortsetzungsprognose nicht vorschnell bejaht werden, umgekehrt sei das Mitverschulden des Neugläubigers über § 254 Abs 1 in Rechnung zu stellen (BGHZ 126, 181, 192 ff mwNw zur früheren Rspr, 197 ff; BGH NJW 1994, 3289, 3291; 1995, 398, 399; NJW-RR 1995, 289, 290; ZIP 1995, 31, 32; OLG Naumburg GmbHR 1998, 183, 184; zust PALANDT/THOMAS Rn 146; MEDICUS, Bürgerliches Recht [17. Aufl 1996] Rn 622; [unentschieden noch ders GmbHR 1993, 539; ders DStR 1995, 1435]; WILHELM ZIP 1993, 1834 ff; FLUME ZIP 1994, 340 f; LUTTER DB 1994, 136; ders GmbHR 1997, 331 f; GOETTE DStR 1994, 1052; KAROLLUS ZIP 1995, 269 f; wohl auch HIRTE NJW 1995, 1202 f).

bb) Die Kritik

Die Änderung der Rechtsprechung wird von der Lehre überwiegend kritisiert (STAUDINGER/WEICK [1994] § 42 Rn 10; LARENZ/CANARIS § 77 III 3 c; ders JZ 1993, 950; ULMER ZIP 1993, 771 f; K SCHMIDT NJW 1993, 2934 f; G MÜLLER ZIP 1993, 1536 f; ders GmbHR 1994, 212; ders GmbHR 1996, 397 ff; BAUDER BB 1993, 2473 f; SCHÜPPEN DB 1994, 201). Die Sanktion des nicht rechtzeitigen Insolvenzantrags durch § 84 GmbHG gehöre zu den Insolvenzstraftatbeständen; diese schützten nur – wie der Vergleich mit § 283 StGB zeige – die **gleichmäßige Befriedigung** der Gläubiger (LARENZ/CANARIS § 77 III 3 c; ders JZ 1993, 650). Die Rechtsprechung führe zu einer Fahrlässigkeitshaftung für einen betrugsähnlichen Tatbestand, was um so bedenklicher sei, als § 84 Abs 1 Nr 2 GmbHG iVm § 64 GmbHG ein Gefährdungsdelikt darstelle (CANARIS JZ 1993, 651; SCHÜPPEN DB 1994, 203; ähnl G MÜLLER ZIP 1993, 1536; ders GmbHR 1994, 212). Jedoch hat der Gesetzgeber etwa auch die fahrlässige Nichtanmeldung unter Strafe gestellt und damit das Handeln des Geschäftsführers für diesen Bereich strenger sanktioniert als nur durch den – im übrigen nicht nur durch den verspäteten Insolvenzantrag verwirklichbaren – Betrugstatbestand. Dabei ist keineswegs ausgemacht, daß er nur die gleichmäßige Befriedigung der Gläubiger sichern wollte; mindestens genauso nahe liegt der Zweck, insolvenzreife Unternehmen aus dem werbenden Markt zu nehmen und den Verkehr vor den mit ihrem Tätigwerden verbundenen Risiken zu bewahren (BGHZ 126, 181, 194, 196; WILHELM ZIP 1993, 1835, 1836; LUTTER DB 1994, 135; GOETTE DStR 1994, 1052; KAROLLUS ZIP 1995, 269). Daher ist auch die Schutzrichtung im Verhältnis zu den Altgläubigern und verglichen mit dem Zweck des § 283 StGB eine andere. Die Neugläubiger sollen von einer Kreditvergabe abgehalten werden (**aA** K SCHMIDT NJW 1993, 2934). Deshalb ist auch § 64 Abs 2 GmbHG kein Gegenargument (WILHELM ZIP 1993, 1836; **aA** K SCHMIDT NJW 1993, 2934). Das hat nichts mit einer Ausdehnung des Schutzes über den Individualschutz hinaus zu tun (so aber ULMER ZIP 1993, 771; SCHÜPPEN DB 1994, 202), zumal da sich die Beschränkung auf den Quotenschaden nicht aus Individualschutzüberlegungen gewinnen ließe (BGHZ 126, 181, 193; K SCHMIDT NJW 1993, 2934; LUTTER DB 1994, 135). Der Hinweis, die Rechtsprechung müsse zum reinen Schadensersatz auch bei gesetzlichen Schuldverhältnissen führen (K SCHMIDT NJW 1993, 2934; SCHÜPPEN DB 1994, 203), ist richtig, aber kein Gegenargument. Eine insolvenzreife GmbH soll keine Rechtsgeschäfte mehr tätigen (WILHELM ZIP 1993, 1835 Fn 12 auch für rein gesetzliche Ansprüche).

8. Die Kompetenz des Normgebers

Bislang kaum untersucht ist der Einfluß der Gesetzgebungs- und Satzungskompetenz. Der BGH hat in – soweit ersichtlich – vereinzelt gebliebenen Entscheidungen ausgesprochen, eine **Berufsordnung für Ärzte** könne schon aus verfassungsrechtlichen Gründen nicht die privatrechtlichen Beziehungen von Kammerangehörigen zu Außenstehenden regeln wollen und dürfen; die Satzungsbestimmungen seien daher keine Normen, die Dritte schützen sollten (BGH NJW 1981, 2007, 2008; 1991, 1532, 1533). Richtig ist daran, daß Satzungen nicht außenstehende Dritte verpflichten können (Taupitz, in: FS Steffen [1995] 496). Was indes die der Satzungsgewalt Unterworfenen angeht, ist das **Argument jedenfalls nicht überzeugend**. Denn erst § 823 Abs 2 transponiert ja die Bestimmung zur Haftungsbegründung ins Privatrecht, so daß sich die Kompetenzfrage in dieser Weise gar nicht stellt. Das Kriterium kann also allenfalls mittelbar fruchtbar gemacht werden. Die Schutzgesetzqualität muß sich aus der Norm um so deutlicher ablesen lassen, je weiter das Rechtsgebiet vom bürgerlichen Recht entfernt ist. Im übrigen springt der Schutzcharakter vieler Satzungen geradezu ins Auge. Wen, wenn nicht den Patienten, sollen Vorschriften der Berufsordnung für die deutschen Ärzte über die Pflicht zur Verschwiegenheit, zur Dokumentation usw schützen (Taupitz, in: FS Steffen [1995] 500)? Daß der Verordnungsgeber im Zweifel keine Grundlage für eine Haftung habe schaffen wollen und daher eine Vermutung gegen die Eigenschaft der Kammersatzung als Schutzgesetz spreche (Taupitz, in: FS Steffen [1995] 502, 503), überzeugt jedenfalls dort nicht, wo der Satzung Verdeutlichungsfunktion zukommt – wie etwa bei der Pflicht zur Verschwiegenheit und Dokumentation (vgl schon oben Rn G 1, G 3).

V. Die Passivlegitimation*

1. Die Haftung des Handelnden

Die Verantwortung trifft denjenigen, der das Schutzgesetz verletzt. Dabei hängt es von der **Ausgestaltung der Norm** ab, wie weit die Verantwortung reicht. § 909 etwa zieht den Rahmen sehr weit. Verantwortlich ist jeder, der an der Vertiefung mitwirkt (BGHZ 85, 375, 378; 101, 290, 291; BGH NJW 1996, 3205, 3206; LM Nr 35 zu § 909 unter II 1; Staudinger/Roth [1996] § 909 Rn 53), also etwa der Architekt (BGHZ 85, 375, 378; 101, 290, 291; BGH NJW 1969, 2140, 2142; VersR 1960, 1116, 1117; LM Nr 4 a zu § 909 unter I; Nr 35 zu § 909 unter II 1; OLG Köln NJW-RR 1994, 89; Palandt/Bassenge § 909 Rn 12; MünchKomm/Säcker [3. Aufl 1997] § 909 Rn 24; Staudinger/Roth [1996] § 909 Rn 53), der bauleitende Ingenieur (BGH VersR 1964, 1070, 1072; MünchKomm/Säcker [3. Aufl 1997] § 909 Rn 24; Staudinger/Roth [1996] § 909 Rn 54), der Bauunternehmer (BGH NJW 1981, 50, 51; VersR 1960, 1116, 1117; 1964, 1070, 1072; MünchKomm/Säcker [3. Aufl 1997] § 909 Rn 24; Staudinger/Roth [1996] § 909 Rn 55) oder Statiker (MünchKomm/Säcker [3. Aufl 1997] § 909 Rn 24; Staudinger/Roth [1996] § 909 Rn 56). Das Verschulden des verfassungsmäßig berufenen Organs wird nach § 31 zugerechnet (BGH NJW 1996, 3205, 3207). Auf der anderen Seite setzt etwa § 266 a StGB voraus, daß der Täter als Arbeitgeber Beiträge vorenthält.

---

* **Schrifttum:** Heger, § 266 a StGB: Strafrecht im Gewande zivilrechtlicher Judikatur – BGHZ 134, 304, JuS 1998, 304.

2. Die Haftung von Organen

G 33 Wie bei der Verletzung von Verkehrspflichten (vgl oben Rn E 66 ff) stellt sich auch im Bereich des § 823 Abs 2 die Frage nach der **persönlichen Haftung des Handelnden**, wenn er als **Organ oder als Mitglied eines Organs** einer juristischen Person tätig geworden ist. Die **Rechtsprechung bejaht** sie grundsätzlich (BGHZ 133, 370, 375; 134, 304, 313; BGH NJW 1992, 177, 178; 1997, 133, 134; 1998, 227 f; 1998, 1484, 1485; ROTH/ALTMEPPEN, GmbHG [3. Aufl 1997] § 43 Rn 29; LUTTER/HOMMELHOFF, GmbHG [14. Aufl 1995] § 43 Rn 44; SCHOLZ/U H SCHNEIDER, GmbHG [8. Aufl 1993] § 43 Rn 255 I), die Lehre lehnt sie zT ab (HACHENBURG/MERTENS, GmbHG [8. Aufl 1997] § 43 Rn 120; DREHER DB 1991, 2586 f). Allerdings ist auch nach der hM eine **Reihe von Besonderheiten** zu beachten. In Anlehnung an § 14 Abs 1 Nr 1 StGB haften zum einen nur Organe und Mitglieder von Organen (BGHZ 133, 370, 378; 134, 304, 313; BGH NJW 1997, 133, 134; OLG Düsseldorf NJW-RR 1993, 1128; 1996, 289, 290; 1997, 1124; KG NJW-RR 1997, 1126 f). Andererseits können sie sich durch Delegation auf andere Personen nicht zur Gänze entlasten, auch nicht, wenn es sich um Mitarbeiter handelt (BGHZ 133, 370, 377; 134, 304, 313) und nur die Zeit einer urlaubsbedingten Abwesenheit betroffen ist (BGHZ 134, 304, 313). Bei **mehreren Geschäftsführern** trifft zwar grundsätzlich jeden die Pflicht, etwa für die Abführung von Arbeitnehmerbeiträgen zu sorgen (BGHZ 133, 370, 376 f; BGH NJW 1997, 133, 134; BGH [St] wistra 1990, 97, 98; OLG Düsseldorf NJW-RR 1996, 289, 290). Diese Pflicht kann aber durch **interne Zuständigkeitsregeln** beschränkt werden, wenn und soweit sich auch die anderen Geschäftsführer darauf verlassen können, daß der zuständige Geschäftsführer die ihm übertragenen Aufgaben erledigt (BGHZ 133, 370, 377; ROTH/ALTMEPPEN, GmbHG [3. Aufl 1997] § 43 Rn 29). Es bleiben Überwachungspflichten, die Anlaß zum Eingreifen geben müssen, wenn Anhaltspunkte dafür bestehen, daß der zuständige Geschäftsführer seinen Bereich nicht mehr ordnungsgemäß verwaltet (BGHZ 133, 370, 377 f; OLG Düsseldorf NJW-RR 1996, 289, 290; vgl allgemein BGH ZIP 1987, 1050, 1051; OLG Hamm NJW 1971, 817, 818). Darüber hinaus sind natürlich die Tatbestandsvoraussetzungen des Schutzgesetzes ausschlaggebend. Im Rahmen des § 266 a StGB führt das etwa dazu, daß ein strafbares und damit auch haftungsrechtlich relevantes Unterlassen dem Geschäftsführer einer GmbH dann nicht zur Last fällt, wenn die Abführung von Sozialversicherungsbeiträgen bei Fälligkeit wegen **Zahlungsunfähigkeit der Gesellschaft unmöglich** gewesen sein sollte (BGHZ 133, 170, 179 f; 134, 304, 307; BGH NJW 1997, 133, 134; 1998, 1306; OLG Düsseldorf NJW-RR 1993, 1448; 1997, 1124; OLG Celle NJW-RR 1996, 481, 482; OLG Dresden GmbHR 1997, 647, 648 f; ROTH/ALTMEPPEN, GmbHG [3. Aufl 1997] § 43 Rn 29; HACHENBURG/MERTENS, GmbHG [8. Aufl 1997] § 43 Rn 120; HEGER JuS 1998, 1094). Allerdings reicht es für die Haftung aus, wenn die Zahlungsunfähigkeit ihrerseits durch **pflichtwidriges Verhalten** des Organs herbeigeführt wurde (BGHZ 134, 304, 308, 312 ff; BGH NJW 1998, 227, 228 [insoweit in BGHZ 136, 332 ff nicht abgedruckt]; OLG Köln VersR 1997, 496, 497; HEGER JuS 1998, 1094; aA OLG Düsseldorf NJW-RR 1993, 1448, 1449; OLG Celle VersR 1996, 996, 997).

VI. Das Verschulden*

1. Der Bezugspunkt

a) Die hM

G 34 Worauf sich im Rahmen des § 823 Abs 2 das Verschulden beziehen muß, ist strittig. Nach Rechtsprechung und hM braucht nur **hinsichtlich der Verletzung des Schutzgesetzes** Vorsatz bzw Fahrlässigkeit vorzuliegen, nicht hingegen bezüglich der Verletzung des betroffenen Rechtsguts, soweit diese nicht zum Tatbestand des Schutzgesetzes gehört (RGZ 66, 251, 255; 91, 72, 76; 145, 107, 115 f; 166, 61, 64; RG JW 1916, 38, 39; BGHZ 7, 198, 207; 34, 375, 381; 57, 137, 143; BGH NJW 1954, 147, 148; 1968, 1279, 1281; 1971, 459, 461; 1972, 1804, 1805; 1977, 763, 764; VersR 1971, 820, 821; LM Nr 95 zu § 823 [Bf] unter II 3 b dd; Nr 20 zu 909 unter 3; Nr 1 zu § 533 RVO unter 7; PALANDT/THOMAS Rn 143; ERMAN/SCHIEMANN Rn 159; SOERGEL/ZEUNER Rn 293; BGB-RGRK/STEFFEN Rn 560; BAUMGÄRTEL Rn 39; LARENZ/CANARIS § 77 IV 1; ESSER/WEYERS § 56 I; DEUTSCH Rn 225; vBar 283). Das bedeutet etwa, daß es nur auf das Verschulden hinsichtlich der Überschreitung der Höchstgeschwindigkeit ankommt, der nachfolgende Unfall von Vorsatz und Fahrlässigkeit nicht umfaßt sein muß (LARENZ/CANARIS § 77 IV 1), die fahrlässige ungenügende Sicherung des Kraftfahrzeugs gegen unbefugte Benutzung nach § 14 Abs 2 S 2 StVO genügt, sich die Schuld nicht auf die durch die Schwarzfahrt verursachte Körperverletzung beziehen muß, wenn bei der Flucht vor der Polizei ein Beamter verletzt wird (BGH NJW 1971, 459, 461), der Vorsatz auf die Teilnahme an einer Schlägerei genügt und sich nicht auch auf die Todesfolge erstrecken muß (BGHZ 103, 197, 200). Nur scheinbar anders liegt es, wenn das Schutzgesetz selbst in seinem Tatbestand die Verletzung bestimmter Güter oder Rechte voraussetzt. Das heißt nur, daß der zum Tatbestand des Betruges gehörende erste Schaden vorsätzlich verursacht sein muß. Bei der Vertiefung eines Grundstücks entgegen § 909 muß auch der Verlust der erforderlichen Stütze vom Verschulden umfaßt sein (BGH NJW 1977, 763, 764). Weitere Entwicklungen müssen jedoch nicht in die Vorstellung des Täters aufgenommen sein (BGHZ 57, 137, 143).

b) Die Kritik
Nach der **Mindermeinung** muß sich das Verschulden auch auf den **eigentlichen Verletzungseingriff** beziehen (MünchKomm/MERTENS Rn 50, 187; FIKENTSCHER Rn 1273; STOLL 22 f; HUBER JZ 1969, 755). Die hM habe nämlich zur Folge, daß das Haftungsrisiko um so höher sei, je allgemeiner und abstrakter das Schutzgesetz formuliert sei (STOLL 22 f; HUBER JZ 1969, 755). Gegen sie spreche auch § 823 Abs 2 S 2. Dort werde eigenes deliktisches Verschulden verlangt; dieses schließe aber Verschulden hinsichtlich des Verletzungseingriffs grundsätzlich ein (FIKENTSCHER Rn 1273). Nach einer Spielart der Mindermeinung wird bei verschuldeter Verletzung des Schutzgesetzes das Verschulden hinsichtlich der haftungsbegründenden Interessenverletzung vermutet (so MünchKomm/MERTENS Rn 50; für den Beweis des ersten Anscheins STOLL 23). Man kann einer Stellungnahme zu dieser Kontroverse nicht durch den Hinweis entgehen, daß sich kaum Unterschiede ergäben; wer das Schutzgesetz, das ein Verhalten wegen der abstrakt damit verbundenen Gefahr verbiete, verletze, könne nicht darauf vertrauen, die Gefahr werde sich nicht realisieren und der Schaden werde nicht eintreten (so

---

* **Schrifttum:** vBAR, Verkehrspflichten (1980); DEUTSCH, Irrtum, Vorsatz und Fahrlässigkeit, in: FS Sieg (1976) 127; DÖRNER, Zur Dogmatik der Schutzgesetzverletzung – BGH, NJW 1982, 1037 und NJW 1985, 134, JuS 1987, 522; GEILEN, Strafrechtliches Verschulden im Zivilrecht?, JZ 1964, 6; HUBER, Bspr von Stoll: Kausalzusammenhang und Normzweck im Deliktsrecht, JZ 1969, 755; MAYER-MALY, Rechtsirrtum und Rechtsunkenntnis als Probleme des Privatrechts, AcP 170 (1970) 133; MEDICUS, Anm zu LG Bremen, Urt v 17. 8. 1966 – 8 O 512/66, NJW 1967, 354; vOLSHAUSEN, Über die Verwendung strafrechtlicher Normen im Zivilrecht, namentlich über ihren Einsatz als Schutzgesetze iS des § 823 Abs 2 BGB, in: FS Bemmann (1997) 125; STOLL, Kausalzusammenhang und Normzweck im Deliktsrecht (1968); WEITNAUER, § 823 II BGB und die Schuldtheorie, JZ 1963, 631; WIETHÖLTER, § 823 II BGB und die Schuldtheorie, JZ 1963, 205.

indes FIKENTSCHER Rn 1273; der Sache nach auch MünchKomm/MERTENS Rn 50; HUBER JZ 1969, 755). Das mag bei Fahrlässigkeitstaten so sein, gilt aber jedenfalls nicht bei Vorsatz. Wer sich vorsätzlich an einer Schlägerei beteiligt, hat nicht stets Vorsatz hinsichtlich der Todesfolge. Die **besseren Argumente sprechen indes für die hM**. § 823 Abs 2 S 2 besagt lediglich, daß der Verstoß gegen das Schutzgesetz zumindest fahrlässig erfolgen muß, nicht dagegen, daß sich das Verschulden auf die Verletzung eines Rechtsguts beziehen muß (STAUDINGER/SCHÄFER[12] Rn 613 iVm Rn 614). Der Gefahr einer zu starken Haftungserweiterung durch abstrakt gefaßte Normen läßt sich dadurch begegnen, daß man bei der Interpretation als Schutzgesetze Zurückhaltung übt oder die konkrete Gefährdung als Tatbestandsvoraussetzung des Schutzgesetzes auffaßt (BGH NJW 1980, 1219, 1220 f; BGB-RGRK/STEFFEN Rn 560). Natürlich muß sich das Verschulden – wie stets – nicht auf den Eintritt eines Schadens beziehen (BGHZ 57, 137, 143; BGH NJW 1972, 1804, 1805; 1982, 1037, 1038; BGB-RGRK/STEFFEN Rn 560), soweit dieser nicht zum Tatbestand des Schutzgesetzes gehört.

2. Die Voraussetzungen im einzelnen

a) Die allgemeinen Voraussetzungen

G 36 Die **Deliktsfähigkeit** bestimmt sich nach den §§ 827 f, nicht nach der strafrechtlichen Schuldfähigkeit etwa des Straf- oder Ordnungswidrigkeitenrechts (SOERGEL/ZEUNER Rn 293 Fn 25; LARENZ, Schuldrecht Bd II BT [12. Aufl 1981] § 72 II = S 619 Fn 5; ESSER/SCHMIDT, Schuldrecht AT Bd I Teilbd 2 [7. Aufl 1993] § 26 I 2 a; GEILEN JZ 1964, 7; DÖRNER JuS 1987, 526; VOLSHAUSEN, in: FS Bemmann [1997] 132; **aA** MEDICUS NJW 1967, 355). Denn § 823 Abs 2 bezieht sich zwar auf den gesamten Tatbestand des Schutzgesetzes, nicht jedoch auf die dahinterstehenden allgemeinen Normen. Umgekehrt bestimmt sich das Vorliegen **objektiver Bedingungen** der Strafbarkeit nach den strafrechtlichen Voraussetzungen; das gilt etwa für die fehlende Rechtmäßigkeit einer Amtshandlung nach § 113 Abs 3 StGB (VOLSHAUSEN, in: FS Bemmann [1997] 155 f für die Zahlungseinstellung; CANARIS, in: FS Larenz II [1983] 72 mit Fn 136; generell STAUDINGER/SCHÄFER[12] Rn 617; **aA** DÖRNER JuS 1987, 526). Dagegen verzichtet die ganz hM auf den **Strafantrag** als Voraussetzung für die Haftung nach § 823 Abs 2 (BROX, Schuldrecht BT Rn 466; MEDICUS, Bürgerliches Recht [17. Aufl 1996] Rn 621; DÖRNER JuS 1987, 529 f; VOLSHAUSEN, in: FS Bemmann [1997] 131). Denn es muß dem Geschädigten freistehen, auf die Strafe zu verzichten, gleichwohl aber sich schadlos halten zu können (DÖRNER JuS 1987, 526; VOLSHAUSEN, in: FS Bemmann [1997] 131). Auch der Eintritt der **strafrechtlichen Verjährung** ändert nichts an der von § 852 vorgesehenen Frist (BROX, Schuldrecht BT Rn 466; DÖRNER JuS 1987, 526; VOLSHAUSEN, in: FS Bemmann [1997] 131).

b) Die Schuldform

G 37 Auszugehen ist **von der im Schutzgesetz geforderten Schuldform** (BGHZ 46, 17, 21; BGH NJW 1962, 910, 911; MünchKomm/MERTENS Rn 189; BRÜGGEMEIER Rn 822). Ist nur vorsätzliches Verhalten verboten, so ist dieses auch Voraussetzung für die Haftung auf Schadensersatz (RGZ 118, 312, 315; 166, 40, 46; BGH NJW 1962, 910, 911; SOERGEL/ZEUNER Rn 294; MünchKomm/MERTENS Rn 189; BGB-RGRK/STEFFEN Rn 560; FIKENTSCHER Rn 1273). Genügt Fahrlässigkeit, so reicht diese auch für § 823 Abs 2 aus (BGH NJW 1962, 910, 911). Entsprechendes gilt für **qualifizierende Anforderungen**, etwa Absicht, grobe Fahrlässigkeit oder Leichtfertigkeit (BGH NJW 1982, 1037, 1038; ESSER/WEYERS § 56 I). Eine Besonderheit sieht § 823 Abs 2 S 2 vor; wenn das Schutzgesetz kein Verschulden voraussetzt, muß der Täter **zumindest fahrlässig** handeln (BGH NJW 1982, 1037, 1038;

25. Titel. **§ 823**
Unerlaubte Handlungen **G 38**

FIKENTSCHER Rn 1273; DÖRNER JuS 1987, 523). Die Norm gilt auch, wenn das Schutzgesetz zur subjektiven Seite schweigt, weil keine Sanktionen vorgesehen sind (BGH NJW 1982, 1037, 1038; DÖRNER JuS 1987, 523). Es kann sich aber auch aus dem Kontext ergeben, daß bei einem Gesetz, das auch die fahrlässige Begehung einer Tat verbietet, nur eine vorsätzliche Begehung zum Schadensersatz führen soll, namentlich wenn nur vorsätzliches Handeln unter Strafe steht (BGH NJW 1982, 1037, 1038 für § 1 GSB; BGHZ 46, 17, 21 für §§ 53, 54, 34 Abs 3 NWOBG). Dagegen spielt der Zufall, daß die Strafvorschrift in einer anderen Norm steht, dann keine Rolle; umgekehrt kann die Auslegung aber auch zur Haftung für einen fahrlässigen Verstoß führen (DEUTSCH, Fahrlässigkeit und erforderliche Sorgfalt [2. Aufl 1995] 331; wohl auch MünchKomm/MERTENS Rn 189).

c) Die Relevanz des strafrechtlichen Begriffs des Verschuldens
Strittig ist die Frage, ob auch auf den **Verschuldensbegriff des Strafrechts** verwiesen **G 38**
wird. Dies spielt schon bei **vorsätzlichen Taten** eine Rolle, vorwiegend in Irrtumsfällen. Während im Zivilrecht nach der Vorsatztheorie auch der vermeidbare Verbotsirrtum den Vorsatz ausschließt, hindert er im Strafrecht nicht die Annahme einer vorsätzlichen Handlung, da sich § 17 StGB der Schuldtheorie anschließt. Die hM nimmt insoweit eine Totalverweisung an; ein vermeidbarer Verbotsirrtum schadet daher (BGHZ 46, 17, 22 [Ordnungswidrigkeit]; 133, 370, 381 f [Straftat]; BGH NJW 1962, 910, 911 [Straftat]; 1982, 134, 135 [Straftat]; so schon RG LZ 1916, 1240, 1241; vgl ferner ERMAN/SCHIEMANN Rn 159; SOERGEL/ZEUNER Rn 294; MünchKomm/MERTENS Rn 189; BGB-RGRK/STEFFEN Rn 563; LARENZ/CANARIS § 77 IV 2 b; ders, in: FS Larenz II [1983] 72; FIKENTSCHER Rn 1273; DEUTSCH, Allgemeines Haftungsrecht [2. Aufl 1996] Rn 357; ders Rn 224; WIETHÖLTER JZ 1963, 209 f; vOLSHAUSEN, in: FS Bemmann [1997] 144 f; anders noch RGZ 118, 312, 316; 166, 40, 46). Das gilt namentlich, wenn es der Täter fahrlässig unterläßt, sich über das **Bestehen des Verbotsgesetzes zu unterrichten** (RG LZ 1916, 1240, 1241 mwNw; BGH NJW 1985, 134, 135; LM Nr 1 zu § 823 [Bc] Rücks; BGB-RGRK/STEFFEN Rn 563, der für diesen Fall den Rechtsirrtum als nicht entschuldbar ansieht [dazu anders aber RG LZ 1916, 1240, 1241; JW 1907, 251, SeuffA 79 Nr 208]). **Strittig** ist innerhalb der hM, ob in solchen Fällen der **objektiv-typisierende Fahrlässigkeitsmaßstab des Zivilrechts** oder die für den Verbotsirrtum entwickelten **strafrechtlichen Grundsätze** heranzuziehen sind (für die erste Möglichkeit DEUTSCH, Allgemeines Haftungsrecht [2. Aufl 1996] Rn 357; ders, in: FS Sieg [1976] 133; BRÜGGEMEIER Rn 822; iE auch BGB-RGRK/STEFFEN Rn 563; offen gelassen in BGH NJW 1985, 134, 135). Die **Mindermeinung** plädiert dagegen dafür, die Haftung nach **rein zivilrechtlichen Maßstäben** zu beurteilen und daher die Vorsatztheorie anzuwenden, da das Gesetz einen stillschweigenden Vorbehalt zugunsten des Zivilrechts enthalte (ESSER/SCHMIDT, Schuldrecht AT Bd I Teilbd 2 [7. Aufl 1993] § 26 I 2 a; ebenso iE GEILEN JZ 1964, 8; MAYER-MALY AcP 170 [1970] 133 f, 161; DÖRNER JuS 1987, 527, 528; WEITNAUER JZ 1963, 632, weil zwar das Schutzgesetz erfüllt sei, aber der Vorsatz im Sinne des Zivilrechts fehle; **aA** namentlich zur Begründung STAUDINGER/SCHÄFER[12] Rn 618). Die **besseren Gründe sprechen für die hM**. Nur sie bekommt den Fall in den Griff, daß sich der Täter dadurch zu exkulpieren versucht, daß er sich trotz hinreichenden Anlasses über die ihn treffenden Pflichten nicht informiert. Die Frage, ob sich die Haftung nach dem Fahrlässigkeitsmaßstab des Zivilrechts oder nach der Unvermeidbarkeit im strafrechtlichen Sinn richtet, dürfte dagegen iE ohne praktische Relevanz sein (vgl BGH NJW 1985, 134, 135). Bei **Fahrlässigkeitstaten** bestimmt die **hM** den Verschuldensmaßstab nach den **objektiven Kriterien des Zivilrechts** (BGH VersR 1968, 378, 379; LM Nr 2 zu § 823 [Bb] unter b; ERMAN/SCHIEMANN Rn 159; BGB-RGRK/STEFFEN Rn 561; FIKENTSCHER Rn 1273; DEUTSCH Rn 227; ESSER/SCHMIDT Schuldrecht AT Bd I Teilbd 2 § 26 I 2 a; DÖRNER JuS 1987, 527; vOLSHAUSEN, in: FS Bemmann [1997] 145 f; der Sache

nach wohl auch MünchKomm/MERTENS Rn 189). Die **Gegenauffassung** will dagegen den subjektiven Fahrlässigkeitsmaßstab des Strafrechts anwenden (STAUDINGER/SCHÄFER[12] Rn 169; SOERGEL/ZEUNER Rn 294, der – zusätzlich – die Erfüllung des objektiven zivilrechtlichen Maßstabs fordert, der jedoch stets gegeben ist). Die Bedeutung dieser Kontroverse dürfte gering sein. Doch überwiegen die Argumente für den zivilrechtlichen Maßstab bei der Bestimmung der Fahrlässigkeit. Es geht ja nicht um eine Sanktion für strafbares Verhalten, sondern um Kompensation verursachter Schäden. Hier gibt wie stets der zivilrechtliche Fahrlässigkeitsmaßstab den Ausschlag. Daß es damit bei Vorsatz zum Rückgriff auf das Strafrecht kommt, bei Fahrlässigkeit zivilrechtliche Maßstäbe entscheiden (so das Bedenken von DÖRNER JuS 1987, 527, 528), mag sein, hat aber einen vernünftigen Grund. Zum einen ist das Zivilrecht vom objektiven Verschuldenskriterium beherrscht, zum anderen wäre es schwer verständlich, wenn der Täter zwar bestraft werden dürfte, aber den angerichteten Schaden nicht würde wiedergutmachen müssen. Das Zivilrecht kann geringere, nicht jedoch schärfere Anforderungen an die Haftung verglichen mit der Strafbarkeit stellen (vOLSHAUSEN, in: FS Bemmann [1997] 146). Die Frage, ob nicht die Vorsatztheorie zu verabschieden ist (LARENZ/CANARIS § 77 IV 2 b; WIETHÖLTER JZ 1963, 210), kann daher offen bleiben. Die Anwendung des § 35 StGB im Rahmen des § 823 Abs 2 wird von der hM abgelehnt, da es einen Unterschied macht, ob jemand wegen des dort normierten Strafrechts nicht bestraft wird oder den angerichteten Schaden nicht soll ersetzen müssen; dafür besteht kein Anlaß (CANARIS JZ 1963, 657; DÖRNER JuS 1987, 526; vOLSHAUSEN, in: FS Bemmann [1997] 136 ff, 139 mwNw).

VII. Die Beweislast

1. Die Kausalität

Nach hM trifft den **Geschädigten die Darlegungslast** (BGHZ 100, 190, 195; BGH NJW 1986, 1105, 1106; 1987, 1694, 1695) **und die Beweislast für den Verstoß** gegen das Schutzgesetz (BGHZ 100, 190, 195; BGH NJW 1985, 1774, 1775; 1987, 1694, 1695; VersR 1968, 1144; OLG Hamm NJW-RR 1993, 853, 854; BAUMGÄRTEL Rn 38), den Schaden und die Kausalität (BGH NJW 1984, 432, 433; 1985, 1774, 1775; VersR 1957, 529, 530 f; 1964, 166, 167; 1968, 1144; LM Nr 11 zu § 823 [J] Rücks; PALANDT/THOMAS Rn 174; SOERGEL/ZEUNER Rn 318; MünchKomm/MERTENS Rn 190). Gerade was die Kausalität angeht, wird von der Rechtsprechung der **Anscheinsbeweis** zugelassen, wenn das vom Gesetz vorgeschriebene Verhalten eine bestimmte Gefahrmöglichkeit herabsetzen soll und sowohl der Verstoß gegen das Schutzgesetz feststeht, als auch die bekämpfte Gefahr sich verwirklicht hat (RGZ 97, 13, 14 f; BGH NJW 1973, 1547, 1549; 1983, 1380; 1983, 2935, 2936 f; 1984, 432, 433; 1985, 1774, 1775; 1994, 945, 946; VersR 1955, 760, 761; 1957, 429, 430; 1961, 828, 829; 1962, 231, 232; 1964, 166, 167; 1964, 296; 1964, 621, 622; 1968, 1144; 1969, 895, 896; 1984, 775, 776; OLG München VersR 1983, 887, 888; 1997, 314, 315; OLG Hamm NJW-RR 1993, 853, 855; PALANDT/THOMAS Rn 174; MünchKomm/MERTENS Rn 190; BGB-RGRK/STEFFEN Rn 564). Daher ist die Entscheidung des BGH, auch bei einem Verstoß gegen § 176 StGB habe das Opfer den Kausalzusammmenhang mit seiner späteren Fehlentwicklung zu beweisen (BGH NJW 1978, 2027, 2028), zumindest sehr problematisch. Gebieten es Wesen und Inhalt der Schutznorm und die in ihnen enthaltenen Verhaltensanweisungen, dem Schädiger aufgrund der von ihm geschaffenen unklaren Beweislage die Sachverhaltsaufklärung und ihre Risiken aufzuerlegen, kehrt sich nach der Rechtsprechung **sogar die Beweislast um** (BGH NJW 1984, 432, 433 unter Berufung auf die Arzthaftungsfälle [BGHZ 61, 118, 120 f; BGH NJW 1983, 333, 334; VersR

1981, 1033, 1034] und im konkreten Fall abl; NJW 1985, 1774, 1775 unter Berufung ua auf BGHZ 85, 212, 215 [Arzthaftungsfall]; ebenso bei Verstoß gegen eine Unfallverhütungsvorschrift [Vermutung] BGH VersR 1993, 835, 836; anders aber für diesen Fall BGH NJW 1994, 945, 946, der einen Anscheinsbeweis annimmt). Allerdings hängt es von der Bestimmtheit der Norm ab, inwieweit sie Konsequenzen für die Verteilung der Beweislast hat. Je konkreter sie ist, desto mehr erhöht ein Verstoß auch die Möglichkeit, die Verletzung des Gesetzes sei ursächlich für den Schaden, je abstrakter sie ist, desto weniger ist sie dafür geeignet (BGB-RGRK/STEFFEN Rn 564). Insofern gelten dieselben Regeln, die die Rechtsprechung nunmehr im Rahmen des Verschuldens anwendet (vgl dazu sogleich Rn G 40). Die **Gegenauffassung** hält diese Regeln für den falschen Ansatz. Da nicht der Gesetzesverstoß als solcher, sondern nur das Handeln des Schädigers kausal für den Schaden sein müsse, dieser Kausalzusammenhang aber zweifelsohne zu bejahen sei, gehe es um den Rechtswidrigkeitszusammenhang. Dessen Fehlen sei vom Schädiger zu beweisen, was aus einer Parallele zum rechtmäßigen Alternativverhalten folge; beide Problematiken seien eng verwandt, wenn nicht gar identisch (LARENZ/CANARIS § 77 III 3 d unter Hinweis auf BGHZ 103, 197, 201 ff; BRÜGGEMEIER Rn 826). Meist dürften die Ergebnisse deckungsgleich sein, da die Rechtsprechung in den Fällen, in denen sie den **Anscheinsbeweis** als erschüttert ansah, dieselbe Lösung über den Schutzzweck hätte erreichen können (vgl zB BGH VersR 1968, 1144). In den **verbleibenden Fällen ist der hM der Vorzug** zu geben. Auch und gerade bei einem Verstoß gegen abstrakte Verbote muß es dem Täter möglich sein, seine Haftung durch Erschütterung des Anscheinsbeweises zu verhindern. Hat etwa ein Gastwirt gegen Hygienevorschriften verstoßen, erkrankt einer, aber eben nur einer seiner Gäste, so kann sich der Wirt mit dem Hinweis entlasten, daß die anderen Gäste, die dieselbe unter Verstoß gegen die Vorschriften zubereitete Speise gegessen hätten, nicht erkrankt seien. Der Beweis des Gegenteils, der Gast wäre auf jeden Fall erkrankt, dürfte dagegen kaum zu führen sein.

2. Das Verschulden

Grundsätzlich hat **sich der Täter hinsichtlich des Verschuldens zu entlasten**, wenn er ein Schutzgesetz verletzt hat (BGHZ 51, 91, 103 f; 116, 104, 114 f; BGH NJW 1968, 1279, 1281; 1985, 1774, 1775; VersR 1955, 456; 1961, 231, 232; 1967, 685, 686; BayObLGZ 1980, 65, 71; PALANDT/ THOMAS Rn 174; MünchKomm/MERTENS Rn 190; BGB-RGRK/STEFFEN Rn 566; LARENZ/CANARIS § 77 IV 3; KÖTZ Rn 174; BAUMGÄRTEL JZ 1985, 542). Teilweise geht die Rechtsprechung auch von einem bloßen **Anscheinsbeweis** aus (BGH VersR 1969, 181, 182; 1984, 270, 271; SOERGEL/ ZEUNER Rn 318; BGB-RGRK/STEFFEN Rn 566; ähnl BGH LM Nr 8 zu § 823 [B] unter II 1 b). Voraussetzung ist nach hM indes, daß das Gesetz das geforderte Verhalten so konkret umschreibt, daß die Verwirklichung des objektiven Tatbestands den Schluß auf die Schuld nahe legt (RGZ 97, 13, 15 f; BGHZ 116, 104, 115; BGH VersR 1984, 270, 271; SOERGEL/ ZEUNER Rn 318; LARENZ/CANARIS § 77 IV 3; KÖTZ Rn 174 a). Daran fehlt es, wenn sich das Schutzgesetz darauf beschränkt, einen bestimmten Verletzungserfolg zu verbieten. Das Verschulden ist dann nicht indiziert; Beispiel ist der Verstoß gegen allgemeine Schädigungsverbote (BGHZ 116, 104, 115 für § 8 LMBG; LARENZ/CANARIS § 77 IV 3). Die **Gegenauffassung** differenziert nach der Person des in Anspruch Genommenen. Soweit er etwa der Produzent von Lebensmitteln sei, sei sein Verschulden auch bei einem Verstoß gegen solche abstrakten Normen indiziert (TEICHMANN Anm zu BGH LM Nr 41 zu § 823 [J] unter 4). Die Indizwirkung soll ferner entfallen, wenn die Schutzgesetzverletzung hinsichtlich eines zentralen Tatbestandsmerkmals, etwa mit Hilfe von

§ 1006, nur vermutet wird (BGH LM Nr 8 zu § 823 [B] unter II 1 b; MünchKomm/Mertens Rn 190; BGB-RGRK/Steffen Rn 564; Baumgärtel Rn 39; vBar 285).

VIII. Übersicht zu den Schutzgesetzen[*]

1. BGB

§ **125**: nein (Reichel AcP 104 [1909] 10 f); § **226**: ja (RGZ 58, 214, 216); § **394**: ja (RGZ 85, 108, 118); §§ **456, 457**: ja (Staudinger/Honsell [1995] § 458 Rn 2); § **550 b Abs 2 S 1**: ja, Schutz des Mieters vor Zugriff der Gläubiger bei Zahlungsunfähigkeit des Vermieters (LG Hannover NJW-RR 1991, 593); § **564 b** (= § 1 II 1. WKSchG): nicht wegen der Umzugskosten bei freiwilligem Auszug trotz unberechtigter Kündigung (OLG Karlsruhe OLGZ 1977, 72; OLG Hamm NJW 1984, 1044, 1047 f; aA OLG Karlsruhe ZMR 1977, 25, 26: Ersatz der durch Auszug nutzlos gewordenen Investitionen); § **611 a**: ja (LAG Niedersachsen DB 1985, 1401; LAG Hamburg DB 1998, 131, 132; ArbG Hamm DB 1984, 2700; ArbG Hamburg 1985, 1402); § **618**: ja (RG Recht 1904 Nr 1809; JW 1907, 829, 830; RAGE 16, 1, 2; Herschel RdA 1978, 69, 72; aA die hL vgl Staudinger/Oetker [1997] § 618 Rn 210 mwNw; Kort NZA 1996, 854, 855); § **733**: nicht zugunsten der Gesellschaftsgläubiger (KG JR 1951, 22, 23); § **832**: nein (RGZ 53, 312, 314); § **839**: nein (RGZ 131, 239, 250); § **858**: grds ja (RGZ 59, 326, 328; 170, 1, 6; BGHZ 20, 169, 171 mwNw; BGH NJW 1991, 2420, 2422), aber nur zugunsten des unmittelbaren Besitzers (BGH VersR 1957, 297) und nur zugunsten des berechtigten Besitzers (BGHZ 73, 355, 362 mwNw; 79, 232, 237; noch offen gelassen von BGH WM 1976, 583, 584; einschränkend auch Medicus AcP 165 [1965] 115, 118 f, 137; ders, Bürgerliches Recht [17. Aufl 1996] Rn 621; Wieser JuS 1970, 557, 559 f); § **883 Abs 2**: kein Schutz vor gutgläubig lastenfreiem Erwerb von Zubehör durch Dritte (OLG Köln DRiZ 1927 Nr 793); § **906**: ja, aber nicht im Hinblick auf immaterielle Schäden (BGH NJW 1986, 2309, 2310 mwNw; offen gelassen von RGZ 63, 374, 378); § **907**: ja (RGZ 145, 107, 115; Recht 1904 Nr 1809; HRR 1935 Nr 1068; BGH NJW 1980, 2580, 2581); § **908**: ja (RG Recht 1904 Nr 1809); § **909**: ja (RGZ 51, 177, 179; 167, 14, 25; BGHZ 12, 75, 77 f; 63, 176, 179; 85, 375, 378; 101, 290, 291; 103, 39, 42; 114, 161, 163; BGH NJW 1971, 935; 1977, 763; 1979, 164, 165; 1980, 1679; 1981, 50, 51; 1996, 3205, 3206; OLG Hamm VersR 1997, 1497, 1498; OLG Düsseldorf NJW-RR 1997, 146; jeweils mwNw); nur zum Schutz unmittelbar angrenzender Grundstücke, nicht aller, die durch Vertiefung Beeinträchtigung erfahren können (BGHZ 12, 75, 77 f; weiter nunmehr BGH LM Nr 35 zu § 909 unter II 1); § **910**: nicht zum Schutz vor Schäden durch herüberragende Zweige (OLG Düsseldorf NJW 1975, 739 f mwNw); § **923**: ja (RG Recht 1904 Nr 1809); § **1004**: ja (RGZ 121, 185, 189; RG WarnR 1911 Nr 331; BGHZ 104, 6, 16; BGH VersR 1964, 293, 294; 1964, 975, 976; OLG Koblenz BauR 1996, 410, 411; offen gelassen von BGH VersR 1977, 136, 137; OLG Köln NJW 1996, 1290, 1291); § **1027**: ja (RG WarnR 1911 Nr 331; Recht 1919 Nr 1430; BGH VersR 1964, 1201, 1202); §§ **1133–1135**, auch iVm § **1192**: ja (RG JW 1909, 416; 1936, 3234; BGHZ 60, 267, 273; 65, 211, 212; 85, 234, 236; 92, 280, 292; BGH NJW 1991, 695); § **1365 Abs 1**: ja (OLG Celle NJW 1970, 1882, 1883); § **1627**: nein (RGZ 53, 312, 314); § **2356 Abs 2**: ja, iVm § 163 StGB (OLG Kiel OLGRspr 11 [1905] 272).

2. StGB

§ **30 Abs 2** (= § 49 a II aF): nein (Wilts NJW 1963, 1963, 1964 f); §§ **102–104, 113**: ja

---

[*] Für den Entwurf der Übersicht über die Schutzgesetze danke ich sehr herzlich meinem Mitarbeiter Herrn Assessor Thomas Döblin und meinem früheren Mitarbeiter Herrn Rechtsanwalt Dr Olav Wagner.

(CARSTENS MDR 1974, 983, 984 f); **§ 123**: ja (BGHZ 63, 124, 129); **§ 125**: grds ja (OLG Karlsruhe Recht 1930 Nr 304), aber nicht zum Schutz der Ordnungskräfte oder des mitgeführten Materials (BGHZ 89, 383, 400 f mwNw; zust KORNBLUM JuS 1986, 600, 607 f); **§ 136 Abs 1** (= § 137 aF): nicht bei Forderungspfändungen (RG WarnR 1908 Nr 46); **§ 138**: nein (LG Hamburg r+s 1996, 396, 397; BGB-RGRK/STEFFEN Rn 546; **§ 142** [= § 139 a aF]): ja (RGZ 172, 11, 15), aber str, ob auch zugunsten eines Verfolgers (offen gelassen von BGH NJW 1981, 750, 751; MünchKomm/MERTENS Rn 194; **aA** BGB-RGRK/STEFFEN Rn 549); **§ 145 d**: nein (KG DAR 1975, 18, 19; OLG Düsseldorf NJW-RR 1995, 159, 160); **§ 153**: ja (OLG Frankfurt aM MDR 1978, 315; OLG Celle FamRZ 1992, 556); **§ 154** (= § 153 aF): ja (RG WarnR 1908 Nr 211; LZ 1914, 1801); **§ 156**: ja (BGH MDR 1959, 118 mwNw); **§ 159**: ja (OLG Frankfurt aM MDR 1978, 315); **§ 163**: ja (RGZ 59, 236, 237 f; RG LZ 1914, 1801; BGHZ 42, 313, 318; 62, 54, 57); **§ 164**: ja (BGH JR 1953, 181; KG DAR 1975, 18, 19), aber nicht zugunsten der Angehörigen des Beschuldigten (LG Hamburg NJW 1969, 615); **§ 170** (= § 170 b aF): ja, zugunsten des Unterhaltsberechtigten und des Versorgungsträgers (BGHZ 28, 359, 365; 30, 162, 172; BGH NJW 1963, 579; 1974, 1868 mwN); **§ 176**: ja, nicht jedoch bzgl der Kosten für eine infolge der Tat erforderliche Fürsorgeerziehung (BGH NJW 1978, 2027, 2028; zweifelhaft, vgl oben Rn G 39); **§ 180 a** (= § 180 aF): nicht zum Schutz fremden Eigentums (RGZ 57, 239, 241); **§ 182**: ja (RG WarnR 1921 Nr 14; OLG München LZ 1928, 1110, 1111); **§ 184**: nicht zum Schutz individueller Anschauungen von Sitte und Anstand (BGHZ 64, 178, 180); **§§ 185–187**: ja (RGZ 51, 369, 375; 156, 74, 79; BGHZ 95, 212, 214; BGH NJW 1998, 3047, 3049; VersR 1998, 601, 603; OLG Frankfurt aM NJW-RR 1996, 1050, 1051; LG Hamburg NJW 1998, 3650, 3651); **§ 189**: ja (RGZ 91, 350, 358); **§ 202** (= § 299 aF): ja (RGZ 94, 1, 2; BGH LM zu Art 1 GG unter II 1 c); **§ 202 a**: ja (WIEBE BB 1993, 1094, 1102); **§ 203**: ja (OLG Hamm MedR 1995, 328); **§ 218**: ja, auch zugunsten der Schwangeren (BGHZ 7, 198, 207); **§ 222**: ja (BGH VersR 1957, 800); nicht zugunsten von Vermögensinteressen (OLG Düsseldorf NJW 1958, 1920); **§§ 223, 224, 229** (= § 223, 223 a, 230 aF): ja (RGZ 66, 251, 255; 140, 392, 394; OLG Schleswig VersR 1995, 103; KG NZV 1996, 490, 491; OLG Hamm NJW 1997, 949; aber neben § 823 Abs 1 ohne praktische Bedeutung; **§ 231** (= § 227 aF): ja (BGHZ 103, 197, 199; OLG Karlsruhe Recht 1930 Nr 304; vgl auch CARSTENS MDR 1974, 983, 985); **§ 239**: ja (RG WarnR 1917 Nr 118); **§ 240**: ja (BGH NJW 1962, 910, 911; 1976, 1143, 1145); **§ 241**: ja (RG Gruchot 67 [1924], 567, 568); **§ 246**: ja (OLG Celle WM 1996, 1951, 1952), auch bei Handeln als organschaftlicher Vertreter einer juristischen Person (BGH NJW 1996, 1535, 1536); **§ 248 b**: zugunsten des Gebrauchsberechtigten, nicht aber der Verkehrsteilnehmer (BGHZ 22, 293, 296; BGH VersR 1962, 725, 728); **§ 248 c**: ja (BGHZ 117, 29, 31); **§ 253**: ja (RGZ 48, 114, 124; 166, 40, 46; RG JW 1938, 755, 757); **§ 257**: ja (RGZ 94, 191, 192; BGH MDR 1968, 573), aber nur soweit sachliche Begünstigung (RG JW 1909, 161; 1914, 192, 193; BGH NJW 1958, 1775); **§ 259**: ja (RGZ 94, 191, 192; BGH VersR 1969, 640, 641; OLG Hamburg Recht 1912 Nr 1784); **§ 263**: ja (RGZ 62, 315, 316; 67, 146, 147; 71, 184, 186; BGHZ 57, 137, 142 f; BGH NJW 1993, 2992; 1994, 2027, 2028; FamRZ 1996, 601, 603, 604; VersR 1998, 1123, 1124; KG KG-Report 1996, 197, 198; OLG Düsseldorf NJW-RR 1996, 820, 821; OLG Celle NJW 1996, 2660, 2661; OLG Frankfurt aM NZV 1996, 148, 149; OLG Düsseldorf WM 1996, 1396, 1397; LG Hanau WM 1996, 1540, 1542; LG Düsseldorf WM 1996, 2053, 2054; LAG Berlin BB 1996, 1335); **§ 264**: ja, zum Schutz des staatlichen Vermögens (BGHZ 106, 204 ff mwNw; OLG Koblenz NJW-RR 1995, 727; krit PETERS JR 1989, 241); **§ 264 a**: ja, auch zugunsten des einzelnen Kapitalanlegers (BGHZ 116, 7, 13 f; **aA** OLG Hamm ZIP 1990, 1331, 1333); **§ 265**: ja (OLG Düsseldorf NJW-RR 1995, 1493; WIMMER NJW 1996, 2546, 2548); **§ 265 b**: nein (LG Mönchengladbach NJW-RR 1991, 415, 417 f); **§ 266**: ja (RGZ 118, 312, 313; BGHZ 8, 276, 284; 100, 190, 192 mwNw; NJW 1963, 486; NJW-RR 1988, 671; 1995, 1369, 1370; BAG NJW 1998, 2923, 2924; OLG Celle WM 1996, 1951, 1953), auch bei Handeln als organschaftlicher Vertreter einer juristischen Person (BGH NJW 1996, 1535, 1536); **§ 266 a**: ja, zugunsten des

Sozialversicherungsträgers (vgl schon oben Rn G 33; BGHZ 133, 370, 374; 134, 304, 307; 136, 332, 333; BGH NJW 1992, 177; 1998, 1306, 1307; 1998, 1484, 1485; ZIP 1998, 42, 43; OLG Celle NJW-RR 1996, 481; OLG Köln VersR 1997, 496; zu den Vorgängerregelungen, zuletzt §§ 529, 1428 RVO, § 225 AFG, § 150 AVG; § 234 RKG, vgl RGZ 138, 165, 168 ff; BGHZ 58, 199, 201; BGH NJW 1962, 200, 201; 1985, 3064 f; NJW-RR 1989, 472; 1990, 288), aber nicht bezüglich der Arbeitgeberanteile (BGHZ 84, 312, 314 ff); Möglichkeit fristgemäßer Abführung allein der Arbeitnehmeranteile ausreichend, offen gelassen für Konfliktlagen nach § 266a Abs 5 (BGH NJW 1997, 133, 134); interne Zuständigkeitsregelungen einer mehrgliedrigen Geschäftsleitung können Verantwortlichkeit beschränken, Überwachungspflichten verbleiben jedoch (BGHZ 133, 370, 377 f); auch bei Zahlungsunfähigkeit im Fälligkeitszeitpunkt, wenn diese auf Leistungen an andere Gläubiger zurückzuführen ist (BGHZ 134, 304, 310); vgl auch zu § 28e SGB IV; Überwachungspflicht eines Mit-Geschäftsführers ausreichend (OLG Düsseldorf GmbHR 1996, 368, 369); **§ 267**: nein (BGHZ 100, 13, 15 ff; OLG Düsseldorf NJW-RR 1994, 1349; aA BayObLGZ 1984, 269, 272); **§ 278**: nicht zugunsten des Patienten (LG Darmstadt NJW 1991, 757, 760); **§§ 283–283d** (= §§ 239–242 KO aF): ja (RGZ 74, 224, 226; offen gelassen von BGHZ 125, 366, 378; BGH ZIP 1985, 29, 30; OLG Düsseldorf NJW-RR 1994, 424, 425; noch einschränkend auf den Quotenschaden BGH NJW 1964, 1960, 1961; vgl jetzt aber BGHZ 126, 181, 190 ff zu § 64 Abs 1 GmbHG); **§§ 284, 287** (= § 286 aF): ja (aber ohne Begründung OLG Celle WiB 1996, 1123, 1124); nicht zugunsten des Konkurrenten (RG WarnR 1928 Nr 63); **§ 288**: ja (RGZ 74, 224, 226; 143, 267, 269; RG JW 1936, 578, 579; BGH NJW 1993, 2041, 2043; 1996, 2231, 2232; NJW-RR 1991, 467), aber nur zum Schutz des materiellen Befriedigungsinteresses, nicht der formellen prozessualen Vollstreckbarkeit in bestimmte Vermögensgegenstände (BGHZ 114, 305, 308; BGH BB 1959, 361) und nur, soweit über den Anfechtungstatbestand des § 3 Abs 1 AnfG hinaus besondere Umstände vorliegen (BGHZ 130, 314, 330; BGH NJW 1972, 719, 721; 1996, 2231, 2232; WM 1985, 1278); **§ 292**: ja (BGH VersR 1958, 233, 234); **§§ 303 a, b**: ja (WUERMELING CR 1994, 585, 591); **§§ 306 a, 306 d** (= §§ 306, 309 aF): ja, zugunsten der dinglich Berechtigten und der sich im Gebäude aufhaltenden Personen, aber nicht zum Schutz von Vermögensinteressen Dritter (RGZ 82, 206, 213; BGHZ 40, 28, 29; BGH NJW 1970, 38, 40 f; 1977, 2264, 2265); **§ 315** (= §§ 315, 316 aF): ja (RGZ 142, 356, 367), aber nur zum Schutz von Gesundheit und Eigentum, nicht allgemeiner Vermögensbelange (RG DR 1940, 1779 m Anm HERSCHEL; BGHZ 19, 114, 125 f; BGH VersR 1957, 465; BayObLG VersR 1967, 459, 460; OLG Karlsruhe VersR 1975, 36, 37); **§ 317**: zugunsten der Betreibergesellschaft, nicht des einzelnen Teilnehmers (BGH NJW 1977, 1147; BayObLG NJW 1967, 354, 355; krit zum Strafbedürfnis nach der Postreform SCHMITTMANN CR 1995, 550); **§ 319** (= § 323 aF): zum Schutz von Leben und Gesundheit, nicht aber des Vermögens des Bauherrn (BGHZ 39, 366, 367 f; KG MDR 1962, 214 f; OLG Bamberg OLGZ 1971, 349, 351) und nicht zu Lasten des bauausführenden Architekten (OLG Köln VersR 1969, 810, 812); **§ 323 c** (= § 330 c aF): nein (OLG Frankfurt aM NJW-RR 1989, 794, 795 mwNw); **§ 340**: ja (RG JW 1906, 745); **§ 356**: ja (BGH VersR 1997, 187, 189; aA FRANK MDR 1962, 945). Zu den Übertretungstatbeständen nach §§ 366–368 StGB aF vgl jetzt unter Sonstiges Bundesrecht/OWiG und Landesrecht.

3. Sonstiges Bundesrecht

G 43 **Abfallgesetz (AbfG): § 2 Abs 1 Nr 2:** ja (OLG Hamm NJW-RR 1990, 794); **§ 2 Abs 1 S 2:** ja, aber nur zum Schutz der in der Vorschrift genannten Rechtsgüter (OLG Düsseldorf VersR 1995, 1363, 1365), nicht des Vermögens als solchem (OLG Düsseldorf r + s 1997, 194, 195); **Abgabenordnung (AO) 1977: § 370 (Steuerhinterziehung):** nein (BFH NJW 1997, 1725, 1727); **Adoptionsvermittlungsgesetz: §§ 5 Abs 1, 14 Abs 1 Nr 1:** nicht zum Schutz der

25. Titel. § 823
Unerlaubte Handlungen G 44

Vermögensinteressen Adoptionswilliger (OLG Düsseldorf NJW-RR 1994, 1349). **Aktiengesetz (AktG): §§ 9 Abs 1, 27, 183:** nur zum Schutz der Aufbringung des Grundkapitals, nicht zugunsten zukünftiger Aktionäre (BGH NJW 1992, 3167); **§ 37 Abs 1 S 4:** nur zugunsten der Gesellschaft, nicht der Gesellschaftsgläubiger (LG Hamburg WM 1977, 152, 155); **§ 92 Abs 1:** nicht zugunsten der Gesellschaftsgläubiger (BGH NJW 1979, 1829, 1831); **§§ 92 Abs 2, 401 Abs 1 Nr 2, Abs 2** (= §§ 83 Abs 2, 297 Abs 1 AktG 1937 = §§ 240 Abs 2, 315 Abs 1 HGB aF): ja, zugunsten der Aktionäre und Gläubiger (RGZ 159, 211, 234); nach der bisherigen Rspr bzgl des Schutzes von Neugläubigern beschränkt auf den Quotenschaden (BGHZ 75, 96, 106 f; 96, 231, 237 f; BGH NJW 1979, 1829; WM 1985, 384, 385; OLG Frankfurt aM WM 1977, 59, 62; gänzlich abl sogar RG JW 1935, 3301, 3302), anders aber die neue Rspr zur entsprechenden Regelung in § 64 Abs 1 GmbHG (s dort); nicht unmittelbar zu Lasten der Mitglieder des Aufsichts- bzw Verwaltungsrates (BGHZ 75, 96, 106 f; BGH NJW 1979, 1829) und nicht zur Sicherung von Ansprüchen gegen Dritte (LAG Berlin ZIP 1982, 211, 212); **§ 92 Abs 3:** ja (BGH NJW 1984, 1893, 1897), aber nicht soweit der Zahlungsempfänger den Betrag nach den Regeln der Insolvenzanfechtung behalten darf (OLG Düsseldorf WM 1985, 1009, 1018); **§ 93 Abs 1, auch iVm § 116** (= §§ 84 Abs 1, 99 AktG 1937 = §§ 241 Abs 1, 249 Abs 1 HGB aF): nein (BGHZ 110, 342, 359f), weder zugunsten zukünftiger Aktionäre (RGZ 63, 324, 327; 73, 392, 393; 115, 289, 296) noch zugunsten der Gesellschaftsgläubiger (RGZ 159, 211, 224; BGH NJW 1979, 1829); **§ 93 Abs 4** (= § 241 Abs 4 HGB aF): nein (RG JW 1935, 3301); **§§ 191 S 1, 405 Abs 1 Nr 2:** str, ob auch bei nichtigen Kapitalerhöhungsbeschlüssen (bejahend Kort ZGR 1994, 291, 318 mwNw; **aA** ZÖLLNER/WINTER ZHR 158 [1994] 59, 76); **§ 399 Abs 1 Nr 4** (= § 295 Abs 1 Nr 4 AktG 1937 = § 313 Abs 1 Nr 3 HGB aF): ja, zugunsten der Gesellschaft, der Aktionäre und Gläubiger (RGZ 157, 213, 217; 159, 211, 224; RG JW 1938, 3297, 3298; BGH NJW 1973, 1547, 1549; offen gelassen von BGHZ 96, 231, 243), auch zugunsten der Erwerber junger Aktien (RGZ 157, 213, 217; BGHZ 105, 121, 124 f), aber nicht zu Lasten der Banken (OLG Düsseldorf WM 1984, 586, 597); **§ 400 Nr 1** (= § 296 Abs 1 Nr 1 AktG 1937 = § 314 Nr 1 HGB aF): ja, auch zugunsten Dritter, außerhalb der Gesellschaft stehender Personen (RGZ 81, 269, 271 f; 157, 213, 216; RG JW 1935, 2427, 3301 f; 1935, 3614; 1938, 3297, 3298); **§ 403 Abs 1** (= § 302 Nr 1 AktG 1937): ja, zugunsten der Gesellschaftsgläubiger (BGH BB 1961, 652) und sonstiger Dritter (OLG Karlsruhe ZIP 1985, 409, 414 f). **Anfechtungsgesetz (AnfG): § 3 Abs 1 Nr 1:** nein, da Rechtsfolgen abschließend geregelt (RGZ 74, 224, 226; BGHZ 56, 339, 355). **Arbeitnehmererfindungsgesetz (ArbNErfG): § 16:** ja (OLG Frankfurt aM NJW-RR 1992, 1242). **Arbeitszeitgesetz (ArbZG): § 9** (= § 105 b GewO aF): ja, zugunsten der Konkurrenten (OLG Rostock SeuffA 86 Nr 79). **Arzneimittelgesetz (AMG): § 5** (= § 6 aF): ja (BGHZ 51, 91, 103; NJW 1991, 2351). **Verordnung über apothekenpflichtige und freiverkäufliche Arzneimittel 1988 (AMVerkRV):** ja, zugunsten der Apotheken (RGZ 128, 298, 307; RG JW 1927, 2422, 2423; BGHZ 23, 184, 186; offen gelassen von RGZ 77, 217, 222; alle zur AMVerkRV 1901).

Bauforderungssicherungsgesetz: s Gesetz zur Sicherung von Bauforderungen (GSB). G 44
Baugesetzbuch (BauGB): § 34: ja, soweit durch Genehmigungsauflagen konkretisiert (BGHZ 122, 1, 4). **Baunutzungsverordnung (BauNVO): § 12 Abs 2, 3 Nr 2** (= § 11 Abs 2 RGarO aF): nein (BGHZ 40, 306, 311 f); vgl auch zu § 12 Abs 3 a StVO. **Beschäftigungsförderungsgesetz (BeschFG) 1985: § 2 Abs 1:** ja, Erstreckung auf einseitige Maßnahmen und vertragliche Vereinbarungen, nicht jedoch für individuell vereinbarte Vergütung, es sei denn, diese wird nach einem erkennbaren und generalisierenden Prinzip gewährt (BAG NZA 1997, 191, 193 f; **aA** ADOMEIT NJW 1997, 2295); **Betriebsverfassungsgesetz (BetrVG 1972): § 75:** ja (BAG DB 1985, 602, 603; **aA** HILLGRUBER ZRP 1995, 6 mwN); **§ 78:** ja

(BAG DB 1975, 1226, 1227); **§ 84:** ja (FITTING/KAISER/HEITHER/ENGELS, Betriebsverfassungsgesetz [19. Aufl 1998] § 84 Rn 21); **§ 119 Abs 1:** ja (HERSCHEL DB 1975, 690: analog bei Störungen der Betriebsversammlung). **Bienenschutzverordnung (BienSchV): § 2** (= § 1 BienSchV 1950): ja (OLG Neustadt VersR 1958, 251; OLG Hamm VersR 1983, 160). **Binnenschiffahrtsgesetz (BinSchG): § 8 Abs 2:** ja, auch zugunsten der Ladungsbeteiligten (BGH VersR 1965, 230, 231f). **Binnenschiffahrtsstraßenordnung (BinSchStrO): § 4.02 Nr 1:** ja (OLG Karlsruhe VersR 1993, 381). **Börsengesetz (BörsG): § 89** (= § 94 aF): ja (RG WarnR 1918 Nr 208; OLG Düsseldorf WM 1989, 175, 179; ZIP 1994, 1765), aber nicht bei Spekulationsgeschäften außerhalb inländischer Börsen (BGH WM 1984, 127, 128). **Bundesdatenschutzgesetz (BDSG): §§ 4, 28** (= §§ 3, 24 aF): ja (OLG Hamm ZIP 1983, 552, 554 mwNw); **§ 29** (= § 32 aF): ja (OLG Hamm NJW 1996, 131 mwNw; LG Paderborn MDR 1981, 581; Winkelmann MDR 1985, 718, 719 mwN). **Bundesfernstraßengesetz (FStrG): §§ 9, 9 a:** nicht zugunsten des Trägers der Straßenbaulast (BGH NJW 1975, 47, 48 f). **Bundes-Immissionsschutzgesetz (BImSchG): § 5 Nr 1 und § 22 Abs 1 S 1 Nr 1, 2, jeweils iVm § 3:** ja, soweit durch Verwaltungsakt konkretisiert (BGHZ 122, 1, 3; BGH NJW 1995, 132, 134; 1997, 55); zur Erlaubnispflicht nach §§ 16 ff GewO aF (RG JW 1909, 493; 1916, 38). **Bundesjagdgesetz (BJagdG): §§ 1 Abs 2, 21:** nein, nicht ohne Konkretisierung durch Verwaltungsakt (BGHZ 62, 265, 266; BGH RdL 1957, 191, 192; bejahend für § 1 aber BGH VersR 1953, 233, 234); **§ 20 Abs 1:** ja (BGH DB 1976, 720, 721; OLG Celle VersR 1974, 1087, 1088); **§ 27 Abs 1:** ja, iVm Verwaltungsakt zur Konkretisierung der Pflichten nach §§ 1, 21 (BGHZ 62, 265, 266 f; krit dazu CANARIS, in: FS Larenz II [1983] 28, 55 f). **Bundespersonalvertretungsgesetz (BPersVG): § 8:** ja (BAG DB 1993, 1525, 1526); **§ 46 Abs 3 S 6:** ja (BAG MDR 1991, 777); **§ 107:** ja (BAGE 39, 118, 120 f mwNw). **Bundesrechtsanwaltsordnung (BRAO): § 43** (= § 28 RAO aF): nein (RGZ 79, 85, 92; RG HRR 1933 Nr 812; KG DJZ 1929, 370). **Bundesseuchengesetz (BSeuchG): § 3** (= § 2 der VO zur Bekämpfung übertragbarer Krankheiten v 1938): nicht zugunsten des Erkrankten (OLG Frankfurt aM VersR 1956, 554, 555 f).

G 45 **Eisenbahnbau- und -betriebsordnung (EBO): §§ 11, 17** (= §§ 18, 46 aF): ja (RGZ 169, 376, 380; BGH VersR 1956, 99, 100; OLG Frankfurt aM VersR 1994, 114, 115); **§ 63** (= § 81 aF): ja, zugunsten der Fahrgäste (RG Recht 1913 Nr 2723); **§ 64** (= § 80 aF): ja, aber nur zum Schutz des konkreten Betriebsvermögens, nicht der Gesamtvermögenslage (BGH VersR 1957, 465). **Gesetz über die elektromagnetische Verträglichkeit von Geräten (EMVG): §§ 3, 4:** ja (SCHÜNEMANN NJW 1996, 81, 84 f). **Embryonenschutzgesetz (ESchG): § 1:** ja (DEUTSCH NJW 1991, 721, 723). **EWG-Vertrag: Art 85 Abs 1:** ja, soweit Wettbewerbsschädigung unmittelbar gegen den Betroffenen gerichtet ist (BGH NJW 1980, 1224, 1225 m Anm SCHLOSSER – BMW-Importe; NJW 1988, 2175, 2177 – Cartier-Uhren).

G 46 **Futtermittelgesetz (FuttMG): § 3 Nr 2 a:** ja, zugunsten der Tierhalter und Verbraucher (BGHZ 105, 346, 355f); **§ 3 Nr 2 b iVm § 17 FuttMVO:** ja, zugunsten der Tierhalter und Verbraucher (BGH NJW 1987, 1694, 1695); **§ 3 Nr 3 b:** ja, auch zum Schutz vor Schäden durch Beschlagnahme nicht verkehrsfähiger Futtermittel (BGHZ 105, 346, 356 f); **§ 3 Nr 3 c:** ja, dient wie die übrigen Tatbestände des § 3 Nr 3 FMG dem Schutz der Verkehrserwartung, daß die Futtermittel die normale handelsübliche Beschaffenheit haben (OLG Köln VersR 1998, 595, 596).

G 47 **Gaststättengesetz (GastG): §§ 2 Abs 1, 28 Abs 1 Nr 1** (= §§ 33, 147 Abs 1 Nr 1 GewO aF): nicht zugunsten anderer Gaststätteninhaber (RGZ 135, 243, 245 f). **Gefahrgutverordnung Straße (GGVS):** ja (OLG Hamm NJW-RR 1993, 914, 916). **Genossenschaftsgesetz (GenG): §§ 19, 34, 38, 41:** nur zugunsten der Genossenschaft, nicht der Genossen (RG

JW 1910, 109; WarnR 1914 Nr 130; DNotZ 1933, 382); **§ 49:** nein (LANG/WEIDMÜLLER/METZ/ SCHAFFLAND, Genossenschaftsgesetz [33. Aufl 1997] § 49 Rn 3); **§ 69:** ja, zugunsten der Genossen (RGZ 59, 49, 52; OLG Kiel OLGE 32 [1916] 128; SchlHA 1934, 90; aA CANARIS, in: FS Larenz II [1983] 28, 60); **§§ 99, 148 Abs 1 Nr 2, Abs 2:** ja (RG LZ 1914, 864, 865; BGHZ 69, 231, 237 f); **§ 147:** ja, zugunsten der Genossen und Dritter (RGZ 81, 269, 271 f; 87, 306, 309 f; RG JW 1910, 109; WarnR 1914 Nr 130; BGH WM 1976, 498, 499). **Gerätesicherheitsgesetz (GSG): § 3 Abs 1** (= § 3 Abs 1 MSchG aF): ja (BGH NJW 1980, 1219, 1220; OLG München VersR 1975, 605, 606), aber nicht zum Schutz vor allgemeinen Vermögensschäden (BGH NJW 1983, 812, 813); **§ 3 Abs 3 S 3** (= § 3 Abs 3 S 2 MSchG aF): ja (BGH VersR 1988, 635, 636; OLG Stuttgart NJW-RR 1992, 670, 671); **§ 11:** selbst nicht, aber die auf ihn gestützten Rechtsverordnungen (LANDMANN/ROHMER/MEYER, Gewerbeordnung [1991] § 11 GSG Rn 6). **Gesetz zur Sicherung von Bauforderungen (GSB): § 1:** zugunsten der Bauhandwerker und -lieferanten (RGZ 84, 188, 190; 91, 72, 76; 138, 156, 158; 167, 92, 95; BGH NJW-RR 1986, 446, 447; 1989, 788, 789; 1989, 1045, 1046; 1991, 141; vgl zuletzt auch BGH NJW 1995, 1544), aber nur bei Vorsatz gemäß § 5 GSB (BGH NJW 1982, 1037, 1038; 1985, 134 m Anm DEUTSCH; 1986, 1104, 1105) und nicht zugunsten des Baugeldempfängers (RG WarnR 1915 Nr 106), nicht zugunsten einer bestimmten Auszahlungsreihenfolge unter verschiedenen Bauhandwerkern (OLG Düsseldorf NJW-RR 1996, 1363, 1364), **Gesetz gegen Wettbewerbsbeschränkungen (GWB): § 35** verdrängt als lex specialis § 823 Abs 2 BGB (IMMENGA/MESTMÄKKER, GWB [2. Aufl 1992] § 35 Rn 114), im übrigen gelten jedoch die gleichen Grundsätze; **§§ 1, 38 Abs 1 Nr 1, 25 Abs 1:** ja, jedenfalls bei gezielter Abschnürung des Marktzutritts (BGHZ 64, 232, 237 f; BGH DB 1983, 1139, 1140); **§§ 15, 16 Abs 4, 38 Abs 1 Nr 1:** ja (BGHZ 28, 208, 222); **§ 22:** nein (BGH NJW 1974, 901 f m abl Anm EMMERICH); **§ 25 Abs 2:** ja (BGHZ 44, 279, 281); **§ 26:** ja (BGHZ 36, 91, 100; BGH NJW 1974, 901 f; 1980, 1224, 1225; WM 1995, 1337); **§ 27:** (= § 3 der VO über Wirtschaftsverbände v 1946): ja (BGHZ 21, 1, 7; 29, 344, 350 f); zu den Dekartellierungsgesetzen der Alliierten (BGHZ 13, 33, 41 f). **Gewerbeordnung (GewO): §§ 56 Abs 1 Nr 6, 145 Abs 1 Nr 6:** grds ja (BGHZ 71, 358, 362), aber nicht, wenn mit dem Darlehen in erster Linie Steuervorteile erstrebt wurden (BGHZ 93, 264, 270; krit DAUNER-LIEB DB 1985, 1062; WESTPHAL BB 1985, 749) und nicht allgemein zum Schutz vor Aufnahme unüberlegter Verpflichtungen (OLG Hamburg MDR 1978, 1020); **§ 120 a:** ja (RAGE 16, 1, 2). **GmbH-Gesetz: §§ 7 Abs 2, 8 Abs 2:** offen gelassen in RG Recht 1913 Nr 2639; **§ 30:** nein (BGHZ 110, 342, 259 f; aA SONNENHOL/GROSS ZHR [1995] 388, 404 jeweils mwNw); **§ 35 a Abs 1:** ja (LG Detmold NJW-RR 1990, 995); **§ 41:** nicht zugunsten der Gläubiger (OLG Düsseldorf NJW-RR 1994, 424, 425; offen gelassen in BGHZ 125, 366, 377 f mwNw; allg abl zum Schutzgesetzcharakter handelsrechtlicher Bilanzierungsvorschriften BGH BB 1964, 1273); **§ 43:** nein (RGZ 73, 30, 34 f; BGHZ 110, 342, 360; 125, 366, 375); **§ 52 iVm §§ 93 Abs 1, 2 AktG:** nicht zugunsten Dritter, außerhalb der Gesellschaft stehender Personen (RGZ 73, 392, 393; vgl auch zu § 93 AktG); **§ 64 Abs 1:** ja (BGHZ 75, 96, 106); auch zugunsten von Neugläubigern ohne Beschränkung auf den Quotenschaden (BGHZ 126, 181, 190 ff; BGH NJW 1995, 398; 1998, 2667, 2668; NJW-RR 1995, 289; VersR 1997, 1285, 1286; anders noch zT BGHZ 29, 100, 102 ff; 96, 231, 237f; 100, 19, 23; BGH NJW 1976, 2129; 1979, 2198; vgl oben Rn G 29 f), aber nicht zum Schutz derjenigen, die erst nach Konkurseröffnung Gläubiger werden (BGHZ 108, 134, 136; 110, 342, 360); **§ 68 Abs 2:** ja (OLG Frankfurt aM NJW 1991, 3286, 3287; aA SCHULZE-OSTERLOH, in: BAUMBACH/HUECK, GmbHG [16. Aufl 1996] § 68 Rn 13 jeweils mwNw); **§ 82 Abs 1 Nr 1:** ja (OLG München NJW-RR 1988, 290; offen gelassen in RG Recht 1913 Nr 2639); **§ 82 Abs 2:** ja (WIMMER NJW 1996, 2549); **Grundgesetz: Art 3 Abs 3 S 2:** strittig, zT bejahend (BT-Drucks 13/5595 S 5), zT verneinend (RÄDLER NJW 1998, 1621, 1622); **Art 9 Abs 3:** ja, zugunsten der Gewerkschaften (BAGE 19, 217, 228; aA noch RGZ 113, 33, 36 f zu Art 159 WRV iVm Art 165 Abs 1 S 2 WRV), aber nicht zugunsten eines

§ 823
G 48–G 51

2. Buch
7. Abschnitt. Einzelne Schuldverhältnisse

Arbeitgeberverbandes auf Unterlassen rechtswidriger Arbeitskampfmaßnahmen gegen seine Mitglieder (BAGE 46, 322, 331). **Güterkraftverkehrsgesetz (GüKG): § 98:** nicht zugunsten der Parteien des Beförderungsvertrages (BGH NJW 1964, 1224f).

G 48 **Handelsgesetzbuch (HGB): § 18 Abs 2:** offen gelassen (BGH NJW 1974, 1371, 1373); **§ 29:** nein (RGZ 72, 408, 411); **§ 164:** ja, zugunsten der Kommanditisten (EMDE WM 1996, 1205, 1209), aber nur bezüglich eines Zustimmungserfordernisses bei außergewöhnlichen Geschäften; **§§ 130 a, 177 a:** ja (BGHZ 110, 342, 360), ohne Beschränkung auf den Quotenschaden (BGH WM 1995, 108; vgl auch zu § 64 I GmbHG); **§§ 238 ff:** nein (RGZ 73, 30, 35 zu §§ 38, 39 HGB aF; BGH BB 1964, 1273 allg zu handelsrechtlichen Bilanzierungsvorschriften); **§ 331:** ja (WIMMER NJW 1996, 2549); **Handwerksordnung (HandwO):** zur Mustersachverständigenordnung nach **§ 106 Abs 1 Nr 10** vgl unter Sonstige Normen/Sachverständigenordnungen. **Haushaltsgrundsätzegesetz (HGrG): §§ 53 a-c und die dazugehörigen Vergabe- und Nachprüfungsverordnungen**: nein (BORNHEIM/STOCKMANN BB 1995, 577). **Heilpraktikergesetz (HeilprG): §§ 1, 5:** offen gelassen (BGH NJW 1972, 1132). **§§ 129 ff InsO** (= §§ 29 ff KO): nein (BGHZ 56, 339, 355 mwNw); **Jugendarbeitsschutzgesetz (JArbSchG):** ja (RGZ 105, 336, 337; RG Recht 1912 Nr 3467; JW 1914, 644 jeweils zu den Vorgängerregelungen in § 135 GewO aF und § 7 KindArbG 1907). **Gesetz zum Schutz der Jugend in der Öffentlichkeit (JSchÖG): § 4** (= § 3 aF): ja, zum Schutz der Kinder und Jugendlichen, aber nur vor typischen Folgen des Alkoholkonsums (BGH VersR 1978, 921).

G 49 **Kreditwesengesetz (KWG):** nicht zum Schutz der – auch zukünftigen – Mitinhaber der Bank (BGH WM 1971, 1330, 1332); **§ 13:** ja, auch zugunsten zukünftiger Gläubiger der Bank (LG Stuttgart MDR 1963, 758); **§ 18:** nicht zugunsten des Bankkunden (BGH WM 1984, 131; OLG München WM 1984, 128, 131; OLG Hamm WM 1988, 191) oder der Geschäftspartner des Kreditnehmers (BGH WM 1970, 633, 636) und nicht zu Lasten des Wirtschaftsprüfers (BGH NJW 1973, 321; dort offen gelassen, ob Schutzgesetz zugunsten der Bank); **§§ 32, 54 Abs 1 Nr 2:** ja, zugunsten des Publikums (BGH NJW 1973, 1547, 1549; nur iE abgelehnt von BGHZ 125, 366, 379 ff; einschränkend hinsichtlich des Schutzzweckzusammenhangs LG Essen NJW-RR 1992, 303). **Kunsturhebergesetz (KUG): § 22:** ja (RG JW 1929, 2257; BGHZ 26, 349, 351; OLG München NJW-RR 1998, 1036; LG Berlin NJW 1996, 1142, 1143).

G 50 **Ladenschlußgesetz (LadSchlG): §§ 3 Abs 1, 4 Abs 1** (= § 41 a GewO, § 9 AngAzVO aF): ja, zugunsten der Konkurrenten (RGZ 138, 219, 229 ff; vgl auch zu § 9 ArbZG). **Lastenausgleichsgesetz (LAG): § 253 Abs 2:** Auflagen nicht zugunsten des Empfängers des Eingliederungsdarlehens (BGH WM 1957, 847, 848f). **Lebensmittelgesetz (LMBG): § 8** (= § 3 aF): ja (BGHZ 51, 91, 103; OLG Hamm r+s 1995, 59), aber ohne Indizwirkung für das Verschulden (BGHZ 116, 104, 114 f); **§ 17 Abs 1 Nr 2** (= § 4 Nr 2 aF = § 10 Nr 2 NahrungsMG 1879): ja (RGZ 170, 155, 156; RG WarnR 1918 Nr 115; BGH VersR 1976, 543, 544). **Luftverkehrsordnung (LuftVO): § 6 Abs 1** (= § 78 LuftVO 1936 = § 70 LuftVO 1930): ja (RG HRR 1939 Nr 693).

G 51 **Verordnung über Margarine- und Mischfetterzeugnisse (MargMFV): § 4** (= § 2 Ab 4 MargG 1897): ja (BGH NJW 1957, 1762, 1763). **Markengesetz (MarkenG): § 144** (= § 26 WZG aF): bei falschen Ursprungsangaben nur für Mitbewerber (BGH NJW 1974, 1708, 1709). **Milch- und Fettgesetz (MFG): §§ 1 Abs 4 S 2, 30 Abs 1 Nr 2** (= §§ 1 Abs 4 3, 28 Abs 1 Nr 2 aF): ja (BGH LM Nr 1 zu MFG 1951; Nr 1 zu MFG 1952). **Montanunionvertrag: Art 4 b, 60:** nein (BGHZ 30, 74, 87 f). **Mutterschutzgesetz (MuSchG): §§ 9 Abs 2, 5 Abs 1**

S 3: ja, aber keine Pflicht des Arbeitgebers zur Belehrung der Schwangeren über Folgen einer Eigenkündigung (BAG NJW 1983, 1391, 1392; 1992, 2173).

Ordnungswidrigkeitengesetz (OWiG): § 121 (= 367 Nr 11 StGB aF): ja (RG WarnR 1918 Nr 168; BGH VersR 1956, 616, 617); **§ 130:** nein (BGHZ 125, 366, 374 ff; krit K Schmidt ZIP 1994, 837, 841 f; bejahend auch Wimmer NJW 1996, 2549 bei Verletzung anderer Schutzgesetze, die Insolvenzrisiko von Gesellschaftsgläubigern betreffen).

G 52

Personenbeförderungsgesetz (PBerfG): nicht zum Schutz des einzelnen Fahrgastes (OLG Oldenburg NdsRpfl 1957, 130, 132; bzgl § 2 offen gelassen von OLG Stuttgart VRS 1, 185); **§ 39** iVm Beförderungsbedingungen: nein (AG Frankfurt aM NJW 1976, 853); vgl auch zu den Strafvorschriften in §§ 40, 41 aF: ja, zugunsten der Bahn (BGHZ 26, 42, 49 mwNw) und anderer bestehender Verkehrsunternehmen (OLG Celle VRS 5 [1953] 183 f; OLG München BayJMBl 1955, 120, 121; MDR 1955, 474 f; OLG Bamberg NJW 1956, 1601, 1602; OLG Frankfurt aM MDR 1962, 571; aA bzgl privater Verkehrsunternehmen OLG Nürnberg NJW 1952, 882; OLG Hamburg NJW 1956, 716). **Pflanzenschutzgesetz (PflSchG): § 8 Abs 4 2:** ja (OLG Frankfurt aM VersR 1998, 61, 62); **§ 20 Abs 2 Nr 6 iVm § 15 Abs 3** (= § 12 Abs 1 Nr 6 iVm § 8 Abs 4 S 2 aF): zum Schutz vor gefährlichen Nebenwirkungen, nicht vor mangelnder Wirksamkeit von Pflanzenschutzmitteln (BGH NJW 1981, 1606, 1608). **Pflichtversicherungsgesetz (PflVG): §§ 1, 6** (= §§ 1, 5 aF): ja, zugunsten der Unfallgeschädigten (BGH NJW 1974, 1086; VersR 1962, 216, 217; OLG Düsseldorf VersR 1973, 374; OLG München VersR 1973, 236; OLG Nürnberg NZV 1993, 273). **Preisangabenverordnung** (= PreisauszeichnungsVO aF): nein (OLG Düsseldorf WRP 1965, 181). **Produktsicherheitsgesetz (ProdSG): §§ 4, 5 iVm § 6:** ja (Nickel/Kaufmann VersR 1998, 948, 952).

G 53

Rechtsberatungsgesetz (RBerG): Art 1 § 1: ja, zugunsten von Anwälten und Rechtsuchenden (BGHZ 15, 315, 317; 37, 258, 261; 48, 12, 16; BGH NJW 1961, 1113 mwNw; OLG Koblenz MDR 1993, 1129; OLG Nürnberg NJW-RR 1998, 137). **Reichsversicherungsordnung (RVO):** zu den Unfallverhütungsvorschriften der Berufsgenossenschaften nach **§§ 708 ff** vgl unter Sonstige Normen; **§ 1552:** nein (RAG DJZ 1930, 765; JW 1937, 2852); **§ 1581 Abs 1:** nein (RAG HRR 1933 Nr 1216); zu den Anmelde-und Beitragspflichten des Arbeitgebers vgl jetzt §§ 28 a, 28e SGB IV. **Rheinschiffahrts-Polizeiverordnung (RHSchPVO):** ja (BGHZ 59, 175, 176 f), aber nicht zum Schutz von Vermögensinteressen der Schiffahrtsbenutzer (OLG Karlsruhe VersR 1975, 36, 37 zu §§ 1.04, 6.09 RhSchPVO 1970).

G 54

Scheckgesetz (ScheckG): Art 3: ja (OLG Düsseldorf WM 1996, 1396, 1397); **Art 39** (= Art 14 aF): ja (OLG Hamm SeuffA 77 Nr 72); **Gesetz zur Verhütung der Schwarzarbeit (SchwArbG):** ja (Köhler JZ 1990, 466, 471). **Schwerbehindertengesetz (SchwBG): § 14 Abs 2** (= § 11 II SchwBG 1974 = § 12 Abs 1 SchwBG 1953): ja (BAGE 13, 109, 113; 34, 251, 255; 68, 141, 150; LAG Berlin AP Nr 1 zu § 11 SchwBG); **§ 15** (= § 12 SchwBG 1974): nein (LAG Köln DB 1988, 971); **§ 69:** ja (Neumann/Pahlen, Schwerbehindertengesetz [8. Aufl 1992] § 69 Rn 11). **Seeschiffahrtsstraßenordnung (SSchStrO)** und Vorgängervorschriften: ja (RGZ 73, 12 f; RG HRR 1939 Nr 1509; OLG Hamburg OLGE 34 [1917] 119; VersR 1972, 1118, 1119). **Sozialgesetzbuch (SGB): SGB I: § 60:** nein (BSG NZA 1990, 867, 870f; Gagel NJW 1985, 1872 mwNw; str). **SGB III: § 183 Abs 4** (= § 141 b Abs 5 Arbeitsförderungsgesetz [AFG]): ja (LG Oldenburg NJW-RR 1986, 581); **SGB IV: § 24 Abs 1:** nein (BGH ZIP 1985, 996); **§ 28 a** (= zuletzt §§ 317, 1400f RVO aF, §§ 122f AVG aF, § 141 RKG aF, § 178 AFG aF): ja, zugunsten des Sozialversicherungsträgers bei fehlerhafter Anmeldung

G 55

eines versicherungspflichtigen Arbeitnehmers (OLG Frankfurt aM NJW-RR 1989, 225 f; LG Karlsruhe MDR 1987, 1023 f) und bei verspäteter Abmeldung (RGZ 73, 211, 213; BGH NJW 1976, 2129; aA LG Mannheim LZ 1931, 1473 mwNw), aber nicht zugunsten des Arbeitnehmers bzgl rechtzeitiger Anmeldung (RAG HRR 1932, 1328; OLG Frankfurt aM VersR 1986, 1086; NJW-RR 1989, 225f; LG Paderborn NJW 1952, 387 f; LG Göttingen MDR 1955, 358); **§ 28e** (= zuletzt §§ 393, 403, 1396 ff RVO aF, §§ 118 ff AVG aF; § 114 RKG aF, § 176 AFG aF): ja, zugunsten des Versicherten (BAG AP Nr 1 zu § 823 Schutzgesetz Bl 1 Rücks; Nr 4 zu § 823 Schutzgesetz Bl 1; Nr 14 zu § 823 Schutzgesetz Bl 1 Rücks; anders noch RGZ 63, 53, 54; 138, 165, 170 f; RAGE 8, 161, 162; 13, 192, 197 f; 15, 80, 82), aber nicht bzgl der Arbeitgeberanteile (BGHZ 84, 312, 313 ff; BGH NJW 1976, 2129; OLG Düsseldorf VersR 1975, 466; OLG Köln VersR 1979, 572 f; OLG Karlsruhe VersR 1981, 479; OLG Frankfurt VersR 1986, 1086; aA noch OLG Saarbrücken VersR 1973, 467); **§ 28 o Abs 1 S 1:** nein (BAG NZA 1995, 935, 936); **SGB X: § 98 Abs 1** (= § 318 RVO aF): nein (BGH MDR 1994, 812; aA OLG Düsseldorf NJW-RR 1992, 1507 mwNw). **Sprengstoffgesetz (SprengG): § 27**: ja (OLG Hamm NJW-RR 1995, 157), **§ 40 Abs 1** (= § 9 aF): ja (BGH LM Nr 4 § 823 [Bf]; vgl auch RGZ 152, 325, 329); **Stasi-Unterlagen-Gesetz (StUG) : §§ 32 Abs 3, 34, 44 :** ja (OLG Frankfurt aM AfP 1996, 177, 178, f.); **Steuerberatungsgesetz (StBerG): § 5:** ja (OLG Koblenz NJW 1991, 430, 431); **§ 57 Abs 1** (= § 22 Abs 1 aF): nein (LG Düsseldorf BB 1971, 758); **§§ 72, 83:** ja (Gehre, Steuerberatungsgesetz [3. Aufl 1995] § 72 Rn 10; § 83 Rn 3). **Strafprozeßordnung (StPO): § 79:** nein (BGHZ 62, 54, 57; BGH NJW 1968, 787, 788; OLG Köln NJW 1962, 1773; vgl auch zu § 410 ZPO). **Straßenverkehrsgesetz (StVG): §§ 2, 21** (= §§ 2, 24 KFG aF): ja (RG JW 1926, 2533; WarnR 1927 Nr 17; BGH NJW 1979, 2309; OLG Düsseldorf VRS 10 [1956] 100, 101), auch zugunsten des Beifahrers (OLG Nürnberg VersR 1963, 937; OLG Düsseldorf VersR 1975, 645), aber nicht zugunsten des Fahrers (BGH NJW 1991, 418, 419; VersR 1955, 186, 187) und ohne Beweislastumkehr bzgl der Kausalität für den Unfall (BGH VersR 1959, 277, 278; 1962, 374, 375); auch zu Lasten des Helfers (OLG Frankfurt aM NJW 1956, 1155, 1156: Finanzierung des Motorradkaufs eines Minderjährigen); **§ 23**: nicht zum Schutz vor Schäden, die allein durch die Art der Benutzung entstehen (RG Recht 1925 Nr 691). **Straßenverkehrsordnung (StVO):** nicht zum Schutz allgemeiner Vermögensinteressen (BGHZ 27, 137, 140; BGH NJW 1977, 2264, 2265; VRS 64, 168; OLG Stuttgart NJW 1971, 660, 661) und nicht zum Schutz von am Straßenverkehr nicht beteiligten Dritten (OLG Düsseldorf NJW 1971, 148, 149); **§ 1:** ja (BGH VersR 1955, 186, 187; 1964, 621; KG NZV 1996, 490, 491); **§ 2 Abs 1:** ja (BGHZ 23, 90, 97; VersR 1996, 1293); aber nicht zugunsten von unbefugt den Gehweg benutzenden Radfahrern (OLG Frankfurt aM VersR 1996, 1122, 1123 m Anm Looschelders; in der Revisionsentscheidung offen gelassen in BGH VersR 1996, 1293); **§ 2 Abs 2** (= § 8 Abs 2 aF): ja (BGH VersR 1958, 550; 1964, 166, 167), aber nicht zum Schutz der die Straße querenden Verkehrsteilnehmer (OLG Karlsruhe VersR 1979, 478; OLG Nürnberg VersR 1980, 338, 339); **§ 3** (= § 9 aF = § 18 KFVO aF): ja (RGZ 84, 415, 425; 130, 162, 168; RG JW 1932, 2018, 2020; BGH NJW 1985, 1950), auch bzgl der durch Dritte verursachten Folgeschäden des nicht unmittelbar unfallbeteiligten Eigentümers (BGH NJW 1972, 1804, 1805); **§ 3 Abs 2 a:** ja (OLG Frankfurt aM NJW 1998, 548); **§ 4:** ja, auch zum Schutz der Fußgänger (OLG München NJW 1968, 653 f zur Abstandspflicht nach § 1 aF); **§ 5** (= § 10 aF): ja (BGH NJW 1955, 1316; OLG Karlsruhe VersR 1956, 425; ebenso BGH VersR 1968, 578 zum Überholverbot nach § 3 aF); **§ 8** (= § 13 aF): zum Schutz von Gesundheit und Eigentum der Verkehrsteilnehmer, nicht allgemeiner Vermögensbelange (BGHZ 27, 137, 140); **§ 9 Abs 1 S 1** (= § 11 Abs 1 S 1 aF): ja (BGH VersR 1954, 176, 177); **§ 12 Abs 1 Nr 6:** nicht zum Schutz der Vermögensinteressen des Bauunternehmers bei Baustellenparkverboten (LG Berlin NJW 1983, 288, 289; LG Stuttgart NJW 1985, 3028 f; AG Frankfurt aM NJW-RR 1990, 730; aA LG Berlin VersR 1972, 548; LG München I NJW 1983, 288); **§ 12 Abs 3 Nr 3:** ja, zugunsten der Anlieger (OLG Nürnberg

NJW 1974, 1145; OLG Karlsruhe NJW 1978, 274; LG München I NJW 1974, 2288); **§ 12 Abs 3 a** (= § 45 Abs 3 RGarO aF): ja, zugunsten der Nachbarn (BGHZ 40, 306, 311 f); **§ 12 Abs 4, Abs 4 a:** ja, zum Schutz der Fußgänger (LG Karlsruhe NJW-RR 1987, 479); **§ 14** (= §§ 20, 35 aF): ja (BGH NJW 1970, 280; 1971, 459, 461; VersR 1957, 26, 27; OLG Düsseldorf VRS 10 [1956] 100, 104; OLG Köln NJW 1957, 346; OLG München VersR 1996, 1036, 1037), auch zugunsten des Verfolgers (BGH NJW 1981, 113); **§ 15** (= § 23 Abs 2 aF): ja (BGH VersR 1969, 895, 896); **§ 17** (= § 24 aF): ja (BGH VersR 1957, 108; OLG Celle VersR 1958, 627; OLG Frankfurt aM VRS 82 [1992] 282; ebenso RG JW 1909, 134; 1931, 859; zu § 366 Nr 10 StGB aF); **§ 32** (= § 41 aF): ja (BGHZ 12, 124, 128; 62, 186, 188; BGH VersR 1961, 442: OLG Celle VersR 1965, 574, 575; OLG Bamberg VRS 72 [1987] 88, 92; OLG Frankfurt aM NJW 1992, 318 f; ebenso RG Recht 1913 Nr 497 zu § 366 Nr 9 StGB aF), aber nicht zugunsten des Trägers der Straßenbaulast (BGHZ 62, 186, 188), nicht zum Schutz vor verkehrsfremden Gefahren (OLG Düsseldorf BB 1957, 449) und nicht zum Schutz vor Geruchsbelästigungen (OLG Celle NJW 1979, 227, 228); **§ 41 Abs 2 Nr 6**: ja (BGH VersR 1957, 102 zu Verkehrsverboten nach § 3 aF), aber nicht zum Schutz der befugten Straßenbenutzer vor den Folgen eigener Verkehrsverstöße (BGH NJW 1970, 421); **§ 41 Abs 2 Nr 7**: ja (BGH VersR 1972, 558; LG Darmstadt VersR 1982, 1175); **§ 45**: nicht zum Schutz des Vermögens des Bauunternehmers (LG Berlin NJW 1983, 288, 289). **Straßenverkehrszulassungsordnung (StVZO): § 5** (= § 4 RStVO aF): ja (RG JW 1937, 158); **§§ 20 ff**: nicht zum Schutz künftiger Erwerber oder Kreditgeber für den Erwerb (BGH NJW 1955, 1316, 1317; WM 1979, 17); **§ 27 Abs 3:** nein (BGH NJW 1980, 1792, 1793; aA noch BGH NJW 1974, 1086, 1087; OLG Köln MDR 1971, 299); **§ 29 c:** nein (BGH NJW 1956, 1715; OLG Frankfurt aM NJW 1955, 109; OLG Celle VRS 7 [1954] 427; OLG Hamm VersR 1955, 498, 499; KG VersR 1960, 889, 892; OLG Köln NJW 1975, 1746, 1747; bejahend für Verkehrsopfer aber OLG Nürnberg VersR 1973, 1135, 1136), jedenfalls nicht weitergehend als nach § 158 c VVG (BGH VersR 1978, 609); **§ 29 d Abs 1:** nicht zugunsten von Verkehrsopfern (BGH NJW 1980, 1792 f; aA OLG München VersR 1973, 236, 237); **§ 30** (= § 3 KFVO aF): ja, aber nur zugunsten der vom Verkehr unmittelbar Berührten (RGZ 163, 21, 33); **§ 34 a:** ja (JAGUSCH/HENTSCHEL, Straßenverkehrsrecht [35. Aufl 1999] § 34 a StVZO Rn 2); **§ 41 Abs 9–11** (= §§ 32, 32 a KFVO = § 25 Abs 2 S 2 KFVO aF): ja (RG JW 1931, 3319, 3321; 1934, 2460 mwNw).

Teilzeit-Wohnrechtegesetz (TzWrG): ja (LG Hanau NJW 1998, 2983, 2984); **Tierseuchengesetz (TierSG): §§ 9 Abs 1, 10, 76 Abs 2 Nr 3:** ja (OLG Schleswig SchlHA 1960, 140); bejahend zu einzelnen tierseuchenpolizeilichen An- und Verordnungen (RGZ 102, 223, 224 f; RG WarnR 1929 Nr 99; BGH VersR 1964, 728, 729 f; 1965, 814, 815). **Trinkwasserverordnung: §§ 4, 10** (= §§ 3, 8 aF): ja (BGH NJW 1983, 2935, 2936).

Urheberrechtsgesetz (UrhRG): § 63 (= § 25 LitUrhG aF): ja (RGZ 81, 120, 125). **Gesetz über den unlauteren Wettbewerb (UWG):** nicht zugunsten von Verbänden (BGHZ 41, 314, 318; 48, 12, 15; 52, 393, 397); § 823 Abs 2 wird verdrängt durch § 13 Abs 2 UWG (RG GRUR 1940, 375, 378; BGHZ 36, 252, 256; BGH NJW 1974, 1503, 1505; 1983, 2493, 2494; str), jdf keine Umgehung des § 21 UWG über § 852 BGB (BGH NJW 1964, 493, 494; 1973, 2285, 2286; GRUR 1959, 31, 34); **§ 17 Abs 2**: ja (BGH GRUR 1966, 152, 153); **§ 17 Abs 2 Nr 2 iVm Abs 1**: ja (OLG München NJW-RR 1996, 1134); **Strafvorschriften der §§ 17 ff generell**: ja (BAUMBACH/HEFERMEHL, Wettbewerbsrecht [20. Aufl 1998] § 17 UWG Rn 46 mwNw).

Verlagsgesetz (VerlG): § 20 Abs 1 S 1: nicht zugunsten Dritter (FOERSTE NJW 1991, 1437). **Vermögensgesetz (VermG): § 3 Abs 3 S 1**: ja (ThürOLG OLG-NL 1994, 161, 162; BrandenbOLG OLG-NL 1997, 127, 128), aber nicht bzgl eines entgangenen Nutzungsentgeltes

(BGH NJW 1995, 442, 443). **Verordnung über brennbare Flüssigkeiten (VbF):** nicht zugunsten der durch Löscharbeiten Behinderten (BGH NJW 1977, 2264, 2265). **Versicherungsaufsichtsgesetz (VAG):** § 140 (= § 108 aF): ja, zum Schutz von Versicherungsnehmern und -unternehmen (RGZ 95, 156; RG JW 1933, 1836, 1837 f; BGH NJW 1973, 1547, 1549; OLG Hamburg OLGE 34 [1917] 410); § 142: ja (BGH VersR 1961, 1081, 1082 f). **Versicherungsvertragsgesetz (VVG):** §§ 71, 158 h: nein (BGH NJW 1953, 1182).

G 59 **Waffengesetz (WaffG):** § 16: ja (OLG Karlsruhe VersR 1989, 375); §§ 33 Abs 1, 34 Abs 1 S 2; 35 Abs 1, 45 Abs 1, 55 Abs 1 Nr 16: ja, zugunsten der durch Schüsse aus unerlaubt abgegebenen, geführten oder verwendeten Waffen verletzten oder getöteten Personen (OLG Hamm VersR 1998, 249, 250), § 45 Abs 1, 55 Abs 1 Nr 25: ja (RGZ 166, 61, 62, RG JW 1908, 525; beide zu § 367 Nr 8 StGB aF). **Wasserhaushaltsgesetz (WHG):** §§ 1 a, 34 Abs 3: nein (OLG Karlsruhe VersR 1978, 47, 48); §§ 2 Abs 1, 41 Abs 1 Nr 1: nein (BGHZ 69, 1, 18 f; aA OLG München NJW 1967, 570, 571 f); §§ 8 Abs 3, Abs 4, 11 iVm LWassG: ja (BGHZ 69, 1, 22; 88, 34, 38 ff; BGH NJW 1977, 763; BayObLGZ 1980, 168, 172; OVG Münster ZfW 1975, 117, 123); **Wertpapierhandelsgesetz (WpHG):** § 14: str (abl IMMENGA ZBB 1995, 197, 205; bejahend ASSMANN Die AG 1994, 250; CLAUSSEN DB 1994, 27, 31); § 15: nein (WEBER NJW 1994, 2849); § 31 Abs 2: ja (GASSNER/ESCHER WM 1997, 93, 94); § 32: ja (RÖSSNER/ARENDTS WM 1996, 1525, 1526 mwNw); **Berufsordnung der Wirtschaftsprüfer (WiPrO):** §§ 2, 43, 48: nein (OLG Saarbrücken BB 1978, 1434, 1436; LG Mönchengladbach NJW-RR 1991, 415, 417). **Wirtschaftsstrafgesetz (WiStG):** § 5: ja, zugunsten des Mieters (LG Heidelberg ZMR 1976, 334, 335).

G 60 **Zahnheilkundegesetz:** ja, zugunsten der Zahnärzte und Dentisten (OLG Oldenburg NdsRpfl 1955, 133, 134). **Zivilprozeßordnung:** § 138: str (bejahend HOPT, Schadensersatz aus unberechtigter Verfahrenseinleitung [1968] 269 ff; offen gelassen von BGH NJW 1984, 870; aA BAUMBACH/HARTMANN, ZPO [57. Aufl 1999] § 138 Rn 165 jeweils mwNw); § 410: nein (BGHZ 42, 313, 317 f; 62, 54, 57; BGH NJW 1968, 787, 788; OLG München VersR 1984, 590; OLG Hamm VersR 1985, 841, 842; OLG Oldenburg VersR 1989, 108, 109; aA noch OLG Hamm MDR 1950, 221, 222; kritisch zur Rspr des BGH MünchKomm-ZPO/DAMRAU § 402 Rn 13; BLOMEYER ZRP 1975, 214 ff; PIEPER, in: GS Bruns [1980] 171 ff); § 803: ja (BGH JR 1956, 185, 186; HansOLG HRR 1927 Nr 424), aber nur zugunsten des Vollstreckungs-, nicht des Drittschuldners (BGH NJW 1985, 1155, 1157); § 817 a: ja (OLG München NJW 1959, 1832); § 840: ja (RGZ 149, 251, 256); § 882 a iVm § 15 Nr 3 EG-ZPO: vgl unter Landesrecht/AG-ZPO. **Zugabeverordnung:** ja (BGH NJW 1956, 911).

4. Landes- und Kommunalrecht

G 61 **Bauordnungsrecht: Abstandsflächen:** ja (RGZ 87, 371, 373 f; BGHZ 66, 354, 355 f; BGH NJW 1979, 1408; MDR 1978, 564, 565; OLG München NJW 1959, 341; OLG Karlsruhe Justiz 1975, 309, 310; OLG Frankfurt aM NJW-RR 1988, 403, 404; OLG Köln VersR 1995, 1108, 1109; aA noch OLG Celle NJW 1953, 388; MDR 1954, 241, 242); **Einfriedungssatzungen:** nicht zum Schutz vor Entzug von Licht und Luft durch Bäume (OLG Düsseldorf NJW 1979, 2618); **Feuchtigkeitsschutz:** nein (OLG München NJW 1977, 438); **Genehmigungspflicht:** ja, zum Schutz von Personen und Eigentum (BGHZ 39, 366, 369 f; BGH NJW 1965, 534; VersR 1953, 339; 1969, 640, 641; alle zu § 367 Nr 15 StGB aF), aber nicht zum Schutz des Vermögens des Bauherren (BGHZ 39, 366, 369 f; BayObLG NJW 1967, 354, 355); **Geschoßzahlfestsetzungen:** ja (BGH WM 1974, 572, 573); **Höhenbeschränkungen:** ja (BGH MDR 1975, 744; 1978, 564, 565); **Rücksichtnahmegebot:** ja, iVm konkretisierenden Genehmigungsauflagen (BGHZ 122, 1, 4); **Schlußabnahme:** ja (BayObLGZ 1977, 309, 319); **Schutz öffentlicher Versorgungseinrichtun-**

gen während der Bauarbeiten: nicht zugunsten der an das Netz angeschlossenen Ab- bzw Teilnehmer (BGHZ 66, 388 ff; BayObLG NJW 1967, 354, 356; 1972, 1085 ff; OLG Hamm NJW 1973, 760 f; OLG Karlsruhe NJW 1975, 221, 222 f; OLG Saarbrücken VersR 1976, 176 f; **aA** noch BGH NJW 1968, 1279, 1280; VersR 1969, 542; OLG Stuttgart 1971, 741, 742 f; offen gelassen in BGH VersR 1971, 741, 742 f); **Sicherheit baulicher Anlagen (insbes Treppen)**: ja (BGH VersR 1957, 244; 1986, 916, 917; BayObLG VersR 1978, 568; BayVBl 1995, 219, 220; NJW-RR 1996, 657, 658), aber nicht, soweit bloße Anordnungsermächtigung (LG Ravensburg VersR 1980, 76); **Sicherungsmaßnahmen bei Bauarbeiten**: ja (BayObLG VersR 1979, 743 f); vgl auch zu § 367 Nr 14 StGB aF: ja, zum Schutz von Personen und Eigentum (RGZ 51, 177, 178; 70, 200, 206 f; BGHZ 39, 366, 369), aber nicht zum Schutz des Vermögens des Bauherren (OLG Düsseldorf NJW 1958, 1920; BayObLG NJW 1967, 354, 355; **aA** OLG Karlsruhe NJW 1956, 913).

Brand- und Explosionsverhütungsvorschriften: **Garagenverordnungen**: ja (BGH VersR **G 62** 1973, 214, 215; 1987, 1014, 1015; BayObLG VersR 1976, 788); **Pflicht zur Verwahrung von Streichhölzern vor Kindern**: ja (BayObLG NJW 1975, 2020; VersR 1971, 522, 523); **Verbrennungsmotorenverordnungen**: ja (BGH VersR 1963, 835, 836; BayObLG VersR 1976, 788, 790); **sonstige Vorschriften**: Pflicht der Gemeinden zur Beschaffung und Erhaltung von Feuerlöschgeräten: ja, auch zum Schutz der Feuerwehrleute (RG JW 1913, 863, 864); Vorschriften zur Verhütung von Schäden durch Munition: ja (BGH LM Nr 22 zu § 823 [Bf] Bl 1); Vorschriften zur Verhütung von Heuselbstentzündungen: ja (OLG Schleswig VersR 1989, 53, 54); Verbot des Entzündens von Strohfeuern in der Nähe von Gebäuden und bei starken Winden: ja (OLG Hamm VersR 1992, 247); vgl auch zu § 368 StGB aF: ja (RG JW 1908, 209 zu § 368 Nr 4 StGB aF; WarnR 1909 Nr 96 zu § 368 Nr 6 StGB aF; BayObLG VersR 971, 522, 523 zu § 368 Nr 8 StGB aF), aber nicht zum Schutz der Gemeinden, die die Feuerwehren unterhalten (BGHZ 40, 28, 29).

Feld- und Forstschutz: **Erlaubnispflicht für Kahlhieb eines Schutzwaldes**: ja, zugunsten **G 63** des Nachbarn (OLG München WarnJ 1914 § 823 Nr 18; VersR 1991, 678; 1991, 1048; ebenso OLG München OLGE 18 [1909] 64 zu § 368 Nr 9 StGB aF). **Fischereigesetze**: **Verbot schädlicher Einleitungen**: ja, zugunsten des Fischereiberechtigten und -pächters (RG JW 1915, 1428; LZ 1920, 159); **Verbot des Wasserentzuges mit nachteiligen Wirkungen auf den Fischbestand**: ja (BayObLGZ 1962, 196, 201).

Stadt- und Gemeindeordnungen: **Beschränkungen der wirtschaftlichen Betätigungsfrei-** **G 64** **heit**: nein (BGH GRUR 1962, 159, 161 f – Blockeis I; BB 1965, 392 – Blockeis II); **Gesundheitswesen**: **Allgemeine Berufspflichten der Ärztekammerangehörigen**: nein (OLG Düsseldorf VersR 1985, 370, 371); vgl auch unter Sonstige Normen/ Berufsständische Satzungen. **Gewerbesteuerausgleichsvorschriften**: **Mitteilungspflicht des Arbeitgebers**: nein (OLG Nürnberg NJW 1964, 668, 669; OLG Köln OLGZ 1968, 10, 12 f; LG Aachen NJW 1958, 1727, 1728; LG Göttingen NdsRpfl 1959, 179 f; LG Frankfurt aM NJW 1963, 2174; **aA** LG Münster MDR 1957, 227; LG Nürnberg-Fürth NJW 1960, 2341; Moezer NJW 1958, 1714). **Giftgesetze und -verordnungen**: **Verbot des Verkaufs an Minderjährige**: ja, zum Schutz der Minderjährigen (RGZ 152, 325, 329); vgl auch zu § 367 Nr 3 StGB aF: Verkaufsbeschränkungen dienen nicht dem Schutz der einzelnen Apotheker (RGZ 77, 217, 220).

Lärmbekämpfungsverordnungen: **Nachtruhe**: ja (BGHZ 46, 35, 42). **G 65**

Nachbarrecht: **Schutz des Nachbargrundstücks vor überfließendem Wasser**: ja (BGH NJW **G 66** 1980, 2580, 2581; vgl auch unter Wassergesetze).

§ 823
G 67–G 70

2. Buch
7. Abschnitt. Einzelne Schuldverhältnisse

G 67 **Pressegesetze: Gegendarstellungsanspruch**: str (bejaht von BayObLG NJW 1958, 1825, 1826; OLG Köln NJW 1962, 1348; **aA** OLG Hamburg OLGE 18 [1909] 76 f; OLG Düsseldorf JW 1924, 1538; OLG Freiburg JZ 1951, 751; offen gelassen in BGHZ 3, 270, 285; OLG Frankfurt aM NJW 1960, 2059, 2060; überwiegend bezogen auf § 11 RPresseG).

G 68 **Schiffahrtsordnungen**: ja (RG WarnR 1915 Nr 93; KÜNNELL VersR 1985, 1126; vgl auch unter Bundesrecht/ RhSchPVO). **Sparkassenwesen: Beleihungsgrundsätze für das Kreditgeschäft**: nicht zugunsten der Darlehensnehmer (OLG Frankfurt aM NJW-RR 1995, 1199). **Straßenrecht: Anpflanzungsverbote**: ja (OLG Stuttgart VersR 1989, 1075); **Reinigungs- und Streupflicht**: ja (RGZ 54, 53, 54; 113, 293, 294; RG JW 1928, 1046, 1047; BGHZ 27, 278, 283; 32, 352, 355; BGH NJW 1960, 41, 42; 1970, 95; 1972, 1321, 1322; KG VersR 1954, 459; OLG München VersR 1959, 216; OLG Frankfurt aM VersR 1985, 768; OLG Zweibrücken VersR 1994, 1487; OLG Köln NJW-RR 1996, 655, 656; OLG Celle VersR 1998, 604); aber nicht, soweit nur eine rechtlich nicht bindende Empfehlung ausgesprochen wird, nach Möglichkeit oder besten Kräften über einen festgelegten Umfang hinaus zu streuen (BGH LM Nr 89 zu § 823 [Ds] unter I; VersR 1973, 249, 250; 1987, 934, 935; OLG Düsseldorf VersR 1977, 1032, 1033; 1989, 626) und nicht, soweit die Räum- und Streupflicht über die Verkehrssicherheit hinaus der Bequemlichkeit der Wegebenutzer dient (OLG München VersR 1959, 216); **Straßen-und Brückenbaulast**: nein (RG Recht 1924 Nr 393).

G 69 **Wassergesetze: Genehmigungspflicht für die Errichtung und Änderung von Anlagen**: ja (RG JW 1912, 391, 392; BGHZ 46, 17, 23; BGH NJW 1970, 1875, 1876 f); **Genehmigungsverfahren** (Einwendungsrecht bei zu erwartenden Nachteilen gemäß § 8 Abs 3, Abs 4 WHG iVm Landesgesetz): ja (BGH NJW 1977, 763), jdf soweit dem Betroffenen eine materielle Rechtsstellung eingeräumt wird (BGHZ 69, 1, 22), und unabhängig davon, ob eine wasserrechtliche Gestattung beantragt wird (BGHZ 88, 34, 38 ff); **Grundwasserschutz**: nein, nicht zugunsten des Grundstückseigentümers (OLG Karlsruhe VersR 1978, 47, 48; anders aber RG HRR 1933, 528 zu § 202 PrWassG für den Fall der Brunnenverunreinigung durch Abwässer); **Unterhaltungspflicht für Deiche und Wasserläufe**: nein (RG HRR 1935 Nr 1068; Gruchot 68 [1927] 76, 78; BGHZ 55, 153, 158; BGH VersR 1964, 534, 536; 1967, 405, 406; OLG Düsseldorf NVwZ-RR 1993, 339); **Verbot belästigender Zuleitung von Wasser**: ja (RGZ 145, 107, 116; BGH NJW 1980, 2580, 2581; WM 1983, 155, 156; VersR 1965, 689, 690; BayObLGZ 1959, 241, 249); **sonstige Vorschriften**: Verbot, Sand in Wasserläufe einzubringen: ja, zum Schutz von Grundstücken vor Versandung (BGHZ 49, 340, 349 f); Pflicht des Unternehmers einer Stauanlage zur Wasserstandsregelung: ja (BayObLGZ 1980, 65, 70); Verbot, den Ablauf wild fließenden Wassers zum Nachteil des Nachbarn zu ändern: ja (OLG Düsseldorf NJW-RR 1992, 912).

5. Sonstige Normen

G 70 **Berufsständische Satzungen**: nein (BGH NJW 1965, 2007; NJW 1981, 2007 f; allerdings mit unterschiedlicher Begründung; eingehend hierzu TAUPITZ, in: FS Steffen [1995] 489 ff; vgl oben Rn G 31). **Bundesmantelvertrag für Ärzte (BMV-Ä): § 12 Abs 1**: nicht zugunsten der Patienten (LG Darmstadt NJW 1991, 757, 760). **DIN-/VDE-Vorschriften (Technische Regeln)**: nein (OLG Karlsruhe VersR 1984, 1174, 1175; OLG Brandenburg OLG-NL 1995, 250, 251; MARBURGER VersR 1983, 605; KÖHLER BB 1985, Beil 4, 11). **Gemeinrechtliche Flußinterdikte**: ja (RGZ 64, 249, 252; RG JW 1933, 508, 509; offen gelassen in RGZ 73, 8, 13; 86, 424, 432 f). **Rechtsprechungsgrundsätze zum Arbeitskampfrecht**: jedenfalls nicht zum Schutz der Verbände vor rechtswidrigen Arbeitskampfmaßnahmen gegen ihre Mitglieder (BAGE

41, 209, 222 f; 46, 322, 324; gänzlich abl CANARIS, in: FS Larenz II [1983] 28, 69). **Sachverständigenordnungen der Industrie- und Handelskammern**: nein (BGH WM 1966, 1148, 1150; ebenso LG Köln MDR 1990, 821 zu § 9 MSVO). **Unfallverhütungsvorschriften der Berufsgenossenschaften**: nein (RGZ 48, 327, 332; 95, 180, 182; 95, 238, 240; BGH NJW 1968, 641, 642; VersR 1955, 105; 1957, 584; 1961, 160, 161; 1969, 827, 828; aA HERSCHEL RdA 1964, 7, 11; MARBURGER VersR 1983, 605 f; ders, Die Regeln der Technik im Recht [1980] 477 ff; offen gelassen in BGH NJW 1984, 360, 362; vgl auch oben Rn G 14). **Verdingungsordnung für das Baugewerbe/Vergaberichtlinien (VOB/A)**: nein (BGH VersR 1965, 764, 765; KG KG-Report 1995, 263, 264; den Rechtsnormcharakter abl auch BGH ZfBR 1992, 67). **Vereinssatzungen und andere vereinsinterne Regelungen**: nein (RGZ 135, 242, 245; OLG Köln VersR 1980, 539).

H. Die sonstigen Voraussetzungen und die Rechtsfolgen der deliktischen Haftung

Systematische Übersicht

I.	**Handeln oder zurechenbares Unterlassen**		a)	Die traditionelle Sicht: Erfolgsunrecht	H 14
1.	Die Handlung	H 1	b)	Die Gegenthese: Handlungsunrecht	H 15
a)	Die Abgrenzung von der Deliktsfähigkeit	H 2	c)	Die Kombinationslehre	H 16
b)	Die Beweislast	H 3	2.	Die Einleitung staatlicher Verfahren	H 17
c)	Die Anknüpfung an vorangegangene Handlungen	H 4	a)	Die Haftung gegenüber dem Verfahrensgegner	H 17
2.	Das zurechenbare Unterlassen	H 5	aa)	Die hM	H 17
a)	Der Haftungsgrund	H 5	bb)	Die Kritik	H 18
b)	Die Abgrenzung zum Handeln	H 6	cc)	Stellungnahme	H 19
c)	Die Abgrenzung zu den Verkehrspflichten	H 7	b)	Die Haftung gegenüber Dritten	H 20
d)	Fallgruppen	H 8	**IV.**	**Das Verschulden**	H 21
aa)	Gesetzliche Pflicht	H 8	**V.**	**Die Beweislast**	H 22
bb)	Garantenstellung aus § 138 oder § 323 c StGB?	H 9	**VI.**	**Die Rechtsfolgen**	H 23
cc)	Enge Lebens- oder Gefahrengemeinschaft	H 10	1.	Einschränkungen gegenüber den allgemeinen Regeln?	H 24
dd)	Vertrag	H 11	2.	Die Kompensation der Schadensersatzpflicht des Eigentümers	H 25
ee)	Vorangegangenes Tun	H 12			
II.	**Die Kausalität**	H 13			
III.	**Die Rechtswidrigkeit**				
1.	Der Streit zwischen der Lehre vom Erfolgsunrecht und vom Verhaltensunrecht	H 14			

I. Handeln oder zurechenbares Unterlassen*

1. Die Handlung

H 1 Eine Handlung im deliktsrechtlichen Sinn liegt vor, wenn das Verhalten der Bewußtseinskontrolle und Willensbildung unterliegt und somit **beherrschbar** ist (BGHZ 39, 103, 106; 98, 135, 137; OLG Düsseldorf NJW-RR 1997, 1313; MünchKomm/Mertens Rn 19; BGB-RGRK/Steffen Rn 72; Deutsch, Allgemeines Haftungsrecht [2. Aufl 1996] Rn 92; Larenz/Canaris § 75 II 1 a; Esser/Weyers § 55 II 2 a; Esser/Schmidt, Schuldrecht AT Bd I Teilbd 2 [7. Aufl 1993] § 25 III 1). Die Funktion des zivilrechtlichen Handlungsbegriffs ist – verglichen etwa mit dem stark umstrittenen strafrechtlichen Handlungsbegriff – erheblich reduziert. Letztendlich dient er lediglich dazu, bei unkontrollierbaren Verhaltensweisen von vornherein die Haftung zu verneinen (MünchKomm/Mertens Rn 19). Ob es im Zivilrecht einer eigenen Handlungslehre bedarf, ist strittig (bejahend Deutsch Rn 34 ff; ders, Allgemeines Haftungsrecht [2. Aufl 1996] Rn 89 ff; wohl auch BGB-RGRK/Steffen Rn 72; verneinend MünchKomm/Mertens Rn 19; Fraenkel, Tatbestand und Zurechnung bei § 823 Abs 1 BGB [1979] 190 ff). Der vorbeugende Unterlassungsschutz spricht dafür, den Begriff der Handlung weit zu fassen, um Notwehr auch gegen Verletzungen ausüben zu können, die vom Täter nicht vorhergesehen werden können (Deutsch, Allgemeines Haftungsrecht [2. Aufl 1996] Rn 95). **Handlung ist demgemäß jede wollensabhängige Tätigkeit**, die als Gefährdung eines Rechtsguts oder rechtlich geschützten Interesses erscheint (Deutsch, Allgemeines Haftungsrecht [2. Aufl 1996] Rn 96).

---

* **Schrifttum:** Baumgärtel, Anm zu BGH, 1.7.1986 – VI ZR 294/85, JZ 1987, 40; Baur, Anm zu BGH, 3.10.1961 – VI ZR 242/60, JZ 1962, 94; Brüggemeier, Anm zu BGH, 25.11.1986 – VI ZR 269/85, JZ 1987, 414; vCaemmerer, Wandlungen des Deliktsrechts, in: FS Deutscher Juristentag Bd II (1960) 49; ders, Die absoluten Rechte in § 823 I BGB, KF 1961, 19; Canaris, Schutzgesetze – Verkehrspflichten – Schutzpflichten, in: FS Larenz II (1983) 27; Dütz, Zur privatrechtlichen Bedeutung unterlassener Hilfeleistung (§ 330 c StGB), NJW 1970, 1822; Fenn, Schadenshaftung aus unberechtigter Klage oder Rechtfertigungsgrund der Inanspruchnahme eines gesetzlich eingerichteten und geregelten Verfahrens?, ZHR 132 (1969) 344; G Hager, Zum Begriff der Rechtswidrigkeit im Zivilrecht, in: FS E Wolf (1985) 133; J Hager, Die Kostentragung bei Rückruf fehlerhafter Produkte, VersR 1984, 799; Hopt, Schadensersatz aus ungerechtfertigter Verfahrenseinleitung (1968); Larenz, Rechtswidrigkeit und Handlungsbegriff im Zivilrecht, in: FS Dölle I (1963) 169; Mertens, Deliktsrecht und Sonderprivatrecht – Zur Rechtsfortbildung des deliktischen Schutzes von Vermögensinteressen, AcP 178 (1978) 227; Mertens/Reeb, Grundfälle zum Recht der unerlaubten Handlung, JuS 1971, 469; Münzberg, Verhalten und Erfolg als Grundlagen der Rechtswidrigkeit und Haftung (1966); Nipperdey, Rechtswidrigkeit, Sozialadäquanz, Fahrlässigkeit, Schuld im Zivilrecht, NJW 1957, 1777; E Schmidt, Grundlagen des Haftungs- und Schadensrechts, in: Grundlagen des Vertrags- und Schuldrechts (1972) 469; Scholderer, Strafrecht: Der lebensmüde Motorradfahrer, JuS 1989, 921; Stathopoulos, Bemerkungen zum Verhältnis zwischen Fahrlässigkeit und Rechtswidrigkeit im Zivilrecht, in: FS Larenz II (1983) 634; Stoll, Unrechtstypen bei Verletzung absoluter Rechte, AcP 162 (1963) 203; Ulmer, Die deliktische Haftung aus der Übernahme von Handlungspflichten, JZ 1969, 163; Wiethölter, Der Rechtfertigungsgrund des verkehrsrichtigen Verhaltens (1960); Zeiss, Schadensersatzpflichten aus prozessualem Verhalten, NJW 1967, 703; ders, Bspr Hopt: Schadensersatz aus unberechtigter Verfahrenseinleitung (1968), JZ 1970, 198.

a) Die Abgrenzung von der Deliktsfähigkeit

Wie sich schon aus den §§ 827 f ergibt, ist die **Handlung von der Deliktsfähigkeit zu trennen**. Auch kleine Kinder und Geisteskranke können daher im Rechtssinn handeln (RGZ 108, 86, 90; Larenz/Canaris § 75 II 1 a); das ist anders bei Kleinstkindern und schwerst Geisteskranken (BGB-RGRK/Steffen Rn 72). Diese Grenzfälle mögen zwar theoretisch schwierig abzugrenzen sein, dürften in der Praxis jedoch kaum zu Problemen führen. Das Handeln ist dagegen zu verneinen in Fällen der **vis absoluta** (BGHZ 39, 103, 106; MünchKomm/Mertens Rn 19; Larenz/Canaris § 75 II 1 a; E Schmidt 482) sowie bei nicht steuerbaren Bewegungen im Schlaf, als Reflex oder in einer Phase der Bewußtlosigkeit (BGHZ 23, 90, 98; 98, 135, 137; MünchKomm/Mertens Rn 17; Larenz/Canaris § 75 II 1 a; Deutsch, Allgemeines Haftungsrecht [2. Aufl 1996] Rn 91; E Schmidt 482). In solchen Fällen haben die Belange des Verletzers Vorrang; bei vis absoluta kann zudem auf den Hintermann durchgegriffen werden (Deutsch, Allgemeines Haftungsrecht [2. Aufl 1996] Rn 93; E Schmidt 482). **Eine Handlung fehlt daher**, wenn ein Bergsteiger seinen Kameraden mit in die Tiefe reißt (OLG Stuttgart VersR 1995, 671). Wirft sich jemand in Selbstmordabsicht vor ein Auto, das nicht mehr zum Stehen kommen kann, so verneint die hM bereits die Handlung des Autofahrers (Larenz, in: FS Dölle I [1963] 187; ähnl Larenz/Canaris § 75 II 3 b: keine Zurechnung zur Handlung); strittig ist, ob der Fall, in dem ein Kind vor das Fahrzeug springt, ebenso zu entscheiden ist (so Larenz/Canaris § 75 II 3 b; **aA** Larenz, in: FS Dölle I [1963] 186, der nur das Verschulden des Autofahrers verneint). Ein unkontrolliert ausgeführter Schlag ist noch eine vom Willen bestimmte Handlung und kein Reflex (BGH VersR 1968, 175; Deutsch, Allgemeines Haftungsrecht [2. Aufl 1996] Rn 91)

b) Die Beweislast

Die **Beweislast** für das Vorliegen einer Handlung trifft nach den allgemeinen Regeln den **Verletzten** (BGHZ 39, 103, 106 f; BGH NJW-RR 1990, 1422, 1423; Jauernig/Teichmann Rn 63; Palandt/Thomas Rn 167; MünchKomm/Mertens Rn 19; Soergel/Zeuner Rn 17 Fn 1; BGB-RGRK/Steffen Rn 72, 497; Baumgärtel Rn 4; ders JZ 1987, 42; Deutsch, Allgemeines Haftungsrecht [2. Aufl 1996] Rn 92; Larenz/Canaris § 75 II 1 a; Hauss Anm zu BGH LM Nr 19 zu § 823 [J] Rücks). Davon hat der **BGH eine Ausnahme** gemacht, wenn eine der Willenslenkung unterliegende Handlung aufgrund innerer Vorgänge fraglich erschien, weil der Täter möglicherweise bewußtlos war. Dann fehle nach § 827 S 1 nur die Verantwortlichkeit des Schädigers – und dies sei von ihm zu beweisen (BGHZ 98, 135, 137 ff; Deutsch, Allgemeines Haftungsrecht [2. Aufl 1996] Rn 92; Larenz/Canaris § 75 II 1 a). **Kritiker** in der Literatur wenden sich dagegen, die Bewußtseinslage aus dem Begriff der Handlung auszuklammern. Weder ließen sich solche Unterschiede psychologisch-neurologisch ziehen, noch leuchteten die Ergebnisse ein (Esser/Weyers § 55 II 2 b). Obendrein führe der Ansatz des BGH beispielsweise zu Schwierigkeiten bei der Behauptung, der Verletzer sei vor dem Unfall von einer Wespe gestochen worden; dann sei praktisch nicht zu entscheiden, ob ein die Handlung ausschließender Reflex oder nur eine Bewußtseinsstörung vorliege, aufgrund derer die Verantwortlichkeit fehle; gleichwohl träfe im ersten Fall den Verletzten die Beweislast, im zweiten dagegen den Verletzer. **Unterschiede zur Rechtsprechung bestehen allerdings iE schon deswegen nicht**, weil auch nach dieser Ansicht nur der äußere Tatbestand einer unerlaubten Handlung vom Verletzten zu beweisen sei, das Fehlen der Zurechnung aber vom Verletzer (Baumgärtel Rn 4; ders JZ 1987, 42). Es geht primär, wenn nicht ausschließlich um die Frage, ob dann schon die Handlung nicht nachgewiesen ist oder erst die Zurechnung ausscheidet; dieses Problem spielt eine Rolle vorwiegend beim vorbeugenden Unterlassungsanspruch.

c) Die Anknüpfung an vorangegangene Handlungen

H 4 Das Problem wird weiter dadurch entschärft, daß ja nicht nur an die unmittelbar zum Schaden führende Handlung angeknüpft werden kann, sondern – soweit Verschulden zumindest in Form von Fahrlässigkeit vorliegt – **auch an vorgelagertes Verhalten**. So ist in dem geschilderten Fall des Verkehrsunfalls nach einem Wespenstich zu fragen, ob das vorwerfbare Verhalten nicht in einer Vernachlässigung von Vorkehrungen gegen das Hereinfliegen von Insekten zu sehen ist (vgl OLG Hamm [St] NJW 1975, 657, 658). Ebenso ist die (schuldhafte) Handlung eines während der Fahrt ohnmächtig gewordenen Fahrzeuglenkers darin zu erblicken, daß er es unterlassen hat, sich selbst kritisch zu beurteilen und bei Zweifeln an der Fahrtüchtigkeit nicht auf das weitere Steuern des Fahrzeugs verzichtet hat (BGH NJW 1988, 909). Die irrige Erwartung eines Fahrzeuglenkers, er werde am Steuer nicht einschlafen, begründet ebenfalls seine Haftung (BGH NJW 1974, 948, 949; VersR 1955, 342 f; 1959, 445, 446; ähnl BGH VersR 1967, 808 [Anpassung der Fahrweise an Sehfehler]). Ein Gastwirt muß bei einer Schlägerei möglichst das Eintreffen der Polizei abwarten, um nicht eine Situation heraufzubeschwören, in der er in Notwehr handeln muß (BGH NJW 1978, 2028, 2029). Wer als Mitglied einer Seilschaft in den Bergen einen anderen beim Absturz mitreißt, handelt nicht; der Anknüpfungspunkt kann aber der unvorsichtige Aufstieg sein (OLG Stuttgart VersR 1995, 671 f). Demjenigen, der während eines Sturzes im Reflex nach einem anderen greift und ihn so verletzt, kann das unachtsame, zum Sturz führende Verhalten als schuldhafte Handlung anzulasten sein (OLG Düsseldorf NJW-RR 1997, 1313). Diese Fälle werden zwar regelmäßig unter dem Kriterium der Rechtswidrigkeit oder des Verschuldens erörtert; damit wird jedoch implizit das Vorliegen einer Handlung bejaht.

2. Das zurechenbare Unterlassen

a) Der Haftungsgrund

H 5 Generell besteht **keine allgemeine Rechtspflicht**, einen Dritten vor Schäden an Leben, Gesundheit, Eigentum oder ähnlichem zu bewahren (RGZ 97, 11, 12; 102, 38, 42; BGHZ 9, 301, 307; BGH NJW 1978, 421, 422; 1983, 623, 624; 1987, 2510; 1991, 418, 419; OLG Köln NZV 1992, 405, 406; OLG Celle VersR 1993, 725, 726; DEUTSCH, Allgemeines Haftungsrecht [2. Aufl 1996] Rn 102; LANGE, Schadensersatz [2. Aufl 1990] § 3 XI = S 155; das gilt erst recht für fremde Vermögensinteressen; vgl BGHZ 56, 228, 238). Ein bloßes Unterlassen kann daher schon nicht rechtswidrig sein, soweit keine Pflicht zum Handeln besteht (RGZ 97, 11, 12; 102, 38, 42; 102, 372, 374 f; 106, 283, 285; 134, 231, 235; 171, 58, 61; RG Gruchot 50 Nr 87 = S 968, 970 [für § 826]; BGHZ 56, 228, 238; 57, 245, 253; 71, 86, 93 f; BGH NJW 1957, 669, 670; 1992, 1511, 1512; SOERGEL/ ZEUNER Rn 157; BGB-RGRK/STEFFEN Rn 133; FIKENTSCHER Rn 1194; LARENZ, Schuldrecht AT Bd I [14. Aufl 1987] § 27 III c; DEUTSCH, Allgemeines Haftungsrecht [2. Aufl 1996] Rn 102). Der Produzent von Abfall muß diesen nicht entfernen, wenn ein Dritter ihn aufgrund eines Vertrages mit dem Grundstückseigentümer eingelagert hat (iE richtig daher OLG Düsseldorf VersR 1996, 1426, 1427). Wer den Einbau fremder Materialien nur duldet, verletzt nicht das Eigentum (BGHZ 56, 226, 238; 102, 293, 309; BGH LM Nr 52 zu § 823 [Ac] unter I; vgl oben Rn B 68). Für das Deliktsrecht relevant wird das Unterlassen erst dann, wenn eine Rechtspflicht zum Handeln und – als weitere Voraussetzung – die **Möglichkeit der Erfolgsabwendung** besteht (RGZ 75, 251, 254; BGH VersR 1968, 378; SOERGEL/ZEUNER Rn 157; LARENZ, Schuldrecht Bd I AT [14. Aufl 1987] § 27 III c; ESSER/SCHMIDT,

Schuldrecht AT Bd I Teilbd 2 [7. Aufl 1993] § 25 III 2 c; DEUTSCH, Allgemeines Haftungsrecht [2. Aufl 1996] Rn 99; E SCHMIDT 485; ausf MERTENS/REEB JuS 1971, 472 f). Ob man in dieser Hinsicht von einer Garantenstellung sprechen kann (so BGH NJW 1979, 1248, 1249; ERMAN/SCHIEMANN Rn 13; abl SOERGEL/ZEUNER Rn 157; DEUTSCH, Allgemeines Haftungsrecht [2. Aufl 1996] Rn 101), ist eine Frage der Terminologie ohne praktische Konsequenzen. Auch das früher sehr umstrittene Problem, ob das Unterlassen zum Tatbestand oder zur Rechtswidrigkeit gehört (vgl die Nachw bei ULMER JZ 1969, 164 Fn 14), spielt vom Ergebnis her keine Rolle (zum Tatbestand rechnen das Unterlassen wohl LARENZ/CANARIS § 75 II 1 b, 2 a; ESSER/SCHMIDT, Schuldrecht AT Bd I Teilbd 2 [7. Aufl 1993] § 25 III 2 vor a).

b) Die Abgrenzung zum Handeln
Die Unterscheidung, ob der Täter gehandelt oder den Erfolg durch zurechenbares **H 6** Unterlassen herbeigeführt hat, hat im Zivilrecht angesichts der Rolle, die die Verkehrspflichten spielen, meist nur eine **untergeordnete Bedeutung** (vgl oben Rn E 2). Ganz ohne Relevanz ist sie gleichwohl nicht, wie die Notwehrprobe und der vorbeugende Unterlassungsanspruch zeigen (DEUTSCH, Allgemeines Haftungsrecht [2. Aufl 1996] Rn 108); auch wird im Prinzip für jede Art von Handlung gehaftet, während beim Unterlassen die Erfolgsabwendungspflicht hinzukommen muß (BGB-RGRK/STEFFEN Rn 72; DEUTSCH, Allgemeines Haftungsrecht [2. Aufl 1996] Rn 108). Als **Abgrenzungsmaßstab** wird zT auf den sozialen Sinngehalt abgestellt (BUCHNER/ROTH, Unerlaubte Handlungen einschließlich der Ansprüche aus dem Eigentümer-Besitzer-Verhältnis und aus rechtmäßiger Schädigung [2. Aufl 1994] 8 mwNw aus der strafrechtlichen Rspr und Lit; **aA** MünchKomm/MERTENS Rn 20; MERTENS/REEB JuS 1971, 470 f). Die wohl hM rückt dagegen die Gefahrerhöhung durch den Täter in den Mittelpunkt. Derjenige, der sich dem fremden Rechtsgut gefährlich nähert, handelt; derjenige, der ohne die Gefahr durch sein Tun zu erhöhen, die Gefahr nicht abwendet, unterläßt (JAUERNIG/TEICHMANN Rn 30; DEUTSCH, Allgemeines Haftungsrecht [2. Aufl 1996] Rn 111).

c) Die Abgrenzung zu den Verkehrspflichten
Die Entwicklung der Verkehrspflichten mag es auf der anderen Seite nahe legen, **H 7** generell auf die Kategorie des Unterlassens zu verzichten und nur auf die Verletzung der Verkehrspflicht abzustellen (so ERMAN/SCHIEMANN Rn 13; MünchKomm/MERTENS Rn 20; MERTENS/REEB JuS 1971, 470 f). Das könnte freilich nur um den Preis gelingen, daß man die anerkannten Gruppen um die bislang beim Unterlassen angesiedelten Fälle ergänzte, etwa um die Haftung aus enger Lebensgemeinschaft oder wegen familienrechtlicher Fürsorgepflicht (so wohl ERMAN/SCHIEMANN Rn 77). Für eine Beibehaltung der bisherigen Unterscheidung spricht trotz der evidenten Nachbarschaft der Fälle etwa der Übernahmehaftung und der Haftung aus vertraglicher Übernahme der **unterschiedliche Akzent**. Bei der Verkehrspflicht spielt der Umstand eine Rolle, daß der Pflichtige auf die Gefahr einwirken kann und muß. In den Fällen des Unterlassens geht es dagegen um eine besondere Nähe zum geschädigten Rechtsgut. Das kann durchaus zu unterschiedlichen Ergebnissen führen. Volljährigen Familienmitgliedern gegenüber können die Eltern bei Schäden haften, wenn sie trotz der Möglichkeit des Einschreitens untätig geblieben sind. Dagegen besteht keine Verkehrspflicht, Dritte vor Schäden zu bewahren, die durch erwachsene Kinder angerichtet werden (vgl oben Rn E 24 und sogleich Rn H 8; ähnl DEUTSCH, Allgemeines Haftungsrecht [2. Aufl 1996] Rn 103 f, der zwischen Handlungspflicht aus übernommener und zu übernehmender Fürsorge unterscheidet; E SCHMIDT 483 f).

d) Fallgruppen
aa) Gesetzliche Pflicht

H 8 Unterlassen kann die Haftung auslösen, wenn sich die Pflicht zum Tätigwerden aus dem Gesetz ergibt. Der wohl wichtigste Fall ist das **Eltern-Kind-Verhältnis** (BGHZ 73, 190, 193 f; der Sache nach auch BGHZ 103, 338, 344; zumindest mißverständlich noch RGZ 75, 251, 254). Dasselbe gilt für die Beziehung von **Eheleuten** (BGHSt 32, 365, 373; BGH [St] NJW 1952, 552, 553; 1984, 2639, 2640; MünchKomm/WACKE [3. Aufl 1993] § 1353 Rn 22; SOERGEL/LANGE [12. Aufl 1988] § 1353 Rn 25; SCHLODERER JuS 1989, 921; iE auch DEUTSCH, Allgemeines Haftungsrecht [2. Aufl 1996] Rn 103). Beide Gruppen sind dadurch gekennzeichnet, daß sie die Haftung für Schäden der Kinder bzw des Partners begründen. Davon zu unterscheiden ist die Haftung gegenüber Dritten, etwa aufgrund der Funktion als Haushaltsvorstand. Sie ist, soweit nicht andere Kriterien wie etwa die Bereichshaftung einschlägig sind, abzulehnen (vgl oben Rn E 24).

bb) Garantenstellung aus § 138 oder § 323 c StGB?

H 9 Sehr strittig ist es, ob im Gegensatz zum Strafrecht die **Garantenstellung auf § 138 StGB oder § 323 c StGB** gestützt werden kann. **Die Mindermeinung bejaht das** (STOLL, Vertrag und Unrecht Halbbd 1 [1936] 92; SOERGEL/ZEUNER Rn 158; unter dem Aspekt des § 823 Abs 2 auch MünchKomm/MERTENS Rn 366; ders AcP 178 [1978] 247; LARENZ/CANARIS § 77 III 1 d; ders, in: FS Larenz II [1983] 57 f), **die wohl hM verneint es** (BGB-RGRK/STEFFEN Rn 136; ESSER/SCHMIDT, Schuldrecht AT Bd I Teilbd 2 [7. Aufl 1993] § 25 III 2 b; ULMER JZ 1969, 165 Fn 29; DÜTZ NJW 1970, 1824; E SCHMIDT 485). Sie verdient Zustimmung. Es geht bei den genannten Bestimmungen jedenfalls auch um staatsbürgerliche Pflichten, mögen sie daneben in gleicher Weise die Abwendung des Erfolges intendieren. Doch wird der Normadressat nicht zum Garanten der Erfolgsabwendung (BGB-RGRK/STEFFEN Rn 136; ESSER/SCHMIDT, Schuldrecht AT Bd I Teilbd 2 [7. Aufl 1993] § 25 III 2 b). Eine Ausnahme wird erwogen, wenn der am Unfallort Anwesende aufgrund seiner Fähigkeiten zur Abwendung der Gefahr und zur Rettung unschwer in der Lage ist (BGB-RGRK/STEFFEN Rn 136). Doch wird das in der Regel nur für ausgebildetes Personal in Betracht kommen und dann sich aus den entsprechenden Berufsordnungen ergeben.

cc) Enge Lebens- oder Gefahrengemeinschaft

H 10 Eine weitere Gruppe ist die **enge Lebens- oder Gefahrengemeinschaft** (FIKENTSCHER Rn 1194; SK/RUDOLPHI [28. Lieferung 1998] § 13 Rn 55). Hierzu zählt die nichteheliche Lebensgemeinschaft sowie die Bergsteigergruppe, deren Mitglieder bei einem Unfall sich gegenseitig beistehen müssen. Eine zufällige Gefahrengemeinschaft genügt aber nicht (SK/RUDOLPHI [28. Lieferung 1998] § 13 Rn 57), ebensowenig gemeinsames Wohnen, wenn nicht eine besondere Schutzfunktion übernommen ist (BGH [St] NJW 1987, 850; NStZ 1984, 117, 118).

dd) Vertrag

H 11 Die Garantenstellung wird ferner durch **Vertrag** begründet (BGHZ 73, 190, 194; MünchKomm/MERTENS Rn 26, FIKENTSCHER Rn 1194; DEUTSCH, Allgemeines Haftungsrecht [2. Aufl 1996] Rn 103; E SCHMIDT 484). Schulbeispiele sind die Pflicht des Krankenhauses, Schäden an Patienten zu verhindern (BGH NJW 1976, 1145 f; OLG Köln NJW-RR 1994, 862), und zwar auch Selbstbeschädigungen (OLG Braunschweig VersR 1985, 576, 577 unter dem Aspekt der Verkehrspflicht; vgl genauer unter Rn I 38), die Pflicht des medizinischen Personals aufgrund der Garantenstellung für die übernommene Behandlungsaufgabe (BGH NJW 1985, 2749, 2750; 1990, 2929, 2930; 1991, 2960 f; BGHSt 32, 367, 373), die Pflicht des Veranstalters von Ferienprogrammen, die teilnehmenden Kinder vor Schäden zu bewahren (OLG Bremen VersR 1978, 525, 526), die Verpflichtung des Nachbarn, während der Abwesenheit des Eigentümers sich um das Haus zu kümmern, oder der Vertrag zwischen dem Bergführer und dem Touristen. Auch hier ist der **Unterschied zur Übernahmehaftung** zu beachten, die das Aufgreifkriterium zur Begründung der Verkehrspflicht bildet. Die Garantenstellung ist rechtsgut-, die Verkehrspflicht ist gefahrbezogen. Doch bestehen insofern Parallelen, als es auf die tatsächliche Übernahme der Pflicht und nicht auf die Wirksamkeit des Vertrages ankommt (FIKENTSCHER Rn 1194).

ee) Vorangegangenes Tun
Schließlich ist **vorangegangenes gefahrerhöhendes Tun** ein Anknüpfungspunkt für die Garantenstellung (BGHZ 71, 86, 93 f; OLG Karlsruhe VersR 1977, 869; OLG Schleswig VersR 1995, 103; JAUERNIG/TEICHMANN Rn 31; BGB-RGRK/STEFFEN Rn 135, LARENZ/CANARIS § 86 II 2 a; § 88 III 2; FIKENTSCHER Rn 1194; ESSER/SCHMIDT, Schuldrecht AT Bd I Teilbd 2 [7. Aufl 1993] § 25 III 2 a; DEUTSCH, Allgemeines Haftungsrecht [2. Aufl 1996] Rn 104). Dabei ist **streitig, ob diese Handlung ihrerseits rechtswidrig gewesen sein muß** (ESSER/SCHMIDT, Schuldrecht AT Bd I Teilbd 2 [7. Aufl 1993] § 25 III 2 a) oder ob auch rechtmäßiges Vorverhalten in Frage kommt (LARENZ/CANARIS § 86 II 2 a; § 88 III 2; DEUTSCH, Allgemeines Haftungsrecht [2. Aufl 1996] Rn 104 f; J HAGER VersR 1984, 806). Die besseren Gründe sprechen für die zuletzt genannte Alternative. Auch wenn die Handlung zunächst gerechtfertigt sein sollte, kann sich aus der neuen Lage eine Pflicht zur Reaktion ergeben. Das spielt eine Rolle namentlich bei der Produktbeobachtung, wenn eine Ware auf den Markt gebracht wurde, die an einem damals nicht erkennbaren Entwicklungsfehler litt; eine vorbeugende Unterlassungsklage hätte zu diesem Zeitpunkt jedenfalls nicht zum Erfolg geführt. Doch bleibt die Pflicht zur Beobachtung und nach Entdeckung zu entsprechenden Maßnahmen (J HAGER VersR 1984, 806). Wichtig ist der Umstand, daß das Vorverhalten nicht rechtswidrig gewesen sein muß, auch bei Tatsachenbehauptungen, die bei ihrer Aufstellung angesichts hinreichender Recherche durch § 193 StGB gedeckt waren, deren Unwahrheit sich jedoch später herausstellt (vgl oben Rn C 261).

II. Die Kausalität wird in diesem Kommentar bei § 249 besprochen (STAUDINGER/SCHIEMANN [1998] § 249 Rn 8 – 131).

III. Die Rechtswidrigkeit

1. Der Streit zwischen der Lehre vom Erfolgsunrecht und vom Verhaltensunrecht

a) Die traditionelle Sicht: Erfolgsunrecht
Nach überkommener Auffassung ist die Rechtswidrigkeit durch die Verletzung des Rechts bzw Rechtsguts **indiziert**. Dies folgt aus der kausalen Handlungslehre; rechtswidrig ist jedes Tun, das ursächlich für den Erfolg geworden ist, wenn dem Verletzer kein Rechtfertigungsgrund zur Seite steht (vgl schon Mot II 726; RGZ 50, 60, 65 f; 103, 187, 188; ferner BGHZ 39, 103, 108; 118, 201, 207; für den Regelfall auch BGHZ 95, 10, 19; ebenso im Grundsatz BGHZ 24, 21, 27 f; 74, 9, 14; ferner die hL; vgl zB JAUERNIG/TEICHMANN Rn 48; PALANDT/THOMAS Rn 33 f; BGB-RGRK/STEFFEN Rn 114; STAUDINGER/SCHÄFER[12] Rn 1 ff, 8, 446; MünchKomm/HANAU [3. Aufl 1994] § 276 Rn 26; SOERGEL/M WOLF [12. Aufl 1990] § 276 Rn 22). Für den vorbeugenden Unterlassungsanspruch genügt auch **die Gefahr für ein geschütztes Recht bzw Rechtsgut** (vgl LARENZ/CANARIS § 75 II 3 b; DEUTSCH, Allgemeines Haftungsrecht [2. Aufl 1996] Rn 237 mwNw; LARENZ, in: FS Dölle I [1963] 195; G HAGER, in: FS E Wolf [1985] 134,

die allerdings jeweils der Kombinationslehre anhängen; MÜNZBERG 114 f als Vertreter der Lehre vom Handlungsunrecht; von WIETHÖLTER 34 verkannt). Auch bei der Verletzung eines Schutzgesetzes ist nach hM die – für die Haftung natürlich erforderliche (RGZ 155, 234, 237) – Rechtswidrigkeit indiziert (RG LZ 1919, 205, 207; BGHZ 122, 1, 6; PALANDT/THOMAS Rn 142; BGB-RGRK/STEFFEN Rn 559; STAUDINGER/SCHÄFER[12] Rn 610; FIKENTSCHER Rn 1272). Zwar werden auch von den Verfechtern der traditionellen Sicht Ausnahmen bei den sog Rahmenrechten – Persönlichkeit und Gewerbebetrieb –, aber auch bei der Einleitung rechtlicher Verfahren (BGHZ 74, 9, 14; PALANDT/THOMAS Rn 34) oder bei Verstößen gegen Gebote der gesellschaftlichen Rücksichtnahme gemacht (BGHZ 74, 9, 14 unter wenig überzeugender Berufung auf BGHZ 45, 296, 307 und 59, 30, 34). Ansonsten aber sei insbesondere unbefriedigend, gegen eine mit objektiver Sorgfalt vorgenommene, aber das Rechtsgut verletzende Handlung die Notwehr zu versagen (PALANDT/THOMAS Rn 33); dasselbe gelte bei einem objektiven Verstoß gegen ein Schutzgesetz (STAUDINGER/SCHÄFER[12] Rn 610). **Anknüpfungspunkt** ist allerdings entgegen manch mißverständlicher Formulierung auch für die Vertreter der Lehre vom Erfolgsunrecht **das Verhalten des Täters als solches** (DEUTSCH Rn 87; LARENZ, in: FS Dölle I [1963] 180; ENNECCERUS/NIPPERDEY, Allgemeiner Teil des Bürgerlichen Gesetzbuches [15. Aufl 1960] § 209 IV B 2; WIETHÖLTER 36); der **Erfolg ist Grund, nicht etwa Gegenstand des Rechtswidrigkeitsurteils** (LARENZ/CANARIS § 75 II 3 b; mißverständlich ESSER/WEYERS § 55 II 3 c).

b) Die Gegenthese: Handlungsunrecht

H 15 Nach der abweichenden Ansicht kann eine Handlung nicht schon wegen des bloßen Erfolgseintritts als rechtswidrig angesehen werden; das gelte vielmehr nur, wenn der Handelnde **die im Verkehr erforderliche Sorgfalt nicht eingehalten habe** (SOERGEL/ZEUNER Rn 4; ENNECCERUS/NIPPERDEY, Allgemeiner Teil des Bürgerlichen Gesetzbuches [15. Aufl 1960] § 209 IV; NIPPERDEY NJW 1957, 1778; ESSER/SCHMIDT, Schuldrecht AT Bd I Teilbd 2 [7. Aufl 1993] § 25 IV 1 c; ESSER/WEYERS § 55 II 3 b – d; KÖTZ Rn 98; BRÜGGEMEIER Rn 112 f; ders JZ 1987, 975; STAUDINGER/LÖWISCH [1995] § 276 Rn 10; WIETHÖLTER 33 ff; MÜNZBERG passim, zB 109 ff, 201 ff) oder aber objektiv sorgfaltswidrig das Schutzgesetz verletzt habe (ESSER/WEYERS § 56 I). Der weiterhin bedachte Fall des vorsätzlichen Handelns (ESSER/SCHMIDT, Schuldrecht AT Bd I Teilbd 2 [7. Aufl 1993] § 25 IV 1 c; ESSER/WEYERS § 55 II 3 a; KÖTZ Rn 98) ist eigentlich überflüssig; **bei Vorsatz ist die Sorgfalt nie eingehalten**. Zur Begründung verweisen die Verfechter der These vom Handlungsunrecht darauf, mehr als die erforderliche Sorgfalt könne von niemandem verlangt werden (ESSER/SCHMIDT, Schuldrecht AT Bd I Teilbd 2 [7. Aufl 1993] § 25 IV 1 c). Namentlich bei ärztlichen Fehlern sei auch bei einer unmittelbaren Verletzung des Körpers Rechtswidrigkeit nur zu bejahen, wenn dem Arzt ein Behandlungsfehler, also eine Pflichtwidrigkeit vorzuwerfen sei (BÜRGGEMEIER Rn 112; ders JZ 1987, 975). Bei Fahrlässigkeitstaten liege der Schwerpunkt des Vorwurfs auf dem Unterlassen, bei dem es erst der Feststellung einer Rechtspflicht bedürfe (WIETHÖLTER 38 f; **aA** zu diesem Argument MÜNZBERG 131).

c) Die Kombinationslehre

H 16 Eine vermittelnde Ansicht unterscheidet **zwischen unmittelbaren Eingriffen und mittelbaren Beeinträchtigungen** (LARENZ/CANARIS § 75 II 3 b; MEDICUS, Schuldrecht BT Rn 750; FIKENTSCHER Rn 450; DEUTSCH, Allgemeines Haftungsrecht [2. Aufl 1996] Rn 237; VBAR 156; LARENZ, in: FS Dölle I [1963] 183 ff; vCAEMMERER, in: FS DJT Bd II [1960] 77 f; STOLL AcP 162 [1963] 227 f; STATHOPOULOS, in: FS Larenz II [1983] 640 ff, der aber bei Normverstößen Rechtswidrigkeit bejaht [690 f, 692]; G HAGER, in: FS E Wolf [1985] 136, 138 f, 142; differenzierend zwischen Eigentum und den übrigen Rechtsgütern des § 823 I vCAEMMERER KF 1961, 21). Im ersten Fall treffe den

Täter eine **Erfolgsvermeidungspflicht**; deswegen könne gegen die – auch unmittelbar bevorstehende – Verletzung Notwehr geübt werden, selbst wenn der Täter ohne Verschulden handeln sollte (LARENZ/CANARIS § 75 II 3 b; vBAR 156; LARENZ, in: FS Dölle I [1963] 195). Denn er habe das Handeln als solches zu unterlassen und sich wegen der drohenden Folgen anders zu verhalten (LARENZ/CANARIS § 75 II 3 b). Aufgrund dieser Unterlassungspflicht stehe gleichzeitig auch der Täter fest (LARENZ/CANARIS § 75 II 3 b). Dagegen geht es nach der Auffassung der Kombinationslehre bei **mittelbaren Verletzungen um eine Gefahrvermeidungspflicht**. Der Handelnde dürfe sich dort trotz der absehbaren negativen Folgen so verhalten, wie er es getan habe; ein Vorwurf treffe ihn erst, wenn er eine Verkehrspflicht verletzt habe (LARENZ/CANARIS § 75 II 3 b; FIKENTSCHER Rn 450; DEUTSCH, Allgemeines Haftungsrecht [2. Aufl 1996] Rn 236; LARENZ, in: FS Dölle I [1963] 187 ff; vCAEMMERER, in: FS DJT Bd II [1960] 77 f; STATHOPOULOS, in: FS Larenz II [1983] 641 f; G HAGER, in: FS E Wolf [1985] 139). Soweit diese Verkehrspflicht an den Betroffenen auch persönlich adressiert sei, könne er Täter sein (LARENZ/CANARIS § 75 II 3 b). Strittig ist unter den Verfechtern dieser Lehre, ob es auch für die Verletzung des Persönlichkeitsrechts und des Rechts am eingerichteten und ausgeübten Gewerbebetrieb einer positiven Rechtswidrigkeitsfeststellung bedarf (bejahend MEDICUS, Schuldrecht BT Rn 748; FIKENTSCHER Rn 450; **aA** LARENZ/CANARIS § 80 II 1 b; § 81 IV, der das Recht am Gewerbebetrieb generell ablehnt). Schwierigkeiten bereitet ferner die **Abgrenzung von unmittelbarer und mittelbarer Verletzung**. Einige fragen üblicherweise danach, ob die Folgen im Rahmen des Handlungsablaufs lägen oder durch Zwischenursachen vermittelte entfernte Folgen eines bestimmten Verhaltens seien (LARENZ, in: FS Dölle I [1963] 195; vBAR 156). Beispiele für unmittelbare Beeinträchtigungen seien der Schuß auf einen Passanten, die Beschädigung eines Teppichs durch das Umstoßen eines Eimers mit Farbe, die Verletzung eines Kindes, das vor ein Auto gesprungen ist. Mittelbare Verletzungen würden verursacht, wenn gefährliche Gegenstände ausgeliefert würden, eine Gefahrenquelle nicht ordentlich abgesperrt oder der Patient über Gefahren eines Medikaments nicht hinreichend aufgeklärt werde (LARENZ/CANARIS § 75 II 3 b; vCAEMMERER, in: FS DJT Bd II [1960] 131 ff; vBAR 156 f). Andere stellen auf die Zielrichtung des Verhaltens ab; unmittelbare Eingriffe seien solche, die der Täter final ansteure, auch wenn er dabei verkenne, daß er in fremde Rechte eingreife (G HAGER, in: FS E Wolf [1985] 137 f). Ein mittelbarer Eingriff liege vor, wenn der erstrebte Erfolg erlaubt sei. Freilich soll bei der Prüfung der Verkehrspflicht den Ausschlag geben, ob die von der Rechtsordnung aufgestellten Sorgfaltsanforderungen erfüllt seien, auch wenn sie der Täter nicht habe erkennen können (G HAGER, in: FS E Wolf [1985] 140). **Der Kombinationslehre ist grundsätzlich zu folgen.** Denn sie verhindert, daß bei direkten Eingriffen die Notwehr ausgeschlossen ist, wenn der Handelnde nicht bemerkt und nicht bemerken kann, daß er fremde Rechte oder Rechtsgüter gefährdet. Ist dies aber so, kann Notwehr auch gegen solche Eingriffe geübt werden, die nur wegen der Konstitution des Opfers gefährlich sind. Das muß zB auch gegen eine zwar nicht pflichtwidrige, gleichwohl aber wegen eines unerkennbaren Versehens des Arztes lebensgefährliche Behandlung gelten; ein Schadensersatzanspruch scheitert allerdings am fehlenden Verschulden. Dagegen kann sorgfältiges Verhalten bei nur mittelbarer Verursachung des Erfolgs nicht rückwirkend als Unrecht zu qualifizieren sein (LARENZ/CANARIS § 75 II 3 b). Allerdings ist in solchen Fällen der sorgfältigen Erfüllung der Verkehrspflicht bereits der Tatbestand der unerlaubten Handlung zu verneinen (vgl oben Rn E 27 ff).

2. Die Einleitung staatlicher Verfahren

a) Die Haftung gegenüber dem Verfahrensgegner
aa) Die hM

H 17 Das Reichsgericht hatte die Erhebung einer unbegründeten Drittwiderspruchsklage gemäß § 771 ZPO und die Stellung eines erfolgreichen Antrags nach § 771 Abs 3 ZPO noch als unerlaubte Handlung gewertet (vgl oben Rn B 133). Dem folgt die heute hM nicht, wobei allerdings die Begründung namentlich der Rechtsprechung etwas schwankt. Zunächst hatte der BGH die Rechtswidrigkeit verneint, wobei es ohne Belang sei, ob der Antragsteller hätte erkennen können, daß der Antrag unbegründet sei (BGHZ 36, 18, 21 f). Dies hat das Gericht in der Folgezeit selbst dahin gehend interpretiert, die Rechtswidrigkeit sei nicht schlechthin ausgeschlossen; subjektiv redliches Verhalten indiziere entgegen den sonstigen Regeln nicht die Rechtswidrigkeit durch die Beeinträchtigung der in § 823 geschützten Rechtsgüter (BGHZ 74, 9, 13 f; 95, 10, 19; OLG Düsseldorf NJW-RR 1996, 1179). In einer späteren Entscheidung hat das Gericht die Haftung nach dem sachlichen Recht der unerlaubten Handlung verneint, wenn die Rechtslage nur fahrlässig falsch eingeschätzt worden sei (BGHZ 118, 201, 206; so auch die hL, vgl zB PALANDT/THOMAS Rn 41; DEUTSCH, Allgemeines Haftungsrecht [2. Aufl 1996] Rn 289; BUCHNER, Die Bedeutung des Rechts am eingerichteten und ausgeübten Gewerbebetrieb für den deliktsrechtlichen Unternehmensschutz [1971] 188 f). Der Schutz der Persönlichkeit ist in staatlichen Verfahren nach hM durch diese selbst gewährleistet (vgl oben Rn C 136 ff), während eine unberechtigte Schutzrechtsverwarnung überwiegend als Eingriff in den Gewerbebetrieb angesehen wird (vgl oben Rn D 52 ff). Daneben kommt stets eine Haftung aus § 826 in Frage (BGHZ 36, 18, 21; 74, 9, 14; 95, 10, 19).

bb) Die Kritik

H 18 Die Kritik in der Lehre entzündet sich gerade an der unterschiedlichen Behandlung von Schutzrechtsverwarnungen und sonstigen staatlichen Verfahren. Die vorgeschlagenen Lösungen gehen indes in unterschiedliche Richtungen. ZT wird gefordert, die **Sonderbehandlung der Schutzrechtsverwarnung und letztendlich den speziellen Schutz des Gewerbebetriebs aufzugeben** (LARENZ/CANARIS § 81 III 4 c; vgl genauer Rn D 53). Die Mehrheit der Kritiker des BGH wendet sich gegen die Regeln der Haftung nach Einleitung staatlicher Verfahren (HOPT 236 ff; KÖTZ Rn 700 f; FENN ZHR 132 [1969] 356 ff). Ob die Einleitung rechtswidrig sei, könne nur durch eine Detailanalyse ermittelt werden, wobei je nach Verfahrensart unterschiedliche Maßstäbe anzulegen seien (BAUR JZ 1962, 96; HOPT 243 ff; zust KÖTZ Rn 701; ZEISS JZ 1970, 198; FENN ZHR 132 [1969] 365 f).

cc) Stellungnahme

H 19 Die beiden Positionen dürften weder im Ergebnis noch dogmatisch weit auseinander liegen, zumal der BGH von seiner bei vielen als Stein des Anstoßes empfundenen Aussage, es sei ohne Belang, ob der Antragsteller das Fehlen der Konkursvoraussetzungen habe erkennen können (BGHZ 36, 18, 21 f), wieder abgerückt ist. Zu folgen ist im **Ansatz der hM**. Der Antragsteller ist auf das rechtsstaatliche Verfahren angewiesen; umgekehrt kann sich der Gegner in eben diesem Verfahren wehren. Die Rechtspflege würde lahmgelegt, wenn jeder Prozeß nicht nur mit dem Risiko befrachtet wäre, bei Unterliegen die Prozeßkosten bezahlen zu müssen, sondern auch für den dem Gegner entstandenen Schaden aufkommen zu müssen (BVerfGE 74, 257, 262 f; BGHZ 74, 9, 15; PALANDT/THOMAS Rn 41). Doch sollte auch das Gewicht des Problems nicht überschätzt werden, weil in einer Vielzahl von Fällen entweder kein Recht im

Sinne des § 823 Abs 1 betroffen ist – etwa wenn letztendlich zu Unrecht eine Forderung eingeklagt wird (BUCHNER, Die Bedeutung des Rechts am eingerichteten und ausgeübten Gewerbebetrieb für den deliktsrechtlichen Unternehmensschutz [1971] 188) – oder weil kein Schaden entstanden ist. In den verbleibenden Fällen ist an die Sorgfalt ein differenzierender Maßstab anzulegen. Der Schutz der Persönlichkeit vor unwahren Tatsachenbehauptungen kann innerprozessual gewährleistet werden, während Schmähkritik auch durch ein zweites Verfahren verhindert werden darf (vgl oben Rn C 141). Auch ansonsten können die Sorgfaltspflichten des das Verfahren Betreibenden angesichts der einzukalkulierenden Folgen unterschiedlich sein. Das erklärt die relativ strengen Anforderungen bei der (unberechtigten) Schutzrechtsverwarnung (vgl oben Rn D 59). Dagegen sind in sonstigen Verfahren die Kriterien weniger streng. Von der **Richtigkeit des eigenen Standpunkts in Fragen des Rechts** darf man regelmäßig überzeugt sein. Stellt sich allerdings im Prozeß die Haltlosigkeit heraus, so darf etwa eine Behauptung über die Eigentümerstellung nicht mehr aufrechterhalten werden; ihre Wiederholung wäre rechtswidrig (vgl für den Schutz der Persönlichkeit oben Rn C 261, für den Schutz des Gewerbebetriebs oben Rn D 59). In dogmatischer Hinsicht geht es hierbei um eine lediglich mittelbare Verletzung, bei der erst der Verstoß gegen die Sorgfaltspflicht das Verdikt der Rechtswidrigkeit begründet (ZEISS NJW 1967, 707 f; FENN ZHR 132 [1969] 367).

b) Die Haftung gegenüber Dritten
Dritten gegenüber besteht die Privilegierung nicht, so daß es etwa bei der Vollstreckung in schuldnerfremde Sachen bei den normalen Regeln verbleibt (vgl oben Rn B 70). Doch haftet der Vollstreckungsgläubiger nach der hier verfochtenen These nur nach den §§ 989 f (vgl oben Rn B 72); auch die hM verlangt vom Eigentümer einen hinreichend glaubhaften Nachweis, um das Verschulden des Vollstreckungsgläubigers anzunehmen (vgl oben Rn B 73). Die Maßstäbe dürften daher kaum divergieren.

IV. Das Verschulden wird in diesem Kommentar bei § 276 besprochen (STAUDINGER/ LÖWISCH [1995] § 276 Rn 1 ff).

V. Die Beweislast

Beweisbelastet ist der Anspruchsteller, und zwar im Regelfall für die Voraussetzungen des objektiven Tatbestandes und für das Verschulden (BGHZ 39, 103, 105; PALANDT/ THOMAS Rn 167; MünchKomm/MERTENS Rn 58); das Maß bestimmt sich nach § 286 ZPO (BAUMGÄRTEL Rn 11 mwNw). Davon gibt es allerdings eine Reihe von Ausnahmen, etwa bei der Verletzung einer Verkehrspflicht (vgl dazu oben Rn E 72), bei der Produzentenhaftung (vgl dazu oben Rn F 43 ff), bei der Verletzung von Schutzgesetzen (vgl dazu oben Rn G 39 f) und im Arzthaftungsrecht (vgl dazu unten Rn I 42 ff). Die Tatbestandsvoraussetzungen des Rechtfertigungsgrundes hat dagegen der Schädiger nachzuweisen (BGHZ 39, 103, 105; MünchKomm/MERTENS Rn 59). Die Beweislast im Bereich des § 906 ist dort kommentiert (STAUDINGER/ROTH [1996] § 906 Rn 175 ff; vgl dazu auch noch BGH NJW 1997, 2748). Das Beweismaß für die haftungsausfüllende Kausalität wird durch § 287 ZPO festgelegt (BAUMGÄRTEL Rn 34 mwNw).

VI. Die Rechtsfolgen

Der Schädiger haftet nach allgemeinen Regeln für **alle Schäden**, die aus der Rechtsguts- bzw Rechtsverletzung folgen (MünchKomm/MERTENS Rn 88). Zu ersetzen ist das

§ 823
H 24, H 25

2. Buch
7. Abschnitt. Einzelne Schuldverhältnisse

negative Interesse (RGZ 103, 154, 159 f; BGHZ 57, 137, 139 [im Rahmen des § 823 Abs 2]; 105, 121, 131; BGH NJW 1993, 2992; 1998, 983, 984 [im Rahmen des § 823 Abs 2]; OLG Frankfurt aM VersR 1979, 162, 163; Palandt/Heinrichs vor § 249 Rn 17; Palandt/Thomas Rn 159). Dieses umfaßt auch die Nachteile durch das Nichtzustandekommen eines möglichen anderen Geschäfts (BGH NJW 1993, 2992 [im Rahmen des § 823 Abs 2]). Das **Verschulden** braucht sich nicht auf den Schaden und seinen Umfang zu erstrecken (BGHZ 59, 30, 39 mwNw; BGH NJW 1992, 1381, 1382; VersR 1961, 160, 161; 1967, 133, 134; OLG Celle r+s 1998, 109, 110; MünchKomm/Mertens Rn 56; BGB-RGRK/Steffen Rn 415).

1. Einschränkungen gegenüber den allgemeinen Regeln?

H 24 In der neueren Literatur werden demgegenüber Einschränkungen vorgeschlagen. So soll bei Beschädigung von Kraftfahrzeugen neben den Reparaturkosten nur die entgangene Nutzung zu ersetzen sein, nicht jedoch ein Gewinn, der mit einem intakten Fahrzeug erzielt worden wäre (Giesen VersR 1979, 393). Doch gibt es keinen Grund, von den üblichen Kategorien der Schadensberechnung abzuweichen (abl auch MünchKomm/Mertens Rn 88 Fn 154). Ein anderer Vorschlag lautet, wegen des Zwecks des § 823 Abs 1 die Haftung auf den infolge des Ausfalls der zerstörten Sache **unmittelbar eintretenden Gewinnentgang** zu beschränken und nicht etwa auf den deswegen im Gesamtunternehmen des Geschädigten entgehenden Gewinn zu erstrecken (Marschall vBieberstein, in: FS vCaemmerer [1978] 433). Auch dem ist nicht zu folgen (abl auch Soergel/Zeuner Rn 41; MünchKomm/Mertens Rn 89 f, der bei vorsätzlicher Schädigung stets, bei fahrlässiger je nach Art der Verkehrspflicht den Anspruch bejaht; s dazu sogleich im Text). Genauso wie bei der Körperverletzung fällt es in den Risikobereich des Schädigers, wie hoch der von ihm verursachte Schaden ist, ob er einen erfolgreichen oder erfolglosen Unternehmer verletzt. Ansonsten würde auch der Schutz des Eigentums für die unternehmerische Tätigkeit abgebaut, was trotz der Möglichkeit, das Unternehmen zu versichern, der Konzeption des § 823 Abs 1 nicht gerecht würde (MünchKomm/Mertens Rn 89). Dies gilt nicht nur für vorsätzliche, sondern auch für fahrlässige Eingriffe, wobei sich aus dem Schutzzweckzusammenhang zwischen der verletzten Verkehrspflicht und dem Schaden Einschränkungen ergeben könnten (MünchKomm/Mertens Rn 90).

2. Die Kompensation der Schadensersatzpflicht des Eigentümers

H 25 Der Schädiger haftet auch für den Schaden, der dadurch entsteht, daß der **Eigentümer seinerseits** wegen der Zerstörung **ersatzpflichtig** wird. Da der Eigentümer regelmäßig die Beeinträchtigung der Sache nicht zu vertreten hat, geht es in erster Linie um Fälle, in denen er ohne Verschulden einstehen muß. Paradebeispiel ist die verschärfte Haftung nach § 287 S 2 während des Schuldnerverzugs oder wegen der verschuldensunabhängigen Sachmängelgewährleistung. Muß also deswegen der Eigentümer seinem Partner Schadensersatz leisten, so kann er diesen über § 823 Abs 1 vom Schädiger verlangen (BGH NJW 1994, 517, 518; NJW-RR 1992, 283). Das gilt auch, wenn die **Haftung für Zufall vertraglich vereinbart war** (MünchKomm/Mertens Rn 91; Marschall vBieberstein, Reflexschäden und Regreßrechte [1967] 286; Bedenken äußert nunmehr ders, in: FS vCaemmerer [1978] 426), wobei im Einzelfall allerdings § 254 Abs 1 eingreifen kann. Eine Grenze findet die Ersatzpflicht jedoch dann, wenn sie vom Geschädigten nur für den Fall garantiert wurde, daß ihm ein Dritter haftet. Damit unterliefe man zwar nicht die gesetzliche Entscheidung, daß nur mittelbar im Vermögen Geschädigte keine Deliktsansprüche haben sollen (so indes MünchKomm/Mertens Rn 91; Marschall v Bieberstein, in: FS v Caemmerer [1978] 425 f), weil es ja immer um den Schaden des Eigentümers ginge, verstieße aber gegen den Grundsatz, daß Verträge nicht zu Lasten Dritter geschlossen werden können (MünchKomm/Mertens Rn 91). Vor allem folgt das Ergebnis aus § 254 Abs 1; der zusätzliche Schaden ist (bewußt und vorsätzlich) vom Geschädigten verursacht.

I. Arzthaftungsrecht

Schrifttum

Ankermann/Kullmann, Arzthaftpflicht-Rechtsprechung, Ergänzbare Rechtsprechungssammlung zur gesamten Arzthaftpflicht einschließlich der Haftung von Krankenhausträgern für die juristische Praxis..., 5 Bände (Berlin 1994)
Baumgärtel, Beweisrechtliche Studien, Beweiswürdigung – Abgrenzung zur Beweislast – Beweismaß, in: FS der Rechtswissenschaftlichen Fakultät zur 600-Jahr-Feier der Universität Köln (1988) 165
ders, Die Befundsicherungspflicht – ein Weg zur Hebung der Beweisnot im Zivilprozeß?, in: FS Hans Ulrich Walder zum 65. Geburtstag (1994) 143
Deutsch, Medizinrecht, Arztrecht, Arzneimittelrecht und Medizinproduktrecht (3. Aufl 1997)
Ehlers, Die ärztliche Aufklärung vor medizinischen Eingriffen (1987)
Francke, Ärztliche Berufsfreiheit und Patientenrechte, Eine Untersuchung zu den verfassungsrechtlichen Grundlagen des ärztlichen Berufsrechts und des Patientenschutzes (1994)
Francke/Hart, Ärztliche Verantwortung und Patienteninformation, Eine Untersuchung zum privaten und öffentlichen Recht der Arzt-Patient-Beziehung (1987)
Geiss, Arzthaftpflicht (2. Aufl 1993)
Giesen, Die zivilrechtliche Haftung des Arztes bei neuen Behandlungsmethoden und Experimenten – Civil Liability of Physicians with regard to New Methods of Treatment and Experiments – La Responsabilité des Médicins par rapport aux nouveaux Traitements et aux Experimentations (1976)
ders, International Medical Malpractice Law. A Comparative Law Study of Civil Liability Arising from Medical Care (1988)
ders, Arzthaftungsrecht (4. Aufl 1995)
Kaufmann, Die Beweislastproblematik im Arzthaftungsprozeß (1984)
Kern/Laufs, Die ärztliche Aufklärungspflicht. Unter besonderer Berücksichtigung der richterlichen Spruchpraxis (1983)
Kollhosser/Kubillus, Grundfragen des Arztrechts, JA 1996, 439
Kuntz, Arzthaftungsrecht, Sammlung von Entscheidungen, 2 Bde (1992)
Laufs, Arztrecht (5. Aufl 1993)
ders, Die Entwicklung des Medizinrechts, jährlich in NJW
Laufs/Uhlenbruck, Handbuch des Arztrechts, Zivilrecht, Öffentliches Recht, Kassenarztrecht, Krankenhausrecht, Strafrecht (1992)
Nägeli, Die ärztliche Behandlung handlungsunfähiger Patienten aus zivilrechtlicher Sicht (1984)
Ott, Voraussetzungen der zivilrechtlichen Haftung des Arztes (1978)
Schick, Die Haftung des Arztes in zivil- und strafrechtlicher Sicht unter Einschluß des Arzneimittelrechts (1983)
Schramm, Der Schutzbereich der Norm im Arzthaftungsrecht (1992)
Seehafer, Der Arzthaftungsprozeß in der Praxis (1991)
Sethe/Krumpaszky, Arzthaftung und Qualitätsmanagement in der Medizin, VersR 1998, 420

STAACK/UHLENBRUCK, Die Rechtsbeziehungen zwischen Arzt und Patient. Vom Sonderrecht zum Dienstvertrag, in: FS Schewe (1991) 142

STEFFEN/DRESSLER, Arzthaftungsrecht – Neue Entwicklungslinien der BGH-Rechtsprechung (7. Aufl 1997).

Systematische Übersicht

I. **Dogmatische Grundlagen**
1. Der ärztliche Heileingriff — I 1
   a) Die hM — I 1
   b) Die Gegenauffassungen — I 2
   c) Stellungnahme — I 3
2. Die Abgrenzung zu anderen Haftungssystemen — I 4
   a) Die Haftung nach öffentlichem Recht — I 4
   b) Die Haftung nach § 839 — I 5
3. Die vertragliche und die deliktische Haftung des Arztes — I 6
   a) Die Anspruchsgrundlagen und deren Unterschiede — I 6
   b) Die Angleichung der Maßstäbe — I 7
4. Grundprinzipien — I 8
   a) Der Patient als Subjekt der Behandlung — I 8
   b) Die Pflicht des Arztes zum schonenden Umgang — I 9
   c) Die Konsequenz der ärztlichen Überlegenheit — I 10
   d) Der Patient als Träger seines allgemeinen Lebensrisikos — I 11
5. Reformpläne — I 12

II. **Der Anwendungsbereich des Arzthaftungsrechts** — I 13

III. **Die Pflicht zur Übernahme einer Behandlung**
1. Die Regel — I 14
2. Die Behandlung Todkranker und Sterbender — I 15
   a) Leitlinie zum Umfang und zur Begrenzung der ärztlichen Behandlungspflicht in der Chirurgie — I 15
   b) Grundsätze der Bundesärztekammer zur ärztlichen Sterbebegleitung — I 16
   c) Grenzen ärztlicher Behandlungspflicht bei schwerstgeschädigten Neugeborenen — I 17

IV. **Der ärztliche Behandlungsfehler**
1. Der Begriff des Fehlers — I 18
2. Der relevante Zeitpunkt — I 19
3. Die Fortbildungspflicht des Arztes — I 20
4. Neue Methoden — I 21
5. Abweichungen von der Schulmedizin — I 22

V. **Die einzelnen ärztlichen Pflichten**
1. Die Diagnosestellung — I 23
   a) Die fehlende Diagnose — I 23
   aa) Die Pflicht zur Diagnosestellung — I 23
   bb) Kasuistik — I 24
   b) Die fehlerhafte Diagnose — I 25
   c) Die risikoreiche Diagnose — I 26
   d) Die Einschaltung von Hilfspersonen und die Verwendung von Diagnosen Dritter — I 27
2. Die Sicherungsaufklärung — I 28
   a) Die Mitteilung der Diagnose — I 28
   b) Der Hinweis auf Risiken — I 29
   c) Die Mitteilung unterlaufener Fehler — I 30
3. Zusammenarbeit und Delegation — I 31
   a) Die Zusammenarbeit zwischen Ärzten — I 31
   b) Die Delegation von Pflichten — I 32
   c) Die Anfängeroperation — I 33
   d) Die Haftung des Behandelnden — I 34
4. Der Einsatz technischer Hilfsmittel — I 35
   a) Die Pflicht zum Einsatz — I 35
   b) Die Pflicht zur Beherrschung und Kontrolle — I 36
5. Die Pflicht zur ordnungsgemäßen Organisation — I 37
   a) Die Gewährleistung der erforderlichen medizinischen Versorgung — I 37
   b) Die gesteigerten Verkehrspflichten zum Schutz der Patienten — I 38
6. Die Therapiewahl des Arztes — I 39

7. Das Abstinenzgebot des Therapeuten _____ I 40
8. Der Einwand des Mitverschuldens des Patienten _____ I 41

VI. Besonderheiten des Beweisrechts
1. Verfassungsrechtliche Vorgaben _____ I 42
2. Praktische Besonderheiten _____ I 43
3. Die Grundregeln _____ I 44
   a) Die haftungsbegründende Kausalität _____ I 44
   b) Die Rolle des § 282 _____ I 45
   aa) Der Ausgangspunkt _____ I 45
   bb) Die Ausnahme: Der beherrschbare Bereich _____ I 46
   c) Das rechtmäßige Alternativverhalten _____ I 47
4. Erleichterungen für den Patienten _____ I 48
   a) Die Substantiierungslast _____ I 48
   b) Der Anscheinsbeweis _____ I 49
   aa) Die Grundsätze _____ I 49
   α) Die Begründung des Anscheinsbeweises _____ I 49
   β) Die Erschütterung des Anscheinsbeweises _____ I 50
   bb) Beispiele _____ I 51
   α) Bejahung des Anscheinsbeweises _____ I 51
   β) Ablehnung des Anscheinsbeweises _____ I 52
   c) Die Vermutung des „aufklärungsrichtigen" Verhaltens _____ I 53
5. Insbesondere: Beweiserleichterungen aufgrund schwerer Fehler _____ I 54
   a) Der schwere Behandlungsfehler _____ I 54
   aa) Die Grundsätze der hM _____ I 54
   α) Die Erleichterung der Beweislast _____ I 54
   β) Der grobe Behandlungsfehler _____ I 55
   γ) Die Ausnahmen _____ I 56
   δ) Die Beschränkung auf die haftungsbegründende Kausalität _____ I 57
   ε) Die Feststellung des groben Fehlers im Prozeß _____ I 58
   bb) Die Gegenauffassungen _____ I 59
6. Kasuistik _____ I 60
   a) Anästhesie _____ I 61
   b) Chirurgie _____ I 62
   aa) Diagnose _____ I 62
   bb) Therapie _____ I 63
   c) Perinatologie _____ I 64

aa) Diagnose _____ I 64
bb) Therapie _____ I 65
d) Diagnosefehler _____ I 66
aa) Fehlende Befunderhebung _____ I 66
bb) Fehldiagnosen _____ I 67
e) Sonstige Fehler _____ I 68
f) Mangelnde Qualifikation des Arztes _____ I 69
g) Fehlender medizinischer Standard und mangelhafte Organisation _____ I 70
7. Insbesondere: Die beweisrechtlichen Konsequenzen lückenhafter Dokumentation, fehlender Befunderhebung und Befundsicherung _____ I 71
   a) Die Dokumentation _____ I 71
   aa) Der Umfang der Dokumentationspflicht _____ I 71
   bb) Beweisrechtliche Konsequenzen _____ I 72
   b) Die Befunderhebungspflicht _____ I 73
   aa) Der Umfang _____ I 73
   bb) Beweisrechtliche Konsequenzen _____ I 74
   c) Die Befundsicherungspflicht _____ I 75

VII. Die Aufklärungspflicht des Arztes
1. Dogmatische Grundlagen _____ I 76
   a) Die Einwilligung als Rechtfertigungsgrund _____ I 76
   aa) Die hM: Die Einwilligung als Rechtfertigungsgrund _____ I 76
   bb) Die Gegenthese: Die fehlende Einwilligung als Verletzung der Persönlichkeit _____ I 77
   b) Die Abgrenzung zur Sicherungsaufklärung _____ I 78
   c) Der Zusammenhang mit Behandlungsfehlern _____ I 79
2. Die Person des Aufklärenden _____ I 80
   a) Die Aufklärung durch den Arzt _____ I 80
   b) Die Beteiligung mehrerer Ärzte _____ I 81
   c) Die spezifischen Rechtsfolgen _____ I 82
3. Der Umfang der Aufklärung _____ I 83
   a) Die aufklärungsbedürftigen Umstände _____ I 83
   b) Die Kriterien _____ I 84
   aa) Die Dringlichkeit des Eingriffs _____ I 85
   α) Fehlende medizinische Indikation _____ I 85
   β) Dringende medizinische Indikation _____ I 86

γ)	Der Hinweis auf die Dringlichkeit des Eingriffs	I 87		b)	Der Widerruf der Einwilligung	I 110
bb)	Das Risiko	I 88		c)	Die Anfechtung der Einwilligung	I 111
α)	Das Risiko des Fehlschlagens	I 88		d)	Die Verweigerung der Einwilligung	I 112
β)	Das Risiko von Komplikationen	I 89		10.	Die Organisationspflicht des Krankenhauses	I 113
γ)	Die wahrheitsgemäße Schilderung	I 90		11.	Das Mitverschulden des Patienten	I 114
δ)	Kasuistik	I 91		12.	Die mutmaßliche Einwilligung	I 115
cc)	Die Behandlungsalternativen	I 92		a)	Die Abgrenzung zum rechtfertigenden Notstand	I 115
α)	Die Pflicht zum Hinweis	I 92		b)	Operationserweiterungen	I 116
β)	Hinweispflicht bei Abweichungen vom Standard?	I 93		c)	Entscheidungsunfähige und bewußtlose Patienten	I 117
γ)	Kasuistik	I 94		13.	Die Folgen fehlender oder fehlerhafter Aufklärung	I 118
dd)	Operationserweiterung und Folgeoperationen	I 95		a)	Die Haftung des Arztes	I 118
ee)	Fragen des Patienten	I 96		b)	Der Schutzzweckzusammenhang	I 119
4.	Die Einwilligungsfähigkeit	I 97		aa)	Fehlende Grundaufklärung	I 119
a)	Die alleinige Einwilligung beschränkt Geschäftsfähiger	I 97		bb)	Untypische Risiken	I 120
b)	Die Einwilligung der gesetzlichen Vertreter	I 98		c)	Die hypothetische Einwilligung	I 121
c)	Die zusätzliche Einwilligung beschränkt Geschäftsfähiger	I 99		aa)	Die Voraussetzungen	I 121
5.	Die Entbehrlichkeit der Aufklärung	I 100		bb)	Die Unzulässigkeit des Einwands	I 122
a)	Der Verzicht des Patienten	I 100		cc)	Die Kritik in der Lehre	I 123
b)	Die Kenntnis des Patienten	I 101		dd)	Kasuistik	I 124
6.	Das Gebot der Rücksichtnahme bei der Aufklärung	I 102		d)	Die hypothetische Kausalität	I 125
a)	Die übermäßige Aufklärung	I 102		14.	Die Verteilung der Beweislast für die Aufklärung	I 126
b)	Die schonende Aufklärung	I 103		a)	Die Konsequenz der dogmatischen Einordnung	I 126
c)	Die Aufklärung bei medizinischer Kontraindikation	I 104		b)	Der Umfang der Behauptungs- und Beweislast	I 127
7.	Die Verständnismöglichkeit des Patienten	I 105		c)	Die Anforderungen	I 128
8.	Der Zeitpunkt der Aufklärung	I 106		15.	Richtlinien zur Aufklärung der Krankenhauspatienten über vorgesehene ärztliche Maßnahmen	I 129
a)	Der Grundsatz der rechtzeitigen Aufklärung	I 106				
b)	Die Differenzierung nach der Art des Eingriffs	I 107		**VIII.**	**Die Passivlegitimation**	
c)	Die Folgen verspäteter Aufklärung	I 108		1.	Die Haftung mehrerer Ärzte	I 130
9.	Die Entscheidung des Patienten	I 109		2.	Die Haftung für Dritte	I 131
a)	Die Auslegung und die Reichweite der Einwilligung	I 109		a)	Die Haftung für angestellte Ärzte	I 131
				b)	Die Haftung für Belegärzte	I 132
				c)	Die Haftung der Ärzte einer Gemeinschaftspraxis	I 133

Alphabetische Übersicht

Abstinenzgebot des Therapeuten	I 40		Anamnese	I 23, 27
Amtshaftung	I 4		Anästhesist	I 31

25. Titel.
Unerlaubte Handlungen

Anfängeroperation — I 33, 93
Angehörige — I 15 f, 28, 104, 112, 117
Anscheinsbeweis — I 49, 54
Arzt
- Amts- — I 4
- angestellter — I 131
- Beleg- — I 132
- Chef- — I 5, 131
- Durchgangs- — I 4
Arzthaftungsprozeß
- Beweislast — I 42 ff
- Feststellung eines groben Behandlungsfehlers im — I 58
- Passivlegitimation — I 130
- Waffengleichheit im — I 42 ff
Arztzusatzvertrag — I 131
Assistenzarzt — I 27
Aufklärung — I 76 ff
- bei medizinischer Kontraindikation — I 104
- Gebot der Rücksichtnahme — I 102
- Entbehrlichkeit der — I 100
- entscheidungsunfähiger Patient — I 117
- mit Hilfe von Formularen — I 80 ff
- Risiko- — I 29, 88 ff
- therapeutische — I 30
- über Behandlungsalternativen — I 92
- Umfang der — I 83
- Verzicht — I 100
- Zeitpunkt der — I 106
Aufklärungspflicht — I 9, 15 ff, 76 ff
Aufzeichnungen, ärztliche — I 71
Ausstattung, personelle — I 46

Befunderhebung — I 23, 66, 71 ff
Befundsicherung — I 66, 71 f, 75
Behandlung
- ambulante — I 5
- stationäre — I 5
- Sterbender — I 15 f
Behandlungsfehler — I 18 ff
- grober — I 55 ff
- in der Anästhesie — I 61
- in der Chirurgie — I 62
- in der Perinatologie — I 64
Behandlungskosten, Ersatz von — I 30
Behandlungsübernahme — I 14
beherrschbarer Bereich — I 46, 70
Beweis des Gegenteils — I 50, 59
Beweiserleichterung — I 10

- für Patienten — I 48
- aufgrund schwerer Fehler — I 54
- bei fehlender Dokumentation — I 72
Beweislast — I 7, 10, 42 ff
Beweislastumkehr — I 46
Beweislastverteilung — I 45
- für die Aufklärung — I 126
Beweismaß — I 44
Beweismittel, Vernichtung von — I 71
Bewußtlose — I 115, 117
Blutkonserven — I 37

Delegation von Pflichten — I 31 ff
Diagnose — I 23 ff, 73
- Dritter — I 27
- risikoreiche — I 26
Diagnosefehler — I 25, 66, 74
Dokumentation — I 10, 71 ff

Einbecker Empfehlungen — I 17
Einsichtsfähigkeit — I 97, 104
Einweisung aufgrund öffentlich-rechtlicher Vorschriften — I 74
Einwilligung — I 1, 76 ff
- Anfechtung — I 111
- Auslegung — I 109
- beschränkt Geschäftsfähiger — I 97, 99
- hypothetische — I 121 ff
- mutmaßliche — I 115
- Reichweite — I 109
- des gesetzlichen Vertreters — I 97 ff
- Verweigerung — I 112
- Widerruf der — I 110
Einwilligungsfähigkeit — I 97 ff
Erwartungshorizont des Patienten — I 105

Fehldiagnose — I 25, 67
Folgeoperation — I 95
Fortbildungspflicht des Arztes — I 20

Garantenstellung — I 6, 7, 82
Gebot der Rücksichtnahme — I 102
Geburt — I 117
Geburtshilfe ohne operativen Eingriff — I 1
Gefährdungshaftung — I 12
Gegenbeweis — I 50
Gemeinschaftspraxis — I 133

Haftung — I 6 ff

- deliktische — I 6
- nach öffentlichem Recht — I 4
- vertragliche — I 6
Haftungsausschluß — I 6, 41
Haftungsmilderung — I 6
Hebamme — I 13, 32
Heileingriff — I 1, 2
Heilpraktiker — I 13
Hilfsperson — I 27
Hintergrunddienst — I 37
Hirntod — I 17

Kausalität — I 44 ff, 50 ff
- hypothetische — I 125
Körperverletzung — I 1 ff
Krankenhausträger — I 113, 131, 132
Krankenhausvertrag — I 131
Krankenschwester — I 32, 69

Lagerung des Patienten — I 31 ff, 46
Lebensbeendigung — I 15
Lebenserhaltung — I 15
Lebensrisiko, allgemeines — I 11
Lebensverlängernde Maßnahmen — I 15, 17

Medikation, fehlerhafte — I 46
Medizinische Geräte — I 35
- Beherrschung — I 36
- Einsatz — I 35
Minderjährige — I 97, 112
Mitverschulden des Patienten — I 41, 56, 114 ff
Mitwirkung des Patienten — I 28

Neugeborenes — I 17
Nichtbefolgen ärztlicher Anweisungen — I 41, 53, 56
Notstand — I 115

Operation, kosmetische — I 6, 85, 105
Operationserweiterung — I 95, 106, 116
Organisationspflicht — I 7, 70, 113 ff
Organisationsverschulden — I 7, 37

Patient
- bewußtloser — I 16
- urteilsunfähiger — I 16
- vernünftiger — I 86, 89

Patientenversorgung, postoperative — I 31
Persönlichkeitsrecht — I 2 f, 77
Praxisgemeinschaft — I 133
Primärschaden — I 57
Psychotherapeut — I 13, 40

Qualifikation — I 33, 69, 93

Rechtmäßiges Alternativverhalten — I 47, 53, 120
Risiko, untypisches — I 120

Schulmedizin — I 21 f
Sekundärschaden — I 57
Selbstbeschädigung — I 38, 41
Selbstbestimmungsrecht — I 2, 8 f, 39, 76, 106 ff, 116, 120
Selbstmord — I 38, 41, 117
Sicherungsaufklärung — I 28, 47, 53, 78
Sozialversicherung — I 12
Sterbehilfe — I 16 f
Sterbender — I 15 f

Therapie — I 39 ff
- alternative — I 39, 92
- Erprobung — I 39, 92
- neue — I 21, 39, 92
- riskante — I 39
Therapiewahl — I 39
Tierarzt — I 13
Todkranker — I 15 f

Umgang, schonender — I 9
Umkehr der Beweislast — I 46
Unfall im Krankenhaus — I 38

Verjährung — I 7
Verkehrspflicht — I 38
Verständnismöglichkeit des Patienten — I 105
Vertrag, privatrechtlicher — I 4
Verweisungsprivileg — I 5
Vorsorgeuntersuchung — I 24

Wille des Kranken — I 15, 86, 89

Zwangseinweisung — I 4

I. Dogmatische Grundlagen*

1. Der ärztliche Heileingriff

a) Die hM
Nach ständiger Rechtsprechung und hM ist der ärztliche Heileingriff **tatbestandsmäßig eine Körperverletzung** (BGHZ 29, 46, 49; 29, 176, 179; 67, 48, 49; 106, 153, 156; BGH NJW 1971, 1887; 1974, 1422; 1980, 1905; LM Nr 11 zu § 823 [Aa] unter II; OLG Karlsruhe NJW 1966, 399; VersR 1987, 1247, 1248; OLG Stuttgart VersR 1979, 1016; OLG Bamberg VersR 1998, 1025; BGH [St] NJW 1958, 257, 258; SOERGEL/ZEUNER Rn 18, 233; BGB-RGRK/STEFFEN Rn 9; BGB-RGRK/NÜSSGENS Anh II Rn 64; G MÜLLER, in: FS Steffen [1995] 367; das wird von der Rspr oft als ganz selbstverständlich zugrundegelegt und nur über das Problem der Einwilligung thematisiert; vgl zB RGZ 88, 433, 436 mwNw; BGHZ 90, 96, 99; 90, 103, 105 f; 106, 391, 394; OLG Stuttgart NJW 1979, 2355 f) – und zwar auch dann, wenn es um eine Geburtshilfe ohne operativen Eingriff geht (BGHZ 106, 153, 156; G MÜLLER, in: FS Steffen [1995] 367). Das bedeutet, daß der Arzt nicht nur bei einer **fehlerhaften**, sondern auch bei einer **eigenmächtigen**, also nicht durch eine Einwilligung oder – in Ausnahmefällen – durch sonstige Rechtfertigungsgründe gedeckten Behandlung in die **körperliche Unversehrtheit** eingreift (MünchKomm/MERTENS Rn 358; LAUFS Rn 174). Der BGH hat dies zunächst, aus der Geschichte heraus durchaus verständlich, mit Art 2 Abs 2 GG begründet (BGHZ 29, 46, 49; 29, 176, 179; 106, 391, 397; BGH [St] NJW 1958, 257, 258); es genügt auch der Hinweis, daß der Träger der Rechte und Rechtsgüter des § 823 Abs 1 jeden Eingriff prinzipiell untersagen kann.

b) Die Gegenauffassungen
Nach wie vor wendet sich ein **Teil der Lehre gegen diese These**, da die ärztliche Tätigkeit auf Heilung oder jedenfalls Besserung des körperlichen Wohlbefindens ausgerichtet sei (LAUFS Rn 174, 176; ders NJW 1969, 529; ders NJW 1997, 1610 f; LARENZ/CANARIS § 76 II 1 g; ESSER/WEYERS § 55 I 1 b; aus strafrechtlicher Sicht ULSENHEIMER, in: LAUFS/UHLENBRUCK § 138 Rn 5). Eine Körperverletzung anzunehmen vertrage sich nicht mit dem **Vertrauensverhältnis** zwischen Patient und Arzt (vgl die Darstellung bei MünchKomm/MERTENS Rn 359). Die eigenmächtige Heilbehandlung verletze vielmehr das **Selbstbestimmungs-** und damit das **Persönlichkeitsrecht des Patienten** (LAUFS Rn 176; ders, in: LAUFS/UHLENBRUCK § 103 Rn 6; ders NJW 1969, 529 ff; LARENZ/CANARIS § 76 II 1 g; ESSER/WEYERS § 55 I 1 b; WEYERS/MIRTSCHING JuS 1980, 320; HART, in: FS Heinrichs [1998] 308; wohl auch ERMAN/SCHIEMANN Rn 137). Die hM setze dagegen Körperverletzung und Beeinträchtigung des

---

* **Schrifttum:** DANIELS, Probleme des Haftungssystems bei stationärer Krankenhausbehandlung, NJW 1972, 305; DEUTSCH, Schutzbereich und Tatbestand des unerlaubten Heileingriffs im Zivilrecht, NJW 1965, 1985; ders, Der Zeitpunkt der ärztlichen Aufklärung und die antezipierte Einwilligung des Patienten, NJW 1979, 1905; ders, Haftungsfreistellung von Arzt oder Klinik und Verzicht auf Aufklärung durch Unterschrift des Patienten, NJW 1983, 1351; ders, Reform des Arztrechts, NJW 1987, 1657; ders, Anm zu BGH, 20. 9. 1988 – VI ZR 37/88, NJW 1989, 767; FRANZKI/FRANZKI, Waffengleichheit im Arzthaftungsprozeß, NJW 1975, 2225; GIESEN, Arzthaftungsrecht im Umbruch, JZ 1982, 448; KLINGMÜLLER, Zu den Plänen einer neuartigen Patientenversorgung nach schwedischem Muster in der Bundesrepublik Deutschland, VersR 1980, 694; LAUFS, Zur deliktsrechtlichen Problematik ärztlicher Eigenmacht, NJW 1969, 529; ders, Reform der Arzthaftung?, NJW 1996, 2413; G MÜLLER, Fortpflanzung und ärztliche Haftung, in: FS Steffen (1995) 355.

Persönlichkeitsrechts gleich (LAUFS Rn 176). Auch praktisch habe das Konsequenzen; zu ersetzen seien wegen des Schutzzweckzusammenhangs die spezifischen Schäden aufgrund der ärztlichen Eigenmacht (WEYERS/MIRTSCHING JuS 1980, 320; ähnl HART, in: FS Heinrichs [1998] 308, 316; vgl dazu unten Rn I 77). Die Ergebnisse der hM und die Begründung der Kritiker werden mit dem Vorschlag zusammengefaßt, die eigenmächtige oder unsachgemäße Heilbehandlung als Körperverletzung aufzufassen, dagegen bei einer medizinisch korrekt durchgeführten, von der Einwilligung des Patienten gedeckten Therapie von vornherein die Körperverletzung zu verneinen (MünchKomm/MERTENS Rn 361 f). So lasse sich auch die unnötige Diskriminierung des ärztlichen Berufsstandes vermeiden; dogmatisch passe die Unterscheidung in die generelle Distinktion zwischen legislativer und judizieller Konzeption (MünchKomm/MERTENS Rn 360). In eine ähnliche Richtung zielt die Lehre, als Rechtsgut das Selbstbestimmungsrecht über die leiblich-psychische Integrität anzusehen; dem korrespondiere die Pflicht, die Behandlung nicht ohne die gebotene Aufklärung vorzunehmen. Zu ersetzen sei der Schaden, auf den sich die Aufklärungspflicht gegenständlich und umfangmäßig bezogen habe (BRÜGGEMEIER Rn 701).

c) **Stellungnahme**

I 3 Der Streit hat eine hochgradig emotionell gefärbte Seite, so wenn man den Arzt als Messerstecher diskreditiert sieht (ULSENHEIMER, in: LAUFS/UHLENBRUCK § 138 Rn 5; WEYERS/MIRTSCHING JuS 1980, 320). Dabei herrscht über das **Ergebnis weitgehend Konsens**. Die Einordnung als Persönlichkeitsverletzung verkennt freilich, daß auch die Eigentumsverletzung die Dispositionsfreiheit des Eigentümers beeinträchtigt; die Entscheidungsfreiheit ist jedem Rechtsgut vorgeordnet (BGB-RGRK/NÜSSGENS Anh II Rn 65; DEUTSCH NJW 1965, 1989; ders NJW 1979, 1906). Eine Verschlechterung der Lage des Patienten würde es ferner bedeuten, wenn seine Entschädigung an die strengeren Voraussetzungen der Ersatzpflicht bei Persönlichkeitsverletzungen geknüpft wäre (BGB-RGRK/NÜSSGENS Anh II Rn 65). Wenn in jüngerer Zeit, wie auch die Kritiker des BGH konzedieren, die Gerichte den Terminus Körperverletzung vermeiden, sobald die Einwilligung vorliegt (LAUFS Rn 177; ders, in: LAUFS/UHLENBRUCK § 103 Rn 7), und weitgehende Einigkeit in der Sache besteht, kann man es bei der hM belassen.

2. **Die Abgrenzung zu anderen Haftungssystemen**

a) **Die Haftung nach öffentlichem Recht**

I 4 Grundsätzlich haftet der behandelnde Arzt **deliktisch aus § 823 Abs 1** (BGHZ 85, 393, 395; MünchKomm/MERTENS Rn 460; MünchKomm/PAPIER § 839 Rn 163; LAUFS, in: LAUFS/UHLENBRUCK § 105 Rn 11; DANIELS NJW 1972, 309). Das galt auch schon früher für Kassenpatienten (vgl schon § 368 d Abs 4 RVO sowie BGH NJW 1953, 816; VersR 1961, 225, 226; auch noch hilfsweise BGHZ 76, 259, 261; zudem BGHZ 108, 230, 233); nach heute hM kommt seit dem Erlaß des SGB V ohnehin ein **privatrechtlicher Vertrag** zwischen dem Arzt und dem Kassenpatienten zustande (BGHZ 76, 259, 261; 97, 273, 276; 100, 363, 367; 108, 230, 233; MünchKomm/MÜLLER-GLÖGE [3. Aufl 1997] § 611 Rn 49; UHLENBRUCK, in: LAUFS/UHLENBRUCK § 40 Rn 31 mwNw; für das Krankenhaus vgl nur HEINZE, in: SCHULIN [Hrsg], Handbuch des Sozialversicherungsrechts, Bd 1 Krankenversicherung [1994] § 38 Rn 1). Die Beziehungen sind auch dann als privatrechtlich einzustufen, wenn die **Einweisung auf Normen des öffentlichen Rechts** beruht haben sollte (BGHZ 4, 138, 152; 9, 145, 147; 59, 310, 313; 63, 265, 270; 108, 230, 233; LG Köln VersR 1975, 458; LAUFS, in: LAUFS/UHLENBRUCK § 105 Rn 11; iE auch BGHZ 77, 74, 75). Davon gibt es einmal eine **Ausnahme**, wenn es sich um eine **Zwangseinweisung** aufgrund öffentlich-rechtlicher Vorschriften handelt. Dann wird die Haftung nach Art 34 S 1 GG auf die entsprechende Körperschaft übergeleitet (BGHZ 38, 39, 42; 59, 310, 313; 108, 230, 233; BGH NJW 1985, 677, 678; VersR 1961, 225, 226; MünchKomm/MERTENS Rn 462; MünchKomm/PAPIER § 839 Rn 163; BGB-RGRK/NÜSSGENS Anh II Rn 258; DANIELS NJW 1972, 309). Desweiteren haftet die Körperschaft, wenn der Arzt unmittelbar ein ihm übertragenes **öffentliches Amt** ausübt, beispielsweise als Amtsarzt im Gesundheitsamt (BGHZ 59, 310, 313; 63, 265, 270; 108, 230, 233; BGH NJW 1985, 677, 678; 1994, 2415, 2416; VersR 1958, 608; BGB-RGRK/NÜSSGENS Anh II Rn 258 mit weiteren Beispielen; LAUFS, in: LAUFS/UHLENBRUCK § 105 Rn 11), als Gutachter in einem Unterbringungsverfahren (BGH NJW 1995, 2412), als Impfarzt im Gesundheitsamt (BGHZ 126, 386, 387; BGH NJW 1990, 2311), als Vertrauensarzt bei einem Sozialversicherungsträger (RGZ 165, 91, 104; BGH NJW 1953, 458 [LS]; 1968, 2293, 2294; VersR 1961, 225, 226; 1978, 252; OLG Düsseldorf VersR 1988, 914 [LS]; OLG Oldenburg VersR 1995, 549; UHLENBRUCK, in: LAUFS/UHLENBRUCK § 40 Rn 32), als Arzt in einer Justizvollzugsanstalt (BGH NJW 1982, 1328, 1329; 1996, 2431, 2432), als Truppenarzt (BGHZ 108, 230, 236; 120, 176, 178; BGH NJW 1992, 744, 745; 1996, 2431), auch wenn die Behandlung im Auftrag der Bundeswehr in einem zivilen Krankenhaus durchgeführt wird (BGH NJW 1996, 2431; offen gelassen noch von BGHZ 108, 230, 236), schließlich bei der Einstellungsuntersuchung für den öffentlichen Dienst (BGHZ 108, 230, 233; der Sache nach auch OLG Düsseldorf VersR 1980, 774). Beim sog **Durchgangsarzt** ist zu differenzieren. Fällt er lediglich die Entscheidung über die Art der zu erbringenden Heilbehandlung oder untersucht er den Patienten zur Vorbereitung dieser Entscheidung, so handelt er öffentlich-rechtlich (BGHZ 63, 265, 272 f; 126, 297, 300). Dagegen handelt er privatrechtlich, wenn er die Behandlung übernimmt (BGHZ 63, 265, 273; 126, 297, 301).

b) Die Haftung nach § 839
Die Frage, ob der beamtete Krankenhausarzt nach § 823 Abs 1 oder nach § 839 Abs 1 haftet, spielt eine Rolle vor allem wegen des Verweisungsprivilegs gemäß § 839 Abs 1 S 2. Nach der Rechtsprechung und hM ist zu differenzieren. Bei **stationärer Behandlung** ist § 839 Abs 1 heranzuziehen. Das gilt auch dann, wenn der Arzt selbst zur Liquidation berechtigt ist (BGHZ 85, 393, 395; 89, 263, 274; 95, 63, 65; 120, 376, 380 f; 121, 107, 115; BGH NJW 1986, 2883; 1988, 2946 [insoweit in BGHZ 105, 45 ff nicht abgedruckt]; NJW-RR 1991, 917; OLG Stuttgart VersR 1994, 1476, 1477; MünchKomm/MERTENS Rn 461; MünchKomm/ PAPIER § 839 Rn 164; BGB-RGRK/NÜSSGENS Anh II Rn 257; LAUFS, in: LAUFS/UHLENBRUCK § 105 Rn 5, 8; DANIELS NJW 1972, 309; aA KISTNER MedR 1990, 55 f, der insoweit für einen gespaltenen Krankenhausvertrag plädiert), natürlich erst recht, wenn er nicht abrechnen darf (BGHZ 85, 393, 398 f; 95, 63, 75; LAUFS, in: LAUFS/UHLENBRUCK § 105 Rn 6; GIESEN Rn 6). Die Nachteile für den Patienten aufgrund des Verweisungsprivilegs werden nach Auffassung der Rechtsprechung durch die Haftung des Krankenhausträgers nach den §§ 31, 89, 831 sowie aufgrund des Krankenhausvertrages gemildert (BGHZ 85, 393, 395 f). Doch ist die Haftung des Krankenhauses keine Voraussetzung dafür, daß das Verweisungsprivileg eingreift (BGH NJW 1986, 2883). Anders verhält es sich dagegen bei **ambulanter Behandlung**. Denn hier handelt der Arzt in der Regel nicht aufgrund seiner öffentlich-rechtlichen Stellung, sondern aufgrund der Genehmigung einer Nebentätigkeit; die ambulante Praxis gehört nicht zu seinen Dienstaufgaben (BGHZ 100, 363, 367 f; 105, 189, 194; 120, 376, 384 f; 124, 128, 131 f). Er haftet ohne das Verweisungsprivileg des § 839 Abs 1 S 2 nach § 823 Abs 1 (BGHZ 120, 376, 384; MünchKomm/PAPIER § 839 Rn 165; GIESEN Rn 6). Das galt jedenfalls bis 1993 auch, wenn Kassenpatienten behandelt wurden (BGHZ 100, 363, 367 f; 105, 189, 194 f; 120, 376, 385; 124, 128, 132; MünchKomm/PAPIER § 839 Rn 165). Ob

die Überweisung des Hausarztes an die Klinik oder an den Chefarzt gelautet hatte, spielte keine Rolle (BGHZ 100, 363, 368; 105, 189, 194 f; 124, 128, 132; OLG Frankfurt aM VersR 1994, 430; MünchKomm/MERTENS Rn 464). Denn sie konnte nur so verstanden werden, daß der Chefarzt gemeint war (BGHZ 100, 363, 368; 105, 189, 194 f; OLG Frankfurt aM VersR 1994, 430, 431). Nachdem allerdings die **Reform der §§ 39, 115 a, 115 b SGB V** die Zuständigkeit des Krankenhauses für ambulante Versorgung erweitert hat, ist jedenfalls der Kassenpatient nicht mehr automatisch Patient nur des Chefarztes; vielmehr kann dieser auch im Rahmen seiner Dienstpflichten tätig werden (STEFFEN/DRESSLER Rn 111). Jedenfalls Dienstaufgabe ist die Tätigkeit im Rahmen einer vom Krankenhaus getragenen Institutsambulanz, auch wenn Kassenpatienten behandelt werden (BGHZ 120, 376, 385). Bei **nachgeordneten Ärzten** ist zu differenzieren. Werden sie als Vertreter aufgrund einer eigenen Nebentätigkeitsgenehmigung tätig, haften sie nach denselben Regeln wie der Chefarzt. Die Haftung richtet sich dagegen nach § 839, wenn sie im Rahmen ihrer Dienstaufgaben vom Chefarzt in Anspruch genommen werden (BGHZ 120, 376, 385 f; MünchKomm/PAPIER § 839 Rn 165). § 839 Abs 1 S 2 scheidet dagegen generell aus, wenn die möglichen Ersatzansprüche sich gegen andere Beamte richten, die ihrerseits auch nur subsidiär haften (BGHZ 31, 7, 13; 85, 393, 399 mwNw; BGB-RGRK/NÜSSGENS Anh II Rn 257; LAUFS, in: LAUFS/UHLENBRUCK § 105 Rn 9).

3. Die vertragliche und die deliktische Haftung des Arztes

a) Die Anspruchsgrundlagen und deren Unterschiede

I 6 Unterläuft dem Arzt ein Fehler, so haftet er wegen **pVV** des zugrundeliegenden Vertrages. Daneben steht die ärztliche Haftung aus **Delikt** (RGZ 88, 433, 436; MünchKomm/MERTENS Rn 348; GIESEN Rn 4; LAUFS, in: LAUFS/UHLENBRUCK § 97 Rn 9). Sie resultiert aus der **Garantenstellung** infolge der Übernahme der ärztlichen Beratung und Behandlung (BGHZ 95, 63, 75; BGH NJW 1985, 2749, 2750; 1989, 767, 768; 1990, 2929, 2030; 1991, 2960 f). Sie geht weiter als die vertragliche, weil Schmerzensgeld gefordert werden kann; dieser Anspruch läßt sich nur auf § 847 stützen. Wie stets können vertragliche Abreden auch die deliktische Haftung modifizieren – man denke etwa an **Haftungsmilderungen**. Allerdings ist bei derartigen Klauseln Zurückhaltung geboten, was die Wirksamkeit angeht. Der Ausschluß der Haftung für leichte Fahrlässigkeit verträgt sich nicht mit der Rechtsnatur des Arztvertrages (OLG Stuttgart NJW 1979, 2355, 2356; OLG Köln VersR 1989, 372 [LS]; MünchKomm/MERTENS Rn 349; LAUFS, in: LAUFS/UHLENBRUCK § 97 Rn 17; WOLF, in: WOLF/HORN/LINDACHER, AGB-Gesetz [3. Aufl 1994] § 9 Rn K 29). Das gilt erst recht, wenn der Patient aus einer Notlage heraus zustimmt (MünchKomm/MERTENS Rn 349; LAUFS, in: LAUFS/UHLENBRUCK § 97 Rn 9). Eine Ausnahme kann bei (rein) kosmetischen Operationen gemacht werden (DEUTSCH NJW 1983, 1353), nicht dagegen bei besonderer Sachkunde des Arztes oder bei einem therapeutischen Einzelversuch zur Lebensrettung (**aA** für die beiden letztgenannten Fälle DEUTSCH NJW 1983, 1353); indes wird in solchen Fällen der Vorwurf auch der leichten Fahrlässigkeit nur selten mit Fug und Recht erhoben werden können.

b) Die Angleichung der Maßstäbe

I 7 Trotz der unterschiedlichen Ausgangspunkte der Haftungssysteme haben sich bei der Arzthaftung die vertragliche und die deliktische Verantwortlichkeit weitgehend angenähert. So sind die **Pflichten aus dem Vertrag und im Rahmen der unerlaubten Handlung** aufgrund der Garantenstellung für die übernommene Behandlungsaufgabe **identisch** (BGH NJW 1985, 2749, 2750; 1987, 705, 706; 1989, 767, 768; 1990, 2929, 2930; 1991, 2960 f; OLG

Hamburg VersR 1992, 1405; Palandt/Thomas Rn 66; MünchKomm/Mertens Rn 346, 350; BGB-RGRK/Nüssgens Anh II Rn 4; Laufs, in: Laufs/Uhlenbruck § 97 Rn 11; Giesen Rn 4; Deutsch NJW 1989, 769). Namentlich stehen **Fehler** durch positives Tun und Unterlassen nicht nur im vertraglichen, sondern auch im deliktischen Bereich einander gleich (BGHZ 106, 153, 156; BGH NJW 1989, 767, 768; BGB-RGRK/Nüssgens Anh II Rn 185; Giesen Rn 131; Deutsch NJW 1989, 769). Die Haftung für Hilfspersonen ist trotz der theoretischen Exkulpationsmöglichkeit des § 831 Abs 1 S 2 schon wegen der **Einstandspflicht für das Organisationsverschulden** weitgehend der vertraglichen Einstandspflicht angenähert (BGH NJW 1959, 2302, 2303; 1978, 584, 585; 1991, 2344, 2345; 1993, 2989, 2990; BGB-RGRK/Nüssgens Anh II Rn 4; Laufs, in: Laufs/Uhlenbruck § 97 Rn 12; Giesen Rn 24). Auch die **Beweislast** wird nach denselben Regeln beurteilt (MünchKomm/Mertens Rn 350; Laufs, in: Laufs/Uhlenbruck § 97 Rn 13). Unterschiede bleiben bei der Verjährung (OLG Hamburg VersR 1992, 1405, 1406).

4. Grundprinzipien

a) Der Patient als Subjekt der Behandlung

Das **Selbstbestimmungsrecht** des Patienten steht an erster Stelle (BGHZ 29, 46, 54; 113, 297, 301; BGH [St] NJW 1995, 204, 205 mwNw; MünchKomm/Mertens Rn 352; Giesen Rn 478). Das bedeutet zum einen, daß der Arzt durch die Aufklärung die Grundlage einer freien Entscheidung zu schaffen hat, zum anderen, daß er sich der Entscheidung des Patienten aber auch zu beugen hat (BGHZ 90, 103, 105 f; 102, 17, 22; BGH NJW 1978, 587, 589; MünchKomm/Mertens Rn 449). Erst die §§ 138, 228 nF (= § 226 a aF) StGB ziehen eine Grenze, wenn sich der Patient für eine Therapie entscheidet (BGHZ 113, 297, 301). Zum Selbstbestimmungsrecht des Patienten gehört es auch, den Operateur vor größeren, nicht sofort auszuführenden Eingriffen, jedenfalls aber nachträglich kennenzulernen (BGH NJW 1983, 2075, 2076; MünchKomm/Mertens Rn 352).

I 8

b) Die Pflicht des Arztes zum schonenden Umgang

Der Arzt hat mit dem Patienten möglichst schonend umzugehen, um dem Umstand Rechnung zu tragen, daß der Patient auf den Arzt angewiesen und von ihm abhängig ist (MünchKomm/Mertens Rn 353). Diese Pflicht zur Rücksichtnahme kommt namentlich bei der ärztlichen Aufklärung zum Tragen. Sie muß die Befindlichkeit des Patienten in Rechnung stellen (MünchKomm/Mertens Rn 355). Andererseits müssen Fälle, in denen die Aufklärung aus medizinischen Gründen unterbleiben kann, weil sie den Patienten einer unzumutbaren Belastung aussetzt, die Ausnahme bleiben, damit das Selbstbestimmungsrecht des Patienten nicht unterlaufen wird (BGHZ 90, 103, 109; vgl genauer unten Rn I 28).

I 9

c) Die Konsequenz der ärztlichen Überlegenheit

Der Arzt befindet sich regelmäßig in einer **überlegenen Position** (OLG Stuttgart VersR 1991, 229, 230; MünchKomm/Mertens Rn 357; Giesen JZ 1982, 652). Er ist der Experte, auf dessen Sachkunde der angesichts seiner Krankheit psychisch oft labile Patient angewiesen ist. Bei größeren Eingriffen steht der Patient ohnehin unter Narkose. Aus diesem Ungleichgewicht folgen zum einen die **Pflicht zur Dokumentation** des ärztlichen Vorgehens und die damit für den Fall der Verletzung verknüpften **Beweiserleichterungen** (MünchKomm/Mertens Rn 357; vgl unten Rn I 71 ff). Zum anderen haben die Gerichte bei der Beurteilung des ärztlichen Heileingriffs zwar auf den Sachverstand der Ärzteschaft zurückzugreifen; die Frage des richtigen Vorgehens ist jedoch ein

I 10

Rechtsproblem und originär und letztverantwortlich von den Gerichten zu beantworten (MünchKomm/Mertens Rn 351; vgl genauer unten Rn I 58). Letztendlich soll so die **prozessuale Waffengleichheit** angestrebt werden (BGH NJW 1982, 1335; 1984, 1823; VersR 1978, 542, 544; MünchKomm/Mertens Rn 357; Franzki/Franzki NJW 1975, 2226 ff).

d) Der Patient als Träger seines allgemeinen Lebensrisikos

I 11 Bei allen Anforderungen an die ärztliche Sorgfaltspflicht hat der Patient sein eigenes Lebensschicksal zu tragen (BGH NJW 1980, 1333; Musielak JuS 1983, 611). Er kann es nicht auf den Arzt abwälzen (MünchKomm/Mertens Rn 405; genauer Rn I 45). Nicht jeder Mißerfolg läßt den Schluß auf ein pflichtwidriges Verhalten des Arztes zu (BGH NJW 1978, 1681; MünchKomm/Mertens Rn 406). Ersatz schuldet dieser nur bei einem von ihm oder seinen Hilfspersonen verschuldeten Fehler.

5. Reformpläne

I 12 Das Vorhaben, die Arzthaftung zu einer **Gefährdungshaftung** auszubauen, wird zur Zeit nicht ernsthaft verfolgt (Steffen, 52. DJT Bd II [1978] I 18; vgl ferner I 203 Beschl II; MünchKomm/Mertens Rn 347; Deutsch NJW 1978, 1659). Auch eine **Ablösung durch eine eigene Sozialversicherung** steht momentan nicht zur Debatte (Steffen, 52. DJT Bd II [1978] I 21; MünchKomm/Mertens Rn 347; Deutsch NJW 1978, 1659; Klingmüller VersR 1980, 696). Allerdings sollte nicht übersehen werden, daß in der Realität die Krankheitskosten unabhängig von der Frage, ob den Arzt ein Verschulden trifft, von der Sozialversicherung gedeckt werden. Die geringe Zahl (veröffentlichter) Urteile in Regreßprozessen (vgl Sethe/Krampaszky VersR 1998, 422; ca 5,6% aller Klagen im medizinischen Bereich) gibt Anlaß zu der Vermutung, daß die Sozialversicherungsträger die Möglichkeiten, die Ärzte zur deliktischen Verantwortung heranzuziehen, nicht ausschöpfen.

II. Der Anwendungsbereich des Arzthaftungsrechts[*]

I 13 Die Regeln des Arzthaftungsrechts gelten natürlich für Ärzte und **Zahnärzte**, aber auch für **Psychotherapeuten**, **Hebammen**, früher auch für **Dentisten** (BGHZ 8, 138, 139; OLG Düsseldorf NJW 1990, 1543; OLG Frankfurt aM MedR 1991, 207, 209; Palandt/Thomas Rn 73). Namentlich sind bei ihnen auch die Regeln über die Aufklärung anzuwenden (LG Hannover NJW 1981, 1320, 1321; Erman/Schiemann Rn 145). Grundsätzlich muß auch ein **Heilpraktiker** die Sorgfalt einhalten, die ein Allgemeinarzt zu wahren hat (BGHZ 113, 297, 304; OLG Braunschweig VersR 1990, 57, 58; OLG Düsseldorf NJW 1994, 3016 [LS]; Erman/Schiemann Rn 145; Soergel/Zeuner Rn 166; Eberhardt VersR 1986, 115; Taupitz NJW 1991, 1506 f); das folgt aus der Verkehrserwartung (BGHZ 113, 297, 303; skeptisch zur Begründung Taupitz NJW 1991, 1507) und gilt auch für den Umfang der Aufklärungspflicht (BGHZ 113, 297, 309; OLG Braunschweig VersR 1990, 57, 58; OLG Hamm VersR 1987, 1019 [LS]; Eberhardt VersR 1986, 115 f; aA Taupitz NJW 1991, 1510: Wissensstand eines Heilpraktikers). Jedoch ist nicht der Maßstab des Facharztes anzulegen (BGHZ 113, 297, 304, 309). Beim **Tierarzt** ist zu differenzieren. Grundsätzlich hat er die von einem Veterinärmediziner zu erwartenden tierärztlichen Kenntnisse und Erfahrungen einzusetzen (BGH NJW

---

[*] **Schrifttum:** Eberhardt, Die zivilrechtliche Haftung des Heilpraktikers, VersR 1986, 110; Taupitz, Der Heilpraktiker aus der Sicht des Haftungsrechts: „Arzt", „Mini-Arzt" oder „Laie"?, NJW 1991, 1505.

1980, 1904, 1905; 1983, 2077, 2078; LM Nr 31 zu § 276 [Ca] unter II B 2 a; OLG Düsseldorf VersR 1990, 867; OLG Stuttgart VersR 1992, 979; 1996, 1029 f; OLG Oldenburg VersR 1998, 902; ERMAN/ SCHIEMANN Rn 145); das gilt namentlich, wenn er zugezogen wird, um die Ansteckung von Menschen zu verhindern (RGZ 102, 372, 375). Doch ist die Tätigkeit des Tierarztes auch an wirtschaftlichen Erwägungen auszurichten (BGH NJW 1980, 1904, 1905; LM Nr 31 zu § 276 [Ca] unter II B 2 a, d; OLG Stuttgart VersR 1996, 1029, 1030; PALANDT/THOMAS Rn 73). Verspricht eine weitere Behandlung keine Aussicht auf Erfolg, dann darf ein Tier auch getötet werden (BGH NJW 1982, 1327 f; OLG Stuttgart VersR 1996, 1029, 1030; PALANDT/ THOMAS Rn 73). Ebenso sind die strengeren Aufklärungspflichten bei Operationen ungeachtet des Umstandes, daß es um einen lebenden Organismus geht, nicht ohne weiteres in die Tiermedizin zu übertragen (BGH NJW 1980, 1904, 1905; 1982, 1327; OLG Oldenburg VersR 1998, 902, 903; MünchKomm/MERTENS Rn 420; **aA** OLG Oldenburg NJW 1978, 584). Für eine durchgängige Anwendung des § 282 ist nach der Rechtsprechung aus denselben Gründen wie in der Humanmedizin kein Platz; es gelten aber auch dieselben Ausnahmen (BGH NJW 1977, 1102, 1103; vgl unten Rn I 45 f). Doch gelten bei erheblichen Verstößen gegen die Befunderhebungs- und die Dokumentationspflicht dieselben Beweiserleichterungen wie im Humanbereich (OLG München VersR 1989, 714, 715; OLG Düsseldorf VersR 1990, 867, 868; OLG Stuttgart VersR 1992, 979 f; 1996, 1029, 1030).

III. Die Pflicht zur Übernahme einer Behandlung

1. Die Regel

Grundsätzlich besteht nach hM auch im Arztrecht **Abschlußfreiheit** (MünchKomm/ MERTENS Rn 366; BGB-RGRK/NÜSSGENS Anh II Rn 17; UHLENBRUCK, in: LAUFS/UHLENBRUCK § 41 Rn 2). Davon zu unterscheiden sind die öffentlich-rechtlichen Pflichten, etwa aus § 323 c StGB oder § 1 Abs 9 S 3 BÄO, in Notfällen zu helfen. Doch soll auch in derartigen Fällen nicht eine vertragliche Beziehung zwischen dem Arzt und dem Patienten entstehen; anwendbar seien nur die Grundsätze der §§ 677 ff (UHLENBRUCK, in: LAUFS/UHLENBRUCK § 41 Rn 9), während beim Kassenpatienten unmittelbar Ansprüche zumindest gegen den entsprechenden Träger der Sozialversicherung entstehen und der Patient durch § 76 Abs 5 SGB V jedenfalls in den Genuß der vertraglich geschuldeten Sorgfalt kommt. Doch dürften angesichts der neueren Rechtsentwicklung hier stets Verträge abgeschlossen werden (vgl oben Rn I 4). Man darf jedenfalls die Grenze des Notfalls nicht zu eng ziehen (vgl zB BGH NJW 1961, 2068). Das Problem wird virulent bei der Behandlung von HIV-infizierten Patienten. Hier ein Recht anzunehmen, die Behandlung abzulehnen, wenn andere Patienten fernbleiben (UHLENBRUCK, in: LAUFS/UHLENBRUCK § 41 Rn 3), überzeugt jedenfalls dann nicht, wenn dem Patienten ein Ausweichen schwierig ist, etwa weil der Arzt der einzige Dermatologe am Ort ist. Dagegen besteht jedenfalls eine Garantenstellung, wenn der Arzt die Behandlung übernommen hat (BGH NJW 1997, 3090).

2. Die Behandlung Todkranker und Sterbender

a) **Leitlinie zum Umfang und zur Begrenzung der ärztlichen Behandlungspflicht in der Chirurgie**[*]
Eine Stellungnahme der Deutschen Gesellschaft für Chirurgie zu: Therapiebegrenzung und „ärztliche Sterbebegleitung"

Einleitung

Die Behandlungsmöglichkeiten von Erkrankungen erfahren dank verschiedenartiger Fortschritte in Diagnostik, in pathophysiologischer Aufklärung und in Therapie von Gesundheitsstörungen fortlaufend Verbesserungen. In der Chirurgie tragen Fortschritte beispielsweise zur Anwendung neuer, weniger belastender Verfahren, zu größerer Sicherheit operativer Maßnahmen, zu höheren Heilungsquoten bei Malignomen, zur erfolgreichen Durchführung von Operationen im höheren Lebensalter und zu geringeren Schmerzen nach Operationen bei. Insgesamt ermöglichen Fortschritte der Chirurgie eine höhere Effizienz und eine größere Anwendungsbreite. Fortschritte können andererseits auch zur Vermeidbarkeit operativer Maßnahmen führen. Die Deutsche Gesellschaft für Chirurgie begrüßt diese Fortschritte und bemüht sich ihrerseits aktiv weiter um solche.

Die Deutsche Gesellschaft für Chirurgie verkennt aber andererseits nicht, daß mit Fortschritten stets auch die Frage der Anwendungsgrenzen verbunden ist. Solche Grenzen können etwa bei Summation mehrerer eingreifender Verfahren auftreten oder bei Einsatz von Entwicklungen, die bei bestimmter Indikation wertvoll, in dafür ungeeigneten Situationen, etwa bei Multimorbidität, nicht hilfreich sind. Die Erfolgschance einer Behandlung kann dann zu gering und im Verhältnis dazu die Belastung des Patienten zu groß sein. So mag etwa auch eine kurze Verlängerung der Überlebensspanne bei einem Übermaß an Belastungen und bei deutlich eingeschränkter Lebensqualität nicht dem Wohle und dem Wunsche des Patienten entsprechen. Der Wert einer Behandlungsmöglichkeit kann im Einzelfall fragwürdig sein oder dies werden. Stets, so besonders bei der Anwendung eingreifender und individuell belastender Verfahren ist der Arzt verpflichtet, im Sinn des jeweiligen Patienten Abwägungen vorzunehmen. Stets muß der Arzt dafür Sorge tragen, daß die Behandlung dem Willen des Patienten, dem bekannten oder mutmaßlichen, entspricht. Hierbei kann es sich sowohl um Therapieanwendung und Therapieintensivierung als auch um Formen der Therapiebegrenzung handeln. **Therapiebegrenzung** meint, daß prinzipiell existierende Behandlungsmöglichkeiten nicht oder nicht in vollem Umfang zum Einsatz kommen oder auch eingeschränkt bzw. beendet werden. Therapiebegrenzung bedeutet jedoch keinesfalls einen Abbruch jeder Behandlung; vielmehr ist der Arzt stets verpflichtet, ärztlichen Beistand und ärztliche Hilfe in jeweils geeigneter Form zu geben.

Fragen der Therapiebegrenzung sind also gerade im Hinblick auf laufende Entwicklungen erweiterter Therapiemöglichkeiten nicht nur berechtigt, sondern sogar erforderlich und im Sinne der Patienten.

Die Deutsche Gesellschaft für Chirurgie legt besonderen Wert darauf, festzustellen, daß finanzielle und ökonomische Gesichtspunkte nicht die Behandlung und die Behandlungsintensität, also auch nicht Therapiebegrenzung beim einzelnen Patienten beeinflussen dürfen; stets müssen dabei die ärztliche Indikation und der Wille des Patienten die führenden Kriterien sein. Die Deutsche Gesellschaft für Chirurgie verkennt aber auch nicht, daß generell die Fragen der Therapieausweitung und der Therapiebegrenzung auch ökonomische Qualitäten haben. Sofern sich aus finanziell-ökonomischen Gründen Änderungen in der ärztlichen Indikationsstellung, vor allem generelle Einschnitte, ergeben sollten, könnte dies nicht Aufgabe der Ärzte sein, sondern müßte von der Gesellschaft bzw. vom Staat entschieden werden. Dabei dürfte nach ärztlicher Auffassung „Produktivität" des zu

---

* Prof Dr R P ICHLMAYR Präsident der Deutschen Gesellschaft für Chirurgie 1995/96, in: Mitteilungen der Gesellschaft für Chirurgie 5/ 1996. Diese Leitlinie wurde erarbeitet von einer Kommission der Deutschen Gesellschaft für Chirurgie, vorgelegt und diskutiert auf dem 113. Kongreß der Deutschen Gesellschaft für Chirurgie vom 9. – 13. April 1996 in Berlin und verabschiedet bei der Sitzung des Präsidiums der Deutschen Gesellschaft für Chirurgie am 13./14. September 1996 in Altötting.

behandelnden Patienten bzw. des zu erhaltenden Lebens kein Kriterium sein. Es erscheint bei den dem Gesundheitssystem auferlegten finanziellen Begrenzungen wichtig, diese Abgrenzung der Zuständigkeiten klar zu argumentieren und zu respektieren. Der behandelnde Arzt kann ggf. finanzielle Gesichtspunkte mit berücksichtigen, wenn er eine bestimmte Therapieform oder Therapieänderung, die Kosten erspart, für den Patienten für angemessen hält.

Überlegungen und Entscheidungen über Therapiebegrenzung sind solche in Grenzbereichen ärztlichen Tuns. Allgemeine Stellungnahmen (Richtlinien, Leitlinien, Kodizes) können bei der Abwägung in Einzelsituationen helfen und allgemein akzeptierte Grenzen präzisieren. Solche Stellungnahmen geben keine absolute Sicherheit im Handeln und können dem Arzt die Entscheidung, auch eine Entscheidung unter gewisser Unsicherheit, nicht abnehmen.

Die Deutsche Gesellschaft für Chirurgie möchte mit dieser neuen Stellungnahme in Form einer Leitlinie sowohl Hilfestellung bei individuellen Entscheidungen bieten als auch ihre Grundpositionen darlegen.

Zusammengefaßt sind die Gründe für die Erstellung dieser Leitlinie speziell für die Chirurgie folgende:

1. Vor allem in der Chirurgie sind Behandlungsfortschritte (z.B. intensivmedizinische Maßnahmen, Organtransplantationen, Ausweitung von Eingriffen) wirksam geworden, die Entscheidungen in Grenzbereichen gerade von Chirurgen erfordern können.

2. Entsprechend häufig wird auch in öffentlicher Diskussion die Chirurgie bezüglich ihrer Haltung zu Grenzen einer Behandlung angesprochen. Dabei werden auch Fragen der verschiedenen Formen einer Sterbehilfe aufgeworfen, häufig aber nicht ausreichend scharf definiert und differenziert.

3. Zusätzlich zu der in bisherigen Stellungnahmen ausschließlich betrachteten Finalphase des Lebens sollte versucht werden, auch frühere Perioden in die Überlegungen zu Umfang und Grenzen ärztlicher, speziell auch chirurgischer Behandlung mit einzubeziehen. Dies etwa im Hinblick auf die Frage der Anwendung von eingreifenden operativen Verfahren in hohem Lebensalter oder von onkologischen Behandlungen mit äußerst geringer Erfolgsaussicht, insgesamt also auf die Frage des Beginns, der Intensität und der Dauer einer spezifischen Behandlung bei sehr ungünstiger Prognose.

I. Definition des ärztlichen Behandlungsauftrages und seiner Grenzen

Der ärztliche Behandlungsauftrag kann als „Verpflichtung zu ärztlicher Hilfe" definiert werden. Dies umfaßt die Ziele der Heilung, der Besserung und Linderung von Krankheiten und Beschwerden, fordert aber etwa nicht stets Maßnahmen zur Lebensverlängerung. „Lebensverlängerung um jeden Preis" ist nicht Inhalt des ärztlichen Behandlungsauftrages. Wo Hilfe nicht mehr sinnvoll ist, kann eine Begrenzung bestimmter Therapiemaßnahmen nicht nur berechtigt, sondern im Sinne des Patienten indiziert sein, also zum ärztlichen Behandlungsauftrag gehören. Die Problematik liegt darin, daß Möglichkeit und – noch mehr – Sinn weiterer Behandlung oft schwer festzustellen sind. Absolute Gewißheit kann es dabei in der Beurteilung einer Prognose auch unter Heranziehung aller verfügbaren Parameter nicht geben. Ferner ist der individuelle Wert einer auch sehr begrenzten Lebensspanne und deren Möglichkeiten nicht ausreichend – jedenfalls nicht vorausschauend – zu beurteilen. Es wäre jedoch auch nicht richtig, aus diesen Unsicherheiten heraus zu fordern, jede mögliche Therapie müsse bis zum Tode fortgesetzt oder laufend intensiviert werden. Neben den bestehenden

Therapiegrenzen (d.h. fehlende Therapiemöglichkeiten) muß die Diskussion über Therapiebegrenzung (d.h. nicht oder nicht volles Einsetzen aller Therapiemöglichkeiten) hinzutreten, wenn dies nach bestem Wissen im Einzelfall dem Grundsatz der ärztlichen Hilfe mehr entspricht als Maximaltherapie. Entscheidend ist dabei stets, daß die Sicht des Patienten zur Grundlage von Überlegungen und Handlungen gemacht wird.

II. Bedeutung des Willens des Patienten für den individuellen ärztlichen Behandlungsauftrag und seine Grenzen

Der Wille des Patienten ist Grundlage jeder Behandlung, so auch der Grenzen einer Behandlung. Für die hier zur Diskussion stehenden Fragen der Therapiebegrenzung ergibt sich häufig die Situation der erkrankungsbedingt eingeschränkten oder fehlenden Urteilsfähigkeit des Patienten, z.T. auch die psychologische Problematik einer detaillierten Aufklärung in schwerkranker Situation. Es kommt dann darauf an, wenn möglich den Willen, sonst den mutmaßlichen Willen des Patienten bezüglich der aktuellen und spezifischen Behandlungssituation zu eruieren. Dazu können frühere Gespräche mit dem Patienten, dessen Verhaltensweisen und Äußerungen, eine niedergelegte Patientenverfügung („Patiententestament"), Darstellungen durch die Angehörigen oder auch ein Rückgriff auf allgemeine Wertvorstellungen beitragen. Juristisch möglich – und in schwierigen, elektiven Situationen geboten – ist es, durch das Vormundschaftsgericht einen Betreuer bestellen zu lassen, der wiederum verpflichtet ist, den Willen oder mutmaßlichen Willen des Patienten zu erkunden und diesen zu vertreten. Auch kann der Patient selbst einen Bevollmächtigten („Vertreter im Willen") bestimmt haben.

Der schwerkranke Patienten behandelnde Arzt hat es vor allem mit folgenden Situationen zu tun:

A) Final- und Präfinalphase

1. In der Final- bzw. Präfinalphase oder während einer Intensivtherapie sind Bewußtsein und Urteilsfähigkeit häufig nicht gegeben. Auch bei nur eingeschränkter Bewußtseinslage besteht kaum die Möglichkeit einer Aufklärung. Der Arzt muß somit versuchen, den Willen oder den mutmaßlichen Willen des Patienten für die individuelle Situation aus geeigneten Quellen zu erfahren.

2. Eine Patientenverfügung ist primär als Willensäußerung aufzufassen. Doch kann unsicher sein, ob die gegebene Situation derjenigen entspricht, die der Patient beim Abfassen der Verfügung meinte, weiter, ob er seinerzeit entsprechend aufgeklärt wurde, ob sein Wille aktuell ebenso bestünde. Somit muß der Arzt auch hier den aus der Patientenverfügung und ggf. anderen Gesichtspunkten mutmaßlichen, aktuellen Willen des Patienten zu eruieren suchen.

3. Angehörige des Patienten können bei der Feststellung des Willens oder der Erörterung des mutmaßlichen Willens des Patienten hilfreich sein. Bei der Erörterung eines therapiebegrenzenden Vorgehens gegenüber den Angehörigen sind jedoch besondere Sorgfalt und Einfühlungsvermögen erforderlich, um nicht Selbstvorwürfe – etwa wegen eines gegebenen Einverständnisses zu einer Therapiereduktion – auszulösen. Schon aus diesem Grunde darf den Angehörigen keinesfalls die Entscheidung über eine Therapiereduktion übertragen werden. Ein eigenes Entscheidungsrecht kommt Angehörigen nur als gesetzliche Vertreter etwa für ein minderjähriges Kind oder wenn sie zum Betreuer bestimmt sind zu.

4. Es ist vorstellbar, daß der mutmaßliche oder der ausgesprochene bzw. dokumentierte Wille auch eines Sterbenden bzw. sich in der Finalphase befindlichen Patienten dahin geht, daß bis zuletzt alles

getan werden soll, was den Sterbeprozeß möglicherweise aufhält. In aller Regel wird auch diesem Willen des Patienten Folge zu leisten sein. Doch kann ein entsprechender Behandlungswunsch auch an Grenzen der Möglichkeiten oder der Indikation ärztlicher Maßnahmen stoßen (zu denken ist hier etwa an Kreislaufsubstitution durch ein künstliches Herz bei einem Morbibunden).

B) In früheren Erkrankungsstadien

1. In früheren Erkrankungsstadien ist bei einem bewußtseinsklaren, urteilsfähigen Patienten dessen Wille bindend (außer zur Tötung). Bei einem vom Patienten selbst geäußerten Wunsch auf Therapiebegrenzung ist zu beachten, ob der Patient ggf. von schweren Störungen der Gefühlslage, insbesondere von Depressionen beeinflußt ist und somit von ihm unter günstigeren Umständen sowie nach Gesprächen revidiert werden könnte. Bei der Erörterung einer möglicherweise indizierten Therapiebegrenzung von seiten des Arztes oder des Patienten (z.B. Verzicht auf Chemotherapie, auf eine Organtransplantation, auf Fortsetzung einer Dialysebehandlung, auf eine Operation) sind wiederum besondere Sorgfalt und Einfühlungsvermögen angebracht; es ist in der Regel nicht ausreichend, dem Patienten Alternativen aufzuzählen; diese müssen vom Arzt für die individuelle Situation des Patienten gewichtet und auf Wunsch ausführlich dargestellt werden. Hierzu muß der Arzt selbst sich einerseits die Frage der zu erwartenden Lebensverlängerung, der dabei erreichbaren Lebensqualität, also des Nutzens der Behandlung und andererseits der vermutlichen oder möglichen Belastung durch die Behandlung jeweils für die spezifische Situation des Patienten, d.h. sein Alter, seine Vitalität etc. vorlegen und sie bestmöglich beantworten. Eine zu starke Beeinflussung durch die Vorstellungen des Arztes ist dabei ebenso zu vermeiden wie ein Alleinlassen in einem Entscheidungszwang ohne ausreichende Darlegung von Entscheidungshilfen. In aller Regel sucht und bittet ein Patient um den Rat des Arztes für seine spezifische Situation.

2. Bei einem nicht urteilsfähigen Patienten erfordern entsprechende Entscheidungen in der Regel die Bestellung eines Betreuers. Dies vor allem, wenn es sich um eine geplante Therapiebegrenzung bei einem längeren Krankheitsverlauf handelt (s. „Kemptener Urteil"). Im Falle einer unmittelbar zu treffenden Entscheidung etwa über den Verzicht auf Therapieintensivierung bei einer interkurrenten Komplikation eines letztlich infausten Verlaufs wird die Entscheidung, orientiert am mutmaßlichen Willen des Patienten, beim behandelnden Arzt ohne Einschaltung eines Betreuers bleiben.

III. Therapiebegrenzung und „ärztliche Sterbebegleitung"

Erörterungen über eine Therapiebegrenzung widersprechen nicht dem intensiven Bemühen, stets alle potentiell erfolgversprechenden Behandlungsmöglichkeiten auszuschöpfen. Dies fraglos auch bei Patienten in hohem Alter, bei Behinderten, bei Schwerkranken und Gebrechlichen. Ärztlich initiierte Therapiebegrenzung hat nichts mit einer Wertbemessung eines Lebens etwa aus gesellschaftlicher Sicht zu tun, sie orientiert sich ausschließlich an der größtmöglichen Hilfe für den jeweiligen Patienten. Diese kann auch im Geschehenlassen eines zum Tode führenden Krankheitsverlaufs in Kombination mit Maßnahmen zur Erleichterung dieses Verlaufs, besonders auch des Sterbens liegen.

Therapiebegrenzung kann nie isoliert, sondern nur als ein Teil der jeweils für den Patienten geeigneten ärztlichen Hilfen gesehen werden. Bei Begrenzung spezifischer Therapieverfahren müssen andere ärztliche Maßnahmen – ebenso wie die Pflege des Patienten – weiterlaufen, evtl. sogar intensiviert werden. Therapiebegrenzung kommt vor allem in der Final-/Präfinalphase in Betracht. Gerade in dieser Phase sind andere Hilfen entscheidend wichtig. Therapiebegrenzung wird damit zu einem Teil der „ärztlichen Sterbebegleitung" (s.u.). Therapiebegrenzung kann jedoch auch in einer früheren Lebensphase bei einem letztlich infaust Erkrankten in Betracht kommen. Man wird sie dann noch nicht direkt dem Begriff der „ärztlichen Sterbebegleitung" zuordnen wollen, doch kann Therapiebegrenzung in dieser Situation mit als eine Vorbereitung auf das Lebensende verstanden und genutzt werden und somit zu einem erweiterten Bereich „ärztlicher Sterbebegleitung" gerechnet werden. In jedem Fall können sich fließende Übergänge ergeben.

Inhalte der „ärztlichen Sterbebegleitung"

1. *Die ärztliche/menschliche Zuwendung:*

Hierzu gehört zunächst die menschliche Zuwendung des Arztes zum Patienten und das Eingehen auf seine Anliegen. Dies ist für den Arzt ebenso obligat wie für das Pflegepersonal und gilt entsprechend auch für bewußtseinsgetrübte und bewußtlose Patienten. Auch die Sorge um eine geeignete Unterbringung des Patienten und um eine Atmosphäre, die für Patient und Angehörige entsprechende Kontakte ermöglicht, ist mit ärztliche Aufgabe und Zuständigkeit.

2. *Die Linderung von Beschwerden während des Sterbevorganges:*

Ärztliche Aufgabe ist es weiter, die Begleitumstände des Sterbens nach Möglichkeit so zu beeinflussen, wie es dem Wunsch bzw. mutmaßlichen Willen des Patienten entspricht. Hierzu gehören in aller Regel eine effektive Schmerzbehandlung (Herabsetzung oder Ausschaltung der Schmerzempfindung), weiter alle Maßnahmen zur Vermeidung oder Verringerung unangenehmer oder quälender Empfindungen wie Durst, Übelkeit, Erbrechen, Atemnot, Angst und Unruhe. Somit kann Sedierung auch in stärkerer Form bis zur Narkose erforderlich sein. Die Berechtigung und die Indikation zu solchen Maßnahmen wird nicht eingeschränkt durch eine als Nebenwirkung zu erwartende oder verursachte Lebensverkürzung.

3. *Die spezifischen Therapiemaßnahmen der Erkrankung:*

Nicht jede „ärztliche Sterbebegleitung" muß mit Therapiebegrenzung einhergehen. „Die Sterbebegleitung" kann auch unter fortgesetzter spezifischer Therapie erfolgen, wenn darin noch ein Sinn für den Patienten, d.h. eine Indikation gesehen wird. Es kann auch erforderlich sein, bis zuletzt durch Therapiemaßnahmen zu versuchen, den tödlichen Verlauf noch abzuändern (Beispiel Rettungsversuch bei Unfallopfer, maximale Intensivtherapie der Sepsis bei benignen Grundleiden, Notintubation bei Erstickungsanfall u.a.). Sofern hierfür eine Chance gesehen oder diese nicht hinreichend sicher ausgeschlossen ist, müssen die vorher beschriebenen Aufgaben einer Sterbebegleitung zurücktreten, ohne daß in diesem Fall der Vorwurf der Verhinderung eines „humanen Sterbens" berechtigt wäre; ein solcher Rettungsversuch darf nicht als widersprüchlich zu den Aufgaben der „ärztlichen Sterbebegleitung" aufgefaßt werden.

Sicher findet ein solches Vorgehen in Übereinstimmung mit dem mutmaßlichen Patientenwillen und allgemeinen Werturteilen statt. Auch kann es im Interesse des Patienten sein, einen unabweisbaren Sterbeprozeß zu verlängern, etwa bis zum Eintreffen von Angehörigen, bis zu einem Familienereignis o.ä. Auch diesem Verlangen hat der Arzt bestmöglich Rechnung zu tragen.

Häufiger wird zur „ärztlichen Sterbebegleitung" jedoch eine Therapiebegrenzung im Sinne der in dieser Stellungnahme ausgeführten Einschränkung von oder Verzicht auf bestimmte(n) Therapieverfahren, speziell einer Maximaltherapie oder einer kardiopulmonalen Reanimation bei plötzlichem Kreislaufstillstand gehören. Es handelt sich dabei um Begrenzung von Maßnahmen, die, wenn angewandt, den spontanen Ablauf des Sterbevorgangs verzögern oder ihn zeitweise aufhalten, ohne ihn

25. Titel. §823
Unerlaubte Handlungen I 15

jedoch mit hinreichender Sicherheit prognostizierbar grundsätzlich ändern zu können. Dabei kann Nicht-Anwendung einer Behandlung, Nicht-Steigerung von Maßnahmen oder auch Einschränkung und Abbruch von begonnenen Maßnahmen in Betracht kommen.

Ethisch und juristisch besteht zwischen diesen Formen von Therapiebegrenzung kein prinzipieller Unterschied; aus psychologischen Gründen ist in der Regel Nicht-Einsetzen oder Nicht-Steigern von Maßnahmen ein geeigneter Weg als Einschränkung oder Abbruch begonnener Therapieverfahren. Die hier unter „ärztlicher Sterbebegleitung" aufgeführten Maßnahmen werden im bisherigen Sprachgebrauch üblicherweise isoliert betrachtet und bezeichnet. So entspräche

Punkt 1. einer „reinen Sterbehilfe",
Punkt 2. der „sog. indirekten Sterbehilfe" und
Punkt 3. im Bereich der Therapiebegrenzung etwa einer „passiven Sterbehilfe" oder „Hilfe zum Sterben" bzw. einer „passiven Euthanasie".

Abgesehen davon, daß diese Begriffe häufig nicht eindeutig verwendet werden, erscheint es wegen der Zusammengehörigkeit all dieser Verhaltensweisen und Maßnahmen richtiger, sie unter einem Begriff, den der „ärztlichen Sterbebegleitung" zusammenzufassen. Diese ärztliche Sterbebegleitung ist in ihrer Gesamtheit – also auch in ihren einzelnen Bestandteilen – Inhalt des ärztlichen Behandlungsauftrages und ethisch wie juristisch voll verantwortbar und geboten.

Im Gegensatz zu der oben definierten ärztlichen Sterbebegleitung gehören andere Formen der „Sterbehilfe" – sofern sie unter diesem Begriff zu subsumieren sind – nicht zum ärztlichen Behandlungsauftrag, z.T. widersprechen sie ihm. Es handelt sich dabei um folgende Maßnahmen:

Herausgabe oder Verbreitung von Anleitung zur Selbsttötung: Wenngleich Selbsttötung in unserem Lande nicht im Gegensatz zu geltendem Recht steht und damit diesbezüglich Beratung nicht strafbar ist, gehört ein solches Anleiten nicht zu dem ärztlichen Behandlungsauftrag.

Hilfe bei der Selbsttötung (assisted suicide): Hierunter sind ärztliche Maßnahmen zu verstehen, die darauf gerichtet sind, den Patienten die Selbsttötung zu ermöglichen oder zu erleichtern.

Solche Maßnahmen sind juristisch nicht strafbar, sofern die Entscheidung und der Ablauf der Tötung in den Händen des Patienten selbst liegt. Die Deutsche Gesellschaft für Chirurgie vertritt jedoch die Ansicht, daß solche Maßnahmen nicht Inhalt des ärztlichen Behandlungsauftrages sind. Vielmehr wird die Kenntnis eines Selbsttötungswunsches des Patienten den Arzt veranlassen, nach Möglichkeiten der Änderung dieses Verlangens zu suchen.

Aktive Euthanasie (aktive Sterbehilfe): Tötung Todkranker oder Sterbender auch auf Wunsch des Betroffenen ist nach geltendem Recht als vorsätzliche Tötung verboten (§ 216) und keinesfalls Inhalt des ärztlichen Behandlungsauftrages. Nach Ansicht der Deutschen Gesellschaft für Chirurgie würde eine solche Maßnahme dem ärztlichen Behandlungsauftrag widersprechen, könnte zu schwerwiegenden Folgen führen und ist mit großem Nachdruck abzulehnen.

Diese Stellungnahme geschieht auch in Kenntnis und Würdigung von Argumenten für eine aktive Sterbehilfe zur vom Patienten gewünschten Beendigung eines schwersten Leidenszustandes durch die Herbeiführung des Todes. Die Deutsche Gesellschaft für Chirurgie ist jedoch – unabhängig von dem juristischen Verbot – der Ansicht, daß solche Zustände in aller Regel durch geeignete Maßnahmen zu mildern sind – wozu eine hohe Verpflichtung besteht – weiter, daß bei Akzeptanz einer intendierten Tötung Grenzen schwer zu halten wären und daß sich das Arztbild grundsätzlich ändern würde mit der Folge gravierenden Mißtrauens, vor allem von schwerkranken Patienten gegenüber dem Arzt.

IV. Situationen, bei denen Therapiebegrenzung in Betracht kommen kann

Es kann sich jeweils nur um eine streng individuelle Überlegung und Entscheidung handeln. Doch können einige Gruppierungen von Situationen herausgestellt werden, die ähnliche Hauptmerkmale bezüglich der Frage einer Begrenzung spezieller Therapiemaßnahmen haben. Kombinationen oder Übergänge sind dabei möglich und häufig; manche Situationen treten nur unter intensiv-medizinischer Behandlung auf, andere sind nicht darauf begrenzt.

1. *Patient im Sterbeprozeß befindlich*

Hierzu gehören Patienten, die etwa im Altersmarasmus („natürliches Sterben") oder im Endstadium einer Erkrankung (z.B. einem Malignomleiden, einer langfristigen progredienten kardinalen Insuffizienz oder rezidivierenden zerebrovaskulären Insulten) einen moribunden Zustand erreicht haben und bei denen dieser Verlauf mehr oder weniger vorhersehbar war. Zwar könnte in dieser Situation der Sterbeprozeß durch intensivierte Therapie, wie etwa durch eine künstliche Beatmung o.ä. verzögert werden; doch dürfte dies kaum im Interesse des Patienten liegen. Hier speziell kommen alle Teile der ärztlichen Sterbebegleitung zum Tragen. So können am besten die Vorstellungen eines „humanen Sterbens" verwirklicht werden. Befindet sich ein solcher Patient in einer bereits vor der Finalphase indizierten Intensivtherapie, so kann auch hier bei erkennbarem Finalverlauf Therapiebegrenzung zur Anwendung kommen.

2. *Patient in kritisch-kranker Situation mit hinreichend sicher feststellbarer, infauster Prognose*

Diese beiden Charakteristika – aktuell schwerkranke Situation und der trotz aller Behandlungsmaßnahmen mit hinreichender Sicherheit als infaust zu prognostizierende Verlauf – treffen für viele unterschiedliche Situationen zu. Dabei kann die infauste Gesamtprognose durch Erfolgslosigkeit der unmittelbaren Behandlung etwa einer Sepsis, oder durch das Grundleiden, z.B. Malignom, bedingt sein. Beispielhaft kann es sich also um folgende Situationen handeln:

a) *Absehbares Versagen der Intensivtherapie (z.B. progredientes (Multi-)Organversagen)*

Auch maximale intensivtherapeutische Maßnahmen können manche ungünstige Verläufe, besonders bei Sepsis und Multiorganversagen, nicht verhindern. Dabei auftretende kontinuierliche oder akute Verschlechterung trotz maximaler Therapie, vor allem kombiniert mit anderen ungünstigen Faktoren, wie Vorerkrankungen und höheres Alter, können ein hinreichend verläßlich sicheres Zeichen eines endgültigen Therapieversagens sein. Prognose-Scores können bei der Beurteilung mit herangezogen werden; doch ist die individuelle Beurteilung der Gesamtsituation durch kompetente Ärzte das Wichtigste. Hierauf vor allem muß eine Entscheidung über eine Therapiebegrenzung beruhen.

b) *Schwere, potentiell letale Komplikationen bei Grunderkrankung mit infauster Prognose*

Bei inkurablem Grundleiden können interkurrente Komplikationen (z.B. Infektionen, schwere postoperative Komplikationen nach nur palliativer Tumorchirurgie, Nierenversagen etc.) ggf. durch hohen Therapieeinsatz behandelt werden. Es ist dabei zu bedenken, ob und wie lange dies im Sinne des Patienten ist. Sowohl der unmittelbare Erfolg der Behandlung kann fraglich sein (z.B. Langzeitbeatmung, kardiovaskuläre Insuffizienz), auch kann die Lebensqualität nach Überstehen der Komplikation in der wegen des Grundleidens nur kurzen, verbleibenden Überlebenszeit zusätzlich schwer beeinträchtigt sein. Häufig ist dann Hospitalstation, evtl. Intensivpflege bis zum Tode erforderlich.

Solche Situationen sind heute gerade auch in der Chirurgie nicht vermeidbar bei dem Ziel, auch Patienten mit maligner oder infauster Grunderkrankung mit palliativen Maßnahmen zu helfen – ganz im Sinne der Patienten. Sicher ist solchen Situationen keineswegs stets mit Therapiebegrenzung zu begegnen. Doch sind diese Situationen wohl Hauptmotiv für Patientenverfügungen und häufig Inhalt von Gesprächen mit Patienten und mit Angehörigen sowie Anlaß von Diskussionen in der Öffentlichkeit über den Sinn einer weiteren Intensivtherapie. So kann möglicherweise häufig von einem mutmaßlichen Willen des Patienten zur Therapiebegrenzung in solchen Situationen ausgegangen werden.

c) *Akute Erkrankungen (Unfall) mit infauster bzw. besonders ungünstiger Prognose*

Manche definierte Situationen sind nicht erfolgreich behandelbar (z.B. eine über 90%ige drittgradige Verbrennung). Hier ist Therapiebegrenzung im Rahmen der ärztlichen Sterbebegleitung angebracht. Häufiger sind Situationen mit statistisch minimaler bzw. geringer Überlebenschance und dabei hohem Wahrscheinlichkeitsgrad bleibender schwerer Folgezustände. Beispiele hierfür sind: Schwere Polytrauma mit erheblicher zerebraler Beteiligung, mit irreversibler hoher Querschnittsverletzung und initialer Reanimationsnotwendigkeit; rupturiertes Aortenaneurysma mit Reanimationshämodynamischem Schock; zerebrale Massenblutung mit Respirationspflichtigkeit u.a. Die besondere Problematik einer möglichen Therapiebegrenzung (z.B. in Form des Nicht-Einsetzens von Reanimationsmaßnahmen) liegt sowohl in der Notwendigkeit, sofort eine Entscheidung zu treffen als auch in einer Unsicherheit bezüglich des Schweregrades und der kurz- und langfristigen Prognose der Erkrankung sowie des Schweregrades eines verbleibenden Schadens, also der evtl. resultierenden Lebensqualität. In der Regel wird somit maximaler Therapieeinsatz indiziert sein. Doch ist es auch Aufgabe, die Zuverlässigkeit von Prognosekriterien und die Lebensqualität Überlebender solcher schwerer Erkrankungen und Verletzungen weiter wissenschaftlich zu bearbeiten und daraus ggf. Schlußfolgerungen für eine Therapiebegrenzung zu ziehen.

Anmerkung:

Im Rahmen schwerer zerebraler Schädigungen kann der Verlauf zum Hirntod führen. Während dieser Entwicklung wird u.U. evident, daß keine Überlebenschance besteht. Maßnahmen der Therapiebegrenzung könnten dann erwogen und angewandt werden. Sowohl wegen verbleibender Unsicherheiten einerseits als auch wegen der Möglichkeit, daß nach festgestelltem Hirntod Organspende in Betracht kommen kann, erscheint die Fortsetzung der Behandlung indiziert. Dabei ist auch letzteres Argument vertretbar, da wegen tiefer Bewußtlosigkeit eine durch Behandlungsfortsetzung ggf. verursachte Verlängerung des Sterbeprozesses für den Patienten nicht belastend ist. Auch hier kann von einem mutmaßlichen Willen des Patienten ausgegangen werden, nach dem Tode Organe zu spenden und somit bis zum Tod selbst optimal, aber auch im Hinblick auf eine mögliche Organspende entsprechend behandelt zu werden.

Dagegen erscheint eine prinzipielle Beeinträchtigung und Änderung eines Sterbeprozesses, z.B. durch eine nur im Hinblick auf eine mögliche Organspende vorgenommene künstliche Beatmung bei sonst „natürlichem" Sterbevorgang, problematisch und wird hier abgelehnt. Sie könnte ggf. bei früher erklärter Bereitschaft des betreffenden Patienten hierzu in Betracht kommen.

d) *Erhebliche Belastung bei Fortsetzung einer vermutlich erfolglosen Behandlung*

Diese Situation ist etwa nach einer ein- oder mehrfach gescheiterten, ggf. kombinierten Organtransplantation vorstellbar, wenn die Erfolgschancen einer weiteren Transplantation sehr gering und die damit verbundene Belastung (auch für Angehörige) sehr hoch ist.

e) *Anhaltendes Koma durch hypoxischen Hirnschaden nach kardio-pulmonaler Reanimation*

3. Patient mit interkurrenter Erkrankung bei fehlender Kommunikationsfähigkeit

Bei Patienten mit als irreversibel einzustufendem apallischen Syndrom oder schwersten anderen zerebralen Defektzuständen, etwa einer Alzheimerschen Erkrankung mit Erloschensein der Kommunikationsfähigkeit, können Komplikationen des Leidens wie Infektionen oder Neuerkrankungen (Malignome oder kardiale Erkrankungen) spontan einen letalen Verlauf nehmen. Es kann nach dem mutmaßlichen Willen des Patienten gerechtfertigt sein, diesen Verlauf nicht durch Therapiemaßnahmen zu beeinflussen.

4. Patient in kontinuierlicher Abhängigkeit von der Substitution vital wichtiger Funktionen

Patienten, die dauerhaft abhängig sind von der Substitution vital wichtiger Funktionen (z.B. künstliche Beatmung, Herz-Kreislauf-Assistenz durch Pumpenmechanismen, künstliche Ernährung u.a.) können in urteilsfähigem Zustand die Beendigung dieser Behandlung oder die Nicht-Behandlung von Komplikationen verlangen. Bevor diesem nachgekommen wird, sind ausführliche geeignete Gespräche zu führen. Zwar können Arzt und Pflegepersonal nicht verpflichtet werden, dem Verlangen des Patienten zu entsprechen, doch stellt die Erfüllung dieses Wunsches nicht den Sachverhalt des „assisted suicide" dar, sondern den der Nichtanwendung oder Unterbrechung einer vom Patienten abgelehnten Therapie.

Bei einem urteilsunfähigen Patienten könnte eine solche Therapiebegrenzung nur mit Zustimmung eines bestellten Betreuers bzw. eines vom Patienten beauftragten Vertreters sowie aufgrund eines mutmaßlichen Willens des Patienten und mit Zustimmung eines juristischen Vertreters erwogen werden und ggf. erfolgen (s. „Kemptener Urteil").

5. Patient mit einer Erkrankung ohne effektive Behandlungschance, besonders im Spätstadium der Erkrankung (jedoch noch nicht im Final-/Präfinalstadium)

Hier kann es sich darum handeln, dem Patienten nahe zu bringen, daß eine aussichtsreiche Behandlung seines Leidens nicht bzw. in diesem Stadium nicht mehr existiert und daß ein Verzicht auf weitere, belastende therapeutische Maßnahmen angebracht ist. Voraussetzung hierfür ist, daß ausreichend Daten vorliegen, daß weitere Behandlungsmaßnahmen ineffektiv und/oder mit einer relativ hohen Belastung für den Patienten verbunden sind. Wegen Unsicherheit darüber und wegen des Wunsches des Patienten nach Behandlung besteht heute die Neigung, „alles zu versuchen". Dies ist in Zweifelsfällen bzw. über eine bestimmte Zeit berechtigt, führt jedoch derzeit wohl häufig zu einer den Patienten belastenden „Übertherapie" und muß insofern individuell in Frage gestellt werden. In diesen Situationen kommt jedoch auch die wissenschaftliche Erprobung neuer Verfahren in Betracht. Der Wert weiterführender klinischer Forschung ist sehr hoch. Doch darf hierbei der Gesichtspunkt der Belastung des Patienten, ggf. durch aggressive Therapieform mit geringen therapeutischen Aussichten, nicht außer acht gelassen werden. Der in der Regel vorhandene intensive

Therapiewunsch und die Hoffnung des Patienten sind zwar wichtige Grundlage für eine Therapie und auch einen Therapieversuch, nicht unbedingt aber eine ausreichende Begründung dafür.

V. Allgemeine Gesichtspunkte

Die Diskussion über Therapiebegrenzung wird in der Öffentlichkeit von zwei konträren Ausgangspunkten geführt: Einerseits wird, wie eingangs erwähnt, der Medizin vorgehalten, durch immer mehr Behandlung am Ende des Lebens verhindere sie „normales", ja „humanes" Sterben und verlängere so unsinnig Kranksein und Leiden; andererseits wird die Befürchtung geäußert, Ärzte würden gerade auch unter dem Druck, Kosten zu sparen und ökonomisch zu arbeiten, die Behandlung schwerkranker, gebrechlicher, alter oder behinderter Menschen von sich aus begrenzen, ohne daß dies im Sinne der Betroffenen ist. Es sei hier eindeutig klar gestellt, daß Letzteres mit ärztlicher Ethik nicht vereinbar und ein solches Vorgehen in keiner Weise durch diese Stellungnahme gedeckt wäre.

Der erste Gesichtspunkt ist insofern richtig, als durch medizinische Fortschritte Behandlungsgrenzen verschoben wurden und dabei auch Lebensverlängerungen, die vermutlich nicht dem Wunsch des Patienten entsprechen, eintreten können. Doch geschieht dies in aller Regel als Folge von Behandlungs- und Rettungsversuchen bei denen auch ein entsprechend ungünstiger Verlauf in Kauf genommen werden muß. Mit dieser Stellungnahme bekundet die Deutsche Gesellschaft für Chirurgie jedoch, daß sie sich der Verantwortung bewußt ist, bei Fortschritten auch die Anwendungsgrenzen stärker zu berücksichtigen. In dieser Leitlinie wird ausgeführt, daß zum ärztlichen Behandlungsauftrag, der als „ärztliche Verpflichtung zur Hilfe" definiert wird, nicht nur die Anwendung von Behandlungsverfahren, sondern auch die Überlegung und Durchführung von therapiebegrenzenden Maßnahmen bzw. Verhaltensweisen gehört; dann nämlich, wenn dies dem Gebot der ärztlichen Hilfe mehr entspricht als Therapieintensivierung, also im Sinne des Patienten ist und seinem Willen oder mutmaßlichem Willen entspricht. Therapiebegrenzung wird hier vor allem als ein Teil einer umfassenden ärztlichen Sterbebegleitung gesehen. Therapiebegrenzung kann also nie allein betrachtet oder praktiziert werden.

Während Therapiebegrenzung im Rahmen der „ärztlichen Sterbebegleitung" oder auch in früheren Phasen einer prognostisch infausten Erkrankung zum ärztlichen Behandlungsauftrag gehört bzw. gehören kann, werden Tendenzen zur Akzeptanz oder zur Legalisierung der intendierten Tötung im Rahmen einer aktiven Euthanasie abgelehnt, auch in Kenntnis und unter Würdigung gegenteiliger Argumente.

Eine Entscheidung über eine Therapiebegrenzung fällt in die ärztliche Zuständigkeit. Stets sind jedoch die an der Behandlung hauptbeteiligten Personen, dabei besonders auch die den Patienten pflegenden, in den Diskussions- und Entscheidungsprozeß einzubeziehen. Andere Auffassungen und Gewissensentscheide sind dabei zu beachten. Stets soll eine übereinstimmende Meinung zu Therapiebegrenzung oder Therapieintensivierung erreicht werden. Allen Beteiligten kommen stets die gesamten Aufgaben der Sterbebegleitung zu.

Auch Entscheidungen zur Therapiebegrenzung sind Entscheidungen mit einer unvermeidlichen Restunsicherheit. Unter kritischer Wertung der individuellen Situation und wissenschaftlich erwiesener Daten sowie der persönlichen Erfahrung und der Meinung anderer kann eine „hinreichende Sicherheit" für eine solche Entscheidung erreicht werden. Nur dann kann sie in Richtung einer Therapiebegrenzung getroffen werden. Anderenfalls ist der Arzt verpflichtet, die Behandlung entsprechend intensiv fortzuführen, sicher in aller Regel im Sinn des Patienten. Ein sich dann doch einstellender ungünstiger Verlauf muß als Preis für das Ziel, einen Patienten niemals zu früh aufzugeben bzw. eine Behandlung niemals zu früh zu beenden, aufgefaßt und akzeptiert werden.

Ebenso darf eine Therapiebegrenzung nicht ausgeführt werden, wenn behandelnde Personen das Gefühl haben, hier nicht ausreichend zu intendierter Tötung des Patienten differenzieren zu können.

b) Grundsätze der Bundesärztekammer zur ärztlichen Sterbebegleitung[*]

Präambel

Aufgabe des Arztes ist es, unter Beachtung des Selbstbestimmungsrechtes des Patienten Leben zu erhalten, Gesundheit zu schützen und wiederherzustellen sowie Leiden zu lindern und Sterbenden bis zum Tod beizustehen.

Die ärztliche Verpflichtung zur Lebenserhaltung besteht jedoch nicht unter allen Umständen. Es gibt Situationen, in denen sonst angemessene Diagnostik und Therapieverfahren nicht indiziert sind, sondern Begrenzung geboten sein kann. Dann tritt palliativ-medizinische Versorgung in den Vordergrund. Die Entscheidung hierzu darf nicht von wirtschaftlichen Erwägungen abhängig gemacht werden.

Unabhängig von dem Ziel der medizinischen Behandlung hat der Arzt in jedem Fall für eine Basisbetreuung zu sorgen. Dazu gehören u. a.: Menschenwürdige Unterbringung, Zuwendung, Körperpflege, Lindern von Schmerzen, Atemnot und Übelkeit sowie Stillen von Hunger und Durst.

Art und Ausmaß einer Behandlung sind vom Arzt zu verantworten. Er muß dabei den Willen des Patienten beachten. Bei seiner Entscheidungsfindung soll der Arzt mit ärztlichen und pflegenden Mitarbeitern einen Konsens suchen.

Aktive Sterbehilfe ist unzulässig und mit Strafe bedroht, auch dann, wenn sie auf Verlangen des Patienten geschieht. Die Mitwirkung des Arztes bei der Selbsttötung widerspricht dem ärztlichen Ethos und kann strafbar sein.

Diese Grundsätze können dem Arzt die eigene Verantwortung in der konkreten Situation nicht abnehmen.

I. Ärztliche Pflichten bei Sterbenden

Der Arzt ist verpflichtet, Sterbenden, d. h. Kranken oder Verletzten mit irreversiblem Versagen einer oder mehrerer vitaler Funktionen, bei denen der Eintritt des Todes in kurzer Zeit zu erwarten ist, so zu helfen, daß sie in Würde zu sterben vermögen. Die Hilfe besteht neben palliativer Behandlung in Beistand und Sorge für Basisbetreuung. Maßnahmen zur Verlängerung des Lebens dürfen in Übereinstimmung mit dem Willen des Patienten unterlassen oder nicht weitergeführt werden, wenn diese nur den Todeseintritt verzögern und die Krankheit in ihrem Verlauf nicht mehr aufgehalten werden kann. Bei Sterbenden kann die Linderung des Leidens so im Vordergrund stehen, daß eine möglicher-

---

[*] Abgedruckt in: Deutsches Ärzteblatt 95. Jahrgang, Heft 39, Seiten A 2365–2367, B 1851–1853, C 1689–1691, 25. September 1998

weise unvermeidbare Lebensverkürzung hingenommen werden darf. Eine gezielte Lebensverkürzung durch Maßnahmen, die den Tod herbeiführen oder das Sterben beschleunigen sollen, ist unzulässig und mit Strafe bedroht.

Die Unterrichtung des Sterbenden über seinen Zustand und mögliche Maßnahmen muß wahrheitsgemäß sein, sie soll sich aber an der Situation des Sterbenden orientieren und vorhandenen Ängsten Rechnung tragen. Der Arzt kann auch Angehörige oder nahestehende Personen informieren, es sei denn, der Wille des Patienten steht dagegen. Das Gespräch mit ihnen gehört zu seinen Aufgaben.

II. Verhalten bei Patienten mit infauster Prognose

Bei Patienten mit infauster Prognose, die sich noch nicht im Sterben befinden, kommt eine Änderung des Behandlungszieles nur dann in Betracht, wenn die Krankheit weit fortgeschritten ist und eine lebenserhaltende Behandlung nur Leiden verlängert. An die Stelle von Lebensverlängerung und Lebenserhaltung treten dann palliativ-medizinische und pflegerische Maßnahmen. Die Entscheidung über Änderung des Therapieziels muß dem Willen des Patienten entsprechen.

Bei Neugeborenen mit schwersten Fehlbildungen oder schweren Stoffwechselstörungen, bei denen keine Aussicht auf Heilung oder Besserung besteht, kann nach hinreichender Diagnostik und im Einvernehmen mit den Eltern eine lebenserhaltende Behandlung, die ausgefallene oder ungenügende Vitalfunktion ersetzt, unterlassen oder nicht weitergeführt werden. Gleiches gilt für extrem unreife Kinder, deren unausweichliches Sterben abzusehen ist, und für Neugeborene, die schwerste Zerstörungen des Gehirns erlitten haben. Eine weniger schwere Schädigung ist kein Grund zur Vorenthaltung oder zum Abbruch lebenserhaltender Maßnahmen, auch dann nicht, wenn Eltern dies fordern. Ein offensichtlicher Sterbevorgang soll nicht durch lebenserhaltende Therapie künstlich in die Länge gezogen werden.

Alle diesbezüglichen Entscheidungen müssen individuell erarbeitet werden. Wie bei Erwachsenen gibt es keine Ausnahmen von der Pflicht zu leidensmindernder Behandlung, auch nicht bei unreifen Frühgeborenen.

III. Behandlung bei sonstiger lebensbedrohender Schädigung

Patienten mit einer lebensbedrohenden Krankheit, an der sie trotz generell schlechter Prognose nicht zwangsläufig in absehbarer Zeit sterben, haben, wie alle Patienten, ein Recht auf Behandlung, Pflege und Zuwendung. Lebenserhaltende Therapie einschließlich – ggfs. künstlicher – Ernährung ist daher geboten. Dieses gilt auch für Patienten mit schwersten cerebralen Schädigungen und anhaltender Bewußtlosigkeit (apallisches Syndrom, sog. „Wachkoma").

Bei fortgeschrittener Krankheit kann aber auch bei diesen Patienten eine Änderung des Therapiezieles und die Unterlassung lebenserhaltender Maßnahmen in Betracht kommen. So kann der unwiderrufliche Ausfall weiterer vitaler Organfunktionen die Entscheidung rechtfertigen, auf den Einsatz technischer Hilfsmittel zu verzichten. Die Dauer der Bewußtlosigkeit darf dabei nicht alleiniges Kriterium sein.

Alle Entscheidungen müssen dem Willen des Patienten entsprechen. Bei bewußtlosen Patienten wird in der Regel zur Ermittlung des mutmaßlichen Willens die Bestellung eines Betreuers erforderlich sein.

IV. Ermittlung des Patientenwillens

Bei einwilligungsfähigen Patienten hat der Arzt den aktuell geäußerten Willen des angemessen aufgeklärten Patienten zu beachten, selbst wenn sich dieser Wille nicht mit den aus ärztlicher Sicht gebotenen Diagnose- und Therapiemaßnahmen deckt. Das gilt auch für die Beendigung schon eingeleiteter lebenserhaltender Maßnahmen. Der Arzt soll Kranken, die eine notwendige Behandlung ablehnen, helfen, die Entscheidung zu überdenken.

Bei einwilligungsunfähigen Patienten ist die Erklärung des gesetzlichen Vertreters, z. B. der Eltern oder des Betreuers, oder des Bevollmächtigten maßgeblich. Diese sind angehalten, zum Wohl des Patienten zu entscheiden. Bei Verdacht auf Mißbrauch oder offensichtlicher Fehlentscheidung soll sich der Arzt an das Vormundschaftsgericht wenden.

Liegen weder vom Patienten noch von einem gesetzlichen Vertreter oder einem Bevollmächtigten Erklärungen vor oder können diese nicht rechtzeitig eingeholt werden, so hat der Arzt so zu handeln, wie es dem mutmaßlichen Willen des Patienten in der konkreten Situation entspricht. Der Arzt hat den mutmaßlichen Willen aus den Gesamtumständen zu ermitteln. Eine besondere Bedeutung kommt hierbei einer früheren Erklärung des Patienten zu. Anhaltspunkte für den mutmaßlichen Willen des Patienten können seine Lebenseinstellung, seine religiöse Überzeugung, seine Haltung zu Schmerzen und zu schweren Schäden in der ihm verbleibenden Lebenszeit sein. In die Ermittlung des mutmaßlichen Willens sollen auch Angehörige oder nahestehende Personen einbezogen werden.

Läßt sich der mutmaßliche Wille des Patienten nicht anhand der genannten Kriterien ermitteln, so handelt der Arzt im Interesse des Patienten, wenn er die ärztlich indizierten Maßnahmen trifft.

V. Patientenverfügungen, Vorsorgevollmachten und Betreuungsverfügungen

Patientenverfügungen, auch Patiententestamente genannt, Vorsorgevollmachten und Betreuungsverfügungen sind eine wesentliche Hilfe für das Handeln des Arztes.

Patientenverfügungen sind verbindlich, sofern sie sich auf die konkrete Behandlungssituation beziehen und keine Umstände erkennbar sind, daß der Patient sie nicht mehr gelten lassen würde. Es muß stets geprüft werden, ob die Verfügung, die eine Behandlungsbegrenzung erwägen läßt, auch für die aktuelle Situation gelten soll. Bei der Entscheidungsfindung sollte der Arzt daran denken, daß solche Willensäußerungen meist in gesunden Tagen verfaßt wurden und daß Hoffnung oftmals in ausweglos erscheinenden Lagen wächst. Bei der Abwägung der Verbindlichkeit kommt der Ernsthaftigkeit eine wesentliche Rolle zu. Der Zeitpunkt der Aufstellung hat untergeordnete Bedeutung.

Anders als ein Testament bedürfen Patientenverfügungen keiner Form, sollten aber in der Regel schriftlich abgefaßt sein.

Im Wege der Vorsorgevollmacht kann ein Bevollmächtigter auch für die Einwilligung in ärztliche Maßnahmen, deren Unterlassung oder Beendigung bestellt werden. Bei Behandlung mit hohem Risiko für Leben und Gesundheit bedarf diese Einwilligung der Schriftform (§ 1904 BGB) und muß sich ausdrücklich auf eine solche Behandlung beziehen. Die Einwilligung des Betreuers oder Bevollmächtigten in eine „das Leben gefährdende Behandlung" bedarf der Zustimmung des Vormundschaftsgerichts (§ 1904 BGB). Nach der Rechtsprechung (Oberlandesgericht Frankfurt aM vom 15.7.1998 – Az: 20 W 224/98) ist davon auszugehen, daß dies auch für die Beendigung lebenserhaltender Maßnahmen im Vorfeld der Sterbephase gilt.

Betreuungsverfügungen können Empfehlungen und Wünsche zur Wahl des Betreuers und zur Ausführung der Betreuung enthalten.

c) Grenzen ärztlicher Behandlungspflicht bei schwerstgeschädigten Neugeborenen

Einbecker Empfehlungen
Revidierte Fassung 1992 (abgedruckt in: MedR 1992, 206 ff)

Präambel:

Die nachfolgenden Empfehlungen sind nicht als Handlungsanweisung aufzufassen, sondern als Orientierungshilfe für die konkrete, vom einzelnen Arzt jeweils zu verantwortende Situation. Sie sollen gleichermaßen der Entscheidungsfindung und der Beratung dienen.

In der Neufassung berücksichtigen sie die seit ihrer Formulierung 1986 eingetretenen Veränderungen der diagnostischen, therapeutischen und prognostischen Situation bei schwerstgeschädigten Neugeborenen. Auf die im Gang befindliche Verlagerung mancher Probleme in den Pränatalbereich wird nicht eingegangen.

Ausgangspunkt bleibt die grundsätzliche Unverfügbarkeit menschlichen Lebens in jeder Entwicklungs- und Altersstufe. Dennoch können in den Empfehlungen angesprochene Grenzsituationen dazu führen, daß dem Bemühen um Leidensvermeidung oder Leidensminderung im wohlverstandenen Interesse des Patienten ein höherer Stellenwert eingeräumt werden muß als dem Bemühen um Lebenserhaltung oder Lebensverlängerung. Hierzu ist Einvernehmlichkeit mit allen Betroffenen zu suchen und anzustreben, daß die Entscheidung von ihnen mitgetragen werden kann.

I.

1. Das menschliche Leben ist ein Wert höchsten Ranges innerhalb unserer Rechts- und Sittenordnung. Sein Schutz ist staatliche Pflicht (Art 2 Abs. 2 Grundgesetz), seine Erhaltung vorrangige ärztliche Aufgabe.

2. Eine Abstufung des Schutzes des Lebens nach der sozialen Wertigkeit, der Nützlichkeit, dem körperlichen oder dem geistigen Zustand verstößt gegen Sittengesetz und Verfassung.

II.

1. Die gezielte Verkürzung des Lebens eines Neugeborenen durch aktive Eingriffe ist Tötung und verstößt gegen die Rechts- und die ärztliche Berufsordnung.

2. Der Umstand, daß dem Neugeborenen ein Leben mit Behinderungen bevorsteht, rechtfertigt es nicht, lebenserhaltende Maßnahmen zu unterlassen oder abzubrechen.

III.

Eine Pflicht zur Behandlung und zur personalen Betreuung endet mit der Feststellung des Todes des Neugeborenen. Tod ist nach der übereinstimmenden medizinischen und rechtlichen Auffassung als irreversibler Funktionsausfall des Gehirns (Gesamthirntod) zu definieren.

IV.

1. Der Arzt ist verpflichtet, nach bestem Wissen und Gewissen das Leben zu erhalten sowie bestehende Schädigungen zu beheben oder zu mildern.

2. Die ärztliche Behandlungspflicht wird jedoch nicht allein durch Möglichkeiten der Medizin bestimmt. Sie ist ebenso an ethischen Kriterien und am Heilauftrag des Arztes auszurichten. Das Prinzip der verantwortungsvollen Einzelfallentscheidung nach sorgfältiger Abwägung darf nicht aufgegeben werden.

3. Es gibt daher Fälle, in denen der Arzt nicht den ganzen Umfang der medizinischen Behandlungsmöglichkeiten ausschöpfen muß.

V.

Diese Situation ist gegeben, wenn nach dem aktuellen Stand der medizinischen Erfahrungen und menschlichem Ermessen das Leben des Neugeborenen nicht auf Dauer erhalten werden kann, sondern ein in Kürze zu erwartender Tod nur hinausgezögert wird.

VI.

Angesichts der in der Medizin stets begrenzten Prognosesicherheit besteht für den Arzt ein Beurteilungsrahmen für die Indikation von medizinischen Behandlungsmaßnahmen, insbesondere, wenn diese dem Neugeborenen nur ein Leben mit äußerst schweren Schädigungen ermöglichen würden, für die keine Besserungschancen bestehen. Es entspricht dem ethischen Auftrag des Arztes, zu prüfen, ob die Belastung durch gegenwärtig zur Verfügung stehende Behandlungsmöglichkeiten die zu erwartende Hilfe übersteigt und dadurch der Behandlungsversuch ins Gegenteil verkehrt wird.

VII.

Auch wenn im Einzelfall eine absolute Verpflichtung zu lebensverlängernden Maßnahmen nicht besteht, hat der Arzt für eine ausreichende Grundversorgung des Neugeborenen, für Leidenslinderung und menschliche Zuwendung zu sorgen.

VIII.

1. Die Eltern/Sorgeberechtigten sind über die bei ihrem Kind vorliegenden Schäden und deren Folgen sowie über die Behandlungsmöglichkeiten und deren Konsequenzen aufzuklären. Sie sollen darüber hinaus durch Beratung und Information in den Entscheidungsprozeß mit einbezogen werden.

2. In den Prozeß der Entscheidungsfindung gehen auch die Erfahrungen der mit der Betreuung und Pflege des Kindes betrauten Personen mit ein.

3. Gegen den Willen der Eltern/Sorgeberechtigten darf eine Behandlung nicht unterlassen oder abgebrochen werden. Verweigern die Eltern/Sorgeberechtigten die Einwilligung in ärztlich gebotene Maßnahmen oder können sie sich nicht einigen, so ist die Entscheidung des Vormundschaftsgerichtes einzuholen. Ist dies nicht möglich, hat der Arzt die Pflicht, eine medizinisch dringend indizierte Behandlung (Notmaßnahmen) durchzuführen.

IX.

Die erhobenen Befunde, die ergriffenen Maßnahmen sowie die Gründe für den Verzicht auf eine lebenserhaltende Behandlung sind in beweiskräftiger Form zu dokumentieren.

IV. Der ärztliche Behandlungsfehler[*]

1. Der Begriff des Fehlers

Die unsachgemäße Behandlung kann in einem **Tun oder Unterlassen**, in der **Vornahme einer nicht indizierten** ebenso wie in der **Nichtvornahme einer indizierten Maßnahme** liegen, in, vor und nach der Operation sowie bei der Medikation (Laufs Rn 469; ders, in: Laufs/Uhlenbruck § 99 Rn 9). Zugrunde zu legen ist also ein **umfassender Begriff des Fehlers**, der indes nicht als Kunstfehler bezeichnet werden sollte, da damit nur Unklarheit geschaffen wird (Laufs Rn 469; ders, in: Laufs/Uhlenbruck § 99 Rn 5). Von dem Begriff geht auch eine stigmatisierende Wirkung aus. Der Arzt ist verpflichtet, diejenigen Maßnahmen zu ergreifen, die von einem **gewissenhaften und aufmerksamen Arzt aus berufsfachlicher Sicht seines Fachbereichs vorausgesetzt und erwartet** werden können (BGHZ 88, 248, 254; BGH NJW 1992, 1560, 1561; 1993, 2989, 2991; 1994, 3008, 3009; 1995, 776, 777; 1997, 3090; KG VersR 1995, 300, 301; BGB-RGRK/Nüssgens Anh II Rn 179, 182; Giesen Rn 70, 85; Laufs, in: Laufs/Uhlenbruck § 99 Rn 7; Kullmann VersR 1997, 530; ähnl BGH NJW 1987, 2291, 2292; OLG Schleswig VersR 1997, 831, 832). Der Arzt schuldet also den **Standard eines Facharztes** (BGH NJW 1987, 1479, 1480; 1996, 779, 780). Wenn eine gewisse Oberflächlichkeit bei der Behandlung eingerissen sein sollte, entlastet dies den Arzt nicht; geschuldet ist nicht die übliche, sondern die erforderliche Sorgfalt (BGHZ 8, 138, 140; 88, 248, 258; BGH NJW 1965, 345, 346; BGB-RGRK/Nüssgens Anh II Rn 179). Verfügt der Arzt über spezielle Fähigkeiten, so muß er diese zugunsten des Patienten einsetzen (BGH NJW 1979, 1479, 1480; MünchKomm/Mertens Rn 367; Deutsch NJW 1987, 1481; Kullmann VersR 1997, 531); dasselbe gilt für besonders aufwendige technische Geräte (BGH NJW 1983, 2321, 2322; 1988, 2949, 2950; Kullmann VersR 1997, 531).

2. Der relevante Zeitpunkt

Ausschlaggebend ist der zum **Zeitpunkt der Behandlung zugängliche und verfügbare Stand der medizinischen Wissenschaft** (BGHZ 113, 297, 301; BGH NJW 1981, 628, 629; 1983, 2080, 2081; BGH [St] NJW 1962, 1780, 1784; OLG München VersR 1998, 195 [LS]; OLG Frankfurt aM VersR 1998, 1378, 1379; MünchKomm/Mertens Rn 367; BGB-RGRK/Nüssgens Anh II Rn 179; Giesen Rn 73; der Sache nach auch BGHZ 114, 284, 291; BGH NJW 1965, 345, 346; 1981, 2002, 2004; 1989, 2321, 2322; OLG München VersR 1998, 588, 589). Spätere Erkenntnisse können die Anforderungen an den Arzt nicht verschärfen, sondern sich nur zu seinen Gunsten auswirken, nämlich dann, wenn sie nunmehr für die vom Arzt gewählte Methode sprechen (MünchKomm/Mertens Rn 367; BGB-RGRK/Nüssgens Anh II Rn 179; Laufs Rn 476) oder die fehlende Kausalität des ärztlichen Fehlverhaltens nachweisen (OLG Köln VersR 1997, 1280 [LS]). Die **Beweislast** dafür, daß sein Vorgehen dem damaligen Stand der medizinischen Wissenschaft entsprach, trifft den Arzt (BGB-RGRK/

---

[*] **Schrifttum:** Deutsch, Anm zu BGH, 10. 2. 1987 – VI ZR 68/86, NJW 1989, 1479.

NÜSSGENS Anh II Rn 179; LAUFS Rn 476; GIESEN Rn 74 jeweils unter Berufung auf BGH NJW 1980, 2751).

3. Die Fortbildungspflicht des Arztes

I 20 Aus dem Umstand, daß sich der Fehler am Stand der ärztlichen Wissenschaft zum Zeitpunkt der Behandlung orientiert, folgt die Pflicht des Arztes, sich zu informieren und fortzubilden (BGH NJW 1968, 1181, 1182; VersR 1978, 82, 85; OLG Frankfurt aM VersR 1998, 1378, 1379). Die **Anforderungen sind hoch** (GIESEN Rn 78). Wenn der Arzt auch nicht sämtliche Fachveröffentlichungen verfolgen muß, so kann von ihm doch die Benutzung der **jeweils neuesten Auflage eines Lehrbuchs** (LAUFS, in: LAUFS/UHLENBRUCK § 11 Rn 9; GIESEN Rn 78) **sowie die regelmäßige Lektüre einschlägiger Fachzeitschriften** auf dem entsprechenden Gebiet verlangt werden (BGHZ 113, 297, 304) – etwa die Lektüre von Zeitschriften durch Lungenfachärzte über medikamentöse Behandlung von Tuberkulose (BGH NJW 1982, 697, 698), nicht dagegen von ausländischen Fachzeitschriften durch Allgemeinmediziner (BGH VersR 1962, 155 f).

4. Neue Methoden

I 21 Der Arzt hat im Normalfall den jeweiligen **Standard der Schulmedizin** zu gewährleisten (BGHZ 102, 17, 24). Neuen Methoden muß der Arzt aufgeschlossen gegenüberstehen (GIESEN Rn 82). Das gilt namentlich, wenn sie als Reaktion auf die – vielleicht erst spät erkannten – Gefahren einer herkömmlichen Therapie entwickelt werden (BGH NJW 1978, 587, 588). Heftig umstritten ist, ab wann **neue Therapiekonzepte** angewendet werden müssen. Die Rechtsprechung und wohl hL bejahen das erst dann, wenn die neue Methode den Patienten einem **geringeren Risiko** aussetzt und/oder **bessere Heilungschancen** bietet, zudem in der medizinischen Wissenschaft im **wesentlichen unumstritten** ist (BGHZ 102, 17, 24; BGH NJW 1992, 754, 755; MünchKomm/MERTENS Rn 381; LAUFS, in: LAUFS/UHLENBRUCK § 64 Rn 7). Dagegen dürfe der Patient nicht erwarten, daß er stets nach der neuesten Methode und mit den **modernsten Apparaten** behandelt werde (BGHZ 102, 17, 25). Das könne allerdings anders zu beurteilen sein, wenn es um neue Therapiekonzepte und nicht nur um eine Verbesserung vorhandener Konzepte gehe (BGHZ 102, 17, 26). In der Lehre wird dagegen das verfassungsrechtlich abgesicherte Selbstbestimmungsrecht des Patienten in den Vordergrund gerückt; es gebiete, über Alternativen auch dann schon zumindest aufzuklären, wenn die vorgeschlagene traditionelle Methode noch keinen Behandlungsfehler darstelle (GIESEN Rn 220). Dagegen kann ein Patient, der eine Allgemeinklinik aufsucht, nicht mit den besonderen Möglichkeiten rechnen, die nur in **Spezialkliniken** angeboten werden können (BGH NJW 1988, 2302; LAUFS, in: LAUFS/UHLENBRUCK § 64 Rn 6). Kann dagegen nur eine Spezialklinik eine erfolgversprechende Therapie durchführen, so muß der Kranke darauf **hingewiesen** werden (BGHZ 102, 17, 23). Ebenfalls weiter zu verweisen hat der Arzt, wenn er die überlegene Therapie nicht hinreichend beherrscht (BGH VersR 1966, 853, 855; OLG München VersR 1991, 471, 472; OLG Oldenburg VersR 1991, 1177, 1178; MünchKomm/MERTENS Rn 381).

5. Abweichungen von der Schulmedizin

I 22 Will der Arzt eine von der Schulmedizin abweichende **Außenseitermethode** anwenden, so hat er den Patienten darüber zu **informieren** und **sein Einverständnis einzuholen**

(OLG Düsseldorf VersR 1991, 1176). Dies hat zu geschehen, ohne daß der Arzt Druck oder Einfluß ausübt (MünchKomm/Mertens Rn 382). Der Arzt darf aber ohne eine spezielle Aufklärung über die Alternativen der Schulmedizin nach Außenseitermethoden vorgehen, wenn ersichtlich ist, daß er nur oder überwiegend nach diesen Methoden behandelt, etwa weil es sich um eine entsprechende Einrichtung handelt (MünchKomm/Mertens Rn 383). Gleiches gilt, wenn der Patient auf der **Anwendung der Therapie besteht** (OLG Frankfurt aM VersR 1981, 42 f), beispielsweise weil er von der Schulmedizin keine Hilfe mehr erwarten kann (OLG München VersR 1991, 471, 472). Der Arzt ist auch dann allerdings verpflichtet, die Regeln der Außenseitermethode zu beachten (MünchKomm/Mertens Rn 384). In Gefahrensituationen muß jedoch der Arzt die Vorteile der Schulmedizin deutlich machen (MünchKomm/Mertens Rn 383) und eine alternative Behandlung notfalls abbrechen (Laufs NJW 1984, 1385).

V. Die einzelnen ärztlichen Pflichten[*]

1. Die Diagnosestellung

a) Die fehlende Diagnose
aa) Die Pflicht zur Diagnosestellung
Der Arzt hat zu Beginn der Behandlung eine **möglichst exakte Diagnose** zu stellen (BGH NJW 1961, 2203, 2204; Uhlenbruck, in: Laufs/Uhlenbruck § 50 Rn 7; Giesen Rn 111). Demgemäß begeht er einen Behandlungsfehler, wenn er die im **konkreten Fall notwendigen diagnostischen Mittel** nicht einsetzt (BGH NJW 1988, 1513, 1514; 1988, 2298, 2299;

---

[*] **Schrifttum:** Ankermann, Haftung für fehlerhaften oder fehlenden ärztlichen Rat, in: FS Steffen (1995) 1; Bergmann, Die Organisation des Krankenhauses unter haftungsrechtlichen Gesichtspunkten, VersR 1996, 810; Bohle, Haftung für Suizid während stationärer Krankenhausbehandlung, MedR 1990, 298; Deutsch, Die Anfängeroperation: Aufklärung, Organisation, Haftung und Beweislastumkehr, NJW 1984, 650; ders, Anm zu OLG Köln, 26. 11. 1987 – 7 U 108/87, NJW 1988, 2306; ders, Ressourcenbeschränkung und Haftungsmaßstab im Medizinrecht, VersR 1998, 261; Francke/Hart, Ärztliche Verantwortung und Patienteninformation (1987); Gaisbauer, Anm zu OLG Köln, 14. 7. 1993 – 27 U 13/93, VersR 1994, 432; ders, Anm zu OLG Frankfurt, 6. 10. 1992 – 8 U 26/92, VersR 1994, 463; Gropp, Zur rechtlichen Verantwortlichkeit des Klinikpersonals bei Suizidhandlungen hospitalisierter Psychiatriepatienten, MedR 1994, 127; Gubernatis, Zur Offenbarungspflicht bei ärztlicher Fehlbehandlung, JZ 1982, 363; Hahn, Zulässigkeit und Grenzen der Delegierung ärztlicher Aufgaben, NJW 1981, 1977; Kroitsch, Zur Haftung bei Gesundheits- und Vermögensschäden durch psychotherapeutische Behandlung, VersR 1978, 369; Kullmann, Übereinstimmungen im medizinischen, haftungsrechtlichen und sozialversicherungsrechtlichen Begriff des medizinischen Standards, VersR 1997, 529; Michalski, (Zahn-)Ärztliche Aufklärungspflicht über die Ersatzfähigkeit von Heilbehandlungskosten, VersR 1997, 137; Musielak, Haftung für Narkoseschäden, JuS 1977, 87; Rieger, Verantwortlichkeit des Arztes und des Pflegepersonals bei der Dialysebehandlung, NJW 1979, 582; Scholz, Die Arzthaftung bei Tätigwerden mehrerer Ärzte, JR 1997, 1; Stoll, Schadensersatz für verlorene Heilungschancen vor englischen Gerichten in rechtsvergleichender Sicht, in: FS Steffen (1995) 465; Taupitz, Die zivilrechtliche Pflicht zur unaufgeforderten Offenbarung eigenen Fehlverhaltens (1989); Weissauer, Zur Vereinbarung zwischen dem Berufsverband Deutscher Anästhesisten und dem Berufsverband Deutscher Chirurgen über die Zusammenarbeit bei der operativen Patientenversorgung, MedR 1983, 92.

1993, 2375, 2377; 1995, 778; OLG Stuttgart VersR 1991, 821; 1998, 1550, 1552; GIESEN Rn 115). Dazu gehört die Anamnese (GIESEN Rn 112), deren Intensität von dem **Zeitzwang in Eilfällen**, aber auch von der **Schwere der Erkrankung** abhängt (UHLENBRUCK, in: LAUFS/ UHLENBRUCK § 48 Rn 4, 6). Elementare Befunde müssen erhoben werden (BGHZ 85, 212, 217; 99, 391, 398; BGH NJW 1987, 2293, 2294; 1988, 1513, 1514; 1988, 2949, 2950; 1994, 1594, 1595; 1994, 1597, 1598; 1994, 2419, 2421; OLG Karlsruhe VersR 1988, 1299; OLG Köln MDR 1994, 994, 995; MünchKomm/MERTENS Rn 375), wenn dies medizinisch zweifelsfrei geboten ist; desgleichen sind Geräte einzusetzen, die der Diagnose dienen (OLG Stuttgart VersR 1987, 421). Ist das **Krankheitsbild ungeklärt**, sind vor allem die Diagnosemöglichkeiten hinsichtlich schwerwiegender Krankheiten auszuschöpfen (OLG Hamm VersR 1992, 752 [LS]). Oft genügt auch nicht eine einzige Diagnose; vielmehr muß diese im weiteren Behandlungsverlauf überprüft werden (OLG Köln VersR 1991, 1288). Bleibt die Unklarheit bestehen, muß die Diagnose hinsichtlich der möglichen schweren Krankheiten erhoben werden (OLG Oldenburg NJW 1995, 3061, 3062; OLG Hamm VersR 1992, 752 [LS]; MünchKomm/MERTENS Rn 375). Hierher gehört auch die Vorsorgeuntersuchung bzw zumindest der Hinweis auf diese Möglichkeit (OLG Hamm VersR 1979, 826; MünchKomm/MERTENS Rn 375). Auch wenn der Arzt eine Untersuchung zunächst nur aus besonderer Vorsicht vorgenommen hatte, muß er bei verdächtigen Werten eine Kontrolluntersuchung veranlassen (OLG Düsseldorf VersR 1992, 494). Wird eine zweifelsfrei gebotene Befunderhebung unterlassen, so kann darin ein schwerer Behandlungsfehler liegen (BGHZ 85, 212, 217; BGH NJW 1989, 2332; 1995, 778; OLG Hamm VersR 1980, 291, 292; OLG Stuttgart VersR 1994, 313, 315; vgl genauer unten Rn I 66).

bb) Kasuistik

I 24 Beispiele für eine nicht hinreichende Diagnose sind das Fehlen einer intensiven präoperativen Diagnostik (BGH NJW 1987, 2293, 2294; 1989, 1541 f), die Nichtanfertigung geeigneter Röntgenaufnahmen, weswegen eine Verletzung nicht entdeckt wird (BGH NJW 1972, 334; 1988, 2332; OLG Hamm VersR 1980, 291, 292; MedR 1983, 147, 148; OLG Düsseldorf NJW 1986, 2376; ähnl BGHZ 63, 265, 273 f), oder das Unterbleiben von Kontrollaufnahmen, obwohl Verdachtsmomente für einen tuberkulösen Prozeß vorliegen (BGHZ 99, 391, 394). Bei Verdacht auf eine Krebserkrankung ist eine Abklärung notwendig (OLG Stuttgart VersR 1991, 821). Desgleichen genügt nicht die Untersuchung nach einer von der Schulmedizin abgelehnten, da nicht hinreichend aussagekräftigen Methode; zumindest muß der Arzt auf diesen Umstand hinweisen (OLG Koblenz NJW 1996, 1600, 1601). Zeichnet sich eine Frühgeburt ab, muß eine vaginale Untersuchung stattfinden (BGH NJW 1995, 778); eine Schwangere muß bei Aufnahme in die Klinik mit Ultraschall untersucht werden (BGH NJW 1991, 2350). Kann eine Infektion nicht ausgeschlossen werden, hat zumindest eine Blutsenkung zu erfolgen (BGH NJW 1988, 1513); bei Verdacht auf Gefäßverschluß müssen der Arterienpuls und die Wärme der Extremitäten geprüft werden (BGH VersR 1983, 983); bei Hinweisen auf eine Durchblutungsstörung nach der Reposition eines Bruches haben gezielte Kontrolluntersuchungen zu erfolgen (OLG Düsseldorf VersR 1989, 190); bei einer möglichen Sepsis darf die Diagnose nicht durch die Gabe von Novalgin verschleiert werden (BGH VersR 1985, 886 f). Die Entscheidung des BGH, in der er eine Verletzung der Befunderhebungspflicht verneinte, obwohl der Arzt trotz des Austritts grünlichen Fruchtwassers bei einer Hochschwangeren das Kind nicht kontinuierlich mit Hilfe eines CTG überwacht hat (BGH NJW 1988, 2949, 2950 für eine 1981 erfolgte Behandlung), dürfte angesichts der weiten Verbreitung des Geräts überholt sein.

b) Die fehlerhafte Diagnose

Nach hM sind **Diagnosefehler nicht automatisch Behandlungsfehler** (BGH NJW 1978, 584 f; 1978, 1681; 1988, 1513, 1514; 1993, 2375, 2377; 1995, 778; VersR 1981, 1033, 1034; OLG Köln VersR 1988, 1299; 1989, 631; 1991, 1288; 1998, 243, 244; OLG Oldenburg NJW-RR 1990, 1363, 1364; OLG Karlsruhe VersR 1994, 860 f; OLG Frankfurt aM VersR 1997, 1358; MünchKomm/MERTENS Rn 375; UHLENBRUCK, in: LAUFS/UHLENBRUCK § 50 Rn 3; GIESEN Rn 114; vgl auch BGHZ 132, 47, 51; BGH NJW 1993, 2375, 2377; 1995, 778, der einen schweren Fehler nur bei fundamentalen Diagnosefehlern bejaht; skeptisch STOLL, in: FS Steffen [1995] 474 f). Die Symptome seien nämlich nicht immer eindeutig (BGH NJW 1995, 778; VersR 1981, 1033, 1034; ähnl BGH NJW 1988, 1513, 1514). **Nur bei völlig unvertretbaren Fehleinschätzungen** wird eine **Ausnahme** gemacht (BGHZ 132, 47, 51; BGH NJW 1995, 778; OLG Celle VersR 1981, 783 f; OLG Düsseldorf VersR 1985, 169, 171; OLG Köln VersR 1989, 631; 1991, 1288; 1998, 243, 244; MDR 1994, 994, 995; OLG Stuttgart VersR 1994, 313, 315; MünchKomm/MERTENS Rn 375). Doch ist schon die **Ausgangsprämisse** in ihrer Apodiktik **wenig überzeugend**. Gerade wenn die Symptome nicht eindeutig sind, muß die Diagnose fortgesetzt werden, bis sich die Ursachen besser abklären lassen; dem Arzt ist somit zumindest der Vorwurf zu machen, die Diagnose vorzeitig abgebrochen zu haben (vgl schon Rn I 23 f; sowie BGHZ 85, 212, 218; BGH NJW 1988, 1513, 1514; VersR 1985, 886 f; OLG Frankfurt aM VersR 1997, 1358 f). So ist es denn eindeutig ein Diagnosefehler, wenn Faktoren nicht ermittelt werden, bei denen die geplante Therapie kontraindiziert ist (MünchKomm/MERTENS Rn 377). Desgleichen haftet der Arzt, der bei einem Zwischenfall während der Narkose nicht die naheliegende richtige Diagnose trifft und daher den Patienten zunächst falsch behandelt (OLG Celle VersR 1981, 783, 784), den Betroffenen aufgrund der Fehldiagnose fälschlicherweise konservativ behandelt (LG Kassel VersR 1980, 149, 150) oder operiert (OLG Düsseldorf VersR 1989, 191). Es ist ein Diagnosefehler, wenn der Arzt etwa die mangelnde Versorgung des Embryos mit Sauerstoff nicht erkennt und die Geburt nicht unverzüglich mit einer Sectio beendet (OLG Oldenburg VersR 1997, 1236, 1237). Der Arzt ist auch für die ordnungsgemäße Anleitung und Überwachung bei der Ermittlung der Diagnose verantwortlich (OLG Hamm MedR 1992, 340, 341; MünchKomm/MERTENS Rn 378), ebenso dafür, daß bei einer auffälligen Diskrepanz zwischen dem Sichtbefund und dem Befund einer Gewebeprobe diese wiederholt wird, um die Gefahr von Verwechslungen auszuschließen (OLG Düsseldorf VersR 1997, 1358 [LS]), sowie dafür, daß keine unnötigen Verzögerungen auftreten (OLG Koblenz VersR 1994, 353, 354; OLG Frankfurt aM VersR 1996, 101, 102; MünchKomm/MERTENS Rn 378).

c) Die risikoreiche Diagnose

Schwierig zu beurteilen ist die risikoreiche Diagnose. Stehen allerdings zwei in gleicher Weise aussagekräftige Methoden zur Wahl, so ist nach der **risikoärmeren** vorzugehen (MünchKomm/MERTENS Rn 376). Das hat jedenfalls zunächst auch zu gelten, wenn eine risikoärmere Diagnoseart nur eine geringere Genauigkeit gewährleistet; so ist jedenfalls am Anfang die Diagnose per Ultraschall dem Röntgen vorzuziehen (MünchKomm/MERTENS Rn 376). Bei diagnostischem Gewinn durch die risikoreichere Untersuchung muß mit der Gefahr abgewogen werden (OLG Düsseldorf VersR 1984, 643; MünchKomm/MERTENS Rn 376). Dient ein Eingriff ausschließlich der Diagnose, so sind die **Anforderungen an die Aufklärung** verschärft (vgl dazu unten Rn I 85). Eine risikoreiche Diagnose darf ebenfalls nicht durchgeführt werden, wenn für die vermutete Krankheit keine kausale Therapie möglich ist (OLG Düsseldorf VersR 1984, 643). Zurückhaltung ist ferner geboten bei infauster Prognose, namentlich bei älteren Menschen, und wenn die Diagnose mit nicht unerheblichen Schmerzen verbunden ist (UHLENBRUCK, in: LAUFS/UHLENBRUCK § 50 Rn 11).

d) Die Einschaltung von Hilfspersonen und die Verwendung von Diagnosen Dritter

I 27 Verpflichtet, sich ein eigenes Bild von der Krankheit zu machen, ist letztendlich der behandelnde Arzt; das gilt auch, wenn der Patient schon von einem Assistenz- oder Oberarzt voruntersucht worden ist (UHLENBRUCK, in: LAUFS/UHLENBRUCK § 49 Rn 3). Soweit es allerdings um die Ermittlung einfach festzustellender Befunde geht – etwa den Blutdruck oder den Puls – kann sich der Arzt im allgemeinen auf die Arbeit seiner Hilfspersonen verlassen, soweit diese über die nötigen Erfahrungen verfügen. Selbst eine Kontrolle vorzunehmen, ist der Arzt nur dann verpflichtet, wenn der erhobene Befund außergewöhnliche Werte aufweist oder es im speziellen Fall exakt auf den Wert ankommt. Die **Anamnese** ist aber grundsätzlich Sache des Arztes. Mit Ausnahme von ganz einfach gelagerten Fällen darf er sie nicht zur Gänze auf Hilfspersonen oder auf ein Fragebogensystem übertragen (MünchKomm/MERTENS Rn 375). Auf Beobachtungen von Patienten allein darf sich der Arzt nie stützen (OLG Oldenburg NJW-RR 1990, 1363, 1364; VersR 1998, 720, 721). Bei der horizontalen Arbeitsteilung, namentlich bei der Verwendung von **Diagnosen Dritter**, ist zu unterscheiden. Verfügt der Dritte über eine **überlegene Sachkunde**, wurde er also gerade eingeschaltet, weil er der Spezialist für die offene Frage ist, so kann sich der überweisende Arzt auf die Diagnose in aller Regel verlassen. Seine Pflicht beschränkt sich auf eine Plausibilitätskontrolle und die Beobachtung, ob die weitere Entwicklung die Diagnose in Frage stellt (OLG Stuttgart VersR 1991, 1060; OLG Köln VersR 1993, 1157; MünchKomm/MERTENS Rn 375; BGB-RGRK/NÜSSGENS Anh II Rn 219). Gleiches gilt, wenn nur dem Dritten die entsprechenden Apparate und Analysemöglichkeiten zu Gebote stehen. Umgekehrt kann sich der zur Vornahme einer bestimmten Leistung hinzugezogene Arzt darauf verlassen, daß der überweisende Arzt in seinem Verantwortungsbereich sorgfältig vorgegangen ist und die Diagnose zu der erbetenen Leistung zutreffend gestellt hat (BGH NJW 1994, 797, 798 mwNw; OLG Düsseldorf NJW 1984, 2636, 2637 = VersR 1984, 643, 644; OLG Stuttgart VersR 1991, 1060; BGH [St] NJW 1998, 1802, 1803 [Vertrauensgrundsatz]; MünchKomm/MERTENS Rn 375; BGB-RGRK/NÜSSGENS Anh II Rn 220). Das alles hat namentlich zu gelten, wenn die Diagnose von einem in personeller und apparativer Hinsicht überlegenen Krankenhaus gestellt worden ist (OLG Köln VersR 1993, 1157; MünchKomm/MERTENS Rn 375; BGB-RGRK/NÜSSGENS Anh II Rn 220). Auch der Assistenzarzt darf auf die Diagnose seines vorgesetzten Arztes vertrauen, wenn dieser ihm die Anweisung zur Operation gegeben hat (OLG Düsseldorf NJW 1991, 2968). Doch entlastet die Arbeitsteilung den weiterbehandelnden Arzt dann nicht, wenn er erkennt oder erkennen muß, daß **ernsthafte Zweifel** an den erhobenen Befunden bestehen, namentlich wenn diese eindeutig lückenhaft sind (BGH NJW 1989, 1536, 1538; 1994, 797, 798; BGH [St] 1998, 1802, 1803; OLG Hamm VersR 1998, 323, 324, Revision vom BGH nicht angenommen; OLG Naumburg VersR 1998, 983, 984; GAISBAUER VersR 1994, 432); dann muß selbst der Hausarzt, zumal wenn er Facharzt ist, den Bedenken nachgehen und beispielsweise in der Klinik nachfragen (BGH NJW 1998, 1536, 1538). Bei dem Befund über ein Kind etwa, der uU auf Rhesusfaktorunverträglichkeit deutet, darf der Arzt nicht darauf vertrauen, daß ihm dieses Risiko vom entbindenden Arzt mitgeteilt wird (BGH NJW 1992, 2962, 2963). Auch darf der Hausarzt nicht blind der Medikationsempfehlung der Fachklinik folgen, obwohl sich der Zustand des Patienten mehr und mehr verschlimmert (OLG Koblenz VersR 1992, 752, 753 f).

2. Die Sicherungsaufklärung

a) Die Mitteilung der Diagnose

Der Arzt hat dem Patienten die Diagnose mitzuteilen (BGHZ 29, 176, 184 f; 107, 222, 226 f; OLG Köln VersR 1992, 1231; OLG Stuttgart VersR 1997, 700; ANKERMANN, in: FS Steffen [1995] 3). Gerade wenn diese noch nicht zur Gänze klar ist, muß der Arzt den Patienten, bei Kindern auch die Eltern, darauf hinweisen, auf welche Veränderungen sie insbesondere zu achten und wie sie darauf zu reagieren haben (OLG Oldenburg VersR 1998, 720 f). Bei schwierigen Erkrankungen muß sich an die Mitteilung ein **therapeutisches Gespräch** anschließen, in dem das aus ärztlicher Sicht gebotene Vorgehen besprochen wird; sollte die Mitwirkung des Patienten als zweifelhaft erscheinen, muß mit allem Nachdruck auf die Dringlichkeit und die mit dem Unterlassen verbundenen Gefahren hingewiesen werden (BGHZ 107, 222, 226 f; BGH NJW 1972, 335, 336; 1987, 705; VersR 1980, 853, 854 [Nichtannahmebeschluß zu OLG Braunschweig VersR 1980, 853 ff], OLG Hamburg VersR 1992, 1405; OLG Karlsruhe VersR 1996, 463; OLG Oldenburg VersR 1998, 1110 f). Ebenso hat der Arzt den Patienten über die **nunmehr gebotene Lebensweise** zur Sicherung des Heilerfolges aufzuklären (OLG Köln VersR 1992, 1231). Natürlich muß all dies in schonender Form erfolgen (BGHZ 29, 176, 184 f; 107, 222, 226; OLG Braunschweig VersR 1990, 57, 58; der Sache nach auch OLG Köln NJW 1988, 2306); die Diagnose muß auch hinreichend durch Befunde gesichert sein (OLG Köln NJW 1987, 2936; OLG Braunschweig VersR 1990, 57, 58). Sehr problematisch ist, ob der Arzt die Mitteilung der **Diagnose bei schweren Krankheiten** wegen der zu befürchtenden Reaktionen des Betroffenen unterlassen oder durch die Unterrichtung von Angehörigen ersetzen darf. Während die Instanzgerichte dazu neigen, die Information dürfe vorenthalten bleiben (OLG Köln NJW 1987, 2936; 1988, 2306; DEUTSCH NJW 1988, 2307; strikt abl GIESEN Rn 117 Fn 309), ist der Arzt nach der Rechtsprechung des BGH zur Mitteilung verpflichtet (BGHZ 29, 176, 184 f; 107, 222, 226; ANKERMANN, in: FS Steffen [1995] 3). Für die Auffassung des BGH spricht schon das Persönlichkeitsrecht des Patienten, zu erfahren, wie es um ihn steht, um sein Leben entsprechend einrichten zu können; auch finanzielle Belange, wie die Errichtung eines Testaments, können vom Patienten noch zu erledigen sein (ANKERMANN, in: FS Steffen [1995] 3 f).

b) Der Hinweis auf Risiken

Der Arzt hat den Patienten auf Risiken hinzuweisen, die sich durch die weitere Entwicklung der Krankheit ergeben können. Dazu gehören auch Risiken für ein noch nicht gezeugtes Kind, etwa wegen einer drohenden Antikörperbildung und der dadurch verursachten Anämie. Der Arzt muß dann auf die Gefahren aufmerksam machen, die eine erneute Schwangerschaft mit sich bringt (BGH NJW 1989, 2320, 2321). Der Arzt hat den Patienten davor zu warnen, nach dem Ziehen der Fäden aus einer Operationswunde am Auge dieses einer mechanischen Belastung auszusetzen (OLG Stuttgart VersR 1996, 979). Er hat darauf hinzuweisen, daß eine Untersuchung dringlich sei (BGH NJW 1997, 3090, 3091; OLG Köln VersR 1996, 1021, 1022), daß eine Krankheit behandelt werden müsse, um Komplikationen vorzubeugen (BGH NJW 1991, 748, 749; OLG Karlsruhe VersR 1987, 1247, 1248), daß die vorzeitige Entlassung aus dem Krankenhaus Risiken bringe (OLG Düsseldorf VersR 1997, 1402 f), daß bei einer fast 40jährigen Schwangeren eine Fruchtwasseruntersuchung angezeigt sei, um den Morbus down des Kindes erkennen zu können (OLG München VersR 1988, 523, 524). Auf die Möglichkeit einer **Eigenblutspende**, die das Infektionsrisiko bei einer Transfusion ausschließt, ist der Patient hinzuweisen, wenn mit der Notwendigkeit einer Transfusion gerechnet werden muß (BGHZ 116, 379, 385 f; OLG Zweibrücken VersR 1998, 1553, 1554 [im konkreten Fall verneinend]). Auch über die Möglichkeit des Fehlschlagens einer Sterilisation hat der Arzt aufzuklären (BGH NJW 1981, 630, 632; 1981, 2002, 2003; OLG Bremen VersR 1982, 959, 960; MünchKomm/MERTENS Rn 420 jeweils unter Annahme einer vertraglichen Aufklärungspflicht), ebenso über die Möglichkeit des Fortbestehens einer Schwangerschaft nach dem Abbruch, wenn eine Zwillingsschwangerschaft vorlag (OLG Oldenburg NJW 1996, 2432, 2433). Bei der Sterilisation von Männern muß der Arzt auf die Notwendigkeit eines Spermiogramms zur Abklärung des Erfolges des Eingriffs aufmerksam machen (BGH NJW 1995, 2407, 2408; OLG Düsseldorf VersR 1992, 317, 319; OLG Oldenburg NJW 1996, 2432, 2433; iE auch BGH NJW 1992, 2961), ebenso auf die Möglichkeit einer Rekanalisation (OLG Hamm VersR 1993, 484, 485; OLG Oldenburg VersR 1994, 1348 f: für das Jahr 1984 und 1987 verneint, ab 1990 jeweils bejaht). Schließlich hat der Arzt vor den Risiken eines speziellen Trainingsprogramms eines durch einen Bandscheibenvorfall geschädigten Patienten zu warnen (OLG Stuttgart VersR 1998, 637).

c) Die Mitteilung unterlaufener Fehler

I 30 Umstritten ist die Frage, ob der Arzt über Fehler aufklären muß, die ihm in der Behandlung unterlaufen sind. Die wohl noch hM tendiert dazu, eine solche Pflicht zu verneinen (OLG Hamm NJW 1985, 685; LAUFS, in: LAUFS/UHLENBRUCK § 65 Rn 15 mwNw; vgl auch die Darstellung bei FRANCKE/HART 57 ff; in diese Richtung neigt wohl auch BGH NJW 1984, 661, 662; aA GIESEN Rn 94), in der Literatur bejahen einige eine vertragliche, nicht dagegen eine deliktische Pflicht (FRANCKE/HART 60 ff, 78 f). Diesen Restriktionen ist indes nicht zu folgen. Schon unter dem Aspekt der – noch dazu rechtswidrigen – Vortat ist der Arzt verpflichtet, den Patienten zu informieren, wenn ihm ein Fehler unterlaufen ist, der zu weiteren Beeinträchtigungen führen kann (OLG Stuttgart VersR 1989, 632 für einen im Knochen abgebrochenen Bohrer; TAUPITZ 60; so auch GUBERNATIS JZ 1982, 363). Es handelt sich dabei um eine **Komponente der therapeutischen Aufklärung** (OLG Stuttgart VersR 1989, 632). Eine davon zu unterscheidende, hier nicht weiter zu verfolgende Problematik geht um die Aufklärung über die Ersatzfähigkeit von Heilbehandlungskosten (vgl dazu TAUPITZ 66; MICHALSKI VersR 1997, 142 ff).

3. Zusammenarbeit und Delegation

a) Die Zusammenarbeit zwischen Ärzten

I 31 Erfordert die Therapie das Zusammenwirken mehrerer Ärzte, so kann jeder darauf vertrauen, daß sein Kollege in **seinem Aufgabenbereich die notwendige Sorgfalt beobachtet** (BGH NJW 1991, 1539; BGH [St] NJW 1980, 649, 650; MünchKomm/MERTENS Rn 402; BGB-RGRK/NÜSSGENS Anh II Rn 217; für den Bereich der Diagnose vgl oben Rn I 27). Ansonsten droht die Gefahr, daß sich Ärzte gegenseitig überwachen, anstatt sich ihrer eigentlichen Aufgabe zu widmen (BGH NJW 1991, 1539 f). Die **Verantwortung** muß aber **eindeutig verteilt** sein (MünchKomm/MERTENS Rn 391). Die Verantwortlichkeit des **Anästhesisten** etwa beginnt mit der Vorbereitung der Narkose; dazu gehört die Auswahl des Betäubungsverfahrens und die Einstellung des Patienten durch Prämedikation (BGH NJW 1991, 1539); sie ist auf die operative und postnarkotische Phase bis zur Wiedererlangung der Schutzreflexe des Patienten und bis zur Verlegung in die Krankenstation begrenzt (BGHZ 89, 263, 267; BGH NJW 1990, 759; iE auch BGH NJW 1987, 2293, 2295; offen gelassen von BGH [St] NJW 1980, 650, 651). Für den Grenzbereich bedarf es der konkreten Verteilung der Zuständigkeiten, die sich im Alltagsbetrieb herausbilden und von denen nur im Einzelfall aufgrund konkreter Vereinbarungen abgegangen werden darf (BGH [St] NJW 1980, 650, 651). Die Phase der therapeutischen Nachbehandlung gehört in die Zuständigkeit des die Nachbehandlung weiterführenden **Operateurs** (BGHZ 89, 263, 267 f; BGH [St] NJW 1980, 650, 651), soweit nicht dem Anästhesisten weiter gehende Aufgaben auf der Intensivstation übertragen worden sind (BGH [St] NJW 1980, 650, 651). Während der Operation ist der Chirurg für den Eingriff mit seinen spezifischen Risiken verantwortlich, der Anästhesist für die Überwachung und Aufrechterhaltung der vitalen Funktionen (BGH NJW 1991, 1539). Der Operateur hat die richtige Lagerung des Patienten zu kontrollieren (BGH NJW 1984, 1403, 1404), der Anästhesist ist für ihre Beibehaltung verantwortlich (OLG Köln VersR 1991, 695, 696). Ein Anästhesist ist nicht für die Beobachtung von Operationsfolgen zuständig, wenn er bei dieser (Vor-)Operation nicht beteiligt war (BGH NJW 1987, 2293, 2295). Die Details sind in der Vereinbarung zwischen dem Berufsverband Deutscher Anästhesisten und dem Berufsverband der Deutschen Chirurgen über die Zusammenarbeit bei der postoperativen Patientenversorgung geregelt (abgedruckt in MedR 1983, 21 f; dazu WEISSAUER MedR 1983, 92 ff). Nach Übergabe des Kindes an den Pädiater endet die Aufgabe des **Geburtshelfers** (BGH NJW 1998, 2736, 2737).

b) Die Delegation von Pflichten
Der Arzt darf Aufgaben an nichtärztliches Personal delegieren (MünchKomm/MERTENS Rn 390; UHLENBRUCK, in: LAUFS/UHLENBRUCK § 47 Rn 4; HAHN NJW 1981, 1980 f); der Umfang ist allerdings schwer festzulegen. ZT wird unterschieden zwischen **nicht delegierbaren Arbeiten**, die wegen ihrer Schwierigkeit oder wegen der Unvorhersehbarkeit etwaiger Reaktionen ärztliches Fachwissen voraussetzten (BGH NJW 1974, 2245, 2246) – beispielsweise operative Eingriffe, schwierige Injektionen usw –, und Labor- und einfachen Pflegeleistungen, wie dem Verbandwechsel, die delegierbar seien. Je nach Fall zu beurteilen sei die Übertragung einzelner Leistungen wie einfachere Injektionen oder ähnliches (UHLENBRUCK, in: LAUFS/UHLENBRUCK § 47 Rn 4 f; ähnl RIEGER NJW 1979, 582 f). Andere ziehen **den Kreis weiter, verschärfen aber die Auswahl- und Kontrollpflichten** des delegierenden Arztes (RIEGER NJW 1979, 1937; HAHN NJW 1981, 1981, 1983 f). Vorzugswürdig ist das Kriterium, daß dort nicht delegiert werden darf, wo die Gefahr einer zusätzlichen Schädigung des Patienten durch die fehlende Qualifikation des nichtärztlichen Personals zu befürchten ist (GIESEN Anm zu BGH LM Nr 165 zu § 823 [Aa] unter 2 a). Die Gesamtverantwortung trägt der Arzt. Jedenfalls ist es ein Fehler, eine Krankenschwester ohne ausdrückliche Anweisung über die Einspritzrichtung mit einer Injektion in der Nähe des Ischiasnervs zu beauftragen (BGH NJW 1951, 566; 1959, 2302, 2303 jeweils im Rahmen des § 831; offen gelassen von BGH VersR 1960, 19, 21), einer Krankenschwester die Verabreichung der Spritze an eine Patientin zu übertragen, bei der kaum geeignete Einstichstellen vorhanden sind (BGH NJW 1980, 1903, 1904), oder eine nicht genügend qualifizierte Kraft mit der intramuskulären Injektion zu betrauen (BGH NJW 1979, 1935, 1936; OLG Köln VersR 1988, 44, 45; LG Berlin NJW-RR 1994, 801); dabei gibt die jeweilige Ausbildungsordnung einen wichtigen Hinweis darauf, welche Fähigkeiten die Betroffenen erworben haben (BGH NJW 1979, 1935, 1936). Eine Hebamme darf nicht allein mit der Überwachung einer schwierigen Geburt betraut werden, sondern muß einen Arzt zuziehen (OLG Oldenburg VersR 1992, 453, 454), eine Krankenschwester nicht mit geburtshilflichen Maßnahmen (OLG München VersR 1994, 1113). Einer Krankenschwester kann auch nicht die Analyse einer CTG-Kurve und die Entscheidung überlassen werden, ob der Arzt zu holen sei (BGH NJW 1996, 2429, 2431). Dagegen darf die Lagerung auf dem Operationstisch dem Ope-

rationspfleger überlassen werden; die operierenden Ärzte können sich auf eine Überprüfung beschränken (BGH NJW 1984, 1403, 1404).

c) Die Anfängeroperation

I 33 Weniger die Delegations- als die **Ausbildungsproblematik** stellt sich bei der Anfängeroperation. Ein junger Arzt am Beginn seiner Ausbildung muß **schrittweise eingeführt** werden (BGHZ 88, 248, 254; BGH NJW 1992, 1560, 1561). Ihm unterlaufen eher Fehler als einem erfahrenen Arzt (BGH NJW 1978, 1681; OLG Karlsruhe VersR 1990, 53, 54). Er darf deshalb erst operieren, wenn seine **Zuverlässigkeit bei ähnlichen Eingriffen festgestellt** und **praktische Fortschritte nachgewiesen** sind (OLG Koblenz NJW 1991, 2967, 2968). Solange noch irgendwelche Zweifel am Ausbildungsstand bestehen, ist die Vorgehensweise vorab zu erörtern (OLG Oldenburg VersR 1998, 1381, 1382); zudem muß er von einem stets anwesenden Facharzt überwacht werden (BGHZ 88, 248, 254 f; BGH NJW 1992, 1560, 1561; OLG Oldenburg VersR 1998, 1381, 1382), der in der Lage ist, korrigierend einzugreifen (BGH NJW 1992, 1560, 1561; OLG Oldenburg VersR 1998, 1360; SOERGEL/ZEUNER Rn 162). Dem jungen Arzt die Operation ohne Aufsicht zu übertragen, verstößt also gegen die gebotene ärztliche Pflicht (BGHZ 88, 248, 256; BGH NJW 1985, 2193; 1992, 1560, 1561; OLG Oldenburg VersR 1998, 1381, 1382; weit weniger streng noch BGH NJW 1975, 2245, 2246). Erst bei **fortgeschrittener Erfahrung** des Auszubildenden kann die Assistenz des aufsichtsführenden Arztes gelockert werden (OLG Düsseldorf NJW 1994, 1598 f; MünchKomm/MERTENS Rn 401; STEFFEN/DRESSLER Rn 247); dasselbe gilt bei **Notfällen**, die ein sofortiges Eingreifen notwendig machen (BGHZ 88, 248, 255). Strittig ist dabei, ob der Aufsichtsführende stets Facharzt sein muß (bejahend BGHZ 88, 248, 254 f; BGH NJW 1992, 1560, 1561; verneinend OLG Düsseldorf NJW 1995, 1620 [LS]). Daß er den Fehler des Auszubildenden nicht verhindert hat, spricht zumindest aber für ein Übernahmeverschulden. Bei der Narkose hat der BGH die Anforderungen allerdings weniger hoch angesetzt; es genügt Blick- oder sogar Rufkontakt (BGH NJW 1983, 1374, 1376; 1993, 2989, 2991; MünchKomm/MERTENS Rn 390). Jedenfalls aber muß sichergestellt sein, daß der Facharzt, sollten sich Unregelmäßigkeiten zeigen, stets selbst einspringen und die Narkose weiterführen kann (BGH NJW 1974, 1424, 1425; 1983, 1374, 1375; MünchKomm/MERTENS Rn 391).

d) Die Haftung des Behandelnden

I 34 Verantwortlich ist auch der **noch nicht hinreichend ausgebildete Arzt**, wenn er weiß oder wenigstens hätte erkennen können, daß der Patient durch die eigenverantwortlich durchgeführte Behandlung oder Operation einem höheren Risiko ausgesetzt ist. Notfalls muß er die Behandlung oder Operation ohne Aufsicht ablehnen (BGHZ 88, 248, 259; BGH NJW 1994, 3008 f; MünchKomm/MERTENS Rn 401). Ansonsten hat er den **Oberarzt hinzuziehen** (OLG Düsseldorf NJW 1986, 780, 781; NJW-RR 1996, 279, 280; OLG München VersR 1993, 1400, 1401; OLG Zweibrücken VersR 1997, 833). Auch darf ein noch nicht hinreichend qualifizierter Arzt die Aufsicht nicht übernehmen (BGH NJW 1992, 1560, 1561). Bei einer Behandlung zur Ermittlung der Diagnose muß sich der Arzt bei unklarem Krankheitsbild des Rats erfahrener Kollegen versichern (BGH NJW 1989, 2298, 2300). Andererseits darf der Arzt darauf vertrauen, daß die Entscheidungsträger, die ihn einsetzen, auch für den Fall von Komplikationen, die der Arzt allein nicht beherrscht, Vorsorge getroffen haben, soweit nicht besondere Umstände vorliegen, die solches Vertrauen als nicht gerechtfertigt erscheinen lassen (BGH NJW 1994, 3008, 3009); desgleichen darf er sich auf die Beurteilung durch den Oberarzt verlassen (OLG München VersR 1993, 1400, 1401; OLG Zweibrücken VersR 1997, 833). Umstritten ist, **an welchem**

Standard die Eigenhaftung des Anfängers auszurichten ist. Die Frage spielt etwa eine Rolle bei der Beurteilung, ob ein schwerer Behandlungsfehler vorliegt (vgl zB BGHZ 88, 257 f; OLG Düsseldorf NJW 1986, 780, 781; vgl unten Rn I 69). Die **Rechtsprechung** orientiert sich am **Niveau des Anfängers** (BGHZ 88, 248, 258; BGH NJW 1992, 1560, 1561; 1993, 2989, 2992; OLG Düsseldorf NJW 1986, 780, 781; OLG Oldenburg VersR 1986, 659, 660; iE auch OLG Düsseldorf NJW-RR 1996, 279, 280; offen gelassen in BGH NJW 1988, 2298, 2299). Dem ist indes nicht zu folgen (BGB-RGRK/Nüssgens Anh II Rn 182; Giesen Rn 87 Fn 116; Deutsch NJW 1984, 650). Der **Pflichtenmaßstab ist ein objektiver**; der Arzt ist für seinen Standard verantwortlich. Dies entspricht der Rechtslage bei der Übernahmehaftung generell. Die Aufgabe und nicht die Fähigkeit des Übernehmenden bestimmt die Pflicht. Jedenfalls ist es als Pflichtverstoß zu werten, wenn der Arzt eine Aufgabe übernimmt, an der er noch nicht teilgenommen hat und bei der er deshalb keine Erfahrung hat (so auch noch BGH NJW 1993, 2989, 2992), oder wenn er erkennen muß, daß er angesichts der besonderen Lage des Falls überfordert ist (so wohl auch BGH NJW 1994, 3008, 3009).

4. Der Einsatz technischer Hilfsmittel

a) Die Pflicht zum Einsatz

Es versteht sich von selbst, daß der Arzt sich technischer Hilfsmittel bedienen muß (BGH NJW 1989, 2321, 2322). Wie bei der Wahl der Therapie steht dem Arzt dabei eine gewisse Wahlfreiheit zu, für welche Methode und – damit verbunden – für welche apparative Unterstützung er sich entscheidet (vgl unten Rn I 92). Auch der Satz, der Arzt müsse die modernsten Geräte einsetzen (BGB-RGRK/Nüssgens Anh II Rn 195; Uhlenbruck, in: Laufs/Uhlenbruck § 55 Rn 2), bedarf der Einschränkung. Solange die **verwendeten Geräte noch dem medizinischen Standard entsprechen** und ihren Zweck erfüllen, darf der Patient nicht ohne weiteres davon ausgehen, daß die neuesten Geräte verwendet werden (BGB-RGRK/Nüssgens Anh II Rn 195; Uhlenbruck, in: Laufs/Uhlenbruck § 55 Rn 2; Giesen Rn 118). Auch ist der **Standard je nach Art des Krankenhauses unterschiedlich** (BGB-RGRK/Nüssgens Anh II Rn 195; Uhlenbruck, in: Laufs/Uhlenbruck § 55 Rn 2). Will oder kann ein Arzt dagegen ein moderneres, dem medizinischen Standard entsprechendes Gerät nicht anschaffen, dann muß er den Patienten an einen entsprechend ausgerüsteten Kollegen überweisen (BGB-RGRK/Nüssgens Anh II Rn 195; Uhlenbruck, in: Laufs/Uhlenbruck § 55 Rn 2). Dasselbe gilt, wenn angesichts der Schwere des Krankheitsbildes in einem anderen Haus deutlich bessere Heilungschancen bestehen (BGH NJW 1989, 2321, 2322; in BGH NJW 1984, 1810, 1811 bei Existenz von 3 bis 4 Geräten in der Bundesrepublik Deutschland noch verneint).

b) Die Pflicht zur Beherrschung und Kontrolle

Wenngleich vom Arzt nicht verlangt werden kann, daß er alle technischen Einzelheiten der von ihm verwendeten Geräte kennt (BGH NJW 1975, 2245, 2246; 1978, 584, 585; BGB-RGRK/Nüssgens Anh II Rn 196; Uhlenbruck, in: Laufs/Uhlenbruck § 55 Rn 5; Giesen Rn 119), so muß er doch in der Lage sein, den Apparat so einzusetzen, daß er den Patienten nicht gefährdet (BGB-RGRK/Nüssgens Anh II Rn 196). Er muß sich so weit mit der **Funktionsweise vertraut** machen, wie dies ihm als technisch und naturwissenschaftlich aufgeschlossenen Menschen möglich und zumutbar ist (BGH NJW 1978, 584, 585; MünchKomm/Mertens Rn 392; Giesen Rn 119). Dazu gehört auch, daß er sich in die **Bedienungsanleitung** einarbeitet (BGH VersR 1955, 573, 575) und sich **vom Hersteller instruieren läßt** (Giesen Rn 119). Das kann sich zu der Pflicht verdichten, Geräte vor ihrem Einsatz auf ihre Funktionsfähigkeit zumindest optisch zu überprüfen (BGB-

RGRK/Nüssgens Anh II Rn 196; Uhlenbruck, in: Laufs/Uhlenbruck § 55 Rn 4; Giesen Rn 120; von BGH NJW 1975, 2245, 2246 noch verneint) und dies auch während des Einsatzes zu wiederholen (BGH NJW 1978, 584, 585; BGB-RGRK/Nüssgens Anh II Rn 196; Uhlenbruck, in: Laufs/Uhlenbruck § 55 Rn 4; Giesen Rn 120). Der Arzt darf sich also nicht blind auf die Technik verlassen (Giesen Rn 121). **Die Pflicht zur Vorsicht ist gesteigert**, wenn die Benutzung der **Geräte noch umstritten** ist (MünchKomm/Mertens Rn 392). Mit der zunehmenden Technisierung der ärztlichen Behandlung sind auch die Anforderungen zu verschärfen. Um zu verhindern, daß die mit dem Risiko der Haftung belastete Handlung auf Maschinen abgeschoben wird, muß nicht nur der Kontroll- und Dokumentationsaufwand erhöht werden. Zu denken ist etwa an verbindliche Checklisten vor dem Einsatz eines Gerätes, an regelmäßige Fortbildungen einschließlich des Trainings von Notsituationen. Dem Fortgang der Entwicklung muß das Krankenhaus durch Beschäftigung von Spezialisten Rechnung tragen (MünchKomm/Mertens Rn 393; zT zust Uhlenbruck, in: Laufs/Uhlenbruck § 55 Rn 4). Ohnehin selbstverständlich ist, daß die Geräte ordentlich von Fachleuten gewartet werden müssen (Uhlenbruck, in: Laufs/Uhlenbruck § 55 Rn 4).

5. Die Pflicht zur ordnungsgemäßen Organisation

a) Die Gewährleistung der erforderlichen medizinischen Versorgung

Den Arzt bzw den Träger des Krankenhauses trifft nicht nur aufgrund des Vertrages mit dem Patienten, sondern auch nach § 823 Abs 1 die Pflicht, alles zu tun, um Gefahren von diesem möglichst abzuwenden (BGHZ 95, 63, 75; 114, 284, 291; BGH NJW 1990, 2929, 2930; 1991, 1541, 1542; 1991, 2960 f; Giesen Rn 142; der Sache nach auch BGHZ 85, 393, 396). Hatte man es früher oft noch achselzuckend hingenommen, wenn aus **Personalmangel** die ärztliche Versorgung nicht das erforderliche Niveau hatte (vgl den Hinweis bei Musielak JuS 1977, 88), so ist heute allgemein anerkannt, daß Versäumnisse auf diesem Gebiet die Haftung begründen (BGHZ 95, 63, 74). Notfalls muß auf eine Ausweitung der entsprechenden Abteilungen verzichtet und dem Patienten empfohlen werden, auf andere Krankenhäuser auszuweichen (BGHZ 95, 63, 74) – um so mehr, als es kaum noch an Bewerbern für die ärztlichen und pflegerischen Stellen fehlen dürfte. Das Krankenhaus haftet denn auch für Infektionen, die durch die gebotene **hygienische Fürsorge** hätten verhindert werden können (BGH NJW 1978, 1683; 1991, 1541, 1542). So besteht etwa die Pflicht, Blutkonserven mit höchstmöglicher Sorgfalt zu gewinnen, um die von infizierten Spenden ausgehenden Gefahren herabzusetzen (BGHZ 114, 284, 291 f). Eine eigene Untersuchungspflicht soll bei Lieferung durch zuverlässige Hersteller allerdings entfallen (BGHZ 116, 379, 382; KG VersR 1995, 300, 301; LG Düsseldorf NJW 1990, 2325 [im Rahmen des Verschuldens]); überzeugender dürfte es sein, zumindest eine stichprobenartige Überprüfung zu fordern, wenn diese nicht in die Ausgangskontrolle der Produzenten verlagert wird. Ein Medikament mit erheblich niedrigeren Risiken als die in der Klinik vorrätigen Medizinen muß rechtzeitig vor der Operation beschafft werden (BGH NJW 1991, 1543, 1544). Allerdings ist zu differenzieren. Bei Eil- und Notfällen gerade **während der Nacht** ist der Standard abgesenkt (OLG Karlsruhe VersR 1990, 53, 54); immerhin darf auch hier eine Behandlung auf dem Niveau eines Facharztes erwartet werden (BGH NJW 1998, 2736, 2737; OLG Düsseldorf NJW 1986, 780, 781; MünchKomm/Mertens Rn 394; Giesen Rn 172). Jedenfalls ist ein Hintergrunddienst zu organisieren, der gewährleistet, daß ein Facharzt unverzüglich erscheinen kann (BGH NJW 1998, 2736, 2737). Der Standard einer Spezialklinik ist in solchen Fällen von einem normalen Krankenhaus jedoch nicht zu erwarten (BGH

25. Titel. § 823
Unerlaubte Handlungen I 38

NJW 1982, 2121, 2123; OLG Karlsruhe VersR 1990, 53, 54; OLG Stuttgart VersR 1994, 1068, 1069; Kullmann VersR 1997, 530), wenngleich ein Fehler darin liegen kann, daß der Patient nicht in eine solche Einrichtung verwiesen wird, obwohl dies noch möglich wäre (BGH NJW 1982, 2121, 2123). Ob eine solche Verlegung möglich ist, kann allerdings oft erst durch eine Untersuchung geklärt werden (OLG Stuttgart VersR 1994, 1068, 1069). Eine Rolle spielt ferner die **Art des Krankenhauses**. Es gibt Unterschiede zwischen den städtischen Häusern und Spezial- bzw Universitätskliniken, die sich auch in der Höhe des Standards niederschlagen, der zu gewährleisten ist (BGH NJW 1994, 1596, 1597; MünchKomm/Mertens Rn 395; Laufs, in: Laufs/Uhlenbruck § 102 Rn 19; Kullmann VersR 1997, 530).

b) Die gesteigerten Verkehrspflichten zum Schutz der Patienten
Der oft hilflosen Lage des Patienten korrespondiert eine gesteigerte Verkehrspflicht. I 38
Namentlich hat die Klinik **Vorkehrungen gegen Unfälle** der Patienten zu treffen (BGH NJW 1991, 1540, 1541; OLG Düsseldorf VersR 1982, 775, 776; OLG Schleswig VersR 1997, 69, 70; LG Heidelberg NJW 1998, 2747; MünchKomm/Mertens Rn 394; Laufs NJW 1997, 1612; der Sache nach auch BGH NJW 1991, 2960 f, wenngleich dort nicht die Haftung des Krankenhauses erörtert wird, sondern nur diejenige der Angestellten). Auch mit Übelkeit und Angstreaktionen des Patienten ist zu rechnen (OLG München VersR 1997, 1491, 1492). Das gilt erst recht, wenn es um Gefahren aufgrund der speziellen Behandlungsmethode geht (BGHZ 89, 263, 270 f). Auch vor Attacken anderer Patienten muß die Klinik Vorsorge treffen (BGH NJW 1976, 1145 f; der Sache nach auch BGH NJW 1971, 1881 f), namentlich zum Schutz von kleinen Kindern (BGH NJW 1976, 1145 f). Die **Sicherheit des Patienten ist oberstes Gebot** (BGH LM Nr 6 zu § 286 [E] ZPO unter a; Gaisbauer VersR 1994, 463). Die Organisationspflicht umfaßt daher auch die **Verhinderung von Selbstbeschädigungen** (BGH LM Nr 6 zu § 286 [E] ZPO unter a; OLG Stuttgart VersR 1990, 858; OLG Hamm NJW 1993, 2387; OLG Frankfurt aM VersR 1993, 751; 1993, 1271, 1272; OLG Köln r+s 1995, 414, 415) **oder gar Selbstmorden** (BGH VersR 1987, 985 f; OLG Hamm VersR 1986, 171; OLG Oldenburg VersR 1997, 117, 118; OLG Celle VersR 1997, 365 f; MünchKomm/Mertens Rn 394; Bohle MedR 1990, 269; Gropp MedR 1994, 131 ff mwNw zur Rspr). Das kann etwa die Pflicht mit sich bringen, Beruhigungsräume mit sicheren Fenstern auszustatten, so daß Patienten nicht hinausspringen können (BGH VersR 1987, 985 f), oder Gitter vor Fenstern anzubringen (OLG Köln r+s 1995, 414, 415). Allerdings stellen sich schwierige Abgrenzungsprobleme. Zum einen geht es um den für die Therapie notwendigen Freiraum (BGH NJW 1994, 794, 795), zum anderen um das Persönlichkeitsrecht des Patienten, das durch eine weitgehende Überwachung oder gar durch eine Fixierung auf das Empfindlichste betroffen werden kann (OLG Hamm VersR 1983, 43; OLG Köln r+s 1995, 414, 415; LG Heidelberg NJW 1998, 2747; MünchKomm/Mertens Rn 394; Laufs, in: Laufs/Uhlenbruck § 102 Rn 13; Gropp MedR 1994, 131 ff). Einschränkungen sind daher nur insoweit vorzunehmen, als sie in des Patienten und der Allgemeinheit Interesse unbedingt notwendig sind (Laufs, in: Laufs/Uhlenbruck § 102 Rn 14); die Schutzpflichten bestehen daher nur im Rahmen des Erforderlichen und Zumutbaren (BGH NJW 1994, 794, 795; OLG Oldenburg VersR 1997, 117, 118). So scheidet eine Haftung aus, wenn die Sicherheitsvorkehrungen ausreichend erscheinen und sich der Patient nur angesichts eines nicht vorhersehbaren Ausnahmezustands losreißen und Verletzungen zufügen konnte (OLG Koblenz VersR 1998, 897, 898 – Delirium).

6. Die Therapiewahl des Arztes

I 39 Die **Entscheidung über das ärztliche Vorgehen** ist nach ganz herrschender Auffassung **primär Sache des Arztes** selbst (vgl die Nachw unter Rn I 92). Grundsätzlich soll er nämlich die Methode wählen dürfen, die er selbst am besten beherrscht (OLG Düsseldorf VersR 1992, 751; MünchKomm/MERTENS Rn 381). Doch ist die **Wahl in mehrfacher Hinsicht beschränkt**. So hat der Arzt sich grundsätzlich **für den sichersten Weg** zu entscheiden. Sind Chancen und Risiken jeweils gleich groß, so ist bei gleichen Chancen der Weg mit dem jeweils geringsten Risiko bzw bei gleichen Risiken der Weg mit der größten Chance zu wählen (BGH NJW 1987, 2927; MünchKomm/MERTENS Rn 385). Geht es um **geringe Beeinträchtigungen** des Patienten, gar nur kosmetischer Art, sind **riskante Therapien nicht erlaubt** (BGH NJW 1972, 335, 337). Auch genügt eine Behandlungsmethode ab dem Zeitpunkt nicht mehr dem **einzuhaltenden Qualitätsstandard**, da es neue Methoden gibt, die den Patienten weniger belasten und/oder bessere Heilungschancen bieten, soweit sie in der medizinischen Wissenschaft im wesentlichen nicht mehr umstritten sind (BGHZ 102, 17, 24; BGH NJW 1992, 754, 755; KULLMANN VersR 1997, 530; s oben Rn I 21). Der Arzt muß nicht stets den sichersten therapeutischen Weg wählen; doch muß das höhere Risiko durch die besonderen Sachzwänge des Falles oder in einer günstigeren Heilungsprognose ihre Rechtfertigung finden (BGH NJW 1987, 2927; DEUTSCH VersR 1998, 264). Die Therapiewahl steht zudem in einem Spannungsverhältnis mit der Selbstbestimmung des Patienten. Anforderung und Grenzen der ärztlichen Aufklärungspflicht sind hier vielfach noch unklar und umstritten. Weitgehend einig ist man sich darüber, daß dort, wo es verschiedene **medizinisch gleichermaßen indizierte und übliche Methoden** mit unterschiedlichen Risiken und/oder Heilungschancen gibt, der Arzt über die Alternativen belehren und dem Patienten die Entscheidung überlassen muß (BGHZ 102, 17, 22; BGH NJW 1982, 2121, 2122; 1988, 765, 766; OLG Hamm VersR 1992, 610, 611; OLG Celle VersR 1992, 749, 750; LAUFS, in: LAUFS/UHLENBRUCK § 64 Rn 5). Die Aufklärung muß um so intensiver sein, je unsicherer der Erfolg der alternativen Behandlung ist und je belastender die Folgen eines Fehlschlags sein können (BGH NJW 1981, 633 f; VersR 1985, 969, 970). Anders ist es dagegen, wenn dem Patienten **keine echte Wahlmöglichkeit** zur Verfügung steht (GIESEN Rn 217). Dem stellt die Rechtsprechung den Fall gleich, daß es mehrere Alternativen mit gleicher Erfolgsaussicht und Üblichkeit gibt; dann sei der Arzt nicht verpflichtet, dem Patienten alle medizinischen Möglichkeiten darzustellen und seine Wahl zu begründen (BGHZ 102, 17, 23; BGH NJW 1982, 2121, 2122; OLG Hamm VersR 1984, 1076, 1077; LAUFS, in: LAUFS/UHLENBRUCK § 64 Rn 4). In der Lehre hält man den Arzt dagegen für verpflichtet, die unterschiedlichen Optionen darzustellen (GIESEN Rn 217 Fn 90). Dem ist für den Regelfall zu folgen; die engere These der Rechtsprechung ist allenfalls dann mit dem Selbstbestimmungsrecht des Patienten unter einen Hut zu bringen, wenn die Methoden wirklich äquivalent sind und keine bleibenden Schäden drohen. Jedenfalls muß der Arzt auf die in Frage kommenden Methoden hinweisen, wenn dies der Patient wünscht (BGH NJW 1982, 2121, 2122; 1984, 1810, 1811). Umgekehrt ist selbstverständlich, daß **nicht indizierte Methoden** nicht erörtert zu werden brauchen, etwa die Geburt mittels Sectio bei normaler Entbindungssituation der Mutter (BGHZ 106, 153, 157; OLG Stuttgart VersR 1989, 519, 521 f; bestätigt von BGH VersR 1989, 519, 520). Ebenfalls **nicht hingewiesen** werden muß auf Methoden, die sich **in wenigen Universitätskliniken erst noch im Stadium der Erprobung** befinden (BGHZ 102, 17, 23; BGH NJW 1984, 1810 f; OLG Düsseldorf VersR 1988, 1298 [LS]). Dies gilt jedenfalls, wenn die bislang verfügbare Methode mit einem relativ geringen Risiko behaftet ist (BGH NJW 1984, 1810, 1811). Spricht sich der Patient **gegen**

eine vom Arzt bevorzugte Therapie aus, so soll der Arzt die weitere Behandlung ablehnen dürfen (GIESEN Rn 217 Fn 90). Das ist nicht unproblematisch, weil dadurch ein faktischer Druck auf den Patienten entsteht, jedenfalls soweit er nicht ausweichen kann, weil der Arzt der einzige Spezialist in der Region ist oder die Sache drängt.

7. Das Abstinenzgebot des Therapeuten

Für Psychotherapeuten besteht während der Dauer der Behandlung die zwingende Pflicht, sich aller privaten Kontakte zum Patienten zu enthalten; erst recht darf er keine intimen Beziehungen zu ihm eingehen (OLG Düsseldorf NJW 1990, 1543; KROITSCH VersR 1978, 401).

I 40

8. Der Einwand des Mitverschuldens des Patienten

Ob der Arzt dem Patienten den Einwand des Mitverschuldens entgegenhalten kann, ist **differenziert zu beantworten**. Dies ist jedenfalls nicht möglich, wenn es gerade **Inhalt der ärztlichen Pflicht** war, die Schädigung des Patienten zu verhindern. War etwa der Patient gerade wegen der Gefahr einer Selbstbeschädigung in ärztlicher Behandlung, so kann bei einem gleichwohl durchgeführten Selbstmordversuch § 254 Abs 1 gerade nicht herangezogen werden (BGHZ 96, 98, 101 f; OLG Celle VersR 1997, 365, 366). Der Arzt, dem ein Schwangerschaftsabbruch mißlingt, kann nicht einwenden, die Schwangere hätte den Mißerfolg bemerken müssen (BGH NJW 1985, 2749, 2750 f); erst recht kann er nicht vorbringen, die Tatsache, daß die Patientin schwanger geworden sei und nicht hinreichend verhütet habe, sei über § 254 Abs 1 zu berücksichtigen. Desgleichen bedeutet die Neigung zu Komplikationen nicht Mitverschulden (OLG Köln VersR 1998, 1510). Dagegen kann das **Nichtbefolgen ärztlicher Anweisungen** den Einwand des Mitverschuldens begründen (BGH NJW 1997, 1635 f). Dies kann bis zum gänzlichen Ausschluß der Haftung reichen, dann nämlich, wenn der Patient die Behandlung nicht durchführen läßt, obwohl ihn der Arzt eindringlich auf die Gefährlichkeit einer Verweigerung der Behandlung hingewiesen hat (BGHZ 96, 98, 100; BGH NJW 1997, 3090, 3091; VersR 1979, 720, 721), oder eine diagnostische Untersuchung, etwa einen HIV-Test verweigert (OLG Düsseldorf VersR 1995, 339, 340); dann wird ohnehin regelmäßig ein Arztfehler ausscheiden. Auch muß von dem Patienten erwartet werden, daß er den Therapie- und Kontrollanweisungen des Arztes folgt (BGH NJW 1992, 2961; 1997, 1635) sowie auf ihm bekannte Anomalien hinweist, die den Heilungserfolg gefährden können (OLG Köln VersR 1998, 1510). So kann es zum Einwand des Mitverschuldens führen, wenn ein Raucher trotz einer arteriellen Verschlußkrankheit dem ärztlichen Rat zuwider handelt und weiter raucht (OLG Köln VersR 1997, 1102, 1103), wenn ein Mann nach einer Sterilisation sich nicht einfindet, um ein Spermiogramm anfertigen zu lassen (BGH NJW 1992, 2961 f).

I 41

VI. Besonderheiten des Beweisrechts[*]

1. Verfassungsrechtliche Vorgaben

Das Beweisrecht im Arzthaftungsprozeß ist Gegenstand einer denkbar knappen Entscheidung des Zweiten Senats des Bundesverfassungsgerichts gewesen (BVerfGE 52, 131 ff). Auch im Arzthaftungsprozeß sind nach der Meinung der die Entscheidung tragenden Richter die **Beweisführungsregeln des zivilprozessualen Erkenntnisverfahrens**

I 42

nicht zu beanstanden (BVerfGE 52, 131, 154 f). Trotz des Zusammenhangs mit dem Schutzgehalt der Grundrechte gehe es allein um die **Feststellung privatrechtlicher Rechtswidrigkeit**; die Waffengleichheit als Ausprägung der Rechtsstaatlichkeit beschränke sich auf die **Gleichheit vor dem Richter** (BVerfGE 52, 131, 156). Den Parteien sei es gestattet, alles für die Entscheidung Erhebliche vorzutragen; der Richter müsse die Verhandlung fair und objektiv führen und das Vorbringen unvoreingenommen verwerten und bewerten. Weitere verfassungsrechtliche Folgerungen gebe es nicht (BVerfGE 52, 131, 156 f). Ob das Gericht innerhalb der Verfahrensordnung fehlerfrei vorgegangen sei, sei eine Frage des einfachen Rechts (BVerfGE 52, 131, 157). Die überstimmten vier Richter nehmen allerdings an, bei einer Häufung von Beweislastentscheidungen eines Gerichtes stets zuungunsten des klagenden Patienten seien die **Regeln eines** – auch grundrechtlich gebotenen – **fairen Verfahrens** nicht eingehalten (BVerfGE 52, 131, 143 ff, 152). Der Dissens läuft damit auf das in der Praxis ungelöste Problem hinaus, ab welchem Punkt der Verstoß gegen das einfache Recht auch von Verfassungs wegen beanstandet werden muß (vgl dazu oben Rn C 13 f). Angesichts der Schutzgebotsfunktion der Grundrechte und angesichts des hohen Rangs der betroffenen Rechtsgüter Leben und Gesundheit wird man den Verfassungsverstoß bei einem einseitigen Urteil eher zu bejahen haben als bei einem Subsumtionsfehler, der sich nur im vermögensrechtlichen Bereich auswirkt (so wohl auch GIESEN Rn 366).

2. Praktische Besonderheiten

I 43 Die **notwendige Waffengleichheit** (BGH NJW 1981, 1681, 1682; VersR 1979, 939, 940) ist im Arzthaftungsprozeß aus verschiedenen Gründen schwer herzustellen (BVerfGE 52, 131, 146 – nicht tragende Meinung; GIESEN Rn 368). Die Schwierigkeiten beginnen mit der **Rekonstruktion des tatsächlichen Geschehens**. Der Patient ist – gerade bei Vollnarkose – gar nicht in der Lage, aus eigener Anschauung das Vorgehen des Arztes zu schildern (BGH NJW 1980, 1333). Auch bei sonstigen Behandlungen wird er oft nur schwer nachvollziehen können, welche Maßnahmen der Arzt trifft. Die Schwierigkeiten vergrößern sich, wenn die Schilderungen der Parteien sich widersprechen; der Patient wird in den seltensten Fällen die Möglichkeit haben, selbst Beweis-

---

* **Schrifttum:** DEUTSCH, Anm zu BGH, 11.10.1977 – VI ZR 110/75, JZ 1978, 277; ders, Anm zu BGH, 3.12.1985 – VI ZR 106/84, NJW 1986, 1540; ders, Der grobe Behandlungsfehler: Dogmatik und Rechtsfolgen, VersR 1988, 1; ders, Die neue Entscheidung des BGH zur Aids-Haftung, NJW 1991, 1937; GIESEN, Zur Annäherung von Arzthaftung und Dienstleistungshaftung in Deutschland und Europa, JR 1991, 485; HAHN, Die neue Verordnung über die Sicherheit medizinisch-technischer Geräte, NJW 1986, 752; HANAU, Anm zu BGH, 11.6.1968 – VI ZR 116/67, NJW 1968, 2291; HECKER/WEIMANN, Transfusionsassoziierte HIV-Infektion, VersR 1997, 532; MATTHIES, Anm zu BGH, 21.9.1982 – VI ZR 302/80, NJW 1983, 333; ders, Anm zu BGH, 28.3.1989 – VI ZR 157/88, JR 1990, 23; G MÜLLER, Beweislast und Beweisführung im Arzthaftungsprozeß, NJW 1997, 3049; MUSIELAK, Die Beweislast, JuS 1983, 609; NIXDORF, Befunderhebungspflicht und vorhersehbare Risiken in der Arzthaftung: Beweislastumkehr im Fluß?, VersR 1996, 160; SCHMID, Verfahrensregeln für Arzthaftungsprozesse, NJW 1994, 767; STEFFEN, Beweislasten für den Arzt und den Produzenten aus ihren Aufgaben zur Befunderhebung, in: FS Brandner (1996) 327; STOLL, Haftungsverlagerung durch beweisrechtliche Mittel, AcP 176 (1976) 145; STÜRNER, Entwicklungstendenzen des zivilprozessualen Beweisrechts und Arzthaftungsrechts, NJW 1979, 1225; WALTER, Der Anwendungsbereich des Anscheinsbeweises, ZZP 90 (1977) 270.

material zu sammeln (MünchKomm/MERTENS Rn 405; GIESEN Rn 369). Sodann **fehlt** ihm in der Regel das **Wissen der Spezialisten**, über das der Arzt – gerade wenn er als Facharzt in seinem Gebiet tätig ist – in reichem Maße verfügt. Hier ist der Richter vielfach auf den medizinischen Sachverständigen angewiesen (GIESEN Rn 369). Heilungsprozesse oder ihr Fehlschlagen unterliegen einer Vielzahl von Unwägbarkeiten; das menschliche Schicksal darf indes nicht im Wege einer Zufallshaftung auf den Arzt überwälzt werden (MünchKomm/MERTENS Rn 405; vgl schon oben Rn I 11). Schließlich ist selbst bei einem nachgewiesenen Arztfehler die Kausalität zwischen dem Fehler und dem Erfolg in vielen Fällen unklar; die gesundheitliche Beeinträchtigung kann oft auch auf einer Menge anderer Ursachen beruhen.

3. Die Grundregeln

a) Die haftungsbegründende Kausalität

Im Grundsatz hat **der Patient** das fehlerhafte Verhalten des Arztes, die Körper- bzw Gesundheitsbeschädigung sowie die Kausalität zwischen dem Verhalten des Arztes und dem ersten Verletzungserfolg **zu beweisen** (BGHZ 99, 391, 398; 129, 6, 10; 132, 47, 49; BGH NJW 1968, 2291, 2293; 1987, 705; 1987, 2923, 2924; 1988, 2949; 1989, 2320, 2321; 1992, 2962, 2964; 1994, 1594, 1595; 1995, 1618; OLG Karlsruhe MedR 1983, 147, 149; OLG München NJW 1985, 1403; OLG Düsseldorf VersR 1986, 494; 1988, 742, 743; 1991, 1236, 1237; 1992, 317, 318; 1992, 751; 1995, 339, 340; 1996, 755, 756; 1997, 575, 576; 1998, 55, 56; OLG Koblenz NJW 1991, 1553; OLG Hamm NJW-RR 1992, 1504, 1505; OLG Stuttgart VersR 1993, 608; OLG Schleswig VersR 1994, 310, 312; OLG Oldenburg MDR 1994, 779, 780; OLG Köln MDR 1994, 994; NJW-RR 1995, 346, 347; OLG Zweibrücken NJW-RR 1997, 666; VersR 1998, 590; OLG Saarbrücken MDR 1998, 104, 105; PALANDT/THOMAS Rn 169; MünchKomm/MERTENS Rn 406; BGB-RGRK/NÜSSGENS Anh II Rn 287; STEFFEN, in: FS Brandner [1996] 330; MUSIELAK JuS 1983, 612); **das Beweismaß** wird durch **§ 286 ZPO** bestimmt (BGH NJW 1987, 705; 1992, 2962, 2964; 1994, 1594, 1595; 1994, 1596, 1597; 1998, 3417, 3418; VersR 1965, 91, 92; OLG Hamm VersR 1988, 807, 808; G MÜLLER NJW 1997, 3051). Vom Patienten zu beweisen ist auch die **Nichterfüllung der (vorsorglichen) Pflicht zur Sicherungsaufklärung** (BGH NJW 1981, 630, 632; 1981, 2002, 2003; OLG Karlsruhe VersR 1987, 1247, 1248; OLG München VersR 1988, 523, 524; OLG Saarbrücken MDR 1998, 104, 106; BAUMGÄRTEL Anh C II Rn 40; SCHMID NJW 1994, 773). Bei all dem geht es nicht um den Ausschluß letzter Zweifel, sondern nur um einen für das praktische Leben brauchbaren Grad von Gewißheit (BGHZ 7, 116, 119 f; 18, 311, 318; 53, 245, 255 f; BGH NJW 1989, 2948, 2949; 1994, 801, 802). Der in der Literatur zT vertretenen **These, bereits der Behandlungsfehler begründe die Haftung** (DEUTSCH NJW 1986, 1541), ist der **BGH** mit dem Argument **entgegengetreten**, das Deliktsrecht bezwecke den Schutz von Rechtsgütern und sehe die Sanktion nur für den Fall der Verletzung eines individuellen Rechtsguts vor (BGH NJW 1987, 705, 706; zust LAUFS, in: LAUFS/UHLENBRUCK § 103 Rn 12; GIESEN Rn 401; iE auch BGH NJW 1997, 794, 795; 1998, 3417, 3418). Natürlich genügt es wie stets, wenn **zwei alternativ in Frage kommende Ursachen** je auf einem ärztlichen Fehler beruhen (BGH NJW-RR 1992, 1241, 1242). Die Weiterentwicklung der Schädigung, auch die Frage, ob ein Schaden durch den ersten Verletzungserfolg entstanden ist und auf welche Höhe er sich beläuft, gehört in den Bereich des § 287 Abs 1 ZPO (BGH NJW 1987, 1481, 1482; VersR 1981, 462 f; OLG Oldenburg VersR 1993, 1235; LAUFS, in: LAUFS/UHLENBRUCK § 103 Rn 12). Den Einwand des Mitverschuldens hat nach allgemeinen Regeln der Arzt darzulegen und zu beweisen (G MÜLLER NJW 1997, 3050).

b) Die Rolle des § 282
aa) Der Ausgangspunkt

I 45 Die hM **lehnt die Anwendung des § 282 für den Regelfall ab** (BGH NJW 1969, 553, 554; 1977, 1102, 1103; 1978, 1681; 1980, 1333; 1981, 2002, 2004; MünchKomm/MERTENS Rn 406; BGB-RGRK/ NÜSSGENS Anh II Rn 312; NIXDORF VersR 1996, 162; G MÜLLER NJW 1997, 3049; der Sache nach auch BGH NJW 1984, 661), und zwar auch im Rahmen der vertraglichen Haftung (BGH NJW 1969, 553, 554; 1978, 584; 1981, 2002, 2004; 1991, 1540, 1541; 1991, 1541, 1542; VersR 1981, 462; SCHMID NJW 1994, 771). Ungeachtet der Beweisnot des Patienten könnten Zwischenfälle, die in der Regel auf ärztliches Fehlverhalten hindeuteten, infolge der **Unbeherrschbarkeit des menschlichen Organismus** schicksalhaft eintreten (BGH NJW 1980, 1333). Der Arzt schulde **nicht den Heilerfolg** (BGH NJW 1977, 1102, 1103; 1991, 1540, 1541; NIXDORF VersR 1996, 162); die Vorgänge im menschlichen Körper könnten auch vom besten Arzt nicht so beherrscht werden, daß der ausbleibende Erfolg oder auch ein Fehlschlag auf ein Verschulden hindeuten müßten (BGH NJW 1977, 1102, 1103; 1991, 1540, 1541; 1991, 1541, 1542; VersR 1965, 792 f; OLG Köln VersR 1988, 44, 45; OLG Karlsruhe VersR 1997, 241 f; MünchKomm/MERTENS Rn 406; BGB-RGRK/NÜSSGENS Anh II Rn 312; NIXDORF VersR 1996, 162). Der BGH verweist zusätzlich darauf, daß das krankheitsbedingte Eingriffsrisiko aus der **Sphäre des Patienten** komme (BGH NJW 1980, 1333; abl zu diesem Argument GIESEN Rn 377). Die **Gegenauffassung** will es bei der **Beweislastverteilung nach Gefahrenkreisen** belassen (BVerfGE 52, 131, 146 [nicht tragende Meinung]; GIESEN Rn 380; STOLL AcP 176 [1976] 153 f). Die hM bringe den Patienten in große Beweisnot (GIESEN Rn 376 ff). Denn der Arzt hafte nach diesen Regeln nur, wenn medizinisch auszuschließen sei, daß die Schadensfolge auch bei sachgerechtem Vorgehen eingetreten wäre (GIESEN JZ 1982, 451). Dem Patienten fehle auch das medizinische Wissen, das dem Arzt zur Verfügung stehe; dieser sei daher gehalten, die Behandlung in ihrem Verlauf zu erklären. Die Bedeutung der Kontroverse ist allerdings inzwischen weithin zurückgegangen. Ohnehin gibt es eine Reihe von Fällen, in denen Beweiserleichterungen nach anderen Regeln eingreifen (vgl dazu unten Rn I 49 ff, I 54 ff); die Ergebnisse sind teilweise gleich, so daß sich etwa bei einem groben Behandlungsfehler kaum Unterschiede gegenüber einer Anwendung des § 282 zeigen.

bb) Die Ausnahme: Der beherrschbare Bereich

I 46 Und auch in der Rechtsprechung hat es **faktisch einen Richtungswechsel** gegeben. Wenn sich nämlich der Gesundheitsschaden des Patienten in einem **Bereich** ereignet, dessen **Gefahren vom Klinikpersonal beherrscht** werden können und müssen, dreht sich in **Analogie zu § 282** nach der Judikatur doch die Beweislast um (BGHZ 88, 248, 257; BGH NJW 1978, 584 f; 1982, 699; 1984, 1403, 1404; 1991, 1540, 1541; 1991, 1541, 1542; 1994, 1594, 1595; 1995, 1618; OLG Hamm VersR 1980, 585; OLG Köln VersR 1988, 140, 141; 1990, 1240; OLG Oldenburg VersR 1995, 1194 f; SCHMID NJW 1994, 773; G MÜLLER NJW 1997, 3050; hinsichtlich der Kausalität auch BGHZ 89, 263, 269; BGH NJW 1978, 1683; vgl schon STOLL AcP 176 [1976] 156 f). Das wurde ursprünglich vor allem bei dem **vermeidbaren Versagen technischer Geräte** angenommen und führte zu einer Haftung beispielsweise für den ordnungsgemäßen Zustand des Tubus (BGH VersR 1975, 952, 954 [in BGH NJW 1975, 2245 f nicht abgedruckt]), die Funktionstüchtigkeit des eingesetzten Narkosegerätes (BGH NJW 1978, 584, 585; OLG Hamm VersR 1980, 585; OLG Düsseldorf VersR 1985, 744, 745 f; DEUTSCH JZ 1978, 278 f; vgl auch die MedGV [BGBl 1985 Teil I 93 ff] und dazu HAHN NJW 1986, 752 ff), die unbemerkt gebliebene Entkoppelung eines Infusionssystems (BGHZ 89, 263, 269 ff [Kausalität]). Später wurden die Grundsätze auf die **Eignung der verwendeten Materialien** ausgedehnt, wie die Reinheit des benutzten Desinfektionsmittels (BGH NJW 1978, 1683

[Kausalität]), die Sterilität der verabreichten Infusionsflüssigkeit (BGH NJW 1982, 699). Das gleiche gilt, wenn eine Infektion durch gebotene hygienische Vorsorge hätte verhindert werden können (BGH NJW 1991, 1541, 1542). Auch **mangelnde personelle Ausstattung** eines Operationsteams kann zur Anwendung des § 282 führen (OLG Köln VersR 1992, 452, 453). Zum **voll beherrschbaren Bereich** gehört es ferner, wenn unbemerkt ein Tupfer im Operationsgebiet zurückgeblieben ist (BGH LM Nr 26 zu § 286 [C] ZPO unter 1 [unter dem Aspekt des Anscheinsbeweises]; VersR 1981, 462, 463; wesentlich deutlicher jetzt BGH NJW 1991, 1540, 1541; ferner OLG Köln VersR 1988, 140, 141; **aA** für einen Katheder OLG Celle VersR 1990, 50, 51) oder wenn es um die Frage der richtigen Lagerung während des Eingriffs geht (BGH NJW 1984, 1403, 1404; OLG Köln VersR 1991, 695, 696; OLG Oldenburg VersR 1995, 1194 f; OLG Hamm VersR 1998, 1243 [Anscheinsbeweis]). Auch bei einer fehlerhaften Medikamentierung hat sich der Arzt zu entlasten, wenn die von ihm unterlassene Voruntersuchung die Krankheit aufgedeckt hätte, derentwegen das Medikament nicht gegeben werden durfte (BGH NJW 1959, 1583 f; STOLL AcP 176 [1976] 516 f). Dasselbe gilt für die **Beweislast bei Fehlern des Pflegedienstes** (BGH NJW 1971, 241, 243 [unter dem Aspekt des schweren Fehlers]; 1978, 1683; 1982, 699; 1991, 1540, 1541; iE auch BGH NJW 1991, 2960 f), etwa mangelnde Sicherung des Patienten vor Stürzen aufgrund seines angegriffenen Zustands (BGH NJW 1991, 1540, 1541; iE auch BGH NJW 1991, 2960 f), für die fehlerhafte Betreuung nach einer Untersuchung auf einer übertischhohen Liege bei gleichzeitiger Augentrübung des Patienten (OLG Köln VersR 1990, 1240). Der Arzt trägt die Beweislast schließlich für die Frage, ob ein Eingriff überhaupt vorgenommen wurde (BGH NJW 1981, 2002, 2004; 1984, 1807, 1809; OLG Köln VersR 1988, 43; OLG Düsseldorf VersR 1992, 317, 318). Das schließt es nicht aus, daß sich der **Arzt auch in solchen Fällen entlasten** kann. Eine Keimübertragung während einer Operation etwa läßt sich nicht in jedem Falle vermeiden (BGH NJW 1991, 1541, 1543; OLG Koblenz NJW 1991, 1553); dasselbe gilt für Infektionen bei Spritzen (OLG München NJW-RR 1994, 1309, 1310) und für Schäden aufgrund der Lagerung während der Operation, wenn diese auf einer extrem seltenen körperlichen Anomalie basieren (BGH NJW 1995, 1618; ähnl OLG Oldenburg VersR 1995, 1194, 1195), es sei denn, die Ärzte hätten diese Anomalie in Rechnung stellen und bei der Lagerung berücksichtigen müssen (BGH NJW 1995, 1618).

c) Das rechtmäßige Alternativverhalten
Die Rechtsprechung und Teile der Lehre wenden die **Regeln des rechtmäßigen Alternativverhaltens** im Prinzip auch im Arzthaftungsrecht an (BGH NJW 1959, 2299, 2300; 1985, 676, 677; 1987, 1481, 1482; OLG Köln VersR 1998, 106; SCHMID NJW 1994, 773). Doch stellt sich die Frage vom Boden der Judikatur aus in nur wenigen Fällen. Das Problem, ob der Schaden des Patienten auch ohne den Behandlungsfehler aufgetreten wäre (GIESEN Rn 182), wobei man noch uneinheitlich beurteilt, ob den Patienten die Beweislast trifft (GIESEN Rn 182) oder den Arzt (GIESEN Rn 184; STEFFEN/DRESSLER Rn 310), wird nur relevant, wenn man den **Behandlungsfehler als haftungsbegründend** ansieht. Tut man das nicht (vgl oben Rn I 44), dann hat der Patient die Kausalität zwischen dem Behandlungsfehler und dem Erfolg zu beweisen, namentlich also, daß eine andere Vorgehensweise den Erfolg verhindert hätte (BGH NJW 1987, 705, 706 unter II 2 b bb). Eine Beweiserleichterung tritt dann erst beim groben Behandlungsfehler ein (vgl unten Rn I 54 ff). Für das rechtmäßige Alternativverhalten bleiben dann im wesentlichen die Fälle nicht hinreichender Aufklärung, in denen der Arzt aber behauptet, der Patient hätte trotz ordnungsgemäßer Sicherungsaufklärung sich ebenso verhalten

(vgl Rn I 53) oder bei korrekter Risikoaufklärung denselben Schaden erlitten (vgl unten Rn I 125).

4. Erleichterungen für den Patienten

a) Die Substantiierungslast

I 48 Angesichts der Komplexität des Geschehens dürfen an die Substantiierung durch den Patienten bzw seinen Anwalt **keine allzu hohen Anforderungen** gestellt werden (BGH NJW 1983, 332; VersR 1981, 752; 1983, 168, 169; KG VersR 1986, 769; OLG Stuttgart VersR 1991, 229, 230; MünchKomm/MERTENS Rn 406; BGB-RGRK/NÜSSGENS Anh II Rn 342). Es reicht also aus, wenn der klagende Patient **hinreichende Anhaltspunkte** für einen ärztlichen Fehler vorträgt (MünchKomm/MERTENS Rn 406; STÜRNER NJW 1979, 1226). Notfalls ist er **vom Gericht zu befragen** (BGH VersR 1979, 939, 940; BGB-RGRK/NÜSSGENS Anh II Rn 342). Unpräzise Einlassungen dürfen nicht voreilig zum Nachteil des Klägers ausgelegt werden (BGH NJW 1981, 630, 631; BGB-RGRK/NÜSSGENS Anh II Rn 342). Auf der anderen Seite trifft den **Arzt als den Fachmann eine erhöhte Pflicht**, zur Aufklärung beizutragen; kommt er trotz Aufforderung durch das Gericht dem nicht nach, können die Tatsachen nach § 138 Abs 3 ZPO als zugestanden angesehen werden (MünchKomm/MERTENS Rn 406).

b) Der Anscheinsbeweis
aa) Die Grundsätze
α) Die Begründung des Anscheinsbeweises

I 49 Auf den Kausalzusammenhang zwischen einer unstreitigen Pflichtwidrigkeit und dem unstreitigen Erfolg kann dann geschlossen werden, wenn ein **entsprechender Erfahrungssatz** besteht (RGZ 165, 336, 339; BGHZ 17, 191, 196; 100, 31, 33; BGH NJW 1954, 1119, 1120; 1982, 2447, 2448; 1994, 945, 946; 1996, 1051; 1997, 528, 529; VersR 1955, 573, 574; 1965, 792; LM Nr 26 zu § 286 [C] ZPO unter 1; OLG Düsseldorf VersR 1987, 487, 488; 1987, 489, 490; MünchKomm/MERTENS Rn 407; ROSENBERG/SCHWAB/GOTTWALD, Zivilprozeßrecht [15. Aufl 1993] § 115 III 2 a; BAUMGÄRTEL, Beweislastpraxis im Privatrecht [1996] Rn 248; GIESEN Rn 402; R GIESEN MedR 1995, 18 f; der Sache nach auch BGHZ 114, 284, 290 f; BGH NJW 1980, 2125, 2126; 1983, 1380; NJW-RR 1993, 1117, 1118; OLG Köln NJW 1987, 2302, 2304). Nach allgemeiner Lebenserfahrung muß das **Schadensereignis eine typische Folge des festgestellten Haftungsgrundes** sein (BGHZ 100, 31, 33 f; BGH NJW 1982, 432, 433; 1989, 2943, 2944; 1993, 2383, 2384; OLG Düsseldorf VersR 1996, 1240, 1241; OLG Oldenburg VersR 1997, 318; OLG Celle NJW-RR 1997, 1456, 1457; MünchKomm/MERTENS Rn 407; vgl ferner BGH NJW 1991, 230, 231). Immer muß aber die (spezielle) Gesundheitsverletzung als solche feststehen (OLG Zweibrücken VersR 1997, 1281, 1282). **Typizität** bedeutet dabei nicht, daß die Verkettung bei allen Sachverhalten dieser Fallgruppe notwendig immer vorhanden ist. Sie muß **so häufig vorkommen**, daß die Wahrscheinlichkeit, einen solchen Fall vor sich zu haben, sehr groß ist (BGH NJW 1997, 528, 529; VersR 1991, 460, 462), und deswegen die Möglichkeit einer Abweichung erst einkalkuliert zu werden braucht, wenn sich Anhaltspunkte für eine solche Abweichung ergeben (BGB-RGRK/STEFFEN Rn 511). Eine **Prozentzahl für die Wahrscheinlichkeit läßt sich nicht abstrakt angeben** (WALTER ZZP 90 [1977] 282); der Erfahrungssatz muß so stark sein, daß er unmittelbar geeignet ist, die Überzeugung des Richters von der Wahrheit der behaupteten Tatsache zu begründen (WALTER ZZP 90 [1977] 282). Der Anscheinsbeweis kann in **zwei Richtungen** gehen. Es kann von einem Behandlungsfehler auf die Verursachung der eingetretenen Schädigung (BGHZ 114, 284, 290; BGH LM Nr 26 zu § 286 [C] ZPO unter 1; VersR 1965, 792) sowie von der Schädigung auf den Behandlungsfehler geschlossen werden (BGH LM Nr 26 zu § 286 [C] ZPO unter 1; VersR 1965, 792) – etwa bei einer hochgradigen Verbrennung auf eine zu hohe Dosierung von Röntgenstrahlen (GIESEN Rn 402). Doch gibt es **keinen Anscheinsbeweis** dafür, daß seltene oder äußerst seltene Komplikationen auf ärztliche Fehler zurückzuführen sind (BGH NJW 1992, 1560; ähnl OLG Oldenburg VersR 1994, 54 [LS]). Daß der Anscheinsbeweis heute durch die Regeln des groben Behandlungsfehlers und des voll beherrschbaren Risikos abgelöst ist (SCHMID NJW 1994, 771 Fn 75), ist großenteils sicher richtig. Doch sind die Regeln nicht zur Gänze überflüssig geworden; das zeigt etwa der Fall einer HIV-Infektion durch Blutspenden.

β) **Die Erschütterung des Anscheinsbeweises**
Der Anscheinsbeweis **ändert nichts an der Verteilung der Beweislast** (BGHZ 2, 1, 5; **I 50** MünchKomm-ZPO/PRÜTTING [1992] § 286 Rn 50; ZÖLLER/GREGER, Zivilprozeßordnung [20. Aufl 1997] vor § 284 Rn 29). Er kann durch den **Gegenbeweis** erschüttert werden; der Beweis des Gegenteils braucht indes nicht erbracht zu werden (MünchKomm-ZPO/PRÜTTING [1992] § 286 Rn 64; STEIN/JONAS/LEIPOLD [21. Aufl 1997] § 286 Rn 97; ZÖLLER/GREGER, Zivilprozeßordnung [20. Aufl 1997] vor § 284 Rn 29). Der Gegner muß den Nachweis der **ernsthaften Möglichkeit** eines anderen, also eines atypischen Geschehensverlaufs im konkreten Fall erbringen (BGHZ 8, 239, 240; BGH NJW 1978, 2032, 2033; VersR 1995, 723, 724; LM Nr 26 zu § 286 [C] ZPO unter 4; OLG Düsseldorf VersR 1987, 489, 490). Doch reicht die reine Denkmöglichkeit, daß ein bestimmtes Schadensereignis auch durch eine andere Ursache ausgelöst werden kann als durch diejenige, für die der Anscheinsbeweis spricht, nicht aus, um diesen Anscheinsbeweis zu erschüttern. Der Hinweis auf die bloße Möglichkeit eines anderen Verlaufs entkräftet ihn daher nicht. Es müssen vielmehr **besondere Umstände** hinzukommen, die wegen dieser Abweichungen des konkreten Sachverhalts von den typischen Sachverhalten einen anderen Ablauf als ernsthaft ebenfalls in Betracht zu ziehende Möglichkeit nahelegen (BGH NJW 1957, 252; 1978, 2032, 2033; 1991, 2030, 2031; VersR 1995, 723, 724; MünchKomm/MERTENS Rn 407). Der Anscheinsbeweis ist selbst dann nicht erschüttert, wenn für eine Ursache nur **entfernte Anhaltspunkte** bestehen, soweit für die anderen in Betracht kommenden Ursachen Anhaltspunkte zur Gänze fehlen (BGHZ 11, 227, 230; BGH VersR 1960, 416, 418; KG VersR 1992, 316, 317; MünchKommm/MERTENS Rn 407). Dagegen scheidet unabhängig vom Grad der Wahrscheinlichkeit der Anscheinsbeweis aus, wenn zwei Ursachenreihen in Betracht kommen und für beide Anhaltspunkte vorliegen (BGHZ 24, 308, 313; BGH VersR 1959, 365, 366; 1961, 725, 726; LM Nr 3 zu § 823 [J] Bl 1 Rücks; OLG Karlsruhe VersR 1969, 607, 608; OLG Braunschweig VersR 1987, 76; OLG Stuttgart VersR 1993, 608, 609; OLG Oldenburg VersR 1995, 786, 787; LG München I VersR 1970, 144; LG Aachen VersR 1988, 809), es sei denn, der Arzt ist für beide verantwortlich (OLG Braunschweig VersR 1987, 76). Die Tatsachen, aus denen eine solche andere Möglichkeit hergeleitet wird, bedürfen, falls sie streitig sind, des vollen Beweises (BGHZ 6, 169, 170 f; 8, 239, 240 mwNw; 17, 191, 195; BGH NJW 1978, 2032, 2033; 1991, 230, 231; VersR 1957, 252; 1991, 450, 455; 1995, 723, 724; LM Nr 26 zu § 286 [C] ZPO unter 4; MünchKomm-ZPO/PRÜTTING [1992] § 286 Rn 64; STEIN/JONAS/LEIPOLD [21. Aufl 1997] § 286 Rn 98; ZÖLLER/GREGER, Zivilprozeßordnung [20. Aufl 1997] vor § 284 Rn 29).

bb) **Beispiele**
α) **Bejahung des Anscheinsbeweises**
Wird ein Patient zu infizierten Personen in ein Zimmer gelegt, so spricht der An- **I 51** scheinsbeweis für die Kausalität zwischen diesem Fehler und der dann ausgebrochenen Erkrankung (RGZ 165, 336, 339; anders BGH NJW 1969, 553). Gleiches gilt, wenn nach

der Übertragung des Blutes eines Lueskranken beim Empfänger Lues auftritt (BGHZ 11, 227, 230 f; BGH VersR 1957, 252), ein durch Scharlach geschwächter Patient nach einem Krankenhausaufenthalt an Tbc erkrankt und in diesem Krankenhaus ein an Tbc Erkrankter nicht hinreichend isoliert war (BGH VersR 1960, 416, 417 f), die Patientin eines mit Hepatitis B infizierten Zahnarztes mit dieser Krankheit angesteckt wird, wenn mit ihr noch weitere Patienten erkranken (OLG Köln NJW 1985, 1402), oder der Patient nach einer Transfusion mit infiziertem Blut an einer HIV-Infektion erkrankt, obgleich er nicht zu einer der Risikogruppen gehört; hier spricht die Lebenserfahrung dafür, daß die infizierte Person bis dahin noch nicht angesteckt war, daß sie sich durch die Infusion ansteckte (BGHZ 114, 284, 290; LG Hannover NJW 1997, 2455, 2457; GIESEN Rn 382; aA HECKER/WEIMANN VersR 1997, 535 f) und daß sie die Erkrankung an ihren Ehemann weitergab (BGHZ 114, 284, 290; GIESEN JR 1991, 487; iE zust DEUTSCH NJW 1991, 1937). Der Beweis des ersten Anscheins spricht für die Kausalität zwischen einer intraarteriellen Injektion und einer Blutvergiftung (BGH NJW 1989, 1533, 1534 [insoweit in BGHZ 106, 391 f nicht abgedruckt]), für die Verursachung von Hepatitis C durch ein Präparat, wenn die Krankheit nach der Einnahme auftrat und eine oder gar alle Chargen infiziert waren (OLG Celle NJW-RR 1997, 1456, 1457), für einen Fehler des Anästhesisten, der zum tödlichen Bronchospasmus führte, wenn der Tubus ohne genügende Narkosetiefe eingeführt wurde (OLG Köln VersR 1987, 1020, 1021), für die Verursachung von Verbrennungen durch ein Hochfrequenzchirurgiegerät (BGH VersR 1955, 573, 574; OLG Saarbrücken VersR 1991, 1289, 1290; aA BGH VersR 1965, 792 f [abzulehnen]), für die Kausalität einer kontraindizierten Punktion für die dann ausgebrochene Infektion (OLG Düsseldorf VersR 1991, 1136, 1137), für die Kausalität einer fehlerhaften Operation trotz einer Schwellung für die anschließende Infektion (OLG Hamm VersR 1988, 807, 808; s aber auch OLG Düsseldorf VersR 1988, 970, das einen groben Fehler annimmt), für die Verletzung des nervus accessorius bei der Entnahme eines Lymphknotens (OLG Düsseldorf VersR 1984, 1045), für einen Behandlungsfehler des Zahnarztes, wenn ein Wundkanal durchbohrt ist (LG Aachen VersR 1988, 809), für eine fehlende Sterilisation, wenn am angeblich durch Koagulation unterbrochenen Eileiter keinerlei Spuren eines Eingriffs festzustellen sind (OLG Köln VersR 1988, 43), für Schäden infolge nicht sachgerechter Lagerung (OLG Hamm VersR 1998, 1243).

β) **Ablehnung des Anscheinsbeweises**

I 52 Abgelehnt wurde der Anscheinsbeweis für die Infektion mit dem HIV-Virus aber, wenn nicht feststand, daß der Patient mit der Blutkonserve eines infizierten Spenders versorgt worden war (OLG Düsseldorf NJW 1996, 1599, 1600; LG Nürnberg-Fürth VersR 1998, 461, 462), wenn der Empfänger zusätzlich noch mit Lues infiziert war, der Spender an dieser Krankheit indes nicht litt (KG VersR 1992, 316, 317), oder wenn der ermittelte Spender nicht infiziert war (OLG Düsseldorf VersR 1998, 103, 104). Es besteht kein allgemeiner Erfahrungssatz, daß eine Stumpfinsuffizienz nach einer Blinddarmoperation auf ärztliche Fehler zurückzuführen ist (BGH NJW 1992, 1560), daß eine Injektion nur dann zu einer Entzündung führt, wenn die Nadel nicht gründlich desinfiziert wurde (OLG Oldenburg VersR 1987, 390; 1995, 786, 787; OLG Köln VersR 1998, 1026; OLG Düsseldorf VersR 1998, 1242, 1243) oder sonstige Kautelen für die Injektion nicht beachtet wurden (OLG Düsseldorf NJW-RR 1998, 170, 171), daß eine Schwangerschaft nach einem Sterilisationseingriff auf einem Arztfehler beruht, weil ernsthaft die Möglichkeit einer Rekanalisation in Betracht kommt (OLG Düsseldorf VersR 1985, 457, 458; 1987, 412, 413; 1992, 751 f; OLG Saarbrücken VersR 1988, 831; MDR 1998, 104, 106; LAUFS, in: LAUFS/ UHLENBRUCK § 108 Rn 8), daß eine Nervschädigung auf einer fehlerhaften Punktion beruht (OLG Suttgart VersR 1988, 1137). Desgleichen hat die Rechtsprechung einen Anscheinsbeweis verneint für die Infizierung mit Hepatitis B bei der Verwendung von Akupunkturnadeln (OLG Düsseldorf VersR 1986, 494, 495), für den Verlust der Geschmacksnerven nach einer Operation, wenn nach dem Gutachten des Sachverständigen die Verletzung aller Geschmacksnerven durch die Operation ausgeschlossen ist (OLG Düsseldorf VersR 1988, 742, 743; OLG Stuttgart VersR 1993, 608, 609), für einen Fehler des Arztes, wenn beim Entfernen eines Steins der Harnleiter beschädigt wird (OLG Hamm VersR 1989, 480, 481), für ärztliches Verschulden, wenn der Patient den Schaden selbst verursacht haben kann (OLG Düsseldorf VersR 1977, 970 [LS]), für die Verursachung von Gesundheitsschäden durch den FFME-Impfstoff (OLG München VersR 1997, 314, 315; zweifelhaft), für die Verbrennung der Haut bei der Berührung durch ein elektrisches Schneidegerät (BGH VersR 1967, 792 f; die Entscheidung ist unrichtig; vgl BGH VersR 1955, 573, 574; OLG Saarbrücken VersR 1991, 1289, 1290). Kein Anscheinsbeweis spricht auch dafür, daß jemand aufgrund einer Brandwunde, die er während einer Operation erlitten hatte, nicht Profifußballer werden konnte (BGH NJW 1993, 2383, 2384). Es spricht kein Anscheinsbeweis für einen ärztlichen Fehler, wenn mehrere Patienten durch Spritzen infiziert werden, dafür aber auch eine Verunreinigung beim Hersteller kausal gewesen sein kann (OLG München NJW 1985, 1403, 1404), für ein Verschulden des Arztes bei einer versehentlichen Läsion eines Blutgefäßes bei einer Plexusblockade (OLG Düsseldorf VersR 1987, 487, 488). Nicht überzeugend ist die Ablehnung des Anscheinsbeweises, obgleich der später Erkrankte mit einem Häftling, der an offener Tbc litt, in eine Zelle gelegt wurde, weil auch das Ausbrechen einer alten Tbc in Frage gekommen sei (so aber BGH VersR 1965, 91, 93), obgleich ein frisch operierter, später infizierter Patient dicht neben einen Patienten mit eiternden Beinen gelegt wurde (so BGH VersR 1961, 725, 726).

c) **Die Vermutung des „aufklärungsrichtigen" Verhaltens**
Bei einem Verstoß gegen die vertragliche Pflicht zur Sicherungsaufklärung geht die Rechtsprechung davon aus, der Arzt habe darzulegen und zu beweisen, der Patient hätte **sich nicht so verhalten**, wie es ihm der Arzt hätte raten müssen (allgemein BGHZ 61, 118, 121; 124, 151, 160; BGH NJW 1992, 1159, 1160; 1994, 2541; NJW-RR 1988, 831; LM Nr 63 zu § 242 [Be] unter III; speziell zum Arztrecht BGHZ 89, 95, 103; BGH NJW 1989, 2320, 2321; OLG Stuttgart VersR 1996, 979; OLG Köln VersR 1996, 1021, 1022; OLG Braunschweig VersR 1998, 459, 460 [Anscheinsbeweis]; BGB-RGRK/Nüssgens Anh II Rn 48; Schmid NJW 1994, 773; weniger streng OLG Saarbrücken MDR 1998, 104, 106). Damit ist letztendlich nichts anderes angesprochen als das **rechtmäßige Alternativverhalten**, bei dem der Schädiger nach den allgemeinen Regeln die Beweislast trägt. Schon deswegen ist dem BGH nicht zu folgen, wenn er der Klägerin trotz fehlender Aufklärung über die Gefahr einer Antikörperbildung im Falle einer erneuten Schwangerschaft die Beweislast dafür auferlegt, bei korrekter Aufklärung hätte sie eine Schwangerschaft verhütet (so aber BGH NJW 1989, 2320, 2321; aA Matthies JR 1990, 26). Dagegen trägt die Patientin die Beweislast dafür, bei richtiger Unterrichtung über die Gefahr einer Trisomie des Embryos hätte sie so rechtzeitig eine Fruchtwasseruntersuchung durchführen lassen können, daß eine Abtreibung noch möglich gewesen wäre; es geht dann nämlich um die Frage, ob bei aufklärungsrichtigem Verhalten der Schaden vermieden worden wäre (BGH NJW 1987, 2923, 2924).

5. Insbesondere: Beweiserleichterungen aufgrund schwerer Fehler

a) Der schwere Behandlungsfehler
aa) Die Grundsätze der hM
α) Die Erleichterung der Beweislast

I 54 Nach gefestigter Rechtsprechung und hM können dem Patienten bei einem schweren Fehler des behandelnden Arztes **Beweiserleichterungen bis hin zur Umkehr der Beweislast** zugute kommen, wenn der **Behandlungsfehler geeignet** ist, den eingetretenen Gesundheitsschaden herbeizuführen (BGHZ 61, 118, 120; 72, 132, 133 f; 85, 212, 216; BGH NJW 1959, 1583, 1584; 1967, 1508; 1968, 1185 mwNw; 1968, 2291, 2293; 1969, 533, 534; 1974, 1424, 1426; 1978, 1683; 1986, 1540, 1541; 1988, 814, 815; 1988, 2948; 1994, 1594, 1595; 1997, 796, 797; 1997, 798, 799; 1998, 814, 815; VersR 1991, 928; OLG Hamm VersR 1980, 684; 1996, 892, 893; OLG Oldenburg VersR 1986, 659, 660; 1993, 1235 f; NJW 1988, 1531; OLG Düsseldorf VersR 1989, 189, 190; KG VersR 1991, 928; OLG Köln VersR 1992, 1003, 1005; 1994, 1238, 1240; 1997, 1102, 1103; OLG Stuttgart VersR 1994, 106, 107; OLG Schleswig VersR 1994, 310, 312; NJW 1997, 3098; MünchKomm/MERTENS Rn 408; ohne das Erfordernis der Eignung des Fehlers, den Gesundheitsschaden herbeizuführen, BGHZ 107, 222, 228; BGH NJW 1981, 2513, 2514; 1983, 2080, 2081; 1987, 705, 706; 1988, 2303, 2304; 1988, 2949, 2950; 1992, 2354, 2356; 1992, 2962, 2963; 1993, 1524, 1525; 1994, 801, 802; 1994, 1596, 1597; 1996, 2429, 2431; VersR 1985, 886, 887; OLG Braunschweig VersR 1987, 76, 77; OLG Köln VersR 1990, 662, 663; OLG Oldenburg VersR 1997, 1236, 1237; der Sache nach auch BGHZ 129, 6, 12; 132, 47, 51; BGH NJW 1979, 1933, 1935; 1983, 340, 341; 1990, 759, 760; 1992, 764, 765; 1993, 2375, 2376 f; 1995, 778, 779; 1996, 2428; OLG München VersR 1991, 586, 587; OLG Oldenburg VersR 1992, 453, 454; MDR 1994, 779, 780; OLG Düsseldorf VersR 1992, 494, 496; 1997, 1235; NJW-RR 1996, 279, 280; OLG Köln NJW-RR 1992, 474, 475; VersR 1997, 1404, 1405; OLG Karlsruhe VersR 1996, 463; OLG Hamm VersR 1997, 1403; von einer Umkehr der Beweislast sprechen BGH NJW 1970, 1230, 1231; OLG Stuttgart VersR 1997, 700, 701; OLG Hamm VersR 1998, 104, 105; bei leichtfertigem Verschulden schon RGZ 171, 168, 171). Die **Beweislast für den groben Behandlungsfehler** trifft dabei allerdings den Patienten (BGH LM Nr 64 zu § 282 ZPO [Beweislast] unter II 1; BAUMGÄRTEL Anh C II Rn 11; GIESEN Rn 406 Fn 250; LAUFS Rn 599 Fn 120). Die Beweiserleichterungen, die iE vielfach der Heranziehung des § 282 entsprechen (vgl BGHZ 88, 248, 257), stellen **keine Sanktion für besonders schweres Arztverschulden** dar, sondern knüpfen daran an, daß angesichts des Gewichts des Behandlungsfehlers die **Aufklärung des Behandlungsgeschehens in besonderer Weise erschwert** ist (BGH NJW 1968, 1185; 1988, 2303, 2304; 1992, 754, 755; 1995, 778, 779; 1997, 794, 795; OLG Oldenburg NJW 1988, 1531; 1991, 2355, 2356; MedR 1990, 195, 197; OLG Braunschweig VersR 1998, 459, 461; OLG Zweibrücken VersR 1998, 590, 591; MünchKomm/MERTENS Rn 409 Fn 1135; anders nach RGZ 171, 168, 171; BGH NJW 1968, 2291, 2293 mwNw). Wegen der besonderen Schadensneigung des Behandlungsfehlers ist das **Spektrum** der als Schadensursachen in Betracht kommenden Gründe **erweitert oder verschoben** (BGHZ 132, 47, 52; BGH NJW 1988, 2949, 2950; 1994, 801, 803; 1995, 778, 779; 1996, 2429, 2431; OLG Oldenburg NJW 1991, 2355, 2356; OLG Stuttgart VersR 1994, 106, 107; 1994, 313, 315; 1998, 1550, 1552; OLG Thüringen OLG-NL 1997, 7, 10; OLG Düsseldorf VersR 1997, 575, 577; BGB-RGRK/NÜSSGENS Anh II Rn 307). Angesichts der vom Arzt verschuldeten Aufklärungshindernisse kann dem Patienten die volle Beweislast billigerweise nicht mehr zugemutet werden (BGHZ 72, 132, 136; BGH NJW 1996, 2429, 2431; VersR 1983, 983; OLG Stuttgart VersR 1994, 313, 315). Es ist dagegen nicht Voraussetzung, daß der Eintritt des Erfolgs wahrscheinlich (BGHZ 85, 212, 216 f; BGH NJW 1986, 1540, 1541; 1997, 796, 798; OLG Karlsruhe MedR 1983, 147, 149; OLG Köln VersR 1991, 669, 670; 1992, 1003, 1005; OLG Stuttgart VersR 1992, 1134; 1994, 313, 315; OLG Frankfurt aM VersR 1996, 584, 585) oder gar naheliegend ist (BGH NJW 1997, 796, 797, 798; OLG Stuttgart VersR 1991,

821). Es genügt vielmehr, daß der grobe Verstoß des Arztes **geeignet ist, den konkreten Gesundheitsschaden hervorzurufen** (BGHZ 85, 212, 216 f; BGH NJW 1968, 1185; 1986, 1540, 1541; 1988, 2949, 2950; OLG Karlsruhe MedR 1983, 147, 149; OLG Köln VersR 1991, 669, 670; OLG Stuttgart VersR 1992, 1134; 1994, 313, 315); darin liegt der **Unterschied zum Anscheinsbeweis** (BGHZ 85, 212, 217; BGH NJW 1991, 821, 822). Die Beweiserleichterung kann sich auch aus einer Summierung von Fehlern ergeben, selbst wenn jeder für sich genommen nicht schwer ist (OLG Stuttgart VersR 1990, 858, 859; 1997, 700, 701). Daß das Verhalten des Arztes auf eine schlechte Konstitution des Patienten traf oder ein weiterer Schädiger vorhanden war und deshalb der Schaden in besonderer Höhe entstanden ist, ändert nichts. Die Mitverursachung durch Dritte führt nach den **Regeln der kumulativen Kausalität** nicht nur im materiellen Recht zur Haftung, sondern strahlt auch auf die Regeln der Beweislast aus; es bleibt bei der Erleichterung für den Patienten (BGH NJW 1997, 794, 796; 1997, 796, 797; OLG Oldenburg NJW 1991, 2355, 2356; VersR 1995, 1237, 1238; OLG Stuttgart VersR 1991, 821, 822; OLG Hamm VersR 1995, 341, 342; Palandt/ Thomas Rn 170; MünchKomm/Mertens Rn 409; Kullmann Anm zu BGH LM Nr 71 zu § 823 [C] unter 2).

β) Der grobe Behandlungsfehler

Ein grober Behandlungsfehler liegt vor, wenn der Arzt **eindeutig gegen bewährte ärztliche Behandlungsregeln verstoßen** und einen Fehler begangen hat, der **aus objektiver Sicht nicht mehr verständlich** erscheint, weil er einem Arzt schlechterdings nicht unterlaufen darf (BGHZ 132, 47, 53; 138, 1, 6; BGH NJW 1983, 2080, 2081; 1988, 2303, 2304; 1992, 754, 755; 1992, 2962, 2963; 1994, 1594, 1595; 1995, 778, 779; 1996, 2428, 2429; 1996, 2429, 2431; 1997, 798; 1998, 814, 815; 1998, 1782, 1783; OLG München NJW 1985, 1403; OLG Düsseldorf VersR 1987, 287, 288; 1997, 575, 576; OLG Oldenburg NJW 1988, 1531; VersR 1986, 659, 660; 1991, 1177, 1178; 1995, 218, 219; 1997, 1236, 1237; OLG Stuttgart VersR 1989, 199, 200; 1989, 632, 633; 1990, 858, 859; 1991, 821; 1994, 313, 314; 1997, 700, 701; 1998, 1550, 1552; OLG Köln NJW-RR 1992, 474; VersR 1991, 669 f; 1994, 1238, 1239; 1996, 1021, 1023; 1996, 1413; 1997, 1404, 1405; OLG Hamm VersR 1995, 341; 1998, 104, 105; OLG Frankfurt aM VersR 1994, 1474, 1475; 1996, 584, 585; OLG Thüringen OLG-NL 1997, 7, 9; Palandt/Thomas Rn 170; MünchKomm/Mertens Rn 409; Giesen Rn 406; Laufs, in: Laufs/Uhlenbruck § 110 Rn 5; Schmid NJW 1994, 772); der Arzt muß gegen elementare Behandlungsregeln (OLG Oldenburg VersR 1994, 1241, 1242; OLG Frankfurt aM VersR 1996, 584, 585; OLG München VersR 1997, 577; ähnl BGH NJW 1986, 1540, 1541; OLG Karlsruhe NJW 1987, 718, 719), **also eindeutig gegen gesicherte und bewährte medizinische Erkenntnisse und Erfahrungen verstoßen** haben (BGH NJW 1986, 1540, 1541; 1992, 754, 755; 1993, 2375, 2377; OLG Düsseldorf VersR 1987, 287, 288; NJW-RR 1996, 279, 280). Das ist etwa der Fall, wenn auf eindeutige Befunde nicht nach den Regeln der ärztlichen Kunst reagiert wird oder grundlos Standardmethoden zur Bekämpfung möglicher und bekannter Risiken nicht angewandt werden (BGH NJW 1983, 2080, 2081; OLG Düsseldorf VersR 1987, 287, 288; OLG Oldenburg NJW 1988, 1531; OLG Hamburg VersR 1992, 1405; OLG Schleswig VersR 1994, 310, 312; Laufs, in: Laufs/Uhlenbruck § 110 Rn 5). Es dürfen umgekehrt **keine Umstände vorliegen, die den Vorwurf des nicht sachgerechten Vorgehens mildern** können (BGHZ 72, 132, 135; BGH NJW 1983, 2080, 2081; OLG Oldenburg NJW 1988, 1531; OLG Schleswig VersR 1994, 310, 312; Laufs, in: Laufs/Uhlenbruck § 110 Rn 5). Keine Rolle spielt dagegen nach der Rechtsprechung die subjektive Vorwerfbarkeit (BGH NJW 1992, 754, 755; VersR 1993, 1019; OLG Oldenburg NJW 1988, 1531; OLG Schleswig VersR 1994, 310, 312; ähnl OLG Hamburg VersR 1992, 1405; OLG Karlsruhe VersR 1996, 463; Palandt/Thomas Rn 170; Münch-Komm/Mertens Rn 409; Giesen Rn 406 Fn 248; in sich widersprüchlich noch BGH NJW 1968, 2191, 2193); allerdings nimmt die Rechtsordnung bei schweren ärztlichen Fehlern in Kauf, daß der Arzt haftet, obwohl die Kausalität nicht feststeht oder gar nur möglich ist (OLG Hamm NJW 1998, 1800, 1801).

γ) **Die Ausnahmen**

I 56 Die Kausalität ist zu **verneinen**, wenn feststeht, daß der Fehler nicht ursächlich geworden sein kann (OLG Köln NJW-RR 1992, 474, 475; OLG Frankfurt aM VersR 1996, 584, 585). Beweiserleichterungen bis hin zur Umkehr der Beweislast sind ferner dann, aber erst dann ausgeschlossen, wenn der **Ursachenzusammenhang äußerst unwahrscheinlich** ist (BGHZ 85, 212, 217 [„bloß theoretisch denkbar"]; 129, 6, 12 f; 138, 1, 8; BGH NJW 1995, 778, 779; 1997, 794, 795; 1997, 796, 797; OLG Stuttgart VersR 1979, 939, 940; 1991, 821, 822; 1992, 1134; OLG Köln VersR 1990, 662, 663; NJW-RR 1992, 474, 475; OLG Hamm VersR 1995, 341, 342; 1998, 104, 105; 1998, 1782, 1784; OLG Thüringen OLG-NL 1997, 7, 10; OLG Oldenburg VersR 1997, 1236, 1237; 1997, 1405, 1406; OLG Braunschweig VersR 1998, 459, 461; MünchKomm/MERTENS Rn 409; SCHMID NJW 1994, 772). Eine Rolle spielt das Gewicht der Möglichkeit, daß der Fehler zum Mißerfolg der Behandlung beigetragen hat (BGH NJW 1988, 2949, 2950; 1995, 778, 779; OLG Stuttgart VersR 1992, 1134; OLG Oldenburg VersR 1997, 1405, 1406; OLG Thüringen OLG-NL 1997, 7, 10; ähnl schon BGHZ 85, 212, 216 f). Je weniger nämlich der Kausalzusammenhang naheliegt, desto geringer wirken sich die aus dem Behandlungsfehler resultierenden Aufklärungserschwerungen aus (BGH NJW 1988, 2949, 2950; OLG Stuttgart VersR 1998, 1550, 1552); entscheidend ist, in welchem Maße die besondere Schadensneigung des Fehlers die Ursache unklar macht (BGH NJW 1994, 801, 802 f; MünchKomm/MERTENS Rn 409). Derartige Fälle sind indessen als Ausnahme zu sehen. Die Kausalität wurde etwa **verneint** in einem Fall, in dem der ärztliche Eingriff erst zu einem Zeitpunkt hätte erfolgen können, da der Betroffene bereits in hohem Maße geschädigt war und ein früherer Eingriff keine besseren Ergebnisse hätte erwarten lassen (BGH NJW 1988, 2949, 2950 f; 1995, 778, 779; 1996, 2428, 2429 jeweils mit Zurückverweisung an die Instanzgerichte), in dem ein Kompressionsverband als Ursache für einen Arterienverschluß ganz unwahrscheinlich war (OLG Köln VersR 1990, 662, 663), die fehlerhaft nicht diagnostizierte Beschädigung des Auges bei einem Unfall voraussichtlich weder operativ noch medikamentös hätte behoben werden können (OLG Oldenburg VersR 1997, 1405, 1406). Das Gleiche gilt, wenn zwischen einer (falschen) Diagnose und einem Schlaganfall nur wenige Minuten liegen (OLG Düsseldorf VersR 1997, 575, 577), wenn der Hirnschaden eines Kindes mit hinreichender Sicherheit auf einer vorgeburtlichen Grunderkrankung beruht (OLG Hamm VersR 1996, 197 [LS]), wenn der eingetretene Gesundheitsschaden iE nicht vermeidbar war (OLG Zweibrücken VersR 1998, 590, 591; iE zweifelhaft), wenn eine Infektion des Kindes durch eine Vielzahl anderer Gründe verursacht sein kann (OLG Düsseldorf NJW 1998, 3420, 3421). Dabei soll es auch zu einer **quantitativen Teilung** kommen können. Ist der aufgrund eines groben Fehlers verursachte Tatbeitrag des Arztes mit höchstens 30% anzusetzen, so habe der Geschädigte nachzuweisen, daß ohne diesen Beitrag der Schaden weniger als 70% des tatsächlichen Schadens betragen hätte (OLG Hamm VersR 1996, 1391, 1392; Revision vom BGH nicht angenommen; G MÜLLER NJW 1997, 3052 f; zweifelhaft). Nach der Auffassung der Rechtsprechung soll auch **massives Mitverschulden** des Patienten – etwa die Mißachtung der Weisung, den infizierten Arm ruhig zu halten – trotz eines groben Fehlers des Arztes einer Beweislastumkehr entgegenstehen (KG VersR 1991, 928 f; Revision vom BGH nicht angenommen; OLG Köln VersR 1997, 1102, 1103; OLG Braunschweig VersR 1998, 459, 461 [Mitverschulden der Mutter eines bei der Geburt schwer geschädigten Kindes]; MünchKomm/MERTENS Rn 409 Fn 1136). Das überzeugt nicht – schon deshalb nicht, weil der Arzt zumindest ernsthaft auf die Erfüllung seiner Anordnungen zu drängen hat; zudem wäre das

Verhalten des Patienten vorrangig über § 254 zu würdigen. Die **Beweislast wird jedenfalls nicht umgekehrt**, wenn dem Arzt zwar ein grober Kunstfehler unterlaufen ist, dieser aber nicht schadensursächlich gewesen sein kann, sondern allenfalls ein in derselben Behandlungsentscheidung liegender, seinerseits aber nicht schwerwiegender Verstoß (BGH NJW 1981, 2513, 2514; Laufs, in: Laufs/Uhlenbruck § 110 Rn 13; Schmid NJW 1994, 772). Es muß sich also **gerade das Risiko verwirklicht haben, dessen Nichtbeachtung** den Behandlungsfehler als grob erscheinen läßt (BGH NJW 1981, 2513; OLG Celle VersR 1984, 444, 445; MünchKomm/Mertens Rn 411; Laufs, in: Laufs/Uhlenbruck § 110 Rn 13 Fn 29). Ist die Entlassung eines Patienten etwa ein grober Fehler, weil er wegen drohender Komplikationen des Herz- und Kreislaufsystems überwacht werden müßte, so gelten hinsichtlich einer Infektion keine Beweiserleichterungen (BGH NJW 1981, 2513).

δ) Die Beschränkung auf die haftungsbegründende Kausalität
Mehr in der Konstruktion als im Ergebnis streitig ist die Frage, ob sich die Umkehr der Beweislast auf die **haftungsbegründende Kausalität beschränkt** oder auch **auf die haftungsausfüllende Kausalität** – also auf die Frage, ob Erwerbsschäden etc vorliegen – **zu erstrecken** ist. **Der BGH hat sich mehrfach für die erste Alternative** ausgesprochen (BGH NJW 1970, 1230, 1231; 1978, 1683; 1988, 2948; 1993, 2383, 2384; 1994, 801, 803; MünchKomm/Mertens Rn 411; BGB-RGRK/Nüssgens Anh II Rn 302). Es ergäben sich nämlich keine zusätzlichen Beweisschwierigkeiten, die dem Schädiger anzulasten seien (BGH NJW 1978, 1683). Die Beweiserleichterung gilt aber für Sekundärschäden auch nach der Rechtsprechung ausnahmsweise dann, wenn sie typischerweise mit den Primärverletzungen verbunden sind (BGH NJW 1978, 1683 f; 1988, 2948, jeweils mit Hinweis auf BGH NJW 1970, 1230, 1231; OLG Oldenburg NJW 1988, 1531; VersR 1993, 1235; MünchKomm/Mertens Rn 411; BGB-RGRK/Nüssgens Anh II Rn 303; iE auch OLG Oldenburg VersR 1993, 1235). Außerdem kann der Schaden sowohl Sekundärschaden als auch Primärschaden sein und als solcher durch die grob fehlerhafte Behandlung des Arztes verursacht sein; dann gelten die üblichen Regeln der Beweiserleichterung (BGH NJW 1988, 2948 f). So liegt es insbesondere, wenn der grobe Fehler sich nicht bei der Primärverletzung manifestiert hat, sondern sich erst später auswirkt – etwa wenn eine grob fehlerhafte Injektion zu Schäden führt (BGH NJW 1978, 1683, 1684; BGB-RGRK/Nüssgens Anh II Rn 303 jedoch noch mit der Bezeichnung als Sekundärschaden). Im übrigen macht § 287 **ZPO Beweislastentscheidungen** im Bereich der haftungsausfüllenden Kausalität **weitgehend überflüssig** (BGH NJW 1978, 1683, 1684; BGB-RGRK/Nüssgens Anh II Rn 302). **In der Lehre** wird dagegen zT eine Erstreckung der Beweiserleichterung auf die haftungsausfüllende Kausalität befürwortet (Baumgärtel Anh C II Rn 27; Giesen Rn 408; kritisch gegen diese Lösung des BGH auch Musielak/Stadler, Grundfragen des Beweisrechts [1984] Rn 270). So gebe es schon – wie das soeben geschilderte Beispiel einer Injektion zeige – Schwierigkeiten, die Primär- von der Sekundärverletzung korrekt abzugrenzen; außerdem habe der Arzt bei typischen Schäden die Gefahr der Unaufklärbarkeit des Geschehensablaufs geschaffen (Baumgärtel Anh C II Rn 27; ähnl Giesen Rn 408). Angesichts des identischen Kriteriums gleichen sich die Auffassungen an.

ε) Die Feststellung des groben Fehlers im Prozeß
Ob ein schwerer **Kunstfehler** vorliegt, richtet sich nach den **Umständen des Einzelfalls** (BGH NJW 1988, 1511, 1512; OLG Stuttgart VersR 1991, 821; 1994, 313, 314; OLG Köln VersR 1994, 1238, 1240; MünchKomm/Mertens Rn 409; Laufs, in: Laufs/Uhlenbruck § 110 Rn 5). Es geht um eine Entscheidung, die das **Gericht zu fällen** hat (BGHZ 72, 132, 135; 132, 47, 53; 138, 1, 6;

BGH NJW 1983, 2080, 2081; 1986, 1540; 1987, 705, 706; 1988, 1513, 1514; 1992, 2962, 2963; 1993, 2375, 2377; 1994, 801, 802; 1996, 2428; 1997, 798; OLG Düsseldorf VersR 1985, 291, 292; OLG Karlsruhe NJW 1987, 718, 719; OLG Oldenburg MedR 1990, 195, 197; OLG Köln NJW-RR 1992, 474; OLG Stuttgart VersR 1992, 1134; 1994, 106, 107; 1998, 1550, 1552; OLG Schleswig VersR 1994, 310, 312; MünchKomm/Mertens Rn 409; G Müller NJW 1997, 3053) und bei der es **nicht an die Einschätzung durch den Sachverständigen gebunden** ist (BGHZ 72, 132, 135; 132, 47, 53; BGH NJW 1986, 1540, 1541; 1988, 1513, 1514; 1994, 801, 802; 1996, 2428; 1998, 814, 815; OLG Stuttgart VersR 1991, 821; 1994, 313, 314), wenngleich es seine Ausführungen nicht außer acht lassen darf (BGH NJW 1997, 798; MünchKomm/Mertens Rn 309). Es müssen tatsächliche Anhaltspunkte vorliegen, die sich in der Regel aus der medizinischen Bewertung des Behandlungsgeschehens durch den Sachverständigen ergeben werden (BGHZ 132, 47, 53; BGH NJW 1996, 2428; 1997, 798). Denn der berufsspezifische Sorgfaltsmaßstab kann gewöhnlich nur mit Hilfe eines medizinischen Sachverständigen ermittelt werden (BGH NJW 1997, 798).

bb) Die Gegenauffassungen

Nach wie vor ist die Linie der Rechtsprechung in der Lehre nicht vollständig akzeptiert. Ihr wird zunächst vorgehalten, sie gefährde die Rechtssicherheit (Laufs Rn 601); die Grundlagen des BGH verlören sich letztendlich im Billigkeitsrecht (Laufs, in: Laufs/Uhlenbruck § 110 Rn 1). Die Abstufung nach Verschuldensgraden sei schwer zu treffen (Hanau, Die Kausalität der Pflichtwidrigkeit [1971] 133; ders NJW 1968, 2291; Walter, Freie Beweiswürdigung [1979] 245 f); auch solle die Pflicht des Arztes, schwere Fehler zu vermeiden, der Gesundheit des Patienten dienen, und sei nicht deswegen vorgesehen, um Beweisprobleme zu verhindern (Soergel/Zeuner Rn 325). Als Lösung wird der **Rückgriff auf § 287 ZPO** empfohlen, der überwiegende Wahrscheinlichkeit genügen lasse (Hanau, Die Kausalität der Pflichtwidrigkeit [1971] 134 [von seinem Standpunkt aus, haftungsbegründend sei die Gefahrerhöhung; vgl 44, 121]; ders NJW 1968, 2292; Musielak/Stadler, Grundfragen des Beweisrechts [1984] Rn 268; Musielak JuS 1983, 615). Letztendlich gehe es um die **Regeln des Anscheinsbeweises** (Musielak/Stadler, Grundfragen des Beweisrechts [1984] Rn 272; Musielak JuS 1983, 614). Noch weiter geht der Vorschlag, bei jedem Behandlungsfehler den Nachweis der fehlenden Kausalität dem Arzt aufzuerlegen (Giesen JZ 1982, 452; abl Baumgärtel Anh C II Rn 20). Jedenfalls bei einem Schaden, dessen Ursache im Schicksal des Patienten liegen kann, ginge eine Beweislastumkehr auch bei einem leichten Fehler des Arztes indes über § 282, der ja auf die Sphäre abstellt, in der Tat noch hinaus; dem Arzt wäre der Beweis des Gegenteils nur in den seltensten Fällen möglich. Umgekehrt würden die Grundsätze des Anscheinsbeweises, da sie an der Beweislast nichts ändern, dem Arzt die Möglichkeit eröffnen, diesen Anscheinsbeweis zu erschüttern, während er bei der Umkehr der Beweislast den Beweis des Gegenteils antreten muß (Baumgärtel Anh C II Rn 21; Giesen Rn 409). Auch die überwiegende Wahrscheinlichkeit könnte der Patient oft nicht nachweisen; vielfach bleibt eben die nicht nur theoretische Möglichkeit, daß der Schaden auch auf einer anderen Ursache als dem groben Fehler basiert (anders Baumgärtel Anh C II Rn 18 f, der glaubt, die Wahrscheinlichkeitslösung führe zu einer Erhöhung der Haftung des Arztes). Als Kritik an der Rechtsprechung bleibt der Hinweis, daß die Intensität der ärztlichen Fehlleistung nichts mit der Nachvollziehbarkeit des Geschehens zu tun hat (Matthies NJW 1983, 335; ähnl Hanau NJW 1968, 2291). Man müßte daher die Begründung präzisieren: Entscheidend ist, daß der Fehler **ursächlich gewesen sein kann**. Angesichts des Gewichts des Fehlers kann dem Patienten nunmehr die Führung des Strengbeweises nicht mehr zugemutet werden (OLG Stuttgart VersR 1994, 106, 107).

25. Titel. § 823
Unerlaubte Handlungen I 60–I 63

6. Kasuistik

Die Rechtsprechung hatte es mit einer Unzahl von Fällen zu tun, in denen der grobe **I 60**
Fehler für die Beweislast relevant wurde. Eine schematische Übertragung verbietet
sich. Vielmehr kommt es jeweils auf den Einzelfall an; eine Rolle spielen der Zustand
des Patienten, die Eilbedürftigkeit der Behandlung, die Schwere der Erkrankung, das
Zusammentreffen mit weiteren Notfällen sowie sonstige Umstände.

a) Anästhesie
Es ist ein **schwerer Fehler**, wenn ein Anästhesist einen Patienten verläßt, obwohl bei **I 61**
diesem eine Atemstörung aufgetreten ist, und die weitere Behandlung zumindest
zeitweise einem Pfleger überträgt (OLG Düsseldorf NJW 1986, 1548 f; VersR 1987, 489, 490 f),
wenn er einem an Atemnot leidenden Patienten nach der Extubation Beruhigungs-
mittel verabreicht, die geeignet sind, die Atemfunktionen zu beeinträchtigen (BGH
NJW 1990, 759 f), wenn der Arzt bei einem Herzstillstand des Patienten während einer
Narkose nicht den Tubus auf seine Position hin kontrolliert (OLG Oldenburg NJW-RR
1990, 1362, 1363).

b) Chirurgie
aa) Diagnose
Im **Diagnosebereich** wurde ein **schwerer Fehler** angenommen, wenn trotz mehrfacher **I 62**
Darmlähmung und eines Kreislaufkollapses keine Befunde erhoben werden (BGHZ
85, 212, 218 ff), wenn eine unklare Diagnose nicht mit einer zusätzlichen Röntgenauf-
nahme abgesichert wird (BGH NJW 1989, 2332), wenn eine medizinisch indizierte
Operation nach einer Fraktur des Sprunggelenks unterbleibt (OLG Düsseldorf VersR
1985, 169, 171), wenn nach einer Operation keine Wundinspektion vorgenommen wird,
obwohl die Körpertemperatur drastisch ansteigt (BGH VersR 1987, 408) oder nach
einem Bruch der Arm anschwillt und der Patient über Schmerzen klagt (OLG Stuttgart
VersR 1989, 199, 200), wenn trotz eines massiven Abfalls der Blutwerte nach einer
Operation nicht an innere Blutungen gedacht (BGH NJW 1968, 2291, 2293) oder eine
weitere Diagnose unterlassen wird (OLG Koblenz VersR 1988, 41, 42), wenn eine Ho-
dentorsion nicht erkannt wird (OLG Oldenburg VersR 1986, 659, 660), wenn bei einer
Schnittwunde an der Beugeseite des Handgelenks die Nerven nicht auf Verletzungen
kontrolliert werden (OLG Frankfurt aM VersR 1990, 659 [LS]). Es kann ein grober Fehler
vorliegen, wenn vor einer Mastektomie keine Schnellschnittuntersuchung stattfindet
(BGH NJW 1992, 2354, 2356). **Kein schwerer Diagnosefehler** ist nach der Rechtsprechung
das Nichterkennen einer Suizidgefahr, wenn keine hinreichenden Anhaltspunkte
vorliegen (BGH NJW 1998, 814, 815), das Unterbleiben einer Computertomographie
oder von Schallaufnahmen vor einer Teilresektion der Lunge (OLG Hamm VersR 1996,
892, 893).

bb) Therapie
Im **Therapiebereich** wird ein grober Fehler bejaht bei einer falschen Blutgruppenbe- **I 63**
stimmung, die bei einer Magenresektion zu dreizehn falschen Transfusionen führt
(BGH, Urt v 12.2.1980 – VI ZR 170/78; zitiert nach STEFFEN/DRESSLER Rn 534), desgleichen,
wenn Ärzte nach einer Leistenbruchoperation nicht die Lage des Hodens überprüfen, obwohl der Patient über Schmerzen klagt, und so eine drohende Atrophie nicht
erkennen (BGH NJW 1983, 340), wenn bei einem Säugling im Rahmen einer Leistenoperation ein Hodenhochstand nicht korrigiert wird (OLG München VersR 1997, 577),

Johannes Hager

wenn nach der Operation eines Armbruchs Bewegungsübungen angeordnet werden, obwohl die Gefahr besteht, daß die zur Fixierung verwendeten Drähte dadurch ihre Lage verändern (BGH NJW 1986, 1540 f), wenn nach einer Operation ein vom Patienten dringend benötigtes Medikament nicht gegeben wird (BGH NJW 1991, 1539, 1540), wenn im Operationsgebiet eine Bohrerspitze zurückbleibt (OLG Stuttgart VersR 1989, 632, 633), wobei nach der (etwas älteren) Rechtsprechung allerdings nicht jedes Zurücklassen eines Fremdkörpers angesichts der Schwierigkeit und Eilbedürftigkeit einer Operation einen groben Fehler bedeuten muß (BGH VersR 1981, 462, 463; OLG Düsseldorf VersR 1980, 535, 536; zweifelhaft), wenn eine Fascienspaltung nicht innerhalb von zwei Stunden nach Auftreten der Symptome eines Kompartementsyndroms vorgenommen wird (OLG Oldenburg VersR 1995, 218, 220), wenn der Chefarzt in der Visite nach der Operation nicht bemerkt, daß ein Finger fehlerhafterweise in Strecklage ruhiggestellt wurde (OLG Oldenburg VersR 1995, 1237, 1238), wenn ein Gipsverband trotz erheblicher Druckbeschwerden erst nach 24 Stunden gewechselt wird (OLG Koblenz MedR 1990, 40, 42), wenn bei einer Schnittverletzung im Finger trotz einer Entzündung am Nagelbett einer Fingerkuppe kein Antibiotikum gegeben wird (KG VersR 1991, 928), generell wenn trotz des Verdachts eines Entzündungsprozesses keine Antibiotika gegeben werden (OLG Düsseldorf VersR 1998, 55, 56 f), wenn eine Wundrevision nicht frühzeitig genug vorgenommen wird (OLG Düsseldorf NJW 1995, 1622 [LS]), wenn ein durch eine Arthrographie gereiztes Knie am selben Tag operiert wird (OLG Hamm VersR 1989, 293), wenn durch einen geschlossenen Gipsverband der Sekretabfluß aus einer Wunde verhindert wird und so eine Brutstätte für Bakterien entsteht (OLG Düsseldorf VersR 1985, 291, 292), wenn eindeutige Anweisungen des Operateurs von einem anderen Arzt mißachtet werden (OLG München VersR 1991, 1288, 1289), wenn eine Wunde am Fingergelenk nicht spannungsfrei geschlossen wird (OLG Oldenburg MedR 1990, 195, 196 f), wenn ein Bruch nicht ordnungsgemäß operiert wird (OLG Düsseldorf VersR 1984, 446, 447), etwa der Eingriff vor dem Abklingen der Schwellung vorgenommen wird (OLG Düsseldorf VersR 1988, 970; aA OLG Hamm VersR 1988, 807, 808), wenn eine notwendige Operation nicht angeordnet oder verzögert wird (OLG Karlsruhe MedR 1983, 147, 148, 149), wenn ein Patient nach der Operation nicht hinreichend überwacht wird, obwohl angesichts der Schwere des Eingriffs mit Komplikationen gerechnet werden muß (BGH NJW 1967, 1508, 1509; OLG Köln VersR 1997, 1404, 1405), wenn trotz erhöhter Infektionsgefahr nach einer Operation die Wunde nicht beim täglichen Verbandswechsel von einem Arzt kontrolliert wird (OLG Köln VersR 1997, 366 [LS]), wenn die Thromboseprophylaxe in der Extremitätenchirurgie unterbleibt (OLG Düsseldorf VersR 1995, 785 [LS]), wenn nach der Reposition eines Bruches der aufgrund der Verletzung der Ader drohende Gefäßverschluß trotz Warnzeichen wie Gefühllosigkeit nicht verhindert wird (OLG Düsseldorf VersR 1989, 189, 190), wenn ein Wundgasbrand nicht erkannt wird (OLG Hamm VersR 1998, 104, 105), wenn nach einer Entfernung des Uterus nicht die Harnleiter auf Schäden untersucht werden (OLG Düsseldorf VersR 1997, 240), wenn eine Bronchoskopie unterbleibt, obwohl Indizien für eine Wundheilstörung nach einer teilweisen Entfernung der Lunge vorhanden sind, wenn bei dieser Operation der verbleibende Bronchienstumpf zu lang ist und daher eine Infektion begünstigt wird (OLG Hamm VersR 1996, 892, 893). Ein schwerer Fehler ist es, wenn ein Arzt im Praktikum über die Entlassung eines Patienten befindet, bei dem ein alarmierender Befund vorliegt – etwa zweitägiges Stuhlverhalten bei einem Anus-praeter-Patienten (OLG Schleswig NJW 1997, 3098).

c) Perinatologie
aa) Diagnose

Auch im Bereich der Perinatologie spielen zunächst **unterlassene Befunderhebungen** I 64 eine große Rolle. So ist es ein grober Fehler, wenn CTG-Aufzeichnungen vor der Geburt unterlassen werden (OLG Oldenburg VersR 1991, 1177, 1178; OLG Karlsruhe, Urt v 30.1.1980 – 7 U 28/79, zitiert nach STEFFEN/DRESSLER Rn 529), vor allem wenn gleichzeitig Medikamente zur Beschleunigung der Geburt gegeben werden (BGH MedR 1991, 207, 209), wenn bei der Eingangsuntersuchung einer Hochschwangeren der Blutdruck nicht gemessen wird, dessen Höhe Anlaß hätte bieten können, krampfprophylaktische Maßnahmen zu ergreifen (BGHZ 129, 6, 12 f), wenn aus einem pathologischen CTG keine Konsequenzen gezogen werden (OLG Oldenburg VersR 1997, 1236, 1237 f), wenn bei Verdacht einer EPH-Gestose aufgrund einer Wachstumsretardierung, massiver Proteinurie der Mutter und eines verdächtigen CTG keine Blutdruckkontrolle erfolgt (OLG Köln VersR 1993, 1529 [LS]), wenn bei Verdacht auf eine Toxoplasmoseinfektion bei der Mutter keine Kontrolluntersuchung durchgeführt wird (OLG Düsseldorf VersR 1992, 494, 496), wenn eine Ultraschallsonographie unterbleibt, mittels derer ein Mißverhältnis der Größe von Kopf und Rumpf des Embryos hätte festgestellt werden können, und deshalb nicht die Indikation einer Sectio gestellt wird (OLG Hamm VersR 1989, 255), wenn die Gefahr einer Sturzgeburt nicht erkannt wird (OLG Braunschweig VersR 1987, 76, 77). Das gleiche gilt, wenn wegen fehlender Ultraschalluntersuchung eine Zwillingsschwangerschaft nicht erkannt wird und daher keine Schnittentbindung erfolgt (BGH NJW 1991, 2350), wenn der Arzt eine drohende Frühgeburt nicht erkennt, sondern Abführmittel verordnet (OLG Karlsruhe VersR 1996, 463), wenn infolge sich wochenlang hinziehender Diagnosen eine geistige Behinderung des Kindes zu spät festgestellt wird (OLG Köln VersR 1998, 244 [LS]). Bei suspektem CTG-Befund muß zumindest Sectiobereitschaft angeordnet werden (OLG München VersR 1996, 63, 64). Dagegen ist der **Fehler**, die drohende Frühgeburt nicht durch eine vaginale Untersuchung der Mutter zu klären, **nicht grob**, wenn auch eine sofort eingeleitete Tokolyse die Frühgeburt und die dadurch eingetretenen Schäden nicht vermieden hätte (BGH NJW 1995, 778, 779).

bb) Therapie

Zu Beweiserleichterungen bis hin zur Umkehr der Beweislast führt es im **Therapiebereich**, wenn der Arzt die werdende Mutter nicht hinreichend in eigener Person betreut, sondern etwa nur telefonisch die Gabe wehenfördernder Mittel anordnet (OLG Frankfurt aM NJW-RR 1991, 1373), während der wichtigen Entbindungsphase nicht anwesend ist (OLG Hamm VersR 1980, 684 f) oder gar das Krankenhaus zum Mittagessen verläßt, obwohl sich die Notwendigkeit einer Schnittentbindung abzeichnet (OLG Hamm VersR 1994, 730, 731). Die in der Praxis wichtigsten Fehler drehen sich um das nicht rechtzeitige Erkennen und Reagieren auf kindliche Streßsituationen. So liegt es etwa, wenn trotz schlechten CTG-Befundes nicht wehenhemmende Mittel eingesetzt werden, um den Fortgang einer Nabelschnurumschlingung zu verhindern (OLG Hamm VersR 1994, 730, 731), wenn trotz eindeutiger Indikation eine Vakuumextraktion zu spät angeordnet wird (OLG Oldenburg VersR 1993, 753, 754), wenn der Entschluß zur Sectio verzögert erfolgt (OLG Hamm VersR 1989, 255 f; OLG München VersR 1991, 586, 587; 1996, 63, 64; OLG Köln NJW-RR 1992, 474, 475; OLG Oldenburg VersR 1992, 453, 454; OLG Schleswig VersR 1994, 310, 312; OLG Frankfurt aM VersR 1996, 584, 585), zumal wenn das CTG hoch pathologisch ist (BGH NJW 1997, 794, 795 f; 1997, 796, 797), wenn bei einem übergroßen Schultergürtel des Kindes kein Dammschnitt vorgenommen wird (OLG Oldenburg VersR I 65

1993, 1235 f) oder bei einem übergroßen Kind kein erfahrener Geburtshelfer bereitsteht (OLG Hamm VersR 1997, 1403). Ein schwerer Fehler ist es desgleichen, wenn nach der Geburt die Blutgasanalyse eines Neugeborenen im Brutkasten nicht kontinuierlich überwacht wird (KG VersR 1981, 681, 683), wenn trotz alarmierend hoher Blutgaswerte eines Neugeborenen keine ärztlichen Maßnahmen getroffen werden (OLG Oldenburg VersR 1994, 178, 179), wenn trotz Verfärbung eines Neugeborenen kein Arzt geholt wird, sondern der Säugling ohne Intubierung verlegt wird (OLG München VersR 1997, 977, 978), wenn die Temperatur eines Neugeborenen nicht hinreichend überwacht wird und die andauernde Unterkühlung möglicherweise eine Hirnblutung auslöst (OLG Hamm VersR 1995, 341), wenn statt der gebotenen Sauerstofftherapie eines Neugeborenen eine Pufferung durchgeführt wird (so iE OLG Frankfurt aM MedR 1995, 75, 76 f). Ein grober Behandlungsfehler gegenüber der Mutter ist es, bei einer Symphysezerrung oder gar -ruptur nicht für eine Ruhigstellung der Patientin zu sorgen (OLG Hamburg VersR 1992, 1405). Dagegen wurde **der grobe Fehler verneint**, wenn trotz leichter Gelbfärbung des Neugeborenen die Untersuchung einer Blutgruppenunverträglichkeit zwischen Mutter und Kind unterbleibt (BGH NJW 1992, 2962, 2963; zweifelhaft), wenn der Arzt in einer medizinisch schwierig zu beurteilenden Lage eine Sectio zu früh anordnet und daher eine weitere Reifung des Kindes verhindert wird, bei der die Schädigung möglicherweise nicht eingetreten wäre (BGH NJW 1997, 798, 799).

d) Diagnosefehler
aa) Fehlende Befunderhebung

I 66 Der Hauptakzent liegt hier auf dem **Unterlassen von Befunderhebungen**. Diese Unterlassung kann, wenn es sich um eine zweifelsfrei durchzuführende Diagnose handelt, einen schweren Behandlungsfehler darstellen (vgl schon oben Rn I 23 sowie unten Rn I 74). Das gilt erst recht, wenn der Arzt durch ungezielte Medikation das Krankheitsbild zusätzlich verschleiert (BGHZ 85, 212, 218; BGH NJW 1988, 1513, 1514; VersR 1985, 886, 887; OLG Nürnberg VersR 1988, 1050, 1051). Beispiele für Diagnosefehler sind die Unterlassung gebotener Röntgenaufnahmen zur Kontrolle eines unklaren Befundes (BGH NJW 1989, 2332; OLG Hamm VersR 1996, 892, 893; ähnl BGH VersR 1981, 752, 753), zur Kontrolle der ordnungsgemäßen Extraktion eines Weisheitszahns, wenn dabei die Gefahr einer Kieferfraktur bestand (LG Heidelberg VersR 1991, 822), zur Kontrolle des richtigen Sitzes eines Zahnimplantats (OLG Köln NJW-RR 1995, 346, 347) bzw zur Kontrolle von Komplikationen aufgrund einer chemotherapeutischen Behandlung (OLG Karlsruhe NJW 1987, 718, 719), die Unterlassung weiterer Untersuchungen trotz des Vorliegens von Symptomen eines Sudeck-Syndroms (BGH NJW 1993, 2375, 2377), die Erhebung einer unzureichenden Anamnese (OLG Düsseldorf VersR 1998, 1153 f), das Nichterkennen eines Herzinfarkts trotz eindeutiger Indizien (BGHZ 132, 47, 53; BGH NJW 1994, 801, 802; anders OLG München VersR 1995, 417, 418 bei einer erst 28jährigen Patientin), die Unterlassung einer gebotenen augenärztlichen Untersuchung eines frühgeborenen Kindes auf Netzhautablösung (OLG Hamm VersR 1996, 756, 757, 758; **aA**, soweit aus damaliger ärztlicher Sicht kein Anlaß zum Einschreiten bestanden hatte, OLG Düsseldorf VersR 1996, 755, 756), das Unterlassen der Augenuntersuchung mit geweiteter Pupille trotz Anzeichen einer Netzhautablösung (BGHZ 138, 1, 4), das Unterlassen einer manuellen Prüfung auf Gefäßverschluß trotz Lähmungserscheinungen der Extremitäten (BGH VersR 1983, 983), das Unterlassen einer Untersuchung mit Hilfe eines Kernspins trotz der Lähmung beider Beine (BGH NJW 1998, 1782, 1783 f), das Unterlassen der diagnostischen Abklärung durch einen Gefäßchirurgen bzw eine Sono- oder Angeographie trotz deutlicher Anzeichen für einen Gefäßverschluß (OLG Celle VersR 1994, 1237, 1238) bzw der Vornahme einer Phlebographie trotz des Verdachts einer Thrombose (OLG Hamburg VersR 1994, 1241, 1242), die unterlassene Beiziehung eines HNO-Spezialisten zur Feststellung eines Hörsturzes (OLG Stuttgart VersR 1994, 106 f), die unterlassene Beiziehung eines Augenarztes, wenn die Beschädigung des Auges bei einem Unfall naheliegt (OLG Oldenburg VersR 1997, 1405, 1406), das Hinwegsetzen über anerkannte Methoden der Schulmedizin (OLG Koblenz NJW 1996, 1600, 1601), die fehlende Untersuchung einer Wunde auf Infektion trotz des alarmierenden Anstieges des Fiebers (BGH VersR 1987, 408), die fehlende Erhebung von Analysen und ihre Weiterleitung, die eine medizinisch indizierte Nierentransplantation beschleunigt hätten (OLG Stuttgart VersR 1992, 1134), die fehlende Untersuchung auf eine bakterielle Infektion mit Hilfe des sog kleinen Labors nach einer Operation, weil mit solchen Infektionen gerechnet werden muß (BGH NJW 1988, 1513, 1514), die fehlende Untersuchung eines trüben Kniegelenkpunktats auf Keime (OLG Köln VersR 1992, 1003, 1004 f; OLG Stuttgart VersR 1998, 1550, 1552), das Unterlassen einer Athroskopie des Knies trotz mehrerer Blutergüsse (OLG Stuttgart VersR 1988, 605, 606; Haftung mangels Kausalität abgelehnt), umgekehrt die Punktion des Kniegelenks, wenn angesichts einer eiternden Wunde des Patienten die Gefahr einer Keimverschleppung besteht und anderweitige gefahrlose Diagnosemöglichkeiten eröffnet wären (OLG Düsseldorf VersR 1991, 1136, 1137), das Unterlassen der Untersuchung eines bewußtlosen Patienten auf Malaria, obwohl sich dieser in einem Infektionsgebiet aufgehalten hatte (OLG Bamberg VersR 1993, 1019, 1020), die Unterlassung differentialdiagnostischer Untersuchungen, obwohl der Patient eine erhebliche Menge hellroten Blutes gespuckt hatte (OLG München VersR 1994, 1240, 1241) bzw eine Geschwulst am Hals aufweist (OLG Stuttgart VersR 1991, 821), die Unterlassung weiterer Diagnosen trotz rapiden Abfalls der Blutwerte (OLG Koblenz VersR 1988, 41, 42), die Unterlassung der Untersuchung auf Neurolues trotz bestehender Verdachtsmomente, wenn die Patientin über $2^{1}/_{2}$ Jahre schwerste Krankheitssymptome zeigt (OLG Köln VersR 1994, 1238, 1240).

bb) Fehldiagnosen
Schließlich sind auch **grobe Diagnoseirrtümer** schwere Fehler (BGH NJW 1992, 2962, 2963; 1993, 2375, 2377; 1995, 778), so wenn der Arzt trotz der Symptome eines Herzinfarktes den Betroffenen nicht ins Krankenhaus einweist (BGH NJW 1994, 801, 802), wenn ein Arzt trotz eindeutiger, auf Meningitis hindeutender Symptome als Arbeitsdiagnose von einer Mandelentzündung ausgeht (OLG Stuttgart VersR 1994, 313, 315), wenn trotz einer Harnstauung eine schwere Entzündung in der Niere nicht richtig behandelt wird (BGH NJW 1979, 1933, 1935), ein Arterienverschluß im Darm ua wegen der Verabreichung massiver Schmerzmittel nicht erkannt wird (OLG Nürnberg VersR 1988, 1050, 1051), eine bakterielle Infektion nicht richtig diagnostiziert wird (BGH VersR 1985, 886, 887), wenn sich der Arzt bei einer Embolie im Unterschenkel mit der äußerst unwahrscheinlichen Diagnose einer Venenentzündung zufrieden gibt (OLG Hamm VersR 1989, 292), wenn eine Venenthrombose als Muskelkater diagnostiziert wird (OLG Köln VersR 1993, 190, 191), wenn ein durch einen Unfall verursachter Darmabszeß nicht erkannt wird (OLG Köln VersR 1996, 1021, 1022), wenn trotz eines dramatischen Blutdruckabfalls der Arzt nicht eine Uterusruptur in Erwägung zieht (OLG Düsseldorf NJW-RR 1996, 279, 280), wenn die Fehlstellung eines Bruches im Sprunggelenk nicht erkannt wird (OLG Celle VersR 1998, 54). Ein grober Fehler ist es, wenn aus einem hochpathologischen Befund keine therapeutischen Konsequenzen gezogen werden (BGHZ 72, 132, 135).

e) Sonstige Fehler

I 68 Ein schwerer **Behandlungsfehler** ist es, vor Injektionen die Spritze stundenlang nur mit einem Wattebausch bedeckt liegen zu lassen (BGH VersR 1968, 498, 500 unter A II 3 a), bei Injektionen nicht durch Desinfektion der Hände für die notwendige Asepsis zu sorgen (OLG Düsseldorf NJW 1988, 2307; iE auch OLG Schleswig NJW 1990, 773), es sei denn, es liegt ein Eilfall vor, der sofortiges Eingreifen erforderlich macht (OLG Hamm NJW-RR 1992, 1504, 1505; im konkreten Fall zweifelhaft, weil die Zeit zur Desinfektion zur Verfügung gestanden hätte), die Mindesteinwirkungszeit nach der Desinfektion der Einstichstelle nicht abzuwarten (OLG Stuttgart VersR 1990, 385, 386) oder keine Schutzkleidung zu tragen (OLG Karlsruhe VersR 1989, 195 f), bei einer Entbindung keinen Arztkittel zu tragen (BGH NJW 1978, 1681 f), unsterile Instrumente zu verwenden (OLG Zweibrücken MedR 1984, 27, 28), einen Patienten mit Komplikationen, die dem behandelnden Arzt nicht vertraut sind, nicht sofort in ein Krankenhaus einzuweisen (OLG Celle VersR 1981, 684, 685), einen Patienten mit einer gefährlichen Infektion nicht ins Krankenhaus einzuweisen (OLG Karlsruhe VersR 1989, 195, 196), nicht auf die Notwendigkeit von weiteren Kontrolluntersuchungen hinzuweisen (OLG Oldenburg MDR 1994, 779, 780). Das Gleiche gilt, wenn bei einer Strahlenbehandlung die Dosisleistung nicht gemessen wird, obwohl dies hätte verhindern können, daß Nachbarorgane in Mitleidenschaft gezogen werden (OLG Frankfurt aM VersR 1994, 1474, 1475), wenn der Arzt Informationen über Suizidversuche nicht an den Arzt weitergibt, der über das weitere Vorgehen entscheidet (OLG Celle VersR 1997, 365 f). Ein grober Fehler ist es, dem Patienten die Diagnose einer lebensbedrohenden Krankheit nicht mitzuteilen (BGHZ 107, 222, 228). Der BGH hat einen groben Fehler dagegen verneint, wenn bei einer Bestrahlung anstelle einer besseren Erfolg versprechenden Großfeldtechnik, die in der entsprechenden Klinik auch vorhanden war, die schwieriger zu handhabende Mehrfeldtechnik eingesetzt wurde (BGH NJW 1992, 754, 755). **Kein grober Fehler** soll es ferner sein, wenn der Arzt trotz massiver Schmerzen des Patienten eine Injektion nicht abbricht (OLG Celle VersR 1981, 684, 685; zweifelhaft), wenn im Jahre 1983 mit nicht virusinaktiviertem Faktor-VIII-Konzentrat behandelt wurde (OLG Köln VersR 1995, 582 f [LS]).

f) Mangelnde Qualifikation des Arztes

I 69 Setzen der Krankenhausträger oder die übergeordneten Ärzte **einen noch nicht hinreichend qualifizierten Arzt** ohne Aufsicht durch einen Facharzt ein, etwa einen nicht geübten Anfänger für eine Operation, so tragen sie die Gefahr, die fehlende Kausalität der vorwerfbar geschaffenen Risikoerhöhung für die eingetretene Verletzung nicht klären zu können (BGHZ 88, 248, 257; BGH NJW 1985, 2193; 1992, 1560, 1561; 1993, 2989, 2991; OLG Düsseldorf NJW 1995, 1620 [LS]; VersR 1984, 791, 792; 1985, 169, 171; 1987, 489, 491; MünchKomm/Mertens Rn 418; Giesen Rn 448; Schmid NJW 1994, 772 f; BGH NJW 1980, 2751, 2752 erwägt einen Anscheinsbeweis; s hierzu auch oben Rn I 33). Dies entspricht dem Grundgedanken des § 831, nach dem die Verschuldensvermutung, die hinsichtlich der für die Organisation Verantwortlichen besteht, auch die Frage der hinreichenden Qualifikation des eingesetzten Arztes umfaßt; folglich haben diese Verantwortlichen auch die Vermutung der Kausalität der Unerfahrenheit des behandelnden Arztes für den Schaden zu entkräften (BGH NJW 1978, 1681; 1993, 2989, 2991). Das gleiche gilt für den Einsatz sonstiger zu gering qualifizierter Kräfte (BGH NJW 1996, 2429, 2430; OLG Düsseldorf NJW 1986, 1548, 1549). Ist dem behandelnden Arzt ein Vorwurf daraus zu machen, daß er die ärztliche Betreuung oder den Eingriff übernommen hat, so trifft auch ihn die Beweislast dafür, daß die eingetretene Komplikation nicht auf seiner mangelnden Erfahrung beruht (BGH NJW 1992, 1560, 1561; 1993, 2989, 2991; MünchKomm/ Mertens Rn 418; s hierzu auch oben Rn I 34); das gleiche gilt, wenn er es unterläßt, bei Komplikationen einen erfahrenen Facharzt hinzuzuziehen (OLG Düsseldorf NJW-RR 1996, 279, 280). Auch **Kompetenzüberschreitungen des Personals** gehören in diese Gruppe, etwa wenn eine Krankenschwester eine Diagnose stellt (OLG Oldenburg VersR 1997, 749) oder eine Säuglingsschwester trotz Verfärbung des Neugeborenen nicht den Arzt zuzieht, sondern das Kind ohne die erforderliche Intubation in eine Kinderklinik verlegen läßt (OLG München VersR 1997, 977, 978).

g) Fehlender medizinischer Standard und mangelhafte Organisation
Setzt der Arzt den Patienten einer spezifischen Gefahr aus, so dreht sich wie beim groben Behandlungsfehler nach der Rechtsprechung die Beweislast um (BGH NJW 1971, 241, 243; OLG Koblenz NJW 1991, 1553; MünchKomm/Mertens Rn 417). So liegt es etwa, wenn aufgrund **schlechter Hygienebedingungen** das Infektionsrisiko in einem Maße erhöht ist, das das Unvermeidbare erheblich überschreitet (BGH NJW 1971, 241, 243; OLG Koblenz NJW 1991, 1553). Die Darlegungs- und Beweislast für diese Umstände trägt der Patient (OLG Koblenz NJW 1991, 1553). Auch **Organisationsmängel** können grobe Fehler sein (BGH NJW 1994, 1594, 1595; 1996, 2429, 2431; OLG Köln VersR 1996, 856 [LS]), namentlich wenn sie ein erhebliches Gefahrenpotential schaffen und leicht zu entdecken und abzustellen sind – etwa die Überwachung komplizierter Diagnosegeräte durch ungeeignetes Personal (BGH NJW 1996, 2429, 2431 [CTG]). So stellt es einen schweren Fehler dar, wenn Eltern nicht auf notwendige Untersuchungen Frühgeborener hingewiesen werden (OLG Köln VersR 1996, 856 [LS]). In diesen Fallgruppen behilft sich die Rechtsprechung auch mit der Anwendung des § 282 unter dem Aspekt des voll beherrschbaren Bereichs (vgl oben Rn I 46) und mit dem Anscheinsbeweis (vgl oben Rn I 49 ff). Die Heranziehung des § 282 führt zum selben Ergebnis, da die vermutete Kausalität mit Hilfe des Gegenteilsbeweises widerlegt werden muß. Der Anscheinsbeweis wäre dagegen durch den Gegenbeweis zu erschüttern und würde – gerade bei groben Mißständen – den Arzt begünstigen, obwohl er die Standards grob sorgfaltswidrig nicht eingehalten hat. Es sollte daher bei der Beweiserleichterung bis hin zur Beweislastumkehr bleiben.

7. Insbesondere: Die beweisrechtlichen Konsequenzen lückenhafter Dokumentation, fehlender Befunderhebung und Befundsicherung

a) Die Dokumentation
aa) Der Umfang der Dokumentationspflicht
Der Arzt hat sein Vorgehen aufzuzeichnen. Zu dokumentieren sind die für die ärztliche Diagnose und die Therapie wesentlichen medizinischen Fakten in einer Form, die für den Fachmann hinreichend klar ist (BGH NJW 1984, 1403; 1989, 2330, 2331). Dazu gehören zwar **nicht Behandlungsdetails**, die nach allgemein anerkannten Regeln aus der damaligen Sicht **irrelevant** waren (BGH NJW 1984, 1403; MünchKomm/Mertens Rn 415). Auch das **Fehlen besonderer Vorkommnisse** braucht nicht gesondert notiert zu werden (BGH NJW 1984, 1403), ebenso brauchen **Routinemaßnahmen** – wie die Desinfektion der Injektionsstelle – **nicht dokumentiert** zu werden (OLG Köln VersR 1998, 1026, 1027). Da die ärztliche Dokumentation aber vor allem therapeutischen Belangen dient, richten sich der Inhalt und der Umfang auch nicht danach, wie am besten Beweise für einen späteren Arzthaftungsprozeß zu sichern sind (BGH NJW 1989, 2330, 2331; OLG Düsseldorf VersR 1995, 339, 340). Doch sind die **wichtigsten**

§ 823\
I 72   2. Buch\
                                                     7. Abschnitt. Einzelne Schuldverhältnisse

diagnostischen und therapeutischen Maßnahmen zu vermerken (BGHZ 85, 212, 214; OLG Düsseldorf VersR 1988, 968, 969; MünchKomm/MERTENS Rn 415), auch wenn sie normale Werte ergeben (BGH NJW 1995, 1611, 1612; OLG Stuttgart VersR 1998, 1550, 1552). Die Pflicht zur Dokumentation besteht vor allem bei Risikopatienten (BGH NJW 1988, 762, 763), namentlich aber bei **Abweichungen vom Normalverlauf** (BGH NJW 1984, 1403) – etwa bei **Komplikationen** (BGH NJW 1985, 2193, 2194; MünchKomm/MERTENS Rn 415). Hier geht die Pflicht zur Dokumentation dann wesentlich weiter als im Normalfall. Bei Anfängeroperationen beispielsweise bedarf es auch dann einer detaillierten Schilderung, wenn es sich um einen Routineeingriff handelt (BGH NJW 1985, 2193, 2194; MünchKomm/MERTENS Rn 415). Die Dokumentation ist sofort zu erstellen; später angefertigte ärztliche Protokolle sind ohne Beweiswert (MünchKomm/MERTENS Rn 415).

bb) Beweisrechtliche Konsequenzen

I 72 Was die **Konsequenzen der fehlenden oder lückenhaften Dokumentation** angeht, so hat sich in der Rechtsprechung faktisch ein weitgehender Wandel vollzogen. In älteren Entscheidungen hat der BGH Beweiserleichterungen bis hin zur Beweislastumkehr zugunsten des Patienten angenommen, wenn die gebotene Dokumentation unzulänglich erstellt und deswegen im Falle einer Schädigung die Aufklärung des Sachverhaltes unzumutbar gemacht worden sei (BGHZ 72, 132, 139; BGH NJW 1984, 1403; 1984, 1408; 1986, 2365, 2366; OLG Karlsruhe MedR 1983, 147, 149; auch noch BGH NJW 1988, 762, 763; vgl ferner MünchKomm/MERTENS Rn 414). Inzwischen hat sich aber die Erkenntnis durchgesetzt, daß die **lückenhafte Dokumentation allein kein Haftungsgrund** und erst recht **keine Anspruchsgrundlage** ist (BGHZ 129, 6, 10; BGH NJW 1983, 332; 1988, 2949; 1993, 2375, 2376; OLG München NJW 1992, 2973; MünchKomm/MERTENS Rn 414; G MÜLLER NJW 1997, 3054). Sie kann vielmehr zunächst nur eine Vermutung dafür begründen, daß eine nicht dokumentierte Maßnahme vom Arzt nicht getroffen wurde (BGHZ 129, 6, 9 f; BGH NJW 1988, 2949; 1989, 2330, 2331; 1993, 2375, 2376; OLG München NJW 1992, 2973; OLG Düsseldorf VersR 1995, 339, 340; 1997, 748 [LS]; OLG Oldenburg VersR 1996, 1023, 1024; OLG Stuttgart VersR 1997, 700, 701; OLG Köln VersR 1997, 748; OLG Zweibrücken VersR 1997, 1103, 1104; 1997, 1281, 1282; STEFFEN, in: FS Brandner [1996] 332; SCHMID NJW 1994, 772; wohl auch BGH NJW 1997, 3090, 3091; der Sache nach auch schon BGH NJW 1974, 1403), das allerdings auch nur dann, wenn eine Dokumentation aus medizinischen Gründen erforderlich war (BGH NJW 1989, 2330, 2331; 1993, 2375, 2376; 1995, 1611; OLG Düsseldorf VersR 1995, 339, 340; OLG Oldenburg VersR 1996, 1023, 1024; OLG Zweibrücken VersR 1997, 1281, 1282; OLG Köln VersR 1998, 1026, 1027; G MÜLLER NJW 1997, 3054). Entscheidend dafür ist die medizinische Notwendigkeit und nicht etwa die tatsächliche nachlässige Handhabung in einzelnen Krankenhäusern (BGH NJW 1995, 1611, 1612; G MÜLLER NJW 1997, 3054). Diese **Vermutung kann der Arzt widerlegen**, indem er den Hauptbeweis führt, die Maßnahme sei gleichwohl erfolgt (so zB BGH NJW 1984, 1408, 1409; OLG Köln VersR 1990, 856, 857; SCHMID NJW 1994, 772). Beweiserleichterungen sind nur vorstellbar unter dem Aspekt, daß in dem durch die fehlende Dokumentation indizierten Unterlassen der Maßnahme seinerseits ein grober Behandlungsfehler lag (BGH NJW 1988, 2949, 2950; 1989, 2330, 2331; 1993, 2375, 2376; 1994, 1596, 1597; MünchKomm/MERTENS Rn 414) oder daß eine besondere Befundsicherungspflicht verletzt wurde und aus diesem Grund Erleichterungen im Nachweis des Kausalitätsverlaufs zuzubilligen sind (BGH NJW 1988, 2949, 2950; 1989, 2330, 2331; 1994, 1596, 1597; vgl dazu unten Rn I 75).

b) Die Befunderhebungspflicht
aa) Der Umfang

Bei der Befunderhebungspflicht geht es nicht nur um eine bloße Dokumentation des ärztlichen Vorgehens, sondern um die – regelmäßig **diagnostische** – **Pflicht des Arztes**, den Zustand des Patienten zu erkunden, um Konsequenzen im Therapiebereich ziehen zu können. Wenngleich die Befunderhebungspflicht meist in einem Atemzug mit der Dokumentation und der Sicherung der Befunde genannt wird, ist sie, bei Licht betrachtet, ein Unterfall der Pflicht, die Diagnose zu erheben (ebenso iE wohl MünchKomm/Mertens Rn 416). Wenn dies von der Rechtsprechung zT anders gesehen wird (so wohl zB BGHZ 99, 391, 395 f; BGH NJW 1994, 2419, 2421, der die Frage offen läßt, ob der Fehler grob war; Nixdorf VersR 1996, 161), so ist dem nicht zu folgen. Das ergibt sich schon daraus, daß die Erhebung medizinisch zweifelsfrei geboten sein muß (s sogleich Rn I 74); dann liegt aber in der Nichterhebung ein grober Fehler (ebenso iE BGH VersR 1993, 440). Einzelheiten sind daher bei der Pflicht, die Diagnose zu erheben, besprochen (vgl oben Rn I 23; Kasuistik Rn I 66).

I 73

bb) Beweisrechtliche Konsequenzen

Verletzungen der Befunderhebungspflicht können nach den zunächst von der Rechtsprechung entwickelten Regeln Beweiserleichterungen für den Kausalverlauf zur Folge haben (BGHZ 99, 391, 399; 132, 47, 52; BGH NJW 1988, 2949, 2951; 1994, 1594, 1595; 1994, 1596, 1598; OLG Düsseldorf VersR 1988, 968, 969; OLG Köln NJW-RR 1995, 346, 347; OLG Stuttgart VersR 1995, 1441, 1442); diese können bis zur Beweislastumkehr gehen (BGHZ 99, 391, 399). Voraussetzung bleibt nach der Rechtsprechung **dreierlei**. Zum einen muß die **Erhebung des Befundes medizinisch zweifelsfrei geboten** sein (BGHZ 138, 1, 6; BGH NJW 1988, 1513, 1514; 1989, 2332; 1994, 1594, 1595; 1994, 1596, 1597; 1995, 778; 1998, 1782, 1784; OLG Hamm VersR 1980, 291, 292; 1996, 756, 758; OLG Koblenz VersR 1988, 41, 42; OLG Köln VersR 1991, 1288; 1994, 1238, 1239; OLG Stuttgart VersR 1994, 313, 315; 1998, 1550, 1552 [elementare Diagnosebefunde]; OLG Oldenburg VersR 1997, 1236, 1238; iE auch BGHZ 85, 212, 217; OLG Stuttgart VersR 1995, 1441; offen gelassen von BGHZ 106, 391, 395). Zum anderen muß es um die **Aufklärung eines zumindest wahrscheinlichen Kausalverlaufs** gehen (BGHZ 99, 391, 398 f; BGH NJW 1987, 2293, 2294; 1988, 2949, 2951; 1994, 1596, 1598; 1994, 2419, 2421; OLG Oldenburg NJW-RR 1990, 1363, 1364; VersR 1993, 1021, 1022; 1997, 1236, 1238; OLG Stuttgart VersR 1995, 1421, 1422; OLG Düsseldorf VersR 1997, 1235; Schmid NJW 1994, 772; Nixdorf VersR 1996, 161; weniger streng OLG Oldenburg VersR 1993, 229, 230). Die Befunderhebung muß also gerade deswegen geschuldet sein, weil sie den vom Patienten behaupteten Kausalverlauf auch geklärt hätte (BGHZ 99, 391, 398 f; Nixdorf VersR 1996, 161). Und schließlich muß die fehlende Befunderhebung **die Aufhellung der Kausalität zwischen dem Behandlungsfehler und dem Gesundheitsschaden erschwert oder vereitelt** haben (BGH NJW 1987, 2293, 2294; 1988, 2949, 2951; 1994, 2419, 2421; OLG Oldenburg VersR 1993, 1021, 1022; OLG Stuttgart VersR 1995, 1441, 1442; OLG Düsseldorf VersR 1997, 1235; der Sache nach auch BGHZ 99, 391, 399; BGH NJW 1988, 1511, 1512). Diese beiden letztgenannten Regeln hat das Gericht inzwischen **modifiziert** – und zwar ganz iS der hier vertretenen Einordnung. Der Verstoß gegen die Befunderhebung läßt auf ein reaktionspflichtiges positives Befundergebnis schließen, wenn dieses hinreichend wahrscheinlich ist (BGHZ 138, 1, 4; G Müller NJW 1997, 3053 f). Ob durch die dann gebotenen ärztlichen Maßnahmen die Schäden beim Patienten sich hätten vermeiden lassen, steht damit nicht fest. Hier gibt es Beweiserleichterungen nur, wenn die Nichterhebung ein grobes ärztliches Versäumnis darstellt (BGHZ 132, 47, 52; 138, 1, 5 f; BGH NJW 1998, 1782, 1784; Schmid NJW 1994, 772). Liegt in der fehlenden Befunderhebung kein schwerer ärztlicher

I 74

Fehler, so dreht sich die Beweislast nicht um (BGH VersR 1993, 440; OLG Stuttgart VersR 1998, 1550, 1552; anders noch BGHZ 99, 391, 396 ff; s soeben Rn I 73). Die Modifikation ist indes Folge der Einordnung der Pflicht zur Befunderhebung als Teil der Diagnosepflicht. Macht man indes damit ernst, so bedarf auch das Erfordernis, der Eintritt des Erfolges müsse wahrscheinlich sein, der Korrektur. Es ist nach den allgemeinen Regeln durch das Erfordernis der Eignung zu ersetzen (vgl oben Rn I 54). Denn der schwere Fehler liegt in der Unterlassung, medizinisch zweifelsfrei gebotene Befunde zu erheben.

c) Die Befundsicherungspflicht

I 75 Zu den organisatorischen Pflichten des Arztes gehört es ferner, erhobene Befunde **aufzubewahren**, um auf sie zurückgreifen zu können. Hat der Arzt den Verlust der erhobenen Befunde zu verantworten, so ist der Patient vom Beweis für seine Behauptung freigestellt, der Arzt habe angesichts des Befundes einen Behandlungsfehler begangen (BGHZ 132, 47, 50 f; BGH NJW 1987, 1482, 1483; 1996, 779, 781; OLG Köln MDR 1994, 994, 995; MünchKomm/MERTENS Rn 416). Allerdings darf der **Patient nicht besser gestellt werden**, als er stünde, **wenn der Befund ordnungsgemäß gesichert**, also aufbewahrt worden wäre (BGHZ 132, 47, 50; 138, 1, 5; VersR 1993, 440). Auch bei der Befundsicherung wird zunächst nur davon ausgegangen, daß der Patient wegen des Verstoßes der Beweislast dafür enthoben ist, der Arzt hätte den bedrohlichen Zustand erkennen können (BGHZ 132, 47, 50 f; BGH NJW 1997, 779, 780 f; 1998, 1782, 1784; G MÜLLER NJW 1997, 3053). Eine Erleichterung bezüglich der Kausalität setzt wiederum voraus, daß dem Arzt ein grobes Fehlverhalten vorzuwerfen ist (BGHZ 132, 47, 51; SCHMID NJW 1994, 772). Erst recht treten Beweiserleichterungen zugunsten des Patienten natürlich ein, wenn der **Arzt Beweismittel vernichtet hat** (BGHZ 72, 132, 139; BGH NJW 1986, 59, 61; 1994, 1594, 1595; LM Nr 2 zu § 282 ZPO unter 5; OLG Köln VersR 1988, 43, 44; MünchKomm/MERTENS Rn 416; G MÜLLER NJW 1997, 3052; unter dem Aspekt des Behandlungsfehlers auch OLG Celle VersR 1978, 924, 925). Dazu genügt auch fahrlässiges Verhalten (BGH NJW 1986, 59, 60 f mwNw; 1994, 1594, 1595; VersR 1975, 952, 954; LM Nr 36 zu § 433 unter I 2 b aE; **aA** BENDER VersR 1997, 923 Fn 80). Konsequenterweise ist das anders, wenn die Zerstörung bzw der Verlust sich im **Bereich des Patienten** ereignet hat oder zumindest hat ereignen können, etwa weil er nicht beweisen kann, daß er Röntgenbilder nach unstreitiger Aushändigung durch den Arzt diesem auch zurückgegeben hat (OLG Hamm VersR 1993, 102, 103).

VII. Die Aufklärungspflicht des Arztes[*]

1. Dogmatische Grundlagen

a) Die Einwilligung als Rechtfertigungsgrund
aa) Die hM: Die Einwilligung als Rechtfertigungsgrund

I 76 Da nach hM der eigenmächtige ärztliche Eingriff auch dann eine Körperverletzung

---

[*] **Schrifttum:** BELLING, Die Entscheidungskompetenz für ärztliche Eingriffe bei Minderjährigen, FuR 1990, 68; BELLING/EBERL, Der Schwangerschaftsabbruch bei Minderjährigen, FuR 1995, 287; BELLING/EBERL/MICHLIK, Das Selbstbestimmungsrecht Minderjähriger bei medizinischen Eingriffen (1994); DEUTSCH, Der Zeitpunkt der ärztlichen Aufklärung und antezipierte Einwilligung des Patienten, NJW 1979, 1905; ders, Das therapeutische Privileg des Arztes: Nichtaufklärung zugunsten des Patienten, NJW 1980, 1305; ders, Die Anfängeroperation: Aufklärung, Organisation, Haftung und Beweislastumkehr, NJW 1984, 650; ders,

ist, wenn er der Heilung oder Besserung dienen soll und kunstgerecht durchgeführt wird, ist das Handeln des Arztes **nur gerechtfertigt, wenn der Patient wirksam eingewilligt hat** (BGHZ 29, 176, 179 f; 90, 103, 105 f; 106, 391, 394; BGH NJW 1971, 1887; 1972, 335, 336; 1973, 556, 558; 1980, 1333, 1334; 1981, 630, 631; 1991, 2346, 2347; BGH [St] NJW 1998, 1802, 1803; OLG Düsseldorf NJW 1963, 1679; 1990, 771; VersR 1992, 751, 752; NJW-RR 1996, 1173, 1174; OLG Karlsruhe NJW 1966, 399; OLG Stuttgart VersR 1979, 1016; 1989, 1150; KG VersR 1993, 189 f; OLG Köln VersR 1993, 361, 362; 1995, 1317, 1318; MünchKomm/MERTENS Rn 419; GIESEN Rn 203; ders JR 1984, 372; MICHALSKI VersR 1997, 139; STEFFEN RPG 1997, 95; ROXIN, AT Bd I [3. Aufl 1997] § 13 Rn 12 ff nimmt Tatbestandsausschluß an). Eine solche Einwilligung setzt voraus, daß der Patient **Art, Bedeutung und Folgen des Eingriffs zumindest in ihren Grundzügen erkannt hat** (BGHZ 29, 176, 180; OLG Karlsruhe NJW 1966, 399; KG VersR 1993, 190; BGH [St] NStZ 1996, 34). Ausreichende Vorstellungen hat dem Patienten, wenn dieser nicht selbst mit den Gefahren vertraut ist, der Arzt zu vermitteln. Die Aufklärungspflicht des Arztes steht als **Rechtspflicht** neben der Pflicht zu heilen (BGHZ 29, 176, 180 f). Sie wurzelt im **Selbstbestimmungsrecht, der Entschließungsfreiheit und der Menschenwürde des Patienten** (BVerfGE 52, 131, 173 – nicht tragende Auffassung; BGHZ 29, 176, 181; OLG Düsseldorf NJW 1963, 1679; SOERGEL/ZEUNER Rn 236; MünchKomm/MERTENS Rn 419; GIESEN

Schutzbereich und Beweislast der ärztlichen Aufklärungspflicht, NJW 1984, 1802; ders, Aufklärungspflicht und Zurechnungszusammenhang, NJW 1989, 2313; FRANCKE, Ärztliche Berufsfreiheit und Patientenrechte (1994); FRANCKE/HART, Ärztliche Verantwortung und Patienteninformation (1987); GEIGER, Anm zu BGH (St) 26. 10. 1982 – 1 StR 413/82, JZ 1983, 151; ders, Anm zu AG Celle, 9. 2. 1987 – 25 VII K 3470 SH, FamRZ 1987, 1177; GEPPERT, Anm zu BGH (St), 25. 3. 1988 – 2 StR 93/88, JZ 1988, 1024; GIESEN, Anm zu BGH, 27. 2. 1984-VI ZR 188/82, JR 1984, 372; ders, Anm zu BGH (St), 25. 3. 1988 – 2 StR 93/88, JZ 1988, 1030; ders, Wandlungen im Arzthaftungsrecht, JZ 1990, 1053; HART, Autonomiesicherung im Arzthaftungsrecht, in: FS Heinrichs (1998) 291; HAUSS, Anm zu BGH, 14. 12. 1989 – VI ZR 65/88, VersR 1989, 514; HOPPE, Der Zeitpunkt der Aufklärung des Patienten – Konsequenzen der neuen Rechtsprechung, NJW 1998, 782; KERN, Fremdbestimmung bei der Einwilligung in ärztliche Eingriffe, NJW 1994, 753; KOPPERNOCK, Das Grundrecht auf bioethische Selbstbestimmung (1997); KOTHE, Die rechtfertigende Einwilligung, AcP 185 (1985) 105; MICHALSKI, (Zahn-)Ärztliche Aufklärungspflicht über die Ersatzfähigkeit von Heilbehandlungskosten, VersR 1997, 137; MÜLLER-DIETZ, Mutmaßliche Einwilligung und Operationserweiterung – BGH NJW 1988, 2310, JuS 1989, 280; MUSIE-

LAK, Die Beweislast, JuS 1983, 609; NÜSSGENS, Zwei Fragen zur zivilrechtlichen Haftung des Arztes, in: FS Hauß (1978) 287; REISERER, Schwangerschaftsabbruch durch Minderjährige im vereinten Deutschland, FamRZ 1991, 1136; ROSSNER, Begrenzung der Aufklärungspflicht des Arztes bei Kollision mit anderen ärztlichen Pflichten (1998); ders, Verzicht des Patienten auf eine Aufklärung durch den Arzt, NJW 1990, 2291; RUMLER-DETZEL, Aufklärungspflicht über Behandlungsalternativen, RPG 1997, 79; SCHLOSSHAUER-SELBACH, Der Mitpatient als „Hilfsaufklärer" und der „unvernünftige" Patient – OLG München, NJW 1983, 2642, JuS 1983, 913; ders, Zurechnungszusammenhang und Selbstbestimmung bei ärztlicher Aufklärung, NJW 1985, 660; SCHÜNEMANN, Anm zu BGH, 22. 4. 1980 – VI ZR 37/79, NJW 1980, 2753; STEFFEN, Grundlagen und Entwicklung der Rechtsprechung des Bundesgerichtshofes zur Arztpflicht, ZVersWiss 1990, 31; ders, Patientenaufklärung: Zurechnungszusammenhang und Schadensberechnung, RPG 1997, 95; TEMPEL, Inhalt, Grenzen und Durchführung der ärztlichen Aufklärungspflicht unter Zugrundelegung der höchstrichterlichen Rechtsprechung, NJW 1980, 609; VENNEMANN, Anm zu AG Celle, 9. 2. 1987 – 25 VII K 3470 SH, FamRZ 1987, 1068; WACHSMUTH, Anm zu OLG Celle, 10. 7. 1978 – 1 U 40/77, NJW 1979, 1251.

Rn 209; Francke 101 ff; Koppernock 54 ff; ähnl BGHZ 29, 46, 49, 54; 90, 103, 105; BGH NJW 1976, 365; 1980, 1333, 1334) und soll das Recht auf körperliche Unversehrtheit (BGHZ 106, 391, 394) und das Selbstbestimmungsrecht wahren (BGHZ 90, 103, 105 ff; 106, 391, 396; BGH NJW 1976, 365; 1992, 2351, 2352; 1994, 3009, 3010, 3011; 1995, 2410, 2411; OLG Bamberg VersR 1998, 1025; Steffen RPG 1997, 96). Der Patient kann **nicht zu einer Behandlung gezwungen werden** (BGHZ 29, 46, 49 f), **auch wenn die Entscheidung, die Behandlung abzulehnen, medizinisch gesehen unvernünftig ist** (BGHZ 90, 103, 105 f; BGH NJW 1990, 2928, 2929; 1991, 2342, 2343; 1991, 2344, 2345; 1993, 2378, 2379; 1994, 799, 800). Die Aufklärung verfolgt mehrere Zwecke. Sie soll einmal **dem Patienten den Entschluß ermöglichen**, ob er sich behandeln lassen oder dies ablehnen will, aber auch, für welche der mit unterschiedlichen Chancen und Risiken verbundenen Behandlungsalternativen er sich entscheidet (MünchKomm/Mertens Rn 419). Der Patient und nicht der Arzt hat darüber zu befinden, ob das mit dem Eingriff verbundene Risiko eingegangen werden soll (BGH NJW 1994, 793). Daneben soll die Aufklärung **den Arzt anhalten, die möglichen Maßnahmen darzustellen**, zu erklären und zu diskutieren, und **so den eigenen Entscheidungsprozeß des Arztes** verbessern (MünchKomm/Mertens Rn 419). Die Einwilligung kann nie den ärztlichen Fehler als solchen rechtfertigen (OLG Köln VersR 1998, 1511, 1512; MünchKomm/Mertens Rn 429). Daher braucht über die Möglichkeit ärztlicher Fehler auch nicht aufgeklärt zu werden (BGH NJW 1985, 2193; 1992, 1558, 1559; OLG München VersR 1997, 1281; Hart, in: FS Heinrichs [1998] 296).

bb) Die Gegenthese: Die fehlende Einwilligung als Verletzung der Persönlichkeit

Daß nach wie vor der Ausgangspunkt der hM, der ärztliche Eingriff sei eine Körperverletzung, bestritten ist, hat Konsequenzen auch für die dogmatische Erklärung der Einwilligung. Die fehlende ärztliche Aufklärung verletzt nach Auffassung einiger Kritiker das Selbstbestimmungsrecht des Patienten (Wiethölter, Arzt und Patient als Rechtsgenossen, in: Stiftung zur Förderung der wissenschaftlichen Forschung über die Bedeutung der freien Berufe [Hrsg], Die Aufklärungspflicht des Arztes [1962] 106 f; Hart, in: FS Heinrichs [1998] 308, 314; iE auch Weyers/Mirtsching JuS 1980, 320); zu ersetzen seien daher auch der immaterielle Schaden der vernichteten Entscheidungschance sowie der materielle Schaden als Folge der vermeidbaren ärztlichen Eingriffshandlungen in die gesundheitliche Selbstbestimmung (Hart, in: FS Heinrichs [1998] 316). Andere nehmen als Schutzgut die Selbstbestimmung über die leiblich-psychische Integrität an. Dieses habe einen kognitiv-voluntativen und einen somatisch-psychischen Aspekt. Zu ersetzen seien die Schäden, auf die sich die Aufklärungspflicht bezogen hätte (Brüggemeier Rn 701; ähnl Deutsch NJW 1965, 1989). **Die erstgenannte Auffassung überzeugt aus mehreren Gründen nicht**. So ist schon fraglich, ob es wirklich einer Entschädigung wegen einer Verletzung des Persönlichkeitsrechts bedarf, wenn trotz mangelnder Aufklärung der Patient den Eingriff ablehnt oder dieser aus sonstigen Gründen unterbleibt. Hat sich das Risiko nicht verwirklicht, müßte der Patient gleichwohl entschädigt werden – und zwar im Prinzip ebenso wie derjenige, der einen dauernden Schaden davongetragen hat. Auch die Verfechter der Gegenthese wollen, wenn es zum Schaden kommt, die materiellen Schäden ersetzen (Hart, in: FS Heinrichs [1998] 316); das wird erkauft mit einer Konzession an die hM, die deren Richtigkeit bestätigt. Entweder ist stets auch der Körper verletzt, wenn nicht richtig aufgeklärt ist (so in der Tendenz wohl Hart, in: FS Heinrichs [1998] 308), oder die Körperverletzung ist Folgeschaden und im Rahmen der haftungsausfüllenden Kausalität zu ersetzen. Das muß auch für die zweite Auffassung gelten; die Körperschäden sind zumindest im Rahmen der haftungsausfüllenden Kausalität zu kompensieren. Beide Ansätze führen zu den Ergebnissen der hM.

b) Die Abgrenzung zur Sicherungsaufklärung
Nicht zu der hier behandelten Aufklärung gehört die sog **Sicherungsaufklärung**; sie ist eine therapeutische Maßnahme (BGH NJW 1989, 2320; 1994, 3012; vgl oben Rn I 28 ff). Versäumnisse auf diesem Gebiet sind daher Behandlungsfehler und als solche zu werten.

c) Der Zusammenhang mit Behandlungsfehlern
Es gilt der Gefahr vorzubauen, daß die Patienten fehlende Aufklärung rügen, um das Risiko unvermeidbarer Fehlschläge auf den Arzt abzuwälzen (BGH NJW 1976, 363, 364; 1979, 1933, 1934; OLG Schleswig VersR 1982, 378; OLG Braunschweig VersR 1988, 382, 383; SOERGEL/ZEUNER Rn 237; MünchKomm/MERTENS Rn 422; ähnl BGH NJW 1984, 1807, 1809; vgl auch HART, in: FS Heinrichs [1998] 293). Teilweise wird der Versuch unternommen, dem auch dadurch einen Riegel vorzuschieben, daß die Behauptung des ärztlichen Fehlers und der ärztlichen Eigenmacht angesichts der Diskrepanz von Schuldvorwurf und Schuldgehalt als zwei voneinander zu unterscheidende Streitgegenstände betrachtet werden (so wohl MünchKomm/MERTENS Rn 422; TEMPEL NJW 1980, 617). Dem ist indes nicht zu folgen. In Rede steht die Forderung des Patienten, wegen des von ihm geschilderten, aber nicht von ihm rechtlich zu qualifizierenden Eingriffs Schadensersatz zu erhalten. Daß dabei der Beibringungsgrundsatz gilt und daß verspätete Angriffsmittel nach den §§ 283, 296, 523, 528 ZPO zurückgewiesen werden können, folgt aus den normalen Regeln, hat aber nichts mit zwei Streitgegenständen zu tun.

2. Die Person des Aufklärenden

a) Die Aufklärung durch den Arzt
Die Aufklärung ist **vom behandelnden Arzt selbst** vorzunehmen (BGH NJW 1974, 604, 605; OLG München NJW 1983, 2642; MünchKomm/MERTENS Rn 442; LAUFS, in: LAUFS/UHLENBRUCK § 66 Rn 1; GIESEN Rn 289; SCHLOSSHAUER-SELBACH JuS 1983, 914). Sie kann allerdings auf einen **hinreichend qualifizierten ärztlichen Mitarbeiter** übertragen werden (OLG Karlsruhe VersR 1997, 241; LAUFS, in: LAUFS/UHLENBRUCK § 66 Rn 1). Dagegen kann nicht ein Arzt aufklären, der als Facharzt eines anderen Gebiets nicht über die für die Operation nötige Sachkunde verfügt (OLG Bamberg VersR 1998, 1025 f). Ebenso darf sich der Arzt **weder** des **nichtärztlichen Personals** bedienen (BGH NJW 1974, 604, 605; OLG Karlsruhe NJW-RR 1998, 459, 461; MünchKomm/MERTENS Rn 419; SCHLOSSHAUER-SELBACH JuS 1983, 914), noch können gar **Dritte** wie etwa Mitpatienten die Aufklärung übernehmen (OLG München NJW 1983, 2642; MünchKomm/MERTENS Rn 442; SCHLOSSHAUER-SELBACH JuS 1983, 914). Eine **Ausnahme** von diesen Regeln soll gelten, wenn die Information durch den Dritten sachgerecht und umfassend erfolgt sei, so daß der Patient alles Wissenswerte korrekt erfahren habe und demgemäß wirksam habe einwilligen können; dann liege zwar eine Verletzung der aus dem Vertrag geschuldeten Aufklärungspflicht vor, der Arzt hafte jedoch nicht für die Folgen des Eingriffs (MünchKomm/MERTENS Rn 442). Doch handelt es sich hierbei jedenfalls um einen eng zu interpretierenden Ausnahmetatbestand; der Arzt muß sich zudem vergewissern, daß der Patient die Problematik verstanden und keine weiteren Fragen mehr hat. Nach diesen Regeln ist auch die **Aufklärung mit Hilfe von Formularen** zu behandeln. Sie können das Aufklärungsgespräch vorbereiten, grundsätzlich aber nicht ersetzen (BGH NJW 1985, 1399; OLG Mün-

chen VersR 1988, 1136 f; MünchKomm/MERTENS Rn 442; LAUFS, in: LAUFS/UHLENBRUCK § 66 Rn 13). Zum einen kann nämlich nur der Arzt feststellen, ob der Inhalt verstanden wurde, zum anderen sind die Formulare nicht auf den konkreten Fall hin ausgerichtet (BGH NJW 1985, 1399; MünchKomm/MERTENS Rn 442; LAUFS, in: LAUFS/UHLENBRUCK § 66 Rn 13). Es stellt daher keine ausreichende Aufklärung dar, wenn der Patient das vorgelegte Formular unterschreibt und keine weiteren Fragen mehr stellt (so aber OLG München VersR 1993, 752; abl SCHLUND VersR 1993, 753). Der Arzt muß sich in diesem Fall zumindest erkundigen, ob noch Fragen offen geblieben sind. So ist auch das vom Patienten unterzeichnete Formular nur ein Indiz dafür, daß das Aufklärungsgespräch stattgefunden hat (BGH NJW 1985, 1399; OLG München VersR 1988, 1136, 1137; OLG Düsseldorf NJW 1990, 771; OLG Frankfurt aM VersR 1994, 986, 987).

b) Die Beteiligung mehrerer Ärzte

Aufzuklären hat nach der Rechtsprechung grundsätzlich derjenige Arzt, **auf dessen Rat hin sich der Patient zu dem Eingriff entschließt**; zu diesem Zeitpunkt müssen ihm die Grundlagen für seine Entscheidung bekannt sein. Das ist etwa der Arzt, der den Patienten **zur Operation in die Klinik einweist** (BGH NJW 1980, 633, 634; OLG Düsseldorf NJW 1984, 2636, 2637; OLG Nürnberg VersR 1992, 754, 756; zweifelnd MünchKomm/MERTENS Rn 434; nur für Sonderfälle zust GIESEN Rn 289) oder ihm **zu einer Operation rät** (BGH NJW 1980, 1905, 1906 f). Ärzte einer Spezialklinik, die die Diagnose übernommen haben, über die erforderliche Behandlung beraten, auf den Eingriff vorbereiten und die Nachsorge übernehmen, haben aufzuklären, auch wenn die Operation selbst nach Abstimmung zwischen den Ärzten in einem anderen Krankenhaus vorgenommen wird; die Entscheidung des Patienten fällt dann ja bereits in der **Diagnoseklinik**. In der Klinik, in der die Operation erfolgt, ist allenfalls über spezielle operationstechnische Fragen und über das Anästhesierisiko aufzuklären (BGH NJW 1990, 2929, 2930). Diesen Regeln ist trotz der kritischen Stimmen in der Literatur weitgehend beizupflichten. Es mag zwar durchaus zutreffen, daß erst in der Klinik selbst die exakten Befunde erhoben werden können und sich damit die genaue Vorgehensweise bestimmen läßt (MünchKomm/MERTENS Rn 434; GIESEN Rn 289). Dann ist in der Tat erst dort die Aufklärung möglich und demgemäß vonnöten. Doch muß der Patient im **Augenblick der endgültigen Entscheidung wissen**, worauf er sich einläßt. Die Aufklärung durch den einweisenden Arzt wird daher vor allem dann ausreichen, aber auch nötig sein, wenn es um Routineeingriffe geht und keine spezifischen Risiken in der Person des Patienten vorliegen. Auf spezielle Fehlerquoten in der Klinik (so der Einwand von SCHÜNEMANN NJW 1980, 2753) muß dagegen von den operierenden Ärzten gesondert hingewiesen werden. Ebensowenig braucht ein Arzt aufzuklären, wenn er selbst zwar zu einer Operation rät, die endgültige Entscheidung darüber aber erst nach Konsultation eines weiteren Arztes fallen soll und letztendlich auch sehr viel später gefällt wird (OLG Oldenburg NJW 1996, 1601, 1602 f). Desgleichen trifft die Aufklärungspflicht den behandelnden Arzt, wenn er als Spezialist die weitere Behandlung übernimmt und erst aufgrund seines eigenen Behandlungsplanes und angesichts seines speziellen Wissens die Risiken erkennen kann (OLG Hamm VersR 1994, 815, 816; MünchKomm/MERTENS Rn 434). **Beim zeitgleichen Zusammenwirken** mehrerer Ärzte hat jeder über die Risiken aufzuklären, die mit der von ihm durchgeführten Behandlung verbunden sind, also der Operateur über die Gefahren des Eingriffs und der Lagerung, der Anästhesist über diejenigen der Narkose, der Strahlentherapeut über die Risiken der Bestrahlung.

c) Die spezifischen Rechtsfolgen

Einer differenzierten Analyse bedürfen die Rechtsfolgen unterbliebener Aufklärung I 82 in diesen Fällen. Der zur Aufklärung verpflichtete Arzt **haftet kraft Garantenstellung** bei Mängeln der Aufklärung auch dann, wenn ein anderer Arzt operiert (BGH NJW 1980, 1905, 1906 f; 1990, 2929, 2930; OLG Nürnberg VersR 1992, 754, 756; OLG Karlsruhe NJW-RR 1998, 459, 461; MünchKomm/MERTENS Rn 434; skeptisch LAUFS Rn 214; aA SCHÜNEMANN NJW 1980, 2753). Nicht Voraussetzung ist es indes, daß der operierende Arzt Untergebener des die Diagnose stellenden Arztes ist (so indes SCHÜNEMANN NJW 1980, 2753; der Fall BGH NJW 1980, 1905, 1906 f lag so). Es bleibt vielmehr Anknüpfungspunkt, daß er die von ihm als Garanten zu leistende Aufklärung nicht gegeben hat. Doch auch der operierende Arzt **muß sich vergewissern**, daß eine Aufklärung stattgefunden hat (OLG München NJW 1984, 1412, 1413; OLG Oldenburg VersR 1997, 978, 979); selbst bei einer entsprechenden Arbeitsteilung im Krankenhaus hat er sich durch stichprobenartige Überprüfung zu vergewissern, daß die Organisationsanweisungen befolgt werden und es keine Zweifel an der Qualifikation des aufklärenden Arztes gibt (OLG Karlsruhe NJW-RR 1998, 459, 461; LAUFS, in: LAUFS/UHLENBRUCK § 66 Rn 2). Die Haftung des operierenden Arztes entfällt dagegen bei ordnungsgemäßer Aufklärung durch den einweisenden Arzt. Fehlt eine solche Aufklärung und weiß dies der behandelnde Arzt, so kann er sich nicht darauf zurückziehen, daß der einweisende Arzt die Pflicht gehabt hätte, ordnungsgemäß aufzuklären. Er muß vielmehr die **Aufklärung nachholen** und den Patienten dabei besonders darauf hinweisen, daß er sich nochmals frei entscheiden könne und müsse. Die Aufklärung wird nicht deswegen überflüssig, weil der Patient bereits entschlossen war, den Eingriff vornehmen zu lassen (so indes BGH NJW 1980, 633, 635); die Aufklärung ist Bedingung für eine wirksame Einwilligung (MünchKomm/MERTENS Rn 434). Nimmt der operierende Arzt **irrtümlich eine wirksame Aufklärung des einweisenden Arztes** an, so bleibt der Eingriff rechtswidrig; allenfalls kann das Verschulden entfallen, wenn der Arzt sich erkundigt und eine bejahende Antwort erhalten hatte, deren Unrichtigkeit er nicht erkannte und auch nicht erkennen mußte.

3. Der Umfang der Aufklärung

a) Die aufklärungsbedürftigen Umstände

Der Patient muß, wenn auch in der Regel nur **im großen und ganzen**, wissen, worin er I 83 einwilligt (BGHZ 29, 176, 181; 90, 103, 106; 106, 391, 399; BGH NJW 1971, 1887; 1973, 556, 557; 1974, 1422, 1423; 1977, 337; 1978, 2337 [insoweit in BGHZ 72, 132 ff nicht abgedruckt]; 1983, 333 [insoweit in BGHZ 85, 212 ff nicht abgedruckt]; 1984, 2629, 2630; 1985, 2192; 1986, 760; 1988, 1514, 1515; 1990, 2929, 2930; 1992, 754, 755; 1992, 2351, 2352; 1992, 2928 f; 1995, 2410, 2411; OLG Stuttgart VersR 1979, 1016; 1998, 1111, 1112; OLG Düsseldorf NJW-RR 1996, 1173, 1174; OLG Oldenburg VersR 1997, 978; 1998, 769, 770). Er soll zu einer Risikoabwägung in der Lage sein, wozu er der grundlegenden Informationen bedarf (BGHZ 29, 176, 180; MünchKomm/MERTENS Rn 423). Der Arzt ist also zu einer **Grundaufklärung** verpflichtet (BGHZ 106, 391, 399; BGH NJW 1991, 2346, 2347; 1996, 777, 779). Idealerweise wird der Patient auch an der **Güterabwägung** zwischen dem Risiko des Eingriffs und seinem Nutzen beteiligt (BGH NJW 1995, 2410, 2411; ähnl BGH NJW 1990, 2929, 2931; als obiter dictum schon in BGH NJW 1979, 1933, 1935); gibt es keine Alternativen, braucht eine derartige Erörterung allerdings nicht stattzufinden (BGH NJW 1995, 2410, 2411). Die **notwendigen Informationen** bestehen in der Diagnose, der Art und dem Verlauf des geplanten Eingriffs, seinen notwendigen oder zumindest möglichen Folgen, der Art der Belastung, die für die Unversehrtheit seines Körpers und seiner Lebensführung auf den Patienten zukommen können, der Wahrscheinlichkeit der Risiken sowie namentlich den Alternativen, mögen sie im Absehen von der Behandlung, mögen sie in einer anderen Behandlungsmethode bestehen (BGH NJW 1971, 1887, 1888; 1983, 333 [insoweit in BGHZ 85, 212 ff nicht abgedruckt]; 1989, 1533; 1991, 2346, 2347; 1992, 2928; 1996, 777, 778; OLG Hamm VersR 1993, 1399, 1400; OLG Oldenburg VersR 1998, 1285, 1286; OLG Köln VersR 1998, 1510 f).

b) Die Kriterien

I 84 Eine abschließende Aufzählung der Kriterien ist nicht möglich. Als Faustformel kann gelten: Die Aufklärung hat um so intensiver auszufallen, je weniger dringlich der Eingriff ist, je wahrscheinlicher und gravierender seine Folgen für den Patienten sind, je mehr aussichtsreiche Alternativen zur Verfügung stehen, je geringer die Chancen einer Heilung oder einer möglichen Linderung sind. Bei der Indikation spielt die Dringlichkeit die wichtigste Rolle.

aa) Die Dringlichkeit des Eingriffs
α) Fehlende medizinische Indikation

I 85 Der **intensiven und schonungslosen Aufklärung** bedarf es bei **rein kosmetischen Operationen** ohne medizinischen Wert oder mit geringer gesundheitlicher Bedeutung (BGH NJW 1991, 2349; OLG Hamburg VersR 1983, 63; OLG Oldenburg VersR 1998, 854, 855; 1998, 1421, 1422; MünchKomm/Mertens Rn 423; der Sache nach auch OLG Düsseldorf VersR 1985, 552, 553; Laufs, in: Laufs/Uhlenbruck § 64 Rn 10 Fn 25). Der Patient muß unterrichtet werden, welche Verbesserungen er günstigstenfalls erwarten kann, welche Risiken er auf sich nimmt, namentlich mit welchen bleibenden Entstellungen und gesundheitlichen Einbußen er, wenn auch nur als relativ unwahrscheinliche Folge, rechnen muß (BGH NJW 1991, 2349). Der Arzt hat dem Patienten das Für und Wider mit allen Konsequenzen vor Augen zu stellen (BGH NJW 1991, 2349; OLG München VersR 1993, 1529; OLG Köln VersR 1997, 115, 116). Das gilt etwa für die Entfernung von Warzen mit Röntgenstrahlen (BGH NJW 1973, 335, 337), für die Straffung der Haut unter dem Kinn (BGH NJW 1991, 2349), für die Einsetzung eines Implantats ausschließlich zu kosmetischen Zwecken (OLG München VersR 1993, 1529 f), für rein kosmetische Brustoperationen (OLG Düsseldorf NJW 1963, 1679, 1680; OLG Bremen VersR 1980, 654, 655; OLG Köln VersR 1997, 115, 116; OLG Oldenburg VersR 1998, 1421, 1422), für die operative Straffung der Bauchdecke (OLG Celle NJW 1987, 2304, 2305, indes primär unter dem Aspekt der Anwendung von Außenseitermethoden; OLG Oldenburg VersR 1998, 854, 855), für die Entfernung von Fett aus der Hüfte (OLG Hamburg VersR 1983, 63). Da die **Organspende** für den Spender nie indiziert ist, hat die Aufklärung alle Eventualitäten zu umfassen (MünchKomm/Mertens Rn 423). Bei **diagnostischen Eingriffen ist zu differenzieren**; fehlt eine therapeutische Funktion, gelten ähnlich strenge Maßstäbe wie bei kosmetischen Operationen (BGH NJW 1971, 1887, 1888; OLG Frankfurt aM NJW 1973, 1415, 1417; OLG Stuttgart NJW 1979, 2355, 2356; MünchKomm/Mertens Rn 423; Laufs, in: Laufs/Uhlenbruck § 64 Rn 8). Hier gilt es, diagnostischem Perfektionismus oder gar rein wissenschaftlicher Neugier vorzubauen (BGH NJW 1979, 1933, 1934; OLG Düsseldorf NJW 1984, 2636; MünchKomm/Mertens Rn 423). Dasselbe gilt, wenn Alternativen zur Verfügung stehen (BGH NJW 1984, 1395, 1396 [insoweit in BGHZ 90, 96 ff nicht abgedruckt]). Auf der anderen Seite kann ein diagnostischer Eingriff dringlich, uU sogar vital indiziert sein (BGH NJW 1971, 1887, 1888; 1979, 1933, 1934; Laufs, in: Laufs/Uhlenbruck § 64 Rn 10). Auch mag es Operationen geben, die ohne eine gefährliche vorangehende Diagnose nicht durchgeführt werden können (BGH NJW 1995, 2410, 2411 [Myelographie]). Es gelten dann die Regeln des therapeutischen Eingriffs (Laufs, in: Laufs/Uhlenbruck § 64 Rn 10).

β) Dringende medizinische Indikation

Strittig ist dagegen die Rechtslage bei dringender oder vitaler Indikation des Eingriffs. Die Rechtsprechung tendierte in früheren Entscheidungen dazu, die sachliche Notwendigkeit des Eingriffs bei der **Intensität der Aufklärung** zu berücksichtigen und geringere Anforderungen zu stellen (BGH NJW 1973, 556, 557; 1977, 337, 338; VersR 1968, 558 f; OLG Oldenburg VersR 1985, 274; LAUFS, in: LAUFS/UHLENBRUCK § 63 Rn 7; TEMPEL NJW 1980, 611 f mwNw; offen gelassen in BGH NJW 1989, 1533, 1534 [insoweit in BGHZ 106, 391 ff nicht abgedruckt]). Der Widerspruch gegen diese Auffassung war nie verstummt und hatte sich in dem abweichenden Votum der überstimmten Verfassungsrichter niedergeschlagen (BVerfGE 52, 131, 177 f; MünchKomm/MERTENS Rn 423; dezidiert auch GIESEN Rn 271 [uU in Abweichung von Rn 270]). Er ist schon deswegen berechtigt, weil die frühere Rechtsprechung dazu führt, daß auch bei einem seiner Sinne mächtigen Patienten das Selbstbestimmungsrecht um so stärker verkürzt werden dürfte, je ernster die Krankheit ist (BVerfGE 52, 131, 178 – Mindermeinung). Der BGH hat sich später jedenfalls in der Sache der **Gegenauffassung** angeschlossen, indem er auch bei einer vitalen Indikation des Eingriffs dem Selbstbestimmungsrecht des Patienten selbst dann den Vorrang einräumt, wenn der Entschluß medizinisch unvernünftig ist (BGHZ 90, 103, 105 f; BGH NJW 1994, 799, 800; iE auch BGH NJW 1984, 1807, 1808); der Patient kann **beachtenswerte Gründe dafür** haben, dem **Schicksal seinen Lauf zu lassen** (BGHZ 90, 103, 107 f). Anders liegt es dagegen bei zeitlicher Dringlichkeit. Handelt es sich also um einen Notfall, darf und muß der Arzt sich kurz fassen, um nicht durch eine Verzögerung den Patienten zusätzlich zu gefährden (BGH NJW 1973, 556, 557; 1982, 2121, 2122). Jedoch reicht der bloße Hinweis, es müsse operiert werden, auch bei einer akuten Blinddarmentzündung nicht aus (BGH NJW 1983, 333 [insoweit in BGHZ 85, 212 ff nicht abgedruckt]). Nicht zu folgen ist auch der Auffassung, die Aufklärung über das Risiko einer HIV-Infektion bei einer Bluttransfusion dürfe unterbleiben, wenn die Transfusion vital indiziert und eilbedürftig sei (so aber OLG Düsseldorf NJW 1996, 1599, 1600; MünchKomm/MERTENS Rn 423 Fn 1253).

γ) Der Hinweis auf die Dringlichkeit des Eingriffs

Von der Frage, ob die Dringlichkeit des Eingriffs die Intensität der Aufklärung modifizieren kann, ist das Problem zu unterscheiden, ob der Arzt auf die Dringlichkeit oder die Möglichkeit, noch etwas zuzuwarten, hinweisen muß. Das ist **in beiden Fällen zu bejahen**. Muß der Eingriff möglichst schnell vorgenommen werden, so hat das der Arzt dem Patienten zu sagen. Umgekehrt darf der Arzt die Lage aber auch nicht dramatisieren, weil das die Entscheidungsgrundlage des Patienten beeinflussen kann (BGH NJW 1990, 2928 f; OLG Oldenburg VersR 1997, 1493; OLG Köln VersR 1998, 243, 244). So darf nicht eine nicht vorhandene akute Lebensgefahr bei Unterbleiben des Eingriffes behauptet werden, mag ein Zuwarten auch mit der Gefahr von Komplikationen verbunden sein, die uU einen lebensbedrohlichen Verlauf nehmen können (BGH NJW 1990, 2928 f). Birgt ein Eingriff die Chance der Heilung, aber auch das Risiko für den Patienten, gelähmt zu werden, so ist er darüber aufzuklären, daß bei einem Zuwarten die Gefahr einer Lähmung erst in einigen Jahren droht (OLG Hamm VersR 1985, 577, 578; Revision vom BGH nicht angenommen). Bei Zahnschmerzen auch massiver Art ist darauf hinzuweisen, daß der Schmerz mit Medikamenten bekämpft werden kann, damit einige Tage gewonnen werden können, in denen ein Zahnarzt des Vertrauens oder eine klinische Einrichtung die nicht ganz einfache Extraktion vornehmen kann (BGH NJW 1994, 799, 801). Vor allem bei **einer nur relativen Indikation des Eingriffs**, der im wesentlichen also wegen der Furcht des Patienten vor einer möglichen malignen Veränderung eines Organs vorgenommen wird, muß der Arzt klarmachen, daß der Eingriff unterlassen oder aufgeschoben werden kann, mag damit in der Tat auch das Risiko der bösartigen Veränderung verbunden sein (BGH NJW 1992, 2354, 2355 f; 1997, 1637, 1638; 1998, 1784, 1785; ähnl OLG Stuttgart VersR 1997, 1537). Dasselbe gilt, wenn bei einer nur relativen Indikation der Patient aus persönlichen Gründen erkennbar mit einer nur kurzen Heilungsdauer rechnet und der Arzt dies weiß; dieser persönlichen Erwartung ist bei der Aufklärung Rechnung zu tragen, indem auf einen möglicherweise länger dauernden Heilungsprozeß hingewiesen wird (OLG Oldenburg VersR 1992, 1005, 1006; MünchKomm/Mertens Rn 423).

bb) Das Risiko
α) Das Risiko des Fehlschlagens

I 88 Die Risikoaufklärung muß zunächst auf die Gefahr hinweisen, daß der Eingriff fehlschlägt (BGH NJW 1981, 633; 1981, 1319, 1320; 1981, 2002, 2003; 1987, 1481; 1988, 1514, 1515; 1990, 2929, 2931; 1991, 1558, 1560; OLG Oldenburg VersR 1997, 1493; MünchKomm/Mertens Rn 423), namentlich dann, wenn die Operation der Linderung von Schmerzen dienen soll, aber die Gefahr besteht, daß diese aber nicht nur nicht beseitigt werden, sondern auch noch zunehmen (BGH NJW 1987, 1481; 1988, 1514, 1515; 1991, 1558, 1560; BGH, Urt v 16. 6. 1992 – VI ZR 289/91, zitiert nach Steffen/Dressler Rn 371; OLG Oldenburg NJW 1997, 1642); ebenso ist auf die Gefahr der Verschlimmerung einer Harninkontinenz hinzuweisen (OLG Köln VersR 1992, 1518 [LS]). Die genauen medizinischen Gründe für das Mißlingen der Operation brauchen indes nicht vorab dargelegt zu werden (BGH NJW 1990, 2929, 2930).

β) Das Risiko von Komplikationen

I 89 Zu den aufklärungsbedürftigen Punkten gehören die **notwendigen Folgen** des Eingriffs wie der Verlust der Gebärfähigkeit bei der Entfernung der Gebärmutter (MünchKomm/Mertens Rn 426; Laufs, in: Laufs/Uhlenbruck § 64 Rn 18). Allerdings kann die **unausweichliche Konsequenz derart evident** sein, daß sich eine Aufklärung erübrigt (Laufs, in: Laufs/Uhlenbruck § 64 Rn 18), wie das etwa bei einer Amputation der Fall ist. Können Gesundheitsschäden als Folge von Komplikationen eintreten, so hängt die Pflicht zur Aufklärung von der **Höhe des Risikos** ab. So braucht nicht etwa über alle denkbaren Nebenwirkungen aufgeklärt zu werden, etwa über den Umstand, daß auch die geringfügigsten operativen Eingriffe unter ungünstigen Verhältnissen trotz Beachtung aller Vorsichtsmaßnahmen zu irgendwelchen Komplikationen führen können (BGHZ 29, 46, 58; 29, 176, 181). Desgleichen ist nach der Rechtsprechung eine Aufklärung entbehrlich, wenn es sich nicht um ein spezifisches Risiko der Operation handle, sondern um eine außergewöhnliche und nicht vorhersehbare Folge, die für den Entschluß des Patienten, die Einwilligung zu geben oder zu verweigern, keine Bedeutung haben könne (BGH NJW 1991, 2346 unter [unzutreffender] Berufung auf BGHZ 29, 46, 57 f und 90, 103, 107; ebenso OLG Hamm VersR 1993, 1399, 1400; ähnl BGH NJW 1984, 1807, 1808); dem ist **nur mit der Betonung** zu folgen, daß es sich **um eine unvorhersehbare Folge** gehandelt haben muß. Wenn der BGH in früheren Entscheidungen formulierte, daß eine Aufklärung unterbleiben könne bei Gefahren, die sich so selten verwirklichten, daß sie für einen verständigen Menschen bei der Entscheidung über die Einwilligung nicht ernsthaft ins Gewicht fielen (BGHZ 29, 46, 60; 29, 176, 182; BGH NJW 1961, 2203, 2204; 1963, 393, 394; OLG Karlsruhe NJW 1966, 399 f; KG VersR 1979, 260, 261), oder die sich so selten verwirklichten, daß mit ihrem Eintreten nicht habe gerechnet werden müssen (BGH NJW 1965, 2005, 2006; VersR 1969, 135), so ist die Rechtsprechung heute in der Praxis sehr viel strenger; **der Maßstab ist der konkrete, nicht der vernünftige Patient** (BGH NJW 1990, 2928, 2929; 1991, 2342, 2343; 1991, 2344, 2345; 1994, 799, 801). Der Arzt muß auch **über seltene**, für die durchgeführte Operation aber typische Risiken aufklären, die für den Laien überraschend sind, wenn an sie **dramatische Konsequenzen für die weitere Lebensführung des Betroffenen** geknüpft sind (BGHZ 90, 103, 106; 116, 379, 383; BGH NJW 1972, 355, 357; 1976, 363, 364; 1980, 633, 634 f; 1980, 1528; 1984, 1395, 1396; 1989, 1533, 1534 [insoweit in BGHZ 106, 391 ff nicht abgedruckt]; 1991, 2344, 2345; 1994, 793; 1994, 3012 f; 1996, 776; 1996, 779, 781; 1996, 3073, 3074; NJW-RR 1992, 1241, 1242; OLG Köln VersR 1990, 663; 1992, 1518 [LS]; OLG Oldenburg VersR 1994, 221; 1997, 1493; 1998, 769, 770; 1998, 854, 855; OLG Karlsruhe VersR 1994, 860, 861; NJW-RR 1998, 459, 460; OLG Schleswig VersR 1996, 634, 635). Vor allem muß auf **das schwerste in Betracht kommende Risiko** hingewiesen werden (BGH NJW 1991, 2346, 2347; 1996, 777, 779; OLG Zweibrücken NJW-RR 1988, 383, 384; OLG Oldenburg VersR 1995, 786, 787; STEFFEN RPG 1997, 97). Das gilt bei nachhaltigen Komplikationen auch dann, wenn das Risiko nur im Promille-Bereich liegt (BGH NJW 1976, 363, 364; 1996, 779, 781; VersR 1982, 1142 f; anders wohl BGHZ 102, 17, 27; BGH [St] NStZ 1996, 34). Dabei kommt es auf den **jeweiligen Patienten und dessen Lebensumstände** an (OLG Karlsruhe NJW 1966, 399). Der Verlust eines Fingers spielt bei einem Zahnarzt oder einem Pianisten eine ganz andere Rolle als bei sonstigen Patienten (MünchKomm/MERTENS Rn 425). Der Arzt hat ferner eine gesteigerte Aufklärungspflicht, wenn ihm eine **besondere Anfälligkeit des Patienten für Komplikationen** bekannt ist, die sich bei dem Eingriff ereignen können (BGH NJW 1974, 604; KG VersR 1995, 338, 339; MünchKomm/MERTENS Rn 424). Das gilt auch bei der Verabreichung von Medikamenten, die massive Nebenwirkungen haben (BGH NJW 1982, 697, 698; OLG Hamburg VersR 1996, 1537; MünchKomm/MERTENS Rn 424) oder mit Viren verseucht sein können (BGH NJW 1991, 1533, 1534). Der Verschärfung der Maßstäbe und der **Loslösung vom verständigen Patienten ist zuzustimmen**. Es ist regelmäßig Sache des Patienten und nicht diejenige des Arztes, zu entscheiden, ob ein derartiges Risiko eingegangen werden soll (BGHZ 90, 103, 107; BGH NJW 1972, 335, 337; 1990, 2928, 2929; NJW-RR 1992, 1241, 1242). Das gilt grundsätzlich auch dann, wenn dem Patienten sehr daran gelegen ist, von seinem Leiden befreit zu werden (BGH NJW 1971, 1887, 1888; NJW-RR 1992, 1241, 1242; OLG Düsseldorf NJW 1984, 2636).

γ) **Die wahrheitsgemäße Schilderung**
Wiederum geht die **Aufklärungspflicht um so weiter, je weniger der Eingriff aus medizinischen Gründen indiziert** ist (BGH NJW 1984, 1395, 1396 [insoweit in BGHZ 90, 96 ff nicht abgedruckt]), gar nur kosmetischen Zwecken dient (BGH NJW 1972, 355, 357; vgl dazu schon oben Rn I 85). Der Patient muß eine allgemeine Vorstellung von dem mit dem Eingriff verbundenen Risiko erhalten; präzise oder annähernd genaue Prozentzahlen sind aber nicht erforderlich (BGHZ 106, 391, 399; BGH NJW 1984, 2629, 2630 [mit Berichtigung in BGH NJW 1992, 2351, 2352]; 1990, 2929, 2931; 1991, 2346, 2347; 1992, 2351, 2352). Es ist auch nicht notwendig, alle denkbaren Risiken medizinisch exakt zu beschreiben und Details dazu anzugeben (BGHZ 106, 391, 399; BGH NJW 1996, 777, 779). Dagegen darf der Arzt die Risiken **nicht verharmlosen oder herunterspielen** (BGHZ 90, 103, 108; BGH NJW 1984, 2629, 2630; 1992, 754, 755; 1992, 2351, 2352; 1994, 793, 794; 1996, 777, 779; VersR 1987, 200; OLG Celle NJW 1987, 2304, 2305; OLG Stuttgart VersR 1998, 1111, 1112; GIESEN Rn 259). So reicht die Aussage, der Eingriff könne Lähmungen zur Folge haben, nicht aus, wenn eine Querschnittslähmung zu befürchten ist (BGH NJW 1995, 2410, 2411; OLG Oldenburg VersR 1997, 978, 979). Auch darf der Arzt sich nicht mit unspezifischen Hinweisen begnügen (MünchKomm/MERTENS Rn 432); die Aussage, eine Operation sei eine Operation, klärt nicht hinreichend über das Risiko einer

§ 823
I 91, I 92

Bauchraumvereiterung als Folge einer Blinddarmoperation auf (aA BGH NJW 1980, 633, 635). Das kann **im Einzelfall anders** sein, wenn etwa der Patient schon unter Lähmungserscheinungen leidet und daher den Hinweis so verstehen muß, daß sich noch gravierendere Lähmungen als Folge des Eingriffs einstellen können (BGH NJW 1995, 2410, 2411). Um die Hinweispflicht zu begründen, braucht die wissenschaftliche Diskussion, ob denn ein Risiko bestehe, noch nicht abgeschlossen zu sein; es genügt, wenn ernsthafte Stimmen in der Wissenschaft auf die Gefahr der gewählten Methode aufmerksam gemacht haben und es sich nicht um bloße Außenseitermeinungen handelt (BGH NJW 1978, 587, 589; 1996, 776, 777; MünchKomm/MERTENS Rn 427). Natürlich darf der Arzt die Risiken auch nicht schlimmer darstellen, als sie sind.

δ) **Kasuistik**

I 91 Der Arzt hat den Patienten auf die Gefahr schwerwiegender Wundstörungen nach einer Operation hinzuweisen (BGH NJW 1990, 2929, 2930 f), auf psychische Probleme infolge des Ausfallens der Hormonproduktion (BGH NJW 1992, 1558, 1559; MünchKomm/MERTENS Rn 424), auf das Risiko von Stimmbandverletzungen bei einer Schilddrüsenoperation (BGH NJW 1992, 2351, 2352 f), auf die Risiken von Lähmungen bei einer Myelographie (BGH NJW 1995, 2410, 2411; 1996, 777, 779; OLG Hamm VersR 1993, 1399, 1400), auf die Gefahr injektionsbedingter Gelenkversteifungen (BGHZ 106, 391, 395; OLG Oldenburg VersR 1995, 786, 787), auf die Gefahr, daß neben dem Operationsgebiet liegende Organe, wie Blase oder Darm, verletzt werden, wobei unnötig sein soll, auf die konkreten Konsequenzen aufmerksam zu machen (OLG Nürnberg VersR 1996, 1372, 1373; sehr zweifelhaft), auf die Schädigung des Dünndarms bei einer laparoskopischen Tubenkoagulation (OLG Hamm VersR 1986, 477, 478), auf die Gefahr der Nervenverletzung bei einer Arthrotomie (OLG Oldenburg VersR 1997, 1493), auf die Gefahr von Kieferfrakturen und Nervenläsionen bei einer Zahnextraktion (OLG Düsseldorf NJW-RR 1996, 1173, 1174), auf die Gefahr dauerhafter Harninkontinenz (OLG Köln VersR 1992, 1518 [LS]). Nicht zu folgen ist der Entscheidung des BGH, daß bei einer Entfernung der Gebärmutter nicht auf psychische Probleme hinzuweisen sei, da der Eingriff bei einer psychisch gesunden und realitätsausgerichteten Frau zwar ein Bedauern hervorrufe, aber keine psychischen Störungen (BGH NJW 1992, 1558, 1559; zust MünchKomm/MERTENS Rn 424). Wenn es bei 5% aller Betroffenen zu psychischen Problemen kommt (PFLEIDERER, in: MARTIUS/BRECKWOLDT/PFLEIDERER [Hrsg], Lehrbuch der Gynäkologie und Geburtshilfe [2. Aufl 1996] 485), dann ist das durchaus eine Dimension, die des vorherigen Hinweises bedarf. Nach der Rechtsprechung genügt der Hinweis auf die typischen Symptome eines Caudasyndroms ohne spezielle Aufklärung über das Risiko einer Mastdarmlähmung (BGH VersR 1993, 102; OLG Hamm VersR 1993, 102, 103). **Nicht ausreichend** ist bei der Gefahr einer Stimmbandlähmung der **Hinweis auf** gelegentlich auftretende Heiserkeit, Sprach- und Atemstörungen, die sich meist zurückbildeten (BGH NJW 1992, 2351, 2352 f), sowie der Hinweis auf eine Nervenläsion (OLG Stuttgart VersR 1995, 661, 662), der Hinweis auf eine Hodenschwellung und eine Durchblutungsstörung bei der Gefahr einer Hodenatrophie (OLG Stuttgart VersR 1998, 1111, 1112). Vor einer Geburt muß nicht auf alle möglichen Komplikationen hingewiesen werden (BGH NJW 1993, 2372, 2373; OLG München 1994, 1345, 1346).

cc) **Die Behandlungsalternativen**
α) **Die Pflicht zum Hinweis**

I 92 Nach ständiger Rechtsprechung ist die **Wahl der Behandlungsalternative Sache des Arztes** (BGHZ 102, 17, 22; 106, 153, 157; BGH NJW 1982, 2121, 2122; 1984, 810, 811; 1988, 765,

766; 1988, 1514, 1515; 1988, 1516; 1992, 754, 755; BGH [St] NStZ 1996, 34; OLG Frankfurt aM VersR 1989, 1382; OLG Karlsruhe VersR 1989, 852, 853; 1996, 860, 861; OLG Köln VersR 1990, 856, 857; 1998, 243, 244; OLG Hamm VersR 1992, 610, 611; OLG Celle VersR 1992, 749, 750; OLG Oldenburg VersR 1998, 1285, 1286; MünchKomm/MERTENS Rn 381; noch weiter gehend LAUFS, in: LAUFS/ UHLENBRUCK § 64 Rn 4 [die Wahl stehe allein dem Arzt zu]; gegen ihn GIESEN Rn 217 Fn 90). Er brauche insoweit nicht aufzuklären, sondern dürfe in aller Regel davon ausgehen, der Patient vertraue insoweit seiner ärztlichen Entscheidung und erwarte keine eingehende fachliche Unterrichtung über spezielle medizinische Fragen (BGHZ 102, 17, 22; BGH NJW 1988, 1514, 1515; 1988, 1516; ähnl BGH NJW 1982, 2121, 2122; OLG Köln VersR 1990, 856, 857) oder über die einzelnen Schritte bei der Operation (OLG Oldenburg VersR 1997, 579 [LS]). **In dieser Pauschalität ist das schwerlich überzeugend** (abl auch GIESEN Rn 217 Fn 90) und kann allenfalls für Details der Operationstechnik gelten, von denen der Patient nichts versteht und die gleichwertig und anerkannt sind (KG VersR 1993, 189, 190; OLG Oldenburg VersR 1998, 1285, 1286), vor allem gegenüber anderen Vorgehensweisen kein erhöhtes Risiko darstellen (vgl als Bsp OLG Oldenburg VersR 1997, 978, 979). Sobald es aber **verschiedene medizinisch gleicherweise indizierte Therapiemöglichkeiten** gibt, die **unterschiedliche Risiken und Erfolgschancen** haben, so hat auch nach der Rechtsprechung des BGH der Arzt dem Patienten nach vollständiger Belehrung die Entscheidung darüber zu überlassen, auf welchem Weg die Behandlung erfolgen soll und auf welches Risiko er sich einlassen will (BGHZ 102, 17, 22; 106, 153, 157; 116, 379, 385; BGH NJW 1974, 1422, 1423; 1982, 2121, 2122; 1984, 1810, 1811; 1986, 780; 1988, 765, 766; 1988, 1514, 1516; 1992, 2353, 2354; OLG Braunschweig VersR 1988, 383; OLG Köln VersR 1988, 1185, 1186; 1990, 856, 857; 1997, 115, 116; OLG Stuttgart VersR 1989, 519, 521; OLG Celle VersR 1992, 749, 750; OLG München VersR 1993, 1529; OLG Jena VersR 1998, 586, 587; OLG Bamberg VersR 1998, 1025; OLG Bremen VersR 1998, 1240, 1241; MünchKomm/MERTENS Rn 427; GIESEN Rn 215). Empfiehlt der Arzt eine Behandlungsmethode, so muß er offenlegen, daß die Methode in der Fachliteratur **ernsthaft umstritten** ist (BGHZ 102, 17, 22 f; BGH NJW 1978, 587, 588 f; 1982, 2121, 2122; MünchKomm/MERTENS Rn 427) und welche Risiken die Kritiker sehen. Der Arzt hat des weiteren darauf hinzuweisen, daß ein **generell bestehendes Risiko** bei der von ihm vorgeschlagenen Vorgehensweise **größer** ist als bei der Alternative (BGH NJW 1988, 1514, 1516; OLG Frankfurt aM NJW 1983, 1382, 1383; OLG Köln VersR 1998, 243, 244). Die **Wahl der riskanteren Alternative durch den Arzt kann in solchen Fällen einen Behandlungsfehler darstellen** (BGH NJW 1982, 2121, 2122), desgleichen die Wahl einer neuen, noch nicht erprobten Methode, wenn die alte risikolos ist (OLG Köln VersR 1992, 754 [LS]; MünchKomm/MERTENS Rn 423; s auch oben Rn I 39). Aufzuklären ist namentlich bei **neueren Methoden**, deren Tauglichkeit noch nicht ausgetestet ist (OLG Oldenburg NJW-RR 1997, 533, 534; LAUFS Rn 489). Keine Aufklärungspflicht soll es dagegen nach der Rechtsprechung geben, wenn die Unterschiede so gering sind, daß sie für einen Durchschnittspatienten von untergeordneter Bedeutung seien (BGH NJW 1988, 1516); das ist abzulehnen, weil der konkrete Patient und nicht der vernünftige Durchschnittspatient zu entscheiden hat (abl auch GIESEN Rn 224). **Keine Pflicht zum Hinweis** besteht, wenn die alternative Methode im konkreten Fall ernsthaft nicht in Erwägung gezogen werden kann (BGH NJW 1988, 1516; 1992, 2353, 2354; 1993, 1524, 1525; OLG München VersR 1997, 452, 453; OLG Köln VersR 1997, 1534, 1535; LG Koblenz VersR 1994, 1349; GIESEN Rn 221; ähnl BGH NJW 1982, 2121, 2122). Bei Gleichwertigkeit der Methoden **braucht ein medizinischer Schulenstreit** dem Patienten nicht dargestellt zu werden (KG VersR 1993, 189, 190). Nach der **Rechtsprechung** muß der Arzt ferner nicht darüber aufklären, daß eine **diagnostische und therapeutische Maßnahme in anderen Kliniken bereits in der Erprobung** ist (BGHZ 102, 17, 23; BGH NJW 1984, 1810, 1811; OLG Oldenburg VersR 1996, 1023,

1024; LG Koblenz VersR 1994, 1349; MünchKomm/Mertens Rn 427; Laufs, in: Laufs/Uhlenbruck § 64 Rn 7). Anders soll es nur dann sein, wenn die Krankheit einer spezifischen Behandlung bedarf, die die Fähigkeiten des Arztes übersteigt; er muß dann in eine geeignete Spezialklinik überweisen (BGHZ 102, 17, 25; MünchKomm/Mertens Rn 427). Doch ist schon dem Ausgangspunkt nicht zu folgen. Wenn es um einen aufschiebbaren Eingriff geht, spielt es für die Selbstbestimmung des Patienten sehr wohl eine Rolle, ob er von risikoärmeren Methoden erfährt (Giesen Rn 219).

β) **Hinweispflicht bei Abweichungen vom Standard?**

I 93 Wenig geklärt ist die Frage, ob es Abweichungen von Methode und Standard anderer Ärzte gibt, die zwar keinen Fehler darstellen, über die aber aufzuklären ist (offen gelassen von BVerfGE 52, 131, 176 – Mindermeinung). Die Betrauung eines unzureichend qualifizierten Arztes durch den Krankenhausträger oder vorgesetzten Arzt kann ebenso die Haftung begründen wie die Übernahme durch den Arzt selbst, und zwar deswegen, weil beides einen ärztlichen Fehler darstellt (vgl schon oben Rn I 33 f). Ursprünglich hatte die Rechtsprechung auch bei gravierenden Mängeln im Krankenhaus – etwa bei einem Unterschreiten des hygienischen Mindeststandards – lediglich eine Aufklärung für notwendig erachtet, nicht dagegen einen Fehler bejaht (BGHZ 29, 46, 61; BGH NJW 1961, 2203, 2204; 1971, 241, 243; 1971, 1887, 1888; 1976, 365, 366; OLG Köln NJW 1978, 1690; VersR 1982, 453, 454; OLG Oldenburg VersR 1983, 888, 890; MünchKomm/Mertens Rn 428). Doch scheint der BGH nunmehr dazu zu neigen, die Frage zu verneinen, indem er die **Haftung auf die fehlende Qualifikation** stützt (BGHZ 88, 248, 252), umgekehrt aber eine Hinweispflicht auf bessere Methoden verneint (BGHZ 102, 17, 22; BGH NJW 1984, 1810, 1811). Ähnlich wie die jüngere Rechtsprechung verfährt die Lehre, soweit suboptimale Methoden durch größere, anderweit nicht zur Verfügung stehende Erfahrungen kompensiert würden bzw korrigierende Sicherheitsmaßnahmen – etwa durch Aufsicht bei Anfängeroperationen – gegeben seien; diese reichen dann aber auch aus. Dann brauche der Patient wegen der Ausbildungserfordernisse und aus therapeutischen Rücksichten nicht aufgeklärt zu werden (MünchKomm/Mertens Rn 429; Deutsch NJW 1984, 650). Bei der Anfängeroperation ist dem schon deshalb zu folgen, weil es sonst keine Ausbildung mehr gäbe. Voraussetzung bleibt, daß das Risiko durch die Aufsicht, wenn schon nicht ausgeschaltet, so doch minimiert wird. Bei der Anwendung suboptimaler Methoden – etwa aufgrund einer älteren technischen Ausstattung – wird man dagegen eine Aufklärungspflicht zu bejahen haben, die ja durchaus vom Hinweis auf die größere Erfahrung begleitet sein kann. Dies gilt auch dann, wenn die Übernahme der Behandlung keinen Fehler darstellt, weil in diesem Haus zu diesem Zeitpunkt eine neuere technische Ausstattung noch nicht gefordert werden kann. Anders ist es dagegen mit dem hygienischen Mindeststandard. Hier hilft auch eine Aufklärung des Patienten nicht, weil die Nichteinhaltung der Hygiene einen Fehler darstellt, der auch durch eine Einwilligung nicht gerechtfertigt wird (vgl schon oben Rn I 76).

γ) **Kasuistik**

I 94 Beispiel für die **Nennung einer Alternative** ist etwa die Versorgung einer Fraktur mit einem Spezialschuh anstelle eines Gehgipses (BGH NJW 1996, 776, 777), die Verwendung von Eigenblut statt von Spenderblut, um eine Infektion mit Hepatitis oder dem HIV-Virus zu vermeiden (BGHZ 116, 379, 385; OLG Hamm VersR 1995, 709, 710; mangels Vorhersehbarkeit der Notwendigkeit einer Transfusion abl OLG Zweibrücken NJW-RR 1998, 383, 384; mangels medizinischer Möglichkeit abl OLG Köln VersR 1997, 1534, 1535). Dagegen soll es keiner Aufklärung darüber bedürfen, daß in anderen Krankenhäusern bereits nach schonenderen Methoden operiert wird (BGHZ 102, 17, 22 ff) oder ungefährlichere Diagnostikmethoden angewendet werden (BGH NJW 1984, 1810). Bei einer komplikationslos verlaufenden Schwangerschaft und bei der Erwartung einer normalen Geburt braucht der Arzt die werdende Mutter nicht auf die Möglichkeit einer Sectio hinzuweisen (BGHZ 106, 153, 157; BGH NJW 1993, 1524, 1525; 1993, 2372, 2374; OLG Oldenburg VersR 1993, 362, 363; OLG Zweibrücken VersR 1997, 1103, 1105; MünchKomm/Mertens Rn 427); auch bei einer Entbindung mit Hilfe der Geburtszange braucht über Alternativen nicht aufgeklärt zu werden (OLG München VersR 1997, 452 f). Das ist anders zu beurteilen, wenn bei einer vaginalen Entbindung **ernsthafte Gefahren** für das Kind drohen. Dann muß der Arzt die Mutter über diese Risiken und über die Alternativen aufklären und ihre Einwilligung für die Art der Entbindung einholen (BGHZ 106, 153, 157 f; BGH NJW 1992, 741, 742; 1993, 781, 782 [insoweit in BGHZ 120, 1 ff nicht abgedruckt]; 1993, 1524, 1525; 1993, 2372, 2373; OLG Braunschweig VersR 1988, 382, 383 [Sicherungsaufklärung], Revision vom BGH nicht angenommen, vgl VersR 1988, 1032; OLG Köln VersR 1988, 1185, 1186; 1996, 586 [LS]; 1998, 1156 [LS]; OLG Hamm VersR 1990, 52, 53; 1997, 1403; OLG Oldenburg VersR 1993, 362, 363; NJW 1997, 2347; OLG München VersR 1994, 1345, 1346; OLG Düsseldorf VersR 1995, 1317, 1318; NJW 1997, 2457; Soergel/Zeuner Rn 241; Giesen Rn 222; **aA** noch OLG Stuttgart VersR 1989, 519, 521, da eine vaginale Entbindung ein vom Arzt lediglich unterstützter Vorgang und keine Körperverletzung sei; das trifft wegen der Garantenstellung des Arztes nicht zu). Dabei muß er **die Gefahren** etwa der vaginalen Entbindung der Patientin **deutlich vor Augen stellen**, wenn sich diese entgegen der medizinischen Vernunft für die vaginale Entbindung entscheidet (BGH NJW 1992, 741, 742). Die Aufklärung muß erfolgen, sobald der Arzt die erhöhten Risiken erkennt (OLG Oldenburg VersR 1993, 362, 363). Bei **Außenseitermethoden** ist vom Erwartungshorizont des Patienten auszugehen. Das bedeutet, daß ein Arzt, von dem der Patient die Behandlung nach den Regeln der Schulmedizin erwartet, aufklären muß, wenn er davon abweichen will (OLG Celle NJW 1987, 2304, 2305; OLG Oldenburg VersR 1997, 192, 193; MünchKomm/Mertens Rn 427). Dagegen bedarf es keines Hinweises, wenn der Patient einen als solchen bekannten Vertreter alternativer Heilmethoden aufsucht.

dd) Operationserweiterung und Folgeoperationen
Soweit es für den Arzt vorhersehbar ist, daß während der Operation eine Erweiterung des Eingriffs notwendig oder jedenfalls angezeigt sein kann bzw daß sich ein erhöhtes Risiko zeigt, so hat er auch hierüber vorab den Patienten aufzuklären und seine Zustimmung einzuholen (BGH [St] NJW 1958, 257, 258; OLG Franfurt aM NJW 1981, 1322, 1323 f; MünchKomm/Mertens Rn 430; Giesen Rn 239). Dasselbe gilt, wenn Folgeoperationen notwendig werden können. Eine derartige Aufklärung ist vor allem dann notwendig, wenn dem Arzt bekannt ist, daß dem Patienten sehr daran liegt, diese Folgeoperation zu vermeiden (OLG Stuttgart VersR 1998, 637). Ist die Belehrung unterblieben, so können allerdings im Einzelfall die Grundsätze der mutmaßlichen Einwilligung den Fortgang des Eingriffs rechtfertigen (vgl dazu unten Rn I 115 ff). Auch auf die uU sich ergebende Notwendigkeit einer Folgeoperation ist der Patient bereits vor dem ersten Eingriff aufmerksam zu machen (BGH NJW 1996, 779; 1996, 3073, 3074).

ee) Fragen des Patienten
Der Arzt kann es von sich aus bei der Grundaufklärung belassen (MünchKomm/Mertens Rn 441), muß dabei aber in Rechnung stellen, daß Patienten aus Befangenheit nicht alles fragen, was von Interesse sein kann (BGH NJW 1980, 633, 634). Wenn indes

der Patient nunmehr weitere Fragen stellt, so muß der Arzt sie wahrheitsgemäß beantworten, auch dann, wenn er von sich aus darüber nicht hätte aufklären müssen (BGHZ 102, 17, 27; BGH NJW 1980, 633, 635; 1982, 2121, 2122; MünchKomm/Mertens Rn 423, 432; Giesen Rn 217). In diesen Fällen gibt es auch von vornherein kein sog therapeutisches Privileg (MünchKomm/Mertens Rn 423; vgl auch unten Rn I 104); macht doch der Patient durch seine Frage deutlich, daß er mehr wissen will, um entscheiden zu können. Damit hat es letztendlich der Patient in der Hand, wie weit die Aufklärung geht.

4. Die Einwilligungsfähigkeit

a) Die alleinige Einwilligung beschränkt Geschäftsfähiger

I 97 Die Einwilligung ist unwirksam, wenn dem – auch erwachsenen – Patienten mangels Urteilskraft die Einwilligungsfähigkeit fehlt (BGH [St] NJW 1978, 1206; Soergel/Zeuner Rn 235). Nach hM sind beschränkt Geschäftsfähige in der Lage, wirksam einzuwilligen, wenn sie über die **notwendige Einsicht verfügen**, die Bedeutung und Tragweite des Eingriffs und seiner Gestattung zu ermessen (BGHZ 29, 33, 36; BGH NJW 1972, 335, 337; OLG München NJW 1958, 633 f; LG Tübingen DAV 1967, 88; LG München I NJW 1980, 646; AG Schlüchtern NJW 1998, 832; Soergel/Zeuner Rn 230; MünchKomm/Mertens Rn 447; BGB-RGRK/Nüssgens Anh II Rn 70; Giesen Rn 250; Belling FuR 1990, 75; Belling/Eberl/Michlik 127 ff; Belling/Eberl FuR 1995, 294 f; Rossner NJW 1990, 2292; Kern NJW 1994, 755; iE auch BGH NJW 1964, 1177 f [für eine Freiheitsentziehung]; Kothe AcP 185 [1985] 150). Das gilt nach überwiegender Auffassung jedenfalls dann, wenn die **elterliche Entscheidung nicht erlangt werden kann** und der Betroffene **kurz vor der Volljährigkeit steht** (BGHZ 29, 33, 37). Nach der **Gegenauffassung** ist stets die Einwilligung des gesetzlichen Vertreters erforderlich; das folge aus dem Postulat der Rechtssicherheit und dem Umstand, daß der Minderjährige, der für jedes rechtlich nachteilige Geschäft der Zustimmung bedürfe, nicht über den deliktischen Anspruch verfügen könne (OLG Hamm NJW 1998, 3424, 3425; MünchKomm/Gitter [3. Aufl 1993] vor § 104 Rn 89; der Sache nach auch Palandt/Heinrichs vor § 104 Rn 8; Medicus, AT [7. Aufl 1997] Rn 201, die die Einwilligung auch der Eltern fordern; vgl auch Medicus, Schuldrecht BT Rn 765). **Zu folgen ist der abweichenden Ansicht.** Denn die Entscheidung des BGH, auf die sich die hM stützt, war schon durch die Besonderheit gekennzeichnet, daß die Eltern aus tatsächlichen Gründen nicht gefragt werden konnten. Vor allem aber ist das Urteil unter Geltung des früheren Minderjährigenrechtes ergangen; der Betroffene war fast 21 Jahre alt (BGHZ 29, 33). Der BGH sieht denn auch bei einer 17-Jährigen die Reife für die Entscheidung regelmäßig als nicht gegeben an (BGH NJW 1972, 335, 337; ebenso OLG Hamm NJW 1998, 3424 f). Diese Besonderheiten läßt die hL außer Betracht. Auch § 36 SGB I, der eine Teilmündigkeit bei der Entgegennahme von Sozialleistungen regelt, wozu auch die ärztliche Behandlung gehört, ist kein Gegenargument (so indes Kothe AcP 185 [1985] 148 f). Die generelle Lösung des § 36 SGB I ist im hier interessierenden Zusammenhang nämlich durch vorrangige Prinzipien der Rechtsordnung derogiert, ohne daß die Norm in den übrigen Fällen ihre Wirkung einbüßte. **Eine Ausnahme** ist indes für die Frage des **Schwangerschaftsabbruches** zu machen, weil und soweit der persönlichen Konfliktlage Rechnung zu tragen ist. Hier kann die einsichtsfähige Minderjährige selbst entscheiden, ohne an das Votum des gesetzlichen Vertreters gebunden zu sein (LG München I NJW 1980, 646; AG Schlüchtern NJW 1998, 832, 833; Palandt/Diederichsen § 1626 Rn 14; Staudinger/Peschel-Gutzeit[12] § 1626 Rn 100; Belling/Eberl/Michlik 145, 147 f [mit erhöhten Anforderungen an Reife und Einsichtsfähigkeit]; Belling FuR 1990, 77; Belling/Eberl FuR 1995, 292; de lege ferenda auch Reiserer FamRZ 1991, 1139 ff; das

AG Neuenkirchen FamRZ 1988, 876 f hat die fehlende Zustimmung des Amtsvormundes ersetzt; **aA** OLG Hamm NJW 1998, 3424, 3425; AG Celle NJW 1987, 2307, 2308 mit zust Anm GEIGER FamRZ 1987, 1177 und abl Anm VENNEMANN FamRZ 1987, 1069; zT auch MünchKomm/MERTENS Rn 447, wenn die Entscheidung der Minderjährigen die Gegengründe der Eltern aus neutraler Sicht nicht eindeutig überwiege).

b) Die Einwilligung der gesetzlichen Vertreter

Genügt die Einwilligung des Betroffenen nicht, weil er beschränkt geschäftsfähig ist bzw jedenfalls auch nicht die notwendige Einsichtsfähigkeit hat, so bedarf es der Einwilligung der gesetzlichen Vertreter, meist also der Eltern. Da § 1629 Abs 1 S 2 Gesamtvertretungsbefugnis vorsieht, müssen beide einwilligen (BGHZ 105, 45, 47). Der BGH hat indes der praktischen Schwierigkeit, daß der Minderjährige gerade bei unproblematischen Behandlungen regelmäßig nur von einem Elternteil zum Arzt begleitet wird, durch **abgestufte Anforderungen an die Beteiligung des nicht anwesenden Elternteils** Rechnung getragen. Bei leichteren Erkrankungen dürfe sich der Arzt im allgemeinen auf die Ermächtigung des erschienenen Elternteils verlassen, für den anderen handeln zu können. Bei schweren Fällen müsse er sich durch eine Nachfrage vergewissern, dürfe aber auf die Wahrheit der Auskunft vertrauen. Bei schwierigen und weitreichenden Entscheidungen muß sich der Arzt dagegen Gewißheit verschaffen, daß der nicht erschienene Elternteil das entsprechende Einverständnis erklärt hat (BGHZ 105, 45, 49 f; PALANDT/DIEDERICHSEN § 1629 Rn 3). Das ist zwar dogmatisch wenig zwingend, weil der BGH von einer Anscheinsvollmacht ausgeht (BGHZ 105, 45, 48 f), ohne daß stets sicher ist, daß der andere Elternteil zurechenbarerweise einen Rechtsschein gesetzt hat; von der Sache her ist das Ergebnis indes richtig. Es läßt sich am besten mit einer **Rechtsfortbildung** begründen. Bei einfachen Geschäften oder Eingriffen liegt **Einzelvertretungsmacht** vor, soweit dem Geschäftsgegner oder Arzt ein abweichender Wille des nicht anwesenden Elternteils nicht ersichtlich ist. Wenn ein **Betreuer** bestellt ist, kommt es darauf an, ob sich der Einwilligungsvorbehalt auf den ärztlichen Eingriff erstreckt (MünchKomm/GITTER [3. Aufl 1993] vor § 104 Rn 91; GIESEN Rn 254). Jedenfalls entfällt nicht die Notwendigkeit der Einwilligung als solche, weil der Patient nicht willensfähig ist (BGHZ 29, 46, 51; MünchKomm/MERTENS Rn 448).

c) Die zusätzliche Einwilligung beschränkt Geschäftsfähiger

Auch soweit die Einwilligung des Minderjährigen bzw beschränkt Geschäftsfähigen nicht ausreicht, weil man sie generell für ungeeignet hält oder im Einzelfall die notwendige Einsichtsfähigkeit nicht vorliegt, muß gleichwohl nach hM der Minderjährige bzw beschränkt Geschäftsfähige neben dem gesetzlichen Vertreter dem Eingriff zustimmen (SOERGEL/ZEUNER Rn 231; MünchKomm/MERTENS Rn 447; MünchKomm/GITTER [3. Aufl 1993] vor § 104 Rn 89; GIESEN Rn 254; BELLING/EBERL/MICHLIK 124, 135 ff; KOTHE AcP 185 [1985] 151; in diese Richtung tendiert auch BGH NJW 1974, 1947, 1950; so auch schon in einem Entmündigungsfall OLG Celle MDR 1960, 136, 137; anders aber BGH NJW 1971, 1887, der das Verschulden des Arztes bei Einwilligung der Eltern verneint). Die **Weigerung dürfte erst dann rechtlich unbeachtlich** sein, wenn – wie dies bei kleinen Kindern der Fall sein mag – sich der Minderjährige überhaupt keine Vorstellung von der Notwendigkeit der ärztlichen Behandlung macht und etwa Spritzen aus Angst vor Schmerzen kategorisch ablehnt. Eine Schwangerschaft darf keinesfalls gegen den Willen der minderjährigen Schwangeren abgebrochen werden (STAUDINGER/PESCHEL-GUTZEIT[12] § 1626 Rn 98; REISERER FamRZ 1991, 1540; BELLING/EBERL FuR 1995, 290, 293).

5. Die Entbehrlichkeit der Aufklärung

a) Der Verzicht des Patienten

I 100 Der Patient als Träger seines Rechts auf Selbstbestimmung kann darauf verzichten, sich vom Arzt aufklären zu lassen (BGHZ 29, 46, 54; BGH NJW 1961, 261, 262; 1971, 1887; 1973, 556, 558; OLG Bremen MedR 1983, 111, 112; MünchKomm/MERTENS Rn 445; LAUFS Rn 207; ders, in: LAUFS/UHLENBRUCK § 64 Rn 17; ROSSNER NJW 1990, 2291). Der Verzicht folgt nicht den **Regeln** des Rechtsgeschäfts, sondern denjenigen **der Einwilligung** (LAUFS, in: LAUFS/ UHLENBRUCK § 64 Rn 18 unter wenig überzeugender Berufung auf BGH NJW 1973, 556, 558; ROSSNER NJW 1990, 2292). Wenn daraus geschlossen wird, es komme nicht auf die Geschäfts-, sondern auf die Einsichtsfähigkeit an (ROSSNER NJW 1990, 2292), so ist dem wie in der Parallelfrage der Einsichtsfähigkeit bei Abgabe der Einwilligung nicht zu folgen. Selbst wenn man das im Ausgangspunkt anders sieht, ist der hM allenfalls mit der Einschränkung zuzustimmen, daß sich die **Einsichtsfähigkeit gerade darauf beziehen muß**, daß und inwieweit sich der Patient in die Hände des Arztes begibt; eine solche Einsichtsfähigkeit wird bei beschränkt Geschäftsfähigen allenfalls in Ausnahmefällen und bei leichteren, gleichwohl grundsätzlich aufklärungsbedürftigen Eingriffen zu bejahen sein. Ob ein **Verzicht** vorliegt, ist zumal bei weitgehenden Eingriffen nach strengen Anforderungen zu beurteilen (BGH NJW 1973, 556, 558). In aller Regel muß er deutlich erklärt werden (MünchKomm/MERTENS Rn 445; LAUFS Rn 207; ders, in: LAUFS/UHLENBRUCK § 64 Rn 18). Nach wohl hM soll auch ein **konkludenter Verzicht** möglich sein (OLG Bremen MedR 1983, 111, 112; MünchKomm/MERTENS Rn 445; STAUDINGER/SCHÄFER[12] Rn 471; ROSSNER NJW 1990, 2294; BGH NJW 1971, 1887 und OLG Frankfurt aM NJW 1973, 1415, 1416 sprechen nur von einem ausdrücklichen Verzicht). Dem ist **nur in Ausnahmefällen zu folgen**, wenn sich nämlich der Wille des Patienten, auf die Aufklärung zu verzichten, eindeutig aus seinem Verhalten ablesen läßt. Mit der Unterzeichnung des Aufklärungsformulars etwa verzichtet der Patient nicht auf die an sich gebührende weitere Aufklärung (MünchKomm/MERTENS Rn 445). Voraussetzung eines wirksamen Verzichts ist es, daß der Patient wenigstens im großen und ganzen weiß, worum es geht, also die Notwendigkeit des Eingriffs, dessen Art und näheren Umstände kennt und weiß, daß der Eingriff nicht ganz ohne Risiko ist. Ein **Blankoverzicht ist unwirksam** (LAUFS Rn 207; ders, in: LAUFS/UHLENBRUCK § 64 Rn 18; ROSSNER NJW 1990, 2294 f). Soll der ursprünglich ins Auge gefaßte Umfang des Eingriffs erweitert werden, so ist dem Patienten die Möglichkeit zu geben, sich aufklären zu lassen (MünchKomm/MERTENS Rn 445). Entgegen der wohl hM (OLG Stuttgart NJW 1958, 262, 263; ROSSNER NJW 1990, 2295) ist der Verzicht unwirksam, wenn die Initiative, ihn zu erklären, vom Arzt ausgeht.

b) Die Kenntnis des Patienten

I 101 **Weiß** der Patient **um die Risiken**, so braucht er nicht bzw nicht erneut aufgeklärt zu werden (BGH NJW 1976, 363, 364; 1980, 633, 634; 1980, 1905, 1906; 1984, 1807, 1808; 1990, 2928, 2929; VersR 1983, 957, 958; OLG Stuttgart VersR 1998, 1111, 1112). Das kann zB der Fall sein, wenn bereits ein anderer, etwa der in das Krankenhaus einweisende Arzt die Aufklärung übernommen hatte (BGH NJW 1980, 633, 634; 1980, 1905, 1906). **Leidet der Patient schon lange an der Krankheit**, so kann im Einzelfall sein Kenntnisstand groß genug sein, um wirksam einwilligen zu können (BGH NJW 1976, 363, 364). Ein Patient, der selbst Arzt ist, braucht über Risiken nicht aufgeklärt zu werden, die zu dem in der Ausbildung vermittelten Grundwissen oder zu der Kenntnis seines Fachgebiets gehören (OLG Hamm VersR 1998, 322, 323; Revision vom BGH nicht angenommen). Eher theoretisch ist dagegen eine hinreichende Information durch Dritte, beispielsweise durch Mitpatienten (s aber BGH NJW 1984, 1807, 1808; MünchKomm/MERTENS Rn 442; vgl dazu schon oben Rn I 80). Nach Auffassung der Rechtsprechung darf der Operateur grundsätzlich bei jedem Patienten die **Kenntnis der allgemeinen Risiken** operativer Eingriffe voraussetzen (BGHZ 116, 379, 382 f; BGH NJW 1980, 633, 635; 1986, 780; 1989, 1533, 1534). Doch ist das **zu pauschal**. Es erscheint schon fraglich, ob jedem Patienten die Gefahr einer Embolie bewußt ist und vor allem deren Folgen klar sind. Stets muß die Einwilligung als solche erklärt werden. Und da eine nicht ausreichende Aufklärung die Einwilligung unwirksam macht, wird der Arzt gut daran tun, sich **selbst zumindest zu vergewissern**, wie es um den Kenntnisstand des Patienten bestellt ist (BGH NJW 1984, 1807, 1809; ähnl BGH NJW 1979, 1933, 1934). **Sehr problematisch** ist die Auffassung des BGH, bei gehobenem Bildungsstand des Patienten und häufig vorkommenden Eingriffen wie einer Blinddarmoperation genüge es, wenn sich der Arzt davon überzeuge, daß der Patient die Operation nicht für gänzlich ungefährlich halte (BGH NJW 1980, 633, 635). Überzeugend ist die Meinung nur in der Fassung, daß bei weniger gebildeten Bevölkerungsschichten jedenfalls umfassender etwa über das Risiko einer Vollnarkose aufzuklären ist (OLG Karlsruhe MedR 1985, 79, 81). **Zumindest mißverständlich** ist es auch, wenn der BGH es für ausreichend hält, daß der Patient nur eine allgemeine Vorstellung von dem Schweregrad des Eingriffs und den Belastungen durch den Eingriff zu erhalten brauche (BGHZ 90, 103, 108). Eine Nachfragelast des Patienten kommt allenfalls in Ausnahmefällen in Betracht (so iE auch OLG Stuttgart VersR 1998, 1111, 1113; tendenziell großzügiger zugunsten des Arztes BGH NJW 1980, 633, 635).

6. Das Gebot der Rücksichtnahme bei der Aufklärung

a) Die übermäßige Aufklärung

Es versteht sich von selbst, daß die Risikoaufklärung durch den Arzt **in schonender Form** zu erfolgen hat (OLG Köln VersR 1986, 1021, 1022). Eine besonders brutale, das Gebot der Rücksichtnahme auf den Patienten verletzende Aufklärung kann nach den Regeln der mittelbaren, namentlich psychisch verursachten Verletzung eine Gesundheitsverletzung sein (OLG Köln NJW 1988, 2306 [im konkreten Fall verneint]; MünchKomm/ MERTENS Rn 435; DEUTSCH NJW 1980, 1308). Sie ist allerdings auf die durch die rücksichtslose Mitteilung verursachte Beschädigung begrenzt; zudem ist nach den Regeln der überholenden Kausalität zu fragen, wann der Patient ohnehin denselben Schaden aufgrund der diagnostizierten Krankheit erlitten hätte (DEUTSCH NJW 1980, 1305). Die Übermaßaufklärung macht namentlich auch die **Einwilligung des Patienten unwirksam**, wenn sich der Patient **(nur) unter dem Schock der Mitteilung** zu dem Eingriff entschließt (DEUTSCH NJW 1980, 1305).

b) Die schonende Aufklärung

Auch ansonsten hat sich der Arzt zu vergewissern, was dem Patienten bereits bekannt ist. Dann wird der Arzt **nicht unvermittelt die ungünstige Diagnose** darlegen (so für die Sicherungsaufklärung OLG Köln VersR 1996, 1021, 1022); andererseits darf er dem Patienten den Ernst der Lage auch nicht vorenthalten. Ist allerdings der Patient mit der notwendigen Behandlung nicht einverstanden, so darf der Arzt letztendlich vor der Mitteilung der ernsten Diagnose nicht zurückschrecken (vgl oben Rn I 28). Auch hierbei ist indes ein **abgestuftes Verfahren** angezeigt. Gerade bei Krankheiten mit ungünstiger Prognose ist dem Arzt ein gewisses Ermessen zuzugestehen, zumal es nicht derartige Grenzfälle sind, auf die die Aufklärungspflicht des Arztes in erster Linie zugeschnitten ist (MünchKomm/MERTENS Rn 435).

c) Die Aufklärung bei medizinischer Kontraindikation

I 104 Die Aufklärung hat auch zu erfolgen, wenn sie den Patienten beunruhigen oder bei ihm eine depressive Grundstimmung verursachen kann (MünchKomm/MERTENS Rn 436). Auf der anderen Seite ist anerkannt, daß es **therapeutische Gründe geben kann**, die den Arzt von einer Aufklärung freistellen (BGHZ 29, 46, 57; 29, 176, 185; 85, 327, 333; 90, 103, 109; BGH NJW 1972, 335, 337; OLG Hamm NJW 1976, 1157; KG NJW 1981, 2521, 2523; MünchKomm/ MERTENS Rn 355; LAUFS, in: LAUFS/UHLENBRUCK § 64 Rn 20). Dasselbe gilt, wenn die **Aufklärung einen Dritten gefährden** würde, etwa der Patient dadurch erfährt, daß der Dritte dem Arzt die Details der Krankheit mitgeteilt hat und ein Racheakt des Patienten zu befürchten ist (MünchKomm/MERTENS Rn 436; DEUTSCH NJW 1980, 1307). Problematisch und demgemäß umstritten ist die Grenzziehung. Sie wird oft als **sog therapeutisches Privileg** bezeichnet (BGHZ 85, 327, 333; MünchKomm/MERTENS Rn 437; stets als unglückliche Bezeichnung gewertet). Um das Selbstbestimmungsrecht des Patienten nicht zu unterlaufen, stellt die Rechtsprechung **strenge Anforderungen** an die therapeutische Unzumutbarkeit der Aufklärung (BGHZ 90, 103, 109 f; zust GIESEN Rn 316); die Konsequenzen müssen **ernste und nicht behebbare Gesundheitsschäden** und eine Gefährdung des Heilerfolges sein (BGHZ 29, 46, 57; 29, 176, 185). Die **Lehre** befürwortet zT weniger scharfe Maßstäbe. Da der Arzt eine **Prognoseentscheidung** zu fällen habe, genüge die konkrete und begründete Befürchtung schwerwiegender Störungen des psychischen Befindens (MünchKomm/MERTENS Rn 436; LAUFS, in: LAUFS/UHLENBRUCK § 64 Rn 21; DEUTSCH NJW 1980, 1306). Das gelte namentlich, wenn die Heilungschancen gefährdet seien oder das Risiko steige, daß durch die Aufklärung die Behandlung negativ verlaufe (MünchKomm/MERTENS Rn 436; DEUTSCH NJW 1980, 1306 f). **Andere** ziehen den Ausnahmebereich sehr viel enger, da die Rechtsordnung kein therapeutisches Privileg kenne und die Aufklärungspflicht auf dem Primat der Selbstbestimmung des Patienten beruhe (GIESEN Rn 316; abl MünchKomm/MERTENS Rn 437 Fn 1319). Zu folgen ist dieser strengeren Linie; der Patient kann die Entscheidung letztendlich nur selbst treffen und bedarf daher der notwendigen Informationen. Damit gleichen sich auch die Grundsätze der Risikoaufklärung und der therapeutischen Aufklärung an (vgl oben Rn I 28). Ob in solchen Fällen anstelle des Patienten **jedenfalls die Angehörigen zu unterrichten** sind, hat die Rechtsprechung offen gelassen (BGHZ 29, 176, 185). In der Literatur wird die Frage kontrovers diskutiert und mehrheitlich verneint, da die Gründe, die gegen eine Aufklärung des Patienten gegeben seien, auch den Verzicht der Befragung Dritter nahelegten; es gebe auch Fälle, in denen eine sachdienliche Auskunft von Angehörigen nicht zu erwarten sei (MünchKomm/MERTENS Rn 437). **Jedenfalls kein tragfähiger Grund** für die unterlassene Aufklärung ist die Befürchtung, daß der Patient eine **medizinisch unvernünftige Entscheidung fällen** werde (MünchKomm/ MERTENS Rn 436). Das soll in Extremfällen anders sein, wenn die Behandlung unmittelbar und dringend erforderlich sei, die Gefahr eines Zwischenfalls oder von Nebenwirkungen gering und der Patient krankhaft ängstlich sei, so daß er keine ruhige Abwägung vornehmen könne (MünchKomm/MERTENS Rn 436; DEUTSCH NJW 1980, 1307). Dem ist nicht zu folgen. Der Patient hat die letzte Entscheidung und auch die Konsequenzen seines ängstlichen Wesens zu tragen, ohne daß ihm der Arzt die Kompetenz und deren Folgen abnehmen dürfte. **Erst die fehlende – zur Geschäftsunfähigkeit führende – Einsichtsfähigkeit zieht hier die Grenze** (BGHZ 29, 46, 51 f).

7. Die Verständnismöglichkeit des Patienten

Der Arzt muß sich auf die Verständnismöglichkeit und den **Erwartungshorizont** des Patienten einstellen. Dieser erwartet im Regelfall keinen fachwissenschaftlichen Vortrag (TEMPEL NJW 1980, 615; ähnl OLG München VersR 1995, 95); es bedeutet mehr Verunsicherung als Aufklärung, wenn der Arzt den Patienten mit Details überhäuft, die sein Wissen überfordern und die er nicht verarbeiten kann (MünchKomm/MERTENS Rn 435). Gerade bei nicht dringend gebotenen, gar nur kosmetischen Operationen sind die Risiken detailliert in einer für den Laien verständlichen Weise darzulegen (OLG Oldenburg VersR 1998, 854, 855). Der Arzt muß sich desgleichen auch versichern, daß der Patient seine Ausführungen verstanden hat, wenn Zweifel bestehen (BGH NJW 1981, 630, 632; 1995, 2407, 2408 [jeweils im Rahmen der therapeutischen Aufklärung]; Münch-Komm/MERTENS Rn 443). Es droht auch die Gefahr, daß der Patient den Hinweis nicht (hinreichend) bewußt aufnimmt (OLG Köln VersR 1997, 59; OLG Stuttgart VersR 1998, 1111, 1113); dem hat der Arzt Rechnung zu tragen. Das wird relevant bei ausländischen, der deutschen (Fach-)Sprache nicht hinreichend kundigen Patienten (OLG Düsseldorf NJW 1990, 771, 772; OLG Oldenburg VersR 1997, 978, 979; OLG Karlsruhe NJW-RR 1998, 459, 460). So liegt keine wirksame Einwilligung vor, wenn sich eine ausländische Patientin mit der Diagnose Sterilität ins Krankenhaus begibt, der Arzt eine Sterilisation vornimmt, ohne sich zu vergewissern, daß dies in der Tat dem Wunsch der Frau entspricht (OLG Düsseldorf NJW 1990, 771, 772). Notfalls muß der Arzt eine ausreichend sprachkundige Person zuziehen (OLG München VersR 1993, 1488, 1489; OLG Frankfurt aM VersR 1994, 986, 987; MünchKomm/MERTENS Rn 443).

8. Der Zeitpunkt der Aufklärung

a) Der Grundsatz der rechtzeitigen Aufklärung

Die Aufklärung kann erfolgen, wenn die Entscheidung **nicht mehr vom Vorliegen weiterer Untersuchungsbefunde** abhängt (ähnl OLG Stuttgart VersR 1998, 1111, 1113); es müssen also alle Daten der Diagnose vorliegen (BGH NJW 1992, 2351, 2352; SOERGEL/ZEUNER Rn 241 Fn 28; MünchKomm/MERTENS Rn 440; DEUTSCH NJW 1979, 1907). Vor allem aber muß sie rechtzeitig erfolgen (BGH NJW 1992, 2351; 1994, 3009, 3011; 1995, 2510, 2511; 1998, 2734; OLG Celle NJW 1979, 1251, 1253; OLG Stuttgart NJW 1979, 2355, 2356). Der Patient muß in der Lage sein, durch hinreichende Abwägung der für und gegen den Eingriff sprechenden Gründe seine Entscheidungsfreiheit und damit sein Selbstbestimmungsrecht in angemessener Weise zu wahren (BGH NJW 1998, 2734). Das setzt voraus, daß der Patient **auch Gelegenheit hat**, zwischen **dem Gespräch und dem Eingriff** das Für und Wider der Operation abzuwägen (BGH NJW 1992, 2351 mwNw; KG VersR 1993, 189, 190). Er muß ferner im **Vollbesitz seiner Entscheidungsfähigkeit und Entscheidungsfreiheit** sein (BGH NJW 1992, 2351, 2352; OLG Stuttgart NJW 1979, 2355, 2356; OLG München NJW 1984, 1412, 1413; KG VersR 1993, 189, 190; BGB-RGRK/NÜSSGENS Anh II Rn 100; LAUFS, in: LAUFS/UHLENBRUCK § 66 Rn 6). Auch muß Gelegenheit sein, **mit der Familie oder Vertrauenspersonen zu sprechen** (MünchKomm/MERTENS Rn 440; BRÜGGEMEIER Rn 736; LAUFS, in: LAUFS/UHLENBRUCK § 66 Rn 6). Auf Behandlungsalternativen muß der Patient hingewiesen werden, bevor es zu spät ist (MünchKomm/MERTENS Rn 440). So ist die Aufklärung nicht rechtzeitig, wenn der Patient bereits auf dem Operationstisch liegt (von BGH NJW 1992, 2351, 2352 als Schulfall gebracht; vgl aber auch OLG Stuttgart NJW 1979, 2355, 2356, wo dies nach der Behauptung der Klägerin so war), desgleichen wenn er bereits auf die Operation vorbereitet wird oder gar schon unter Medikamenten steht (BGH NJW 1974,

1422, 1423; 1992, 2351, 2352; 1993, 2372, 2373; 1998, 1784, 1785; VersR 1983, 957, 958; OLG Düsseldorf NJW 1963, 1679, 1680; OLG Hamm VersR 1995, 1440, 1441). Deshalb muß der Arzt aufklären, solange sich der Patient in einem Zustand befindet, in dem die Problematik mit ihm besprochen werden kann (BGH NJW 1993, 2372, 2373; OLG München VersR 1994, 1345, 1346). Das bedeutet auch, daß der Patient vor der Operation aufgeklärt werden muß, wenn der Arzt die ernsthafte Möglichkeit einer **Operationserweiterung** oder der **Änderung der Operationsmethode** in Betracht ziehen muß (BGH NJW 1989, 1541, 1542; 1993, 2372, 2373; VersR 1985, 1887, 1888; OLG München VersR 1994, 1345, 1346). Eine Frau ist vor der Entbindung über Alternativen aufzuklären, wenn etwa die Sectio notwendig oder zumindest als eine Vorgehensweise ernsthaft in Betracht zu ziehen ist, gerade wenn im fortgeschrittenen Stadium ein Aufklärungsgespräch und eine eigenverantwortliche Entscheidung erschwert ist (BGH NJW 1993, 2372, 2373).

b) Die Differenzierung nach der Art des Eingriffs

I 107 Was den Zeitpunkt angeht, zu dem das Gespräch spätestens stattzufinden hat, **differenziert die Rechtsprechung**. Bei **ambulanten und diagnostischen Eingriffen** genügt es, wenn der Arzt am Tag der Operation aufklärt. Auch hier muß allerdings dem Patienten deutlich gemacht werden, daß nicht nur das Risiko beschrieben wird, sondern die Aufklärung die eigene Entscheidung ermöglichen soll; dazu bedarf er ausreichender Zeit (BGH NJW 1994, 3009, 3011; 1995, 2410, 2411; 1996, 777, 779). Es genügt aber, wenn dem Patienten klargemacht wird, daß er unter keinerlei Zeitdruck steht (OLG Oldenburg VersR 1998, 769, 770). Die Aufklärung ist dagegen **verspätet**, wenn beim Patienten der Eindruck hervorgerufen wird, der **Eingriff solle unmittelbar anschließend durchgeführt** werden und er könne sich nicht mehr aus dem in Gang befindlichen Geschehensablauf lösen (BGH NJW 1994, 3009, 3011; 1995, 2410, 2411; 1996, 777, 779). So liegt es, wenn das Gespräch erst direkt vor der Tür des Operationssaales durchgeführt wird (BGH NJW 1994, 3009, 3011; 1995, 2410, 2411). Bei **kleineren und risikoarmen Eingriffen**, die in stationärer Behandlung erfolgen, ist spätestens am **Vortag** aufzuklären (BGH NJW 1992, 2351, 2352; OLG Celle NJW 1987, 2304, 2305; OLG Bamberg VersR 1998, 1025). Bei **schwierigen und risikoreichen Eingriffen** hat die Aufklärung zu erfolgen, bevor der **Operationstermin festgelegt** wird (BGH NJW 1992, 2351, 2352; 1993, 2372, 2373; OLG Köln VersR 1997, 59; iE auch OLG Celle NJW 1987, 2304, 2305; anders noch BGH NJW 1985, 1399; WACHSMUTH NJW 1979, 1253). Anderenfalls besteht die Gefahr, daß die angelaufenen Vorbereitungen eine psychische Barriere für den Patienten bedeuten, trotz besserer Einsicht oder trotz der nunmehr erkannten Risiken die Operationsbereitschaft zu widerrufen (BGH NJW 1992, 2351, 2352; OLG Celle NJW 1979, 1251, 1253; OLG Düsseldorf NJW-RR 1996, 347). Auch am Vorabend der Operation wird der Patient in solchen Fällen mit der Verarbeitung der Fakten und mit der von ihm zu treffenden Entscheidung regelmäßig überfordert sein, wenn ihm erstmals gravierende Risiken mitgeteilt werden (BGH NJW 1992, 2351, 2352; 1998, 2734; **aA** OLG Stuttgart VersR 1998, 1111, 1113). Das soll anders sein, wenn eine umfassende Aufklärung bereits stattgefunden hatte und ein erhöhter Informationsbedarf nur noch insoweit bestand, als sich das Risiko erhöht hatte (OLG Hamm VersR 1995, 1440, 1441; MünchKomm/MERTENS Rn 440; sehr zweifelhaft). Die **Kritik der Lehre**, mit der frühen Aufklärung werde der Patient psychisch für eine lange Zeit belastet, da zwischen Vereinbarung und Durchführung der Operation eine längere Zeitspanne liegen könne, zudem müsse die Einwilligung bis zur Operation andauern, was eine erneute Aufklärung nötig machen könne (LAUFS/REILING Anm zu BGH LM Nr 139 zu § 823 [Aa] unter 2; HOPPE NJW 1998, 785; ähnl DEUTSCH NJW 1979, 1907; dem BGH zustimmend aber SOERGEL/ZEUNER Rn 240), ändert an der Richtigkeit der

Grundsätze der Rechtsprechung nichts. Die Aufklärung hat zu erfolgen, bevor die Entscheidung für den Eingriff fällt (vgl oben Rn I 81). Wenn es um das Selbstbestimmungsrecht des Patienten geht, so hat dieser, soweit er das Recht in Anspruch nimmt, auch die mit der Information einhergehenden psychischen Belastungen zu tragen. Daß im **Narkosebereich** die Aufklärung am Vortag genügt (BGH NJW 1992, 2351, 2352), liegt weniger daran, daß der Patient nicht schon in die angelaufenen Vorkehrungen eingebunden ist, sondern daß Narkoserisiken in groben Umrissen bekannt sind (BGH NJW 1974, 1422, 1423). Folgerichtig ist das anders, wenn speziell die Narkose eine über den Normalfall hinausgehende Gefahr darstellt. Eine Verkürzung der Frist ist möglich, wenn die möglichst frühzeitige Operation dem Wunsch des Patienten entspricht (OLG Düsseldorf NJW-RR 1996, 347). Keine Frage der Rechtzeitigkeit, sondern des Umfangs ist die Pflicht des Arztes, auf die eventuelle Notwendigkeit von Nachoperationen hinzuweisen (BGH NJW 1996, 3073, 3074; HOPPE NJW 1998, 782 Fn 6).

c) Die Folgen verspäteter Aufklärung

Nach der Rechtsprechung hat die zu spät erfolgte Aufklärung **nicht automatisch die Unwirksamkeit** der Einwilligung zur Konsequenz. Der Umstand, daß der Patient unter psychischem Druck stehe, reiche nicht generell zu der Annahme aus, er habe keine Freiheit mehr, sich gegen den Eingriff zu entscheiden (BGH NJW 1992, 2351, 2352; MünchKomm/MERTENS Rn 440). Es bedürfe vielmehr **konkreter vom Patienten substantiiert vorzutragender Tatsachen**, etwa die besondere Art des Risikos oder die besonders eingeschränkte Entschlußkraft des Patienten. Die Beweislast, daß sich der Patient trotzdem zum Eingriff entschlossen hätte, obliege, da es um die Wirksamkeit der Einwilligung gehe, allerdings dem Arzt (BGH NJW 1992, 2351, 2352). Doch ist **dem nicht zu folgen**. Zum einen wäre damit ärztliches Fehlverhalten in vielen Fällen sanktionslos, obgleich in einem wichtigen Punkt die Selbstbestimmung des Patienten unterlaufen wäre. Zum anderen genügen die normalen Regeln, die es dem Arzt erlauben, geltend zu machen, der Patient hätte eingewilligt (vgl dazu unten Rn I 121 ff). Allenfalls in diesem Rahmen können an die plausible Behauptung des Patienten, bei ruhiger Überlegung hätte er sich in einem echten Konflikt befunden, erhöhte Anforderungen gestellt werden. Dagegen überzeugt es nicht, die Regeln der mutmaßlichen Einwilligung anzuwenden (so aber SOERGEL/ZEUNER Rn 241), da an die Stelle des konkreten Patienten der Wille eines vernünftigen Patienten gesetzt würde.

I 108

9. Die Entscheidung des Patienten

a) Die Auslegung und die Reichweite der Einwilligung

Für die Auslegung der Einwilligung gelten die **allgemeinen Interpretationsgrundsätze** (OLG Karlsruhe VersR 1979, 58, 59; MünchKomm/MERTENS Rn 39). Eine konkludente Einwilligung ist im Prinzip möglich (BGH NJW 1980, 1903; SOERGEL/ZEUNER Rn 234). Das bloße Dulden eines Eingriffs bedeutet aber nicht stets eine Einwilligung (OLG Karlsruhe NJW 1987, 1489). Die Umstände sind maßgebend namentlich auch für die **Reichweite**. Zwar kann die Einwilligung nur insgesamt erteilt oder verweigert werden (BGHZ 90, 96, 101; 106, 391, 399). Eine Einwilligung schlechthin dürfte dagegen selten vorkommen. Sie ist vielmehr in aller Regel **begrenzt**, was **den Umfang** angeht. Oft wird sie sich auch nur auf **gewisse Personen** erstrecken, die befugt sind, den Eingriff vorzunehmen. Ohne weitere Anhaltspunkte deckt die Einwilligung zB nicht den Eingriff durch Medizinstudenten (GIESEN Rn 206), die für den Chefarzt erteilte Einwilligung deckt nicht den Eingriff durch einen Oberarzt (BGH VersR 1957, 408, 409) oder Assi-

I 109

stenzarzt (OLG München NJW 1984, 1412, 1413). Natürlich kann in der Einwilligung **auch eine Erstreckung auf den Vertreter vorgesehen** sein. Gegen eine formularmäßige Ausweitung bestehen aber im Hinblick darauf, daß der Patient – auch durch höheres Honorar – speziell etwa den Chefarzt als Leistungserbringer ansieht und auch ansehen kann, Bedenken wegen § 3 AGBG und § 9 Abs 2 Nr 2 AGBG (OLG Karlsruhe NJW 1987, 1489; LG Fulda NJW 1988, 1519, 1520; H Schmidt, in: Ulmer/Brandner/Hensen, AGB-Gesetz [8. Aufl 1997] Anh nach §§ 9–11 Rn 451 a; Kollhosser/Kubillus JA 1996, 341). Beim reinen Krankenhausvertrag erklärt sich dagegen der Patient im Regelfall mit der Behandlung durch alle diejenigen Ärzte einverstanden, die nach dem internen Dienstplan zuständig sind (Kollhosser/Kubillus JA 1996, 341).

b) Der Widerruf der Einwilligung

I 110 Die Einwilligung kann bis zur Vornahme des Eingriffs widerrufen werden (BGH NJW 1980, 1903; LM Nr 9 zu § 823 [Aa] Bl 2; MünchKomm/Mertens Rn 39, 446). Die Schwierigkeit liegt darin, **Bedenken**, die Patienten aus **Angst oder Wehleidigkeit** äußern, vom Widerruf abzugrenzen. Bloßes Sträuben genügt nach der Rechtsprechung nicht (BGH NJW 1980, 1903, 1904; LM Nr 9 zu § 823 [Aa] Bl 2). Dem ist im Ansatz zu folgen. Doch muß umgekehrt der Gefahr vorgebeugt werden, daß sich die Ärzte allzu schnell über den ernstgemeinten Widerruf hinwegsetzen. Ein Grenzfall ist es daher, wenn der BGH in einer allerdings frühen Entscheidung den Arzt für verpflichtet hält, dem Patienten, der ein Mittel nicht vertragen hatte, notfalls mit Gewalt ein Abführmittel zu verabreichen (BGH LM Nr 9 zu § 823 [Aa] Bl 2 Rücks). Voraussetzung ist wenigstens, daß der Patient erkennbar die Gefahr der Situation nicht sieht und schwerer Schaden droht (vgl auch BGH LM Nr 9 zu § 823 [Aa] Bl 2 Rücks).

c) Die Anfechtung der Einwilligung

I 111 Angesichts der Möglichkeit, die Einwilligung bis zum Eingriff zu widerrufen, bedarf es einer Anfechtung nicht. Auch nachher ist sie regelmäßig ausgeschlossen, weil sie aus Gründen, die in der Person des Patienten liegen, der Rechtfertigung des ärztlichen Handelns den Boden entzöge. **Dem Arzt erkennbare oder von ihm gar verursachte Willensmängel** sind dagegen schon bei der Auslegung und Wirksamkeit der Willenserklärung zu berücksichtigen.

d) Die Verweigerung der Einwilligung

I 112 Auch bei absoluter und vitaler Indikation ist der Arzt an die Weigerung des Patienten gebunden, den Eingriff vornehmen zu lassen (MünchKomm/Mertens Rn 449); er darf namentlich den Patienten auch nicht massiv bedrängen (BGH NJW 1998, 1784, 1785). Allenfalls könnte die Weigerung Anlaß sein, zu prüfen, ob eine Betreuung anzuordnen ist. Deren Voraussetzungen müssen indes vorliegen. In einer Entscheidung bejaht der BGH obendrein unterlassene Hilfeleistung, wenn ein Arzt bei einer lebensbedrohlichen Situation nicht die Angehörigen informiert, obgleich der Patient die Behandlung verweigert (BGH [St] NJW 1983, 350, 351); diese Auffassung wird indes weitgehend abgelehnt (MünchKomm/Mertens Rn 449 Fn 1350; Ulsenheimer, in: Laufs/Uhlenbruck § 141 Rn 39 mwNw; Laufs NJW 1983, 1347; Geiger JZ 1983, 153). Denn der Patient kann auch **dann die Behandlung ablehnen**, wenn sie die einzige Chance ist, seinen Zustand zu bessern (BGH [St] NJW 1958, 257, 258; Laufs NJW 1983, 1347; Geiger JZ 1983, 153). Auch an eine Verweigerung der Einwilligung durch die **Eltern** ist der Arzt gebunden. Jedoch hat er, wenn die Versagung rechtsmißbräuchlich oder medizinisch unvertretbar ist, das Vormundschaftsgericht einzuschalten, um die Einwilligung ersetzen zu lassen (MünchKomm/MERTENS Rn 449; LAUFS Rn 222). In Eilfällen kann der Arzt sich über die Versagung der Einwilligung der Eltern hinwegsetzen, wenn die Mißbrauchsvoraussetzungen gegeben sind (MünchKomm/MERTENS Rn 449; LAUFS Rn 222); ein Veto des insoweit einsichtsfähigen Minderjährigen hat er jedoch zu beachten (LAUFS Rn 222 Fn 128).

10. Die Organisationspflicht des Krankenhauses

Die Krankenhausträger sind verpflichtet, durch allgemeine Anordnungen darauf hinzuwirken, daß die rechtlich gebotene Risikoaufklärung des Patienten vor dem Eingriff erfolgt (BGH NJW 1956, 1106, 1108; 1963, 393, 395; 1966, 1855, 1856; 1979, 1933, 1934; OLG Köln NJW 1978, 1690, 1691; KG VersR 1979, 260, 261; OLG Celle NJW 1979, 1251, 1252 f; OLG [St] Hamburg NJW 1965, 603, 604; MünchKomm/MERTENS Rn 444; BERGMANN VersR 1996, 813 ff). Da es um **eigenes Organisationsverschulden** geht, ist der Entlastungsbeweis des § 831 von vornherein versperrt (BGH NJW 1956, 1106, 1108; OLG Köln NJW 1978, 1690, 1691; MünchKomm/MERTENS Rn 444; der Sache nach auch BGH NJW 1979, 1933, 1934). Das hat zur Aufstellung des Musters einer Dienstanweisung geführt (vgl unten Rn I 129). Allerdings ist sehr **zweifelhaft**, ob sich die Grundsätze der Rechtsprechung in derartige Dienstanweisungen umsetzen lassen (zweifelnd etwa KG VersR 1979, 260, 261; LAUFS Rn 216).

11. Das Mitverschulden des Patienten

Der Einwand des Mitverschuldens des Patienten soll nach der Rechtsprechung **prinzipiell zwar möglich** sein, jedoch nur ausnahmsweise in Betracht kommen (BGH NJW 1976, 363, 364; 1997, 1635; VersR 1979, 720, 721). Als Beispiel wird genannt, daß der selbstsicher auftretende und sich aktiv am Gespräch mit dem Arzt beteiligende Patient den unzutreffenden Eindruck erwecke, daß er mit medizinischen Problemen vertraut sei und daß ihm daher die Risiken des Eingriffs bekannt oder zumindest gleichgültig seien (BGH NJW 1976, 363, 364). Dogmatisch ist das nicht ganz unproblematisch, weil es um die fehlerhafte Annahme des Arztes geht, sein Handeln sei durch eine wirksame Einwilligung gerechtfertigt. Doch bleibt der Eingriff auch dann rechtswidrig; hat der Arzt dies fahrlässig nicht erkannt, so haftet er. Der Einwand des Mitverschuldens bedeutet in diesem Fall, daß es dem Patienten vorzuhalten ist, durch sein Verhalten den Arzt von der Einholung einer wirksamen Einwilligung abgehalten zu haben. Unter dem Aspekt der Schadensminderungspflicht kann es sich zu Lasten des Patienten auswirken, wenn er eigenmächtig eine Therapie abbricht, die der Arzt begonnen hatte, um die Nebenwirkungen einer Maßnahme, über die er unzureichend aufgeklärt hatte, zu kompensieren. Entgegen Teilen der Rechtsprechung führt dies indes nicht zum gänzlichen Haftungsausschluß (so aber OLG Köln VersR 1997, 1491 [LS]).

12. Die mutmaßliche Einwilligung

a) Die Abgrenzung zum rechtfertigenden Notstand

Die mutmaßliche Einwilligung spielt vor allem dann eine Rolle, wenn sich der Patient in einem Zustand befindet, in dem er nicht mehr eigenverantwortlich entscheiden kann (BGH NJW 1987, 2291, 2292; 1993, 2372, 2373) oder gar bewußtlos ist. Daneben kommt nach der Lehre auch der rechtfertigende Notstand in Betracht (MünchKomm/MERTENS Rn 451). Die **Abgrenzung zwischen den beiden Instituten ist streitig**; nach wohl hL gibt beim rechtfertigenden Notstand die objektive Abwägung den

Ausschlag, während bei der mutmaßlichen Einwilligung der wirkliche oder hypothetische Wille zu beachten ist (Roxin, Strafrecht AT Bd I [3. Aufl 1997] § 18 Rn 5). Man kann das mit Hinweis auf § 683 untermauern (Laufs Rn 226). Geht es um die Abwägung von Rechtsgütern, die ein und demselben Träger zustehen, so haben die **Regeln der mutmaßlichen Einwilligung den Vorrang** (Roxin, Strafrecht AT Bd I [3. Aufl 1997] § 16 Rn 87) – schon deswegen, weil sonst der Wille des Patienten unterlaufen werden könnte (Krey, Strafrecht BT 1 [11. Aufl 1998] Rn 211; Müller-Dietz JuS 1989, 351). Das bedeutet, daß der wirkliche Wille auch dann den Ausschlag gibt, wenn er medizinisch unvernünftig sein sollte (Laufs Rn 226). Das Ergebnis paßt nahtlos zur Rechtslage bei der Erteilung bzw Verweigerung der ausdrücklichen Einwilligung.

b) Operationserweiterungen

I 116 Stellt der Arzt während des Eingriffs die Notwendigkeit einer Operationserweiterung fest und steht er vor der Frage, ob er ausdehnen darf, so gibt der erkennbare **Wille des Patienten auch dort** den Ausschlag, **wo er unvernünftig ist** (so iE LG Göttingen VersR 1990, 1401). Hat der Arzt – auch unter Verletzung seiner Aufklärungspflicht – nicht über das Risiko informiert und ist daher der Wille des Patienten nicht ersichtlich, kommt es auf die **vitale Indikation** an (BGH NJW 1977, 337, 338; BGH [St] NJW 1988, 2310; OLG Frankfurt aM NJW 1981, 1322, 1324; LG Mannheim VersR 1981, 761, 762; Laufs Rn 227; Giesen Rn 240 f; ders JZ 1988, 1031; ders JZ 1990, 1059; Geppert JZ 1988, 1028; Müller-Dietz JuS 1989, 283). Dasselbe gilt, wenn ein nicht vorhersehbarer Befund erst während der Operation zu Tage tritt, die **akute Gefahr einer schweren Gesundheitsbeschädigung** abgewendet werden soll und ein der Operationserweiterung **entgegenstehender Wille des Patienten nicht ernsthaft zu erwarten** ist (OLG Frankfurt aM NJW 1981, 1322, 1324; OLG Koblenz VersR 1995, 710, 711; Giesen Rn 241; Laufs Rn 227; Müller-Dietz JuS 1989, 283). Kann die Operation jedoch ohne das Risiko einer zusätzlichen ernsthaften Komplikation **abgebrochen** und die Entscheidung des Patienten herbeigeführt werden, so darf der Arzt nicht weiter operieren (BGH NJW 1977, 337, 338; BGH [St] NJW 1958, 267, 268; LG Mannheim VersR 1981, 761, 762; Giesen Rn 242; **aA** BGH [St] NJW 1988, 2310 f; Laufs Rn 227; dazu abl Roxin, Strafrecht AT Bd I [3. Aufl 1997] § 18 Rn 12; Giesen JZ 1988, 1030; ders JZ 1990, 1059; Geppert JZ 1988, 1028; Müller-Dietz JuS 1989, 283). Ansonsten würden wiederum die Prognose und das Votum des Arztes an die Stelle der Selbstbestimmung des Patienten gesetzt. Auch könnte eine extensive Handhabung der Gegenansicht geradezu eine Einladung sein, der Pflicht zur rechtzeitigen Aufklärung nicht oder nicht hinreichend nachzukommen. Die Operation ist daher abzubrechen, wenn die Entscheidungsfreiheit des Patienten höher einzuschätzen ist als die Mehrbelastung durch die erneute Operation (Laufs Rn 227; Giesen Rn 238). Für diese hat der Arzt dann Schadensersatz zu leisten, wenn er schuldhaft übersehen hat, daß eine Operationserweiterung in Betracht kommt, und nicht aufgeklärt hat. Ist der Patient bei Bewußtsein und entscheidungsfähig, so hat er über den Abbruch zu befinden (vgl BGH NJW 1987, 2291, 2293; im konkreten Fall allerdings verneint).

c) Entscheidungsunfähige und bewußtlose Patienten

I 117 Bei **entscheidungsunfähigen und bewußtlosen** Patienten ist eine Aufklärung natürlich **überflüssig**. Allerdings ist zum einen Zurückhaltung geboten bei der Annahme von Entscheidungsunfähigkeit. So muß natürlich im Geburtsverlauf rechtzeitig die Möglichkeit oder Notwendigkeit einer Sectio erörtert werden, wenn der Verlauf dazu Anlaß gibt, sie in Erwägung zu ziehen (vgl oben Rn I 94). Doch ist die Aussage des BGH, daß im fortschreitenden Geburtsverlauf jede Gebärende in eine Lage komme, in der sie kaum fähig sei, eine eigenverantwortliche Entscheidung zu treffen (BGH NJW 1993, 2372, 2373), viel zu pauschal und letztendlich zumindest irreführend. Mag eine ausreichende Aufklärung auch zu spät kommen, um den Eingriff nach den normalen Regeln zu rechtfertigen, so darf der Arzt jetzt nicht darauf verweisen, eine Willensbildung der Frau komme nicht mehr in Betracht, und sich beliebig über den Willen der Mutter mit Hilfe ihres hypothetischen Willens hinwegsetzen. Er hat vielmehr, wenn irgend möglich, ihr Einverständnis herbeizuführen, darf davon erst abweichen, wenn sie ersichtlich etwa die Notlage des Kindes nicht erfaßt. Dann können auch frühere Äußerungen als Indiz für den Willen eines nur noch schwer ansprechbaren Patienten dienen (BGH NJW 1993, 2372, 2374; MünchKomm/MERTENS Rn 451). Zu beachten ist in den Fällen des bewußtlosen und nicht entscheidungsfähigen Patienten – wenn keine anderen Erkenntnisse vorliegen – das objektive Interesse; es wird in aller Regel darauf gerichtet sein, daß das Leben erhalten bleibt, die Leiden gemindert werden und die Gesundheit möglichst weitgehend wieder hergestellt wird. Ist ein abweichender Wille ersichtlich, so ist der Arzt gebunden; auch Angehörige können sich darüber nicht hinwegsetzen. Doch ist zunächst dieser Wille festzustellen. Aus einem Selbstmordversuch darf angesichts der Häufigkeit von Appelltaten nicht geschlossen werden, der nunmehr bewußtlose Patient lehne Maßnahmen zu seiner Rettung ab (MünchKomm/MERTENS Rn 450). Auch muß die Ablehnung von Bluttransfusionen in gesunden Tagen nicht notwendig die Verweigerung in extremen Fällen beinhalten (MünchKomm/MERTENS Rn 450; DEUTSCH NJW 1979, 1908 f). Die schwierigste Frage ist, ob der Patient, der ja Herr über die Erteilung seiner Einwilligung bleibt, angesichts einer Notsituation diese nunmehr geben würde, **seine frühere Auffassung also revidiert** (MünchKomm/MERTENS Rn 450; ROXIN, Strafrecht AT Bd I [3. Aufl 1997] § 18 Rn 25; UHLENBRUCK NJW 1978, 568). Das liegt nahe, wenn die Äußerung lang zurückliegt und eher beiläufig abgegeben wurde (BGH [St] NJW 1995, 204; ROXIN, Strafrecht AT Bd I [3. Aufl 1997] § 18 Rn 26; **aA** wohl MünchKomm/MERTENS Rn 450). Je mehr aber die Krankheit den Betroffenen schon ergriffen hatte, je klarer ihm also bereits die Konsequenz seiner Entscheidung vor Augen stand, desto weniger ist von einer Änderung seiner Position auszugehen. In dieser Hinsicht kann die Befragung der Angehörigen Indizien für einen Wandel oder ein Beharren auf der geäußerten Ansicht geben (LAUFS Rn 226; **aA** ROXIN, Strafrecht AT Bd I [3. Aufl 1997] § 18 Rn 25).

13. Die Folgen fehlender oder fehlerhafter Aufklärung

a) Die Haftung des Arztes

Ein Eingriff ohne Einwilligung oder nach nicht hinreichender Aufklärung ist rechtswidrig; der Arzt haftet bei Verschulden **grundsätzlich für alle Schadensfolgen** (BGHZ 106, 391, 398; BGH NJW 1959, 2299, 2300; 1974, 604, 605; 1985, 676; 1990, 2928, 2929; 1991, 2346, 2347; 1993, 2378, 2379; 1996, 777, 779; 1998, 1784, 1785 f; OLG Karlsruhe NJW-RR 1998, 459, 461; OLG Stuttgart VersR 1998, 637; MünchKomm/MERTENS Rn 453; NÜSSGENS, in: FS Hauß [1978] 289). Dies gilt auch, wenn die Behandlung an sich sachgerecht war (BGH NJW 1982, 697, 698; OLG Stuttgart VersR 1954, 810). Dabei führt schon der nicht durch eine wirksame Einwilligung gedeckte Eingriff zu einem ersatzfähigen Körperschaden (BGH NJW 1987, 1481; VersR 1967, 495, 496).

I 118

b) Der Schutzzweckzusammenhang
aa) Fehlende Grundaufklärung

Schwierigkeiten entstehen, wenn der Arzt zwar nicht hinreichend aufgeklärt hat, sich

I 119

aber nicht ein Risiko verwirklicht, auf das der Patient hätte hingewiesen werden müssen, sondern ein anderes, das so selten oder unvorhersehbar ist, daß es der Aufklärung nicht bedurfte. Die Rechtsprechung bejaht hier grundsätzlich die Haftung. Denn der Eingriff, bei dem der Patient den Schaden erlitten hat, hätte mangels hinreichender Aufklärung nicht vorgenommen werden dürfen (BGH NJW 1996, 777, 779; aA OLG Karlsruhe NJW 1983, 2843; offen gelassen von BGH NJW 1986, 1541, 1542). Dies gilt jedenfalls, wenn es schon an der **notwendigen Grundaufklärung gefehlt** hat (BGHZ 106, 391, 399; BGH NJW 1991, 2346, 2347; 1996, 777, 779; OLG Hamm VersR 1996, 197 [LS]; PALANDT/ THOMAS Rn 52; STEFFEN ZVersWiss 1990, 38 f; ders RPG 1997, 97). Ist auf die Gefahr einer Querschnittslähmung nicht hingewiesen worden, haftet der Arzt also in jedem Fall (BGH NJW 1991, 2346, 2347).

bb) Untypische Risiken

I 120 Strittig ist, ob Schutzzwecküberlegungen eine Grenze ziehen. Hat der Patient die notwendige Grundaufklärung erhalten und ist ihm damit bereits ein Eindruck von der Art und der Schwere des Eingriffs vermittelt, hat aber der Arzt ein zu erwähnendes Risiko nicht genannt, so kann **nach Auffassung des BGH** eine Einstandspflicht des Arztes den gebotenen Schutz des Selbstbestimmungsrechts des Patienten übersteigen, wenn sich nunmehr ein Risiko realisiert, über das aufgeklärt wurde, oder das so untypisch ist, daß es insoweit einer Aufklärung nicht bedurfte (BGH NJW 1984, 1395, 1396 [insoweit in BGHZ 90, 96 ff nicht abgedruckt]; 1991, 2346, 2347; iE auch BGH NJW 1996, 777, 779). In einem solchen Fall sei die Berufung auf die fehlende Aufklärung angesichts ihres Zwecks rechtsmißbräuchlich (BGH NJW 1991, 2346, 2347). Die Rechtsverkürzung, derentwegen der Eingriff rechtswidrig ist, drückt sich – wie es der BGH formuliert – bei wertender Betrachtung des Schutzzwecks der Aufklärungspflichten nur äußerlich und eher zufällig in dem Schaden aus, der eingetreten ist (BGHZ 106, 391, 400; ähnl BGHZ 90, 96, 102; BGH NJW 1996, 777, 779; iE zust LARENZ/CANARIS § 76 II 1 g, der anders entscheidet, wenn nicht aufgeklärt worden war, sich das Risiko verwirklicht, und zwar in einem Umfang, über den wegen seiner Unwahrscheinlichkeit nicht hätte aufgeklärt werden müssen: dann hafte der Arzt wegen der fehlenden Aufklärung über die Gefahr als solche). Es muß sich um ein Risiko handeln, das mit den aufklärungsbedürftigen Punkten in der Bedeutung für die künftige Lebensführung des Patienten nicht vergleichbar ist. Der Patient darf – hätte auch ein Einzelaspekt durchaus dargestellt werden werden müssen – über den allgemeinen Schweregrad des Eingriffs nicht im unklaren gelassen worden sein; die Grundaufklärung muß also erfolgt sein (BGH NJW 1991, 2346, 2347; 1996, 777, 779; SOERGEL/ZEUNER Rn 239). Regelmäßig muß es sich um eher **fernliegende** oder für den Patienten durchaus **tragbare Risiken** handeln (BGHZ 106, 391, 399 f; STEFFEN RPG 1997, 98). Dies ist indes die Ausnahme (GIESEN Rn 300); es bedarf zusätzlich der besonderen Prüfung, ob der Patient in einen Entscheidungskonflikt geraten wäre (BGHZ 106, 391, 400). Verneint wurde der Schutzzweckzusammenhang etwa in einem Fall, da der Patient zwar über mögliche Schmerzen bei einer Rektoskopie nicht informiert worden war, obgleich dies nötig gewesen wäre, es dann aber zu einer Darmperforation kam, über deren Risiko es keiner Aufklärung bedurft hätte (BGHZ 90, 96, 102 f, im konkreten Ergebnis zweifelhaft; vgl auch BGB-RGRK/NÜSSGENS Anh II Rn 168; GIESEN JR 1984, 373 f). Dagegen ist der Schutzzweckzusammenhang vom BGH in einem Fall bejaht worden, in dem der Arzt auf eine drohende Infektion mit der Gefahr der Schulterversteifung fehlerhaft nicht hingewiesen hatte, der Patient indes an einer Infektion verstarb – ein Risiko über das nicht hatte aufgeklärt werden müssen (BGHZ 106, 391, 400 f). Die **wohl hL lehnt** – ebenso wie Instanzgerichte – eine Zurechnung dagegen generell ab, wenn sich ein nicht aufklärungsbedürftiges Risiko verwirklicht hat (OLG Karlsruhe NJW 1983, 2643; vgl auch die weiteren Nachw zur Rspr der Instanzgerichte bei BGHZ 106, 391, 396; ferner LAUFS, in: LAUFS/UHLENBRUCK § 67 Rn 8; KERN/LAUFS 151; BRÜGGEMEIER Rn 701; DEUTSCH/MATTHIES 83; DEUTSCH NJW 1984, 1802; ders NJW 1989, 2313 f; HAUSS VersR 1989, 512). Sie wird vom BGH mit dem Argument zurückgewiesen, die Einwilligung werde nicht zu den einzelnen Risiken, sondern nach Abwägung aller Umstände in den Eingriff erklärt (BGH NJW 1991, 2346, 2347; zust GIESEN Rn 292, 299; ders JR 1989, 373 f; STEFFEN RPG 1997, 99). Eine **vermittelnde Ansicht** folgt zwar zunächst der Rechtsprechung, hält im Ausgangspunkt die Einwilligung also für unwirksam, da sie nur insgesamt erteilt oder verweigert werden könne. Eine partiell wirksame Folgeneinwilligung gebe es nicht; damit fehle es an der wirksamen Einwilligung schlechthin (MünchKomm/MERTENS Rn 455). Jedoch lasse sich vom Arzt rechtmäßiges Alternativverhalten einwenden; er könne darauf verweisen, der Patient hätte auch dann eingewilligt, wenn er ordnungsgemäß aufgeklärt worden wäre (MünchKomm/MERTENS Rn 455; BGB-RGRK/NÜSSGENS Anh II Rn 170; wohl auch SCHLOSSHAUER-SELBACH NJW 1985, 663). In der Tat überzeugt die hL nicht, da der Eingriff bei nicht ordnungsgemäßer Aufklärung auch dann rechtswidrig ist, wenn er nach den Regeln der ärztlichen Kunst vorgenommen wird und medizinisch gesehen ein voller Erfolg ist. Dann muß er erst recht rechtswidrig sein, wenn er im Ergebnis fehlschlägt. Der Arzt haftet in derartigen Fällen nicht nur für Risiken, über die er hätte aufklären müssen, sondern im Grundsatz für alle Schäden, die er durch sein eigenmächtiges Handeln verursacht (STEFFEN RPG 1997, 97). Auf der anderen Seite ist das Bemühen der Rechtsprechung zu unterstützen, daß nicht der unglückliche, aber schicksalhafte Ausgang auf den Arzt überwälzt werden darf, dem ein Aufklärungsfehler unterlief. Dogmatisch am überzeugendsten ist dann die Figur **der hypothetischen Einwilligung** bzw des **rechtmäßigen Alternativverhaltens**, bei der der Arzt etwa nachzuweisen hat, daß die fehlende Information sich auf die Entscheidung des Patienten nicht ausgewirkt hat.

c) Die hypothetische Einwilligung
aa) Die Voraussetzungen
Dem Arzt steht der Einwand offen, der Patient wäre auch dann mit dem Eingriff einverstanden gewesen, wenn er ordentlich aufgeklärt worden wäre (BGHZ 29, 176, 187; 90, 103, 111; BGH NJW 1976, 365; 1980, 1333, 1334; 1990, 2928, 2929; 1991, 1543, 1544; 1991, 2344, 2345; 1992, 2351, 2353; 1994, 799, 801; 1996, 3073, 3074; OLG Köln VersR 1990, 663, 664; OLG Schleswig VersR 1996, 634, 636; MünchKomm/MERTENS Rn 453; NÜSSGENS, in: FS Hauß [1978] 292; LAUFS NJW 1979, 1233; anders noch BGHZ 61, 118, 123; offen gelassen in OLG Celle NJW 1978, 593 f). Doch darf auf diesem Weg nicht das Recht des Patienten, zur Wahrung seines Selbstbestimmungsrechts ordentlich aufgeklärt zu werden, unterlaufen werden (BGH NJW 1980, 1333, 1334; 1992, 2351, 2353; 1994, 2414, 2415; 1998, 2734). Festzustellen, wie der Patient sich entschieden hätte, ist **allerdings schwierig**. Die medizinische Indikation kann allenfalls ein Anhaltspunkt sein. Denn nicht der Standpunkt eines vernünftigen Patienten gibt den Ausschlag; angesichts des Selbstbestimmungsrechts des Patienten ist seine Entscheidung auch dann zu akzeptieren, wenn sie medizinisch gesehen unvernünftig ist (BGHZ 90, 103, 111; BGH NJW 1982, 697, 698; 1982, 700; 1990, 2928, 2929; 1991, 2342, 2343; 1991, 2344, 2345; 1993, 2378, 2379; 1994, 799, 801; 1998, 2734; OLG Stuttgart VersR 1998, 1111, 1113). Damit wäre es dem Patienten stets möglich, in Abrede zu stellen, daß er eingewilligt hätte; dem Arzt wäre der entsprechende Einwand versperrt. Um den Mißbrauch des Aufklärungsrechts allein für Haftungszwecke zu verhindern (BGHZ 90, 103, 112), haben Rechtsprechung und hM einen **Kompromiß** gefunden. Der Patient

muß einen **plausiblen Entscheidungskonflikt** für den Fall darlegen, daß er ordentlich aufgeklärt worden wäre; gelingt ihm dies, so ist dem Arzt der Einwand der hypothetischen Einwilligung regelmäßig versperrt (BGHZ 90, 103, 112; BGH NJW 1990, 2928, 2929; 1991, 1543, 1544; 1991, 2342, 2343; 1991, 2344, 2345; 1992, 2351, 2353; 1993, 2378, 2379; 1994, 799, 801; 1994, 2414, 2415; 1994, 3009, 3011; 1998, 2734; OLG Köln VersR 1990, 663, 664; OLG Celle VersR 1992, 749, 750; OLG Karlsruhe VersR 1994, 860, 861; NJW-RR 1998, 459, 461; OLG Oldenburg VersR 1992, 1005, 1006; OLG Schleswig VersR 1996, 634, 636; OLG Stuttgart VersR 1998, 1111, 1113; SOERGEL/ZEUNER Rn 253; ähnl schon BGH VersR 1982, 168, 169; 1982, 1142, 1143 [„nachvollziehbarerweise, möglicherweise aus objektiv unvernünftigen Gründen"]; etwas anders die frühere Rspr vgl BGH NJW 1980, 1333, 1334; 1982, 697, 698; 1982, 700; OLG Celle NJW 1978, 593). Entscheidend ist, **ob die Aufklärung den Patienten ernsthaft vor die Frage gestellt hätte**, ob er seine Einwilligung geben soll oder nicht (BGH NJW 1991, 1543, 1544; 1991, 2344, 2345; 1992, 2351, 2353; OLG Karlsruhe NJW-RR 1998, 459, 461). Auch wenn eine Ablehnung des Eingriffs unvernünftig gewesen wäre, so kann dies allenfalls bei der Wertung des Entscheidungskonflikts berücksichtigt werden (BGH NJW 1998, 2734). Der Patient braucht dagegen nicht darzulegen, wie er sich entschieden hätte (BGH NJW 1991, 2344, 2345; 1993, 2378, 2379; 1994, 2414, 2415; OLG Karlsruhe VersR 1994, 860, 861; OLG Stuttgart VersR 1998, 1111, 1113). Dabei kommt es auf die Situation des Patienten zum damaligen Zeitpunkt an (BGHZ 90, 103, 112; BGH NJW 1990, 2928, 2929; 1991, 2342, 2344; 1994, 799, 801; OLG Köln VersR 1990, 663, 664). Stehen auch Interessen des noch nicht geborenen Kindes mit zur Debatte, ist die Entscheidung ausschließlich am Wohl des Kindes zu messen, wenn dieses durch eine Sectio gesund zur Welt kommen kann, allerdings das geringe Risiko einer Schädigung besteht, während die Überlebenschancen bei einer Fortsetzung der Schwangerschaft sehr gering sind (OLG Köln NJW 1998, 3422, 3423). In der Lehre wird ein derartiger **Konflikt beispielsweise verneint** und damit die hypothetische Einwilligung angenommen, wenn der Eingriff objektiv vernünftig war und der Patient keinerlei plausible Gesichtspunkte für eine Weigerung oder jedenfalls für einen Konflikt angibt (MünchKomm/MERTENS Rn 454). Allerdings ist der Einwand nach der Rechtsprechung darauf beschränkt, daß der Arzt behauptet, der Patient hätte denselben Eingriff bei ihm durchführen lassen; daß dies **bei einem anderen Arzt** geschehen wäre, genügt nicht (BGH NJW 1996, 3073, 3074). Dem ist zu folgen, es sei denn, der Arzt kann seinerseits beweisen, daß der Schaden auch bei der Behandlung durch einen anderen Arzt eingetreten wäre. **Voraussetzung** dafür, daß der Patient einen derartigen Entscheidungskonflikt darlegen muß, ist es allerdings, daß sich der **Arzt auf die hypothetische Einwilligung beruft**; sonst hat der Patient für seine Schilderung keinen Anlaß (BGH NJW 1994, 799, 801; iE auch BGH NJW 1994, 2414, 2415; MünchKomm/MERTENS Rn 453 Fn 1362). Notwendig für die Feststellung, daß ein Entscheidungskonflikt vorgelegen hätte, ist in aller Regel die persönliche Anhörung des Patienten (BGH NJW 1990, 2928, 2929; 1991, 1543, 1544; 1993, 2378, 2379; 1994, 2414, 2415); das Berufungsgericht muß anhören, wenn die erste Instanz das Vorbringen des Patienten sich nicht zu eigen gemacht hatte (BGH NJW 1990, 2928, 2929). Auch wenn die hypothetische Einwilligung vom Arzt nachgewiesen werden kann, kommt eine Entschädigung wegen der Verletzung der Persönlichkeit in Betracht (BGH VersR 1967, 495, 496; OLG Jena VersR 1998, 586, 588; MünchKomm/MERTENS Rn 453; NÜSSGENS, in FS Hauß [1978] 291; vgl schon oben Rn C 242).

bb) Die Unzulässigkeit des Einwands

I 122 Eine hypothetische Einwilligung scheidet aus, wenn der Patient nach (hinreichend deutlicher) Aufklärung eine ausdrückliche Einwilligung klar abgelehnt hat (BGH NJW

1991, 2342, 2343). Sie soll dagegen in Frage kommen, wenn der Patient nach der Aufklärung in einen Zustand geraten ist, in dem er sich nicht mehr äußern konnte (BGH NJW 1991, 2342, 2343); indes dürften dann die Regeln der mutmaßlichen Einwilligung gelten (s oben Rn I 115 ff). Die hypothetische Einwilligung soll ferner in Frage kommen, wenn eine hinreichend klare Verständigung zwischen Arzt und Patient fehlte (BGH NJW 1991, 2342, 2343).

cc) Die Kritik in der Lehre
Die Rechtsprechung ist in der Lehre nach wie vor umstritten. Vorgebracht wird vor allem, der Einwand des rechtmäßigen Alternativverhaltens sei nur beachtlich, wenn sich dies mit dem Schutzzweck der verletzten Norm vereinbaren lasse. Dieser Schutzzweck bestehe bei der ärztlichen Aufklärungspflicht in der umfassenden Information des Patienten vor dem Eingriff, um dessen freie verantwortliche Entscheidung zu ermöglichen. Die Situation könne später nicht wiederholt werden; deshalb könne das Gericht die Entscheidung nicht ersetzen (STAUDINGER/MEDICUS[12] § 249 Rn 114 [anders nunmehr STAUDINGER/SCHIEMANN (1998) § 249 Rn 108]; GIESEN Rn 234; BAUMGÄRTEL Anh C II Rn 52; LANGE, Schadensersatz [2. Aufl 1990] § 4 XI 5 c; FRANK/LÖFFLER JuS 1985, 693 f; für Differenzierung zwischen fehlender und unvollständiger Aufklärung SOERGEL/MERTENS [12. Aufl 1990] vor § 249 Rn 166; ERMAN/KUCKUCK vor § 249 Rn 88). Daran ist zwar richtig, daß es in der Tat um eine **nicht voll rekonstruierbare Situation** geht. Dem läßt sich indes dadurch Rechnung tragen, daß man mit der Rechtsprechung nicht den konkreten Nachweis einer anders lautenden Entscheidung fordert, sondern die **plausible Darlegung des Interessenkonflikts** auf Seiten des Patienten genügen läßt. Die Mindermeinung geht über dieses Ziel hinaus und fördert daher die Tendenz, Schicksalsschläge mit der Rüge mangelnder Aufklärung auf den Arzt überzuwälzen. Der Verletzung des Selbstbestimmungsrechts kann in groben Fällen mit der schon geschilderten Entschädigung für immaterielle Einbußen begegnet werden (vgl oben Rn I 121 aE).

dd) Kasuistik
Als **durchaus plausibel** wurde es in der Rechtsprechung angesehen, wenn der Patient geltend machte, er hätte noch einige Tage zugewartet, um sich schlüssig zu werden und uU einen anderen Arzt zu konsultieren (BGH NJW 1994, 2414, 2415; OLG Schleswig VersR 1996, 634, 636 f), er hätte sich für eine andere Operationsmethode entschieden (OLG Celle VersR 1992, 749, 750), er hätte sich für eine Bestrahlung an Stelle der Operation entschieden (OLG Köln VersR 1998, 1510, 1511; **aA** OLG Dresden OLG-Report 1996, 19, 21). Dasselbe gilt, wenn die Operation nicht dringlich indiziert war und das Risiko durch Fettleibigkeit des Patienten höher lag, wenn dieser vorbringt, ordentlich aufgeklärt hätte er den Eingriff verschoben und in der Zwischenzeit versucht abzunehmen (BGH NJW 1993, 2378, 2379). Es spricht nicht für eine hypothetische Einwilligung, daß sich der Patient nach dem nicht gebilligten Eingriff bei demselben Arzt weiterbehandeln läßt; ihm bleibt oft gar nichts anderes übrig, weshalb sich hieraus keine Rückschlüsse über seinen Willen zum Zeitpunkt des Eingriffs ziehen lassen (BGH NJW 1991, 2342, 2344). Dagegen ist ein Interessenkonflikt **nicht plausibel dargetan**, wenn letztendlich keine oder jedenfalls keine den Intentionen des Patienten entsprechende Alternative zur Verfügung gestanden hätte und der Patient auch nicht geltend macht, er hätte vom Eingriff zur Gänze Abstand genommen (BGH NJW 1992, 2351, 2353; OLG Karlsruhe VersR 1994, 860, 862). Das gleiche kann gelten bei vitaler Indikation (weiter gehend wohl OLG Bamberg VersR 1998, 1025, 1026) bzw sehr hohem Risiko bei Nichtbehandlung und relativ geringer Gefahr bei einem Eingriff (OLG Köln VersR

1996, 1413 f). Ein Grenzfall ist die Bejahung eines Entscheidungskonflikts in dem Fall, in dem eine sichere Amputation der Hand auf der einen und das Risiko einer Hepatitisinfektion auf der anderen Seite abzuwägen waren; der BGH hält den Konflikt für immerhin möglich (BGH NJW 1991, 1543, 1544). Die Rechtsprechung hat dagegen einen plausiblen Entscheidungskonflikt verneint, wenn statt einer Strumektomie nur eine medikamentöse Behandlung in Frage gekommen wäre (OLG Hamm VersR 1989, 706 [LS]), statt einer Leistenoperation das Tragen eines Bruchbandes (OLG Stuttgart VersR 1998, 1111, 1114), wenn es zu einer Strahlentherapie keine Alternative gegeben hätte (OLG Oldenburg VersR 1991, 820 [LS]).

d) Die hypothetische Kausalität

I 125 Nicht mit der Frage der hypothetischen Einwilligung darf der Einwand des Arztes verwechselt werden, die **Verletzung des Patienten wäre auf jeden Fall eingetreten**. Der Unterschied besteht schon bei der Verteilung der Beweislast. Während bei der hypothetischen Einwilligung der Patient den Entscheidungskonflikt plausibel machen muß, entlastet bei der hypothetischen Kausalität nur der durch den Arzt zu erbringende Nachweis, der Patient hätte denselben Schaden auch ohne sein Zutun erlitten (BGHZ 29, 176, 186; 78, 209, 214; BGH NJW 1959, 2299, 2300; 1985, 676, 677; VersR 1981, 677, 678; OLG Stuttgart VersR 1954, 310, 311; OLG Hamm VersR 1985, 1072; STEFFEN RPG 1997, 99). Es fehlt in derartigen Fällen **zwar nicht der Schaden des Patienten** (so indes wohl MünchKomm/MERTENS Rn 456), **indes wird die Zurechnung unterbrochen** (BGH NJW 1985, 676, 677; 1998, 1307, 1308; STAUDINGER/SCHIEMANN [1998] § 249 Rn 93). **Rechtsprechung und hM lassen den Einwand zu** (BGHZ 78, 209, 214; BGH NJW 1959, 2299, 2300; 1985, 676, 677; OLG Stuttgart VersR 1954, 310, 311; OLG Karlsruhe NJW 1966, 399, 402; MünchKomm/MERTENS Rn 456; LAUFS, in: LAUFS/UHLENBRUCK § 103 Rn 15; ders NJW 1979, 1233; GIESEN Rn 194; TEMPEL NJW 1980, 616; STEFFEN RPG 1997, 99). **Ihnen ist im Grundsatz zu folgen**; allerdings sind an den Beweis strenge Anforderungen zu stellen (OLG Stuttgart VersR 1954, 310, 311). Dabei kann sich der Arzt allerdings selbst dann darauf berufen, der Schaden sei durch eigenes, aber schuldloses Verhalten eingetreten, wenn ihm anschließend ein Fehlverhalten vorzuwerfen ist (BGHZ 78, 209, 214 ff [nach Auffassung des Gerichts wurde aber der Nachweis nicht geführt]; LAUFS, in: LAUFS/UHLENBRUCK § 103 Rn 15; GIESEN Rn 194). Hierher gehört auch der Fall, daß sich der Patient bei einem anderen Arzt hätte operieren lassen und es dort zum selben Schaden gekommen wäre (MünchKomm/MERTENS Rn 456). Der Arzt haftet aber für den Schaden, der darauf zurückzuführen ist, daß die Verletzung früher eingetreten ist, als das ohne sein Verhalten der Fall gewesen wäre (STEFFEN RPG 1997, 99).

14. Die Verteilung der Beweislast für die Aufklärung

a) Die Konsequenz der dogmatischen Einordnung

I 126 Geht man mit der hM davon aus, daß der ärztliche Heileingriff eine Körperverletzung darstellt, so ergibt sich als selbstverständliche Konsequenz, daß **der Arzt die Einwilligung als Rechtfertigungsgrund darzulegen und zu beweisen hat**; dazu gehört dann auch die ordentliche Aufklärung als Voraussetzung der wirksamen Einwilligung (BGH NJW 1966, 1855, 1856; 1971, 241, 242; 1982, 700; 1984, 1807, 1808 f; 1985, 1399; 1986, 1541, 1542; 1986, 2885; 1992, 741, 742; OLG Köln VersR 1978, 551; NJW 1978, 1690, 1691; OLG Koblenz NJW 1986, 1547, 1548; OLG Braunschweig VersR 1988, 362, 363; OLG Karlsruhe VersR 1989, 1053; NJW-RR 1998, 459, 460; GIESEN Rn 464; BAUMGÄRTEL Anh C II Rn 50; MUSIELAK JuS 1983, 615; SCHMID NJW 1994, 773; trotz seines etwas anderen Ausgangspunkts [vgl oben Rn I 2] auch Münch-

Komm/MERTENS Rn 458). Die **Anhänger der Mindermeinung**, die den eigenmächtigen ärztlichen Eingriff als Persönlichkeitsverletzung ansehen, tendieren dazu, die Beweislast insoweit dem Patienten aufzuerlegen, also den Nachweis zu fordern, die Aufklärung sei nicht erfolgt (LAUFS Rn 176; ders NJW 1997, 1611; BRÜGGEMEIER Rn 702; anders HART, in: FS Heinrichs [1998] 317, obwohl er die Persönlichkeit als verletzt ansieht). **Eine vermittelnde Ansicht** sieht als verletzt zwar die Persönlichkeit des Patienten an, bürdet aber die Beweislast für die ordnungsgemäße Aufklärung dem Arzt auf. Maßgeblich sei zum einen, daß der Negativbeweis, es habe keine Aufklärung stattgefunden, vom Patienten kaum zu führen sei; zum anderen spiele sich das Geschehen weitgehend in der Sphäre des Arztes ab, der somit weit besser in der Lage sei, den Beweis zu führen (LARENZ/CANARIS § 76 II 1 g). Zu folgen ist der hM, und zwar schon deswegen, weil der durchschnittliche Patient ein Aufklärungsgespräch und seine korrekte oder nicht korrekte Führung kaum je rekonstruieren kann. Er wäre daher regelmäßig gar nicht in der Lage, zu behaupten und notfalls zu beweisen, welche wichtigen Informationen der Arzt ihm vorenthalten habe.

b) Der Umfang der Behauptungs- und Beweislast

Der **Arzt muß darlegen und beweisen**, daß er richtig und umfassend aufgeklärt hat. Dazu gehört, daß die Dringlichkeit korrekt angegeben worden ist (BGH NJW 1990, 2928; 1997, 1637, 1638), daß der Patient ausnahmsweise angesichts seines Kenntnisstandes nicht weitergehend habe informiert werden müssen (BGH NJW 1984, 1807, 1808; VersR 1983, 957, 958), daß die Aufklärung zum richtigen Zeitpunkt, also früh genug stattgefunden habe, wenn der Patient seinerseits substantiiert geltend macht, das sei nicht der Fall gewesen (BGH NJW 1992, 2351, 2352; SCHMID NJW 1994, 773), daß der Patient sich trotz eindringlicher Schilderung der Gefahren für den medizinisch riskanteren Weg entschieden habe (BGH NJW 1992, 741, 742). Den **Widerruf der einmal erteilten Einwilligung hat der Patient zu beweisen** (BGH NJW 1980, 1903, 1904; BAUMGÄRTEL Anh C II Rn 46). Ist dem Arzt der Nachweis der korrekten Aufklärung und der wirksamen Einwilligung nicht gelungen, so hat er die **Voraussetzungen der hypothetischen Einwilligung zu behaupten** (BGH NJW 1994, 2414, 2415; OLG Oldenburg VersR 1998, 1156, 1157) **und nachzuweisen** (BGHZ 90, 103, 111; BGH NJW 1991, 2342, 2343 f; 1992, 2351, 2353; 1994, 2414, 2415; NJW-RR 1992, 1241, 1242; OLG Bamberg VersR 1998, 1025, 1026; G MÜLLER NJW 1997, 3051). Dann allerdings trifft den Patienten die Pflicht, **substantiiert darzustellen**, daß er sich bei ordnungsgemäßer Aufklärung in einem **Entscheidungskonflikt** befunden hätte (BGH NJW 1991, 2344, 2345; OLG Bamberg VersR 1998, 1025, 1026). Der Arzt hat dann zu beweisen, daß der Patient trotzdem eingewilligt hätte (BGH NJW 1991, 2342, 2343 f); das dürfte ihm in der Praxis regelmäßig unmöglich sein. Nach den allgemeinen Regeln trifft den Arzt die Beweislast für die **hypothetische Kausalität** (BGH NJW 1989, 1541, 1542; VersR 1981, 677, 678; OLG Bremen VersR 1980, 654, 655; der Sache nach auch BGHZ 29, 176, 186; BGH NJW 1985, 676, 677). Verkannt wird demgemäß die Beweislast, wenn man glaubt, der Patient müsse nachweisen, bei ordnungsgemäßer Aufklärung wäre der Schaden nicht eingetreten (so OLG Oldenburg VersR 1983, 888, 890; **aA** MünchKomm/MERTENS Rn 456). Dagegen trifft die Beweislast, daß der Eingriff, über dessen Risiko nicht oder nicht korrekt aufgeklärt wurde, zu einer Beschädigung führte, den Patienten (BGH NJW 1986, 1541, 1542; OLG Düsseldorf VersR 1997, 1235, 1236).

c) Die Anforderungen

Die Anforderungen an die Aufklärung und Einwilligung dürfen nicht zu hoch angesetzt werden (BGH NJW 1981, 2002, 2003; 1983, 333 [insoweit in BGHZ 85, 212 ff nicht abgedruckt]; 1984, 1807, 1809; 1985, 1399; 1986, 2885; 1990, 2929, 2931; 1992, 741, 742; OLG Schleswig VersR 1986, 634, 636; OLG Braunschweig VersR 1988, 362, 363; OLG Karlsruhe NJW 1998, 1800; OLG Stuttgart VersR 1998, 1111, 1113; MünchKomm/MERTENS Rn 458 Fn 1379; SCHMID NJW 1994, 773). Der Arzt kann bei Eingriffen einfacher Art den **Anscheinsbeweis** schon führen, indem er nachweist, daß der Patient sich in seine Behandlung begeben und daß ein Gespräch stattgefunden hat (MünchKomm/MERTENS Rn 458; SCHMID NJW 1994, 769). Ein **Indiz** ist es auch, wenn der Patient bestätigt hat, er sei aufgeklärt worden (BGH NJW 1985, 1399; VersR 1979, 848; OLG München VersR 1988, 1136, 1137; OLG Karlsruhe VersR 1989, 1053; OLG Düsseldorf NJW 1990, 771; OLG Frankfurt aM VersR 1994, 986, 987; OLG Köln VersR 1995, 967, 968 [therapeutische Aufklärung]; 1995, 1235, 1237; MünchKomm/MERTENS Rn 458; weiter gehend OLG München VersR 1979, 848 [Anscheinsbeweis]; enger BAUMGÄRTEL Anh C II Rn 44). Dasselbe gilt für entsprechende **Vermerke im Krankenblatt** durch den Arzt (Münch-Komm/MERTENS Rn 458; TEMPEL NJW 1980, 616), namentlich wenn sie von Mitarbeitern des Arztes bestätigt sind (OLG Oldenburg VersR 1998, 854, 855). Daß sich der Arzt an die Einzelheiten des Gesprächs nicht mehr erinnert, spricht nicht gegen eine ordnungsgemäße Aufklärung (OLG Celle VersR 1982, 500). Nach der Rechtsprechung soll es auch genügen, wenn der Arzt bekräftigt, er halte immer seine Aufklärungspflicht ein (OLG Karlsruhe NJW 1998, 1800; zweifelhaft). Es spricht aber nicht gegen eine korrekte Aufklärung, wenn der Patient vom Eintritt der Komplikation überrascht ist; oft nimmt der Patient den Hinweis nicht allzu bewußt auf (OLG Köln VersR 1997, 59). Ist die **Grundaufklärung** bewiesen, so trifft den Patienten für seine Behauptung, er habe weitere Fragen gestellt, die der Arzt nicht ausreichend beantwortet habe, die Beweislast (weniger weit gehend MünchKomm/MERTENS Rn 458, der nur die Anforderungen an die Substantiierungspflicht erhöht). Daß der Arzt nicht ausreichende Antworten gegeben hat, ist eher unwahrscheinlich; zumindest der Anscheinsbeweis spricht für das Gegenteil (ähnl MünchKomm/MERTENS Rn 458: tatsächliche Vermutung). Strittig sind die Anforderungen, wenn feststeht, daß der Arzt nicht aufgeklärt hat, er sich aber darauf beruft, der Patient sei von dritter Seite informiert worden (für strenge Anforderungen MünchKomm/ MERTENS Rn 458; milder BGH NJW 1984, 1807, 1809; unentschieden BAUMGÄRTEL Anh C II Rn 44). **Strenge Maßstäbe** gelten dagegen, wenn sich der Arzt darauf zurückzieht, **der Patient hätte auch bei ordnungsgemäßer Aufklärung eingewilligt** (BGHZ 90, 103, 111; BGH NJW 1976, 365; 1980, 1333, 1334; 1991, 2342, 2343; 1992, 2351, 2353; 1994, 2414, 2415; OLG Braunschweig VersR 1988, 382, 383). In diesem Fall dürfen umgekehrt die Anforderungen an den Patienten, der seinen Entscheidungskonflikt plausibel zu machen hat, nicht überspannt werden (BGH NJW 1991, 1543, 1544; 1992, 2351, 2353; OLG Karlsruhe VersR 1994, 860, 861; vgl auch BGH NJW 1994, 2414, 2415).

I 129 15. Richtlinien zur Aufklärung der Krankenhauspatienten über vorgesehene ärztliche Maßnahmen (erschienen bei: Deutsche Krankenhausverlagsgesellschaft, 3. Auflage 1992)

I.

Leitsätze zum Aufklärungsgespräch:

1. Das Aufklärungsgespräch muß durch den Arzt erfolgen; es darf nicht an nichtärztliches Dienstpersonal delegiert werden. Der Arzt, der eine ärztliche Untersuchungs- oder Behandlungsmaßnahme durchführt, muß nicht mehr aufklären, wenn diese Aufklärung bereits durch einen anderen Arzt erfolgt ist; er muß sich jedoch hierüber Klarheit verschaffen.

2. Die Aufklärung muß individuell in einem Gespräch mit dem Patienten erfolgen. Das Aufklärungsgespräch kann nicht durch Formulare ersetzt werden. Formulare dienen nur der Vorbereitung und der Dokumentation des erfolgten Gesprächs.

3. Der Arzt muß den Patienten über die Grundzüge der vorgesehenen Untersuchung oder Behandlung aufklären, nicht jedoch über Einzelheiten. Dabei sind die Anforderungen an den Umfang der Aufklärung abhängig von der Dringlichkeit des Eingriffs sowie vom Bildungs- und Wissensstand des Patienten.

4. Über Risiken, die mit der Eigenart eines Eingriffs spezifisch verbunden sind (typische Risiken), ist unabhängig von der Komplikationsrate aufzuklären; bei anderen Risiken (atypische Risiken) ist die Aufklärung abhängig von der Komplikationsrate.

5. Stehen mehrere wissenschaftlich anerkannte Methoden ernsthaft zur Erwägung, so muß die Aufklärung auch diese alternativen Untersuchungs- und Behandlungsmöglichkeiten sowie deren Risiken umfassen. Das gilt nicht, wenn sich die gewählte Methode im Bereich der wissenschaftlich anerkannten Therapie hält und die zur Wahl stehende ebenfalls anerkannte Behandlungsmöglichkeit kein ins Gewicht fallendes geringeres Risiko verspricht.

6. Besteht die Möglichkeit, daß eine Bluttransfusion bei einer Operation erforderlich wird, ist der Patient über die Infektionsgefahren (insbesondere Hepatitis und HIV) bei der Verwendung von Fremdblut aufzuklären. Ist die Verwendung von Eigenblut beim Patienten möglich, ist er rechtzeitig darauf hinzuweisen, um entsprechende Blutkonserven anzulegen.

7. Die Aufklärung muß zu einem Zeitpunkt erfolgen, in dem der Patient noch in vollem Besitz seiner Erkenntnis- und Entscheidungsfähigkeit ist; ihm muß eine Überlegungsfrist verbleiben, sofern die Dringlichkeit der Maßnahmen dies zuläßt.

8. Die Aufklärung muß in einer für den Patienten behutsamen und verständlichen Weise erfolgen. Im persönlichen Gespräch soll der Arzt sich bemühen, die Information dem individuellen Auffassungsvermögen sowie dem Wissensstand des Patienten anzupassen und sich zugleich davon überzeugen, daß dieser sie versteht. Ist bei einem ausländischen Patienten nicht sicher, ob dieser die Erläuterungen versteht, muß der Arzt eine sprachkundige Person hinzuziehen.

Wenn die Einwilligung des Patienten in eine mit Gefahren verbundene Untersuchungs- oder Behandlungsmaßnahme nur dadurch zu erreichen ist, daß ihn der Arzt auf die Art und Bedeutung seiner Erkrankung hinweist, so darf der Arzt auch bei schweren Erkrankungen davor grundsätzlich nicht zurückschrecken. Im übrigen ist er jedoch nicht zu einer restlosen und schonungslosen Aufklärung über die Natur des Leidens verpflichtet, sondern muß die Gebote der Menschlichkeit beachten und das körperliche und seelische Befinden seines Patienten bei der Erteilung seiner Auskünfte berücksichtigen.

9. Die von einem Patienten aufgrund der Aufklärung gegebene Einwilligung deckt nur solche Eingriffe ab, die Gegenstand des Aufklärungsgesprächs gewesen sind. Ist für den Arzt vorhersehbar, daß möglicherweise ein operativer Eingriff auf weitere Bereiche ausgedehnt werden muß, so ist der Patient hierüber vor dem Eingriff aufzuklären. Stellt sich erst während der Operation heraus, daß ein weitergehender Eingriff erforderlich ist, muß der Arzt die Risiken einer Unterbrechung der

Operation gegenüber den Risiken der Durchführung des erweiterten Eingriffs abwägen und danach seine Entscheidung über eine Operationsunterbrechung zum Zwecke der Einholung der Einwilligung des Patienten treffen.

10. Bei Minderjährigen ist die Einwilligung zum Eingriff im Regelfall von den Eltern oder sonstigen Sorgeberechtigten oder von deren Beauftragten einzuholen. In bestimmten Ausnahmefällen, wie Eil- und Notmaßnahmen sowie Eingriffen von minderer Bedeutung reicht es aus, wenn die Einwilligung nur eines Elternteils vorliegt. Jugendliche unter 18 Jahren haben jedoch ausnahmsweise die Befugnis zur Einwilligung, wenn sie hinreichend reif sind, die Bedeutung und Tragweite des Eingriffs und seiner Gestattung zu ermessen (*Einwilligungsfähigkeit ist nicht gleichzusetzen mit Geschäftsfähigkeit im Sinne des Bürgerlichen Gesetzbuches*).

In jedem Fall sind aber auch die Kinder und Jugendlichen in groben Zügen über den vorgesehenen Eingriff und dessen Verlauf zu informieren, wenn und soweit sie in der Lage sind, die ärztlichen Maßnahmen zu verstehen.

Entsprechendes gilt für die Aufklärung bei geschäftsunfähigen oder beschränkt geschäftsfähigen volljährigen Patienten; hier ist die Einwilligung in der Regel des Betreuers einzuholen.

11. Psychisch bzw geistig Kranke sind in groben Zügen über den vorgesehenen Eingriff und dessen Verlauf zu informieren, wenn und soweit sie in der Lage sind, die Bedeutung und Tragweite zu verstehen.

12. Bei bewußtlosen Patienten hat der Arzt diejenigen medizinischen Maßnahmen durchzuführen, die im Interesse des Patienten zur Herstellung seiner Gesundheit erforderlich sind (mutmaßliche Einwilligung). Zur Erforschung des wirklichen oder mutmaßlichen Willens des Patienten kann sich ein Gespräch mit den ihm besonders nahestehenden Personen empfehlen; auch schriftlich vom Patienten abgegebene Erklärungen können ein Indiz für seinen mutmaßlichen Willen sein. Bei Suizidpatienten ist aus dem Suizidversuch kein mutmaßlicher Wille auf Unterlassen einer ärztlichen Hilfeleistung abzuleiten.

Sobald und soweit die Einwilligungsfähigkeit des Patienten wieder vorliegt, ist zur Fortsetzung der Behandlung seine Einwilligung einzuholen.

13. Gibt der Patient deutlich zu erkennen, daß er eine Aufklärung nicht wünscht (Aufklärungsverzicht), so kann diese unterbleiben.

II.

Organisatorische Maßnahmen:

1. Der ärztliche Leiter ist dem Krankenhausträger gegenüber verantwortlich, daß in Zusammenarbeit mit den leitenden Ärzten des Krankenhauses sichergestellt wird, daß alle im Krankenhaus tätigen Ärzte über die ihnen im Zusammenhang mit der Aufklärung auferlegten Pflichten entsprechend diesen Richtlinien unterrichtet sind.

2. Der ärztliche Leiter hat zusammen mit den leitenden Ärzten der Krankenhausabteilung (Chefärzte und Belegärzte) festzulegen, in welcher Abteilung die Aufklärung über Untersuchungs- und Behandlungsmaßnahmen durchzuführen ist, wenn sich ein Patient gleichzeitig oder nacheinander in

der Behandlung mehrerer Abteilungen befindet, sofern nicht ohnehin in jedem Fach eine Aufklärung erfolgen muß.

3. Jeder leitende Abteilungsarzt hat für seine Abteilung die ordnungsgemäße Durchführung der Aufklärung sicherzustellen, insbesondere festzulegen, welcher Arzt die Aufklärung durchzuführen hat. Dabei ist darauf zu achten, daß auch vor einzelnen mit zusätzlichen Gefahren verbundenen Eingriffen eine Aufklärung zu erfolgen hat, wenn sie nicht bereits Gegenstand eines früheren Aufklärungsgesprächs gewesen sind; dies gilt auch für diagnostische Eingriffe.

4. Unabhängig von den Ziffern 2 und 3 hat sich jeder Arzt, der nicht selbst aufklärt, davon zu überzeugen, daß eine ordnungsgemäße Aufklärung stattgefunden hat.

5. Der leitende Abteilungsarzt hat sicherzustellen, daß die Tatsache der Aufklärung und der wesentliche Inhalt des Aufklärungsgesprächs ordnungsgemäß dokumentiert sind. Die Tatsache der Aufklärung, ihr Zeitpunkt sowie der wesentliche Inhalt des Aufklärungsgesprächs sollen in der Krankengeschichte vermerkt werden. Der Patient soll in einer schriftlichen Einwilligungserklärung durch Unterschrift die erfolgte Aufklärung, einen eventuellen Aufklärungsverzicht und den wesentlichen Inhalt der Aufklärung bestätigen. Das Aufklärungsgespräch kann nicht durch eine formularmäßige Einwilligungserklärung ersetzt werden.

VIII. Die Passivlegitimation[*]

1. Die Haftung mehrerer Ärzte

Sind mehrere Ärzte für einen Schaden verantwortlich, so haften sie als **Gesamtschuldner** (GIESEN Rn 27). Allerdings gilt das nur, soweit der Arzt eine ihm obliegende Pflicht verletzt hat. Sind dagegen die **Pflichtenkreise klar abgegrenzt**, so haftet nur der für diesen Bereich verantwortliche Arzt (BGHZ 89, 263, 268; vgl oben Rn I 31). Im Rahmen der **horizontalen Arbeitsteilung** haftet jeder Arzt nur für eigenes Fehlverhalten, soweit der Fehler des anderen Arztes nicht ohne weiteres ersichtlich ist und die Folgen verhindert werden können (BGH NJW 1989, 1536, 1538; OLG Düsseldorf VersR 1997, 1235, 1236).

I 130

2. Die Haftung für Dritte

a) Die Haftung für angestellte Ärzte

Der Träger des Krankenhauses haftet bei totalem Krankenhausvertrag nach § 31 für **Fehler des Chefarztes** (BGHZ 5, 321, 325 f; 95, 63, 67 f; BGH NJW 1972, 334; OLG München NJW 1977, 2123; VersR 1978, 285, 286; LG Köln VersR 1978, 458; MünchKomm/MERTENS Rn 463; MünchKomm/MÜLLER-GLÖGE [3. Aufl 1997] § 611 Rn 75; MünchKomm/REUTER [3. Aufl 1993] § 31 Rn 14; STAUDINGER/WEICK [1995] § 31 Rn 56; UHLENBRUCK NJW 1964, 2189; DANIELS NJW 1972, 308). Das gilt **auch, wenn dieser selbst liquidationsberechtigt ist** (BGHZ 95, 63, 70); der Arzt-

I 131

---

[*] **Schrifttum:** DANIELS, Probleme des Haftungssystems bei stationärer Krankenbehandlung, NJW 1972, 305; FRANZKI/HANSEN, Der Belegarzt – Stellung und Haftung im Verhältnis zum Krankenhausträger, NJW 1990, 737; KRAMER, Die formularmäßige Spaltung des Krankenhausvertrages: ein Verstoß gegen das AGB-Gesetz, NJW 1996, 2398; SCHMID, Die Passivlegitimation im Arzthaftpflichtprozeß (1988); SPICKHOFF, Ausschluß der Haftung des Krankenhausträgers für ärztliche Leistungen durch AGB?, VersR 1998, 1189.

zusatzvertrag ändert nichts daran, daß auch das Krankenhaus verpflichtet wird (UH-LENBRUCK, in: LAUFS/UHLENBRUCK § 93 Rn 6 mwNw). **Anders** ist es dagegen **beim gespaltenen Krankenhausvertrag** (UHLENBRUCK, in: LAUFS/UHLENBRUCK § 93 Rn 5). Doch ist im Regelfall ein Arztzusatzvertrag und kein gespaltener Arzt-Krankenhausvertrag anzunehmen. Eine derartige Spaltung muß im Vertrag klar zum Ausdruck kommen (BGHZ 95, 63, 68; 121, 107, 111; MünchKomm/MÜLLER-GLÖGE [3. Aufl 1997] § 611 Rn 77); das gilt wegen § 3 AGBG namentlich bei Verwendung von Formularverträgen (BGHZ 121, 107, 113 f; PALANDT/HEINRICHS § 3 AGBG Rn 7; STAUDINGER/SCHLOSSER [1998] § 3 AGBG Rn 21; STAUDINGER/COESTER [1998] § 9 AGBG Rn 408; KRAMER NJW 1996, 2404; SPICKHOFF VersR 1998, 1191). Ist der Hinweis auf die Spaltung erfolgt, so soll nach der Rechtsprechung eine Kontrolle mit Hilfe von § 9 AGBG ausscheiden (BGHZ 121, 107, 114 f; zust STAUDINGER/COESTER [1998] § 9 AGBG Rn 408; **aA** KRAMER NJW 1996, 2401 ff; SPICKHOFF VersR 1998, 1191 ff; wohl auch PALANDT/HEINRICHS § 9 AGBG Rn 101). Für die **übrigen Ärzte haftet der Krankenhausträger** nach § 831 (BGHZ 95, 63, 71; BGH NJW 1986, 776; OLG Oldenburg VersR 1998, 1380; MünchKomm/MERTENS Rn 464); dabei sind an Organisation und Überwachung ein **strenger Maßstab** anzulegen (OLG Köln MedR 1984, 67, 68 f; MünchKomm/MERTENS Rn 464). Vor allem kann sich in dem Fehler des Arztes ein **Organisationsverschulden des Krankenhausträgers** manifestieren, für den dieser dann ohne jede Exkulpationsmöglichkeit haftet (RG DR 1944, 287; BGHZ 95, 63, 71 ff; BGH NJW 1986, 776). So liegt es, wenn Assistenzärzte völlig selbständig und ohne Überwachung eine Ambulanz leiten (RG DR 1944, 287), die Anästhesieabteilung eines Krankenhauses zu schwach besetzt ist (BGHZ 95, 63, 71 ff) oder der Organisationsplan nicht sicherstellt, daß Ärzte nach anstrengenden Nachtdiensten genügend Zeit zur Erholung haben (BGH NJW 1986, 776). Ob **neben dem Krankenhaus auch den Chefarzt** eine Haftung nach § 831 treffen kann, wenn nachgeordnete Ärzte einen Fehler begehen, ist strittig (bejahend OLG Köln VersR 1982, 677, 678; wohl auch BGH NJW 1986, 2883, 2884; **aA** OLG Düsseldorf VersR 1984, 791, 792; 1985, 291, 293; OLG Oldenburg VersR 1998, 1285, 1286 [bei totalem Krankenhausvertrag]; MünchKomm/MERTENS Rn 464), letztendlich aber zu bejahen. Auch die **Gegenmeinung** nimmt an, die Auswahl, Anleitung und Beaufsichtigung der nachgeordneten Ärzte gehöre zum Pflichtenkreis des Chefarztes; für die Verletzung dieser Pflichten hafte er nach § 823 Abs 1 (MünchKomm/MERTENS Rn 464). Das entspricht der Anwendung des § 831.

b) Die Haftung für Belegärzte

Bei Belegärzten ist nach der Rechtsprechung des BGH der Arzt für die ärztlichen Leistungen, das Krankenhaus für die nichtärztliche pflegerische Betreuung zuständig; demgemäß ist auch die **deliktische Verantwortung verteilt** (BGHZ 89, 263, 271; 129, 6, 13 f; BGH NJW 1990, 2317; 1992, 2962; 1996, 2429, 2430; OLG Köln VersR 1997, 1404). Exakter dürfte es sein, nach **Pflichtenkreisen zu differenzieren**. Der Belegarzt ist nicht für die außerhalb seiner Fachrichtung zu erbringenden Leistungen verantwortlich, auch wenn es sich um ärztliche Aufgaben handelt (OLG Düsseldorf NJW-RR 1993, 483, 484; FRANZKI/HANSEN NJW 1990, 742 f mit Überblick auch über andere dogmatische Ansätze; vgl dies NJW 1990, 740 f). Ein Fehlverhalten anderer Ärzte ist dem Belegarzt dann auch nicht nach den §§ 278, 831 zuzurechnen (MünchKomm/MERTENS Rn 465; GIESEN Rn 153). Umgekehrt können Angestellte des Krankenhauses im Pflichtenkreis des Belegarztes tätig sein; für deren Fehler haftet er dann gemäß den §§ 278, 831 (BGHZ 129, 6, 11). Dagegen hat das Krankenhaus für Fehler des Belegarztes nicht einzustehen (BGHZ 129, 6, 14; BGH NJW 1992, 2962; 1996, 2429, 2430), es sei denn, dadurch wird ein Organisationsfehler des Krankenhauses ersichtlich (BGH NJW 1996, 2429, 2431). Auch **Leiter** einzelner **Fachbereiche** sind als verfassungsmäßige Vertreter des Krankenhausträgers anzusehen (BGHZ 77, 74, 79; 101, 215, 218; OLG Düsseldorf VersR 1984, 791, 792; **aA** noch BGHZ 1, 383, 387; 4, 138, 152; KG MDR 1978, 929), es sei denn, der Krankenhausträger kann darlegen, daß im Einzelfall die Organisation im Krankenhaus zu einer anderen Beurteilung führen muß (BGHZ 101, 215, 218). Teilweise werden in der Literatur die Anforderungen verschärft und § 31 nur angewendet, wenn die Fachabteilungen nach Organisationsstruktur und Größe einer selbständigen Klinik vergleichbar sind und der Abteilungsleiter als weisungsfreier Arzt eine einem Chefarzt entsprechende Befugnis hat (MünchKomm/Mertens Rn 463).

c) Die Haftung der Ärzte einer Gemeinschaftspraxis

Noch nicht zur Gänze gelöst ist die Haftung des Arztes, der in einer **Gemeinschaftspraxis** tätig ist, wenn seinem Kollegen ein Fehler unterläuft. Nach § 831 ist der nicht behandelnde Arzt allerdings nicht verpflichtet, da **sein Kollege nicht sein Verrichtungsgehilfe** ist (OLG Köln VersR 1991, 101, 102; OLG Oldenburg NJW-RR 1997, 1118 f; Laufs, in: Laufs/Uhlenbruck § 98 Rn 16; Taupitz MedR 1995, 479; iE auch OLG Karlsruhe VersR 1996, 463, 464). In Frage kommt **allenfalls eine Haftung nach § 31**, die von der Stellungnahme zu der Frage abhängt, ob die Norm bei der Gesellschaft des Bürgerlichen Rechts gilt (vgl dazu Staudinger/Weick [1995] § 31 Rn 45; MünchKomm/Ulmer [3. Aufl 1997] § 705 Rn 218 f). Eine vertragliche Haftung bejaht ein Teil der Rechtsprechung nur, wenn beide Ärzte – und sei es auch nacheinander – den Patienten behandelt haben (OLG Köln VersR 1991, 101; 1992, 1231, 1232; OLG Oldenburg VersR 1997, 1492 f). Nach hM genügt es dagegen, daß **Ärzte fachlich als Einheit auftreten** und die ärztlichen Leistungen während der Behandlung des Patienten von jedem der Partner erbracht werden können (BGHZ 97, 273, 278 ff; BGB-RGRK/Nüssgens Anh II Rn 18; Laufs, in: Laufs/Uhlenbruck § 98 Rn 4; Giesen Rn 9; MünchKomm/Selb [3. Aufl 1994] § 421 Rn 15), wenn es sich also um weithin austauschbare ärztliche Leistungen handle (OLG Oldenburg VersR 1997, 24; 1997, 1118, 1119; 1998, 1421; iE wohl auch BGH NJW 1989, 2324). Anderes gilt für die **Praxisgemeinschaft**; hier haften die Mitglieder nicht füreinander (BGB-RGRK/Nüssgens Anh II Rn 18). Da der Praxisvertreter Verrichtungsgehilfe ist, haftet der Arzt für ihn (OLG Düsseldorf VersR 1985, 370, 371; OLG Hamm VersR 1987, 106, 107; Staudinger/Belling/Eberl-Borges [1997] § 831 Rn 66), auch wenn der Vertreter den Patienten aus eigener Entschließung aufgrund seiner ärztlichen Erkenntnis behandelt (BGH NJW 1956, 1834, 1835; MünchKomm/Mertens Rn 465).

§ 824

Wer der Wahrheit zuwider eine Tatsache behauptet oder verbreitet, die geeignet ist, den Kredit eines anderen zu gefährden oder sonstige Nachteile für dessen Erwerb oder Fortkommen herbeizuführen, hat dem anderen den daraus entstandenen Schaden auch dann zu ersetzen, wenn er die Unwahrheit zwar nicht kennt, aber kennen muß.

Durch eine Mitteilung, deren Unwahrheit dem Mitteilenden unbekannt ist, wird dieser nicht zum Schadensersatze verpflichtet, wenn er oder der Empfänger der Mitteilung an ihr ein berechtigtes Interesse hat.

Materialien: E I § 704 Abs 2 S 2; II § 748; III § 808; Mot II 728, 750; Prot II 637; VI 201.

Schrifttum

ADOMEIT, Wahrnehmung berechtigter Interessen und Notwehrrecht, JZ 1970, 495
DEUTSCH, Anm zu BGH, 13.10.1964 – VI ZR 130/63, JZ 1966, 27
ders, Abwertende Medienkritik, in: FS Klingmüller (1974) 49
KÜBLER, Öffentliche Kritik an gewerblichen Erzeugnissen und beruflichen Leistungen, AcP 172 (1972) 117
MESSER, Der Anspruch auf Geldersatz bei Kreditgefährdung, § 824 und Anschwärzung, § 14 UWG, in: FS Steffen (1995) 347
PÄRN, Tatsachenmitteilung und Tatsachenbehauptung, NJW 1979, 2544
SCHOTTHÖFER, Geschäftsschädigende Äußerungen, GewArch 1980, 185
SCHWERDTNER, Anm zu BGH, 7.2.1984 – VI ZR 193/82, JZ 1984, 1103
STEINMEYER, Bürgerinitiativen und Unternehmensschutz, JZ 1989, 781
STÜRNER, Die Wahrheitspflicht von Umweltschutzinitiativen beim Kampf gegen umweltbedrohende Technik, in: FS Lukes (1989) 237
TILMANN, Haftungsbegrenzung im Äußerungsdeliktsrecht, NJW 1975, 758
WENZEL, Das Recht der Wort- und Bildberichterstattung (4. Aufl 1994).

Systematische Übersicht

I. **Dogmatische Grundlagen** 1	a) Die ungeschriebene Beschränkung des § 824 7
II. **Das Verhältnis zu anderen Anspruchsgrundlagen**	b) Kasuistik 8
1. Das Verhältnis zum allgemeinen Persönlichkeitsrecht 2	V. **Die Wahrnehmung berechtigter Interessen**
2. Das Verhältnis zu sonstigen Normen 3	1. Die Parallele zu § 193 StGB 9
	2. Der Irrtum über das Vorliegen des berechtigten Interesses 10
III. **Das Behaupten und Verbreiten unwahrer Tatsachen** 4	VI. **Das Verschulden** 11
IV. **Die Eignung zur Benachteiligung**	VII. **Zur Passivlegitimation** 12
1. Die Gefährdung 5	VIII. **Zu den Rechtsfolgen** 13
a) Der Meinungsstand 5	
b) Kasuistik 6	
2. Das Erfordernis der Unmittelbarkeit	

I. Dogmatische Grundlagen

1 § 824 ist ein gesetzlich geregelter **Aspekt des allgemeinen Persönlichkeitsrechts**; er schützt vor der Behauptung und der Verbreitung unwahrer Tatsachen (MünchKomm/MERTENS Rn 1; BGB-RGRK/STEFFEN Rn 1). Dagegen umfaßt die Norm **nicht die Äußerung von Wertungen** (BGH NJW 1965, 36, 37; MünchKomm/MERTENS Rn 1) und nicht die Behauptung wahrer Tatsachen (MünchKomm/MERTENS Rn 1). Da die unwahren Tatsachenbehauptungen nicht ehrenrührig zu sein brauchen (RGZ 140, 392, 395 f; BGH NJW 1963, 1871, 1872; MünchKomm/Mertens Rn 4; Soergel/Zeuner Rn 2; BGB-RGRK-Steffen Rn 7), ist § 824 ein Indiz dafür, auch im Persönlichkeitsrecht selbst auf die Ehrenrührigkeit als Voraussetzung zu verzichten (vgl oben § 823 Rn C 124). § 824 ordnet auch den Ersatz primärer Vermögensschäden an (Larenz/Canaris § 79 I 1 a). Doch folgt die Pflicht schon aus der Persönlichkeitsverletzung als solcher; dort geht es dann um sekundäre Vermögensschäden.

II. Das Verhältnis zu anderen Anspruchsgrundlagen

1. Das Verhältnis zum allgemeinen Persönlichkeitsrecht

Da § 824 einen Teilbereich des allgemeinen Persönlichkeitsrechts abdeckt, ist er **neben § 823 Abs 1 anwendbar** (MünchKomm/Mertens Rn 3). In der Rechtsprechung werden nicht selten beide Normen nebeneinander genannt (vgl zB BGH NJW 1994, 2614, 2615), ebenso oft zusätzlich § 823 Abs 2 iVm mit den §§ 185 ff StGB (vgl zB BGH NJW 1992, 1314; 1993, 930 ff; 1996, 2614 ff; 1997, 1148, 1149 f; OLG München NJW-RR 1996, 1487, 1488). Allerdings soll es im Verhältnis zu § 823 iVm den §§ 185 StGB nach hM Unterschiede geben. So sei die Beweislast anders verteilt. Während sie bei § 823 Abs 2 iVm § 186 StGB den Täter treffe, was die Wahrheit der Behauptung angehe, sei in § 824 der Betroffene beweispflichtig (RGZ 51, 369, 380; 56, 271, 285; 115, 74, 79; MünchKomm/Mertens Rn 6; Soergel/Zeuner Rn 3; BGB-RGRK/Steffen Rn 7). Das ist indes nur in dem schmalen Bereich relevant, in dem der Täter sich nicht auf berechtigte Interessen stützen kann; ansonsten dreht sich auch dort die Beweislast grundsätzlich um (vgl oben § 823 Rn C 265). Auch braucht im Gegensatz zu § 823 iVm § 187 StGB der Täter nicht wider besseres Wissen gehandelt zu haben; fahrlässige Unkenntnis genügt (MünchKomm/Mertens Rn 5). Doch spielt das neben § 823 iVm § 186 StGB kaum eine Rolle.

2. Das Verhältnis zu sonstigen Normen

Im Verhältnis zum Recht am Gewerbebetrieb **geht § 824 vor** (vgl oben § 823 Rn D 22; MünchKomm/Mertens Rn 3). Mit § 826 kann § 824 **konkurrieren** (MünchKomm/Mertens Rn 3; BGB-RGRK-Steffen Rn 8), ebenso mit § 14 UWG, wenn ein Handeln zu Wettbewerbszwecken gegeben ist (MünchKomm/Mertens Rn 7; BGB-RGRK/Steffen Rn 9; Baumbach/Hefermehl, Wettbewerbsrecht [20. Aufl 1998] vor §§ 14, 15 UWG Rn 29). Desgleichen besteht mit dem Gegendarstellungsanspruch nach den Landespressegesetzen **Anspruchskonkurrenz** (MünchKomm/Mertens Rn 8).

III. Das Behaupten und Verbreiten unwahrer Tatsachen (vgl oben § 823 Rn C 65 ff)

IV. Die Eignung zur Benachteiligung

1. Die Gefährdung

a) Der Meinungsstand

Eine Einschränkung erfährt der Schutz durch § 824 dadurch, daß die Tatsache geeignet sein muß, den Kredit eines anderen zu gefährden oder sonstige Nachteile für dessen Erwerb oder Fortkommen herbeizuführen. **Kreditgefährdung** wird nach hM angenommen, wenn das Vertrauen Dritter herabgesetzt wird, der Betroffene werde seinen gegenwärtigen oder zukünftigen Verbindlichkeiten nachkommen (RG JW 1933, 1254; MünchKomm/Mertens Rn 38; BGB-RGRK/Steffen Rn 27). **Erwerb** sind die gegenwärtigen, Fortkommen die künftigen wirtschaftlichen Aussichten (RG JW 1933, 1254; SeuffA 87 Nr 25 = S 45, 46; 93 Nr 90 = S 238, 242). Ob eine Beeinträchtigung eintritt, ist ohne Belang; es genügt die Eignung im Zeitpunkt der Erklärung (BGH LM Nr 18 zu § 824 unter II 1; MünchKomm/Mertens Rn 38). Zudem fordert der BGH, die Behauptung müsse geeignet sein, die wirtschaftlichen Beziehungen zu dem Personenkreis zu schädigen, der dem Betroffenen als Kreditgeber, Abnehmer oder Lieferant, als Auftrag- und Arbeitgeber, also als potentieller Geschäftspartner, Existenz und Fortkommen ermöglicht (BGHZ 90, 113, 119; MünchKomm/Mertens Rn 38; Larenz/Canaris § 79 I 3 c). Alle diese Einschränkungen sind aus verschiedenen Gründen **abzulehnen**. Zum einen läßt sich die Eignung der unwahren Behauptung, die wirtschaftliche Situation zu beeinflussen, praktisch nie in Abrede stellen, da es ja um eine Entwicklung in der Zukunft geht. Auch die unwahre Mitteilung, jemand sei aus einer Kirche, Partei oder Gewerkschaft ausgetreten, kann wirtschaftliche Nachteile haben, wenn sich der Betroffene später bei eben jener Kirche, Partei oder Gewerkschaft um eine Arbeitsstelle bemühen sollte. Zum anderen schützt die Persönlichkeit vor jeder Art von unwahrer Mitteilung über die Person (vgl oben § 823 Rn C 124). Das gilt jedenfalls für Ansprüche auf Unterlassung und Widerruf. Sollte zum anderen ein Schaden entstanden sein, so zeigt sich jedenfalls nachträglich, daß wirtschaftliche Belange betroffen waren. Bereicherungsansprüche sind allerdings verschuldensunabhängig, wenn auch bei unwahren Behauptungen ohne Kenntnis von der Unwahrheit schwer vorstellbar.

b) Kasuistik

6 Wegen **fehlender Beeinflussung** potentieller Geschäftspartner hat der BGH einer Klage der (damaligen) Bundesbahn gegen eine Bürgerinitiative trotz unwahrer Behauptungen nicht aufgrund von § 824 stattgegeben (BGHZ 90, 113, 119 ff); dem ist im Ausgangspunkt nicht zu folgen (ebenso Erman/Schiemann Rn 6; Schwerdtner JZ 1984, 1104; Steinmeyer JZ 1989, 786; Stürner, in: FS Lukes [1989] 243 f). Allenfalls kann man Zweifel haben, ob der Unternehmenspersönlichkeitsschutz die Klage deckt; doch ist das zu bejahen (so auch BGHZ 90, 113, 116 ff). **Gefährdungen für das wirtschaftliche Fortkommen** enthielten jedenfalls die unwahren Behauptungen, ein Arbeitgeber habe entgegen seinem früheren Versprechen seine Arbeitnehmer nach einer Protestaktion entlassen (RGZ 61, 366, 369), jemand habe sich in einem Konkurs rechtswidrige Sondervorteile verschafft (RG MuW 1933, 254, 255), jemand sei vertragsbrüchig geworden (RG WarnR 1913 Nr 416 = S 499, 501), jemand gewähre unzulässigerweise Rabatt (RG WarnR 1914 Nr 17 = S 28, 30), ein Arzt sei nicht bei einer Krankenkasse zugelassen (OLG Karlsruhe HRR 1933 Nr 1506), im Vorstand einer Aktiengesellschaft habe es Differenzen gegeben (RGZ 83, 362, 363), ein – in Wirklichkeit aufgrund einer Vereinbarung ausgeschiedener – Geschäftsführer sei entlassen worden (BGH LM Nr 13 a zu § 824 unter 3), in einem Lebensmittelgeschäft sei eine ansteckende Krankheit ausgebrochen (BGH LM Nr 3 zu § 826 [Gb] unter II), ein Haushaltsgerät funktioniere nicht (BGH NJW 1966, 2010, 2011), jemand sei in Konkurs gefallen (BGHZ 59, 76, 79).

2. Das Erfordernis der Unmittelbarkeit

a) Die ungeschriebene Beschränkung des § 824

7 Die hM schränkt die Anwendung des § 824 stark ein, da sie eine **unmittelbare Betroffenheit** der Person fordert, über die die unwahre Tatsache berichtet wird; die

Nachricht müsse sich mit dem Anspruchsteller selbst befassen oder doch in enger Beziehung zu seinen Verhältnissen, seinem Betrieb oder seiner gewerblichen Leistung stehen (BGHZ 90, 113, 120; BGH NJW 1963, 1871, 1872; 1965, 36, 37; 1978, 2151, 2152; 1992, 1312, 1313, 1314; LM Nr 10 zu § 824 unter IV; Nr 29 zu § 824 unter II 1, 2 b; OLG Köln AfP 1977, 354, 355; OLG München AfP 1983, 278, 279; OLG Hamburg NJW 1988, 3211; ERMAN/SCHIEMANN Rn 6; MünchKomm/MERTENS Rn 40; SOERGEL/ZEUNER Rn 17; BGB-RGRK/STEFFEN Rn 29; LARENZ/ CANARIS § 79 I 3 b; WENZEL Rn 5. 240; 5. 243; DEUTSCH, in: FS Klingmüller [1974] 54). Dagegen brauche nicht der Betrieb als Ganzes betroffen zu sein; die unwahre Behauptung über ein Produkt etwa genüge (BGH NJW 1966, 2010, 2011; LM Nr 29 zu § 824 unter II 2 d; anders noch BGH NJW 1963, 1871, 1872). Namentliche Nennung sei nicht nötig; es reiche aus, daß der Betroffene identifiziert werden könne (vgl oben § 823 Rn C 159). Die Restriktion sei zwar dem Wortlaut nicht zu entnehmen, ergibt sich nach hM aber aus der **Geschichte** (BGHZ 90, 113, 120; BGH NJW 1963, 1871; LM Nr 10 zu § 824 unter IV) und der **Stellung der Norm im Haftungssystem**. § 824 sollte nicht einen über die §§ 823 Abs 2, 186 StGB hinausreichenden Schutz gegenüber allen fahrlässig aufgestellten unwahren Tatsachenbehauptungen begründen, wenn diese auch nur mittelbar in irgendeiner Weise geeignet seien, die wirtschaftlichen Belange eines anderen zu gefährden (BGHZ 90, 113, 120; BGH NJW 1963, 1871, 1872; 1965, 36, 37; LM Nr 29 zu § 824 unter II 1). **In teleologischer Hinsicht** ist diese Tradition gerechtfertigt, weil sie verhindert, daß eine kritische Auseinandersetzung über allgemeine Probleme des technischen oder zivilisatorischen Fortschritts zum unkalkulierbaren Risiko wird (OLG Köln NJW 1985, 1643, 1644; OLG Hamburg NJW 1988, 3211; MünchKomm/MERTENS Rn 41; LARENZ/ CANARIS § 79 I 3 b; DEUTSCH JZ 1966, 28). **Doch ist der dogmatische Ansatz nicht überzeugend.** Man hat richtigerweise auf die enge Beziehung zur Rechtswidrigkeitsprüfung hingewiesen (MünchKomm/MERTENS Rn 41). Dann sollte man allerdings noch einen Schritt weitergehen und das gesamte Problem dort verankern. Angesichts des heutigen Standes der Dogmatik geht es um die auch ansonsten ins Kalkül zu ziehenden Kriterien (vgl oben § 823 Rn C 98 ff, 116 ff). Dann kann man konsequenterweise auf das Kriterium der **Unmittelbarkeit weitgehend, wenn nicht zur Gänze verzichten.** Eine Aussage kann durch berechtigte Interessen gedeckt sein, wenn sie einen Dritten unmittelbar berührt, sie kann dagegen die Haftung auch gegenüber nur mittelbar Betroffenen begründen, wenn die notwendige Recherche fehlt, solange der Kreis der Betroffenen nach den allgemeinen Regeln abgegrenzt werden kann. So ist denn auch in der Rechtsprechung anerkannt, daß die Unmittelbarkeit auch dann erfüllt ist, wenn erst die Reaktion der Geschäftspartner auf die unwahre Behauptung den Schaden des Betroffenen auslöst (BGH LM Nr 29 zu § 824 unter II 2 d), wie generell beim Persönlichkeitsschutz § 824 neben § 823 Abs 2 genannt wird, ohne dort zusätzlich das Erfordernis der Unmittelbarkeit zu prüfen (vgl zB BGH NJW 1993, 930 ff; 1996, 2614 ff; 1997, 1148, 1149 f).

b) Kasuistik
Die Rechtsprechung hat die Unmittelbarkeit vor allem bei sog **Systemvergleichen**, also bei genereller Kritik an einer Ware **verneint** (BGH NJW 1963, 1871, 1872; OLG Köln NJW 1985, 1643, 1644); dasselbe gilt etwa bei Kritik an Werkstoffen (OLG München AfP 1983, 278, 279). Eine **Ausnahme** wurde aber gemacht, wenn das Produkt, über das die Unwahrheit berichtet wurde, vom Geschädigten zwar nicht selbst hergestellt worden war, ihm aber im Geschäftsleben aus besonderen Gründen als seine Ware zugerechnet wurde (BGH LM Nr 29 zu § 824 unter II 2 b bb; MünchKomm/MERTENS Rn 42). Dann können auch Inhaber von Alleinvertriebs- und Markenrechten unmittelbar betroffen

sein (BGH NJW 1970, 187, 188; LM Nr 29 zu § 824 unter II 2 b bb). Falsche Preisangaben über gebrauchte Kfz sollen einen Händler nicht unmittelbar tangieren, für den Produzenten hat die Rechtsprechung dies jedoch offen gelassen (BGH NJW 1965, 36, 37). Die falsche Behauptung, ein Film sei von der freiwilligen Selbstkontrolle gekürzt worden, verletzt den Verleiher nicht unmittelbar (BGH LM Nr 10 zu § 824 unter IV). Die Behauptung, in einer Kfz-Werkstatt sei ein Motor schlecht überholt worden, betrifft nicht alle Autowerkstätten (OLG Köln AfP 1977, 354, 355). Die Warnung vor Zucker greift nicht in die Sphäre aller Zuckerproduzenten ein (OLG Hamburg NJW 1988, 3211 f). Kritik an dem Plan, Reinigungsarbeiten zu privatisieren, und an den Zuständen bei privaten Reinigungsfirmen geben nicht allen Reinigungsfirmen der Region die Möglichkeit, nach § 824 vorzugehen (OLG Köln NJW 1985, 1643 f). Schließlich wird ein Verkehrsträger durch Kritik an Neubauvorhaben nicht unmittelbar beeinträchtigt (BGHZ 90, 113, 120; s dazu schon oben Rn 5 f).

V. Die Wahrnehmung berechtigter Interessen

1. Die Parallele zu § 193 StGB

9   § 824 Abs 2 entspricht in seiner dogmatischen Grundlegung dem § 193 StGB (vgl oben § 823 Rn C 87 ff, 116 ff). Abweichend davon wird die Norm zT als Tatbestandsausschluß gewertet (BGB-RGRK/Steffen Rn 34; Adomeit JZ 1970, 496) oder aber die Pflichtverletzung verneint, da die beiden Absätze unteilbar seien (MünchKomm/Mertens Rn 44).

2. Der Irrtum über das Vorliegen des berechtigten Interesses

10 Die Rechtsprechung des RG nahm an, daß bei der irrigen Annahme des Täters, es lägen berechtigte Interessen vor, die Haftung zu bejahen sei; es sei notwendig, daß die **Interessen objektiv gegeben seien** (RGZ 51, 369, 379; 56, 271, 285; 85, 440, 442; zust Soergel/ Zeuner Rn 30; **aA** MünchKomm/Mertens Rn 82; BGB-RGRK/Steffen Rn 52). In der Lehre wird zT ein Haftungsausschlußgrund bzw Haftungsmilderungsgrund angenommen (Tilmann NJW 1975, 864). Diesen Ansätzen ist **nicht zu folgen**. Berechtigte Interessen bestehen, wenn die oben dargestellten Kriterien erfüllt sind, namentlich wenn die Pflicht zur Recherche erfüllt wurde (vgl oben § 823 Rn C 119 ff). Ihre Mißachtung löst die Haftung aus, nicht jedoch der Umstand, daß sich die Unwahrheit trotz ordentlicher Recherchen später herausstellt (MünchKomm/Mertens Rn 82). Allenfalls ließe sich daran denken, § 824 Abs 2 in diesem Fall nur als Entschuldigungsgrund anzusehen (Larenz/Canaris § 79 I 4 c). Das überzeugt indes nicht (vgl oben § 823 Rn C 95).

VI. Das Verschulden

11 Für das Verschulden genügt Fahrlässigkeit (MünchKomm/Mertens Rn 2). Die hM verlangt obendrein, daß der Täter die Eignung zur Kreditgefährdung erkennen konnte (RG JW 1930, 1732, 1733; Gruchot 61, 799, 801; MünchKomm/Mertens Rn 79; Soergel/Zeuner Rn 2). Das ist jedenfalls hinsichtlich der Unterlassensansprüche nicht notwendig. Soweit es um den Schadensersatz geht, dürfte die fahrlässige Verkennung der Eignung zur Kreditgefährdung jedenfalls bei fahrlässigen oder gar bewußt unwahren Behauptungen regelmäßig zu bejahen sein.

25. Titel. § 824, 12, 13
Unerlaubte Handlungen § 825, 1

VII. Zur Passivlegitimation (vgl oben § 823 Rn C 51 ff)   **12**

VIII. Zu den Rechtsfolgen (vgl oben § 823 Rn C 258 ff; zur Beweislast oben § 823 Rn C 265 ff)   **13**

§ 825

Wer eine Frauensperson durch Hinterlist, durch Drohung oder unter Mißbrauch eines Abhängigkeitsverhältnisses zur Gestattung der außerehelichen Beiwohnung bestimmt, ist ihr zum Ersatze des daraus entstehenden Schadens verpflichtet.

Materialien: E II § 748 a; III § 809; Mot II 752; Prot IV 649.

Die Norm ist **obsolet**, da die weibliche Geschlechtsehre über das allgemeine Persönlichkeitsrecht geschützt wird (vgl oben § 823 Rn C 244; ERMAN/SCHIEMANN Rn 1; MünchKomm/MERTENS Rn 1). Dieser Schutz reicht weiter als § 825; auf die Erfüllung seiner Tatbestandsvoraussetzungen kommt es daher nicht an (ERMAN/SCHIEMANN Rn 1). Die ersatzlose Streichung der Vorschrift war in einem Referentenentwurf von 1967 vorgesehen. Im übrigen greifen natürlich zahlreiche strafrechtliche Schutzvorschriften iVm § 823 Abs 2 ein (zu den – nur mehr für die Geschichte interessanten – Details vgl STAUDINGER/SCHÄFER[12] Rn 5 ff).   **1**

Sachregister

Die fetten Zahlen beziehen sich auf die Paragraphen, die mageren Zahlen auf die Randnummern.

Abenteuerspielplatz
Verkehrspflichten **823** E 41, 294 ff
Abfall
und deliktische Produkthaftung **823** F 6
Abfallgesetz
und Schutzgesetzcharakter **823** G 43
Abgabenordnung
und Schutzgesetzcharakter **823** G 43
Abgetrennte Körperteile
Eigentumsschutz **823** B 19
Abhören
und Schutzbereich des Persönlichkeitsrechts **823** C 162
Ablehnung
eines ärztlichen Eingriffs **823** I 112
Ablösungsrecht
Deliktischer Schutz **823** B 136, 193
Abmahnung
Schutzrechtsverwarnung, unberechtigte **823** D 57
Abnehmer
Schutzrechtsverwarnung, unberechtigte **823** D 55
Absolute Person der Zeitgeschichte
und Persönlichkeitsrecht **823** C 148, 195, 200, 222, 225
Absolute Rechte
Deliktsrecht
s. Unerlaubte Handlung
Abstammung
Kindeskenntnis von seiner – **823** C 15
Abstandsflächen
und Schutzgesetzcharakter **823** G 61
Abtreibungsversuch
Rechtsgut, geschütztes **823** B 49
Abtretungsverbot
Recht, geschütztes **823** B 65, 68
Abwehransprüche
Unterlassungsansprüche, vorbeugende **Vorbem 823 ff** 63
Adoptionsvermittlungsgesetz
und Schutzgesetzcharakter **823** G 43
Äußerungen
Inhaltsermittlung (Interpretationsregeln) **823** C 65, 66
von Tatsachen
s. dort
von Werturteilen
s. Werturteile
Aggregatzustand
und deliktische Produkthaftung **823** F 6

Aggregatzustand (Forts.)
und Eigentumsverletzung **823** B 82
Rechtsgut, geschütztes **823** B 82
Aids 823 B 20, 25, 47
Aktiengesellschaft
Persönlichkeitsrecht **823** C 28
Aktiengesetz
und Schutzgesetzcharakter **823** G 43
Alkoholisierung
und Verkehrspflicht **823** E 253, 268, 358
Allgemeine Grundsätze
und Schutzgesetzcharakter **823** G 13
Allgemeine Rechtsprinzipien
und Schadensersatzanspruch **823** G 4
Allgemeines Lebensrisiko
und Arzthaftung **823** I 11
Allgemeines Persönlichkeitsrecht
s. Persönlichkeitsrecht
Allgemeinheit
und Schutzgesetzcharakter **823** G 19
Alternativverhalten
Rechtmäßigkeit eines – **823** E 72, I 47, 53, 120
Altersstufen, Altersgrenzen
und Persönlichkeitsrecht **823** C 20
Amtshaftung
Arzthaftung **823** I 4, I 5
Amtspflichten
Verkehrspflichten **823** E 23, 82
Anästhesie
s. Arzt, Ärztliche Behandlung
Analyse
und Persönlichkeitsrecht **823** C 243
Aneignungsrechte
als sonstige eigentumsähnliche Rechte **823** B 136
Anfechtung
Einwilligung in ärztlichen Eingriff **823** I 111
Anfechtung (Gläubigeranfechtung)
und Deliktsrecht **Vorbem 823 ff** 36
Anfechtungsgesetz
und Schutzgesetzcharakter **823** G 43
Angehörige
als Personen der Zeitgeschichte **823** C 200
und postmortaler Persönlichkeitsschutz **823** C 36 ff
als relative Personen der Zeitgeschichte **823** C 201
Anlagen
und deliktische Produkthaftung **823** F 6

Anliegergebrauch
Eigentumsähnliche Rechte **823** B 136
Anliegerschutz
Verkehrspflichten **823** E 328, 337
Anpflanzungsverbote
und Schutzgesetzcharakter **823** G 68
Anscheinsbeweis
Arzthaftung **823** I 49 ff
und deliktische Produkthaftung **823** F 39
Anschuldigungen
Krankheitsursache als falsche – **823** B 28
Anspruchskonkurrenz
Kreditgefährdung **824** 2, 3
Vertrag und Delikt **Vorbem 823** ff 38 ff
Anstiftung
und Persönlichkeitsverletzung **823** C 62, I 6
Anwartschaft
Begriff – **823** B 150
Deliktischer Schutz – **823** B 151 ff
Hypothekenschutz vor Aufhebung **823** B 134
Anzeigenboykott 823 D 44
Anzeigenteil
und Persönlichkeitsverletzung, Haftungsfrage **823** C 55
Arbeitgeber
Persönlichkeitsrecht **823** C 28
Arbeitgeberverbände
und Schutz des Gewerbebetriebs **823** D 8
Arbeitnehmer
und deliktische Produkthaftung **823** F 34
Überwachung **823** C 219
Verkehrspflichten **823** E 61, 65, 218
Arbeitnehmererfindungsgesetz
und Schutzgesetzcharakter **823** G 43
Arbeitsgericht
und Persönlichkeitsverletzung **823** C 294
Arbeitskampf
und Eingriff in den Gewerbebetrieb **823** D 46 ff
Arbeitskampfrecht
und Schutzgesetzcharakter **823** G 70
Arbeitsplatz
Deliktischer Schutz **823** B 190, 191
Druckkündigung **823** B 190
Arbeitsstätte
und Ehebereich, geschützter **823** B 175
Arbeitsunfähigkeit
und Gesundheitsverletzung **823** B 20
Arbeitszeitgesetz
und Schutzgesetzcharakter **823** G 43
Architekt
Verkehrspflichten **823** E 374 ff
Archiv
Verletzungshandlungen **823** B 82

Arzneimittel
und deliktische Produkthaftung **823** F 15, 22, 26, 36, 44
Verkehrspflichten **823** E 399
Arzneimittelgesetz
und Schutzgesetzcharakter **823** G 43
Arzt, Ärztliche Behandlung
s. a. Embryo
Ärzte und Kollektivbeleidigung **823** C 21
Ärztliche Diagnosestellung **823** I 23 ff
Ärztliche Fehler **823** B 12
Alternativverhalten, rechtmäßiges des Arztes **823** I 47, 53, 120
Ambulante Behandlung **823** I 5
Amtsarzt **823** I 4
Amtshaftung **823** I 5
Anästhesie (grobe Fehler) **823** I 61
Anästhesist, Verantwortlichkeit **823** I 31
Anamnese **823** I 23, 27
Anfängeroperation (Ausbildung) **823** I 33
Angestellter Arzt **823** I 131
Anscheinsbeweis **823** I 49 ff, I 128
Anweisungen des Arztes, nicht befolgte **823** I 41, 53, 56
Arbeitsteilung und Haftung **823** I 130
Arzt als Amtsträger **823** I 4
Arzthaftungsrecht
s. Alphabetisches Stichwortverzeichnis Zu § 823 unter I
Arztqualifikation, mangelnde **823** I 69
Aufklärende Person **823** I 80 ff
Aufklärung **823** I 9, 15 ff, 76 ff
Aufklärung und Beweislast **823** I 126 ff
Aufklärung, entbehrliche **823** I 100
Aufklärung, Folgen fehlender oder fehlerhafter **823** I 118 ff
Aufklärung und Patientenentscheidung **823** I 109 ff
Aufklärung und Rücksichtnahmegebot **823** I 102 ff
Aufklärungsbedürftige Umstände **823** I 83 ff
Aufklärungsgespräch, Leitsätze (Richtlinien) **823** I 129
Aufklärungsrichtiges Verhalten als Vermutung **823** I 53
Aufklärungszeitpunkt **823** I 106 ff
Aufzeichnungen **823** I 71
Befunderhebung **823** I 23, 66 ff, 71 ff
Befunderhebung, unterlassene **823** I 23, I 73 ff, 24, 66
Behandlungsalternativen, Hinweis **823** I 92
Behandlungsauftrag und Grenzen **823** I 15
Behandlungsfehler **823** I 178
Behandlungsfehler in der Anästhesie **823** I 61
Behandlungsfehler in der Chirurgie **823** I 62

Arzt, Ärztliche Behandlung (Forts.)
Behandlungsfehler, grobe (Beweiserleichterungen) 823 I 54 ff
Behandlungsfehler, grober 823 I 18 ff
Behandlungsfehler und Haftungsbegründung 823 I 44, 47
Behandlungsfehler in der Perinatologie 823 I 64
Behandlungsfehler, schwerer 823 I 68
Behandlungskosten, Ersatz 823 I 30
Behandlungsübernahme 823 I 14
Behandlungsunterlagen 823 C 48
Beherrschbarer Bereich 823 I 46, 70
Belegärzte, Haftung 823 I 132
Beweislast 823 I 7, 10, 42 ff
Beweislast für die Aufklärung 823 I 126
Beweislast und § 282 BGB 823 I 45, I 46
Beweisrechtliche Konsequenzen lückenhafter Dokumentation 823 I 71 ff
Bewußtlose 823 I 115, 117
Blutkonserven 823 I 37
Bundesärztekammer und ärztliche Sterbebegleitung 823 I 16
Chefarztfehler 823 I 131
Chirurg, Verantwortlichkeit 823 I 31
Chirurgie (grobe Fehler) 823 I 62, 63
Delegation von Pflichten 823 I 31 ff
Deliktische Haftung des Arztes 823 I 4
Diagnose 823 I 23 ff, 73
Diagnose Dritter, Verwendung 823 I 27
Diagnose, grobe Fehler 823 I 62, 64
Diagnose, risikoreiche 823 I 26
Diagnose (Werturteil, Tatsache) 823 C 83
Diagnosefehler 823 I 25, 66, 74
Diagnoseirrtümer 823 I 67
Diagnosemitteilung 823 I 28
Diagnostischer Eingriff und Aufklärung 823 I 85
Dokumentation 823 I 10, 71 ff
Durchgangsarzt 823 I 4
Eigenblutspende, Hinweis hierauf 823 I 29
Eigenmächtigkeit des Arztes 823 I 1, 2
Eilfälle, Zeitzwang 823 I 23
Einbecker Empfehlungen 823 I 17
Einsichtsfähigkeit 823 I 97, 104
Einweisung aufgrund öffentlichen Rechts 823 I 4
Einwilligung, Anfechtung 823 I 111
Einwilligung, hypothetische bei fehlerhafter Aufklärung 823 I 121 ff
Einwilligung, mutmaßliche 823 I 115
Einwilligung als Rechtfertigungsgrund 823 I 1, 76 ff
Einwilligung, Widerruf 823 I 110
Embryoschädigung nach der Zeugung 823 B 51
Facharztstandard 823 I 18
Fehldiagnose 823 I 25, 67

Arzt, Ärztliche Behandlung (Forts.)
Fehler durch Tun, Unterlassen 823 I 7, 8
Fehlermitteilung 823 I 30
Fehlschlagen (Risiko) 823 I 88
Folgeoperation 823 I 95
Fortbildungspflicht 823 I 20
Garantenstellung 823 B 24, I 6, 7, 82
Garantenstellung und Aufklärungsmängel 823 I 82
Geburt 823 I 117
Geburt aufgrund ärztlichen Kunstfehlers 823 B 14
Geburt behinderten Kindes, keine Verhinderungspflicht 823 B 51
Geburt und schwerstgeschädigte Neugeborene 823 I 17
Geburtshelfer, Verantwortlichkeit 823 I 31
Geburtshilfe ohne operativen Eingriff 823 I 1
Gefährdungshaftung 823 I 12
Gefahrenaussetzung und Beweislastumkehr 823 I 70
Gemeinschaftspraxis 823 I 133
Gesamtschuldner 823 I 130
Gesamtverantwortung 823 I 32
Geschäftsfähigkeit und Einwilligung 823 I 97, 99, 109
Gesetzlicher Vertreter und Gewerbebetrieb 823 D 6, I 98
Grundrechte, Bedeutung für das Beweisrecht 823 I 42
Gutachten, falsches und Aktionsfreiheit 823 B 54
Haftung 823 I 6 ff
Haftung des Arztes, Anwendungsbereich 823 I 13
Haftungsmilderung 823 I 6
Hebamme 823 I 13, 32
Heileingriff 823 I 1, 2
Heilpraktiker 823 I 13
Hilfeleistung, Unterlassen ärztlicher – 823 B 23
Hilfsperson 823 I 27
Hirntod 823 I 17
Hygiene 823 I 37
Hygienebedingungen, schlechte 823 I 70
Kassenpatient 823 I 4, 5
Kausalität 823 I 44 ff, 50 ff
Kausalität, Beweis für haftungsbegründende 823 I 44
Kausalität, hypothetische 823 I 125
Keimschaden, drohender 823 B 52
Klinikpersonal und beherrschbarer Bereich 823 I 46
Körperliche Unversehrtheit und ärztlicher Eingriff 823 I 1, 2
Körperverletzung 823 I 1 ff
Kompetenzüberschreitungen 823 I 69

Arzt, Ärztliche Behandlung (Forts.)
Komplikationen (Risiko) **823 I** 89
Kosmetische Operation und Aufklärung **823 I** 85
Krankenhaushaftung und Verweisungsprivileg **823 I** 5
Krankenhausträger **823 I** 113, 131, 132
Krankenhausvertrag **823 I** 131
Krankenschwester **823 I** 32, 69
Krankheitsbild, ungeklärtes **823 I** 23
Kunstfehler als Problembegriff **823 I** 18
Lagerung des Patienten **823 I** 31 ff, 46
Lebensbeendigung **823 I** 15
Lebenserhaltung **823 I** 15
Lebensrisiko, allgemeines **823 I** 11
Lebensverlängernde Maßnahmen **823 I** 15, 17
Medikation, fehlerhafte **823 I** 46
Medizinische Geräte **823 I** 35, 36
Medizinische Indikation und Aufklärungsumfang **823 I** 86, 87
Medizinische Indikation, fehlende **823 I** 85
Medizinische Versorgung, zu gewährleistende **823 I** 37
Medizinischer Schulenstreit **823 I** 92
Methoden, neue **823 I** 21, 83, 92
Minderjährige Patienten **823 I** 97, 112
Mitverschulden des Patienten **823 I** 41, 56, 114 ff
Mitwirkung des Patienten **823 I** 28
Nacht-, Eil- und Notfälle **823 I** 37
Notstand **823 I** 115
Oberarzt, Hinzuziehung **823 I** 34
Öffentliches Recht und Haftung des Arztes **823 I** 4
Operation, kosmetische **823 I** 6, 85, 105
Operation und postoperative Versorgung **823 I** 31
Operationserweiterung **823 I** 95, 106, 116
Operationsrisiken, allgemeine **823 I** 101
Organisationsmängel als grobe Fehler **823 I** 70
Organisationspflicht **823 I** 7, 70, 113 ff
Organisationsverschulden **823 I** 7, I 131, 37
Organspende und Aufklärung **823 I** 85
Passivlegitimation **823 I** 130 ff
Patient **823 I** 16, 86, 89
Patient und Arzt, fehlende Kommunikationsmöglichkeit **823 I** 15
Patient, Substantiierungslast **823 I** 48
Patienten, entscheidungsunfähige und bewußtlose **823 I** 117
Patientenentscheidung nach Aufklärung **823 I** 109 ff
Patientenfragen **823 I** 96
Patientenkenntnis und entbehrliche Aufklärung **823 I** 101

Arzt, Ärztliche Behandlung (Forts.)
Patientensicherheit **823 I** 38
Patientenverfügung, Vorsorgevollmacht, Betreuungsverfügungen **823 I** 16
Patientenwille und Behandlungsauftrag **823 I** 15
Perinatologie, grobe Fehler **823 I** 64, 65
Persönlichkeitsrecht und Diagnosemitteilung **823 I** 28
Persönlichkeitsrecht des Patienten (Selbstbestimmungsrecht) **823 I** 2, 3, 77
Personalmangel **823 I** 37
Pflegedienstfehler **823 I** 46
Pflichtenidentität (Vertrag, Delikt) **823 I** 7
Praxisgemeinschaft **823 I** 133
Primärschaden **823 I** 57
Psychotherapeut **823 I** 13, 40
Qualifikation des Arztes **823 D** 6, I 33, 69, 93
Rechtfertigender Notstand und mutmaßliche Einwilligung, Abgrenzung **823 I** 115
Rechtsgut und Untersagung eines Eingriffs **823 I** 1
Risiken, untypische und Aufklärungsumfang **823 I** 120
Risiko, untypisches **823 I** 120
Risikoaufklärung **823 I** 88 ff
Risikohinweise nach Diagnose **823 I** 29
Schadensersatz **823 I** 2
Schonender Umgang als Arztpflicht **823 I** 9
Schulmedizin **823 I** 21, 22
Schulmedizin, Abweichungen **823 I** 22
Schutzzweckzusammenhang **823 I** 2
Schwangerschaftsabbruch, mißglückter **823 B** 16 ff
Schweigepflicht und Persönlichkeitsrecht **823 C** 48
Sekundärschaden **823 I** 57
Selbstbeschädigung des Patienten **823 I** 38, 41
Selbstbestimmungsrecht des Patienten **823 I** 2, 8, 9, 39, 76, 106 ff, 116, 120
Selbstmord **823 I** 38, 41, 117
Sicherungsaufklärung **823 I** 28, 47, 53, 78
Sozialversicherung **823 I** 12
Stand der medizinischen Wissenschaft **823 I** 19
Standard und Anfängerhaftung **823 I** 34
Standard, geschuldeter **823 I** 18
Standardabweichung und Hinweispflicht **823 I** 93
Stationäre Behandlung **823 I** 5
Sterbehilfe **823 I** 16, 17
Sterbender **823 I** 15, 16
Sterilisation, fehlgeschlagene **823 B** 15
Straßenverkehrsbehörde, Mitteilung des Arztes **823 C** 215

Arzt, Ärztliche Behandlung (Forts.)
  Technische Geräte, vermeidbares Versagen 823 I 46
  Technische Hilfsmittel 823 I 35, 36
  Therapie, grobe Fehler 823 I 63, 65
  Therapiealternativen 823 I 39
  Therapiebegrenzung (Todkranke, Sterbende) 823 I 15
  Therapiemöglichkeiten und Behandlungsalternativen 823 I 92
  Therapiewahl des Arztes 823 I 39 ff, 92
  Tierarzt 823 I 13
  Todkranker 823 I 15, 16
  Verkehrspflichten, gesteigerte 823 I 38
  Vertragsabschluß und Abschlußfreiheit 823 I 14
  Vertragsverhältnis Arzt – Patient 823 I 4
  Vertragsverletzung (positive) und Delikt 823 I 6, 7
  Vertrauensverhältnis und Eingriffscharakter 823 I 2
  Waffengleichheit und Beweisrecht 823 I 43
  Wahrscheinlichkeit und Anscheinsbeweis 823 I 49 ff
  Zahnarzt 823 I 13
  Zusammenarbeit von Ärzten 823 I 31
  Zusammenwirken von Ärzten und Aufklärung 823 I 81
  Zwangseinweisung 823 I 4
Aufgabenübernahme
  und Verkehrspflichten 823 E 21 ff
Aufklärung
  Ärztliche
  s. Arzt, Ärztliche Behandlung
  und deliktische Produkthaftung 823 F 14 ff
Aufruf
  zum Boykott 823 D 36
  zur Demonstration 823 E 15
Aufsicht
  Verkehrspflichten 823 E 314 ff
Ausgleichsfunktion
  des Deliktsrechts Vorbem 823 ff 9
Auskunft
  Persönlichkeitsverletzung, Benennung der Adressaten 823 C 293
Auslassungen
  und unwahre Tatsachenbehauptung 823 C 86
Auslegung
  von Äußerungen (Interpretationsregeln) 823 C 65, 66
  Verfassungskonforme – 823 C 15
Ausnutzung, wirtschaftliche
  Persönlichkeitsrecht und Schutz vor – 823 C 225
Ausreißer
  und deliktische Produkthaftung 823 F 44

Ausstellungsbezeichnungen
  Immaterialgüterschutz 823 B 139
Auswahlpflicht
  Übertragung von Verkehrspflichten 823 E 61
Auszeichnungen
  Immaterialgüterschutz 823 B 139
Autobahnblockade
  und Freiheitsentziehung 823 B 54
Autor
  Persönlichkeitsverletzung, Störereigenschaft 823 C 52
  und Wissenschaftsprivileg 823 C 143 ff
Autorennen
  Verkehrspflichten 823 E 28, 342 ff, 356
Autowaschanlage
  Verkehrspflichten 823 E 275

Badebetrieb
  Verkehrspflichten 823 E 297 ff
Bäume
  Verkehrspflichten 823 E 145 ff
Bahnhof
  Verkehrspflichten 823 E 174
Bauforderungen (Gesetz zur Sicherung)
  und Schutzgesetzcharakter 823 G 47
Bauforderungssicherungsgesetz
  und Schutzgesetzcharakter 823 G 44
Baugesetzbuch
  und Schutzgesetzcharakter 823 G 44
Bauherr
  Einbau fremder Sachen, Haftung des – 823 B 68
Bauliche Anlagen
  und Schutzgesetzcharakter 823 G 61
Baunutzungsverordnung
  und Schutzgesetzcharakter 823 G 44
Bauordnungsrecht
  und Schutzgesetzcharakter 823 G 61
Baurecht
  und Schutzgesetzcharakter 823 G 22
Baustelle
  Verkehrspflichten 823 E 44, 215 ff
Baustromverteilerfall 823 B 113
Bauunternehmer
  als Verkehrspflichtiger 823 E 58, 217
Beamter
  Krankenhausarzt, Haftung 823 I 5
  Persönlichkeitsverletzung, Störereigenschaft 823 C 52
Bearbeitung
  und Eigentumsverletzung 823 B 107
Beeinträchtigung
  und Eigentumsverletzung 823 B 97
  eines sonstigen Rechts 823 B 128
  Unmittelbarer Eingriff und mittelbarer – 823 H 16

Befundsicherungspflicht
  des Produzenten **823** F 40
Begriffe
  und Ermittlung eines Äußerungsinhalts
  823 C 66
Behandlung, ärztliche
  s. Arzt, Ärztliche Behandlung
Behandlungsbedürftigkeit
  und Gesundheitsverletzung **823** B 20
  Psychische Krankheit **823** B 27
Behandlungsfehler
  s. Arzt, Ärztliche Behandlung
Behauptungen
  s. Tatsachen; Werturteile
Behinderung
  und Embryoschädigung **823** B 50 ff
  Gefahr der Geburt behinderter Kinder
  823 B 47
Behörden
  Äußerungen vor – **823** C 135 ff
Behördenentscheidung
  und Schutzgesetzcharakter **823** G 10
Behördliche Vorschriften
  Verkehrspflichten und – **823** E 34
Beihilfe
  und Persönlichkeitsverletzung **823** C 62
Beitrittsgebiet
  Verkehrspflichten **823** E 98 ff
Belästigungen
  Persönlichkeitsrecht und Schutz vor –
  823 C 232 ff
Belauschen
  als Persönlichkeitsverletzung **823** C 164
Belegarzt
  Arzthaftung **823** I 132
Beleidigung
  Ehrverletzung und strafrechtlicher Begriff
  der – **823** C 64
  Persönlichkeitsrecht und Formalbeleidigung **823** C 14, 42, 107, 110
Benutzerkreis
  und deliktische Produkthaftung **823** F 35 ff
  und Standardhöhe **823** E 41
  und Verkehrspflichten **823** E 40
Benutzungsbefugnis
  und Verkehrspflichten **823** E 42
Berechtigtes Interesse
  und Persönlichkeitsrecht **823** C 99, 117, 261, 265
Bereichshaftung
  Verkehrspflichten **823** E 12, 13, 16 ff, 23, 33, 38, 58
  Verkehrspflichten und – **823** E 38 ff
Bergtouren
  Haftung **Vorbem 823 ff** 51
Bergwerkseigentum
  Eigentumsschutz **823** B 126

Berichterstattung
  Entstellende – **823** C 223
  und Gefährdung des Betroffenen **823** C 224
  Intim- und Privatsphäre **823** C 221
  unter Namensnennung und Bildnisbeifügung **823** C 186 ff
  und Straftat, Haftentlassung **823** C 226
  und Zeitablauf **823** C 226
  der Zeitgeschichte **823** C 199 ff
Berufliche Tätigkeit
  Deliktischer Schutz **823** B 191
  Verkehrspflichten **823** E 1, 8, 9, 22
Berufsleben
  und Prangerwirkung **823** C 197
Berufsständische Satzungen
  und Schutzgesetzcharakter **823** G 70
Beschäftigungsförderungsgesetz
  und Schutzgesetzcharakter **823** G 44
Beschränkt dingliche Rechte
  als sonstige Rechte **823** B 126 ff
Beseitigungsanspruch
  Absolutes Recht des § 907 BGB **823** B 136
  Ehebereich, geschützter und quasinegatorischer – **823** B 180
  Persönlichkeitsverletzung, Anspruchsgrundlagen **823** C 270
Besitz
  als absolutes Recht **823** B 167
  Berechtigter Besitz **823** B 168
  Besitzer/Eigentümer-Konflikte nach
  Ablauf der Besitzberechtigung **823** B 168
  Dieb, deliktischer Besitz **823** B 169, B 170
  Entzug **823** B 131
  Funktionsschutz **823** B 185
  Haftungsschäden, Ersatz **823** B 167
  Mitbesitz, Schutz **823** B 172
  Mittelbarer Besitz, Schutz **823** B 171
  Nichtberechtigter Besitzer, Ansprüche
  gegen Dritte **823** B 169
  Nutzungsentgang **823** B 168
  Obligatorisches Recht zum Besitz **823** B 170
  Räumungsfrist **823** B 168
  Schadensersatz **823** B 167
  als sonstiges Recht **823** B 131
Bestandteile
  Beschädigung **823** B 129
Bestimmungsgemäße Verwendung
  und Eigentumsverletzung **823** B 96
Betrieb
  und Ehebereich, geschützter **823** B 175
Betriebsbezogenheit
  eines Eingriffs in den Gewerbebetrieb
  823 D 11 ff
Betriebsblockade, Betriebsbehinderungen
  und Eingriff in den Gewerbebetrieb **823** D 44 ff
Betriebsgeheimnis
  Immaterialgüterschutz **823** B 139

Sachregister   Bürgerliches Gesetzbuch

Betriebsgeheimnis (Forts.)
   Verletzung **823 D 67**
Betriebsrat
   und Druckkündigung **823 B 190**
Betriebsverfassungsrecht
   und Schutzgesetzcharakter **823 G 44**
Bewegungsfreiheit
   Freiheit als körperliche – **823 B 53**
Beweislast
   Arzthaftung
      s. Arzt, Ärztliche Behandlung
   und deliktische Produkthaftung **823 F 38 ff**
   Handlung im deliktsrechtlichen Sinne
      823 H 3
   Schutzgesetzverletzung **823 G 39, G 40**
   Verkehrspflichtverletzung **823 E 72**
Beweiszweck
   und Rechtfertigung für eine Persönlichkeitsverletzung **823 C 214**
Bewertungsmaßstäbe
   bei Warentests **823 D 32**
Bewußtlosigkeit
   und Patienteneinwilligung **823 I 117**
Bewußtseinslage
   und Handlungsbegriff **823 H 3**
BGB-Gesellschaft
   Persönlichkeitsschutz **823 C 30**
   und Schutz des Gewerbebetriebs **823 D 7**
Bibliothek
   und Haftung für Verbreitung verletzender Äußerungen **823 C 58**
   Verletzungshandlungen **823 B 82**
Bienenschutzverordnung
   und Schutzgesetzcharakter **823 G 44**
Biergarten
   Verkehrspflichten **823 E 267**
Bildnis
   Begriff **823 C 152 ff**
   als Beiwerk **823 C 207**
   Bereicherung bei unbefugter Bildveröffentlichung **823 C 252**
   Berichterstattung unter Namensnennung und Beifügung eines – **823 C 186**
   und Bezug zur Geschichte **823 C 205**
   Doubles **823 C 154**
   und Gefährdung des Betroffenen **823 C 224**
   Herstellen **823 C 158**
   KUG §§ 22, 23: paradigmatische Rolle
      823 C 148 ff
   und Kunstinteresse **823 C 209**
   Nacktfotos **823 C 178, 182, 221, 223**
   Persönlichkeitsrecht und Recht am Bildnis
      823 C 151 ff
   Schutz vor wirtschaftlicher Ausnutzung
      823 C 225
   von Toten **823 C 155, 156**
   Verbreiten und Zur-Schau-stellen **823 C 151 ff**

Bildnis (Forts.)
   von Versammlungen **823 C 208**
   der Zeitgeschichte **823 C 199 ff**
   Zweck des Bildnisses **823 C 206**
Billigkeit
   Haftungsausschluß für Deliktsrecht
      Vorbem 823 ff 44
Billigkeitshaftung
   Deliktsrecht **Vorbem 823 ff 23**
Binnenschiffahrtsgesetz
   und Schutzgesetzcharakter **823 G 44**
Binnenschiffahrtsstraßenordnung
   und Schutzgesetzcharakter **823 G 44**
Biologischer Landbau
   Verletzungshandlungen **823 B 82**
Blockade
   Betriebsblockade als Eingriff in den Gewerbebetrieb **823 D 44 ff**
   eines Grundstücks **823 B 98**
   Rechtswidrigkeit **823 B 100, B 173**
   Schadenshöhe **823 B 174**
Bloßstellung, öffentliche 823 C 196
Blutkonserven-Fall 823 E 68
Börsengesetz
   und Schutzgesetzcharakter **823 G 44**
Boxen
   Haftung **Vorbem 823 ff 52**
Boykott
   Anzeigenboykott **823 D 44**
   Aufforderung zum Vertragsbruch **823 D 41**
   Aufruf zu Wettbewerbszwecken **823 D 38**
   Begriff **823 D 35**
   Beteiligtenzahl **823 D 35**
   Einsatz sozialer Macht **823 D 43**
   Einsatz wirtschaftlicher Macht **823 D 42**
   Motivation **823 C 114**
   Persönlichkeitsrecht und Aufruf zum –
      823 C 113
   Pressefreiheit **823 C 115**
   Recht am Gewerbebetrieb **823 D 1, 5, 35 ff**
   Wettbewerb **823 D 38**
Brand- und Explosionsverhütungsvorschriften
   und Schutzgesetzcharakter **823 G 62**
Brandschutz
   Verkehrspflichten **823 E 254**
Brennbare Flüssigkeiten /(VbF)
   und Schutzgesetzcharakter **823 G 58**
Briefe
   Unbefugte Öffnung **823 C 169**
Briefkastenwerbung
   Persönlichkeitsrecht und Schutz vor –
      823 C 232
BTX-Teilnehmer
   und Schutz vor Werbung **823 C 237**
Bücher
   und deliktische Produkthaftung **823 F 7**
Bürgerliches Gesetzbuch
   Schutzgesetze (Übersicht) **823 G 41**

Bundes-Immissionsschutzgesetz
und Schutzgesetzcharakter **823** G 44
Bundesärztekammer
zur ärztlichen Sterbebegleitung **823** I 16
Bundesdatenschutzgesetz
und Schutzgesetzcharakter **823** G 44
Bundesfernstraßengesetz
und Schutzgesetzcharakter **823** G 44
Bundesjagdgesetz
und Schutzgesetzcharakter **823** G 44
Bundespersonalvertretungsgesetz
und Schutzgesetzcharakter **823** G 44
Bundesrechtsanwaltsordnung
und Schutzgesetzcharakter **823** G 44
Bundesseuchengesetz
und Schutzgesetzcharakter **823** G 44

Charakterbild, Lebensbild
Deliktischer Schutz
s. Persönlichkeitsrecht (deliktischer Schutz)
Chefredakteur
Persönlichkeitsverletzung und Haftung des – **823** C 54
Chemikalien
Verkehrspflichten **823** E 14, 399
Chemische Erzeugnisse
und deliktische Produkthaftung **823** F 6
Chirurgie
s. Arzt, Ärztliche Behandlung
Constanze-Doktrin
Recht am Gewerbebetrieb **823** D 5
Culpa in contrahendo
und Deliktsrecht **Vorbem 823 ff** 21
Vermögensschäden, primäre **Vorbem 823 ff** 37

Daten
Strafrechtlicher Schutz, Schutz des Persönlichkeitsrechts **823** C 172, 173
Datenbestand
Recht am eigenen – **823** B 192
Datenverwendung
und Persönlichkeitsverletzung **823** C 175
Delegation
Ärztliche Zusammenarbeit, Arztpflichten **823** I 31 ff
von Verkehrspflichten **823** E 59 ff
Deliktsfähigkeit
und Handlung im deliktsrechtlichen Sinne **823** H 2
und Schutzgesetzverletzung **823** G 36
Deliktsrecht
s. Unerlaubte Handlung
und Funktionen **Vorbem 823 ff** 7
und Konkurrenzen **Vorbem 823 ff** 33 ff
Modifizierung **Vorbem 823 ff** 41 ff

Demonstration
Aufruf **823** E 15
Betriebsblockade **823** D 45
Deutsche Bundespost
und Schutz vor Werbung **823** C 236
Diagnose
s. Arzt, Ärztliche Behandlung
Diebstahl
und Besitzerschutz **823** B 169
Dienstbarkeiten
als sonstiges Recht **823** B 126
DIN-Normen
und deliktische Produkthaftung **823** F 10
und Schutzgesetzcharakter **823** G 70
Verkehrspflichten und – **823** E 34
Diskriminierung
Persönlichkeitsrecht und Schutz vor – **823** C 239
Dispositionsbeeinträchtigung
und Eigentumsverletzung **823** B 89 ff
Distanzdelikt
Schädigung des Embryos **823** B 41, 42
Dokumentation
ärztlicher Behandlung **823** I 10, 71 ff
rechtswidriger Handlungen **823** C 217
Dritter, Dritte
Äußerung und Adressatenkreis **823** C 84
Arzthaftung und Diagnosen – **823** I 27
Besitzer, Ansprüche des nichtberechtigten gegen – **823** B 169
Blockaden gegenüber – **823** D 49
und Ehebereich, geschützter **823** B 175 ff
Elterliche Sorge und Unterlassungsanspruch gegenüber – **823** B 183 ff
Gefahrenquelle und Haftung gegenüber – **823** E 36
Gefahrschaffung **823** E 17, 33, 79, 296
Geschützte – **823** E 36
Kritik und Gegenschlagsrecht **823** C 109
Nutzung, unbefugte **823** B 101 ff
Pfändung einem Dritten zustehender Forderung **823** B 165
Produkthaftung und geschützte – **823** F 35
Schockschäden Dritter **823** B 30
Übernahme von Berichten – **823** C 122
Verkehrspflichten und Verhalten – **823** E 33
Verkehrspflichtübertragung **823** E 59 ff
Vormerkungsberechtigter, Schutz **823** B 158
Zurechnung von Äußerungen – **823** C 70
Drittschadensliquidation
und Deliktsrecht **Vorbem 823 ff** 21
Drittwiderspruchsklage
Erhebung unberechtigter – **823** B 133
und Forderungszuständigkeit **823** B 165
und Haftung gegenüber Verfahrensgegner **823** H 17 ff
Verschaffungsanspruch **823** B 162

Drohende Beeinträchtigung
  der Freiheit **823 B** 54
Drohende Verletzung
  einer Verkehrspflicht **Vorbem 823 ff** 64
Drohendes Unterlassen
  Anspruch bei – **Vorbem 823 ff** 64
Drohungen
  Krankheitsverursachung durch massive –
    823 B 28
Druckkündigung
  und Recht am Arbeitsplatz **823 B** 190
Druckwerke
  und Ermittlung eines Äußerungsinhalts
    823 C 65, 66
  und Persönlichkeitsverletzung, Haftungsfrage **823 C** 55
Durchgangsarzt 823 I 4

E-mails
  und Schutz vor Werbung **823 C** 237
Ehe
  Räumlich-gegenständlicher Bereich,
    Schutz **823 B** 175 ff
Ehegatten
  und sexuelle Selbstbestimmung **823 C** 244
  Unterlassen und Haftung **823 H** 8
Eheliche Lebensgemeinschaft
  und deliktischer Eheschutz **823 B** 182
Eheliche Wohnung
  Eigentums- und Besitzschutz **823 B** 175
Ehre
  Begriff der Ehre **823 C** 63
  Beleidigungsbegriff **823 C** 64
  Meinungsfreiheit, Reichweite und Persönlichkeitsverletzung **823 C** 88 ff
  Persönlichkeitsschutz gegen Herabwürdigung und Entstellung **823 C** 63 ff
  Verletzung durch Tatsachenbehauptungen,
    Werturteile
    s. Tatsachen; Werturteile
Eigenblutspende
  Eigentumsschutz **823 B** 19
  Patientenhinweis **823 I** 29
Eigentümer-Besitzer-Verhältnis
  und deliktsrechtlicher Eigentumsschutz
    823 B 62
Eigentum (deliktischer Schutz)
  Abtretungsverbot **823 B** 65, 68
  Äquivalenzinteresse **823 B** 109, 110, 119, 121
  Aggregatzustand **823 B** 82
  Ausfahrt, versperrte **823 B** 54, 90
  Aussperren **823 B** 89, 91, 92
  Bauherr **823 B** 68
  Baumaterial, fremdes **823 B** 68
  Baustromverteilerfall **823 B** 113
  Behauptung, unwahre **823 B** 78
  Belastung, unberechtigte **823 B** 65

Eigentum (deliktischer Schutz) (Forts.)
  und beschränkt dingliche Rechte **823 B** 132
  Besitz, Funktionsschutz **823 B** 97
  Besitzberechtigung, Konflikte nach Ablauf
    der – **823 B** 168
  Bestandteil, wesentlicher **823 B** 110
  Bestimmungsrecht des Eigentümers **823 B** 82, 90
  Datenbestand, Recht am **823 B** 192
  Dispositionsbeeinträchtigung **823 B** 89 ff
  Eigenblutspende **823 B** 19
  Eigentümer-Besitzer-Verhältnis **823 B** 62
  Eigentumsvorbehalt **823 B** 65, 67, 68, 161
  Einbau fremder Sachen **823 B** 67 ff
  Einsperren **823 B** 90, 92
  Energiezufuhr **823 B** 84, 91 ff, 97
  Entzug der Sache **823 B** 102
  Erwerb, redlicher **823 B** 66
  Fahrerlaubnis, Entzug **823 B** 89
  Fehlerkenntnis **823 B** 123
  Fleetfall **823 B** 89 ff
  Fotografieren **823 B** 103, 104
  Fremdbesitzer **823 B** 62, 67
  Funktionsschutz von Besitz und Eigentum
    823 B 97, 185
  Funktionsstörung, sachbezogene **823 B** 89
  Gaszufall **823 B** 111
  Gefährdung der Sache **823 B** 83
  Gewindeschneidemittelfall **823 B** 87, 90
  Graffiti **823 B** 81, 108
  Grundstücksbeeinträchtigung **823 B** 81
  Grundwasser, Verunreinigung **823 B** 59
  Gutgläubigkeit **823 B** 65
  Hafen **823 B** 89, 91 ff, 98
  Hebebühne **823 B** 111, 112
  Herstellung eines Werks **823 B** 109
  Immissionen **823 B** 88
  Integritätsinteresse **823 B** 110
  Kauf- oder werkvertragliche Regeln,
    Vorrangfrage **823 B** 116
  Körperteile, abgetrennte **823 B** 19
  Mangel, weiterfressender **823 B** 110 ff
  Mangelhafte Sache **823 B** 108, 110, 115, 116
  Mittelbare Verletzung **823 B** 85, 102
  Naßauskiesungsentscheidung **823 B** 59
  Nutzung, unbefugte **823 B** 101 ff
  Nutzungsmöglichkeit **823 B** 89 ff
  Ordnung **823 B** 82
  Pflanzenschutzmittel, wirkungsloses **823 B** 86
  Produktionsausfall **823 B** 93, 97, 98
  Redlicher Eigentumserwerb **823 B** 66
  Redlichkeit **823 B** 65
  Reparatur **823 B** 107, 108, 121
  Rohmaterial, fehlendes **823 B** 98
  Sach-Umwelt-Relation **823 B** 94

Eigentum (deliktischer Schutz) (Forts.)
　Sachen, bewegliche und unbewegliche als Schutzgegenstand 823 B 58
　Schiff 823 B 89 ff
　Schuldnerfremde Sachen 823 B 69 ff
　Schutzobjekt 823 B 58
　Schwimmschalterfall 823 B 110
　Selbstbeschädigung 823 B 87, 120
　Sicherheitsvorkehrung, unterlassene 823 B 86
　Software 823 B 60, 82, 192
　und sonstige Rechte 823 B 125
　Stau 823 B 91, 92
　Stoffgleichheit 823 B 110, 116
　Stromunterbrechung 823 B 84, 91 ff, 97
　Substanzverletzung 823 B 79
　Sukzessiventstehung eines Werks 823 B 109
　Sukzessivzerstörung 823 B 121
　Verarbeitung 823 B 67, 108
　Verbindung 823 B 67, 108
　Verderbschaden 823 B 87
　Verfügung eines Nichtberechtigten 823 B 65
　Verfügung, unberechtigte 823 B 65, 66
　Verkaufssperre 823 B 90
　und Vermögen 823 B 61
　Versorgungsleitung 823 B 84, 85, 91 ff, 97
　Vertragsrecht und Deliktsrecht, Konkurrenz 823 B 106 ff
　Verwendung, bestimmungsgemäße 823 B 96 ff
　Vollstreckungsgläubiger, Haftung 823 B 70 ff
　Vollstreckungsschuldner, Haftung 823 B 69
　Wachstumsstörung 823 B 84
　Weiterfressender Mangel 823 B 110 ff
　Werbematerial 823 B 104
　Werkvertragliche oder kaufvertragliche Regeln, Vorrangfrage 823 B 116
　Wert 823 B 94, 122
　Wirtschaftliches Eigentum 823 B 192
　Zeitpunkt der Beschädigung 823 B 121
　Zugang 823 B 54, 91, 94, 97
Eigentumsvorbehalt
　Anwartschaftsrecht, deliktischer Schutz 823 B 151 ff
Einbau fremder Sachen
　Eigentumsverletzung 823 B 67, 68
Einbecker Empfehlungen
　Grenzen ärztlicher Behandlungspflicht bei schwerstgeschädigten Neugeborenen 823 I 17
Eindringen
　Fotografieren nach widerrechtlichem – 823 B 104
Einfriedungssatzungen
　und Schutzgesetzcharakter 823 G 61

Eingriff
　Betriebsbezogener Eingriff 823 D 12 ff
　Mittelbare Beeinträchtigung und unmittelbarer – 823 H 16
Einmaliges Geschehen
　und relative Person der Zeitgeschichte 823 C 201
Einsperren
　Freiheitsentziehung 823 B 54
Einweisung
　und Arzthaftung 823 I 4
Einwilligung
　Ärztlicher Heileingriff 823 I 76 ff
　Handeln auf eigene Gefahr
　　Vorbem 823 ff 48
　des Patienten (mutmaßliche) oder rechtfertigender Notstand 823 I 115
　in Persönlichkeitsverletzung 823 C 176 ff
Eisenbahnbau- und Eisenbahnbetriebsordnung
　und Schutzgesetzcharakter 823 G 45
Eishockey
　Haftung Vorbem 823 ff 57
Eizelle
　Eigentumsschutz 823 B 19
Elektromagnetische Verträglichkeit von Geräten
　und Schutzgesetzcharakter 823 G 45
Elterliche Sorge
　Rechtswidrigkeit einer Verletzung 823 B 184
　Unterlassungsanspruch gegen Dritte 823 B 183 ff
Eltern
　Embryoschädigung durch die – 823 B 46
Eltern-Kind-Verhältnis
　Unterlassen und Haftung 823 H 8
Embryo
　Behinderung 823 I 17
　Beweislast 823 B 44
　Distanzdelikt 823 B 42
　Embryonenschutzgesetz, Schutzgesetzcharakter 823 G 45
　Gefahr der Geburt behinderter Kinder 823 B 47
　Haftung des Vaters, der Mutter 823 B 48, 49
　Keimschaden 823 B 41, 43, 46, 47, 50 ff
　und Körperverletzung der Mutter 823 B 45
　und Persönlichkeitsrecht 823 C 19
　Persönlichkeitsrecht der Eltern 823 B 47
　Pränatale Schädigung 823 B 42 ff, 48, 49
　Rechtsfähigkeit 823 41, 42
　Rechtsfähigkeit, Vorverlagerung 823 C 39
　Schwangerschaftsabbruch 823 B 4, 49
　Staatliche Schutzpflicht 823 42, 43, 47
　Totgeburt 823 B 3
　Unterhalt 823 B 14, 15, 42, 46
　Unterlassungsanspruch 823 B 4, 49
　Verletzung im natürlichen Sinn 823 B 42

Embryo (Forts.)
 Verletzung im Rechtssinne **823** B 42
 Vertrag mit Schutzwirkung zugunsten des Embryos **823** B 51, 52
 Vorbeugender Unterlassungsanspruch **823** B 4
 wrongful life **823** B 50 ff
 Zeugung, Bedeutung für Schädigung **823** B 43
Emissionen
 und Gesundheitseinbußen **823** B 189
Empfängnisverhütung
 Persönlichkeitsrecht und Freiheit der Familienplanung **823** C 245 ff
Energie
 Teilhaberechte als sonstige Rechte **823** B 185
Enge Lebens- oder Gefahrengemeinschaft
 Unterlassen und Haftung **823** H 10
Entscheidungsfreiheit
 und Persönlichkeitsrecht **823** C 242
Entschließungsfreiheit
 und Freiheitsbegriff **823** B 53
Entschuldigungsgrund
 Wahrnehmung berechtigter Interessen als – **823** C 95
Entwicklungsfehler
 und deliktische Produkthaftung **823** F 19
Entwicklungsstörungen
 als Eigentumsverletzung **823** B 84
Entzug der Sache
 Unbefugter – **823** B 102
Erbbaurecht
 als sonstiges Recht **823** B 126
Erbe
 und Persönlichkeitsrecht des Verstorbenen **823** C 40
Erbengemeinschaft
 Persönlichkeitsschutz **823** C 30
Erbfolge (Vererbbarkeit)
 Persönlichkeitsrecht **823** C 38
Erbschäden
 und Zeugung **823** B 47
Erfahrungswissen
 und deliktische Produkthaftung **823** F 14 ff
Erfinder
 als Personen der Zeitgeschichte **823** C 200
Erfolgsunrecht
 und Verhaltensunrecht (Frage der Rechtswidrigkeit) **823** H 14
Erfolgsvermeidungspflicht
 und Gefahrvermeidungspflicht **823** H 16
Erlebnisparks
 Verkehrspflichten **823** E 294 ff
Eröffnung eines Verkehrs
 und Verkehrspflichten **823** E 19

Erpresserworte
 und Rechtfertigung für eine Persönlichkeitsverletzung **823** C 212
Erwartungen
 Verkehrspflichten und legitime Verkehrsteilnehmer – **823** E 27 ff
EWG-Vertrag
 und Schutzgesetzcharakter **823** G 45
Fabrikationsfehler
 und deliktische Produkthaftung **823** F 17, 18
Fahrbahn
 Verkehrspflichten **823** E 116
Fahrlässigkeit
 Recht am Gewerbebetrieb und fahrlässiger Eingriff **823** D 2
 Sachverständigengutachten, Haftung für falsches **823** B 56
 und Schutzgesetzverletzung **823** G 37
 und Verkehrspflichten **823** E 33
 Verkehrspflichtverletzung **823** E 69 ff
Fakultäten
 Grundrechtsträger (Persönlichkeitsschutz) **823** C 31
Familie
 Verletzung als Personenverband **823** C 26
Familienkreis
 und Privilegierung von Äußerungen **823** C 84
Familienplanung
 Persönlichkeitsrecht und Freiheit der – **823** C 245 ff
Fehler
 Arztfehler (Kunstfehler)
 s. Arzt, Ärztliche Behandlung
Fehlerhafte Instruktionen
 und deliktische Produkthaftung **823** F 14 ff
Feld- und Forstschutz
 und Schutzgesetzcharakter **823** G 63
Fernsehsendung
 und Ermittlung eines Äußerungsinhalts **823** C 65, 66
 Persönlichkeitsverletzung, Störereigenschaft **823** C 52
 Persönlichkeitsverletzung und Störereigenschaft **823** C 61
 und Prangerwirkung **823** C 196
Feststellungsklage
 Verwarnung, unberechtigte **823** D 65
Feststellungsurteil
 Widerrufsanspruch **823** C 288
Feuchtigkeitsschutz
 und Schutzgesetzcharakter **823** G 61
Filmische Darstellung
 und Charakterbild **823** C 230
Fischereigesetze
 und Schutzgesetzcharakter **823** G 63

Fischereirecht
Aneignungsrecht des Fischereiberechtigten **823 B** 136
Fluglotsenstreik 823 D 22
Forderungsrecht
Forderungen als sonstige Rechte **823 B** 160 ff
Forderungszuständigkeit, Schutz **823 B** 163 ff
Pfandrecht an Forderung als sonstiges Recht **823 B** 127
Verbriefte Forderungen, Schutz **823 B** 166
Form
eines Widerrufs **823 C** 283
Formalbeleidigung
und Persönlichkeitsrecht **823 C** 14, 42, 107, 110
Fotografie
und Dokumentation rechtswidriger Handlungen **823 C** 217
Intim- und Privatsphäre **823 C** 221
Unerlaubtes Fotografieren **823 B** 103, 104
Franchising
Schockierende Werbung **823 D** 14
Frau
Geschlechtsehre **825** 1
Freiberufler
und Persönlichkeitsrecht **823 D** 6
und Recht am Gewerbebetrieb **823 D** 6
Freiheit (deliktischer Schutz)
Anzeige, falsche **823 B** 55
Ausfahrt, versperrte **823 B** 54, 90
Aussage, falsche **823 B** 57
Autobahnblockade **823 B** 54
Begriff **823 B** 53
Demonstration **823 B** 54
Drohende Beeinträchtigung **823 B** 54
Einschließen **823 B** 55
Entschließungsfreiheit **823 B** 53
Grundrechtlich verbürgte Freiheiten **823 B** 53
Gutachten, falsches **823 B** 54, 56
Haft, unberechtigte **823 B** 55, 57
Körperliche Bewegungsfreiheit **823 B** 53
Lebensrisiken **823 B** 54
Nötigung **823 B** 53
Persönlichkeitsrecht **823 B** 53
Schiff **823 B** 89 ff
Stau **823 B** 54
Unterbringung, unberechtigte **823 B** 55
Unterlassung **823 B** 97
Unterlassungsklage **823 B** 54
Versammlungsfreiheit **823 B** 54
Verwahrung, unberechtigte **823 B** 57
Wirtschaftliche Entfaltung **823 B** 53
Zugangserschwerung **823 B** 91
Zugangsverhinderung **823 B** 54, 91, 97

Freizeichnung
und deliktische Produkthaftung **823 F** 47
Fußball
Haftung **Vorbem 823 ff** 52, 57
Fußboden
Verkehrspflichten **823 E** 249, 256, 257, 271, 304 ff
Fußgänger
Verkehrspflichten **823 E** 137 ff, 159 ff, 227
Futtermittelgesetz
und Schutzgesetzcharakter **823 G** 46
Garagenverordnungen
und Schutzgesetzcharakter **823 G** 62
Garantenstellung
Arzt **823 B** 24
Unterlassen und Haftung **823 H** 9
Gastronomiekritik
als Warentest **823 D** 34
Gaststätte
Verkehrspflichten **823 E** 41, 253 ff
Gaststättengesetz
und Schutzgesetzcharakter **823 G** 47
Gebäude
Verkehrspflichten **823 E** 190 ff
Gebrauch eines Produktes
und deliktische Produkthaftung **823 F** 35 ff
Gebrauchsanweisung
Eigentumsverletzung als Folge fehlerhafter – **823 B** 118
Gebrauchsbelehrung
und deliktische Produkthaftung **823 F** 14 ff
Geburt
als Belastung, Haftung des Arztes **823 B** 14
Gefahr der Geburt behinderter Kinder **823 B** 47
und Person der Zeitgeschichte **823 C** 200
Schwerstgeschädigte Neugeborene und Grenzen ärztlicher Behandlungspflicht (Einbecker Empfehlungen) **823 I** 17
Gefährdung
als Eigentumsverletzung **823 B** 83
Kreditgefährdung **824** 1 ff
Gefährdungsdelikte
und Schutzgesetzcharakter **823 G** 2
Gefährdungshaftung
Arzthaftung **823 I** 12
Deliktsrecht **Vorbem 823 ff** 23
Einführung genereller als Sache des Gesetzgebers **823 E** 71
Enumerationsprinzip und Analogiebildung **Vorbem 823 ff** 29
Funktion **Vorbem 823 ff** 28
Prävention **Vorbem 823 ff** 28
Schadloshaftung statt Unrecht **Vorbem 823 ff** 25
und Verschuldenshaftung **Vorbem 823 ff** 30 ff

Gefährliche Sportarten
Haftung **Vorbem 823 ff** 53
Gefälligkeit
Benutzung aufgrund – **823 E** 39
Haftungsausschluß für Deliktsrecht
Vorbem 823 ff 42
Gefahr
und vorbeugender Unterlassungsanspruch **823 H** 14
Gefahrbeseitigung
Verkehrspflichten, Möglichkeit und Zumutbarkeit einer – **823 E** 35
Gefahrengemeinschaft
Unterlassen und Haftung **823 H** 10
Gefahrenhinweise
und deliktische Produkthaftung **823 F** 15
Gefahrenkreis
und Beweislastverteilung **823 I** 45
Gefahrenquelle
und Verkehrspflichten **823 §** 36 ff
Gefahrensituation
und deliktische Produkthaftung **823 F** 9
Handeln auf eigene Gefahr
Vorbem 823 ff 49
Gefahrgutverordnung Straße
und Schutzgesetzcharakter **823 G** 47
Gefahrvermeidungspflicht
und Erfolgsvermeidungspflicht **823 H** 16
Gegendarstellung
als Abwehrmaßnahme gegen eine Persönlichkeitsverletzung **823 C** 292
Gegendarstellungsanspruch
und Schutzgesetzcharakter **823 G** 67
Geheimnisse
Betriebsgeheimnisse, Verletzung **823 D** 67
Intimsphäre, Individualsphäre und Privatsphäre **823 C** 187
Persönlichkeitsrecht und Schutz von – **823 C** 48 ff
Preisgabe gegenüber der Presse **823 C** 166
Strafrechtlicher, zivilrechtlicher Schutz **823 C** 170 ff
Geldentschädigung
Persönlichkeitsverletzung **823 C** 254
Gemeingebrauch
und Teilhaberechte **823 B** 185
Gemeinnützige Organisationen
und Schutz des Gewerbebetriebs **823 D** 8
Gemeinschaftliche Haftung
Mehrheit von Verkehrspflichtigen **823 E** 56 ff
Gemeinschaftspraxis
und Arzthaftung **823 I** 133
Genehmigungspflicht
und Schutzgesetzcharakter **823 G** 61
Generalklausel
des Deliktsrechts **Vorbem 823 ff** 19
Persönlichkeitsrecht **823 C** 16

Generalklausel (Forts.)
Recht am Gewerbebetrieb **823 D** 3, 11
Genossenschaftsgesetz
und Schutzgesetzcharakter **823 G** 47
Gerätesicherheitsgesetz
und Schutzgesetzcharakter **823 G** 47
Gericht
Äußerungen vor – **823 C** 135 ff
Gerücht
Weitergabe als Tatsachenverbreiten **823 C** 85
Geschäftsähnliche Handlung
Einwilligung in Persönlichkeitsverletzung als – **823 C** 176
Geschäftsfähigkeit
und Einwilligung in ärztlichen Eingriff **823 I** 97
Einwilligung in Persönlichkeitsverletzung **823 C** 178
Geschäftsschädigende Tatsachen
Verbreitung wahrer, aber – **823 D** 24, 25
Geschlechtsehre
der Frau **825** 1
Geschmacksmuster
Eintragung, unberechtigte **823 D** 1
Geschmacksmusterrecht
Immaterialgüterschutz **823 B** 137
Geschoßzahlfestsetzungen
und Schutzgesetzcharakter **823 G** 61
Geschriebenes Wort
und Schutz der Persönlichkeit **823 C** 167 ff
Gesellschafter
Kritik als Eingriff **823 D** 15
Gesellschaftliche Rücksichtnahme
Recht am Gewerbebetrieb **823 D** 4
Gesellschaftliche Verbundenheit
Persönlichkeitsrecht **823 C** 27
Gesetz
Aussagen über Normen (Tatsachen oder Wertungen) **823 C** 81
und Persönlichkeitsrecht als Kontrollmaßstab **823 C** 15
und Schutzgesetzcharakter **823 G** 9 ff
Gesetz gegen Wettbewerbsbeschränkungen
und Schutzgesetzcharakter **823 G** 47
Gesetzeszweck
und Schutzgesetzcharakter **823 G** 23
Gesetzgebungskompetenz
und Schutzgesetzcharakter **823 G** 31
Gesetzliche Pflicht
Unterlassen und Haftung **823 H** 8
Gesetzliche Vertretung
und ärztlicher Eingriff **823 I** 98
Gesetzliche Vorschriften
Verkehrspflichten und – **823 E** 34
Gesprochenes
und Schutzbereich des Persönlichkeitsrechts **823 C** 160 ff

Gestaltungsrechte
 deliktischer Schutz **823 B** 192
Gestattung
 Benutzung, bestimmungsgemäße **823 E** 39
Gestattungsvertrag
 Einwilligung in Persönlichkeitsverletzung als – **823 C** 176
Gesundheitsverletzung
 Ärztliche Hilfeleistung, unterlassene **823 B** 22
 Arbeitsunfähigkeit oder Behandlungsbedürftigkeit **823 B** 20
 Begriff **823 B** 20
 Behandlungsbedürftigkeit **823 B** 27, 34
 Beispiele **823 B** 21
 und Emissionen **823 B** 189
 und Entscheidungsfreiheit **823 C** 242
 HIV **823 B** 25, 47
 Immissionen **823 B** 27
 Infektionen **823 B** 24
 und Körperverletzung, Trennung der Rechtsgüter **823 B** 5, 6
 und Krankheitsbegriff **823 B** 32 ff
 Mittelbare Verletzung **823 B** 25
 Persönlichkeitsverletzung **823 C** 289
 Psychisch vermittelte Erkrankung **823 B** 29
 Psychische Einwirkung **823 B** 26 ff
 Psychische Erkrankung **823 B** 6, 7, 32
 Rauchen **823 B** 22
 Schock **823 B** 24
 Schockschaden **823 B** 30 ff
 Schutzumfang **823 B** 5
 und Umweltgüter **823 B** 189
 Umweltverschmutzung **823 B** 189
Gesundheitswesen
 und Schutzgesetzcharakter **823 G** 64
Gewährleistung
 und deliktische Produkthaftung **823 F** 3
Gewährleistungsrecht
 und Eigentumsverletzung **823 B** 108
 und Vormerkungsschutz **823 B** 159
Gewalt
 und Betriebsblockade **823 D** 45
Gewerbebetrieb (deliktischer Schutz)
 Ablösbare Rechte **823 D** 18
 Abmahnung **823 D** 36, 57, 65
 Abnehmerverwarnung **823 D** 55
 Abwerbung von Arbeitnehmern **823 D** 22
 Anprangerung **823 D** 25, 30, 31
 Arbeitskampf **823 D** 46 ff
 Arbeitszeugnisse, falsche **823 D** 16
 Athleten, Gewerbebetrieb **823 D** 6
 Auffangtatbestand des Rechts am – **823 D** 20
 Bestand, Erscheinungsformen, Tätigkeitskreis **823 D** 9
 Betriebsangehörige, Verletzung **823 D** 18
 Betriebsbehinderung **823 D** 44, 45

Gewerbebetrieb (deliktischer Schutz) (Forts.)
 Betriebsbezogener Eingriff **823 D** 12 ff
 Betriebsblockaden, Betriebsbehinderungen **823 D** 44 ff
 Betriebsfahrzeug **823 D** 18
 Betriebsgeheimnisse **823 D** 9, 67
 BGB-Gesellschaft **823 D** 7
 Bilanzanalysen **823 D** 25
 Boykott **823 D** 35 ff
 Constanze-Doktrin **823 D** 5, 39, 40, 54, 55
 Demonstration, rechtswidrige **823 D** 45
 Demonstrationen, gewalttätige **823 D** 45
 Dogmatische Einordnung des Rechts am – **823 D** 3
 Drittverwarnung **823 D** 56
 und Eigentumsverletzung **823 B** 95
 Eingriff, betriebsbezogener **823 D** 11, 12, 67
 Entwicklung, Funktion des Rechts am – **823 D** 1, 2
 Fallgruppen **823 D** 24 ff
 Franchising **823 D** 14
 Freiberufler **823 D** 6
 Gastronomiekritik **823 D** 34
 Gebot gesellschaftlicher Rücksichtnahme **823 D** 5
 Gemeinnützige Organisationen **823 D** 8
 Geplante Unternehmen **823 D** 10
 Geschäftsschädigende, jedoch wahre Berichte **823 D** 24, 25
 Geschäftsumfang **823 D** 2, 9
 Geschmacksmuster **823 D** 1, 50
 Geschützte Personen **823 D** 6 ff
 Gewerkschaften **823 D** 8
 Gewohnheitsrecht **823 D** 5
 Grundrechte **823 D** 4, 5
 Güterabwägung **823 D** 4
 Handelsgesellschaften **823 D** 7
 Herstellerangaben, Entfernung **823 D** 15, 67
 Herstellerverwarnung **823 D** 50, 51
 Idealverein **823 D** 7
 Immissionsschutzklage **823 D** 64
 Informationsdienste **823 D** 38
 Interessenabwägung **823 D** 4
 Kennzeichen, fremde **823 D** 66
 Konkurrenzen **823 D** 22
 Konkursantrag **823 D** 14
 Konzessionsbedürftige Vorhaben **823 D** 10
 und Kreditgefährdung **824** 3
 Kritik am Unternehmen **823 D** 15, D 27, 28
 Lückenfüllung, erforderliche **823 D** 20
 Mangelhafte Ware, Belieferung **823 D** 14
 Markenschutz **823 D** 31, 66
 Markenverwässerung **823 D** 66 ff
 Markenverwendung **823 D** 31

Gewerbebetrieb (deliktischer Schutz) (Forts.)
Meinungsäußerungen 823 D 27 ff, 33, 34, 41
Patentverwarnung 823 D 1, 50 ff
Persönlichkeitsrecht 823 C 28
Personenkreis, geschützter 823 D 6 ff
Pfändbarkeit, fehlende des Rechts am – 823 D 3
Photokina-Entscheidung 823 D 29
Prangerwirkung wahrer Tatsachen 823 D 2
Preisunterbietung 823 D 67
Produktfehler 823 D 24, 67
Produktionsunterbrechung 823 D 13
Prozeßrecht 823 D 61, 65
Rahmenrecht 823 D 3
Rechtswidrigkeit 823 D 4
Reflexschäden 823 D 19
Satire 823 D 31
Schmähkritik 823 D 28, 31, 34, 40
Schmiergelder 823 D 22
Schutzgegenstand 823 D ff
Schutzrechtsverwarnungen, unberechtigte 823 D 50 ff
Schutzumfang 823 D 9, 10
Sitzblockaden 823 D 45
Sonstiges Recht 823 D 3
Soziale Verhaltensregeln 823 D 5
Streiks 823 D 46 ff
Subsidiarität des Schutzes 823 D 20 ff
Systemvergleich 823 D 14, 32
Täterintention 823 D 3
Tatsachen 823 D 24, 33, 56
Übertragbarkeit, fehlende des Rechts am – 823 D 3
Unmittelbarkeit des Eingriffs 823 D 11
Unternehmenskontakt nach außen 823 D 14
Unternehmensprivilegierung 823 D 2
Unwahre Tatsachen, Mitteilung und Verbreitung 823 D 2
Urheberrecht 823 D 50 ff
Veranstaltung, geplante 823 D 10
Verbände 823 D 8
Verbandsbezeichnung, mißverständliche 823 D 14
Verjährung 823 D 21
Verkehrspflichten 823 E 274 ff
Vermögensschaden, primärer 823 D 2
Versorgungsleitungen 823 D 13
Verwalterabberufung 823 D 21
Verwarnungen, sonstige 823 D 2 ff
Vorsätzlicher Eingriff 823 D 22
Vorteile und Chancen 823 D 18
Wahre, aber geschäftsschädigende Berichte 823 D 24, 25
Warentests 823 D 32, 33
Warnung vor gefährlichen Waren 823 D 36

Gewerbebetrieb (deliktischer Schutz) (Forts.)
Werbung durch satirische Verfremdung 823 D 31
Werbung, schockierende 823 D 14
Werbung, unverlangtes Zusenden 823 D 63
Wettbewerbsrecht 823 D 21, 31, 32
Wettbewerbsrecht, vorrangiges 823 D 21
Wilder Streik 823 D 47
Zugang zu gewerblicher Tätigkeit 823 D 10
Zugang zum Unternehmen 823 D 14, 18, 44, 45
Gewerbeordnung
und Schutzgesetzcharakter 823 G 47
Gewerkschaften
und Arbeitskampfrecht 823 D 46 ff
Persönlichkeitsschutz 823 C 30
und Schutz des Gewerbebetriebs 823 D 8
Gewinnabschöpfung
Persönlichkeitsverletzung 823 C 254
Gewohnheitsrecht
Recht am Gewerbebetrieb 823 D 5
und Schutzgesetzcharakter 823 G 11
Giftgesetze
und Schutzgesetzcharakter 823 G 64
Gläubigerschaden
und Quotenschaden wegen Verletzung des § 64 Abs 1 GmbHG 823 G 29, 30
GmbH
Insolvenzreife und Quotenschaden 823 G 29, 30
Organhaftung bei Schutzgesetzverletzung 823 G 33
Persönlichkeitsrecht 823 C 27, C 28
Übertragung von Verkehrspflichten 823 E 67, 68
GmbHG
und Schutzgesetzcharakter 823 G 47
Go-Kart-Rennen
Haftung Vorbem 823 ff 57
Good will
Immaterialgüterschutz 823 B 139
Graphologische Methoden
und Persönlichkeitsverletzung 823 C 230
Grobe Behandlungsfehler
s. Arzt, Ärztliche Behandlung
Grundgesetz
und Schutzgesetzcharakter 823 G 47
Grundpfandrechte
als sonstiges Recht 823 B 126
Grundschuld
als sonstiges Recht 823 B 126
Grundstück
Beeinträchtigung 823 B 81
Blockade 823 B 98
und deliktische Produkthaftung 823 F 6
Verkehrspflichten 823 E 190 ff
Versorgung, fehlende 823 B 98

Grundstücksrecht
Anwartschaftsrechte, deliktischer Schutz **823 B** 151 ff
Vormerkungsberechtigter, Schutz **823 B** 157 ff

Grundwasser
Verunreinigung **823 B** 59

Güterabwägung
und Persönlichkeitsrecht **823 C** 17
und Rechtfertigunsgründe für eine Persönlichkeitsverletzung **823 C** 210

Güterkraftverkehrsgesetz
und Schutzgesetzcharakter **823 G** 47

Gully
Verkehrspflichten **823 E** 110 ff

Gutachten
Tatsachenbehauptung, Werturteil **823 C** 83

Hafen
Zufahrtsverlust **823 B** 97

Haftpflichtversicherung
und unerlaubte Handlung **Vorbem 823 ff** 7

Handballspiel
Haftung **Vorbem 823 ff** 57

Handeln auf eigene Gefahr
Voraussetzungen, Rechtsfolgen **Vorbem 823 ff** 48, 49

Handelndenhaftung
und Schutzgesetzcharakter **823 G** 32

Handelsgesellschaften
und Schutz des Gewerbebetriebs **823 D** 7

Handelsgesetzbuch
und Schutzgesetzcharakter **823 G** 48

Handlung
und Bewußtseinslage **823 H** 3
im deliktsrechtlichen Sinne **823 H** 1 ff
und Unterlassen, Abgrenzung **823 H** 6
Vorgelagertes Verhalten **823 H** 4

Handlungsfreiheit
und Deliktsrecht **Vorbem 823 ff** 12
Deliktsrecht und allgemeine – **Vorbem 823 ff** 20
und Freiheit als absolutes Rechtsgut **823 C** 240

Handwerksordnung
und Schutzgesetzcharakter **823 G** 48

Handwerksprodukte
und deliktische Produkthaftung **823 F** 6

Haushaltsgrundsätzegesetz
und Schutzgesetzcharakter **823 G** 48

Haushaltsvorstand
und Verkehrspflichten **823 E** 24

Hebamme
Arzthaftung **823 I** 13

Heilpraktiker
und Arzthaftung **823 I** 13

Heilpraktikergesetz
und Schutzgesetzcharakter **823 G** 48

Herausgeber
Persönlichkeitsverletzung, Störereigenschaft **823 C** 53

Hersteller
Schutzrechtsverwarnung, unberechtigte **823 D** 50 ff
Verkehrspflichten
s. Produkthaftung (deliktische)

Herstellung
einer total mangelhaften Sache **823 B** 108

HIV-Test
und Persönlichkeitsrecht **823 C** 243

Höhenbeschränkungen
und Schutzgesetzcharakter **823 G** 61

Hörer, Leser
und Ermittlung eines Äußerungsinhalts **823 C** 65, 66

Hotel
Verkehrspflichten **823 E** 253 ff

Hypothek
Schutz vor Aufhebung einer Anwartschaft **823 B** 134
als sonstiges Recht **823 B** 126

Idealverein
und Schutz des Gewerbebetriebs **823 D** 7

Ideelle Immissionen
und Schutz der Persönlichkeit **823 C** 237

Immaterialgüterrechte (deliktischer Schutz)
Ausgestellte Waren (Diplome, Medaillen, Preise und ähnliche Auszeichnungen) **823 B** 139
Betriebsgeheimnisse **823 B** 139
Geschmacksmusterrecht **823 B** 137
Markenschutz **823 B** 137
Patentanmeldung **823 B** 138
Patentrecht **823 B** 137
Subsidiärer Schutz durch § 823 I BGB **823 B** 137
Urheberrecht **823 B** 137

Immaterielle Schäden
Persönlichkeitsrechtsverletzung **823 C** 2
Postmortale Persönlichkeitsverletzung **823 C** 47
Straffunktion des Deliktsrechts **Vorbem 823 ff** 11

Immissionen
Eigentumsverletzung durch – **823 B** 88
Ideelle Immissionen und Persönlichkeitsschutz **823 C** 237

Immissionsschutzgesetz
und Schutzgesetzcharakter **823 G** 44

Importeure
und deliktische Produkthaftung **823 F** 33

In dubio pro reo
Strafrecht, Zivilrecht **823 C** 266

Individualschutz
Schutzgesetzcharakter **823 G** 19, 20

Individualsphäre
und Intimsphäre, Privatsphäre (Abgrenzung) **823** C 187
Industrielle
als Personen der Zeitgeschichte **823** C 200
Infektionen
Gesundheitsverletzung **823** B 24
Informant
und Persönlichkeitsverletzung, Haftungsfrage **823** C 56
Information
und Geheimsphäre **823** C 191
Meinungsfreiheit, Reichweite und Schranken **823** C 88 ff
Informationelle Selbstbestimmung
Persönlichkeitsrecht und Recht auf – **823** C 32, 42, 93, 101, 104, 151, 174
Informationserlangung
Persönlichkeitsrecht und Art und Weise der – **823** C 227
Infrastruktur
Teilhaberechte **823** B 185
Insolvenzordnung
und Schutzgesetzcharakter **823** G 48
Insolvenzreife
und Quotenschaden wegen Verletzung des § 64 Abs 1 GmbHG **823** G 29, 30
Instruktionsfehler
und deliktische Produkthaftung **823** F 14 ff
Instruktionsgerechtes Verhalten
und Beweislast bei deliktischer Produkthaftung **823** F 41 ff
Interessen
Berechtigtes Interesse und Persönlichkeitsrecht **823** C 99, 117, 261, 265
und sonstiges Recht **823** B 124
Wahrnehmung berechtigter – **823** C 99 ff; **824** 9 ff
Interessenabwägung
und Persönlichkeitsrecht **823** C 17
und Rechtfertigungsgründe für eine Persönlichkeitsverletzung **823** C 210
Interessenkollision
Wahrnehmung berechtigter Interessen als Fall einer – **823** C 95
Interessenverband
und Schutz des Gewerbebetriebs **823** D 7
Intimsphäre
Fotos, Berichte **823** C 221 ff
Geheimniswahrung **823** C 222
und ideelle Immissionen **823** C 237
und Individual- und Privatsphäre **823** C 187
und Recht der Persönlichkeit **823** C 153, 188, 195, 221, 249
Tabuzone **823** C 222
von zeitgeschichtlichen Personen **823** C 195

Inverkehrbringen von Sachen
und Verkehrspflichten **823** E 20
Jagdrecht
Aneignungsrecht des Jagdberechtigten **823** B 136
und Schutzgesetzcharakter **823** G 44
Jahresabschluß
und Persönlichkeitsrecht **823** C 32
Juden
Kollektivbeleidigung **823** C 24
Jugendarbeitsschutzgesetz
und Schutzgesetzcharakter **823** G 48
Jugendliche
Unvernünftiges Handeln und Verkehrspflichten **823** E 37
Jugendschutz
und Schutzgesetzcharakter **823** G 48
Juristische Person
Übertragung von Verkehrspflichten **823** E 67, 68
Juristische Personen
des öffentlichen Rechts und Persönlichkeitsschutz **823** C 31
Persönlichkeitsschutz der Verbände **823** C 28
und Schutz des Gewerbebetriebs **823** D 7

Kampfsport
Haftung **Vorbem 823 ff** 50 ff
Kaufhaus
Verkehrspflichten **823** E 248 ff
Kaufvertrag
Eigentumsverletzung und Vorrang kaufvertraglicher Regeln **823** B 116
Gewährleistungshaftung und deliktische Produkthaftung **823** F 3
Weiterfressende Mängel **823** B 106
Kausalität
Arzthaftung **823** I 44
Tatbestandsverwirklichung **823** A 2
Verkehrspflichtverletzung **823** E 72
Keimschaden
Arzhaftung bei drohendem – **823** B 52
Kennzeichen
Verwässerung berühmter Marken **823** D 66
Kinder
und deliktische Produkthaftung **823** F 37
und Persönlichkeitsrecht **823** C 20
Unvernünftiges Handeln und Verkehrspflichten **823** E 37
Verkehrspflichten **823** E 17, 32, 37, 41, 45 ff, 204, 211, 224, 282 ff, 338, 358
Kinderspielplätze
Verkehrspflichten **823** E 29
Kirchen
Grundrechtsträger (Persönlichkeitsschutz) **823** C 31

Klage, Klagbarkeit
Arzthaftungsprozeß und Beweisrecht **823 I** 42 ff
Drittwiderspruchsklage, Erhebung unberechtigter **823 B** 133
Ehebereich, geschützter (Aktiv- und Passivlegitimation) **823 B** 177
Persönlichkeitsverletzung und Passivlegitimation **823 C** 51 ff
Persönlichkeitsverletzung (Unterlassung, Widerruf) **823 C** 294 ff
Persönlichkeitsverletzung eines Verstorbenen **823 C** 40
wegen Schutzrechtsverwarnung, unberechtigter **823 D** 61

Kleinbetriebe
und deliktische Produkthaftung **823 F** 45

Kodex von Verhaltensregeln
Recht am Gewerbebetrieb **823 D** 3

Körper
und Entscheidungsfreiheit **823 C** 243

Körperlichkeit
und deliktische Produkthaftung **823 F** 6

Körperteile
und deliktische Produkthaftung **823 F** 6
Eigentumsschutz abgetrennter – **823 B** 19

Körperverletzung
Ärztliche Fehler **823 B** 12
Ärztlicher Heileingriff als – **823 I** 1
Beispiele **823 B** 9
Eigenblutspende **823 B** 19
durch fehlerhafte Sterilisation **823 B** 13
und Gesundheitsverletzung, Frage der Trennung **823 B** 5, 6
durch mißglückte Abtreibung **823 B** 13
Mittelbare Verletzungen **823 B** 10
der Mutter bei Embryoschädigung **823 B** 45
Prothese, beschädigte **823 B** 19
Schutzgut **823 B** 8
Schutzumfang **823 B** 5
Selbstbeschädigung des Opfers **823 B** 10
Sperma, Vernichtung konservierten **823 B** 19
Sportverletzungen **823 B** 11
Straf- und Zivilrecht **823 B** 19

Kollektivbeleidigung
Personengesamtheit, Verletzung **823 C** 26

Kollektivbezeichnungen
und Persönlichkeitsverletzung **823 C** 21 ff

Kommanditgesellschaft
Persönlichkeitsschutz **823 C** 30

Kommunale Satzungen
und Schutzgesetzcharakter **823 G** 12

Kommunalrecht
und Schutzgesetzcharakter **823 G** 61 ff

Kommunikation
und Geheimsphäre **823 C** 191

Konstruktionsfehler
und deliktische Produkthaftung **823 F** 12, 13

Kontrollverfahren
und deliktische Produkthaftung **823 F** 40

Kosten
eines Rückrufs aufgrund Produktfehlers **823 F** 26

Kraftfahrzeug
Verkehrspflichten bei Überlassung an andere Personen **823 E** 18, 33, 401 ff

Kraftfahrzeuge
und deliktische Produkthaftung **823 F** 6

Kraftstofflieferant
Verkehrspflichten **823 E** 393, 394

Krankenhaus
Ärztliche Aufklärung, Organisationspflicht **823 I** 113

Krankheit
und ärztliche Pflichten **823 I** 23 ff
und Gesundheitsverletzung **823 B** 32 ff
Psychische Krankheit, Hervorrufen **823 B** 27
Psychische Ursachen **823 B** 28
als Schockfolge **823 B** 28
des Verkehrspflichtigen **823 E** 70
Zeugung trotz nicht heilbarer – **823 B** 47

Kreditgefährdung 824 1 ff

Kreditwesengesetz
und Schutzgesetzcharakter **823 G** 49

Kritik
und Gegenschlagsrecht **823 C** 109
Unternehmenskritik **823 D** 27 ff
und Wahrnehmung berechtigter Interessen **823 C** 105

Künstler
als Personen der Zeitgeschichte **823 C** 200

Künstlerische Arbeiten
und deliktische Produkthaftung **823 F** 6

Kundenüberwachung
und Persönlichkeitsrecht **823 C** 218

Kunst
und Verbreitung von Bildnissen **823 C** 209

Kunstfreiheit
Abwägung **823 C** 134
Anforderungen an die Kunst **823 C** 125
Auslegung, verletzerfreundliche **823 C** 131
Grundrechtsträger **823 C** 127
Interpretation, werkgerechte **823 C** 130
Motiv **823 C** 126
und Realität **823 C** 130
und Satire **823 C** 132
Schranken, verfassungsimmanente **823 C** 128
und Wahrheitsanspruch **823 C** 130
Werk- und Wirkbereich **823 C** 129

Kunsturhebergesetz
Bedeutung der §§ 22, 23 KUG **823 C** 148 ff

Kunsturhebergesetz (Forts.)
  Bildnis eines Verstorbenen, 10-Jahres-Frist **823 C 46**
  Lebens- und Charakterbild, Analogie zu § 23 KUG **823 C 231**
  und Persönlichkeitsschutz **823 C 1**
  und postmortaler Persönlichkeitsschutz **823 C 39**
  und Schutzgesetzcharakter **823 G 49**
Kunstwerk
  Fälschung **823 C 280**

Ladenschlußgesetz
  und Schutzgesetzcharakter **823 G 50**
Lärmbekämpfung
  und Schutzgesetzcharakter **823 G 65**
Lärmschutz
  als Umweltgut **823 B 188**
Landesrecht
  und Schutzgesetzcharakter **823 G 61 ff**
Landwirtschaftliche Erzeugnisse
  und deliktische Produkthaftung **823 F 6**
Lastenausgleichsgesetz
  und Schutzgesetzcharakter **823 G 50**
Leasing
  Schadensersatz bei Blockaden **823 B 174**
Leben
  Verletzung als Tötung **823 B 1**
Lebens- und Charakterbild
  s. Persönlichkeitsrecht (delektischer Schutz)
Lebensgefährte
  als relative Personen der Zeitgeschichte **823 C 201**
Lebensgemeinschaft
  Unterlassen und Haftung **823 H 10**
Lebensmittelgesetz
  und Schutzgesetzcharakter **823 G 50**
Lebensrisiko
  und ärztliche Behandlung **823 I 11**
  und Freiheitsentziehung **823 B 54**
Lebenssachverhalte
  Intimsphäre, Individualsphäre und Privatsphäre **823 C 187**
  Persönlichkeitsverletzung durch Offenlegung **823 C 174**
Lehrer
  Verkehrspflichten **823 E 397**
Leichtathletik
  Haftung **Vorbem 823 ff 59**
Leitendes Personal
  und deliktische Produkthaftung **823 F 46**
Leser, Hörer
  und Ermittlung eines Äußerungsinhalts **823 C 65, 66**
Leserbriefe
  und Persönlichkeitsverletzung, Haftungsfrage **823 C 55**

Lieferantenauswahl
  und deliktische Produkthaftung **823 F 27**
Lieferung
  teilweise mangelhafter Sache, Eigentumsverletzung **823 B 110 ff**
  einer total mangelhaften Sache **823 B 108**
Luft
  als Umweltgut **823 B 188**
Luftverkehrsordnung
  und Schutzgesetzcharakter **823 G 50**

Management
  Persönlichkeitsrecht **823 C 27**
Mangel
  Weiterfressende Schäden
  s. dort
Mangelhafte Warenlieferung
  und Eingriff in den Gewerbebetrieb **823 D 14**
Mannschaftssport Vorbem 823 ff 51 ff
Margarine- und Mischfetterzeugnisse (Verordnung)
  und Schutzgesetzcharakter **823 G 51**
Marken
  Immaterialgüterschutz **823 B 137**
  Verfremdung berühmter Marken **823 D 31**
  Verwässerung berühmter Marken **823 D 66**
Markengesetz
  und Schutzgesetzcharakter **823 G 51**
Maschinen
  und deliktische Produkthaftung **823 F 6**
Massenveranstaltungen
  Verkehrspflichten **823 E 28, 33, 324 ff**
Materialauswahl
  und deliktische Produkthaftung **823 F 27**
Medien
  und Ermittlung eines Äußerungsinhalts **823 C 65, 66**
  und Prangerwirkung **823 C 196**
Medikamente
  s. Arzneimittel
Medizinrecht
  s. Arzt, Ärztliche Behandlung
Mehrheit
  von Störern des Persönlichkeitsrechts **823 C 62**
  von Verkehrspflichtigen **823 E 56 ff**
Meinungen
  s. Werturteil
Meinungsfreiheit
  Reichweite und Schranken (Persönlichkeitsverletzung) **823 C 88 ff**
  und Wahrnehmung berechtigter Interessen **823 C 94 ff**
Messebezeichnungen
  Immaterialgüterschutz **823 B 139**
Mieter
  Verkehrspflichten **823 E 29, 40, 46, 55 ff**

Milch- und Fettgesetz
und Schutzgesetzcharakter **823** G 51
Minderjährigkeit
Einwilligung in Persönlichkeitsverletzung **823** C 178
Mitbesitz
Deliktsrechtlicher Schutz **823** B 172
Mitgliedschaftsrechte
als absolute Rechte **823** B 141
Ausschluß, unberechtigter **823** B 144
Benutzung vereinseigener Einrichtung **823** B 144
Berührung einer Mitgliedschaft **823** B 144
Eingriff, mitgliedschaftsbezogener **823** B 144
Faktische Satzungsänderung **823** B 144
Haftung von Organen und Mitgliedern **823** B 146
Haftung des Verbandes **823** B 149
Rechtswidrigkeit eines Eingriffs **823** B 145
und Vermögensschaden **823** B 143
Mittelbarer Besitz
Deliktsrechtlicher Schutz **823** B 171
Mitverschulden
Handeln auf eigene Gefahr **Vorbem 823 ff** 48
des Patienten **823** I 41
des Patienten bei fehlerhafter ärztlicher Aufklärung **823** I 114
Schutzrechtsverwarnung, unberechtigte **823** D 60
Verkehrspflichten **823** E 17, 32, 53
Moderator
Persönlichkeitsverletzung, Störereigenschaft **823** C 52
Monarchen
als Personen der Zeitgeschichte **823** C 200
Monopolstellung
und deliktische Produkthaftung **823** F 31
Montagefehler
und deliktische Produkthaftung **823** F 27
Montanunionvertrag
und Schutzgesetzcharakter **823** G 51
Motorräder
und deliktische Produkthaftung **823** F 6
Motorsport
Verkehrspflichten **823** E 342 ff, 356
Mülldeponie
Verkehrspflichten **823** E 278
Musikveranstaltung
Verkehrspflichten **823** E 324 ff, 366
Mutter
Schädigung des Embryos **823** B 49
Mutterschutzgesetz
und Schutzgesetzcharakter **823** G 51

Nachbarrecht
Dokumentation rechtswidriger Handlungen **823** C 217
und Schutzgesetzcharakter **823** G 3, G 66, 8, 25
Schutzgesetzcharakter des § 909 BGB **823** G 25
Nachbarschaft
Verkehrspflichten **823** E 33, 145, 245 ff, 285, 328
Nacktfotos
und Persönlichkeitsverletzung **823** C 178, 182, 221, 223
Nahrungsmittel
und deliktische Produkthaftung **823** F 6
Namensnennung
und Achtung der Intim- und Privatsphäre **823** C 195
Berichterstattung unter – **823** C 186 ff
bei Bilanzanalyse **823** D 25
Schutz vor wirtschaftlicher Ausnutzung **823** C 225
und Schutzbereich des Persönlichkeitsrechts **823** C 159
Namensrecht
Persönlichkeitsverletzung eines Verstorbenen **823** C 43
Namensträger
und Person der Zeitgeschichte **823** C 200
Nasciturus
s. Embryo
Naßauskiesungsentscheidung
Grundwasserverunreinigung **823** B 59
Natürliche Personen
Persönlichkeitsrecht, Träger **823** C 19, 20
und Persönlichkeitsrecht von Verbänden **823** C 27
und Schutz des Gewerbebetriebs **823** D 7
Naturalrestitution
Widerruf und Richtigstellung **823** C 271
Naturgewalt
Verkehrspflichten **823** E 3, 32, 212
Naturrecht
Schädigung des Embryos **823** B 42
Nichtrechtsfähige Vereine
Persönlichkeitsschutz **823** C 30
Nötigung
und Freiheitsbegriff **823** B 53
Nothilfe
Persönlichkeitsverletzung **823** C 210 ff
Notwehr
Persönlichkeitsverletzung **823** C 210 ff
NS-Verfolgte
Kollektivbeleidigung **823** C 24
Nummernschilder
Entfernung ohne Zustimmung **823** D 67

Nutzungen
  Besitzer/Eigentümer-Konflikte nach
    Ablauf der Besitzberechtigung **823 B** 168
  Besitzrecht und Nutzungsentgang **823 B**
    168
  Bildveröffentlichung, unbefugte **823 C** 252
  Blockaden **823 B** 174
  durch Dritte, unbefugte **823 B** 101 ff
  Eigentumsverletzung durch Beeinträchtigung der Nutzungsmöglichkeit **823 B**
    89 ff
  fremden Persönlichkeitsrechts **823 C** 251
  Räumungsfrist **823 B** 168
  und Verkehrspflichten **823 E** 53

Öffentlich-rechtliche Normen
  und deliktische Produkthaftung **823 F** 10
  Verkehrspflichten und Verstoß gegen –
    823 E 39
Öffentlich-rechtliche Regelungen
  und Schutzgesetzcharakter **823 G** 12
Öffentliche Bloßstellung 823 C 196
Öffentliche Einrichtungen
  Verkehrspflichten **823 E** 269 ff
Öffentliche Güter
  Teilhaberecht als sonstige Rechte **823 B** 185
Öffentliche Hand
  und Schutz des Gewerbebetriebs **823 D** 8
Öffentliche Versorgungseinrichtungen
  und Schutzgesetzcharakter **823 G** 61
Öffentlicher Straßengrund
  Fotografieren auf – **823 B** 103, 104
Öffentliches Amt
  und Personen der Zeitgeschichte **823 C** 200
Öffentliches Interesse
  und Achtung der Intim- und Privatsphäre
    823 C 195
  und Berichte und Bildnisse der Zeitgeschichte **823 C** 199 ff
  Wahrnehmung berechtigter Interessen
    823 C 101
Öffentliches Recht
  Arzthaftung **823 I** 4
  Persönlichkeitsschutz von juristischen
    Personen **823 C** 31
  Verkehrspflichten **823 E** 17, 23, 34, 39,
    47, 59, 74
Öffentlichkeitsarbeit, staatliche
  und Schutz vor Werbung **823 C** 234
Öffentlichkeitsbezug
  einer Äußerung **823 C** 194
Öffentlichkeitssphäre
  und Sozialsphäre **823 C** 190
Ökonomische Analyse
  des Deliktsrechts **Vorbem 823 ff** 14 ff
Ökoschäden
  und Recht auf intakte Umwelt **823 B** 186

Offene Handelsgesellschaft
  Persönlichkeitsschutz **823 C** 30
Operation
  s. Arzt, Ärztliche Behandlung
Opfer
  als relative Personen der Zeitgeschichte
    823 C 204
Ordnungsstörung
  als Eigentumsverletzung **823 B** 82
Ordnungswidrigkeit
  und Schutzgesetzcharakter **823 G** 6, 14, 18
Ordnungswidrigkeitengesetz
  und Schutzgesetzcharakter **823 G** 52
Organentnahme
  Persönlichkeitsverletzung eines Verstorbenen **823 C** 44
Organhaftung
  und deliktische Produkthaftung **823 F** 34
  und Schutzgesetzcharakter **823 G** 33
  bei Übertragung von Verkehrspflichten
    823 E 66
  Verkehrspflichten **823 E** 66 ff
Organisationsmangel
  Übertragung von Verkehrspflichten **823 E**
    62
  Verkehrspflichten **823 E** 61, 62, 65
Organisationsverschulden
  und Arzthaftung **823 I** 7, 37
Organspende
  Ärztliche Aufklärung **823 I** 85
Organtransplantation
  und Persönlichkeitsrecht **823 C** 243

Parkgrundstück
  Verkehrspflichten **823 E** 89, 90, 142, 166,
    209, 266
Parteien
  Fotoverwendung **823 C** 53
  Persönlichkeitsrecht **823 C** 28
Patentrecht
  Anmeldung, Rechtsposition vor Offenlegung **823 B** 137
  Immaterialgüterschutz **823 B** 137
Patentverwarnung
  Unterlassungsanspruch aufgrund unberechtigter – **823 D** 1
Patient
  s. Arzt, Ärztliche Behandlung
Pay-TV-Programm
  Entschlüsseln, unerlaubtes **823 D** 67
Perinatologie
  s. Arzt, Ärztliche Behandlung
Periodica
  und Haftung für Verbreitung verletzender
    Äußerungen **823 C** 60
Persönliche Lebenssachverhalte
  Intimsphäre, Individualsphäre und Privatsphäre **823 C** 187

Persönliche Lebenssachverhalte (Forts.)
  Persönlichkeitsverletzung durch Offenlegung 823 C 174
Persönlichkeitsrecht (deliktischer Schutz)
  s. a. Tatsachen; Werturteil
  Abbildung und Gefährdung 823 C 224
  Abhören 823 C 17, 162
  Absolute Person der Zeitgeschichte 823 C 148, 195, 200, 222, 225
  Absolutes Recht oder Rahmenrecht 823 C 18
  Abstammungskenntnis 823 C 15
  Abwägung der Interessen 823 C 17, 210, 211
  Abwehrmaßnahmen, Ersatz 823 C 291
  Abwehrrechte 823 C 6, 8
  Ärztliche Schweigepflicht 823 C 48
  Äußerungen 823 C 65 ff
  Allgemeines Persönlichkeitsrecht und besonders geregelte Rechte 823 C 147 ff
  Allgemeines Persönlichkeitsrecht, Träger 823 C 19 ff
  Analysen 823 C 197, 230, 231, 243
  Angehörige 823 C 36, 44, 200, 201
  Anstifter 823 C 62
  Arztgeheimnis 823 C 48, 49
  Aufnahmen zu Beweiszwecken 823 C 214
  Ausforschung 823 C 186
  Auskunftsanspruch 823 C 293
  Auskunftsanspruch des unehelichen Kindes 823 C 15
  Auslassungen 823 C 86
  Aussagekern 823 C 133
  Aussagen 823 C 81, 68, 69, 264
  Autor als Störer 823 C 52
  Bankgeheimnis 823 C 171
  Behandlungsunterlagen 823 C 48, 85
  Behauptungen 823 C 68, 91
  Belästigungen 823 C 232 ff
  Belauschen 823 C 164
  Beleidigung (Formalbeleidigung) 823 C 14, 42, 107, 110
  Berechtigtes Interesse 823 C 99, 117, 261, 265
  Bereicherungsansprüche wegen Verletzung 823 C 248 ff
  Bericht Dritter 823 C 122
  Bericht, intimer 823 C 255
  Bericht der Zeitgeschichte 823 C 199
  Berichterstattung 823 C 222 ff
  Beseitigungsansprüche 823 C 270
  Bespitzelung 823 C 164
  Betroffenheit, individuelle 823 C 24
  Beweislast 823 C 265 ff
  BGB-Gesellschaft 823 C 30
  Bildaufnahmen 823 C 158, 161
  Bilder von Demonstrationen, Versammlungen 823 C 208

Persönlichkeitsrecht (deliktischer Schutz) (Forts.)
  Bildnis 823 C 147 ff
  Bildnisschutz 823 C 1, 151 ff, 188
  Blutanalyse 823 C 243
  Boykottaufruf 823 C 113
  Brief 823 C 166, 169
  Briefgeheimnis 823 C 166
  Briefkastenwerbung 823 C 232
  Buchhandlung 823 C 57
  Bundesdatenschutzgesetz 823 C 173
  Chefredakteur 823 C 54
  Datenausspähung 823 C 147
  Diagnose 823 C 83, 145
  Diffamierung 823 C 107
  Diskriminierung 823 C 232, 239
  Diskriminierungsschutz 823 C 239
  Double 823 C 154
  Dreiecksverhältnisse 823 C 251, 256
  Druckwerk 823 C 55
  Durchgriff 823 C 251
  E-mails, unaufgefordertes Zusenden 823 C 237
  Ehre 823 C 1, 32, 63, 90
  Ehrschutzklage 823 C 135, 136, 139
  Einheitslösung und Trennungslösung (Verschränkung von Tatsachenbehauptung und Werturteil) 823 C 79
  Einwilligung 823 C 176 ff, 198, 230
  Embryo 823 C 19, 245
  und Embryoschädigung 823 B 48, 49
  Entschädigung 823 C 297
  Entscheidungsfreiheit 823 C 242
  Entschuldigungsgrund 823 C 95, 97
  Erbe 823 C 40, 47, 48
  Erbengemeinschaft 823 C 30
  und erbkranker Nachwuchs 823 B 47
  Erforderlichkeit einer Äußerung 823 C 102, 104, 193, 213, 277
  Erstbegehungsgefahr 823 C 259 ff
  Fälschung eines Kunstwerks 823 C 46, 47, 75, 91, 280
  und Familienkreis-Äußerungen 823 C 84
  Familienplanung 823 C 245
  Fernsehen 823 C 61
  Fernsehlivesendung 823 C 52
  Feststellungsurteil 823 C 288
  Formalbeleidigung 823 C 14, 42, 107, 110
  Foto 823 C 221
  Fragen 823 C 76
  und Freiberuflertätigkeit 823 D 6
  Freiheit der Wissenschaft, Kollision 823 C 143
  Freiheitsberaubung im Geistigen 823 C 2
  Fremder Name, Einschleichen 823 C 165
  Gebrauchsvorteile 823 C 252
  Geeignetheit einer Äußerung 823 C 102, 103, 192, 277

Persönlichkeitsrecht (deliktischer Schutz)
(Forts.)
Gefährdung aufgrund Abbildung **823** C 224
Gegendarstellung **823** C 278, 292
Gegenschlag, Recht auf **823** C 109
Geheimagent **823** C 224
Geheimnis **823** C 170
Geheimnisschutz **823** C 48
Geheimsphäre **823** C 189
Gehilfe **823** C 62
Generalklausel oder Einzeltatbestände **823** C 16
Genmanipulation **823** C 19
Gerichtsstand **823** C 295
Geschäftsfähigkeit eines Einwilligenden **823** C 178
Geschäftsführer **823** C 27
Geschlechtsehre der Frau **825** 1
Gesundheitsbeeinträchtigung **823** C 289
Gewerkschaft **823** C 30
Gewinnabschöpfung **823** C 253
Grundrechte, konkurrierende **823** C 11
Grundrechtsbindung **823** C 5
Grundrechtskollision **823** C 9, 10, 17
Grundrechtswirkung **823** C 8
Güterabwägung **823** C 17, 210, 211
Gutachtenerstattung **823** C 83, 145, 230
Handlungsfreiheit **823** C 240
Herabwürdigung und Entstellung, Schutz gegen **823** C 63 ff
Herausgeber und Verleger, Haftung **823** C 53
Herstellen eines Bildnisses **823** C 158
HIV-Test **823** C 243
Idealverein **823** C 28
Immissionen, ideelle **823** C 238
Individualsphäre **823** C 187 ff
Individuelle Betroffenheit **823** C 24
Informanten **823** C 56, 120
Informationelle Selbstbestimmung **823** C 32, 42, 93, 101, 104, 151, 174
Informationen, rechtswidrig erlangte **823** C 227
Informationen, unwahre **823** C 91
Informationsanspruch **823** C 120
Informationserlangung **823** C 160
Interesse **823** C 99 ff
Interesse, berechtigtes **823** C 99, 117, 261, 265
Interessenabwägung **823** C 17, 210, 211
Interessenkollision **823** C 95
Intimer Bericht **823** C 255
Intimsphäre **823** C 153, 188, 195, 221, 249
Jahresabschlußanalyse **823** C 197
Juden **823** C 25, 75

Persönlichkeitsrecht (deliktischer Schutz)
(Forts.)
von juristischen Personen des öffentlichen Rechts **823** C 31 ff
Kinder **823** C 19
Klagbarkeit **823** C 139, 142
Körperbestandteile, Verwendung **823** C 243
Körperbestimmung **823** C 243
und Körperverletzung **823** B 19
Kollektivbeleidigung **823** C 21
Kollektivbezeichnung **823** C 21 ff, 26
Kollektivlehre **823** C 26
Kommanditgesellschaft **823** C 30
Kommerzielle Ausnutzung **823** C 225
Konkordanz **823** C 10, 90
Konkretisierung des – **823** C 5
als Kontrollmaßstab gegenüber Gesetzen **823** C 15
und Kreditgefährdung **824** 1, 2
Künstler **823** C 127
Kunst, Defintion **823** C 125
Kunstfreiheit **823** C 125 ff, 134
Kunstwerk, Fälschung **823** C 46, 47, 75, 91, 280
Leserbrief **823** C 55
Lizenzgebühr **823** C 251, 290
Management **823** C 27
Mehrdeutige Aussagen **823** C 71
Meinung, Meinungsäußerung und Meinungsfreiheit **823** C 88, 102, 107, 111, 112
Meinungsumfragen **823** C 72
Menschenwürde **823** C 3
Mephisto-Urteil **823** C 45
Metapher **823** C 67
Minderjährige **823** C 19, 178
Mithören von Telefonaten **823** C 162
Mobbing **823** C 241
Moderator **823** C 52
Nachrichten **823** C 118
Nachstellen bekannter Filmszenen **823** C 42
Nacktfotos **823** C 178, 182, 221, 223
Namensnennung **823** C 159, 186, 197, 202, 225
Namensrecht von Verbänden **823** C 32
Namensrecht Verstorbener **823** C 43
Nasciturus **823** C 19
Natürliche Personen als Träger **823** C 19
Notstand **823** C 97, 210 ff
Notwehr **823** C 210 ff
Öffentliche Bloßstellung **823** C 196
Öffentlichkeitsarbeit, staatliche **823** C 234
Öffentlichkeitsbezug einer Äußerung **823** C 194
und Öffentlichkeitsbezug einer Frage **823** C 108

Persönlichkeitsrecht (deliktischer Schutz)
(Forts.)
Offene Handelsgesellschaft 823 C 30
Offener Tatbestand oder Indikation der Rechtswidrigkeit 823 C 17
Opfer von Verbrechen 823 C 204
Organentnahme, Organtransplantation 823 C 44
Organhaftung 823 C 51
Partei 823 C 28, 53, 99
Passivlegitimation 823 C 51 ff, 251
des Patienten 823 I 2
Persönliche Herabsetzung 823 C 107
Persönliche Sphäre, Schutz 823 C 147 ff
Persönlichkeitsrecht 823 C 229 ff
Person der Zeitgeschichte (absolute) 823 C 148, 195, 200, 222, 225
Person der Zeitgeschichte (relative) 823 C 148, 195, 201, 222
Personalakte 823 C 171
Personengesamtheiten 823 C 26
Personengruppen 823 C 21
Personenverwechselung 823 C 86
Polemik 823 C 109
Postmortaler Persönlichkeitsschutz 823 C 34 ff
Präventiver Schutz 823 C 216
Prangerwirkung 823 C 192, 196, 203, 229
Presse, Pressefreiheit 823 C 115, 121
Privatfehde 823 C 107
Privatgeheimnis 823 C 170
Privatsphäre 823 C 187 ff, 195, 221, 232, 233
Prozeßführung 823 C 135 ff
Prozeßrecht 823 C 294 ff
Prozeßstandschaft 823 C 40, 50
Prozessuale Fragen 823 C 294 ff
Psychologische Anlayse 823 C 230, 231
Publikation und Störereigenschaft 823 C 55
Publizitätspflicht 823 C 32
als Rahmenrecht 823 C 18
Recherche 823 C 119 ff, 144, 267
Recht am Bildnis 823 C 151
Recht am eigenen Bild 823 C 151, 248
Recht am eigenen Datum 823 C 173 ff
Recht am eigenen Namen 823 C 32, 43, 248
Recht am eigenen Wort 823 C 160 ff
Recht auf Familienplanung 823 C 245
Recht auf informationelle Selbstbestimmung 823 C 32, 42, 93, 101, 104, 151, 174
Recht am Lebens- und Charakterbild 823 C 229 ff
Recht auf Selbstbestimmung 823 C 240 ff
Rechtsfolgen einer Verletzung 823 C 248 ff, 263

Persönlichkeitsrecht (deliktischer Schutz)
(Forts.)
Rechtsschutzbedürfnis 823 C 139, 142, 278
Rechtsweg 823 C 293
Rechtswidrigkeit 823 C 17, 248
Redakteur 823 C 54
Rede (freie Rede, spontane Rede) 823 C 104, 107
Reklameträger 823 C 225
Relative Person der Zeitgeschichte 823 C 148, 195, 202, 222
Reputation 823 C 32
Richterliche Rechtsfortbildung 823 C 14
Richtigstellung 823 C 271 ff, 292
Rundfunk 823 C 61
Sachverhalte der Zukunft 823 C 262
Sachverständiger 823 C 145
Satire 823 C 125, 132
Satire und Kunstfreiheit 823 C 132
Satirische Aussagen 823 C 67
Schaden, immaterieller 823 C 2
Schaden, materieller 823 C 289, C 289 ff
Schadensberechnung 823 C 290
Schauspieler 823 C 154
Schmähkritik 823 C 14, 106, 107, 110, 111, 141
Schmähkritik, Kasuistik 823 C 111
Schranken, verfassungsimmanente 823 C 128
Schrankentrias 823 C 128
Schutzgebotsfunktion der Grundrechte 823 C 6, 7
Schwangerschaftsabbruch, mißglückter 823 B 18
Schweigepflicht, ärztliche 823 C 48
Selbstbestimmungsrecht 823 C 240
Selbsthilfe 823 C 95
Sender 823 C 52, 61, 85
Sendung 823 C 66
Sexuelle Selbstbestimmung 823 C 244, 250
Sittenwidrigkeit 823 C 250
Soldaten als Mörder 823 C 24
Sozialsphäre 823 C 190
Sphärenschutz 823 C 147 ff, 187, 240
Staatliche Öffentlichkeitsarbeit 823 C 234
Stiftung 823 C 30, 40
Störer 823 C 51, 236
Störereigenschaft 823 C 51
Strafrecht, Straftat 823 C 150 ff, 202 ff
Stufentheorie 823 C 129
Täuschung 823 C 164
Tatsachen (Begriff, Abgrenzung zum Werturteil) 823 C 73
Tatsachen, behaupten 823 C 85
Tatsachen, nicht ehrenrührige 823 C 64, 86, 124, 140, 273

Persönlichkeitsrecht (deliktischer Schutz)
(Forts.)
Tatsachen im gerichtlichen Prozeß **823 C** 140 ff
Tatsachen, Schutz **823 C** 91
Tatsachen, unwahre **823 C** 64, 86, 140, 273
Tatsachen, Wahrheitsanforderungen **823 C** 116 ff
Tatsachen und Wahrnehmung berechtigter Interessen **823 C** 87
Tatsachen und Werturteil, Verschränkung **823 C** 77
Tatsachenbehauptung, verfassungsrechtliche Einstufung **823 C** 14
Tatsachenkern **823 C** 80
Tatsachenverbreitung **823 C** 85, 147, 196
Teilnahme am rechtsgeschäftlichen Verkehr **823 C** 241
Telefonanrufe, belästigende **823 C** 237
Telefongespräche, Mithören **823 C** 162
Telefonwerbung **823 C** 237
Testament **823 C** 40, 41
Tod **823 C** 34, 35, 156
Tod und postmortaler Persönlichkeitsschutz **823 C** 3, 34 ff, 156
Tonaufnahmen **823 C** 161
Träger **823 C** 19 ff
Trennungs- und Einheitslösung (Verschränkung von Tatsachenbehauptung und Werturteil) **823 C** 79
Überschriften **823 C** 67
Übertragbarkeit des Persönlichkeitsrechts **823 C** 50
Übertreibungen **823 C** 86
Umwelt, Recht auf intakte **823 B** 187
Unterlassungsanspruch, vorbeugender **823 C** 258, 263
Unterlassungsansprüche **823 C** 258 ff
Unternehmen **823 C** 28
Untersuchungsberichte, amtliche **823 C** 122
Unwahre Tatsachen **823 C** 86
von Verbänden **823 C** 27 ff
Verband, teilrechtsfähiger **823 C** 30, 99
Verbrechensopfer **823 C** 204
Verbreiten, Art und Weise **823 C** 196
Verbreiten von Bildnissen **823 C** 198
Verbreiten unwahrer Tatsachen **823 C** 85
Verbreiten wahrer Tatsachen **823 C** 147 ff
Verbreitung von Tatsachen **823 C** 85, 147, 196
Verdächtiger **823 C** 202
Verdeckter Ermittler **823 C** 224
Vererbbarkeit des Persönlichkeitsrecht **823 C** 38
Verfassungsbeschwerde **823 C** 4, 107
Verfassungsrechtliche Grundlage **823 C** 3 ff
Verfolgte des NS-Regimes **823 C** 25

Persönlichkeitsrecht (deliktischer Schutz)
(Forts.)
Verhältnismäßigkeit **823 C** 9, 11, 102 ff, 107, 109, 192, 264, 277
Verhütungsmittel, unwirksames oder Täuschung über Benutzung **823 C** 245, 246
Verjährung **823 C** 285
Verlag, Verleger **823 C** 53, 57, 127, 144
Verletzergewinn **823 C** 290
Vermarktung, eigene **823 C** 250
Vermutung, Verdacht **823 C** 76
Vermutungsformel **823 C** 107, 108
Veröffentlichung rechtswidriger Aufnahmen **823 C** 163
Veröffentlichung der Unterlassungsverpflichtung **823 C** 269, 284, 286
Veröffentlichungsbefugnis **823 C** 267, 286
Verrichtungsgehilfe **823 C** 51
Verschenken im privaten Bereich **823 C** 157
Verstorbene **823 C** 3, 35, 42, 49, 155, 156
Verteilungsort **823 C** 295
Vertragliche Persönlichkeitsrechte **823 C** 247
Verwertungsverbot **823 C** 264
Videoüberwachung **823 C** 216, 218, 219
Vollstreckbarkeit, vorläufige **823 C** 287
Vollstreckung von Widerrufsurteilen **823 C** 286
Vortat, rechtswidrige **823 C** 260
Vortat in Wahrnehmung berechtigter Interessen **823 C** 261
Wahlkampfauseinandersetzungen **823 C** 107
Wahlwerbung **823 C** 234
Wahrheitsanforderung an Tatsachenbehauptung **823 C** 116 ff
Wahrnehmung berechtigter Interessen **823 C** 87, 98, 261, 267, 275, 281
Wechselwirkungslehre **823 C** 11, 89, 90
Weitergabe vertraulicher Mitteilungen **823 C** 166
Werbeträger **823 C** 225
Werbung, Schutz vor ihr **823 C** 232 ff
Werkbereich **823 C** 129
Wertermittlung **823 C** 252
Werturteil (Begriff, Abgrenzung zur Tatsachenbehauptung) **823 C** 17, 21, 73 ff, 103
Wettbewerbsverein **823 C** 27
Widerruf und Richtigstellung **823 C** 271 ff
Widersprüchliches Verhalten **823 C** 255
Wiederholungsgefahr **823 C** 259 ff
Wirkbereich **823 C** 129
Wirkungsabsicht **823 C** 88
Wirtschaftsunternehmen **823 C** 28
Wissenschaft, Wissenschaftsfreiheit **823 C** 143 ff

Persönlichkeitsrecht (deliktischer Schutz)
(Forts.)
  Wissenschaftliche Aussagen **823 C** 82
  Witwe **823 C** 43
  Wort, Recht am eigenen **823 C** 160 ff
  Zeitgeschichte, absolute Person derselben **823 C** 148, 195, 200, 222, 225
  Zeitgeschichte, Bericht **823 C** 199
  Zeitgeschichte, relative Person derselben **823 C** 148, 195, 201, 222
  Zeugen **823 C** 139, 140, 204
  Zitat **823 C** 69, 91, 122
  Zukünftige Sachverhalte **823 C** 262
  Zur-Schau-Stellen **823 C** 151, 157, 176, 198
  Zustimmung zu Fotoaufnahmen **823 C** 158
  Zuweisungsgehalt, Lehre vom **823 C** 248
Personalvertretungsrecht
  und Schutzgesetzcharakter **823 G** 44
Personenbeförderungsgesetz
  und Schutzgesetzcharakter **823 G** 53
Personengesamtheit
  Persönlichkeitsverletzung einer – **823 C** 26
Personengesellschaften
  Persönlichkeitsschutz **823 C** 30
Personengruppe
  und Persönlichkeitsverletzung **823 C** 21 ff
Pfändung, Pfandrecht
  Deliktischer Schutz, fehlender gegen Pfändung **823 B** 192
  Forderungen Dritter **823 B** 165
  an Forderungen als sonstiges Recht **823 B** 127
  Recht am Gewerbebetrieb **823 D** 3
  als sonstiges Recht **823 B** 126
  und Verwertung schuldnerfremder Sachen **823 B** 69
Pflanzenschutzgesetz
  und Schutzgesetzcharakter **823 G** 53
Pflanzenschutzmittel
  Eigentumsverletzung durch unwirksame – **823 B** 86
Pflichtversicherungsgesetz
  und Schutzgesetzcharakter **823 G** 53
Photokina-Entscheidung 823 D 29
Pistensicherungspflicht
  Verkehrspflichten **823 E** 346 ff
Polemik
  Kritik und Gegenschlagsrecht **823 C** 109
Politiker
  und Persönlichkeitsrecht **823 C** 222
  als Personen der Zeitgeschichte **823 C** 200
  Psychologische Analyse **823 C** 231
  und Wahrnehmung berechtigter Interessen **823 C** 108
Polizeiliche Gefahrenabwehr
  und Schutzgesetzcharakter **823 G** 12

Positive Forderungsverletzung
  Arzthaftung **823 I** 6
  Vermögensschäden, primäre **Vorbem 823 ff** 37
Präventionsfunktion
  des Deliktsrechts **Vorbem 823 ff** 10
Präventiver Schutz
  und Eingriff in die Persönlichkeit **823 C** 216 ff
Prangerwirkung
  Verbreitung geschäftsschädigender Tatsachen **823 D** 25
Preis
  und deliktische Produkthaftung **823 F** 8
Preisangabeverordnung
  und Schutzgesetzcharakter **823 G** 53
Presse, Pressefreiheit
  und Boykott **823 C** 115
  Massenmedien und Recherchepflicht **823 C** 118
  Persönlichkeitsverletzung, Störereigenschaft und Haftungsfragen **823 C** 51 ff
  Verbreitung geschäftsschädigender Tatsachen **823 D** 24
Presseinformant
  und Persönlichkeitsverletzung, Haftungsfrage **823 C** 56
Presserecht
  und Schutzgesetzcharakter **823 G** 67
Presseunternehmen
  und Recht am Gewerbebetrieb **823 D** 2
Preußisches Allgemeines Landrecht
  Unerlaubte Handlung **Vorbem 823 ff** 3
Private Rechtsmacht
  und Schutzgesetzcharakter **823 G** 21
Private Rechtssetzung
  und Schutzgesetzcharakter **823 G** 13
Privatsphäre
  Fotos, Berichte **823 C** 221 ff
  Intimsphäre, Individualsphäre und – **823 C** 187
  Kernbereich **823 C** 221
  und Persönlichkeitsrecht **823 C** 187 ff, 195, 221, 232, 233
  und Schutz vor Werbung **823 C** 232
  und Sozialsphäre und Öffentlichkeitssphäre **823 C** 190
  und Verbreitungsart **823 C** 196
Produktbeobachtungspflicht
  und deliktische Produkthaftung **823 F** 20 ff
Produktfehler
  und betriebsbezogener Eingriff **823 D** 67
Produkthaftung (deliktische)
  s. Alphabetisches Stichwortverzeichnis zu § 823 unter F
Produkthaftungsgesetz
  und deliktische Produkthaftung **823 F** 4, F 6, 5

Produkthaftungsgesetz (Forts.)
  und weiterfressende Schäden **823 B 117**
Produktionsausfall
  Eigentumsverletzung **823 B 93, 96**
Produktkombination
  und deliktische Produkthaftung **823 F 22**
Produktsicherheitsgesetz
  und Schutzgesetzcharakter **823 G 53**
Programme
  und Software, Eigentumsschutz **823 B 60**
Prothese
  Beschädigung **823 B 19**
Prozeßbetrug
  und Rechtfertigung für eine Persönlichkeitsverletzung **823 C 214**
Prozeßstandschaft
  Persönlichkeitsverletzung eines Verstorbenen **823 C 40**
Psychische Einwirkungen
  als Gesundheitsverletzung **823 B 26 ff**
Psychologische Methoden
  und Persönlichkeitsverletzung **823 C 230**
Psychotherapeut
  Arzthaftung **823 I 13**
Publikation
  und Ermittlung eines Äußerungsinhalts **823 C 65, 66**
  und Persönlichkeitsverletzung, Haftungsfrage **823 C 55**
Publikumsveranstaltung
  und Recht am Gewerbebetrieb **823 D 10**

Quasinegatorischer Beseitigungsanspruch
  Ehebereich, geschützter **823 B 180**
  Erweiterung des § 1004 BGB
    Vorbem 823 ff 63
  Widerruf unwahrer Tatsachenbehauptungen **Vorbem 823 ff 67**
Quasinegatorischer Unterlassungsanspruch
  Ehebereich, geschützter **823 B 180**

Radsport
  Verkehrspflichten **823 E 342 ff**
Räumungsfrist
  und Besitzberechtigung **823 B 168**
Rahmenrecht
  oder absolutes Recht der Persönlichkeit **823 C 18**
  Recht am Gewerbebetrieb **823 D 3**
Rauchen
  als Gesundheitsverletzung **823 B 22**
  Schädigung des Embryos **823 B 48**
Reallasten
  als sonstiges Recht **823 B 126**
Rechte
  Eigentum, Rechtsentzug **823 B 64**
  und Rechtsgüter, Unterscheidung **823 A 14**

Rechte (sonstige)
  Aneignungsrecht **823 B 136**
  Anwartschaft **823 B 134, 150 ff**
  Arbeitsplatz **823 B 190, 191**
  Auskunft, falsche **823 B 144**
  Bankgeheimnis **823 B 192**
  Beeinträchtigungen **823 B 128**
  Begriff **823 B 124**
  Berufliche Tätigkeit **823 B 192**
  Beschränkt dingliche Rechte **823 B 126 ff**
  Besitz **823 B 131, 132, 167 ff**
  Betriebsgeheimnis **823 B 139**
  Bildnisschutz **823 B 140**
  Ehe **823 B 147, 175 ff**
  Eheliche Lebensgemeinschaft **823 B 182**
  und Eigentum **823 B 125**
  Eigentumsähnliche – **823 B 136**
  Eigentumsvorbehalt **823 B 134**
  Elterliche Sorge **823 B 183, 184**
  Fischerei- und Fischereiausübungsrecht **823 B 136**
  Forderungsrecht **823 B 160 ff**
  Forderungszuständigkeit **823 B 163 ff**
  Gemeingebrauch **823 B 185**
  Gewerbebetrieb **823 D 3**
  Grundpfandgläubiger **823 B 129, 130**
  Hypothek, Zubehör **823 B 134**
  Immaterialgüterrechte **823 B 137 ff**
  Immaterialgüterschutz
    s. dort
  Implantat, Aneignungsrecht **823 B 136**
  Infrastruktur **823 B 185**
  und Interessenschutz **823 B 124**
  Jagdrecht **823 B 136**
  KUG-Recht am eigenen Bild **823 B 140**
  Leitungsrecht des Energieversorgers **823 B 136**
  Markenschutz **823 B 137, 138**
  Messe- und Ausstellungsbezeichnung **823 B 139**
  Mitgliedschaftsrecht **823 B 141 ff**
  Ökoschaden **823 B 186**
  Organhaftung **823 B 146 ff**
  Patent **823 B 137, 138**
  Persönlichkeitsrecht **823 B 125, 187**
  Pfändungspfandrecht **823 B 126**
  Pfandgläubiger **823 B 135**
  Pfandrecht **823 B 126 ff**
  Recht am Datum **823 B 192**
  Rückschaffungsanspruch **823 B 130**
  Schärenkreuzerfall **823 B 144, 147, 148**
  Teilhaberrechte **823 B 185**
  Umgangsverbot **823 B 184**
  Umwelt **823 B 186 ff**
  Verbandsmitgliedschaft **823 B 141 ff**
  Verfügungsverbot **823 B 159**
  Vermögen **823 B 192**
  Vormerkungsberechtigter **823 B 157 ff**

Rechte (sonstige) (Forts.)
  Wasser **823 B** 59, 136, 188
  Wertpapiere **823 B** 163
  Zubehör **823 B** 128 ff, 134
  Zwischenerwerber, vormerkungswidriger **823 B** 157, 159
Rechtfertigender Notstand
  oder mutmaßliche Patienteneinwilligung **823 I** 115
Rechtfertigung
  Persönlichkeitsverletzung **823 C** 210 ff
Rechtfertigungsgrund
  Wahrnehmung berechtigter Interessen **823 C** 95
Rechtsanwalt
  und Haftung des Vollstreckungsgläubigers für Verschulden des – **823 B** 74
  und Recht am Gewerbebetrieb **823 D** 6
Rechtsauffassung
  als Werturteil **823 C** 81
Rechtsbegriffe
  und Ermittlung eines Äußerungsinhalts **823 C** 66
Rechtsberatungsgesetz
  und Schutzgesetzcharakter **823 G** 54
Rechtsfähigkeit
  Embryo **823 B** 41
  und Rechtssubjektivität **823 C** 38
Rechtsfahrgebot
  Schutzgesetzcharakter **823 G** 1
Rechtsgeschäftlicher Verkehr
  Persönlichkeitsrecht und Teilnahme am – **823 C** 241
Rechtsgüter
  und Entscheidungsfreiheit **823 I** 3
  und Rechte, Unterscheidung **823 A** 14
Rechtsgut
  und Schutzgesetzcharakter **823 G** 26
  und vorbeugender Unterlassungsanspruch **823 H** 14
Rechtsprinzipien
  und Schutzgesetzcharakter **823 G** 4
Rechtswidrigkeit
  und Begriff der unerlaubten Handlung **Vorbem 823 ff** 25
  Boykott **823 D** 37
  Dokumentation rechtswidriger Handlungen **823 C** 217
  Dreistufenmodell des Deliktsrechts **823 A** 1
  Elterliche Sorge, Verletzung **823 B** 184
  Erfolgsunrecht, Verhaltensunrecht **823 H** 14
  Informationserlangung **823 C** 227
  Persönlichkeitsrecht: Offener Tatbestand oder Indikation der – **823 C** 17
  Pfändung und Verwertung schuldnerfremder Sachen **823 B** 71
  Recht am Gewerbebetrieb **823 D** 4

Rechtswidrigkeit (Forts.)
  Schutzrechtsverwarnung, unberechtigte **823 D** 57, 58
  Sorgfalt, äußere und innere **823 A** 5
  und Tatbestandsverwirklichung **823 A** 3
  Verkehrspflichten, Abgrenzung **823 A** 6
Redakteur
  Persönlichkeitsverletzung und Haftung des – **823 C** 54
Rede
  Kritikform und Wahrnehmung berechtigter Interessen **823 C** 105
Reflexschäden
  und Recht am Gewerbebetrieb **823 D** 19
Regelwerk
  Friedliche Sportarten **Vorbem 823 ff** 59
  Sportregeln, Bedeutung **Vorbem 823 ff** 55
Reichsversicherungsordnung
  und Schutzgesetzcharakter **823 G** 54
Reinigung
  Verkehrspflichten **823 E** 249, 256, 271, 272, 304 ff
Reinigungs- und Streupflicht
  und Schutzgesetzcharakter **823 G** 68
Reiseveranstalter
  Verkehrspflichten **823 E** 71, 384 ff
Reitsport
  Verkehrspflichten **823 E** 357
Relative Person der Zeitgeschichte
  und Persönlichkeitsrecht **823 C** 148, 195, 201, 222
Religionsgemeinschaften
  Grundrechtsträger (Persönlichkeitsschutz) **823 C** 31
Rentenschuld
  als sonstiges Recht **823 B** 126
Reparatur
  Mißlingen, Eigentumsverletzung **823 B** 108
  und Rückruf wegen eines Produktfehlers **823 F** 26
Rettungsperson
  und Schockschäden **823 B** 35
Rheinschiffahrts-Polizeiverordnung
  und Schutzgesetzcharakter **823 G** 54
Richter
  als Person der Zeitgeschichte **823 C** 200
Richterliche Rechtsfortbildung
  Recht am Gewerbebetrieb **823 D** 1
  Verfassungsmäßigkeit, Prüfung **823 C** 14
Richterrecht
  und Schutzgesetzcharakter **823 G** 11
Richtigstellung
  Persönlichkeitsverletzung **823 C** 271 ff
Risiko
  und ärztliche Aufklärung **823 I** 88 ff
  und Schutzgesetzcharakter **823 G** 27
  und Wahrnehmung berechtigter Interessen **823 C** 95

Risikohaftung
und Deliktsrecht **Vorbem 823 ff** 27
Rodelanlage
Verkehrspflichten **823** E 346 ff
Römisches Recht
lex Aquilia **Vorbem 823 ff** 1, 2
Rückrufpflicht
und deliktische Produkthaftung **823** F 25
Rücksichtnahmegebot
Ärztliche Aufklärung **823** I 102
und Schutzgesetzcharakter **823** G 61
Rufübertragung, Rufschädigung
durch Verwässerung berühmter Marken **823** D 66
Ruhestörung
Psychische Krankheit, Hervorrufen **823** B 27
Rundfunkanstalten (öffentlich-rechtliche)
Grundrechtsträger (Persönlichkeitsschutz) **823** C 31
Rundfunksendung
und Ermittlung eines Äußerungsinhalts **823** C 65, 66
Rundfunksendungen
Persönlichkeitsverletzung und Störereigenschaft **823** C 52, 61

Sachen
Anwartschaftsrechte, deliktischer Schutz **823** B 151 ff
Bewegliche Sachen, Verletzung **823** B 80
und deliktische Produkthaftung **823** F 6
Eigentumsverletzung **823** B 89 ff
Entzug, unbefugter **823** B 102
Gefährdung als Eigentumsverletzung **823** B 83
Körperteile, abgetrennte **823** B 19
Sachversicherung
Regreßverzicht des Versicherers **Vorbem 823 ff** 45
Sachverständigengutachten
Haftung für falsches – **823** B 56
Tatsachenbehauptung, Werturteil **823** C 83
Tatsachenermittlung und Befund **823** C 145, 146
Sachverständigenordnungen
und Schutzgesetzcharakter **823** G 70
Sachverwendung
und Eigentumsverletzung **823** B 90
Sachwert
und Eigentumsverletzung **823** B 94
Satire
und Ermittlung eines Äußerungsinhalts **823** C 67
und Kunstfreiheit **823** C 132
Verfremdete Verwandlung berühmter Marken **823** D 31

Schacht
Verkehrspflichten **823** E 162, 196, 208, 229, 251, 252
Schaden
Abwehrmaßnahmen aufgrund von Persönlichkeitsverletzungen **823** C 291, 292
Mangel, ursprünglicher und später entstehender – **823** B 119
Persönlichkeitsverletzung **823** C 290
Weiterfressende Schäden
s. dort
Schadensabwehr
und Verkehrspflichten **823** E 25
Verkehrspflichten, Möglichkeit und Zumutbarkeit einer – **823** E 35
Schadensersatz
Besitzschutz **823** B 167
bei Blockaden **823** B 174
Persönlichkeitsrechtsverletzung **823** C 2
Persönlichkeitsverletzung **823** C 289 ff
nach Rechtsguts- bzw. Rechtsverletzung **823** H 23 ff
Schadensersatzanspruch
und Rechtsprinzipien **823** G 4
Scheckgesetz
und Schutzgesetzcharakter **823** G 55
Schiff
Einsperren als Eigentumsverletzung **823** B 91, 92
Schiffahrtsordnungen
und Schutzgesetzcharakter **823** G 68
Schiffe, Schiffahrt
Verkehrspflichten **823** E 181 ff
Schlittschuhlaufen
Haftung **Vorbem 823 ff** 61
Schlußabnahme
und Schutzgesetzcharakter **823** G 61
Schmähkritik 823 C 106
und Boykottaufruf **823** D 40
vor Gericht, Behörden **823** C 141
Kasuistik **823** C 111
als Warentest **823** D 34
Schmerzensgeld
Kindesgeburt nach fehlgeschlagener Sterilisation **823** B 15
Schock
durch Ansteckungsmöglichkeit ausgelöster – **823** B 24
Ersatzberechtigte **823** B 35
Haftung des Nachrichtenüberbringers **823** B 37
und Krankheitsbegriff **823** B 32 ff
als Krankheitsursache **823** B 28
Mitverschulden des zunächst Verletzten **823** B 38
Retter **823** B 35
Schockschäden Dritter **823** B 30
Ursachen **823** B 36

Schuld
Dreistufenmodell des Deliktsrechts **823 A 1**
Schuldrecht
und Besitz **823 B 170**
Schuldverhältnis
und Deliktsrecht **Vorbem 823 ff 37 ff**
Schule
Verkehrspflichten **823 E 28, 35, 270, 273**
Schutzgesetzverletzung
Allgemeine Grundsätze **823 G 13**
und allgemeine Rechtsprinzipien **823 G 4**
Allgemeininteressen einer Norm **823 G 19, 20**
Anscheinsbeweis **823 G 39, G 40**
Baurecht **823 G 22**
Behördenentscheidung **823 G 10**
Beweislast **823 G 39, 40**
BGB-Schutzgesetze (Übersicht) **823 G 41**
Bundesrecht, sonstiges (Übersicht) **823 G 43**
Bußgeldbewehrung und Schutzgesetzcharakter **823 G 18**
BVerfG-Entscheidungen **823 G 9**
Deliktsfähigkeit **823 G 36**
Diebstahl **823 G 24**
Drittschützende Normen **823 G 22**
Gefahrenabwehr, polizeiliche **823 G 12**
Gesetzesbegriff **823 G 9**
Gesetzgebungs- und Satzungskompetenz: Frage zulässigen Drittschutzes **823 G 31**
Gewohnheitsrecht **823 G 11**
GmbHG: Altgläubiger und Quotenschaden **823 G 29, 30**
Handelndenhaftung **823 G 32**
Individualschutz, erforderlicher **823 G 19, 20**
Juristische Personen **823 G 33**
Kausalität **823 G 39**
Kommunale Satzungen **823 G 12**
Kompetenzerweiterungsproblematik **823 G 5**
Konkurrenzverhältnis § 823 Abs 1/§ 823 Abs 2 **823 G 8**
Kriterien für ein Schutzgesetz **823 G 16 ff**
Landes- und Kommunalrecht (Übersicht) **823 G 61 ff**
Nachbargrundstück, Schutz der Festigkeit des Bodens (§ 909 BGB) **823 G 25**
Nachbarrecht **823 G 3**
Nachbarverhältnis **823 G 8**
Negatorische Unterlassungsansprüche **823 G 3**
Organhaftung **823 G 33**
Passivlegitimation **823 G 32, 33**
Personenkreis, geschützter **823 G 24, 25**
Private Rechtssetzung **823 G 13**
Privatrechtlicher Schutz (Rechtsmacht für den einzelnen) **823 G 21**

Schutzgesetzverletzung (Forts.)
Rechtsfahrgebot **823 G 1**
Rechtsgebiete, andere **823 G 3**
Rechtsgut, geschütztes **823 G 26**
Richterrecht **823 G 11**
Risikoverwirklichung und Gesetzeszweck **823 G 27**
Satzungen privater Vereine **823 G 13**
Schuldform **823 G 37, 38**
Schwarzfahrt **823 G 24**
StGB-Schutzgesetze (Übersicht) **823 G 42**
Strafbewehrung, Bedeutung **823 G 6**
Strafbewehrung und Schutzgesetzcharakter **823 G 17**
Straftatbestände und Individualschutzfrage **823 G 20**
StVG-Normen **823 G 24**
StVO-Normen **823 G 24**
Subsidiarität des § 823 Abs 2 **823 G 6**
Unfallverhütungsvorschriften **823 G 1, G 14**
Verdeutlichungs- und Präzisierungsfunktion des § 823 Abs 2 **823 G 1**
und Verkehrspflichten **823 G 4**
und Verkehrspflichtenbeschreibung **823 G 2**
Verletzter und Schutzgesetzcharakter **823 G 24**
Vermögensschaden **823 G 4, G 28**
Verordnungen, Satzungen **823 G 9**
Verschulden **823 G 34 ff**
Verschuldensmaßstab **823 G 2, 34 ff, 40**
Verwaltungsakte und Eingriffsnorm **823 G 10**
Verwaltungsvorschriften **823 G 15**
Vorverlagerung der Haftung **823 G 2**
Zweck des Gesetzes (Individualschutz) **823 G 23**
Schutzmaßnahmen
Eigentumsverletzung durch unwirksame – **823 B 86**
Schutzrechtsverwarnung
Eingriff in den Gewerbebetrieb durch unberechtigte – **823 D 50 ff**
und Haftung gegenüber Verfahrensgegner **823 H 18**
Schutzwirkung zugunsten Dritter
Verkehrspflichten bei Vertrag mit – **823 E 9**
Schutzzweckzusammenhang
Arzthaftung **823 I 119**
Eigentumsverletzung **823 B 92**
Produkthaftung, deliktische **823 F 35 ff**
Verkehrspflichten und Gefahrenverwirklichung **823 E 54**
Schwangerschaftsabbruch
Ersatzpflicht nach mißglücktem – **823 B 16 ff**
und Geschäftsfähigkeit **823 I 97**

Schwangerschaftsabbruch (Forts.)
  Körperverletzung durch fehlerhaften –
    823 B 13
  und vorbeugender Unterlassungsanspruch
    des Embryos 823 B 4
Schwarzarbeit
  und Schutzgesetzcharakter 823 G 55
Schwerbehindertengesetz
  und Schutzgesetzcharakter 823 G 55
Schwere Behandlungsfehler
  s. Arzt, Ärztliche Behandlung
Schwimmeister
  Verkehrspflichten 823 E 314 ff
Seeschiffahrtsstraßenordnung
  und Schutzgesetzcharakter 823 G 55
Selbstbeschädigung
  und Arzthaftung 823 I 38, 41
  der Sache 823 B 120
  Veranlassung zur – 823 B 87
Selbstbeschädigung des Opfers
  als mittelbare Verletzung 823 B 10
  Veranlassung 823 B 28
Selbstbestimmung
  Persönlichkeitsrecht und Recht auf – 823 C
    240 ff
  Recht auf informationelle – 823 C 32, 42,
    93, 101, 104, 151, 174
Selbstbestimmungsrecht
  des Patienten 823 I 2, 8, 9, 39, 76, 106 ff,
    116, 120
Selbstgefährdung
  Benutzung, unbefugte 823 E 50 ff
  und Verkehrspflichten 823 E 49
Selbstmord
  und Arzthaftung 823 I 38, 41, 117
Selbstschutz
  und deliktische Produkthaftung 823 F 9
  Verkehrspflichten 823 E 13, 2, 21, 29, 32,
    45, 53, 153, 198, 221, 224, 295, 334
Seuchenrecht
  und Schutzgesetzcharakter 823 G 44
Sexualleben
  und Persönlichkeitsrecht 823 C 222
Sexuelle Selbstbestimmung
  Kernbereich des Persönlichkeitsrechts
    823 C 244
Sicherungsmaßnahmen
  und Schutzgesetzcharakter 823 G 61
Sittenordnung
  und ideelle Immissionen 823 C 237
Sittenwidrigkeit
  Vermarktung eigener Persönlichkeit 823 C
    250
Skipisten, Skianlagen
  Verkehrspflichten 823 E 346 ff
Skisport
  Haftung Vorbem 823 ff 59, 61

Snowboardfahren
  Haftung Vorbem 823 ff 61
Software
  Programme, Schutz 823 B 60
  Veränderung oder Vernichtung 823 B 60
  Verletzungshandlungen 823 B 82
Soldaten
  Kollektivbeleidigung 823 C 24
  Polemik 823 C 111
  und postmortaler Persönlichkeitsschutz
    823 C 36
Sondernutzungsrechte
  Deliktischer Schutz 823 B 193
Sonderrechtsbeziehungen
  Haftung Vorbem 823 ff 27
Sonstige Rechte
  s. Rechte (sonstige)
Soziale Macht
  und Boykottaufruf 823 D 43
Soziale Verhaltensregeln
  Recht am Gewerbebetrieb 823 D 4
Sozialgesetzbuch
  und Schutzgesetzcharakter 823 G 55
Sozialsphäre
  und Öffentlichkeitssphäre 823 C 190
Sozialversicherung
  und unerlaubte Handlung Vorbem 823 ff 8
Sparkassenwesen
  und Schutzgesetzcharakter 823 G 68
Sperma
  Vernichtung konservierten – 823 B 19
Spielgeräte
  Verkehrspflichten 823 E 29
Spielplatz
  Verkehrspflichten 823 E 28, 29, 285 ff
Sport und Spiel
  Haftung Vorbem 823 ff 50 ff
  Sportregeln, Bedeutung Vorbem 823 ff 55
Sportanlagen
  Verkehrspflichten 823 E 320 ff
Sportler
  als Personen der Zeitgeschichte 823 C 200
Sportverletzungen
  als Körperverletzung 823 B 11
Sprengstoffgesetz
  und Schutzgesetzcharakter 823 G 55
Sprengunternehmer
  Verkehrspflichten 823 E 398
Squash
  Haftung Vorbem 823 ff 57
Staatliche Öffentlichkeitsarbeit
  und Schutz vor Werbung 823 C 234
Staatliche Verfahren
  Haftung gegenüber dem Verfahrensgegner
    bei Einleitung – 823 H 17 ff
Stadt- und Gemeindeordnungen
  und Schutzgesetzcharakter 823 G 64

Stand der Technik
und Produktfehler **823** F 26
Stasi-Unterlagen-Gesetz
und Schutzgesetzcharakter **823** G 55
Stau
Eigentumsverletzung **823** B 91
und Freiheitsentziehung **823** B 54
Sterbende
Behandlung **823** I 15, 16
Sterilisation
Ersatzpflicht bei fehlgeschlagener – **823** B 15
Körperverletzung durch fehlerhafte – **823** B 13
Steuerberatungsgesetz
und Schutzgesetzcharakter **823** G 55
Stiftungen
Persönlichkeitsrecht **823** C 28
Persönlichkeitsschutz **823** C 30
Störereigenschaft
Persönlichkeitsverletzung **823** C 51 ff
Störungen
als Eigentumsverletzung **823** B 84
Straffunktion
des Deliktsrechts **Vorbem 823 ff** 11
Strafprozeßordnung
und Schutzgesetzcharakter **823** G 55
Strafrecht
und Persönlichkeitsschutz **823** C 1
und Rechtfertigung für eine Persönlichkeitsverletzung **823** C 213
und Schutzgesetzcharakter **823** G 6, 17, 42
Schutzgesetze (Übersicht) **823** G 42
Verschuldensbegriff und Schutzgesetzcharakter **823** G 38
Straftäter
Lebens- und Charakterbilder **823** C 231
und Persönlichkeitsrecht **823** C 20
als relative Personen der Zeitgeschichte **823** C 202, 203
Straftat
und Zeitablauf **823** C 226
Straßen- und Brückenbaulast
und Schutzgesetzcharakter **823** G 68
Straßenbaum
Verkehrspflichten **823** E 145 ff
Straßenrecht
und Schutzgesetzcharakter **823** G 68
Straßenverkehrsgesetz
und Schutzgesetzcharakter **823** G 55
Straßenverkehrsordnung
und Schutzgesetzcharakter **823** G 55
Straßenverkehrssicherungspflicht 823 E 73 ff
Amtshaftung **823** E 84
Anlage der Straße **823** E 103 ff
Bankette **823** E 165
Baustelle **823** E 92, 150, 225 ff, 247
Beitrittsgebiet **823** E 98 ff

Straßenverkehrssicherungspflicht (Forts.)
Beleuchtung **823** E 156
Beweislast **823** E 96
Delegation **823** E 95
Dritte **823** E 79
Entwässerungsgraben **823** E 121
Fahrbahnbeschaffenheit **823** E 116
Gesamtschuldner **823** E 93
Gully **823** E 110 ff
Hindernis **823** E 33
Kontrolldichte, Straßenüberprüfung **823** E 89
Parken **823** E 89, 90, 142, 166, 209, 266
Räum- und Streupflicht **823** E 122 ff
Schutzumfang **823** E 91
Straßenanlage **823** E 103 ff
Straßenbaulast, Abgrenzung **823** E 83
Straßenbaum **823** E 145 ff
Straßenschild **823** E 118, 119
Straßenunterhaltungspflicht **823** E 113 ff
Umfang **823** E 85 ff, 115
Unterhaltung **823** E 85 ff, 113 ff
Verantwortliche **823** E 93, 94
Verkehrsberuhigung **823** E 104 ff
Verkehrsregelung, Abgrenzung **823** E 80, 81
Verkehrsschilder **823** E 117 ff
Verkehrsteilnehmer **823** E 32, 101, 163, 164
kein Vertrauensgrundsatz **823** E 73
Warnung **823** E 117 ff
Wege **823** E 159 ff
Wegereinigungspflicht, Abgrenzung zur polizeilichen **823** E 82
Widmung **823** E 76, 77
Wildschutzzaun **823** E 29, 120
Zumutbarkeit **823** E 86
Straßenverkehrszulassungsverordnung
und Schutzgesetzcharakter **823** G 55
Streik
als Eingriff in den Gewerbebetrieb **823** D 46 ff
Streupflicht
Verkehrspflichten **823** E 23, 25, 40, 55, 64, 122 ff
Stromkabelfälle
und Eigentumsverletzung **823** B 94
Stromleitungen
Verkehrspflichten **823** E 46, 233, 243, 280 ff
Stromzufuhr
Eigentumsverletzung **823** B 91
Subsidiarität
Gewerbebetrieb, Schutz **823** D 20 ff
Systemvergleich
und Kreditgefährdung **824** 8

Tankanlage
  Verkehrspflichten **823** E 392 ff
Tatsachen
  Äußerungen in den Mund legen **823** C 14
  Aufstellung wahrer Tatsachen (Prangerwirkung) **823** C 64, 147 ff
  Auslassen **823** C 86
  Aussagekern und Wahrheitsgehalt **823** C 86
  Aussagen über Normen **823** C 81
  Bedeutung **823** C 118
  Behauptung über innere – **823** C 76
  Bekanntermaßen falsche Informationen **823** C 92
  Beweisbarkeitsfrage **823** C 74
  Fehlerhafte Einstufung **823** C 14
  vor Gericht, Behörden **823** C 135 ff
  Gerücht, Weitergabe **823** C 85
  und informationelle Selbstbestimmung **823** C 93
  Konkludente, verdeckte Behauptungen **823** C 68
  Kreditgefährdung **824** 4 ff
  Kritik im privaten Bereich, Frage einer Disprivilegierung **823** C 194
  Künstler, Wahrheitsanspruch **823** C 130
  und Kunstfreiheit **823** C 125 ff
  Massenmedien und Recherchepflicht **823** C 118
  Mehrdeutige Äußerungen **823** C 71
  als Meinung weitergegebene **823** C 116
  und Meinungsfreiheit **823** C 73
  Meinungsfreiheit, Reichweite und Schranken **823** C 88 ff
  Öffentlichkeitsbezug **823** C 194
  Personenverwechselung **823** C 86
  Prangerwirkung **823** D 25
  und Produkthaftung, deliktische **823** F 7
  Recherchepflicht **823** C 119 ff
  Sachverständigengutachten **823** C 83
  Sachverständigengutachten, Tatsachenermittlung und Befund **823** C 145, 146
  Schutzrechtsverwarnung, unberechtigte **823** D 56
  Spekulative Äußerungen **823** C 76
  Übertreibung **823** C 86
  Überwiegen einer Behauptung **823** C 78
  Unwahre, aber nicht ehrenrührige – **823** C 124
  Unwahre Tatsachen und Boykottaufruf **823** D 41
  Unwahre Tatsachen und Eingriff in den Gewerbebetrieb **823** D 26
  Unwahre Tatsachen und Frage der Ehrenrührigkeit **823** C 64
  Unwahre Tatsachen (Kreditgefährdung) **824** 4 ff
  Verdachtsäußerung **823** C 76

Tatsachen (Forts.)
  Verfassungsrechtliche Überprüfung von Behauptungen **823** C 14
  Wahre, aber geschäftsschädigende – **823** D 24, 25
  Wahre Informationen **823** C 93
  Wahrheitsanforderungen **823** C 116
  Wahrheitsbeweis (§ 190 StGB) **823** C 123
  und Wahrnehmung berechtigter Interessen **823** C 96, 102 ff, 116 ff
  Warentests **823** D 33
  oder Werturteil, Grenzfälle **823** C 76
  oder Werturteil, Kasuistik **823** C 75
  Widerruf unwahrer Tatsachen **823** C 273
  Wissenschaftliche Äußerungen **823** C 82
  Zitat, falsches **823** C 91
Tatverdacht
  und relative Person der Zeitgeschichte **823** C 202, 203
Technische Hilfsmittel
  und Arzthaftung **823** I 35 ff
Technische Regeln
  und Schutzgesetzcharakter **823** G 70
Technische Verbreiter verletzender Äußerungen
  Haftung **823** C 51 ff
Teich
  Verkehrspflichten **823** E 19, 48, 211, 229
Teilzeit-Wohnrechtgesetz
  und Schutzgesetzcharakter **823** G 56
Telefax
  und Schutz vor Werbung **823** C 237
  Werbung ohne Zustimmung **823** D 67
Telefonanrufe
  und Schutz vor Werbung **823** C 237
Telex
  und Schutz vor Werbung **823** C 237
Tennismatch
  Haftung **Vorbem 823** ff 57
Therapie
  s. Arzt, Ärztliche Behandlung
Tiefbauarbeiten
  Verkehrspflichten **823** E 243
Tierarzt
  und Arzthaftung **823** I 13
Tierhalter
  Verkehrspflichten **823** E 205
Tierhaltung
  und deliktische Produkthaftung **823** F 6
Tierseuchengesetz
  und Schutzgesetzcharakter **823** G 56
Tod
  und postmortaler Persönlichkeitsschutz **823** C 34 ff
Todkranke
  Behandlung **823** I 15, 16
Tötung
  Anspruchsinhaber **823** B 2
  Hirntod **823** B 1

Tötung (Forts.)
Pränataler Schutz **823 B 3**
Totgeburt des Embryos **823 B 3**
Verletzung des Lebens als – **823 B 1**
Vorbeugender Unterlassungsanspruch des Embryos **823 B 4**
Tonbänder
Weitergabe vertraulicher Mitteilungen **823 C 166**
Trabrennsport
Haftung **Vorbem 823 ff** 57
Transport
Verkehrspflichten **823 E 242**
Treibjagd
Verkehrspflichten **823 E 370, 371**
Treppe
Verkehrspflichten **823 E 29, 191 ff, 207, 235, 249, 256, 257, 270**
Trimm-Dich-Anlagen
Verkehrspflichten **823 E 339 ff**
Tür
Verkehrspflichten **823 E 195, 230, 255**
Typenschilder
Entfernung ohne Zustimmung **823 D 67**

U-Bahn
Verkehrspflichten **823 E 179**
Übernahme
von Aufgaben und Begründung von Verkehrspflichten **823 E 21 ff**
Übernahmehaftung
Verkehrspflichten und – **823 E 38 ff**
Übernehmender
als Verkehrspflichtiger **823 E 55**
Überschrift
und Ermittlung eines Äußerungsinhalts **823 C 67**
Überschwemmung
Verkehrspflichten **823 E 24, 277**
Übertragung
von Verkehrspflichten **823 E 59 ff**
Übertragung, Übertragbarkeit
von Persönlichkeitsrechten **823 C 50**
Recht am Gewerbebetrieb **823 D 3**
Übertreibungen
und unwahre Tatsachenbehauptung **823 C 86**
Überwachung
von Kunden, von Arbeitnehmern **823 C 218, 219**
durch Videokameras **823 C 216**
Überwachungspflicht
Übertragung von Verkehrspflichten **823 E 61**
Umgebung
Verkehrspflichten **823 E 201 ff, 252, 291 ff, 319, 334 ff**

Umwelt
Recht auf intakte Umwelt als sonstiges Recht **823 B 186 ff**
Umweltgüter
als sonstige Rechte **823 B 188**
Unbefugte
und Verkehrspflichten **823 E 28, 40, 42 ff, 223 ff**
Unerlaubte Handlung
Arzthaftung
s. Arzt, Ärztliche Behandlung
Eigentumsschutz
s. Eigentum (deliktischer Schutz)
Embryo (Schutz)
s. dort
Freiheitsschutz
s. Freiheit (deliktischer Schutz)
Gewerbebetrieb (Schutz)
s. Gewerbebetrieb (deliktischer Schutz)
Immaterialgüterrechte (Schutz)
s. Immaterialgüterrechte (deliktischer Schutz)
Körperverletzung
s. dort
Persönlichkeitsrecht
s. Persönlichkeitsrecht (deliktischer Schutz)
Rechtswidrigkeit
s. dort
Sonstige Rechte
s. Rechte (sonstige)
Straßenverkehrssicherungspflicht
s. dort
Tötung
s. dort
Verkehrspflichten
s. dort
Verschulden
s. dort
Unfallverhütungsvorschriften
Schutzgesetzcharakter **823 G 1, G 14, G 70**
und Verkehrspflichten **823 E 34, 72, 221, 367**
Ungerechtfertigte Bereicherung
Abschöpfung einer Bereicherung außerhalb nichtiger Vertragsverhältnisse **823 C 248**
und Deliktsrecht **Vorbem 823 ff** 33 ff
Sittenwidrigkeit eigener Vermarktung **823 C 250**
Verfügung eines Nichtberechtigten **823 B 65, B 66**
Universitäten
Grundrechtsträger (Persönlichkeitsschutz) **823 C 31**
Unlauterer Wettbewerb
Boykottaufruf **823 D 38**

Unlauterer Wettbewerb (Forts.)
　Haftung von Verleger und Redakteuren
　　823 C 54
　Rufübertragung, Rufschädigung 823 D 66
　und Schutzgesetzcharakter 823 G 57
　Verwässerung berühmter Marken 823 D 66
Unmittelbarkeit
　eines Eingriffs in den Gewerbebetrieb
　　823 D 11
　Kreditgefährdung 824 8
Unterlassen, Unterlassungsanspruch
　Absolutes Recht des § 907 BGB 823 B 136
　Ärztliche Hilfeleistung 823 B 23
　Anspruch bei bevorstehender Verletzung
　　einer Verkehrspflicht Vorbem 823 ff 64
　Anspruch bei drohendem –
　　Vorbem 823 ff 64
　Delikt und zurechenbares – 823 H 5
　gegen drohende Beeinträchtigungen (Übersicht) Vorbem 823 ff 63
　Ehebereich, geschützter und quasinegatorischer – 823 B 180
　Elterliche Sorge, Umgangsgestaltung und –
　　823 B 183 ff
　Embryo, vorbeugender Unterlassungsanspruch 823 B 4
　Enge Lebens- oder Gefahrengemeinschaft
　　823 H 10
　Fallgruppen 823 H 8 ff
　Feststellungsklage, negative 823 D 65
　Garantenstellung 823 H 9
　Gesetzliche Pflicht 823 H 8
　und Handeln, Abgrenzung 823 H 6
　Mehrheit von Störern des Persönlichkeitsrechts 823 C 62
　Patentverwarnung, unberechtigte 823 D 1
　Persönlichkeitsverletzung, Anspruchsgrundlagen 823 C 258
　Postmortale Persönlichkeitsverletzung
　　823 C 47
　Quasinegatorischer Anspruch
　　Vorbem 823 ff 63
　Schutzrechtsverwarnung, unberechtigte
　　823 D 50 ff
　nach Schutzrechtsverwarnung, unberechtigter 823 D 61
　und Umweltgüter 823 B 189
　und Verkehrspflichten 823 H 7
　Verkehrspflichten und Haftung für – 823 E 3
　Vertrag 823 H 11
　Vorangegangenes Tun 823 H 12
　Vorbeugender Anspruch 823 H 14
　Wettbewerbs- und Deliktsrecht, Unterschied 823 D 21
　Wiederholungs- bzw. Erstbegehungsgefahr
　　823 C 259
　Zwangsvollstreckung 823 C 286

Unternehmen
　Kennzeichen und Verwässerung 823 D 66
　Kritik am – 823 D 27 ff
　Persönlichkeitsrecht 823 C 28
　Planung eines Unternehmens 823 D 10
　Recht am Gewerbebetrieb
　　s. dort
Unternehmenswert
　und Eigentumsverletzung 823 B 94
Unwahre Tatsachen 823 C 64, 140, 273
　Verbreitung 823 D 26
Urheberrecht
　Immaterialgüterschutz 823 B 137
Urheberrechtsgesetz
　und Schutzgesetzcharakter 823 G 57

VDE-Vorschriften
　und Schutzgesetzcharakter 823 G 70
Verarbeitungsfehler
　und deliktische Produkthaftung 823 F 27
Verbände
　als Grundrechtsträger 823 C 29
　Mißverständliche Bezeichnung 823 D 14
　Persönlichkeitsrecht (Schutz natürlicher
　　Personen, Schutz des Verbandes) 823 C
　　27 ff
　Persönlichkeitsverletzung, Rechtsfolgen
　　823 C 33
　und Schutz des Gewerbebetriebs 823 D 7
　Schutzumfang 823 C 32
　Teilrechtsfähigkeit und Persönlichkeitsschutz 823 C 30
Verbrauchererwartung
　und deliktische Produkthaftung 823 F 14 ff
Verbreiten
　unwahrer Tatsachen
　　s. Tatsachen
Verbreiter von verletzenden Äußerungen
　Haftung 823 C 51 ff
Verbrennungsmotorenverordnung
　und Schutzgesetzcharakter 823 G 62
Verdachtsäußerung
　als Tatsachenbehauptung oder Werturteil
　　823 C 76
Vereinssatzungen
　und Schutzgesetzcharakter 823 G 70
Vererblichkeit
　s. Erbfolge (Vererblichkeit)
Verfassungsrecht, Verfassungsmäßigkeit
　Abstammungskenntnis 823 C 15
　Ärztliche Aufklärung 823 I 76
　Arzthaftungsprozeß und Beweisrecht 823 I
　　42
　Auslegung, verfassungskonforme 823 C 15
　Boykottaufruf 823 D 38 ff
　Embryo, Rechtsfähigkeit 823 B 42
　und Freiheitsbegriff 823 B 53

Verfassungsrecht, Verfassungsmäßigkeit (Forts.)
  Gesetz und Persönlichkeitsrecht (als Kontrollmaßstab) **823 C 15**
  Kunstfreiheit, Geltungsbereich und Schranken **823 C 125 ff**
  Meinungsfreiheit, Reichweite und Schranken **823 C 88 ff**
  Persönlichkeitsrecht **823 C 3 ff**
  Persönlichkeitsrecht, allgemeines **Vorbem 823 ff 73**
  Persönlichkeitsrecht, Intensität verfassungsrechtlicher Überprüfung **823 C 12 ff**
  Persönlichkeitsrecht, Kollisionsproblematik **823 C 10, 11**
  Persönlichkeitsrecht, verfassungsrechtlich geschütztes, und deliktischer Persönlichkeitsschutz **823 C 4 ff**
  Postmortaler Persönlichkeitsschutz **823 C 34**
  Richterliche Fortbildung **823 C 14**
  Unerlaubte Handlung **Vorbem 823 ff 68 ff**
  Verbandsschutz vor Persönlichkeitsverletzung **823 C 29**
  Wahrnehmung berechtigter Interessen **823 C 87 ff**
  Wechselwirkungslehre **823 C 11**
  Wissenschaftsprivileg, Reichweite und Schranken **823 C 143 ff**
Verfügung
  eines Nichtberechtigten als Rechtsentzug **823 B 65**
Verfügungsverbot
  und Vormerkungsschutz **823 B 159**
Vergabe- und Nachprüfungsverordnungen
  und Schutzgesetzcharakter **823 G 48**
Verhältnismäßigkeit
  und Persönlichkeitsrecht **823 C 9, 11, 102 ff, 107, 109, 192, 264, 277**
  Unerlaubte Handlung **Vorbem 823 ff 72**
Verhaltensanforderungen
  und Schutzgesetzcharakter **823 G 3**
Verhaltensregeln
  Recht am Gewerbebetrieb **823 D 3**
Verhaltensunrecht
  und Erfolgsunrecht (Frage der Rechtswidrigkeit) **823 H 14**
Verjährung
  und deliktische Produkthaftung **823 F 48**
  Widerrufsanspruch **823 C 285**
Verkehrserwartung
  bezüglich Verkehrspflichten **823 E 21, 27 ff, 35, 40, 55, 64**
Verkehrsmittel
  Verkehrspflichten **823 E 173 ff**
Verkehrspflichten
  Abwägungskriterien (Umfang der Gefahrenabwehr) **823 E 27**

Verkehrspflichten (Forts.)
  und Amtspflichten **823 E 23**
  Aufgabenübernahme **823 E 21 ff**
  Aufgreifkriterium **823 E 25**
  Aufruf zur Demonstration **823 E 15**
  Aufwandshöhe **823 E 31**
  Auswahl – und Überwachungspflicht bei Delegation **823 E 61 ff**
  Begründung **823 E 12 ff**
  Benutzerkreis, Beschränkung **823 E 40**
  Benutzung, befugte **823 E 38 ff**
  Benutzung, unbefugte **823 E 42 ff**
  Bereichshaftung **823 E 16 ff, E 38 ff**
  und Beruf **823 E 22**
  Beweislast **823 E 72**
  Dauer **823 E 58**
  Delegation **823 E 59 ff**
  Dogmatische Grundlagen **823 E 2 ff**
  Dritter, Einschaltung für – **823 E 59 ff**
  Drittverhalten (Vorsatz, Fahrlässigkeit) **823 E 33**
  Drohendes Unterlassen **Vorbem 823 ff 64**
  Eigenverantwortlichkeit des Geschädigten **823 E 32**
  Eröffnung eines Verkehrs **823 E 19**
  Erwartungen, legitime der Verkehrsteilnehmer **823 E 27 ff**
  Funktion der Verkehrspflichten **823 E 3**
  Gefahrenerkennbarkeit **823 E 30**
  Gefahrenquelle, Schaffung **823 E 36 ff**
  Gefahrenschaffung und Begründung von – **823 E 13 ff**
  Gefahrvermeidung **823 E 26**
  als Gefahrvermeidungs- und abwehrpflichten **823 E 3**
  Gesetzliche, behördliche Vorschriften **823 E 34**
  als Gewohnheitsrecht **823 E 2**
  Grenzen **823 E 35**
  Haushaltsvorstand **823 E 24**
  Herstellerverkehrspflichten
    s. Produkthaftung (deliktische)
  Inverkehrbringen von Sachen **823 E 20**
  Kinder und – **823 E 45, E 46**
  Kinder, unvernünftige **823 E 37**
  Konkrete oder abstrakte Gefahren **823 E 10**
  Konkretisierung des § 823 Abs 1 BGB **823 E 2**
  Legislative, judizielle Konzeption **823 E 2**
  Mehrheit von Verkehrspflichtigen **823 E 56**
  Nutzungsinteresse, vertraglich geschuldetes **823 E 53**
  und Organhaftung **823 E 66 ff**
  und Patientenschutz **823 I 38**
  Personenkreis, geschützter **823 E 36 ff**
  und positives Tun **823 E 3**

Verkehrspflichten (Forts.)
Rechtsprechungsübersicht
s. Alphabetisches Stichwortverzeichnis zu § 823 unter E
und Rechtswidrigkeit, Abgrenzung **823 A 6**
und Schadensabwehr **823 E 25**
Schutzbedürftigste Personengruppe als Maßstab **823 E 27**
und Schutzgesetzcharakter **823 G 2, 4, 10, 13**
als Schutzgesetze **823 E 5**
Schutzgüter, umfaßte **823 E 6**
Schutzzweckzusammenhang **823 E 54**
Selbstgefährdung **823 E 49**
Situation, Bedeutung konkreter **823 E 29**
Terminologie: Verkehrssicherungspflichten oder Verkehrspflichten **823 E 11**
Übernahmehaftung **823 E 38 ff**
Übernehmender von – **823 E 55 ff**
Umfang **823 E 25 ff**
und Unterlassen, Abgrenzung **823 H 7**
Unterlassenshaftung **823 E 3**
Verkehrspflichtiger **823 E 55 ff**
und Vermögensschäden **823 A 13, E 7 ff**
Verschulden, Besonderheiten **823 E 69 ff**
Verursacher einer Gefahr **823 E 55**
Verkehrssicherungspflichten
s. Verkehrspflichten
Verlagserzeugnisse
und deliktische Produkthaftung **823 F 7**
Verlagsgesetz
und Schutzgesetzcharakter **823 G 58**
Verleger
Persönlichkeitsverletzung, Störereigenschaft **823 C 53**
Verletzung
Abgrenzung von mittelbarer und unmittelbarer – **823 H 16**
Vermögen
Deliktischer Schutz, ausgeschlossener **823 B 192**
Drittschadensliquidation **823 B 192**
und Eigentum, Abgrenzung **823 B 61**
und Umweltgüter **823 B 188**
Vermögensgesetz
und Schutzgesetzcharakter **823 G 58**
Vermögensschaden
cic, pVV **Vorbem 823 ff 37**
Recht am Gewerbebetrieb **823 D 1, 2**
und Schutzgesetzcharakter **823 G 4, 26, 28**
Vermögensschutz
und Deliktsrecht **Vorbem 823 ff 20, 23**
Veröffentlichung
rechtswidrig gemachter Aufnahmen und Persönlichkeitsverletzung **823 C 163**
Verpackungsmaterial
und deliktische Produkthaftung **823 F 6**

Versammlungen
Verbreitung von Bildern **823 C 208**
Verschulden
Deliktsrecht, verschuldensabhängiges (Übersicht) **Vorbem 823 ff 23**
und Gefährdungshaftung **Vorbem 823 ff 30, 31**
Kampfsportarten **Vorbem 823 ff 54**
Kreditgefährdung **824 11**
Pfändung und Verwertung schuldnerfremder Sachen **823 B 72**
und Schadensumfang **823 H 23**
Schutzrechtsverwarnung, unberechtigte **823 D 59**
Strafrechtlicher Begriff und Schutzgesetzverletzung **823 G 38**
Verkehrspflichten **823 E 5, 51, 69, 70**
Verkehrspflichtverletzung **823 E 69 ff**
Verletzung eines Schutzgesetzes **823 G 2, 34 ff, 40**
Verschuldenshaftung
und Gefährdungshaftung, Konkurrenz **Vorbem 823 ff 32**
Versicherung
Sachversicherung und Regreßverzicht des Versicherers **Vorbem 823 ff 45**
und unerlaubte Handlung **Vorbem 823 ff 8**
Versicherungsaufsichtsgesetz
und Schutzgesetzcharakter **823 G 58**
Versicherungsvertragsgesetz
und Schutzgesetzcharakter **823 G 58**
Versorgung
Teilhaberechte als sonstige Rechte **823 B 185**
Versorgungseinrichtungen
Eigentumsverletzung **823 B 85**
Versorgungsleitungen
und Eigentumsverletzung **823 B 89, 91 ff**
und Eingriff in den Gewerbebetrieb **823 D 13**
und Verkehrspflichten **823 E 243**
Verstorbener
und postmortaler Persönlichkeitsschutz **823 C 34 ff**
Vertrag
und Arbeitskampf **823 D 47**
und Arzthaftung **823 I 4, 6, 7**
und deliktische Haftung, Abgrenzung **823 B 106 ff**
und Deliktsrecht **Vorbem 823 ff 37 ff**
und Deliktsrecht am Beispiel weiterfressender Mängel **823 B 106**
und Deliktsrecht, Modifizierung **Vorbem 823 ff 41 ff**
Persönlichkeitsrechte aufgrund – **823 C 247**
Unterlassen und Haftung **823 H 11**
Vertragsrecht
und deliktische Produkthaftung **823 F 3**

Vertrauen
und Verkehrspflichten **823** E 51, 34, 63 ff
Vertrauenshaftung
und Deliktsrecht **Vorbem 823 ff** 27
Vertrauensverhältnis
Arzt und Patient **823** I 2
Vertrauliche Mitteilungen
Persönlichkeitsverletzung durch Weitergabe – **823** C 166
Vertriebshändler
und deliktische Produkthaftung **823** F 30 ff
Verursacher
als Verkehrspflichtiger **823** E 55
Verwässerung
berühmter Marken **823** D 66
Verwaltungsakt
und Schutzgesetzcharakter **823** G 10
Verwaltungsvorschriften
Schutzgesetzcharakter **823** G 15
Verwarnungen
außerhalb Wettbewerbs **823** D 64
zwischen Wettbewerbern **823** D 62, 63
Verwendungen
und Eigentumsverletzung **823** B 97
Eigentumsverletzung durch Beeinträchtigung bestimmungsgemäßer – **823** B 90
Verwendungen eines Produktes
und deliktische Produkthaftung **823** F 35 ff
Verwirkung
Ehebereich, geschützter **823** B 179
Verzicht
auf ärztliche Aufklärung **823** I 100
Videokamera
und präventiver Schutz **823** C 216
Vis absoluta
und Handlung im deliktsrechtlichen Sinne **823** H 2
VOB/A
und Schutzgesetzcharakter **823** G 70
Vorangegangenes Tun
und Garantenstellung **823** H 12
Verkehrspflichten **823** E 12
Vorbeugender Unterlassungsanspruch
des Embryos **823** B 4
Vorkaufsrecht (dingliches)
als sonstiges Recht **823** B 126
Vormerkung
Schutz des Vormerkungsberechtigten **823** B 157 ff
Vorsatz
Betriebsblockade **823** D 45
Eingriff in den Gewerbebetrieb **823** D 22
und Verkehrspflichten **823** E 33, E 69
Verkehrspflichtverletzung **823** E 69 ff
Vorteile und Chancen
und Recht am Gewerbebetrieb **823** D 18

Wachstumsstörungen
als Eigentumsverletzung **823** B 84
Waffen
Verkehrspflichten **823** E 14, 31, 36, 37, 368, 369, 400
Waffengesetz
und Schutzgesetzcharakter **823** G 59
Wahlkampfauseinandersetzungen 823 C 107
Wahlwerbung
ohne Einverständnis **823** C 225
und Schutz vor Werbung **823** C 234
Wahre Tatsachen
Aufstellung wahrer Tatsachen (Prangerwirkung) **823** C 64, 147 ff
Behauptung und Verbreitung **823** C 147 ff
Verbreitung geschäftsschädigender Tatsachen **823** D 24, 25
Wahrnehmung berechtigter Interessen
Betroffenes Interesse **823** C 99 ff
Dogmatische Einordnung des § 193 StGB **823** C 95 ff
Erforderlichkeitsfrage **823** C 104 ff
und Kreditgefährdung **824** 9 ff
Kritikform **823** C 104
Meinungsäußerungen **823** C 102 ff
Meinungsäußerungen, Besonderheiten **823** C 102 ff
Meinungsfreiheit und – **823** C 94
und Persönlichkeitsrecht **823** C 87, 98, 261, 267, 275, 281
Schmähkritik als Grenze **823** C 106
Tatsachenbehauptungen **823** C 116 ff
Zweck, verfolgter **823** C 98
Waren
Kreditgefährdung **824** 8
Warnung vor gefährlichen – **823** D 36
Warenausstellung
Immaterialgüterschutz **823** B 139
Wareneingang
und deliktische Produkthaftung **823** F 27
Warenlieferung
und Eingriff in den Gewerbebetrieb **823** D 14
Warentest
Anforderungen **823** D 32 ff
Bewertungsmaßstäbe **823** D 32
Gastronomiekritik **823** D 34
Meinungsäußerungen oder Tatsachenbehauptungen **823** D 33
Recht am Gewerbebetrieb und unsachlicher – **823** D 5
und Reflexschäden **823** D 19
Systemvergleich, bloßer **823** D 32
Warnung
und Boykott, Abgrenzung **823** D 36
Verkehrspflichten **823** E 17, 26, 30 ff, 117 ff

Warnungen
und deliktische Produkthaftung **823** F 14 ff
Waschmaschine
Verkehrspflichten **823** E 57
Wasser
Teilhaberechte als sonstige Rechte **823** B 185
als Umweltgut **823** B 188
Wassergesetze
und Schutzgesetzcharakter **823** G 69
Wasserhaushaltsgesetz
und Schutzgesetzcharakter **823** G 59
Wasserrecht
Eigentumsähnliche Rechte **823** B 136
Grundwasserverunreinigung **823** B 59
Wasserrutschbahn
Verkehrspflichten **823** E 311 ff
Wasserstraße
Sperrung **823** D 14
Wechselwirkungslehre
Grundrechtsschutz **823** C 11
Persönlichkeitsverletzung **823** C 90
Wege
Verkehrspflichten **823** E 167 ff
Wegerecht
als sonstiges Recht **823** B 126
Wegereinigungspflicht
Polizeiliche – **823** E 82
Weiterfressende Mängel
Baustromverteilerfall **823** B 113
Eigentumseinbezug, zwangsläufiger **823** B 107
Fehlerunkenntnis **823** B 123
Kauf- und werkvertragliche Regeln, Vorrangfrage **823** B 116
Lieferung, Herstellung total mangelhafter Sache **823** B 108
Lieferung teilweise mangelhafter Sache **823** B 110
Mangel, ursprünglicher und später entstehender Schaden **823** B 119
Neue Sache aus unterschiedlichen Materialien **823** B 108
und ProdukthaftungsG **823** B 117
Reparatur, mißlungene **823** B 108
Selbstbeschädigung der Sache **823** B 120
Vertrags- und Deliktsrecht, Konkurrenz **823** B 106
Werkentstehung, sukzessive **823** B 109
Wertermittlung **823** B 122
Zeitpunkt der Eigentumsbeschädigung **823** B 121
Weltanschauungsgemeinschaften
Grundrechtsträger (Persönlichkeitsschutz) **823** C 31
Werbung
Abredewidrige Verwendung von Bildnissen **823** C 181

Werbung (Forts.)
Fax ohne Zustimmung **823** D 67
Persönlichkeitsverletzung eines Verstorbenen **823** C 42
Schockierende – **823** D 14
Schutz vor – **823** C 232, 233
Schutz vor wirtschaftlicher Ausnutzung **823** C 225
Werkvertrag
Eigentumsverletzung und Vorrang werkvertraglicher Regeln **823** B 116
Haftungsschäden, Ersatz **823** B 167
Werkentstehung, sukzessive und Eigentumsverletzung **823** B 109
Werkleistung und Eigentumsverletzung **823** B 107
Wert
und Eigentumsverletzung **823** B 94
Gebrauchsvorteile unbefugter Bildnisverwendung **823** C 253
Wertermittlung
und weiterfressender Schaden **823** B 122
Wertpapiere
Verbriefte Forderungen, Schutz **823** B 166
Wertpapierhandelsgesetz
und Schutzgesetzcharakter **823** G 59
Werturteil
s. a. Tatsachen
Ärztliche Diagnose **823** C 83
Äußerungen Dritter **823** C 70
Aussagen über Normen **823** C 81
Beweisbarkeitsfrage **823** C 74
Fragen als Meinungsäußerung **823** C 76
Gegenschlagsrecht **823** C 109
vor Gericht, Behörden **823** C 141
Herabsetzende Urteile **823** C 64
Inhaltsermittlung, Interpretationsregeln **823** C 65 ff
Kollektivbeleidigungen **823** C 21
Konkludente oder versteckte Behauptungen **823** C 68, 69
und Kunstfreiheit **823** C 125 ff
Mehrdeutige Äußerungen **823** C 71
und Meinungsfreiheit **823** C 73
Meinungsfreiheit, Reichweite und Schranken **823** C 88 ff
Rechtsauffassung, reine **823** C 81
Sachverständigengutachten **823** C 83
oder Tatsachen, Grenzfälle **823** C 76
oder Tatsachen, Kasuistik **823** C 75
Überwiegen einer Behauptung **823** C 78
Unsubstantiierte Urteile **823** C 76
Verdachtsäußerung **823** C 76
Wahrnehmung berechtigter Interessen **823** C 102 ff
Warentests **823** D 33
Widerruf, ausgeschlossener **823** C 273
Wissenschaftliche Äußerungen **823** C 82

Wettbewerbsrecht
und Recht am Gewerbebetrieb **823** D 21
und Schutzgesetzcharakter **823** G 47
Wettbewerbsverein
Persönlichkeitsrecht **823** C 27
und Schutz des Gewerbebetriebs **823** D 8
Wettbewerbswirtschaft
und Recht am Gewerbebetrieb **823** D 2
Widerruf
Einwilligung in ärztlichen Eingriff **823** I 110
Ergänzung einer Mitteilung **823** C 282
Feststellungsurteil **823** C 288
Form **823** C 283
Persönlichkeitsverletzung **823** C 271 ff
Rechtsschutzbedürfnis **823** C 278
Umfang **823** C 280
Unwahrheit, nicht feststehende **823** C 275
und Verhältnismäßigkeitsgrundsatz **823** C 277
Verjährung **823** C 285
Veröffentlichung, Befugnis **823** C 284
bei Vortat in Wahrnehmung berechtigter Interessen **823** C 281
Zeitpunkt **823** C 279
Zwangsvollstreckung **823** C 286
Widmung
Benutzung, bestimmungsgemäße **823** E 39
Wild
und Jagdrecht **823** B 136
Wildschutzzaun
Verkehrspflicht **823** E 29, 120
Wirtschaftliche Ausnutzung
Persönlichkeitsrecht und Schutz vor – **823** C 225
Wirtschaftliche Betätigung
und Recht am Gewerbebetrieb **823** D 2
Wirtschaftliche Entfaltung
und Freiheitsbegriff **823** B 53
Wirtschaftliche Macht
und Boykottaufruf **823** D 42
Wirtschaftliche Selbstbestimmung
als Teil der Persönlichkeit **823** C 240
Wirtschaftliches Eigentum
und Fälle der Drittschadensliquidation **823** B 192
Wirtschaftliches Fortkommen
und Kreditgefährdung **824** 6
Wirtschaftsprüfer
und Schutzgesetzcharakter **823** G 59
Wirtschaftsstrafgesetz
und Schutzgesetzcharakter **823** G 59
Wirtschaftsunternehmen
Persönlichkeitsrecht **823** C 28
Wissenschaftler
als Personen der Zeitgeschichte **823** C 200
Wissenschaftliche Äußerungen
Tatsachenbehauptung, Werturteil **823** C 82

Wissenschaftsfreiheit
und kritische Äußerungen **823** C 143 ff
Wohnungseigentum
Verwalterabberufung **823** D 21
Wort
und Schutzbereich des Persönlichkeitsrechts **823** C 160 ff
Zahnarzt
Arzthaftung **823** I 13
und Recht am Gewerbebetrieb **823** D 6
Zahnheilkundegesetz
und Schutzgesetzcharakter **823** G 60
Zeichen
Verwendung eines bekannten fremden – **823** D 66
Zeitgeschichte und Persönlichkeitsrecht
Absolute Person der Zeitgeschichte **823** C 148, 195, 200, 222, 225
Relative Person der Zeitgeschichte **823** C 148, 195, 202, 222
Zeugen
als relative Personen der Zeitgeschichte **823** C 204
Zeugenaussagen
Haftung für falsche – **823** B 57
Zeugnisse
Falsche Arbeitszeugnisse als Eingriff in den Gewerbebetrieb **823** D 16
Zeugung
und Emryoschädigung **823** B 43
Zitat
Falsches Zitat **823** C 91
Zivilprozeßordnung
und Schutzgesetzcharakter **823** G 60
Zubehör
Beschädigung **823** B 129
und deliktische Produkthaftung **823** F 22
Zufahrt
Eigentumsverletzung durch Blockade **823** B 91
Zugabeverordnung
und Schutzgesetzcharakter **823** G 60
Zulieferer
und deliktische Produkthaftung **823** F 28, 29
Zumutbarkeit
Verkehrspflicht **823** E 26, 29, 31, 35, 57, 86, 87, 102
Zurückbehaltungsrecht
Deliktischer Schutz **823** B 193
Zuschauer
Verkehrspflichten **823** E 326, 329, 335 ff, 344, 345, 358, 363, 366
Zwangseinweisung
und Arzthaftung **823** I 4

Zwangsvollstreckung
  Ehebereich, geschützter (Beseitigungs- und
    Unterlassungsanspruch) **823** B 180
  und Forderungsrechte **823** B 162
  Widerrufsurteil **823** C 286

J. von Staudingers
Kommentar zum Bürgerlichen Gesetzbuch
mit Einführungsgesetz und Nebengesetzen

Übersicht Nr 63/20. August 1999

Die Übersicht informiert über die Erscheinungsjahre der Kommentierungen in der 12. Auflage sowie in der 13. Bearbeitung und deren Neubearbeitung 1998 ff. (= Gesamtwerk STAUDINGER). *Kursiv* geschrieben sind diejenigen Teile, die zur Komplettierung der 12. Auflage noch ausstehen.

Die Übersicht ist für die 13. Bearbeitung und für deren Neubearbeitung zugleich ein Vorschlag für das Aufstellen des „Gesamtwerks STAUDINGER" (insbesondere für solche Bände, die nur eine Sachbezeichnung haben). Es wird empfohlen, die Austauschbände chronologisch neben den überholten Bänden einzusortieren, um bei Querverweisungen auf diese schnell Zugriff zu haben. Bei Platzmangel sollten die ausgetauschten Bände an anderem Ort in gleicher Reihenfolge verwahrt werden.

	12. Aufl.	13. Bearb.	Neub. 1998 ff.
Erstes Buch. Allgemeiner Teil			
Einl BGB; §§ 1 - 12; VerschG	1978/1979	1995	
§§ 21 - 103	1980	1995	
§§ 104 - 133	1980		
§§ 134 - 163	1980	1996	
§§ 164 - 240	1980	1995	
Zweites Buch. Recht der Schuldverhältnisse			
§§ 241 - 243	1981/1983	1995	
AGBG	1980	1998	
§§ 244 - 248	1983	1997	
§§ 249 - 254	1980	1998	
§§ 255 - 292	1978/1979	1995	
§§ 293 - 327	1978/1979	1995	
§§ 328 - 361	1983/1985	1995	
§§ 362 - 396	1985/1987	1995	
§§ 397 - 432	1987/1990/1992/1994		
§§ 433 - 534	1978	1995	
Wiener UN-Kaufrecht (CISG)		1994	
§§ 535 - 563 (Mietrecht 1)	1978/1981 (2. Bearb.)	1995	
§§ 564 - 580 a (Mietrecht 2)	1978/1981 (2. Bearb.)	1997	
2. WKSchG (Mietrecht 3)	1981	1997	
MÜG (Mietrecht 3)		1997	
§§ 581 - 606	1982	1996	
§§ 607 - 610	1988/1989		
VerbrKrG; HWiG; § 13 a UWG		1998	
§§ 611 - 615	1989	1999	
§§ 616 - 619	1993	1997	
§§ 620 - 630	1979	1995	
§§ 631 - 651	1990	1994	
§§ 651 a - 651 k	1983		
§§ 652 - 704	1980/1988	1995	
§§ 705 - 740	1980		
§§ 741 - 764	1982	1996	
§§ 765 - 778	1982	1997	
§§ 779 - 811	1985	1997	
§§ 812 - 822	1979	1994	
§§ 823 - 825	1985	1999	
§§ 826 - 829	1985/1986	1998	
ProdHaftG		1998	
§§ 830 - 838	1986	1997	
§§ 839 - 853	1986		
Drittes Buch. Sachenrecht			
§§ 854 - 882	1982/1983	1995	
§§ 883 - 902	1985/1986/1987	1996	
§§ 903 - 924	1982/1987/1989	1996	
Umwelthaftungsrecht		1996	
§§ 925 - 984	1979/1983/1987/1989	1995	
§§ 985 - 1011	1980/1982	1993	1999
ErbbVO; §§ 1018 - 1112	1979	1994	
§§ 1113 - 1203	1981	1996	
§§ 1204 - 1296	1981	1997	
§§ 1 - 84 SchiffsRG		1997	
§§ 1 - 25 WEG (WEG 1)	1997		
§§ 26 - 64 WEG; Anh Besteuerung (WEG 2)	1997		

	12. Aufl.	13. Bearb.	Neub.1998 ff.
Viertes Buch. Familienrecht			
§§ 1297 - 1302; EheG u.a.; §§ 1353 - 1362	1990/1993		
§§ 1363 - 1563	1979/1985	1994	
§§ 1564 - 1568; §§ 1 - 27 HausratsVO	1994/1996	1999	
§§ 1569 - 1586 b	1999		
§§ 1587 - 1588; VAHRG	1995	1998	
§§ 1589 - 1600 o	1983	1997	
§§ 1601 - 1615 o	1992/1993	1997	
§§ 1616 - 1625	1985		
§§ 1626 - 1665; §§ 1 - 11 RKEG	1989/1992/1997		
§§ 1666 - 1772	1984/1991/1992		
§§ 1773 - 1895; Anh §§ 1773 - 1895 (KJHG)	1993/1994	1999	
§§ 1896 - 1921	1995		
Fünftes Buch. Erbrecht			
§§ 1922 - 1966	1979/1989	1994	
§§ 1967 - 2086	1978/1981/1987	1996	
§§ 2087 - 2196	1980/1981	1996	
§§ 2197 - 2264	1979/1982	1996	
BeurkG	1982		
§§ 2265 - 2338 a	1981/1983	1998	
§§ 2339 - 2385	1979/1981	1997	
EGBGB			
Einl EGBGB; Art 1 - 6, 32 - 218	1985		
Einl EGBGB; Art 1 - 2, 50 - 218		1998	
Art 219 - 221, 230 - 236	1993	1996	
Art 222		1996	
EGBGB/Internationales Privatrecht			
Einl IPR; Art 3, 4 (= Art 27, 28 aF), 5, 6	1981/1984/1988	1996	
Art 7 - 11	1984		
IntGesR	1980	1993	1998
Art 13 - 17	1983	1996	
Art 18		1996	
IntVerfREhe	1990/1992	1997	
Kindschaftsrechtl. Ü; Art 19 (= Art 18, 19 aF)	1979	1994	
Art 20 - 24	1988	1996	
Art 25, 26 (= Art 24 - 26 aF)	1981	1995	
Art 27 - 37; 10	1987/1998		
Art 38	1992	1998	
IntSachenR	1985	1996	
BGB-Synopse 1896-1998		1998	
Alphabetisches Gesamtregister	*1999*		
Demnächst erscheinen			
§§ 397 - 432	1999		
§§ 812 - 822			1999
§§ 1297 - 1320; Anh §§ 1297 ff.; §§ 1353 - 1362	1999		
§§ 1589 - 1600 e			2000
§§ 1638 - 1683		2000	
§§ 1896 - 1921		1999	
100 Jahre BGB - 100 Jahre Staudinger			
(Tagungsband 1998)	1999	1999	
Alphabetisches Gesamtregister	1999		

Nachbezug der 13. Bearbeitung und deren Neubearbeitung: Um sich die Vollständigkeit des „Gesamtwerks STAUDINGER" zu sichern, haben Abonnenten jederzeit die Möglichkeit, die ihnen fehlenden Bände früherer Jahre zu für sie erheblich vergünstigten Bedingungen nachzubeziehen (z. B. die bis Dezember 1997 erschienenen 50 Bände [1993 ff.; ca. 32.200 Seiten] seit Juni 1998 als Staudinger-Jubiläumspaket für DM 9.800,-/öS 71.540,-/sFr 8.722,-). Auskunft erteilt jede gute Buchhandlung und der Verlag.

Nachbezug der 12. Auflage: Abonnenten haben die Möglichkeit, die 12. Auflage komplett oder in Teilen zum Vorzugspreis zu beziehen (so lange der Vorrat reicht). Hierdurch verfügen sie schon zu Beginn ihres Abonnements über das „Gesamtwerk STAUDINGER".

Reprint 1. Auflage: Aus Anlaß des 100jährigen Staudinger-Jubiläums ist die 1. Auflage (1898-1903) als Reprint erschienen. Rund 3.600 Seiten in sechs Bänden. 1998. Halbleder DM 1.200,- (zu beziehen bei Schmidt Periodicals, D-83075 Bad Feilnbach).

Dr. Arthur L. Sellier & Co. - Walter de Gruyter GmbH & Co. KG, Berlin
Postfach 30 34 21, D-10728 Berlin, Telefon (030) 2 60 05-0, Fax (030) 2 60 05-222